U0905610

中国近代民族史研究文选

【上册】

陈理 彭武麟◎主编

SSAP
社会科学文献出版社
SOCIAL SCIENCES ACADEMIC PRESS (CHINA)

序　　言

郝时远

1840 年爆发的鸦片战争，虽然不是中国第一次面对来自海外的敌手，但是其影响绝非能与明代沿海遭受倭寇侵扰之祸、1624 年荷兰人侵占台湾之殇相提并论，因为这场以失败告终的战争使中国在西方帝国主义殖民势力侵袭下迈入了近代历史的门槛。

中国近代百年历史的开启，正值西方列强挟“船坚炮利”之势全球出击的高潮，鸦片战争之后的中国遭遇了西方列强、沙俄、日本从海路和陆路的交相侵袭，中国在被迫签署各种屈辱的不平等条约的困境中失去了“天朝大国”的基本尊严。也正是在这种逆境中，“师夷之长技”的开放观念开始蔚然成风，仁人志士求助西学、借鉴“东学”的现代知识汲取，改变着中国传统的王朝观念，其中包括中国人种“西来说”的攀附、“物竞天择”的种族优劣、“皇汉”正统的历史阐释等，都关涉了中国从古代王朝国家向现代民族国家变革进程中的民族观。

中华民族伟大复兴，是当代中国繁荣发展的时代最强音。但是，“中华民族”这一概念，在近代中国的国家建构、领土完整、民族自决、国民认同进程中却经历了纷繁复杂的观念、意识和思想磨砺。虽然“民族”一词是中国古汉语故有之名词，但“中华民族”则是赋予了现代民族国家时代政治含义的新词。对这一民族共同体的解读，不仅在 20 世纪上半叶中国民族史研究为诸多学科所关注，而且仍旧是今天中国近代和当代民族史研究的核心概念之一。

从“驱逐鞑虏、恢复中华”的“排满”革命，到“十八省”的中国与“五族共和”；从“中国本部”与“边疆外藩”，到“中国何止五族”的“联邦建国”；从中华民族以汉族为中心的“宗族”论，到不存在汉族等

“各种各族”的“中华民族是一个”；等等。这些解读和诠释，无不因内忧外患而纷至沓来。这一关系到对中国历史、现实和未来的学术思辨与政治话语，最终由中国共产党把握了其中的真实内涵——“中华民族是代表中国境内各民族之总称”，从而在中国危亡的近代百年抗争中开创了建立现代统一的多民族国家新历程。

统一的多民族国家，是中国独特的历史，也是中华文明绵延不断的历史基因。先秦时代的“五方之民”（蛮、夷、戎、狄、华夏）及其后裔，始终是统一的多民族国家建设者，“天下统一”之大道，“因俗而治”之方略，“和而不同”之目标，贯穿了中国的历史过程，这种历史国情在世界范围可谓绝无仅有，因此才有古代的“二十四史”。也只有把握了中国的历史国情，才能接续统一的多民族国家历史。中国古代民族史，是中国近代民族史和现代民族史的根基。任何脱离这一根基的“中国解读”，就难免误读中国的民族史，甚至会误导当代的民族关系。

近代百年的中国历史是一个极其重要的阶段，“天朝大国”的沦落，失地赔款的屈辱，种族优劣的自卑，“东亚病夫”的标识，边疆分裂的危机，侵华战争的残酷，几乎毁灭了中华文明的历史。世界上没有任何一个国家遭受过帝国主义列强如此这般的侵略与压迫，世界上没有任何一个文明古国能够在这种残酷的境遇中重新崛起，这是研究中国近代史、中国近代民族史必须立足的基本立场。《中国近代民族史研究文选》的选辑、出版，即是中国几代学人对统一的多民族国家历史及其在近代百年存亡绝续的过程展开多维度研究视野的成果。

毋庸讳言，中国近代民族史研究在相当长的一段时间内没有深入到概念、范畴和理论的层面，晚清民国时期的民族主义思潮——包括种族、民族、国族、中华民族、民族国家等——在大陆范围也是改革开放以后才开始引起学界的重视。虽然这涉及对“民族主义”问题的认知程度问题，但是主要是前苏联解体以后，随着全球化进程的加快及其对民族国家模式的挑战而产生的危机感，这是一个全球性的问题。对中国来说，民族国家建构的进程并未完成，国家民族（中华民族）的整合尚处于初级阶段，除了经济社会发展等实现各民族真正平等的因素外，还包括近代帝国主义列强留给中国的民族问题“遗产”尚未铲除。

自1990年起，日本帝国主义制造的“台独”、大英帝国制造的“西藏问题”，英俄角逐和苏联扶持的“东突”等“遗产”开始发酵，并在西方一些势力的扶持下注入了“民主”“人权”“文化”等现代话语，对中国特色社会主义的国家统一、领土完整、民族团结和社会稳定发动了挑战。这些看似“突如其来”的问题，都有近代的历史根源。而追溯其历史的过程，也才掸去了清末民初中国近代民族主义的尘封，才展开了大陆学界近代民族史研究的新视界。

对近代中国民族主义话语及其影响的研究，是中国近代民族史不可或缺的重要内容，也是近代中国思想启蒙的重要组成部分。对此，当时的学界、政界已多有阐发和研究，其中不乏令当代学人“顿开茅塞”之作，以致有人作为“中国文化传统”来提点、质疑现实的国家民族事务，进而以新一轮的“西学东渐”来扩套中国、效法美国，重蹈近代一些先进的脱离国情实际的思想覆辙。这种现象既非“经世致用”、也非治史之道。从这个意义上说，《中国近代民族史研究文选》为学界提供了并非“一孔之见”的广阔视野，即统一的多民族国家在近代百年历史背景下各民族交相互动的视野。

《中国近代民族史研究文选》展示了众多学者的学术成果，其中既有前辈大家，又有侪辈后学，从不同研究视角探索中国统一的多民族国家历史及其在近代呈现的多样性历史过程，涉及的内容十分丰富，非个人所能评说推介。但我相信，这部规模浩大的文选，不仅展示了中国近代民族史研究承前启后的学术取向，而且表达了中国近代民族史研究继往开来的学术信心。为此，我们应衷心感谢这部文选的策划、编辑和出版者！

2013 年 8 月于北京

目　录

上　册

第一编　理论与方法

第二编　民族观与民族政策

第三编　民族主义与现代民族国家建构

中　册

第四编　少数民族社会历史形态、民族区域社会经济

第五编　少数民族反帝反封建斗争

第六编　中外关系与边疆民族区域政局

下　册

第七编　边疆民族区域社会政治制度与变革

第八编　民族社会、宗教、文化教育

第九编　边疆民族区域历史事件与人物专题

第 一 编

理论与方法

试论中国自秦汉时成为统一国家的原因

范文澜

秦始皇统一中国以后，中国从此成为统一的封建国家。东汉末年由军阀混战而分为三国，唐时由藩镇之乱而扩大为五代十国，两次封建割据在秦汉以后的整个历史过程中，可以说是短期的、变态的（十六国割据，汉族地主不是主要发动者；北朝与金是外族侵入，当别论），而统一则是长期的、正常的。中国为什么能够保持长期的、正常的统一状态呢？因为自秦汉起，汉族已经是一个相当稳定的人们的共同体，自北宋起，由于全国范围内经济联系性的加强，这个共同体更趋于稳定。封建统治者因而有可能加强中央集权，压制地方割据势力，使之不能公然活动，政治上的统一又前进一步。秦汉以后的统一，都是“在某种程度上仍旧保留着封建割据的状态”①，不过程度上北宋前后确有些不同之处了。

斯大林在《民族问题与列宁主义》第二节即“民族的产生和发展”里指出：“在资本主义以前的时期是没有而且也不能有民族的，因为当时还没有民族市场，还没有民族的经济中心，也没有民族的文化中心，因而还没有那些消灭某个民族经济的分散状态和把这个民族历来彼此隔绝的各个部分联结为一个民族整体的因素。”依据这个原理来看欧洲的历史，毫无疑问是这样的。因为有了资本主义，某个民族历来彼此隔绝的各个部分才能够联结起来成为一个民族整体，也就是“分裂为各个独立的公国”的国家才能够统一起来成为一个民族国家。中国历史却是早在秦汉时，从皇帝、郡

---

① 毛泽东：《中国革命和中国共产党》，《毛泽东选集》第2卷，第594页。

守、县令到乡三老、亭长、里魁形成一整套的统治体系，除上述两次割据外，确实没有汉族封建主分裂中国为各个独立的侯国或王国的现象。这样的统一国家，绝不是“暂时的不巩固的军事行政的联合”，因为它是一个持久的相当巩固的整体。也绝不是资产阶级的民族国家，因为资本主义萌芽的发生，远远落在统一国家成立的后面。那么，这个统一的事实，应该怎样来解释呢？

中央集权国家即同一国家成立的问题

有三种情形使中央集权的国家成立起来。

（一）马克思在《不列颠在印度的统治》里指出在东方因农业上灌溉和排水的需要，“所以就需要中央集权的政府来干预”。古代汉族经济文化的根据地是黄河流域。黄河中下游两岸即今河北、河南、山东三省地方，经常有发生洪水的危险。齐桓公葵丘之会，为诸侯立五禁，其第五禁“无曲防”，就是禁各国夺水利害邻国。东汉明帝永平十三年（公元70年）治河诏里说：“左堤（北岸）强则右堤伤，左右俱强则下方（下游地方）伤。”这两句话最足以说明黄河必须统一管理的理由，而这种理由是从来就存在着的。战国时白圭自称治水比禹还强，孟子斥责他说，禹按照水性治水，以四海为壑；你治水以邻国为壑；违反水性，造成洪水的灾害，有良心的人都憎恶你的做法。白圭以邻国为壑，正是人们的共同灾害。在割据局面未曾消灭的时候，各国自然要实行白圭的治水法。汉族一向有禹治洪水的神话，正反映着统一治河的共同要求。这种要求可以成为促进国家统一的因素。

（二）恩格斯说：“无论在城市和乡村，这样的人越来越多了：他们首先希望结束那些无休止的无意义的战争，希望那种甚至当外敌已经入境还要不断引起内战的封建主们的争吵得以停止，希望把那整个中世纪期间不曾间断过的漫无目的的破坏状态终止下来。这些人既然本身还过于软弱而不能实现自己的愿望，他们就向整个封建制度的首脑——国王——寻求有力的支援。”[①] 春秋战国也有这样的情形。梁襄王问孟子，天下怎样才能安定？孟子说，统一才能安定。襄王问谁能统一呢？孟子说，不爱杀人（不

① 恩格斯：《论封建制度的解体及资产阶级的发展》。

好战）的人能统一。今天，所有国君都是爱杀人的，如果有一个不爱杀人的国君，天下的人哪个不伸着头颈希望他来统一。孟子这段答话最能显著地表现当时人们厌恶战争的共同心理。欧洲与中国的区别是：在欧洲，向国王寻求支援的人，是本身还过于软弱的资本主义工商业者；在中国，要求成立中央集权的国家来停止战争的人，是反对领主统治的新起地主阶级和农民阶级以及大小工商业者，而实现这个要求的是代表地主阶级的秦朝。

（三）斯大林在《马克思主义与民族问题》里指出："东欧情形却有点不同……在俄国负起了各民族统一者使命的是大俄罗斯人，因为他们有历史上形成的实力强大而组织严密的贵族军事官僚来领导他们。"在《论党在民族问题方面的迫切任务》里又指出："凡民族的形成，在时间上大体和中央集权国家的形成相符合的地方，民族自然披着国家的外衣，发展为独立的资产阶级的民族国家。……在欧洲东部则刚刚相反，中央集权国家的形成，由于自卫（防御土耳其人、蒙古人等的侵犯）的需要而加速，比封建主义的消灭要早些，因而比民族的形成要早些。因此，民族在这里未曾发展，也不能发展为民族国家，而形成了几个混合的、多民族的资产阶级的国家，这种国家通常是由一个强大的统治民族和几个弱小的附庸民族组成的。奥国、匈牙利、俄国便是如此。"在中国也有需要自卫的情形。战国时期，汉族驱逐戎狄出国境。野蛮的匈奴族寇掠边境，破坏农业和畜牧业，成为汉族的大敌。秦赵燕三国各筑长城防御匈奴。赵国在长平被秦战败，死士卒数十万人，国势危急，但不敢调动守北边的李牧军。李牧与匈奴战，精选军士，得骑士一万三千人，勇士五万人，射士十万人，约计李牧全军当在二十万人以上。秦燕两国守边军比赵可能少些，当各有十余万人。合计秦赵燕共用大约五十万人的大军队防御边境，匈奴对汉族的压力可以想见。在欧洲东部，中央集权国家的形成，由于自卫的需要而加速。同样的理由，汉族需要中央集权的国家来防御匈奴。

必须注意：马克思所说"在东方""在亚洲"，是指"从撒哈拉穿过阿拉伯、波斯、印度和鞑靼区直到亚洲最高高原的广袤的沙漠区域"。那些地方需要中央集权的政府来干预的原因是："因为文明程度太低，幅员太大，不能自愿地联合起来。"[①] 在中国固然需要中央集权的政府来管理黄河，但

① 马克思：《不列颠在印度的统治》，见《马克思论印度》，第7页。

原因并不是“文明程度太低”和“不能自愿地联合起来”。恩格斯所说是指当时欧洲已经有了资本主义。斯大林在说明“东欧情形却有点不同”以后，即强调指出“然而资本主义在东方各国也发展起来了”。所以上列三种情形，对中国说来，只能说是促使中央集权国家成立的一些原因，但不能是根本的原因。

自秦汉时起，汉族是否已经形成为民族的问题

斯大林指出：“世界上有各种各样的民族。有一些民族，是在资本主义上升时代发展起来的，当时资产阶级在打破封建主义和封建割据的时候，把民族集合为一体并使它团结起来。这就是所谓‘近代’民族。”①汉族自秦汉时起，不待言，它绝不是资产阶级民族。而且，就在鸦片战争以后，在中国的社会经济生活中，同买办资本和高利贷资本结合在一起的地主阶级依然占着显著的优势，而中国民族资本主义虽然有了某些发展，并在中国政治的、文化的生活中起了颇大的作用，但是，因为处在帝国主义、封建主义的严重压迫下，它并没有成为社会经济的主要形式。它的力量是很软弱的，它不曾也不可能起着“打破封建主义和封建割据”的作用。和这相反，中国封建势力在帝国主义支持下，呈现北宋以来所未有的割据状态。因此，在中国近代史上，资产阶级并不是民族的纽带。也就是说，汉民族有它自己的发展过程，并不因为有了资本主义和资产阶级才开始成为民族。

斯大林给民族下了定义：“民族是历史上形成的一个有共同语言，有共同地域，有共同经济生活以及表现于共同文化上的共同心理状态的稳定的人们共同体。”② 斯大林又说：“必须着重指出，把上述种种特征中任何一种特征单独拿来，都不能作出一个民族的定义。况且：只要这些特征中缺少一种特征，那民族就不成其为一个民族了。”③ 依据上述原理来看中国历史，自秦汉时起，可以说，四个特征都初步具备了，以后则是长期地继续发展着。

---

① 斯大林：《民族问题与列宁主义》，见《马克思主义与民族殖民地问题》，第 344 页。

② 斯大林：《马克思主义与民族问题》，第 10 页。

③ 斯大林：《马克思主义与民族问题》，第 10 ~ 11 页。

孔子、孟子、荀子、韩非子、李斯等人都主张统一天下，随着统一事业的实际进展，他们对统一的认识也愈益具体。《礼记·中庸》篇托名孔子说："今天下车同轨，书同文，行同伦。"《中庸》篇所谓今，显然是指秦统一以后，这与《史记·秦始皇本纪》所记秦始皇的统一措施是符合的。荀子的学说通过李斯在秦朝实现了。按照四个特征，"共同的语言"就是"书同文"。李斯作小篆，"罢其不与秦文合者"。汉时"学僮十七已上始试……书或不正，辄举劾之"。这说明自秦汉起，用以表达语言的字体全国完全一致，更不用说语法结构上的一致了。"共同的地域"就是长城之内的广大疆域。"表现在共同文化上的共同心理状态"就是"行同伦"。儒家思想的主要部分，即祖宗崇拜与孝道是汉族的共同心理。秦时"以吏为师"，汉时立太学和郡学，讲授五经，太学与郡学成为全国的大小文化中心。以上三个特征，自秦汉时起，在整个封建社会（包括半封建社会）时代里，本质上没有什么变化。现在再看第四个特征。

"车同轨"可以瞭解为相当于"共同经济生活""经济的联系性"这个特征。孟子引孔子说："德之流行，速于置邮而传命，"足见春秋时期已有为便利交通而设的驿站制度。水上交通照《史记·河渠书》《汉书·沟洫志》所记，长江、淮水、黄河已经贯通，南北各大水道都可以通舟楫。这种水陆交通，当然不能和近代交通比快慢，但对经济闭塞状况，到底起着减轻的作用。春秋时期水陆交通的作用，应予以适当的估计。周、郑、齐、晋都是当时商业比较发达的国家，商人用舟车装运货物往来各国，不受什么阻碍。当时大小国家都需要通商，例如卫文公"训农，通商、惠工"，复兴了卫国。齐国国君一向奖励工商业，齐国纺织业尤盛，号称"冠带衣履天下"（天下的贵族）。战国时期，商业的重要性更见增加，孟子列举王天下之道五条，其中招商（"天下之商皆悦而愿藏于其市"）通商（"天下之旅皆悦而愿出于其路"）占了两条，如果经济生活中商品流通不重要，孟子怎能说是王天下之道呢？从各国大小市场的存在和经济上的联系来看，孟子所说农民纷纷然与百工交易，固然还局限于一个区域内，而贵族们自给自足的经济生活，却随着宗族制度的破坏，事实上并不是完全的自给自足了。李斯上秦始皇《谏逐客书》，正好说明这一事实。经济上的联系性与各地方彼此孤立的割据状态是不相容的，荀子《王制》篇、《史记·货殖列传》说明了这种联系性在经济生活中的重要意义。《王制》篇说："北海则有走马吠犬焉，然而中国得而畜使之；南海则有羽翮齿革曾青丹干焉，然而中国得而财之；东海则有紫紶鱼盐焉，然而中国得而衣食之；西海则有皮革文旄焉，然而中国得而用之。故泽人足乎木，山人足乎鱼，农夫不斫削不陶冶而足械用，工贾不耕田而足菽粟。”照荀子的说法，中国不仅国内的泽人与山人、农夫与工贾经济上联系着，而且与国外的所谓四海经济上也联系着，所以他主张“四海之内若一家”，因为“通商与转输相救（葵丘之会，第五禁‘无遏籴’，即转输相救），无不丰足，虽四海之广若一家也”（杨倞注）。《史记·货殖列传》在列举各地出产物以后说：“皆中国人民所喜好，谣俗被服饮食奉生送死之具也。故待农而食之，虞而出之，工而成之，商而通之。此宁有政教发征期会哉。”“此四者民所衣食之原也”。荀子所说山人与泽人，是指居住在山泽的富贵人，劳苦群众是不能足乎鱼木的。《史记》所说被服饮食奉生送死之具，也是指富贵人的享受。从这些人的墓葬里可以看出许多送死之具不是一个地区的产物，他们生前奉生之具，当然不限于本地而要通过商贾得之于远地。这都说明战国以来，商品生产和交换已经比西周和春秋时期大进一步地在社会上层起着经济联系的重大作用，因而割据分裂也为统治阶级的人们所憎恨。《荀子·富国》篇说：“今之世则不然。厚刀布之敛以夺之财，重田野之税以夺其食，苛关市之征以难其事……是以臣或弑其君，下或杀其上……无他故焉，人主自取之。”这就是说，阻碍通商是亡国的原因之一。在这样的共同趋势下，山东六国终于统一于秦国。

秦汉实现孟子荀子“关市讥而不征”的理想，商贾通行全国没有阻碍。《史记·货殖列传》说：“汉兴，海内为一，开关梁，弛山泽之禁，是以富商大贾周流天下，交易之物，莫不通得其所欲。”汉元帝时贡禹说：“商贾求利，东西南北，各用智巧，好衣美食，岁有十二之利而不出租税。”战国及秦汉商品交换既在经济生活中有如此重要的地位，大小市场和经济中心也就自然形成了。

中国国内大小市场的形成，开始于战国（即《史记·货殖列传》所列举的都会）。汉时长安、洛阳、宛、邯郸、临淄、成都为全国商业的中心大市场。其中西汉以长安、东汉以洛阳为中心大市场的中心。这些大市场与全国各郡县的中小市场联系着，不容否认当时全国经济上的联系是相当密切的。这种大小市场所起的联系作用，首先是各地区天然特产和著名手工业产品经官私商业的转输、流通，在全国范围内供统治阶级中人享用，其次是本地区所产普通用品如铁器、陶器等物，供本地居民使用。地主大工商利用大小市场得到自己奢侈生活所需要的一切，同时也利用它向广大劳动群众进行敲剥。张衡《西京赋》描写长安商市：“廓（大）开九市（大路西六市，东三市），通阛（市墙）带阓（市门），旗亭（市楼）五重，俯察百隧（市上小路）”，这是说长安市场的规模。又：“环（奇）货方至（从四方来），鸟集鳞萃，鬻（卖）者兼赢（利息加倍），求（买）者不匮（无求不得）”，这是说市上交易的繁盛。又：“商贾百族（各地方人），裨贩夫妇，鬻良杂苦（劣货），蚩眩（欺骗）边鄙（边远人）”，这是说商贩对乡村人偏远地方人诈伪取利。其他大市场情状大致相似，中小市场具体而微，情状也不会有什么例外。农民每年要缴纳口赋钱，又要购买食盐铁器陶器等必需品，势必将一部分耕织所得的生产物当作商品到市场上出售，换取钱物，并受“杂苦”的额外损失。但更严重的是晁错所说农民受害的那种情况，就是：朝廷及地方官府“急征暴赋，赋敛不时，朝令暮得”。官早上说要，民晚上就得交。这样，当官府要钱时，农民只好“当具有者半价而卖，无者取倍称之息”，短期间商贾得到加倍的利息；当官府要物时，商贾“乘上之急，所卖必倍”，农民将自己的生产物半价卖给商贾，得钱再倍价买进官府所要之物。官府和商家利益相关，官府不论要钱要物，商贾总是获利。受害者自然是农民。农民受害到极点，只好把田宅、妻子甚至连自己都卖出去。在这种敲剥作用下，农民虽然过着最低度的自给自足生活，即衣牛马之衣，食犬彘之食的非人生活，但和市场的联系却依然是很密切的。西汉自公元前一一八年至公元五年，朝廷铸五铢钱凡二百八十万万枚，奸商私铸钱数量也很大，这样大量的钱在市场上流通，说明劳动群众所创造的财富，尽量为地主大工商所吸收和消费。所以地主大工商生活愈益奢侈，敲剥也就愈益残酷，市场也就愈益繁荣，而劳动群众主要是农民也就愈益穷困。地主大工商豪华的经济生活和农民小工商苦辛的经济生活，以大小市场为枢纽而联系起来了。主要为地主大工商服务的大小市场，既然是封建性的，那么，从它所起的经济上联系作用来说，固然可以产生国家的统一，从它的封建性来说，这种统一，却不能不是仍旧保留着封建割据状态的统一。读《史记·平准书》《史记·货殖列传》，《汉书·食货志》《汉书·货殖传》《汉书·王莽传》，桓宽《盐铁论》等书篇，事实说明市场在经济联系上，所起作用是大的，但在发展上有一定的限度，这个限度就是敲剥到农民不能生活下去时，便激起农民战争，打击或推倒那些封建统治者。

“随着资本主义的出现、封建分割的消灭、民族市场的形成，于是部族就变成为民族。”① 部族变成民族的原因是资本主义的出现，其具体表现是封建割据的消灭和民族市场的形成。在汉族历史上，自秦汉确立郡县制，不再是分成为个别“领土”的国家了，大小市场也实在形成了，但是资本主义根本不存在。这和欧洲历史确有不同之处，下面采取恩格斯《论封建制度的解体及资产阶级的发展》的一些论点，与中国历史作比较，算作一种解释。当然，这种解释可能不是惬心恰当的。

恩格斯说：“十五世纪时封建制度在西欧各处都呈现彻底土崩瓦解的状态；在封建统治的地域内处处都被劈刺似的插入了有其反封建利益、有其自己的法权并拥有武装市民的城市。”这种情况在中国封建社会里完全不曾发现过。中国封建社会发展的道路，不是以“十五世纪的城市市民”来破坏贵族领主阶级的统治，而是插入了一种独特的封建土地所有制，即以家族土地所有制的地主阶级来代替宗族土地所有制的贵族领主阶级；在地主阶级统治的封建社会里，土地可以自由买卖。这种自由买卖，在欧洲是封建制度已被破坏，资本主义已经得到自由的时候才有的，农民成为私有财产者，乃是“近代文明国家”里的事情。而在中国，对欧洲说来，却是一种独特的封建土地所有制。在自由买卖的形式下，土地一面在集中，一面在分散。从这里产生了一种情形，即有钱的农民小工商可上升为地主，破产的地主可下降为农民或小工商。两个阶级不变，阶级里的某些人却在升降线上来回上下，“十年财东轮流做”的想法，在平常时期，使农民小工商业者的斗争意识模糊起来。另有一种情形是很多地主兼做大工商，很多大工商也兼做地主。工商业多余的资金用来收买土地，不会积累起更多的资金，无限制地去扩张工商业。自然，地主与民间工商业矛盾是有的，例如汉时皇帝就是最大的工商业者，一般地主也兼做工商业，官营工商业对私营工商业，无市籍商人（地主兼工商，有权做官吏）对有市籍商人（工商兼地主，本人连子孙不得做官吏）都有斗争，但并不是封建制度与资本主义工商业的斗争。即使到封建后期（明和清鸦片战争以前），民间带有资本主义性质的工商业与封建制度的斗争也不是尖锐的。在西欧，“虽然手工业者及与其同时产生的市民手工业者都很幼小且活动范围有限，但他们还有

① 斯大林：《马克思主义与语言学问题》，第10页。

足够力量在封建社会内完成变革，并且至少他们还都在向前迈进，而贵族阶级则纯然是停滞不前的”。在中国，工商业与地主结不解缘，说迈进则是相应迈进，说停滞则是相应停滞，工商业很难发展到足以脱离封建的性质成为破坏封建制度的独立力量。某些农民小工商与地主的升降和地主与大工商的兼业，都是中国不同于西欧封建社会的特殊情形。在这种特殊情形下，封建性质的工商业得在全国范围内流通，起着联系的作用。不像欧洲那样，“每一座封建庄园完全自给自足，甚至军事供应也由征集实物得来。那时没有贸易和交换，货币也是多余的”。这种割据状态，必须资本主义工商业才能破坏它。

如果上面那些比较，还不是完全错误的话，那么，自秦汉时起的中央集权的统一国家，它的基础之一就是为封建社会服务的经济联系，即主要是地主阶级所需要的这种联系。既然并没有资本主义的出现，“在某种程度上仍旧保留着封建割据的状态”，也就成为必然的状态了。这种状态的存在，只有到了新民主主义革命胜利的时代，才能彻底把它消灭，实现真正的完全的统一。

至于说到汉族自秦汉至新民主主义革命胜利以前，是部族还是民族的问题，根据汉族的具体历史，我认为应得出如下的结论：汉族自秦汉以下，既不是国家分裂时期的部族，也不是资本主义时期的资产阶级民族，而是在独特的社会条件下形成的独特的民族。它不待资本主义上升而四个特征就已经脱离萌芽状态在一定的程度上变成了现实。它经历过二千余年的锻炼，具备着民族条件和民族精神，所以，当欧洲资本主义侵略者侵入以后，一方面，中国变成了半殖民地半封建的国家；另一方面，民族反抗运动蓬勃地开展起来。太平天国、义和团两次大规模的民族反抗运动，都是农民阶级发动的，根本没有资产阶级的领导。这个事实，说明了汉民族在资产阶级产生以前，早就是坚强的民族，也说明了以资产阶级为领导的资产阶级民族并不存在。辛亥革命是资产阶级领导的，但是，革命的结束，丝毫也不曾改变中国社会半殖民地半封建的性质。在文化方面，资产阶级思想只能上阵打几个回合，就被外国帝国主义的奴化思想和中国封建主义的复古思想的反动同盟所打退了。这个事实，说明了软弱的中国资产阶级实在没有力量来领导民族运动，因之也不可能形成资产阶级的民族。也说明了产生在帝国主义时代的中国资产阶级，不可能担当起领导民族运动的任务。它是这样的一个阶级，就是：“中国的民族资产阶级，即使在革命时，也不愿意同帝国主义完全分裂，并且他们同农村中的地租剥削有密切联系，因此，他们就不愿和不能彻底推翻帝国主义，更加不愿和更加不能彻底推翻封建势力。”（《新民主主义论》）这样的阶级，要求它同欧洲资本主义上升时期的资产阶级一样起领导民族的作用，那就不免强人所难了。它只能在新民主主义革命时代，在中国工人阶级中国共产党的领导下，作为被领导的一员，在一定时期中和一定程度上表现出它的革命性。如果中国近百年来真有资产阶级民族存在的话，中国近代史和现代史都将无法解释，特别是资产阶级既是民族的领导阶级，为什么会变成被工人阶级领导的一员？反之，如果认识到汉民族早就是一个民族而不是资产阶级民族，那么，太平天国运动、义和团运动为什么那样规模巨大，辛亥革命为什么那样无力，中国民族革命民主革命为什么一定要中国工人阶级来领导和完成，而中国资产阶级为什么只能是民族民主统一战线里的一个部分，诸如此类，都可以得到解释。

工人阶级代替资产阶级来进行民族民主革命，而资产阶级成为被领导的一员，这正是资产阶级民族不曾形成过的证明之一。这种情形，至少中国是这样的。

归根说来，汉族在秦汉时已经开始形成为民族，近百年来，它在原来的基础上愈益加强了，但并不曾转化为资产阶级民族。它在中国工人阶级中国共产党领导下，作为属于世界无产阶级社会主义革命的一部分而进行斗争，终于彻底完成了民族革命和民主革命，从而很自然地成为社会主义的民族。中国近代史证明不曾形成过资产阶级民族，似不应以无为有。中国古代史证明汉族在独特的条件下早就形成为民族，似不应以有为无。历史的具体事实正是有和无的根据。

中国和欧洲不同处，在于使分裂的国家成为统一国家的经济联系，欧洲是由资产阶级来实现的，而中国则是封建时代就实现了。这两种实现的性质和程度是不同的，而中国为什么有那一种实现，也绝不是偶然的，这是因为汉族有高速度的经济发展和文化发展，即：早在西周时期就已开始了封建社会，从而有可能变化出一种不同于其他封建制度的独特形态，又从而有可能很早就形成为民族。这种经济和文化发展的民族的很早形成，不仅使它本身因国家统一和平时期多于战乱时期而得到继续的成长，也使它有可能得到长远的时间，去融合四周的许多落后部落或部族到本族里面来。并且依据“野蛮的征服者总是被他们征服了的民族底较高的文明所征服”[①] 的“历史底永恒规律”，融合了鲜卑以至满洲等许多征服者。公元二年，汉族人口已达六千万。现在，中国人口已超过五万万，其中汉民族当在百分之九十左右。这样巨大的民族之所以存在并发展，当然不能是偶然的，主要原因之一就是它在独特的条件下很早就形成为民族。

这是需要广泛讨论的问题，我提出这些意见，只是对问题作一种试探，希望因此得到史学界的教正。

（《历史研究》1954 年第 3 期）

① 马克思：《不列颠在印度统治的未来结果》，见《马克思论印度》，第 19 页。

关于处理中国史上的民族关系问题

翦伯赞

民族平等与汉族在历史上起主导作用问题

各民族一律平等，这是马克思列宁主义对待民族问题的基本原则。这种原则，适用于处理当前的民族问题，也适用于处理历史上的民族问题。

应用这种原则不是一件容易事情，很多史学家在这个问题面前遇到了困难。为了避开困难，当讲到历史上的民族关系时，人们总是尽量回避那些不平等的历史事件，个别的人甚至歪曲历史事实以适应民族平等的原则。用这样的办法处理历史上的民族关系，很容易给人一种错觉，好像中国史上的民族关系从古以来就是平等的。

照我的理解，用民族平等的原则来处理历史上的民族关系，并不是用一种简单的方法把不平等的民族关系从历史上删去，或者从那些不平等的民族关系中挑选一些类似平等而实际上是不平等的史实来证实这个原则在古代中国已经实现，更不是把历史上的不平等的民族关系说成是平等的；而是揭露历史上的不平等的民族关系，用历史唯物主义的观点、批判的态度，指出那些不平等的民族关系的历史根源和历史实质。

在漫长的阶级社会历史时期中，民族之间的关系是不平等的，这种事实，充满了世界史，也充满了中国史。这些不平等的民族关系出现在阶级社会是不足为奇的，因为它是阶级社会的历史产物。只要有剥削民族和被剥削民族存在，就不可能有民族平等。因此对于历史上的不平等的民族关系是用不着隐讳和粉饰的。

一直到现在，在民族史的讨论中，还有人提出中国史上的民族的国籍问题。有人主张，凡活动于今日中国境内的古代民族都算中国人。也有人主张，决定一个历史上的民族是不是中国人，应当以当时的，主要以汉族为首的王朝政治统治所及的范围为准。他们主张当匈奴、契丹、女真、蒙古等族尚未纳入汉族王朝的政治统治的范围之内的时候，均不得视之为中国人，而应目之为外国人。我以为第二种说法是值得商量的，因为在阶级社会历史时期，要把一个民族纳入另一个民族政治统治所及的范围之内，主要的是经过征服，按照这种说法，中国史上的民族是不是中国人，岂不要以这个民族曾否被汉族王朝征服为准？被征服过的，才算中国人，否则不算。这样说来，一个少数民族岂不只能以被征服者的资格加入祖国，不能以独立的地位加入祖国？这种主张者显然把中国和汉族在中国土地上建立的王朝等同起来，因而认为只有汉族王朝势力所及之地，才算中国的领土。然而汉族王朝的统治范围并不等于中国。在中国这块土地上除了汉族以外，还有很多民族。这些民族有些在历史上消失了，有些到现在还是构成多民族中国的一个民族，这些民族和汉族王朝发生从属关系，有先有后，但他们的祖先自古以来就生活在中国这块土地上，怎么能说他们和汉族王朝发生从属关系以前不算中国人呢？由于中国这个多民族国家，有时是统一的，有时是分裂的。在统一时期，这些民族就纳入汉族或其他统治民族的统治范围之内，在不统一的时候，它们就摆脱了汉族王朝或其他支配民族所建立的王朝的统治，形成许多独立的王国，甚至一个民族还分裂为几个独立的王国。怎么能说他们和汉族王朝脱离从属关系以后不算中国人呢？在我看来，出现在中国史上的一些民族，作为一个民族，他们和汉族是属于不同的民族，但作为多民族国家的一个成员，不管在分裂时期或统一时期，也不管是纳入或未纳入汉族王朝统治范围之内，应该承认他们都是中国人。

在民族史的讨论中，又有人为了描绘一幅统一的多民族国家的历史画图，主张把历史上的少数民族在边陲地区所建立的王朝或汗国，一律称为“地方政权”或“地方性王国”，而把中原地区的王朝称为“皇朝”。还有人主张把历史上的少数民族建立的割据王朝，加上括弧。这些主张我以为也是值得商量的。

根据具体的历史事实，先后出现在中国史上的少数民族在边陲地区建立的部落国家，它们和中原王朝的关系是各种各样的，有些在很早的历史时期就变成了中原王朝的郡县，有些和中原王朝只是有过政治上的从属关系，即藩属关系，有些只有在朝贡形式之下进行的商业交换关系。而且这些各种各样的关系又不是固定的，而是经常变动的，有些在前一王朝时期和中原王朝是藩属关系，到后一王朝变成了中原王朝的郡县。甚至在同一王朝时期，也有变动。总之，民族之间的历史关系是极其复杂的。如果把它们一律说成是中原王朝直辖的“地方政权”或隶属于中原王朝的“地方性王国”，就把复杂的民族关系简单化了。至于少数民族在中原地区建立的割据王朝，例如十六国中的匈奴、羯、氐、羌、鲜卑所建立的短期王朝，后来的北魏、北齐、北周、辽、金等，大抵和同一时期的中原王朝处于匹敌的地位，它们建号称尊，自同王者，也没有理由把它们的王朝加上括弧。在处理这样攸关少数民族历史地位的问题时，我以为应该采取实事求是的态度，是独立的王国、汗国就称它们为独立的王国、汗国，是地方政权就称它们为地方政权，最好不要随便加上形容词，或者打上括弧。

在民族史的讨论中，也有人认为要贯彻民族平等的原则就不能说汉族在中国史上起了主导作用，如果说汉族起了主导作用就会显得其他的民族处于从属的地位，因而在有些中国史讲稿中把中国史上的各民族和汉族不分轻重平行叙述，好像中国的历史就是由许多民族组成的一幅百衲被。我以为这样的顾虑也是多余的。因为我们说民族平等是指各民族享有的权利，不是指的各民族在历史上所起的作用，权利应该是平等的，作用是不可能平等的。

由于我国疆域辽阔，各民族的历史发展是不均衡的，出现在同一个历史时期的部族或民族，往往处于不同的历史发展阶段，其中有先进的，也有落后的。先进的部族或民族在历史上起的作用大，落后的起的作用小。一直到新中国成立前夕，有些民族还处于农奴制阶段，有些还处于奴隶制阶段，有些还处于原始公社制阶段，只有汉族一贯地处于先进的地位。不论在经济开发和文化艺术创造中，或者在反对国外敌人的斗争中，汉族人民都起着卓越的主导作用，这是历史事实。承认这种事实，对少数民族的权利没有丝毫影响，因为决定汉族起主导作用的，不是它的特权，而是它的先进的生产方式，是它的愈来愈发展的封建经济和文化。

也有人提出这样的问题，即当汉族被其他民族征服而丧失政权的历史时期，汉族是不是还起主导作用呢？要回答这个问题，那就要看征服汉族的那些民族是不是在征服汉族以后改变了汉族原来的生产方式。

照马克思的说法，“所有的征服有三种可能。征服民族把自己的生产方式强加于被征服的民族（例如，本世纪英国人在爱尔兰所做的，部分地在印度所做的）；或者是征服民族让旧生产方式维持下去，自己满足于征收贡赋（如土耳其人和罗马人）；或者是发生一种互相作用，产生一种新的，综合的生产方式（日耳曼人的征服中一部分就是这样）”[①]。由此看来，征服者可以改变，也可以不改变被征服民族的生产方式，还可以产生一种新的、综合的生产方式。

在另一个地方，马克思又说：“野蛮的征服者总是被那些他们所征服的民族的较高文明所征服，这是一条永恒的历史规律。”[②] 恩格斯也说：“在长时期的征服中，比较野蛮的征服者，在绝大多数情况下，都不得不适应征服后存在的较高的‘经济情况’；他们为被征服者所同化，而且大部分甚至还不得不采用被征服者的言语。”[③] 由此看来，文明较低的民族征服文明较高的民族以后，大半是让原来的生产方式维持下去。

在中国史上，相继征服过汉族的那些鲜卑人、契丹人、女真人、蒙古人和满洲人，比起当时被他们征服的汉人来，都是处于文明较低的历史阶段。他们在进到中原地区以后所碰到的都是高于他们本族的生产方式，因而他们不能不服从“永恒的历史规律”，让原来的生产方式维持下去，而满足于征收纳贡。只有蒙古人曾经企图把他们的游牧生活方式强加于被征服的汉人；但当蒙古的军事贵族认识了农业在封建经济中的重要性以后，他们还是放弃了那种开倒车的想法。当然，在辽金元统治时期，特别是在征服战争的过程中，曾经使汉族人民的生产遭受暂时的破坏，而在后来也在汉族原来的封建经济结构中渗入了一些奴役制；但基本上并没有改变汉族原来的生产方式。因此，我以为即使在鲜卑人、契丹人、女真人统治半个中国的时期，在蒙古人、满洲人统治整个中国的时期，汉人仍然在中国史上起着主导作用。这样说，并不违背民族平等的原则。

民族同化与民族融合的问题

在民族同化和民族融合的问题上，也有些不同的意见。最一般的情况是在论述历史上的民族关系时，人们总是尽量避免使用同化这个名词，而

① 马克思：《〈政治经济学批判〉导言》，《马克思恩格斯选集》第 2 卷，第 211 页。

② 马克思：《不列颠在印度统治的未来结果》，《马克思恩格斯选集》第 2 卷，第 181 页。

③ 恩格斯：《反杜林论》，人民出版社，1970，第 180 页。

以融合代替同化。

例如有人把魏晋南北朝时期的民族同化说成是民族大融合，把辽金元时期的民族同化也说成是民族大融合。好像自古以来中国各族之间就只有相互融合，不曾有过落后部族或民族同化于先进民族的史实；然而他们所说的“民族大融合”，其结局又往往是某些比较落后的部族或民族消失本部族或民族的特点，融合于汉族的汪洋大海中。像这样的情况，如果照列宁的说法，就不能说是融合，只能说是同化。列宁曾经这样说过：关于“同化的问题，即丧失民族特性，变成另一个民族的问题”[①]。很明白，凡丧失本民族的特性变成另一民族，列宁就称之为同化。上面所说的“古代的民族融合”，正是列宁所说的同化。

“一门科学提出的每一种新见解，都包含着这门科学的术语的革命。”[②]当马克思、列宁对民族关系提出新解释时，同化和融合这两个科学术语，也就具有不同的含义。照马克思、列宁的说法，在阶级社会的历史时期，只有民族同化，没有也不可能有民族融合。同化是大的、生产力高的民族使小的、生产力低的民族同化于自己。像滚雪球一样，大民族越滚越大，小民族就滚得没有了。这就是为什么在中国史上许多小的部族或民族陆续消失了，而汉族却越来越大的原因。至于严格意义的民族融合，那就不是以一个大的、生产力高的民族为主体而使其他的民族同化于它，而是在国际共产主义的基础之上的各民族的平等的融合和高度的统一，这种融合的结果，不是一个大民族在其他民族消失它们的民族特点的情况之下扩大自己，而是形成一个既非甲民族又非乙民族而是一个从来没有的新民族，但这要在共产主义在世界范围内取得胜利以后很长的时期内才有实现的可能。

民族融合能不能在阶级社会出现呢？照列宁的说法是不可能的。列宁

---

① 列宁：《关于民族问题的批评意见》，《列宁全集》第20卷，第9页。

关于同化与融合两个名词的外文含义，我曾经请教部循正、张芝联两位同志。“同化”这一名词，英文、法文、德文均为 assimilation，俄文为 асситиляторoство，词根皆相同，都是从拉丁文 similis 演变而来。拉丁文是“像”或“相似”的意思，冠词 as 乃使之相似的意思。“融合”这个名词，英、法、德文一般皆作 amaigamation，系从拉丁文 amalgama 变来，原意是一种金属和水的混合物（至于 amalgama 一字的来源又有两说：一说谓系从阿拉伯文变来，原意是“婚姻的结合”；一说系从希腊文变为阿拉伯文，原意是“搓揉”）。俄文也有 атальгамировать 一字，系外来语。列宁在《关于民族问题的批评意见》一文中用 similis，意即“混合”“溶合”。

② 恩格斯：《资本论·英文版序言》，《资本论》第1卷，第34页。

在《社会主义革命和民族自决权》一文中说："正如人类只有经过被压迫阶级专政的过渡时期，才能达到阶级的消灭一样，人类只有经过一切被压迫民族完全被解放的过渡时期即他们有分离自由的过渡时期，才能达到各民族的必然融合。"①

按照斯大林的说法，民族融合不但不能在阶级社会出现，就是社会主义在一个国家的胜利的时期，也不能实现。他在《民族问题和列宁主义》一文中说："列宁不是把民族差别消亡和民族融合的过程归入社会主义在一个国家内胜利的时期，而是仅仅归入无产阶级专政在全世界范围内实现以后的时期，就是说，归入社会主义在一切国家内胜利的时期即世界社会主义经济基础已经奠定的时期。"②

民族融合为什么不能在阶级社会实现呢？因为实现民族融合的最主要的前提是消灭民族对民族的压迫剥削，而这在阶级社会是不可能的。

民族融合为什么在社会主义在一个国家内取得胜利的时期还不能完全实现呢？因为要实现民族融合不仅要消灭民族压迫和民族国家的壁垒，而且要消灭各民族在经济方面和生活方面的差别，形成各民族利害一致的经济中心，还要求消灭民族语言、文化等精神生活方面的差别，形成民族间的共同语言，照《共产党宣言》上说，还要许多民族的和地方的文学形成一个世界的文学。而这在社会主义在一个国家内胜利的时期只能提供一种可能性，并替这种可能性准备现实的条件，不可能完全实现。关于这个问题，斯大林曾经作过说明。他说："在我们国家中，民族压迫早已消灭了，但是由此决不应该得出结论说：民族差别已经消失了，我国各民族已经消灭了。在我们这里，在我们国家中，民族国家壁垒如边防、关税早已取消了，但是由此决不应该得出结论说：各个民族已经融合起来了，各种民族语言已经消失了，这些民族语言已经被我们一切民族的某种共同语言代替了。"③

民族融合是历史发展的必然趋势，是进步的现象，我们应该欢迎它。但是，不能因为欢迎这种进步的现象就把它提前塞进历史，就把阶级社会的民族关系，一律说成是民族融合。如果把阶级社会历史时期的民族关系，

① 《列宁全集》第22卷，第141页。

② 《斯大林全集》第11卷，第298页。

③ 斯大林：《民族问题和列宁主义》，《斯大林全集》第11卷，第294页。

都说成是融合，那么就会掩盖阶级社会的民族关系的本质，也会模糊阶级社会和社会主义社会历史时期的民族关系的本质的差异，同时也不符合历史事实。中国史上常常有“归化”、“向化”和“化外”之民的记录。这里所“归”的和所“向”的文化，当然是指汉族文化，而所谓“化外”之民，则是指没有同化于汉族的人民。不仅在封建社会只能有民族同化的事，在资本主义社会也只能有民族同化。列宁说：“资本主义社会的经济发展在全世界给我们提供了一些没有充分发展的民族运动的例子，提供了一些由若干小民族或损害某些小民族组成大民族的例子，提供了一些民族同化的例子。”① 列宁的这段话指出了民族同化的根源，不仅仅是政治接触和文化往来的结果，而是一定的社会经济在民族关系方面的表现形式。只要把民族同化这个问题提到历史范畴以内，就可以看出从民族形成经过民族同化到民族融合是民族关系发展的历史过程，而民族融合实际上就是民族消亡。

同化是不是不可以用呢？我看是可以用的。马克思、恩格斯、列宁也常常使用民族同化这个名词。例如马克思在论印度时说：“相继征服过印度的阿拉伯人、土耳其人、鞑靼人和莫卧儿人，不久就被当地居民同化了。”②恩格斯在论暴力的作用时也说，文明较低的征服者“为被征服者所同化”③。列宁在说到资本主义时代的民族关系时也是说“民族同化”④。由此看来，同化这个名词是用不着回避的。

同化基本上是带有强制性的，自愿的是例外。在阶级社会历史时期存在着这样的现象是不足为奇的。按照马克思主义的观点，阶级社会的国家是各民族人民的大牢狱，只有社会主义的国家才成为各民族人民的大家庭。在民族牢狱中，大民族强制小民族同化于自己，难道还有什么奇怪。

由于封建社会的闭塞性，居住在中原地区和边陲地区的民族之间的自然联系不够密切，再加上落后民族的保守性，就使得民族之间的自然同化不很容易。具体的历史事实指出，当中国的封建主义在中原地区取得了支配地位以后，那些交通阻塞的边陲地区就成了落后的氏族制、奴隶制、农奴制的避乱所，居住在那里的落后部族和民族，他们依靠崇山峻岭、依靠

---

① 列宁：《关于民族问题的批评意见》，《列宁全集》第20卷，第18页。

② 马克思：《不列颠在印度统治的未来结果》，《马克思恩格斯选集》第2卷，第181页。

③ 恩格斯：《反杜林论》，人民出版社，1970，第180页。

④ 列宁：《关于民族问题的批评意见》，《列宁全集》第20卷，第12页。

沙漠作为屏障，坚持与文明世界的隔绝，而以保存祖传下来的原始生活方式感到自豪。这些落后部族或民族的头脑，正像恩格斯所说的瑞士山民的头脑一样，简直是“花冈石堡垒，要想开化他们，那是千难万难的事”①，因此强制就成了必要。当然，这里所谓强制，并不是说一个民族用暴力去消灭另一个民族的特点，只是说用各种强制的手段，来创造有利于同化的条件。

封建主义的文明，通过商业的交换和文化的影响向边陲地区的伸展，无疑地会加速少数民族被同化的过程，因为它创造了一种条件使落后地区的部族或民族更容易接触较高的经济和文化。落后的部族或民族通过征服或和平的迁徙而移居中原地区，也无异把自己转移到更容易被同化的环境之中，但这种条件的创造，大半是通过带有强制性手段，有时是通过战争。

在中国史上，强制移民的史实是不胜枚举的。或者把中原地区的汉人移到落后的边陲，例如秦始皇徙五十万人于当时的南越，汉武帝徙七十余万人于当时的河南地；或者把边陲地区的落后部族或民族移到文化较高的中原，例如西汉武帝先后徙东瓯、闽越于江淮之间，东汉光武帝、和帝先后徙廪君蛮于江夏。不论是哪一种移民，其结果都是加速同化的过程，但移民也是带有强制性的。

还有直接用命令推行同化政策的。例如王莽强制匈奴单于改用汉式单名，金世宗强制汉人学女真文，清世祖强制汉人剃发易服等，都是属于这一类的。宋代著名的诗人陆游有一首诗提到在女真人统治下的汉人同化于女真人的情况。诗云：“上源驿中捶画鼓，汉使作客胡作主，舞女不记宣和装，庐儿尽能女真语。”②

在几个民族杂居地区或者接壤的地区，也有自然同化，但自然同化也是受到生活条件的强制。例如《颜氏家训·教子》上说到一位北齐的士大夫要他十七岁的儿子学鲜卑语及弹琵琶，看起来是自愿的，实际上是生活条件的强制，因为生活在鲜卑人统治区域的汉人，学会了鲜卑语及弹琵琶，就可以“以此伏事公卿，无不宠爱”。当然，不学鲜卑语及弹琵琶也有自由，颜之推就向他的儿子说过“若由此业自致卿相，亦不愿汝曹为之”。北魏孝文帝命令鲜卑人学汉人语言，看起来也是鲜卑统治者自愿的，实际上

---

① 恩格斯：《瑞士的内战》，《马克思恩格斯全集》第 4 卷，第 388 页。

② 陆游：《得韩无咎书寄使虏时宴东都驿中所作小阕》，《剑南诗稿》卷四。

也是由于生活方式的改变迫使他们不得不学习汉人的语言。因为当时的鲜卑人已经由游牧生活转向定住的农耕，而鲜卑语可能没有足够的农业方面的词汇。由于自己的生活条件和工作条件而需要学会其他民族的语言，虽然不是强制的，但条件就是一根棍子。

即使有了同化的条件，但要使一个部族或民族同化于另一个民族还是不容易的。例如相继征服过汉族的那些游牧民族，当他们踏入黄河南北开阔的原野时，虽然很快就受到繁华的城市生活的诱惑，受到封建文化的熏陶，受到那些没有骆驼却有鸡犬之声相闻的村落的习俗的传染，但由于落后的民族主义的偏见、闭关主义的思想根深蒂固，他们还是想挣脱文明的诱惑，并力图保存那些对于他们的生活已经没有什么实际价值的民族特点。例如女真统治者屡次下令禁止女真人用汉姓，禁止女真人学汉人的装束，清朝的统治者，也屡次下令禁止满洲人学汉人装束，禁止满洲人和汉人通婚，禁止各省的八旗驻军和汉人杂居，禁止满洲人经营商业和农业，甚至封锁东三省，不准汉人去开垦。这种种的措施，简直是对文明的抗拒。用恩格斯的话说，这是“对历史发展潮流的对抗”，“是愚昧对教养、野蛮对文明的反抗”①。当然，要在文明的世界中保存落后的东西是不可能的，只要这些落后的民族，具有“花岗石堡垒”的头脑的部族或民族，走进黄河流域这个汉族文化的摇篮，用列宁的话说，走进这“一个碾碎民族差别的大磨坊”②，任何民族差别，结局还是被碾成粉碎。

同化虽然大半带有程度不同的强制性，但仍然是一种进步的历史现象。因为所谓同化，实际上就是落后民族加入了先进民族的经济和文化体系，就是落后民族文明化。列宁对同化的积极作用估价是很高的。他说：同化“还有没有什么实际的东西呢?”“当然是有的。还有资本主义所具有的世界历史意义的打破民族壁垒、消除民族差别、使各民族同化的趋势，这种趋势每过10年就显得更加强大有力，并且是使资本主义转变为社会主义的最大的动力之一。”③ 因此列宁认为“谁没有陷入民族主义偏见的泥坑，谁就不能不看到资本主义同化民族的这一过程包含着极大的历史进步作用”④。

① 恩格斯：《瑞士的内战》，《马克思恩格斯全集》第4卷，第387页。

② 列宁：《关于民族问题的批评意见》，《列宁全集》第20卷，第12页。

③ 列宁：《关于民族问题的批评意见》，《列宁全集》第20卷，第11页。

④ 列宁：《关于民族问题的批评意见》，《列宁全集》第20卷，第12页。

又说："那些大骂其他民族的马克思主义者赞成'同化'的冒牌马克思主义者，实际上只是表明他们自己是民族主义的市侩而已。"① 很明白，封建主义时代的民族同化，替资本主义时代的民族和民族国家的形成创造了条件；资本主义时代的民族同化，又替社会主义和共产主义时代的民族融合创造了条件。而民族融合则是民族运动的最高的形式。所以列宁说我们"欢迎民族的任何同化，只要它不是借助于暴力或特权进行的"②。但是欢迎同化，不等于欢迎同化政策。"同化政策是马克思列宁主义的武库中绝对不容许有的，因为它是反人民、反革命的政策，是有害的政策。"③ 因为这种政策是用强迫的办法、用命令来消灭另一民族的特征。

民族之间的战争与和平的问题

在研究历史上的民族关系时，必然会碰到战争问题，怎样处理历史上的民族间的战争，也是民族史研究中的一个经常碰到的问题。

过去的史学家在论述民族间的关系时，一般都把战争作为主题，甚至只有讲到战争的时候才提到民族关系。这是不对的。因为民族之间的正常的和主导的关系应该是和平相处。只有在民族矛盾发展到和平相处的关系不能继续维持下去的时候才爆发战争。

过去的史学家强调战争，是因为他们生活在阶级社会，具有狭隘的种族主义或民族主义的思想，这种思想使得他们只看见民族之间的冲突，看不见民族之间的友好往来。但新中国成立以后，还有人强调民族间的战争，并过高地估计这种战争的作用。例如在有些新中国成立后出版的中国史中，仍然把历史上某些游牧民族说成是好战成性、劫掠为生的民族，并且说这是一个从氏族制进入奴隶制阶段的部族的历史特性。

马克思说过："有一种传统的观念，认为在某些时期人们只靠劫掠生活。但是要能够劫掠，就要有可以劫掠的东西，因此就要有生产。而劫掠方式本身又决定于生产方式。"④ 由此看来，全靠劫掠生活的说法，从理论

① 列宁：《关于民族问题的批评意见》，《列宁全集》第20卷，第11页。
② 列宁：《关于民族问题的批评意见》，《列宁全集》第20卷，第18页。
③ 斯大林：《民族问题和列宁主义》，《斯大林全集》第11卷，第299页。
④ 马克思：《〈政治经济学批判〉导言》，《马克思恩格斯选集》第2卷，第212页。

上说是不能成立的。这样的民族在现实的历史上也是不存在的。根据历史的记载，那些征服过和侵袭过汉人的民族并不完全靠打劫汉人生活，主要的是靠游牧生活，或者是靠半农半牧生活。

好战和劫掠也不是一个从氏族制进入奴隶制阶段的种族所独有的特性，而是处于阶级社会历史阶段的部族或民族的共性。封建主义时代特别是资本主义时代的统治阶级，它们的好战和劫掠，比起奴隶制时代的部族或种族更要野蛮。马克思在说到资本主义曙光时代的资产阶级的劫掠时曾引用威·豪伊特的话说："所谓的基督教人种在世界各地对他们所能奴役的一切民族所采取的野蛮和残酷的暴行，是世界历史上任何时期，任何野蛮愚昧和残暴无耻的人种都无法比拟的。"① 例如青年时代的英国资产阶级对印度人的剥削和压迫，在马克思看来，就比"萨尔赛达庙里的狰狞的神像更为可怕"②。今天美国资产阶级对印第安人的剿灭、对黑人的奴役的罪恶行为，如果和古代奴隶主相比，谁都不能否认孙子比祖父更为高明。

一切都是后来居上，劫掠也是一样。应该把劫掠的锦标送给剥削阶级的最后一代。

和上面的情况相反，新中国成立后又有人为了避免引起各族人民之间不愉快的回忆，主张少讲或不讲战争，只讲各族人民之间的和平共处、友好往来。不强调战争是对的，我们没有必要把历史上所有的疮疤都揭露出来。但如果认为所有的战争都可以不讲，那就是因噎废食。主要的战争是要讲的。因为战争不是历史的偶然爆炸，而是民族之间的矛盾长期发展的结果，并且是民族矛盾最集中的表现。毛主席说："战争——从有私有财产和有阶级以来就开始了的、用以解决阶级和阶级、民族和民族、国家和国家、政治集团和政治集团之间、在一定发展阶段上的矛盾的一种最高的斗争形式。"③ 因此，如果从历史上抽出民族之间的战争，就等于抽出了民族矛盾，而民族矛盾是阶级社会历史中的一个重要方面。

在中国史上，充满了民族之间的战争记录。例如秦汉与匈奴的战争，晋与匈奴、羯、氐、羌、鲜卑的战争，北魏与柔然的战争，隋唐与突厥的战争，宋与契丹、女真、西夏、蒙古的战争，明与瓦剌的战争，清与准格

① 《资本论》第1卷，人民出版社，1975，第820页。

② 马克思：《不列颠在印度的统治》，《马克思恩格斯选集》第2卷，第174页。

③ 毛泽东：《中国革命战争的战略问题》，《毛泽东选集》第1卷，第164页。

尔的战争，等等。这些战争都不是一些孤立的突发的历史事件，他们和当时的有关的民族、有关的阶级在战前实行的政策是密切攸关的，如果从中国史上抽出了这些战争，那是不可想象的。

重要的战争是应该讲的，问题在于怎样讲。

过去的史学家说到汉族和少数民族之间的战争时，总是把少数民族说成是对汉族的侵犯、背叛，反之，把汉族对少数民族的战争说成是招携荒服，是对野蛮人的膺惩。这当然是不对的。新中国成立后，不少史学家却把情况反过来了。他们在讲到民族之间的战争时，总是尽可能地把汉族说成是侵略，把少数民族说成是革命。用这样一种简单的翻案方式处理极其复杂的民族战争，是很危险的。

要判断一个战争的性质，不是根据民族的大小，也不是根据民族的先进与落后，而是根据构成这个战争的具体历史情况。要弄清战争性质，必须弄清楚这个“战争是由什么样的历史条件造成的，是由哪些阶级进行的，是为了什么而进行的”①。不弄清楚这些，就无法对这个战争的性质作出判断。

构成战争的原因是各种各样的。一般说来，历史上的少数民族发动的战争大半是为了反抗汉族或其他统治民族的压迫和奴役，但也有例外。有些落后部族或民族发动的战争，看起来好像是为了保卫他们的部族或民族；但实际上并不如此，而是为了保卫少数统治者剥削和奴役本族人民的特权。为了保卫这种特权，有些落后民族的统治者不惜把自己的民族地区封闭起来，使本族人民和文明世界隔绝，以便利他们的剥削。为了这样的目的而进行的战争，当然不是什么革命，而是反动的战争。

由于中国的少数民族大半都分布在边陲地带，和外国壤地相接，所以在历史上，特别是近代史上，往往有某些少数民族的野心家因为受到外国统治者的挑拨离间，不惜勾结外国势力进行分裂祖国的活动，甚至发动战争，进攻祖国。这样的战争，更不是什么革命，而是背叛祖国的叛乱行为。

当然，在论述历代以来汉族和其他支配民族的统治者对少数民族进行掠夺战争时，揭露那些专制王朝、专制君主的民族压迫政策，乃是万分重要的工作。

---

① 列宁：《战争与革命》，《列宁全集》第 24 卷，第 368 页。

列宁说："民族压迫政策是专制制度和君主制度的遗产"[①]。这种专制制度和君主制度的遗产，在中国一直到国民党统治时期还被继承，而且变本加厉。毛主席在党的第七次全国代表大会上的政治报告中指出："国民党反人民集团否认中国有多民族存在，而把汉族以外的各少数民族称之为'宗族'。他们对于各少数民族，完全继承满清政府和北洋军阀政府的反动政策，压迫剥削，无所不至。一九四三年对于伊克昭盟蒙族人民的屠杀事件，一九四四年直至现在对于新疆少数民族的武力镇压事件，以及近几年对于甘肃回民的屠杀事件，就是证明。这是大汉族主义的错误的民族思想和错误的民族政策。"[②] 对于封建统治者和国民党反动集团所发动的这种屠杀少数民族的战争，我们必须加以揭露和反对，不揭露和反对这种战争，那就不是马克思主义者。

由专制王朝、专制君主发动的民族战争，其动机当然是为了掠夺和奴役别的民族，而且在战争的过程中，总是要给另一民族带来种种的惨祸、暴行、灾难和痛苦。但是即使如此，有些战争在客观上还是起了进步作用。列宁在《论社会主义与战争》一文中说："历史上常常有这样的战争，它们虽然象一切战争一样不可避免地带来种种惨祸、暴行、灾难和痛苦，但是它们仍然是进步的战争，也就是说，它们促进了人类的发展，加速地破坏极端有害的和反动的制度（如专制制度或农奴制），破坏欧洲最野蛮的专制政体（土耳其的和俄国的）。"[③] 由此看来，只要这个战争在客观上曾帮助破坏那种特别有害和反动的制度，即使带来一些灾难，终究还是进步的，因为它带来的灾难比起它摧毁的反动的制度，就算不了什么了。

因此，在说到历史上的民族之间的战争时，既要指出这些战争的主观目的，也要指出这些战争的客观效果无论如何是跟专制王朝、专制君主的主观目的不能完全符合的，有时甚至是相反的。例如汉武帝征服西域，当然不是为西域人民的利益，但因此而使西域诸国摆脱了匈奴人的更野蛮的奴役，并摧毁了西域地区的封锁，打通了西域人民通向汉族封建文明的道路，起了一定的积极作用。虽然如此，我们还是要着重地指出这种积极作

---

① 列宁：《关于民族问题的决议》，《列宁全集》第 24 卷，第 269 页。

② 毛泽东：《论联合政府》，《毛泽东选集》第 3 卷，第 1084 页。

③ 《列宁全集》第 21 卷，第 279 页。

用的发生和实现，不是由于和西域人民的合作，而是在汉族统治者对西域各族人民的压迫和奴役的程序上进行的。

在民族间战争的问题上，有一种新的意见，即有人提出对于历史上民族间的战争，应该照家务事处理。既然是一家人，就不能说谁侵犯谁。因此，主张清兵入关不是满族侵犯汉族，只是换朝换代而已。最近我接到一封读者来信，提出了这样一种意见，他认为在阶级社会内甲民族上台，乙民族下野，正像资本主义国家内的资产阶级在野党与执政党一样，这里不存在谁侵犯谁的问题。准此而论，则不但民族之间没有是非可言，中国史上也根本没有民族间的战争了。

我不同意这样的说法。我以为民族矛盾虽然在本质上是阶级矛盾在民族关系中的表现形式，但民族矛盾不等于阶级矛盾。把民族矛盾作为国内问题处理，也不等于是非不分，更不等于把民族矛盾说成是同一民族中两个阶级之间的矛盾，从而把民族之间的战争说成是阶级之间的战争，甚至说成是同一阶级的两个政党轮流执政。如果这样，就无异否定了阶级社会中有民族矛盾的存在，也否定了民族矛盾的阶级内容。

提出这种说法的人，可能是看到清兵入关之初，曾经同吴三桂联兵打过李自成的农民军，因而就把他们当作地主阶级。但是，清朝的统治者在打败了李自成的农民军以后，又打过明末三王，覆灭了弘光、隆武、永历三个南明政府，而这三个南明政府却是明代地主阶级的残余势力，这又怎样解释呢？而且努尔哈赤以“七大恨”誓师伐明，这“七大恨”是阶级仇恨还是民族仇恨呢？又如在扬州、嘉定和其他战役中，死于战争中的汉族人民是什么阶级的人都有的，这又怎样解释呢？另外，抵抗清军的汉人，有地主，也有农民军，这又怎样解释呢？应该承认，在封建社会中，有种族矛盾或民族矛盾的存在，而且在种族征服或民族征服的战争中，这种矛盾往往上升到主要的地位。

只有在征服战争结束以后，征服民族为了巩固它在被征服民族中的政治统治而必须转向生产的时候，他们才会触动被征服民族的生产关系或者说阶级关系。到这时，它才逐渐和被征服民族中的剥削阶级在经济利害上取得阶级的一致性，只有在这样的时候，被征服民族的剥削阶级才为了他们的阶级利益而牺牲民族自由和整个的民族国家，变成征服民族统治者压迫自己民族的工具。

被征服民族的农民什么时候才能把他们的斗争从保卫自己的民族自由

和民族国家转向阶级斗争，也要看被征服民族的高压手段的性质，如果高压手段触到农民的土地利益，使农民感到阶级的压迫超过了民族压迫，他们才能站到阶级斗争的前线。至于被征服民族和征服民族的劳动人民的结合，也要在经济的利害上取得阶级的一致性，然而这需要一个比较长的过程。因此，即使阶级矛盾上升到首要的地位，也不是说没有民族矛盾了，只能说民族矛盾降到了次要的和服从的地位。

也是为了把民族矛盾说成是阶级矛盾，近年来又有一种“民族联合政府”的说法。有些史学家把历史上的少数民族所建立的王朝，说成是征服民族的军事贵族和被征服民族的地主阶级的联合政府。例如他们说，元朝是蒙古军事贵族和汉族地主阶级组成的联合政府，清朝是满洲军事贵族和汉族地主阶级组成的联合政府。这样的说法，我以为是值得商量的。

所谓“民族联合政府”顾名思义是要在民族平等的基础上才能组成，然而在阶级社会历史时期，是不会有民族平等的。我国自古以来就是一个多民族国家，但这个多民族国家，不是建筑在各民族平等的结合上面，而是建筑在一个民族，更确切些说，是建筑在该民族的统治阶级对其余民族的统治上面。在这样的国家里的被统治的民族，它们在政治上，乃至在经济上都要服从统治民族。在这样的国家里，统治民族的劳动人民和被统治民族的劳动人民的利害也不是完全一致的，前者只有阶级压迫，而后者则除了阶级压迫以外，还有民族压迫。蒙古统治者曾经把他们统治下的各族人民分为四等，满洲统治者也推行过满汉区别对待的民族政策，就是证明。在元朝和清朝的政府中有汉族地主阶级参加，这是事实，但这些汉族地主并不是以民族代表，而是以个人的资格去参加的，虽然他们有意无意也反映一些本民族的愿望，只有这种愿望在不损害统治民族的利益时，才能被统治民族接受。由于汉族地主阶级以个人的资格参加，而不是以民族代表参加，他们就不能在政府中取得与蒙古、满洲统治者平等的民族地位，他们就不能参加决定民族政策和其他政策的权力机关，只能以政治使用人的资格替统治民族的统治阶级执行既定政策，在执行不力的时候，还可以随时被撤换。如果是一个“民族联合政府”，那汉族地主阶级就必须以本民族代表的资格参加到决定政策的权力机关，为本民族的利益说话。然而不论在元朝或清朝的政府中，汉族的地主阶级都没有取得这种地位和权力，怎么能说是“民族联合政府”呢？

历史上各族劳动人民的友好往来问题

在论述历史上的民族关系时，强调各族劳动人民之间的友好往来，把各族劳动人民和各族统治者分开，是完全应该的，因为这正是从阶级观点出发来对待这个问题。但论述这种关系的时候，必须给予这种关系以具体的历史内容。

列宁告诉我们，“在分析任何一个社会问题时，马克思主义理论的绝对要求，就是要把问题提到一定的历史范围之内”①。说到历史上各族劳动人民和劳动人民之间的友好往来时，也应当把它们提到一定的历史范围之内，否则甲族的劳动人民与乙族无别，前代的劳动人民与后代无别，就会使我们对问题的研究带有抽象的性质。大家都知道，同样的劳动人民，他们是以不同的身份出现在不同的历史时代，在奴隶社会是奴隶，在封建社会是农奴或农民，在资本主义社会是雇用劳动者。由于历史发展的不均衡，在同一历史时代，各族的劳动人民也处于不同的社会地位。在汉族是农民，在某些少数民族则是农奴、奴隶。当我们说到各族劳动人民时，如果不把他们放在一定的历史范围之内，则劳动人民云云，就是一句空话。

古代的劳动人民之间的往来是要受到程度不同的限制的。在奴隶主统治下的奴隶和封建地主阶级统治下的农奴或农民，他们首先要受到奴隶主和封建地主加于他们的人身隶属关系的限制，还有地理条件的隔绝、交通不发达、生活方式不同、宗教信仰不同，甚至言语不同。他们怎样突破这些限制，克服这些困难，这是论述历史上劳动人民友好往来应该研究的一些问题。不研究这些问题，则劳动人民友好往来云云，又是一句空话。

在说到历史上的劳动人民时，也不能忘记这样一个事实，即阶级社会的各族统治阶级为了便利他们的战争动员，经常挑拨种族之间的仇恨，制造种族之间的不和，在统治阶级长期的挑拨之下，各族的人民不能不受到影响，因而他们不可能没有褊狭的种族主义或民族主义思想。这种狭隘的种族主义或民族主义思想就在一定程度上阻碍了各族劳动人民打破种族的界限，和他们邻居的劳动人民联合起来，共同反对驱使他们相互仇杀的各

① 列宁：《论民族自决权》，《列宁全集》第20卷，第401页。

族统治阶级。

关于民族偏见，马克思在《致迈尔与弗格特》的信上曾经说过。他说：普通英国工人“在与爱尔兰工人的关系上，他感到自己是统治民族的一分子……他们对爱尔兰工人抱着宗教的、社会的和民族的成见。他们对爱尔兰人的态度，和美国过去蓄奴的诸州的‘贫穷白人’对待黑人的态度完全相同。爱尔兰工人也同样看不起英国工人。他们认为英国工人是英国对爱尔兰统治的同谋者和愚蠢的工具”。[①]

资本主义社会的工人阶级尚有民族偏见，封建社会的农民当然也有民族偏见。因为封建统治阶级和资产阶级一样，他们往往在劳动人民的背后，相互勾结，相互支持，共同镇压各族劳动人民的反抗。但也往往用大民族主义或狭隘的地方民族主义的口号离间劳动人民。因此，民族偏见以及由于这种偏见而产生的民族隔阂，在阶级社会的劳动人民中也是存在的，这就是为什么在全国解放以后我们还要进行反对大民族主义和狭隘的地方民族主义的教育。当然，在一定的情况之下，如在外来侵略严重的时候，国内各民族就会联合起来反对外来的侵略。毛主席指出，在抗日战争时期，“少数民族，特别是内蒙民族，在日本帝国主义的直接威胁之下，正在起来斗争。其前途，将和华北人民的斗争和红军在西北的活动，汇合在一起”[②]。又如当阶级矛盾超越民族矛盾，上升为主要矛盾，阶级压迫超越民族压迫，成为各族劳动人民共同的压迫的时候，各族劳动人民的联合起义在历史上也是数见不鲜的。

民族英雄问题

最后想谈谈民族英雄问题。有人认为阶级社会的民族英雄，既代表本民族广大人民的利益，又不损害其他各族人民的利益。我以为这样的民族英雄在阶级社会的历史中是没有的，也是不可能有的。

在阶级社会的历史条件下，民族英雄要受到阶级性和时代性的限制，他们不可能没有褊狭的种族主义或民族主义的思想。具体的历史告诉我们，

---

① 马克思：《致齐·迈尔及奥·弗格特》，《马克思恩格斯论殖民主义》，人民出版社，1962，第355页。

② 毛泽东：《论反对日本帝国主义的策略》，《毛泽东选集》第1卷，第151页。

封建社会的民族英雄一般都是在保卫自己的民族国家的战争中产生出来的。例如岳飞是一个民族英雄，但他也有种族主义思想。他在他的《满江红》中写道：“壮志饥餐胡虏肉，笑谈渴饮匈奴血”。这里所说的“胡虏”“匈奴”意味着一个民族，并没有分别出这个民族中的统治者和人民，而是把整个民族当作对象的。实际上如果要求岳飞抵抗女真侵犯时，既要打退女真统治者的进攻，又要不损害女真人民的利益，那是很难的。然而我们仍然说岳飞是一个民族英雄，就是因为他虽然在主观上是为了保卫宋朝皇帝的江山，或者说地主阶级的统治，但是在客观上却保卫了长江以南的汉族人民和其他各族人民免于女真统治者的蹂躏。换言之，就在于他在一定程度上突破了阶级性的限制，使他的活动不仅有利于地主阶级，而且在客观上被提高到种族的或民族的意义上。至于各族人民共同承认的英雄，那要在社会主义社会的历史条件下才能出现。

1960 年初稿

1962 年 6 月 5 日修订

（《中央民族学院学报》1979 年第 Z1 期）

关于中国民族关系史上的几个问题

——在中国民族关系史座谈会上的讲话

白寿彝

民族关系史是一个重要问题，无论从理论上、从政治实践上来说，还是从历史研究工作上来说，都是很重要的。这个问题，翁独健同志在五十年代就提出来了。从那时以来，这个会是第一次讨论这个问题。从民族史研究的发展来看，从整个史学界的工作来看，这个会是很重要的。我们相信，在这个会以后，民族关系史的研究将不断向前发展。它将成为民族工作和当代史学史上一件重要的事情。这次会上，同志们拿出许多文章，其中有些文章写得很好。从发展的观点来看，这项研究工作一定能达到很好的水平。今天，我想谈谈关于中国历史上民族关系的几个问题。

一　民族关系和疆域问题

这是大家普遍关心的问题。这个问题内容很复杂。其中有一个问题是不是大家的认识可以统一起来？这就是：中国历史是中华人民共和国境内各民族的历史。这个看法提出来很久了，是不是合适，引起过争论。这里所说的“境内”，就是指我国今天的疆域。当然，我国现在各民族在历史上的活动范围，并不一定以我国今天的疆域为限，可以少一点，也可以多一点。比方说，蒙古族在历史上的活动，怎么说呢？我看，蒙古族的活动也可以大说嘛。蒙古族是今天我国境内的一个民族，不能光说今天，必要时也可以说说过去。外蒙古可以不可以说？我看也可以说，不过后来外蒙古分出去了。境内可以说，境外也可以说。成吉思汗西征，打到西方很远的地方，出现四大汗国，我看都可以说。但是，那些事情我们不作为主要问题来说。我们要指出，蒙古军进攻西方，那些行动是侵略性质的；他们在西方打下很多地方，但那是临时性的，不是稳定地占领那些地方。这些在中国历史上，并不是承上启下的历史事件，只能算是一个插曲吧。

我们要讲中华人民共和国疆域内（包括台湾地区在内）各民族的历史，同时又不仅是以我国现在的疆域为限，而是包含境内各民族在历史上活动的范围。这个问题过去早已说过，这里不再多说。希望同志们对这个说法进行补充、修正。

从这两年发表的文章和我们会议上的论文来看，又提出了另一个问题，就是：今天我国境内的各民族，是不是自古以来就是中国的民族？这个问题可以作具体分析。我个人的看法是，今天中国境内的各民族，基本上在过去也可以说是中国的民族。虽不完全如此，但基本上如此。这个问题，我想可以说得远一些，可以从传说时代说起。从传说时代说起，再与后来的文献联系起来看，对这个问题可以找到一些线索。虽然传说并不完全可靠，但大的形势不是完全捏造出来的。把传说跟文献结合起来看，我认为在黄河中、下游流域，长江中、下游流域，包含渭水流域和汉水流域，这一带在比较早的时候，是很多个部落或早期民族聚集的区域。这些古老部落或早期民族，后来由于各种原因，向各地方发展。其中有些民族，原来在中原地区居住，后来到偏远地方去了，到边疆去了。这些民族，虽然后来地处偏远，不属于某皇朝直接统治的范围，但我们讲历史，还得看到他们的祖先和内地民族的祖先是兄弟关系，是亲戚关系。如果这种看法是对的，那么，我们的视野就可以扩大，不是单单看到商、周时期的史事，还可看得更远、更宽一些。

先从传说说起。大约是在三十年代，蒙文通先生写了《古史甄微》一书，是本小册子。后来，考古研究所的徐炳昶先生又写了《中国古代的传说时代》一书。后者显然是受到了前者的影响。两位老先生把各种传说资料汇集起来，进行整理，认为中国古代传说中所反映的部落或部落集团的情况，大致可以理出一个眉目。最近，我和几个同志写了《中国通史纲要》一书，就吸收了两位老先生的见解。当然，这个看法是不是正确，还可以进一步研究。根据这个看法，中国古代传说部落大概有三个集团。第一个是一直世代相传的、大家熟悉的、以黄帝为首的集团。其中又包括两个大姓集团：一个姬姓，一个姜姓，黄帝是姬姓，炎帝是姜姓。他们的活动区域，开始集中在渭水流域，后来发展了，沿着黄河两岸向东发展，达到现在的山西、河南、河北一带。传说中的古帝王尧、舜、禹都属于这个系统的。这个集团是从西方发展起来的。第二个集团是东方夷人，从东方发展起来。从传说材料来看，这个集团开始是在今山东南部活动，后来向四周发展：北到今山东省北部、河北省南部，西到河南省东部，南到安徽省中部，东到海边。传说中的大人物、跟黄帝打过仗的蚩尤，是这个集团的出名人物。神箭手羿也是这个集团的传说人物。第三个集团是南方的苗蛮，活动区域大概是今湖北省、河南省南部和江西省一带。传说中的伏羲、女娲都是这个集团的。后来又出来一个盘瓠，有人写成盘古，也属于这个集团。从这些传说来看，说明黄河中、下游，长江中、下游，这一带有好多部落或早期民族。后来，历史上记载得比较详细的，是属于西方开始发展起来的、以黄帝为首的这些人。至于东方的夷和南方的苗蛮，文献记载比较少。史学界一些同志所说的华夏族并不等于把所有的部落都概括进去了。在姬、姜集团以外的好多部落，他们以及他们的后代所分布的地方，是跟所谓华夏族不大好分得开的，他们也主要是分布在黄河中、下游和长江中、下游。后来，这些部落的后裔可能分布在更多的地方。我们看中国历史上的民族，眼光要看得宽一些、远一些，不要仅仅局限于黄帝这个系统。

从文字记载上看，如《尚书》有一篇武王伐纣的誓词，誓词中记载周武王伐纣的时候，参加的人就不止一个民族。其中，有住在江淮流域的民族，有住在四川的民族，还有住在西北的民族。可见，在那时，武王伐纣也不仅仅是姬姓的参加了，也不是只有姜太公、周武王，还有好多少数民族参加。再如，《诗经·商颂》中有这样一些话是祈祷成汤的："维汝荆楚，居国南乡。昔有成汤：自彼氐羌，莫敢不来享，莫敢不来王，曰商是常。"这说明在商的时候也有好多民族。这些民族与商有密切关系，或者说有臣属关系。从《尚书》《诗经》所反映的情况看，姬、姜集团以外还有许多部落或民族，基本上也聚集在中原地区。那个时候，他们并不是都在遥远的地方。春秋时期，狄也罢，夷也罢，在今山西、山东、河南都有他们的活动地区。秦汉之际，在汉族形成的时候，不一定能把这些夷、狄都吸收到汉族里边去。山东、山西各地有好多个民族。我提出这个问题，是希望同志们考虑，从更广泛的范围认识、研究我国比较早的民族的形成。汉族的祖先是在中原居住的，旁的族的祖先也不一定不在中原居住。很可能有不少民族原来在中原居住，后来由于各种原因分散到各处居住了。对于这个问题，我们应该有意识地去了解，希望能具体地做些研究。这将有助于我们了解中国多民族杂居的情况，不是后来才出现的，而是在很早的时候就出现了的。

这次会上，有两个同志写了篇文章，文章写得很好。这篇文章对历史上的一些民族进行了具体的研究，哪个原来就是中国的，哪个原来不是中国的，涉及好几个大的民族。文章提出契丹、女真、蒙古这三个民族一开始就是中国的民族，有材料，有论证，我认为这个说法很好。这篇文章还提到，有的民族原先不是中国的民族、后来才成为中国的民族。文章所举出的这样的民族，一个是匈奴，一个是突厥。大家知道，这两个民族在我国历史上是很有地位的民族。这里，我想提出一点补充意见。从历史材料上看，我认为这两个民族一开始就是中国民族，不是外来的，不是后来加入中国民族的。关于匈奴，王国维先生有一篇文章讲得很好。《观堂集林》中有一篇名叫《鬼方·昆夷·玁狁考》的文章，对匈奴作了严密的考证，认为匈奴原来叫鬼方，叫昆夷；匈奴开始活动的地区也是在内地，并不是在大漠南北。王先生考证春秋末年有隗国，当时有一些诸侯娶狄人的姑娘当夫人，她们大多姓隗。王先生认为，这证明匈奴原先并不在内蒙古一带，而是在内地，主要活动地区是今陕西、山西一带。因此，匈奴最初也是属于中原地区的部落，或民族。他们后来发展了，离开了中原，在内蒙古开辟了新的地区，而且是很大的地区。难道因为他们开辟了新的地区，我们就可以不承认他们是中国人吗？我看，还应该承认他们是中国人。不能因为他们离开了中原就说他们不是中国人。关于匈奴，还有一点很值得注意：他们自称是夏代的部落。当然，夏代还是传说，但从民族关系史来说，这是很重要的一点启示，我们学历史的应该重视。这么大的一个民族，他们自称是“夏后氏之后”，我们怎么能忽视呢?！汉族同样认为夏后氏是自己的祖先。这就是说，匈奴原先确是住在中原，他们原先就是中国人。还有突厥族，早先是不是中国民族，他们早先是不是中国人呢？我看，突厥族原来也是中国人。《隋书·突厥传》开篇说：“突厥之先，平凉杂胡也”。平凉这个地方，汉朝时属安定郡，还是在内地嘛。可见突厥原来也在中原，是后来迁出去的。历史材料证明，匈奴、突厥这么大的少数民族，原来就在中原活动，后来迁走了，开发了新的地方。我们没有理由说汉族居住的地方是中国的地方，匈奴、突厥活动的地方就说不上是中国的地方。当然当时还没有中国这个名称，汉朝也不自称中国，只是称做汉。从历史上看，我认为，我们可以这样看待这个问题。对于一个多民族的国家来说，研究各民族的起源，了解这些民族历史上的根源是怎么回事，可以开阔我们的眼界。顺便说说，近几十年，史学界有这么一种情况：过去不被人们重视的材料，现在看来大有用处。比如《山海经》，过去有人认为是一部荒诞的书，现在看却不一定是这样。它所记的事情，好像都是神话、传说，可是它有来源，包括的内容很多。研究民族关系史，是不是可以从中找到一些材料？我们可以研究。我们要重视这些问题，从传说中可以得到启发，从神话中也可以得到启发。汉族古籍中有这种材料，少数民族中也流传着这种材料。我们要把传说、神话和文献记载联系起来看，从中找到符合历史实际的东西。

我们应该看到，同民族关系和疆域问题相关联的问题很多，而原先哪些民族是中国的，哪些民族不是中国的，情况比较复杂，问题也多，应当引起重视。上面讲的契丹、女真、蒙古、匈奴、突厥，都是很重要的民族。从根源上看，这些民族都是从中原过去的，所以原来都是中国的民族。这无论从历史上的皇朝来说，还是从今天的中华人民共和国的版图来说，都说得通。这是一方面。另外还有一方面，即有的民族确实是外来的。例如俄罗斯族，是个比较小的民族，只有几百人，就是外来的民族。若说自古以来就有俄罗斯族，当然不对。但是只要他们进入中国，并取得中国国籍，他们也就成为中国人了。各民族同中国历史发生关系的时间有早有晚，总的来看，外来民族的人数不多。有的民族虽有外来的成分，但是这个民族是中国境内形成的，而不是在国外形成后再到中国来的。比如回族就是这样一个民族。回族的来源很多，有波斯人，有阿拉伯人，有维吾尔人，有蒙古人，有汉人，但是回族是在中国境内形成的，不是在中国以外形成的。显然，从回族历史本身来说，回族从形成的时候起就是中国的民族，这是没有问题的。此外，还有中国的民族迁出去了，如苏联人所称的“东干族”即属于这种情形。“东干族”是中国的回族，跟着白彦虎跑出去了，在伏龙芝一带定居。在跑出去的时候，他们中有甘肃人，有陕西人。而现在呢，甘肃人的后裔住在一个地方，陕西人的后裔住在一个地方，甘肃人的后裔说甘肃话，陕西人的后裔说陕西话。对于这些人，当然我们不好说他们现在还是中国人。但是他们过去的情况可不可以说呢？还是可以说的。这是一种情况。还有一种情况，在边界上居住着的人数很少的民族，原先属于哪一国并不明确。这种情况，涉及国界问题，是近代才产生的问题。“领土”是近代的概念，古代的人不大清楚。古代没有国际法，国界又不明确，怎么办？若说边界上的民族不是中国人，那么是哪一国人呢？属于哪一个外国呢？事实上，他们并不属于哪一个外国。他们自己是一个国吗？也不是。我看，像这种情况的民族，还应算是中国的民族。再有一种情况是跨国界的民族。跨国界的民族，情况比较复杂。有的是外国民族进入中国后，变成了中国民族，新疆就有这种情况。像这类情况，可以作具体分析。

民族关系和疆域问题虽是一个复杂的课题，但是有一点可以肯定：尽管有这样那样许多不同的情况，然而总的来讲，好多的少数民族跟汉族一样，在其形成以前都是在中原活动的，后来逐渐分出去了，这些民族都应该是中国民族。这个说法很粗浅，是我初步探讨的，没有进行很细致的分析，也没有系统地列举材料。我想，下面这个说法，大家是否可以统一起来，这就是：今天我们中华人民共和国境内的各民族的祖先，很多都是一开始就在中国土地上生长起来，都是在中国境内活动的，当然也都是中国人、中国民族。长期以来的封建皇朝史观点把人们束缚得不好翻身，即使现在也还没有彻底翻过来。我们要认真地、仔细地研究这些问题，争取解决得更好一些。

二 民族关系的主流

在民族关系史上，民族关系的主流是什么？有两种意见。一种意见，认为友好合作关系是民族关系的主流。这是我们开会以来说得最多的。有些同志不同意这种意见，认为光说友好合作，说不过去。历史上很清楚：今天你打我，明天我打你，老打仗，不能说这也是“友好合作”吧。用友好合作来概括民族关系的主流，恐怕说不通。究竟哪一种意见对呢？是不是像过去的那种说法，民族间的关系只有民族间的斗争、民族间的战争？但这些年来，我们发现了一些材料，各族之间确实存在着友好合作的关系。这个问题到底要怎样认识才好呢？我认为，无论主张第一说，还是主张第二说，都不可能完全否定对方的提法，因而也就不可能完全说服对方。这个问题也可以看得开阔一点，不要争论不休：哪个是主流，哪个是支流。这样争论下去解决不了问题。这是因为：在这个历史阶段里，可能友好合作比较多，不管什么形式的友好，朝贡也罢，会盟也罢，和亲也罢，总算是和好吧。在另一个历史阶段里，也可能民族间打得难解难分，汉族跟少数民族打，少数民族之间也打。这如何解释呢？一定要在这两种现象之间找出个“主流”，定出个“支流”来，我看不好办。我们研究历史，不能采取割裂历史的方法。从一个历史阶段看问题，固然是必要的；从整个历史发展趋势看问题，则是更为重要的。在民族关系史上，我看友好合作不是主流，互相打仗也不是主流。主流是什么呢？几千年的历史证明：尽管民族之间好一段、歹一段，但总而言之，是许多民族共同创造了我们的历史，各民族共同努力，不断地把中国历史推向前进。我看这是主流。这一点是谁都不能否认的。当然，历史发展是波浪式地前进、螺旋式地前进，有重复、有倒退，不可能是直线上升的，总会有曲折、有反复，这是历史发展的规律。但总的讲，我们各民族的共同活动，促进了中国历史的发展。这种情况，在某些地方可能是有意识的，在另一些地方也可能是无意识的。不管有意识还是无意识，它都推动了中国历史的前进，每一个民族都有一份贡献。可能有的民族贡献多一些，有的民族贡献少一些，有的更重要一些，有的不太重要。这大概是符合历史发展的实际情况的。

各民族在各方面的不同贡献中互相依赖、互相支援，对促进历史发展是很重要。比方说，我们穿的，现在有尼龙、有塑料，以前主要是靠棉布。棉布没有发明以前是靠葛，靠麻，靠丝，寒冷地方还有皮毛。后来，棉花出来了，这是衣料方面的重大发展。棉花是从哪儿来的呢？有两路。一路从海面上过来，一路从新疆过来。现在看起来好像不算什么，那时可是件大事。再比方说，交通工具，现在有汽车、火车、飞机。以前呢？水面上的不说，陆地上靠什么？靠牲畜的力量。在中原地区，早先人们是不会骑马的。只用马来拉车，有的地方也用于耕地。春秋末期，中原的人才会骑马。人会骑马也是件大事情。以前，马拉车，人坐在车上，这跟骑马不一样，后者比前者快得多了。那么，马是从哪儿来的？从蒙古来的，从西北来的。还有驴子、骡子都是从那儿来的，也不是中原原来就有的。中原人骑马，也是跟北方民族学会的。交通工具是一件大事，能改善人们的生活，是生活中的重要组成部分。再举个例子，早先，中原的人不懂得坐椅子，而是坐在席上，坐的比地面稍高一点，还是跪着坐，现在日本还保留着中国古代这种坐法。中原人懂得坐椅子，也是从北方民族那儿学来的。日常生活看起来仿佛没什么，其实很要紧。反过来说，少数民族离开汉族行不行呢？比如北方民族、西北民族不吃盐行不行？不行。另外，天天吃肉，不喝茶，也过不了日子。盐、茶都是由汉族供应的。可见，从日常生活来看，民族关系是很密切的。现在也还是这样。汉族吃牛、羊肉，就要靠北方民族。日常生活中的这类事情多得很，这就是互相依赖、互相支援嘛。五十年代翻译了一本书，叫《中国伊朗篇》，是美国人写的。这本书写了很多东西，包括我们吃的、用的、穿的，还有许多药品。这些东西，有的从西方过来，有的从波斯等地过来，很多要经过新疆。没有新疆不行，新疆道路不通了，内地就发生问题。各民族之间的这种互相依赖关系，在生产上表现得也极突出。比如，在历史上，一些少数民族在生产上需要汉族地区的铁器。这个问题处理得不好，就引起过民族间的矛盾。

生活上、生产上是这样。从整个国家历史的发展来看，凡是盛大的皇朝，没有少数民族的支持是不行的。汉，是个大皇朝。汉朝当然跟汉族有关系，汉朝建立的过程是跟汉族形成的过程相联系的。汉朝不可能把全国人都变成汉族，它是在它的统治范围内得到了很多少数民族的支援、拥护才强盛起来的。唐朝是当时世界上的大国，李世民是很难得的一个皇帝。李世民的成就反映在好多方面，其中有一条，他是“天可汗”。这个称号是少数民族给他取的，表示佩服他、尊重他。李世民当了“天可汗”，唐朝就特别显得强盛。当时长安成为国际市场，经商的有各少数民族商人，还有许多外国商人。从这些事实来看，大的皇朝，没有少数民族的支持，不跟少数民族搞好关系，是不行的。此外，从历史发展的阶段来看，少数民族的进步，同样是中国整个社会进步的重要标志。这是我的看法。秦汉是封建社会的成长时期，是汉族形成时期。这时期各少数民族登上历史舞台，但还没有起显著的作用。到了魏晋南北朝隋唐时期，中国的封建社会进入了第二个阶段，是封建社会的发展阶段。所谓发展阶段，其中一个重要的标志，是民族杂居地区进入了封建化。在北方，魏晋南北朝时期，北方民族大量南迁。魏孝文帝提倡“汉化”，按其本质来说就是封建化。在南方，因汉族的大量南迁，促进了汉族跟南方少数民族的杂居，也促进了杂居地区的封建化。如果我们离开了这一时期北方和南方民族杂居地区的封建化，来说明封建社会的发展，那是很不够的。宋元时期，封建社会又进一步发展了。其中也有一个重要的标志，就是广大边疆地区进入封建化，包含东北的大部分，蒙古地区，新疆地区，西藏、云南的大部分。有了这个变化和进步，我们才能说封建社会继续发展了。明清时期，民族地区的封建化程度加深了。因此，从历史上看，整个中国社会的发展，汉族老大哥是带头的，但没有少数民族的发展，还是不行的。事实证明，每当进入一个新的历史阶段，总是有少数民族的发展，总是有少数民族出了力量、作出贡献。同时，汉族的先进生产技术对他们也有很大影响。这是不可能分开的。今天看来，还是这样。我们现在搞现代化，如果民族地区不实现现代化，中国的现代化还是很有局限的。

究竟什么是民族关系中的主流？我看各民族共同促使历史前进是主要的，也可以说这就是主流。在历史上，各民族之间尽管不断打些仗，不断搞些民族不和，但我们要从整个历史的发展去看问题。各民族共同促进历史前进，还有一个特点，就是越到后来越反映出共同反对民族压迫，共同反对殖民主义、帝国主义的压迫。这种共同的斗争，不一定是这个民族和那个民族经过商量后才去进行的。但事实上是反对了共同的敌人。这也促进了历史的前进。我们从这方面去理解问题，有好处，不要只是纠缠在“友好合作”和“互相打仗”中去。当然，那些也要说，但那只是现象，最重要的还是要从整个历史的发展去看问题。

三　主体民族的形成

汉族是中国历史上的主体民族，这个提法对不对？我说对。为什么？因为汉族在全国各民族中，无论在哪个时期，都是人数最多、生产水平和文化水平最高的民族。在某些方面，汉族可能不如少数民族，少数民族超过了汉族。但总的讲，汉族水平是比较高的。还有一点非常重要，汉族在全国各民族中，始终成为我们国家的稳定力量。没有这个民族不行。值得注意的是，这个稳定力量，并不因为元代是蒙古贵族的统治、清代是满族贵族的统治而有所削弱或受到排挤。元代和清代的统治，尽管是少数民族的贵族当权，但必须得到汉族地主阶级的拥护，没有汉族地主阶级的拥护，蒙古贵族、满族贵族的统治也不可能稳定。这个看法，是符合历史实际的。中国历史几千年连续不断，在世界史上是少有的。这个功劳，汉族应居第一位。如果没有汉族，少数民族做不到这一点。当然，我们说汉族是主体民族，并不是说少数民族无关紧要，并不是说这个老大哥可以欺侮兄弟、压迫兄弟。绝不是这样。我们说尊重汉族的历史地位，这跟大汉族主义是两回事。汉族成为主体民族，可能成为大汉族主义思想滋长因素之一，但不等于说，汉族作为主体民族就一定要产生大汉族主义。

主体民族的形成是个复杂的历史过程，我想对这个问题多说几句。

汉民族所以形成中华民族的主体民族，原因很多。主要原因，我看有两个：一个是地理原因，一个是历史原因。在这里谈谈地理原因。在文化水平发展不高的时候，自然条件起的作用很大，发展程度越低，自然条件所起的作用就越大。直到今天，二十世纪八十年代了，自然条件还是在起作用。现在海湾两岸的国家为什么这么重要？伊朗是大国争夺的中心，好多年了，不是最近几年才开始的，现在显得比过去更重要了。为什么？主要原因之一，是黑金子石油出来了，它的地位就更重要了。科威特，面积很小，但它富得很，在沙漠里建设了现代化城市。为什么？就是因为有石油。要是没有石油，那里的人们恐怕还在波斯湾里捞珍珠呢，哪会这么富。因为有了石油，伊朗、科威特的面貌大大改变了，它们的现代化水平就提高得很快。这不就是地理条件在起一定的作用么？再看我国，黄河中、下游，长江中、下游，汉水流域，渭水流域，拿这些地方和西藏比比，怎么能比啊？当然，往前看，西藏资源很丰富，很有开发前途。但是在很远的古代，西藏与这些地方的自然条件差别很大。就是在今天，这个差别仍然是很大的。就是这个重要的原因，使得汉族能够迅速发展起来。因为汉族在黄河中、下游流域和长江中、下游流域得到了最好的自然条件：土壤、气候、水利都比较好。多年来，我们不敢说地理条件的作用，不敢指出地理条件对历史发展的影响，怕被说成是地理环境决定论。其实，地理条件是很重要的。讲历史不讲地理条件，怎么行呢？比如唱戏，总要有个舞台吧。破破烂烂的舞台和现代化的舞台就是不一样嘛。黑格尔在《历史哲学》中讲得很清楚。他讲到在欧洲有个地中海，起了很大作用。这种看法很重要。我国的海跟地中海不一样。欧洲国家环绕地中海发展，我们则不一样，我们是大陆国家。这种差别，对历史发展是颇有影响的。黑格尔是以地中海作为欧洲民族的中心，说是看见这个海，就看见了人类的前途很遥远，于是鼓起了勇气。大陆的人呢，却一味在那里守老摊子。后来马克思也论述到自然条件的作用，说是热带地方不会出现资本主义。为什么？因为热带没有那个条件。再后来，斯大林又概括了这些理论。斯大林说，在历史发展过程中，地理条件不是决定的因素，但起重要作用。我们过去就是不敢说这句话，结果是“重要作用”被抹去了。这是不对的。我们中国疆域的形成，也跟地理条件有关：北边是沙漠，西边是大山，南边、东边是大海。中国这个地域，本身就是一个地理单位，总的形势如此。当然，在一个地理单位里，中国在历史上变化很大，气候、土壤也有变化，这就形成各个地区的不平衡发展。不平衡发展，总的说也是好事，可以以有余去补不足。但在科学不发展的情况下，甚至是在科学水平极其低下的情况下，有些地区确实占了便宜，有些地区就吃了亏。汉族成为主体民族，跟这个情况很有关系。一开始，汉族就有个优越条件，得天独厚的条件。随着历史的发展，汉族越来越发展了。今天我们看历史，必须看清这一点：汉族有得天独厚的条件，不是因为汉族比别的民族更聪明；不是“天赋独厚”，而是得天独厚。

还有一点，从历史上看，汉族不仅是一个主体民族，而且一向都为各少数民族所向往。在历史上，一个“朝贡”，一个“和亲”，就是最好的证明。朝贡干什么？朝“天朝”嘛，因为“天朝”各方面都发展得好，少数民族要跟“天朝”学点东西，要拿回点东西。边疆地区好多当头头的，好多少数民族领袖，得到皇朝的封赠，封个什么爵位，认为是光荣的，是“天朝”看得起他，他们把这点看得十分重要。和亲，怎么样呢？过去一直把和亲看作是皇朝屈辱的事情。一个公主，不论是真公主还是假公主，嫁给边疆少数民族领袖，被认为是屈辱的事情。反之，内地的皇帝老爷掠夺少数民族的妇女，却被看作是正常的、合情合理的。封建朝廷就是这个思想：给人家觉得丢人，要人家的感到光荣。可是，少数民族并不一定这样看。一个少数民族领袖，为什么要娶一个汉族姑娘？为什么把这看作是光荣的事？他认为汉族姑娘好，汉族姑娘嫁给他是他受到重视的表现。这类事情，历史上多得很，都是向往中原、钦慕汉族文化的反映。即便是民族间战争，也或多或少反映出这种向往中原的心情。匈奴人、突厥人、蒙古人，都往中原来，为什么？还是觉得中原好嘛。我们对于历史上的一些民族战争，不应当只做简单化的解释。

汉族是中华民族的主体民族，这个观点符合历史的发展，汉族成为主体民族，需要有各个民族各方面的支持，同时还要有一个优越的地理环境。

我想顺便谈谈民族英雄问题。民族英雄这个称号，可以说，还是不可以说？我看还是可以说，但要做认真的分析。民族英雄有两种。第一种是中国各民族共同的英雄。这是在反对封建主义、殖民主义和帝国主义的斗争中出现的民族英雄。这种英雄，我看应该大大地写。在近代史上，反对外来侵略、反对殖民主义帝国主义侵略的民族英雄，我看可以写。这样的人也是很多的，还可以再发掘。第二种是本民族的英雄，即一个民族内部的英雄，这是在跟别的民族斗争中成长或在本民族内部斗争中出现的英雄。我看这些英雄也可以写。岳飞是不是民族英雄？对这个问题，争论很多。

我看岳飞是个民族英雄。金对宋用兵，岳飞代表宋朝的利益，也代表了相当多的汉族人民的利益去抗金，立下了许多功劳，而他的死却不得其所。我看，对岳飞的这方面的事迹是可以肯定的。值得注意的是，并不是一讲民族团结，一讲民族友好，这些事情都不能说了。我看不是这样。人家欺侮我们，我们去抵抗，行不行呢？难道不抵抗反倒好吗？我看，去抵抗还是好的。至于因为肯定岳飞而把对方丑化了，这在戏剧、小说、说书等方面都有表现，那是属于另一个问题。一般地说，过去人们颂扬的民族英雄大多数可以写，但有的却不一定要写了。比如史可法，有人颂扬过他，认为他简直不得了。但是我看史可法不一定是民族英雄。史可法做了什么事情？他没做什么，又不会打仗，只是后来不屈而死。不屈，是不是就一定叫做民族英雄？像这样的人是否一定要作为民族英雄来写？我们过去讲民族英雄，常常是从道德标准出发的，而且往往一讲到民族英雄，总是在民族斗争中出现的，尤其是在斗争中牺牲的人。我看，是不是不要局限于这个方面，把范围放开一些不好吗？成吉思汗统一了蒙古民族，我看，这是蒙古民族的民族英雄。许多少数民族人物，在各自的民族中立下很大的功劳，把本民族的历史推向前进，也应该看作是英雄，并不是非要在抵抗什么后牺牲的才算是英雄。我们把民族英雄的含义放宽一些，意义就更大了。契丹族、蒙古族、满族，还有别的一些民族，都有这样的人物。这样的人物是不少的，是值得认真研究的。

四　民族关系史的研究工作

最后，我想就有关民族关系史的研究工作谈几点意见。

民族关系史的研究，目前最要紧的是什么？我的意见是：最要紧的是要放开眼界，发掘潜力，不断综合新的研究成果。放开眼界，是说我们要能提出新问题，不要总是拘束于过去已经提出的老问题。应当说，民族关系史本身就是一个新问题，包含了许多方面。这次会议上的一些学术论文也提出了好多新问题。有一篇论文说，有一些游牧民族原是从农业民族中分化出去的。这就是一个值得研究的新问题。像这样的问题还很多。如果我们多提出一些新问题，从多方面考虑、研究，对我们的工作很有好处。多提新问题，重要的是要站得高，要从整个历史发展看问题。所谓从整个历史发展看问题，一个是横着看，看在全国范围里起了什么作用，产生了什么影响。不要单独地局限于个别事实，揪住不放。那样做，好处不大。有些问题，我看是在概念上兜圈子。有的问题，范围太小。小问题不是不能研究，但若过多地研究这类问题，就太零碎了。我们不可能有很多功夫去研究太小、太碎的问题。因此，我们研究问题要抓主要问题，抓大问题，抓带有全面性的问题。这是横着看。再一个是纵着看，看上下几千年，看一件事情是怎样发生的，怎样发展的，将来又如何，这样就有意义了。找这样的问题来研究，意义是很大的。

再一点，现在要紧的是发掘各民族对祖国历史的贡献，这也是很重要的。从生产技术上讲，从政治关系上讲，从学术文化上讲，许多少数民族都有丰富的资料有待于收集，或有待于整理，有的还要做大量的翻译工作，让更多的人能阅读和研究。在谈到各民族历史贡献的时候，有一个问题是需要重新认识的，我自己对这个问题也有一个思想发展过程。以回族为例。回族没有自己的文字，但回族人过去也写了不少书，包括诗集呀、文集呀，好多方面的东西。我曾经这样想：这些都是用汉文写的，算不算是回族的贡献呢？而且好多回族人的诗文里并没有多少回回民族的色彩，反倒有儒家思想。现在看，这个想法有些狭隘。汉语、汉文是全国通行的一种语言、文字，少数民族用这种语言、文字来反映自己的成果，表达自己的思想，同样是各少数民族的贡献。我们应该这样看问题。过去我想不通。现在这样来认识，觉得回族的贡献比过去所认识到的还要多得多。从理论上说，以前只认为一个民族应该有自己的特点。现在我看，不能对任何事都这样要求。民族特点是客观存在的，有些特点还应该发展，但少数民族的某些工作，表现不出民族特点却对各民族都有好处，这也是很好的贡献嘛，有什么不好呢。

第三点，我想着重讲一讲，我们搞历史的，在历史工作中最重要的任务是什么呢？最重要的任务就是要写历史书。当然，专题研究要搞，必要的考证也要做，工具书还是要编，但主要的任务是把历史写出来，写出有系统的、可靠的历史书。写出历史书干什么？写出历史书可以对各族人民进行历史唯物主义教育，使广大的各族人民有机会懂得祖国的过去、本民族的过去，展望祖国的未来、本民族的未来。专题论文是必要的，尤其对专门研究工作的人来说，很需要。但是，要使我们历史工作的影响更大，就不要局限在历史工作者的小圈子里，还要为广大读者写历史书。史学工作者最重要的任务就是这个。

现在，我们进行现代化建设，是个新事情。建设过程中会存在各种阻力。在我们历史工作者看来，这没有什么奇怪的。阻力，是长远历史遗留下来的，有好多是封建社会遗留下来的，找找这些原因，我们对问题的认识就会更清楚一些。把这些对广大群众讲讲，也可以使他们对当前的问题认识得更清楚些。这对于教育年轻一代来说，意义就更加重要。清理过去，揭示现在，还要展望将来，这是我们历史工作者的职责。我们经过十年浩劫的大动乱，现在刚刚扭转过来，虽有变化，但还不能马上彻底改变一切，问题还很多。不能说“四人帮”一倒，问题就自然而然地解决了，不那么容易。如何把这些问题一个一个解决好，这需要大家着眼于将来，要有这个信心。现在我们都关心青年人的教育问题。历史工作者要研究一下，怎样去帮助年轻一代。我认为，现在年轻人有一个很大的问题，就是看不清历史的出路在哪里。在他们内心，有意识无意识地感觉到这个问题：将来怎么办？待业青年有这个问题，在业青年也有这个问题；中年人有这个问题，老年人同样有。可见这个问题很重要。目前，有相当一部分青年人思想苦闷，不知将来怎么办。青年一代思想上的混乱、动荡，原因很多。前些年，“四人帮”把人们的思想搞乱了，是主要原因。另外，从我们专业工作来看，长期忽视历史教育，也是一个重要原因。许多年轻人不知道我们新中国是经过怎样的艰难困苦建立的，看不到我们国家未来的发展方向，不知道自己现在、将来应该怎么办，这怎么行呢？中学的历史课很少。有不少学校高中分文、理科，理科不讲历史，文科讲一点。小学，更是多年不讲历史了。不了解中国，不了解世界，怎么能行啊？我们要求青年人有伟大理想，看到整个世界，这怎么可能呢！从国家前途来看，我们的历史工作非常重要。我们全国总人口是十亿，有人估计，说三十岁以下的有六亿五千万；三十岁以上的有三亿五千万，其中还有相当一部分属于老弱病残，丧失工作能力。不要多久，我们国家的命运就要掌握在这六亿五千万人的手里。我们这些上了年纪的人，很快就会不起作用了。这是一个很要紧、很严重的问题。我们历史工作者，当然也包括民族史和民族关系史研究者，在这个问题上都负有很大的责任。我们历史工作者的重要任务，是要写历史书，通过历史书对青年一代进行宣传教育。这种宣传教育不是假的，不是歪曲历史的，不是捏造事实的，而是要根据历史事实进行的。这是历史工作者促进历史发展的最主要的职责。我们作为历史工作者，应当用自己的工作来促进历史的发展。

或许有人会说：把历史工作看得这么重要，是不是在说大话？人们不懂历史，一样活着；你学历史，不会种田，不会织布，也不会搞家庭用品电气化，可见你只是在说空话。这种看法显然是错误的。如果它出于幼稚无知的人，还有情可原；如果历史工作者也存在这种糊涂认识，那就会削弱、损害历史工作的宣传教育作用，是很不应该的。我们要求青年人爱国，可是他们不知道这个国是怎么回事，让他们爱什么国，又怎么去爱呢？我们中国历史学家有个传统，就是察往观来：说明过去的事情，展望将来的事情。这是个好传统。比如宣传爱国主义，如果仅仅搞一些片面的，零儿八碎的，那没有什么大用处。按照察往观来的原则，我们需要从整个历史的纵的方面和横的方面，深刻地说明我们国家的过去和将来，这样来宣传爱国主义，效果是不是更大一些。中国历史学家还有一个好传统，就是把写历史书作为不朽之业来看待。历史上有许多史学家，一生历尽艰辛，终于把历史书写了出来。我们的工作要直接、间接地为历史的前进提供一些东西，我们要有抱负，有正气，有雄心大志，把历史的责任担当起来。

总之，写历史书不是一件简单的事，也不仅是一般知识性方面的事，而是一项很重要的、推动历史前进的科学工作。

第四点，也是最后一点，是需要我们特别注意的，就是史德。所谓史德，就是要忠实于历史。不然的话，写出的就不能称为信史。这一点很重要。过去，封建社会史学家也这么讲，但他们很难彻底做到。原因不外乎两条，一条是政治原因，要如实写出来不容易。一条是社会原因，由于生产规模的狭小，他们不可能看得那么全面、清楚，自然不可能把历史的全貌写出来。现在我们有这个条件了。尤其是这几年，政治条件好，是从来没有过的。写历史，要把科学性和革命性结合起来。我们说为政治服务，怎么服务呢？绝不是像“四人帮”那样，弄虚作假，捏造历史，搞反科学的、反革命的“为政治服务”，而是把科学和政治正确地结合起来。只有这样，才能写出信史，真正的历史，而不是假的历史。假的历史怎么会起积极作用呢？怎么能推动历史前进呢？我们研究民族史、民族关系史，这很好。同时，我们还要继承发展我国优良的史学传统，赋予史德以新的意义，使它越来越丰富，越来越真实，越来越科学，以建立起良好的学风。

我们这个会，是研究民族关系史的第一个学术性会议。从内容上看，从会议的情况来看，这个会开得很好。今天我讲的这些问题很肤浅，可能有不少错误，耽误了大家的时间。我衷心希望这个会能够推动民族历史研究的发展，为社会主义四个现代化建设作出贡献。

1981 年 5 月 28 日在香山别墅

（朱桂同笔录，瞿林东整理）

（《北京师范大学学报》1981 年第 6 期）

再谈民族关系史研究中的几个问题

翁独健

中华人民共和国是统一多民族国家，我们的民族关系已进入了一个平等、团结、互助的社会主义民族关系的新时期。但是，历史不能割断，研究古代民族关系仍是我们史学工作者重要任务之一。新中国成立后这方面的研究文章很多，近年国家民委政策研究室和甘肃省民族学会分别编辑出版的论文专集①，反映了这一领域研究已达到的水平和存在的问题。一九八一年六月在北京召开过一次中国民族关系史研究学术座谈会，集中讨论了两个问题：一是怎样理解历史上的中国；二是什么是历史上民族关系的主流。通过讨论，对这两个问题取得了比较一致的认识。这次中国古代民族关系史学术讨论会将要讨论历史上民族战争、民族英雄和爱国主义问题。这些都是近年来研究者所关注、重视的问题，也是一些很有现实意义的问题。

新中国成立三十五年来，民族史和民族关系史研究取得了很大成绩，很多陈旧的观念得到纠正，以平等态度研究历史上不平等的民族关系，承认各民族对缔造祖国都作出了贡献，这两点，就是打破了陈旧观念而得到的新看法，标志着民族史研究在科学上有了较大的发展。

历史上的民族关系是不平等的，但我们今天应以平等的态度去研究历史上那种不平等的民族关系。因此，在研究中必须克服封建正统观念和大汉族主义思想。当然，对狭隘民族主义思想也应注意克服。祖国的历史是由各民族共同创造的，各民族人民在缔造我们伟大祖国的斗争中均作出了

① 两本论文专集是《中国民族关系史论文集》上下集，民族出版社，1982；《中国民族关系史论文选集》，甘肃民族出版社，1983。

自己贡献。兄弟民族的历史，不管当时他们与中原王朝关系如何，他们的历史都是中国历史的一个组成部分。中国历史是以王朝历史为中心的，这是客观事实，但不能把中国历史与汉族王朝史画等号，还应包括非汉族王朝以及王朝以外的诸族历史。那种认为中国历史只是汉族的历史，其他民族只是“四夷”的观点，是完全错误的。以上二点，我们史学工作者的认识基本上已取得了一致，至少公开反对的已不多，这可以说是我们深入研讨的基点。

历史上民族关系中，存在着民族间矛盾和战争，随之而产生民族英雄、爱国主义问题。

关于历史上民族战争。首先应认识到战争是政治的继续，在阶级社会里，民族间发生矛盾直至战争是不可避免的，史学工作者应该正视历史，运用马列主义观点，揭示历史上民族战争的内在规律。二个离不开（即汉族离不开少数民族，少数民族离不开汉族）是社会主义民族关系的特点，民族平等只有社会主义中国才能真正实现。为了让各民族人民更珍惜今天平等、友好民族关系来之不易，我们应该加强对历史上民族关系，当然包括民族战争的研究；而对历史上民族战争进行深入研究，更不会妨碍今天社会主义民族关系的发展。因此，对民族战争的研究应成为中国民族关系史研究的一个重要组成部分。其次，历史上的民族战争的性质有否正义、非正义之分呢？是否也如所谓“春秋无义战”呢？当然不是。历史上曾发生过的无数次民族战争是可以，也应该分清其正义与非正义性质的。我认为，凡是为反抗压迫、抵御侵略所进行的民族战争，是正义的；反之，凡是以压迫、奴役其他民族为目的而进行的侵略战争，则是非正义的民族战争。第三，在研究民族战争时，能否用侵略一词。有一种倾向，不敢用侵略一词，似乎一用了侵略，国内民族问题，似乎就成了国外问题，其实是多虑。而且在古代，民族政权之间的关系本来就是国与国的关系么！侵，即是侵犯；略，即是掠夺，历史本来面貌就是如此。所以，我以为在讲历史上民族战争时用侵略一词是可以的。

关于民族英雄问题。在祖国悠久历史的长河中，曾产生过众多的民族英雄。这是中华民族的骄傲，民族英雄的精神、业绩，是我们应该继承、发扬的宝贵遗产。有一种倾向应该注意，似乎只有在民族战争中才能产生民族英雄，甚至只是在战争失败的一方中寻找，大家熟知的岳飞、文天祥、史可法等都是在激烈民族战争中的失败者。我以为，民族英雄的范围应该扩大，凡是在历史上对中华民族、对其本民族作出杰出贡献的人，都可以列入民族英雄之林。因此，在我国历史上，值得褒扬于史册的民族英雄有如繁星满天，汉族有、少数民族也有。大家熟悉的岳飞、文天祥、史可法是民族英雄，他们宁死不屈的精神，大义凛然的高风亮节，即在当时，他们也赢得自己敌人的尊敬。今天仍值得我们缅怀、追念。

关于民族关系史研究中的回避问题。在民族关系史研究中要不要回避，这个问题目前有争论，认识并不一致。前几年上演杨家将题材的戏剧和广播评书岳飞传，在一些兄弟民族中引起比较强烈的反响，针对这一情况，一九八三年李一氓同志在一篇文章中指出："由于中国现代组成这样一个多民族国家——中华人民共和国，讲爱国主义的时候，从历史上来讲，应该有选择，有避讳。不选择，不避讳，就会变成挑拨民族关系，使民族之间互相不和睦，这对于国家的发展，社会主义的发展和各民族的关系，都没有好处。""我们的文学家、历史学家，在讲爱国主义时，应该尊重我们民族构成的现实，有所避讳，不避讳是不对的。"① 有些同志对此持异议，认为历史事实是客观存在，怎么能回避呢？我个人看法是，历史上的民族矛盾，以及这种矛盾激化的最高形式——战争，在研究时是不能回避、不能抹杀的。历史上一些民族虽与今天少数民族已无直接关系，但作为少数民族，确有一个不容忽视的感情问题。所以，在文艺作品中，则是另一回事，确有必要回避。历史上民族关系中一些伤害民族感情、民族情绪的事件、人物，有什么必要在今天社会主义文艺舞台上大加渲染呢？

与这个问题有关的是爱国主义问题。历史上的"国"与今天的中华人民共和国的"国"，概念、含义，完全不同。但是，既然是国、是政权，就存在一个爱不爱的问题。爱自己民族，爱自己的国家，古来有之。战国时，屈原爱的是楚国，楚虽属与华夏有别的荆蛮，但屈原爱的是楚国，还不涉及敏感的当代民族问题。岳飞，在写中国通史、宋史时，当然是一个应该肯定的历史人物，他爱南宋王朝，忠心耿耿，他的爱国精神值得纪念。但作为对立一方的是女真，女真与满族又存在着渊源关系，这里就涉及当代民族关系，特别是岳飞的《满江红》一词，有一些刺激性词句。我看，一方面在历史研究中无需回避，还应该实事求是地肯定岳飞的业绩；但另一

① 李一氓：《谈民族古籍整理和有关的几个问题——在全国少数民族古籍整理工作座谈会上的讲话》，载《民族团结》1983 年第 7 期。

方面，在文艺作品中，我看应考虑到今天的民族关系，回避一些，未尝不可。再如，辛亥革命反对腐朽、卖国的清政府，因此，当时排满、反满思想盛行，这在当时历史条件下是可以理解的，反对清王朝与抨击满族统治者是分不开的，出现矛头指向满族统治者的“驱除鞑虏、恢复中华”的口号，正是当时革命形势发展的必然。但辛亥革命后，形势发生了变化，伟大的革命先行者孙中山及时用“五族共和”替代了“驱除鞑虏、恢复中华”。因此，历史上出现过的一些事件，考虑到当前的情况，照顾到民族情绪，适当作些回避，还是应该的。

最后，关于自古以来中国就是统一多民族国家的提法问题。这次会上有的同志认为，自古以来就是统一多民族国家的提法是影响中国民族关系史研究深入的最大障碍。这种认识值得研究。记得我在一九八一年北京香山会议上讲过，“自古以来”，到底“古”到什么时候？这个“古”，一般是指秦汉。秦汉时期在中原地区已经出现了中央集权的封建帝国，与此同时，当时在北方还有一个匈奴单于国，它统一了北方诸族。以今天眼光看，当时的中国实际上存在着两个统一的政权，或两个多民族的国家。虽然，随着历史的发展，匈奴这个名称消失了，但他们除了一部分西迁外，大部分已与汉族和其他民族融合。所以可以这么说，统一的多民族国家形成始于秦汉，经过两千多年的发展变化，到了最后一个封建王朝清朝，我们祖国的疆域和民族已经确定下来。我想，这样认识自古以来中国就是统一多民族国家的提法，是有利于中国民族关系史研究的深入的。

（《民族研究》1985 年第 3 期）

重视近代史中少数民族活动的研究

程昭星

自古以来，我国就是一个多民族国家。迄今为止，在全国960万平方公里的土地上，居住着56个兄弟民族，其中汉族占有全国总人口的94%，是主体民族，另外还有约占全国人口总数6%的少数民族分布在国土面积50%以上的地区。长期以来，各兄弟民族同心协力，团结战斗，共同缔造了祖国灿烂的文化和光辉的历史。因此，在历史研究中，对于各少数民族在历史上的活动及其地位研究，无疑是一个重要的课题。但是遗憾的是目前状况并不理想，在近代史体系中亦是如此。

一

我们多民族国家的建立，并不是一开始就是统一的。最早建立的国家，疆域较小，包含的民族也不多，现在能形成这样疆域广大、民族众多、空前统一的国家，是各民族共同努力，经过长期的历史发展的结果。

最早见于史籍的夏朝，除夏族外只包括了东夷等族的一部分。到商、周时，则包括了夷、狄、羌、戎、苗、蛮等许多民族，经过春秋、战国到秦统一，就在“东至海……，西至临洮、羌中，南至北向户，北据河为塞，并阴山至辽东”[①] 的广大范围内，把更多的民族统一到一个王朝之下，初步形成一个统一的多民族国家。以后在不同的历史时期，发生过多次民族间的征伐和迁徙，出现过不同政权并立与对抗，但每一次分裂的结果都导致

① 《史记·秦始皇本纪》。

更大的内聚力的产生，在更大的地域，统一了更多的民族，最后形成了我国的现状。

在我国各民族中，汉族人口最多。在统一多民族国家的形成和发展中贡献最大，汉族起了主要的作用。但是，除汉族外，各少数民族也同样作出了自己的贡献，汉族本身也是多民族融合的产物。

少数民族分布区域很广，且多位于边远地区，这些地区的开发，大多是由该地的少数民族首先进行。在华夏、东夷、苗蛮诸族开拓黄河、长江流域的同时或稍后，氐、羌、戎诸族首先开发了我国西北和西部地区；百越诸族首先开发了西南、东南和南部沿海地区；北狄、匈奴等族首先开发了北部草原地区；肃慎、东胡等族首先开发了东北地区。正是由于这些地区经济文化的发展以及与中原地区联系的加强，才为多民族国家的建立奠定了基础。

各少数民族在历史上曾建立过不少政权，实现了局部统一，从而为大统一准备了条件；有的少数民族如满族、蒙古族还曾统一过全国，为统一的多民族国家的进一步巩固和发展起到重要促进作用。

回顾历史，可以清楚地看到各民族在缔造祖国的活动中，都有着不可磨灭的功绩。这里仅以维吾尔族为例：早在西汉时期，维吾尔族的先祖，就应西汉政府的邀请，和其他民族一起联合行动，配合西汉军队抗击匈奴。[①] 在西汉军队和西部各族的联合打击下，匈奴土崩瓦解，一部内附，余部被迫西迁。[②] 到唐朝，维吾尔族与中原地区关系进一步密切，由维吾尔人先祖建立的回纥政权，与唐政府保持着十分密切的友好和从属关系。公元755 年（天宝十四年）“安史之乱”时，回纥可汗磨延啜应唐朝政府的要求，于公元 757 年（唐肃宗至德二年）派太子叶护率军 4000 帮助唐平定“安史之乱”，收复长安和洛阳。回纥军返回后，磨延啜即向唐朝求婚，唐肃宗把亲生女儿宁国公主嫁给他，并册封为“英武威远昆伽可汗”。[③] 公元762 年，又第二次出兵帮助唐平定“安史之乱”。随着军事、政治方面友好合作关系的发展，回纥与汉族之间的经济联系也进一步加强。据记载，回

① 《汉书》卷九十四上《匈奴传》。

② 《后汉书》卷一百一十九《南匈奴传》。

③ 《新唐书》卷二百一十七《回鹘传》。

纥每年要以10万匹马向内地换取丝绢、茶叶等货物，一匹马可以换取40匹绢。[①] 这个时期，汉族先进的生产技术和文化对回纥（后称回鹘）人的影响也日益加深，唐朝先后把三个公主嫁给回鹘可汗，每个公主出嫁时都要带去大批汉族工匠和随行人员，他们把中原的先进文化和技术带入回鹘地区，促进了回鹘社会的进步，加速了我国西北地区的开发。通过交流，回鹘人的驯养牲畜的经验等也输入到中原地区。后来回鹘人西迁至今新疆一带。蒙古人兴起时，还很得益于回鹘，当时蒙古人没有文字，也未建立起一套行政管理制度，维吾人首先用回鹘文字母帮助蒙古人创立了最初的文字。[②] 蒙古人入主中原建立元朝后，加强了对维吾尔及新疆地区的控制，在吐鲁番的别失八里设置北庭都护府、御史台等机构。[③] 维吾尔族人民用自己的双手在千百年的漫长岁月里，开发了祖国的西北及新疆地区，使这些地区统一到祖国大家庭里。

原来就生活于离汉族统治中心区域较近的少数民族，与汉族人民有着更多的相同命运，一样受到封建王朝官吏的压迫剥削，他们和汉族群众联合行动，共同反抗封建专制政权，推动着我国古代社会的前进。历次“官逼民反”，结果都不是单独某个民族的行动。如南宋元徽二年（公元474年），宋朝统治者向五溪人民勒索一千万金，在遭到抵制后，即以“禁断鱼盐”相威胁，激起少数民族大起义，直攻到武陵（今湖南常德）城下。[④] 在这次起义中，有不少汉族人民，因忍受不了南宋的赋役剥削，参加到少数民族的起义行列中。[⑤]

元末，全国爆发反元大起义，湘西的苗、侗、瑶、汉和土家族人民6万多人在吴天保领导下，从公元1346年到1349年（至正元年至四年），攻占靖、沅、辰等州县，在武岗与元军激战数月，三失三克，将湖广行省右永沙班俘获并处死。[⑥] 后来这支起义军加入红巾军，参加到全国统一的反元斗争中。

事实说明，在历史的长河中，各族人民荣辱与共，共同承担着历史赋予中华民族的重任。

---

① 《新唐书》卷五十一《食货志》。

② 曾问吾：《中国经营西域史》，第204页。

③ 《元史》卷十一、十二、六十三。

④ 《南齐书·废帝本纪》。

⑤ 《宋书·夷蛮传》列传五十七，第25页。

⑥ 《元史》第十六卷《世祖本纪》十三，第7～8页。

二

鸦片战争以前，全国基本上处于自给自足的经济状态，但发展极不平衡，在某些少数民族地区，还保留或残存着原始社会、奴隶制度和封建领主制度等多种社会经济形态。鸦片战争后，西方殖民主义的洋炮轰开了中国闭关自守的大门，使中国迅速进入半殖民地半封建社会，各民族的状况迅速恶化，同时也大大加速了中华民族各部分趋于一体化的进程。少数民族在中国政治、经济活动中的地位和作用，较之以往有了进一步的加强。因此，研究近代史，就必须加强对少数民族的研究，只有这样，才能使近代史体系更加完整，才能反映出历史的全貌。

外国资本主义的入侵，对我国各族人民带来了新的灾难。鸦片贸易是一种原始掠夺性质的贸易，它给资本主义列强带来了巨额利润，列强们不仅对我国东南沿海地区疯狂地进行这种肮脏的交易，就是地处僻远的少数民族地区亦不放过，对新疆这样交通条件十分艰险的地方，英国鸦片商人们也通过克什米尔、巴克达山、印度、浩罕等地区和国家向其运进大量鸦片。沙俄不甘落后，采用了更狡猾、更隐蔽的手段。通过浩罕商人向新疆输入鸦片，同时还直接从斜米巴拉丁斯克向新疆偷运鸦片。[①] 1839 年 10 月，清道光皇帝不得不下令："即谕新疆将军，都统、参赞、办事、领队各大臣，督饬员弁回子伯克等，各于原属地方随时实力巡查，有犯必惩，毋少疏懈。"[②] 说明鸦片流毒已经遍及天山南北城镇乡里的严重局面。仅 1839 年到 1840 年初，在叶尔羌一地即查出英、俄通过克什米尔、巴达克山、印度及本地商人走私入境的鸦片 97900 多两。

《中英南京条约》签订后，由于外国侵略势力入侵及中国封建社会本身的危机加剧，清政府对各族人民的压榨日益加剧，将数达 7000 万元的战费和"赔款"转嫁到人民身上，不仅汉族地区，在少数民族地区亦同样受难，在贵州苗族地区，仅田赋一项，即有条丁、火耗、折色和科屯等种种名目，据统计，贵州清平县苗族农民负担的田赋在此期间增加了 20 多倍。[③] 在新

① 纳罗奇尼茨基等：《远东国际关系史》第 1 册，第 212 页。

② 《清宣宗实录》卷三二六，第 29 ~ 30 页。

③ 《苗族简史简志合编》。

疆伊犁，屯田每年每户缴纳的田粮达16石之多[①]，维吾尔族聚居的南疆地区，农民缴纳的赋税甚至“课及园树”。[②] 布依族地区，在很短时间里，田赋也增加了几倍，地丁银增加了80%，官府在征收田赋时，还要“踢斛淋尖，多收斗面”。

鸦片战争后，外国侵略者以武力迫使清政府承认列强对华鸦片贸易的合法化，凭借不平等条约，各资本主义国家大量倾销鸦片，烟毒更是泛滥于全国。由于鸦片本微利大，于是有人开始试种，对于种植鸦片，清政府初期还曾下令禁止，后来由于白银外流日益严重，为了抵制“洋烟”，也为了增加财政收入，于是“饮鸩止渴”，公开允许种植，这样一来，鸦片种植在短时期内遍及全国，各民族地区种烟面积逐渐增多。19世纪末到20世纪初，各地种烟已达到“连畦连畛”的程度[③]，云南出产的鸦片烟，已与矿产和食盐并列为三大特产，鸦片厘税已成该省“内销外销各款之大宗”[④]，云烟年产达8万担，居全国第二位。云南省安平厅（今马关县）几乎家家种植鸦片，使这个少数民族聚居地区较大的场镇都成了著名的鸦片市场。贵州苗族、布依族地区的下司、镇宁，湘西的所里（今吉首）、永绥等地，都有大批烟贩聚集，随着鸦片的大量生产，破坏了农业生产。同时吸食者日多，大大损害了我国的劳动力素质，破坏了社会生产力，我国各族人民同受其害。

帝国主义在向我国倾销鸦片的同时，还大量倾销各种商品，少数民族地区亦很快受到冲击。19世纪80年代以后，各种洋货开始输入苗族地区，黔、桂、滇三省交界的黄草坝（今贵州省兴义县城关镇），20世纪初已成为洋纱的集散地，土纱市场完全被洋纱所代替，新城县（今贵州省兴仁县）手工棉织业的原料，也全改用洋纱。[⑤] 八寨厅（今贵州省丹寨县）由于洋纱、洋布充塞市场，迫使许多棉农改种其他作物，许多手工纺织业者被迫转业。[⑥] 广西融县的长安，因为洋纱、洋布充斥市场，当地驰名远近的特产

① 曾问吾：《中国经营西域史》，第275页。

② 《那文毅公奏议》卷七十七。

③ 《皇朝经世文编》第34卷，《翁同龢疏》，第13页。

④ 《锡良遗稿》（光绪三十三年六月十三日奏折）。

⑤ 《中国近代农业史资料》，第41~53页。

⑥ 《八寨县志·民生志》。

阳罗、蕾仙等土布完全丧失了销路。[①] 布依族、水族等地区农村纺织手工业也发生了很大变化，由原来的自纺自织，逐渐变成为洋纱加工的手工业。在贵州的三脚屯、烂土等地出现了不少采用洋纱作经线、土纱作纬线加工的机房。帝国主义为了争夺市场，实行廉价倾销政策，洋纱价格有时甚至比当地皮棉价格还低。因此，土布的价格也以洋纱的价格为转移。在新疆的塔城和赤城这两个塔吉克等民族的聚居区，到1901年，进出口总额已"增长到500万卢布之多"。[②] 据《苏中经济关系概要》统计，1895～1914年，由沙俄输出到我国新疆的商品，从价值372.4万卢布增至1105.6万卢布；在维吾尔族聚居的南疆喀什地区，1902年贸易总额为189.9万卢布，到1913年增至350万卢布；伊犁地区，1904年是151.9万卢布，1913年增至230万卢布。大量外国商品的流入，掠夺了我国各族人民大量金钱的同时垄断了我国市场。

帝国主义对我国各族人民进行掠夺的另一种方式，是垄断我国农村产品的市场销售及掠夺各种工矿原料。

我国西南少数民族地区，盛产桐油、五倍子、茶叶、生漆等重要的农副产品，外国势力侵入后，大肆进行掠夺，沅江流域的桐油，大部分集中到汉口的美、英洋行里；南、北盘江，都柳江一带的桐油，则由广西运往香港，集中到英商手里。黔东南和桂北苗族侗族山区，是我国著名的林区，每年生产的木材价值可达数百万两白银，很大部分经柳江而下，过柳州至广州出口。西南少数民族地区的猪鬃，多运往重庆，经加工后转运出口。滇东南是有名的五倍子产区，亦由滇越铁路运到越南后再转输他国。美、英、法等国商人在蒙古族地区的张家口、归绥（今呼和浩特）、包头等城市开设搜集皮张、羊毛和其他农牧产品等业务的商店。[③]

中日甲午战争后，各资本主义列强已步入帝国主义阶段，资本输出对其有着更重要的意义，利用胁迫清政府签订的"中日马关条约"中的有关条文，进一步向我国输出商品，还大量投资，在我国开厂办矿，掠夺矿产资源。根据我国的地理地质和经济发展不平衡情况，在汉族地区，帝国主义以办厂为主，而在少数民族地区，则以掠夺矿产资源为对象。

---

① 《融县志·实业》。

② 巴布科夫：《我在西西伯利亚服务的回忆》，第495页。

③ 《蒙古族简史》。

1895年（光绪二十一年），法人弥乐石等屡次向云南矿务督办唐炯要求入股，共同开采铜及金银等各矿，并经法国公使向清政府提出同样的要求，终于在公元1902年订立了华洋合办章程，达到在云南各地勘查举办矿务的目的。[①] 公元1898年（光绪二十四年），英法公司和贵州路矿局订立借款合同，规定贵州各地的厂矿，帝国主义者有权入股70%。次年，英法合办的水银公司在铜仁万山强占我朱砂矿区，并在清地方官吏保护下，到处进行钻探，随后，该公司总办还向贵州当局提出独占贵州省境内所有矿产开采权的无理要求，由于各族人民强烈反对，才没有达到目的。[②] 公元1902年（光绪二十八年），垄断云南矿产的英、法隆兴公司经理，在伦敦会议上的报告中，说该公司已开之矿共59处，其中银矿27处，铜矿25处，金矿6处，铅矿1处，还有铁矿若干处尚待举办，又说该公司已勘出之矿，矿苗显露纵长50英里。[③] 这些矿区，很多都在少数民族聚居区。为了加紧掠夺我国各族人民的财富，帝国主义还在我国到处摄取路权，修筑铁路，以便于其矿石、商品运输。19世纪末，英帝国主义准备修筑经过苗、彝和其他少数民族聚居区的云贵铁路。他们未经我国政府许可，就擅自“派员勘路、旁若无人”。在贵州毕节、威宁等地勘路时，还打伤、打死许多汉、苗等族人民，后来这条路未曾修成，而两省苗、汉、彝、回等各族人民已深受其害。

由于少数民族地区边远偏僻、交通等各种条件不利，帝国主义的政治、军事势力不便直接到达，于是以传教为手段，派出大量的传教士进行活动。以贵州为例，在80多个县中，大部分都设立了教堂，就连荔波县九阡、册亨县打言这样清朝官吏都极少去的地方，传教士也安营扎寨，建立了教堂。使少数民族人民，在封建官吏、土官的压迫之外，又加上洋教士所代表的帝国主义侵略势力的欺压。英国殖民者查尔士·华伦说过：“为了在殖民者与土人之间保持和平，一个传教抵得上一营军队”[④]，正是对洋教士所作所为的概括。

当然，作为一个辩证唯物主义者，应当全面地、客观地、历史地分析

---

① 《清德宗实录》第267卷。

② 《中国近代工业史资料》第2辑，第113页。

③ 《中国近代工业史资料》第2辑，第109页。

④ 杨真：《基督教史纲》（上），第453页。

问题，帝国主义的入侵打破了中国的封闭状况，破坏了原有生产力秩序和运行轨道，客观上为新生产力的崛起铺垫了道路，所以马克思说：“与外界完全隔绝曾是保存旧中国的首要条件，而当这种隔绝状态在英国的努力下被暴力所打破的时候，接踵而来的必然是解体的过程。”[①] 同时还指出：“从纯粹的人的感情上来说，亲眼看到无数勤劳的宗法制度和平的社会组织崩溃、瓦解，被投入苦海，亲眼看到他们的成员既丧失自己的古代形式的文明又丧失祖传的谋生手段，是会感到悲伤的；但是我们不应忘记：这些田园风味的农村公社不管初看起来是怎样无害于人，却始终是东方专制制度的牢固基础；他们使人的头脑局限在极小的范围内，成为迷信的驯服工具，成为传统规则的奴隶，表现不出任何伟大和任何历史首创精神”。[②] 当然我们也不能不看到，帝国主义打开中国的大门本意是为了掠夺，所以带给中国人民的只是屈辱和被榨取，使中国各族人民为之付出了血和泪的沉重代价；而新生产力的崛起，则是他们料所未及的客观后果。

帝国主义政治、经济势力的入侵，使我国各少数民族地区社会经济与汉族一样，逐步沦为半殖民地半封建社会，进一步加强了各少数民族与祖国大家庭的共命运、同呼吸的血肉联系。

三

死亡与饥饿的威胁，日益深重的民族危机，迫使各族人民一致行动起来，反抗帝国主义的侵略和清政府的反动统治。

太平天国起义爆发，导致中国近代史上第一次革命高潮的出现，在这次革命高潮中，各族人民的反抗斗争成为整个革命运动的重要组成部分。1855 年春，黔东南苗族以张秀眉、包大度、李洪基为首，在台拱厅掌梅里聚会，歃血为盟，发动了大规模起义。[③] 苗族起义爆发后，引起了贵州各族人民起义的急风骤雨，汉族人民不堪清政府贵州官吏的逼迫勒索之苦，也纷纷起义，组织起“号军”“教军”。9 月，苗族农民起义攻占丹江厅城后，到麻哈州境与汉族“号军”会师，“教七苗三”配合作战，把屯军和地主赶

① 《中国革命和欧洲革命》，《马克思恩格斯选集》第 2 卷，第 3 页。

② 《马克思恩格斯全集》第 9 卷，第 149 页。

③ 《贵州通志·前世志》22，第 2 页。

走，收回屯田，交给苗族农民耕种。[①] 由于各族义军紧密配合，给清廷地方政府以有力打击，对正在艰苦奋战的太平军以巨大支持，对此，清官吏惊呼："每出战，教七苗三，战则倚苗铣为助……，有小挫，则苗教大出，钲声满山谷。"[②] 石达开率领的太平军到达贵州后，给各族起义军以极大鼓舞和支持，太平军与包茅仙领导的汉、苗农民军汇合，攻占松桃、印江等城镇。在湖南沅州，农民军由于太平军的指导，提出"打富济贫"的口号，壮大了队伍，击退了敌人的进攻。[③] 太平天国起义失败后，清廷急调川、湘、黔、桂等省军队向贵州各族起义军进攻，矛头所向首先是黔东北的汉族"号军"，张秀眉率苗族起义军积极配合"号军"作战，采用突击战术攻下贵州镇远和天柱，并乘胜出击湘西，连破镇筸、麻阳、沅州、靖州等七八城，取得巨大胜利，拖住了敌湘军主力的后腿。[④] 1869 年 6 月，贵州提督张文德率清军 30 多营，向八寨、下司一带农民军进攻，苗族义军金干干、柳天成部与太平军李文彩部联合作战，在羊安将其击溃，史谓"羊安大捷"。是役，张文德身负重伤，部将死七八人，"兵勇十亡八九，委弃军装器械无数"。[⑤] 这一类各族人民在战斗中相互支持的例子很多，反映了近代以来各族人民之间聚合力的加强。在黔西北，太平军还为陶新春领导的苗族起义军装备炮队，训练攻击、防御战术，协助设厂制造武器。[⑥] 1861 年，太平军张遇恩"数万人之众"由桂西入黔，于 2 月底进抵大定、毕节，苗族农民向其提供了大量粮食。[⑦]

在其他省份亦是如此。1856 年，杜文秀领导回民在蒙化起义，胜利攻占大理后，建立起农民政权，成为太平天国的又一个强大同盟军，杜文秀领导的起义军同样也是一支各民族协同作战的军队，杜文秀的得力战友中有彝族李正学、汉族李芳园、白族姚得胜等，杜文秀还以明文规定：各民族之间"均宜一视同仁，不准互相欺凌，违者，不拘官兵，从重治罪"。正因为如此，云南杜文秀起义才能一直坚持到 1874 年。

---

① 《咸同贵州军事史》第 2 编下，第 6 页。

② 《湘军记·平黔篇》。

③ 《湖南省志》，湖南近百年大事记述近代部分，第 85 页。

④ 《湖南省志》，湖南近百年大事记述近代部分，第 92 ~ 93 页。

⑤ 《湖南省志》，湖南近百年大事记述近代部分，第 92 ~ 93 页。

⑥ 《大定县志·前事志》，唐炯：《援黔录》。

⑦ 《大定县志·前事志》。

就连远在万里之外的新疆，亦受到太平天国革命的鼓舞，各族人民奋起斗争，形成波澜壮阔的农民大起义，仅几个月的时间，就将清政府在新疆的统治打得稀烂，除巴里坤一小块地方外，全为起义群众占领。[①]

这些情况，都从一个侧面反映了我国各民族人民之间亲密友好关系在近代得到了空前的增强。

对于资产阶级领导的辛亥革命，各族人民表现出了很大热情。湘西和贵州各地的苗族人民纷纷响应，革命党人田应金等联络反清帮会，发动汉、苗人民武装起义。凤凰厅苗、汉人民在不到十天时间里，先后集合16000多人，其中大部分是苗族；同一时间，贵州松桃厅的苗、汉人民也迅速组织2000多人，由张子衡率领，星夜赶至凤凰厅内。这次起义，由于联络工作未做好，没有与起义军联系上，导致起义失败，牺牲了170多人。[②] 但其对湖南辛亥革命及支援武昌起义的意义却是不可低估的。在贵州大定县，汉、彝、苗等族人民1000多人，进攻府署，赶走知府陈庆慈；黔东南和滇南的苗族群众也和当地群众一道行动，赶走清政府官吏，使这些地方迅速得到光复。陕西是武昌起义后光复较早的省份。西安新军回族军官马玉贵，积极参加和领导了陕西光复之役，光复后被推举为“总理粮饷兼管军务都督”，他所率领的回族士兵，在乾州战役中，给清军的甘军马安良部以沉重打击，保卫新生的革命政权。

各族人民不仅在反抗清朝政府的斗争中团结一致，面对帝国主义对我国猖狂的军事、政治和经济侵略，我国各族人民亦同仇敌忾，英勇地进行反侵略斗争。在这场斗争中，少数民族群众担当了重要角色。

阿古柏匪帮入侵使新疆人民在近代史上遭受到一次深重摧残，为此新疆各族人民对其进行了强烈反抗。当阿古柏匪帮占领吐鲁番后不久，吐鲁番地区的各族人民便掀起了大规模的武装暴动，赶走阿古柏的官吏，恢复原来的政权。乌鲁木齐的劳动人民也采取了相同的行动，为了摆脱阿古柏匪帮的奴役，各族人民大批逃亡，无法逃走者，则日夜盼望关内汉族人民的援救。[③] 所以当左宗棠大军“于冰霜凛冽，弥望戈壁之中，一月驰骤三千

① 《新疆简史》。

② 黄穆如：《辛亥革命湘西光复记》。

③ 《伊米德史》手稿。

余里”[①]，对阿古柏匪徒进行打击时，得到各族人民的大力支持，各族人民组织起来，配合清军作战。拜城“当地回目不从被杀，城外庄堡焚掠一空，城内回众闭门拒守”[②]。阿克苏人民10余万“皆守城以待官军”[③]。人心所向，大局为定，各族人民以实际行动维护了祖国的统一。

在西南边疆，法国侵略者以越南为基地，于1862年侵犯我云南境，强占了安平厅长约150公里，宽约50公里的土地，在占领区内实行殖民统治，无恶不作。法侵略者的作为，激起了当地苗、瑶、壮、汉各族人民的极大愤恨，不断掀起反抗斗争。公元1881年，苗族人民联合当地瑶、壮、汉族群众，在项崇周的领导下，发动武装斗争，以游击战方式，用简陋的刀矛、火枪、弩箭等武器，利用深山丛林有利地形，与法军展开斗争，先后坚持近8年之久，进行了大小数十次战斗，在各族人民的抗击下，法侵略军被迫撤出我国领土。[④]

在少数民族地区，外国传教士及其教堂是帝国主义侵略势力的代表，其所作所为，和当地各族人民的利益发生了激烈的冲突。公元1906年，贵州都匀府内套和外套的苗、水、布依各族人民，在忍无可忍的情况下，以“灭洋兴汉”的口号互相号召，起来反抗外国教会势力，青岩、开州（今贵州省开阳）、兴义、永宁（今贵州省关岭县）、遵义、仁怀、贵定、独山、清平、都江等地的苗族和各族人民都纷纷响应，捣毁各地教堂，声势浩大。[⑤] 在广大蒙古族、藏族地区，各族人民也奋起反抗，杀死作恶多端的洋教士，捣毁洋教堂。仅在蒙古族地区，先后就爆发了5次大规模的反洋教斗争。[⑥] 少数民族地区的反洋教斗争，是中国人民反洋教活动的重要组成部分，是中国人民反帝斗争的重要内容。

以上一切都表明，我国历史跨入近代史后，全国各民族关系更加密切，更加趋于团结一致，各民族的地位和作用亦趋向于接近。这一切，都要求在近代史研究中对各族人民的活动进行更加广泛、深入的研究。

---

① 《左文襄公全集·奏稿》卷五十五，第72页。

② 《陕甘新方略》第305卷，第13页。

③ 《光绪朝东华录》，第502页。

④ 《云南文史资料选辑》第21辑。

⑤ 《清穆宗实录》卷二十九，第10页。

⑥ 详见《蒙古族简史》。

四

中华民族的光辉历史是各族人民共同谱写的，但翻开我国现有的历史书籍，就会发现，以往之史书，在反映少数民族人民活动方面是有所忽视的，在近代史这一内容里亦是如此。我们在此不妨以几本较有代表性的书籍作例：中国近代史编写组编写的《中国近代史》共有 537 页，其中仅有 17 页论及少数民族；翦伯赞主编的《中国史纲要》第四册是近代史专册，共计 181 页，其中只有 17 页论及少数民族；周谷城先生专著的《中国通史》，其中近代史内容为 166 页，而专论少数民族活动的仅 5 页；胡绳同志的《从鸦片战争到五四运动》（简本）是最新成书的近代史专著，在 681 页中，亦仅有 5 页叙及此方面，繁本所占比例更少。这种情况的存在，不能不说是一种遗憾。

当然，出现这种情况，有其客观原因。由于长期以来，历代反动统治阶级一贯采取歧视和压迫少数民族的政策，加之我国历史悠久，封建文化的长期浸染，不但在整个统治阶级，就是在广大人民中，因为封建势力的压迫和灌输，或多或少地都受到大汉族主义思想的影响，在这种情况下，除个别有识之士外，大部分人都对少数民族的社会、经济、文化、历史、风俗习惯抱以漠视甚至歧视态度，使得史籍中少数民族史料极为匮乏，给后来历史工作者的研究工作带来很大困难；在数量本来就不多的少数民族史料中，有关经济、社会、文化方面的史料更为稀少，因为对于封建统治者说来：所谓政治，无非是治民之术，只要能骑在人民头上作威作福，其他一切可以不管。因此，除了重视防止被压迫阶级的反抗，即阶级之间的斗争外，对于经济、文化发展，除几位“开明之君”外，基本都采取不闻不问的态度，甚至还视新的生产技术为“淫技”而加以扼杀。所以，在汉文献古籍中，有关经济文化的记述是不多的，对汉族这个主体民族尚且如此，对少数民族就更可想而知了。直到目前，历史学界的历史正统主义思想还有一定市场，有意无意地影响着学术活动。新中国成立后，随着党的民族政策的落实，反映在学术界，对过去种种弊端进行了大力改革，使学术活动更加科学化，少数民族历史、政治、经济、文化等方面的研究也在逐步地向深度和广度发展，广大史学工作者为之付出了大量的艰苦劳动，并取得了辉煌的成果。但是，由于历史欠账太多，对少数民族在我国发展史上的各种情况的研究，还是不那么令人满意，这种情况，极不适应祖国四化建设的需要。民族关系在我国社会关系的诸元中有着至关重要的地位，加强近代史中有关民族关系、民族问题等方面的研究，对各少数民族在近代上的活动给予恰当的重视，赋予其一定的地位，使民族友好往来、互相团结帮助的史实重视于史书，以雄辩事实来论证中华民族是一个牢不可破的整体，各民族之间谁也离不开谁，这样做既有利于加强国内各兄弟民族间的友谊和团结，也有利于提高少数民族群众的民族自尊心、自信心，调动他们社会主义建设的积极性，更有利于加强祖国各民族的和谐统一，巩固我国安定团结的局面。为此，在近代史研究中必须赋予少数民族研究以一定的地位，使其成为近代史研究体系中的不可缺少的一根副线。

历史赋予现代人的责任，就是创造出比前人更完美的东西，制造出更符合实际要求的产品。让我们携手努力，为建立更完善的近代史学的体系而奋斗。

（《贵州民族研究》1988 年第 3 期）

论少数民族近、现代史研究

史金波

最近，江泽民总书记在给李铁映、何东昌同志的信中，就进行中国近代史、现代史及国情教育问题发出了重要指示，不仅明确提出了教育的大致内容，还特别着重指出："目的是要提高人民特别是青少年的民族自尊心、民族自信心，防止崇洋媚外思想的抬头。"这一指示关系到我国社会主义事业的百年大计，具有重要的理论意义和实践意义。我们要认真学习和贯彻这一重要指示。其中少数民族近代史、现代史的研究和教育工作是不可缺少的一环。

一　少数民族近、现代史是中国近、现代史的重要组成部分

19 世纪中叶，资本主义列强乘清朝腐朽没落之机，对中国进行公开的侵略。自 1840 年第一次鸦片战争开始，拉开了中国近代史的序幕，从此中国进入半封建半殖民地社会。

鸦片战争时期，在英国侵略军于沿海进攻广州受挫、北上窜扰浙江沿海时，有一支两千余人的藏族队伍，开赴浙东，支援海防。他们先后参加了袭取被占领的宁波、镇海两城的宁镇战役，很多藏族战士壮烈牺牲。另一支藏族部队协同陕甘军和四川军，参与了宁波附近的大宝山战役，充分表达出各族人民共御外侮的团结意志。西藏阿里地区受到来自英国东印度公司支持的克什米尔武装侵略时，我国由前、后藏派出的三千余藏军，驰援阿里，与入侵者奋战三天，全歼敌军主力，给入侵者以有力打击。

鸦片战争后，清政府对列强妥协投降，对人民加重压榨，阶级矛盾、

民族矛盾激化，各族人民不甘忍受压迫和剥削，终于爆发了轰轰烈烈的太平天国革命运动。很多少数民族直接参加了这一伟大的革命运动。1847 年洪秀全创设“拜上帝会”，其总部就设在壮族贫农卢六家，他牺牲后被追封为暇王。金田起义的两万多名太平军中，壮族战士占 1/4 左右。壮族农民萧朝贵，首先提出“同心合力，同打江山”的革命口号，作战勇敢，屡立战功，被封为西王。壮族谭绍光起义后，南征北战，曾率太平军攻克苏州，被封为慕王，后多次率军打击英国的洋枪队和清军，歼灭戈登的“常胜军”200 多人，大长了太平军的威风。瑶族、侗族、布依族等很多群众也都积极参加太平军，转战各地，与汉族人民一道立下了丰功伟绩。

在太平天国革命胜利发展的同时，由布依、苗、侗、水、彝、回、瑶、仡佬、汉族组成的 30 多支起义队伍遍及贵州高原，攻克全省绝大多数城池。云南回族杜文秀领导回、汉各族人民起兵反清，他宣布遥奉太平天国号召，于 1856 年在大理建立元帅府，被推为兵马大元帅，成为太平天国的同盟军。与此同时，云南哀牢山地区爆发了以彝族李文学为首的农民起义，成立帅府，李文学被推举为“夷（彝）家兵马大元帅”，后与哈尼族田以正的起义军联合，统一了哀牢山的农民武装力量。在太平军和捻军的影响和支持下，爆发了反对民族压迫、阶级压迫的陕西回民起义，最多时达 20 万人。后甘肃、青海等地的回族、东乡族、撒拉族人民也纷纷响应，形成了几个反清斗争中心。与此同时，内蒙古伊克昭盟的蒙古族群众不断掀起以“独贵龙”为独特组织形式的反抗斗争，反对封建王公和清政府的横征暴敛。1860 年以白凌阿、弥勒僧格为首发动了东北、内蒙古地区的蒙、汉、回各族人民起义，一度占领很多旗县，有力地策应和配合了太平天国和捻军起义。新疆各族人民也于 1864 年举行起义，第二年起义烽火燃遍全疆。

1883 年爆发了法帝国主义侵略中国和越南的中法战争。首先投入战斗的黑旗军，就是由壮、汉、瑶各族人民组成的队伍，其中主要将领吴凤典、黄守忠等 20 多人都是壮族。他们奋勇作战，击毙法军司令和主帅，给入侵者以迎头痛击。滇军也分两路从滇、桂出击。这些支队中有很多白族、彝族将士。法军在入侵我国云南地区时，苗族青年项崇周于 1884 年春组织了一支以苗族青年为基干，有汉、瑶、壮各族参加的农民队伍，以简陋的武器与侵略者展开英勇斗争，保卫了边疆。

19 世纪末，日本加紧了对中国和朝鲜的侵略，1894 年爆发了中日甲午战争。在战争中回族将领左宝贵负责守卫平壤，连战四昼夜，为中朝人民献出了宝贵生命。由于清朝腐败，签订了丧权辱国的《马关条约》，将台湾及澎湖列岛和辽东半岛割让给日本，加深了中国的半殖民地化和民族危机。台湾高山族人民和汉族人民一道，共同抵抗日本侵略者，在扼守曾文溪的战斗中，就有700余名高山族壮士英勇参战。这期间台湾人民击毙、击伤日军32000多人，日寇统帅能久亲王也被击毙。

1900年中国人民掀起了反对帝国主义的义和团运动。帝国主义为了镇压义和团，乘机瓜分中国，组成八国联军侵华，迫使清政府签订了屈辱的《辛丑条约》。在八国联军进袭北京时，一支主要由回族士兵组成的部队和友军一起到廊房抗敌，奋勇打退敌人进攻。当沙俄单独派兵侵占中国东北的海兰泡时，一支由500名鄂伦春官兵组成的马队，与俄兵交战，十分勇敢，给气势汹汹的沙皇侵略军以迎头痛击。1904年大批英军在曲米森谷地方包围我江孜守军时，藏族官兵誓死捍卫每一寸土地，后来饮水断绝，枪弹耗尽，他们顽强地用石块投掷敌人，表现出藏族人民捍卫祖国领土完整的坚强决心。

1911年为推翻反动、腐朽的清政府，爆发了孙中山先生领导的中国资产阶级民主主义革命——辛亥革命。中国少数民族在这一革命运动中，作出了杰出的贡献。参加武昌首义的就有很多回族革命志士。西安新军的下级军官马玉贵，积极参加和领导了陕西起义，陕西成为武昌起义后最早摆脱清朝统治的一省。此外，上海、南京、河南、新疆的起义，都有回族参加，并起了重要作用。苗族人民杰出的革命家王宪章，早年参加、组织革命，直接参加武昌起义，后任革命军师长，为辛亥革命作出了重要贡献。贵州彝族知识分子黄济舟领导彝、苗、汉族人民1000多人，参加革命，攻占府城。以汉军旗人张榕为首的革命派在沈阳成立了联合急进会，他的得力助手满族旗人宝昆积极从事革命活动，后来壮烈牺牲。联合会还派人到凤城联络满族鲍化南发动起义，当地满族纷纷响应，剪掉辫子，拿起武器，组成革命队伍，奔袭凤城。蒙古族中的先进分子经权、云亨等，最早参加同盟会，在内蒙古西部与汉族革命者一起，开展革命活动，策应北上革命军顺利攻下萨拉齐厅，为革命作出重要贡献。

辛亥革命虽然推翻了清政府和中国两千年的封建君主专制，但被袁世凯窃取了政权，革命遂告失败。在俄国十月革命的影响下，中国的“五四”运动和中国共产党的诞生吹响了反帝反封建的号角，中国开始了新民主主义革命。

“五四”运动一开始就得到各族人民的热烈响应。北京、天津等城市的回族先进分子和爱国青年，积极投入运动，其中最优秀的代表是马骏、郭隆真和刘清扬。马骏是天津学生联合会副会长，郭隆真和刘清扬与邓颖超等组织了“女界爱国同志会”。他们都是周恩来同志领导的“觉悟社”创始人。他们作为学生代表到北京总统府请愿，领导游行。“五四”运动时期，清华大学的学生领袖施滉、李大钊领导的“马克思学说研究会”发起人之一王复生、与周恩来一起在法国建立“旅欧中国少年共产党”的张伯简、云南妇女运动先驱赵琴仙都是白族优秀儿女。

第一次国内革命战争时，在北伐军中有很多少数民族，如第七军中就占半数以上。第二次国内革命战争中，各族人民也作出了巨大贡献。广西壮族韦拔群在右江地区建立了1000余人的农民武装。1929年11月邓小平、张云逸同志发动和组织广西右江两岸的壮、汉、瑶等族人民，举行了著名的百色起义，成立了红七军，韦拔群同志任第三纵队司令，红军解放了11个县，建立了工农民主政府。当时很多少数民族群众积极参加革命根据地和红色政权的建设。比如贺龙同志领导的湘鄂西革命根据地，就有很多土家族、苗族群众参加。苗族青年杨清轩投身革命，任三县边防司令，后壮烈牺牲。1930年5月朝鲜族人民在党的领导下，以延边为中心，开展了“红五月斗争”，从罢工、集会、示威游行，发展成为反封建压迫、反对日本帝国主义的武装暴动，声势浩大。同年8月敦化和延吉铁路沿线的朝鲜族群众，又发动了更大规模的“八一吉敦起义”。与此相呼应，1930年10月，我国南部台湾岛上爆发了由雾社高山族领袖摩那·罗达奥领导的雾社人民起义，起义军很快发展为1500余人，迅速攻占11处日警驻在所，击毙日寇数百名。

中国工农红军在伟大的二万五千里长征途中，得到少数民族的热情支持，并在少数民族地区播下了革命的火种。长征红军第一、二、四方面军分别通过了云南、四川、西康、甘肃等省境内的藏族聚居地区，各地藏族人民，为保护革命干部、保护红军、支援红军，作出了巨大贡献。1935年5月红军经过凉山彝族聚居区时，刘伯承司令员与彝族首领果基小约达歃血为盟，使红军顺利通过彝族聚居区。1936年在甘孜地区成立了中华苏维埃博巴政府，出现了藏族人民的地方革命政权。红军经过甘肃、宁夏回族居住区时，遵守纪律，宣传革命，很多回族参加了革命。1936年5月建立了“陕甘宁省豫海回民自治政府”，回民第一次获得了当家作主的权利。这是我党民族区域自治政策的早期体现。

“九一八”事变后，侵华日军占领东北三省大部分地区。“七七”事变后，中华民族已经到了危亡时刻。中国共产党赤胆忠心，力挽狂澜，组织民众，坚持抗日。最早受日本侵略者残害、奴役的是包括朝鲜族、满族等少数民族在内的东北人民。1932 年在共产党的领导下，建立了抗日游击队和根据地。后组织东北抗日联军，很多朝鲜族、满族同志参加，朝鲜族的李红光、李东光、李福林，满族的陈翰章等人皆为抗联的重要领导人，他们出生入死、浴血奋战，为祖国献出了宝贵的生命。白族共产党员周保中奔赴东北抗日前线，参加组织领导抗日民主联军，领导汉族、朝鲜族人民，坚持敌后斗争十年之久，立下了不朽功勋。鄂伦春族、鄂温克族人民不仅积极参加抗联，还用各种形式打击日寇，消灭敌人。乌兰夫等同志把内蒙古的一支起义部队——蒙旗独立旅，变成党控制的蒙古族抗日武装，对发动蒙、汉各族人民抗日救亡、狙击日寇南下起了重要作用。1939 年蒙古族干部领导的蒙古抗日游击队，袭击伪军，打击日寇，屡建战功。在河北有马本斋率领的 2000 余人的回民支队；在山东也有 1000 余人的回民抗日武装，在陕甘宁边区正式组成了回民抗日骑兵团等，总计全国有数十支回族武装部队，都是八路军、新四军的一部分。他们以满腔的爱国热忱，英勇杀敌，重创日伪军。

抗日战争胜利以后，内蒙古人民在党的领导下，经过艰苦的工作，促进了团结，在 1947 年率先成立了以乌兰夫为主席的内蒙古人民政府，这是蒙古人民革命解放运动的伟大胜利，是我国民族区域自治的伟大实践。回族人民反对国民党的内战政策，保卫胜利果实，积极参加解放全中国的战争。山东的渤海回民支队调到东北后，多次参战，在主攻长春机场的战斗中，发挥了重要作用。满族人民积极参军参战，有成千上万的满族青年入伍。关内满族也掀起参军热潮，有的满族聚居点参军人数占满族青壮年的 90%。西南各少数民族地区在党的领导下，反对国民党图谋把西南各省变为反共基地，开展了各种形式的斗争。新中国成立前夕，很多白族青年参加的“滇桂黔边区纵队第一支队”，解放了元江县城。云南宣布和平解放后，白族人民受到极大鼓舞，人民军队迅速摧毁反动政权，建立了 15 个县（市）的人民政府。1944 年随着全国革命形势的发展，在中国共产党的影响下，在新疆地区爆发了有维吾尔、哈萨克、蒙古、柯尔克孜、锡伯和回、汉等族人民参加的伊犁、塔城、阿勒泰“三区革命”，建立了三区革命政权。它是中国人民民主革命的一部分，配合了解放战争，促进了新疆的和平解放。新中国成立前夕，新疆省政府主席包尔汉和驻新疆国民党将领陶峙岳宣布起义，新疆和平解放。当1949年解放军向大西南进军时，西康巴塘藏族青年与地下党建立联系，为解放西康和西藏地方作出了贡献。昌都解放后，以阿沛·阿旺晋美为首的西藏地方政府全权代表与中央人民政府谈判，于1951年5月达成关于和平解放西藏办法的十七条协议，达赖喇嘛和班禅额尔德尼分别致电中央，一致拥护协议。从此，藏族人民进入了一个崭新的历史阶段。

通过以上对内容丰富的中国少数民族近、现代史举例式的简说，不难看出，中国少数民族近、现代史是中国近、现代史的重要组成部分，占有不可忽视的重要地位。

二　少数民族近、现代史的特点

中国少数民族近、现代史作为中国近、现代史的一部分，有其值得注意的特点。

第一，在中国近、现代，少数民族受阶级压迫、民族压迫最重、苦难最深。由于历史的原因，少数民族地区一般发展比较落后，相当一部分民族在近、现代尚处于地主经济初步发展又保留着前地主制经济残余形态，有的处于封建领主制经济形态，有的甚至处于奴隶制社会形态和原始社会末期或由原始社会向阶级社会过渡阶段。生产力水平低下，经济、文化十分落后，人民生活十分困苦。相当多的劳动人民受地主、封建领主或奴隶主残酷的阶级压迫，过着牛马般的生活。特别是由于反动统治者执行民族歧视、民族压迫政策，对少数民族地区进行压榨、掠夺、限制、封锁，致使少数民族地位低下，困苦不堪。从清朝末年，军阀混战时期到国民党统治时期，都奉行大民族主义，加之列强入侵，社会动荡，少数民族地区发展缓慢，有的地区长期停滞。在中国半封建半殖民地社会中，少数民族处于社会的最底层，生活在水深火热之中。

第二，少数民族受帝国主义列强侵略最早、最直接，时间长，受害深。中国近、现代史是一部帝国主义列强的侵华史。帝国主义入侵中国特别是从陆路入侵时，由于中国的北部、西部、西南部边疆都是少数民族居住地区，所以少数民族往往首当其冲。少数民族人民为保卫祖国、保卫家园对入侵者进行反抗时，常遭到侵略者的武力镇压。入侵者在被占领的少数民族地区烧杀奸淫，为非作歹，巧取豪夺，无所不为。他们疯狂掠夺当地资源，残酷地盘剥人民。如日本侵略者为了日本移民而强占延边朝鲜族居住地区59%的土地；被迫为日寇做劳工的伤亡工人被抛进万人坑；被征用到军事工地干活的大多数人在工程结束时，往往被集体屠杀。在日伪法西斯统治下，朝鲜族居住地区变成了人间地狱。又如在日本统治台湾期间，对高山族人民进行所谓讨伐达120多次。高山族人民居住的大部分村落、房舍被焚烧，无数人民被杀害，仅仅在嗜杀成性的日本总督佐久间统治期间，就有四五万高山族人民被杀害。侵略者还利用传播宗教、推行奴化教育来麻醉人民。帝国主义的入侵使我国少数民族地区遭到十分严重的破坏。

第三，少数民族反抗统治者的压迫、剥削，反抗帝国主义的侵略十分坚决，特别是在保卫祖国，打击入侵者的斗争中，立下了不朽功勋。我国少数民族人民，在祖国灾难深重的时刻，以祖国安危大局为重，率先挺身而出，守御门户，保卫边防，恪尽职守。他们往往在艰苦的条件下，坚持斗争，不畏牺牲，在保卫祖国领土完整的斗争中谱写了一曲曲惊天地、泣鬼神的英雄乐章。很多少数民族同胞在枪林弹雨中，在敌人的刺刀面前舍生忘死，大义凛然，表现出保卫祖国的赤子之心和义薄云天、气壮山河的英雄气概。中国少数民族近、现代史也是一部革命斗争史。各族人民为争取民族解放，为整个中华民族的发展，为祖国的统一和完整都作出了历史性的卓越贡献。比如在抗日战争中，朝鲜族人民20个人中就有一个烈士。目前在朝鲜族聚居区村村都有烈士纪念碑。

第四，在近、现代，各族人民同呼吸、共命运，表现出中华民族团结奋进的精神。少数民族人民和汉族人民团结一致，共同反对反动统治者，共同抵御外侮，一方有难，八方支援，一地起事，各地响应，在斗争中风雨同舟，荣辱与共，生死相依，增强了各民族间血肉相连的团结纽带，使中华民族的凝聚力和向心力得到加强。特别是中国共产党诞生以后，代表了各民族人民的根本利益，实行各民族一律平等的政策，组织和领导各族人民不屈不挠地进行反对阶级压迫、民族压迫和外国侵略者的斗争，披肝沥胆，千钧负重，使各族人民的团结逐步进入到一个新的历史时期，使中华民族的凝聚力得到进一步加强。

第五，中国少数民族在近、现代进行革命斗争时，有时采取具有民族特色的斗争方式。这些特殊的斗争方式符合民族传统习惯，结合本民族的实际情况。如蒙古族地区以“独贵龙”这种特殊方式进行革命活动，用严密的民族组织形式，保护革命带头人，以对付统治者的分化瓦解和高压政策。红军长征路经彝族地区时，彝族领袖和红军领导人用喝鸡血酒、拜为结盟兄弟的传统民族方式，建立和巩固了红军与彝族兄弟的团结。抗日战争中，在河北、山东等地建立了很多回民支队，参加抗日的回族战士的特殊风俗习惯得以照顾，使回民抗日斗争蓬勃发展。其他很多少数民族也往往采用本民族特有的组织形式、活动方式，或独特的武器进行革命斗争，推动了革命斗争的发展。

第六，在推翻三座大山的斗争中，凡是置国家、民族的根本利益于不顾，出卖民族利益、损害民族团结、破坏祖国的统一的人，都会给祖国和人民、给革命斗争带来重大损失。比如举国上下团结抗日时，在日军的导演下，建立了傀儡式的伪满洲国，与日本侵略者沆瀣一气，给东北和全国的抗日战争造成极坏影响。又如日本在蒙古地区先后建立了傀儡地方政权伪“蒙古联盟自治政府”和“蒙古联合自治政府”，成为日本推行侵华的军事基地。在整个近、现代史过程中，阶级斗争、民族斗争十分尖锐复杂。国家、民族处于多事之秋。在这风云变幻的时代，难免泥沙俱下。历史的经验证明，那种不顾民族大义、丧失国格、开门揖盗、引狼入室、投靠敌人、认贼作父、为虎作伥、卖国求荣的人，都是中华民族的不肖子孙，是历史的罪人，最后将身败名裂，受到全国各族人民的谴责、唾弃和惩罚。

三　进行少数民族近、现代史研究、教育的重要意义

对全国各族人民，特别是对青少年进行包括少数民族近、现代史在内的近、现代史教育，对于提高人民群众的政治、文化素质，对于加强爱国主义、社会主义教育，增强各民族团结，维护祖国统一，对于总结历史上的经验教训，更好地建设有中国特色的社会主义有重要的现实意义。

在中国近、现代，各族人民饱受反动统治者的剥削和压迫，遭受帝国主义列强的侵略和欺侮，少数民族更是苦不堪言。我们的先辈对此都有切肤之痛。这样一部创巨痛深的血泪史我们应该牢牢记住。只有在中国共产党的领导下，推翻了压在各族人民头上的三座大山，建立了中华人民共和国，彻底摆脱了帝国主义的压迫，中国各族人民才能够扬眉吐气，挺胸立

于世界民族之林。各少数民族摆脱了被歧视、被压迫的地位，成为祖国大家庭的平等成员，少数民族居住的边疆地区变为尊严的边防，在党和政府领导下，各族人民共同维护着祖国的主权。这种翻天覆地的变化，是来之不易的，是多少年来中国人民自强不息，前仆后继，英勇奋斗得来的。没有共产党就没有少数民族的今天。

各族人民在近现代进行了英勇顽强、惊心动魄的革命斗争，有无数次反抗阶级压迫、民族压迫、反抗帝国主义侵略的革命活动，出现了很多可歌可泣的动人事迹，涌现出一批批的革命志士和民族英雄，表现出中华民族优良的革命传统和高度的爱国主义精神，对此我们应该铭刻在心，永志不忘。重温和学习近、现代史是很发人深省的。一方面了解国际资本主义、帝国主义的侵略本质，认清帝国主义是不甘心中国人民走上独立自主的道路的，是要千方百计对中国进行控制的。另一方面要发扬中华民族的爱国主义传统，继承祖辈们为翻身解放、为求得民族独立、为维护祖国统一而英勇斗争、不畏牺牲的大无畏革命精神。各族人民正是在爱国主义的旗帜下，才求得人民的解放和祖国的统一。各族人民应该发扬爱国主义光荣传统，自觉地反对国外资本主义势力的侵蚀，抵制和平演变的攻势，沿着有中国特色的社会主义道路前进。

通过学习近、现代史可以看到，民族团结是国家稳固、繁荣昌盛的一个基本条件。民族不团结，一盘散沙，就没有力量，就会给统治阶级、外国侵略势力以可乘之机。各族人民应该把保卫山水相连的祖国、维护血肉相连的各民族之间的团结，视为中华民族的最高利益，要像爱护自己的生命一样爱护民族团结，要居安思危，对危害团结的行为要保持高度的警惕。

少数民族近、现代史还告诉我们，民族经济的发展是至关重要的。一个国家、一个民族，生产落后，经济不发展，不仅人民的生活水平得不到应有的提高，国家的实力自然也不会加强，边防也不会得到巩固。很多少数民族地区处于边陲要地，在战略上十分重要，另外这些地区一般经济发展薄弱，自然条件、交通状况较差。改革开放以来，少数民族地区经济、文化有了很大发展，但与全国其他地区相比，发展速度和水平相对滞后。因此，重视和加强少数民族地区的经济建设成为我国十分重要的战略问题之一。这关系到国家盛衰荣辱的大事，不可掉以轻心。全国各族人民，特别是青年要继承和发扬前辈为国家、为民族不畏艰险、励精图治的革命精神，不怕困难、奋发图强，为加快少数民族地区的四化建设贡献自己的力量。

过去的一段时间，对中国近、现代史的宣传、教育和研究有所忽视，而对中国少数民族近、现代史的宣传、教育和研究更显不足。少数民族近、现代史的资料整理和研究有其特殊的困难和复杂性。比如有关少数民族近、现代史的资料除汉文文献外，还有大批多种少数民族文字资料和外文资料，这就需要有专门人才去整理研究才行。少数民族近、现代史不仅离不开近、现代史的人物和事件，也还牵涉到当代的人物和事件，不仅会涉及国内各民族之间的关系，还会牵涉到与外国的关系，其复杂性和难度是可想而知的。加之过去一段时间，极“左”政策的干扰和破坏，少数民族近、现代史的一些研究领域成为研究者难以涉足的禁区。党的十一届三中全会以后，恢复和发展了马克思主义实事求是的学风，贯彻百花齐放、百家争鸣的方针，使包括少数民族近、现代史在内的社会科学有了很大的发展。现在我们少数民族历史研究工作者，应把少数民族近、现代史研究摆在十分重要的位置上，并做好普及宣传、教育工作，使更多的人民，特别是青少年得到系统的爱国主义、社会主义教育，提高民族自尊心和民族自信心，以更加饱满的热情参加社会主义建设。

（《云南社会科学》1991 年第 6 期，略有修改）

试论近代中国民族关系的基本特点与诸种情态

杨　策

从鸦片战争到中华人民共和国的诞生，中国经历了翻天覆地的剧变，民族关系也呈现出时代所赋予的鲜明特点。对近代民族关系的研究，有待开拓耕耘。本文仅就近代民族关系（主要是政治关系）的基本特点与诸种情态问题，略述管见，谨作引玉之砖。

一

考察近代中国的民族关系，首先必须紧紧把握近代中国社会的两大主要矛盾，即帝国主义和中华民族的矛盾，封建主义和人民大众的矛盾；而前者又是各种矛盾中最主要的矛盾。由此，外求民族独立（民族解放），内求社会进步，成为近代中国的两大主题。反对帝国主义列强的侵略和解除封建势力的束缚，成为中国各族人民共同的奋斗目标。

近代中国民族关系首要的基本特点，就是中华民族团结御侮，共同抵抗外国侵略者。

帝国主义列强采取各种手段，乃至发动大规模的侵略战争，把一个独立的中国变成了一个半殖民地和殖民地的中国。帝国主义把中国纳入了它的世界殖民主义体系，中国各族人民概莫能外地遭受帝国主义的奴役。这是鸦片战争以后出现的新情况，它变动了阶级关系，也变动了民族关系。

近代中国的民族问题，已经超越了国内的范围（并不是说国内民族矛盾不复存在），而首要的是整个中华民族从帝国主义奴役下获得解放的问题，在客观上已经成为反对世界殖民统治的民族解放运动的一部分。因此，在近代中国境内的无论哪一个民族，离开了整个中华民族的解放事业，就不可能还有某一个民族的“解放运动”。某些人没有把握住这一点，把国内某一个民族或某一个民族地区实际上是从祖国大家庭分裂出去的行径，竟称之为“民族解放运动”，这是非常错误的，也是十分有害的。历史证明，这种“民族解放运动”不过是帝国主义瓜分中国的一种表现。

在反对帝国主义侵略的斗争中，各族人民是主力军，但也包括统治集团中的一部分爱国人士。统治集团中的另一部分，出于维护自己统治的需要，或出于盲目排外的心理，在一定的条件下，在一定的程度上，也有可能参加这一斗争。但是，他们的动机与打算完全不同于各族人民，而且始终是动摇的，随时准备妥协，甚至阴谋出卖人民。

少数民族反对帝国主义侵略呈现出多种情态，首先是参加全国性的反侵略战争。帝国主义列强曾经先后多次发动了对中国的侵略战争，少数民族官兵和人民群众参加了每一次反侵略战争，并作出了重大贡献。在鸦片战争中，副将陈连升、陈举鹏父子（土家族）壮烈捐躯；钦差大臣、两江总督裕谦（蒙古族）兵败殉节；京口副都统海龄（满族）死守镇江，宁为玉碎，不为瓦全。在第二次鸦片战争中，满、蒙、汉各族官兵先后奋战大沽口、京畿。在中法战争中，威名远震的黑旗军，是由壮族占多数的壮、汉、瑶各族人民组成的；老将冯子材率领汉、壮各族军民取得了镇南关——谅山大捷。总兵左宝贵（回族）在甲午中日战争中血战殉国，气壮山河。在抗击八国侵华联军中，天津镇总兵罗荣光（土家族）在大沽口炮台失守后义不独生，以死明志；以回民组成的甘军不畏强敌，殊死战斗。在抗日战争中，中国各族人民空前广泛地团结起来，共同抗击日寇。东北抗日联军中有许多满、朝鲜、白、鄂伦春等少数民族指战员，达斡尔、鄂温克、赫哲等族群众积极支援抗联。威名赫赫的杨靖宇（马尚德），是河南确山的回民。在内蒙古东部地区，蒙、汉人民创建抗日武装。驰骋冀、鲁抗日战场的，有数十支回民支队、回民骑兵团。湘鄂西的土家族、苗族青年踊跃参军，湘西苗族起义武装以抗战大局为重，毅然接受改编，奔赴抗日前线。随着战争势态的发展，西南、华南的白、傣、景颇、佤、拉祜、阿昌、布依、苗、水、壮、毛难、仫佬、京、黎等少数民族群众先后都加入了抗战行列。

在地区性的反侵略战争中，当地少数民族在极其困难的条件下，独立承担爱国守土的重任。英国先后发动两次侵略西藏地方的战争，妄图把西藏从中国肢解出去。1888 年，英军入侵后藏，在隆吐山遭到藏军的坚决抵抗，用鲜血与生命实践了“誓死抵御，决无二心”的誓言。1904 年，英军入侵拉萨，藏族军民沿途阻截，在江孜宗予以沉重打击。藏族军民的英勇抗战，使英国分割我国领土西藏的阴谋未能得逞。

少数民族在抗阻外国侵略者蚕食祖国边疆、维护祖国领土完整的斗争中，作出了特殊的贡献。列强分割攫夺中国边疆地区，造成普遍的边疆危机。1875 年，云南滇西景颇、傣、阿昌等族人民坚决阻击入侵的英国武装“远征队”。以后在 1901 年至 1927 年间，景颇族人民和附近各族人民一起，在全国人民支援下，多次挫败英国侵略军对片马、古浪、岗房地区的入侵。川边、青海、西藏地区的藏族官员和群众，曾多次抗阻打着“考察”“游历”旗号的外国侵略者深入边疆腹地的渗透。高山族群众与相继侵入台湾的英、美、日、法等侵略者进行了英勇的斗争。

在国土沦丧的情况下，少数民族从未停止反占领、反殖民统治的斗争。沙俄乘我国新疆局势极度动荡之际，于 1871 年悍然出兵强占我国伊犁地区，实行殖民统治。当时维吾尔、哈萨克、回、蒙古、锡伯等各族人民在同祖国内地暂时隔绝的困难条件下，英勇抗击沙俄侵略者，誓死“不降俄夷”。英国扶植的浩罕汗国军官阿古柏入侵新疆，建立了反动的“哲德沙尔汗国”（七城汗国）。新疆各族人民支持和协助清军彻底摧毁了阿古柏匪帮，收复了新疆。日本帝国主义逼迫战败的清政府割让台湾省，高山族人民和汉族人民一道，开展了反割占的英勇战斗，重创日军。在以后日寇霸占台湾的 50 年中，台湾各族人民坚持斗争，直到台湾重返祖国怀抱。东北各族人民在义和团运动期间，英勇抗击沙俄军侵占东三省。在日寇霸占东北的 14 年中，东北各族人民不甘屈服，进行了艰苦卓绝的斗争。

边疆地区少数民族反对侵略者利用教会进行侵略的斗争，几乎贯穿近代始终，连绵不绝。从 19 世纪 50 年代的西林教案、60 年代的贵州教案，直到 20 世纪初的巴塘事件，在边疆地区发生了为数众多的“教案”。这不是偶然的现象，表明了列强侵略的加深。以地域而言，帝国主义侵略势力由沿海向内地，再由内地向边疆，这是一种深入。由周边到边疆，再由边疆向内地，这又是一种深入。边疆地区成了这两种深入的交叉点。以手段而言，帝国主义以船坚炮利的近代军事武装开路，同时一天也没有忘记利用宗教。成为麻醉人民的鸦片的宗教，甚至在西方殖民者还没有发现鸦片这一特殊商品、进行可耻的鸦片贸易以前，就早已被当作敲开中国这个东方古老泱泱大国门户的敲门砖。宗教在殖民者手里同屠刀一样，都是为它侵略开路的工具。精神的腐蚀与肉体的消灭，同样是摧毁，异曲而同工。因此，如果把“教案”归结为仅仅是文化冲突，或宗教信仰冲突，甚至说成是东方的愚昧与西方文明的撞击，都是片面的，都没有抓住帝国主义利用宗教进行侵略这个本质。

二

反对封建统治阶级的压迫与剥削，是近代中国民族关系的又一个基本特点。

中国封建主义行经两千年的风雨历程，到18世纪中叶，国力下降，开始与西方新兴的资本主义发达国家拉开了差距。积弱浮虚的古老中国落后了，成了外国殖民者觊觎的猎物。昧于世界而又虚骄自大的封建统治者经不住外国侵略者船坚炮利的打击，败下阵来，屡屡以缔结丧权辱国的城下之盟苟安于一时。到19世纪60年代，封建统治者竟“借夷助剿”，不惜出卖民族利益，借助洋人的洋枪洋炮，共同镇压中国各族人民的反抗斗争。

19世纪40年代以来，封建主义与帝国主义交互为恶，激化了阶级矛盾，加深了社会危机。于是，各地不断发生反抗斗争。经过10年的酝酿、发育，终于在1851年爆发了太平天国农民战争。在它的推动下，各地各族人民奋起反清，少数民族聚居的桂、黔、滇、陕、甘（含今宁夏）、青、新等省区，反清起事风起云涌，波澜壮阔。太平天国运动发祥于多民族地区的广西。洪秀全肇发“天国”理想于当时最早开放的广东，卒赖冯云山植根于苦难深重的粤西民族地区的土壤之中。太平军是汉族、壮族与其他少数民族劳动者联合反清的队伍。太平军离开广西后，广西壮族和其他各族人民继续掀起反清斗争。其中规模较大、持续时间较长的有：陈开、李文茂在浔州（今桂平）建立的大成国，汉、壮各路起义军先后加入；壮族佃农李文彩在永淳（今横县）发动的抗租起义，壮、汉各族农民参加；吴凌云、吴亚终父子在新宁州（今扶绥）领导的起义，壮族卢裕伦与壮族刘永福等各率部前来参加；壮族黄鼎凤在贵县的起义。

在贵州，苗民张秀眉发动起义于台拱厅（今台江）。布依族杨元保起义于独山，水族潘新简起义于九阡（今三都水族自治县），侗族姜映芳起义于天柱，他们与张秀眉相互配合，使整个黔东和黔东南各族起义军连成一片。

贵州的汉族人民组织“号军”和“斋教军”，与各族起义军共同战斗。“号军”是一支以汉族为主、有苗族参加的队伍，活动于石阡、思南府属各地。“斋教军”是一支汉、苗、布依各族混合组成的队伍，活动于贵阳周围各州县，使贵阳处于四面包围之中。黔西威宁、毕节的苗、彝农民在陶新春、陶三春兄弟领导下举行起义，不久，黔东南苗民起义军岩大五也率部进入黔西，他们联为一体，活跃于黔、滇、川边。

云南反清起义军规模较大的主要有两支：一支由杜文秀领导的以滇西大理为中心的回民起义，另一支是由李文学领导的以滇中哀牢山区为中心的彝族起义。滇西回民起义军实际上是回、汉民族人民混合组成的，且其中“汉兵十之七八，回民十分二三”[①]。哀牢山彝族起义，是汉族、彝族人民共同发动的，起义军由彝、汉、哈尼、傣、白、傈僳等各民族群众混合组成，起义军领导集团也由各族农民起义军的首领共同组成。

西北回、汉各族人民反清武装斗争，是在太平天国和川、滇农民起义的直接影响下发动起来的。1862 年春，川、滇农民起义军蓝大顺部由四川进入汉中，太平军扶王陈得才也率军进逼西安，渭南回族群众纷起响应。接着，关中平原的回民又兴义旗。与此同时，甘、宁、青的回民也举行起义，陕、甘回民起义军的活动地区连成一片。1866 年秋，西捻军入陕，这时已撤往甘肃的回民起义军与撒拉、保安等各族起义队伍，闻讯东下接应，形成“捻回合势”[②]，陕北成了西捻军和回民起义军的汇合地。回民起义军逐渐形成四支力量：在甘肃南部，以河州（今临夏）和狄道（今临洮）为中心；在宁夏南部，以灵州（今灵武）和金积堡（今属吴忠市）为中心，力量最强，以后成为西北回民起义军的中心；在青海东部，以西宁为中心；在甘肃西部，以肃州（今酒泉）为中心。在陕、甘回民起义的推动下，新疆维吾尔、回、柯尔克孜等族群众于 1864 年举行反清起事。库车首义，各地响应，迅及全疆。

就民族关系而论，有几点值得注意。第一，有卓识的起义领导者都把各民族的团结合作置于突出的地位。杜文秀宣布起义的目的，是“志在救劫救民，心存安回安汉”；“但得汉、回一心，以雪国耻”[③]；坚决奉行“不

① 《中国近代史资料丛刊·回民起义》第 2 册，第 142 页。

② 《左文襄公全集·奏稿》卷二十三。

③ 《回民起义》第 2 册，第 131、127 页。

分汉回，一体保护”的政策[①]。李文学起义檄文明确提出：“驱除满贼，除汉庄主，望我彝、汉庶民，共襄义举。”[②] 在斗争中，各族各部起义军互相支援，联合作战。李文学两度率部北上援救大理回民起义军，并在后一次中战败被俘身殉。贵州的各支起义军，虽然在民族成分上或以苗、布依等族为主，或以汉族为主兼有苗、彝各族，但他们紧密配合。当张秀眉向黔东南进军时，天柱、思州等地数百屯汉族农民，“蓄发相从，供其驱使，输金纳赋，千里应声”[③]。号军攻打城池，苗民主动运粮接济；或有小挫，“则苗、教大出救援”。清方记载说：“攻苗匪则号匪梗其中，击号匪则教匪继其后。”[④] 太平军入陕的目的是“往联回众”。各地回民起义后，汉民积极参加。清方记载说，回军中的汉族战士“尤为凶悍”[⑤]，“皆冒险出死力”[⑥]。渭南回民任武组织当地回民数千人起义，投奔到太平军旗下。太平军在陕、甘活动时，得到了回民起义军的大力支援。这些，都说明了民族团结、联合斗争是近代民族关系的主流。

第二，由于宗教的、民族的历史原因，宗教上层分子往往篡夺了起义军的领导权，他们竭力利用宗教煽动狭隘民族主义情绪，模糊群众的阶级意识。这些人，有的出卖起义，回过头来屠杀起义军。例如马如龙，武秀才出身，在云南回民纷举义旗之际，他亦于建水起事，后与清政府“议和”，交出所占八城，换取总兵头衔，攻灭杜文秀大理政权，晋升提督。有的在斗争的紧要关头惜命乞降，招致斗争全面失败。例如马化龙，世为西北伊斯兰教白山派教主，清军围攻金积堡，他即准备投降，因反对者开枪打死前来受降的清军将领而被阻，但最终还是俯首投降了，使起义军全遭残杀，他自己也难免一刀。有的甚至勾结外国侵略者，进行分裂祖国的背叛活动。例如金相印，原为屯田回庄封建主，与柯尔克孜族封建主思的克发动反清暴动，占据喀什噶尔回城（今疏附），久攻汉城（今疏勒）不下，竟向浩罕汗国请求出师“援助”，并迎回长期匿亡浩罕的叛乱分子大、小和卓的余孽，妄图复辟“叶尔羌汗国”。结果造成阿古柏入侵新疆，国土沦陷

① 《回民起义》第1册，第47页。

② 《哀牢夷雄列传·李文学传》，《近代史资料》1957年第2期。

③ 同治十一年李翰章奏，原件藏故宫博物院明清档案部。

④ 《湘军记》卷十四。

⑤ 余庚阳：《池阳吟草》卷一。

⑥ 张兆栋：《守岐纪事》，《回民起义》第4册，第286页。

达 12 年之久。上述这些人当初与清朝统治者之间的矛盾，是统治阶级内部不同集团、不同层次的矛盾，与广大劳动者与剥削者之间的矛盾有着本质区别。

第三，并不是所有反对中央政权的斗争都是正义的、进步的；也并不是中央政权所有的举动都是非正义的、反动的，应该从社会发展进程作宏观考察。对社会是起促进作用，还是倒退作用？是有利于祖国统一，还是要搞分裂？这里，存在着叛乱与平叛、分裂与统一之争，这是根本对立的两种性质。某一个民族地方的统治集团为了分裂祖国而反对中央政权，应该否定；中央政权为了维护祖国统一对之施以军事行动，应该肯定。同时，无论对事件或是对人物，都必须综观全貌，把握其发展变化的始终。论事件，如新疆 1864 年的反清起事，领导权自始即操在封建宗教上层分子之手。他们以排满、反汉、卫教（杀异教徒）等口号欺骗、蛊惑群众，把反封建斗争引入歧途。他们建立了许多各不统属的封建割据政权，互相争战，糜烂地方，百姓遭殃，起事性质蜕变，完全失去了反封建统治的初义。至于清政府举兵讨伐外国侵略者阿古柏匪帮，收复被侵占的中国领土，完全是正义的行动。论人物，如白彦虎，在陕、甘、宁、青的反清斗争中异常坚决，转战数省，屡挫不馁，虽败不屈，远奔数千里，西退新疆。只是 1876 年 8 月退南疆依附阿古柏；阿古柏败亡，他又随其子出逃沙俄。我们既不应无视其污点，也不能因此一笔抹杀他的前期作为。

三

分裂与统一的斗争，成为近代中国民族关系的又一个突出特点。

近代中国面临着空前严重的分裂危机。东北、内外蒙古、新疆、西藏等民族边疆地区，普遍告急。走向衰败没落的古老中国，百孔千疮，中央政权的控制力大大削弱，民族凝聚力受到巨大的冲击。

近代中国分裂危机的始作俑者是帝国主义，国内民族分裂主义者则是它们的工具。由于中国人民的坚决反抗，由于帝国主义国家之间的矛盾冲突，使某一个帝国主义国家独占中国的企图不可能得逞。它们转而对幅员辽阔、多民族的中国采取瓜分政策，即“分而食之”的政策。

帝国主义分裂中国的罪恶活动，19 世纪 90 年代以前主要是英、俄。英、俄争夺中亚，交汇于中国新疆；又争夺西藏，各自培植代理人。沙俄又自北而南，经营满、蒙。90年代以后，日本帝国主义崛起，甲午中国战败，割占中国台湾省。日、俄争夺中国东北而战，沙俄战败，日本侵略势力扩及中国东北的南部。辛亥革命前后，中国政局剧变，帝国主义分裂中国的危险达到了顶点。沙俄炮制外蒙古“独立”，策划内蒙古“自治”，强占我国外蒙古西北部的唐努乌梁海地区，又三路出兵新疆边城，唆使阿尔泰蒙古亲王宣布“独立”。英国则怂恿西藏统治集团中的亲英势力，宣布西藏“独立”；又借口“扩商”，派兵侵入拉萨。沙俄王朝倒台，但被它在半个世纪中割去的150多万平方公里的中华国土竟不复回归。中国政府在外蒙古虽曾一度恢复行使主权，但外蒙古终被分裂而去。到了20世纪20年代，中国陷入帝国主义支持各自的代理人进行军阀混战之中。日本帝国主义侵略势力大为扩张，积极推行独霸中国的大陆政策。发动“九一八”事变，强占东三省，炮制“满洲国”；扶植内蒙古反动王公，策划“蒙疆自治”。进而伸向华北，收罗汉奸，组织伪政府。1937年7月发动全面侵华战争，侵占中华半壁河山，成立傀儡政府。由此可见，近代中国各族人民反对分裂、坚持统一的斗争，实质就是反对外国侵略者以及依附于它们的一小撮民族败类的殊死斗争。

近代中国的分裂与统一之争，是多层次的、多情态的。主要有：

第一，中央或地方政府对投靠外国的民族分裂主义者的斗争。例如，在内、外蒙古，沙俄制造“独立”。武昌起义爆发，沙俄派军侵驻库伦，由它武装起来的叛乱集团即于1911年10月18日宣布“独立”。又于12月1日宣布成立“大蒙古帝国”。沙俄又指使科布多的反动大封建领主和乌里雅苏台札萨克发动叛乱。内蒙古呼伦贝尔地区的一小撮反动封建王公在俄军和外蒙古军的支持下，先后占领海拉尔、满洲里，宣布“独立”，成立“自治政府”。被沙俄收买的哲里木盟科右前旗、科右后旗的部分反动王公纠集叛军作乱，散发“东蒙古独立宣言”，进犯洮南府，北京政府及时调兵平叛，叛军败逃外蒙古。沙俄又唆使外蒙古军进犯内蒙古的西二盟及锡盟全盟、昭盟很多地方，昭盟一小撮反动分子乘机叛乱，攻陷开鲁，热河驻军派兵平叛。北京政府出兵讨伐入侵内蒙古的沙俄、外蒙古军，终于收复了内蒙古全境。沙俄王朝垮台后，中国军队开进库伦，外蒙古“独立”丑剧被迫收场，呼伦贝尔“特区”也随之取消。又如在新疆，沙俄于武昌起义后增兵伊犁、喀什、承化寺（今阿勒泰）三地，并指使外蒙古军侵占科布多，进犯新疆，遭到新疆省军的痛击。沙俄收买原阿尔泰办事长官、蒙古亲王帕勒塔宣布“独立”。中国政府下令将其撤职，宣布由其签订的所有“条约”，一概无效。沙皇被推翻后，留驻阿尔泰的俄军被新疆军民缴械驱逐出境。1918 年 5 月，英国收买的“阿古柏后裔”[①] 买买铁力汗及其岳父阿吉和卓在库车作乱，煽动“杀尽汉人，收复领土”，为守军迅速平定。[②]

“祖国的统一是全国各族人民的最高利益”[③]。不论假借什么名义，凡是策划分裂，叛国作乱，都是违背全国各族人民的最高利益的，都必将遭到全国各族人民的同声谴责。不论什么时候的中央或地方政府，凡是坚持祖国统一，反对分裂的作为，都应予以肯定。

第二，地方势力对分裂主义者的打击。例如，新疆各地于 1933 年相继发生反对金树仁统治的武装暴动，南疆各地暴动的领导权被上层人士所掌握。他们投靠帝国主义，使暴动蜕变为分裂祖国的叛乱。大土耳其主义者伊敏勾结沙比提大毛拉，以“保护宗教”为号召，在墨玉县举行暴动。接着又攻占和田，成立了“伊斯兰教王国”，伊敏自封“和田王”。沙比提则西进疏附，在外国侵略势力的支持下，于 1933 年 11 月成立了“东土耳其斯坦伊斯兰教共和国”，宣布脱离中国，“而保永久之独立”[④]。马仲英在争夺新疆统治权的混战中失败，退入南疆，打垮了沙比提的狙击，于 1934 年 2 月进据喀什，“东土耳其斯坦伊斯兰教共和国”垮台；沙比提企图逃亡阿富汗，被擒获。马仲英部又进入和田，伊敏逃往印度，和田“伊斯兰教王国”瓦解。对马仲英的全面评价是另一个问题，但他的部队铲除了这两个分裂主义毒瘤，是有益于祖国的统一的。

第三，民族地方或本民族内部不同集团之间在统一与分裂问题上的斗争。在民族地方，统治阶级内部，主张维护祖国统一、尊奉中央政权的一派，与企图“独立”、脱离祖国、投靠外国的另一派，斗争同样是非常激烈的，有时也是充满着血与火。我们不能把它看作是争权夺利的派系斗争，其实质是爱国与非爱国的原则冲突。例如，西藏地方政府中的亲英派、投俄派，与爱国的班禅九世集团之间的矛盾与斗争，西藏地方政府摄政热振活佛与亲英派、顽固派之间的矛盾与斗争，都是历史的例证。

---

① 曾问吾：《中国经营西域史》，第 511 页。

② 杨增新：《补过斋文牍》乙集一，第 57 ~ 60 页。

③ 周恩来在第二届人大会议作的《政府工作报告》。

④ 曾问吾：《中国经营西域史》，第 564 页。

九世班禅洞察英国侵略和分裂西藏的阴谋，坚持爱国立场，因而长期受到不公正的对待，卒因人身安全受到威胁，被迫于1923年逃离西藏。英国和噶厦中的亲英分子借端阻难班禅回藏，使他离藏达15年之久，返藏夙愿终未实现。热振五世活佛主张改善西藏地方与中央的关系，呈请中央政府派大员入藏，主持灵童抽签和十四世达赖的坐床大典，挫败了英国和噶厦中的亲英派的破坏阴谋。他在英国唆使亲英派发动的政潮中被迫暂辞摄政职务，六年后竟遭毒害。他们对维护祖国统一、促进民族团结所作出的贡献，理应得到我国各族人民的景仰和赞誉。

第四，人民大众与本民族搞分裂活动的统治者之间的斗争。在这方面，内蒙古的情况非常突出。“九一八”事变后，日寇侵占了内蒙古东部各盟，随后又向热河、察哈尔进攻。日寇以支持内蒙古“独立”“自治”，帮助“复兴蒙古民族”为诱饵，鼓吹“满蒙提携”“抑汉扬蒙”，网罗民族地方上层的分裂分子，拼凑傀儡政权和伪军。1936年3月，日寇唆使锡林郭勒盟苏尼特右旗札萨克、郡王德穆楚克栋鲁布以察北蒙旗为基础，成立伪政府。德王跟随日寇铁蹄之后，将其伪政权扩及察哈尔、晋北和锡、乌、巴、伊四盟。日寇和反动王公的分裂行径，激起了广大蒙古族群众以及上层爱国人士的不满和抵制。1936年2月，爆发了百灵庙起义，一千余名蒙古族官兵宣布脱离德王。1940年，乌审旗伪保安队营长那素滴勒盖率部起义，从伊盟投奔延安。一些蒙古族上层分子逐渐参加抗日斗争，反对民族分裂。大批蒙古族青年参加中国共产党领导的抗日武装。

四

改革与反改革的斗争，在某个时期、某些边疆地区，成为影响民族关系的重要因素。

中央政权为了加强中央集权和削弱民族地方势力，在其认为条件成熟或有必要的时候，对民族边疆地区实施改革新政。对此，一概肯定或一概否定，都是不恰当的，应该具体分析。

慈禧太后在血腥镇压戊戌维新变法的第三年，用光绪皇帝的名义下诏变法。清廷这一反常举措，实乃情势逼迫使然。出于适应帝国主义的侵华需要和缓和国内矛盾，清廷宣称要参照“西法”，切实整顿一切政事，“以期渐致富强”[1]。自1901年起，清政府推行“新政”，在民族边疆地区也进行了旨在强化中央封建集权主义、削弱地方势力的改革。其中在川边藏区先后有凤全和赵尔丰的改土归流，在西藏先后有张荫棠和联豫的改革新政。

凤全刻峻狷急，乖戾暴烈。在巴塘，他用简单粗暴的高压手段，招募“土勇”开荒屯田，又从内地招来一批汉族农民举办农场，笞责请求勿开“神山”的藏民代表。他制订了一些压制、歧视喇嘛寺院的办法，却又处处庇护当地的法国传教士和天主教堂。对待当地土司、僧众，“有有拂其志欲，辄敢蓄谋惨害”[2]。巴塘土司诉于川督，反被斥之“狂悖实为至极”[3]。终于激变成乱，他自己也身首异处。

接着，赵尔丰筹办川滇边务。六七年间，他先后废除了康定、新龙、昌都、察雅等地大小土司及其他地方势力，并在昌都以西，北至三十九族地区，南至察隅的广大地区，都改派流官治理。他闻悉英人深入杂瑜地区活动，即派兵前往，插旗以阻英人入界。他注重开发，为地方兴办了许多事业，做了不少实事。他的兴革措施，在客观上加强了中央和川康地区的联系，冲击了当地的封建农奴制度，削弱了僧俗农奴主的统治势力，有利于发展当地的生产与内地的经济文化交流，有利于当地的藏族和其他少数民族的自身发展。但是，赵尔丰以军事力量为后盾、采取大民族主义的强迫同化手段的社会改革，既不能消除民族隔阂和矛盾，又不能持久贯彻。辛亥革命一起，政局动荡，这些地区的改革也就难以为继了。

张荫棠在达赖出走、藏事日棘之际，奉旨以大臣的身份，“前往西藏查办事件”。张荫棠早年赴欧美任外交官，是一个受欧美资产阶级民主思想影响，又具有民族意识的爱国官员，且清廉自守，洁身自好。他向清廷首先参奏前驻藏大臣有泰等十余名满、汉、藏官员的贪污腐化罪行，有泰等被革职查办，全藏上下人心大快，民气大振。他又向清廷提出了《西藏地方善后问题二十四款》，即《治藏大纲二十四款》，得到采纳。《大纲》是对西藏的社会制度到人民的思想意识进行广泛改革的方案。他颁发了《训俗浅言》《藏俗改良》两本小册子，译成藏文散发各地。他在拉萨创办汉藏文报纸，设立学校，并亲自到大昭寺向西藏官员宣讲《天演论》和强种强国、

① 《光绪朝东华录》第4册。

② 《四川总督锡良、成都将军绰哈布奏平定巴塘请奖折》，《赵尔丰川边奏牍》，第17页。

③ 《四川总督锡良、成都将军绰哈布奏平定巴塘请奖折》，《赵尔丰川边奏牍》，第17页。

富国强兵之道，鼓吹维新爱国思想。这些，在西藏都是破天荒的，藏族人民的耳目为之一新。“直到西藏解放前，他的政绩仍在僧俗人民中间继续流传着”①。至于联豫，他在西藏的作为，纯系假借改革以谋私利，加之举止乖张，因小失大，一再失误，把西藏大局完全搞糟了，是个成事不足、败事有余之徒。

也还有民族地方的自身改革。十三世达赖喇嘛在辛亥革命以后的新政，就是一例。联豫在西藏推行“以夏变夷”的“新政”，引起西藏僧俗的强烈不满。长期徘徊内地的十三世达赖喇嘛于 1909 年 11 月回到拉萨。他的政治倾向经历了由排英投俄到亲英抗清的重大转变。联豫请调川军入藏，达赖在川军威胁下于 1910 年 2 月出走印度。西藏驻军响应武昌起义，被反动势力破坏，清朝驻藏官兵撤出西藏。达赖于 1912 年 5 月由印度返回拉萨。英国操纵亲英分子宣称“西藏独立”，造成“壬子事变”。处于英帝国主义和北洋政府的双重压力下的达赖，想闯出一条自己的路子来，于是对政权机构、规章制度、礼仪习俗等方面进行某些调整和改革，借以巩固其政教合一的权位。他的新政措施，无疑也是在当时从变法维新以来中国社会进步运动的影响下萌发出来的，因而具有一定的积极意义。其新政，取得了一定的成绩，得到了藏族僧俗的赞扬。由于时代的局限，更由于他本人是西藏地方大农奴主利益的代表者，他的新政所实施的范围和取得的成就，必然是有限的。至于他利用推行新政，对班禅在政治上、经济上逐步加大压力，迫使班禅逃离西藏，使西藏两大活佛系统之间关系破裂，大大损害了西藏民族的团结，后果深远。

但是，盛世才在新疆的作为，则是另一种情态。20 世纪 30 年代初的哈密暴动，点燃了遍及南北疆的战火。盛世才在 1933 年的“四一二”政变中被拥上“督办”宝座。在众多的武力角逐者中，苏联最后看中了盛世才。苏联出动红军，帮助盛世才打败了包括国民党支持的所有的对手，建立起盛世才在全疆的统治。苏联在军事上、财政上大力支援盛世才，并派遣许多专家、顾问、教官和一些共产党人来新疆开展各项工作。② 抗日战争前夕，盛世才表示愿与中共合作，并要求派干部到新疆帮助工作。于是，中共与他正式建立了抗日民族统一战线的关系。在共产党人的帮助和推动下

① 黄奋生：《藏族史略》，第 312 页。

② 包尔汉：《新疆五十年》，第 222、256～260、188～190 页。

新疆的各方面都有了显著的进步和发展。1942 年，国际反法西斯战争进入最困难的阶段，德军攻占乌克兰，进逼莫斯科，盛世才公开撕下伪装，转向反苏、反共，倒向蒋介石国民党。1944 年，国际反法西斯战争转入胜利坦途，而蒋介石国民党势力在新疆迅速扩张，盛世才又一次玩弄政治骗局，企图再投苏联怀抱而未逞。在盛世才全身投靠苏联的时候，曾两次要求将新疆并入苏联版图。苏联出于对当时国际形势的考虑，未予同意，这才没有重演辛亥革命以后外蒙古的历史悲剧。盛世才还曾要求加入苏联共产党。据他自己访苏后回来说，他已经加入了苏共。[①] 曾几何时，他摇身一变而为反苏反共的急先锋。

五

中国共产党的诞生，揭开了中国民族关系的历史新篇章。

中国共产党始终把少数民族的解放，看作是整个中华民族解放事业不可分割的一部分。党成立不久，李大钊等就对内蒙古开展了革命工作，并在蒙古族先进分子中发展党员，建立党组织。在第一次国内革命战争时期，党发动蒙古、回、壮、苗、满、朝鲜、黎等族的许多少数民族先进分子在他们所在的地区开展革命运动，参加革命战争。第二次国内革命战争时期，在广西壮、瑶族聚居的左、右江地区，在海南岛的黎族地区，以及在湖南、湖北的苗族、土家族地区，都建立了革命根据地。中国工农红军长征，经过苗、侗、布依、彝、藏、羌、回等少数民族地区，帮助一些少数民族建立武装和革命政权，许多少数民族的优秀儿女参加了红军。抗日战争时期，大批少数民族人民参加了党领导的人民抗日武装，许多少数民族优秀青年奔赴延安。在东北，有各族人民组成的抗日联军；在海南岛，有汉、黎、苗等族人民组成的琼崖纵队；在陕甘宁边区，有回民骑兵团；在冀中、渤海地区，有回民支队；在内蒙古大青山根据地，有蒙古族游击队；在云南、广西、贵州，有许多少数民族和汉族人民组成的滇桂黔边区纵队。解放战争时期，在内蒙古和南方少数民族地区，由少数民族组成或参加的人民武装有了更大发展。在中国共产党的领导下，少数民族人民和汉族人民一道，

① 包尔汉：《新疆五十年》，第 189 ~ 190 页。

并肩战斗，终于推翻了压在中国各族人民头上的三座大山，共同缔造了中华人民共和国。

中国共产党坚持国家统一，维护民族团结，与分裂祖国和破坏民族团结的各种倾向进行了坚决的斗争，为解放内蒙古、新疆、西藏三大民族地区创造了各具特色的光辉范例。

党在内蒙古地区和蒙古族中的工作开展较早，基础较深。经过长期的艰苦努力，党领导的人民力量由小到大，革命根据地波浪式的扩展，终于在1947年全国解放以前成立了人民政权，宣告了内蒙古人民历史性的胜利。

由于种种原因，大土耳其主义在新疆有着很深的影响。哈萨克族起义牧民于1942年在青河县中蒙边境建立了“阿勒泰哈萨克民族复兴委员会”，提出“打倒盛世才政府”的口号，宣传大土耳其斯坦主义。1944年9月，伊犁地区巩哈县（今尼勒克县）牧民发动了反对国民党政府强迫捐献军马的武装起事，占领伊犁全境，宣布成立“东土耳其斯坦人民共和国临时政府”。不久，北疆的伊、塔、阿三区连成一片。1945年冬，正式组成三区政府。

三区政府成员包括马克思主义者（当时与中共并无组织关系）、持资产阶级观点者和大土耳其主义者三种成分。马克思主义者虽然在秘密发动中起了主要作用，但政府主要领导人却是封建宗教阶层出身的土耳其主义者。因此，这个政府既有反对国民党反动统治的一面，又有脱离祖国、仇杀汉族人的极端错误的一面。①

抗日战争胜利结束，国共两党举行重庆谈判。中共毛泽东主席在谈判中表示了对新疆问题的严重关切，国民党也表示了政治解决的愿望。经过谈判，于1946年6月达成协议，新疆联合政府成立。国民党反动派撕毁《双十协定》，进攻解放区，新疆联合政府亦告解体，武装对峙的局面重新出现。

解放战争进展神速，新疆情况也朝有利方向转化。新疆省政府改组，主要领导人具有进步倾向，从1947年起即大力纠正在民族问题方面所犯的一些重大错误，故“东土耳其斯坦”的旗号亦逐渐废弃。南京解放，正式宣告了国民党反动统治的覆灭。接着，人民解放军挺进大西北。新疆国民

① 《新疆简史》第3册，第370页。

2014

Subscription list

中国社会科学院学术期刊

征订目录

社会科学文献出版社
SOCIAL SCIENCES ACADEMIC PRESS (CHINA)

序号	期刊名称	刊期	国内邮发代号	定价	全年定价
历史学·考古学					
1	世界历史	双月刊	82-696	¥15.00	¥90.00
2	近代史研究	双月刊	82-472	¥25.00	¥150.00
3	中国史研究动态	双月刊	2-533	¥20.00	¥120.00
4	中国史研究	季刊	2-532	¥30.00	¥120.00
5	当代中国史研究	双月刊	82-647	¥10.00	¥60.00
6	史学理论研究	季刊	82-697	¥20.00	¥80.00
7	抗日战争研究	季刊	82-473	¥25.00	¥100.00
8	中国边疆史地研究	季刊	2-787	¥12.00	¥48.00
9	考古	月刊	2-803	¥12.50	¥150.00
10	考古学报	季刊	2-116	¥15.00	¥60.00
11	中国地方志	月刊	80-996	¥8.00	¥96.00
哲学·马克思主义·宗教学					
12	哲学研究	月刊	2-201	¥20.00	¥240.00
13	哲学动态	月刊	82-462	¥18.00	¥216.00
14	世界哲学	双月刊	2-202	¥20.00	¥120.00
15	中国哲学史	季刊	2-394	¥20.00	¥80.00
16	马克思主义研究	月刊	82-686	¥18.00	¥216.00
17	世界宗教研究	双月刊	82-266	¥40.00	¥240.00
18	世界宗教文化	双月刊	82-267	¥30.00	¥180.00
19	第欧根尼	半年刊	—	¥22.00	¥44.00
国际问题研究					
20	俄罗斯东欧中亚研究	双月刊	2-474	¥20.00	¥120.00
21	欧亚经济(俄罗斯中亚东欧市场)	双月刊	2-475	¥18.00	¥108.00
22	欧洲研究	双月刊	82-165	¥25.00	¥150.00
23	美国研究	双月刊	82-982	¥20.00	¥120.00
24	拉丁美洲研究	双月刊	82-513	¥25.00	¥150.00
25	当代亚太	双月刊	2-554	¥20.00	¥120.00
26	西亚非洲	双月刊	2-391	¥25.00	¥150.00
27	南亚研究	季刊	82-980	¥20.00	¥80.00
28	日本学刊	双月刊	80-437	¥20.00	¥120.00
29	当代韩国	季刊	80-997	¥25.00	¥100.00
文学·语言					
30	文学评论	双月刊	2-26	¥36.00	¥216.00
31	世界文学	双月刊	2-231	¥15.60	¥93.60
32	文学遗产	双月刊	80-438	¥30.00	¥180.00
33	外国文学动态	双月刊	82-835	¥9.80	¥58.80
34	外国文学评论	季刊	82-325	¥30.00	¥120.00

序号	期刊名称	刊期	国内邮发代号	定价	全年定价
35	民族文学研究	双月刊	82-334	¥25.00	¥150.00
36	民族语文	双月刊	2-525	¥8.00	¥48.00
37	中国语文	双月刊	2-46	¥16.00	¥96.00
38	方言	季刊	2-526	¥16.00	¥64.00
39	当代语言学	季刊	2-527	¥25.00	¥100.00
经济与管理					
40	经济研究	月刊	2-251	¥35.00	¥420.00
41	经济学动态	月刊	82-490	¥22.00	¥264.00
42	经济管理	月刊	2-839	¥23.00	¥276.00
43	世界经济	月刊	82-896	¥30.00	¥360.00
44	世界经济与政治	月刊	82-871	¥30.00	¥360.00
45	国际经济评论	双月刊	82-814	¥45.00	¥270.00
46	中国工业经济	月刊	82-143	¥25.00	¥300.00
47	中国经济史研究	季刊	82-749	¥25.00	¥100.00
48	中国农村经济	月刊	2-850	¥9.00	¥108.00
49	中国农村观察	双月刊	82-995	¥10.00	¥60.00
50	财贸经济	月刊	2-845	¥20.00	¥240.00
51	金融评论	双月刊	2-340	¥30.00	¥180.00
52	数量经济技术经济研究	月刊	2-745	¥25.00	¥300.00
53	中国人口科学	双月刊	82-426	¥25.00	¥150.00
54	劳动经济研究	双月刊	80-459	¥30.00	¥180.00
55	中国经济学人（英文版）	双月刊	2-517	¥80.00	¥480.00
56	中国与世界经济（英文版）	双月刊	82-867	¥45.00	¥270.00
57	中国财政与经济研究（英文版）	季刊	80-995	¥80.00	¥320.00
社会学·法学·政治学·民族学					
58	社会学研究	双月刊	82-499	¥20.00	¥120.00
59	青年研究	双月刊	80-439	¥15.00	¥90.00
60	法学研究	双月刊	2-528	¥45.00	¥270.00
61	环球法律评论	双月刊	2-529	¥35.00	¥210.00
62	政治学研究	双月刊	82-838	¥35.00	¥210.00
63	世界民族	双月刊	82-793	¥10.00	¥60.00
64	民族研究	双月刊	2-523	¥15.00	¥90.00
新闻传播学·人文社科综合					
65	新闻与传播研究	月刊	80-998	¥20.00	¥240.00
66	国外社会科学	双月刊	82-632	¥28.00	¥168.00
67	社会科学管理与评论	季刊	80-180	¥18.00	¥72.00
68	中国社会科学院研究生院学报	双月刊	2-865	¥20.00	¥120.00

中国社会科学院是中国哲学社会科学研究的最高学术机构和综合研究中心，在文学、语言学、历史学、考古学、哲学、宗教学、经济学、人口学、法学、民族学、社会学、国际问题研究等领域都有坚实的学术基础。中国社会科学院及其各研究单位主办了一大批国内外公开发行的学术期刊，它们多是相关学科领域的核心期刊，兼具前沿性、专业性、权威性，在国内外学术界具有广泛影响。根据《中国社会科学院哲学社会科学创新工程实施意见》，为了办好中国社会科学院学术期刊群，建设高端学术传播平台，自2013年起，社会科学文献出版社承担起了中国社会科学院60余种学术期刊的“统一印制、统一发行”工作，到2014年，我社统一印制发行的中国社会科学院学术期刊总数将达到68种，更多选择，欢迎各界朋友订阅。同时，我们也致力于打造一个高端学术成果及会议信息展示和交流平台，欢迎来电咨询、合作。

您可以通过邮局订阅
或社会科学文献出版社期刊运营中心进行订阅

邮局汇款

收 款 人：社会科学文献出版社期刊运营中心
地　　址：北京市西城区北三环中路甲29号院3号楼
　　　　　华龙大厦A座1403室期刊运营中心
邮　　编：100029

银行汇款

户　　名：社会科学文献出版社
开 户 行：工行北京北太平庄支行
账　　号：0200010019200365434

网上订购

http://www.ssap.com.cn/

联系方式

订阅热线：010-59366555
合作电话：010-59366565
邮　　箱：qikanzhengding@ssap.cn

备注：请在汇款留言栏注明刊名、订期、数量，并写明收件人姓名、详细地址、邮编、联系方式，或者可以致电我们进行信息登记，默认免费平邮寄送，如需挂号另付挂号费4元/期。

党军政首脑开始酝酿和平起义，并与三区方面取得了谅解。赴苏谈判的中共中央代表团，派员由苏秘密进入伊犁、乌鲁木齐，大大促进了和平起义的进程。1949 年 9 月，正式宣布起义，新疆实现和平解放。

解放西藏又是一种方式。西藏地方政府中的顽固派乘战后国内政治局势动荡之际，在帝国主义的支持下，再次掀起“独立”逆流。中华人民共和国成立后，他们一再拒绝中央人民政府的和平倡议，毒杀为和平奔走的著名藏族爱国人士格达活佛，加紧扩军备战。1950 年 10 月昌都一战，藏军主力被歼。西藏统治集团内部经过激烈的争论，爱国进步力量占了上风，委派代表到北京举行和谈。1951 年 5 月，签订了《十七条协议》[①]，粉碎了帝国主义和西藏反动派的分裂阴谋，西藏和藏族人民从此获得新生。

中国共产党根据马克思列宁主义的民族理论和中国民族问题的实际，在领导中国革命的长期实践中，形成了正确解决中国国内民族问题的理论、方针、政策，创造性地制订了民族区域自治这一方案，并且在自己直接领导的革命根据地付诸实施。于是，出现了一种崭新的民族关系。随着革命的胜利发展，这种新型民族关系的实施地区也随之扩大。

中华民族的实际情况是什么？最根本的一条，就是中华民族的多元一体格局。[②] 与多元一体格局相适应的是，中国是一个多民族的统一国家。统一是前提，多元是条件。这个统一体是不能分割的，分割了，不仅统一不复存在，而且多元也不存在了。因此，在统一的前提下，实行民族区域自治，完全符合中国的国情。中国共产党曾经提出过“民族自决”和“联邦制”以解决国内民族问题。这显然脱离了中国的实际，但它表明了中国共产党坚持各民族一律平等的立场。中国共产党在长期的革命实践中，不懈地努力把马克思列宁主义的普遍真理，同中国革命的实际相结合，创造性地探索具有中国特色的方案。在解决国内民族问题方面，也是如此。

以民族区域自治代替“民族自决”“联邦制”，标志着毛泽东思想的成熟。1935 年，中国工农红军在四川省藏族地区帮助藏族人民建立各级“博巴”政府。1936 年，红军向陕甘宁边界地区进行西征，在回民比较集中的预旺和海原东部地区，帮助回民成立了预海县回民自治政府。当时的口号虽然仍是“民族自决”，但从实践中不难看出已经孕育着民族区域自治的思

① 牙含章：《达赖喇嘛传》，第 340 ~ 352 页。

② 参见费孝通《中华民族的多元一体格局》，第 1 页。

想，并为以后民族区域自治政策的最后形成，积累了经验。1937 年中国共产党颁布的抗日救国十大纲领中，“自决”和“自治”相提并论，这是由“民族自决”向“民族自治”的过渡。1938 年 10 月，毛泽东在中共六届六中全会的报告中，强调在平等团结的条件下，各民族都有管理自己事务的权利，实际上是阐述民族区域自治的思想。在 1939 年发布的《陕甘宁边区抗战时期施政纲领》中，中国共产党明确提出了民族区域自治政策，并从此成为解决国内民族问题的主要方针。

根据党的民族政策，陕甘宁边区政府在关中分区和三边分区的定边县，建立了回民自治村，在三边分区的城川建立了蒙民自治区。随着边区回民的大量增加，自治村扩大为自治乡，继而又扩大为自治区。虽然这个时期民族区域自治的实施还只是局部地区，也很不完备，但它标志着一种新型的中国历史上从未有过的民族关系已经出现。1947 年在内蒙古成立了我国第一个民族自治地方，为即将诞生的新中国，树立了全面实施民族区域自治的光辉典范。

（《中央民族学院学报》1992 年第 3 期）

中国少数民族近代文化史研究三题

刘鸿武

一　关于研究意义和研究视野问题

近几年来，我国学术界对中国少数民族文化史的研究，可以说是硕果累累、成就辉煌。但若说还有什么薄弱环节的话，下面两点大概是应给予关注的。其一，对近代以后的中国少数民族文化史涉及较少。许多有关中国少数民族文化史的论著，重点在古代史，一般只写到明清时期，而对1840年以后直到1949年中华人民共和国成立这110年近代时期的少数民族文化史却大多没有继续写下去。然而无论是从历史的角度还是从现实的角度来看，这近代以后的110年却是整个中国少数民族文化史最值得关注的一段。因为这110年，作为古代中国与现代中国之间的一个历史大过渡时代，整个中华文化，包括汉民族文化和少数民族文化的核心主题和时代命运，都发生了空前的巨变。其基本的内容可以概括为，在外来的西方文化的冲击、挑战下，中华传统文化陷入从未有过的持续性危机，逐渐发生近代变迁转型，进而开始探索民族文化的现代复兴和重建这样一个宏大壮阔的历史过程。这110年在中国漫长历史巨流中虽然只是很短的一段，但无论是整个中华文化还是各少数民族文化在此期间所经历的历史命运之跌宕起伏，所发生的传统形态之历史巨变，可谓惊心动魄。在整个中华文化史和各少数民族文化史中，没有任何一个时期像近代这110年这样错综复杂、地覆天翻，既弥漫着旧文化危机时的灾难和屈辱，又交织着新文化探索中的迷惘与希望。这期间，作为中华文化组成部分的我国各少数民族文化，在整个中华文化发生空前巨变的时代环境与宏观格局下，都经历了各具特色的近代变迁进程。这些变迁过程的走向、结果和影响，无不对近代以后的各少数民族有着十分重要的意义。要理解和把握当代我国各少数民族文化的由来与现状，不能不特别关注这个历史大变动的近代时期。因此我们说，中国少数民族的近代文化史，是我国少数民族文化史研究中十分重要却重视不够的一个领域。

另一个需要关注的薄弱点，是在研究视野上从世界文化的宏观背景和参照系上来研究把握的不多，从中外文化相互关系的角度上来关注中国少数民族文化史的不多。中国传统之学术，大多重视历史之纵向源流和传承，而对域外之横向联系和影响却较少强烈关注。就中国少数民族文化史的研究来看，应该说大多还是较为注意少数民族文化发展演进的外部环境和外部影响的。但是这种关注一般还只是局限于中华文化的体系内，主要是重视汉民族文化、内地中央王朝文化对各少数民族文化的相互关系与影响，较少把中国少数民族文化放置到世界文化的更大背景上，来对外部世界其他文化与中国少数民族的联系和影响进行研究，或是把中国各少数民族的文化与世界其他地区的文化进行比较研究，较少从联系、影响、比较的视野上来宏观把握中国少数民族文化史的结构体系、发展特征，以及它在世界文化发展史上所处的位置和作用。

上述两方面的薄弱点，可说是互为因果相互影响的。一方面，对近代以后中国少数民族文化史研究不多，使人们很难感受到中国少数民族文化史与外部世界文化联系的广泛内容及这种联系的重要影响。因为相对而言，在近代以前的漫长时代，外部世界的文化对我国少数民族文化的联系和影响确实不多，而且这种联系和影响较之内地汉文化的联系和影响也确实是相对次要的。从这个意义上说，对中国少数民族古代文化史的研究主要是一种向内的视野，是有其内在缘由的。但另一方面，缺乏一种世界文化的宏观视野，缺乏从中外文化相互关系的开阔背景上来研究中国少数民族文化史，却也会或多或少地导致我们对近代以后中国少数民族文化史研究的忽视或涉及不深。因为近代中国少数民族文化史与古代中国少数民族文化史之最大不同，来自于外部世界的宏观环境。外来西方文化的冲击和影响，已成为对近代以后少数民族文化变迁进程和走向产生重大影响的一个关键性因素。如需准确把握和理解近代以后中国少数民族文化的历史命运、变动进程和走向之缘由及其意义，都必须把视野扩展到外部世界的广阔范围，从近代世界历史的宏观格局和时代特征，从一个相互联系和影响日渐加深、扩展的世界背景上来内外结合地研究、把握近代中国少数民族文化史。过去那种相对封闭、孤立和内向的研究视野和研究方法，显然已不适应于近代以后中国少数民族文化史研究的要求了。

二　关于中国少数民族近代文化史演进的时代环境和总体趋势问题

近代以后的中国，时代环境发生了重大的变化。作为整个中华文化的组成部分的各少数民族近代文化的历史进程，总体上受着当时中国社会宏观环境与状况的制约，受着中华文化近代命运和总趋势的影响。因此，要把握近代以后我国各少数民族文化种种进程走向之缘由，我们先要看看近代中华文化的宏观环境、时代主题和总体趋势如何，看看各少数民族的近代文化是如何在这样一个大的背景条件下发展演变的。

我们知道，文化是一个历史过程，近代以后的中华文化应该是在此之前的中华文化的继续。那么，1840 年以后的中华文化出现了什么样的一些不同于以往的新的变动趋势与特征呢？我们说，区别于以往年代的近代中华文化的一大特点，便是从这时起，中华文化的演进超越了以往那样一种独立发展、相对封闭的常规，而开始卷入到一种与外部世界文化尤其是西方文化接触、冲撞的旋流中，在一种与外来文化发生复杂的相互作用的环境中发展、演变。近代以后，这种源自外部西方文化的冲击力量，与中国传统文化内部力量之间的关系是极其错综复杂的。内外力量交错作用下的近代中华文化，其历史命运的选择和走向可以说是一波三折，跌宕起伏。但总的来看，透过近代百年历史的重重迷雾，我们还是可以把握到近代中华文化的这样一种历史脉搏和核心主题的，那就是传统文化如何走向现代化的问题。鸦片战争后，在外来的西方文化冲击下，原有的中华文化传统日渐陷入从未有过的生存危机中，随着这种外来压力与内部危机的加深，传统文化开始发生自觉或不自觉的变迁转型，中华民族便也随之开始了探寻文化复兴、重建和走向现代化的努力。这是一个宏大的历史过程，它到来的初始动因，源自于外来西方文化的冲击，而这一过程开始后的进程和走向，则又取决于中华文化内部的特殊结构，取决于外来因素与内部原有力量之复杂关系和这种关系的变化状况。

相对封闭、独立发展是近代以前中华文化发展演变的基本特征之一。虽然说在以往的历史年代，中华文化与世界其他地区的文化也曾有过这样那样的联系交往。在中国广阔疆域的某些地区，这种与外部世界的文化联系与交往，有时也还产生十分重要的影响。如汉唐之时南亚佛教文化之传入，元代以后伊斯兰文化之传入我国西北边疆，以及历史上东南亚文化对我国西南边疆民族文化的影响等。但是，近代以前的中华文化总体上是在与世界保持相对封闭的状态下，依据自身的历史条件和内部环境而自成一体独立发展演变的。但是，进入近代以后，情况却逐渐发生了根本性的变化。鸦片战争触发的中英直接冲突，作为中华文化改变其传统常规走向的一个标志，揭开了近代以后中西文化长时间、大规模广泛接触、碰撞和较量的时代帷幕。

那么近代以后的这次中西文化交往冲突，为什么会引起中华文化陷入深刻危机呢？因为我们知道，中西文化交往由来已久而非自近代才开始。事实上，早在一两千年前的汉魏时代，中西文化便因丝路之开辟而有了沟通往来。16 世纪海路大通，全球联系建立后，自新航路而来的西方传教士亦曾促成了明清之际西学东渐、东西文化交往的一大热潮。但以往所有西来之文化，同中华文化一样同属农本世界之传统文化。而在农业文明的历史范畴内，东亚之中华文化却始终处于领先或略胜一筹的地位，外来文化自不足以动摇中华文化之根基。明清之际西方虽已渐露近代文明曙光，但由天主教、耶稣会教士传入的西学，却多是传统的西学，而对当时西方正在兴起的资本主义文艺复兴中的人文精神、近代科学和新教伦理，耶稣会教士却多有抵牾而无意东传。然而，到 19 世纪中叶，世界历史的格局，中西文化关系的性质，已经发生根本性的变化。西方近代工业文明的崛起已使世界历史的重心自东向西发生倾斜，中西文化的关系已变成传统农业和落后手工技术的传统文化同近代工业和先进科学技术的现代文化的关系。因而，在这场近代中西文化冲突较量中，两者力量之孰优孰劣已是如此明显，这是中华文化处于退却状况以致陷入空前危机的根本原因。仍处于农业文明阶段的中华文化，无论怎样博大悠久，无论如何成熟完备，均已不再具有足够的文化优势来抵御、消融或同化外来的西方工业文化。无可回避的历史选择和出路，只能是回应西方文化的冲击和挑战，对自己的原有文化加以改造，使其发生历史性的转化而向现代工业、现代科技的新文化过渡。但是，这个过渡路漫漫而极其艰辛，它交织着在外力压迫下被迫转型的那样一种民族的心灵磨难、痛苦和屈辱，交织着历史过渡时期的迷惘、困惑，也交织着对民族文化新生的希望的曙光。

毫无疑问，近代中华文化的这样一种历史命运和时代环境，不能不从总体上规范了作为中华文化之一部分的各少数民族文化在近代的基本进程和走向，不能不从宏观上决定了近代中国各少数民族文化变迁的性质、内容和主题。因此，从事近代中国少数民族文化史的研究，下面几个新的问题是我们首先应予注意的。

第一，必须把近代以后各少数民族的文化，放置到近代整个中华文化历史巨变的大背景上去考察，即从近代中华文化时代命运的基本进程和走向的宏观格局上来理解和把握近代以后各少数民族文化的基本趋势、演变方向和性质。从根本上说，近代中国少数民族文化的核心问题，也是一个如何由传统形态走向现代形态，如何由传统农业文化过渡到现代工业文化的问题。由于共同面对着来自外部的西方现代工业文明的冲击，近代以后我国所有的汉族和少数民族，无论其原有的文化发展状况如何，无论其原有的文化形态怎样，都共同被卷入近代文化变迁的时代环境之中而面临着某种共同的命运和发展主题。在整个中华文化发展史上，所有的少数民族之间，所有的汉民族和少数民族之间，出现了如此相同的历史主题和时代命运，面临着如此相对一致的文化变迁过程，这只是到了近代以后才出现的现象。这是因为它们都面临着一个来自外部世界的西方文化的冲击和挑战。因此，研究近代以后的各少数民族文化，应先对中华文化近代变迁的宏观背景、总体趋势和核心主题有一个大致的把握，并把各少数民族的近代文化放置到近代中华文化的变动过程中去考察。

第二，对近代以后我国少数民族文化史的研究，应把研究的视野从中华文化内部扩展到世界文化的更大范围上，从中西文化相互关系和近代世界历史基本格局的外部背景上考察研究。因为正是有了来自外部世界的西方文化的冲击挑战并引起中华文化的种种变迁，才使 1840 年以后的中华文化演变具有了不同于以往的近代性质。研究视野上由以往的向内更多地转向外部，应该说这正是研究中国少数民族古代文化史与近代文化史的一大差异或不同特点。在研究近代以前漫长年代的我国各少数民族文化史时，我们一般来说主要关注的是我国各少数民族之间，各少数民族与汉族之间的文化关系。其中尤以内地汉文化及传统儒学对边疆各少数民族文化的渗透、扩散、影响为关注之重点。许多研究都是以汉文化-少数民族文化，以内地文化-边疆民族文化这样的视野和角度来把握各少数民族文化史的。应该说，近代以后我国各少数民族文化之间，汉民族与各少数民族文化之间的交往联系，以及汉文化向边疆民族地区的扩散传播，仍在大体遵循着以往的历史惯性继续推进着。但是，由于西方文化的扩张冲击以及随着这种扩张冲击的增强，内地汉文化对边疆少数民族的影响力相对下降或减弱了。同时，近代以后随着中国卷入世界体系之中，尤其是西方势力的介入，传统之少数民族文化与汉民族文化的关系也发生了许多变化，出现了许多新的情况。近代以后，我国边疆各少数民族文化的发展进程及其走向，大致受着三种力量以及这三种力量所形成的相互复杂关系的制约影响。一是各民族内部的本土的力量，二是内地汉民族和内地中央王朝的力量，三是来自外部世界的西方扩张力量。这三种力量的消长变化及其在不同边疆民族不同时期中的表现形式，造成了近代我国边疆各少数民族文化历史进程的极其多样性和复杂性。但总的来看，外来的西方文化力量却呈不断增强的趋势。同时，与内地汉文化不同的具有近代工业文明性质的西方文化，对边疆各少数民族的传统文化有更深刻的冲击影响力，引起边疆少数民族的整个社会文化形态发生了与汉民族文化影响不同的变化。因此，对近代以后各少数民族文化的研究，就必须将这一研究对象放到近代中西文化冲突的关系格局上，从外部世界的大背景上来把握。

第三，近代以后我国各少数民族和汉民族的文化，其面临的时代命运和经历的历史变动，在总体上是一致的。但是，各少数民族和汉民族文化近代变迁的具体过程、具体内容，各少数民族和汉民族发生的传统文化之向现代文化转换的具体模式，却可能是各具特点、互不相同的。这些不同特点的出现，主要是因为，当19世纪中叶近代中国开始历史性转变的时候，我国各少数民族与汉民族所处的历史起点及其原有的文化传统并不一致，它们所受到的近代西方文化的冲击在时间的先后和内容的广度、深度上，以及在面对这种冲击时各自作出的回应方式亦各有不同。事实上，在外来的西方文化冲击下，原有之传统文化开始发生近代性质的变迁过程并向现代社会转换、过渡，仍是近代以后世界历史文化中一个全球性的普遍现象。西方的近代全球扩张曾把世界所有地区的国家、民族、文化卷入一个日渐强化的一体化全球体系中。但是，由于受着各个国家各种文明原有结构和传统不同的影响，在亚洲、非洲、美洲等不同地区，这个世界近代文化的变迁转型和各民族走向近代化的具体模式又是十分不同的。因此，对我国各少数民族近代文化史的研究，既需要把这一研究对象放置到近代整个中华文化历史变动的大背景上，分析探究各少数民族文化与整个中华民族近代文化如何变迁的一般趋势和普遍规律，同时又需要个别比较分析各少数民族近代文化变迁的具体过程和内容。如果我们不仅将各少数民族与汉民族相比较，而且还与世界其他地区和国家的民族相比较，我们便可能会发现，在近代我国各少数民族文化史中新出现的种种复杂现象，哪些实际上是有着全球性的一般性质和普遍意义，哪些又表现出我国各少数民族近代文化变迁和传统转向的特殊模式，以及这些特殊模式形成的深刻内在原因及其后果影响。这样一种宏观与微观、国内与世界的纵横比较研究，将有助于加深和拓展我们对中国少数民族近代文化史的研究。这种研究将不仅有我们自己的民族特色，同时又能与世界各国学者展开有效的对话和交流。

三　关于中国少数民族近代文化变迁的若干特殊现象问题

把我国各少数民族文化放置到近代中国的历史背景上，我们会发现我国少数民族近代文化变迁中的下述几个值得关注的特殊现象。

第一，在近代我国少数民族文化的变迁过程中，西方文化对我国各少数民族文化的冲击影响力之增强。近代以后中国国家力量的衰微和中央政府对边疆控制力之减弱，这两种趋势是互相对应、逆向同步推进的。从晚清以后，中国国力日渐下降，中央集权体制因吏治腐败、内乱蜂起而运转乏力，对边疆民族地区的政治控制力和行政管辖力逐渐减弱。晚清政治的这一变化，既给西方对我国边疆民族地区的渗透扩张以机遇；反过来，西方文化对边疆民族地区冲击影响力的增强，以及由此引起的边疆民族地区在政治、经济、文化上与中央的疏远和某些地方离心倾向的增长，又进一步导致晚清以后中央王朝统一集权体制的瓦解和中央政府对边疆统治的失控。由于我国大多数少数民族有地域分布上的边缘性特点，因而中央政府集权程度之高低，中央政府对边疆控制力之强弱，对边疆少数民族文化的进程和发展走向始终有着十分关键的影响。从晚清以后，东南亚的缅甸、安南、柬埔寨、暹罗等国先后沦为西方殖民地，被纳入西方近代世界殖民体系的轨道中；中亚细亚、南亚次大陆也变成了西方世界的外围国。世界格局之巨变使中国西南、青藏和西北内陆等边疆民族地区，变成了东南沿海之外的中西文化接触、碰撞的另一陆上前沿地带，边疆民族地区变成了西方文化向中国扩张、渗透的另一关键地区。因而那些地处边疆、远离内地的边境地区的少数民族，往往可能会比内地许多地区还要更早、更直接地受到西方文化的冲击影响，并因此而较早地开始它们近代性质的文化变迁历史过程。正是在这样的特定时代条件作用下，那些在中国历史上一直是荒蛮偏僻和落后封闭之地的某些边疆民族地区，却可能会在近代中国政治和文化变迁中扮演一个十分引人注目的角色，或成为近代中国社会大变革年代中的一个活跃热点地区。比如边陲云南，20 世纪初不仅有了现代中国第一条通向国外的国际铁路，不仅建起了全国首座水电站，而且辛亥前后成为革命党人活跃的地区，有河口起义、腾越起义，有蔡锷首倡反袁之举并成为护国运动的策源地，以及西南军阀和西南地方实力派在民国时期扮演的重要角色……所有这一切都是晚清以后边疆民族地区社会历史变动的一个结果。对这些变动之由来和性质的把握，只有从近代中外关系之演变，从近代世界历史的外部背景上才可能有全面的分析认识。

第二，近代以后由于内地汉文化和西方文化同时向边疆民族地区扩散传播，使一些边疆少数民族文化的多元复合性特征日益明显。本民族本土的传统，与内地的汉儒文化和外来的西方文化交织并存，发生种种的多元文化冲突与融会，引起近代以后边疆少数民族文化向一种新的混合形态转换。虽然这种混合和转换在各边疆少数民族文化中的表现形式和推进程度并不一致。尤其需注意的，是近代时期边疆民族受其他文化传播影响模式的变化。过去，在中华文化的范畴内，汉儒文化是由内地中心向边疆外缘扩散传播的，汉儒文化的影响力一般随地域上的近远而呈由强到弱的扩散形式，越是远离内地的边疆受汉儒文化的影响力越弱。而外来的西方文化则往往是从边疆向内地扩张推进的，因而那些地处边疆的少数民族往往会先受到西方文化的影响而发生文化变动。

第三，近代以后，我国边疆各少数民族对西方文化冲击影响所作出的回应方式及其产生的结果是很不一样的。总的来看，那些地处边陲、受汉儒文化影响较浅弱的少数民族，其原有文化在受到西方文化冲击后之发生解体、变迁转型，或是转而在某些方面接受认可外来之西方文化，往往可能要比内地汉民族更快更容易些。对此，我们可以从不同的方面来加以说明分析。其一，这些地处边疆的少数民族，在受到西方文化冲击时，其原有文化可能多还处于较为落后或原始的氏族社会阶段，处于原始多神教的、非文字的部落口传文化阶段，因而对西方文化冲击所作出的维系传统的回应要比汉民族被动无力。比如近代西方的宗教在那些处于原始宗教泛神论和图腾崇拜阶段，或是还没有本民族自己文字的少数民族中（如西南边疆的怒族、拉祜族、景颇族、苗族、壮族）传播往往较快较普遍。西方人甚至还给这些少数民族创制了拉丁字母的文字系统以传播西方文化。其二，有些边疆少数民族的文化，或者由于历史积淀和传统不如汉儒文化那样根深蒂固，或者其文化内部的同质一体化与整合程度不如汉民族文化那样高度系统化、规范化，因而在接受西方文化时，其原有文化对西方文化的排斥程度较之汉儒文化就要低一些。其三，许多边疆少数民族，历史上就有接受外来文化以改变自己原有文化的结构传统和历史进程的经历和背景，接受外来文化是这些边疆少数民族以往文化发展中的一个基本特征，这与汉民族文化主要以自我为核心、自成一体、独立发展的历史经历有所不同，因而近代以后接受西方文化影响也可能比汉民族要快些。

第四，近代以后西方文化在我国边疆民族地区的增长，往往还与我国近代边疆危机的日渐加深交织在一起。西方往往从文化、宗教、历史、民族等方面挑拨边疆与内地、地方与中央、少数民族与汉族之间的关系，制造隔膜、猜忌和矛盾，进而培植亲西方和有分裂倾向的边疆民族利益集团，人为地制造出一系列严重威胁中国国家统一的边疆民族问题、分裂问题和与毗邻国的边界划分问题，使近代边疆民族文化问题具有了十分突出的政治色彩。不过，这里需要指出的是，近代西方这些曾导致中国边疆危机的扩张活动，却又从另外一个方面促成了中华文化整体性现代意识的觉醒。正是在近代中西两大文化体系的冲突和差异对比中，凸现出了中华文化的被国内所有民族接受和维护的全中华民族的共同命运、共同利益和共同意识。

（《思想战线》1995 年第 1 期）

关于近代内蒙古民族运动研究的几个问题

白拉都格其

近代内蒙古民族运动，是蒙古近代史、内蒙古地区史的重要组成部分，历来是有关学界十分关注和注重研究的一个重大课题。近十几年来，对这一历史运动中的一些重大事件或人物，对其某一具体时期、具体阶段或某一侧面的研究探讨，都是比较丰富、热烈的。

在以往的研究探讨中，人们对这一研究领域的具体内容——研究对象，大体上是有共识的，即都把一些特定的历史事件和社会活动当作民族运动来加以阐述。或许出自这一共识，人们很少专门涉及究竟什么是近代内蒙古民族运动，它的基本概念和特定涵义是什么，究竟哪些历史事件、活动属于近代内蒙古民族运动的范畴，或者不属于这一范畴。即使有人专门提到这个问题，也往往表述得比较模糊、笼统，不是那么清晰、明确，或者是有失偏颇、似是而非的。

近代内蒙古民族运动是极为错综复杂的历史事物。它的复杂性不仅在于具体史实的揭示和澄清方面，还在于往往涉及近代史上的国内民族关系和涉外的国际关系问题，在于民族关系和阶级关系的混杂交织，甚至这几个问题都错综纠缠在一起。所以，在这一研究领域往往更易于出现一些不同看法和分歧意见。

马克思主义的历史唯物主义和关于民族问题的基本理论，是我们民族史学工作者的科学的指导思想和方法论。已有部分学界前辈和师长，经过多年的研究工作实践，在运用这些基本理论（特别是阶级分析基本方法）研究近代内蒙古民族运动方面，形成了一些比较系统并且十分明确的基本观点。这些基本观点为这一研究领域的进一步深入，在理论方法论方面奠定了很好的基础。

在前人的基础上，在进一步揭示这一历史运动的本来面目的同时，力求更好地运用马克思主义的理论、观点和方法，对一系列历史事件和人物给予更为客观的、历史主义的分析和评价，则是我们民族史学工作者应尽的责任和义务。

一 近代内蒙古民族运动的基本概念和特定涵义

这里所说的近代，具体指 1840～1949 年这一历史阶段，即包括清朝晚期、中华民国的北洋政府和国民党政府这三个历史时期。

我们所说的内蒙古民族运动，也就是内蒙古地区的蒙古民族运动，而不是指这一地区所有民族的民族运动。对此，有关学界虽然不尽明确，实则早有共识，有关论著中所说的内蒙古的民族运动，实际上均指蒙古民族运动，除非特加说明，不会被歧义为涵盖内蒙古地区其他民族的民族斗争或有关历史活动。

在历史上，由于达斡尔、鄂温克等少数民族的生息地域、语言习俗和社会经济生活与蒙古族相同或相近，他们往往被广义地泛称为蒙古族或蒙古族的分支。而且近代以来，这些民族的民族运动事实上也往往融合在蒙古族的民族运动当中。所以，虽有这些民族或者是他们的代表人物参与其间，我们通常也不把他们的历史活动同内蒙古民族运动区别开来，或者是另外给予特别的说明。

按照马克思主义的基本观点，所谓“民族运动”，用比较通行的一句话来概括，就是“反对民族压迫、争取民族平等和民族独立的斗争”（引自《中国大百科全书》“民族运动”条释文）。在这里，反对民族压迫、争取民族平等是其实质性基本内容。实现民族独立，则是殖民地时代被压迫民族实现民族平等、摆脱民族压迫的基本标志和根本保障。就我们所探讨的近代内蒙古而言，在历史上早已形成的统一多民族国家之内摆脱民族压迫、实现民族平等的基本标志和根本保障，应当是实现对本民族事务享有当家作主权利的某种形式的民族自治。这样的针对特定历史实际（特定对象）的具体理解，并不违背马克思主义关于民族问题的基本理论和原则精神，也完全符合中国共产党提出的，并且经过实践已经证明很好地解决了近代中国民族问题的基本方针和政策。依照上述基本观点和原则精神，我们不妨将“近代内蒙古民族运动”理解或释义为“反抗民族压迫、争取民族平等和民族自治的斗争”。

所谓民族运动，就其本义来讲，具有民族斗争的性质。即不论其参加者所处的社会阶级和阶层，凡属一个民族反对民族压迫、争取民族平等的斗争，均应被视为民族运动。从这个意义出发，就近代内蒙古历史的实际进程来讲，本民族内部的阶级斗争，本民族与国内其他民族的被压迫阶级或阶层联合反抗各族统治者的斗争，当然不属于民族运动。本民族与国内其他民族联合反抗国内最高统治者或外来侵略者的斗争，一般来说也不列入特定的内蒙古民族运动的范畴。

在多民族共处的历史环境中，民族问题和阶级问题很难截然区分，反抗民族压迫的斗争往往同反抗阶级压迫的斗争交织重叠在一起。例如，清末伊克昭盟乌审旗的“独贵龙”反对王公札萨克屈从清廷压力出卖本旗土地的斗争；大革命时期以争取民族平等和自治为基本纲领的内蒙古人民革命党发动领导的牧民运动和武装斗争。而解放战争时期中国共产党领导的内蒙古自治运动，本身就是以蒙古族的民族解放和内蒙古各族人民的阶级解放为奋斗目标的。所以，从近代内蒙古的历史实际出发，凡属蒙古民族发动或参与的社会斗争和历史运动，只要是以反抗民族压迫、争取民族平等和自治为主要宗旨或主要内容之一的，都理应被视为内蒙古民族运动的组成部分。

遵照马克思主义民族理论的基本原则，一般来讲，民族运动既然是反对民族压迫、争取民族平等的社会斗争，不论其参加者以至发动、领导者出自哪个阶级或阶层，它本身就具有历史的正义性和积极意义。这样的认识，并不违背马克思主义的基本阶级观点，因为没有哪一个民族所承受的民族压迫，不是由统治民族或居于统治地位的民族的统治阶级所施加的。当然，并不是所有的民族斗争或带有民族共同体性外在形式的社会历史运动都属于民族运动的范畴。在我们所探讨的具体研究领域，在历史上早已形成的统一多民族国家中，以割裂统一版图另建独立国家为目的的民族斗争，必然要违背全国各民族的共同利益，也就很难谈到它的积极意义。从这一基本原则出发，日本帝国主义扶植、操纵下的伪蒙疆政权，不管它具有什么样的民族的外壳，都无法否认它是日本侵略者对蒙汉民族实行民族压迫和殖民统治的工具，更谈不到什么反对民族压迫和争取民族平等了。

不过，从历史研究的角度，我们也不妨把一些严格意义上并不属于马克思主义的民族运动范畴的民族斗争，或带有民族共同体性外在形式的社会历史运动，列为叙述内容和探讨对象，但须给予恰当的分析和评价，指出其负面的、消极的以致反动的性质和作用。

二 近代内蒙古民族运动的历史背景、产生原因和基本内容

众所周知，清朝统治蒙古的基本政策是羁縻抚绥、因俗而治。所谓羁縻抚绥，就是用封王联姻等手段笼络控制蒙古王公贵族，给予他们优越的地位和待遇，使蒙古民族成为多民族封建国家的准统治民族，这也就是人们习称的“满蒙联合统治”。

所谓“因俗而治”，主要体现为保留蒙古原有的贵族领属体制，实行不直接派官管辖治理的间接统治制度。它在政治统治和社会组织结构上具有贵族领主制的性质和特点，在国家管辖治理体制和民族关系上，则是蒙古民族的一种自主自治体制。在这样的体制下，王公札萨克对各种旗政有很大的自主权、专断权，各旗对所属土地、牧场和自然资源有传统的所有权。这种传统所有权的具体体现有：清初，清政府在原属喀喇沁等部的属地划占皇家围场，是以接受各部贵族统治者的“奉赠”的名义实现的；无论官私（即官府或民间），在蒙旗境内开采矿产，须以劈分利润的形式缴纳租金；汉民在蒙旗垦种土地，无论是否得到清政府的认可，地价和租银均归蒙旗（设厅县后收取的“升科地租”，实质上是国家赋税，而不是经济学意义上的地租，即“依靠土地所有权而获得的收入”）。

为了有效统治和严格控驭蒙古，清朝还实行“分而治之”，即以旗为单位互不统属的分割统治政策。再加上扶植优待喇嘛教，推行各种蒙禁政策等，清朝对蒙古民族的压迫、削弱和危害，也是历史的客观存在。但是，由于封王联姻和自主自治体制，清朝对蒙古的民族压迫表现得十分隐蔽。在一般社会生活中，在同其他民族的各种交往中，蒙古人很少感受到、很难觉察到这种来自最高统治者的民族压迫。

1840 年以后，特别是到了 19 ~ 20 世纪之交的清末，中国的内外形势发生了急剧的变化，清朝的对蒙政策也发生了彻底的转变。这种政策转变的具体体现是多方面的，如废止各种原有禁令，鼓励、褒奖蒙古人学用汉语

文、与汉族通婚，以致公开宣称“仅识满蒙文者仍以不识文义论”[①]，即把蒙古语文从社会政治生活中排斥出去，等等。这一政策转变对内蒙古社会影响最大，民族压迫性质最为明显的，是清末新政时期的放垦蒙地和筹划改建行省。

本来，汉民进入蒙地垦种谋生，部分蒙旗的农耕化并不自清末始。不过，这是个成百年的渐进过程，而且其荒价地利均归蒙旗，往往出自王公札萨克的自愿或乐于接受，也就没有明显地损害蒙旗的传统土地所有权。清末的大规模放垦蒙地则截然不同，它是以政令的手段，不顾蒙古各阶层普遍的抵制和反抗，以武力镇压相配合强制推行的。同时，清政府还以劈分的形式收取一半以上的荒价和地租（包括地价中折留的放垦经费）。这种做法无疑是对蒙古原有土地所有权的强行剥夺。大面积草场被割占、开垦，极大地损害了蒙古民族的传统畜牧业，它对于蒙古民族，既是经济掠夺，也是政治压迫，其民族压迫性质，是不争之事实。

清末新政在内蒙古地区的另一个重要举措，就是强化军政统治，添设地方府县，筹改行省，拟逐步将原有的间接统治变为等同内地的地方流官直接管辖治理。固然，这一举措对内旨在维持和强化清朝中央政府的统治和管辖，对外也有强固边防、抵御外侮的意图，而且对于蒙古落后的封建贵族领主性制度也是一种削弱。但是，从民族关系的角度来看，则是削弱以至完全剥夺、取消蒙古原有的自主自治体制和权利。

清朝建立以后，蒙古民族事实上已失去统一的自主行政管理机构。但是，蒙旗作为自主性较强的地方行政单位，重大事务的裁决处理直接归属中央政府的专管衙门理藩院。各地的驻防将军都统对蒙旗只有统摄、监督和承转之权，并无一级地方行政单位的管辖治理权。但是清末以后，将军都统对蒙旗的辖制之权不断强化，并且被不同程度地下放到地方府县。内蒙古的东北部则已成为新建的东北三行省辖境。与此形成鲜明对照的是，蒙旗要求自办的学堂、巡警、查户、禁烟等新政措施，却须“统由地方官监督施行”。原来完全由蒙旗自主裁断的“单蒙案件”，即使已经办结，地方官也有权重新“提讯”处理。[②]

由于清王朝的迅速倾覆，其遍设州县改建行省的计划未能完全实现。

---

① 指无权参选地方谘议员。《东方杂志》第6卷第1期“记载·宪政”。

② 《宣统政纪》第29卷“宣统二年正月癸丑”。

但是，它对蒙古原有自主自治权利的侵夺，已构成了明显的民族压迫。

清末清政府的对蒙政策，在北洋军阀和国民党政府那里得到继承和延续，并且在许多方面犹有过之。民国时期，蒙旗土地的被强行开垦，面积之大远过于清末。随着热河、察哈尔、绥远三特别区、三行省的接续设立，内蒙古统一的民族区域被正式分割完毕。地方省县对各盟旗的歧视、压制、侵夺，对蒙旗内部事务的干预愈加严重，原有自主自治权利已丧失殆尽。蒙旗作为地方行政单位的地位，事实上早已不被承认，已经与西南少数民族那种土司、酋长治下的村落群体的地位相差无几。

与清代不同的是，北洋军阀和国民党政府实际上都没有能完全实现对全国的政治统一和有效管辖。汉族反动统治者对蒙古民族的压迫和掠夺，往往是由地方军阀、各省当局直接施加的。所以，各地蒙古族人民所承受的民族压迫，也往往比民国中央政府的有关政策条文更为深重。

民族压迫的存在，是近代内蒙古民族运动产生的最基本历史原因。改变由民族压迫带来的民族之间的种种不平等，是内蒙古民族运动的基本斗争目标。反动统治者的民族压迫集中体现在官放蒙地和以省县取代盟旗上，要求停止放垦，取消省治，停止设县，维持和恢复盟旗原有的地位和权益，就成为近代内蒙古历次民族运动的基本内容。

在国际国内各种近代新思想和新的历史潮流的影响和推动下，蒙古民族也不断有了新的觉醒。他们越来越自觉地意识到，摆脱民族压迫、获得民族平等的基本保障，在于建立蒙古民族统一的自治机构。在整个中国新民主主义革命运动不断发展的历史环境中，蒙古民族的民族觉醒和阶级觉醒也愈来愈紧密相连。这一觉醒反映到内蒙古民族运动的斗争目标和基本内容上，就是在代表国内各民族人民根本利益的中国共产党的领导下，寻求民族解放的同时，也寻求阶级的解放和各族人民的共同解放。争取建立的自治机关，是以蒙古民族为主体的、境内各民族平等团结的人民民主政权。

三　近代内蒙古民族运动的基本发展脉络与历史归宿

近代内蒙古的第一次民族运动，是清末几乎遍及内蒙古放垦盟旗的抗垦斗争。清政府实施以放垦蒙地、剥夺蒙古传统土地所有权为主要内容的民族压迫和掠夺政策，是这次运动发生的具体背景和历史原因。这次运动在蒙古民族中具有广泛的代表性，骨干力量是劳动农牧民。内蒙古西部的一些王公上层，在运动初期曾起过领导作用，但或者是被武力镇压（如丹丕尔），或者屈服于清政府的高压而中途退出。[①] 在这次民族运动中，丹丕尔和陶克陶分别是内蒙古西部和东部抗垦斗争的主要领袖，也是颇具争议、褒贬不一的历史人物。

丹丕尔本是伊克昭盟准格尔旗实掌旗务大权的协理台吉。由于他私自容留汉族垦户、坐吃地租，是该旗原有私垦现象的既得利益者。[②] 清政府官放蒙地、清理私垦、劈分荒价租银，直接侵害了他的利益，他的抵制垦务，存有个人利害动机是显而易见的。但是，丹丕尔的阶级身份和个人动机并不能改变或影响有众多农牧民、“独贵龙”群众投身其中的抗垦斗争具有反抗民族压迫、维护蒙旗传统土地所有权的正义性质。他的被镇压、处死所造成的巨大社会影响，如贻谷因此被革职遣戍[③]，其尸骨归葬后被旗民广为祭祀[④]，恰恰说明了他所领导的抗垦斗争，代表了蒙古族各个阶层的共同利益。

陶克陶在东蒙古坚持抗垦为时最久，最为骁勇顽强（最称“狡悍”），但失败后逃入俄境，并受到俄国官方的庇护。从俄方来讲，为陶克陶提供庇护有欲使其充当侵华工具的意图，抗垦带来的蒙旗动乱也会给俄方的侵略渗透以可乘之隙。但是，没有材料能够证明陶克陶起事是受俄人的策动指使，他的率众武装抗垦是在为俄人谋利益。[⑤] 进而，造成蒙旗抗垦、动乱的历史责任，应当由推行放垦、施加压迫的清方来负，而不是相反。在这里，出身农民的陶克陶的个人品质和他后来的行为，不是判定这场抗垦斗

---

① 这方面的最新研究成果，参阅苏德（毕力格）《阿尔宾巴雅尔等伊盟王公对官垦的抵制》（蒙文），《蒙古史研究》第 4 辑，内蒙古大学出版社，1993；《关于丹丕尔的抗垦斗争》，《内蒙古大学学报》（蒙文版），1994 年第 2 期；《乌盟王公扎萨克对官垦的抵制》，《内蒙古大学学报》（蒙文版）1995 年第 2 期。

② 参阅李克仁《准格尔旗近代史话》第 1、3 章，内蒙古人民出版社，1994。

③ 如研究者所熟知，贻谷被革职查办罪状主要有二，一为侵吞放垦所得巨款，一是因杀丹丕尔而引起蒙旗动荡。但是，到 1911 年，所谓侵吞巨款已查无实据，清政府却仍然以坐诛丹丕尔事“而罪当”论死，将他从轻“谴戍川边”。参阅《清德宗实录》第 589 卷，《清史稿》第 25 卷《宣统本纪》、第 453 卷《贻谷传》。

④ 参阅伊克昭盟地方志编委会《鄂尔多斯史志研究文稿》第 5 册，1986，第 38 页。

⑤ 在这个问题上不容史家忽视的是，时值日俄战后双方刚刚密约明确划分在东北的势力范围，并且是日占上风，俄则被迫退让。而陶克陶的原籍及其抗垦活动地域，主要是在日本势力范围之内。

争的性质的基本依据。[①] 出自清朝官方文件的“蒙员蒙民通风接济”[②] 和当地蒙古族人民广为传颂其抗垦事迹，很好地说明了这场斗争所具有的反抗民族压迫和掠夺、维护民族利益的正义性与积极意义。

由于当时还谈不到内蒙古民族的近代觉醒，这场斗争主要是自发的，具体目标也是比较单纯的。它们虽然被清政府以各种手段基本镇压下去，但也沉重地打击了清朝反动的民族压迫政策。

辛亥革命时期，在外蒙古（今蒙古国）库伦“独立”的影响下，内蒙古也发生了几起宣布“独立”或蓄谋“独立”事件。如1912年1月的呼伦贝尔“独立”（后改“自治”“特别区域”），同年8月以科尔沁札萨克图郡王乌泰为首的“东蒙古独立”，10月扎鲁特左旗官布扎布起兵响应外蒙古“独立”以及喀喇沁郡王贡桑诺尔布等人的蓄谋“独立”，等等。另据蒙古国方面保存的历史档案，当时内蒙古的大部分盟旗（王公札萨克）都曾表示过赞同响应外蒙古的“独立”[③]。

这些“独立”运动或趋向，几乎都是由王公上层主导的。满洲贵族皇权统治的灭亡，民主共和体制的中华民国的肇兴，使这些王公上层企图通过“独立”分裂另寻出路，继续维持原有的贵族领主性特权统治。同时，这些“独立”事件的发生，直接间接都有外来背景，并且程度不同地都为俄日帝国主义的扩大侵略提供了可乘之机。这种旨在分裂统一国家版图的“独立”运动，违背了全中国各民族的共同利益，可以说已经不具有一般民族运动的积极意义。

但是同时也应看到，这次“独立”运动是在清末内蒙古地区民族矛盾已经激化的历史背景下发生的。晚清政府的民族压迫，加上俄日等国的种种蛊惑煽动，已经促成了一些蒙古王公上层的离心倾向。而辛亥反清革命的浓厚民族主义色彩，如同盟会纲领中的“驱逐鞑虏”，各地反清起义的十八星旗（代表内地十八行省），更加重了这种离心倾向。这些都构成了发生种种“独立”分裂事件的重要内因。在清末大规模放垦的地区，由于曾亲

---

① 对陶克陶抗垦持完全否定看法的专论，可阅刘家磊《是民族英雄还是沙俄走卒——关于评价陶克陶的几个问题》，载《历史人物论集》，吉林人民出版社，1982。

② 徐世昌、周树模：《为蒙匪纠党滋扰派兵剿办情形折（宣统元年三月二十二日）》，黑龙江省档案馆 21-1-107。

③ 参阅汪炳明《关于民国初年表示归顺外蒙古哲布尊丹巴政权的内蒙古盟旗、王公》，《蒙古学信息》1996年第1期。

身感受到来自中央政府的民族压迫和掠夺，也有较多的下层群众卷入了“独立”运动，如乌泰事件和扎鲁特旗事件。①

由于袁世凯政府采取了笼络收买加武力威胁、镇压的有效措施，也由于在复杂国际形势下俄日帝国主义没有更多地插手干预，这次以“独立”分裂为主要倾向的内蒙古民族运动，不久即被基本平息下去。

蒙古民族的新觉醒，发生于20世纪20年代全国性的大革命洪流中。经过李大钊等中国共产党领袖的教育、启发，以北京蒙藏学校为中心的一批内蒙古青年知识分子，开始走上了寻求阶级和民族同时解放的道路。在共产国际、（外）蒙古人民革命党、中国国民党和中国共产党共同赞助支持的内蒙古人民革命党，在当时的蒙古族社会有着更广泛的影响，并且在提出反帝、反封建的同时，明确提出了争取民族平等和自治的基本纲领和斗争目标。

因为当时中国社会革命的总问题是推翻北洋军阀反动统治，积极投身于全国革命洪流的蒙古族共产党人和内蒙古人民革命党，没有在具体的斗争实践中更多地、更直接地提出反抗民族压迫的内容和目标。由于国民党蒋介石和内蒙古人民革命党内右翼势力的叛变革命，这次具有全新内容和形式的内蒙古民族运动中途夭折、失败了。

国民党当政以后，随着热察绥三省的正式设立，蒙古民族遭受的民族压迫进一步加重，国内民族矛盾再次突出。由于全国革命形势处于低潮，蒙古民族的阶级觉醒还很有限，在蒙古族社会仍有很大支配权和影响力的新旧民族上层（这里所谓新上层，指的是吴鹤龄、白云梯等非贵族出身的政界人士）就被推到了历史舞台的前面。

这次大规模民族运动，以1928年下半年各盟旗普遍集会呼吁和组团赴北平、南京请愿反对改省为肇端，至1930年南京政府被迫召开全国性蒙古会议和颁布《蒙古盟部旗组织法》，达到了第一阶段的高潮。在当时的特定历史背景下，中国共产党曾经充分肯定过“反改省运动”在民族运动史上的“革命意义”，并且在主张“应以民族平等的口号唤起汉人对内蒙民族的同情和帮助”的同时，提出要努力争取将这场运动的领导权转变到工农牧

① 参阅博尔古德《札萨克图旗和镇国公旗的叛乱》、博彦满都：《乌泰王叛乱事件》，《内蒙古文史资料》第1辑，内蒙古人民出版社，1962；忒莫勒：《民国元年昭乌达盟扎鲁特左旗事变研究》，《中国边疆史地研究》1995年第4期。

劳苦群众手里。①

其后，由于各省当局仍然无视盟旗的地位，继续侵夺其权益，遂使这场民族运动转入了以要求建立统一的民族自治机关为主要目标的第二阶段（史称“高度自治”运动）。以“民族自强”相标榜的苏尼特右旗札萨克亲王德穆楚克栋鲁普（即德王），很快夺得了这次运动的主要领导权，同时也有更多不同政治倾向的青年知识分子、蒙古族国民党人和各界人士参加进来。1933 年百灵庙内蒙古自治会议的召开，1934 年迫使南京政府颁布《蒙古自治办法原则》和蒙古地方自治政务委员会（百灵庙蒙政会）的成立，是这场运动的主要史迹。

这场运动虽已有较广泛的代表性和很大声势，但究其阶级实质，主要还是代表了封建王公上层的利益（继续承认和维护了蒙古王公札萨克制度），而且在国民党政府和绥远省当局的种种压制和掣肘下，实际所得“自治”权利也十分有限。

在日本侵略势力的步步进逼和百般拉拢收买下，德王等部分蒙政会骨干最终投靠日本。随着德王等人的逐步投日，蒙政会内部的云继先、朱实夫等爱国进步力量愤而兵变“倒戈”（即“百灵庙暴动”），其他许多新旧上层也纷纷退出，百灵庙蒙政会随之瓦解，颇具声势的“高度自治”运动亦告终结。

投靠日本之后的德王，继续打着“复兴蒙古”的旗号，又先后成立了伪蒙古军总司令部和伪蒙古军政府。1937 年日本帝国主义侵占绥远省大部之后，德王又成为伪蒙疆傀儡政权的首脑。在全国各民族、各阶级、各阶层共同团结抵抗日本侵略，全世界各种和平、民主、进步力量结盟进行反法西斯战争的历史全局中，德王等伪蒙疆政权中的蒙古族上层骨干及其主要历史活动，无疑并且只能是在充当日本帝国主义侵略中国、奴役内蒙古各族人民的历史工具。

抗战胜利以后，蒙古民族反对民族压迫、争取民族平等和自治的斗争再度兴起。初期斗争主要表现为由不同政治倾向的社会阶层参加和领导的多起自治运动。其中主要有：被伪蒙疆大官僚窃居主要领导职位的苏尼特右旗“内蒙古人民共和国临时政府”；主要由当地上层发动领导的海拉尔“呼伦贝尔地方自治政府”；由一些革命者和进步分子起主导作用的王爷庙

① 参阅郝维民主编《内蒙古近代简史》，内蒙古大学出版社，1990，第 150 页。

（乌兰浩特）“东蒙古人民自治政府”；以及中国共产党通过其蒙古族领导成员直接领导建立的张家口内蒙古自治运动联合会。后来（1949）还有过德王、李守信等原伪蒙疆首脑拉拢其他上层人士在阿拉善旗搞起的“西蒙自治运动”，或可称为代表封建王公上层利益的“旧式”民族运动的“回光返照”。

中国共产党及其领导下的内蒙古自治运动联合会，经过广泛深入、艰苦细致的宣传教育和组织发动，唤起了广大劳动农牧民，团结争取了各阶层人士，排除了极少数反动分子，逐步取消或统一了其他几起自治运动，并且使这场民族运动走上了寻求民族和阶级同时解放的崭新道路。1947 年内蒙古自治政府的成立和 1949 年内蒙古全境的解放，标志着内蒙古民族的完全解放。

在解决近代内蒙古民族问题方面，中国共产党在取消残存的王公札萨克制度和封建特权的基础上，建立了蒙古民族统一的、实行区域自治的人民民主政权；在民主改革和土地改革中，从内蒙古的民族关系和地区特点出发，以承认历史、照顾现实的原则，在维护蒙古民族传统土地所有权（即在土改中适当照顾蒙古族的土地利益）的同时，也使其他各族农民实现了耕者有其田；还通过各种新的政策、法令，取消了历代反动统治者的民族歧视、压迫性的政令和制度，实现和保障了蒙古民族在社会生活各方面的平等权利。

近代内蒙古的民族运动，经过半个世纪的曲折发展和艰苦奋斗，终于在中国共产党的领导下取得了最后胜利。

（《内蒙古社会科学》1997 年第 6 期，略有增补）

“近代化”历程中的滇川黔边彝族社会

——对中国近代民族史研究理论问题的思考

潘先林

中国近代化问题的研究，是史学研究领域的一个新兴课题，近年来成为国内外学术界讨论的热点，“逐渐成为一种分析中国近代社会发展过程的新模式”[①]。刘大年先生说：“近代中国社会的根本矛盾或者说基本问题是什么？我想无非是两个：一是民族独立，二是近代化。”[②] 在近代中国社会发展脉络的讨论中，又有学者提出：兴办近代企业替代落后的封建经济并寻找和开通富强之途的近代化过程，与反对帝国主义侵略、争取民族独立及打击清王朝的腐朽统治、争取社会进步鼎足而三，成为中国近代史发展的三条线索之一。[③] 不论其是“双线”或是“三线”，“近代化”都在其中占有重要的地位，这为我们研究中国近代民族史打开了思路。

本文将从这一角度出发，以民国时期云南政坛出现的龙云、卢汉为代表的彝族官僚群体及孕育他们的滇川黔边彝族社会为例，就中国近代民族史的研究理论提出自己的粗浅看法，不当之处，敬请教正。

---

① 虞和平、郭润涛：《中国近代社会史研究述评》，《历史研究》1993 年第 1 期，第 165 页。

② 1995 年 6 月 6 日刘大年先生在“中国近代史研究的历史观和方法论问题研讨会”上的发言，载《高校理论战线》1995 年第 8 期。又刘先生在《方法论问题》一文中也说：“中国近代 110 年的历史基本问题是两个，一是民族不独立，要求在外国侵略压迫下解放出来；二是社会生产落后，要求工业化、近代化。两个问题内容不一样，又息息相关，不能分离。”载《近代史研究》1997 年第 1 期，第 3 页。

③ 孙占元：《近代中国社会发展脉络纵论》，《江西社会科学》1995 年第 5 期，第 67 页。

一

反思百余年的近代中国历史，我们不禁会问，当西方列强侵入中国，全国各族人民展开轰轰烈烈的反帝反封建斗争时，地处边疆地区的各少数民族社会在外界强烈的碰撞和冲击下发生了怎样的变化？如果仅从研究各民族人民历次反帝反封建起义的过程、意义，以及各民族人民在新旧民主主义革命斗争中的贡献及他们所处的社会经济形态（多为新中国成立后的调查情况），则只是回答了问题的一个方面。我们有必要将注意力放在“近代化”方面，全面研究各少数民族地区和各少数民族社会的“近代化”历程。也就是说，从“近代化”发展的角度出发，全面考察各少数民族如何被卷入中国近代化的大潮之中并承担了什么样的角色及就该民族而言向近代化努力的结果如何？这是中国近代社会两大基本问题赋予近代民族史研究的任务之一。

近年来，中国近代民族史研究的理论和方法相对单一且公式化已引起学术界的注意，有学者在论述这一问题时说：民族史向以阐述民族政治制度、宗教制度以及民族斗争、阶级斗争为主要内容，以揭示中央王朝与少数民族的历史关系，论证中国是统一的多民族国家为主题，基本上属于民族政治史的范围。严格地从科学上讲，这种单一的政治史的研究模式存在着很大的局限性，有碍于民族史学的繁荣与发展。民族是个社会，各民族都有自己政治的、经济的、思想的、文化的、宗教的等多种社会结构和多种广泛的历史活动。各民族特殊的政治制度、经济制度、民族文化与民族心理特征以及民族差异、民族矛盾、民族斗争等民族问题，追根寻源都是从不同时代、不同民族的经济生产或社会结构中产生或派生出来的。必须加强对各民族经济生产或社会结构即马克思所说的“历史基础”的研究，打破单一的民族政治史研究模式。① 笔者赞同上述分析，但有关经济生产和社会结构的材料较零散，所谓“历史基础”的涵义也较模糊，若以上述“近代化”取代“历史基础”，则能围绕一个中心，揭示近代各民族社会历史发展的规律，这也是符合马克思主义的社会发展理论的。

① 郭卿友：《〈民国藏事通鉴〉编撰论纲——近现代民族史研究中几个理论问题的探讨》，《西北民族学院学报》1994 年第 2 期，第 32 ~ 33 页。

关于近代化的概念，目前学术界还在展开讨论。简单讲近代化就是资本主义工业化和民主化。但国内学术界对“近代化”和“现代化”概念的使用并未严格区分，近代化又被称为“早期现代化”“近代中国的现代化”等。章开沅教授说：近代化大体相当于早期现代化，“时间可以断限在晚近现代化之前。早期现代化与晚近现代化的历史主题与基本内容是前后连贯的，但却有各自的阶段性特征。与晚近现代化相比较，早期现代化的社会结构及其机制、效应具有发育尚未成熟，还不完全的特点。然而也正是由于这个原因，它又具有相对单纯与易于比较、辨析的特点”[①]。

中国的近代化就是中国在近代史上发生的现代化过程，就是中国通向现代化的一个在近代历史上已经经过的发展阶段。它以探讨近代中国的整体社会如何由传统封建主义社会向现代资本主义社会转变为主旨，考察社会构成各个方面和各个层次的发展变化，分析它们彼此之间的互动关系，可以说是近代社会史的一种整体性研究。[②] 具体讲包括近代观念的转换、近代企业的创办和近代民主制度的汲纳三个方面对近代文明的追求和实践活动。[③] 它的发展过程可以分为两大阶段，1840 年的鸦片战争到 1912 年中华民国成立之前为准备阶段，1912 年以后进入正式启动阶段。[④] 其具体特征表现为意向性的追求甚于实际性的建设，明显的二元结构，过多的冲突存在，缺乏平衡性，摇摆度过大等。[⑤] 龚书铎先生在考察了近几年中国近代史的研究后指出：中国的近代化“充其量只能是畸形的半殖民地的‘近代化’”，“不改变半殖民地的社会地位，不结束帝国主义在中国的压迫和掠夺，近代化就化不起来”。不能以今天中国的现代化等同于历史上畸形的“近代化”，以现实去阐释、比附历史。并对近代化研究中出现的抬高袁世凯一类历史人物、美化外来侵略者及革命不如改良等思想倾向提出了严肃的批评。[⑥]

当然，以上概念及特征界定比较适用于中国近代化的中心即沿海和中

---

① 章开沅：《中国近代化比较研究丛书·总序》，《西俗东渐记——中国近代社会风俗的演变》，湖南出版社，1991。

② 虞和平、郭润涛：《中国近代社会史研究述评》，《历史研究》1993 年第 1 期，第 165 页。

③ 孙占元：《近代中国社会发展脉络纵论》，《江西社会科学》1995 年第 5 期，第 70 页。

④ 虞和平：《试论中国近代化的概念涵义》，《社会学研究》1991 年第 2 期，第 113 页。

⑤ 吴忠民：《关于中国早期现代化的几个问题》，《社会学研究》1991 年第 2 期，第 107～110 页。

⑥ 龚书铎：《中国近代史研究中的几个问题》，《北京师范大学学报》1996 年第 5 期，第 54～56 页。

部地区，对于处在近代化边缘的大部分农村及广大西部边疆民族地区，则又有其特殊性。这些地区的发展从总体上滞后于整个沿海和中部地区，它的近代化从某种角度来讲又受到近代化中心地区的影响。因此，我们考察边疆民族地区的近代化时，应充分注意到各民族社会发展的特殊性。

二

就中国边疆地区的少数民族社会近代化而言，西南地区的云南具有代表意义。近代时期的云南不仅建成了全国首条国际铁路、首座水电站，而且成为辛亥革命党人活跃之地和护国运动的策源地，在整个民国时期都曾在全国扮演着一个重要角色，“对当时中国文化的发展进程有多方面的影响”，“成为近代中国社会大变革年代中的一个活跃热点地区”，[①] 走在了当时中国边疆民族地区近代化发展的前列。

云南自古以来就是一个多民族聚居的地区，近代以来又直接受到英、法、日等帝国主义国家的侵略，考察云南的近代化历程，边疆地区跨界少数民族具有典型性，如傣族、景颇族等。但是，由于民国时期云南政坛上出现了一个以龙云、卢汉为首的彝族官僚群体，号称龙、卢、安、陇四大家族或龙、陇、陆、卢、禄、安六大家族。他们掌握了云南的党政军大权，前后统治云南达 23 年（1927～1949）。据不完全统计，军队团长以上、政府县长或相当于县长以上、国民党县常委或书记长以上的彝族官僚有 50 余人[②]，区乡间的乡、村长则更为普遍，直接处在领导彝族人民甚至云南人民走向近代化的核心领导地位。因此，我们有必要先剖析孕育、产生龙、卢彝族官僚群体的彝族社会近代化历程。彝族是西南地区人口较多、支系繁杂的一个民族，近代时期还处在几种不同的社会发展形态。四川凉山及云南小凉山彝族处在奴隶制发展阶段，云南滇池周围及滇南彝族处于地主经济发展阶段，滇东北和黔西北即本文所指滇川黔边区（主要包括云南省的昭通地区和贵州省的毕节地区）。彝族处在有浓厚领主制残余的地主经济发展阶段，社会发展极不平衡，因此我们很难进行整体研究。而龙、卢彝族

---

① 刘鸿武、段炳昌、李子贤：《中国少数民族文化简史》，云南人民出版社，1996，第 233 页。

② 潘先林：《民国云南彝族官僚集团研究》，《新松集》，云南大学出版社，1996，第 391～446 页；潘先林：《民国云南彝族统治集团研究》，云南大学出版社，1999。

官僚群体成员大多出身于滇川黔边区，因此我们的研究首先围绕本区彝族社会如何孕育、产生了龙、卢彝族官僚群体及该群体崛起后对本区彝族社会产生了怎样的影响开展讨论。

滇川黔边区是彝族历史上重要的聚居区，清康熙四年（1665）至雍正九年（1731）的“改土归流”事件是本区彝族历史发展的一次重大转折。这次大屠杀性质的改流虽然给彝族人民造成了极大的牺牲，摧残了大量优秀的民族文化，但它毕竟从根本上冲击了彝族传统社会的稳定结构，促使其走上封建地主经济的发展道路。政治上彝族土司受到沉重打击，封建统治阶级的政权机构伴随着里甲制、汛塘制等深入边区的每一个角落。汉族移民对山区的开发及玉米、马铃薯等山区高产农作物的普遍种植促使幸存的彝族社会内部发生分化，彝区残留的旧制度维护者土司土目日益衰落，新兴的彝族地主成为本区的上层统治者。普通彝族人民通过“出户”、逃亡等反抗逐渐摆脱了农奴的地位，并开始随移民潮不断迁徙，变成封建地主经济下的自由农民。经济上伴随着土目势力的衰落，新兴的彝族地主开始采取不附加人身依附关系的地租等剥削方式，对彝族人民进行剥削，封建领主经济逐渐向封建地主经济过渡。文化上彝族上层历来有读儒书、改汉姓、学习汉文化的传统。土司土目衰落后，新兴的彝族地主积极投身科举，通过科举考试尽量跻身于传统的士绅阶层，士绅入仕取得功名后就可以成为官僚中的一员。这种追求成为支持彝族上层青年学习汉文化的思想动力。随着追求的实现，彝族社会中这一文化上的变迁又扩展到一般民众，读汉书、取功名逐渐成为一种民族发展的标志。彝族传统社会中根深蒂固的等级制度、家支制度等逐渐被削弱，有的地方甚至被彻底冲垮，这为民国彝族官僚群体的崛起及本区彝族走向近代化奠定了社会基础。①

进入近代，咸同年间的云南各族人民大起义是本区彝族历史发展的又一重大转折。各族义军的沉重打击搞得清王朝地方政府焦头烂额，自顾不暇，疲于奔命。为应付眼前的局势，地方官员不得不放松对彝族土目地主的控制，利用他们的力量组织团练，镇压各族人民起义。在此形势下，彝

① 参见潘先林《高产农作物传入对滇川黔交界地区彝族社会的影响》，《思想战线》1997 年第 5 期；《“改土归流”以来滇川黔交界地区彝族社会的发展变化》，《云南民族学院学报》1997 年第 4 期；《“改土归流”以来儒学在滇川黔彝区的传播及其影响》，《云南教育学院学报》1997 年第 6 期。

族上层的土目地主纷纷投靠清政府，“人营建立功名”[①]，积极参与清王朝镇压各族人民的反抗。如咸丰六年（1856）威宁土目安域臣等因镇压农民起义有功，赏蓝翎。[②] 又如咸丰四年（1854）黔西州白舍土目安铭募团二千余人参与镇压遵义杨龙喜起义和号军起义，供给官军“一切夫粮”，得赏二品顶戴，以副将补用。《黔西州续志》称其“自起团以来，十余年踊跃从公，优勤劳瘁”。又有黔西州契黔土目陇树勋“练团保甲，以卫乡邻”，与弟武举禄星，子茂材、现奎带团练镇压杨龙喜起义，树勋与现奎阵亡，奉旨赐袭云骑尉，禄星叙功保蓝翎千总。[③] 同治五年（1866），云南布政使岑毓英率军前往猪拱箐镇压陶新春领导的苗民起义，军达毕节，岑秘密召集“大定、威宁、镇雄、毕节各土目数十家”到军前效力。次年6月，集中“大军数万并以各土司、土目、各团练将十万”猛攻猪拱箐，不克；“复令各土目招携以间之”，得乐雄土目安履宪利诱收买王长毛为内应，“诸僇乘间引官兵入”[④]，攻破猪拱箐，镇压了这次苗民起义。其后安中华等十七人均以守备尽先补用，并赏加都司衔，赏戴蓝翎，阵亡之土目安泽溥等均交部从优议恤。[⑤] 直到民国五年（1916），蔡锷率护国军入川，巧家拖车阿朵土千户禄廷英倘带部到军前效力，蔡委其为“统带”，后拖车土目也称“禄统带”。[⑥] 这样，通过成立团练，参加军事镇压活动，本区彝族上层又多了一条取得功名进入仕途的途径。他们因战功被授予各种军职或土职，享有各种特权，并开始拥有私人武装，掌握了一地的政治军事权力。如镇雄陇维邦由哨官升任盐、大、永、绥江防管带，后任镇雄营参将[⑦]；巧家车坪陆恩朝办团练掌握兵权，民国年间到凉山地区当县长，去世后其妻还担任巧家八、九甲团总等。[⑧] 他们在自己的领地内不断扩大势力，反过来又采用了原

① 杨履乾、包鸣泉纂《民国昭通县志稿》卷六《氏族志》，昭通新民书局，1938年铅印本。

② 《清文宗实录》卷二六〇，中华书局，1987。

③ （民国）任可澄、杨恩元纂《贵州通志·土司志五》，贵阳书局，1948年铅印本。

④ 佘昭：《定朱（猪）拱箐苗匪始末记》，转引自（清）宋成基纂《镇雄州志》卷三《戎事续考》，清光绪十三年（1887）刻本。

⑤ （清）世铎等纂《钦定平定贵州苗匪纪略》卷十九，《钦定平定七省方略》，中国书店，1985年影印本。

⑥ 笔者1992年赴滇川黔边区调研时，巧家县政协张承殷提供。

⑦ 镇雄县志编纂委员会编《镇雄县志·陇维邦传》，云南人民出版社，1987。

⑧ 徐伯操：《巧家县车坪的调查》，《云南彝族社会历史调查》，云南人民出版社，1986，第254页。实际上陆恩朝只担任过巧家县六城坝行政委员，六城坝位于金沙江外，后为巧家分县，所以说他到凉山当县长。

土司、土目的统治方式。他们自称“官家”，称佃农为“百姓”，其房署称“官家衙门”，内设头人、管事、管甲、撒摹、布摩（即毕摩）、幕寿、普土等职事人员，又有听差、亲随、军事头目及丫头娃子多人，形成本地区掌握基层政权的一股政治军事势力。清末民初，逐渐出现了相对集中的昭通、鲁甸、永善的龙家、卢家；巧家的禄家、陆家、镇雄、彝良、威信的陇家；威宁、大定、黔西的安家；毕节、永宁的余家等几个大家族，为民国彝族官僚群体的崛起准备了政治条件。

经济上从清中叶以来，全国范围的土地兼并日益严重，本地区掌握了部分地方政治军事势力的彝族土目、地主也加入了土地兼并的行列。他们采用购买、吃绝业、入赘、武力抢夺等方式将大量的田地集中在自己手中，并开始兼营工商业，不断增强自己的经济势力。同时由于社会秩序长期动荡不宁，部分彝汉农民迫于土目势力，或害怕土匪劫掠、别的民族或家族欺凌，为寻求保护，将自己的土地主动投顺，变成他们的佃户，也增强了他们的经济势力。如毕节县镇西土目杨氏所管土地20余里，家戛土目杨氏、镰刀湾土目苏氏、法戛土目余氏、法朗土目李氏、湾溪土目李氏、小屯土目安氏、大屯土目余氏、龙冒坪土目安氏、螃蟹井土目安氏分别有土地10余里，八寨坪土目安氏有土地10里，乐雄土目安氏有土地70里，等等。[①]此外如永善地主龙筱云的祖父霸占兴隆土目杨义及18家黑彝和周围百姓的土地财产，共得土地3000多亩。龙筱云时已有土地计10万余亩。他自己也不知道有多少土地，有时竟会自己买自己的土地。他家的土地执照名为“普山照”，上写“上齐普家界，下齐羊屯岩；侧齐金沙江，东边老林一笔在”。[②] 彝良地主陇体芳的父亲鲁（陇）努积钱大买土地，到陇体芳时，已是“梭戛之地，莫非陇土”了，年收租达3000石以上。[③] 黔西县黑彝土目安辉武家清末年收租4000多石，土地遍及黔西、大方、金沙、毕节、织金等县。[④] 威宁县龙街子土目安宜国年收租粮300石左右；牛棚子土目禄国相家年收租2000石左右；大官寨土目安吉祖的祖父安炳健时就是“指手为

① （民国）《贵州通志·土司志五》。

② 永善县志编纂委员会编《永善县志·龙筱云传》，云南人民出版社，1996，第609～610页。

③ 韩忠等：《彝良梭戛乡彝族社会历史调查》，《云南彝族社会历史调查》，云南人民出版社，1986，第277～278页。

④ 《黔西县石板、金坡两乡苗族、彝族社会历史综合调查》，《黔西北苗族彝族社会历史综合调查》，贵州民族出版社，1986，第22页。

业”的，其出租的土地远达昭通，年收租3000石以上；龙街子黑彝地主余世成家靠租种安宜国家土地起家，共有土地2000多亩；灼圃黑彝地主卢松兰家原为土目佃户，其父除种地外还兼做小商贩，后拖起武装，土地已经逐渐增多，年收租200多石。[①] 这些大土目、大地主占有的土地除少部分自营外（全由娃子和佃户无偿劳役耕作），其他全以“粮户地”、“佚子地”、“人租地”、“马租地”、“羊租地”、“猪租地”和“鸡租地”等名目出租，其佃农还要承受“白工”、摊派、送礼等剥削。其“剥削量约占佃农农业总收入的30%～60%左右，其中还不包括劳役剥削在内”[②]。

通过残酷的剥削和掠夺，彝族土目地主拥有了大量的财富，他们中的一部分人开始投资经营工商业。如龙筱云祖上靠经营鞍子厂起家，此后也继续办厂，并组织马帮经商。[③] 陇体芳家在梭戛开有酒房，经常有工人三四个，酿造酒一百斤，供应彝良、奎香等地的商人，同时陇家自己也是大商人。[④] 在黔西北，部分土目和大地主也从事商业活动，开辟商业市场。如威宁县龙街地区规模最大、历史最久的“龙街”市场，大概在一百多年前（1959年往前推算，当在清道光年间）就已形成。当时此处有一安姓土目，“他为了自己的方便，凭着政治经济的统治势力，采取各种措施，使龙街逐步形成为一个市集。在场坝形成之初，每隔12天逢龙日赶集，故名龙街”[⑤]。每场约1000人，年节时可达2000人左右。土目担任场头，处理纠纷，调整商品价格并收税。又如威宁法地区的“大街”市场也是一百多年前由土目开辟的。[⑥]

文化上随着滇川黔边区彝族上层政治权力的扩大和经济势力的增强，更进一步提高了他们学习先进文化的积极性。咸同年间各族人民大起义后，本区彝族上层在参与镇压的过程中逐渐对西方先进的技术和洋枪洋炮的威力有所认识，受到洋务思潮的冲击。后来维新运动及资产阶级民主革命思想也传入这一地区，为部分在各级学堂求学的彝族青年所接受。如水

① 《贵州省威宁县龙街等地区解放前社会经济情况调查资料》，中国科学院民族研究所贵州少数民族社会历史调查组、中国科学院贵州分院民族研究所编印，1963，第24～27页。

② 中国科学院民族研究所、四川少数民族社会历史调查组编《彝族简志》（下册，初稿），1963年铅印本，第23页。

③ 《永善县志·龙筱云传》，第609～610页。

④ 韩忠等：《彝良梭戛乡彝族社会历史调查》，第281页。

⑤ 《贵州省威宁县龙街等地区解放前社会经济情况调查资料》，第41页。

⑥ 《威宁县法地区东关寨和别色园子解放前苗族、彝族和社会经济综合调查》，《黔西北苗族彝族社会历史综合调查》，贵州民族出版社，1996，第94页。

西土司后裔安健“少年就学安顺府，考为诸生（即秀才），尝游学贵阳，接受民主革命思想，愤官吏虐民，欲谋起兵反清。事败，避侦缉，于1905年东渡日本”[①]。不久加入同盟会，成为贵州“民主革命的先驱，真正的民主革命者”。[②] 又如彝族诗人余达父（若瑔）幼读家塾，“穷究经史子集，并习诗词赋章”[③]，与兄余若煌同补县学生员，受新学潮流影响，产生了忧国忧民的意识。后带其子余祥桐及兄子余祥辉（健光）、余祥炘（景炎）东渡日本寻求救国济世之道。达父入江户和佛法律大学专攻法律。余祥辉也“怀抱为国为民建功立业的志向抱负”[④]，先后入成城中学、山口高商学校及明治大学，加入同盟会，成为孙中山资产阶级民主革命的忠实追随者和拥护者。又如彝良县的禄国藩十四岁就读昭通凤池书院，光绪三十年（1904）同弟陇高显赴日本留学，初习政法，后入东斌陆军步兵专科学校，高显入岩仓铁道学院。两人均加入同盟会，接受了资产阶级民主革命思想，等等。科举制度废除后，本区彝族士绅失去了晋升的希望和政治的屏障，通向上层特权的途径被切断。为了寻求新的出路，大批彝族青年不再安于家中，纷纷流入城市，接受新式教育。彝族官僚群体的重要成员安恩溥说：清末民初，虽然废科举办学堂，但“读书做官、做绅士、光宗耀祖，挡门顶户的封建传统风尚如故”[⑤]。甚至“普通夷民之稍有家资略具知识者，亦入校肄业学习中文，黑白两派皆然”[⑥]。使得一些地区的彝族“子弟多读书明理，力图风俗改良，人民习尚已无异于汉族矣”[⑦]。这一时期赴各种新式学校接受教育者如彝良陇体芳就读昭通省立第二中学，后考入浙江大学农学系，获农学学士学位；陇体要求学威宁石门坎教会学校，后考入复旦大学，获政治学学士学位。其他如镇雄县的安恩溥、陇生文，昭通

---

① 安毅夫、安瑞琮：《辛亥革命先驱安健传略》，《四川、贵州彝族社会历史调查》，云南人民出版社，1987，第160页。

② 《安健墓》，载贵州民族学院民族研究所《贵州彝族研究论文选编》，1985，第377页。

③ 余宏模：《彝族诗人余达父及其〈遂雅堂诗集〉》，载《贵州彝族研究论文选编》，第378页。

④ 余宏模：《孙中山与辛亥革命志士余健光》，《贵州民族研究》1996年第1期，第136页。

⑤ 安恩溥：《我所了解的龙云统治集团中部分彝族上层人物的活动情况》，中国人民政治协商会议云南省委员会文史资料委员会编《云南文史资料选辑》第11辑，1979，第187页。

⑥ 张瑞珂、陈秉仁编《鲁甸县查报地志资料》，民国十二年手抄本，云南省图书馆，昭通市图书馆藏。

⑦ 《昭通等八县图说·民族》，云南学会民国八年（1919）铅印本；另载《昭通旧志汇编二》，云南人民出版社，2006，第491页。

县的龙云、卢汉、卢邦定、卢邦基、卢浚泉、龙雨苍、龙秉灵，鲁甸县的陆亚夫、陇耀、卢永祥，巧家县的陆崇仁、卢开基，毕节县的余祥炘等先后就读于云南省立昆明第一中学、昭通第二中学及其他专门学校，其中部分人远赴日本和法国学习，甚至如龙云的妹妹龙志祯、表妹卢汉妻子龙泽清等彝族女青年也外出求学。这批进入城市求学的彝族青年开阔了眼界，掌握了一定的文化知识，为后来龙、卢彝族官僚群体的崛起准备了人才力量。

三

1927 年，出生于昭通县炎山的黑彝龙云与胡若愚、张汝骥等发动兵变，推翻了唐继尧的军阀统治。接着发生了龙、胡、张三军大混战，龙云取胜，于 8 月 13 日出任代理省主席，掌握了云南的统治大权。此后，龙云不断在彝族中培植自己的亲信骨干，重用滇川黔边区的彝族上层，“自然地在统治阶级中形成一个集团”，出现以龙云（省主席），卢汉（第一方面军司令官、省主席），安恩溥（60 军军长、民政厅厅长），陆崇仁（财政厅厅长、民政厅厅长），陇体要（省党部书记长、建设厅厅长），禄国藩（云南宪兵司令、防空司令）六人的“父子兄弟亲友的彝族骨干和依附于他们的非家族骨干”在内的庞大的彝族官僚群体。[①] 该群体的维系网络是以血缘（亲缘）为核心，然后是族缘、地缘、业缘逐层向外扩展，保证了龙云、卢汉在云南二十余年的统治。

彝族官僚群体崛起后，受全国总体形势的影响，开始专心省内建设，发展工商企业，重视教育，开发边疆，促进了云南区域社会的发展。同时，由于该群体成员大多出身于滇川黔边区，他们在家乡兴学、劝农、建设地方、发展经济、种植鸦片并进行冤家械斗等[②]，对本地区的彝族上层社会产

---

① 安恩溥：《我所了解的龙云统治集团中部分彝族上层人物的活动情况》。安在文中称其为“彝族上层集团”“彝族统治集团”。笔者 1993 年曾以《民国云南彝族官僚集团研究》为题撰写硕士学位论文，后发表于《新松集》。但“彝族官僚集团”这一概念具有较强的政治涵义，且容易引发对该集团是否真的形成集团、他们之间有何组织、六大家族是否真的联合统治过云南等一系列疑问，所以借用社会学上的“群体”一词，将其放在彝族社会中去考察，因此命名为“彝族官僚群体”，淡化其政治涵义。

② 潘先林：《民国云南彝族官僚集团研究》。

生了较大影响，促进了彝族传统社会的变迁。由于篇幅限制，本文对以上具体事迹不再展开论述，而将考察重点放在彝族传统社会的变迁上。

政治上，滇川黔边区的彝族上层从大汉族主义的民族歧视和压迫下摆脱出来，一跃而为本地区甚至云南省的最高统治者，掌握了各级地方基层政权，政治地位大大提高，这对彝族社会产生了深远影响。首先，龙云政权成为彝族上层联络的中心。在四川，当龙云在云南取得显赫地位时，他的名字“就传遍了凉山”①。普济州土司吉绍虞、会理者保土司禄安佑到昆明向龙表示支持，并为他联络了金沙江两岸的一批土司、土目和黑彝大头人。此后，宁属（西昌地区）彝族上层就有摆脱四川归并云南的愿望。1935 年，宁属彝族上层和汉族绅商向龙云提出归并云南的要求，龙派精锐部队两团进驻西昌、会理一带，“受到宁属彝汉各族的欢迎”②。后为蒋介石强令撤回。在云南，1929 年小凉山彝族上层闻知新任的云南统治者也是黑彝，就收买了近 1 万个白锭及 10 余匹好马，向驻军永胜的龙绳武送礼，由此与龙云搭上关系，并到昆明拜见过龙云。③ 此外，沪西的张冲也是因同属彝族而投向龙云的。在贵州，1927 年周西成打击黔西彝族上层，派兵攻打余祥炘及赫章土场安氏、毕节陆氏时，大批彝族土目、地主纷纷避入云南，云集昭通，以求得龙云政权的保护，如安观清、安伯英、安克庚、杨伯瑶、杨砥中等。1928 年余祥炘等人串联云、贵彝族上层，并游说龙云，策划武装倒周。他们制作了“复还水西”的旗帜，购置军火，组织兵勇，龙也答应出兵支援。但余等一出师威宁，即遭失败，此事不了了之。④ 1928 年，贵州革命先驱安健亲到云南，以彝族的关系联络龙云，企图借助龙的势力，先夺贵州，然后联络两广，与叛变革命的蒋介石抗衡。⑤ 这一时期，地处滇川黔边区的昭通成为彝族官僚群体的大后方，是三省（后加西康省，为四省）彝族上层的集合地。他们在此购置房产，修建公馆，探亲访友，自称

---

① 岭光电：《忆往昔》，云南人民出版社，1988，第 190 页。

② 赵乐群、付开林：《龙云及其家族与凉山的关系》，《凉山文史资料选辑》第 2 辑，中国人民政治协商会议凉山彝族自治州委员会编印，1984，第 8 页。

③ 杜玉亭：《云南小凉山彝族的奴隶制度》，《云南小凉山彝族社会历史调查》，云南人民出版社，1984，第 6 页。

④ 陇承弼：《昭通历史上的土司制与彝族习俗》，《昭通文史资料选辑》第 2 辑，昭通市政协文史资料研究委员会编印，1986，第 195 页。

⑤ 安毅夫、安瑞琮：《辛亥革命先驱安健传略》，《四川、贵州彝族社会历史调查》，第 161 页。

昭通是“我们的集散地”[①]。其次，龙、卢彝族官僚群体成员主要是彝族统治阶级土司、土目和黑彝地主的后代，他们掌握政权后，更加强了对彝族被统治阶级白彝农民和农奴的剥削和压迫，加深了民族自身的两极分化。他们支持彝族土司、土目复辟领主制，甚至一些大地主、大官僚又重新拾起领主制的残余，其中最典型者如龙云的三儿子龙绳曾。龙绳曾曾接受过一些新式教育，进过云南陆军讲武堂，喜好京戏，爱踢足球，但他却喜欢混迹民间，投身帮会。最奇特的是他以“云南王”三公子的身份，却跑到巧家，入赘拖车土目户侯司禄廷英家，改名禄勋霖[②]，当起了近代彝族社会中残留的小土司。这其中除了贪图禄家的财产和禄氏女儿的美貌外，似乎还体现了已经掌握云南统治权且受过西方先进文化教育、过着近代生活方式的彝族上层对传统领主制的最后留念，这就为土目地主复辟领主制提供了最好的表率和支持。在基层政权统治方面，彝族官僚地主们将自己原有的统治方式略为变通，与国民党政府推行的保甲制度相结合，给滇川黔边区残留的领主制度披上了合法的外衣。如永善龙筱云在自己统治区的兴隆、桃山一带对彝汉人民采取两种统治方式，他将汉族较多的地区编为“汉团”，实行保甲制，政府可以在此拉兵派款，将彝族较多的地区编为“彝团”，与自己原有的排首、阎长统治相结合，保长、甲长、排首、阎长由他委任，政府不能在此拉兵派款，但可以得到龙筱云在此征收的耕地税。[③] 永善外的其他彝区情况也大体如此，土目、地主保荐、任用自己的管事、头人为乡、保、甲长，“哪个恰当，报县府备案即可”，甚至有的乡公所就设在土目、地主的“管事房”里。[④]

经济上彝族官僚群体成员利用自己手中的权力和财力，在大肆兼并土地的同时，受龙云、陆崇仁、安恩溥等人投资近代工商企业浪潮的影响，纷纷向这些行业投资或加入股份，改变了过去较单一的农牧业经济结构。如安恩溥创办的昭通民众实业股份有限公司及其他基层彝族土目、地主兴办的各种工厂、商号及马帮等。他们还开辟新的市场，引进新的经济林木和畜牧品种，这就增强了本地区彝族上层的经济势力。他们将工商业投资

① 陇承弼：《昭通历史上的土司制与彝族习俗》。

② 陆崇仁修、汤祚等纂《巧家县志稿》卷三《职官》，民国三十一年（1942）铅印本。参见邹长铭《龙绳曾自取灭亡》，《云南文史丛刊》1996 年第 2 期。

③ 刘苗生等：《永善县兴隆等乡社会历史调查》，《云南彝族社会历史调查》，第 263 页。

④ 陇承弼：《昭通历史上的土司制与彝族习俗》，《昭通文史资料选辑》第 2 辑，第 197 页。

赚来的利润再次投向土地买卖，往复循环，使滇川黔边区出现了众多的彝族大富豪。经济地位提高后，本区彝族上层的土目地主也在一定程度上改变了剥削方式，如雇用工人进行雇工剥削，征收货币地租，进行高利贷剥削等。彝良陇体芳家开有酒坊，雇有工人3~4个，他家有时还雇短工。以1949年为例，陇家雇有长工22个，用短工31天。长工供吃和一套衣服，短工供吃，一般不付工资。为了积钱做生意，陇家地租还采取了一年收实物一年收货币的办法。有时实物只要够吃就行，其余折成货币夹收[①]；永善龙筱云家的商业收入据说占其地租收入的40%[②]，等等。表明近代滇川黔边区彝族上层中出现了部分领主、地主和商业者三位一体的剥削阶级，商品交换的内容和规模有所扩大，近代交换市场也不断出现，甚至有的地区还出现了少部分专门从事商业活动的彝商，彝区的社会经济发生了显著的变化。

文化上彝族官僚群体成员在本地区大量兴办学校，使广大彝族子弟得以入学读书。他们还鼓励大批彝族青年外出求学，接受各种高等教育，这在一定程度上提高了近代彝族的文化素质，表明彝族社会中对先进文化的认同不断增强。但是，在认同并积极投身学习先进文化的同时，彝族官僚们并没有忽视本民族的传统文化，相反还给予了足够的重视。如龙志祯等热心培养本民族青年；陆亚夫、安恩溥等成立“竹王会”“佉卢学会”，苦心孤诣地将彝族的祖先追溯到所谓来自楚国的竹王，将彝族的文化追溯到与创造汉字的仓颉同时代的佉卢[③]；陇体芳创办彝文学校，请毕摩教学等，都体现了他们对本民族文化的肯定，对本民族发展的追求。

龙、卢彝族官僚群体对滇川黔边区彝族社会的影响除以上三方面外，从更深的层次来说，还体现在思想观念的变迁和生活方式的变化上。

思想观念的变迁。由于时代和阶级出身的限制，彝族官僚群体对本区彝族社会带来的物质发展、社会进步是有限的，但对本区彝族思想观念的冲击却较大。

1. 彝族官僚群体崛起后，活跃于云南各级政坛，这对他们家乡地处边

---

① 韩忠等：《彝良梭戛乡彝族社会历史调查》，《云南彝族社会历史调查》，第27~28页。

② 刘苗生等：《永善县兴隆等乡社会历史调查》，《云南彝族社会历史调查》，第261页。

③ 安恩溥：《我所了解的龙云统治集团中部分彝族上层人物的活动情况》，《云南文史资料选辑》第11辑，第188~190页。

远农村的彝族青年来说是较有吸引力的。他们采取措施使彝族社会中的青年一代（主要是彝族上层子弟）掌握了一定的文化知识。因此，这些彝族青年开始不安于内，不愿意再按部就班地守着房屋田产过活，外面的世界对他们来说充满了希望和机会。他们大量出外闯荡，投身军旅，进入学校，在各级城市寻找机会。如同相邻的贵州省兴义县一样，“惟近年因县中出了几位如何应钦、王伯群等军政要人，一般青年均不甘蠖屈于边陲小县，多外出活动去了”①。这种影响当不只及于彝族，本地区的汉族也受到相同的影响，观念也发生了相应的变迁。这一时期，典型如昭通炎山区的各级学校，当远方的汉彝儿童经过长途跋涉入学念书时，他（她）们的目的已不仅仅是识字和算账了。在他们及其家长、教师的心目中，未来是充满希望的。

2. 彝族官僚群体崛起后，大量的彝族得以进入各地城市，跻身达官贵人的上层生活，受到新思想、新文化、新习惯的冲击。他们中有人回到家乡，言传身教，在一定程度上改变了本民族某些落后的生活方式及陈规陋习。他们积极参与各项社会活动，使近代彝族社会呈现出一些崭新的气象，传统厚幕的裂缝中透出一丝丝近代气息。如较为落后闭塞的威宁牛棚子地区，有的土目年轻时在大都市读书或者后来经常在大城市居住，受到先进文化的影响，在某些问题上就不像过去的老土目那样严格，平时他们也和其他人随便谈话，尤其是在外出后，一般人和娃子不但可坐着和土目交谈，甚至也可在一起吃饭，“这充分反映了在彝族等级中某些界线正在逐步改变”。② 又如武定慕连土司之子那维新曾在天津南开中学读书，高中毕业后返乡，反对接任土司，常劝其母授田与民。署土署大堂柱上联曰：“这土司不过草莽之臣，享祖先现成福耳；真丈夫当存鹏鹄之志，为人民谋幸福也!”他在任金沙江江防司令时提出“打倒土豪劣绅”等口号。③ 又如云南小凉山地区的黑彝余海清、余国栋、余从龙、胡汉等人曾到昆明拜见过龙云，他们回去后，余国栋开始与汉族交往，与安纯三合伙做大烟和枪支生意，担当汉商的保人，允许部分汉族以佃客的身份留居下来而不掳其为呷

① 薛绍铭：《黔滇川旅行记》，广州中华书局，1937，第 55 页；另重庆出版社，1986，第 44～45 页。

② 《贵州省威宁县龙街等地区解放前社会经济情况调查资料》，第 24 页。

③ 钱成润主编《楚雄人物》，云南大学出版社，1991，第 83 页。

西，开办学校，聘请汉族教师等，小凉山彝族奴隶制度也受到了一定程度的冲击。[①]

3. 随着龙、卢政权及彝族官僚群体的出现，大量的彝族得以参与国家和社会的各项活动，增强了民族自尊心和自信心。如 1927 年间陆亚夫、卢永祥、禄国藩、安恩溥、余祥炘等人的谈话。他们将自己的祖先追溯到楚国的竹王，将自己的文化追溯到与仓颉同时代的佉卢，认为佉卢创造的彝文曾流行于长江流域，“比汉文难学”。因此，“我们有自己悠久的历史，有自己的文化。不能妄自菲薄，不必外求。……崇始祖，尊先师，是我们的传统”。他们为自己能掌握云南的最高统治权而沾沾自喜，并开始自高自大。他们互相标榜说：“我们这些人从小就会带人驾驭人的”，认为龙云内圣外王，英俊无比；卢汉豹头环眼，神勇多谋，等等。[②] 又如龙志桢开辟金沙江两岸垦殖区时，曾立下规矩，谁要喊“蛮子”或“汉娃子”都要掌嘴。[③] 拒绝汉族的侮辱性称呼。

生活方式的变迁。思想观念变迁后，本地区彝族人民的生活方式也相应地发生了一定程度的变化。虽然说这种变化大部分是由于时代进步带来的，但因地理环境的限制，时代的影响又是由掌握政权且生活在各级城市的彝族官僚地主带回乡间的。他们在这场生活方式的变迁中起到了带头的作用，因此他们的变化也可以说是本区彝族社会的变化。在姓氏和语言方面，龙云让赵式铭在其妹《龙贞孝传》中称：“龙氏受姓最古，至西汉龙德以雅琴闻，其子孙散处国中，多著名迹，而滇之龙氏则至今云南主席龙上将而始大。”以符合自己云南王的身份。署名周钟岳、袁嘉谷等发起的《征题贞孝龙女士事略启》也说：“繄夫龙氏，肇自龙师，比于凤纪。轩后之所置，太皞之所启。厥惟远哉，由来旧矣。逮及明末，迁于滇中。乌蒙望族，芒部遗封。皓溔所衍，巇嶪所钟。载育有德，以昌其宗。男唯女俞，兄友弟恭。”[④] 这一时期，由于受西方文化的影响，彝族上层中已有个别改用英

① 杜玉亭：《云南小凉山彝族的奴隶制度》及严汝娴、刘尧汉《宁蒗彝族自治县沙力坪乡彝族社会经济典型调查》，《云南小凉山彝族社会历史调查》，云南人民出版社，1984。

② 安恩溥：《我所了解的龙云统治集团中部分彝族上层人物的活动情况》，《云南文史资料选编》第 11 辑，第 190 ~ 191 页。

③ 赵乐群、付开林：《龙云及其家族与凉山的关系》，《凉山文史资料选辑》第 2 辑，第 27 页。

④ 龙云编辑《贞孝褒扬录》第 1 册，1936 年石印。

文名字的。如龙云之女龙国璧，其英文名为 Cecile Lung。在滇川黔边区，由于基督教石门坎教区的影响，部分信教的彝族群众也改用英文名字。而广大基层的彝族群众则由于人口调查及保甲制度的推行，几乎所有人都取用汉名，彝名较少使用，“已无父子连名的习惯”①。语言方面汉语使用已较为普遍，四川雷波已故杨土司的女儿杨黛娣 1932 年夏从重庆边疆学校读书归来，住在城内，“满口汉语”②。而一般农村，如宣威县河东营北头的白彝，1939 年已“全操汉语，以说夷话为可耻的事”③。在家庭婚姻方面，近代滇川黔边区彝族大多为一夫一妻制的父系小家庭。家支制度除靠近凉山的金沙江沿岸如永善县部分彝区及黔西北尚有残留外，其他地区已经消失。婚姻上，龙云领头打破了彝汉不婚的界线，娶宾川县中医汉族李光炳之女李培莲为妻，与滇西李姓汉族搭上了姻亲关系。李培莲去世后，龙又娶汉族顾品珍的侄女顾映秋为妻。在基层社会，普通彝族的婚姻也发生了一些变化，与汉人通婚成为事实，彝族传统的姑舅表优先婚也受到挑战。镇雄县出现了黑白彝之间的通婚，如镇雄四大黑彝地主之一的陇玉清与白彝大地主罗绍轩有姻亲关系④，婚姻中血统的重要性已为经济地位所取代。在衣、食、住、行方面，由于进入各级城市的彝族官僚地主接受了新思想、新文化和新习惯及他们在彝族社会中所起的带头作用，加以鸦片等商品性经济作物对乡间农业社会的冲击，滇川黔边区彝族的衣、食、住、行习尚也发生了一定程度的变化。如服饰，彝族男子与汉族已无大的区别。龙云常常是长衫马褂，头戴洋毡帽，较少穿军装，从不穿西服。龙志桢着绸缎裙子，绣花鞋，她身边的十几个丫头“都是汉族打扮”⑤，其他彝族官僚地主则大多着一身笔挺的军服或长衫马褂，年轻人多西装革履。在基层社会，彝族妇女的服饰也在迅速变化。1939 年宣威县河东营彝族妇女头缠青或蓝色布匹，衣服很宽大，长可及膝下与胫上的中间，着裤，穿绣花鞋。⑥ 雷波县

① 邵献书、刘苗生等：《镇雄县塘房区凉水井乡和平沟下寨彝族社会调查》，《云南彝族社会历史调查》，第 222 页。

② 林耀华：《凉山夷家》，上海商务印书馆，1947，第 120 ~ 121 页。

③ 马绍房、傅玉声：《宣威河东营调查记》，《西南边疆》1940 年第 8 期，第 24 页。

④ 邵献书、刘苗生等：《镇雄县塘房区凉水井乡和平沟下寨彝族社会调查》，《云南彝族社会历史调查》，第 222 页。

⑤ 赵乐群、付开林：《龙云及其家族与凉山的关系》，《凉山文史资料选辑》第 2 辑，第 12、19 ~ 25 页。

⑥ 马绍房、傅玉声：《宣威河东营调查记》，《西南边疆》1940 年第 8 期，第 32 页。

“夷人汉化者很多，服装方面改换之后，即不复分辨谁为夷汉”。杨黛娣回到雷波城时，一身时髦服饰，“已不复有夷习”[①]。又如住居，彝族上层多建有大型的三合院、四合院，并有石刻和雕塑。在昆明的龙云、陆崇仁等则修建大量别墅，其中卢汉的西山别墅是“仿照英国都铎式住宅式样”[②]。在昭通，他们盖有大量公馆，有的采用法国式建筑。而普通彝族人民的住宅已与汉族无较大区别，如宣威县河东营彝族住房有瓦屋和草屋两种，屋内挖一火坑，另外砌一炉灶，且“渐知坐板凳及草垫”[③]。在丧葬习俗方面，民国时期，本地区彝族绝大多数已实行土葬，且其“丧仪、服孝、坟墓也悉同汉族”[④]。其典型者如龙云、卢汉家族在昭通城南簸箕湾修建的龙家、卢家祠堂。龙云还在昭通城中区为其母建牌坊，1928 年龙志桢在金阳则祖为其父龙清泉做“道场”，“是当地亘古未有的一次盛大集会”。[⑤] 受他们的影响，其他彝族官僚地主也纷纷派人回乡建祠立墓，如陆崇仁、龙奎垣等，给本地区彝族的丧葬习俗带来了不小的影响。

此外，滇川黔边区彝族上层还表现出了对近代生活方式的追求。其中龙云、卢汉等高级官员自不必说，而一般基层官员地主对此也是不遗余力的。如镇雄大湾仓房上陇致中家安装了柴油发电机一台，供其家庭照明之用。[⑥] 1946 年，镇（雄）毕（节）电话线架通后，镇雄仁厚土目陇均平和永安土目罗清伦各购置两部电话，准备安于家中，后因种种原因没有安成[⑦]，但也表现了他们对近代先进生活方式的羡慕和力求仿效的努力，这对本地区彝汉传统社会所造成的冲击是不可低估的。

四

通过以上对滇川黔边区彝族社会近代化历程的整体考察，我们认为，

---

① 林耀华：《凉山夷家》，上海商务印书馆，1947，第 120～121 页。

② 《中国近代建筑总览·昆明篇》，中国建筑工业出版社，1993，第 21 页。

③ 马绍房、傅玉声：《宣威河东营调查记》，《西南边疆》1940 年第 8 期，第 33 页。

④ 邵献书、刘苗生等：《镇雄县塘房区凉水井乡和平沟下寨彝族社会调查》，《云南彝族社会历史调查》，第 224 页。

⑤ 赵乐群、付开林：《龙云及其家族与凉山的关系》，《凉山文史资料选辑》第 2 辑，第 15～16 页。

⑥ 《镇雄县志》卷五《工交志》，云南人民出版社，1987，第 194 页。

⑦ 《镇雄县志》卷五《工交志》，第 239 页。

采用中国近代社会两大基本问题之一的“近代化”模式来研究各少数民族近代史是可行的，也是客观的和现实的。但是，具体研究中应对中国广大的边疆地区和少数民族的特殊情况予以充分的认识，应考虑到边疆地区各民族社会“近代化”的特殊内涵。

由于“近代化”就是指资本主义工业化和民主化，而近代时期中国边疆地区各少数民族的社会形态却是千差万别的，许多民族还处在地主经济以前的阶段。所谓跳跃式发展又缺少强有力政府的正确指导，加以边疆地区又处于中国近代化的边缘地带，因此，不可能从这个起点进行分析。实际上中国边疆地区的近代化受到沿海和中部中心扩散的影响，是被动再被动、后发再后发的。但后来这些地区作为中国陆地边疆的另一前沿，又直接受到资本主义国家和西方文化的侵略，其近代化发展较快，反过来又对中国内地的近代化施以较大的影响。

鉴于如上复杂情况，西方学者在研究中国近代问题时，建议将其作分层处理，这种分层的依据是“就地理或文化而言”。在外层带，诸如通商口岸、现代工商业、大众传媒、基督教徒等，是西方冲击的直接产物；在中层带，像太平天国、同治中兴、晚清新政、辛亥革命、联省自治、工农武装割据等，都不是西方冲击的直接产物，而是经西方催化或赋予某种形式与方向的古老而又全新的历史现象；在内层带，如人口、土地资源、乡村宗法关系、风俗习惯、生活方式及底层骚乱、匪患等，基本上没有受到西方文明的感染，保持着自己亘古未变的外部标志与内在象征。①

而国内学者主要从地理的角度进行考虑，他们将我国的近代划分为沿海型、中部型和内地型（或称腹地型）三种类型。沿海型以上海和江浙为代表，是中国最早和最多受外部世界冲击、殖民化和近代化程度最高的区域；中部型以华中的两湖为代表，在沿海近代化的影响下，近代化起步虽稍晚，但由于长江下游溯中游航运的便宜，因而外贸和外资的投入激增，很快被纳入世界市场，商品经济与近代工业有了显著的发展；内地型以长江上游的四川最典型，它的特点是封闭性强，受外界影响相对较小，近代化起步晚。由于交通不便，外国资本主义对这一地区的冲击较弱，因此商

---

① 〔美〕柯文：《在中国发现历史：中国中心观在美国的兴起》，林同奇译，中华书局，1989，第40～42页。参见许纪霖、陈达凯主编《中国现代化史》第1卷，上海三联书店，1995，第3～4页。

品经济发展不充分，近代工业发展缓慢，近代化的程度较低。[①]

此外，我们认为，从中国近代化的整体历程来看，除以上三种类型外，还应该有第四种类型，可以叫做边疆民族型。由于交通与地理位置的关系，这一地区前期受外界影响相对更小，近代化起步也更晚。但随着边疆危机的出现，又直接受到帝国主义国家的侵略，资本主义的冲击大大加强，商品经济和近代工商业在相对集中的政治中心发展较快。同时又因为边疆地区大多是多民族分布的地区，各民族的社会发展极不平衡，因此其近代化也表现为发展不平衡。城市和政治中心地区商品经济发展较快，近代工业也有所发展，如昆明自开商埠纳入资本主义市场及腾越、思茅、蒙自通商口岸的出现等。而分布在山区的少数民族则从不同的起点上被强行拉入了近代化的潮流，商品经济和近代工业的发展处于起步阶段，近代化的程度较低。但由于这些少数民族大多缺乏传统文化的较深积淀，面对西方文化冲击作出的维系自身文化的回应显得被动无力，传统文化易于解体，因此其社会变迁较为迅速。主要表现为近代化潮流影响下边疆地区各民族人民朝向资本主义工业化、民主化方向的种种努力及与此相关的观念转换、习俗变迁、文化进步、经济发展和民族团结等。也就是说，边疆各民族的近代化体现在外层带和中层带的变动与内地和沿海相比并不十分典型，由于直接受到西方资本主义的侵略，内层带的变动却走在了前面。不能因为边疆地区各少数民族社会中没有或很少出现近代企业，也没有所谓的资产阶级民主就认为近代各民族社会一成不变、静止不动，否认激荡百余年中中国边疆各少数民族的社会变革。因为就中国近代化的具体内涵来说，观念转换也是一个主要的方面。

本文探讨的滇川黔边区彝族社会近代化历程就是从以上角度出发，并非苛求于近代时期本区彝族社会中出现了多少近代化工商企业及近代传媒，出现了多少具有近代资产阶级民主、自由思想的彝族思想家、政治家，而是将着眼点放在百余年中滇川黔边区的彝族人民在近代化潮流的影响下朝向资本主义工业化、民主化的种种努力及与此相关的观念转换、习俗变迁、文化进步、经济发展和民族团结，这就是本地区彝族社会“近代化”所包含的主要内容，也是中国边疆民族型近代化模式的内涵所在。

---

① 王笛：《跨出封闭的世界——长江上游区域社会研究1644—1911》，中华书局，1993，第9页。

综上所述，本文的探讨从某种意义上来说还只是一种初步尝试，它给我们研究中国近代民族史以一个重要的领域，丰富了中国近代民族史的研究内容。我们以这一研究为基础或模式，可以逐个剖析近代时期边疆少数民族社会的近代化历程，为完成一部系统的中国少数民族近代化史打下较好的基础。

本文写作承业师林超民教授指导，谨致谢忱。

（《民族研究》1998 年第 3 期，略有修改）

关于中国近代民族关系史研究的几点思考

彭武麟

近年来，作为中国民族史和民族问题研究的一个重要领域，中国近代民族关系史研究的学术价值与现实意义愈来愈受到学术界的关注。特别是随着诸如中华民族的形成与发展、中华民族在近代的自觉认同等问题研究的逐步展开，理清中国近代民族关系史研究的主要问题与思路便成为当务之急。本文试图就其中的聚合、自立、经济一体化、政治认同等问题做一简单的概述，以求教于诸位专家学者。

一　民族危机驱动下的民族聚合

中国近代民族关系史研究，首先要解决的是民族聚合问题。与西欧现代民族国家形成不一样的是，中华民族的自觉不是发轫于追求统一市场的经济原因，而是发轫于捍卫民族存亡的政治原因，因此在不断升级的外部危机驱动下的民族聚合，是认识中华民族从自在走向自觉的关键所在。

近代以前，中国是亚洲地区一个古老的、由清王朝统治的封建帝国。虽然中央王朝由满族贵族执掌，但从国家与民族的关系来看，仍然是继承了统一的多民族国家的历史与传统，即主体民族与少数民族在中央王朝的统治下共生共存，其政治、经济、文化及社会生活诸领域关系密切，是中华民族自在发展的历史结局。进入近代以后，由鸦片战争开启的西方列强及后起的日本对中国的侵略，改变了中国历史发展的正常轨道，同时也使中国传统民族关系发生了重大变化，即在民族危机不断加剧的过程中，中华民族开始了自我认识的历程而走向自觉的民族统一。这种危机驱动下的民族聚合，是一个动态的历史过程。具体梳理起来，主要包括以下两方面内容。

首先，是在外来侵略造成的民族危机驱动下的传统民族观、地理观的转型与民族聚合。在近代一百多年间，外国列强对中国发动了多次大规模的侵略战争。自鸦片战争开始，先后有第二次鸦片战争、中法战争、中日甲午战争、八国联军侵华及20世纪三四十年代的日本全面侵华战争。这些战争在具体形式和内容上虽有不同，但其目的不外乎掠夺中国的领土和资源，把中国变为其殖民地、半殖民地。自《南京条约》之后，外国列强先后强迫中国签订了一系列不平等条约，其内容亦无非是割地赔款、领事裁判权、开埠通商、关税协定、自由传教等方面，使得中国领土完整遭到破坏，主权丧失，积贫积弱，几至亡国灭种的境地。在这种严重的民族危机驱动下，传统的民族观、地理观逐渐转变，中华民族开始了由自在到自觉的民族聚合。这一问题又可以分为两个方面：一是危机驱动下传统民族观的转型与民族认同。近代以来，中国“内华夏而外诸夷”的传统民族观逐渐蜕变，进而上升为中华民族是由主体民族和少数民族共同构成的民族实体的自觉认同，这一过程是与外来侵略造成的民族危机不断加深的过程相伴随的。因此它又可以分为在危机驱动下，中华民族对“他者”的认识和自我再认识两个方面。前者是对侵略者的认识，后者是对自我族体的再认识。这两个方面都有一个由模糊到逐渐清晰的过程，同时又是相辅相成的。由此可见，该问题的研究点在于：传统民族观的转型与不断加深的外部危机间的关系，反映在民族文化层面上的新的民族意识的形成及其表现形式，诸如精英文化与大众文化中民族意识的转变，等等。简而言之，就是在危机驱动下中华民族在认识“他者”的过程中如何实现自我族类再认识的问题。二是传统地理观的转型与民族认同。进入近代以后，外国列强以武力或以武力相威胁，先后强迫中国签订了一系列不平等条约，割占了中国大片领土并强租强占海港，划分势力范围，使中国面临一次又一次的边疆危机和领土危机。在这种严重的形势下，中国“华夏中心”的传统地理观开始破裂，并逐渐上升到以民族国家为界线的现代地理观。这一过程，同样也是中华民族实现自我认同的一个重要组成部分。因此，这一问题在于理清传统地理观的破裂与领土主权危机的关系及其表现形态，实际上就是在危机驱动下中华民族如何实现地理认同的问题，如主体民族对边疆少数民族地区的认同，少数民族对汉族内地的认同，等等。

其次，是反抗外来侵略与民族聚合。近代百年间，为了民族生存，中国人民进行了多次不屈不挠的反抗外来侵略的斗争。这些反侵略斗争既包括全国性和地方性的大规模反侵略战争，也包括全国性和地方性的各种反抗经济、文化侵略的斗争。可以说，反抗外来侵略是危机驱动下民族聚合的历史舞台，换言之，中华民族的自觉过程是与近代反抗外来侵略的斗争联系在一起的。这一问题具体地说又有以下诸层面：一是在历次反侵略斗争中各族体的立场、态度与具体实践，二是各族体在历次反侵略斗争中的历史地位与作用，三是各族体对历次反侵略斗争中的事件、人物的价值评判。总起来说，就是各族体在反侵略斗争中如何超越传统界线而实现对中华民族的共同认同的问题。反映在精神文化层面上，也是各族体间价值取舍的共同话语逐渐形成的问题。

上述两个方面，是民族危机驱动下民族聚合这一课题的两个基本点。以往的研究曾经不同程度地涉及这些内容，但严重不足的是零散、缺乏整体性的理论总结，因而在具体材料的基础上进行冷静、缜密的学理分析是十分必要的。

二　中央政府政治衰败下的各地自立倾向

进入近代以后，中国中央政府逐渐衰败，权威和权力双重危机日趋严重。各地在名义上的中央政权统一之下各自为政、各行其是，社会动荡不安、四分五裂。这一现象表现在民族关系上，就是边疆民族地区相对于内地的自立倾向时隐时现。特别是辛亥革命以后，西藏、新疆、蒙古等地的“独立”“自治”活动持续不断，使中华民族面临严重的威胁和挑战。这种政治衰败下的自立倾向，显然是中国近代民族关系史研究的又一重要课题。

该课题涉及的内容同样广泛。

首先是要厘清中国近代民族主义思潮与自立倾向的关系。进入近代以后，随着传统社会的逐步解体和现代社会的逐步生成，起源于欧洲的以本民族利益为最高目标的民族主义思潮也传入中国，并对中国社会产生了重要的影响。毋庸讳言，近代中国民族自立倾向与之有着密切的联系，是诸种自立活动的重要主观因素之一。因此这一问题的基本视角，一是主体民族的民族主义在不同时期的表现形式及其与自立倾向的关系，二是少数民族的民族主义在不同时期的表现形式及其与自立倾向的关系，三是二者间的矛盾因果关系及其影响。简而言之，就是各族体认同整个中华民族的民族主义的问题。在该问题上，各族体不同阶层的代表人物的价值取舍十分复杂，大汉族主义者有之，地方民族主义者亦有之，值得深入分析研究。

其次，要厘清政治控制与自立倾向的关系问题。近百年间，中国的国家体制虽然经历了由清王朝到民国的转变，但总体上政治衰败的颓势并未因之逆转。与此同时，无论是清政府，还是北洋政府、国民党南京政府，都力图加强对边疆民族地区的政治控制，并进行了一系列管理制度的改革。其中一些措施与边疆民族地方的自立倾向显然具有诸种联系，其具体的表现形式与内容就是该问题的研究点。一是中央政府的边疆民族地区管理制度与政治控制的关系，即不同时期中央政府是怎样通过管理制度来实现对边疆民族地区的政治控制。该问题的重点，在于研究不同管理制度之下中央政府与边疆民族地方间政治权力和利益的分配模式，及其对民族关系的影响。二是中央政府对边疆民族地区具体的行政措施与政治控制的关系，包括某一行政措施的目的、结果及其影响，具体的行政决策、用人与中央政府、地方政府内部的权力斗争间的关系，国家体制转换时期边疆民族地方的政治失控，等等。三是政治控制的总体目标与具体结果间的矛盾关系。总之，这一问题所要探讨的是民族地方自立倾向中，哪些因素与中央政府的政治控制有关。

再次，是厘清外来因素与自立倾向的关系。进入近代以后，中国的民族问题已经超出了国内的范围，与整个世界的社会历史发展潮流密切相关。特别是一些外国列强利用中国历史上的民族矛盾，不断制造各种阴谋活动，企图把一些边疆民族地区从中国分裂出去。显而易见的是，在某些事件中外来因素不仅推波助澜，甚至具有决定性的作用。因此，该问题重在理清自立倾向中的外来因素及其影响。一是外来因素的切入点与表现形式，即在诸种“独立”“自治”活动中外来因素是以何种方式、从哪些方面渗透其中并产生作用。二是边疆民族地方对外来因素的取舍及其背后的原因，包括边疆民族地方不同阶层对外来因素的态度、立场，等等。三是国际社会环境对自立倾向及其后果的影响，即不同时期的国际关系格局对自立倾向的影响程度及其对自立倾向结果的制约。总起来说，就是自立倾向中的外来影响与作用的问题。

最后，是边疆民族地方自立倾向的社会历史原因及具体评判。近代以来，特别是辛亥革命之后，边疆民族地方的“独立”“自治”活动还有其社会历史原因。因此研究不同民族地方的社会政治、文化宗教、自然环境等因素与自立倾向的关系是该问题的主要内容。诸如自立倾向中的政治符号象征、社会历史文化及宗教信仰背景等。该问题的另一面，就是对各种自立倾向的具体评判。近代中国边疆民族地方出现的“独立”“自治”活动有着不同的目标指向，需要对其政治诉求、价值取向等问题作具体的研究来加以区分，如有限的自治、个人或集团割据、以建立独立国家为目标的分裂，等等。这一问题之下自立倾向中的个人、集团的政治行为与整个活动的政治要求之间的关系等问题，需要具体分析和评判。

总之，以上四个方面是中央政府政治衰败之下的各地自立倾向这一课题的主要内容。以往对此研究较少，有些问题甚至被视为禁区而无人问津，因此其研究价值与意义之重要是不言而喻的。

三　现代化潮流之下的经济一体化

中国近代民族关系史研究的另一重大课题，就是各族体间的经济联系及其演变过程的关系问题，包括内地与边疆、主体民族与少数民族及少数民族之间等诸方面。进入近代以后，在起源于西欧的世界现代化潮流冲击之下，中国传统社会经济结构逐渐解体，以工业化为主导的现代化运动亦开始由沿海通商口岸城市向内陆腹地和边疆民族地方蔓延。而中华民族作为一个自觉的民族实体的形成过程，显然是与这一社会经济现代化趋势紧密相连的。换句话说，就是在中华民族百年间的自觉过程中，以统一市场为追求目标的经济现代化是极其重要的纽带之一。因此这一课题可以归结为现代化潮流之下的经济一体化问题，具体可分为以下诸端。

首先，是要正确把握各族体步入近代前的社会经济形态及发展水平。近代以前，清王朝统治下的中国是以封建农业经济为主体的传统社会，经济结构在内地及部分少数民族地区是封建经济关系占主导地位。与此同时，在这一主体社会经济形态之下又存在着几乎是所有前现代社会的经济形态与结构，即存在着统一特征之下的多样性与不平衡性。从社会经济形态看，有封建制、封建农奴制、奴隶制残余和原始公社残余等类型；从地域经济文化形态看，有草原游牧业、沙漠绿洲农业、高原农牧业、山地农业及渔猎业等类型。尽管各种类型的社会经济形态与结构之间差异明显，但相互之间共生共存，互补有无。因此，这一问题重在理清不同类型的经济结构、特点及其相互关系。而表现于不同经济类型之上的社会生活方式及其文化特征，自然是题中应有之义。诸如草原社会游牧经济文化特征、高原社会经济生活方式、南方山地农业经济与社会文化生活等。总之，正确把握近代以前各族体社会经济形态和社会发展水平，是研究近代百年间现代化潮流之下经济一体化问题的前提和基础。

其次，是内地现代化与边疆民族地区社会经济发展变化的关系及其特点。中国近代由沿海通商口岸城市生发的现代化运动，是经济一体化的推动力所在，它引发的对内陆腹地及边疆民族地区的影响是多方面的。问题之一是，内地的现代化是以何种形式推动边疆民族地区传统社会开始解体及其在不同时空的表现形式。问题之二是，边疆民族地区对现代化的认知方式及其特点。问题之三是，在内地现代化的推动下，边疆民族地区哪些经济部门最先走出传统而迈向市场。问题之四是，现代化推动下的各少数民族地区社会生活的新变化。问题之五是，各族体在现代化进程中的经济一体化趋势及其共同特征。总之，这一部分内容主要是探讨在现代化总方向下各族体之间新的经济关系的形成和发展的问题，即中华民族由自在到自觉的经济原因。与此相关的还有中央政府的现代化政策，边疆民族地方的诸种现代化措施，经济一体化之下各族体利益再分配中的种种矛盾与冲突，等等。

再次，是现代化与新的民族融合。近代以前，中华各民族在几千年的历史发展过程中逐渐形成了你中有我、我中有你的自在状态。近代以来，通过各民族之间的新融合，实现了对中华民族的自觉认同。这一过程中，经济一体化趋势具有强大的推动作用，即在经济一体化过程中实现了新的融合。这一问题主要有两个方面：一是经济一体化与民族迁徙。即民族迁徙的经济动力以及由此引起的各族体分布、居住格局的变化，包括少数民族进入内地城镇、主体民族进入边疆民族地区以及少数民族之间的迁徙流动等。二是在经济一体化推动下各族体间在生产生活方式、风俗习惯、婚姻关系以及价值观念诸领域的新融合。如现代科技和生产技术的应用与各族体在生产生活方式上的融合，新式教育与各族体在风俗习惯、婚姻关系、价值观念等方面的融合，等等。另外，像经济一体化与民族新融合的趋势，即主流文化与边缘文化在经济一体化中的关系问题，也是值得认真分析研究的。

总之，现代化潮流之下的经济一体化是中国近代民族关系史研究面临的重要课题之一。特别是在当前国家实施西部大开发战略之际，它对于如何处理经济开发与民族关系协调发展等问题更具有现实借鉴意义。

四　建立现代民族国家之下的政治认同

近代中国面临的重要任务之一，就是争取独立、重建民族国家，即变封建君主专制为现代民主共和体制，建立统一、高效的中央政权以加快现代化进程。这一历史任务，反映在民族关系上就是各族体如何实现对现代民族国家的政治认同。可以说，这是中华民族自我觉醒历程中最重要的环节，也是各族体超越各自狭隘的族群界限而认同中华民族的政治纽带。因此，建立现代民族国家之下的政治认同，自然是中国近代民族关系史研究的主要课题。其主要内容是要研究以建立现代民族国家为目标的各族体的政治构想与实践活动，具体可分为以下几个方面。

首先，是中央政府的民族政策与各族体间的政治关系。民族政策是多民族国家调节各民族间关系的重要杠杆，也是各族体利益在国家政治生活中的具体体现形式。中国近代各族体对现代民族国家的政治认同，显然与此密切相关。这一方面的问题包括：一是中央政府民族政策的具体内容，即有关边疆民族事务管理制度、政权机关、官员任用，以及涉及边疆民族地区政治、经济、文化、社会生活等领域的诸项政策措施。二是中央政府民族政策所体现的各族体在国家政权结构中的地位与权力，即中央政府民族政策所规定的各族体的政治角色与形象。三是统治民族与被统治民族、主体民族与少数民族对中央政府民族政策的认知方式与态度，即中央政府民族政策的政治功能与影响。四是中央政府民族政策的价值取向，即中央政府民族政策的政治目标。总之，这一问题主要是理清建立现代民族国家之下的政治认同的政策性因素，也是中央政府民族政策与各族体政治认同的关系问题。

其次，是现代民族国家构建与政治认同。近代以来，围绕现代民族国家体制构建问题出现过多次争论和各种不同类型的设计方案。由于统一的多民族国家的历史与传统，无论何种主义与流派在构建现代民族国家方案时，都无一例外地考虑到如何处理国内民族关系的问题。因此可以说，近代中国各族体政治认同过程是与现代民族国家构建过程相同步的，二者间的相互关系是这一问题研究的主要内容。一方面，是各个时期不同阶级、阶层关于构建现代民族国家的主张与设想，及其处理国内民族关系的具体内容；另一方面，是诸种主张与方案所体现的各族体在国家政治体制中的权利与地位。实质上，就是中华民族在实现政治认同过程中的政治思想因素。这一过程是渐进的，不同思想主张间的差异与联系当然也是重要的研究点。从具体的内容看，如维新立宪主义与政治认同、三民主义与政治认同、新民主主义与政治认同，等等。而表现在诸种流派与个人的思想主张上就更加丰富多彩，如康有为、梁启超等维新立宪派人物，孙中山、黄兴等革命派人物，毛泽东、周恩来等无产阶级革命家人物有着不同的认识。

再次，是民主革命运动与政治认同。近代百年间，中国发生了多次民主革命运动，有全国性的也有地方性的。按性质分，包括旧民主主义革命和新民主主义革命两大部分。这些以政权为指向目标的革命运动，就是近代各族体为重建民族国家而实现政治认同的实践活动，是中华民族由自在到自觉的重要途径。它包括两方面内容：一是历次民主革命运动中各族体的政治参与状况，即各族体的立场、态度与具体斗争实践。二是历次民主革命运动的政治目标与现代民族国家重建的关系，如太平天国农民革命运动、义和团运动、辛亥革命、国民革命以及中国共产党领导的新民主主义革命，等等。各族体对现代民族国家的政治认同同样是一个历史过程，它是与民主革命运动的发展、演变过程相伴随的，其不同时期的特点及相互联系、不同阶层和个人的历史作用与影响等，都是可以充分研究的问题所在。

总之，建立现代民族国家之下的政治认同是中华民族自觉的政治表现形式，而现代民族国家政权则是维护中华民族统一的政治象征。在当前世界上因民族问题产生的冲突与动乱不断升级而使民族与国家关系格局不断发生变化的今天，这一课题的研究尤其显得重要与迫切。

综上所述，民族危机驱动下的民族聚合，中央政府政治衰败下的各地自立倾向，现代化潮流下的经济一体化，建立现代民族国家之下的政治认同，是中国近代民族关系史研究的四个主要方面。其相互之间的关系并非孤立的、线性的，而是互相渗透、联系紧密的，是中国近代民族关系矛盾运动之中的不同侧面。在研究方法上，除了史学的材料爬梳与理论分析外，还需要诸如政治学、社会学、民族学等学科的支持与参与。这种跨学科研究的学术价值，在各学科画地为牢的倾向愈来愈严重的今天尤其显得重要。可以相信的是，中国近代民族关系史研究将会为越来越多的具有社会人文关怀的学者所关注。

（《民族研究》2004 年第 2 期）

新疆历史研究中的几个问题

马大正

2002年因主持《新疆史鉴》的撰写，根据我对新疆历史的总体认识，写了一篇《新疆历史纵论》（载《中国边疆史地研究》2002年第3期），论及了4个问题："站在历史的脊梁上观察历史"，"认识新疆历史的出发点与归宿点"，"新疆历史发展中的五个基本问题"，"研究新疆历史应面对现实与未来"。其中"新疆历史发展中的五个基本问题"是：历朝各代对新疆的治理；新疆是各民族共同生活的大家园，不是哪一个民族的家园；多种宗教在碰撞中并存；多元文化的共存、交融与互补；屯垦戍边的历史与现实，证明其必要性与合理性。《新疆史鉴》也是按上述5个基本问题立篇为：治理篇、民族篇、宗教演变篇、文化交融篇和屯垦戍边篇。

随着《新疆史鉴》写作的进展，对上述5个基本问题的思考也在不断深化，现将思考的结论整理出来，以就教于同行专家和一切关心新疆历史的广大读者。

一　关于历朝各代对新疆的治理

回顾新疆的历史，尤其是历代王朝对新疆实施有效治理的过程，尽管由于受到势力强弱等因素的影响，各王朝对包括今新疆在内的西域地区的管辖方式不同，但总的发展趋势是中央王朝对新疆的管理不断深化，新疆和内地的联系不断加强，由此新疆成为我国领土不可分割的重要组成部分。

1. 从西域都护府到新疆建省的意义

考古资料和文献资料表明，西域在很早之前就和中原地区有了密切的联系，秦汉之际兴起于我国北方草原地区的匈奴开始将西域纳入自己的管辖之下，设置僮仆都尉进行管理。公元前60年，西汉王朝在西域设置西域都护府，辽阔的西域被纳入中央王朝的直接管辖之下。自西汉设置西域都护府到清朝设省而治，历代王朝对新疆的治理经过了督统治理（西汉到隋）、羁縻治理（唐到明）、军府治理（清统一新疆至1884年）、建省治理（1884年以后）四个不同的发展阶段，既反映了我国统一多民族国家的发展历程，同时也体现了中央政府对新疆治理逐步强化的发展轨迹。

西域都护府的设置，标志着包括今天新疆在内的西域被正式纳入中央王朝的管辖之下，西域地区由此开始了和我国其他地区融为一体的历程。融为一体的历程是曲折的，导致这种状况的原因主要是中央王朝对西域的政策受到了国力强弱及其他因素的严重制约而时有中断。和西汉相比，东汉王朝对西域的治理受到国力和统治者主观意识的影响出现了“三绝三通”的波折。三国两晋南北朝时期，由于中原地区陷入割据状态，对西域的治理主要还是限于西部和北部地区的各王朝或政权，而且统治的程度也不及西汉时期那么深入、具体。进入到隋唐时期之后，强大的隋唐王朝，尤其是唐王朝的出现，不仅重新将西域纳入中央王朝的直接管辖之下，而且安西、北庭两大都护府及四镇等机构的设置使中央王朝对西域的治理在两汉的基础上进一步加强。五代辽金两宋时期，中原地区又陷入割据状态，此时西域虽然也先后出现了喀喇汗王朝、于阗李氏王朝、高昌回鹘王朝、西辽王朝等割据政权，但这些政权和中原地区的政治经济文化联系并没有中断，而是继续保持着密切的交往，这就为蒙元对西域的又一次统一和治理打下了坚实的基础。明王朝受国力的影响，对西域的治理相对较弱，但其后的清王朝却集历朝各代长期治理西域之大成，不仅在西域确立了以伊犁将军为首，众多参赞大臣、办事大臣、领队大臣等为辅的管理体制，而且积极推行具有中原地区特点的郡县管理方式，并最终在1884年将新疆纳入行省管理体制之下，新疆由此完成了和我国其他地区融为一体的进程。

纵观历代王朝对新疆的治理，有两个突出的特点：一是历代王朝对新疆的治理过程虽然充满着曲折，但总是在曲折中发展；二是历代王朝对新疆的治理并不是简单的重复，而是在继承中不断深化。

2. 各族人民及政治家的作用

新疆成为我国的重要部分是新疆和内地联系不断密切的必然结果，各民族人民以及历代的政治家在其中发挥了积极的作用。

各民族人民在历代王朝治理新疆过程中的作用是积极主动的，这也是新疆能够成为我国重要组成部分的主要原因之一。自西汉将西域纳入有效管辖范围之后，政治、经济、文化等多方面的交流极大地增强了西域各民族的向心力，由此也促成了即使在中原地区陷入内乱或国力衰弱难以继续维持对西域治理的情况下，西域各民族也往往采取积极主动的方式来保持和中央王朝的密切联系。如东汉王朝刚刚建立，西域各国“皆遣使求内属，愿请都护”，希望重新被纳入中央王朝的管辖之下，而在东汉王朝的国力难以维持对西域的治理准备撤出时，疏勒都尉黎弇自刎以死挽留班超。尽管后类事例略显特殊，但类似前者主动和中原王朝或中央王朝谋求建立隶属关系的事例则很多，这无疑是各民族人民向心力的表现。这种向心力不仅为历朝各代治理西域提供了牢固的基础，而且也是新疆成为中国不可分割组成部分、新疆各民族成为中华民族组成部分的重要原因之一。

在历朝各代治理新疆的过程中，政治家的作用也是十分突出的。西汉王朝的武帝、宣帝；唐王朝的太宗、高宗；清王朝的康熙帝、乾隆帝等，他们作为统一的中央王朝的统治者无疑对中央王朝统一和治理新疆起到了十分重要的推动作用。边疆大吏的作用也是不能忽视的。汉代具有“凿空”之功的张骞、为西域都护府的设置立下大功的郑吉、和亲西汉的乌孙王、率领数十人完成统一西域大业的班超；清代平息动乱并收复伊犁的左宗棠、新疆建省后第一任巡抚刘锦棠等。这些人或为中央王朝地方官吏，或为西域地方民族政权首领，他们顺应历史潮流，在立足民意的基础上，或开创性地密切了新疆和内地的联系，或妥善地执行有利于新疆稳定和发展的政策，或在中国处于割据状态下依然谋求保持和中原各王朝的关系，或为平息动乱、抵御外侮作出了突出贡献。这些政治家对于历代王朝治理新疆及促进新疆发展等诸多方面也起到了十分重要的推动作用。

3. 割据与分裂是两个不同的概念

在历代王朝治理新疆的过程中，与统一相对立的割据和分裂现象的存在，成为历代王朝治理新疆的制约因素，割据和分裂虽然都是历代王朝统一新疆的阻碍，但二者含义不同，是两个不同的概念。

“割”者，分割；“据”者，占据。“割据”，一般用来指称一个政权内部拥有武力的人武装占据部分地区，和整个政权形成对抗的状态。割据者的最终目的是夺取整个政权的统治权。“分”与“裂”含义大致相同，合在一起的政治含义是指使一个政权变成几部分，分裂者虽然也是和割据者一样，依靠武力占据部分地区，但其最终目的是从政权中分离出去。也就是说，割据政权和分裂政权虽然在形式上具有某些相同的特征，但二者要达到的最终目的不同，前者的最终发展目标依然是统一，而后者的最终目标是建立一个永久独立的政权。

在新疆的历史上，既存在着割据政权，也有分裂政权，但总体而言前者一直居于主导地位，后者则是在19世纪之后成为影响新疆稳定的主要因素。由于特殊的人文和地理特点以及中央王朝采取的以羁縻统治为主的治理方式，在新疆历史上一直存在着大大小小的众多政权。这些政权形成割据往往是在两种情况下发生：一是由于不满中央王朝的某些政策而起兵反抗，进而形成割据政权，如唐代西突厥的阿史那贺鲁政权等；二是由于中原地区内乱，中央王朝缺失，通过内部兼并也会出现一些割据政权，诸如唐代初期的高昌，两宋的于阗李氏王朝、喀喇汗王朝、高昌回鹘王国、西辽王朝，元代窝阔台、察合台汗国等。但是，这些割据政权并没有以分裂中国作为自己的奋斗目标，而是或希望通过割据来开拓自己的生存空间，或积极主动地和中原王朝保持政治联系，尽管有时这种政治联系仅限于名义上的附属关系，也尽量保持。无论是喀喇汗王朝以“中国汗”自居，还是于阗李氏王朝以唐王朝统治者后裔的身份出现，都是这种向心力的表现。进入19世纪下半叶之后，随着“泛伊斯兰主义”“泛突厥主义”思潮的兴起，以分裂中国为目的的分裂分子和国外势力相勾结，开始试图在新疆建立分裂政权，阴谋把新疆从中国分离出去，因此新疆也出现了“东突厥斯坦伊斯兰共和国”为代表的分裂政权。应该说，分裂是不得民心的，也是违背新疆历史发展潮流的，它为当今新疆稳定和发展带来的负面影响是不容低估的。

4. 20世纪新疆历史发展中的一股浊流

“泛伊斯兰主义”“泛突厥主义”思潮虽然在19世纪末已经出现在新疆，但新疆分裂政权的出现却是在20世纪上半叶，1933年11月出现在新疆喀什的“东突厥斯坦伊斯兰共和国”是这一思潮直接导致的结果。应该说，“东突厥斯坦伊斯兰共和国”的出现是在新疆军阀混战、农民暴动此起彼伏的特定时期偶发的一次分裂活动的产物，虽然其存在的时间只有短短几个月，但其危害却是深远的。首先，“东突厥斯坦伊斯兰共和国”的出现标志着分裂主义完成了从思想意识向实践活动的过渡，开创了建立分裂政权的先例；其次，在“泛伊斯兰主义”思潮影响下，开创了煽动和利用宗教狂热达到分裂目的的先例；再次，在“泛突厥主义”思潮影响下，将一个民族的解放、复兴和发展建立在了对另一个民族的排斥和打击之上；最后，产生了分裂主义的“领袖”人物。也正是有了这一恶劣先例，分裂活动成为20世纪新疆稳定和发展进程中的一股浊流，40年代分裂分子一度窃取“三区革命”的领导权，宣称要成立一个“真正自由独立的国家”；50年代之后各种分裂组织相继出现，他们不仅通过篡改历史来混淆视听，利用宗教蛊惑人心，而且在新疆制造了一系列的暴动、骚乱、爆炸等恐怖活动，并且和境外的敌对势力相勾结，实施“西化”“分化”我国的政治图谋，已经对新疆的稳定和发展形成了严重的负面影响。

建立平等、团结、互助的新型民族关系一直是中国共产党解决国内民族问题的奋斗目标，新中国成立以后确立的民族区域自治制度为这种新型民族关系的建立打下了坚实的基础，新疆维吾尔自治区的成立即是这一政策具体实施的结果。为了加快新疆的发展，在世纪之交，我国政府又作出了西部大开发的战略决策，包括新疆在内的西部民族地区迎来了千载难逢的发展机遇。经济社会的发展自然会彻底改变新疆落后的社会状况，新型的各民族之间的关系也将不断发展，但经济社会的发展需要新疆有一个稳定的社会环境，因而坚定不移地与分裂主义势力进行斗争是新疆面临的首要问题之一。

二　关于新疆是各个民族共同生活的大家园

今天的新疆维吾尔自治区是一个多民族聚居的地区，有维吾尔、汉、哈萨克、回、蒙古、柯尔克孜、塔吉克、锡伯、乌孜别克、满、达斡尔、塔塔尔、俄罗斯等13个世居民族。这种多民族聚居的格局是历史上众多民族长期融合、发展的结果，因而对历史上新疆的民族分布、发展、相互关系等问题进行总结，不仅仅是一个学术问题，也有着重要的现实意义。

1. 新疆是一个多民族聚居地区

多民族聚居是新疆历史上民族分布的显著特点。史前在今新疆境内活动的古人类既有欧罗巴人种，也有蒙古人种，同时还存在着两类人种的混合型，这一方面反映着这一时期新疆已经不是单一人种的聚居地，另一方面也说明不同人种之间的融合早已存在。史前时期新疆在人种分布上的这一特点，既是新疆特殊的地理位置所导致的必然结果，也为其后新疆多民族分布的格局奠定了基础。

汉代新疆的民族分布呈现出两大特点，一是多样性，北疆游牧地区、塔里木盆地周缘和天山谷地的城邦之国广泛分布着众多不同民族成分；二是融合性，伴随着屯田的展开，大量的汉人进入到新疆地区，为新疆的民族构成增加了新的成分。在汉代多民族分布的基础上，经过民族之间的融合和迁入，至魏晋南北朝时期新疆不仅又增加了鲜卑、柔然、高车、哌哒、悦般、吐谷浑等新的民族成分，而且民族之间的融合也频繁发生，兴起于新疆东部的高昌政权即是一个多民族的混合政权。隋唐时期，迁入与融合依然是新疆民族分布的主要特点，汉人、突厥人、回鹘人、吐蕃人等不断迁入新疆，一方面使新疆的民族成分更加多元化，另一方面为其后中亚地区居民的突厥化、新疆南部地区居民的回鹘化等新型的多民族分布格局奠定了基础。宋辽金元时期，新疆的民族进入了一个大发展时期，先是西迁的回鹘在新疆建立了数个政权，吐蕃势力退出新疆，契丹人进入新疆建立了西辽政权，促成了新疆民族分布和政治格局的变化；蒙古族兴起之后实现了对新疆及中亚地区的统治，新疆又出现了新一轮的民族迁徙浪潮。明清两代是新疆民族分布格局的确立时期，一方面满、锡伯等民族迁入新疆，多民族分布的格局依然存在；另一方面在长期的民族融合过程中众多现代民族开始形成。15～16世纪，由于政治、经济、文化、宗教、语言等多方面的统一，塔里木盆地周边地区的众多民族逐步融合为维吾尔族，与此同时，哈萨克、乌孜别克、柯尔克孜等民族也最终完成了形成过程，其后由于屯田的发展以及治理的需要，大量的汉族、满族、锡伯族、达斡尔族、蒙古族等民族纷纷迁入新疆，由此奠定了新疆13个世居民族聚居的格局。

多民族聚居的历史发展轨迹，一方面说明了新疆民族迁徙频繁，今天的多民族聚居格局是历史上众多民族长期迁徙、融合而形成的，另一方面也反映了今天13个世居民族是历史上众多民族长期迁徙、融合的结果。

2. 发展、演变的四个阶段

新疆多民族聚居格局的形成经过了四个发展阶段：史前时期是新疆多种族共居的奠基时期，这一时期虽然尚未形成现代意义的民族，但不同人种的分布已经为多民族聚居格局的形成提供了前提条件；汉唐是新疆民族迁徙和融合时期，这一时期多民族分布的格局已经形成，但多民族分布的格局并不是简单的存在，而是在相互之间不断融合的基础上有所发展；宋辽金元为新疆各民族进一步发展时期，这一时期是现代新疆多民族分布格局确立的奠基，众多新民族的迁入，尤其是回鹘的迁入，促进了新疆现代多民族分布格局的形成；明清为新疆多民族共存格局的确立时期，这一时期今天新疆的13个世居民族不仅在民族融合的浪潮中形成，而且相互之间结成了密切的关系，共同成为多元一体中华民族的组成部分。在新疆多民族聚居格局长期的发展过程中，值得指出的是各民族之间的融合和经济文化的互补是一个突出的特点，也是一个客观规律。

新疆各民族之间的融合和经济文化的互补可以在诸多方面体现出来。首先是独特的地理环境使南疆传统的以农业为主的绿洲经济和北疆游牧经济具有较强的互补性，而地处欧亚大陆通道又使各民族成为丝绸之路上的一个个站点，频繁通过这些站点的人员和物资一方面连接起了欧亚大陆，另一方面则将各民族凝聚为一个整体。其次是民族之间的相互交流和融合促成了各民族的不断发展壮大，诸如隋唐时期的高昌，宋辽金元时期的于阗李氏王朝、喀喇汗王朝、高昌回鹘王国、西辽王朝，元代的窝阔台、察合台汗国等，无一不是在各民族之间的密切交流和融合中出现的多民族联合政权，而许多现在的民族，诸如维吾尔、哈萨克、乌孜别克、柯尔克孜、俄罗斯等族，也多是在历史上众多不同民族之间迁徙和融合过程中形成和发展起来的。再次是新民族的不断迁入一方面推动了新疆多民族分布格局的发展，促成了新民族的诞生，诸如回鹘的西迁为现代维吾尔族的形成提供了基础；另一方面对稳定新疆的局势也起到了重要作用，进而为各民族的发展提供了宽松的社会环境，诸如汉唐时期汉族的屯田戍边，清代满族、锡伯族、蒙古族的西迁等，都是当时新疆社会稳定所必需的。最后是新疆的众多民族，包括历史上已经消失的民族，都为新疆的发展以及丝绸之路的兴盛作出了突出贡献，共同创造了灿烂的西域文明。正因为有了这些互补和融合，才使得新疆各民族之间结成了“谁也离不开谁”的关系，并在近代抵御外强入侵的情况下结成牢固的整体。

3. 民族关系中存在和好交往，也有冲突战争

从新疆多民族聚居格局的发展和演变看，各民族之间的和好交往是新疆民族关系的主流，但不可否认，在历史上各民族之间的冲突和战争也是存在的，这是在阶级社会里民族之间交往的一种特殊形式。

在阶级社会里，民族关系受阶级关系的影响和制约。阶级社会的民族关系主要从两个方面表现出来：一方面各民族统治阶级把持和利用本民族的名义，同异民族发生相互关系，表现为民族间的政治压迫、经济剥削、文化歧视，甚至社会排斥；另一方面则是各族人民之间的相互关系，各被

统治民族人民出于阶级利益的一致，而表现出来的以反抗各民族统治阶级的压迫、剥削、追求平等和有利于生产生活的社会环境的各民族人民之间的友好相处、经济文化交流而共同进行的斗争。民族之间压迫、剥削和歧视的存在是导致民族之间冲突战争的主要原因，新疆也不例外。在新疆民族关系史上，既有新疆各民族反抗历代王朝、割据政权统治者压迫而引起的冲突，也存在着历代王朝、割据政权统治者利用其他民族的力量镇压反抗或扩张势力的战争。应该说，这些冲突战争在一定程度上对新疆的稳定和发展、各民族之间关系的健康发展带来了危害，但同时这些冲突战争也是各民族形成关系的重要途径。一些民族在冲突战争中消亡了或迁出了新疆，但消失的民族或迁出民族的遗留部分却成为了其他民族的成员，或与其他民族融合而形成了新的民族，而有些民族则随着冲突战争所带来的全疆或局部地区的统一，逐渐融合了辖境内其他民族成员，进而得到了发展和壮大，如伴随着回鹘的西迁及喀喇汗王朝、高昌回鹘王朝的创建，回鹘人逐渐融合了塔里木盆地周缘的众多民族，最终形成了一个新的民族共同体——维吾尔族。也就是说，尽管在历史上各民族之间存在冲突战争，但总的趋势却是在这些交往和冲突中各民族结成了“你中有我，我中有你”的密切的血肉联系。

4. 在反抗外来侵略斗争中多元一体中华民族的爱国精神得到升华

1840 年以后，由于西方列强对中国进行疯狂的侵略和掠夺，并强迫清王朝签订了一系列不平等条约，中国沦为了半殖民地半封建国家，而新疆由于地处边疆，长期处于自然状态的多民族聚居格局发展历程不仅被中断了，而且各民族人民更是备受列强的欺压和凌辱。但是，长期以来形成的血肉关系已经将新疆各民族凝聚为一个牢固的整体，因而面对外敌入侵，共同的命运将新疆各族人民与全国人民紧密地联结在一起，奋起反抗。塔城各民族人民在徐天尧等人率领下进行的火烧沙俄贸易圈的行动；伊犁各民族人民为保卫伊犁而进行的各种抗争；南疆各族人民对中亚浩罕支持下阿古柏入侵的英勇抵抗；柯尔克孜、塔吉克等族人民为抵御英俄入侵帕米尔高原而进行的抗争；等等。这些壮举充分说明在外敌入侵面前，为保卫共同的家园，新疆各民族多元一体观念得到了空前加强。特别是在抗日战争爆发以后，地处西陲的新疆各民族人民的抗战热情更是空前高涨，不仅成立了各种群众组织，动员全疆人民捐款、捐物，支援抗日前线，而且新疆地区成为了抗战的大后方，众多援华物资通过新疆运入内地，中苏两国在迪化（今乌鲁木齐）建立的航空教导队和飞机制造厂，为抗日前线输送了大量航空人员，也提供了大量飞机，有力支援了抗日前线。在抗日战争过程中新疆各民族人民所表现出来的爱国热情，更说明了在国家危难面前，新疆各民族人民的国家观念得到了进一步升华，作为中华民族一分子的观念已经深入人心。抗日战争期间，维吾尔族年轻诗人黎·穆塔里甫所写的如下诗句即是这种国家观念升华的最好表现：今后，让我们中国，要雪恨，要复仇，要英勇地战斗！要保卫，要解放，比我们生命还要宝贵的祖国！①

三　关于多种宗教在碰撞中并存

和多民族分布的格局一样，有史以来新疆也是一个多种宗教并存的地区。回顾新疆的宗教发展史，不仅有助于人们确立一个正确的宗教观，也有利于制定科学的宗教政策，协调和处理各种宗教之间的关系。

1. 宗教文化作为大文化概念，宗教文化的存在、演变与多种宗教文化的交融，有助于文化的发展、繁荣，反之，则会造成文化的衰败

宗教是人类历史上一个古老而又普遍存在的文化现象，也是至今依然存在并对社会各方面都产生重要影响的客观现实。说宗教是文化现象，主要在于一方面宗教本身是文化的组成部分，另一方面宗教通过各种方式渗透到文化的各个领域，进而对文化的发展产生重要影响。多种宗教文化的存在、演变及相互交融，有助于文化的发展和繁荣，反之，则会造成文化的衰败。

在新疆历史上，曾经有着众多不同的宗教，原始宗教、萨满教、祆教、佛教、道教、摩尼教、景教、伊斯兰教等先后在新疆传播。新疆历史上多种宗教并存的格局是由新疆特殊的地理位置和多民族分布的特点决定的。新疆地处亚洲腹地，是古代联结欧亚大陆的主要通道和枢纽，是东西方经济、文化传播和交汇的地区，不同的宗教往往在这里交汇，之后再传播到内地或其他地区。民族是宗教文化的载体，但由于价值观念、生活方式和生产方式不同，不同的民族有着不同的宗教信仰，因而宗教的分布和民族或民族政权的分布存在密切关系，新疆多民族分布的格局由此也导致了多

① 《黎·穆塔里甫诗选》。

种宗教并存的现象。也正是因为有了多宗教并存的状况，历史上的新疆文化呈现出绚丽夺目的色彩。但是我们也应该看到，个别时期由于割据政权奉行单一宗教的政策为新疆文化的发展带来了严重的负面影响。诸如在喀喇汗王朝时期，由于统治者极力推行伊斯兰教，与信奉佛教并是当时西域佛教中心的于阗展开了近半个世纪之久的冲突和战争，战争不仅造成了于阗文化的急剧衰败，而且也对塔里木盆地西部和南部的社会经济造成了极其严重的破坏和难以估量的损失。当然，由于统治者推行单一宗教政策而给新疆文化带来的严重破坏并不是新疆文化发展史的主流，主流依然是多种宗教的并存和交融，这也是新疆文化得以灿烂的主要原因之一。

2. 新疆地区宗教演变和发展的阶段

新疆地区宗教的演变和发展历史大致经过了四个不同的阶段：从原始宗教到多种宗教并存时期、以佛教为主的多种宗教并存时期、佛教和伊斯兰教同为主要宗教的多种宗教并存时期、以伊斯兰教和藏传佛教为主导的多种宗教并存时期。

原始宗教是宗教最初的形态，和我国其他地区一样，新疆的原始居民也信仰原始宗教，新疆的远古居民不仅崇拜太阳，而且也崇拜动植物，正是这些崇拜构成了新疆原始宗教的主要内容，并最终导致了萨满教的形成。但是，值得说明的是，原始宗教自产生起就已经呈现出各种不同的形态，诸如游牧民族对狼的崇拜，农业民族则崇拜老鼠；各个部落对图腾的崇拜更是呈现出千差万别的状态。其后，祆教、佛教、道教、摩尼教、景教纷纷传入新疆地区，新疆进入了多种宗教并存的时期。魏晋南北朝初期，由于佛教在传播过程中日益兴盛，成为新疆地区的主要宗教，但道教、祆教、景教等也依然有着重要的影响，新疆由此进入了以佛教为主的多种宗教并存时期。9 世纪末 10 世纪初，伊斯兰教开始传入新疆，但仅是在喀喇汗王朝境内传播，并与以佛教为主要信仰的于阗李氏王朝、高昌回鹘王国形成鼎立之势，新疆的宗教开始进入佛教和伊斯兰教同为主要宗教的多种宗教并存时期。16 世纪至 20 世纪，新疆以伊斯兰教和藏传佛教为主导的多宗教并存格局形成。16 世纪初，在伊斯兰圣战的行动下，新疆佛教势力从哈密退出，标志着伊斯兰教自公元 10 世纪传入，经过 6 个世纪的扩展，最终取代佛教成为新疆的主要宗教。但这种局面并未能维持很长时间。16 世纪末，游牧于蒙古草原西部的卫拉特（准噶尔）蒙古人西迁进入天山以北的准噶尔盆地。在民族分布上形成“南回北准”的格局。卫拉特蒙古人信仰的藏传佛教很快遍布天山以北，与占据天山以南的伊斯兰教平分秋色，形成“南伊北佛（藏）”的格局。这一时期与伊斯兰教、藏传佛教并存的还有道教，另有新传入的基督教、天主教、东正教。

自古以来多民族、多元文化并存的状况，决定了新疆历史上和今天多宗教并存的格局。在多宗教并存的历史中既有政教分离、和平共处的一面；也有长期对峙角逐，甚至有长达近半个世纪的“宗教战争”。后者的背景是世俗政权出于借助宗教维护其统治和扩展政治势力的目的，实行政教合一，采取宗教“圣战”，在扩张政治势力的同时，相应的宗教的信仰也随之推向更为广泛的地域。

3. 伊斯兰教从来都不是新疆地区唯一的宗教，伊斯兰教在新疆地区的传播是特定历史时期的产物

从新疆多种宗教并存的历史可以看出，伊斯兰教从来都不是新疆地区唯一的宗教，而且伊斯兰教最初在向新疆传播的过程中屡屡受挫，最终得以传入是当时新疆特定的政治环境导致的结果。

7 世纪后期，由于信仰伊斯兰教的阿拉伯人对中亚的征服，中亚地区相继出现了几个信仰伊斯兰教的政权，但信仰伊斯兰教的萨曼王朝向喀喇汗王朝发动的“圣战”屡屡遭到惨败，一方面说明当时伊斯兰教向新疆的传播受到了极大的阻力，另一方面也说明当时的新疆政治势力并不欢迎伊斯兰教的传入，由此导致了伊斯兰教传入新疆的时间比内地都晚了两个多世纪。9 世纪后期，萨曼王朝发生内讧，在内讧中失败的王子纳斯尔·本·曼苏尔逃入喀喇汗王朝，而一向仇视萨曼王朝的喀喇汗王朝统治者奥古尔恰克·卡迪尔汗为利用曼苏尔报复萨曼王朝，对其采取了支持政策，并同意曼苏尔在阿图什修建清真寺，伊斯兰教由此才得以传入新疆。伊斯兰教传入喀喇汗王朝境内之后，萨图克·布格拉汗试图利用伊斯兰教的势力推翻其叔父奥古尔恰克·卡迪尔汗的统治，因而不仅自己信仰伊斯兰教，而且在最终夺取喀喇汗王朝的统治权之后开始奉行单一宗教的政策，由此导致了伊斯兰教在新疆的广泛传播。在其后传播的过程中，伊斯兰教也是充分利用了割据政权的政治需要，如秃黑鲁帖木儿汗为利用伊斯兰教势力加强内部统治的需要，与额什丁和卓家族实现了联合，而这一联合不仅导致了察合台汗国境内以蒙古人为主的居民纷纷接受伊斯兰教，而且在新疆开始出现以和卓家族为代表的宗教势力。因此，我们可以说，当时喀喇汗王朝对外政治斗争的需要是导致伊斯兰教传入新疆的主要原因，而喀喇汗王朝

内部政治斗争的需要又为伊斯兰教更广泛的传播提供了有利时机，其后和割据势力的结合成为伊斯兰教在新疆广泛传播的重要因素之一。

4. 宗教与世俗权力分离是新疆稳定的基础

由于宗教具有特殊的影响力，历代王朝，包括新疆境内的各种割据势力都想利用宗教势力来加强自己的统治，这是新疆宗教并存格局不断发生变化的主要原因之一。应该说，宗教势力和历代王朝，包括新疆境内的各种割据势力的结合对于新疆的稳定也产生了一定的正面影响，但是宗教势力的过度发展往往也会为新疆的稳定带来严重危害，诸如佛教势力的过度发展不仅严重影响了当时的社会生产，而且频繁且大规模的宗教活动也加重了人民的负担，这也是佛教在隋唐之后呈现衰败的原因之一。而更重要的是，宗教与世俗权力的结合使一些宗教势力出现了干预政治乃至控制世俗权力的情况，成为危害新疆稳定的一大乱源，和卓势力的兴起即是一个突出的例证。

额什丁和卓家族和察合台汗国统治者的结合促进了伊斯兰教的传播，但同时也促成了额什丁和卓家族势力的不断壮大。和卓家族不仅得到了天山南路伊斯兰教教长的地位，世袭罔替，而且也获得了可以收取宗教课税等经济特权。势力不断壮大的和卓家族逐渐不再满足于已有的政治、经济特权，开始干预汗国的朝政，不仅插手大臣的任免，而且一度逼迫歪思汗退位，由此导致了汗国的内乱。额什丁和卓家族衰落之后，穆罕默德·谢里甫和卓家族继而兴起，其后不同的和卓家族势力在新疆依附不同的势力展开了长期的权势争夺，不仅导致了政治局势的不断恶化，而且经常引起战争，严重影响着新疆的稳定。迄至清王朝统一新疆之后，为稳定新疆局势，清王朝采取了政教分离的政策，使伊斯兰教对政治的干预处于非法地位，宗教势力对新疆稳定的影响才逐渐减弱，新疆也由此有了较长时期的稳定和发展。这一史实说明，只有宗教与世俗权力分离才能带来新疆的稳定，新疆的发展才会有宽松的政治环境。

值得特别指出的是，清王朝的政教分离政策虽然杜绝了宗教势力与世俗权力的结合，但20世纪初“泛伊斯兰主义”传入新疆后，由于宗教所具有的特殊影响以及新疆的宗教分布格局，一些分裂势力开始利用伊斯兰教不断进行分裂活动，又成为影响新疆稳定的重要因素，因而让人们正确认识新疆宗教的演变历史，肃清“泛伊斯兰主义”和分裂思想在新疆的流毒和影响是当前新疆宗教工作面临的重要任务。

四　关于多元文化的共存、交融与互补

综观新疆文化的发展史，多种文化的并存、交融与互补是其显著的特色。

1. 新疆文化发展的阶段性

新疆文化的发展大致经过了多元文化的汇聚、多元文化的发展与交流、多元文化的融合、多元文化并存格局的确立四个阶段。

早在3000年以前，南疆的绿洲和北疆的草原使新疆文化在形成时期即呈现出以农业文明和牧业文明为主的多元特色。现有的考古资料和文献记载已经证明，这些文化是最早活动在新疆地区的塞人、羌人创造的。这种多元文化的汇集，为新疆多元文化的发展与交流奠定了基础。两汉魏晋南北朝至隋唐时期是新疆多元文化的发展与交流阶段，以高昌、鄯善、于阗等文化为代表的绿洲文明凝聚了当地、中原和南亚及中亚乃至欧洲众多的文化因素，使新疆文化在多元中得到发展；在北疆地区，乌孙、匈奴、哌哒、柔然、突厥等游牧文化在各自的发展过程中不断相互影响，使北疆文化在游牧文化状态下也呈现出多元的特色；而随着更多的汉人和吐蕃人的进入，中原文化和吐蕃文化也成为新疆文化的主要构成因素，使新疆文化在众多文化因素的交融中更加绚丽夺目，不断发展。宋至明时期，新疆文化依然呈现多元的特点，一方面回鹘、契丹、蒙古等民族先后进入新疆，为新疆文化带来了我国北方草原地区的文化因素，不同的文化开始在这里汇集、融合；另一方面伊斯兰教传入新疆，并在传播的过程中对新疆文化的发展产生重要影响，最终随着维吾尔等民族的形成使新疆文化具有了鲜明的伊斯兰特色。清代是新疆多元文化并存格局的确立阶段，以绿洲维吾尔文化、草原卫拉特文化、满汉文化为主体，包括众多其他民族文化并存的格局最终确立。

2. 多民族的共存是产生多元文化的前提

民族是文化的载体，新疆多元文化的形成和不断发展得益于新疆历史上多民族共存格局的不断演变和相互影响，这种多民族的共存格局是新疆多元文化产生的前提。

新疆的早期文化是由塞人、羌人创造的，而依据学者对古人类遗骨的研究，史前新疆古人类具有蒙古人种、欧罗巴人种及两类人种的混合型三

个不同的类型，这反映着新疆的古老居民已经有了多元的特征，由此也决定了史前新疆文化的多元特点。进入汉代以后，众多绿洲城邦民族的分布使南疆地区出现了各具特色的绿洲文化，而随着中原汉族的迁入和印度犍陀罗文化的传入，南疆逐渐形成了以汉文化为主体、东西文化交融为特点的高昌文化圈和以佛教文化为主体的于阗-龟兹文化圈，以及两种文化体制并行的鄯善文化圈。北疆则由于乌孙、匈奴、哌哒、柔然、突厥等游牧民族的存在和迁入，文化尽管具有一般游牧文化的特征，但由于这些不同民族的存在也呈现出不同的特色。这一时期新疆多民族分布格局所导致的多元文化在发展的过程中又因为汉唐时期大量汉人和吐蕃人的迁入而更加丰富多彩。唐代以后，回鹘人的西迁和伊斯兰教的传入虽然导致了南疆地区文化的突厥化和伊斯兰化，多元文化的发展呈现出融合的趋势，但由于多民族的并存，尤其是契丹、蒙古等民族的迁入，新疆文化的多元性并没有消失。进入清代，新疆的多民族分布格局基本确立，维吾尔、汉、哈萨克、回、蒙古、柯尔克孜、塔吉克、锡伯、乌孜别克、满、达斡尔、塔塔尔、俄罗斯等 13 个世居民族的并存决定了这一时期的新疆文化依然具有多元的特征。因此，多民族的共存是新疆文化呈现多元特点的重要原因之一。

3. 交流与互补中汉文化、伊斯兰特色的维吾尔文化以及集游牧文化之大成的卫拉特文化是多元文化的主流，影响深远

多民族的存在和新疆地处欧亚大陆的结合部不仅决定了新疆文化的多元特点，而且也决定了多种文化的交流与互补是新疆文化发展的主要特征之一，而在这种交流和互补中汉文化、伊斯兰特色的维吾尔文化以及集游牧文化之大成的卫拉特文化是新疆多元文化的主流。

汉文化是较早进入新疆的文化之一。《山海经》《竹书纪年》等先秦典籍记载了在先秦时期中原与西域即有交往。西汉统一西域之后，伴随着大量汉人进入西域，汉文化不仅传入西域，而且对西域文化的发展起到了促进作用。凿井技术、礼仪制度、语言文字、书籍等在西域的传播，使汉文化一方面成为西域文化的重要组成部分，另一方面也对其他文化的形成起到了决定性的作用，高昌文化的兴起即是明显的例证。进入唐代，汉文化对西域文化的影响不仅更加明显，而且也成为西域文化的主体组成部分之一，大量的汉文文书的发现以及史书的记载充分证明了这一点。宋代之后，虽然突厥化、伊斯兰化成为新疆文化发展的主要特征，但汉文化的因素也并没有消失，表明汉文化依然具有很强的影响力。清王朝统一新疆之后，

随着汉人的又一次大量迁入，汉文化在新疆文化中的主体地位最终得以确立，成为新疆文化的主要组成部分之一。

伊斯兰特色的维吾尔文化是随着伊斯兰教传入和维吾尔民族的形成而形成的。公元 10 世纪末 11 世纪初，塔里木盆地周缘地区为喀喇汗王朝、高昌回鹘王朝辖有，由于操突厥语族语言诸族居民占多数，这一地区居民的回鹘化成为一种趋势，伊斯兰教传入并取得了主导宗教的地位，至 15～16 世纪，伴随着维吾尔民族的形成，具有鲜明伊斯兰特色的文化也最终成为新疆文化的主要组成部分之一。

蒙古文化进入新疆是随着蒙古汗国对新疆的征服开始的，虽然元朝灭亡之后察合台、叶尔羌等汗国的蒙古人融入维吾尔族之中，但具有蒙古文化特点的卫拉特文化因其在明清时期对新疆历史的影响而成为新疆文化主体之一。卫拉特是明末清初准噶尔、杜尔伯克、和硕特、土尔扈特四部的合称，卫拉特蒙古和在清代迁入的察哈尔蒙古构成新疆蒙古族的主体。卫拉特蒙古信仰藏传佛教，有自己的文字——初为回鹘式蒙古文，后为托忒蒙古文，经济则以游牧为特点，是集游牧文化之大成者，卫拉特蒙古文化不仅为新疆文化增加了新的内涵，而且成为新疆文化的主要组成部分。

4. 文化交融才能促使文化繁荣，文化排斥只能造成文化衰败

回顾新疆文化形成和发展的历程，最值得总结的是新疆文化的形成和发展是不同文化交融的结果，这也是新疆文化之所以灿烂夺目的重要原因。

文化的产生是多方面因素作用的结果，其中不同的地理环境和经济形态是导致文化出现差异的主要因素。应该说，任何一种文化都是人类创造的宝贵遗产，是人类为适应特定的地理环境而在长期的生产、生活实践中创造出来的，并无先进与落后、优与劣之分。诸如北疆地区的以游牧为主要特征的文化是众多游牧民族创造的，这种文化和北疆适宜牧业生产的地理环境形成了完美的结合；而南疆地区的众多绿洲则适宜农业生产，因而生活在这里的众多民族则创造了绿洲文化。文化虽然没有优劣之分，但文化的发展却需要借鉴乃至吸纳其他文化的优秀成分，因为只有这样才能深化对自然界的认识，增强利用自然、改造自然的能力，进而促进文化的发展。高昌文化是在中西文化交融的过程中吸纳了游牧文化因素而形成并繁荣起来的；维吾尔文化不仅传承了回鹘文化、融合了塔里木盆地原有的一些文化，而且吸收了众多伊斯兰文化的成分，是在多种文化的交融中形成

和发展起来的。当然，在新疆文化发展的历史上，我们也可以找到因文化排斥所导致的文化衰败乃至消失的现象，诸如于阗文化就是在喀喇汗王朝积极奉行单一文化政策，对佛教文化进行排斥，进而发动对于阗的宗教战争中毁灭的。

总之，新疆文化是由众多具有不同特点的民族文化构成的，这些民族文化本身虽然没有优劣之分，却存在明显的差异。承认这些差异，并积极促进不同文化之间的认同，一方面是新疆文化整体发展的需要，另一方面也是政治认同的基础与前提。

五　关于屯垦戍边的历史定位

屯垦戍边是历代王朝治理新疆政策的重要内容之一，对历代王朝屯垦戍边活动的回顾与总结不仅有着较高的学术价值，也有着重要的现实意义。

1. 屯垦戍边是中国治边政策的主要内容之一，极富中国特色，实践也证明是行之有效的

屯垦戍边早在秦代即是秦王朝治边政策的主要内容。秦王朝统一中国之后，先后在岭南和河套地区移民屯垦戍边，其规模前者是50万人，后者则是设置44县进行安置，为维护边疆安定起到了十分重要的作用，史书载“匈奴单于曰头曼，头曼不胜秦，北徙。十余年而蒙恬死，诸侯衅秦，中国扰乱，诸秦所徙适戍边者皆复去，于是匈奴得宽，复稍度河南与中国界于故塞”[①]。即是对这一政策实施效果的记载。正是看到了秦王朝移民实边所取得的效果，进入汉代之后，屯垦戍边成为汉王朝治边政策中的一项主要内容。汉代的屯垦广布于西北、北疆、东北等地区，一方面为汉王朝解决了军队的补给问题，另一方面也为维持边疆稳定保持了一支重要的军事力量，对于边疆稳定起到了十分重要的作用，赵充国利用屯垦顺利平息西羌反叛即是一个很好的例证。[②] 有了秦汉两朝的成功经验，汉代之后的各王朝，包括众多割据政权都将屯垦戍边作为其治理边疆的重要政策。隋、唐、宋、辽、金、元、明、清更是这一政策的积极推行者，尤其是清朝，不仅

---

① 《史记》卷一一〇《匈奴列传》。

② 参见《汉书》卷六十九《赵充国传》。

将屯垦戍边作为治边的主要政策，而且将屯垦的形式由军屯为主发展为民屯、遣屯、旗屯、回屯等多种形式，不仅使这一古老而年轻的政策在边疆治理中的作用得到了充分发挥，而且对边疆经济社会的发展起到了极大的促进作用。

2. 新疆屯田三个阶段的划分，反映出一个普遍的规律

通观历代王朝西域屯田的兴衰史，我们不难发现一个带有普遍性的规律：举凡在西域实施稳固统治者，其在西域的屯田也都卓有成效；反之，举凡西域屯田成效显著者，其在西域的统治也多牢固，二者相辅相成，联系密切，互成因果。从历代王朝西域屯田的发展历程，我们不难看出西汉王朝、唐王朝、清王朝三朝时期是西域屯田的大发展时期，而且代表着西域屯田事业三个发展阶段的最高水平，其在西域的统治也相对稳固，其他王朝则是在这三个王朝的基础上效果逐减，甚至一无建树，其在西域的统治多充满着挫折，甚至是被迫放弃了对西域的统治。从史书的记载看，造成这种状况的原因是多方面的，但主要的原因还是在于各王朝国力的强弱、西域政策的进取与否，以及西域屯田事业的发展程度。西汉、唐、清三王朝在立国之初都普遍面临着来自于北疆或西北疆的重大威胁，而强大的国力又为这些王朝解决这些威胁提供了坚实的基础，因而这些王朝都将对西域的统一和统治作为解决威胁的当务之急，采取了积极进取的政策。在积极经营西域的过程中，这些王朝又都将屯田作为统一和统治西域的重要措施而加以实施，不仅克服了西域远离中原补给困难的弊端，使西域地区一直保持着一支足以巩固其统治的军事力量，而且这些驻军因为屯田的开展也不会给当地各民族增加负担，同时大量民屯人员的进疆也改变了西域地区的民族构成，更加有利于实施对西域的治理。与这三个王朝相比，其他王朝则没能有效地发挥屯田在西域统治中的作用，而多是以西域远离中原、补给困难作为其缺乏进取性西域政策的理由。关于这一点，从东汉王朝对西域的经营中可以清楚地看出来。东汉王朝建立之初，西域诸国皆遣使者请求派遣西域都护，这本来是一个有利于东汉王朝统一西域的极好时机，但光武帝刘秀却以“天下初定，未遑外事”为由而加以拒绝。孝明帝时期，出于对匈奴用兵的需要，东汉王朝虽然完成了对西域的统一，但又陷入了“三绝三通”的怪圈，其中主张放弃西域的理由之一即是“远屯伊吾、楼兰、车师、戊己，民怀土思，怨结边域”，不愿意“弃中土之

肥饶，寄不毛之荒极”[①]。从西域屯田发展的情况看，这种理由根本就是难以成立的，因为只要积极地发展屯田事业，这些弊端都是可以克服的，东汉班超在西域的第二次统一活动，以及唐王朝后期吐蕃隔断西域和中原的联系后，而坚守西域的将士依靠屯田仍然能够抵抗吐蕃数十年之久就充分说明了这一点。从我国历代王朝西域屯田的历史中，我们可以得出如下结论：边疆屯田是实施统一、治理的积极有效的措施，而边疆屯田及其所带来的边疆经济社会的发展则更加巩固了历代王朝对边疆的治理。

3. 新疆屯垦戍边的特点

历代王朝在西域屯垦的主要特点，可概括为六点。

一是时间长。西汉在西域屯垦 113 年，东汉在西域屯垦 128 年，魏晋两朝在西域屯垦共 96 年，十六国和北朝各代在西域屯垦时间较短，隋朝在西域屯垦时间只有 10 年，唐朝在西域屯垦有 160 多年，五代和宋明两朝在西域没有屯垦，元朝在西域屯垦只有 20 年，而清朝在西域屯垦，从 1716 年开始，到 1911 年清朝崩溃，共经历了 195 年，是中国历史上在西域屯垦时间最长的朝代。

二是范围广。清朝在西域的屯垦，东起哈密的塔勒纳沁，西到喀什噶尔，南抵和田的昆仑山北麓，北到额尔齐斯河以北的阿尔泰。24 个屯区，分布面广。其中天山以北有巴里坤、木垒、奇台、吉木萨尔、阜康、乌鲁木齐、昌吉、呼图壁、玛纳斯、库尔喀喇乌苏、精河、伊犁、塔尔巴哈台和阿尔泰等 14 大垦区；天山以南有哈密、吐鲁番、喀喇沙尔、库车、阿克苏、乌什、巴尔楚克、喀什噶尔、叶尔羌与和田 10 大垦区。它们遍布准噶尔盆地和塔里木盆地周缘。

三是人数多。西汉在西域屯军有 2 万余人，东汉的屯军有 5000 人，魏晋十六国和北朝时的屯军 2000 余人，元朝在西域的屯垦军民达 5.7 万余人，五代和宋明两朝，因没有屯垦故无屯军。清朝前期在西域屯丁共有 12.67 万人。

四是种类全。清朝以前在西域的屯田，主要是军屯。两汉时期，以军屯为主，只有少量的民屯和犯屯。魏晋时期，以军屯为主，其次是民屯；隋朝时，主要是军屯，其次有犯屯；唐朝时，以军屯为主，其次有民屯和

---

① 《后汉书》卷四十八《杨终传》。

犯屯；元初时，主要是军屯，其次是民屯。清朝在西域的屯田，不仅兴办了军屯、民屯和犯屯，而且增加了历史上所未有的旗屯、商屯和回屯。各种屯垦的规模，也都超过以往各代在西域的屯垦。

五是民屯为主。清朝以前，各朝在西域的屯田，主要是军屯，屯垦的主力都是从内地调往西域的边防军。清朝在西域屯垦的骨干和核心，也是在西域戍边的军队，但清朝在西域屯垦的主力，不是军队，而是各族民众。清朝军屯只为民屯扫清了道路，创造了条件，后来部分军屯转成民屯，民屯成了西域最主要的屯田形式。

六是各朝的战略重点决定屯垦的区域。西汉以来，历代在西域的屯垦，主要分布在天山以南各绿洲，天山以北地区屯垦很少。如唐朝，11 个大垦区中，天山以南占了 6 个，当时三大屯垦中心中，龟兹、西州都分布在天山以南。由于历代政府长期集中在天山以南地区屯垦，更强化了新疆南农北牧的区域经济发展格局。清朝开始重在天山以北屯垦，这是由清朝政府统一西域的战略大局决定的。清朝政府在天山以北长期布防军队，这批驻防大军需要大量军粮，因此清朝政府把屯垦重点放在天山以北的准噶尔盆地也就是自然而合理的选择。

纵观两千余年新疆屯垦史，可以得出以下结论：屯垦兴，则边境宁，西域兴；屯垦衰，则西域乱，外患内忧，民不聊生。明代思想家李贽说，屯田是千古之策，这是古人对国家治理和发展的历史思考，是治国安邦之千古名言。

以上是学习新疆史的个人思考与断想，新疆史的学习仍在继续，故已有的思考和断想还将深化，新的思考和断想也会产生，即所谓学无止境、思无穷尽。我想申言的是，我学习新疆历史进行思考研究的基点是面对现实与未来。最后，我想用我在《新疆历史纵论》结尾的两段话，作为本文的结束：

“研究新疆历史应面对现实和未来，首先是当代新疆的现实向我们提出的要求。新疆是一个多民族聚居、多宗教汇集的地区，维护各民族团结和社会稳定本来就面临着许多困难，而且还要在这基础上促进新疆经济社会的发展，其所面临的困难自然更多。新中国建立以来，尤其是改革开放以后，由于采取了正确的民族政策、宗教政策，以及积极发展新疆经济的其他政策，新疆的经济社会有了飞速的发展。但是，我们也应该清醒地看到，新疆的发展也面临着许多挑战，其中分裂势力的干扰和破坏是新疆发展所面临的重大挑战之一。从目前新疆分裂势力的情况看，其分裂思想、活动方式以及目的都和历史上新疆的分裂活动有着先后相继的关系，而且为达到其分裂新疆的目的，分裂势力对新疆的历史也大肆歪曲和篡改，以蒙蔽广大群众。如何维护多民族、多宗教地区的民族团结、社会稳定，如何打击分裂势力的活动，以及在新形势下如何促进新疆的快速发展等，这都是当代新疆的现实为新疆历史的研究提出的重大课题，都是需要新疆历史的研究者来回答的问题。一方面，我们对新疆历史的研究，尤其是对历代王朝治理新疆政策成败得失的研究，可以为现代新疆的发展提供借鉴，同时我们更应该关注现代的新疆，将现代新疆也纳入研究范围之内，使研究直接服务于现实，服务于未来；另一方面，正确地阐述新疆的历史，以驳斥分裂势力对新疆历史的歪曲和篡改，也需要新疆历史的研究者关注新疆的现实。”

“研究新疆历史应面对现实和未来，也是中国边疆研究学科发展的需要。以往了解现状是为了研究历史的状况，在一定程度上限制了历史研究的发展，也使历史研究的价值难以得到充分发挥，而现在研究历史是为了更好地了解现状和解决现实中的问题，已经成为越来越多学者的共识，也是学科发展的需要。爱国主义思想是中国边疆研究的优良传统，近代以来边疆研究包括新疆历史研究的兴起应该说是和当时我们所面临的边疆危机直接联系在一起的，也就是说关注现状也是新疆历史研究的传统，只是在一定时期内由于受到各种因素的影响，学者们对现状的关注程度被削弱了，研究的重点也因之转到了对历史问题的研究上。改革开放以来，各个学科和发展都迎来了一个广阔的发展空间，中国边疆研究学科包括新疆历史的研究要想发展就需要面对现实和未来，因为只有关注现状、面对未来，我们的研究领域才能不断扩大，研究的成果才能直接服务于社会，其价值才能得到充分体现。”

（《西域研究》2006 年第 2 期）

第 二 编

民族观与民族政策

汉文“民族”一词的出现及其初期使用情况

韩锦春　李毅夫

在讨论民族概念时，经常会遇到这样的问题：汉文“民族”一词的涵义是什么？何时出现于中国？应用在哪些方面？这些问题已经讨论了很长时期，至今还是众说纷纭、莫衷一是。近年来，我们查阅了一些资料，对汉文“民族”一词在我国出现的时间和使用情况，有了初步了解。为了求得指教和提供一点参考，我们把汉文“民族”一词在我国的出现分为“开始使用”和“开始普遍使用”两个时期分述于下。

一　十九世纪末期我国开始使用“民族”一词

在我国古代文献中，涉及民族问题和民族情况时，用以表达“民族”的词非常多，诸如“民”“族”“种”“类”“部”“民人”“种人”“民种”“民群”“部族”“部勒”“部人”等，不下数十种，只是没有把“民”“族”二字连在一起用作一个词。那么，汉文“民族”一词在我国是何时开始使用的呢？它是怎么来的呢？关于这个问题，曾有过多种意见。归纳起来，有以下几种。

其一，汉文“民族”一词来自日文。因为许多旧民主主义革命者的民族主义思想是受日本的影响。日本人善于用汉文方块字创造新词。明治维新（1868～1873）以后，由汉文“民”“族”二字组成的“民族”一词已在日本广泛使用。很可能后来又从日本传到中国来了。例如，林耀华先生认为：“汉语‘民族’一词可能首先从日文转借过来的，时间大约在辛亥革命前夕。例如章炳麟在《序种姓上》[①]中说到‘自帝系世本推迹民族，其姓氏并出五帝之臣庶’。（见《章氏丛书》右文社本，检验卷一，第10页）这可能是最早有关‘民族’一词记载之一。徐宗元同志告我，文廷式：《纯常子枝语》卷25中，引用吴汝伦：《东游丛录》说：‘按……《世界地理》云：琉球民族似与大和（侨人自称）民族有特异之点。’按吴汝伦去日本是在1902年（光绪二十八年），翌年逝世（见姚永概《慎宜轩文》卷5，《吴先生行状》），可见在清末时日本用‘民族’一词的习惯已传来我国。”[②]

其二，认为梁启超的《东籍月旦》一文是最早使用“民族”一词的文章。在上海1982年出版的《简明社会科学辞典》一书中，“民族”一条的释文中有这样一段：“中国古代文献对‘民’和‘族’这两个概念均有阐述，但将它们合成‘民族’一词使用，据今人考证，却始自1899年梁启超的《东籍月旦》一文。进入二十世纪后，由于中国近代民族民主革命的进一步发展和世界民族主义思潮的影响，‘民族’一词在国内开始普遍使用”。[③]

其三，有人认为近代史时期，西方文化被大量地介绍到我国，当时西方正是民族主义兴盛时期，在翻译外国书籍时，“民族”一词也就酝酿成熟而出世了。

其四，也有人提出，孙中山可能是我国最先使用“民族”一词的人。孙中山所提倡的民族主义在当时影响甚大，自此以后，“民族主义”成为时髦的词汇。

上述各种见解，比较坚定的是第二种，因为这种意见是写在《辞典》上的。这些意见虽各有各的说法，却有一个共同之处，即“民族”一词是在我国近代史时期才出现的，古代没有使用过这个词。

的确，到目前为止，还没有人发现1840年以前在汉文中有“民族”一词存在。它只见于近代，而且，随着帝国主义对我国侵略的加深，中国人民反帝斗争觉悟的提高，中华民族奋发自强精神的振奋，在近代史时期的

① 据汤志钧编的《章太炎年谱长编》卷二“光绪二十六年庚子”条中所述，《序种姓上》在1900年收入章氏《訄书》，可见这篇文章写作日期不晚于1900年（见该书1979年版，上册，第112、114页）。

② 林耀华：《关于“民族”一词的使用和译名问题》，《历史研究》1963年第2期，第175页。

③《简明社会科学辞典》，上海辞书出版社，1982，第287页。

史籍及报纸杂志上，“民族”一词出现得越来越多，由个别而达于普遍。就目前我们查阅的资料来看，汉文“民族”一词最早见于光绪二十一年（1895）的《强学报》。[①] 该报在光绪二十一年第二号上有一篇题为《论回部诸国何以削弱》的文章，其中有这样一段：“计五十年来，凡鸭苏劣地爹士蒲地士唔之国[②]，无不或弱或亡者其故何哉？夫国之易治者，莫如君权之独擅也，莫如民族之顺命也，而竟受制于英法之议院，有识者可以思矣。”[③] 这段文字中出现了“民族”一词。此文是我们见到的最早使用“民族”一词的文章。

1895 年以后到 1900 年以前，在史籍和报刊上便可陆续见到（并非大量见到）“民族”一词了。这个名词在我国刚刚出现时，多见于介绍国外情况的翻译文章。

例如，光绪二十二年（1896），在《时务报》[④] 上，有一篇题为《土耳其论》的文章说：“土耳其帝国所治民族，一曰土耳其人，二曰阿剌比亚人，三曰希腊人，四曰亚儿米尼亚人，五曰拉母人，六曰亚儿把尼亚人。此六民族，其最要者也。尚有罗马尼亚人、犹太人、耶不了人、尔不是人等。合居亚非欧三大陆，其数约二千三百余万人。”[⑤] 这篇文章译自 1896 年 10 月 22 日的日本《东京日日报》。

又如，光绪二十三年（1897），在章太炎主编的《译书公会报》[⑥] 上，有一篇介绍《智利共和国情形》的文章说：“人种以西班牙民族为大宗，当轴秉钧者多属此种，文字、语言、衣服、居宅、风俗、宗教靡不与西国同趣，然人民性质比之西国人机敏而剽悍。”[⑦] 这篇文章译自日本的《国民杂志》。从以上这些例子，还可以看到另外一种情况，即在 19 世纪末期，我国将亚洲人、欧洲人、美洲人统称为“民族”。

我国在 19 世纪时虽已开始使用“民族”一词，但还不普遍，只是个别

---

① 《强学报》为康有为等维新派发起之“强学会”所主办的报刊。

② 该文作者在文中解释说：“鸭苏劣地爹士蒲地士唔者，译言‘全权无限刑威独擅也’。”

③ 《强学报》第 2 号，第 2 页。

④ 《时务报》为旬刊，梁启超主编 1896 年 8 月在上海创刊。1898 年 8 月后改为《昌言报》，戊戌政变后停刊。

⑤ 《时务报》第 11 册，第 24 页。

⑥ 《译书公会报》为周刊，章太炎主编，1897 年 10 月在上海创刊。

⑦ 《译书公会报》第 6 册，1897 年 11 月 29 日，第 5 页。

现象。其表现是：当时的许多译著，许多专谈民族问题、民族情况的文章，还很少使用“民族”这个新词，仍习惯于使用古书上表示民族概念的那些旧词。比如，鸦片战争爆发以前的1839年，林则徐为了禁止鸦片输入，为了与帝国主义者进行斗争，曾主持翻译了许多书文，以了解西方情况。他主编的《四洲志》等书，在谈到国外民族时，用的是“部”“部落”“部民”“族”“类”等词。再如，1881年前译成中文的《柬埔治以北探路记》为法人原著，书中有许多介绍老挝、缅甸、柬埔寨等国以及我国西南边境民族情况的内容，而译文中并没有使用“民族”一词，使用的也是“部”“部人”“部民”“部落”“种”“种人”“种类”“人种”“民”“民种”等词。其他谈到民族问题的书籍，大多都是这种情况。即使是使用了“民族”一词的文章中，也同时并用上述名词。这种情况，自那时起一直延续了很久。另外，当时“民族”一词使用范围很窄，一般只用于指外国民族，而不用于指中国民族。在谈到中国各民族时，仍将“民”与“族”二字分开使用。

然而，一进入20世纪，情况立刻发生了变化，“民族”一词大量涌现。像“中华民族”“中国民族”等词，一下子成了十分响亮的名词。这种在短短的时期内发生很大变化的情形表现得很突出。比如严复，他被称为“清季输入欧化之第一人”，在他的译著中，1898年的《天演论》还没有使用“民族”这个词；可是五年后，在1903年的《社会通诠》中，却大量地使用了“民族”一词。当然，这与我国当时社会情况的变化是有很大关系的。

此外，还有一点需要说明，即出现在19世纪晚期的“民族”一词，并非全是我们今天所说的那种含义。当时，这个词的概念还不十分明确。比如，在清代出版的一部丛书《小方壶斋舆地丛钞》中，收有一篇《日本风俗》。该文作者傅云龙介绍日本的“族类”时说：“千岛土人有二，一曰酷列罗人，乃固有之土著也，居占守郡第一岛，一曰阿拉岛笃人，居抚郡第一岛、新知郡第一岛，国中士民皆不引为同类也。至于今，其国分族为四：一曰皇族，二曰华族，三曰士族，四曰民族”。[①] 这里所说的“民族”，显然与我们今天所理解的“民族”是两码事。可见当时人们还不熟悉这个词的涵义。这一段文字出现在19世纪末或更早一点的时间，因为《丛钞》编成

① 《小方壶斋舆地丛钞》再补编，第十帙，日本风俗二。

于 1877～1897 年，这部丛书所收文章的写作时间，绝不会晚于 1897 年。

综上所述，我们得出以下几点浅见。

（一）1895 年我国已开始使用“民族”一词。当然，这只是就目前所掌握的资料来说的。这个词在我国是不是用得比 1895 年还要早，还有待进一步查阅资料。现在，可以肯定的是：章太炎的《序种姓上》（1900）不是最早使用“民族”一词的文章；吴汝纶的《东游丛录》（1902）也不是最早使用“民族”一词的书籍。

（二）《东籍月旦》一文非 1899 年之作。该文在介绍美国棣亚著的《近世泰西通鉴》时说：“此书乃明治十六年至二十三年陆续出版。（距今十九年至十二年前）系岛田三郎……等六人同译。”[①] 据查，明治十六年是 1883 年，明治二十三年是 1890 年。“距今十九年至十二年前”一句中的这个“今”，当是 1902 年。所以，《东籍月旦》一文应是梁启超 1902 年所写的。就目前所见，在梁启超主编的《时务报》上，1896 年已出现了“民族”一词；1901 年他在《清议报》上发表的文章中，也大量使用了“民族”“民族主义”“民族帝国主义”等词。[②] 可见，《东籍月旦》一文也不是梁启超第一篇使用“民族”一词的文章。

（三）孙中山不是使用“民族”一词的第一人。根据现有资料来看，孙中山使用“民族”一词已是 20 世纪初期的事情了。1904 年，他在《中国问题的真解决》一文中说：“西方人中有一种普遍的误会，误以为中国人本性上是闭关自守的民族，不愿意与外界的人有所往来”，又说：“我们必须普遍地向文明世界的人民，特别是向美国的人民呼吁……因为你们是基督教的民族”。[③] 这是我们看到的孙中山的文章中出现“民族”一词的第一篇。在这以后，孙中山才越来越多地使用这个词。第二年（1905），他第一次提出了他的“三民主义”（民族主义、民权主义、民生主义）。

（四）“民族”一词很可能是从日本传入的。因为，从所见最早使用“民族”一词的文章来看，多译自日文，1896 年《时务报》上《土耳其论》一文译自《东京日日报》，1897 年《译书公会报》上《智利共和国情形》一文译自日本的《国民杂志》。而早期使用“民族”一词的人几乎都到过日

① 《饮冰室合集》，上海中华书局，1935，《文集》第 2 册，《饮冰室文集之四》，第 94 页。

② 见《国家思想变迁异同论》一文。

③ 《孙中山选集》，1981，第 63、69 页。

本。日本早自明治维新以后便开始用汉字拼成了“民族”一词，所以我们认为“民族”一词可能来自日本。

二　20世纪初期“民族”一词在我国开始普遍使用

20世纪一开始，我国在使用“民族”一词上，从数量到内容都有一个突出变化。从数量上说，“民族”一词开始大量涌现，由个别使用达到普遍使用。在当时宣传反清、反帝的文章中，“民族”一词已成为振奋人心的口号，团结群众的旗帜。从内容上说，“民族”这个词，从一个多半只在讲述外国时才应用的、不太引人注目的名词而变成用于讲述中国现状、号召中国人奋起、激发爱国热情时不可缺少的词汇。同时，由“民族”一词衍生出的许多新词，如“民族主义”“民族意识”“民族帝国主义”“民族国民主义”“民族建国主义”等也相继出现了。

在清末（这里指19世纪的最后几年到20世纪的最初几年）短短的几年时间内，“民族”一词在我国由开始使用到普遍应用，这是与我国当时政治、社会情况的变化密不可分的。斯大林说过：“语言的词汇对于变化是最敏感的，它处在几乎不断变化的状态中……它无须等待基础的消灭，它在基础消灭以前，且不管基础的状态怎样，就使自己的词汇发生变化。”① 汉文“民族”一词就是在民族矛盾深化、挽救民族危亡的斗争日益发展之际产生并推广应用的。1840年鸦片战争以后，帝国主义对中国加紧侵略，并与封建势力的代表清政府相勾结，把中国推向半殖民地的泥潭。当时，革命的先行者已看到了帝国主义对我国“蚕食鲸吞，已效尤于接踵”② 的危险情景。特别是到了19世纪最后几年，亡国灭种的危机已迫在眉睫。1894～1895年爆发中日甲午战争，中国失败，腐败的清政府与侵略者签订了卖国的《马关条约》，这件事激起了中国人民的愤怒，变法维新的要求自此时提出。此后，1895～1898年，帝国主义行“瓜分豆剖”之术，在我国划分势力范围，他们争先开矿、筑路、办工厂等，企图从经济上、文化上、政治上扼杀中国。清政府奴颜婢膝、任人宰割，于是在全国各地都出现了反对

① 《马克思主义和语言学问题》，《斯大林选集》下卷，人民出版社，1979，第516页。

② 1894年的《兴中会章程》，《孙中山选集》，1981，第14页。

清政府投降政策、要求改变现状的浪潮，其中维新派就有几十个机构活动于全国各地。[①] 这些机构宣传变法，介绍外国资本主义发展的经验，有的还号召反对清朝的民族压迫政策和警惕帝国主义侵略。这些书刊，均为我国较早期使用“民族”一词的书刊。

在这以后，中国的民族危机进一步加深。1900 年的义和团反帝运动遭到镇压，八国联军进入北京烧杀抢掠，1901 年签订丧权辱国的《辛丑条约》等，从反面教育了人民。“亡国灭种”的危险使一些改良主义者也走上了革命的道路，他们为防止中华民族遭到灭顶之灾而大声疾呼。就在这时，“民族”一词作为团结人民、挽救危亡的词汇而广泛地使用开来！它被写在反帝、反封建的旗帜上而成为具有强大号召力的政治术语。“中华民族”这个词也出现了，它意味着民族自豪与觉醒；“民族主义”为革命者所提倡，成为捍卫独立与自由的政治主张。当时已涌现出数百种报刊[②]，为宣传者提供了广阔的阵地，“民族”一词就在这种条件下广为流传了。

20 世纪开始后的几年间，“民族”一词刚刚普遍使用，其应用范围大致有以下几个方面。

（一）论述帝国主义侵略性及中国被瓜分危机的文章常使用“民族”一词。19 世纪末到 20 世纪初的中国，人们对帝国主义侵略有切肤之痛，渴望民族平等的思想极为普遍。比如 1901 年，梁启超在谈到民族主义时就提出了反侵略的主张，他说：“民族主义者，世界最光明正大公平之主义也。不使他族侵我之自由，我亦毋侵他族之自由。”“知他人以帝国主义来侵之可畏，而速养成我所固有之民族主义以抵制之，斯今日我国民所当汲汲者也！”[③] 有许多文章说明西方侵略者正在瓜分世界，他们觊觎我国领土，中国已面临被瓜分的危机，比如 1903 年《湖北学生界》刊载的一篇文章说：“自民族主义一变而为帝国主义，亚洲以外之天地，一草一石，无不有主人翁矣。鹰瞵虎视者数强国，四顾皇皇，无所用其武，于是风飙电激，席卷而东，集矢于太平洋。亚洲识微之士，莫不深瞑蹙额，惊走相告曰：危哉

① 据梁启超在《戊戌政变记》中说：维新派三年内在全国设立了二十四个学会、八个报馆、十九个学堂。

② 据统计，1900 ~ 1918 年间，全国各种报刊约有七八百种。

③ 《国家思想变迁异同论》，载于《清议报》第 94、95 期，张枬、王忍之编《辛亥革命前十年间时论选集》第 1 卷，三联书店，1960，第 32、34 页。

中国，其为各国竞争中心点也。”[①]

1902 年，《游学译编》上的一篇文章说，西方人视中国为劣等民族，想日后一口吞下，日本人也馋涎欲滴地望着中国。文章说：“西人之言曰：全世界三分之二，为无智无能之民族所掌握，不能发宣其天然之富力，以供全球人类之用；此方人满为忧，彼乃货弃于地，故优等民族，不可不以势力压服劣等民族，取天地之利而均享之。其对于各殖民地之意向，皆此旨也。吾中国今日亦其一焉。……特以白人方经营他洲，未暇及此，姑置之以供最后之一饱。至今日而群手争攫，即以区区三岛骤起之日本，亦具分羹之大望。”[②] 似上述文章者，都有两个内容：指出帝国主义侵略者是我们民族的仇敌；号召人民提高警惕，注意我国民族危机的发展。

（二）表示民族自尊心和阐发独立自主必要性的文章中，常用“民族”一词。帝国主义入侵几十年后的中国，许多人对蔑视和贬低中国的言行非常敏感，维护民族尊严的言论到处都有，“民族”一词常出现于这样的文章里。比如，1902 年一篇介绍日本著作的文章说：“日本人所谓世界万国史者，皆西洋史耳。……日本人十年前，大率翻译西籍，袭用其体例名义，天野为之所著万国历史，其自序乃至谓东方民族，无可以厕入于世界史中之价值。此在日本，或犹可言，若吾中国，则安能忍此。”[③] 受到帝国主义欺凌时，不能妄自菲薄，相反，要热爱自己的民族，为她自豪。这类文章也使用“民族”一词。如 1904 年，孙中山在他的文章中说，“中国人的本性就是一个勤劳的、和平的、守法的民族”，“如果中国人能够自主，他们即会证明是世界上最爱好和平的民族”。[④] 有人说只有民族自主独立实现了，才能挽回民族危机。如 1903 年《游学译编》第 5 期上一篇文章所说：“今日欲回吾民族之厄运，非以中国为中国人之中国不可，非以中国主权为支那人种全体之主权不可。夫曰中国人之中国者，非如是云云遽可以抵抗白种之陵逼也，必其能尽此支那人种之天职，以善用此支那地域之天产地形，

---

① 张继煦：《叙论》，载《湖北学生界》第 1 期，《辛亥革命前十年间时论选集》第 1 卷，第 434 页。

② 《游学译编叙》，载《游学译编》第 1 期，《辛亥革命前十年间时论选集》第 1 卷，第 252 ~ 253 页。

③ 《东籍月旦》，《梁任公全集》卷 4，1936，第 209 页。

④ 《中国问题的真解决》，《孙中山选集》，1981，第 67 页。

自开发其利源……而后可以绝他人之觊觎，杜非族之攘夺。”[①] 在孙中山的文章里，“民族”一词常用作革命的号召。如1904年他说，“中国现今正处在一次伟大的民族运动的前夕”[②]。

（三）研究中国民族史和社会发展史。清末，许多反对清朝民族压迫的思想及民主革命的思想，流露于社会史、民族史著作和译著之中。其中第一种是研究中国民族历史的自撰文章，比较有代表性的是章太炎的《序种姓》。在这篇文章中，作者研究了中国的民族形成，各民族由来和发展及民族关系等问题，有启迪人们觉悟以反抗民族压迫的内容。文中多处使用“民族”一词，如“自《帝系》、《世本》，推迹民族，其姓氏并出五帝”[③]。

第二种是译文。比如严复的译著《社会通诠》最负盛名。这本书是1903年译的，书中多处使用“民族”一词。如“宇宙之大，民族之多，言无统纪，轻重失宜，而卒同于无述”。“盖民之聚也，必有其民族，民族所以为亲亲，亲亲故相爱，相爱故有所不忍，而其群以和”。“且一王之兴，使其威令果行，则所谓新令者，固无一焉不与初民所爱护者相反。……或容纳非类，为民族之所大恶也”[④] 等。此外，书中尚有许多严氏评语，也谈到了民族问题。如第155页有严氏评语曰：“今夫合众之局何为者？以民族之寡少，必并合而后利自存也。”

此外，还有一种评介史籍的文章，也广泛地应用了“民族”一词。例如1902年梁启超在介绍国外出版的史籍时说，“学者苟专读此本，亦可识全球民族荣悴之大势也”，“盖于民族之变迁，社会之情状……乃能言之详尽焉”[⑤]，等等。

由于社会史、社会学、民族史著作渐多，“民族”一词使用愈加广泛。在20世纪开始时，我国已对亚、非、拉美等世界各族通称为“民族”。比如，那时已有“加伦民族”（缅甸克伦族）、“排鸠亚尼民族”（南非贝专纳族）、“亚拉画科民族”（南美印第安人阿拉瓦克族）（以上三个词汇1900年左右已使用），“条顿民族”“拉丁民族”“犹太民族”（这些词1903年以前

① 《〈列强在支那之铁道政策〉译后》，载《游学译编》第5期，《辛亥革命前十年间时论选集》第1卷，第379页。

② 《孙中山选集》，第68页。

③ 《章太炎选集》注释本，1981，第229页。

④ 《社会通诠》，商务印书馆，1981，第4～5、54、80～81页。

⑤ 《梁任公全集》第4卷，第211、212页。

已使用）等名词。除此以外，还有“历史民族”，“天然民族”（比如1903年章太炎在《驳康有为论革命书》一文中说，“近世种族之辨，以历史民族为界，不以天然民族为界”①），“山部民族”，“耕稼民族”，“五洲民族”（严复在1903年使用过）。邹容在1903年《革命军》一文中，还把汉族叫作“皇汉民族”，等等。

（四）论述民族概念，阐释民族主义。什么是民族？这个问题在20世纪初有过不少论述。1903年有一篇题为《民族主义之教育》的文章中，谈到民族概念说：“国民之与民族云者，其意义所包含绝异。德意志语所谓‘夫俄尔克’（人民）者，谓干摄于同一政府之下之国民，专指政治之集合者言之；所谓‘那取勇’（民族）者，谓具有同一之言语、同一之习惯，而以特殊之性质区别于殊种别姓之民族，专指人类之集合者言之。英语之所谓‘那修温’（国民）者，即德语之所谓‘人民’，英语之所谓‘俾布尔’（人民）者，即德语之所谓‘民族’。民族之所由生，生于心理上道德与感情之集合。”②

1904年《江苏》杂志第七、八期刊载一文曰：“民族者，成于天然而具有人为之能力者也。”③

1905年《民报》所载一文曰：“民族云者，人种学上之用语也，其定义甚繁，今举所信者，曰：民族者同气类之继续的人类团体也。兹析其义于左：（一）同气类之人类团体也。兹所云气类，其条件有六：一同血系（此最要件，然因移住婚姻，略减其例），二同语言文字，三同住所（自然之地域），四同习惯，五同宗教（近世宗教信仰自由，略减其例），六同精神体质。此六者皆民族之要素也。（二）继续的人类团体也。民族之结合，必非偶然，其历史上有相沿之共通关系，因而成不可破之共同团体，故能为永久的结合。偶然之聚散，非民族也。”④

1907年《复报》第九期载弃疾（柳亚子）文曰：“人种的起源，各各不同，就有种族的分别。凡是血裔风俗言语同的，是同民族；血裔风俗言

---

① 《章太炎选集》，第158页。

② 《游学译编》第10期，《辛亥革命前十年间时论选集》第1卷，第404～405页。

③ 《民族精神论》，《辛亥革命前十年间时论选集》第1卷，第838页。

④ 汪精卫：《民族的国民》，载《民报》1905年第1、2期，《辛亥革命前十年间时论选集》第2卷，第83页。

语不同的，就不是同民族。”[①]

至于什么是民族主义，在这个时期的论述更多了。1903 年，章太炎在《驳康有为论革命书》中写道：“民族主义，自太古原人之世，其根性固已潜在，远至今日，乃始发达，此生民之良知本能也。”[②] 1903 年《浙江潮》上有一篇文章说：“合同种异异种，以建一民族的国家，是曰民族主义。”“今日欧族列强立国之本，在民族主义，固也；然彼能以民族主义建己之国，复能以民族主义亡人之国。”[③]

严复在 1903 年也谈到了民族主义，他说：“今日党派，虽有新旧之殊，至于民族主义，则不谋而皆合。……盖民族主义，乃吾人种智之所固有者，而无待于外铄，特遇事而显耳。虽然，民族主义，将遂足以强吾种乎？愚有以决其必不能者矣。”[④]

孙中山是一贯提倡民族主义的，1905 年时，他讲过：“鄙人往年提倡民族主义，应而和之者特会党耳，至于中流社会以上之人，实为寥寥。乃曾几何时，思想进步，民族主义大有一日千里之势，充布于各种社会之中”[⑤]。同年，他在《民报》发刊词上第一次提出了他的“三民主义”主张，并说：“今者中国以千年专制之毒而不解，异种残之，外邦逼之，民族主义，民权主义殆不可以须臾缓。”[⑥]

有人在 1901 年把民族主义作为现代社会的一个阶段，比如梁启超说明欧洲国家思想的表上，列有三个时期：“过去”的三个时代是“家族主义时代”“酋长主义时代”“帝国主义时代”，“现在”的两个时代是“民族主义时代”和“民族帝国主义时代”，“未来”就是一个“万国大同主义时代”。[⑦] 许多人认为，民族主义演化而为帝国主义，“今日之帝国主义，即民族主义膨胀而来者也”。[⑧] “十九世纪，欧洲各国由民族主义进而

---

① 《民权主义、民族主义》，《辛亥革命前十年间时论选集》第 2 卷，第 814 页。

② 《章太炎选集》，第 157 ~ 158 页。

③ 《民族主义论》，载《浙江潮》第 1、2 期，《辛亥革命前十年间时论选集》第 1 卷，第 486、488 页。

④ 《社会通诠》，第 115 页。

⑤ 《孙中山选集》，第 72、75 页。

⑥ 《孙中山选集》，第 72、75 页。

⑦ 《国家思想变迁异同论》，载《清议报》，1901。

⑧ 《近世欧人之三大主义》，载《新民丛报》1903 年第 28 期，《辛亥革命前十年间时论选集》第 1 卷，第 347 页。

为民族帝国主义。帝国主义者何？即曰野蛮人无开发土地富源之能力，文明人必代为开拓之；又曰优等人种虐待劣等人种，为人道之当然者是也。”①

（五）主张民族自治，探寻强国之计的文章里使用“民族”一词。清末，有过各种摆脱帝国主义控制，改变中国落后面貌的主张。在论及这些主张的文章里边，有些使用了“民族”和“民族自治”等词。如1904年《扬子江》上一文曰：“由野蛮之民族，一跃而为文明之民族，能自治也；由老大之民族，一易而为青年之民族，能自治也；由帝国羁縻之民族，一变而为共和组织之民族，能自治也；由腐败法律极不堪之民族，一振而为萌芽公理大有可为之民族，能自治也。”② 有的文章谈全民族大办实业以振奋中国，曰：“立国于今世界者，以民族全体之智力而存亡，不以政府一二人经划之善败而存亡”，“今日存国存种之计，非以民族全力倾注于实业，尤以全力倾注于实业上之交通机关，更无措手之处。顾举民族全力倾注于实业者，必民族全体知实业生殖之根据地为民族之所自有而后可。”③

总之，“民族”一词在我国的出现与推广使用，是与我国国内社会的变动、革命的发展及国际的影响分不开的。中国的社会在19世纪末到20世纪初年是处在这样的情况之下：一方面，代表满族统治阶级利益的清政府对内实行残酷的民族压迫，对外屈膝投降背叛民族利益，而帝国主义的入侵又使中国面临亡国灭种的危险，所以无论是反帝或反封建都要高擎民族的旗帜；另一方面，在世界史上，19世纪还是资产阶级民族运动的时代，在亚洲，日本也发生了明治维新，民族主义思潮随东、西方文化传入，势必给民族危机日益深重的中国以很大的影响。这就是汉文“民族”一词产生的全部社会基础。

此文仅就我们目前所见资料写成，所得结论只是一孔之见。大量的资料还有待于进一步查阅。希望能有更多的同志对这个问题发生兴趣，希望能有更多的材料被发掘出来，以便使这个问题能够得到更加令人满意的解答。

（《民族研究》1984年第2期）

---

① 《论中国之前途及国民应尽之责任》，载《湖北学生界》1903年第3期，《辛亥革命前十年间时论选集》第1卷，第460页。

② 《论民族之自治》，《扬子江》1904年，《辛亥革命前十年间时论选集》第1卷，第955页。

③ 《〈列强在支那之铁道政策〉译后》，《游学译编》1903年第5期。

红军长征与党的民族统战和宗教政策

周锡银

中国共产党领导的二万五千里长征，是震惊世界的伟大历史事件，是一部气壮山河的英雄史诗。由于红军在遵义会议以后坚定地执行了党的正确的政治、军事路线和民族、统战、宗教政策，因而得以纵横驰骋于湘、黔、滇、川、康、甘、青、陕等省区的辽阔地域，通过了苗、瑶、壮、侗、布依、土家、白、纳西、彝、藏、羌、回以及裕固等十三个少数民族聚居区。红军英雄们打退了数十万敌军的围追截堵，越过了人迹罕至的雪山草地，向各族人民进行了革命的宣传，发动群众、组织群众和武装群众，最后，胜利地完成了空前的战略大转移。研究和总结红军长征时期的民族、统战、宗教政策的经验教训，对于丰富马克思主义民族理论、提高干部群众的政策水平，对于增强民族团结、激励各族人民进行社会主义现代化建设都具有重要的现实意义。本文拟对红军长征时期党在民族地区的统战政策和宗教政策作一简要的论述（关于民族政策，笔者已另有专文论述了）。

一　长征时期党对民族上层人士的统一战线政策

组织和领导革命的统一战线，是无产阶级在革命斗争中，争取同盟力量，取得革命事业胜利的极为重要的战略和策略问题。

在旧中国，各少数民族内部多少都有一些上层人士。一方面，他们是前资本主义或资本主义的剥削者以及这些剥削阶级的知识分子，如原始氏族末期的头人、奴隶主、封建贵族、土司、牧主、活佛、阿訇、祭司等。他们同劳动人民之间存在着阶级矛盾，并且这种矛盾只有经过社会改革才能解决。另一方面，这些上层人士很多都具有反帝、反国民党军阀的爱国立场，有的还与之进行过长期流血的武装斗争；在民族关系上，部分的还在宗教关系上同劳动人民有一定的联系，早就成为本民族的公众领袖。在一些少数民族中，这种人有很大的发言权和影响。正是基于对上述社会历史情况的正确分析和估计，我党制定了对少数民族上层人士采取广泛的、长期的争取、团结的政策，以建立汉族为主体的包括各民族在内的反帝反国民党军阀统治的革命统一战线。

党在这一时期的战统政策，集中地反映在党和红军颁发的一些文献之中，例如：

1935 年 5 月，中共中央在《关于一四方面军会合后的政治形势与任务的决议》指出："估计到少数民族中阶级分化程度与经济发展的条件，我们不能到处把苏维埃的方式去组织民族的政权。在有些民族中，在斗争的开始阶段上，除少数上层分子外，还有民族统一战线的可能。在这种情形下，可以采取人民共和国及人民革命政府的形式。"① 这就是说，在一定的条件下，大多数少数民族的上层人士是能够与党和红军合作而建立民族统一战线的。

毛泽东同志签发的《中华苏维埃中央政府对内蒙古人民宣言》也说："只要你们真认识到蒙古民族解放的必要，不愿做亡国奴，有反对日本帝国主义与蒋介石等中国军阀的决心，那不管你们的领导者是王公贵族或平民，我们都可以给你们以善意的实力的援助……"②

博巴第一次人民代表大会宣言认为："要消除过去一切由于汉官、军阀外族侵略者挑拨所结的私仇，不分教别、派别，不分区域族别，不分僧俗贵贱，大家团结得一个人一样，一条心地去干这番为我们全体波巴人民永远过好日子的大事。"③

红军总政治部在回族地区曾规定："凡是愿意谋回族解放的贵族、阿訇及一切回民都可以参加回民政府。"④

根据上述党的统战政策，工农红军的各级领导人特别是高级干部如毛泽东、朱德、贺龙、刘伯承、徐向前、聂荣臻、曾传六等，都曾亲自做少

① 《中共党史教学参考资料》（二），人民出版社，1957。

② 引自四川省民族研究所保存的资料。

③ 引自四川省民族研究所保存的资料。"博巴"或"波巴"，是藏语，藏族人民之意。

④ 见《党在红军长征中的民族工作》，载《中央民族学院学报》1981 年第 4 期。

数民族上层人士的工作，有的还与一些公众领袖订立了各种政治的或军事的联盟。红军协助各族人民建立的民族政权，如西康省甘孜博巴政府，四川省阿坝藏族苏维埃，茂县、理县、汶川羌族苏维埃，以及川、陕、甘建立的一些回民自治政权等，都吸收了当地的头人、土司、喇嘛和阿訇等中、上层宗教界的爱国人士参加，从而团结了一切可以团结的人，最大限度地孤立了最顽固的敌人，保证了红军顺利地通过各少数民族地区，完成了伟大的战略转移。同时，也在各民族地区播下了革命火种，推动了少数民族人民的革命斗争。长征期间，在建立民族统一战线的革命实践中，有许许多多生动而感人的事例，至今尚在民间传为历史的佳话，现择其要者略述于下。

1. 布依族头人陆瑞光深明大义热情护送红军过境

陆瑞光是贵州省镇宁县弄冉地区的布依族头人，同时也是拥有一百多条枪支的地方实力派。但是，他在地方军阀连年混战和国民党施行民族压迫以及“招安”骗局中吃尽了苦头，并遭到反动政府的四处通缉。

1935 年 4 月，中央红军从江龙来到镇宁，陆瑞光带着自己的武装逃避进了深山老林。红军到了弄冉，大部队都驻扎在寨子外面的田坝里，只有十几个红军首长住在陆家。当红军派人去找他，欢迎他回去时，他还不相信，只派了他的副官和连长作为代表去交涉，自己则乔装打扮后，夹在里面一同回了家。红军首长亲切地向他们一行讲解党的民族政策，说：“不论汉族、苗族、布依族；不论各民族人口多少，都一律平等。不许汉族欺压苗家、布依家。反对王家烈、犹国材[①]派捐派税。”这些话句句打动着陆瑞光的心。他又见到自己的住房都锁得好好的，住在院里的红军，只在厢房里办公和打地铺休息，客客气气地待人。陆瑞光深深地为红军这种和蔼态度和严明的纪律所感动，便情不自禁地对红军首长说：“我就是你们要找的陆瑞光。”随即吩咐随从布置酒饭，按布依族的规矩招待寨内外的红军。大家如同久别重逢的亲人一样兴奋、亲切。他还愤怒地向红军诉说了军阀官僚横行乡里残酷压榨少数民族，挑起民族仇杀等罪行。红军首长用党的民族、战统政策耐心地启发他的革命觉悟，并赠送一批枪支弹药给他，以扩充其反国民党军阀的武装。随后，红军在陆瑞光的护送下，只用了三天时

① 王家烈、犹国材都是当时贵州地方军阀。

间，大部队就顺利地通过了布依族聚居地区。以红军干部方武生为首的十二名红军伤病员亦受到陆家的精心护理。1936 年，陆瑞光和方武生组织了一支几百人的各族农民队伍，坚持和军阀作斗争，还准备渡过盘江到右江找根据地的红军部队。后来陆在一次与敌人的搏斗中不幸被捕，被军阀杨森杀害在贵阳市的八角岩。①

2. 刘伯承与大凉山彝族果基家头人果基小约丹歃血为盟，结为兄弟

1935 年 5 月下旬，刘伯承、聂荣臻将军率领的中央红军先遣队进入近大凉山冕宁县拖乌彝族聚居区，被一群彝民拦住去路。先遣队严格遵照毛泽东同志的嘱咐："过彝族区，一定要尊重彝族同胞，不能打枪，不能伤害彝族兄弟。先遣队的任务，不是去打仗，而是去宣传我们党的民族政策，用政策的感召力去与彝族达成友好。"② 红军秋毫无犯，纪律严明的模范行动和实行民族平等、团结，尊重彝族风俗，设立彝人政府，彝族管理彝族等革命主张，深深地感召了彝族人民及其公众领袖之一果基小约丹。他志愿提出与刘伯承司令员歃血为盟，结为兄弟。刘伯承亦欣然应允，随即双双骑马来到果基家附近的彝家海子边举行"结盟"仪式。仪式完全按照彝族传统的风俗习惯进行。先由毕摩（彝族祭司）念咒打鸡，将鸡血滴入盛满湖水的两个碗里（当时没有酒，以水代酒）。接着结盟双方高举酒碗对天盟誓："上有青天白日，下有大地作证……刘伯承与果基小约旦（按：小约丹）结为兄弟。如有反悔，像鸡一样死去……"誓毕，刘司令员和小约丹将碗中的血水一饮而尽。结盟之后，刘伯承又邀小约丹到红军驻地畅叙友情。席间，刘伯承针对过去彝汉对立和彝族内部不团结的情况，反复强调自己人不要打自己人，要团结对敌，一个指头没有劲，十个指头捏在一起力量就大了等革命道理。刘伯承的话句句讲到了小约丹的心坎，对彝族人民以后的斗争，起了重要的作用。刘伯承还代表党和红军将一面写着"中国夷民红军沽鸡支队"③ 的红旗赠送给小约丹。

刘伯承与彝族上层人士果基小约丹歃血结盟，不仅粉碎了蒋介石企图利用彝族杀害红军、阻滞红军前进的阴谋，使红军赢得了抢渡大渡河、飞

① 陆瑞光的事迹见肖华《忆红军长征在少数民族地区》，载《民族团结》1983 年第 8 期，遵义会议纪念馆编《红军长征在贵州》。

② 《刘伯承军事生涯》，中国青年出版社，1982，第 95 页。

③ 旗帜中的"夷"即"彝"，"沽鸡"即"果基"。

夺泸定桥的宝贵时间，而且增进了军民团结，对于消除彝族内部的矛盾也起了积极的作用。

3. 羌族土司安登榜毅然参加红军，为民族的解放光荣献身

安登榜一家是四川松潘县白羊、镇坪和镇江关一带的羌族世袭土司。1933 年 6 月，其父病故，安登榜遂以长子身份接任土司之职。1935 年农历三月，红四方面军第九军和三十一军的一部分先后进入近松潘羌汉杂居地区。安登榜得知红军纪律严明，维护少数民族的利益和尊重民族的风俗习惯等情况后，没有逃离，更未参与阻击红军。当红军了解到他的土司身世和经历之后，便派专人向他讲解红军的宗旨和党的民族平等团结政策以及少数民族受压迫剥削的根源。安登榜深受教育和鼓舞，毅然放弃了高贵的土司身份和家业，参加了红军，并兼任有六十余人的“番民游击大队”的大队长。

安登榜参加红军后，指战员们都十分关怀和尊重这位出身于民族上层的羌族战士，尤其注意发挥其特殊身份的作用。他更是夜以继日地与红军政工人员一起宣传、组织羌汉群众支援红军，为红军做鞋、筹粮、运输、带路、送信。许多羌民还把隐藏起来的青稞、玉米和胡豆重新挖出来送到红军驻地。随后，少数民族的苏维埃也在白羊、镇坪和镇江关的许多村寨建立了起来，打土豪、分田地的土地革命亦蓬勃开展。

安登榜还受命率四名红军战士作为部队的前导，向敌军开展宣传和劝降活动，成效显著。当红军途经草地的龙藏、野猪窝时，敌军中的羌族军官王光亲奉命前来阻击。安登榜当即修书一封晓以大义，说：“红军是穷人的军队，不拉伕、不扰民、不杀人，更不咎既往。红军爱护羌民，你们不要执迷不悟，再为国民党反动派卖命了，应赶快撤退，否则，大军所至将祸及你们。”王光亲接受了忠告而撤走。于是红军迅速击溃其他顽敌，活捉敌酋，顺利地进入草地。后来，安登榜在一次战斗中不幸光荣牺牲。[①]

安登榜由一个羌族世袭贵族、土司变成为一个为各民族人民谋求解放和幸福而献身的红军战士，这一生动事例证明了党的民族、统战政策的正确和威力。

---

① 见松潘县党史征集小组办公室《红军长征过松潘》（初稿）。

此外，李先念同志率领的红四方面军第三十军在康北甘孜地区曾与藏族大头人夏克刀登达成了互不侵犯的协议，并吸收他参加了中华苏维埃博巴政府的活动。红四方面军政治部主任曾传六多次与四川黑水藏族头人苏永和及其管家进行谈判，依靠党的民族统战政策借路北上。并互赠红旗、战马与土特产，以示友好和亲善。[①] 在党的民族政策感召下，甘南藏族土司杨积庆主动撤出铁布地区的防务，并将鹦哥花园的仓粮几百石用来接济过境红军。[②] 红四方面军在甘孜藏区团结了格达活佛、香根活佛等，组建了博巴政府，配合红军做了大量工作。国民党西康宣慰使诺那呼图克图[③]被俘送交红军后亦由反对、诋毁红军逐步变为与红军友善、合作，等等。

如此众多的事例说明，红军在长征中借助于同少数民族上层人士的统一战线，成功地团结了一切可以团结的人，利用了一切可以利用的力量，为红军争得了战机，避免了许多不必要的流血和损失，沉重地打击了最顽固的敌人，使红军胜利地完成了史无前例的战略大转移。

二　长征时期党的宗教信仰自由政策

马列主义认为，宗教作为一种社会现象，有其发生、发展和消亡的客观规律。宗教的产生和存在有它深刻的社会历史根源，即是人民群众对于自然和社会力量的压迫无能为力，对于“神的恐惧心理”的表现。因此，只有消灭了这个根源，宗教才会消亡，任何简单急躁的办法都是错误的。另外，中国共产党尤其清楚，藏传佛教（俗称喇嘛教）和伊斯兰教在藏、回等少数民族中颇具群众性，而苗、瑶、羌、彝等民族亦不同程度地信奉原始宗教或天主教、基督教等。实际上，宗教问题已和民族问题有着密不可分的联系，并已构成其中的重要组成部分，所以党和红军在对待少数民族宗教信仰问题上一直是采取十分谨慎和认真的态度，争取、团结宗教徒参加革命斗争。

早在1923年中国共产党第三次全国代表大会通过的《中国共产党党纲

① 转引自黑水县党史征集小组办公室《红军长征经黑水、翻越雪山草地》（初稿）。

② 肖华：《忆红军长征在少数民族地区》，载《民族团结》1983年第8期。

③ 呼图克图是清朝中央政府授予藏族和蒙古族地区喇嘛教大活佛的封号，国民党时期沿用了这一制度。

草案》关于共产党之任务中就指出："实行义务教育，教育与宗教绝对分离。"[①] 1926 年 9 月中共四届（扩大）三中全会通过的关于《农民运动议决案》《对于红枪会运动议决案》《学生运动议决案》以及《关于济南运动的议决案》等，都强调对宗教持慎重态度。规定：不要故意造出一个与他们发生实际冲突的机会；不要积极地去反对迷信教条，为了团结组织各种反帝爱国力量，革命活动应不分党派、宗教、阶级；等等。[②]

1927 年 3 月，毛泽东同志在《湖南农民运动考察报告》一文中更进一步明确指出了党对宗教的态度和政策。他说：迷信观念之破除，"乃是政治斗争和经济斗争胜利以后自然而然的结果"。"菩萨是农民立起来的，到了一定时期农民会用他们自己的双手丢开这些菩萨，无须旁人过早地代庖丢菩萨。"共产党对于这些东西的宣传政策应当是"'引而不发，跃如也'。菩萨要农民自己去丢，烈女祠、节孝坊要农民自己去摧毁，别人代庖是不对的"[③]。到 1934 年 6 月 16 日，红军长征前夕，以夏曦、关向应、贺龙、卢冬生署名颁发的《中华苏维埃共和国湘鄂川黔革命军事委员会致贵州印江德江务川沿河各县神坛诸同志书》中亦着重强调："信教自由，保护神坛和不信神者的自由。"[④] 以上这些，就是中国共产党早期对于宗教问题的基本观点和态度。

长征开始后，红军陆续进入社会历史情况都比较复杂，宗教信仰特别深厚的各少数民族聚居地区，这就给了党和红军以实践并逐步完善其宗教信仰自由政策的极好机会。当时反复宣布的有关宗教政策的内容主要有：

"回、番民族宗教信仰自由"，"念经敬佛、当喇嘛听其自愿"，"准许人民信菩萨，不愿当喇嘛的准许还俗"；"反对伤害回番民的风俗习惯和宗教感情"，"反对侮辱回教，清真寺财产由教民选人管理"；等等。毛泽东同志签发的党和苏维埃政府对回族人民的宣言中的第二条亦明确宣告："我们根据信仰自由的原则，保护清真寺，保护阿訇，担保回民信仰的绝对自由。"[⑤]

① 中央档案馆编《中国共产党第二次至第六次全国代表大会文件汇编》，人民出版社，1981，第 56 页。

② 见中共中央书记处编《六大以前》，人民出版社，1980，第 590 页。

③ 《毛泽东选集》第 1 卷，第 33 页。

④ 贵州省博物馆编《黔山红迹》，贵州人民出版社，1981。

⑤ 《中华苏维埃中央政府对回族人民的宣言》。

这些言词是何等的明确而坚定！所谓“担保信仰的绝对自由”的含义，当指：各少数民族群众有信仰宗教的自由，有不信仰宗教的自由；有信仰这种宗教的自由，也有信仰那种宗教的自由；在同一宗教里面，有信仰这个教派的自由，也有信仰那个教派的自由；有过去不信教而现在信教的自由，也有过去信教而现在不信教的自由；等等。这些内容，基本上奠定了后来党的宗教信仰自由政策的基础。

令出必行。红军一、二、四方面军进入云南、西康和四川藏区后，指战员们都模范地做到了不侵扰喇嘛寺庙，不动藏民供奉的神像、神龛、香炉及一切念经设施，不进入神山、神林、神水之所在，亦不撕动藏民贴在门上的封门“神符”、红布条以及插在庙旁、寨边、山上的经幡（麻尼旗帜）。因此，红军所到之处，除被敌军用作据点偷袭、狙击红军的个别寺庙外，所有寺庙和民间的宗教设施大都完好无损，喇嘛、活佛未遭侵犯，群众的信仰丝毫不受影响。

1936 年 5 月，贺龙、任弼时、关向应率领的红二方面军长征经过云南省中甸藏族地区，曾借用中甸藏经堂作为红军的司令部。在这里，贺龙同志热情接待过由中甸喇嘛寺派来的谈判代表夏纳古娃，耐心地给夏讲解革命道理，说明红军保护喇嘛寺和僧侣的生命财产，请喇嘛寺帮助红军筹办粮秣。他还亲自写了一封信，请夏纳古娃带给喇嘛寺的八大老僧，向他们宣传党的民族宗教政策。就在这个经堂里，贺龙同志欣然答应喇嘛寺的邀请，参加了喇嘛寺特意为红军举行的隆重的“跳神”活动，并向喇嘛们讲了话，感谢藏族同胞对红军指战员的帮助和支持。贺龙同志还以自己的名义，给喇嘛寺赠送了一面写着“兴盛番族”四个大字的红绸锦幛。①

关向应同志在西康省德荣县曾和蔼地对喇嘛说：“我们是红军，是穷苦人的队伍，不是国民党。我们路过这里断了粮，听说附近有喇嘛庙，请给我们指点去寺庙的路。”临别时，关向应亲自搀扶老喇嘛上马，并嘱咐部队千万要尊重喇嘛和藏民的信教自由，不要侵扰寺庙。红二、六军团进驻西康省乡城县时，王震、肖克同志亦非常尊重藏族人民的宗教信仰，他们曾向桑披喇嘛寺的纳瓜活佛赠送了一面锦旗，上书“扶助藏族解放”。

1936 年 4 月 17 日，红四方面军总政委陈昌浩为感谢西康省甘孜县白利

① 见《贺龙和中甸藏经堂》，载《民族文化》1982 年第 1 期；四川民族调查组：《红军长征经过藏区及藏族人民的反抗斗争》。

喇嘛寺为支援红军所作的特殊贡献[①]，特发布文告说：

> 查白利喇嘛寺联合红军共同兴番灭蒋，应予保护，任何部队不得侵扰，违者严办，切切此布！

李先念同志率领的红四方面军第三十军还曾经在甘孜藏区发布过保护觉母寺（尼姑庵）的布告：

> 布　告
>
> 此系合则觉母寺院，凡一切人等不得侵扰。[②]
>
> 此告
>
> 中国抗日红军
>
> 李先遣军政治部

此外，甘孜博巴政府除在自己的革命政纲中明确宣告辖区内的一切公民“信教自由，还俗自由，喇嘛庙的土地财产不没收”外，也贴出保护寺庙的布告。如由道孚县博巴政府主席觉洛，副主席张德喜、荣中签署的布告便说：

> 来往部队同志们：这个房子是佛都督喇嘛的，要求凡来往部队不要随便侵入此房任意乱翻和毁坏及收拾经堂用具。凡家内之一切东西，需要应用，必须经过本人同意才能取去，绝不要强借，特此要求为荷。[③]

红军部队和民族自治政权在藏族地区模范执行党的宗教信仰自由政策的成效十分显著。原国民党政府西康宣慰使诺那呼图克图曾受命赴康，屡率农奴主武装袭击红军。被俘后送往红四方面军总部驻地，态度十分顽劣，

---

① 据红四方面军供给部出具的收条表明：半年内白利寺所属僧俗群众交纳的“拥护红军粮”计有青稞 134 石，豌豆 22 石，支援军马 15 匹，牦牛 19 头，并救护了大批伤病员。

② 中国历史博物馆编《中国工农红军长征文物选辑》。

③ 该布告由道孚县尼甲活佛保存至新中国成立，抄件存四川省民族研究所。

对红军干部说："我为发号施令之人，（西康宣慰使署）全署员兵，奉令行事。蒋委员长待我厚，防御共匪，系我天职，速杀我，宽免员兵。"[①] 红军考虑到诺那是一位年迈的藏族宗教上层人士，即遵照党的民族统战、宗教政策对其进行争取、团结工作。不仅尽心安排好食宿，尊重其信仰、习俗，让其随身亲信弟子韩大载陪伴护理，而且红四方面军总政委陈昌浩及总部有关方面负责人王维舟夫妇亦亲往驻地宣传解释党的民族统战、宗教政策，以除疑惧。就连韩大载也承认"王维舟夫妇俱宽厚，待师善且周"。正是在党的政策感召之下，诺那仇视红军的态度有了明显转变，不仅不再污蔑、诋毁红军，相反还志愿教授红军指战员学习藏语、藏文和藏族歌谣。在他的驻地，"咿呀不止，并制藏歌，歌之，声切云霄，说康藏故事，听者多感动，尝自煮茶熬酥油……"，与初时判若两人。后来，诺那染疾病故于甘孜，红军亦尊重其遗言，按藏族习俗和喇嘛教规矩，停尸、念经、火化，并派代表前往致哀。[②]

1935 年 9 月，毛泽东同志为首的党中央率领的红军北上先遣支队进入信奉伊斯兰教的回民聚居区川、甘、陕毗邻地带时，红军政治部特颁发了《回民区域政治工作》注意事项：

> 1. 进入回民区域，应先派遣代表同阿訇（回教首领）接洽，说明红军北上抗日意义，获得回民许可后，才准进入回民乡村宿营，否则应露营；2. 保护回民信教自由，不得擅入清真寺，不得损坏回民经典；3. 不准借用回民器皿用具，各部在回民地区不得吃猪肉、猪油；4. 宣传红军民族平等之主张，反对汉官压迫回民。[③]

毛泽东、周恩来、彭德怀等党和红军的领袖抵达甘肃省通渭地区时，都曾亲切地与伊斯兰教的阿訇站在街头路边接谈。红军不仅没有住宿清真寺，就是经过阿訇同意住进了回民的房子，都到郊外去煮饭，根本不用回民任何餐具，杀鸡宰羊都请回民帮忙，甚至在回民面前连"猪"字都不提及。红军政治工作人员不断向回民宣传回、汉一家，尊重其信教自由，主

---

① 见《四川文史资料》第 29 期。

② 见《诺那呼图克图行状》，载《康藏前锋》第 4 卷，1936。

③ 见《中国工农红军第一方面军长征记》，第 325 页。

张民族平等，而回民中的宗教职业者阿訇也常到红军驻地畅谈其回教经典的道理。[①]

红军进驻四川省茂县城后，不仅回民照常在各清真寺沐浴净身做“礼拜”，而且红军中的回民领袖肖甫真（阿訇），还在县城清真寺内主持了“圣忌”活动，利用“圣忌”的讲坛，宣讲了回族人民的光荣革命斗争历史。他列举了清代云南回民领袖杜文秀起义的经验教训，指出只有在共产党领导下，才能有回民解放这一颠扑不破的真理。[②]

正是在党的民族政策和宗教政策的感召下，西康省甘孜县白利寺活佛格达，陕甘回族中的一些阿訇以及其他许多信教的爱国者，勇敢地投身到了人民革命的洪流之中，积极支援红军，参加红军，有的还为各族人民的解放事业献出了鲜血和生命。

综上所述，党在红军长征时期为实现北上抗日的目的，为了中华民族的解放事业，曾经制定了一系列民族统战宗教政策，这些政策概括起来是：必须争取、团结少数民族中与群众有一定联系的上层人士，通过政治的或军事的联盟以建立并逐步扩大和发展反帝反国民党军阀统治的统一战线；必须实行政教分离，切实保证少数民族的宗教信仰自由，不论信教、不信教，也不论信仰什么宗教，都不应受强力干涉。这些政策同党在同一时期所制定的民族政策和其他政策一样，经历了革命实践的检验，证明了它们是基本正确的，是符合我国民族地区实际情况的，也就获得了很大的成功。党和红军正是借助于统战、宗教和民族政策，不仅迅速地解决了许多复杂而紧迫的民族问题，最大限度地孤立和打击了最顽固的反动派，胜利地通过那么多少数民族聚居地区，实现了伟大的战略转移，而且播下了革命火种，壮大了民族统一战线，为后来的抗日战争和解放战争的胜利打下了基础。不可否认，由于当时我党和红军都还不够成熟，运用马列主义理论解决国内民族问题的实际也缺乏经验，因而所制定的政策尚不够完善，执行中难免会有缺失，但这是难免的，亦不难纠正。

（《民族研究》1984 年第 4 期）

---

① 参见杨定华《从甘肃到陕南》，载《红一方面军长征记》。

② 茂汶县党史资料征集小组办公室：《红军长征过羌寨》（初稿）。

关于我国民族概念历史的初步考察

——兼谈对斯大林民族定义的辩证理解

彭英明

近几年来，随着民族研究工作的深入，我国民族研究工作者又开展了关于民族概念问题的讨论。论者大多从外语翻译的角度加以探讨，这无疑是对的。但是须知，中国是一个历史悠久的统一的多民族国家，我国的民族概念，是受到了中国历史的传统影响的。我们不妨从本国的实际情况出发，另辟蹊径，探讨一下具有中国特色的民族概念发展的历史，也许是有益处的。

实际上，这一工作也已开始进行。辽宁《社会科学辑刊》1981 年第 4 期发表了金天明、王庆仁同志的《“民族”一词在我国的出现及其使用问题》；《民族研究》1984 年第 2 期也发表了韩锦春、李毅夫同志的《汉文“民族”一词的出现及其初期使用情况》一文，均就我国民族概念的历史进行了考察，提出了许多有价值的意见。这里，我们也想就此问题谈谈个人的看法，以期促进研究的深入。

在我国古代的“族类”划分标准中已包含有民族要素

根据我们对我国古代及中世纪历史文献的初步考察，“民族”二字的直接连用，早在汉代对先秦典籍的注释中就偶有出现。如郑玄在注释《礼记·祭法》时写道：“大夫以下，谓下至庶人也。大夫不得特立社，与民族居百家以上，则共立一社，今时里社是也。”但是很明显，这里的“民族”二字，还不是一个名词，不是指民族这个人们共同体，而是指“家族”或

“宗族”而言的。因此，到目前为止，作为人们共同体的“民族”一词的完整用语，在我国古籍中确实还未发现。然而，应当肯定，在我国历史上“族”的用语和以“族”分类是很多见的。而且，如果就内涵而言，可以说，在我国古代的“族类”划分标准中，早已包含着民族的诸要素。这与西方早期民族概念的含义，似乎也无大的差别。

“族”字，汉字中早有，甲骨文作“㫒”“奏”；金文作“炎”。《说文解字》解释曰：“族，矢锋也。束之族也，众矢之所集。又聚也。”这种解释显然有两层意思：前者释字义，即“矢”；后者则是指意义，即“聚”。什么是“聚”？聚者居也，也就是聚居在一起的人群，称“族”。故《汉书·司马相如传》上林赋曰：“族居递奏，金鼓迭起。”注曰：“族，聚也，聚居而递奏也。”按照古人的分类，这里的聚族又包括了两大类型：一是指有血缘联系的亲族；二是指没有血缘联系的人群，即“族类”，亦称“人”或“方”。

具有血缘关系的亲族是指家族、宗族、氏族，在古籍中多称“公族”、“官族”、“王族”或“氏”等。公族、官族、王族，都是封建宗族的通称，它是由同一始祖繁衍下来的若干大家族而组成的结合体，其特征是具有共同的始祖和宗庙；有特殊的祭祀和共同的姓氏。《周礼》卷二的“宗以族得民”；《诗·周南》的“麟之角，振振公族，于嗟麟兮”；《礼记》的“庶子正于公族者，教之以孝弟睦友子爱，明父子之义；长幼之序”，指的都是宗族和家族。而《左传》定公四年的所谓“殷民六族；条氏、徐氏、肖氏、索氏、长勺氏、尾勺氏……殷民七族：陶氏、施氏、繁氏、锜氏、樊氏、饥氏、终蔡氏”，则明显指的是具有血缘关系的氏族。

所谓“族类”，就不是具有血缘关系的宗族、家族和氏族，而是对于大于家族、宗族和氏族的人们共同体的分类。它不以是否具有血缘关系为标准，而以地域关系为标准，这种分类在我国古籍的记载中亦是很多的。如《尚书·尧典》：“帝曰：吁咈哉，方命圮族。”传释：“族，类也。”《周礼》春官钟师：“凡乐事，以钟鼓奏九夏。”汉郑玄注：“以文王鹿鸣言之，则九夏皆诗篇名，颂之族类也。”都是以类分族的。所以，《左传》里就有：“神不歆非类，民不祀异族”（僖公十年）；“鬼神非其族类，不歆其祀”（僖公三十一年）；“非我族类，其心必异，楚虽大，非我族也”（成公四年）等句。这些显然都是指古代民族或部族，而不是指家族、宗族和氏族。《左传》文公十八年记载：上古舜曾“流四凶族：浑敦、穷奇、梼杌、饕餮，投诸四裔，以御魑魅。”按：这里的四族，就是指的共工、欢兜、三苗等古代少数民族或部族，也即《尚书·舜典》中所谓的“流共工于幽州，放欢兜于崇山，窜三苗于三危，殛鲧于羽山”。按照传说，这“四凶族”，甚至就是后来蛮、夷、戎、狄的来历。尽管这种传说并不可信，但其非指血缘关系的宗族、家族和氏族则是十分清楚的。

从我国古代关于“族类”划分的标准中，我们还可以看出，古人不但能够把家族、宗族、氏族同古代民族或部族，用是否具有血缘关系作界限将其区别开来，而且在他们的“族类”划分标准中，也包括了共同语言、共同地域、共同经济生活和风俗习惯等民族的要素。

例如，早在先秦时代，《礼记·王制》就明确指出：“中国戎夷，五方之民，皆有性也，不可推移。东方曰夷，被发文身，有不火食者矣；南方曰蛮，雕题交趾，有不火食者矣；西方曰戎，被发衣皮，有不粒食者矣；北方曰狄，衣羽毛，穴居，有不粒食者矣。”这里的蛮夷戎狄之划分，就是根据不同的地域、不同的经济和风俗习惯加以区别的。所以正如已故著名史学家李亚农先生所说的，当时的许多人都从不同角度，看到了不同民族的特点。[①] 如孔子说：“微管仲，吾其被发左衽矣！”（《论语·宪问》）就是说的发型，即在披发左衽和束发右衽上，看到了不同民族的差别。孟子也在语言上看出了南方民族和北方民族的区别，他说：“今也南蛮鴃舌之人。”（《孟子》滕文公上）庄子则在《逍遥游》中指出：“宋人资章甫而适诸越，越人断发文身，无所用之。”（《庄子·逍遥游》）这里也是指越族的风俗习惯。作为少数民族出身的戎子驹子则自己就承认：“我诸戎饮食、衣服不与华同，贽币不通，言语不达”（《左传》襄公十四年）。这就更加把经济生活、衣饰和语言的不同，作了华、戎异族的标志。可见，早在先秦时代，民族内涵的诸主要因素，就已经成为划分不同民族的主要内容了。

到了秦汉时期，这一标准更为明确。司马迁写《史记》，为周边少数民族立传，其分类标准也是着眼于地域、经济生活、语言和风俗习惯。如他在《匈奴列传》中谈到古代北方少数民族时，说他们“居于北蛮，随畜牧而转移……逐水草迁徙，毋城郭，咸食畜肉，衣其皮革，被旃裘”。在《西南夷列传》中，当谈到西南古代少数民族时，则是“皆魋结，耕田，有邑

① 《李亚农史论集》下册，上海人民出版社，1978，第612页。

聚”。除《史记》外，秦汉时期一些涉及“华夷之辨”的著述，也都莫不以此为准。《吕氏春秋·为欲篇》就说：“蛮夷反舌，殊俗异习之国，其衣服冠带，宫室居住，舟车器械，声色滋味皆异。”《淮南子》亦称：“是非各异，习俗相反。”（卷十三《氾论训》）应劭的《风俗通义》则划得更细。

秦汉以降，直至清代，历代“族类”划分标准，大多沿用先秦及司马迁标准不变，且愈加具体细致。如《旧唐书·南蛮传》在识别西南少数民族时，对东谢蛮的地理位置、经济生活、文化习俗都作了更加详细的描述：“东谢蛮，其地在黔州之西数百里，南接守宫獠，西连夷子，北至白蛮（共同地域）；土宜五谷，不以牛耕，但为畲田，每岁易（共同经济生活）。俗无文字，刻木为契。散在山洞间，依树为层巢而居。汲流以饮……婚姻之礼，以牛酒为聘。女归夫家，皆母自送之。女夫惭，逃避经旬方出。燕聚则击铜鼓，吹大角，歌舞以为乐。好带刀剑，未尝舍离。丈夫衣服，有衫袄大口裤，以锦绸及布为之。右肩上斜束皮带，装以螺壳、虎豹猿狖及犬羊之皮，以为外饰。坐皆蹲踞。男女椎髻，以绯束之，后垂向下（共同文化习俗及心理素质）。”另如唐樊绰《蛮书》、宋朱辅《溪蛮丛笑》都是如此分类的。所以，清初大思想家王夫之在谈到“族类”不同时说：“夷狄非我族类者也。”（《读通鉴论》卷四）“夷狄之于华夏，所生异地。其地异，其气异矣。气异而习异。习异而所知所行蔑不异焉。”（《读通鉴论》卷四十）这是对我国古代“族类”划分标准的一大总结。

从以上叙述可以看出，在我国古代，作为人们共同体的“民族”一词虽未出现，但“族”的分类却是很早的。而且，“族类”划分的标准大体与民族内涵一样，基本上具备了“四大要素”。这一点，似乎比西方早期的民族概念还要深刻。就我们目前所掌握的资料，在西欧，“民族”一词始用于《荷马史诗》之一的《伊利亚特》，后被希罗多德在其名著《历史》（《希腊波斯战争史》）中加以广泛使用，但其内涵都不很清楚。《伊利亚特》只用了“山居民族”一语。[①]《历史》一书也只写了“希腊族自从他们出现以来就一直使用着同一种语言”，“这样看来，刚比西斯下令所做的这件事是违犯两个民族的风俗习惯的”。[②] 比起中国古代“族类”标准中对民族四个要素具体详尽的叙述来，那就要逊色得多了。

---

① 《伊利亚特》，人民文学出版社，1962，第10页。

② 希罗多德：《历史》（《希腊波斯战争史》），第192、360页。

因此，我们不能因为中国古代没有使用过作为人们共同体的“民族”一词，而否定我国历史上的“民族”概念，而应该承认中国古籍中的“族类”划分及其标准，早已包含了民族的要素。从实质上看，它就是中国古代的民族概念。

近代“民族”一词的使用及其广泛传播

1840 年鸦片战争以后，中国封建时代的“闭关锁国”政策开始被冲破。随着中西交往的日益频繁，一些外来用词也随之传入。“民族”一词也是这样传入我国的。

但人们的习惯势力总是很顽固的。在中国近代，从鸦片战争到太平天国，即 19 世纪 40～60 年代一段较长的时间里，“民族”一词并未使用，人们还习惯于“蛮”、“夷”或“族类”之称。如林则徐在谈到外国人时，就多用“夷人”相称；魏源写《海国图志》所提口号，也是“以夷之长技以制夷”；在其关于国内民族问题的著作《圣武记》里，则称少数民族为“塞外诸藩”。就是接触西方文化较早的太平天国思想家洪仁玕，在其《资政新篇》中，也还是说：“其余万方来朝，四夷宾服，及夷狄戎蛮鬼子，一切轻污之字皆不必说也。”讲的完全是老话。不过，值得注意的是，在太平天国所印的《旧遗诏圣书》中，则多次使用了“以色列族”①；侍王李世贤《致各国领事书》使用的“汉族”“满族”“蒙族”② 应当说也就是“民族”的概念了。

那么，完整的“民族”一词，在我国，是在什么时候、由谁最早使用的呢？其来源又怎样呢？长期以来，学术界均未进行过认真探讨。过去，一般只笼统地认为始于清末民初，是由资产阶级革命派从日本引进、最先使用的。1981 年，金天明、王庆仁二同志经过长期研究发表了《“民族”一词在我国的出现及其使用问题》一文，认为“民族”一词最早出现于梁启超的《东籍月旦》，是由日语引进的。但据我们了解，《东籍月旦》并不写于 1899 年，而写于 1902 年，最初发表在 1902 年的《新民丛报》上。因此，该文肯定不是我国最早使用“民族”一词的文章。

① 《太平天国印书》下册，江苏人民出版社，1979，第 157 页。

② 《中国近代史资料选辑》，三联书店，1954，第 218 页。

1983年11月，我们在全国民族学讲习班期间，为了讲课，经初步查证，原以为康有为1898年6月在“维新变法”期间，给光绪皇帝所上奏折《请君民合治满汉不分揭》[①] 使用的“民族之治”一语，是我国首先使用“民族”一词的文字。但最近，《民族研究》发表的韩锦春、李毅夫所写《汉文“民族”一词的出现及其初期使用情况》一文，则将这一时间提前了好几年。据该文所述，汉文“民族”一词最早见于光绪二十一年（1895）第二号的《强学报》上一篇题为《论回部诸国何以削弱》的文章。

为了使研究更深入一步，近来我们又对若干文献进行了较为细致的考察。经初步考察证明，韩、李二人所说的那篇文章，也不是我国最早使用“民族”一词的文章。我国最早使用“民族”一词的文章是资产阶级早期改良主义思想家王韬撰写的《洋务在用其所长》一文。其文曰：

> 夫我中国乃天下至大之国也，幅员辽阔，民族殷繁，物产饶富，苟能一旦奋发自雄，其坐致富强，天下当莫与颉颃。[②]

王韬（1828～1897），江苏吴县人，1849年曾到上海，在英国传教士麦都斯创办的墨海书馆教书，前后13年，初步接触到西方文化。1860年因给太平军写信遭清政府追捕，避祸香港。1867年去美国译书，并游历过法、俄等国，研究西方富国强兵之道，1870年回港。从1874年起主办《循环日报》，写了许多文章，系统宣传自己的改良主义思想。其《洋务在用其所长》一文便是这一时期所写，时间当在1874年前后，比上列《强学报》1895年所载文章要早20年左右。其名词来源，也不会引自日文，可能来自英语。

为什么可以断定王韬的《洋务在用其所长》是1874年左右的作品呢？虽然报纸本身因年久失存，无法查证，但因为《韬园文录外编》系王韬自己选编的文集，他在本集题解中明确宣称：“余文本分内外两编……外编乃就客粤时所作汇辑成书，中间多论时事，余以妄谈经济几为忌者所中；仍

① 中国近代史资料《戊戌变法》（二），第237页。

② 王韬：《韬园文录外编》，中华书局，1959，第83页；又见中国近代史资料《洋务运动》第1册，第496页。

犹不自悔，重蹈咎辙谬罪言，不亦为识者齿冷哉!"[①] 王韬自1870年由欧返港，至1882年自粤返吴定居，前后12年，其间只1879年到日本养病，除与黄公度咏诗交游外，没有写什么政论文章，只百日即返。而这十多年中，他亲自主编过《循环日报》两年（1872～1874），其后虽由洪干甫代理，他仍"兼理报务"，并以主要精力从事撰述。1882年离港以后，就很少撰写谈论洋务方面的文章了。所以题解说的"客粤时所作"，定在1874年前后，是根据他自己文集所谈而得，当是不会错的。至于说王韬用"民族"一词不会引自日文，可能来自英语，那是因为王自1856年起，即受雇于英国传教士达13年之久。1867年以后，又去英国译书，并游历西欧各国，其间虽于1868年一度到过日本，但仅四个月时间；1870年返港后也多与西人打交道，其间只是小住日本百日。总括他的一生，所受日本文化影响极少，或许根本就不懂日语，而对于英语则十分娴熟。所以，说他使用的"民族"一词来源于英语，当也是可以理解的。

然而需要指出的是，王韬虽然在19世纪70年代开始使用了"民族"一词，似乎也不是很纯熟的。就是在他同一时期的大量文章中，在谈到国内外民族问题时，都还是大量使用了传统的"夷""蛮"等词，"民族"一词只是上述偶尔一见。不仅如此，就是到了该世纪的八九十年代，虽然在《强学报》上，在康有为的奏折中以及其他报刊译著中出现了"民族"一语，但大量的都还是用"蛮""夷"或"族""种族"等词。"民族"一词的广泛传播，那还是20世纪初年的事。

20世纪初年，是我国社会风雷激荡的年代。随着帝国主义的瓜分狂潮和清王朝的彻底卖国，中国的民族危亡达到了极点，一场声势浩大的资产阶级民族民主革命即将来临。由于形势的需要，"民族"一词便在各个派别的著述中广泛使用起来。

应当肯定，在20世纪初，资产阶级改良派的主要宣传家梁启超仍然是对"民族"概念大加阐发的第一个人。继1902年在《东籍月旦》一文中提出"民族"概念以后，1903年，他又写了一篇题为《政治学大家伯伦智理之学说》的介绍文章，借用伯氏的话，第一次在我国对民族的产生及其特征作了说明："民族者，民俗沿革所生之结果也。民族最要之特质有八：（一）其始也同居一地；（二）其始也同一血统；（三）同其肢体形状；

① 王韬：《韬园文录外编》，第83页。

（四）同其语言；（五）同其文字；（六）同其宗教；（七）同其风俗；（八）同其生计。有此八者，则不识不知之间，自与他族日相隔阂，造成一特别之团体之固有之特质，是之谓民族。”[①] 与此同时，梁氏还在《论民族竞争之大势》（1902）、《新民说》（1902）、《新民议》（1903）、《论国民与民族之差别及其关系》（1903）、《历史上中国民族之观察》（1903）等文章中，也广泛地使用了“民族”概念，并使用了“民族主义”“民族帝国主义”等名词。

20世纪初年，刚刚滋生的中国无政府主义者，在他们主编的《天义报》《新世纪》中，也盗用过“民族”“民族主义”等词，用以反对孙中山领导的中国资产阶级民主革命。如《新世纪》在一篇文章中认为：“仅言民族主义，则必贵己族而贱他族，易流为民族帝国主义。……仅言民族革命，则革命之后，仍有欲得特权之希望，则革命亦出于私。”[②] 简直是一派打着“民族”旗号的胡言乱语。

可以说，在辛亥革命时期，对“民族”一词使用得最多、影响最大的，是以孙中山为首的资产阶级革命派。早在1894年，伟大的资产阶级革命家孙中山就在《兴中会宣言》中使用过“异族”一词。1903年他在《敬告同乡书》中，又以“种族”一词相代。而到1904年在《中国问题的真解决》一文中，便正式使用“民族”概念了。在1905年8月的《同盟会宣言》中，孙中山以“驱除鞑虏，恢复中华，建立民国，平均地权”为革命纲领，号召“光复我民族的国家”。同年11月，他在《民报发刊词》中，更将这一纲领概括成了“民族、民权、民生”三大主义，用以指导革命。[③] “民族”“民族主义”等名词，便成为极为普遍的日常口语了。

不仅如此，为了使“民族”概念更加明确，资产阶级革命派更就民族的定义及其特征作过说明，影响也是很大的。如在辛亥革命时期，作为当时资产阶级革命宣传家的汪兆民，就曾写过一篇题为《民族的国民》的文章，他说：“民族云者，人种学上之用语也。其定义甚繁，今举所信者曰：民族者，同气之继续的人类团体也。……兹所云气类，其件有六：同血系、

① 《饮冰室文集》卷五·学说二。

② 张枬、王忍之编《辛亥革命前十年间时论选集》第2卷下册，第1007页。

③ 均见《孙中山选集》。

同语言文字、同住所、同习惯、同宗教、同精神体质。"[①] 后来到了1924年，孙中山在关于三民主义的演说中，在谈到什么是民族时，也说："由于王道自然力结合而成的是民族。"自然力包括五大力，其中最大的力是"血统"，次大的力是"生活"，第三大的力是"语言"，第四个力是"宗教"，第五个力是"风俗习惯"[②]。自孙讲演以后，在我国各界，大都以此为据，遂成定义。

从中国国情出发，全面理解斯大林的民族概念

到了现代，在我党历史上，老一辈无产阶级革命家从中国的国情出发，把马列主义的民族定义同中国的传统观点结合起来，正确而广泛地使用了"民族"这一概念。

我国马克思主义者最早使用民族概念的，是李大钊和陈独秀。1916年，李大钊在《青春》一文中写道："人类之成-民族-国家者，亦各有其生命焉。有青春之民族，斯有白首之民族……""我之民族为青春之民族"。"今后人类之问题，民族之问题，非苟生残存之问题，乃复活更生，回春再造之问题也。"[③] 陈独秀在1915年9月发表的《敬告青年》一文中，也使用了"东西民族""将来之民族"的用语。[④] 李大钊等人的"民族"用词，可以说标志着中国马克思主义民族概念的开始。

毛泽东同志是把马列主义同中国的实际情况相结合的典范，在"民族"概念的运用上也是如此。早在1916年，他也开始广泛使用了民族概念。如他在《湘江评论》的发刊词中写道："至于湘江，乃地球上东半球东方的一条江。……住在这江上和他邻近的民族……"他在该刊的《西方大事述评》中也写道："德国民族，为世界上最富于高的精神民族"，"德国为日耳曼民族"。1918年9月，他去北京求学，接受了马克思主义，返湘后又写了《论民众的大联合》一文。文中说："他日中华民族的改革，将较任何民族为彻底。中华民族的社会，将较任何民族为光明。中华民族的大联合，将较任

① 《民报》第1期。

② 见《孙中山选集》。

③ 《新青年》第2卷第1号。

④ 《青年杂志》第1卷第1号。

何民族而先告功。”“我们中华民族原有伟大的能力。”[①] 以后，到了 20 世纪三四十年代，以至新中国成立后，毛泽东同志在他的一系列文章中，也都是广泛使用民族概念的。

从以上所述可以肯定，我国马克思主义者在使用民族概念时，不仅从马克思、恩格斯的著作中学习了无产阶级的民族概念理论，而且还直接继承了中国历史上传统的“族类”概念和近代资产阶级思想家的“民族”用语。因此，我国马克思主义者所使用的民族概念与斯大林关于民族的完整定义是有差别的。斯大林阐述民族完整定义的《马克思主义与民族问题》一文，虽写于 1913 年，但直到 1938 年才由张仲实译成汉语在中国出版；《斯大林全集》第二卷收集此文的时间是 1946 年，到 1953 年才译成中文在中国出版发行，故中国人接受斯大林的民族概念最早也在 20 世纪 30 年代，而广泛传播则是新中国成立以后的事情。这是我们在讨论我国民族概念时不能不考虑的问题。

有鉴于此，我们对于斯大林的民族定义，就要作全面的辩证的理解：一方面，肯定这一定义的正确性和科学价值，肯定其对于全世界各民族都是普遍适用的。应当遵循这一普遍原理。但另一方面也应看到，“所有一般的定义都只有有条件的、相对的意义，永远也不能包括现象的全部发展上的各方面的联系”[②]。我国国情不同于西欧。我国历史悠久，地域辽阔，民族众多，社会经济发展不平衡，且各民族长期以来交错杂居，互相影响，与斯大林所说的完全具备“四大特征”的民族不完全一样。

例如，在“共同语言”这一特征上，虽各个民族均有自己独特的语言，但在“共同”性上，就不始终如一。我国西北的裕固族就说两种语言：一属蒙古语族，一属突厥语族。南方瑶族语种更多，共分四种，除一部分人说一种与当地话不同的汉语方言外，其余三种语言分属苗瑶语族的瑶语支、苗语支和侗傣语族的侗水语支。云南景颇族的景颇语和载瓦语也分属于藏缅语族的景颇语支和缅彝语支。对这些情况，都不能拿斯大林的定义来硬套。在“共同地域”上，从我国若干民族的现况来看，就不是始终具备。有的民族如回族从一开始形成就没有一个完全统一的“共同地域”。史载，我国回族是以 13 世纪初叶开始东来的中央亚细亚各族人以及波斯人、阿拉

① 《湘江评论》第 2 号。

② 《列宁全集》第 22 卷，第 258 页。

伯人为主体，并吸收汉人、蒙古人、维吾尔人成分以及别的成分，融合、发展而形成的一个民族。他们从一开始就并不都居住在一个地方，而只以信仰伊斯兰教及其风俗习惯为纽带，相互联结起来，形成一些小的聚居点，分布在全国各地。我国回族这种“大分散，小聚居”的缺乏“共同地域”的特点，与斯大林的公式似乎也不尽一致。满族以前虽有“共同地域”，但自1644年清军入关以后，就不再具备“共同地域”了。现在，在满族的260多万人中，就有100多万分布在全国各地。有的有自己的小聚居点，有的连聚居点也没有，而杂居于汉族和其他民族之中。这种状况，更是不能严格用斯大林的“共同地域”这一标准来硬套的。至于“共同的经济生活”，按斯大林的原意，主要指各民族的以资本主义民族市场为中心的经济联系。这种联系是建立在交通发达和彼此分工基础上的，是一个紧密的经济整体。然而严格说来，在新中国成立前，我国各个民族都不完全具备这一特征。因为我国有史以来就是一个以农业为基础的自给自足、闭关自守的国家，封建自然经济占主导地位，商品经济极不发达，交通不便，分工不细，当然不能形成民族的紧密的经济联系。所以，我们对“共同经济生活”的理解，就要从我国各民族的实际出发，只要看到其共同的“经济类型”（如农业、畜牧业等）就可以了，而不必苛求其“经济联系性”。

斯大林民族概念的第四要素是“共同心理素质”。因为“共同心理素质”比较抽象，也需要我们根据我国民族实际情况加以说明。按斯大林的原意，所谓“共同心理素质”，主要指一个民族的人们在精神形态上的特点，它主要通过“民族文化”表现出来。那么什么是“民族文化”呢？按我们的理解，主要包括民族语言、文学、艺术、生产形式、风俗习惯、宗教信仰等各个方面。每一个民族，都在这些方面表现出一些独特的爱好、兴趣、气质、性格等，从而区别于其他民族。这就是表现于民族文化上的民族特点。不仅如此，“共同心理素质”也应包括“民族意识”。什么叫“民族意识”？按照费孝通教授的解释，“用一句比较容易理解的话来说，是同一民族的人感觉到大家是属于一个人们共同体的自己人这种心理”[①]。这种心理，有时也称“民族自觉”“民族自豪感”，它是当今维系民族存在的一个重要纽带，即“意识纽带”。

① 《民族与社会》，人民出版社，第15页。

在民族“共同文化特点上的共同心理素质”的内涵上，还有一个值得加以讨论的问题，就是风俗习惯问题。熊锡元同志在《民族研究》1983 年第 1 期发表了一篇题为《风俗习惯应否作为民族要素》的文章，提出了把风俗习惯作为民族“第五要素”的建议。文章把风俗习惯排除在“共同文化心理素质以外”，虽然未见得正确，但文章从中国的民族实际情况出发，高度重视风俗习惯在民族形成和民族结构中的重要作用，则是值得重视的，应当引起我们的注意和讨论。

总之，我们认为：在研究民族概念的时候，我们必须从实际出发，把斯大林的民族定义同中国的历史和现实情况结合起来，才能探讨出一个符合中国特点的、为大家所广泛接受的中国民族概念来。

（《民族研究》1985 年第 2 期）

解放战争时期中国共产党民族政策理论体系的形成

陈　理

解放战争时期，面对中国两种前途、两种命运的决战，中国共产党顺应全国各族人民的要求，制定了比抗日战争时期更为丰富、具体和切合新时期革命斗争实际的民族理论政策，初步形成了以平等团结、共同解放与发展民族区域自治为核心的民族政策理论体系，并创造性地在复杂、激烈的革命实践中加以充实和正确应用，最终领导全国各族人民赢得了新民主主义革命的伟大胜利。

还在抗日战争胜利的前夜，1945 年 4 月至 6 月，中国共产党在延安隆重召开了党的“七大”。会上，毛泽东代表党中央作了题为《论联合政府》的政治报告，其中，关于民族政策方面，毛泽东着重提出要进一步“改善国内少数民族的待遇，允许各少数民族有民族自治的权利”。他还指出：共产党人“必须帮助各少数民族的广大人民群众，包括一切联系群众的领袖人物在内，争取他们在政治上、经济上、文化上的解放和发展，并成立维护群众利益的少数民族自己的军队。他们的言语、文字、风俗、习惯和宗教信仰，应被尊重”①，从而指明了抗战后党的民族工作重心所在及其努力的方向。为了贯彻这次大会的精神和毛泽东在上述报告中有关少数民族工作的意见，这一时期，中共中央及一些党的高级领导人根据时局的变化，不断对新老解放区的民族工作作了许多及时的具体指示，创造性地丰富了民族政策的内容，使党的民族理论与政策进入一个全方位初步发展的新阶段，其具体表现在以下几个方面。

---

① 毛泽东：《论联合政府》，中国社会科学院民族研究所：《党的民族政策文献资料选编》，1981，第 96、97 页。

一　改变民族自决与民族自治并提的二元论主张，确立实行民族区域自治的政策和制度

如果说抗日战争时期，中共的民族纲领从号召民族自决渐变为主要讲民族自治，那么到解放战争时期则明确制定了以民族区域自治为解决我国民族问题的基本纲领。同许多新举措一样，它的推行也经历了一个逐步尝试、拓展到最终确定的过程。面对抗战后集中于内蒙古地区出现的复杂民族形势，中共中央因势利导，当机于1945年10月23日发出了《中共中央关于内蒙工作方针给晋察冀中央局的指示》，提出了解决内蒙古民族问题的基本方针："在目前是实行区域自治。首先从各旗开始，争取时间，放手发动与组织蒙人的地方自治运动，建立自治政府"；"准备建立内蒙古自治筹委会的组织，统一各盟旗自治运动的领导，党内亦应有统一领导与政策"，还指出："各盟旗自治政府，目前可进行以下工作，如颁布简明纲领，建立地方武装，提拔与培养当地蒙古干部，检举蒙奸，举办有利蒙民的各种文化、经济及社会公益等建设事业"。[①] 这个指示，是中国共产党从抗日战争时期的民族自决和民族自治原则过渡到解放战争时期的民族区域自治的基本方针和基本政策的转折点，也是该时期民族工作取得突破性进展的入口。

11月10日，中央书记处批复晋察冀中央局的请示电，同意在内蒙古"先成立内蒙自治运动联合会，宣布纲领，发动广大蒙民，准备将来建立内蒙自治政府的方针"。并指示："目前在各省区内之蒙民可成立地方性质之自治政府，分别归绥、察、热省政府领导"[②]。23日，晋察冀中央局提出了《目前对内蒙古政策的几个要点》，指出：（1）关于建立区域性的自治政权方面，将"首先以盟以旗建立包括各个阶层的自治政府。各盟旗选举代表参加到各个省政府（热、察、绥），在民族自决与各族人民自由平等联合的原则下接受各省政府之领导。这样使各个省政府可以直接帮助和改造各盟旗的上下层的政权，发展各盟旗的经济和文化，改善蒙民大众的生活，以便进到建立内蒙古统一的自治政权"。（2）动员内蒙古各个阶层人民组织"内蒙古自治运动联合会"，这个团体是发动内蒙古各个阶层群众运动统一

① 中共中央统战部：《民族问题文献汇编》，中共中央党校出版社，1991，第964、965页。

② 中共中央统战部：《民族问题文献汇编》，中共中央党校出版社，1991，第976页。

的领导机关。它目前的任务是广泛地发展内蒙古群众运动，并且帮助各盟旗政府建立和改造各盟旗政权，及创办各种为人民大众服务的福利事情，将来以这个团体为基础建立内蒙古统一的自治政权。（3）筹备建立“内蒙古人民自卫军”①。

随着内蒙古自治运动的发展、成熟，党开始考虑首先在内蒙古成立地方自治政府的问题。1946 年 11 月 26 日中共中央向晋察冀、热河、东北、西满等中央局和分局发出指示：“内蒙自治现在不仅东蒙无论老年青年进步的落后的一致有此要求，而且国民大会的内蒙代表亦一致有此要求。……中央认为为了团结内蒙古人民共同抵抗蒋介石的军事进攻与政治经济压迫，现在即可联合东蒙西蒙成立一地方性的高度自治政府，发布施政纲领，但对蒙汉杂居地区仍容纳汉人合作，并避免采取独立国形式”②。次年 3 月 23 日，中共中央又对内蒙古自治诸问题提出指导意见，主要有：（1）成立统一的民族自治政府问题。党中央“主张先从各地区民族自治政府的成立入手，以影响尚未解放的西蒙人民，一时不忙成立联合的自治政府，惟内蒙人民代表大会既已召开，且东蒙及热察蒙民久已要求成立统一的自治政府，我们不应再加劝阻，故原则上，我们同意就在这次代表大会，产生内蒙统一的民族自治政府，但必须注意：第一，在宣言上必须提到西蒙大部分盟旗因在蒋介石统治下尚未解放，故不克有人民选举的代表参加，大会希望和欢迎下次大会能有那些地区的民选代表参加；第二，在纲领序言上要指出这是根据现有经验提出和通过的，等到各地区经验增加，新的盟旗加入，纲领仍要吸收新的意见加以增改的；第三，在政府组织中，要为西蒙代表团留出位置，以吸引之。为慎重计，这次选出的政府仍可称临时自治政府，以期待西蒙盟旗加入”。（2）自治政府纲领问题，“依目前经验只能通过一个较简要而带原则性的纲领，许多具体条文还是让各地区自治政府自己去规定，等到取得经验之后，再综合而成为新的条文，准备增加到下次大会的纲领中去”。（3）内蒙古民族自治区与各解放区的关系问题，“在大会宣言中应确定内蒙自治政府非独立政府，它承认内蒙民族自治区仍属中国版图，并愿为中国真正民主联合政府之一部分，它所反对的为蒋介石国民党

① 中共中央统战部：《民族问题文献汇编》，中共中央党校出版社，1991，第 981 页。

② 中共中央统战部：《民族问题文献汇编》，中共中央党校出版社，1991，第 1083 页。

独裁政府及其所制定的取消民族自治权利的伪宪法与其卖国内战反动的政策”[①]。

在此期间，中国共产党也首次进行了民族区域自治立法工作建设的尝试。在陕甘宁边区民族自治实践的基础上，1946 年 4 月 23 日陕甘宁边区第三届参议会第一次会议通过了《陕甘宁边区宪法原则》，其中第 9 条规定：“边区各少数民族，在居住集中地区，得划成民族区，组织民族自治政权，在不与省宪抵触原则下，得订立自治法规。”[②] 这是中国第一部关于民族区域自治的地方性法规，具有为此后中国共产党领导下的各地民族区域自治运动的展开提供法律依据的重大历史意义。

1947 年下半年后，中共中央开始在其他解放区推行建立民族区域自治政权的工作。1947 年 10 月发布的《中国人民解放军宣言》第 7 项指出：“承认中国境内各少数民族有平等自治的权利。”[③] 1949 年 1 月 28 日《中共中央关于对满人的政策给中原局的指示》中指出：“所称开封郑州两市之二千余人，如是聚居情况，保有若干民族特点，则应采取民族自治政策，允许其建立下层自治政权，并选举代表参加市人民代表大会。”[④] 2 月 5 日《中共中央关于成立少数民族自治区问题给琼委的指示》指出：“同意成立少数民族自治区行政委员会，但须经过人民代表会议形式，即需经过乡代表会议、县代表会议选举后，再召开自治区代表大会。”[⑤]

1949 年 6 月，在人民解放战争取得基本胜利之际，党中央着手召开中国人民政治协商会议预备事宜，筹建新中国。其间，中共中央系统地总结了党以往在民族工作方面的经验，特别是总结了内蒙古实行民族区域自治成功的经验，再一次就究竟是建立民族自治的单一制国家还是建立如同苏联那样的民族自决的联邦制国家，即采取何种体制解决中国民族问题，进行了认真的思考与讨论，毛泽东还曾就此问题专门征询过长期主持中央民族统战工作的李维汉的意见。李维汉根据毛泽东在抗日战争时期召开的党的六届六中全会提出的民族问题的基本纲领，结合土地革命时期、抗日战争时期党在民族地区实行小规模区域自治的实际经验，结合对中国国情和

① 中共中央统战部：《民族问题文献汇编》，中共中央党校出版社，1991，第 1094、1095 页。
② 中共中央统战部：《民族问题文献汇编》，中共中央党校出版社，1991，第 1047 页。
③ 中共中央统战部：《民族问题文献汇编》，中共中央党校出版社，1991，第 1132 页。
④ 中共中央统战部：《民族问题文献汇编》，中共中央党校出版社，1991，第 1218 页。
⑤ 中共中央统战部：《民族问题文献汇编》，中共中央党校出版社，1991，第 1221 页。

苏联国情特点作的深入比较分析研究，认为联邦制不适合中国的国情，中国应实行民族区域自治的政策和制度。毛泽东和党中央采纳了这个意见后，1949 年 9 月 7 日，周恩来向参加全国政协筹备会的全体会议代表作了题为《关于人民政协的几个问题》的报告，在谈到民族问题时，他说，中国是多民族的国家，但其特点是汉族占人口的最大多数，当然不管人数多少，各民族间是平等的，汉族应该尊重其他民族的宗教、语言、风俗、习惯；少数民族地区在历史上就是中国领土的一部分，我们应该把各民族团结成一个大家庭，防止帝国主义的挑拨分化。“任何民族都是有自决权的，这是毫无疑问的事。但是今天帝国主义者又想分裂我们的西藏、台湾甚至新疆，在这种情况下，我们希望各民族不要听帝国主义者的挑拨。为了这一点，我们国家的名称，叫中华人民共和国，而不叫联邦。……主张民族区域自治，行使民族自治的权力。”① 经过与会者的充分讨论协商，包括 13 个少数民族的 33 名代表和 662 名候补代表及特邀人士，一致同意中央的意见，建立统一的中华人民共和国，实行民族区域自治。可见，多民族国家里无产阶级夺取政权后，采取何种形式解决民族问题，必须根据本国的民族实际，遵循历史的和现实的具体情况，来作出决定。

二　坚持民族平等团结互助的方针，尊重少数民族宗教信仰、风俗习惯和语言文字的独立性

中国共产党历来主张民族平等，尊重各少数民族的传统特色文化，进入旨在建立一个新民主主义的中国的解放战争时期对此更是高度重视，故再三重申。1946 年 1 月 16 日在重庆参加政治协商会议的中国共产党代表团提出《和平建国方案》，关于民族平等问题提到：“在少数民族区域，应承认各民族的平等地位。”② 1946 年 4 月 4 日陕甘宁边区政府主席林伯渠在第三届边区参议会第一次大会上的政府工作报告中强调说：至于少数民族公民，应与一般汉族男女公民同样享有“自由组织工会、农会、商会和学术团体”；“自由……发表意见以至批评政府工作与人员”；“自由信仰宗教，建立教堂、清真寺”；“自由组织自卫军以维持家乡秩序”；“自由发展经济

---

① 中共中央统战部：《民族问题文献汇编》，中共中央党校出版社，1991，第 139、140 页。

② 中共中央党校：《中共历史参考资料》（五），第 24 页。

以免贫困，并保障私有财产之不受侵犯”；“自由选举并依法律手续罢免其代表，检查政府工作”等民主权利。同时更可以“设立本民族文化机关，如伊斯兰小学，蒙回民族寺院等，保持本民族的宗教信仰、言语、风俗习惯等”[①]。于是，在此次会议于23日通过的《陕甘宁边区宪法原则》第2项“人民权利”第5条中明确规定：“边区人民不分民族，一律平等”；在《陕甘宁边区婚姻条例》第3条中规定：“少数民族婚姻，在不违反规定下，得尊重其习惯。”[②] 1947年10月10日在人民解放军从战略防御转为战略进攻的伟大历史转折关头，中共发表了著名的《中国人民解放军宣言》（双十宣言），宣布了人民解放军八项基本政策，其中第7项为“承认中国境内各少数民族有平等自治的权利”[③]。1949年周恩来在中国人民政治协商会议第一届全体会议上发表了《关于共同纲领草案起草的经过和纲领的特点》讲话，指出中共新民主主义民族政策的基本精神，“是使中华人民共和国成为各民族友爱合作的大家庭，必须反对各民族内部的公敌和外部的帝国主义。而在各民族的大家庭中，又必须经常反对大民族主义和狭隘民族主义的倾向”[④]。

三　继续重视培养使用少数民族中、高级干部，进一步在少数民族中发展党组织

大力培养少数民族干部是马克思列宁主义的一贯思想，早在俄国十月社会主义革命前的1906年，列宁在《提交俄国社会民主工党统一代表大会的策略纲领》中就明确提出：“党应该真正保证满足一切党的利益和各该民族的社会民族党的无产阶级的需要，同时要考虑到他们的文化上和生活上的特点；要保证做到这一点，应该召开该民族的社会民主党人专门代表会议，在党的地方的、省的和中央的机关中应该有少数民族代表……”斯大林在1923年也曾指出：“党的根本任务之一就是在当地居民的无产阶级分

① 《陕甘宁边区重要政策法令汇编》，第78页。

② 中国科学院历史研究所第三所：《陕甘宁边区参议会文献汇辑》，科学出版社，1958，第312~322页。

③ 《毛泽东选集》第4卷，第1182页。

④ 中央政法干部学校国家法教研室：《中华人民共和国宪法学习参考资料》，法律出版社，1957，第122页。

子和无产阶级分子中培育和发展各民族共和国和各民族地区的年轻的共产党组织，用一切办法协助这些组织站稳脚跟，受到真正的共产主义教育并把即使在开始时为数不多然而是真正国际主义的共产党干部团结起来。”他还说，“必须规定一些优待条件，使文化水平较低或者无产阶级较少的民族中的本地人易于入党和被提拔到党的机关里去”。

中共在深入总结抗战胜利和党领导的人民民主力量蓬勃壮大经验的基础上，更加重视、关心培养使用少数民族干部和在少数民族中发展党的各级组织，认为这是正确贯彻落实党的民族路线、方针、政策即解决民族问题的关键，是有关各民族获得彻底解放和共同发展的根本问题。因此，下工夫对少数民族中的进步青年进行文化、革命理论和党的政策的教育，有计划地培养并输送少数民族解放干部，进一步建设好少数民族地区的党组织，便成了当时中共全体上下党组织民族工作的战略性任务。1946 年 3 月 7 日《中共中央冀热辽分局关于热河蒙古工作问题给中央的报告》中请示到，“在热河设立蒙古学校，训练蒙古干部”①。同年 3 月 23 日《中共中央关于内蒙自治问题的指示》指出，“内蒙共产党及内蒙分局问题，内蒙人民中进步分子应多多吸收加入中共并给以党的教育，准备到相当人数后宣布成立内蒙共产党，目前内蒙党的领导机关可成立内蒙工作委员会”②。4 月 17 日，《中共中央东北局关于东蒙工作方针的意见》指示，“现在应开办四种性质的训练班，第一种是革命党员团员之训练班，着重于人生观党性组织原则及政策与工作方法之教育，首先应着重训练一批中级以上干部。第二种，对于一般知识青年之教育，其性质应如抗战时期之抗大陕公。第三种，应办农民牧民运动训练班，其性质应如大革命时代毛主席首办广州农民运动训练班，着重于了解农民牧民情况，农运工作及其教育。第四我党军事学校应吸收大批的蒙古青年，给以军事训练”③。6 月 5 日，《中共中央华东局关于回民工作的指示》提出，“为着迎接自卫战争的新形势，须将解放区四五十万回民的力量，迅速有计划有步骤的组织起来”。因而应在所领地区的回民基本群众和回民军队中，尽快“树立党的骨干”，“配备有力的干部（汉民也可），扩大党的组织和加强其领导”。又指出，对于回民干部“应下

① 中共中央统战部：《民族问题文献汇编》，中共中央党校出版社，1991，第 1022 页。

② 中共中央统战部：《民族问题文献汇编》，中共中央党校出版社，1991，第 1034 页。

③ 中共中央统战部：《民族问题文献汇编》，中共中央党校出版社，1991，第 1240 页。

决心，有计划的培养和提拔。尽可能在工作岗位上，加强锻炼和教育，特别是政策教育”[①]。9 月 13 日，中共中央西满分局关于蒙古工作的总结规定，“吸收蒙古革命青年、革命军人、贫苦农民、贫苦牧民中的先进分子入党。建立党的组织是必要的，但必须由老党员亲自负责了解、审查，按照党章履行手续……党员教育应有计划的给予训练”[②]。10 月 1 日《中共中央对琼崖工作的指示》指出，为适应长期斗争，琼崖地区应“有计划地输送干部赴解放区或赴延安学习”。翌年 4 月 29 日又进一步指示该地的党组织要注意开展保存与训练干部，吸收新的积极分子入党。[③] 此外，中共还注意培养、选拔从事民族工作的优秀汉族干部，有计划地派遣他们到各民族地区展开工作。这些指示和措施不仅深化了马克思主义关于培养少数民族干部的重要性和建党思想，而且明确提出了培养民族干部的方向和标准。

四　扩大少数民族统一战线工作范围，将少数民族统战工作正式列为党的统战工作的重要内容

建立广泛的统一战线是中国革命胜利的法宝，抗日战争中以中共为领导的人民力量胜利的基本条件之一，就是抗日民族民主统一战线的建立和发展。解放战争初期，各民族地区的社会形势极其复杂，各种矛盾交织，中国共产党既要抗击国民党军队和地方叛匪的围困和骚扰，又要处理好与民族宗教上层以及其他地方势力的关系，能否把民族宗教上层中的大多数以及其他中间势力团结到党的周围，与党结成统一战线，对稳定动荡中的民族地区形势，进一步发动群众，壮大人民力量，使人民解放军集中精力打退国民党军队的进攻，取得解放全中国的胜利，至为重要。中共正确地分析形势，结合各民族地区的社会实际，除重申一贯坚持的“发展进步势力，争取中间势力，孤立顽固势力”的指导思想外，又特别强调要注重开展下层少数民族群众的统战工作，做到上下齐抓并举，把民族统一战线工作又向前推进了一大步。1945 年 10 月 23 日，中共中央就内蒙古工作方针指示晋察冀中央局，“对德王、李守信一派，应采打击、分化与孤立政

① 中共中央统战部：《民族问题文献汇编》，中共中央党校出版社，1991，第 1057、1058 页。

② 中共中央统战部：《民族问题文献汇编》，中共中央党校出版社，1991，第 1070 页。

③ 中共中央统战部：《民族问题文献汇编》，中共中央党校出版社，1991，第 1115 页。

策。……对过去反德王及不与德王合作的上层分子，应积极争取他们参加自治政府，使我们打击的对象缩小到最少限度”[①]。1946年2月19日《中共中央关于回民工作指示》指出：“对于阿訇除一般的尊重他，以新民主主义的精神来教育他们，团结他们外，进步的阿訇可请他参加回协工作。”[②] 21日，中共中央西北局规定对伊盟民族统战工作的具体方针是，“广泛开展上层与下层的统一战线，团结蒙人，巩固和平，统一内部……在对国民党统治这一个大矛盾未解决前，内部矛盾应服从之。就是蒙古封建王公贵族在对国民党反动派来说，还是中间分子，还应争取团结的”[③]。4月17日，中共中央作出关于东蒙古工作方针的意见，指出，为了完成争取民族和民主解放的任务，“应建立广泛的蒙汉民族统一战线及蒙汉人民之团结。这统一战线应该把一切蒙古人民甚至上层动摇投机分子团结在内，再以进步的蒙古青年知识分子为骨干，而基础则必须是农民、牧民”[④]。9月1日，针对当时内蒙古民族工作中出现的某些“左倾”现象，中共中央东北局专门发出指示，予以纠正，“在目前蒙古具体情况下，特别是蒙民牧民尚未起来的条件下，决不应该把蒙古王公贵族地主喇嘛当作与国民党反动派一样的敌人，一起同时大打或斗争。应该也必须集中一切可能的力量，打击国民党反动派，就是说应该利用矛盾，争取多数，反对少数，各个击破，不应该‘展开全面阶级斗争’”[⑤]。1947年10月10日中共在宣布的《中国人民解放军宣言》中提出，“一、联合工农兵学商各被压迫阶级、各人民团体、各民主党派、各少数民族、各地华侨和其他爱国分子，组成民族统一战线，打倒蒋介石独裁政府，成立民主联合政府”[⑥]。在此基础上，1948年9月，中共中央决定将中央城市工作部改名为中央统一战线工作部，少数民族统战工作被正式列为党的统战工作的重要内容。同时，在陕甘宁边区建立了少数民族委员会，内蒙古自治政府下设民族委员会，在渤海区政府设立回民工作委员会。这些部门除研究拟定民族政策外，都兼有民族统战任务。统战

① 中共中央统战部：《民族问题文献汇编》，中共中央党校出版社，1991，第964页。

② 中共中央统战部：《民族问题文献汇编》，中共中央党校出版社，1991，第1001页。

③ 毛泽东：《论联合政府》，中国社会科学院民族研究所：《党的民族政策文献资料选编》，1981，第1006页。

④ 中共中央统战部：《民族问题文献汇编》，中共中央党校出版社，1991，第1041页。

⑤ 中共中央统战部：《民族问题文献汇编》，中共中央党校出版社，1991，第1065页。

⑥ 中共中央统战部：《民族问题文献汇编》，中共中央党校出版社，1991，第1133页。

工作的广泛开展，使中国共产党最大限度地争取了民族宗教上层人士的支持，争取和团结了一切可以团结的力量，从而使党在动荡的民族社会环境中，迅速站稳了脚跟，打开了工作局面，积蓄了力量，为胜利实现民族区域自治和全民族的共同解放创造了有利的社会条件。

五　实行与各少数民族经济特点相适宜的特殊土地改革政策，着力改善广大少数民族群众生活

根据革命形势发展的需要，中共中央于1946年5月决定在解放区广大农村进行土地改革，由抗战时期的减租减息改为没收地主阶级的土地分配给农民。1947年9月召开了全国土地会议，颁布了《中国土地法大纲》，在解放区普遍实行。但针对不同地区不同少数民族的特殊情况，分别作出了一些不尽相同的新的政策规定，体现了马克思主义具体情况具体分析、解决的原则。在东北北满解放区，鉴于肇东、绥化、阿城、扶余、牡丹江等县市的回民群众较多，为使土改顺利进行，并粉碎国民党在东北回民中散布的“共产党要灭教”“共产共妻”的反动宣传，将东北民主联军第7师全体回族指战员从前方调往哈尔滨等地，组成土改工作团，深入到回民聚居区进行土改。[①] 1947年9月7日《中共中央东北局关于回民问题的通知》说，“北满解放区内在各城镇及沿铁路交通要点约有回民十万余人……派去各地进行回民工作的干部，必须通过当地党委，并在当地党领导之下进行工作”。要求各地省委转发下列有关指导土改工作意见的通知，“回民间之地主恶霸由回民斗，果实分给回民，回民地主恶霸与汉人有关者可吸收汉人参加斗争，受害的汉人可酌量分得果实”；“在有回民的村、屯、街道内，斗争汉人地主恶霸时必须吸收回民参加并同等分得土地”；“在乡村有回民的地区与汉人同等分得土地”。[②] 同年12月28日中共东北行政委员会颁布《施行中国土地法大纲补充办法草案》，其中规定，“在东北解放区境内各少数民族应与汉人同等分地，并享有所有权”[③]。对清真寺的土地，东北局规定，“清真寺在某些乡村或城郊占有一部土地，其所得租粮，除作为清真寺

① 《渤海、东北回民支队回忆录》，宁夏人民出版社，1992，第1130页。

② 中共中央统战部：《民族问题文献汇编》，中共中央党校出版社，1991，第1130页。

③ 中共中央统战部：《民族问题文献汇编》，中共中央党校出版社，1991，第1037页。

开支外，又有一部做慈善事业之用，借以团结一些回民”；“我们意见：此项土地一般不予没收分配，仍允其出租，如当地回民大多数要求分配时，可征得他们的同意，分配给当地无地或少地回民所有”。[①] 在华东、华北解放区地区的土地改革运动中，中央也对涉及的广大回民群众和清真寺的土地问题作出了与此相同的具体规定。

清代以降，土地问题是内蒙古地区民族内部矛盾的焦点，尤其是自20世纪三四十年代后，国民党在伊盟一带实行大汉族主义统治，以“移民实边”“开发内蒙”为幌子，用武力强行开垦伊盟各旗的牧场和土地，使蒙民牧场日益缩小，牧畜受到限制，而激起广大蒙古族群众的极大义愤，震惊全国的“伊盟事变”就是缘此爆发。同时它还引起了这一地区蒙汉民族间的许多纠纷与矛盾，使土地问题变得异常复杂，其中主要矛盾的表现为农牧矛盾、蒙汉族群众之间的租佃矛盾和蒙古族内部王公侵占平民土地的矛盾。为了妥善解决这些问题与矛盾，中共除原则上确定在这些地区“停止开垦，限制移民”外，又根据当地的实际情况，采取了许多具体的措施和方法：（1）“农业区实行耕者有其田，原来一切封建地主与庙宇所占有的土地，一律收归公有，按人口统一分配给所有无地和少地的蒙汉人民。对蒙古一般富农的土地不动，坚决保护中农。土地分配后，应即承认各阶层人民，对于其所分得与保留之土地，有自由经营、买卖与在特定条件下出租之权”。（2）“半农半牧区农民占优者，大地主的大垄地与耕畜实行平分，牧群不分。小地主富农不动。漫撒地一律不分；牧业占优者，大牧主的耕畜分给农民，但耕畜与牧畜必须严加区分，并严禁分散牧群。个别大蒙奸恶霸的土地、牧畜、财产经盟以上政府批准没收后，土地可分给农民及愿种地之牧民。但对于牧畜，应作到不拆散牧群，由政府统一管理，组织牧民放牧”。（3）“游牧区废除王公贵族上层的一切特权，废除奴隶制度，在牧民牧主两利的前提下，有步骤地适当提高牧工工资，改善牧放制度。除大蒙奸恶霸经盟以上政府批准，可以没收其牲畜财产由政府处理外，一般大地主一律不斗不分”。（4）在民族关系、租佃关系和土地问题更为复杂的准格尔旗甚至暂不实行减租减息政策。1948年10月中共中央西北局批复中共伊东工委要求在准格尔旗蒙古族中减租的指示中说：“准格尔租佃关系特

① 中共中央统战部：《民族问题文献汇编》，中共中央党校出版社，1991，第1221页。

殊，交织着民族问题，实行减租应十分慎重，尤必须事先充分准备，服从当前反蒋、傅（作义）斗争与照顾内外环境而决定急缓先后与策略步骤”，“因此，西北局决定准旗今年暂不普遍实行减租”。①

1949 年 9 月 29 日，中国人民政治协商会议第一届全体会议通过了《中国人民政治协商会议共同纲领》，这是具有临时宪法性质的重要文献，在新中国建国史上具有重大的意义。《共同纲领》除序言外，共有 7 章 60 条，其中第 6 章“民族政策”第 51 条关于新中国各民族地区实行的地方政制问题规定是：“各少数民族聚居的地区，应实行民族的区域自治，按照民族聚居的人口多少和区域大小，分别建立各种民族自治机关。凡各民族杂居的地方及民族自治区内，各民族在当地政权机关中均应有相当名额的代表。”②同时《共同纲领》对于民族区域自治的提法也加以严格规范，如以往党的文献或有关文件指示中或称“自治”或称“民族自治”，未加限定，在《共同纲领》中则统一规定为“民族区域自治”，避免了单纯以“民族”为单位实行自治的误解，体现了我国以民族聚居区为基础实行民族区域自治的特点。概念的一致即是认识的完善统一。至此，中国共产党最终明确规定民族区域自治为解决中国民族问题的基本政策并在全国范围内实行，得到了全国人民尤其是少数民族群众的热烈拥护。后来，民族区域自治又载入新中国的历次宪法，成为一项基本国策和基本制度。

此外，《共同纲领》还规定民族平等是处理中国民族关系的基本原则，各少数民族“均有按照统一的国家军事制度，参加人民解放军及组织地方人民公安部队的权利”；“均有发展其语言文字、保持或改革其风俗习惯及宗教信仰的自由。人民政府应帮助各少数民族的人民大众发展其政治、经济、文化、教育的建设事业”等。凡此种种，就标志着中国共产党以民族平等团结、共同解放与发展为核心的具有中国特色的民族政策理论体系的初步形成。

（《广西民族学院学报》2001 年第 4 期）

---

① 中共中央统战部：《民族问题文献汇编》，中共中央党校出版社，1991，第 1169 ~ 1170 页。

② 中共中央统战部：《民族问题文献汇编》，中共中央党校出版社，1991，第 1290 页。

试论晚清边疆、内地一体化政策

苏 德

本文所讲的“一体化”，是相对于“因俗而治”和“分而治之”政策而言的。在统一边疆的过程中，清朝对新疆、蒙古和西藏等边疆民族地区实行“因俗而治”“分而治之”政策，建立了以伯克制度、盟旗制度和政教合一制度为主的多元化管理体制。正是由于这些制度的建立和与之相适应的政策的实施，清朝在广阔的西、北边疆地区保持了长期稳定而有效的统治。但是，进入近代以后，由于国际和国内形势的剧烈变动，清政府为了确保在边疆地区的统治，抵御外来势力的入侵，不得不改变“因俗而治”的传统政策。就西、北部边疆而言，一体化就是改变新疆、蒙古和西藏等地区多元化的行政管理体制，逐步建立行省体制，以达到“治同内地”的目标。其主要途径是，以移民开垦为先导，广设州县，进而建立行省。19世纪60年代以后，清政府开始放弃和放松对东北、蒙古地区的“封禁”，逐步解除各种“边禁”，鼓励内地汉民移居关外，开垦土地；19世纪80年代在新疆、台湾相继建省；清末“新政”期间，将东北三将军辖区改建行省。随之，在蒙古和西藏也实行“改制”并开始筹划设省。这些措施标志着清朝传统的治边政策已发生根本转变。这一转变对上述边疆地区历史的发展、演变产生了重大影响。

一 推行一体化政策的历史原因

（一）帝国主义入侵造成的边疆危机是清朝政府放弃“因俗而治”“分而治之”政策，推行一体化政策的首要原因。

清廷与蒙古、西藏和回部（即新疆南部维吾尔族地区）的政治隶属关系是在清朝统一全国的过程中逐渐建立起来的。清兵入关，清朝确立对中原的统治之后，在西、北边疆地区，除漠南蒙古已纳入清朝的统治范围外，其他边疆民族政权尚未与清朝建立隶属关系。当时在中国的西、北边疆地区有以下边疆民族政权：北部的喀尔喀三汗部；西北地区的卫拉特-准噶尔汗国，叶尔羌汗国；青藏地区的蒙藏联合政权——和硕特汗廷。这些民族政权，占据着自漠北喀尔喀，经天山南北路至青藏高原的广大地区，统治着蒙、维、藏等民族。在17世纪中叶至18世纪末的百余年时间里，清朝经过康、雍、乾三朝的不懈努力，最后完成了西、北边疆的统一大业，把蒙、藏、回各部置于清朝中央政府的统治之下。

在统一过程中，清朝对西、北各民族的政策主要遵循了以下两个基本方针：一是“因俗而治”，即所谓的“修其教不易其俗，齐其政不易其宜”。二是“分而治之”，即“众建而分其力”。清朝统治者在承认民族地区特殊性，同时又防止对己产生不利因素的基本原则下，在蒙古、西藏和回部分别建立盟旗制度、政教合一制度和伯克制度等不同类型的行政管理制度，从而确立了中央政府的有效管辖权。

嘉、道以后，清朝国势日趋衰落，在边疆地区的统治也日益松弛。1840年爆发的鸦片战争和西方资本主义势力的入侵，更给中国社会各个方面造成猛烈的冲击，使中国进入了一个剧烈动荡的时代。严重的内忧外患，使清朝政府深深地陷进了统治危机。它再也无法像往常一样维持与边疆民族上层之间的传统关系了。

在19世纪的最后几十年内，随着东西列强的不断侵略，中国边疆地区出现了普遍危机。远离内地、清朝统治相对薄弱的蒙古、新疆和西藏等边疆地区日益成为俄、日、英等帝国主义的主要侵略目标。于是，清代前期形成的“因俗而治”“分而治之”的治边政策已经不能抵御帝国主义的入侵，不能确保边疆的安定和国家领土完整。随着边疆危机的不断加深，国防压力的日益加重，清朝统治者逐渐意识到，只有大量移民于边疆，并全面建立起州县体制，将边疆与内地一体化，才能得以巩固边防、稳定边疆，保住其在全国的统治。清政府终于不得不改变“因俗而治”“分而治之”的传统治边观念，开始推行边疆、内地一体化政策。

（二）国内人民的反抗斗争与统治阶层内部关系的嬗变也是促成清政府改变传统治边政策的重要原因。

内因是事物变化的根据，外因是事物变化的条件，外因必须通过内因而起作用。无疑，列强入侵造成严重的边疆危机，是清朝边疆政策转变的主要原因之一。但是，清朝传统治边政策的转变还有深刻的内因。对此，可以从以下几个方面分析。

第一，国内反抗斗争与清政府在边疆地区的统治危机。1851 年爆发的太平天国运动的迅猛发展，不仅沉重打击了清朝在内地的统治基础，而且对边疆地区各族人民的反封建斗争的发展也产生了重大影响。陕甘回民起义是在太平天国和北方捻军起义的直接影响下掀起的，是当时全国反清运动的一部分。1864 年陕甘回民起义的战火波及新疆，爆发了规模空前的反清起义，清朝在新疆大部分地区的统治已被推翻。但是，由于新疆地区特定的宗教和民族结构，起义领导权落入了宗教、民族上层之手，使起义的性质迅速复杂化，形成地方割据势力。这些割据势力，称王称汗，为扩大地盘，相互攻杀，严重破坏了新疆的社会安定，为外部势力的入侵提供了可乘之机。

陕甘回民起义爆发后，清政府为了彻底镇压回民起义，命令内外蒙古所有十个盟全部出兵“剿回”。受到回民军直接进攻的西部盟旗出兵“剿回”自不必说，相隔数千里的内蒙古东三盟和外蒙古各盟也被迫派出兵马，卷入战争。这是准噶尔平定以来，清政府在全蒙古范围内进行的第一次大规模的军事调动。战争的破坏和频繁的军事征调严重地影响了蒙古地区的社会生产，加重了人民的负担，导致阶级矛盾、民族矛盾的日益加剧。回民起义期间，在伊克昭盟地区爆发了旨在反对封建压迫和剥削的“独贵龙”运动；内蒙古东部地区爆发了白凌阿、弥勒僧格等人领导的大规模的反清起义。从此，蒙古地区便进入了更加动荡不安的时代。回民军起义和清政府“剿回”战争的硝烟，终于打破了蒙古高原百余年的平静。蒙古地区再也不是清王朝稳定的后方了。

第二，湘淮军的兴起与“满蒙联盟”的逐渐解体。咸、同以后，湘淮军等汉族地方武装集团逐渐成为清朝政府的主要倚重力量，清廷与蒙、藏等藩部上层在清前期建立的密切关系逐渐松弛乃至趋于解体。其中最为显著的是，支撑清朝政权的重要支柱之一的“满蒙联盟”被满族贵族与汉族军事官僚集团的联合专政所取代。

满族贵族同蒙古贵族之间的联盟关系早在后金时期就开始形成。入关以后，清廷使联姻、封爵、朝贡以及尊崇喇嘛教等政策制度化、系统化，从而进一步巩固和扩大了满蒙联盟。然而，无论这种盟友关系如何亲密，对于控制着一个庞大的王朝而又高度中央集权的清廷来说，这种关系的存在与否完全以王朝的利益需要为转移。

1840 年鸦片战争以后，西方列强接踵而至，国内人民的反抗斗争风起云涌，清王朝面临着严重的统治危机。清政府曾寄希望于蒙古王公及其骑兵。内蒙古哲里木盟科尔沁左翼后旗札萨克亲王僧格林沁率领的蒙古骑兵，曾先后参与镇压太平天国北伐军、抵抗英法联军侵略，围剿捻军起义等战争。但是，蒙古骑兵毕竟不能抵挡西方列强的洋枪洋炮，也无力平息国内人民的起义。1865 年僧格林沁与其蒙古骑兵一同覆灭后，清政府终于不得不依靠曾国藩、李鸿章等汉族地方武装来镇压国内人民起义，以维护其摇摇欲坠的统治。于是，以湘、淮军为主的汉族地方武装便成为支撑清朝统治的新兴武装力量。至此，满蒙贵族联盟实际已为满族贵族与汉族军事官僚集团的联合专政所取代。从此，汉族官吏在政治上日渐活跃，并且越来越多地参与到边疆政策的决策中，纷纷主张改变藩部的原有政治制度，以广设州县，建立行省。

第三，晚清时期统治阶层内部关系的演变中，还有一个问题须纳入视野，这就是蒙藏宗教上层与清廷关系的疏远。有人说，“清朝利用喇嘛教政策形成以后，至鸦片战争前，随着清朝政治利益的需要，这一政策也有个曲折变化的过程。从清政府方面说，可分利用、抑制、疏远等几个阶段”①。这是符合实际情况的。清政府对喇嘛教政策的转变，是从乾隆朝前半期开始的。这种“演变的主要关键，则以准噶尔势力的消长而定。方准噶尔势力正强，清廷为与准噶尔争取喀尔喀，对于喇嘛教笼络多于抑制。迨准噶尔势衰，清廷对于喇嘛教即抑制多于笼络”②。清朝统治者当初极力推崇喇嘛教不是因为他们信奉喇嘛教，而是为了“安众蒙古”。现在清朝既然已经把蒙古各部置于其统治之下，无须再利用喇嘛教来绥服蒙古，于是决定将喇嘛教完全控制起来，以防尾大不掉，对其统治产生不利影响。1792 年清廷正式实行金瓶（奔巴）掣签制度，控制了蒙藏地区呼图克图呼毕勒罕的转世制度。清政府通过金瓶掣签制度，把确定蒙藏地区宗教领袖的权力完全掌握在自己手中，从而也就完全控制了喇嘛教。此后，清朝对喇嘛教逐渐采取疏远的政策。嘉、道以后，对喇嘛教的态度更是日渐冷漠。1840 年

---

① 赵云田：《清代蒙古政教制度》，中华书局，1989，第 240 页。

② 李毓澍：《蒙事论丛》，台北，1968 年印行，第 5 页。

以后，哲布尊丹巴从未受到清帝的召见。[①] 至于西藏的达赖喇嘛则直到1908年，从未入京朝觐。可见，喇嘛教的利用价值的确今非昔比了。

综合上述，回民起义引发的激烈动荡严重动摇了清朝在整个西北边疆地区的统治，传统的治边政策已经无法满足清政府维持统治、渡过危机的政治需要了。与此同时，清朝统治集团内部满汉权力格局的嬗变，清廷与蒙古王公、喇嘛教上层关系的松弛和疏远，使原先制定边疆政策的机制与信息来源发生了重要改变。这便是清政府逐渐放弃传统的“因俗而治”“分而治之”政策，开始推行一体化政策的深刻内因。

（三）推行一体化政策的历史前提——内地化。

所谓内地化，是边疆地区各个民族区域在政治、经济和文化诸方面出现的与内地汉族地区逐渐趋同和接近的趋势。内地化与一体化有密切的联系，内地化是一体化的重要前提，而一体化是内地化的必然结果。清朝统一全国后，由于出现了大一统的政治局面，西、北边疆地区割据状态结束了。大一统的政治形势，为各民族相互交往和经济、文化交流创造了有利的客观条件。经过清代200余年的发展，在经济上，广大边疆地区发生了很大变化。内外蒙古以及天山北路等原先以游牧为主的地区变成了既有牧业，又有农业、商业和手工业的多种经济并存的地区；以农业为主兼有畜牧、狩猎和渔猎等各种经济成分的东北、西北和西南民族地区，与内地建立起更加紧密的经济联系，从而有力地促进了本地区的发展，进一步缩小了同内地的差距。

自清初以来，经汉族自发移民和清廷招民屯垦、放垦等计划移民，边疆地区人口结构发生了巨大改变。比如，东北三省由清初几万人、十多万人增到清末几百万人到一千多万人，当然是汉族人口大量迁徙的结果。[②] 据估算，清中叶内蒙古地区蒙古族人口总数在130万左右[③]，而当时汉族移民人数至少在100万以上。[④] 西北、西南等边疆地区的移民人数亦在不断增加。只有高山阻隔、气候寒冷的西藏，除随驻藏大臣进驻西藏的少量官兵

---

① 参见《蒙古及蒙古人》第1卷，内蒙古人民出版社，1989，第604页。

② 参见赵文林、谢淑君《中国人口史》，人民出版社，1988，第477页。

③ 参见王龙耿、沈斌华《蒙古族历史人口初探》，《内蒙古大学学报》1997年第2期；另见乌云毕力格、成崇德、张永江《蒙古民族通史》第4卷，内蒙古大学出版社，1993，第329页。

④ 参见马汝珩、马大正主编《清代边疆开发研究》，中国社会科学出版社，1990，第40页。

外，尚未有内地汉族移居。

汉族人口聚居区的日益扩大，引起边疆地区原有人口结构和政治制度的变化，为清廷将内地州县制推广到边疆地区创造了条件。继西南民族地区改土归流之后，清廷设置州县较集中的边疆地区是东北和天山北路。在内蒙古东、南部的汉族聚居区和蒙汉杂居区也设立了厅、县。至清中叶，东北地区除黑龙江将军辖区外，各地都有了府、厅、州、县建置，尤其盛京将军辖区已是州县遍布，形同内地。内蒙古东三盟、察哈尔八旗和归化城土默特的部分地区也设立了厅。上述设厅的蒙旗地方，一般由东北三将军及沿边各省派官治理或受理诉讼。从政治和经济关系上看，这些设厅的蒙旗地方，分别成为东北三将军辖区和直隶、山西等省的延伸部分。新疆北疆的厅和州县则成为甘肃布政司的辖区。府厅州县的设立和不断增加，冲击了上述民族地区传统社会结构和管理体制，加快了这些地区行政建置的内地化。这便是晚清边疆、内地政治一体化的历史前提。

二 推行一体化的不同结局

就西、北边疆地区而言，“一体化”的核心是改变蒙、藏、维各族地区多元化的管理体制，使之与内地行省一体化，以达到“治同内地”的目的。蒙古、西藏和新疆虽同处边疆，但不同的地域、不同的民族及不同的历史背景造成了各种不同的复杂局面，一体化的推行也出现了不同的结局。

进入19世纪以后，新疆多次发生变乱，最后经过同治年间的大动乱，清朝在新疆的统治秩序几乎“荡然无存”。伊犁将军所统辖的军政系统，伯克与札萨克两种民政制度，受到严重的冲击和破坏，已无法满足当时的政治需要。清政府只有建立一个更集中、严密的统治体制，才能保证新疆的长期稳定，才能维护国家领土主权的完整。对当时的清政府而言，达到这一目标的最现实的办法就是，将中央集权式的行省体制移植过来，使新疆在政治制度上与内地一体化。1884年，清政府在新疆正式建省。

新疆建省后，军政管理体制与旧的军府制比较，发生了很大的变化。归纳起来，主要有以下几个方面。

第一，改变原有的以军府制为主体的多元化的行政管理体制，推广单一的州县制。在南疆普遍设立道、府、州、县，在行政建置上，使之基本与内地一体化。同时改变哈密、乌鲁木齐等地属驻兰州的陕甘总督管辖的不合理现象，将上述地区划归新疆巡抚管理，结束了把新疆人为地划分为两部分进行管辖的状况。从此，新疆便有了完整的行政建置，军政大权统归于巡抚。

第二，伊犁将军不再有统辖全疆军政事务的职责。伊犁将军虽保留下来，但只管八旗军事，不干预地方民政。其下“设副督统二员，以改照驻防制”，原先伊犁将军统辖的各城驻扎大臣一律裁撤。建省后的新疆驻军制度，与内地各省驻军制度基本一致。这样，新疆便结束了长期以来由武官统辖的历史，开始了文官治理的新时期。这是重大改革和进步。

第三，取消伯克制度，为新体制的建立消除了日后可能造成的隐患，并促进了维吾尔族中长期存在的农奴制的瓦解。伯克制度取消后，其原来占有的土地变为国家所有，也增加了清政府的税收，在一定程度上减少了新疆财政对内地的依赖性。

第四，在基层广泛确立起以汉官为主体的统治，打破西、北边疆事务不准汉员涉足的定制，改变了长期实行的民族间分而治之的隔离制度。随着新疆各城的收复，汉族军官与幕僚都参与了善后局的工作，事实上掌握着新疆各地的统治权。建省时，这些人大部分改任道、府、厅、州、县的官吏。

新疆改设行省，无论从理论上还是实践上都证明清朝政府已经开始放弃“因俗而治”“分而治之”的传统治边政策，采取将边疆民族地区与内地一体化的政策。通过建省，清政府最终成功地实现了新疆与内地的政治一体化，将19世纪初以来因发生多次变乱而一直处于动荡不安的新疆首先纳入行省体制，从而达到了重建秩序、稳定局势、强化统治的目的。从当时西、北边疆地区的内外形势来看，新疆建省，对于维护国家统一，巩固国防，以及开发、建设西、北边疆，无疑具有重要意义。

清政府在蒙古地区推行一体化政策是以放垦蒙地为先导，遍设州县，进而建立行省的一套变革措施。由于一体化政策关系到蒙古社会各阶层的切身利益，加上传统的“因俗而治”的深远影响，这项政策的实施并不顺利。在一些地区引起了上自王公贵族下至平民百姓的抵制和反抗。

首先，下层牧民群众反对放垦蒙地，出现了普遍而激烈的反抗。招民放垦对于广大下层蒙民来说，除丧失牧场、土地而外并无任何其他意义。因此，清末放垦蒙地从一开始就遭到蒙古族群众的反对。此外，清政府放垦蒙地还有一个更具体、更现实的目的，那就是通过放垦蒙地来搜刮大量押荒银，以筹措战争赔款。清政府恰好在与列强签订《辛丑条约》决定交纳庚子赔款之后，才批准山西巡抚岑春煊的奏请，开始推行放垦蒙地，便是明证。所以放垦蒙地自然就有了强制性和掠夺性。随着放垦蒙地的规模越来越扩大，内蒙古东西部各盟旗群众的反垦情绪越来越高涨，逐渐形成了武装抗垦的潮流。

其次，清政府在蒙古地区增设州县、筹划设省的举措引起了蒙古王公上层的疑虑和普遍抵制。蒙古王公抵制置县设省的目的，是维护以札萨克分封制为基本特征的传统的自主体制——盟旗制度。盟旗制度是清前期“因俗而治”“分而治之”治边政策的产物，也是蒙古各部归附清朝的政治基础，这一制度的建立对于我国广阔的北部边疆地区保持长期的平静和稳定发挥过重要作用。但到近代以后，由于西方列强的不断侵略和清朝国力日益衰微，蒙古地区同其他边疆地区一样出现了严重的危机。因此，在清政府内外，不断有人主张废除札萨克分封制，进而将州县制度推广到整个蒙古地区。如姚锡光所言：札萨克与郡县不能并存，因为“势分力薄，不相统一，不足捍御外侮，势不能其久存。自非易封建，而郡县不能为治”，而改为郡县制度则“非收回扎萨克人民、土地之权不可”。[①] 这种思想也逐渐为清朝最高统治者所接受，并积极采纳地方督抚及将军、都统等的意见，在盟旗辖区内增设了一大批新州县，并且开始筹划建省。它预示着建立在蒙古游牧封建制社会基础上的盟旗制度将被内地行省制度所取代，这自然引起蒙古王公上层的惶恐和反对。

清政府在当时的形势下，实行移垦设治，筹划设省，不能说没有巩固边疆、维护国家主权的主观动机。但是，清政府放弃“因俗而治”的合理因素，试图将蒙古与内地完全划一，全面改设行省的想法却是脱离实际的。蒙古王公对新政产生疑虑、恐惧的根本原因在于蒙古地区内地化基础薄弱，在经济、文化以及生活方式等各个方面，都与内地存在很大差异。广大的牧区仍然处于封建领主制社会，较之回部的伯克，蒙古王公上层的统治相对稳定。他们通过传统的人身依附关系，牢牢地控制着各自的属民。造成这种局面的原因除了上述地区与内地经济文化类型不同等客观因素以外，清朝长期推行的“封禁”和“隔离”政策是重要的原因。正如理藩院所指

① 姚锡光：《筹蒙刍议》上，“实边条议”。

出，“虽由各蒙风气未开，亦缘平日抚绥无术，往往新例未行而流弊已见，朝廷纵有体恤蒙艰、改良藩政，而该藩等转不胜其惊恐”①，难以达到预期的效果。在当时的历史条件下，全面废除蒙古王公札萨克的传统自主权，是不现实的；在内地化基础极薄弱的广大牧区推行郡县制，更是行不通的。

与新疆、蒙古相比，在西藏推行的一体化政策无论从深度还是从广度上来说，都远远不够。张荫棠和联豫在西藏经营数载，颇有作为。然而，清末新政期间西藏地区的一体化政策仅仅触动了一下传统的西藏社会，并没有真正引起西藏社会的变革。

如果说西藏也出现了行政体制一体化的苗头，那么与新疆的行政体制改革相比，还是有很大的不同。西藏的行政与内地一体化，尤其是建置方面，原无任何基础。这注定了它的这一过程是缓慢而曲折的。

联豫对藏政的改革，在一定程度上加强了驻藏大臣的主事权力，对于恢复驻藏大臣的统辖权，改变往日“大权旁落”的局面，产生了积极的影响。正如联豫自己所说：驻藏办事大臣衙门的事务日益繁忙，“几与边小省无异”。②

但是，联豫所推行的改革，也存在很多弊端。就体制改革而言，即有单纯模仿内地和试图将藏官完全排挤出西藏地方政府决策层的倾向。西藏不同于内地，即使与新疆、蒙古等边疆地区相比也有很大的差别，它有延续数百年之久的政教合一的政治权力结构，生产力水平和社会发展程度与内地相去甚远。若无视这种差距，将清政府在内地实行的新政措施照搬到西藏，企图“以行省之实治之”，显然是行不通的。再则，进行改革，首先应争取西藏地方上层的理解与支持，而不应采取以武力“镇慑”的手段。但联豫不采取缓和的政策，不重视疏导以求得妥善解决，而极力主张派兵入藏“镇慑”，他说：“要之西藏之事，不用压力，则一事均不能办”；“一日无兵，则一日受侮，一处无兵，则一处梗化”。③ 当时英、俄日益觊觎西藏，而西藏上层内部已经出现分离倾向，清政府派兵入藏，以维护国家主权的统一，是完全有必要的，是无可非议的。但联豫请兵入藏的主要意图并不在于防英、俄，而在于“收回”西藏地方上层的权力。他在奏文中明

① 《宣统政纪》卷六十一。

② 《联豫驻藏奏稿》，西藏人民出版社，1979，第168～169页。

③ 《联豫驻藏奏稿》，第168～169页。

确地提出："藏中之事，惟有徐徐布置，设官驻兵，借防英、俄为名，而渐收其权力。"[①] 此外，为摆脱西藏地方政府的牵制，达到"事权归一"的目的，联豫很少吸收西藏地方上层人士参与新政。西藏地方上层人士感觉到不能从新政中获得任何好处，反而面临着失去固有权力的威胁，于是他们对新政采取消极抵制的不合作态度，甚至以武力抵抗。通过强制手段"收回政权"，不能不说是清末治藏新政的一大失误。

综上所述，新疆、蒙古和西藏虽同处边疆地区，但由于地域、民族特点各异，清前期的内地化程度不同，所以推行一体化的结局也不尽相同。新疆改革、设省，一体化最为成功；蒙古与内地相接的局部地区实现了行政建置的一体化；西藏推行新政，试图改革，但一体化远不及新疆和蒙古。这表明，边疆民族地区与内地的政治一体化是一个长期的历史过程，有其自身的发展规律，不可强求一律，否则必将适得其反。

三　一体化政策的历史思考

边疆民族地区与内地的一体化是一个复杂的历史过程，本文只是探讨了政治制度的一体化问题。实际上，一体化不仅仅是一个纯粹政治发展进程，还包含着经济的、社会的和文化的多种成分。在晚清政府推行一体化的过程中，正是在多种因素的交织作用下，出现了复杂的后果。为了进一步认识和理解推行一体化过程中出现的问题，下面主要在经济和文化两个层面上，对一体化政策作一些分析。

经济上，由"厚往薄来"转向"开浚利源"是推行一体化的内在驱动力。

根据儒家传统观点，帝王是天下的共主，"普天之下，莫非王土；率土之滨，莫非王臣"。所以抚绥"四夷"是"天子"的神圣职责。而"四夷宾服，万国来朝"也常常是人们评价一位"真命天子"的标准。清朝实现大一统后，严格来讲，国内各少数民族已经不属于"夷"的范畴，但清朝统治者仍然继承了历代中央王朝的抚夷思想。所以无论对少数民族部落还是属国，都积极地布"德"来展示自己的形象，从而使藩属悦服，使其积极主动地归附"天子"。而布"德"的主要方式之一是"厚往薄来"，即少

① 《清末川滇边务档案史料》（上），中华书局，1989，第71页。

数民族部落或属邦来朝，给他们一定的经济实惠，以便让他们看到“天朝”的富有，并体察到“天子”的博大胸怀。被视为天朝“屏藩”的蒙古、西藏和回部等各边疆民族部落在与清廷的交往中基本上都享受着“厚往薄来”的特殊优待。

在清代前期，朝廷的这种“恩赐”，对于加强藩部对清廷的向心力、保证皇权的至高无上产生了极为重要的作用。进入 19 世纪以后，由于“天朝”的日益衰败和藩属体制的彻底崩溃，清朝再也没有以“天朝”的名分与周边国家保持君臣关系的实力了。即使对于国内诸民族部落，也因财政竭蹶而难以继续其“厚往薄来”的优待政策。经过了咸、同时期大规模农民起义之后，清政府的财政困难更是有增无减，于是用于藩部的正常开支都无法保证了。比如，西藏番官应领俸缎自咸丰三年至光绪十三年拖欠 30 余年之久；青海蒙古王公俸银也自同治十年起至光绪五年止，欠发 81900 两之多。类似的现象在内外蒙古亦屡见不鲜。①

另一方面，由于列强的步步侵逼，边疆地区的安全日益受到严重威胁。然而藏、维、蒙等民族所居住的西、北边疆地区皆人烟稀少，财力、物力严重匮乏，仅仅依靠他们自身的力量，难以抵御帝国主义列强的侵略。于是，改变边疆地区人烟稀少、边备空虚的现状，便成为清政府必须加以考虑的问题。

在这种情况下，清廷不得不改变只注重边局稳定而不重视边地开发的传统观念，开始考虑“移垦设治”“开浚利源”的问题。19 世纪六七十年代以后，清政府逐渐废弃和放松对东北和蒙古的“封禁”，允许并鼓励内地汉民到关外从事农耕，以图“开浚利源”，增加财政收入。边禁的废止，官府的倡导，使移民垦殖活动展现出前所未有的发展态势。在 19 世纪末至 20 世纪初的短短几十年内，由于垦殖事业的迅猛发展，边疆地区尤其是内蒙古东、南部和新疆北部、川滇边区等民族地区的社会面貌发生了很大的变化。在局部地区，原先的单一游牧经济区域变成了半农半牧区，而半农半牧区则过渡到了纯农业区。边疆地区农业的迅速发展，刺激了工矿、交通

---

① 《光绪朝朱批奏折》第 116 辑，第 333 页有“文硕、昆冈奏为藏属番官应领俸缎积欠至三十年之久不得不酌拟章程分别清理恭折”，光绪十三年五月二十二日；《光绪朝朱批奏折》第 113 辑，第 791 页有：“喜昌奏为青海蒙古王公恳求领积年俸银情词哀切理合恳请饬不核议另由就近省分筹拨以济困苦折”，光绪五年四月。

各业的兴起，内外蒙古、新疆纷纷开办金矿、银矿、铁矿和煤矿等。

农业经济的长足发展，工商业的兴起，人口的聚集定居，“使原来十分荒芜的土地兴起了许多新的城镇，商业贸易随之发展兴旺起来。边疆地区行政建制发生很大变化，府、厅、州、县的设置，既有利于开发建设，又便利于内地和边疆地区人口进一步流动，及经济、文化的交流，成为抵御外敌入侵，维护国家统一更深厚持久的内在力量”①。与此同时，由于内地与边疆地区经济联系的进一步加强，对于抵制列强的经济侵略、促进国内统一的民族经济和民族市场的建立也产生了积极的影响。

但是，在以垦殖为主的开发活动中也出现了一系列问题。当时由官府组织进行的垦殖活动，主要意图是移民实边和扩大清政府的财政收入，因此此类垦殖活动并不同于纯粹经济学意义上的开发，其中存在明显的局限性。以内蒙古为例，放垦活动主要是以侵占牧地的方式开展的。“首先它是以牺牲这些地区的传统畜牧业为代价的。放垦的地区，基本上是内蒙古各蒙旗水草丰美、地势平缓的沿河流域，而这些地区本来是蒙古族经营畜牧业的优良牧场。清政府强垦这些丰美的草场以后，蒙古族牧民赶着牲畜被迫迁往山陵、沙漠、碱滩等贫困地区，极大地破坏了传统畜牧业。其次，由于清政府在放垦过程中只顾征敛押荒银而不重视垦种、生产的管理，再加上垦务官员和地商等包揽垦务，营私舞弊，从中肥私，实际上也存在着放而不垦的现象，没有完全达到发展农业的目的。”②

强行和盲目开垦，对边疆地区社会和自然环境均带来了严重后果。在内蒙古东、西部各地，以及川边康区，抗垦斗争此起彼伏，造成边疆局势的动荡和族际关系的紧张。在不少地区，由于无组织、无计划，垦殖活动失去控制，造成草原沙化、水土流失，使生态环境受到严重破坏。

19 世纪末，边禁的废止，官府对垦殖活动的大力提倡，的确不失为缓解内地人口压力、促进边疆开发的有效途径。但是，清政府以“开浚利源”为目的，单纯追求短期效益的垦殖活动是值得深入分析的。当时人们认识和掌握自然规律的能力低下，固然是导致垦殖活动失去控制和无序发展的重要原因，然而清朝官僚头脑中的“天下大利必归于农”的农本主义思想也是一个重要的导因。例如，一贯主张放垦蒙地的黑龙江将军恩泽曾说过：

---

① 马汝珩、马大正主编《清代的边疆政策》，中国社会科学出版社，1994，第 126 页。

② 郝维民主编《内蒙古近代简史》，内蒙古大学出版社，1990，第 32～33 页。

“天下大利，首在兴农，边塞要区，允宜开土，盖土开则民聚，民聚则势强，此实边之要道，兴利之良法。”当时对蒙、藏问题颇有见地的姚锡光也曾预言：“诚使国家，奖励有法，提倡得人，不出五年，漠南诸部，凡可垦之地，可全数放垦。”① 内阁中书章启槐亦指出：“大漠南北，虽素称荒凉之区，而东部辽河滨岸，恰克图以南之地，皆膏腴可耕。徒以土人专事游牧，不讲稼穑，故荒地甚多，殊可惜也。似应广招内地农民，前往开垦。”②

垦殖不是所有地区都适合的，若无视自然环境的差异，强行推广垦殖，不仅会大量浪费人力、物力，而且会破坏生态平衡，结果是非但农业不能够发展，反而破坏了其他经济类型的进步、发展。

总体上讲，在近代以前的边疆开发，或者说清代前期的农业发展，基本上是以自然的、渐进的方式发展起来的。但近代以后，特别是到了清末情况发生了变化，由于移民人数的急剧增加和政策的导向作用，边疆地区农业开发中盲目性和掠夺性的一面不断增长，造成自然资源的浪费、破坏，甚至在局部范围内造成了灾难性的后果。此外，在边疆地区的开发中，由于开发者基本上是内地汉族移民，因此在开发者与被开发地区居民之间必然形成错综复杂的利害关系。倘若统治者能够公正而有效地协调有关方面的利益要求，那么不仅能够有力地推动边疆地区的开发进程，而且能够促进各民族之间的团结、互助与共同发展；如果开发政策失当或不能够恰当地协调有关方面的利益要求，那就会播下民族关系不和的种子，甚至直接触发族际冲突。清政府在这一点上是犯过严重错误的。

文化上，由“从俗从宜”转向“启发民智”也是推行一体化的重要推动力。

清朝入主中原以后，出于不同的政治需要，对国内各民族采取了不同的文化政策。满族贵族在完全没有儒生官僚的辅佐之下对中原地区实施统治是不可能的。清统治者始终以儒家的伦理道德作为指导满汉人民行为的中枢指向，从而使满族各阶层的价值观与儒家文化趋于一致，导致满族传统文化的变异，为满、汉人民达到高度的文化共识，进而实现真正融合奠定了意识基础。入关之初，满族统治者也曾想把旧俗保留下来，但最终不得不放弃，以适应新的社会环境。

① 姚锡光：《筹蒙刍议》上，“实边条议”。

② 《东三省蒙务公牍汇编》卷五，“内阁代奏中书章启槐请整顿内外蒙古折”。

满族贵族尽管崇尚、提倡儒家文化，但并没有想把它推向边疆民族地区。对于经济文化类型与中原内地截然不同的蒙古、西藏和新疆等边疆地区，清统治者采取了“从俗从宜，各安其俗”① 的政策，即让上述地区的民族保持各自的文化传统和宗教信仰。为了让各民族“保持其旧俗”，清政府不主张国内各民族之间进行文化交流，而且还制定严格的民族文化隔离制度，以限制或阻止各民族之间尤其汉民族与边疆少数民族间的文化交流。例如，蒙古人不得学习汉族文化，蒙古王公不得请内地书吏，违者治罪等。在新疆，采取了将清朝驻军与维吾尔族居民隔离、汉族百姓与维吾尔族百姓隔离的政策，甚至对于内地汉族商人进入天山南北维吾尔地区也规定了种种限制。

在清前期，与“因俗而治”相辅相成的“从俗从宜”的文化政策，对加强边疆民族地方对中央政权的向心力，维护多民族国家主权的统一和完整产生了积极的影响。同时对保持各民族文化的独特性并按照自身规律发展也起到了促进作用。但是，“从俗从宜”尤其是统治者的文化隔离政策，也有消极的一面。其突出的表现是，阻碍了边疆民族与内地汉族之间的文化交流，延缓了边疆地区文化落后局面的改变和社会的进步。

到了晚清，随着边疆与内地经济往来的加强，特别是大量汉族移民的到来，边疆地区开始具有了儒家文化生根发芽的土壤，为儒家文化圈向四周伸展提供了必要的条件。另一方面，边疆与内地政治、经济一体化进程的加快，对于打破各民族之间的文化壁垒，使民族超逾各自狭隘的族群的限制，实现相互间的社会、文化的渐次整合提供了必要的前提。在时势的迫使下，清政府也逐渐认识到，边疆地区封闭落后的状态并不利于其统治，于是放弃以民族隔离为目的“从俗从宜”政策，开始考虑“开启民智”的问题。“开启民智”首先由兴办教育开始。

清政府对于边疆地区教育的关注，较之政治制度的改革要迟缓一些。随着新政在边疆地区全面推行，并取得显著成效，各路将军、都统、大臣等逐渐认识到“非广兴教育不足以绥边，非变通旧例不足以兴学”，遂纷纷倡导废除旧有的各种禁令，兴办学堂，以发展教育。查办西藏事件的张荫棠曾表示：“本大臣奉命来藏查办事件，首以启发民智，日进富强为唯一之

---

① 《乾隆会典则例》卷八十《理藩院、理刑清吏司》。

目的。”① 姚锡光在《筹蒙刍议》中亦称：“所以启智慧而疗愚蒙者，自以学堂为急。”东三省总督锡良奏称：“蒙古接壤东三省，屏蔽东北，利害攸关，闭塞既深，强邻日逼，非浚其智识，无以救亡图存”，“民智日开，边圉日固”。②

这表明清廷逐渐废止原先各种文化隔离政策，鼓励边疆地区兴办教育，以期“启发民智”。于是在废除科举制度、倡办新式学堂的热潮中，蒙、藏和新疆等地相继出现了第一批新式学堂。

从“从俗从宜”到“启发民智”，是清朝治边政策发生转变的一个表象，实际上，这也是一体化政策的重要组成部分。因此，如同政治制度的一体化一样，由“从俗从宜”向“启发民智”转化的过程中也出现了许多问题。其中，最突出的是，清政府及其驻边将军、大臣等片面强调汉族传统文化、伦理道德的优越性，并以此来开启“边民”的“智慧”，从而引起了各少数民族人民的误解乃至反感和抵制。

新疆收复后，左宗棠曾奏称：“将欲化彼殊俗，同我华风。非分建义塾，令回童读书识字，通晓语言不可。”③ 他还饬令各局员防营，设立义塾，并刊发《千字文》《三字经》《百家姓》《孝经》《小学》，令回童诵读。刘锦棠后来奏称：“‘缠头’语言文字本与满汉不同，遇有讼狱征收各事件，官民隔阂不通，阿奇木伯克、通事人等，得以从中舞弊，是非被以文教，无由除彼锢习。自全疆勘定以来，各城分设义塾。……所有原设各塾，应由各厅、州、县延师训课”④，并招收回童，授以《千字文》《百家姓》等。很显然，清政府在回疆建立义塾的目的主要是灌输汉族封建正统文化和伦理道德，以同化维民。正由于存在强迫同化的倾向，刘锦棠等人在回疆建立义塾的举措，未能取得预期的效果。“‘缠民’闻招入学，则皆避匿不往，富者或佣人以代”。即使入学者，对于《千字文》《白家姓》等“茫然不知所谓，逾益厌苦之”，故“开学二十年，所造者‘毛拉’而已”。⑤

随着新政在边疆地区的推行，清政府在民族语言文化政策上逐渐走向了另一个极端。例如，从严令禁止蒙古人学习汉文汉语一变而将蒙古语文

---

① 《清季筹藏奏牍·张荫棠奏牍》卷二，第 39 页。
② 《宣统政纪》卷二十四，第 2 页。
③ 《左文襄公全集·奏稿》卷五十六。
④ 《刘襄勤公全集·奏稿》卷三。
⑤ 《新疆图志》卷三十八。“毛拉”指识字者。

从国家政治生活中排斥出去。在推行宪政、设立地方谘议局时，清廷明确规定蒙旗人士只有“能通汉语”者才能有选举和被选举权。当有的省请示在蒙旗很难找到通汉语文的人，能否酌情变通时，清朝宪政编查馆虽允许个别变通，但强调下不为例，并称“仅识满蒙文者仍以不识文义论”[①]。这种不承认少数民族语言文字的做法，显然是一种民族压迫和歧视，所以引起了少数民族的反感和抵制。

实现边疆民族地区与内地的一体化，是晚清边疆民族政策的历史性转折。应该说，这一政策的制定和实施，既是现实政治形势的需要，也在一定程度上反映着历史发展的必然趋势。在清朝统一多民族国家这一政治前提下，200 余年来，边疆和内地各民族，以各种形式突破了清朝隔离、限制政策的束缚，在人员往来、经济交换和文化交流诸方面都取得了历史上前所未有的进展。边疆民族地区星罗棋布的城镇，纵横交错的商路，络绎不绝的商旅和驼队，无不展示着内地与边疆经济交流的繁盛。对于蒙古、新疆和西藏地区而言，内地的茶叶已成为“养命之源”，丝绸布匹等已成为生活中必需之物；反过来，边疆地区的皮毛、药材等珍稀物品也长期维持着宫廷乃至权贵官员的奢侈生活。边疆和内地在国家经济体系中扮演的角色不同，但却同等重要。游牧经济区比以往的任何时候都更加需要内地的人员、技术和产品；内地也更需要边疆吸纳多余的劳动力，缓解人口压力。双方的互补性越来越强。这一趋势是晚清一体化政策的前提和基础。当然，由于民族地区各自复杂的自然环境和社会历史条件，经济和政治发展呈现出不平衡性，这些都制约着清朝一体化政策的执行及其效果。必须看到，清朝的一体化政策是在遭遇到全面边疆危机、旧的统治体系难以维持的紧急形势下仓促出台的，明显地带有强制性和僵硬性。因此，在结果上有成功，有失败，成败参半，也就是必然的了。

（《中国边疆史地研究》2001 年第 3 期）

① 参见《内蒙古近代简史》，第 29～30 页。

抗日战争时期中国共产党对国内少数民族的认识

周昆云

对国内少数民族客观存在的认识，既是中国共产党民族理论的组成部分，又是这一民族理论的基础构成。抗日战争时期，在国内少数民族客观存在的认识方面，中国共产党取得显著的成就，其认识达到前所未有的高度和广度。因此开展对当时中国共产党关于国内少数民族客观存在的认识问题的研究，可以为我们深入研究抗战阶段马列主义民族理论中国化的取向、党的新民主主义民族平等团结理论提供新颖生动的视角，因而具有独特的重要意义。

一

客观存在，是指在意识之外，不依赖主观意识而存在的事物。由于民族是历史上形成的有共同语言、共同地域、共同经济生活以及表现于共同文化上的共同心理素质的稳定的人们共同体，因此，“民族是客观存在的实体”[①]。从时空上看，一定的人们共同体之间是有差异的。当这些人们共同体的存在及其差异为意识所反映时，人们就可以把某一国家内人口居于少数的人们共同体称为少数民族。在中国历史的长河中，各民族之间逐渐形成人数居多的汉族和人口较少的其他民族的区别。这种民族人口上的区别成为汉族以外的其他民族被称为少数民族的基本原

① 金炳镐、青觉：《论民族关系理论体系》，《中南民族学院学报》2001 年第 6 期，第 29 页。

因。然而少数民族的客观存在是一回事，国家和社会对它的承认是另一回事。尽管中国少数民族是作为民族实体而存在的，但是国家和社会的承认与否起着至关重要的作用。因为对少数民族客观存在的确认既取决于人们的立场态度和思想认识，更取决于国家的肯定。国家和社会对少数民族存在问题的立场和态度，从本质上讲反映了不同阶级的民族观。

中国共产党诞生以后，即肩负起争取民族独立、人民解放的历史使命。党在领导民族民主革命的斗争中，逐渐加深了对国内少数民族客观存在的认识。北伐战争时期，冯玉祥在五原誓师以后，中共中央曾给在其部队工作的共产党人发去指示，指出，“冯军在甘肃，对回民须有适当的政策，不损害这少数民族在政治上、经济上的生存权利”①。据考证，从此，“少数民族”一词日益成为共产党解决中国民族问题的话语体系中使用频率很高的重要词汇。1937 年 7 月，全民族抗战爆发。在民族解放战争的新形势下，中国共产党人对于国内少数民族的态度是：“为了驱逐日寇出中国，为了民族解放，更应清楚的了解这些少数民族的存在，和如何使他们参加抗战，增强抗战力量，巩固团结，争取胜利。”② 为了使抗日战争真正成为全面的全民族战争，中国共产党人对国内少数民族存在的认识呈现出比较过去更全面、更深入、更具体的特点。论述这一问题，首先不能不援引 1939 年 12 月毛泽东在《中国革命与中国共产党》一文中关于“中华民族”的论述。毛泽东指出：

> 我们中国是世界上最大的国家之一……从很早的古代起，我们中华民族的祖先就劳动、生息、繁殖在这块广大土地之上。
>
> ……
>
> 我们中国现在拥有四万万五千万人口……十分之九为汉人。此外，还有回人、蒙人、藏人、满人、苗人、夷人、黎人等等许多少数民族，虽开化的程度不同，但他们都有了长久的历史。中国是一个由多数民

---

① 《中共中央关于西北军工作给刘伯坚的信》，中共中央统战部编《民族问题文献汇编》（以下引文，简称《汇编》），中共中央党校出版社，1991，第 46 页。

② 汉夫：《抗战时期的国内少数民族问题》，《群众》2 卷 12 期，1938 年 12 月 25 日，第 597 页。

族结合成的拥有广大人口的国家。

……

中华民族不但是以刻苦耐劳著称于世，同时又是酷爱自由富于革命传统的民族。……中华民族的各族人民对于外来民族的压迫都是不愿意的，都是要用反抗的手段解除这种压迫的。……所以中华民族又是一个有光荣革命传统和优秀历史遗产的民族。①

毛泽东的这段论述既从生产、生活、政治等方面揭示了中华民族的内在联系和整体性，又集中体现了共产党人对国内少数民族的民族称谓、民族种类、民族人口、民族历史的总体认识，是中国共产党人对国内少数民族客观存在的权威性表述。

其次，我们在党的历史文献中还看到其他中国共产党人关于国内少数民族客观存在的具体阐述。这些阐述主要有如下几点。

1. 中国是统一的多民族国家，少数民族的种类繁多，人口不少，其分布地区十分广袤

1939 年，八路军政治部在编写的《抗日战士课本》一书中写道："中国是一个最古老的国家，有五千余年的历史。" "中国有四万万五千万人口，组成中华民族。中华民族包括汉、满、蒙、回、藏、苗、瑶、番、黎、夷等几十个民族，是世界上最勤苦耐劳，最爱和平的民族。"② 这段话中已经包含着一定的民族统计成分。

中国共产党对国内少数民族称谓和种类的认识并不止于此。据笔者统计，1937～1945 年党的文件、报刊文章和领导人的著作、演讲中使用过的少数民族称谓就很多，现将这些具体的称谓列举如下：

蒙古、回回、藏、满、苗、瑶、番、黎、维吾尔（畏吾尔、缠回）、哈萨克、柯尔克思、锡泊、索伦、塔塔尔、乌兹别克、塔兰其、塔吉克、归化、番回、东乡回、萨拉、朝鲜（韩）、安南、僮（壮）、仲家、夷（彝）、摆夷、水田夷、山头夷、阿昌夷、磨些、僰、罗罗、朴曼、栗粟、卡瓦、卡拉、民家、普拉、乌尼、崩龙、马喇、怒、求、茶山、曼尼、撒海、古

① 《毛泽东选集》第 1 卷，晋察冀日报社，1944，第 61～63 页。

② 《汇编》，第 807 页。

宗、黧黑、缅人、野人、散民、阿你、土佬、力些、浪速、台湾同胞[①]等。

抗日期间，共产党人进一步了解了一些少数民族的人口和分布情况。兹择其概要，蒙古族：其生活在外蒙古、内蒙古、宁夏蒙古、青海蒙古、新疆蒙古等地区，“全部人口约一百七八十万人”[②]。回族：“具有约四百万人口”，“他们散居全国各省。其中西北最多，约二、三百万。次多为云南、河北、察哈尔、热河、河南、江苏诸省”。[③] 藏族：“分布得很广，除了西藏全部，还有西康全部，青海大部，四川北部，甘肃西部和云南北部。总计起来，他们居住的地区，要占全国面积的六分之一。”“全部藏族大概有三百五十万到五百万人的样子。”[④] 苗族：“住在贵州、云南、广西、湖南和四川边境的深山里”，“我国苗民当在三百四十万以上了”。[⑤] 夷族：其“内部极为复杂……人数近千万左右，散居在云南，广西，四川，西康，贵州诸省的边界”。夷族中最大者为摆夷、倮倮，其中摆夷“散布在上列各省，人数约数百万，其主要部分则居住在云南国道和澜沧江下流”；倮倮“散布在川，康，滇，黔的边界上，人数约二百余万，其主要部分——一百万以上——则居住在西康宁属”。[⑥] 黎族：其所在地是“五指山脉一带山地”。在海南岛三百三十万人口中，“黎族人口约五十余万”[⑦]。撒拉族：“共只三万多人”，“居循化”[⑧] 等。此外，在边疆少数民族地区，新疆有“十四个民族四百万民众”[⑨]；西康宁属“海拔二千公尺的丰富高原，几千年来是夷民

① 分别参见《抗战时期的国内少数民族问题》；民族问题研究会编《回回民族问题》，《汇编》，第 869 页；罗迈：《回回问题研究》，《汇编》，第 847 页；《中共中央关于抗战中地方工作的原则批示》，《汇编》，第 551 页；《边区参议会应有的任务》，《陕甘宁边区参议会资料选辑》，中共中央党校科研办公室 1985 年内部发行，第 651 页；刘健：《云南少数民族问题》，《群众》7 卷 7 期，1942 年 4 月 15 日，第 157 页；李子坚述《云南问题》，中共云南省委党史研究室、省委民族工作部、省民委编《新民主主义革命时期党在云南的少数民族工作》，云南民族出版社，1994，第 86 页；渥丹：《民族问题和民族语言文化》，《群众》6 卷 1 ~ 2 期，1941 年 3 月 18 日，第 28 页；等等。

② 《中共中央西北工作委员会关于抗战中蒙古民族问题提纲》，《汇编》，第 657 页。

③ 《回回问题研究》，《汇编》，第 841 页。

④ 韩晋：《藏族和西藏》，《解放日报》1941 年 10 月 18 日第 3 版。

⑤ 石国保：《简谈中国苗族》，《解放日报》1941 年 9 月 26 日第 3 版。

⑥ 朱青：《西康宁属的夷族》，《解放日报》1941 年 10 月 2 日第 2 版。

⑦ 《中共中央对琼崖工作的指示》，《汇编》，第 671 页；《抗日战争时期解放区概况》，延安新华书店，1944，人民出版社，1953 年重印，第 128 页。

⑧ 《回回民族问题》，《汇编》，第 875 页。

⑨ 《中共中央电贺新疆反帝军、反帝会成立七周年纪念》，《汇编》，第 685 页。

生息之所，全境夷民约百余万，居住全境四分之三的土地”[①]。青海：“人口有谓六百万，当然不确。一般人说仅仅只有二百万，但久居青海的回人说才不过只有百数万，回人十之四，汉民番民十之六。”宁夏：“人口原有八十万……现在只剩下不上五十万了；内回民十之四”。甘肃：“据官方统计：有六百二十九万余人，回民约二百万，但实际数目仍属可疑。”[②] 云南：“少数民族人民逾九百万人。而全滇人口总数不过一千三百万左右。”这些少数民族，“其种类是异常复杂的。……仅滇省政治力量所能完全达到的九十六个县内，即有一百二十四种之多”。[③]

2. 少数民族自古生活在中国土地上，其历史源远流长

中国共产党人在讨论中华民族及其文化是在中国这块广大的土地上发芽滋长起来的问题时，曾根据考古学、古人类学的材料以及中国古典文献的传说来探求中国远古的文化系列。他们指出，“中国社会不是孤立的东西，在某一时期或某一地区受到外来民族的影响，民族的混合，以及民族文化的交流都是不可避免的事；但是，这并不能否认基本上中华民族及其文化之来源有其独立和有别的特点”[④]。与此同时，在国内少数民族的族源问题上，中国共产党人着眼于历史记载，或辅之以考古资料，程度不同地探求了满族、藏族、蒙古族、维吾尔族、回族、摆夷等少数民族的由来。他们分别指出：

满族，“古称东胡族”[⑤]。

藏族，“在秦汉时称为羌族，到唐宋时称吐蕃”[⑥]。

维吾尔，其前身是唐朝的回纥及唐末、五代和宋朝的回鹘，元朝的畏吾儿或畏兀儿，清朝的缠回。“历史上回纥、回鹘、畏武儿的活动区域，最初是在外蒙、内蒙古与贺兰山一带，后来逐渐转移至新疆与甘肃西部……形成维吾尔民族。”[⑦]

蒙古族，根据考古学家的研究，在河套地区发现原始人的头骨化石是

---

① 《西康宁属的夷族》。
② 云衢：《甘肃近况》，《晋察冀日报》1941 年 4 月 18 日第 2 版。
③ 《云南少数民族问题》，《群众》7 卷 7 期，第 157 页。
④ 尹达：《中华民族及其文化之起源》，《中国文化》1 卷 5 期，1940 年 7 月 25 日，第 22 页。
⑤ 杨松：《论民族》，《汇编》，第 767 页。
⑥ 韩晋：《藏族和西藏》（续），《解放日报》1941 年 10 月 19 日第 3 版。
⑦ 《回回民族问题》，《汇编》，第 867 ~ 869 页。

和蒙古人的头骨类似的，由此可以推论散布长城以北至西伯利亚的种族“或是蒙古民族的祖先”。其民族来源有四种一时难以断定的说法：室韦契丹种；突厥种；突厥种与东胡种的混合种；鞑靼种。蒙古这一名称，远在唐、宋、五代时就见于中国史书，历来的汉文记述中的译写有“蒙兀”“蒙瓦”“盟古”“盲骨子”“蒙古”“忙豁仑”“鞑靼”等名称。明代以后，汉文书都写作蒙古。①

回族，其主要来源“是元朝进入中国的回回氏”，回回氏及其后裔构成“中国回回的主要组成部分”。唐朝之后进入中国并且留居下来的“波斯大食人”，自然地加入到回回中去。因为回汉杂处，有些汉人自愿地或被迫地“从了回教”；因为回人可以娶汉女为妻，“汉人在回回民族的构成中，是一个相当重要的因素”。此外，唐宋诸朝时期，留居甘、宁、青等地的回鹘，“因为与回回杂居，可能同化于回回”②。

摆夷，是云南少数民族中的主要民族。摆夷在中国古书内早有记载，曰“僰”“伯夷”“伯”“摆”“歹”“泰”“闪”等。“这许许多多不同的名称，或同子音，或同母音，要为一音之转，故‘皆今之摆夷族’。实为居住云南历史最悠久的民族之一。当孔明南征时代，他们就已是古滇的先进民族”。其他分布于云南的少数民族，“如朴曼、栗粟、卡瓦等，或多系汉朝以后始入居云南”③。

3. *少数民族基本上处于前资本主义的诸种社会形态，但也有其经济、政治上变异的特征*

中国共产党人十分重视从社会发展史的角度来认识国内少数民族的社会形态。致力于民族问题研究的杨松于1938年在《论民族》一文中指出：少数民族“除外蒙外，大都还停滞在资本主义以前的经济阶段。在政治上还完全是封建制度统治着，有的还过着封建社会以前的原始部落、奴隶社会的生活”④。

共产党人在概括当时国内少数民族的诸种经济形态的同时，还对若干

① 分别参见《蒙古民族问题》，《刘春民族问题文集》（续集），民族出版社，2000，第126～128页；《中共中央西北工作委员会关于抗战中蒙古民族问题提纲》，《汇编》，第657页。

② 《回回问题研究》，《汇编》，第842页。

③ 《云南少数民族问题》，《群众》7卷7期，第157～158页。

④ 《汇编》，第767页。

少数民族的前资本主义社会的经济、政治等基本状况和显著特点作了进一步的阐述。

一是其基本状况。社会经济上，当时有人看到，西南一些少数民族仍然保持着原始经济形态和奴隶制经济形态。他们曾经写道：云南许多少数民族，“他们的经济是落后的，有的还是奴隶制度的社会和原始的农村公社”[①]。在西康宁属的夷族社会中，奴隶已成为奴隶主贵族主要的“生产工具”，作为贵族的“黑夷”，一人“拥有数十至数千的奴隶”，而“娃子即是替黑夷服役的奴隶”。[②] 有人对与汉族经济发展相接近的少数民族的封建经济形态作了较多的介绍。譬如：“比较汉族社会经济来，回族社会经济的封建性更为浓厚，尤其是回回更多聚居的甘、宁、青。”“由于封建势力厉行劳役、征发、强捐、勒派等非经济的残酷剥削，致使农村经济激烈的破产，农民生活激剧地恶化，人口大批死亡与逐年激减，农村中的阶级对立日益尖锐，主要是农民与封建剥削阶级的对立。”[③] 又如，蒙古“还保持着封建畜牧经济的地区：王公贵族仍然保持着家长式的统治，宗教的压迫和剥削仍严重，牧人仍过着农奴式的生活”[④]。再如，在青藏地理条件较好的地区“已经是农业为主了。在这些地区，土地名义上是国有的，但是已经分配给寺院和贵族了，农民需要向地主贵族和寺院租地来耕种，缴纳一定的租税”。在阶级关系上，“藏族现在有贵族（地主）喇嘛和农民，牧人两个阶级”[⑤]。此外，“摆夷民族在经济发展上，大体是与汉族相差不远的，主要生产方式为农业的；并且似已达到和汉人一样的农业技术水平”。清末以来，摆夷中普遍实施“以榨取方式的农奴生产”[⑥]。

政治上，不少人从体制的角度分别揭示了某些少数民族中存在的原始社会后期的政治体制、奴隶制下的政治体制、封建制下的政治体制。概括起来说，在青藏高原从事游牧经济的某些藏族地方有部落制；在西康宁属夷族地区、云南一些少数民族地区有土司制；在内蒙古等地有盟旗制。至

① 《云南问题》。

② 《西康宁属的夷族》。

③ 分别见《回回问题研究》和《中共中央西北工作委员会关于回回民族问题的提纲》，《汇编》，第842、648、649页。

④ 《蒙古民族问题》，《刘春民族问题文集》（续集），第139页。

⑤ 《藏族和西藏》。

⑥ 《云南少数民族问题》，《群众》7卷7期，第158页。

于西藏地方，“还保持着‘图伯特王国’的称号”，藏族社会内部“等级的划分却非常复杂而严格”。[①]

二是其变异性。在长期的历史发展过程中，尤其是在近代中国社会的特殊条件下，一些地方少数民族的社会形态在经济、政治等方面发生的变异，引起中国共产党人的重视。他们指出，在奴隶生产或农奴生产方式下面的摆夷人民，都一样要受宣慰司的封建统治、汉人的高利贷剥削、帝国主义的商业经济榨取，以及外来官吏的压迫等。摆夷之外的其他云南少数民族除一部分已“汉化”者外，“其社会生活的特点，在其所具有的原始社会与商业和政治社会组织接触后杂乱而混合发展的形态”[②]。又指出：“回族内部开始生长着民族资本主义的成分。已有公路交通、制革、制烟、制肥皂等工业。”但“回族中很少产业工人，更少工商资本家”；“回族大商业中没有纯粹经营商业的商业资本，绝对多数是和地主、军政当权者以至教权者相结合而成的封建垄断性的商业资本”；“回族中某些商业资产阶级同日寇有密切的联系”；“回族主要的居住区，回族社会，就是一个落后的半封建社会”；“回族的上层统治是半封建半殖民地经济的上层建筑”——西北回族军人政权的统治。[③] 还指出，蒙古民族的社会经济发展极端复杂与不平衡，“在外蒙古是革命已经胜利的地方，初期封建经济与帝国主义剥削已被完全推翻，并且正在发展新民主主义的经济以便进一步向非资本主义道路发展。日寇统治下的内蒙古东三盟已经是殖民地的经济，而察绥蒙古的经济也开始了殖民地化的过程。在未沦陷的蒙古地方……一般的它还保存着原来的初期封建经济性质”。这种情况反映到政治上，就是内蒙古等地既有日本殖民统治下的傀儡政权，又有半殖民地半封建社会条件下的盟旗制度。“内蒙古及西北各盟旗，非但未能脱离帝国主义侵略与异民族压迫的境地，而且由于日寇对中国不断的侵略与进攻，更加陷入空前严重的民族危机。”[④]“蒙古民族在政治上的此种附属性与其经济上的落后性是密切联系着的。”[⑤]

---

① 《藏族和西藏》。

② 《云南少数民族问题》，《群众》7卷7期，第159页。

③ 分别参见《回回问题研究》和《回回民族问题》，《汇编》，第843、899、901、849、898页。

④ 关烽：《蒙古民族与抗日战争》，《解放》第100期，1940年2月29日，第22、21页。

⑤ 《中共中央西北工作委员会关于抗战中蒙古民族问题提纲》，《汇编》，第659页。

4. 少数民族有些已部分融合于汉族，但仍保持着本民族的文化特征

杨松等中国共产党人还从比较少数民族“汉化”情况的不同来认识少数民族客观存在问题。一方面，他们认为国内存在某些“已同化了的”少数民族。他们说：这些“已同化了的满人、回人、番人、苗人、蒙古人、黎人等等在经济生活、语言、风俗、习惯等等方面已与汉人同化，并且已与汉人杂居，因而失去构成民族的特征，但是在风俗、习惯上仍与汉人有些区别，他们既非原来的种族，也非汉人，而是一个新形成的近代民族——中华民族”①。这里对“中华民族”概念的使用虽存在问题，表述也不尽精当，但在强调这些“已同化了的”少数民族的有别于汉族的“风俗”“习惯”却显得意味深远。从这一论述中已可以窥见共产党人确认中国少数民族客观存在的意向。

另一方面，他们认为中国还有更多的少数民族其文化特征十分显著。他们指出，“在中国境内还存在着少数民族……这些民族，除满人大部份已与汉人同化外，其他各少数民族仍然保持着自己底民族区域、民族语言、民族风俗、习惯……这些蒙古人、西藏人、回人等等，就民族来说，是各个不同的民族”②。尽管限于当时的历史条件，党还不可能进行以后意义上的“民族识别”，但共产党人仍程度不同地论述了蒙、回、藏、夷、苗、摆夷等民族的文化、心理状况。诸如以下的话语在有关的论述中就颇有典型意义和代表性，“历史指明，回回有坚强的民族意识”；“回教和回族的发展密切不可分离，回教不但是穆斯林的‘绳索’，而且是回族七百年来团结奋斗的一个旗帜”。“回族虽然受到一定程度的‘汉化’，但仍然保持了自己民族的许多特征。”③“夷民身体高大结实，食荞麦粑，饮冷水，处高山，居矮小板屋。不洗换，无桌凳寝具，终年赤足披毡，主要的从事农业生产，迷信，开矿，洗脸，认为皆会影响收成，酷爱酒，重义气”；“夷民信仰的是佛教，但无庙宇及繁复的宗教仪式，每年在秋收后九月的初一，十五，三十，在纸上写上祖先的名字，做几样菜供奉一下，从九月至十二月有些家庭请夷民和尚念三天夷文佛经，叫做‘做拜’，亲朋邻居，都来参加，那夜

① 《论民族》，《汇编》，第766～767页。

② 《论民族》，《汇编》，第767页。

③ 《回回问题研究》，《汇编》，第848页。

男女杂睡，是夷族中唯一可‘恋爱’的时候。”[①] “从语言文化上说，摆夷是有自己的语言及文字的。据永昌府志中载：‘摆夷字，大约习爨字而为之。汉时有纳垢酋之后名阿呵者，为马龙州人，弃职隐居山谷，撰字字如蝌蚪，二年始成；字母十（?）千八百有奇，夷人号为书祖。’……由这点可以知道：被一般人蔑视为‘南蛮’的民族，实则是有其很好的文化的”[②]。

5. 少数民族有着光荣的革命传统，其反侵略的民族意识在抗战时期空前高涨

在探讨历史上少数民族的革命斗争传统问题时，回族人民前仆后继反对封建阶级压迫和民族压迫的英勇斗争尤为中国共产党人所注意。他们断然反对回族是“反叛”民族的错误论调，而提出：“历史指明，回回是一个富有革命传统的民族。回回受过长期的压迫，经过长期的斗争。长期的民族压迫阻碍了回族的发展，因为它的长期斗争，未曾能够使它脱离被压迫民族的境地。但长期斗争锻炼了回族，把它锻炼成为一个英勇的有丰富革命传统的民族。回族曾经继承了并且发扬了穆罕默德的奋斗精神。”[③]对于苗族人民的革命传统精神，有人在党的报刊上撰文指出，“我们可以这样说：历代苗民的历史，是一部残酷的向内外（主要是向外）统治者反抗和战争的历史，对外抵抗侵略是苗族之所以能够延绵其民族生命的原因”[④]。

中国共产党人从民族革命斗争传统的探讨而进入抗日战争历史条件下民族意识的研究，认为反对帝国主义侵略和压迫的民族意识在少数民族中空前高涨。有论者根据全民族抗战兴起后西北各省回族人民抗日斗争浪潮发展的新情况，指出，“回族同胞之奋起，证明他们是富有‘回教徒决不与日本人妥协’的精神，是在发扬摩罕默德的英雄传统的。这一举动，是国内其他小民族的模范……同时，它向全世界证明回族是中华民族不可分离的一部分”[⑤]。有报刊发表评论，“今日报载松潘三峨落西番部队，为川境夷人最大支族，近鉴于日寇侵凌，为表示同仇敌忾，特推举代表赴省请缨杀敌……这表示民族觉醒已逐渐深入到国内各少数民族中去，使日寇煽动分裂我民族团结的阴谋，日益失败。这种民族团结同仇敌忾的精神和实践，

① 《西康宁属的夷族》。
② 《云南少数民族问题》，《群众》7 卷 7 期，第 158 页。
③ 《回回问题研究》，《汇编》，第 848 页。
④ 《简谈中国苗族》。
⑤ 许涤新：《加紧回汉团结抗战到底》，《群众》1 卷 13 期，1938 年 3 月 12 日，第 233 页。

自然大有助于抗战事业”①。又有文章指出：“‘九一八’后，日寇侵华益急，中国国民之一部份的苗民，也就更迫切地要求反对日本帝国主义与全国同胞共求解放了。”“芦沟桥事变后……作为中华民族之一支力量的苗族，不特对抗战和统一战线是始终热烈的拥护，而且确确实实的贡献出了自己的力量。”② 类似的认识，也同样出现在党的报刊关于蒙古族、藏族、新疆和云南等地若干少数民族投身疆场、支援抗战的报道、述评之中。

二

抗日战争时期中国共产党对国内少数民族客观存在的认识，无论是其认识的目的和意义——把握中国社会的基本情况、动员各少数民族积极参加反帝反封建的革命斗争以争取中华民族的自由解放、民族问题的妥善解决，还是其认识的内容——少数民族的民族称谓、种类、人口、分布、族源、经济、政治、文化等，总的来说，都是以抗战以前中国共产党逐渐形成的有关民族情况的认识为前提的，都是对中国共产党人坚持民族平等，一贯承认中国境内生产、生活着诸多少数民族的思想的继承。作为共产党人的一种思想，它是集体智慧的结晶之一。但是，八年抗战期间党关于国内少数民族客观存在的认识，由于全民族抗战这一特定的历史环境，以及全党更加注重中国的国情认识，更加致力于民族调查研究与处理民族问题，因此，这一认识本身就被赋予鲜明的特点，因而具有重要的地位和意义。

首先，抗日时期党对国内少数民族客观存在问题的认识，更具有全党性的规模。

作为少数民族客观存在的重要认识成果，其言论不仅表现在中国共产党和抗日民主根据地的若干重要文件中，如六届六中全会的报告、中共中央西北工作委员会关于回回民族和蒙古民族问题的提纲、陕甘宁边区政府及参议会的某些文件等，而且见诸中共中央和一些地方党组织及部门主办的报刊，如《解放日报》《新华日报》《抗敌报》《晋察冀日报》《群众》《解放》等所发表的部分社论和文章。党和解放区的领导人毛泽东、张闻

① 《短评：川境夷族请缨杀敌》，《新华日报》1939 年 3 月 4 日第 3 版。

② 《简谈中国苗族》。

天、李维汉、贾拓夫、林伯渠、聂荣臻等；党的一些理论宣传工作者如杨松、章汉夫、刘春、牙含章、关锋、许涤新、潘梓年等；边疆民族地区的一些普通共产党人如杨湛英、江枕石、李晓村、张光年[①]等，以及中国马克思主义史学家翦伯赞、吕振羽[②]等，都在中国少数民族的客观存在的认识与研究领域作出自己的贡献。那时候，在延安成立的民族问题研究会对回、蒙等民族的情况进行了深入研究。延安回民救国协会有的回民干部也在党的报刊上撰文，介绍一些少数民族的历史和现状。[③] 延安民族学院是中国共产党创办的培养少数民族干部的摇篮和研究少数民族问题的主要场所，学院对那里的各族青年学员进行包括党的民族政策和蒙、回等族历史在内的思想文化教育。据李维汉回忆：六届六中全会以后，党中央成立中央西北工作委员会，虽然“我们党从事少数民族工作的历史已经很久远，但是，以马列主义关于民族问题的理论为武器，系统地研究国内少数民族问题并开展少数民族工作则是从西工委开始的”[④]。由于抗战阶段共产党已发展成为一个全国性的大党，因此其国内少数民族客观存在的认识、研究所产生的社会影响之大，非党的早期所能比拟。

其次，抗日时期党对国内少数民族客观存在的认识，重点突出、涉及面广，更具体更明确，并且显示出强烈的针对性和鲜明的论战性，成为民主革命时期中国共产党民族认识历程中的一个重要里程碑。

这里所说的“重点突出”“涉及面广”“具体明确”，其突出表现之一是，中国共产党人在抗战中把对蒙古族、回族的认识作为研究的重点，专门著述有《蒙古民族与抗日战争》（1940 年 2 月）、《回回问题研究》（1940 年 6 月）、《回回民族问题》（1941 年 4 月）、《蒙古民族问题》（1944 年底）

---

① 《新民主主义革命时期党在云南的少数民族工作》，第 12、243 页。按：文中所提到的杨湛英，白族人，云南迪庆第一个中共党员。1942 年至 1943 年秋他两次深入滇西北边远地区，行程五千里，费时一年余，对滇西北地区 8 种少数民族的源流、分布、语文、宗教、习俗、生活、家族、社会特性，以及政治、经济、教育等情况作了全面的调查研究，写成长达 15 万字的《云南滇西北边区调查记》。

② 分别参考荣天琳《论抗战时期翦伯赞对中国马克思主义史学的贡献》，北京大学历史系《翦伯赞学术纪念文集》，北京大学出版社，1986，第 109～110 页；吴泽、朱政惠：《吕振羽史学研究》，《历史教学问题》1987 年第 1 期，第 5 页。

③ 如延安回民救国会的理事金浪白，于 1941 年 10 月 25 日在《解放日报》上发表题为《回族概述》文章。

④ 李维汉：《回忆与研究》（下），中共党史资料出版社，1986，第 457 页。

等。他们以马克思主义的社会发展规律学说为指导，查阅了大量的文献资料，进行了力所能及的具体调查，翔实地探讨了回、蒙这两个民族的历史和现实，显示出相当的研究力度。对于《回回民族问题》，著名学者白寿彝曾给予很高的评价："这书对于回回民族有关的一些重要问题，提出了不少的新的正确的看法。书中有些材料和解释，尚有待商酌，但这并不损害它为一本优秀的著作。"① 着重研究蒙、回民族是适应积极动员地处抗日前线的蒙、回广大人民投入抗战、争取民族解放的迫切需要的。但是，党对少数民族的认识并不限于一两个民族。如已在本文中所述，就我们所接触的材料来看，中国共产党人承认那些人口很少、社会发展还很落后的人们共同体为民族。他们直接提及的民族称谓已经60多种，而抗战以前党的文献中有记载的少数民族他称和自称只有20余种。② 两相比较，许多从前共产党人闻所未闻的少数民族在抗战中首次被提到。尽管那些民族称谓中或许是某两个或两个以上的称谓代表同一个少数民族，或者是一个称谓指向若干少数民族；也尽管这些称谓与今天所确认的民族名称有较大的出入，其解答难免还有疏漏或有问题。但如果从民族称谓量化增加值和当时的语境来看，抗日时期党对于少数民族客观存在的认识的确更加具体明确了。可以说，其视野之开拓，认识面之广泛，实属空前。已有论者对民主革命时期中国共产党列数的国内少数民族作了统计，其统计结果为十几个。③ 其实，这一结果与抗日战争乃至整个民主革命时期党对少数民族客观存在的实际认识是存在较大距离的。抗战时期共产党对中国多民族国家的国情认识大大深化了。这里所说的"针对性"，主要是指抗战期间党在强调少数民族的客观存在时，很注意结合民族革命战争的实际，进一步阐发蒙、回等少数民族和民族地区对于抗日战争不容忽视的战略地位和重要作用。如在回回民族的认识问题上，党的主要领导人张闻天曾从回族的历史发展肯定了回民是一个民族，并指出回族在抗日战线中和西北的重要作用。④ 这就将

① 白寿彝：《回回民族的新生》，东方书社，1951，第115～116页。

② 据目前看到的史料，抗战以前党的文献中提过满、蒙、回、藏、苗、瑶、僮、夷（彝）、仲蒙、黎、番、朝鲜（高丽、韩）、台湾、安南、越人、侬人、摆夷、土佬、沙人、普拉、立梭等民族成分。

③ 张有隽、徐杰舜主编《中国民族政策通论》，广西教育出版社，1992，第121页。

④ 张青叶：《张闻天与民族工作》，张培森主编《张闻天研究文集》第3集，中共党史出版社，1997，第552页。

对少数民族的客观存在的认识同对少数民族在民族革命战争中所具有的特殊重要性的论证联系起来。这里所说的"论战性"则主要是指，对抗日中阴霾不散的不承认国内少数民族存在的错误思想，共产党人义正词严地进行了驳斥。值得指出的是，毛泽东在党的"七大"报告《论联合政府》中对"国民党反人民集团否认中国有多民族存在，而把汉族以外的各少数民族称之为'宗族'"的大汉族主义的抨击，以及民族问题研究会对日本帝国主义"回教民族"谬论的批判，极大地加强了党对国内少数民族客观存在理论认识的战斗性。

再次，抗日时期党对国内少数民族客观存在的认识，进一步推动了马列主义民族理论中国化的进程，成为新中国成立以后所进行的民族识别的先声。

中国共产党成立以后，要领导各族人民进行革命斗争，就必须认识、处理国内民族问题。其认识、处理民族问题的理论指导就是马列主义的民族殖民地问题的理论，再加上共产党人对中国多民族存在的实际经验感受与思想认识。值得注意的是，党在早期并未拘泥于斯大林的民族定义，而是承认国内汉族和少数民族（又称弱小民族）的存在，并在此认识基础上制定党的民族纲领和民族政策，为解决中国民族问题而努力。① 抗日战争爆发后，随着马列主义经典作家的著述大量地翻译出版，斯大林民族定义在解放区得到广泛宣传和介绍。斯大林民族定义的广泛传播并为中国共产党人普遍接受，一方面为他们深入考察中国各民族提供了重要的理论指导，但另一方面也带来一个突出的理论问题和重大的现实问题，即根据民族四个特征是一个完整的定义，这四个特征只要缺少一个，民族就不成其为民族，并且这一定义指的是资本主义上升时代的民族，那么，处于半殖民地半封建社会里的中华各民族究竟属不属于民族？特别是当时有人拿斯大林关于民族的定义来测量回回，发现回回没有完全具备斯大林定义所指出的四个特征，因而认为回回不能算作一个民族。在此情况下，中国共产

① 举例来说，1926 年 1 月瞿秋白在上海大学编著《现代民族问题讲案》。《讲案》对"民族"作了阐释："民族者乃因资本主义之发生而形成之一种人类的结合，有内部的经济关系，即共同之地域以及共同之语言文字等者也。"这里的阐释表明中国共产党在理论上已接受了斯大林对民族定义的概括。但作为党的早期主要领导人之一，瞿秋白在革命斗争中并未否认中国少数民族的存在，且主持制定过党的民族纲领、民族政策。

党在介绍、肯定斯大林民族定义的同时，创造性地运用和发展了这一定义：(1)“斯大林所下的民族定义，并不是木制的箱子，要我们在任何场合任何时候讨论任何一民族问题时，都把这木箱子拿去，试装一下，放得下去的才算，才成为一个民族；不是这样，相反的，马列主义所要求我们的，是对一个原则具体的活的应用。那么，讨论中华民族问题时，就应根据中国特定的历史环境，历史的地位来考察中华民族！”[①] 这段洋溢着思想解放的言辞，不仅在当时而且在今天看来仍然发人深省、熠熠生辉。(2)借助斯大林有关欧洲历史上存在过两类民族和两种民族国家，即一类是上升的资本主义时代的产物——“现代的民族”和资产阶级的民族国家——“现代的民族国家”，另一类是现代民族国家之外的“多民族国家”及其国内所包含的“还来不及在经济上面结合为一个完整的民族”的思想，指出：“在中国这个多民族国家里，作为统治民族的汉族，正处在进化为近代民族的过程中……至于被排挤在后面的诸民族如回回、蒙古等，更没有来得及在经济上结合而成为一个现代民族。但他们仍然都是民族，不过还不是完全的现代民族。”关于回族，“的确，依斯大林定义中的四个特征，回回在今天还不是一个完整的民族。可是，斯大林在下定义时，他所指的是现代的民族”[②]。这实际上是将民族概念宽泛化，对其四个要素“只要缺少一个，民族就不成其为民族”论断突破的初步尝试，因而在民族识别问题上具有重要的理论价值。由此，中国共产党人论证了回回等少数民族的确是“民族”的思想。(3)有的共产党人在考察、研究他们所在区域的回族状况时，对上述思想作了如是发挥，“在这些少数民族中，回民是民族特征非常明显的民族。他们有自己的语言、文字，有其民族的宗教与宗教礼节和生活习惯，有其独特的经济生活——大部分经营小商业，售卖牛羊肉，务农者很少”[③]。以上事例说明，新中国成立后民族识别中不是教条而是灵活地运用斯大林民族定义的思想倾向和识别原则，早在抗战时期中国共产党对国内少数民族客观存在的认识中已开始萌生，其马列主义民族理论中国化的思想取向和积极意义是显而易见的。至此，“具有中国

---

① 《关于“中华民族”问题》，中共中央北方分局、晋察冀中央局主办《抗敌报》1940 年 5 月 30 日第 2 版。

② 《回回问题研究》，《汇编》，第 851、850 页。

③ 《社论：晋察冀边区北岳区少数民族问题》，《晋察冀日报》1941 年 8 月 5 日第 1 版。

特色的民族概念"[①] 已初步形成。

最后，抗日时期中国共产党对国内少数民族客观存在的认识，是无产阶级民族平等的一个重要体现，这种认识在抗日民主根据地民族工作中的落实，使少数民族人民感受到民族平等与自由，扬眉吐气作了主人。

本来，在全民族抗战的年代，少数民族的客观存在更应当得到国内的承认。但在国民党大汉族主义的统治下，情况却并不是这样。以回族为例来看，大汉族主义者极力宣布回族不是一个民族，回回问题不是民族问题而是宗教问题。抗战后，刊物中如《时代精神》《新政治》，报纸中如陕、甘等地某几种报纸等，都充斥着这种言论。回族中虽然曾发出不少抗议的呼声，回民的刊物虽曾登载不少批驳的文章，但在大汉族主义的高压下，也只好"忍气吞声"，渐渐敢怒而不敢言了。[②] 然而，解放区的情形与此迥异。陕甘宁边区的回民曾用自己的亲身经历，无不感动地说：在边区，"俺们才翻了身。'回子'，'贼回回'变成回民，回族，回胞了"[③]。中国共产党承认国内少数民族的客观存在，以兄弟般的友爱诚恳地对待和努力帮助少数民族，使少数民族深深体会到中国共产党是他们的"最好的朋友""最好的帮助者和领导者"，解放区是他们"自由生活、自由发展的家乡"，是"民族解放的灯塔"，[④] 从而促使他们在中国共产党领导下，投身到神圣的抗日战争中去，为实现中华民族的平等、自由、解放而奋斗。因此，仅从这个意义上就可以说，抗日战争时期党关于少数民族客观存在的认识，就为中国共产党强调全民族共同抗战，制定适合中国国情的民族政策，成功铺就新民主主义民族平等团结之路打下了基础，并发挥了不可替代的作用。

（《广西民族研究》2003 年第 3 期）

① 布赫、赛福鼎·艾则孜等在《毛泽东解决民族问题的伟大贡献》（民族出版社，1993）一书中探讨了毛泽东对马克思主义民族理论的贡献，提出毛泽东所使用的"中华民族"词语，是不同于斯大林对于西欧资产阶级民族形成概念的，"是具有中国特色的民族概念"（该书第 7 页）。这一论述对于深入理解抗战时期中国共产党关于国内少数民族客观存在的认识有其启发意义。

② 参考《回回民族问题》，《汇编》，第 902 ~ 903 页。

③ 边江：《回民的抗议》，《解放日报》1943 年 8 月 29 日第 4 版。

④ 参见 1940 年陕甘宁边区回民第一次代表大会的总报告，《汇编》，第 927、930 页。

南京国民政府时期的民族思想和民族政策

——以蒙藏问题为中心

张双志

1911 年的辛亥革命推翻了清政府的统治，但胜利的果实为袁世凯所窃取。随之而来的是北洋军阀的黑暗统治和连绵不断的军阀混战，使国内呈现四分五裂、军阀割据的局面，北洋政府根本没有能力对边疆地区实行有效的管理。这时候，帝国主义趁机利用一些少数民族上层分子，大肆进行分裂活动，搞所谓民族地区的“独立自治”，中国边疆危机进一步加重。正如孙中山先生 1912 年 9 月 1 日在北京发表演讲时称：“当此国势频危，日人驻兵于南满，俄人驻兵于蒙古，英人驻兵于西藏，法人驻兵于滇、黔，思为瓜分。”① 这基本上指出了当时中国蒙藏等边疆的实际情况。

1928 年 2 月 2 日，国民党召开二届四中全会，宣布组成新的南京国民政府，12 月 29 日，东北军易帜接受南京国民政府的领导，标志着北洋军阀的最终覆灭，名义上全国有了统一的中央政府。新政府所面临的一个紧迫问题就是日益严重的边疆危机，它直接关系到国家的稳定和统一，关系到刚诞生的国民党政权的稳定。这时候，国民政府对蒙藏等边疆问题如何认识，就显得非常重要。这主要体现在两方面：一是国民政府的民族思想理论，主要是继承了孙中山先生的民族主义思想，并在这个基础上有所发挥；二是国民政府所制定的民族政策，这是国民政府民族思想的具体体现。这

① 《孙中山全集》第 2 卷，中华书局，1982，第 428 页。

两方面的内容，某种程度上反映了当时中国的国情和蒙藏等边疆地区的情况，也体现了国民党统治阶级的阶级本质和统治思想。

一　南京国民政府的民族思想

南京国民政府奉孙中山先生为国父，孙中山的三民主义就成为国民政府所遵循的治国纲领。孙中山所提倡的三民主义，其中的民族主义思想是提出最早、宣传最广、影响最大的思想，对唤起民众觉醒、推动革命向前发展，发挥了巨大作用。孙中山的民族主义思想主要分为两部分：一是对内民族主义思想，其思想的发展经历了若干阶段，包含很多内容，主要核心思想是“融合国内各民族为中华民族”，及“国内各民族一律平等”，这反映了孙中山对国内民族问题的认识并提出了解决方法；二是对外民族主义思想，主要核心思想是“中国民族自求解放，反对帝国主义”。这两部分是并行不悖、有机联系的整体。在国内各民族一律平等的原则下，把国内各民族团结起来形成一个中华民族才能更好地反对帝国主义侵略，而要解决国内民族问题，必须要先反对帝国主义侵略，因为帝国主义是不愿意看到中国统一的，希望中国永远处于四分五裂的局面，所以必会千方百计地阻挠中国的革命，利用民族分裂分子搞分裂活动，这正是中国近代民族问题的症结所在。

孙中山先生逝世后，国民政府奉其遗教，基本上继承了孙中山的对内民族主义思想，并将其视为国民政府制定民族政策的理论指导。国民政府代表的是国内大资产阶级、官僚地主、军阀的利益，对外投靠英美帝国主义，实行的是蒋介石的独裁统治，其政权的阶级性质决定了它不可能坚决地反对帝国主义侵略，自然孙中山的对外民族主义思想就为其所遗弃。

国民政府虽然承认中华民族是由国内各民族组成的，但是否认国内各民族是各个民族群体，民族的概念被换成宗族的概念，认为各个民族都是中华民族大家庭中的宗族宗支，而且只承认汉、满、蒙、回、藏五个宗族，忽视了其他民族的存在，这是对民国初期孙中山的“五族共和”论的曲解。1942 年 8 月 27 日，蒋介石在西宁演讲称：“我们中华民族乃是联合我们汉、满、蒙、回、藏五个宗族组成一个整体的总名词。我说我们是五个宗族而不说五个民族，就是说我们都是构成中华民族的分子，像兄弟合成家庭一样……我们集许多家族而成宗族，更由宗族合成为整个中华民族……所以我们只有一个中华民族，而其中各单位最确当的名称，实在应称为宗族。”[①] 1943年出版的以蒋介石个人名义发表的《中国之命运》一书中亦称：“我们中华民族是多数宗族融合而成的。融合于中华民族的宗族，历代都有增加，但融合的动力是文化而不是武力，融合的方法是同化而不是征服……四海之内，各地的宗族，若非同源于一个始祖，即是相结以累世的婚姻。诗经上说：‘文王子孙，本支百世。’就是说同一血统的大小宗支。”[②] 上述主张，一方面认识到武力是不能解决国内民族问题的，大力宣传中华民族自古以来就是一个大家庭；另一方面，实质上只承认一个中华民族的存在，否定了国内各个民族的存在，否定了民族之间的差别，这就必然导致国民政府制定民族政策的偏颇，忽视国内少数民族在历史发展过程中形成的文化差异，无法体现出各少数民族人民的不同利益需要。

国民政府认为孙中山提出的“五族共和”以及“扶助国内弱小民族，使之能自决自治”的主张，都体现了“国内各民族一律平等”的精神。蒋介石的《中国之命运》一书中说：“我国父首先宣布五族共和的大义，以解除国内各宗族的轧轹，而置之于一律平等的境域。由此以至于今日，我国民政府仍一本我国父的遗教，以及中国国民党历次宣言……务使国内各宗族一律平等，并积极扶助边疆各族的自治能力和地位，赋予以宗教、文化、经济均衡发展的机会……这是中国国民党革命的一贯精神，亦即是中国国民党对内政策的惟一使命。”[③] 这表明，国民政府解决国内民族问题是以“国内各民族一律平等”为号召的。在实现民族平等的目标指导下，国民政府认为在国家没有实力解决边疆问题的情况下，本着民族自治和民族平等精神提出的“五族联邦”制是解决目前国内民族问题的最好方法。1934年3月7日，蒋介石在南昌演讲时称：“在此恶劣环境下，对于复杂之边疆问题，即无实力可用，便不可不有相当之政策，在各个帝国主义利害冲突之中求生存之路，一面充实国力，静待时机……但目前首要之图，即须树立一明确之政策。予以为目前最适当之政策，莫若师苏俄‘联邦自由’之意，

① 林恩显：《国父民族主义与民国以来的民族政策》，台北，“国立”编译馆，1994，第200页。

② 林恩显：《国父民族主义与民国以来的民族政策》，台北，“国立”编译馆，1994，第184页。

③ 林恩显：《国父民族主义与民国以来的民族政策》，台北，“国立”编译馆，1994，第188页。

依五族共和之精神标明‘五族联邦’之政策……由过去所得之教训，吾人应知一种切实而得当的政策之确立，乃今日对付边疆问题最切要之事……依据总理‘国内各民族一律平等’之原则，确立‘五族联邦’制，简言之，即采允许边疆自治之放任政策。诚以国家大事，完全为一实际的力量问题，国际关系，乃纯粹决于实际的利害打算，依此而筹边，在今日情势之下，虽欲不放任，事实上也只能放任。放任自治，则边民乐于自由，习于传统，犹有羁縻笼络之余地……并认定惟有宽放的自治政策，方可以相当的应付边疆问题。予意除本部应为整个的一体以外，边疆皆可许其自治而组织‘五族联邦’之国家，如此则内消‘联省自治’之谬误，外保岌岌可危之边疆……故实行‘五族联邦’加紧充实国力，乃今日应付边疆之惟一有效途径。”①

上述表明，国民政府高喊“国内各民族一律平等”的口号，允许少数民族地区实行地方自治，并采取“五族联邦”制，只承认五个宗族的存在，实际上是开了历史的倒车，孙中山生前已经否认了“五族共和”的说法。1919 年孙中山在《三民主义》中指出：“更有无知妄作者，于革命成功之初，创办汉、满、蒙、回、藏五族共和之说……而革命党人也多不察。”② 1920 年 11 月 4 日，他在《上海中国国民党本部会议的演讲》中又指出：“现在说五族共和，实在这五族的名词很不切当。我们国内何止五族呢？我的意思，应该把我们中国所有民族融成一个中华民族。”③ 这些表明了孙中山“五族共和”思想的历史演变。现在国民政府又提出类似“五族共和”制的“五族联邦”制的大旗，反映了国民政府一方面在当时尚未认清国内的民族问题，否认了其他少数民族的存在；另一方面也表明，国民政府无力对边疆地区实行直接统治，不敢公开承认帝国主义是近代中国边疆问题的总根源所在，采取的是妥协的方针。既显示了国民政府的软弱无力，又暴露了国民政府对外妥协投降的本质。“五族联邦”制是国民政府解决边疆问题的一个无奈构想，是不可能真正实施的，在这种思想指导下，是无法真正解决国内民族问题的。

---

① 林恩显：《国父民族主义与民国以来的民族政策》，台北，“国立”编译馆，1994，第 193 ~ 195 页。

② 《孙中山全集》第 5 卷，中华书局，1985，第 187 页。

③ 《孙中山全集》第 5 卷，中华书局，1985，第 394 页。

二　南京国民政府的民族政策

民族政策是民族思想的体现。南京国民政府成立后，以孙中山的三民主义为纲领，基本上继承了孙中山的民族主义思想，并在这个思想基础上制定了一系列的民族政策。同时，国民政府民族政策的制定也客观上受到了当时中国的国情和蒙藏等边疆地区的实际情况限制，一方面是帝国主义利用边疆地区的民族分裂分子频频插手边疆事务，以图达到侵占的目的；另一方面是国民政府缺乏实力对边疆民族地区进行直接统治。在这种情况下，蒋介石在 1934 年 3 月 7 日南昌演讲时称："边疆问题实到处牵涉外交问题，盖谈东北与内外蒙古，不离对日俄之外交，谈新疆西藏不离对英俄之外交，谈滇桂不离对英法之外交，故中国之边疆各方面皆有问题……各国解决边疆问题之方法，就其侧重之点观察，不外两种：一即刚性的实力之运用，一即柔性的政策之羁縻。如果国家实力充备，有暇顾及边疆，当然可以采用第一种手段，一切皆不成问题；但吾人今当革命时期实力不够，欲解决边疆问题，只能讲究政策，如有适当之政策，边疆问题虽不能彻底解决亦可免其更加恶化，将来易于解决。"[①] 这说明，当时的国民政府在制定民族政策时主要采取的是"柔性的政策之羁縻"。从南京国民政府采取的措施来看，主要是从两方面制定政策：一是政治方面；二是经济、文化、教育方面。

政治方面，主要有三点　第一，南京国民政府以法律的形式和中央政治会议决议案的形式规定"国内各民族一律平等，人人都是国家的主人，有参与国家事务的权利，允许地方自治"等。1931 年 6 月 1 日，国民政府公布《中华民国训政时期约法》，其中"第二章第六条、中华民国国民，无男女、种族、宗教、阶级之区别，在法律上一律平等"[②]。以宪法的形式规定了各民族一律平等。对于具体的民族政策，国民党中央政治会议早在 1929 年 6 月就通过了《关于蒙藏之决议》："说明本党训政之意义，促成蒙藏民族人民积极培养自治之能力，完成自治之组织，并优先登录蒙藏人民

① 林恩显：《国父民族主义与民国以来的民族政策》，台北，"国立"编译馆，1994，第 192 页。

② 《中华民国训政时期约法》，云南省档案馆藏，分类号 D693. 8，顺序号 84。

参加地方行政，并奖励蒙藏优秀分子来中央党政机关服务。”[①] 随着“内蒙古高度自治”的呼声日益高涨，1930 年 5 月，蒙藏委员会在南京召开“蒙古会议”讨论蒙古问题，后于 1931 年 10 月 12 日经国民政府审核并公布了《蒙古盟部旗组织法》，明确蒙古各盟旗旧制度不变，给予蒙古各盟旗一定的自治权利。主要内容是：明确蒙古各盟旗的法律地位，蒙古各部旗直隶于所属之盟，各盟及特别旗直隶于国民政府行政院，与省平行，互不统属。各盟盟长以下各职官照旧，各旗札萨克照旧，盟旗各设盟民、旗民代表会议。[②] 1934 年 2 月 28 日，国民党中央政治会议又通过《蒙古自治办法原则》八项，规定了蒙古地区的自治权利，主要内容有：“一、在蒙古适宜地点，设一蒙古地方自治政务委员会，直隶于行政院，并受中央主管机关之指导，总理各盟旗政务；其委员长、委员以用蒙古人为原则，经费由中央发给；中央另派大员驻在该委员会所在地指导之，并就近调解盟旗、省县之争议。……四、各盟旗管辖治理权，一律照旧。”[③] 以上两个法律保障了内蒙古盟旗体制的合法存在，保护了内蒙古王公的特权统治，是内蒙古地区自治的法律依据。抗日战争胜利后，国民政府召开国民大会讨论制宪事宜。1946 年 12 月 25 日，国民大会通过了《中华民国宪法》。其中规定：“第一章第五条、中华民国各民族一律平等。……第二章第七条、中华民国人民，无分男女、宗教、种族、阶级、党派，在法律上一律平等。……第三章第二十六条、国民大会在左列代表组织之：……二、蒙古选出代表，每盟四人，每特别旗一人。三、西藏选出代表，其名额以法律定之。四、各民族在边疆地区选出代表，其名额以法律定之。……第十二章第一百十九条、蒙古各盟旗地方自治制度，以法律定之。……第一百二十条、西藏自治制度，应予保障。”[④] 从上述来看，国民政府虽然制定了一些法律，规定了各民族享有的权利，但实践证明，这并没有给广大少数民族人民带来实际利益，广大少数民族人民没有享受到真正的平等，而是继续受到资产阶级、

---

① 荣孟源：《中国国民党历次代表大会及中央全会资料》（上），光明日报出版社，1985，第 767 页。

② 林恩显：《国父民族主义与民国以来的民族政策》，台北，“国立”编译馆，1994，第 287 ~ 290 页。

③ 林恩显：《国父民族主义与民国以来的民族政策》，台北，“国立”编译馆，1994，第 291 页。

④ 《中华民国宪法》，云南省档案馆藏，分类号 D693.8，顺序号 480。

官僚地主、军阀的剥削和压迫。

第二，国民政府设立中央行政机构管理边疆民族事务，并在边疆地区设立行政机构加强中央的直接统治。1929 年 2 月，国民政府公布了《蒙藏委员会组织法》，正式成立蒙藏委员会。蒙藏委员会机构的名称是从民国初年中央政府设立的蒙藏事务局和蒙藏院演变而来的。中华民国建立后，对内地以外的边疆地区舍弃了过去封建王朝所习用的藩部、藩属等称谓，但是内地与边地的区分，仍为当时人所沿用。因此，“边疆”一词就成为与“内地”相对应的称谓，对国内少数民族就称为边疆民族或边疆同胞，汉族以外的民族问题就统称为边疆问题。国民政府对于中央管理国内少数民族事务的行政机构只称蒙藏委员会，并一直延续到国民党败退到台湾的统治时期。这说明，其一，蒙古、西藏地区在中国边疆的特殊地位，自元朝以来，蒙古、西藏就成为历届中央政府重点管理的民族地区，特别是在近代，英、俄、日等国一直在上述地区大肆进行分裂活动，已严重威胁到国家的统一和领土完整；其二，这也反映了封建意识的残留，只重视几个较大的民族，忽视其他少数民族的存在。蒙藏委员会的权限主要是掌理：“一、关于蒙古、西藏之行政事项；二、关于蒙古、西藏之各种兴革事项”①，对于其他少数民族并没有提及。这个机构的设置暴露了国民政府民族政策的偏颇和缺陷，忽视了国内绝大多数民族的存在，违背了国民党一直标榜的“国内各民族一律平等，扶植弱小民族，使之能自决自治”的主张。

虽然蒙藏委员会的设立，凸显了国民政府民族政策的缺陷，但是它在当时起到了一定的积极作用，加强了中央政府对边疆地区的管理。其中最明显的是蒙藏委员会在西藏设立了驻藏办事处，对遏制西藏的分裂活动，加强中央与西藏的直接联系，起到了比较好的作用。1934 年 8 月，“致祭护国宏化普慈圆觉大师达赖喇嘛专使”黄慕松进藏后，留专使行署于拉萨，派驻大员筹建蒙藏委员会驻藏办事处，设置了无线电台和测候所等机构，加强了中央政府与西藏地方政府之间的联系。1940 年 2 月，蒙藏委员会委员长吴忠信入藏，主持十四世达赖喇嘛坐床大典，在西藏期间，与热振活佛洽谈“在拉萨设置驻藏办事大员”事宜。1940 年 4 月 1 日，国民政府蒙藏委员会驻藏办事处正式成立，设正副处长各 1 人，秉承蒙藏委员会之意综

① 中国藏学研究中心、中国第二历史档案馆合编《民国治藏行政法规》，五洲传播出版社，1999，第 38 页。

理藏务。驻藏办的设立使中央政府对西藏的控制力加强了，在藏期间，驻藏办做了一些有益的工作，维护了国家主权，起到了积极的作用。

国民政府为加强少数民族地区的统治，对边疆地区的行政区划进行了改制，其中影响最大的是在内蒙古地区设立行省，以削夺蒙古各盟旗的自主权利。1928 年 9 月 5 日，国民党中央政府会议决议将热河、察哈尔、绥远三个特别区以及青海、西康、宁夏等边疆民族地区正式改设为同内地一样的行省制。9 月 17 日，国民政府发布改热河等区为行省通电："现经本府委员会议决议：依照中央党部决议案，改热河等区为省。办法如下：（一）热河、察哈尔、绥远、青海、西康均改省……"[①] 这样，内蒙古地区原有的六盟、二部、四特别旗，分别划入黑龙江、吉林、辽宁以及新设置的热河、察哈尔、绥远、宁夏各省，使内蒙古人民长期聚居的共同区域四分五裂，从政治上和地域上分割少数民族，是分而治之的方法，有利于国民党中央政府的直接统治。但是，省、县政府新增加的苛捐杂税，加重了内蒙古人民的生活负担，特别是国民政府在内蒙古地区移民屯垦，侵占土地，使内蒙古人民生活更加困苦，激起了内蒙古人民的激烈反抗。

第三，笼络民族地区的上层人物，改善中央与边疆地区的关系。鸦片战争后，帝国主义不断侵略边疆，勾结民族分裂分子，挑拨中央与地方的关系，欲把中国边疆分裂出去。这期间，国内连年战争，中央政府无力顾及边疆地区，没有采取有效的行动，改善中央与地方的关系，防止分裂。南京国民政府的成立，形式上全国有了一个统一的中央政府，使边疆地区的统治者受到很大震撼。这一时期，青海、新疆的局势相对稳定，外蒙古已经"独立"，西藏问题就显得比较突出。国民政府成立后，西藏地区的政教领袖达赖喇嘛、班禅大师先后派代表谒见蒋介石，试探中央对西藏的态度，受到了国民政府的欢迎。1929 年 1 月 20 日，班禅大师在南京设立办事处，1931 年 2 月 9 日，达赖喇嘛在南京设立办事处，西藏与中央的关系得到初步改善。国民政府通过与西藏代表的多次商谈，了解到西藏问题的症结所在，决定把解决西藏问题的重点放在高层人士上。1931 年 6 月 24 日，国民政府授九世班禅为"护国宣化广慧大师"名号，政府发布封文，颁玉册、玉印，定年俸 12 万元。1932 年 12 月 24 日，又任命班禅大师为"西陲

---

① 《总理对于蒙藏之遗训及中央对于蒙藏之决议》，转引自杨策、彭武麟主编《中国近代民族关系史》，中央民族大学出版社，1999，第 310 页。

宣化使”，其职责是宣传国民政府政令、三民主义和抚慰青海、西康等地的僧俗群众。由于班禅大师滞留内地多年，渴望早日返藏，国民政府又积极支持班禅大师归藏，以培植亲中央的西藏地方势力，对抗西藏地方政府中的亲英分子。1935 年 6 月 18 日，国民政府行政院第 217 次会议对班禅回藏所需经费、护送卫队及派遣大员入藏各端事项作出了规定。正当班禅大师满怀希望积极准备返藏时，1937 年 12 月 1 日，一生爱国爱藏的九世班禅大师不幸圆寂。中央政府得知九世班禅大师圆寂的消息后，立即着手处理善后事宜，发布追赠九世班禅封号令，充分肯定了班禅大师爱国的一生，并给治丧费 1 万元，特派考试院院长戴传贤前往康定致祭。对于九世班禅转世灵童的认定、坐床，中央政府也非常重视，特派蒙藏委员会委员长关吉玉为主持十世班禅额尔德尼坐床典礼专使，前往西宁主持坐床大典，颁赐金印 1 颗及礼品若干。

中央政府对达赖喇嘛也是待之礼重。十三世达赖喇嘛晚年认识到依靠英帝国主义是没有出路的，遂努力改善西藏与中央的关系，赞同九世班禅大师返藏。当西藏内部团结出现转机之际，十三世达赖喇嘛于 1933 年 12 月 17 日不幸圆寂。国民政府得知达赖喇嘛圆寂后，十分重视，12 月 21 日，发布册封令：“西藏达赖喇嘛，教恩思溥，觉性澄明，卫国安民，懋著勋绩；方冀住世悠长，安边阐教，兹闻圆寂，震悼良深。达赖喇嘛应追赠‘护国宏化普慈圆觉大师’封号。一切褒崇典礼，务极礼隆，着由行政院饬主管部会，会同议定，呈候施行，以昭党国怀远旌贤之至意。”① 1934 年 1 月 2 日，国民政府特派参谋本部次长兼边务组主任黄慕松为“致祭护国宏化普慈圆觉大师达赖喇嘛专使”入藏，一方面致祭册封，另一方面就如何解决西藏问题与西藏地方政府直接交换意见。这是民国成立以来，中央高级代表团第一次进藏，显示中央与西藏地方政府关系初步改善，意义重大。十三世达赖喇嘛圆寂后，热振活佛摄政。热振活佛心向祖国，拥护中央，为改善西藏与中央的关系做了不懈努力。1935 年 5 月 29 日国民政府发布册封令：“热振呼图克图阐扬道化，世著令名，自达赖圆寂，综摄全藏政教，翊赞中央，抚绥地方，丕绩懋昭，深堪嘉尚。着给予‘辅国普化禅师’名号，用示优隆。”② 十三世达赖喇嘛转世灵童认定后，中央政府特派蒙藏委员会

① 《西藏地方历史资料选辑》，三联书店，1963，第 331 页。

② 《西藏地方历史资料选辑》，三联书店，1963，第 334 页。

委员长吴忠信会同热振呼图克图，主持十四世达赖喇嘛转世事宜。1940 年 2 月 22 日，第十四世达赖喇嘛坐床大典在布达拉宫隆重举行，国民政府下令全国一体悬旗庆祝十四世达赖喇嘛坐床，并在重庆长安寺召开隆重的庆祝大会。

中央对西藏政教领袖的礼遇，加深了西藏人民对中央的感情，改善了西藏与中央的关系，对抵制西藏少数分裂分子的分裂活动，起到了一定的积极作用。对于西藏政教领袖的册封，转世灵童的认定，特派专使主持坐床大典，都体现了国家的主权。国民政府虽然对英美帝国主义分裂西藏的阴谋不敢做坚决的斗争，但是在西藏采取的这些措施，一定程度上遏制了西藏的“独立”活动。

经济、文化、教育方面 孙中山制定的建国大纲第四条规定：“其三为民族，故对于国内弱小民族，政府当扶植之，使之能自决自治。”[①] 国民政府以其为指导原则，制定了一些民族政策，试图通过促进民族地区的经济和文教事业的发展，培植少数民族的自治能力，从而获得边疆民族对中央的拥护，巩固国民政府的统治地位。

南京国民政府初步统一全国后即着手制定了有关民族地区的经济、文化、教育事业的具体政策。1929 年 6 月，国民党三届二中全会通过《关于蒙藏之决议案》：“对于蒙藏各地教育、经济之设施，与交通实业之建设，应由中央政府协助其地方政府，依据本党主义纲领尽力推行。”又于发展教育之要点中言：“1. 通令各盟旗及西藏、西康等地主管官厅，迅速创办各级学校，编译各种书籍及本党主义之宣传品，实行普及国民教育，厉行识字运动，改善礼俗，使其人民能受三民主义之训育，具备自治之能力。2. 确定蒙藏教育经费。3. 在教育部内特设专管蒙藏教育之司科。4. 在首都及其他适宜之地点，设立收容蒙藏青年之预备学校。特定国立及省立之学校，优遇蒙藏、新疆、西康等地学生之办法。”[②] 依上述决议精神，国民党中央教育部于 1930 年 2 月成立蒙藏教育司，负责蒙藏等边疆地区的教育事项。国民政府教育部会同蒙藏委员会，相继颁布了《蒙藏委员会保送蒙藏学生办法》和《待遇蒙藏学生章程》，主要内容有：“一、蒙古各盟旗官署、西藏各地方官署、蒙藏各级学校与蒙藏相连之沿边各省县政府向蒙藏委员会

---

① 《孙中山选集》，人民出版社，1981，第 601 页。

② 《中国国民党历次代表大会及中央全会资料》（上），第 766 ~ 767 页。

保送蒙藏学生，由蒙藏委员会核明并转送各级学校。二、保送蒙藏学生，在公立学校应免全部学费，在私立学校应酌量减免。三、专科以上学校毕业之蒙藏学生，得由蒙藏委员会暨教育部择优介绍各机关或分发蒙藏各地方服务。”① 1930 年 4 月，国民党第二次全国教育会议通过《蒙藏实施教育计划》，主要内容包括：“一、实施教育行政办法，限令蒙藏各盟旗在 1931 年 6 月以前成立教育行政委员会，主管该盟旗教育事宜。二、奖励私人或团体倡办或捐资兴办蒙藏教育者。三、奖励把‘党义’或科学的图书翻译成蒙藏文者。四、教育部会同蒙藏委员会在南京设立蒙藏回学生管理会，管理蒙藏回学生之招、送、指导等事项。五、在 1931 年前，蒙藏各旗必须设小学一所，6 年以内蒙古各盟部及西藏重要各地、新疆回民繁庶之区，必须设职业学校和中学各一所。六、在首都（南京）、康定二处，各设立一国立蒙藏学校，应在年内完成成立。原有之北平蒙藏学校，亦应充实整之。七、教育部限令中央北平两大学务于本年秋成立蒙藏班，国立各大学应酌设蒙藏回文学系或讲座。八、在八年内，分年资送蒙藏学生出洋留学，内蒙十名，外蒙八名，青海二名，西康四名，西藏八名，新疆四名，共计三十六名。”② 1931 年 11 月，国民政府第四次全国代表大会通过《确定边区建设方针并切实进行案》：“一、在人口稀少地方，须以不损害当地人民之利益，充人口开土地为要着，而以其他建设为辅。二、在人口数量较多之地，应以经济建设为主，文化建设为辅。三、在人口繁殖经济发达之地，须侧重文化建设。”③ 1932 年 12 月，国民党第四届三中全会通过《开发西北案》，在国民政府行政院设西北拓殖委员会，其下设国道、劝业、采矿、垦殖四局，主持西北地区的经营开发事宜。1946 年 12 月 25 日通过的《中华民国宪法》中规定：第十三章第一百六十三条、国家应注重各地区教育之均衡发展，并推行社会教育，以提高一般国民之文化水平，边远及贫瘠地区之教育文化经费，由国库补助之，其重要之教育文化事业，得由中央办理或补助之。第一百六十九条、国家对于边疆地区各民族之教育、文化、交通、水利、卫生及其他经济、社会事业，应积极举办，并扶助其发展，

① 《民国治藏行政法规》，第 111 ~ 113 页。

② 《中国近代民族关系史》，中央民族大学出版社，1999，第 308 页。

③ 《中国近代民族关系史》，中央民族大学出版社，1999，第 307 页。

对于土地使用，应依其气候、土壤性质及人民生活习惯之所宜，予以保障及发展。①

国民政府制定的有关民族地区经济、文化、教育方面的诸多政策，对促进民族地区的经济、文化教育事业的发展起到了一定作用，但由于内战、抗日战争等原因多数未能具体实施。并且在执行这些政策时，国民政府更多的是采取民族压迫和剥削的手段，特别是在经济方面的疯狂掠夺，激起了各族人民的反抗斗争，这完全违背了孙中山的三民主义原则和国民政府所制定的民族政策。例如，1931 年 11 月通过的《确定边区建设方针并切实进行案》和 1932 年 12 月通过的《开发西北案》确定之后，国民政府打着经济建设的旗号，在内蒙古地区进行大规模的开垦土地活动。如：伊克昭盟地区到 1930 年被开垦的土地达 381 万多亩，1942 年国民政府又批准放垦土地 500 万多亩，驻伊克昭盟的国民党军依此推行武装护垦，大肆抢夺土地，甚至成吉思汗陵地都被开垦，又向该旗人民征收 30 种苛捐杂税，还采取一些民族歧视政策，命令取消喇嘛，禁止蒙古族妇女戴头带，给蒙古族人民带来空前灾难。1943 年 3 月 26 日，伊盟人民爆发武装起义。从 1937 年到 1946 年，在甘肃、湖北、湖南、贵州、广西、云南、新疆等少数民族聚居比较集中的地区，都先后爆发了少数民族武装起义，反抗国民党的民族压迫和民族剥削，进行抗粮、抗税、抗兵的斗争。这些都充分暴露了国民政府民族政策的虚伪性，在国民党的统治下，各少数民族人民是享受不到真正的民族平等的权利。

结　论

国民政府在孙中山的三民主义的基础上，发展了自己的一套理论，制定了一些民族政策，并在法律上和中央政治会议决议中加以明确规定，其民族思想和蒙藏等边疆民族政策有一部分是符合当时中国国情和蒙藏等边疆民族地区的不同情况的。在国民党没有实力对边疆直接统治的情况下，国民政府的民族政策主要采取的是“柔性政策之羁縻”。羁縻政策自秦朝以来，就是历代封建王朝采取的主要民族政策形式，虽然历代王朝羁縻政策的具体表现形式有所不同，但实质是一样的，都是在中央政府武力不能直

① 《中华民国宪法》，云南省档案馆藏，分类号 D693.8，顺序号 480。

接统治民族地区的情况下，根据民族地区的不同情况，采取笼络人心的手段，给予一定的政治、经济等方面的优待，一直延续下来，为南京国民政府所运用。南京国民政府在解决边疆问题的时候，把握住了一条原则，就是在一个中国的前提下，允许西藏、内蒙古地区实行自治，但坚决反对“独立”，这一点是值得肯定的。

南京国民政府在其统治期间，形成了自己的一套民族思想理论和民族政策，不过其理论只有一个框架，没有形成完整的体系，所制定的民族政策，由于内战、抗日战争等原因也多数未能具体实施。总体来看，南京国民政府的民族思想政策存在严重缺陷，究其原因如下：第一，南京国民政府的民族理论没有反对帝国主义的内容，背弃了孙中山民族主义思想中的“中国民族自求解放，反对帝国主义侵略”的主张。在近代的中国，帝国主义是造成边疆问题的总根源，如果不反帝就不能真正解决国内的民族问题。国民政府投靠英美帝国主义，对帝国主义的分裂中国边疆的侵略活动不敢做坚决的斗争，这是国民党民族思想政策的根本问题。第二，国民政府代表的是大资产阶级、官僚地主、军阀的剥削利益，是与最广大人民的根本利益相矛盾的，其对边疆的统治是为统治集团的利益服务的，执行的是民族压迫和民族剥削的政策。第三，国民政府对民族的认识是错误的，否认了少数民族的存在，只承认宗族。在实践中，称呼国内少数民族为边疆同胞或边疆各族，这就从根本上抹杀了国内各民族之间的历史、文化的差别，为民族歧视、民族压迫提供了理论依据。另外，国民政府制定的民族政策，主要针对的是蒙古、西藏地区，忽视了其他少数民族的存在，民族政策的偏颇是显而易见的。

综上所述，南京国民政府的阶级本质决定了它不可能旗帜鲜明地反对帝国主义，不可能代表最广大人民的根本利益，这也就决定了它的民族思想和民族政策的实质。

（《中国藏学》2003 年第 4 期）

中文“民族”一词源流考辨

郝时远

解读和定义“民族”一词是中国民族学、人类学等诸多学科长期关注的重要理论问题之一，20 世纪 80 年代以来曾多次引起讨论。在这些研究和争鸣中，学界同仁曾试图对“民族”一词的古代汉语例证及其含义进行研究，以期探求“民族”一词的中文源流。然而，由于中国古代文献浩若烟海，搜检“民族”一词的名词形式犹如大海捞针，以致“民族”一词不见于中国史乘，出现于晚清且由日本传入之说成为学界的共识。近年来，随着有关民族-国家、民族主义的研究引起诸多学科的关注，加之“族群”（ethnic group）概念的流行及其取代“民族”一词的倾向，再次引起学人对这些词语追根溯源的兴趣，“民族”一词见诸中国史籍的例证也渐次显现①，“民族”一词在中文近代文献中出现的例证也推溯到了 1837 年。② 因此，重新审视这一学界业已形成共识的观点有了更多的实证支持。

一 “民族”一词不见于古汉语，系日本传入说之形成

20 世纪 60 年代，中国民族学界有人提出：“民族”作为一个名词是近

① 参见茹莹《汉语“民族”一词在我国的最早出现》，《世界民族》2001 年第 6 期；邸永君：《“民族”一词见于〈南齐书〉》，《民族研究》2004 年第 3 期。

② 参见黄兴涛《“民族”一词究竟何时在中文里出现》，《浙江学刊》2002 年第 1 期；方维规：《论近代思想史上的“民族”、“Nation”与中国》，香港《二十一世纪》2002 年 4 月号。

代以后才出现的，其来源一说为日本人用汉字联成“民族”一词后传入中国。其后，从80年代初开始，在中国古代文献、近代文献中搜检“民族”一词的努力一直在进行，先后出现了“民族”一词始见于1899、1883、1882年以前的论证[①]，对此已有专文考究[②]，无需赘言。

在此期间，韩锦春、李毅夫编写的《汉文“民族”一词考源资料》，梳理了古籍文献中与民族相关的词语，如“族”“族类”“族种”“氏族”“国族”“邦族”“宗族”“部族”“种族”等；列举了中国近代书刊文献使用“民族”一词的情况，提出“民族”一词在中国古代典籍中未曾出现，近代以前“民”“族”是分开使用的等判断。[③] 这份虽未公开出版但价值颇高且引用较广的资料，对中国民族学界形成上述共识，产生了重要影响。在此之后，中国民族学界几乎所有关涉民族定义的研究著述，在释读民族概念时大都会遵循上述观点。这一观点也被《辞海》《中国大百科全书》等权威辞书的“民族”条目所采用。

近年来，有关中国晚清到民国的民族主义思潮和现代民族（nation）建构的研究，成为学术界的“热点”之一，国外和中国海峡两岸的学者发表了一系列著述[④]，其中也涉及“民族”一词的传入和应用。如英人冯客认为：“作为民族的种族是作为宗族的种族的一种概念性延伸。民族结合了民的观念和族的虚构。维新派为了给国家寻找一个政治理论基础，在1903年

---

① 如林耀华《关于“民族”一词的使用和译名的问题》，《历史研究》1963年第2期；金天明、王庆仁：《中国近代谁先用“民族”一词》，《社会科学辑刊》1981年第2期；韩锦春、李毅夫：《汉文“民族”一词的出现及其初期使用情况》，《民族研究》1984年第2期；彭英明：《关于我国民族概念历史的初步考察——兼谈对斯大林民族定义的辩证理解》，《民族研究》1985年第2期。

② 参见黄兴涛《“民族”一词究竟何时在中文里出现》，《浙江学刊》2002年第1期。

③ 参见韩锦春、李毅夫编《汉文“民族”一词考源资料》，中国社会科学院民族研究所民族理论研究室印，1985。

④ 诸如〔英〕冯客《近代中国之种族观念》，杨立华译；〔美〕杜赞奇：《从民族国家拯救历史——民族主义话语与中国现代史研究》；〔日〕松本真澄：《中国民族政策之研究——以清末至1945年的“民族论”为中心》；倪伟：《“民族”想象与国家统制》；陈永森：《告别臣民的尝试》；沈松侨：《振大汉之天声——民族英雄系谱与晚清的国族想象》《我以我血荐轩辕——皇帝神话与晚清的国族建构》《国权与民权：晚清的“国民”论述（1895～1991）》；王明珂：《论攀附：近代炎黄子孙国族建构的古代基础》；陈仪深：《二十世纪上半叶中国民族主义的发展》；罗久蓉：《救亡阴影下的国家认同与种族认同——以晚清革命与立宪派论争为例》；李国祁：《满清的认同与否定——中国近代汉民族主义思想的演变》；复旦大学历史系与中外现代化研究中心编《近代中国的国家形象与国家认同》；等等。

首次使用了民族这个概念。”[①] 台湾学者认为，20 世纪“中国知识分子通过日人所铸，原即富含种族意味的汉字新词——‘民族’，广泛接受国族主义的洗礼”[②]。日本学者认为：“‘民族’这一专用名词据说是梁启超滞留日本期间，将日语的英语 nation 译语‘民族’，1898 年时输入于汉语中。”[③] 这些说法都倾向于认为“民族”一词来源于日文。

包括语言学界跨语际实践的中文外来语研究，也为这一观点提供了支持，将“民族”一词列入“现代汉语的中-日-欧外来词”分类范畴，即日语在翻译英文词语时使用汉字组成的词语加以表述，属于“来自现代日语的外来词”。[④] 总之，对“民族”一词从日本传入之说，是以古汉语中没有“民族”一词为前提，以其出现于 19 世纪末期或 20 世纪初年的中文文献为依据，做出的缺乏依据的判断或猜测。因此，“民族”一词是否有古汉语来源，成为审视上述观点的关键。

二　“民族”一词是中国古代文献固有的名词

正如笔者在《先秦文献中的“族”与“族类”观》一文中所述，中国古代“族”的概念及其“族类”观源远流长，构成了中国传统文化中的一种分类体系，即所谓“君子以类族辨物”，对自然万物加以“族类”区分。[⑤] 在中国古代文献中，附之以“族”的词语，可谓名目繁多。仅《御定佩文韵府》所收录的“族类”词语就达 160 余个，如血缘亲属关系方面的“九族”“宗族”“家族”“父族”“母族”“舅族”“姻族”“亲族”；区别社会地位的“皇族”“帝族”“王族”“公族”“贵族”“豪族”“强族”“世族”“国族”“权族”“望族”“庶族”“贱族”；区分华夷和姓氏的“氏族”“部族”“种族”“异族”；归类动物的“水族”“龙族”“毛族”“鸡族”

---

① 指梁启超《政治学大家伯伦知理之学说》一文中使用了“民族”一词。〔英〕冯客：《近代中国之种族观念》，杨立华译，江苏人民出版社，1999，第 90 页。

② 沈松侨：《我以我血荐轩辕——皇帝神话与晚清的国族建构》，《台湾社会研究季刊》第二十八期，1997 年 12 月。

③ 〔日〕松本真澄：《中国民族政策之研究——以清末至 1945 年的“民族论”为中心》，鲁忠慧译，民族出版社，2003，第 48 页。

④ 参见刘禾《跨语际实践——文学、民族文化与被译介的现代性（中国，1900—1937）》，宋伟杰等译，三联书店，2002，第 371、388、395 页。

⑤ 参见郝时远《先秦文献中的“族”与“族类”观》，《民族研究》2004 年第 2 期。

“鳞族”“虫鱼族”；还有“衣冠族”“方雅族”“轩冕族”“高阳族”“钟鼎族”；等等。[①] 可谓不一而“族”。在中国古代文献中，“族类”之词俯拾皆是，但“民族”一词的确少见，不过并非不见。根据笔者对“十三经”、“二十五史”、《四库全书》、《四部丛刊》等古代文献的搜检，在剔除一些语焉不详、尚需进一步考究的例证后，以下10个例证足以证明“民族”一词确属中国古代汉语的名词。兹列于下：

1. “今诸华士女，民族弗革，而露首偏踞，滥用夷礼，云于翦落之徒，全是胡人，国有旧风，法不可变。”[②] 这段引文，出自南朝宋齐时期道士顾欢的《夷夏论》。此论系针对当时“佛道二家，立教既异，学者互相非毁”而作，引发了佛道之间空前激烈的大辩论。顾欢以华夷之别的观念解释佛道之异，认为道教为中华正教，佛教为西夷异法，前者劝善、后者破恶，是教化不同对象之术[③]，故猛烈抨击南朝汉人改信佛教，“露首偏踞，滥用夷礼”的现象。“民族弗革”，系指国人的族属未变，而所谓族属即华、夷之分。顾欢卒于南朝齐永明年间（483～493），“民族”一词出自这一时期或之前，是目前所见最早的使用例证。

2. “夫心术者，尊三皇、成五帝；贤人得之，以伯四海、王九州；智人得之，以守封疆、挫勍敌；愚人得之，以倾宗社、灭民族。故君子得之固穷，小人得之倾命。是以，兵家之所秘而不可妄传，否则殃及九族。”[④] 此论出自唐代李荃所著兵书《神机制敌太白阴经》（《太白阴经》），成书于唐乾元二年（759）。其中“倾宗社、灭民族”可以理解为国家、政权层面的亡国灭族，也包含了中国传统家族范畴的宗社、九族。

3. “上自太古，粤有民族。颛若混命，愚如视肉。”[⑤] 这段引文出自晚唐诗人、思想家皮日休（约834～883）所撰的《忧赋》。皮氏曾入朝为官，后因参加黄巢起义故正史无传。《忧赋》是有感于“见南蛮不宾天下，征发民力将敝”而作。这里所说的“民族”系指南蛮之民，其族属意义显而易见。

① 参见（清）张玉书、陈廷敬等撰《御定佩文韵府》卷九十之五，《四库全书》本。

② （梁）萧子显：《南齐书》，中华书局，1972，第934页。

③ 参见任继愈主编《中国道教史》，上海人民出版社，1990，第192页。

④ （唐）李荃：《太白阴经》序，清咸丰四年（1854）长恩书室丛书本。

⑤ （唐）皮日休：《皮子文薮》卷一《忧赋》，《四库全书》本。

4. “陛下曾念中原之民族、故国之宫闱乎?”[①] 南宋绍兴三十一年(1161),和州进士何送英上书宋高宗,历陈“天下封疆为金人所攘者十分之九,而陛下所守者东南一隅耳”的形势,痛诉丧失京都洛邑乃失去“诸夏之根本”“天地之中华”的悲情。所谓中原之民族,系指陷于金朝统治下的汉族民众。

5. “金人既得楚州,始许治运河并闸水,悉以江浙掳掠舟船自洪泽口入淮至清河口。是时,国奉卿以楚州既陷,居于赵琼寨中与琼谋劫其舟船,乃以二百余人夜掩不备劫之,有被虏贵官二十余家,各称其民族。”[②] 被劫舟船所载,系金人俘虏的宋朝官家人等。“各称其民族”指自报家门的姓氏、门第和身份,即宗族之属。

6. “历汉魏以后,虽间有重民族、争门户、立庙院、修宗会等事斑斑见于史册,而利欲重燃亲疏厚薄之等,有不得其本心者多矣。”[③] 中国古代宗族在宋代出现了分化、小型化的趋势,进而产生了一种以小宗世系为主体的模型。[④] 上引论说,即抒发“先儒所以欲收世族、欲复小宗、欲立谱法,盖深有感于世道之变者”之慨。所谓重民族是指民重其宗族之属。

7. “吾曾氏之系甚盛,几遍南北。庐陵、临川之外,又有所谓扶风、河内、青冀、襄阳……诸州,非如民族书所载,正谱之外别有九祖而已也。”[⑤] 曾氏系古代宗族大姓,始于山东、“望出庐陵”并向闽、粤发展,成为南方巨姓大族。这里所谓民族书指曾氏家族的族谱,应属大宗谱法(始祖来源)。而“正谱之外别有九祖”,是为宋代以后小宗谱法(五代世系)。

8. “但辽时皇族与民族皆有耶律之姓,史所书某院部人则同姓不宗之民族,仍宜列入异姓者也。”[⑥] 此说来自清乾隆年间编修的《续文献通考》,史臣按照汉法对契丹人进行“皇族”与“民族”之分,乃基于同姓不同宗,反映了“皇族”与“民族”的不同社会地位。

---

① (南宋)徐梦莘:《三朝北盟会编》卷二二七,《四库全书》本。

② (南宋)徐梦莘:《三朝北盟会编》卷一四四,《四库全书》本。

③ (宋)魏了翁:《鹤山集》卷六十二《跋卢氏正岁会拜录》,《四库全书》本。

④ 参见钱杭《血缘与地缘之间:中国历史上的联宗与联宗组织》,上海社会科学院出版社,2001,第4页。

⑤ (明)宋濂:《宋学士文集》卷四十《查林曾氏家牒序》,《四部丛刊》本。

⑥ (清)嵇璜、曹仁虎等编撰《钦定续文献通考》卷二〇六《封建考》,《四库全书》本。

9. “民族虽散居，然多者千烟、少者百室、又少者不下数十户。”[①] 作者郑之侨（1707～1784），乾隆二年（1737）进士，为官尤重劝课农桑，上引为其论说“重保甲”事宜所述。“民族”一词泛指黎民百姓。

10. “臣闻江右闽粤民多聚族而居，其族长、乡正诚得端人为之，一族中匪类有所不容。地方官勾摄人犯常赖其协捕，是以祠谱修明之处，其人民皎然难欺，不特一方之民族无可假冒，而一乡之良莠无可掩藏。惟先劝导大户乐于尊从，而后推及单门，咸得稽覆。故欲于保甲皆真确，必当视绅民无偏私也。”[②] 这条收入《皇朝经世文续编》的奏请实行保甲制疏，系咸丰元年（1851）宗稷辰所上，所谓一方之民族是指“聚族而居”、宗族之属各有所归的乡民百姓。

从这些记载中不难看出，“民族”作为一个名词确属中国古代汉语中的词语。其使用虽然不普遍且未收入类书辞典，但自魏晋以降的1300余年间（493～1851）见诸历史文献的实证不乏其例。如前所述，鉴于中国古代“族类”观十分发达，“别生分类”具体繁多，至有“类聚百族、群分万形”[③] 之说，加之“族类”等级森严，这或许就是造成相对抽象笼统的“民族”一词较少使用的原因。

中国古代文献中的“民族”一词，就其含义而言，既指宗族之属，又指华夷之别。宗族之属包括了泛指的民众，也包括了相对于“皇族”的“贵族”“世族”“巨族”之类。华夷之别，则包含了区别“五方之民”（蛮、夷、戎、狄、华夏）的意义。如果说上引例证中顾欢的“民族弗革”、何送英的“中原之民族”是泛指汉人，那么“粤有民族”则确指南蛮，这种应用实例表明，“民族”一词在用于华夷之别时属于并无歧视意味的抽象指称。至于“皇族”与“民族”的对应关系，则又揭示了“类族辨物”的阶级关系，即居于统治权力中心地位的家族、宗族为“皇族”，其他身份和民间百姓为“民族”。

---

① （清）郑之侨：《农桑易之录》卷之三《农桑善后事宜·重保甲》，清乾隆郑氏刻本。

② （清）宗稷辰：《请实行保甲疏》（咸丰元年），葛士濬编《皇朝经世文续编》，光绪十七年（1891）上海广百宋斋校印。

③ （晋）陆云：《陆士龙集》卷三《答吴王上将顾处征》，《四库全书》本。

三　日文中“民族”一词的出现和使用

“民族”一词来源于日本说虽然人云亦云地长期流行，但是学界不断求证该词源流的努力，本身就说明对是说所持的质疑态度。但是令人费解的是，似乎一直没有人对“民族”一词在日文中的应用情况加以追究。近年来，有两位学人几乎不约而同地发现，道光十七年（1837）德国传教士、汉学家郭实腊（Karl Friedrich August Gutzlaff）创办的《东西洋考每月统记传》（九月刊）所载《约书亚降迦南国》一文中，有“昔以色列民族如行陆路渡约耳但河也”① 一语。并所见略同地得出中文“民族”一词的最初使用“与日本毫无关系”② 和“民族”一词源于日本说“不能成立”③ 的论断，但是也没有对“民族”一词在日本何时出现加以关注。

事实上，“民族”一词何时出现在日文中，在日本学术界也是一个未解之题。根据日本学术界对这一问题的新近研究，其基本判断是，“‘民族’一词在日本何时被使用的情况很难说清楚”④；“‘民族’一词，自何时、是如何开始使用的，并不十分清楚”⑤。这说明“民族”一词不仅没有日文的古代词源可考，而且在近代何时开始使用也没有准确的时间，目前已经发现的例证也相当晚近。

日本学界对这一词语在日文中最初使用的追究有三种观点：一是井上哲次郎在 1891 年撰写的《敕语衍意》中首次使用“日本民族”，1897 年穗绩八束在《国民教育：爱国心》中使用了“大和民族”。这里的“民族”一词是对应德文中的 volk 产生的译名。⑥ 二是 1878 年久米邦武在《美欧回览实记》中提及“在地球上形成各种国家，有种种民族居住”，1891 年三宅雪岭在《真善美日本人》中使用了“民族”一词，但是使用更多的是“种

---

① 爱汉者等编、黄时鉴整理《东西洋考每月统记传》丁酉九月，中华书局，1997，第 271 页。

② 黄兴涛：《“民族”一词究竟何时在中文里出现》，《浙江学刊》2002 年第 1 期。

③ 方维规：《论近代思想史上的“民族”、“Nation”与中国》，香港《二十一世纪》2002 年 4 月号。

④ 〔日〕石塚正英、柴田隆行监修《哲学·思想翻译语事典》Volk 条，东京论创社，2003。

⑤ 〔日〕梅棹忠夫监修、松原正毅编集《世界民族问题事典》，东京平凡社，2003 年新订增补版，第 1116 页。

⑥ 参见〔日〕石塚正英、柴田隆行监修《哲学·思想翻译语事典》Volk 条。

族”“人种”“诸民种”，“民族”一词的“使用都是偶发的，似乎并没有像‘人种’那样展开论述而成为重要的词汇”。三是就“民族”一词对应西文的例证来看，1887 年德富苏峰创办的《国民之友》，据说是译自他最喜欢阅读的杂志 *The Nation*。1906 年，他在《黄人的负担》中使用了“大和民族”。1925 年，柳田国男创办了《民族》杂志，次年他在有关日本民俗学的演讲中对 folklore、ethnology、ethnologyie、volkskunde、völkerkunde 进行了讨论，认为最后两种学问都是“有关民族的知识”，他将“民族”作为德语的 volk 和希腊语的 ethnos 的日文译名加以使用。因此，日本学者认为：“就首先使用而言，虽然缺乏严密的例证，但是在广泛理解欧美民族学的基础上，将‘民族’一词在斟酌其意义基础上有意识地明确使用，当为该时期的柳田。”[①] 当然，这是指日本学者对“民族”一词具有学科化解释的应用例证，并不代表日人此前译介西方著作中使用“民族”一词的情况。

在此之前，1872～1888 年间加藤弘之、平田东助等人翻译的伯伦知理（Bluntschli Johann Caspar）所著《国法泛论》（后定名为《国家论》），其中包括了“民族”一词对应 nation 并区别于 volk 的论述。在 1882 年平田东助的译本中有这样一段话：“‘民族（Nation）与国民（Volk）虽其意义甚相类似，且相感通，然全非同一之物。德意志语所谓民族者，谓相同种族之民众。国民者，谓居住于同一国土内之民众，故有一族之民分居数国者，亦有一国包含数种民族者。”[②] 此段译文中以“民族”对应 nation，而以“国民”对应 volk，与后来柳田的译介相反。这也许是日人将“民族”对应 nation 一词的最早例证。不过，这种对应所显示的意义是德人对“相同种族之民众”的理解，从民族-国家体制而言就是指单一民族。

与“民族”概念相关的应用例证还见于 1875 年福泽谕吉所著《文明论概略》。福泽谕吉在论述“国体”时指出：国体“就是指同一种族的人民在一起同安乐共患难，而与外国人形成彼此的区别……西洋人所谓‘Nationality’就是这个意思”。在《文明论概略》的中文译本中，有关“国体”论述中出现了“日耳曼民族”“北方野蛮民族”之类的用语，但这是中

---

① 以上均见〔日〕梅棹忠夫监修、松原正毅编集《世界民族问题事典》，第 1116 页。上述日文资料，系同仁色音、乌兰和朝克提供，特此致谢。

② 转引自郑匡民《梁启超启蒙思想的东学背景》，上海书店出版社，2003，第 239 页。

文翻译时取代原文“种族”的结果[①]，该书的日文原文并没有“民族”一词。即：福氏“在下文指称民族集团时，使用了‘种族’一词。……福泽频繁使用了‘国’、‘人民’与‘人种’，但‘民族’一词却一次也未曾出现”[②]。尽管如此，福泽谕吉有关“国体”的思想对日本现代民族-国家的形成以及梁启超等人的思想产生了重要影响。

上述资料表明，日文中的“民族”一词出现在19世纪70年代，而且主要是日人翻译德文著作对应volk、ethnos、nation等词采用的译名，同时使用的名词还包括“种族”“人种”“族种”“族民”“国民”等大都见诸古汉语的词语。而“民族”一词取代这些词语，是在1888年哲学家井上园创办《日本人》杂志以后，即“‘民族’这个术语首先在杂志《日本人》上被广泛地使用”，然后影响到了整个新闻媒体。[③] 因此，相对于中国古代和近代“民族”一词的使用而言，“民族”一词由中国传入日本可能更符合事实。

四　中文“民族”一词传入日本的汉学背景

17世纪的日本，在德川幕府的统治下除保留与中国、荷兰的少量贸易外，其妄自尊大、尊王攘夷、闭关锁国的政策绝不亚于中国，甚至有过之而无不及。“西学东渐”在日本除了表现为屡受打压仍顽强发展的天主教宣教活动外，主要是通过荷兰人传入的一些西方知识形成的所谓兰学。19世纪中期，继鸦片战争迫使中国门户洞开之后，日本也在西方列强的威慑下被迫开放了国门。在这一阶段，“西学虽然已经传入日本，但是日本朝野对汉学与汉籍的尊崇爱好依然不衰”[④]。

中国文化传入日本的历史源远流长，对日本古代文化的形成与发展产生了十分重要的影响。随着汉文典籍、佛经的不断传入，7世纪初，汉文作

① 参见〔日〕福泽谕吉《文明论概略》，北京编译社译，商务印书馆，1959，第19、21页。此书收入《汉译世界学术名著丛书》，是商务印书馆对1959年译本的重印。在1959年，中国对“种族”和“民族”已经有了清楚的区分和使用规范。

② 〔日〕梅棹忠夫监修、松原正毅编集《世界民族问题事典》，第1116页。

③ 参见〔日〕小森阳一《近代日本国语批判》，陈多友译，吉林人民出版社，2003，第142、149～150页。

④ 王晓秋：《近代中日文化交流史》，中华书局，2000，第21页。

为日本官方书面语的地位也得以确立。[①] 及至西方势力的影响进入日本之后，中国文化对日本的影响依然占据主流的地位。在鸦片战争之后，虽然大量的汉文典籍、近代书刊继续输入日本，但是中国译介西方知识的书籍却最受日本官方和知识界的重视。如魏源的《海国图志》“是日本幕府末期被广泛阅读的世界地理书籍之一”[②]。该书在1854~1856年间出版的日文选译本达21种之多。[③] 被译介为日文的书籍还包括《地理全志》《地球略说》《联邦志略》《万国公法》等，甚至西方传教士在中国办的中文刊物也被大量翻译为日文。

1862年，日本幕府派使团乘“千岁丸”号抵达上海。该使团的成员大多为幕府的藩士，这些深受儒家文化影响但又对中国在鸦片战争中失败十分费解的日本藩士，在两个月的考察中，多与中国官吏、文人进行“笔语”（写汉字）交流，同时也目睹了当时洋人当道、难民如潮、鸦片泛滥、青楼遍布、洋教传播等社会沉沦之状，最终得出“按当今清国风习，文弱流衍，遂至夷蛮恃力而至。这是万邦之殷鉴”的结论。[④] 因此，“千岁丸”号的中国之行，使仰慕中国文化的日本藩士得到的最大收获是接受教训，他们在由崇敬中国转向轻视中国的同时，也激发了尊皇攘夷、废除幕府体制的变革思想。考察期间，日本人虽然对洋教在上海的风行深恶痛绝，但是对上海的洋学译介兴趣盎然，以至出现藩士们游走于大街小巷“大量收购有关中国地理、历史、政治方面的书籍以及汉译西书”[⑤] 的现象，尤其对汉译洋书“四处求索、唯恐不及”[⑥]。当时，上海正是国人、传教士翻译西方书籍的中心。

1868年日本维新势力推翻德川幕府政权，进入明治维新时期，并于1871年与中国建立邦交关系。此后，两国知识界的交往不断发展。因此，在中日甲午战争之前，中国翻（编）译的西方书刊是日本明治维新时期“西学东渐”最重要的语言文字桥梁。据统计，1660~1895年，中国译自日

① 参见王锋《从汉字到汉字系文字》，民族出版社，2003，第155页。

② 〔日〕依田熹家：《日中两国近代化比较研究》，卞立强等译，上海远东出版社，2004，第58页。

③ 参见王晓秋《近代中日文化交流史》，第34页。

④ 参见冯天瑜《“千岁丸”上海行——日本人一八六二年的中国观察》，商务印书馆，2001，第258页。

⑤ 王晓秋：《近代中日文化交流史》，第116页。

⑥ 冯天瑜：《“千岁丸”上海行——日本人一八六二年的中国观察》，第209页。

文的书籍仅有12种，而同期日本翻译的中文书籍则达到129种之多。[①] 从这个意义上说，就“民族”一词在中国古代文献到近代书刊的使用情况看，该词由中国传入日本的概率更大，而且很可能是一些传教士办的中文刊物中使用“民族”一词产生的影响。

如果说咸丰元年宗稷辰上疏中所说“民族多散居”是对古汉语“民族”一词主流传统用法的遵循，那么道光十七年郭实腊编办的《东西洋考每月统记传》中出现的“以色列民族”则属现代意义的用法。在这种官方与民间、传统与现代交叠使用“民族”一词的状况下，中国人的民族观也在发生着由传统向现代的转变。王韬即被视为中国早期民族主义（即“儒家民族主义”）的代表人物之一。虽然中国传统的“族类”观念很强，但是对具有现代意义的“民族”观却十分陌生。“中国人若要把中国视为一个民族，应先知道世界上还有某些非中国的价值”，王韬即是当时认识到这一点的中国文人之一，“自1849年后就与王韬打交道的传教士们均非等闲之辈，完全可以把他们概括为新教在华传教团体的学术精英”。[②] 所以，王韬在与这些熟谙汉学的传教士合作翻译中文典籍、西文著述过程中，不仅接受了很多西学的思想，同时在中、西词语互译的知识方面也堪称当时的大家。他有关“夫我中国乃天下之至大之国也，幅员辽阔，民族殷繁，物产饶富，苟能一旦奋发自雄，其坐致富强，天下当莫与颉颃”[③] 的思想，即“强调民族竞争是直接出于国家富强的需要”的思想，是一种有别于当时排外主义的“世界主义的、心灵开放的民族主义”。[④] 王韬的著述（自著、译著）在日本知识界广受欢迎、影响很大，译为日文的亦不少。1879年王韬曾应邀赴日考察，与日本各界多有交流，但是其所撰《洋务在用其所长》一文当在这之前，应为19世纪70年代中期。[⑤] 他所用的“民族”一词，系目前所

① 参见王晓秋《近代中日文化交流史》，第401页。

② 以上均见〔美〕柯文《在传统与现代之间——王韬与晚清改革》，雷颐、罗检秋译，江苏人民出版社，2003，第41页。

③ 王韬：《弢园文录外编》卷3《洋务在用其所长》，中州古籍出版社，1998，第143页。

④ 〔美〕柯文：《在传统与现代之间——王韬与晚清改革》，雷颐、罗检秋译，第148页。

⑤ 王韬的《洋务在用其所长》一文，撰于何年不详。但考其内容和王韬不同时期的政论，应该是19世纪70年代中期。理由为：一是王文中称“泰西之国，通商中土四十余年”，显然不是从康熙二十四年（1685）开放海禁、确定广州等四个通商口岸算起，也不可能是指1840年鸦片战争以后，很可能是指英国在1833年取消东印度公司独占对中国贸易权之后，英国商人大规模涌入中国之际。这样算来，“四十余年”应该是19世纪70年 （转下页注）

见继传教士郭实腊所办刊物在1837年出现“民族”一词后，第二例在中文文献中使用现代“民族”概念的证据。

因此，无论是古汉语“民族”一词，还是近代对译西文的“民族”现代用法，在19世纪70年代或之前传入日本的可能性很大。近代日本人大量译介西方著作时，吸收中译西书的用词或用中文词语对应欧美新概念是普遍现象，因而“明治以降大量的双音汉字词组被创造出来”[①]之说，颇有言过其实之嫌。日文中的很多“双音汉字词组”并非“创造”，即如“民族”“种族”“宗教”之类，均属古汉语名词[②]，只是对应了西学概念，被赋予了新的意义。当然，尽管古汉语“民族”一词在中国有早于日本的具有现代意义的使用证据，但是目前尚未发现像日译西书中将“民族”对应volk、nation、ethnos及其定义性的例证。[③]从这个意义上说，国人对“民族”对应的西文nation、volk及其含义的理解，无疑主要来自日本翻译的西学著作。

（接上页注⑤）代中期。二是王文细述了英、美国家电讯事业之发展，称：“泰西各国制造电线，由其国都以达中土，邮筒传递，顷刻可通，而中国独无之，未免相形见绌矣。”王韬所说即电报。从1869年美国旗昌洋行在上海设立陆地电报线，到1871年丹麦大北公司接通海底电缆，电报业在中国的租界开始发展，清朝政府于1880年在天津成立电报总局，中国才有了自己的电报业。因此，王韬所言“中国独无之”是指此之前。三是王韬在游历欧洲等地两年有余后于1870年返回香港，1871年完成《法国志略》，1874年创办了《循环日报》，《洋务在用其所长》一文即刊于此报。如果按照王韬在该刊发表的文章所集成的《弢园文录外编》分卷和文章排序来看，该文发表的时间应属较早之列。

① 〔日〕小森阳一：《近代日本国语批判》，陈多友译，第106页。

② 在现代中文的日语外来语研究中，“种族”一词与“民族”一样被列为“现代汉语的中-日-欧外来词”〔刘禾：《跨语际实践——文学、民族文化与被译介的现代性（中国，1900—1937）》，宋伟杰等译，第397页〕。事实上，“种族”一词自秦汉以后在汉文典籍中屡见不鲜，其使用与“民族”十分相似，既用于宗族之属，但更多地用于夷夏之别。如“附其种族，使之自赡”（《晋书》卷五十六《江统传》），“女真垂弱，鞑靼骤强，其种族不一，兴替无常”（《鹤山集》卷九十三《又一道》）。至于佛教典籍中“种族”一词更为多见，如对诸佛的分种，均以“种族”分类（参见《法苑珠林》卷十三《种族》），被径直列为“现代汉语的中-日外来词”之列的“宗教”一词（刘禾，第403页），在中文典籍中亦载记颇多，如《姑苏志》中“丈莹吴僧，多闻博识，宗教亦高”，“先是，溧阳民多奉白云宗教，雄据阡陌，豪夺民业”；《武林梵志》中的“阐扬宗教，皈依云集”。因此，包括“民族”“种族”“宗教”在内的古汉语固有名词，显然不能列为上述的外来词分类范畴。类似的问题在日语外来语研究中还有不少。这些词虽然在近代对译西文后赋予了程度不同的现代意义，但考求其中文古意，是否可以划入“回归的书写形式外来词：源自古代汉语的日本‘汉字’词语”（刘禾，第404页），恐怕也要进一步研究、界定。

③ 在中国的翻译历史上，特别是近代以来的翻译实践，不大重视在术语对译时加注原文，这是造成术语使用困扰的重要原因之一。

五　中国现代民族（nation）观念受到日译西书的影响

1895 年，中国在甲午战争中失败。近代“西学东渐”在“中国开花、香在日本”的结果，使中国人开始急切地寻求“东学”的强国秘诀。官方、民间译书局、馆纷纷建立，“以东文为主，而辅以西文。以政学为先，而次以艺学”。国人开始通过各种渠道搜集日文书籍，大批培养日文翻译人才。其间，日益增多的留日学人在译介日文书籍方面发挥了重要作用，他们不仅办了大量的报刊，而且组织了译书汇编社等翻译组织，出版了诸如《译书汇编》（1900）、《游学译编》（1902）等。19 世纪 70 年代以后日人的一些著作和日人直接翻译自西方的一些资产阶级政治学著述，都是通过这些书刊介绍到中国的。从近代中国译书的情况来看，1850～1899 年国人翻译的外文著作为 567 种，其中日文著作仅 86 种，占 15.2%；而 1902～1904 年的短暂 3 年间，在国人翻译的 533 种外文著作中，日文著作则多达 321 种，占 60.2%。[①]

戊戌变法失败后，梁启超流亡日本，其间受到诸多思想理论的影响，如福泽谕吉的“文明论”，中村正直的“古今东西道德一致说”，中江兆民翻译的卢梭《社会契约论》及其对自由民权的阐释，高田早苗、浮田和民译介、阐发的帝国主义理论，加藤弘之宣扬的社会达尔文主义和强权思想，加藤弘之、平田东助等人翻译的伯伦知理《国家论》等。其中“伯氏的国民与民族的关系理论”是对梁启超产生重要影响的思想之一。[②] 伯伦知理认为民族（nation）是指同一种族之民众，国民（volk）是指同一国土内之民众。这一观点是对当时西欧民族-国家原则的质疑，也是从当时日耳曼民族分为普鲁士、奥地利、瑞士的现状出发，故其强调建立国民（volk）国家，反对卢梭的社会契约论。上述诸多思想在梁启超不同时期的论著中都有所反映，但“国民”观念无疑是其最重要的思想阐释内容。

19～20 世纪之交，中国救亡图存的国家主义、民族主义、国民主义思潮伴随着“自强保种”的种族观念交相泛起，在天下与国家、部民与国民、民

① 参见王晓秋《近代中日文化交流史》，第 401 页。

② 参见郑匡民《梁启超启蒙思想的东学背景》，第 263 页。

族与种族、华夏与蛮夷等观念的冲突中引发了维新派与革命派之间的“种族”之争。[①] 这一争论虽然渗透了“物竞天择，适者生存”的社会达尔文主义的影响，但是对“国民”（volk）与“民族”（nation）的不同塑造，又在“种族革命”与“政治革命”关系的论战中形成了不同的理念。以梁启超《新民论》为代表的“国民主义”思想，是对伯伦知理“国民”（volk）观念的理解，宣扬“合汉合满合蒙合回合苗合藏，组成一个大民族”的“大民族主义”；[②] 而以汪精卫《民族的国民》为代表的“民族主义”思想，在强调“血系”是民族的充分条件基础上，将中国多民族的民族-国家建构定位于“必以我民族居主人之位而吸收之”的基础之上，将“种族革命”视为推翻清朝统治的“政治革命”不可缺少的内容，即“改变满汉权力结构既是政治革命，亦是种族革命”。[③] 梁启超对“国民”的理解和“大民族”的观念，虽然包含了他在日本受到的“民族帝国主义”思想影响，但是就其对“民族”（nation）意义的理解而言即相当于今天所说的中华民族。[④] 而汪精卫的“民族主义”观念则是以“皇汉民族”为中心形成的“种族的民族主义”。[⑤]

西方的现代“国民”“民族”“民族主义”“民族-国家”观念，通过日译西书为中国人所认识和理解。但是，这种理解在应用于中国“救亡图存”的实践中，德国、日本的民族单一性及其强国之路，也造成了国人对“种族”（race）与“民族”（nation）概念的合一认识。孙中山三民主义的民族主义思想，可以说是清末民初中国民族主义思潮发展的集大成，也是系统阐述近代中国民族主义思想的代表。他在 1924 年的演讲中指出，“英文中民族的名词是哪逊”（即 nation）；在中国，“我说民族主义就是国族主义”，“我说民族就是国族”。[⑥] 不过，这里所说的“民族”和“国族”都是指汉族。相比之下，孙中山在 1919 年论说中国消极和积极民族主义的思想，却更接近在多民族国家打造“国族”的理念：“即汉族当牺牲其血统、历史与

---

① 诸如康有为《去级界平民族》，《去种界同人类》，《大同书》；梁启超：《论变法必自平满汉之界始》，《变法通议》；章炳麟：《序种姓》（上、下），《訄书》；邹容：《革命必剖清种族》，《革命军》；陈天华：《人种述略》，《猛回头》等（均为华夏出版社，2002）。

② 梁启超：《政治学大家伯伦知理之学说》，《饮冰室合集》文集之十三，中华书局，1989，第 76 页。

③ 罗久容：《救亡阴影下的国家认同与种族认同——以晚清革命与立宪派论争为例》，《认同与国家：近代中西历史的比较》，台湾“中研院”近代史研究所，1994。

④ 参见郑匡民《梁启超启蒙思想的东学背景》，第 265 页。

⑤ 参见〔英〕冯客《近代中国之种族观念》，杨立华译，第 112 页。

⑥ 孙中山：《三民主义》，岳麓书社，2000，第 2 页。

夫自尊自大之名称，而与满、蒙、回、藏之人民相见以诚，合为一炉而冶之，以成一中华民族之新主义，如美利坚之合黑白数十种之人民，而冶成一世界之冠之美利坚民族主义，斯为积极之目的也。”[①] 孙中山的民族主义，本身就表现出游移于“消极”与“积极”之间，即便是在“种族”话语不再盛行时，他“仍一再把种族等同于国家，这表明五族共和学说与先前的排满思想之间的联系并没有切断”[②]。这对当时中国的资产阶级革命家来说是难以摆脱的思想困境。

总之，古汉语“民族”一词在近代传入日本，在日译西书（主要是德人著作）中对应了 volk、nation、ethnos 等名词，被赋予了现代意义。中国人主要从日译西书中接受了西方有关现代民族-国家时代的“国民”“民族”含义，在建构现代中国和中华民族的民族主义探索中，经历了从传统“宗族的种族”到近代“民族的种族”的转化。[③]“种族”一词作为古汉语名词，自秦汉以后普遍见诸古代文献，它在近代的广泛应用，除了历史传统外，还与日人“同种一族”攘夷自强的成功、西方社会达尔文主义和人种学知识的传入直接相关。它使中国古代传统的华夷观念在遭逢了近代“西来蛮夷”的强权和炮火洗礼之后，强化了生物学意义，“从民族适者生存的话语中，推导出了种族适者生存的必然性”[④]，出现了将“血系”作为“民族”第一要素的观念，形成“政治革命”中内攘蛮夷（满清）以“自强保种”的“种族革命”理念。而这种理念，显然与中国多民族国家形成与发展的历史进程相悖。

梳理中国古代文献中的“族类”例证，考究“民族”一词的古汉语来源，其意义不仅在于纠正本文开篇指出的陈说共识，而且在于引起我国民族学界在汲取西方“族类”概念和相关理论的过程中，对发掘和研究中国古代“族类”观及其思想理论给予充分的关注。至于本文主题所讨论的“民族”一词流变，相信在中、日文献中还会发现更多实证。

（《民族研究》2004 年第 6 期）

① 孙中山：《三民主义》，第 240 页。

② 〔美〕杜赞奇：《从民族国家拯救历史——民族主义话语与中国现代史研究》，王宪明译，社会科学文献出版社，2003，第 135 页。

③ 参见〔英〕冯客《近代中国之种族观念》，杨立华译，第 103 页。

④ 〔美〕杜赞奇：《从民族国家拯救历史——民族主义话语与中国现代史研究》，王宪明译，第 174 页。

“汉奸”考

——一个拟制民族国家话语的诞生

王　柯

民族主义是影响20世纪世界潮流的重要思潮之一。而在中国，最具有本土特色并且能够代表这种思潮的话语，应该就是“汉奸”一词。也许是因为已经成为常用词汇，所以几乎看不到思想史的研究著作言及“汉奸”的定义，而权威性的语言工具书《辞海》，则对它作出如下解释：“汉奸，原指汉族的败类，现泛指中华民族中投靠外族或外国侵略者，甘心受其奴役，出卖祖国利益的人。”[①] 毫无疑问，这一解释符合今天部分国人对于“汉奸”的想象。然而从思想史研究的角度来看，却有误读“汉奸”原意，从而让今人误解中国传统文化特点之虞。笔者认为，其中最值得商榷之处，就是将“汉奸”改造为一个现代民族主义的话语，将“汉奸”与“汉族”、乃至“中华民族”结合在了一起。在这种民族主义的框架中，“汉奸”成为了一个彻头彻尾的近代民族国家思想的符号。而事实却是，近代民族国家思想的时代，根本涵盖不了“汉奸”的全部历史。本文的目的，就是通过考察“汉奸”一词从无到有，并且逐渐转化为一个民族国家思想话语的历史过程，分析中国近代民族主义思想的发展脉络，探讨进入近代以后民族国家思想与中国社会发展之间的关系。

一　没有“汉奸”的历史

根据《汉语大辞典》的说法，汉奸一词出现在宋人王明清的《玉照新

① 《辞海》，上海辞书出版社，1997。

志》卷三之中：“桧既陷此，无以自存，乃日侍于汉奸戚悟室之门。”就此，笔者查找了以下七种《玉照新志》版本，发现虽然有关这一段的描述言辞各异，但却有一点共通的是，其中都没有出现“汉奸”一词。

1. 明万历十四年秦四麟抄本《玉照新志》为：“张逊于虏之左戚悟室之门。”（卷五）

2. 《宋元笔记小说大观》汪新森、朱菊如校点本《玉照新志》为：“托迹于金之左戚悟室之门。”（卷五）

3. 尚白斋镌陈眉公订正秘笈二十种四十八卷第十一册，沈士龙、沈德先、沈孚先同校本《玉照新志》为：“张逊于虏之左戚悟室之门。”（卷六）

4. 清抄本《玉照新志》为：“托迹于虏之左戚悟室之门。”（卷六）

5. 《四库笔记小说丛书》中《玉照新志》为：“张逊于金之左戚乌舍之门。”（卷六）

6. 《丛书集成初编》王云五主编、商务印书馆民国二十五年十二月初版《玉照新志》为：“托迹于金之左戚悟室之门。”（卷五）

7. 《钦定四库全书》《玉照新志》卷六为：“张逊于金之左戚门。”（卷六）[①]

《汉语大辞典》所列出的内容出处也与各种版本有出入。从同样一个人名却可以使用“悟室”与“乌舍”两种文字表现上也可以看出，“悟室”显然是一个生活在汉字圈之外金朝的女真人皇亲国戚，中国历史上本不存在“戚悟室”此人。

王明清为南宋人。《宋人传记资料索引》记其“庆元（1195～1200）间寓居嘉禾，官泰州倅，有挥麈三录、玉照新志、投辖录、清林诗话。”[②] 王明清另一代表作《挥麈录》与《玉照新志》同为笔记体杂文，其中也有大量文字描写秦桧的“卖国”行为。但无论是汲古阁影宋抄本还是《宋元笔记小说大观》中穆公校点本的《挥麈录》中，同样都没有“汉奸”一词。也就是说，即使这位身为南宋大臣却勾结金国出卖南宋的利益，在许多国人看来毫无疑问是中国历史上最大“汉奸”的秦桧，很可能在宋代也并未被称为“汉奸”。

---

① 以上各种抄本，承蒙中国人民大学对外语言文化学院讲师徐桂梅女士帮助查找，志此特表谢意。

② 昌彼得等编《宋人传记资料索引》第1册，台北，鼎文书局，1974，第314页。

实际上，从《史记》到《明史》的二十四史（中华书局版）中，都找不到“汉奸”一词。笔者看到的最早的“汉奸”，出现在元代胡震《周易衍义》卷六当中：“子突欲去卫朔而反遇四国之毒吝也。然志在辅正，于义何咎？李固欲去汉姦（注意：这里出现的是‘汉姦’而非‘汉奸’）而反遭群小之毒吝也，然志在去姦，于义何咎？葛亮欲殄汉贼而反遭街亭之毒吝也，然志在殄贼，于义何咎？”李固（94～147）为东汉冲帝时的太尉，冲帝死，因不附大将军梁冀，建策立清河王被免官，桓帝即位后为梁冀所诬告，被逮捕下狱，遂死于狱中。很明显，此处的“汉姦”是“汉朝廷之姦臣”之略称，并无“出卖民族利益与外国外族”之意。换言之，与现在通用具有民族意味的“汉奸”相比，其意义大相径庭。[①]

元代胡震《周易衍义》中的“汉姦”一例，还可以说明这样一个问题：即直到元代为止，“汉”还没有成为一个民族集团的专用概念。然而，按照《辞海》给“汉奸”所下的定义，“汉奸”能够扮演一个“汉族的败类”的前提，当然就是“汉”成为一个民族集团。换言之，只有在“汉”成为一个民族集团的符号之后，作为民族主义概念和符号的“汉奸”才能成立。所以，在考察“汉奸”一词的诞生和演变之前，应该也必须考察作为民族集团符号的“汉”是如何成立的。

当然，判断“汉”是不是成为一个民族共同体的符号，并不简单取决于“汉”后是否被附加上一个“族”字。“汉人”“汉民”“汉儿”“汉子”，都有可能成为民族集团的符号。但是更加值得注意的是，即使出现在中国历史文献中的“汉人”和“汉民”这类用以称呼人类集团的词汇，也并不一定都是用以表示一个民族的集团。例如，在《史记》中有一处提到“汉人”一词：“今足下戴震主之威，挟不赏之功，归楚，楚人不信；归汉，汉人震恐。”[②] 此处的“楚汉”，指的是韩信与刘邦。因此可以说，《史记》中出现的“汉”一词，指的并不是一个民族的集团。

起源于河流名称的“汉”字，日后成为一个王朝政权的名称。在汉代“汉”这一名称，被广泛地使用在表现与周边地区的关系上。例如，“单于

① 在“二十四史”中，即使这种“汉朝廷之姦臣”的用例也是极为罕见，就是说“汉姦”最终也没有成为一个固定词汇。当然，这已不是本书中要追究的话题。

② 《史记·淮阴侯列传》。

终不肯为寇于汉边”[①] 的“汉边”，说的是汉王朝政治权力所达到的极地。另外，不得不提及的是，《汉书》中确有两例“汉人”出现。“（匈奴）近西羌保塞，与汉人交通”[②]，“贰师闻宛城中新得汉人知穿井，而其内食尚多”[③]，很明显就是“汉”王朝属民之意。这一点从《汉书》在表达同样意义时也使用“汉民”的事例中可以得到证实，例如：“匈奴尝有善意，所得汉民辄奉归之，未有犯于边境。”[④]

与此同时，“汉”还是一个汉王朝皇族宗室的符号。例如，《史记》在记录汉王朝与乌孙和亲一事时用了“汉女”：“乌孙以千匹马聘汉女”[⑤]，乌孙王用千匹马作为聘礼迎娶的当然不会是一位民女，他聘的是汉王朝皇家宗室之女江都公主；《汉书》在说到汉王朝的干支五行时用了“汉氏”：“丁，火，汉氏之德也”[⑥]，这种用法更是直接说明了当时“汉”被用于作为一个血缘组织符号的事实。另外，“汉家”一词更是频频出现在《史记》与《汉书》之中，前者中有 14 处，后者中出现 54 次。如“汉家隆盛，百姓殷富”[⑦] 等，均指汉王朝最高统治者一家。从正史《三国志》中也可以看出，用于称呼汉王朝宗室的“汉”，至少沿用到三国时期。例如，“昔汉室失统，九州分裂”[⑧]；“汉氏承秦，即有叔孙通定一代之仪”[⑨] 等。

可以看出，在作为一个王朝而存在的时代里，“汉”对内意味着汉王朝的刘氏皇族宗室，对外则意味着汉王朝这一政治共同体。但是到了三国时代以后，因为这种称呼的基础（汉王朝和皇室）已经消失，所以“汉”的意义开始发生变化。例如，《宋书》中有“虽宣孟之去翟归晋，颓当之出胡入汉，方之此日，曾何足云”[⑩]；白居易有“没蕃被囚思汉土，归汉被劫为

---

① 《史记·匈奴列传》。

② 《汉书·匈奴传》。

③ 《汉书·张骞李广利传》。另有一处与上述《史记》内容同，记蒯生劝韩信事，此不详记（《汉书·蒯伍江息夫传》）。

④ 《汉书·魏相丙吉传》。

⑤ 《史记·大宛列传》。

⑥ 《汉书·王莽传》。

⑦ 《史记·梁孝王世家》。

⑧ 《三国志》卷四十八。

⑨ 《三国志》卷六十五。

⑩ 《宋书》卷七十四。

蕃奴”[①]；《五代史》中有“近闻汉地兵乱”[②]；这里的“汉”、“汉土”和“汉地”，无一例外都指的是中国王朝的统治地区。也就是说，到了三国时代以后，“汉”不仅可以用来代表在时间上已经成为历史的汉王朝，而且转变成了一个在空间上区别周边地域，泛指中国王朝统治地域的名称。在这里，衡量是否为“汉”的标准，不再仅仅为是否接受某个中国王朝的统治，而为是否存在于这片具有中国政治体制与文化体系特征的地域之内。

《明史》中多次出现了“汉人”“汉民”“汉语”“汉法”“汉制”“汉使”“汉边”等词。经过与元朝浴血奋战之后建立起来的中华政权——明朝，后来又受来自北方的少数民族所制，所以在关于周边的民族集团与自己文化性质不同这一点上，比以往任何朝代都具有更加强烈的意识。然而，《明史》中所使用的“汉”，基本上都不是指具有民族性质的共同体。例如以下使用“汉人”一例：“时王师踰孟养至孟那，孟养在金沙江西，去麓山千余里，诸部皆震詟曰：自古，汉人无渡金沙江者，今王师至此，真天威也。”[③] 很明显，在这段对明朝中央政府与云南的民族集团进行接触的记述中，“汉人”是被用来表示居住于中央王朝统治地域中的住民之意而使用的。

在《明史》中，“汉人”一词先后出现了五次。除了在处理与周边其他民族地域之间关系中使用之外，还被用在描述处理与朝鲜等周边国家的关系时。比如：“七年五月谕祹曰：‘鸭绿江一带东宁等卫，密迩王境，中多细人逃至王国，或被国人诱胁去者，无问汉人、女直，至即解京。’”因为这里的女直（“女真”）是被当作国名使用[④]，所以可以看出，这里的“汉人”并没有被作为民族集团的名称，而同样是被用于表达“中国王朝管辖地域中住民”之义。

《明史》完成于明代以后[⑤]，虽然是由满族建立起来的清朝所编纂，但其中的“汉”，与其说是从民族的角度，毋宁说是从政治的角度来进行界定的。其原因很可能在于明王朝自己并没有将“汉”作为一个民族集团的名称使用，因为对于明王朝来说，当时“汉”与“中国”已经融为一体。如

---

① 白居易：《缚戎人诗》。

② 《旧五代史·外国列传》。

③ 《明史》卷三百十四。

④ 《明史》卷三百二十。同卷还对朝鲜的地理位置进行了描述：“其国北邻契丹，西则女直，南曰日本”，可以看出这里是将女直作为一个国家看待。

⑤ 《明史》于清乾隆四年（1739）刊行。

果明朝把“汉”视为一个民族集团的话，这就会与作为“天子”必须容纳周边其他民族集团，从而君临“天下”的理念自相矛盾。所以在区别周边各国各地区的居民时，一般不会使用“汉人”，而是使用“中国之人”一词。关于这一点，《大明律》中有很好的例子：“奸细即周官所谓邦课，今俗云奸人细作是也，境内者指中国之人言。”

不把“汉”视为一个民族集团，换言之就是不把自己看成是一个“民族政权”，这是中国历史上历代由汉人建立起的、以统治“天下”为己任的王朝所表现出来的共同特征。如果这种对于民族与国家关系的认识，能够完全主导中国所有统治者的政治意识和民众心理，当然难想象在汉语中会出现带有排斥其他民族的强烈意识的“汉奸”一词。

二　少数民族王朝与“汉”的变异

但是，中国历史上的王朝，并不都是由汉人所建立的。在中国历史上，多次出现过由汉人以外的民族集团所建立的王朝。应该注意到，当汉人以外的民族集团出身的统治者在“中国”建立了政权之后，延续着中国文化传统的“中国”的住民们因为成为被统治者，却无法再去独占“中国”一词。因为成为“中国”的新统治者们，尽管为了统治起见会采用各种方法以区分各个民族文化集团，但是却不会同意将汉人就直接称为“中国”之人。其原因在于，如果使用了这种称呼，就等于统治者主动承认了自己并非“中国”之人，这将对他们统治中国的正当性造成直接的威胁。因此，中国历史上由非汉民族集团建立的王朝或政权，大多是将本来就生活在“中国”之地，保持中国文化传统的人们称为“汉人”。可以说，中国历史上非汉民族集团的王朝，特别是外来征服王朝的建立，才是将“汉”改造成一个民族集团符号的最大契机。

从五胡十六国时期开始，“汉”与“胡”（北方的各少数民族集团）经常被作为一组反义词来使用。出身鲜卑族的北魏太武帝拓跋焘在灭佛运动中说道：“虽言胡神，问今胡人，共云无有。皆是前世汉人无赖子弟刘元真，吕伯强之徒，乞胡之诞言，用老庄之虚假，附而益之，皆非真实。”①

① 《魏书》志第二十，释老十。

然而，从以下的例证中可以看出，即使在北魏时期，对保持中国文化的人们来说，“汉”仍然没有完全意味着一个民族的集团。“帝曾与朝臣论海内姓地人物，戏谓聪曰：世人谓卿诸薛是蜀人，定是蜀人不？聪对曰：臣远祖广德，世仕汉朝，时人呼为汉。臣九世祖永，随刘备入蜀，时人呼为蜀。臣今事陛下，是虏非蜀也。”[①] 也就是说，对薛聪来说，“蜀”、“汉”及“虏”三者可以并列，只是三个建立在不同地区的政权，以及生活在这三个政权下的臣民。

到了辽、金、元时期，汉人以外的民族集团出身的人成为最高统治者。在摸索和构建一个统治多民族王朝的政治体制的过程中，统治者们开始积极区分“汉人”与非“汉人”。《辽史》中记载：“太祖神册六年（921），诏正班爵。至于太宗（耶律德光），兼制中国，官分南、北，以国制治契丹，以汉制待汉人。国制简朴，汉制由沿名之风固存也。辽国官制，分北、南院。北面治宫帐、部族、属国之政，南面治汉人州县、租赋、军马之事。因俗而治，得其宜矣。”[②] 然而，耶律德光还下过如此诏命：“诏契丹人授汉官者从汉仪，听与汉人结婚。”[③] 从此可以看出，辽代的“汉官”未必都是“汉人”。而并非汉人的“汉官”既必须遵守“汉仪”，还可以与“汉人”结婚，可以说，辽的统治者虽然区分“汉人”与非“汉人”，但是并没有设立一个不可逾越的民族间的界限。

元朝把属民分为四类，即蒙古人、色目人、汉人和南人。然而根据《元史》的记载，忽必烈在进行划分时曾经提出过以下文化的，而并非历史由来和血缘传承的标准：“以河西回回、畏吾儿等依各官品充万户府达鲁花赤，同蒙古人；女真、契丹，同汉人。若女真、契丹生西北不通汉语者，同蒙古人；女真生长汉地，同汉人。”[④] 与汉地的民众相比，辽、金、元的统治者作为外来的征服者，具有更为强烈的民族意识。然话虽如此，但根据个人的文化方式与生活地域的不同，女真与契丹也可以“同蒙古人”或者是“同汉人”的政策，却能够说明忽必烈在划分属民集团时也并没有要求按照历史由来和血缘传承的标准进行“民族”识别，没有刻意去建立一

---

① 《北史》卷三十六。

② 《辽史》卷四十五志。

③ 《辽史·太宗本纪》卷四。

④ 《元史·世祖本纪》卷十三。

个严格的民族之间的藩篱。

但是，清王朝与历代由汉人以外的民族集团建立的政权不同，在其初期就具有强烈的民族意识。努尔哈赤曾经说过：“我国中之汉人、蒙古，并他族类杂处于此，其或逃、或叛、或为盗贼、为姦宄者，其严查之。（略）若群心怠慢，察之不严，姦人伺间而起，国之乱也由此。”① 由此可见，一生戎马征战的努尔哈赤，非常敌视他在建国大业中遇到的强敌——汉人及蒙古人。1644 年（顺治元年），清军越过长城进入北京，清朝成为“中国”的王朝，然而仍然视“汉”为一个敌对的民族集团。其背景很可能是清军在征服各地时遇到了顽强的抵抗，而在朝廷中也存在满人大臣与汉人大臣对立对峙的情况。1655 年（顺治十一年）6 月，顺治帝谕宗人府：“朕思习汉书，入汉俗，渐忘我满洲旧制。前准宗人府礼部所请，设立宗学，令宗室子弟，读书其内，因派员教习满书，其愿习汉书者，各听其便。今思既习满书，即可将繙译各样汉书观玩，著永停其习汉字，专习满书。”② 可以看出，此时清王朝的最高统治者们仍然具有以满文化对抗汉文化的强烈意识。

顺治皇帝的民族意识，自然刺激了朝廷中汉人大臣的民族意识，从而造成了与满人大臣之间的对立。例如，当时有很多汉人在成为清军俘虏后被赐给了满人为奴，这些人因为不愿做奴隶自然想尽办法逃跑。对此，满人大臣要求制定严格法律进行严厉处罚，而汉人大臣们却极力加以反对，最后由顺治帝亲自下谕：“近见诸臣条奏，于汉人一事，各执偏见，未悉朕心。但知汉人之累，不知满洲之苦。……若谓法严则汉人苦，然法不严则窝者无忌，逃者愈多。驱使何人，养生可赖，满洲人独不苦乎。”③ 在处理“汉人”与“满人”之间纷争的问题上，顺治帝口上虽说“汉满人民，皆朕赤子，岂忍使之偏有苦乐”，但依然作出了明显偏向于“满人”的决定。

元可以根据居住地域的不同，将中国文化的保持者们分为“汉人”和“南人”两大集团。同样是外来的征服王朝，但清王朝在这一点上，却与元相去甚远。即使是对于长期效忠自己、被编入“八旗”体制的汉人，清王朝也要冠以“汉军”的名称，没有忘记他们终究为“汉”。在许多重大的政

---

① 《大清太祖高皇帝实录》卷八。

② 《大清世祖章皇帝实录》卷八十四，顺治十六年六月丁卯。

③ 《大清世祖章皇帝实录》卷九十，顺治十二年三月壬辰。

治问题上，清王朝国策中的民族界限分明，很明显是把“汉”看作一个无法信赖的民族集团。例如，顺治十六年七月翰林院掌院学士折库讷向皇帝进言：“今后凡提镇等紧要员缺，请不论满洲、蒙古、汉军、汉人，但选其夙娴军旅，精明强干之员补授。”① 但三个月之后得到的答复却是：“俱有定例，(略) 无庸另议”②，不拘民族出身选拔人才的建议就这样遭到了完全否决。

可以看出，对于新生的清王朝来说，“汉”是一个与“满”相对立的民族集团，是一个需要时刻提防的危险对手。正是因为清初的这种思想与制度，“汉”作为一个民族集团名称，开始广泛浸透到中国一般民众的意识当中。但是值得注意的是，即使在这个过程之中，应该被理解为“汉人中的坏人”的“汉奸”一词仍然没有出现。例如，清朝初年，一部分汉人寄生在满人门下，借助满人威势欺辱一般汉人民众，引起了汉人的不满。顺治二年，陕西道御史罗国士就此上奏：“满洲厮养仆从，约束甚严。近有奸宄之徒，托名满洲者，或悍仆借之以欺故主，或狡吏借之以凌本官，或贱役借之以侮缙绅，或亡赖借之以倾富室”，提出严加取缔。对此顺治下的旨意是：“满汉久已相安，岂容奸民借端滋扰，著户部通行严禁”③。又如，顺治帝针对占据台湾而自己无法消灭的郑成功，作出过如下判断：“敕谕浙江福建广东江南山东天津各督抚镇曰：海逆郑成功等，窜伏海隅，至今尚未剿灭，必有奸人暗通线索，贪图厚礼，贸易往来，资以粮物。”④

可见，直至顺治年间，清王朝的最高统治者仍将在自己看来是“汉人”中的“坏人”称为“奸宄”、“奸民”或“奸人”，而不是使用“汉奸”。其中的理由其实很简单：在与“汉人”的利益敌对的事件上，清王朝认为的“忠”与“奸”，并不等于“汉人”认为的“忠”与“奸”。换言之，在清王朝对于“汉人”仍然抱有强烈民族敌对意识的时代里，清王朝的话语中是不可能出现“汉奸”一词的。

三 “改土归流”与“汉奸”的登场

康熙二十九年（1690），时任贵州巡抚的汉人田雯（1635～1704）在

① 《大清世祖章皇帝实录》卷百二十七，顺治十六年七月壬辰。
② 《大清世祖章皇帝实录》卷百二十九，顺治十六年十月癸丑。
③ 《大清世祖章皇帝实录》卷二十二，顺治二年十二月甲申。
④ 《大清世祖章皇帝实录》卷百二，顺治十三年六月癸巳。

《黔书》中写道：“苗盗之患，多起于汉姦，或为之发纵指示于中，或为之补救弥缝于外。党援既植，心胆斯张，跋扈飞扬而不可复制。”[①] 这是笔者见到清代最早使用“汉姦”（汉奸）的记载，其意思就是：苗人之所以抵抗清朝政府，就是因为一部分“汉人中的坏人”居中挑唆。值得注意的是，这段话的字里行间中还流露了这样一层意思：在清政府对待苗人的问题上，“汉人”与清朝政府同样处于受益者的位置。

田雯是当时的著名文人。[②]《四库全书》总编纂纪昀在其《古欢堂集提要》中，对田雯及其《黔书》作过如下评价：“王士祯《居易录》尝称《黔书》篇不一格，有似考工记者，有似公谷檀弓者，有似越绝书者，如观偃师化人之戏。然与长河志籍考，实皆祖郭宪《洞冥记》，王嘉《拾遗记》之体，是亦好奇之一证。”[③] 当然，以出于一种“好奇”，不能对田雯开始使用“汉姦”一词做出合理解释。真正的原因应该是：汉人田雯在就任贵州巡抚后，于清政府实施于苗人地区的“改土归流”政策中，发现了“汉人”与清政府之间存在共同的利益。

苗人主要分布在贵州、云南、四川南部以及湖南的西南部，是当地的原住民。一般认为，清政府与苗人发生关系肇始于顺治十四年（1657）。这一年，清军进攻明朝残存势力的据点云南和贵州，至十六年控制了这一地区。起初清承明制，在当地推行“流官”（从通过科举考试者中选拔出来的官僚）和“土官”[④] 的双重统治体制。然而与明朝不同的是，清朝规定土官的官阶只能在五品以下，而在省或者府一级的高级职位中只任命流官。

在顺治年间（1644～1661）后期，清政府就已经开始不信任包括苗在内的南方各个民族集团。云南元江土官那嵩因为抵抗清军的进攻，清政府于顺治十七年废除了元江土官府。[⑤] 进入康熙时期后，“改土归流”的政策，即废除通过土官进行间接统治的制度，在当地设立州县，并派遣流官进行直接统治的政策开始正式实施，并逐渐成为清朝对于南方各个民族集团的

① 《影印文渊阁四库全书》集部别集类、《古欢堂集》卷三十八。

② 田闵，字字纶，或紫纶、纶霞，生于山东德州，康熙三年科举考试进士及第，于《黔书》外尚有《古欢堂集》《长河志籍考》等著作。

③ 《四库全书》将《黔书》作为《古欢堂集》的一部分。

④ 被任命为官员的土著酋长。文官称“土官”，武官称“土司”。本文为了叙述上的方便，一律称为土官。

⑤ 龚荫：《中国土司制度》，云南民族出版社，1992，第726页。

主导统治思想。[①]“三藩之乱”以后，吴三桂的很多残部都逃匿至土官所统治的地区，对清政府的统治造成一定的威胁。[②]因此，清政府加快了推进“改土归流”的步伐。康熙三年，以“阳从阴逆，中怀叵测”为由，先后逮捕或杀害了水西土官安坤、马乃土官龙吉兆、乌撒土官安重圣，并将这些地区变为“流官”的地区。[③]其中在势力最大的安坤管辖的地区，就设置了四个府。[④]康熙年间（1662～1722），包括采取将土官统治的地区合并到流官管辖的地区中等各项措施，贵州的很多地区相继废除了土官。[⑤]

由于满人和蒙古人不适应南方的气候，事实上流官大都是由汉人官员来担任。田雯自己就是一名汉人流官，他在“三藩之乱”被平定之后，于康熙二十六年（1687）从江苏巡抚位置上改任贵州巡抚。在任职期间，他直接参与了“改土归流”的实施，至少对五开和铜鼓两处土官地区提出过进行“改土归流”的具体建议。[⑥]

随着“改土归流”的实施，清王朝在这些地区开始大力推行儒学教育。康熙初年，贵州省所有的十一个府、四十个县里都开设了进行儒学教育的书院。在康熙派往这些地区的科举官员中，就包括了像田雯这样当时在汉人中十分著名的文人。田雯在任职期间，曾不遗余力地支持推广儒学教育，充实书院，向书院捐赠了近万卷图书。由此可见，从“改土归流”的实施与儒教文化的普及中，贵州巡抚田雯已经切实感到它可以给清朝与“汉人”双方带来共同的利益。

如果能够让一个“汉人”感觉到清朝与“汉人”之间具有共同的利益，那么这个人使用“汉奸”一词的政治和社会环境就已经形成。从初期积极对“汉”进行严格区别，到让以田雯为代表的汉人科举官员能切身感受到“满”“汉”之间存在一致的利益，毫无疑问，到了此时清王朝统治中国的政策已经发生了实质性的转换。康熙、雍正（1723～1735）、乾隆（1736～

---

① 比如，康熙七年兵部进言：“将平茶与邑梅二司，改隶重庆，以消蛮夷司土广民众之势。”《大清圣祖仁皇帝实录》卷二十六，康熙七年五月壬戌。

② “云南巡抚石文晟疏言：吴三桂等三逆，及孙延龄属下逃脱人员，或潜匿山谷，或在土司地方藏形改姓，或逃入鲁魁山内，缉之愈严，畏罪思脱，相聚为匪。”《大清圣祖仁皇帝实录》卷百八十八，康熙三十七年四月己未。

③ 龚荫：《中国土司制度》，云南民族出版社，1992，第748页。

④ 杨学琛：《清代民族史》，四川出版社，1996，第481页。

⑤ 龚荫：《中国土司制度》，云南民族出版社，1992，第747～748页。

⑥ 王燕玉：《贵州史专题考》（修订本），贵州人民出版社，1986，第286页。

1795）三世被称为"盛世"，而"改土归流"和"汉姦"（汉奸）一词则出现于"康乾盛世"发端之时，三者在同一时期同时出现绝非偶然，它是清朝统治者通过各种手段宣扬满汉不分、满汉一体的结果。康熙十八年开"博学鸿词科"，"汉人"的文人学者受到了重视，紧接着又开始编修《明史》，二十三年康熙亲临曲阜孔庙祭祀，赞颂孔子为"万世师表"。从这些事中可以看出，清王朝已经开始把自己等同于中国的正统王朝。进入雍正年间以后，这种自视为中国传统王朝的意识更加鲜明，大规模地实施"改土归流"，就是这种倾向的典型事例。

在雍正年间，"汉奸"一词的使用范围，主要限于处理与南方各少数民族的关系上，尤其是在苗人地区实施"改土归流"的过程中。当时在贵州东南部山区还存在所谓的"生界"和"生苗"，即甚至还没有进入土官统治的阶段，或者是名义上由土官管理实际上却放任自流，基本上处于独立或半独立状态的地区。雍正即位后不久，就决心着手解决苗人的问题，他于雍正二年五月向南方各地的官员发出上谕，列举土官的剥削和暴政，并同时指出："然土官之敢于恣肆者，大率皆汉奸指使"①，断言猖獗的土官，大多背后有"汉奸"唆使。

对于这些土官和"汉奸"，雍正下令严惩："倘申饬之后，不改前非，一经发觉，土司参革，从重究拟，汉奸立置重典，切勿姑容宽纵。"② 雍正四年，云贵总督鄂尔泰向皇帝建议，继云南之后，在贵州的"苗疆"也推行"改土归流"。③ 而向鄂尔泰建议推行"改土归流"的，却是一个名叫方显的汉人官员。他向鄂尔泰提出了"开苗疆"的十六条办法，其中之一就是"除汉奸"。④ 雍正根据汉人官员和满人官员所达成的这一共识，于雍正

① "谕四川陕西湖广广东广西云南贵州督抚提镇等，朕闻各处土官鲜知法纪，所属土民，每年科敛较之有司著手正供不啻倍蓰。甚至取其马牛，夺其子女，生杀任情，土民敢怒而不敢言。"（《大清世宗宪皇帝实录》卷二十，雍正二年五月辛酉；《世宗宪皇帝上谕内阁》卷二；《钦定大清会典则例》卷百十）

② "倘申饬之后，不改前非，一经发觉，土司参革，从重究拟，汉奸立置重典，切勿姑容宽纵。"（《大清世宗宪皇帝实录》卷二十・雍正二年五月辛酉；《世宗宪皇帝上谕内阁》卷二；《钦定大清会典则例》卷百十）

③ "雍正四年……总督鄂尔泰议开苗疆，改土归流，云南东川，乌蒙，镇雄诸土府既内属，贵州苗未服。"（《清史稿》卷三百八）

④ "鄂尔泰召显问状，显力言宜如云南改土归流。……因条上十六事，曰：别良顽，审先后，禁骚扰，耐繁难，防邀截，戒姑息，宥胁从，除汉奸，缴军器，编户口，轻钱粮，简条约，设重兵，建城垣，分塘汛，疏河道，各为之说甚备。"（《清史稿》卷三百八）

五年二月命令云南、贵州、四川和广西等地的总督、巡抚严厉取缔“凶苗”与“汉奸”。① 随着“改土归流”的展开和深入，作为最高统治者的雍正使用“汉奸”一词的频率也越来越高。

什么样的人才是“汉奸”呢？按照雍正所说，就是那些所谓在汉地违法犯罪之后逃窜到苗人地区，与当地的苗人土官相互勾结的“汉人”，以及借助苗人土官威势横行乡里，鱼肉百姓的“汉人”。② 不管这些“汉奸”是否确属此类，这些人的存在本身构成了对清朝的威胁一事应无疑问。但雍正批判“汉奸”的真正目的，并非囿于谴责此辈而已，他通过“改土归流”这个向满汉以外的民族集团实施的政策，实际上向臣属的“汉人”们展示了这样一套“汉奸”的理论：因为清朝与“汉人”具有共同的利益，所以反对清朝政策的“汉人”，就是损害“汉人”利益的坏人。换言之，“汉人”如果支持清王朝，就是帮助了“汉人”自己。让“汉人”明白并接受这一点，正是雍正频繁使用“汉奸”一词的目的。

雍正六年，湖南儒生曾静派弟子张熙去陕甘总督岳钟琪行辕，想说服其揭竿而起，恢复由“汉人”建立的王朝。事件被发觉以后，雍正断言曾静是一叶障目，其实并不了解自己施政方针的真谛，甚至嘲笑他是“苗疆内多年汉奸”③。这件本来与“改土归流”毫无瓜葛之事，也能被雍正连在一起。由此可见，雍正宣扬“汉奸”的目的其实并不仅仅限于“苗疆”的地区。种种事例说明，“汉奸”是一个由清朝官方制造的话语。这个话语的对象虽然是清朝针对中国南方非汉地区和非汉民族集团实施的“改土归流”，其背后却隐藏着一个“清王朝是一个中华王朝、清王朝的利益与汉人利益完全一致”的论理。

---

① “五年，严稽察凶苗汉奸之令。奉谕：犷苗素称凶悍，加以汉奸贩棍，藏匿其中，引诱为恶，以致烧杀劫掠，毒害良善。”（《皇朝文献通考》卷百九十七；《皇朝通典》卷八十一）“谕云南贵州四川广西督抚提镇等：犷苗素称凶悍，加以汉奸贩棍，藏匿其中，引诱为恶，以致烧杀劫掠，毒害良善……。”（《大清世宗宪皇帝实录》卷五十三，雍正五年二月；《世宗宪皇帝上谕内阁》卷五）

② “或缘起犯法避罪藏身，或积恶生奸，倚势横行。此辈粗知文义，为之主文办事，助虐逞强，无所不至。”（《大清世宗宪皇帝实录》卷二十，雍正二年五月辛酉；《世宗宪皇帝上谕内阁》卷二；《钦定大清会典则例》卷百十）

③ “竟有如此可笑之事，如此可笑之人。朕观此人，不似内地匪类；就其言论天下时势光景，朕之用人行政，一些不知未闻之人，非似苗疆内多年汉奸，即系外洋党。”（张万钧、薛予生编译《大义觉迷录》附录，中国城市出版社，1999，第 394 页）

在记录雍正帝日常起居的《大清世宗宪皇帝实录》中，还可以看到这样一个现象：“汉姦”的写法逐渐减少，而“汉奸”的写法却不断增加。众所周知，现在的“汉奸”不能写为“汉姦”，即使是在继续使用繁体字的台湾和香港乃至日本都同样如此。可是，查许慎的《说文解字》可以知道，原来只有“姦”字。因为“姦”通“姧”，所以就逐渐演变出“奸”字，虽然写法不一，然其意相同，不外乎都是“淫”“乱”“邪”“恶”“诈”“伪”等。清初，其实也是“姦”“奸”不分。[①] 然而，作为清朝官方话语的“汉奸”对“奸”字的定义，却与“姦”的原意之间具有一定的差距，比较近于后汉郑玄对于《尚书》舜典中“寇贼姦宄”的注释：“由内为姦，起外为宄”。自此开始，“内部勾结外敌之人”均以“奸”字专指，这种用法一直延续至今。所以可以说，正是“汉奸”一词的普及，促使了“奸”与“姦”的分离。而这种变化，也说明了许多汉人，尤其是读书识字之人这时已经以清王朝为“内”，换言之，接受了作为官方话语的“汉奸”中的“清王朝是一个中华王朝、清王朝的利益与汉人利益完全一致”的论理逻辑。

四　抵抗列强侵略的爱国主义符号

有日本很多学者关注这一时期中国南方非汉地区和非汉民族集团的问题。按照他们的看法，清王朝推行的“改土归流”政策，除了强化对南方非汉民族集团的统治以外，另外一个重要的性质就是对南方非汉民族实行“汉化”。例如，著名的文化人类学学者大林太良曾经说过，“改土归流”的政策自18世纪初开始得到强化，“汉族对边境诸族的政治和经济压迫日益加深，因此引发了多次诸族的反抗”。但是最终的结果却是：“一些土司自称是汉族移民的后代，与此相似，（尤其在云南）甚至有人主张自己的部族都是从中国的东南部（特别是南京）迁徙过来的事也时有发生。”[②] 针对18～19世纪发生在这一地区的事情，日本学者显然没有对“清朝”与

① 例如，《大清世祖章皇帝实录》中有：“奸恶去则民安，民安则朕心始安。尔等岂不知尽心报效，与养奸长恶，孰得孰失”（《大清世祖章皇帝实录》卷七十，顺治九年十一月癸亥）。

② 大林太良：《对中国边境土司制度的民族学考察》，《民族学研究》第35卷第2号，1970，第130～132页。

“汉”进行严格的区别。

日本学者的这种认识并非没有一定的道理。因为很多当地的非汉民族集团确实将“改土归流”的过程当作了“汉化”的过程。“以（贵州）锦屏县为中心的山林地区”的苗人虽然还保持着“苗”的意识，但他们同时也进行了各种努力，“通过学习汉字等儒学知识，接受科举考试可以进一步向国家的权力、即‘官场’靠拢”。[①] 其结果是，“居住在贵州东南部一带的苗族和侗族社会，到十八、十九世纪时社会组织和风俗习惯发生了很大的变化。……开始出现了向汉族的伦理标准看齐的倾向”[②]。“明末清初在壮族的居住区大力普及教育的同时，还进行移风易俗的运动。壮族子弟进入府学、县学或者社学（明代）、义学（清代）学习的现象已经普及，对于本民族的风俗习惯，明清政府划分范围进行了逐步改革。通过以上各种政策，尤其是到了清代，壮族被纳入到中国王朝的统治体制之内。”[③] 在壮族居住区，“土官最早接受了汉文化”，尤其是到了清代，在服饰、居住、饮食习惯、婚姻以及人生仪礼等各个方面都引进了汉文化。[④]

虽然在明代大量的汉人迁徙到贵州，但是当地“苗族与侗族的汉化程度得到强化”则是明代之后下一个王朝时代的事情。“十八世纪三十年代实施的改土归流政策大力推进了少数民族聚居区的内地化和郡县化，当贵州和云南等西南各省进入全国性的流通网络以后，民间开始大量发生迁徙活动。”[⑤] “广西中部的鹿寨县清初时壮族仍占绝大多数，但之后汉族移民的不断增加，最终两者大致持平。”[⑥] 在两者之间，“清朝绝对站在汉人一边抑制壮族”[⑦]。

18 世纪是由满族建立的清王朝统治中国的时代。在研究南方非汉地区和非汉民族集团“汉化”现象的学者中，有人原曾认为研究中“应该区分

---

① 武内房司：《从清代贵州东部苗族来看“汉化”》，竹村卓二：《仪礼·民众·边界——华南各民族“汉化”的情况》，风响社，1994，第 99 页。

② 武内房司：《从清代贵州东部苗族来看“汉化”》，第 81 页。

③ 塚田诚之：《壮族文化史研究——以明代以后为中心》第二章“明清时代壮族土官对汉文化的接纳”，第一书房，2000，第 14 页。

④ 塚田诚之：《壮族文化史研究——以明代以后为中心》，第 46 页。

⑤ 武内房司：《从清代贵州东部苗族来看“汉化”》，第 99 页。

⑥ 塚田诚之：《壮族文化史研究——以明代以后为中心》，第 15 页。

⑦ 菊池秀明：《明清时代广西各民族的移居与“汉化”》，塚田诚之等编《流动的民族——中国南部移居的民族性》，东京平凡社，2001，第 210 页。

由满洲人建立的清朝与由汉人建立的明朝”[1]，但到了后来他也开始认为：“这个文化国家具有一种包容力，那就是对于通过‘读书’学习儒教文化的人，能够不分民族都给予社会精英的地位。”[2] 在这些学者中，很多人都没有真正重视清朝的“满族”特点，而是将清朝与明朝并列，统称为“中央王朝”“中国中央政府”“中华帝国”，在历史时代划分上常常使用“明清时期”。其理由是，清朝的统治不仅没有中断，相反还加速了南方非汉地区和非汉民族集团的“汉化”进程。正是在这种背景下，直到嘉庆年间（1798～1820），在提及南方非汉民族集团问题及清朝在该地区的施政方针时，暗示着满人与汉人具有共同利益的“汉奸”一词更是屡屡出现。

然而，从道光年间开始，“汉奸”的定义和使用范围开始发生变化。首先在鸦片战争前后，出现了勾结“夷商”走私鸦片的“汉奸”。[3] 道光十九年（1839），林则徐作为钦差大臣奔赴广东，发出《密拿汉奸札》。他对这次受命来调查海口事件的目的作了如下说明：“本部堂恭膺简命来粤查办海口事件，首在严拿汉奸。缘外夷鸦片之得以私售，皆由内地奸民多方勾结，以至蔓延日广，流毒日深。”[4] 清朝在鸦片战争战败之后，在南京被迫签订了城下之盟，其内容包括割让香港、开放五处通商口岸、赔偿白银二千万两等，此外一项就是“释放汉奸”[5]。看来，清王朝和英国政府对于“汉奸”的评价虽然莫衷一是，但对于“汉奸”在鸦片贸易过程中的重要性却是具有共识。

在光绪九年（1883）爆发的中法战争中，也出现了“汉奸”。在战争期间云贵总督岑毓英在上奏光绪的奏折中有如下记载：“彼族今日乃无举动，惟招来汉奸多名令季姓管带。”[6] 此外，广西布政使徐延旭也将风闻

① 菊池秀明：《明清时代广西壮族土官的“汉化”与科举》，《中国社会与文化》，中国社会文化学会，第9号，1994年6月，第89页注1。

② 菊池秀明：《明清时代广西各民族的移居与“汉化”》，第210页。

③ “历来夷商至广，俱寓歇行商馆内。近来嗜利之徒，多将房屋改造华丽，招诱夷商，图得厚租，任听汉奸出入，以致私行交易，走漏税饷，无弊不作。”（《皇朝文献通考》卷三十三）

④ 《密拿汉奸札稿》道光十九年正月十一日，《林则徐集》，中华书局，1963，第47页。

⑤ “七月，英兵薄江宁下关，伊里布先至，英人索烟价，商欠、战费共二千一百万两；广州、福州、宁波、上海五港通商；英官与中国官员用平行礼；及划抵关税，释放汉奸等款。”（《清史稿》卷三百七十，列传百五十七）

⑥ “云贵总督岑毓英云南巡抚唐炯奏为遵旨妥筹布置边防并据探法越近日情形事。……彼族今日乃无举动，惟招来汉奸多名令季姓管带。”〔《滇督岑毓英等奏法越情形布置边防折》（附旨）《清季外交史料》卷三十六，台北，文海出版社，1963，第146页〕

之事报告如下："汉奸为其广招沿海匪数千有余，众利其重饷，无不乐从。"①

"汉奸"也出现在甲午战争时期。作为"帮办军务"，在朝鲜和东北地区参加了与日本战斗的宋庆，在战争结束后向军机处报告的电报中指出："田庄台之役（日军——笔者）重用汉奸探诱我前后军东勦，乃以枪炮权力攻我新军。"② 此外，一个名叫余虎恩的军官在分析战败原因时，列举的原因之一也是日军屡派"汉奸"潜入内地，托名贸易，暗以贿赂密通，收买民心。③

由以上数例可知，在道光中期以后，随着帝国主义列强不断加深对中国的侵略，"汉奸"一词超越了南方非汉民族集团问题及清朝在该地区施政方针的领域，定义为"帮助外国侵略中国之中国人"，变成了一个关系到中外关系的术语。处于多事之秋的中国人，也开始越来越多地发现"汉奸"。"至于光绪甲申，又二十年，朝士皆耻言西学，有谈者诋为汉奸，不齿士类。"④ 也就是说，即使仅仅提及"西学"，就被认为是"汉奸"。光绪二十八年，为反对将云南的个旧锡矿列为与法国制定的《云南矿务章程》的对象，云贵总督魏光焘上书朝廷："上年弥乐石来，即有奸商以远年执契私献之嗣议章，力蹉不与开办锅矿，遂得隐弥其患。今忽增入，则华民之争讼理屈，投入洋人甘为汉奸者不少。"⑤ 在魏的眼中，只要是到法国人管理经营的矿山里工作的中国人就都是"汉奸"。

前文已经指出，始于康熙年间而又盛于雍正年间的官方话语"汉奸"的背后，隐藏着清王朝是一个中华王朝、清王朝的利益与汉人利益完全一致的理论。然而可以看出，道光以后清王朝在处理各国事务中使用的"汉奸"一词，与雍正时期的官方话语"汉奸"相比已是大异其趣。它已经变成了单纯谴责投入"洋人"怀抱的"汉奸"，而不再是通过"汉奸"一词

---

① 《桂藩徐延旭奏报法越军情随时会筹布置折》（附上谕）、《清季外交史料》卷三十四，第87～88页。

② 《帮办军务宋庆致军机处日人无理要挟愿与天下精兵舍身报国请代奏电》光绪二十一年四月初一日，《清季外交史料》卷四十九，第140页。

③ 余虎恩：《上刘岘帅书》，郑振铎编《晚清文选》卷中，1937，上海生活书店，第311页。

④ 翦伯赞、刘启戈等编《戊戌变法》第2册《上谕》四五，上海神州国光社，1955，第18页。

⑤ 《滇督魏光焘致外部请照会法使不准开采个旧锅矿电　光绪二十八年八月初一日》，《清季外交史料》卷一六三，台北，文海出版社，1963，第337～338页。

来强调满人与汉人之间具有共同利益。之所以能够出现这种情况，理由其实很简单。这就是，到了道光年间以后，清王朝是一个中华王朝、清王朝的利益与汉人的利益一致的意识，已经为汉人广泛接受，因而作为清政府也就没有必要再为此处心积虑。

例如，道光二十一年（1841）发生了三元里抗英的自发活动。民众发出了《尽忠报国全粤义民申谕英夷告示》，其中有如下语句：“尔勾通无君无父之徒，作为汉奸，从中作乱”；“尔所用汉奸，皆我天朝犯法之徒，或杀人逃走，或舞文弄弊”。[①] 值得注意的是，这里让“义民”们愤怒的是他们出卖的不是“汉人”的利益，而是“天朝”的利益。

很清楚，正是因为帝国主义列强对中国的侵略，让汉人民众感到他们的利益与清朝的利益完全连在了一起。而更加值得注意的是，正是在受到了帝国主义列强的侵略时，原本是清王朝的“汉奸”话语超越了官僚系统和士林阶层，成为一个为广大的民众所接受的概念。毕竟“改土归流”不一定能够带给每个“汉人”直接的利益，而近代帝国主义的侵略却直接破坏了他们的日常生活，伤害了他们的切身利益。换言之，正是在帝国主义列强侵略中国的过程中，中国的民众或“义民”，发现了自己与清王朝之间存在的共同利益。发生在光绪二十六年（1900）的义和团事件，就是这样一个典型的例子。

义和团打出了“扶清灭洋”的口号，得到了慈禧一派即“后党”的支持，他们大肆杀害信仰了基督教的“教民汉奸”，因为这些人都结交了外国人。[②] 而慈禧太后，也对反对义和团进攻外国使馆的汉人大臣袁爽秋和许竹篔以“汉奸”之名论罪，杀害了他们。[③] 更为奇妙的是，同样反对进攻外国使馆的满人大臣联元，竟被冠以“满族汉奸”的罪名，险遭杀害。[④] 从这些事件中可以看出，鸦片战争以来帝国主义列强对中国的侵略，不仅使中国

---

① 南京大学历史系中国近代史教研室编选《中国近代史参考资料选辑》，1973，第19、21页。但三联书店1954年出版的《中国近代史参考资料选辑》第46页该文题为《广东义民斥告英夷说帖》。

② 龙顾山人：《庚子诗鉴》，中国社会科学院近代史研究所《近代史资料专刊》（上册），中国社会科学出版社，1982，第137页。

③ 龙顾山人：《庚子诗鉴》，中国社会科学院近代史研究所《近代史资料专刊》（上册），第64页。

④ 龙顾山人：《庚子诗鉴》，中国社会科学院近代史研究所《近代史资料专刊》（上册），第64页；同上书，李超琼《庚子传信录》，同211页。

的一般民众将（使用）“汉奸”当作一个抵抗外来侵略的爱国主义符号，而且使得“汉奸”中的“汉”，完全脱离了民族色彩，成为“中国”，当时也就是“清王朝”的代名词。

五　一个拟制的民族国家话语

但是，到了20世纪初叶，革命派为了打倒清王朝，开始对“汉奸”进行再定义。这种思想的代表作，就是发表在1903年的《汉奸辨》一文。[①]

《汉奸辨》的作者写道，他之所以著《汉奸辨》的动机为：“汉人为汉奸者有之，外人称汉人为汉奸者亦有之。集之二千年来，传至今日，汉奸名号未有定评。往往有视爱同类为汉奸者，泾渭不分，实堪痛矣。”也就是说，在他看来，“汉奸”一词因为意义不明，甚至被“外人”当作打击“汉人”的工具。那么，《汉奸辨》中提出的真汉奸，究竟是些什么人呢？

“扶清灭明之吴三桂、耿继茂、尚可喜，助满洲歼灭太平王之曾国藩、左宗棠、李鸿章等，今日之死汉奸也。如谄媚那拉氏枉杀中国义士之张之洞，为满清阻止游学生进步之蔡钧[②]，助满清官吏搜刮中国货财孝敬满洲承抽各行之巨商劣绅等，今日之活汉奸也。”

从以上可以看出，被《汉奸辨》视为“汉奸”的人，主要都是些在清王朝为官的汉人。将在清政府中为官的汉人视为“汉奸”，是革命派的一致主张。1903年，孙中山也作了如下论述：“今汉人之所谓士大夫甘为虏朝之臣妾者，大多入此利禄之牢中，蹈于奸邪而不自觉者也。间有聪明才智之士其识未尝不足以窥之，而犹死心于虏朝者，则其人必忘本性、昧天良者也。今之枢府忠臣、封疆大吏殆其流亚，而支那爱国志士、忠义之民，则多以汉奸目之。”[③]

---

① 《汉奸辨》（《黄帝魂》第49~51页，中央文物供应社影印本，1968）该文章并没有明记作者与写作时间，有人以为是章士钊（1881~1973）所写。收录该文的《黄帝魂》（黄帝子孙之多数人著）是黄帝纪元四千六百十四年（1903）出版的民族主义作品。《黄帝魂》的编者说《黄帝魂》所收的文章都是“最近十年来报纸杂志所选的文章以及新近作成的文章之精华”。

② 蔡钧为当时“大清国出使日本国大臣”，即驻日公使。有关蔡钧在日事情，详见本书第四章。

③ 逸仙（孙中山）：《支那保全分割合论》（1903），张枬、王忍之编《辛亥革命前十年间时论选集》第2卷，三联书店，1978，第599页。

1907年1月，由清国留日学生编辑，在日本出版的杂志《汉帜》第一期中，刊登一篇题为《驱满酋必先杀汉奸论》的文章。[①] 这篇文章提出：“驱满酋而不杀汉奸，是犹隔靴挠痒，靴不启而痒不止也”，对于汉奸摆出一幅必欲斩杀之而后快的姿态，并且把“必先杀之”的“汉奸”具体分为了以下六类。即“倡伪维新之论，保皇之名”的康有为和梁启超；“残汉媚胡”的张之洞等清朝中汉人大臣；主张君主立宪制的“立宪党”；“非多杀民命，多削民脂，不足以博虏廷之欢”的“官吏之暴者”；压制“有革命思想”的学生与兵士的“监督、兵官”；“今日遇革命党，则力主驱胡；明日遇立宪党，则又主不分满汉矣。留东则演说场唱民族，归国则保和殿颂圣神矣”的“假新党”。

这篇文章著者署名“锄非”，实为刘道一。刘道一在日本参加了革命组织——中国同盟会，历任书记、干事等职。1906年回国准备进行武装起义，但事有不秘，因计划泄露而被逮捕入狱，于同年12月被处以死刑。也就是说，《驱满酋必先杀汉奸论》一文刊登在他去世之后。这位被孙中山评价其为“为革命献身之第一人”的刘道一，为什么对“汉奸”如此深恶痛绝呢？按照他的说法是：“乱中国者满人，亡中国者非满人，汉人也。盖汉奸者，引入满人之媒介也”，“狼无狈不立，狈无狼不行。满酋非汉奸无以至今日，汉奸非满酋无以终余生”。[②] 然而，在他开列的名单中位列第五、第六的“监督、兵官”与“假新党”的罪恶，似乎还没有达到这种程度。但是正是通过这两点，可以让人感受到刘道一的主张来源于“留东”（留学日本）期间所受到的“民族”思想的影响。

20世纪初革命派所提出的“汉奸论”，与已经为中国广大民众所接受的清王朝的“汉奸”话语的含义截然相反，它建立在强调“满人”与“汉人”的利益完全对立的前提之上。革命派之所以强调“满人”与“汉人”的利益完全对立，其目的就在于否定清王朝统治中国的正当性，从而让自己的革命主张为更多的人所接受。革命派所提出的“汉奸论”实际上是通过“民族论”来进行的。按照这个理论，“汉人”与“满人”是截然不同

---

① 锄非（刘道一）：《驱满酋必先杀汉奸论》（1907），张枬、王忍之编《辛亥革命前十年间时论选集》第2卷，第856～861页。

② 锄非（刘道一）：《驱满酋必先杀汉奸论》（1907），张枬、王忍之编《辛亥革命前十年间时论选集》第2卷，第857～859页。

的民族，因为“汉人”之国是中国，而清王朝是由满人建立起来的国家，所以满人与“汉人”具有共同利益的说法根本不能成立，而“汉人”自身的国家意识也不能诉诸清王朝。所以，清王朝的“汉奸”话语，就成了革命派必须跨越的一个障碍。

只要民众还相信清王朝是一个中华王朝、清王朝的利益与汉人的利益一致的“汉奸”话语，所谓“外人称汉人为汉奸”的现象，换句话说，就是革命派被清政府指为“汉奸”的可能性就自然存在。如若对此置若罔闻，革命派就很难在中国社会获取更多的支持。所以，革命派为了打破清王朝“汉奸”话语多带来的怪圈，极呼吁对“汉奸”进行重新定义，其第一步就是强调“汉奸”的民族主义意义。《汉奸辨》中明确主张“所谓真汉奸者，助异种害同种之谓”[①]。所以，被他们视为“汉奸”的张之洞的罪行就是“害汉而媚胡”，“官吏之暴者”的罪行就是“博虏廷之欢”。[②] 相反，“满洲人所谓汉奸者，乃汉族中之伟人硕士，即为爱同类之故，甘心戎首虽牺牲其身而不顾”[③]。

应该注意到的是，在革命派的“汉奸论”中，不仅是让“汉”与“夷”、“胡”、“虏”相对，而且还被直呼“汉族”。也就是说，与清王朝的“汉奸”话语中的“汉”的内涵不同，革命派将“汉”当作一个民族名称使用，否认它能够作为清王朝的代名词。从这种一个民族一个国家的做法中可以看出，支持革命派的“汉奸论”对抗清王朝“汉奸”话语的思想基础，就是近代民族主义与民族国家思想。这一点，还可以通过刘道一所著《驱满酋必先杀汉奸论》得以确认：康有为和梁启超之所以被认定为“汉奸”，那是因为他们“种族之历史不通，国民之原理不晓”。在革命派看来，最理想的国家形态就是民族国家，如果通过民族国家思想的视点来观察中国，不仅可以让广大民众明白“满族”统治“汉族”国家“中国”的非正当性，同时革命的目标也就能够锁定在建设“汉人”的“民族国家”上。

可以看出，革命派事实上将“汉奸论”的焦点全部集中在了国内的政治问题上。此后，辛亥革命的爆发，中华民国的建立，经过清末民初改天换地般的革命洗礼，“汉族”再次成为中国政治的主导力量，“汉奸”一词

---

① 同上《汉奸辨》，《黄帝魂》，第 50 页。

② 锄非（刘道一）：《驱满酋必先杀汉奸论》，第 858 ~ 861 页。

③ 同上《汉奸辨》，《黄帝魂》，第 50 页。

更加深入人心。然而众所周知的却是，在此后的历史进程中，“汉奸”却更多的是被用在了以国际关系为背景的各种事件上。这种场合里的“汉奸”，比起革命派所指责的“汉奸”来，不如说是更加接近鸦片战争之后受到三元里义民或义和团痛恨的“汉奸”。之所以出现这种现象，其最大原因就是中国在此期间几乎无间断地遭受到了帝国主义的侵略。

帝国主义的侵略，首先使中国由国内政治目的而起的民族国家理想，变成了一个对外的民族国家形式。中华民国在它成立之后，尽管事实上否定了单一民族国家的道路、恢复了中国多民族国家的历史传统，但却提出并不断强化“中华民族”的意识，通过构拟民族国家形象将“民族国家”的思想作为聚合民心，以共同对付外敌侵略、维护主权和领土完整的武器。同时，帝国主义的侵略也刺激起了中国广大民众的民族主义情绪。而对于尚未来得及分清“中华民族”与“汉族”之别，但却占中国国民绝大多数的广大汉族民众来说，在鸦片战争之后耳濡目染的“汉奸”一词，作为一种（汉）民族国家的话语（尽管是一个拟制的民族国家形象），也成为他们表达抵抗外来侵略者、厌恶投敌卖国者思想的最有力的语言工具。

结　语

通过以上梳理，可以看出在清代之前的中国漫长的历史长河中，并不存在“汉奸”一词。而其原因，就是因为“汉”字，一直没有成为一个民族集团的名称。换言之，就是在中国社会中，其实一直不存在“汉民族”这样一个民族集团意识。直到进入清代以后，由于清王朝初期的统治者对汉人抱有强烈的敌对意识，“汉”才逐渐变为一个民族集团的概念。在这个背景下，“汉”中的坏人便成就了“汉奸”一词。

“汉奸”一词，虽然最初出自“汉人”官僚之口，但是之所以能够固定下来，却有赖于清王朝最高统治者的解读和使用。清王朝统治者使用“汉奸”的原因，是因为这时的“汉奸”一说可以起到证明“清王朝是一个中华王朝，清王朝的利益与汉人利益完全一致”的作用。“汉奸”一词的出现，以及清王朝最高统治阶层对它的解读和支持，证实了清王朝的统治政策中的确具有愿意扮演“中华王朝”角色的部分。而当时在南方非汉人地区中推行的“改土归流”，正好可以成为清王朝表白自己实行“满汉不分”“满汉一体”政策的具体例证。

但是，“汉奸”至今仍然能够具有强大生命力的原因，不在于它作为清王朝统治阶级话语而诞生的历史渊源，而在于它自鸦片战争以来变成了一个民众抵抗外来侵略的爱国主义符号，在于它经过清末革命派的民族国家思想的洗礼之后再次返回国际关系的舞台，从而变成一个拟制民族国家话语的历史记忆。中国从古到今，都是一个多民族的国家。因为中国从来不是一个只有汉民族的国家，所以本不应该产生“汉奸”这样强烈的民族国家话语，包括“汉奸”背后隐藏的民族国家思想和民族主义情绪，其实都有悖于中国的文化传统和社会现实。尽管近代以来“汉奸”一词在中国得到广泛流传，而其实质不过是在建设强大国家的幻想之中，按照近代民族国家的模式对自己的文化传统所进行的一种自虐型的削足适履而已。

（《“汉奸”考》，岩波书店《思想》第981期，第28～47页）

从汉族主义到中华民族主义

——清末民初国民党及其前身组织的边疆民族观转型

周竞红

“边疆”和“民族”是清末民初推动中国国家转型的两个重要因素，笔者以为，在国家转型过程中，作为当时社会变革主导力量的资产阶级革命组织如何认识和定位这两个因素，直接关系到国家未来的基本结构，进而影响着国家的发展方向。[①] 因此，本文以清末民初兴中会、同盟会直至中国国民党的边疆民族思想为考察对象，试图梳理国民党及其前身组织边疆民族观转变的历史过程，以寻求推动这种转变的因素。因为，从今天看来，恰恰是这些转变决定了国民政府以何种方式继承封建帝国的边疆民族遗产，从而在相当程度上奠定了当时的国家、边疆、民族结构基础，并进一步影响到后来中国边疆民族的实际结构。

一 汉族主义的思想潮流

清末，虽然清廷处理民族关系的传统机制仍在运行，但天朝大国已被置于世界万国之中，传统的“夷狄”理念与西方的“民族国家”已发生了碰撞，成为时人认识天朝大国危局的又一视角。伴随着国家转型的边疆和民族问题，引发人们的不断思考。翻检史载，我们会发现，知

① 张永先生在《从“十八星旗”到“五色旗”——辛亥革命时期从汉族国家到五族共同建国模式的转变》（《北京大学学报》2002 年第 2 期）中对辛亥革命时期建国模式的转变进行了深入而细致的研究。借助这一研究，本文以革命组织边疆民族观的转变为视角，探讨其对民国建国模式的影响。

识界开始借助不同来源的理论来认识边疆民族问题，得到了各种不同的认识结论，而有着强烈政治诉求的资产阶级革命派，从革命初期到最终进入政治权力中心，其边疆民族观并不是一以贯之，而是发生了重要的转变。

学界的研究已经从多方面指出，以“排满”为核心的汉族主义是资产阶级政党前身组织进行革命组织和动员的重要理论依据。[①] 资产阶级政党前身组织的民族主义内容由两个部分所构成，即对内和对外两种民族主义，具体说就是对内“排满”的民族主义，对外反对帝国主义的民族主义，二者之间实际上又存在矛盾，即“排满”的民族主义将满族及非中原特性的民族作为革命对象；而反对帝国主义的民族主义实际上则包括着对清末中国境内一切民族的关怀，即“非汉族”的民族主义。两种民族主义以辛亥革命为分水岭得以展现。以“排满”为核心对内的民族主义在辛亥革命前表现得更为突出、明确和毫不掩饰，这从革命派的组织章程和宗旨，到其领袖人物的言论中均可见之，特别是革命派最初进行革命宣传时，在很大程度上表现出民族复仇的特点。如 1894 年，檀香山兴中会盟书明确提出“驱除鞑虏，恢复中国，创立合众政府。倘有贰心，神明鉴察”[②]。这个具有资产阶级性质的革命组织将推翻清政府与汉民族独立和解放联系起来，并认为“驱除鞑虏”是实现共和制的必要条件。1897 年 8 月，孙中山与宫崎寅藏、平山周的谈话进一步说明了这一点：“夫共和主义岂平手而可得，余以此一事而直有革命之责任者也。况羁勒于异种之下，而并不止经过君民相争之一阶级者乎。清虏执政于兹三百年矣，以愚弄汉人为治世第一义，吸汉人之膏血，锢汉人之手足，为满奴升迁调补之符。认贼作父既久，举世皆忘其本来，经满政府多方面之摧残笼络，至民间无一毫反动力，以酿成今日之衰败。……方今世界文明日益增进，国皆自主，人尽独立，独我汉种每况愈下，滨于死亡。于斯时也，苟非凉血部之动物，安忍坐圈此三等奴隶以与终古。”[③] 并且认为革命如果成功，其他问题便迎刃而解。在这里，孙中山运用中国传统的夷夏观，并结合其所接受的西方资产阶级民族观来审视汉满之间的关系，最终将二者的关系置于敌对框架加以分析和认

① 参见罗志田《乱世潜流：民族主义与民国政治》，上海古籍出版社，2001。

② 孙中山：《檀香山兴中会盟书》，《孙中山全集》第 1 卷，中华书局，1981，第 20 页。

③ 孙中山：《与宫崎寅藏平山周的谈话》，《孙中山全集》第 1 卷，第 172～173 页。

识，以佐证资产阶级革命的正当性，从而号召全社会参与和认同其革命主张，其他革命组织大抵也采用了这一策略。

1903 年，孙中山在东京创立青山军事训练班，其誓词为“驱除鞑虏，恢复中华，创立民国，平均地权”[①]。革命派提出的一系列纲领性口号，“除了相关民主主义内容（‘创立合众政府’或‘创立民国，平均地权’）外，最醒目的便是‘驱除鞑虏，恢复中华’这一古典式的民族主义口号”[②]。之所以称其为古典式汉民族主义口号，是因为早在元末朱元璋起义时就曾以此为口号进行反元革命，最终推翻元朝统治。清兴替明后，中原的士大夫们早就认为自己是亡国奴了，只不过清时所称之“国”并非疆界清晰、具有国际合法性的主权“国家”，而仍然是王朝国家而已。清王朝近三百年统治所实行的阶级剥削和民族压迫政策引发了一系列社会危机，使得民众对“驱逐鞑虏”的认同具有了坚实的历史性、社会性基础，资产阶级革命组织以此为号召来动员社会革命，强大的动员力自不需多言，特别是对清末以来接受了新思想和新知识的青年影响更为显著。与兴中会同时代的革命组织还有华兴会、光复会、科学补习所等，他们的民族思想与兴中会有着相同的时代特色。

1905 年，同盟会成立，在《民报》第 1 号上，孙中山发表《〈民报〉发刊词》，宣传中国革命的原因和纲领，指出“今者中国以千年专制之毒而不解，异种残之，外邦逼之，民族主义、民权主义殆不可以须臾缓”[③]。“异种”和“外邦”被置于同样的敌对地位。从其排满革命，建立汉民族国家的目标来看，“异种”应指满族，而“外邦”则是各帝国主义国家，认为二者都构成了对汉民族的压迫和剥削。至于此时“驱除鞑虏，恢复中华”与此前汉族革命的本质差别，1906 年孙中山在其《中国同盟会革命方略》中则有进一步说明：“惟前代革命如有明及太平天国，只以驱除光复自任，此外无所转移。我等今日与前代殊，于驱除鞑虏、恢复中华之外，国体民生尚当与民变革，虽纬以万端，要其一贯之精神则为自由、平等、博爱。故前代为英雄革命，今日为国民革命。所谓国民革命者，一国

① 孙中山：《东京军事训练班誓词》，《孙中山全集》第 1 卷，第 224 页。

② 冯天瑜：《中国近世民族主义的历史渊源》，《湖北大学学报》1994 年第 4 期。

③ 孙中山：《〈民报〉发刊词》，《孙中山全集》第 1 卷，第 288 页。

之人皆有自由、平等、博爱之精神。”[①] 革命成功之后如何处理国家的边疆民族问题其实并未真正纳入资产阶级革命组织的政治视野之中，“一国之人皆有自由、平等、博爱之精神”是否包括边疆民族，此时尚不清楚，或者说尚不能明确。

从这个意义上说，辛亥革命前资产阶级革命组织的边疆民族观的主要内容是以“排满”为核心的汉民族主义，他们所称之中国或中华主要是指四万万汉族。“中国者，中国人之中国；中国之政治，中国人任之。驱除鞑虏后，光复我民族的国家”[②]，这里的中国人也只是指汉人，在资产阶级革命者的观念中，满洲人不是中国人，是革命的对象，至于中国境内的其他少数民族，要么是言论从不涉及，要么就是干脆持同化观点，“夫国内他族，同化于我久矣，尚何本部局部之与有？今当执民族主义以对满洲，满洲既夷，蒙古随而倾服，以同化力吸收之，至易易也”[③]。无论如何，在当时的历史条件下，满汉关系是革命派关注的中心问题，也是当时中国民族关系的热点问题，满族由于清朝统治的腐败而成为当时革命派口诛笔伐的主要目标。以至于“仅1902年至1905年四年当中，在国外出版的革命排满报刊有三十多种，以排满革命为宗旨的革命团体也相继出现”[④]。“排满革命”成为一面鲜明的大旗，在资产阶级革命不断深入发展过程中日益扩大其影响。正如孙中山在东京演讲时所言：“鄙人往年提倡民族主义，应而和之者特会党耳，至于中流社会以上之人，实为寥寥。乃曾几何时，思想进步，民族主义大有一日千里之势，充布于各种社会之中，殆无不认革命为必要者。”[⑤]

以资产阶级革命组织为核心的革命派对满族和清政府的口诛笔伐，其目的在于唤醒汉族的民族意识，以促使资产阶级革命的成功进行。革命派在表达其“排满”意愿时，不惜使用最尖刻和激烈的言辞，号召种族革命。他们出版的刊物、小册子成为宣传这些思想的重要阵地，并产生了一些重

① 孙中山：《中国同盟会革命方略》，《孙中山全集》第1卷，第296页。

② 孙中山：《中国同盟会革命方略》，《孙中山全集》第1卷，第297页。

③ 汪精卫：《民族的国民》，张枬、王忍之编《辛亥革命前十年间时论选集》第2卷，三联书店，1963，第100页。

④ 林家有：《论中国资产阶级革命派的民族主义宣传对辛亥革命的影响》，《中山大学学报》1981年第3期。

⑤ 邹鲁：《中国国民党史稿》，商务印书馆，1938，第44页。

要的社会影响，那些种族复仇的主张也常常表现得淋漓尽致。1903 年邹容在《革命军》中写道：“扫除数千年种种之专制政体，脱去数千年种种之奴隶性质，诛绝五百万有奇披毛戴角之满洲种，洗尽二百六十年残惨虐酷之大耻辱，使中国大陆成干净土，黄帝子孙皆华盛顿，则有起死回生，还魂返魄。”[①] 作者还从资产阶级种族观念出发，进一步提出：“吾宁使汉种亡尽，杀尽，死尽，而不愿其为洪承畴，为细崽，为通事，为买办，为译于地球各国之下。”出此豪言，目的是“吾先以种族之念觉汉种”[②]。除了“披毛戴角”“异种乱华”“逐满独立”“东胡种”“犬羊”“胡虏”外，更有“杀灭”“诛绝”“杀尽”“尽灭”满洲种等民族复仇的主张。显然，这些主张是单线思维的结果，同时代人对这些主张并非没有提出异议，如杰出的革命宣传家陈天华就敏锐地觉察出复仇式的“排满”可能会助长列强对中国的瓜分。1905 年，陈天华在从容赴死之前提出：“满洲民族，许为同等之国民，以现世之文明，断无仇杀之事。故鄙人之排满也，非如倡复仇论者所云，仍为政治问题也。”并且认为“盖政治公例，见多数优等之族，统治少数之劣等族者为顺，以少数之劣等族，统治多数之优等族者为逆故也”[③]。陈天华发表其言论的第二年，孙中山也进一步表明：“民族革命是要尽灭满洲民族，这话大错。民族革命的缘故，是不甘心满洲人灭我国家，主我们的政，定要扑灭他们的政府，光复我们的民族国家。这样看来，我们并不是恨满洲人，是恨害汉人的满洲人。”孙中山进一步指出“但是最要紧的一层不可不知，民族主义并非遇着不同族的人，便要排斥他，是不许那不同族的人，来夺我民族的政权。因为我汉人有政权才是有国，假如政权被不同族的所把持，那就虽是有国，却已经不是我汉人的国了”[④]。由此看来，至此，革命组织领导者的边疆民族观正在从将整个满族作为自己的革命对象，向以满族统治者为革命对象转变，并已经有了相当的成就，但是从孙中山所言不难看出，他仍然持有建立汉民族独立国家观念。

当然，与激烈“排满”同时存在的也有“联满革命”的主张，如同盟

① 邹容：《革命军》，中华书局，1971，第 1 页。
② 邹容：《革命军》，第 28 页。
③ 陈天华：《绝命书》，张枬、王忍之编《辛亥革命前十年时论选集》第 2 卷，第 153 页。
④ 孙中山：《在东京〈民报〉创刊周年庆祝大会的演说》，孟庆鹏编《孙中山文集》，团结出版社，1997，第 23 页。

会员刘揆一在其《提倡汉满蒙回藏民党会意见书》中提出：在帝国主义瓜分的危机面前，不仅满汉之间，其他民族之间也应当团结，而且明确指出：满、蒙失，则东北各省不易保全；回、藏失，则西北各省亦难捂，是吾人欲保守汉人土地，尤当以保守满、蒙、回、藏之土地为先务。他建议，中国各族人民之间广泛展开交流，在此基础上组织一个包含各民族的革命政党——“汉、满、蒙、回、藏民党会”，共同进行革命。他在文中完全没有了早期革命党人那种狭隘的种族主义情绪，而是主张“联满”“联蒙”“联回”“联藏”，把中国各族人民都看成推倒清政府的革命力量。[①] 这说明在辛亥革命前，革命党人在认识国内民族问题与革命关系时已经出现了更符合当时中国民族构成实际的思想观念。但是当时这种思想并未上升到革命纲领之上，尚不足以扭转在革命组织中占据主流地位的汉族中心主义的边疆民族观，直至武昌起义后建立汉族国家的思想还占据优势地位，并酿成部分地区的民族仇杀。[②]

二　“五族共和”的达成

最终促使革命组织边疆民族观发生转变的转折点是辛亥革命的成功，激烈“排满”的种族革命和汉族中心主义转向寻求民族同化，进而建立统一的国家。如“武昌起义爆发后不到一个半月（1911 年 11 月 21 日），原革命派的一翼、偏重于‘排满’的国粹派代表人物邓实、黄节、胡朴庵等即在上海创办《民国报》，宣布报刊宗旨为所谓六大主义。其中两条主义即为‘建立共和政府；以汉族主治，同化满、蒙、回、藏，合五大民族而为一大国民’”[③]。1912 年 1 月 1 日，孙中山在南京就任临时大总统，组织临时政府，宣称：“国家之本在于人民，合汉满蒙回藏诸地为一国，即合汉满蒙回藏诸族为一人，是曰民族之统一。”[④] 这说明，虽然辛亥革命实现了“排

① 参见杨天石《从“排满革命”到“联满革命”》，杨天石主编《民国掌故》，中国青年出版社，1993，第 20 页。

② 参见张永《从“十八星旗”到“五色旗”——辛亥革命时期从汉族国家到五族共同建国模式的转变》，《北京大学学报》2002 年第 2 期。

③ 黄兴涛：《现代“中华民族”观念的历史考察——兼论辛亥革命与中华民族认同之关系》，《浙江社会科学》2002 年第 1 期。

④ 孙中山：《中华民国临时大总统宣言书》，《孙中山文集》，广东人民出版社，1996，第 155 页。

满”，革命组织内部汉族中心的思想也根深蒂固，但是共和政府并无意由单一的汉族组成。在民国政府行政工作中，汉族中心的特点也悄然发生着变化。特别是孙中山上任临时大总统伊始，社会生活全面有序化成为最重要社会问题，边疆民族是其需要面对的重大问题之一。面对北部边疆的蒙古问题，他提出“各族团结一心防俄”，并致电喀喇沁亲王等称“汉蒙本属同种，人权原自天赋，自宜结合团结，共谋幸福”，“群起解除专制，并非仇满，实欲合全国人民，无分汉、满、蒙、回、藏，相与共事人类之自由。究之政体虽更，国犹是国”。抛弃了“一个民族一个国家”的观念，将边疆与民族纳入其思考中国问题的范畴，或者说顾及中国多民族国家构成的现实。因此，孙中山不仅提醒蒙古亲王们俄国对外蒙古之所图，而且力邀其“速举代表来宁，参议政要”[①]。这年2月23日，孙中山布告国民，号召南北统一，“合汉、满、蒙、回、藏为一家，相与合衷共济，丕振实业，促进教育，推广全球之商务、维持世界之和平”，为实现这一目标，孙中山号召各方“务当消融意见，蠲除畛域，以营私为无利，以公益为当谋，增祖国之荣光，造国民之幸福”。[②] 由此，我们完全可以说，以孙中山为首的革命派对国内民族关系的认识已经进入了一个新阶段，虽然仍然持有汉族中心思想，但是基本完成了从激烈“排满”、排斥外族向民族同化思想的转变，在国家政治架构中也逐渐摆脱建立单一汉民族国家的观念。

同年，同盟会本部转至南京，并于3月3日在南京召开全体会员大会，同盟会制定了新章程，其革命宗旨转变为“巩固中华民族，实行民生主义”，有九条政纲，即“一、完成行政统一，促进地方自治。二、实行种族同化。三、采用国家社会政策。四、普及义务教育……八、谋国际平等。九、注重移民垦殖事业”。[③] 同盟会新的宗旨突出了“巩固中华民族”的主题，并专门规定了巩固中华民族的措施，即“实行种族同化”。至此，“中华民族”实际上已不再单指汉族。[④]

---

① 《中华民国史档案资料汇编》第2辑，江苏人民出版社，1981，第16页。

② 参见陈兴唐《中国国民党大事典》，中国华侨出版社，1993，第61页。

③ 《中国同盟会总章》，《孙中山全集》第2卷，中华书局，1982，第160～161页。

④ 虽然梁启超早就较为明确提出了中国各民族一体的观念，并率先使用“中华民族”一词（参见黄兴涛《现代“中华民族”观念的历史考察——兼论辛亥革命与中华民族认同之关系》，《浙江社会科学》2002年第1期），但在进行资产阶级革命宣传的初期，资产阶级革命组织并不认同“中华民族”包括国内其他少数民族的观念。

至此中国资产阶级民族思想基本从以汉族中心主义的种族革命转向以汉族中心的民族同化。同盟会政纲中还未提及民族平等思想。民族平等是在同年 3 月 10 日参议会通过《中华民国临时约法》（以下简称《临时约法》）中首次提及的，《临时约法》宣布“中华民国领土，为二十二行省，内外蒙古，西藏，青海”，“中华民国人民，一律平等，无种族、阶级、宗教之区别”。[①] 在这里，尽管“民族平等”作为处理中国民族问题的重要原则还不十分明确，而且仍然是一个资产阶级理想化的概念，但从《临时约法》内容来看，确有寻求民族平等之意，这不能不说是中国民族关系史上的重要里程碑。至此，孙中山乐观地认为“民族、民权两主义均达到”，今后所致力的目标为“民生主义”。[②]

临时大总统很快让位于袁世凯，资产阶级革命成果为封建军阀所盗取，然而《临时约法》以共和、平等为号召深得民心，因此使得掌握执政权力的袁世凯集团设立的蒙藏事务管理机构性质与清朝有了一定的区别，至少促使其宣称：“现在五族共和，凡蒙、藏、回疆各地方，同为我中华民国领土，则蒙、藏、回疆，即同为我中华民国国民，自不能如帝政时代，再有藩属名称，此后，蒙、藏、回疆等处，自应通筹规画，以谋内政之统一，而冀民族之大同。民国政府于理藩不设专部，原视蒙、藏、回疆与内地各省平等，将来各该地方一切政治，俱属内务行政范围，现在统一政府业已成立，其理藩院事务，著即归并内务部接管。”[③] 并要求在内务部设蒙、藏、回疆事宜处，从而将边疆民族地区的管理纳入至少在名义上与王朝统治有所不同的政体之中，在一定范围内传播了共和、平等观念，也可以说封建帝国向多民族现代国家的转变由此已起步。

国民党诞生后，1912 年 8 月 13 日发布的《国民党宣言》除了确定“巩固共和，实行平民政治”的宗旨外，还对国内民族问题处理提出了明确主张，即“曰厉行种族同化，将以发达国内平等文明，收道一同风之效也”。[④] 虽然平等不是国民党处理边疆民族问题的核心主张，同化才是国民党所追求的明确目标，但是，比较而言，这一主张比同盟会新章程的主张更具号

---

① 《中华民国史档案资料汇编》第 2 辑，第 106 页。

② 参见陈兴唐《中国国民党大事典》，第 62 页。

③ 《中国大事记》，《东方杂志》第 8 卷第 12 号。

④ 邹鲁：《中国国民党史稿》，第 128 页。

召力，国民党主张在民族平等前提下，推进各民族间“道一同风”。虽然国民党组成不到一年便走向分裂，但是民族平等、民主共和思想却在社会一定范围内，特别是知识分子中产生了广泛影响，甚至在相当程度上成为后来民族地区上层向中央政府要求权益的重要旗帜。

革命组织的边疆民族观转变有着极为复杂的原因，首先是在革命过程中，随着“革命形势的发展，越来越多的立宪派官僚参加进来，加上革命党中原有的温和派力量，革命开始变得温和起来”①。除此之外，革命组织逐渐从秘密的革命组织成为执政组织之后，地位的变革实质上也促成了其政治目标的变迁和视域的扩展，特别是历史上各民族在政治、经济、文化间早已形成密切联系，不仅有相当数量的少数民族人口居于内地，而且相当数量的汉族人口也广泛地分布于民族地区，正是各民族实际存在的依存关系使得蒙古王公对“驱除鞑虏”提出质疑。“民族国家”这件紧身衣的确无法包容王朝国家多民族的现实，况且，任何政治力量一经进入现实政治层面，又不得不面对边疆和民族在国家构成中的地位问题，而全面承继王朝国家的遗产才是其最有利的选择。因此，革命组织从汉族主义到五族共和的转变实际上是其边疆民族观的重大转变，而促使这一重大转变发生的核心因素是革命组织政治角色的转换所导致的政治策略的变化。

三　大中华民族新主义和民族平等

在北洋军阀统治之下，中国资产阶级革命目标再度复杂化，其在边疆民族方面的思想和主张经历了一个复杂的变化过程，先是中华革命党取代国民党组织后“民族主义”不再被提起，继而受到苏俄革命和中国共产党组织的影响，主张“民族平等”“促进全国民族之进化”。但是，这些思想和主张，由于其并非一执政党，因此未能得以切实实践。尽管如此，中国国民党的边疆民族思想和主张在那个时代仍然具有进步性和符合中国国情的一面，并为国民政府边疆民族思想奠定了重要理论基础。北洋军阀统治时期国民党的边疆民族观变迁经历了两个阶段。

第一，中华革命党时期（1914～1918）。被北洋政府驱散的国民党在国

① 张永：《从“十八星旗”到“五色旗”——辛亥革命时期从汉族国家到五族共同建国模式的转变》，《北京大学学报》2002年第2期。

内已经四分五裂，而再次逃亡到日本的孙中山 1914 年 8 月在东京正式成立中华革命党，其思想理论仍以孙中山的“三民主义”为基础，但是主要目标已转移到“民权”“民生”，对“民族主义”未加强调。这是因为中华革命党对自身的定位不再是一个政党组织，而是为实现共和制而斗争的秘密组织[①]，这一时期，不仅国民党组织涣散，从其革命主张而言，其主要关注于反袁斗争和民生事业，基本未提及民族主义问题，更未涉及国内边疆与民族问题。

第二，中国国民党改组后且尚未执掌全国政权时期（1919 ~ 1926）。1919 年 10 月 10 日，中国国民党改组成功，“三民主义”才再次全面提出。孙中山申明：“夫汉族光复，满清倾覆，不过只达到民族主义之一消极目的而已。从此，当努力猛进，以达到民族主义之积极目的也。积极目的为何？即汉族当牺牲其血统、历史与夫自尊自大之名称，而与满、蒙、回、藏之人民相见于诚，合为一炉而冶之，以成一中华民族之新主义。”[②] 于是，面对帝国主义的压迫，中华民族主义取代了汉民族主义。1920 年 11 月 4 日，孙中山在中国国民党本部发表演说，指出，“有人说：清室推翻以后，民族主义可以不要。这话实在错了”，“现在清室虽不能压制我们，但各国还是要压制的，所以我们还要积极的抵制”。并且明确了“三民主义缺一不可。这是确定不能改易的”[③]。中国国民党重拾“三民主义”这一宗旨，并关注国内民族之间关系，都表明国民党组织对中国民族问题认识进一步深入，而且反对帝国主义成为民族主义的基本问题。这一年，孙中山“声明放弃‘五族共和’观念。因为第一：中国境内居民不只有汉满蒙回藏五族，所以‘五族’名词不恰当。第二，五族的区别不应存在，而应使汉满蒙回藏同化而构成一个大民族”[④]。

随着国内政治环境的变化和第三国际对孙中山的关注和影响不断加强，促成国民党人对中国民族问题认识的重大转变。1923 年 1 月发表的《中国国民党宣言》称：“盖以言民族，有史以来，其始以一民族成一国家，其继

① 参见邹鲁《中国国民党史稿》，第 264 页。

② 孙中山：《论三民主义》，孟庆鹏编《孙中山文集》，第 37 页。

③ 《在上海中国国民党本部会议的演说》，《孙中山全集》第 5 卷，中华书局，1985，第 394 页。

④ 吴相湘：《孙逸仙先生传》，台北，远东图书公司，1982，第 1653 页。

乃与他民族糅合博聚以成一大民族，民族之种类愈多，国家之版图亦随以愈广。”《中国国民党宣言》指出要改变历史上“民族无平等之结合，民权无确立之制度，民生无均衡之组织”的状况，并宣布依“三民五权之原则，对国家建设计划”，同时对中国民族主义进行了深入论证，指出“前清专制，持其‘宁赠朋友，不与家奴’之政策，屡牺牲我民族利权，与各国订立不平等之条约，至今清廷虽覆，而我竟陷于列强殖民地位矣，故吾党所持之民族主义，消极的为除去民族间之不平等，积极的为团结国内各民族，完成一大中华民族，欧战以还，民族自决之义日愈昌明，吾人当仍本此精神，内以促进全国民族之进化，外以谋世界民族之平等”。为达到这一目标，提出两项措施：“厉行教育普及，增进全国民族之文化；力图改修条约，恢复我国国际上自由平等之地位。”[①] 至此，不仅中国国民党组织开始走向完善，其关于边疆民族思想也达到了历史上最高水平，在其政党思想中民族平等原则得以明确确立。正是基于这样的认识和思想，在中国国民党第一次代表大会上，中国国民党的边疆民族政策取得了重要成果。

1924 年 1 月 20～30 日，中国国民党在广州召开第一次代表大会，孙中山主持了这次会议，发表了大会宣言。宣言在回顾辛亥革命时指出：“故知革命之目的，非仅在于颠覆满洲而已。乃在于满洲颠覆以后，得从事于改造中国。依当时之趋向，民族方面，由一民族之专横宰制，过渡于诸民族之平等结合；政治方面，由专制制度，过渡于民权制度；经济方面，由手工业的生产，过渡于资本制度的生产。循是以进，必能使半殖民地的中国，变而为独立的中国。”[②] 宣言进一步解释了国民党要继续高扬民族主义旗帜，同帝国主义斗争，“国民党之民族主义，有两方面之意义：一则中国民族自求解放；二则中国境内各族一律平等”。同时，还较为详细地说明了对待国内诸民族的具体主张：“今后国民党为求民族主义之贯彻，当得国内诸民族之谅解，时时晓示其在中国国民革命运动中之共同利益。今国民党在宣传主义之时，正欲积集其势力，自当随国内革命势力之伸张，而渐与诸民族为有组织的联络，及关注种种具体解决民族问题之方法矣。国民党敢郑重宣言，承认中国以内各民族之自决权，于反对帝国主义及军阀之革命获得

① 参见邹鲁《中国国民党史稿》，第 306～308 页。

② 邹鲁：《中国国民党史稿》，第 332 页。

胜利以后，当组织自由统一（各民族自由联合的）中华民国。”[①] 此次会议，孙中山拟定《国民政府建国大纲》也指出：“对于国内之弱小民族，政府当扶植之，使之能自决自治，对于国外之侵略强权，政府当抵御之，并同时修改各国条约，以恢复我国际平等、国家独立。”值得一提的是，似乎是中国国民党民族平等主张的体现，在这次会议代表中也有几位国内少数民族代表，主要是蒙古族代表恩克巴图、克兴额、白云梯，西藏的乌勒吉，他们由于受资产阶级思想的影响，参与到资产阶级革命之中。另外，中国国民党会议组织章程关于其组织系统的规定中也提出：“热河、察哈尔、绥远三特别行政区域，及蒙古、西藏、青海等处之党部，组织与省同，各地之特别区党部之组织，亦与省党部同等。”[②] 虽然中国国民党尚未执掌全国政权，从这一规定可知，中国国民党已确立了边远民族地区党务组织系统的基本原则和地位。值得注意的是，这次会议上，外蒙古代表作为独立国家的代表出现，当时孙中山指出：“外蒙古到民国以来脱离中国，内政是很修明的，在陆军方面也练了很多的骑兵，所以他们现在便是一个独立的国家，这次巴先生到广东的来意，还是想蒙古再同中国联合，造成一个大中华民国。”[③] 就是说，孙中山从革命的角度出发已承认外蒙古独立的事实，但是，革命的最终目的是造成“一个大中华民国”，联合外蒙古也是其重要思想之一，不过当时蒙古已完全在共产国际的影响之下。尽管如此，早在 1921 年蒙古人民革命党第一次党代表大会上通过的党纲中仍写明参与中华联邦以共同防卫外国侵略的意愿[④]，但中华联邦之路终究不过是第三国际对中国发展之路的制度设计，由于中国军阀政治的发展、帝国主义侵略危机的加深和苏联出于自身安全的战略安排等因素，促成了外蒙古演变为独立国家。

1926 年 1 月 1 ~ 20 日，中国国民党第二次全国代表大会在广州召开，此时孙中山已逝世，6 日通过的《关于党报决议案》中提出：“民族主义的意义，第一次代表大会指出，是在使中国脱离次殖民地的境域，进而和世界上其他民族同立于平等的地位。总理谓次殖民地就是受多数帝国主义统治的民族，所以次殖民地的情况较统治于一个帝国主义之下的殖民地更为

① 邹鲁：《中国国民党史稿》，第 336 页。

② 邹鲁：《中国国民党史稿》，第 380 页。

③ 《孙中山文粹》下，广东人民出版社，1996，第 688 页。

④ 参见〔日〕二木博史《蒙古的历史与文化》，呼斯勒译，内蒙古人民出版社，2003，第 230 页。

厉害。总理又说，民族主义是在使中国统一，并且受统治于五权宪法的中央政府。”大会要求党报时时指示民众民族主义之中两种要点：第一，脱离帝国主义压迫而独立；第二，依据五权宪法实现国内统一政府，而这两个要点的优先顺序是先打倒帝国主义，而后实现国内统一政府。[①] 关于国内少数民族法律地位和权利问题实际上被排除在党的重要任务之外。大会决议继续执行孙中山的“联俄、联共、扶助农工”政策，但事实上，孙中山去世后这一政策目标已失去存续的基础。虽然，1926 年 10 月 21、22 日，中央各省区联席会议通过的《关于一般政治三十二条》第 4 条提出：“国内各小民族应有自决权利”[②]，这似乎可以看作国民党对国内民族问题认识和主张的一个继续，此后并无具体政策出台。

1927 年 3 月 13 日，国民党第二届中央执行委员会第三次全体会议通过的《统一革命势力决议案》特别提出的国民党与中国共产党合作中需要讨论的三个问题就有“国内少数民族问题”，当然，随着国共合作关系的破裂这个决议案也难以得到执行。这次会议还通过了《内蒙古国民党问题决议案》，这个决议案主要是根据内蒙古有关报告做出如下决定：（1）国民党在内蒙古设立内蒙古党部，与察、热、绥三特别区党部，分别组织。关于内蒙古民族党务，由内蒙古党部办理，中央党部应即予以承认。（2）内蒙古党务及政治训练，即由中央派员指导。（3）中央宣言对于内蒙古民族解放运动予以援助。（4）中央因内蒙古党部有组织骑兵宣传队之必要，以 10 万元之援助，于 6 个月内分期拨付。[③] 这几项决议都是在国共合作背景下做出的，基本思想未脱出此前的政纲范畴。

综观国民党的前身组织和其未执掌全国政权时期的边疆民族观，我们可以看到一个复杂的变化轨迹，其边疆民族观经历了不断调整的过程，即从最初的汉族主义，完全排拒满族及其他少数民族转向主张五族共和、汉族同化少数民族，并进一步转向主张民族同化和平等，大中华民族主义和建立统一的大中华国家。在相当程度上，这一过程完全可以被视为西方资产阶级民族国家思想与中国资产阶级边疆民族观结合的动态过程，是对一

---

① 参见荣孟源《中国国民党历次代表大会及中央全会资料》上，光明日报出版社，1985，第 144 页。

② 参见荣孟源《中国国民党历次代表大会及中央全会资料》上，第 283 页。

③ 参见荣孟源《中国国民党历次代表大会及中央全会资料》上，第 331 页。

个民族一个国家思想的验证过程。这个验证过程充分证明，“一个民族、一个国家”的理论在中国这样有着悠久、统一、多民族国家历史的国度难切实际，单一民族建国难以实现，这一转变过程也从一个重要历史侧面证明，在中国这样具有统一多民族国家传统的东方社会中，从王朝国家向主权国家的转型不可能遵循着欧洲民族与国家精准对位的民族国家之路而发展，民族与国家精准对位的理论并非放之四海而皆准。与此同时，在封建统治并未清除或充满阶级压迫的社会不可能真正实现“民族平等”，虽然“民族平等”的目标业已提出，但缺少相应的制度保障。尽管如此，当时在中国提出“民族平等”思想的重要意义不在于其实践性，而在促进各民族觉醒。到中国国民党第一次代表大会之时，民族平等思想在中国国民党的政纲中得以明确体现，使得中国资产阶级边疆民族观发生了飞跃性变化，从理论上来说，不啻是对中国传统“夷夏”观的挑战，标志着中国传统边疆民族观随着国家转型发生了重要转变。民族平等思想和主张已写入资产阶级政党的纲领之中，这在中国历史上还是第一次，从历史的角度来说，这是中国国民党对解决中国边疆民族问题的重要思想贡献之一。

（《民族研究》2006 年第 4 期）

关于“中华民族是一个”学术论辩的考察

周文玖　张锦鹏

民族问题是一个十分复杂的问题，它既有很强的学术性，又与社会现实、国家的民族政策等密切相关。近代以来，随着外国帝国主义对中国的不断侵略以及中国社会危机的不断加剧，民族问题日益彰显。清朝末年，资产阶级革命派为了推翻满族贵族的统治，提出“驱逐鞑虏，恢复中华”等口号，把满族视为异族。而资产阶级改良派主张实行君主立宪制，强调“同种合体”。[①] 现在看来，改良派所持的民族观点与革命派当时的“排满”言论相比，更富有理性。辛亥革命后，资产阶级革命派很快改变了以前的排满做法，而倡言满汉一家，五族共和。“中华民族”这一名词在当时学者的文章中，政治家的演讲中，乃至政府的文告中，越来越多地被使用，其含义也不断充实，由原来主要指汉族，扩展为包含中国境内各个民族的民族共同体。这一变化，在“五四”运动前后尤其明显。[②]

1931 年“九一八”事变至 1937 年卢沟桥事变，日本帝国主义由局部侵略扩大为全面侵略，中国面临亡国灭种的危险。“中华民族”的自觉意识在抗日战争中进一步加强，“中华民族”之称谓得到全国各民族的认同，对民族问题的探讨由此更加受到重视。抗战前期，“中华民族是一个”民族观点

---

① 参见梁启超《论变法必自平满汉之界始》，《梁启超全集》第 1 册，北京出版社，1999，第 52～54 页。

② 参见陈连开《中国·华夷·藩汉·中华·中华民族——一个内在联系发展被认识的过程》，陈连开：《中华民族研究初探》，知识出版社，1994；黄兴涛：《民族自觉与符号认同》，《中国社会科学评论》（香港）2002 年创刊号。

的提出，引发了中华民族问题的学术论辩。这次论辩促进了民族理论的深入研究，是20世纪中国史学史中光彩夺目的一页。考察和评述这次论辩经过，无论对丰富史学史的内容，还是对深化中国民族理论发展的认识，都是很有意义的。

一 “中华民族是一个”——顾颉刚、傅斯年如是说

明确撰文提出“中华民族是一个”观点的是顾颉刚，与他观点相同的还有傅斯年等人。1938年12月，顾颉刚在昆明创办《益世报·边疆周刊》，目的是“要使一般人对于自己的边疆得到些认识，要使学者们时时刻刻不忘我们的民族史和疆域史，要使企业家肯向边疆的生产事业投资，要使有志的青年敢到边疆去作冒险的考查，要把边疆的情势尽量贡献给政府而请政府确立边疆政策，更要促进边疆人民和内地同胞合作开发的运动，并共同抵御野心国家的侵略”[①]。不久，他在《益世报·星期评论》发表《“中国本部”一名亟应废弃》，指出：“中国的历代政府从不曾规定某一部分地方叫做‘本部’，在四十年前我们自己的地理书里更不曾见过这个‘本部’的称谓。”“这个名词就是从日本的地理教科书里抄来的”，是日人伪造、曲解历史来作窃取我国领土的凭证，因此必须废弃之。[②] 傅斯年在看到顾颉刚的文章后，给顾颉刚写了一封信，在信中他提出“‘中华民族是一个’，这是信念，也是事实”。顾颉刚“读到这位老友恳切的来信，顿然起了极大的共鸣和同情”，第二天（1939年2月9日）一早，他不顾自己身体的虚弱，扶杖到书桌前写了《中华民族是一个》[③]，并于1939年2月13日发表在《益世报·边疆周刊》上。文章开宗明义地讲道：“凡是中国人都是中华民族——在中华民族之内我们绝不该再析出什么民族——从今以后大家应当留神使用这‘民族’二字。”接着提到了傅斯年写给他的信，且叙述了这封信的主要内容。从傅乐成在《傅孟真先生的民族思想》所引用的傅氏致顾氏的信看，顾颉刚的这篇文章的确是对傅斯年的观点和意见的发挥。傅斯

① 《益世报·边疆周刊》发刊词，1938年12月19日。

② 参见《“中国本部”一名亟应废弃》，《益世报·星期评论》，1939年1月1日。

③ 参见《中华民族是一个》前言，《益世报·边疆周刊》第9期，1939年2月13日。

年说：“有两名词，在此地用之，宜必谨慎。其一为‘边疆’。……其次即所谓‘民族’。”“更当尽力发挥‘中华民族是一个’之大义，证明夷汉之为一家，并可以历史为证。即如我辈，在北人谁敢保证其无胡人血统，在南人谁敢保证其无百粤苗黎血统，今日之云南，实即千百年前之江南巴蜀耳。此非曲学也。”① 傅斯年在信中说的慎用“民族”，“发挥‘中华民族是一个’之大义”，顾颉刚在文章的开头和结尾都强调了：开头直言要留神使用“民族”二字，在中华民族之内不再析出什么民族；结尾又说：“我们从今以后要绝对郑重使用‘民族’二字，我们对内没有什么民族之分，对外只有一个中华民族。”②

顾颉刚对“中华民族是一个”的论证，一是基于对历史的研究，二是缘于他从社会调查中得到的感性认识。他说自古以来的中国人只有文化的观念而没有种族的观念。到秦始皇统一时，“中华民族是一个”的意识就生根发芽了；晋朝五胡乱华，虽说大混乱了多少年，但中华民族却因此而扩大了一次；宋朝时辽、金、元和西夏迭来侵夺，然而到了后来仍然忘了种族的仇恨，彼此是一家人了。中华民族既不组织在血缘上，也不建立在同文化上。现有的汉人的文化是和非汉人的共同使用的，这不能称为汉人的文化，而只能称为“中华民族的文化”。不仅汉人文化不能称为汉人文化，就是这“汉人”二字也说不通。因为汉人在血缘上既非同源，文化也不是一元。中国人只是在一个政府之下共同生活的人，在中华民族之外绝不该再有别的称谓。以前没有中华民族这个称谓时，没有办法，只得姑且认为汉人，现在有了这个最适当的中华民族之名了，就当舍弃以前不合理的“汉人”的称呼，而和那些因交通不便而致生活方式略略不同的边地人民共同集合在中华民族一名之下。他还分析了“五大民族”的由来，认为“五大民族”之说，是中国人自己作茧自缚，成为帝国主义假借“民族自觉”分化中国的口实。他对“民族”和“种族”作了区分，并根据自己的见闻，认为在民间，一般老百姓并不懂得“民族”的含义，不使用“民族”的说法，只是用“教之不同”来相互区分。这个“教”，实际是“文化”的别名。他说，在中国境内，如果要用文化来区分的话，有三个文化集团：汉文化集团、回文化集团、藏文化集团，但它们

① 傅斯年致顾颉刚的信，转引自傅乐成《傅孟真先生的民族思想》，《傅斯年印象》，学林出版社，1997，第201页。

② 顾颉刚：《中华民族是一个》，《益世报·边疆周刊》第9期，1939年2月13日。

并没有清楚的界限而是互相牵连的。他根据所见所闻，列举出边地人不同意以某一民族称呼自己的事例；并说要谨防外国人利用种族问题到边疆从事分裂中国的行径。希望青年到边疆和边民通婚，使得种族的界限一代比一代的淡下去，而中华民族的意识一代比一代高起来，这样，“中华民国就是一个永远打不破的金瓯了”。这篇文章写得很有激情，历史与现实紧密联系，文献史料和实地调查相互结合，表达了作者积蕴多年的观点。

二　围绕“中华民族是一个”的学术论辩

顾颉刚的这篇文章发表后，引起了很大的反响，重庆《中央日报》、南平《东南日报》、西安《西京平报》以及安徽屯溪、湖南衡阳、贵州、广东等地报纸纷纷转载了它。[①] 顾氏所主持的《边疆周刊》栏目也收到不少讨论文章。据查发表在《益世报》之《边疆周刊》或《星期评论》的信件和文章有如下一些：张维华的《读了顾颉刚先生的“中华民族是一个”之后》（1939 年 2 月 27 日）、白寿彝的来函（后附顾颉刚的按语，1939 年 4 月 3 日）、费孝通的《关于民族问题的讨论》（1939 年 5 月 1 日）、马毅的《坚强“中华民族是一个”的信念》（1939 年 5 月 7 日）、鲁格夫尔的来函（后附顾颉刚的按语，1937 年 5 月 15 日）。上述文章对顾颉刚的观点大多表示了赞同，特别是从当时的形势着眼，认为顾氏提出这一观点对团结抗战具有重要的现实意义。唯费孝通的文章对顾颉刚的观点表示了不同意见，为此顾颉刚在发表了费孝通的文章后，又连作两篇同名文章：《续论“中华民族是一个”——答费孝通先生》，分别发表在《益世报》1939 年 5 月 8 日《边疆周刊》第 20 期和 1939 年 5 月 29 日《边疆周刊》第 23 期上。此二文从其内在的逻辑联系上看，可分别称作二论、三论“中华民族是一个”。在其他学术刊物上也有与顾颉刚商榷的文章，翦伯赞的《论中华民族与民族主义——读顾颉刚〈续论“中华民族是一个”〉以后》[②] 就是有代表性的一篇。此后何轩举的《中华民族发展的规律性》，黄举安的《中华民族是整个的》以及席世锽的《中华民族起源问题质疑》等文章，都是在这一背景下发表的。

---

① 参见《中国现代学术经典 · 顾颉刚卷》，河北教育出版社，1996，第 773 页，该文下所作的注释。

② 载《中苏文化》第 6 卷第 1 期，1940 年 1 月。

张维华、白寿彝是顾颉刚的学生，他们都同意顾颉刚的观点。张维华说：“顾先生这篇文章，是从历史的事实上说明我们是一家，坚强的建立起‘中华民族是一个’的理论来，便于无形中加强我们团结的思想，这正是解救时弊的一副良剂，我们对于这个问题是当该十分留意的。”他认为，坚强的民族意识对反抗外来侵略压迫是很重要的，因此，“中华民族是一个”的理论亟待发挥。他对“一个”也作了自己的理解，说：“所谓‘一个’的意义，据我个人看来，可从两方面说：一是从政治的联系上和社会生活各方面的联系上说，非成为一个不可。……第二方面是从血统上或是文化上，说明国内各部族是混一的，不是单独分立的，因为是混一的，所以成为一个。”但他也指出了从第二个方面进行解释的困难，说“中国的历史很长，疆域很广，内中所包括的份子也很复杂，其混一之迹，真是不容易寻究清楚”。然而他对这个理论还是充满信心的，“希望一般学人对于这个问题多多考虑，很快把这个理论建立起来”①。

白寿彝对顾颉刚提出“中华民族是一个”表示敬佩，认为：“‘中华民族是一个’，从中国整个的历史上去看，的确是如此，而在此非常时代，从各方面抗战工作上，更切实地有了事实上的表现，但在全民心理上却还不能说已经成了一个普遍的信念，而还没有走出口号的阶段。”作为一名回族学者，白寿彝从自身的感受中，对在抗战期间用历史上的民族矛盾激励民众爱国情绪的做法很不赞同，认为这是一种不健全的心理。他强调中华民族的团结一致，主张将“中华民族是一个”的思想贯穿到历史研究和历史编纂中，“中国史学家的责任，应该是以‘中华民族是一个’为我们的新的本国史底一个重要观点，应该是从真的史料上写成一部伟大的书来证实这个观念”。“‘中华民族是一个’，应该是全中国底新史学运动底第一个标语”。顾颉刚在白寿彝这封信的按语中，赞同白寿彝的意见，但表示要在短时间内写出“这样的一部书来实在够困难”。“要使‘中华民族是一个’的观念达到每个中国人的心曲，非使青年们多学会现在本国内流行的几种语言文字，能直接和边地同胞通情愫，并有能力搜集其历史材料不可”②。

---

① 张维华：《读了顾颉刚先生的“中华民族是一个”之后》，《益世报·边疆周刊》第 11 期，1939 年 2 月 27 日。

② 《来函》，《益世报·边疆周刊》第 16 期，1939 年 4 月 3 日。顾颉刚的观点大概对白寿彝产生了很大影响，白氏晚年的民族思想和历史编纂学思想与他这一时期关注民族问题是有联系的。

马毅在《坚强“中华民族是一个”的信念》一文中，对抗战以来帝国主义利用民族问题冀图分化中华民族的阴谋进行了揭露，说历史的任务本是民族教育的工具，忘记研究学问的目的，这种态度是要不得的。他认为中国各民族并无仇恨，只有加紧团结方可共御外侮。中华民族是各民族糅合博聚合一炉而冶之以成的一大民族。他引用人类学研究成果，驳斥中华民族外来说；以章太炎的文字学研究、吕思勉的民族史研究成果，说明古之三苗不是现在的苗族，证明苗汉没有矛盾。“夷”“夏”均可训为大的意思，四夷加虽犬字旁，源于原始氏族图腾崇拜，亦无鄙贱之意。这篇文章还引用了孙中山遗言和临时全国人民代表大会宣言，既有“国内的各少数民族”之提法，又有“整个的中华民族”等用语，与顾颉刚的提法略有一点不协调，但最后仍指出坚强“中华民族是一个”信念的重要性。①

苗族人鲁格夫尔不赞同苗汉同源论，说：“据我观察所得，今日要团结苗夷共赴国难，并不须学究们来大唱同源论，我们不必忌讳，苗夷历史虽无专书记载，但苗夷自己决不承认是与汉族同源的。同源不同源，苗夷族不管，只希望政府当局能给以实际的平等权利。”“对变相的大汉族主义之宣传须绝对禁止，以免引起民族间之摩擦，予敌人以分化之口实。”顾颉刚为这封信作按语说：“我们的团结的基础建筑在‘团结则生，不团结则死’的必然趋势上，原不建筑于一个种族上，更不建筑于一个祖先上。”有些宣传用语虽有语病，“但也可以原谅，因为在这极度兴奋的时势之下，很容易急不择言，没加上详密的思考”。提议“汉奸”一名应改称为“内奸”等。鲁格夫尔显然对“中华民族是一个”的观点有所保留，但他对中华民族团结一致，共同抗击敌人是坚决支持的。②

费孝通的来信对“中华民族是一个”提出了质疑。针对顾颉刚文章中立论的根据，费孝通提出了几个问题：第一，名词的意义和作用；第二，民族是指什么；第三，我们不必否认中国境内有不同的文化、语言、体质的团体；第四，国家不是文化、语言、体质团体；第五，民族问题的政治意味；第六，什么时候名词能分化一个团体。他根据顾颉刚对民族的几种阐释，对顾颉刚的民族定义作了归纳，认为顾氏所谓民族是指在同一政府之下，在同一国家疆域之内，有共同利害，有团结情绪的一辈人民。在

① 参见马毅《坚强“中华民族是一个”的信念》，《益世报·星期评论》，1939年5月7日。

② 参见《来函》，《益世报·边疆周刊》第21期，1937年5月15日。

“民族”之内部可以有语言、文化、宗教、血统不同“种族”的存在。因为顾颉刚附有英文 Nation 和 Clan，于是费氏就对 State、Nation、Race、Clan 作了解释和辨析。说 Nation 通常的意义却并不是同属一政府有团体意识的一辈人民，而是指语言、文化、体质（血统）上相同的一辈人民，通常译作民族。种族通常不是 Clan 的译文，而是 Race 的译文，指一辈在体质上相似的人。Clan 是社会人类学中的专门名词，指单系亲属团体，通常译作氏族。费氏认为，依这些译法，顾颉刚所谓民族与通常所谓国家相当，顾氏所谓种族和通常所谓民族相当。既然用法出现了歧异，费孝通干脆在讨论中直接使用涵义明确的“政治团体”、“言语团体”、“文化团体”甚至“体质团体”。他说：“文化、语言、体质可以是人口分类的标准，也可以是社会分化的标帜。分类标准是一个局外人根据文化、语言、体质上的异同，把一地人口分成类型。分化标帜是局内人自觉在文化、语言、体质上的分歧，各自组成对立的团体。”[①] 也就是说，分类标准以客观存在为根据，分化标志则是主观认同的反映。客观上的混合并不等于主观上的统一。费孝通根据自己的民族学、社会学调查，认为中国人民不但在文化、语言、体质有分歧，而且这些分歧时常成为社会分化的根据。在社会接触的过程中，文化、语言、体质不会没有混合的，可是这些混合并不一定会在政治上发生统一。因此，要证明中国人民因曾有混合，在文化、语言、体质上的分歧不发生社会的分化是不容易的。即使证明了，也不能就说政治上一定能团结。所以，费氏认为，不能把国家与文化、语言、体质团体画等号，即国家和民族不是一回事，不必否认中国境内有不同的文化、语言、体质的团体（即不同民族的存在）。谋求政治的统一，不一定要消除“各种种族”（即费氏所谓的民族）以及各经济集团间的界限，而是在于消除因这些界限所引起的政治上的不平等。对于顾颉刚说的要通过宣传“中华民族是一个”，防止敌人的分化，费孝通认为重要的还是要健全自己的组织，“组成国家的分子都能享受平等，大家都能因为有一个统一的政治团体得到切身的利益，这个国家一定会受各分子的爱护”。为了避免在名词上纠缠不清，费孝通没有使用“民族”一词，但他所说的“各文化语言体质团体、分子”等，其实就是指的民族。也就是说，他认为中国是一个包含多个民族的

① 费孝通：《关于民族问题的讨论》，《益世报·边疆周刊》第 19 期，1939 年 5 月 1 日。

国家。

针对费孝通的质疑，顾颉刚又作了两篇《续论“中华民族是一个”》。在第一篇中，他详细地说明了自己研究这个问题的五个因由。其中核心的意思是，“九一八”事变以后，日本帝国主义加紧对中国进行侵略，用民族问题分化中国，“民族”二字需要慎重使用。他说：“我虽是没有研究过社会人类学，不能根据了专门的学理来建立我的理论，可是我所处的时代是中国有史以来最艰危的时代，我所得的经验是亲身接触的边民受苦受欺的经验，我有爱国心，我有同情心，我便不忍不这样说。”费孝通认为顾氏写《中华民族是一个》“立论的目的似在为‘我们不要根据文化、语言、体质上的分歧而影响到我们政治的统一’一句话找一个理论的根据”。顾氏对此既同意又不完全同意。他说费氏的这个话“真是道出了我的心事，搔着了我的痒处。不过我的意思不只限于‘政治的统一’，还要进一步而希望达到‘心理的统一’耳”。他对费孝通所提的“名词的意义和作用”又作了申辩，说“中国本部”“五大民族”都没有客观实体。从血统上，满汉早已混同，“汉和满是否该分为两族也是大有疑问的”。他既不同意“五大民族”之说法，也不同意使用“苗民族”“瑶民族”“罗罗民族”等说法，认为这样的名词对帝国主义分化中国都会起到帮助的作用。[1]

在第二篇续论中，顾颉刚详细论述了 Nation 的用法，认为 Nation 不是人类学上的一个名词而是国际法上的一个术语，与 State 并没有截然的分野。他说，“语言、文化及体质”都不是构成民族的条件，构成民族的主要条件只是一个“团结的情绪”。民族的构成是精神的，非物质的；是主观的，非客观的。他引用 Arthur N. Holcombe 为民族下的定义道，“民族是具有共同民族意识的情绪的人群”。“民族意识是一个团结的情绪——一个国人彼此间袍泽的情感，相互的同情心。”一个民族里可以包含许多异语言、异文化、异体质的分子（如美国），而同语言、同文化、同体质的人们亦可因政治及地域的关系而分作两个民族（如英、美）。中国自从秦始皇统一之后，朝代虽有变更，种族虽有进退，但“一个民族”总是一个民族，任凭外面的压力有多大总不能把它破裂，新加入的分子无论有再多也总能容受，好像雪球这样，越滚越大，遂得成为世界上独一无二的大民族。为了更明确

① 参见顾颉刚《续论“中华民族是一个”——答费孝通先生》，《益世报·边疆周刊》第20期，1939年5月8日。

地表达自己的意思，顾颉刚用了一个设问：“或者有人要提出异议，说道‘中华民族即是汉族的别名，汉人为一个民族是没有问题的，汉人以一个民族建国也是没有问题的。现在的问题乃是满蒙回藏苗是否都是民族？如是民族，则中华民国之内明有不少的民族，你就不应当说中华民族是一个’。……我现在要问：汉人的成为一族，在血统上有根据吗？如果有根据，可以证明它是一个纯粹的血统，那么它也只是一个种族而不是民族。如果研究的结果，它不是一个纯粹的血统，而是已含有满蒙回藏苗……的血液的，那么它就是一个民族而不是种族。它是什么民族？是中华民族，是中华民族之先进者，而现存的满蒙回藏苗……便是中华民族之后进者。他们既是中华民族之后进者，那么在他们和外边隔绝的时候，只能称之为种族而不能称之为民族。因为他们尚没有达到一个 nationhood，就不能成为一个 nation。他们如要取得 nation 的资格，惟有参加中华民族之内。既参加在中华民族之内，则中华民族还只有一个。”他还说，国内有些矛盾，如回汉问题，并不是真正的种族矛盾，而是交通问题。交通困难，人们见识少，视野狭隘，所以就斤斤计较，冤冤相报。他赞同孙中山的说法：“本党还要在民族主义上做工夫，必要满蒙回藏都同化于我们汉族，成一个大民族主义国家。”他认为，这样说并不是大汉族主义，因为“所谓同化，并不是要消灭他们原有的文化，而只是为了他们切身利害，希望他们增加知识和技能，享受现代的生活，成为一个中华民国的好公民，一个中华民国的健全分子”①。虽然如此，但顾氏关于民族的看法与孙中山还是有所不同。顾氏认为汉族是不能成立的。因为汉人血统不同源，文化也不是一元，所以“这‘汉人’二字也可以断然说它不通”，应该用“中华民族”取而代之。②他甚至不同意用“汉奸”，应该用“内奸”。要之，他认为在中国境内没有能够称为“民族”的独立民族，有，则只有一个包含所有中国人的“中华民族”。顾颉刚否定国内不同民族的存在，这是不符合实际的，这里面有他运用民族理论的局限性，与当时国民党所奉行的民族压迫政策还不是一回事，对此要有公允的认识。再者，他对中华民族内各个组成部分的密切联系的论述，对中华民族整体性的说明，还是有其学术价值的，为以后建立

---

① 顾颉刚：《续论“中华民族是一个”——答费孝通先生（续）》，《益世报·边疆周刊》第23期，1939年5月29日。

② 参见顾颉刚《中华民族是一个》，《益世报·边疆周刊》第9期，1939年2月13日。

更加科学的民族理论提供了有益的思想资料。

这里有必要提一下傅斯年在这个争辩中的态度。傅氏虽然没有参加这场争辩，但他对这个争辩是十分关注的，他与顾颉刚的民族观点表现出惊人的一致。傅斯年在中国古代民族史的研究方面很有成就。他的《夷夏东西说》《周东封与殷遗民》《大东小东说》等均是颇具见识的研究先秦民族的名文。[①] 1931 年"九一八"事变后，他撰写了《东北史纲》（第一卷），论述古代的东北民族。他与胡适、蒋廷黻等人创办《独立评论》，并在该刊及其他报刊发表大量文章，激扬民族士气，力主对日抵抗，如《"九一八"一年了》（1932 年 9 月 18 日）、《中国人做人的机会到了》（1933 年 1 月 15 日）、《溥逆窃号与外部态度》（1934 年 3 月 11 日）、《政府与对日外交》（1934 年 6 月 10 日）、《北方人民与国难》（1935 年 12 月 15 日）、《中华民族是整个的》（1935 年 12 月 15 日）等，在当时产生了很大的影响。特别是在《中华民族是整个的》一文中，他说："我们中华民族，说一种话，写一种字，操统一的文化，行同一伦理，俨然是一个家族。也有凭附在这个民族上的少数民族，但我们中华民族自古有一种美德，便是无歧视小民族的偏见，而有四海一家的风度。即如汉武帝，正在打击匈奴用力气的时候，使用匈奴俘虏做顾命大臣；在昭帝时，金日磾竟和霍光同辅朝政。到了现在，我们对前朝之旗籍毫无歧视，满汉之旧恨，随清朝之亡而消灭，这是何等超越平凡的胸襟！所以世界上的民族，我们最大；世界上的历史，我们最长。这不是偶然，是当然。'中华民族是整个的'一句话，是历史的事实，更是现实的事实。""有时不幸，中华民族在政治上分裂了，或裂于外族，或裂于自身。在这时候，人民感觉无限痛苦，所渴望者，只是天下一统。未统一时，梦想一统；既一统时，庆幸一统；一统受迫害时，便表示无限的愤慨。文人如此，老百姓亦复如此。居心不如此者，便是社会上之捣乱分子，视之为败类，名之曰寇贼，有力则正之以典刑，无力则加之以消极的抵抗。"[②] 且不要以为这是傅氏的一篇政论文，其实它表达了傅氏的民族观点，即中华民族是整个的，整个的就是一个。顾颉刚所论述的"中华民族是一个"，即是傅斯年给他的信中最先提出的。傅乐成在傅斯年去世

① 参见何兹全为傅斯年《民族与中国古代史》（河北教育出版社，2002）所作《前言》中的评论。

② 《独立评论》第 181 号，1935 年 12 月 15 日。

后回忆说，1938～1939年，傅氏在昆明撰有《中华民族革命史稿》，史稿原分多少章，不得而知，写成的只有第一章“界说与断限”和第四章“金元之祸及中国人之抵抗”，共约两万字。其内容是说明中华民族的整体性及其抵御外侮百折不挠的民族精神，用以鼓舞民心士气，增强国人的团结和民族自信心。在第一章中，傅斯年认为中华民族虽在名词上有汉、满、蒙、回、藏等族，但事实上实为一族。他说：“汉族一名，在今日亦已失其逻辑性，不如用汉人一名词。若必言族，则皆是中华民族耳。夫族之所以为族者，以其血统不单元，历代之中，无时不吸取外来之血脉，故能智力齐全，保其滋大。”“今日之北人，谁敢保其无胡人血统？今日之南人，谁敢保其无蛮越血统？故满洲人在今日变为汉人之情况，即元氏在唐代变为汉人之情况也。今日西南若干部落中人变为汉人之现象，即我辈先世在千年前经过之现象也。”“则论原始论现事，与其曰汉族，毋宁曰汉人，名实好合也。若必问其族，则只有一体之中华民族耳。”① 可见，傅氏与顾氏在名词和资料的运用方面，均有不少相通之处。傅氏与顾氏曾是北京大学的同学，傅氏高顾氏一级。傅是国文系学生，顾是哲学系学生，两人曾同住一个宿舍②，均得到胡适的欣赏和信赖。但由于性情和发展学术的思路不同，自傅斯年创办中央研究院史语所后，两人在学术上的交往就减少了很多，在此民族危难之际，他们在民族问题上又走在了一起。顾颉刚在《中华民族是一个》中提到一封“老友”来信，这位老友就是指傅斯年。

傅氏不但向顾氏表明了自己的民族观点，而且在费孝通的文章发表之后，还从行政上干预此事。费孝通是吴文藻的学生，他认为，费孝通写这篇文章，受了吴文藻的指使。因吴文藻当时是受中英庚款董事会的委派到云南大学工作的，于是他致函此会的董事长朱家骅和总干事杭立武，希望将吴文藻他调。在该函中，他对说中华民族并非一个断然反对：“更说中华民族不是一个，这些都是‘民族’，有自决权，汉族不能漠视此等少数民族。更有高调，为学问而作学问，不管政治……弟以为最可痛恨者此也。”“吴某所办之民族学会，即是专门提倡这些把戏的。他自己虽尚未作文，而其高弟子费某则大放厥词。若说此辈有心作祸，固不然，然以其拾取‘帝国主义在殖民地发达之科学’之牙慧，以不了解政治及受西洋人恶习太深

① 转引自傅乐成《傅孟真先生的民族思想》，《傅斯年印象》，第204～205页。

② 参见顾潮编著《顾颉刚年谱》，中国社会科学出版社，1993，第43页。

之故，忘其所以，加之要在此地出头，其结果必有恶果无疑也。”[①] 这封信很长，其中既有一些卓见，也有不少意气用事和党同伐异的情绪。

在对待讨论上，顾颉刚与傅斯年还是有所不同的。傅斯年不主张讨论这个可能引起争议的问题。所以在顾颉刚开辟《边疆周刊》时，他就规劝顾氏“少谈‘边疆’、‘民族’等等在此有刺激性之名词”。顾颉刚在文章中也说要慎用或郑重使用“民族”二字，但又认为不能讳疾忌医，应该深入探讨。他说：“有一种人小心过甚，以为国内各种各族的事情最好不谈，谈的结果适足以召分裂之祸。记得数年前就有人对我说：‘边地人民不知道他们自己的历史时还好驾驭；一让他们知道，那就管不住了’。但我觉得，这是讳疾忌医的态度，我们不当采取。”[②] 因此《边疆周刊》不仅没有回避边疆、民族等问题，而且对于即使与自己观点不同的文章，也予以登载。显然，顾氏是把这个问题当成一个严肃的学术问题来看待的，且表现了宽阔的学术胸襟。

顾氏对民族问题的关注始于“九一八”事变。20 世纪 20 年代，他在从事古史辨时，还不断使用“夏民族”“商民族”“周民族”“楚民族”“越民族”等词，“九一八”事变后，他认为自己过去对“民族”的使用不严谨。鉴于中国民族危机的日益严重，他加强了对边疆、民族、中国古代地理沿革的研究，创办《禹贡》半月刊和创建禹贡学会。在《禹贡》半月刊发刊词中，顾颉刚指出“民族与地理是不可分割的两件事”[③]。他请白寿彝主编了“回教与回族”专号[④]；发表一些与民族有关的通讯；在《禹贡》第七卷第一、二、三合期，设置民族专栏，发表了齐思和的《民族与种族》[⑤]、袁复礼的《新疆之哈萨克民族》、谭其骧的《粤东初民考》等文章。但顾颉刚本人在称国内民族时均用“种族”，称整个中国民族为“中华民族”，如在《禹贡》第七卷第一、二、三合期纪念号上，他说：“我们要把我们的祖先冒着千辛万苦而结合成的中华民族的经过探索出来，使得国内各个种族领会得大家可合而不可离的历史背景和时代使命，彼此休戚相关，交互尊

① 转引自傅乐成《傅孟真先生的民族思想》，《傅斯年印象》，第 202～203 页。

② 《中华民族是一个》，《益世报·边疆周刊》第 9 期，1939 年 2 月 13 日。

③ 《禹贡》半月刊第 1 卷第 1 期，1934 年 2 月。

④ 《禹贡》半月刊第 5 卷第 11 期，1936 年 8 月。

⑤ 齐思和的文章对顾颉刚的民族观有影响，在《续论“中华民族是一个”——答费孝通先生（续）》中大段引用了齐文。

重，共同提携，团结为一个最坚强的民族。”[①] 1937 年，他发表《中华民族的团结》，区别种族与民族的不同，说虽然中国境内存在许多种族，“但我们确实认定，在中国的版图里只有一个中华民族”[②]。可见，“中华民族是一个”的思想自“九一八”事变以来，在顾颉刚那里就逐步产生了。加上他以后的西北民族调查，更加坚信这一思想。诚如他在回答费孝通的信中所说：“我有爱国心，我有同情心，我便不忍不这样说”[③]，“若如鲠在喉，不吐不快”[④]。

顾颉刚在《边疆周刊》接连发表两篇《续论中华民族是一个——答费孝通先生》，费孝通此后却没有再写论辩文章，这不是因为被顾氏的论证所折服，而是担心这样辩论下去收不到好的效果。费孝通小顾氏 17 岁，也是苏州人，读中学时就对顾氏搞古史辨钦敬不已。20 世纪 30 年代初顾氏为燕京大学教授，费氏是燕京大学的学生。费氏在燕大读的是社会学，主要受吴文藻等人的影响，未修过顾氏的课程。[⑤] 然他们并非没有联系。对费孝通的社会学成绩，顾颉刚是清楚的。在禹贡学会成立会上，费孝通应邀出席，并以“调查广西花篮猺之经过”为题作演讲。[⑥] 有人向《禹贡》编辑部询问《花篮猺社会组织》一书如何求购，顾颉刚在该刊“通讯”栏回复：“《花篮猺社会组织》一书系王同惠女士遗著，其夫费孝通先生整理者；书成之后，由广西省政府交商务印书馆印刷。迩来军事扰攘，发行之事或以是停滞，而费先生又去国，竟无从索取奉寄，特此志歉”[⑦]。费孝通从英国回国后，还曾与顾颉刚一起至云南的禄丰，参观学校、寺庙，调查赶街及夷人村落。[⑧] 这些都说明，他们在日常生活和学术方面有一定的交往。54 年

① 《纪念文》，《禹贡》半月刊第 7 卷第 1、2、3 合期，1937 年 4 月。

② 《申报·星期论坛》，1937 年 1 月 2 日。

③ 顾颉刚：《续论“中华民族是一个”——答费孝通先生》，《益世报·边疆周刊》第 20 期，1939 年 5 月 8 日。

④ 顾颉刚：《续论“中华民族是一个”——答费孝通先生（续）》，《益世报·边疆周刊》第 23 期，1939 年 5 月 29 日。

⑤ 参见费孝通《顾颉刚先生百年祭》，《费孝通文集》第 13 卷，群言出版社，1999，第 26 ~ 27 页。

⑥ 参见《本会三年来大事表》，《禹贡》半月刊第 7 卷第 1、2、3 合期。但从会员名单可知，费孝通并没有加入禹贡学会。

⑦ 《通讯》，《禹贡》半月刊第 6 卷第 5 期。

⑧ 参见顾潮编著《顾颉刚年谱》，第 290 页。1938 年 11 月 15 日条。

后，费孝通还对这次论争作了回忆[①]，对自己没有再写文章作了说明，他说："后来我明白了顾先生是急于爱国热情，针对当时日帝国主义在东北成立'满洲国'，又在内蒙古煽动分裂，所以义愤填膺，极力反对利用'民族'来分裂我国的侵略行为。他的政治立场我是完全拥护的。虽则我还是不同意他承认满、蒙是民族是作茧自缚或是授人以柄，成了引起帝国主义分裂我国的原因。而且认为只要不承认有这些'民族'就可以不致引狼入室。借口不是原因，卸下把柄不会使人不能动刀。但是这种牵涉到政治的辩论对当时的形势并不有利，所以我没有再写文章辩论下去。"[②]

翦伯赞没有看到顾颉刚的《中华民族是一个》，他看到的只是第二篇《续论中华民族是一个——答费孝通先生（续）》。翦伯赞说"这虽然只是顾先生大作的一部分，但因为是他的结论，所以能使我们充分地看出他们对于民族一般乃至中华民族的整个理解"。翦伯赞认为顾颉刚把中华民族当作一个问题而提出，是非常重要的。但又认为当时的争论大半陷于名词的讨论，没有把中华民族与现实的斗争关联起来，使得问题不能得到正确的解决。他说顾颉刚提出的"中华民族是一个"命题本身就不太正确，"因为这一命题，就包含着否定国内少数民族之存在的意义，然而这与客观的事实是相背离的"，虽然顾先生否认摆了大民族的架子。关于民族理论，翦伯赞认为顾颉刚也犯了一些"错误"：第一，把"民族"与"民族意识"混同起来，并且把"民族意识"当作"民族"。第二，把民族与国家混同起来，以为民族与国家是同时发生的。第三，把民族混合与民族消灭混为一谈。第四，在对种族与民族的解释方面存在问题，认为种族是"纯合血统"，民族是"混合血统"。翦氏说这是不对的，因为民族不是种族的变质，而是各种种族之结合，从种族到民族不是一种生物学上的原理，而是社会学的原理。第五，说民族的形成，不是内在的经济推动，而是外在的政治推动，翦氏认为这是只看到现象而忽视了本质。关于如何看待国内民族间的矛盾，翦伯赞说，顾颉刚把矛盾的产生归结为交通问题、现代化问题是对现实问题的回避。"我们以为问题并不在于'交通便不便'，也不在于'现代化不

① 费孝通在《益世报》上发表的这篇文章，《费孝通文集》没有收入，大概是编辑者没有找到；顾颉刚的续论文章，各个版本的顾颉刚文集也没有收入，在这种情况下，费孝通的回忆仍很准确，可见这次争论对他的印象是极其深刻的。

② 费孝通：《顾颉刚先生百年祭》，《费孝通文集》第13卷，第26～27页。

现代化’。主要的是要承认各民族之生存乃至独立与自由发展的权利，在民族与民族间建立经济的、政治的乃至文化的平等关系。以兄弟的友谊相互结合，则‘自杀的惨剧’自然可以消灭。真实的民族大团结也才能实现。我们这样研究是完全遵从三民主义的。”“中华民族若离开经济的政治的平等概念，就否定了民族主义的革命意义，而与三民主义相违背的。”[①] 翦伯赞在文章中阐述了马克思主义的民族理论，认为要承认过去存在民族矛盾的现实，并分析了当前社会民族矛盾产生的原因，提出了实现中华民族大团结的根本途径，显示了马克思主义民族理论对解决历史问题和现实问题的巨大价值。当然，翦伯赞对顾颉刚的批评也存在一定的片面性，对顾氏观点的合理成分没有给予应有的肯定，个别论断也有点简单化。

顾颉刚对翦伯赞的文章没有回应，个中原因不甚其详。[②] 此后他到成都齐鲁大学任职，昆明《益世报》之《边疆周刊》停办，“中华民族是一个”的学术论辩逐渐沉寂下来。

三　“中华民族是一个”学术论辩的意义及影响

“中华民族是一个”的争论开展于抗日战争前期，具有鲜明的时代性。就顾颉刚而言，这个讨论既是他强烈地关心民族命运之爱国情怀的反映，又是他创办《禹贡》杂志以来学术工作的继续。但研究这一问题并非顾颉刚所想的那么简单，这是因为：第一，民族本身就是一个很不好研究的学术问题，涉及许多学科的知识；第二，这个问题与国内外形势，特别是抗战的时局联系紧密，在当时的历史条件下不可能展开充分的学术探讨、学术争论；第三，当时的两大政党国民党和共产党在国内民族问题的观点有严重的分歧，欲超然党派而从事纯学术的研究也是很困难的。[③] 但是这个问

---

① 以上引文均见翦伯赞《论中华民族与民族主义——读顾颉刚〈续论“中华民族是一个”〉以后》，《中苏文化》第6卷第1期，1940年1月。

② 顾颉刚与翦伯赞相识是在此后的1944年，《顾颉刚日记》1944年5月8日载：“伯赞与予初交而作深谈”。这次深谈，大概也谈到他们在民族问题上的不同观点。该条日记转引自顾潮编著《顾颉刚年谱》，第318页。

③ 顾颉刚此后仍然重视边疆问题的研究，继续对民族问题给予了热情的关注。1947年他在《西北通讯》发表文章《我为什么要写“中华民族是一个”》，着重从自己的经历和中华民族近代以来遭受的苦难谈了他写那篇文章的用意，对文章中的偏颇似乎有所反思。

题在那时提出来并进行一定程度的论辩，具有它的必然性。清末以来，中华民族的认同意识不断加强，中国民族史的研究有了相当的成绩，如20世纪初，梁启超发表了多篇具有卓越见解的有关民族问题的文章；夏曾佑的《最新中学教科书·中国历史》包含很多民族史的内容；刘师培的《中国民族志》，着重叙述中国历史上各族的衍脉及其相互联系，已体现出专门的民族史的性质。此后，陆续出版了一些民族史专书，如王桐龄的《中国民族史》（1928）、吕思勉的《中国民族史》（1934）、宋文炳的《中国民族史》（1935）、缪凤林的《中国民族史序论》（1935）、郑德坤的《中国民族的研究》（1936）、郭维屏的《中华民族发展史》（1936）以及林惠祥的《中国民族史》（1936）等。特别是林惠祥的《中国民族史》，把人类学与历史学结合起来，开辟了中国民族史研究的新途径。不少通史类的著作也包含丰富的民族史的内容。因此，从学术自身的发展趋势看，对中华民族的宏观理论认识日益成为不可回避的问题。“中华民族是一个”是一个大命题，讨论这一命题对推进宏观民族理论研究具有重要的意义，是建立科学的中国民族理论不可或缺的环节。

经过抗日战争、解放战争等反对外来侵略和国内政治斗争的洗礼，中华民族的认同意识进一步增强，学术界关于中华民族的理论研究亦有了极大的推进。当年参加“中华民族是一个”学术论辩的学者，在新中国成立后，学术上更加精湛，不断提出新的理论。20世纪50年代，顾颉刚计划编辑《中国民族史料集》，对自己过去的提法有所修正，说：“中华民族为多种民族所结合，中国文化为多种民族文化所荟萃，这是毫无疑问的事。”①费孝通提出“多元一体格局”的民族理论②，白寿彝提出“多种形式的多民族统一”的历史理论③，反映了中国民族理论的日臻成熟。

但应该看到，“中华民族是一个”的学术论辩与以后提出的成熟的民族理论的学术联系。

在关于“中华民族是一个”的讨论中，费孝通看到了中华民族的多元性，顾颉刚则强调了它的一体性。顾颉刚为了强调一体性而否定了多民族之存在，使其理论带有严重的缺陷。但他对一体性的认识和论证，对费孝

① 《顾颉刚自述》，《世纪学人自述》，北京十月文艺出版社，2000，第74页。

② 参见费孝通《中华民族的多元一体格局》，《北京大学学报》1989年第4期。

③ 参见白寿彝总主编《中国通史·导论卷》（上海人民出版社，1989）第一章。

通以后提出“中华民族多元一体格局”的理论还是有意义的。顾颉刚是历史学家，他对历史上人们心向统一、民族意识日益趋同等资料的梳理，有益于从历史学的角度论证中华民族的一体格局。他说：“‘中华民族是一个’，这话固然到了现在才说出来，但默默地实行却已有了二千数百年的历史了。”① 这与费孝通后来所说的“自在的民族实体”和“自觉的民族实体”是相通的。费孝通说：“中华民族作为一个自觉的民族实体，是近百年来中国和西方列强对抗中出现的，但作为一个自在的民族实体则是几千年的历史过程所形成的。”② 顾颉刚强调民族意识对确立民族的根本意义；费孝通在民族识别工作和民族理论中，也对民族意识极其重视。费孝通在回顾自己的民族研究经历时提到英国功能派社会人类学和俄国人类学家史禄国（S. M. Shirokogoroff）对他的影响，说从他们那里学到的人类学理论和他1935年广西大瑶山的实地考察，是他提出“多元一体理论”的两个主要因素。但是一个理论体系的完成，除了理论指导和实地调查之外，历史的论证是不可缺少的，正像他说的：“现况调查必须和历史研究相结合。在学科上说就是社会学或人类学必须和历史学相结合。”③ 费孝通的“多元一体”理论，基本是通过历史论证的方法完成的。费孝通本人在新中国成立后教授过中国民族史，并编写了讲义，他的《中华民族多元一体格局》就是在该讲义的基础上加以20多年的思考撰写而成的。从这里可以看出，“中华民族是一个”与“中华民族多元一体”理论的学术关联，反映了历史学对民族学的影响。就白寿彝而言，在顾颉刚创办《禹贡》半月刊时，他就与顾颉刚联系密切，并倾力研究回族史。他也积极地参加了“中华民族是一个”的讨论，以后虽然对最初的观点有较大的改变，但那次讨论对他此后学术路向的影响却是显而易见的。

要之，“中华民族是一个”的学术论辩是20世纪中国史学史上引人瞩目的一页，对中国民族理论的发展，产生了深远的影响。

（《民族研究》2007年第3期）

---

① 顾颉刚：《中华民族是一个》，《益世报·边疆周刊》第9期，1939年2月13日。

② 费孝通：《中华民族的多元一体格局》，《北京大学学报》1989年第4期。

③ 费孝通：《我的民族研究经历和思考》，见马戎、周星主编《中华民族凝聚力形成与发展》，北京大学出版社，1999。

国民革命与少数民族问题

杨思机

费孝通对中华民族的形成曾作如此描述："中华民族作为一个自觉的民族实体，是在近百年来中国和西方列强的对抗中出现的，但作为一个自在的民族实体，则是几千年的历史过程中形成的。"[1](p.1)将中华民族的形成分为自在与自觉两个过程。这种两分法，某种意义上也适用于少数民族的形成。经过几次民族识别，中国大陆迄今确立了56个民族单位，汉族以外的55个民族被称为少数民族，人们也习惯从汉族与少数民族对应的角度认识中国历史文化。然而，中国并非从古就有民族观念，少数民族本身也是晚清民族概念产生后发展演变的结果之一。学术界对其历史的研究，大都以55个民族实体为对象，建立各种民族谱系，对于这个概念由谁提出，被谁接受，如何传播，不同时期不同语境不同的人如何理解，其内涵外延发生哪些与怎样变化的整体过程，缺乏系统梳理。① 至于不同时期对于汉以外诸民族是否仅有"少数民族"一种统称名词，如果存在，相互关系如何，更未曾论及。

集合概念大多后出，以后出名词曲定古代事物，或以古代事物附会后

① 前人对"少数民族"一词曾作个别追述，仅限于指出首先使用者、中国国民党第一次全国代表大会宣言和中国共产党早期文献里的一般情况。参见韩锦春《"汉族"、"少数民族"、"中华民族"及其他》，《青海社会科学》1989年第5期；韩锦春《试论我国辛亥革命前在民族理论上的一些思想观点》，《民族研究》1987年第6期；金炳镐《我国"少数民族"一词的出现及其使用情况》，《黑龙江民族丛刊》1987年第4期。有学者以为少数民族乃20世纪50年代中国大陆通过大规模民族识别之后才确立的族群分类概念与范畴，在研究中避而不用。见沈松侨《江山如此多娇——1930年代的西北旅行书写与国族想像》，《台大历史学报》第37期（2006年6月），第190页，注释第169。

出名词，往往脱离具体的时空关联。观念变化往往意味着认识改变，只有依时序探寻观念产生衍变的脉络和与具体史事的相关性，严格区分概念的历史意义与现实意义，才能准确把握其内涵外延和理解问题之由来。故本文考察的“少数民族”一词和问题，不是以现今55个民族为范围，而是以历史上曾经指称的为根据。国民革命时期，国共两党对国内非汉民族的表述，或在同一概念之下用意有别，或对同一事物指称不同，深刻影响此后两党对国内民族问题的认识。由此入手，可进一步明了后来的少数民族观念与问题之根源。

一　少数民族与弱小民族

中国古代并无“民族”一词，晚清产生民族概念以后，对于生活在中华大地上的不同人群，才有了不同的民族称谓。如“汉”被描述成汉民族或汉族，“中华民族”自清末民初也开始成为中国人自我认同的重要符号，汉满蒙回藏五族更与共和政体相连，而有五族共和的响亮口号。① 不过，对其他民族而言，因与汉族有许多不同之处，称谓问题稍显复杂，除本民族的名称外，前后还有过不同称呼。如受进化论影响，有人将苗族称为“原始民族”的后代，称苗蛮獠獞等为“劣等民族”“未开化民族”“半开化民族”，称西北民族为“低级民族”；从地理位置看，有人称中原以外诸族为“四邻民族”，称新疆回部为“边境人种”；从汉化角度看，有“非汉族”之称。② 不过，这些名称大多针对某一具体对象，并不具有统称意义。1905

① 关于“民族”一词和中华民族观念的产生，可参考黄兴涛《“民族”一词究竟何时在中文里出现?》，《浙江学刊》2002年第1期；《现代“中华民族”观念形成的历史考察——兼论辛亥革命与中华民族认同之关系》，《浙江社会科学》2002年第1期。

② 这些称谓出自《中国原始民族之现状》，《新民丛报》第60号（1905年1月6日）；梁启超《历史上中华国民事业之成败及今后革进之机运》（1920年10月），收入《饮冰室合集》第4册，第26～27页；刘剡藜《读顾颉刚君〈与钱玄同论古史书〉的疑问》，《读书杂志》第11期（1923年7月1日）；顾颉刚《讨论古史答刘胡二先生》，《读书杂志》第12期（1923年12月2日），收入《古史辨》第1册，上海朴社，1926，第89～90、122页；胡适《曹氏显承堂族谱》序，原载《新生活》第17期（1919年12月10日），收入《胡适全集》第1集，安徽教育出版社，2003，第759页；王桐龄《历史上汉民族之特性》（续），《庸言》1卷24号（1913年11月16日）；周鲠生《中俄关系论》，《东方杂志》21卷1号（1924年1月）；杨荫杭《汉族与非汉族》，原载《申报》，1923年3月24、26～27日，收入杨绛整理《老圃遗文辑》，长江文艺出版社，1993，第731～734页。

年，汪精卫曾根据民族同化的四种公例：“第一例，以势力同等之诸民族融合而成一新民族。第二例，多数征服者吸收少数被征服者而使之同化。第三例，少数征服者以非常势力吸收多数被征服者而使之同化。第四例，少数征服者为多数被征服者所同化”，认为“四千年来，我民族实如第二例所云：多数民族吸收少数民族而使之同化”，明亡则降至第三例。[2]结合排满语境，可知所谓我民族乃汉族。汪精卫站在汉族立场，从人数多寡与势力消长角度，称其他民族为少数民族，“少数民族”作为汉族的他指名称被提出。① 但此后十多年间尚未发现有用它指称国内民族，后人普遍接受的，更多是由1924年初发布的中国国民党第一次全国代表大会宣言中的“少数民族”一词演变而来。

当时国民党对于其他民族的称谓不止一个，至少还有建国大纲中的“弱小民族”。为什么差不多同时制定的两个基本文件，对于同一对象，会有两种不同的指称？从文本看，国民党第一次全国代表大会前后关于国内民族的决议文件主要有二。一是1924年2月22日定稿并发表的《国民政府建国大纲》，为孙中山亲拟。大纲第四条规定：“对于国内之弱小民族，政府当扶植之，使之能自决自治。”[3](p. 127)二为一大宣言②，声明三民主义之民族主义包含两方面的意义，“一则中国民族自求解放；二则中国境内各民族一律平等”。后者内容如下：

> 辛亥以前，满洲以一民族宰制于上，具如上述。辛亥以后，满洲宰制政策既已摧毁无余，则国内诸民族宜可得平等之结合。国民党之民族主义所要求者，即在于此。然不幸而中国之政府乃为专制余孽之军阀所盘据，中国旧日之帝国主义死灰不免复燃，于是国内诸民族因以有杌陧不安之象，遂使少数民族疑国民党之主张亦非诚意。故今后国民党为求民族主义之贯澈，当得国内诸民族之谅解，时时晓示其在中国国民革命运动中之共同利益。今国民党在宣传主义之时，正欲积

① 见韩锦春《试论我国辛亥革命前在民族理论上的一些思想观点》，《民族研究》1987年第6期。

② 国民党一大宣言有几个版本，比较之后发现直至1926年国民党二大正式定本之前，关于民族主义对内方面的内容前后并无变动。日本学者狭间直树曾对各版本作过比较，也未见其提到各版本不同之处涉及民族主义对内方面。包括宣言的制定过程，均可参考狭间直树著、马宁译《“中国国民党第一次全国代表大会宣言”考》，《中山大学学报论丛》1994年第1期。

集其势力，自当随国内革命势力之伸张，而渐与诸民族为有组织的联络，及讲求种种具体的解决民族问题之方法矣。国民党敢郑重宣言：承认中国以内各民族之自决权，于反对帝国主义及军阀之革命获得胜利以后，当组织自由统一的（各民族自由联合的）中华民国。[4](pp. 16–17)

上述内容以1923年11月28日共产国际交给国民党莫斯科访问团的决议为蓝本，其现译中文如下：

这个主义的另一方面应当是，中国民族运动同受中国帝国主义压迫的各少数民族的革命运动进行合作。国民党在宣布中国境内各民族一律平等的原则时应当记住，由于中国官方的多年压迫，这些少数民族甚至对国民党的宣言也持怀疑态度。因此，国民党不要忙于同这些少数民族建立某种组织上的合作方式，而应暂时只限于进行宣传鼓动工作，随着中国国内革命运动的顺利发展，再建立组织上的联系。国民党应公开提出国内各民族自决的原则，以便在反对外国帝国主义、本国封建主义和军阀制度的中国革命取得胜利以后，这个原则能体现在由以前的中华帝国各民族组成的自由的中华联邦共和国上。[5](pp. 342–343)

对比两段材料，至少可得如下认识：第一，共产国际认为中国“帝国主义”压迫“各少数民族”，要求国民党公开提出民族自决原则；第二，国民党主张国内各民族一律平等，应扶助国内弱小民族自决自治；第三，共产国际主张联邦制，国民党倾向单一制，妥协结果将自由与统一同时写入宣言；第四，共产国际建议国民党暂缓与少数民族建立组织联系，而应先重宣传，随革命势力扩张，再谋求解决方法。表面上看，双方都使用少数民族这一概念，泛称汉族以外的其他民族，不过共产国际决议为后人翻译，并不能完全体现其本意。

对比共产国际决议原文，现今翻译不无可议。上述“各少数民族”“这些少数民族”的决议俄文原文分别是 народности 和 эти народности，直译应为“各民族”和“这些民族”，并无少数之意。[6](pp. 309–310)①译者或依据后

① 本文引用的几处俄文资料，得肖瑜博士指点，由蒙永才同学代为复印，谨致谢忱！

来的民族观念，将它们都翻译成了少数民族，未必尽符原意。当时苏联内部民族庞杂，参加苏联的各民族，大致分为几个类型，即加盟共和国、自治共和国、自治州和民族区。俄罗斯民族仅占苏联总人口的一半多，而人数将近俄罗斯民族1/2、在加盟共和国中地位仅次于俄罗斯人的乌克兰人，恐怕就不在少数民族之列。在苏联内部，对所有非俄罗斯民族很难说有缘自人口数量对比产生的专门统称。① 1920年初以北京《晨报》和上海《时事新报》特派通讯员身份前往苏俄考察的中共早期领导人瞿秋白，曾亲听斯大林讲民族问题，对于苏俄民族理论与政策相当熟稔。在制定国民党一大宣言时，瞿秋白一直是鲍罗廷的翻译和中共方面的代表，遍阅他前后关于中苏民族问题的诸多中文著述，几乎未见使用“少数民族”一词，其习用词汇主要是“弱小民族”和“小民族”。② 因此就决议原文和翻译两方面而言，“少数民族”一词不太可能出自共产国际和瞿秋白。

国民党一大宣言由鲍罗廷起草，瞿秋白翻译，汪精卫润色，经孙中山批准和国民党一大通过。排除了共产国际和瞿秋白，就只剩下汪精卫。他在清末曾使用“少数民族”一词，最有可能是国民党一大宣言“少数民族”一词的创造者。满族属于“少数之民族”或“少数民族”，在清末民初几成常识，更被作为排满革命的重要理由之一。③ 汪精卫一直视满人为民族之少数者，又主张以汉族为中心建立民族国家，再融合其他各族，此时站在汉族立场，援用少数民族作为其他民族的称呼，也合乎情理。

---

① 据1926年调查，苏联内部有185个民族，其中俄罗斯人约占全苏联总人口的53%，而乌克兰人数量将近俄罗斯人一半。参见吴清友编著《苏联民族问题读本》，一般书店，1937，第106～109页。吴清友此书被指抄袭苏联百科全书而来（参见烈石《清算文化的骗子：评吴清友“著”苏联民族问题读本》，《世界文化》2卷2期，1937），恰说明所用数字大体符合当时苏联的情况。

② 瞿秋白关于中苏民族问题的文章主要有《十月革命与弱小民族》（1924年11月7日）；改译斯大林《列宁与列宁主义》一部而来的《列宁主义概说》（1925）；《列宁主义与中国的国民革命》（1926）；《国民革命运动中之阶级分化——国民党右派与国家主义派之分析》（1927）；《现代民族问题讲案》（1927）等，均收入《瞿秋白文集》政治理论篇，第三集，人民出版社，1989。郑超麟著《苏维埃制度下民族问题之解决》和斯大林著、蒋光赤译《列宁主义之民族问题的原理》，均未使用“少数民族”一词作为苏联所有非罗斯民族的称呼。详见《新青年季刊》第4期（1924年12月20日）。

③ 初步考察可知，汪精卫使用“少数民族”这一概念，受伯伦知理国家学说与日人立作太郎根据 Archibald R. Colquhoun 所著 *China in transformation* 编译的《最近之支那》等影响，又掺有自己的见解在内。此事与满族被描述为“少数之民族”的具体过程，需要另文详述。

至于以“弱小民族”指称国内民族，始作俑者并非孙中山，而是中国共产党。汉语“弱小民族”的最初含义大致与“被压迫民族”相近，主要指受资本主义、帝国主义压迫的民族与国家，未见用来指称国内民族。① 蒙古问题的尖锐化，使这一情况有所改变。1922 年初，外蒙古独立运动的主脑登德布便称蒙古从清初便成中国殖民地，为被压迫民族。[7] 1923 年 1 月，李大钊主张参照苏俄经验，强调弱小民族应从强大民族中解放出来。具体到中国，则“汉、满、蒙、回、藏五大族，不能把其他四族作那一族的隶属”，而应实现联合而非隶属的关系。[8](p.158) 虽隐将满蒙回藏视为弱小民族，但还未明言。1923 年 12 月，中共讨论对国民党一大宣言的意见，要求民族主义“对内解除我人加于殖民地弱小民族（如蒙古西藏——原有）之压迫”[9](p.23)。“弱小民族”被用来指称国内民族，含义发生重大变化。蒙藏是否中国殖民地暂且不论，作为汉人，用“弱小民族”指称国内其他民族，不啻将自己排除在外，即相对于世界革命而言，中国或中华民族属于弱小民族，就中国国内而论，汉族以外的其他民族属于弱小民族，体现特殊的双重弱小民族关系。

建国大纲中“弱小民族”一词是否吸收中共意见而来，尚无材料证明，不过或有蒋介石的影响在内。蒋介石访苏期间，向共产国际阐述三民主义时曾说，民族主义一方面要反帝求独立，“另一方面，我们应该帮助弱小民族发展他们的经济和文化”[5](p.301)。后面这句话的俄文是：содной стороны，мы должны бороться с иностранным империализмом за нашу зависимость，с другой стороны-помогать слабым народам в разитии их экономики и курьтурь，其中 слабые народы 即弱小民族之意。[6](p.272) 该报告原文是否中文，以及内容是否孙中山授意，目前无从判断，不过建国大纲第四条，意思与此一脉相承。②

观念变化常以认识改变为基础。这两种称呼，不仅是指称的变化，实

① 弱小民族最初与被压迫民族意思相近的例子很多，可见陈独秀、贺昌、孙中山等人的文章。参见《陈独秀文章选编》中册，三联书店，1984，第 159 页；中共中央统战部编《民族问题文献汇编》，中共中央党校出版社，1991，第 12 页；穆生高主编、陕西省柳林县政协书院“柳林文史资料丛书”编《贺昌文集》，中共党史出版社，2006，第 41 ~ 42 页；陈锡祺主编《孙中山年谱长编》下册，中华书局，1991，第 1786 页。

② 蒋归国后，曾有《游俄报告书》呈给孙中山，但该书一直下落不明，是否包含国民党访问团的报告，无从了解。

意味着国共两党已经将非汉民族作为一个整体对象，关键在于是否实行民族联邦制。民初以来，倡导民族同化或种族融合的人比比皆是，但旨在强调参政权利与机会的平等，化除排满言论的消极影响，共建共和，并未有从族别角度考虑各民族在政治制度中的具体地位。共产国际和中共欲行民族联邦于中国，必然要考虑汉族与其他民族的关系。1922 年 7 月，中共二大便认为蒙古、西藏、新疆“这些地方不独在历史上为异种民族久远聚居的区域，而且在经济上与中国本部各省根本不同”，因此要一方面推翻军阀，一方面“尊重边疆人民的自主”，最后联合成中华联邦共和国。“异种民族”和“边疆人民”，已有异民族整体观念的意味。[9](p. 17)共产国际决议称“这些民族”“各民族”，自然针对汉族之外的民族而言。1924 年 1 月 18 日，鲍罗廷、李大钊和毛泽东等讨论民族自决权时，除蒙古外，还谈到西藏与“中国土耳其斯坦”。而鲍罗廷私下记载与汪精卫的争论，民族问题虽由蒙古而发，所指范围似远逾蒙古一隅。[5](pp. 425、448-450、465-467、469)具备这种思想，对其他民族无论使用哪种统称，都合乎逻辑。

从具体对象来看，共产国际决议所指的“这些民族”，主要是“蒙古族、藏族以及中国西部各民族”。[5](p. 551)其视蒙藏为民族单位，目标是联邦制，而孙中山则欲同化国内诸民族为一个大中华民族，对蒙藏更愿以地区来看待，理想是单一制统一国家。[10](p. 122)故孙中山称弱小民族的本意在于，指出汉族在人口数量、文化程度等方面，皆为革命的主要力量，其他各族需要帮携，甚至于同于汉族，形成一个大中华民族。[11](pp. 473-474)汉族不能蹈袭帝国主义压迫手段，而应帮助弱小者，从而建立相互协作的关系，强调在革命乃至建设时期，客观上各族力量的对比和主观上汉族要有扶顾思想。

与此相反，共产党人对国内异民族，称弱小民族，隐指它们受压迫，目的是民族解放。共产国际认为，汉人以外各民族受“中国帝国主义压迫”“中国官方的多年压迫”，故对国民党的宣言也会怀疑。国民党一大期间，鲍罗廷直言国民党人对于蒙古，“还存在的陈腐的帝国主义情绪”，故而多次表示国民党除发表声明外，应多宣传鼓动，从而实现互信互谅。[5](pp. 448-450)此种民族解放思想是共产国际的一贯主张。身在北京的加拉罕给鲍罗廷寄去共产国际决议时表示，它“没有说出任何新的东西”[5](pp. 393-394、410)。

共产党人的意见与共产国际一致，在与国民党右派和国家主义派关于蒙古问题的论争中，称为弱小民族的频率逐步增多。1924 年 9 月，针对有人指国民党广州共产派承认蒙古独立，部分国民党人指责中共违背孙中山的民族主义，陈独秀将民族主义一分为二：一为资产阶级的，主张自求解放的同时“却不主张解放隶属自己的民族”，是“矛盾的民族主义”；一为无产阶级的，主张一切民族皆有自决权，同时“也主张解放隶属自己的弱小民族，不去压制他”，是“平等的民族主义”，从一大宣言看，国民党的民族主义“却实不是单单自求解放的资产阶级民族主义”。[12](p. 171) 陈独秀此时似还以国民党身份说话，语气较和缓。1925 年 1 月召开的中共四大则认为，资产阶级民族运动建立在一民族一国家的利益之上，包含两个意义：一是反帝，一是“以对外拥护民族利益的名义压迫本国无产阶级，并且以拥护自己民族光荣的名义压迫较弱小的民族，例如土耳其以大土耳其主义压迫其境内各小民族，中国以大中华民族口号同化蒙藏等藩属”[9](p. 32)，将孙中山以国内各民族同化为一个大中华民族的主张一概骂到。

国家主义派的李璜认为，“对于已经同化在一个国家下面的各民族便不赞成他分离”，如中国满、回二族。[13](p. 27) 此后该派大多认为民族自决应以国家之下为前提。萧楚女即完全依据陈独秀对民族主义的划分，批评国家主义派信奉矛盾的民族主义。[9](p. 65) 陈独秀、萧楚女及中共四大所指弱小民族，和中共对国民党一大宣言的意见一样，都仅指蒙藏。而瞿秋白则将其范围扩展至满回。他建议效仿苏联，给“中国境内蒙古、西藏、满洲、回回等民族”以完全自决权，反对压迫剥削“这些弱小民族”。如果国民党有革命的民族问题纲领，“这些弱小民族自然自愿加入中国国民革命的联盟”[14](pp. 409-410)。

与共产党人多称弱小民族不同，孙中山对两种称谓并无偏爱。国民党一大宣言和建国大纲均经其手，他在民族主义讲演中也使用了少数民族的概念。他说中国民族“总数是四万万人，当中参杂的不过是几百万蒙古人，百多万满洲人，几百万西藏人，百几十万回教突厥人”，“从前蒙古、满洲征服中国，是用少数征服多数”，中国亡于元清，“都是亡于少数民族，不是亡于多数民族。那些少数民族，总被我们多数民族所同化”。[3](pp. 188-189、196-198) 与清末汪精卫的取径基本一致。类似的话他三年前就讲过[15](pp. 3-4)，但当时未用“少数民族”一词，此次显系受国民党一大宣言的影响。后来戴季陶也说孙中山之所以要革命，即政治上“受满洲少数民族的宰制”[16](p. 161)。孙中山所提少数民族，就其语境言虽可理解为满蒙回藏，但就“那些少数民族”这一句话而论，后人即可凭己意随便扩大其数量，显示少数民族的扩展性。至少可以说，通过国民党一大宣言和《国民政府建国大纲》，少数民族与弱小民族同时成为汉以外诸民族的统称。

二　北伐前期的国内小民族问题

国民党虽然在一大确定了处理国内民族关系的基本原则，但势力局限于广东，相关问题并无实质性进展。1926 年 10 月，国民党第二届中央及各省区市联席会议声明“国内各小民族应有自决权利”[4](p. 283)。这是西山会议派指责共产派承认外蒙古独立为卖国后，国民党中央的首次回应，一定程度上消除了国共两党在异民族问题方面的分歧。不过所谓各小民族，没有明确对象，双方根据形势需要和自身政略，对此各有侧重。

共产党在与冯玉祥合作过程中，明确提出尊重蒙回少数民族的口号。此问题的提出，及由原来习称弱小民族，到开始称少数民族，均与执行共产国际的决策有关。1926 年 3 月 2 日，共产国际通过《关于中国问题的提纲》，认为国共两党应加倍注意反直奉的冯玉祥国民军，同时提出中共要“帮助中国版图内至今仍受压迫的民族（蒙古族、藏族、中国境内的突厥族、满洲的朝鲜族——原有）开展解放运动”[17](pp. 275-277)。中共欲借中国国民党和内蒙古国民党扩大在北方的影响，就必须考虑冯玉祥与蒙回的关系。4 月，国民军在南口失败。4 月 24 日，维经斯基致信陈独秀，对中共发展提出七项建议，第七条为“少数民族问题”，认为应通过中共北方委员会特别关注满蒙，共产国际将派员前往满洲进行联络。[18](p. 221)并随信附来共产国际的提纲。此处“少数民族问题”是后人翻译，信函的俄文原文是 вопрос о национальных меньшинствах。[19](p. 188)①中共当时译成什么不得而知，不过坚决执行了共产国际的决策。早在 2 月，中共即强调热察绥三特别区党务和相关问题“由国际所派蒙古代表与北方会议决定”[20](pp. 64-65)，或与此事有关。另一方面，通过刘伯坚试图影响冯玉祥的决策。1926 年 8 月，依附于冯玉祥的内蒙古国民党将总部从张家口迁往包头，试图争取冯帮助在内蒙古进行反王公、反封建、反旧制的活动。[21](p. 169)1926 年 9 月由苏返程途中，冯玉祥曾在库伦与外蒙古丹巴多尔济及内蒙古国民党商谈援助内蒙古之事。

---

① 诚如前述，苏联当时并没有对境内所有非俄罗斯人的统称，因此此译容易使人将中国后来的民族观念与共产国际的意思相混淆。

随行的中共党员刘伯坚向中共中央反映了有关情况。[9](pp. 76-77)11 月 3 日，中共中央指示任西北军政治部主任的刘伯坚，谓冯对甘肃回民应有“适当的政策，不损害这少数民族在政治上、经济上的生存权利”，使其帮助冯军，至少不为吴佩孚和张作霖所利用。是为目前所知中共第一次使用“少数民族”一词，其对象只是国民军盘踞地的回民。① 11 月 9 日，中共中央又强调政治上须应付好“民族问题”，也特指回民而言。后来中共中央又提示刘伯坚，“对蒙、回民族问题，须告冯有适当的解决，应遵照这些少数民族的权利”[22](p. 140)。对于内蒙古国民党反王公的路线，中共认为颇危险，理由是蒙民与国民军感情不好而与王公感情尚好，更担心去掉王公冯即用自己的人接管，易使王公勾结奉军反冯，嘱刘伯坚“此事要使冯知道才好”。12 月 5 日，中共中央重申应“尊重蒙、回少数民族的利益”，以便引导他们反帝反军阀。[9](pp. 45-47、49)这样，中共中央所称的少数民族，就增至蒙回二族。

冯玉祥在扩充西北军势力的过程中，本就注重回教徒的作用。就任西北边防督办后，以原绥远都统马福祥调充西北边防会办，又以曾代理教育部部务的马邻翼充任襄办。马福祥为甘肃回教徒首望，马邻翼亦曾官居甘肃，久任教育厅司，与马安良为儿女姻亲，与甘回人各镇守使皆有旧谊。冯玉祥借助此二人联络回人将士，成功入甘。[23](pp. 21-22)1926 年 5 月访苏期间，他曾与苏联外交人民委员长契切林谈中国“回族情形”[24](p. 177)。9 月 26 日，冯又同邓鉴三“谈培养满族、回族人才事”[24](p. 229)，既有自身利益考虑，或不无共产国际及中共的影响。

但这并不意味“弱小民族”一词已被弃用，至少对苗瑶，共产党人仍取这一名称。1926 年 12 月 19 日，湖南全省第一次农民代表大会召开，成立湖南农民协会，由中共党员易礼容任委员长。当日开议案审查委员会，列席委员有易礼容、庞人侃、韩伟、彭岂池、伍文生、欧阳秋曝，庞人侃主持会议，委员大多为中共党员，在特殊提案中列有“解放苗瑶案”[25](p. 315)。23 日，农代会通过“解放苗瑶决议案”，认为苗瑶是一种“古代民族”，因汉族西来，才避至湘、粤、川、滇、黔、桂深山间，生活痛苦。该案认为应本着“解放弱小民族”的革命宗旨，解除苗瑶内部的压迫，使在政治经济法律上达到与汉人平等的目的。[9](p. 52)毛泽东应邀指导此

---

① 见金炳镐《我国“少数民族”一词的出现及其使用情况》，《黑龙江民族丛刊》1987 年第 4 期。

次农代会，并参与商讨起草40多个议案。[26](pp. 173–175)与对满蒙回藏不同，对苗瑶所说的“解放”，并非民族自决，只是使与汉人平等。

国民党方面，对各小民族问题的理论阐述，数戴季陶较具特色。1926年12月，戴季陶在中山大学连续演讲三民主义。他指出，“民族主义的意义，是在确定一原则，以支配今天民族间的各问题（处分民族问题的——原有）”[27]。他认为态度不同源于对民族概念的认识不同，尽管孙中山说在中国民族主义即国族主义，但目前中国境内显然不止一个民族，汉族之外，至少还有两个显著的民族，“这两个特殊的不同的民族，一是蒙古，二是西藏”。原因在于，“苗回两族”，人数很少，事实上无“独立的必要和能力”。而“满族现在已经没有了”，业已同化于中华民族。“即如蒙族也应分两部讲”，接近中国者已经同化，但在中国民族与蒙古民族文化一致结合以前，中国民族即国族这一说法并不适用。

因各民族具体情形不同，对待态度也应有别。戴季陶主张：“对于散在国内的很小数的民族，则完全以政治力在平等的条件上面统治他们感化他们，这是很小的问题，如苗、猺、罗罗等族的问题便是。至对于较大的问题，如蒙古、西藏的问题，则以尊重独立为原则，以平等的自由的联合为原则”，最后联合成为一个中华民族的国家，而后者更有理论上和事实上的需要，因为联络“弱小民族”共同反帝乃世界革命要求。故他批评国家主义者只有一半的道理，即要自己独立平等而不许不要人家独立平等，不仅理论无据，最终会失助吃亏。[28]戴季陶在这里用了弱小民族的概念，其对国家主义的批评，以及处理民族问题的方式，似与其时攻击他正烈的中共有异曲同工之处。一年前他就曾赞成蒙古独立①，与此前不同的是，此时不仅以汉族立场区分彼我，而且从其他民族中分出大小，分别对待。表明戴季陶试图将国民党一大以来的民族问题认识明晰化，形成理论指导。

为贯彻实行上述主张，除了讲演三民主义外，他还将其思想渗透到接掌不久的中山大学教学和科研方面。按照戴季陶要求，中大学生实施政治训练。其改革措施包括大学本科各级、师范各科级一律停课复试，分别去留。复试由国民政府派孙科监考，戴季陶和实际主持校务的朱家骅也到

① 参见敖光旭《1920年代国内蒙古问题之争——以中俄交涉最后阶段之论争为中心》，《近代史研究》2007年第4期。

场。[29](pp. 121-124)11 月 13 日举行的预科复试，测试题就包括如何理解民族与国家，民族主义与国家主义，提出“中国国内有几种主要民族”“中国有几省，有几个特别区，叫什么名称，特别区的民族关系如何”等问题。[30]有论者认为上述举措主要针对中共①，其实至少包含从理论上与国家主义作区分这一层面。另外，落实两年来设立民族国际的设想，拟在中山大学附设东方民族院。他致函西康屯垦使，请代考西藏优秀学生十人，物色藏文讲师一二人，积极谋划招收学生和罗致教员。[31]1926 年 12 月，中大组织人员到琼崖、广西采集生物标本及考察苗民，表示要“随地调查苗族生活，并搜罗一切器物，将来供给东方文化学院材料，亦必不少”[32]。此东方文化学院，即东方民族院。

广东为国民革命发源地，建立国民政府以后，对孙中山三民主义的实践也较快。1927 年 2 月 17 日，由民政厅长陈树人提议，广东省政府决议在琼崖设化黎局，连阳设化猺局，开化黎猺民族，由陈树人推荐局长人选。[33]所谓开化，既符合孙中山扶植之义，也与戴季陶所言感化相通。

三　内蒙古党务与外蒙古关系

国民党遵照共产国际意见，决议随革命势力伸展，探讨解决国内民族问题的具体方式。占领武汉后，国民党已握半壁江山。由于鲍罗廷和中共操持，及国民党左派力量的增长②，国共两党对小民族问题意见渐趋一致。1927 年 2 月 24 日，顾孟馀作国民党二届三中全会提案大纲说明，提出对于“少数民族问题：如蒙古新疆”，“我们对于这两族的同胞，应该有怎么样的态度，怎么样的方针”，要在会议中决定。[34](p. 112)二届三中全会最后通过统一革命势力案，决议两党要加强对“国内少数民族问题”的合作，并在内蒙古问题和外蒙古关系两方面形成决议。从会议内容看，新疆方面并未涉及，所谓少数民族，主要指满蒙回藏。其主要内容有二：第一，与外蒙古的关系。此事虽经共产国际催促、外蒙古代表致函联络，但久未落实。1927

① 范小方、包月波、李娟丽：《国民党理论家戴季陶》，河南人民出版社，1992，第 187 页。

② 在国民党二届三中全会少数民族问题方面起很大作用的徐谦、陈其瑗、詹大悲、邓演达、顾孟馀等，后来都被南京国民政府列入公开通缉的“共产党首要”名单中。见杨奎松《国民党的“联共”与“反共”》，社会科学文献出版社，2008，第 175 页。

年2月9日，参加共产国际第七次执委会会议的邵力子，在莫斯科会见外蒙古驻苏代表，后者提出与武汉国民政府相互正式承认，发表两党关于民族运动的任务、相互支援以及互换常驻代表的宣言，签署互相保卫和支援的政治军事条约等问题。邵力子答应转呈国民党中央，认为“关于互换代表的问题显然不会有异议”[35](pp. 112-113)。第二，内蒙古的党务问题。内蒙古国民党，即内蒙古人民革命党（简称内人党），1925年成立于张家口，由共产国际代表奥齐罗夫指导，国共两党参与，实行委员长制。白云梯当选为委员长，郭道甫为秘书，白云梯、郭道甫、金永昌（阿勒坦敖齐尔）、富明泰、乐景涛、包悦卿（赛因巴雅尔）、李丹山（满都勒图）为常委，于兰泽（白彦泰）、旺敦尼玛、锡尼喇嘛、伊德钦、吉雅泰、李裕智等为中央委员。其中白云梯、金永昌、乐景涛为国民党员，吉雅泰、李裕智为中共党员。从成立时选出的领导层和党纲路线看，大致体现国民党的支配力量。[21](p. 167) 国民党虽然支持该党活动，但两党关系如何，起初未见说明，随着两党党务发展，甚至有所混淆。

国民党热察绥三特别区党部和内蒙古党部，分别由中共党员韩麟符、李裕智负责。1926年1月、4月，两人屡次向国民党中央报告党务。5月11日，韩又来函向国民党报告三特别区党务。[36](pp. 353-354、517、538、547) 6月5日出版的《政治周报》所载三特别区及内蒙古党部情况，或据两人报告而来。[37] 8月21日，国民党中常会第50次会议报告事项，第四、五项内容为：“（四）三特别区及内蒙党务报告。（五）内蒙党务报告。”[36](p. 644) “内蒙党务报告”连续出现，令人怀疑内容前后是否一致。鉴于内人党1926年8月将总部迁往包头，不久以后又向国民党提出分别党务，故可能情况是：两个“内蒙”指的是国民党内蒙古党部和内人党包头党部。这不但说明可能会议记录者无意识区分两者，而且从一个侧面反映两党关系的不明确。内人党移往包头后，何去何从，成为首要问题。1926年10月20～23日，该党在包头召开乌伊两盟联合会议，国民党代表列席。讨论内容就包括和国民党联合一事，并拟由内人党中央组成特别代表团负责商讨。[38](pp. 136-139) 11月8日，该党以发展便利为由，向国民党提出“拟将关于内蒙民众的党务工作归并敝党……关于汉族民众的党务工作，仍归贵党三区省党部直接管理进行”的提议[9](p. 51)，即将党务按照族籍分开，汉族党务归国民党三特别区党部，蒙古族党务归内人党，意欲取消或合并国民党内蒙古党部。

此事与中共关系密切。1926年12月，中共中央根据奥齐罗夫报告，说内蒙古人口250余万，内人党员①有6000人，为加强反奉力量，进一步重视对该党的工作，作出五项决定，包括由奥齐罗夫到汉口向国民党中央交涉党务宣传经费，由国民党提供武器袭扰京绥路奉军，内蒙古王公若支持奉张则予打击否则应拉拢等。第五项为区分党务，建议取消国民党内蒙古党部，所有工作归入三特区党部，蒙古族党务归内人党办理。[9](p.50)虽然目前尚不清楚分组党务具体动议出自何方，但中共显然表示赞成。

因为外蒙古由外蒙古国民党执掌，故国民党二届三中全会的“少数民族问题”，实为中国国民党与外蒙古国民党、内蒙古国民党的关系问题。1927年3月9日下午，国民党二届三中全会提案审查会召开，由谭延闿、徐谦、孙科、宋庆龄、顾孟馀组成主席团，讨论事项即含上述两个方面。此前内人党委员长白云梯派代表金永昌、包悦卿向国民党提交书面报告，请求四项内容：第一，承认内人党，分别组织蒙汉党务。理由是国民党热察绥党部是“汉人党部”，而蒙民党务“由蒙人自办似较当，且用蒙人文字宣传尤好”。第二，内蒙古政治训练由国民党中央特派员指导，以免隔阂。第三，援助内蒙古民族解放运动，打倒王公阶级。第四，请求拨款10万元作宣传费用，如财政困难则在六个月内拨付。据说“所要求者不仅承认其党部，并要求内蒙民族有自决权”。这四项提议与中共根据奥齐罗夫报告作出的决议颇有相似之处，可能是国民党归纳要点所得，实则包悦卿原函提出了11项要求。[39](pp.761-762、832)

与会者围绕上述四个问题展开讨论。对后三者均无异议，但对于第一项，事关两党关系及对内蒙古决策，引起热烈讨论。首先，就提案本身即有争议。曾出席内人党成立大会的中共党员江浩率先发话，谓“此乃对党问题，义嫌含混”。因为“包头有党部，热察绥三区亦设有党部，由李玉之（即李裕智——引者注）办。今准蒙人自组，由政治分会去函，本人适在察区逐〔遂〕代表中央出席。如再组似已成者有未成之口吻。如承认之，应注明特别意思似较清楚”。意即三特别区之外国民党还有内蒙古党部，如今内人党亦在包头设立党部，二者关系必须订明。顾孟馀说：“热、察、绥三区为汉人党部，内蒙自办去年业已承认。此完全涵有蒙族解放运动在内，如不允许则与素日主张解放民族目的不合”。问题在于蒙汉民族杂处，是否由一党活

① 原文为K. M. T.，从下文判断应为内蒙古国民党。

动，故提案并无毛病。也就是说，国民党已允许并承认内人党在内蒙古发展党务。陈其瑗建议提案应加上“将包头之内蒙古党部取消”，江浩建议将国民党内蒙古党部和内人党合并，成为“中国国民党内蒙古党部”。

其次，对内蒙古地区党务由谁，以及如何办理也有不同看法。据徐谦转述彭振纲报告，谓国民党在内蒙古“仅办汉人党部，对蒙人未办党部”。此言似与事实不符，因为国民党除三特别区外，还设有内蒙古党部。负责热察绥三特别区党务的韩麟符，曾将内蒙古与三特别区分开对待，因“所谓内蒙，即就热、察、绥三区中含有蒙古民族质素之地带而言”[40](p.177)。因内蒙古仍有部分盟旗未划入三特别区，三特别区中还有个别盟旗未设县治，故韩麟符此语并非纯由行政区划考虑，有从蒙汉民族着眼之意味。与会者后来大多赞成内蒙古党务由蒙人专办，因蒙人自办号召力大，也符合民族自决原则。恽代英谓“对其他民族亦可取如此态度”，主张内蒙古党部“如海外部之组织”，汉蒙杂处即分汉蒙党部，最后组成中国国民党蒙古总支部，也主张内人党纳入国民党之下。

最后，既然内人党还要求民族自决权，对于组织纯粹蒙人党部会否引起其民族独立，个别与会者颇有疑虑。徐谦认为内蒙古仍受中央指导，不致脱离。顾孟馀则认为特殊情况，党组织整齐划一固然是好，但内人党此举，实为狭义民族运动。而国民党有两种态度：一为狭义的，“将三特别区归并内蒙而成整个”；二则认为蒙古族已经汉化，组织内蒙古总支部有助于其民族自决，且引起蒙汉恶感，故认为不妥。所谓狭义的，即将三特别区党部也归入内人党部，成为纯粹蒙人组织；第二种态度即认为蒙汉已融合，不宜按族籍分别办党。陈其瑗带有总结性地说：“本席主张完全蒙人所在地方由其自行组织；完全汉人所在的地方由汉族自行组织国民党；汉蒙杂处之地方，各自组织党部。我们是以人口为前提，非以地域为前提，此国民党民族主义与国家主义之大异之点。”所谓以人口为前提，实以民族分别为标准。

金永昌、包悦卿还请求国民党设立内蒙古委员会，徐谦认为按扶助弱小民族原则，“是认人不认地方”，似予赞成。王乐平则要求二人报告其宣言与性质。詹大悲则谓国民党一大宣言承认民族自决，“应不成问题”。最后指定徐谦、顾孟馀、詹大悲、于树德、恽代英、陈其瑗六人为此提案审察委员。

外蒙古国民党关系案涉及两个问题：一是互派代表；二是民族自决的

程度。徐谦、顾孟馀都赞成互派代表。前者认为外蒙古虽独立，将来在国民党统治之下仍有加入可能，提议订明汉蒙关系，待其加入后许其自治；后者则谓国民党几年来对外蒙古“迄无办法，迄无表示”，对其代表来函也无答复，“诚属不妥”，且国民党不曾援助外蒙古，恐不能有“仍加入之事实”，实面临两难，因其先决问题，即“是否中国许其独立”。詹大悲认为国民党一大强调的民族自决是“自由组织”，进退皆可。恽代英批评此说也很模糊，“自由到何种程度？中国人是很怕此问题”，而主民族联邦。徐谦认为自由联合“只许进入，不能脱离”，“民族自决”之“自由联合，非以国对话”，意即以一国范围为前提，仍持外蒙古可加入国民政府之议。邓演达则认为民族自决程度“足以估量国民党命运”，应具体规定以打击国家主义之谣言，提议组织“民族委员会”发表通电宣言，最后交由提案委员会决定。[39](pp. 764-767)

1927 年 3 月 10 日，国民党二届三中全会在汉口召开。翌日，邓演达提出：“民族问题应有决定。因全国之统一促进党员对政治之知识，而使之改变对象，此似亦为训令上有道及之必要。”[39](p. 815)果然，此次大会后国民党对全体党员的训令中声明：“本党已至以革命统一全国之时机，今后不但须使中华民族对外求自由平等，且须使国内少数民族一律平等，以证实本党之民族主义为民族解放，非国家主义者之貌为外抗强权而内则压制弱小民族者，所可比附。本党同志当对于满、蒙、回、藏少数民族之解放，力予援助，使能在本党统一之后，相与自由联合。”[4](p. 315)《对全国人民宣言》则谓：“我们要帮助国内的少数民族（蒙古、西藏、回族等——原有）的自决与解放。”[4](p. 307)但会议记录显示此句在“少数民族”后面原无“蒙古、西藏、回族等”内容，推测是后来发表时加入。[39](p. 780)“自决”虽为国共两党所认可，但“解放”向为共产国际和中共的口号，可见二届三中全会深受其影响。

3 月 13 日，会议通过统一革命势力决议案，指出国共两党应立即召开联席会议，讨论一般合作办法，包括“国内少数民族问题”。并通过内蒙古国民党问题案及外蒙古国民党关系案，基本同意内蒙古代表的要求，决议“本党在内蒙古设立内蒙古党部，与察、热、绥三特别区党部，分别组织。关于内蒙古民族党务，由内蒙党部办理，中央党部应即予以承认”[4](pp. 317-318、331)。同意与外蒙古互派代表，外蒙古代表驻国民党中央所在地，国民党代表驻库伦，代表权限交中政会决定。[39](p. 833)

当日会议情形稍为详细，据包悦卿说明，蒙人请愿意义有三点："（一）保存内蒙古国民党名称；（二）与本党联合组织；（三）受本党之指挥。"[41]但外间报道与此次会议决议内容稍有出入。北平《世界日报》转载东方社报道，将统一革命势力案中的"国内少数民族问题"说为"少数民族开发"。[42]

通过此次会议，国民党所指的少数民族，由一大期间的笼统模糊，具体化为满蒙回藏。经两湖党部的宣传，其范围又有所扩大。汉口党部表示此次会议成绩巨大，确立与外蒙古关系乃"实现总理之民族主义，使国内弱小民族，得因国民革命之成功，而获得真实的全盘解放也"[43]。湖南党部声称，"中国境内，包含了汉、满、蒙、回、藏、苗多个民族"。会议提出"国内少数民族问题"，证实国民党民族主义为"民族解放"，并指出"要以主义以平等精神组织各民族自由联合的国家，不是以政治经济的力量来造成一民族宰制的局面，苟如是，便是帝国主义者"。三民主义的革命，"对于国内民族的解放，自当力予援助"，以符合国内各民族一律平等的"遗训"。[44]在满蒙回藏之外，多了一个苗族成为少数民族。

汉口会议结束后，国民党继续讨论援助内蒙古和联络外蒙古的具体事宜。[39](pp. 979-980、1028) "四一二"政变后，武汉方面为争取从西北获得共产国际援助，加紧落实对外蒙古承诺。4 月 25 日，中执委会议通过由徐谦审查的外蒙古代表权限条例，指出东南方向已经被蒋介石包围，要从西北开出一条路。该条例规定，驻蒙代表不仅代中央明确承认民族自决权，在外蒙古设立党部，且包含负责协调通商及军事合作诸事，似已承认其独立。[39](pp. 1087-1088)至于决议成立内蒙古党部，保存了内人党名称和实际上明确该党在内蒙古民族的主导地位，不过为使它不至于离开自己的路线太远，才有所谓派员指导政治训练之语。同时，此举也开由一个民族在其聚居区单独办理党务的政党组织发展先例。可是此时，不仅西山会议派强烈反对汉口会议有关蒙古决议，内人党内部也陷于路线之争，上海国民党中央监察委员会更将白云梯等列为可疑分子，清党和分共已为期不远。因此，汉口会议关于内蒙古决议并未实行[21](p. 171)，外蒙古关系案也是如此。南京国民政府成立后不久，全面否定汉口会议。1929 年国民党三大列举"总理主要遗教"，取建国大纲，不谈一大宣言。[4](p. 615)但中共紧抓后者不放，故而此后相当长时期内，对汉以外诸民族的称呼，国民党多用"弱小民族"，而共产党则对"少数民族"一词情有独钟。

结　语

中国古代本无“民族”的概念，自清末开启民族划分以来，对生活在中国土地上具有不同文化背景和生活方式的人，不仅增添了各种各样的民族称谓，相互之间的民族关系也成为国家政治生活的重要内容。国民党一大期间，共产国际和国共两党都将汉族以外诸民族作为一个整体，考虑在革命进程中及以后与汉族的相互关系，其实质是革命成功后建立民族联邦制还是单一制统一国家的问题。对于这同一种对象，中国国民党第一次全国代表大会宣言称为少数民族，而孙中山手订的《国民政府建国大纲》则称弱小民族。这两个文件产生以后，“五族共和”之外，对国内民族又增加了中国境内各民族一律平等和扶植弱小民族自决自治两种口号。随着国共两党势力的扩展，“五族共和”慢慢为汉族与少数民族、弱小民族对应的观念所替代，成为民初以来国内民族关系表述的重大转折。

不过，无论少数民族，还是弱小民族，都是汉人或从汉族立场称呼其他民族的名词，系他指而非自称。目前还未见国民革命时期，被划入这两种范围的人，自己有如此认同。这两种称谓，可以说都是汉人或汉族的观念。其产生，并没有像汉族、中华民族等有一个“自觉”的过程，倒是形容为“他觉”或更贴切。

国民党一大宣言民族主义内容的高度妥协和与建国大纲旨趣的不尽一致，为国内民族问题的诠释提供了很大空间。虽然中共和孙中山都使用“弱小民族”一词，不过两者本意有别。前者意在实现苏俄式的民族解放道路，而后者更多强调统一之下汉族应予扶植。戴季陶提出对于蒙藏取自决原则，然后进行平等联合，对于苗猺和罗罗则予感化，在国民党内也算独树一帜，与中共存在相似之处。国共两党合作后期对汉以外诸族的称谓，并无明显偏向，往往是“少数民族”与“弱小民族”同时使用。后来国共合作破裂，共产党倾向于国民党一大宣言，故多用“少数民族”，国民党以建国大纲为准的，故多用“弱小民族”，原因都在于此。

从范围看，共产国际明确提出的中国各民族，初为蒙、藏及西部各民族，后来加入“中国土耳其斯坦”、朝鲜两族，有关决策实际上随时势变化与自身利益需要而定。共产党提到的少数民族，因反奉需要而只指蒙回。由共产国际、中共和国民党左派控制的国民党二届三中全会，明确提出国内少数民族问题，将满蒙回藏四族乃至苗族列入其内。国民革命时期，被国共两党明确称为少数民族的，加起来也只有这五族。少数民族与弱小民族的范围也不完全重复，属于后者范围的瑶族就不在少数民族之列。不过，少数民族一词具有很强的开放性。在广土众民的中国，大一统观念之下存在各式各样的小社会群，只要“汉”被当作汉族，由于人口占绝大多数，用外来民族标准划分出来的其他各民族，自然很容易划入少数民族的行列。但若回到历史现场，至少在国民革命时期，并没有统一的少数民族可言，不同形势不同的人心中自有具体所指，其内涵外延只有在具体语境与相关史事中才能准确理解和把握。这也提醒，被称为民族并不等于被称为少数民族，是否民族与是否少数民族，乃两个不同的问题。若不加分别地以后来集合名词指称前人前事，固然难免强古人以就我之弊，而仅从一个概念出发组装史料，置同一事物的不同名称于不顾，不明所指史事的复杂性，也难于知其然更知其所以然。

参考文献

[1] 费孝通等：《中华民族多元一体格局》，中央民族学院出版社，1989。

[2] 汪精卫：《民族的国民》，《民报》（第1号）1905年11月。

[3]《孙中山全集》第9卷，中华书局，1986。

[4] 荣孟源编《中国国民党历次代表大会及中央全会资料》（上册），光明日报出版社，1985。

[5] 中共中央党史研究室第一研究部译《联共（布）、共产国际与中国国民革命运动（1920-1925）》，北京图书馆出版社，1997。

[6] Титаренко. М. Л., Лейтнер. М. (реэ), ВКП (б), Коминтерн и национально-революционное движение в Китае, документы, Т. 1, 1920 - 1925. М: Буклет, 1994.

[7] 登德布：《蒙古民族及其解放运动》，《向导周报》第5~6期，1922年10月。

[8] 李守常：《平民主义》，朱文通等整理编辑《李大钊全集》第4卷，河北教育出版社，1999。

[9] 中共中央统战部编《民族问题文献汇编》，中共中央党校出版社，1991。

[10]〔日〕松本真澄：《中国民族政策之研究——以清末至1945年的“民族论”为中心》，鲁忠慧译，民族出版社，2003。

[11]《孙中山全集》第5卷，中华书局，1985。
[12] 中共中央书记处编《六大以前——党的历史材料》，人民出版社，1980。
[13] 李璜：《国家主义正名》，少年中国学会编《国家主义论文集》第1集，中华书局，1925。
[14] 瞿秋白：《列宁主义与中国的国民革命》，《瞿秋白文集》政治理论篇第3集，人民出版社，1989。
[15]《孙中山全集》第6卷，中华书局，1985。
[16] 戴季陶：《国民党的继往开来》，中国国民党中央委员会党史史料编纂委员会编印《革命文献》第8辑，1955。
[17] 黄修荣：《共产国际与中国革命关系史》上册，中共中央党校出版社，1989。
[18]《联共（布）、共产国际与中国国民革命运动（1926-1927）》上册，北京图书馆出版社，1997。
[19] Титаренко. М. Л.，Лейтнер. М. （peə），ВКП （б），Коминтерн и национально - революционное движение в Китае，документы，Т. 2，1926-1927，В 2-хч. Ч. 1. М：Буклет，1996.
[20] 中央档案馆编《中共中央文件选集》第2册，中共中央党校出版社，1989。
[21]〔美〕札奇斯钦：《二十年代的内蒙古国民党》，孙中山先生与近代中国学术讨论集编辑委员会编《孙中山先生与近代中国学术讨论集》第3册，台北，“中央”文物供应社，1985。
[22] 中共中央党史研究室第一部编《共产国际、联共（布）与中国革命文献资料选辑（1926-1927）》上册，北京图书馆出版社，1998。
[23] 曹之杰：《冯玉祥部国民军入甘纪略》，中国人民政治协商会议全国委员会文史资料研究委员会编《文史资料选辑》第27辑，中华书局，1962。
[24] 中国第二历史档案馆编《冯玉祥日记》第2册，江苏古籍出版社，1992。
[25] 湖南省博物馆编《湖南全省第一次农工代表大会日刊》，湖南人民出版社，1979。
[26] 中共中央文献研究室编《毛泽东年谱（1893-1949）》上卷，人民出版社、中央文献出版社，1993。
[27] 戴季陶：《三民主义的一般意义与时代背景》，《广州民国日报·现代青年》第18期，1927年1月17日。
[28] 戴季陶演讲，林霖笔记《三民主义的国家观》，《广州民国日报·现代青年》第9~15期，1927年1月6~13日。
[29] 黄义祥：《中山大学史稿（1924-1949）》，中山大学出版社，1999。
[30]《中山大学预科复试情形》，《广州民国日报》1926年11月15日。
[31]《中大附设东方民族院》，《广州民国日报》1926年12月22日。

［32］《中山大学理科学院之新气象》，《广州民国日报》1926 年 12 月 15 日。

［33］《申报》1927 年 2 月 19 日，《民政厅荐委化黎化猺局长》，《广州民国日报》1927 年 2 月 23 日。

［34］顾孟馀：《武汉二届三中全会提案大纲之说明——十六年二月二十四日在武汉中央之报告》，蒋永敬辑《北伐时期的政治史料——一九二七年的中国》，台北，正中书局，1981。

［35］中共中央党史研究室第一部译《联共（布）、共产国际与中国国民革命运动（1926－1927）》下册，北京图书馆出版社，1998。

［36］中国第二历史档案馆编《中国国民党第一、二次全国代表大会会议史料》上册，江苏古籍出版社，1986。

［37］《政治周报》第 14 期，1926 年 6 月 5 日。

［38］〔日〕野津彰：《内蒙古赤化运动的变迁》，内蒙古大学中共内蒙古地区党史研究所编《内蒙古近代史译丛》第 1 辑，内蒙古人民出版社，1986。

［39］中国第二历史档案馆编《中国国民党第一、二次全国代表大会会议史料》下册，江苏古籍出版社，1986。

［40］韩麟符：《内蒙古及热察绥三区近状》，彭明、金德群主编《中国现代史资料选辑》第 2 册，中国人民大学出版社，1988。

［41］《中央执行委员会全体会议之第三日》，《汉口民国日报》1927 年 3 月 14 日。

［42］《汉中央执行委员会前日闭幕十四十五两日会议之详情》，《世界日报》1927 年 3 月 18 日。

［43］《总指挥部特别党部拥护第三次中央执委会全体会议决议案》，《汉口民国日报》1927 年 3 月 28 日。

［44］《拥护中央执行委员会第三次全体会议决议案宣传纲要》，《湖南民报》1927 年 4 月 6 日。

（《学术研究》2009 年第 12 期）

清末预备立宪时期的平满汉畛域思想与满汉政策的新变化

——以光绪三十三年之满汉问题奏议为中心的探讨

李细珠

清朝是由满族为主体建立的中国历史上最后一个君主专制王朝。在清朝二百多年的历史中，满汉关系有一个从尖锐对立到渐趋和缓再到激烈冲突的演变过程。在清末，当革命派高举反满大旗时，满汉问题再度凸显出来，并成为影响朝野政局变动乃至清王朝命运的关键。于是，以消弭革命为重要目标的清廷预备立宪，便把化除满汉畛域提上议事日程。这是清廷力图自救的重要举措，其成败得失直接关系清王朝的存亡绝续。关于清末满汉关系问题的研究，以往学界多从辛亥革命史的角度，关注革命派的反满。近年来，渐有学者从清廷预备立宪的角度，研究清政府的平满汉畛域，初步探讨了清政府化除满汉畛域的原因、举措及其影响，以及若干重要人物的平满汉畛域思想。[①] 在清末预备立宪时期实行平满汉畛域举措的过程中，光绪三十三年（1907）慈禧太后发布化除满汉畛域懿旨与官绅群起奏议，是一个关键性的事件。以往的研究对此多有涉及，但并未深入分析其

① 这方面较系统的研究论文有：迟云飞：《清末最后十年的平满汉畛域问题》，《近代史研究》2001 年第 5 期；苏钦：《清末预备立宪活动中“化除满汉畛域”初探》，《法律文化研究》第 2 辑，2006；张继格、刘大武：《试析清末化除满汉畛域原因》，《江苏科技大学学报》2007 年第 2 期；李学智：《清末政治改革中的满汉民族因素》，《天津师范大学学报》2007 年第 5 期。关于一些重要人物平满汉畛域思想研究的论文有：吴春梅：《张之洞调和满汉思想述论》，《安徽史学》2001 年第 4 期；赵可：《张之洞调停满汉畛域的努力与晚清政局的演变》，《四川师范大学学报》2004 年第 1 期；翟海涛、王建华：《端方与清末的满汉政策》，《江南社会学院学报》2003 年第 1 期。

前因后果，资料也多局限于《清末筹备立宪档案史料》已刊的一些奏折、条陈。本文拟在既有研究的基础上，通过广泛搜集已刊与未刊档案、官方文书、私人文集、日记及报刊等资料，具体探讨光绪三十三年慈禧太后化除满汉畛域懿旨出台的原因、官绅奏议讨论的问题及其应对之策，以及清政府满汉政策的新变化，以期为观察清末满汉关系演变与清王朝覆灭问题提供新的视角。

一　慈禧太后化除满汉畛域懿旨探源

光绪三十三年七月初二日，清廷以光绪皇帝上谕的名义发布了一道慈禧太后关于化除满汉畛域的懿旨，其云：

> 我朝以仁厚开基，迄今二百余年，满汉臣民从无歧视。近来任用大小臣工，即将军、都统亦不分满汉，均已量材器使，朝廷一秉大公，当为天下所共信。际兹时事多艰，凡我臣民方宜各切忧危，同心挽救。岂可犹存成见，自相纷扰，不思联为一气，共保安全。现在满汉畛域应如何全行化除，著内外各衙门各抒所见，将切实办法妥议具奏，即予施行。[①]

这道懿旨有三层意思：一是表明清朝统治二百余年以来并无满汉之分，显然是面子上唱高调；二是说明当今时事艰危，希望天下臣民同心协力，共同挽救，此是实情；三是具体就化除满汉畛域问题征求对策，这才是点睛之笔。

慈禧太后为什么在这个时候发布这样一道懿旨呢？可以从三方面来分析：其一，直接导因是革命排满风潮。其时，革命党人徐锡麟刺死安徽巡抚恩铭事件，矛头直指“满人”，是满汉矛盾激化的鲜明标志。徐锡麟是坚定的排满革命者，他在供词中明确地宣称：“我只拿定革命宗旨，一旦乘时而起，杀尽满人……我蓄志排满已十余年，今日始达目的。本拟杀恩铭后再杀端□（方）、铁□（良）、良□（弼），为汉人复仇。乃竟于杀恩铭后，

① 中国第一历史档案馆编《光绪宣统两朝上谕档》第33册，广西师范大学出版社，1996，第133页。

即被拿获，实难满意。"[①] 徐锡麟刺死皖抚恩铭后，社会上不时流传着有满族大吏被刺的消息。"道路传闻，江西之瑞（良），新疆之联（魁），皆遭不测。事之有无，尚在疑似，政府顾皇皇然不可终日"[②]。满汉矛盾是清末革命兴起的重要原因，也是满族统治者无法回避的现实问题。在清王朝面临危急存亡的关头，统治者不得不正视满汉畛域问题。据报道，慈禧太后与光绪皇帝在召见军机大臣时面谕："筹议宪政，当先实行满汉平权办法及严禁大员徇私，以立宪政基础，则革命风潮庶几亦可渐息。"[③] 随后，慈禧太后便发布了这道化除满汉畛域的懿旨。时人认为，此旨"欲混合满汉，不分畛域。盖鉴于革命党之事也"[④]。"又命妥议化除满汉畛域，筹画各省旗营生计，立变通旗制处，皆为消弭革命排满也"[⑤]。可见清廷此时实行化除满汉畛域的缘由与用心。

其二，舆论环境的压力。按慈禧太后懿旨中"际兹时事多艰"，表明清王朝统治正面临着现实中的内忧外患危机。在此前一年，清廷宣布实现预备立宪，其主要目的有三，即如出洋考察政治大臣载泽所谓立宪有三大利："皇位永固"、"外患渐轻"与"内乱可弭"。[⑥] 然而，一年以来，不但未见明效，内外危机反而更加严重。就国际形势而言，强邻日本迫使韩皇禅位，变韩国为"保护国"，并在加强日英同盟的基础上，与法、俄接近，签订日法协约、日俄协约，中国边疆危机进一步加深。就国内局势来说，同盟会组织的萍浏醴起义刚被平息，又发生了徐锡麟事件和秋瑾案，掀起了排满革命的高潮。显然，清政府当时面临着革命与列强侵略两方面的威胁。时论认为："自表面上观之，则革命之祸急，而列强之祸缓；而自实际上观之，则列强之祸大，而革命之祸小。"两者都足以使清王朝覆灭，唯一的挽救方策只有立宪：一则"革命之发端由于立宪之不能成立，故不立宪则革命何自消除"；二则"非实行立宪则不足以消除革命之祸，革命之祸不消则

---

① 《皖抚恩新帅被刺七志·巡警会办徐道锡麟供词》，《申报》光绪三十三年六月八日。按：括号中文字为引者所加。

② 孙宝瑄：《忘山庐日记》下册，上海古籍出版社，1983，第1055页。按：括号中文字为引者所加。

③ 《两宫注意满汉平权》，《申报》光绪三十三年六月二十八日。

④ 孙宝瑄：《忘山庐日记》下册，第1059页。

⑤ 金梁：《光宣小记》，上海书店出版社，1998，第28页。

⑥ 《镇国公载奏请宣布立宪密折》，《宪政初纲·奏议》第5页，《东方杂志》临时增刊，光绪三十二年十二月。

列强之害亦终不能去”。[1] 这是清政府无法回避的现实压力。在如何应对内外危机的问题上，一般舆论多归结于立宪，而要实行立宪，又必须先化除满汉畛域。正如《申报》社论所云：“我国自去年七月十三以来，预备立宪之声，既腾达于中外，而革命之风潮不息，暗杀之手段所以日加烈者，其第一之争执，在于满汉之不平等。故不先除满汉之界，虽日日预备立宪，不过成一立宪之空名词而已。……是以政府不欲实行立宪则已，果欲实行立宪，非先平满汉之界，其道未由。政府不欲消除革命之风潮则已，果欲消除革命，非先除满汉之界，无由着手。故早一日实行立宪，即早一日弭革命之祸；早一日平满汉之界，即早一日成立立宪之局。”[2] 又云：“实现立宪之第一着，当自破除界限、改革政体始。互通婚姻之诏，前已布告天下矣；旗官都统之缺，亦已酌补汉员矣。然此特表面耳，形式耳，涂饰耳目，牢笼天下，无当也。其要点在撤驻防，裁旗饷，不分部缺诸大端。果能采择而实行之，使彼党中恍然于朝廷之与民更始，则一切平等自由之说不攻自破，尚何有乎排满？尚安用其革命？”[3] 革命风潮起于满汉矛盾，如果能切实消除满汉界限，实现真正的立宪，自然可以平息革命风潮，这已成一般舆论之共识。在标榜“庶政公诸舆论”的预备立宪时代，清廷对此绝不敢等闲视之。

其三，督抚重臣的促动。满汉问题关系到清朝统治的根本，是不容臣下公然议论的敏感问题。在清末，虽然八旗制度问题重重，但谈到改革，一般还是多有顾忌而谨小慎微。张之洞、刘坤一在著名的《江楚会奏三折》中提出了“筹八旗生计”，只是建议允许旗人自谋生计，“凡京城及驻防旗人，有愿至各省随宦游幕、投亲访友以及农、工、商贾各业，悉听其便，侨寓地方愿寄籍应小考、乡试者，亦听其便”。[4] 而根本不敢提及消除满汉界限。

对慈禧太后发布化除满汉畛域懿旨有所促动的督抚重臣，引人注目的有三位：一是两江总督端方。他较早提出化除满汉畛域问题。光绪三十二年七月，端方出洋考察政治回国后，与戴鸿慈多次联衔奏请实行立宪。但在涉及

① 《论今日中国之两大害》，《申报》光绪三十三年七月十七日。

② 《论消除革命在实行立宪》，《申报》光绪三十三年六月十八日。

③ 《满汉平议》，《申报》光绪三十三年六月五日。

④ 《遵旨筹议变法谨拟整顿中法十二条折》，苑书义等主编《张之洞全集》第2册，河北人民出版社，1998，第1422页。

平满汉畛域问题时，则独自上了一道密折，历数欧、美、日本诸国处理民族问题之得失，特别强调民族融合的重要性。有谓："苟合两民族以上而成一国者，非先靖内讧，其国万不足以图强；而欲绝内讧之根株，惟有使诸族相忘，混成一体，此实奠安国基之第一义。"具体到满汉关系问题，端方也很谨慎。他说："我朝旧制，虽满汉一视同仁，而尚有一二小节，为满汉之间权利义务不甚均平者，逆党即假为口实，肆其鼓簧。后生小子，激于感情，被其利用，此种族革命之说，所以得乘间而入也。"其应对之策，则主张"惟有于政治上导以新希望，而于种族上杜其所藉口"。前者即实行立宪，后者就是化除满汉畛域。其化除之策有二：改定官制，除满汉缺分名目；撤各省驻防，筹八旗生计。[①] 端方此折上后，未见清廷有任何反应。光绪三十三年六月二十二日，端方代奏安徽旌德县廪贡生李鸿才条陈化除满汉畛域办法八条：满汉刑律宜归一致，满臣不宜称奴才，满汉通婚宜切实推行，满汉分缺宜行删除，满洲人士宜姓名并列，缠足宜垂禁令，京营宜改混成旗，驻防与征兵办法宜归一律。此虽为代奏，但端方基本上认同，他说："该生所言尚能独见其大，虽措辞或未尽合，而命意实为可嘉。"[②]

二是直隶总督袁世凯。光绪三十三年六月十六日，袁世凯奏陈预备立宪十事，其中有"满汉必须融化"一条，有谓："为今之计，惟有仍遵行皇太后勘定发捻各逆之成规，整饬内政，因时制宜，不分满汉，量才授事。凡从逆煽惑者，严密访拿，尽法穷治，决不可稍涉姑息。臣工内如有满汉意见较深者，亦须量予裁抑，以杜猜防之渐，而消祸乱之萌。并请饬下枢阁部院诸臣，拣查近年各臣工所上融化满汉各条陈，详审会议，订立切实可行办法，奏请圣明裁择，锐意实施。庶可冀成见胥捐，嫌疑尽释。间执逆徒谗慝之口，稍息强敌觊觎之心。奠圣朝万年巩固之基，慰天下兆民治安之望。合群进化，达于宪政，此其权舆矣。"[③] 清廷交会议政务处议奏。

---

① 参见端方《请平满汉畛域密折》，中国史学会主编《辛亥革命》第4册，上海人民出版社，1957，第39～47页。

② 参见《两江总督端方代奏李鸿才条陈化除满汉畛域办法八条折》，故宫博物院明清档案部编《清末筹备立宪档案史料》下册（以下提及本书者省去编者），中华书局，1979，第915～917页。

③ 《直隶总督袁世凯呈密陈管见十条清单》，中国第一历史档案馆（以下简称"一档"）：录副奏折，档号03-9287-008，缩微号667-1102。据国家清史编委会网上工程：中华文史网（http：//qinghistory. cn）。

会议政务处就此议复如下："如融化满汉一节，我朝定鼎以来，厚泽涵濡，凡在满汉臣民，久已合同而化。上年已奉满汉结婚之谕，近则满汉官缺，量缺量能简授。圣人在上，一视同仁。乃逆徒煽乱，竟以种族之谬说，运其簧鼓之阴谋。此在贤智士夫，断不为其所惑。设有成见，亦难逃烛照之明。现在内外臣工条奏，为藉化除畛域之言，为生聚久长之计者，合群进化，首在教养兼筹。容臣等裒集群言，折衷定议，奏请圣裁。"①

三是湖广总督张之洞。张之洞很关注袁世凯密奏条陈预备立宪十事，曾就融化满汉、组织内阁两条，特别指示在京的齐耀珊详细了解。有电云："速往见政治馆湖北孝廉傅岳芬，其人现在宝瑞臣侍郎家处馆，切托其觅钞北洋条陈十事，钞到先行摘要急电飞达。折内融化满汉、组织内阁两条为最要，须详叙。"齐迅速作了具体的汇报，内容如上所述。② 此前，光绪三十三年六月二十四日，湖北按察使梁鼎芬上奏《请化除满汉界限折》，有谓："请明诏化除满汉界限，并饬内外臣工，各抒所见，以备采择。"③ 梁鼎芬曾长期为张之洞的亲信幕僚，此举或与张不无关系。就在梁鼎芬上奏之后不几天，六月二十九日，张之洞借外务部咨询日法协约对策之机，致电军机处请代奏，有谓："查整理内政，乃抵制之实际。欲固边防，先定内乱。方今革命党各处横行，人心惶扰。前奉明诏，令内外臣工条陈时政。窃思要政多端，岂能数日间全行举办？必须探源扼要，方能靖人心而伐逆谋。惟有仰恳圣明，特颁谕旨，布告天下，化除满汉畛域，令内外各衙门详议切实办法，迅速奏请，核定施行。此旨一颁，人心自定，乱党莠民，无可借口。所有立宪、议会等事，俱以此为基址，自然推行无滞。其他各要政，尽可详审斟酌，次第举行。"④ 张之洞在此明确地提出了"化除满汉畛域"之说。对照前述慈禧太后懿旨，其措辞基本相似。难怪许同莘所编

① 《政务处覆奏袁军机预备立宪折》，《申报》光绪三十三年八月十八日。

② 参见《致北京旧刑部街法部齐寓齐观察耀珊》，《张之洞全集》第11册，第9659页；《丁未六月三十日京齐道来电》，《张之洞电稿（零散件）》，中国社会科学院近代史研究所图书馆藏档案（以下简称"所藏档"）甲182-479。

③ 《德宗实录》卷五七五，光绪三十三年六月癸未，《清实录》第59册，中华书局，1987年影印本，第616页。梁鼎芬原折未见，查军机处随手登记档，有朱批："会议政务处知道。"（一档：军机处随手登记档，光绪三十三年六月二十四日，梁鼎芬等折件，档案编号03-0324-2-1233-169，原档页码03-0324-2-358，缩微号133-0193）。

④ 《致军机处》，《张之洞全集》第3册，第2296页。

年谱有云："三十日电奏，奉懿旨立命各衙门将切实办法议奏。"[①] 直接点出了张之洞电奏与慈禧太后懿旨的关系。还有一点值得注意，就在慈禧太后懿旨发布的当天，清廷"谕军机大臣等，电寄张之洞，有面询事件，著迅速来京陛见"[②]。据张之洞的幕僚邹履和在京密访肃亲王善耆等人得知："此次相召，首在筹议革命党事件，次则满汉畛域，次则立宪。"[③] 随后，张之洞进京觐见时，慈禧太后劈头就问："出洋学生排满闹得凶，如何得了?"张之洞从容对答："只须速行立宪，此等风潮自然平息。"[④] 用立宪应对排满革命，既是一般舆论之共识，张之洞亦表赞成，并以之耸动天听。

当时，张之洞、袁世凯、端方是最有影响的地方督抚大臣。据张之洞的属下报告，"近时都下舆论，京外总督三个半，宫保与袁、岑居三数，端得半数"[⑤]。其中，两广总督岑春煊因为丁未政潮，被清廷开缺，赋闲上海。而其余张之洞、袁世凯、端方三大总督对慈禧太后的影响力是值得充分估计的。

二　官绅奏议讨论的问题及其应对之策

满汉关系问题在清末已是非常严重，但因其与清朝统治息息相关，人多讳莫如深。正如《东方杂志》社论所云："吾国宪政之不克成立，其原因至为复杂，而满汉之争不相下，实为其莫大之总因。此其故人人能知之，而无一人为敢昌言之。"[⑥] 此"无一人"云云，固然夸张，但言路殊为不畅，亦是实情。

自七月初二日慈禧太后发布化除满汉畛域懿旨，就此正式开放言路，官绅纷起上奏。据《申报》记载，到九月初三日，各大员绅民条陈化除满

① 许同莘：《张文襄公年谱》卷九，上海商务印书馆，1947，第204页。按：张之洞电奏二十九日发出，军机处三十日收到（《为恳请颁旨化满汉畛域令各衙门详议切实办法事》，一档：军机处电报档，收湖广总督致军机处请代奏电，光绪三十三年六月三十日，档号2-05-12-033-0547，缩微号013-1239）。

② 《德宗实录》卷五七六，光绪三十三年七月辛卯，《清实录》第59册，第619页。

③ 《丁未七月二十三日京邹道来电》，《张之洞存各处来电稿》第3函，所藏档甲182-446。

④ 《八月初七日张之洞入京奏对大略》，《时务汇录·丁未时务杂录》，所藏档乙F99。

⑤ 《丁未五月十一日京陈丞来电》，《张之洞存各处来电稿》第2函，所藏档甲182-445。

⑥ 蛤笑：《论消融满汉之政策》，《东方杂志》第4年第7期，光绪三十三年七月二十五日。

汉畛域折共计十一件。[①] 到九月十六日，“化除满汉条陈已有数十起之多”[②]。这些记载并不完全。据已刊《清末筹备立宪档案史料》统计，自七月初八日至八月十八日，就有17件之多。[③] 当时究竟有多少奏折条陈，现在要作完全统计，已是相当困难。至于上奏呈者之身份，也颇为复杂，既有部院大臣、翰詹科道等京官，也有将军都统、督抚司道府县等地方官员和士绅，还有一个号称“台湾遗民”的黄同[④]，甚至有英国传教士李提摩太。[⑤] 值得注意的是，这些奏折条陈究竟讨论了什么问题，提出了什么应对之策。现就所见略述如下。

其一，关于化除满汉畛域的缘由。官绅奏议众说纷纭，大致有四。

一是针对排满革命，认为革命党以满汉问题为借口，消融满汉畛域，自可抵制革命。如荆州右翼副都统松鹤奏称：“朝廷治道修明，而革命之横议嚣张，以机诈犯上之术，惑我礼乐刑政之邦。民虽至愚，咸知大义。无如倡叛人藉口之词，为满汉畛域之渐。故在乎弥变应变之才，随时安辑，以维人心。”[⑥] 两江总督端方代奏李鸿才条陈有云：“近者不逞之夫，昌言革命，悖逆狂谬，蛊惑人心，私放债票，密运军火，勾结匪徒，蠢然思动，甚至戕杀大员，扰乱治安。设非措置得宜，防查有法，必至破坏不可收拾，其害有难胜言者。推其致患之由，则在藉辞满汉。欲弭此患，莫若令满汉大同，消泯名称，浑融畛域。明示天下无重满轻汉之意，并无以满防汉之心，见诸实事，而不托诸空言。”[⑦]

---

① 参见《会议条陈消融满汉各折》，《申报》光绪三十三年九月三日。按：此十一折有民政部侍郎赵秉钧、两江总督端方、署黑龙江巡抚程德全、安徽巡抚冯煦、广州副都统李国杰、湖北臬台梁鼎芬、道员熊希龄、知府杨道霖、吏部员外郎胡潜、盐大使李蔚然、举人董芳三。

② 《沈侍郎条陈满汉纪闻》，《申报》光绪三十三年九月十六日。

③ 这17件有南书房翰林郑沅（一折二片）、御史贵秀、御史俾寿、两江总督端方、举人董芳三、桂林府遗缺知府杨道霖、宁夏副都统志锐、民政部右侍郎赵秉钧、安徽巡抚冯煦、修订法律大臣沈家本、四川补用道熊希龄、御史江春霖、暂署黑龙江巡抚程德全、吏部文选司员外郎胡潜、举人李蔚然。

④ 参见《台湾遗民黄同为消除满汉歧视抵排之风事呈文》，一档：录副奏折，档号03-9287-019，缩微号667-1176。

⑤ 参见《李提摩太上军机处满汉相安根本策》，《申报》光绪三十三年九月四日。

⑥ 《荆州右翼副都统松鹤奏为敬陈立宪融化满汉一体管见事》，一档：录副奏折，档号03-5620-006，缩微号423-2910。

⑦ 《两江总督端方代奏李鸿才条陈化除满汉畛域办法八条折》，《清末筹备立宪档案史料》下册，第915页。

二是外患危机。如御史贵秀所说："方今时局艰危，强邻环伺，属在臣民，均宜志切同仇，以御外侮，万不可自分界限，致蹈危机。"[①] 安徽巡抚冯煦甚至认为，满汉问题的存在，正使外人得以煽惑革命党扰乱中国，而坐收渔人之利。有谓："今之歧满汉而二之者，正外人利用此说以煽我革命党人，使我自相疑贰，自相争竞，而彼则坐收其利也。"[②]

三是宪政要求。民政部右侍郎赵秉钧认为，八旗制度有碍宪政，必须改革，以符立宪要求。有云："查各国宪法，有通国皆兵者，有听便入伍者，无于全国人内另指一部分人专作军籍之理。今八旗无分长幼男女，皆注籍于旗，殊于宪政有碍。又立宪之国选举人员，皆视其地完赋之数，八旗皆属兵籍，于选举各权，更恐有所损失。如将来实行立宪，再议汰撤，在旗人久受豢养，恐有一旦失所之虞，在国家垂念勋劳，亦宜预筹资生之策。……拟分期酌办以谋旗民之富庶，而符立宪之规模。"[③]

四是满汉权利实有不均。承认这一点并不容易，相比之下，满族大臣反而更能正视现实。例如两江总督端方认为："朝廷虽于满汉并无歧视，尚有一二旧制，似乎权利义务不甚均平。如从前京外诸官缺，有专为满缺者，有满汉分缺者，有满汉并用者，大约满人较汉人为多。汉人无不纳税，满人则以兵之名额，坐领饷糈，有分利之人，而无生利之人。"[④] 宁夏副都统志锐认为，排满革命之起，正因为满汉权利甚为不均。有谓："实以满人向占优胜，遂致积不相能，激成此举。同一大学士，满则尽人可得，汉则非科甲不能。同一谥法，满则拜相即加'文'字，不论出身，汉则绝无此例。六部堂官必须满汉各三，司官则满必掌印，且有无汉官之衙门。御史为风宪之官，通院八十名，满人必居其半，兼之卑鄙无识、不称职者居多，早为汉人之所轻视。满人获咎，有所谓西路换班、起用废员专条，汉人则无之。驻防兵丁，果能如国初之所向必克，为民捍患御灾，自无异议。无如

① 《御史贵秀奏化除满汉畛域办法六条折》，《清末筹备立宪档案史料》下册，第920页。

② 《安徽巡抚冯煦奏徒言化除满汉非探本之论当以核名实明赏罚为首折》，《清末筹备立宪档案史料》下册，第939页。

③ 《民政部右侍郎赵秉钧奏请分期蠲除旗籍并划一旗汉官员称谓升途折》，《清末筹备立宪档案史料》下册，第937页。

④ 《两江总督端方奏均满汉以策治安拟办法四条折》，《清末筹备立宪档案史料》下册，第926页。

废弛腐败，坐食优游，小民终岁胼胝，徒供驻防温饱，且恃骄贵，到处欺凌，积忿之深，不止一日。刑律有发交驻防兵丁为奴一条，显然有贵贱之分，此尤动汉族不平之气。”①

其二，关于化除满汉畛域的具体措施。官绅奏议提出了很多建议，综其大要如下。

一是裁驻防，改旗籍，筹八旗生计。这是最重要的一点，官绅奏议多有涉及。“数月以来，内外臣工之应诏陈言者，章凡数十见，虽办法各有不同，而主裁撤旗兵之说，最居多数。”② 南书房翰林郑沅主张裁去驻防名目，旗兵改隶于各省，占籍为民，京旗分隶于顺天府属办理，并酌量变更将军、都统等官制。③ 御史贵秀主张裁撤驻防，仿旗籍以办军籍，满汉之民尽为兵，相习既久，自无排满排汉之可言。④ 桂林府遗缺知府杨道霖主张除宗室贵族另订章程以外，凡满洲、蒙古、汉军八旗，均一律销除旗档，统归民籍，裁撤将军、都统、佐领等官，各归州县官管理，挑选丁壮为兵，其余闲散人等，准其出外自谋生计。⑤ 民政部右侍郎赵秉钧主张分三期蠲除旗籍：第一期清查旗籍户口；第二期颁发褒赏功勋牌券；第三期将旗人安插各行各业，一律化作平民。⑥ 吏部文选司员外郎胡潜主张把京旗与驻防八旗仿军籍之例，编入相应地方州县籍贯，使旗籍与民籍不分；同时清查八旗户口，分等造册，各筹生计，并裁撤其钱粮。⑦ 规划最详的是两江总督端方与江苏巡抚陈夔龙。端方奏陈四条办法：第一，旗人悉令就原住地方，如军籍例编为旗籍，与汉人一律归地方官管理；第二，旗丁分年裁撤，发给

① 《宁夏副都统志锐奏化除满汉畛域在使旗民自食其力并裁减满员补以汉员折》，《清末筹备立宪档案史料》下册，第955页。

② 《陕甘总督升允代奏赵惟熙呈请裁撤旗丁由国家筹办实业为之生利折》，《清末筹备立宪档案史料》下册，第957页。

③ 参见《南书房翰林郑沅奏化除满汉畛域京旗驻防宜占籍为民折》，《清末筹备立宪档案史料》下册，第919页。

④ 参见《御史贵秀奏化除满汉畛域办法六条折》，《清末筹备立宪档案史料》下册，第921~922页。

⑤ 参见《桂林府遗缺知府杨道霖请销除旗档统归民籍呈》，《清末筹备立宪档案史料》下册，第933页。

⑥ 参见《民政部右侍郎赵秉钧奏请分期蠲除旗籍并划一旗汉官员称谓升途折》，《清末筹备立宪档案史料》下册，第937~938页。

⑦ 参见《吏部文选司员外郎胡潜陈化除满汉畛域办法八条呈》，《清末筹备立宪档案史料》下册，第950页。

十年钱粮，使自谋生理；第三，移驻京旗屯垦东三省旷地，或自耕，或召佃取租，以资养赡；第四，旗籍臣僚宜一律报效廉俸，以补助移屯经费。[①]陈夔龙电奏办法五条：第一，浑融旗籍，请将京旗、驻防旗籍一概蠲除，相应注入顺天籍和各省籍，并随其所居住之州县与汉人一体编列；第二，变通官制，裁撤将军、都统等旗官，各衙门官制满汉并用；第三，安插流寓旗员；第四，代谋生理，改籍后停发口粮，按照应发口粮酌给一二年，俾可各谋生业，工商军界听其自择，其有老弱病残者拨入养济院一体给恤；第五，广兴教育，应饬所在地方官谕令八旗驻防子弟与汉人一体入学，尤宜多习实业。[②]宗室文斌等人条陈值得注意，其化除满汉畛域之根本办法六条：第一，明定期限裁撤饷额，请明降谕旨限定十年，所有八旗饷额尽行裁撤；第二，速行变通旗务以求善后，请饬下各省督抚选派专员，赴各旗驻防原地，会同地方官认真经理工商、练兵、教育等事，筹八旗营业营生之路；第三，各省设旗务善后局以综核旗务，京师设总理旗务善后衙门，统管京师旗务善后事宜及各省旗务善后局，该局该衙门均在十年期满后裁撤；第四，先裁旗籍以泯界限，请将现在旗籍之人一律注销，与齐民同等，各就本地州县入籍；第五，遣京外旗人分往热河，以事屯田；第六，添设藩族以固人心，请将蒙、回、藏人编为藩族，将来国会开后，凡能通中国语者，即可有议员之资格，概与满汉平等，无可歧视。[③]

二是不分满汉官缺。满汉任官不平等，多为世人所訾议。此次官绅奏议，也有不少涉及于此。据《申报》报道，大学士那桐在召见时，奏陈满汉平权办法，“拟请查明京外大小各项要缺，嗣后满汉各居其半，如汉员有奇功异勋者，亦得赏食王俸”[④]。满汉官缺不平何在？预备立宪开始后的官制改革，虽然宣称部院堂官不分满汉，但有些部门及各部司员铨补仍多循旧例。宗室文斌等奏称：“自改官制以来，满汉分缺之例业已蠲除几尽，然军机处、内阁、翰林院、都察院、吏部、度支部、礼部等衙门各项官缺，

---

① 参见《两江总督端方奏均满汉以策治安拟办法四条折》，《清末筹备立宪档案史料》下册，第928～930页。

② 参见《江苏巡抚陈夔龙电奏为拟化除满汉畛域办法五条事》，一档：军机处电报档，档号2-05-12-033-0568，缩微号013-1267。

③ 参见《翰林院侍讲奉恩将军文斌等为融和满汉胪陈豫筹京旗办法事宜事呈文》，一档：录副奏折，档号03-5746-005，缩微号432-0520。

④ 《那相国奏陈化除满汉办法》，《申报》光绪三十三年八月一日。

满汉特异，理藩部等衙门且无汉人，殊非持平之道。似宜一律改革，以示大同。”[①] 满汉官员升转亦有不平。民政部右侍郎赵秉钧奏称：“细核各部升转则例，不独旗员与汉员不同，即旗员与旗员亦各有不同，甚至满、蒙、汉军亦有专缺，既隘登进之途，无当抡才之用。”[②] 因而主张满汉文武官员升途划一。如何在满汉之间持平？贵州巡抚庞鸿书奏称：“无论大小缺出，不必循例推迁，宜由各尚侍核其平日之成绩如何，以凭迁擢。满人而才，多用满人不为过；汉人而贤，多用汉人不为非。则于整饬部务之中，实行化除畛域之意。”[③] 宁夏副都统志锐亦认为：“论人才之当不当，一秉大公，满人督抚中不使材望不符者充数，汉人尚侍内不使练达有为者向隅，调剂一平，痕迹自泯，舍是无他术矣。”[④] 据说庆亲王奕劻在政府会议宪政事宜时也表示：“所有应设之资政院、审计院暨军谘府、海军部各项要职，宜将去年原订官制草案量为变通，不必定以王公、贝勒、贝子充任首位，但有才具能胜各院长暨各处总理之任者，不论满汉，一律奏请简派，以实行破除满汉界限。”[⑤]

三是满汉法律同一。按清律有“旗人犯罪折枷”条，就是旗人犯罪，应处军流徒刑，免发遣而分别枷号。“徒一年者枷号二十日，每等递加五日，总徒准徒亦递五日；流二千里者，枷号五十日，每等亦递加五日；充军附近者枷号七十日，近边者七十五日，边远沿海边外者八十日，极边烟瘴者九十日。”显然对旗人犯罪只是象征性处罚，而汉人不能享受此等待遇。修订法律大臣沈家本奏请变通办理，“嗣后旗人犯遣军流徒各罪，照民人一体发配，现行律例折枷各条，概行删除，以昭统一而化畛域”[⑥]。具体到地方官判案，刑罚亦有不平。吏部文选司员外郎胡潜奏称：“各地方官于满汉人民之涉讼，或逆億满人欺汉人之心而姑抑夫满人，以便沽其名誉；

① 《翰林院侍讲奉恩将军文斌等为融和满汉胪陈豫筹京旗办法事宜事呈文》，一档：录副奏折，档号03-5746-005，缩微号432-0520。

② 《民政部右侍郎赵秉钧奏请分期蠲除旗籍并划一旗汉官员称谓升途折》，《清末筹备立宪档案史料》下册，第938页。

③ 《贵州巡抚庞鸿书奏为遵旨敬陈化除满汉畛域管见事》，一档：录副奏折，档号03-5746-031，缩微号432-0585。

④ 《宁夏副都统志锐奏黜陟赏罚满汉应视一律折》，《清末筹备立宪档案史料》下册，第936页。

⑤ 《庆邸实行满汉平权之意见》，《申报》光绪三十三年七月二十六日。

⑥ 《修订法律大臣沈家本奏旗人犯罪宜照民人一体办理折》，《清末筹备立宪档案史料》下册，第941、942页。

或存袒护满人之意而姑抑夫汉人，以见好于将军、都统。”他主张不分满汉之刑罚，“刑罚两得其平，而满汉之畛域胥融矣”[①]。

四是满汉礼制同一。关于婚嫁礼。御史贵秀认为，清廷虽然谕准满汉通婚，但成效不大，是因为满汉婚嫁之礼绝不相同，遂奏请礼部开办之礼学馆订定旗汉通行婚嫁各礼，“务取折衷归于一是，以联络之”[②]。关于丧礼，满汉差异在官员服官守制问题上凸显出来。陆军部上奏已调丁忧汉员并未补有官阶可否留部当差请旨定夺折，清廷垂询军机大臣。庆亲王奕劻云：“丁忧汉员虽不准补官，当差似属无妨。惟公然出诸朱批，则丁忧之员纷纷起用，实与前旨不合。”张之洞、袁世凯则云：“现在需才孔亟，若丁忧人员一概不用，未免废置可惜。且外省当差者不少，如一律撤差，未免掣肘，此事总宜斟酌。”诸公踌躇再四。最后世续云：“此□种种原因，在满汉丧礼不同之故。最好此折姑且批准，一面饬下礼部另拟满汉服官守制章程，均归一律。”庆亲王亦以为然。[③] 关于见面行礼。吏部文选司员外郎胡潜奏称：“满人与满人行礼，屈一膝而垂手，汉人与汉人行礼，拱两手而鞠躬，至外省属员见上司，与京内司员见堂官，行礼又两歧矣。”[④] 拟请将满汉内外之礼节规定一律遵行，以泯畛域。

五是推行满汉通婚。宗室文斌等奏称：“满汉通婚宜切实推行也。混合血统，最足化种族猜嫌。现虽明诏屡颁，而遵行者盖寡，诚以积习相仍，礼节差异所致。”应请将满汉通行礼节颁行天下，“实行满汉通婚，庶姻娅遍于全国，秦越自无异视”[⑤]。浙江嘉善学界上都察院条陈认为，满汉之间成见已深，积习难返，“通婚一日不实行，即成见一日不除，故朝廷欲除满汉成见，非实行通婚不可”[⑥]。南书房翰林郑沅认为：“满汉互通婚姻，实为化除畛域之一大关键。”鉴于清廷虽颁明诏而少有奉行之状，遂奏陈由大臣

---

① 《吏部文选司员外郎胡潜陈化除满汉畛域办法八条呈》，《清末筹备立宪档案史料》下册，第 952 页。

② 《御史贵秀奏化除满汉畛域办法六条折》，《清末筹备立宪档案史料》下册，第 921 页。

③ 参见《更改满汉服官守制原因》，《申报》光绪三十三年九月十五日。

④ 《吏部文选司员外郎胡潜陈化除满汉畛域办法八条呈》，《清末筹备立宪档案史料》下册，第 952 页。

⑤ 《翰林院侍讲奉恩将军文斌等为融和满汉胪陈豫筹京旗办法事宜事呈文》，一档：录副奏折，档号 03-5746-005，缩微号 432-0520。

⑥ 《浙江嘉善学界徐秉刚、徐益三、程劲、程杰上都察院代奏化除满汉畛域条陈》（续），《申报》光绪三十三年十一月十日。

请旨指婚以开风气。有云："嗣后凡京外满汉一二品大员，其子女几人，皆令先上其籍于朝，限年至若干岁时，准其请旨指婚。在大员之家，无端受此宠荣，必引为非常之庆幸，至风气既开于贵族，则士夫以下自然不令而行。"①

六是其他，如满汉官员统称臣、满汉人姓名并列等。两江总督端方代奏李鸿才条陈有谓："我朝汉人官无论大小，自称则曰臣，满人虽以王公之贵，均以奴才自称。……今外人每讥我为奴隶之国，虽非专指乎此，而此亦即其因。即曰称谓之间，无关轻重，然名者实之归，名不正则言不顺，顾名思义，所谓之何，故满臣亦宜称臣，而不称奴才。"又谓："东亚之人先姓而后名，西欧之人先名而后姓，未有列名字而无氏系者。惟中国隶旗籍者，率皆列名而不列姓，虽由习惯，终非大同。今后列旗籍者，亦应姓名并列，如国姓则用爱新某某，其他大族章佳、马佳诸氏，亦称章佳某某，马佳某某，余皆仿此，适与汉人欧阳、东方等双姓相同矣。其本系汉姓者，并用汉姓，尤为易泯形迹也。"② 民政部右侍郎赵秉钧奏请嗣后无论满汉文武，奏事一体称臣。③ 南书房翰林郑沅奏请满人可用旧姓译音合成一字，冠于名上，使姓名联属，与汉人浑化同一。④

其三，关于化除满汉畛域与宪政的关系。一方面，化除满汉畛域是宪政的需要，已如上面分析缘由时所述；另一方面，如何化除满汉畛域，不能只做形式上的表面文章，而必须从精神上做根本的解决，又最终归结于宪政。四川补用道熊希龄认为："今日而欲实行化除满汉，非改革之为难，实善后之不易。"在他看来，时人所谓赐汉姓、联婚姻、不论官缺，皆易决之事，唯撤驻防、改京旗两大端，事关数十万满、蒙、汉军之身家性命，最难解决。如果撤驻防、改京旗问题不能解决，"诚恐形式上之满汉虽化，精神上之满汉犹存，仍非国家长治久安之策也"。他指出时人所拟撤驻防、

① 《南书房翰林郑沅奏满汉通婚可由大臣请旨指婚以开风气片》，《清末筹备立宪档案史料》下册，第919～920页。

② 《两江总督端方代奏李鸿才条陈化除满汉畛域办法八条折》，《清末筹备立宪档案史料》下册，第916～917页。

③ 参见《民政部右侍郎赵秉钧奏请分期蠲除旗籍并划一旗汉官员称谓升途折》，《清末筹备立宪档案史料》下册，第938页。

④ 参见《南书房翰林郑沅奏满人冠姓可否用旧姓译音合成一字以昭划一片》，《清末筹备立宪档案史料》下册，第920页。

改京旗之策如颁恩饷、发债券和移民屯垦，均有很大困难，而这三难之外有一最难者，就是筹谋旗人生计。要解决这四难，尚有三策：一则广设工场及实业学堂，使旗人习艺，以营生业，此治本之计；二则以所筹恩饷之半设立银行，发给旗人股票；三则以所筹恩饷专造满蒙各部铁路，发给有饷旗丁铁路股票。他还特别提醒注意三点：一曰用人，不论满与汉，唯问贤不贤；二曰立法，法律齐一，权利义务平等；三曰御侮，同心对外界之竞争，则自忘内部之私斗。“故自其前而言之，所谓四难者尚不过形式上满汉之利害，以国家之全力，犹足以举之；自其后而言之，则此三注意者，直为精神上满汉之利害，必时时有忧勤惕厉之心，事事有开诚布公之意，乃可以长治久安矣”[①]。御史江春霖甚至不以化除畛域为然，“畛域必不可化，实亦无庸化也”。在他看来，满汉之分对于清廷而言，就像子女对于父母有亲生与继嗣之别一样。子女或有嫌隙，父母但能持平待之，终必和好如初。“然则化除畛域，更无他术，谕旨‘一秉大公’四字尽之矣。”他认为时人所谓通婚姻、改姓氏、销旗籍、撤驻防数端，只是治标。“为今之计，惟有罢不急之营缮，禁苛细之杂捐，订禄俸画一之经，平部院补缺之制，庶满汉之界不必除，而满汉之争无弗息。”[②] 暂署黑龙江巡抚程德全认为：“今日满汉之畛域，非因满汉而有意见也，乃因意见而有满汉耳。”“盖满汉者其迹也，政本者其原也。所谓政本者，即我皇太后、皇上主持国是之一心，与政府诸公赞襄密勿之公德也。”时人条奏诸如裁撤京旗与驻防、改旗人归民籍、裁撤将军都统官缺等数端，只能化除满汉之形迹，未为探本之论。“实行破除畛域之事，先化无形之满汉，再化有形之满汉。今日时虽危迫，尚未始不可实行宪政转弱为强者也。”[③] 举人李蔚然条陈化除满汉界限之策，以立宪为至善之法。有谓：“今朝廷但求宪政成立，则教育整顿，学术一致；奖励持平，黜陟一致；议院渐设，权利一致；法律改良，刑罚一致；服饰仪节悉定划一章程，则礼俗一致。统贵族、华族、士族、民族，咸受治于宪法范围之中，则于满人不见为独优，即于汉人不见为独

① 《四川补用道熊希龄陈撤驻防改京旗之策并请从精神上化除满汉之利害呈》，《清末筹备立宪档案史料》下册，第942～945页。

② 《御史江春霖奏化除满汉畛域为治标之术请勿轻听群议折》，《清末筹备立宪档案史料》下册，第946～947页。

③ 《暂署黑龙江巡抚程德全奏满汉其迹政本其原必尽划弊根而后可言维新折》，《清末筹备立宪档案史料》下册，第948～949页。

绌，界限之说，不言自破。乱党虽欲蛊惑，亦无从藉口。此法之至善者也。”① 事实上，平满汉畛域问题的讨论既是在预备立宪的背景下展开，其后也自然被纳入宪政筹备的范畴之中，而与清末宪政改革息息相关。

三　清政府满汉政策的新变化

在官绅不断纷起奏陈的过程中，清政府也相应地作出了一些回应，而逐渐调整了相关的满汉政策。当然，政策的调整与实施也有一个过程。因此，尽管本文讨论的中心是光绪三十三年的满汉奏议，但由这些奏议所引发的清政府对于满汉政策的调整则一直持续到清王朝覆灭，或尚未完成。在某种意义或许可以说，正是这些政策的成败得失直接影响了清王朝的前途命运。

首先，裁撤驻防与筹旗人生计，最为引人注目。据时人观察：“旗民生计困迫，西城尤甚，皆短垣败屋，无一宽整者，街巷亦畸零荒寂，迥无东城气象。”② 这是京旗的情况。至于驻防旗人，如广州：“该驻防满汉丁口计有三万余人，满洲仅得十分之二三，徒恃钱粮以为养赡，向乏谋生之计，遂窒孳蕃之机，加以连年疫疠流行，贫病交迫，惨怛之状，蒿目疚心。汉军虽解营生，然亦只负贩肩挑，藉图蝇头微利，以是贫者常贫。即稍可温饱之家，亦时虞竭蹶。今虽习作工艺，而久涸思苏，究以为效迟而利薄。”③ 旗人生计窘迫如此。光绪三十三年八月二十日，清廷发布上谕曰：

> 我朝以武功定天下，从前各省分设驻防，原为绥靖疆域起见。迨承平既久，习为游惰，坐耗口粮，而生齿滋繁，衣食艰窘，徒恃累代豢养之恩，不习四民谋生之业，亟应另筹生计，俾各自食其力。著各省督抚，会同各将军都统等，查明驻防旗丁数目，先尽该驻防原有马厂庄田各产业，妥拟章程，分划区域，计口授地，责令耕种。其本无马厂庄田，暨有厂田而不敷安插者，饬令各地方官于驻防附近州县，

① 《举人李蔚然条陈除满汉界限之策以立宪为至善之法呈》，《清末筹备立宪档案史料》下册，第 953 页。

② 史晓风整理《恽毓鼎澄斋日记》第 1 册，浙江古籍出版社，2004，第 366 页。

③ 《广州副都统李国杰奏为驻防旗人生计艰难蒙恩筹给地亩耕种请饬速办事》，一档：录副奏折，档号 03-5746-055，缩微号 432-0649。

俟农隙时，各以时价分购地亩，每年约按旗丁十分之一，或十数分之一，授给领种，逐渐推扩，世世执业，严禁典售。即以所授田亩之数，为裁撤口粮之准，裁停之饷，另款存储，听候拨用。该旗丁归农以后，所有丁粮词讼，统归有司治理，一切与齐民无异。至田亩之腴瘠，价值之低昂，各省互有不同，但以足敷赡养为度。一面仍将各项实业教育事宜，勒限认真分别筹办，以广旗丁谋生之计。其授田之始，应需庐舍堤堰，暨农具牛种等项，并开办实业各经费，准由裁停存饷内，核实奏请，酌量协济。并著各将军督抚等破除情面，实力奉行，不得任听协参佐领各员，挟持私见，阻挠大计。先由度支部迅筹实在的款，以备拨发，毋稍诿误。期于化除畛域，共作国民，用副朝廷一视同仁之至意。①

这道谕旨把解决驻防旗人生计的难题交给了各省督抚与将军都统，其办法有二：一是将驻防原有马厂庄田各产业或以时价分购地亩，计口授田，使旗丁归农；二是筹办各项实业教育事宜，以广旗丁谋生之计。

据说此诏下后，“颇闻各省驻防旗民，竟有痛哭流涕，群谋抵抗，不谅朝廷之苦心者，何哉？贪安好逸，业已习为固然，一旦迫之使习耕作之劳，则几视为天下至苦之境也”②。广州副都统李国杰洞觉先机，其电奏清廷称：“旗丁数百年来专事操防，鲜营生业，骤聆朝命，易致惊惶。拟恳严饬各省督抚将军等，先将朝廷德意剀切宣布，妥慎办理，不得稍事操切，以安旗人之心。尤于分购民田时，不得稍事强迫，以杜民人之惑。务期真能化除畛域，旗民心意融合，相安无形。”③ 军机大臣会议时，世续倡言：“各处匪党滋多，人心不靖，驻防旗人向来不务生业，一旦裁撤口粮，深恐从中煽惑，相约起事。”张之洞、鹿传霖甚以为然，“拟通饬各省将军督抚，速即购买地亩，分给旗民，以安其心，渐图裁撤口粮之计”。旋由庆亲王奕劻面奏，奉旨允准。④ 八月二十四日，清廷又颁上谕：

① 《光绪宣统两朝上谕档》第33册，第196页。

② 《论旗人生计亟宜另筹善法》，《申报》光绪三十三年九月十一日。

③ 《广州副都统李国杰电奏为裁撤驻防旗人授地耕种拟请饬妥办事》，一档：军机处电报档，档号2-04-12-033-0913，缩微号012-0422。

④ 参见《政府会议裁撤驻防之办法》，《申报》光绪三十三年九月三日。

> 朝廷为旗民广筹生计，授地耕种，并筹办各项实业教育事宜，实属仁至义尽。该将军督抚等果能会同认真经理，先筹地亩，妥为安插，然后按照受地旗丁分数，徐为裁撤口粮之计，并非操切从事。至分购民田，谕令按照时价，于驻防附近州县酌量购买，官民交易，务期平允，不至抑勒强迫。各该将军督抚等，仍当懔遵前旨，实心实力，认真妥办。一面剀切晓谕，宣布朝廷德意，务使旗民人等家喻户晓，尽释疑惧，期副朝廷化除畛域之至意。①

朝廷再次严责各省督抚与将军都统切实施行。

直隶布政使增韫奏陈办法四条：调查边荒，恳恩赐作业田、学田，以省地价；筹贷垦田成本，以期逐渐推广；筹设劝农银行，以立贷款基础；请设立管理大员，总理银行、开荒暨安置旗丁事宜，已专责成。增韫是就全国情形笼统而言，并未具体针对某地。会议政务处奉旨议奏，以其所谓分学田、业田与筹办银行、设总理大员等具体措施均多窒碍难行，但其迁民开荒实边一策可先从东三省办起，请饬令直隶、山东、河南、安徽、湖北各督抚、将军、副都统等查明驻防旗丁数目，将本省无地可授及闲散旗丁并无营业者另编册籍，咨会东三省督抚详筹具体办法。② 察哈尔都统诚勋、副都统额勒浑会奏，有谓察防前办垦务，经前都统为八旗酌留随缺地一千顷，现又饬推广垦务局再予酌留空地一千顷，计口授食，无须另购民田。一俟户口查竣，再行妥筹办法。③ 热河都统廷杰奏称，热河人多地少，实属无地安插，拟筹变通办法，按照陆军部编练常备军计划，改练旗兵为常备兵，旗兵退伍后，将热河之内务府官庄园地归旗兵收租，以资生计。清廷交陆军部议奏。④ 密云副都统德麟奏陈五条：去游惰、购民田、广学校、开工艺、兴商务，并以职司驻防不兼财政，密库无款，治本难筹，请

① 《光绪宣统两朝上谕档》第 33 册，第 198 页。

② 参见《直藩增韫奏旗丁生计办法折》，《申报》光绪三十三年十月十八、十九日；《会议政务处奏议覆直隶布政使增韫奏推广旗丁生计藉实边陲折》，《东方杂志》第 5 年第 3 期，光绪三十四年三月二十五日。

③ 参见《察哈尔都统诚勋副都统额勒浑奏为遵旨筹办化除满汉畛域事》，一档：朱批奏折，档号 04-01-01-1085-057，缩微号 04-01-01-165-2433。

④ 参见《热河都统廷杰奏裁撤驻防旗兵筹拟变通办法折》，《申报》光绪三十三年十一月八日。

部拨借款以待购地。会议政务处议奏：所奏皆应办之事，唯请饬部拨款之处应无庸议。[①] 护理山西巡抚宝棻奏称，太原驻防旗人以晋俗重商而不以耕作为然，拟先办实业教育，于满营隙地设立农工实业传习所，挑选10岁以上30岁以下旗丁，分班肄习农工实业及小学普通课程，并附设试验场及工艺厂房，俾令实地练习，以期谋生有路。至于学额以外之旗丁及孤寡妇女，拟于实验场及工艺厂另备讲堂房舍，分别讲习粗浅职业，以免向隅。奉朱批：著即认真筹办，期收实效。[②] 青州副都统文瑞与署理山东巡抚吴廷斌会奏，亦称山东青州、德州驻防原有马厂庄田无可摊拨，另垦官荒又缓不济急，山东地狭人稠，青、德一带田亩尤少，购田不易，故拟先办实业教育，将原有学堂设施改设初等小学、高等小学及中学堂，并附设陆军小学预备科，还改建一座工艺所，俾旗人读书明理，挟艺谋生。[③] 河南巡抚林绍年奏称，豫省驻防并无马厂庄田，无可筹拨，省城附近州县频遭河患，几无良田可购，故唯有注重练兵、兴学、劝工三事。陆续将驻防旗兵挑练陆军，已练旗兵八百余名。添设初等小学堂，将原设满汉两蒙学堂改为高等小学堂，原有小学堂扩充为中学堂。设立工艺局、蚕桑局，教习织布、纺纱、养蚕、染色诸艺。“数年之后，将男妇各有生计，即不代筹出路，亦当鲜坐食之人，秀者挟学术以图上进，贫者亦可藉工艺以资谋生，虽不能尽驱之归农，已远胜待农而食者矣。”[④]

以上就所见相关资料略作概述，可见因全国各地情形不一，各省督抚与将军都统奏报实施办法也各不相同。尽管如此，各地裁撤驻防与筹旗人生计的工作业已开始陆续实行。

其次，满汉刑律与礼制同一，也值得注意。光绪三十三年九月初三日，清廷发布上谕：“礼教为风化所关，刑律为纲纪所系。满汉沿袭旧俗，如服官守制，以及刑罚轻重，间有参差，殊不足昭画一。除宗室未有定制外，著礼部暨修订法律大臣，议定满汉通行礼制刑律，请旨施行，俾率土臣民，

① 参见《会议政务处奏为遵旨议复密云副都统德麟奏议旗丁生计请拨借款事》，一档：录副奏折，档号03-5622-038，缩微号423-3516。

② 参见《护晋抚宝棻奏统筹旗丁生计折》，《申报》光绪三十三年十二月八日。

③ 参见《青州副都统文瑞署鲁抚吴廷斌奏遵旨会筹旗民生计折》，《申报》光绪三十四年四月五日。

④ 林绍年：《妥筹豫省旗丁生计酌拟办法折》，《林文直公奏稿》卷六，1927年刊于京师，第29～30页。

咸知遵守，用彰一道同风之治。”[①] 清廷虽然认识到礼教与刑律关系到治国的根本，但对于满汉之间的显著差异，仅以“沿袭旧俗”四字解释，明显有避重就轻之嫌。无论如何，重要的是，此谕已公开宣布清廷要制定统一的满汉礼制和刑律。

同年十二月初七日，修订法律大臣沈家本等会奏满汉通行刑律，有谓：“方今中外交通，法律思想日趋新异，倘仍执旧律划分满汉之界，不惟启外人轻视之心，尤与立宪前途诸多阻碍。臣等于现行律例详加查考，其满汉歧异之处，同一决责，用刑而民人用笞用杖，旗人独用鞭责；同一发遣，定地而民人应发云贵、两广、新疆者，旗人则发黑龙江、宁古塔等处。其他旗人犯罪或较民人为轻，或较民人为重者，相歧之处尚多，诚如圣谕不足以昭画一。虽定例之初原各有因时制宜之道，但纲纪所系若仍彼此殊异，不足以化畛域而示大公。臣等共同商酌，凡律例之有关罪名者，固应改归一律；即无关罪名而办法不同者，亦应量为变通。除笞杖已改罚金，旗人鞭责业经一体办理外，拟请嗣后旗人犯罪，俱照民人各本律本例科断，概归各级审判厅审理。所有现行律例中旗人折枷各制，并满汉罪名畸轻畸重及办法殊异之处，应删除者删除，应移改者移改，应修改者修改，应修并者修并，共计五十条，开列清单，恭呈御览。如蒙俞允，即由臣等通行内外问刑衙门，一体遵行。庶法权归于统一，足以彰圣主同仁之治，而宪政立有根基，亦可奠万年不拔之业矣。”奉旨依议。[②]

宣统元年（1909）闰二月初四日，礼部议奏满汉丁忧服制统一事宜，有谓：“现当预备立宪，满汉服制一事，尤为伦纪攸关，自应统归画一。嗣后内外各衙门满汉丁忧人员，无论满汉，一律离任终制。其有责任重要，关系大局，势难暂离，不能不从权夺情者，应听候特旨遵行。至一切丧服事宜，著礼学馆详细编订，奏明办理。”又片奏：“丁忧之汉员在外投效，满员在部当差，应如何定章，请饬吏部详议具奏。”会议政务处奉旨会同吏部议奏，拟订京外满汉丁忧文职人员章程十一条，并订武职丁忧人员章程十二条。均从之。[③] 原则上满汉官员丁忧一律离任终制，但特殊情况可以请

① 《德宗实录》卷五七九，光绪三十三年九月辛卯，《清实录》第59册，第658页。

② 《修订法律大臣沈等会奏遵议满汉通行刑律折附片二件并清单》，《东方杂志》第5年第6期，光绪三十四年六月二十五日；《光绪宣统两朝上谕档》第33册，第312页。

③ 《宣统政纪》卷九，宣统元年闰二月甲申，《清实录》第60册，第162～163页。

旨夺情。据时人记载，就在礼部议奏满汉一律终制之后两天，礼部开单进呈现任大员丁忧者凡五人：步军统领贝勒毓朗、大学士那桐、农工商部右侍郎熙彦、江北提督王士珍、归化副都统三多，均降旨留任。[①] 这是候特旨从权夺情的典型事例。

再次，满汉官员统称臣。宣统二年正月二十九日，清廷发布上谕："君臣为千古定名。我朝满汉文武诸臣，有称臣称奴才之分，因系旧习相沿，以致名称各异。恭读高宗纯皇帝谕旨，奴才即仆，仆即臣，本属一体，嗣后凡内外满汉诸臣会奏公事，均著一体称臣，等因，钦此。祖训煌煌，允宜遵守。况当此预备立宪时代，尤宜化除成见，悉泯异同。嗣后内外满汉文武诸臣陈奏事件，著一律称臣，以昭画一而示大同。"[②]

另外，至于满汉通婚，早在光绪二十七年十二月二十三日，清廷就以上谕的名义发布了一道慈禧太后准许满汉通婚的懿旨："我朝深仁厚泽，沦浃寰区，满汉臣民，朝廷从无歧视。惟旧例不通婚姻，原因入关之初，风俗语言，或多未喻，是以著为禁令。今则风同道一，已历二百余年，自应俯顺人情，开除此禁。所有满汉官民人等，著准其彼此结婚，毋庸拘泥。……如遇选秀女年分，仍由八旗挑取，不得采及汉人，免蹈前明弊政，以示限制而恤下情。"[③] 对此，有学者考证，从清代有关官私文献资料中是找不到不准满汉通婚正式禁令的，相反却有大量准许满汉通婚的明文记载，唯有皇族不许与汉人通婚，但上自王公贵族（宗室、觉罗），下至平民百姓（披甲、闲散），满汉通婚的事实确是普遍存在。[④] 或许并未有不准满汉通婚的正式禁令，但因满汉民族隔阂，通婚还是有所顾忌。[⑤] 预备立宪时期，在讨论化除满汉畛域时仍有不少人建议要切实推行满汉通婚，也说明这个问

---

① 参见许恪儒整理《许宝蘅日记》第1册，中华书局，2010，第240页。

② 金毓黻：《宣统政纪》卷19，辽海书社，1934，第22页。

③ 《光绪宣统两朝上谕档》第27册，第272页。

④ 参见王钟翰《清代八旗中的满汉民族成分问题》，《清史续考》，台北，华世出版社，1993，第52～56页。按：王先生把这道上谕的时间记为光绪二十七年十月乙卯，月份有误，当为十二月，则换算阳历是1902年2月1日。

⑤ 据后人调查，如果满人娶汉女为妻，不能上档（上册）和领红赏，而且不能领取钱粮。满人的姑娘嫁给汉人，还要受到舆论的非议。从乾隆时起，汉人女子嫁给满人，常用"顶名"的办法顶上汉军旗人姑娘的名字上册。不过，到清末时期，满汉通婚的事例确实日渐增多。参见《辽宁省沈阳市满堂乡满族调查报告》，"民族问题五种丛书"辽宁省编辑委员会编《满族社会历史调查》，辽宁人民出版社，1985，第31～32页。

题并未解决，还有进一步加大力度的必要。

至于官缺不分满汉，光绪三十二年九月二十日，清廷在有关中央官制改革的上谕中就已规定：“各部堂官均设尚书一员、侍郎二员，不分满汉。”[①] 这是就部院大臣而言，但内阁、翰林院、都察院等衙门仍是满汉两套班子，也需要改革。

其他如满人改汉姓且姓名并列等，尚未见清政府有明文规定。

余论：满汉问题与清王朝覆灭

慈禧太后化除满汉畛域懿旨发布后，时论曾经赞曰：“盛哉！两宫之洞见症结，而于今日救亡图存之策能规其大也。”[②] 这是时人的期望。随着预备立宪的进行，平满汉畛域也被纳入宪政改革的轨道。光绪三十四年八月初一日，清廷颁布九年预备立宪清单，明确规定：第一年（1908），请旨设立变通旗制处，筹办八旗生计，融化满汉事宜。军机处办。第八年（1915），变通旗制，一律办定，化除畛域。变通旗制处办。[③] 当初慈禧太后之规划不能说不宏大，但结果并不尽如人意，没有达到救亡图存的目的。究其原因，这是需要进一步探究的问题。

这个问题当然非常复杂，无论是国际背景，还是国内环境，事实上都不容许清政府从容地从事内部变革和自我调整。但从清廷最高决策层的举措来看，摄政王载沣改变了慈禧太后时期的满汉政策，进一步激化了满汉矛盾，是一个最关键的因素。

首先，是处理满汉关系思路的根本调整。慈禧太后惯用的统治术是善于在各种政治势力之间寻找权力的平衡，以便操纵控制，在处理满汉关系方面也是如此。光绪三十三年七月，慈禧太后调汉族重臣袁世凯、张之洞入军机处，既是丁未政潮之后清廷中枢新的权力平衡，也是满汉权力关系的一大调整。恰在此时，慈禧太后发布化除满汉畛域的懿旨，这并非偶然巧合，实是有意为之。据孙宝瑄记载：“闻两宫语庆邸曰：国事如此，人皆曰我满人为

① 《裁定奕劻等核拟中央各衙门官制谕》，《清末筹备立宪档案史料》上册，第471页。

② 《恭注七月初二日上谕》，《申报》光绪三十三年七月四日。

③ 参见《宪政编查馆资政院会奏宪法大纲暨议院法选举法要领及逐年筹备事宜折附清单二》，《清末筹备立宪档案史料》上册，第61、66页。

之，今且听彼汉人了当一切，看如何。是故袁、张二大臣所议办事，我曹自今勿阻扰也。”[①] 至少在表面上，慈禧太后表现出了一定程度上的用汉倾向。摄政王载沣则明显地采取了排汉政策。如恽毓鼎认为：“醇王（载沣——引者注）承述父志，排斥汉人（重满轻汉，始于高宗，老醇王猜忌汉人尤甚）。”[②]一个典型的事例就是在慈禧太后去世之后不久就罢黜了袁世凯。王锡彤对照分析慈禧太后的用汉政策与载沣的排汉政策，坚决否认“清之亡也，亡于那拉后之手”的说法。他说：“那拉后当热河奔遁之余，委任汉大臣坐致中兴。庚子败亡，卒返銮轸，晏然以一国之母终于枕席，其识力、手腕均有不可及之处。……所可恨者，嗣醇王不能听老人临终嘱托之言，摈弃正人，崇信群小，三百年之帝位轻轻以一手断送之，反贻老人以地下之耻。是则百口不能为之解者尔。”又说：“使醇王摄政之初稍有知识，懔然于天命已去，大局将危，遵先后之遗言，礼重耆硕，相与补苴罅漏，夙夜忧危，或尚有祈天永命之望。乃听信谗言，袭用国初忮克汉人之习，以威名赫赫、天下仰望之大臣首与为仇，几以托孤受命之身蹈亡身赤族之祸。虽张文襄、鹿文端诸臣极力保全，犹使罢职以去。”在他看来，正是载沣弃用袁世凯这样的汉族重臣，而使清王朝“自坏长城”，终归灭亡，“国不自亡谁能亡之”。[③]

其次，清政府高层权利分配满汉不均。慈禧太后晚年在中央官制改革时已经确立了不分满汉的原则，但载沣摄政后，却加紧集权皇族，使满族少壮亲贵充斥朝廷，他们个个碌碌无为，而都占据显要位置，导致满汉矛盾空前激化。本来，官缺不分满汉是清廷试图化除满汉畛域的重要举措，但摄政王载沣却用作集权皇族亲贵的手段。最典型的例子是宣统三年（1911）四月成立的责任内阁，在13名国务大臣中，汉族仅4人，点缀而已，满族达9人之多，而其中又有宗室与觉罗之皇族7人，可谓名副其实的“皇族内阁”[④]。“皇族内阁”一出台，立刻成为矛盾爆发的焦点。如时论所谓：“今之主张中央集权者，实则防汉政策耳。夫以防汉之政策，而欲萃天

① 孙宝瑄：《忘山庐日记》下册，第1069页。

② 史晓风整理《恽毓鼎澄斋日记》第2册，第577页。

③ 王锡彤著，郑永福、吕美颐点注《抑斋自述》，河南大学出版社，2001，第141、143页。

④ 总理大臣奕劻（宗室）、协理大臣那桐（满族）和徐世昌（汉族）、外务大臣梁敦彦（汉族）、民政大臣善耆（宗室）、度支大臣载泽（宗室）、学务大臣唐景崇（汉族）、陆军大臣荫昌（满族）、海军大臣载洵（宗室）、司法大臣绍昌（觉罗）、农工商大臣溥伦（宗室）、邮传大臣盛宣怀（汉族）、理藩大臣寿耆（宗室）。

下之全权，授于一二亲贵者之手。此不特与国家进化之公例违背也；即揆之天理人情，亦有所不合矣。盖中央集权云者，决非亲贵政体下之发生物也。乃政府既倡之，而一班草头名士复相与和之。呜呼！圣人生而大盗起，并其圣知之法而窃之。此之谓也。”① 其实，皇族亲贵内部也是矛盾重重，诸如奕劻、载泽、载涛、载洵、毓朗、溥伦、善耆、溥伟等皇族亲贵们为了争权夺利，不断地明争暗斗，以至于形成“政出多门”的局面。② 恽毓鼎认为：“劻耄而贪，泽愚而愎，洵、涛童騃喜事，伦、朗庸鄙无能，载搏乳臭小儿，不足齿数。广张羽翼，遍列要津，借中央集权之名，为网利营私之计，纪纲混浊，贿赂公行。有识痛心，咸知大祸之在眉睫矣。……即无革命军，亦必有绝之者矣。呜呼！二百余年培之而不足，三年余覆之而有余。”③ 隆裕太后在清帝逊位之际曾经哀叹：“一般亲贵，无一事不卖，无一缺不卖，卖来卖去，以致卖却祖宗江山。……事后却说现成话，甚至纷纷躲避。只知性命财产，置我寡妇孤儿于不顾。”④ 武昌起义的星星之火之所以能够迅速而成燎原之势，正是由于满族王公亲贵内耗，“革命之事，乃诸王公之自革而已”⑤。

再次，旗人生计问题没有妥善解决。清政府试图解决旗人生计的重要举措有二：一是计口授田，使旗丁归农；二是推行实业教育，授旗人谋生之道。对于旗丁归农，时人多有非议。有人质疑政府的财政能力：“诸大老之为驻防谋则忠矣，但安得如许之地亩以给之？有地亩矣，又安得如许之经济购买地亩以给之？”⑥ 有人指出可能夺汉人生计而引起更大的满汉矛盾。宗室文斌等奏称：“各处驻防互有不同，其原有马厂各地向归民间耕种，一旦遽为收回田亩，恐旗民必有启衅之虑。其无马厂地及有厂地而不敷安插者，自应购买民地以安置旗人。不知收百姓之恒产以充旗人之家赀，则八旗兵丁虽有给足之庆，又为民间众怒所归，再使满汉意见发于草野之间，有关于国家之大计者，实非浅鲜。”⑦ 浙江嘉善学界条陈具体分析旗丁归农

---

① 《学说误国论》，《民立报》1911 年 5 月 26 日。

② 参见胡思敬《政出多门》，《国闻备乘》，上海书店出版社，1997，第 83 页。

③ 史晓风整理《恽毓鼎澄斋日记》第 2 册，第 577 页。

④ 史晓风整理《恽毓鼎澄斋日记》第 2 册，第 576 页。

⑤ 刘体仁：《异辞录》卷四，上海书店，1984，第 38 页。

⑥ 《政府会议裁撤驻防之办法》，《申报》光绪三十三年年九月三日。

⑦ 《翰林院侍讲奉恩将军文斌等为融和满汉胪陈豫筹京旗办法事宜事呈文》，一档：录副奏折，档号 03-5746-005，缩微号 432-0520。

之弊，认为有势不能行者三：一是满蒙旗人向来不务农，二是旗人归农将抢夺汉人生计，三是汉人失业后果更不堪设想；有情不可行者一：八旗本功臣勋旧，裁撤归农将使旗人对朝廷失望。[①]《申报》社论亦主张另筹善法，其批评旗丁归农有谓："夫国库之空虚至今日而已极，民田之价值因谷贵而益昂，即合京内外财力以为之谋，恐每口购给二三亩田，而公家已费数百万金，旗民仍无以自养。及其养赡不足，转悔始谋之不臧，朝廷亦安得再有偌大之巨资，从其后以别筹良法。是故购田给种之举，微论其恐致扰民，微论其非旗民所愿，即使办理妥善，人尽乐从，亦断断非一劳永逸之计。为是策者岂泥于天下大利必归农之说，而故有是误哉。"其所筹善法就是授田不如兴学堂、创公司、开工厂。[②] 其实，在讨论化除满汉畛域办法时，也有不少官绅条奏不以旗丁归农为然，而专注于实业教育。无论如何，政策实施的实效才是最关键的。清末筹八旗生计的效果究竟如何呢？据学者研究，相对来说，东三省是做得最好的，直到清朝灭亡，只有东三省裁撤了驻防，而其他省区大量的旗人并没有编入民籍。[③] 据后人调查，民国初年，甘肃武威、永登驻防满营方裁撤，其时满兵还得向政府领取"生计银子"。四川成都旗人"能自立者不过十分之一二，余皆家无恒产"。河北青龙县肖营子"贫苦的满族农民，仍然无地或少地，继续靠租种土地或当雇工为生"[④]。可见，在清末，旗人生计问题并没有得到妥善解决。

总之，在清末预备立宪时期，清廷试图化除满汉畛域，对满汉政策作出了新的调整，但因种种因素制约，而并没有切实施行，也没有收到预期效果，致使清王朝最终难逃覆亡的命运。

（《民族研究》2011 年第 3 期）

① 参见《浙江嘉善学界徐秉刚、徐益三、程劲、程杰上都察院代奏化除满汉畛域条陈》，《申报》光绪三十三年十一月九日。

② 《论旗人生计亟宜另筹善法》，《申报》光绪三十三年九月十一日。

③ 参见迟云飞《清末最后十年的平满汉畛域问题》，《近代史研究》2001 年第 5 期。

④ 《甘肃省满族社会情况调查》《四川省成都市满族社会历史调查报告》《河北省青龙县肖营子满族调查报告（节选）》，《满族社会历史调查》，第 160、189、228 页。

辛亥革命与中华民族内涵之演变

郝时远

1911年的世界，并没有发生国际性的重大事件。然而，在东方，辛亥革命的爆发和中华民国的成立却使中国社会发生了惊天动地、翻天覆地的变化。这场一百年前发生的革命，结束了中国延续两千多年的封建王朝统治，使中国在积贫积弱、遭受帝国主义列强百般欺凌的困境中，迈入现代国家的门槛，走上了国家民族（state nation）的整合之路，开启了中华民族伟大复兴的先声。

这个时期，也正是世界范围民族主义开始高涨，西欧资本主义基本完成民族国家建立之际。1913年列宁所论述的资本主义发展过程中民族问题呈现的两种历史趋势中，第一个趋势就是“民族生活和民族运动的觉醒，反对一切民族压迫的斗争，民族国家的建立”[①]。他强调，“民族国家是资本主义发展中的一个必经阶段”，是“资本主义的一定阶段上发展生产力所必须的基础”。[②] 因此，无论对西欧还是整个世界，民族国家“都是资本主义时期典型的正常的国家形式”[③]。不仅如此，包括被列强瓜分、殖民的亚洲，那里兴起的民族运动，其“趋势就是要在亚洲建立民族国家，也只有这样的国家才能保证资本主义的发展有最好的条件”[④]。在这一历史趋势中，构建现代民族国家成为中国历史发展的重要议题，而辛亥革命前后首先表现

---

① 列宁：《关于民族问题的批评意见》，《列宁专题文集·论资本主义》，人民出版社，2009，第290页。

② 列宁：《关于无产阶级和战争的报告》，《列宁专题文集·论资本主义》，第88页。

③ 列宁：《论民族自决权》，《列宁选集》第2卷，人民出版社，1995，第371页。

④ 列宁：《论民族自决权》，《列宁选集》第2卷，第347页。

出来并且必须被解决的问题则是：如何界定与整合民族国家的国民——国家民族？对此，不同历史条件下的各个社会和政治力量给出了不同回答。

一 种族观念下的“中华民族”

1840年的鸦片战争，使充满历史优越感的“天朝”被迫对“船坚炮利”的西方列强打开了大门，“泱泱大国”的骄傲变成丧权辱国的屈辱，文化博大的优越转为技不如人的自卑。这一切都迫使中国人“睁眼看世界”，并涌现了一大批救亡图存的先驱者，他们翻译和介绍西方的资料，为中国人打开世界视野。中国近代历史上的“西学东渐”之潮由此开始。一开始的时候，“西学东渐”似乎是在近代接续了古代中国文化对整个东亚地区进行影响的历史。例如，日本在明治维新时期对西方的认识大多借助了中国编译的西方著作。1660～1895年间，中国翻译、编译的西方著作和介绍世界的图书，成为日本政界、学界最感兴趣的资料，有数以百计的这类著作被翻印为日文，这也推动了日本大量地直接翻译西方著作的热情。然而，“西学东渐”的结果却是“中国开花、香在日本”。1895年甲午战争失败后，中国人反而开始向日本寻求“东学”，通过各种渠道搜集日文书籍，大批培养日文翻译人才，“以东文为主，而辅以西文。以政学为先，而次以艺学”。其间，日益增多的留日学人在译介日文书籍方面发挥了重要作用。[①]

正是在这一背景下，戊戌变法失败后流亡日本的梁启超，开始在纷然杂陈的思想理论中探求强国之路，其中，伯伦知理有关国民与民族的政治学理论对他产生了重大影响。[②] 经由梁启超对伯伦知理学说的介绍，以及其他一些途径，具有现代意义的民族（nation）概念及其理论话语从20世纪初开始传入中国。“民族”一词，作为古汉语的固有名词，是中国古代“类族辨物”分类体系中之一种，且有溯至汉代碑铭，载入南齐以降史书的证明，其应用既有“皇族”与“民族”之分，也有“华夏”与“四夷”之别，而宗族之属亦在其中。但无论如何，该词被赋予现代含义则是19世纪日本译介西方著述的结果。[③]

① 参见王晓秋《近代中日文化交流史》，中华书局，2000，第401页。

② 参见郑匡民《梁启超启蒙思想的东学背景》，上海书店出版社，2003，第263页。

③ 参见郝时远《中文“民族”一词源流考》，《民族研究》2004年第6期。

现代意义上的民族观念自引进之后，便在中国社会由传统王朝体制向现代民族国家转变中起了至关重要的作用。不过，民族观念的确立，却是一个复杂的历史过程，在中国，由于国民成分的多元化，这个过程显得更加复杂。1902 年，梁启超提出了“中华民族”的概念，作为对中国的国家民族的命名。从这个意义来说，“中华民族”无疑是受现代民族观念影响而产生的重要概念，问题在于，如果中华民族是中国的国家民族，那么，它是指汉族呢，还是包括所有少数民族在内的全体国民？更进一步说，西方“一族一国”的民族主义理论，如何解释中国历史上延续不断的“五方之民”互动关系？乃至怎样直接面对满族贵族建立和实施统治的清王朝？在中国近代民族国家建构过程中，这些议题自始至终都受到学界、政界和民众的极大关注。

在中国遭受帝国主义列强对主权、边疆、领土的侵袭和蚕食的危难中，中国仁人志士经历着思想观念、国家观念、种族观念、民族观念的激烈冲突和剧烈变革。他们对清朝政府的软弱无能、割地赔款等行径痛心疾首，把通过政治变革寻求强国之路的迫切愿望，全部归结到推翻清朝政府统治这一毫不犹疑的政治取向当中。而清朝统治阶层的族别差异及其民族压迫政策，在“物竞天择、适者生存”的进化论思想影响下，导致了恢复汉人正统、驱逐满族统治的种族-民族主义运动，形成了以“排满”为中心的社会思潮。这种思潮，事实上在近代民族国家建构中具有普遍性，当时的世界体系“视民族国家为唯一合法的政体”，而社会达尔文主义则将种族和启蒙历史与民族国家联系在一起。[①] 此外，在中国这一几千年多民族互动的王朝国家的转型中，传统的王朝正统、“夷夏之辨”、“黄帝”想象，也必然成为构建现代民族国家的民族主义内涵。

另外，由于影响中国知识界和士绅阶层的民族主义理论及其对民族国家的认知，主要来源于日本和德国的理论思想，而这两个国家的国民成分单一性似乎最符合西方民族主义的建国理念。因此，在中国知识界对民族国家的最初认识中，国民成分单一性的国家想象曾使“种族”概念流行一时。在 19～20 世纪之交，中国救亡图存的国家主义、民族主义、国民主义思潮伴随着“自强保种”的种族观念交相泛起，在天下与国家、臣民与国

① 参见〔美〕杜赞奇《从民族国家拯救历史——民族主义话语与中国现代史研究》，王宪明译，社会科学文献出版社，2003，第 59 页。

民、民族与种族、华夏与蛮夷等观念的冲突中引发了维新派与革命派之间的“种族”之争。[①] 对民族主义话语的阐释，一方面出现了以塑造“黄帝”为标志的“黄汉民族”祖先崇拜和“皇汉民族”的政治正统，另一方面又迎合了所谓汉族源于西方的假说。

在晚清兴起的中国资产阶级民族主义革命运动中，“反清排满”是最具动员力的口号。孙中山领导的辛亥革命，是中国建立民族国家的开端。而民族主义是掀起民族解放运动、建立民族国家最强有力的思想动力。在建立现代民族国家的诸多主张中，“驱逐鞑虏、恢复中华”的“种族”建国的思潮，也导致以主要由汉族聚居的“十八省”独立建国之论。这种建国主张，将东三省、新疆、内外蒙古和西藏等广大地区排除在外，显然是一种有悖中国多民族共建国家的历史的狭隘观念。事实上，这种“种族-民族主义”的政治主张，除了正中时刻觊觎中国国土的日本、沙俄、大英帝国列强的下怀外，对中国走上现代国家之路毫无积极作用。辛亥革命后蒙古、西藏、新疆地区相继出现帝国主义制造的分裂危机，令主张“种族-民族主义”的革命党人始料不及。这种危局，也促成了民国草创时期在民族、国家、领土方面新观念的产生。

二 “五族共和”的“民族统一”

在辛亥革命的实践中，以孙中山为代表的资产阶级民主革命领导人，已经意识到这场推翻清王朝的革命，“从颠覆君主政体那一面说，是政治革命”[②]，而不仅是一场种族-民族革命。针对清王朝的腐败，孙中山认为即便是汉人当皇帝，这样的政府也必须推翻。这使孙中山对中国的历史国情和现实危局有了比较清醒的认知。1912 年元旦，孙中山以中华民国临时大总统的身份宣布：“国家之本，在于人民，合汉、满、蒙、回、藏诸地为一国，即合汉、满、蒙、回、藏诸族为一人，是曰民族统一。武汉首义，十数行省先后独立。所谓独立，对于清廷为脱离，对于各省为联合，

---

① 诸如康有为《去级界平民族》，《去种界同人类》，《大同书》；梁启超：《论变法必自平满汉之界始》，《变法通议》；章炳麟：《序种姓》（上、下），《訄书》；邹容：《革命必剖清种族》，《革命军》；陈天华：《人种述略》，《猛回头》等。以上图书均为华夏出版社，2002。

② 孙中山：《三民主义与中国民族之前途》，《三民主义》，岳麓书社，2000，第 250 页。

蒙古、西藏意亦同此。行动既一，决无歧趋，枢机成于中央，斯经纬周于四至。是曰领土之统一。”① 这一政治宣示，对中华民国的民族统一、领土统一做出了明确的表述。汉、满、蒙、回、藏的“五族共和”之论由此得以倡导。

1912 年 2 月 12 日，清帝溥仪颁布退位诏书，正式宣告了中国王朝体制的寿终正寝。3 月 10 日，袁世凯在北京正式就职。次日颁布《中华民国临时约法》，其中重申了“五族共和”的立国原则，并规定“中华民国领土为二十二行省、内外蒙古、西藏、青海”。4 月 22 日，袁世凯发布大总统令称：“现在五族共和，凡蒙、藏、回疆各地方，同为我中华民国领土，则蒙、藏、回疆各民族，即同为我中华民国国民。”其后，孙中山也申明：“今我共和成立，凡蒙、藏、青海、回疆同胞，在昔之受制于一部者，今皆得为国家主体，皆得为国家主人翁。”② 虽然“五族共和”并未客观地反映中国多民族的现实，但是对中国领土、国民的界定，毕竟超越了“十八省”汉族建国的局限和狭隘，是中国现代民族观念的重要变革，对包容中国各民族共和建国，激发中国各民族的祖国认同，抵御帝国主义的侵略和肢解，具有积极意义。

事实上，中国现代民族国家建构的中心概念——中华民族——的内涵和外延问题并没有因“五族共和”而得以解决。从 20 世纪初到 20 世纪第二个十年，中华民族这一概念经历了从梁启超的“大民族主义”——“合汉、合满、合蒙、合回、合苗、合藏，组成一大民族”——之说，到孙中山的“五族共和”与“民族统一”，即“合汉、满、蒙、回、藏诸族为一人”，并以美国熔炉模式“合为一炉而冶之，以成一中华民族之新主义”之说，乃至李大钊“新中华民族主义”的“五族之文化已渐趋于一致”“凡籍隶于中华民国之人，皆为新中华民族云”③ 之说的演变。在此过程中，这一概念的外延摆脱了“种族”意识的桎梏，但内涵仍难以超越隐含于“合”“冶”之中的“汉族本位”观念。

① 《临时大总统宣言书》，《孙中山全集》第 2 卷，中华书局，1982，第 2 页。

② 孙中山：《在北京蒙藏统一政治改良会欢迎会的演说》，《民立报》1912 年 9 月 8 日。

③ 守常：《新中华民族主义》，《甲寅》日刊，1917 年 2 月 19 日。

三　汉族中心的“共冶一炉”

1919年，孙中山针对象征“五族共和”的“五色旗”说，“此民国成立以来，所以长在四分五裂之中……皆由不吉之五色旗有以致之也”。这种“以清朝之一品武员之五色旗”为国旗，致使“清朝之武人之专制难以灭绝也”。[①] 其实，孙中山对“旗所以标众”象征意义的责难，倒不完全在于其承袭了清代的“武人之旗”，而在于对“五色旗”所代表的“五族”平等共和的质疑。

1920年，孙中山针对“五族共和”说：“这五族的名词很不切当，我们国内何止五族呢?”他以“吾党之错误”反省称：“自光复之后，就有世袭官僚，顽固底旧党，复辟底宗社党，凑合一起，叫做五族共和。岂知根本错误，就在这个地方。”他认为，四万万之众的汉族尚未“真正独立组织一完全汉族底国家”，而各以百万人口之计的满、蒙、回、藏何以能平等地“共和建国”，何况这些民族或处于日人势力之下，或为俄人所控制，或几成英人的囊中之物，“足见他们皆无自卫底能力，我们汉族应帮助他们”。而这种帮助就需要在民族主义上下工夫，“务使满、蒙、回、藏同化于我汉族，成一大民族主义国家”。至于将“五族共和”倡导各民族平等改变为“同化于我”将产生的后果，“兄弟现在想得一个调和的方法，即拿汉族来做个中心，使之同化于我，并且为其他民族加入我们组织建国底机会。仿美利坚民族底规模，将汉族改为中华民族，组成一个完全底民族国家，与美国同为东西半球二大民族主义国家”。不仅如此，“将来无论何种民族参加于我中国，务令同化于我汉族。本党所持的民族主义，乃积极底民族主义。诸君不要忘记”[②]。

孙中山认为消极的民族主义是为了“除去民族间的不平等”，而积极的民族主义则是为了“团结国内各民族”。这里所说的“团结”，是指主动将汉族之外的各民族接纳和消融于美国式“熔炉”之中，而不是“排满”式的排拒或“五族共和”式的平等，从而达到“熔炉”之内“民族之种类愈

---

① 孙中山：《三民主义》，《三民主义》，第240页。

② 以上均见孙中山《三民主义之具体办法》，《三民主义》，第260~262页。

多，国家之版图亦随之愈广”的目的，“完成一大中华民族”的建构。[①] 如何使许多民族“化成一个中华民族”，他主张汉族要牺牲其血统、历史与自尊自大，与其他民族“合为一炉而冶之”，而这种“冶之”并非熔铸为一体，而是“使藏、蒙、回、满，同化于我汉族，建设一最大之民族国家者，是在汉人之自决”。[②] 所谓汉人之自决就是使汉人的民族主义成为中华民族“熔炉”之火，如同各色移民来到美国“合一炉而冶之”为一个美利坚民族，而无需去消极地实现各民族的平等。实行这种积极的民族主义，“我们中国许多的民族也只要化成一个中华民族，并且要把中华民族造成很文明的民族，然后民族主义乃为完了”[③]。也就是他所倡导的“国族”建构得以完成。

四　汉人社会的“宗族民族主义”

1924 年 1 月 20～30 日，中国国民党第一次全国代表大会在孙中山主持下举行。用孙中山的话来说，就是“吾党此次改组，乃以苏俄为模范”，谋求国民革命的成功。这次大会把反对帝国主义的革命目标纳入政纲，同时改变了孙中山的民族主义思想，提出了民族主义的两方面的意义：“一则中国民族自求解放；二则中国境内各民族一律平等。”同时，郑重声明：“承认中国以内各民族之自决权，于反对帝国主义及军阀革命获得胜利以后，要组织自由统一的（各民族自由联合的）中华民国。”[④] 其国民政府建国大纲亦宣示：“故对于国内之弱小民族，政府党扶植之，使之能自决自治。”[⑤]

虽然国民党方面与这份宣言起草者——共产国际代表、苏联政府驻广州革命政府代表、孙中山聘任的高级顾问鲍罗廷——之间，在有关“自

---

① 参见孙中山《中国国民党宣言》，《孙中山全集》第 7 卷，中华书局，1985，第 1、3 页。

② 孙中山：《在桂林对滇赣粤军的演说》，《孙中山全集》第 6 卷，中华书局，1985，第 24 页。

③ 孙中山：《在上海中国国民党本部会议的演说》，《孙中山全集》第 5 卷，中华书局，1985，第 394 页。

④ 《中国国民党第一次全国代表大会宣言》，《孙中山全集》第 9 卷，中华书局，1986，第 118、119 页。

⑤ 《国民政府建国大纲》，《孙中山全集》第 9 卷，第 127 页。

决”和“联邦制”、“自由联合”与“统一国家”等概念方面存在理解上的歧义[①]，但是上述宣示与孙中山以往的民族主义主张显然大为不同。在共产国际和苏俄联邦建国经验的直接影响下，1924年形成的国共合作，使两党有关民族问题的政治纲领方面，就文字表述而言也基本趋于一致。但是，国民党“一大”对民族主义的重新阐述，是否也意味着孙中山对其民族主义的修正？1924年1月27日，孙中山开始了每周一次的三民主义宣讲。或许，这也是他对大会前和会议中关涉民族问题政治宣示存在争议的回应。

孙中山三民主义的民族主义思想，可以说是清末民初中国民族主义思潮发展的集大成，也是系统阐述近代中国民族主义思想的代表作。而对于中国这个自古形成的多民族国家来说，构建民族国家的基础是对“民族”这一概念的理解及其载体的界定。因此，孙中山在民族主义的第一讲中就此做了说明：“英文中民族的名词是哪逊（即nation）。哪逊这一词有两种解释：一是民族、一是国家。”在中国，“我说民族主义就是国族主义”，“我说民族就是国族”。[②] 当然，这里所说的“民族”和“国族”都是指汉族。因为孙中山认为中国自秦汉以来，都是由“一个民族造成一个国家”，而不似外国一个民族造成几个国家或几个民族造成一个国家。因此“一族一国”在中国是适用的，但是在一些外国，诸如英国就是不适用的。但是，“五族共和”及其“五色旗”的“标众”之意，是指五个“哪逊”（nation），即五个“国族”，这当然有违孙中山的民族主义本意，加之革命之后的一系列挫折，使满、蒙、回、藏等“民族”熔冶于汉族的“国族”之炉，成为其确认中华民族的“国族”地位的基本思想。

在随后的民族主义演讲中，孙中山认为要救中国，使中国民族永远存在，“必须要提倡民族主义”。因为“民族主义这个东西，是国家图发达和种族图生存的宝贝。中国到今日已经失去了这个宝贝”[③]。为了恢复这个“宝贝”，孙中山不仅复归于“种族-民族主义”的种族观念，而且也重蹈了中国人“西来说”的覆辙。他认为按道理说中国文化发源于“珠江流域”

① 参见〔日〕松本真澄《中国民族政策之研究——以清末至1945年的“民族论”为中心》，鲁忠慧译，民族出版社，2003，第116~119页。

② 孙中山：《民族主义》（第一讲），《三民主义》，第2页。

③ 孙中山：《民族主义》（第三讲），《三民主义》，第26页。

而非“黄河流域”，“但是考究历史，尧、舜、禹、汤、文、武时候，都不是生在珠江流域，都是生在西北，珠江流域在汉朝还是蛮夷，所以中国文化是由西北方来的，是由外国来的。中国人说人民是百姓，外国人说西方古时有一种百姓民族，后来移到中国”。[①] 他认为这就是“适者生存”的“天然公理”。那么如何恢复汉族的民族主义？他认为必须依靠中国“坚固的家族和宗族团体”，即遵循源自先秦时代“家族”“宗族”“国族”的脉络，使“家族”“宗族”这些中国社会中的“小团体”结合成“大团体”，“便可由宗族主义扩充到国族主义”。[②] 这种“家族-宗族-国族”观，对国民党的民族观产生了重要影响，也是蒋介石后来宣扬的民族观。

基于关于民族主义的上述观念，他在否定“五族共和”的同时，也否定了“联邦”建国的主张。孙中山认为，联省自治、实行省宪，然后联合为国宪的主张和行动“真是谬误到极点，可谓人云亦云，习而不察”。他认为中国的情形完全不同于美国，“中国本部”十八省和东三省、新疆计二十二省，加之热河、绥远、青海等特别区域及蒙古、西藏各属地，在清朝乃至上溯明朝、元朝等，“历史上向来都是统一的”，“我们推翻清朝，承继清朝的领土，才有今日的共和国。为什么要把向来统一的国家再来分裂呢”。[③] 孙中山在联邦制问题上进行的中美比较，与他在民族问题方面的中美比较，完全不同。前者强调中国历来统一，特别是元朝、清朝的大统一；后者则强调美国式的“熔炉”同化，以及中国的“两次亡国”——“一次是元朝，一次是清朝”。[④] 这种对国家统一的肯定，对蒙古、满少数民族入主中原的否定，显然与他对“哪逊”（nation）一词两意（民族、国家）统一性的理解相悖。这种“国族”想象和国家统一的愿望，没有也不可能解决辛亥革命后的中国究竟如何建立现代民族国家的问题。这正是中国资产阶级革命的局限性。

中国封建压迫的沉重和资产阶级的孱弱，使孙中山领导的资产阶级民主革命及其民族主义主张，不必说什么“积极”地去“共冶一炉”为“大中华民族”，即便是所谓消极地倡导各民族平等，也不过是纸上谈兵。中国

---

① 孙中山：《民族主义》（第三讲），《三民主义》，第 34 页。
② 孙中山：《民族主义》（第三讲），《三民主义》，第 53 页。
③ 孙中山：《民权主义》（第四讲），《三民主义》，第 116～117 页。
④ 孙中山：《民族主义》（第二讲），《三民主义》，第 14 页。

革命需要新的政治活力。从1915年兴起的新文化运动，到1919年爆发“五四”运动，就是中国在辛亥革命后的困局中走向现代民族国家的新动力。这种动力就是伴随1917年俄国“十月革命”炮声而来的马克思主义，它为尚未成功的中国革命注入了新的活力，为中国探索现代民族国家之路开辟了新阶段和新历程。

五　中华民族是中国境内各民族之总称

1917年，列宁领导的俄国“十月革命”取得胜利，这是马克思主义的科学社会主义由理论到实践的先声。俄国革命产生的重大影响，就是马克思主义在中国、在世界的传播。当时的国际和国内环境造就了一批中国早期的马克思主义知识分子，催生了中国的无产阶级政党。中国共产党将成为引领中国各民族人民走上主权独立、领土完整、国家统一、民族团结新道路的领导力量。因为，“在印度和中国，觉悟的无产者也只能走民族道路，因为他们的国家还没有形成为民族国家”①。这一历史任务已经责无旁贷地落在了中国共产党的肩头，中华民族内涵的完整及其实现对帝国主义的自决，也必然由中国共产党来完成。

1925年，孙中山去世以后，国民党宣布建立国民政府，汪精卫当选为主席。这位曾与鲍罗廷论辩“民族”“自决”“统一”等概念的汪精卫②，也曾以其《民族的国民》的民族主义思想在清末民初的立宪派与革命派的论辩中居于一家之说。其观念被视为以“皇汉民族”为中心形成的“种族的民族主义”。③ 次年，国民党召开第二次全国代表大会，其宣言对民族主义的表述不再主张“弱小民族的自决、自治权”，强调了“弱小民族”独立建国易为帝国主义所利用，云云。④ 国民党在民族问题方面的政纲变化，实际上也是孙中山去世后国民党内部疏俄、反共思想抬头的征兆之一。孙中山在三民主义的阐释中，涉及了对马克思主义、俄国革命、新文化运动等

① 列宁：《关于无产阶级和战争的报告》，《列宁专题文集·论资本主义》，第89页。

② 参见〔日〕松本真澄《中国民族政策之研究——以清末至1945年的“民族论”为中心》，鲁忠慧译，第116页。

③ 参见〔英〕冯客《近代中国之种族观念》，杨立华译，江苏人民出版社，1999，第112页。

④ 参见〔日〕松本真澄《中国民族政策之研究——以清末至1945年的“民族论”为中心》，鲁忠慧译，第124页。

方面的一些看法，其中对“世界主义”（国际主义）与民族主义的关系也议论颇多，虽然其中可以看出“以苏俄为师”的取向，但是也如他所说：“我们今日师马克思之意则可，用马克思之法则不行。”[①] 因此，对国民党“一大”宣言中的一些内容，他也明确表示：“政纲和主义的性质，本来是不同的。主义是永远不能更改的，政纲是随时可以修正的。”[②]“三民主义”作为孙中山提出和奉行的“主义”永远不能更改，显然这是他系统阐释“三民主义”的出发点，至于国民党“一大”宣言等政纲中提倡什么，在他看来“最多一年”都是可以更改的。

1927 年蒋介石发动“四一二”政变后，中国革命的形势遭受了巨大挫折，大革命失败。自北伐战争之后，中国再度进入军阀混战的乱局。而日本帝国主义也不失时机地加紧了对华侵略的行动，相继制造了“济南惨案”等事件，中国在内战频仍的形势下，国家危亡、民族危亡的威胁已然临近。在这种“山雨欲来”的社会危机感中，中华民族的意识也再度由政党政治的表述转向了民间。1928 年，五四运动后的新派历史学家常乃悳发表了《中华民族小史》，对中华民族做出了新的论说：“中国，世界之著名古国也；中华民族，世界之著名伟大民族也。……五千年来，经许多哲人志士之苦心毅力，惨淡经营，乃得将此许多各不相关之异民族搏结融会而成为一大民族，而后中华民族之名出焉。中华民族，非一单纯之民族也，中华民族非尽黄帝之子孙也。”[③] 虽然此说沿袭了历史融合的观点，但是非“单纯之民族”、非“尽黄帝子孙”的看法，较之“皇汉民族”等种族-民族主义之论，显然具有高于伦辈之处。

1937 年，日本帝国主义发动“七七”事变，掀起了全面侵华战争的浪潮。中国人民面对着前所未有的危亡形势，“中华民族到了最危险的时候”这样的强烈感受激荡着中国社会，中华民族的意识随之增强，有关中华民族的论说受到全社会的关注，学术界也再次兴起了有关“中华民族”的讨论。1937 年，民族史学家江应樑曾对“中华民族”之说提出了看法：“能对于中国领土中全部民族的各个分子均有一个彻底的明了认识，方能说得到

---

① 孙中山：《民权主义》（第二讲），《三民主义》，第 203 页。

② 孙中山：《中国国民党第一次全国代表大会闭幕词》，《孙中山全集》第 9 卷，第 178 页。

③ 常乃悳：《中华民族小史》，爱文书局，1928，第 1 页。

了解我们自己，方能说复兴中华民族之道。”① 而自“五族共和”以后，苗、瑶、番、夷等确指性的群体称谓也渐次见诸国共两党的政治纲领，并导致孙中山“我们国内何止五族”的认知。但是，在关涉民族主义和自决、自治等现代政治议题中，承认现实中的多民族结构和中国境内各民族一律平等，则并没有形成统一的认识。对汉族吸收、融合和同化了诸多古代少数民族，似无争议，早期的种族-民族主义思潮已经式微，但是中华民族等于汉族的观点则依然流行。而江应樑的观点，显然是建立在现实中国多民族结构和多民族组成中华民族基础上的认识。

1938 年杨松发表的《民族论》提出了近代民族的中华民族说，“中国人是一个近代民族，这是否说：中国只有一个民族呢？不是的。中国是一个多民族国家。就对外来说，中华民族代表境内各民族，因而它是中国境内各民族的核心，它团结中国境内各民族为一个近代的国家”。这段论述的新意首先在于“中国是一个多民族国家”，其次则是“中华民族”对外的代表性，也就是说居于世界民族之林的民族代表是中华民族。但是，问题在于这一代表性对国内而言只是“中国境内各民族的核心”——汉族，也就是说中华民族是指汉族，汉族在国内是各民族的核心，对外以中华民族的名义代表了中国各民族。但是，无论如何，该论中有关“就民族来说，是各自不同的民族。但是就国籍上来说，都是中华民国的国民。都是共同祖国的同胞”等论说，使“中华民族”在理论意义上更接近了国家民族（state nation）概念。②

在有关中华民族概念的讨论中，以历史学家顾颉刚和社会学、民族学家费孝通进行的“中华民族是一个”的论战颇具代表性。③ 1939 年，顾颉刚发表了《中华民族是一个》一文，从历史上民族同化和融合的视角，针对当时流行的“中国本部”“五族共和”等进行了分析和批评，提出了中国历史上的各个民族从秦朝开始就逐步在血缘和文化上融为了一体的观点，

---

① 江应樑：《广东瑶人之今昔观》，《民俗》第 1 卷，1937。

② 参见杨松《论民族》，中共中央统战部：《民族问题文献汇编》，中共中央党校出版社，1991，第 767 页。

③ 参见顾颉刚《中华民族是一个》，《益世报》1939 年 2 月 13 日；费孝通：《关于民族问题的讨论》，《益世报》1939 年 5 月 1 日；顾颉刚：《续论〈中华民族是一个〉——答费孝通先生》，《益世报》1939 年 5 月 8 日；顾颉刚：《续论〈中华民族是一个〉——答费孝通先生》（续），《益世报》1939 年 5 月 29 日。

反对再划分满、蒙、回、藏、苗、瑶等，论证了中国只有一个“中华民族”，实际上就是历史上不断融入少数民族成分的汉族。费孝通在《关于民族问题的讨论》一文中，则从概念入手，分析了“民族”的含义，承认中国人由不同文化、语言、体质的群体组成，为此列举了苏俄国家的多民族结构和政治上的统一。总之，前者强调了中华民族的单一性，后者强调了中国民族的多样性。①

对中华民族的概念之争，并非简单的学术话题。这对当时中国各政党、各阶层、各民族共同抵抗日本帝国主义侵略，反对帝国主义对中国边疆地区的肢解和分裂，激发中国各民族人民团结对敌和国家认同意识而言，是关系到国家前途和命运的重大政治问题。因此，无论中国的政治领域是否关注到了学术界有关“中华民族”的争论，这一关系到国家和民族危亡的话题也必然使政治家对抗日战争中民族矛盾上升的形势做出思考。1939 年 12 月，毛泽东发表了《中国革命和中国共产党》一文，其中以中华民族为题，专章对中华民族的整体性做出了超越前人的新阐释：中国“十分之九以上为汉人。此外，还有蒙人、回人、藏人、维吾尔人、苗人、彝人、壮人、仲家人、朝鲜人等，共有数十种少数民族，虽然文化发展的程度不同，但是都已有长久的历史。中国是一个由多数民族结合而成的拥有广大人口的国家”②。这一阐释，是对中国历史国情和现实国情的客观把握。由此，中国共产党确立了“中国有四万万五千万人口，组成中华民族。中华民族包括汉、满、蒙、回、藏、苗、瑶、番、黎、夷等几十个民族，是世界上最勤劳，最爱和平的民族。中国是一个多民族的国家，中华民族是代表中国境内各民族之总称”的民族观。③

中国共产党对中国多民族国情的认知，对中华民族是代表中国各民族总称的厘清，与实现各民族建立统一国家的目标直接相关。1935 年，中国共产党在瓦窑堡会议提出改“苏维埃工农共和国”为“苏维埃人民共和国”，表明了中国共产党、苏维埃人民共和国不仅是代表工农民众利益的，而且是代表中华民族根本利益的。“中华民族的基本利益，在于中国的自由

① 这是几十年后费孝通提出“中华民族多元一体”理论命题的历史背景。

② 毛泽东：《中国革命和中国共产党》，《毛泽东选集》第 2 卷，人民出版社，1991，第 622 页。

③ 《抗日战士政治课本》，中共中央统战部编《民族问题文献汇编》，第 808 页。

独立与统一，而这一基本利益，只有在苏维埃的坚决方针之下，才能取得，才能保持，才能彻底战胜反对这种利益的敌人——帝国主义和卖国贼”[①]。同期毛泽东发表的《论反对日本帝国主义的策略》提出改“工农共和国”为“人民共和国”的主张，赋予了党在新民主主义革命时期奋斗宗旨以深刻的民族性。毛泽东指出：党“不但是代表工农的，而且代表民族的”；“人民共和国的政府以工农为主体，同时容纳其他反帝国主义反封建势力的阶级”。[②] 其中包括少数民族以推翻民族压迫为主的斗争，实现局部与全局的统一，即“能够迅速争取这个运动汇流于苏维埃的巨涛之中”[③]。这一思想，一方面反映了建立最广泛的抗日民族统一战线的策略抉择，另一方面也体现了中国新民主主义革命性质所决定的建国目标。这是党在把马克思主义基本原理与中国革命具体实际相结合方面又一次重要的理论突破，这一思想对从中国的国情实际出发解决民族问题是具有划时代意义的。因此，他明确提出：“允许蒙、回、藏、苗、瑶、夷、番各民族与汉族有平等权利，在共同对日原则之下，有自己管理自己事务之权，同时与汉族联合建立统一的国家。”[④] 中华民族内涵的完整性，多民族国家的统一性，使中国共产党放弃了参照苏联模式建立联邦国家的教条主义构想，做出了建立统一的人民共和国并在少数民族聚居地区实行民族区域自治的历史性选择。

这一历史性的选择，并不意味着中国共产党放弃了“民族自决”的原则，而是反映了中国共产党在为建立统一的新中国奋斗进程中、在推翻所有帝国主义势力对中国主权侵蚀的革命历程中，实现了国家民族层面的自决——中华民族的自决。“中华人民共和国的成立，就是对帝国主义的民族自决”[⑤]。从这个意义上说列宁关于民族自决“除了政治自决，即国家独立、建立民族国家以外，不能有什么别的意义”的论述[⑥]，对半殖民地、半封建的中国来说，是在中华民族层面上实现的。

---

① 《中共中央关于目前政治形势与党的任务决议》，中共中央统战部编《民族问题文献汇编》，第 332 页。

② 毛泽东：《论反对日本帝国主义的策略》，《毛泽东选集》第 1 卷，人民出版社，1991，第 156、157 页。

③ 《中共中央政治局关于目前战略方针之补充决定》，中共中央统战部编《民族问题文献汇编》，第 312 页。

④ 毛泽东：《论新阶段》，中共中央统战部编《民族问题文献汇编》，第 595 页。

⑤ 乌兰夫：《民族问题学习笔记》，《乌兰夫文选》上册，中央文献出版社，1999，第 359 页。

⑥ 列宁：《论民族自决权》，《列宁选集》第 2 卷，人民出版社，1995，第 347、350 页。

中国共产党在实践马克思列宁主义的进程，虽然受到来自共产国际的强烈影响和党内“左”倾教条主义的“唯命是从”，但是从中国国情实际出发的，把马克思列宁主义与中国革命具体实践相结合的探索始终没有停止。包括解决国内民族问题方面，也是如此。“怀柔羁縻的老办法是行不通了”①。苏联的联邦制建国模式也不符合中国的实际。从中国的具体实际出发，把民族自治作为民族自决的内容，“承认中国境内各少数民族有平等自治的权利”②，这是毛泽东对解决中国民族问题的历史性贡献，也是对马克思列宁主义民族自决理论在与中国民族问题具体实际相结合过程中的创造性发展，民族区域自治制度作为新中国政治制度的重要组成部分正是这种创造性的体现。

1945 年 11 月，新华社晋察冀分社记者采访了领导内蒙古自治运动的乌兰夫。他在回答记者有关中国共产党对蒙古民族的政策时指出：“中国共产党对少数民族的政策是非常清楚的，那就是民族平等和实行民族自治的政策，因为只有实行民族自治，才能真正解决民族问题。”③ 他指出：“内蒙地区是中国领土的一部分，内蒙民族是组成中华民族的一部分。”④ 1947 年内蒙古自治区的成立，是中国共产党依据马克思列宁主义的基本原理，结合中国民族问题的实际，在把握中国统一的多民族国家国情的基础上，在长期的理论和实践探索中，开创的具有中国特色的解决民族问题之路。中国的民族区域自治制度，是马克思主义中国化的产物，是中国特色社会主义制度的有机组成部分。

六　中华民族伟大复兴任重道远

1949 年以后，随着国家民族工作的开展和民族区域自治制度的推行，有关“民族”的讨论从 20 世纪 50 年代以来始终在继续。其中以斯大林民族定义为中心的理解和争议，也成为这一话题的焦点。但是，这些包括

---

① 毛泽东：《论新阶段》，中共中央统战部编《民族问题文献汇编》，第 595 页。

② 毛泽东：《中国人民解放军宣言》，《毛泽东选集》第 4 卷，人民出版社，1991，第 1238 页。

③ 乌兰夫：《答新华社晋察冀分社记者问》，《乌兰夫文选》上册，第 1 ~ 2 页。

④ 《关于内蒙自治问题云泽主席发表谈话》，《晋察冀日报》1946 年 2 月 22 日。

“汉民族形成”在内的族别性讨论，并未深化对“中华民族”这一概念以及有关民族国家、国家民族、民族主义的认识，未能接续20世纪上半叶的学术成果和政治理论。造成这种现象的原因，无疑包括“新中国”与“旧中国”，甚至海峡两岸的政治文化区隔，但是学界对民族国家及其所必然形塑的国家民族缺乏理论意识，也是重要原因。因此，20世纪80年代以来，当“西学”再度“东渐”，当海峡两岸学术交流之门打开，当中国民族事务面对一系列包括民族分裂等极端现象时，有关中华民族、“国族”、“认同”、民族主义等概念和理论，才引起了学界对清末民初以来学术历史的接续和重视。这些研究正在使中华民族的整合与实现中华民族伟大复兴的自觉认识，达到一个新的高度。

中国共产党以中华民族伟大复兴为己任，并于2007年将中国共产党“同时是中国人民和中华民族的先锋队”写入了党章。中国特色社会主义现代化建设所要求的各民族共同团结奋斗、共同繁荣发展，就是为了构建中华民族的整合，就是在构建中华民族伟大复兴的国民认同基础。对一个统一的多民族国家来说，国家民族的整合“是各个组成部分在共享和互利秩序中的协调。统一并不消除多样性，因为它是在组织的一个共享的社团层次上发生的；整合是多样化的补充，而不是它的否定”[①]。中国56个民族“共享的社团层次”就是中华民族，“各个组成部分在共享和互利秩序中的协调”就是中国各民族在平等、团结、互助、和谐的民族关系机制中共同繁荣发展、共享改革开放成就。这是中国构建国家民族、实现中华民族整合的必然要求。当然，这是一个任重道远的伟大使命。没有少数民族的现代化，就不可能有中华民族的伟大复兴；没有“一国两制”保障的主权独立和领土完整，就没有中华民族的伟大复兴；没有包括台湾在内的中国和中华民族统一，就没有中华民族的伟大复兴。

从这个意义上说，斯大林对国家民族（state nation）的定义或有缺失，但在众多的国家民族定义中仍旧具有科学性和现实性，“民族是人们在历史上形成的一个有共同语言、共同地域、共同经济生活以及表现在共同文化上的共同心理素质的稳定的共同体”[②]。对中华民族而言，共同语言——国家通用语言文字；共同地域——中华人民共和国领土（含台湾）；共同经济

① 〔美〕E. 拉兹洛：《决定命运的选择》，李吟波等译，三联书店，1997，第136页。

② 斯大林：《马克思主义和民族问题》，《斯大林选集》上，人民出版社，1979，第64页。

生活——社会主义公有制为主体、多种所有制经济（包括港澳台的经济体制）共同发展的现代经济生活；共同文化——建立在各民族传统文化优秀成分基础上体现中华民族共同精神家园的先进文化；共同心理素质——中华民族整合基础上的国家民族认同。斯大林对这些共同特性所强调的“缺一不可”，无疑都属于构建国家民族的必备条件。这无论对我们理解“一国两制”还是各民族共同团结奋斗、共同繁荣发展，都具有重要现实意义。

辛亥革命过去了百年，中国共产党建立了九十年，在国共两党交织的历史进程中，中国共产党揭示了中华民族的科学内涵、建立了统一的多民族国家，中国共产党赢得了全国各民族人民的信赖。今天，中国共产党为实现中华民族伟大复兴而奋斗的目标，在建设中国特色社会主义现代化事业的进程中已经取得了辉煌的成就，但是实现中华民族“共同”的目标依然任重道远。中华民族这一国家民族概念不仅需要写入宪法，使之成为国家根本大法确立的国家民族，而且需要我们不断完善构建国家民族必需的、有利于各民族整合的条件。中华民族的伟大复兴，意味着中华民族自立于世界民族之林。对中国来说，只有中华民族能够自立于世界民族之林。中国的56个民族，在实现各民族共同团结奋斗、共同繁荣发展的现代化进程中，也共同面对着“中华民族化”的认同和塑造过程。

（《民族研究》2011年第4期）

第 三 编

民族主义与现代民族国家建构

辛亥革命与反满问题

刘大年

欧洲的资产阶级革命有两种类型。一种是17、18世纪的英国法国革命，再一种是19世纪40年代的普鲁士革命。马克思称英国法国革命是欧洲范围的革命。英法资产阶级的胜利意味着新社会制度对旧社会制度的胜利。而普鲁士的革命只是在思想上建立君主立宪政体，在事实上建立起资产阶级专政。英国和法国的资产阶级确实领导了革命运动。普鲁士的资产阶级则不是想通过革命，是想通过和王权达成协议的办法取得政权。中国与欧洲的情形迥然不同。毛泽东同志指出：中国资产阶级民主革命是从辛亥革命开始的。[①] 中国资产阶级领导的辛亥革命既不是英国法国的类型，也不同于普鲁士的类型。辛亥革命不是发生在世界资本主义上升的时代里，是发生在半殖民地半封建的国度里。辛亥革命没有像英国法国革命那样取得对旧制度的胜利，它只是推翻了两千多年的封建君主专制政体。辛亥革命中的资产阶级也没有像普鲁士的资产阶级那样直接与王权妥协，它鼓舞了群众的革命运动。这一些就是中国资产阶级革命与欧洲资产阶级革命的区别。

当然，中国资产阶级革命还有自己独特的外形。辛亥革命以推翻满清政府的统治为直接目标，具有浓厚的反满民族斗争色彩。无论英法还是普鲁士革命都没有这种色彩。这是由中国特殊的历史条件决定的。辛亥革命要打倒的反动政权，是一个满洲贵族占有特殊地位的政权。满洲贵族利用它的地位采取一些实际上只符合于贵族特殊利益的民族歧视政策压迫国内其他民族，主要是压制汉族。包括劳动人民，某些地主以及后来的资产阶

① 《毛泽东选集》第2卷，第781页。

级，他们的利益都在不同程度上受到这种民族歧视政策的损害。满清政权的建立，造成清代历史上连绵不断的反满斗争。辛亥革命就是发生在这个特定的环境里。资产阶级学者也就由此出发，散播了许多有关辛亥革命的荒谬论点。最主要的是他们这样或那样来否认辛亥革命的资产阶级民主革命性质，而把它看作汉族反对满族统治的所谓国内民族革命。这种观点是资产阶级看待民族问题的超阶级观点。与此相反，也有的撰述只是一般地讲辛亥革命是资产阶级革命，力求避免涉及反满与资产阶级革命这种看来是矛盾的现象。我们要懂得这次革命是中国资产阶级革命，懂得它仅仅是不同于英国法国或普鲁士类型的资产阶级革命，首先必须揭穿资产阶级在民族问题上的错误观点，弄清楚究竟反满与资产阶级革命是什么关系。对于躲开反满问题的简单化做法则应当指出：历史如果不是在矛盾混沌中发展，那就会不可思议。

反满从来不是一个独立的运动，它在不同时间里服从不同阶级的利益

斯大林说："极大多数民族运动无疑的具有革命性，也正与某些个别民族运动底可能反动性一样，都是相对的和特殊的"①。根据什么区别不同民族问题的革命性和反动性？就是根据它的阶级内容和历史条件。照马克思主义观点，从来没有某种脱离阶级斗争的单纯的民族运动。反满作为一种民族运动，它只能是当时阶级斗争主流里随风起伏的浪波。清代全部历史都证明了这一点。清初到辛亥革命之前，阶级斗争的主流经历了两个不同时期。反满斗争也随着历史的发展变化而有不同的阶级内容。

清政府在全国建立统治权至18世纪末、19世纪初，反满问题和地主阶级内部不同势力之间的斗争联系在一起。它是从属于地主阶级内部斗争的。

其时农民与地主的阶级矛盾暂时趋向缓和，地主阶级内部新旧地主势力之间争夺统治权的矛盾猛烈加剧。满族入关，许多中小地主转向拥护这个新政权、形成地主阶级中反明拥满的一派。清朝的统治就是受到这些中小地主或新兴地主的支持而稳定下来的。早期的如陈名夏、谭泰，稍晚一

① 《列宁主义问题》，莫斯科中文版，第80页。

点的如李光地、汤斌、徐学乾、高士奇等，他们是这一派的著名人物。拥明反满派地主则在很长一个时间里采取不同的形式相对抗。若干地主知识分子利用儒家学说，特别是发挥“夷夏之防”的春秋大义，宣传仇满思想。有些人利用天地会等秘密结社武装起事，“反清复明”成为天地会的口号就是来源于此。清政府针锋相对，兴文字狱对付反满宣传，用武力镇压会党反抗活动。文字狱自顺治五年毛重倬等刻制艺序案起，至乾隆五十三年贺世盛笃口策案，多至80起。牵连既广，根究穷治。会党起事更是无例外的遭到镇压，残酷无比。18世纪末19世纪初，文字狱告一段落，地主知识分子参与的会党斗争也显著减少。嘉庆年间胡秉耀、丘天泽等在江西奉朱毛俚起事失败，是这种斗争的尾声。相传是胡秉耀在狱中写给江西巡抚阮元的几首诗，那上面全是“能解春秋有几人，漫将刘备作黄巾”一类的词句，把反满派地主知识分子的立场和情感表现得非常鲜明。地主阶级的反满斗争不是打击、推翻封建统治的问题，而是争的由谁来做皇帝，由哪一派地主当权来维护封建统治的问题。因此，这时的反满运动便不是一种革命运动。虽然反满斗争也有暴露封建社会内部矛盾，削弱当权派的意义，但事情的性质并不由此而改变。

19世纪初到20世纪末年，阶级斗争已经处于另一种形势之下。变化的关键是农民与地主阶级的矛盾尖锐化，农民革命的兴起。地主阶级内部的各派进一步联合起来抵抗农民革命。反满这面旗子从此成了农民号召群众的旗子。

嘉庆年间白莲教暴动是农民斗争大爆发的第一声。鸦片战争以后太平天国农民战争更登上了一个新的高峰。19世纪末的义和团运动仍是农民战争。反满斗争这时不但是处在农民革命高涨的年代里，而且农民革命对反满问题采取的态度，也正保持着农民的朴素本色。白莲教、太平天国、义和团反满色彩都很淡薄，没有把反对满族作为斗争目标。反映地主阶级反满派要求的“反清复明”，在这些斗争里早已销声匿迹。白莲教的口号是“官逼民反”。义和团先是号称“扶清灭洋”，后来改为“扫清灭洋”。太平天国号召反满，但是与地主阶级煽动狭隘的民族情绪大不相同。太平天国的诏旨等正式文告里有斥责“胡奴”“鞑狗”的词句。它与“天朝田亩制度”中体现的彻底废除封建土地制度的革命要求相比，就显得微不足道。早期以杨秀清、萧朝贵名义发布的“奉天讨胡檄”，是一篇充塞仇满议论的文字。文中引经据典、大吊书袋的格调和屡称“诸公”如何如何的内容，与太平天国其他文字区别那么明显。一望而知，是出于新附太平军的封建文人之手。太平天国的反满色彩淡薄，辛亥革命以前的资产阶级评论家也指出过。照他们的说法，洪杨起事，参加者都以获得财物为目的。他们打击的对象根本没有满汉的界限。反过来出死力抵抗、破坏太平天国的，绝大多数都是汉人，足见当时种族之见很薄弱。[①] 决定农民革命对反满保持这种态度的，是农民与地主两个阶级壁垒分明，对农民来说，唯有地主阶级的存在，地主占有土地，才是他们深受压迫、剥削的根源。因此，农民反抗的目标是对着地主阶级统治势力，而不是反抗这个势力中的满族或者汉族统治者。农民战争是打击封建统治，推动历史前进的，伴随着农民战争的反满斗争也就具有革命的意义。

民族运动不是脱离阶级斗争的独立运动，这绝不等于说历史上不存在民族矛盾或民族问题。列宁就批评过那种试图“否认”民族问题的小资产阶级观点。问题在于：高喊民族矛盾，拒绝揭露它的阶级实质，丝毫也不说明历史的真相，恰恰相反，这是挂起一层薄薄的帷幕掩盖起了它的真相。清代历史上的民族矛盾、反满斗争，如前所述是客观存在的。这种国内民族矛盾的最后基础是封建制度，到鸦片战争以后是半殖民地半封建制度。用超阶级观点看待这种矛盾是错误的，同样地，不承认封建社会半殖民地半封建社会里有这种矛盾也是错误的。有人以为可以用阶级原则理解民族斗争，但是不能用同一原则看待民族感情。民族感情似乎是个猜不透的谜语。其实民族感情或民族恶感，并不是什么天生的东西。它只是长期的剥削制度和阶级矛盾造成的。剥削制度、阶级矛盾消除以后，民族恶感最后也就归于消除。列宁、斯大林一再讲过这个道理。总之，历史告诉我们，有清一代的反满问题，是在不同时间里有不同阶级属性的。辛亥革命中的反满，既是旧题目的复习，又是新篇页的加工涂写。

辛亥革命中的反满问题是从属于资产阶级民主革命的

翻开资产阶级革命派的文献，连篇累牍，轩然赫然的是“排满”两个

① 《蔡元培选集》，中华书局，第3页。

大字。兴中会誓词、同盟会的纲领，都列有“驱除鞑虏”的明文。1901～1911 年间，各种从事革命宣传的报刊，在沉痛地陈述帝国主义灭亡中国的危险局势、揭露封建统治的种种罪恶的同时，反复宣传了满洲久已灭亡中国，汉人应当光复旧物的观点。《民报》第 2 号上刊有一篇名为《狮子吼》的小说，甚至预言推翻清政府以后 50 年人们举行纪念会的时候，也将用反满眼光来看待这段历史。反满与否，成了资产阶级革命派与改良派斗争的焦点，反满与否，也是革命与反革命的分界线。骤然一看，确实这是斗争的关键。

那么，我们说这时的反满斗争是从属于资产阶级民主革命，服务于资产阶级利益的，理由何在？理由在于这时的反满是资产阶级发动的，反满斗争的主要内容也就是资产阶级及民主革命的主要内容。

20 世纪开头至辛亥革命，是资产阶级发动革命，走向高潮的时期。单纯的农民战争已经过去。工人阶级还没有作为一个独立的力量登上政治舞台。资产阶级不但提出了发展资本主义的纲领，并且发动了实际的革命斗争。历史前进的动力是集中在资产阶级革命派手里。除了资产阶级革命的风暴，当时没有其他社会力量能够卷起这股反满怒涛。

中国的资产阶级革命由于发生在半殖民地半封建国度里，按照客观的需要，它的任务是要打倒两个敌人：其一，打倒帝国主义；其二，打倒封建势力。辛亥革命时期的反满斗争，实际上就是要反对帝国主义封建势力这两个敌人。为什么要革命？兴中会宣言在回答这个问题时就写出了非常警醒的词句，“方今列强环列……蚕食鲸吞，已见效于踵接，瓜分豆剖，实堪虑于目前……中国一旦为人分裂，则子子孙孙世为奴隶……倘不及早维持，乘时发奋，则数千年声名文物之邦，累世代冠裳礼义之族，从此沦亡，由兹泯灭”。孙中山在《孙文学说》中回忆说，他自中法战争中国失败之后，始决意倾覆清廷，创建民国。当时人们要起来革命，首先是由于帝国主义侵略的刺激，革命是以避免帝国主义瓜分鲸吞为出发点的。通俗宣传家陈天华在《警世钟》《猛回头》等作品里把为什么反满的道理讲得最为透彻。他一再申述，满清的统治早已名存实亡。现在的朝廷其实是外国人的政府。中国的各种权力都操在外国人手里。只要洋人下个命令，满清政府就要立刻奉行。“朝廷固然是不可违拒，难道这洋人的朝廷也不该违拒么？”人们反满，就是反对帝国主义的奴才。人们只要打倒了满清统治者，就是打击了清朝背后的帝国主义者。既要革帝国主义的命，就必须同时革封建主义的命。二者是不可分割的。同盟会预拟的军政府宣言上明白写着：今天的革命与前代不同，除了推倒满清，“国体民生，尚当变更。虽经纬万端，要其一贯之精神，则为自由平等博爱”。革命者在这里并没有以反满为最终目的，而是举起法国资产阶级革命的旗子作为自己反封建的旗子。很重要的是关于土地问题的主张。同盟会“平均地权”的纲领是一个反封建的纲领。同盟会宣言的作者没有说反满是为了平均地权，但是要做到这一点，就必须推翻代表封建势力的清政府的统治，这是很明显的。《民报》第15号的《悲佃篇》一文里，更直接主张“籍豪富之田”。作者把没收地主土地与资产阶级的民主政治联系起来，认为即使推倒了清政府，不废除封建土地制度，民主政治仍是有名无实。作者号召农民起来革命，夺取土地。从这些基本事实可以看出：辛亥革命时期的反满，其阶级内容，是反对帝国主义统治中国的工具和清政府背后的帝国主义，反对本国的封建统治阶级。这正是中国资产阶级民主革命要打倒的两个敌人。当然，对于帝国主义是革命的主要敌人，那时人们的认识还不是很明确的。兴中会、同盟会都没有建立明确的反帝国主义纲领。同盟会用“世界和平”，要求外国赞成中国革新事业等词句代替反帝国主义的口号。它实际上是企图不经过与帝国主义的正面斗争而获得民族独立。资产阶级革命活动家对封建主义的认识也很肤浅。同盟会的土地纲领，实际上是企图不经过群众斗争而实现有利于发展资本主义的土地国有。但这只是说明资产阶级本身的软弱，并不是说明反满问题不是从属于资产阶级民主革命的，或不为资产阶级利益服务。全部反满斗争，都是要消灭资产阶级的敌人，消灭专制制度，为资产阶级取得政权，发展资本主义开辟道路。

社会观念是社会生活在人们头脑中的反映。当时一些反满宣传的提倡者，其实也是从阶级矛盾的意义上来理解斗争的，蔡元培、章炳麟就是这样。

蔡元培在1903年发表的《释仇满》一文上说：满人这个名词，是代表特权的记号。满人的特权包括世袭君主，驻防各省和不治生产，靠剥削别人生活。反满就是为了反对这些特权。蔡元培最后指出：西方文化输入以后，种族畛域之见应当有所消释。“而仇满之论反炽于前日者，以近日政治思想之发达，而为政略上反动之助力也”。章炳麟在《民报》第21号上发表的《排满平议》一文里说：“排满洲者，排其皇室也，排其官吏也，排其士卒也。若夫列为编氓，相从耕牧，是满人者，则岂欲剚刃其腹哉？……

所欲排者，为满人在汉之政府。”他举出各地革命党人起义和游侠刺客所诛戮的十之八九是汉人为例，说明凡为清政府效劳的汉人也都在排除之列。照这些解释，反满就是反对封建统治阶级的特权，反对皇室、官吏、军队代表的统治势力。章炳麟为了强调满汉矛盾，讲得很含糊其辞，但归根结底，也还是这个意思。

毛泽东同志说：辛亥革命是在比较更完全的意义上开始的资产阶级民主革命。[①] 又说：“辛亥革命是革帝国主义的命。中国人民所以要革清朝的命，是因为清朝是帝国主义的走狗。”[②] 毛泽东同志的论断指出了辛亥革命中的反满问题的实质。事实证明这个论断是完全正确的。

马克思主义告诉我们：一切民主政体、君主政体或争取选举权的斗争，都不过是形式。它的内容是各个不同阶级间的真正斗争。反对帝国主义更是反对外国资产阶级残酷剥削压迫的尖锐的阶级斗争。中国资产阶级在进行这种斗争的时候，要紧紧抓住反满这个武器，这表明那时的资产阶级是又革命又软弱。历史上向来是这样：“进行革命的阶级，仅就它对抗另一个阶级这一点来说，从一开始就不是作为一个阶级，而是作为全社会的代表出现的；它俨然以社会全体群众的态度反对唯一的统治阶级”[③]。资产阶级展开炽烈的反满宣传，显然在“以社会全体群众的态度反对唯一的统治阶级”。许多革命宣传者并不强调最有光辉的建立共和国和平均地权的思想，而把反满放到第一位，又是资产阶级软弱性的表现。他们不愿深刻揭露资产阶级与帝国主义封建主义的阶级矛盾，而情愿用反满冲淡和掩饰这种矛盾。

这个事实也是很重要的：反满革命参加者的内部并非一律。最热衷宣传满汉矛盾的是光复会的章炳麟一派。章炳麟的许多作品不但一般地搬弄儒家经典讲解华戎之辨，并且直接从清代前期地主阶级反满派那里借用语言，吸取思想，把自己的活动说成仿佛是王夫之、吕留良、曾静、齐周等人活动的继续。这使从属于资产阶级的反满运动，涂上了一层传统的封建的颜色。尤其与农民战争时期相对照是如此。原因是章炳麟等人代表的并不是资产阶级，是地主阶级反满派。据章氏对当时革命的解释：“改制同

---

① 《毛泽东选集》第 2 卷，第 638 页。

② 《毛泽东选集》第 4 卷，第 1517 页。

③ 《马克思恩格斯全集》第 3 卷，第 54 页。

族，谓之革命，驱除异族，谓之光复”。反满是光复，不是革命。[①]“光复会（原名‘复古会’）”的名称就是取义于此。孙中山领导的兴中会则一开始就比较注重振兴国体，讲求富强之学。由此可以看出：辛亥革命反满宣传之所以突出，大部分不是来源于资产阶级小资产阶级革命思想，主要是来源于地主阶级反满派的思想。不过这时的地主阶级反满派是资产阶级化的封建主，是跟资产阶级革命派搭伙的。他们是用前人的腔调，穿着古代服装，参加演出世界历史的新场面。

革命者的集中的反满宣传，发生了两方面的作用。一个方面：加速了清政府的瓦解过程。清政府当时在人们心目中是一切黑暗势力的罪恶渊薮。许多人最为关心的不是平均地权，甚至也不是建立中华民国，而是推翻清政府。反满宣传吸引了更多的群众去参加斗争，并得到一部分地主阶级知识分子的响应。清政府由此越发陷于孤立。又一方面：模糊了革命斗争的方向。把一切仇恨简单地集中在满族统治者身上，模糊了对帝国主义封建主义两个主要敌人的认识。资产阶级革命派本身对这方面的认识与一般群众几乎没有区别。革命的方向没有由反满进一步明确指向反对帝国主义封建势力，没有真正提高群众的民族觉悟和阶级觉悟。满清政府一旦倒塌，革命势力跟着迅速解体，这是原因之一。

资产阶级的特点、资产阶级在革命斗争中与工人农民的关系，规定了辛亥革命的面貌和结局

正因为反满这时是从属于资产阶级领导的革命，从反满问题上就无法找到辛亥革命成功或失败的根本原因。辛亥革命的面貌和结局显然不是由反满斗争决定的。

全部革命的图卷迅速展开，又异常急剧地收卷起来。同盟会高举起资产阶级民主主义的旗帜，以革命先觉的姿态出现在群众面前。许多革命参加者在与敌人的斗争中，充满了“虽千万人吾往矣”的革命精神。从同盟会成立到武昌起义，不过六七年工夫，就把中国最后一个封建王朝推翻了。胜利是巨大的。但是，那些惊心动魄的场面和革命的胜利都是暂时的。一转眼之间，革命产生的政权落到了反革命手里，革命派的势力风流云散了。

① 章炳麟：《邹容〈革命军〉序》。

人民照旧在帝国主义封建主义统治下过着奴隶式的生活。革命宣告了失败！为什么情形会是这样？反满斗争是一个因素，但绝非主要的因素。决定整个革命的面貌和结局的是阶级斗争的形势，是领导这个革命的资产阶级本身的特点和资产阶级与工人农民群众的关系。

发动辛亥革命的资产阶级是处在这样的情况下：第一，就资产阶级内部而言，领导这个革命斗争的主体是资产阶级小资产阶级知识分子。在经济上他们代表资产阶级中下层，政治上属于最激进的一翼。中国资本主义的发生和资产阶级的形成有两条道路：一条是由“官商合办”进至商办，若干地主官僚顺着这条道路变为资本家或兼有资本家的身份。一条是少数手工工场主或中小商人开设工厂，由小资产者发展为资本家。因此，资产阶级在政治上也逐渐形成了两个不同的派别：一个是改良派，他们同封建势力联系密切，只要求实行立宪政体，坚决反对革命。戊戌变法时的维新派，辛亥革命中的立宪派，都是属于资产阶级改良派。一个是革命派，这些人同封建势力联系较少，有较强的革命要求。从孙中山、杨衢云组织的兴中会到后来的同盟会都一直保持革命派的特色。兴中会初期可以查到材料的二百余人中，有半数是商业和农业资产者，半数是学生、各种小资产者、工人和会党活动分子。1905～1907 年加入同盟会现在可以查出本人成分的三百余人中，93%是留学生和学生，其余是官僚、有功名的知识分子、教师、医生、资本家和商人。同盟会的上述成员中包括资产阶级自由派和地主阶级反满派的代表，但他们只是少数。资产阶级中下层的要求，就是通过这大批的资产阶级小资产阶级知识分子反映出来的。第二，就资产阶级与工人阶级的关系而言，资产阶级与工人阶级之间的矛盾还没有清楚表现出来，资产阶级没有感到工人阶级敌对的威胁，对前途有信心。辛亥革命时期，中国近代产业工人只有 50 万～60 万人。工人的罢工斗争早就出现了，但主要是要求改善待遇的经济斗争，并且多半发生在外国人在华兴办的工厂里。工人阶级与资产阶级在政治上当时不但没有利害冲突，而且工人群众还是资产阶级从事民主斗争的重要支持力量。孙中山写的《民报》发刊词里就说过，像欧美工人阶级与资产阶级冲突的那种剧烈祸害，在中国还是未来的事情。同盟会时期的活动家不但介绍欧洲资产阶级的革命思想，介绍法国、俄国资产阶级革命，也介绍马克思主义思想。《民报》第 2、第 3 号上刊载的朱执信《德意志社会革命家小传》里对马克思、恩格斯生平和《共产党宣言》《资本论》都有简略介绍。他的结论基本上是肯定的。

孙中山在辛亥革命这一年讲演“社会主义之派别及其方法”时，也称赞马克思阐发真理，不遗余力，肯定马克思主义的科学社会主义。资产阶级这时是处在它的黄金时代。其所以如此，当然不是“改变”了资产阶级与工人阶级的根本对立，而是当时存在的帝国主义封建主义的压力之下，资产阶级同一切非统治阶级的利益还多少有些联系，还来不及发展为特殊阶级的特殊利益。上面两种状况决定资产阶级可以在一定程度上依靠革命热情蓬勃高涨的广大群众，来扮演辛亥革命这幕轰轰烈烈的史剧里的一个重要角色。

同样地，辛亥革命没有取得反对帝国主义封建主义的胜利，以资产阶级对帝国主义封建主义的妥协而结束，又是在于资产阶级的软弱无力。它既不敢与帝国主义封建主义决裂，也不敢真正依靠群众。辛亥革命时期的资产阶级的这个特点，除了表现为它的经济力量薄弱，突出地表现为它对待农民的翻手为云、覆手为雨、敌视农民的态度。

首先是资产阶级非常轻易地抛弃了自己关于平均地权的诺言，不敢正视农民迫切的土地要求。虽然“平均地权”只是一个抽象口号，它在农民中有过反响。同盟会影响下的哥老会改组为龙华会所发出的会规宗旨中，就规定“要把田地改作大家公有财产，不准豪富霸占”[①]。资产阶级就是用反满和平均地权的号召来发动农民参加斗争的。但是同盟会的绝大多数人根本没有实现这个纲领的信心，没有这个能力。各地反清斗争一经发动，他们便群起反对这个纲领，理由是“理想太高，不适中国之用”。孙中山后来屡次讲到这个问题，指出它是辛亥革命失败的重要历史教训。事情还不止于此。资产阶级革命派在自己上台以后，立刻翻脸，站在农民群众的对面，反对农民群众的革命运动。他们对于农民向地主豪绅展开的斗争，认为“行动越轨”，用武力镇压。群众自动组织的武装，革命派也往往诬以“假革命”等罪名，杀逐解散。革命的处境越危殆，资产阶级越软弱无力，农民就越发显得厉害。南京政府成立前后，革命这只航船在内外夹击下，已经处在风雨飘摇的境地。这时同盟会内部的各派势力在要求与敌人妥协这一点上成了一个嘈杂的合唱队。他们之中几乎无人敢于主张依靠广大农民，扫荡农村封建势力，把革命坚持下去。他们在革命的紧要关头，宁愿

① 平山周：《中国秘密社会史》。

让革命遭受失败，也不敢触动封建势力去向农民求救。资产阶级在这里又是那么不相信自己，不相信人民。辛亥革命的结局就是这样决定的。资产阶级没有肩负起自己的历史使命!

列宁在其名文《中国的民主主义和民粹主义》里对辛亥革命时期的中国资产阶级作过这样的评价：“这个阶级不是在衰落下去，而是在向上发展；它不是惧怕未来，而是相信未来，奋不顾身地为未来而斗争；它憎恨过去，善于抛弃死去了的和窒息一切生命的腐朽东西，决不为了维护自己的特权而硬要保存和恢复过去的东西。”[①] 列宁的这段话是很好地概括了当时资产阶级本身和它与工人阶级相互关系的状况的特点。列宁在这篇文章里还说过：“亚洲这个还能从事历史上进步事业的资产阶级的主要代表或主要支柱是农民”。资产阶级在辛亥革命中脱离农民，甚至暂时取得一点权力以后就一脚踢开农民，这就使自己失掉了主要支柱。并且中国资产阶级能够独立在历史上发挥进步作用，到辛亥革命已经达到了顶点。

帝国主义封建主义两个革命敌人那时还很强大。必须看到这一点。但是帝国主义封建主义的强大只有在资产阶级软弱的条件下才能特别显示其力量，不是在任何时候都能显示力量。资产阶级不敢触动旧制度的基石，迅速与反动势力相妥协，并且抛弃了自己不可缺少的同盟者——农民群众，为反革命压倒革命创造了条件。

欧洲的历史什么时候也不等于中国的历史。中国资产阶级革命必然有自己的面貌和特点。一定要中国资产阶级革命向欧洲某个类型的资产阶级革命看齐，那是削足适履。反之，夸大中国的特点，以至认为辛亥革命不是资产阶级革命，是所谓国内民族革命，那是对历史的故意歪曲。

这里特别要指出：中国与西方资产阶级学者对待民族问题的超阶级观点，根源都是资产阶级世界观；但是，在论述辛亥革命的时候，西方资产阶级学者把他们这个观点的反动本质暴露得更加彻底。他们发了许多议论。有说辛亥革命是所谓反王朝起义的；有说它是“国家制度的革命”的；有说根本不存在什么阶级，是全中国人反对满族人的。牛溲马勃，不一而足。他们的调子有别，目的相同，就是否认它是一场剧烈的阶级斗争，特别是否认它是反对帝国主义的革命斗争。没有反帝国主义斗争，当然也就是没

① 《列宁全集》第 18 卷，第 153 页。

有帝国主义对中国的侵略。最近有个叫作鲍尔斯的美国人，以美国副国务卿的资格大肆编造中国近代史，并着重讲到了辛亥革命这个题目。他说这次革命推翻的封建专制政体，是在中国“内部的腐朽和西方的冲击力量的联合影响下崩溃的”[①]。什么是“西方的冲击力量”，自然就是鲍尔斯的前辈艾奇逊讲的“西方的影响”。说明白一点，即所谓西方的观念输入中国，引起了中国革命的那一派胡言。艾奇逊、鲍尔斯都是美帝国主义的代言人。他们对帝国主义侵略讳莫如深，是理所当然的。而西方资产阶级学者有关中国近代史的观点，恰恰也就是帝国主义代言人的观点。其反动本质暴露得何等明显！历史事实和那些帝国主义辩护士的说教没有丝毫相同之处。一部中国近代史，在一方面说就是中国人民反对帝国主义侵略的历史。中国人民革命的伟大胜利，最后捣碎了帝国主义瓜分鲸吞中国的迷梦，这个胜利，也是宣告了资产阶级唯心历史观的破产。

（《历史研究》1961 年第 5 期）

① 鲍尔斯：1961 年 6 月 11 日在华盛顿美国书业协会“国际晚会”上的讲演。

“排满”与民族运动

章开沅

关于辛亥革命时期的“排满”问题，历来争议甚多。不少中外学者，往往笼统地贬之曰种族主义或种族复仇主义，却忽视了或低估了它的进步的和革命的实质。

我认为，“排满”不仅仅是对于清朝政府的民族压迫和民族歧视政策的愤怒抗议，而且是近代中国民族运动发展到一个新阶段的重要表征。它是中国革命民主派在20世纪初年，集中全国人民的共同意愿，经过深思熟虑而提出的激动人心的战斗口号。

这里所讲的民族运动，指的是严格意义的近代民族运动，是属于资本主义范畴的民族运动。

马克思主义从来都这样认为，民族和祖国一样，是一个历史的范畴。严格地讲，近代的民族不是一般的历史范畴，它是资本主义上升时代的历史范畴。正如列宁所说的那样，“在全世界上，资本主义彻底战胜封建主义的时代，是同民族运动联系在一起的”①。

各个国家都有各自不同特点的民族运动。

在欧洲，资产阶级民族运动大略可以区分为两种类型。一种是西欧，那里的民族形成过程，同时就是它们变成独立的民族国家的过程。除了爱尔兰以外，英、法诸国莫不如此。所以列宁曾经指出，民族国家对于整个西欧，都是资本主义时期典型的正常的国家形式。另一种是东欧，当西欧各民族形成为国家时，由于这里的封建制度还严重存在，资本主义还不大

① 列宁：《论民族自决权》，《列宁选集》第2卷，人民出版社，1960，第508页。

发展，所以由经济上政治上比较发达的民族承担了统一国家的历史任务，形成了若干多民族的国家，奥、匈、俄等国都是如此。可是，随着这些国家资本主义的发展并产生影响，各“被排挤民族”也兴起了反抗统治民族的民族运动。不过，“斗争并不是在整个民族与整个民族之间，而是在统治民族的和被排挤民族的统治阶级之间开始并激烈起来的”①。

近代中国的民族运动，既不同于西欧那种类型，也不同于东欧那种类型。

自从秦汉以来，中国人（主要是汉族）作为民族的主要特征即已逐步发展，早在资本主义上升时代以前，已经形成独特的中央集权的多民族国家。当然，由于没有资本主义作为新的经济基础，它在某种程度上仍旧保留着封建割据状态，不同于近代资产阶级的民族国家。如果说，“建立最能满足现代资本主义这些要求的民族国家，是一切民族运动的趋势（趋向）”②。那么，这种趋势（趋向）出现在中国的土地上，都是在1840年鸦片战争以后。

外国资本主义的侵略，不可避免地要在殖民地、半殖民地引起反抗，也不可避免地要在客观上刺激当地资本主义的产生和发展，以及与之相适应的文化思想方面的变化。一句话，就是不可避免地要引起被压迫国家的民族运动。不管这些地区的民族运动具有何等落后的种族以至宗教的色彩，也不管这些民族运动的领导者和参与者在主观上有多少近代意识的政治觉醒，它们的趋势（趋向）总归是“建立最能满足现代资本主义这些要求的民族国家”。广义地说，从鸦片战争到辛亥革命，其间一切民族战争、农民起义、政治革新、企业兴办、改良运动与革命斗争，都是近代中国民族运动的组成部分。

近代中国的民族运动，从一开始就面临着强大的外部敌人，而帝国主义在中国实行的殖民主义统治，又是以年深日久的封建主义作为社会基础。因此，这个运动的一大特点，就是始终与反对帝国主义及其走狗的斗争紧密联系。作为帝国主义走狗的清朝政府，对外出卖民族权益，对内实行民族压迫，因而近代中国的民族运动又必然要首先把“排满”作为自己最为迫切的战斗任务和动员口号。“排满”，就是扫除民族资本主义前进道路上的最大障碍，就是为了“建立最能满足现代资本主义这些要求的民族国

① 斯大林：《马克思主义和民族问题》，《斯大林全集》第2卷，第300~301页。

② 列宁：《论民族自决权》，《列宁选集》第2卷，第508~509页。

家”。如果离开这个特定的历史条件，我们就不可能对“排满”问题做出合理的解释。

以1900年为界标，近代中国的民族运动大体上可以分为两个阶段。1900年以前，由于民族资本主义的发展极为有限，这个运动的主要社会基础是农民，而运动中比较活跃的力量则是地主阶级当中的抵抗派和革新派，以及一部分从封建士大夫营垒中分化出来的具有资产阶级倾向的知识分子。在鸦片战争以后的60年间，发生过五次民族战争和一次农民战争，还有洋务运动和连绵不绝的反洋教斗争。“制夷”——“保国”——“扶清灭洋”等，是这一阶段民族运动的主要政治口号。外国资本主义侵入以后，明末清初地主阶级反满派遗留的“反清复明”古老旗帜逐渐陈旧褪色，尽管它在许多秘密会社中还具有某种程度传统的影响，甚至也曾给太平天国这样全国规模的农民战争涂抹了若干国内民族斗争的色彩，但对于几次大规模民族战争来说则是毫无关联。1900年以后的情况则不然，尽管农民仍然是民族运动的主要社会基础，但随着民族资本主义的初步发展，民族资产阶级和日渐增多的资产阶级、小资产阶级知识分子开始成为运动中最为活跃的力量。清朝政府在《辛丑和约》签订以后，完全堕落成为帝国主义的走狗，从而在人民中间丧失了最后一点威严。资产阶级革命派利用人们对满洲贵族的民族压迫和专制暴政的深仇大恨，重新捡起古老的“反满”旗帜，并且给它印染上新时代的色彩和图案，使之增添了青春的活力。20世纪初年的“排满”，实质上成为反帝、反封、反君主专制主义三位一体的战斗口号，已经与往昔的“反清复明”有着本质的区别。可以这样说，1900年以后的民族运动，由于正式提出了建立资产阶级共和国的主张，从而具备了正规的近代含义。

“排满”口号的重新提出，标志着中国人民的民族觉醒达到一个新的水平。如果追溯到1894年兴中会的誓词：“驱除鞑虏，恢复中华，创立合众政府”，可以看出，革命志士所提出的“排满”，从一开始便是与建立资产阶级共和国的奋斗目标联结在一起的。不过，正如孙中山所说的那样，“然而劝者谆谆，听者终归藐藐”；兴中会的排满宣传无论在国内或是海外都收效甚微，它并不代表当时中国的民族运动的主流。

1901年以后，随着国内社会矛盾的激化和革命时机的趋于成熟，“排满”宣传迅速取得富有成效的进展。1901年章太炎在《国民报》发表的《正仇满论》，明确地把“排满”与维护民族独立和争取社会进步联系起来。

他说："然则满洲弗逐，而欲士之争自濯磨，民之敌忾效死，以期至乎独立不羁之域，此必不可得之数也。浸微浸衰，亦终为欧美之奴隶而已矣。非种不去，良种不滋，败群不除，善群不殖。自非躬执大彗以扫除其故家污俗，而望禹域之自完也，岂可得乎？"同年，《开智录》刊载的《义和团有功于中国说》，更为难能可贵地表达了利用广大人民群众的斗争力量以谋求民族独立和民主权利的反清革命思想。作者热情地讴歌了义和团为挽救民族危亡而建树的不朽功勋，并且着重指出："义和团之揭竿起也，虽未达其灭洋之目的，而亦开历史之辉光，倾此二百余年根深强固野蛮无纪之政府，灭此不可枚举尸位素餐冥顽不灵之满族。使非天假义和团之手，借联合军之力，而为我国民雪二百余年之深恨，茁固有民权之萌芽，曷克至此？"最后作者振臂高呼："霹雳一声，开廿世纪之风云；腕力高扬，张自由之旗鼓"。展示了近代中国民族运动新的时代风貌。

只有从这一特定历史环境出发，我们才能深入了解 1902 年春在日本举行的"支那亡国二百四十二年纪念会"的深刻意义，才能透过章太炎那篇古朴典雅的宣言书发现其现实的政治魅力。孙中山不仅积极参与了这次轰动中外的反清活动，而且还曾于同一年建议刘成禺撰写《太平天国战史》，并在序言中自称："俾读者识太平朝之所以异于朱明，汉家谋恢复者不可谓无人。"这些都说明，当年的革命先行者们，在利用"排满"以动员人民从事反清革命这一中心点上，认识完全一致。如果说，"支那亡国二百四十二年纪念会"是最早公开举行的一次"排满"动员会，那么，1903 年初，马君武、刘成禺在东京留学生新年团拜会上的"排满"演说，以及稍后章太炎的《驳康有为论革命书》和邹容的《革命军》等，就是一道又一道以"排满"相号召的讨伐清王朝的檄文。这些言论和文字在海内外产生的影响，无论从广度还是从深度而言都是空前的。它们那些炽热的言辞强有力地扣动着灾难深重的中国人民的心弦。只要稍加检阅 1903 年上半年出版的进步书刊，就可以发现"排满"已经极为明显地成为革命舆论的基调。人们说得是何等诚恳："迨戊戌政变，刚、荣之徒，窃握大枋，神皋旧壤，生机遏绝，于是汉族知身家性命终不足托顽固庸妄之手。仁人志士求其在我者，乃倡为自立革命排满之议。"① 一切补救手段都试过了，一切改良方案

① 《异哉满学生！异哉汉学生》，《苏报》1903 年 3 月 14 日。

都破产了，一切善良愿望都遭到冷酷的践踏，于是才不得不提出“排满”！只有与这个“顽固庸妄”的封建王朝彻底决绝，才能复苏古老祖国濒于遏绝的生机。

这里应该说明，20 世纪初年的爱国志士是自觉地把“排满”纳入资产阶级民族主义范畴的，而不是像过去有些中外论者所设想的那样，“排满”这个古老口号只是混混沌沌地被塞进了资产阶级民族主义的某些内容。

从 20 世纪一开始，进步的知识分子就努力研究这个新的世纪的时代特征，研究左右环球局势的帝国主义的起源、性格和内外政策，特别是研究中华民族在新的世纪中将面临什么样的前途和命运。他们不甘心坐待帝国主义列强纷至沓来的宰割，不甘心静观清朝政府一块又一块出卖本来已经破碎的祖国山河。他们焦虑地思索，热衷地探讨，怎样才能把自己的同胞振奋起来，团聚起来，救亡图强，“建民族之国家，立共和之宪章”？他们纵观寰宇，博览史籍，终于找到了这样的精神纽带——民族主义，或者又称之曰“国魂”。于是兴高采烈地向全国人民宣告：“欲达此莫大之目的，必先合莫大之大群；而欲合大群，必有可以统一大群之主义，使临事无涣散之忧，事成有可久之势。吾向欲觅一主义而不得，今则得一最宜吾国人性质之主义焉。无他，即所谓民族主义是也。”①

《浙江潮》第二期曾刊载一个图表（见图 1），尽管它不够全面也不够确切，却可以说明当年爱国志士对于资产阶级民族主义的重视与理解。

图 1 制作者自己的文字解释是：“民族主义者，十九世纪之产物，而亦其主人翁也。维也纳会议成一民族主义与自由主义之大过渡，及法国第二革命起，而全欧之机大动，而奥意战，而德奥战，而奥匈战，而德法战，而东方问题，而爱尔兰自治。及其将终，而英阿之役，美西之役，日本之维新，义和团之扰乱。落落诸大事，无一非由是民族主义者磅礴冲击而成，故一部十九世纪史，即谓民族主义发达史可也。”不管资产阶级的世界观能否科学地说明这部民族主义发达史，但这里至少有两点值得我们给以特殊的重视：一是他们把法国大革命作为民族主义的源始，一是把义和团看作民族主义的萌芽。

关于这两个问题，当年的爱国志士自己已经作过回答。第一，“吾言民

① 竞庵：《政体进化论》，《江苏》第 3 期。

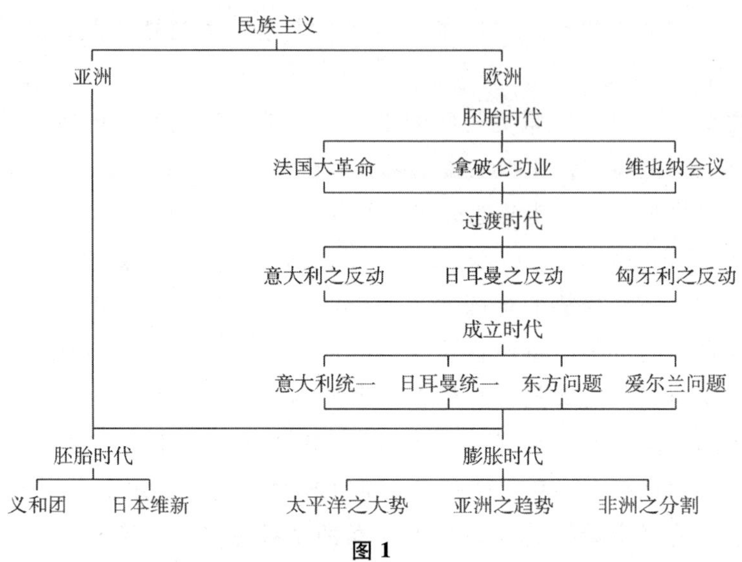

图 1

族主义，何以必推源于法国大革命？曰：民族主义与专制政体不相容者也。民族主义之大目的，在统一全族以立国。然兹所谓统一云者，志意的统一，非腕力的统一也；共同的统一，非服从的统一也。……若专制政体，则何有矣！”① 第二，“夫义和团岂不知寡不可敌众，弱不可敌强哉！然出于爱国之心，忍之无可忍，故冒万死以一敌八，冀国民之有排外自立之一日也”。“使义和团一战而胜，奏凯而旋，有志者乘其机而导之以国民之义务，夺回自由之民权。扭转乾坤，开共和之善政；民权独立，扫专制之颓风。则此际之排外灭洋者为义和团，安知顺手倾满洲政府，大倡改革者非义和团耶！”②

显然，中国早期的资产阶级革命派，对于他们的欧洲前辈倾服得简直是梦魂萦绕。这里有诗为证：“娶妻当娶韦露碧，生儿当生玛志尼；得听雄鸡三唱晓，我侬身在法兰西。”③ 他们开始学会用资产阶级的自由、平等的观点来看待民族问题，因此必然要把自己的民族主义与义和团的笼统排外

① 《民族主义论》，《浙江潮》第 2 期。

② 《义和团有功于中国说》。

③ 松岑：《陈君去病归自日本，同人欢迎于任氏退思园，醉归不寐，感事因作》，《江苏》第 5 期。

区别开来。他们肯定义和团是处于“胚胎时代”的民族主义的“萌芽”，而他们在继承义和团反帝爱国传统的时候，都决心扬弃其中夹杂着的某些封建落后糟粕。他们尖锐地批评了“扶清灭洋”的口号，并且深刻地剖析了这种笼统排外主义认识的低下和没有前途。“彼无意识之排外虽甚剧烈，其发念不过从耳目接近之忿恨点而起，而非从爱国心之一点而起。故虽讲尊亲之学深厚如徐桐，尚不知割台湾、租胶岛、借旅顺、广（州）湾为何事，惟使馆市街有侵其府第一寸土者即忿忿不能平。适拳民亦妒教士之势横，两盲同意，二聋联盟，遂决欲铲除东交民巷使馆，及烧毁四牌楼教堂，以为如此外人即可莫予毒。乌呼！此即挟民族主义之国民举动乎？扶清者，仅扶东交民巷及四牌楼；灭洋者，仅灭公使馆及天主堂，如此彼尚知国家国民为何解乎？”① 所谓两盲同意，二聋联盟，尽管模糊了阶级区别并包含着轻视劳动人民的偏见，却颇为形象地说明了封建顽固派如何利用农民的落后思想，把义和团运动引上了失败的歧途，终至酿成一场历史大悲剧。

落后的思想一般总是与落后的经济相联系，而先进的思想则总是与先进的经济相关联。如果说，产生笼统排外主义的经济基础是封建主义的小农经济，那么资产阶级的民族主义便是民族资本主义初步发展的产物。列宁说过：“这种运动的经济基础就是：为了使商品生产获得完全胜利，资产阶级必须夺得国内市场，必须使操着同一种语言的人所居住的地域用国家形式统一起来，同时清除阻碍这种语言发展和阻碍把这种语言用文字固定下来的一切障碍。”② 人们可以看到，资产阶级革命派提出“排满”问题，从一开始就是与“夺得国内市场”密切相关联的。香港兴中会宣言一方面惊呼：“方今强邻环列，虎视鹰瞵，久垂涎于我中华之富，物产之多。蚕食鲸吞，已见效于踵接；瓜分豆剖，实堪虑于目前。”一方面宣告自己的宗旨是：“专为联络中外有志华人，讲求富强之学，以为振兴中华维持国体起见。”邹容的《革命军》，在阐明革命之原因时，则着重揭露满洲贵族的封建压榨严重地阻碍着“商品生产获得完全胜利”。他说：“抑吾又闻之，外国之富商大贾，皆为议员执政权，而中国则贬之曰末务，卑之曰市井，贱之曰市侩，不得与士大夫伍。乃一旦偿兵费，赔教案，甚至供玩好养国蠹者，皆莫不取之于商人。若者有捐，若者有税，若者加以洋关，而又抽以

① 《箴国民》，《苏报》1903 年 5 月 8 日。

② 列宁：《论民族自决权》，《列宁选集》第 2 卷，第 508 页。

厘金，若者抽以厘金，而又加以洋关。震之以报效国家之名，诱之以虚衔封典之荣，公其词则曰派，美其名则曰劝，实则敲吾同胞之肤、吸吾同胞之髓，以供其养家奴之费，修颐和园之用而已。”甚至就连稍后几年出版的，曾被贬为单纯排满的宣传品，章太炎主编的《天讨》之中，也不乏“建立最能满足现代资本主义这些要求的民族国家”的信息。如《普告汉人》一文，即对清朝政府的矿禁、苛敛给以强烈的抨击，指出：“于凡所以利民者，必剥削使尽，此满人迫汉人于贫之策也。”《四川革命书》列举满清治蜀苛政有六，即征粮、抽税、攘夺、迫捐、虐杀、筑路，其中直接阻碍资本主义发展者占其四，结论是：“舍排满而外，决无自全之策。”此书还指出：“吾果革命，则川汉铁路，吾自集股，吾自建筑，何畏他人制我死命，何用他人越俎代庖。”《江苏革命书》则强调清廷重税苛敛，本省受害最深，“以言兴教育则无款，以言筑铁路则无款，以言创实业则无款，以言派留学生则无款”。并且高呼：“二百三十余里之沪宁铁道，其主权尚属我江苏乎？而可以不革命？”《河南讨满洲檄》也痛心于本省路矿权利的丧失，悲愤陈述说：“夫河南者，为四通之地，有铁路则交通之事易。路而售于外人，则第一之利权已失。有矿产则应需之品足，矿而售于外人，则第二之利权又失。夫占吾路矿者，吾仇也；卖吾路矿者，吾贼也。至于今日，欲为利权之挽回，已事倍功半，不堪其困矣。呜乎！河南者，汉人之河南也，而满虏欲卖则卖之，天下雠仇，宁有过是者耶？”《广东人对于光复前途之责任》强调对外赔款给本省带来的深重灾难：“广东之地，数十年来虽有富甲全国之名，然摊赔洋款亦以广东为最多。故暴敛横征，肆行无忌……如绅富捐、房捐、票捐、赌捐、屠捐、烟捐之类，层见叠出。”“虽然，人穷则反本，我广东人如思所以自处，则亦就其根本而思之可耳。思本之法奈何？则实行排满是也”。《云南讨满洲檄》把滇越铁路和七府矿产利权的丧失列为清廷大罪之一，指责满族皇室亲贵：“且放弃主权，分裂河山，今日卖铁道，明日赠矿山，恶极滔天，神人共愤。”……凡此种种，都说明了隐藏在满汉矛盾背后的经济动因，说明了20世纪初年“排满”的近代特征。如果说，明朝遗老的“反清复明”，充满着对于故国旧主和宗庙社稷的绻念，那么资产阶级的“革命排满”，则毫不讳言自己对于路矿企业利润的追求，并且瞩望于建立一个能够维护国内市场的民主共和的新国家。

至于语言文字的统一，就汉族来说，尽管自秦汉以来已经基本上实现了，但并不等于说，资产阶级领导的民族运动，已经完全没有“消除这种语言发展和阻碍把这种语言用文字固定下来的一切障碍”的艰巨任务。正如列宁所说的那样：“语言是人类最重要的交际工具；语言的统一和语言的无阻碍的发展，是保证贸易周转能够适应现代资本主义而真正自由广泛发展的最重要条件之一，是使居民自由地广泛地按各个阶级组合的最重要条件之一，最后，是使市场同一切大大小小的业主、卖主和买主密切起来的条件。”[①] 尽管当年的革命志士是以民族的英雄而不是以资本的奴仆的身份出现，然而他们所从事的白话文运动、新方言研究以及其他语言学方面的工作，却直接或间接地为现代资本主义的广泛发展创造着条件。譬如章太炎所用以“激动种性”、鼓动“排满”的国粹，首先指的就是语言文字。他反对“欧化主义”，反对凡事“总说中国人比西洋人所差甚远，所以自甘暴弃，说中国必定灭亡”。他将中国的语言文字与西方的语言文字作比较的研究，并且从社会学的角度对汉文的流变进行新的探索。他赞同为适应新事物的增多而“增选”新字，但强调要合乎“六书规则”，反对“乱搅乱用”，力求保证本国语言文字的纯洁和健康发展。[②] 他把语言文字问题与“爱国保种”联系起来，并且以“自有清书，形体绝异”作为排满的理由之一。自称白话道人的林獬主编的《中国白话报》，更为明确地把语言文字的统一作为祖国自强的必要条件。他针对中国各省语音有别以及语、文分离的状况，强调用白话文办报的重要性。“内中用那刮刮叫的官话（即普通话——引者），一句一句说出来，明明白白，要好玩些，又要叫人容易懂些。倘使这报馆一直开下去，不上三年，包管各位种田的、做手艺的、做买卖的、当兵的、以及孩子们、妇女们，个个明白，个个增进学问、增进识见、那中国自强就着实有望了”[③]。所有这些言论和主张，虽然并未公开标榜“夺得国内市场”，但力图通过本民族语言文字的统一和发展以求得祖国独立富强的愿望，则是显而易见和非常强烈的。

人们往往迷惑于“排满”论喜爱使用的古老以至陈腐的语言，因而指谪其封建落后面者多，肯定其积极进步面者少。其实这是很不公正的，大多数“排满”论者不过是穿戴古代的衣冠扮演近代的角色。当章太炎宣传“用国粹激动种性”的时候，首先就声明：“为甚提倡国粹？不是要人尊信

① 列宁：《论民族自决权》，《列宁选集》第2卷，第508页。

② 章太炎：《演说录》，《民报》第6号。

③ 白话道人：《〈中国白话报〉发刊词》，《中国白话报》第1期。

孔教，只是要人爱惜我们汉种的历史。”而语言文字，被列为广义的历史三项内容中之第一项。以后，“国学讲习会”又重申并且阐发了这层道理。他们反复说明提倡国学并不等于反对新学，“而今之言国学者，不可不兼求新知识”。他们反对的，是那些以科学之道“业新学者”，是那些主张“废绝”国学，“略识西字，奴于西人，鄙夷国学为无可道者”的买办文人。他们认为真正的新学与真正的国学是可以相辅相成的，“真新学者，未有不能与国学相挈合者也”。他们在东京设立讲习会，请章太炎主讲国学，又把“中国语言文字制作之原”列为三项讲学内容之第一项。[①] 语言文字最容易激发人们对于祖国的热爱和对于乡土的恋情，列宁即曾把“酷爱自己的语言和自己的祖国”作为民族自豪感的主要内容之一。[②] 应该承认，20 世纪初“排满”论者如此重视和强调维护、发展中国的语言文字，是和近代民族运动的勃兴紧密相关联的。

国学讲习会的人们虽然所受封建文化习染很深，但是当他们还是革命者的时候，确曾在宣传“排满”的同时公开向封建伦理挑战。章太炎为了说明“逐满复汉正是分内的事”，曾借佛学原理反对民族压迫；为了说明推翻帝制和恢复民权的合理性，曾借大乘戒律宣传废黜暴君就是“菩萨行”；为了鼓动人民投入革命斗争，又曾借华严教义倡导“勇猛无畏的气概”。而在此以前被章太炎作为“小弟”的邹容，在《革命军》一书中早已强调“革命必先去奴隶之根性”。为了激发人们革命“排满”的觉悟，他悲愤地呼号说：“中国黄龙旗之下，有一种若国民，非国民，若奴隶，非奴隶，杂糅不一，以组织成一大种。谓其为国民乎？吾敢谓群四万万人而居者，即具有完全之奴颜妾面，国民乎何有？尊之以国民，其污秽此优美之名词也孰甚？若然，则以奴隶畀之，吾敢拍手叫绝曰：‘奴隶者，为中国人不雷同不普通独一无二之徽号。’”与章太炎关系相当密切的《江苏》杂志，也曾以同样自我谴责的笔调写道：“我爱支那者，请得大声而呼曰：我支那无所有，所有者唯腐败。我爱江苏者，更请得而垂涕道曰：我江苏更无所有，所有者唯腐败。且更纵言以明之曰：我江苏者，支那之支那；而腐败者，我江苏之特色。……而谈腐败者，又我江苏杂志之特任。”[③] 上述这些言论，

① 国学讲习会发起人：《国学讲习会序》，《民报》第 7 期。

② 列宁：《论大俄罗斯人的民族自豪感》，《列宁选集》第 2 卷，第 610 页。

③ 《发刊词》，《江苏》第 1 期。

都给“排满”打上近代的烙印。从主要的思想倾向来说，20 世纪初年的“排满”论者，是旧礼教的贰臣逆子。他们公开鼓吹“天赋人权”、自由平等，蔑视上下尊卑等封建纲常。他们愤恨奴隶的既往，愤恨奴隶的现状，并且向往摆脱奴隶枷锁的明天。仅仅从一点来说，他们已经从根本上区别于两百年前以恢复明王朝为宗旨的地主阶级反满派。他们不再是封建统治者的臣仆，而是资产阶级的新人。重温当年这些爱国志士的诗文，使我们不禁想起被列宁称为“献身于革命事业的大俄罗斯民主主义者”的车尔尼雪夫斯基。这位伟大的俄罗斯作家就曾经慨叹过：“可怜的民族，奴隶的民族，上上下下都是奴隶”。列宁对于这些话评价极高，他在《论大俄罗斯人的民族自豪感》一文中着重指出：“大俄罗斯人中的公开的和不公开的奴隶（沙皇君主制度的奴隶）是不喜欢想起这些话的。然而我们认为这是真正热爱祖国的话，是感叹大俄罗斯人民群众缺乏革命性而倾吐出来的热爱祖国的话。”① 不管 20 世纪初年的中国和 19 世纪中叶的俄国各自具有何等不同的历史条件，但是两国的革命民主派在思想上和气质上终究不乏相通之处。我们不能因为“排满”论中掺杂了大汉族主义的封建糟粕，就忽视了它所包含的可贵的民主主义内容。

过去，“排满”口号又常常被指责为模糊了反帝的斗争目标，其实这也不符合当年“排满”论者的原意。从大量文献记载可以作出如此判断：“排满”不仅是反对国内的封建统治和民族压迫，而且也是反对清朝政府的后台老板帝国主义及其在中国实行的殖民主义统治。早在 1903 年《浙江潮》杂志第 3 期上刊载的《四客政论》一文，已经把“排满”与反帝之间的关系表述得非常清楚。作者说：“故夫戴白人者奴隶也，满人戴白人而我乃戴戴白人之满人，所谓奴隶之奴隶也。不愿为奴隶，而愿为奴隶之奴隶，则又何说之辞？”这几乎是当时一般爱国志士的共同认识，而至今仍有个别外国学者未能正视这一历史实际情况。他们极力否认辛亥革命是革作为帝国主义走狗的清朝的命，但又提不出任何站得住脚的理由和论据来否认这一客观存在。这种出于某种政治需要而采取的非科学态度，理应受到人们的鄙薄与讥评。

任何一次革命运动，在不同的历史阶段总有自己特定的打击重点。斗

① 《列宁选集》第 2 卷，第 610 页。

争总是要讲究策略的，除非是极端鲁莽的领导者或是一哄而起的自发斗争，明智的革命家一般总不愿意平分力量去同时打击两个敌人。关于这层道理，却是以“排满”论调最为偏激的章太炎讲得最为透彻。他在1908年夏天发表的《革命军约法问答》一文写道：“言种族革命，则满人为巨敌，而欧美稍轻，以异族之攘吾政府者，在彼不在此也。若就政治社会计之，则西人之祸吾族，其烈千万倍于满州。僧侣之祸，吾弗深知；商人之祸，吾深知之矣。……昔巴枯宁有言：不能破一名都，亦当破一牢狱。今者狱主非他，则外来之商旅，余所为日夜切齿腐心者，亦惟斯竖。幸而授首，是为中国翦一长蛇，岂以为病？然以利害相校，则革命军不得不姑示宽容，无使清人、白人协以谋我。军中约法，半为利害，不尽为是非也。”[①] 所谓利害的权衡，就是策略方面的考虑。在当时的历史条件下，帝国主义列强日益忙于彼此之间的纷争，国内矛盾显示出特殊的尖锐性，资产阶级革命派采用“排满”并不采用“排外”来作为自己的战斗口号，不仅完全是可以理解的，而且还是比较恰当的。只要稍为回顾一下历史，便不难发现：自从20世纪发端以来，在短短两三年的时间里，中国人民反抗斗争的主要口号，由“扶清灭洋”到“扫清灭洋”，到“拒法”“拒俄”，到革命“排满”，大体上是由不自觉地到比较自觉地适应了客观形势（即社会主要矛盾表现形式）的变化。客观形势变化了，斗争口号不能不跟着变化，否则就是主观与客观相分离，甚至如同一篇文不对题的蹩脚文章。如果把上述几个口号加以比较，其中最缺乏策略性的就是“扫清灭洋”。它的气概诚然非常勇猛豪迈，然而打算把“扫清”与“灭洋”放在同一时间来实行，毕竟是鲁莽而难以取胜的。

斗争口号贵在目标集中，简明凝练，容易为群众理解，并且富于战斗动员力量。我们不能像要求纲领和理论那样，要求斗争口号面面俱到地说明革命的任务、对象、动力，等等。譬如先于辛亥革命的日本明治维新，作为亚洲最早一次成功的民族运动，它首先也是以“攘夷”（相当于中国的“排外”或“灭洋”）作为斗争口号；但随着国内矛盾转化为主要矛盾，斗争口号也就相应改变为“讨幕”或“倒幕”（相当于中国的“排满”或“反满”，但幕府与倒幕派之间并不存在民族矛盾）。而明治维新并没有因为

① 《民报》第22号。

斗争口号的改变，失去摆脱西方殖民主义枷锁的民族运动内容，并且比较顺利地实现了资产阶级的革新。再如后于辛亥革命的我们党所领导的几次革命战争，也是根据客观形势和社会主要矛盾的变化，先后提出“北伐”“反蒋”“土地革命”“抗日”“打倒蒋介石，解放全中国”等战斗口号，而且也没因为这些口号的简短，或则失去反对帝国主义的意义，或则失去反对封建主义的内容，并且终于取得了新民主主义革命的完全胜利。由此可见，过错并不在于口号本身。“排满”作为一个战斗口号，在当时的历史环境里本来是无可非议的。问题在于提出“排满”口号的人们自身的软弱，是他们的阶级性格，决定了“排满”不能导致反对帝国主义的胜利。尽管他们在解释“排满”时，曾经对反抗帝国主义的必要，对帝国主义与清朝政府的主奴关系，对“排满”与反帝之间的有机联系，都曾经有过许许多多生动、具体、鲜明的说明，但是他们毕竟既无胆量更乏实力进行彻底的反对帝国主义的斗争。

也有的人过于强调“排满”模糊了阶级界限，而这就严重地妨碍了辛亥革命反对封建主义的斗争。我觉得这也不大符合历史实际，而且对作为斗争口号的“排满”要求则未免过苛。20世纪初年的中国资产阶级革命派诚然不是明确的阶级论者，而且对我们所主张的马克思主义的阶级斗争理论更是一般知之甚少；但他们许多解释“排满”的言论和文字，至少是在客观上表述了这个斗争口号的阶级内容。孙中山早在1906年就曾明确指出，其所以要实行“排满”，是因为“满洲政府要实行排汉主义”。“我们推倒满洲政府，从驱除满人那一面说，是民族革命，从颠覆君主政体那一面说，是政治革命，并不是把来分作两次去做。”① “排满”就是推翻以满族亲贵为主体的封建王朝，这样的斗争目标可以说是规定得集中而又明确。以后，章太炎在《排满平议》中说得更为清楚：“是故排满洲者，排其皇室也，排其官吏也，排其士卒也。若夫列为编氓，相从耕牧，是满人者，则岂欲剸刃其腹哉？或曰：若是，则言排政府足矣，言排满何为者？应之曰：吾侪执守者，非排一切政府，非排一切满人，所欲排者，为满人在汉之政府。而今之政府，为满洲所窃据，人所共知，不烦别为标目，故简略言之，则曰排满云尔。”这里说明了两点意思：第一，“排满”是反对清朝的政府和

① 《三民主义与中国的前途》，《孙中山选集》上册，第75页。

军队，不是反对一般的满族人民；第二，“排满”是反对清朝政府的“简略”之言，这是“人所共知”的道理，无须另作说明。章太炎唯恐问题还没有讲清楚，又进一步对“排满”的内容加以阐发：“满人之与政府相系者，为汉族所当排；若汉族为彼政府用，身为汉奸，则排之亦与满人等。近世革命军兴，所诛将校，什九是汉人尔。……谁谓汉官之暴横者，吾侪当曲以相容乎。”[①] 可见，章太炎和孙中山一样，也认为“排满”的主旨在于推翻包括满汉封建官吏在内的清朝政府，而绝不是笼统地反对一切满人。满族皇室是中国最大的封建主集团，清朝政府则是封建地主阶级的国家机器，代表最落后最腐朽最反动的生产关系。从这个意义上来说，“排满”就是反对封建主义的极其重要的组成部分。在当时的历史条件下，正如不“排满”就不足以言反帝一样，不“排满”不足以言反封建。那种把“排满”与反封建割裂开来并且对立起来的看法，显然是不恰当的。

情况就是这样，资产阶级革命派无非是“以排满为名”，而行“建立最能满足现代资本主义这些要求的民族国家”之实。清朝政府是20世纪初年中国极端尖锐的民族矛盾和阶级矛盾的集中点，是帝国主义和封建主义统治中国的政治工具，是全国各族各阶层人民最为痛恨的暴虐而又腐朽的封建贵族集团。因而，在当时的历史条件下，“排满”（即推翻清朝政府）便成为中国资产阶级民主革命首先需要解决的一个重大课题。民主革命的丰富内容当然并非“排满”二字所能尽行概括，但是“排满”却已成为民主革命的当务之急，是近代中国民族运动不可逾越的一个阶梯。如果不经过“排满”，很难设想历史会跳跃到护国、护法、五四运动、北伐战争等新的历史阶段。而在各个特定的历史阶段，人们也许可以回顾既往，瞻望未来，充分驰骋其政治上的想象力，但在现实生活里却只能忙于处理当时最为紧迫的中心课题。离开20世纪初年中国社会的现实生活，我们就很难理解像“排满”那样一个貌似古老的简单口号，何以竟然具有如此巨大的动员力量。同时，当年的爱国志士并非没有考虑过“排满”以后的新的历史任务，也并非没有设想过如果汉族夺得政权以后又出现“暴君酷吏”怎么办？答案是：还得革命！但当务之急，毕竟是“排满”。关于这层道理，章太炎在《排满平议》中也有一段很好的议论：“凡所谓主义者，非自天降，非自地

---

① 《民报》第21期。

出，非摭设学说所成，非冥心独念所成，正以现有其事，则以此主义对治之耳。其事非有，而空设一主义，则等于浮沤；其事已往，而曼引此主义，则同于刍狗。故汉族之有暴君酷吏，非今日所论也。就此现事之中，而复其巨细缓急者，是故政治得失，外交善败，亦故弃捐弗道。举一纲而众目张，惟排满为其先务。此贞实切事之主义，所以异于夸大殉名之主义矣。”章太炎和其他资产阶级革命派一样，他们所说的“主义”一词缺乏严格的规定性，往往包括纲领、方针、政策以至战斗口号等含义，但这里所主张的主义来自“现事”，却很符合唯物主义的认识论，是很能发人深省的。

当然，在推翻清朝政府以后，资产阶级革命派未能及时扩展反封建主义的战果，又未能把反对封建主义的斗争引向纵深发展。但这同样不是“排满”口号本身的过错，而是由于民族资产阶级自身的软弱性格使然。所谓性格软弱，并不是说它完全没有进行反对封建主义的斗争，甚至根本没有反对封建主义的要求；而只是说它不可能进行彻底的反对封建主义的斗争，更不可能完成消灭封建主义的历史任务。平心而论，即使在 1912 年以后，民族资产阶级也从来没有间断过反对封建主义的斗争。南京临时政府预布的一系列进步的政治、经济、文化方面的法令和政策措施，各省革命党人凭借暂时掌握的地方政权所推行的某些革新，宋教仁领导的为实现议会政治而进行的斗争，孙中山、黄兴亲自倡导和推动的发展民族资本主义的热潮，以至 1913 年以后孙中山等相继发动的讨袁战争、护国战争、护法战争，无不具有反对封建主义的性质。在旧民主主义革命时期，当民族资产阶级还是近代中国民族运动的领导者的时候，他们并不缺乏随着历史进程的变化而不断提出新的基本政治口号的本领。但问题在于他们始终未能触动封建主义的根基，未能实现一个农村大的变动，未能铲除封建土地所有制，因而就根本不可能充分发动广大的农民群众充当自己的同盟军，以致无从避免一次又一次失败的命运。通常所说的民族资产阶级的软弱性，这就是症结之所在。

最后，需要做一点解释。我说“排满”口号本身没有过错，并不意味着当年所有关于“排满”的文字宣传都正确无误。在这些形形色色的“排满”宣传品中，确实充塞着大量的封建性极为浓厚的大汉族主义，大量的关于我国民族关系的歪曲的陈述，以及许多轻视以致污辱兄弟民族的言辞。对于这些错误的东西，我们过去已经进行了必要的分析和批判，今后也还需要继续进行分析和批判，因为这将有助于恢复历史的本来面貌和肃清现实生活中的大汉族主义的残余。但是所有这些分析和批判都不等于是否定当年“排满”的革命性与正义性，而只是为了更科学地分辨和说明当年“排满”的革命性与正义性。我们在评说“排满”的时候，不能忽视一个极为重要的历史事实，即有清一代汉族始终是被压迫民族（这当然是从总体来说，并不排除一些汉族上层人士被拉拢进入统治集团）。而“排满”，说到底，无非是反抗这种强加在自己身上的民族压迫以及其他封建枷锁。即以鼓吹种族复仇最为积极的章太炎而言，他也曾经明白无误地表白过自己的宗旨：“复仇者，以正义反抗之名，非辗转相杀谓之复仇。”[①] 尽管当年的革命者，为了调动广大人民对清王朝的深沉仇恨，在“排满”宣传中说了许多偏激的过头话，但他们的思想言行的本质和主流却始终是反抗压迫。列宁在《关于民族问题的批评意见》一文中，既明确宣布“反抗一切民族压迫是绝对正确的”，又特别强调：“民族原则在资产阶级社会中有历史的必然性，因此，在估计这个社会时，马克思主义完全承认民族运动的历史合理性。”[②] 列宁撰写这篇文章的时候，距离辛亥革命的爆发不过两年，我认为这一马克思主义原理完全可以用于评价“排满”问题。

而且，当年资产阶级革命派以“排满”为标志的民族主义思想，又是不断发展和丰富着的。反映了新兴资产阶级对于统一的国内市场的迫切愿望，反映了各族人民日益增长的加强彼此经济、文化联系的要求，他们在反对清朝政府的民族压迫政策的同时，又曾主张汉族和各兄弟民族平等对待、友好相处。孙中山在《民报》创刊周年纪念会上，早已明确宣布：“民族主义，并非是遇着不同种族的人，便要排斥他。”同盟会所拟定的《安民布告》更具体规定：“我国民要脱满洲政府束缚，应将满洲政府所有压制人民之手段，专制不平之政治，暴虐残忍之手法，勒派加抽之苛捐，与及满洲政府纵容之虎狼官吏，一切扫除，不容再有膻腥余毒存留在我中华民国之内，此种思想为中华四万万国民所同具。”所谓扫除“所有压制人民之手段”，当然包括扫除民族压迫和民族歧视的反动政策；所谓“此种思想为中华四万万国民所同具”，当然包括汉族和国内其他各兄弟

① 《排满平议》。

② 《列宁全集》第20卷，第17～18页。

民族。辛亥革命爆发前后，这种进步的趋向更发展成为比较具体的“五族共和”“五族平等”的政治主张。1912 年初，孙中山在临时大总统就职宣言中指出：“国家之本，在于人民、合汉、满、蒙、回、藏诸族为一国，即合汉、满、蒙、回、藏为一人，是曰民族之统一。”嗣后又在大总统谒（明孝）陵文中再次指出：“虏廷震惧，莫知所为，奉兹大柄，还我国人，五大民族，一体无猜。”这些都是资产阶级革命家所能提出的最好的关于国内民族问题的政治主张，但是也绝不等于说，在资产阶级的国家（即令是共和制的国家）能够完全排除民族剥削和民族压迫。因为私有制就是民族压迫的根源，而作为私有制最后的代表者资产阶级，迟早总要利用君主专制制度遗留下来的民族压迫政策，以维护其统治特权和分化各民族的劳动者。只有铲除阶级剥削，才能铲除民族剥削；只有铲除阶级压迫，才能铲除民族压迫。而归根到底，只有废除私有制，才能消灭一切民族剥削和民族压迫的总根源。当然，这样伟大而又艰巨的历史任务，只有留待新兴的无产阶级去完成。

今天，“排满”早已成为历史陈迹，人们完全可以从不同的角度评说它的功过。但至少有一点，大多数人的认识是一致的，即“排满”是 70 年前近代中国民族运动的潮流，而高呼“排满”口号为祖国解放事业英勇战斗的革命前驱者，永远值得后世的人们尊重。因为他们毕竟已经完成了当时历史所交付给他们的最为紧迫的任务，我们可以认真总结他们的经验教训，却没有理由要求他们在第一次战斗中就去完成应该在第二次甚至第三次战斗中去完成的任务。在 20 世纪初年的中国，帝国主义的势力是如此凶狠猖獗，封建主义的统治是如此根深蒂固，以致我们的民族每前进一步都需要经历极其残酷的战斗，付出极其沉重的代价。回想往昔，从“排满”口号的正式提出，到“排满”任务的胜利完成，不过十多年的时间，我们的前辈就摧毁了一个统治中国达 268 年之久的封建王朝。这毕竟是一个了不起的胜利，是我们民族的骄傲，民族的光荣，我们没有任何理由不尊重它和纪念它。因为，清朝政府的垮台，标志着我们的祖国在近代化的历程中又向前跨了一步，而且是意义空前重大的一步。

列宁说：“我们不知道，亚洲是否来得及在资本主义崩溃以前，也象欧洲那样，形成独立的民族国家的体系。但是有一点是无可争辩的，这就是资本主义使亚洲觉醒过来了，在那里到处都激起了民族运动，这些运动的趋势就是要在亚洲建立民族国家，也只有这样的国家才能保证资本主义的发展有最好的条件。”[①] 这样肯定的评价，我认为，应该也包括辛亥革命时期以“排满”为战斗口号的中国民族运动在内，尽管它以后并未完全达到自己的目的。

（《近代史研究》1981 年第 3 期）

① 列宁：《论民族自决权》，《列宁选集》第 2 卷，第 51 页。

论孙中山的民族主义

张正明　张乃华

孙中山的民族主义，和民权主义、民生主义合称三民主义。在三民主义中，萌发最早、成效较大的是民族主义，史学界至今争议尚多的也是民族主义。

孙中山说："民族主义这个东西，是国家图发达和种族图生存的宝贝。"[①] 参与武昌首义和策动各省响应的革命党人，并不都当真赞成民权主义和民生主义，然而无不服膺民族主义。当年的孙中山，立志"振兴中华"[②]，以民族主义为天下倡，使中华民族增强了自求解放的勇气和信心。可以说，近代中华民族的觉醒，首先要归功于孙中山的饱含着民主革命精义的民族主义。

史学界研究孙中山的民族主义，已经取得了许多成果，但是还有若干问题、若干歧见尚待继续深入探讨和推敲。因此，尽管在20世纪50年代国内的学术刊物上就有两篇文章的题目叫《论孙中山的民族主义》[③]，今天我们还是乐意用同样的题目来申述自己的浅见。

一　演进阶段

孙中山的革命思想与时俱进。他的民族主义纲领，起自"驱除鞑虏，

① 《孙中山选集》，人民出版社，1956，第615页，下同。

② 《孙中山选集》，人民出版社，1956，第19页。

③ 李光灿：《论孙中山的民族主义》，见《新建设》，1956年12月号；张磊：《论孙中山的民族主义》，见《北京大学学报（人文科学）》1957年第4期。

恢复华夏”，迄于“一则中国民族自求解放，二则中国境内各民族一律平等”。原其始而察其终，变化之大是一望即知的。所以，研究孙中山的民族主义，必须确切地划分出它的演进阶段来。

孙中山的民族主义经历了几个演进阶段呢？

较早的说法，以张克林为代表，是在30年代提出来的，以下简称为“张说”。张说划分了三个时期：

（1）汉族的民族自决时期（兴中会至同盟会）；

（2）有名无实的五族共和时期（辛亥革命至中国国民党改组）；

（3）中国民族反帝斗争时期（中国国民党改组以后）[①]。

张说有唱无和，方经提出，便成绝响。

在张说所指的第一个时期，孙中山发动革命排满，只是为了推翻清朝统治，创立共和政体，使中国免遭帝国主义瓜分，不是为了使满、汉二族各自立国，说不上什么汉族的民族自决。在张说所指的第二个时期，以为五族共和是孙中山的主张实属误断。本文第四节将要说明，五族共和并非出于孙中山的本意，无论它的名和实相副与否，都不能作为孙中山民族主义演进的一个阶段。在张说所指的第三个时期，孙中山的民族主义有对外和对内两个方面，反帝是对外方面，不能兼代对内方面，称为反帝斗争时期是片面的。总之，我们认为张说是碍难接受的。

关于孙中山民族主义演进阶段的一个较晚的说法，是在40年代由崔书琴提出来的，以下简称为“崔说”。崔说也划分为三个时期，但是界限和内容与张说不同。崔说的三个时期是：

（1）自孙中山决心倾覆清廷时起，至辛亥革命止，侧重在推翻满清的统治；

（2）自中华民国成立时起，至欧战终了止，是民族主义发展的过渡时期，孙中山认为以推翻满清为中心的民族主义已经成功；

（3）自欧战终了起，至演讲民族主义完了止，是民族主义的成熟时期，孙中山正式提出了反帝和民族自决的主张。[②]

崔说的命运与张说大异，属而和之者不乏其人。后来台湾学术界人士评论孙中山的民族主义，大抵宗述崔说。70年代，杨逢泰在这个问题上也

---

① 张克林：《孙中山与列宁》，拔提书店，1934，第34～36页。

② 崔书琴：《三民主义新论》，商务印书馆，1946，第1页。

一本崔说，无所改易。[①]

崔说的弊病，在于既忽视了旧三民主义创立前后孙中山民族主义思想的显著变化，又忽视了旧三民主义的民族主义与新三民主义的民族主义的重大区别。这些方面，我们将在下文适当的地方加以说明。

研究孙中山民族主义的演进阶段，应当以孙中山民族主义本身的发展和变化为分期的基本依据，以孙中山创建的革命政党更代的顺序为断限的参考标志，兼顾思想因素的萌发和思想体系的完成，采取宁细勿粗的方针，以求脉络分明。

我们认为孙中山民族主义的演进过程可以分为下列五个时期。

（1）兴中会成立之前，是酝酿时期。当时孙中山在民族问题上的主张出于传统的华夏民族意识，纲领是他在 1893 年和陆皓东、郑士良等商定的“驱除鞑虏，恢复华夏”。

（2）与兴中会同始终，是向旧三民主义的民族主义过渡的时期。孙中山把民族革命和政治革命结合起来，从而突破了传统的华夏民族意识的藩篱。这时他的民族纲领，包纳在兴中会的誓词中。兴中会的誓词是：“驱除鞑虏，恢复中国，创立合众政府。”（按：1894 年檀香山兴中会誓词称“恢复中国”，1895 年香港兴中会誓词改称“恢复中华”）

（3）同盟会成立以后至中国国民党成立以前，是旧三民主义时期，有两个阶段：

①同盟会阶段，是旧三民主义的民族主义的第一阶段，即革命排满阶段。孙中山把民族革命和政治革命、社会革命结合起来，从而使自己的民族主义成为资产阶级的彻底民主的革命民族主义。这时他的民族问题纲领，包纳在同盟会的誓词中。同盟会的誓词是：“驱除鞑虏，恢复中华，创立民国，平均地权。”（按：其第三句，始称“创立”，后改“建立”）

②国民党和中华革命党阶段，是旧三民主义的民族主义的第二阶段，即在维护国家的独立和统一的同时，确认民族平等和倡导民族同化的阶段。我们不把这个阶段称为过渡时期，是因为当时孙中山的民族主义思想没有超出旧三民主义的范畴。

（4）中华革命党改组为中国国民党以后至国共合作实现之前，是向新三民主义的民族主义过渡的时期。这时，孙中山抛弃了民族主义已经实现

① 杨逢泰：《民族自决的理论和实际》，台北，正中书局，1976，第 140～141 页。

的旧看法，提出了民族主义只实现了一半的新看法。对外，他主张民族自决；对内，他主张以汉族为中心同化少数民族。

（5）国共合作实现以后，是新三民主义的民族主义形成的时期。这时，孙中山对外坚持反帝国主义，对内主张实行民族的自决、自治和联合，不再鼓吹民族同化了。

孙中山的民族主义几经曲折、几经变革的演进过程，显示出这位伟大的革命先行者不懈怠地追求真理和无保留地皈依真理的精神。当形势的发展使他认识到先前的某个主张有所失当时，他勇于弃旧图新，这也可以说是孙中山典范犹在的一个方面。

二　渊源和要素

孙中山的民族主义在不同的演进阶段上采择了出自不同渊源的思想，这些思想对孙中山的民族主义发生了不同程度的影响。因此，探寻孙中山民族主义的渊源，必须分清孙中山接触这些思想的先后，以及这些思想对孙中山的影响的深浅，如果等量齐观，是无补于事的。

孙中山的民族主义，不是几种出自不同渊源的思想的机械的组合，而是由孙中山根据中国资产阶级民主革命的需要，融会贯通了这些思想之后创立的，是独具一格的民族主义。所以，在考察它的渊源的同时，要把分别构成旧三民主义的民族主义和新三民主义的民族主义的要素清理出来，才可以把握住它的整个体系。

兴中会成立之前，孙中山的正在酝酿中的民族主义导源于传统的华夏民族意识。这个传统的华夏民族意识，说远一点，是内中国而外四裔、贵华夏而贱“夷狄”的民族正统观念；说近一点，是明朝遗老和江南会党反清复明、扑满兴汉的思想。至于孙中山民族主义萌发的社会基础，则是近代中国民族危机的出现和加剧，中国人民前仆后继的反帝国主义和反封建主义的斗争，以及中国新兴的资产阶级开始了争取建立自己的统治的活动。

孙中山说：“余之民族主义，特就先民所遗留者发挥而光大之，且改良其缺点。”① “先民所遗留者”，就是传统的华夏民族意识。至于“改良其缺

① 甘乃光编《孙中山文集》，国民书局，1926，第53页。

点”，在孙中山民族主义演进的第一个时期还看不出来。

有些研究过孙中山民族主义的同志说，“先民所遗留者”主要是太平天国的反清思想。我们认为，这个论点的论据是不足的。

诚然，孙中山在私塾读书时，曾以“洪秀全第二”自诩，这是论者时常援引的佳话。不过，那时的孙中山还是一个少年，甚至还“没有听见说北京是皇帝权力的中心”[①]，说不上已具备了成形的民族意识。几年之后，孙中山在香港求学时，曾说洪秀全是“反清第一英雄”，然而这并不能证明孙中山是洪秀全的信徒。

有两个人，都是被孙中山视为民族革命英雄的，可以比较一下，一个是朱元璋，另一个是洪秀全。孙中山反对“以成败论豪杰”而“是朱非洪”[②]，但是他确实认为在民族革命方面朱元璋的贡献比洪秀全的贡献大。他说，朱元璋“驱除蒙古，恢复中国，民族革命已经做成”[③]，洪秀全则不幸没有做成民族革命。洪秀全关于奉天讨胡的说教，如“爷排天国在中华，中国原来天国家”“胡妖入窃爷天国，爷故命朕来诛他”[④]，与孙中山的思想是扞格不入的。至于朱元璋的民族意识，则与孙中山当年的思想比较合拍。孙中山提出的“驱除鞑虏，恢复中华”，显然是朱元璋讨元檄文中“驱逐胡虏，恢复中华”的翻版。朱元璋讨元檄文中还说：“自古帝王临御天下，中国居内以制夷狄，夷狄居外以奉中国，未闻以夷狄居中国治天下者也。”[⑤]类似的话，孙中山也说过不止一次。兴中会成立前，孙中山上书李鸿章，称清朝平定太平天国起义为“中兴”，固然是虚与委蛇之辞，但毕竟表露出他受太平天国反清思想影响尚不很深的迹象。朱元璋和洪秀全先后奠都南京，孙中山在南京祭了朱元璋而不祭洪秀全。十分明显，在孙中山的心目中，朱元璋高于洪秀全。

从革命事业的联系来看，孙中山反清完成了洪秀全的未竟之功。但是，从民族主义的渊源来看，孙中山取自朱元璋的比取自洪秀全的多。单就民族意识而论，奉天讨胡并不比“驱逐胡虏，恢复中华”进步，洪秀全并不

① 林百克：《孙逸仙传记》，徐植仁译，三民公司，1927，第35页。

② 《孙中山选集》，第54页。

③ 《孙中山选集》，第75页。

④ 《太平天国文书汇编》，中华书局，1979，第57页。

⑤ 《明太祖实录》第21卷，影印江苏国学图书馆传抄本。

比朱元璋高明。

旧三民主义时期孙中山的民族主义，主要是用西欧、美国、日本的资产阶级革命思想革新了传统的华夏民族意识而形成的。论接触的先后，美国较早，日本较迟，西欧介乎二者之间；论影响的深浅，西欧居首位，美国在其次，日本更在其次。

关于当时的中国，孙中山写道：“强邻环列，虎视鹰瞵。……蚕食鲸吞，已效尤于接踵；瓜分豆剖，实堪虑于目前。”[①]“中国终究要成为那些争夺亚洲霸权的国家之间的主要斗争场所”，“这个根源乃在于满清政府的衰弱与腐败”。[②] 与中国相比，帝国主义国家从物质到精神都是新式装备。事实已经证明，只用传统的华夏民族意识是不能战胜帝国主义侵略势力的。清朝虽然腐朽了，但是它的根基深植在封建主义的土壤之中。事实也已经证明，只用传统的华夏民族意识，是不能推翻“入主中原”而巧妙地利用了封建正统观念的满族皇室的。震惊中外的义和团起义，也被中外反动势力扑灭了。形势迫使孙中山不得不革新原有的华夏民族意识，而受过多年西式教育的孙中山是胜任这革新工作的。这革新，孙中山自己说是“改良”，先烈李大钊则说是“铸新淘旧”[③]。革新大致有以下六点。

第一，孙中山把建立适合资产阶级需要的统一民族国家的思想灌注到原有的华夏民族意识中去，从而改造了适合地主阶级需要的“内中国而外四裔”的传统观念。

“民族国家对于整个西欧，尤其对于整个文明世界，都是资本主义时代典型的正常的国家形式”[④]。使中国也成为这样的民族国家，是孙中山向往的目标。孙中山说，他的民族主义，就是法国资产阶级革命倡导的“自由”，就是美国总统林肯提出的“民有”。毫无疑问，这“自由”主要是资本主义发展的自由，这“民有”实质是为资产阶级所有。1912 年，孙中山说：“中国自广州北至满洲，自上海西迄国界，确为同一国家与同一民族”；“中华民族为一伟大之民族，必能完成伟大之事业也”。[⑤] 这种思想与“内中

① 《孙中山选集》，第 197 页。

② 《孙中山选集》，第 56 ~ 57 页。

③ 《守常文集》，北新书局，1949，第 229 页。

④ 《列宁全集》第 20 卷，人民出版社，1958，第 397 页。

⑤ 陆达节辑《孙中山先生外集》，中华书局，1932，第 65 页。

国而外四裔”那种传统观念的距离，是不可以道里计的。

第二，孙中山主张改君主政体为共和政体，从而扬弃了“尊周攘夷”以至“反清复明”这类有浓厚的宗法色彩和帝制思想的传统观念。

孙中山盛赞法国和美国，一个重要原因是这两个国家都采用共和政体。辛亥革命以前，资产阶级革命派和资产阶级改良派的根本分歧，就在于前者坚持共和政体而后者坚持君主政体。孙中山还批判了朱元璋和洪秀全，说他们都是搞帝制的。所以，他的民族主义，与有两千多年历史的“尊周攘夷”，以及有两百多年历史的“反清复明”，都是不可同日而语的。

第三，孙中山主张“师夷”，从而否定了盲目排外和闭关锁国的传统观念。

日本的明治维新，使孙中山看到了改“攘夷”为“师夷”的好处，于是他也决意“师夷”了。这“夷”，是国外的夷。至于国内的“夷”，孙中山还不曾想到要奉之为师。必须指出，这一点革新既有积极的一面，也有消极的一面。积极的一面是吸收外国先进的精神文明和物质文明，消极的一面是包含着对帝国主义的幻想。

第四，孙中山对外尊重和支持弱小民族，对内主张民族平等和民族团结，从而基本上排除了“贵华夏而贱夷狄”的传统观念。

在19世纪和20世纪之交，殖民地、半殖民地的民族解放斗争，尤其是菲律宾人民维护民族独立的斗争，使孙中山深受教育。因此，他认为弱小民族应当相互尊重、相互支持。这种实际的体验和法国资产阶级革命的理论先驱的启示结合起来，又使他确立了民族平等思想。1904年，他还说过贱视少数民族的话，从1905年起，他就基本上与“贵华夏而贱夷狄”的偏见决裂了。我们说“基本上”，是因为此后约20年内，孙中山仍有大汉族主义思想的残余。

第五，孙中山寓联满于排满之中，认为满人并不都是反对革命的，汉人并不都是拥护革命的。虽说要排满，而排的实际对象是反对革命的人，不论满汉。这就破除了“非我族类，其心必异”的传统观念。

这一点革新，本来是上一点革新的继续，然而促使它及早实现的是资产阶级改良派帮了忙。资产阶级改良派的根本错误，在于竭力回护他们深爱的“圣君明主”和竭力反对他们深恶的“暴民乱人”。可是，他们也爱国，也想救亡图存。他们在国内民族关系问题上发表的言论，并不都是谬说。他们指责革命派倡导革命排满是搞“种族”仇杀，这倒促使孙中山注意到不要使革命排满走入“种族”仇杀的歧路。“非我族类，其心必异”，这是一个根深蒂固的偏见，革命派中对此深信不疑的人为数甚多。孙中山能破除这个偏见，是所有革命党人的表率。

第六，孙中山主张在革命胜利之后实行民族同化，使中国各民族变成一个“中华民族”，从而扫荡了“明夷夏之辨”和“严夷夏之防”这类传统观念。

孙中山关于民族同化的理论，是从美国学来的。当年，美国有“熔锅论”，以为一个国家的种族成分和民族成分“总归是纯一比驳杂好”，“解决种族集团和民族集团的问题，唯一的办法是不同的种族成分和民族成分的混合、融合以至化合”。[①] 孙中山主张仿效美国，把国内各民族“合一炉而冶之”，与汉族同化。这个主张可以叫作“熔炉论”，显然是美国“熔锅论”的中国版。我们说它是革新，并不表示我们认为它是正确的，而只是说孙中山当年确实认为它是对“先民所遗留”的民族意识的“改良”。其实，这个“熔炉论”无助于改善国内的民族关系，下文第五节将加以论述，这里就从略了。

以上六点革新的内容，就是旧三民主义的民族主义的六个要素。

新三民主义时期孙中山的民族主义，是吸收了列宁的民族理论和中国共产党当时的民族纲领，用以改造旧三民主义的民族主义而形成的。

辛亥革命以后，清朝灭亡，但是中国外受帝国主义宰制，内受北洋军阀统治，在孙中山看来，民族主义的革命任务算是完成了一半，民权主义和民生主义则连一点影子也没有。严酷的事实告诉孙中山，旧的思想武器不够用了，要寻找新的思想武器。孙中山终于发现：在国外，“资本国家，断无表同情于吾党。所望为同情，只有俄国及受屈之国家、受屈之人民耳”[②]；在国内，“国民党还在堕落中死亡”[③]，倒是共产党向他伸出了友好援助之手。孙中山的实行联俄、联共、扶助农工三大政策的新三民主义，就是在这种情势下产生的。

---

① B. Berry and H. L. Tischler, *Race and Ethnic Relations*, Houghton Mifflin Company, 1978, p. 12.

② 邓泽如：《中国国民党二十年史迹》，正中书局，1948，第3页。

③ 宋庆龄：《为新中国奋斗》，《记1924年孙中山答宋庆龄问》，人民出版社，1952，第87页。

在把旧三民主义的民族主义改造成为新三民主义的民族主义的过程中，孙中山所做的革新，大致有以下五点。

第一，孙中山正式提出要把反帝国主义作为革命的主要任务来完成，从而弥补了旧三民主义的民族主义中一个最大的缺陷。

近代的中国，正如毛泽东同志所指出的："帝国主义和中华民族的矛盾，乃是各种矛盾中的最主要的矛盾。"[①] 孙中山在把中华革命党改组为中国国民党的时候，已从痛苦的经验中认识到有反帝国主义的必要，然而还没有提出明确的、具体的纲领。后来，在中国共产党的帮助下，他才举起了鲜明的反帝国主义的旗帜。1923 年 1 月，中国国民党提出了"改正"帝国主义强加给中国的不平等条约的要求。1924 年 1 月，《中国国民党第一次全国代表大会宣言》指出："民族解放之斗争，对于多数之民众，其目标皆不外反帝国主义而已。"[②] 同年 11 月，孙中山昭示国人："北伐之目的，不仅在推倒军阀，尤在推倒军阀所赖以生存之帝国主义。"[③]

第二，孙中山主张用自决和自治来解决国内的民族问题，建立各民族自由联合的统一的中国，从而充实了旧三民主义的民族主义中尚嫌空虚的民族平等和民族团结的内容。

有人说，孙中山的民族自决主张是向美国总统威尔逊学来的。这个意见，假使指的是旧三民主义向新三民主义过渡时期的情况，那是合乎事实的，因为孙中山在 1921 年 6 月说过，威尔逊"'民族自决'的一说，就是本党的民族主义"[④]。可是，上述意见混淆了旧三民主义向新三民主义过渡时期的民族自决和新三民主义时期的民族自决，前者只是对外而言的，后者则是对内、对外兼顾，而以对内为主的。新三民主义时期孙中山的民族自决主张，是吸收了列宁的民族自决理论，并接受了中国共产党当时的民族自决主张而提出的。孙中山说过：威尔逊的民族自决主张没有兑现，巴黎和会以后，"世界上的弱小民族，不但不能自决，不但不能自由，并且以后所受的压迫，比以前更要厉害"。孙中山还说过：列宁"提倡被压迫的民

---

① 《毛泽东选集》（横排本）第 2 卷，第 594 页。

② 《孙中山选集》，第 525 页。

③ 《孙中山选集》，第 880 页。

④ 邓文仪主编《中山先生全集》，新中国出版社，1947，第 833 页。

族去自决，为世界上被压迫的人打不平"[1]。孙中山对被他称为"革命中之圣人"的列宁的民族自决理论，是心悦诚服的。至于中国共产党，则在1922年7月召开的第二次全国代表大会发表的宣言中，就提出了"民族自决"。一年半以后，《中国国民党第一次全国代表大会宣言》也表示，"承认中国以内各民族之自决权"[2]。非常明显，孙中山对内主张民族自决，是接受了中国共产党当时的政见。

中国共产党第二次全国代表大会还提出了民族的自治，与民族的自决合称"民族自决自治"。1924年4月，孙中山也表示，"对于国内之弱小民族，政府当扶植之，使之能自决自治"[3]。

第三，孙中山主张"以俄为师"，从而纠正了旧三民主义的民族主义中"师夷"的偏差。

孙中山"以俄为师"的思想，早在十月革命胜利之时就萌发了。此后，孙中山与苏联的联系逐渐增多，对苏联的认识逐渐加深，"以俄为师"的思想就明确起来了。从"师夷"到"师俄"，从向资本主义国家学习到向社会主义国家学习，这是一大转变，可以说是改弦易辙了。

第四，孙中山主张"联合世界上以平等待我之民族"，从而发展了旧三民主义的民族主义中认为弱小民族应当相互尊重、相互支持的思想。

"联合世界上以平等待我之民族"，这是孙中山凝聚着丰富革命经验的遗言。一方面，他在四十年的革命生涯中有真切的体会；另一方面，他从列宁领导的苏联支持民族解放斗争的原则立场得到启示。晚年的孙中山认为："将来的趋势，一定是无论哪一个民族或哪一个国家，只要是被压迫的或受委曲的，必联合一致，去抵抗强权。"[4] 他已把民族解放斗争看成世界革命事业，眼界比过去宽阔得多了。

这里有个问题要说明一下，就是孙中山晚年主张实行"大亚洲主义"，组织"亚洲大同盟"，"为亚洲受痛苦的民族"去"抵抗欧洲强盛民族"。[5]在他设想的这个"亚洲大同盟"里，日本将充当一个重要角色。在我们今天看来，这是咄咄怪事，但从孙中山当年的思想看来，却是顺理成章的。

---

① 《孙中山选集》，第629、631页。

② 《孙中山选集》，第526页。

③ 《孙中山选集》，第569页。

④ 《孙中山选集》，第597页。

⑤ 《中山先生全集》，第1018页。

当年的孙中山，已经痛切地领略到帝国主义凶残行径的滋味，可是还没有深刻地认识到帝国主义的凶残本质。他到底还不是马克思主义者，竟以为帝国主义的日本可能效法社会主义的苏联，“己立立人，己达达人”[①]。他还以为“苏维埃主义”就是孔子的“大同”，“日本为尊孔之国，而对此应先表欢迎以为列国倡，方不失为东方文明之国也”。[②] 出于这种思想，他当然要促请日本和中国一道筹组“亚洲大同盟”了。再往深一层说，孙中山对日本有特殊的好感。一则，他认为“日本维新是中国革命的第一步，中国革命是日本维新的第二步”[③]。二则，他认为日本给黄种人争了气。日俄之战，日胜俄败，孙中山从中得到启发，说这证明黄种人不比白种人差。三则，孙中山曾得到日本友人的许多帮助，这些日本友人既有在野的，也有个别在朝的。孙中山宣传“大亚洲主义”时，他的故交犬养毅是日本的内阁大臣。正因为有这种特殊的好感，孙中山觉得“亚洲大同盟”是可以由中日两国在樽俎之间筹组起来的。他哪里想到，这样的“亚洲大同盟”实在是猫鼠同笼。我们知道，日本先于孙中山提出了“大亚细亚主义”。李大钊曾指出，这“大亚细亚主义”，是吞并中国主义的隐语，“是大日本主义的变名”。[④] 孙中山倡导的“亚洲大同盟”，要是当真组织起来，用不着多久，要么变成日本帝国主义实行扩张政策的工具，要么弱小民族另立宗旨排斥日本，要么干脆散伙了事，三者必居其一。

后来，在第二次世界大战期间，汉奸汪精卫出于和孙中山截然相反的动机，也标榜“大亚洲主义”，以投日本侵略者之所好。汪精卫居然说，1938 年 12 月 22 日《近卫声明》所持的原则“正是大亚洲主义的理想，也就是三民主义的根本精神”[⑤]。这当然是孙中山始料所不及的，但正好暴露了“大亚洲主义”的谬误。

第五，孙中山赞成民族融合，但是不再主张实行民族同化，从而剔除了旧三民主义的民族主义中一个重大的疵点。虽则孙中山关于组织“亚洲大同盟”的设想是不可取的，他关于“联合世界上以平等待我之民族”的

① 《孙中山选集》，第 912 页。

② 《孙中山选集》，第 471 页。

③ 《孙中山选集》，第 898 页。

④ 《李大钊选集》，人民出版社，1959，第 127 页。

⑤ 周化人：《大亚洲主义纲要》，第 16～17 页（大亚洲主义月刊社，1940），引汪精卫《三民主义之理论与实际》。

遗教毕竟是真知灼见。

史学界有一种意见，说孙中山晚年用民族自决原则替代了民族同化或融合的主张。这种意见，把孙中山所主张的同化和融合搅混了。在新三民主义的民族主义中，民族同化没有了，民族融合却还是有的。孙中山在演讲民族主义时，仍然盛赞美国把移民“合一炉而冶之，自成一种民族”，显然他还是喜欢民族融合的。主张实行强制的民族同化政策是错的，赞许自然发生的民族融合趋势却是对的。

以上五点革新的内容，就是新三民主义的民族主义的要素。

孙中山为了改造和发展他的民族主义，就是这样做了大量“铸新淘旧”的工作。如果天假以年，他的民族主义必将在继续发展过程中增添新的内容，达到新的高度。

三　倡导革命排满的由来和真义

辛亥革命以前孙中山的民族主义纲领，归结到一点，用当时流行的说法，叫作“革命排满”。其实，排满的政见，不独孙中山有，其他蓄反清之志的人也都有。不过，他们对排满的解释歧出殊分，其他方面的政见更莫衷一是。以前有些评论排满的文章，虽然都注意到了孙中山和其他反清志士的政见分歧，可是不大注意他们在排满问题上也并不完全契合。我们所要研究的既然是孙中山的民族主义，那就不能不注意孙中山主张排满和他人主张排满的区别。

孙中山是资产阶级革命家中倡导革命排满最早的一个。

本来，从康熙朝中叶起，满汉矛盾就逐渐减弱了。在光绪朝中叶，由于帝国主义和中华民族的矛盾日趋尖锐，而清朝的民族歧视政策没有变本加厉，因此人们只排外、不排满。1885 年中法之战，清廷的腐败和昏庸明显地暴露了出来，孙中山就萌发了当时还并不坚定的排满思想。1894 年中日之战，清军一败涂地，孙中山才抛弃了改良幻想，开始从事百折不回的革命排满活动了。但就全国来看，孙中山倡导排满还只是起于青蘋之末的微风。举国臣民，对清廷的幻想还没有破灭。就连后来力主排满的章炳麟，在 1899 年还写了《客帝论》，希望清帝这个“客帝”“悔二百五十年之过”。义和团初起时，虽以“反清复明”相号召，但在得到清廷半真半假的支持之后，就改用“扶清灭洋”的口号了（“扶清”，也有称“顺清”“助清”

“救清”“保清”的）。人民并非有爱于清廷，只是急于救亡图存，希望清廷以举国之力与列强相抗罢了。

清廷辜负了人民的希望。1901 年签订《辛丑条约》，丧权之多，赔款之巨，辱国之甚，空前未有。从此，人心一变，排满就喧腾于众口了。义和团的余部，痛定思痛，断然举起了“反清灭洋”或“扫清灭洋”甚至“灭清剿洋兴汉”的义旗。章炳麟立即写了《客帝匡谬》，宣布改正《客帝论》的错误。这样，在革命人民中，首创革命排满的孙中山，自然就成为众望所归的领袖了。

清廷对渐趋高涨的排满声浪作出了反应。一方面，反复声明“满汉平等”，“不分畛域”，取消了满汉异法和满汉不婚的旧制，甚至为了表示“俯从民情”而伪行立宪。另一方面，主要是出于民族猜忌心理，为了维护“天潢贵胄”的安富尊荣，不惜投靠列强，同时加强了对汉人的歧视和防范。醇亲王载沣曾对某国公使说：“我国之兵，为防家贼而已，非为御外侮也。”军机大臣刚毅曾说：“我家之产业，宁可赠之于朋友，而必不畀诸家奴。”[①] 由于清廷倒行逆施，满汉关系一时恶化了。即使满人平民，也不免对排满怀有戒心和反感。至于汉人平民，则往往不免在排满上有偏激之情。垂亡的清廷，主观上一时一刻都不想使满汉矛盾激化，客观上却无时无刻不在促使满汉矛盾激化。由此，孙中山的革命排满宗旨不胫而走，终于召来了辛亥革命。

可见，排满是清廷自己酿成的，是清廷甘当帝国主义走狗而激起的。那时孙中山鼓吹革命排满，确实表达了广大人民救亡图存的强烈愿望和坚定信心。

孙中山的革命排满思想，在同盟会将成立时——也就是在旧三民主义将形成时，发生了一次实质性的变化。在这之前，他是不免有褊狭之见的。1904 年，他还说“满洲”是“东北一游牧之野番贱种”[②]，中国革命要“将满洲鞑子从我们的国土上驱逐出去”[③]。一年之后，到同盟会成立时，这褊狭之见就剔除殆尽了。同盟会的名称，孙中山提议称“中国革命同盟会”，经与同志讨论，决定简称“中国同盟会”。当时有人主张称“对满同盟会”，

① 梁启超：《戊戌政变记》第 4 卷。

② 《孙中山选集》，第 52 页。

③ 《孙中山选集》，第 63 页。

孙中山表示反对，理由是“革命宗旨，不专在对满，其最终目的，尤在废除专制，创造共和”。[①] 再过一年之后，孙中山对革命排满作出了更明确也更正确的解释。他说：“我们推倒满洲政府，从驱除满人那一面说，是民族革命，从颠覆君主政体那一面说，是政治革命，并不是把来分作两次去做。”“惟是兄弟曾经听见人说，民族革命是要尽灭满洲民族，这话大错。”“我们并不是恨满洲人，是恨害汉人的满洲人。假如我们实行革命的时候，那满洲人不来阻害我们，决无寻仇之理。”“照现在这样的政治论起来，就算汉人为君主，也不能不革命。”[②] 可见，这时孙中山的主张，名曰排满，实为反清，而反清则是为了救亡图存。他所侧重的不是民族革命，而是政治革命。排的对象，其实不以民族为准，而以政治为准了。这个认识，达到了当时可能达到的最高境界。后来列宁赞许孙中山的纲领，说“它充分认识到‘种族’革命的不足”，它“是带有建立共和制度要求的完整的民主主义”。[③] 这个评价，是恰如其分的。

如果把孙中山的上述认识同排满队伍中其他成员的认识加以比较，就可以知道孙中山在他们中间的确是领袖群伦的。当然，我们只能举出几个典型的代表来做这个比较。

章炳麟是同盟会中头角峥嵘的一员，也是光复会的主将。1907 年，他认为对于“西藏、回部、蒙古三荒服”可以“任其去来”，只是为了把它们当作屏藩，以保全“汉人之土地”，才要把它们纳入未来中华民国的版图。[④] 1908 年，他仍然主张东三省可去可留，满汉二族可分可合。直到武昌首义之后，他才承认：“满族，亦是中国人民。”[⑤] 在排满问题上，章炳麟逊孙中山一筹，这是显而易见的。

由共进会联络起来的各地会党，对排满非常积极，可是认识大半没有越出传统的华夏民族意识的界线，带着明显的封建专制主义色彩。在 1906 年的萍浏醴起义中，各路会党所用名号不一，有称“中华民国”的，也有称“新中华大帝国”的。当时出现了一篇《新中华大帝国南部起义恢复军

---

① 邹鲁：《中国国民党史略》，商务印书馆，1945，第 24 页。

② 《孙中山选集》，第 74 ~ 75 页。

③ 《列宁全集》第 18 卷，人民出版社，1959，第 152 页。

④ 参见章炳麟《中华民国解》，载《辛亥革命前十年间时论选集》第 2 卷，三联书店，1963，第 738 ~ 743 页。

⑤ 《章太炎政论选集》，中华书局，1977，第 520 页。

布告天下檄文》，其中说道："勿狃于立宪、专制、共和之成说，但得我汉族为天子，即稍形专制，亦如我家中祖父……"[①] 和孙中山的排满主张相比，落后了整整一个时代。

胡汉民和汪精卫一向以"追随总理"自诩，可是他们对排满的认识和孙中山有不小的差距。1906 年，胡汉民说，汉族是"优美之民族"，满族是"恶劣之民族"。[②] 1905 年同盟会成立后，汪精卫说："他日我民族崛起奋飞，举彼贱胡，悉莫能逃吾斧钻。芟薙所余，仅存遗孽。以公理论，固宜以人类视之；而以政策论，则狼性难驯，野心叵测，宜使受特别之法律，若国籍法之于外人之归化者可也。如此则彼有能力，自当同化于我，否则与美洲之红夷同归于尽而已。"[③] 他们的这类言论，恰好应了孙中山指出的："这话大错。"

邹容和陈天华都不失为一时之俊杰，然而都带着强烈的民族偏见。邹容主张："驱逐住居中国中之满洲人，或杀以报仇。"[④] 陈天华则认为："对于自己种族的人，一定是相亲相爱；对于以外种族的人，一定是相残相杀。"[⑤] 这类宣传，无疑是大谬不然的。还有一个朱执信，为民主革命鞠躬尽瘁，死而后已，他的某些言论与陈天华如出一辙，他说：满汉"两族之间，有相屠之史，而无相友之迹也"。"满汉之界固不能破，亦无取于破之者也"。[⑥]

以上这些比较，足以说明：为庞大而驳杂的排满队伍指示了正确方向的，不是别人，正是孙中山。随着时间的推移，领悟革命排满真义的人越来越多了。光复会成员、1910 年就义的熊成基烈士，被清朝政府逮捕后说："余所主张，在倾倒政府，非有满汉成见。盖西洋各国明达之士，无不盛唱社会主义，重在彰人权、均贫富而已。"[⑦] 这样的觉悟，是难能可贵的。

---

① 陈春生：《丙午萍醴起义记》，载"中国近代史资料丛刊"《辛亥革命》之二，上海人民出版社，1957，第 479 页。

② 胡汉民：《"民报"之六大主义》，载《辛亥革命前十年间时论选集》第 2 卷，第 374 ~ 375 页。

③ 汪精卫：《民族的国民》，载《辛亥革命前十年间时论选集》第 2 卷，第 95 页。

④ 邹容：《革命军》，载《辛亥革命》之一，第 361 页。

⑤ 陈天华：《警世钟》，载《辛亥革命》之二，第 130 页。

⑥ 朱执信：《论满洲虽欲立宪而不能》，载《辛亥革命前十年间时论选集》第 2 卷，第 115、118 页。

⑦ 陈春生：《熊成基谋杀载洵始末记》，载《辛亥革命》之三，第 236 页。

辛亥革命期间，除了在西安这样个别的地方，因为满人将军顽抗，使旗籍官兵死伤较多，以及在其他某些地方出现过零星的满汉冲突之外，没有发生民族仇杀事件。总的看来，辛亥革命不是在民族冲突中，而是在民族和解中进行的。经过辛亥革命，满汉关系不是变得坏了些，而是变得好了些。因此，把孙中山倡导的革命排满称为“反满民族斗争”，至少可以说是惑于现象而昧于本质。在势如钱塘之潮的革命排满运动中，站在领导岗位上的人，如果持有民族偏见而不能自制，是一定会演出民族仇杀惨剧的。辛亥革命没有演出这种惨剧，足见孙中山对于中华各民族共同的救亡图存大业功不可没。

孙中山的革命排满主张有没有缺陷呢？有的，那就是没有同明确地反帝国主义和彻底地反封建主义的要求结合起来。这个缺陷之所以产生，倒不是因为大量的排满宣传模糊了或转移了斗争的目标，而是因为中国民族资产阶级对于反帝国主义和反封建主义有与生俱来的软弱性，那时根本没有提出那样的斗争目标。这个问题，史学界研究得相当透彻，我们无需复赘了。总之，就孙中山旨在救亡图存的革命排满主张来说，明确地反帝国主义和彻底地反封建主义是题中应有之义，但不是篇中实有之文。

四　对“五族共和”的怀疑、附和、批判

大陆和台湾的史学界，都有人说五族共和是孙中山的主张。直到去年，还有人写文章把五族共和列为孙中山民族主义的主要内容之一。

我们认为上述意见纯属误断。

辛亥革命以后，政体号称五族共和。五族共和的思想，则是在辛亥革命之前围绕着革命排满而展开的论战中发生的。当时，大家推究国内的民族关系，越出满汉关系的范围，谈到其他民族了，有说七族的，有说六族的，但多数说有汉、满、蒙、回、藏五族。所谓“回”族，其实不止一族，而是泛称信奉伊斯兰教的各族。在这个国内民族关系问题上，改良派与革命派的分歧是，前者主张各族合在君主政体下，后者主张各族合在共和政体下。

武昌光复的次日，起义领导人议决："改政体为五族共和"；"国旗为五色"。[①] 五族共和就这样正式提出来了。然而，鼓吹五族共和特别起劲的，是原任清朝江苏巡抚、"反正"之后被推为江苏都督的程德全。程德全设计了五色国旗图样，说是可以象征五族共和，得到陈英士和当时在上海的其他革命领导人的赞同，成为定议。"在当时德全之意，既有心于民国，复无违背故主之嫌。名曰五族共和，易使清吏有反正之口实。此五色旗之动机也。"[②] 到孙中山回国时，五族共和，以及它的象征五色国旗都是既成事实了。

那时，孙中山没有明确表示反对五族共和，但是曾经对五色国旗提出异议。他指出："清国旧例，汉军以五色旗为一二品大官之旗"；五色国旗"分配代色，取义不确，如以黄代满之类"；"既言五族平等，上下排列，仍有阶级"。因此，他认为"未可遽付颁行"[③]。看来，孙中山当时对五族共和是抱着充满怀疑的保留态度的。在就任临时大总统时，他没有片言只语谈到五族共和，而是强调了各族统一。他说："国家之本，在于人民。合汉、满、蒙、回、藏诸地为一国，即合汉、满、蒙、回、藏诸族为一人，是曰民族之统一。……"[④]

平心而论，宣布五族共和，对于协调民族关系、消弭民族冲突和稳定边疆局势、维护国家统一起了些积极的作用。也许正是这个缘故，后来孙中山偶尔也采用五族共和的说法。可是，宣布五族共和也有消极的一面。当时，经过南北双方代表的磋商，达成了一项叫作《关于满、蒙、回、藏各属待遇之条件》的协议，根据这项协议，满、蒙、回、藏的贵族保留了世爵和某些特权。于是，在全国一片五族共和之声中，许多遗老遗少也咸与维新了，革命的锋芒为之大减。至于满、蒙、回、藏的人民，则徒有共和之名而全无共和之实，仍在民族压迫制度下生活。总之，五族共和是一个空洞的口号，这就无怪乎在辛亥革命以后将近九年的时间里，孙中山对它的态度一直是冷淡的。

中华革命党改组为中国国民党以后，孙中山就正式表示反对五族共和

---

① 曹亚伯：《武昌革命真史》，载《辛亥革命》之五，第130页。

② 田桐：《革命闲话》，见《太平杂志》第3号（1929），署名"江介散人"。

③ 《国父书信选集》，台湾，中华文化出版事业委员会，1952，第61页。

④ 《孙中山选集》，第82页。

了。1920 年 11 月，他说：“这五族的名词很不切当，我们国内何止五族呢？”[①] 1921 年 6 月，他说：“汉族光复了之后，把所有世袭底官僚，顽固底旧党，和复辟底宗社党，都凑合一起，叫做五族共和。岂知根本的错误，就在这个地方。”[②] 这年 12 月，他又说：“五族共和者，直欺人之语。”[③] 这些说法，大抵是中肯的。当然，说“根本的错误”却是过分了。

总括起来说，孙中山对五族共和的态度是：始则怀疑，继而附和，终于批判。他反对五族共和的理由主要是：（1）各族应当不分彼此，统一在中华民国之内；（2）中国不止五族；（3）五族共和容纳了清朝的余孽。其中，第一点理由是先提出来的，第二、三点理由是后提出来的。

显然，无论如何不能说五族共和是孙中山的主张。

那么，孙中山在革命排满任务完成以后的民族政策究竟是什么呢？下文所要讨论的正是这个问题。

五　主张民族同化的是非

从中华民国成立到国共合作实现，整整十二年，孙中山没有系统地谈论过民族政策。但是，从他当年的大量文章、演讲、函电中有关的片段来看，那时他的民族政策有下列内容：（1）统一。在《临时大总统就职宣言》中，他要求实现“民族之统一”“领土之统一”“军政之统一”“内治之统一”“财政之统一”。（2）平等。中国有史以来第一次确认“种族”（民族）平等的《中华民国临时约法》，就是孙中山主持制定的。（3）团结。孙中山衷心希望中国各民族“相亲相爱，如兄如弟，以同赴国家之事”[④]。（4）发展。孙中山主张帮助少数民族发展经济和文化。1919 年，他对四川藏族地区的工作发表意见，主张“展拓富力，增进民智”，要求“从事规划，兴办实业，开发交通”，并且预言“将来发展，讵有限量”。[⑤] 他所拟订的建设规划，把汉族地区和少数民族地区都照顾到了。他曾经指出：“阿根廷为供给

① 孙中山：《民九修改章程之说明》，载中国国民党《中央党务月刊》第 7 期。

② 《中山先生全集》，第 823～824 页。

③ 《中山先生全集》，第 992 页。

④ 《中山先生全集》，第 880 页。

⑤ 孙中山 1919 年 2 月 8 日及 5 月 31 日两件《致四川安健函》，载中国国民党《中央党务月刊》第 11 期、第 12 期。

世界肉类之最大出产地”；“如蒙古地方能得铁路利便，又能以科学之方法改良畜牧，将来必可取阿根廷之地位而代之”。[①]（5）同化。1912年3月，同盟会改组，提出九点纲领，其中有一点就是“实行种族同化”。同年8月，国民党成立，揭橥五事，其中有一事就是“厉行种族同化”。上述统一、平等、团结、发展四点，过去没有引起争议。至于同化，却成了后人研究孙中山民族主义的时候遭遇的一个难题，论者往往语焉不详，甚至避而不谈。在最近两年里，有的专论孙中山民族主义的文章，仍然绕过了同化问题。我们出于补苴罅漏的愿望，不揣浅陋，打算在本节里专门说一说对孙中山的民族同化主张的认识。

孙中山主张民族同化，是要以美国同化移民为典范，让少数民族和汉族同化，造成一个“中华民族”。1920年11月，他说：“我的意思，应该把我们中国所有各民族融成一个‘中华民族’”[②]。1921年6月，他说得更加明确了：“本党还要在民族主义上做工夫，必要满、蒙、回、藏都同化于我们汉族，成一个大民族主义国家。”“仿效美利坚的规模，把汉、满、蒙、回、藏五族同化，成一个‘中华民族’，组织成一个民族底国家”。[③]

这里需要顺便指出，孙中山的“中华民族”不是一个始终如一的概念，它在1912年至1919年之间大抵指汉族，而在1920年至1923年之间则大抵指以汉族为中心同化了少数民族而形成的混一的民族。这两种含义的“中华民族”，都和我们现在惯用的“中华民族”不同。我们现在惯用的“中华民族”等于“中华各民族”，这个含义是中国共产党的文件和毛泽东同志的文章所赋予的。

孙中山的民族同化主张，在仿效美国同化移民这一点上不无正确的成分，因为正像列宁所指出的：“美国的民族界限的磨灭具有进步性”[④]。但是，它带有明显的大汉族主义标记。而且，它把中国的少数民族和美国的移民牵合比附，不顾彼此的重大差别。从整体来看，它是错误的。

在历史上，只有自然的即自发的、自愿的同化可以避免民族之间的冲突；反之，如果实行强制的同化政策，就必然引起民族之间的冲突。孙中

---

① 《孙中山选集》，第300页。

② 孙中山：《民九修改章程之说明》。

③ 《中山先生全集》，第824~825页。

④ 《列宁全集》第20卷，人民出版社，1958，第14页。

山的民族同化主张，一旦作为政策推行而具有了强制性，它就会丧失仅有的一点进步性。况且，中国的少数民族和美国的移民，差别太大了。美国的移民多数来自欧洲，他们大抵怀着发家致富的强烈欲望，甘愿离乡背井、抛亲弃故，投入美国的“文化主流”中去，对故国旧族的传统并不十分珍爱，确实容易同化。列宁就说过：“纽约州好象是一个碾碎民族差别的大磨坊。”[①] 中国的少数民族则几乎都是生于斯、长于斯的土著，经受了历史浪涛的淘洗而保持了各自的民族特点，具有抵御民族同化政策的巨大力量。孙中山虽然主张在实行民族同化的时候要用“王道”，不用“霸道”，但是只要当真实行起来，势必引起少数民族的猜疑，招来少数民族的反抗，结果将事与愿违，得到的不是同化，而是异化。到那时，“王道”也罢，“霸道”也罢，都无济于事了。

然而，孙中山毕竟是一个力求“适乎世界之潮流，合乎人群之需要”的伟大的革命先行者，当他把旧三民主义改造成为新三民主义的时候，断然舍弃了民族同化主张。我们今天评论孙中山并未付诸实施而且晚年已经舍弃的民族同化主张，应该把它看成孙中山在探索真理的漫长征途中所曾走过的一段短小的弯路，如此而已！

1924 年春，孙中山演讲民族主义，甚至连“中华民族”也不说，而改说“中国民族”了，这或许是出于慎微的心理吧?!

六　主张民族自决自治和坚持统一、反对分裂

辛亥革命之前，中国的政治家、思想家和一般舆论界已经谈论过民族的自决和自治了，不过他们所用的词语只有“自治”，没有“自决”。1901 年，章炳麟说，“彼东三省者，犹得为满洲自治之地”[②]。这个“自治”，兼有自决和自治两层意思。1902 年，梁启超说“各地同种族、同言语、同宗教、同习俗之人，相视如同胞，务独立自治”[③]；1904 年，遁园说意大利的

① 《列宁全集》第 20 卷，人民出版社，1958，第 12 页。

② 章炳麟：《正仇满论》，载《辛亥革命前十年间时论选集》第 1 卷，三联书店，1960，第 97 页。

③ 梁启超：《新民说》，载《辛亥革命前十年间时论选集》第 1 卷，第 120 页。

“马机宜”（马志尼）是“倡立民族自治之鼻祖”[①]；1907年，柳亚子说“一个民族当中，应该建设一个国家，自立自治”[②]。他们三位说到的“自治”，其实就是自决。1907年，章炳麟说可以与“回部”结成“神圣同盟”。[③] 他说的“神圣同盟”，就是邦联或联邦。

孙中山在旧三民主义时期是不讲民族的自决和自治的。他认为：中国各民族既然生活在统一国家中历时已久，就不应当自己去瓜分，更不允许帝国主义来瓜分，就连满、蒙、回、藏这些人口较多、地区较广的民族，也还没有独立和自卫的力量，倘若分立，势必落进帝国主义的牢笼。

事实证明，孙中山当时不讲民族的自决和自治，不是没有道理的。辛亥革命以后，沙皇俄国策动外蒙古“独立”，成立“大蒙古帝国”。这“大蒙古帝国”徒有独立之名，全无独立之实，事事都要仰沙皇俄国的鼻息。当时，北京和内蒙古的蒙古族知识分子和爱国王公纷纷集会、通电，谴责“大蒙古帝国”皇帝哲布尊丹巴。内蒙古的个别王公也曾在沙皇俄国和哲布尊丹巴的唆使下，闹过独立，有的挂了几年“独立”招牌，也有的因为蒙古族爱国人士反对而连一块“独立”招牌也挂不出去。喀喇沁王贡桑诺尔布图谋“独立”，1912年春在王府召集属官商议，这些属官无一响应，使贡桑诺尔布的“独立”计划化为泡影。蒙古地区是辛亥革命以后几年中唯一真正闹过独立的少数民族地区，人心所向尚且如此，这就足以说明，在少数民族中，维护祖国统一是人民普遍的愿望。孙中山坚持统一、反对分裂的一贯立场，在汉族人民和少数民族人民中都获得了真诚的拥护。

中华革命党改组为中国国民党以后，孙中山提出了民族自决，这是他的民族主义的一大进步。在大约四年时间里，他所主张的民族自决专指中华民族摆脱帝国主义的压迫和剥削，并不适用于国内少数民族和汉族的关系。

从国共合作实现的时候起，孙中山就把民族自决应用于国内，并且增加了民族自治，合称民族“自决自治”，这是他的民族主义的又一大进步。

当时，中国共产党为了解决国内的民族问题，既承认自决，又主张自

---

① 遁园：《论民族之自治》，载《辛亥革命前十年间时论选集》第1卷，第954页。

② 柳亚子：《民权主义！民族主义！》，载《辛亥革命前十年间时论选集》第2卷，第814页。

③ 章炳麟：《“社会通诠”商兑》，载《辛亥革命前十年间时论选集》第2卷，第658页。

治，还提出了建立联邦的设想。1922 年 7 月，《中国共产党第二次全国代表大会宣言》主张："促成蒙古、西藏、回疆三自治邦，再联合成为中华联邦共和国。"[①] 晚年的孙中山在中国共产党的影响下，承认自决，也主张自治，可是没有明白表示赞成建立联邦。经他改定的《中国国民党第一次全国代表大会宣言》指出："于反对帝国主义及军阀之革命获得胜利以后，当组织自由统一的（各民族自由联合的）中华民国。"[②] 这个中华民国，显然不是联邦。从基本方面来看，当时孙中山的民族纲领和中国共产党的民族纲领是一致的，对于加强国内各民族革命力量的团结起了促进作用。1925 年 12 月 14 日，内蒙古国民党中央执行委员会致中国国民党第二次全国代表大会的祝词中说："盖敝党亦据孙中山先生三民主义，乃表章：（一）中国内各民族均有自决权，（二）中国统一国民革命政府之下，内蒙建设国民自治政府；（三）内蒙男女国民，均有参政权等三大口号；而以促成全中国之革命工作，为进行唯一方法。"[③] 这个祝词，也承认自决、主张自治而没有要求建立联邦。

孙中山去世后，中国各民族人民在中国共产党领导下，在长期共同进行的革命斗争中，结下了深厚的兄弟情谊。他们越来越清楚地认识到，中国各民族有着祸福与共、死生相依的血肉联系，只能合，不能分，合则俱获其利，分则同受其害。因此，他们既没有要求实行自决，也没有要求建立联邦，而是终于公认中国共产党的民族区域自治政策是唯一能够正确解决我国民族问题的基本政策了。

七　瑕不掩瑜的精神遗产

毛泽东同志在纪念孙中山先生九十周年诞辰时指出："他在政治思想方面留给我们许多有益的东西。"[④] 这个评价，是切合实际的。

在孙中山的民族主义中，哪些东西是对我们有益的呢？扼要说来，可以归结为五点：

---

① 引自《中国革命史参考资料》之一，中国人民大学，1954，第 30 页。

② 《孙中山选集》，第 526 页。

③ 引自《中国国民党第二次全国代表大会日刊》第 10 号。

④ 《毛泽东选集》第 5 卷，第 311 页。

（1）振兴中华；

（2）维护国家的统一和独立；

（3）承认民族平等和促进民族团结；

（4）注意帮助少数民族发展经济和文化；

（5）联合世界上以平等待我之民族。

以上这些，是孙中山的民族主义的精华。

毋庸讳言，在孙中山的民族主义中，也有无益的东西。这无益的东西，主要是大汉族主义思想成分。假使笼统地说孙中山的民族主义是大汉族主义，那是一叶障目，不见泰山。包含在孙中山的民族主义中的大汉族主义思想成分，是前多而后少的。民族主义思想酝酿时期的孙中山的思想，有大汉族主义，然而它是反抗性的大汉族主义；在旧三民主义的民族主义中，大汉族主义思想成分不起主导作用了；在新三民主义的民族主义中，就没有明显的大汉族主义思想成分了，只在追述古代历史的时候提出的某些偏颇见解中流露出大汉族主义的残余，而这是不宜苛求深责的。

此外，被孙中山视为民族精神的“忠孝、仁爱、信义、和平”，源出封建的意识形态，经孙中山解释，虽有新意而不多，也是孙中山的民族主义的微瑕。至于孙中山所讲的民族的定义之类，则是当年一般的资产阶级政治家和思想家普遍持有的见解，而且对中国各民族人民没有发生值得注意的影响，孙中山只是未能免俗罢了。

总之，在孙中山的民族主义中，精华是主要成分。

孙中山民族主义的遗泽，广被于当代的中国。当代中国各民族人民都是孙中山革命事业的继承者，对孙中山为民族的解放和团结，以及国家的独立和统一所作的伟大贡献，我们将永志不忘。

（《民族研究》1981 年第 6 期）

略论晚清民族主义思潮对边疆事务的构思

胡　成

晚清末造，列强环伺，虎视鹰瞵。政论学说，云兴泉涌。其中最具影响力的，莫过于民族主义思潮。时人云：夫20世纪者，“民族主义之时代也”[①]。而就这一思潮的现实影响来看，尽管激进革命派的“排满革命，民族建国”为其主旋律，但近代中国毕竟是作为一多民族的共同体，因而也还面临着如何协调和处理国内不同民族或地区之间的矛盾与冲突，以及在此基础之上，变革统一民族国家的政治架构和不同民族之间的文化整合，这一更为深层和棘手的问题。

从学术研究的角度视之，长期以来，学者似乎更注重前者而对后者论及甚少。当然，这一意识在近代中国只是一些对策性的议论，尚未形成系统理论；但更重要的，恐怕还是在过去的一段时间里，学术界对民族主义的认识仅限于反帝反封建的层面，以凸显其反侵略的救亡意义。鉴于此，本文拟从民族整合的角度，着重探讨这一思潮中的汉文化在近代中国极为重要的转折时期，对边疆事务的看法、思路及其意义。

一　边疆危机与中原内地生死与共的关系

梁启超曾在《戊戌政变记》中明确指出：“唤起吾国四千年之大梦，实自甲午一役始也。”[②] 但近代中国民族主义思潮真正意义上的崛起，恐怕还

---

① 《论社会改革》，《时报》丙午年（1906）六月十七日。

② 《饮冰室合集·专集》第1册，第1页。

是在 20 世纪初。因为：一方面，就其影响而言，随着西方近代启蒙思想不遗余力地被引介，各种启蒙刊物的广泛印行，犹如时人所言：苏已死之国魂而争存世界，“发明民族主义不为功矣”[①]。另一方面，就其内容而言，此时民族主义思潮业已超越了戊戌志士尚还恪守的“华夷之辨”，矢志以求的不仅仅是传统士大夫的社稷安危和宗庙覆亡，而是明确地揭示了这一思潮作为近代最具统摄力的意识形态本质特征：也就是欲戢列强鹰瞵鹗视之态，以纾华族豆剖瓜分之祸，唯有发挥本民族种种特性，合其权以为权，合其志以为志，合其力以为力，“当以建民族国家为独一无二之义”[②]。

但是，中国作为一多民族国家，其中每一民族都有着自己特定的血缘亲和关系，以及由此发展而来的历史、语言和文化传统，从而构成各自民族认同的基本特征与相互的区别所在。近代之前，“非我族类，其心必异”，即道出了这一因语言和文化差异所形成的客观实在。在这个意义上，人们当然也只能更多地在家族、村社、地域或宗教层次上建立各自民族的忠诚理念，并导引了历史上绵延不绝的民族矛盾和民族冲突。逮至近代，随着内忧外患的日趋加深，原来互为隔绝的各民族，就亟须超越各自狭隘族群的限制，实现作为一统一民族的社会、文化和政治的渐次整合。而纵观此时中国政治思潮中，能为这一历史性运动提供更为正面的价值基础和伦理原则的，则唯有国人对边疆危机的关注。

首先，就蒙古而言。蒙古在地缘上最接近京畿重地，日俄战争之后，沙俄在东北的扩张受到了日本的遏制，即把目光转向蒙古。1907 年第一次日俄密约签订，规定除划分由珲春镜泊湖至洮儿河口南北满的分界线外，俄认可日沦朝鲜为其殖民地。作为交换，日则承认外蒙古为俄之势力范围。[③] 因此，《神州日报》所刊《论中国宜速谋对俄之方法》一文就向国人疾呼，指出俄国于中国扩张正处一居高屋建瓴之势，其侵中国之途有三：东则掠满洲，西则捣新疆，而中则贯穿蒙古。日俄战争后，日俄则签订了协约。日本承认俄在蒙古之势力，因此俄在蒙古的影响将加强。而一旦俄

① 《民族主义论》，张枏、王忍之编《辛亥革命前十年间时论选集》第 1 卷下册，三联书店，1963，第 486 页。

② 《民族主义论》，张枏、王忍之编《辛亥革命前十年间时论选集》第 1 卷下册，三联书店，1963，第 486 页。

③ 王芸生：《六十年来中国与日本》第 5 卷，天津《大公报》，民国二十三年，第 86 页。

国在此驻屯大军，那么它将很容易“咄嗟之间直捣京师，南下武汉，且压湘粤”[①]。

其次，再看西藏。其时西藏地分康（喀木、昌都一带），卫（前藏，以拉萨为中心），藏（后藏、日喀则一带），阿里四部，加上青海玉树的藏族，则为五部。其西、南与印度、廓尔喀（今尼泊尔）、哲孟雄（今锡金）、布噜克巴（今不丹）、缅甸等国为邻；东、南与云南、四川、青海、新疆接壤，战略意义十分重要。其时“英俄交窥藏地，实皆注意印度……俄之垂涎印度已久，以西藏据印度之巅顶，故思得藏以图印，以取建瓴之势”[②]，所以，有人极为焦虑地写道：“西藏为中国西部之藩篱，英俄竞争之焦点，爱国志士所为心焉忧者也。”“唇亡齿寒，西藏失，则吾国西南大局，岂得晏然无事?”[③]

再次，则是西北。其主要威胁来自沙俄在新疆的大肆扩张。一份就新疆问题的调查报告指出，自咸丰元年中俄通商条约签订之后，伊犁与塔尔巴哈台被开为通商地，俄国农民和商人开始大量入侵游牧与经营农业，在伊犁地区竟有五六万人之多。然俄国货物也滔滔输入，综计新疆输入之外国货品，大半归俄商之手，占有其输入总额，仅新疆一省就年达一千余万元。且华俄银行势力更令人担心，其在新疆有四个支店，势力日益膨胀，以致沿边诸地及中俄贸易俱用卢布与华俄银行发行之钞票，中国银元虽减价亦无人购用。工业也均为俄人占有。时人说：“数年之后，行将见中国货物绝迹矣。”[④] 然对这些忧时之士来说，“伊犁之屏蔽中国西北，盖诚足为至重极要，然方今之伊犁，实在俄势力范围之内，中国不可不虑也”[⑤]。

对于内地中原来说，边疆危机却不能等闲视之。一方面，唇亡齿寒，边疆不保，内地焉能自安。四川志士如是说：“俄人既由蒙古新疆等地，以深入陕甘，则以地势易于南下之故，其必有得陇望蜀之心矣。法人既据有两广滇黔，亦有席卷四川之势，其不肯专让俄人南下而牧马可知矣。而英人据有长江流域诸省，蜀为江源，必不肯让诸他人以据高屋建瓴之形势；且其通西藏，志在窥蜀，则此时西上瞿塘峡，东出打箭炉，而四川已在其

① 《东方杂志》第 7 年第 6 期。

② 《鹿传霖奏牍》卷三，载《清季筹藏奏牍》第 1 辑第 2 册。

③ 《英藏交涉沿革小史》，《东方杂志》第 5 年第 12 期。

④ 《新疆之现状》，《东方杂志》第 7 年第 3 期。

⑤ 《新疆省旅行谈》，《东方杂志》第 5 年第 12 期。

势力范围之内矣。然以蜀之地大物博，俄法必不甘让英人，至于此时，不免干戈相见，四川即为列强竞争之大战场。”① 另一方面，生死与共，自任国民责任，以捍领土不失。陕甘人士如是说：“吾陕甘适介于蒙藏之间，唇齿之祸迫在眉睫。英俄一旦发难，吾西北即为蒙藏直接之背后地。越长城而饮马，略青海进窥河湟，皆意计中事也。夫缅越失而云南危，台湾割而福建危，朝鲜亡而满洲危，蒙藏有事而陕甘新疆益危。则今日负担蒙藏之义务者非他，西北之人民也。”②

二　政治体制的变革和边疆政策的调整

从中国疆域的历史演变来看，固然，汉唐为一统盛世，但自后承接统绪的中原王朝，幅员都极为有限。宋吞并的只是长江流域诸小国，号称统一，四围藩属，却皆非所有，况有宋之世屡受辽、金、夏之寇，疲于奔命，逮至高宗南渡，更只有半壁河山；元灭宋而居中原，以开平为上都，燕京为大都，其时疆域，东起日本海，南连安南，北至西伯利亚，西尽亚洲，但其入主中原仅十主九十一年而亡，为时甚短；随之兴起的朱氏明朝，领有疆域也不过本部十八省。这即表明，至少在汉唐之后，汉王朝乃至中原汉文化已日见文弱，无法再创昔日的辉煌。

因此，真正重建中华民族统一帝国的，恰是作为少数民族的满清王朝。早在入关之前，满洲统治者就和蒙古上层有着密切的结盟关系；入主汉地中原之后，满洲军队又在康熙年间较为彻底地清除了蒙古诸部在西藏的势力，实现了对西藏的有效控制；雍正时大规模在西南连续废除土司制，全面推行改土归流；乾隆年间清军重创准噶尔部，统一了天山以南的回疆地区，并在此之前与沙俄签订了《尼布楚条约》和《布连斯奇条约》。至是，清之疆域已东起库页岛、台湾；西起巴尔哈什湖、帕米尔；西南沿喜马拉雅山脉直到云南的高黎山和恩梅开江，赫赫文治武功，实创自古一统世幅之广远。所以，雍正帝在《大义觉迷录》中，驳斥旨在“反清复明”的汉族士人吕留良、曾静，就不无自信地说：“至于唐宋全盛之时，北狄、西戎为边患，从未能臣服而有其地，是以有此疆界彼界之分。自我朝入主中土，

① 铁崖：《警告全蜀》，《四川》第2号。

② 渔江：《筹西北边防以保存关陇说》，《关陇》第1号。

君临天下，并蒙古极边诸部落，俱归版图。是中国之疆土开拓广远，乃中国之臣民大幸，何得华夷中外之分论哉！”①

平心而论，与中国历代汉王朝相比，清在道咸之前对边疆的控制自有其宏阔深远之处。作为一个少数民族建立的政权，满清统治者尽力消除汉文化“华夷之辨”的影响，极为重视边疆事务。且不说绝大多数的边疆战事都是御驾亲征，乾纲独断；在制度建置上，清廷以理藩院为中央政府处理边地少数民族事务的常设机构，长官由满人担任，拥有较多便宜行事的权力。包括指导驻边将军和大臣，行政效率明显高于其他行政机关。

满清统治者还以联姻、结盟的形式，控制对中原汉地历来威胁最大的蒙古各部；并在西藏大力尊崇喇嘛教，使达喇、班禅互相牵制，以维持其在西藏的威权；对西南五省则以政治手段为主，辅以强大的武力废除这一地区长期以来各据一方、不相为统的土司制度；在回疆地区是把国防与民事分而为二，各种防兵分驻要地。也就是国防之权操之于中央，派遣将军大臣统领；民事之治除少数地方设置州县，大部分区域都以蒙回王公伯克自行治理，并允许教民诵经礼拜，沿用回教历书，判案诉讼引用教规，不从国家法律。甚至，回人还不着清之服制，不留辮发，沿其圆领大袖。所以，正是有效地宣示了中央的权威，同时又给予边疆各民族高度的自治，并尊重其文化传统，满清统治方“不独明塞息五十年之烽燧，且开本朝二百年之太平”②。

但是，随着国势日衰，边地多故，尤其是在19世纪末，琉球、安南、朝鲜、台湾等往日的藩属和领地相继失去；而新疆于1886年建省，却并无更多实际建树。究其原因，正是清廷历代相沿的边疆统治体制以及作为其施政基础的“以夷制夷”、不实力经营的政治理念，已不能适应近代极为复杂的国际关系和地区力量演化的基本格局。因为，近代民族的构成基础已更多地从文化心理，转换为创造现代国家和强化国家政治功能，即以统一政治架构和统一区域市场作为各民族的联结纽带。其意义还在于，除了主权和领土完整的不容侵犯之外，同时还应建立一能更为有效地集中全民族总体意志的中央政府，以及相应的国家统治机器，并以推展增强国力、增

---

① 《大义觉迷录》上谕。

② 魏源：《圣武记》下册，中华书局，1984，第500页。

长国富为主要内容的民族主义政治目标。换言之，近代中国已不再是单纯意义上的种族、文化和心理聚合体，而是一有着统一政治和法律秩序的政治概念。

然而，恰是对边疆危机的关注和对边疆事务的构思，国人的政治意识才更为直接、明确地触及近代中国这一极为重要的发展主题。一篇关于西藏问题的文章指出：西藏之所以为列强侵削，其机早伏于哲孟雄之争界。于时，清廷之所以漠然视之，不甚措意，盖因柄国者向以西藏为羁縻之地。更重要的是在政治体制上，入藏之始，不改其俗，不易其宗教，仅以一臣为之监督，使之永为不侵不叛之藩封。但后果却是中国在藏只享主权之虚名，"而喇嘛在藏则转获政权之实用，以致启人觊觎。癸卯冬，乃有外兵入藏一案，藏力不敌，遂为城下之盟，听客所谓几于为他人保护国。至研究所订条约，中国几不能自认在西藏有丝毫之主权。以中国数百年之藩服，一旦为人劫去，且以关系两川利害，乌得不起而相争"①。

于是，在近代民族主义国家主权和领土完整的理论意义上，国人力图重新设定一更为有效的边疆各少数民族与汉地中原及中央政府的相互关系，变革边疆统治体制和调整中央政府对边地的管理政策。首先，就政治体制的变革来看。时人提出在西藏、蒙古应迅速建立行省，以改变过去的藩属关系。有就西藏事务云，"西藏臣服中国已近三百年矣，外人兵力虽强，亦断不能不于形式予中国虚名之主权"，清廷当速在西藏建立行省，设置总督，管理全藏财政兵政及一切事宜。② 另一篇文章则认为内陆与西藏接壤处北有青海，东为四川，以四川为最长。入藏之路则北有西宁，南行由四川出巴塘西行，近年驻藏大臣大都由川入藏，驻节之地常在打箭炉一带。解决西藏问题也就应将西藏与四川分开，设立川西省，该巡抚可与驻藏大臣互通声气。③ 此外，一篇涉及蒙古事务的文章也指出，蒙古由理藩院管理，治理方式与青海、西藏不同；但蒙古逼近京畿，清廷于蒙古的统治应速定中央于蒙古的权限和统治之法，宣示内外，俾外人知蒙古原为中国属地，若再遇外交纠纷，即可执应有之权，公正怀之从事，一切欺诱私约之事，

① 《拟改设西藏行省策》，《新闻报》丙午年（1906）正月初七日。

② 《拟改设西藏行省策》，《新闻报》丙午年（1906）正月初七日。

③ 《筹藏论》，《南方报》乙已年（1905）八月二十日。

可以渐绝。总之，即速在蒙古设立行省。[①]

其次，就行政政策的调整而言。时人呼吁应切实增加中央对边地的控制，以改变过去的放任政策。有一篇文章提出："今日忧时之士，人人攘臂而谈经营西藏之策矣。岂非以此数千里秘密之宝窟，固吾之土宇也哉。顾以记者所闻，则实有大谬不然者。西藏何尝为吾国土宇，吾国又何尝行一日之政于西藏哉？"因此，作者认为，既然人们都认为西藏乃为中国之领土，那么就应正其疆域，修其法制，理其财赋，施其教化，兴其利而除其害。夫然后可以告人曰："吾实有此土地焉。"[②] 另一篇谈及新疆形势的文章也认为，沙俄在日俄战争失败之后，必会践还我伊犁之约，因为沙俄已在霍尔果斯河一带设立居民点，设立土尔吉斯坦总督，建重镇于塔什干，在喀什噶尔、古城，即南路、北路设立领事，用意在于拉拢当地土著（维吾尔族），使额尔齐斯河对其扩张无所限制。所以"中国今日之事惟以用恩信维持哈萨克等部，振其衰弱之气，坚其内向之心。庶几为我屏蔽。卡伦虽以任其往来，而严兵整饬，示以不可犯之势，则未为不可，或亦解其谋与藩篱之外，而不至相持于庭户之间乎"[③]。

三　经济、文化的发展和边疆危机的解决

实际上，民族主义思潮在欧洲形成之初，就有着强烈的政治指向，尤其在法国大革命时，更为政治动员的利器。20世纪初的中国，极力鼓吹民族主义的汪精卫就曾认为，生活之最大者为政治上之生活，故富于政治能力之民族，"莫不守形造民族的国家主义"[④]。主张政治改良的梁启超也多次撰文，认为民族主义即是"组织完备政府、以谋公益而御他族是也"[⑤]。可见，民族主义思潮在此时国人的思想意识中，也是作为政治革命或政治改良的意识形态。

当然，作为一意识形态，民族主义之所以具有如此鲜明和强烈的政治内涵，是因为处于世界资本主义体系弱肉强食的生存法则之中，只有具强

① 《论今日宜明定统治蒙古之法》，《南方报》乙巳年（1906）十一月十三日。

② 《藏事卮言》，《东方杂志》第6年第1期。

③ 《筹新疆形势策》，《时报》乙巳年（1906）十二月初六日。

④ 精卫：《民族的国民》，《民报》第1号，第2页。

⑤ 《新民说》，《饮冰室合集·专集》第3册，第4页。

大统一中央政府的民族国家，方能最大限度地获取物质资源和精神力量，以消除封建主义和地方主义，实现既定的内外目标。但这并不是说，此时国人对边疆危机的关注，也同样将一切矛盾胥交政治解决，相反，人们在内外交困的现实窘迫中清楚地意识到，此时中国政困民乏，即使在边地建立行省，危机仍不会稍有缓解；唯有切实开发边疆，使其不至终沈荒远，问题方可最终解决。

这一认识的形成最早可追溯到光绪十六年（1890）中英签订《印藏条约》八款，清廷被迫承认哲孟雄为英之属土；三年后（1893）又订《印藏续约》三款，允开亚东为商埠，设关互市，英人取得设官监督之特权，在藏势力盈固。于时，清廷始有青海卫改设行省之意，但左支右绌，历久无成。此后，又有关于察哈尔及归化、绥远两城合为一省，由直隶督臣兼辖之的讨论，也只是有设想而迟迟不能付诸实施，即使偶有实行，对边疆危机的解救也是杯水车薪而无实质意义。

原因何在？时人认为：第一，从清廷财政承受能力来看，其时军国多故，度支奇绌。各省率皆自得不暇，沿边协饷，大抵积欠频年。区区边地，岁入之额，供寻常岁出，犹虑不给。而欲有非常之举，则一切官吏之俸饷，衙署之建造，事事需财，何所抑给。第二，从这些地区的发展水平来看，大多穷地万里，土旷人稀。恒有行数驿而不见居民者。欲遍设行省，则户口寥落，不成邑居。择要而设，则官吏不到之区，就有空山大泽，奸宄之徒，法令难以遍及。第三，从边地人口的复杂程度来看，边地华夷杂处，宗教不同、礼俗不同，难以法律治之。而蒙古诸旗大都游牧，逐水草而居，汉民多为商贾负贩之流，因而难以设官布置。①

除此之外，边疆地区与内地的发展水平又有相当的距离，落后的经济、文化和社会环境使时人相信，任何政治举措都难以切实推行。试举光绪三十一年由四川打箭炉赴藏的张其勤对西藏情景的描述。时达赖正值出亡，一切政治暂由噶勒丹池巴主持，其下有官四员，称作噶布伦佐理，还有三大寺和一公所。僧俗有事，传谕噶布伦，由其开公所会议，传集三大寺及僧俗人以讨论可否。但实际情形却是，会议不过徒有其名。会场上，黠者不敢言，愚者不能言。恐一发论，其责归之于己也。所以，往往事虽开公

① 《沿边改建行省私议》，《东方杂志》第5年第1期。

所数次，不能决断者亦有。“即使决断了，各级官员也不愿照办，藉以延宕。至于藏兵，则不过二千名。平日既不训练，且饷项极微，装束面目无一毫军人气象。”所以，他认为，藏事的治理，“练兵、讲学、兴商皆不容稍缓”①。

职是之故，时人所说的“安边固圉之谋，必当以徙民实边为先务，然后郡邑可得而治，富教可得而施也”②，就道出了经济和文化的发展，原应是政治发展，即近代中国作为一统一民族国家政治整合之基础。由是，又可以确认，近代中国民族主义思潮开始向经济，尤其是边疆地区的经济发展延伸，使其更具广泛性和现实性。

放垦蒙地，移民实边，是最先提出的解决之法。早在 1897 年，山西巡抚胡聘之就向清廷奏请“蒙地放垦，为殖边必要之图”。1901 年名噪一时的《江楚会奏》，刘坤一、张之洞亦有提“蒙部日贫，藩篱疏离，请敕下蒙古各部王公暨该处将军大臣，酌于此时讲求变通之道”③。1905 年姚锡光的《实边筹议》，更是期望清廷能有一统筹漠南漠北的整体政策，以内蒙古为根本，然后推及外蒙古。他认为：“非易游牧为耕种，国家不能守其土地，有其人民。”④

西北对于中国腹地的重要意义，被视为颇如鱼之脊骨。时人写道：“一旦脊亡，则鱼之腹部决无枝（支）持之理，将必同归于尽。是则今日吾侪固宜急竭辅助诱导之力，俾国家与人民咸得有经营西北之资，亦为救亡一大任也。”正是考虑到清廷以往多在西北边疆的战略要地设官驻兵，并无实力经营，所以，提出“今日所宜急图者乃为发展实业”。即在西北建筑铁道、汽车公路线、对参与开发边疆地区的交通民营公司给予重奖，并有效利用当地的矿产和农副产品资源，譬如金砂、皮革、毛羽、林木等。⑤

英国自通过《藏印条约》及《藏印续约》，取得了一系列在西藏的商业和政治特权，20 世纪初又屡屡向藏地用兵，积极支持达赖十三世的分离活动，筹藏之论遂喧腾人口，成为一时边疆事务关注的中心。1910 年日本政

---

① 张其勤：《炉藏道里最新图考》，《东方杂志》第 6 年第 1 期。

② 《沿边改建行省私议》，《东方杂志》第 5 年第 1 期。

③ 《光绪朝东华续录》第 4 册，中华书局，1984，第 4761 页。

④ 《筹蒙刍议》卷上，第 52 页。

⑤ 《论国家今日宜经营西北说》，《神州日报》戊申年（1908）四月十四日。

法大学毕业的留学生陈赞鹏上驻藏大臣的《治藏条陈》一文，较为全面地提出了一些基本考虑。其认为：一应尊主权，即提高驻藏大臣的品秩和重新界定达赖的权限；二应筹武备：在藏地开矿产和建学堂；三应重人才：对人才当有特别鼓励，破格录用，藏地官员优其俸廪，速其迁擢；四应划区域：因往者于驻藏大臣之外，藏地未设一民政官，今应设府二十余，设县百余矣，具体分划，须因其地势，顺其民情，审其沿革；五应定官制，将中央在藏地的官员分为华官、藏官，驻藏大臣之下分设财政、军政、民政三司；六应理财政：在藏中筹田赋、地税、房屋税、丁口税、牛马税、营业税等，并设银行，各省之钱庄银店皆宜力为招致，还有如钱币整理、纸币改造等；七应兴实业：在藏地行畜牧开垦，由国家保证商家的利息，资以补助；八应兴教育：多设中等及初等学堂，教科书选列祖列宗之威德，风俗政教改良，忠顺上国职分和垦牧矿产利益；九应讲交通：包括修建道路、邮电和电信；十应重外交：西藏地方官员应有人专门负责对外交涉，并由中央政府在经界处竖立界碑、绘制地图，应筹重大武力扼边塞之险要，复于通商交涉，著者谨慎，勿卑勿亢。①

四　社会稳定和渐进平和的政治改良意识

但是，从本质上来说，国人对边疆危机的关注和对边疆事务的构思，也是作为一政治理念而提出的。毕竟，近代中国的边疆危机之所以显得格外严重，统一民族国家的整合又之所以鸭行鹅步、步履维艰，一方面固然因诸国环伺，列强攘窃的外部险恶形势；但另一方面，则还是由于此时政治体制的腐朽不堪，官员骄慢的颟顸。换言之，内痼癌患不治，方招徕外来寇仇之得逞。

以藏事为例，清廷每年在西藏地区费帑千万，任命驻藏大臣更迭十数，几乎每一个人都无不是饮博、狎妓、饕酒、食冒、货贿之无赖。时任驻蒙大臣的有泰，在拉萨三年，无日不饮博、无日不狎妓。其每日早饭之后，辄步至粮员署中，呼群而聚赌。随员幕宾材官骑士，仆从胥役，人无贵贱咸集，庐雉之声喧哗达户外。日夕则统计博进，辄以数千计。然后，胜者

① 《东方杂志》第7年第2、3期。

立持钱归，负者手空空。有人若无一钱，有泰则命粮员挪公帑垫给之。博既毕，杂坐饮酒，呼土妓侑歌。藏中百物奇昂，每筵八簋，日日如此，虽风雪寒暑无少辍。亏帑既钜而虑及奏销，则诡称某处有乱，派某弁率兵若干人，耗费军火若干，饷糈若干，善后抚恤之费又若干，一役用数万，十数役则百万金。

清制，驻藏大臣有任免西藏地方官员之权，往往都先由达赖开出名单，然后正式委任。但自十三世达赖亲政以来，其与清驻藏大臣关系紧张，举凡地方官员缺出，辄擅行补授，事后并无一语知照。所以，竟有驻藏大臣奏补一人，而达赖所授者，早已接印视事。这样一来，“应补之番官渐无一人行贿于大臣者。而大臣之缺，顿形清苦，往时华官奉差他出，必责令番人供给乌拉（番中凡供差之牛马及其御者皆谓之乌拉），番人畏国威，不敢不应，虽多至数百，亦咄嗟立办。自达赖日益骄恣，其部众渐悟国威之不足畏，华官令下辄偃蹇无应者，督之，急者相率逃逸，华官无如何。藏中冰雪载途，非牛马不能行一步，以是，华官益困处孤城中，非重要事不敢轻出。官威益驰（弛）矣。”①

由此，形成恶性循环的是，驻藏大臣之缺既瘠，向之仰食于补缺受贿竟转而剋克兵饷。其时，藏中防兵，额数设六千有四百人，一游击将之。有泰莅任以前，虽间有缺额，但未超过十分之一。有泰接任之后，即以一刘姓长随以游击身份统领各营，并大肆裁军，只留千人以供奔走。腾出饷银，自取其六，其四归刘。后又因其背约欲尽吞没，长随愤极，取此千人尽除其籍，不留一卒，武事尽废。② 新疆的情况也是如此。时人评之曰：新省大吏面对沙俄的渗透，竟无有提倡实业以抵制者。“中国官吏昏愦无能，竟袖手旁观，不加禁阻，吁可怪矣。”③ 由是可见，“吾国边事之坏，不在兵之不精，财之不足用，在乎任事之人。平居无事则一切放任，坐视其堕坏于冥昧之中，而不为之计，一旦有事则张皇失措，顾此弃彼，无定识定力以持其后。而其事稍平，则又泰然自安，举前此艰难险阻之者而悉忘之，以此治事，何事不败?”④

---

① 《藏事卮言》,《东方杂志》第 6 年第 1 期。

② 《藏事卮言》,《东方杂志》第 6 年第 1 期。

③ 《新疆之现状》,《东方杂志》第 7 年第 3 期。

④ 《藏事卮言》,《东方杂志》第 6 年第 1 期。

正因为如此，震动晚清政局的三次请愿国会运动，作为政治动员催发剂的，无疑就是时人对边疆危机日甚一日的沉痛感受。1910 年，在第三次国会请愿发动之时，正值日本以所谓的《日韩合邦条约》强行吞并朝鲜；同年签订的第二次日俄密约又规定了日俄共同瓜分东北，承认沙俄对蒙古的控制权。对此，请愿代表们说："日俄缔结新约，英法夙有成言，诸强释嫌，协以谋我。日本遂并朝鲜，扼我吭而拊我背。俄汲汲增兵窥我蒙古，英复以劲旅捣藏边。法铁路直达滇桂，工事急于星火。德美旁观，亦思染指。瓜分之祸，昔犹空言，今将实见。"① 而在这些请愿代表之中，又尤以东三省最为激烈。甚至，请愿为清廷拒绝之后，奉天八团四十六州县各执本团旗帜，前往总督公署请求代奏明年即开国会。其情绪之激昂，正如行前有商会讲员张某断指洒血书旗，赴公署自戕，后经人极力阻劝始罢。于是，整个队伍遂以血旗为前导，沿途部署严明，人无哗者，"不期而加入者约近万人，首尾长续二里有余"②。盖因"以日本并韩而后，势力渐趋南满。北部则迫于强俄，介居两大协谋来侵，约章既成，风云益剧，东省人民，寝不帖席，既合全省士绅，会议数四，乃公推特派员数人到京，佥谓及今不开国会，国家必无幸存。东三省有变，则全局瓦解，宗社人民，将置何地？"③

与激进革命派不同的是，边疆事务的日偷月坏，尽管也极大地激发着人们对现行体制的不满和失望，但终未成为激进政治革命之契机。相反，那些在政策层面上构思化解边疆危机的，却仍恪守着较为平和的制度改良。因为，此时中国民族主义思潮明显分为两种不同的价值取向：一是民权主义，即受法国启蒙思想家卢梭的影响，强调民族国家更应予民众以幸福。其最终欲剪除人类阶级，组织共和之政制，使劳动者皆得自由，人人平等；另一则是 19 世纪德国思想家伯伦知理所倡导的国家主义，强调国家和社会稳定的至高无上，国家的强盛高于个人的自由，以"集权中央，扩张政府权力之范围，以竞于外"④。

值得注意的是，正是出自边疆危机的考虑，这一部分人才更为担心政

① 《国会请愿代表孙洪伊等上资政院书》，《国风报》第 1 年第 26 期。

② 《奉天人之国会哭》，《民立报》1910 年 12 月 14 日。

③ 问天：《宣统二年十月中国大事记》，《东方杂志》第 7 年第 11 期。

④ 梁启超：《政治学大家伯伦知理之学说》，《饮冰室合集·文集》第 5 册，第 89 页。

治革命所带来的后果，因而极力鼓吹西方的富强，实由国家主义，而非平民主义所致。并强调今之时代种族竞争日烈，其龙骧虎视者，莫不磨牙吮血，奋其帝国侵略主义，夺人之地，争人之城，这之中能够占据优势的民族，唯有爱国爱群，同心同力。所以，“国家主义盛行，则上下一心，遐迩一体。国人皆互相团结，壮其合群之魄力，发其爱国之精神。然后众志成城，急公缓仇，先国事后家事，其国未有不盛，其种未有不昌者也。故欲致和平之幸福，为伟大国民必自尊重”①。即构成了近代中国民族主义思潮中一个较为理性和非暴力的思想向度。

五　文化优越意识与相互尊重的民族整合

毋庸讳言，近代中国作为正在形成的统一民族国家，更深刻的文化矛盾又在于作为这一整合主体的汉民族，此时承负的民族理念仍是长期历史形成的“华夷之辨”，即中原汉文化优越意识。毕竟，在那过去漫长的历史发展中，汉民族与周边民族的交往史，更多的还是中原汉文化对其他少数民族的文化征服和改造。在这个意义上，尽管汉地中原多次为异族入侵，其中也不乏鼎祚沦移、江山易姓，但最终却是几乎所有的异族统治者都毫不留情地被汉化。所以，孟子所说的“吾闻用夏变夷者，未闻变于夷者也”②，成为一历史现象的真实表述。体现在此时的民族主义思潮中，这一文化的优越意识更为集中地被那些激进的思想家们所揭橥。1905 年 6 月，同盟会人士在东京出版的《二十世纪之支那》中，宋教仁所写的一篇文章就视满洲统治者为北方一蛮族，汉人不过是被征服者。因而高倡：“今之忧时之士，亟亟焉唱为民族主义，与夫复仇主义之说，以冀恢我势力，完我国家，盖其机已大动矣。”③ 当然，这多为时势所激，很大程度上是出自政治宣传的需要。正如梁启超所言：“满廷无可望久矣，今日民族主义最发达之时代，非有此精神，决不能立国。弟子誓焦舌秃笔以倡之，决不能弃者也。而所以唤起民族精神者，势不得不攻满洲。”④ 但这仍反映出文化优越

① 《论平民主义与国家主义》，《津报》丁未年（1907）七月初十日。

② 《孟子·滕文公章句上》。

③ 公明：《汉族侵略史》，《二十世纪之支那》第 1 号。

④ 丁文江、赵丰田：《梁启超年谱长编》第 2 册，第 286 页。

意识在汉文化中的影响巨大，否则，就不会将这一原本应摒弃的文化优越感祭起作为政治动员的魔咒。

所以，这也同样体现在时人对边疆事务的构思之中。不难发现，在那些充满忧患的文字中，人们多从汉文化的立场和背景出发，这就难免会对边地少数民族自身的文化、历史，以及其基本权利不够尊重。如有文提出，整顿西藏军备应招募当地人作为士兵，什长由当地人与汉人参用，士官则须由汉人担任，并别练汉兵一镇分驻藏中要害，军械是汉人用新式，而藏人用旧式。① 还有建议，认为对藏、蒙宗教领袖的达赖，可招其亲近子弟留学京师，“阳则隆其名，阴则羁以为质，使之有所顾忌，不敢别生恶念”；此外，还需在藏地、蒙古多设副教主，以分达赖其权；严格达赖与外人见面并限制外出等。② 甚至，还有提出，四川生齿繁多，冠绝宇内。溺女之风特盛，即勉强抚育成人，辄鬻之为人婢妾。行政命令，三令五申而不见效，莫若“选藏人子弟之聪颖者，使就学蜀中，略识普通之学，即允为毕业，而以蜀女配之。其商贾之来往内地者，亦一律办理。姻娅既通，则隔阂渐去”③。

毕竟，作为中华民族整合的最大障碍，还在于因民族分离、等级观念和那纵横交错的封建关系所导致的民族认同感的匮乏和淡漠。事实上，当时边疆地区对清廷的变革举措也多不理解。即如光绪三十四年（1908）十月，全藏僧众传闻西藏将改行省，遂聚众呈请，请从缓办理，还要求给币修葺寺庙，并演发为一场暴力抗争。④ 蒙古事务也同样如此。光绪末年，清廷为抵御沙俄侵略，一改从前对蒙方略，大力采行新政。于时，学汉文，用汉人，废除垦禁，设巡警局，一切规划，雷厉风行，蒙人疑惧；紧接着，清廷又欲改革宗教，蒙古群众大为不满；而为整顿边地武备，清廷驻蒙古地方官员又强行征募，民怨愤极；再加上清地方官员在这之中多有营私舞弊、虐害蒙人，终使外蒙古分离。

因此，近代中国的民族主义就更在“集多数人民，以共同之力之志意，

---

① 《筹藏论》，《南方报》乙巳年（1905）八月二十日。

② 陈赞鹏：《治藏条陈》，《东方杂志》第7年第2、3期。

③ 《筹边刍议》，《东方杂志》第4年第3期。

④ 《东方杂志》第5年第11期。

向共同之目的，发共同之行为者”[①]，而从它积极意义来看，其所含天赋人权、法制观念，尽管带有强烈的理想化和情绪化色彩，但也还犹如春风化雨，在不同程度上使国人对边地少数民族的认识，以及在对边疆事务的构思中，逐渐摆脱“中原汉文化优越意识”的历史阴影；这与激进革命派情绪化的排满宣传相比，尤为明显。如一篇论及汉回之争的文章认为，回民杂处汉民之地已有百年，然其宗教界限终未尽泯；而他们在各省人数不及汉人十分之一，故能相安无事。但在陕甘一带，汉回几居各半。其有鼓吹圣战者，咸同年间，清廷曾以武力平定，汉回之仇隙日深。因此，该文提出的补救之法即认为回教地同土耳其、波斯、阿富汗诸国都处在西方列强宰割之下，同是黄种人，理应没有根本的冲突，“固当遵守国家法律，于其教派无所干涉，自由信奉，两无碍焉”[②]。

还有一篇谈及西藏问题的文章也说：今日之论藏事者，皆曰英俄皆当防闲之也，皆曰英俄皆当干涉我也，皆曰藏人之意已不属我而有专属也，皆曰事机已到危急，无可挽救也。但从另一方面来看，英俄皆外患，皆当防闲。而自英俄言之，则防英者俄，防俄者英。彼两雄者各不相容，即各自为防闲，即各有所忌惮之时。中国但当利用英俄之各自为防闲，而速趁此各有所忌惮之时，急起直追。整理西藏之内政，恢复在藏之主权，与其分精力以防闲英俄，不如并精力以治理西藏。所以，政府“应分别表里，善为操纵，在内之计划，则当兼程并进，不可无一日千里之心。在外之形迹，则当镇静和平，不可无应付弥缝之术。不必遽改西藏之地为行省，而不可不以治行省之道治之；不必强西藏之俗同汉民，而不可不以爱汉民之心爱之。施政之目虽繁，宏纲亦祗二事：宜宣威者，不可假借；宜布德者，不妨煦育。先定宗旨，而后合内外上下之力，贯彻实行”[③]。

当然，这些言论在此时民族主义思潮中并不多见，但却不能因此而否认字里行间已依稀可寻的人们对未来民族整合的理解，以及其在近代中国政治思想史上的重要意义。毕竟，这一意识多少已触及应以增进各民族共同利益为目的、以容忍取代强制、以民主自由取代独裁专制这一建立统一民族国家政治结构所必须明确的伦理原则和道德基础。况且，在那各种矛盾尖锐复杂，

---

① 余一：《民族主义论》，《浙江潮》第1、2期，1903年2、3月。

② 《论中国欲自强宜先消融各种界限》，《京报》丁未年（1907）三月二十日。

③ 《前驻帮办大臣温宗尧谘请川督代奏维持西藏大局折》，《东方杂志》第7年第1期。

并迅速激化的末世之年，要想更为周全地构思边疆危机的解决，使此时山鸣谷应、风起云涌的民族主义思潮更为理性和成熟，显然不切实际。

结　语

正如梁启超所言，近代中国的民族主义，一方面是要合国内本部属部之诸族以对国外之诸族；另一方面也要“合汉合蒙合回合苗合藏，组成一大民族，提全球三分有一之人类，以高堂远跖于五大陆之上”①。所以，作为历史的回应，孙中山于 1912 年元旦就职中华民国临时大总统时，其《中华民国大总统孙文宣言书》就强调：“国家之本，在于人民，合汉、满、蒙、回、藏诸地一国，即合汉、满、蒙、回、藏诸族为一人，是曰民族之统一。武汉首义，十数行省，先后独立，所谓独立，对于清廷为脱离，对于各省为联合，蒙古、西藏意亦同此，行动即一，决无歧趋，枢机成于中央，斯经纬周于四至，是曰领土之统一。”② 而几乎与此同时，北京、南京都相继成立了以消除民族隔阂，增进民族团结为目的的社会组织。如 1912 年 3 月成立于北京的“汉蒙联合会”，1912 年 4 月在北京成立的“大族共和联合会”和南方孙中山、黄兴等人发起的“中华民族大同会”等，都标志着近代中国民族主义思潮的重大历史转换。

这一转换也即为长期在华搜集情报的一日本间谍所注意。其于 1912 年呈交日本军部的一份调查报告中，就极为敏锐地写道：革命党起事之手段，是号召全国叛离清政府；鼓吹革命热潮的唯一口实就是种族主义；而在满洲朝廷灭亡之后，激进革命党人如再在一多民族的国家里鼓吹种族主义，就势必会危及其统一的基础。“故彼等立即高呼消除种族界限，鼓吹种族团结。”③ 由是似可断言，时人对边疆危机的关注和对边疆事务构思，以及由此形成的近代中国作为统一民族国家的整合意识，就更具前瞻性和启迪性。

（《近代史研究》1995 年第 6 期）

① 《饮冰室文集》第 13 册，第 75～76 页。

② 许师慎：《国父任临时大总统实录》，第 53～62 页。

③ 宗方小太郎：《一九一二年中国之政党结社》，《近代稗海》第 12 辑，四川人民出版社，1988，第 129 页。

清季民族主义与黄帝崇拜之发明

孙隆基

现代国家都有对国史上年代悠久的史迹之纪念，但它们往往是晚近产品。英国历史学家霍斯邦恩（Eric Hobsbawm，又译作霍布斯鲍姆）说：第一次世界大战之前的三四十年期间，欧美各国建立近代民族国家的活动频密，为国民共同礼拜的对象之诞生亦多半集中于此时期。法国的巴士底日并非大革命元年（1789）巴黎群众攻打巴士底狱后自然而然成为周年节庆，而是第三共和国 1880 年设立的官方节日，即今天的法国国庆日。大革命到了第三共和国才获全面肯定，但它一直是一个造成社会分裂的记忆，把其中任何阶段的领袖挑选出来当“开国元勋”都不妥当，只能尊崇一些泛泛之符号，例如：三色旗与巴士底日之类。美国的花旗虽然设计于独立战争，但学校里对国旗的周日敬礼仪式是在 19 世纪 80 年代始普遍流行，目的是把新移民塑造成“美国人”[①]。但这类后起的“发明”之效果，却具自古至今一脉相承之印象，此印象并谱成天衣无缝的国史话语。

霍斯邦恩所谓“传统之被发明”，并无凭空捏造之意，乃指某一历史场合为其自身需要而对过去的挑选与重新叙述。在“民族国家”未形成之前，甚至连所谓的共同记忆都不会有，而透过选择与剔除过程塑造的“共同过去”，正是民族国家形成的混凝土。这个塑造并非一劳永逸。19 世纪下半叶，西方民族国家多不将犹太人包括在内，他们对共同过去的贡献反被设想成是祸害；至于占人口一半的妇女，在共同回忆里也不会有份。但今日

① Eric Hobsbawm, “Mass-Producing Traditions: Europe, 1870–1914”, in Eric Hobsbawn and Terence Ranger, eds., *The Invention of Tradition* (Cambridge: Cambridge University Press, 1983), pp. 271–273, 280.

撰写的“国史”里已不能把这些成员剔除。

这里顺带解释：欧洲许多国家虽有悠久之“国史”，但其“建国”则在19世纪下半叶。它指的是由国民共同参与的民族国家，而非原先的王朝邦国，因此，最邃古的“民族起源”反而是国民生活最晚近发展之产品。欧美诸国在19世纪70年代始陆续进入男子全民普选的“现代”。德国和意大利连国家统一都至1871年才完成。在某种意义上，清代中国的现代化，即19世纪60年代初开始的洋务运动，起步并不算晚，它比日本明治维新早了几年，而当时的俄国才开始取消农奴制，美国正在进行废除黑奴制的南北统一战争。

日本“万世一系”的天皇崇拜，也是明治维新的一个发明。在幕府时代，天皇并非封建国家最重要的机构，一般老百姓对他也很隔膜。1868年倒幕后，明治天皇第一次东巡江户（东京），江户一带的民众误把他当成民间传说的神明圣德太子。新政府派往民间宣扬爱国与崇敬天皇的宣传队，在三河地区被误认为基督教传教士，导致暴动。这类宣传已具现代政权动员民众的特色。明治政府的其他新生事物计有：在1873年开始设立公众假期，首批假日包括日本开国的神武天皇之登基日，以及明治天皇的生日。[①]前者是神话故事，后者日期确切，但两者都成为官定的全国假期则是一个新发明。

中华这个五千年文明古国由黄帝开国、中国人都是“黄帝子孙”的说法，则是20世纪的产品，至“二战”后的台湾与香港仍载于中小学教科书中，至今仍有中年以上的人奉为事实。从时间上说，春秋以前的文献如《诗经》《书经》所载最古之帝王皆止于禹，不曾提及黄帝、尧、舜，《论语》《墨子》《孟子》等书则上溯至尧、舜而不及黄帝，后者传说之大盛在战国时代。[②] 黄帝后来成为《史记·五帝本纪》之首，乃是帝系之始，而非“民族国家”的奠基者。法国汉学家格兰藕把它和西汉流行的五行学说联系起来：汉武帝于公元前104年改正朔，定服色为黄，史官司马谈、司马迁父

① Takashi Fujitani, “Inventing, Forgetting, Remembering: Toward a Historical Ethnography of the Nation-State”, in Harumi Befu, ed., *Cultural Nationalism in East Asia: Representation and Identity* (Institute of East Asian Studies: University of California, Berkeley, 1993), pp. 85-86, 88, 91.

② 杨宽：《中国上古史导论》，顾颉刚等编《古史辨》7册上编，香港太平书局，1963，第189~209页。

子编纂《史记》遂置黄帝于帝系之首，按五德终始论推断历史，至汉而完成一循环。[①] 在信仰系统方面，中华自汉武帝以后崇儒，而儒家祖述尧舜。汉初之道家曾黄老并称，黄帝至后来演变成方术的守护神，和世上人口最众的民族之始祖身份大相悬殊。

在中华文明被纳入西方中心的邦国秩序之前，根本不会有“民族肇始者”的构想。甚至有人说：中国其实是一个文明屈居一个“国家”之下。作为孔教文明，它的中心人物只可能是孔子，而不可能是什么黄帝，乃毋庸争辩之事实。中华这个“天下”演变成西方式“国家”，在符号学层次上由 19 世纪 90 年代戊戌维新开其端。

孔教天下主义的终场曲

1894 年，郑观应发表《盛世危言》，在首篇《道器》中写道：“今西人由外而归中，正所谓由博返约，五方俱入中土，斯即同轨、同文、同伦之见端也。”郑庆贺光绪帝生奉其会：“恭维我皇上天秉聪明，宅中驭外……抚辑列邦，总揽政教之权衡，博采泰西之技艺。”自强的目的并不是建国，而是一统天下：“由强企霸，由霸图王，四海归仁，万物得所，于以拓车书大一统之宏规而无难矣。”[②] 这类天下主义修辞实在令人感到惊异。它发表于甲午战争之年，《南京条约》后 52 年，而比中国开国要晚的日本已经颁布宪法、开国会、出现反对党。郑观应并非顽固派，他先在上海外国企业中任买办，后转入洋务运动的织布、轮船、电报、炼钢、铁路等建设事业，乃中国第一代技术官僚。他的天下主义修辞当为逢迎士大夫阶层而作，但足以反映当时中国思想意识变化之缓慢。

其实，在 1860 年英法联军之役后，清廷已不得不承认“天下万国”共存之局，因此有总理衙门这个半现代式的外交部之成立。至 19 世纪 90 年代戊戌维新之前夜，外交官吏、通商口岸的记者和买办对世界应有一般的常识。但广大的士大夫阶层的世界知识却不敢恭维，这一点从维新运动的“先锋”身上就可看出。根据康有为自编的年谱，他直到 1874 年才“始见

---

① Marcel Granet, trans. by Kathleen E. Innes & Mabel R. Brailsford, *Chinese Civilization* (London: Routledge & Kegan paul Ltd., 1950), p. 46.

② 《盛世危言》，夏东元编《郑观应集》上册，上海人民出版社，1982，第 243 页。

《瀛环志略》、地球图，知万国之故，地球之理”[①]。梁启超则于1890年从京师“下第归，道上海，从坊间购得《瀛环志略》读之，始知有五大洲各国”[②]。两人该时都恰巧是17岁。至于都是读了《瀛环志略》，或非巧合，当时中国有关世界知识的书本来就寥寥可数。这里暴露了当时教育制度之落伍，以及康梁诸人处于权力和资讯之边缘地位。

天朝残剩的自满自得心理，在甲午战争败绩后，已荡然无存。它所产生的危机感促使康有为及其追随者在一个扩大了的世界重新放置中国。但他们仍透过儒家的天下主义去理解现代国际局势。他们设定的最高目标乃是“平天下”而不是建国。他们重新诠释儒教，以便包容新兴的达尔文主义。康在1885年至1887年间已从公羊学说中衍生出单线进步的“三世”说。他把斯宾塞的“进化论”嫁接到他那个土产的图式上头，使公羊学说和维多利亚式社会进化论产生共鸣。

在康未更动以前，公羊学说原是一个空想的“平天下”议程，经由三个阶段展现：据乱世、升平世、太平世，每一阶段有它相应的制度。太平或大同成分升级的时序，也表现为此成分在空间里作同心圆涟漪式的扩散，直至取消“内外有别”为止。第一阶段是“内其国而外诸夏”，第二阶段是“内诸夏而外夷狄”。最高阶段是连夷狄也能包含在儒家的世界秩序里，达到“远近大小若一，天下为一家，中国为一人”[③]。在新的公羊学里，从前列于蛮夷的欧美等国，已被视为在社会进化的阶段上超出中国：民主的美国在内政上已趋“太平世”，而君主专制的中国则仍处于“升平世”的初级阶段。虽然在全球范围来说，人类仍处于战国状态的“据乱世”[④]。

康派的文明观与当时西方流行的单线进化论合拍，只不过把“白种人的负担”转移到孔子的肩上而已。地球既然仍处于“据乱世”，中国的使命就是与各国合作，共同致天下于太平。中国作为这个“大同”纲领的诞生地，仍不失其世界之“中”的地位。梁启超1897年的一段话，把此意图表达得最清楚：“孔子之作《春秋》，治天下也，非治一国也，治万世也，非治一时也，故首张三世之义。”[⑤] 这个天下主义思想体系的中心人物自然是

① 《康南海自订年谱》，台北，文海出版社，1975，第7页。
② 《三十自述》，《饮冰室合集·文集之十一》，中华书局，1989，第16页。
③ 孙春在：《清末的公羊思想》，台北，商务印书馆，1985，第13、163页。
④ 梁启超：《论君政民政相嬗之理》，《饮冰室合集·文集之二》，第7~11页。
⑤ 《〈春秋中国夷狄辨〉序》，《饮冰室合集·文集之二》，第48页。

孔子，而不是什么“黄帝”。这个在1900年以后大红特红的偶像在维新时代的文献中绝少出现。

在百日维新失败、梁启超逃抵日本后，连天下主义的余烬也趋于熄灭。梁在1899年写道：“我支那人，非无爱国之性质也。其不知爱国者，由不自知其为国也。中国自古一统，环列皆小蛮夷，无有文物，无有政体，不成其为国，吾民亦不以平等之国视之。故吾国数千年来，常处于独立之势，吾民之称禹域也，谓之为天下，而不谓之为国。既无国矣，何爱之可云？”[①] 既无民族国家观念，也就说不上有民族始祖。

民族主义从天下主义分娩出来的阵痛非儒教文明独有。欧洲近代民族主义的胚胎亦先在基督教世界之腹内妊娠，后又寄于启蒙运动世俗化的普遍主义理念中。后者最具代表性者莫如康德的“永恒和平”。如果康有为的“太平”是靠情感关切的普及于天下来实现，康德的策略则在树立一个超越的权利或法律理念。[②] 在拿破仑入侵德国期间，德国的知识分子仍处于这种理性的普遍主义影响下，甚至连歌德与黑格尔也视拿破仑为“太平君主”（prince of peace），乃“在一个新的理性基础上重建西方文明的统一者”[③]。康德的徒弟费希特至1806年已开始反拿破仑，但他的“祖国并无自主的存在，它只是世界性理念的一个实现场所而已”[④] 这句评语，也适用于戊戌年代公羊思想里“中国”此符号所具之性质。

戊戌年代的种族思想

公羊学世界观乃康梁一系的宗派性观点，并非为当时全体维新分子所服膺。要发动这些人，就必须诉诸较一般性、能为大家接纳的纲领。康派于1898年4月在北京成立的具准政党形式的保国会，即提出“保国、保种、

---

① 《爱国论》，《饮冰室合集·文集之三》，第66页。

② Robert Caponigri, Introduction to Immanuel Kant, *Perpetual Peace: A Philosophical Essay* (New York: The Liberal Arts Press, 1948), p. xi. 康德的 *Zumewigen Frieden* 发表于1795年。

③ Hans Kohn, *Prelude to Nation-States: The French and German Experience, 1789 - 1815* (Princeton, N. J.: D. Van Nostrand Company, Inc., 1967), 149. 参阅同作者 *The Mind of Germany: The Education of a Nation* (New York: Harper and Row, Publishers, 1960), pp. 36, 58, 72-73。

④ Kohn, *Prelude to Nation-States*, p. 233.

保教”的口号。保国会章程以此为“保全国地、国民、国教”之同义词，把保国定义为“保全国家之政权土地”，把保种定义为“保人民种类之自立”。[①] 这里把国与民分开来说，其所谓的“国”仍相当于英语中的 state 或 country，而不是指民族国家的 nation。

在“三保”口号中，唯“保教”引起的争议最大，盖其有暗中走私公羊学说、让康自命为教主的嫌疑。因此同年 6 月严复发表《有如三保》《保教余义》，强调达尔文主义的“保种”，认为“保教”乃无稽之谈。视康为妖言惑众的张之洞则出版《劝学篇》，针锋相对地说：“舍保国之外，安有所谓保教保种之术哉?”[②] 张之洞历来被视为反动派，其实在当时也主张改革，但不走康有为的路子。他反对康的“保教”，却提倡以“中学为体”的保国思想，其中华中心意识实逊于康梁诸人的天下主义。张缺乏他们的救世情怀，只想把“中学”作为一种抗拒西方的本土意识形态。相形之下，公羊派则想和已成为现代世界秩序之中心的西方争夺文化霸权。

“三保”口号中与本文有关的是当时的“种类”观念。从英国回来的严复于 1895 年已敲响“亡国灭种”的警钟。[③] 同年，康有为亦警告：“西人最严种族，仇视非类”，并以法属越南和英属印度为例，指出原住民在殖民地主义治下已沦为社会底层，故“吾神明之种族”必须及早为计，免蹈覆辙。[④]

种族主义的复苏，可以针对外敌，但也可把矛头指向内敌。从解构学角度看，一个名词没有先天的含义，它之指称对象视其处于“差异性系统”(system of difference) 内之位置而定。“种族”一词如用来界定满汉之别，就会引申出光复汉族的结论。1897 年梁启超、谭嗣同、唐才常等人主持湖南时务学堂期间，即：“窃印《明夷待访录》、《扬州十日记》等书，加以案语，秘密分布。”[⑤] 晚明抗清志士的著作被重新发现，成为后来排满种族革命思想的一个源泉。

明清之际倡种族思想者莫过于王夫之。他于 1656 年完成《黄书》，提

① 《保国会章程》，汤志钧编《康有为政论集》上册，中华书局，1981，第 233 页。

② 《劝学篇》，台北，文海出版社影印，日期不详，第 15 页。

③ 《论世变化之亟》，《严复集》第 1 卷，中华书局，1986，第 4 页。

④ 《京师强学会序》，《康有为政论集》上册，第 165 ~ 166 页。

⑤ 梁启超：《清代学术概论》，《饮冰室合集 · 专集之三十四》，第 62 页。

出“畛”之观念：“人不自畛以绝物，则天维裂矣。华夏不自畛以绝夷，则地维裂矣。”[①] 王夫之是根据《史记·五帝本纪》的帝系，视黄帝时代为华夏畛域之界定者：“昔者轩辕之帝也……建万国，树侯王，君其国，子其民”，但同时却“乘其合，稍其离，早为之所，而无夸大同”。在王夫之心目中，黄帝一系虽成为天下的共主，但对其他族系只“讲其婚姻，缔其盟会……甥舅相若，死丧相闻，水旱相周，兵戎相卫……名系一统，实存四国”[②]。懂得统一之道并不够，也该懂得分离之道：“是故合者圣人之德也，离者贤人之功也。”[③] 其实秦汉以来的大一统不见得是好事，它使黄帝的“家法沦堕”。种类不分的恶果，至晋代终“延非族以召祸乱”，到了宋代则中土尽亡于异族，“生民以来未有之祸，秦开之而宋成之也”。[④] 王夫之不能明说的是他身逢其会的明清交替，而此奇祸之重演，仍归咎于中土人士丧失了种类意识，变得连蚂蚁都不如，因为蚂蚁对其他昆虫之“窥其门者，必部其族以噬杀之，终远其垤，无相干杂”[⑤]。

这个“无夸大同”“名系一统实存四国”的设想，与公羊学的取消内外有别，憧憬“远近大小若一，天下为一家，中国为一人”的境界，是两个基本不同的话语。康有为的天下思想，后来演变为《大同书》中“去种界”的构想，亦即在全球范围让黄种人与北温带的白人混同，消灭不易改良的黑色人种。如把康的观点和同代的种族主义者张伯伦（Houston Stewart Chamberlain）进行比较，颇有助于说明。张伯伦认为北欧人种最优秀的观点与康同，但当某良种（例如条顿民族）一旦成形后，张伯伦的主张是必须尽量保持其纯粹性，反对任何的杂种化。这与康的“去种界”恰好相反。张伯伦对“天下主义”之评语如下：“罗马帝国晚期的无人种、无民族的浑沌乃是一个有害的、致命的状态，乃违反自然之罪恶。只有一线光明照耀在此堕落的世界之上——它来自北方。”[⑥] 这个逻辑基本上与王夫之的相同：“故圣人先号万姓而示之以独贵，保其所贵，匡其终乱，施于孙子，须于后

---

① 《黄书》，船山全书编辑委员会：《船山全书》第12册，岳麓书社，1992，第501页。

② 《黄书》，第534页。

③ 《黄书》，第536页。

④ 《黄书》，第504、505、507页。

⑤ 《黄书》，第504页。

⑥ Houston Stewart Chamberlain, trans. By John Lees, *The Foundations of the Nineteenth Century* (London & New York: J. Lane Company, 1911), Vol. 1, p. 320.

圣，可禅可继可革而不可使夷类间之。”[①]

《黄书》之独特，在异于儒家话语之言必宗尧舜与三代，而以孔子为圣道之集大成者。儒家思想里固然也有严“夷夏之防”的春秋大义，但黄帝从来不是攘夷的典范。黄帝剿灭蚩尤并不被理解为种族战争，而被解作平定作乱的诸侯，肇文明之始基。如果强调文明教化，其中心人物自然是孔子，在康有为之流手里，就会把他变成教主，其言教既能推之四海放之万世，势必演为大同之义。但在《黄书》里孔孟都没有地位，王夫之要树立的不是一位教主而是一个种类始祖，并以之为奠立“中国”畛界之起点。

湖南时务学堂时代的维新派仍未把黄帝与汉族扯上关系。他们重刊南明志士的禁书，是把明清之际当作重温满汉矛盾的集体回忆之场址。在当时改良主义的总前提下，维新派的种族革命思想也不可能彻底。从戊戌政变至1900年自立军事件，维新志士把“满洲全族”比作德川幕府，自比日本幕末的勤王之师，亦即把光绪帝比做明治天皇。[②] 章太炎在1899年提出过后来令自己汗颜的保留异族的光绪为“客帝”之主张。[③]

大亚洲主义与黄祸论

当时谈种族问题，除了对满之外，还得考虑对洋与对日。“种族”一词既可用来树立满汉矛盾，也可用来突出黄白对立，后一种划界就不单把满人，甚至连日本人也算在自己人一方。19世纪90年代后半期，中国知识界有把整个亚洲与黄色人种等同的共识，显示当时的“种族”概念仍至为模糊。连赴英受训练的严复也简单地把黄种与亚洲等同，把白种与欧洲等同。[④] 章太炎则说：“天地以五大洲别生分类……故自唐尧以来，以里海乌拉岭为戎索，以绝亚、欧，以区黄人、白人。”[⑤] 在1898年发表的《劝学篇》里，张之洞亦以为“西人分五大洲之民为五种”，而亚洲之人“同为黄种，皆三皇五帝声教之所及，神明胄裔种族之所分”。[⑥] 既然把地理单位与

① 《黄书》，第503页。

② 陈长年：《庚子勤王运动的几个问题》，《近代史研究》总82期（1994年），第101页。

③ 《客帝论》，汤志钧编《章太炎政论选集》上册，中华书局，1977，第84~90页。

④ 《保种余义》，《严复集》第1卷，第86~87页。

⑤ 《论亚洲宜自为唇齿》，《章太炎政论选集》上册，第5页。

⑥ 《劝学篇》，第37~38页。

人种单位混为一谈，又把人种与教化混淆，“民族国家”观念显然还未成形。

1897 年末，有鉴于西方列强在东亚的扩张步伐加剧，危及自身，日本遂急于与中国修好，以释甲午战争前嫌。日本在华的公共关系活动，在官吏间争取到张之洞等人，也引起湖南维新分子的积极反应。[①] 后者早已受黄遵宪《日本国志》之影响，以明治勤王志士为刻意模仿对象。围绕着光绪的帝党在外交路线上也有联日倾向，以和慈禧与李鸿章等人的联俄政策对抗。1897 年底，德国强占胶州湾，俄国占据旅大，在维新派和日本之间引发唇亡齿寒之共鸣。

在此期间，维新派提倡的不是民族主义而是黄色种族主义。梁启超于 1897 年 6 月写道：“彼夫印度之不昌，限于种也。凡黑色、红色、棕色之种人，其血管中之微生物，与其脑之角度，皆视白人相去悬殊。惟黄之与白，殆不甚远。故白人所能之事，黄人无不能者。日本之规肖西法，其明效也。日本之种，本出于我国。”[②] 章太炎亦于同年 11 月说：“呜呼！天特使日本盛衰兴替之际，前于今三四十祀，其亦哀夫黄种之不足以自立，而故留弹丸黑子以存其类也。”[③]

在戊戌年，日本首相大隈重信发表“保支论”，谓日本为报答濡汉化之恩，有义务招架住西方，以便让“支那”有充分的时间自强。[④] 百日维新期间一份很重要的文献是康有为进呈光绪帝的《日本变政考》，康并建议光绪用诏告天下方式为维新运动序幕，而其内容则几乎全部抄自明治维新的纲领——由明治天皇于 1868 年颁布的“五条誓约”[⑤] 伊藤博文在百日维新末期访问京师，甚至有人提议聘请他当中国的首相。在宫廷政变发生后，康梁等人的逃亡亦获日本当局协助。

日本政界与思想界此时盛行大亚洲主义。在梁启超等人逃抵日本的前

---

① Douglas R. Reynolds, *China, 1898 - 1912: The Xinzheng Revolution and Japan* (Cambridge, MA: Harvard East Asian Monographs, 1993), pp. 19-20.

② 《论中国之将强》，《饮冰室合集・文集之二》，第 13 页。

③ 《读日本国志》，《章太炎政论选集》上册，第 49 页。

④ Marius Jensen, *Japan and China: From War to Peace, 1894 - 1972* (Chicago: Rand McNally College Publishing Company, 1970), p. 136.

⑤ 〔日〕村田雄二郎：《康有为的日本研究及其特点——〈日本变政考〉〈日本书目志〉管见》，《近代史研究》总 73 期（1993），第 27 ~ 40 页。

一年，孙中山已获日本大亚洲主义圈子的支持。1898 年 1 月，日本贵族院（上议院）议长、东亚同文会创立人近卫笃麿发表全球范围爆发种族战争的预想，催促日本与同种结成联盟，致力研究中国问题，为黄白人种大对决做准备。[①] 梁启超于该年抵达日本，并于 12 月在横滨出版《清议报》，其宗旨内列入“发明东亚学术以保存亚粹”一条[②]，在首期即提倡种战论：“自此以往，百年之中，实黄种与白种人玄黄血战之时也。然则吾之所愿望者，又岂惟平满汉之界而已，直当凡我黄种人之界而悉平之……以与白色种人相驰驱于九万里周径之战场，是则二十世纪之所当有事也。”[③] 因 1900 年“自立军事件”殉难的唐才常也认为“今则駸駸欧种与亚种争之势”[④]。康梁派的大同思想似乎有减退之势，连康有为也说：“夫我中国非可以国名也，不过黄帝相传之一族，所谓神明之裔者，凡我黄种皆是也。”而其成立保皇会之宗旨也写作“以变法救中国救黄种为主”[⑤]。

这里已开始把黄帝与黄种扯上关系。康有为由孔子而黄帝，乃因当时西方学术界有人提倡中国人始祖黄帝来自巴比伦之说（详后）。中国思想界进入对西方亦步亦趋时期，始于 19 世纪 20 世纪之交，至今未竭。当时西方盛行的正是达尔文主义的种族理论。唐才常乃有“黄白智，红黑愚；黄白主，红黑奴；黄白萃，红黑散”之说，并认为根据进化论“由贱种进良种之为顺天，由顽种沦非种，由非种至亡种之为逆天”。[⑥] 他因而主张黄白通婚的“通种说”。黄白通婚、淘汰黑种的构思后来被康有为纳入《大同书》中，通种的前提是两个种族地位对等，因此亦暗含黄、白两大人种在全球范围分庭抗礼之意。中国被打掉了的孔教天下主义，终于经由公羊学派之手，修订为黄白二色人种的“共同中心”主宰新“天下”的构想。

在当时，西方着眼于太平洋地区者，亦在预测全球范围的黄白大决战。1895 年，德皇威廉二世制一图，用日耳曼神话里的战婢（Valkyries）象征

---

① Marius Jansen, “Konoe Atsumaro”, in Akira Iriye, ed., *The Chinese and the Japanese: Essays in Political and Cultural Interactions* (Princeton, NJ: Princeton University Press, 1980), p. 113.

② 《〈清议报〉叙例》，《饮冰室合集·文集之三》，第 31 页。

③ 《变法通义》之《论变法必自平满汉之界始》一节，《饮冰室合集·文集之一》，第 83 页。

④ 《各国种类考自叙》，《觉颠冥斋内言》，台北，成文出版社，1968，第 468 页。

⑤ 《保救大清皇帝公司序例》，上海市文物保管委员会编《康有为与保皇会》，上海人民出版社，1982，第 244、258 页。

⑥ 《觉颠冥斋内言》，第 466 ~ 467 页。

欧洲各国，与背负佛陀的一条中国龙作战，以捍卫基督教的西方。[1] 1900 年之义和团事件无疑强化了西方人的黄祸论心理。在美国，排斥东亚移民的情绪由来已久，至 1904 年，作家杰克·伦敦（Jack London）发表一文于旧金山市报刊，散布对“日本人的组织和统治能力”与“庞大的中国人口之巨大劳动能力”结合的恐惧。[2] 1905 年，日本重创俄国，令威廉二世又重新敲起黄祸论的警钟。1907 年，美国老罗斯福总统号令全部油白漆的“大白色舰队”（the Great White Fleet）环绕全球，以展示美国的实力，他特别指示舰队司令进入远东地区时进入警戒状态。同年，英国作家威尔斯（H. G. Wells）发表科幻小说《空战》（*War in the Air*），描写在未来的一场美国与德国战争中，由中日两国组成的“亚洲邦联”已经掌握了优越的航空科技，遂对作战的双方进行空中偷袭。[3]

中国积弱已久，如今居然能在白人眼里构成威胁，也是一种荣幸。梁启超在 1899 年应用新名词“人种”，满怀乐观地说：“他日于二十世纪，我中国人必为世界上最有势力之人种。”他列举中国人种的优点：“一曰富于自治之力也”“二曰有冒险独立之性质也”“三曰长于学问，思想易发达也”“四曰民人众多，物产沃衍，善经商而工价廉，将握全世界商工之大权也”。[4] 人口庞大、资源丰富、移民海外、善于经营、劳工低廉正是当时黄祸论者描绘的中国威胁。梁的新理论又一次证明了中国思想界已成西方思潮的回响。

民族国家观念的形成

“大亚洲主义”也是时鲜货。当时，同类的超民族主义论风行于世界各地，如“大日耳曼主义”、“大斯拉夫主义”、“英美主义”（Anglo-Americanism）、“大土耳其主义”（Pan-Turanism）。但梁启超很快就从超民族主义的诱惑中觉醒，看透日本提倡大亚洲主义乃其大陆政策的烟幕。他

---

① Richard Austin Thompson, *The Yellow Peril, 1890 – 1924* (New York: Arno Press, 1978), p. 1.

② Richard Hofstadter, *Social Darwinism in American Thought, 1860 – 1915* (Philadelphia: University of Pennsylvania Press, 1945), p. 163.

③ Thompson 前引书，pp. 422–426。

④ 《论中国人种之将来》，《饮冰室合集·文集之三》，第 48 ~ 54 页。

于 1902 年说自己曾经是保国、保种、保教“三色旗帜”下的一名小卒，但“窃以为我辈自今以往，所当努力者，惟保国而已……彼所云保种者，保黄种乎？保华种乎？其界限颇不分明。若云保黄种也，彼日本亦黄种，今且勃然兴矣，岂其待我保之”①。此时梁口中之“国”，已经不是保国会时期的 country，而是地地道道的 nation，即民族国家。

梁启超思想进入民族国家阶段，也与当时西方流行的国民心理学有关。对此学派另有专著，此不赘述。② 在这里只需指出：国民心理学比人种说更能解释民族国家的性质。英与德都是条顿民族，英与美同为英语国家，中与日夸称同文同种，但却各自建立不同的国家。因此，人种本身并不足以界定民族国家。国民心理学的看法是：民族国家必具由共同历史背景形成的集体心理，它是吕邦（Gustav Le Bon）所谓的具共同感情之“心理的品种”而不是生物的品种。当时的民族国家话语尤其借助“天然民族”与“历史民族”的二分法。维尔康特（Alfred Vierkandt）于 1896 年发表的 *Naturvolker und Kulturvolker* 是这方面的重要著作。在日本，加滕弘之在 1893 年已经指出在有文字记载的历史时期，“天然民族”存在可能性很小。③

1902 年春，康有为用天然民族来替满汉同种论辩护，章太炎于翌年借助“历史民族”提出驳斥：“近世种族之辨，以历史民族为界，不以天然民族为界限。”假设纯种是不存在的，满族既已进入中国，理应为中国“历史民族”的大熔炉所化，但章的说法是满族非但拒绝同化，甚至歧视汉人，“如奥之抚匈牙利、土之御东罗马”④。章既掌握最新的社会科学概念，其排满论就比邹容的《革命军》（1903）来得有说服力。邹容试图根据生理学的人种分类，把日本人算在“中国人种”内，反把满族排斥到“西伯利亚人种”里头。⑤ 该书的立论前提，仍然是“天演界中”“两不相下”的“黄白二种”之抗衡说，但它把日本人算在自己人一方，却把满人排挤在外，已

---

① 《保教非所以尊孔论》，《饮冰室合集·文集之九》，第 50 页。

② 详 Lung-kee Sun，“Social Psychology in the Late Qing Period”，*Modern China* 18 ：3（July 1922），pp. 235-262。

③ Winston Davis，*The Moral and Political Naturalism of Baron Kato Hiroyuki*（Berkeley：Institute of East Asian Studies，University of California，Berkeley，1996），p. 40.

④ 《驳康有为论革命书》，《章太炎政论选集》上册，第 195、199 页。康的论点见《答南北美洲诸华侨论中国只可行立宪不可行革命书》。

⑤ 《革命军》，中华书局，1958，第 25～26 页。

使此说走入理论的死巷。

后来较具说服力的排满论都得从“历史民族”观点出发。汪精卫于1905年写道：“社会学者尝言：凡民族必严种界使常清而不杂者，其种将日弱而驯致于不足自存，广进异种者，其社会将日即于盛强。”[①] 因此满人的问题不出在异种，而是拒绝同化于“神明之胄”的汉族，身为“犬羊贱种”反冀图吸收被征服的多数民族。至于康有为，他继续用生理学意义的种族构思之结果，终无法过渡到民族国家思维，而是越走越远，走入和民族建国离题万丈的黄白混同、淘汰黑种的新大同主义空想中去。

在这方面，梁启超不再追随他的老师。但新的国民心理学说却令梁的思想陷入困境。先前，梁从人种论出发，在西方黄祸论者眼中发现“中国人种”的优点，又有同种的日本成功之先例，因此对中国人种性作出很乐观的评价。但改从国民心理学出发，则达到中国人共同感情仍未形成、一盘散沙之结论。从1902年起，梁遂有针砭国民性的《新民说》长篇著作。这个悲观论调和他政治上趋向保守、反对革命并行。另一方面，在梁提倡大亚洲主义、构想全体黄色人种“合种”的时代，可以轻描淡写地把排满问题化解掉：“黄种之人，支那居其七八焉。故言合种必自支那始。”[②] 但如今从“历史民族”观点立论，就势难避免复兴汉族之结论。梁在政治上既已趋保守，该结论虽呼之欲出，却又不敢苟同。

公羊学的宗旨是摈弃一切界限。康有为早期思想里已经有“合国、合种、合教，一统地球”的构想。[③] 在百日维新期间，面临列强瓜分的危机，维新派曾提出与建立民族国家背道而驰的“合邦”论，亦即“联合中国、日本、美国及英国为合邦”的天真想法。[④] 在大亚洲主义支配的时代，梁启超等人则主张“直当凡我黄种人之界而悉平之”，仍有公羊学合种、合邦思想的遗味，虽然其范围已从“一统地球”狭窄化为平黄色种界，为最后的黄白决战做准备。此时，国民心理学话语占上风，疆界的划分就进一步狭窄化为满汉矛盾。

满汉矛盾固然潜在，但上升为主要矛盾当在百日维新失败之后。甚至

---

① 精卫：《民族的国民》，《民报》1号（1905年11月），第4页。

② 《论变法必自平满汉之界始》，《民报》1号（1905年11月），第83页。

③ 《康南海自订年谱》，第14页。

④ 孔祥吉：《康有为变法奏议研究》，辽宁教育出版社，1988，第414~415页。

连“满族”“汉族”这类名词也是很现代的。历史上异族入主中国是亡天下而非亡国，种族矛盾纵使有，亦必透过其他符号表达。蒙古灭宋后制造的并非蒙汉对立，而是把中国人划分为“北人”“南人”，前者是辽、金等朝的臣民，历时已数百年，已成不同的国家。清灭明，王夫之将“种类”提升为主要思考范畴，仍乏满汉之分类。王不便直接指涉清朝，因此他用的尽是“夷类”“非族”一类的暗号，但当时缺乏“汉族”概念也是事实，因此王仍用“华夏”“中国”“三、五、汉、唐之区宇”等名称。至清末，满人已经被同化，清代其实是历代最崇儒的王朝，因此，清末满汉“种族矛盾”之冒现乃是基于政治考虑的新生事物。

1904年，一位政治评论员把满汉之分归咎于光绪初年南北两派廷臣的派系斗争：“而南北之分一变而为满汉之分，再变而为帝后之分，于是推之外交，而有（亲）俄（亲）日之分，措之于政见，而有新（政）旧（政）之分。”[①] 可见在湖南时务学堂时代维新分子虽然已在搞“满汉之分”，但当时必须把它置于众多矛盾之中。待1900年以后保皇与革命之争起，满汉矛盾乃上升为主要矛盾，但“汉族”这个概念却仍有待重新发明。有鉴于今日西方“认同政治”之流行，其手段都凭制造人为界限来树立己身之认同，对待他体的态度则是抵抗，可以想象当时欲发明“汉族”这个主体，也得靠重建中国历史上一连串抵抗“异族”之叙事。

梁启超为了建立取代王朝史学的国民史学，于1902年发表《新史学》。但他写作的一系列文章里树立的学习模范尽是一些外国人：哥伦布、克伦威尔、华盛顿、罗兰夫人、纳尔逊、俾斯麦、葛苏士、意大利建国三杰，以及日本明治勤王的志士。但1904年，在梁结束动摇，肯定保皇立场以后，反而颇不可解地发表了《明季第一重要人物袁崇焕传》，于1906年又在其编辑的《新民丛报》上发表蒋观云的《中国人崇拜岳飞的心理》，大树特树爱国主义的典范。在一份与种族革命论打对台的刊物上，出现歌颂抗清与抗女真英雄的文章，实在耐人寻味。

根据当时的国民心理学，国民共同感情的形成，必待透过模仿本民族杰出人物并与其认同。梁启超树立的一些外国模范，对鼓吹他早一时期的自由主义思想或许有用，但对抵抗外敌与建国的借鉴则最多是侧面的，至

① 光绪三十七年七月三十日至八月初六日《时报》之《论南北之成见所起》，转载于《东方杂志》10期（1904年12月1日），第233～240页。

于把匈牙利抗奥地利志士葛苏士说成“黄种之光”[①]，则仍有大亚洲主义遗味。中国当时面临列强交侵，亟须树立抵抗异族的爱国英雄，梁对此并非无知觉，但既不便谈明末抗清的历史，遂只能涉及古代史中抗匈奴的典范，于 1902 年写了张骞与班超合传后，又于 1903 年发表《黄帝以后第一伟人赵武灵王传》。梁后来不得不把注意力转向较晚近的历史，乃为革命阵营之凌厉宣传攻势所逼。

民族始祖的发明：黄帝

梁既自诩为新国民史学的奠基人，如果多偏重外国史例，将会失去听众。况且，湖南时务学堂时代的梁曾宣传晚明抗清之史实，可谓开风气之先，后来由革命阵营将其发扬光大。梁的这一方面虽为康有为所压抑，却一直都潜在。但在革命与改良已经两极分化的情形下，梁的《新民丛报》开始歌颂岳飞和袁崇焕，只会助长种族革命的气焰。

1902 年，章太炎等在日本横滨举行“支那亡国二百四十二年纪念会”，亮出鲜明的反清旗帜。章用公共回忆的方式来重新想象汉族团体，把明清的改朝换代说成“亡国”，但却把日本称呼中国的“支那”当本国名称，透露“民族国家”的确是一个外来观念。章在会上颂扬南明抗清志士，并呼吁江浙人士模仿他们。[②] 章在维新派时代曾筹“兴浙会”，呈现同类倾向。在“亡国纪念会”后，留日学生界以省份命名的反清刊物如雨后春笋，如《江苏》《浙江潮》《湖北学生界》等。

1903 年初，来自浙江的鲁迅剪掉了象征满族统治的辫子，并拍了一张“断发照”，送给同乡好友许寿裳，相片后题了一首诗，有著名的“我以我血荐轩辕”之句。[③] 此时，各地之汉民族主义者有树立黄帝为共祖之运动。革命党机关报《民报》第一期刊首印有黄帝像，图下说明“世界第一之民族主义大伟人黄帝”。为了把“民族国家”的起源推得比明代更远，上溯至近五千年前的黄帝，他们遂用黄帝纪年来取代光绪纪年和耶稣纪元，但计

---

① 《匈牙利爱国者葛苏士传》，《饮冰室合集·专集之十》，第 1 页。

② 《中夏亡国二百四十年纪念会书》，《章太炎全集》第 4 册，上海人民出版社，1985，第 189 页。显然，章后来把文章编集时将原标题内的“支那”改为“中夏”，当发现前一词之不妥。

③ 鲍昌、邱文治：《鲁迅年谱（1881–1936）》上卷，天津人民出版社，1979，第 37 页。

算的方式并不统一。于1904年创刊的《黄帝魂》将该年定为黄帝纪元4614年，而《国民报汇编》则把同年推算为4395年，《二十世纪之支那》《民报》《洞庭波》《汉帜》则用同一系统，分别把创刊年1905、1906、1907年改为黄帝纪元4603、4604、4605年。在符号学意义上，清朝260年的“异族统治”遂被5000年的“黄统”所排挤。

反讽之处是：以抗“异族”体现汉民族精神的历史英雄们被供上新建的众神殿之同时，汉族的始祖黄帝却被说成外来的征服者。一位美国学者指出：当时这股“黄帝热”来得有点突然，因为早几年黄帝还寂寂无闻，因此多半与拉库伯里（Terrien de Lacouperie）的学说之传入日本有关。[①] 这位法国学者是泛巴比伦说的提倡者，认为黄帝是两河流域的君主尼科黄特（Nakhunte），他率领巴克（Bak）民族东徙，途经昆仑山，辗转来到中土定居，“巴克”亦即“百姓”，乃汉民族之前身。此说被章太炎、黄节、蒋观云、宋教仁等人采纳，而梁启超、刘师培等人亦因而相信黄帝与中国民族起自昆仑山。至1915年袁世凯政府制定国歌，仍按此说，因此有“华胄从来昆仑巅”的歌词。[②]

拉库伯里以黄帝为中国文明奠基者，当本于《史记·五帝本纪》的帝系，与王夫之所据同。王氏所倡黄帝界定中国“种类”畛域之说，在晚清已成汉民族主义者之共识。革命派的黄节说：“衡阳王氏，当有明鼎革，抱种族之痛，发愤著书，乃取轩辕肇纪，推所自出，以一吾族而统吾国。”[③] 改良派的梁启超也以轩辕为本民族肇纪：“黄帝以后，我族滋乳渐多，分布于中原，而其势不相统合……逮嬴秦兴，而中国始统于一……群学公例，惟内力充实，乃能宣泄于外，亦惟外競剧烈，而内力乃以益充。”[④]

但王夫之时代并无人种分黄、白、黑之概念。他建议“述古继天而王者，本轩辕之治，建黄中，拒间气殊类之灾，扶长中夏以尽其材，治道该矣”[⑤]。这个“黄中”是一种抽象的帝德。应劭《风俗通》卷一“五帝”条

---

① Martin Bernal, "Liu Shih-p'ei and National Essence", in Charlotte Furth, ed., *The Limits of Change: Essays on Conservative Alternatives in Republican China* (Cambridge, MA: Harvard University Press, 1976), pp. 96–97.

② 唐文权、罗福惠：《章太炎思想研究》，华中师范大学出版社，1986，第55～56页。

③ 《黄史》，《国粹学报》1905年2月，第9页。

④ 《黄帝以后第一伟人赵武灵王传》，《饮冰室合集·专集之六》，第1页。

⑤ 《黄书》，第538页。

下释黄帝曰："黄者，光也，厚也，中和之色，德施四季，与地同功……"①晚清的汉民族主义者，既经现代西方种族主义洗礼，势不免扯上人种关系。蒋观云认为"夫我人种，自移居中国后，固划然自为一种族，然以大种族而言，固为东洋之黄种"②。这里既可与大亚洲主义相呼应，又能划清中国这个历史民族的畛域，以别于其他亚洲民族。

此时的中国思想界面对西方总不免有点自卑感，"中国民族西来说"可以补偿这个心理，也有助于黄白二色人种共同主宰世界之构想。为了迎合当时的达尔文主义"优胜劣败"原理，中国民族必须是外来征服者而不是原住民，如入主印度的雅里安人、征服英格兰的诺曼人、建立美国的英裔，以及来自东北亚的大和民族。康有为的一段话最能透露此种心理："我南省原皆猫、猺、狪、獞之地方，今已为我黄帝子孙逼处，猫、猺、狪、獞亦将绝矣"，因此，面临"今白种将遍地球"之局，中国人该力求避免同一命运。③

中华帝国历来是一个多民族的世界帝国，在清末强被纳入"民族国家"这件紧身衣。因当时满汉矛盾的环境，汉族中心思想势不免成为此转化之机制。这个偏失，在民国成立后曾用"五族共和"的公式去补救。但黄帝崇拜至今犹存，而"中华民族都是黄帝子孙"和"汉族是黄帝子孙"这两个命题是否可以混为一谈，也鲜有引起疑问。

结　语

"民族国家"是一件进口货，因此当天朝中心的天下主义被现代民族主义取代之时，中国亦在符号学意义上被"非中心化"。在适应现代而新发明的国史叙事里，其源始（archia）与目的（telos），即一首一尾，都变成了外来之物。轩辕黄帝是来自巴比伦的"尼科黄特"，作为现代国家称呼的"支那"一词却是日文。中国本来是一个"天下"，只有朝代之名而无国号。清末第一代民族主义者急于否定"大清"，无意识地捡起了日本人称呼中国的"支那"。在明治维新之前，日本一般是沿用"中国"一词，在第二次世

① 载《传世藏书》第1册，海南国际新闻出版中心，1995，第3页。

② 《中国人种考》，《新民丛报》第55号（1904年10月23日），第49页。

③ 《保救大清皇帝公司序例》，《康有为与保皇会》，第251页。

界大战战败后亦恢复这个用法。但在中间这段时期，尤其是甲午战争爆发后，日本人偏好用含贬义的“支那”一名，“表示中国是保守不能自拔的扰乱之区，与作为现代亚洲国家的日本形成鲜明对照”①。至1930年，“支那”一词的侮辱性已十分明显，导致南京政府向东京提出正名的抗议，但日本的大众沿用如故。②

本文重在介绍新方法，它点明历史是一个共同回忆，其组成有一个系谱学之线索可寻，这个系谱是一连串的叙事，而叙事往往是混合语(hybrid)。黄帝崇拜的叙事即由古代的、现代的、本土的、外来的因素编织而成，但既然都为叙事所由产生之环境服务，这些因子的身份是同等的。事实上，不论是西汉的《史记》或南明的《黄书》，一旦被编织进清季民族主义叙事里，就成为共时性因素，换言之，都成为20世纪初期的史迹。在同一语境中，法国学者之学说其实也变成了中国的因素。举另一例说：在中国革命史叙事里出现法国大革命和俄国十月革命的指涉，谓这两大革命影响中国革命固无不可，但此提法比较陈旧，也流于机械。能导向新研究方向之提法是：法俄两大革命已经成为中国革命叙事之一部分。

在这个意义下，每一次对史迹的重新叙述都是一次新“发明”。这类“发明”并非对原史迹的扭曲，而毋宁是它的生命还没终止的表示，它是一个还没有完成的认识对象。我们甚至不能说后起的叙事是原史迹的副本，因为在现场发生的还不是历史，当它变成历史时已经是一种透过符号媒介的想象，换言之，即使是最早的一次叙事已经是一个副本。

(《历史研究》2000年第3期)

① Stephan Tanaka, *Japan's Orient: Rendering Pasts into History* (Berkeley: University of California Press, 1993), pp. 3-4.

② 〔日〕实藤惠秀：《中国人留学日本史》，谭汝谦、林启彦译，三联书店，1983，第190~191页。

辛亥革命和中国近代民族主义

金冲及

民族主义作为一种重要的社会政治思潮，近年来已成为海内外学者讨论得颇为热闹的问题。对中国来说，这种思潮在20世纪初年，也就是辛亥革命准备时期开始形成，并且迅速在思想界占有突出的地位，产生深远的影响。这个过程，有如章太炎在1903年所说：“民族主义，自太古原人之世，其根性固已潜在，远至今日，乃始发达。”①

这种现象并不使人奇怪，因为中华民族在近代遭受的苦难实在太深重了。从1840年的鸦片战争起，中国便开始丧失独立的地位，备受西方列强的压迫和欺凌。他们发动一次又一次的侵略战争，把一个又一个不平等条约强加给中国。曾经创造过灿烂的古代文明的中华民族竟被傲慢的西方人视为“劣等民族”，几千年的文明古国濒临灭亡的边缘。19世纪末年的中日甲午战争后，这种沦落的步伐大大加快了。当历史跨进20世纪的门槛时，西方列强的八国联军正武装占领中国的首都北京，实行分区管制，在各区内不许悬挂中国的旗帜，而要强迫中国人悬挂他们的国旗。这种状况持续了一年之久，最后以清政府签订丧权辱国的《辛丑条约》才告一段落。在西方的报刊上，更是纷纷议论着如何瓜分中国的问题。

亡国灭种的厄运，似乎随时都会降临到中国人头上。它像一个可怕的阴影，沉重地笼罩在每个爱国者的心头。昔日的辉煌同今日的衰败之间形成的强烈反差，更使每个有爱国心的中国人觉得难以忍受。孙中山先生正是在这种大变局下，在《檀香山兴中会章程》中痛心地诉说：“堂堂华国，

① 章太炎：《驳康有为论革命书》，《章太炎政论选集》上册，中华书局，1977，第94页。

不齿于列邦，济济衣冠，被轻于异族。”他第一个响亮地喊出了“振兴中华”这个激动人心的口号，代表着当时中国人的共同愿望和心声。[①] 中华民族的独立和生存，已成为摆在人们面前压倒一切的首要问题。民族主义思潮一出现，会有那么多人立刻奔集到这面旗帜下来，是十分自然的事情。

一 中国近代民族主义是梁启超在20世纪初最早提出的，但他后来抛下了这面旗帜

“民族主义”这个名词和它的学理，并不为中国所固有，最初是从西方传来的。在西方近代历史上，民族主义思潮大体产生于18世纪末的法国大革命中，而盛行于19世纪中叶德国、意大利的统一运动时。对中国影响最大的，是后者而不是前者。它在传播和阐述的过程中，又发展出近代中国自己的显著特色。

这种思潮能够在近代中国如此迅速地传播，并为众多人们所接受，当然同中国传统思想中某些因素有关，用章太炎上述引语来说，本来就有着某些“潜在”的“根性”。那就是从先秦以来常讲的“夷夏之辨”，或者说“内诸夏而外夷狄”。但这种观念有两点值得注意：第一，所谓“夷夏之辨”，更多地是从文化上着眼而不是从种族上着眼的。如果其他种族接受了“诸夏”的文化，久而久之，也就把它当“诸夏”看待，难分彼此。韩愈在《原道》中写道：“孔子之作《春秋》也，诸侯用夷礼则夷之，进于中国则中国之。”因此，“夷夏”的地位并不固定，是可以互相转换的。第二，在中国传统文化中一直有着“天下一家”“协和万邦”“和而不同”等根深蒂固的观念。通常只是在民族冲突特别激烈的那些年代中，“非我族类，其心必异”之类的观念才会突出地流传起来。平时，很少强烈地表现出民族之间的排他性。清朝入关之初顾炎武、黄宗羲、王船山等鼓吹的反满思想，到清朝统治逐步得到巩固后，在一般人心中也就明显地淡薄下来。这些，同西方近代民族主义有相当大的不同。

使中国人接受西方近代民族主义思潮的直接理论桥梁，是当时极为流行的、以严复所译《天演论》为代表的社会进化论。《天演论》中宣扬的

---

① 孙中山：《檀香山兴中会章程》，《孙中山全集》第1卷，中华书局，1981，第19页。

“物竞天择，适者生存”的思想，使已经意识到自己在世界竞争中处于劣势的中国人觉得不寒而栗，担心自己将因“优胜劣败”而被淘汰。出路在哪里？《天演论》开出的药方是“合群”。它写道：“人之有群，其始亦动于天机之自然乎！”“夫如是之群，合以与其外争，或人或非人，将皆可以无畏，而有以自存。”[①] 严复在《天演论》的按语中并没有提到民族，更没有提到民族主义。但既然万事万物只有合群“以与其外争”才能“有以自存”，那么，中华民族是一个几千年来生活在同一区域内、有着长期经济文化交流而形成的自然群体，西方列强又是把中华民族作为一个整体来侵略和压迫的，一旦民族覆亡，大家都成了“亡国奴”，个人的一切便都谈不上了。这样，人们自然会逐渐认识到：只有整个民族“合以与其外争”才能“有以自存”。这同民族主义思潮已只有一步之隔。

那时，中国人能直接阅读西文书籍的很少，而日本翻译西方书籍之风正盛。中国人学会阅读日文比西文要容易得多。所以，同近代中国人接受许多西方近代观念往往经由日本的介绍一样，中国人接受“民族”和“民族主义”这些观念也经由日本的介绍。

有趣的是，中国人最早提到“民族主义”的，并不是孙中山为首的革命派，而是戊戌变法失败后流亡到日本的梁启超。他在《三十自述》中写道：“戊戌九月至日本，十月与横滨商界诸同志谋设《清议报》。自此居日本东京者一年，稍能读东文，思想为之一变。”[②] 在《东籍月旦》中介绍日本出版的世界史著作时他又写道：“著最近世史者，往往专叙其民族争竞变迁、政策之烦扰错杂，已属应接不暇。”[③] 这把他在这个问题上的认识来历说得很清楚。

梁启超明确地宣传“民族主义”的主张，是在他1901年为《清议报》第94、95册所写的《国家思想变迁异同论》中。他提出问题的着眼点，同样是要回答：在世界的激烈竞争中如何才能有效地抵抗帝国主义列强的侵略、求得中国的生存。

他这样描写一百年来世界大局嬗变的趋势：“今日之欧美，则民族主义与民族帝国主义相嬗之时代也。”“专就欧洲而论之，则民族主义全盛于十

---

① 《天演论》，《严复集》第5册，中华书局，1986，第1344页。

② 梁启超：《三十自述》，《饮冰室文集类编》上，癸卯（1903）本，第5页。

③ 梁启超：《东籍月旦》，《饮冰室文集类编》上，第775页。

九世纪，而其萌达也在十八世纪之下半；民族帝国主义，全盛于二十世纪，而其萌达也在十九世纪之下半。今日之世界，实不外此两大主义活剧之舞台也。”

他旗帜鲜明地写道：“民族主义者，世界最光明正大公平之主义也，不使他族侵我之自由，我亦毋侵他族之自由。”他认为：“民族主义发达之既极，其所以求增进本族之幸福者，无有厌足。内力既充，而不得不思伸之于外”，这就是“帝国主义之所以行也”。“今欧美列强皆挟其方刚之膂力以与我竞争，而吾国于所谓民族主义者，犹未胚胎焉。”“知他人以帝国主义来侵之可畏，而速养成我所固有之民族主义以抵制之，斯今日我国民所当汲汲者也。”①

1902 年，他从西方民族主义学说中又接过来“民族的国家”的观念，写道：“近四百年来民族主义日渐发生，日渐发达，遂至磅礴郁积，为近世史之中心点，顺兹者兴，逆兹者亡。”“故能建造民族的国家声施烂然，苟反抗此大势者，虽有殊才异能，卒归败衄。”②

同一年，他还令人注目地提出了“中华民族”的名称：“上古时代，我中华民族之有海思想者厥惟齐。”对这个重要提法，他并没有做什么解释和发挥，只是一笔带过。但这篇文章一开始就写道：“立于五洲中之最大洲，而为其洲中之最大国者谁乎？我中华也。人口居地球三分之一者谁乎？我中华也。③ 四千余年之历史未尝一中断者谁乎？我中华也。”看来，他是以“民族的国家”的观念为依据，把生息在中华大地上的各族人民总称为“中华民族”。

梁启超“条理明晰，笔锋常带情感”的文字，那时正风靡全国，受到人们普遍的仰慕。他发表的文章，对宣扬民族主义和提高中华民族的自觉自然起了不可忽视的作用。

但是，严复也好，梁启超也好，对民族主义中“宁粉骨碎身，以血染地，而必不肯生息于异种人压制之下”那类内容不能不有相当大的顾虑，因为它存在一种危险，可以导致要求推翻清政府的“排满”主张。这使他们感到恐惧不安。特别当革命派人士借鼓吹民族主义来主张“排满”时，

① 梁启超：《国家思想变迁异同论》，《饮冰室文集类编》上，第 424、426、428 页。

② 梁启超：《论民族竞争之大势》，《饮冰室文集类编》上，第 517 页。

③ 梁启超：《论中国学术思想变迁之大势》，《饮冰室文集类编》下，第 7、29 页。

他们的顾虑就更大了。

这就造成一种奇特的现象：最早宣传民族主义的立宪派人士，后来却越来越不愿意谈民族主义。他们的这种变化在严复1903年翻译甄克思的《社会通诠》时所写的按语中表述得很明白。他说："今日党派，虽有新旧之殊，至于民族主义，则不谋而皆合。今日言合群，明日言排外，甚或言排满。至于言军国主义，期人人自立者，则几无人焉。盖民族主义，乃吾人种智之所固有者，而无待于外铄，特遇事而显耳。虽然，民族主义，将遂足以强吾种乎？愚有以决其必不能者矣。"[①] 这段话看起来有些费解：前面刚说新旧两派对民族主义"不谋而皆合"，说民族主义是"吾人种智所固有"的，后面却很决绝地说："民族主义将遂足以强吾种乎？愚有以决其必不能者矣。"这不是自相矛盾吗？但细细读他中间那几句话，就可以明白此中原委：严复本来期望谈民族主义可以激励人们"人人自立"，也就是他在《原强》修订稿中所说："今日要政，统于三端：一曰鼓民力，二曰开民智，三曰新民德。""此三者，自强之本也。"[②] 出乎他意料之外，谈民族主义而像他那样"期人人自立者，则几无人焉"，却由主张"合群"而"排外"甚至鼓吹"排满"。这就使他在失望之余，要愤愤然地说一句："民族主义将遂足以强吾种乎？愚有以决其必不能者矣。"

梁启超在提出"民族主义"的口号后，当第二年开始写他那在《新民丛报》上长篇连载的脍炙人口的《新民说》时，最初仍强调民族主义的意义。他写道："民族主义者何，各地同种族同言语同宗教同习俗之人，相视如同胞，务独立自治，组织完备之政府，以谋公益而御他族是也。""今日欲抵当列强之民族帝国主义，以挽浩劫而拯生灵，惟有我行我民族主义之一策。而欲实行民族主义于中国，舍新民末由。"[③] 这倒是像严复所期望的那样从谈民族主义进而"期人人自立"了。但文章自进入具体论述如何新民的"大纲小目"时起，就只讲国家思想而不再讲民族主义。不久，他在《政治学大家伯伦知理之学说》中提出要区分"小民族主义"和"大民族主义"。他说："吾中国民族者，常于小民族主义之外，更提倡大民族主义。小民族主义者何？汉民族对于国内他族是也。大民族主义者何？合本部属

① 〔英〕甄克思：《社会通诠》，严复译，商务印书馆，1929，第143、144页。

② 严复：《原强》修订稿，《严复集》第1册，中华书局，1986，第27、32页。

③ 梁启超：《新民说》，《饮冰室文集类编》上，第104、105页。

之诸族对于国外之诸族也。”这个解释有它的合理性，就是要求中国境内的各民族联合起来共同反对外来民族的侵略，并且同他前面所说的“中华民族”的含义也相呼应。但怎么把大民族主义和小民族主义分别清楚毕竟相当费事，特别当反对清朝政府的革命浪潮汹涌掀起后，他就索性不再提民族主义。看来，他的基本思路和内心的顾忌与严复是一样的。

民族主义思想是梁启超首先倡导的，这面旗帜后来却被孙中山代表的革命派越举越高，而同梁启超反而好像没有多大干系了。这种看来奇特的现象，只有放在20世纪初中国的复杂历史背景下考察，才能理解。

二　民族主义思潮在留日学生中逐步高涨，为中国同盟会提出民族主义纲领做了思想准备

尽管梁启超对民族主义问题谈得越来越少了，但近代中国社会的诸多矛盾中，帝国主义侵略同中华民族的矛盾一直是最主要的矛盾，因而民族主义思潮一定会在中国民众中高涨起来，这是任何力量都遏制不住的。作为一种思潮，中国近代民族主义需要有一定学理的支持，特别是要能吸取西方近代民族主义理论中的某些思想资料，因此它在作为向国内输入西方学理桥梁的中国留日学生中首先广泛传播开来，是毫不令人奇怪的。

中国向日本派遣留学生，在甲午战争后才开始。那时，中国派驻日本的使馆在外交交涉中需用日本文字，就从国内招募少量使馆学生。“东京中国使署，特辟学堂，为教授翻译人材之用。”① 这是日本有中国留学生的发端。1898年，湖北、江苏、浙江、直隶等省开始派遣学生到日本学校学习，共六七十人。1900年，留日学生开始超过100人。到1902年，东渡留日的学生人数有了大幅度的增加。据留日学生刊物《浙江潮》第3期刊载的《浙江同乡留学东京题名》和《壬寅卒业诸君题名》，单以留日浙籍学生来说，在1898年抵日的为11人，1899年为7人，1900年只有3人，1901年有12人，而到1902年陡增到86人（如以农历壬寅年计算则为91人）②，可见这一年留日学生人数增加幅度之大。此后的不少著名革命活动家，如

① 刘禺生：《世载堂杂忆》，中华书局，1960，第151页。

② 《浙江潮》第3期，“附录”，1903年4月，第1～11页。

黄兴、邹容、陶成章、廖仲恺、何香凝、鲁迅（周树人）、杨毓麟（笃生）、李书城等，都是1902年到达日本留学的。1903年，留日学生不仅人数继续增加，更引人注目的是：各省留学生创办的宣传新思想的刊物纷纷出版，截至这年春天已有湖南《游学译编》《湖北学生界》《浙江潮》《直说》《江苏》等。

这些新到日本的留学生中，大力宣传民族主义思想的要先提到湖南学生杨毓麟。他在1902年和1903年之交所写的《新湖南》这本小册子中，把自己学得的西方社会政治学说归结为两点：一个是民族建国主义，一个是个人权利主义。对民族建国主义，他这样解释："民族建国主义何由起？起于罗马之末。凡种族不同、言语不同、习惯不同、宗教不同之民，皆必有特别之性质。有特别之性质，则必有特别之思想。""异者相离，同者相即，集合之力愈庞大而坚实，则与异种相冲突相抵抗之力亦愈牢固而强韧。非此，则异类之民族将利用吾乖散睽隔之势，以快其攫搏援噬之心，此民族主义所以寖昌寖炽也。"他分析当今世界的大局是"民族主义一变而为帝国主义"，"彼族以东亚为二十世纪工商业竞争之中心点，欲反客而为主，目营而心醉之也久矣"。这些分析是同梁启超相近的。但他接着就猛烈抨击清朝政府，指出帝国主义列强现在正以清朝政府作为控制中国的工具。他写道："然而其（注：指帝国主义列强）手段愈高，其方法愈巧，其议论愈精，其规画愈细，于是以扶植满洲政府，为兼弱攻昧之秘藏，以开放中国门户，为断腰绝膂之妙术，满洲政府为之伥，而列强为之虎，满洲政府为之囮，而列国为之罗。"① 并且竭力地歌颂和赞美流血破坏。这些又和梁启超不同，而有着明显的革命倾向。

那些留日学生创办的刊物中，宣传世界大势、鼓吹抵抗帝国主义侵略、争取民族独立的言论，几乎每期都有。由浙江留日学生在1903年2月17日创办的《浙江潮》第1期的社说《国魂篇》中说："吾今言陶铸国魂之法，所当豫备者有三事：其一曰察世界之大势，其二曰察今日世界之关系于中国奚若，其三曰察中国今日内部之大势。"他们认为当今世界大势正处在帝国主义的时代，而帝国主义是从民族主义发展而来的，他们也把它称为民族帝国主义。

---

① 湖南之湖南人：《新湖南》，张枬、王忍之编《辛亥革命前十年间时论选集》第1卷，三联书店，1960，第622、623、625、626、631～632页。

《国魂篇》还从经济上作出进一步的分析，写道："帝国主义者，民族主义为其父，而经济膨胀之风潮则其母也。"[①] 这种认识，比梁启超又深入了一步。

既然今天的世界是处在各民族"生存竞争"的时代，既然西方列强的扩张是以民族主义为动力而今天的中国已处在生死存亡的关头，怎样才能抵抗帝国主义的侵略，怎样才能把祖国从危亡中拯救出来？在留日学生这些刊物上，不少人提出的主张是要发扬民族主义，建立民族的国家。

《浙江潮》第1期和第2期，在"论说"栏中连载余一的《民族主义论》。这是一篇系统地论述民族主义的文章。这样系统的论述在以前还没有过，可见民族主义问题已越来越受到留日学生的重视，甚至把它看作一个民族处在竞争世界中求得自存的根本所在。这篇论文一开始就描述：在19世纪和20世纪之交，有一个正在席卷世界的大怪物，那就是民族主义。"今日者，民族主义发达之时代也，而中国当其冲，故今日而再不以民族主义提倡于吾中国，则吾中国乃真亡矣。"

什么是民族主义？文章下了一个定义："合同种，异异种，以建一民族的国家，是曰民族主义。"它认为，这样才能"对外而有界，对内而有群"。这是当时许多人对民族主义的最根本的理解。

文章展开地论述道："凡立于一国之下，而与国家关系休戚者，则曰国民；立于一国下，而与国无关系休戚者，则曰奴隶。有国之民存，无国之民亡；有国民之国存，无国民之国亡。""而凡可以为国民之资格者，则必其思想同，风俗同，语言文字同，患难同。其同也，根之于历史，胎之于风俗，因之于地理，必有一种特别的固结不可解之精神。盖必其族同也，夫然后其国可以立，可以固，不然则否。"文章特别举出德、意两国的历史来作为证明："德意志之未建联邦也，各邦无所统一，群侮纷来，岌岌乎危哉，然其一战而霸，名振天下者则何以为之也？曰民族主义。伊大利之未建新国也，过罗马之故都，则禾麦离离，有不伤心者乎，然而三杰出，一统成，至今伟然成一强国者，则何以为之也？曰民族主义。"[②] 从这里也可以看出，中国近代民族主义在理论上所受的直接影响，更多地来自19世纪

① 《浙江潮》第1期，"社说"，1903年2月，第12、13页。

② 余一：《民族主义论》，《浙江潮》第1期，"论说"，1903年2月，第1、2、3、4页。

下半叶德、意两国统一时期的民族主义思潮。

余一的文章还认为，民族主义才是欧美列强立国之本，学习西方如果不抓住这个根本，就将是舍本逐末，一切都将落空。他写道："今日欧美之政治、教育、制度、军事，有所谓立宪政治者，有所谓国民教育者，有所谓自治制度者，有所谓国民皆兵者，苟行之于非民族的国家则一步不能行，一事不能举。浅见之徒掇拾其一二新说，以矜矜自得，而不知本源之所在，秏矣哀哉！"①

留学日本后归国的四川青年邹容，写出了风靡一时的著作《革命军》。这部著作在中国近代思想发展史上占着突出的地位。这不仅由于它以通俗晓畅、痛快淋漓的笔墨宣传革命思想，易于为人们接受；更重要的，它是中国近代历史上第一部系统地、旗帜鲜明地宣传革命、宣传民主共和国的著作。它所产生的巨大影响，是同时期其他著作难以比拟的。

在《革命军》中同样表现了强烈的民族思想。邹容响亮地喊出："中国为中国人之中国。"他写道："夫人之爱其种也，必其内有所结，而后外有所排。故始焉自结其家族，以排他家族；继焉自结其乡族，以排他乡族；继焉自结其部族，以排他部族；终焉自结其国族，以排他国族。此世界人种之公理，抑亦人种发生历史之一大原因也。"② 这实际上是把中国传统的宗法思想同西方近代的民族主义思想杂糅而成的，而其中"必内有所结，而后外有所排"的主张明显地受到西方民族主义理论的影响。他还把中国当前的民族问题，集中到"反满"这一点上来，从学理、历史、现状多方面进行论证，鼓动人们起来革命，推翻清朝政府。

从前面这个简单的叙述中可以看出，20 世纪最初几年，也就是中国同盟会成立前夜，民族主义思潮已开始广泛传播，并且同革命要求逐渐结合起来。因此，当中国同盟会成立后，孙中山倡导民族主义，把它置于三民主义学说的第一项，很快为众多人们所接受，并不是偶然的。它既是当时中华民族正面对极端深重民族危机这一客观现实所决定的，也由于在这以前民族主义思想的传播已有了相当广泛的酝酿和准备，人们对它已并不陌生。

---

① 余一：《民族主义论》（续），《浙江潮》第 2 期，"论说"，1903 年 3 月，第 16、17 页。

② 《邹容文集》，重庆地方史资料组，1982 年编印，第 57、65 页。

三　孙中山对中国近代民族主义的巨大贡献：突出地强调民族平等的观念

孙中山在1894年兴中会成立时提出“驱除鞑虏，恢复中华”，这是他民族主义思想的最初表现。这个口号有它重大的缺陷：带有浓厚的大汉族主义色彩。但当时的清政府已成为帝国主义列强侵略中国的工具，正如湖南留日学生陈天华1903年夏在《猛回头》这本小册子中所说：“列位：你道现在的朝廷，仍是满洲的吗？多久是洋人的了！列位若还不信，请看近来朝廷所做的事，那一件不是奉洋人的号令？”“朝廷固然是不可违拒，难道说这洋人的朝廷也不该违拒么？”① 因此，这个口号有着合理的内核：它要求人们首先集中力量进行反清革命，推倒这个卖国政府在中国的统治。这在当时的中国，确是抓住了救亡的中心环节。不推倒这个政府，任何根本性的改革都无法实行，中华民族的独立富强是谈不上的。反满浪潮的高涨，从根本上说，其实只是中国近代民族觉醒和救亡运动高涨的一种具体表现形式。它的出发点是反抗帝国主义侵略，追求中华民族的独立和解放，这正是中国近代民族主义的最根本的内容，尽管它的表述形式还很不完备，很不科学。

中国同盟会成立后不久，孙中山在1905年10月写下《民报发刊词》，提出：“余维欧美之进化，凡以三大主义：曰民族，曰民权，曰民生。”“是三大主义皆基本于民，递嬗变易，而欧美之人种胥治化焉。”② 近代中国面对的最迫切需要解决的问题是民族独立、民主和民生幸福。孙中山这时提出“民族”“民权”“民生”这三大主张，正是从千头万绪的复杂社会现象中抓住了要点，提纲挈领地提出了近代中国需要解决的三个根本性问题，提出三者相互联系、不能缺少任何一个方面，并且主张用革命的手段来实现它。尽管他提出了问题却没有完全找到解决问题的正确办法，但终究在中国人面前树立起一种新的目标，影响了不止一代的中国人。在这以前和同时的其他思想家也许在某些问题的认识深度上超过了孙中山，但从总体上说，没有一个人能够超越或替代他。称他开创了完全意义上的中国近代

① 《陈天华集》，湖南人民出版社，1982，第36页。

② 《孙中山全集》第1卷，中华书局，1981，第288页。

民族民主革命，正是从这个意义上来说的。

孙中山不仅提出了民族、民权、民生这三大主张，并且不断对它的含义进行探索，提出不少高于时人的见解。就拿民族主义来说，当时许多人把西方近代的民族主义学说介绍到中国来，往往不加分辨地同时带来了浓烈的狭隘民族主义色彩，把本民族的利益放在高于一切的地位，而对其他民族表现出很强的排他性，甚至不惜为了本民族的利益而损害以致牺牲其他民族的利益。这就容易使民族主义演化成一种消极的以致有很大破坏性的错误思潮。在德国、意大利和日本的近代民族主义思潮中，都可以看到存在这种明显的倾向。他们后来分别走上对外大规模侵略和扩张的道路，同这一点是直接有关的。

邹容的《革命军》，是一部充满爱国激情的杰出著作，发生过巨大的积极作用。但在它的内容中也杂有不少狭隘民族主义的色彩。对国内，他写道：要“诛绝五百万有奇披毛戴角之满洲种，洗尽二百六十年残惨虐酷之大耻辱，使中国大陆成干净土”。对国外，他写道：“且夫我中国固具有囊括宇内，震耀全球，抚视外国，辕轹五洲之资格者也。”如果不是处在清朝统治之下，“吾恐印度也、波兰也、埃及也、土耳其也，亡之灭之者，不在英俄诸国，而在我中国，亦题中应有之目耳。今乃不出于此，而为地球上数重之奴隶，使不得等伦于印度红巾（上海用印度人为巡捕）、非洲黑奴。吁！可惨也！嘻！可悲也！夫亦大可丑也，夫亦大可耻也！”① 当本民族自身还处在外国压迫奴役下时，就已经想到：一旦解除了这种压迫奴役，就可以反过来压迫奴役其他民族，这正是西方近代民族主义学说中消极的以致反动的一面。当然，邹容那时是个18岁的年轻人，有些话可能只是一时的愤激之言，对他并不能苛求。

孙中山有着宽阔的世界视野，又十分重视中华民族传统文化中的优秀成分。他的民族主义思想有一个异常突出的优点，就是十分注重民族平等，既不容许其他民族压迫和奴役本民族，也不容许本民族去压迫和奴役其他民族，而是提倡各民族之间的相互尊重，相互合作。他的民族平等思想，越到后来越加明确而完整。

由于本文论述范围的限制，我们还是先来看一看孙中山在辛亥革命准

---

① 《邹容文集》，第38、53页。

备时期对这个问题的主张吧！

在国内，他主张推翻卖国的、专制的、极端腐败的清朝政府，但反对笼统地排斥满族人民。早在1906年秋冬间，他和黄兴、章太炎等制订《中国同盟会革命方略》，在对满族将士的布告中说："我辈皆中国人也，今则一为中华国民军之将士，一为满洲政府之将士，论情谊则为兄弟，论地位则为仇雠，论心事则同是受满洲政府之压制，特一则奋激而起，一则隐忍未发，是我辈虽立于反对之地位，然情谊具在，心事又未尝不相合也。"①同年冬，他在东京《民报》创刊周年庆祝大会的演说中更明确地说："民族主义，并非是遇着不同族的人便要排斥他，是不许那不同族的人来夺我民族的政权。""兄弟曾听人说，民族革命是要尽灭满洲民族，这话大错。民族革命的原故，是不甘心满洲人灭我们的国，主我们的政，定要扑灭他的政府，光复我们民族的国家。这样看来，我们并不是恨满洲人，是恨害汉人的满洲人。假如我们实行革命的时候，那满洲人不来阻害我们，决无寻仇之理。"②

在国际上，他主张各民族平等相待，和睦相处，并且坚决支持各被压迫民族争取独立和自由的斗争。1904年8月，他用英文所写的向美国人民呼吁书《中国问题的真解决》中明确地宣告："中国人的本性就是一个勤劳的、和平的、守法的民族，而绝不是好侵略的种族。如果他们确曾进行战争，那只是为了自卫。""如果中国人能够自主，他们即会证明是世界上最爱好和平的民族。再就经济的观点来看，中国的觉醒以及开明的政府之建立，不但对中国人、而且对全世界都有好处。"③ 他坚持"济弱扶倾"，主张把亚洲各国的问题放在一起研究。他对同在亚洲的菲律宾、越南、朝鲜、印度等国的民族独立运动都采取支持或同情的态度。

孙中山这种民族平等思想，不仅是他个人长期思考的结果，也充分体现了中华民族的意愿和要求。正如他所说：中国人的本性就是一个勤劳的、和平的、守法的民族。到近代，中国人饱受西方列强的欺凌和侮辱，十分自然地会对这种霸权行为充满憎恶；由于共同的遭遇和命运，对那些同样遭受欺凌和侮辱的民族自然充满同情。当然，这样说丝毫不意味着可以忽

---

① 《孙中山全集》第1卷，第311页。

② 《孙中全全集》第1卷，第324、325页。

③ 《孙中山全集》第1卷，第253页。

视孙中山的突出贡献。前面说到中华民族的本性和对待民族关系的态度，只是就总体而言，并不等于不存在各种杂音。孙中山以他的崇高威望和影响力，登高一呼，旗帜鲜明地主张民族平等，就使中国近代民族主义的主流能够循着健康的方向发展，并且形成一种珍贵的传统。

当辛亥革命在全国范围内爆发时，人们会注意到一种奇特的现象：尽管辛亥革命最初是在反满的口号下发动起来的，尽管汉族在人数上以及其他许多方面对满族占有无可置疑的优势，但在各省举行武装起义并出现一定程度的混乱局面时，却没有发生世界上许多国家出现的那种狂热的大规模种族仇杀，更不用说什么种族清洗了。中国人对自己历史上这种现象也许已习以为常，并不觉得有什么值得惊讶的地方，但同世界上许多地方发生的事情比较一下，就会使人深深地慨叹：这是多么不易！

1912 年 1 月 1 日，孙中山在南京就任中华民国第一任临时大总统，他在当天发表的宣言书中写道："国家之本，在于人民。合汉、满、蒙、回、藏诸地为一国，即合汉、满、蒙、回、藏诸族为一人，是曰民族之统一。"[①]这里已没有汉满对立的痕迹。不久，他又接受了"五族共和"的说法，把中国各族人民看作一个统一的整体。中华民族这个名称正是从这时起得到广泛的传播，越来越成为中国各族人民的共识。这是有着重大历史意义的。

以后，孙中山对民族主义问题一直在反复思考，多次加以阐述，形成比较完备的学说。当他晚年，对中国国民党进行改组，实行第一次国共合作后，他在《中国国民党第一次全国代表大会宣言》中，对三民主义重新作了解释。其中对民族主义是这样说的："国民党之民族主义，有两方面之意义：一则中国民族自求解放；二则中国境内各民族一律平等。"他把这种解释称为对三民主义的"真释"。在"国民党之政纲"部分，他写道："一切不平等条约，如外人租借地、领事裁判权、外人管理关税权以及外人在中国境内行使一切政治的权力侵害中国主权者，皆当取消，重订双方平等、互尊主权之条约。"[②] 在他的临终遗嘱中又提到："必须唤起民众，及联合世界上以平等待我之民族共同奋斗。"可见，他对民族主义的解释，一直特别看重"平等"二字。

---

① 《孙中山全集》第 2 卷，中华书局，1982，第 2 页。

② 《孙中山全集》第 9 卷，中华书局，1986，第 118、122 页。

四　对辛亥革命时期中国近代民族主义主流的评价

民族问题是当今世界上的一个大问题。人类并不是只有一个民族，而是由为数众多的民族组成。这些民族，都是某个人群因为长期生活在同一个地域或同一个环境中，建立起密不可分的经济和文化联系，逐步形成共同的心理状态、风俗习惯以至语言文字，构成一个稳定的共同体。因为民族是在漫长的历史过程中自然形成的，它也必将在今后相当长时期内继续存在。也许在久远的未来，当国家的界线和社会制度的区别消失时，民族之间的差异仍然会在一段时间内存在。

什么是民族主义？大体说来，它是一种民族的自觉，从根本上说是一种集体意识。它的基本内容，主要有两点：一是本民族内部彼此的认同感，这种认同感是由共同的历史回忆、共同的现实利益和共同的未来命运构成的，从而形成一种特殊关系和凝聚力量；二是个人对本民族的义务感，这种义务感是基于认识到如果整个民族遭受压迫和奴役而没有前途，个人以至子孙后代也将没有什么前途可言，从而产生应该把整个民族利益放在第一位，个人利益服从于民族利益的价值取向和道德观念。

有一种看法，认为今天的世界正在走向一体化，各民族之间的相互影响和共同利益越来越多，在这种情况下，民族主义便失去它曾有过的积极意义，而成为逆时代潮流而动的、具有很大破坏性的反动思潮。这种看法，至少是缺乏分析而不全面的。

随着经济全球化的发展，世界上各民族间的相互影响和相互依存越来越加强，世界越来越变得不可分割，这确是事实；但各民族之间仍会保持着各自的许多特性和差异，这些差异并没有消失，也不容易消失。更重要的是，世界上仍存在着强势民族和弱势民族的区别，当某个自命优越的强势民族把本民族的狭隘利益放在高于一切的地位，在“一体化”之类名义下，对其他民族恣意实行控制、压迫和掠夺时，彼此间的矛盾甚至会发展到十分尖锐的地步。这也是不能不看到的客观事实。过去是这样，现在仍是这样。

孙中山清楚地看到了这个问题。他在 1924 年所作的《三民主义》的讲演中十分中肯地指出：“强盛的国家和有力量的民族已经雄占全球，无论什么国家和什么民族的利益，都被他们垄断。他们想永远维持这种垄断的地位，再不准弱小民族复兴，所以天天鼓吹世界主义，谓民族主义的范围太狭隘。其实他们主张的世界主义，就是变相的帝国主义与变相的侵略主义。”①

现在回过头再来谈谈对中国近代民族主义思潮主流的评价。

客观地说，民族主义是有两重性的，它可以有两种发展趋势，形成两种不同的民族主义：一种是把本民族的利益放在至高无上的地位，充满民族优越感，而对其他民族采取蔑视的态度，表现出强烈的排他性，甚至不惜损害和牺牲其他民族的利益来满足本民族的利益。这是狭隘民族主义或称民族沙文主义。它可以导致种族仇杀和对外侵略。19 世纪德国、意大利以至日本的民族主义思潮中相当程度上包含着这种因素。今天有些地区的民族主义思潮中也包含着这种因素。不管它在历史上是不是曾起过某些积极作用，它确实有着严重的消极以致反动的作用。另一种是对自己的民族怀着深厚的感情，充满民族自尊和自信，注重发扬本民族的优良传统，不断增强民族凝聚力，万众一心地谋求本民族的独立解放并共同走向繁荣富强，而绝不能忍受外族强加给本民族的欺凌和侮辱，也不受他们的挑拨和分化；同时，对其他民族采取平等的尊重的态度，和平相处，互惠互利，绝不因本民族的利益而任意损害其他民族的利益。这种民族主义，是积极的、进步的。

两者之间的根本区别在于：对待本民族和其他民族关系的态度是平等的，还是不平等的。辛亥革命时期中国近代民族主义的主流显然是前者，其杰出代表就是孙中山。孙中山和当时许多先进的中国人，难能可贵的地方在于：当吸取西方近代民族主义学说的合理因素时，能抛弃它那些消极成分，加以改造，突出了民族平等的思想。这既同中国传统文化的影响有关，更重要的是因为中国近代的民族主义思潮是在反对帝国主义和殖民主义、争取民族独立和解放的斗争中产生的，对民族不平等现象怀着强烈的憎恨，而对同样遭受侵略和压迫的弱势民族抱着深切的同情。它那样强调民族平等，有着深刻的社会历史根源，绝不是偶然的。如果再同 20 世纪初东方其他被压迫民族的独立运动比较一下，还可以看到，当时那些地区的

① 《孙中山全集》第 9 卷，第 223、224 页。

民族独立运动往往侧重于行动而缺少理论指导，有些还带有浓厚的宗教色彩。应该说，以孙中山为代表的中国近代民族主义是置身于这股历史潮流最前列的。这是孙中山先生和辛亥革命时期其他先人们留给我们的一笔珍贵的精神遗产。

（《近代史研究》2001 年第 5 期）

现代“中华民族”观念形成的历史考察

——兼论辛亥革命与中华民族认同之关系

黄兴涛

民族自觉与符号认同

20世纪80年代末以来，学术界关于“中华民族”形成问题的研究兴起了一个持续的高潮。特别是费孝通先生提出“中华民族多元一体格局”的总体解释之后，对于这一问题的研究起到了极为重要的推动作用。费先生有一个“动态”的精辟的观点认为：“中华民族作为一个自觉的民族实体，是在近百年来中国和西方列强的对抗中出现的，但作为一个自在的民族实体，则是在几千年的历史过程中形成的。”[①] 这一著名论断，目前已得到海内外越来越多学者的明确认同与积极回应。不过相对说来，对于中华民族作为“一个自在的民族实体”的研究，学术界似重视程度较高，也有着长期的积累；而对于作为“一个自觉的民族实体”的中华民族的整体性研究，不知何故，重视程度却一直不足。[②] 实际上，在中华民族几千年的形成和发展过程中，作为“自觉的民族实体”的这段不长历史的重要性，一点也不亚于那漫长的“自在”阶段。因为正是经由这一从“自在”到“自觉”的转变，古老的中华民族才最终得以自立于现代世界民族之林。轻视对这段民族整合历史的研究，不仅仅是缺乏历史感的表现，也终将被证明是真正缺乏远见的。

---

① 见《中华民族多元一体格局》，中央民族学院出版社，1989，第1页。

② 专题研究主要有陈连开先生的《中国·华夷·蕃汉·中华·中华民族》一文，其他还有费孝通和马戎主编的有关著作的相关章节。

那么，在“自在”的中华民族与“自觉”的中华民族之间，有何区别呢？笔者以为，最为重要的区别就在于：同样作为“大民族”共同体，组成它的各子民族除了数量、构成不尽相同外，在前者，人民对于其彼此之间客观存在并不断得到发展和加强的内在联系与一体性，还缺乏更为自觉的认识，对于共同的利益安危在感情上还缺乏强烈的认同，在交往上，也还存在着语言沟通等方面的更多隔阂等；而在后者，上述诸情形则基本都得到了改变（语言沟通上也有了相当的改善）。并且，基于各民族间全方位“一体性”的强烈体认，还形成了一个共同拥有和一致认同的民族符号或名称——“中华民族”。这样一种民族“自觉”化的过程，无疑是一种全方位、多内涵的现代民族认同运动。但如果只从观念史的角度来看，它则首先表现为一种现代“中华民族”观念或意识生成、强化的历史进程，也就是“中华民族”观念从萌生到最终在全社会得以确立起来的过程。这是一个谁也无法漠视和否认的重要历史行程。但目前，这一过程基本上尚为中国近现代思想史界所忽略，也是国内民族史研究重视不够、探索不足的领域和课题。

关于现代“民族意识或观念”，民族学界的认识虽还存在一定分歧，但一般认为，它大体包括两个方面的内容，即（1）人民对于自己归属于某个民族实体的意识；（2）在不同民族交往的关系中，人们对本民族生存、发展、权利、荣辱、得失、安危、利害等的认识、关切和维护。① 如果以此为依据，那么现代“中华民族”意识或观念，也就应主要由认同“中华民族”这个大民族共同体和关切其共同的安危荣辱、维护其权利尊严，以摆脱外来欺压、实现独立解放两方面的内容构成。而其中，又显然以前者作为前提和基础。

这里，笔者想强调或补充的是，在“人民对于自己归属于某个民族实体的意识”中，不仅包括对于同一个民族符号或称谓的标举和认同，而且这一点在其中还理应居于十分重要的地位。甚至可以说，它乃是现代民族自觉最为突出的标志之一。因此，作为华人现代族群认同的标举符号或核心称谓，“中华民族”一词究竟何时出现，何时开始具有现在的内涵，又何时成为人们口耳相邮、共知共鉴和共享共爱的常用名词，也就成为认知

① 参见马戎、周星主编《中华民族凝聚力形成与发展》，北京大学出版社，1999，第58页，此种观点可以熊锡元先生为代表。

“现代中华民族意识或观念”不容忽视的重要内容。已有的民族史研究论著在谈及这一问题时，一般多取含糊的说法，或谓其在“民族”一词引入中国后不久，即被人“复合”而出，或谓其大体出现于20世纪初年，然后逐渐流传开来等。至于其出现的较为确切时间、内涵的演化及其缘由，似尚缺乏更为具体的历史说明。

本着求真探索、以待来者的精神，本文拟对此问题作一历史考察，并给予那些为这一观念的形成、确立作出过贡献的人们以历史的彰显。笔者以为，一种广泛流传的思想观念或思潮发展史真正富有历史感的研究，是应该同这一思想或思潮的概念群特别是其核心主题词的社会传播与认同的考察结合起来进行认识，才能得以实现。尤其是像“中华民族”这样影响深远的思想观念，就更应如此。但愿本文从这一角度所作的考察，能够有助于人们深入了解中华民族现代认同的历史进程。

“大民族”观念的创发及其最初的指代词：“中国民族”

从根本上说，现代中华民族意识的萌生和发展，是中国各民族人民在帝国主义列强的侵略和欺压之下，在近代西方民族主义思潮的传入和影响之下，对于其共同命运、前途、利益的感知和体验过程，更是其对彼此之间长期形成的内在联系与一体性的不断自觉过程。同时，也是一个经由“先知先觉”的认知、揭示、启发、倡导、鼓吹，到全民普遍认同的发展历程。

据笔者所见，最早具有较为明确的现代中国各民族一体观念，且率先使用“中华民族”一词者，可能均为梁启超。早在戊戌时期，梁氏已初步形成对外抵制外族侵略、对内实现族类团结的民族意识。在为满族人寿富创办的“知耻学会”所写的“叙论”中，他曾极言，中国四万万“轩辕之胤”（包括满人）应耻于“为奴为隶为牛为马于他族”①，同时告诫“海内外同胞”要合群自强，以“振兴中国，保全种族”②。他还强调“变法必自平满汉之界始”，“非合种不能与他种敌”，主张国内各个种族尤其是满汉两

① 1897年《知耻学会叙》，《梁启超全集》第1册，北京出版社，1999，第140页。

② 1897年《致伍秩庸星使书》，《梁启超全集》第1册，北京出版社，1999，第147页。

族甚至是整个黄种都应该“合体”，以便去同外族竞争。[①] 进入20世纪后，梁氏进一步接受了西方近代民族主义思想的影响。在与革命党人“排满”思想的论战中，他那种横向联合的“同种合体”意识又得到强化，并同纵向的历史认同感相互结合，逐渐发展成了较为明确的中国各民族必须一体化的观念。1903年，在《政治学大家伯伦知理之学说》一文中，他公开表示：“吾中国言民族者，当于小民族主义之外，更提倡大民族主义。小民族主义者何？汉族于对国内他族是也。大民族主义者何？合国内本部属部之诸族以对于国外之诸族是也。”基于此，他还明确提出了“合汉、合满、合回、合苗、合藏，组成一大民族，提全球三分有一之人类，以高掌远跖于五大陆之上”的主张，并指出这是所有“有志之士所同心醉”的共同理想。虽然，此时他还并未完全摆脱大汉族主义的观念，认为“此大民族必以汉人为中心点，且其组织之者，必成于汉人之手，又事势之不可争者也”，但他已能够率先意识到实现民族双重自觉的必要，认定必须抛弃“狭隘的民族复仇主义”，以建设一个以“小民族”有机联合为基础的“大民族”的宏伟目标，并“欲向于此大目的而进行”。这种观念的创发，无疑显示出其过人的智慧和远见。在清末后来的改良派和立宪派党人之中，此种观念也具有前瞻性和代表性。

从理论上说，梁启超形成“大民族”观念，是基于对西方有关“民族国家”思想认识选择的结果。他的民族主义思想来源很杂，但其中受伯伦知理的民族思想影响较深。他曾引伯氏所谓“同地、同血统、文字、风俗为最要焉”的“民族”界说，来作为自己“大民族”观念直接的理论依据。在注文中，他特别注明指出：“地与血统二者，就初时言之。如美国民族，不同地、不同血统，而不得不谓之一族也。伯氏原审论之颇详。”[②] 这种轻地域、血统，而更注重历史文化因素的民族认同观，对后来杨度等立宪派人物也产生过较大影响。

有其实、有其意，就需要有其名以副之。共同体性质的所谓“大民族”，将用何种名称来表述呢？它与过去中国历史上长期发展延续下来的民

---

① 1898年《论变法必自平满汉之界始》，《梁启超全集》第1册，北京出版社，1999，第52～54页。

② 1903年《政治学大家伯伦知理之学说》，《梁启超全集》第2册，北京出版社，1999，第1069页。

族联合体又是何种关系？对此，梁启超等人起初并不十分自觉。1901 年，梁启超作《中国史叙论》一文，多次固定地使用了“中国民族”一词，有时用来指称汉族（古为华夏族），有时则是将其作为对有史以来中国各民族的总称，而在后一种情况中，同时实已初步具有了各民族从古至今所凝成的某种一体性和整体性的含义。该文对中国历史的时代划分，就是以此种意义的“中国民族”活动来作为主体依据的。所谓“中国民族自发达、自竞争、自团结之时代”，“中国民族与亚洲各民族交涉繁赜、竞争最烈之时代”，“中国民族合同全亚洲民族，与西人交涉竞争之时代”，可以为证。[①] 1905 年在《祖国大航海家郑和传》一文中，梁启超对该词的使用，也是此义：“亚洲东南一部分，即所谓印度支那及南洋群岛者，实中国民族唯一之尾闾也，又将来我中国民族唯一之势力圈也。”同年，在《中国历史上民族之观察》一文中，他还同时使用了“中华民族”与“中国民族”两词。后者在范围上明显比前者要大，它包括了梁氏认为当时尚未完全融进“中华民族”的其他少数民族，如苗族、百濮族等。

20 世纪初年，在这种意义上使用“中国民族”一词的，并不限于梁启超一人，可能也不局限于改良派和立宪派。作为一个具有时代意义和历史意义的新名词，可以说，它的出现和初步使用，正是现代中华民族意识萌生时在语言词汇上的最初体现和反映。不仅清末时如此，即便在民国“中华民族”一词已相当流行之后，仍然有不少人愿意继续使用该词，来表达相同的含义。

在西方“民族国家”观念传入中国和发生影响之初，由于对中国各民族之间深切的内在联系和一体性认知不足，以“地域”和“国家”之名来称谓“民族”，一方面可指代“中国各民族”，另一方面也可指代一个民族共同体，这自然是既便利又能避免认识矛盾的权宜之策。不过，随着人们对西方民族主义思想了解的深化，和对中国历史上的民族关系特别是汉族发展史认识的深入，“中国民族”一词，最终还是被更能体现汉族与少数民族之间的紧密联系和一体化趋势的“中华民族”一词所取代了。当然，这已经是民国时代的后话。其间还曾经历过一个值得注意的认知历程。

---

① 有学者认为，梁启超等人于此时已把合汉、合满、合蒙、合藏等组成的那个“大民族”称为“中华民族”，看来是误解了其《中国史叙说》一文中有关内容的原意之故，不合事实。见陶绪《晚清民族主义思潮》，人民出版社，1995，第 200 页。

“中华民族”一词的最初出现及其被人忽略的内涵

“中华民族”由历史悠久的“中华”一词和近世才出现的“民族”一词合构而成。[①] 从目前笔者所掌握的资料来看，“中华民族”一词的正式出现，要比“中国民族”一词稍晚。它大约诞生于1902年。最初人们使用它时，指代的主要是“汉族”，后来才逐渐表示今天的含义。这一内涵的演变，很有意思。它从一个侧面说明，在最初具有现代民族意识的汉族知识分子中，大体都经过了一个梁启超所谓的从“小民族”到“大民族”，即从“汉族”到“中华民族”的双重觉悟过程，不过程度有所不同、时间先后有异罢了。与此相一致，它还伴随着一个从现实到历史然后再回到现实的民族认知历程。

梁启超、杨度和章太炎等人，是较早使用“中华民族”一词的先驱者。1902年，在《中国学术思想变迁之大势》一文中，梁启超写道：“上古时代，我中华民族之有海思想者厥惟齐。故于其间产出两种观念焉：一曰国家观，二曰世界观。”这是笔者所见到的“中华民族”一词的最早出现。从上下文来看，它所指的当是汉族；确切地说，指的是从古华夏族发展至今、不断壮大的汉民族。因为在该文中，他在“黄帝子孙”一词下，特别注文指出：“下文省称黄族。向用汉种二字。今以汉乃后起之朝代，不足冒我全族之名，故改用此。”又说：“中华建国，实始夏后。古代称黄族为华夏，为诸夏，皆纪念禹之功德，而用其名以代表国民也。”以后几年，在其他文章中，他又多次使用“华族”一词，或称其为“中国民族”或“吾民族”、“中国种族”等，可见其当时仍未将“种族”和“民族”严格分清。此种

---

① 据王树民和陈连开等先生研究，“中华”一词起源于魏晋时期，最初用于天文方面，乃从“中国”和“华夏”两个名称中各取一字组成。在日后漫长的历史中逐渐具有了“中国”、中原文化和汉人、文明族群等内涵（汉族和少数民族统治者都曾选择其中的部分含义加以使用）〔见王树民《中华名号溯源》，载《中国历史地理论丛》，另见费孝通主编《中华民族多元一体格局》（修订本）第三章“民族称谓含义的演变及其内在联系”〕。笔者以为，明清以降特别是进入晚清以后，士大夫相对于外国特别是西洋而常言的“我中华”如何如何，表明“中华”一词已逐渐成为一个含国家、地域、族类和文化共同体认同意义的综合概念。这一点，对于日后“中华民族”概念的构成和流播或许也是重要的。至于“民族”一词在中文里何时形成，学界有许多说法，一般认为是从日本传来。但笔者有材料证明，它最早乃西方来华传教士1837年所发明，19世纪70年代初在中国报刊即有一些使用例证，戊戌以后日本用法传入，此词遂得以流行开来（可参见拙文《“民族”一词究竟何时在中文里出现》，即将载于《民族研究》）。

情形，一直延续到了民国以后。

1905 年初，梁启超发表《历史上中国民族之观察》一文①，文中 7 次以上使用了“中华民族”一词（简称为“华族”），并比较清楚地说明了此词的含义，表明他已不再是偶尔的使用。梁氏明确指出，“今之中华民族，即普通俗称所谓汉族者”，它是“我中国主族，即所谓炎黄遗胄”。同时，他还分析叙述了先秦时中国除了华夏族之外的其他 8 个民族，以及它们最后大多都融化进华夏族的史实，以论证“中华民族”的混合特性。在文中，他“悍然下一断案曰：中华民族自始本非一族，实由多数民族混合而成”。这里“悍然”一词的自我使用，说明梁氏对此一“断案”的作出，已然有着相当的价值自觉。而既然中华民族“自始”就是由各民族混合而成，那又遑论以后呢?

这一“多元混合”的民族总体特点的认知和揭示，最先是在“中华民族”一词而不是“汉族”一词的使用和理解中完成的。它不仅符合历史的真实，对于其后的“中华民族”的现代认同，也具有重要的启示意义。虽然它指称的还是汉族，但却从主体民族融化力之伟大和各民族不断融合化入的历史角度，明确地昭示了其演化的当下趋势：将继续与其他目前尚未彻底融入的少数民族进行融合。也就是说，在梁启超那里，“中华民族”实际上也意味着最终还将是未来民族共同体的名称。

如果从现在的立场反观过去，梁启超当时仅以“中华民族”一词表示汉族，似乎是太不恰当了。但如果历史地看，他这样做既有其历史的必然性，也曾发挥过积极作用。因为他以“中华民族”一词取代或超越“汉族”一词，并不只是一个民族称谓的改变问题，同时也意味着一种观念的转变。那就是历史地、连续地、融合地、开放地看待汉民族形成和发展的历史。这不仅增强了中国主体民族的认同感，还蕴含着并显示出一种开放性和包容力。在反对革命派“排满”主张的过程中，他反复强调满族早已融化于中华民族的观点，也与此种认识有关。由这种意义上的“中华民族”认同，到实现清末民初中国各民族共同体意义上的“中华民族”的认同，完全是顺理成章的。正是在这个意义上，可以说梁启超对“中华民族”一词的创造和使用，实际体现了现代“中华民族”意识觉醒的阶段性，因而具有不容忽视的历史地位。这一点，从他之后人们对“中华民族”一词的继续使

① 不少学者皆谓梁氏此文发表于 1906 年（如《中华民族多元一体格局》一书修订版），误。见《新民丛报》第 65 ~66 号，1905 年 3 ~4 月连载。

用和内容发展中，我们也能够有所体察。

1907 年，继梁启超之后，晚清著名立宪派代表杨度也成为“中华民族”一词的早期使用者。是年 5 月 20 日，他在其所创办的《中国新报》连载的《金铁主义说》一文中，在与梁启超基本相同的意义上，都多次使用了“中华民族”一词，并且还较为清楚地说明了“中华”作为民族名称的由来、特点，以及他自己对于民族识别和认同的理解。其文写道：

> 中国向来虽无民族二字之名词，实有何等民族之称号。今人必目中国最旧之民族曰汉民族，其实汉为刘家天子时代之朝号，而非其民族之名也。中国自古有一文化较高、人数较多之民族在其国中，自命其国曰中国，自命其民族曰中华。即此义以求之，则一国家与一国家之别，别于地域，中国云者，以中外别地域远近也。一民族与一民族之别，别于文化，中华云者，以华夷别文化之高下也。即此以言，则中华之名词，不仅非一地域之国名，亦且非一血统之种名，乃为一文化之族名。故《春秋》之义，无论同姓之鲁、卫，异姓之齐、宋，非种之楚、越，中国可以退为夷狄，夷狄可以进为中国，专以礼教为标准，而无亲疏之别。其后经数千年混杂数千百人种，而称中华如故。以此推之，华之所以为华，以文化言，不以血统言，可决知也。故欲知中华民族为何等民族，则于其民族命名之顷，而已含定义于其中。与西人学说拟之，实采合于文化说，而背于血统说。[①]

根据这一标准，杨度认为蒙、回、藏三族，虽有部分人已与汉人关系密切，文化接近，但整体说来却因文化落后，语言有异，尚未完全融入“中华民族”之中。而满族则可以说早已同化于中华民族之中了。其他如梁启超所谓苗族、濮族等，在他似更不在话下。因此，他主张实行“满汉平等、同化蒙、回、藏”的所谓“国民统一之策”。认为这样以平等为目的、以暂时不平等为手段，进行融化之后，就会看到将来“不仅国中久已无满、汉对待之名，亦已无蒙、回、藏之名词，但见数千年混合万种之中华民族，至彼时而更加伟大，益加发达而已矣”的必然结局。[②]

---

① 刘晴波编《杨度集》，湖南人民出版社，1986，第 373 ~ 374 版。

② 刘晴波编《杨度集》，湖南人民出版社，1986，第 369 页。

在同一篇文章中，杨度还反复强调："中国之在今日世界，汉、满、蒙、回、藏之土地，不可失其一部，汉、满、蒙、回、藏之人民，不可失其一种，——人民既不可变，则国民之汉、满、蒙、回、藏五族，但可合五为一，而不可分一为五。分一为五之不可，既详论之矣。至于合五为一，则此后中国，亦为至要之政。"[①] 在他看来，由于蒙、回、藏与满汉处于不同的社会发展阶段，进化程度有别，所以只有先实行君主立宪制，暂借君主的权威，才能为各族共举国会议员、通用汉语以共担国责创造必要的条件，"其始也，姑以去其（指蒙、回、藏等族人——引者）种族即国家之观念；其继也，乃能去其君主即国家之观念，而后能为完全之国民，庶乎中国全体之人混化为一，尽成为中华民族，而无有痕迹、界限之可言"。但他同时也认为，"此其事虽非甚难，然亦不可期于目前"[②]。显然，在梁启超观点的基础上，杨度对"中华民族"的一体化融合趋势和发展方向，又作了更加透彻的发挥和阐述。其所谓"中华民族"所包含的"民族"范围，似乎也比梁启超此前更广一些。应当说，杨度此处所使用的"中华民族"一词，已初步具有了现代"中华民族"观念含义的雏形。不过其大汉族主义的倾向，也表露得更加清晰和明显了。

杨度此文发表后，革命派的重要代表之一章太炎随即作《中华民国解》一文，对之进行驳论。他在文中也使用了"中华民族"一词，仍指汉族。但他批评杨度对"华"字本意的理解有误（以"华"初本地域名、国名，非族名），反对仅以文化相同认同民族的观点，而强调血统的重要性。同时，他也期望汉族对满、蒙、回、藏的最终"醇化"，并承认满人在语言文化方面已有同化于中华的事实，不过他强调在这当中，还存在一个必先恢复汉民族政权的先决条件问题。[③] 显然，较之以往革命派更为狭隘的民族复仇主义，章氏此文的观点已经有所进步。从他对民族血统问题的单向强调中，我们固然可以看到他的褊狭，但同时也能看到在杨度等人的民族认同意识中，只是关注文化认同一点的不足。事实上，中国各民族之间客观存在、长期延续的内在联系和一体性是极为广泛和深刻的，除文化之外，还

---

① 刘晴波编《杨度集》，湖南人民出版社，1986，第 304 页。

② 刘晴波编《杨度集》，湖南人民出版社，1986，第 371～372 页。

③ 见张枬、王忍之编《辛亥革命前十年间时论文选》第 2 卷下，三联书店，1963，第 734～743 页。

包括血统联系的密切性等丰富内容。这一点，当然还无法苛求当时的人们。

以“华族”“支那民族”“中国民族”“中华民族”等来称谓汉族，在此后的立宪派和革命派那里，都不是个别现象。如1907年5月12日，革命派马君武曾发表《华族祖国歌》，歌颂黄帝、夏禹在“华族”发展史上的功绩，号召民族成员奋起挽救民族和祖国危亡[①]，诗中所谓“华族”，指的就是汉族。不过也应指出，即使是用来指称“汉族”的“中华民族”一词，在清末也还并不算常见词，甚至比“中国民族”一词的使用还要少得多。这可能与日本的用法有关。当时，日本一般称汉族为“支那民族”。中国留日学生或照搬使用，或直接译为“中国民族”[②]。

“中华民族”一词，真正具有中国各民族全面、平等融合的一大民族共同体的含义，依笔者之见，当在辛亥革命爆发和中华民国建立以后。它与现代中华民族观念的基本形成，是紧密相关的。

寻归“大同”：立宪运动与国内各民族平等融和意识的增强

在现代中华民族意识和观念的形成过程中，清末立宪运动曾产生过不容忽视的影响。这一点，似值得引起研究者们应有的关注。为了有效地抵制以“排满”为重要特征的革命浪潮，立宪派对于消除国内各民族间不平等的界限，尤其是满汉畛域，是十分重视的。在这方面，他们继承了戊戌时期康、梁等维新派“平满汉之界”的思想，又将其发展到新的高度，并最终得到了朝廷的认可。在这一过程中，满族留日学生和官员发挥了不同寻常的重要作用。

1907年7月31日，两江总督、曾出国考察宪政的满人端方代奏李鸿才“条陈化满汉畛域办法八条折”，认为“宪政之基在弭隐患，满汉之界宜归大同”。所谓“隐患”，即指“藉辞满汉”问题的革命。他强调：“欲弭此

① 诗中有云：“华族华族，祖国沦亡尔罪不能偿”，“华族华族，肩枪腰剑奋勇赴战场”。《复报》第9期，转引自杨天石、王学庄编著《南社史长编》，中国人民大学出版社，1995，第79页。

② 如1904年陶成章《中国民族权利消长史》一书，即指汉族，可见《陶成章集》，中华书局，1986。

患，莫若令满汉大同，消弭名称，浑融畛域。明示天下无重满轻汉之心，见诸事实，而不托诸空言。”其具体办法则有“切实推行满汉通婚”“删除满汉分缺”“满人宜姓名并列”“驻防与征兵办法”，等等。[①] 此折上达之后，清廷于8月10日特谕“内外各衙门妥议化除满汉畛域切实办法”。仅据《清末筹备立宪档案史料》一书所收，到1908年4月，就有各种专题奏折20余通上达朝廷，这还不包括涉及这一问题的其他奏折在内。上折者中，满族4人，蒙古族1人，汉族12人。满人端方和志锐对此问题格外关注，各上奏二折。这些奏折，或对前述折子中的内容进行补充、将其具体化，或提出“撤旗”、立法等新建议。如主张立法者就认为，不能只从形式上，更应从精神上消除种族界限，实行宪政立法，而且认为这正是其根本所在：“夫法也者，所以齐不一而使之一也，必令一国人民，无论何族，均受治于同等法制之下，权利义务悉合其宜，自无内讧之患。”[②]

在这些奏折中，人们不仅谈到了如何消除满汉界限的问题，对于满汉乃至蒙古民族之间内在的联系和一体性，也有所揭示和强调。如满人御史贵秀就曾指出：“时至今日，竞言合群保种矣，中国之利害满与汉共焉者也。夫同舟共济，吴越尚且一家，况满汉共戴一君主，共为此国民，衣服同制，文字同形，言语同声，所异者不过满人有旗分无省分，汉人有省分无旗分耳。”[③] 举人董芳三在其“和种”之策中更强调，满蒙汉不过是同山诸峰、同水异流的关系：“盖亚洲之有黄种，若满洲，若汉人，洪荒虽难记载，族类殖等本支。如山之一系列峰也，水之同源异派也，禾之连根歧穗也，本之合株散枝也。一而数，数而一，既由分而合，讵能合而为分也。”[④] 这种既看到差别，更见及联系的观点，实在是很明智的。

与此相一致，以恒钧、乌泽声等一批满族留日学生为主，还在日本东京创办了《大同报》。不久，又在北京创办了性质相同的《北京大同日

---

① 见故宫博物院明清档案部编《清末筹备立宪档案史料》下册，中华书局，1979，第915～917页。

② 《四川补用道熊希龄陈撤驻防改京旗并请从精神上化除满汉之利害呈》，见故宫博物院明清档案部编《清末筹备立宪档案史料》下册，中华书局，1979，第945页。

③ 《御史贵秀奏化除满汉畛域办法六条折》，见故宫博物院明清档案部编《清末筹备立宪档案史料》下册，中华书局，1979，第922页。

④ 《举人董芳三条陈为辟排满说并陈和种三策以弭离间呈》，见故宫博物院明清档案部编《清末筹备立宪档案史料》下册，中华书局，1979，第931页。

报》[①]，专门以提倡“满汉人民平等，统合满、汉、蒙、回、藏为一大国民”，尤其注重“满汉融和”为宗旨，并将民族问题与立宪紧密结合起来。他们认为，满汉问题之所以出现，是由于“满汉不平等而已”，即政治、经济、军事、法律上都不平等之故，而归根结底又是君主专制独裁造成的恶果。因此，要想根本解决民族问题，就必须改革政治，实行君主立宪政体，开设国会。[②] 这些满族留学生与前述上奏的官员主要是面对朝廷不同，他们主要面对各族留学生和知识分子，冀望于改变国内民族相争的观念，提倡“五族大同”。在该刊第3号上，他们曾登载64个“本社名誉赞成员姓名”，其中满人约占80%，也有汉、回、土尔扈特族人参加（如杨度、汪康年、土尔扈特郡王等）。表明其“融合满汉”的主张，已赢得了一定范围的支持者，尤其得到了满族各阶层人士的广泛支持。

同时，他们还认识到并强调，中国各民族具有共同的利益关系、命运和责任，特别是满汉两族，关系更为密切，责任更为重大：“国兴则同受其福，国亡则俱蒙其祸，利害相共，祸福相倚，断无利于此而害于彼之理。……又岂独满汉为然也。凡居于我中国之土地，为我中国之国民者，无论蒙、藏、回、苗，亦莫不然。我有同一之利害，即亦不可放弃救国之责任也。惟独满汉风俗相浸染，文化相熏浴，言语相糅合，人种相混合程度较各族为高，关系较各族为切，则负救国之责任，尽国之义务，亦不得不较各族为重。”[③]

不仅如此，他们中有人还根据日本学者高田早苗的民族要素观（即分民族要素为同一的言语；同一土地住所、生活职业及共同政治之下；同一宗教；人种之混同），分析指出，满汉并非为两个民族，实际为一个民族。因为民族与种族不同，它是：“历史的产物也，随时而变化，因世而进化……故民族以文明同一而团结，而种族则以统一之血系为根据，此民族与种族又不可不分也。”由此出发，他们认定“满汉至今日则成同民族异种族之国民矣”[④]。不仅满汉如此，甚至整个“中国之人民，皆同民族异种族之国民也”，“准之历史之实例，则为同一之民族，准之列强之大势，则受

---

① 此报不多见，北京大学图书馆仅藏有该报1908年6月和11月两个月的内容。

② 见《大同报》第1号乌泽声的（大同报序）、恒钧的《中国之前途》，该报第3号上乌泽声的《论开国会之利》等文。

③ 乌泽声：《论开国会之利》，《大同报》第4号，第2页。

④ 乌泽声：《满汉问题》，《大同报》第1号，第10页。

同一之迫害，以此二端，则已足系定其国民的关系矣。”[①] 此种观点，实开日后蒋介石国民党有关“论断”之先河。或许正是基于这一认识的缘故，《大同报》第4号附登《中国宪政讲习会意见书》中，竟多次径称：“我汉、满、蒙、回、藏四万万同胞。”[②]

这种通过立宪运动得到加强的各民族平等融合的意识，由于特殊的历史原因，在以少数民族代表之一的满族人士那里能够有突出的表现，其意义自然不同寻常。它体现出部分少数民族在这一历史进程中所具有的主动性和积极性。反过来也对汉族人民省思民族融合的历史趋势，产生了积极影响。这种影响，我们在辛亥革命爆发及其胜利后初期的有关民族思潮中，实能有一脉相承的体认。

值得一提的是，在立宪运动的浪潮中，体现中国各民族一体化整体观念的“国族”一词（此词后因孙中山先生1924年的解说，与“中华”连用为“中华国族”一词而广为人知），也已经出现。如1911年7月15日，《申报》主笔希夷在《本馆新屋落成几纪言》一文里，就与“国民”和“民族”两词并列，多次使用了“国族”这一概念。文中表白，报馆同人“聚全国同族于一纸之中”，与之共同喜怒哀乐已经40年。并立志今后要“与我族人相提相挈而同升于立宪舞台之上”，以“自植其立宪国民之资格——勉为高尚清洁之民族，而养成神圣尊严之社会”[③]。近代西方“民族国家”（nation-state）与“国家民族”（state nation）的思想影响，于此可见一斑。从这里，我们还可看到，像《申报》这样全国范围内发行的现代媒体在近代中国的出现和运作本身，实具有并发挥过多方面有益于打破狭隘区域局限的一体化功能，而不仅仅是成为传播这种民族一体化观念的工具而已。

概而言之，在清末，“中华民族”一词和“大民族”观念、各民族平等融合的共同体观念虽然都已经出现，但这两者之间却还并没有有机地结合在一起，也就是说“中华民族”这个符号，与中国境内各民族平等融合的一体化民族共同体的现代意义当时还并未完全统一起来。这两者间合一过程的完成，是在辛亥革命爆发后逐渐实现的。

---

① 穆都哩：《蒙回藏与国会问题》，《大同报》第5号，第15页。

② 如“愿与我回、苗、藏四万万同胞同声一哭”，“则吾汉、满、蒙、苗、藏四万万同胞幸甚”等语，见该刊第4号附录1。

③ 《申报》宣统三年辛亥六月二十日。此条材料系朱浒代为查找，特此致谢。

辛亥革命与现代“中华民族”观念的基本形成

较诸清末立宪运动，辛亥革命及民国建立对于现代“中华民族”观念的形成所发挥的作用，应当说更大，也更值得重视。因为皇族内阁丑剧的上演表明，满清统治者虽然在预备立宪期间已经对民族平等的要求有所了解，但没有也不可能轻易放弃自己的特权，彻底地抛弃民族歧视和不平等政策。只有辛亥革命彻底推翻满清王朝的封建统治，建立了中华民国之后，才有可能为国内各民族的平等融合与发展，相对全方位地创造必要的政治和文化条件。具体地说，这种作用至少表现在以下三个方面。

首先，辛亥革命的爆发及其胜利，促使革命党人特别是领袖人物迅速实现了从“造反者”到建设者和执政者的角色转变，很快抛弃了“排满”的种族革命方略，而全力专注于实现民族平等与融合的事业。而具有现代“民族国家”性质的中华民国的建立，特别是“五族共和”政治原则的公然宣布和毅然实行，又使各族人民在政治上开始真正成为平等的“国民”，实现了名义上平等的联合，尤其是占人口绝大多数的主体民族的汉人，一下子摆脱了受民族歧视和压迫的地位，心态也趋于平衡。凡此种种，都有助于增强汉族与各民族人民同呼吸共命运的意识，从而有力地激发出人们追求国家更加强大、民族进一步团结融合的强烈愿望。

武昌起义爆发后不到一个半月（1911 年 11 月 21 日），原革命派的一翼、偏重于“排满”的国粹派代表人物邓实、黄节、胡朴庵等即在上海创办《民国报》，宣布报刊宗旨为所谓六大主义。其中头两条主义即为“建立共和政府；以汉族主治，同化满、蒙、回、藏，合五大民族而为一大国民”①。虽然

① 《辛亥革命时期期刊介绍》（三），人民出版社，1983，第 711 页。实际上，不仅革命党人如此，一般社会上的有识之士也发出了类似呼吁。如此前两日，即 1911 年 11 月 19 日，《大公报》上即发表了署名“无妄”的《中国存亡问题系于民族之离合》一文，指出：“且夫中国之所以为中国，中国之所以为大国者，以其兼容并包合满汉蒙回藏各种民族以立国，而非彼单纯一民族之小国所得比其气派也。故我中国虽屡遭蹉跌，国势之积微至于斯极，尚有转弱为强之望，而不至如安南、缅甸、琉球、朝鲜诸国之一蹶即亡者，亦未始非国民庞大多之赐也。是则中国者，全体国民肩头之中国，非一民族所能独立补救之中国也。——盖民族与土地宜合而不宜离，合则互相联助，兴也勃焉，离则罅隙四呈，亡也忽焉。”

其大汉族主义尚有遗留，然已明显吸收了立宪派的部分主张，从“排满”转为实行民族“同化”，自觉于民族一体化的努力了。

1912年元旦，孙中山在《中华民国临时大总统宣言书》中也郑重宣告：“国家之本，在于人民。合汉、满、蒙、回、藏诸地为一国，即合汉、满、蒙、回、藏诸族为一人，是曰民族之统一。”在《中华民国临时约法》中，还用法律形式将民族平等规定下来，“中华民国人民一律平等，无种族、阶级、宗教之区别”。这就是“五族共和”的思想。

1912年3月19日，革命党领袖人物黄兴、刘揆一等领衔发起成立了影响很大的“中华民国民族大同会”，后改称“中华民族大同会”。满人恒钧等少数民族人士也参加了此会，并成为重要的发起人。从此会的宗旨、名称和发起等方面来看，昔日立宪运动特别是恒钧等人从事“大同报社”活动的影响，显而易见。辛亥革命后，百废待兴，革命党人竟如此重视“民族大同”问题，原因何在？其发起电文有着如下陈述：

> 各都督、议会、报馆、政团，鉴民国初建，五族涣散，联络感情，化除畛域，共谋统一，同护国权，当务之急，无逾于此。且互相提挈，人道宜然。凡我同胞，何必歧视。用特发起中华民族大同会。现已成立。拟从调查入手，以教育促进步之齐一，以实业浚文化之源泉，更以日报为缔合之媒介，以杂志为常识之灌输。章程即付邮呈，敬希协力提倡，随时赐教。酌拨公款，助成斯举，实纫公谊。

同年4月初，孙中山批准该会立案，并称赞“该会以人道主义提携五族共路文明之域，使先贤大同世界之想象，实现于20世纪，用意实属可钦”，认为其所拟各种具体办法也切实可行，同意拨给经费。[①] 在临时政府财政极其严峻的情况下，孙、黄能有此举，可见其对于此问题的重视达到了何种程度。

与此同时，在上海等地，一些地方官员还发布《化除种族见解之文告》，禁止商人、报纸广告、公私函牍使用“大汉”字样，以示民国“大同主义”。沪军都督革命党陈其美等人更倡议发起“融洽汉满禁书会”，对于

① 《临时政府公报》第56号，1912年4月3日，可另见《黄兴集》。

鼓吹排满、有违五族共和宗旨的书籍，主张一律禁止。“已出版者，则由本会筹资收毁”。类似的组织还有雷震等发起、得到岑春煊等赞助的“五族少年同志保国会”①，新疆伊犁组织的“汉、满、蒙、回、藏五族共进会”②，1912 年 4 月 10 日在北京成立、以内务总长赵秉钧为总理、陆建章为协理的“五大民族共和联合会”，等等。如“五大民族共和联合会”的宗旨就是“扶助共和政体，化除汉满蒙回藏畛域，谋一致之进行”，主张“融化五族，成一坚固之国家”、“实行移民事业”和“统一文言”等，从而典型地体现了民初要求五族平等融合的社会心理。次年 6 月 29 日，该会还发起成立了“平民党”。其党纲的第一条，即为“促进种族同化”③，也就是以五族一体化为发展目标。

在当时众多以民族平等融合为宗旨的社会组织中，特别值得一提的，乃是袁世凯授意组成、影响仅次于“中华民族大同会”的“五族国民合进会”，它于 1912 年 5 月 12 日在北京成立。选举总统府边事顾问姚锡光为会长，汉人赵秉钧、满人志钧、蒙人熙凌阿、回人王宽、藏人萨伦为副会长。黄兴、蔡元培等革命党元老和黎元洪、梁士诒、段祺瑞、袁克定等民国要员，以及满、蒙、藏、回等族数十名人或参与发起，或列名表示赞成。不仅声势较大，而且真正称得上是名副其实的五族联合组织。是年 6 月，该会曾在《申报》上连载“会启”，其文其识，颇能反映民初各民族一体认同的水准。该“启示”从血统、宗教和地域的分析入手，论证了五族“同源共祖”的历史，指出“满、蒙、回、藏、汉五族国民，固同一血脉，同一枝派，同是父子兄弟之俦，无可疑者”。认为以往彼此之所以互相仇视和攘夺之事，实为封建专制的结果。民国建立后，“万民齐等”，五族国民如骨肉重逢，正好“各以其所有余，交补其所不足，举满、蒙、回、藏、汉五族国民合一炉以冶之，成为一大民族”。现聚集五族智慧组织政党，正是为了“谋起点之方，同化之术”。将来“合进”收效之日，也就是满、蒙、回、藏、汉之名词“消弭而浑化”之时，等等。在该会的“简章”中，还提到“我五族国民以外，西北尚有哈萨克一族，西南尚有苗瑶各族，俟求得其重

① 分别见《申报》1912 年 4 月 13 日、5 月 27 日、5 月 26 日。

② 杨筱农：《伊犁革命回忆录》，《天山》第 1 卷，1934 年第 1 期。

③ 北京市档案馆藏有有关档案，可见刘苏选编《五大民族共和联合会章程》及《平民党宣言书暨暂行章程》，载《北京档案史料》1992 年第 1 期和第 3 期。

要人员，随时延入本会”[1]，可见其所谓“大民族”也并不局限于五族，“五族”不过是一种泛称而已。遗憾的是，对于融合而成的“大民族”究竟如何称谓，该“会启”和“简章”等却未曾给予明示。

1912 年 7 ~ 8 月，刚刚结束秘密状态的中国同盟会，其广东支部主办的《中国同盟会杂志》创刊，也登文积极宣传民族和种族“同化”论，并将其视作该会的政纲之一。该刊著文强调“今日共和成立，五族联合，昔日之恶感已泯，至程度不齐之故，苟普及教育实行之后，此问题当亦解决矣”，认定“合汉、满、蒙、回、藏五族而同化之，今日之唯一政策也”。[2] 为了使民族同化思想深入人心，他们还自觉地研究和宣传民族同化的历史。该刊连载陈仲山的《民族同化史》，就是因此而作。它“先序欧西民族由战争而同化者，以为借镜，次序中国历代民族由战争而同化者，以为楷模”，冀望于对“励行民族同化之政策，不无小补”。同年 8 月 13 日，新成立的国民党也发表宣言，其党纲中“概列五事”，其三即曰：“励行种族同化，将以发达国内平等文明，收道一同风之效也”[3]。实际上，主张民族或种族“同化”，已成为民国初年许多政党的共识。

如果用今天的眼光来看，“同化”一词的使用显然并不恰当，表明其认识仍存在某种大汉族主义的局限性。但也应指出，当时人们使用“同化”一词，很多时候确属一种平等融化之意上的使用，并不着意存有汉族自大独尊之思。此种“同化”实际上也就是“大同”化的同义语，它既是对清末“五族大同”思想的继承，也体现了民初革命党和民国要人们新的认识水平，反映了一种要求民族融合的时代愿望，因而有力地激励着人们去进一步深化认识，以实现对于民族共同体认同的推动。在这方面，梁启超的追随者、进步党人、《庸言》杂志的实际主编吴贯因，也有过特别值得一提的思想贡献。1913 年初，他在《庸言》上连载了洋洋数万言的《五族同化论》一文，逐个论析了五族的混合性质，进而说明了各族之间血统等互相

---

① 见《申报》1912 年 6 月 11 ~ 12 日《姚锡光等发起五族国民合进会启》。另见刘苏选编《五族国民合进会史料》，载《北京档案史料》1992 年第 2 期。其中除了“会启”和“简章”外，还有“支会章程”，呈请立案呈文、组织构成条款及内务部批文等内容。内务部批文曰：“查所呈各节系为五族国民谋同化起见，尚无不合，本部应准备案，仰即知照”。

② 熙斌：《种族同化论》，《中国同盟会杂志》第 3 期，此刊现存不全。笔者仅在北京大学图书馆查到这一期。

③ 见《国民党宣言》，载《民立报》1912 年 8 月 18 日。转见陈旭麓主编《宋教仁集》下，中华书局，1981，第 749 页。

渗透融合的历史，此文对于当时和以后“中华民族”融合史的研究，产生了较大的学术影响。[①] 在该文中，吴贯因有力地指出：

> 汉、满、蒙、回、藏五民族，其初固非单纯之种族，而实由混合而成之民族也。夫人种相接近，由种族之事故，而融合交通，世界历史上实数见不鲜，固非独中国而已。而我中国先民，既能融合汉土诸小族，而成一汉族；融合满洲诸小族，而成一满族；融合蒙疆诸小族，而成一蒙古族；融合回部诸小族，而成一回族；融合藏地诸小族，而成一西藏族，况今日国体改为共和，五族人民负担平等之义务，亦享受平等之权利，既已无所偏重，以启种族之猜嫌，自可消灭鸿沟，以使种族之同化。则合五民族而成一更大之民族，当非不可能之事。[②]

因此吴氏以为：“今后全国之人民，不应有五族之称，而当通称为中国民族 Chinese nation，而 nation 之义既有二：一曰民族，一曰国民，然则今后我四万万同胞，称为中国民族也可，称为中国国民也亦可。”[③] 此种认识，应当说代表了民初时国人民族共同体认同的最高水平，尽管他尚未使用“中华民族”一词。此外，他肯定还是较早清醒而自觉地要给中国各民族共同体正式命名的中国人。

其次，就民族融合的实际效果而言，辛亥革命推翻满洲专制统治，建立民国，的确暂时引发了一部分外蒙古王公和藏族等少数民族上层人物的分裂行径，如 1911 年 12 月 1 日，一小撮蒙古王公就在沙俄的指使下，成立了以哲布尊丹巴为“大汗”的所谓“大蒙古帝国”，与此同时，西藏与内地的关系也趋于紧张。此种情况的出现，与部分革命党人此前狭隘的民族主义态度，以及武昌起义爆发后少数地区短暂过激的“排满”行为不能说毫无关联，但就其根本而言，它们却是当时的纷乱形势和俄、英等帝国主义

① 这从稍后谈论此一问题的论文和后来编写的各种中华民族史著作大多都参引此文可知。如 1917 年《东方杂志》第 14 卷第 12 号转录《地学杂志》的《中国民族同化之研究》一文就声称：“作者本历史事实，以研究中华之民族，所依据者，为吴贯因氏之《五族同化论》，章降氏之《种姓篇》”。该文探讨“中华民族同化”问题，强调五族之外，苗族也属中华民族的重要构成成分，并多次在现代意义上使用了“中华民族”一词。

② 见《庸言》第 1 卷，第 7、8、9 号，此段引文出自第 8 号。

③ 见《庸言》第 1 卷，第 7、8、9 号，此段引文出自第 9 号。

从中直接策动挑唆的结果。与此同时还要看到，这种暂时出现的分裂局势所引发的前景忧患，又恰恰成为革命党人、民初政要和各族有识之士放弃狭隘民族意识、生发现代“中华民族”观念的直接动因。历史的辩证法效应，正是体现在这里。

以蒙古问题为例。“大蒙古帝国”宣布成立后，其一系列分裂行径随即遭到国内和蒙古族内人民的强烈反对。1912 年底至 1913 年初，哲里木盟 10 旗王公和内蒙古西部 22 部 34 旗王公，就分别在长春和旧绥城（今呼和浩特）举行了东、西蒙古王公会议，商讨赞成五族共和，反对外蒙古“独立”等事宜。在 1913 年初的西蒙古王公会议上，王公们还一致决议“联合东盟，反对库伦”，并通电声明：“蒙古疆域与中国腹地唇齿相依，数百年来，汉蒙久为一家。我蒙同系中华民族，自宜一体出力，维持民国”[①]，这大概是在政治文告中，第一次由少数民族代表人物共同议决，宣告中国少数民族同属“中华民族”的一部分了。[②] 这里，“中华民族”一词极具象征意义的使用，就笔者所了解的资料来看，还当属于现代“中华民族”概念最早被使用的例证之一。另据有的学者研究指出，作为民国总统的袁世凯，此时也在涵盖中国境内所有民族的意义上“率先”使用了“中华民族”一词[③]，而他的这一较早使用，也恰恰是发生在处理此次蒙古分裂行径的过程中。他致书库伦活佛哲布尊丹巴写道：“外蒙同为中华民族，数百年来，俨如一家。现在时局阽危，边事日棘，万无可分之理。”[④] 这一现代“中华民族”的认同现象，无疑是耐人寻味的。

至于民初革命党人提倡“民族同化”与列强策动中国分裂的局势之间的直接关系，则更是显而易见。已经有学者从研究孙中山“民族同化”思想的角度，对此加以过详细论证了。正如该学者所指出的，从根本上说，

---

① 《西盟会议始末记》，转引自费孝通主编《中华民族多元一体格局》（修订版），中央民族大学出版社，1999，第 349 页。

② 《西盟会议始末记》，转引自费孝通主编《中华民族多元一体格局》（修订版），中央民族大学出版社，1999，第 349 页。

③ 见 2001 年 10 月 16 ~ 19 日“纪念辛亥革命九十周年国际学术讨论会”上，法国学者巴斯蒂（Marianne-Bastid-Bruguiere）提交的论文《辛亥革命与 20 世纪中国的民族国家》。文中所提，见刘学铫《中国历代边疆大事年表》，台北，金兰文化出版社，1979，附录 1，第 483 页。

④ 此为袁世凯《致库伦活佛书》（一）的首句，见徐有朋《袁大总统书牍汇编》卷五，“函牍”上海广益书局版，民国三年，第 2 页。

孙中山等提出“民族同化”的主张，并非是像西方殖民者那样从种族主义的立场出发，认为汉族为优等民族，应当同化劣等民族，而是“针对辛亥革命以后沙俄、英国、日本对中国的外蒙古、西藏和东北的侵略而提出来的”[①]。在孙中山看来，蒙古族、藏族和满族的人口较少，力量较弱，都不足以抵抗帝国主义的侵略，只有把国内各民族融合成像美利坚一样的强大民族统一体，才能有效地维护祖国统一，争得与世界其他民族的平等地位。所以他说：“讲到五族的人数，藏人不过四五百万，蒙古人不到百万，满人只数百万，回教虽众，大多汉人。讲到他们底形势，满洲既处日人势力之下，蒙古向为俄范围，西藏已几成英国的囊中物，足见他们皆无自为的能力，我们汉族要帮助他才是。”又说：“彼满洲之附日，蒙古之附俄，西藏之附英，即无自卫能力的表征。然提撕振拔他们，仍赖我们汉族。兄弟现在想得一个调合的方法，即拿汉族来做个中心，使之同化于我，并且为其他民族加入我们组织建国底机会。仿美利坚民族底规模，将汉族改为中华民族，组成一个完全底民族国家，与美国同为东西半球二大民族主义的国家。”[②] 由此可见，使国内各民族摆脱帝国主义侵略和压迫的地位，建立与美国并驾齐驱的、以各民族融为一体的“中华民族”为基础的现代民族国家，正是孙中山主张“民族同化”的直接动机和最终目标所在。它从一个角度，实际上也等于揭示了辛亥革命后现代“中华民族”观念兴起、确立、传播和认同的一个重要动力。

此外，从长远来看，革命后民国的建立，政治上既实行“五族共和”，文教上复推行有利于一体化近代化的民族融合措施，这些都在实际上对各民族的融化进程，起到了促进作用。特别是满汉之间，不仅没有因为辛亥革命而加剧矛盾，反而进一步促进和深化了两族间的融合。1922 年，梁启超曾带着大汉族主义情结谈到这一点。他写道：

> 辛亥革命，满清逊位，在政治上含有很大意义。——专就民族扩大一方面看来，那价值也真不小。——满洲算是东胡民族的大总汇，也算是东胡民族的大结束。近 50 年来，满人的汉化，以全速率进行。

① 李永伦：《试析孙中山民族平等的思想》，《云南教育学院学报》1996 年第 4 期。

② 《在中国国民党本部特设驻粤办事处的演说》（1921 年 3 月），《孙中山全集》第 5 卷，中华书局，1985，第 473 ~474 页。

> 到了革命后，个个满人头上都戴上一个汉姓，从此世界上可真不会有满洲人了。这便是把二千年来的东胡民族，全数融纳进来，变了中华民族的成分，这是中华民族扩大的一大段落。①

梁氏的这种表述虽有欠科学和准确的地方，但还是从一个侧面说明了辛亥革命和民国建立对于满汉民族实际融合的某种积极影响。

第三，“中华民国”国号的正式确立，增强了国人对于“中华”一词及其历史文化内涵的认同感，使得人们在考虑国家和民族共同体整体利益、确立各类组织和事物名称的时候，往往喜欢使用“中华”字样和符号，来表示其民族特色、国家身份或全国全民性质，实现某种整合意义上的概括。这从民国建立后，成千上万以“中华”命名的组织和事物名称蜂拥而现中，即可见一斑。如民国初年，这类组织机构中就有中华书局、中华职业教育社、大中华报、中华革命党、中华银行、中华艺社、中华教育改进社、中华足球联合会、中华工业协会等，不胜枚举。此种用语习惯及其运思导向，成为此期及以后“中华民族”一词能够应运而生、逐渐流行和传播开来的重要语言因素。而这种情况，在清末时还是未曾形成的。②

从笔者所掌握的资料来看，最早在具有各民族平等融合整体意义上使用“中华民族”一词的历史资料，正是出现在辛亥革命胜利和民国建立之初。也就是说，完整意义上的现代“中华民族”意识或观念，最终实诞生于这一时期。前面，我们曾提及“中华民族大同会”。该会的消息，曾在当时《民立报》和《申报》等著名报刊上广泛刊载，传播很广。其所谓“中华民族”本身虽还不是一个固定名词，但在一定程度上已能达到固定名词所表现的那种民族一体性的传播效果。另外，前文还曾提到，1913 年前后袁世凯和部分蒙古王公也使用过“中华民族”一词。

类似的例证，还可以举出一些。如 1914 年，湖南安化人夏德渥已完成的《中华六族同胞考说》一书，1917 年，《东方杂志》第 14 卷 12 号刊登的《中国民族同化之研究》一文，1918 年元旦，《民国日报》发表《吾人对于

---

① 梁启超：《五十年来中国进化概论》，《梁启超全集》第 7 册，第 4028 ~ 4029 页。

② 康有为在 1910 年伪造的《请君民合治满汉不分折》中，曾主张用“中华”作为中国国名，不少民族史学者在引用此文内容时，未能注意此点，多误其作时间为 1898 年。

民国七年之希望》的社论中，就都曾在现代意义上使用过“中华民族”这一词汇和概念。[①]

《中华六族同胞考说》是一部至今尚未见有人专门介绍的颇具历史价值的著作。作者夏德渥，生平不详。他具有鲜明强烈的使命意识，完成该书后，曾报呈教育部审批，并请革命党元老、民国要人李根源作序。该书详细考述了中国历代各种史书的有关记载，专门论证中国汉、满、蒙、回、藏、苗六族间的同胞关系，“冀览此书者恍然于汉、满、蒙、回、藏、苗论远源为同种，论近源为同族，而慨然动同胞之感”[②]。书中统称中国各民族的统一体为“华族”，偶尔也称其为“中华民族”，并强调中华民族的主要构成成分中，无论如何也不能没有“苗族”。不过，此书直至1917年才得以正式出版。书前印有教育部的批文：“详绎该书，其宗旨在融洽感情，化除畛域，提出人种学问题，为科学的研究。详加考辨，具见经营。”可见，对于该书有益于民族平等融合的社会功能，国家也给予了积极评价。

民国初年，从民族主义意识形态角度，自觉而公开地标举再造现代“中华民族”旗帜的第一人，可能是李大钊。1917年2月19日和4月18日，他在《甲寅》日刊上分别发表《新中华民族主义》和《大亚细亚主义》两文，针对日本人宣扬的以日本民族为中心的大亚细亚主义，提出了中国人应激发出一种以各民族融合为基础的“新中华民族”主义的自觉，来实现对古老中华民族的“更生再造”，从而当仁不让地承担起有关“兴亚”责任的思想主张。鉴于其这一思想目前尚未为人所指陈的重要历史价值，我们不妨完整地引录几段，以见其详：

> 盖今日世界之问题，非只国家之问题，乃民族之问题也。而今日民族之问题，尤非苟活残存之问题，乃更生再造之问题也。余于是揭新中华民族之赤帜，大声疾呼以号召于吾新中华民族少年之前。……以吾中华之大，几于包举亚洲之全陆，而亚洲各国之民族，尤莫不与

---

① 如《民国日报》社论就写道：“吾中华民族，至好和平之民族也，是以自有文献以来，吾国古圣先贤之教训，无不为平和之福音。是以吾国自古以来之世界主义，非如德国之征服主义也，亦非如英国之功利主义也。平和的同化，为有史以来吾中华民族对世界之大方针”。这里，不仅使用了“中华民族”一词，还自豪地表达了对于本民族“和平同化”他族传统的认同之感。

② 夏德渥：《中华六族同胞考说》自序，1917年湖北第一监狱石印。

吾中华有血缘，其文明莫不以吾中华为鼻祖。今欲以大亚细亚主义收拾亚洲之民族，舍新中华之觉醒、新中华民族主义之勃兴，吾敢断其绝无成功。……吾中华民族于亚东之地位既若兹其重要，则吾民族之所以保障其地位而为亚细亚之主人翁者，宜视为不可让与之权利，亦为不可旁贷之责任，斯则新民族的自觉尚矣。……吾国历史相沿最久，积亚洲由来之数多民族冶融而成此中华民族，畛域不分、血统全泯也久矣，此实吾民族高远博大之精神有以铸成之也。今犹有所遗憾者，共和建立之初，尚有五族之称耳。以余观之，五族之文化已渐趋于一致，而又隶于一自由平等共和国体之下，则前之满云、汉云、蒙云、回云、藏云，乃至苗云、瑶云，举为历史上残留之名辞，今已早无是界，凡籍隶于中华民国之人，皆为新中华民族矣。然则今后民国之政教典刑，当悉本此旨以建立民族之精神，统一民族之思想。此之主义，即新中华民族主义也。必新中华民族主义确能发扬于东亚，而后大亚细亚主义始能发挥光耀于世界。否则，幻想而已矣，梦呓而已矣。①

故言大亚细亚主义者，当以中华国家之再造，中华民族之复活为绝大之关键。②

在上述文字中，李大钊不仅揭示了满、汉、藏等族趋于一体化的重要历史文化因素、血统联系和现实政治条件，说明了“再造”和“复兴”古老中华民族的必要性和可能性，还呼吁社会认同五族合一的新“中华民族”，提醒民国政府在今后的政治、教育和法律制度的建设中，应该本着这种整体的新“中华民族”观念，来培养民族精神、统一民族思想，并由此强调了中华民族在亚洲发展中的重要地位。至此，可以说，现代意义的“中华民族”观念已经是基本上形成了。

从李大钊上述言论中，我们除了可以看到日本大亚细亚主义思想所发生的影响之外，还可见及中华民国的建立所激发起的那种中国人的民族自信心在其中发挥的作用。的确，对于现代“中华民族”观念的形成来说，民族危机感和民族自信心，都是其内在动力，就如同车之两轮、鸟之两翼一样，是缺一不可的。

---

① 《李大钊文集》上，人民出版社，1984，第301～303页。

② 《李大钊文集》上，人民出版社，1984，第450页。

不过，认定民国初年现代“中华民族”观念已经基本形成，还只是就这一观念本身的内涵而言。五四运动以前，不仅社会上，甚至一般知识界和舆论界中，“中华民族”观念都还并没有真正确立起来。现代意义上使用的“中华民族”词汇虽已不算少见，也还谈不上流行。这从五四运动中著名的反帝文告里尚难见此词，可以得到某种证实。在五四著名的反帝文告中，我们只能较多地见到一些国家意识较强的词汇（如国贼、卖国政府、救亡、国货等）。这可能是民国初建，人们那种一体化的整体民族意识尚弱于新兴的国家、国民意识的缘故吧。

说到“中华民族”称谓的兴起直至确立受到“中华民国”国号的影响，常乃悳在1928年出版的最早以“中华民族”命名的著作之一《中华民族小史》一书中，曾有过一段说明，题为“中华民族之命名”，值得引录如下：

> 民族之名多因时代递嬗，因时制宜，无一定之专称。非若国家之名用于外交上，须有一定之名称也。中国自昔为大一统之国，只有朝代之名，尚无国名。至清室推翻，始有中华民国之名也出现。国名既无一定，民族之名更不统一。或曰夏，或曰华夏，或曰汉人，或曰唐人，然夏、汉、唐皆朝代之名，非民族之名。惟“中华”二字，既为今日民国命名所采纳，且其涵义广大，较之其他名义之偏而不全者最为适当，故本书采用焉。——惟今日普通习惯，以汉族与其他满、蒙诸族土名并列，苟仅以汉族代表其他诸族，易滋误会，且汉本朝代之名，用之民族，亦未妥洽，不若“中华民族”之名为无弊也。①

这段话说明，对于了解现代中华民族观念的形成与“中华民国”国号之间的相互关系，应不无裨益。

以上，是关于辛亥革命、民国建立与中华民族现代认同之关系的认识。

其实，这种认识至此尚并不完全。因为它既没有说清何以革命党人在武昌起义后不久会有那么剧烈的民族方略调整，也没有说明此前的革命思潮与现代中华民族意识或观念形成的关系到底如何。实际上，要回答这一

---

① 《中华民族小史》，爱文书局，1928，第5~6页。该书曾多次再版。除此书外，“中华民族”四字出现在书名中的最早著作，笔者还曾见到一本，题为《中华民族革命史》，三民出版社，第42页。出版时间稍早，为1926年。但其并不讨论“中华民族”问题。

问题，我们应该回到前文所提到的现代“中华民族”观念的完整内涵上来，即应意识到，作为一个历史的范畴，现代中华民族意识或观念结构在清末民国时期，大体有着两个方面的内容，一是复合性的中华民族体内之各子民族间，要反对互相歧视和压迫，争取平等，携手发展，共同进步，并朝着进一步深化融合的民族共同体方向努力；二是要反对外来民族的欺压，一致对外，争取民族共同体的独立、解放和维护自身发展及其他方面的权利和尊严。而在第一个方面的内涵中，又可分为两个层次：“平等互助”属浅层，却是前提；“一体融合”是深层，也是目标。在目标和深层的意义上，两方面内涵最终实现了自身的统一。但在浅层即前提层次，两者却又经常直接地构成矛盾，产生张力。

就民族共同体关系的总体认识而言，君主立宪派起初的确看得较为深远，显得相对理性。但他们对于满族统治者实行民族歧视的危害性及其拒绝放弃民族特权的顽固性，却认识不足；而革命派起初的确显得偏激，较多地表现出狭隘的汉族民族主义的立场。但他们致力于先打倒满族统治者的特权地位，实具有不同寻常的民族解放意义，并为建立新型的民族共同体关系创造了必要的前提。以往，我们从革命与改良的对立角度着眼，更多地看到了他们彼此之间的分歧和矛盾，如果换个角度，从现代中华民族意识或观念的形成视角去认知，就会惊奇地发现，其彼此间的“互动”和“同一”的效果也甚为明显。立宪派提出民族融合的“大民族”观念，即是针对革命派激烈“排满”作出的回应，而革命派“排满”的观念，也在与立宪派的论争中不断得到过修正，并非是到了辛亥革命爆发后，才一下子来个彻底的自我否定，完全接受立宪派的主张。恰如有的学者所指出的那样，革命派在 1905 年之后，其“排满”思想中已很少有种族复仇主义色彩，并一再说明其并不“排”一般满人，而是“排”满清贵族和腐败政府。其所建国家不仅允许其他民族存在发展，而且要“实行平等制度”①。这就不难理解何以辛亥革命之后，革命党人要迅速放弃“排满”理念，而将“五族共和”的民族平等融合原则立即付诸实践的转变了。

因此，从这一角度来看，辛亥革命后现代中华民族意识或观念的初步形成，实不过是戊戌维新以降改良派、立宪派和革命派实现思想和实践彼

---

① 见陶绪《晚清民族主义思潮》，人民出版社，1995，第 214～215 页。

此互动的一种逻辑结果而已。当然，这并不是否认在这一过程中，前述许多其他因素也发挥了各自程度不同的作用。如果循此视角考虑问题，还可以强调，清末民初，中国人一般民族主义思想和情感资源的引发、调动，也是他们共同努力的结果。比如像“民族”、“民族主义”、“国民”、“同胞”、“中国人”、“华人”、“华侨”乃至“炎黄子孙”、“黄帝子孙”等他们所共享的概念之广泛使用和传播，就已成为孕育现代“中华民族”观念不容忽视的必要资源。至于“中华民族”一词本身在他们之间的传递使用和意义转换，则更为典型地说明了这一点。

（《浙江社会科学》2002 年第 1 期）

从“十八星旗”到“五色旗”

——辛亥革命时期从汉族国家到五族共和国家的建国模式转变

张　永

一　“驱除鞑虏，恢复中华”是要在十八行省恢复建立汉族国家

“驱除鞑虏，恢复中华”是尽人皆知的中国同盟会誓词，但对这八个字的解释却历来并不清晰。孙中山、黄兴、章太炎等1906年在日本制订的《中国同盟会革命方略》中有这样的解释：“一、驱除鞑虏：今之满洲，本塞外东胡。昔在明朝，屡为边患。后乘中国多事，长驱入关，灭我中国，据我政府，迫我汉人为其奴隶……义师所指，覆彼政府，还我主权。……二、恢复中华：中国者，中国人之中国；中国之政治，中国人任之。驱除鞑虏之后，光复我民族的国家。敢有为石敬瑭、吴三桂之所为者，天下共击之！”①

这个阐释的含糊之处在于没有说清其中的地域概念，人们往往把誓词理解为推翻满清政府，在旧政府原有的全部领土范围内建立新国家，但实际上这种理解并不准确。“驱除”并不等于“推翻”，“驱除鞑虏”自然是要把“鞑虏”驱赶到某个地方去，就是要把满族赶回满洲，如当年朱元璋把蒙古族赶回蒙古草原，这里就含有分裂国家领土的意味。“恢复”自然是回到原来的情形，汉族在清末被满清灭国前的情况，大致相当于十八行省

① 《孙中山全集》第1卷，中华书局，1981，第296~297页。

的范围，因此“恢复中华”主要是在这汉族聚居的十八行省范围恢复建立汉族国家（这个范围没有包括东三省、内外蒙古、新疆和西藏，只相当于当时中国领土的不到一半），而且这种思想是有着深厚基础的。

“在十八行省恢复建立汉族国家”思想的第一个来源是中国的历史传统。孙中山一向以继承明太祖朱元璋的事业自勉，在 1906 年《民报》创刊周年庆祝大会上孙中山说道：“明太祖驱除蒙古，恢复中国，民族革命已经做成。”[①] 1912 年 2 月 12 日南北议和成功，清帝刚刚退位，孙中山就决定于 15 日在南京举行民国统一大典，亲率民国政府各部部长及右都尉以上将校参谒明孝陵，异常隆重地祭祀明太祖朱元璋，祭文中有：“从此中华民国完全统一，邦人诸友，享自由之幸福，永永无已，实维我高皇帝光复大义，有以牖启后人，成兹鸿业。文与全国同胞，至于今日，始敢告无罪于我高皇帝。”[②] 以共和国总统的身份，率领整个共和国政府，以如此规格祭祀一位封建王朝皇帝，其追怀崇敬之情可以想见，实际上“驱除鞑虏，恢复中华”就是来源于朱元璋的讨元檄文。

关于恢复建立传统的汉族国家的土地范围，虽然也有不同的说法，但还是以“十八行省”最为普遍接受。孙中山认为这就是汉族的传统疆域：“且支那国土统一已数千年矣，中间虽有离析分崩之变，然为时不久复合为一。近世五六百年，十八省之地几如金瓯之固，从无分裂之虞。”[③] 当时流布最广、影响最大的邹容《革命军》也称：“昔之禹贡九州，今日之十八省，是非我皇汉民族，嫡亲同胞，生于斯，长于斯，聚国族于斯之地乎？”[④] 武昌起义后，军政府以象征十八省铁血团结的“十八星旗”为国旗，对全国发出的文告也都以“十八省”为号召，详见后文。偶尔也有“十九省”的提法，比如章太炎写道：“自渝关而外，东三省者，为满洲之分地；自渝关而内，十九行省者，为汉人之分地。满洲尝盗吾汉土以为己有，而吾汉人于满洲之土未尝有所侵攘焉。今日逐满，亦犹田园居宅为他人所割据，而据旧时之契约界碑，以收复吾所故有而已。”[⑤]

---

① 《孙中山全集》第 1 卷，中华书局，1981，第 325 页。

② 《孙中山全集》第 1 卷，第 95 页。

③ 《孙中山全集》第 1 卷，第 223 页。

④ 张枬、王忍之编《辛亥革命前十年间时论选集》第 1 卷下，三联书店，1960，第 670 页。

⑤ 张枬、王忍之编《辛亥革命前十年间时论选集》第 1 卷下，第 97 页。

要之，革命派中流行的思想，是并不把满蒙等少数民族区域当作中国固有的领土，所以在革命后建立新国家时可有可无。1908 年《民报》文章《仇一姓不仇一族论》中批判满清政府时称：“甲午之役，括吾民之膏血以赎其长白山之故巢，亦既无赖极矣。”[①] 这等于否认辽东半岛是需要保全的中国领土。1908 年《民报》章太炎《排满平议》中有：“若满洲政府自知不直，退守旧封，以复靺鞨金源之迹，凡我汉族，当与满洲何怨？以神州之奥博，地邑民居，殷繁至矣，益之东方三省，愈泯棼不可理。若以汉人治汉，满人治满，地稍迫削，而政治易以精严”[②]，认为从中国版图把少数民族区域分割出去，国土面积小了，更加有利于建立良好的政治秩序。

“在十八行省恢复建立汉族国家”思想的另一个来源是欧洲从 19 世纪开始日益发达的所谓“民族建国主义”理论，即认为民族独立建国至为正大，在民族国家竞争的世界里，唯有单一民族的国家才能强固有力，否则必然分崩离析，这种思想在《江苏》《浙江潮》《民报》等当时著名的革命派刊物上广为宣扬，影响很大。1903 年《江苏》发表《新政府之建设》一文中有：“试一翻近世史，二三百年来此等惊天动地之大风潮，龙拏虎掷之大活剧，连篇累牍纷陈眼帘，何一非民族主义所激荡所演出者耶！盖自‘两民族必不能并立于一政府统治下’之精理既发明，欧洲之政局乃大变动，而所谓民族建国主义者磅礴膨胀不可消磨。”[③]

当时革命派中甚至有非民族的国家不算国家的论断，1903 年《浙江潮》发表《民族主义论》一文阐发颇为透辟，严厉批判合众多民族为一大帝国的思想：“非民族的国家，不得谓之国。……集多数人民，以公同之力之志意，向公同之目的，发公同之行为者，则曰国。而置一国于此，其内容则键结无数之异族焉，其思想不同，其语言不同，其风俗习惯不同……及政府之能力衰，而民族的反拨性起。吾证之于远，则罗马是也。彼虽能键无数民族于一国下，然一时而已，不转瞬而亡也。吾证之于近，则蒙古是也。彼能并欧亚二大族而统一之，然泡影焉。”[④] 清王朝的广阔疆域是在康熙、

① 张枬、王忍之编《辛亥革命前十年间时论选集》第 3 卷，第 43 页。
② 张枬、王忍之编《辛亥革命前十年间时论选集》第 3 卷，第 51 页。
③ 张枬、王忍之编《辛亥革命前十年间时论选集》第 1 卷下，第 588 页。
④ 张枬、王忍之编《辛亥革命前十年间时论选集》第 1 卷下，第 490 页。

乾隆之世，由“十全武功”的征伐奠定，由上面的思想推论，大清国当然也不得谓之国，自然也难免解体的命运，革命创建的新国家自然也不应当完整继承清帝国的版图。

明确提出在“十八省”“建民族的国家”的，是1903年《江苏》发表《政体进化论》一文：“如吾前所举民主政体成立之四因，吾国实有其三焉：（一）十八省得天然之地势，远胜美之十三州，以地理论可独立而民主也……（三）同胞四亿万，同文同风同利害，群策群力何事不成，以民族论尤可独立而为民主也。……二十世纪中，必现出一完全无缺之民族的共和国耳……以我民族建我新国，全权在我……呜呼！建民族之国家，立共和之宪章，凡我同胞，其矢斯志。”①

综上，可以看出革命派中存在以在汉族聚居的十八行省恢复建立汉族国家的革命建国思想，对于满、蒙、回、藏等族聚居区，则认为在新国家中可有可无，偏激一点的甚至认为没有更好。当然，受狭隘的“民族建国主义”影响较深的只是革命派中的一部分人，而且即使是这部分人后来在立宪派的舆论攻势之下，也不得不把这种对于国人来说过于激烈的主张隐藏起来。立宪派康有为、梁启超等人一贯反对革命派的种族革命学说，以为满汉早已融合，革命必遭瓜分，特别是杨度1907年在《中国新报》上发表的《中国新报叙》一文，论述民族革命必然引起国家分裂，至少可能分裂为汉、蒙、回、藏四国，分裂则必然遭到列强瓜分以至于亡国②，颇能言之成理，迫使革命派不得不正面回答。《民报》相继发表章太炎《中华民国解》、汪东《革命今势论》等文章，加上前一年发表的汪精卫《驳革命可以召瓜分说》，算是对立宪派的回答。然而，汪精卫完全以美英“门户开放”政策立论，回避了民族分裂问题；章太炎、汪东则一相情愿地认为蒙、回、藏各族发展程度不足以自立，畏惧列强则必然依附汉族，回避了由激烈民族主义对各族的冲击而产生的离心倾向。总之，革命派的回答说服力不强，似乎只是表面上的应付，内心深处仍是以为少数民族区域的去留是次要问题，不必在革命胜利之前重点加以考虑。

---

① 张枬、王忍之编《辛亥革命前十年间时论选集》第1卷下，第545~547页。

② 张枬、王忍之编《辛亥革命前十年间时论选集》第2卷下，第872页。

二　狭隘的“民族建国主义”为日本黑龙会等侵华势力提供了可乘之机

日本黑龙会1901年2月3日成立，其宗旨是：“回顾东亚的大局和帝国的天职，为实行兴隆东亚的经纶，挫折西力东渐之势，目前的急务是先与俄国开战，在东亚将其击退，把满洲、蒙古、西伯利亚连成一片，建设经营大陆的基础。”[①] 黑龙会的创建者和领袖是内田良平。

从黑龙会的宗旨可以看出，这是一个凶恶的侵华组织，其目标是先击退1900年庚子之变中出兵侵占我国东北三省的俄国势力，进而吞并东北三省、蒙古和俄国的西伯利亚，这一地区有著名的大河黑龙江，所以定会名为“黑龙会”。黑龙会通过公开的舆论鼓吹和私下游说高级军政官员，对推动日俄战争的爆发起到了重要作用，日俄战争的结果终于使日本侵华势力侵入我国东北。值得一提的是，黑龙会的领袖内田良平1894年就曾经建立“天佑侠”组织，深入朝鲜东学党起义军中，对推动中日甲午战争的爆发起过一定的作用，可以说是日本对外侵略的急先锋。

然而就是这个凶恶的侵华组织黑龙会以及它的领袖内田良平，却与中国同盟会以及孙中山建立了相当密切的合作关系。内田良平1898年就通过宫崎寅藏与孙中山相识，1900年到新加坡帮助孙中山组织广东惠州起义。1905年7月孙中山从欧洲再到日本，具有重大历史意义的中国同盟会成立筹备会就是于7月30日在东京内田良平家中召开的，会上内田良平正式加入了中国同盟会，不久，当时的黑龙会会员、后来成为日本法西斯主义灵魂的北一辉也加入了中国同盟会。

内田良平在《日本之亚细亚》一书中提到孙中山1905年以来曾对日本朝野人士游说，以中国革命后在长城以南建国，满蒙让给日本，作为日本援助中国革命的报酬。[②] 1912年2月初南北议和成功的前夕，日本政界元老井上馨、山县有朋等通过森恪与孙中山、黄兴商谈由日本提供给革命党一千万到二千万日元的援助，换取中国以某种形式把东三省让与日本，但由于2月12日南北议和成功，这一意向无形打消。实际上，由于当时国际、

① 赵金钰：《日本浪人与辛亥革命》，四川人民出版社，1988，第158页。

② 张枬、王忍之编《辛亥革命前十年间时论选集》第3卷，第73页。

国内巨大的反对力量，这一意向几乎没有实现的可能，但当时孙中山、黄兴并没有拒绝日本的建议，经由日本学者久保田文次、藤井升三和中国学者俞辛焞的考证，应该是确实的。[①]

孙中山是伟大的爱国者，中国同盟会是伟大的爱国团体，这是没有疑问的，那么何以孙中山和同盟会与日本一部分侵华势力能够形成如此密切的关系呢？有些学者难以理解这一点，曾经竭力加以辩驳，但黑龙会是公开的政治团体，以黑龙江命名，有各种公开出版物宣扬其侵略主张，内田良平更是通过著述不遗余力地宣传他的侵略思想，如果说孙中山和同盟会不了解内田良平与黑龙会的侵略立场，那就过分牵强了。既然了解其立场，而又过从甚密，必然要对合作的基础和条件达成某种共识。

实际上，孙中山和革命派中的一部分人，虽然是坚定的爱国者，但不免有其思想和认识上的局限，正是这种局限给日本侵华势力提供了可乘之机：第一，革命派中流行着狭隘“民族建国主义”及由此产生的在十八行省建立汉族国家的革命建国思想，把满蒙置于可有可无之地。第二，革命派不了解我国北方汉族在清代大规模扩散，因而形成广阔的民族杂居区域的国情，对国家和民族分裂可能给各族人民带来的巨大灾难缺乏认识。由于巨大的人口增长，清代直隶、山东、山西、陕西等省汉族人口向东三省、内蒙古、新疆等地大规模移民，形成了广阔的民族杂居区，革命派中大多是南方人，孙中山长期漂泊海外，对南方沿海人口移居海外的情形非常熟悉，而对北方人口分布的重大变化认识不清，因此对国家和民族分裂可能造成的灾难性后果估计不足。第三，可能还有为整体利益牺牲局部的想法，这与列宁和德国签订代价很大的《布列斯特条约》有些类似。

三　从“十八星旗”到“五色旗”

到革命大规模爆发时，上述思想局限产生的危害就会集中表现出来，造成很大的危机。1907 年孙中山在南洋忙于组织两广的起义，东京同盟会本部呈现涣散状态，一部分来自长江流域的革命派为联络会党，推动长江流域的革命发展，在东京成立了“共进会”，其中重要人物有张百祥、焦达

① 俞辛焞：《孙中山与日本关系研究》，人民出版社，1996，第 501～516 页。

峰、刘公、居正、孙武等，共进会的革命旗帜定为“十八星旗”：“用大红色为底布，由中间辐射出来九个黑色锐角，每个锐角内外两端，各有一黄色圆星，内外各九个共十八个，以表示十八省人民团结和铁血的革命精神。”[①] “十八星旗”可以说是狭隘的“民族建国主义”思想的一个具体结果。

1908 年冬，共进会孙武、焦达峰、彭汉遗等先后回国，但联络会党很不顺利，而工作重点转向新军后，进展神速。1911 年 9 月 14 日湖北的共进会组织与新军中的革命团体文学社决定实行合并，发动起义的条件接近成熟。9 月 24 日，新军中的革命情绪已经难以抑制，意外发生了南湖炮队暴动事件，总督瑞澂开始严密戒备。革命党召开紧急会议，决定 10 月 6 日（农历八月十五中秋节）发动起义，同时议决“东京共进会预拟的国旗图样和大都督印钤，更应早日制就，以备应用”[②]。

可以看出，虽然后来“十八星旗”被定为陆军军旗，但当时是把它作为新国家的国旗的，孙中山出任临时大总统时也是把它当作与“五色旗”“青天白日旗”并列来确定国旗的三种选择之一。10 月 10 日武昌起义成功，“十八星旗”高高飘扬在蛇山黄鹤楼头，成为革命的象征，激励着革命军民的斗争意志。但它同时也是狭隘的“民族建国主义”的集中体现，“十八星旗”仅仅代表十八个行省，黑龙江、吉林、奉天、新疆四个行省以及内外蒙古和西藏等广大范围的区域被排除在外，这使国家的领土完整受到重大威胁。

军政府成立不久即发出《布告全国电》，转载刊布于全国各报，影响很大，其中动辄以“十八省”“汉族”“汉人”为号召，痛斥满人则云“我十八行省之父老兄弟诸姑姊妹，莫不遭逢淫杀”，号召革命则云：“是所深望于十八省父老兄弟，戮力共进，相与同仇，还我邦基，雪我国耻……期于直抵黄龙，叙勋痛饮，则我汉族万万世之光荣矣，我十八省父老兄弟其共勉之！”[③] 大约同一时期发出的《布告海内人士电》则称：“为十八省亲爱父老兄弟诸姑姊妹报二百六十年之仇……我汉人四万万之生命，死活在此一举，成则与十八省亲爱父老兄弟诸姑姊妹再享万万世世之福，否则堕于

① 《辛亥革命回忆录》（一），文史资料出版社，1981，第 502 页。

② 《辛亥革命回忆录》（一），第 521 页。

③ 张国淦：《辛亥革命史料》，龙门联合书局，1958，第 100 页。

地狱中永无超生之日矣……今日之举，是合十八行省诸英雄倡此义举。”[①]可见在武昌起义初期，军政府完全被“民族建国主义”的狭隘思想所控制，以在十八省建立汉族国家为号召，还没有民族团结和国家领土完整的考虑。

共进会的排满立场在革命派中本来就较为偏激，加之两湖素以民气刚猛著称，故而当时武汉革命军中民族主义情绪甚为狭隘激烈，革命军中的两条主要军纪是“不准侵犯汉民”和“不准危害外人”，[②]也就是说中国汉族之外的各民族是不在保护之列的，因此武汉满人被杀者有数百人之多，虽妇孺亦有所不免。

《辛亥革命稀见史料汇编》收有以中华民国军统领黎元洪名义发布的《中华民国军第十三章檄告天下文》影印件，这篇檄文产生于武昌起义之初，虽然流布不广，但可以生动地反映当时民族情绪偏激的程度。檄文的后半部分是以发表于 1907 年《民报》增刊《天讨》上章太炎撰写的“讨满洲檄”为底本，略加改动而成的，结尾一段的改动令人震惊，竟然是把原文只是针对满人，扩大到以满、蒙、回、藏四族为敌：“又尔蒙回藏人，受我华之卵育者二百余年……尔若忘我汉德，尔恶不悛，尔蒙人之归化于汉土者，乃蹀足謦欬，与外蒙响应，军政府则大选将士，深入尔阻，犁尔庭，扫尔闾，绝尔种族，筑尔尸以为京观。”[③]这一段对 1907 年章太炎原文的主要改动在于：（1）原文“又尔满洲胡人”改为“又尔蒙回藏人”；（2）原文“尔胡人之归化于汉土者”改为“尔蒙人之归化于汉土者”；（3）原文“与外胡响应”改为“与外蒙响应”。[④]可以看出，武昌檄文的民族主义立场比章氏檄文更加狭隘激烈，简直带有与满蒙回藏四大族决裂的意味，而且满人之外特别针对蒙古族。

四川也是共进会影响较大的省份，共进会在日本成立时四川会党首领张百祥曾被推选为总理，1911 年 11 月 27 日蒲殿俊在成都宣布四川独立，大汉四川军政府的旗帜也是“十八星旗”，不过形式和湖北似乎略有不同，英国驻成都总领事是这样描述的：“那面旗帜（我想目前中国其他地方也是如此）是白色的，上面有红字（汉），周围有十八颗星绕成的一个黑圈，形

① 中国史学会编《辛亥革命》（五），上海人民出版社，1957，第 138 页。

② 《辛亥革命回忆录》（一），第 311 页。

③ 《辛亥革命稀见史料汇编》，中华全国图书馆文献缩微复制中心，1997，第 630 页。

④ 中国史学会编《辛亥革命》（二），第 290 页。

状象是太阳，但颜色是黑的。……旗帜上‘星’的数目是十八颗，而不是二十一颗或二十三颗，这个情况表明把东三省、蒙古和新疆（喀什噶尔）排斥在联邦之外。”① 可以看出，四川“十八星旗”颜色不同，还多了一个代表汉族的“汉”字，但无论如何它们向外界传达的信息是明确一致的，就是要在十八行省恢复建立汉族国家。

然而随着革命形势的扩展，越来越多的立宪派和旧官僚参加进来，加上革命党中原有的温和派力量，革命开始变得温和起来，湖北黎元洪、汤化龙，湖南谭延闿，江苏程德全，浙江汤寿潜等相继进入革命领导层，特别是11月底汉阳失守和12月初苏浙联军攻占南京以后，革命的重心转移到南京。江浙一带是立宪派实力雄厚的地区，温和革命派、立宪派和旧官僚渐渐取得了能够左右整个革命形势的地位。此种转变使辛亥革命难以真正进行彻底，使得保守势力大量地保存下来，以至于后来危害民国，这是毋庸讳言的，但同时也使革命派中一部分偏激的民族主义倾向得到矫正，减少了革命的破坏性，为保持民族团结和国家统一创造了必要的条件。

11月初江浙一带革命形势迅猛发展，由于当时江浙立宪派和旧官僚在社会上地位声望很高，因而转向革命后大量进入了领导层。5日，江苏巡抚程德全顺应革命形势，在苏州宣布江苏省独立，一变而成为江苏都督。同日，浙江独立，汤寿潜被推举为都督。6日，沪军都督府成立，陈其美为都督。12日江苏代表雷奋、沈恩孚，浙江代表姚桐豫、高尔登通电全国，请各省派代表来上海，会商组织临时政府。20日，各省到沪代表议决，承认武昌军政府为民国中央军政府，也就是说此时“十八星旗”是民国中央政府的旗帜。

12月2日苏浙联军攻占南京，12月4日江苏都督程德全、浙江都督汤寿潜、沪军都督陈其美，以及各省留沪代表沈恩孚、俞寰澄、朱葆康、林长民、马良、王照、欧阳振声、居正、陶凤集、吴景濂、刘兴甲、赵学臣、朱福诜参加了在上海召开的由江苏省教育总会发起的全国教育会联合会，列席会议的还有章炳麟、赵凤昌、章驾时、蔡元培、王一亭、黄中央、顾忠琛、彭锡范②，从与会名单可以看出，著名的立宪派人物和与立宪派接近的革命派人物占有明显优势，大会议决“取五族共和的意义，决定以五色

① 《英国蓝皮书有关辛亥革命资料选译》，中华书局，1984，第247～249页。

② 《辛亥革命回忆录》（六），文史资料出版社，1981，第248页。

为国旗。红、黄、蓝、白、黑，象征汉、满、蒙、回、藏”[①]。虽然这一决议由于当时大部分代表已去武汉而并不具有完全的效力，但“五色旗”的出现标志着在革命阵营已经开始把民族团结和国家领土完整问题放到极为重要的位置加以考虑。

而后“五色旗”被江浙一带的革命军采用，任鸿隽 12 月 31 日搭孙中山专车去南京时，在上海车站“看见车站中人行道两面排列了沪军士兵，军队的每一枝枪上均插上一张五色小国旗（五色国旗是当时江、浙一带所采用的旗帜），大有目迷五色之感。孙中山先生的青天白日旗，竟一面也没有看见”[②]。当时，“青天白日旗”被两广革命军采用，“十八星旗”被两湖革命军所采用，是为辛亥革命中影响最大的三种旗帜。1911 年 12 月 12 日，在武汉和上海的各省代表齐集南京，1912 年 1 月 11 日，各省代表会议（代行参议院）在南京正式议决以“五色旗”为中华民国国旗。

但是，临时大总统孙中山对毫无革命历史的“五色旗”并不满意，他个人在感情上当然倾向于“青天白日旗”，1907 年还曾经为“青天白日旗”几乎和黄兴闹翻[③]，同时认为“十八星旗”的主张也很正大。孙中山 1912 年 1 月 12 复函代行参议院：“贵会咨来议决用五色旗为国旗等因。本总统对于此问题，以为未可遽付颁行。盖现时民国各省已用之旗，大别有三：武汉首义则用内外十八省之徽志，苏浙则用五色之徽志；今用其一，必废其二。……至于取义，则武汉多有极正大之主张，而青天白日，取象宏美……今日适得武昌来电，则主张用首义之旗，亦有理由，非经将来大会讨论，总难决定也。”[④]

然而“五色旗”1911 年 12 月初产生于江浙一带并不是偶然的，当时南方革命阵营里，立宪派、旧官僚和温和革命派的主张已经占压倒优势。立宪派虽然和革命派一样都是政治上的革新派，但其与革命派分歧的一个根本点就是主张满汉早已融合以及民族革命将导致国家分裂以致灭亡，这在清末立宪派与革命派的论战中表达得十分清楚，在立宪派对清政府绝望以至于参加革命以后，它的民族团结和领土完整的主张并未改变，而且一时

① 《辛亥革命回忆录》（一），第 66 页。

② 《辛亥革命回忆录》（一），第 410 页。

③ 毛注青：《黄兴年谱长编》，中华书局，1991，第 113 页。

④ 《孙中山全集》第 2 卷，中华书局，1982，第 17～18 页。

极能博得舆论界的同情；温和革命派如宋教仁等原本就反对极端的民族主义，比较注意民族团结和领土问题，宋教仁还著有《间岛问题》，专门论述东北中朝边境的延吉主权问题，甚至为清政府在对外谈判中所借重。[①] 旧官僚更是反对一切激烈的思想，认为变动越少越好。

即使激进革命派如孙中山等，也认识到共和力量已占优势，清王朝的灭亡已经不成为主要问题，开始把民族团结和避免国家分裂问题放到重要位置，因而顺应形势发展接受了五族共和以及保持领土完整的主张，并在1912年元旦的《临时大总统就职宣言书》中特别加以强调："国家之本，在于人民。合汉、满、蒙、回、藏诸地为一国，即合汉、满、蒙、回、藏诸族为一人，是曰民族之统一。武汉首义，十数行省先后独立。所谓独立，对于清廷为脱离，对于各省为联合，蒙古、西藏意亦同此。行动既一，决无歧趋，枢机成于中央，斯经纬周于四至。是曰领土之统一。"[②]

既然承认五族共和为立国之本，且认为维护民族团结和领土统一为当务之急，就很难否认以"五色旗"为国旗的主张，南京各省代表会议（代行参议院）决定以"五色旗"为中华民国国旗，标志着五族共和的建国思想已经在南方革命阵营里取得决定性胜利。

四　边疆危机及南北议和对维护国家领土完整的重大作用

然而，南京各省代表会议（代行参议院）定"五色旗"为中华民国国旗，南方革命阵营达成以五族共和为建国之本的共识，并不能保证民族团结和国家领土完整的理想真正实现。

北方以袁世凯集团为主要支撑的清王朝还拥有强大的武装力量，如果坚持抗拒革命，南方的革命武力很难在短期内统一中国，受清末革命派民族主义运动的冲击，满、蒙、回、藏等各族对于革命都心怀疑惧，甚至北方各省很多汉人对共和革命也很不理解，加之日本、俄国、英国等帝国主义势力的阴谋，假如南北战事延绵，长年不决，国家分裂和民族仇杀的巨大灾难将难以避免。

---

① 《辛亥革命回忆录》（六），第39页。

② 《中华民国史档案资料汇编》第2辑，江苏古籍出版社，1991，第1页。

当时国家和民族分裂的危险是十分紧迫的。日本和俄国本来是为侵略我国东北发生过大规模战争的死敌，然而一旦经1907年和1910年密约划分势力范围，双方竟然一变成为以瓜分中国领土为目的而密切合作的伙伴，武昌起义爆发不久的1911年10月23日，日本驻俄大使本野一郎就与俄国总理大臣商议瓜分中国满蒙，谈话纪要中有：“根据一九〇七年及一九一〇年两次秘密协约，日、俄两国关于分割满洲和蒙古的问题已经预有设想。只要时机一到，两国即可根据一九〇七年协约中规定的分界线分割满洲，并可进一步商谈如何分割蒙古的问题。”[①] 10月24日日本内阁会议决议：“确立帝国在满洲的地位，以求满洲问题的根本解决。为此，帝国政府必须经常策划，不遗余力；一旦遇到可乘之机，自应加以利用，采取果断手段，实现上述目的。”[②] 1912年1月13日，日本驻俄大使本野一郎致电内田康哉外务大臣：“关于清国时局问题，俄国总理大臣态度相当激越，锋芒所示，颇有一遇时机既由日、俄两国协商，一举分割满洲、蒙古之势。”[③] 可见日、俄两国趁火打劫的决心是很大的，中国国内动荡时间越长，它们实现阴谋的机会越大。

鞑靼长期以来是古代北方少数民族的通称，因此“驱除鞑虏”的口号给蒙古族的心理冲击不亚于满族，蒙古王公对武廷芳的质问最足以反映这种疑惧心理：“共和国将仅以十八行省组织之乎？抑将合满蒙藏回共组织之乎？如诸君子欲合全国共谋组织，则满蒙藏回土宇辽阔，几占全国之大半。其人民习惯，只知有君主，不知何谓共和，更深惧诸君子少数专制之共和。……即使诸君子所见不远，怀挟部落思想，谓我蒙古去之不足惜……则我蒙古最后之主张，未便为诸君子宣布。”[④] 1911年11月30日，外蒙古在俄国的策动下，以库仑活佛哲布尊丹巴的名义宣布独立，而后哲布尊丹巴在亲俄派杭达多尔济等的怂恿下登极称帝，中国官员被驱逐，汉族商民备受虐待。[⑤] 1912年1月3日，乌里雅苏台的札萨克图汗宣布独立。在外蒙古几次派兵侵袭和日、俄两国的策动下，内蒙古也渐渐呈现不稳定迹象，

① 《日本外交文书选译——关于辛亥革命》，中国社会科学出版社，1998，第107页。

② 《日本外交文书选译——关于辛亥革命》，第109、12页。

③ 《日本外交文书选译——关于辛亥革命》，第134页。

④ 《渤海寿臣·辛亥革命始末记》（二），台北，文海出版社，1969，第903页。

⑤ 吕一燃：《北洋政府时期的蒙古地区历史资料》，黑龙江教育出版社，1999，第21、23、25页。

1912年1月中旬呼伦贝尔盟在俄国策动下宣布独立，哲里木盟郡王乌泰也积极准备叛乱。[①] 1912年1月底，变乱已经蔓延到北京附近，在日本浪人川岛浪速等的策动下，喀喇沁王贡桑诺尔布等蒙古王公接受日本贷款，谋划发动叛乱："关于蒙古举兵事，刻已步步准备就绪。喀喇沁王已决心于数日脱出北京（三万发子弹已于昨日领取运出）。喀喇沁王与川岛之间所订密约以及借款合同抄本，今日寄上。此项借款，约定以卓索图盟五旗内（注：指喀喇沁三旗，土默特二旗，在今天赤峰市附近）所有矿山为抵押，贷与日金二十万元整。因该区将成为举兵之根据地，故贷与款额较他项借款为多。……此次所贷款项，大部分将使其用于举兵。"[②] 在川岛浪速与喀喇沁王贡桑诺尔布订立的十条契约中，规定独立后任川岛为总顾问，一切文武事宜都与川岛商量决定，未经日本允准，不得与俄国往来，这实际上是日本阴谋建立"伪满洲国"的第一次尝试。[③]

国家民族的分裂往往要引发大规模的民族冲突和种族仇杀，这对各族人民都是一场巨大的灾难。分裂意味着要在两个民族聚居区之间的民族杂居区域中，人为划出一条原来并不存在的国境线，这时杂居区中的甲族必然想要驱逐乙族以使本地划归甲国，相应地乙族也想驱逐甲族以使本地划归乙国，民族仇杀就这样难以避免地爆发，几乎每一条新划出的边境线，都是由大量的鲜血凝成。1947年8月15日，印度和巴基斯坦独立分治，举国狂欢，但是从这一天开始，沿着一条在36天里匆匆划定的边境线，两侧的印度教徒和穆斯林向相反的方向面对面地奔逃，1400万人沦为无家可归的难民，即使在英印国军队的监视下，仍有大约50万人在沿途的相互劫杀中丧生，这是人类历史上最无道理、最悲惨的灾难之一，而且在双方有争议的克什米尔，战火绵延半个世纪至今未熄，且不用说由敌意而产生的军备竞赛给两个国家带来的沉重负担了；最近南斯拉夫的国家分裂和民族仇杀引发了波黑战争、科索沃战争等一系列大的冲突，已经导致数万人丧生，几乎使这一地区变成了一片废墟。

辛亥革命时期在内蒙古的变乱地区，大量汉人遭到驱逐和烧杀。[④] 当动

---

① 《辛亥革命回忆录》（一），第42页。

② 《日本外交文书选译——关于辛亥革命》，第88页。

③ 俞辛焞：《孙中山与日本关系研究》，第409页。

④ 《内蒙古近代史论丛》第2辑，内蒙古人民出版社，1983，第298、313页。

乱波及西藏时，拉萨"人心惶惶，谣言四起，番言杀汉，汉言杀番，各怀疑惧"[①]，不久冲突爆发，藏军"不分玉石，见汉即杀"[②]，西藏各地汉人处境极惨，"参赞陆兴祺及师周自印度迭电中央及川、滇求救，情词哀切不忍闻。均以大局未定，不能顾及，而汉商民居藏者被屠杀几尽，藏番势力遂东渐及康"，"中国难民避藏番屠杀，流亡于哲孟雄（今锡金——笔者注）、印度各境者，为驻藏办事长官陆兴祺分起资遣回国，至四年冬始毕"。[③] 如果不是全国政局很快稳定下来，灾难无疑还会蔓延更深更广。

在这样的民族冲突中没有胜利者，冲突各方都要遭受难以愈合的重大创伤，从这里可以清楚地看出民族主义作为一种政治思想的严重负面作用。清代三百年，汉族人口出现巨大增长，相对的蒙古族等少数民族由于宗教（约40%男性当喇嘛）、婚俗、性病等原因，人口依旧很稀少[④]，汉族人口大量移居少数民族区域的压力虽封禁亦不能阻止，特别是晚清改封禁政策为放垦政策后，移民过程大大加快，形成了大范围的民族杂居区，因此一旦国家分裂，民族仇杀很可能以非常大的规模爆发，给各族人民带来的灾难将是不堪设想的。

不仅仅是满、蒙等少数民族，即使是很多北方汉人，由于受共和国思想影响很少，对革命极不理解，一时也是人心惶惶，不知所措，最具危险性的是当时握有奉天军权、能够左右东北三省去向的张作霖的态度。1912年1月26日，南北和谈已接近完成，张作霖主动访问日本驻奉天总领事落合谦太郎，称："目前东三省兵马实权全在本人掌握之中，断不容许革命党之类南方人任意蹂躏，如北伐军之类，何足挂齿；即袁总理，如有确实迹象证实其已附和共和，本人绝不听从其指挥……日本国如能以德相召，则东三省民众，必将人心趋向，有所依旧。本人认为与其将东三省委于南方人之手，勿宁让予外人更为了当。"[⑤] 1月31日张作霖再次传言落合："袁世凯终已逐渐附和共和，皇帝退位当不可免，东三省亦将失去足以拥戴之主宰。身为北人而附和南人之共和，甘受其制，本人宁死亦不屑为。果如

① 《民元藏事电稿·藏乱始末见闻记四种》，西藏人民出版社，1983，第146页。

② 《民元藏事电稿·藏乱始末见闻记四种》，第80页。

③ 《民元藏事电稿·藏乱始末见闻记四种》，第139、142页。

④ 吕一燃：《北洋政府时期的蒙古地区历史资料》，第305页；《内蒙古近代史论丛》第2辑，第221页。

⑤ 《日本外交文书选译——关于辛亥革命》，第72页。

此，尚不如依附日本为佳。”[①] 2月3日张作霖第三次传言落合，称：“日昨已以统领名义致电袁世凯，阐明如下立场：如果皇帝退位，成立共和政府，本人即不听从指挥。……吾人已失去应为之效忠之皇帝，则依附同种之日本，乃属理所当然。……本人将拥戴肃亲王归依日本国。”[②] 张作霖对日本人并没有太多的好感，但对比起来，当时似乎革命党更令他感到不安。

那时英国驻华公使朱尔典的形势判断颇为准确：“皇帝将早日退位并由袁世凯建立临时政府。但是这个转变可能带来严重的困难；有迹象表明，蒙古人和北方各省都不愿意心平气和地接受这项解决办法。”[③] 2月12日清帝退位后，东三省继续悬挂龙旗，后来张作霖在袁世凯的重金笼络之下，才逐渐改变了态度，可见作为旧官僚的袁世凯不管其动机如何，确实为说服北方各省赞成共和起到了很大作用。

满、蒙、回、藏等少数民族对革命党的疑惧是由革命派长期的狭隘民族主义宣传和革命初期的暴烈行为造成的，虽然孙中山在1912年元旦临时大总统就职宣言中阐明了五族共和的国策，1月28日还特别致电劝慰正在策划叛乱的喀喇沁王贡桑诺尔布等蒙古王公，其中甚至有“汉、蒙本属同种”[④] 的亲切表示。但是，“驱除鞑虏”载在誓词，“八月十五杀鞑子”言犹在耳，一纸宣言、几封电报怎能化解多年形成的隔阂。满、蒙、回、藏各族的取向基本上由其上层人物所左右，南北议和成功使革命军北伐得以取消，以清王朝的总理大臣袁世凯出任民国总统，使各族上层人物多少感到获得了一定的安全保障，觉得旧日的地位利益仍可保持不变。而袁世凯对蒙古问题一直极为重视，软硬兼施，充分玩弄其笼络手腕，任命贡桑诺尔布为民国的蒙藏事务局总裁，晋封亲王，对其他蒙古族上层人物也大量加封，使内蒙古王公数量“比清朝时的数额增加了几倍”[⑤]，终于使内蒙古王公们放弃了分裂的图谋，而且不少逃往外蒙古的蒙古族也陆续返回内蒙古。

清帝退位意味着将清朝政府原有的主权和领土完整地移交给民国政府，保持了主权和领土范围的连续性，所以英国和俄国虽然阴谋策动西藏和外

---

① 《日本外交文书选译——关于辛亥革命》，第74页。

② 《日本外交文书选译——关于辛亥革命》，第77页。

③ 《英国蓝皮书有关辛亥革命资料选译》，第344页。

④ 《孙中山全集》第2卷，第48页。

⑤ 《辛亥革命回忆录》（一），第425页。

蒙古的分裂，但仍然不得不声明承认中国在这两个地区的主权，哪怕只是名义上的主权。清代中央政府与各大少数民族的政治关系向来由清帝在理藩院的协助下直接处理，为此清王朝特别在承德避暑山庄行宫附近修建了外八庙，以接待各族上层人物，而理藩院历来由满蒙王公大臣主持，汉族与各族的政治联系一向很少。直到退位，清帝一直以蒙、回、藏族的保护者自居，1912 年 2 月 3 日清帝“授权袁世凯与民军商酌退位条件旨”中还特别提出：“蒙古、回、藏之待遇，均应预为筹划。”① 因此 2 月 12 日清帝在退位上谕中表示：“总期人民安堵，海宇乂安，仍合满、汉、蒙、回、藏五族完全领土为一大中华民国”，正式和平退位并承认中华民国②，对抑制各族分裂倾向和维护国家统一的作用不可低估，因为各族上层人物一向只承认清帝是他们的统治者。

革命爆发之后，国内外各种促使国家分裂的力量都在急速地化合作用，南北统一迟一天达成，国家分裂和由此引发的民族仇杀的危险就增大一分。所幸经过全国维护国家统一的绝大多数政治派别的共同努力，南北议和终于取得成功，使国家转危为安，顺利实现统一，当时唯一激烈反对南北议和的只有头山满、犬养毅、内田良平、北一辉等与中国革命派关系密切、来华参与革命的日本人。③ 以往的论著多强调南北议和的妥协性，强调辛亥革命的不彻底性，这当然是一个重要的方面。但另一方面，世事向难两全，唯其妥协，唯其不彻底，才能够容纳国内多数派别的意愿，使民族团结和领土完整得以大体维持，避免了国家分裂和民族仇杀的巨大灾难，因此南北议和的重大历史意义是应该得到公正评价的。

〔《北京大学学报（哲学社会科学版）》2002 年第 2 期〕

---

① 《中华民国史档案资料汇编》第 2 辑，第 71 页。

② 《中华民国史档案资料汇编》第 2 辑，第 72 页。

③ 俞辛焞：《孙中山与日本关系研究》，第 127 页。

南京临时政府时期的近代国家转型与民族关系之建构

——以“五族共和”为中心

彭武麟

关于辛亥革命前后的“五族共和”问题，学界已经有不少研究。[①] 笔者认为，“五族共和”不仅是近代思想史上的一个重要观念，更是中国近代国家转型与新型民族关系建构这一动态历史过程中的关键一环。本文尝试从这一视角出发，对南京临时政府时期“五族共和”的确立及相关民族关系基本情态的形成，作一探讨。

一　民族思想的整合与认同

如何构建现代民族国家是近代中国面临的重大历史任务，其中，是建

---

① 主要的论文有章开沅《民族运动与中国近代史的基本线索》（《历史研究》1984 年第 3 期），金冲及：《辛亥革命和中国近代民族主义》（《近代史研究》2001 年第 5 期），黄兴涛：《现代“中华民族”观念形成的历史考察——兼论辛亥革命与中华民族认同之关系》（《浙江社会科学》2002 年第 1 期），彭英明：《从“反满”到“五族共和”——辛亥革命前后中国资产阶级革命派的民族政策》（《江汉论坛》1981 年第 5 期），胡岩：《“五族共和”口号的提出及其意义》（《西藏研究》1995 年第 1 期），何志明：《“五族共和”思想对民族地区的影响》（《青海民族学院学报》2000 年第 1 期），张永：《从“十八星旗”到“五色旗”——辛亥革命时期从汉族国家到五族共和国家的建国模式转变》（《北京大学学报》2002 年第 2 期），〔日〕村田雄二郎：《孙中山与辛亥革命时期的“五族共和”论》（《广东社会科学》2004 年第 5 期），潘先林：《“五族共和”思想的提出、确立与渊源论析》（《思想战线》2006 年第 3 期）和《论“五族共和”思想的影响》（《云南社会科学》2006 年第 5 期）等。

立单一民族（汉族）国家还是多民族国家（传统中国境内的各民族），以及怎样处理和调适国内民族关系等问题，乃是题中应有之义。对于这些问题的认识和思考，肇端于甲午战后的严复、康有为、梁启超等维新改良思想家，基本上在武昌起义前形成较一致的社会政治共识。其理论背景是西方现代民族主义理论的传入和影响，现实背景则是国内民族关系现状和资产阶级革命运动的高涨。

19 世纪七八十年代，严复在译介社会进化论的著作《天演论》及《论世变之亟》、《原强》、《救亡决论》等文章中较详细地阐述了他的“合群”自强说，虽然没有直接提到民族或民族主义，但具有中国现代民族思想的启蒙意义。[①] 此后，康有为提出“满汉不分、君民合治”、合为中华的主张[②]，把中国近代国家转型与国内民族关系问题的认识推进了一大步。后来康氏在与革命派论战的著名文章《辨革命书》中，从历史、文化、民族融合等方面对他的“大中国观”又进行了较详细的说明：“只有所谓中国，无所谓满汉；帝统宗室，不过如汉刘、唐李、宋赵、明朱，不过一家而已。”[③] 戊戌变法失败后，梁启超先后发表了一系列文章，宣传西方民族主义理论，并对国内民族关系问题进行创造性的思考。如他在《国家思想变迁异同论》《论民族竞争之大势》《新民说》等文章中，对什么是民族主义、民族主义的功能、民族主义之于中国的意义和途径等问题做了说明，并针对当时国内民族关系现状，还创造性地提出了“中华民族”的名称和“小民族主义”“大民族主义”等概念。虽然对于前者他没有做详细的解释，但对于后者他的解释是十分清楚的：“吾中国言民族者，当于小民族主义之外，更提倡大民族主义。小民族主义者何？汉族对于国内他族是也。大民族主义者何？合国内本部属之诸族以对于国外之诸族是也。”[④] 不难看出，上述维新改良派的思考包含民族认同与政治认同两个方面。民族认同就是如何从传统的“华夷秩序”中解放出来以实现对中华民族的自觉认同，政治认同就是在维

---

① 参见金冲及《辛亥革命和中国近代民族主义》，《近代史研究》2001 年第 5 期。

② 参见康有为《请君民合治满汉不分折》，汤志钧编《康有为政论集》上，中华书局，1981，第 340～343 页。

③ 康有为：《辨革命书》，张枬、王忍之编《辛亥革命前十年间时论选集》第 1 卷上，三联书店，1960，第 217 页。

④ 梁启超：《政治学大家伯伦知理之学说》，《饮冰室合集·文集之十三》，中华书局，1989，第 75～76 页。

护国家统一的前提下实现从“朝廷国家”到“民权国家”的转型。其中之要义，则是力图寻找一条解决民族平等与国家政治统一之间的协调和平衡的渠道与路径，即如何克服帝国内部的族群矛盾、如何将社会成员从特定的地缘关系中解放出来并组织起来成为主权国家的权利主体、如何在不同地区和文化认同之间形成平等的和具有各自特点的政治结构。[①] 维新派的这些探讨，不仅在思想理论层面上是中国现代民族国家话语之张本，而且在当时舆论界产生了巨大的影响。

维新派温和的政治实践虽然是昙花一现，但他们关于民族主义与调适国内民族关系的思考和探索并未因此中断。戊戌变法失败后，中国思想界这一认同与整合的脉络主要在以孙中山为代表的革命派和立宪派两个思想阵营中延伸。面对日益严重的民族危机，早在檀香山创建兴中会时孙中山就响亮地提出了推翻清王朝封建专制统治、“振兴中华”的口号[②]，高举起民族主义大旗。由于西方民族建国理论与中国历史上传统国家与民族关系之扞格，少数民族之一满族是统治民族及由于清王朝实行民族压迫与民族歧视政策造成的不正常的国内民族关系现状，革命派在这一问题上出现了狭隘、偏激甚至是错误的倾向。章太炎在《正仇满论》一文中说，满族乃“异种，非吾中夏神明之胄”，是当时满汉异种论的典型代表，进而他主张满汉分治：“自渝关而外，东三省者，为满洲之分地；自渝关而内，十九行省者，为汉人之分地。”[③] 邹容的《革命军》是当时影响巨大的革命宣传品，但其中却充满了种族复仇主义情绪。他在该书绪论中的头一句话就说“诛绝五百万有奇之满洲种，洗尽二百六十年残惨虐酷之大耻辱，使中国大陆成干净土”，而在第六章所列“革命独立之大义”二十五条中有六条相关内容，如第五条称：“驱逐居住中国中之满洲人，或杀以报仇”。[④] 就连孙中山在同盟会成立前也把满族称为“东北一游牧野番贱种”，主张“将满洲鞑子

① 参见汪晖《现代中国思想的兴起》上卷第二部“帝国与国家”，三联书店，2004，第825页。

② 孙中山：《檀香山兴中会章程》，《孙中山全集》第1卷，中华书局，1981，第19页。

③ 章炳麟：《正仇满论》，张枬、王忍之编《辛亥革命前十年间时论选集》第1卷上，第96、97页。

④ 邹容：《革命军》，张枬、王忍之编《辛亥革命前十年间时论选集》第1卷下，三联书店，1960，第651、675页。

从我们的国土上驱逐出去"。[①] 革命派的这种狭隘、偏激有着特殊的时代背景，而其合理内核在于推翻清王朝的民主革命。在经过与改良派的论战及革命形势的不断高涨，革命派开始重新审视并修正自己的看法和主张，民族平等与民主革命的有机结合成为主流认识。章太炎在1908年6月撰写的《排满平议》中指出："排满洲者，排其皇室也，排其官吏也，排其士卒也。若夫列为编氓，相从耕牧，是满人者，则岂欲剸刃其腹哉?"[②] 显然较他过去的民族复仇论有了较大的转变。比较彻底的是勇于追求真理、与时俱进的孙中山。1906年冬，孙中山与黄兴、章太炎等制定《中国同盟会革命方略》，在对满族将士的布告中说："我辈皆中国人也，今则一为中华民国军之将士，一则为满洲政府之将士，论情谊则为兄弟，论地位则为仇雠，论心事则同是受满洲政府之压制，特一则奋激而起，一则隐忍未发，是我辈虽立于反对之地位，然情谊具在，心事又未尝不相合也!"[③] 针对同盟会民族主义纲领中"驱除鞑虏"的缺陷，孙中山在东京《民报》创刊周年庆祝大会的演说中又做了明确的解释："民族主义，并非遇着不同族的人便要排斥他，是不许那不同族的人来夺我民族的政权"。"兄弟曾听见人说，民族革命是要尽灭满洲民族，这话大错"[④]。应当说，在对国内民族关系的认识上革命派逐渐接近维新派的"大中国观"[⑤]。

在清末立宪运动中，立宪派在关于民族主义和国内民族关系问题上承康梁之余绪并有所发展，其中最具代表性的是杨度的"金铁主义说"。他认为，"以今日中国国家论之，其土地乃合二十一行省、蒙古、回部、西藏而为其土地[⑥]，其人民乃合满、汉、蒙、回、藏五族而为其人民，不仅于国内之事实为然，即国际之事实亦然"[⑦]。根据五族社会发展程度而论，"汉族为首，满次之，蒙、回、藏又次之"，但同为中国国民，即"汉、满、蒙、

① 孙中山:《中国问题的真解决》,《孙中山全集》第1卷，中华书局，1981，第232、255页。

② 章太炎:《排满平议》，张枬、王忍之编《辛亥革命前十年间时论选集》第3卷，三联书店，1960，第51页。

③ 孙中山:《招降满洲将士布告》,《孙中山全集》第1卷，第311页。

④ 孙中山:《在东京〈民报〉创刊周年庆祝大会的演说》,《孙中山全集》第1卷，第324、325页。

⑤ 参见何志虎《康有为的"大中国观"与革命派放弃"驱除鞑虏"口号》,《史学月刊》2000年第5期。

⑥ 杨度此说有误，没有把当时被日本割占的台湾省计算在内。

⑦ 杨度:《金铁主义说》，刘晴波主编《杨度集》，湖南人民出版社，1986，第280页。

回、藏之土地不可失其一部，汉、满、蒙、回、藏之人民不可失其一种，必使土地如故，人民如故，统治权如故”。[①] 至于民族主义问题，杨度认为无论满族还是汉族皆应以国家主义为本，即国家民族主义是各民族的共同取向，进而在国民统一之下实现民族平等、文化融合。而实现其所谓的国民社会的途径，是以汉族为中心的民族同化和君主立宪的国家政治制度，达到国民与民族这二者的相互统一。“其始也，姑以去其种族即国家之观念；其继也，乃能去其君主即国家之观念，而后能为完全之国民，庶乎中国全体之人混化为一，尽成为中华民族，而无痕迹、界限之可言。”[②] 可见，杨氏“合五族为一家”的认识在国内民族构成及其关系问题上较维新派又有了明显的进步，尽管在许多具体问题上仍然存在偏差甚至是谬误。[③] 除杨度外，还有立宪运动中关于“平满汉之界”的各种奏折和舆论。据统计，《清末筹备立宪档案史料》一书所收该类奏折达 20 余通，其中满族 4 人、蒙古族 1 人、汉族 12 人。这些奏折中不仅提出“撤旗”、立法等消除满汉界限的建议，而且就满汉等国内民族关系的同质性、一体性也做了较深入的阐述。[④] 同时，以一批满族留日学生为主在东京、北京创办的《大同报》及《北京大同日报》，专门以提倡“汉满人民平等，统合满、汉、蒙、回、藏为一大国民”为宗旨，宣传“五族大同”。[⑤]

上述各派虽然政治立场不一样，但在关于国内民族关系问题的认识上大致是殊途同归，正如一些学者所说“改良派和革命派的分歧是，前者主张各族合在君主政体下，后者主张合在共和政体下”[⑥]。因而辛亥革命一爆发，“五族共和”就顺理成章地成为社会各界的政治共识。总体来看，上述认同与整合的载体是国家政治重建问题，而主题是如何调适国内民族关系问题，其主要的动力群体是汉族政治文化精英及满、蒙等少数民族上层精英分子。

---

① 杨度：《金铁主义说》，刘晴波主编《杨度集》，第 304 页。

② 杨度：《金铁主义说》，刘晴波主编《杨度集》，第 372 页。

③ 由于理论及时代的局限，杨度在很多问题上自相矛盾甚至是错讹，如他说蒙古族“与汉人向非同国之国民”等（杨度：《金铁主义说》，刘晴波主编《杨度集》，第 260 页）。

④ 参见《清末筹备立宪档案史料》下册（五、满汉关系），中华书局，1979。

⑤ 参见黄兴涛《现代“中华民族”观念形成的历史考察——兼论辛亥革命与中华民族认同之关系》，《浙江社会科学》2002 年第 1 期。

⑥ 参见张正明、张乃华《论孙中山的民族主义》，《民族研究》1981 年第 6 期。

二　政治实践中的妥协与认同

除了上述思想文化领域的认同与整合外，“五族共和”成为南京临时政府的立国方针还是当时各派政治势力认同与整合的产物。它主要有两个方面，一是南方革命阵营内部的联合，二是南北政治势力的议和妥协。

一方面，“五族共和”是南方革命阵营中革命派与立宪派联合的政治基础，并在筹建临时政府的过程中得以确立。1911 年 10 月 10 日，武昌起义爆发，各地纷纷响应，相继宣布起义或“光复”。其中除了革命党人的发动和斗争外，立宪派也转向革命，“相继改制易帜，宣布独立，成立军政府”，“使清朝统治加速瓦解”。[①] 于是，在建立什么样的中央政府以及由什么人执掌的问题上，“五族共和”成为统一的号召和旗帜。在武汉光复的次日，起义的领导人便议定“改政体为五族共和”；“国旗为五色，以红、黄、蓝、白、黑代表汉、满、蒙、回、藏为一家”。[②] 虽然湖北军政府实际上并没有将五色旗作为国旗，但此议一出，实开“五族共和”之先声。11 月 9 日和 11 日，湖北和上海两地先后发出建议成立临时政府的通电，都力争控制中央政权。同时，各地在光复后也使用不同形式的国旗，“鄂、湘、赣三省用十八星旗，粤、桂、闽、滇、黔数省用青天白日三色旗，江、浙、皖及各省多用五色旗”[③]。这种情况，一方面表明建立统一的中央政府的迫切要求，另一方面又表明在建立什么样的中央政府等问题上存在分歧。11 月 15 日，“各省都督府代表联合会”在上海召开。由于首义之区湖北方面力争，各省代表联合会于 24 日决定迁往武昌开会，同时各省留一人在上海以便联络。此时湖北形势吃紧，汉口、汉阳相继失守。11 月 30 日，各省代表联合会在汉口英租界举行，代表中革命派与立宪派几乎各占一半。12 月 2 日，会议作出两项重要决议：一是通过《临时政府组织大纲》，一是决定“虚临时总统之席以待袁君反正来归”。同日，江浙联军攻克南京，江浙集团声势大振，决定在南京组织成立中央临时政府，并立即电催汉口代表东下。12 月 4 日，陈其美（上海都督）、宋教仁（欧阳振声代表）联合程德全（江苏都

① 参见林增平《革命派、改良派的离合与清末民初政局》，《历史研究》1986 年第 3 期。

② 曹亚伯：《武昌革命真史》中，上海书店，1982，第 37 页。

③ 冯自由：《中华民国旗之历史》，《革命逸史》（初集），中华书局，1981，第 22 页。

督）、汤寿潜（浙江都督）及蔡元培、章太炎等人，运动各省留沪代表在上海江苏省教育总会召开共和联合大会，议决“取五族共和的意义，决以五色为国旗。红、黄、蓝、白、黑象征汉、满、蒙、回、藏”。[①] 程德全、汤寿潜、黄兴及多数与会代表认为，五色旗“既可表明革命行为，系为政治改造而起，非专为种族革命；又能缓和满、蒙、回、藏各族的心理，与汉人共同努力赞助共和。此议发出，群以为是”[②]。虽然这一议决因当时大多数代表尚在武汉而不具有完全效力，但它标志着“五族共和”已经成为革命阵营的政治共识。12 月 25 日，众望所归的孙中山自海外回到上海，29 日，会议正式选举孙中山为临时大总统。1912 年 1 月 1 日，孙中山在南京宣誓就职，宣告中华民国临时政府成立。1 月 10 日，临时参议院决议，以五色旗为国旗，取红、黄、蓝、白、黑五色，表示汉、满、蒙、回、藏五族共和之意。[③] 至此，“五族共和”的建国思想在南方革命阵营取得了决定性的胜利。[④]

另一方面，“五族共和”也是南北政治势力相互较量、议和妥协的重要政治纽带。[⑤] 袁世凯重新出山后翻云覆雨，在君宪与共和之间玩弄政治权谋，意在掌控国柄。12 月 18 日，“南北议和”在上海举行。会议从 18 日到 31 日共进行五次，表面上公开讨论的议题主要是君主立宪还是民主共和，实际上在私下讨论的是由谁来掌握政权。革命党人屡次公开表示，如果袁世凯“反正”即推举他为大总统。而对于袁世凯来说，以君宪向南方讨价还价，以“五族共和”逼清帝退位，正好可收一石二鸟之效。于是，公开的会议成了例行公事，真正的会谈与交易是在赵凤昌寓居的“惜阴堂”进行的。当时，不仅张謇、汤寿潜、程德全以及因刺杀载沣未遂而遭监禁后被袁世凯释放的汪精卫等经常聚集在“惜阴堂”密商，就连黄兴、宋教仁等同盟会重要领导人

---

① 黄炎培：《我亲身经历的辛亥革命事实》，《辛亥革命回忆录》第 1 集，中华书局，1961，第 66 页。

② 吴景濂：《组织南京临时政府的亲身经历》，《辛亥革命回忆录》第 8 集，文史资料出版社，1982，第 412 页。

③ 参见《政府公报》，民国元年 6 月。

④ 参见张永《从“十八星旗”到“五色旗”——辛亥革命时期从汉族国家到五族共和国家的建国模式转变》，《北京大学学报》2002 年第 2 期。

⑤ 日本学者认为南北议和中，“五族共和”是主张“优待满蒙回藏”的北方提出的。参见〔日〕村田雄二郎《孙中山与辛亥革命时期的“五族共和”论》，《广东社会科学》2004 年第 5 期。

“也来决策于赵”[①]。几经周折后，双方初步达成“开国民会议，解决国体问题，从多数取义”的协议。[②] 所谓“国民会议”，是南方要求坚持的形式而已，实质上是双方达成了清帝退位后举袁为大总统的默契。

正当南北双方就国民会议地点是上海还是北京的问题上争论不休之际，孙中山回国并被选举为临时大总统，南京临时政府宣告成立。袁世凯随即恼羞成怒，一方面授意唐绍仪辞职并通知伍廷芳停止和谈，另一方面指使段祺瑞等北洋将领连续通电抵拒共和，对南方进行武力恫吓，一时局势陡变，南北之间似乎又要开战。孙中山开始态度坚决，力主北伐，表示“革命之目的不达到，无议和之可言也”[③]。但是，外有帝国主义列强的封锁扼杀，内有临时政府内部的分歧、涣散和既成的议和事实，孙中山无力回天，被迫妥协。这样，在 1912 年 1 月上旬，南北双方达成一项协议：南方同意让出政权，袁世凯则同意在逼清帝退位后建立“共和”政体。随后，袁世凯加紧逼宫步伐。此时的清廷已是“流水落花春去也”，虽然有少数满蒙亲贵的顽固叫嚣及“宗社党”的垂死挣扎，但最终不得不接受优待条件而宣布退位。1912 年 2 月 12 日，清廷颁布退位诏书，曰：“今全国人民心理多倾向共和，南中各省既倡议于前，北方诸将亦主张于后，人心所向，天命可知。予亦何忍因一姓之尊荣，拂兆民之好恶。是用外观大势，内审舆情，特率皇帝将统治权公诸全国，定为共和立宪政体……袁世凯前经资政院选举为总理大臣，当兹新旧代谢之际，宜有南北统一之方，即由袁世凯以全权组织临时政府，与民军协商统一办法。总期人民安堵，海宇乂安，仍合满、汉、蒙、回、藏五族完全领土为一大中华民国”[④]。清帝退位，宣告了在中国绵延了两千多年的封建帝制的终结，同时也标志着南北统一告成。2 月 13 日，孙中山向临时参议院提出辞职咨文并推荐袁世凯继任临时大总统。15 日，参议院举行临时大总统选举，到会 17 省代表每省一票，袁世凯以全票当选。3 月 10 日，袁世凯在北京正式就职，他在就职宣言中称：“世凯深

① 冯耿光：《荫昌督师南下与南北议和》，《辛亥革命回忆录》（六），中华书局，1963，第 362 页。

② 《南北代表会议问答速记录》，中国史学会主编《辛亥革命》（八），上海人民出版社，1957，第 84 页。

③ 孙中山：《建国方略》，《孙中山选集》上卷，人民出版社，1981，第 185 页。

④ 《清帝宣布退位旨》，中国第二历史档案馆编《中华民国史档案资料汇编》第 2 辑，江苏人民出版社，1981，第 72 页。

愿竭其能力，发扬共和之精神，涤荡专制之暇秽，谨守宪法。”[①] 11 日，《中华民国临时约法》正式颁布，重申“五族共和”的立国原则。4 月 1 日，孙中山正式辞职。4 月 5 日，南京临时参议院决议临时政府迁往北京。至此，南北统一，民国告成。4 月 22 日，袁世凯发布大总统令称：“现在五族共和，凡蒙藏回疆各地方，同为我中华民国领土，则蒙藏回疆各民族，即同为我中华民国国民。”[②]

从南北议和的过程中可以看出，双方虽然在政权问题上反复争斗，但对于“五族共和”的原则，双方并无疑义，相反，“五族共和”成为南北均加以认同的立国原则，成为政治妥协的一个重要砝码和基石。

三　“五族共和”在中国近代国家转型中的历史意义

南京临时政府虽然仅历时三个月，但是在考察中国近代国家转型与民族关系建构问题时，无疑是不可回避的重要阶段之一。“五族共和”的确立，一方面是传统多民族统一国家到现代多民族统一国家历史进程中的重大突破，另一方面也初步确立了民族平等的现代多民族统一国家的政治组织形式与法理基础。

近代以前，中国各民族在几千年的历史发展过程中逐渐形成了中华民族多元一体格局。这一民族关系格局的形成，除特殊的地理环境、传统思想文化观念及长期的历史交往过程外，就是以“中国”这个历时性的政治共同体为核心的王朝认同，即代表“中国”的大一统封建中央王朝始终是各民族关系与国家认同的最高形式和目标。[③] 近代以后，由传统多民族统一国家向现代多民族统一的国家转变，成为历史进程中的重大问题。辛亥革命前的 70 余年里，围绕这一主题，不同阶级、阶层都进行了探索思考与实践。鸦片战争后魏源、林则徐等人的开眼看世界及“师夷长技”，仅仅是中国人调整传统政治文化视野、重建传统国家秩序的一个开端。太平天国运动固然可歌可泣，但最终因近代历史环境的大变动他们没有完成改朝换代

① 《南京临时政府公报》第 36 号。

② 《中国大事记》，《东方杂志》第 8 卷，第 12 号。

③ 参见姚大力《中国历史上的民族关系与国家认同》，《中国学术》2002 年第 4 期。

的传统历史循环而归于失败。持续近 30 年之久的洋务运动，试图在维护封建专制制度的前提下进行现代军事与经济领域的改革，结果王朝中兴的美梦亦在甲午战争的炮声中破灭。继之而起的维新变法运动，虽然在立宪改良的制度安排与设计中“平满汉之界”“大民族主义”等具有一定的建设性的贡献，即希望通过建立一个统一的多民族君主立宪国家来挽救整个中华民族面临的生存危机，但是维新派的努力由于自身的诸多缺陷和守旧顽固势力的反攻倒算而很快流产。而后来“扶清灭洋”的义和团运动与清廷的“预备立宪”新政，只不过是旧式农民阶级的呐喊抗争与统治阶级的无奈挣扎。与上述历史环节不同的是，南京临时政府的成立及其揭橥的“五族共和”，无论是在国家政治结构方面还是在民族关系与国家认同方面，都有之前所不具备的历史重要性。一方面，它结束了在中国绵延 2000 余年的封建君主专制制度，开创了民主共和制度的新时代；另一方面，它也结束了以王朝为核心的传统民族关系与国家认同，赋予了“中国”这个历时性政治共同体以现代意义，正如日本学者所论，它“把帝国（清王朝）的复合性民族结构或重新构成为‘中华民族’这一文化-国民共同体，并且把她与‘中国’这一政治单位安排得恰到好处”。[①]

1912 年 1 月 1 日，孙中山在临时大总统就职宣言书中指出：“尽扫专制之流毒，确定共和，以达革命宗旨，完国民之志愿……国家之本，在于人民，合汉、满、蒙、回、藏诸地为一国，即合汉、满、蒙、回、藏诸族为一人，是曰民族之统一。武汉首义，十数行省先后独立。所谓独立，对于清廷为脱离，对于各省为联合，蒙古、西藏意亦同此。行动既一，决无歧趋，枢机成于中央，斯经纬周于四至，是曰领土之统一。”[②] 这里揭橥的，正是南京临时政府的性质及其民族关系建构的形式与内容：一是以主权在民的原则建立共和政体来取代封建专制的清王朝，二是多民族的现代统一国家而不是单一民族国家，三是国家领土主权原则，即“国家之统一”“民族之统一”“领土之统一”。从民族政治关系类型看，它也规定了民主共和国是中国各民族政治关系的最高表现形式，各民族既有享有平等的政治权

---

① 〔日〕村田雄二郎：《孙中山与辛亥革命时期的“五族共和”论》，《广东社会科学》2004 年第 5 期。

② 《临时大总统就职宣言书》，中国第二历史档案馆编《中华民国史档案资料汇编》第 2 辑，第 1 ~ 2 页。

利又有维护民族团结和国家统一的责任和义务。随后，在孙中山的主持下临时参议院起草了《中华民国临时约法》，并经审议通过后正式向全国公布。在这部具有宪法性质的国家根本大法中，“五族共和”即民主共和的多民族统一国家的组织形式与原则进一步得以确立。《中华民国临时约法》在总纲中首先声明：“中华民国，由中华人民组织之。中华民国之主权，属于国民全体。”在民族关系与领土主权方面，其规定更为明确：“中华民国领土，为二十二行省、内外蒙古、西藏，青海”；“中华民国人民，一律平等，无种族阶级宗教之区别”。[①]

总之，南京临时政府时期“五族共和”的国家转型与民族关系之建构，是上述思想文化领域与政治实践领域双重认同与整合的结果。在清王朝的基础上通过改良或革命的方式重建现代多民族统一国家而不是单一民族（汉族）国家，在理论上和实践中都初步完成了传统天下国家向现代国家的转型，对国内民族关系的认识和处理也实现了由传统到现代的创造性转换。辛亥革命虽然不彻底，但中国从清王朝统一到民国五色旗下没有出现大规模的内战和民族分裂，委实是不幸之中之万幸。[②] 它反映出在近代国家转型中如何调适国内民族关系问题上，中华民族既具有深厚的历史文化传统底蕴又具有理论置换与创新的智慧。

四 现实困境：问题与局限

但从近代国家转型与民族关系建构的历史进程来看，南京临时政府时期的“五族共和”仍存在诸多问题和局限，并且面临严重的现实困境。

其一，“五族共和”仅仅解决了取代清王朝的民国是多民族国家而非单一民族（汉族）国家的问题，而对于国内民族关系的结构以及少数民族成分的认识是模糊的。众所周知，中国自古以来就是多民族国家，

① 《中华民国临时约法》，中国第二历史档案馆编《中华民国史档案资料汇编》第2辑，第106页。

② 辛亥革命中，“在各省举行武装起义并出现一定程度的混乱局面时，却没有发生世界上许多国家出现的那种狂热的大规模种族仇杀，更不用说什么种族清洗了。中国人对自己历史上这种现象也许习以为常，并不觉得有什么值得惊讶的地方，但同世界上许多地方发生的事情比较一下，就会使人深深地慨叹：这是多么不易”（金冲及：《辛亥革命和中国近代民族主义》，《近代史研究》2001年第5期）。

除主体民族汉族外就是众多的少数民族。这种关系，在传统历史话语表述中就是“内华夏而外夷狄”的封建大一统理论。[①] 与之比较，“五族共和”虽然具有以民族平等构建国内民族政治关系的历史突破，但是与实际现状和内在要求相比仍然显得十分粗糙。它所谓的“汉满蒙回藏”，更多的是指“十八行省”与满、蒙、回、藏五个地域即五个地理单元，并不是清楚地指称民族成分及其政治关系格局，所以用来指“民族”确乎并不切当。[②] 现在看来十分明显的缺陷就是以满、蒙、回、藏来代替少数民族，不仅与国内民族关系格局的现实相去甚远，而且“五族”的框限也忽略了其他少数民族在国家中的政治权益，因而“五族共和”或“五族平等”又包含国内各民族不平等的形式和内容。对此当时就有不同的声音，如云南军都督府提出“使汉、回、满、蒙、藏、夷、苗各族结为一体，维持共和……联合中国各民族构造统一之国家……汉、回、满、蒙、藏、夷、苗各族视同一体”[③]，显然这里所说的民族与国家关系与“五族共和”已经有出入了。后来，孙中山也批评说：“现在说五族共和，实在这五族的名词很不切当。我们国内何止五族呢？”[④] 同时，作为南京临时政府的立国方针，“五族共和”实质上是资产阶级处理国内民族关系的理论表述，强调的重心是民族同化而不是民族平等。虽然武昌起义后，革命党人迅速地由“排满”革命转向“五族共和”，与他们政治上模仿西方的民主国家模式一样，在民族问题上他们同样没有完全突破西方民族主义理论的影响。

其二，由于理论上的粗糙与局限，虽然“五族共和”成为建构国内民族关系的基本准则，但在具体认识与实践中还存在许多问题。一方面，以主体民族汉族政治精英为代表的南方革命阵营虽然确立了“五族共和”的基本原则，但实际上是大汉族主义的传统观念浓厚，常常将“中华民族”与汉族混为一谈，将“五族共和”与汉族国家政权等量齐观，表现在实践中就是实行民族同化政策即以汉族同化满、蒙古、回、藏等少数民族。孙

① 参见陈理《“大一统”观念中的政治与文化逻辑》，《中央民族大学学报》2008年第2期。

② 参见潘先林《论“五族共和”思想的影响》，《云南社会科学》2006年第5期。

③ 孙璞：《云南光复军政府成立记》，中国科学院历史研究所编《云南贵州辛亥革命资料》，科学出版社，1959，第46页。

④ 孙中山：《在上海中国国民党本部会议的演说》，《孙中山全集》第5卷，中华书局，1985，第394页。

中山对于以五色旗为国旗存在疑义，他在复函参议院时说，“贵会咨来决议用五色旗为国旗等因，本总统对于此问题，以为未可遽付颁行”[①]。南北议和中南方将政权“渡让”给袁世凯，当时南方认为袁世凯是汉人就是其中的重要因素之一。在实践中，“五族共和”虽然被写进了大总统就职宣言书和《中华民国临时约法》，各种文告和讲话也屡次不离“五族一家”“五族平等”等词句，而见之于有效、具体的制度安排却寥寥无几。更为严重的是，南京临时政府甚至是在实行一种民族同化政策。孙中山就设想实行“合汉、满、蒙、回、藏族为一人”，“合汉满蒙回藏而成一家，亦犹是一族”。[②] 当时各社会团体也以积极推进民族同化为宗旨。同盟会在其新修订的会章的“总则”部分中，就赫然写明“实行种族同化”[③]。立宪派人士和少数旧官僚成立的中华民国联合会的“假定政纲”中规定：“励行移民开垦，促进边荒同化。”[④] 中华民国联合会宣布改组为统一党后其政纲也规定：“融和民族，齐一文化。”[⑤] 黄兴、刘揆一等组织发起的“中华民族大同会”声明：“今既合五大民族为一国矣，微特藩属之称，自是铲除，即种类之界，亦将渐归融化……组织斯会，藉岁时之团聚，谋意识之沟通……相挈相提，手足庶无偏枯之患，同袍同泽，痛痒更有相关之情。”[⑥] 可见，民族同化成为具体民族政策的出发点，其实质是以汉族同化其他少数民族从而实现所谓的“民族之统一”。

另一方面，少数民族尤其是政治地位相对较高的满、蒙对于“五族共和”的认识也存在相当的差距。同盟会“驱除鞑虏”的口号，给满、蒙古等少数民族造成巨大心理压力，特别是他们的上层分子更是对革命共和疑惧重重；又由于大多数少数民族的社会经济发展相对滞后，其政治发展水平亦还未达到资产阶级阶段。因此，他们在“五族共和”问题上同样存在不同的看法。武昌起义爆发后，清廷面临灭顶之灾，原来与满洲贵族联系紧密的蒙古王公纷纷活动以维护自己的政治地位和权益，对于革命后国家

① 孙中山：《复参议会论国旗函》，《孙中山全集》第2卷，中华书局，1982，第17页。

② 陈锡祺主编《孙中山年谱长编》上册，中华书局，1991，第698页。

③ 《中国同盟会总章》，《孙中山全集》第2卷，第160页。

④ 胡绳武、戴鞍钢：《中国20世纪全史册·辛亥风雷》，中国青年出版社，2001，第441页。

⑤ 《统一党章程》，章伯锋、李宗一编《北洋军阀》第1卷，武汉出版社，1999，第371页。

⑥ 《与刘揆一等发起组织中华民国民族大同会启》，湖南省社会科学院编《黄兴集》，中华书局，1981，第147页。

组织形式十分关切。南北议和开始后，蒙古王公联合会致电南方代表伍廷芳称："共和国将仅以十八行省组织之乎？抑将合满蒙藏回共组织之乎？满蒙藏回土宇辽阔，几占全国之大半。其人民习惯，只知有君主，不知何所谓共和，更深惧诸君子少数专制之共和……如诸君子固持己见，骛虚名、速实祸，以促全国之亡……则我蒙古最后之主张未便为诸君子宣布。"[①] 同时，他们还组织勤王队，并发表通电宣称："如朝廷允认共和，即行宣告独立，与中国断绝联系，以为君主立宪之援助。"[②] 对此，伍廷芳回电解释说："民军起义之目的，欲和汉、满、蒙、回、藏为一大共和国，此举并非为汉人自私自利起见，乃欲与满、蒙、回、藏同脱专制奴仆之苦，而享共和兄弟之乐……民国成立，汉、满、蒙、回、藏一律平等，确无疑义。"并保证蒙古在民国政体下的一切与其他民族平等的权利，"满、蒙、回、藏原有之王公爵俸及旗丁口粮等，必为谋相当之位置，决不使稍有向隅，且国民平权，将来之大总统汉、满、蒙、回、藏人皆得被举政治上之权利，决无偏倚"[③]。清帝宣布退位后，蒙古王公的态度虽然发生了转变但仍然是有条件的，"若以中国国体而论，本宜于君主，而不宜于民主，惟今日全国人心既皆坚持共和，且各亲贵亦多赞成此事，我辈又何所用其反对。今惟全听御前会议如何解决，如决定共和，我蒙古自无不加入大共和国家"[④]。作为统治民族满族总代表的清廷在退位诏书中将南京临时政府"五族共和"的汉、满、蒙、回、藏变成了满、汉、蒙、回、藏，显然不是简单的疏漏，而是对五族中各自政治地位的不同表达，即虽然已经逊位但仍然没有忘记自己是少数民族并且是曾经主宰中国260余年的皇族。

其三，由于外部因素的干涉和利用，边疆民族地区出现了严重的危机，给国内民族关系的发展造成了诸多后遗症。辛亥革命爆发及南京临时政府成立，引起了西方列强的极大关注。他们一方面拒不承认南京临时政府并实行经济封锁，支持袁世凯夺取政权，另一方面在中国内地政局混乱之际在边疆民族地区制造分裂阴谋活动。在蒙古地区，在沙俄的策动下，哲布尊丹巴集团于1911年12月1日在库伦宣布独立，宣称："本蒙古原系独立

① 《蒙古王公致伍廷芳函》，渤海寿臣：《辛亥革命始末记》，台北，文海书社，1969，第904页。

② 《蒙藩反对共和之举动》，《大公报》，1912年1月22日。

③ 《伍廷芳复蒙古各王电》，渤海寿臣：《辛亥革命始末记》，第905~906页。

④ 《今日之御前会议》，渤海寿臣：《辛亥革命始末记》，第907页。

之国，是以现在议定仍照旧制，自行立国，将一切事权不令他人干预，业已行文撤销满、汉文武大小各官之事权，并令即日回籍。”① 12 月 28 日，外蒙古成立“大蒙古国”，以活佛哲布尊丹巴为“皇帝”。同时，内蒙古地区也产生了一系列连锁反应。1912 年 1 月，呼伦贝尔额鲁特总管胜福组建军队，占领呼伦贝尔，宣布“独立”，称：“大众议定，起大清国义军，保守疆土，决不承认共和，亦不受汉官节制。”② 此外，喀喇沁郡王贡桑诺尔布、哲里木盟郡王乌泰等内蒙古王公上层也在日俄等国的策动下积极筹划所谓“独立”“自治”活动。在西藏，武昌起义爆发、清政府被推翻的消息传到西藏后，拉萨“人心惶惶，谣言四起，番言杀汉，汉言杀番，各怀疑惧”③，局势大乱。在英国的支持唆使下，达赖喇嘛于 1912 年初发布了实际上是脱离祖国的“驱汉命令”④，西藏地方与中央政府的联系几近断隔。在新疆，沙俄在南疆制造“策勒村事件”，并以护商、护侨为名分别增兵喀什、伊犁、阿尔泰等边境地区。

上述理论上的粗糙、具体认识与实践中的大汉族主义传统思想和民族同化政策以及边疆民族地区的严重危机等三个方面，是南京临时政府时期国家转型与民族关系建构存在的主要问题与局限。虽然“五族共和”开启了中国近代国家转型的新阶段，但由于主客观方面的原因它又是非常简陋而脆弱的，如同南京临时政府本身存在多方面问题而仅存短短三个月一样。特别是袁世凯夺取政权后打着民国的招牌实行个人封建专制独裁，“五族共和”也成为一块有名无实的空招牌，中国近代国家转型与民族关系之建构仍然面临严重的危机和挑战。

（《民族研究》2009 年第 3 期）

---

① 唐在礼、唐在章：《蒙古风云录》，吕一燃：《北洋时期的蒙古地区历史资料》，黑龙江教育出版社，1999，第 21 页。

② 《黑龙江巡抚周树模致内阁军咨府陆军部理藩部电》，中国史学会主编《辛亥革命》（七），上海人民出版社，1957，第 306 页。

③ 《藏乱始末见闻记四种》，《民元藏事电稿》，西藏人民出版社，1983，第 146 页。

④ 达赖喇嘛发布的文告称：“内地各省人民，刻已推翻君王，建立新国。嗣是以往，凡汉人递到西藏之公文政令，概勿遵从，身著蓝色服者，即新国派来之官吏，尔等不得供应……凡我营官头目人等，务宜发愤有为，苟其地有汉人，固当驱除净尽，即其地未居汉人，亦必严为防守，总期西藏全境汉人绝迹，是为至要。”（牙含章：《达赖喇嘛传》，人民出版社，1984，第 240 页）

从《回部公牍》看民国前期回族的政治参与活动

方素梅

民国期间，分布广泛、人口众多的回族大众曾积极从事政治参与活动。有的学者甚至认为在民国时期的回回人群中，存在一个不折不扣的“种族民族主义运动”，例如要求在20世纪30年代的国民参政会和40年代的国民大会代表选举中，按蒙古和藏族代表的额度选举回民代表。[①] 实际上，回族争取政治权益的活动在民国前期就已经展开。1924年刊印的《回部公牍》[②]，就反映了民国前期回部全权代表李谦及其他回族人士发动的要求增加回族国会议员及与蒙藏青海一样享有专额议员的政治请愿活动。虽然这只是李谦收存的相关书牍，不能完全代表当时全国回族各阶层思想意识和政治参与的状况，但其中记录的回族参与政治的活动，依然可以帮助我们从一个侧面了解和认识民国前期中国社会政治的特点，以及各民族在现代民族国家建构过程中发挥的重要作用。

一 《回部公牍》成书缘由及主要内容

“回部”是清代以来对天山南部信仰伊斯兰教的各族人民尤其是维吾尔

① 参见姚大力《北方民族史十论》，广西师范大学出版社，2007，第120～121页。

② 该书1924年由回部全权代表办公处在上海中国印刷厂刊印。由于当时只印行了1000册，且未通过书店公开发行，因此，80多年过去后，各地收藏的数目已经十分有限。笔者于2003年10月在广西民族研究所图书馆第一次看到了该书，其封面和自序等已经破损。2008年5月笔者在日本东洋文库又看到了该书，所幸保存得比较完好。该书李谦自序后附有一行小字：“版存上海新闸路福康路中国印刷厂，如有续印者可函知该局，价必从廉。”笔者看到的两本《回部公牍》中李谦的肖像有所不同，疑该书后来有过增印。

族聚居区人民的统称。在清朝统一天山南北以前，天山北部主要是以准噶尔为主的卫拉特蒙古游牧和活动的地区，而天山南部主要是以维吾尔族等信仰伊斯兰教各民族聚居的地区，故有所谓的“北准南回”之说。清统一天山南北之后，于乾隆二十七年（1762）在新疆设总统伊犁等处将军，统辖天山南北军政和民政事务，在全疆实行军政合一、以军统政为特点的军府制度。与此同时，乾隆帝鉴于军机处事务繁多，特将回部事务从中剥离出来，转由理藩院兼办，并下旨设立以处理回部事务为主的徕远清吏司。[①]《清朝文献通考》卷八十二载其职责为：“掌哈密、吐鲁番及回部诸城爵禄贡赋，并移驻回民耕牧之事。”

回族自称“回回”，其民族意识至迟在晚明已经形成。由于回族源流的独特性和宗教信仰的鲜明性，长期以来人们对其民族属性认识不清，往往把它和其他伊斯兰教民族混合在一起。民国成立以后提出的“五族共和”口号里，“回”就包含了维吾尔、回等信仰伊斯兰教的民族。实际上，清代这些民族对相互之间的固有差异已经有着清楚的认识。如天山南部的回部自称突厥人，把内地回回称作“东干”；内地回回则把回部叫作“西回”，或袭用汉语中“缠回”的名称，称回部为“缠头回回”。纵使是在当时汉人和满人的概念里，回回和新疆及新疆之西的“回部”，已然是两个不同的人类群体。在清人看来，回回和回部都信仰伊斯兰教，所以他们都是“回人”“回众”。但“回人”又是由很多种类构成的，回人中的回回与回部，对清人来说是有明显区别的。他们很少会把回部称为“回回”。同时，他们更不会如同称呼回部那样把回回叫作“番人”。不过，在面对汉人群体的时候，回部很可能被内地回回特别是对“回疆”的情形缺少了解的回回人，看作同属于由“回回祖国”迁徙而来的同一共同体的构成部分。正像“缠头回回”的称呼所显示的，内地回回仍然把回部视为“回回”的一部分。[②]这种族际认知状况不同程度地延续到民国年间。换言之，清代民国的“回”是一个泛称，“回部”主要指天山南部的维吾尔族，但是有时候也包括回族

---

① 关于徕远司设置年代，一般认为是乾隆二十六年。王东平经过考证，认为是乾隆二十七年。参见其著《理藩院徕远清吏司设置年代考》，《乌鲁木齐职业大学学报》1995 年第 3、4 期合刊。

② 参见姚大力《北方民族史十论》，第 100 ~ 102 页。

等其他信仰伊斯兰教的民族。①

《回部公牍》中提到的“回部”，自然也是包括上述意思的，但具体说来，《回部公牍》之得名，还与其汇编者李谦当时的身份有关。李谦，字公谨，回族，河南叶县人。中华民国建立以后，曾任大总统袁世凯卫队军官，授陆军中将衔。1914年，以哈密亲王为首的新疆回部八部首领②任命其为驻京代表及回部全权代表，其后在洛阳成立回部全权代表办公处。回族学者庞士谦阿訇在所著《埃及九年》中说：“民国二年哈密回王麦哥苏德沙进京，向袁世凯进贡，袁氏找其部下回教人，以招待回王。适其时李谦正在其卫队中，于是就被派到回王前去招待，李与回王以同教关系，慢慢亲密起来。”书中还讲述了二人之间的一段故事，说是清政府平定新疆时李谦的祖父正在清军中任统领，清军与回部交战，哈密回王失足落马，李谦祖父因同教关系从乱军中将其救出，战事就此和了。这位哈密王就是麦哥苏德沙的父亲，他不忘此救命之恩，令子孙铭记。麦哥苏德沙与李谦相识时知其姓李且为河南叶县人，便提到了此事，李谦说救回王的正是自己的祖父，由此二人的关系变得亲密起来。哈密亲王只有一子，他进京朝觐时携带同来。“不料当彼要回新时，袁世凯欲将其爱子作质。哈密王哪能舍得，百方请人斡旋。最后取得袁的同意，决定将其仁侄——李谦作为其驻京代表，李之回部代表，即由此而得”③。该书所说的麦哥苏德沙，应该就是哈密双亲王沙木胡索特。

李谦获得回部全权代表名义后，即大力从事争取回部政治权利的活动，数年间屡次向北洋政府有关部门请愿，要求增加回族国民代表、国会议员并与蒙古、西藏和青海一样设立专额。1924年，他将此期间回族各界的各类请愿书以及来往信件、电文和相关公函等，汇编成《回部公牍》一书，以回部全权代表办公处的名义刊印。

《回部公牍》记载的李谦所写关于回族专额议员的请愿书，都是以新疆回部八部全权代表名义递交的。但从文牍的具体内容来看，其所反映的争

---

① 如中华民国建立后，陕西巡抚允升反对共和，“仍率兵与陕西民军交战，并得回部董金鳌军队相助”。见《中国大事记》，《东方杂志》第8卷第11号，1912年5月。

② 即哈密双亲王沙木胡索特、吐鲁番亲王叶明啬协、库车亲王买买的敏、阿克苏郡王哈迪尔、拜城贝子司迪克、乌什贝子衔辅国公依不拉引、和阗镇国公木沙、阿尔泰辅国公迈枚。见《回部公牍》，上海中国印刷厂，1924，第4页。

③ 庞士谦：《埃及九年》，中国伊斯兰教协会印，1988，第69~70页。

取政治权益的活动，主要代表回族，而与维吾尔族关涉不大。这也可以从《回部公牍》中反映出来，如这些文牍的作者主要是回族，文牍中更多提到的是“回族”或“回民”等。同时，除了哈密亲王外，其余七部的维吾尔族上层与李谦并没有过多的来往。李谦等人打着“回部”的旗号，主要原因可能有两点：一是李谦可以用回部全权代表的名义组织请愿，这样对于穆斯林群众有着更大的政治号召力，可以争取更多的穆斯林人口的支持；对于民国政府也形成一种压力，促使其更加重视回族，因为从理论上来讲，民国政府从来没有承认过内地回回是一个民族，“五族共和”口号里的“回”，只是一个泛称而已。二是回族和维吾尔族之间的民族认同关系相当紧密。正如一些学者所说，清代民国时期内地回回的种族认同，是将新疆的“缠回”包括在“自我”的范围之内的。[①] 因此，李谦等人以“回部”名义从事活动，有着政治和情感两个方面的因素。

然而奇怪的是，在清末民国关于回族新文化运动的相关记载中，几乎没有提及《回部公牍》，这可能跟当时回族人士对李谦的评价有关。如庞士谦就说，李谦自从获得新疆回部驻京代表这个名义之后，“就大事活动，以五族共和为号召，向各方请愿，要求：‘议员应按全国九千万回教人之数目，平均分给我们，蒙藏部应改为蒙藏回部’。李对教内外皆如此呼号，但是无人响应。当时在北京的回教官员，如马龙彪、马邻翼、马福祥等，皆认为这位不学无术的人胡乱讲话，躲避之尚且不暇，如何能来帮他说话。一般回民更谈不到了”。[②] 而且据说，李谦在袁世凯恢复帝制的活动中扮演了很不光彩的角色。1915 年 12 月，袁世凯改次年为洪宪元年，准备即皇帝位。各地封建余孽连连催促袁早日“登极”，包括哈密亲王沙木胡索特在内的 12 位蒙回王公向袁跪地称臣，吁恳袁“为速登极”。袁世凯的丑行遭到全国人民的强烈反对。12 月 25 日，蔡锷在云南发动讨伐袁世凯的护国战争。沙木胡索特顽固坚持反动立场，于 1916 年 1 月以“领回八部、新疆哈密双亲王”的名义，委派庆贺专员兼回部全体国民代表李谦向袁世凯表示，誓灭反对袁世凯称帝的“叛首”而报国家，“再次恳请早御皇极，以安人心”，并要求“仍恳我皇帝明颁诏命，付臣讨贼之权，除暴安良，恭行天讨，誓愿选全国回部中强健男儿

① 参见姚大力《北方民族史十论》，第 108～109 页。

② 庞士谦：《埃及九年》，第 70～71 页。

编成军旅，即时南下”。[①] 笔者认为，李谦与沙木胡索特在袁世凯称帝活动中助纣为虐的行为，是正直的回族人士对其不齿和非议的主要原因所在。

尽管如此，《回部公牍》的史料价值仍不容忽视。《回部公牍》由康有为题写书名并作序，序后附有两张人物照片，第一张是李谦肖像[②]，第二张是集体照，共有29人，照片上面题字说：“回部全权代表提倡教众奔走国是，请愿国会加入回族议员，与回族争人格，与国家谋完善。各省□□回族统兵大员马都统、马提督、马司令、马部长、各将军、各师旅长、文武官吏、绅商、学界，甲子三月均到回部办公处开全体大会，庆贺总代表李公谨先生有功于回教、勋劳于国家。回族数千年第一次胜会摄影纪念。”书的最后附回部全权代表办公处职员录，计有全权代表1人、国民代表3人、参议27人、秘书20人、书记2人、办事员24人、调查员1人、差遣13人，总共91人。[③]《回部公牍》正文369页，收录了民国前期有关书牍340多件，主要包括几个方面的内容：一是李谦以回部全权代表名义给总统及国务院、参议院、众议院等国家有关机构的请愿书和劝告书；二是各地回族请愿书；三是各地回族代表和个人公电及给李谦或回部办公处的来电、来函和公文；四是大总统、国务院的批函和蒙藏院及其他政府机构的公函；五是哈密亲王给李谦的来函和来电；六是与马福祥、马麒、马鸿逵、马步青等西北诸马及其他回族上层往来的信函、电文；七是与吴佩孚、冯玉祥及国务总理、参议院议长，部分督军、省长、指挥使、镇守使等有关官员往来的函电，以及吴佩孚给参众两议长写的介绍函、湖北萧督军为回部请愿致参众两院电等；八是李谦等人要求政府惩办杨增新，为马福兴父子雪冤的呈文及通电，以及杨增新对李谦的驳斥和质疑。

虽然其中所收集的文牍部分存在着无具体日期等问题，但这些文牍的内容在一定程度上反映了民国前期中国社会政治的特点，以及回族的国家观念、民族意识和政治权益要求，可以帮助我们对当时回族的政治参与活动有更为深入的了解和认识。

---

① 《哈密县志》(1989)，转引自哈密政府网 (www. hami. gov. cn) “人在哈密·哈密史话·哈密回王”。

② 笔者在广西民族研究所和日本东洋文库见到的《回部公牍》中李谦的肖像不是同一张照片，前者所藏版本的李谦肖像为头缠白巾、双手举到胸前接“都哇”(祈祷之意) 状，后者所藏版本的李谦肖像为头戴小黑帽、双手合抱放在膝盖上。

③ 参见《回部全权代表办公处职员录》，《回部公牍》，第363~369页。

二 《回部公牍》所记回族政治参与活动

民国时期是中国社会的转型期，国内穆斯林少数民族和其他民族一样，开始走出封闭状态投入变革的浪潮。“他们的民族意识逐渐增强，并开始就穆斯林政治地位的平等、经济生活的改善、文化教育的发展与宗教信仰的自由提出各种要求。……这些现象既是民族发展的要求，也是时代运转社会进步的标志”①。在马邻翼、王宽等一批进步人士的带动下，通过创办报刊、组织民间社团、发展现代教育等途径，使辛亥革命前后兴起的近代回族文化运动进入了轰轰烈烈的发展阶段。广大回族民众的近代国家观念得到进一步的培植，爱国爱教意识不断得到强化，他们也和全国各族人民一样，积极参加到国家的政治生活中去。《回部公牍》就反映了民国前期回族政治参与活动的某些侧面，主要是李谦等人发起的要求增加回族国会议员及与蒙藏青海一样享有专额议员的政治请愿活动。该活动于 1916 年和 1922 年两次公开发起，延续到 1924 年，时间跨度近 10 年。

《回部公牍》开篇即说：“迳启者：现值大选奠定，宪法亦快解决，一发千钧，稍纵即逝。凡我回族热心志士，应抱天然之团体，据理力争，积极进行，为穆民世代子孙谋永远之幸福，以脱从前数千百年之黑幕，万勿稍存观望，贻误时机。况蒙当道重要各大员一致赞成并回汉两族各伟人互相协助，谅不难达到回族专额议员加入国会圆满之目的。仍望各处执事急起直追，毋稍懈弛，祈切盼切，幸勿妄听奸人鼓簧造谣，阻滞破坏，一误再误，致堕奸人之术中。务乞赶紧再电请愿或快邮代电大总统、国务院及参众两院。”从这段文字可以得知，李谦等人意图利用大选及制宪的时机，敦促各地回族团体或个人，赶紧再电请愿或快邮代电大总统、国务院及参众两院，达到回族专额议员加入国会圆满之目的。正是通过这一活动，李谦等人把一些回族团体和部分上层人士组织动员起来，掀起了民国前期回族争取政治权益活动的风潮。

关于李谦等人发起政治请愿活动的起始，《回部公牍》第一件文牍“大总统批令请愿国会增加议员由”说道：“敬肃者：民国三年奉哈密部双亲王

① 余振贵：《中国历代政权与伊斯兰教》，宁夏人民出版社，1996，第 276 页。

特派谦为回部全权代表，并令有回部应办事宜就近周旋。四年十月八日开五族国民大会，谦即上书请愿加入回族国民代表。十月十日奉大总统申令，蒙藏院十月二十八日照会谦，指定加入回族国民代表四名，当派谦为回部总调查委员，共调查在京回族合格人士三十一名，十一月十五日在蒙藏院开一预备会，由三十一人中选出回部国民代表，李谦、王宽、马吉符、马廷襄等四名加入五族国民大会。后虽国体变更，而回部、蒙藏、青海所选之国民代表并未改选，惟四名中王宽、马吉符、马廷襄等三名先后物故，理应按例照补加入国会，提议宪法解决五族永远之根本大计。"其后因袁世凯称帝、护国战争爆发，国民大会停止召开。及至1916年共和再造，约法恢复，宪法起草①，李谦等人于是呼吁各地回族团体和个人利用大选及制宪的时机，向民国政府请愿增加回族国会专额议员。

1916年7月14日，李谦根据哈密回部双亲王会同各回部王公贝子等"以民国成立，五族一家，续开国会，召集有期，仰该委员等据理呈请加入回族议员，以示大同而昭公允"的来电，呈请"加添回部议员"。大总统核准批交国务院，内务部于8月5日答复说："查议员名额之分配载在国会组织法，该代表等所请加添回部议员涉及修正组织法问题，本部无权核办。"②李谦遂代表回部八部，在刘志詹、罗黼、康佩珩、李景泉、阎鸿举、穆郇、耿臻显几位议员的介绍下，于8月22日向众议院请愿。③

李谦等人的第一次请愿活动并没有取得实际的效果。此后，国家政局不稳，第一届国会再次解散，其后各种国会"你方唱罢我登场"，犹如闹剧一般，李谦等人也暂停请愿。1922年（民国十一年）黎元洪再次就任大总统后，第一届国会于当年8月1日在北京宣布复会。8月2日，在黄佩兰、李庶英、侯汝信、毛相印、王伊文等议员的介绍下，李谦又以回部八部代表名义上书参众两院，为回部议员名额请愿。④

---

① 议员名额由国会组织法规定。1913年4月第一届国会成立以后立即组成了"宪法起草委员会"，着手制定宪法，其起草的宪法草案史称"天坛宪草"。1914年1月10日，袁世凯下令解除所有国会议员职务，国会被强行解散。1916年6月6日，袁世凯去世，黎元洪以副总统继任总统职位。6月29日，黎元洪申令恢复民国元年约法，恢复国会；8月1日，第一届国会继续召开。

② 以上均见《回部公牍》，以下出自该公牍的引文，不再一一注明。

③ 参见《民国五年请愿增加议员书》，《回部公牍》，第2~4页。

④ 参见《民国十一年继续请愿增加议员书》，《回部公牍》，第5~6页。

这次请愿活动得到了回应，参议院和众议院将他们的请愿列入讨论。[①]但是，国会议员名额是由国会组织法规定的，增加回族议员及设立定额涉及该法的修订，所以李谦等人的请愿仍然没有达到目的。一直到两年后李谦印行《回族公牍》时，仍然有一些地区的回族向两院上书请愿。[②]

1916年和1922年李谦等人发起的请愿活动得到了各地回族的支持和响应，许多团体和个人都纷纷来电来函，一些地区回族还发出请愿书或请愿电。如安徽颍州七邑代表回教俱进会会长兼教长李振铎等人在请愿电中说："国会数百议员，而回族未之有闻焉。推其弊非尽由于选举之偏私，亦临时约法未规定回族议员名额有以致之也。或者谓回族专指新疆等部而言，然内地回人确系回族者亦实繁有徙……奈何回族议员名额概无规定明条，不能与汉平等固矣，然其视满蒙藏亦不及远甚。临时约法草创难周，国会重光，曷敢再误，当此制定国宪。"河南漯河的回族公民代表也在公电中说："民国成立，五族共和，宪法取诸民意，当由五族推出议员，共议制宪，方可完善国家。奈何国会之中，蒙藏各有专额议员，独回族竟付缺如。纵然临时约法之草创有所遗漏，将来宪法自应增加，以期完善。今兹回部代表李谦君暨各省全体回民请愿国会增加回族专额议员，乃本五族共和之公推，以期符合五族共和之名实。"

回族上层有相当一部分代表人物对李谦等人的请愿活动表示了一定的响应和支持。尽管庞士谦认为当时回族上层人士与李谦没有什么联系，但从《回部公牍》收存的相关书牍来看，情况并非如此。《回部公牍》中的集体照有西北回族诸马军阀马福祥、马步青、马鸿逵和回族高官马邻翼（教育部部长）等人，这些人以及其他回族上层如马麒、马廷襄、马鸿宾、马振武、马步青等也都给李谦等人来过函件或电文。特别是马福祥的来函最多，共46件，可知李谦与其联系比较紧密，其态度比较积极。[③] 马福祥在

① 《上海回民全体请愿书》中说道："今幸诸公未分畛域，主持公道，将鄙族请愿列入临字第三十二号，仍望诸公胞与为怀，一视同仁，祈按蒙藏成例将鄙族请愿早日表决，以副宪法国民一律平等权利、五族共享之本旨，而弥十余年之欠缺，则鄙族幸甚，民国幸甚。"见《回部公牍》，第144页。

② 参见《桐柏县穆民全体呈众议院陈请书》《豫西回民代表请愿书》《甘肃回族公民请愿书》等，《回部公牍》，第159、161～162、165～166页。

③ 1920年底，北洋政府任命陆洪涛为甘肃督军，马福祥为绥远都统。马福祥在夺取甘肃统治权的斗争中暂时失败，其心情肯定比较低落，因此李谦等人又一次开展请愿活动时得到了他的一些支持和帮助。

一封信中说："至我族加入议员一节，得我兄毅力坚持，热心奔走，又承冯、萧、刘各督军函件电赞助，凡我穆民无不额手。弟亦我族一份子，倘可尽力自为，应尽天职。"他曾给蒙藏院总裁写介绍函说："兹有启者李公谨先生，籍隶中州，系出回部，迭充哈密亲王代表、直鲁豫暨两湖巡阅署顾问各职，识见高超，目光远大，相交有年，极所钦佩。兹者便过绥城，盘桓数日，对于大局前途国是改进，谠论发抒颇多见到之语。而对于回族代议制度，言之尤为详切，并将前次请愿国会及分呈院部要求指定加入回族国民代表原文持以见示，查其所持理由亦极正大。现值元首正位涣汗、一新国会召集、法统重光、万年宪典将待完成，凡从前临时约法缺略之处，自必斟酌尽善，有所增益。……我公德望兼隆，帲幪幸隶，景仰之忱已非一日，即国会执政方面亦均与公多所稔识，夙相推重，九鼎一言，必获有济。关于进行一切，尤盼指导扶持。……弟以此事系乎回族全体，自当力表赞同，惟法律解释如何，究亦未敢臆度。我公远瞩高瞻，熟谙法治，必有卓见，宏所远谟。"他还"与王巡率两次联衔通电国会，声明利害，一致维持矣"。除此之外，他也对请愿活动献计献策，如他在一封信中说："前次（蒙藏院）塔总裁来书所述，想系莅任伊始，未及稽考所致，是非有真，何损盛望？此次国会重开，组织宪法。百年大计，五族所关。……弟亦吾族一分子，公民权利所关，焉敢不勉。惟思议员隶立法范围，而选举又另有机关管辖。弟职司行政，责在治军，苟为出位之言，或来横议之诮，于事无补，徒招反动。此事既经吴玉帅专函绍介，似宜就近联络议员，请愿国会，事从根本解决，乃克有济。"他还在资金方面予以一定的赞助，说是"台端年来奔走国事，心力俱疲，所须各费全由自身筹措，不假各方援助，热心毅力，钦佩夙深。而且品格高尚，廉隅自持，使非异常拮据，亮不率尔启齿。惟本区部饷积欠已久，财政困难早达极点，兼之节关临迩，开支浩繁，大有山阴道上应接不暇之势。兹特勉寄大洋五百元，希查收以备要需"。

当然，也有一些回族上层对李谦等人的活动不感兴趣，如甘边宁海镇守使马麒在给李谦的回信中说："回族议员一层，愚见以为吾族散处华夏，无地不有，不定名额于宪法，则可与汉族自由竞争于选举，即可全体奋勉于学业，将来教育普及，人人皆有被选之望，若限定议员名额，恐权利不能普及，教育转无进步，且投票区域事实上万难适当，况宪法已定，无术挽救。鄙见如此，未谙高明，以为然否？"在《回部公牍》收录的文牍中，像这样表示不同意见的只占极少数。

李谦等人的请愿活动主要针对回族进行，新疆回部八部的维吾尔族并没有过多牵涉，但哈密亲王对李谦还是给予了名义上的支持。在《回部公牍》所收存的哈密亲王给李谦的6件来函及来电中，一来函有“至国会遗漏我们回部之议员，总望我侄着实请愿，鄙已与各部函商妥协的，以后北京各省有事常常通信为盼”之语；一来电有“全体一致请愿”之语；另一来函有“请愿一节，为全五族之美名，以补一族之偏枯，理由充足，宗旨正大，依法而行，不可过烈。……贤侄毅力而行，期达目的。虽有奸人诬毁，伪造函电，而我心早悉其伎俩，万不至堕其术中。请贤侄乃无恢心，总坚厥志，以全美吾之希望，以树立子孙代议权之基础，实完备吾中华民国之宪法。今后两世之荣，全盼于贤侄者也。凡本部应办之事，尽可就近处理，是为翘企”之语。

李谦等人的请愿不仅在回族内部引起反响，也得到了民国政府相当一部分官员和议员的观照。吴佩孚、冯玉祥及国务总理、参议院议长，部分督军、省长、指挥使、镇守使等有关官员都曾给李谦或回部全权代表办公处来电、来函，吴佩孚甚至给参众两议长写了介绍函，函中说：“兹有回部代表李公谨君仰慕光仪，极思一亲教益，有所陈叙。用特介予片函，嘱其趋谒左右，尚祈赐以接洽。”某些议员帮助李谦将请愿书提交议长，或是提交两院讨论。如参议院的黄凤兰议员在来信中说：“参院请愿书弟亲递议长，并面章委员长，详述请假。昨日又面章君，许以通过，则参院请愿会中亦无问题。惟事关修改法律，非请愿所能收效。拟在两院由议员将此案提出，付众公决。只要理由充足，有反对者何惧焉。”

李谦等人的请愿也遭到了一些反对，其中主要是新疆议员的反对，并因此使李谦等人的请愿在众议院遭受否决。在1922年的活动中，“请愿事新疆议员多持异议，以其为该处代表，其言颇足动人。众议院请愿书又行否决，大致亦受新疆议员影响”。马福祥在给李谦的一封信中就说道：“早闻新省对此事颇不为然。……顷见新省议会缠回代表、副议长及议员等通电，对于兄建议议员事颇致不满之词。”

新疆议员提出反对，也许是不愿与内地回族分享议员名额，但可能与新疆都督杨增新的态度关系更为密切。杨增新在新疆对各民族实行防范和隔离的政策，不准内地人在新疆从事政治和宗教活动。李谦遭到杨增新的反对，是意料中事。杨增新曾给国务院等去电，对李谦的回部全权代表身份大加质疑："兹据回部各王公电称据院电所称民国三年奉哈密亲王委为全权代表呈出所奉沙亲王函件一节，查哈密亲王于民国三年进京，该李谦因与沙亲王相识，并无委托李谦为全权代表之事"，"即使沙亲王委充代表属（实？），谦亦不能以一县之代表而有全疆之代表，更不能以民国三年之代表冒为新疆回部万古千秋之代表。况该李利（？）冒充代表业经哈密亲王通电呈请取消，万不能认为有效"，"在从前李谦不遄冒充哈密回部之代表，近来并冒充新疆回部全权之代表；在从前该李谦不遄冒充新疆回都（部）王公之代表，近来并冒充新疆回队将领之代表，肆无忌惮至于此，极谓毫无阴谋，其谁信之"；认为"李谦以一无赖流民，实为内地回民中第一坏人，与新疆毫无干涉。我回部王公无有知识，安有委托李谦为回部全权代表之理"，要求"应请转电政府及各省，严行取缔"。国务院查明李谦的代表身份后，杨仍将通电登报10余次，说明他对李谦憎恨至极。以致支持李谦的马福祥也认为其以回部全权代表名义活动不甚妥当，希望他对新疆方面的关系多加注意："昨接新疆议员质问书多件，对于台端领衔请增回部议员名额呈印刷物内开列绥署高等顾问职衔，疑弟主动，大加诘问。明知台端呈文用意深远，极佩尽筹。惟是新疆情形迥异腹地，鼎帅政策素主集权，其于新省安全筹之甚熟，五族爱戴，官民一心，且其见解甚高，手段甚敏……今新疆官绅对于此事均皆不表同意，且以开列敝署职衔致生隔阂，恐转无益于回部，未免有碍于边局。鄙意台端此举当日若以内地回人名义办理，有效与否当不至发生反响。而偏因新疆名义牵动许多筋络，既大负台端之初意，且恐伤甘新之感情。""惟查此次我兄请愿书衔名系属八部代表，新省我族人数实居最多，议院中闻新人亦占有数席，兹事关系重大，将来部院必征及新省意见，至乞特别注意。"

《回部公牍》有一部分内容是李谦等人愿意遣人南下，函电交驰，劝告南方，期谋统一；关注甘省易督，抗议陆洪涛对回族的歧视；要求政府惩办杨增新，为马福兴①父子雪冤的呈文及通电。这些内容也涉及此一时期有关回族及全国的政治大事，从一个侧面反映了当时回族政治参与活动的热情。

---

① 马福兴，回族，云南建水县人，民国初年任喀什噶尔提台。因其野心勃勃，妄图取代杨增新的地位，杨增新利用新疆回族内部的教派矛盾，派亲信于1924年6月14日逮捕并枪杀了马福兴父子。

三 《回部公牍》所反映的回族政治参与活动的特点

1916 年和 1922 年李谦等人发起的回族争取政治权益活动，体现了部分回族民众在民国前期政治参与的热情和要求。从《回部公牍》中，可以看出他们的政治参与活动具有如下一些特点。

第一，强烈要求回族政治地位平等，不断表达政治参与的决心。

主张和实施民族平等是现代民主政治的重要标志。中华民国政府建立后，即声明中华民国为汉、满、蒙、回、藏五族共和的国家。在随后制定和实施的一系列的政策和措施中，亦大力宣扬民族平等观念。同时，民国政府还颁布有关少数民族地位、参政议政、各级机构组织法（条例）及办事规（章）程和规则，边疆地区公务员及少数民族官员任用条例，吸收少数民族上层参与国家管理。例如关于参议院和众议院中边疆民族地区议员的名额分配，《中华民国临时约法》第三章第十八条规定："参议员，每行省、内蒙古、外蒙古、西藏各选派五人，青海选派一人。"[①]《中华民国国会组织法》第二条规定：参众两院议员名额"由蒙古选举会选出者，二十七名；由西藏选举会选出者，十名；由青海选举会选出者，三名"[②]。依据这些条例和规定，内外蒙古、西藏、青海等蒙古族、藏族聚居地区都有专额的参议员和众议员。

然而，在维吾尔族聚居地的回部和内地回族中，却没有专额议员的规定。因此，作为五族共和中的一大组成分子，李谦等人在请愿活动中强烈要求回族政治地位平等，不断表达政治参与的决心。不仅李谦在请愿书中一再强调"共和政体无地方种族之区别，权利义务全国一致"，"国体既改共和，种族当然平等，所有汉满蒙回藏人均应与以参政机会，使民意宣通，遐迩一致，方足昭公允而奠邦基，此定理也"，"特谨依各部要求，于国会组织法中，比照蒙藏青海成例，为回部规定议员若干名，以弥前缺"，各地回族也纷纷表达了同样的愿望。除了前面所引用的一些文牍外，还有如热河地区回族在请愿书中说："国会为全体国民之代表行使主权之一，然国会

① 陈荷夫编《中国宪法类编》，中国社会科学出版社，1980，第 367 页。

② 夏新华等：《近代中国宪政历程：史料荟萃》，中国政法大学出版社，2004，第 169 页。

议员分配之额对于汉满固无论矣，而西藏、青海、蒙古亦皆有专额，即远居各国之侨民亦有特别之规定，惟对回族独付阙如。揆之共和国家之原理，五族一家之精神，恐有未合。若谓内地回族散居各省而八部回民亦在新疆省治之下，并无特设专额之必要，殊不知内蒙各族分隶于各特别行政区，而于国会选举则并不混同于省区之内。内地回族虽然散居各省，然八部回民既有特定区域，一切言语、文字、历史、习惯又无一专成一格。且划地分守，爵隆王公，实与内蒙情形相同。而于国会议员之分配，则使回族独抱向隅，殊失约法所定人民一律平等之精神。”兰州回族则说：“临时约法将蒙藏、青海及中央学会、国外华侨均有专额议员之规定，惟于回族概无明文。岂回族无土地、人民之主权，无会议员之资格欤？抑地处偏僻，民多愚鲁，无国民会议员之程度欤？畛域之见犹存，权利之享独偏。吾回民若不急起直追，共争权利，诚恐宪法一颁，我回族有五族共和之名，无五族同享之实。”像这些要求民族平等、争取回族参政权益的愿望，在《回部公牍》的绝大部分文牍中都有明确的表达。

第二，强调回族的民族意识、国家观念，以及加强中华民族凝聚力的重要性。

进入民国以来，回族就表现出强烈的民族意识和明确的国家观念。他们对国家与人民、回族、回教的关系，回族对国家的责任和义务等，都有着积极的思考和认识。[①] 这些也可以从《回部公牍》中得到印证。他们认为回族是一个单一的民族，在书牍中处处以“回族”称呼自己。安徽颍州回教俱进会会长兼教长等人在请愿电中就指出：“或者谓回族专指新疆等部而言，然内地回人确系回族者。”与此同时，他们在《回部公牍》的文牍中，一再强调回族是构成“中华民族的一部分”“重要成分”“主要分子”，是中国“五大民族”之一。以上这些，既反映回族的民族意识和凝聚力正在形成和巩固，也反映回族对于中华民族的认同在不断加强。

在争取政治权益的活动中，这些回族人士不断强调回族对国家的权利、责任和义务以及加强中华民族凝聚力的重要性，有的指出若不设立回族专额议员，就会予以帝国列强挑拨离间、分裂中国的借口。李谦在1916年请愿书中说：“乃此次召集国会，又无回部议员，此为我国国会组织法之缺

---

① 参见王静斋《谨守回教与爱护国家》，《月华》第2卷第3期，1930；六洲：《中国回民宜具国家观念》，《月华》第1卷第2期，1929。

点，不待中外智者皆知。回部虽远处边陲，实属西北屏障，拥护中央，表里佐治，对于国会急应进行。”河南泌阳回族说：“惟我回族恬居一方，翊赞共和不遗余力，即有风气壅塞稍持性强者，亦皆由李谦辈寒齿诰诫，口头疏通，不以兵革，全归和平。其扶持共和，服从民国之事实，似不得谓非铁中之铮铮者也。论功行赏，当不在汉、满、蒙、藏之下，所可异者南京约法事属草创，回部议员独形偏枯。苟置之不问，则五族国民尚缺一部，不惟为各友邦所垂怜，兼且为各友邦所窃笑。辄闻之则一族之耻，实按之乃全国之羞也。”湖南的回族说：“民国肇基，五族共建，权利义务应被同仁，乃国会代表人民，诸族均膺庶选，惟我回部独有向隅之感。长此不改，内则灰回民八部之心，外则贻强邻挑间之衅，甚非国家之福。”

第三，遵照法律程序进行请愿，并依照法律根据提出参政要求。

民国政府对于请愿有专门的法律规定。1914 年 12 月 27 日公布的《立法院组织法》约法会议议决案第五章“议事及提案”第 33 条规定：“人民请愿书，非有议员五人以上之介绍，不得收受。”第 34 条规定：“请愿事件，非经审查，不得提付议院。”第 35 条规定：“抵触约法之请愿，不得受理。”第 36 条规定：“干预审判之请愿，不得受理。”第 37 条规定：“请愿书不合程序者，不得受理。”第 38 条规定：“请愿书对于政府或议会，措词不守相当之敬礼者，不得受理。”① 李谦等人在发起请愿活动时，最初也不清楚关于请愿的种种法律规定。开始他们是向国务院请愿的，得到“所请于宪法中增补回族专额议员条文一节，事关立法，请迳向国会请愿可也”的答复后，“谨依约法第七条及议院法四十七条之规定提出请愿书于贵院参众两院”。接到参议院议长王家襄的来函，说“贵代表交来请愿书一件，当即交付审查。惟查《议院法》第四十六条之规定，人民请愿书非有议员五人以上不得受理，又查原请愿书所列介绍，均非本院议员”，他们又按照规定的人数找到介绍的议员。如此这般按照法律的程序进行请愿。

李谦等人在请愿书中提出的政治权益要求，也是依照法律根据的，即一为宪法规定的人民一律平等，二为五族共和，三为蒙藏青海成例。这些理由在前面引用的文牍中均有充分的反映。李谦等人开始是要求增加回族议员，国务院答复涉及国会法修改后，便将请求修改国会组织法、增加回

① 《中国大事记》，《东方杂志》第 11 卷第 6 号，1914 年 12 月。

族专额议员放在首位。他们指出这是由于临时约法的草创造成的，敦促对其修改完善："揆厥当日议院法之规定，谅非有意歧视，心存偏袒，不过事属创举，顾虑有所未周，以致顾此失彼。然往者不可谏，来者犹可追。""纵然临时约法之草创有所遗漏，将来宪法自应增加，以期完善。"

《回部公牍》印行之前，河南部分回族还在向参众两院上书请愿，这时他们已经能够很好地将数年来各地回族请愿的理由和根据综合在一起进行陈述，指出："窃以为专制时代政治不良，种族阶级律无平等，故革命时藉为口实，群以除弊为目的也。……查我共和国体无分畛域，回族人民亦享自由之特权，即各负国家之责任。惟国会议员各族俱有专额，回族议员竟至缺席。以故十三年来关于回民之建议案无几，关于回民之通过案无几，关于回民之批准施行案更无几。以一万万之回民而国会中曾鲜代表议案诸付缺如。即此一大缺点为回族人民所不平也。然而国体为五族共和，国会成立实只四族议员。宝鉴既破，赵璧不完，又啧啧于外人之口矣。况民国只主权在国会，国会之组织在议员，各族议员代表各族之民意，而后上下相通，各无阻隔，所谓由人民而成团体，而团体而成立国家者也。而思国家其真共和也耶？其非共和也耶。其果五族共和？而其实为四族共和也耶。凡在智者皆知其名实只不符矣。现回族人民真正意旨十余年来未及宣泄，所有大利大弊诸待以除。似此加议员专额在所难缓。"在这个请愿书里，回族代表提出的根据和理由涉及民族平等、完善宪法和国会组织等几大要点。

第四，坚持时间较长，参与人数较多，涉及层面较广。

这些内容在前面的论述中已有充分的反映。从时间上来看，由 1915 年请求增加回族国民代表开始，到 1924 年印行《回部公牍》为止，李谦等人的政治请愿活动持续近 10 年。从地区上来看，参与回族政治请愿活动的团体和个人分布在北京、上海、河北、河南、热河、甘肃（含今宁夏和青海的一部分）、江西、浙江、广东、广西、云南、湖南、湖北、安徽、陕西、山西、四川等地，除了新疆和东北地区以外，包括了回族分布的大多数省区。从人员构成来看，参与、响应和支持的有官员、军人、知识分子、宗教上层、平民等各界代表，不仅有回族，还有汉族和其他民族。

余　论

《回部公牍》收录的有关书牍产生于民国建立后的最初十余年，这一时期，正是中国社会新旧交替的年代，各方面都在发生着翻天覆地的变化。中国的政治民主化进程发展较快，共和政治赋予公民以选举权，特别是关于少数民族参政的立法规定，使人们在组成乡、县临时议会和省、国议会的选举过程中，对国家政治生活表现了普遍的关注，政治参与意识大为加强，参政议政之风兴起。上述这些变化，为民国以来各民族人民开展政治参与活动提供了社会历史背景条件。

《回部公牍》主要反映了民国前期部分回族在争取议员专额方面的思想和活动。从李谦个人的品格来看，他热心于组织这样的活动，肯定有着自己的打算和目的。虽然如此，也不能否认这些政治请愿的积极影响。庞士谦阿訇谈到中国回民运动时说道："中国回民在清朝时不满百年当中，有五次反迫害的重大斗争。那是满清利用多数民族来压迫少数民族的结果。在回民失败以后，都消极不问国事，于是才有'回民爱教不爱国'的说法。辛亥革命时，喊出了汉、满、蒙、回、藏五族共和的口号，要组织民主政府，而极力拉拢回民，于是回民才感觉到自己是中华的主人翁之一，既负有为国民的一切义务，亦应当享其所应享的一切权利。由于这大潮流的激荡而启发了回民运动。"[①] 尽管庞士谦对李谦个人评价不高，但是也认为他发起的政治请愿活动开创了民国时期回民运动的先声。[②] 这个活动并没有达到预期的目的，"虽然如此，他的这个运动，随着时代的前进而对回民影响不小"[③]。

民国前期回族的政治参与活动包含的内容是十分丰富的。例如，在马邻翼、王宽等人带领下兴起的轰轰烈烈的回族新文化运动，在全国的思想界、文化界产生了巨大的影响；以马麒、马福祥、马安良三大家族为中心的回族军阀势力在西北地区的军事割据和权力角逐，也成为中国政治引人注目的现象。李谦等人发起的争取回族政治权益的请愿活动，只是民国前期回族政治参与活动的一个组成部分。这些形式多样、层面不同的回族政治参与活动，从一个侧面反映了中国各民族在近代中国民族国家建构中的地位和作用。中国资产阶级革命党人发起组织和领导辛亥革命的奋斗目标，

---

① 庞士谦：《埃及九年》，第69页。他认为民国时期回民运动的第二和第三阶段分别是定希程及回族青年会组织的。

② 参见庞士谦《埃及九年》，第69～72页。

③ 庞士谦：《埃及九年》，第71页。

在于废除封建君主专制制度，建立资产阶级民主共和国。南京临时政府制定的《中华民国临时约法》通过立法程序，确立了资产阶级共和国国家政治制度和政权组织形式，以及资产阶级民主权利。民国前期部分回族争取政治权益的活动，就是力图通过在国会中规定回族议员的名额，获得平等参与国家政治的权利，在国家事务管理中充分表达和反映回族民众的意志。

通过对民国前期回族政治参与活动的考察，我们可以看到它一方面反映出少数民族对国家事务积极关注及其国民意识逐步增强的现象；另一方面也暴露出民国政府在民族平等的口号下漠视少数民族的愿望，并在一定程度上实行民族歧视与民族压迫政策的事实。

（《民族研究》2010 年第 1 期）

论中国近代民族主义的理论建构及其过程*

郑大华

中国近代民族主义大致经历过三个阶段：清末民初，这是中国近代民族主义的形成阶段；五四时期，这是中国近代民族主义的发展阶段；“九一八”以后到抗日战争结束，这是中国近代民族主义的高涨阶段。[①] 与中国近代民族主义发展的三个阶段相联系，中国近代民族主义的理论也经历过不断建构的过程。在清末民初，民族主义的理论主要是围绕建立一个什么样的民族国家而构建的，当时以孙中山为代表的革命派主张“排满”和建立单一的汉民族国家，而以梁启超为代表的立宪派则主张“合满”和建立包括满族在内的多民族国家，双方为此展开过激烈的论战和斗争，结果是建立一个独立、民主和统一的多民族国家成了革命派和立宪派的共识并得到最终确立。在五四时期，受第一次世界大战后世界民族解放运动和十月革命以及列宁、威尔逊提出的民族自决理论的影响，民族主义的理论构建主要是围绕民族自决以及由此而引起的反帝与反封建的关系而展开的，以李大钊、陈独秀为代表的中国早期马克思主义者和以孙中山为代表的中国国民党人都曾为此作出过重要贡献。“九一八”事变后，受日益严重的民族危机的刺激，这一时期民族主义的理论建构又发生了新的变化，这主要表现

* 本文为国家社科基金项目“抗战时期（1931～1945）民族复兴思潮研究”（批准号：09BZS033）、湖南高等学校科学研究项目重点课题“抗战时期知识界的民族复兴思潮”（编号08A035）及教育部重大攻关项目“20世纪中国社会思潮研究”（07JZD0006）的阶段性研究成果。

① 参见郑大华《中国近代民族主义的形成、发展及其他》，《史学月刊》2006年第6期。

为民族复兴思想的提出并形成了一种社会思潮，当时的知识界围绕民族复兴问题展开了热烈讨论。

一

中国近代民族主义形成于清末民初。[①] 实际上它是当时两种民族矛盾的存在并日益激化在人们头脑中的反映。这两种民族矛盾是：（1）中华民族与东西方列强亦即帝国主义之间的矛盾。（2）汉民族和其他民族与建立清王朝的满洲贵族之间的矛盾。中国近代民族主义实际上就是在这双重的民族矛盾及其日益激化的基础上形成或产生的。这也是中国近代民族主义的形成或产生不同于西方近代民族主义的形成或产生的一个重要的历史背景。汉族和其他民族与建立清王朝的满洲贵族之间的矛盾激化，刺激了中国传统民族主义在20世纪初的“复兴”，而中华民族与东西方列强亦即帝国主义之间的矛盾激化，是西方近代民族主义之所以在20世纪初传入中国并被人们接受的重要原因。

推动这一时期中国近代民族主义形成的力量主要有两种，即以孙中山为代表的资产阶级革命派和以梁启超为代表的资产阶级立宪派。但无论革命派，还是立宪派，其民族主义的思想来源都是中国传统民族主义和西方近代民族主义。换言之，中国传统民族主义和西方近代民族主义是他们民族主义思想的源头活水。具体而言，他们大多是先接受了中国传统民族主义，后来又接受了西方近代民族主义，其民族主义思想经历过从传统向近代的转变过程。而西方近代民族主义的实质是民族建国。受其影响，革命派和立宪派的民族主义思想也就主要体现在民族建国方面。

民族建国虽然是革命派和立宪派的共同要求，但在如何建国以及建立一个什么样的民族国家的问题上，他们又存在着较大的分歧。概而言之，其分歧主要体现在两个方面：（1）“排满”与“合满”的分歧；（2）与此相联系的，是建立单一的汉民族国家还是建立包括满族在内的多民族国家的分歧。革命派主张的是前者，而立宪派主张的是后者。

革命派的“排满”最早可以追溯到1895年孙中山在香港筹建兴中会总部

① 详见郑大华《论近代中国民族主义的思想来源和形成》，《浙江学刊》2007年第1期。

时提出的“驱逐鞑虏，恢复中华”的主张。到了20世纪初随着革命思潮的兴起，“排满”更成了革命派的一项主要政治诉求。革命派“排满”的思想来源之一，也可以说是主要的思想来源，便是中国传统民族主义中的种族民族主义思想，亦即“华夷之辨”观念中所包含的“非我族类，其心必异”思想。在一些革命派看来，只有汉族统治者才是正统，包括满族在内的少数民族不应入主“中原”，取得国家的统治权，否则便是“亡中国”。与“排满”相联系，革命派从西方近代民族主义中关于民族建国是建立单一的民族国家的思想资源出发，主张建立单一的汉民族国家。《浙江潮》上的一篇文章就强调，所谓民族主义，其实质就是“合同种异异种，以建一民族的国家”。“惟民族的国家，乃能发挥本民族之特性；惟民族的国家，乃能合其权以为权，合其志以为志，合其力以为力”。所以，一国之内不能“容二族”。否则，“舍奴隶以外，无以容其一”[①]。既然一国之内不能“容二族”，那么该文的结论自然是：中国要民族建国，就必须“排满”，建立单一的汉民族国家。

与革命派主张革命“排满”和建立单一的汉民族国家相反，立宪派则主张“合满”和建立包括满族在内的多民族国家，并为此与革命派展开过激烈论战。立宪派主张“合满”和建立包括满族在内的多民族国家的思想来源是中国传统民族主义中的文化民族主义，亦即“华夷之辨”观念中所包含的“诸侯用夷礼则夷之，进于中国则中国之”思想和西方近代民族主义中的以文化为主划分民族、建立多民族国家的思想。因此，立宪派在与革命派的论战中，一是强调满族已经与汉族同化，“满洲与我，确不能谓为纯粹的异民族”[②]。用杨度的话说：“今日之中华民族，则全国之中除蒙、回、藏文化不同，语言各异而外，其余满、汉人等，殆皆同一民族”[③]。既然满、汉已经同化，成了同一民族，那么，革命派基于种族民族主义的立场而提出的“排满”也就失去了合法性的依据。二是强调中国的民族建国是建立一个包括满洲在内的多民族国家，而非单一的汉民族国家。在《政治学大家伯伦知理之学说》一文中，梁启超就针对革命派的“革命排满”提出了这样的问题：“必离满洲民族然后可以建国乎？抑融满洲民族乃至蒙、苗、回、藏诸民族而亦可以建

① 中国近代史资料丛刊：《戊戌变法》第1册，上海人民出版社，1961，第268页。

② 梁启超：《申论种族革命与政治革命之得失》，《辛亥革命前十年间时论选集》第2卷，上册，第224页。

③ 杨度：《金铁主义说》，《杨度集》，湖南人民出版社，1986，第374页。

国乎?”这个问题又可分作三个阶段进行考察:“当预备时代，将排满而能养汉人之实力乎?抑用满而能养汉人之实力乎?当实行时代，将排满而能御列强之侵入乎?抑合满而能御列强之侵入乎?当善后时代，将排满而得国础之奠安乎?抑利满而得国础之奠安乎?”他考察的结果是:与革命派的“排满”比较，“用满”、“合满”和“利满”则更有利于民族国家的建立，“此则吾所敢断言也”。所以，他认为，“自今以往，中国而亡则已，中国而不亡，则此后所以对世界者，势不得不取帝国政略，合汉、合满、合蒙、合回、合苗、合藏”，以建立一个多民族的统一国家。[①]

以孙中山为代表的革命派和以梁启超为代表的立宪派虽然在如何建国以及建立一个什么样的民族国家的问题上存在着较大的分歧，但无论是革命派所主张的单一的汉民族国家也好，还是立宪派所主张的包括满族在内的多民族国家也好，都还不能完全称之为近代民族主义。因为一个国家是由单一民族构成的，还是由多民族构成的，这只表明国家的构成元素，而不能完全说明国家的性质。国家的性质主要是由国家的政权性质决定的。革命派和立宪派所主张建立的不仅仅是一个单一的汉民族国家或包括满族在内的多民族国家，而且还是一个独立、民主的国家。就此而言，革命派和立宪派的民族主义思想中又包含有反帝反封建专制主义的重要内容。

革命派之所以要“排满”的一个重要原因，是清王朝已成了“洋人的朝廷”，只有推翻清王朝的统治，才能挽救民族危机，实现中华民族的独立。孙中山便认为，中国之所以会陷入被帝国主义“瓜分豆剖”的境地，原因就在于满清王朝的软弱不振和卖国投降。因此，中国“欲免瓜分，非先倒满洲政府，别无挽救之法也”[②]。这样革命派就把“排满”与“反帝”结合了起来。同样，立宪派之所以反对“排满”，而主张“合满”，是因为在他们看来，20世纪是“民族帝国主义”兴盛的时代，而“民族帝国主义”与以前的“帝国主义”的最大不同之处，就在于“民族帝国主义”是以整个民族的力量对外侵略扩张。既然“民族帝国主义”是以整个民族的力量对外侵略扩张，那么我们要抵抗“民族帝国主义”的侵略，实现民族独立，也就必须集合整个中华民族的力量，包括满人的力量，而不能兄弟

---

① 梁启超:《政治学大家伯伦知理之学说》,《饮冰室合集》第2册，文集之十三，第76页。

② 孙中山:《驳保皇报书》,《孙中山全集》第1卷，中华书局，1981，第233、234页。

阋于墙，制造满汉对立，“将彼五百万之满族先摈弃之”①。

革命派之所以要“排满”的另一重要原因，是清王朝不仅是异族政权，而且还是封建专制政权，所以“排满”既是民族革命，又是政治革命，如果说民族革命的目的是要恢复汉人对全国的治理，那么，政治革命的目的则是要建立资产阶级民主共和国。同样，立宪派虽然反对革命派的“排满”，反对革命派提出的“种族革命”，但他们不仅不反对革命派提出的“政治革命”，相反认为只有实现政治革命，结束封建专制统治，包括满族在内的多民族国家才能真正建立起来。因为根据梁启超所接受的伯伦知理的理论，一个民族在建国之前，首先必须使其民族成员具有“国民资格”，但在专制政体下，民族成员的“国民资格”是培养不出来的。当然立宪派对政治革命的理解与革命派不同，革命派的“政治革命”指的是民主共和，而立宪派的“政治革命”指的则是君主立宪。但无论是民主共和还是君主立宪，都是民主的政体形式。

这里尤需指出的是，革命派和立宪派虽然在如何建国以及建立一个什么样的民族国家上存在着分歧，并为此展开过激烈论战，但他们也在不断地吸取对方的一些正确观点而对自己以前的一些错误观点进行修正。概而言之，以梁启超为代表的立宪派，逐渐修正了原来那种认为满清王朝不存在民族压迫和民族歧视的观点，并一定程度上承认了革命派“种族革命”的合理性。梁启超在《现政府与革命党》一文中便写道：“次政治现象而起者，曰种族问题。满汉之同栖一国而分彼我，实制造革命党原料之从品也”②。国会请愿运动失败后，部分立宪党人更是出于对清政府借预备立宪之名、行拖延立宪之实的不满，开始转变立场，赞同革命派的共和革命。而以孙中山为代表的革命派，则逐渐放弃了狭隘的民族复仇主义思想，声明“排满”只反对压迫、仇视汉人的满清统治者，而不是普通的满族民众。同时，他们也逐渐放弃了建立单一的汉民族国家的构想，而提出了汉、满、蒙、回、藏“五族共和”“五族平等”的主张。1912 年元旦，孙中山在《临时大总统宣言书》中便郑重宣布：“国家之本，在于人民。合汉、满、蒙、回、藏诸地为一国，即合汉、满、蒙、回、藏诸族为一人，是曰民族之统一”。“五族共和”“五族平等”被确立为新成立的中华民国处理国内民族关系的基本原则。

---

① 梁启超：《政治学大家伯伦知理之学说》，《饮冰室合集》第 2 册，文集之十三，第 76 页。

② 《新民丛报》第 89 期。

建立独立、民主和统一的多民族国家成为革命派和立宪派的基本共识并得到确立，则标志着中国近代民族主义的最终形成。

二

五四前后是中国近代民族主义的发展期。中国近代民族主义之所以在五四前后得到发展，这与第一次世界大战的影响有关。这主要体现在两个方面：

一是第一次世界大战后世界民族解放运动的影响。第一次世界大战是一场帝国主义战争。战争对西方资本主义列强以及殖民地半殖民地国家都产生了极其重要的影响。首先，第一次世界大战加深了帝国主义和被压迫民族之间的矛盾。由于战争需要，战争期间列强对殖民地半殖民地加紧资源掠夺，强征当地人民参战，给当地人民带来沉重灾难。第一次世界大战后，帝国主义列强又在牺牲弱小民族利益的基础上，构建重新划分势力范围的“凡尔赛-华盛顿体系”，变本加厉地对殖民地半殖民地进行经济奴役，强化殖民统治，被压迫民族反抗帝国主义的民族运动愈趋激烈。同时，第一次世界大战又为被压迫民族的独立解放斗争创造了有利条件。不仅英法等老牌殖民主义者的力量大为削弱，而且以压迫各族人民为基础的沙皇俄国、奥匈帝国和奥斯曼帝国也在大战结束前后的革命洪流的冲击下土崩瓦解。战争期间，忙于战争的帝国主义宗主国对殖民地半殖民地的经济控制有所放松，这在客观上为殖民地半殖民地民族资本主义工商业的较快发展提供了有利契机，并促使殖民地半殖民地的社会经济结构和阶级关系发生了深刻变化，不仅民族资产阶级经济实力和政治力量增强，纷纷建立自己的政党组织，以争取国家独立为目标，在民族运动中的地位和作用大为提高，而且部分国家的无产阶级队伍也日趋壮大，开始独立地领导或影响着反对帝国主义的斗争。此外，第一次世界大战把东方各族人民卷入国际政治生活，帮助他们熟悉军事技术装备和新式武器，使他们开阔眼界，加深了对帝国主义的认识。以中国为例，当时有大批中国人到欧洲战场的后方劳动营里服劳役，尽管他们没有直接参加战争，但战争对他们的影响是巨大的，“不用说，有过如此经历后返回家园的殖民地居民对欧洲领主不可能再像以前那样恭顺（西方列强）”①。因此，

① 〔美〕斯塔夫里阿诺斯：《全球通史：1500 年以后的历史》，吴象婴、梁森民译，上海社会科学院出版社，1999，第 616 页。

第一次世界大战结束前后，长期受帝国主义压迫和奴役的殖民地半殖民地国家的人民掀起了民族解放运动的汹涌浪潮，由东往西，计有：东亚的朝鲜三一运动（1919），东南亚的缅甸反英运动（1918～1922），印度尼西亚反荷起义（1926～1927），南亚的印度第一次不合作运动（1920～1922），伊朗吉朗民族民主运动（1920～1921），土耳其凯末尔革命（1919～1934），伊拉克反英起义（1920），非洲的埃及独立运动（1919～1924），摩洛哥里夫起义（1921～1926），比属刚果基班固运动（1921～1933）以及拉美人民的反美斗争（1918～1920）等。

第一次世界大战后世界范围内兴起的民族解放运动促进了五四前后中国近代民族主义思潮的兴起和发展。孙中山就曾指出："自欧战告终，世界局面一变，潮流所趋，都注重民族自决。我中国尤为世界民族中底最大问题"。因为"在东亚底国家，严格讲起来，不过一个暹罗，一个日本，可称是完全底独立国。中国……幅员虽大，人民虽众，只可称个半独立国罢了"。既然世界上的其他殖民地半殖民地的国家都已纷纷独立，民族获得了自决权，那么作为东亚大国的中国还只是一个半独立的国家，还没有从帝国主义的统治下完全解放出来，这当然是"世界民族中底最大问题"，而要使这一问题得到解决，就必须打倒帝国主义。[①] 朝鲜三一运动带给国人的启示也是很大的。戴季陶在《爱尔兰独立运动及美国》一文中称三一运动为东方的爱尔兰问题，主张"我们的国民，对于朝鲜人的自决运动更应该有精神上同情"，并且"希望民国的合法议会，也要表示一个维持条约有效，扶助民族自决的态度"。[②] 北京《晨报》对于朝鲜的三一运动更是予以全程的关注，正如它发表于1919年4月20日的一篇文章所言："近来中国日刊报纸已大发达，每日电报消息一大增加，是以中国人民对于世界无论何处发生之情形均甚洞悉。彼等深知违犯民族主义其于施者受者双方均有伤害。"[③] 陈独秀感慨："这回朝鲜参加独立运动的人，以学生和基督徒最多。因此我们更感觉教育普及的必要，我们从此不敢轻视基督徒，但中国现在的学生和基督徒，何以都是死气沉沉？"[④] 对于菲律宾的独立运动，陈独秀

---

① 孙中山：《在中国国民党本部特设驻粤办事处的演说》，《孙中山全集》第5卷，第473页。

② 戴季陶：《爱尔兰独立运动及美国》，《星期评论》第5号，1919年6月29日。

③ 《远东问题自有公论》，《晨报》第118号，1919年4月12日。

④ 陈独秀：《朝鲜独立运动之感想》，《独秀文存》，安徽人民出版社，1987，第405页。

撰文进行介绍："欧洲停战以来，各国的属地，受了民族自决主义的影响，狠狠发展他们民族运动的光荣。所以爱尔兰、朝鲜、印度、埃及均已经发生过革命的事情。近来菲律宾也极力想早日脱离美国的关系，自己去组织一个菲律宾独立国家。"① 同样，印度的民族主义运动给当时正随梁启超做环球旅行的张君劢留下了深刻印象，他告诉国人，"自印之隶英，百数千年来，不统一之民族渐进于统一，不识近世之政治为何物者，乃近而要求权利争代议政治，且政党之运动风起水涌"②。

二是俄国十月革命、列宁和威尔逊提出的"民族自决权"思想的影响。1917 年 11 月 7 日，俄国爆发十月革命，建立了世界上第一个苏维埃政权，对世界政治产生了重大影响。苏维埃政府不仅对内力求以民族平等和民族自决原则来解决国内民族问题，而且对外摒弃沙皇俄国的帝国主义政策，反对任何形式的民族压迫和殖民奴役，主张各民族不分大小一律平等，有权决定自己的命运，宣布取消沙皇政府与中国及土耳其、伊朗等国签订的各种不平等条约，支持被压迫民族的正义斗争。这些举措给中国多年来探索民族独立争取国家自由的仁人志士以有力的鼓舞，也为中国的反帝反封建革命指明了前进方向，正如毛泽东所说："十月革命一声炮响，给我们送来了马克思列宁主义，十月革命帮助了全世界的也帮助了中国的先进分子，用无产阶级的宇宙观作为观察国家命运的工具，重新考虑自己的问题，走俄国人的路——这就是结论。"③ 毛泽东的话明确地表达了鸦片战争以来中国人民反对外国列强压迫争取民族独立的坎坷艰辛，也透露出对新的道路的憧憬。鸦片战争后中国沦为半殖民地半封建国家，深受外国列强的压迫与奴役，对此，农民阶级、地主阶级（改革派）和资产阶级（改良派和革命派）都以不同的方式探寻过谋求国家独立富强的道路，但无论太平天国还是洋务运动，无论戊戌变法还是辛亥革命，都没有使中国获得富强和独立。曾经历过万般磨难的孙中山对十月革命意义的理解应该比常人更加深刻。十月革命来临时，毕生投身革命的他已处在革命生涯的晚年了。然而可以毫不过分地说，十月革命给他生命最后几年带来的影响是巨大的。苏维埃政府 1919 年 7 月和 1920 年 9 月两次发表对华宣言，重申放弃沙皇在中

---

① 陈独秀：《菲律宾独立运动》，《每周评论》第 20 号，1919 年 5 月 4 日。

② 君劢：《游欧随笔录》，《晨报》第 103 号，1919 年 3 月 26 日。

③ 毛泽东：《论人民民主专政》，《毛泽东选集》第四卷，人民出版社，1991，第 1360 页。

国的一切特权，这使一生中反复受到帝国主义的欺侮、陷害和背叛的孙中山了解到苏维埃国家是一个和帝国主义根本不同的“最新式的共和国”。1923 年 1 月，孙中山和苏联代表越飞签订《孙文越飞宣言》，以求通过苏维埃国家的帮助，“摆脱凭借强力和采取经济的帝国主义方法的国际体系所强加在我们身上的政治与经济的奴役”。事实也证明，“俄国人用了两个重要方法，改变了中国的局面：他们通过与北京以及国民革命运动建立取得联系，挑起了中国对于西方各国和日本的对立情绪；他们通过对国民党人提供技术援助，决定性地改变了这个国家政治力量的均势”①。

第一次世界大战后，促使中国民族主义思潮兴起和发展的另一个重要因素是列宁提出的民族自决权。1916 年 3 月，列宁发表《社会主义与民族自决权》一文，指出世界各民族均享有决定自身命运的权力，被压迫民族应从帝国主义和殖民主义宗主国中解放出来。通过十月革命，俄国把民族自决原则从意识形态变为了实践并取得了成功。列宁这一原则最大贡献在于它使其民族主义从一种思想理论开始具有了政治法制的意义，成为殖民地被压迫民族反对压迫争取民族独立的重要原则和武器。列宁主义认为，社会主义运动已成为全世界无产者与被压迫民族的联合运动，主要打击目标是世界帝国主义，民族解放运动可以帮助无产阶级登上历史舞台。因此现代民族解放运动作为殖民地半殖民地民族主义形成的历史形态，其理论来源主要是马克思主义世界革命理论：世界民族分为压迫剥削民族和被压迫剥削民族，民族矛盾说到底是阶级矛盾。在世界范围内民族间的压迫和剥削就是国际资本对雇佣劳动的关系。所以，全世界无产阶级同被压迫民族联合起来，共同反对帝国主义，殖民地半殖民地反抗帝国主义的民族革命不仅是形成民族主义的历史力量而且是世界革命的有机组成部分。十月革命后随着马克思主义的广泛传播，孙中山及陈独秀、李大钊等更理性地认识到应该团结全国各阶级各阶层人民反帝反封建，必须以民族主义作为积聚革命力量的武器，追求国家的独立。

需说明的是，“一战”后威尔逊的民族自决理论也是促进五四前后中国民族主义思潮兴起和发展的重要因素，这里之所以没有把它与俄国的影响相提并论，一个重要原因是巴黎和会后国人对美国的兴趣衰微。巴黎和会

① 〔英〕C. L 莫瓦特：《新编剑桥世界近代史》第 12 卷，中国社会科学出版社，1985，第 480 页。

前，国人强烈要求洗雪“二十一条”之辱并收回山东的主权。由此，威尔逊的理想主义、自由主义言论，特别是他的民族自决理论，深深吸引了当时中国的进步知识分子，人们对美国的希望油然而生。然而，恰恰是威尔逊亲自指示参加和会的美国代表团向日本让步出卖了中国的权益，国人特别是进步知识分子心目中对美国的希望由此破灭。正如有的研究者所指出的那样：“孙中山晚年的联俄，除了其他诸多原因外，对美国的失望也是一个重要因素——巴黎和会，这对促使大批青年思想左倾，放弃以西方民主为楷模而接受马克思主义也起了相当大的作用。”①

如果说清末民初民族主义的理论主要是围绕建立一个什么样的民族国家而建构的话，那么，受战后民族解放运动，尤其是俄国十月革命和列宁、威尔逊“民族自决权”思想的影响，五四前后民族主义的理论主要是围绕民族自决以及由此而引起的反帝与反封建的关系而建构的。所谓“民族自决”，在含义上应包括对外与对内两个方面。对外，它主张各民族均享有自主决定其命运的权力，不受外来民族的支配。用陈独秀的话说：“‘对外发展主义’，固然是中国人现在做不到的，而且我们也不赞成这不合理的思想。但‘民族自决主义’（就是在国土之内不受他民族侵害的主义），我们是绝对赞成的”②。对内，民族自决是针对政府的专制而要求实现民主、结束晦暗政治而言的。“不准政府独断，要让公众裁夺，这就叫自决”③，当时的进步知识分子对政府、国家、人民三者之间的关系有了更深刻的认识，主张对政府实行社会制裁，“在这无法律政治可言的时候，要想中国有转机，非实行社会制裁不可”④。然而，我们以往在讲“民族自决”时，强调得多的是对外一面，而对内一面则较为忽视。这是片面的。

毫无疑问，五四前后民族主义的理论建构围绕民族自决展开的直接原因是巴黎和会上中国政治外交所受的打击。对和会所标榜的公理、正义和威尔逊的民族自决的迷信到山东外交权益的失败后的失望，加上这一时期国内媒体的大量宣传，人民的政治意识，尤其是民族自决意识有了极大的提高。正是在民族自决意识的推动下，才有五四爱国运动发生。就此而言，

① 资中筠：《百年思想的冲击与撞击》，参见光明观察网 http：//guancha gmw. cn/。

② 只眼：《为山东问题敬告各方面》，《每周评论》第 21 号，1919 年 5 月 11 日。

③ 涵庐：《市民运动的研究》，《晨报》第 143 号，1919 年 5 月 6 日。

④ 毅：《五四运动的精神》，《每周评论》第 23 号，1919 年 5 月 26 日。

五四爱国运动也可称之为民族自决运动。戴季陶就曾指出："这一次'民族自决'的风潮，真是疾风怒潮的一样，弥漫到全国了。你们看这一次'民族自决'的风潮，比起以前抵制美货的时候怎么样？比起历次抵制日货的时候怎么样？比起满清末年争路风潮的时候怎么样？有什么不同的地方？"此前的民众运动，很明显的一个特点是政治参与面窄，往往局限于一个或几个阶层，例如戊戌变法主要局限于正从传统士绅转变来的知识分子阶层，义和团运动主要是农民阶层，辛亥革命的主体主要为受革命党人影响的学生、新军和会党。而"这次的'国民自决运动'是全国国民"①。

五四前后兴起和发展的民族自决思潮无论在政治参与面上还是思想深度上都是空前的，这促进了中国全民民族主义意识的觉醒，加速了中国现代化的进程。在此次民族自决思潮中其实包含着诸多不同阶层的不同政治主张，对于某一特定阶层来说，或许通过单独行动达到目标是相当困难的，而通过不同阶层的共同斗争，效果会明显不同。在以五四运动为主体的民族自决风潮中，激进的革命思潮、温和的自由主义思潮以及保守主义思潮均在此时找到了兴起的契机并得到发展，不论其主张的现实操作性有多大，它们都是对如何谋求民族独立富强的一种回答。一些以民族自决思想为主旨的团体如"国民自决会""外交救济会"等也纷纷建立起来，它们同样为民族自决理论的丰富和发展作出了努力与贡献。

民族自决，就必然要涉及反帝与反封建的关系问题。五四时期的先进分子开始认识到，帝国主义和封建军阀是导致中国内乱原因的一币两面，"即使中国现在能出现一个所谓统一政府，但列强的压迫不去，军阀的势力不除，中国是万难实现统一的，而内乱还会不止呢"，"真正的统一民族主义国家和国内的和平，非打倒军阀和国际帝国主义的压迫是永远建设不成功"，"所以中国人民应当反对割据式的联省自治和大一统的武力统一，首先推翻一切军阀，由人民统一中国本部，建立一个真正民主共和国"。② 从中国的特殊国情看，中国人民的反军阀的革命既是民主主义斗争，又是民族主义斗争，"军阀自身究竟没有什么真实力量，他们的屡次战争的背后都伏有列强间势力竞争的意义"③。打倒军阀的民主主义背后是反对列强的民

① 戴季陶：《中国人的组织能力》，《星期评论》第1号，1919年6月8日。

② 《中国共产党第二次全国大会宣言》，《六大以前——党的历史材料》，第7~8页。

③ 陈独秀：《怎样打倒军阀》，《向导周报》第21期，1923年4月18日。

族主义，这正如霍布斯鲍姆所说，“在群众运动中，往往会同时展现两种互相排斥的意识形态。而且，史实证明，以社会革命为诉求的运动，最后反而成为带领民众投入民族运动的急先锋”①。

三

迈克尔·弗里登曾指出：“民族主义只有在短暂的时段内变得极为重要，即在民族建构、征服、外部威胁、领土争议、或内部受到敌对族群或文化群体的主宰等危机时，民族主义才显得极为重要。”② 九一八事变后，日益加重的民族危机，促进了中国近代民族主义的高涨。与此相联系，九一八事变后民族主义的学理构建也发生了新的变化，这主要表现为民族复兴思潮的兴起。

虽然早在清末民初，民族复兴思潮即已孕育或萌发，从孙中山的“振兴中华”口号到同盟会的“恢复中华”纲领，从国粹派的文化复兴主张到东方文化派的复兴东方文化，实际上都或多或少地包含有民族复兴的思想内容，但“民族复兴”这一概念的明确提出并成为一种具有广泛影响力的社会思潮则是在九一八事变之后。1932 年 5 月于北平创刊的《再生》杂志，即明确宣布以“民族复兴”作为办刊的宗旨，并提出了较为系统的民族复兴方案供社会讨论，其“创办启事”写道：“我中华民族国家经内忧外患已濒临绝地，惟在此继续之际未尝不潜伏有复生之潮流与运动。本杂志愿代表之精神，以具体方案，谋真正建设，指出新途径，与国人共商榷，因定其名曰再生（The National Renaissanci）……兹拟一方面根据历史之教训，他方面博征世界之通例，提出另一新方案，以为惟循此途可致中华民族于复生”。括号里的英文，直译出来就是“民族复兴”。当时明确以“民族复兴”为办创宗旨的刊物，还有创刊于天津的《评论周报》和创刊于上海的《复兴月刊》等。除这些以“民族复兴”为办刊宗旨的刊物外，其他许多未标明以“民族复兴”为办刊宗旨的报刊也都大量地刊登过相关文章，有的还发表“社论”（如天津《大公报》1934 年 5 月 15 日“社评”《民族复兴

① 〔英〕霍布斯鲍姆：《民族与民族主义》，李金梅译，上海人民出版社，2006，第 121 页。

② 〔英〕安东尼·史密斯：《民族主义：理论，意识形态，历史》，叶江译，上海人民出版社，2006，第 24 页。

之精神基础》），开辟专栏（如《东方杂志》31 卷第 18 号就开辟过“民族复兴专栏”，发表赵正平的《短期间内中华族复兴之可能性》、潘光旦的《民族复兴的一个先决问题》、吴泽霖的《民族复兴的几个条件》等文章），就“民族复兴问题”进行讨论，一些以探讨民族复兴为主要内容的书籍也相继出版，如张君劢的《民族复兴之学术基础》、吴庚恕的《中国民族复兴的政策与实施》、周佛海的《精神建设与民族复兴》、王之平的《民族复兴之关键》等。1933 年 9 月 1 日出版的《复兴月刊》第 2 卷第 1 期的一篇文章曾写道：“中国今日，内则政治窳败，财尽民穷；外则国防空虚，丧师失地；国势岌岌，危如垒卵。忧时之士，深虑神明华胄，将陷于万劫不复；于是大声疾呼，曰‘复兴’！‘复兴’！绞脑沥血，各本其所学，发抒复兴国族之伟论”①。

“民族复兴”这一概念之所以在九一八事变后被明确提出并成为一种具有广泛影响力的社会思潮，其主要原因是九一八事变后日益严重的民族危机的刺激，激化了人们的民族认同感和民族责任感，从而为中华民族的复兴提供了契机。这正如张君劢等人在《我们所要说的话》中所指出的那样：“中国这个民族到了今天，其前途只有两条路，其一是真正的复兴，其一是真正的衰亡”。日本的残暴侵略使中华民族陷入了生死存亡的严重危机之中，但“危机”也就意味着“转机”，“这个转机不是别的：就是中华民族或则从此陷入永劫不复的深渊，或则从此抬头而能渐渐卓然自立于世界各国之林”；“所谓转机的关键就在以敌人的大炮把我们中华民族的老态轰去，使我们顿时恢复了少年时代的心情。这便是民族的返老还童”。② 黄郛在为《复兴月刊》所写的发刊词中也指出：“中国今日，内忧外患，困难重重，物质精神，俱形枯槁，实离总崩溃之时期已在不远。试问吾四万万人同立在此‘不沦亡即复兴’之分水岭上，究竟将何以自处？吾敢断言，无男无女，无老无幼，全中国无一人甘沦为亡国之民”。所以，中国的唯一出路就是“复兴”。而《复兴月刊》的宗旨，就是要为中国的“复兴”寻找一条道路③。傅斯年在《“九一八”一年了》一文中称“‘九一八’是我们有生

① 吴钊：《复兴之基点》，《复兴月刊》第 2 卷第 1 期，1933 年 9 月 1 日。

② 《我们所要说的话》（该文署名“记者”，实为张君劢、张东荪、胡石青共同撰写），《再生》第 1 卷第 1 期，1932 年 5 月。

③ 黄郛：《发刊词》，《复兴月刊》第 1 卷第 1 期。

以来最严重的国难，也正是近百年中东亚史上最大的一个转关”，它与“世界大战”和“俄国革命”一样，“是二十世纪世界史上三件最大事件之一”。而作为九一八事变的受害者，“假如中国人不是猪狗一流的品质，这时候真该表示一下子国民的人格，假如世界史不是开倒车的，倭人早晚总得到他的惩罚。所以今天若把事情浅看出来，我们正是无限的悲观，至于绝望；若深看出来，不特用不着悲观，且中国民族之复兴正系于此”[①]。邹文海在文中也写道：“感谢日本飞来的炸弹，因为它无形中启发了我们新的政治生命。外寇的压迫，引起了国人自尊的心理，对外的抵抗，破除了向来自私的习惯。我们中华民国的国民，从此以后，要在一致势力之下，建立一个真正的民主国家”，实现中华民族的伟大复兴。[②]

除这一原因外，费希特民族复兴思想的影响也是民族复兴思潮在九一八事变后兴起的原因之一。费希特是德国著名的古典哲学家和爱国主义思想家，当1806年拿破仑的军队侵入和占领柏林时，他不顾个人安危发表了著名的《对德意志国民的演讲》，希望德意志国民树立起民族的自信心，并在此基础上对“自私”等民族性的阴暗面进行反省，通过创办新国民教育实现德意志民族的复兴。虽然早在20世纪20年代，张君劢以及青年党的李璜、左舜生等人就对费希特在《对德意志国民的演讲》提出的民族复兴思想作过一些介绍，但这些介绍还是零星的，不成系统的，只是到了九一八事变后，费希特的《对德意志国民的演讲》才被系统地介绍到中国。初步统计，九一八事变后，仅《东方杂志》《国闻周报》《时代公论》《复兴月刊》《教育杂志》《再生杂志》《大公报》等报刊发表的费希特《对德意志国民的演讲》之译文（节译或摘译）或介绍费希特之民族复兴思想的文章就达23篇之多。此外，还有一些西方哲学史、政治史、教育史和文化史著作也对费希特在《对德意志国民的演讲》中提出的民族复兴思想作过介绍。特别需要指出的是，费希特的《对德意志国民的演讲》之节本，还被收入进了1934年出版的《中学国文特种课本》第二册（高中用书）。由于费希特发表《对德意志国民的演讲》时的德国处境与20世纪30年代时的中国处境十分相似，因此，费希特在《对德意志国民的演讲》中提出的民族复兴思想也得到了中国思想界的广泛认同，这正如瞿世英为中文版《菲希德

① 孟真：《“九一八”一年了》，《独立评论》第18号，1932年9月18日。
② 邹文海：《选举与代表制》，《再生》第2卷第9期，1934年6月1日。

〈对德意志国民讲演〉节本》所写的序言指出的那样：“菲氏的演讲，可以认为不仅是对德国人的演讲，而是对人类的演讲，尤其是国家危险与他当时的普鲁士相仿佛的国家，应当在他的讲演里得到感动，得到安慰，得到努力的方向。他的演讲，‘对于惨败者，鼓其勇气与希望，对于愁苦者予以欢欣，对于悲不自胜者，有所以慰藉之。各人不至因惨痛而抑郁无聊，各人有追求事物真相之热心，且有应付当前之难问题之勇气。’”[①] 我们查阅20世纪30年代初中期的报刊就会发现，自费希特在《对德意志国民的演讲》提出的民族复兴思想被系统地介绍到中国后，中国的思想界使用“民族复兴”一词的频率明显增多起来。[②]

随着民族复兴思潮的兴起，思想界围绕民族复兴的有关问题展开了热烈讨论。[③] 中华民族有无复兴的可能？这是九一八后面对日益严重的民族危机，广大国民最为关心的一个问题。对于这一问题，陶希圣在《关于民族复兴的一个问题》中作了肯定回答。他在文中写道：现在大家所关心的，是“民族复兴到底可能不可能”。从生物学上讲，一种有机体衰老了是不会还童的。然而民族不同，其生命的延续全在新生物与旧生物的代谢。假如我们相信受环境的重要影响，在每一期新陈代谢之间都有复兴的希望存在，那么我们也就应该相信，中华民族完全有复兴的可能。[④] 和陶希圣一样，梁漱溟也是从个体生命与集体生命之异同立论，来肯定中华民族能够实现复兴的。他承认，由于文化早熟，中华民族已经衰老，但衰老并不等于死亡，相反有返老还童、“开第二度的文化灿烂之花”的可能。因此，他要人们相信：尽管面临着严重危机，但中华民族不仅不会灭亡，而且一定能够复兴。[⑤]

与陶希圣、梁漱溟不同，张君劢主要从民族主义思想的发达与否着眼，说明中华民族存在着复兴的可能性。他指出，民族主义思想的发达与否，

---

① 瞿世英：《菲希德〈对德意志国民讲演〉节本》序，《再生》第1卷第7期，1932年11月20日，第6~7页。

② 参见郑大华《九一八事变后费希特民族主义的系统传入及其影响》，《近代史研究》2009年第6期。

③ 参见郑大华《“九一八”后的民族复兴思潮》，《学术月刊》2006年第4期。

④ 希声：《关于民族复兴的一个问题》，《独立评论》第65号，1933年8月27日。

⑤ 梁漱溟：《精神陶炼要旨》，《梁漱溟全集》第5卷，山东人民出版社，1992，第505~506页。

决定着一个国家的强弱盛衰，中华民族是有几千年历史的伟大民族，其政制、伦理和美术都有其独特价值，然而自从世界大交通后的近百年以来，中华民族却大大落后于“欧美诸国与其他近世国家”了，甚至受欧美列强和日本的任意蹂躏和宰割，其根本原因就在于国民的民族主义思想淡薄。因为自古以来环绕我国四周而居住的都是一些比较落后的“蛮夷”，故在长达几千年的历史期间，形成民族主义思想的环境始终未能具备，我国人民头脑中充满的是“天下”观念，而非民族意识。九一八后，中华民族的这种淡薄的民族主义意识因日本帝国主义的侵略而变得强烈起来。所以，日本帝国主义的侵略既给中华民族带来了深重灾难，同时又在客观上为中华民族的复兴提供了一大转机，使之成为可能。[①]

赵正平在《短期间内中华民族复兴之可能性》一文中提出，要回答中华民族能否于短期内复兴，首先必须回答这样一个问题，即：中华民族的衰落是由民族性引起的，还是有其他方面的原因？如果是前者，那么，要复兴中华民族必先复兴民族性，而民族性的形成与复兴决非短期内能够实现的，所以中华民族也就不可能在短期内实现复兴；如果是后者，民族性只是造成中华民族衰落的原因之一，而非唯一或主要原因，那么，“我中华之中衰，实为一时的病象，病源剔除，病象自去，事犹一转移间，是最短期间内民族复兴为必可能也”。在他看来，虽然中华民族的民族性存在着一些毛病，但它绝不是“八十年来民族中衰”之主要“因素”，因此，只要我们处置适当，运用得宜，“举国才智，一致为民族复兴努力，则不出十年，国运勃兴，将沛然莫御”[②]。为了说明中华民族能够在短期内实现复兴，赵正平还在《复兴月刊》第1卷第1～4期上发表了一篇题为《中华民族复兴问题之史的观察》的长文，通过对几千年中国历史的观察，他得出结论：“几千年来的中华民族曾遭遇多少次的压迫，翻过来曾演出多少次的复兴，以这样悠久健全的民族精神，说是今后没有复兴性，这是万无此理”。“我们要自觉自信，中华民族的复兴，是必然的可能”[③]。

---

① 张君劢：《中华民族复兴之精神的基础》，《民族复兴之学术基础》（卷下），再生社，1935，第68～70页。

② 赵正平：《短期间内中华族复兴之可能性》，《东方杂志》第31卷，第18号。

③ 赵正平：《中华民族复兴问题之史的观察》，《复兴月刊》第1卷第4期，1932年12月1日。

针对少数人对民族能否复兴的怀疑，吴其昌再三强调，中华民族的复兴，“不是‘能’‘不能’”的问题，而是“‘为’‘不为’”的问题，只要我们埋头苦干，努力地“去做复兴的工作”，中华民族就没有不复兴的道理。[①] 潘光旦要人们相信：中华民族并没有衰老，还是一个青年，只是有些发育不全，元气上受了些损伤，如果能将损伤的元气恢复起来，“那么，前途便可以大有作为”[②]。为了说明中华民族能够实现复兴，一些学者还分别考察了美国、土耳其、俄罗斯等国家历史上的复兴运动[③]，并得出结论：既然历史上的美国、土耳其、俄罗斯能够实现复兴，今天的中华民族为什么就不能实现复兴呢！

当然，人们在肯定中华民族能够实现复兴的同时，也指出了它的艰巨性。吴泽霖在《民族复兴的几个条件》一文中开篇便写道：“民族复兴在今日的中国，已成为上下一致努力的运动……不过民族复兴并不是一件轻而易举的事，决不是单靠传单、标语、口号等宣传所能济事的。……民族复兴，并不在乎复兴意志的强弱，而在复兴条件的是否存在而定”。在他看来，民族能否复兴取决三个基本条件：一是物质环境是否丰富以及是否能充分利用，以满足全民族的根本需要；二是生物方面人口能否比以前有较为适当的繁殖，不能太少也不能太多；三是在文化方面能否适应和对付当代的严重问题。就中国的情况来看，这三方面都困难很大，因此，我们应团结一心，“对症下药”，进行改革，以坚忍不拔的精神“彻底做下去”，直到民族复兴实现为止。[④]

从民族主义思想的发达与否决定着一个国家的强弱盛衰这一认识出发，张君劢指出，日本帝国主义的侵略虽然使中华民族的复兴成了可能，但要使这种可能性变为现实性，还必须从“情”“智”“意”三方面入手，大力培养国民的民族意识。所谓“情”，也就是对本民族的感情；所谓“智”，也就是民族的聪明才智；所谓“意”，也就是民族的“意力”或“意志”。他特别强调了民族的“意力”或“意志”对民族复兴的积极意义。他写道：

---

① 吴其昌：《民族复兴的自信力》，《国闻周报》第13卷第39期，1936年10月5日。

② 潘光旦：《民族复兴的一个先决问题》，《东方杂志》第31卷第18号。

③ 如甘豫立的《土耳其之复兴》（《复兴月刊》第1卷第2期，1932年10月1日），王望桐的《美国复兴运动之检讨》（《复兴月刊》第2卷第12期，1934年8月1日）等。

④ 吴泽霖：《民族复兴的几个条件》，《东方杂志》第31卷第18号。

民族有统一“意志”，然后才能立国。俾斯麦时代的德意志民族的“意志”是统一，玛志尼时代的意大利民族的“意志”是复国。就中国目前而言，中华民族的“意志”是实现民族复兴。所以全体中国人，无论其阶级、党派、政治信仰如何，都应该服从这个民族意志。[①]

周佛海在《精神建设与民族复兴》一书中提出，要以“精神建设”来实现中华民族的复兴，而“精神建设”的内容，主要体现在以下几个方面：第一，要扫除因私害公的风气，建设为公忘私的精神；第二，要铲除敷衍、应付和虚伪的风气，建设忠于所事、忠于职责的精神；第三，要铲除互相推诿、互相责难的风气，养成任劳、任怨、任咎的精神；第四，要铲除冷淡的心理，养成狂热的风气；第五，要铲除个人自由的风气，养成严守纪律的精神；第六，要铲除鄙卑鄙贪污的恶习，树立尚名节、重廉耻的风气。[②] 赖希如认为，要实现民族复兴，就应对中华民族的“民族性弱点”进行改造。在他看来，中华民族的“民族性弱点”可以从以下几个方面加以观察：第一，是从活动力及发展力方面观察。中国的民族风尚，向来尊崇道德，而蔑视才艺，以守分安命、顺时听天为极则。“此种崇尚宁静无为，苟安天命之结果，于不知不觉中，遂逐渐养成安闲自适之民族堕性，而听天由命之宿命论，亦则是而深入人民之意识中”。第二，是从组织力及经营力方面观察。中华民族向来崇尚那种无拘无束之飞鸟式的自由，“缺乏秩序之观念，复无纪律之规范”，西方人视中国人为一盘散沙。“人民本身之组织如是，其他对于事业之经营，亦正同出一理”，中国人不善于经济上的经营和竞争。第三，是从吸收力及理解力方面观察。在中华民族的意识中有两种消极元素，“一为唯我独尊，蔑视一切之‘排他性’；一为述而不作、信而好古之‘保守性’”，所以中国不善于吸收外来的先进文化，对外来文化往往不求甚解，“厌于讨论求详”。第四，从伦理道德之消极倾向方面观察。中国的伦理道德，有积极的一面，也有消极的一面，就消极一面而言，比如“自私自利”，“人人但知有家庭，而不知有所谓社会；知有家族，而不知有所谓民族；家虽齐，而国不治”。第五，从务虚名而轻实际方面观察。中国人比较尚虚名，重形式，爱好体面，比如“吾国社会婚寿丧祭之

---

① 张君劢：《中华民族复兴之精神的基础》，《民族复兴之学术基础》（卷下），再生社，1935，第73页。

② 转引见朱国庆《精神建设与民族复兴》，《独立评论》第218号，1936年5月13日。

礼仪，其形式之繁重，殆为世界各国之所无”[①]。天津《大公报》的一篇名为《民族复兴之精神基础》的“社评”也再三强调：“重唤起中国民族固有之精神，以秦汉以上诸先哲之智慧品性能力精神为范”，这是“实现民族复兴之必要的原则”。[②]

和周佛海等人的认识稍有差异，梁漱溟指出，近百年来中华民族之不振，是文化上的失败。文化上之所以失败，是由于不能适应世界大交通后的新环境。因此，民族复兴，有待于文化的重新建造。就此而言，“民族复兴问题，即文化重新建造问题”。而所谓的文化建造，亦就是社会组织结构之建造。[③] 在章渊若看来，民族复兴不是一朝一夕的事情，必须经历一个长期的艰苦过程，因此只有建立在“健全的科学文化之基础上，军事、政治、经济、教育，以及一切民族之实力庶几可得发展之源泉”，民族也才能实现复兴。[④] 郑宏述指出，帝国主义和封建主义是中华民族的两大敌人，“要使民族复兴，希望民族向前迈进，无论如何需要打倒这两重巨大障碍”[⑤]。

作为清华大学优生学教授，潘光旦在《民族复兴的一个先决问题》一文中指出：和个人或家族一样，民族的形成和发展也离不开“生物的遗传、地理的环境、历史的文化”这三个因素，而在这三个因素之中，遗传最为基本，其次是环境，再其次是文化。既然民族的形成和发展与“这三个因素”有着密切的关系，“那么，一个民族的衰败以至于灭亡，或在将亡未亡之际，想加以挽救，我们便不能不就同一的因素，去找寻所以败亡的解释或可能的挽救的方法了”。然而，自九一八后，人们虽然受亡国灭种危机的刺激，而大讲特讲“民族复兴”问题，但检阅其议论，“几乎全部是偏在文化因素一方面的，大家总以为民族目前的问题是一个文化失调的问题”，有的人甚至“把（民族衰败）的责任移到各个人的自由意志上”，归罪于大家不努力。实际上，“历史的文化”固然重要，“生物的遗

① 赖希如：《中华民族性弱点之改造论》，《建国月刊》第13卷第5期，1935年11月10日。转引自郑师渠、史革新主编《近代中国民族精神研究读本》，北京师范大学出版社，2006，第149～154页。

② 《民族复兴之精神基础》，天津《大公报》，1934年5月15日“社评”。

③ 梁漱溟：《由乡村建设以复兴民族案》，《梁漱溟全集》第5卷，第419～420页。

④ 章渊若：《复兴运动之基点》，《复兴月刊》第2卷第1期，1933年9月1日。

⑤ 郑宏述：《文艺之民族复兴的使命》，《复兴月刊》第2卷4期，1933年12月16日。

传”和“地理的环境”也应引起我们的重视，只有这三个影响民族形成和发展的问题都得到了很好的解决，中华民族复兴的可能性才会变为现实性。[①]

尽管因知识结构、政治背景以及所擅长的专业不同，人们的认识千差万别，但他们都认为只要发奋图强，中华民族就一定能够实现复兴，并且探讨了如何实现民族复兴的问题。这在当时的历史背景下，对于帮助广大国民树立战胜日本军国主义的侵略、实现中华民族复兴的信念是有积极意义的。

〔《华东师范大学学报（哲学社会科学版）》2010年第5期〕

---

① 潘光旦：《民族复兴的一个先决问题》，《东方杂志》第31卷第18号。

从“苗”到“苗族”

——论近代民族集团形成的“他者性”问题

杨志强

一 前近代时期的“苗”

有关苗族的族源问题，据现今学术界的一般看法，除上古传说的尧、舜、禹时代的“三苗”外，其后被视为与现今苗族具有最为直接关系的“苗”的记录最早是唐代樊绰所著的《蛮书》。进入宋代以后，有关“苗”的记载及其所指在文献中便变得明晰起来。南宋大儒朱熹在其《三苗记》中，描述了现今湖南一带“猫”及“苗人”的情况，并将其与尧舜禹时代的“三苗”部落联系起来。但这时期在官方正史中尚未见到有关“苗”的记录。进入元代以后，正史中开始频繁出现了“苗”的记录。据学者的统计，《元史》中有关“苗”的名称的记载，就有“苗”、“苗蛮”（如“贵州苗蛮”“平伐苗蛮”“八番苗蛮”“紫江苗蛮”等）、“苗佬”、“苗僚”、“生苗”等称谓。[1]这里所说的“苗蛮”，从地域上来看，主要就指的是现今的贵州、湖南一带的非汉系族群。

明代以后，明王朝在南方，尤其是西南地区的统治大为加强。在政治上，明王朝为了强化对云南的控制，确保交通线路，对于过去处在云南、四川、湖广之间的“蛮夷”地区加强了统治的力度，在明初的永乐十一年（1413）设立了“贵州布政使司”，正式成立了贵州行省。与政治上加强统治的同时，明王朝还通过设立在西南各地的“卫所”以及“民屯”等形式实行“移民实边”的政策，将大量的汉族移民移入这一地区。在贵州省，先后设置了30卫、140余所，仅屯军就多达20余万户，100多万人。[2]在这一背景之下，“苗”的指称范围日益扩大，逐渐成为非汉系族群的泛称，一些过去被冠以“蛮”的人群，到了明代以后，便为“苗”所取代。

有清一代，清王朝对于西南地区的控制更为加强，从雍正年间(1723～1736）以后，对于云南、贵州、湖南、广西等地的土司地区，实施了大规模的“改土归流”政策。对于过去长期脱离在中原王朝统辖外的一些既无流官，也没有土官统治的地区，如贵州东北部和湖南西部相交的腊尔山“红苗”地区、贵州黔东南清水江和都柳江流域一带的“黑苗”地区以及贵州西南部的“仲苗”“青苗”地区，也通过使用武力，“开辟苗疆”，设州置县，置于直接统治之下。从乾隆中期以后，内地迁往西南一代的汉族移民猛烈增加，土著的非汉系族群与迁移而来的汉族“客民”之间，围绕着土地的纠纷和对立日益激烈。在这过程中，“苗”完全取代了“蛮”，被置于与“汉”相对应的一极，成为了整个南方，尤其是以贵州为中心的西南一带非汉系族群（其中也包括一部分明代的汉族移民）的泛称。

当我们回顾近代中国以前的族群关系时，应该看到，近代以前的族群观念与我们现今的“民族”观念具有相当不同的内涵。过去在以天子为顶点的中华帝国时代，只有模糊的“疆域”观念而无明确的“领土”的意识，而汉民族社会的“异族”观念以及专制政权的政治统治的合法性，很大程度上是建立“华夷之辨”这一政治与文化分界的基础之上的。所谓的“华夷之辨”，可以说是汉民族自古以来形成的“对他而自觉为我”的一种文化优越意识。正如一些学者指出的那样，这一观念包含了汉字这一文化象征体系以及将这一体系具象化和制度化了的称为“礼”的行为准则；作为一种超越性的，被视为放之四海而皆准的规范，它并不是单纯地可以还原到某一特定的地域与民族上的。[3]

也就是说，“华夷之辨”不仅是区别汉民族与非汉民族的族群区别界线，同时更重要的是它体现出的文化上的二元对立关系：“华”象征着“文明”，而展现这一“文明”具体内涵的就是对于汉字的习得以及对以儒家伦理道德观的认同。“夷”则意味着“野蛮”，具体表现为游牧游耕经济，无君无长的社会构成以及有悖于汉文化价值观的各种奇风异俗等。另一方面，“华夷之辨”的区分界线，除了以“文化”高下之分之外，即“教化”外，还包含着政治上的统属关系这一层次的内容，这就是所谓的“王化”，即使是汉民族，如果脱离了专制权力的支配范围，也一样地被视为“化外之民”。在明清时代以前，中原王朝尚未将大部分南方“蛮夷”纳入朝廷的直接统治之下，在这一状况下，“华”与“夷”境界下的族群界线的区别，就主要是围绕着赋税徭役负担表现出来的政治上的统属关系而展开的。① 然而，进入明清时代以后，随着南方大部分非汉系族群地域先后纳入到中原王朝的直接统治之下，对于“华、夷”境界的区别，也就从“王化”过渡到“教化”，即以是否掌握和习得汉文化及儒家伦理道德观为主来加以评判了。

回过头来，我们看一看“苗”在汉文化语境中的变化情况。自明清时代以后，“苗”逐渐取代过去的“蛮”而变成了南方非汉系族群的泛称之一。其后，晚清的著名学者魏源试图对这一变化作出解释，他认为：“蛮”与“苗”之间的区别主要是由内部的社会组织构成的差距造成的。即内部有明确的上下尊卑关系，称雄一方的称之为“蛮”，而内部各不统属，亦无贵贱之分的称之为“苗”；过去的专制权力主要是通过对“蛮”的安抚来压制“苗”，只是后来“蛮酋”安于现状，不思进取，才导致“苗患”日增，以至于取“蛮”而代之。[4]

在这里，魏源明显地也是按照传统的汉民族文化价值观来区分“蛮”与“苗”的。相对于有上下尊卑关系的“蛮”，魏源无疑地是把内部互不统属，无君无长的“苗”视为更加野蛮的群体。虽然他的这一观点是否确切另当别论，但在另一个方面的确反映出了当时的汉族社会普遍存在的将“苗”视为野蛮的看法。在这里，就有必要回顾一下当时剧烈变动的社会背景。

---

① 如宋代对于南方的非汉系族群，中原王朝主要是按照赋税徭体现出来的政治统属关系来划分“华夷”边界的。如这时期出现的“莫徭”“徭人”等。并且进而以“生”“熟”观念来加以区分。如《宋会要辑稿》载：“辰沅靖三州，内则省民居之，外则为熟户山徭，又有号曰峒丁，接近生界。平时省民得以安居，实赖熟户之徭与夫峒丁相为捍蔽。”在这里，“内”为“省民”即汉民，“外”为“熟户山徭”，即“王化”的蛮夷，而“生界”一说，同时代的朱辅在其《溪蛮丛笑》解释为：“生界，去州县堡寨远，不属王化者，名生界”，即拒绝王朝统治的“蛮夷”。当时对于“生”“熟”的判别标准，我们从下列文献资料的记录上大致可以了解到：《文献通考》卷三三一《黎峒条》：“蛮去省地远，不供赋役者名生黎。耕作省地，供赋役者名熟黎。”《岭外代答》卷二《海外黎蛮》：“海南有黎母山，内为生黎，去州县远，不供赋役。外为熟黎，耕省地，供赋役”。《文献通考》卷三二八《充州条》：“南方曰蛮，今郡县之外羁縻州洞，虽故皆蛮地，犹近省民，供税役。故不以蛮命之，过羁縻则谓之化外真蛮矣。”《宋史·蛮夷二·诚徽州蛮条》：“熙宁八年……有杨昌衔者，亦愿罢进奉，出租赋为汉民。”上述文献记载表明，宋代时期中原王朝对于南方“蛮夷”的认识以及“生”“熟”概念的划分，更多的是从“王化”的角度，即是否归顺于专制权力，是否负担国家的租税徭役来划分其“华”与“夷”边界的。对于“供税役”的“蛮夷”，则视其为“熟”蛮，甚至于“不以蛮命之”而视其为“汉民”。

二 清朝中后期的苗汉关系以及“非苗化”现象

自明代开始，随着中原专制权力通过“改土归流”等政治以及军事措施，过去长期与中原政权处于若即若离状态中的云贵以及广西、湖南部分地域的非汉系族群地区，先后被纳入中原专制权力的直接统治之下。在这一政治格局大变动的背景之下，汉族移民就不断通过“屯军”的形式迁入这一地域。就贵州而言，屯军主要是分布在贵州中部从现镇远，经黄平、施秉、凯里、贵定一直到安顺一线，以确保从湖南经到云南之间陆路驿道的安全。进入清朝以后，随着中原人口的剧增，在西南地区就出现了大批为寻求土地的汉族流民——“客民”。乾隆年间以后，移民数量更是猛增。以贵州为例，据不完全的统计，贵州省在康熙二十四年（1685）在籍人口只有13697人，但是乾隆十四年（1749）就猛增到3576111人，到了乾隆五十六年（1791），更是达到了5167000人。[5]也就是说，贵州人口从康熙年间到乾隆末期一百余年间，猛增了数百倍之多。导致人口剧增的原因，除了户籍制度的推行之外，最主要的还是汉族移民的大量迁入。而“苗疆”各地的苗民社会，到了道光年间，据同时期《黔南职方纪略》一书记载，汉族“客民”已经遍布“苗疆”，“有客民之寨比比皆是”。[6]在这一剧烈变化的社会背景之下，这一区域的社会状况以及族群关系也呈现出错综复杂的样式。

首先，随着国家权力与汉族移民对于西南地区大举进入，汉族社会与当地非汉系族群之间交往也日益频繁，对于“苗”也根据其观察加以细分化。清朝初期康熙年间，田雯在他的《黔书》中，列出了二十八种不同的“苗蛮种类”[7]。到了乾隆年间，爱必达在其《黔南识略》中指出：“苗之种类有百，上游则倮夷为多，下游则仲苗、青苗为多”[8]。道光年间，罗绕典在其《黔南职方纪略》一书中，具体就罗列出了贵州一带的五十二种“苗类”[6]。而嘉庆年间陈浩所作的《八十二种苗图并说》图册中，不仅以彩图的形式描绘出贵州的八十二种“苗类”，而且对其“奇风异俗”，附带了较为详细的文字说明。[9]因此，对于贵州等地的“苗”，一般又以“百苗”来加以概括，而贵州以及包括湖南、云南、广西、四川部分地区的“苗种”分布地区，也因之被称为“苗疆”。

其次，随着王朝权力统治的加强和汉族移民的大量移入，围绕着统治与被统治的关系，以及经济利益和生存空间的争夺，不可避免地也引发了“苗种”社会与国家权力，以及“汉”“苗”族群之间紧张对立。清朝中后期，在汉族移民中曾流行过的“无苗不富”（即如果没有苗人，就会因找不到掠夺的对象而富裕不起来）这句谚语，在一定程度上也反映出当时的“苗种”社会在汉族“客民”掠夺下所面临的悲惨状况。① 在这个过程中，来自各个“苗种”社会也进行了强烈的抵抗，但这些起义最终都被镇压下去，它非但没有改善苗民的处境，反而使大量的苗人背井离乡，逃亡至云南以及东南亚一带。另一方面，在汉族社会以及汉文化的语境中，因苗人的反抗更加强调和突显出“苗”的“野蛮性”的一面，凡言及“苗”，几乎都与“野蛮”同义。民国年间湖南省“苗夷”出身的知识分子石启贵对此无不感怀至深：“（汉人）凡见丑陋之物件，动辄以‘苗’为比拟。如粗碗粗筷，汉人谓之‘苗碗苗筷’。品貌不美，汉人谓之‘苗相苗形’。一遇纠纷，概以‘苗’为冠词”[10](pp. 207-208)。

可以说，明清时代，尤其清代以后，“苗”不仅成为以贵州为中心的中国南方一带的非汉系族群的泛称之一，并且，在“华夷之辨”这一文化-政治结构中，“苗”也被置于“文明”与“野蛮”这二元对立项中的最底端。以“汉”“苗”区分为代表体现出来的“华”“夷”境界的区别，不仅使得各个非汉系族群社会在文化以及族群的境界中被视为“异类”，饱受歧视，并且在政治、经济等领域也被不断地边缘化而遭受到残酷的压迫与掠夺。在这种外力的强大压迫之下，我们看到，清朝中后期以后，各个非汉系族群社会也发生了分化。一方面，在汉族居多或者苗汉杂居地区，普遍出现了“汉化”现象，随着时间的推移，许多非汉系族群都被同化到汉族中。而在一些与汉族相邻的苗区，如湖南湘西的部分苗民地区，甚至还出现了苗民贿赂官府与汉族绅士，要求列入汉籍，导致了许多苗乡变成了汉区的现象。[10](p. 209, p. 212) 另一方面，在一些内部文化同质性较高，与汉族交往较为频繁的“苗种”地区，如“仲家”（布依族）、“峒人”（侗族）等族群社会

① 有关这一时期苗民社会与国家权力以及“汉”“苗”之间的对立的情况，已有许多研究涉及。其实，新中国成立初期对于“大汉族主义”的批判，也反映出中共高层领导者对于过去汉族与少数民族之间对立的这一段历史所持的客观态度和认识。而在这一基础上展开的一系列的社会改革，也得到了各民族社会的热烈响应和支持，从而导致了他们对于国家的认同以及民族关系在极短的时间内就发生了根本的变化。

中，他们为了摆脱被视为“苗”的命运，不仅通过积极吸收汉文化向主流社会靠拢，并且在其集团意识中还出现了强烈的拒绝被外界视为“苗”的倾向。

以今天的侗族社会为例，在明清时代的文献中，侗族有时被称为“峒人”或“洞苗”等。但长期以来，侗族基本上一直是被视为“黑苗”的一部分。① 由于侗族分布地域大部分是在适合水稻耕种的水边地带，并且与汉族地区相邻，所以在较早的时期就和汉族发生了频繁的接触。在清代初期，汉文献对于侗族的记载，在记录其受汉文化影响的同时，仍然强调其“野蛮性”的一面。② 但是，到了清代中期以后，随着侗族社会对汉文化的积极吸收，汉文献中对“峒人”或“峒苗”的记载，发生了明显的变化，如《说蛮》一书云：“峒人今称峒家，衣冠如汉人，亦自讳其峒人也。习汉俗者久，子弟多读书补诸生，其能者，多役于郡邑为吏胥，不知其为峒人也……黔书称其多忌喜杀……或当时有然，今不尽如所说也”[4]。

此外，在《黔南识略》卷十二《镇远府条》中对于当地的“峒（原文为上山下同）人”亦有“耻居苗类，称之以苗，则怒目相向云”的记载。[8] 而在《黔南职方纪略》卷六《天柱县条》中则记录了如下事例：

> 县属地方比连清江厅属之柳霁、南洞一带，苗寨所辖，悉系剃发峒苗，语言、服饰与汉民无异，并无蓄发苗人掺杂其间。康熙间，县内童生入学，额取之外，尚有苗生三名，因峒苗耻居苗类，不愿有苗生名目，已经前县详请裁汰。[6]

这里所说的“苗生”，是清朝政府为加速苗民的教化而实行的一项措施，即在“苗疆”内的各府州县学中，每年在正额之外，都为苗民留下一定的名额，以鼓励苗民读汉书、习汉礼，进学应试。据同书卷六“黎平府条”载，在道光年间，天柱县所属的黎平府每年大约有这样的“苗生”定额 13 名。从

---

① 清代的一些官方记录中，一直都将这一带的非汉系族群称为“苗”或者“黑苗”。参见《侗族社会历史调查报告》，贵州人民出版社，1988，第 37 页。

② 如（清）陆次云《峒溪纤志》（该书成书于康熙年间）中就有以下记载：“峒人，以苗为姓，好争喜杀，片言不合，即起干戈。在石纤、朗溪二司者，多类汉人，在永从者居常负固，在洪州地，颇膏腴，然不事耕作，惟喜剽掠。粤西有峒（犬旁）人者，好弹胡琴，吹六管，女善汉音”。《小方壶斋舆地丛钞》第八帙，第 55 页。

以上记载可以看到，天柱县内的“峒苗”，不仅语言、服饰“与汉民无异”，因其“耻居苗类”，甚至对官府为苗民所定的“苗生”学额中的“苗”字，都产生反弹心理，以至于官府不得不在官方行文中将“苗生”字样去掉。

除了侗族以外，在清代的汉文献中我们也可以看到在布依族中也存在这一现象。上述《黔南职方纪略》卷五《独山州条》中就有“仲人多不自认为苗”的记载[7]，而《黔南识略》卷一《贵阳府》云：“大率仲家……于今久被声教，渐习华风，有呼为苗者必动色，反唇以为诟厉。”[8]

从上述汉文献的零星记载中，我们也可以明显地感受到清朝中后期以后，在南方一些非汉系族群社会中出现的拒绝外界将自身视为“苗”的社会现象的存在。在这里笔者将其归纳为“非苗化”现象。所谓“非苗化”，指的是在一些非汉系族群社会中，随着“汉化”的进程，他们不仅在文化上积极吸收汉文化及其价值观，争取由“苗”（野蛮）向“汉”（文明）的转变，并且在族群认同意识上也出现了一种强烈否认自身为“苗”的集团心理现象。在今天看来，这种现象与我们所探讨的所谓的传统的“民族边界”的形成有着某种内在的关联，但在当时的“华、夷”结构下，也可以理解为一种群体认同意识的自我异化现象。也就是说，这种由“苗”向“汉”的涵化过程，既有非常现实的利益因素在内，同时，在汉文化占有绝对优势地位的社会背景下，各非汉系族群在汉化过程中形成的差异，也成为定位所谓传统的“族群边界”的主要内容之一。这样的族群边界，与我们今天所探讨的“民族边界”比较，本质上是不同的。

汉文献对于这部分族群的记录也呈现出一种春秋笔法似的变化过程。在清朝初期的一些文献中，在指出其通晓汉语、汉文的同时，对其“野蛮性”的一面亦多有涉及，但是在清朝中后期以后的汉文献中，在对其社会的汉化现象加以积极评价的同时，有关野蛮习性的记录也基本上消失。这表明，他们对于汉文化的积极吸取也得到了主流社会的某种程度的赞许和认同。而在汉文化语境中对“苗”所隐含的负面印象及其标识，在很大程度上就由现今的苗族所背负下来。

三　从“苗”到“苗族”——来自“他者”的近代民族集团的建构过程

从以上的讨论中可以看到，在近代以前，所谓的“苗种”，主要指的是分布在以“苗疆”内地，即以现今的贵州省为中心，包括了云南、四川、湖南、广西等省区的非汉系的族群的泛称。作为一种汉民族对于异族的称谓，这里所说的“种”代表的是一种“华”与“夷”区别的模糊的文化境界，而并不是现今意义上所看到的“种族”或“民族”。但是，进入到19世纪以后，在严重的内外危机面前，过去“天下主义”的观念被彻底抛弃，中国开始了由帝国体制向具有明确疆土界线和国民意识的近代国民国家的艰难的转化过程，“民族”这一概念也是这时期通过中国留日学生传入中国。[11]在这一巨大变迁的历史潮流中，我们看到，“苗”不仅经历了由“苗”向“苗族”——由泛称向近代民族集团的演变过程，并且在20世纪初叶汉民族的民族主义思潮兴起的过程中，“苗族”也被置于一个特殊的位置上。

有关20世纪初叶在中国社会以及海外留学的中国人中发生急剧的思想变化等情况，已有众多论者涉及。这其中，值得注意的是，受当时流行的进化论思想的影响，有关“种族”的言说盛行一时。一方面，西方列强对于中国的侵略，被转化为“白种”与“黄种”之间的对抗关系，“优胜劣败”的思想给当时的中国知识分子们带来了强烈的民族存亡的危机感；另一方面，在革命派中，他们又将这种“种族”思想作为武器，把满清政权打上了“异族统治”的标签。[12]饶有兴趣的是，在上述有关“种族”言说的展开中，无论是改良派还是革命派，在他们的论说和作品里，几乎都涉及“苗族”。在这里，我们可以看到，在近代民族主义兴起的过程中，在汉文化境界中的“苗”的印象，随着时代又发生了新的变化。

首先，在1902年以后至辛亥革命初期，对于“种族”的初步分类中，“苗”开始作为一个“种族”或“民族”的系统，开始被区别出来了。如邹容在其脍炙人口的反清檄文《革命军》中，把世界人种大致区分为“白种”与“黄种”两大类，而“黄种”之下又区分为“西伯利亚种”和“中国人种”两种。这其中，满清统治者被当作“异族”，与蒙古族、通古斯族一道被划入“西伯利亚种”中，而“中国人种”中，则包括了“汉族”、“西藏族”与“交趾支那族”三个不同的支系。其中他把“苗民”归入“交趾支那族”条下，记道：“此族古代曾占据中国本部，后为汉民族渐次驱赶。前周之苗民、荆蛮、唐代之南诏国恐均属此族”[13](p.47)。同一时期(1903)与《革命军》齐名另一部著名的反清檄文，同样是由留日学生陈天华撰写的《警世钟》一文中，除了按当时流行的分类，将世界的“种族”

区别为白种、黄种、黑种、红种和棕种以外，在“黄种”中，进而又分为“汉种”“苗种”“东胡种”“蒙古种”四个类别。这里的“苗种”，在他的括号注明中，就明确地指称为“苗族”[13](pp. 115-116)。

其次，在20世纪初期汉民族的民族自我认同意识形成的过程中，“苗族”被置于一个特殊的参照系上，它作为一个“古老的”“衰落的”并充满了悲情色彩的民族形象开始形成。进而在“排满兴汉”的反清辩论中，“苗族”也被卷入其中。在这过程中形成的种种有关“苗族”的言说，不仅成为其后苗族知识分子展开的民族自我认同意识再建构的中核内容之一，并且也奠定了苗族的历时性历史过程再建构的基础。

1902年以后，在围绕着革命派的“保种”与改良派的“保教”之间的激烈争论中，奉“黄帝”为汉民族祖先，以黄帝纪年为中国历史纪年开端的动向也迅速普及开来。汉民族作为“炎黄子孙”的言说，也是形成在这一时期。[14](pp. 107-108)在对于汉民族族源的追溯中，受到当时西方“白种人至上”思潮的影响，有关“汉族西来说”盛行一时。而“苗族”则被视为中国这块土地上最古老的居民，后来被“外来者”黄帝以及炎帝一族所驱逐，才被迫流落到南方。史籍中有关黄帝与“苗族”首领蚩尤之间发生战争，最终黄帝战胜并杀死蚩尤的“涿鹿之战”的传说，也被视为奠定了华夏在中原发展的一场具有重要的历史性意义的事件。例如，陈天华在他的《警世钟》中有关“种族”划分的一节中就指出：汉民族的祖先黄帝正是凭借战胜了“苗族”的祖先蚩尤，才奠定了汉民族在中国大地上发展的基础；与此相反，“苗族”则以此为转折点，走上了衰败没落的道路。[13](pp. 115-116)而另一位著名的革命家章太炎在他所著的《訄书》(1898)中写道：“自黄帝入中国，与土著君长蚩尤战于阪泉，夷其宗。(中略)三苗以亡，自是俚瑶诸族，分保荆粤至今”[15](p. 235)。

众所周知，上述邹容、陈天华与章太炎都是清末最为著名的反清志士，他们散布的革命思想，在当时的社会产生了极为广泛和深刻的影响。考虑到这一点，他们在其论述中将对于“苗族”的论述当然也会随着其革命思想的传播而影响到许多人。那么，为什么当时的汉族知识分子们会将南方民族泛称的“苗”作为中国最古老的主人，与过去古代的“三苗”联系在一起呢？其后民族学家林纯声、芮逸夫在其《湘西苗族调查报告》中指出了两方面的原因：一是自宋朝以后，汉族文人多将“苗”与“三苗”联系起来；二是受到日本史家的研究的影响。[16]

然而，这时候呈现在汉族民族主义者中的“苗族”的古老形象，内含着两种解读方式，首先，作为汉族始祖的黄帝和炎帝，正是依靠战胜了“苗族”祖先蚩尤以后，才最初奠定了汉族在中原的主导地位。在这里，“苗族”是被想象成汉民族所遭遇到的最初的“异族”和“对手”而表现出来的，进而这一对立在后来又被从“种族”的对立转化为“文明”与“野蛮”之间对立的图式上。其次，“苗族”是作为在生存竞争中的“失败者”这一反面教材被凸显出来的。在当时“物竞天演、优胜劣败”进化论思想影响下，加上“甲午战争”和“义和团”运动以后所面临的列强“瓜分”中国的严峻形势，在当时中国的知识分子中，普遍蔓延着一种对于国家、民族存亡的强烈的危机意识。在他们的眼中，“苗族”虽然是中国最“古老”的主人，但正是“优胜劣败”的生存竞争中失败于汉族，才遭到了被驱赶到山地，陷入一蹶不振的境地中。而这一点，无论是改良派也好，还是革命派也好，在当时的社会中似乎已经形成一种共识。如康有为在其《保救大清黄帝公司序例》一文中云：“我南省原皆猫、瑶、侗、僮之地方，今已为我黄帝子孙逼处，猫、瑶、僮亦将绝矣!”① 而梁启超在著作中，也屡屡提及苗族，一方面，他根据史籍记载，把“苗族”视为中国最先发明了刑法、金属以及宗教的古老民族；另一方面，他也不停地强调“苗族”与“汉族”在生存竞争所遭受到的失败的命运。他在《历史上中国民族之观察》一文中写道：“此族与我族交涉最古，自黄帝迄舜禹，为激烈之竞争，尽人知之……当其盛时，有绝世伟人蚩尤为之酋帅，涉江逾河，伐我炎黄，华族之不斩如缕。黄帝起而攘之，经颛喾尧舜禹数百年血战，始殴之复南，保残喘于故垒……盖此族数千年来退避迁徙，其迹最历历分明，由江北而江南，由湖东而湖西，卒泝沅江以达其上游苦瘠之地，展转委靡以极于今日。”[17] 这些对于“苗族”失败命运的诸种议论，是在当时中国面临着被“瓜分”危机的这一历史背景之下展开的。也就是说，如果中国或者汉民族自身不奋发图强的话，他们也会步“苗族”的后尘，面临种族衰落甚至灭亡的危险。这也许才是他们言及“苗族”的真正的意图。[14](pp. 38-40)

从上述议论可以看到，从19世纪末到20世纪初在中国社会，这其中主

---

① 转引自孙隆基论文《清季民族主义与黄帝崇拜之发明》。原引文“瑶”“侗”“僮”皆为反犬旁。

要是留日知识分子中兴起的以“排满兴汉”为中心的民族主义浪潮中，呈现在“他者”眼光中的“苗”的印象也随之推移演变。一方面，过去处于“华夷之辨”次序下的，作为南方非汉系族群泛称的“苗”开始随着“种族”“民族”概念的传入变成了“苗族”，开始向近代意义上的民族集团演变。另一方面，在这场围绕着“反满兴汉”为中心展开的争论中，过去在汉文化语境中充满了负面含义的“苗”，伴随着“民族”概念的传入而成为“苗族”，并且它作为中国一支“古老的”，但是在残酷的生存竞争中遭受了失败命运的“衰败的”民族形象而被想象和凸显出来。对于当时的中国的知识分子们来说，他们之所以屡屡提及“苗族”，不过是把它当成一个参照系，一个“前车之鉴”，以警告世人，唤起他们对于国家民族命运的危机意识。从这时候开始，“苗族”作为一个古老而充满了悲情色彩的民族形象，开始在人们的印象中固定下来。

然而，在20世纪初叶的有关“种族”的议论中，另一方面我们也可以看到，当时人们对于“种族”与“民族”内涵的理解极为模糊。在这时期，不仅“种族”和“民族”两个概念有时相互混杂，并且在“民族”与“国家”（国民）之间的区别和解释上，也存在很大的随意性。以邹容的《革命军》为例，他是按照“人种”“民族”“人”（如“中国人”等）这一划分系列来展开其“种族”论的。这其中，他一方面把君临中国的满人踢到“西伯利亚人种”里，当成了“异类”；另一方面，又把“日本人”“朝鲜人”“暹罗人（泰国人）”“西藏人”“中国人”一道，全部归类到“汉民族”的范畴内，视为了“同胞”[13]。

回过头来看这时期在人们话语言说中表现出来的“苗种”或“苗族”，也同样可以观察到这一倾向。尽管“苗”与“民族”挂钩，开始称之为“苗族”，然而实际上在内涵上与近代以前人们所指称的“苗”并没有发生太大质的变化。上述邹容、陈天华、梁启超等人的论说中展现出来的“苗种”或“苗族”，依旧是把它作为代表整个中国南方以至于到东南亚印度支那半岛一带的非汉系族群的泛称。更有甚者，随着这时期国门的打开，还有人将“苗”与美洲等地的印第安人联系在一起。如一篇探讨美洲各国印第安人政策的文章中，就以“红苗”来称呼各地的印第安人。这里的“红”，当指的是美洲的有色人种印第安人，与后来作为苗族支系之一的“红苗”并无关系。[18]有趣的是，为什么要用“苗”来称呼美洲的印第安人呢？这里似乎可以看到，随着时代潮流的变迁，传统的以中原王朝为中心的“华夷次序”也发生了微妙的变化。过去作为展示以中华帝国为顶点的“华”与“夷”这一“天下”的政治以及文化等级分界，到了这时候，也被推移出去而成了人们观察世界的思维模式之一。在当时，一方面是黄白种之间的对抗关系，另一方面欧美白种人与中国的汉人之间，虽然有肤色的不同，但他们都是“德慧术知之民”，俨然成了代表文明的“华”的一方。[19]从这一意义上说，人们对于中国的“苗”与美洲的“印第安人”的印象，在“华夷之辨”这一架构下被重叠在一起。这除了显示出当时人们在相关知识方面的匮乏外，也许更为重要的是，作为代表“野蛮”的一级，“苗人”与“印第安人”这两者之间，的确具有相互共通的一面。从这里也可以看到，在世纪之交的19世纪末至20世纪初期，在当时人们的思想的激烈变化过程中，“苗”变成了“苗族”，在他者的眼中也呈现出种种不同的印象。

结　论

通过上述对于今天作为中国56个民族之一的苗族从前近代的非汉系族群的泛称演变为近代民族集团的历史过程的追溯，我们可以看到，19世纪末至20世纪初，中国在经历由王朝体制向近代国家转变的过程，也经历了近代“民族集团”建构与创出的过程。而在这里，本文欲就影响民族集团形成的要素问题提出两点看法。

首先，在现今有关民族集团问题相关定义的研究和讨论中，无论是“主观”论者还是“客观”论者，一直都以某种“共同的文化”作为定义民族集团的最为基本的内容之一。然而，通过对于本文从“苗”到“苗族”的追溯过程可以看到，苗族作为一个近代民族集团最初的雏形，首先是在“他者”阵营中被想象和构建起来的。今天的苗族，作为中国大地上的一支古老的民族而众所周知，然而，其内部无论是语言，还是分布地域、生业形态以及文化习俗来看，都呈现出较大的差别。如何解释这一现象呢？我们只能通过对历史追溯和展开来寻求答案了。这就是本文所欲提起的影响民族集团形成的“他者性”问题。这里所谓的“他者性”，指的是在众多不同族群之间的互动关系中，处于强势一方的族群不仅在政治、经济、文化上不断影响周边的弱小族群，并且在强势族群这一“他者境界”中形成的异族印象也会通过同化等方式移植到弱小族群中。可以说，这种类型的

“近代民族集团”的形成，与近代国民国家体制的形成过程几乎亦步亦趋，同时展开的。这种类型的“民族集团”的形成过程，往往是经历了来自国家权力、主流社会以及近代科学等“他者”规定的过程，而不是迄今我们所强调的“共同的文化”等要素。

其次，自从挪威人类学家弗雷德里克·巴特（Fredrik Barth）在20世纪60年代末期提出的有关族群形成“边界论”的观点以来，“民族”（族群）形成过程中的“边界”① 或者“境界”问题，日益成为人们议论的焦点。也就是说，在现今对于民族集团的研究中，“他者认同”（他们是谁?）以及“自我认同”（我们是谁?）已经成为界定“民族集团”的最重要的指标。[20] 问题在于，在“他者”与“自者”的互动过程中，“他者认同”与“自我认同”往往并不是同步发生的。在中国，由于汉民族及其文化几千年来一直在中国境内各个族群的互动过程中占有绝对的优势，在现今我们接触到的历史上有关“异族”的文本记载和近代以来的有关“民族”的话语言说，基本上都是基于汉文化的语境而展开的（也包括以汉文化为基础的国家权力在内），它并不一定反映出被视为“异族”的各个非汉系族群的实际认同的状况。苗族作为中国境内历史最为悠久的古老民族的形象，是在20世纪初期形成的。但是，作为苗族这一民族共同体内部的自我认同意识的建构过程，却是在近百年以后的20世纪80年代以后才兴起的。有关这一问题，因篇幅关系，将另行加以探讨与展开。

参考文献

[1] 杨庭硕：《人群代码的历时过程——以苗族族名为例》，贵州人民出版社，1998。

① 本文所使用的“民族（族群）边界”这一概念，主要以日本学者江渊一公氏所作的定义为参考，即所谓的民族（族群）边界，是指某一个特定的民族集团是由哪些（具有共同文化）人们所归属的有关集团成员的范围的概念。在这里，最为重要的是，其个人的归属，不仅是由自己，而且也由他者（他集团成员）的内容所决定。就是说，民族境界的形成包含了两个方面，即通过社会化过程从“内部”形成的境界以及在与其他集团相互作用过程中来自“外部”规定的境界。参照〔日〕江淵一公《エスニックバウンダリーとスティグマ（stigma）》綾部恒雄编《文化人類学Ⅱ特集=民族とエスニシティ》，アカデミア出版会出版会，1993。

[2] 范同寿：《贵州简史》，贵州人民出版社，1991。

[3]〔日〕村田雄二郎：《中華ナショナリズムと“最後の帝国”：中国》，蓮實重彦等编《いま、なぜ民族か》，东京大学出版会，1994。

[4]（清）魏源：《西南夷改流记》，《小方壶斋舆地丛钞》第八帙。

[5] 梁方仲：《中国历代户口·田地·田赋统计》，上海人民出版社，1980。

[6]（清）《罗绕典·黔南职方纪略》，道光二十七年修，光绪三十一年补刊本。

[7]（清）田雯：《黔书上卷·苗蛮种类部落》，《贵州古籍集粹黔书·续黔书·黔记·黔语》，贵州人民出版社，1992。

[8] 爱必达：《黔南识略》，乾隆十四年修，道光二十七年刊本。

[9] 李汉林：《百苗图校释》，贵州人民出版社，2001。

[10] 石启贵：《湘西苗族调查报告》湖南人民出版社，1986。

[11] 金天明、王庆仁：《“民族”一词在我国的出现及其使用问题》，中央民族学院民族研究所编《民族研究论文集》第一集，1981。

[12] 孙隆基：《清季民族主义与黄帝崇拜之发明》，《历史研究》2000 年第 3 期。

[13]〔日〕岛田虔次、小野信尔编《辛亥革命の思想》，筑摩书房，昭和 43 年（1968）。

[14]〔日〕吉澤誠一郎：《愛国主義の創成——ナショナリズムから近代中国を見る》，岩波书店，2003。

[15] 章炳麟：《訄书详注》，徐复注，上海世纪出版股份有限公司·上海古籍出版社，2002。

[16] 林纯声、芮逸夫：《湘西苗族调查报告》，国立“中央研究院”历史语言研究所，单刊甲种之十八，南天书局有限公司，1978。

[17] 梁启超：《历史上中国民族之观察》，《饮冰室合集·饮冰室专集第四十一》，上海中华书局印行，1925 年刊本。

[18] 蔡锡龄：《红苗纪略》，《小方壶斋舆地丛钞》第十二帙。

[19]〔日〕河田悌一：《中国近代思想と現代——知的状況を考える》，研文出版，1987。

[20]〔挪威〕弗雷德里克·巴特（Fredrik Barth）：《集団の境界》，青柳まちこ編译エスニックとは何か，新泉社，1996。

〔《西南民族大学学报（人文社科版）》2010 年第 6 期〕

“寻找国家”：清末民国时期蒙古地方精英国家认同的演变与形成

常　宝

一　中国历史上的“国家”与“民族”以及近代汉族精英的“民族主义”话语

在世界历史上，各个民族在其发展演变的过程中逐渐形成并创建国家形式，民族与国家成为互构的两种实体，中国的“国家”与“民族”也经过了漫长的演变过程，尤其近代“国家”与“民族”的生成是一个复杂、多变的过程。

（一）“中国”与“中华”

据考证，“‘中国’一词最早出现在西周初年。周人始兴之地在陕西关中，站在关中看全国，关中为‘西土’，而把新占领的中原称为‘中国’，这时的‘中国’一词还是一个地理概念”①。那时的“中国”是指地理意义上的“中原”、政治意义上的“天子之国”及民族意义上的“华夏”民族。

就在中原形成统一的“民族”趋势前后，北方游牧民族自战国末期，出现了东胡、匈奴、月氏三大势力互相角逐的局面，最终被匈奴兼并统一，形成了北方游牧民族。随着历史与周围环境的演变，“中国”一词的涵义也发生了实质性的变化。至汉代，产生了包括边疆民族地区的“古之戎狄，今为中国”的“中国”观念。唐代之后，宋、辽、金前后并立，后来元灭

① 何志虎：《康有为的“大中国观”与革命派放弃“驱除鞑虏”口号》，《史学月刊》2000 年第 5 期。

金、南宋、西夏，天下一统，均自称为中国正统，融入了"中国"，参与了"国家"建构。中国传统价值观与在历史空间、时间和文化认同上形成的"中国"概念是"国家"意识的发端，进而逐步形成了"国家"及其政权。在中国历史上，"国家"的形成离不开中国传统价值观和思想基础，中国"'国家政权'是由儒家思想交织在一起的行为规范和权威象征的集合体"①。与"中国""国家"概念的形成一样，具有"民族"涵义的"华夏"一词的出现也经历了漫长的历史过程。夏、商、周三族至周代逐渐融合为一个民族整体，呼为"诸夏"或"华夏"。《礼记·王制》中有"中国、夷、蛮、戎、狄，五方之民"一句，这里的"中国"，主要指的是周代五大民族集团之一的"华夏民族"。"中国"一词，最早是指"畿辅之地""京师"，后来又与"华夏"同义。

（二）中国"民族-国家"

"据王树民和陈连开等先生研究，'中华'一词起源于魏晋时期，最初用于天文方面，乃从'中国'和'华夏'两个名称中各取一字组成。在日后漫长的历史中逐渐具有了'中国'、中原文化和汉人、文明族群等内涵。"② 由此，按照西方近代"民族-国家"理论，可将中国"民族-国家"的形成时期前推至魏晋时期。可是，这与近代意义上的"民族-国家"有着截然不同的特点和涵义。

"中华"一词，经过辽、宋、夏、金时期的民族融合与文化认同，以及元朝大一统的民族大熔炉，历史构成和打造了"中华"整体观念。"中国"与"中华"概念的形成实际上标志着传统儒家的、广泛的文化概念发生了变化，通过地理界限、种族、族群及其认同，重新划分了传统文化区域，开始以"民族""国家"替代和肢解文化概念，为建构近代"民族-国家"道路打开了一扇门。

清朝满人制定和实施因地制宜的灵活政策，进一步促进了"中国"国家与"中华"民族的形成。《大清一统志》载：则将蒙古、新疆、西藏、台

---

① 哈罗德·伊罗生：《群氓之族——群体认同与政治变迁》，邓伯宸译，广西师范大学出版社，2008，第21~22页。

② 黄兴涛：《民族自觉与符号认同："中华民族"观念萌生与确立的历史考察》，香港，《中国社会科学评论》2002年第2期。

湾均视为中国的一部分，由此可见，“中国”一词，其含义也从空间不断扩大至时间、意识、认同，并建构了立体型结构。直到19世纪中叶西方帝国主义侵华前夕，中国这个拥有众多民族的帝国迈入近代国家阶段，出现了新的“国家”与“民族”概念。具体而言，这是清末时期一部分汉族精英从西方引入了具有一般性意义的“民族”概念并确立其完整的“民族”观念和意识的结果。

（三）近代汉人“民族主义”话语

随着中国近代以汉人为核心的“中央”的逐步形成，中央对边缘地区的态度与策略首先在“话语”层面上以自由、松散形式得以展现，从而凝固成“话语”权力。“话语”是形成主体的主要因素和权力关系，也是“民族主义”意识形态的工具。

中国传统价值观，如“天下观”等是汉人近代“民族主义”的基础，也是近代国家政权的理论来源。至清末、民国革命时期，无论是共产党，还是国民党，在“民族主义”和国家制度建设上从未放弃从“天下观”、“和而不同”和有关“中国”认同的古代传统思想和意识形态中汲取资源。

“民族主义”与“民族”一样，是起源于西方的概念。李慎之认为：“中国传统的思想是‘天下主义’而非‘民族主义’”[①]。近代以前，中国没有现代意义上的“民族主义”。民众心目中只有“天下”而没有“民族”“国家”意识。在中国近代历史上，“民族”与“民族主义”才成为极其复杂的概念体系和意识形态。中国近代以来的“民族主义”意识和情绪在19世纪中期以后，尤其是在辛亥革命时期的新旧时代和政权的交替过程中获得了集中表现。梁启超曾在《戊戌政变记》中写道：“唤起吾国四千年之大梦，实自甲午一役始也。”[②] 王柯认为，清末时期，在当时的汉族知识分子和政治人士中生成“民族主义”话语的原因和背景有两个：“其一是清朝政府已经实行了260多年的民族压迫；其二是在腐败无能的清王朝的统治下中国受尽了西方列强的侵略和压迫。”[③]

---

① 李慎之：《全球化与中国文化》，《太平洋学报》1994年第2期。

② 丁文江、赵丰田：《梁启超年谱长编》，上海人民出版社，1983，第38页。

③ 王柯：《民族与国家：中国多民族统一国家思想的系谱》，冯谊光译，中国社会科学出版社，2001，第208页。

中国传统的“天下”观，实际上是一种文化主义。从文化角度看，清朝满人虽然是外族，但没有破坏传统中国一脉相承的文化价值体系，反而将其保存和发扬得很好。汉人要质疑、推翻满人和清朝政权，只能从“种族”观念入手，重新定义“国家”，以“民族主义”取代以往的“天下主义”。因此，“民族主义”和“革命”成为贯穿整个清末民国时期的主题和嘈杂声音，形成了以“种族民族主义”为开头的立宪派和革命派以及不同理论趋向。

《左传》有“非我族类，其心必异”之说，即强调血缘上的认同，有着强烈的排他性，“这句话至少在某些程度上支持了‘种族偏见’存在于中华文明的初期阶段的论断”[①]。

19世纪中叶，西方势力入侵，在外来势力的压力之下，民族观念有所变化，鸦片战争更使中国知识分子对西方国家有了新的认识。面对满清国家的衰弱，当时的一些汉族精英、革命知识分子和民众自然形成了腐朽无能的清朝政府是革新的阻力的观点，以求有效清除他们，从而否定满汉一体论，恢复“华夷之辨”的传统理论。章太炎、邹容都是这方面的代表者。尤其是孙中山，获得了以“大亚细亚主义”为核心的日本帝国主义的激励和支持，在1894年成立兴中会，重新阐述明太祖朱元璋提出的“驱逐鞑虏，恢复中华”的口号，并以此为政治纲领。由此，“仇满”是当时最响亮的革命口号和“大汉民族主义”的核心内容。实际上，当时的“仇满”并不只针对满族，“驱除鞑虏”的口号给蒙古族的心理冲击不亚于满族，由于鞑靼长期以来是包括蒙古在内的古代北方少数民族的通称。

20世纪初，“民族-国家”观念传入中国，中国人面临如何对待和建立“民族-国家”的选择，即在近代国家建构以及版图的划定中如何对待周边异族，是否要将其容纳进来。于是，围绕是通过改良实现君主立宪，还是进行暴力革命推翻清王朝；是满汉团结建设多民族的“大中国”，还是驱逐满人以建立“汉族的中国”（民族-国家），在精英知识分子中发生了一场激烈争论。为此，康有为提出了不仅包括内地18行省，还包括清朝统治下的全境的“大中国”概念，这一历史与现状、主观与客观、文化与实践几乎完美结合的理论成为唯一的“真理”，指明了中国近代国家建构的正确方向，并获得了历史的检验。

---

① 〔英〕冯客：《近代中国之种族观念》，杨立华译，江苏人民出版社，1999，第5页。

在容纳“异族”，建立多族群、多民族国家的前提下，汉族必然是主体，但还需要对民族整体和部分进行区分和解释。当时的革命派所主张和运用的“种族民族主义”和“单一汉族国家”的民族理论，使国家面临着分裂的危险。梁启超看到了这种危险，认为“民族主义稍输入于我祖国，于是排满之念勃郁将复活”[①]，中国各民族已“成为数千年来不可分裂不可磨灭之一大民族”[②]。并提出了“大民族主义”与“小民族主义”概念，明确提出反对排满的“小民族主义”，提倡合满的“大民族主义”的主张。

辛亥革命已实现了“排满”，但在组建近代国家问题上却直接面临着诸多重要问题：是建立只包括汉族的单一民族国家，还是以汉族为中心组建多民族国家？如何巩固边疆？等等。特别是面对北部边疆的蒙古问题，孙中山提出了“各族团结一心防俄”的主张，并致电在京的蒙古王公们，表达了“实欲合全国人民，无分汉、满、蒙、回、藏……究之政体虽更，国犹是国”的想法，抛弃了“一个民族一个国家”的观念。由此，以孙中山为首的革命派对国内民族关系的认识已经进入了一个新阶段，在国家政治架构的建构上逐渐摆脱依靠单一汉民族的建国理念。一位日本学者一针见血地论道：“革命党起事之手段，是号召全国叛离清政府，鼓吹革命热潮的唯一口实就是种族主义。而在满洲朝廷灭亡之后，激进革命党人如再在一多民族的国家里鼓吹种族主义，就势必会危及其统一的基础。‘故彼等立即高呼消除种族界限，鼓吹种族团结’。”[③] 可以看出，西方主张的“民族主义”和中国知识分子、政治家所提倡的“民族主义”有很大的区别。西方“民族主义”更多地强调语言等因素，以区别不同民族（之后的共产国际组织也是如此），而清末民初中国的“民族主义”始终注重种族的统一性，在种族和血缘的关系中谈论“民族主义”。王国斌认为：中国“‘民族主义’（nationalism）则是一种介于省及国家之间的认同。中国关于建立一个国家的想法，乃是出于地缘及血缘关系。这与欧洲效忠国家的观念恰成对照”[④]。

---

① 梁启超：《饮冰室合集·文集之十三》，中华书局，1989，第74页。

② 梁启超：《饮冰室合集·专集之四十二》，中华书局，1989，第4页。

③ 宗方小太郎：《一九一二年中国之政党结社》，《近代稗海》第12辑，四川人民出版社，1988，第129页。

④ 王国斌：《转变的中国》，李伯重、连玲玲译，凤凰出版传媒集团、江苏人民出版社，2008，第222页。

二 国家与地方之间：汉人地方精英的“崛起”

清末时期，取消满汉通婚之禁（1901）等现象的出现预示着汉人地位的提高。随着清朝满人政权的逐渐衰败和式微，地方力量崛起，以汉族为主体的、抵触并旨在推翻满清国家政权的地方反叛和农民起义此起彼伏。在国家权力体系中汉人精英的地位明显提高，在国家决策中汉人的条陈和发言逐渐不容忽视，尤其汉人“军阀”的发展，说明汉人精英已成为一股强大的政治力量。

（一）对蒙地决策的参与

清末至民国时期，随着满人国家力量的衰退以及世界与国内政治、文化整体格局的转变，汉人精英开始在国家权力体系中扮演重要角色。以清末蒙地全面放垦政策的制定过程为例，汉族出身的官吏曾经与蒙官、满官一道积极参与废除移民禁令活动，纷纷上奏，促使蒙古地区全境开放。

表1 清末汉官的奏折与许可开垦的地域情况

年　代	官　职	姓名及族属	开垦地域
光绪十年（1884）	山西巡抚	张之洞（汉）	土默特
光绪十三年（1887）	—	恭蹚*（蒙）	布特哈、默尔根、呼兰、北团林子间之通垦地方
光绪十六年（1890）	—	徐宗亮（汉）	黑龙江省
光绪二十二年（1896）	黑龙江将军	恩泽*（蒙）	札赉特、郭尔罗斯、杜尔伯特旗
光绪二十三年（1897）	山西巡抚	胡聘之（汉）	蒙古全境
光绪二十五年（1899）	黑龙江将军	恩泽*（蒙）	蒙古全境
光绪二十七年（1901）	山西巡抚	胡聘之（汉）	蒙古全境
光绪二十七年（1901）	绥远城将军	信格（满）	绥远
光绪二十七年（1901）	黑龙江将军	萨保（—）	哲里木盟
光绪二十八年（1902）	绥远城将军	贻谷*（满）	察哈尔、绥远
光绪二十八年（1902）	山西巡抚	岑春煊（汉）	察哈尔、绥远
光绪三十年（1904）	黑龙江将军	达桂（—）	哲里木盟

续表

年代	官职	姓名及族属	开垦地域
光绪三十年（1904）	盛京将军	增祺*（满）	科尔沁左翼后旗
光绪三十一年（1905）	理藩院左丞	姚锡光（汉）	蒙古东部地方
光绪三十三年（1907）	热河都统	廷杰*（满）	辽河中上游地方
光绪三十三年（1907）	两广总督	岑春煊（汉）	蒙古全境
光绪三十三年（1907）	东三省都督	徐世昌（汉）	热河、昭乌达、科尔沁
光绪三十三年（1907）	东三省都督	徐世昌（汉）	黑龙江省
光绪三十三年（1907）	科布多办事大臣	锡恒（—）	阿尔泰地方
光绪三十四年（1908）	东三省都督	徐世昌（汉）	蒙古全境

*恭躂，满洲正黄旗人；恩泽，蒙古镶蓝旗人；贻谷，满洲镶黄旗人；增祺，满洲镶白旗人；廷杰，满洲正白旗人。“—”表示“不详”。

从表1可以看出，在清朝国家的蒙地开垦、“移民实边”决策背景下，不仅是多数满官和少数蒙古精英，一部分拥有巡抚、总督和都督官职的汉族精英也积极响应国家谋略，并采取了具体行动。这一方面说明国家力图整合地方的目的和愿望，另一方面也说明了汉族精英势力在国家与地方权力体系中不断扩张的趋势，进而传递“游牧者，宜于封建而非可以大一统之治治之者也；耕种者，宜于郡县而可集权于中央以治之者也”① 的观念，预示着权力的更替及转换。

（二）汉人军阀的产生

军阀的产生也是近代汉人崛起的主要标志。近代以来，清朝先后两次败于鸦片战争，后又败于日本以及八国联军。屡屡战败和随后签订的不平等条约，严重消耗了国家财源，导致清廷对民众和地方的掌控能力大大下降，威信全无。以汉人精英为主体的地方势力看到国家如此软弱无能，都在寻找机会，试图独立以割据一方。

1901年清政府进行“新政”，力图恢复中央的威信，但由于政策不对头，如同打开了“潘多拉盒子”，不仅葬送了清王朝，而且导致了民国时期汉人军阀的产生和混战局面的形成。1912年武昌起义一声炮响，各省纷纷

① 姚锡光：《续呈实边条议以固北圉说帖》，《筹蒙刍议》卷上，光绪三十四年刊本，第25页。

宣布独立。袁世凯统帅北洋新军前去镇压，孙中山以中华民国第一任大总统之位相让，换取了袁世凯的反戈，清宣统帝被迫退位，汉人推翻了满人帝国。在清末至民国时期地方崛起以及社会近代化过程中，南方汉族精英功绩卓越，魏源的“师夷长技”思想和左宗棠的“身无半亩，心忧天下”精神是当时汉人地方精英特有的爱国主义情怀和“忧国忧民”的民族精神的集中体现。

罗志田认为：“有意识地在政治中运用民族主义，甚至在北洋军阀统治之前就已见端倪。”① 军阀的发展，尤其北洋军阀的权力运作过程与当时的蒙古地区社会发展、政治演变和精英行动有着复杂、紧密的关联。民国时期汉人军阀，尤其是北洋军阀与蒙古地方精英之间的矛盾、隔阂不断发生，对蒙古地方社会的发展、变迁与精英国家认同产生了深刻影响。

首先，北洋军阀捍卫国家统一的立场十分坚定，在阻止外蒙古独立问题上发挥了重要作用。在蒙古王公精英阴谋策动外蒙古独立的关键时刻，时任国务总理的段祺瑞，派得力干将徐树铮亲赴库伦，并收复外蒙古，外蒙古呈请废除中、俄、蒙一切条约、协定，中国的版图在辛亥革命后创造了空前的完整局面。皖系军阀徐树铮的成功，即权力范围的扩张，引起久把蒙疆视作自己势力范围的张作霖的忌恨，蒙古地区成为各类军阀的竞争之地。

其次，在蒙古地方精英与汉人之间一直保持争夺和张力，军阀对蒙地的剥削和压制引起了地方的抗争。北洋军阀时期的热河、察哈尔和绥远等蒙古地区，在行政制度上已从清朝的“盟旗”制度转变为将军都统监督下的“盟旗”制度，权力职位频繁更替，走马灯似的人员变更，令人眼花缭乱。仅在袁世凯以后的10年中，这些地区都统官员的更换频率达到平均一年一次，且都是清一色的汉人各派高级军官。可见，当时蒙古地区的政权争夺如内地各省一样，十分激烈，地方与军阀之间的关系复杂、多变。从下述三个特别行政区都统的任免背景可以发现这一特点（见表2）。

1928年，南京国民政府在形式上完成了全国统一，内蒙古地区行政体制由将军都统监督下的“盟旗”制度又一次转变为省县管理下的“盟旗”制度，北洋军阀军政大权争夺暂时终结，蒙古地区落入了更强大的军阀——蒋介石的统治之中。

① 罗志田：《乱世潜流：民族主义与民国政治》，上海古籍出版社，2002，第171～172页。

无论在北洋军阀时期，还是国民革命时期，汉人军阀在蒙古地区的势力日益强大，侵占大量土地、草场。以冯玉祥为例，自倒戈后，一直以西北边防督办名义，把察哈尔、绥远、宁夏这三个特别区置于自己的控制之下，其权势波及整个蒙古地区。冯玉祥为了解决军用粮食、保障士兵们的生活，在西北和蒙古地区大量开垦，蒙古民众的生活以及传统王公贵族的地方权威受到了威胁。

军阀与商人和当地王公勾结，以侵夺蒙地为致富的方法，这种情形从清末已经开始。在东北，张作霖与常住奉天（今沈阳）的那木济勒色楞王爷商定开垦该旗的大片草原为农耕地，到 1928 年，达尔罕旗 3/4 的土地被放垦，牧场缩小，牧民被迫背井离乡，引起当地牧民的强烈不满。著名的“嘎达梅林起义”就发生在那个时期。

表 2　北洋军阀混战时期三地区军阀与都统更替情况表

	所属军阀	都　统
热河地区	奉　系	汲金纯（1921）
	直　系	王怀庆（1922）、米振标（1923）
	奉　系	阚朝玺（1924）
	直　系	宋哲元（1925）
	奉　系	汤玉麟（1927）
察哈尔地区	皖　系	田中玉（1916）、张敬尧（1917）、田中玉（1918）
	直　系	王廷桢（1919）
	奉　系	张景惠（1920）
	直　系	谭庆林（1922）、张锡元（1922）、张之江（1924）
	奉　系	高维岳（1927）
绥远地区	皖　系	蒋雁行（1916）、申葆亨（1917）
	地　方	王丕焕（1917）
	直　系	陈光远（1917）、蔡成勋（1917）
	地　方	马福祥（1920）
	直　系	李鸣钟（1925）、蒋鸿遇（1926）
	阎锡山	商震（1926）
	地　方	满泰（1927）
	奉　系	郭希鹏（1927）、汲金纯（1927）、满泰（1927）

在国民党统治时期，德王（德穆楚克栋鲁普）的处境，同样也能够证明蒙古族地方精英与汉人军阀之间激烈的矛盾和争夺情形。汤玉麟统治热河时期，“热河成了鸦片种植的场所……又把位于昭乌达盟巴林右旗境内契丹辽陵的古物劫去据为私有……当然这种蛮横也深深地刺激了这两盟的知识青年，使蒙汉之间的界沟更为明显……后来在1933年，内蒙古自治运动之际向德王投效的蒙古青年，以这里出身的居多数。汤玉麟的横暴恐怕也是促成这一行动的一个主因”[①]。因此，“有人问德王：大家反军阀都是一样，蒙古又何必特别强调民族主义呢？他总是以‘汤玉麟治热河，在汉人之中只引发反暴政的心向。坏蒙古王公欺压蒙古人也是一样。但是汤玉麟是汉人，由他来对蒙古人施以高压，其引发的不只是反暴政的心向，而是点燃起民族主义的火苗’为答”[②]。后来，德王在与傅作义的争夺中也始终处于下风。1936年2月，“绥境蒙政会”在傅作义与阎锡山代表的监临下成立，成为消解德王“百灵庙蒙政会”的对立因素。

三 蒙古地方精英的“叙述”与近代国家认同的演变及其行动

中国近代以来巨大的政治、经济和文化变迁直接影响了北方蒙古地区社会的全面变革，具体而言，清帝的逊位、汉人“民族主义”的兴起和以汉人为主体的中华民国的建立以及汉人军阀等地方势力的崛起，对蒙地政治地位、经济发展和社会流动等诸方面产生了巨大影响，随之蒙古地方精英和民众的国家认同、地方主义与族群意识也发生了变化，使得当时蒙古地方精英社会行动出现变异，社会发展、民族关系面临新的危机和问题。

（一）两种“叙述”

在清末民国不断加强国家政权建设力度的过程中，国家与地方、地方精英之间的权力和利益关系发生了变化，并创造出一系列叙述结构以及话语权力。

蒙古地区绝大多数王公贵族和地方精英利用“现代”或“传统”的观

① 札奇斯钦：《我所知道的德王和当时的内蒙古》，中国文史出版社，2005，第44页。
② 札奇斯钦：《我所知道的德王和当时的内蒙古》，中国文史出版社，2005，第44页。

念和叙述来顺应或抵触国家权力，即地方精英通过新型渠道和旧有的“传统”方式，力图保持地方利益，提高在国家决策中固有的地位。当然，“现代”与“传统”在这里并非泾渭分明，也不可能一成不变地决定着蒙古地方精英是生活于传统还是现代的角色和理念。

蒙古地方精英们对清末国家“新政”的反应千差万别：不少王公精英坚决拥护清朝政权、抵抗“共和”，也有许多接触新事物的蒙古王公精英们积极响应国家政策，主张向开明的汉官学习，提出了很多有针对性的变革图强主张，成为蒙古近代化的推动者，达到了努力成为社会主流和精英的目的。换言之，蒙古地方王公与精英集团也与当时其他地方精英一样分化成类似于杜赞奇所说的“保护型经纪”和“赢利型经纪”等代表不同利益倾向的群体。

1. “现代性”叙述

清末民国时期，在中国精英中出现的“现代性”并不是完全西方意义上的“现代性”，而是在社会与观念变迁情形下，描述一种新型、开拓性方向的概念。清末民初，西方的思潮和中国社会运动第一次使蒙古地方精英觉醒，激发了开创、自觉的意识以及社会使命感。

蒙古地方“族群民族主义”的“现代性”叙述表现在地方精英在不同领域的行动中，如教育、文化、军事和经济等。

喀喇沁右旗札萨克郡王贡桑诺尔布，在该旗推行“新政”，进行多方面改革。他认识到，“西欧的英、法、德、美等新兴国家，前后改革了陈腐旧制，从而形成了现今的列强，我们蒙古民族因为仍然存在腐败的制度，就变得愈发软弱无能”[①]。他还认为，“日本等西方民族与蒙古民族在本质上是一样的，‘随着时代的演变’，都会‘由落后逐渐走向文明’的”[②]。“查自古以来，不论何种民族，随着时潮的演变，都是由落后逐渐走向文明。例如汉族，虽然居住在中原地区，气候适宜，物产丰富，但在古代轩辕黄帝以前的时期，他们仍然过着茹毛饮血的生活。在此后几千年的发展过程中，由于很多英明皇帝和古圣先哲创造文字和文化，教育全体民众，才形成了现今的文明民族……日本是一个东海岛国，在他们英明皇帝明治时代，周游各国，变法维新，振兴工业，数十年间，国富民强，比我们清朝这样一

① 政协赤峰市文史资料研究委员会：《赤峰市文史资料选辑》第4辑，1986，第8页。

② 吴国骥：《蒙古族哲学史》，内蒙古文化出版社，1994，第329页。

个大国还要强盛得多，和西方列强并驾齐驱”[①]。由此可见，贡桑诺尔布把民族的文明与否归因于是否有先进的教育。汉族的文明、日本的国富民强都是因为全体民众受到了“教育”。

哲里木盟科左前旗科尔沁郡王棍楚克苏隆，1910 年到“北京贵族子弟学校”就读，学习期间深受康有为、梁启超新政思想的影响，主张维新主义，就如何自强提出四条建议：“取缔宗教、以祛迷信；振兴教育、以开民智；训练蒙兵、以固边圉；择地开垦、以筹生计。”[②]

1910 年，科尔沁左翼后旗札萨克亲王阿穆尔灵圭提出“整顿蒙疆宜先勘修铁路”[③] 的主张。“他以‘重在增殖蒙人生计’为宗旨，联合其他王公出资创办的‘蒙古实业公司’，从兴办蒙古地区的交通运输业入手，再向经营其他行业方面发展”[④]。

罗卜桑却丹也与上述王公、思想家一样，是一位主张向西方寻求真理，吸收西方“自由、平等、博爱”的政治思想，试图改变蒙古民族贫穷落后的现实，振兴民族的思想家。他曾经向王公掌权者提出发展蒙古文化教育和改变传统游牧经济经营模式的建议。

2. “传统性”叙述

传统，包括一个族群的传统文化、历史及其认同形式，对蒙古地方族群精英来说，“传统”意味着寻求族群的起源、歌颂始祖，以及对传统封建制度、权力、祖先辉煌历史记忆、土地与族群文化的认同、痴迷、继承和保护意识。

（1）地域认同：祖先安息的地方

对故土的热爱，就如格尔茨（Clifford Geertz）所强调的“原乡感情”是人类固有的情感，不是“民族主义”创造了它，而是挖掘和利用了它。蒙古族世世代代繁衍生息在蒙古高原。就像犹太人“把土地视为宇宙的立柱和中心”一样，蒙古人依然眷恋那已尘封、已被历史淹没的遥远的 13 世纪和记忆中的伟大“帝国”及其广阔的土地。

在维持族群的区隔上，地域扮演关键性的角色，“没有地域，民族意识

---

① 讷古单夫：《贡桑诺尔布传》，载政协赤峰市文史资料研究委员会《赤峰市文史资料选辑》第 4 辑，1986，第 3 页。

② 那·阿拉坦莎：《蒙古族近现代名人传略》（蒙文），内蒙古人民出版社，2006，第 223 页。

③ 《宣统政纪》卷二十七，宣统元年十二月庚寅。

④ 《东方杂志》第 7 卷，第 10 页。

（nationality）不足以成为一个民族（nation），一个民族也无法成为一个国家（state）”[①]。在近代蒙古人看来，故土不仅是他们现今生存的地方，也是祖辈们最后安息的地方。祖先+安息+地方，这是蒙古人“血缘”认同与“地域认同”相结合的典型表现，也是蒙古地区传统“族群民族主义”同“近代民族主义”接轨的表现。直到1937年10月，德王在归绥（今呼和浩特）建立蒙古联盟自治政府，召开第二次蒙古大会并通过的《蒙古联盟自治政府组织大纲》第二条中仍提到“蒙古固有之疆土”。后来，札奇斯钦解释为：“所谓‘固有之疆土’，其伸缩性甚大，甚至包括内外蒙古、新疆、青海蒙古、布里雅特和其他已入苏俄版图的蒙古地区，都在内。所谓满洲国境内的蒙古疆土，也是在这个‘固有’的范围之内。”[②] 当然，从那时的实际情况看，这只是理想或奋斗目标，是一种政治抱负。

（2）文化认同：游牧是根基

盖尔纳认为族群意识可以转化为“民族意识”，族群问题可以转化为“民族主义”运动。“社会中的‘族群’不但具有自己的文化特征，而且还需要具有相对固定和公认的‘领土’（传统的具有一定程度排他性的本族集中居住地）和本族群自己的发展历史”[③]。正因为蒙古地区具备了历史、文化和领土的条件，20世纪蒙古地区建立政治意义上的“民族-国家”的“想象”和诉求是以完备的历史文化因素为支撑的。

众所周知，与工业和商业经济不同，游牧和农业经济更依赖于自然环境和人口因素。外来异文化和强权政治不仅破坏了蒙古人生存的自然环境，也侵蚀了传统游牧经济和族群文化的根基。面对如此局面，蒙古地方族群精英和传统势力，自然怀念和向往祖先的辉煌历史和固有的制度体系，“族群民族主义”油然而生。不仅是蒙古地方族群精英，当时国家层面的思想家如梁漱溟、陶行知、晏阳初等人也看到了国家权力的过于渗透以及现代国家对地方造成的破坏性、悲剧性影响。

（3）历史认同：对过去的重建

尹湛纳希（1837～1892），蒙古族近代最著名的文学家、史学家和思想

① 〔美〕哈罗德·伊罗生：《群氓之族——群体认同与政治变迁》，邓伯宸译，广西师范大学出版社，2008，第81页。

② 札奇斯钦：《我所知道的德王和当时的内蒙古》，中国文史出版社，2005，第244页。

③ 马戎：《民族社会学——社会学的族群关系研究》，北京大学出版社，2004，第107页。

家。他在史学研究方面，强调尊重历史真实，严厉批评那些从“偏心和嫉意”出发肆意“曲解事实”的做法，主张还历史以本来面目。尹湛纳希批评朱熹的《紫阳纲目》中明代读写、校订、批注的史官从“偏心和嫉意”出发，“信口开河，随心所欲诋毁蒙古人，任意篡改《通鉴纲目》之原意，诋毁这部正史使其失去真谛”，“变成了充满泼妇骂街的东西，达到了歪曲事实的顶点”。[①]“尹湛纳希以元朝 162 年、清朝 200 年的历史事实驳斥了他们编造的‘北方人没有百年之帝之福’的烂言，严正指出这是‘从他们的嫉妒之心和小人的偏心出发，任意诋毁正史的大罪’”[②]。尹湛纳希通过批评明代史学家任意歪曲和肆意篡改蒙古人历史的恶劣行径表达他重视蒙古人真实历史的民族情绪，指出：“‘让所有的蒙古人都能知道自己的历史’，并且使天下人‘知道蒙古人的历史真实’”[③]。可见，对“历史真实”的强调是精英们塑造和建构族群同一性和集体意识的重要手段。

德王，作为一名极端保守的蒙古王公，是地地道道的蒙古“民族主义”者、“复土主义”者。他始终以“民族复兴”或“民族重构”为目标和己任。“德王是世袭的苏尼特右旗札萨克亲王，为了维护他这个阶段的封建贵族统治地位，他自幼就富有很大的政治野心，常以成吉思汗家族第三十世孙自居。宣称他要继承先祖‘成吉思汗之业绩’，来振兴统治整个蒙古”[④]。

1940 年 8 月，德王在张家口举行“蒙古王公会议”，会上通过五条纲领，其第一条就是“缅怀太祖之伟业及发扬其传统精神，谋求民族之复兴”。在德王的认识中，成吉思汗以及 13 世纪蒙古人的历史被理想化了，他的使命在于重新回到蒙古人的过去，并重新获得曾经失去的辉煌和美丽传说。

民国时期蒙古精英的“族群认同”与“国家认同”不仅基于蒙古历史、传统文化的深厚背景，也受到了西方近代“民族主义”理念的影响。从其性质上看，蒙古地方精英们似乎在借用西方民族主义“专利”的同时，还将民族主义与自身社会问题和文化需要结合了起来。

---

① 吴国骥：《蒙古族哲学史》，内蒙古文化出版社，1994，第 260 页。

② 吴国骥：《蒙古族哲学史》，内蒙古文化出版社，1994，第 260 页。

③ 吴国骥：《蒙古族哲学史》，内蒙古文化出版社，1994，第 260 页。

④ 卢明辉：《蒙古“自治运动”始末》，内蒙古自治区蒙古语文历史研究所内部资料，1977，第 3 页。

（二）国家认同及其行动

1.“留恋”满人清朝帝国

武昌发动了反清起义，一夜间全国范围内接连兵变、起义，纷纷通电响应。面对清朝即亡、共和将兴的局势，受到清朝更多恩宠的蒙古王公精英们，既不情愿也不甘心，开始为挽救清朝、维护自身利益而奔波。同时，清朝也想利用他们在蒙古的地位和影响，以维持自己的统治效力。

由那彦图、贡桑诺尔布、博迪苏等驻京蒙古王公倡导，于1911年12月24日成立了“蒙古王公联合会”（亦称“蒙古同乡联合会”）。“联合会”成立不久，由资政院议员那彦图、贡桑诺尔布、多尔济帕拉穆、博迪苏4人牵头，内外蒙古24名显赫王公世爵署名，以“蒙古全体代表”的名义致函内阁总理大臣袁世凯申明了政见，表示蒙古藩部仍然忠于清朝，要求袁世凯不要向南方革命党让步。与此同时，驻京蒙古王公还以内外蒙古十盟部一百三十五旗的名义，由科尔沁图什业图、达尔罕、卓里克图三亲王及喀尔喀三汗并赛音诺颜亲王等联合署名，致电当时南北议和的民军代表伍廷芳，表示反对共和、拥戴清朝，并攻击革命党人是“狭隘民族主义”。

袁世凯被清朝重新起用、掌握了军政大权以后，便想借南北对峙、政局混乱的时机，篡夺全国政权。清朝由隆裕太后主持召集了一系列讨论王朝最后命运的“御前会议”，宣布同意召集临时国会，通过国会投票决定国体。出席“御前会议”的除了清朝皇族近支王公、袁世凯或其代表以外，还有那彦图等几个蒙古王公中的主要人物。自1912年1月17～23日，隆裕太后又召集皇族近支、蒙古王公及袁世凯内阁的主要成员举行了“御前会议”，但“‘因有在京蒙古王公中数人多不谓然，未能定议’。科尔沁宾图王说：‘现在的形势与过去不同，袁世凯夙有异志’，‘司马昭之心，路人皆知’，今已起用袁世凯，大权已归于彼，奴才等虽有效忠之诚，亦实无能为力”①。19日，当袁内阁代表提出在天津另组临时统一政府时，遭到“满、蒙的王公亲贵，一致反对”。蒙古王公们表示“若以中国国体而论，本宜于君主，而不宜于民主。惟今日全国人心既皆坚持共和，且各亲贵亦多赞成此事，我辈又何所用其反对。今惟全听御前会议如何解决，如决定共和，

① 《内蒙古文史资料》第2辑，内蒙古人民出版社，1986，第192页。

我蒙古自无不加入大共和国家……”可见，当时蒙古王公精英们对清朝皇权的“忠诚”和“留恋”程度。甚至，至1935年，德王访问伪满洲国新京（今长春）时，也会见了溥仪，还行了三跪九叩之礼。溥仪还以满洲帝国皇帝的身份封赠德王为“武德亲王”。

2. 有条件地接受“共和”

1912年2月6日，在袁世凯邀集的皇族近支、蒙古王公、军政大员的会议上，蒙古王公们又表示：“某等对于君主、共和并无成见，只要双方和平了结，则为我五大族之幸福。况朝廷已欲颁诏共和，某等敬谨遵旨，决不反对。”不难看出，这两段话充分表露了蒙古王公对于接受共和虽极不情愿，但是又螳臂无力、百般无奈的心境。

与此同时，鉴于清王朝大势已去，蒙古王公们为了维护自身的利益，又直接向南方革命势力提出了意愿和要求，提醒新的中华民国必须考虑到他们的特殊利益，维持蒙古的旧制度。当蒙古王公顽固坚持反动态度时，孙中山、伍廷芳曾分别致电，晓以五族共和之大义，规劝他们拥护民国。南方革命领袖孙中山于1912年1月28日亲自致电贡王、那王等蒙古王公，阐明五族共和之真谛，规劝“通告蒙古同胞，戮力一心，共图大计……勿误会而偾事；并请速举代表来宁，参议政要，不胜厚望”。

投靠袁世凯的蒙古王公，以阿穆尔灵圭和那彦图为首，其中包括曾声言要与民军逐鹿中原的帕勒塔。他们得到了袁世凯的信任和奖赏，转眼间又成为蒙古封建贵族精英在北洋军阀政府中的主要政治代表。民国以后，阿穆尔灵圭仍然充任“专办蒙旗事宜”职衔，并于1912年10月代表北京政府出席了在长春召开的“哲里木盟十旗王公公议”。那彦图于1912年6月受任乌里雅苏台将军，拟代表北京政府赴库伦谈判取消“独立”。在民国初期的政治舞台上，他俩还分别被拥护袁世凯的进步党推为名誉理事或理事，并且几乎不间断地充任各种名目的参议员、议员、参政。

3. 认同“真空”——主张“独立”

1911年，辛亥革命爆发，清王朝风雨飘摇。沙俄见有机可乘，立即支持和策动漠北蒙古和漠西蒙古王公精英，上演了一幕“独立”运动。11月30日，外蒙古活佛哲布尊丹巴在库伦宣布“独立”，成立“大蒙古国”。

外蒙古的“独立”，对当时的中国国家政权来说，是一次致命的打击和伤痛。外蒙古宣布“独立”之际，在内蒙古地区多数王公中出现了国家认同“真空”局面，王公们立即支持和响应“独立”，甚至贡桑诺尔布和棍楚克苏隆等王公精英一度被卷入“独立”的风潮。

早在1912年初，贡桑诺尔布和棍楚克苏隆曾与俄国驻华使节联系求援，后来又转而同日本帝国主义接洽，并同日本方面签订了借款和购买武器的合同。贡桑诺尔布和棍楚克苏隆分别潜回本旗图谋起事。他们策动的“独立”活动遭到失败。后来，贡桑诺尔布接受袁世凯的邀请，赴京当了军阀政府蒙藏事务局总裁，开始了新的政治生涯。而棍楚克苏隆则没有接受袁世凯加官晋爵的引诱，而是秘密投赴库伦一度担任“副总理大臣”。

随着国家政治中心的南移和观念的变化，蒙古王公精英在“独立”运动中的影响一度被削弱。1945年8月日本投降后，德王等一部分蒙古精英聚集在北平，北平的蒙古精英“民族主义”活动再度活跃起来了。但他们之间仍有东西部蒙古精英的划分和分歧，加之对蒙古未来的看法和做法各不相同，内部矛盾和冲突逐步显现出来了。首先，他们在依靠重庆国民政府还是投靠苏蒙共产组织的问题上出现了分歧。德王、吴鹤龄、札奇斯钦等人仍主张投靠蒋介石的国民政府，继续商讨蒙古地区的未来命运问题。具体地说，通过不断交涉，保留“盟旗”制度，甚至要获得蒙古“高度自治”权力。而一部分人在共产组织的影响下从北平转到张家口，加入了共产党革命组织。其次，投靠政府的蒙古精英内部在蒙古未来发展图景和建构国家与蒙古地区之间关系问题上观念不一，如以荣祥为代表的绥远、察哈尔、热河地区出身的精英与德王以及东部的阿思干、哈丰阿、特木尔巴根等人在对蒙古未来设想以及与国民政府谈判的要求和态度等方面就存在分歧，甚至在从各地选取国民大会代表的问题上出现许多摩擦和冲突，从而使蒙古精英们意志消沉。尤其是白云梯、吴鹤龄等关键人物之间的权利欲望和奋斗目标的迥异，导致在北平和南京活动的蒙古精英屡屡遭受挫折。在不同阶层、不同精英中表现出来的“民族主义”的内容和性质的不同，表明清末至民国时期蒙古精英中的“民族主义”是复杂、多变的。那些蒙古王公和精英们强烈的族群认同和“独立”行为，不仅受到了国家权力的阻止和镇压，也使他们在国家权力体系中丧失了一定的信任。

4. 参加“革命”

（1）国民“革命”

在社会变迁和孙中山“三民主义”“五族共和”等思潮的冲击下，蒙古地方王公精英的“民族主义”与“国族主义”融合，改变了他们的观点和奋斗方向，开始产生中华民国是由中华民族所构成的观念和遐想。

随着清王朝的远去，蒙古传统王公精英的势力渐渐衰退，以国民党与共产党革命组织为中心的激进派精英人物活跃起来，逐渐替代了原有王公的角色。

国民党当政以后，随着热河、察哈尔、绥远三省的正式设立，蒙古地区与国家权力之间的矛盾更加突出，革命形势进入高潮。一部分非贵族出身的蒙古政界人士被推到北京、南京的权力舞台，其中最有代表性的是吴鹤龄、白云梯等人。这批激进的“新上层”，不同于忠诚清朝的传统王公，又别于“民族独立”分子，他们承认和维护新政党的权威，积极参加了“革命”活动。“内蒙人士接受中山先生主义，与中国国民党发生关系最早，且历任中央委员要职者，乃恩和巴图、白云梯、克兴额三氏是也。三氏初均为蒙籍……深得中山先生之嘉许”①。“民国十三年，中国国民党总理孙中山先生，派白云梯氏往内外蒙古宣传三民主义，进行党务工作”②。

白云梯是一位喀喇沁右旗出身的积极分子，内蒙古人民革命党的重要决策者。他曾在北京的政法专科学校读书，在蒙藏学校担任职员，在北京大学深造，是留日归国的温和“民族主义”激进分子。他后来到蒙古地区参与民族独立运动，在德王蒙古联合自治时期曾与德王合作过。

在这些蒙古新型精英和各盟旗地方精英的努力下，以“反对改省”为肇端的一系列请愿、游行活动在北平和南京的政治舞台上上演，至1930年，南京政府被迫召开全国性“蒙古会议”并颁布《蒙古盟部旗组织法》，后来又相继颁布《蒙古地方自治政务委员会暂行组织大纲》《蒙古地方自治指导长官公署暂行条例》等一系列条例、制度性文件。与此同时，蒙古精英们也为渗透国民政府和挑战国家精英而付出了巨大代价。呼和巴图尔（韩凤林）被害和时任国民政府中央执行委员的尼玛鄂特索尔被日本人暗杀事件充分证明蒙古地方与国民政府之间复杂、微妙、不稳定关系的本质。

（2）共产“革命”

在北平诞生的蒙古共产党与当时的“蒙藏学校”有密切关系。以北京蒙藏学校为中心的一批内蒙古青年知识分子，开始走上了寻求阶级和民族解放的道路。在共产国际、外蒙古人民革命党、中国国民党和中国共产党共同支持下建立的内蒙古人民革命党，其骨干都是在当时的北京受到马克

① 黄奋生：《蒙藏新志》下，中华书局，1938，第525页。

② 黄奋生：《蒙藏新志》下，中华书局，1938，第525页。

思主义、共产主义思潮影响的青年激进分子，在反帝、反封建、争取民族平等和自治的社会运动中扮演了关键角色，对当时的蒙地社会产生了广泛的影响。

共产党理论家们极为重视北京“蒙藏学校”，将其用作组织培训基地，使激进学生与知识分子深受马克思主义、新文化思潮影响，为其在蒙古地区进一步扩大影响打下坚实基础。当时在蒙藏学校的蒙古族学生有云泽（乌兰夫）、奎璧、吉雅泰、多松年、李裕智等人，他们不仅在北平开展了一系列反帝、反封建活动，也与蒙古地区革命活动密切联系。1923 年 5 月，他们积极参与了在绥远发生的“盛记”洋行的斗争。

从 1923 年冬开始，陆续有来自内蒙古西部土默特旗的多松年、李裕智、吉雅泰、佛鼎、云润、云泽（乌兰夫）、奎璧等十余人在蒙藏学校加入中国社会主义青年团和中国共产党。与此同时，还有来自内蒙古其他盟旗的王秉章（字瑞符）、吴文献（又名吴子征、乌子贞）、白海风、纪松龄、乌勒吉敖喜尔、特木尔巴根等分别参加了中国共产党或共产国际直接领导的革命活动。1924 年以后，又有白海风、王瑞符、佛鼎、奎璧、多松年、云润、云泽、贾力更、高布泽博、特木尔巴根、乌勒吉敖喜尔等被中共北方党组织选送到广州黄埔军校、农民运动讲习所、蒙古人民共和国和苏联学习，他们成为第一批受共产主义意识形态影响的蒙古族精英。

在蒙古地区社会革命中，从蒙藏学校毕业的学生始终扮演关键角色，正如乌兰夫所说：“中国革命由五四运动青年知识分子起了带头作用，而蒙藏学院（校）学生对内蒙革命所起到的带头作用特别大。”在当时，“学生，在校是学生，到了街上，是教市民救国的好教员”①。

结　语

清末民国时期蒙古地方精英国家认同的演变与形成过程，是当时的世界政治、国家权力更替与国内民族关系性质的直观反映。具体而言，清末民国时期中国传统“天下观”的演变、在西方帝国入侵和清朝衰败背景下出现的汉人“民族主义”情绪和“军阀”的形成以及“革命”风潮，使得

① 裴小燕：《内蒙古地区蒙古民族解放运动初探》，《内蒙古近代史论丛》第 4 辑，内蒙古大学出版社，1991，第 80 页。

清末民国时期蒙古地方精英们陷入了史无前例的复杂、恶劣的政治环境和认同危机，面临着清朝帝国、国民政府和共产党政权等多重政治实体的权力压力及诱惑（如图1）。

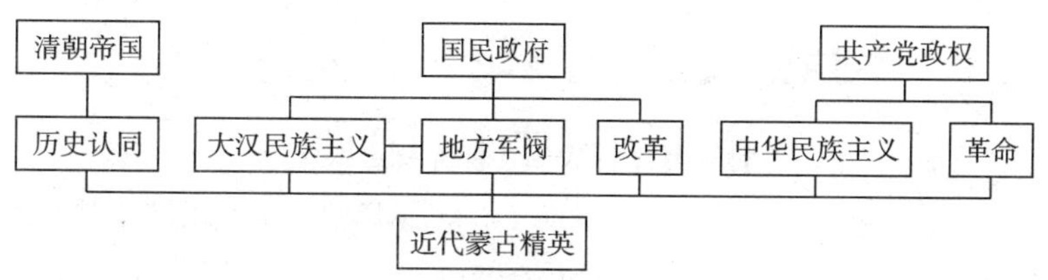

图1　清末民国时期国家权力格局示意图

在这样的政治条件下，清末民国时期蒙古地方精英们拥有了多重国家认同。清末，蒙古王公精英清楚地认识到清朝退位已不可避免，于是一部分王公转而投靠新主子，公开打出了拥护“共和”的旗号。到了民国中后期，各派精英进一步分化，又有一部分王公精英则表现出完全不认同民国汉人政权的态度，通过私下活动，想从民族“独立”中另寻出路，即呈现出“保皇-共和-独立-革命”的多变的认同发展轨迹。

后来，在日本人统治时期，喀尔喀亲王那颜图等人感到畏惧。一部分精英，如担任蒙藏学校校长的敖云章等人仍与国民党保持密切联系，在北京大学学习的札奇斯钦等人主张与日本方面接头，以保护“同乡会”。也有一部分人，如赛音巴雅尔（包悦卿）暗中与苏联大使馆联系，“其目的则在怎样能导入苏俄与外蒙的力量牵制日本在内蒙的活动，以及为将来内、外蒙合而为一的瞻望布局”①。

历史事件充分展现了国家政权更替时期蒙古王公精英们的认同倾向、自我定位、政治立场及主动或被动承担的角色。蒙古王公精英们在清末民国时期复杂多变的政治博弈和利益关系中，一时颇有手足失措之感，曾在“寻找国家”的道路上极力奔走。

（《社会科学战线》2011年第8期）

① 札奇斯钦：《我所知道的德王和当时的内蒙古》，中国文史出版社，2005，第257页。

构建民族国家：辛亥革命前后的中国边疆

冯建勇

引　言

民族与民族主义已成为当今世界最重要的政治哲学主题之一，也是迄今为止学界、政界研究讨论最多、争议最炽的基本思想政治问题之一。围绕着民族与民族主义，国外各门学科、多种学派都留下了丰富和繁杂的理论、观点。[①] 今天，国内外史学界已经开始认识到辛亥革命前后的一段时期在中国民族国家构筑历程中的重要地位。有学者利用民族国家理论对这一时期的中国边疆政治变迁进行了区域性的实证研究。[②] 一些学者尝试从近代民族主义和近代中国民族国家构建的角度，将民国初期中央政府对边疆地

① 如〔美〕本尼迪克特·安德森著、吴睿人译《想象的共同体——民族主义的起源与散布》(上海人民出版社，2003)；〔美〕约瑟夫·列文森著、郑大华等译《儒教中国及其现代命运》(中国社会科学出版社，2000)；〔法〕吉尔·德拉诺瓦著、郑文彬等译《民族与民族主义》(三联书店，2005) 等著作。

② 如于逢春《中国国民国家构筑与国民统合之历程——以20世纪上半叶东北边疆民族国民教育为主》(黑龙江教育出版社，2006) 一书。该书从民族（国民）国家构建的视角，探讨了清末民初时期的东北边疆国民教育问题，从理论视角探索了近代中国的国民国家构建中存在的难题与出路。该书探讨的空间以东北与内蒙古东部为主，着眼点在于如何筑造民族国家的基石——国民，对政治构建、民族国家认同等问题未做深入探讨。此外，〔日〕中见立夫：《从国家主义到地方民族主义——对于蒙古人郭道甫而言的国家·地域·民族》〔《现代中国的构造变动》(7)，东京大学出版会，2001〕对此问题亦做了相应探讨。

区的政策，作为问题而提出，并给予了认真探讨。[①]

尽管如此，显而易见的是，国内外关于这一课题的先行性研究还存在诸多尚需解决的问题，其中一个重要的问题是，尚缺乏利用民族主义或民族国家构建理论解读辛亥革命前后中国边疆政治变迁历史的代表性著述。同时，依据民族学、政治学等跨学科的相关理论，构筑研究框架，将这一时期中央政府对边疆民族地区之政治整合和民族国家构建予以研究，目前还不是非常充分。基于上述先行研究成果分析，本文拟将创设一种阐述语境，仅对晚清民初中央政府实施构筑民族国家及边疆地区之民族国家认同、整合边疆之历程，予以简单梳理，并从民族国家构建的视角，对辛亥革命之地位予以再认识。

一　清末民初中央政府的边疆政策与边疆政治

1644 年清王朝定鼎北京以后，中央政府即与边疆地方形成了良好的互动关系。较历代汉族王朝对边疆民族的文化偏见，清朝统治者与边疆民族如蒙、藏等的关系更为融洽。在此基础上，清王朝对边疆的治理模式亦较历朝有所更张。

总体来说，清代前中期，中央政府一方面让边疆民族参与管理本民族的事务，另一方面清政府又不断加强了在边疆的法律制度建设和行政制度变革。此期清朝政府对边疆的治理具有以下特点：第一，从观念上看，它承认边疆民族与内地民族之间在制度文化方面的差异性，用中华固有的道德主义来看待边疆的民族，对边疆和内地采取不同的政策，体现了一种文化边疆意识。同时，针对西藏、青海、蒙古、新疆等地区，通过制定诸如善后章程之类具有较强的“自治权”的单行法规或基本法，赋予其一定的“自治权”。第二，在实践中，在确认民族性和实行相对自治的基础上，还

① 相关先行研究成果主要有：张启雄：《“独立外蒙”的国家认同与主权归属交涉》（《“中央研究院”近代史研究所集刊》，1991）；程农：《近代中国的民族国家认同问题与辛亥革命》（《历史教学》1992 年第 7 期）；黄兴涛：《现代“中华民族”观念形成的历史考察——兼论辛亥革命与中华民族认同之关系》（《浙江社会科学》2002 年第 1 期）；张永：《从“十八星旗”到“五色旗”——辛亥革命时期从汉族国家到五族共和国家的建国模式转变》（《北京大学学报》2002 年第 2 期）；华国梁：《民国初年蒙古王公对“五族共和”政策的民族认同》（《徐州师范大学学报》2003 年第 2 期）；马戎：《中华民族的共同文化与“黄帝崇拜”的族群狭隘性》（《西北民族研究》2010 年第 2 期）等。

强调边疆民族参与本民族政治的思想。这种体制的特点在于它是一种参与式的“自治”，即将边疆民族地方的首领纳入中央政府的管理制度之中，把其行政活动置于国家法律之下，并在此前提下让其根据地方的实际情况来处理各种行政、法律事务。[①]

一般而言，前、中期的清王朝是和近代的主权国家性质不同的国家。但是，伴随着19世纪中后期以降所谓的“中华世界秩序”的崩溃，清朝统治者在与近代世界的对峙中，逐步认识到清朝仅仅是近代世界中的“万国之一”。这种发轫于边疆危机，最初由知识分子与社会精英提出，并最终得到清朝统治者认同的近代国家意识，使得晚清政府不得不放弃原有的天下观，转而将中国的“民族国家”建设和被称为“中国人”的国民的构建作为目标。显然，受到近代民族国家之统合意识的支配，此时清政府改变了早中期的“边疆民族自治”之治边模式，以构建近代民族国家为标的，借实施新政之机，推行边疆与内地“均质化”[②] 政策，加强对边疆地方的直接控制，整合中央与边疆地方关系。1884 年，新疆与内地一样被设省治理。翌年，台湾由府州层次升格为省的层次。嗣后，清政府又在东三省与西藏东部设省施政。与此同时，向内外蒙古转移过剩的劳动力，开始直接介入内外蒙古的经济、文化、教育事业。在内蒙古，伴随着内地移民的增加，州、府、县的逐次设立，盟、旗的地盘渐渐被压缩。上述施政，从效果来看，以（外）蒙、藏、新边疆地区为例，它们虽同处边疆地区，但由于地域、民族等特点各异，清前期的均质化程度不同，所以在清中后期推行均质化的结局也不尽相同。借新疆回民大起义之机，新疆的均质化最为成功，最终确立了行省体制。清末新政期间，外蒙古和西藏地区屡有筹设行省之

① 参见杜文忠《边疆的法律：对清代治边法制的历史考察》，人民出版社，2004。

② “均质化”（又称“同质化”“等质化”）一词是于逢春在《中国国民国家构筑与国民统合之历程——以 20 世纪上半叶东北边疆民族国民教育为主》一书中使用和加以界定的概念。阿地力·艾尼在其博士论文《清末边疆建省研究》（中国社会科学院研究生院博士学位论文，2009 年）中亦使用了这个概念。“均质”一词来源于日语，原意是指同类物体或某一事物各部分的质量、密度、成分都一样，即均质、等质、均匀、同质。疆域“均质化”是指内地与边疆都程度不同地依照近代民族（国民）国家的基本标准，改革国家的国体与政体，重构中央与地方的行政体制，铸造全新的国民等，使得内地与边疆同处于中央政府的直接统制下，实施大体相同的制度，执行基本相同的体制等。上述学者使用此概念的初衷是为了与国内常用的“内地化”“一体化”等相区分。因为他们认为“内地化”“一体化”等词语，在某种意义上带有歧视性，隐含着强烈的预设的不平等性，暗示着内地高于边疆，只有边疆达到了与内地一样的程度才是先进的，否则就是落后或愚昧的。

议，无奈来自边疆地方的阻力过大，未能切实施行，均质化程度远不及新疆。

这种治边政策的变更，本身包含着晚清中央政府对边疆的认识和治边观念的改变。可以看到，在对西方近代国家的认同与移植基础上，清朝政府将其版图纳入中国·中华之下，不断地一元化地统合，并能在其疆域内确立可行使均质的、排他的领土主权，努力建立近代国家形态，从而使这个疆域作为主权国家的“中国”实体得以确立。综观清末新政以来中央政府对边疆地区的治理，它以“固我主权”为宗旨，具有“国家化”“集权化”的特点，这一进程对于边疆的民族关系产生了重大影响，从制度上破除了中国古代在处理与边疆民族关系上的传统思维模式，在处理内地与边疆民族关系问题时，注重边疆的法制建设。尽管清朝在观念上并没有完全脱离传统王朝以朝贡为依据的“文化边疆”概念，但是，其治理边疆的“国家化”进程在客观上利用了国家法律制度的清晰性来代替了传统朝贡理论的模糊性，为传统的文化边疆的概念向近代民族国家边疆概念的转变起到了积极推动作用。

从构筑一个近代国家之立场出发，清政府以推进边疆与内地“均质化”为手段，以“固我主权”为目标，试图保持中央政府对边疆地方的强大控制力。显然，这种以加强中央集权为目标的举措，对当时中央与边疆地方关系的影响是巨大的。晚清时期，蒙、藏、新等边疆地方的政治表现最为突出的一个特点，即是“地方主义政治化”倾向日益明显。

以清末新政为例，清统治者之初衷是为了加强中央集权。而对于边疆民族而言，它可能会产生另一种镜像。参与新政的一些蒙古贵族认为，蒙古民族衰亡的原因在于基层社会的衰退，而基层社会正是由那些民族意识淡薄、经济窘迫、盲目迷信佛教的群众构成。基于此，他们试图通过学校教育唤醒民族意识，构建新的基层社会。以蒙古王公贡桑诺尔布为例，他积极响应并实施新政，且创办了“贡王三学”①。贡桑诺尔布在阐述其筹办“贡王三学”之动因时曾作如下表述：“我身为王爵，位极人臣，可以说没有什么不如意的事，可是我从来没有像现在这样高兴。因为亲眼看到我的旗民子弟入了学堂，受到教育，将来每一个人都会担起恢复成吉思汗

① 所谓“贡王三学”，系指蒙古王公贡桑诺尔布先后创办的三个学堂，即崇正、守正、毓正学堂。参见吴恩和《贡桑诺尔布》，《内蒙古文史资料》第1辑，第25～28页。

伟业的责任。”[①] 由此可知，贡桑诺尔布等蒙古王公积极在蒙古地方推行新政的宗旨，在于期待恢复成吉思汗的伟业，重现蒙古民族与蒙古帝国的荣光。1906 年前后，练兵处官员姚锡光在视察了“贡王三学”后，提出了一个重要问题：

> 蒙古部落虽分，户口亦寡，而其各旗之札萨克仍隐然有君国子民之资格，则今日之兴学设教，其为各部札萨克代教其部民乎？抑为我国家养成国民，同任赋税，同执干戈，相与浑化于无迹乎？此一至大之问题也。[②]

他还对“贡王三学”的办学宗旨提出了质疑：

> 至蒙古学堂，则率以提倡兵操为主，而其授课所引譬，暇日所演说，则时以恢复成吉思汗之事业，牖其三百万同胞以相鼓舞，而我朝圣武神功，阒未一闻，则其心盖可想见。[③]

恰如姚氏所议，如果从民族国家整合的视角来评判“贡王三学”的办学宗旨，遂有以下结论：由于“贡王三学”过于强调民族的或地域的特色，则其国民统一性势必会被弱化，这显然与清朝政府构建民族国家的立场背道而驰。正基于此，中央集权主义与边疆地方主义的对抗升级。由于得不到边疆地方的拥护，清末以整合民族国家为矢志的边疆新政只是停留在政策层面，实际操作中难以达到预期目标。更为严重的是，由于中央与地方矛盾的激化，旧有的“边疆自治模式”也因此陷入瘫痪，由此形成现代制度主义所谓“路径锁定”的尴尬境地，清朝中央政府与边疆地方的关系日渐疏离。

1911 年辛亥革命爆发，其间内地各省纷纷宣布“独立”。不言而喻，这种“独立”实际上是脱离清朝的统治。尽管如此，这种地方主义政治化的

---

① 转引自贾荫生《崇正学堂》，政协赤峰市委员会文史资料委员会编印《赤峰市文史资料选辑》第 4 辑，1986，第 61～62 页。

② 姚锡光：《筹蒙刍议》，光绪戊申（1908）秋仲京师寓斋铅印本。

③ 姚锡光：《筹蒙刍议》，光绪戊申（1908）秋仲京师寓斋铅印本。

倾向也成为后来内地军阀割据的滥觞。有着“驱逐鞑虏，恢复中华”烙印的辛亥革命对边疆政治实态的冲击是显而易见的。在此情景下，如果说，内地的“独立”是脱离清政府，则边疆的“独立”意味着脱离中国。此时新疆、外蒙古、西藏等边疆地区政治形势，大概可分为两种：一种以新疆为代表，对新生政府和中国国家保持了较高认同；另一种以蒙藏为代表，此时这两个地区对民初中央政府和中国国家之认同意识模糊，态度暧昧。在这种脆弱的国家认同和缺乏归属感的情形下，蒙藏地区陷入脱离中国主权的政治危机。也正是在上述两种不同的政治心态的指引下，新疆与蒙藏地方分别走向了两种不同的道路：由杨增新主政的新疆地方保持了对民初中央政府和中国国家的认同，同时受“地方自治”主义的影响，建立了军阀统治；（外）蒙藏贵族、王公等则分别在外蒙古、西藏地方实行“自治”。这种在俄英两国以“宗主权”名义支持下的所谓“自治”，其实质并非民初中央政府所持的“地方自治”思想，而是一部分受民族主义所支配的蒙藏地方上层分子所设想的“自治国”实践。也就是说，以蒙藏地方为代表的边疆民族地区，从其口号而言，它认同大清帝国，但无法认同“驱逐鞑虏”的南京临时政府。

针对上述边疆地方之政治实态，民初中央政府做出应对，以整合中央与边疆地方之关系。南京临时政府成立后，从内外两个方面着手处理此期的边疆问题，以整合国民统一的民族国家。对外层面，临时政府以妥协的姿态换取列强对临时政府的支持和对边疆的不干预；对内层面，对前期所主张的民族主义①进行了自我修正，“五族共和”作为国民统合的意识形态被提出，同时在国家根本大法中得以体现。尽管南京临时政府从意识形态上肯定了中央政府在蒙藏等边疆地方的主权地位，但双方关系积怨日久，断难短时间内得以消除，因此，终南京临时政府时期，蒙藏边疆地方与中央政府关系若即若离。

而以袁世凯为代表的北京政府在继承了南京临时政府之政治遗产的基

① 从辞源上解释，种族（ethnos）本来是一个中性的概念。但它因为受臭名昭著的“种族主义”这个词语的牵连而长期蒙受不白之冤。其实采用“种族主义”来对译 racism 并不确切，后者似应译为“人种主义”，它用任意设定的人类群体间的生物学差异来解释缺乏可靠验证的有关他们智能和潜力差异的现象。“种族”，或者在 ethnos 尚未进入英语时用作其代名词的“种族群体”（ethnic group），则是一个文化的而不是一个生物的分类概念。

础上，进一步加强了对蒙藏边疆问题的关注及处置力度。从宏观上来说，北京政府颁布的《中华民国约法》及相关立法，在赋予边疆地方某些自治权的同时，就国家对自治地方的权威和责任、国家和自治地方的权力分配与制约，以及有关民族对自治地方实施管理做出了规定。这些法律规定均应属于中央与边疆“共治”之范畴。也就是说，民初中央政府通过相关立法和条款赋予了边疆地方两种政治权利：一是对边疆地方自身政治的自治权，二是对共有国家的政治参与权。这较清初“边疆民族自治模式”之制度设计存在一个明显的变动。

“边疆民族共治模式”的提出是对“边疆民族自治模式”的一种超越，具有深厚的思想蕴含，并且，它所能提供的广阔的制度设计前景及法律制定和政治操作空间，可以为边疆地方实现自身利益提供坚实基础。事实上，此期边疆地方也利用了参与国家政治的优势，在相关事务中注重利用法律规定和国家权威来维护边疆地方利益。如1914年约法会议召开期间，蒙藏联合会向约法会议提出将《待遇蒙藏条例》写入约法的要求，在提交的公函中声称：

> 查蒙藏为中国边屏，虽历数百年之久，而历史、风俗、制度、习惯、语言、文字，均与腹地不同。约法规定人民平等，蒙藏则未废封建，约法规定信教自由，蒙藏则宗奉黄教，民国成立三载于兹，大总统于晋爵、宗教虽均按旧制施行，而规定之约法条文，不无捍格，似非明定专例，不足以定大政设施之标准，即不足以周边氓倾向之精神。查前已特颁之待遇，满、蒙、回、藏七条件，暨前临时参议院规定之蒙古待遇条例九条，例文法固极周详，恩遇极为优渥，然不于增修约法之中妥为厘订，无以垂永久而便遵从……如是则蒙藏特别制度均由特别法发生，于约法规定既不至冲突，于蒙藏观听亦不至混淆。①

应当说，蒙藏联合会注重从修改法律的角度来维护边疆民族地方的利益，反映了其时边疆民族对近代国家法制思想的认同与接受，亦折射出其

① 《蒙藏联合会为请将待遇蒙藏条例交约法会议公决增入专条事致国务总理呈》，中国藏学研究中心等编《元以来西藏地方与中央政府关系档案史料汇编》，中国藏学出版社，1994，第2355页。

对中国国家的认同，本身具有一定的进步意义，同时，从历史的法律继承与时代的变迁意义来看，蒙藏地区为保持本民族地区的既得利益与地域特性，提出这一要求具有一定合理性。民国政府对此意见亦给予了高度重视，并采纳了蒙藏联合会的意见。随后制定的《中华民国约法》第 64 条和第 65 条规定："中华民国宪法未施行以前，本约法之效力与宪法等，约法施行前之既行法令与本约法不相抵触者，保有其效力"；"中华民国元年三月十二日所宣布之满、蒙、回、藏各族待遇条件，永不变更其效力"。从《待遇蒙藏条例》效能变更来分析，在未纳入约法之前，它至多可称为一个行政规章，作为普遍的法律法规在法理上是柔性的，随时可以变更；而一旦纳入约法范畴，其效力和性质随之发生了变化。可以这样认为，正是这种"边疆民族共治模式"让边疆民族获得参与国家管理的权利；而由于民国政府赋予了边疆民族地方参政、议政的权利，才使得地方利益在国家根本法中得以体现。

需要指出的是，较南京临时政府，北京政府通过立法、劝谕、册封、厚给利益、教育统合等各种怀柔手段，加强了与蒙藏地方的联系，并在一定程度上得到了蒙藏地方的认可，从而使以往那种若即若离的中央与边疆地方关系一度得到了改善。然而，由于英俄两国的插手，使得中央政府与蒙藏地方关系复杂化。总体而言，关于民初（1911～1915）中央政府对边疆民族地区的国民统合之历程从主观因素来说，是较为得力的；但是由于历史继承性因素和英俄等国对中国之边疆统合过程的插手，使得这一国民统合之进程从整体来说，步履蹒跚，实效不足。①

二　辛亥革命在近代中国边疆民族国家认同构筑过程中的地位

清末民初，正是中国民族国家开始构筑之时。当时，关于民族国家的构筑，从理念上来说，存在两种道路，即民族国家主义与种族民族主义。种族民族主义，即一个既定种族群体为实现、扩大和保护自己的民族性格而从事的斗争。它可能是一种以独立和主权为目标的分离主义运动，也可

① 参见拙文《重构国家认同：民初中央政府对蒙藏边疆之统合》，《黑龙江民族丛刊》2009 年第 4 期。

能是在国内为争取更理想的民族地位而进行的运动。将种族民族主义一概视为消极主张是不符合历史事实的。

至于民族国家构筑的另一途径，毫无疑问，其民族国家主义的一面，经常是悲惨与严酷的。民族国家主义需要的国家权力必须是没有竞争的权力，所有替代性的权威都可能成为离心力的渊薮。对民族国家主义而言，其他共同体，无论它是民族的，抑或是地域的，都是首要怀疑的对象、最主要的对手，都是必须处置而后快的敌人。

一般而言，作为由共同文化、共同传统维系的民族，与以国家形式结合的政治社会之间的差别是根本性的。充分承认边疆民族的权利是不可或缺的，但其前提是边疆民族与中央政府互相认同。民族国家的根本制度是国民权制度下的国家疆域的统一。在这种情况下，边疆民族究竟是中国国民，抑或是西藏人或蒙古人——这第一要义的问题，也就是中央与边疆地方处理关系首先必须解决的问题。对这一问题的回答，晚清中国近代民族主义者存在两种截然不同的立场。以梁启超为代表，他将中国近代的民族主义主要看成对应列强挑战的结果，他的民族国家构建是将中国境内所有民族都包括在内，创建一个中华民族。梁启超是“中华民族”一词的首先使用者与发明人①，也是“五族共和”的建言人。而以孙中山和他的同志为代表，在这一时期主张以“驱逐鞑虏，恢复中华”作为中国民族国家构建的方向。显然，梁启超所提倡的温和性的建议是与清朝中央政府的利益相符合的。清末中央政府所实施的以整合民族国家为目标的一系列改革，试图化除各民族之畛域，以重构全新的民族国家认同。惜乎这种努力囿于清廷面临之内忧与外患，而未能真正解决之。②

当民族国家认同不再是一个国家整合社会的力量源泉时，可能就会有新的社会力量兴起，经过社会运动，或改良，或革命，以国家的方式建立新的认同。同时，确立民族认同的过程动荡而痛苦，如辛亥革命以后的中国边疆民族地区与中央政府关系的确认过程，对此做了最好的诠释。不管怎样，以“驱逐鞑虏，恢复中华”为号召的辛亥革命取得了胜利，造就了民国。民国成立以后，作为执政者，南京临时政府面临一个重要的任务，

---

① 参见黄兴涛《现代中华民族观念形成的历史考察——兼论辛亥革命与中华民族认同之关系》，《浙江社会科学》2002 年第 1 期。

② 参见拙文《清季近代国家观念之构筑及其在边疆的适用》，《北方论丛》2009 年第 2 期。

即民国欲继承清帝国的主权、国民与领土，就必须处理好由“驱逐鞑虏”引发的东北三省、内外蒙古与西藏等边疆地区是否归属民国的问题。显然，在“驱逐鞑虏”口号下，革命党人很难反对日益发展的外蒙古“独立”运动，也无法应付西藏和新疆的危险局面。正是在这严重的边疆危机和国家分裂危险面前，民初中央政府首先从思想层面提出了“五族共和”口号，并以构筑“中华民族”概念来阐述各民族利益与中国国家利益的一致性。同时，在具体操作层面，从政治制度建设、权益让与、文化教育等层面，培育国民认同。于是，革命党先前一直排斥的“五族共和”“中华民族”等口号便被民国政府加以运用。

历史的演变有时候就是这样不可思议，以“驱逐鞑虏，恢复中华”为号召的革命党人在政治实践中放弃了自己的信仰，反而成了梁启超学说的实践者。今日观之，梁氏学说无疑代表了中国历史发展的方向，即民族主义的主流。也许正因如此，孙中山后来改变了政治口号，赞成将“驱除鞑虏”转变为“五族共和”。可以这样认为，辛亥革命使“五族共和”“中华民族”学说从思想理论变成了政治实践，辛亥革命实际上成为梁启超政治思想、价值体系的代行者。因辛亥革命而昌盛的“五族共和”观念作为民初政府整合中央与边疆地方的意识形态，不但对民初边疆地方对中国民族国家之认同影响尤深，也一直影响到当代中国。或许，从民族国家构建的角度来说，辛亥革命的重要意义即在于此。

三　利益的天平：民族抑或国家

在民族国家视野下思考近代中国边疆政治变迁这一命题的时候，必须尊重中国具体的历史实际。近代中国与西方国家的一个不同之处在于，如果说，近代西方国家从中世纪封建国家向近代国家转型的时候，遵循着“一个民族，一个国家”的建国理论，那么，这与中国多民族国家的历史事实是不一致的，这就注定中国在构建近代国家的内在理路上与西方近代国家有所区别。也正是因为这一历史性、民族性差异，近代中国知识分子在探讨民族建国理论时存在截然不同的路径。并且，由于中国是一个多民族国家，在构建民族国家认同过程中，必然存在民族利益与国家利益不一致的问题。这一问题在辛亥革命胜利后民国中央政府与边疆地方关系方面表现尤为明显。

民国初建，各党派如雨后春笋般纷纷建立。1912 年 3 月成立的统一党，其宗旨为“统一全国建设，强固中央政府，促进完美共和政治”。1912 年 5 月成立的共和党，其党义即是：保持全国统一，取国家主义；以国家权力扶持国民进步；应世界大势，以平和实行立国。就其强调的“统一”“国家主义”“国家权力”而言，无疑体现了这个时代的社会精英对民族国家构建的向往。

此间梁启超起草的《中国立国大方针商榷书》亦谈到了组党建国理论。他提出，民国应以建立“世界的国家”为目标，实行“保育政策”，建立“强有力之政府”，依靠国家政权的力量推动各项建设；加强中央集权，慎行地方分权。结论是：“人民对于政府也，宜委任之，不宜掣肘之；宜责成之，不宜猜忌之；必号令能行于全国，然后可责以统筹大局；必政策能自由选择，然后可以评其得失焉；必用人有全权，内部组成一系统，然后可以观后效也……故建设强有力之中央政府，实今日时势最大之要求。”①

事实上，上述梁启超氏所持理论在当时亦得到了许多边疆大吏的认同。比如，此种见解同样反映在新疆大吏杨增新对时局的认知中。杨增新在上呈国务院的咨文中强调了保持国家权威的必要性。他说：“欲求国家统一，不得不集权中央。大总统既由国民公选，完全负担责任，则各省用人大权断不能操于省议会。设各省长皆由人民选举，是各省有无形之分裂，而中央政府徒拥监督之虚名，号令不行，财政坐困，尺土一民，皆非国有其极也。七雄竞争于周，藩镇割据于唐，祸乱相寻，迄无宁日，国灭民奴，同归于亡。言念及此，能无痛心？”②

至于国家与国民的关系，杨增新认为：“大总统有解散省议会权，以重中央魁柄，不致随声附和，以误国家。是倘欲步武北美，必待教育普及，人民有政治上能力，夫然后可。”③

从辛亥革命到民初中央政府之肇建，是中国民族国家主义运作比较典型的时期。无论是中央政府的权首，或是掌控一方的地方政要，大都持有这样一种信念，即民族国家主义必须以民族国家为偶像与附着物。换言之，民族国家主义只能效忠于民族国家。正因为如此，在国家与民族关系的处理上，必然会存在一种国家全能化的倾向。

---

① 共和建设讨论会：《中国立国大方针商榷书》，上海，1912，第 46 页。

② 杨增新：《补过斋文牍续编》卷一，《电呈参议院表决官制一案未昭平允文》。

③ 杨增新：《补过斋文牍续编》卷一，《电呈参议院表决官制一案未昭平允文》。

如果说，民初中央政府和地方政要对民族国家主义的理解是“国家高于民族”，则这种状况对于地处边疆、人口较多且历史上有固定活动区域的边疆民族来说，是难以接受的。此时西藏地方和内外蒙古地方的民族精英之表现颇引人侧目——他们将其融入清帝国与汉族被迫融入清帝国看作同等的行为，显然，他们并没有把清帝国等同于“中国”。1912 年清朝覆亡，这为上述边疆地区的民族精英创造了“独立”的可能性，而民族主义话语又推动了其迫切性。民初，蒙藏地方上层从自身利益出发，试图与中央政府分立，脱离中国疆域。

至此，本文考察了国家利益与民族利益的差异性。是否由此可以得出这样一个结论：像近代中国这样一个拥有诸多民族的国家里，国家利益与民族利益是平行的，不存在交叉点。显然，基于历史事实，这一观点具有一定的偏差。事实上，当民国初年南北当局争论不决、政局动荡的时候，一部分蒙古王公贵族亦对此深感不满。哲里木盟科尔沁王公阿穆尔灵圭在致南京临时政府的电报中甚至抱怨：

> 鄙人自去冬联合蒙族，同赞共和，本意冀免分崩，共谋幸福。今乃争议日滋，危机日烈，既无以自解于本族，岂易为继续之维持。互解之虞，尤心所怵。①

且不论此时阿穆尔灵圭的政治立场如何，至少从其所发一番言论来看，他是用民族大义指斥南北双方当局。由此可以揣测，在阿穆尔灵圭看来，其时蒙古族利益是与国家利益一致的，唯有建立一个统一的国家政权才能最大限度地保障蒙古民族的利益。

综上所述，从民族-国家统一体的角度看，于对外层面，国家是民族的政治组织形式，维护、争取国家利益就是为了民族利益，任何国家代表都应是其民族利益的代表。但在对内层面，一个国家之内，国家与民族两者未必能够等量齐观。国家表现为政府等具体的组织形式，民族则是由其领导的社会大众。政府的意志能否代表大众的利益，则得由具体的制度及历史情势决定。以袁世凯政府为例，当它派出代表参与西姆拉或恰克图会议，

---

① 《阿穆尔灵圭呼吁速定国务院成立统一政府致孙中山等电稿》，《中华民国史档案资料汇编》第 2 辑，江苏人民出版社，1981，第 121 页。

与英俄等国代表展开交涉，力图维护国家主权之时，显然，这时候民族-国家之利益是一致的；相应地，当它以国家利益至上为口号，以武力为背景，无视蒙古族王公贵族方面的合理要求，强力推进，实现内蒙古的地域统合，确立中央集权支配体制，则这时候民族与国家两者的利益是背离的。由此亦可蠡测，民族国家主义是一体的两面，它承载着民族、国家双边利益，但它又很容易在具体的情境下疏离为互为分割的两面：有时候它可能演化为全能的国家主义（盲目地强调贯彻国家意志），有时候则蜕变为单纯的种族民族主义（狭义地呼吁维护某一民族的特别利益）。

此外，在具体到个体民族利益时，必须区分开民族整体利益与一小部分民族上层阶级既得利益。就经验而言，民族整体利益是以既得的政治权力为代表的。在大多数情况下，这个政治权力应该是国家，而不是某一特定民族，因此，政府而不是某些少数民族上层，是代表国家和民族利益的唯一合法主体。但这里有一个基本条件是，政府本身必须具备合法性。而政府的合法性来源于它有能力把各种社会力量整合为一个统一的民族国家，而统一的民族国家体现在对近代民族国家的构建上。辛亥革命胜利后，边疆民族地区的社会政治力量——如蒙藏地区的王公贵族、上层喇嘛们，都曾以维护本民族之“民族利益”为借口竞争权力，并且以此激发本民族成员的民族主义情绪。对此，民初中央政府做出了重要努力，从民族国家构建的角度，采取各种手段，以实现对国民之统合，维护民族国家完整的政治疆域，获得独立完整的主权。①

总体来说，辛亥革命以后的近代中国（1911 ~ 1915），在利益的天平两端，国家利益与民族利益很多时候难以平衡，但这不代表两者没有契合点。至于如何协调国家与边疆民族之间的利益关系，从历史的角度和对认同理论的探讨来看，恰如民族国家的构建一般，首先要以利益认同为基础。民族国家主义所要捍卫的民族利益只能是民族中每个成员个人利益的整合。因而民族利益的体现者只能通过民众一致的契约整合程序产生，任何人不能超越这一程序而自称为民族利益体现者，并要求他人为其所声称的“民族利益”做出牺牲。因此，合理的民族国家主义以民众利益的实现为前提，这其中最重要的一点则应是加强文化认同和创出制度规范。在近代国家整

---

① 参见拙文《重构国家认同：民初中央政府对蒙藏边疆地区之统合》，《黑龙江民族丛刊》2009 年第 4 期。

合中，类似于如何建立一种能够合理配置资源同时又具有自我发展动力的经济体制，如何建立一种以法治精神与法律体系为基本框架的社会运行机制，如何建立一种有效沟通国家与国民、政府与个人关系的体现宪法精神的政治和政府体制，是其所面临的重大问题。从这一层面来说，清末民初中央政府整合民族国家的努力符合历史发展的趋势，但同时应该看到，由于传统制度的惰性，民族国家构建过程步履蹒跚，这直接导致国家利益与民族利益受其影响而难以达成平衡。

余　论

本文着重从民族国家构建的角度探讨辛亥革命前后中国边疆地区的政治变迁，因此对其他方面比如辛亥革命在边疆地方发生过程及其本身的影响未加述及。同时，虽然本文在力所能及的范围内用实证的方法叙述这段历史，但不可否认，就这一研究的着重点而言，在于创造一与问题意识、研究视角相适应的理论阐述框架，因此之故，经常不得不避开繁琐的实证主义之沼泽。

一部中国近代史昭示，民族主义是指引近代中国政治变迁的一个符号，这在辛亥革命前后之中国边疆政治变迁语境下同样如此。关于今后中国边疆问题的研究，虽然有各种研究方法或范式，但笔者认为应从以下方面予以探求，即把近代中国的民族国家之构筑尽可能放到长时段的历史中予以省察，或许能拓宽我们研究历史的视角。特别是，将迄今为止经常被遮蔽了的晚清民国时期的诸种边疆问题及相关方面之应对与现代中国的边疆种种实态相衔接，换言之，即应该在近代中国与现代中国的相关继承性和连续性上来思考这个问题。

民族国家之构筑不仅对近代中国边疆之政治实态影响颇著，并且若将更长时段的过程也加以考量的话，民族国家之统合这一过程所具有的政治整合与凝聚功能，也是其他意识形态所难以取代的。不言而喻，民族国家的构筑在当代中国不是已经终结，而是仍然处在漫漫征途中。构建一个独立、统一、民主、富强的民族国家是现代民族主义的中心目标。因此之故，应当开展一些有利于实现这一目标的行动。

（《中国边疆史地研究》2011 年第 3 期）

承认与认同：民国西南少数民族的身份建构

王文光　朱映占

承认与认同是个体或群体身份建构过程中，对建构者而言客体意识和主体意识产生作用的具体表现。客体或他者的认知及承认与主体或自我的认同相互影响、相互交织，共同推动主体的身份建构。然而，正如查尔斯·泰勒（Charles Taylor）所言："我们的认同部分地是由他人的承认构成的；同样的，如果得不到他人的承认，或者只是得到他人扭曲的承认，也会对我们的认同构成显著的影响。所以，一个人或一个群体会遭到实实在在的伤害和歪曲，如果围绕着他们的蔑视的图像。这样是说，得不到他人的承认或只是得到扭曲的承认能够对人造成伤害，成为一种压迫形式，它能够把人囚禁在虚假的、被扭曲和被贬损的存在方式之中。"[1](p.45)

民国时期，生活在中国西南地区的云南、四川（包括当时的西康和重庆）、贵州等省的少数民族在他者（包括国内政界、学界、普通人，以及外国人）的承认过程中，就经历了歧视、忽视、扭曲、部分正视、有意拔高等多种形式；而其自我认同也与他者的承认相呼应，不断调适。

一　他者的承认及其对西南少数民族的影响

他者是相对于自我的存在。对于影响民族集团形成的"他者性"问题，有学者称："指的是在众多不同族群之间的互动关系中，处于强势一方的族群不仅在政治、经济、文化上不断影响周边的弱小族群，并且在强势族群这一'他者境界'中形成的异族印象也会通过同化等方式移植到弱小族群中。"[2]民国时期，生活在西南地区的众多少数民族，就曾被他者笼统地划归在“苗”“夷”“蛮”“番”“边民”“边胞”等称谓下，从而在很长一段时间内都被排除在参与共和国家建设的“五族”当中，或者被归类到汉族的宗支当中。而且，在多元一体的中华民族建构过程中，处于边缘的西南少数民族身份的塑造，“与近代国民国家体制的形成过程几乎亦步亦趋，同时展开的。这种类型的‘民族集团’的形成过程，往往是经历了来自国家权力、主流社会以及近代科学等‘他者’规定的过程，而不是迄今我们所强调的‘共同的文化’等要素”[2]。

（一）政界对西南少数民族的认知

政界即来自国家权力的认知与承认，对于西南少数民族而言，事关其国民身份的取得，以及政治、经济权利的分享等。然而，民国初期，西南少数民族在国家的政治话语中处于缺失的状态。“民初实行共和，初行民权，而边疆民意代表仅为蒙族藏族，对于回族与其他西南各民族，照料欠周，实失共和本质。”[3](p. 40) 即使“及至20世纪30年代中期，民国政权初步确立中央领导和对各区域的管治后，开始构思建立一个全国性的立法机构来合理化自己的权力。在1937年初公布的‘国民大会’草议章程中，除全国各地的选举名额外，还有240席提供给包括蒙古和西藏的少数民族名额，但没有包括在西南地区的所有非汉族少数民族。在这个建构中的国家体制内，西南地区少数民族的族群身份并没有得到官方的确认。”[4](pp. 26 ~ 27)

民国初期，传教士柏格理（Samuel Pollard）曾去电中国外交部部长伍廷芳，询问：“西南各族同居中华领土之上，亦应有一色标记列为国旗之上，今仅以五色代表五族，而苗、彝反非国民乎？”伍廷芳的回答是：“五色旗不过代表中华五大区多数民族之标志，苗族居住于多数民族汉族之中，即隶属于汉族部分。”[5](p. 149) 伍廷芳虽然没有否认苗、彝等西南少数民族的国民身份，但却否认了其与五大民族具有平等地位的民族身份，把西南少数民族看作是汉族的一部分而存在。此种观点后来成为民国政府对待西南少数民族的主导思想。其与孙中山的国族思想相衔接，更与蒋介石的中华民族“宗族论”一脉相承。

当然，西南地区国防及边界问题的突出，加之抗战的爆发，西南作为大后方的重要性，使得政界逐渐开始正视西南地区存在的众多少数民族，并且通过组织一系列调查，对西南少数民族有了更多、更具体的认识。

在调查研究的基础上，政府首先在民族称谓上为西南少数民族正名。1940 年 1 月 18 日，中央社会部会同教育部及中央研究院开会商讨制定了《改正西南少数民族命名表》，对西南地区 66 个原来以虫兽鸟偏旁命名的少数民族名称，进行了改正。以此为依据，国民政府行政院于 1940 年 9 月 18 日颁布渝文字第 855 号训令，专门就改正西南少数民族名称作了规定。该训令对于边疆同胞，强调了应以地域之分称为某地人；除学术研究之外，禁止沿用歧视性称谓，希望以此泯除民族界限，团结整个中华民族。[6](p.95)

1943 年 10 月，军事委员会委员长侍从室又向各机关、团体组织，转发了蒋介石关于民族与边疆问题的批示。强调："1. 我国人民有宗族之分支无种族之区别。……2. 我国有史以来，各宗族间时或发生战争，而此各宗族胥为同一之种族，其疆域亦胥在帕米尔高原以东中华民族版图以内。……3. 禁止沿用苗夷蛮瑶等名称……4. 研究古史，应寻绎民族融和（合?）与国家统一之渊源，多所阐扬。而于足以动摇国人对我民族同源之祖先之信仰者，如黄帝升仙之说、尧舜乌有之论，悉宜矫正，勿任流传。……"①

可以看出政界对于西南少数民族的认识主要有以下几点：其一，强调了以地域之别代替民族之别，减少民族称谓的使用，以边民、边胞而代之；其二，强调同为国族一员的身份平等，停止民族歧视；其三，强调各民族同源同种，只有宗支之别；其四，强调民族同化的融合。基于这些认识，对于西南少数民族的权益，政界人士认为："当然，我们应该尽量优待边疆同胞，但优待不应当做特殊化来看，特殊化只不过是一种羁縻的手段，与中央爱护边疆同胞的意旨是相违背的，所以大家如有逾分的要求，乃至内地人不加详察一味帮助大家做逾分的要求，这都是没有益处的。"[7](p.13)

在少数民族身份的承认问题上，西南地方政府与中央保持了一致。对于西南少数民族主张采用苗民、边民、边胞等统称之。并且强调了各民族同为中华民族之一分子；民族之分实为宗支之分，一国之内的地域之分；同时忽视文化方面的差异或力求采取同化手段消除文化方面的差异。

云南省民政厅厅长就指出："我中华民族，号称五族共和，盖举其大者而言。实则系由数百种宗族，藉文化之力，融合而成。此数百种宗族，虽

---

① 贵州省档案馆藏 1943 年 10 月奉令抄发委座未感侍密代电关于民族及边疆问题通知遵照由。转引自秦和平《基督宗教在西南民族地区的传播史》，四川民族出版社，2003，第 433 ~ 434 页。转引时有所删减。

其政治信仰，已完全一致。但在语言文字、宗教意识、生活习惯上，则仍稍有不同。主持民政者，岂可不分别认识其个别性能，以供施教与器使之参考乎？本省住民宗族，向极复杂，但可大别为二：一为操汉语之汉人，一为操土语之边民。”[8](p.1)贵州省政府民政厅编辑《贵州省苗民概况》一书，则把本省少数民族统称为苗民，并称：“夫苗民，苗蛮，苗夷，土著，种种字样，虽称谓不同，实无所轩轾，要皆同居中华领域，同属中华国民，自视同一体。”在西康执掌省政的刘文辉虽然看到了辖区内有十余种民族，但是他认为中央改称众多少数民族为边民，是为了增进国内民族一律平等的精神和加强民族间的联系。因而他认为是值得肯定和贯彻的。并且，在他看来边民具有文化落后、忍苦耐劳、勇敢善战等特点。因此，为了治理好边民，让边民享同为国民的权利，就必须在仁的哲学（即对边民一视同仁）前提下，采取“德化”“同化”“进化”等政策来建设西康。

民国政界对于西南少数民族的承认，虽然在形式上，从国族建设、同为国民的角度给予了与汉族等其他民族的平等地位；也看到了西南少数民族与汉族在历史上交流与融合的事实；并且在民族名称上还禁止了歧视称谓的流行和使用；但是政界却忽视了西南少数民族与其他民族在社会文化、经济生产、宗教信仰等方面的差异性；更没有考虑到西南少数民族自身的认同意识和愿望。

（二）知识阶层的认识

早在1911年和1914年丁文江到云南、贵州和四川旅行时，就对旅途中所见少数民族的体质、文化等内容进行了记录。此为民国知识分子关注西南少数民族较早的例子。遗憾的是这些游记直到20世纪30年代才陆续发表。此后直到1928年杨成志到西南地区开展调查为止，除西南本土很少量的知识分子在关注西南少数民族之外，西南少数民族并未真正进入知识分子的研究视野，很少受到关注。总体而言，这一时期“在国内少数民族问题上，素来一般人所注意的，大体只是汉、满、蒙、回、藏五族，而对于散布西南各省，特别是云南底复杂的少数民族，则极少重视”[9](p.92)。

学界对于西南民族的深入了解是在边疆危机加剧，特别是抗战的危急关头，知识分子大量进入西南以后的事。总体而言，民国知识分子对西南少数民族的认识，主要从历史文献的梳理和实地调查两种途径开展。

通过对历史的考察，曾任贵州大学首任校长的张廷休撰写《再论夷汉同源》一文，认为夷汉在语言上和神话与传说方面是同源的，在体质上也是相同的，并且历史以来不断混合，因此他说："近来很多人研究西南的苗夷问题，这是一个可喜的现象。但有不免陷于根本错误之处，就是将苗夷认为是汉族以外的民族。本文的目的，就是纠正一个错误，并且说明夷汉是一家，根本是同源的民族。"[10]顾颉刚撰写《中华民族是一个》一文，在追溯中华民族的发展历史的基础上，提出应该慎用"民族"一词，并指出中国之内没有民族差异，只有地域和文教之不同。在知识界取得了广泛的认同。人类学家许烺光则把"家人"作为典型的汉族来进行研究。历史地理学家张其昀则撰文指出语言、宗教、生活习惯都不是形成民族的主要力量，而是共同的历史、共同的回忆、共同的纪念和共同的精神。而追溯历史，有着共同的历史、记忆和精神的汉满蒙藏回等诸族都是中华民族的支派，只是由于除汉族之外，其他支派多分居边地，故称之为边地诸族，或简称边民，而不能称为少数民族。并认为宪法中绝对不能有"少数民族"的字样。即使"退一步而言，于宪法中规定边地诸族之特殊待遇，以致失去了一视同仁的雅量，也是大可不必的"[11]。

从事实地调查的研究人员却发现："汉族与西南少数民族无论是在意识上，信仰上，或生活形态上，莫不呈示着明显的分歧。"[12]因此认为："我们不必否认中国境内有不同的文化、语言、体质的团体。"[13]对于汉族与少数民族同源论，有研究人员也指出："我们不能专在历史书本上理出一个汉苗同源的纲领，用表面上看去是平等和一致的字样，掩盖了不平等和不一致的事实。我们承认汉苗之分这个事实，不是故意'巧立名目'，人工制造一大堆民族的词语和歧异，用来分化民族团结；倒要确确实实根据存在着的民族歧异和分化事实，来提高他们的文化水准，促进同化的过程，增加民族的团结力量的。苗夷问题的值得注意，就在这里"（范义田：《值得注意的苗夷问题》，原载《全民抗战》37 号，1938 年 11 月 20 日重庆出版。转载于余嘉华主编《范义田文集》上册，云南民族出版社，2006，第 606 ~ 607 页）。特别是在抗日战争的紧要关头，有学者进一步指出："辛亥革命成功时，定五色旗作中华民国的国旗，五色的意思，代表汉、满、蒙、回、藏五族共和，当时数千万的西南民族被遗弃共和之外，这是一种不必掩饰的错误，到今日，我们言全国民族团结，绝对不能再把西南民族遗漏在团结之外了！"[14](p. 14)

概而言之，在知识界主要形成两种观点：一种观点则认为，中国境内的中国人都是同源的，没有进行民族划分的必要，也不需要施行特殊的政策；另一种观点认为，应该承认西南有众多少数民族的存在，在此基础上推行各种建设，从而教化他们、团结他们。事实上，知识分子的分歧主要是在民族与国家关系问题上。换言之，知识分子对西南少数民族的认知问题，其实主要就是在国族建构中，西南少数民族应处于什么样的位置的问题。只是有的知识分子认为承认了有着具体名称的诸多西南少数民族会有碍于统一的国族建设，于是主张否认之或从地域上承认其为落后的汉族的一部分即边胞。有的知识分子则认为："边胞是中华国族的一分子，血统既经长期的相互混合，文化也经过长久的相互同化，这是谁都不能否认的事实。"[15](p. 20)为了提高边疆民族文化生活水准，加强边疆民族的国族意识，巩固国防，这些知识分子提倡边疆文化国族化。

（三）民间的认知

在民间，由于相互间缺乏了解，以及受传统观念的影响而产生的固有成见的存在，民国时期汉族对少数民族的歧视是一种普遍现象，也就是说西南少数民族扭曲地存在于普通汉族的生活当中。而与此同时，少数民族对汉族施加给他们的歧视也给予了强烈的回应，在此过程中，彼此更加深了刻板化的形象的认知。

在四川凉山地区，"况汉人素以炎黄华胄自豪，四夷民族，即为蛮夷。而罗彝亦以曲布之子孙自傲，黄天贵胄，舍我无他"[16](p. 15)。并且凉山地区汉族认为："蛮彝畏威不怀德"，又称"有彝无汉"。由于长期的冲突和隔阂，致使汉族具有"见蛮不打，三分有罪"的观念，而在彝族人中则有"石头不能当枕头，汉人不能做朋友"的观念。

在川西羌汉杂居的地区，街上的汉人骂羌族是"蛮子"。羌族到街上卖柴，就骂羌族"卖蛮骨头"；羌族穿麻布衣、羊皮褂，就骂羌族"穿花生壳壳""穿羊皮褂褂"。看见羌族走来，就说"死蛮子来了"；听到羌族唱山歌，就说"蛮子狂了"。羌族到成都、灌县卖药草，汉人不让住店，说"死蛮子，蛮气气臭得很"，还说"连冷水都要喝几碗"。而羌族则普遍认为："老鸦没有白的，汉人没有好的。"[17](pp. 316-317)而在成都居住的数万满族和蒙古族，也经常受到汉族的蔑视和挖苦，满族被称为"满板"，蒙古族被称为"蛮子"。特别是在中小学读书的满、蒙学生，往往因历史课、语文课中有关清朝腐朽的内容，而受到同学的仇视。而一些满族和蒙古族为了躲避歧视，往往隐瞒自己的民族身份。

在西康："今人不察，多呼康人为蛮子，而康人以文化落后，亦以蛮子自居。此种观念，最为危险，盖令人民日与政府相离，与土酋接近，益助长对土酋之信仰也。方今吾中华各族正欲融为一炉，况同族耶?"[18]西康的彝族与汉族也互相歧视，摩擦不断。"互相都缺乏同情和谅解的真诚，所以夷人始终认汉人为欺诈民族，而汉人认夷人则为蛮野民族。"[19](p.171)

在云南永胜县，"汉人称彝人为'老盘'或'盘匪'，彝人下山到永胜赶街，汉人就诬以抢匪罪名，向他们要人要马，拉到县府，不分好坏就关起来。反之，汉人上山，也须找保头，否则就发生问题。因此，彝汉之间形成汉人不敢上山，彝人也不敢轻易下坝，互相警戒，互相仇视，直到现在彝汉间还有很深的成见。彝族尤其怀恨永胜的汉人，汉人也鄙视彝人"[20](pp.74-75)。巧家县的汉人也有谚语云："天见'蛮子'，日月不明！地见'蛮子'，草木不生！人见'蛮子'，九死一生！草见'蛮子'，叶落又萎根！"[21](p.35)

在贵州，汉族普遍认为少数民族会放蛊毒害人，并且少数民族上街往往会被人指着骂。由于长期受到歧视，以至于他们见到陌生人都害怕地躲避起来。民国时期到贵州旅行的人，就遇到了这样的情形，"路上和我们迎头走来的苗民，望见我们也都远远地躲在一旁。苗民们胆子都是特别小，望见几个服装特别的人，总以为这定是什么长官大老爷到来，心里免不了有些害怕"[22](p.34)。无疑，民间汉族与少数民族之间的误解和歧视的普遍存在，是政学界，包括少数民族精英分子国族建构的重要阻碍，国族建构的成功与否，在很大程度上，就取决于汉族与非汉民族一体感的形成和强化，这就需要政学界和少数民族精英分子对普通民众进行民族、中华民族等概念的启蒙和普及。

（四）外国人的认知及其对西南少数民族身份建构的影响

正如澳大利亚人费子智（C. P. Fitzgerald）20世纪30年代末在大理调查后所说："如果只注意到汉文化而忽略了海外对民家（白族——编者注）的影响的话，那么这幅关于民家社会的画面算不上完整。"[23](p.185)同样，对于民国时期西南其他民族的身份建构，如果不考虑国外因素的影响，也很难对其有一个全面的认识。

1. 侵略势力的认知及其影响

辛亥革命爆发后，在英帝国主义的支持下，达赖集团领导的藏军在西藏、西康发动“驱汉”事件，并企图在藏区建立一个独立的国家，把藏族置于中国近代国族建构之外。从而长期影响了藏民的身份建构。

在中缅边界的勘定过程中，由于受英帝国的唆使、鼓动和威逼，居住在中缅边境一线的少数民族也有举家跨越国境，进入缅甸居住，自外于中国和中华民族之内的现象。

另外，在西方学者言论的影响下，“1940 年 4 月，暹罗改国号为泰国，日本利用泰国以大泰族主义相号召，图谋分化、吸收我西南地区的傣族。他们派人进入云南，到傣族聚居区秘密活动，诱惑傣族外附”[24](p. 19)。

可以看出，国外的侵略势力，充分利用中国从传统王朝的朝贡体系国家向近代民族国家转变过程中，西南边疆少数民族尚未转型和充分发展的民族国家意识，来阻碍中国的国族建构进程。

2. 传教士的认知及其影响

传教士在与西南少数民族的接触中，基于传教的目的，有的参与到了西南少数民族国族化的进程中来；而有的则发掘了少数民族相对于汉族而言的许多优点；更有甚者，寻找到了西南少数民族在种族上与希伯来人或西方民族的渊源关系。这些都多少影响了少数民族的身份建构。

清末民初在川滇黔边界地区传教的柏格理（Smuel Pollard）就曾主动参与到苗族的民族意识和国家意识的建构中来，在他编写的苗文识字课本中，就有这样的内容：“‘苗族是什么？苗族是中国古老的民族。’‘中国是什么？中国是世界上一个古老的国家。’‘苗族是从哪里来的？苗族是从中国内地的黄河边来的。’”[5](p. 149)并且他还致电民国外交部部长，为苗族争取在国家中的地位。美国传教士兼考古人类学家葛维汉（D. C. Graham）通过研究否认了羌族为希伯来人后裔的观点；对于苗族他认为通过政府代理人和传教士的帮助，“他们能成为一个文明的种族，将成为中国有益的一部分如同威尔士和苏格兰成为大英帝国有益的一部分一样”[25](p. 131)。他的研究为研究对象构建自己的中华民族成员身份开辟了路径并提供了依据。

在对中国西南部少数民族地区传教事业进行调查的过程中，教会的调查人员发现了少数民族相对于汉族的许多优点。如少数民族比较汉人容易接受福音，他们不那么骄傲，不那么沉默，也不那么默然无动于衷；他们的妇女和少女同西方的妇女和少女一样自由大方；少数民族几乎人人都能歌善唱，他们没有汉人的那种仇外思想；等等。[26](p. 894)无疑，这些赞扬性的认知，得到了饱受汉族歧视的西南少数民族的欢迎和共鸣，成为基督教在民国时期的西南少数民族中取得较大发展的原因之一。而在此过程中，许多西南少数民族建构了自己的基督教信徒身份，弱化了民族和国民身份。

一些传教士不仅在生活习尚、精神风貌等方面发掘西南少数民族的优点，而且还努力找寻到了西南少数民族优于汉族的种族证据。1915 年开始在羌族地区传教的牧师托伦士（T. Torrance）与羌族接触后，认为“羌族和希伯来人在体质上有相似性，并发现在社会和宗教习俗上也有相似之处”。[27](p. 15)因此，托伦士认为川西羌族是一神论者，是犹太人的后裔。受其影响，当地木山寨羌民苟聘三写了一本《致羌民关于还愿的起源的一封公开信》的小册，宣扬羌族是希伯来人的子孙的观点，对当地羌族产生了深刻影响，以致他们对后来的调查者称自己是希伯来人的后裔。在川黔滇边界地区传教的王树德看到彝族诺苏人在语言文字、体格、性格方面与汉族和苗族存在差异，以及其相对于政府的独立性，而怀疑诺苏人是印欧语族的部落。在滇西拉祜族地区，“传教师称洋人与裸黑原是一家，洋人为舅父之子，裸黑为姑妈之子，同居西方，后裸黑始迁来东方，与汉人本无关系，开土耕种，亦非中国之地；若不忘祖宗，则不能信汉教，应从西方教，西方人要信上帝，不信鬼，不祀祖，今尚有裸黑住西方者”[28]。上述言论在有效发展基督教信仰群体的同时，对拉祜族地区的国族建构构成了阻碍，引起了当时知识分子的担忧。另一个突出的现象是，在西南地区传教的教牧人员把耶稣移植到少数民族的地方信仰当中，替代孔明、大梵天等，实现本土化，让少数民族相信自己天生就是上帝的选民，从而让少数民族凸显自己宗教身份的同时，溢出了主流社会孜孜以求的国族建构进程。

3. 考察、研究人员的认知

清末民国以来，外国人在考察的基础上，对中国西南少数民族不断有成果发表。择其要者而言如约瑟夫·洛克（Joseph F. Rock）对纳西族的研究，顾彼得（Pote Gullart）对凉山彝族和丽江地区的考察，费子智对大理白族的研究等。

被誉为纳西学之父的约瑟夫·洛克，在丽江生活的十多年间，逐渐成为滇西北非官方的巨头[29](p. 198)，不仅影响了外国人对西南民族的研究，而且对中国学者的研究也产生了不小影响，如任乃强、杨成志等研究西南民族较早的学者都在其研究中提到了洛克的经历。俄国人顾彼得作为中国道教皈依者，在西南少数民族地区旅行和工作的同时，发表著作介绍与他接触和交往的少数民族。对于凉山彝族，他纠正了常人的偏见："彝族的统治者，也即黑彝阶层，他们被外人描述成无知、残暴、不讲人道的野蛮人，但事实并非如此。数百年来他们在中国西部的大山里与世隔绝，但他们的头脑并没有因此而变得迟钝和一无所知，而是渐渐形成他们自己独特的生活方式，这样便产生了一大群彝族的男女精英。"[30](p.174)此外，在丽江生活期间，对于纳西族、藏族、白族、普米族，他从体貌、性格特点、生活习尚等方面进行了描述，向世人展现了此地充满生活气息的多民族生活画卷。澳大利亚人费子智 1936～1938 年间在大理调查，后来出版《五华楼》一书，此为欧洲学者第一次实地对中国西南的民家群体进行的研究，为西方人了解大理、了解白族提供比较客观和丰富的材料。

总体而言，国外的考察和旅行人员对西南少数民族的关注虽然多怀着学术和文化交流的目的，但却深深刺激了中国的知识分子，使得他们纷纷把目光投向西南民族，从而与外国人一起共同建构了西南民族的现代知识体系。同时也间接影响了西南少数民族精英分子，促使他们努力确认自己的民族身份。

二 自我的认同

民国时期，在民间，西南少数民族的自我认同，更多的是以有限的地域（山沟、村寨）、小群体（氏族、家支）为指向的，很少能上升到现代民族的范畴。如"清至民国，在四万万汉人看来，北京是中心，汉满统治阶级是全国政治的核心，但是在凉山彝族人看来，汉族是奴隶的同义词，是最下层、最受人歧视的人群涵义，北京只是一个符号，家支才是实质。"[31]而一些土司则攀附汉人祖先而不认同属于其所属并管辖的群体。如川西藏族土舍索习之面对外来调查者时，"他的谈话每每有'他们土民'、'我们索家'的话头，其意思是不承认索家是土民的同种"[32](p.169)。总体而言，正如吴泽霖所认识到的，少数民族大多数群众缺乏一种超越自己小集体的高一层次的大集体的隶属感。他们所认同的"我群"即"自己人"，无非只限于小小地域内的，语言、服饰、习俗、信仰相同且互相通婚的群体。对于更高层次的"祖国"或"中华民族"等概念的认识就更模糊了；甚至对自己的民族历史也是模糊不清。[33](p.2)

（一）身份建构的汉文书写

然而，在中国近代以来的民族国家建设进程中，一些从西南非汉族群体中走出去，接受了现代学校教育的精英分子，在走出去又走回来的角色转化过程中，意识到了自身所属群体在主流社会要么不为人所知，要么存在诸多误解，为了改变这种状态，他们纷纷著书立说，在中华民族的框架内来建构自己所属群体的民族身份的同时，努力使其达到与五大民族具有相同的地位。并在此过程中启蒙其所属群体的民族意识和国族意识。

1933 年，卒业于中央政治学校的彝族青年曲木藏尧出版的《西南夷族考察记》，对自己所属的民族进行了介绍。他认为："我人所称南诏蛮夷，猓猡诸类之名称，并非另一种西人东来之蛮野民族。实被我汉族先祖，驱逐至穷荒僻壤的一同色人种。"[34](p.1)强调了彝汉同种的观点。并且对"猓猡""夷人"等本民族的称谓，向世人进行解释，希望澄清外人的混淆与误解，从而消解由此而带来的歧视。从中央陆军军官学校学习归来的凉山彝族土司岭光电在其著作《倮情论述》中，依据本民族的习惯，把川康彝区划分为五个地区和五种人，即以洛地（人）、式杂地（人）、素底地（人）、素洛（人）、海地（人）。并且还对五种人的特点，以及其普遍性与特殊性做了分析。[35](pp.8-20)他的区分与主流话语的黑彝、白彝的划分相比较，内容显得更为丰富和具体，注意到了其民族内部的地域、文化等差异。而且针对汉人说彝人落后的观点，岭光电认为是因为彝人没有受教育的结果，因此希望汉人能先觉而觉后觉。并且，他为了提高本民族的文化水准，花了很大的精力在彝区大力提倡学校教育。[36](p.84)同时在文化、卫生、习俗等方面作了诸多改革，以此希望把本民族塑造为国家的优秀分子。

出生于川滇黔交界地区的杨汉先，作为苗族"阿卯"（A Hmao）群体的一员，在华西协和大学接受教育以来，撰写了《大花苗名称的来源》《大花苗移入乌撒传说考》《苗族述略》《黔西苗族调查报告》等论著，着重对苗族与划入"苗"之中，但不是苗族的群体，以及"苗"与"夷"进行了区分，并依据体格、性格、语言、风习、装饰等标准，对他者的苗族分类进行了修正。可以说，他应用民族学、历史学等学科知识建构一个从主位出发来划分的苗族分类体系，也就为自身的民族身份认同提供了丰富的内涵。

从北京求学归来的方国瑜作为滇西北纳西族（麽些）的一员，撰写

《麽些民族考》一文引用任乃强的观点认为："麽些为康滇间最大民族，亦为最优秀之民族也。"同时，通过对历史文献的梳理，他还认为："考之古代记载，麽些文化并未高于其他诸族，其智慧亦未高于诸族，则后来相差如是者，盖缘汉民族与麽些混血者多，而与其他诸族混血者少，积久而至于此也。"[37](p. 96)强调了麽些民族与汉族的亲密关系，以此来确认麽些民族同为中华民族的优秀分子。

（二）身份建构的政治与社会活动

在著书立说的同时，西南少数民族精英分子为让自己所属群体得到政府的承认和争取到与其他民族平等的地位，不仅主动认同中华民族，参与到主流社会倡导的国族建构中来；而且展开了诸如向国民党全国代表大会提案和请愿等活动。

1. 主动认同中华民族

面对英军的入侵和英缅政府欲把佤族聚居地划出中国的企图，以班洪王为首的佤族各部落首领自发组成"佧佤十七王民族自决会"，并派代表至昆明向云南省主席龙云求援；同时发布《致中英勘界委员会主席尹斯兰先生的公开信》称："佧民为组成中华民族之一分子，兼汉颁之印信可资凭证，风俗习惯皆大同小异。同是一体，不欲分割。又以守土有责，岂甘无故放弃！故予等始终上下一心，团结一志，效忠于我阿祖阿公，不使英人越界一步。"[38]

石门坎苗族大学生朱焕章在当地编写《滇黔苗民夜读课本》，其中的第一册第十二课的《爱国歌》唱道："我爱我中华，立国亚细亚，人民四万万，亲爱如一家。物产丰富山河美，五千年前早开化，如今共和作新民，努力治国平天下。"[5](p. 126)

中国回教协会云南省分会第二届全省代表大会宣言也称："自唐时，伊斯兰教传入中国以后，千余年来，散布极广。而奉信回教的人士，除极少数是由中亚细亚一带东来者外，其余大多数是中华国民服膺回教的，所以回教之血统，是纯粹的中华民族，仅仅宗教信仰上不同而已！现在一般人将宗教信仰不同的人士，硬分为汉族、回族，而加以畛域的观念。其见解不独歪曲历史，肤浅得可笑；而其用心之辣毒，亦不难想象。名不正则言不顺，人数达数千万，分布二十余省的回民，应当是'信奉伊斯兰教的中华国民’，而不是自外于中华民族的种族。此点首先提出请各教胞认识之一点。”①

2. 向国民党全国代表大会要求获得承认并平等对待

1945 年，以西康藏族人士格桑泽仁为首的蒙藏新疆全体代表联名向中国国民党第六次全国代表大会提交了《根据主义政纲请明确承认国内各民族之民族地位，予以应得之权利案》，要求国民党中央确实承认少数民族在政治、经济方面的权利，并对其进行适当扶持，为此提出了三条解决办法：“（一）请大会郑重决议，承认国内各民族之民族地位。无论参政中央，地方自治，除依照区域人口标准外，应兼顾民族地位，予中华民族各单位应得之权利。并请明确载于本届全会宣言内，昭告全国。（二）根据主义政纲，研议规定一具体‘边政纲领’。并将其要点列入宪章中，以资今后依据施行。（三）请大会决议，将蒙藏委员会改为边疆民族委员会，以为国家主持指导边政之最高机构。”[39](p. 23) 对此办法，提案还附了 9 项补充意见，并且格桑泽仁在大会召开商讨议案时，还对其做了口头说明。这项提案对中央政府以地域为依据确认个体和群体身份的主导思想提出了补充，强调了民族身份和民族地位的重要性。

3. 向政府要求得到平等对待的活动

1929 年 3 月 15 日，中国回教俱进会云南支部，就四川安县王维新等指回为“狪”一事致函民国政府文官处，请求惩办查禁：“敬启者主席交下贵部电陈，前清无知官吏谬将回教回字加以‘犭’旁，民国 10 年经请云南当局通令禁止沿用在案。今四川王维新等于禁止屠宰呈内指回为狪，特垦令饬惩办，并通令各省一律禁用，以昭平等一案，奉谕交行政院查禁等，因除函交外，相应函达查照。此致”[40](p. 168)。

1937 年，两名由贵州西部和云南地区的三十多个土司、土目选出来的代表前往南京向中央政府请愿，要求政府改变对该地区的政策。这两名请愿者自称代表被概括在“苗夷民族”这个类别内的整个西南地区所有土著居民，向中央政府提出一系列要求，包括土著族群应有名额选派代表参加草议中的“国民大会”、建立中央和地方的专职机构来处理该地区的少数民族事务，以及增加少数民族人口的教育经费。[4](p. 26) 至 1946 年，国民政府计

① 原载于《清真铎报》新十二号，1945 年 10 月 16 日出版。本文引自马建钊、孙九霞、张菽晖主编《中国南方回族社会团体资料选编》，四川民族出版社，2003，第 186 ~ 187 页。

划实行宪政，召开国民大会立宪会议。然而在大会代表的分配上，凉山彝族没有得到公平对待。为此，西昌的彝族青年傅正达、池永光、刘世昌等人发起组织“彝族青年联谊会”，1947 年 6 月 26 日联谊会正式成立后，组成了由岭光电、吉绍虞美、葛世槐、傅佩营 4 个土司，傅正达、池永光、罗正洪 3 个青年，共 7 人的“川康彝族请愿代表团”，前往南京请愿[41](p.1)，要求国民党中央承认彝族是一个民族，能够平等参政。

结　语

民国时期，政界在国族建构理想的驱使下，一方面承认西南少数民族作为国族（中华民族）的一分子而存在；另一方面则认为，各个民族既然同为国族的一分子，那么西南少数民族的具体民族称谓就没有存在的必要，而应以地域之别，称其为边民、边胞即可。因而，政界虽有禁止对少数民族的歧视，改正西南少数民族称谓的举措，但同时也否认了其作为具有差异性的群体而存在的事实。与政界相呼应，学界的一部分人士通过追溯历史，观照现实，强调了统一的国族建构的重要性，阐述了西南少数民族与汉族同种同源的观点，进而否认在国族之外区分具体民族的必要性；与此同时，也有一部分学界人士意识到了西南民族的多样性与差异性，认为在国族建构的同时，不能否认西南少数民族具体存在的事实。然而，在民间，普通人对西南少数民族的认知还没有受现代民族学知识的影响，因而还停留在“蛮”汉之分，“苗”汉之异，“夷”汉之别的状态，这是政、学两界国族建构实践的真正阻碍。对此，学界人士其实也提出了一些解决的办法和建议，但是在整个民国时期，并没有得到政府的很好采纳和实施，因此，民国时期的国族建构在民间并未获得成功。

作为他者的外国人或外国势力，对于民国西南少数民族的认知是多样化的。因此，其对西南少数民族的身份建构的影响也是多样态的。但在边疆危机严重，日本入侵，国内社会动荡等内外交困的情况下，外国人的考察、著述和言论，在政学两界看来都是值得怀疑的，至少对国人而言是不光荣之事。故而，从外国人手中夺回话语权，无疑是努力从事国族建构的国人的共同期望。但对于西南少数民族而言，外国人总体上对其民族意识的形成起到了推动作用，只是在此过程中，有的外国人的言论在强化西南少数民族的民族意识的同时，却弱化了其对中华民族和国家的认同意识；

有的则在强调西南少数民族的民族身份的同时，试图协助其争取在中华民族和国家中的平等地位。

相较于他者而言，作为主体的西南少数民族，有很少的一部分在外国侵略势力言论的影响下，有脱离中国，自外于国族建构之外的倾向。然而，西南少数民族的精英人士大部分在接受现代教育的过程中，在了解中国历史的基础上，主动参与到国族的建构进程中来，希望以此取得国内的他者对自己所属群体的承认，进而谋得在国族中的平等地位。当然，这些少数民族精英人士，并不认为本民族的存在会使国族建构陷入困难，因而在主动认同中华民族的同时，积极建构自己的具体民族身份。当然，作为少数民族的普通人，却并没有清晰的民族意识，更多的是较小空间和较小群体的认同意识，只是在他者和本民族精英人士的合力推动下，才被动地卷入超越本土时空的民族身份建构中来。这就注定了民国时期西南少数民族身份建构的复杂性和未完成性，也使得西南少数民族的身份建构未能顺利地与当时的国族建构重合在一起，从而完成西南民族与国家的整合。

参考文献

［1］〔加〕查理斯·泰勒：《承认的政治》，董之林、陈燕谷译，韩少功、蒋子丹：《是明灯还是幻象》，云南人民出版社，2003。

［2］杨志强：《从“苗”到“苗族”——论近代民族集团形成的“他者性”问题》，《西南民族大学学报（人文社会科学版）》2010年第6期。

［3］赵国治：《边疆行政制度之研究》，中国台湾私立中国文化学院政治研究所，1970。

［4］张兆和：《杨汉先关于黔西苗族身份认同的书写》，赵心愚：《西南民族研究（第一辑）》，民族出版社，2010。

［5］张坦：《“窄门”前的石门坎——基督教文化与川滇黔边苗族社会》，云南教育出版社，1992。

［6］芮逸夫：《中国民族及其文化论稿》上册，台北，台湾大学人类学系出版，1972。

［7］朱家骅：《边疆问题与边疆工作》，中央组织部边疆语文编译委员会译印，1942。

［8］张邦翰：《云南全省边民分布册·叙言》，杨履中：《云南全省边民分布册》，

云南省民政厅边疆行政设计委员会发行，1946。
[9] 刘健：《云南少数民族问题（节录）》，中共云南省委党史研究室、中共云南省委民族工作部、云南民族事务委员会编《新民主主义革命时期党在云南的少数民族工作》，云南民族出版社，1994。
[10] 李廷休：《再论夷汉同源》，《西南边疆》1939 年第 6 期，昆明西南边疆月刊社。
[11] 张其昀：《“少数民族”名词的纠正》，《黔灵月刊》1946 年第 10 期。
[12] 张少微：《研究苗夷族之内容及方法刍议》，《贵阳日报·社会研究》1941 年第 18 期。
[13] 周文玖：《从“一个”到“多元一体”——关于中国民族理论发展的史学史考察》，《北京大学学报（哲学社会版）》2007 年第 4 期。
[14] 江应樑：《抗战中的西南民族问题》，中山文化教育馆，1938 年渝版。
[15] 张承炽：《中国边疆问题·初集》，边政公论社，1949。
[16] 马长寿遗著《凉山罗彝考察报告》上，李绍明、周伟洲等整理，巴蜀书社，2006。
[17] 西南民族大学西南民族研究院：《川西北藏族羌族社会调查》，民族出版社，2008。
[18] 欧阳枢北：《瞻化土酋之过去与现在》，《康导月刊》1939 年 8 月卷。
[19] 庄学本：《西康夷族调查报告》，西康省政府印行，1941；台北，南天书局有限公司，1978。
[20] 云南省编辑组：《中央访问团第二团云南民族情况汇集》上，云南民族出版社，1986。
[21] 杨成志：《杨成志人类学》，民族学文集；民族出版社，2003。
[22] 薛绍铭：《黔滇川旅行记》，中华书局，1937。
[23]〔澳〕C. P. 费茨杰拉德：《五华楼》，刘晓峰、汪晖译，民族出版社，2006。
[24] 马玉华：《国民政府对西南少数民族调查之研究（1929 ~ 1948）》，云南人民出版社，2006。
[25] 罗安国（Andress Rodriguze）：《民国时期的民族构建和人类学：四川西部的传教人类学事业（1922 ~ 1945）》，特木勒：《多元族群与中西文化交流：基于中西文献的新研究》，上海人民出版社，2010。
[26] 中华续行委办会调查特委会编《1901 ~ 1920 年中国基督教调查资料》下卷（原《中华归主》修订版），蔡咏春等译，中国社会科学出版社，2010。
[27] 李绍明、周蜀蓉：《葛维汉民族学考古学论著》，巴蜀书社，2004。
[28] 方国瑜：《裸黑上旅行记（一）》，《西南边疆》1942 年第 15 期，1942 年 5 月西南边疆研究社印行。

[29]〔澳〕C. P. 菲茨杰拉尔德（C. P. Fitzerald）：《为什么去中国——1923～1950年在中国的回忆》，郇忠、李尧译，山东画报出版社，2004。

[30]〔俄〕顾彼得：《彝人首领》，和锷宇译，四川文艺出版社，2004。

[31] 石茂明：《边缘的力量考验单一民族国家想象——跨界民族的视角与苗族的个案》，“从核心看东亚细亚国际学术研讨会”论文，2007年12月于韩国。

[32] 黎光明、王元辉：《导读·川西民俗调查记录1929》，王明珂编校，台北，“中央研究院”历史语言研究所，2004。

[33] 吴泽霖：《吴泽霖民族研究文集之〈自序〉》，民族出版社，1991。

[34] 曲木藏尧：《西南夷族考察记》，拔提书店，1933。

[35] 岭光电：《倮情述论》，开明书店，1943。

[36] 岭光电：《忆往昔：一个彝族土司的自述》，云南人民出版社，1988。

[37] 方国瑜：《麽些民族考》，林超民：《昆明：方国瑜文集第四辑》，云南教育出版社，2001。

[38] 一言：《试论班洪佧佤十七王民族自决会》，《历史档案》1999年第3期。

[39] 格桑泽仁遗：《边人刍言》，1946年5月印行，台北，文海出版社有限公司，1974年12月影印版。

[40] 马建钊、孙九霞、张萩晖：《中国南方回族社会团体资料选编》，四川民族出版社，2003。

[41] 中国人民政治协商会议西南地区文史资料协作会议编《西南少数民族文史资料丛书·政治卷》，西藏人民出版社，1997。

〔《广西民族大学学报（哲学社会科学版）》
2012年第1期〕

中国近代民族史研究文选

【中册】

陈理 彭武麟◎主编

SSAP
社会科学文献出版社
SOCIAL SCIENCES ACADEMIC PRESS (CHINA)

目　录

上　册

第一编　理论与方法

第二编　民族观与民族政策

第三编　民族主义与现代民族国家建构

中　册

第四编　少数民族社会历史形态、民族区域社会经济

第五编　少数民族反帝反封建斗争

第六编　中外关系与边疆民族区域政局

下　　册

第七编　边疆民族区域社会政治制度与变革

第八编　民族社会、宗教、文化教育

第九编　边疆民族区域历史事件与人物专题

第 四 编

少数民族社会历史形态、民族区域社会经济

试论近代我国西南少数民族地区的商业资本

况浩林

近代我国西南少数民族地区经济的一个显著变化是，商业资本有较大的发展，无论在速度或规模上，都超过了工业资本。对于这样突出发展的商业资本，怎样认识其性质和作用呢？本文试图从这方面作一探讨。

一

近代西南少数民族地区的商业资本，主要是适应外国资本主义倾销商品和掠夺原料的需要，在封建经济基础上发展起来的。以云南下关为中心的白族地区的商业资本最有代表性。

下关东西当滇缅交通要冲，南北扼康滇藏来往咽喉，特殊的地理位置，使得这里的商业在历史上就比其他少数民族地区发达。早在雍正、乾隆时，这里就出现了本省和四川来的商人开设的商号和堆店。以后逐步有所发展。然而，下关商业的大规模发展，主要还在光绪年间，在外国资本主义的商品打入滇西一带以后。

随着洋货的大量输入和外国资本主义对原料需求的增多，滇缅间的贸易日益扩大，四川和云南各地的官僚、地主、商人纷纷来到下关经商。这里的商号、堆店迅速增加到七八十家，并逐步形成地区性的商帮组织。至光绪末年，下关地区共存在四川、腾冲、鹤庆、喜洲等四个商帮（后三个商帮又称迤西三大商帮），每个商帮拥有二三十个大小不等的商号。这些商帮除了经营传统的药材、茶叶、土特产品、山货出口或运销内地外，还经营棉花、棉纱、棉布等洋货的进口和黄丝、石磺等产品的出口。各大商号先后都在缅甸瓦城（曼德勒）、仰光、八莫等地以及印度的一些城市设号。仅腾冲帮每年从缅甸贩回的洋纱、洋布、棉花即不下万余驮，出口到缅甸的黄丝约百余万斤。[①] 各个商帮普遍做鸦片生意，一般是在缅宁（今临沧）、耿马、顺宁（今凤庆）、镇康、麻栗坝、保山、下关等地收购，运销四川以及两湖、两广。

就在这时，英国汇丰银行和它控制的印度"启基"（印度以信贷为职业的种姓阶层），开始以贷款的方式控制这些商帮中的大商号，借以推动商品的倾销，并输出资本。至第一次世界大战期间，鹤庆帮的福春恒、兴盛和等七家大商号，每家一次贷款都在 4 万 ~5 万卢比，多时达 8 万卢比。整个帮年借债总额 600 万 ~700 万卢比。1922 年前后，腾冲帮每年借债总额达 1000 万卢比，其中洪盛祥、茂恒两家，每年就各借 400 万卢比左右。[②] 这些贷款，英人和印度"启基"一般以棉花、棉纱、棉布等洋货支付，中国商人则以黄丝、石磺、药材及土特产品偿还，不足数就运去黄金、白银。

抗日战争爆发后，由于国民党政府许多机关和沦陷区许多工厂迁到云南，一段时期内，滇缅公路又是我国与国外联系的唯一通道，因而下关的商业比以往任何时候都繁荣，商店由战前的六七百家发展到抗战胜利时的一千多家。战后在恶性通货膨胀的影响下，这里的商业经营尽管非常困难，但因为外贸逐步恢复，所以，还是得到了发展，商店进一步增加到两三千家。下关成了云南仅次于昆明的第二大商业城市。迤西三大商帮这时更是活跃空前。他们除了继续做黄丝、茶叶、药材、石磺、鸦片生意外，还经营美国棉纱、棉布、百货的进口和土产品猪鬃、火腿、矿产品钨砂的出口。其中以永昌祥、锡庆祥为代表的喜洲帮的"四大家""八大家""十二小家"商号，逐步发展成为下关白族地区最大的商帮。

经历几十年政治、经济的风云变幻，多数大商号保存了下来，而且资本膨胀得很快。鹤庆帮的福春恒光绪初年只有资本四五万两白银，1920 ~1930 年间发展到 300 万 ~500 万元半开（云南省铸造的以半元为单位的银元）；庆正裕 1931 年刚成立时，只有资本八十余万元半开，1937 年发展到本利共有七百余万元半开。腾冲帮的洪盛祥光绪初年只有资本三四万两白银，抗日战争胜利前后发展到三四千万元半开；茂恒光绪末年共有资本一

① 《白族社会历史调查》，云南人民出版社，1983，第 127 页。

② 《白族社会历史调查》，云南人民出版社，1983，第 128 页。

二十万两白银，抗日战争期间增加到三千多万元半开。[①] 喜洲帮的永昌祥膨胀得更快。它在1903年刚开办时，不过只有资本一万多两白银，1937年发展到257万余元半开；1945年，仅流动资金折合黄金即有一万七千八百余两；至新中国成立前夕，据1950年的重新估算，共有资本折合人民币324亿多元（旧币），此外，还有一些工业投资及对其他商号的投资24亿多元（旧币）；在国内七十多个城市及缅甸的瓦城、新街、腊戍，印度的噶伦堡、加尔各答等地，都设有分号，不计其投资的某些矿山，也有职工三千余人。[②]

西南其他少数民族地区中，甲午战争前后，开设店铺、商号出售洋货、鸦片及收购土特产品的商业资本，也进一步发展起来。

滇东北彝族地区，1927年至抗日战争前，地方势力以个人或集股的名义，在这里开办了昭通民众实业股份有限公司、福鹤公、永达等十几家企业，贩卖鸦片、枪支、黄金、白银、油脂、棉纱、山货、药材及其他土特产品，并开设了一些银行、钱庄和当铺。此外，他们还利用所控制的政权，以官商名义在云南全省范围内建立各种垄断性企业。

黔东南苗族、侗族地区的重安江，19世纪末，外地来的商人开设的大商号，就有十四五家。当地苗族地主也大多兼营商业，贩卖鸦片及桐油、五倍子等。附近的凯里镇，1919～1934年，商户由二百余户增到五百余户；1919～1929年，下司镇商户由五十余户增至近千户，台拱县施洞口几家苗族商人，资本各有一万至三四万元。1935年以前，贵州全省专营或兼营鸦片生意的商帮，共有九个，其中最大的安顺帮，就主要是靠收购黔西南布依族、苗族聚居地区的鸦片发展起来的。

羌族聚居的四川茂州（今茂汶羌族自治县）、威州（今汶川）、杂谷脑（今理县）等城镇，清末也出现了几家陕西、河南以及本省的富商大贾开办的大商号。

西藏地区的上层农奴主，近代很多都兼营商业。设在拉萨的批发商号，有数十家。西康藏族地区，也出现了一批名叫“锅庄”的封建商业集团，共有48座。

---

① 见《白族社会历史调查》，第127、133、142、143页。洪盛祥、茂恒抗日战争期间和战后资本计量单位仍为半开，疑系法币折合数字，因为这时云南已通用法币。

② 《白族社会历史调查》，第139、138页。

二

近代西南少数民族商业资本，既有中国近代商业资本的适应外国资本主义倾销商品与掠夺原料的需要，以及把商业利润投向土地，扩大封建经济，从事封建剥削，兼放高利贷等共同点之外，本身又具有浓厚的地方特点。

首先，西南少数民族地区的商业资本大多从事鸦片贸易。外国资本主义侵略者把鸦片强加给中国人民后，中国开始了罂粟的大规模种植。由于西南少数民族地区是罂粟的主要产地，所以，鸦片贸易成了这些地区商业资本的重要业务。特别是1906年、1928年清政府与国民党政府两次宣布禁烟后，鸦片贸易在汉族地区显著减少了，在西南少数民族地区却有增无减。这就使得这些地区商业资本的殖民地性质，大大突出起来。云南下关白族地区的商业资本就是这样的。光绪年间，就在清政府宣布所谓禁烟的年代，这里各个商帮仍然普遍以偷运的方式做鸦片生意。辛亥革命不久，唐继尧掌握了云南的大权，为筹办军饷，自1919年起，弛禁鸦片，实行所谓“寓禁于征”的办法。此后，鸦片种植在云南全省特别是少数民族地区进一步泛滥起来，贩卖鸦片就更成为白族地区商业资本的经常业务和发财致富的手段。喜洲帮永昌祥自1917～1937年的21年间，仅昆明、叙府（今宜宾）两庄的盈利即近300万元，其中约有1/3至一半来自鸦片贸易。鹤庆帮的福春恒除了在本省收购鸦片外，每年还从缅甸腊戍进口300万两左右运销各地。1928年，一次就运了200万两到汉口去，这个帮的庆正裕每年外销大烟也近100万两，整年都在收拾烟驮。在当时下关的六七百家商店中，专营和主要经营鸦片的就有200余家。抗日战争期间，各个商帮继续做鸦片生意。喜洲帮的锡庆祥，1942年就运了30多万两鸦片到丽江销售。①

西南其他少数民族地区中，云南省财政厅属下的“特种货物流运处”，打着禁烟的旗号，在滇东北、黔西北及凉山等地低价收购鸦片，运至香港、上海等地出售。抗日战争前，平均每年出售200余万两。贵州省在1929～1931年鸦片生产和鸦片贸易发展的鼎盛时期，每年仅通过清水江运往两湖

① 《白族社会历史调查》，第129、141页。

的烟土，就有4万担左右。黔东南特别是清水江两岸城镇中的商业资本，差不多都是随着鸦片贸易的发展而发展起来的。黔西威宁县在新中国成立前仅龙街一地的鸦片贩子，也有四五十个。羌族聚居的四川茂州城内，清末熟烟日销量最多时达800两。国民党统治时期，约有3/10的店铺是烟馆。康藏藏族地区每年收烟季节，竟形成“赶鸦片烟会”。

其次，西南少数民族地区商业资本中许多资本家，或与地方官僚紧密勾结，或则亦官亦商，甚至主要是官，次要是商，他们营业的发展，与特权的保障是分不开的。这一点，在汉族地区除了北洋军阀及四大家族等官僚买办资本外，一般商业资本中是不多见的。如云南下关白族地区喜洲商帮的永昌祥，创办人严子珍在清代捐有五品同知衔，与丽江知府吴昌祀、会理知州顾视高交好，通过吴、顾并结识了邓州知州、太和知县、维西知县等官僚。辛亥革命后，自己又出任下关兼弥度厘金局局长及大理府税局局长。因此，他运销商品和走私鸦片在滇西畅行无阻。他最大的两个儿子，一个是国大代表，云南省粮食局副局长；一个曾任洱源县长、宾川县长、富滇银行（云南省银行）下关分行行长。他们与陆崇仁等沆瀣一气，永昌祥资本中，就有陆的投资。抗日战争中，又勾结第一集团军有关部门及海关、税局、警备部等，挂起军用汽车的牌子走私，并拉拢花纱布管制局云南办事处处长陈复光，套购配给棉纱、棉布。鹤庆帮庆正裕的经理周子正，兼任云南省财政厅特种货物统运处处长。他利用职权，以禁烟为名，不仅为白族地区商业资本的鸦片走私大开方便之门，而且与永昌祥、茂恒一起组织永茂公商号，为特种货物流运处包销运往四川方面的鸦片。其余各大商号与官府勾结都很紧。如腾冲帮的洪盛祥董事，就得到大理知府的支持。

西南其他少数民族地区中，贵州省的大鸦片烟商也勾结军阀。他们运送烟土出境，经常由军阀的“护商”部队护送。1922年，军阀袁祖铭还邀集绸缎行业复德隆字号的老板张复初，共同开办官商合办的专营鸦片贸易的商业组织——交易所。交易所的股份中，有20万元是通过筹饷局以捐税的形式摊派下去的。至于云南地方势力，西藏的上层农奴主，康定的锅庄，等等，他们的封建统治者身份，更是清楚的。他们经营的商业，即使以私营面目出现，也是官商。贩卖鸦片，就由武装押送，所以万无一失。

最后，正由于少数民族地区商业资本中许多商号既依附于帝国主义经济势力，又与封建官僚紧密勾结，或由封建统治者直接经营，所以，带有很强的垄断性。云南下关白族地区，还在光绪年间，各个商帮就逐步垄断了这里的棉花、棉纱、棉布市场。抗日战争期间，迤西三大商帮进而垄断了整个滇西的进出口贸易。其中石磺的经销，又由腾冲帮的洪盛祥垄断。滇东西、黔西北以及凉山彝族地区，地方势力垄断了整个这一带的工商业。贵州军阀袁祖铭开办的交易所，一个时期内也垄断了省内很大一部分鸦片贸易。威宁县的聂姓、朱姓等八家大地主兼资本家，垄断了全县的食盐、布匹、百货和土特产品的经营。西藏上层农奴主设在拉萨的几十家批发商号，也垄断了西藏的进出口贸易。康定的锅庄是当地商业的垄断者。

把这些情况考虑进去后再来进一步认识近代西南少数民族地区的商业资本，不难看到，虽然它同汉族地区的商业资本一样，有的属于民族资本，有的属于官僚资本，但不论哪种资本，都有自己的特征。不妨将其大体上划分为三种类型，来看看它们的性质和特征。

第一种类型，是一些中小商号，特别是分散的零售商。它们尽管为帝国主义倾销商品与掠夺原料服务，但并不依附于帝国主义经济势力，与帝国主义、官僚资本之间的矛盾是主要的，因而是民族资本。但由于很多商号贩卖鸦片，所以，比汉族地区的民族商业资本具有更多的殖民地性质。

第二种类型，是以云南下关白族地区各商帮中大商号为代表的大商业资本。它们依附于帝国主义经济势力，明显地表现出买办化的倾向。但有时也受帝国主义压迫。如下关白族地区的各个商帮向英国汇丰银行及其控制的印度“启基”贷款，利息本来就高（月利4%），1924年前后，汇丰银行与印度“启基”又抬高了卢比与中国银元兑换的比值（1922年前每卢比换银元0.4元，1924年提高到换0.7元），这就使得各大商号纷纷破产，仅鹤庆帮先后就倒闭了16家。因此，这些商业资本与帝国主义也还有矛盾的方面，还属于民族资本的范畴，但是民族资本的上层。从它们与地方官僚紧密勾结、某些资本家亦官亦商、大规模走私贩运鸦片等方面来看，它们则已开始与地方官僚资本融合，或者说在向地方官僚资本转化，不仅比汉族地区的民族商业资本具有更多的殖民地性和封建性。

第三种类型，是锅庄等封建统治者经营的商业。它们完全是地方官僚资本。它们同当时的北洋军阀、四大家族官僚买办资本在本质上是一样的，而且相互呼应，只不过活动的地盘、范围和所起作用的大小不同而已。但买办性较差，封建性更浓。

三

马克思说："商业和商业资本的发展，到处都使生产朝着交换价值的方向发展……因此，商业对各种已有的、以不同形式主要生产使用价值的生产组织，都或多或少地起着解体的作用。"[①] 近代西南少数民族地区商业资本的发展，对于这些地区的自然经济也起到了这样的解体作用。只不过它的这种作用，主要是在帮助帝国主义推销商品和提供原料的过程中发挥出来的。

甲午战争之后，随着帝国主义对西南少数民族地区商品输出的增多，这些地区附属于农业的家庭手工业，特别是手工纺织业，受到很大的打击。商业较发达的云南大理、鹤庆白族地区，1915 年以后，土纱已基本停止纺织。畅销于白族中的大理喜洲布和四川会理布，都被洋布夺去了市场。只有一些交通十分闭塞、洋布还没有打入的山区，家庭手工织布业还保留了下来，但也改用洋纱作为原料。

在帝国主义掠夺原料和国内资本主义生产发展的刺激下，西南少数民族地区经济作物的种植，比过去有所发展。滇西南的孟孟（今双江）、缅宁（今临沧），1879 年前后开始种植"猛库茶"，顺宁（今凤庆）1908 年开始种植"凤山茶"，就是适应下关"沱茶"制造的需要发展起来的。滇南在滇越铁路通车（1909）后的两三年间，甘蔗的种植面积扩大了一倍。黔东北及湘西土家族、苗族地区，第一次世界大战后，由于桐油输出增多，桐树的种植也有所发展。所有这些，都是西南少数民族地区自然经济开始解体的表现，与这些地区商业资本的活动都是分不开的。

西南少数民族地区商业资本的发展，使得商人们积聚了大量财富，而这些地区自然经济的开始解体，又使得本来已被封建剥削压得喘不过气来的农民群众，日益卷入商品经济之中，也愈来愈多地因分化而贫困破产。云南喜洲一带白族地区，新中国成立前竟有半数以上的人口是贫民。这种状况本来是有利于西南少数民族地区发展资本主义工业的，但这些地区的资本主义工业并没有得到较大的发展。云南下关白族地区的商人，也只不

① 马克思：《资本论》第 3 卷，人民出版社，1975，第 371 页。

过在下关、喜洲一带办了一些规模很小的工厂，包括茶叶加工、猪鬃加工、酒精、电力、碾米，等等；在腾冲凤尾山办了一个石磺矿；在个旧办了一个锡锑矿，在锡矿中也有一些投资；此外，在四川嘉定（今乐山）、叙府（今宜宾）等地办了一些黄丝加工厂，在昆明还有一些工业投资。这些厂矿，很多是为出口贸易服务的，而且，多数为手工操作，只能算资本主义性质的手工工场。喜洲帮永昌祥的全部工业投资及对其他商号的投资加到一起，还占不到总资本的7%。锡庆祥的工业投资比重稍高一些，但也始终以商业经营为主。腾冲帮的茂恒、洪盛祥也有一些工业投资。此外，各大商号的工业投资都很少，一些中小商号就更谈不上了。西南其他少数民族地区，除了云南地方势力以官办名义在个旧及滇东北办了一些矿冶业外，其余各地的商业资本都没有对工业投资。而各个资本家在农村却普遍大量购置田地，进行地租剥削和高利贷剥削。结果，西南少数民族地区的资本主义工业没有发展起来，封建经济却得到加强。这证明了马克思的结论：商业和商业资本的发展，虽然能对“各种已有的、以不同形式主要生产使用价值的生产组织”起解体作用，但“这个解体过程会导向何处，换句话说，什么样的新生产方式会代替旧生产方式，这不取决于商业，而是取决于旧生产方式本身的性质”①。从云南下关白族地区商业资本的情况来看，妨碍它们转化为产业资本和倒退到封建剥削的主要原因，是商业利润率高，地租收入稳定。喜洲帮永昌祥赚钱最快的1923年，利润率高达264%。各帮贩卖鸦片，利润率最高可达600%。而投资工业，即便是生产下关沱茶这样的国内有稳定销售市场的名牌产品，也赚不了这么多钱。办其他工业，更冒风险，在洋货倾销、官僚资本排挤、反动政府反动政策的摧残下，随时可能破产。这样，商业资本家当然不愿大办工业。地租剥削虽不如商业利润高，但牢靠保险。这表明，旧中国由于存在帝国主义、封建主义、官僚资本的压迫，社会经济只能沿着半殖民地半封建的方向发展，独立的资本主义经济是发展不起来的。从这个意义讲，西南少数民族地区资本主义工业的发展缓慢和封建经济的加强，归根结蒂，由旧中国的社会性质所决定，但商业资本的活动起了推波助澜的作用，这也是不容忽视的。

西南少数民族地区的商业资本不仅以其资金和利润的投向，抑制了工

① 马克思：《资本论》第3卷，第371页。

业资本的发展，而且，也妨碍资本主义工业的发展。马克思指出："在商人资本占优势的地方，过时的状态占着统治地位"，"商人资本的独立发展与资本主义生产的发展程度成反比例"。[①] 近代西南少数民族地区的商业资本，正是这样的"占优势"的、"独立发展"的商人资本。它无论在发展速度或是规模上，都超过了工业资本。西南少数民族地区的工业资本，只有云南省发展稍快，但也主要是办了一些矿冶业，其中又以手工开采的居多。贵州少数民族地区，仅在抗日战争期间由四大家族官僚买办资本投资兴办了几个近代企业。西藏除了一个小型发电厂外，没有第二个算得上是近代机器工业的企业。至于四川茂州、威州、杂谷脑等羌族地区，则连这样仅有的近代机器工业都没有。而近代西南少数民族地区的商业资本，特别是下关白族地区的商业资本，却一日千里，大有不可阻挡之势。西南少数民族地区工业资本的规模，以云南而论，民族资本开办的矿冶企业虽多，但资本大多不足万元。[②] 官僚资本中拥资最多的企业，也是整个少数民族地区近代工业资本中拥资最多的企业，辛亥革命前是官商合办的个旧锡务公司，1909 年有资本 250 万元[③]；辛亥革命后至抗日战争前是云南矿业公司，1934 年有资本 500 万元[④]。而云南下关白族地区的商业资本中，如前所说，无论鹤庆帮的福春恒、庆正裕，腾冲帮的茂恒、洪盛祥，或是喜洲帮的永昌祥以及其他一些大商号，拥资都达数百万以上，不仅大大超过民族资本，而且超过了个旧锡务公司，超过或接近于云南矿业公司。光绪十年（1884）前后，贵州大鸦片烟商号锦盛隆，每年利润就有 20 万两白银左右，其余获利在十万、数万两的鸦片烟商号，更是不胜枚举。商业资本的优势地位和独立发展，使得它们能够操纵市场，控制金融，这就等于掌握了摆布手工业者和工业资本命运的权力。辛亥革命前后，云南下关 50% ~70% 的花、纱、布被洪盛祥、茂恒、兴盛和、福春恒、永昌祥等十多家商号操纵；鹤庆市场 90% 的棉纱、棉布，都掌握在鹤庆商帮手中。商业资本家通过棉纱、棉布价格的涨落，就控制了织布手工业者，使得他们在卖布之后，往往买不回维持简单再生产所需要的原料——棉纱。由于茶叶的销售被各大商帮

① 马克思：《资本论》第 3 卷，第 366、367 页。

② 《云南冶金史》，云南人民出版社，1980，第 110 ~ 112 页。

③ 《云南冶金史》，云南人民出版社，1980，第 130 页。

④ 汪敬虞：《中国近代工业史资料》第 2 辑下册，科学出版社，1956，第 875 页。

控制，一些中、小茶厂也必须听命于商业资本（较大的茶厂都由大商号自己开办）。抗日战争期间和战后，云南下关白族地区的商业资本和进一步勾结国家银行或利用自己开设的银行，套购黄金外汇，大搞金融投机，并抬高利率，囤积居奇。永昌祥在战后就伙同交通银行、中国银行，并利用与印度商业银行、荷兰银行等外国银行的联系，大做其黄金外汇的投机买卖，与其他大商号一起，操纵滇、川的黄金市场。还以法币7万~8万元一股的低价，收购了数千股洋纱，不到一个月，就哄抬价格至14倍左右出售。在这种形势下，即使有人想办工业，也是发展不起来的。

西南少数民族地区商业资本从事的鸦片贸易，在促使这些地区经济中殖民地化方面所表现出来的作用，更是明显的。中国从被迫输入鸦片到大量种植罂粟，是社会经济日益半殖民地化的重要标志之一。西南少数民族地区商业资本的鸦片贸易，虽然主要是在当地罂粟种植的基础上发展起来的，但它的发展，回过头来又促进了罂粟生产的发展，这就加快了这些地区社会经济半殖民地化的过程。如四川凉山中心彝族地区和云南西盟佤族地区，近代初期还不会使用货币，连集市贸易这样的初级市场也没有，更不识鸦片为何物。辛亥革命后大规模种植罂粟，完全是反动军阀提倡和毗邻各地鸦片贸易刺激的结果。旧中国罂粟的种植，以云、贵、川及陕西等省最多。据估计，1935年，云南罂粟种植面积约为100万亩，贵州约为250万亩，四川约为125万亩。[①] 而这三省都主要种植在少数民族地区。这与西南少数民族地区商业资本的大量贩卖鸦片，是有关系的。

综上可见，近代西南少数民族地区商业资本对西南少数民族地区经济发展的影响，既有分解自然经济与活跃城乡经济等促进的方面，又有为帝国主义效劳、贩卖鸦片、加强封建经济、侵占欺诈、捣乱市场、抑制和阻碍工业资本发展等促进的方面。可以说，它是一方面促使西南少数民族地区的自然经济不断趋向于解体，另一方面又在客观上帮助了帝国主义和封建主义，把它们纳入了半殖民地半封建经济的轨道。

（《经济研究》1984年第12期）

---

① 许涤新：《捐税繁重与农村经济之没落》。转引自章有义《中国近代农业史资料》第3辑，三联书店，1957，第49页。

近代蒙古社会经济变化的几个问题

卢明辉

资本主义势力侵入以前，蒙古社会是处在封建领主的统治之下，社会生产的主要生产资料——牧场，名义上为蒙古族所公有，而实际上是王公、贵族、上层喇嘛和牧主依仗其封建特权垄断了牧场的支配权，由此形成的以封建领主占有制为主的畜牧业生产的自然经济，是这个社会的主要经济基础。清代初期，随着清王朝的封建统治由鼎盛走向衰败，出现了一系列无法解决的社会问题。清政府对蒙古地区长期以来实行的封禁政策，开始有所放松，从而在内蒙古沿长城地带的阴山南部地区、黄河和西拉木伦河流域地区的农业、手工业和采掘业等多种经济，得到一定的发展。多种经济不断发展和畜牧业经济扩大再生产的需要，进一步促进了商品经济的发展。外国资本势力的侵入和商品交换关系的发展，使封建领主制的自给自足的自然经济受到了破坏，畜牧业和其他部门的商品生产有所扩大，将蒙古社会经济卷入了资本主义市场，从而使蒙古社会经济发生了一系列的重大变化。

一　旅蒙商对蒙古社会商品经济发展的促进作用

“愿以所有，易其所无”。通过商品贸易推销畜牧产品剩余部分，换取中原地区所生产的粮食、布匹等生活必需品和各种生产工具，是北方游牧民族长期以来的共同愿望。蒙古高原与中原地区互通有无的贸易联系，是在漫长的历史过程中自然形成的。清代蒙古地区与中原内地的商品交换关系，是通过“旅蒙商”在草原上的活动建立起来的。最初，“旅蒙商”是为清朝统治者服务的一种随军贸易，早在崇德二年（1637），皇太极为了加强对内蒙古地区的直接控制，命满洲贵族率领一百多名汉商带着货物到归化城（呼和浩特）进行贸易。康熙中叶，在征讨葛尔丹期间，清政府组织一部分汉族商贾，进行随军贸易，他们深入蒙古草原贩运军粮、军马等军需品，并兼做民间生意。从此，以山西、直隶为主的一部分汉族商人，便开始在蒙古地区进行流动经商，当时，人们将这些深入蒙古地区从事贸易的行商称为“旅蒙商”。

清初，除官方组织随军深入蒙古地区贸易的汉族“旅蒙商”外，只允许部分商人在张家口、归化城、多伦诺尔和西宁等几处沿边城镇进行蒙汉贸易。但是，蒙古族牧民在日常生活中所需的粮食、布匹和生产工具，完全依赖于中原地区，这种有限的交换关系是不能满足蒙古社会生产发展需求的。在交换尚不发达的情况下，蒙古地区有许多宝贵的畜牧产品资源不可能得到充分的利用，所谓“六月驼毛飘满地，浑疑春尽荡杨花”，形象地反映出这种资源严重浪费的现象。

在这个时期，蒙古社会中虽然也有一些蒙古人从事手工业生产，但还属于家庭作业的性质，还没有同畜牧业生产分离。当时，从事手工业的生产者，主要是个体或三五合伙的贫苦牧民、下层喇嘛以及一些家庭牧奴兼工匠。他们根据日常生活和生产的需要，制造少量的木轮大车、蒙古包木支架、马鞍、辔笼、简单的家具和部分首饰银器等。这些生产的目的不是进行交换，而是为了部分地解决自身的需要，还远远不能满足社会经济发展的要求。为此，早在康熙三十年（1691），清政府召集喀尔喀三部和内蒙古四十九旗的王公贵族在多伦诺尔会盟时，蒙古王公们就一致要求康熙帝派遣更多的汉族商贾深入蒙古地区进行贸易。

内地“旅蒙商”对蒙古地区所进行的交换活动，使蒙古社会过去没有得到充分利用的畜牧产品和土特产品，具有了商品交换的性质。同时，蒙古社会俯拾皆是的畜产品资源，像磁铁般地吸引着发财欲望强烈的汉族商贾，他们往往不顾清政府的封禁和限制，到蒙古草原地区进行商品交换，以牟取高额利润。鉴于蒙古游牧经济和内地农业经济两种生产和生活方式的区别，蒙汉等族人民极力要求发展商品交换，互通有无，希望有更多的“旅蒙商”深入蒙古草地进行贸易。正如喀尔喀蒙古三音诺颜汗部盟长那彦宝在道光三年（1823）上清廷《蒙民贸易章程》折中所说：“蒙古与商民交易由来已久”，“凡粮、烟、茶、布为蒙古养命之源，一经断绝，益形坐困，自系实在情形"[①]，故蒙民皆"情愿与商民交易"。但是，这种贸易还处于以物易物的原始交换阶段，因此，商品率很低，有许多畜产资源难以成为商品。

鸦片战争以后，随着蒙古社会对内地商贾和外国资本势力的开放，导致商品经济的畸形发展。引起这种经济变化的主要因素是来自内部和外部商品贸易的强烈刺激。经过短短几十年，一些旅蒙商贾集聚的贸易城镇如张家口、归化城、库伦、多伦诺尔、西宁等，很快发展成为繁荣的商业都市。同时有更多的内地商贾远道跋涉，辐集于内外蒙古各盟旗，开辟了很多新兴的城镇和商业贸易集市。内蒙古的包头、百灵庙、东胜、定远营、赤峰、乌丹、郑家屯、通辽、洮南、海拉尔、卜奎（齐齐哈尔）等地，皆成为畜产品和土特产品集散的主要城镇。此外，有许多蒙旗在寺院庙会期间，举办商品贸易集市的规模也空前扩大，例如："郑家屯为蒙古科尔沁所辖，民户万余，为第一集镇，旅寓之大，视内省数倍，冬季之夕，每停车数百乘，宿人千余辈，不觉其扰。"[②] 在外蒙古库伦寺院庙会期间，中外商铺鳞次栉比，形成由东营子买卖城扩大到西营子寺庙区繁华的商业市街。在哲里木盟的葛根庙、锡林郭勒盟多伦诺尔的汇宗寺、伊克昭盟的王爱昭、呼伦贝尔的甘珠尔庙（寿宁寺）等庙会期间，都同时举行商品交易的集市贸易。远近商贾云集，数以千万计。光绪年间，寿宁寺的贸易集市每年八月举行时，除蒙古、达斡尔、鄂伦春、鄂温克等族牧民扶老携幼，赶着畜群和载满畜产品资源的勒勒车，前来参加贸易外，还有晋、燕、奉、吉、黑、察哈尔的旅蒙商贾和俄罗斯等外国商旅也蜂拥而至；开市时间，各种布帛绸缎、金银首饰、烟茶菽粟等生活用品和轮舆鞍辔、铁制器物等生产、交通工具，列肆充溢，应有尽有。周围数十里穹庐遍野，驼马牛羊云集，"车马喧闹，烟火上腾"，"颇极一时之盛"。[③] 每年三月，在卜奎（齐齐哈尔）城北一里处，举行长达二十天的"楚勒罕"互市交易。集市期间，"轮蹄络绎，兽皮山积，牲畜蔽野，划沙为界。各部落于此，官员、官吏驻于南，中央置警兵，将军出示，选其美物为贡，其余皆所贸易"。[④] 集市贸易

① 《清宣宗实录》卷五十，道光三年三月乙亥。

② 徐宗亮：《黑龙江述略》卷六，（光绪十五年）。

③ 程廷恒：《呼伦贝尔志略·艺文类》。

④ 日本参谋本部编《满洲地志·贸易》，明治二十七年，商务印书馆，光绪三十年。

促进了蒙古社会的商品经济发展，特别是猎民们捕获的虎、豹、熊、鹿、狐、貂、獾、狍、猞猁、灰鼠、野猪、狼、水獭等动物贵重的细软毛皮，以及从前被猎民视为无用的鹿茸、鹿胎、鹿尾、熊胆、熊掌、麝香等名贵药材，都成了具有交换价值的重要商品。

自道咸以来（1840 年以后），内地旅蒙商贾深入外蒙古地区进行贸易活动，逐渐形成了“西帮”与“京帮”两大流派。“西帮”是以山西的祁县、太原、大同、汾州和天津、宣化、张家口等地的汉族商贾联合而成，他们多为清初随军贸易，到过蒙古草原的旅蒙商人，“其基础朔始于清康熙间，势力遍布内外蒙古，资本雄厚，脉络贯通，实为西北商务之枢纽”。[①] 而“京帮”专指在北京从事蒙古贸易的商号，他们在库伦、恰克图等地亦设有分号，在外蒙古各地共有商号不过五六十家，大都在咸丰以后开始深入蒙古草原进行贸易的，他们的商业流动资本也不及“西帮”雄厚。

“西帮”，在蒙古地区设立的商号从 19 世纪 70 年代仅有三四十家，到 20 世纪初期已发展为有永久性商店约五百余家。从事旅蒙商贸易的人数达二十万余，主要分布在库伦、乌里雅苏台、恰克图、科布多、王呼勒和乌兰固木等地。随着旅蒙商贾骤增和贸易活动范围扩大，蒙古地区的牲畜、畜产品和土特产品，绝大部分被卷入商品交换市场。这些旅蒙商贾，不仅在很大程度上控制了蒙古社会的商品贸易，促使畜牧产品的商品率迅速增加，而且促使蒙古族牧民的日常生活用品和生产工具愈来愈多地依赖内地供应。

这个时期，中原地区的汉回族旅蒙商贾，与漠西厄鲁特蒙古诸部和青海和硕特蒙古各部的贸易联系也日趋频繁。他们把内地生产的绸缎、布匹、砖茶、面粉、纸张、烟、硫磺、酒、火药、陶瓷、铜铁器皿、金银首饰、日用杂货等，分别运输到伊犁、塔尔巴哈台、古城、乌鲁木齐和西宁、肃州（酒泉）、甘州（张掖）、凉州（武威）等城镇，同蒙古族牧民进行交换；然后将所得的牲畜、皮毛、药材、珠玉和野兽皮裘等土特产品，运回内地都市销售，获取巨大的盈利。据不完全统计，在 19 世纪 70 年代，每年从漠西和漠北蒙古地区输入归化城市场上销售的牲畜和畜产品的价值达两千万两银以上。同时，随着商品交换范围的不断扩大，蒙古地区传统的以

① 张其昀：《本国地理》下册，商务印书馆，民国十七年，第 385 页。

物易物的交换方式，即以砖茶和绵羊等充当交换尺度的流通手段，逐渐变为以银或货币为主要交换尺度了。

以归化城为基地，从事蒙古贸易二百余年之久的大盛魁、元盛德、天义德“三大号”旅蒙巨商，每年仅在外蒙古地区成交的商业贸易额，分别达到一千万两、八百万两和七百万两之多。其中为首的大盛魁，到光绪年间，积累了已达二千万两以上的巨额资本，拥有从业店员二千五百余人，经营商品范围“上自绸缎，下至葱蒜”[①]，无所不包。他们除在内蒙古中西部各盟旗设有分号外，在外蒙古科布多、乌里雅苏台和古城子等地，都建有永久性的商店，专营蒙古贸易。

他们从事旅蒙商贸易既久，经营颇有心得，更善于揣测蒙古人的习俗、嗜好，所以，运销货物多能投其所好，每当他们载货车辆或驼队所至，“蒙人必趋之若惊，销售罄尽”[②]。江南出产的茶叶，销行蒙古各地由来已久，19世纪中叶以后，输入外蒙古各地的茶叶贸易多由大盛魁等少数旅蒙巨商所操纵。大盛魁附设的三玉川、巨盛川两大茶庄，专营经销内外蒙古和漠西新疆、青海、甘肃等地的砖茶业务。

大盛魁的茶庄总号设在山西省祁县[③]，分号设在恰克图、库伦、科布多、归化城、多伦诺尔、张家口、北京、天津、汉口等地，以湖北省蒲圻县和湖南省临湘县为主要采茶和加工基地。每年仅运往外蒙古各地销售的砖茶约有三万箱（每箱装二十七块左右）。同治六年（1867），大盛魁联合归化城几家大旅蒙商号，组织驼队“由恰克图假道与西洋（俄国）通商”，并在莫斯科、乌丁斯克、赤塔、伊尔库茨克等地设立分号，经营以茶叶为主的对外贸易。

二　高利贷资本对蒙古族人民的残酷盘剥

高利贷是封建主义插在蒙古人民身上的一条吮血管。随着商品和货币交换关系的迅速发展，蒙古社会的商业高利贷和金融高利贷畸形发展。大盛魁等旅蒙商既是专营蒙古贸易攫取暴利的巨商，又是附设票庄、银号经

① 参阅《旅蒙商大盛魁》，载《内蒙古文史资料》第12辑。

② 张其昀：《本国地理》下册，商务印书馆，民国十七年，第385页。

③ 大盛魁始祖，原籍为山西省祁县人。

营金融业务和为清政府在外蒙古地区包揽税收的代理人，成了亦官亦商具有双重身份的封建高利贷垄断资本家。

大盛魁以本银十万两、护本银十万两为资本，在山西祁县开设资荣昌银号，并在张家口、归化城、多伦诺尔、库伦、科布多、乌里雅苏台、卜奎、北京、天津、上海、汉口等地设立分号、庄口，专门从事旅蒙商业汇兑、存款和放高利贷业务。其中设在归化城、张家口、北京等地的裕盛和钱庄，通盛元、鸿盛久等银号，除经营旅蒙商贸易汇兑、存款外，还负责向入京朝觐、值年班的内外蒙各旗王公和上层喇嘛提供旅费和贷款。咸丰六年（1856），清政府对蒙古王公颁布了旨在搜刮钱财的《捐输银两和捐输驼马议叙章程》规定，蒙古王公捐钱越多加官晋爵越高，甚至因犯有严重罪行被革职夺爵的王公贵族亦可以捐银取得免罪复职，以至加封升爵。蒙古封建王公贵族为了加官晋爵，或给子孙买官袭爵，以及相互间为了争夺袭位、地界、诉讼或进京朝觐时馈赠、贿赂，都需要大量的银钱。加之近代城市生活享受和奢侈品大量输入，大大地刺激着他们为贪欲、挥霍而搜刮攫取大量银钱，拼命剥削压榨其属民。为此，他们一面要求其属民将传统的财物贡赋改为征收银两和货币；另一面又直接向旅蒙商高利贷者或外国资本家借债，并把这些债务全部转嫁给属民来代为偿还。这样，蒙古族广大牧民为了完纳领主的贡赋或替王公贵族们偿还债务，便被迫以廉价将自己的牲畜和畜产品向高利贷商人出售，换取银两或货币。

蒙古地区经营高利贷，主要是通过商品赊销和货币借贷两种形式。所谓赊销商品是利用蒙古人从事畜牧业生产的畜产品受季节条件限制的特点，在春夏两季青黄不接的困难时期，旅蒙商和高利贷者便将日常生活必需的面粉、布匹、砖茶、烟酒等和生产工具赊销给牧民，言明到秋冬季以牲畜或畜产品折价偿还，但是，商人们却往往不事先讲明赊欠款的金额，也不言明用哪种牲畜或畜产品来抵偿，只把赊欠货物的数量记在账簿上，到偿还债务时，蒙人只好按商人所开列的价码如数偿还。这种赊销商品要比现场交易多收一倍以上甚至数十倍的货价，其中还不包括另外收取的赊销利息。高利贷商人往往利用蒙古人购物愿赊销、延期清债的弱点，以高价赊销，加利讨还，愈积愈多，毫无限制，有的甚至拖欠数十年后才索债，据民国初杨君励等《视察锡林郭勒盟》载：“有一蒙人，某祖先在清代赊汉商一斤蒜价，积至现在已欠银一千余两。又有某旗署因在前清时由北平购买铺垫，欠汉商银二十余两，积至现在已达六千余两。”[①]

货币贷款多为资本较雄厚的旅蒙巨商经营。如资本仅次于大盛魁的元盛德、天义德，在归化城的总号和设在内外蒙古各地的分号皆经营“印票”、放高利贷业务。“天义德以放印票帐，运销货物为主，元盛德以孳养牲畜为主。”[②] 天义德放“印票”贷款，每年可收回大量牲畜，仅运回归化城销售的绵羊约三万余只、马约二万余匹。元盛德在外蒙古的扎哈庆、乌兰海、讨号子等地都设有规律很大的羊、马放牧场，并将一部分畜群承包给蒙古贫苦牧民为其放“苏鲁克”孳生繁殖。大盛魁在北京开设的协盛会、协盛和、协盛玉三大京羊庄，每年仅从内蒙古召河牧场赶去出售的绵羊就达十万只以上，在汉口设立的马庄，每年从科布多、库伦、召河三处羊马场分别编群赶去出售的蒙古马，贸易额达十万余两银。[③] 光绪年间，元盛德也在北京开设元盛隆、元盛泰、元盛昌三大京羊庄，专营蒙古羊马生意。

大盛魁、元盛德等旅蒙巨商放高利贷的主要对象是蒙古王公、贵族和上层喇嘛，如光绪二十四年（1898）外蒙古活佛扎日格根赴京朝觐和迎接哲布尊丹巴呼图克图时，曾向大盛魁等旅蒙商借银二万两，到期未能偿还，后增加到四万两，此外另加利息一万三千两。土谢图汗部大申登得布旗札萨克王公到清末已欠高利贷商人债银十万余两，这笔债务“甚至变卖了该旗牧民和台吉的全部牲畜和财产，也是偿还不了的”[④]。在内蒙古扎鲁特左旗郡王到清末共欠高利贷商人债银五十七万五千两，扎鲁特右旗郡王负债也达四十万两。[⑤] 当时，在旅蒙商中流传这样一句格言：“对蒙古人贷款，就像是开不完的金矿”。直到清末，大盛魁和元盛德在外蒙古经营商业和高利贷所得的财富，蒙古人比喻说：前者能够用五十两的银元宝铺成一条道路，从库伦（乌兰巴托）到达北京（约两千公里）；后者能够用骆驼在这条路上排成两行。[⑥] 可见，高利贷者对蒙古人的残酷盘剥达到了骇人听闻的地步。

---

① 转引贺扬灵《察绥蒙民经济的解剖》，商务印书馆，民国二十四年，第231页。

② 《旅蒙商大盛魁》，附记一：元盛德，附记二：天义德。

③ 《旅蒙商大盛魁》。

④ 〔蒙古〕什·桑达克：《19世纪末20世纪初外蒙古政治经济状况》，载《蒙古经济历史考古学文集》，莫斯科东方文献出版社，1959。

⑤ 贺扬灵：《察绥蒙民经济的解剖》，第230页。

⑥ 《蒙古人民共和国通史》一卷本，科学出版社，1962，第185页。

商业高利贷资本放贷的偿还条件，是蒙古人从事畜牧业生产的牲畜和畜产品。通常是蒙古王公借贷银钱或赊销商品后，债权者持王公的一纸命令，到基本旗属民蒙古人帐幕中索讨债务。高利贷商人以赊销商品或货币贷款作为奴役和剥削蒙古阿拉特（平民）的基本手段，这种赊贷债务的利息常常任意增加。当时，清政府规定放高利贷款的最高年利息为36%，而一些旅蒙商高利贷者则任意提高达数倍甚至数十倍，特别是采取利加利的累计法计算，有的竟达到400%以上，使蒙古人根本无法偿清债务，变成永久的欠债人。

当然，这种以赊销、借贷实现的高利贷盘剥，必须是旅蒙商高利贷者与蒙古封建王公、领主之间在经济利益上有相互依附的关系。在封建领主制统治的蒙古社会里，属民对封建主有人身依附关系，封建王公、贵族、上层喇嘛在经济和政治上都居统治地位。因此，高利贷者为了在蒙古地区攫取高额利润，首先必须笼络勾结这些封建上层，只有在满足了他们贪得无厌的生活需求以后，才能放手地对其属民进行盘剥。换言之，只有高利贷者同蒙古王公狼狈为奸、紧密勾结，并成为蒙古封建主们的永久债权人，才能取得在蒙古地区进行高利贷活动的可靠保障。

19世纪70年代初，外蒙古“以财富驰名的杜尔伯特和硕亲王想与通善商号合伙，他向该商号进行投资，投资数额是五千两或八千两”银。同时，在蒙古地区亦有些封建王公和寺庙的上层喇嘛直接参与高利贷活动，他们向高利贷商号投资成为其股东，从而分得利润。这种情形，促使蒙古封建上层对高利贷者的依赖更加紧密了；与此同时，在蒙古封建上层的大力支持和庇护下，高利贷者的掠夺性剥削更加猖狂了。

三　外国资本侵入蒙古社会进行经济掠夺

19世纪60年代，外国资本势力侵入蒙古地区后，更进一步促使商品不等价交换的加剧。首先是沙俄商业资本势力凭借《中俄天津条约》和《中俄北京条约》获得了在内蒙古、外蒙古、新疆各地贸易不纳税的特权，俄商在蒙古地区进行自由贸易；接着他们越过阿尔泰山深入乌里雅苏台、科布多等地，通过《中俄伊犁条约》，迫使中国开放在蒙古和新疆边境地区的35处卡伦。俄商自由出入天山南北，享有着在塔尔巴哈台、乌鲁木齐、伊犁、喀噶尔等地区贸易的无税口岸特权。“奔走偕来，如水赴壑”[①]，竭力与汉族旅蒙商贾争夺在蒙古地区进行贸易的主动权。据光绪三十四年（1908）新疆地区海关贸易注册统计，俄商在上述地区的贸易进出口货值，由同治年间的20万两银增加到：年进口货值3581438两银，年出口货值（主要是畜产品）总计2881066两银，年贸易总额骤增达10倍以上。同年，外蒙古地区向俄国输出的畜产品增加了6倍以上，出口货值达800万卢布，进口俄货总值达到5000万卢布。与此同期，汉族旅蒙商贾在蒙古地区的贸易额急骤下降。光绪三十二年（1906）库伦有商户百余家，其中有70%为华商，30%为俄商，然而“自俄国钞纸畅行，实银半为易去”。加之当时“内蒙连年荒旱，驼马稀少，致运脚价昂，华商利薄”，而“俄商乃假其铁路交通之便，获利十倍”[②] 以上。

19世纪80年代，外国金融资本势力侵入蒙古地区。当时设于张家口、海拉尔、库伦、乌里雅苏台各地的“华俄道胜银行”分行，以及加紧向蒙古地区渗透的日本正金银行，这些外国金融资本势力利用蒙古地区币制不一、交通蔽塞的弱点，大肆发行纸币，以纸币兑换白银，操纵物价；并以对蒙古王公贷款附加条件，大肆掠夺牲畜、皮毛、矿产和森林资源，进而占领土地。清政府蒙务大臣朱启钤说：“外货内输，利源外溢，手票、羌帖之势力，实足以把持商价，而包揽债权，必使金钱本位，为他人所操纵，财政失败，庶务随之。”[③] 到20世纪初，外蒙古地区的俄帖、卢布、鹰洋（墨西哥银元）等外来的“洋钱”大量抛投，压倒了中国的货币流通。“有一个时期，甚至一切交易全以卢布行之，大清银行费九牛二虎之力，推行银元，终于无效”[④]。可见，外国金融资本势力在蒙古社会恶性膨胀的严重形势。

货币在交换流通领域中的广泛应用，改变了蒙古地区的交换、贡赋、税收等传统的实物形式。这样一来，无论蒙古王公贵族还是普通的阿拉特牧民，对货币的需求都大大地增加了。在社会生产力还很落后的条件下，实物关系的瓦解，不但未改变封建领主制落后的游牧生产方式和自然经济，

① 钟镛：《西疆交涉志要》卷五，“通商”。

② 李廷玉：《游蒙日记》，第24页。

③ 徐世昌：《东三省政略》“蒙务下·蒙旗篇”。

④ 卓宏谋：《蒙古鉴》卷三。

相反，伴随货币关系的畸形发展，钱币种类甚杂，折算标准不一，使尚无货币使用常识的蒙古人吃亏甚大，进而使蒙古族人民在封建王公、汉商高利贷者和外国资本势力的压榨剥削下，加剧了破产的危机。

外国资本势力向蒙古地区纵深发展，使蒙古社会的商品贸易关系，由原先汉族“旅蒙商”手中逐渐被外国资本势力夺去。例如，蒙古地区的茶业贸易概由内地汉族商贾专销，而清代后期，沙俄商人在外蒙古市场上的砖茶销售量约占总需量的2/3。据《宣统政纪》载：“蒙古商务，向以茶为大宗，理藩部例有清茶票规，为大宗入款。近来销数顿减，不及旧额十之三、四。实由西伯利亚铁路交通便利，俄茶倒灌，华茶质窳费重，难与竞争。”① 光绪二十九年（1903）俄商从中国进口茶叶61000吨②，然后将其输入外蒙古赊销给蒙民，夺去了华商的茶叶生意。1904年，俄商在汉口开设专营茶叶商店八家，“其中四家最重要，每年进出口达数百万”。设在天津、张家口经营茶叶贸易的俄商斯太齐夫、巴太齐夫两大公司，将中国茶叶运输到恰克图，然后倒灌在蒙古各地销售，获取暴利。20世纪初，从中国输至“西伯利亚及欧俄的茶叶约计七千四百万俄磅”③。到清末，外蒙古和新疆蒙古地区经销茶叶的生意，几乎尽为俄商所占夺。

在外蒙古和新疆厄鲁特蒙古地区，由于俄商享有进出口贸易减免关税和交通运输方便的优势，外国商品在蒙古地区的倾销量就伊犁、塔尔巴哈台两处而论，在光绪二十年（1894）以前，输入输出货总价大致与伊犁相同，而至宣统元年输入货物总值竟达一百二十余万两，输出货物总值达六十一万余两。④ “自东方铁路告竣，俄又展筑支路，达伐伊（犁）喀（什）边境，轮轨辐辏，商旅棣通，而道胜银行支店，亦次第分设于伊、塔、喀城，于是卢布、羌帖、盈溢阛阓，市民交易，非俄票不行”⑤。漠西蒙古地区的民族贸易，亦为沙俄资本势力所控制。

沙俄商人为了牟取更大利润，利用其运输条件方便，往往把中国内地出口的商品复运往蒙古各地转销，与华商争夺市场，“妨碍华商的生计”。

① 《宣统政纪》卷五三。

② 雷麦：《外人在华投资》，商务印书馆，1962，第415页。

③ 雷麦：《外人在华投资》，商务印书馆，1962，第424页。

④ 陈海超：《关税文牍辑要》上编，第2～3页。

⑤ 《西疆交涉志要》卷五。

由于“华商有税，俄商无税”，造成旅蒙商贾难以抵制俄国资本势力在蒙古地区的扩张。光绪三十二年（1906）科布多办事大臣锡恒指出：“自乌城（乌里雅苏台）以迄新疆，俄货充斥”[①]，华商无力竞争。这个时期，俄国商业资本势力在外蒙古地区急剧扩张，仅库伦就有俄商达 45 家之多。而长期以来在蒙古地区从事贸易的汉族旅蒙商贾，却因在与俄商竞争中难以取胜，有的亏蚀严重，被迫破产闭歇；有的转化为替外国资本服务的洋行买办，代表外国资本的利益对蒙古人进行残酷的高利盘剥。

近代蒙古社会经济的发展变化，使其封建领主制的畜牧业自然经济基础遭到严重的破坏。从 19 世纪后期，外国资本势力及其代理人——洋行、买办和汉商高利贷者垄断了蒙古社会的商品贸易，破坏了原有的蒙古地区与中原内地之间的经济联系。外国资本势力、洋行、买办、汉商高利贷者与蒙古封建王公相互利用、相互勾结，对广大蒙古族人民实行超经济的压榨和盘剥，严重地窒息了蒙古社会中处于萌芽状态的资本主义商品经济的发展，破坏了畜牧业经济的生产力和扩大再生产发展的条件。但是，外国资本主义势力的侵入，并没有从根本上改变蒙古社会封建领主占有制的生产关系及其落后的畜牧业自然经济。

外国资本势力和洋行买办、汉商高利贷者共同对蒙古族广大人民实行超经济的残酷盘剥，致使蒙古人民再无力用自己的牲畜和畜产品来为封建王公贵族抵偿债务。于是，许多蒙古王公便利用占有、支配牧场和土地的特权，以转让土地的方式来偿还债务，从而，外国资本势力及其代理人和高利贷者们，便成了蒙古社会的大片水草丰盛的牧场和土地的实际主人。这是蒙古社会近代经济畸形发展的产物，它使广大蒙古族人民陷于遭受双重压榨剥削的痛苦境地。

（《民族研究》1988 年第 1 期）

---

① 锡恒：光绪三十二年十一月《遵旨覆陈阿尔泰情形及筹拟办法折》。

试论近代苗族社会政治状况及其变化

张　山

道光二十年（1840）爆发的鸦片战争，标志着近代中国历史的开端。从此，中国社会进入一个畸形的发展阶段——半殖民地半封建社会时期。同国内众多兄弟民族一样，苗族社会在这一历史阶段中，无论在政治上还是经济上，都受到重大冲击，并引起重大变化。研究这些变化，对于进一步探讨苗族社会历史发展特点，从历史延续性这一视角分析今天中华民族多元一体格局中苗族社会发展相对滞后的原因，都不无意义。关于经济方面，笔者已另文探讨①，本文仅就政治方面，在前人研究基础上作一归纳阐述。不当之处，请专家学者指正。

鸦片战争后清政府的反动统治

（一）咸同年间清政府对苗族人民压迫剥削的加深

鸦片战争后，随着一系列不平等条约的签订，鸦片和其他洋货大量涌入中国，清政府对外贸易逆差逐年增大，白银外流，银贵钱贱，库帑空虚。为弥补财政不足，清政府横征暴敛，将困难转嫁于各族人民。苗族人民虽远处僻乡，亦未能幸免。咸丰元年（1851）太平天国革命爆发，贵州奉命设防，饷需日巨。在苗族地区，官府加紧搜刮，时“经征丁粮，米则有地样米、地盘米、斛尖米、斗级米、淋尖踢斛裤裆米；各费银则有印红串票

① 张山：《论鸦片战争后的苗族社会经济》，载《中央民族学院学报》1993 年第 3 期。

费、旺戥费、柜费、火耗费、请封加色红挥草鞋费，殆难悉举”[①]。后又将征米改为征钱，即所谓“折色”。时人记目睹之状：“咸丰初年，谷价市石值银四钱有零，而仓石折色每石二两八钱至三两二钱不等。仓石二当一市石，则售谷十余仓石不足完一仓（按应为市）石之粮，此民怨所由深也。”[②]咸丰三年（1853），台拱厅同知张礼度向苗族农民勒折生银，“提押追征，狱为之满”。苗族聚居的黔东南“六厅之地，本无钱粮，而衙门公私等用则皆以差徭采买为例，常有产业已入汉奸而陋规仍出于苗户，秋冬催比，家无所处（出），至有掘祖坟银饰以应之者”[③]。

咸丰四年起，贵州各族农民起义先后爆发，清政府调川、湘、滇军入黔镇压起义，所需费用激增，对各族人民的搜刮也愈益加重。

强令“捐输”，是清政府榨取人民血汗的重要手段。捐输名目繁多，有义谷、军粮谷、田捐、户捐等。受战火蹂躏而生计维艰的苗区人民对捐输多予抵制，为此，一些地方官吏遂改“出之人民乐输”为强制捐输。史载“贵州各府州县每勒令苗民输捐，倾其家产”[④]。署正安知州于钟岳警告辖境内人民：“如再不出力及捐户不出财，本州到彼，斩奸滑吝啬之首级而烧其房屋。”[⑤] 提督田兴恕如“所输之数不满其愿，则拘至考院，日加敲扑，凡殷实绅民无不囚首丧面，侪伍罪人”[⑥]。据统计，从咸丰四年（1854）起到同治三年（1864）六月底止，清政府在贵州共搜刮到捐输675365两，年平均在六七万两左右。同治三年以后直至军务告竣，大抵保持在年捐输十余万两范围内。[⑦] 综计整个咸同军事期间，贵州当局在省内搜刮到的捐输，计银1906868两[⑧]，其中许多取自苗族人民，从而大大加重了苗族人民的负担。

咸同时期，苗族人民受清政府残酷压榨的另一形式是所谓“采买”，即官府向农民采购粮食等物。采买时以京斗计价，以乡斗收粮，“计采买每谷一石给银一两三钱，但各乡市斗实溢省斗之三，加以尖量每斗二三升，是

① 《贵州省财政说明书》，民国四年经济学会排印本。
② 黄彭年：《陶楼文钞》卷十三。
③ 徐家干：《苗疆闻见录》，第31页。
④ 民国《贵州通志》前事志二十六。
⑤ 于钟岳：《伯英遗稿》，第26页。
⑥ 光绪《铜仁府志》，第9页。
⑦ 林绍年：《张惠肃公年谱》卷七。
⑧ 《咸同贵州军费清册》，抄本，藏贵州省博物馆。

买乡谷一石，已及省斗二石，实合京斗三石零”[①]。有些地方“始则皆以所采之数摊派屯卫及苗民，某寨给价若干，上米若干；继则土司通事串通书役门丁由渐而入，或照原给价银令苗民加倍上米，或只给半价，或全不给价，勒令上米，甚或仿各州县征收秋粮”[②]。故名曰采买，实为强夺。至于采买时“入室搜寻，乘间窃取”[③] 等扰民之举，更何止一端。由于民怨沸腾，清政府于同治四年一度下令停止采买，但并未真正得到实行，乃至光绪四年（1878）贵州巡抚黎培敬尚在奏折中指斥采买“大为闾阎之害”[④]。

厘金，是苗族人民承受的另一沉重负担。咸丰八年（1858）十二月，道员韩超请在苗族居住的贵州铜仁、思南、镇远等府设立厘税总局，“征课厘金”，获准议行。两年后，经正式报请清廷批准，在全省设局抽厘。开办伊始，共设七局，不久又在州县要路添设局卡40余处。[⑤] 到后来，全黔各地已然处处有局，无地无卡。这些局卡，许多都设在苗族地区，苗族地区各种土特产的运出或日杂百货的运入，均须缴纳厘税，本来清政府规定厘金税率为1%，但贵州“除食盐定率抽收外，自余零星百货，估价抽收，各局自为风气”。咸丰十一年起，凡与外省接壤地区，“客商贩货入境，抽各货十分之一”，比清政府定制高出10倍。由于百货皆估价抽收，致“倚轻倚重，公私交病”，怨声载道。

厘金之外，贵州当局还于咸丰十一年秋间开始抽收“厘谷”，“按亩抽收如厘金然”，实即实物征收税。照章程本为“按粮按亩十取其一”，但各局委员“率倚势杀（压）人，于十一抽厘之外，私加至十之四五，民间稍有不遂，即刀割其鼻，用绳穿孔，鱼贯游街示儆”；有的甚至“私设厘局，勒派捐输，抢割田谷”，[⑥] 或由仓谷局委员临团派谷，不问甘苦，不验收成，普遍抽收。[⑦] 苗族人民受害殊深，控案屡兴。同治二年（1863），官府迫于人民反对，将厘谷改称“义谷”，或十而取一，或二十取一，然“前后名虽屡异，而其实则同也”。[⑧] 此外，尚有“毫金”“帮款”等名目，其对苗民

① 罗文彬：《平黔纪略》卷十二。

② 光绪《古州厅志》卷三。

③ 罗文彬：《平黔纪略》卷二十。

④ 黎培敬：《黎文肃公遗书》奏议十。

⑤ 《贵州省财政说明书》，民国四年经济学会排印本。

⑥ 《穆宗实录》卷三十七。

⑦ 唐炯：《援黔录》卷六。

⑧ 民国《贵州通志》前事志二十六。

的榨取，“数倍厘金”。[①]

各种名目的差徭夫役，也是苗族人民难以承受的重负。史载：“地方官及土司衙门向有苗民轮流当差应夫并供应器具什物，每遇差使过境或因公下乡，土司书役联为一气，勒派夫马酒食，无不恣意苛求，且有营汛弁勇绅团责令苗民服役，其弊相等”[②]。不应役者则遭罚款甚至拘押。“苗民贫困，乃于役前数日裹粮守役。男病女疫，官吏待之如牛马”[③]。桐梓县“乡民历年充当夫差，困苦已极，该县所设夫马局备极扰民”[④]。清水江沿岸苗民为过往官船拉纤，应接无暇日。

咸同时期，“吏治一途，专尚夤缘，丁忧人员及出身微贱甚至有外省人员，一经投效，便得美差，便委优缺”[⑤]。这些贪官污吏一旦握篆，便加倍榨取苗民膏脂，无所不为。而“兵事日亟，吏治益颓废”[⑥]，苗族人民所受压迫剥削也就愈益沉重，阶级矛盾愈益激化。清政府虽于战争期间一再“整顿”吏治，然收效甚微。

（二）咸同起义后封建统治的加强

同治十一年（1872）贵州各族农民起义失败。清政府惩于农民战争的教训，对苗族地区在统治政策上作了一些调整，使苗族地区的政治状况发生了较大变化。

军务告竣后，清政府当务之急，是加强军事措施。为防范各族人民反抗，清政府施行“建碉以设防，募兵以守碉，垦田以屯兵”的方针，在苗区广筑碉楼，派驻军队。如沿贵州黄平到贵定的二百余里间，或三五里，或七八里，择险要之处建造碉楼70座，派兵驻守。又于各碉适中处分立四屯，设屯军立屯官，以为各碉之领袖。共设碉屯弁兵610名，“碉兵无事可资耕守，有事可备征调”[⑦]。贵州大吏将此视为防患未然的良法，认为“诚能永远遵行，千万世无苗患矣”[⑧]。清政府还将贵州清军主力2万余人布防

---

① 《黎文肃公遗书》书札六。
② 光绪《古州厅志》卷三。
③ 《平定苗匪纪略》都匀府知府罗应旒奏。
④ 民国《桐梓县志》卷八。
⑤ 《黎文肃公遗书》书札四。
⑥ 谭廷献：《贵州安顺知府沈公行状》，第5页。
⑦ 《黎文肃公遗书》书札六。
⑧ 《黎文肃公遗书》书札二十。

在黔东南等苗族聚居区，以便随时镇压苗族人民的反抗斗争。湘西地区，在修复明代数百里残留边墙的基础上，新加筑130余里[①]，以加强对苗、土家等族人民的控制。

受农民战争的打击，清政府在苗族地区实行的保甲制度遭严重破坏。战后为加强统治，清政府一再下令清理保甲，企图通过“严行保甲，杜其盗源”[②]。其法，“先由地方官亲往查核，取其互保甘结，将门牌查对、填写，按户悬挂，造册申详，再由本管道府隶州亲往抽查申报”[③]。地方官吏往往借行保甲之机欺诈苗民，如丹江厅通判屠某“以善后章程有编联保甲一条，恣意侵削，每门牌一张索取钱八百文，有不应者则勒团保迫之”，致“苗不聊生”。[④]

咸同时期，清政府因兵力不足，大量依靠地主团练，而团练在镇压农民起义中的确发挥了极为重要的作用。[⑤] 有鉴于此，特别是由于清军主力在镇压起义过程中大量被歼，清政府遂在战后继续大力办团，致各地团练多如牛毛，其贻害直至民国末年。团练作为镇压和剥削苗族农民的工具，弥补了清政府统治力量的不足；但团练力量的膨胀，使其成为苗族地区举足轻重的地主武装，加之团练向来桀骜不驯，“其始藉官以胁众，其继则集众以挟官”[⑥]，不仅扰害一方之民，许多团练头子且乘机兼并势小之地主，“取与生杀，听所欲为”[⑦]，从而造成地方封建势力逐渐强大，中央封建势力日益削弱，清政府在苗族地区的统治基础受到动摇，苗区政治上发生了重要变化。

咸同贵州各族农民起义失败后，清政府进一步施行“以苗治苗”的策略，也造成了苗族地区政治上的某些新变化。一方面，清政府启用苗族中的统治者，授之以实权，通过他们来治理苗族人民。如咸同年间镇压农民起义有功的贵州都江厅人闻国兴，湘西凤凰厅人吴自发，乾州厅人杨岳斌，分别升至总兵、道员、提督。一些苗族地主如松桃厅的石永魁，台拱厅的

---

① 但湘良：《湖南苗防屯政考》征服下。

② 《平黔纪略》卷十九。

③ 《军机处录副奏折》，民族类第533卷第7号，中国第一历史档案馆藏。

④ 《苗疆闻见录》，第26页。

⑤ 详见张山《太平天国时期贵州团练问题初探》，载《广西民族研究》1988年第3期。

⑥ 《援黔录》卷三。

⑦ 《军机处录副奏折》，民族类第485卷第10号。

潘老马、张文魁，八寨厅的马登科，贞丰州的杨九等，都拥有自己的武装——苗练，成为清政府实施“以苗治苗”策略的重要工具。这些苗族地主，或被委以官职，或被赋予重任，为维护一方“治安”，不遗余力，作用远胜汉吏。“苗官”们还利用政治上的权势和熟悉本地情况的优势，大肆兼并土地。战争造成的“田地多芜”[①]，为这类土地兼并提供了条件；而官府规定“但系认垦之田，官给印照，永远承垦纳粮，纵有业主，查无近年完粮串票，不准复认”[②]，又为土地兼并大开了绿灯。许多“苗官”通过掠夺、兼并土地而成为新兴的地主，如湘西永绥厅200余个土守备、土千总、土把总、土外委等“苗官”中，有的后来竟成为湘西苗族中最大的地主豪霸。[③]把统治一方的实权授予“苗官”，既是清政府统治术的重大变化，也是苗族地区政治上的重要变化。

另外，清政府为加强对苗族人民的统治，竭力推行民族同化政策，规定“无论生苗熟苗，胥令剃发缴械，且变其服饰，杂服蓝白，不得仍用纯黑”[④]。光绪七年（1881），云贵总督刘长佑等奏称：“铜仁、松桃苗民俱剃发改装，颇知礼法。”[⑤] 光绪九年，仅镇远、黄平、清平、施秉、凯里被强行改装的苗民即达3152户，12906人。[⑥] 清政府深知“化苗固宜改装以革其面，尤贵设学以革其心”[⑦]，因而又大力振兴嘉道以后日趋衰落的“义学”，借此“导以礼教，庶几化夷为汉，可图久安”[⑧]。规定苗民凡有子弟，务使肄业读书。[⑨] 据光绪八年贵州巡抚林肇元奏称：贵州台拱、丹江、都江、八寨、下江五厅原设义学69馆，铜仁府县新设四馆，古州、松桃、清江三厅新旧共设66馆，总计府厅县10处共139馆。[⑩] 此外各厅还设立书院，“按月课试”[⑪]。光绪十年重修的贵州永从福江书院，学田年收租谷2万斤，顿

---

① 民国《修文县志》卷三。
② 民国《贵州通志》前事志四十。
③ 光绪《永绥厅志》卷二十六。
④ 《平黔纪略》卷十九。
⑤ 《军机处录副奏折》，民族类第576卷第1号。
⑥ 《军机处录副奏折》，民族类第581卷第2号。
⑦ 《军机处录副奏折》，民族类第581卷第2号。
⑧ 《平黔纪略》卷十九。
⑨ 《军机处录副奏折》，民族类第576卷第1号。
⑩ 《军机处录副奏折》，民族类第576卷第2号。
⑪ 《军机处录副奏折》，民族类第576卷第1号。

硐义学年收租谷万余斤[①]，规模都不算小。湘西苗族地区也大力兴办义学，苗族子弟就学者甚众，考中秀才、举人者代不乏人。云贵总督岑毓英、贵州巡抚林肇元认为“苗疆之兵所以控制苗民”，因向清廷建议从苗民中挑选精壮敦厚者，就近到清军绿营中充营兵，教之识字，学习汉语，“改装于无形之中”。[②] 清末，新式学堂在苗族地区普遍兴起，从 1902 年开始，湘西各县在旧有书院基础上改建学堂，各县相继建立高等小学堂。永绥厅于光绪末年拨经费 1 万银元兴建各式学校 40 余所。[③] 文风稍逊的贵州施秉县也于宣统三年（1911）广招学生约百人，编为高等两班，初等两班。[④] 一些私立学校也相继出现。无论新旧学堂，清统治者的初衷都是“化夷为汉”，使苗族人民“知书识礼，安分守法”。然而与统治者的愿望相反，一些苗族知识分子在接触了西方资产阶级的政治学说和近代自然科学后，在民族危机的刺激下，或起而抨击时政，或到大都市乃至国外求学，寻求救国拯民之道，成为鼓动苗族人民起来推翻封建王朝的重要力量。

外国教会势力的侵入及其对苗族社会的影响

在西方列强的侵华过程中，外国教会及传教士扮演了急先锋的角色。鸦片战争前，法国天主教在云南、贵州苗族地区已有所活动。鸦片战争后，特别是 1860 年《北京条约》签订后，外国传教士取得进入内地自由传教的特权，从此，教会势力深入苗族地区，成为西方资本主义国家在苗族地区进行文化侵略的重要帮凶，苗族社会亦因洋教的传入而发生了重要变化。

（一）外国教会势力侵入苗族地区概况

云、贵等苗族地区经济、文化十分落后，为生存而挣扎的苗族人民世世代代向往自由、幸福。以“救世主”自居的西方传教士看准了这一点，把云贵苗族地区作为其传经布道的理想场所。尤其是法国天主教势力，觊觎西南民族地区已久，很早就派遣传教士到云贵苗族地区活动。道光二十

① 光绪《黎平府志》卷四。

② 《军机处录副奏折》，民族类第 576 卷第 3 号。

③ 《湘西乡土调查汇编》（1938），转引自《苗族简史》。

④ 民国《施秉县志》学堂。

七年（1847），法国天主教在贵州成立了独立的贵阳教区，由巴黎外方传教会神父白斯德任主教。从此，许多天主教士跋山涉水，不辞险远，陆续进入苗族地区传教。特别是同治元年（1862）以后，法国天主教势力逐渐将重点由城镇转向农村，传教范围日益扩大，形成了分别以安龙（黔西南）、安顺（黔西）、贵阳（黔中）、都匀（黔南）、石阡（黔东）为中心，各自向其周围苗族聚居区辐射的庞大的传教势力范围。据统计，到1919年，法国天主教会在贵州已建有教堂130余所，传教士50多人，教徒35000余人[①]，其中多为苗族信徒。在四川南部，法国天主教于咸丰十年（1860）正式成立了川南教区，设总堂于叙永城，“除汉民外，苗民亦信之”[②]。1864年，川南教区有教徒17万人左右，布教点200余个，其中一些布教点分布在苗族居住区。但总的来看，法国天主教在川南苗族中影响不大，入教者不多。[③]

基督教（新教）进入苗族地区较天主教为晚。主要为英国的基督教教派内地会和循道公会。光绪十四年（1888），内地会传教士党居仁和循道公会传教士柏格理分别在贵州安顺、云南昭通汉区传教，因收获不大，转而先后进入黔西北、滇东北苗区传教。他们吸取在汉区传教失败的教训，针对苗族人民通行本民族语言、居住分散、生活贫困、文化落后等特点，改穿苗族服装，学说苗族语言，甚至与苗民同吃同住，以博取苗族人民的好感。教会通过兴办育婴堂、孤儿院、麻风病院及发放药品、赈济贫寒等手段，施惠于苗民，以吸引他们入教。英国传教士还培养了一批苗族布道员，利用他们向本族同胞传教，收效颇著，洋教士于是“始察知在苗人中布道者，必用苗族人才方能驾轻车而就熟路也”[④]。经过传教士长期的苦心经营（如党居仁、柏格理在苗族地区传教均长达十多年），基督教在苗族地区获得广泛传播。内地会发展到贵州安平、宁州、定南、织金、大定、黔西、毕节、水城、威宁、赫章及云南彝良和川南古蔺、叙永等地。[⑤] 传入川南的

---

① 《贵州文史资料选辑》第7辑。

② 民国《叙永县志》。

③ 郎伟：《天主教、基督教在川南苗族地区传播述略》，载《中央民族学院学报》1989年第6期。

④ 吕延涛：《基督教的传播与近代贵州少数民族社会变迁》，载《中央民族学院学报》1988年第6期。

⑤ 张恩耀：《基督教是怎样传入黔西北、滇东北苗族地区的》，载《民族研究》1989年第5期。

最初几年，仅苗族教徒即猛增到上千人。[①] 循道公会也在滇东北、滇北、黔西北、川南苗族地区形成了完整的体系，信教群众达6万余人。[②] 苗族聚居的威宁县石门坎成为循道公会在整个西南少数民族地区传教和办教育的大本营。除黔滇川苗族地区外，湘西各县和重要城镇也在19世纪末20世纪初遍布天主教、基督教教堂，法、英、美、比利时、西班牙、芬兰等国传教士足迹遍及苗、土家地区城乡，苗族人民信教者颇众。

（二）外国教会势力的入侵对苗族社会的影响

外国教会势力侵入苗族地区后，倚仗本国政府的支持和清政府的默许，以征服者和救世主姿态出现，恣意妄为，横行不法，使苗族人民深受其害。其对苗族社会的影响，是多方面的。

苗族人民所受压迫剥削更加深重，这是洋教对苗族社会最直接的影响。教会势力在苗族地区巧取豪夺，大量霸占土地、民房，放高利贷，包揽词讼，甚或奸污妇女，无所不为。仅贵州镇宁、安顺、贵阳三地的天主教堂，即占地达4550亩。[③] 安顺天主教堂年收租六七百石，绥阳县天主教堂岁收田租更达一千二三百石。天主教安龙教区光绪二十四年（1898）一次就购买了七八里长的一道河沟和数十里宽的一个山村。[④] 光绪三十年，英国基督教循道公会在石门坎占地80余亩。内地会1905年在葛布建教堂时占去大片土地，以后又攫取教徒土地修建洋楼，还低价“收购”大片林地供教徒垦殖。1913年，内地会教士党居仁向教徒发放贷款1000银元，言定不收利息，但数年后教会重息收回贷款，迫使许多教徒卖地还债乃至流落外乡。绥阳天主教堂地租剥削率高达50%～70%。[⑤] 循道公会教士柏格理家中雇用八个教徒为其牧马、养奶牛、洗衣做饭、巡更守夜等，每人月薪不过三四元。[⑥] 教会还以各种名自勒索教徒捐款，仅“乐捐”就有“年捐”“谢恩

① 郎伟：《天主教、基督教在川南苗族地区传播述略》，载《中央民族学院学报》1989年第6期。

② 张恩耀：《基督教是怎样传入黔西北、滇东北苗族地区的》，载《民族研究》1989年第5期。

③ 张祥光：《贵州各族人民反洋教斗争概述》，载《贵州民族研究》1982年第4期。

④ 吕延涛：《基督教的传播与近代贵州少数民族社会变迁》，载《中央民族学院学报》1988年第6期。

⑤ 张祥光：《贵州各族人民反洋教斗争概述》，载《贵州民族研究》1982年第4期。

⑥ 韦启光：《试论基督教对威宁苗族地区的文化影响》，载《贵州民族研究》1985年第2期。

捐”“圣餐捐”等数种。此外，教会还参与商业剥削活动，如1918年内地会在葛布开辟集市贸易，倾销年货，不仅不向中国政府纳税，反向集市群众收取“地皮钱”等各种税款，不交者竟遭传教士毒打。[①] 此类记载，俯拾即是。

洋教的传入，不仅使苗族人民所受压迫剥削更加深重，而且使苗族社会本身发生了激烈的动荡和变化。

外国教士在华传教，受到清政府明文保护。苗民教徒虽不在清政府保护之列，但却被教会纳入自己的保护网中，当教徒与非教徒甚至与官府发生冲突时，教会便起而袒护，并多获成功。教会于是成了不法分子的逋逃薮，一些歹徒犯法后匆忙入教，企图以此逃避清政府法律制裁。如同治三年（1864）贵州贵定县恶棍黄丙扬夫妻扼死他人婴孩后，立即双双加入天主教，冀借天主教势力庇佑，旋被群众打死，贵州主教胡博理多方要挟清政府惩办“凶手”，几经交涉，“卒如其愿”[②]。此类事例，史载不鲜。不法教民在苗族社会中构成了一个特殊阶层，这一阶层的出现与原有的社会秩序发生剧烈冲突，造成苗族社会内部秩序的混乱和各种矛盾的激化，教民与非教民冲突屡起。苗族社会内部的统治阶层则因教会势力的膨胀而失势，其统治地位受到动摇和削弱。受教会保护的教民几乎不对官府负责，甚至不对其社会内部的统治阶层负责。因此，由地方官吏和各族士绅发起或参加的反洋教斗争不断发生，咸同时期苗族地区的几次教案即其明证。

洋教的侵入对苗族人民传统习俗方面的影响尤为明显。如1910年基督教内地会成立“苗族改良会”，其相应的章程规定：禁止苗族跳花、跳月、跳场，禁止苗族教徒听讲本族民间传说或演唱本族史歌、民歌等，并焚毁了一些苗族的民族乐器。又如基督教传入前，苗族保持着原始的多神崇拜，宗教观念和民族意识混为一体，渗透到社会生活各个方面，宗教祭祀活动十分普遍。基督教传入后，苗族群众放弃了原有的多神信仰，教会用耶稣代替了原来的多神，用礼拜代替了原来的崇拜仪式，用文体活动代替了原来的宗教节日，用吹洋号代替了原来祭祀活动中的吹芦笙，用圣经故事代替了原来祭祀活动中的演唱苗族历史。很显然，这一切本质上并未改变而是加深了宗教迷信对苗族人民思想意识的奴役。其结果，虽然减少了因祭

① 韦启光：《试论基督教对威宁苗族地区的文化影响》，载《贵州民族研究》1985年第2期。
② 凌惕安：《咸同贵州军事史》第18章。

祀而造成的经济负担，局部改变了苗族群众落后的生活方式，但一些优秀的传统活动却因被废止而渐为人们所遗忘，苗族人民的民族意识和斗争精神从而遭到削弱。[①]

在婚姻关系方面，教会把教徒婚姻作为扩大基督教影响的桥梁，规定教徒与非教徒不婚，不同教派不婚。对违反规定的教徒，教堂往往施以吊打、游街示众甚至火烧等处罚。教会对教徒婚姻的强行干涉，打击了苗族人民中长期盛行的自由恋爱传统，人为地恶化了教徒与非教徒之间的矛盾，破坏了苗族内部以及苗族和其他兄弟民族之间的团结，尽管某些限制有其积极意义，如同村或同姓不婚及限制早婚等。[②]

外国教会势力的侵入，对苗族社会的文化教育也产生了影响。外国传教士在苗族地区创办了许多教会学校，招收苗族子弟入学。如1905年，循道公会在贵州威宁石门坎创办光华小学，之后相继在建有教堂的村寨建立附属学校。葛布教区亦建立了许多初小、高小甚至女子学校。教会学校除开设神学课程外，也讲授自然科学及史地等内容，优秀的学生从小学毕业后被送往滇、川境内的教会中学、大学深造。40余年间，石门坎教区培养出小学毕业生数千人，初中生500余人，高中及中专生百余人，大专生30余人；葛布教区培养出初小生近千人，高小生上百人。教会在苗族地区办学，是帝国主义对苗族社会进行文化侵略的一个组成部分，传教士们热心办学，既是发展教徒的需要，而更深层的目的是培养和造就一批苗族社会精神上、政治上的领袖和帝国主义的代理人，通过他们实现“以苗治苗”“以教治苗”的侵略野心。但是，教会在办学校及其他“慈善”事业的过程中，也传播了一些文化科学知识和生产技术，客观上对促进苗族地区落后的文化教育、体育卫生等有一定的积极作用。[③]

一些外国传教士还对苗族的语言进行了深入研究，创制了苗文。其中以柏格理主持制定的苗文最为著名，柏格理和苗、汉教职人员以之翻译《圣经》《赞美诗》，编印课本，甚至创办了苗文《半月刊》。由于这套苗文

---

① 宗文：《基督教循道公会在威宁石门坎兴办的教育事业》，载《贵州民族研究》1987年第2期。

② 吕延涛：《基督教的传播与近代贵州少数民族社会变迁》，载《中央民族学院学报》1988年第6期。

③ 韦启光：《试论基督教对威宁苗族地区的文化影响》，载《贵州民族研究》1985年第2期。

简单易学，加上教牧人员的积极推行，因而在石门坎教堂辖区内及其周围地区苗族中较为流行，到20世纪三四十年代，信教群众一般都掌握了苗文，普遍能识字、写信、记账。[①] 石门坎一带有2/3的苗民能草读《苗民夜读课本》。[②] 柏格理苗文尽管粗糙，且传播范围有限，但它毕竟使苗族第一次有了本民族的文字，在苗族文化发展史上有一定意义。当然，同创办教会学校一样，传教士创制苗文的目的仍是为便于传经布道，培养更多的甘受愚弄的苗民教徒，这是必须指出的。因而在评价外国传教士的这类活动时，实事求是地肯定其客观上的积极作用，不为不可，但却不能评价过高。外国教会势力的侵入给苗族社会造成的灾难，引起的动荡，始终占主导地位。

综上所述，鸦片战争后，尤其是咸同以后，随着中国社会的逐步半殖民地半封建化，苗族人民在政治上不仅深受本国封建政权压迫，而且遭受来自外国侵略者的奴役，双重灾难造成苗族社会政治空前黑暗，引起了苗族社会的一系列变化。其结果，一方面是苗族人民所受苦难愈益深重；另一方面是苗族人民不甘外来压迫的斗争精神愈益高涨，并最终投入推翻三座大山，寻求民族彻底解放的伟大斗争。

（《民族研究》1993年第6期）

① 张恩耀：《基督教对苗族文化教育的影响》，载《中央民族学院学报》1989年第5期。

② 宗文：《基督教循道公会在威宁石门坎兴办的教育事业》，载《贵州民族研究》1987年第2期。

中国少数民族民主改革前社会发展水平的再认识

满都尔图　卢　勋　曹成章　姚兆麟　陈景源

一　问题的提出

我国是一个多民族的国家，民族问题在我国历史上一直占有重要的地位。在民主革命时期，民族问题曾经是中国革命总问题的一部分；在社会主义革命和建设时期，民族问题同样是我国革命和建设事业不可分割的组成部分。在当前，如何解决我国的民族问题，依然是我国现代化建设总体工程的一部分，甚至可以说，民族地区富饶资源的深入开发和兄弟民族步入现代化行列，是我国现代化建设的潜力所在和最终归宿。正因为民族问题在我国革命和建设中具有如此重要的意义，中国共产党和从中央到地方各级人民政府为解决我国的民族问题，做了大量工作并取得了不可置疑的成就。早在中华人民共和国成立前夕，在革命根据地推行民主改革时，依据实地调查研究，在内蒙古牧区实行“不分、不斗、不划阶级”的“三不”政策。中华人民共和国成立之初起，从中央到地方各级有关部门和科学工作者深入民族地区进行调查研究，为党和国家实施民族政策，提供了科学依据，作出了巨大贡献。云南省在边疆民族地区进行民主改革时，在保留原始公社制的民族地区不把民主改革作为一个革命阶段，而是帮助他们发展生产力，逐步走向先进民族的行列；在阶级分化不甚明显或阶级矛盾不甚突出的民族地区，实行民主协商改革的重大决策，即是根据当地的族情，解决我国民族问题的又一成功实例。

然而，由于主客观多方面的原因，对于民主改革前夕我国少数民族社会发展水平的总体认识上，曾出现偏离实际，过高估计乃至逐步拔高的错误倾向。认为在当时我国将近3600万人口的少数民族中，占其85%的3000万人口的二十多个民族，封建地主经济占了统治地位，而且在不同程度上发展了资本主义因素。这一并非符合我国族情的片面论断，一直延续到80年代中期。面对将近半个世纪以来，我国民族地区革命和建设进程中出现的一系列情况和问题，重新认识我国少数民族脱胎的母体是十分必要的。国家民委有关负责同志首先提出在评估民主改革前我国少数民族社会性质时定性偏高的见解，并委托本文作者组成课题组进行专题研究，提交研究报告。我们对现有的材料进行研究，认为上述论断失真的要害不仅在于，过高估计了民主改革前我国少数民族的社会发展水平，而且其涉及面相当之广，造成的后果亦不容忽略。实际上，在所谓地主经济已占统治地位，而且不同程度地发展了资本主义因素的3000万人口的少数民族中，真正属实者不足1200万人，其余将近1800万人口的少数民族中，封建地主经济只有初步发展，有的尚处于封建领主制阶段，甚至有个别地区还处于原始公社制末期。

上述过高估计我国少数民族原有发展水平的不确切论断，给民族地区革命和建设事业造成的消极后果，是不言而喻的。当前在实行改革开放，从计划经济向社会主义市场经济过渡的新形势下，如何正确认识我国的族情，如何正确认识和处理民族地区在前进道路上出现的新情况和新问题，自然与他们原有的社会发展水平有着不可分割的联系。

思前而顾今，是本文旧题重作的目的所在。

二　重新评估

据1953年我国人口调查资料，当年全国人口为58259万，其中少数民族3532万人（占全国总人口的6%），加上当年尚未确认的土家等族，民主改革前我国少数民族人口约3600万。

由于自然环境和历史等多方面的原因，上述3600万人口的少数民族的社会发展是极不平衡的，按其发展序列可分为如下依次相接的几种类型地区。

（一）原始公社制地区

按以往划分，迄至民主改革时，我国有鄂伦春、独龙等14个民族的全部或其中一部分处于原始公社末期，或由原始公社制向阶级社会的过渡阶段。其人口原来估算为60万至70万。经我们进一步分析研究已有材料，吸收近年来的调查研究成果，认为除上述约65万人口的14个少数民族外，还有桂南十万大山地区山子瑶（人口约5万）、滇西北怒江州的白族支系勒墨人（人口约1万）、滇南西双版纳和澜沧等地偏僻山区的哈尼族（人口约5万）等，亦属于原始公社制类型，其人口合计将近13万。这样，处于原始社会末期民族的人口总计约80万。其中全部或大部分处于原始社会末期的民族有鄂伦春、赫哲、独龙、珞巴、基诺、布朗、怒、景颇、德昂、傈僳等10个民族；一部分处于原始社会末期的民族有黎、佤、拉祜、鄂温克、白、瑶、哈尼等7个民族。

从区位分布上看，上述民族地区均处于偏僻的边远山区，交通不便，与外界经济交往很少，长期处于封闭状态。生产力水平十分低下，除鄂伦春族、赫哲族和部分鄂温克人从事原始的渔猎生产外，均以刀耕火种的原始农业为主，手工业和对外产品交换极不发达。牲畜和部分土地虽已私有，但仍无代价地投入集体生产之中。原始的狩猎或伙耕式的集体劳动及其产品的平均分配，占有着重要地位。人们的私有观念和财富的积累观念十分薄弱。其内部虽已有贫富分化，出现了剥削关系的萌芽，但未形成对立的阶级集团。家族首领或民主推举的村寨头人负责管理其内部事务。

综观上述情况，这些民族地区直到民主改革前，尚未跨进阶级社会的门槛，仍处在原始公社制行将解体的发展阶段。

（二）奴隶占有制地区

民主改革前夕，我国四川省和云南省境内的大小凉山地区约有100万人口的彝族，仍处于奴隶制社会发展阶段。需要说明的是，凉山彝族地区实际的生产力发展水平低下。农业是凉山彝族的主要生产部门。因山区自然条件差，生产工具简陋，耕作技术粗放，农作物的平均亩产不足50公斤，荞麦、燕麦等作物的种子繁殖率不足10倍，平均每人粮食占有量只有100公斤。半个世纪前曾盛行一时的大片土地种植鸦片，更是严重破坏了社会生产力。畜牧业在凉山彝族的经济生活中占有重要地位，由于经营粗放，加之宗教活动中宰杀大批牲畜，畜牧业没有得到应有的发展。用古老的传统方法捕鱼和猎取各种野兽，是当地彝族的重要副业之一。手工业和商业贸易在凉山彝族中一直处于停滞状态，很少专业手工业者，没有本民族的固定市场，没有形成奴隶制社会应有的经济区域。

受低下生产力水平的制约，在凉山彝族社会中比较普遍保留着原始共产制的残余。除耕地已私有外，不少山林和猎场归氏族或家族公有。在渔猎等古老的生产活动中仍盛行平均分配产品的传统。在没有统一政权组织的情况下，黑彝的家支组织虽然起着政权组织的作用，但各家支间互不统属，各自为政。白彝的家支组织仍保留其氏族成员间互助和保护的职能。在婚姻家庭制度方面，还残留着群婚和母系制的遗迹。

（三）封建领主制地区

领主制是封建生产方式的早期形态，以封建领地、人身依附关系和劳役剥削为其主要特征。按此基点考察民主改革前我国少数民族的社会形态，属于封建领主制经济类型者有藏、傣等 13 个民族的全部或其一部分，人口将近 500 万，其中既有农业区，也有牧业区，具体情况如下。

西藏及四川、青海、甘肃等省区的绝大部分藏族，约 242 万人（其中农民约 142 万，牧民约 100 万），占本民族人口的 87% 左右，为我国封建领主制地区总人口的一半；

云南省西双版纳和德宏等地区的傣族，人口 47.8 万，占该类型地区民族人口的 10%；

云南省武定、禄劝县北部、红河南岸以及滇东北、黔西北保留土司制度或其残余地区的彝族，约 65 万人，占本民族人口的 20% 左右，为封建领主制地区总人口的 13%；

云南省红河、元阳等县及江城等保留土司制地区的哈尼族，约 23 万人，占本民族人口的 30% 左右，为封建领主制地区总人口的 5%；

云南省宁蒗县和四川省盐源、木里等县的纳西族，约 5 万人，占本民族人口的 35% 左右；

云南省宁蒗县普米族，人口约 0.4 万，占本民族人口的 35% 左右；

西藏错那、墨脱等县的门巴族，人口约 0.1 万；

新疆和田、阿克苏、库车等地区个别农村的维吾尔族，人口 1 万人左右；

内蒙古从呼伦贝尔到巴彦淖尔的广大牧区和新疆巴彦郭楞、青海省海西等地区蒙古族牧民，人口 40 余万，约占本民族人口的 30%，占封建领主制地区总人口的 9% 左右；

新疆伊犁以及青海省海西等地区哈萨克族牧民，人口约 51 万，占封建领主制地区总人口的 10% 左右；

新疆克孜勒苏地区的柯尔克孜族牧民，人口 7 万；

新疆塔什库尔干地区的塔吉克族牧民，人口 1.4 万；

甘肃省肃南裕固族自治县的裕固族牧民，人口 0.4 万。

需要说明的是：

上述分类比原来划分的封建领主制地区人口 400 万的总体估计多 100 万左右。这是由于：

1. 原来将大小凉山地区以外的彝族均归入封建地主经济类型区。实际上，其中川滇黔交界的保留土司制地区的约 65 万人口的彝族地区，地主经济虽有不同程度的发展，但领主经济仍占有重要地位，土司土目占有大片领地，农民隶属于各自的领主，没有迁徙自由，被束缚在土地上，缴纳官租，服各种劳役。

2. 民主改革前新疆、青海等地区的哈萨克族以及柯尔克孜、塔吉克、裕固族和川、青等地的藏族牧区的社会发展阶段，亦应属封建领主制范畴。民主改革前的哈萨克等族社会中，残余的氏族部落制度与封建制相依存，部落头人、宗教上层、王公贵族以及大小牧主构成的剥削阶级，以牧场公有的名义占有大量牧场，享有各种特权，利用传统的“氏族互助”的名义，剥削依附牧民的剩余劳动。这种剥削关系同样建立在人身依附关系的基础上，与农区封建领主制具有共同的特征。

3. 民主改革前的蒙古族牧区虽然已形成牧主经济，但它仍依附于王公贵族和僧侣贵族势力。牧主剥削牧民的雇佣代牧制（即“苏鲁克”制度），亦带有超经济强制的先天烙印。牧主经济由于未能脱离其自给自足和因循旧规的经营方式，并没有给蒙古族牧业经济带来活力，仍以千百年来延续下来的简陋生产工具，依靠自然条件维持其简单再生产，处于与封建领主制社会形态并无本质差别的封建社会初期发展阶段。

应当提出的是，以往把藏族将近 230 万人口笼统归入封建领主制，其实四川和青海两省境内与汉族杂居的约 30 万人口的藏族，已进入封建地主制经济初期发展阶段。

（四）地主经济初步发展的地区

民主改革前我国 3600 万人口的少数民族中，除去上述约 80 万处于原始社会末期、100 万处于奴隶制社会和约 500 万处于封建领主制发展阶段者外，其余约 2900 万人口的少数民族自然处于封建地主制发展阶段。由于自然环境和历史条件等诸多因素的制约，已进入地主制社会经济形态的各民族地区，实际发展水平也是很不平衡的。以往评估的失误在于，忽略了其中大部分地区的地主经济尚处于初步发展阶段，根本谈不上“资本主义经济已有不同程度的发展”。我们认为，上述 2900 余万人口的少数民族中，除不足 1200 万人口的少数民族中地主经济已得到比较充分的发展，并有不同程度的资本主义经济因素外，其余 1700 余万人口的民族地区尚处在地主经济的初期发展阶段。

属于封建地主制经济初期发展阶段者涉及 31 个民族，可分为如下三种情况。

1. 人口在百万以上者有：壮族，约 480 余万人，占本民族人口的 73%，为同类地区总人口的 28%；维吾尔族，260 余万人，占本民族人口的 72%，为同类地区总人口的 15%；苗族，200 余万人，占本民族人口的 80%，为同类地区总人口的 12%；回族，150 余万人，约占本民族人口的 45%，为同类地区总人口的 9%；彝族，130 万人，占本民族人口的 40%，为同类地区总人口的 7.5% 左右；布依族，近 100 万人，占本民族人口的 79% 左右，为同类地区总人口的 5.5%。

2. 人口在 50 万以下，在本民族中占有一定比例的民族有蒙古、瑶、满、侗、黎、白、土家、朝鲜、藏、水、畲、哈尼、纳西、土、达斡尔、锡伯、普米等 17 个民族，人口合计 358 万，约占同类地区总人口的 20%。

3. 人口不足 10 万，全民处于地主制初期发展阶段的民族有仫佬、羌、撒拉、毛南、仡佬、阿昌、保安、京等 8 个民族，人口合计 18 万余人。

以上处于地主经济初期发展阶段的少数民族，几乎占当时少数民族总人口的一半。这一类地区社会经济的发展水平可以概括为如下三个方面。

1. 生产力水平相对低下。在我国西南山区许多民族中铁制农具十分缺乏，木耙、石耙、木铧犁等原始农具在苗、瑶等族山区还在使用，牛耕还不普遍；用牛踩田，用脚踏犁耕地、手锄挖地等耕作方法十分普遍。在个别地区刀耕火种等原始耕作方法尚未绝迹。在以畜力为主要耕作动力的我国北方农业民族中，严重缺少畜力和铁制农具。据南疆和田、叶城等县四个乡 916 户维吾尔族的典型调查，在 1949 年共有牛、马、驴等役畜 908 头，每户只有一头，铁犁 143 架，每 6.4 户占有一架，砍土曼 545 把，每

1.7 户占有一把。[①] 在维吾尔、撒拉、土等民族干旱地区农村，水利灌溉设施十分缺乏。蒙古、达斡尔等族广大农村，漫撒作物占有很大比重。小麦、燕麦、稷子等作物不铲不耥，实行轮耕以恢复地力，很少施肥，粮食产量很低，甚至亩产粮食只有数十斤。这些民族地区只有少量的自给性的家庭手工业，集市交易没有摆脱以物易物的原始交换状态。

2. 地主经济没有得到充分发展。20 世纪 50 年代进行的我国少数民族社会历史调查所提供的资料表明，迄至民主改革时我国大部分民族地区，地主经济的发展是很不充分的。例如今广西壮族自治区环江县的壮族、贵州省从江县苗族和侗族、贵州省册亨县布依族等地区，新疆维吾尔族偏僻农村和内蒙古达斡尔、鄂温克族山区，地主经济只是雏形，远未得到充分发展。上述各地在民主改革中划定的地主阶级的经济状况，与先进地区难以相比。从土地占有量看，不少地主只占有 10～20 亩，有的甚至比当地人均土地占有量高出不到半倍。从粮食产量看，不少地主家的粮食年收获量只有数千至万余斤之间，除去生产投资和各项开支，所剩甚少。在一些民族地区中农阶层占总户数的 60% 以上，有的乡村甚至没有完全脱离生产劳动，依靠剥削为生的地主阶级。而在某些地区，例如今海南省部分黎族地区土地的高度集中，并不真实说明当地封建生产方式的发展，因为它主要是凭借政治特权抢占而来的。况且，与汉族杂居的不少少数民族地区，相当面积的土地集中在汉族地主手中。

3. 普遍保留着前地主制社会经济的残余形态。由于我国少数民族是从不同的社会基础，通过不同的途径进入封建地主制社会的，因而在他们的社会生活中长期保留其脱胎母体的脐带，有的民族保留着封建领主制的残余，有的民族保留着原始共产制的遗迹，而有的民族则二者兼而有之。

我国中南和西南地区的壮、布依、彝、侗、苗、瑶、藏和普米等民族长期处于土司制度下，以土司、土官为主的封建领主，随着“改土归流”政策的推行和地主经济的产生，转变成为地主阶级，在采用租佃、雇佣等剥削形式的同时，极力维护其封建特权，将领主制残余形态一直保留到民主改革前夕。在广西环江、宜山等壮族地区，黔西北和滇东北苗族地区，贵州镇宁等布依族地区，广西部分瑶族地区，以及青海等地土族和部分藏

① 《南疆社会调查》，新疆人民出版社，1980，第 134 页。

族地区，封建领主制虽属残余形态，但直接影响着该地区社会经济的发展。往日土司土官的后裔，倚仗其政治和经济上的优越地位，迫使农民服各种劳役和缴纳贡赋，在个别地区农民一年的劳役负担竟达100天之多。每逢年节或地主家办婚丧事宜，农民必须贡纳酒肉并为之义务帮工。

原始共产制的残余形态在我国已进入封建地主制初期发展阶段的许多民族，如南方的壮、苗、瑶、布依、黎和北方的蒙古、土、达斡尔、鄂温克等民族中一直延续到民主改革前夕。其表现之一，普遍保留着土地公有制的传统。除已开垦的耕地私有外，未经开垦的山林、荒地均以村寨、姓氏或家族公有等形式归不同范围的人们所公有，猎场、草场、渔场归氏族或村寨公有。其表现之二，人们在生产生活中的互助关系比较普遍。在西南地区很多民族中一直保持着春耕时各家合伙共耕，不计各家耕地面积的多少和所出劳动力的强弱的传统，遇有婚丧事宜或病灾等困难，各家资助帮忙。表现之三，建立在血缘或地域联系基础上的各种形式的社会组织，在很多已进入封建地主制社会的民族中，发挥着不可忽略的作用。其中较为典型者如壮、苗等族中的寨老制，瑶族的瑶老制和石牌制，北方某些民族中的莫昆组织等，是以血缘或地缘纽带为连接的社会组织，在一定情况下这种组织与原始宗教信仰相联系在一起，成为一种守旧的习惯势力。

上述领主制和原始共产制经济现象同已形成的地主经济形态并存于同一个地区中，是由于我国少数民族特定的历史条件造成的。长期以来我国少数民族社会是在以汉族为主的中原王朝的政治压力和先进经济的影响下延续和演变的，他们的领主制在很大程度上是受中原王朝的册封和支持而长期生存的，他们的地主制经济又往往是在汉族地主经济的强力影响下形成和发展起来的。因而在与汉族杂居和接近的不少民族地区，汉族地主成为主宰当地经济的强大势力。但外来的经济势力还没有改变当地落后的生产力状况的时候，难以完全战胜其传统生产关系，更不能改变他们落后的社会面貌。

（五）地主经济比较发达的地区

地主制经济是以地主阶级占有土地和不完全占有农民人身为基础的封建生产关系。在它的中晚期，雇佣关系和高利贷剥削盛行起来，城市工商业逐渐发展，其内部孕育出资本主义因素。我国中原地区汉族的情况正是如此。而在我国少数民族中，达到此标准的只有20余个民族；每个民族也不是全民达到可与内地汉族地区相提并论的发展水平。根据已有的材料分析判断，比较发达的地主经济只形成于如下民族的部分地区。其中满、回、维吾尔、壮等民族中已有部分居民定居城镇，以工商业或服务业为主，亦计入比较发达的地主经济类型，具体情况如下：

分布在各地城镇从事工商业、服务业和东北三省及河北省农村从事农业生产的满族，人口约 200 万（其中城镇人口约 50 万），为本民族人口的 80%，占同类型地区总人口的 17%；

分布在各地城镇从事工商业、服务业和城镇附近从事农业生产的回族，人口约 200 万（其中城镇人口约 120 万），为本民族人口的 55%，占同类型地区总人口的 17%；

广西南宁、上林、武鸣、百色、河池、上思等城镇附近及柳江、黔江流域平坝地区的壮族，人口约 180 万，为本民族人口的 27%，占同类型地区总人口的 16%；

湘鄂西永顺、龙山、来凤等地的土家族，人口约 100 万，为本民族人口的 70%，占同类型地区总人口的 8.6%；

乌鲁木齐及伊犁、阿克苏、库尔勒、喀什、和田等地城镇附近和交通沿线地区的维吾尔族，人口约 100 万，为本民族人口的 30% 左右，占同类型地区总人口的 8.6%；

吉林、辽宁和黑龙江省的大部分朝鲜族，人口约 90 万，为本民族人口的 80%，占同类型民族地区人口的 7.7%。

以上 6 个民族已达到比较发达的地主经济类型的人口共约 870 万，占同类型地区总人口的 75%。处于同一发展水平，人口在 10 万以上者有如下 10 个民族，其人口合计为 270 万，占同类型地区总人口的 23%。

呼和浩特和张家口、通辽、赤峰、肇源、镇赉、阜新、彰武、康平等城镇附近及交通沿线地区的蒙古族，人口约 50 万，占本民族人口的 35%；

黔东南凯里、丹寨、黄平、炉山和湘西的凤凰、永绥、乾城、麻阳等地及川东部分先进地区的苗族，人口约 50 万，占本民族人口的 20% 左右；

黔东南、湘西南、桂东北和鄂西的黎平、天柱、新晃、三江、恩施等地的侗族，人口约 35 万，占本民族人口的 50%；

云南省大理、鹤庆、洱源等地城镇附近和平坝地区的白族，人口约 30 万，占本民族人口的 50%；

贵阳及都匀、独山、安顺等城镇附近及平坝地区的布依族，人口约 30 万，占本民族人口的 30%；

昆明附近及楚雄、禄丰、易门、姚安、昭通、曲靖等城郊的彝族，人口约30万，占本民族人口的10%；

四川省甘孜州折多山以东和青海省海东地区的部分藏族，人口约15万，约占本民族人口的5%；

云南省墨江、新平、元江、镇源等县与汉族杂居地区的哈尼族，人口约10万，占本民族人口的20%左右；

闽、浙、粤、赣等省与汉族杂居的畲族，人口将近10万，占本民族人口的50%左右；

广西大瑶山边缘地区、金秀河流域及富川、贺县、灌阳、恭城和湖南江华等地区的部分瑶族，人口约10万，占本民族人口的15%左右；

与比较发达的地主经济处于同类发展阶段的尚有从事城镇工商业和服务业的塔塔尔族、乌孜别克族和俄罗斯族的全部，人口合计约11万。

此外，黎、纳西、达斡尔、锡伯、土、水等民族的部分地区，地主经济亦有相当发展，其人口合计约10万。

从上述按民族分别叙述的情况中不难看出，民主改革前夕已达到比较发达的地主经济的区域，均属城镇附近和铁路公路交通沿线，是在先进生产技术和资本主义经济的影响和带动下形成和发展起来的。其经济特征可归纳为以下三个方面。

1. 生产力水平比较高。上述地主经济发达的满、回、壮、土家、维吾尔、朝鲜等族的先进地区，都有经营农业的悠久历史，生产工具和耕作技术与当地汉族相接近。大豆、棉花、花生、桐油、茶叶、蚕丝、瓜果等经济作物的生产，分别在不同地区得到了发展。人们的商品意识、价值观念和对市场的依赖程度亦不可忽略。满族大部分农民从事农业的历史虽然不长，但由于采用先进的生产工具和耕作技术，扩大耕地面积，使农业生产很快发展起来。朝鲜族迁居延边地区虽只有一个世纪的历史，但他们为发展我国东北地区的水稻种植业作出了贡献。

2. 城镇工商业和农村手工业比较发达，资本主义经济已萌芽或得到初步发展。维吾尔、满、回等族在城镇从事工商业或服务业者，分别占其本民族人口的10%～30%。农民兼营的手工业在上述壮、白、苗、维吾尔等族农村的经济生活中占有重要地位。在满、回、白、壮、彝等民族中，少数官僚和地主投资工商业，成为我国民族地区资本主义经济先导者。与此相伴随，在满族等少数民族中出现了一批手工业工人和现代产业工人。

3. 地主经济得到了比较充分的发展。迄至民主改革前夕，土地兼并和集中在上述民族地区十分突出，形成了占地数千亩和年收粮数十万斤的大地主。据东北三省若干满族乡的抽样调查，人口占10%的地主富农占有70%以上的土地；延边地区占人口7%的地主富农占有62.5%水田；新疆疏附县托古扎克区第六乡的地主富农人均占有土地8.9亩，贫雇农人均只占有土地0.8亩，相差11倍；大理地区白族中人口不到10%的地主富农占有60%～80%的水田；在布依族、侗族和壮族的先进地区，大部分土地集中在地主富农手中。伴随着商品经济的发展，除租佃关系外，在上述民族地区雇佣剥削和高利贷剥削盛行起来，成为地主阶级剥削农民的重要手段，地租形态也由劳役、实物地租向货币地租过渡。

三　造成拔高倾向的原因及其后果

对我国少数民族民主改革前的社会发展水平，从不认识到初步认识，直到今日据实反思，是一个不断深化的过程。在此过程中出现偏离实际逐步拔高的错误倾向，我们认为其主要原因不应忽视以下三点。

第一，忽略生产力标准，片面强调生产关系的作用，是过高评估我国少数民族社会发展水平的重要原因之一。长期以来忽略甚至否认生产力发展水平是衡量社会发展水平的基本标志这一客观真理，给评估我国少数民族民主改革前夕社会发展水平所造成的错误结论是显而易见的。由于忽略甚至否认生产力标准，将从事广种薄收的原始农业和保留封建领主制乃至原始公社制残余，在外界政治因素的强力影响下出现的地主经济视为主体，把将近2000万人口的少数民族划定为地主经济占统治地位并已有资本主义因素的地区。残酷的现实是，正是这些原来认为不同程度地发展了资本主义因素的人口将近2000万的少数民族地区，经过各级政府多年的扶贫资助，至今大部分地区尚未解决温饱问题，文盲率高，原始宗教和落后的习俗统治着人们的精神世界。

第二，夸大阶级矛盾，强调阶级斗争，是拔高我国少数民族社会发展水平的另一重要原因。20世纪50年代对于我国各民族来讲，是一个暴风骤雨的年代，民主革命尚未结束，社会主义改造又接踵而至，对我国处于不同社会发展阶段的各民族地区，既要完成民主改革任务，又要对个体经济进行社会主义改造。在整个过程中，由于夸大民族地区的阶级矛盾，一味强调阶级斗争，扩大了打击面，化友为敌。

第三，调查研究不够深入，是评估我国少数民族社会发展水平偏高的又一个重要原因。50年代中期分析断定我国各民族社会性质时，全面深入的调查工作尚未开始，虽然当时有些地区党政领导部门对该地区少数民族社会经济状况进行了调查并作出了正确而有益的决策，但就全国而论，上述工作毕竟是局部性的。自1956年下半年开展的中国少数民族社会历史调查，是一项开创性的工作，但不久又受极左路线的干扰，不得不以歌颂“三面红旗”为其主旨，偏离原来的方针，难以对我国少数民族社会经济的发展水平作出切实的判断。

中华人民共和国的建立标志着我国少数民族新历史的开端。近半个世纪以来，我国政府颁布的旨在实现民族平等、民族团结和各民族共同繁荣发展的各项法律和政策，为我国各民族走向现代世界打下了坚实基础。40多年来我国社会主义建设事业的推进和国家在民族地区的大量投资和支援，有力地推动了上述地区落后面貌的改变。民族教育事业的发展，在培养民族干部和提高少数民族文化素质方面，取得了巨大成就。当前，我国正在进行的现代化建设和为促进边疆民族地区的改革开放所制定的各项优惠政策，为我国少数民族的现代化建设，提供了前所未有的机遇和现实可能性。然而不可讳言的是，近十余年来我国边疆民族地区与内地之间在发展水平方面的差距，不是在缩小，而是在不断拉大。据有关资料统计，1990年全国工农业总产值为31586亿元，其中民族自治地方的工农业产值为2272.82亿元，占全国总额的7.2%；而我国民族自治地方的面积占全国总面积的64.3%，其人口占全国总人口的13.5%，全国人均工农业产值比民族自治地区人均产值高出一倍。如果以民族为单位统计，其差距则更大。

上述边疆与内地之间发展水平上差距的拉大，既有历史的也有现实的多种原因。其中过高评估我国少数民族原有的社会发展水平，不能不说是造成思想认识上的偏差和决策上失误的一个根基性因素。

由于对我国少数民族社会发展水平的评估失真并逐步拔高，阶级斗争的温度不断升高，所造成的后果是不言而喻的。对处于前阶级社会发展阶段的鄂伦春、基诺、景颇、佤等民族及苦聪人（拉祜族支系）等边疆民族地区，推行民主革命补课，划分阶级，将一批人定为专政对象；对原来处于奴隶制社会发展阶段的大小凉山彝族地区，忽视其生产力低下，保留浓厚的原始共产制残余的特点，以个别实例为依据，夸大阶级矛盾和阶级斗争；在脱胎于农村公社，领主对农民的剥削尚为轻微，阶级矛盾并不尖锐的傣族封建领主制地区，不切实际地强调阶级斗争；对于西藏封建农奴制社会，无视农奴制与其脱胎的奴隶占有制相比所具有的历史性的进步，片面强调西藏封建农奴制的落后性。至于在民主改革中，由于忽视生产力因素，扩大打击面的现象，更是十分普遍。

由于过高评估我国少数民族的社会经济发展水平，忽视各民族的传统文化和地区特点，在政策上搞“一刀切”，造成无可弥补的损失。如在资源多种的山区，推行“以粮为纲”的政策；在地广人稀、广种薄收甚至从事刀耕火种原始农业的边疆民族地区，推行农作物的间种、套种甚至砍山造梯田；在历来只适于畜牧业的我国北方牧业地区，实行垦荒，破坏植被，破坏牧场，致使农牧均不得收获。

各民族之间相互支援、相互依存的不可分割的关系，是我国民族关系发展的历史特点。如何全面完整地理解我国各民族间“谁也离不开谁”的深刻含义，对于决策者而论，具有重要意义。以汉民族为主体的我国沿海和中原地区，人口众多，经济先进，处于对外开放的前沿地区，但人口密集，自然资源相对贫乏；我国边疆民族地区，地广人稀，经济落后，但资源丰富，是我国现代化建设必不可少的潜力所在。处理好内地与边疆民族地区之间的技术和资金的投入与资源产出之间的双向关系，处理好民族地区的开发与当地少数民族现代化之间的关系，而不把任何一方的投入视为给予对方的恩惠，是在我国社会主义现代化建设新时期，进一步改善我国民族关系，促进民族地区建设的关键所在。深入调查研究我国少数民族原有的发展水平和当前的现状，因地、因族、因时制宜，制定更切实际的政策，是把我国少数民族真正纳入现代化建设行列的又一关键所在。中国社会科学院“八五”重点科研项目《中国少数民族现状与发展调查》，正以适度规模在我国民族地区逐步展开，相信其调研成果将对我国的民族工作和民族地区的现代化建设事业，有所助益。

附记：本文原稿系应国家民委民族问题研究中心的委托而作。在写作过程中承蒙近30位民族学家和有关民族的学者提供宝贵意见和有价值的资料，在此衷心致谢。本文发表前，作者对原稿的结构作了必要调整，对有关论点作了充实和修改。

（《民族研究》1994 年第 5 期）

新疆建省与南疆维吾尔社会经济的变革和发展

齐清顺

光绪十年（1884）十月，清朝政府正式宣布新疆建省，在天山南北推行郡县统治制度（当时亦称“州县制”）。新疆建省，在中国近代史上，特别是在新疆近代史上是一件具有重大历史意义的事件。这不仅仅是清朝政府在新疆统治政策方面的一次重大变化，而是涉及新疆特别是南疆维吾尔地区政治、经济、社会制度方面的一次重要变革，对以后南疆维吾尔地区社会经济的发展产生比较深远的影响。但是在过去公开刊出的一些著、文中，由于各种原因，对这一问题关注得并不够，不能不说是新疆地区史特别是维吾尔史研究中的一个缺憾。本文就在新疆建省中南疆维吾尔族地区在统治制度和土地、赋税、货币制度等方面发生的重大变革，及其对这一地区社会经济发展带来的影响作些论述，以求教于史学同行。

一

自秦始皇嬴政于公元前221年统一全国，把全国分为郡、县等各级行政单位，实行郡县制以来，我国历代中央政府在内地一直沿用的都是这一统治制度。历史证明，郡县制统治制度是和封建地主经济的发展相适应的，它有利于中央政府政令的推行，有利于国家的统一，有利于社会的稳定和生产力的发展。

新疆地处我国西北边陲，距内地遥远，中间又有高山戈壁阻隔，交通十分不便。在历史上，新疆还一直是多民族、多宗教聚集共存的地区，经济文化发展相对比较落后，因此历代中央政府在治理新疆时，都实行另一种以军事统治为主的军府制统治制度。这一制度的主要特点就是中央政府派驻新疆的各级官员多为武职（最高长官历史上多称为“西域都护”），即统兵作战的将领，他们的主要职责是负责各地驻军的训练、屯田、作战等，一般不直接管理当地民族中的内部各种行政事务。

18 世纪中期我国最后一个封建中央王朝——清朝统一新疆后，在新疆实行的也基本是这种统治制度。乾隆二十五年（1760），即清朝统治新疆的第二年，清朝政府在上谕中说：“伊犁及回部……即须驻兵屯田，仍当以满洲将军大员驻扎”[①]。乾隆二十七年（1762），清朝政府在伊犁设立“总统伊犁等处将军”（简称“伊犁将军”），“统辖天山南北各新疆地方驻防官兵调遣事务”。[②] 伊犁将军以下，设立都统、参赞大臣、办事大臣、领队大队等，分驻全疆各地。这些中央政府派驻的各级官员，不但皆是统兵的武职，而且多是八旗军队中的满族官员。新疆各地区、各民族中的日常行政事务，除在汉、回族集中居住屯田的乌鲁木齐地区设镇迪道、实行郡县制统治制度，州、县官员多由陕甘总督衙门（也多为满族官员）派驻外，在南疆维吾尔族地区则实行伯克制统治制度。在伯克制度统治下，南疆维吾尔族中的行政事务，皆由本民族中清朝任命的上层的各种伯克管理，清朝政府派驻当地的各级官员对维吾尔族中的生产、赋税、水利、诉讼、宗教等事务并不直接过问，而这些正是与广大维吾尔族群众切身利益最为密切的事务。

中国历代中央政府在新疆实行这种带有一定“羁縻”性质的军府统治制度，对新疆这样一个地处边陲、民族众多、经济文化发展相对滞后的地区来说，有其历史的必然性，也是与当时新疆社会经济文化发展的水平基本相适应的。清朝统一新疆后，在新疆采取“因俗而治”的政策，对南疆维吾尔族地区原长期存在的伯克统治进行某些改革后仍予以保留，给予维吾尔族上层首领许多政治经济方面的特权，让他们仍然管理本民族中的各种事务，使他们很快成为清朝在当地统治的有力支持者，不但使清朝在新疆的统治很快得到巩固，而且也基本保持了当地社会的较长时间的稳定，社会经济因此得到较快的恢复和发展。

但是，清朝政府在新疆实行的严重依赖满洲八旗官员的军府统治制度，在国内外形势发生巨大变化的 19 世纪，特别是在道光二十年（1840）中国

① 《清高宗实录》卷六一〇。

② 《西域图志》卷二十九。

进入近代半殖民地社会以后，却遇到了前所未有的挑战，这一统治制度固有的弊端也日益暴露出来。

首先，随着世界各资本-帝国主义列强对中国侵略的加剧，中国的边疆问题日益突出出来。在新疆，由于沙俄疯狂的侵略扩张，中国西北边疆的大片领土已沦入外来侵略者之手。中亚浩罕汗国对南疆的侵扰活动，也使这一地区发生多次大的动乱。面对如此严峻的外部环境，清朝政府派驻新疆的将军大臣却缺乏必要的应变能力。随着清朝这时整个统治阶级的日益腐败，以及八旗制度的没落衰败，这些手握兵权的八旗官员“皆出自禁闼”，“民隐未能周知，吏事素少历练”，[①] 在军事上既不能统兵御敌，阻止抗击外来侵略军的入侵活动，在外交上又不能与敌周旋，挫败敌人的各种阴谋，“如盲人瞎马，夜临深池……拱手奉令，一任客之所为”[②]，在沙俄及其他外来侵略者的军事外交进攻下一败涂地，中国西北边疆数十万平方公里土地沦入敌手，新疆各族人民的权益受到严重损害。

其次，随着历史的前进和社会经济的发展，新疆内部特别是实行伯克制统治的南疆维吾尔地区的统治阶级与广大农民群众的矛盾也日益突出出来。由于清朝派驻当地的官员不直接管理行政民事，因此对下面的情况了解甚少，各级伯克打着官府的名义，“往往倚权借势，鱼肉乡民，为所欲为”[③]，残酷地压迫剥削广大农民群众，结果造成“官民隔绝，民之畏官不如畏所管头目”[④]。在这种情况下，中央政府的政令既不能顺畅下传，广大维吾尔族农民群众的怨恨也不能及时上报，使清朝政府在新疆的统治基础发生严重危机，终于酿成南疆维吾尔地区同治初年的大规模武力反抗。

另外，到咸丰、同治朝期间，内地先后发生太平天国、捻军及陕甘回民等大规模农民起义，新疆受到严重影响，吏治腐败、协饷断绝、社会经济发展停滞，更使清朝在新疆实行的这一旧军府统治制度无法维持下去。

同治三年（1864），南疆库车首先爆发了各族农民群众反对清朝统治的武装起义，随后各地武装斗争遍及全疆，清朝在各地的统治机构基本瓦解，在新疆实行了一百余年的军府统治制度也宣告基本结束，我国历代中央政

---

① 《左文襄公奏稿》卷五十三。

② 《清季外交史料》（光绪朝）卷一五六。

③ 《光绪朝东华录》卷七十四，这里的“回”“回民”皆指维吾尔族。

④ 《左文襄公奏稿》卷五十三。

府在新疆实行的这一统治制度成为历史。

光绪初年，清朝派陕甘总督、钦差大臣左宗棠等人统兵收复新疆，重新确立了在新疆的统治。光绪十年十月二日（1884年11月19日），清朝政府发布上谕："授刘锦棠为甘肃新疆巡抚，仍以钦差大臣督办新疆事宜"，"以甘肃布政使魏光焘为甘肃新疆布政使"。[①] 清朝政府的这一任命，标志着新疆省的建立。

新疆建省，是新疆社会发展的历史必然，是新疆与内地日益密切的政治、经济、文化交流的结果，说明新疆与内地在政治、经济、文化等方面长期存在的历史差距已经大大缩小。新疆建省，使新疆从此不再是隶属于清朝中央政府理藩院管辖下的一个特别行政区，而是与内地各直省一样的隶属于中央政府管辖下的一个省，在全国的政治地位有很大提高。以新疆建省为先导，清朝政府随后也在中国边疆其他一些地区建省，从而使中国边疆地区的统治体制发生了一次重大变化。同时，新疆建省，在全疆推行郡县制统治制度，不但使新疆各地区在行政管理体制上基本一致起来，而且也使新疆与内地各省在行政管理体制上完全一致，这更有利于新疆内部各地区之间，以及和内地各省之间进行各方面的交流和共同发展。另外，也是最重要的，新疆建省，是"厘定新章""更定官制"的一场涉及新疆各方面的重大变革，其中诸如官府的设置、官员的职权、军队的驻防、土地的分配、赋税的征收等，都是事关新疆今后稳定发展的大事。这些，在南疆维吾尔地区表现得更为明显和突出。

二

有清一代，维吾尔族一直是新疆各民族中人口最多的民族。维吾尔族集中生活的南疆地区，是新疆农业生产的主要地区，也是新疆经济实力比较雄厚的地区。因此，南疆维吾尔地区社会经济状况的好坏，直接关系到新疆整个社会经济状况的好坏。为此，清朝统治新疆后，一直都非常重视南疆维吾尔地区社会经济的稳定和发展。新疆建省前后，以刘锦棠为首的新疆省当局以主要精力抓了南疆维吾尔地区的各项变革。其中主要有：

① 新疆建省时，为了加强新疆与甘肃的联系，以防新疆孤悬塞外，刘锦棠提出在新疆名称前加甘肃二字。其实，甘肃和新疆仍是两省，甘肃新疆巡抚不管理甘肃事务。

第一，“裁撤伯克，分设乡约”，对统治制度进行重大变革。

光绪十一年（1885）十二月，新疆首任巡抚刘锦棠向清朝政府奏报：“上年通饬南路各厅、州、县，传集各该城关阿奇木等伯克，剀切开导，谕以在所必裁之故，准其各留原品顶戴。仍视城关事务繁简，分设乡约，专司稽查，即于裁缺之回目选令承充，并视品级之崇卑，分送道、厅、州、县衙门充当书吏。乡约酌给租粮，书吏酌给口食，以资养赡。不愿者听便。其乡庄地远，骤难户晓，旧有伯克暂仍不裁，遇有额缺亦不另补，以期渐照城关，一律改设乡约”。刘锦棠的这一奏报，得到清朝政府的肯定，“如所请行”①。乡约，清代乡村小吏，不入品级，原在内地居民中设置，管理一村或一乡的赋税征收等事务，是郡县制统治中农村基层组织的头目。“伯克”改为“乡约”，这不仅是名称上的不同，而且是标志着清朝在南疆维吾尔地区实行了一百年左右的伯克制统治的结束，是这一地区行政管理制度方面的一大变革，也是南疆维吾尔地区农民群众与这一比较落后的统治制度长期斗争的结果。

光绪初年，在左宗棠、刘锦棠收复新疆的过程中，对南疆维吾尔地区的各项事务皆交由设在各地的善后局办理，而善后局的官员则是由左宗棠等人从陕甘总督官府及西征军营中选派。南疆各地残存的维吾尔族伯克，虽然也有人在善后局办事，但只是“借回目传颁教令，初未尝假以事权”，承办善后局交办的各项事务。后来，随着新疆建省工作的逐步推进，道、府、州、县各级统治机构相继设置，中央政府委派的各级官员到位就职，直接管理维吾尔族中的各项事务，各种伯克更失去了昔日那种独立处理本民族事务的权力。

因此，新疆建省后在南疆维吾尔地区废除伯克制统治的工作进展比较顺利，效果也比较好。对此，刘锦棠在奏报中说：“现据各属禀报，自试裁城关伯克后，经年以来，甚觉相安，毫无觖望。回民去其壅蔽，意亦渐与官亲”②。从此，南疆维吾尔地区在郡县制度管理下开始了新的发展。

第二，“廉地归官，招佃承种”，对土地占有制度进行重大变革。

在南疆维吾尔地区实行的伯克制度中，清朝政府对各级伯克可以合法地占有土地数量作过规定。对此，清朝政府在一次上谕中说：“前因回人旧

---

① 《光绪朝东华录》卷七十四，这里的“回”“回民”皆指维吾尔族。

② 《光绪朝东华录》卷七十四，这里的“回”“回民”皆指维吾尔族。

习，凡伯克等多削所属，是以赏给各城阿奇木伯克等钱币地亩及供役之人，俾得奉公自爱”[①]。清朝政府“赏给”各级伯克的这部分土地，又称“养廉地亩”或“养廉田”，是作为各级伯克的俸禄拨给的，同时还拨给一定数量的种地农户（这部分农户又称“燕齐”，实际上是政治经济上完全依附于伯克的农奴，政治经济地位都比一般农民低），土地上的收入全部归各级伯克所有。清朝统治新疆前期规定：三品伯克200巴特玛籽种土地，100户“燕齐”；四品伯克150巴特玛籽种土地，50户“燕齐”；五品伯克100巴特玛籽种土地，30户“燕齐”；六品伯克50巴特玛籽种土地，15户“燕齐”；七品伯克30巴特玛籽种土地，8户“燕齐”[②]。“巴特玛”是南疆维吾尔地区的一种计量单位，据官方规定合内地五石三斗，“一巴特玛籽种地亩”就是一巴特玛粮食种子所播种的土地面积。在当时生产力水平下，南疆一般每亩播种一斗左右，亩收获粮食不到一石（当时一石约合120斤），那么“一巴特玛籽种地亩”也就约合53亩土地。照此计算，各级伯克可以合法占有的土地为：三品伯克10600亩，四品伯克7950亩，五品伯克5300亩，六品伯克2650亩，七品伯克1590亩（维吾尔族中的伯克最高为三品，最低为七品）。根据《回疆则例》一书所载统计，南疆维吾尔地区当时共设三品伯克9人，四品伯克24人，五品伯克41人，六品伯克70人，七品伯克293人。照此统计，那么南疆维吾尔地区各级伯克可以合法占有的土地就多达1154870亩。

上述数字仅是根据官方记载的理论数字。其实，各级伯克并不满足于清政府拨给的土地亩数，他们不但可以利用权势和其他条件，非法占有更多的土地，而且所占有的土地往往还是当地最好的土地。对此，有人估算说，在清代南疆维吾尔地区，当时占人口不到1%的各级伯克，占有高达50%以上的土地，是完全可能的，这种土地高度集中的状况，“为内地所远不及”[③]。在各级伯克占有的土地上，实行的是更为落后的农奴生产方式，而且国家从这些土地上也征收不到赋税。因此，伯克土地占有制度的存在，不但严重阻碍着南疆维吾尔地区农业的发展，而且也严重地阻碍着新疆社会经济的进步和发展。

① 《清高宗实录》卷六四九。

② 《西域图志》卷三十。

③ 蔡锦松：《论1857年新疆库车农民起义》，载《新疆大学学报》1980年第3期。

新疆建省后，在废除伯克制统治的同时，也废除了南疆维吾尔地区伯克土地占有制度，各级伯克合法或非法占有的土地，大片被转交无地或少地的维吾尔族农民耕种（这些农民中不少人原是伯克占有的“燕齐”农户）。对此，刘锦棠在向清朝政府的奏报中说：“各城伯克向有养廉地亩。自改郡县，伯克多经裁撤，廉地归官，招佃承租，额粮照则收纳。其未裁伯克廉地及拨作义学坛庙香火各官地，均科额粮，归入此次田赋案内”[①]。“廉地归官，招佃承租”，是南疆维吾尔地区土地占有制度方面的一次重大变革，从此，长期延续的各种伯克以“养廉地”名义合法或非法占有的大片土地收归国有，原来在这些土地上耕种的维吾尔族农民也从完全依附于伯克的“燕齐”（农奴）而成为国家在籍的农户，成为拥有属于自己一块土地的自耕农。土地占有制度上的这次变革，大大地削弱了南疆维吾尔地区长期严重存在的农奴生产方式残余[②]，不但使一大批维吾尔族农民的政治地位得以提高，经济状况有所改善，而且也大大促进了这一地区社会的进步和生产力的发展。

第三，“除按丁抽赋之苛，而问田取赋”，对赋税征收制度进行重大变革。

在我国漫长的封建社会里，各中央王朝政府长期实行的是双重赋税征收办法，即对广大农民群众，国家既按耕种土地的多少按亩征粮（称“赋”或“田赋”），又按丁（一般是男子 16～60 岁称“丁”）多少征银钱。明朝中期改革这种赋税征收办法，实行“一条鞭”法，把二者合一，一律按土地多少征收赋税。清朝统治全国后，在明朝“一条鞭”法的基础上，实行“摊丁入地”，完全废除人丁税（又称“丁口税”或“人头税”），按每户农民拥有土地多少征赋（粮食或折算成银钱）。这是我国古代封建社会中赋税征收制度方面的重大进步，大大减轻了广大无地或少地的贫苦农民群众的负担，对保持社会稳定和促进生产力发展都有一定作用。

但是，清朝政府统治新疆后，在南疆维吾尔地区仍沿袭旧例，实行比较落后的既按地征粮又按丁征钱的双重赋税征收制度。南疆广大维吾尔族农民群众（自己拥有土地的农民），每年以土地总收获量的约 1/10 作为田

---

① 《刘襄勤公奏稿》卷十二，“新疆田赋户籍造册咨部立案折”。

② 关于清代新疆维吾尔地区的社会性质，史界一般认为从整体上来说是封建地主经济为主，但带有严重的封建农奴经济残余，一直到 1949 年在个别地方还严重存在。

赋上交官府（这部分粮食主要供驻军官兵食用）。另外以每户丁口（男丁）多少交纳一定的普尔钱（各地数量不一样，这部分钱主要作为伯克的“养廉钱”）。[①] 清朝统治新疆前期，由于吏治比较好，再加上当时赋税征收的数额也不太多（与清朝统治新疆前蒙古准噶尔部统治这一地区时期相比减少了许多），所以这种赋税制度的问题还不太突出。

随着南疆维吾尔地区社会经济的发展和清朝整个吏治的腐败，这一赋税征收制度的落后性和弊端也暴露出来。对此，经过深入调查并经办此事的左宗棠分析得比较透彻：“回疆田赋，按丁征派，不均之弊所由来久矣。高宗之于回疆，令各城阿奇木伯克总收总纳，未暇分地与丁，盖圣意在抚绥荒服，不欲纷更。……迨后因仍不改，百弊丛生，小民备受阿奇木伯克掊削，呼诉无门。而丰镐旧家子弟（指满洲八旗官员——引者注）西来者，多以阿奇木伯克为鱼肉，常赋之外，需索频仍，上征其十，下征其倍，而回民乃不胜其苦”[②]。“内地征收常制，地丁合而为一，按亩出赋，故无无赋之地，亦无无地之赋。新疆则按丁索赋，富户丁少，赋役或轻，贫户丁多，则赋役反重，事理失平，莫甚于此”[③]。对南疆维吾尔地区这种不合理的赋税制度，再加上吏治腐败，趁机剥削，是广大维吾尔族农民群众负担比较沉重的重要原因之一。必须在建省、废除伯克制统治时进行变改。因此左宗棠提出：“此时议开郡县，原欲以内地之治治之，则一条鞭成法不可不讲，除按丁抽赋之苛，而问田取赋，庶征收有定，而贫富两得其平”[④]。

光绪初年清军收复新疆后，左宗棠立即提出在南疆维吾尔地区废除旧的赋税征收制度，在制定新的赋税征收制度之前，暂时按土地收获总量的一定比例征收田赋，“仿古什一之制而从其宽，大约十分有余，始征其一”[⑤]。后来，左宗棠与刘锦棠等人商定，“仿古中制而更减之，按民间收粮实数，十一分而取其一”[⑥]，不但废除了南疆维吾尔地区长期存在的人丁税，

① 清朝统治新疆后，对新疆不同地区、不同民族的赋税征收办法很不一致，数额差距也比较大，可参见徐伯夫《清代前期新疆地区的赋税制度》一文，载《西域史论丛》第3辑，新疆人民出版社，1990。

② 《左文襄公书牍》卷二十一。

③ 《左文襄公书牍》卷五十三。

④ 《左文襄公书牍》卷二十一。

⑤ 《左文襄公书牍》卷二十一。

⑥ 《左文襄公奏稿》卷五十六。

而且田赋也由原来按总收获量的1/10征收改为1/11征收，使农民群众的负担大大减轻。

光绪十年（1884）新疆建省后，在全疆推行郡县制统治，南疆维吾尔地区也废除了旧的伯克制统治和伯克土地占有制度。在此基础上，清朝政府对全疆耕地进行了详细的丈量和统计，并根据土地丈量的结果实行了新赋税征收制度。在南疆维吾尔地区，土地均以亩征粮，“上地每亩科粮五升、四升不等，科草五斤；中地每亩科粮三升，科草三斤；下地每亩科粮一升五合、一升不等；科草二斤。耗草不另加征”。对一些比较特殊的土地，还作了补充规定：“凡旧日额征铜金地亩，一律改征粮石”，即把过去一部分应交粮食而折交铜、金等实物的土地，仍改为征收粮食；过去由各级伯克以“养廉地”名义占有的土地，在“招佃承租”之后，“额粮照例收纳”，一样向国家交纳赋粮；对原“义学坛庙香火各官地”，即原由政府拨给各清真寺、经文学校、玛扎（圣裔墓地）等国家的土地，也按规定交纳赋粮；“距城二百里以外”，比较偏远的土地，可以把应交粮食变价成银钱交纳。同时还规定，农民在交纳田赋时，可以按“小麦六成、包谷四成”的比例交粮。[①]

新的赋税制度更符合南疆维吾尔地区当时的社会经济发展状况，对促进这一地区生产力的发展起了积极作用，同时也使南疆维吾尔地区的赋税征收办法与新疆其他地区一致，进而与全国统一起来，是赋税征收制度方面的一次重大变革和进步。

第四，“更定货币”，推行新的货币政策。

有清一代全国实行的一直是以银为主、银钱并用的货币制度。18世纪中期清朝统治新疆后，在南疆维吾尔地区实行的虽然也是以银为主、银钱并用的货币制度，但是却有明显的地区特点和民族特点。在南疆维吾尔地区流通使用的钱币，不是全国包括新疆北部和东部地区流通使用的制钱（制钱内含铅、锡比较多，呈青色，故亦称青钱），而是“普尔钱”。“普尔钱”由于含铜量高，呈红色，故又称“红钱”。清统一新疆后铸造的普尔钱圆形方孔，一面用汉文铸“乾隆通宝”字样，一面用满文和老维吾尔文铸“叶尔羌”或“阿克苏”等铸钱地名。这种钱不论在形制上或是在含金量上

---

① 《刘襄勤公奏稿》卷十二，“新疆田赋户籍造册咨部立案折”。

都与清朝统治新疆前这一地区流通使用的普尔钱不同，因此又称“新普尔钱”。“新普尔钱”一文抵制钱五文，而且只能在南疆地区（托克逊以西）流通使用。因此，在某种意义上说，普尔钱或新普尔钱只能算是一种地方货币。

咸丰年间及同治初年，新疆由于协饷不继，财政困难，各地被迫铸大钱以应付危机。南疆维吾尔地区也铸造“当十”“当五十”“当百”等大钱流通使用，造成货币贬值，物价飞涨。同治三年（1864）以后，南疆发生动乱及外敌入侵，货币更为混乱。先是各地割据者铸造各种货币，例如割据库车等地的热西丁政权铸造的“热西丁钱”、割据和阗地区的哈比布拉政权铸造的“和田钱”等；后是入侵新疆的浩罕国阿古柏匪帮铸造的各种金、银、铜币等，不但造成南疆维吾尔地区货币流通使用的极大混乱[①]，而且由于一些钱币“成色分量任意低减，图售其奸，故币价相权不以允协，民以为苦”[②]，给当地维吾尔群众造成很大不便和经济损失。

光绪初年，清朝重新确立在新疆的统治，左宗棠等人在恢复新疆经济的同时，也把整顿货币作为一项重要事情来办。光绪四年（1878）库车、阿克苏二善后局从内地调集技术人员，召集当地工匠，用从兰州运到的模具开始铸造银币和铜币。新铸造的钱币仍为圆形方孔，正面用汉字铸“乾隆通宝”字样，背面用满、维吾尔文铸“库车”或“阿克苏”地名。这种钱币“轮廓分明，字迹显朗，大小厚薄如一，与制钱相权，银为母，铜为子”[③]，流通使用都比较方便，很受维吾尔族农民群众的欢迎。

光绪十年（1884）新疆建省后，巡抚刘锦棠在新疆更大范围内开始了统一货币的工作，把原仅限于在南疆地区流通使用的普尔钱大量铸造，在全新疆境内流通使用。刘锦棠为此在乌鲁木齐增设宝新局，派人采铜铸钱。据统计，这一时期宝新局每年铸钱13200串左右，库车局每年铸钱11000串左右，阿克苏局每年铸钱4000串左右，另外新设的喀什局每年还铸钱2000串左右。这样，原仅限于南疆地区流通使用的普尔钱一时成为全疆统一流通使用的货币（大宗交易仍以银两计算），对促进新疆境内货币的统一起了

① 据这时到新疆南部活动的俄国人库罗帕特金说，当时在这一地区流通使用的，除上述新铸造的各种钱币外，“新普尔钱”在民间仍流通使用，甚至原不流通使用的制钱也有人用。

② 《左文襄公奏稿》卷五十六。

③ 《新疆图志》卷九十一，“敬陈新疆善后事宜折”。

一定的作用。

但是，普尔钱毕竟是一种地方性货币，不能在全国流通，不利于新疆与内地的经济往来和交流。因此刘锦棠说：这只是因为当时铜源不足、制钱缺少而采取的一时货币措施，“一俟工商辐辏，物价日平，铜斤足供鼓铸，徐图改铸制钱，以为图一”，把新疆货币与全国货币最终完全统一起来。

三

新疆建省前后在南疆维吾尔地区进行的这场社会经济变革，涉及面广，力度大，对这一地区后来社会经济发展产生了较大影响，主要表现在以下几方面：

第一，削弱了南疆维吾尔族地区长期严重存在的农奴制残余。

如前所述，废除在南疆维吾尔族中长期存在的伯克制统治，不但原被各地伯克占有的大片土地收归国有，而且原在这些土地上耕种的大批维吾尔族农民也从过去在政治经济上严重依附伯克的“燕齐”，即农奴地位转变为国家在籍的民户，使他们的政治地位有所提高，经济状况也有所改善。这样，就使南疆维吾尔地区长期存在的严重的农奴制生产方式残余遭到一次沉重的打击。一些地方的王公伯克，“自前遭兵燹，家产荡尽，虽承袭世爵，无阿奇木伯克可兼，而廉俸无几，卯粮寅支，负债即深，拮据万状”[①]，再也没有昔日土地成片、农奴成群的威风了。因此，这实际上是在一定范围内的社会变革，对南疆维吾尔地区的社会进步和生产力发展，都有重要的促进作用。

第二，广大维吾尔农民群众的负担有所减轻。

如前所述，新疆建省后在南疆维吾尔地区进行的赋税制度方面的变革，不但废除在维吾尔地区长期存在、负担最不合理的人丁税，而且对田赋的征收数额也比以前略有减少。例如道光中期，清朝在南疆组织内地汉、回族农民屯田，一般是每户种地 60 亩，每亩征粮 3 升（小麦）。建省后南疆维吾尔地区田赋征收中一般也是亩征粮 3 升左右，可见这个赋率并不高。[②]更应指出的是，这时维吾尔族农民交纳的田赋粮中，还有四成是玉米，而

① 《刘襄勤公奏稿》卷十二，“新疆田赋户籍造册咨部立案折”。

② 这个赋额约相当于同期北疆地区赋税的 1/3。

玉米在当时的南疆已广为种植，亩产量高出小麦一倍以上。因此，从总体上说，这时南疆维吾尔族农民群众的负担有所减轻是没问题的。

第三，国家赋税收入有较大提高。

据《西域图志》和《回疆志》记载，清朝统治新疆初期，在南疆维吾尔地区每年共征收田赋粮6万石左右，人丁钱6万余腾格（一腾格合银一两）。经过半个多世纪的发展，到道光朝中期，清朝政府对南疆维吾尔地区私垦地进行清查，对查出新垦种的土地登记征粮，使这一地区田赋粮增加到11.63万石（人丁税不变）。一直到同治朝初年，官府在这一地区应征赋税额基本保持在这一水平上。[①] 光绪初年清朝重新统治新疆后，于光绪四年（1878）对新疆土地进行初步丈量，这时全疆全年共征收赋粮264073石，征收赋银21287两，而其中南疆维吾尔地区是赋粮242933石，赋银13087两，占绝大部分（这时赋银是粮折银，不是丁税银）。[②] 这时南疆维吾尔地区征收的赋税额已经大大超过以前的数额。光绪十年（1884）新疆建省后，清朝政府又对新疆土地进行了一次更为认真的丈量，并按新的赋税征收办法征收田赋。据刘锦棠奏报，光绪十二年（1886）全疆共征收“本色粮二十七万六千五十一石三斗一升四合一勺，额征本色草一千四百九十万二千七百一斤七两七分，额征粮草折色及地课银五万九千一百四十八两四钱一分一厘四毫四丝七忽”[③]。这里，刘锦棠说的是阿克苏、喀什、镇迪三道赋税征收的总数。考虑到这时乌鲁木齐地区农业生产仍未恢复到同治朝以前的水平，南疆的阿克苏、喀什二道赋税在这里仍应占绝大部分。因此，新疆建省后南疆维吾尔地区赋税额有较大增加是没有疑问的。究其原因，除这时农业生产整体水平有较大增长外（耕地面积增加，单位面积产量提高等），其中一个重要原因就是原被各地伯克占有的大片土收归国有后，政府征收赋税的土地亩数有了较大的增加。

第四，进一步促进了新疆与内地经济文化来往和交流。

新疆建省后，南疆维吾尔地区实行与内地一致的郡县统治制度，过去人为设置的许多限制各族人民群众往来的政策被废除（清朝统一新疆后，

---

① 咸丰、同治时期，各地因财政困难滥征的各种商税，是另外一种临时性税收，不算此列。

② 在同治年间新疆的动乱中，北疆地区农业生产遭到破坏的严重程度大大高于南疆，这时未得到恢复，因此赋税数额很少。

③ 《刘襄勤公奏稿》卷十二，“新疆田赋户籍造册咨部立案折”。

实行许多带有民族隔离性质的政策，不许内地汉、回等族农民进入南疆维吾尔地区长驻屯田等活动）。各地政府官员也由过去的以满洲八旗官员为主变为以汉族文职官员为主，从而为南疆维吾尔地区与内地更进一步经济文化来往和交流创造了条件。从此，“关内汉、回携眷来新疆就食、承垦、佣工、经商者络绎不绝”[①]。“其后土、客生息蕃然，岁屡有秋，关内汉、回挟眷承垦，络绎相属”[②]，不但内地众多的汉、回族农民群众进入南疆地区种地生产，而且也有不少维吾尔族农民群众迁往北疆和内地从事各种生产活动。新疆各族人民更为广泛频繁来往和交流，使新疆包括南疆维吾尔地区的社会经济获得了较快的发展。

但是，也必须看到，这时的中国已越来越深地陷入半殖民地深渊，清朝也正处于日益腐败没落的晚期，新疆建省后出现的各种新气象不可能维持太久，南疆维吾尔地区因各种变革而获得的社会经济的进步和发展也受到很大的影响。到光绪二十五年（1899）以后，新疆协饷开始出现大量欠额，财政日益困难，加上吏治在新的条件下更为腐败，特别由于这时以沙俄为首的西方帝国主义列强对新疆经济文化侵略的日益深入，使新疆社会经济的发展受到极大影响。在南疆维吾尔地区不但旧的农奴生产方式有所恢复，而且广大农民群众的负担也日益沉重起来，社会经济的发展自然无法前进了。不过，很快辛亥革命爆发，清朝在全国统治灭亡，新疆也进入民国时期。这些问题已不在本文讨论之列了。

〔《新疆大学学报（哲学社会科学版）》1999 年第 1 期〕

① 《新疆图志》卷一〇四。

② 《清史稿》卷九十五。

榜青与社会流动

——近代东蒙古地区社会转型的过程透视

王建革

榜青是一种土地关系，清代民国时期，榜青盛行于满蒙的农业开发区。其内容是：地主负责提供一切生产资料，包括种子、肥料、役畜和农具，甚至住房。佃农只提供劳动力，但没有经营自主权，不像一般佃农那样有劳动自由。作物的选择，耕种的程序，都由地主控制。榜青制并不是满蒙地区的新制度，它源于华北的“帮租”，是一种分益雇佣制，兼有雇佣和租佃两种性质。但这种租制在华北较一般的分租、定租和货币租制少见得多，分成也远高于内地。内地的主佃分成往往是8∶2，而蒙地却多为对半分即5∶5。这种制度需要两项条件：一是要有一大批无生产资料的贫苦流民，他们愿意接受很低的产物分成。① 二是要有一批提供田地、牲畜和生产资料的地主。在以自耕农为主体的华北社会，帮租制度是难以盛行的，但传到蒙地变成榜青后，由于人地关系的宽松，却一跃成为农村生产关系的主体。

就目前而言，国内学术界对榜青尚未给予足够的重视。榜青关系不单是一种生产关系，由于关系双方往往不是同一地区的人，所以涉及本地人与外地人、蒙人与汉人、蒙人与蒙人的关系。榜青也与社会流动密切相关。流动不但促成了榜青，也促成了近代蒙地社会结构的形成。国内外史学界对蒙地社会流动的研究相对较少。之所以不能将过去的历史事实活生生地描述出来，关键是因这方面的资料稀缺，本文所论述的内容以丰富的实态调查作基础。主要是指日占时期一些日本学者和调查机构在东蒙古的调查，

① 〔日〕东亚研究所：《经济に关する支那惯行调查报告书——特に北支に於ける小作制度》，昭和18年12月，第44～69页。

特别是满铁和伪满机构的一些日本人的调查。这些调查，基本上都从村庄级别上揭示了生产关系的实态。在热河地区，本文的资料主要来源于伪满地籍整理局对热河蒙地的调查。其中《锦热蒙地调查报告》长达几千页，不但是研究近代东蒙古农村社会的珍贵资料，由于其一直追溯到清代，也是研究清史的珍贵资料。关于较北部地区的研究，本文参考了伪满机构对5个村庄的实态调查。这些村庄有奈曼旗的好来屯、札赉特旗的利茂图屯、科左中旗的郎布窝堡、科左后旗的腰四不奎和阿鲁科尔沁旗的巴拉都塔恰。

一　汉移民与榜青

蒙古农牧交错区的移民和农业开发从清代中前期就陆续进行，于近代达到高峰。这一过程不但是汉人的迁移和农业的推广过程，也是汉蒙社会相互影响的过程。开始时，榜青主要集中于东南部的热河一带。清中后期，随着热河地区基本上汉化，那里的榜青和人流都减少了。清末民国时期，人流和榜青向北部扩展，成为大部分半农半牧村庄的主要制度。作为一种制度媒介，榜青将精耕细作的汉农业生产技术移植到蒙地，作为一种社会关系，它促成汉蒙两民族生产上的联系。一般而言，蒙旗地主需要劳动力，而移民不但需要土地，也需要资本，因为他们是从内地来的贫苦人，不带牲畜或其他生产工具。只有地主提供生产资料和住房，农业生产才能完成。与华北不同，蒙地的青人是大规模流动的团体。他们流动时的集中地是蒙地市场，分散地是东家。日常生活中也有临时性的组织，其首领称把头。蒙地开垦初期，榜青者形成多则30~40人，少则3~4人的小团体，共同到东家榜青。当人口增长使土地进一步细分化后，多人榜青逐步减少，单人榜青大量出现，最终甚至变得与华北的帮租一样。[①] 蒙地的榜青有多种类型，主要分为内榜青和外榜青两种。所谓“内”，即住在家内之意，这种榜青人一般是外地人，由东家提供住所；而“外”即住在家外之意，这种榜青人多是村内的人，住房多在耕地附近，多为简陋房屋，也叫伙房。这种伙房往往形成村落，现在有不少村庄就叫做某某把伙。[②] 青人是流动的，长期居住并与雇主建立稳定关系的只占少数。在土默特左旗，还有一种制度

① 〔日〕关东都督府陆军部：《东蒙ノ农业》，大正5年4月，第13~14页。

② 王玉海：《清代内蒙古东部农村的榜青与雇工》，《内蒙古社会科学》2000年第1期。

为半青半活：开春时地主给佃户一半的工钱，秋收时佃户所得实物占收成的1/4。这种制度实际上是地主将一半收入以现金的方式支付佃户，另一半收入以实物的方式支付佃户，从事这种活动的佃户一般是一些身强力壮的单身汉，住在地主家。① 在科尔沁左翼中旗，这种独立的榜青又叫小青，不但产物折半分配，茎叶有时也归榜青人所有。② 另外，榜青人在农闲时一般还要为东家干其他活，包括涂壁、修理房屋、运送肥料、割柴草、刈牧草等，但有一定的天数限制。③

（一）榜青的传播、分布与变化

锦热蒙地位于东蒙古南部地区，开发较早。从清代中前期到民国时期，耕地的开发一直在持续，其间有高潮也有低潮。第一个高潮在康熙末年，每年入境的山东人达10万左右，威胁着蒙古的游牧地区。到清中期，为了保护蒙古游牧地，清廷制定了限制汉人入关的政策，每年只发800张入蒙的票据，已经在蒙地定居的汉人则实行蒙汉分居政策。这些政策在一定程度上减少了入关的流民数量。但由于内地的贫困，流民难以禁绝，到中后期不得不或明或暗地实施“借地养民”政策，所以，清代的移民潮尽管或大或小，但一直没有中断。④ 以喀喇沁地区为例，1905年左右，这个地区仍有5万多春来秋去的榜青人，占总人数的1/8。这些雁行人来自山东，春天入关，借地耕垦，秋天得到分成后变卖粮食携款而归，他们与地主的耕作契约关系只有1年，每个人的耕作面积一般在100亩左右。地主提供住处和生产资料，贷给粮食，5个月后按3分利息还清。按100亩土地收获谷物20担计算，榜青者一般可以分10担，出卖后返乡。由于还有许多定居的人参与榜青，可以推断，当时喀喇沁地区的榜青关系仍不在少数。在喀喇沁王府附近地区，下十家子村共有30户人家，有50名榜青者；黄家杖子村有20户人家，5户是榜青者。另外，这一带的蒙古地主到清末仍不习农业技

① 《锦热蒙地调查报告》上卷，地籍整理局，1937年12月，第88～90页。

② 伪兴安南省：《科尔沁左翼中旗实态调查报告书》，兴安局，1939，第139～140页。

③ 〔日〕山根顺太郎、村冈重夫：《主农从牧社会与“蒙古部落农业性格”》，满洲民族协会，1944年6月，第44页。

④ 〔日〕天海谦三郎：《旧热河蒙地の开垦资料二则》，满铁调查局，昭和18年2月，第2～4页。

术，仍依赖榜青的班头管理生产。[①] 这里榜青多的另外一个原因是地权集中。以平顶庙村为例，这个村自嘉庆年间开放以来，地权一直很集中，日占时期全村800多户中有地者只有200户左右，有地户平均每户有地200～300亩，多者达1500～1600亩。有地户与无地户的共存，促成了榜青的盛行。[②] 在偏北部的一些资源丰富的地区，榜青更多。敖汉旗的小官家村1936年左右有熟地5万多亩。从表面上看，这个村人均耕地只有6～7亩，实际上却远不止这个数，因为另有5万多亩土地可以定期开发和抛荒，这种地一般是种植2年，抛荒10～20年。另外，作为潜在的耕地，这个村还有30万亩土地作牧场。由于人地关系相对宽松，又要经常开荒，所以，即使熟地也有2/5行榜青制。榜青的盛行显然与这个村的土地资源丰富有关。[③]

在伪满机构进行调查时，也就是20世纪30年代，热河地区的榜青虽已很少，但仍有区域的分布差异。在土默特左旗的南部地区，由于土地的细分化程度高，榜青很少，但此旗的北部地区却由于开发较晚，仍有较多的榜青关系存在。[④] 榜青多依附于新垦区而存在，在土地开发完毕后，就让位于定租制或分租制。在旧农业区的新开发土地也常行榜青，如凌源县十五里堡在康熙年间就开始开垦，民国时期，已经人多地少，但新开垦的荒地上仍行榜青制。[⑤] 一般而言，农业开垦后，移垦者一旦定居下来，拥有了基本的生产和生活资料，便可以在一般租佃制度下进行农业经营，因为租佃制下的劳动者可以获得更高的份额。以土壤肥力而论，蒙地初开时土壤肥沃，不需要施肥就可以达到高产，地主的经营成本也小，宁愿招人经营。到后期，地力下降，需要大量施肥才能维持产量，东家很难满足这种需求。由于家庭在积肥方面更经济，榜青制让位于一般租佃制就更合乎时宜了。早期牲畜资源集中在少数人手中，村庄周围有充足的牧地，地主有充足的牛马役畜供榜青者使用。在敖汉旗的小哈拉道口一带，早期的东家就从蒙古人那里租牛，但后来就越来越少了。[⑥] 因为越到后期，牧地越少，蒙人牲

---

① 〔日〕町田关吉：《蒙古喀喇沁部农业调查报告》，明治38年，第146～156页。

② 《锦热蒙地调查报告》下卷，地籍整理局，1937年12月，第2088～2089页。

③ 《锦热蒙地调查报告》下卷，第2100～2109页。

④ 《锦热蒙地调查报告》上卷，第185页。

⑤ 〔日〕土肥武雄：《热河省凌源县十五里堡に於ける土地惯行》，《满铁调查月报》第15卷第10号，1935年10月，第2～4页。

⑥ 《锦热蒙地调查报告》下卷，第2176页。

畜群不再存在，一般是一家一户地依赖作物秸秆喂养，地主的牲畜也不是很多，东家不再具备榜青的役畜条件，只好采用一般的小农经营制或租佃制。

许多地区自乾隆时期已不再以榜青关系为主了，由于地权的限制，榜青减少的速度并不快。到清末民国时期，蒙古开放地的地权变化加快，外地移民的土地占有权很快得到了国家的承认，这使得榜青减少的速度加快了。分租和定租则大量增多。到20世纪30年代，放垦地的榜青制已经非常少。以林甸县为例，1935年左右，此县共有11030户农户，纯佃农有2026户，还有2221户是自耕兼佃，他们一般都实行定租制。只在新开垦的地区，存在一定数量的榜青，但已经很少。[①]

（二）汉人主导的榜青与阶层变化

蒙地初开时的主要劳动力是榜青人，但榜青地主所拥有的土地权利并不是所有权，而是使用权，所有权在名义上仍属于蒙古人，属于蒙旗集体。一般蒙古人从蒙古旗公署那里得到的不是现代意义上的所有权，而是第一级土地使用权。汉人通过兑倒[②]获得他们的份地，实际上成为第二级土地使用权的获得者。由于蒙地是不准买卖的，故在名义上仍要向所谓蒙古“地主”缴纳一定的租金，这种租金很少，称“小租子”。许多蒙民实际上只靠吃这种小租子过活。汉人则可以将土地重新放租给后来的移民，或招榜青。蒙旗公署的公有地或王公自己的份地在出租时，将次级土地使用权通过收押租的方式放给汉人，汉人再放租或招榜青进行经营。[③] 属王公的地叫“内仓地”，属旗公署的地往往叫“外仓地”。放垦时，蒙古管理层一般不与移民直接打交道，而是通过揽头进行放垦。揽头是二道贩子，他们多是行商

---

① 伪兴安局调查课：《郭尔罗斯后旗　杜尔伯特旗　依克明安旗开放蒙地调查报告书》，1940，第228～232、370、405页。

② 汉人所得到的土地使用权实际上是永租权，但这种永租权与内地的永租权有区别，因内地永租的租率是很高的。兑倒实际上并不限于蒙古人与汉人之间，当汉人将土地转手卖给汉人之后，新买主仍对原蒙古地的地主负有交纳小租子的义务。当然，蒙古人之间兑倒土地不用交小租子。关于蒙古土地的分割所有制，不但在《锦热蒙地调查报告》（上卷，第32～38、133～136页）中有记载，也有日本学者在当时所进行的研究。详细资料见安斎库治《蒙疆に於ける土地分割所有一类型——伊克昭盟准噶尔旗河套地に於ける土地关系の特质》，《满铁调查月报》第22卷第5号，1942年5月，第31～98页。

③ 《锦热蒙地调查报告》下卷，第2350～2351页。

出身，愿意倒卖土地，获利后远走。也有一部分揽头暂时成为榜青主，因为汉移民身无分文，早期的土地开发又需要牲畜和工具，为了培养买主，揽头才主动充当招青地主，待土地垦熟，榜青人积累了一定的资本后，就将土地兑倒给他们。[①] 通过揽头拿到白契[②]的农民，往往又成为新的榜青主。榜青主不但要给外地人提供住房等，还要熟悉农业技术，随时监督劳动。总之，南部蒙旗的第一批榜青人，无论是揽头还是兑倒后获得土地的人，往往都是汉人。由于内仓地和外仓地数量较多，所以，初到蒙旗的汉人往往都是通过这种途径得到了土地的使用权，并形成了汉人与汉人之间的榜青制度。只是到后期这批土地开发完了之后，后去的汉人要从蒙籍地主那里购买土地使用权，这时的许多蒙人已经成为自耕农，所以，在后期获得土地使用权是相当困难的。

在天海谦三郎从热河蒙地整理出的资料中可以清楚地看出各种地主和榜青人的关系。这些资料只是乾隆初期喀喇沁左旗土地整理时众多资料中的一部分。以其中的一个小片断为例，其上有 5 个蒙古人的名字，每个蒙古人名下有 6 ~ 7 名汉人，其中有 1 ~ 2 名汉人地主在当时招榜青。蒙古人章吉赊立钦名下有 7 户汉人，其中有一户户主叫姜朝卜，“年四十四岁，系河间保定府宁津县迁六里六甲人氏，男一丁，雇工人四名，榜青人四名，住板打室地房五间”。另一户户主叫李明，原是河北香河县人，也招“榜青四名”。其他人则是一些只向蒙古地主交租的自耕农。姜朝卜和李明是两名很有势力的汉族地主，这两个人不但在章吉赊立钦名下有地，在其他蒙古人名下也有地。他们在许多蒙古人手下购得土地使用权，然后招青。在天海谦三郎列出的几十份资料中，一般的汉人小地主招雇工多，招榜青少，雇工数量远远多于榜青者。但大地主则不然，天海从这几十份资料中选出 16 名大的经营地主，他们大约承种 100 ~ 375 亩地，共招榜青人 50 人，雇工 28 人。可见，大的汉族地主仍以榜青为主。榜青人多为 4 人一组，2 人和单独榜青的较少。应该指出，4 人一组的榜青在一定程度上乃是农业技术特点决

① 王玉海：《清代内蒙古东部蒙旗开垦中的揽头》，《清史研究》1999 年第 4 期。

② 关于汉族农民得到次级使用权的土地有多种名称，其中从揽头那里获得土地使用权的凭据叫白契，这种土地往往就叫做白契地，揽头的土地往往被称为红契地，因他们从蒙古王公那里得到盖有红色旗公署印章的契约。其他契约种类也有许多，详见《锦热蒙地调查报告》中关于土地关系的内容以及各地土地关系的介绍。

定的，当时的垄作耕法在一副犁耕作时需要 2 人共同劳动，两副犁耕作时则需要 4 个人共同劳动。[①] 一般都使用两副犁，故招 4 个榜青。由此可知，榜青与经营规模有关，大地主多招榜青而少雇工，一般地主则少榜青而多雇工，但总体上雇工占优势，这说明当时的土地已经细分化。对一般有地户而言，招雇工只要在农忙时付出一点工资即可，而招榜青却要付出一半的收成，出于精打细算，他们更愿意雇工。

地主会随着家族人口增长和土地细分化而变成普通的自耕农，榜青者也会因积累财富购买土地而成为自耕农。尽管后期榜青者很难买到土地，但由于汉人的经营优势，许多积极经营的汉人榜青者能够不断地蚕食原来蒙古人的土地所有权。他们中的一些人还是可以通过辛勤劳动积累财富而后买到土地，但这种资本的积累是长期的，往往要经过两三代人的努力。翁牛特右旗的老府村是一个开发历史很长的村庄，汉人主要是从 1730 年到 1810 年这段时间内迁入的，后来也有陆续迁来者。袁姓自咸丰年间进入此村，第 2 代才有土地；刘姓到第 2 代得到土地 5 亩，第 3 代得到 30 亩；郝姓分别在第 3 代和第 5 代上购置了土地；李姓在第 5 代和第 6 代方取得土地。在购置土地之前，他们一般都是榜青户。大多数家庭的家族史表明，光绪年间购得土地的户比较多。这显然与光绪年间蒙地发生动乱后土地容易购得有关。[②] 光绪十七年，蒙汉矛盾出现激化，动乱遍及喀喇沁旗、敖汉旗、土默特左右旗等地区，许多蒙古村落被火烧。在动乱被镇压下去之前，许多蒙古人北逃，到北方居住放牧，也有的去从事榜青，汉人便趁机与旗公署交涉取得了土地使用权。[③] 大部分榜青人在购买土地后只是成为自耕农，也有人通过积累最终成为榜青主。敖汉旗平顶庙村的李广德，其祖先在嘉庆年间迁到此村，一开始靠榜青和打工度日，历经 6 代，终于在道光年间通过倒契（从别人那里买到契约而不是从蒙古人那里直接获得契约）获得王府的土地的占有权。尽管其土地以后又经转倒，并在分家时进一步细分，到 1936 年左右，李家仍有各类土地 2600～2700 亩，其中耕地 400 亩，并招榜青人 1 人帮助耕种。[④] 但这种人是很少的。

---

① 〔日〕天海谦三郎：《旧热河蒙地の开垦资料二则》，第 10、12～90 页。

② 《锦热蒙地调查报告》上卷，第 393～395 页。

③ 《锦热蒙地调查报告》上卷，第 54 页。

④ 《锦热蒙地调查报告》下卷，第 2093～2095 页。

（三）经营规模与分成变化

在榜青数量和分布变化的同时，榜青规模也有变化。早期的土地资源丰富，榜青规模也大，一个东家可以招很多榜青人。后期土地细分化，榜青者减少，且是以小规模的榜青，即小青居多。后期的榜青在土地关系中的确不占优势，但仍有其存在的基础。在1915年左右，东蒙古地区的大地主多行榜青制，一般地主则行实物地租制。[①]《锦热蒙地调查报告》中的资料表明，许多东家只雇1名榜青人，而天海谦三郎所列出的乾隆年间局部调查中的榜青多为4人1组。由于后期榜青人多是长期的定居民，并不年年移动，换村换地，所以流动性也减少了。这时期榜青内容也有变化，以热河丰宁县的送将营子屯为例，民国时期盛行小规模榜青，这种榜青与以前相比有以下不同：其一，小规模榜青者要提供一定的役畜饲料。粗饲料由地主负担，精饲料则由地主和榜青人共同负担。其二，榜青者要自带小农具，大农具由东家负责。其三，榜青人对作物的选择和轮作方式的确定有决定权，而大榜青时往往要由东家决定，榜青人决定时也要与东家相商。其四，公租公课和上缴村公所的费用由地主和佃农平均分担，而以前多由地主上缴。在送将营子，地主的土地规模已经很小，50亩以上的地主只有3户。招榜青的优势表现在肥料方面，因为榜青条件下的地主可以将自己的肥料投在自己的田地里。行分租制时，土地难得肥料，因为当地的佃户一般将自己仅有的一点肥料施到自己的土地上，租种地是不施肥的，长此下去，地力也会下降。[②] 另外，后期的榜青又逐渐以外青为多，因为这时的榜青人多是本地本乡人，不住在地主家里。在土默特左旗，民国时期榜外青的青户也负担一部分生产投资。外青所种的往往是肥力较高的土地，因为青户既然自己负责部分牲畜和肥料，当然希望有较好的回报，他们一般选择上好的土地进行经营，以保证投资能够收回。而外地人进入本屯榜青时，一般并不知道土地质量。[③]

---

① 〔日〕日本蒙古旅行团：《东部内蒙古调查报告》第7篇，“农业”，大正3年11月，第39~41页。

② 伪临时产业调查局：《热河省丰宁县农村实态一般调查报告书》，1936，第125~146、223~225页。

③ 《锦热蒙地调查报告》上卷，第88~90页。

榜青者与东家并不是纯粹的农业经营者，他们往往进行多种经营。许多大东家是农商兼营的。由于粮食剩余，蒙地酿酒业兴盛。为了自我生存，许多酿酒企业自己经营一部分土地。由于有资金实力，在蒙地开发的早期，这些业主的经营规模很大，即使是到后期，这些人的榜青规模也相当大。宁城县和硕金营子兴裕泉烧锅就是一个榜青兼商的东家。这个企业在乾隆年间拥有12000亩耕地，民国时期仍有1600亩，雇16名榜青者，还雇把头1名。业主为榜青者提供的房屋有15间。在生产上，东家负责提供役畜、农具、种子、肥料。把头负责劳动管理。由于农业实施轮作制，播种前的计划安排要与东家的管亩者商量。① 在喀喇沁地区，大地主兼烧锅和杂货商的特别多，他们能够在耕地内建立“伙房”，到清末成为当地土地兼并的主要力量。② 与大东家的农商兼营相比，小东家往往在经营榜青地的同时，也经营自种地和其他副业。敖汉旗的下波罗和硕村的腾大鹏，家里有9口人，雇用长工1人，榜青者1人，自种地100亩，榜青地100亩。他靠种烟叶，养家畜，采挖甘草挣钱。③ 榜青人往往也很难仅仅依赖榜青为生。许多青人从事短工，有人农闲时放牧。在东蒙古，采挖甘草的人比较多。在敖汉旗一带，许多青人从事此业。在小哈拉道口村，1937年前后有青户350户，其中有200多户以采挖甘草为副业。④

一般情况下榜青比例是对半平分，但也不是没有例外。具体分多少，不但与生态经济环境有关，也与当地一般租佃制的分成比例有关。在榜青制下，地主得到的分成更多，一般比分成租多2～3成。在华北，分租为对半平分，帮租为八二分成，帮租比分租多得3成。在蒙地，由于人少地多，分租制下地主的分成是很少的。新放垦地的第1年地主不收租；第2年只收1成，佃农得9成；第3年地主得2成，佃农得8成。榜青制下的地主可得5成，比一般地主多得3成，差额几乎和内地一样。所以，拥有土地较多的地主一般都愿意采取榜青制，投下较多的资本以获取较大的收益。只有土地面积较少的地主才实行一般租佃制。⑤ 在敖汉旗的萨力把村，地主与佃农

① 《热河省宁城县农村实态调查一般调查报告书》，第248～254页。

② 〔日〕町田关吉：《蒙古喀喇沁部农业调查报告》，第166～167页。

③ 《锦热蒙地调查报告》下卷，第2157～2158页。

④ 《锦热蒙地调查报告》下卷，第2176页。

⑤ 《东蒙ノ农业》，第13～14页。

的分成比例有两种，上等地分成比例为二八，下等地为一九，在这种比例下，地主很难得到什么。所以，大部分地是榜青地。里青的比例为对半平分，外青时东家的分成比例达 6～7 成。[①] 为了保证投资收益，榜青地往往是好地。在小河沿村，一般耕地都是榜青地，对半分成，租佃地多为沙荒地，分成比例为二八或三七。[②]

在中部地区，20 世纪初榜青居大多数，榜青者分成比例也比较高。在札萨克图旗，无论是开放地还是非开放地，榜青者得 7 成。在苏鄂公旗，榜青者得 6 成。在札赍特旗、达尔罕旗，开放地和未开放地的榜青都是对半分。但里青与外青往往不一样，在南郭尔罗斯旗的开放地，一般的榜青比例为四六分成，地主得 4 成。榜里青的人在粮食的分成中所占比例较小，有时主人得 7.5 成，榜青者只得 2.5 成，但地主在年末往往给一定的酬金，每个榜青者为 20～30 元，这实际上是将榜青者的一部分谷物分成转化成现金而已，因为榜里青者多是流动人口，春去秋归，愿意得一定的现金而少得粮食。东家则多得粮食，可以储存囤积，保值增值，两相方便。[③]

从历史趋势上分析，早期榜青者的分成由于人少地多而较高，后期因人口压力增大而降低。清代的榜青户往往仍可以靠榜青积财，到民国时期，榜青户多处于生活困难的境地，榜青的减少和东家分成的增加正是人口压力的产物。在敖汉旗的小哈拉道口一带，有一个叫干沟子村的村庄。乾隆二年，山东一带的农民在此租种蒙古台吉[④]地，二八分成，榜青者得 8 成，这应是当时人少地多的反映。道光以后，由于开垦日久，人口增长，垦殖日增，榜青变为对半平分。刚开发时，这个村的土壤环境尚未恶化，以后则因长期的开发使地力下降。民国时期，这个村的许多人处于贫困状态。在 1927 年到 1936 年间，丰年时全村 700 多户中有一半人要靠野菜充饥，普通年份有 70% 的人粮食不足，灾荒年和收成不良的年份受饥户数达 85%。在凶荒年，青户在秋天的收入难抵春天从东家所借的粮食，这最终使榜青变得越来越难。这个村的榜青是对半分成。榜青主一般兼自耕农，因为必须多种

① 《锦热蒙地调查报告》下卷，第 2206 页。

② 《锦热蒙地调查报告》下卷，第 2218 页。

③ 〔日〕宫崎吉藏：《满蒙调查复命书》，满蒙都督府民政部，大正 4 年 6 月，第 94～95 页。

④ 台吉为蒙古的基层官员的官名，世袭，一般为成吉思汗的嫡系。

经营才能维持生存。农民腾大鹏自种100亩地，收获15石粮食，同时榜青出租100亩地，分粮7石。[①]

二　非开放地蒙古人自主的榜青

20世纪以前的农业开发浪潮集中在东蒙古南部，到20世纪以后，移垦浪潮波及中北部地区，特别是哲里木盟等地。在清末，哲里木盟一带除了招山东、河北的农民外，也招“敖汉、奈曼、喀喇沁、土默特诸旗蒙人，以助耕作，俗名榜青”[②]。中北部蒙地分两类地区，一是开放地，这些地区的放垦由政府公开招佃，榜青人的主体仍是汉移民。这些地区的榜青和移民浪潮与早期锦热蒙地有许多相类之处，揽头在这一地区的活动也像早期热河地区那样频繁。由于移民能很容易地获得土地而定居，又由于移民数量大，土地规模迅速减小，榜青衰退的速度比热河蒙地快多了，租佃制和雇佣制迅速占了优势。最后，榜青只行于拥有土地较多且准备在土地上投入较多资本的东家那里。[③] 但在许多被保护的蒙古人居住区内，由于人地关系和地权的影响，流动和榜青一直盛行着。

（一）制度保护与蒙人之间的榜青

非开放地区本来就是保护蒙古人游牧的地区，由于蒙民受外界环境的影响，自愿在其土地上招青耕作，这一地区的榜青环境便与开放区不同。在受到南部蒙古农业生产的长期影响后，大部分蒙古人已不再死守游牧业和“漫撒子”农业的传统，而是积极地迎合精耕细作农业。这在客观上形成了一种半牧半农的经济形态，一直到现在仍然如此。当然，因开发得较早，东蒙古中部的偏南部地区是主农副牧，而北部地区仍处于主牧副农的状态，游牧仍然盛行。就流动人员的构成而言，这一地区的榜青人以热河一带已经汉化的蒙古人为主，他们受汉农业影响的时间长，基本上学会了精耕细作，且在南部动乱的影响下，不断北迁到中蒙古地区。由于相同的文化背景，他们比汉人更容易定居下来，也更容易找到工作机会，特别是

---

① 《锦热蒙地调查报告》下卷，第2153～2176页。

② 徐世昌：《东三省政略》“蒙务”（下），“筹蒙篇”，台北，文海出版社，1965年影印。

③ 《东蒙ノ农业》，第13～14页。

从事榜青或雇工。到伪满时期，由于关外汉民已经停止流动，进入非开放地的人几乎全是锦热蒙地的蒙民，因为他们本来就在伪满管辖范围内。所以，愈到后期，蒙古人与蒙古人的榜青关系愈占优势。汉人只能在开放地获得土地的永租权。在未开放蒙地，汉人根本不可能得到土地。这种制度也决定了这些地区必然是本旗蒙古人自主的榜青。本旗蒙古人的自主权还体现在榜青主对榜青人的社会认同权利上。外地人到本地榜青一般都需要有熟人介绍，蒙古人一般都可以通过亲戚或其他人介绍，汉人则往往由本屯的熟人介绍。

在土地权利上，非开放区的土地使用权长期以来是排他的，是完全由本旗蒙古人享有的一种土地权利。土地使用权以旗为单位划定，原是对以旗为单位划定游牧界限的继承。在清代，各旗的牧民游牧时一般不出旗界，本旗的牧地也是公共地。清末民初，尽管农业生产已经开始，但许多地区的农业聚落尚未形成，不能划分村庄的土地权利，占地也只能以本旗人为限。在很长时期内，本旗蒙古人可以随意流转，任意耕种或放牧牛羊。至于本旗人的身份确定，清代是很严格的，外地蒙古人不能随意加入本旗。民国时期有所松动，政府规定在本旗居住的蒙古人即为本旗人。日占时期，伪满洲国规定，外旗蒙古人在当地居住 5 年以后，即可到旗公署申请加入本旗，汉人则永远不准加入未开放地的蒙古旗。[①] 蒙古人占地在许多地区没有村落限制。以科左旗郎布窝堡资本最雄厚的 1 号（调查报告中的编号）农户为例，他在本屯耕地资源已经开发完毕的情况下，离开本屯到科左旗的第 11 区去占地，因为第 11 区的土地肥力较好，市场条件也较好，可以雇到榜青人和其他劳动力。[②] 当然，随着人口的增长，个人的土地使用权必然产生。到 20 世纪 30 年代，那些人少地多、游牧业仍占主导地位的地区，本旗蒙古人仍可以随意占地开垦，但在那些人口密度较高，蒙古人更多依赖农业的地区，土地私有的概念已经形成，这产生了土地使用权的进一步分化，出现了村有地和具有个人使用权的土地。在这些地区，旗公署按村落为单位划分土地权利，将屯周围的土地划分为生计地和屯有地两种。屯有地归村民集体所有，其他村的村民无权使用，本村的村民具有集体使用权。生

① 〔日〕山本纯愚：《蒙地に於ける锈青の一例に就ぃて——兴安南省科尔沁左翼后旗腰四不奎》，《满铁调查月报》第 16 卷第 6 号，1936 年 6 月，第 12 页。

② 《科尔沁左翼中旗实态调查报告书》，第 129 ~ 130 页。

计地是村民自己占有或分得的，可以招外旗人或汉人榜青，这种地可以继承，但无典当权或抵押权，也不可以卖给汉人或外旗人，只在一定条件下可以进行买卖性转让，转让时也有惯例，一般是先尽家族，后亲戚，再是本屯人，最后是本旗的外村人。① 在札赉特旗，本旗人在20世纪初可以任意开荒耕种，后来才规定需要有开垦许可证。开垦的区域基本上集中于村庄周围0.5公里范围内。村民相中某块地后，先与屯长相商，后向札萨克公所报告即可。占地方法也很简单，一般只要将地段用犁画一界限，他人便不得占垦。开垦后由旗公署发给开垦许可证。由于当时的耕地还保留着弃荒的习惯，弃荒后的地块往往被人侵占，故规定开垦3年后的土地，原垦户有优先占有权，另外，对占地数量也有形式上的规定，1户占地90垧，尽管实际上各阶层因资本和权力的差异而不同。②

榜青在中蒙古的存在基本上与汉人无直接关系，而是农业文化传播的结果。在奈曼旗的西沙力好来屯，汉人迁入很晚，而榜青很早就存在。在光绪七八年，这个村已经有10多户人家了，在这之后的10年中，由于南部地区的战乱，这个村增加了20户，且都是蒙古人，没有一户汉人。由于本旗蒙古人独占土地使用权，这时的榜青关系基本上是外旗蒙古人与本旗蒙古人的关系。到光绪二十五年，才有汉人迁入，为一户富裕蒙古人榜青。这时期蒙古人自主的榜青与清中期热河蒙地的榜青明显不同，热河蒙地的榜青集中在揽头与汉人、汉人与汉人之间，蒙古人与汉人的榜青关系较少。语言学上的证据也证明了中部地区榜青的自主性。在好来屯一带，蒙古人称榜青关系为“巴拉塔该”（ハラタケ），蒙古语的原意为“一部分”之意，指收获物的分成，东家的蒙古语名称是“塔利雅-爱斤”（タリセ・ェヂン），原意是“田地的主人”，榜青者为“塔利雅-沁”（タリセ・チン），意为“受田者”。关于“巴拉塔该”的内容，奈曼旗和阿鲁科尔沁旗基本上是一致的。③ 各地的榜青叫法不太一样。在科左旗的郎布窝堡，蒙古人将榜青称作“雅布多鲁忽毛儿”（セプトルンホモン），意为“做事的人”。④ 科

① 〔日〕满铁调查部：《兴安西省札鲁特旗　阿鲁科尔沁旗畜产调查报告》，昭和14年4月，第28～29页。

② 《兴安西省札赉特旗实态调查报告》，兴安局，1939，第47～49页。

③ 〔日〕山根顺太郎、村冈重夫：《主农从牧社会与“蒙古部落农业性格”》，第4～5、36～38页。

④ 《科尔沁左翼中旗实态调查报告书》，第134页。

左旗的腰四不奎也是一个以蒙古人为主的村落，但并无特有的蒙古词语表达榜青关系，只借用汉语榜青的语音。这个村离郑家屯比较近，本村的蒙古人常到郑家屯卖农产品，榜青词意与内容应是从汉人那里听说后使用的，并非得自于汉人到此榜青。[①] 总之，各地区蒙古人是相对独立地接受这种生产关系的，并将其转化为自己的农业文化。

（二）技术和组织

从以上分析可知，地权限制使汉人难以成为东家，榜青关系只能以蒙古东家为依托，但榜青也与蒙古人对汉农业技术的掌握水平有关。由于东家一般要监督劳动，很难想象不懂技术会出现什么样的问题。对中部蒙古村庄的调查表明，这些地区的蒙古人尽管刚从游牧社会转变而来，但由于长期与周边地区交往，他们对汉农业是熟悉的，特别是他们雇用了熟练掌握精耕细作技术的热河蒙古人。榜青关系会使东家很快熟悉技术，语言的便利推动观念的转变，使技术传播得更快。南部地区蒙古人对技术的接受却经历了较为漫长的过程，不仅清初蒙古人排斥农业，南部蒙地的榜青关系也多以汉人之间的榜青为多，蒙古人多被排斥。

蒙古人原来也从事农业，那种农业是“漫撒子”式农业，是游牧业的附属。招榜青后的农业一般是垄作耕法，这种技术是华北精耕细作技术的一种，早在春秋战国时期就盛行于华北。在好来屯，“漫撒子”式农业的原蒙古语名称为“拿玛塔-达利雅”（ナームク・タリセー），这一名称在日本人调查时已从生产用语中消失，但此屯北部的游牧区蒙古人仍用此名，垄作耕法的推广造成了语言的变化。垄作耕法有一整套轮作技术和旱地耕作技术，耕作要进行中耕、除草、施肥等。另外，还有一套精耕细作的工具，包括犁、小犁、磙子等，这些工具当时已经有了蒙古语名称。好来屯的农业开发时间在1880年左右，到1930年左右也只有50多年历史，掌握和传播精耕细作技术的群体是外地到本地榜青的蒙古人。[②] 科左旗腰四不奎的蒙古人定居时间相对较长，对农事的要求很高，拉犁要用好的役畜，播种、收获和农产品加工等环节的农具也很受重视。对各种作物的农

① 〔日〕山本纯愚：《蒙地に於ける锛青の一例に就いて——兴安南省科尔沁左翼后旗腰四不奎》，《满铁调查月报》第16卷第6号，第6、26页。

② 〔日〕山根顺太郎、村冈重夫：《主农从牧社会与“蒙古部落农业性格”》，第2~33页。

作程序和耕种管理，东家莫不亲自过问。榜青人无耕作的自由，种什么作物，播种量多少，东家都亲临现场。如果农忙季节劳动力不足，东家还要亲自雇用短工。可见，蒙古东家已经很熟悉农业技术。这个村的榜青人多为外屯蒙古人和汉人，一些本屯蒙古人由于土地或役畜不足，也沦为榜青人。[①]

在札赍特旗的利茂图屯，20 世纪以前盛行移动放牧和“漫撒子”农法。垄作耕法行于 1919 年左右，是大垄技术的垄作。榜青的蒙古人主要来自土默特左旗、东科前旗、东科后旗和敖汉旗等。1939 年左右，此村的 9 户外旗人都是榜青户，4 户汉人榜青户的原籍也是土默特等地。[②] 科尔沁左翼中旗郎布窝堡村的开发历史更短，这个村是在 1919 年左右由蒙古人兄弟 2 人建小屋定居后形成的。由于迁住得早，他们占据了大部分土地并成为地主，在头 10 年里开垦的耕地几乎每年增加 20 垧左右，并雇用外地榜青人。这兄弟 2 人在开始耕作时已经掌握了农业技术。一些榜青人以后也有了土地。随着人口的增加，20 年后渐成 40 多人的村落。由于这个地区土地有限，到 1939 年，许多本旗蒙古人也成为榜青人。外旗人大多为土默特、康平和东科尔沁旗的蒙古人，他们以榜青为主，也有从事日工和月工的。地主的榜青地占全村榜青地的 93.9%，但作为东家的本旗蒙古地主也亲自参加榜青劳动，他们自己耕作的土地数量占全村总数的 17.9%，由此可见，地主阶层是非常熟悉精耕细作农业技术的。春天开工时，作物品类的确定，轮作地块的选择，都由地主说了算。尽管与汉人区相比粗放一些，但仍属于汉人集约农法的范围之内，只是除草次数较少，一般只有 1 ~ 2 次。由于开垦时间短，施肥较少，一些开垦了 20 多年的土地在 20 世纪 30 年代已经出现了地力衰退现象。[③] 在蒙古人技术水平与汉人相比仍有差异的地方，蒙古东家往往也参与榜青，这种参与本身可使东家的农业技术水平在短时期内得到提高。总之，无论历史较长的村庄还是刚刚形成的村庄，蒙古人不但已具备精耕细作的农业概念，也能迅速适应技术传播，不再像以往那样歧视

① 〔日〕山本纯愚：《蒙地に於ける镑青の一例に就ぃて——兴安南省科尔沁左翼后旗腰四不奎》，《满铁调查月报》第 16 卷第 6 号，第 4 ~ 11、26 ~ 28 页。

② 《兴安西省札赍特旗实态调查报告》，第 49 ~ 75 页。

③ 《科尔沁左翼中旗实态调查报告书》，第 136、131 ~ 132、152 ~ 155 页，附表 2“农家略历表”。

农业。

本旗蒙古人不但有技术能力，榜青组织本身也有承载技术的能力。这就是把头和把头管理机制。把头制不但是榜青劳动的组织管理方法，由于把头、打头对农业技术的熟悉，他们在蒙古东家不熟悉农业技术时，可以当作最好的技术传播媒介。在郎布窝堡，一个人的耕作能力为7垧左右，拥有70垧耕地的东家就要雇10个榜青人。榜青人一般是5~6人一组，大东家就要有几个榜青组。每个组由把头负责，把头一般是农业生产的行家里手，监督劳动进度和劳动质量。除协作之外，各人也负责各人的农田工作。如果榜青主自己加入到榜青队伍中，一切活动往往由榜青主负责。产品分配时，榜青主除了得到东家的1/2外，还与其他人一同均分剩下的1/2。把头在榜青分配后还要在东家所得的1/2中取得1石粮食作为报酬。[①] 在利茂图屯，耕作组不但要有把头，还有打头。把头是年长有威望的人，负责一般的管理。打头则是“劳动模范”，在扶犁耕地等农活方面有超出一般人水平的技术能力。这两个人都是东家信任的人。在这个村，地主对于榜青人，除了分得收成外，还另有补偿。一般是给他们一块地自种，在这块地上，把头和打头可以各得1天地[②]的收成，普通榜青者只能得0.5天地的收成(即把头和打头额外所得的粮食是其他人的2倍)。在这块地上，种子由榜青人负责，役畜和农具可以使用东家的。[③] 在好来屯，人地关系较为紧张，榜青组规模不大，1939年全村共有38名榜青者，9名为单独榜青者，2人一组的榜青有8组16人，3人一组的有3组9人，4人一组的只有1组4人。当然，同一个东家也可以在不同的地块上招不同规模组的榜青人。从文化习惯上讲，蒙古人喜欢共同榜青，汉人喜欢独处。从1939年到1942年，有2户本旗蒙古人从单独榜青者变为共同榜青者，2户从共同榜青者变为雇农。在原有的6户汉人榜青户中，有3户汉人从共同榜青者变为单独榜青者。3户蒙古东家却从参与榜青型变为独立的东家。[④]

---

① 《科尔沁左翼中旗实态调查报告书》，第135~137页。

② 近代东北和内蒙古一带的农村将一个农民一天耕种的土地面积称为一天地，一般相当于内地的15亩地。

③ 《兴安西省札赉特旗实态调查报告》，第95~96页。

④ 〔日〕山根顺太郎、村冈重夫：《主农从牧社会与“蒙古部落农业性格”》，第18~21、40~42页。

（三）牲畜与榜青

无论在开放区还是非开放区，蒙古人在清末民国时期已经具备了良好的农业投资能力。在开放区，一些蒙古人的投资能力不次于汉人。1915 年札萨克图旗一带很有势力的 9 名揽头中，有 2 名是蒙古人，其中 1 名原籍为敖汉旗，1 名不详。[①] 在非开放区，本旗蒙古人的投资能力不但表现在已经具有技术能力方面，资本方面的垄断也使他们在榜青和雇佣关系中居支配地位。他们不但垄断了土地，同时也垄断了役畜，因为他们刚从游牧阶段转变而来。实际上，早在游牧时期，受农业扩展的影响，他们的畜群结构已经发生了变化。他们不再以养羊为主，而是更多地养牛和马以供南部的农业需求。克拉德认为东蒙古与中蒙古游牧业的结构差异正是由不同的农业影响程度决定的。在东部，农业历史长，哲里木盟的畜群中牛马比重较大，这是游牧业长期适应农业的结果。[②] 农业开垦时，牲畜便非常直接地成为役畜。牲畜的决定性作用使得村庄内的阶层分化特别明显，不但开发时不同阶层会因拥有牲畜的数量和品种不同而有不同的占垦能力，开发以后村民也会因拥有牲畜的数量不同而产生两极分化。

在开发时间短的村庄，牲畜在占地时的决定性作用表现得非常突出。在利茂图屯，游牧时期贫富户的牲畜数量差异已经比较大，招青所引起的开垦能力差异更大。区长等有势力的人都抢先招青开垦耕地，占得了较好的土地，贫牧阶层由于牲畜少，占地很少，不但不能招榜青者，甚至不能自耕。一般只开垦一小块地养活自己，甚至只能为人当雇工或拾柴薪度日。这个村的第一富户德力格尔原是个台吉，祖上在周边地区放牧，由于匪乱的缘故，在利茂图屯定居。在 1927 年，他本人成家时有 100 天地，他仗着牲畜多，通过招青扩大耕地面积，到 1939 年，他已有 310 天地，有牛 100 头，马 120 匹，羊和山羊 2000 只。1927 年他招青 5 人，1939 年招青 20 人。与大东家快速扩张耕地相反，这个屯却有 8 名本旗人因没有牲畜只能打短工

---

① 〔日〕北村吉藏、添田泽三：《满蒙调查复命书》，关东都督府民政部，大正 4 年 6 月，第 83～84 页。

② Lawrence Krader，*Social Organization of the Mongol-Turkic Pastoral Nomads*（Indiana university publications，Uralic and Altaic Series，Vol. 20. 1963），p. 30.

或做其他生意。[①] 科左旗郎布窝堡的状况也是如此，上层农户拥有大量的牲畜。这个村的1号富户拥有500头大牲畜，300垧土地，由于有大量的牲畜和耕地，此户在榜青和畜牧业方面双丰收。每年要出售50～60头牲畜，获利5000元左右，榜青所得的农产品收入也达4500元。按现在农业资本主义的概念，这是一种典型的经营地主。相反，许多本旗蒙古人却沦为穷人。旗公署并不限制他们占地，但他们没有役畜，无法占地。在这个村的榜青阶层中有11户是本旗人，其中有两户居住时间已经超过了10年，1户达17年，几乎在一开始就来此榜青。[②]

在一些开发时间较长的村庄，尽管不再有那种拥有大量牲畜的人，但牲畜资本仍然决定着村庄的两极分化。在奈曼旗的好来屯，20世纪30年代的日本调查员已经注意到这种现象。这个村的牲畜主要集中在上层十几户人家中，中上层14家有牛141头，占总数的83%。其他19户人家基本上只能以榜青、雇工或杂工为生。[③] 此村的土壤以沙质为多，易于耕作，但1副犁仍需要4头大牲畜牵引才行。因牲畜只集中在少数人手中，所以并不是所有人都有能力自耕，而是以榜青为主。80%的土地是靠榜青耕作的。一般村民认为，不是谁有地谁就能招到榜青人，而是有牛、犁者才行。资本的两极分化也使榜青得以持续甚至增加。从1939年到1942年，这个屯的耕作面积从663垧减少到514垧，减少了149垧，其中自耕地减少了16垧，但榜青地却增加了39垧。[④] 在科左旗的腰四不奎，这种现象也极其明显，这个村的蒙古人年年易地耕作，耕地资源充足，但畜力却成为限制因子，1套犁需要2～4头耕牛牵引，且要用犍牛，即去势公牛。1928～1929年，牛疫在此村流行，11头牛死亡，这导致第二年榜青关系减少。在自然灾害影响下，自耕农非常容易因失去牲畜而沦为榜青者，且一旦如此，很难再有恢复自耕的能力。榜青者借粮度日，分得收入后扣除本息，所剩无几。灾荒时节，榜青所得甚至不足以抵贷。1936年，此屯有9户本旗榜青者，他们缺乏耕牛和犁，其中5户既无牛也无犁，2户各有1头牛，1户有1副犁，这8户只能长期停留在榜青或雇工阶层中，最后的1户有1头大牛和2头小牛，只

① 《兴安西省札赉特旗实态调查报告》，第73～74、80～81页，附表2“农家略历表”。

② 《科尔沁左翼中旗实态调查报告书》，第156～157页。

③ 《兴安西省奈曼旗　阿鲁科尔沁旗实态调查统计篇》，兴安局，1939，第39～43页。

④ 《主农从牧社会与“蒙古部落农业性格”》，第12～13、22、34～35页。

有这一户才有可能恢复成自耕农。由于役畜集中在少数人手中，一般农民之间即使互助合作也难有作为，所以，这里也不盛行华北内地那样的换工和牲畜借用制度，只能依赖榜青。①

三 榜青与社会流动

（一）社会流动的形态与环境

榜青和农业的开发所造成的一个重要的社会变化是蒙地的社会流动。这种社会流动有如下特点：（1）人员组成不同，早期的流动由汉人组成，清末民国时期既有汉人也有蒙古人。（2）流动潮有其特有的运动规律和速度。（3）流动潮有其产生的环境和条件，除了以前所说的地权等影响因子外，交通运输和市场发育也起着很大的作用。

从组成上分析，20世纪初开放地和非开放地的人流组成是不一样的。汉人主要集中在开放地，其次才在非开放地，而非开放地榜青的主力军则是南部蒙古人。在图什业图旗附近，1915年左右的流动劳动力分为汉人和蒙古人两种，汉人基本上来自郑家屯和奉天一带，蒙民则主要来自边外长城附近的土默特和喀喇沁两旗。农安县的蒙古移民也主要来自喀喇沁地区。从流动的方向分析，各地的人依地形和交通情况不同从周边地区向东蒙中部汇集。2～3月是劳动力流动的高峰，大小车辆络绎不绝，旅馆也满员。②各地的农业劳动者充斥蒙地集市。他们或是榜青者或是雇工，长期的榜青者一般直接到东家集中，未找到东家的新榜青者则往往集中到把头那里，把头再领着他们找东家。一个把头有时带30～40人。③ 与以前相比，20世纪以后的流动由于铁路网的形成而更加迅速。由于交通条件的不同，开放地和非开放地的流动速度也不一样，远离铁路的地区仍用传统的运输方法，即大车运输。在开放地，由于地形条件较好，大车一般都是由4～8匹马或骡子牵引，夏季1日的行程达70里，冬季达100里。在非开放地，交通运

① 〔日〕山本纯愚：《蒙地に於ける镑青の一例に就いて——兴安南省科尔沁左翼后旗腰四不奎》，《满铁调查月报》第16卷第6号，第8～11页。

② 〔日〕北村吉藏、添田泽三：《满蒙调查复命书》，第68～70页。

③ 《东蒙ノ农业》，第13～15页。

输工具仍为游牧时代的牛车，速度较慢，由 3 ~ 4 头牛牵引，夏季 1 日的行程是 40 里，冬季为 60 里。[①]

汉人和南部蒙古人的流动往往仍以往复流动为主，春来秋去。汉人流动的主要方向是开放区。热河蒙古人流动性最大，由于掌握了农业技术，图什业图旗汉人开的大农场甚至只雇用这批蒙古人。当然，由于他们讲蒙古语，在非开放地更有适应能力。总之，他们的流动方向是全面开放的。相反，中部开放区的蒙古人，由于适应性差，反被汉人排斥，他们一般是向北流动，到北部非开放地投亲靠友。非开放地因为有保护游牧的政策，人员流动的规模远小于开放区。[②] 即使如此，非开放地村庄榜青人的迁入和迁出速度仍是相当频繁的，外地蒙古人由于得不到土地使用权，长期居住无意义。在早期，流动到热河的汉人尚可通过兑倒地契获得土地，但民国时期非开放蒙地的制度使汉人和外地蒙古人很难得到土地，无地则自然会形成流动。

生态条件对榜青人的吸引是社会流动的一个因素。榜青人会比较土地质量和榜青收入，然后决定流动的去向。在半农半牧区，耕种时一般都很少施肥，耕地土壤肥力高，可获得很好的收成，榜青者的分成也比较多。在科左旗郎布窝堡，无论是有产阶层或是榜青人群体，因地力条件而前来业农的农户或青人均不在少数。以 21 号榜青户为例，他原籍是喀喇沁左旗，先在科左旗的阿儿塔儿（アンタン）窝堡榜青耕种，后来听说郎布窝堡的地力条件好，便通过介绍人到郎布窝堡榜青。22 号农户原在茂林庙一带，那里的土壤条件恶劣，1937 年便通过中间人介绍到郎布窝堡榜青。46 号农户也是因听说郎布窝堡地力条件好而来。一些有产者也是出于肥力方面的原因来郎布窝堡的，这些有产者是本旗人，因只有本旗人才能获得土地。14 号农户是本旗人，原在辽源县好鲁倒鲁（ホルトル）屯务农，由于好鲁倒鲁屯土地肥力低下，他们托亲靠友，于 1921 年来到郎布窝堡。来屯之时有牲畜 2 头，凭自家的劳动力开垦了 19 垧土地，成为自耕农。15 号蒙古人也是本旗人，原在马彦塔拉，因受水害，肥力下降，于 1936 年转到本屯，开荒 10 垧，成为自耕农。另外，还有 5 户本旗自耕农因为原来的地方地力条件差而到郎布窝堡耕作。有的人因缺乏资本，也要先进行榜青才行。以 5 号

① 〔日〕北村吉藏、添田泽三：《满蒙调查复命书》，第 5 页。

② 〔日〕北村吉藏、添田泽三：《满蒙调查复命书》，第 68 ~ 70 页。

户为例，他原居住地土地不良，靠亲友关系来到郎布窝堡后，先开垦20垧耕地，同时参与榜青，才逐渐在本屯固定。可见，即使是本旗人，来本屯后有时也靠榜青经营积累资本。① 至于地力条件不好的地方，因新形成的村庄有较为宽松的人地关系，也有人流动而去。好来屯的土壤沙土居多，条件极为不好，但仍然形成了村落。除了早期由游牧而定居者外，以后多有因南部动乱而迁入的。10号蒙古家族是在嘉庆二年到好来屯的，迁居的原因是当时好来屯地区比较安定，且有好的土地。18号是汉人榜青者，原在窦家营子干杂业兼务农，因窦家营子的土地条件恶劣，故转到好来屯榜青。可见，尽管好来屯生态条件差，但比一些因过度开垦而失去生产能力的地区还是要好一些。②

榜青流动也与市场化水平，特别是粮食的商品化程度有关。在清代，那些春去秋来的劳动力秋后返乡时也要把粮食在蒙地卖了才能携款回到关内。民国时期的市场条件因交通条件的改善而更利于粮食出售，榜青人在秋后分成后，将粮食卖掉，或回乡或迁移他处。一些调查数据表明，愈是下层，粮食商品化率愈高。在1939年的郎布窝堡，富农的粮食商品化率为10.9%，中农为28.7%，贫农为44%，极贫户为75.1%，全村总的粮食商品化率为33.4%，富农的粮食商品化率低的原因可能是他们储藏了部分粮食，另外有一部分粮食要作饲料，但总量并不少，达137石。下层不能储存粮食，也无牲畜饲养，所有的粮食都予以出售。极贫农户的商品化粮食的数量有52.5石，榜青层的出卖量达70石。③ 在札赉特旗的利茂图屯，粮食商品化率较低，全村平均为25.6%，但富农的商品化率却高，达50%左右，榜青阶层的商品化率只有25%，原因在于榜青人的粮食除自给外难有剩余，另一原因在于榜青人较为固定，居住年限一般为2~3年，也有长达9~10年的。④ 那么，榜青层的流动性与商品化程度的正相关关系是否有普适性呢？第三个村庄好来屯的情况也证明了这一点，这个屯农产品商品化率更低，只有20.7%，荞麦、谷子的商品化率为26%，其他作物的商品化率在10%以下。农户的粮食一般卖给外来的商人，或在附近的下洼镇上出售。东

① 《科尔沁左翼中旗实态调查报告书》，附表2“农家略历表”。

② 《兴安西省奈曼旗　阿鲁科尔沁旗实态调查统计篇》，第10~13页。

③ 《科尔沁左翼中旗实态调查报告书》，第141、146~148页。附表2“农家略历表”。

④ 《兴安西省札赉特旗实态调查报告》，第103~105页，附表2“农家略历表”。

家群体和富农群体粮食的商品化率分别为68.7%和87.3%，而榜青层的粮食商品化率只有3%～9%，由于这时榜青层收获的粮食仅够维持生存，无余粮出售。[①] 有意思的是，这个村榜青阶层的流动性比利茂图屯要低得多，好来屯的榜青户定居时间最短的是2～3年，且只有几户，大部分都在7～8年以上，有的达40～50年，甚至有长达200年的。由于大部分榜青人固定居住，也就满足于自给状态。[②] 总之，市场化程度的确与榜青人的流动呈明显的正相关关系。

（二）固定与流动的反差

榜青人没有财产，周边地区的机会又很多，他们会因利害关系而经常流动。在科左旗的郎布窝堡，榜青户处于高度的流动状态，1938年此村一共有59户，其中就有11户在当年迁移至他村，另有11户迁入。这11户第一年在郎布窝堡榜青，第二年又转到他屯榜青，因为就契约关系而言，榜青关系一般只保持1年。在这个村，契约为1年的有53件，占总数的63%；2年的有12件，占总数的14%；只有几户长达6年。从榜青人迁移的地区来看，他们一般仍在周边地区活动。与流动的榜青人相比，有产阶层则是相对固定的。这个村的开发历史有20年，有产阶层的居住时间一般都长达10年以上。[③] 在好来屯，固定与流动甚至有了界限，这个村在伪满时期有围墙。1944年全村40户人家中，有33户住于围墙内，是固定居住的内核，还有7～8户榜青户住于围墙外，形成游离层。1937年围墙建立时，只有30户移入围墙内，榜青户留在墙外。[④] 在一些开发早的村庄，青户的居住时间可能很长，但仍没有自己的住房。在腰四不奎，大多数榜青人住在东家提供的房子里，许多人住了10年、20年，有的甚至长达85年，有了自己的家族，但仍没有自己的住房。只有3户榜青者有自己的住房。东家有义务为榜青人准备住房，即使没有住房，也要为之修建。至于住房的修理，小修由长期居住的榜青人自己解

---

① 〔日〕山根顺太郎、村冈重夫：《主农从牧社会与“蒙古部落农业性格”》，第12～13、34～35页。

② 《兴安西省奈曼旗　阿鲁科尔沁旗实态调查统计篇》，第10～13页。

③ 《兴安西省奈曼旗　阿鲁科尔沁旗实态调查统计篇》，第10～13页。

④ 〔日〕山根顺太郎、村冈重夫：《主农从牧社会与“蒙古部落农业性格”》，第4～6页。

决，大修仍由东家负责。[①]

地主阶层和有产阶层的变化也与流动有关，他们经历了从流动到固定的过程。流动是游牧阶段的流动，固定则是农业阶段的定居。这一过程恰与大部分榜青者，特别是南部蒙古人或汉人从固定农业到流动榜青的过程相反。在利茂图屯，早期的定居者就是当地以游牧为业的蒙古人，这个村20世纪30年代的10户上层户和中农阶层的大部分在20世纪以前都是游牧的，他们游牧的范围基本上在本屯周围或巴彦哈拉等地，也有的在第三努图克游牧。他们因有一定数量的牲畜，也就具备了榜青的资本，定居后随即招青或自耕。榜青阶层却不是游牧者出身，除了南部的蒙古人外，也有许多中部蒙旗的流浪人。20号农户原籍东科前旗，祖辈开始榜青，1889年左右在泰来县榜青，1912年到此屯亲戚家寄食，1930年，户主在本屯当年工兼榜青者。时间长的榜青人都迁移了几个地点，21号农家原籍土左旗，1889年左右在西科后旗榜青，1897年在札赉特旗第五努图克的乌道鲁（ウンドル）村榜青，直到1936年才到利茂图屯榜青。27号农户也是土左旗人，1899年到札赉特旗第五努图克的乌恰乌鲁（ウヂウル）村榜青，1919年又转到札旗第二努图克的阿劳达好阿（アロタンホア）村榜青，1936年才到此屯，也是榜青。时间最长的1人榜青达70年，但到利茂图屯榜青只有2年，可见此人70年未固定下来。[②] 好来屯定居时间长的家族也是本地游牧家族。2号农户是地主，定居时间长达100年，其祖上以前在叫来河流域放牧，由于清政府的借地养民政策，那一地区的牧地缩小。道光十六年（1836），这个家族移居此屯开荒，占地140垧，成为大地主。3号地主定居70年，其祖先于嘉庆四年在本旗的朝海堡（ソヘホ）一带游牧，道光十六年在三道古街处游牧，后因遭旱灾，无法游牧，最后于同治七年（1868）定居本屯。到清末，此户还一直是佃户，宣统元年（1909）有了自己的20垧土地，1929年扩大到25垧，1931年扩大到140垧。在积累了几代的农业经验和财富后，成为地主。至于好来屯的中农层，部分原是放牧的，部分原是外旗蒙古人，到本屯后积财成为自耕农。至于榜青阶层，一部分是本旗蒙古人，一部分是南部蒙古人，他们一般先在外地作佃农或青人，以后

---

① 〔日〕山本纯愚：《蒙地に於ける锛青の一例に就ぃて——兴安南省科尔沁左翼后旗腰四不奎》，《满铁调查月报》第16卷第6号，第23~25页。

② 《兴安西省札赉特旗实态调查报告》，附表2“农家略历表”。

求亲靠友成为本屯榜青者。除了少数人以外，他们大部分定居的时间并不长，一般在 20 年以下。[①]

以上两个村庄基本是农主牧副类型的村庄，村庄内的固定层和流动层比较明显。在哲盟北部，20 世纪 30 年代还有一些刚开发不久的村庄，其特点是牧主农副，游牧业依然存在，地主和榜青人都富流动性。从农业技术的角度看，这些地区的农业正处于从“漫撒子”农业到汉农业的转变阶段。在札鲁特旗，那些牧主农副的村庄中拥有大量牲畜的仍是上层蒙古人，他们处于定居放牧状态，一年之中有许多时间是离村放牧的。他们以村庄为放牧圈的中心，自己在村内有固定的住所，但经营游牧业和打草，有时雇工放牧。离村放牧后一般以蒙古包的形式择地居住，处于一种半流动状态。下层蒙古人往往是定居的，因为他们没有牲畜，只能以务农维持生计，甚至因没有牛只能为别人榜青。也有几户下层人协作耕种的。如果向上层蒙古人借牛自耕，代价不低，1 头牛 1 年要付 1 石糜子。[②] 在阿鲁科尔沁旗的巴拉都塔恰（ハラトクチン），有 20 户人家，以牧为主，兼营农业。上层蒙古人亲自放牧，同时也招榜青者或出租土地。这个村有 2 个富户，1 号富户的祖上自清初就在本旗游牧，1839 年左右兼营“漫撒子”式农业，到 1889 年左右，有牛 800 头，马 1000 匹，羊 2000 只，是个大牧主，雇用牧农若干。1909 年左右，此户一分为四，1913 年遭到土匪的抢掠，牲畜遭受很大的损失，但通过招榜青耕种土地，积财致富，牲畜数量也逐步恢复，到 1938 年，有牛 408 头，马 134 匹，羊 313 只，同时兼招榜青耕种土地 21 垧。应该指出，招榜青时代的农业就是精耕细作的农业。2 号富户的游牧历史同样可以追溯到清初。到其祖父时，有牛 100 头，马 300 匹，羊 400 只，经营“漫撒子”式农业。到 1938 年，此户的牲畜有所增加，有 9 垧地招榜青。富户的招榜青地并不多，所产的粮食一般是为了自用或作饲料用的，因其畜群较大，不必依靠农业，故仍守着游牧的习惯。榜青者往往也是本旗人，失去牲畜后不得不从事农业。这些人有时受托为人放牧，因此也能得到几头牛，但这远不够维持生存，只能兼营榜青以求糊口。以 11 号户为例，此户的祖先清初在本旗游牧，1889 年左右农牧兼营，但农业为“漫撒子”式农业，1913 年牲畜在匪乱中受损，1934 年受托为人放牧，也受雇当年工。

---

① 《兴安西省奈曼旗　阿鲁科尔沁旗实态调查统计篇》，第 11～15 页。

② 《兴安西省札鲁特旗　阿鲁科尔沁旗畜产调查报告》，第 137～138、195、257～258 页。

1938 年，此户只有 1 头牛，受托放牛 29 头，家里的人中有榜青的和做年工的。总之，由于牲畜和土地资源丰富，上层人只为自给需求才招榜青人，榜青面积也不多。[①] 下层人由于缺少牲畜，榜青只求生存。牧畜所有者处于定居放牧状态，有一定的流动性，下层蒙古人由于为人榜青，以农为主，反而相对固定。这些地区的社会流动又与中部其他蒙古村落形成鲜明的对比。

结　语

以上分析可以看出，榜青制度在东蒙的扩展不单是一种简单的生产关系的扩展，而是技术、市场和乡村社会机制在边疆地区的全方位的建立，蒙古社会是在与汉人社会的相互交流中完成其转化过程的。这种过程从本质上也是一种文化传播过程，它不是一下子完成的，而是伴随着社会的流动，伴随着一些像榜青这样的制度媒介的兴起和消失而进行的。

在清代，热河蒙古地区在汉农业文化和本地生态与社会条件的影响下，形成了以汉（榜青者）-汉（永租者）-蒙（名义地主）为主体的榜青关系，蒙古人尽管看似地主，但在分割所有制的形式下，实际上是寄生者，本质上仍是以汉-汉为主的榜青关系。随着人口增加，蒙古人由于经营权的丧失和土地细分化，逐渐沦为贫民。但他们学会了汉族农业生产技术。于是，到清末民国时期，他们又到北部非开放区组成了蒙（榜青者）-蒙（东家）为主体的生产关系。从汉-汉关系逐步发展到蒙-蒙关系，构成了生产关系在不同民族间的复制。将这种社会现象用自然现象类比的话，这种过程既像是遗传物质的复制，又像是原子之间的互相撞击，A 撞击 B，而 B 又去撞击 C。总之，这一复杂的社会过程，某种程度上类似于自然过程。

这种生产关系的复制，是汉化的一个重要步骤，是精耕细作农业在特殊的地权限制、市场体系、资本结构等条件下的传播和发展。华北的农业生产关系的主体，即小农经济和租佃制，在蒙古开垦的初期没有占主导地位。而在华北不占优势的榜青制度却在蒙地大行其道，也可以用生态学上的道理加以分析。在生态学上，一个物种可能在它的原产地受到了其他物

① 《兴安西省奈曼旗　阿鲁科尔沁旗实态调查统计篇》，第 9～11 页。

种的排斥而不占优势，但当被引种到新的生态条件适应的地区时，这个物种就会出现大扩展，成为优势物种。榜青在蒙地的扩展正是由不同的生态条件和社会条件促成的。宽松的人地关系是榜青形成的生态条件，因为正是人少地多才能使大规模经营成为可能，而到人多地少时，制度又退化为小农经济或普通租佃制度。在热河地区，正是由于农业发展使各项条件逐步趋同于华北，榜青关系才慢慢减少，一般性的榜青与社会流动租佃和小农经济又占了优势。

这种农业和制度的传播过程在近代东蒙古地区是随着有层次的社会流动完成的。内地汉人到蒙满的移动是第一级流动，这是长距离的移动；蒙古人从热河蒙地到中北部蒙地的流动是次级流动，距离稍短；榜青者在村庄之间的流动属于第三级的流动。榜青关系正是在这三级流动中形成的。流动是生产关系形成的媒介，在新的流动形成时，旧有的游牧流动逐渐衰退，游牧人从放牧流动中逐步固定下来成为榜青人的东家，牲畜成为田间工作的役畜，成为榜青的资本，与南来劳动力在榜青关系中相结合，使精耕细作的农业得以发生和推广。流动中形成汉人与汉人、蒙古人与蒙古人、汉人与蒙古人的接触，产生了生产关系。榜青关系不但是流动的产物，也是进一步流动的动因。榜青人在流动中可以固定，当榜青人获得土地后，便成为自耕农而定居下来。流动到热河蒙古地区的汉移民在清代中后期完成了这种固定。但固定的农业者因贫困又会产生流动，关内的汉移民是华北农村的贫困者，热河蒙古的贫困蒙民又构成了北部榜青的主力军。当热河蒙地榜青关系减少后，中部蒙地的榜青关系兴盛起来。正是这种此起彼落的流动与固定，构成了生产关系的起应式流动，促成了近代东部内蒙古乡村社会的转型。

（《近代史研究》2002 年第 5 期，略有修改）

近代瑶族社会形态再研究

张有隽

关于近代瑶族社会形态或社会性质，20 世纪五六十年代不少人认为已基本进入封建社会。笔者经过几十年的田野调查研究，结合历史文献分析，认为五六十年代一些人的看法值得进一步商榷。笔者一直认为近代瑶族由于居住分散，居住在不同地方的不同支系的瑶族，为了适应不同的自然与社会环境，不得不将原有的传统文化做些不同的改变，生产关系即人在物质资料生产过程中结成的关系，在瑶族社会中呈现出比较复杂的状况：有的地方保留原始公社的残余，有的地方保留封建领主经济或其残余，有的地方封建地主经济有新的发展，有的地方出现了资本主义的生产关系。本文根据笔者掌握的资料提出看法，以求教于同仁。

一　原始公社残余

原始公社包括以血缘关系为纽带的氏族公社和以地域关系为纽带的农村公社两种形态。

近现代，瑶族中的白裤瑶、青裤瑶、山子瑶、蓝靛瑶等支系，不同程度地保留着原始公社残余。

氏族公社残余　广西南丹县白裤瑶、贵州荔波县青裤瑶、广西和云南部分山子瑶、蓝靛瑶等瑶族支系不同程度地保留氏族公社残余。其中以白裤瑶、青裤瑶较为突出。南丹白裤瑶直到 20 世纪三四十年代仍保留着一种瑶语称为“破扑”的组织。“破扑”意为同一锅吃饭的同宗共祖的兄弟，故又称“油锅”组织。同一“油锅”的各户成员，有共同祖先来源传说，有共同的头人，共同的山林、土地。共同的土地共同耕种，或租给别人耕种，收获物共同分配。共同的山林允许各户牧牛伐薪。每个油锅还有公共墓地及祭祀活动。①

荔波瑶麓的青裤瑶氏族各有首领，负责处理氏族间大小事务。每个氏族有公共耕地数十亩，每年由首领分发各人耕种，以其所得，充当公共事业费用，如招待客人，施给残废老弱无依者。氏族间某家遇红白事或建屋动土等，全族人都要帮助；犯罪罚款，如被罚者无力赔偿，则由族人按照亲疏分担之。②

广西上思县十万大山山子瑶直到民国初年仍保留着以血缘关系为纽带结成的共耕组织。构成这种共耕组织的成员，是有宗亲关系的各户人家，有姻亲关系的人也可以加入。每一共耕组织有被称为“包到”意即“保头”的头人，有公共的山林土地。公共山林土地头年开垦，由“保头”指挥各户共同进行，收获物共同分配，次年分到各户耕种，种三五年丢荒轮歇，过十五六年长出的树木有碗口粗可重新开垦时，各户又共同耕作，共同分配产品。氏族虽无公共庙宇、墓地，但有共同的祭祀活动。③

20世纪五六十年代，曾有人著文认为连南排瑶在1949年前保留着比较完整的氏族组织，其根据是每个瑶排都有如天长公、户长公、管事公、先生公等头人主管分管事务，职责分明，组织严密。还有公共山林、田地、公共庙宇、墓地，共同举行祭祀活动。然而，民族学调查资料表明，排瑶的绝大多数排都居住着不同姓氏的人们。因此，就排而言，它是一个地域性的社会，并非血缘社会。瑶排中大大小小的头人，主要是为排中各户服务的。我们把瑶排看成氏族组织，不如把它看成农村公社组织的残余——排下面的各房姓组织具有氏族的某些残余。排瑶各姓分为不同的房族，如唐姓有大唐、小唐，房姓也有大房、小房，盘姓有木生、马桂、大欣、巴山、巴尼四房族。各房族有房族长，有太公田、太公山等公产。太公田由各户轮流耕种，租谷用于祭祖时买祭品和分猪肉。遇到“耍歌堂”或“打道”，以及械斗等公共事情，也可以动用太公谷。未经动用的太公谷，用来购买土地和放高利贷。太公山内各户可以开荒种杂粮，无需缴纳租金。山

---

① 广西壮族自治区编辑组：《广西瑶族社会历史调查》第3册，广西民族出版社，1985，第34~36页。

② 岑家梧：《民族研究文集》，民族出版社，1992，第255~257页。

③ 张有隽：《瑶族传统文化变迁论》，广西民族出版社，1992，第82~83页。

上杉林为房姓众人合伙种植，集体所有，用法同太公田租谷收入。[①]

各房姓有公共墓地，公庙合于排中大庙，祭祀活动也是与同排各姓一起进行的。其氏族制度的痕迹，已稍逊于白裤瑶、青裤瑶。

农村公社残余 农村公社为公有制社会向私有制社会过渡的社会形态，在生产资料占有与产品分配等方面具有二重性。在近代瑶族社会中，保留农村公社残余较多的，当属广西十万大山山子瑶和云南一些地方的蓝靛瑶。上文提到的19世纪下半期至20世纪上半期十万大山山子瑶仍存在共耕组织，多数即属于农村公社残余组织。共耕，当地山子瑶用粤语解释为“甲起来做”，即“合起来做”。共耕组织的头人用粤语称为“甲头”，意即“合头”或“伙头”，亦即“大伙的头人”。这一时期当地山子瑶的共耕组织，有以一村为单位的共耕，有跨村的共耕，有宗亲姻亲联合组织的共耕，但以一村为单位的共耕较常见。由于山子瑶村寨多由盘、李、邓、赵、蒋（或张）等姓的十多二十户人家组成，因此，以村为单位的共耕，该村就是一个地域性的农村公社。

其主要特征表现为：（1）每一村社都有一位依次用打棍卦、打香卦、打鸡卦三次占卜从男性村民中选举出来的头人，头人称“央谷”，即村老，又称“甲头”，即伙耕头，或“包到”，即保头（意为由他做头人，能保证村里人丁兴旺，生产丰收）。村老权威很大，有权组织、指挥生产，安排生活，有权处理纠纷，组织祭社神活动。对外打官司，指挥抗御外敌侵犯，也是他的职责。不过，他为村民办事不取报酬，因此具有村民公仆的性质。村老任职期间，村里人丁安康，生产顺利，可以连任；若人丁不安，生产不顺利，村民就以“鬼不信任村老”的理由予以罢免，另选他人担任。（2）生产生活资料占有与使用具有二重性：主要生产资料——山林、坡地、少量水田及用于水田耕作的大型农具犁耙均为村社公有，砍伐耕种林地也是在村老指挥下集体进行，第二年才以“份地”形式分给各户耕种。各户对耕地只有使用权，并无所有权。耕地丢荒后又收为集体。村民的私有财产只有房屋、菜园和斧头、砍刀、刮子、打洞棍、禾剪、鸟枪等生产工具，和衣服、被窝、锅、碗、瓢、盆等生活用品。因此，村社里生产生活资料占有兼具公有、私有二重性。（3）凡集体耕种收获的谷物——旱谷，由村

① 广东少数民族社会历史调查编辑组：《连南瑶族自治县瑶族社会调查》，广东人民出版社，1987，第255～256页。

老指挥平均分配给各户，大型集体狩猎、捕鱼活动所得，也平均分配给各户。但私人在份地上耕作或打猎收获物，民国时期一些家庭在份地上种的八角，则归私人享有。因此，在产品分配上也具有二重性。（4）村社虽无公共墓地和庙宇，但保留有一年春、夏、秋、冬四次集体祭祀社神的活动，社祭亦由村老主持，在他家举行。过年有集体的关门封村活动，村民也听令于他。①

在云南金平、屏边蓝靛瑶社会中的“寨老”制度、“目老”制度，也表露出原始农村公社的特征：每个村寨都保留有一定数量公社公有的土地、森林、水源。这些公社公有的资源，由村寨村民会议选举出来的寨老或目老负责管理，分配使用。公田出租，大的水田按面积、等级分配，公共森林，设护林员管理，不得乱砍。寨老或目老主持村寨村民代表会议及祭祀社神仪式，讨论通过“社约”，安排全寨生产，处理日常纠纷，情况与十万大山山子瑶农村公社略同。不同的是，这里公产之外，各户还拥有一定数量的私有耕地、私有林木以及私人占有的小溪流，私有制比十万大山山子瑶要发达些，甚至瑶族社会中还出现了少量地主、富农。同时，这里的瑶族外部还受到傣族封建领主的统治与剥削，其农村公社是蜕变于土司制度之中的。此外，其村寨最高管理机构分别由“寨老”（一寨之长）、“邓晒”（负责行政事务）、“邓下州”（负责宗教事务）；或“目老”（一寨之长）、寨主（负责行政事务）、当龙师（负责宗教事务）共同组成。这些都与十万大山山子瑶农村公社不同。②

连南排瑶的私有制更发达，“公山”“公田”在瑶排经济中不占主要成分。虽然排瑶社会仍存在瑶老制，每排瑶老均不止一人，而由“天长公”（一排之首）、“头目公”（每条龙的头目）、“管事头”（军事首领）组成，或由“天长公”、“户长公”（各户头目）、“掌庙公”（排中祖先大庙掌管者）组成，但只保留组织祭祀祖先的“耍歌堂”活动，处理内部纠纷，管理水利，指挥抵御外敌等公共事务，并无组织全排各户进行集体生产、指挥产品分配的权力。因为私有制的确立，生产活动早已改为一家一户为单位进行。农村公社在这里已大为褪色，多半只剩下躯壳，而缺少实质性内容。

---

① 张有隽：《十万大山山子瑶农村公社探讨》，《广西民族学院学报》1983年第3期。

② 云南省编委会：《云南苗族瑶族社会历史调查》，云南民族出版社，1982，第81~87页。

金秀大瑶山的茶山瑶、坳瑶、花篮瑶，两广、云南各地所有盘瑶，部分山子瑶、蓝靛瑶、布努瑶，由于私有制普遍确立，水田、旱地已转为私人所有，村社集体财产只剩下一些无主荒山、河流、原始森林。其农村公社残余，主要表现在，每个村社都有一位称为“社老”、“社主”或“庙老”、“村老”、“寨老”的头人。这种头人或因处事公道、富于经验，村民找其办事多了自然而然成为头人；或由村民代表会议选举（多半以神卜方式）产生；也有世袭或上一届头人指定。头人的权力主要是主持祭社活动，制定社约，处理纠纷。除金秀茶山瑶、南丹白裤瑶等少数支系的社老、庙老有权决定生产季节、指挥上山割青（做绿肥）、插秧外，在生产及产品分配上无多大权力。他们为村民服务属义务性质，不取报酬。村社荒山由村民通过“号占”方式开垦耕种，但不能占为私有，丢荒后归于集体；公有山林之木耳、香菇、药草、野果，河流里的蛤蟆、鱼鳖、龟，各户可以采集、捕捉。这类地方的原始农村残余更少。

二　封建领主经济残余

中国南方和西南壮族、傣族历史上盛行的土司制度自明末开始改土归流，至清雍正年间（1723～1735）基本完成。但有些地区的土司制度延至清末，乃至民国时期。此外，改土归流中，土官的政治权力虽然被剥夺或削弱，经济上残剥土民的某些陋习被禁革，但其经济特权受冲击不大，基本上保留下来。不少陋习累禁不止。土司制度在政治上表现为土官制度，在经济上表现为封建领主制度。所谓土官，在其领地范围内是一方土皇帝，拥有至高无上的政治权力；同时又是一方封建领主，对领地内所有山林、土地、河流、湖泊及自然出产拥有所有权。其属地土民就是他的农奴，除耕种土地须缴纳租税，采集、渔猎须献上部分收获物充当租税外，年中还须无偿地为领主服各种劳役：种田（官田）、砍柴、舂米、制衣饰、建房、抬轿、挖坟、舁尸、吹奏乐器、运送物品、出兵打仗、充任土官出巡时各种差夫。桂西都安、巴马、马山、西林、凌云、乐业，桂南上思、防城，云南金平、屏边、勐腊等地的布努瑶、蓝靛瑶、盘瑶，近代被土官或其后代视为农奴，受到领主的各种奴役和盘剥。

安定土司（治今大化瑶族自治县境）始设于明洪熙元年（1425），至清光绪三十年（1904）三月改土归流。土官潘氏统治安定389年。未改流前，土巡检及其属下大小官员依权势，对瑶民肆意敲诈勒索。除土官及下属承袭的官田、官族田、甲田、役田要瑶民无偿代耕代种外，土官还肆意侵吞民田为官田，瑶民造出来的耕地被土司占夺，石头缝中种出的粮食被土司抢走。土司大小官员的薪俸摊给土民负担。清代安定土司管辖上段、中段和接学三个城头的民田，史载共有 349 玮（每玮合 14 亩），被土官并为“官田”186 玮，占总耕地面积 50% 以上。辖境人口不足十万，思恩军民府规定每年应上纳折色米 346 石 6 斗 8 升 4 合 4 夕，应征地粮折银 246 两 4 钱 4 分，而安定土司实征土俸 555 两，官禾 2259 吊（45000 斤），多收近 50%。布努瑶居住的上段城头有田地 185 玮，官族田达 77 玮，土官征收粮银 59 两、土俸 95 两，共 154 两，此外还要纳“垦田银”30 两。瑶民为土司服徭役，分“常役”“时役”两种。“常役”每年 500 名，纳银者可免。“时役”不定人数，随往随调，如每次往南宁调 70 ~ 80 名，往武鸣调 50 名。不去服役者需缴纳银两，去南宁每名每次纳 400 文（铜钱?），去武鸣每名每次纳 300 文。此外，土官袭任、婚娶、寿诞、死葬，还要向瑶民摊派“红白费”，官族清明上坟，责令当地土民杀猪、宰羊祭其祖坟。在土司统治下，瑶民政治上毫无权利，经济上受尽剥削。稍有反抗，即施以抽脚筋、割耳朵等酷刑。①

东兰、巴马、凤山三县明代为韦氏土官领地，明初东兰州划分为内六哨、外六哨（在今凤山境内，含今巴马、天峨部分地区）建置。清雍正八年（1730），内六哨设为东兰州，撤土官，改设弹压；外六哨设为东兰土分州，仍用东兰韦氏土官世袭。直到光绪三十一年（1905），东兰土分州才撤去土官，改为弹压治理。清末咸、同、光三朝，韦氏土司官各种权力依旧，原外六哨为其食采。土州官称为州同，下设统领、参将各一员，各授田 400 把（以产谷重量计，每把重约 20 斤）；设土兵若干，每兵给田百余把；每哨设哨统、哨目，前者给谷 300 把，后者 200 把；哨以下为石，设统石、总管，各给田约 200 把；石以下为村，设头人、苏老、保正等名目小官，每人给田约 160 把；另外，夫役每站 30 ~ 50 名，各给田百余把；衙役值番、厕所、马草、定更、击磬、擂鼓、放鞭炮、吹号筒、乳母等，各给田约百把。至于土官本人，并无定数。他是州内“卜岁”（壮话指皇帝），其食采内任

---

① 韦标亮主编《布努瑶历史文化研究文集》，贵州民族出版社，2003，第 165 ~ 171 页。

由他要哪块就哪块，要多少就多少。耕地分封制的推行，使居住在土州境内宽阔、平坦的耕作条件较好的壮、汉族人民失去了大批良田沃土。壮、汉族中那些贪心的大大小小的财主、地痞依仗权势、财势、人口优势，欺凌、蚕食瑶族的土地，使处于土司治下的瑶民多受了一重压迫剥削。清末土官沿袭其祖先权力盘剥瑶民，无所不用其极。除租赋、劳役外，土官家族煮饭用的柴薪、吃的鸡鸭鹅鱼，都摊派到各哨、石、村轮流进贡，官家头目起房造屋所需之砖瓦木料，分摊给领地人民无偿供给。官员下哨打猎、游玩，所到之处都要当地人民造饭招待，或假土官威名下哨苛派勒索。土官审理案件，原告、被告都要交纳一笔数额不小的官规、目规以及灯油、铺堂、站堂讯费。土司还制定歧视老百姓尤其是瑶民的禁令，如百姓不能穿白衣、花衣，瑶民只准穿粗麻灰土布，并不准钉纽扣，只能用麻线钉绑；瑶民住房不能开正门，正厅不能书写神台，供奉自家先祖，以示与壮、汉人区别等，以维护其封建领主的统治。①

进入民国后，直到第一次国内革命战争前，东、巴、凤一带土司之名已不存在，而对瑶民超经济剥削之实则不见稍改。土司后代承袭土司时期对原辖地内山林、土地的所有权，并未触动。他们是当然的山主，而瑶族则是山丁。在山主统治下，瑶族山丁要老老实实耕种山地，不许改行，否则死无葬身之地，尸体不得埋在山里。山主其实是把瑶族山丁禁锢在自己领地内，接受其剥削和奴役。山主每年要瑶族交纳土地出产的50%的重租，收租时，山丁要以好酒好菜招待。此外，瑶族山丁每年还要为山主无偿服役达30天以上；下种和收割服役7～10天；秋收前自带木料、伙食搭晒谷台5～7天；腊月下旬打柴火5～7天；山主接亲山丁去抬轿，山主下瑶寨山丁去抬轿。山主逢年过节向瑶族山丁索取各种定额财礼，与土司统治时期无多大差别：三月初三送香猪一头，木耳、鸡蛋、腊山鼠肉各两斤左右；七月十四送笋干两斤，芭蕉、柑果、桃果、李果各十斤左右；九月初九送红毛薯一担；春节前送粽粑（或大张竹叶）数斤、木柴十捆、木炭一担。山主有红白事，瑶族山丁要送木柴。此外，山主每年向瑶族山丁征税。山丁违背山主“瑶人不许送小孩读书”等禁令，山主肆意罚款。山主与瑶族山丁的关系，其实就是封建

① 韦标亮主编《布努瑶历史文化研究文集》，贵州民族出版社，2003，第125～130、158～161页。

领主（农奴主）与农奴的关系。[①]

上思、西林、凌云、乐业、天峨等原土司地区改流后，近现代这些地区瑶族受封建领主残余势力的歧视、剥削，与都安及东、巴、凤一带瑶族无多大差别。

云南金平县一区系猛剌土司领地。红头瑶所居平安寨和蓝靛瑶所居之太阳寨，土司领有一切土地。无论山地、水田，瑶族都采取“号占”的方式获得使用权。由于水田较少，水田的使用权必须通过土司颁发田照，并按规定缴纳田租后，方得到承认，否则土司可以没收。1922 年，民国政府实行改土归流，土司对土地的所有权并未被取消，而是通过另一种方式——租粮制，得到新的承认。[②]

在太阳寨，瑶族除向领主交纳实物地租外，还负担劳役地租，每户每年出白工 1～2 个，负责修路。军事上，每年负担团兵费半开 3 角、募兵费半开 5 角。[③]

三　封建地主经济的发展

近代瑶族地区封建地主经济的进一步发展，主要表现在：明清时期在平地瑶、民瑶地区初步萌发的封建地主经济，这时进一步确立起来，成为这些瑶族地区的占主导地位的生产方式；同时，在部分盘瑶、蓝靛瑶、布努瑶地区，也出现了一些以租佃、雇工、放高利贷等方式谋生的家庭，萌生了封建地主经济。

近代瑶族地区的封建地主经济有两种情况：一种是汉族、壮族等民族地主、富农占有山林、土地。他们通过向瑶族出租土地，收取地租，或雇请瑶人耕种，与瑶民之间建立起封建关系。另一种是瑶族内部地主、富农与普通群众之间产生的租佃、雇用、高利贷等封建关系。这两种情况在各瑶族地区都有不同程度的发展。

在广西恭城、富川、钟山，湖南江华、江永、道县等平地瑶、民瑶地

① 韦标亮主编《布努瑶历史文化研究文集》，贵州民族出版社，2003，第 125～130，158～161 页。

② 云南省编委会：《云南苗族瑶族社会历史调查》，云南民族出版社，1982，第 80～81 页。

③ 云南省编委会：《云南苗族瑶族社会历史调查》，云南民族出版社，1982，第 133～134 页。

区，封建地主经济比较发达，瑶族群众不仅受本民族地主、富农的封建剥削，也受到汉族地主、富农的封建剥削。恭城三江地区居住着汉族及平地瑶、山公瑶、过山瑶三个支系的瑶族。20世纪40年代瑶族有雇农140户、贫农728户、中农339户、富农54户、地主13户，外来富农35户、外来地主17户。[①]

富川县富阳区居住着汉族及平地瑶、过山瑶两个支系的瑶族。20世纪40年代，洋冲、劳溪两个瑶族聚居村寨212户居民中，有地主9户、富农6户、小土地出租者2户、中农29户、贫农162户、雇农4户。[②]

江华县原水口第五区新中国成立前瑶族有地主24户、富农29户、中农722户、贫农2704户、雇农880户；原槁梧乡有瑶族117户，其中富裕户2户，中等林户44户，无林户71户。[③]

上述情况说明，这些瑶族地区近现代阶级分化明显，封建地主经济社会各主要阶级——地主、富农、中农、贫农、雇农已经形成。

封建地主经济社会的主要特征是占人口总数很少的地主、富农，占有大片山林、土地，通过向少地、无地的贫农、雇农出租土地收取地租、雇佣劳动、放高利贷等方式，相互建立起依附和被依附的封建关系。近代，这种封建依附关系在上述瑶区表现明显。例如，在恭城三江地区，在1314户农民中，119户地主、富农，只占总户数8.9%，却占有25%的耕地。而占总户数55.6%的贫农只占38%的耕地，占总户数10.6%的雇农只占2.4%的耕地。地主、富农与贫苦农民之间的租佃、借贷、雇佣关系遍及各个角落。地租形式有分租制、定租制、“种树还山”制。分租制有四六分（佃主得十分之四，佃农得十分之六）、二八分（佃主得二，佃农得八）、对半分（各得一半）。定租制根据田地好坏、租期长短立契规定租额，或随收成逐年增加租额。“种树还山”制，租额为二八分，但佃农（叫承批）须于垦荒后第二年在耕地为山主（叫批至）种上树木，耕地丢荒后树木归山主。借贷关系方面，新中国成立前经常有80户因婚丧、疾病或青黄不接而借贷。

---

① 广西壮族自治区编辑组：《广西瑶族社会历史调查》第4册，广西民族出版社，1986，第293～294页。

② 广西壮族自治区编辑组：《广西瑶族社会历史调查》第3册，广西民族出版社，1985，第109～110页。

③ 广西壮族自治区编辑组：《湖南瑶族社会历史调查》，广西民族出版社，1986，第73～74页。

放贷者多为外县、外乡地主富农。利率少者3～4分，一般为5～6分。雇工有长工、短工之分。长工一年工资20余元，短工一天50文铜钱（可买3斤谷子）。此外还有典当关系，贫苦农民由于各种原因不能维持生活而典当田地。①

又如，富川洋冲系平地瑶村子，有地主6户30人，占人口5.7%，却占有水田715亩田，每人平均23.8亩田；占有旱地115亩，每人平均3.8亩。而贫农95户433人，只占有水田264亩，每人平均0.61亩；占有旱地150亩，每人平均0.37亩。其封建关系有租佃关系，租佃有田租、牛租、山租三种，主要是田租。洋冲6户地主所占715亩水田，自耕部分只有150亩，其余565亩用于出租。95户贫农中，70%租田耕种。地租亦分定租和对分租两种。定租多是公田，对分租为私田。除租佃外，还有借贷和山林、土地典当。租佃与高利贷往往连在一起，佃主又是高利贷者。典当山林、土地对于走投无路的贫苦农民来说，就等于出卖山林土田。典当分定期、不定期两种，当价比卖价低。典当须请中人立契。典当之田，有的由原主耕种，收获得对半分。②

江华水口、槁梧两地瑶族内部地主富农极少，居民绝大部分是中农、贫雇农。当地占有大批山林、耕地的是汉族地主富农。如槁梧乡占人口6.2%的汉族地主、山主，占有林木57365株，每人平均有林木10635株；田地4519.96亩，每人平均有田地89.26亩。地主富农也是通过出租土地、放高利贷、雇工等方式与瑶族、汉族贫苦农民建立剥削与被剥削的封建关系。③

平地瑶、民瑶以外的其他瑶族地区近现代封建地主经济有不同程度的萌发。从一些旧契约可以看出，连南排瑶早在清道光十八年（1838）已有高利贷，咸丰初年已有土地买卖现象。到新中国成立前二三十年，尤其是抗日战争期间，汉商涌入，赌风兴起，加上疾病几度流行，风旱灾接踵而至，高利贷的发展，土地兼并过程加快，不少农民因疾病、赌博，被“吃人命”、高利贷剥削等原因陷于破产，少数人则摇身变成瑶排中的富裕户。

① 广西壮族自治区编辑组：《广西瑶族社会历史调查》第4册，广西民族出版社，1986，第294～296页。

② 《广西瑶族社会历史调查》第3册，广西民族出版社，1985，第109～112页。

③ 《湖南瑶族社会历史调查》，广西民族出版社，1986，第74～79页。

如南岗排的富裕户大多是在这时期发家的。全排土地最多的唐白古公，1940年以前只有30多担田（水田2.8担约合1市亩），以后十年间，通过发高利贷兼并了100多担田土，成为拥有150多担水田、30多担旱地（旱地亦2.8担合1市亩）的富裕户。邓瑶冷公民国初年只有20多担田，其后通过放高利贷、雇工剥削等方式，成为拥有160担水田、60担旱地的富裕户。而排内112户无地少地的农民，大多数也是这一时期失去土地的。内田排这一时期有唐白一婆、对财记两户各有30担水田，为内田水田总面积的16.62%，同时在排内69户中出现了44户人家无水田，靠租田、佣工为生。大掌排同期出现了拥有45～180担水田和6000～60000株杉木的四户富裕户，同时，全排出现55个贫困户，靠租入土地、当长短工为生。租佃、借贷、雇佣劳动、典当在排瑶社会普遍盛行。可以说，连南排瑶已基本上建立起了封建地主式的生产关系。①

金秀大瑶山茶山瑶、花篮瑶、坳瑶、盘瑶、山子瑶五个支系早在明清时期已有了山主、山丁两个经济地位不同的阶层。进入近代，瑶族社会内部的贫富分化进一步发展。据20世纪50年代初的调查，新中国成立前处于山丁阶层的盘瑶、山子瑶，各户占有的生产资料也不一致，有大贫小贫之分。处于山主阶层的茶山瑶、花篮瑶、坳瑶中少数农户以出租山林土地、借贷、雇工、经商等方式发家致富，不少农户因疾病、战乱等原因借债还钱失去山林土地等生产资料而陷入贫困。据1953年的调查统计分析，金秀、长垌、六巷三个区水田占有情况，以各阶层人口计算，雇农650人，平均每人有田0.74亩；贫农6346人，平均每人有田0.79亩；中农2237人，平均每人有田1.52亩；富农224人，平均每人有田3.54亩；地主155人，平均每人有田2.25亩。又以素称瑶山经济中心的金秀村来看，水田占有情况是：雇农8户18人，平均每人有水田0.44把（每把合谷10斤，400斤合一亩）；贫农8户38人，平均每人有田50.65把；中农15户71人，平均每人有田78把；富农5户25人，平均每人有田110.2把；地主4户22人，平均每人有田119.27把，可见大瑶山瑶族阶级分化显然存在。这里的经济活动中，土地出租、借贷、雇工现象同样存在，土地出租作为基本的封建关系，地租形式有实物地租、货币地租、劳役地租（“种树还山”）几种，表

① 《连南瑶族自治县瑶族社会调查》，广东人民出版社，1987，第45～53，171～182，256～263页。

现复杂，封建关系已初步确立。[①]

都安三只羊地区新中国成立前阶级分化明显，土地高度集中在少数地主、富农手中，如龙英村占人口6%的地主、富农，拥有耕地；花洲村占人口10.78%的地主、富农，占有耕地比例高达84%。地主阶级剥削农民的方式有地租、雇工、放高利贷。地租形式有实物地租、劳役地租、实物兼劳役地租三种。雇工有长工、短工。高利贷除实物借贷、货币借贷外，还有“借谷花”。[②]

在云南屏边县，瑶族到此地只有百余年历史。但新中国成立前瑶族内部也出现三户地主，占有瑶山9.5%的耕地，其余90.5%的耕地为外族地主（主要是汉族地主和壮族地主）占有。地主剥削农民的方式主要是实物地租，次为货币地租，劳役地租又次之。此外还有雇工、借贷及押金和各种规费剥削。[③]

近代瑶族地区封建地主经济的发生、发展，是近现代中国社会经济变迁在瑶族地区的反映，是瑶族社会历史发展的必然结果。而瑶族地区封建地主经济的发生、发展，反过来又对中国近代社会的经济、政治与民族关系产生重要影响。

四　资本主义因素的萌芽

在近代外国资本主义工商业及国内民族工商业的影响下，瑶族部分地区、部分行业有了资本主义因素的萌芽。出现资本主义因素的地区，主要是工商业、交通运输较为发达，某些产品外部需要比较多的地区，行业集中在木材砍伐、运输、销售、手工造纸、榨油、采矿、商铺等方面。从事资本主义工商业活动的，都是些地主、官僚、商人。有汉人，也有瑶人。富川、钟山、贺县、恭城等地毗邻梧州、桂林，距广州也不远，物产丰富，交通便利，明清时期就有不少广东、湖南商人在此经商开店，建有会馆，近代，尤其是抗日战争时期，外地来经商做生意的更多。清光绪十一年（1885）梧州开埠后，贺县八步街成为桂东北有“小广州”之称的商业重镇

① 《广西瑶族社会历史调查》第1册，广西民族出版社，1983，第430～434页。

② 《广西瑶族社会历史调查》第5册，广西民族出版社，1986，第296～298页。

③ 《云南苗族瑶族社会历史调查》，云南民族出版社，1985，第80、84页。

和商品集散地，市面商铺林立，商品琳琅满目，客商云集，推动富川、钟山等地工商业的发展，给当地瑶族经济变迁以强烈的刺激。富阳圩在近百年内有很大发展，新中国成立前有大小商铺、百货摊子四五十家，有的商铺拥有资金达二万余元。经商的多是湖南人，也有广东、江西人，分别经营竹木器、裁缝、理发、打铁、打棕索、百货等生意，形成了一个脱离生产的商人阶级。富阳三天一圩，每次赶圩人数达六七千人以上，其中瑶族有二三百人。富阳成为富川县经济中心，是周围瑶族杉木、竹子、桐籽、茶籽、香菇、茶叶等产品的集散地。①

在近代国内外资本主义工商业刺激影响下，瑶族地区资本主义因素的萌芽具体表现在，木材经营方面，桂北一些林区，出现了一些拥有较多资本的木商，将瑶族地区山主、林农的杉木包买之后，将砍伐、拉山、架排、放运等一系列工序通过契约形式，一揽子包给一些贫苦瑶族林农。木商与林农之间没有封建依附关系，只有契约规定的雇佣与被雇佣关系。②

木商中以汉人居多，也有壮族、瑶族木商。陆荣廷的部属和一些地主、商人于光绪末年在金秀建立荣合、广源两个木材公司，及其后的荣新公司，即是汉族、壮族官僚地主和商人开的。贺县浩洞盘水旺于1930年在贺县黄田圩开木行，后又于1942年在八步开设木行。他是中国现代史上第一个经营木材生意的瑶族商人、资本家。盘水旺出身中农家庭，家里有二三冲林木，还租一部分地主的山地，出产的林木70%归自己，30%归山主。1930年他30岁时，以自己的林木为资本，到黄田圩开了一家木行，出售杉木、木板、木皮，顾主主要是西湾平桂矿场。木行的木料起初是从自家的山上砍伐来的，后来也向农民收购林木，雇工运至黄田。他家木行生意很好，每圩能卖出一二百根，有时高达三百根，收入几十元大洋。盘水旺初至黄田，是租人家房子营业，规模也小。随着生意发展，规模扩大，自己起了两间铺房，不过即使到这时，他也未曾在黄田定居下来。1942年，盘水旺凭积累起来的资本到八步开了一家木行，并以一百多挑谷子的钱（以每挑五元大洋计，约合五百余元大洋）购买了一块地，建造房子，搬到这里定居。他的八步木行主要从附近购进木料，也从汉族木商从瑶山收购的木材中购进木料。向汉商批购，每次都在100条左右，价值相当七八十挑谷子，

① 《广西瑶族社会历史调查》第3册，广西民族出版社，1985，第253~256页。

② 张有隽：《瑶族历史与文化》，广西民族出版社，2001，第111页。

这100多条杉木，只需半个月左右就转卖完，营业额较大。[①]

盘水旺经营木材生意，雇请工人搬运木料，付给工人工资。从浩洞及黄田附近其他瑶山砍伐、搬运木料，视距离远近，每人每次工资4～6毫不等。盘水旺与他们之间无封建依附关系，只是雇佣与被雇佣关系，这是新的资本主义因素的生产关系。

贺县新华乡瑶人赵有聪祖上靠种姜买田起家，他本人在新中国成立前任过“联治团”大队长，除政治上有一定势力和占有一定数量的土地外，民国二十年（1931）左右开始贩运杉木。木料一部分是自己的，一部分从附近瑶山购进。木材主要卖给新路锡矿。赵有聪在这过程中很少参加农业生产和砍运木料的工作，而是将自己的杉木或买来的杉木包给邻近一些贫苦瑶人或汉人砍伐、运输。他自己则坐在新路筹划如何雇人砍运木料和卖木。雇来的人都是成批的，每批4～5人，多达10余人。雇工时间五六天一次，一月至少雇一二次。杉木砍倒并运至新路，大杉木每人给一串钱，小的给五六毫子。而售价大的四五元，小的二三元。其与工人建立的也是一种新式的雇佣与被雇佣的关系。[②]

手工业方面的资本主义因素，主要发生在造纸、榨油行业。前文提到民国时期土纸销路好，瑶族地区手工造纸发展，有些纸厂雇用工人造纸，就表示这一行业有资本主义因素发生。钟山县燕塘乡瑶人张学林（原姓邓），祖上曾是佃户、长工。自己长大后靠锯木板、种姜卖，购置了二条冲的楠竹林，约于1945年开始在白帽寨自家门前建厂造土纸。开始时规模小，除砍料、破料、浸料需亲友几人帮忙十天左右外，其余都是自己家人做。他本人亲自舂料、捞纸。年产纸千余担，挑至燕塘圩卖，每担五元大洋左右。攒得钱后，约1946年在新龙冲买了两条冲的楠竹林，并于1948年在新龙冲建造新厂，造毛边纸（又称湘纸），名号“振兴”。而将老家的土纸厂请一位师傅做。新龙毛边纸厂平时也请了二三位工人，帮舂料、捞纸、焙纸等，每位工人月给工资三至五元不等。张学林脱离了农业生产，虽不脱离手工造纸的劳动。但成了厂主，与工人之间形成了雇佣与被雇佣的关系。

榨油厂厂主雇人的现象，在恭城、金秀等瑶族地区普遍存在，甚至在桂西的榨油行业中，也有资本主义因素。如清末民初都安三只羊团总瑶人

① 韦标亮主编《布努瑶历史文化研究文集》，贵州民族出版社，2003，第158～161页。

② 《广西瑶族社会历史调查》第3册，广西民族出版社，1985，第244页。

袁太和，在龙英村加朋屯开设一油榨工场，天天榨油，年榨桐籽 108000 斤左右，得油约 28000 余斤。工场雇用的工人数量，一年保持在 10 人左右。工人有工资，并供给伙食。产品绝大部分运到宜山县龙头圩出售。[①]

开商铺以富川县柳家瑶人邓佛胜较典型。邓佛胜是富川县有名的大地主，占有 1800 多亩水田，分布于富川之柳家、富阳、大围及钟山、恭城、贺县等地，出租或雇人耕种。其儿孙有的是国民党军队连长，有的是教导官、教育局局长，政治上有势力。民国时期，邓佛胜凭借其政治、经济势力，在贺县八步街等地和大商业资本家合股，开了一个大铺子，1947～1948 年内，又在富阳、古城开两个铺子，出售食盐及杂货。食盐从广州进货。其儿子邓克诚下广州，一次运回食盐七八十担至一百担至八步，转富阳出卖。[②]

综上所述，近代瑶族社会，平地瑶、民瑶地区封建关系比较发达，接近汉区水平。排瑶、部分盘瑶、蓝靛瑶、山子瑶地区贫富分化，萌生了封建关系。布努瑶、白裤瑶，部分山子瑶、蓝靛瑶地区在外部受壮族、哈尼族封建领主的剥削，而本民族内部以自耕自食为主，封建关系微弱。多数僻居边远山区的盘瑶、山子瑶、蓝靛瑶均为自耕自食的小农经济，不少地方还不同程度地保留氏族公社、农村公社制度。近代瑶族社会的演化比古代更复杂，更不平衡。除上述状况外，还有的地方出现了资本主义因素。因此，五六十年代论定近代瑶族社会已基本进入封建社会的看法是欠妥当、欠准确的。

（《广西民族研究》2005 年第 3 期）

① 《广西瑶族社会历史调查》第 3 册，广西民族出版社，1986，第 249～250 页。

② 《广西瑶族社会历史调查》第 3 册，广西民族出版社，1986，第 264～266 页。

从“二重性”角度看少数民族农村商品经济的发展与局限

——以近代广西为中心的考察

袁丽红

希克斯的《经济史理论》认为，现代经济的转变是由习俗经济、命令经济向市场经济转变的过程。刘易斯《二元经济论》认为，在后发展地区，经济发展过程中形成传统经济与现代经济并存的二元结构。刘易斯把现代化产业定义为“使用再生产性资本”以谋取利润者，即资本主义产业，而传统经济是“维持生计”的产业。在我们考察近代广西少数民族农村商品经济发展的有关资料中，发现二元经济是客观存在的。然而，这种格局的形成，不完全是结构性的因素，并且是制度性的因素。因此，研究少数民族农村经济的发展尤其是商业渗透与农户经济的变迁，不仅要探析土地、资本、劳动、技术诸资源的配置，并要注意物质生活和经济交往过程中的制度因素，注意商业化的生产因素与农户家庭生活、消费、交往与礼俗因素的结合。少数民族地区圩市经济发展的过程，就是商业网络和宗教体系互动与涵化的过程。本文拟从礼俗交往与商业发展之间关系的角度探讨近代广西少数民族农村商品经济的发展与局限。

一

广西少数民族地区最基本的农业生活是种植和养殖，种植的农作物大部分为粮食作物、经济作物、经济林、水果等类。粮食作物多承袭传统品种，大致有水稻、玉米、木薯、红薯、芋头等；经济作物有黄豆、花生、芝麻、田七、甘蔗、烟叶、油菜，以及蔬菜类的冬瓜、南瓜、西红柿、青椒、白菜、土豆等；果类有菠萝、西瓜、龙眼、荔枝、芒果、柑橘、香蕉、三华李、木瓜、山楂、枇杷等，在山区还种植板栗、油桐、油茶、八角以及竹子、松树等经济林木。

在近代，以圩市为中心向乡村辐射的商业化影响到了少数民族地区农家经济的发展。民国《全县志》记载瑶民所出产品："以包粟杉竹桐茶为大宗，山术豆类天化粉炭桂花纸蜂蜜高粱等类次之，每逢圩期，男女老幼均背负各种出产品下山，至各市场贩卖，并购食盐及各需要品回山。""职业。瑶人日以锄山挖岭耕作渔猎为业，工商业非彼辈所能。近十余年来，多有楚人入赘，渐开设纸厂、木厂、香厂，亦有知养蜂者，日逐蝇头，经济稍裕。"[①]《两广瑶山调查》"广西之部二十"载："瑶人日用必需品须购自山外市场。瑶人除谷与柴外，其他用品悉由山外市场购入。其必需者为盐、油、酒、布、烟草、线、绒线、咸鱼、咸萝卜、头菜、豆豉、腐竹、猪肉、牛肉、黄豆、火油……"[②]

与商品经济的发展直接相关，家庭手工业、经济作物和乡村商业一起，构成了少数民族地区农家经济的副业部分，而且作为农家经济主体部分的补充，它们加强了少数民族农户的经济能力。这里我们从对纺织、竹木器加工、造纸和榨油业的考察中来探讨农家经济商品与生活相结合的特性。

在近代广西，手工纺织业在少数民族地区比较普遍。瑶族地区的纺织业，主要是由妇女在农闲时进行。有些瑶族妇女，从种棉到纺纱、织布、染色都自己操作。其纺织过程一般与汉区相同，所用之高机也是从汉区买回的，其他用具自制居多。纺织的工作效率很低，一个人每天工作十小时以上，只能织出宽约一尺二寸的白布一丈。[③] 武鸣县邓广乡的家庭纺织业"家家户户都有织布机，本乡妇女完全织土布，唯生产率极低"[④]。龙胜县潘内村"解放前全村三分之二以上的人家都有织布机。土制织布机工作效率极慢，一天一人只能织一尺多布。制缝一件衣服要

① （民国）黄昆山、唐载生等：《全县志·社会》，台北，成文出版社，民国二十四年。

② 庞新民：《两广瑶山调查》，中华书局，民国24年，第89页。

③ 广西壮族自治区编辑组：《广西瑶族社会历史调查》第1册，广西民族出版社，1984，第203页。

④ 广西壮族自治区编辑组：《广西壮族社会历史调查》第6册，广西民族出版社，1985，第26页。

花五六天时间”[①]。织布主要是自给或互助，也有用于交换、流通的，还出现了以制衣为业者。南丹县月里乡的壮族，织出的布基本上是自用，但也有极个别生产剩余的拿到市场去出卖，但数量不多。[②] 环江县龙水乡的壮族妇女，多会自己缝制衣服，但也有缝纫手工专业者，全乡仅有两人。因为当地专业者少，一年到头都有人雇请，工作不会闲歇。才院村老缝工莫如便是依靠裁缝手艺的收入维持全家生活的。[③]

竹木器加工在少数民族地区也比较兴盛。瑶族地区工匠，一般能制造木瓢、桌、凳、柜、水桶、木盆等比较粗糙的东西；而那些比较精致的建筑物，则多是汉、壮族地区的木匠所建造。竹木器加工，一般是自给与互助，后逐渐到集市上交换。龙胜县潘内村，“竹器。常用粪筐、篮子、笠帽等竹器，大都是各户自织自编的。这些竹器除大部分自用之外，有的如平寨，有十多户有时拿到泗水出卖。”“木器。解放前枫木屯潘盛会做木桶、谷桶、水桶，拿到泗水去卖。”[④]

少数民族地区多地处山区，广植桐、茶树，为少数民族人民提供了另一项重要的手工业——榨油业。“隆林县，彝族人民运用自己的聪明和智慧，创造了核桃榨和粑粑榨。核桃榨是用木做成，粑粑榨是用竹子和泥做成。这里不种花生，所以一般榨核桃油、菜油、火麻油、苏麻油。”[⑤] 龙胜潘内村，“榨油，各屯都有油桐、油茶。每个屯都有油榨，一般是榨茶子，凡有油茶的人家都是自榨油的”[⑥]。而其他地区，则有作为商品出卖的。在南丹县，“大瑶寨瑶里乡居民出产桐油子，大部分出卖，少部分自己加工榨油”[⑦]。荔浦县

① 广西壮族自治区编辑组：《广西瑶族社会历史调查》第4册，广西民族出版社，1986，第221页。

② 广西壮族自治区编辑组：《广西壮族社会历史调查》第1册，广西民族出版社，1984，第221页。

③ 广西壮族自治区编辑组：《广西壮族社会历史调查》第1册，广西民族出版社，1984，第266页。

④ 广西壮族自治区编辑组：《广西瑶族社会历史调查》第4册，广西民族出版社，1986，第201页。

⑤ 广西壮族自治区编辑组：《广西彝族仡佬族水族社会历史调查》，广西民族出版社，1987，第16页。

⑥ 广西壮族自治区编辑组：《广西瑶族社会历史调查》第4册，广西民族出版社，1986，第200页。

⑦ 广西壮族自治区编辑组：《广西瑶族社会历史调查》第3册，广西民族出版社，1985，第32页。

平地瑶的《雷氏尚朝公宗谱》载有三个族人在20世纪初曾开过油榨。阳朔县龙尾瑶民也在清末自建了八个油榨。恭城三江瑶区还出现了五个略显规模的榨油作坊，且每个坊有七个工人。[①]

造纸业也是少数民族地区的重要产业。造纸业与其他各业不同之处在于，它一开始就是商业经济性质的。在盛产竹子的瑶族地区，有造纸手工业。造纸的工具有纸镰，是铜丝做成的，从外地买进，此外还有熔灶、刨刀、钩刀、料刀等。临桂县柳厄乡下柳厄村赵贵品老人反映："我廿多岁时，听到老人说，造纸才有二三十年时间。开始只有赵龙才一家造纸，到我大了之后，才见现在的赵贵定、赵福率、邓芳盛、邓方贵等几家造纸。宛田建圩不久，造纸业就逐步推广，到解放前夕就很普遍了。"[②] 富川县富阳区，"涝溪的南卡、北卡、正岗等地竹子很多，因而在解放以前，就有瑶族和汉族一起，在深山中开始造纸"。"北卡造纸的有二人，正岗也有二人，其中以正岗李必和造纸最多。他一家五人全年造纸，不种田地，全靠造纸为生。一个月能造纸90～100刀，除了供当地需要外，还挑到富阳等地售卖，每刀纸售价6～9角。"[③]

下面以龙胜壮族聚居的龙脊乡两户中农家庭为例来进行分析。

表1　中农户侯会庭全家年总收入及年售土货产品数情况

<table>
<tr><th>时　间</th><th>年总收入
（折谷）</th><th>年售产品总数
（折谷）</th><th>年售产品占年收入百分比
（%）</th></tr>
<tr><td rowspan="2">民国初年到
民国十年</td><td>谷子：10000斤
辣椒：200斤谷
火纸：1000斤谷
卖猪仔：1280斤谷
禾秆草：600斤谷</td><td>辣椒：200斤谷
火纸：1000斤谷
卖猪仔：1280斤谷
禾秆草：600斤谷</td><td rowspan="2">23.55</td></tr>
<tr><td>总计：13080斤谷</td><td>合计：3080斤谷</td></tr>
</table>

① 广西壮族自治区编辑组：《广西瑶族社会历史调查》第4册，广西民族出版社，1986，第307页。

② 广西壮族自治区编辑组：《广西瑶族社会历史调查》第4册，广西民族出版社，1986，第236页。

③ 广西壮族自治区编辑组：《广西瑶族社会历史调查》第3册，广西民族出版社，1985，第123页。

续表

时　间	年总收入（折谷）	年售产品总数（折谷）	年售产品占年收入百分比（%）
民国廿二年后	谷子：5000 斤 辣椒：500 斤谷 猪：1000 斤谷 火纸：480 斤谷 零工：300 斤谷 茶叶：160 斤谷 禾秆草：300 斤谷	辣椒：300 斤谷 猪：1000 斤谷 火纸：480 斤谷 茶叶：160 斤谷 禾秆草：300 斤谷	28.94
	总计：7740 斤谷	合计：2240 斤谷	

说明：全家人口前期 10 人，后期 4 人。

资料来源：广西壮族自治区编辑组：《广西壮族社会历史调查》第 1 册，广西民族出版社，1984，第 90 页。

表 2　中农户廖兆年全家年总收入及年售土货产品数情况

时　间	年总收入（折谷）	年售产品总数（折谷）	年售产品占年收入百分比（%）
民国初年至民国十年	谷子：4800 斤 辣椒：200 斤谷 火纸：200 斤谷 猪：800 斤谷 零工：900 斤谷 禾秆草：288 斤谷	辣椒：200 斤谷 火纸：200 斤谷 猪：800 斤谷 禾秆草：288 斤谷	20.7
	总计：7188 斤谷	合计：1488 斤谷	
民国廿年后	谷子：6000 斤 猪仔：1120 斤谷 辣椒：300 斤谷 零工：900 斤谷 冬禾草：360 斤谷 火纸：120 斤谷	猪仔：1120 斤谷 辣椒：300 斤谷 冬禾草：360 斤谷 火纸：120 斤谷	21.6
	总计：8800 斤谷	合计：1900 斤谷	

说明：全家人口前期 2 人，后期 5 人。

资料来源：广西壮族自治区编辑组：《广西壮族社会历史调查》第 1 册，广西民族出版社，1984，第 91 页。

从上面两个表中的数字可以看出，虽然在民国年间，这两户壮族家庭商品性土特产品买卖占总收入的比重有所增加，但所占比重不大，说明与市场发生了一定程度的联系，典型地反映了农家经济的比重总体上偏向于消费性。

二

据上述的分析，可以这样概括，少数民族家庭经济运作具有二重性的特征：一是商品经济的外循环运行机制，二是礼俗交往的内循环运行机制，其中内循环机制占主要地位。

少数民族农户经济生活除了与圩市经济日益密切之外，少数民族地区商业化发展的外循环模式主要体现“商人资本+农户”的方式，这种方式的特点是商人资本支配下的商品经济运行机制（生产-交换）。金秀大瑶山地区的南洲是一个瑶族村庄，民国初年，汉族商人张春如派了他的经理人翁志梅进入瑶山，在南洲开设油榨。这个油榨的规模，每年约生产油 1 万斤，需要桐籽 4 万斤。他收购桐籽采用这样的方式：先到山外购买瑶族所需要的衣服、布匹和生产工具，预先赊销给瑶民，以其货价多少，再折成桐籽，到桐籽收获时还债，一般折价是银毫三四元，折合交桐籽 100 斤。此外，对于无法交足赊销桐籽者，他又作五分利息的借贷，即要债务人到下年收获桐籽的时候偿还，欠桐籽 100 斤的，就要还 150 斤。瑶山东部忠良村地主温善初到瑶山开设商店，采用了另一种赊销的方式：温氏先以“大批”的形式向金秀茶山瑶租得距离金秀约 50 公里的花木山老山，转租给观音山、十二步等村的盘瑶垦种。他向茶山瑶所交的山租，仅一次性交银毫 300 元，但转租给盘瑶时，则一次性收山租 600 元。不久之后，又把他所占有的青山、观音山租给盘瑶，不采用“大批”形式而按年计产收 1/3 的山租。后来，他又到山外购入一些瑶族所需要的生产资料和生活资料，用赊销的方式，向瑶族预约购桐籽、仓米、六谷、笋干之类。汉族地主兼营商业的龙斯麟则采取另一种方式，他采取的是“放六谷花”方式：当六谷（薏米）刚下种不久，盘瑶缺粮的时候（农历四五月），他便派人到盛产六谷的村庄放债，即预付价款买新谷，等到收获之后，再以新谷抵债。①

在这种“商业资本+农户”的开发格局下，由于少数民族农户直接介入流通过程者少，商人资本完全控制了流通领域，接着在生产领域，商人资本通过高利贷的途径控制少数民族农户的生产过程。结果，商人资本从中

① 广西壮族自治区编辑组：《广西瑶族社会历史调查》第 1 册，广西民族出版社，1984，第 212～213 页。

获取少数民族地区经济开发的主导权，少数民族地区商品经济形成依附性的发展道路，这无疑是造成少数民族地区自主发展动力不足的一个重要原因。正是由于这样的局限，我们需要考察商品交换以外的经济生活层面，才能更深入地理解少数民族农家经济的实质。

礼俗交往经济的内循环运行机制（生产-消费），是由农家经济消费性特征所决定的。恰亚诺夫《农民经济组织》认为：“家庭经济活动的基本动因产生于满足家庭成员消费需求的必要性”，“而全年的劳作乃是整个家庭为满足其全体家计平衡的需要的驱使下进行的”。“如果在农场核算中（劳动-消费）的基本均衡完全得到实现，那么只有非常高的劳动报酬才能刺激农民去从事新的工作。”相反，“尚未达到基本均衡，未被满足的需求依然相当突出，那么经营农场的家庭便有强烈的刺激去扩大其工作量，去寻求劳动力的出路，哪怕是接受低水平的劳动报酬，出于无奈，农民干初看起来最不利的工作”。农民经济无法计算利润，家庭劳动也不能转化为成本，其收支不易以货币度量，生产活动不受利润原则的制约，劳力和资源配置不是从最大经济效益原则出发，而受制于伦理、道义与习俗等传统力量。

少数民族这样一种具有礼俗交往特征的农家经济主要体现在三个方面：

一是周期性的礼节消费。一个人从出生到死亡要举行各种仪式，小孩出生后就要举行出生礼，如举办三朝酒、满月酒等宴请亲朋好友；成年之后要结婚，必须要举行婚礼；人上了年纪之后还要举行寿诞礼仪，死亡则要举行丧礼，这些礼仪均需要较大的花费。其中婚礼是人一生中极为重要的礼仪，花费极大。龙胜县龙脊乡的壮族，一般生下来一岁或几个月就订婚。订婚时，男家要拿雄鸡鸭各一只，酒三四斤到女家，女家用一只母鸡作陪礼一起杀来大家欢宴，女家做些粽粑、一把禾（约 20 斤重）送给男家。当男女年龄达三四岁时，男家就挑一担酒（30 斤）、猪肉十多斤、铜钱十贯左右到女家，请女家兄弟叔伯亲属一起欢宴，商量结婚，女方回礼亦同时称为准婚。准婚后，每年春节男家必须送酒 3 斤、猪肉 2 斤，如果不送便认为对这门亲事有意见而中断。结婚前女家要请媒人到男家讲聘礼，其数量根据不同的家庭情况而有所区别，富户则送聘金 150 吊钱、猪肉80～120 斤、大手镯一对（重八两）、酒一大担；中等户礼金 80 吊钱左右、四五十斤猪肉、酒 30 斤，中等手镯一对（四两）；贫苦户礼金 10～20 吊钱、猪肉 15～30 斤、酒一担。此外男家还要送女家房族各户 5～6 斤猪肉，送全屯

30 斤猪肉。[①] 亲家来饮酒要挑禾把（8～10 把）来，女家以四两肉答礼，亲戚朋友来饮酒每人封三五百钱庆贺，同屯人每家均派一人来饮酒，来时每人带米、酒各 3～5 斤，无论谁家有喜酒均一样，互相帮忙。[②] 从此婚礼过程可见礼节消费量之大。除此之外，还有祭祀礼节消费、节日礼节消费等。

二是互助式的家庭交往。壮族在生产、生活中素有互助之风，谁家劳动力少生产忙不过来，或谁家操办红白喜事，全村人都主动帮忙，出钱、出物、出人力。长期以来，壮人就是按照这一生活方式世代相传、和睦相处的。因此形成一种独特的生产生活习俗——打背工。打背工也叫换工，壮语称“多操”，即“相邀互助”之意，它没有固定的形式，范围很广，建造房子、做田工、砍柴火，甚至婚嫁丧葬等都有。帮工时没有记分，也不硬性规定要按帮工的日数还工，纯属互相帮助性质。[③] 瑶族人民也有类似的农耕习俗。贺县新华乡的瑶族有“打会”习俗，某一家因一时劳动力不足，而无法下种时，就委托一人出头，在本村及邻近各村去邀约别人来帮忙，人数肯定后，主家即准备一餐便饭招待他们，然后才进行工作，至于工具及午饭，均由他们自备。前来劳动的人不是少数，往往是 100 人以上。[④]

三是习俗性的集体生产活动。狩猎是瑶族人民的重要生产活动，狩猎有各种各样的方法和规矩，其中围猎是一种集体进行的生产活动。围猎并无什么季节可言，只要农民在发现野兽而农业又不太忙的日子都可进行。人数也不固定，当发现村落或田地附近有野兽时，便可随意邀约同村的人去围捕。如果猎获山猪或山羊这类大兽，凡参加者甚至在打中野兽前曾到围猎地点去看的人都各得一份，连妇女背着的小孩亦同，跟兽迹的人除得两份外，另得一条腿，射中的除得两份外，另得一个头。[⑤]

从上述少数民族地区农村的生产生活方式来看，在商品经济的外循环

---

① 广西壮族自治区编辑组：《广西壮族社会历史调查》第 1 册，广西民族出版社，1984，第 134 页。

② 广西壮族自治区编辑组：《广西壮族社会历史调查》第 1 册，广西民族出版社，1984，第 136 页。

③ 广西壮族自治区编辑组：《广西壮族社会历史调查》第 1 册，广西民族出版社，1984，第 73 页。

④ 广西壮族自治区编辑组：《广西瑶族社会历史调查》第 3 册，广西民族出版社，1985，第 170 页。

⑤ 广西壮族自治区编辑组：《广西瑶族社会历史调查》第 1 册，广西民族出版社，1984，第 192～193 页。

运行机制中，生产领域和流通领域均受到商人资本的控制，少数民族本身缺乏发展商品经济的自主性。而在礼俗交往的内循环机制中，农户除了从事自家的生产活动外，还要花一定的时间参加集体的生产活动以及在别的家庭需要的时候参加他们的生产活动；而劳动收入除了用于满足家庭成员的消费外，礼俗消费也是一个大的开支项目，这些礼俗交往所需的花费在少数民族地区农村家庭中占有相当大的比重。少数民族地区这样一种商品经济的外循环运行机制和礼俗交往的内循环运行机制极大地抑制了少数民族地区商品经济的发展。

三

上述的礼俗交往，不管是周期性的礼节消费、互助性的家庭交往还是礼俗性的生产活动，都属于马林诺夫斯基在《初民社会中的犯罪与风俗》（*Crime and Custom in Savage Society*，1926）中用“互惠”（Reciprocity）原则所表述的地方经济交往形式。在这样的社会中，各式各样的东西——食物、符咒、仪式、言词、名称、饰物、工具、妇女、权力等都在交换中流通，并形成赠送、接受和交换礼物的交往体系。在礼物交流的背后，马林诺夫斯基认为，经济义务的约束力在于任何一方都有可能诉诸制裁来中断交换体系。一个人给予是因为他期待报偿，而一个人回报是由于其伙伴可能中止给予的危险。一切权利和义务都“被置入互惠性服务的均衡链中”。葛里高利在一个对礼物关系的分析中认为，它是可让渡的物品在相互独立的交易者之间的交换：“礼物就像用弹性的带子系着的网球，球主可能暂时丧失对它的拥有，但只要一拽带子，球就会弹回主人手里。”①

这种社区内部的“公有性质”层面往往以礼俗的形式得到表达和规范，礼俗的意义就在于它建立的社会联结：“赠送-回报”“保护-被保护”的互动便赋予了参与者一种信赖、团结、互助的合作语言。在礼俗交往行为中，一方面，根据互惠的规则，用等量的物品或以为对方的服务来抵偿馈赠；另一方面，不存在以直接的互惠为原则，所缔结的是人们之间的社会关系，这种社会关系正是基于亲属关系、互助邻里、公有土地基础上的社区公共

① Gregory, Gift to Men and Gift to God: Gift Exchange and Capital Accumulation in Contemporary Papua, Man (n. s), 1980 (4).

关系——社区保障关系。对于村民来说，社区保障关系的意义在于它是一张“保护-被保护”的网络，它是一种规避风险的体制，亲戚关系、互助邻里、习俗经济均是这样的制度安排。村民们在这样的社区中生存和生活，享受着社区权利的同时也遵循社区的规则，付出义务和成本。当外部商业渗透的时候，虽在一定程度上能为社区经济交往提供活力，但它不能取缔以礼俗交往所联结的社区保障体系，除非有一种新的保障体系的安排，尤其是对于像农业这样风险系数比较大的产业来说，农业歉收和滞销是任何农民无法面对和自保的，因而保障体系是决定性的。

这样一种商业化与乡村经济互动乏力的特征，即少数民族农村社区中的“二元经济”，是经济后发展地区的客观存在，也是普遍的存在，它是农村商业化发展的瓶颈。因此，在探讨“高水平均衡的陷阱”“过密化”“外生型现代化”等一系列问题时，必须注意到这样的“二元性”。而解决“二元经济”的关键在于怎样发挥在商品经济发展的情况下，提供对农民经济的保障和支持，即在于礼俗交往的思想怎样才能为商品经济的发展提供社会保障的借鉴，而商品经济的发展又怎样利用礼俗交往思想开辟道路。

（《广西民族研究》2006 年第 4 期）

近代西南民族地区城镇商业市场网络的传承与嬗变

——以广西为例

陈　炜

引　言

近代广西城镇对外开放前，受内向型经济格局的影响和制约，基本上还是一个封闭的世界。对外长途贸易品种单一，贸易额小。与此同时，受传统运输条件和地区商品资源匮乏、趋同及生产力落后的影响，在流通层次中仅有中低层次市场，缺少能辐射全省并与省外区域市场联系密切的高级市场。在此情况下，形成了围绕桂林、梧州、南宁、柳州四个城市运转，且彼此并行，各行其责，鲜有交往的区域城镇商业市场网络。这些城镇商业网络因经济基础和交通条件等方面因素的制约，延伸性和扩张性较弱，不同流域城镇商业网络间的商贸交流处于相当稀疏的状态。它们虽然在为网络内部城乡居民服务方面表现出了较高效率，但同时若从为下一时期集结资源的要求来看，那它把资源送到更大城市的能力就显得十分有限了。① 近代城镇市场结构体系与清中叶以前相比有很大不同，进出口贸易与工业化进程是新城镇市场网络体系形成的动力源。特别是开埠以后，随着交通运输的日益现代化和商路网的不断拓延，口岸城市在对外贸易发展的驱动下，原有的市场关系开始嬗变，并与国际市场接轨。中法战争后，随着龙州、梧州、南宁等通商口岸城市的相继开放，广西被强行纳入了世界资本

① 关于明清时期广西城镇商业网络发展状况详情请参见拙作《明清时期广西城镇商业网络研究论纲》，《广西民族研究》2005 年第 4 期。

主义市场，原先的社会生产力及市场结构受到猛烈冲击，重新分化、组合。其结果是广西全省的市场经济一体化倾向日趋明显，在承接明清时期发展基础，逐渐整合原有分散的区域性城镇市场网络的同时，初步形成了以通商口岸城市梧州为核心，以近代商路网络为纽带的全省性统一的新型城镇商业市场网络体系。

一　开埠通商与各级城镇市场的不断发展

近代广西龙州、梧州等城市的开埠是在中法战争后广西的主权和领土完整受到损害，并向着半殖民地的地位不断沉沦的情况下进行的。所以开埠之后城市性质也随之发生了改变，即由一个封建的区域经济中心，变成了半殖民地半封建的商埠城市。城市性质的转变又导致城市功能的转变，就商业活动来看，由原来属于传统自然经济范畴内小商品的交换，向大规模开放式进出口国际贸易转化，商业经济由此卷入了世界资本主义经济发展的大循环圈。受西方资本主义推销商品、掠夺原料的需要影响，从事商品流通活动的商业成为发展变化最大的领域。随着中外贸易的扩大，进出口货物种类的增多，以及城市周边地区自然经济的逐渐解体，城市传统商业开始向现代转型，城市商业市场经济因而日趋繁荣。近代城镇市场体系是一个内涵丰富，多层次市场组合而成的网络体系。这种城镇市场体系依据其规模、性质大体上可分为城市市场与圩镇市场两大部分。城市市场由口岸城市市场和一般城市市场两类组成。圩镇市场则根据它们的规模、功能与商务状况大抵可分为乡村圩市、基本圩镇和中心市镇三种类型。[①] 近代广西对外开放后，随着内外贸易的不断扩展，以上不同层级城镇市场均得到较大发展。

首先是城市市场的发展。近代广西被迫开埠通商的有龙州和梧州两个口岸，自行开放的有南宁一埠。近代以来在商品流通范围的日益扩大和工业的发展、运输方式变革的合力作用下，以上城市市场迅速走向繁盛。

龙州作为桂西南重镇，在中法战争期间就因大军云集，商贾尾随而来，商业渐趋繁荣。1889 年龙州口岸正式开放。“辟商埠龙州为通商口岸，粤商

---

① 划分标准参考了钟文典主编《广西近代圩镇研究》一书中第 56 ~ 58 页的相关内容，广西师范大学出版社，1998。

争相投资，始成巨埠”[①]。开放后的龙州成为桂、黔、滇三省对越南北部的重要口岸，官方、民间贸易都比较发达，其时享有“小广州”之称。1889年进出口货值为12571关平两，1922年达到146812关平两。这仅是官方的大额贸易统计数据，尚不包括民间小额贸易。商业贸易的发展也直接带动了城市市场的不断扩展。自通商以来，各方面活动增加，渐觉旧有城区狭小，始逐步向左江南岸地区发展。1897年于旧城外南岸码头附近建新城区，商人也准备在新城区设立商行。[②] 随着商业的发展，南北两岸商民往来日趋频繁。民国初年陆荣廷主持修建龙州铁桥，横跨左江上空，便于两岸行人往来。[③] 在此情况下，城市规模不断扩大，工商业更趋繁荣。1933年龙州有商店255家，手工业铺户60家，人口达2万多人。成为“早晚市无间”的工商业城市。[④]

梧州自1897年开埠后，随着交通日益发展，与国内外的贸易也有了较大发展，进出口贸易数额十分可观，并在城市经济结构中占据了主导地位。当年进口洋货值为1368983海关两，1901年增至7490000海关两，出口土货值为398329海关两，1903年更猛增到1744万海关两，开关短短几年里进出口数额出现成倍急剧上升态势。水上客运方面，开埠第二年，旅客出入口数为61716人次，平均每日160多人次，比上年增长约60%。[⑤] 由于外籍客商纷纷来此开设商行，当时梧州商业之盛，为全省之冠，盛时人口曾达10万以上，并且一度设市。1933年梧州全市私营商业大小商号共达1393家，资本为2782293元，全年营业数达129789715元。[⑥] 商业经济的繁荣推动城市市场规模不断扩大。清末政府增加市政道路建设，道路以石条石板铺设为主。至清宣统三年（1911），梧州道路比清同治十二年（1873）增加54条，长度增加6.55公里。至民国二十二年（1933），梧州仅市内就有68条街，街道总长11148米，面积5万多平方米。[⑦]

南宁商埠于1907年宣布自行开放，其作为桂南中心城市市场地位更趋

① 叶茂茎等纂，民国《龙州县志》卷三，广西博物馆，1957年据民国版本油印本。

② H. B. Morse, Lungchow Trade Report for the years 1896-1897, 15th January 1897& 19th January 1898.

③ Rene D. Anjou, Lungchow Trade for the year 1914, 8th March 1915.

④ 叶茂茎等纂，民国《龙州县志》卷三，广西壮族自治区博物馆，1957年据民国版本油印。

⑤ 《光绪二十五年通商各关华洋贸易情形论略·梧州口》。

⑥ 广西省政府统计处编《广西年鉴》第一回，1933，第365页。

⑦ 梧州市地方志编纂委员会编《梧州市志　建置政区志》，广西人民出版社，2000，第97页。

巩固。“该埠广东人聚集之处即在贸易之场，其行店亦佳，惟外面之装饰辉煌略逊于梧州……城内各行店亦可想而知矣。货物储于河边，候船而载者亦如山积”①。民国初年，沿邕江水街码头、石巷口陆续开设代客买卖的广源利、仁和祥等30多家经纪行。当时在沙街、仓西门大街、考棚街开设有纱布、百货批发及零售、酱园、南北杂货、五金、颜料、饮食服务等数百家店铺。至1933年，南宁市场有47个自然行业，商店979家，店员3669人，资金895269元，年营业额3393.23万元。② 商业市场发展推动了城建工作的进行，为加速城内物资运转速度，民国时期，南宁城内开展了数次城内道路改造运动。“民国四年，著于先开辟北濠、东濠、西濠、南濠各马路，路面材料用沥青或水泥三合土，或水结马克取代清石板，以后又渐拆城扩建。民国十七年完成民生路，民国十八年完成兴宁路、中山路，民国二十一年完成民族路”③。1948年南宁有大小街道123条，建筑总面积43.8万平方米，商店1000多家，城区总人口达9.6万人。④ 开埠通商使城市逐渐摆脱了自然经济格局下固有的封闭状况，为封闭的广西地区开启了对外接触的窗口。这种新的经济流通格局中，城市的政治意义和封闭状态逐渐弱化，商业色彩和开放程度不断增强。与此相适应，传统城市开始向现代城市转型。

以上商埠的对外开放，使其成为广西最早受到西方势力冲击，最先引进物质文明与科学技术的窗口。它使广西全省经济发展被迫纳入世界市场运行的轨道，通过对外经济交往，在确立了自身的性质与经济功能定位的同时也促使以城镇为主的商品市场与流通网络产生不同程度的演变与整合，进而推动了整个经济布局根据世界市场的需要发生转变——经济重心逐渐向东部珠江三角洲沿海地区移动。诚如费正清所说的那样“到1911年清朝灭亡之时，商业制度表面上起了一个微小的但值得注意的变化……它受到不断开辟的通商口岸和扩大的对外贸易的影响这一事实”⑤。上述城市开埠通商后日益扩大的对外贸易对广西其他城镇的经济发展起到了很大的推进

① 《光绪二十五年通商各关华洋贸易论略·南宁口》。

② 南宁市地方志编纂委员会编《南宁市志·经济卷》，广西人民出版社，1998，第549页。

③ 莫炳奎纂，民国《邕宁县志》卷八“建置二”，1937。

④ 南宁市地方志编撰委员会编《南宁市志·人口志》，广西人民出版社，1998，第144～145页。

⑤ 费正清：《剑桥中国晚清史》下卷，中国社会科学出版社，1985，第57页。

作用。

其他非开埠城市市场在口岸城市的辐射带动下亦有了新的发展。桂林1933年有商店906家，资本共440738元；1934年增至1157家，其中有贸易公司33家，百货业21家，新药行25家，卷烟业19家，水面业18家，五金电器业4家。[①] 据民国二十二年（1933）统计，柳州全市有较大商店622家，资本共计282.89万元。另据民国二十七年（1938）《柳江县志》记述，柳州商品多由梧州购入，当地市场上洋货充斥，有洋纱、洋油、洋铁等，每年入口洋纱35688包，洋斜布171684锭，美孚石油7200箱，香烟210箱。[②] 郁林（今广西玉林）到1933年全市已有商店448家，资本共计257153元。[③] 商业经济的繁荣推动着城市规模的不断扩大。1936～1937年郁林先后把城内十字街、南门街、会场街、牌坊街、西学街、东门街等主要街道拓宽为21市尺（即7米）。并将两旁铺屋拆退，挖掉原铺路面的石板块，铺设石灰三合土路面。[④] 百色在近代因商贸进步，大批外地商人的到来，城市市场经济发展迅速。1933年百色城有159家商店，资本总额达15.84万元（银元）。[⑤] 可见，开埠通商后，随着进出口贸易的发展，上述原先经济基础较好，在商品流通网络中处于战略性地位的一些城市如桂林、柳州、南宁、龙州、百色等经济实力也得到不断增强，他们一般具有优越的交通条件和商品批发、储藏、加工能力。因而既是消费市场也是重要的区域性商业中心和集散转运市场，成为连接梧州中心城市市场与区域内广大地区间经济联系的桥梁。通过与梧州中心市场的沟通进而强化了其成为不同地域范围经济中心的地位。

其次是圩镇的发展。圩镇是城市与其经济腹地乡村间进行经济联系的纽带。近代在口岸市场的带动和影响下，广西自给自足的自然经济形态受到外国资本主义经济侵蚀，与此相联系，原先以个体小生产者之间交换日常必需品或家庭手工业所需原料为基本特征的乡村圩镇商业活动因物质基础日趋瓦解而告衰败，继而兴起了一大批以内外贸易开展为基

① 颜邦英总纂《桂林市志》中册，中华书局，1997，第2041页。

② 柳州市志编纂委员会编《柳州市志·商业志》，广西人民出版社，1998，第247页。

③ 广西省政府统计处编《广西年鉴》第一回，1933，第366页。

④ 陈彦久：《解放前郁林县城的市政建设》，《玉林文史资料》第11辑，1986。

⑤ 百色市志编纂委员会：《百色市志》，广西人民出版社，1993，第348页。

础具有开放性特征的中小型城镇市场。并由此形成了等级分明的圩镇市场网络体系。

中心市镇为近代广西圩镇市场体系中最高级层市场，聚集有相当规模的人口。它一般具有较大市场规模，商业也颇为繁盛，具有相当的消费、生产和批发能力。且往往占据有优越的交通地理位置，是一定范围内协调商品交易的中心市场。中心市镇上连城市市场，下通基本圩镇市场和乡村圩市，既是当地周边农村的商贸中心，对附近市场具有一定的支配力，同时又是一定范围内（一县或数县）的贸易中心和货物集散地。在商品流通中处于承上启下的重要位置，它的普遍兴起和发展对圩镇网络的形成，乃至全省性统一城镇市场网络体系的构建具有重大意义。如八步作为贺县治所，位于贺江东岸，水路沿贺江而入西江可达梧州，逆临江而上可通富川、钟山等地，交通十分便利。光绪初年，开设有商铺数十家。至民国二十二年（1933）八步市场更加繁荣，拥有商户102家，资本148350元。[①]

基本圩镇为介于中心市镇和乡村圩市之间的中间级层市场，规模较中心市镇小，但比乡村圩市要大。因它既是洋货等消费品销售的终点，又是土特产品向外大批量运销的起点，为商品流通网络中最基本的节点，所以称为基本圩镇。该类圩镇市场上商品交易者除生产者外，还有来自上级市场的坐庄、代理商和经纪人，它一般是一乡或附近数个乡镇的经济中心。具有保障供给和初级商品集散地的双重经济功能，如壮族地区巷贤圩位于上林县南部，为该县南部各乡的经济中心地。近代圩上有较大坐庄20多户，另还有数十家小商贩，逢圩期，赶圩的人数有1500～2000人。主要来自巷贤各村，外加一部分村屯，以及亭亮乡、宾阳邻近各乡的小贩及村民。[②]

乡村圩市为近代广西城镇商业市场网络中最底层市场，它广泛分布于全省各地，数量居各类圩镇之首。它既是农产品与手工业品向上进入较高等级市场的起点，也是供农民消费的输入品向下流动的最终场所，处于整个圩镇网络体系的终端，为城镇商业市场网络中最基本的环节。其主要功

① 梁培瑛等纂，民国《贺县志》卷四，民国二十三年（1934）铅印本。

② 广西少数民族社会历史情况调查组：《上林县高贤乡壮族社会经济调查报告》，1963，第10页。

能是满足某一个或数个村庄居民日常生产生活所需，因而保障功能最为突出，商品流通规模范围小。圩场较为简陋，经商者多为流动商贩，逢圩汇集，圩完即散。如来宾县的三五圩在县南25公里的三五村外，圩中无固定商铺，逢圩成市，“赶圩人数最多时仅有百余人，商贸仅有蔬米、油盐、鱼肉、香烛等”[①]。虽然为数众多的乡村圩市对于周边地区的扩散能力并不是很强，但是作为近代广西城镇市场体系的有机组成部分，“一方面紧贴着农村，经济、文化上都与农村有着密切联系；同时，又是城市的基层组织，是城市与乡村联络的基层纽带”。它们与大中城市一起形成了不同等级规模的物资集散中心，对于当时城镇市场体系的巩固与发展，起到充实扩展的作用，是确保区域内城镇间经济联系不可或缺的基层单位。

近代以前广西各区域城镇市场间，由于各方面因素的制约，彼此的互动与联系较少，因而各区域间的各级市场体系基本各行其责，相互联系较弱。步入近代，随着港口城市开埠通商，进出口贸易率先起步并趋繁盛，埠际和区域广大城镇间的商品流通也日益活跃。由于商品流通更多地与对外贸易相关联，进口工业品和出口农产品的汇集、分流在扩大城市市场规模的同时也带动了其下属各级圩镇市场商业的发展，不同区域城镇市场间的呼应与往来加强，由此导致了不同等级城镇市场分工体系的产生，并在此基础上重新整合了商品市场和商品流通网络。

二　以梧州为中心的城镇商业市场网络体系格局的形成

近代广西城镇商业市场网络形成的过程，实际上就是由原来多个分散城镇市场网络重新分化、整合、组建新的统一城镇市场网络的过程。在这一过程中，全省性经济中心城市（即最高层次市场）的出现起着至关重要的作用。一般而言，作为全省性最高市场，应是一个综合性工商业发达的大城市。它不仅是全省商品总的集散中心，对全省各区域城镇具有强大的吸纳力，而且具有足够的辐射力将本省商品引向省外乃至国际市场。近代广西先后有龙州、梧州、南宁三个通商口岸，但因地理位置和经济基础等

① 翟富文纂修，民国《来宾县志》上编，民国二十六年（1937）铅印本。

各方面原因，开埠后三城市的成长步伐并不一致，因而始终未能出现三个口岸城市齐头并进形成三足鼎立的局面。梧州因其独有的地缘优势，一经开埠通商后地理位置愈加突显，一枝独秀迅速崛起，成为左右全局的全省性经济中心城市。

当然，梧州成为近代广西区域经济发展最具活力的中心并非偶然，这得益于它扼广西各水路总汇，下接广东最大运输动脉西江的优越地理位置，实为近代广西连接广东沿海地区之最大口岸市场。近代以前，受内向型社会生产、流通格局的制约，梧州仅是作为浔江、郁江流域的地区性中心城市存在，与广西境内各城市缺乏直接密切经济交往。开埠通商后内外贸易的不断发展和新式交通运输方式的引入，弱化了广西区内河流的天然界限，增强了各区域城市间的联系，在此背景下梧州迅速走向繁荣，成为号令全省的经济中心城市。

在商业贸易方面，1911 年梧州口岸进出口货值达白银 380.08 万两，占广西进出口总值的 80%，梧州开埠头 30 年间，进出口货值增长居广西各埠首位，占广西进出口货值近 70%。1931 年梧州出口总值占广西的 80.4%。1933 年梧州有商号 1393 家，资本总额 27 万毫币，占当年广西商业总额的 63%，广西财政收入 30% 来自梧州商业税收，市区人口超过 10 万，从事商业的达 1 万多人。当时梧州已成为仅次于广州的西江流域最大的外贸港口城市，被誉为“小香港，商业之盛，为全桂冠”①。

在工业上，梧州被称为“广西新式工业之发源地”，工业发展在全省亦首屈一指。1933 年梧州已有工厂 716 家，资本总额 2427815 元，工人 4759 人，功力达 1741 匹马力。工厂数量占广西总数的 63.3%，工业资本占柳州、桂林、南宁、梧州四大城市总资本的 73%，居广西各城市之首。因此，时人称：“梧州在广西经济上之地位，无异于上海之于中国”②。一般而言，作为一个区域的经济中心城市，它必须具备四个条件，即应是区域的生产中心、交通运输中心、商品集散中心和金融中心。③ 由上观之，梧州确已当之无愧成为近代广西经济中心城市和最高层级市场。

梧州的开埠、现代化港口和新式交通工具的运用，不仅促成了广西经

① James Acheson: Wuchow Trade Reports for the year 1897.

② 张先辰：《广西经济地理》，桂林文化供应社，1941，第 218 页。

③ 顾松年等编《开放型区域经济中心——无锡》，上海社会科学院出版社，1988，第 337 页。

济重心的东移，奠定了梧州作为广西区域中心城市的经济基础，由此改变了广西的经济地理，而且也使广西旧有的市场结构逐渐解体，以口岸城市为核心的新的市场结构开始形成。梧州作为近代广西中心城市的崛起，充分发挥了其经济功能，无论是内外贸易、近代工业发展和商品市场的发育，还是其集散能力、腹地的扩大，以及对周边地区的影响和示范作用都是其他城市所不可比拟的。它以一埠之地，控制整个广西城镇市场经济体系的全局运作，直接带动了广西新型城镇商业市场网络的架构，渐次形成了以梧州口岸为一级中心城市市场，以桂林、柳州、南宁为二级中心城市市场，平乐、宜州、桂平、龙州、百色为三级中心城市市场（出于简化图表的考虑，下面在绘制图 1 时将二级中心城市市场和三级中心城市市场统称为一般城市市场），其他大中型圩镇为中介，遍布全省乡村圩市为基层单位的统一，多层次市场衔接的城镇商业市场网络。于是在梧州这一总中心市场带领下，作为整体的广西市场被纳入国内市场和世界市场中。近代广西城镇市场网络结构体系可用图 1 表示：

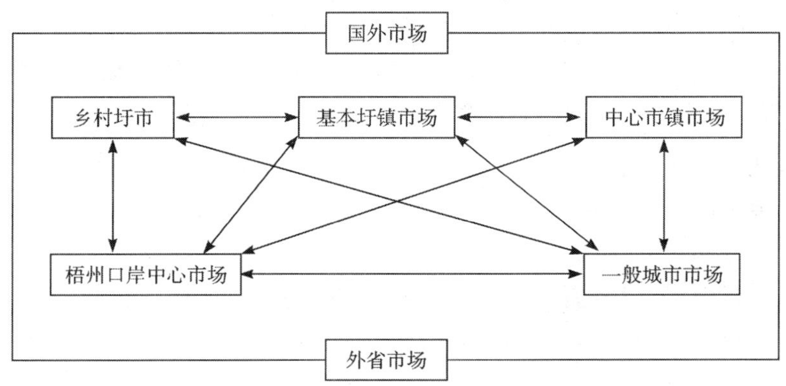

图 1　近代广西城镇市场网络结构图

近代广西城镇商业网络的市场运作始终是围绕着以梧州为一级中心城市市场，以南宁、柳州、桂林为二级中心城市市场，平乐、桂平、宜州、龙州、百色等城市为三级中心城市市场来具体展开运作的，其中梧州作为全省最大市场处于整个商业市场网络的中心位置。各类商品的流通，进口也好，出口也罢，无不以此为中心流转。同时梧州又承接粤港市场的辐射，致使整个广西城镇商业网络运行呈现出强烈的向东倾斜的“无市不趋东”的格局。这一特有现象的出现，如上升到商业网络空间的高度来看，主要是由商业网络流通主客体的趋向性与趋利性所决定的，“商品流通是趋向性和趋利性的统一”[①]。众所周知，生产的目的决定商品流通的归宿，生产的目的是为了消费，商品流通的归宿是为了使商品得以最终卖给消费者，以便实现商品的价值和使用价值。这就规定了商品流通的趋向性。“即使商品一再出卖，它也会在最后一次出卖时，由流通领域落入消费领域，以便在那里充当生活资料和生产资料”[②]。而趋利性是指商品在网络中的运动要以所有者的利益为动力。正是利益动机的推动，迫使商人不断在各级城镇市场中奔波往返，将商品从一个所有者手中转移到另一个所有者手中。在价值规律的支配下，任何生产者和经营者总是力图得到最大的经济收入，即产品出售后，除了补偿已经支出的生产费用和销售费用外，还能够获得一定的利润，因此他们总是选择销售价格较高的地点和对象出售他们的产品，因为销售价格越高，就越有利，可以获得更多的收入。[③]可见生产的目的和所有者对利润的追求决定了网络中商品流通的指向性。近代广西就进口商品而言，主要来自广东生产的机制工业品和经广东市场中转输入的各类洋货，用途在于满足区域内广大民众生产、生活所需。故而利润之源在于分布在广西境内城乡各地（包括各少数民族）的消费者，于是距离广东市场最近，水陆交通最便通达全省的梧州自然成为进口商品最大集散市场，进口商品以此为中心层层向下输送到各地消费者手中，在商品分销至网络中各级城镇市场乃至乡村市场的过程中，梧州所施展的强大辐射功能起主导作用。就出口商品而论，以土特农副产品为主，主要为广东市场和国际市场提供工业生产原料和初级加工品。利源在广东及国外市场，梧州再次因其地缘优势及运输的经济性当之无愧地成为桂省商品东运粤港市场的最大出口基地。在全省出口商品的汇集上发挥了强大的吸纳力，将各地汇集而来的货物源源不绝地运往广东沿海市场，以获取最终利润。

① 林文益：《贸易经济学》，中国财政经济出版社，1995，第268页。

② 马克思：《资本论》第1卷，人民出版社，1975，第135页。

③ 汤宇卿：《城市流通空间研究》，高等教育出版社，2002，第67页。

三　近代广西城镇商业市场网络的特征

以梧州为中心的近代广西城镇商业市场网络较之前近代时期广西城镇商业市场网络具有以下特征。

1. 省内各城镇市场间的经济联系空前加强

开埠通商后，受贸易规模扩大、城镇经济功能增强、市场变迁及交通技术进步等因素影响，广西逐渐冲破了分散、封闭的自然经济格局，原来多个商业经济区划共存的格局趋于消匿。广西各级城镇市场按照新经济形式下对外贸易、商品经济与市场发展的需求逐渐趋于统一，彼此间联系日益密切。随着与省外、国外商贸联系的日益紧密，城镇市场内部的等级分工体系也渐次形成。

首先是城镇市场商流层次的日趋复杂化。梧州开埠前，内向型经济格局下广西城镇的商业活动虽已具备一定规模，但从性质上讲，这种商业活动都属于传统自然经济范畴内小商品的交换，其交易的商品和范围除了盐、丝绸、铁铜、粮食几项特产实现了跨区域的交易以外，大多商品交易仍局限在城镇附近或分散的流域经济区域内。在此情况下，由于缺乏高层次的区域中心城市市场的辐射带动，各地城镇市场尤其是同一层级和不同地域范围城镇市场间亦缺乏密切的经济交往，没有形成较密切联系的统一城镇市场体系。商业网络的延伸性，因自然环境、交通条件的阻隔，十分有限。口岸开放后，随着梧州经济地位的迅速抬升，全省商品生产规模的扩大及交通运输条件的改善，大大弱化了江河流域的自然界线，原来存在四个分散的区域城镇商业市场体系逐渐被整合纳入了以梧州为中心的广西统一城镇市场网络体系，市场流通层次和渠道也因此增多，经济腹地得到前所未有之拓展。如前所述，原先桂西、桂中众多难通舟楫，交通不便，商品经济落后的地区因水陆交通条件的改善亦逐渐与全省性的城镇市场网络相连接，成为网络中的一部分。通过洋货深入边远乡村，地方土特产品和资源源源不断成为对外出口的重要物资。原先受封闭性制约的乡村初级市场，除了起到原来的余缺互济、品种调剂作用外，又增添了国内外货物的分销点和外流出口农副土产收购点的新职能。商品流通种类增多、规模扩大，由此改变了旧市场的功能与性质。如在桂西南的江州、左州、罗白和崇善县及宁明州、思陵州、思州、凭祥等地，在中法战争后不久即有煤油进口，并逐渐扩展到乡村市场，成为乡村市场上的畅销商品。民间喜其“价钱比生油便宜，又光亮”，逐步改变以生油、茶油或桐油点灯照明的习惯，于是煤油进口越来越多。[①] 与此同时，同一级层的城镇市场因外贸的牵引，彼此间的经济往来得到空前加强，商品物资、资金、信息的流通量都十分可观，这些都是传统内向型经济格局下城镇商业市场网络所无法比拟的。

总体看来，随着全省性统一城镇市场网络体系的形成，各级城镇市场间商品流通种类、数量、规模不断上升，各城镇间经济联系亦更趋密切。而各类城镇市场间的经济交往既有直接的，亦有间接的。间接的经济联系必须靠若干其他城镇市场充当中介、周转才得以实现。虽然部分城镇市场有时亦能与间接联系层次的城镇市场保持有直接的联系，如中心城市与周边区域中心市镇、基本圩镇及乡村圩市的市场联系。但若站在全省性统一的城镇市场网络系统的高度来看，这些联系仍只能算是间接的。故而，就中心城市市场梧州而言，它既与周边地区中心市镇市场、基本圩镇市场和乡村圩市有直接的联系，同时也通过下属的二三级中心城市市场与省内为数众多的各级圩镇市场建立了间接的经济联系，这些错综复杂的商品流通渠道和方式，构成了纵横交错的近代广西城镇商业市场网络，使地区之间的商品流通大大增强。

其次，前近代时期，由于城市作为政治军事中心，汇集有众多消费性人口，为满足需求，其聚集能力有一定发挥而辐射效能却十分低下，致使城乡市场间的商品流通更多呈现由乡村向城市的单向流动，且商品数量、规模亦十分有限。近代口岸城市开放后，随着新的城镇市场网络体系格局的形成，原先面向省内局部区域或国内市场并以粮、棉布、盐产品交换为主要内容的商品结构，逐步转化为纳入国际市场以外来机制工业品与省内农副土特产品为主要交换内容的商品结构。对外贸易的开展，在改变人们消费需求结构，逐渐形成新的消费习俗的同时，也带动了土货出口的不断增长。输出商品除了传统的农产品和手工业品外，原来猪鬃、鸭毛等丢弃之物也成为引人注目的货物，进入出口商品的行列。近代广西城镇市场联系的实际内容主要就是土货与洋货的双向流通，这种商品流通主要由以梧州为中心的洋货分销网和土货收购网所承担。进口洋货（包括生活所需的

---

① 广西区通志馆编《中法战争调查资料实录》第三部分，《外国商品的输入和影响》，广西人民出版社，1984。

消费品和生产资料）由梧州口岸市场经内地各级城镇中介市场源源不断输往广大乡村市场直达农户手中，是一个由高到低依次递减的城镇市场层次序列，通过批发、零售的层层环节，产品亦逐渐由集中到分散。而出口农副土产则由乡村市场沿相反方向逐层向上运往梧州口岸城市市场，是一个由分散到集中的逆向运动过程。大批量土洋货商品的对流，改变了原先商品单向流动的局面，它在为梧州提供幅员辽阔的经济腹地的同时，也推动了广大区域内城乡市场发育。此外，这种城乡市场间联系的扩大和日益密切，突出地反映在基层市场即乡村圩市的变化。开埠通商后，内外贸易的发展使乡村圩市冲破了乡间封闭隔绝的地缘限制，由自给自足的自然经济逐步发展到为商品经济服务的阶段。原来的乡村圩市交易主要属于农民“以有易无”的形式，为小范围的流通和品种余缺调剂，其产品也很少进入大区域流通，具有浓郁的封闭色彩。口岸商埠开放后，由于商品经济的发展，这类原始的低层市场已发生巨大变化。乡村圩市既已成为商品输出市场的起点，又成为外来日常生活消费品销售的终点，通过与上级各层次城镇市场的连接，逐渐走出传统的狭小地域限制，成为全省性商品流通市场网络中的一个最基本的环节。乡村圩市性质功能的这种转变，对内地自然经济结构产生了较大的冲击，有利于带动乡村经济商品化步伐的快速发展。

再次，需要强调的是，近代广西省内各级城镇市场间联系的加强主要得益于梧州口岸作为中心城市市场对省内各级城镇市场强大的聚合辐射作用，导致各个层次的市场都不同程度地受梧州进出口中心市场的影响和制约。这种作用主要表现在：（1）梧州中心城市市场对全省工业品进口分销供应及出口土货聚集的控制。由于梧州是近代广西工业中心所在地，随着城市工业化进程的发展，省内自产工业消费品大多出自于梧州，同时梧州又是全省进口国内外机制工业品及洋杂货品和出口土货的总中心，进出口货物均在梧州集散后再销往省内外各地城镇市场。梧州作为中心城市市场，通过对商品的吐纳制约着各类城镇市场间的经济关系。（2）金融与交通运输上的垄断。如前所述，近代梧州汇集了全省大部分的金融行业与机构，为广西金融中心和最大的汇兑市场，市场上资金极为充裕。它的一举一动牵引着广西各城镇金融市场的波动及兴衰。同时梧州为近代广西水上交通枢纽，拥有省内规模最大、最先进，设施最完备的深水码头和最为先进的航运工具，并以此为中心构筑了与省内各大中城市联系的水上交通运输网络。另就陆路运输条件来看，梧州与周边地区的公路运输网络也具有相当密度，交通优势十分明显。（3）价格与商业信息的操纵与垄断。价格是交换的基础，口岸城市在与内地城镇进行商品交换中始终处于价格上的垄断地位。作为广西对外经济交流的总中心，国内外商品市场价格均先经梧州再传达各地。全省进出口货物价格以梧州市场行情为参照系，商品的市场价格变动也往往经由梧州中心向腹地中小市场依次传播。此外，由于梧州作为广西经济中心城市，各种信息媒介汇集，信息流通量极大，处于与外界进行频繁信息交流的“桥头堡”位置，省内商品的购销信息多以梧州为中心向内地传递，由此赋予其对内地城镇信息传播上的主导地位。这种信息中心地位对梧州经济发展具有不可估量的作用。区域经济学认为，地区经济发展有赖于区域之间的商品流通和优势互补；而商品流通的发展，又有赖于一个畅通的、有相当规模的市场网络。因而从这个角度看，近代广西城镇商业市场网络的形成，既是区域经济发展的结果，也是大规模的商品流通的产物。

2. 外界市场对广西城镇市场网络体系影响加大

近代广西城镇市场网络体系格局的变化是以广西对外贸易的不断增长为基础，在外国机制工业品倾销和对广西这一民族地区廉价资源及土产加紧收购的不断冲击下完成的。广西城镇市场体系结构也由原来的多层次、多中心、相互联系渗透较少的地方性城镇市场体系，逐渐转化为相互开放的、全省性统一城镇市场体系，并与国内乃至国际市场相连接，成为其中的组成部分。由于经济中心城市梧州通过进出口贸易与广东沿海市场及世界市场接轨，网络中流通的商品也并非仅仅是区域内的互通有无，主要保证本省内部的需要，其中相当大部分是以世界市场及外省埠际市场的需求为转移的商品，伴随着其经营方式与手段，以及交通运输日趋现代化，与世界市场联系不断加深，商品流通数量、规模也进一步得到扩展。新型的城镇商业市场网络的开放度远较旧有的市场网络为高。开埠前，广西基本上是一个封闭的世界，由于城市职能以政治和军事为主，区域内城市间的经济联系不多。虽有对外长途贸易，但其贸易额非常小，广西城镇与省外、国际市场的经济联系处于稀薄状态。推动前近代城镇商业市场网络构建的动力源于有限的省内需求。而促使近代以通商口岸梧州为中心的城镇商业市场网络形成的动力则主要来自外界市场需求，即省外市场，尤其是国际市场对广西商品的需求成为这一城镇市场网络体系构建的最核心动力。新市场的需求是巨大的，它的“胃口”远非原先省内市场所能比拟。它在根据自己需要决定梧州地位升迁并进而成长为广西经济中心的同时，也造就了在结构与总量上与传统迥异的新需求，扩展了商流渠道和市场交易规模，进而促进了近代广西城乡商品经济的发展及由此产生的社会生活与产业布局等一系列变迁。

区域经济非均衡发展理论认为，经济进步不可能在所有的地区同时出现，在自由竞争的市场机制作用下，一旦地区间的发展水平和发展条件产生了差异，条件好、发展快的地区，在利益最大化的原则驱动下，将劳动力、资本、信息、技术等生产要素，从其他地区吸引过来，产生了极化效应。同时中心地区通过推广新技术，和对原材料及加工产品的需求，发挥“扩散效应”，带动周边地区发展。由上观之，近代广西的商埠全部集中在原先交通条件与经济发展程度较高的桂东地区，开埠通商后，以梧州为龙头包括南宁、龙州在内城市的发展势头和功效颇似非均衡发展论中增长极的极化效应，由此在它们所产生巨大聚集辐射功能的作用下，对整个广西民族地区经济开发产生了重大影响。

近代以梧州为核心的城镇市场网络体系格局的形成，致使原来建立在自给自足自然经济基础上的以偏向内地贸易为主的经济布局，在内外贸易的牵引下，随经济重心的东移亦渐趋向东与沿海市场和世界市场靠拢，并由此对广西的城镇与区域社会经济发展产生了巨大影响。在它的影响下，城镇工商业、农业、手工业生产结构、商品流通网络、商路网络、商人投资经营方向乃至市场结构体系都在发生变化，逐渐向现代化方向转型。近代广西城镇中为适应新的环境下市场运作需求的贸易中介服务行业，如经纪业、报关业的出现便反映了这一发展趋向。于是，有的地方出现了新型市场，有的地区传统市场融入了新的内涵和功能，进而形成了结构有序、层次分明的市场网络体系，大大加强了地区之间商品物资交流的功能。这样原来仅能在乡村消费和流通的农副土特产品突破自然经济的制约，车运船载，成为重要的出口外销商品；同时，原来仅能在口岸都市流通的进口洋杂货也沿商业网络大量进入内地城镇乃至广大偏僻的民族地区。进出口商品贸易的双向大规模流通改变了商品流通的旧有格局，使其逐渐由原来的传统封闭式经济联系模式向现代开放性市场经济体系转化，进而在消费和生产领域引发连锁反应，促使整个广西区域社会经济连成一体，开始逐步走上商品经济发展道路。

（《广西民族研究》2008 年第 1 期）

第 五 编

少数民族反帝反封建斗争

台湾各族人民反抗外国侵略者的光荣斗争史略

施联朱

台湾自古以来就是我国神圣的领土。在这个宝岛上，很早就居住着勤劳勇敢的高山族人民和汉族人民。他们披荆斩棘，把台湾开辟成为一个美丽富饶的地方，并共同反抗历代反动统治者和外国侵略者，结成兄弟般的亲密关系，对于我们伟大祖国的缔造，有着重要的贡献。正如伟大领袖和导师毛主席在《论十大关系》中指出："各个少数民族对中国的历史都作过贡献。"

台湾省位于我国的东南海滨，和大陆只有一水之隔，是我国海防前哨，战略地位十分重要。明代，外国侵略者的魔爪开始伸进我国的领土。台湾省因在海上，首当其冲，从14世纪以来，历遭外国侵略者的骚扰和践踏。但是，"中华民族的各族人民都反对外来民族的压迫，都要用反抗的手段解除这种压迫"。台湾高山族和汉族人民对于外国侵略者从来是不屈服的，他们同仇敌忾，团结战斗，英勇抗击来犯之敌，在中国人民革命斗争史上谱写了光辉灿烂的篇章。

一　早期台湾人民的反侵略斗争

早在明代初年，倭寇即已开始骚扰我国沿海各地。由于当时明王朝力量尚称强盛，社会比较安定，海防也比较巩固。洪武二十年（1387），明朝政府命周德兴、汤和等在沿海一带，筑城防倭[①]，倭寇的为害尚未酿成大

① 《明史》卷三，"本纪三"。

患。明英宗正统以后，倭寇渐趋猖獗，到嘉靖年间达到了极点，沿海各省，北起河北、山东，南至江苏、浙江、福建、台湾、广东等广大地区，都遭到倭寇的严重骚扰和破坏，给我国沿海各族人民带来无穷的灾难。“倭破浙东杭嘉湖苏松常镇淮阳至南通州诸沿江郡县不下数百处，杀伤人民百余万，守土以丧地被逮总师以失律受诛者无数”①。1563 年，骚扰我国沿海地区的倭寇在福建遭受打击后，大股侵入鸡笼（今台湾基隆）一带，烧杀淫掠，无恶不作，当地居民群起反抗，原来“朋聚滨海”的高山族人民被迫迁居山区。② “嘉靖末，鸡笼山人遭倭焚掠，避居山后”③。万历二十年（1592）倭寇又侵犯鸡笼、淡水等地。④ 后来在明军和大陆迁去台湾的汉族人民不断增加以及台湾各族人民的坚决抗击下，倭寇惨败溃退。从而恢复了因倭患而中断了的大陆与台湾以及汉族与高山族人民之间的贸易往来关系，“忽中国渔舟从魍港飘至，遂往来通贩以为常”⑤。

万历二十至二十六年（1592～1598），日本封建军阀丰臣秀吉发动侵略朝鲜战争，中国出兵援朝，同时在台湾、澎湖“增设游兵，春冬戍守”，至 1617 年更“兼增冲锋游兵，以厚其势”。⑥ 1593 年，丰臣秀吉曾命人致书台湾高山族，企图诱逼高山族朝贡于日本，遭到高山族人民坚决拒绝。之后，日本侵略者仍不断地侵扰台湾，在罗罗满地方（今花莲县境）采金，并借端启衅，企图侵犯基隆等地。天启元年（1621），日人踞台湾，“逐琉球人而放之”⑦。同年，闽人颜思齐“引倭屯之”⑧。崇祯元年（1628），日人滨田弥兵卫在长崎与一船主勾结，船上装了 15 门大炮及其他军用品，率领亡命之徒 474 人，借口去福州贸易，阴谋占据台湾。翌年又企图侵台。⑨ 由于明朝政府在沿海戒备森严，增兵防守澎湖，特别是在台湾军民的顽强抗击

① （清）洪若皋：《海寇记》，《昭代丛书》戊集。

② （明）张燮：《东西洋考》卷五，《丛书集成印本》。

③ （明）龙文彬：《明会要》卷七十七，“鸡笼山”。（清）沈云：《台湾郑氏始末》卷四。

④ （清）周培桂：《淡水厅志》卷十六。（清）丁日健：《治台必告录》卷二，谢金銮：《蛤仔难纪略》。

⑤ 《明史》卷三二三，列传二一一，“鸡笼传”。

⑥ （清）顾祖禹：《读史方舆纪要》卷九十九，“彭湖屿”。

⑦ （清）龚柴：《台湾小志》（见《小方壶斋舆地丛钞》第九帙）。

⑧ （清）余文仪：《续修台湾府志》卷一，“建置”。（清）俞正燮：《癸巳类稿》卷九，“台湾府属渡口考”。

⑨ 〔日〕稻叶君山：《清朝全史》上册，第 78 页。陈民耿、柯台山：《台湾概览》，第 8 页。

下，日本侵略者的侵略阴谋破产[①]，这是台湾各族人民联合起来，第一次战胜了日本侵略者，保卫了祖国边疆的安全。

16世纪，西方资本主义业已滋长壮大，殖民主义者纷纷向海外猎取殖民地，进行资本主义原始积累活动。首先进入东方海上角逐的是葡萄牙和西班牙，其次则是荷兰和英国。它们在我国东南沿海地区进行海盗式的掠夺，侵占我国的领土。嘉靖三十六年（1557），葡萄牙殖民者用巨贿买通广州指挥黄庆，“岁输二万金”，强行租借濠镜（即澳门），作为寓居商贩、晾晒货物之所。经营十数年，“筑室建城，雄踞海畔”，聚集夷众“广通贸易至万余人”。[②] 葡萄牙殖民者还胡说什么台湾是澳门的附属地，企图侵占台湾。由于当时海上霸权掌握在荷、英殖民者手里，致使葡萄牙殖民者企图侵占台湾的野心未能得逞。万历十八年（1590），一条葡萄牙商船驶过台湾海峡时，船上水手望见台湾岛上花木茂盛，景色秀丽，不禁惊呼：“福摩萨”（Ilha Formosa），译意是“美丽之岛”[③]。这就是西方人称呼台湾为“福摩萨”的由来。

万历二十九年（1601），荷兰殖民者开始侵入我国领海，在广州一带活动。荷兰殖民者依仗“鳞甲爪牙”（船坚炮利）以吓唬我国人民，“尝谓华人曰：‘此身漂泊世间，须有鳞甲爪牙，令可畏，若辈牝鸡耳’，讥其不善斗”[④]。当时我国人民以荷兰殖民者“其人双瞳深碧，举体洁白，如截肪”，“以其须发通赤，遂呼为红毛夷”。[⑤] 万历三十一年（1603）七月，荷兰殖民者在奸商李锦、潘秀、郭震的带领下，首次侵占澎湖；同时行贿福建税监高采，要求互市，激起福建人民的反抗。明朝政府的一些爱国官吏采取了一些严密防范措施，对澎湖实行经济封锁，拘禁奸商，“严守要害，厉兵拭甲”[⑥]，“严禁奸民下海，犯者必诛”，并派都司沈有容率兵到澎湖，荷兰殖民者被迫退走。[⑦] 天启二年（1622）六月，荷兰殖民者又率舰17艘，再次侵入澎湖，掳掠我沿海居民1500多人，役使他们修筑城堡，

① 连横：《台湾通史》卷一，“开辟纪”。
② 《明史》卷三二五，“佛朗机传”。
③ 周文德：《台湾见闻录》，1947，第161页。
④ （明）张燮：《东西洋考》卷六。
⑤ （明）沈德符：《野获编》卷三十，“外国”。
⑥ （明）张燮：《东西洋考》卷六。
⑦ 《明史》卷三二五，列传二一三，“和兰传”。

百般虐待，因被虐待或染病疫致死的1300人，被抓往爪哇，卖为奴隶的有270余人。[①] 还掠夺岛上居民的财物，夺走渔船600多只，并四处骚扰我东南沿海，抢劫来往商船。[②] “肆毒于漳泉沿海一带，要求互市，欲如粤东香山澳（澳门）夷例”[③]。是年十月，荷兰殖民者侵犯中左所（今厦门），爆发了一场如火如荼的反侵略斗争。“无日不搏战”。遭到我军民“内外夹攻，夷惊扰而逃”[④]。厦门鸿山寺后的摩崖石刻就是这场斗争的历史见证。石刻全文是：“天启二年十月二十六等日，钦差镇守福建地方等处都督徐一鸣、游击将军赵颇、坐营陈天策，率三营浙兵把总朱梁、王宗兆、李知纲等到此攻剿红夷”[⑤]。天启三至四年（1623～1624），明朝政府巡抚南居益派总兵俞咨皋率兵进攻澎湖，生擒荷将高文律等12人，驱逐殖民者，收复澎湖。[⑥] 荷兰殖民者余众2400人于1624年逃入台湾[⑦]，盘踞台南一带，先后在安平建筑赤嵌城（荷人称热兰遮城 Fort Zeelandia），在一鲲身筑赤嵌楼（provi-dentia），后来逐渐扩大占领区范围，对台湾开始实行殖民统治。

天启六年（1626），西班牙殖民者帆船12艘，从吕宋出发，侵入台湾北部的鸡笼港。1629年，西班牙殖民者又把侵略势力扩大到沪尾（今淡水），并以淡水为统治台湾北部的政治中心。1632年，西班牙殖民者在宜兰附近焚烧高山族村庄，残杀居民，企图把占领区扩大到宜兰，高山族人民据守险山要隘，坚决反击，使殖民者始终未能侵占宜兰。[⑧]

西班牙殖民者既占据台湾北部，与盘踞在台湾南部的荷兰殖民者利益矛盾，因此，两国时起冲突，互相攻战。1642年淡水之战，西班牙殖民者战败，被迫退出台湾，台湾北部地区从此又落入荷兰殖民者的魔掌。

---

① 连横：《台湾通史》卷一，“开辟纪”。刘大年等：《台湾历史概述》，第14页。

② 《明史》卷三二五，列传二一三，“和兰传”。

③ （清）顾祖禹：《读史方舆纪要》卷九十九，“彭湖屿”。

④ 《明熹宗实录》卷二十五，天启三年正月二十四日福建巡抚商周祚奏折。

⑤ 《文物》1977年第10期，厦门“攻剿红夷摩崖石刻”。

⑥ （清）周凯：《厦门志》卷十六。（清）薛志亮：《续修台湾县志》卷五，“外编”。

⑦ 〔日〕伊能嘉矩：《台湾志》，东京文学社，1902。

⑧ 连横：《台湾通史》卷一，“开辟纪”。刘大年等：《台湾历史概述》，第18页。

二　郭怀一起义抗荷

荷兰殖民者独霸台湾后，对占领区内居住的高山族和汉族2.5万人至3万人和可耕地十万亩左右[①]，实行残酷的殖民统治。1650年，荷兰殖民者又把其统治中心安平移到台南，实行残暴的掠夺和奴役。为了加强对当地居民的控制，建立了“结首”制度。把数家或十数家居民编在一起，叫作一小结，指定一人为首，叫作“小结首”；合数十个小结为一个大结，指定一人为“大结首”。荷兰殖民者通过大小结首，实施其殖民统治。结首得到多于一般农民一倍或数倍的土地。[②] 荷兰殖民者控制了台湾对内对外的贸易，输入鸦片，大量榨取汉族和高山族人民的财富，戕害人民的身体健康。[③] 并强行霸占汉族和高山族人民的土地，把这种田地称为“王田”，强迫当地农民耕种，农民不得私有田地，殖民者为田主，举凡“陂塘堤圳修筑之费，耕牛农具籽种，皆红夷资给”，进行封建农奴式的剥削。“役使劳瘁，番不聊生”[④]。农民每年要交纳苛重的田租，上等田每甲（约合十一亩三分多）年交租谷十八石，中田十五石六斗，下田十石二斗。[⑤] 从1651年开始又增征人头税和渔猎税。[⑥] 年满七岁以上的人，要交人头税，每人每月五辨士半。高山族人民上山打猎要交狩猎税，用罟的每月一利尔，用阱的每月一利尔半。[⑦] 据统计，每年盘剥人头税33700盾，狩猎税36000盾，“其脯皮贩运中国、日本，岁率十余万金”，市场关榷税十万金。[⑧] 高山族人民每年

---

① 菲列普斯：《荷兰占领台湾简记》，载《中国评论》（*China Review*）第10卷，第124页。

② （清）姚莹：《埔里社纪略》卷一（见《小方壶斋舆地丛钞》第九帙）。（清）周玺：《彰化县志》卷十二，台湾府方传燧：“开埔里社议”。

③ 连横：《台湾通史》卷十八，“榷卖志”，第351页。

④ （清）周玺：《彰化县志》卷六，第3页。（清）陈伦炯：《海国闻见录》上卷，“东南洋记”。

⑤ 连横：《台湾通史》卷八，“田赋志”，第119页。伪台湾银行研究室编《台湾之地方租税》（1963）说：荷兰殖民者每亩征收实物地租计上田九石四斗八升六合，中田八石九斗二升三合，下田五石八斗三升四合；上园五石八斗三升四合，中园四石六斗三升三合，下园三石八斗八升八合。

⑥ 台湾新生社编《台湾年鉴》，1947，第6页。

⑦ 王芸生：《台湾史话》，第15～16页。

⑧ 连横：《台湾通史》卷十七，“关征志”。周文德：《台湾见闻录》第16页说：人头税为70000盾。

要缴纳五万张鹿皮。人民生活必需品糖、米都课以重税。荷兰殖民者还掠夺和搜刮台湾的丰富资源，运往日本等地贸易，牟取暴利。如1650年出口八万担糖，荷兰殖民者从中就获利三十万盾。[①]

苛捐杂税给台湾各族人民带来沉重的负担，阻碍了台湾地区社会经济的发展。荷兰殖民者还采取民族分化政策，如设“贌社之税”[②]（“贌社”即行商之意），把每年向高山族人民征收的“社饷”，用“招标”办法包给汉族商人前往高山族村庄索取，“凡番（高山族）之所有与番之所需皆出于商人之手，外此无敢买亦无敢卖”[③]，造成两族人民之间的猜疑和不信任。荷兰殖民者每年召集高山族长老会议一次，尽力拉拢高山族的上层分子，挑拨汉族和高山族的民族关系。此外，还于1648年在高山族聚居地区设立教堂和学校，派遣传教士，宣传天主教、耶稣教，强迫高山族人民学习“新旧约”“耶教问答”“摩西十诫”等和荷语荷文，实行其文化宗教侵略政策。[④]

尽管荷兰侵略者竭力巩固其暴虐的殖民统治，但是热爱祖国的台湾汉族和高山族人民，不断以英勇的反抗斗争来回答敌人。1642年，目加溜湾200余高山族人民，因荷兰殖民者强迫他们进行搬运土石、砍伐竹木等繁重的无偿劳役，自发地起来斗争，猛袭新建的堡垒，放火烧毁栅栏。1629年，新港高山族人民因遭殖民者的虐待和监禁，群起反抗，麻豆、目加溜湾等社闻风响应。1635年9月，麻豆社高山族人民不堪忍受东印度公司的欺压和盘剥，一夜之间，杀死驻在该地的公司职员60余人，并联合萧垄、目加溜湾等社共同反抗。这几次斗争，都遭到荷兰殖民者的血腥镇压。1641～1643年，先后有58个高山族村社武装反抗荷兰殖民者，其中规模较大的一次是1641年11月间，鹿港附近的高山族人民冒着猛烈的炮火，使用镖枪、短刀，顽强抗击殖民者，使殖民者受到很大的损失。1645年10月间，有一支汉族人民武装，乘着渔船突袭淡水港，和岸上的荷兰殖民者展开激战。1648年，殖民者在萧垄的一座楼房，被愤怒的群众焚毁。[⑤]

---

① 刘大年等：《台湾历史概述》，第16页。

② （清）黄叔璥：《台海使槎录》卷八，“番俗杂记”。

③ 余文仪续修《台湾府志》卷十六，“番俗通考”。

④ 连横：《台湾通史》卷一，“开辟纪”。

⑤ 丁名楠：《十七世纪中国人民驱逐荷兰殖民主义者的胜利斗争》，载《历史教学》1962年第3期。张宗洽、方文图：《郑成功收复台湾》，福建人民出版社，1962。

17世纪中叶，在安平爆发了以郭怀一为首的台湾各族人民反荷武装起义。[①]

郭怀一原是郑芝龙的部下，芝龙投明后，怀一留居台湾，从事农垦，是荷兰殖民者占领区的大结首。他目睹台湾人民苦于荷兰殖民者的暴政，早就蓄谋驱逐殖民者。郭怀一曾激励起义战士说："众位乡亲，荷兰人百般虐待我们，这样下去，我们终归要被迫死，同样是死，不如起来跟荷兰人拼一拼，战胜了，大家同享自由，打败了，也不过一死"[②]。这些豪言壮语，大大鼓舞着各族人民的斗志，于是决定于八月中秋节起义，不幸被叛徒告密，事泄，怀一被迫提前于旧历八月初七起义。怀一率众夜袭赤嵌城，焚烧市街，火光四起。起义队伍迅速扩大到16000余人，可惜在初次战斗中，郭怀一就牺牲了。当时起义群众被杀1800人。余众仍坚持斗争，在欧汪（今高雄县冈山区湖内乡）地方与荷兰殖民者鏖战半月之久，终因起义领袖被捕，起义失败。[③] 在起义中，各族人民同仇敌忾，互相支援，不断给侵略者以沉重的打击，显示出汉族和高山族人民同生死共患难的亲密关系。连曾经参加镇压这次起义的荷兰殖民者头目乎尔堡（N. Verburgh）也不得不供认说："对台湾的继续占领，随处都会遇到许多迫切的危险，这些危险不但来自十万以上的野蛮人（殖民者对高山族的侮称），而且来自居住在那里的中国人（指汉族人民）"[④]。从侵略者的这些供认，反映了他们对台湾汉族和高山族人民共同反抗斗争的恐惧。这次起义斗争失败了，起义军被杀达8000人之多。[⑤]《台湾县志》说："郭怀一谋逐红毛（指荷兰殖民者），事觉被戮，汉人在台者遭屠殆尽"[⑥]。可见起义军民牺牲重大。荷兰殖民者用惨绝人寰的手段屠杀起义群众与首领，更加深了中国人民对于荷兰殖民者的

---

① 关于郭怀一起义的年代，说法不一，有：1640年（《诸罗县志》），1649年（乾隆《福建通志》），1650年（同治《福建通志》《香祖笔记》《凤山县志》《续修台湾府志》），1652年（林上直次郎：《郑成功以前之台湾》，奥吉尔贝：《中国志》），1657年（连横《台湾通史》），1658年（《台湾县志》）。

② 张宗洽、方文图：《郑成功收复台湾》，福建人民出版社，1962，第10页。

③ 奥吉尔贝：《中国志》（转引自赖永祥《台湾史研究》初集，台湾大学文学院，1970）。李震明：《台湾史》，第22页。

④ 菲列普斯：《荷兰占领台湾简记》，载《中国评论》（*China Review*）第10卷，第127页。

⑤ 一般史书记载说是"约四千人"。奥吉尔贝《中国志》则说："有四千男人及更多的妇孺被杀戮。"此据钱君晔《郑成功驱逐荷兰侵略者收复台湾的斗争》，载《历史教学》1961年第7期。

⑥ （清）薛志亮：《续修台湾县志》卷五，"外编"。

无比痛恨，激起中国人民驱逐侵略者收复自己领土的斗志，为 1661 ~ 1662 年民族英雄郑成功收复台湾的斗争打下了良好的基础。

三　郑成功收复台湾

郑成功（1624 ~ 1662）名森，字大木，福建南安人，明弘光时监生，曾受明隆武帝（明唐王朱聿键）赐姓“朱”，号“国姓爷”。1653 年，永历帝（明桂王朱由榔）封成功为“延平郡王”[①]。

1645 年，清兵入关，翌年，擒明唐王朱聿键。郑成功在南澳（今属广东）起兵，继续奉明正朔，以金门、厦门为反清复明的根据地，发展贸易，充实军需。郑成功对于荷兰殖民者盘踞台湾，骚扰东南沿海各地，猖狂压迫当地居民，阻碍海上贸易和商船往来，感到十分气愤，曾采取经济封锁政策，“刻示传令各港澳并东西夷国州府，不准到台湾通商。徭是禁绝两年，船只不通”，使荷兰殖民者蒙受到“货物涌贵，夷多病疫”的重大损失。[②] 荷兰殖民者于 1657 年不得不一方面派通事（翻译）何斌前来厦门，以重礼笼络郑成功，表示愿意以每年“输款纳饷银五千两，箭坯十万枝，硫磺一千担”的条件下，请求允许贸易[③]；另一方面又从印度尼西亚巴达维亚殖民当局增派援军，加强防御力量。郑成功毫不动摇收复台湾的信心和决心，他经常召集文武官员讨论收复台湾的问题，他指出，“台湾是中国的土地，今天被荷夷所占领，这是不能容忍的”[④]。1661 年元宵夜，何斌前来献图，建议攻取台湾，愿为向导，成功因此决计进攻台湾，“复先人之故土”以为根据。

郑成功出征台湾驱逐荷兰殖民者，得到沿海居民特别是福建居民的大力支持。郑军兵员的补充，主要来自福建一带沿海居民。如永历三年，成功前往铜山（今福建东山）募兵[⑤]，“永历六年，成功募兵于铜山”[⑥]。郑军中还有一部分曾经是农民起义军，如部将万礼“即张要，

① （清）黄宗羲：《赐姓始末》（《梨洲遗著汇刊》）。
② （明）杨英：《从征实录》，第 87 页。
③ （清）夏琳：《闽海纪要》卷上。
④ 张宗洽、方文图：《郑成功收复台湾》，福建人民出版社，1962，第 15 页。
⑤ （清）夏琳：《闽海纪要》卷上。
⑥ 黄宗羲：《行朝录》卷六。

平和小溪人。崇祯间，乡绅肆虐，百姓苦之，众谋结同心，以万为姓，推要为首。时率众统踞二都。（永历三年）五月来降（成功）”[①]。郑成功还在东山县修船、筹饷，仅1653年在云霄一地，一次就筹军粮五万石。[②]郑成功为进攻台湾进行了周密的战斗部署和大量的充实兵力、筹足粮饷等战备工作。

1661年4月间，郑成功率军2.5万人，战船100多艘[③]，从金门出发，出征台湾。4月24日抵澎湖。29日在台湾鹿耳门内禾寮港登陆，“荷兰大惊，微辞于成功，成功曰：吾无他求，此我家旧地，还我，子女玉帛，汝悉载以去。”[④] 郑军与荷兰侵略者展开激烈战斗，歼敌数百人，侵略军赤嵌楼守将猫难实叮率军投降。但荷兰殖民者头目揆一仍死守赤嵌城，负隅顽抗。“成功环山列营困之”[⑤]。当时郑成功在给揆一的通牒中严正指出：“台湾者，中国之土地也。久为贵国所踞，今予既来索，则地当归我。”[⑥] 表达了中国人民收复失地的决心。在台湾汉族和高山族人民的热烈支持下，前后经过九个多月的艰苦战斗，多次击溃了荷兰由巴达维亚调来的10艘兵舰、700人的援军，围城7个多月，歼灭敌军1600多人，终于迫使殖民者头目揆一接受交出荷兰商会财产及城寨，双方交换俘虏等条件[⑦]，于1662年2月1日（永历十五年十二月十三日），在降书上签字，向郑成功投降，率残兵败卒及官吏商人狼狈地逃出台湾。[⑧] 从此结束了荷兰侵略者在台湾38年的罪恶统治，实现了台湾各族人民要求同祖国大陆同胞共同赶走外国侵略者的愿望。

郑成功率军登陆台湾后，受尽荷兰殖民者长期奴役的台湾汉族和高山族人民，纷纷起来迎接祖国的大军，并尽一切可能来支援自己的军队。他们自动配合郑军的“户都事”（粮官）搜查敌人在各乡社的仓库，集体捐献

---

① （清）江日升：《台湾外纪》卷六。

② 厦门大学郑成功历史调查研究组编《郑成功史迹调查》。

③ 郑成功出征台湾的兵力，一说为四万人，战船三百五十艘。方白：《郑成功》，中国青年出版社，1958，即主此说。

④ （清）俞正燮：《癸巳类稿》卷九，“台湾府属渡口考”。

⑤ （清）王士祯：《香祖笔记》。

⑥ 连横：《台湾通史》卷一，“开辟纪”。汤子炳：《台湾史纲》。

⑦ 陈民耿、柯台山：《台湾概览》。〔日〕稻叶君山：《清朝全史》上册，第82页。

⑧ 王钟麒：《郑成功》，第74页。

粮食，卖充军食。[①] 他们还协助郑军搜索逃散的敌军，肃清荷兰殖民者的残余势力。有一次，有 14 名荷兰士兵流窜新港，高山族人民把他们全部歼灭掉。[②] 当郑军围攻赤嵌楼时，台南各地汉族和高山族人民也纷纷直接参加对侵略者的战斗。在郑军攻入赤嵌楼时，各近社高山族头目俱来迎附，献上金、银、草、土四项传统礼物，郑成功收下草、土，退还金、银，并设宴招待，赠给正副土官袍帽靴带，表示亲切慰问，使久被荷兰殖民者欺压的高山族同胞深受感动，于是南北路各社高山族人民闻风赶来欢迎。[③] 在郑军攻击赤嵌城时，由于“其城乱石垒砌，火煅成灰，融为石城，坚凝不受炮，半载不下”[④]，台湾人民引导郑军堵塞城里的水源，以围困敌人。[⑤] 城中的汉族人民冒险出城，向郑军报告敌情，指出城南角最为薄弱，以利于围歼敌人，迫使敌人投降。[⑥] 郑成功曾“亲临蚊港相度地势，并观四社（新港、麻豆、目加溜湾、萧垄）土民（高山族）……”，得到“土民男妇壶浆，迎者塞道”的热烈欢迎。[⑦] 高山族人民不仅到处“罗列恭迎……跳跃欢午”地迎接郑军[⑧]，还把买来的郑成功图像悬挂起来，家家竟祀“延平郡王（郑成功）”[⑨]。郑成功殷切接待高山族人民，大大鼓舞了高山族人民和汉族人民团结起来共同反抗荷兰侵略者的斗志。对这些生动的情景，连外国人也不得不写道：台湾汉族和高山族人民喜闻郑成功进军台湾的佳音，“四方云集，欢迎成功”，“至有以杀宣教师，毁掷宗教书籍，为复得自由，而互相庆贺者”。[⑩] “郑成功之来，深得人心，荷兰统治台湾已久，全岛各族人民，都起来‘叛乱’，生番也站在中国人（指汉人）一边”，到处消灭敌人，“庆祝他们重新获得自由……”“无数的中国人如风起云涌一般，亦来迎接”，他们心中的兴奋和喜悦，是难以用语言来形容的。[⑪] 就连荷兰侵略者在《热兰

---

① （明）杨英：《从征实录》，第 152、155 页。

② 张宗洽、方文图：《郑成功收复台湾》，福建人民出版社，1962，第 29 页。

③ （明）杨英：《从征实录》，第 151、152、155 页。

④ （清）魏源：《圣武记》卷八，第 12 页。

⑤ （清）徐鼒：《小腆纪年》卷二十。（清）黄宗羲：《赐姓始末》（《梨洲遗著汇刊》）。

⑥ 连横：《台湾通史》卷一，“开辟纪”。

⑦ （明）杨英：《从征实录》，第 152 页。

⑧ （清）江日升：《台湾外纪》卷十一，第 12 页。

⑨ 连横：《台湾通史》卷五，“疆域志”。

⑩ 〔日〕稻叶君山：《清朝全史》上册，第三十一章，第 81 页。

⑪ 〔日〕竹越与三郎：《台湾统治志》（转引自吴紫金、洪卜仁《郑成功收复台湾记》，第 24 页）。

遮城日记》中也不得不供认："山区和平原的居民及众族长……实际上所有住在南部的居民都投降了国姓爷（按指郑成功）。每位族长收到一件白缎长袍，一顶有金色顶球的帽子和一双中国靴。这些家伙辱骂起我们努力宣传的基督教真理……他们听到国姓爷来了的消息，就虐杀了一个我们荷兰人"①。从这些片断的记载中可以看出，台湾汉族和高山族人民对于长期奴役他们的荷兰侵略者是何等的刻骨仇恨，他们和祖国大陆同胞是如何紧密地团结在一起，共同为驱逐外国侵略者而进行英勇顽强的斗争。这充分显示了伟大的中国人民的英雄气概和巨大力量，绝不允许祖国的领土被别人侵占的坚强意志。

郑成功收复台湾后5个月，不幸于1662年7月（永历十六年五月初八日）病逝，终年39岁。子郑经继立，对台湾继续开拓和经营，促进了台湾地区经济和文化的发展。

四　清代台湾人民的反侵略斗争

1683年，清康熙在平定"三藩之乱"后，8月间遣师渡海进攻台湾，这时郑经已死，其子克塽降，从而结束了23年郑氏政权在台湾的统治。自此台湾在清朝中央政府这一全国政权的统一管辖下达212年之久，进一步加强了和祖国大陆之间的密切联系，促使台湾各族人民和大陆人民在政治、经济、文化生活方面，形成一个不可分割的整体。

清代以来，美丽富饶的台湾一直为英、法、美、日等资本帝国主义所垂涎。1840年鸦片战争以后，外国资本主义列强相继侵入台湾，进行残酷掠夺，特别是美、日侵略者一直图谋霸占台湾，作为进一步侵略中国大陆的跳板。台湾的汉族和高山族人民始终处在反侵略斗争的前线。

鸦片战争时，英国侵略者曾屡次侵犯台湾的基隆、大安港、琅峤、淡水等地，激起当地汉族和高山族人民的无比愤慨。他们自立乡约，勤瞭望，联声势，查奸细，选壮丁，筹经费，备器械，严禁与英贸易。一些主战的

① 《热兰遮城日记摘译》，1661年5月17日。热兰遮即今安平。《热兰遮城日记》系荷兰人所写，载于英人甘培霖（Compbell）再版《台湾府耶稣教史》书中。此据方文图译自日本平山勋编《台湾社会经济史全集》。

台湾镇道官吏也积极备战，“发印谕数百道，委员交各路义首壮耆，申约连庄，添练壮勇，人自为兵”[①]。由于台湾各族人民的爱国热忱，很快组织了为数47100余人的义勇队，抗击英国侵略者。捐资出力的更多，如“淡水贡生林占梅，呈捐番银一万元，以助修筑炮台，制造攻守战具之用”[②]，就是其中的一个。1841年9月29日，英国侵略者派“纳尔不达号”挟三板船窜犯台湾鸡笼口的万人堆。翌日，驶进口门，向二沙湾连发两炮，毁兵房一间，台湾参将邱镇功，守备许长明、欧阳实等在台湾各族人民的支持下，发炮予以迎头痛击。[③] 淡水同知曹谨亦在三沙湾放炮接应。[④] 英舰遭到各地炮台猛烈还击，“桅折索断”，仓皇败逃，适口外“海涌骤起，冲礁击碎，夷人纷纷落水，死者不计其数，或凫水上岸，或上杉板驶窜”，“屯丁乡勇”分头追击。是役“前后共斩首白夷五人，红夷五人，黑夷二十二人，生擒黑夷一百三十三人，捞获夷炮十门，搜获夷书图册多件”[⑤]。以后，英舰续至鸡笼、淡水等地骚扰，企图报复，皆被台湾军民合力击退。如1841年10月19日，英国侵略者三桅兵舰一艘再犯淡水、鸡笼口，攻三沙湾，“直扑炮台，大炮齐发，势甚猛烈，登陆后被官军击退”[⑥]。复于10月27日由于“怒求赎夷俘不遂”，突扑二沙湾，在“兵勇”奋力攻击下退走。[⑦] 是年冬，“英船入台湾海口”，又“寇台湾淡水、鸡笼”，都被达洪阿等击退。[⑧]

1842年3月11日，英国侵略者武装鸦片船（三桅船一、三板船四）窥探淡水、彰化交界处的大安港，英勇爱国的台湾渔民们，一面给官军报信，一面诱使英船驶进土地公港，“为暗礁所击，搁浅中流，官兵乡勇乘危邀击，遂俘其众”[⑨]。“义首士民亦皆共奋同仇，争先擒斩逆夷，以泄义愤。”[⑩] 是役“共杀毙白夷一人，红黑夷数十人。生擒白夷十八人，红夷一人，黑

① 道光朝《筹办夷务始末》卷三十八：道光二十一年十月，“达洪阿等又奏收回巡洋舟师填塞各处口门添铸炮位团练壮勇片”。（清）姚莹：《东溟奏稿》卷三，第3页（《中复堂全集》）。

② （清）丁日健：《治台必告录》卷三，达洪阿、姚莹：“防夷奏疏”。九原：《东溟奏稿》卷三。

③ （清）梁廷枏：《夷氛闻记》（《近代史料笔记丛刊》）。

④ 《清宣宗实录》卷三五九，道光二十年十月。

⑤ 道光朝《筹办夷务始末》卷三十八，“达洪阿等奏击沉英船擒斩英兵夺获炮位折”。

⑥ 道光朝《筹办夷务始末》卷四十二，“达洪阿等奏英船复扰鸡笼口，我兵击退情形折”。

⑦ （清）梁廷枏：《夷氛闻记》（《近代史料笔记丛刊》）。

⑧ 《清史稿》本纪十九，宣宗本纪三。

⑨ 沈文浩：《重编清鉴易知录》，正编十五、五。

⑩ （清）姚莹：《东溟奏稿》卷四。

夷三十人。……夺获夷炮十门，又铁炮一门，鸟枪五杆，腰刀十把。”[①] “夷人五犯台湾，未得一利，反被破舟擒斩其所谋诱之奸民，匪船又皆被获”[②]。英国侵略者连续遭到了可耻的失败后，被迫暂停对台湾的侵扰。这是台湾人民在鸦片战争时抗击英国侵略者取得的一次辉煌胜利。

可是，腐朽的清朝政府，却于1842年4月29日与英国侵略者签订了割地赔款的《南京条约》。清政府命令台湾总兵达洪阿、台湾道姚莹说：“现在英夷业已就抚，所有台湾被获夷人，自可施恩放还”，要求“派委员弁妥速解省”，“转交该夷目领回”。[③] 消息传出，台湾军民，人人愤恨。英国全权代表璞鼎查在签订《南京条约》后于1843年8月蛮横无理地又向清政府提出交涉，谓第一次俘虏有150人，第二次俘虏有44人，[④] 竟诬蔑台湾镇总兵达洪阿等“贪功妄杀遭风洋人”[⑤]，要求惩办台湾抗战官吏。投降派耆英遂诬害台湾镇道，竟把达洪阿、姚莹二人革职，解京治罪。台湾人民更加群情激愤，愤愤不平，“兵民汹汹罢市”[⑥]。一时“郡兵不服，其势汹汹”[⑦]，“精兵千人，攘臂呶呼”[⑧]。“翌日众兵犹人持香一炷，赴钦使行署泣诉；而全台士民远近奔赴，佥呈为镇道申理者甚众。”[⑨] “台中士民数千赴大帅为镇道申理。”[⑩] 充分显示出台湾人民英勇地反侵略、反投降的光荣斗争传统。

英、法侵略者为了继续强迫贩卖鸦片，发动第二次鸦片战争，清政府屈辱求和，于1858年分别与英、法订立《天津条约》，开台湾安平、淡水为通商口岸。1860年订立《北京条约》。1861年和1864年法、英先后强迫清政府将基隆、打狗两港开放。之后，英、美、法等外国资本家对台湾的经济掠夺日益加紧，尤以英国侵略者势力最大。英在安平设领事馆通商，控制台湾樟脑贸易，进行敲骨吸髓的剥削，遭到台湾各族人民的坚决反抗，

① 道光朝《筹办夷务始末》卷四十七，“达洪阿等奏英军复犯台港破舟歼敌获胜折”。
② 道光朝《筹办夷务始末》卷六十八，“穆彰阿等奏取具达洪阿、姚莹亲供呈览折”。
③ 道光朝《筹办夷务始末》卷六十二。《清宣宗实录》卷三八二，道光二十二年十月。
④ 李震明：《台湾史》，第61页。
⑤ 《清宣宗实录》卷三八六，道光二十二年十二月。
⑥ 连横：《台湾通史》卷十四，“外交志”。
⑦ （清）姚莹：《东溟文后集》卷七，“奉逮人都别刘中丞书”，见《中复堂全集》。
⑧ （清）姚莹：《东溟文后集》卷八，“再与方植之书”，见《中复堂全集》。
⑨ （清）姚莹：《东溟文后集》卷七，“奉逮人都别刘中丞书”，见《中复堂全集》。
⑩ （清）姚莹：《东溟文后集》卷八，“与光律原书”，见《中复堂全集》。

时常发生殴打侵略者和教案。例如，同治七年（1868），英商德记洋行的大班哈地在从打狗到台南的路途中被殴伤。早在同治二年（1863）台湾樟脑收归官营，而英商爱利士洋行却私贩樟脑，在梧栖被中国官方没收，该行大班毕克林在鹿港被打。[①] 1868 年，“英人米里沙至苏澳，娶番女为妇，谋垦南澳之野”，激起台湾军民的反抗。[②] 同年 4 月，奸民庄清风入教后，欺压人民，激起公愤，台湾人民将庄清风打死，并拆毁英法教堂。[③] 英国侵略者驻安平的领事吉布孙为包庇走私英商，遂借口教案，请求英国政府派遣军舰保护。1869 年，英国侵略者派了“阿吉陵”“布斯达”两艘炮舰到安平，炮轰军装局，死伤多人。英国海军中校戈尔登率水兵 23 人登陆，残杀我义勇兵 27 人。[④] 清闽浙总督英桂对英国侵略者屈服，允许赔款 1.7 万元，“惩凶”，取消台湾官办的樟脑专卖权，并将鹿港同知和凤山知县革职结案。1866 年英舰“杜布号”，翌年（1867）“雪尔维号”侵犯台湾皆遭高山族人民袭击。[⑤] 美、意等列强也据“利益均沾”例来到台湾通商贸易，自由传教。1860 年德国“易北号”侵入凤山县枋寮，为高山族人民所击退。[⑥] 外国资本主义列强的经济、政治、军事的势力一拥而入，使台湾沦为殖民地半封建社会，台湾各族人民处于苦难的深渊。

早在 1844 年，美国侵略者逼迫清政府签订了《望厦条约》，开展对华贸易，享受了许多特权。美国侵略者迫切需要为自己的船舶在远东海上寻找一个侵略据点，对于美丽富饶和地势重要的台湾早就垂涎三尺，也是企图侵略台湾的急先锋之一。从 1847 年以后，美国侵略者曾数次派遣军舰到台湾调查煤矿和测量港口[⑦]，并窥伺基隆等地。美国官员商人屡次向其政府献策侵占台湾。贝勒在侵略琉球时，曾潜至台湾“视察”过，并建议美国政府“单独采取行动”，占领“这个伟大富饶的岛屿”[⑧]。1853 年，美国海军统领皮雷率舰到台湾，进行搜集情报，调查矿产、森林、耕地面积，测

---

① 李震明：《台湾史》，第 61 页。

② 连横：《台湾通史》卷十四，“外交志”。

③ 《辞海》上，第 867 页，“台湾教案”。

④ 王芸生：《台湾史话》，中国青年出版社，1955，第 98 页。

⑤ 李震明：《台湾史》，第 62 页。

⑥ 连横：《台湾通史》卷三，“经营纪”。

⑦ 德涅特：《美国人在东亚》，第 248 页，转引自张雁深《美国侵略台湾史》。

⑧ 丹赖特：《美国东亚外交史》，第 276 页，见卿汝楫《美国侵华史》第 2 卷。

量港口，绘制地图等活动。1854 年，从事远东贸易起家的赫里斯，也曾建议美国政府“强迫购买”该岛。[①] 1855 年，美商奈伊、罗宾纳等人潜入高雄，用欺骗的手段攫取收买全岛樟脑的专利权。据统计，仅在 1855～1857 年的两年中，即从台湾运走了 78 艘原料。[②] 1856 年，英、法阴谋联合发动第二次鸦片战争，美国驻华专使巴驾向美国政府建议：美、英、法三国合作瓜分中国，由法国占领朝鲜，英国占领舟山，美国占领台湾。[③] 1857 年 2 月，美商奈伊写信给巴驾主张占领台湾。3 月 2 日又一美商罗宾纳在给巴驾的报告中指出：台湾位置重要，土地肥沃，物产丰富，并且还可以从福建捞取廉价的劳动力，甚至狂妄地扬言，只要用二百五十个武装就可以占领台湾，使“台湾成立一个独立的殖民地”[④]。巴驾在接到奈伊的信后，于 2 月 27 日与美国海军舰队司令亚姆斯特朗在澳门美国旗舰上，“秘密会商了台湾问题”，一致认为：第一，台湾是最值得占领的岛屿，对美国价值特大；第二，美国可以利用当时对华的许多交涉问题为借口，进行对台湾的占领。[⑤] 在巴驾等人的怂恿下，住台美商也加紧进行各种阴谋活动，激起了台湾各族人民的无比愤慨，群起拒绝与美商贸易，迫使美商狼狈退出台湾。美国侵略者由于当时实力不足，无法实现其侵占台湾的阴谋，所以在上述巴驾与亚姆斯特朗的会谈记录中供认：“在目前美国海军实力的条件下，我们实行侵占，因而使中国政府对五口内的美侨采取敌对行动，则我们将无法保护这些美侨。”[⑥] 尽管如此，美国侵略者并没有放弃其企图侵占台湾为侵华据点的阴谋。

1867 年 3 月 9 日，美船“罗佛号”从汕头向牛庄航行，中途遇风，漂流到台湾南端七星岩，触礁沉没，船长亨特夫妇及水手 7 人，乘小艇向傀仔角登陆，遭到高山族人民的狙击。此时停泊在安平的英国军舰“科尔摩兰

① 美国外交档案，1862 年，第 822 页，见卿汝楫《美国侵华史》第 2 卷。

② 卿汝楫：《美国侵华史》第 2 卷，第 359 页。

③ 参院档案（1858～1869 年；第三十五次议会第二次会议印行），第 1083 页，见卿汝楫《美国侵华史》第 2 卷。

④ 参院档案 1859～1869 年（第 1211～1215 页），见卿汝楫《美国侵华史》第 2 卷。

⑤ 参院档案（1858～1859 年，第三十五次议会第二次会议印行），第 1210～1211 页，见卿汝楫《美国侵华史》第 2 卷。

⑥ 参院档案（1858～1859 年，第三十五次议会第二次会议印行），第 1210～1211 页，见卿汝楫《美国侵华史》第 2 卷。

号”由舰长布罗德率领赶来救援，也为高山族人民击退。[1] 4 月，美国军舰“阿树罗号”又企图侵占恒春，在高山族人民顽强的抗击下败退。6 月，美国侵略者复派海军上将贝尔率“哈特福”“窝明”两舰，陆战队 181 人，企图偷袭恒春以作报复，又遭到当地高山族人民的迎头痛击。在反侵略斗争中，附近村寨的汉族人民也积极为高山族人民提供武器，并肩战斗。高山族人民利用熟悉的地形袭击敌人，打死副舰长马凯基，把丧魂落魄的美国侵略者追逐到海边。[2] 不甘心失败的美国侵略者于 9 月立即派当时美国驻厦门的领事李仙得胁迫清政府派兵护送他一起到恒春，企图镇压高山族人民的反抗。[3] 住在恒春附近一带的汉族人民，知道腐败的官军的到来，除了蹂躏田园和掠劫外，不会给各族劳动人民带来什么好处，因而纷纷表示不满，对高山族人民深表同情。[4] 英勇不屈的龟仔角十七社高山族人民即以六百名武装战士严阵以待，迫使侵略者不得不坐下来谈判。在谈判时，高山族领袖卓其（杞）笃理直气壮地对美国侵略者指出：“五十年前龟仔角的人民就是被你们外国侵略杀害，就只剩下上山砍柴的一些人幸免于死难，我们与你们有着深仇大恨”[5]。“如果你们要打仗的话，不用说，我们就跟着你们打，如果你们希望和平，我们可以永远给你们和平。”在这义正词严的面前，美国侵略者不得不接受高山族人民所提出的条件，即此后来往美船，必须先挂上红旗，见岸上有红旗回答，才能登陆，否则不许上岸。[6] 美国侵略者第一次武装侵略台湾，在汉族和高山族人民英勇抗击下，以可耻的失败告终。

“捣乱，失败，再捣乱，再失败，直至灭亡——这就是帝国主义和世界上一切反动派对待人民事业的逻辑，他们决不会违背这个逻辑的。”美国侵略者在侵台阴谋接连破产以后，自 1872 年起，又与日本军阀勾结在一起，企图利用日本军阀势力来达到侵略台湾的目的。美国侵略者以驻厦门领事李仙得为谋士，唆使日本侵略者于 1874 年 4 月以本来纯属中国内政的 1871 年台湾牡丹社高山族人民误杀遭飓风遇难而漂流到台湾的琉球居民 54 人为

① 李震明：《台湾史》，第 62 页。连横：《台湾通史》卷十四，“外交志”。

② 金梁：《台湾史料》，第 89 页，1955，油印本。

③ 连横：《台湾通史》卷十四，“外交志”。

④ 必麒麟：《老台湾》，第 193 页，转引自张雁深《美国侵略台湾史》，第 35 页。

⑤ 《清史稿》，“邦交志”四，“美利坚”。

⑥ Le Gendre：*Amoy and Formosa*，1871，转引自李震明《台湾史》，第 63 页。

借口，派使到北京，向清政府交涉。清政府总理衙门董恂、毛昶熙正言声明："番民之杀琉人，既闻其事，但二岛（按指台湾和琉球）俱我属土，属土之人相杀，裁决固在于我。我恤琉人，自有措置，何预贵国事而烦为过问？"日本使者则威胁说："生番（侵略者诬称高山族）杀人贵国舍而不治，敝国将问罪于生番。"[①] 日本侵略者遂于1874年4月派陆军中将西乡从道、陆军少将谷干城、海军少将赤松则良等率领侵略军3600多人侵犯恒春[②]，在社寮港登陆，移阵龟山，分三路进攻高山族村庄，一由风港，一由石门，一由四重溪，焚烧牡丹、高佛士、加芝成、竹仔等社，遇到牡丹社高山族人民的巧妙截击。[③] 牡丹社高山族人民占据有利地形，或居高临下，使倭人未能仰攻[④]，或"伏丛莽间，时起狙击，日兵不敢进"[⑤]。侵略军所到之处，烧杀淫掠，无恶不作。高山族人民则凭险顽抗，用石头、木棍，用火，用最原始的武器，加上自己的勇敢、决心、智慧和不屈不挠的气节，将日本侵略者打得落花流水。侵略军死伤五百多人，消耗军费780万日元。在石门要隘的战斗中，高山族人民领袖阿禄父子及部众三十余人壮烈牺牲。[⑥] 美国派出大批的军事指挥人员，其中有美国海军少校凯塞尔、陆军中尉华生等人，还供给日本军火、船只，美国太平洋邮船公司的巨轮"纽约号"也一度用来运送日本侵略军。日本侵略军之"所以敢于鸱张者"，是因为"窥中国器械之未精，兼恃美国暗中之资助"。[⑦] 这时刚刚走上资本主义道路的日本，一方面实力尚不足以征服台湾，另一方面台湾各族人民奋起反抗，加以清政府下令沿海戒严，派遣大军渡台，"日军之屯龟山者，受暑瘴多死亡，思退兵，闻大军至，益思言和"[⑧]。最后，由英国使臣威妥玛从中调停，威逼清政府总理各国事务衙门大臣奕䜣和直隶总督李鸿章等于9月2日签订了丧权辱国的《台事专约》三条："一，日本国此次所办，原为保民义举起见，中国不指为以不是。二，前次所有遇害难民之家，中国定给抚恤银两，

① 江山渊：《丘逢甲传》，见《小说月报》第6卷第3号。

② 王芸生：《台湾史话》第37页中说是四五千人，号称为15000人。

③ 同治朝《筹办夷务始末》卷九十四，"福州将军文煜等奏折"。连横：《台湾通史》卷十四，"外交志"。

④ 同治朝《筹办夷务始末》卷九十四，"沈葆祯奏折"。

⑤ 罗惇曧：《中日兵事本末》，见阿英《甲午中日战争文学集》第3卷。

⑥ 李震明：《台湾史》，第6页。

⑦ 同治朝《筹办夷务始末》卷九十四，"福州将军文煜等奏折"。

⑧ 罗惇曧：《中日兵事本末》，见阿英《甲午中日战争文学集》第3卷。

日本所有在该处修道建房等件，中国愿留自用，先行议定筹补银两，另有议办之据。三，所有此事两国一切来往公文，彼此撤回注销，永为罢论；至于该处生番，中国自宜设法妥为约束，以期永保航客，不能再受凶害。”[①]日本侵略者获得抚恤银十万两、修路建房费四十万两（共折合78万日元）后，狼狈撤兵。[②]

1884年爆发中法战争。法国侵略者早就蓄谋占领台湾基隆。这年4月5日，法国侵略者便派军舰游弋台湾海面，窥伺台湾。七八月间，又乘势扰浙、闽沿海各地。8月4日，法国远东舰队司令利士比率舰三艘到基隆，要挟基隆的中国守军交出防御工事，中国当局置之不理。翌日，法国侵略者轰击炮台，强行登陆，深入内地。当法军侵入基隆，当地军民奋起反抗，杀死杀伤敌军200多名，把法国侵略者赶下海去。当时，上海《申报》接连发表“论今日之势惟有速战”“论中国今日当明与法人示战”“论目下战务愈不宜迟”等社论，表达了中国人民反抗法国武装侵略的决心。8月下旬，法舰三艘近泊基隆，势极猖獗，挂旗索战，连日不休。8月30~31日，敌兵开炮猛攻，我兵勇凭山为障，开炮还击，屡中敌舰，侵略者伤亡颇重，只好退泊口外。[③] 10月初，法国海军上将孤拔乘旗舰“奥尔札号”，率战舰五艘，载陆军3000人，侵入基隆，以三舰窥沪尾（今淡水）。当时督办台湾军务刘铭传派总兵孙开华扼守淡水炮台。孙开华以火药不足，不用大炮，令军士尽伏台后，法军开炮200余发，“台上寂无声息，相戒不稍动”。法人以为我守兵已溃走，立放舶板，驱兵登岸，我军伏兵突然狙击，“斩敌数百，呼声震天，法人惊出不意，入海死者不可悉数，击沉舢板四”[④]。台湾内山高山族张李成（一说是梨园花旦）率众五百人，分为两队潜伏在炮台后，密切配合官军抗击法军入侵。时潮上，法军争以小船抵坡下，坡上草深没人，“张以二百五十人出，散发赤身，嚼槟榔，红沫出其吻”，“此二百五十人者，见敌皆仰卧，翘其左足，张趾架枪以待敌。敌近，二百五十枪齐发，法人死者百数人，大骇而遁。山后复出二百五十人，作园阵包敌”。

---

① 同治朝《筹办夷务始末》卷九十八，第11~16页。

② 同治朝《筹办夷务始末》卷九十八，第11~16页。

③ 《申报》1884年8月15、27、29日，转引自丁名楠等《帝国主义侵华史》第1卷，第246页。《刘壮肃公奏议》，“法拟调陆兵来攻台北片”，见《中国近代史资料丛刊》，“中法战争”第三册。

④ 徐珂辑《中法战争轶闻》，“孙开华胜法人于台湾”，见阿英编《中法战争文学集》。

侵略者溃不成军，四处逃窜，张李成率义民军紧追不舍，捕杀得负伤的侵略军陆战队司令方丹，割下头颅，插在枪上，欢呼入城，庆祝胜利。[①] 在我军民密切配合迎战下，“法兵挫而复进者数次，我军短兵相接……阵斩持旗法将一名，并夺其旗，毙敌约三百名，敌势不支，纷纷溃散，其退至海边争渡覆溺者无算”[②]。敌人哀叹说，这次失败，“使全舰队的人为之丧气”，这“不祥的一天”，留下了“悲惨的印象”。法国侵略军头子孤拔也不得不招认：“这是一次最不合算的战役”[③]。由于我军民坚守淡水，大大挫折了侵略军的凶焰，逼使法国侵略者再也不敢侵犯淡水了。在这次反侵略的战役中，“台北绅民，捐资募勇，屡次御敌获胜”[④]。1885 年初，法国侵略者又以基隆为基地，向台北进犯，遭到民军林朝栋部的狙击。基隆码头工人拒绝给法军运煤。军民多次袭击敌人。3 月底，法国侵略者猛攻澎湖，企图切断我国大陆与台湾之间的联系，都遭到台湾人民的坚决反抗。法国侵略者集中了几千军队，近一年的时间侵犯台湾，结果除一度占领基隆外，一无所获，反以在基隆附近丢下 700 多具法国士兵枯骨的惨败而告终。法军主将孤拔转移进犯基隆、淡水的兵力进攻澎湖，在 1885 年 3 月从园顶港，占领了妈宫港，受时疫侵染，士兵病死很多，孤拔也于澎湖病死。[⑤]

在抗法斗争中，祖国大陆各族人民冒险运兵、运械、运饷到台湾，支援反侵略斗争，其中以上海运去的军械和士兵为最多，华北各省运去台湾的毛瑟枪 5000 支，克虏伯炮 16 尊，现金 20 余万元。广东支援台湾的有士乃得枪 500 支，前膛枪 3000 支，后膛枪 3000 支，现金 20 余万元。[⑥] 与此同时，福建、广东、浙江等省沿海人民，纷纷起来捣毁法国教堂。四川各族人民积极响应，赶走洋教士，打击法国侵略势力。香港各行业工人掀起大罢工，拒绝给法国侵略者修理负伤战舰、装卸法国货物和供应食品等，有力地支援台湾各族人民的抗法斗争。海外华侨以无比愤慨的心情通电谴责

---

① 罗亚尔：《中法海战》，见《中国近代史资料丛刊》，“中法战争”第三册。徐珂辑《中法战争轶闻》，“张李成与法人战于台北”，见阿英编《中法战争文学集》。

② 《光绪朝东华录》，光绪十年九月，第 175 页，总 1827 页。《清德宗实录》卷一九四，光绪十年九月。

③ 罗亚尔：《中法战争》，见《中国近代史资料丛刊》，“中法战争”第三册。甘乃隆：《孤拔传》，见刘大年等《台湾历史概述》，第 47 页。

④ 《清德宗实录》卷一九九，光绪十年十二月。

⑤ 金梁：《台湾史料》，第 90 页。连横：《台湾通史》卷十四，“外交志”。

⑥ 连横：《台湾通史》卷十四，“外交志”。刘大年等：《台湾历史概述》，第 48 页。

法国侵略者侵犯台湾、福建等地的暴行，纷纷捐款回国以支援祖国各族人民的抗法斗争。这表现了我国各族人民在抗法斗争中，互相支援，团结战斗的英勇不屈精神。

五　可歌可泣的反割台运动

1894 年 7 月下旬，日本帝国主义发动对中国的侵略战争，腐败的清朝政府向日本屈膝求和，派卖国贼李鸿章于 1895 年 3 月 19 日到日本与伊藤博文、陆奥宗光等在马关进行谈判。在谈判中，李鸿章的私人顾问、美国前国务卿科士达等与日本勾结，威胁利诱，终于在 4 月 17 日迫使李鸿章与日本签订了丧权辱国的《马关条约》十一款，其中有关割让台湾澎湖的有两点：①割让台湾全岛、澎湖列岛及各附属的诸岛屿，并将该地所有堡垒、军器、工厂及一切属公物件，永远让与日本。②双方于本约批准后，各派员至台湾办理交接，并限本约批准后两个月交接清楚。[①]

5 月 3 日，清政府派伍廷芳、联芳为换约大臣，与日使伊东美久治在烟台交换了两国的条约批准书。[②] 日本政府派桦山资纪为台湾总督，办理台湾交接事宜。清政府派李鸿章的儿子李经芳为割台专使[③]，在科士达的陪同下，于 6 月 1 日到基隆。由于畏惧台湾人民反对割地激烈抵抗日寇的入侵，不敢登岸，在科士达的策划下，演出一幕“卖国割地”的丑剧，于翌日即在基隆港海面日舰“西京丸”上与桦山资纪会晤，订立了交接台湾文据，开列交接清单如次：①台湾全岛及澎湖列岛各通商口岸，并在府厅州县之城垒军库及官业概让日本。②台湾至福建之海底电线，他日两国政府另行商议管理。[④] 从此，我国神圣领土台湾省沦为日本帝国主义的殖民地达 50 年之久。台湾人民在敌人残暴统治下，处于水深火热之中。

当割台的凶耗传出时，全国各族人民群情激愤，痛斥卖国贼，反对割地。当时正在北京会试的全国应试举人康有为等 603 人举行了有名的“公

---

① 《清季外交史料》卷一〇九。

② 罗惇曧：《中日兵事本末》，见阿英编《甲午中日战争文学集》第 3 卷。

③ 《清史稿》“邦交志”六，“日本”。

④ 来新夏：《中日马关订约之际的反割台运动》，见《历史教学》月刊社编辑《中日甲午战争论集》，五十年代出版社，1954。《光绪朝东华录》，光绪二十一年五月，第 80 页，总 3614 页。

车上书”，反对割地，主张迁都抗战。[①] 台湾举人以“会试在都上书力争”，坚决反对割地的议和。[②] 年逾七十的高山族胡盛兴，毅然投笔从戎，返回台湾，深入高山族地区，组织民众，“诱击倭兵，半年杀过百”。有诗云：“抗日援台莫笑狂，万言万里两非常，上书投笔从戎起，不入考场入战场。”[③] 清朝政府里的一些爱国官吏，反对割地的封章电奏不绝，其中有人责问清政府：台湾“何罪何辜沦为异域”[④]，有的指斥卖国贼李鸿章“昏庸骄蹇，丧心误国”[⑤]。著名诗人黄遵宪在《台湾行》一诗中以“城头逢逢雷大鼓，苍天苍天泪如雨，倭人竟割台湾去”[⑥] 的诗句，表达了他悲愤沉痛的心情。邵增祐在《闻和议订约感赋》一诗中尖锐地写道：“圣主终神武，其如国贼何？元戒甘割地，上将竞投戈……向来无一策，富贵只求和。”[⑦] 骂尽了割地求和的误国群奸。有的吟诗泄愤说：“伤心地竟和割，太息门因揖盗开”，“三军败绩，割地求和”。[⑧] 有的在城门上题一对联云：“台湾省已归日本，颐和园又搭天棚”[⑨]，等等，对清政府和卖国贼都起了口诛笔伐的作用。祖国大陆各族人民更是感到“痛心疾首，呼天无路”[⑩]。1895 年 7 月 15 日的《申报》以《论台民义愤亦足以震慑远人》为题，直言“我君可欺，而我民不可欺；我官可玩，而我民不可玩”！表达了中国人民愤怒抗议清朝政府的卖国行为，显示了人民大众的坚决抵抗外侮的爱国主义精神与封建统治阶级的可耻卖国投降的尖锐对立本质的差别。

当割台的消息传出后，激怒了台湾各族人民，他们纷纷不服，拥进巡抚衙署，哭声震。[⑪] “若午夜暴闻轰雷，惊骇无人色，奔走相告，聚哭于市

---

① 康有为“公车上书”的人数，据康有为自编年谱作十八省一千二百余人。据公车上书题名仅得十六省六百零三人。参见来新夏《中日马关订约之际的反割台运动》，载《中日甲午战争论集》，第 48 页。

② 罗惇曧：《割台记》。见阿英编《甲午中日战争文学集》第 3 卷。

③ 金梁：《台湾史料》，第 195 页。

④ 郭沫若：《中国史稿》第 4 册，第 117 页。

⑤ 文廷式：《联衔纠参督臣植党疏》。见阿英编《甲午战争文学集》第 4 卷。

⑥ 见阿英编《甲午中日战争文学集》第 1 卷，第 5 页。

⑦ 见阿英编《甲午中日战争文学集》第 1 卷，第 100 页。

⑧ 陈季同：《吊台湾四律》，见阿英编《甲午申日战争文学集》第 1 卷，第 96 页。

⑨ 文廷式：《闻尘偶记》，见阿英编《甲午中日战争文学集》第 4 卷，第 545 页。

⑩ 《申报》1895 年 5 月 26 日。

⑪ 《清季外交史料》卷一〇九。俞明震：《台湾八日记》附“台抚唐景崧致军备处台民不服割地恐激他变电”，见阿英编《甲午中日战争文学集》第 3 卷。

中，夜以继日，哭声达于四野。”[①] 台湾人民为义愤所激，万众一心，发布檄文声讨卖国贼李鸿章，檄文说：“……我台民与李鸿章、孙毓汶、徐用仪，不共戴天，无论其本身、其子孙、其伯叔兄弟侄，遇之船车街道之中、客栈衙署之内，我台民族出一丁，各怀手枪一杆，快刀一柄，登时悉数歼除，以谢天地、祖宗、太后、皇上，以偿台民父母、妻子、田庐、坟墓、生理、家产、性命，无冤无仇，受李鸿章、孙毓汶、徐用仪之毒害，以为天下万世无廉无耻、卖国固位，得罪天地祖宗之炯戒。……”[②] 台湾人民发出宁“愿人人战死而失台，而决不愿拱手而让台”[③] 的庄严誓言，坚决反对割台。台北市于马关条约签订后的第二天（1895 年 4 月 19 日）“鸣锣罢市”[④]，愤怒抗议清政府的卖国罪行，“抗缴厘金”，宣告“饷银不准运出，制造局不准停工”，台湾税收应全部留供抗日之用。[⑤] “和议割台，全台震骇，自闻警以来，台民概输饷械，不顾身家”。抱定“桑梓之地，义与存亡”[⑥] 的决心。群众“愿投效杀贼者，远近递察，日有千数百人”[⑦]，“一律预备与倭人决一死战，不愿将全台归与俊人，众志成城，有死无二”[⑧]。台湾绅士们感到民心可用，于 5 月 25 日成立“台湾民主国”。全台绅民表示：“台湾属日，万姓不服，既为朝廷弃地，惟有死守，据为岛国”[⑨]。就连当时的封建统治者也不得不供认：“纷传和议已画押，有割台一条，台民汹汹，势将哗变，恐大乱立起”[⑩]，“台民汹汹，势难交割”[⑪]。然而，慑于侵略者炮火淫威的清朝政府，不顾全国各族人民的悲愤抗议，不顾台湾人民的死活，竟然于 1895 年 5 月 20 日命令台湾巡抚唐景崧率文武官员，陆继内渡，

---

① 江山渊：《徐骧传》，见《小说月报》第 9 卷，第 3 号。

② 陈信德译《台湾抗战日方资料》，见《中国近代史资料丛刊 5》，“中日战争”6，第 450 页；来新夏：《中日马关订约之际的反割台运动》，见《历史教学》月刊社编辑《中日甲午战争论集》，1954，第 42 页。

③ 陈民耿、柯台山：《台湾概览》，1947，第 38 页。

④ 《清季外交史料》卷一一〇，“台抚唐景崧奏陈台民万众一心请归英保护电”。

⑤ 俞明震：《台湾八日记》附唐景裕电奏稿，见阿英编《甲午中日战争文学集》第 3 卷。

⑥ 《清季外交史料》卷一〇九，“台抚唐景裕致军务处台民呈称愿效死勿割台地电”。

⑦ 台湾唐维卿中丞电奏稿，载《中国近代史资料丛刊 5》“中日战争”6。

⑧ 《申报》1895 年 5 月 15 日。

⑨ 《清德宗实录》卷三六六，光绪二十一年四月。

⑩ 俞明震：《台湾八日记》附唐景崧电奏稿，见阿英编《甲午中日战争文学集》第 3 卷。

⑪ 《清德宗实录》卷三六六，光绪二十一年四月。

撤出台湾。[1]

为了逼迫台湾人民投降，日本帝国主义以北白川能久亲王为师团长的近卫师团，于5月27日从冲绳出发，分兵两路进犯台湾，一路于5月29日从三貂角强行登陆；另一路于6月1日攻基隆，都遭到台湾军民的顽强抵抗。日本侵略者也不得不供认："敌人（按指台湾抗日军民）的抵抗意外顽强，或仅仅以数十名前来逆袭，或单独潜伏房屋竹丛中，待我通过后，加以狙击……例如瑞芳一战，敌以少数据兵营而战，与其对阵的阪井联队长和前田大队长都被洞穿了军服或长靴，宇津木联队付官和大野中队长受伤，佐藤少尉受重伤，我方死伤较多，由此可知敌的顽强。"在"鸡笼的敌兵，抵抗更为顽固"。经过激战后，于6月3日才攻占鸡笼。[2] 6月5日，清政府台湾巡抚唐景崧竟不战而逃，"疾赴英轮至厦门，置台湾事于不顾"[3]。历时十二天的"台湾民主国"到此结束。美国纽约《先驱报》记者戴维逊邀集英、德商人从台北潜赴基隆，为日本帝国主义提供军事情报并充当向导，把日本侵略军引进台北。6月7日台北沦陷。台中一些守将也纷纷弃地逃离台湾，台中空虚，只剩下为数不多的坚持抗日的清军和台南的黑旗军。日军侵入台湾后，台湾各族人民纷纷起义，"共立平倭团，台北台南无不遍布，得人极众，林则京总统台北，龚生堂总统台南，胡盛兴（高山族）奔走其间"[4]。不甘心当亡国奴的台湾各族人民起义军中以台南的徐骧以及吴汤英（苗栗）、姜绍祖（新竹）、简精华（云林）、简大狮（台北）、林昆岗（嘉义）等为最著名，他们率领义军，奋起抗日，并大力支持台南的黑旗军，并肩战斗，共御外侮，成为台湾人民抗日战争的主要力量。

徐骧是台南的农民领袖。当台北失陷，日寇南下，直逼新竹，驻防台南的刘永福黑旗军告急时，徐骧毅然率众奋起抗日。他召集民众慷慨陈词："吾民以全台之事付刘公（指刘永福）……刘公孤立无助，兵单粮绌，纵贞诚自矢，讵能操必胜之券？且刘公外（省）人也，吾台吾民父母之乡也，吾民之田庐在于是，子孙在于是，祖宗丘墓在于是，台亡，吾民将安归乎？诸公皆健者，义薄秋云，气吞百川，际兹生死存亡之交，盍兴乎来，执梃

① 《清德宗实录》卷三六六，光绪二十一年。

② 陈信德译《台湾抗战日方资料》，见《中国近代史资料丛刊5》"中日战争"6，第457页。

③ 江山渊：《丘逢甲传》，见《小说月报》第6卷，第3号。

④ 金梁：《台湾史料》，第94页。

以为刘公助。庶几人自为战，家自为守。……成则建造新邦，熠耀千古；败则举吾民之骨血与全台俱烬焉。是亦亡国之荣也；否则大事一去，家社其墟，子子孙孙永呻吟于异族之下，沉沦万劫而不可复，彼刘公一人岂独任其咎耶。”[①] 于是各乡选壮丁，编列为队伍，名曰民团，众推徐骧为民团一民，密切配合黑旗军抗击日寇的入侵。

台北沦陷后，刘永福兵力单薄，不敷布防，遂结纳高山族人民共同抗日。仅内山一地高山族人民就有万余人投效军营，愿充前敌。台湾汉族和高山族人民同仇敌忾，众志成城[②]，对抗日义军的军需粮饷，“踊跃乐输，即贫如轿夫、挑夫，亦每人每日捐钱五文，以供军用，诚可谓敌忾同仇矣。将士兵勇闻慕义，请军门减发薪水、口粮一半，愿俟平倭后银米余裕再行补发”[③]。

6 月中旬，日寇移军分路侵犯新竹。新竹守将杨紫云在徐骧率领的千余义民军的密切配合和四方民众的积极支持下，与日寇浴血奋战，相持一个多月，“大小二十余战”[④]，给来犯的敌人以沉重的打击。日本侵略者也不得不供认：“不论何时，只要我军（指侵略军）一被打败，附近村民便立刻变成我们的敌人。每个人甚至年青妇女都会拿起武器来，一面呼喊着，一面投入战斗。我们的对手非常顽强，丝毫也不怕死。他们隐藏在村社里，当一所房子被炮火摧毁，他们就镇静地转移到另一所房子里去，永远等一有机会就发动进攻。不仅台北的情况是这样，而且整个新竹的四郊也是这样，新竹村民是以顽强和勇敢著称的。”[⑤]

在新竹争夺战中，高山族人民密切配合黑旗军共同抗日，当台北日军南下，行至某河口，当夜赶搭浮桥而过，行十余里，黑旗兵由斜路冲出，把日本侵略军截为两段，大战一日，黑旗兵和高山族人民又抄袭敌后，敌人狼狈溃逃。是役我军民死伤数百人，而敌人则伤亡 2000 余人。[⑥] 刘永福

---

① 江山渊：《徐骧传》，见《小说月报》第 9 卷，第 3 号。

② 《台战实纪》五集，“刘大将军战书”，第 6 页；《台战实纪》四集，“刘大将军平倭战记”，第 4 页。

③ 《台战实纪》五集，“刘大将军战书”，第 5 ~ 6 页。

④ 江山渊：《徐骧传》，见《小说月报》第 9 卷，第 3 号。

⑤ 〔日〕竹越与三郎：《台湾统治志》（英译本），第 8 页，见丁名楠等《帝国主义侵华史》第 1 卷，第 318 页。

⑥ 《台战实纪》五集，“刘大将军战书”，第 21 ~ 22 页。

吩咐诸将带领 2 万人马分遣各隘扼守，并结高山族人民数万人扎驻险津，还亲自率军在新竹上郡一带与日激战，杀敌 2000 余人，伤 1000 余人。“倭人尸横遍野，倭肉乱飞，抛弃枪械，启北东遁，台军将士鼓勇追杀直至基隆”[①]。在台湾各族人民的大力支持下，刘永福率军与日寇激战四次，除一次小挫外，连胜三仗，其中一次，以暗设地雷和黑旗军及高山族人民的竹箭，击伤敌舰四艘，伤亡日寇数千人。某日薄暮，有倭兵一小队巡逻至三角涌地方，突遇高山族人民短兵接战，使敌人伤亡颇重，待敌援兵至，高山族人民早已翻山越岭而去。[②] 日寇获悉，曾从台北派出一小队骑兵到三角涌及大姑陷之间进行侦察，也遭到当地居民的伏击，结果只生还三人，“余十九人生死不明”[③]。这时，刘永福遣亲兵 200 名会同高山族和汉族人民所组成的义民军，由台中出发，北上抗日，行至桃仔园遇倭激战，日寇死伤无数，一直进攻至大稻埕，斩敌四五百人。[④] 日本侵略者在遭到台湾各族军民的沉重打击下，继续增援苦战，并收买汉奸盗匪抄袭义民军后路，6 月 23 日新竹遂告陷落。

台湾军民在抗击日木侵略者的情绪日益高涨下，日舰于 6 月 25 日，炮轰安平口，刘永福率军抵御，徐骧也率义军助战，永福亲放重炮轰击敌舰，敌舰儿将沉没，仓皇逃去。[⑤] 7 月 10 日吴汤英联络各路义军反攻，与日寇在新竹城东十八尖山和虎头山等地展开激战，杨紫云战死，姜绍祖被俘牺牲。7 月 12 日，日寇袭大姑陷，被我军民 2000 余人围困，枪弹如万雷齐发，使日寇胆战心寒，遭到惨败。[⑥] 7 月 22 日，徐骧、吴汤英等在“俘敌百数十人”[⑦] 后，突出日寇重围，退往大甲溪、台中一带，刘永福派吴彭年率黑旗军驰援。

8 月下旬，日寇攻陷苗栗后，进犯大甲溪，刚过溪岸，吴彭年伏兵猝起，击杀日寇。当日寇溃退渡溪时，徐骧率义民军乘敌不备，突然截击，使日寇“纷纷落水中，死亡无算，积尸盈水面，水为之不流”[⑧]。日寇又收

---

① 《台战实纪》初集，第 2 ~ 3 页。

② 《台战实纪》四集，“刘大将军平倭战记”，第 4 页。

③ 陈信德译《台湾抗战日方资料》，见《中国近代史资料丛刊 5》，“中日战争”6，第 470 页。洪弃生：《台湾战纪》卷上，则云“亡十九骑一骑归”。

④ 《台战实纪》五集，“刘大将军战书”，第 21 ~ 22 页。

⑤ 江山渊：《徐骧传》，见《小说月报》第 9 卷，第 3 号。

⑥ 陈信德译《台湾抗战日方资料》，见《中国近代史资料丛刊 5》“中日战争”6，第 472 页。

⑦ 江山渊：《徐骧传》，见《小说月报》第 9 卷，第 3 号。

⑧ 江山渊：《徐骧传》，见《小说月报》第 9 卷，第 3 号。

买奸细带路抄袭义民军后路，进行疯狂反扑，大甲溪遂陷于敌手。

大甲溪既失，威胁彰化的安全。刘永福调七星队（刘永福亲军）增援。8月27日，在彰化东面八卦山展开对日本近卫师团侵台以来规模最大的一次搏斗，抗日义军凭借有利地形，居高临下，狠狠杀伤敌人。日寇无可奈何，只好故伎重演，又收买奸细夜袭抗日义军。徐骧、吴彭年率军狙击，击毙敌军1000多人，打死敌少将山根信成。义军伤亡也很大，吴汤英中炮牺牲，吴彭年壮烈战死，七星队几乎全部牺牲，徐骧且战且退，彰化遂告陷落。[①] 8月29日，日寇又连陷云林等地，“进逼嘉义，误入山谷，民团林义成等塞谷口尽歼之”[②]。刘永福派王德标率军守卫嘉义，又派杨泗洪率兵攻彰化，得到黄荣邦、林义成、简成功、简精华等义民军助战，一时声势六振，收复了云林等地。至十月上旬，敌近卫师团猛攻嘉义，抗日军民沿途布雷，炸毙日本侵略军七百余人。[③] 近卫师团长能久亲王也身受重伤，不久毙命。由于清朝政府断绝了对台湾的一切援助，抗日义军饷源枯竭，嘉义失守。王德标退守曾文溪。与此同时，日本侵略者又在台南附近登陆。接着敌人包围嘉义与台南之间的曾文溪，徐骧从蕃薯寮、打鹿埔一带召集高山族壮士数百人，配合义民军死守。[④] 日寇集中炮火猛轰曾文溪，徐骧、王德标相继阵亡，无数汉族如高山族的英雄儿女为了保卫祖国，抛头颅，洒热血。曾文溪陷落后，日寇进犯打狗，三面围困台南，抗日军仅余1.2万人，加以内无粮饷，外无援兵，在这千钧一发之际，刘永福竟于1895年10月19日偷登英国轮船“德士利”号，可耻地逃回大陆。10月21日台南陷落，轰轰烈烈的反割台的抗日斗争终归失败了。

从1895年6月初起，不畏强暴的台湾各族军民经过5个多月反割台激烈的抗日战斗，大小一百多仗，抗击日寇三个近代化师团和一支海军舰队，打死打伤日寇32815人。[⑤] 日本近卫师团有一半被歼，侵台日军头目北白川

---

① 江山渊：《徐骧传》，见《小说月报》第9卷，第3号。

② 《割台记》，见阿英编《甲午中日战争文学集》第3卷。

③ 江山渊：《徐骧传》，见《小说月报》第9卷，第3号。

④ 刘大年等：《台湾历史概述》，第61页。

⑤ 据日本侵略者发表的材料说，他们参加割台之役的兵力约5000人，伕子26000余人，马9400余匹。日军死伤计：战死164人，负伤515人，病死4642人，回国治病的21748人，留在台湾医院的5246人，总计损失达32000余人，占侵台侵略者总数的一半以上。参见王芸生《台湾史话》，第48页。徐子为、潘公昭：《今日的台湾》，第145页。戴维逊：《台湾岛》，第364页。

能久中将、山根信成少将毙命。这充分显示了中国人民反侵略反投降的钢铁般意志。台湾各族人民为了保卫祖国领土，不怕流血牺牲，英勇作战这一可歌可泣的抗日斗争事迹，为中国人民反抗外来侵略的革命斗争史谱写了光辉的篇章。

六　反抗日本殖民统治的五十年

从 1895 年到 1945 年，日本帝国主义残酷统治台湾五十年，台湾人民就坚决反抗 50 年。日本帝国主义以屠杀恐怖统治台湾，台湾人民则“三年一乱，五年一大乱”，浴血奋战，反抗到底。

早在 1895 年 6 月，日本政府就公然在内阁设“台湾事务局”，“管理”台湾及澎湖的政务。日本首相伊藤博文兼任台湾事务局总裁，另置副总裁及委员若干人。在台湾设“总督府”，任命桦山资纪为第一任台湾总督，于 1895 年 6 月 17 日宣誓就职。日本帝国主义侵占台湾后，胡作非为，遍布警察、特务，推行保甲制度，进行法西斯殖民统治，强占人民的大批土地，强迫台湾人民负担上百种的捐税、劳役，先后将鸦片、食盐、樟脑、烟草和酒类定为专卖事业，榨取惊人的高额利润；对于敢于反抗日本侵略者的台湾各族人民，则“大事杀戮，每年何止数千人”①。桦山资纪初到任后的三个月间，平均每天就有六七名台湾爱国同胞被绑赴台北西门外刑场处死，然后暴尸数日，投诸荒野。② 诗人毛乃庸记录了这种惨景：“赤嵌城头鬼夜哭，白骨如山压城麓。炮雷一震城门开，长须虾夷（指日本侵略者）海上来……虾夷得意肆荼毒，日日括金还括粟……横行淫掠复何堪！轻则拘囚重诛戮。城中碧血化青燐，城外狐狸饱残肉。”③ 据日寇自供：1898 ~ 1902 年，台湾抗日志士被捕杀者一万一千九百余人，在作战中被杀的更不知有多少。可见日寇对台湾人民进行惨绝人寰的法西斯大屠杀，贪而无厌的掠夺和敲骨吸髓的剥削等累累罪行，真是罄竹难书，令人发指。日寇以为这种凶暴手段就可以镇压抗日爱国的台湾各族人民。但是，英雄的台湾人民

---

① 〔日〕守屋典郎：《日本资本主义发展史》，丁未译。转引自来新夏《中日马关订约之际的反割台运动》，载于《中日甲午战争论集》，第 43 页。

② 王芸生：《台湾史话》，第 68 页。

③ 毛乃庸：《剑客丛撰》，“赤嵌城”，见阿英编《甲午中日战争文学集》第 1 卷。

绝不屈服，他们仍然再接再厉地进行英勇的抗日斗争。1895 年 11 月，正当日本总督桦山资纪宣布“全岛平定”时，11 月 16 日，新竹胡嘉猷自三角涌出发，台北陈秋菊自大龙磅出发，围攻台北府城，“杀声炮火连天，夜中三千余人如万人……四方自多响应。”[①] 南部东港附近的居民也以长达一个多月的武装斗争，给予日本侵略者一记响亮的耳光，有力地驳斥其狂妄之言。

从 1895 年到 1919 年的 20 多年中，台湾各族人民武装起义就有 100 多次，使日本每年送掉不少侵略者的尸骨，还负担大量的“战费”，仅 1896 ~ 1900 年，这笔战费就累计达 3000 多万日元，由于对台湾的统治大感棘手，在乃木希典任总督期间，日帝曾有“放弃”台湾之议。[②] 从这里也可以看出，英勇爱国的台湾各族人民给予日本帝国主义的沉重打击。

在无数次台湾人民反抗日本帝国主义侵略的斗争中，比较著名的有：

1895 年 12 月宜兰林大北起义。林大北原是刘永福的旧部，永福逃跑后，林大北收集余众，于 1895 年 12 月在宜兰、双溪顶一带起义抗日，新竹胡阿锦，台北简大狮、陈秋菊等群起响应。12 月 28 日，林大北夜袭大里简日军分遣队。12 月 31 日，胡阿锦等在大屯山起义，进攻台北。深坑、士林、沪尾、枋桥、锡口等地群众纷纷响应。1896 年 1 月 1 日林大北包围宜兰街，猛袭芝生岩，杀死日教务官揖取道明等 6 人。一时起义军民声势浩大，日寇十分震惊，一面调集日第二师团侵略军 1340 人由基隆登陆，赴援台北；一面由苏澳登陆，赴援宜兰，对当地抗日军民，横加镇压，长达一个月之久。简大狮义军在台北失败，林大北被擒就义，起义军被杀害 200 余人，宜兰当地人民被株连的有数百户。[③]

简大狮是台北农民武装的领袖，与台南林少猫，中路柯铁，号称“三猛”。1895 年 12 月 31 日简大狮率义军直袭台北。“城外喊声震天，城内台胞纷纷内应”，内外夹攻，至于“肉搏”。双方曾在八甲町处激战，终因日寇增援，林大北又被阻于双溪顶一带，不及赶来支援，义军弹尽粮绝，起义失败，简大狮逃走厦门。日寇竟杀简妻来泄愤。[④]

简大狮逃至厦门，为清政府厦门厅官吏所获，清政府迫于日寇的淫威，

① 洪弃生：《瀛海偕亡记》（又称《台湾战纪》）卷下。

② 王芸生：《台湾史话》，第 67 页。

③ 王芸生：《台湾史话》，第 52 页。

④ 汤子炳：《台湾史纲》，第 175 页。

竟于1899年将简大狮引渡到台湾，被日本侵略者杀害。简大狮在厦门被捕时，愤言："我简大狮，系台湾清国之民。……日人无礼，屡次至某家寻衅，且被奸淫妻女，我妻死之，我妹死之，我嫂与母死之，一家十余口，仅存子侄数人，又被杀死。因念此仇不共戴天，曾聚众数万，以与日人为难，然仇者皆系日人，并未毒及清人，故日人虽目我为土匪，而清人则应目我为义民。况自台湾归日，大小官员内渡一空，无一人敢出首创义，惟我一介小民，犹能聚众万余，血战百次，自谓无负于清。去年大势既败，逃窜至漳……千万勿交日人，死亦不能瞑目"① 云云。简大狮的悲惨遭遇，也是千千万万台湾人民惨遭日寇迫害的缩影。简大狮所表现的中国人民的爱国主义精神，感人心弦，显示了台湾人民对于日寇的深仇大恨，前仆后继地展开英勇的抗日斗争。简大狮遇难后，其弟大度"复起兵与倭战，亦败"②。

1896年3月，以云林县造纸业工人柯铁为首的义民军，于云林县斗六街东南大坪顶山区建立抗日武装根据地。当日寇数次前来镇压时，义军巧妙地打击敌人，"四山鸣炮齐起，或前或后，或出中间，杀声殷山"，是役日寇"自大佐大尉以下，死者数人，兵丁杂目死三百余"，"或溃或伤，不可胜数"③。起义军先后坚持斗争达4年之久，沉重地打击了日本侵略者。

刘德杓原是清朝政府派驻台东的守将。刘永福逃走以后，他被迫退入深山，召集散兵游勇，联络各路义军，准备起义。1896年夏初，刘德杓从台东出师起义。6月30日简义袭云林，7月10日黄国镇和阮振围攻嘉义。林屺埔、南投、彰化、北斗、他里雾、鹿港、员林、莿桐林、大莆林等地群众纷纷响应，坚持抗日斗争历时两年多，刘德杓才兵败被捕。④

1898年初，陈发因愤日本帝国主义的暴行，率众攻台南，事泄，起义失败，起义群众被杀达1/3。5月3日，陈发复率其余众攻陷阿公店，进袭大甲，据三角涌等地，击败日警，占据日本办务署，分兵占取金山，但由于兵力单薄，战败，避入山中。12月19日，下淡水溪高山族七百余人与陈发、林天福、林少猫等起义军三千余人联合围攻潮州日寇办务署及附近的

---

① 《简大狮惨死愤言》，见阿英编《甲午中日战争文学集》第4卷。
② 钱振锽：《简大狮传》，见阿英编《甲午中日战争文学集》第4卷。
③ 洪弃生：《瀛海偕亡记》，《甲午中日战争文学集》第3卷。
④ 彭子明：《台湾近世史》，第72~77页。

日本办务分署，杀死日寇濑户署长，并乘胜攻占恒春达十余天之久，终因敌援军赶到，起义失败。陈发、林天福等起义军被杀达一千六百五十九名之多，余众逃入山中，受到高山族人民的同情与支持。[①]

1901 年詹阿瑞起义。詹阿瑞曾先后参加过刘德杓、陈发的起义，刘、陈起义失败后，詹阿瑞率部入山，待期再举。1901 年日本侵略者把台湾的食盐、樟脑划为“官营”，致盐价暴涨，激起群众的不满。詹阿瑞乘机揭竿而起，率众抗日，发布文告说：“……倭奴强横，侵占我国，鱼肉我民，羁我财产，置吾民于水火；陷我境于烂糜！极恶穷凶，于斯已甚！……还我疆土，吊民伐罪，保障台澎，救民脱苦，惟倭是征！大军过处，鸡犬不惊，有纪有律，号令严明……令我全军士卒，协力前进，则家国重光，早救生灵……”[②]。文到各处，人心激动。高山族人民也积极响应，踊跃参军。起义军于 3 月间围困台中数日，曾一度收复丰原、东势等地。在激烈的战斗中，詹阿瑞身中数弹，犹大声疾呼：“前进杀敌”！他牺牲后，余众退入深山，日寇穷追不获，就烧杀附近村庄的汉族和高山族人民以泄愤。是年 4 月，又有黄茂松起义。黄茂松本詹阿瑞的部下，平日愤日人之横暴，痛清廷之暗弱，在詹阿瑞起义失败后，率残部卷土重来，于 1901 年 2 月攻嘉义厅朴仔脚支厅，3 月克嘉义，声势大振，众逾万人，坚持斗争达 3 年之久，起义失败后，起义群众被杀达万人以上。[③]

据统计，从 1897 年到 1902 年的五年中，台湾抗日志士被捕 8030 人，其中被处死的 3518 人。[④] 日本侵略者的法西斯屠杀政策，是吓不倒具有反侵略革命传统的台湾汉族和高山族人民的，他们的武装起义，一浪高一浪地向前发展。

1905 年，新竹厅北埔蔡清琳等组织“复中兴会”，1906 年 3 月集合全岛会员四百余人于新店，密谋起义。1907 年 11 月 14 日夜，蔡清琳率众与大隘社高山族人民联合抗日，猛袭鹅公髻日本警察分遣所，杀死日警和隘勇多人。接着又袭击大坪，杀死许多平时为非作歹的日本侵略者，继而围

---

① 汤子炳：《台湾史纲》，第 176 页。彭子明：《台湾近世史》，第 79～80 页。《解放军报》1977 年 9 月 25 日。

② 彭子明：《台湾近世史》，第 83 页。

③ 汤子炳：《台湾史纲》，第 179 页。杨开渠译《日本帝国主义下之台湾》，第 220 页。

④ 王芸生：《台湾史话》，第 56、57 页。

攻北埔支厅，杀死日寇48人。日本侵略者从台北、台中等地调集了大批侵略军前来镇压，起义军奋起抗击，坚持斗争至11月底，终因众寡悬殊，抗日义军不支，余众一部分走入高山族村庄，一部分退入五指山。蔡清琳被捕杀害，有97人被处无期及有期徒刑，受株连被捕的有2000多人。①

1912年3月23日，在祖国大陆辛亥革命胜利的鼓舞下，南投厅新寮民众领袖刘乾与庆兴人林启祯联合抗日，率众百余人袭击林屺埔支厅顶林庄日本警察派出所，杀死日警官多人，与赶来的日本侵略者援军激战七昼夜。林屺埔起义失败后仅3个月，即1912年6月，嘉义厅打猫地方的雇农林朝和黄老钳二人为响应祖国辛亥革命胜利而展开土库起义，起义军围攻嘉义，遭到日本侵略者的疯狂镇压。林、黄被杀害，起义群众牺牲了200余人。②10月，南投陈阿荣率众谋起义，事泄被捕牺牲。③

1913年3月，同盟会员罗福星等在苗栗发动抗日起义，不幸事泄失败，被捕1211人，罗星福等200余人于1914年在狱中慷慨就义。与此同时，还有张火炉等曾联络高山族人民响应罗福星起义。④

1915年二三月间，台北厅新庄人杨临为首的组织抗日革命党，提出不纳租、不缴捐、不服役，不与日本侵略者合作的口号，深受台湾人民的赞许，纷纷踊跃参加，拟于7月15日起义，事泄失败，被捕达77人。⑤

1915年，台南人余清芳（屏东人迁居台南）、江定、罗俊等集众于境内名刹西来庵密谋起义。7月9日进袭阿缑厅甲仙埔支厅，杀日人30余名。8月3日陷南庄及阿里关派出所，又杀日人30余名，焚毁官舍仓库。附近农民3000余人和台南、阿缑两厅交界的高山族人民积极响应，声势日盛。⑥ 8月6日克西来庵市街，10日占领附近的虎头山。起义军凭险筑寨，和来犯的日寇搏斗七昼夜，战斗非常激烈，双方死伤估计都在万人以上。起义失败后，日寇残杀起义军领袖余清芳、江定、罗俊、苏有志等1300余人，大肆屠杀附近后厝仔、竹围、番仔厝、新化、内庄子、左镇、茶寮等20多个

---

① 王芸生：《台湾史话》，第56、57页。

② 王芸生：《台湾史话》，第75页。

③ 彭子明：《台湾近世史》，第100页。

④ 汤子炳：《台湾史纲》，第180页。彭子明：《台湾近世史》，第122页。

⑤ 徐子为、潘公昭：《今日的台湾》，第219～220页。

⑥ 徐子为、潘公昭：《今日的台湾》，第218～219页。

村庄的居民。[①]

日本侵略者对高山族人民采取了屠杀恐怖政策，用所谓“迫进隘勇线”蚕食高山族人民的土地和“讨伐番社”镇压高山族人民的抗日斗争。英勇的高山族人民并没有被日寇频繁的残酷镇压所吓倒，他们仍前仆后继英勇不屈地进行如火如荼的抗日斗争。如1908年12月台东七脚川高山族人民的反抗，1910年高山族人民袭击卡孔溪驻在所，1911年袭击新竹厅合流分遣所，1914年杀阿缑厅枋寮支厅日本侵略者20余人。他如加奥根、大鲁阁、马利柯昆、大芬都、基那基、北势、玛斯赫尔、果查博刚等社高山族人民一直进行了十多年的抗日武装斗争。如1915年的花莲厅大芬都社高山族人民武装袭击日警厅所，台东一带高山族人民纷纷响应，日寇派兵前来镇压，于台东的北丝板至花莲的姑苏溪之间设长达90公里的复式电网，以高压电流来杀害高山族人民。高山族人民英勇机智地打击敌人，他们架设轻便竹桥、竹梯，跨过危险的电网，突然袭击日寇，把带有易燃物的箭射到日本警察所茅草屋上，着火后，日警仓皇逃窜，预先埋伏好的高山族战士乘其不备，突然枪箭齐发，全歼敌人。此外，还有1917年台中州丹大社及新竹夏喀罗高山族人民起义，1919年及1920年北势高山族人民起义，等等[②]。高山族人民的抗日斗争并不是孤立的，他们经常与汉族人民一起联合对敌作战，不断袭击日寇，使日寇的“开拓番地”政策无法实现。据日警务局调查报告供认，在1908～1920年中，重大的高山族人民反抗日本侵略者的斗争就有9次之多，实际上远不止此数。日寇大大缩小了的统计还招供：自1896～1930年的35年中，被高山族人民杀伤的日警和官吏达3500人左右。“三月一小乱，半年一大乱”，可以概括台湾高山族人民不断反抗日寇统治的斗争历史。

1919年以后，随着五四运动的爆发，中国共产党的诞生，工农运动的勃兴等，台湾各族人民的抗日斗争与祖国大陆一样，逐步走上了崭新的阶段。这时，台湾出现了各种带有政党性质的团体。1919年，台湾一部分进步知识分子在日本东京组织“启蒙会”，以后又于1920年扩大为“台湾新民会”，出版《台湾青年报》，鼓吹民主自由思想，宣传启蒙运动，至1921年组织为一个包括各阶层进步分子和开明绅士的反日联合战线组织——台

① 王芸生：《台湾史话》，第78页。

② 徐子为、潘公昭：《今日的台湾》，第110页。

湾文化协会。随着启蒙运动的兴起，台湾工农民众觉悟有了显著的提高，工农运动蓬勃发展。1925 年台湾成立“蔗农组合”，与压榨广大蔗农的日木制糖公司展开斗争，后来各地纷纷成立“农民组合”，并进一步联合为台湾农民联合会。台湾的工人运动也蓬勃发展起来，1921 年，台湾印刷工人组织了一个工会，1926 年成立台北机器工会，以后各地先后成立了数十个工会，并在 1927 年掀起全岛性的罢工风潮，其中高雄制铁所和浅野水泥工厂、基隆码头和制糖厂、台北市印刷厂、嘉义制材所等几次大罢工，声势浩大，震动了日本法西斯统治，罢工群众约有一万余人被捕杀。①

1928 年 4 月，在祖国大陆的台湾籍中国共产党员和一部分留学日本的共产主义者，于上海成立了台湾的共产党组织，提出推翻日本帝国主义统治，没收日本在台湾的土地和财产，实行土地革命等革命斗争纲领。自此以后，台湾农民联合会、工会、文化协会等民众团体就在共产党的领导下，开展了政治、经济、文化方面的斗争，掀起了台湾革命运动的高潮。②

由于日本帝国主义加强对台湾人民的法西斯统治，特别是所谓对“蕃害”进行“讨伐”，烧杀淫掠，无恶不作，激起高山族人民的强烈反抗。③在台湾各族人民反侵略反压迫的革命高潮激荡下，1930 年 10 月 27 日，台湾台中县雾社地方的高山族人民，发动了震动东方的“雾社起义”。

雾社是台中县高山族的一个聚居点，雾社高山族人民屡遭日本侵略者肆无忌惮的杀戮、掠夺、压榨，日寇还在当地设立“蕃童公学校”（小学），强迫实行法西斯奴化教育。因此，雾社高山族人民对日寇的暴虐统治有着非常深刻的民族仇恨，曾经于 1919 ~ 1925 年间，在摩那·罗达奥的领导下，掀起了多次的反抗日警压迫的斗争。1930 年 10 月 27 日，日本侵略者为在雾社公学校开运动会，以纪念屠杀台湾各族人民的刽子手北白川能久亲王的丧命，庆祝所谓占领台湾的“胜利”，强迫高山族人民搬运木材，修筑运动场。由于阴雨连绵，山路泥泞，进展缓慢，日本监工凶狠地鞭打高山族民工，把一个敢于向侵略者的暴行提出抗议的高山族民工捆绑起来，倒悬

① 参阅杨克煌《台湾人民民族解放斗争小史》，第 81 ~ 98 页。王芸生：《台湾史话》，第 62 ~ 64 页。

② 钱君晔、杨思慎：《台湾人民斗争简史》说：台湾共产党成立于 1928 年。起初是以“日本共产党台湾民族支部”的名义出现；1930 年，在上海成立了“台湾共产党中央委员会”。此据刘大年等《台湾历史概述》，第 74 ~ 75 页。

③ 台湾总督府（昭和九年）：《台湾事情》，第 91 页。

在树上，鞭挞至死。这种惨无人道的法西斯暴行，立即激怒了雾社广大高山族人民以无比的愤慨，加上平常日寇的残酷压迫以及任意侮辱高山族妇女的兽行，旧恨新仇像火山一样爆发了。他们决心用血的反侵略斗争来争取自己的生存，回击侵略者的暴行。雾社附近的马汉博、博亚伦、罗德夫、大鲁宛、苏可、鹤哥等高山族村社居民约1200余人，在自己的领袖摩那·罗达奥的领导下，立刻组织了一支300余人的青壮年武装队伍，于10月27日上午，预先埋伏在运动场周围，乘日寇正在观赏体育表演时，冲进会场，从四面八方向敌人展开猛烈的进攻，不到一个小时就打死了日寇能高郡守和他们的走卒134人，伤215人[①]，缴获了很多枪支、弹药、衣服等。同时又围袭日本帝国主义统治雾社的政府机关、警察局、学校、邮局、官员宿舍、日人商店、住宅等。起义队伍控制雾社全区3天，狠狠打击了日本侵略者的罪恶统治。[②] 日本帝国主义慌忙于10月29日调来了大批军警和大炮、战车，围攻雾社。起义队伍沉着应战，为了保存力量，在英勇杀伤了大批侵略者后，退入深山密林，化整为零，继续坚持斗争，狠狠地打击侵略者。敌人不甘心失败，几乎把台湾所有的精锐部队都调来了，但是富有反侵略的革命传统的高山族人民并没有被吓倒，仍然坚持斗争，使日寇死伤4000余人。敌人束手无策，最后竟灭绝人性的修筑长堤，把山区四周封锁起来，出动飞机十余架向深山峡谷投掷毒气弹，毒气弥漫着整个山谷，使1200多高山族人民惨遭杀害。剩下的高山族战士，继续同侵略者作殊死奋战，起义一直坚持半年之久，才最后被镇压下去。据日本侵略者自己供称，于11月19日在马汉博第一岩窟附近发现高山族人民缢死的尸体19具，20日又在第二岩窟附近森林中发现高山族妇女及儿童140人自杀。[③] 起义战士牺牲800多人，少数负伤战士和老弱妇孺被捕杀达400余人。在抗日战争胜利后，雾社附近还挖出一些下跪姿态、双手被缚、处处有铁钉的骸骨等，这是雾社高山族人民起义被日寇杀害的历史见证。[④]

雾社高山族人民反抗日本侵略者的英勇行为，得到台湾汉族人民和祖国大陆各族人民无比的同情和关怀。当时，台湾共产党组织立即领导台湾

---

① 〔日〕井出季和太：《台湾治绩志》，第791页。

② 周文德：《台湾见闻录》，第71页。

③ 徐子为、潘公昭：《今日的台湾》，第232页。

④ 熊兆程：《台湾山地纪行》，台北，1956。

各族人民开展斗争。台湾各报纸刊登号外，以支援雾社高山族人民的正义斗争。在祖国大陆上各族人民也纷纷表示声援。福建集美学校的学生也发出传单支援他们。当时北京出版的《新东方》杂志发表了义正词严的评论指出，日本统治台湾，常以“一视同仁”“醇化融合”“引诱善导”为口头禅，对高山族人民一向标榜“抚顺”“德化”，而这次雾社暴动竟“派出大队兵马，断绝高山族的归路，遣飞机掷炸弹，大有灭尽高山族之势”，不知自命为“世界一等国”“东亚文明国”的日本帝国主义“将何以自解”[①]！祖国各族人民的支援，极大地鼓舞着高山族人民的抗日斗志。高山族和汉族人民这种亲密友谊和团结力量是永远不可战胜的。

日寇惨无人道的滔天罪行，不但受到祖国各族人民的严厉谴责，而且也受到日本国内舆论的抨击：雾社起义事件“俄然成了第五十九回日本议会的一重大问题”，不但在日本成了重大问题，即在海外也被宣传为稀有的“大事件”，并一针见血地指出产生雾社起义的真正原因，在于“日本帝国主义之殖民地经营”。[②] 1930 年日本《中央公论》十二月号小评中卷头言哀叹：“我们不能不在世界公义之前痛切感觉羞耻。”[③] 雾社高山族人民的鲜血并没有白流，他们的正义斗争也得到全世界人民的同情和赞扬。他们的英勇斗争精神，永远活在全中国人民的心中，鼓舞着台湾人民再接再厉地展开反侵略斗争。

1931 年“九一八”事变到 1937 年“七七”事变中，台湾人民的抗日斗争也从未间断过。1934 年 9 月 29 日发生了基隆港大爆炸事件，炸毁了日警察署部分建筑物。与此同时，台湾青年杨万宝在东港郡刺杀郡乌龙派出所日巡查员松永。杨万宝被捕下狱后越狱潜逃，日本侵略者竟动员日警 2322 名，庄丁团防 21722 名，进行为期 5 天的全台大搜查，结果是一无所获。[④] 青年曾宗利用台湾民间原始宗教组织“父母会”的形式为掩护，在台中、清水、鹿寮、竹林等地组织抗日“众友会”，于 1934 年 4 月初，袭击台中州西屯、南屯两派出所，途中被日警觉察，侵略者立即在台中、台南、高

① 东方问题研究会编《新东方》杂志第 1 卷第 11 期，中国北平新亚洲书局，1930，第 5 ~ 7 页。

② 东方问题研究会编《新东方》杂志周年纪念特刊，中国北平新亚洲书局，1930。

③ 东方问题研究会编《新东方》杂志第 1 卷第 11 期，中国北平新亚洲书局，1930，第 5 ~ 7 页。

④ 徐子为、潘公昭：《今日的台湾》，第 239 ~ 240 页。

雄等地大肆搜捕425人，起义失败，曾宗惨受极刑，死于狱中。[①] 1936年3月，埔里社二十余名高山族人民，在距该社十余里的日本军事据点，击毙日寇二名，然后退入阿里山。临撤退时还散发传单数千张，愤怒斥责日本帝国主义侵略中国和压迫台湾人民的滔天罪行，号召台湾各族人民团结起来，共同抗日。[②]

1937～1945年的八年抗日战争中，全国各族人民在抗日民族统一战线之下团结起来，共同抗日，大大鼓舞着台湾人民的抗日斗志和信心。同时，由于日本帝国主义全力进行在大陆的侵华战争，更加重了对台湾人民的压迫和剥削，搜刮战费、征收人头税，强迫台湾人民捐献所谓“国防经费”，凡24～40岁的男子都要服军事劳役，更加激起了台湾各族人民的抗日情绪。台湾各族人民在台湾共产党的领导下，与台湾工党、农民党及独立革命党等团体，掀起了激烈的反战运动。1937年11月，宜兰700余煤矿工人起义，与日本军警展开搏斗。1938年1月，在宜兰日本侵略者发动挨户搜查，矿工7000余人在工党领导下群起反抗，与日本军警激战后，退入阿里山，与高山族人民一起建立阿里山抗日游击根据地，一直坚持斗争。[③] 台湾人民在台湾共产党的领导下，炸毁了著名的久留米储油库，死日兵十多名，重伤20多名，轻伤40多名，焚去可供日本平时6年之需的汽油。[④] 2月，日寇由台湾开出运输船五艘，满载大批青年妇女充任所谓慰劳队，和大量粮食、军用器材等运往大陆战场，台湾人民因愤日寇的暴行，乘其挨户征索之际，突起抵抗，聚众击毙日军警多名[⑤]，不久，雾社一带高山族人民举行反征兵暴动。台湾各族人民组织抗日游击队，破坏日本帝国主义军需生产和铁路交通。在祖国大陆战场上开展反侵略战争运动，甚至在日本侵略军内部也建立了类似的反战秘密组织。与此同时，日本军事机关中有400个武装的台湾人杀了千余名日本侵略者，他们在取得弹药和供应品之后，便退入山中，开展游击战，继续抗日。[⑥] 10月8日及11日六甲、高雄等地居民掀起了袭击日警数十名的反战暴动，台胞牺牲200

---

① 王芸生：《台湾史话》，第88页。

② 徐子为、潘公昭：《今日的台湾》，第239～240页。

③ 《新华日报》1938年2月19日。

④ 《新华日报》1938年2月19日。

⑤ 《新华日报》1938年2月19日。

⑥ 陈碧柳：《最新台湾指南》，第76页。

余人，被捕达四五百人[①]。1939 年 3 月 13 日，高雄 1000 多农民因不甘心充当侵华炮灰而掀起起义，与日本宪兵激战半日，牺牲 600 余人。3 月 14 日，在台北也发生类似的反战暴动。[②] 10 月 10 日，基隆壮丁三百人被征入伍，准备开赴大陆战场，在领得枪械后，立即“哗变”，当场倒戈，消灭日寇 30 名，在激战中，又消灭日寇 145 名，然后携械退入山中。[③] 1940 年 3 月，日本侵略者从中国战场押回台湾“惩治”的台籍士兵在花莲港、屏东、新竹、高雄等地秘密组织反战团体，以“宁受军法制裁，不愿调华作战”为号召，进行了英勇的反战斗争，使日本帝国主义极为狼狈。[④] 1941 年 3 月 14 日，日本侵略者为了开辟高雄——台东间军用公路，强迫关山一带高山族人民迁居，并服劳役，高山族 200 余民工被迫起义，突袭台东警察派出所 3 处，杀伤日警 20 余人。[⑤] 此外，在太平洋战争期间，日本侵略者强征高山族青壮年入伍时，也经常发生反抗斗争。1942 年春，日寇为了加强高雄与东港的海军防卫，逮捕了当地知名人士 400 余人，诬指为“通敌谋反”，加以严刑逼供，大多数死于毒刑之下。1943 年，日寇又以同样莫须有的罪名逮捕金瓜山巨富李建兴等 200 余人入狱。1944 年日寇又以同样的罪名逮捕苏澳港渔民 50 余人。[⑥] 同年，台北“帝国大学”学生、台湾学生抗日运动领袖蔡恕，集众准备起义，被日寇逮捕近千人，蔡恕惨受酷刑，死于狱中。

在整个抗日战争期间，不少优秀的台湾籍青年，回到祖国大陆，参加八路军、新四军，在党的领导下直接对日本侵略者作战。总之，台湾汉族和高山族人民始终是同仇敌忾，团结战斗，为争取早日重返祖国的怀抱，一直坚持斗争到抗日战争的胜利。

---

① 《申报》1938 年 10 月 14 日香港电，同日上海《铎报》亦有类似记载。转引自徐子为、潘公昭《今日的台湾》，第 246 页。

② 上海《文汇报》1939 年 3 月 20 日，转引自徐子为、潘公昭《今日的台湾》，第 246 页。

③ 王芸生：《台湾史话》，第 69 ~ 70 页。1939 年 10 月 31 日美联社电，载于 11 月 1 日上海各报。

④ 《申报》1940 年 3 月 20 日。

⑤ 1941 年 3 月 14 日合众社东京电，载上海 1941 年 3 月 15 日各报，转引自徐子为、潘公昭《今日的台湾》，第 246 页。

⑥ 汤子炳：《台湾史纲》，第 198 页。

七　抗日战争胜利后台湾人民的反帝斗争

1945 年，随着中国人民抗日战争的伟大胜利，台湾重新回到祖国的怀抱。但是，在国民党统治下，刚刚摆脱了日本帝国主义殖民统治的台湾各族人民又陷入美帝国主义的奴役和压迫。

具有热爱祖国、反侵略、反压迫的优良革命传统的台湾各族人民，为了维护祖国的统一和领土完整，掀起了无数次的英勇不屈的斗争。1947 年 9 月，台北市工人、学生及各界人民万余人，为响应祖国大陆学生抗议美军强奸北大一女学生的暴行而举行示威游行，高呼“美军滚出中国”等口号。1947 年，中国共产党领导下的反帝、反封建、反官僚资本主义的革命斗争已发展到一个崭新的人民大革命的阶段。伟大领袖和导师毛主席于 1947 年月 1 日向全国军民发出了“迎接中国革命的新高潮”的战斗号召。在全国革命形势的鼓舞下，台湾各族人民英勇地掀起了“二二八”武装起义。1947 年 2 月 27 日晚，台北市国民党专卖局以“查缉私烟”为名杀伤人民，是爆发这次全台武装起义的导火线。起义人民在几天内控制了全省的大、中城市，取得了很大的胜利。在起义中，台北、台中、高雄、嘉义、花莲、台东等地的高山族人民都拿起武器参加战斗。台东的高山族青年武装起来参加了接收伪政府机关工作。高雄的高山族人民将过去日本帝国主义藏在山中的军械子弹拿出来支援起义队伍。嘉义市区曾一度被汉族和高山族人民占领。台中的能高区、新高区的高山族和汉族人民一起歼灭了反动军队，又分别派出武装队伍赶到台中增援，对当地武装起义的胜利，作出了很大的贡献。这次起义是一场轰轰烈烈的爱国民主运动，是台湾人民革命斗争史上极其光辉的一页，也是中国共产党领导下的新民主主义革命的组成部分。起义牵制了国民党反动派进行内战的兵力，直接配合了当时祖国大陆上的解放事业，震撼了台湾当局的反动统治，打击了美帝国主义的侵台阴谋。在革命风暴席卷整个台湾的严重形势下，国民党政府在美帝国主义支持下，从大陆调来了大批军警、特务，于 3 月 9 日在基隆登陆，以惨绝人寰的暴行，对台湾各族人民进行残酷的镇压，血洗城镇乡村，屠杀起义人民三万余人，至 3 月 14 日全台起义被镇压下去。起义失败后，党领导的台湾人民武装队伍继续在小梅山区展开游击战。

1949 年，中国人民解放军解放了祖国大陆，中华人民共和国诞生了。

国民党政府统治了台湾，台湾同祖国处于分离状态。美帝国主义力图阻挠中国人民完成台湾回归祖国，实现祖国统一大业的神圣历史任务。1950 年 6 月 25 日，美帝国主义发动了侵略朝鲜战争。6 月 27 日，美国总统杜鲁门竟不顾开罗宣言和波茨坦公告等国际协议，妄想抹杀台湾是中国领土的一部分这一绝对不能变更的历史事实，发表了美国武装霸占台湾的公开声明，说什么“台湾未来地位的决定，必须等待太平洋安全的恢复，对日和约的缔结，或联合国的考虑”，等等，命令美军第七舰队侵入台湾，用武力强占我国领土台湾。我中央人民政府外交部周恩来部长在 6 月 28 日发表声明，严厉斥责美帝国主义对我国的武装侵略。声明说：“不管美帝国主义采取任何阻挠行动，台湾属于中国的事实，永远不能改变；这不仅是历史的事实，且已为开罗宣言、波茨坦公告及日本投降后的现状所肯定。”声明表达了全国各族人民一定要实现祖国统一的钢铁意志。

美帝国主义通过国民党政府，从军事、政治、经济、文化等方面侵入台湾，企图取代过去日本帝国主义在台湾的殖民统治地位，使台湾变成苦难深重的人间地狱。这又激起了台湾人民接连不断的反抗斗争。

1957 年 5 月 24 日，为了抗议侵台美军当局释放一个残杀中国人刘自然的美国士兵雷诺，台北市三万多群众爆发了反美爱国大示威。示威群众包围和捣毁了美国驻台湾的“大使馆”、“军事援助顾问团”和美国新闻处，从建筑物上扯下美国的星条旗，把它撕成碎片，踩踏在脚下，在大道上贴满了反对美国侵略者的标语，追逐侵台的美国军政人员，抗议侵略军无故枪杀中国人的暴行，高呼口号：“美军滚出去！”这次大示威延续到 25 日凌晨一时。接着，在台湾中部和南部的各族人民也连续举行各种反美爱国集会，响应台北市人民反美爱国大示威。这次反美大示威得到祖国各族人民的声援和全世界公正舆论的同情与支持。当时，在北京、上海、天津、沈阳、广州及全国许多地区，各民主党派、人民团体纷纷集会抗议美国侵略者在台湾任意奴役和杀害中国人民的罪行，对于为反对残暴无耻的美国侵略者而进行斗争的台湾同胞致以深切的同情和敬意，完全支持台湾同胞反美爱国大示威的正义斗争。这再次表示了我国各族人民反抗美国侵略者的坚强意志，为中华民族反帝爱国斗争史留下了灿烂的一页。亚洲、欧洲、非洲许多国家也相继地发表社论、评论和文章，痛斥美帝国主义霸占中国领土台湾，谴责美帝侵略军在台湾的暴行。

继 5 月 24 日反美大示威之后的一年间，台湾又发生了几十次反帝斗争。1957 年 10 月下旬，被美国垄断资本吞并的台湾造船公司，有一千多工人抗议美国的掠夺和虐待而举行罢工。[①] 在高雄、台南、台北等地，经常发生爱国群众包围痛打和怒骂美国侵略军的事件。在侵台美军军事禁区的铁丝网上，爱国的台湾同胞挂上“这是中国领土”的木牌。“台湾是中国的领土！”“坚决粉碎制造两个中国的阴谋！”“美国佬滚回去！”“打倒美帝国主义！”等标语经常出现在台湾各地，激励着台湾各族人民反侵略反压迫的斗志。特别是在伟大领袖毛主席 1970 年 5 月 20 日发表的《全世界人民团结起来，打败美国侵略者及其一切走狗》这一庄严声明的鼓舞下，台湾各族人民反美爱国的斗争更加广泛深入地开展起来。据不完全统计，就在这一年多时间里，台湾同胞怀着深仇大恨，掀起了近百次不同形式的反对美蒋统治的斗争，给予反动派以严厉惩罚。仅从 1970 年 8 月到 1971 年 2 月，台湾各地就接连不断发生过反美爆炸事件十起，其中包括炸清泉岗的美国空军基地，炸停泊在基隆港的美国军舰，炸台南市的美国新闻处，炸台北市的美国“商业银行”等。此外，台湾同胞还不断破坏美国侵略者的供电和通信设备。据台湾报纸透露，仅在高雄一带的高压电线就曾被剪去一万八千公斤。1971 年 7 月 8 ~ 9 日两天，在台东又发生了剪断电线的事件三起。停泊在台湾各港口的美国轮船上的大批钢索、尼龙索也经常被割断。

台湾工人反对美帝勾结国党民政府进行的经济侵略和残酷压榨的斗争如火如荼。1970 年，高雄、基隆、台南等地的铁路工人、码头工人、造船工人、海关和美国亚洲航空公司的工人，相继展开斗争。1970 年底到 1971 年初，美资慕华化学工业公司设在苗栗县的慕华尿素厂，台湾水泥公司的高雄厂以及其他一些工厂的 1300 多名工人，先后展开了反解雇的斗争。1971 年 4 月，高雄市 600 多名码头工人掀起新的斗争浪潮，台北市近 400 名公共汽车工人和一大批水泥工人还举行绝食示威，强烈抗议和控诉美帝残酷压榨工人的滔天罪行。

与此同时，台湾各地的广大农民也展开了反抗美国侵略者强占耕地修筑或扩大军事基地的斗争。1970 年 10 月，美国侵略军企图霸占台北林口地区三千公顷农田为空军电台基地，激起了台湾各族农民的无比愤慨，在他

① 《台湾近况》，人民出版社，1958。

们团结一致坚决斗争下，迫使美帝国主义不得不停止对这块土地的掠夺。同年 12 月 23 日，美蒋石油公司准备在苗栗县头分镇设立“石油化学中心”，企图以低价强征农民的土地七十多公顷，激怒了的台湾农民高呼着：“与耕地共存亡”的口号，进行了坚决的斗争。[①]

1971 年 4 月，台湾各族同胞满怀爱国主义的激情，举行了声势浩大的集会和示威，坚决反对美、日反动派妄图侵吞我国领土钓鱼岛等岛屿的阴谋活动。从 4 月 12～23 日，台北、新竹、台中和台南等地的十几个大专院校学生一万多人举行多次的示威游行和抗议集会，还分别到美、日“大使馆”前示威抗议，表示了中国人民誓死保卫钓鱼岛等岛屿斗争到底的决心，得到广大台湾各族爱国同胞的热烈赞扬和坚决支持。

历史事实有力地表明：台湾自古以来就是中国神圣领土的一部分，包括高山族同胞在内的我国各族人民有着光荣的反抗外国侵略者的斗争传统，从来不曾而且也永远不会容忍祖国的领土台湾省被外国侵略者任意宰割。今天，我国的国际威望越来越高。我们日夜怀念着台湾骨肉同胞，台湾同胞也一直向往着社会主义祖国。台湾回到祖国怀抱，实现祖国统一，这是包括台湾同胞在内的全中国人民共同的神圣事业，是毛主席和周总理嘱咐我们一定要完成的遗愿。我们坚信，台湾归回祖国、台湾同胞同祖国亲人团聚的一天，一定会到来。

（《中央民族学院学报》1978 年第 3、4 期及 1979 年第 Z1 期）

---

① 《人民日报》1971 年 10 月 5 日。

五四运动与少数民族

赵履谦　刘　晓　等

60 年前的五四运动，是在当时世界无产阶级革命的号召下爆发的，是我国各民族参加的彻底地不妥协地反帝反封建的政治运动，也是新文化运动。这个运动是在伟大的革命先驱李大钊等同志的亲自领导和组织下，为反对帝国主义对中国领土的掠夺和北洋军阀政府的卖国，首先在北京各族先进青年学生中发动，然后扩展和深入到全国各族工人、农民与城市工商市民等广大群众中去的。五四运动最伟大的意义，在于它揭开了中国新民主主义革命的序幕，为我国各族人民指明了民族解放的道路，为中国无产阶级政党——中国共产党的诞生做了思想上和干部上的准备。

我国是一个统一的多民族的国家，在长期的斗争中，各族人民一起，共同缔造了伟大的祖国。自 1840 年以来，随着帝国主义列强的入侵，中国逐渐变成了一个半封建半殖民地的社会，使各族人民都遭受着帝国主义和封建统治者的残酷剥削和压迫。特别是居住在边疆地区的少数民族人民，首当其冲，深受其害，再加上王公贵族、土司头人、农奴主等野蛮黑暗的统治，使各族人民更陷于苦难的深渊，对帝国主义及其走狗，怀有深仇大恨，早就怒不可遏。五四运动的爆发，正是反映了各族人民要求解放，反帝反封建的强烈愿望。为了维护祖国主权和领土的完整，驱逐帝国主义势力出中国，打倒军阀，少数民族和汉族人民一起，立即投入了这场轰轰烈烈的伟大的爱国运动。在这次运动中，不仅在汉族集居地区的少数民族积极地参加了当地的运动，其中的一些先进知识分子还参加领导了天津、北京、济南等地的运动；而在少数民族聚居地区的各族人民也纷纷响应，投入了反帝爱国运动；并有一些爱国青年，在五四运动的影响下，走上了革命道路，投身到党领导下的反帝反封建的民主革命中，带领着各族人民为全国的解放事业作出了贡献。

一

1919 年，中国在巴黎和会上外交的失败，这一关系到国家民族生死存亡的消息传到国内后，引起中国人民强烈的民族义愤和对军阀政府的不满。5 月 4 日，北京学生在天安门前集会，高呼“外争国权，内惩国贼”“拒绝和约签字”“废除二十一条”等口号。消息传到天津、济南等地，学生首先奋起响应，回族青年郭隆真、刘清扬，水族青年邓恩铭等，都是这些地区学生运动的组织者和领导者。

郭隆真等早在“五四”以前，就接受了十月革命的影响，对旧社会的阶级压迫和民族歧视，充满着仇恨，为了解除民族的痛苦，决心寻求革命的道路。“五四”爆发的第二天，郭隆真就在天津直隶第一女子师范学校，主持召开了各班积极分子会，6 日又召开了各班代表会，会上一致决议发起组织妇女救国团体。在她们的动员下，中西、普育女中、贞淑、竞存高等女校的同学和小学女教师，以及一部分家庭妇女联合成立了“天津女界爱国同志会”，选举刘清扬为会长，郭隆真为评议委员及讲演队副队长。7 日天津学生举行了游行示威，声援北京学生的爱国运动，抗议北洋军阀政府对爱国学生的迫害和监禁。14 日成立了“天津学生联合会”。思想先进的青年学生们认识到，“要救国需要冲破学生的圈子，救国不能单靠学生，必须要唤醒同胞”[①]，于是各学校都组织了爱国讲演队。大批爱国学生深入群众中，沉痛述说帝国主义妄图灭我中华民族的强盗行径；述说卖国政府屈膝投降的罪行，号召各界群众，团结起来，齐心救国。特别是妇女在郭隆真等的带领下，冲破封建礼教的束缚，战胜重重困难，走上街头，慷慨激昂地进行爱国宣传。她们除了宣传争取民族独立，保卫国家领土主权等内容外，还提出解放妇女，争取妇女自由、平等的权利，反对包办婚姻。她们深入到偏僻的贫民区，挨家访问。他（她）们还创办了《学生联合会报》《女界爱国会周刊》等，及时报道全国各地学生运动的消息。他（她）们的

① 《五四运动回忆录》，第 86 页。

宣传，激起了广大群众的义愤，纷纷投入五四爱国运动。

郭隆真、刘清扬不仅参加领导了天津的五四爱国运动，而且参加领导了京津济地区学生的联合行动。在他们的积极活动下，于6月26日组织了京津地区学生第一次请愿，在全国各界人民的积极斗争下，终于迫使出席巴黎和会的我国代表拒绝签字。这一行动震动了全世界，显示了我国各族人民的爱国力量，给了帝国主义及其走狗以沉重的打击。

我国拒绝签字后，日本帝国主义者恼羞成怒，指使其走卒——山东镇守使马良，肆意禁止一切爱国活动，并枪杀了回教救国会会长、爱国群众领袖马云亭。这一暴行激起了群众的无比愤慨。刘清扬、郭隆真等人，被天津各界联合会公推为代表，联合北京、济南的代表共35人，为惩办回奸马良再次向徐世昌请愿。反动当局不但不接受代表的要求，反而逮捕了全体代表。代表们身居牢房，毫不畏惧。郭隆真、刘清扬团结狱中战友与反动当局进行了针锋相对的斗争。郭隆真愤怒地斥责统治当局说："爱国无罪！能有人卖国就不能有人爱国?"被捕坐牢动摇不了她钢铁般的意志，她威武不屈地说："你今天放我出去，明天我还照样要进行爱国活动!"① 反动当局威胁不成，又进行引诱。当时北京警察厅长常朗斋利用其回族的身份，"以照顾教友为名"，做了特殊的饭菜，企图软化她们，挑拨汉、回民族关系。这一阴谋被揭穿后，常朗斋又通过《国强报》社长刘乃扬"保释"其妹刘清扬的手段，以达到分化瓦解请愿代表团的罪恶目的。然而，刘清扬拒绝单独出狱，并严厉斥责反动当局说："救国运动理应无罪，你就应该释放我们全体代表，今只放我一人是何用意?"她又对刘乃扬说："我想家兄也不愿我作女界爱国的罪人。我现在只知有国不知有家，既不释放全体代表，我也不回家去。"② 第二天，北京《国强报》、天津《盖世报》等发表了刘清扬大义灭亲，百折不回的新闻。这一英勇的爱国行动，更加激励了爱国青年们的斗志。

反动当局玩弄的种种阴谋被一一戳穿后，竟扬言要枪毙被捕代表。这种叫嚣激起了各界群众的无比愤怒。8月25日，天津各界推举刘清扬等代表，进京同京济代表联合请愿，他们到总统府门前，誓死要求释放被捕代表、惩办马良。几千人团结得像一个人一样。斗争坚持了三天，参加的人

① 《河北革命烈士史料》，第55页。

② 《近代史资料》1958年第2期，第91页。

越来越多。反动当局调动全城军警把群众驱赶到天安门。这时，群众继续斗争，高呼“打倒卖国贼!”“释放被捕代表!”“惩办马良”，经过这场英勇的斗争，全体被捕代表最后获得释放。京津济学生取得了胜利。

随着运动的深入发展，为了进一步唤起全国人民的觉醒，把全国各族人民团结在一个共同的革命旗帜下，刘清扬等作为天津各界团体的代表，到南方各地进行宣传。在刘清扬等人的倡议下，11 月 10 日在上海成立了全国各界联合会。[①] 马骏被选为联合会评议部干事和天津驻会常任理事。刘清扬被选为调查科干事。大会闭幕后，举行了声势浩大的游行示威。游行队伍冲破了帝国主义无视我国领土主权、不准中国人在租界内自由集会的禁律，扬眉吐气、昂首阔步地通过了英法租界。充分显示了我国各族人民反帝反封建的强大威力。

后来，刘清扬又被全国各界联合会派到南洋，宣传国内青年的爱国斗争，使五四运动的影响更加广泛。

郭隆真、刘清扬等，这些回族人民的优秀儿女，为挽救中华民族的危亡，在五四运动中，向帝国主义、封建势力冲锋陷阵，作出了自己的贡献，永远值得人们纪念。

在山东济南，水族青年邓恩铭参加领导了五四爱国运动。五四运动爆发时，他在山东省立一中读书，是该校学生自治会的领导人之一。为了声援北京的学生运动，他领导本校同学和济南大中学校的学生，冲破了各种阻碍，联合去省政府游行、请愿，沿途高呼“收回青岛”“收回胶济铁路”等口号，群情异常激昂，显示了学生的爱国热忱。随即又组织了山东学生联合会，各校组织了“十人团”，进行爱国宣传。继北京学生 5 月 19 日举行的总罢课后，济南中等以上学校的学生也于 5 月 24 日实行总罢课。在斗争实践中，邓恩铭进一步认识到当时社会的黑暗腐朽。随着五四运动的深入，十月革命影响的扩大，马克思主义在中国的广泛传播，他才认识到要救国，要铲除民族压迫，就必须走十月革命的道路，更加坚定了他的革命信念。

邓恩铭的革命行动，遭到了他叔父的阻挠和反对，甚至停止供给他学费，企图迫使他脱离革命。当这一切办法都无济于事、不能动摇他的革命意志时，就把他的父亲从贵州接到济南，要他劝说儿子。邓恩铭趁此机会，

---

① 《近代史资料》1958 年第 2 期，第 92 页。

向水族老人讲述革命道理，使他的父亲开阔了眼界，明白了他参加革命的意义，不仅不反对，而且还嘱咐儿子好好地干下去，为水族争口气。从此以后，这位出身于水族劳动人民家庭，对军阀政府的剥削压迫和民族歧视极为不满的青年，坚定地走上了知识分子和工农相结合的道路。1920 年夏，邓恩铭和王尽美等在济南成立了马克思主义学说研究会。后来，又建立了社会主义青年团和共产主义小组。他和王尽美同志一起作为济南共产主义小组的代表，参加了党的第一次全国代表大会。邓恩铭同志是 12 位代表中唯一的少数民族代表。

事实证明，作为新民主主义革命开端的五四爱国运动，从一开始就有少数民族爱国青年参加领导。五四运动代表了各族人民的共同利益，所以，很快就得到了各地的广泛响应。

二

十月革命和五四运动的消息，冲破了反动当局的层层封锁，通过各种报纸、杂志、书信等渠道，陆续传到少数民族地区。一些少数民族的先进青年和爱国志士，无不为五四运动所激励，为社会主义理想所吸引。于是，吉林、广西、云南、新疆和西藏等少数民族聚集的地区，先后掀起了不可遏止的爱国运动，使反帝反封建的巨浪，从内地到边疆，席卷了整个中国。

居住在东北吉林等地的各族群众，特别是朝鲜族人民，早在日本帝国主义的侵略魔掌伸入东北地区之后，就举起反日旗帜，进行了反日斗争。1918 年日本帝国主义勾结北洋军阀攫夺了吉会铁路修筑权，这一强盗行为，使东北各族人民更加愤怒。因此，当五四运动的消息传来，吉林各族人民马上响应，并且与夺取吉会铁路修筑权的斗争结合起来，掀起了一个更大规模的反日爱国运动。

运动初期，一些先进分子为了动员群众，首先组织学生示威游行。游行队伍沿途高呼“废除二十一条”“拒绝和约签字”“反对日本修筑吉会铁路”等口号。延吉道立中学的三个学生，当众咬破手指，写下“打倒日本帝国主义”“取消不平等条约”[①] 的血书，深深地激励了广大群众，各界人

① 《朝鲜族简史》，第 29 页。

民立即起来和学生一起战斗，举行罢课、罢市。而后，把“血书”径寄北京，表达了朝鲜族同全国各族人民团结战斗的决心。

5月12日，各族学生联合各界爱国群众召开了省国民大会。会上朝鲜族学生吴仁笔登台讲演，介绍了北京学生示威游行和被捕被殴的情况，使到会的各族群众异常愤怒，就连反动当局派去“维持秩序”的警士，也站在广大群众一边，赞成大会的行动。

消息传到南满车站，正值日本警察巧立名目，加紧税收之际，于是各车行工人群起响应，为反对日警勒征车捐、摧残中国各族贫民而举行了罢工，使站内货物堆积如山，无法转运。日警虽一再威逼，但车行工人毫不妥协，并宣布“不取消收捐布告，誓不上站”运货。① 罢工坚持了半月之久，给反动当局以有力的打击。

在各族人民反日情绪普遍高涨的基础上，为了狠狠地打击日本帝国主义，朝鲜族和汉族先进分子一起，以朝鲜族聚集的延边一些地区为据点，开始领导反日武装活动。1920年6月，他们第一次给予猖狂进犯的日军以有力的打击，消灭了日本军一百多人，极大地鼓舞了延边各族人民群众的反日斗志。从此，各族人民群众更加英勇杀敌，抗击着野蛮的日本侵略者。

在广西，当时正处在法帝国主义的侵略和封建军阀陆荣廷一伙的黑暗统治下，各族人民群众处在水深火热之中。1919年6月，广西各族人民知道北洋政府的秘密外交、出卖青岛的罪恶行径后，积压在心中的怒火，像火山一样爆发了。各族爱国学生罢课集会，列队游行，手持“抵制日货”“振兴国货”“勿忘国耻”的旗帜，走街串巷，深入动员，在短时间内，斗争的怒火从城市燃到农村，各族各界群众纷纷响应，就连军队中一些爱国官兵，也被卷入这一风潮中。在南宁，当各族青年学生将日本货拿到商业中心马路上焚烧时，围观的群众异常激愤，有的痛斥国贼，有的断指血书，誓死报国。在他们的影响下，有的商人立即将销售日本货的招牌拿掉，并表示永不买卖“卖国货”。武鸣县有一个壮族学生，还将青岛交涉失败，北京学生火烧赵家楼和痛打卖国贼以及京、津、沪、粤等地抵制日货的消息，告诉当地驻军，使一些爱国官兵听后，“怒潮大涌愤骂……不已”②。随后将自己备用的日本货及日本造的各种装器拿出烧掉。一个壮族姓侬的团长并

① 《吉长日报》1919年8月23日第2版。

② 《时报》1919年6月1日。

说：一定要“力劝同辈军人不用日货，以雪国耻”①。之后，他们联络在南宁的各军，设立了军人爱国会，积极参加爱国活动。

不久，广西各界在学、军两界的带动下，召开了国民大会，致电广州军政府，指出：北洋政府“秘密卖国，青岛违约不还，国家危亡，悬于眉睫……稍有人心，极宜补过”②。而军阀总头子徐世昌、段祺瑞却不顾国家安危，更变本加厉，倒行逆施，对内则拘禁学生，对外则卖国求荣。照这样下去，势必将会造成“神州陆沉，永劫不复”③ 的局面。对此，广西各族人民警告广州军阀头子，不要犹豫不决，坐失时机。这充分显示了具有光荣革命传统的广西各族人民不畏强暴，坚贞不屈的斗争决心。

云南各族人民，在反动统治者长期压榨下，尤其是自帝国主义入侵我国西南边疆以来，曾进行了无数次的反抗斗争。当五四运动的浪潮波及云南后，一些“以天下为己任”的有志青年，看到国家民族的严重危机，更加义愤填膺，为了有力地配合全国的爱国行动，他们立即组成学生宣传队，四处宣传，使抵制日货，烧毁日货，不用日货的号召深入人心。就连七八岁的小学生也自觉地动员自己的家长不买日货。当他们在大街上看见有人戴日本帽子，就跟在后面起劲喊叫，直到此人将帽子摘下来踩烂为止。这些自发的行动，一直延续到全省学生爱国会成立后，各地便转为有组织、有领导的活动了。

1919 年 6 月，在进步学生的倡议下，成立了云南省学生爱国会。随后，在白族聚居的大理，彝族聚居的蒙自、昭通等地，也先后成立了分会。在爱国会的领导下，云南各地更加广泛地开展了反帝爱国运动。甚至连剑川、祥云、宾川等偏僻地区的各族人民也起来响应。

在这次轰轰烈烈的运动中，云南各族妇女，在京津妇女提出的争取女权、解放妇女的影响下，解放思想，冲破层层封建束缚，和男同学一起参加了社会上的爱国活动，并且在斗争中提出：反对歧视妇女，男女平等，婚姻自由，禁止纳妾、禁蓄奴婢等口号。经过几番斗争，派出自己的代表参加了全省学生爱国会。这些对云南各族妇女来说，是开天辟地从来没有过的大事。

---

① 《时报》1919 年 6 月 1 日。

② 《申报》1919 年 7 月 16 日。

③ 《申报》1919 年 7 月 16 日。

随着运动的深入，云南各族先进青年，为了引导斗争往纵深发展，除了利用《云南学生爱国会周刊》等宣传反帝爱国思想之外，还编写了一些反对旧礼教、旧宗法制度，提倡新文化的文章，广为传播，使运动由最初的抵制日货，反对卖国，保卫主权等活动，逐渐扩大成为将矛头指向云南统治阶级，“要求改革现社会的革命斗争”①。

在新疆，由于封建军阀杨增新的专制统治，五四运动没有及时在各族人民中间引起明显的反应。但是，引起五四运动发生的世界无产阶级革命潮流，这时却波及新疆。由于新疆与苏联边境毗邻，十月革命胜利的消息很快在新疆部分地区传播开来。特别是当人们听到俄国革命政府一成立，就宣布废除帝俄与中国签订的一切不平等条约，取消帝俄在中国的一切特权的消息后，各族人民为俄国十月革命的伟大胜利而欢呼。如新疆北部的伊犁、塔城等地，各族人民曾自发地举行了庆祝十月革命胜利的游行，高呼“俄罗斯共和国万岁”，“废除头人制度”，要求八小时工作制等口号，并组织了工农士兵委员会，塔阿温会（即职工会）等团体。经过斗争，职工们获得每周休息半天的权力。这一胜利，使各族人民受到了鼓舞，得到了启示，增长了反抗的情绪。1921 年，内地反帝反封建的革命浪潮逐渐传入新疆。这种反抗情绪不仅在劳动群众中间日益广泛，而且也反映到知识分子中间。于是，他们在新疆一些地区开始组织了反对封建专制压迫的秘密小组，积极地带领人民投入反帝反封建的革命斗争，成为中国各族人民革命运动的一个有机的组成部分。

在西藏，由于地方政府、贵族、寺庙三大领主的野蛮、残酷的剥削和压迫，再加上帝国主义的入侵，使藏族广大农奴陷于极其悲惨的境地。五四运动后，英帝国主义唯恐革命风暴影响到西藏，为了掩饰其侵略政策，大肆宣扬“布尔什维克”对西藏的威胁，并以保护西藏为名，妄图将西藏从我国分裂出去。1919 年 8 月，正当反帝反封建的五四运动在各地普遍展开之际，北洋政府披露了英帝国主义的阴谋活动。全国人民和海外侨胞及留日学生得知后，纷纷集会抗议；川、滇、黔、陕四省并通电全国，呼吁全国各族人民，为维护祖国的主权，要“誓死力争”，使西藏永远不脱离祖国的怀抱。在举国一致地声援下，唤醒了西藏各阶层僧侣、爱国人士，他

① 《风展红旗如画》，云南人民出版社，第 8 页。

们决心起来维护祖国的领土完整，“同谋五族共和”，并强烈地提出驱逐在拉萨搞阴谋活动的英帝国主义分子，赶走外国奸细。这一反帝爱国运动，一直延续到1921年。同年藏历新春，又发生了爱国喇嘛、平民和亲英势力控制下的藏军冲突。最后，藏族人民赶走了侵略分子。这是五四时期，西藏各界爱国人士在维护祖国统一和领土完整方面立下的功绩。

另外，在贵州、内蒙古、湖南、海南岛及台湾的各族人民也都被卷入到反帝反封建的洪流中。他们采取各种形式奋起斗争，与全国各族人民一道共同冲击着帝国主义和封建势力在中国的统治。

三

长期以来，我国渴望本民族获得解放的少数民族青年，在黑暗中探索救国救民的真理，然而却一直没有找到一条正确的革命道路。俄国十月革命和五四运动以后，他们通过斗争实践，特别是随着马克思主义的广泛传播，才找到了革命力量，明确了革命方向。他们认识到要反对帝国主义、封建军阀和王公贵族，就必须依靠工农大众；要获得中国各民族的解放，各民族就必须联合起来，走十月革命的道路。他们为了追求新思想，学习革命经验，有的冒着生命危险，千里迢迢来到五四风暴的中心北京和工人运动高涨的上海；有的则告别祖国，远涉重洋，赴法勤工俭学。中国共产党成立后，他们在党的关怀和培养下，多数成了少数民族中的第一批共产党员和优秀干部。他们和汉族同志并肩战斗，为全国各族人民的革命事业作出了贡献，有的甚至牺牲了生命。

在五四运动的召唤下，居住在内蒙古地区的蒙古族青年多松年、李裕智、吉雅泰、乌兰夫、奎壁等来到北京，进入蒙藏学校学习。我党创始人之一、中共北方局书记李大钊同志，当时十分关心内蒙古民族的解放运动，非常重视对蒙古族青年的培养和教育。1923年，中共北方局派人到蒙藏学校开展党的工作。李大钊同志和北方局其他同志如邓中夏、赵世炎等，不但经常派人向他们介绍进步书籍，还亲自给他们讲解马克思列宁主义、分析时局、介绍社会主义苏联的情况。极大地启发了他们的阶级觉悟。他们在回忆李大钊同志从苏联参加第五次共产国际会议回来作的一次报告时说：从此，我们“懂得了内蒙古民族解放斗争和全国各族人民革命斗争以及全世界无产阶级革命斗争的联系和一致性，并坚信内蒙古民族的真正出路和彻底解放只有依靠中国共产党的领导”[①]。北方局还组织他们参加党领导下的各种学生运动和革命活动。经过党的教育，多松年、李裕智、吉雅泰、乌兰夫、奎璧等都于 1924 年春加入了中国共产主义青年团，1925 年先后加入了中国共产党。这时蒙藏学校的 120 个蒙古族学生中，大部分成为党员和团员。

这些革命火种，后来又被党派回内蒙古地区，发动和领导了反帝反封建的革命斗争。在辽阔的草原上燃起了熊熊的革命烈火。他们当中，有的为了民族的解放而光荣牺牲，有的后来成了我们党和国家的领导人。吉雅泰同志总结这段历史时说：“五四运动开始了中国新民主主义革命的新时期，我国各少数民族也从此找到了自己的解放道路。”[②]

生长在辽宁地区的满族青年关向应，随着“五四”新文化运动的发展，特别是中国共产党的成立，开始接触先进思想。他在大连泰东日报社时，一位地下党的同志，常常和关向应等青年人在一起谈论时局，讲解如何反对“二十一条”、打倒军阀，以及工人组织起来力量大等革命道理，并给他带来了《向导》《新青年》等刊物。使他们加深了对五四运动的了解，受到了教育，从中获得了新的力量。从此，关向应同志在党的领导下开始参加革命活动，经常向工人讲演，宣传马列主义真理，领导工人与日本帝国主义分子进行斗争。铁路工厂的工人组织“大连工学会”成为他们活动的据点。

1923 年，关向应离开故乡到上海投入了工人运动的洪流。后来，他在给叔叔的信里写道：“国家兴亡，匹夫有责……我愿终身奔波，竭能力于万一，救人民于涂炭，牺牲家庭，拼死力与帝国主义相反抗。……此侄唯一之人生观也。”[③] 这充分表现了他献身于革命事业的决心。

此后 30 多年间，关向应同志在党的教育和培养下，一直忠心耿耿干革命。他在组织领导工人运动，开辟湘鄂西根据地和扩大工农红军以及创立抗日解放区等方面，都作出了杰出的贡献，成为我们党和军队的优秀领导人之一。

一些少数民族的优秀儿女，如土家族的向警予、回族的郭隆真，以及

---

① 《党在内蒙古民族中国的第一批种籽》，《民族团结》1959 年 5 月号。

② 《党在内蒙古民族中国的第一批种籽》，《民族团结》1959 年 5 月号。

③ 《旅大日报》1961 年 7 月 21 日第 3 版。

云南白族进步青年张伯简等，在五四运动的影响下，为了直接学习欧洲工人阶级的革命经验，直接掌握马克思主义真理，他们同汉族革命青年一起，到了具有无产阶级革命传统的巴黎。在巴黎，他们一面在工厂劳动，深入工人进行社会调查；一面刻苦学习法文，不久就能顺利地阅读法文版的马克思主义著作和其他革命报刊。通过学习和斗争实践，他们逐步树立了无产阶级世界观，决心献身于伟大的共产主义事业，先后加入了中国共产党。

向警予同志回国以后，在党的第二次代表大会上当选为中央委员，并担任中央妇女部部长。她是我党历史上第一个女中央委员，成为中国妇女运动、工人运动的杰出活动家。在第一次国内革命战争后期，她对陈独秀的右倾机会主义路线，进行了坚决的斗争。大革命失败后，在白色恐怖下，她继续坚持斗争，直至为各族人民的解放事业献出了宝贵的生命。

1923 年，张伯简从国外回来，先后在上海、广州领导工人运动。他曾在广州农民运动讲习所任职，在周恩来同志领导的两广区委任过军委书记。他在广州、香港和张太雷、邓中夏、苏兆征等同志一道，领导了震撼世界的香港工人大罢工。后来，张伯简同志由于积劳成疾，不幸病逝。

郭隆真同志回国后，积极从事革命工作、参加领导北京、青岛等地的妇女运动、工人运动。后来被捕，她在敌人的威胁利诱、严刑拷打下，坚贞不屈，为革命流尽了最后一滴血。

还有许多少数民族先进分子，在五四运动的启蒙教育下，也都走上了革命的道路，和全国人民一起，在中国共产党的领导下，为推翻帝国主义、封建主义和官僚资本主义的反动统治，建立新中国，进行了不屈不挠的斗争。

综上所述，五四运动一开始，少数民族就以英勇的战斗姿态参加了斗争。这段历史再次证明：各少数民族从来就是我国民族大家庭中不可缺少的一员；民族地区的革命斗争从来就是整个中国革命斗争中不可分割的一部分。中华民族的解放离开了少数民族的革命斗争也是不可能的。中国革命的胜利是各族人民共同奋斗的结果。在向实现四个现代化奋勇进军的今天，各族人民一定要高举马列主义、毛泽东思想的伟大旗帜，坚持党的领导，坚持社会主义道路，继承先烈遗志，为实现四个现代化的雄伟目标而奋斗。

（《中央民族学院学报》1979 年第 Z1 期）

辛亥革命时期回族人民的革命斗争

马寿千

七十年前爆发的震惊中外的辛亥革命，是我国资产阶级民主革命发展的最高峰，是一次全国规模的有各族人民参加的革命运动。辛亥革命具有极其伟大的历史意义。它推翻了清朝封建统治，结束了我国两千多年的君主专制制度，创建了民国，从而大大提高了我国各族人民的民主主义觉悟，并把各族人民的革命斗争推向一个新的、更高的发展阶段。

具有革命斗争传统的回族人民在辛亥革命中又一次建立了不朽的业绩。他们积极参加了辛亥革命前广大城乡的抗粮抗捐斗争和资产阶级革命民主派领导的革命活动；积极参加了武昌首义和各省的反清运动。无数回族革命志士同汉族及其他各族的志士一起，为推翻帝制创建共和而英勇奋斗，在回族人民的革命斗争史上，谱写了可歌可泣的壮丽篇章。本文试就所接触到的部分资料，对辛亥革命时期各地回族人民的革命斗争作一简略叙述。

一

辛亥革命爆发前，随着八国联军侵入北京和《辛丑条约》的签订，清朝封建统治已成为“洋人的朝廷”。为了清偿巨额赔款，清廷以办“新政”为名，将数十种苛捐杂税，加上浮收勒折，统统压在各族人民的头上。这期间，各地回族人民的境遇也异常艰苦。聚居于西北、西南的回民，在太平天国时期反清斗争被镇压后，经济上遭到沉重打击，政治上继续受到无情的迫害。广大回民虎口余生，惊魂甫定，或不得不在屈辱中奋斗求生，或在宗教中寻求安慰。个别地方的回民在愚昧彷徨中，还陷入了无聊的教派纷争，不仅影响民族内部的团结，甚至被敌人所利用，损害了回、汉关系。在内地广大农村回民中，土地问题历来严重。回族农民大多无地少地，只有通过垦荒占有一些河边的沙地或低洼的盐碱地，在天灾人祸的逼压下生活本来已很困苦，清统治者实行加赋改征和清查“欠赋”等暴政，更把回族农民推向绝路。各地回、汉族农民同此命运，联合起来，不断掀起抗粮斗争。在辛亥革命前各地回民参加的抗粮斗争中，以发生在河南孟县和开封的两次比较突出，影响也较大。回族农民坚决、勇敢冲杀在前的精神，受到了汉、回等各族人民的同声赞颂。

光绪二十九年（1903）三月，河南省怀庆府所属孟县、温县等地爆发了声势浩大的反对加赋改征的斗争。本来，河南汉、回人民的负担已经很重，贪婪残暴的河南布政使延社又借招练十营新兵之名，将钱粮由征银改为征钱，使百姓的负担骤增一倍多，每亩地比常年等于多征收制钱五十多文；而且地方官吏还对百姓“严追管押”，逼迫备至。对此，孟县桑坡回民首先奋起发难，拥进县城，要求官府减免钱粮。县令孙寿彭竟指令官兵开枪镇压，致使六人死亡。这就激起了孟县汉、回人民的更大愤怒，“各村聚众至十余万人”，高喊要定期复仇，“以与官兵力抗”。愤怒的群众焚烧了衙署，痛打了孙寿彭，其中有数千人扛着扫帚或手持刀枪，进军到怀庆府（河内），散布揭帖，提出要“先抢怀庆，后再灭洋”，使怀庆府的官吏惊恐万状。在孟县回、汉人民的抗粮壮举的影响下，附近“各县遂相继效之”。怀庆府温县的人民“围城入署，殴毙县勇一名，河内县苗某被百姓殴伤，密县（属开封府）民入署，逼县令陶某出据永不改征，并盐斤加价亦复豁免”。河南府陕州一带，地方官“办理加赋，百姓亦均不肯照完，并有欲效河北（指孟县等地）举动围城者”。清统治者除了抽调重兵到孟县等地镇压外，不得不将孟、温两县县令撤职，发生群众抗粮的各县地方官吏，也不得不“亲赴四乡婉言劝慰，谓前完若干今仍暂完若干”①。孟县这次回、汉人民的抗粮运动，震动了整个豫西北各府县，斗争取得了初步胜利。

接着，光绪三十年（1904）秋，开封东乡治台村回民李元庆领导数万回、汉族农民开展了一次轰轰烈烈的抗粮罢市运动。事件是由于清朝统治者在开封等府县清查多年因沙压和盐碱抛荒的土地并强迫人民补交“欠赋”而引起的。李元庆是河南民间秘密会社“仁义会”的重要成员，为人刚正，

① 上海《中外日报》1903年4月30日、5月15日；民国《孟县志》卷四。

好打抱不平，斗争一开始，他就被开封郊区回、汉群众推为首领。李元庆在治台村礼拜寺聚众万人，书写抗粮罢市的传单，发出坚定有力的誓言：“粮，我们是誓死不交，官军来，我们和它拼！”开封附近农村参加抗粮斗争的汉、回农民，很快发展到六七万人。愤怒的群众严守通往开封的交通路口，凡是乡下的米粮柴草，一概不准运进开封城，有敢违抗者，就将粮食没收，车辆焚毁；开封郊区十多里路上的电线杆也被抗粮群众砍毁。李元庆还和抗粮群众商量了行动计划，准备利用“城隍出巡”的会期，里应外合拿下开封城。但事情被官府侦悉，派军突袭治台村，群众运动遭到镇压。李元庆避于杞县农村，联络当地的仁义会，准备再起。由于遭到官府的缉捕，64 岁的李元庆最后在陈留县农村被迫自缢。治台村礼拜寺掌教洪福海，也被诬以“知情同谋”,“玩法已极”的罪名，监禁 20 年。群众斗争虽然受挫，清统治者也不得不免除了过去勒令补交的所谓“欠赋”。李元庆的斗争事迹受到广大回、汉族农民的赞扬，都说他“有骨头”，开封一带至今还流传着这样的民谣：“中牟郑州硬似铁，治台出了个李大爷”。治台村这次抗粮斗争的影响所及，陈留、考城乃至安徽的颍州、亳州等地，都爆发了群众性的反抗斗争。[①]

河南孟县、开封的群众斗争是回民带头参加抗粮的比较突出的事例，在其他地方以汉族或别的民族为主体的反抗斗争中，也多有回民参加。例如，光绪末年，山西大同府丰镇厅（今属内蒙古)，有汉、回各族农民反抗官府横征暴敛和恶霸豪强仗势虐民的武装斗争；甘肃贵德厅（今属青海）发生了藏、回各族农牧民反抗官绅欺虐的起义。

辛亥革命前几年，城镇回民也积极参加了各地区各种形式的抗捐斗争。在甘肃丹噶尔厅（今属青海湟源)，汉、回各族人民为反抗食盐加价和盐局经理人员的勒索榨取，掀起了抄盐局的风潮；长春回族屠宰户为反对加捐勒索进行了罢市斗争；沈阳回民为了抗议清朝官府把宰牛场并入宰猪场混合屠宰，开展了请愿示威，清统治者被迫让步，答应分立屠宰场。

这些斗争反映了回族人民反抗民族压迫的革命精神。

---

① 陈夔龙：《梦蕉亭杂记》卷二；上海《中外日报》1904 年 11 月 17 日；《东方杂志》1905 年第 2 卷第 1 号，《河南巡抚陈奏查办祥符县东乡地方匪徒借端煽聚折》；王天奖、邓亦兵：《辛亥革命在河南》。

二

19 世纪末 20 世纪初，随着资本主义的初步发展，我国的民族资产阶级开始形成。回族由于与汉族杂居，各地生产力发展水平大致与当地汉族相同。因此，首先从沿海和内地的大中城市开始，回族中的资本主义经济因素也有了一定的发展。各地回族中出现了本民族的资产阶级和一批资产阶级知识分子，尽管他们人数不多，但毕竟是回族中新兴阶级的代表，具有较强的生命力。在当时提倡“新学”的潮流中，沿海和内地大中城市的回族得风气之先，也开始设学校、立团体、派游学、办报刊。与此同时，亦有回族资产阶级知识分子中的先进人士，积极参加了波澜壮阔的资产阶级民主革命运动，并在运动中作出了自己的贡献。

在辛亥革命前的五六年里，童琮在镇江创办了穆原学堂，安铭在北京创办了宛平民立初级小学，马邻翼在湖南邵阳创办了清真偕进小学，张子岐在营口创办了清真学校，王宽在北京创立了回文师范学堂和京师公立清真第一两等小学堂。这是目前所知回族人士自己创办的最早的一批新式学校。这期间，童琮在镇江发起创立了“东亚穆民教育总会”，后来改称“东亚清真教育总会”。留学日本的回族学生发起创立了“留东清真教育会”。这两个团体是回族最早的群众团体。

回族中的进步青年也开展了留学活动。到光绪三十四年（1908），在日本东京已经有从我国十四个省去的三十六名回族学生。他们编辑出版了回族自己最早的刊物《醒回篇》。在当时资产阶级革命派与改良派激烈辩论中，东京成为大论战的一个主要阵地，留日回族青年当中出现了以四川青年刘庆恩为代表的资产阶级革命派。刘庆恩原是工人，为人正直，敢于斗争。1906 年冬，在一次四川留日学生关于革命与立宪的争辩中，他抄起火钵痛击了为拥护君主立宪而喋喋不休的周某，博得了留日学生的一致好评。这件事也反映了以刘庆恩为代表的回族留日青年主张推翻帝制、建立共和的坚定决心。

在国内，北京、天津地区的丁竹园、丁宝臣兄弟参加了我国早期的新闻事业。他们是当时回族资产阶级知识分子的优秀代表。他们抱着“真理救国”的热忱，认识到“以白话报纸开通民智”的重要，开始时是为北京、天津一些报纸撰写白话演说稿。光绪三十年（1904），丁宝臣在北京开办

《正宗爱国报》；光绪三十三年（1907），丁竹园在天津开办《竹园白话报》。丁氏兄弟是我国早期提倡白话报的办报人。他们的白话演说当年在京津一带妇孺皆知，颇有影响。

丁竹园撰写了大量生动深刻的白话演说。他善于用通俗的文字、激烈的言词，揭露和抨击黑暗腐朽的社会。丁竹园非常同情城乡人民的疾苦。宣统元年（1909），他以《梦游新地府》[①] 为题写了一篇寓言，拟用地狱里怨鬼的哭泣声，对人世间农民的苦难作了血泪的申诉："我们全是穷困死的呀！我们在阳间苦熬岁月的种几亩地，盼风盼雨，怕旱怕涝，好容易打几石粮食，还被衙门的官差粮书、乡里的劣绅恶霸，抢夺了一半儿去。近来又有借办学堂与巡警为名的，百方剥削，任意苛派，我们欲活不能，求死不得，稍有违言，即说我们阻挠新政，聚众抗捐。嗳呀，好苦哇!"在另外的演说中，丁竹园尖锐地指出："今日各省百姓的流离困苦，其罪过皆在官绅士大夫身上，偏用这般官绅当权在位，其罪过实在政府。"[②] "政府就是明火（强盗）大头目，督抚司道就是明火二头目，府厅州县就是明火小头目，衙役门丁就是上道儿的明火，驰驿的大臣就是游行强盗，到一处抢一处。""总而言之吧"，"凡是明火，全都奉旨!"[③] 丁竹园激愤地喊出："全球最不公最不平的事情，莫过于中国的政治!"[④] "天下最惨最苦的境遇，莫过于专制国的国民!"[⑤] 真是痛快淋漓，入木三分！在那样黑暗专制的时代，丁竹园之所以敢于如此抨击时政，正如他自己当时所说："凡是干报馆的人，全是豁出身家性命，牺牲利益幸福"[⑥]，表现了革命志士为寻求真理，赴汤蹈火、在所不辞的英雄气概。丁宝臣由于深刻、无情地揭露了反动军阀的黑暗统治，在民国初年，惨遭袁世凯杀害，献出了自己的宝贵生命。

丁竹园不仅同情人民疾苦，敢于揭露专制制度的黑暗，而且同情人民的聚众抗官。对于湖南长沙饥民抢米风潮和山东莱阳百姓的聚众抗官，他认为都是官逼民反，由于百姓饥饿难忍，官府应该设法抚恤，不该派兵剿捕，各地的聚众抗官，"平心而论，其过实在政府"。辛亥革命爆发的前一

① 天津《竹园白话报》，宣统元年二月二十九日。

② 天津《民兴报》，宣统元年十月初三日。

③ 天津《民兴报》，宣统元年十月八日。

④ 天津《民兴报》，宣统二年三月十三日。

⑤ 天津《民兴报》，宣统二年七月二十七日。

⑥ 天津《民兴报》，宣统二年九月二十八日。

年，丁竹园写了《遍地祸胎君知否?》[1] 一文，深刻揭露了当时的严重危机。他说："遍地是饥民，到处生计窄，省省捐税重，省省冗员多。中国目下的危局就好比无数的炸药地雷，散放在二十二省的地面上，没人碰上便罢，一朝失慎，瞬息间是玉石俱焚。"

三

1911 年（即辛亥年），"无数的炸药地雷"先后在各地爆发，民主革命的高潮终于到来。作为大起义的导火线，当年夏天，为了抗议铁路国有政策而掀起的保路运动在长江中游蓬勃发展，四川回民出于爱国义愤，积极投入了这场保路运动。六月初，在成都召开了有四百多回民参加的群众大会，会上"言者激烈，闻者感愤"，一致坚决反对误国殃民的政府"送路权于异族"的反动政策。大会宣布成立"清真保路同志协会"，作为"四川保路同志会"的"指臂之助"，"谨附骥尾"，"誓死靡他"。四川各界保路同志对回族群众在保路斗争中的激情给以很高评价，誉为"清真同志之爱国热"[2]。不久，在骇人听闻的成都血案中，有十多名回民群众为保路运动而英勇献身。四川保路运动对辛亥革命起了直接的推动作用。

1911 年 10 月 10 日爆发了震惊中外的武昌起义，不少回族革命志士参加了这次具有伟大历史意义的"首义"战斗。早在辛亥革命前几年，武昌的新军里就有一批富有革命思想的回族战士，他们参加了日知会、共进会等革命团体，从事反清的秘密活动。后来各革命团体合并成立军队同盟，其中马骥云、沙金海等人都是军队同盟的重要成员，马骥云还是该同盟登记组的负责人。他们作为军队的代表，参加了起义前革命党人的各种秘密会议。9 月 24 日党人重要分子开会内定了革命后的军政府组成人员，马骥云被推为军政府的司勋和军务筹备员。马骥云在武昌昙华林的住所，成为起义前革命党人的重要活动机关之一。在起义第一枪打响后，马骥云积极参加了进攻督署辕门的会战，并在起义后参加革命领导核心——谋略处的工作。沙金海在起义后的一个时期是革命军的独立机关枪队队长，他率领机关枪队曾在汉口大智门等战役中同清军进行了顽强的战斗。他们为推翻

① 天津《民兴报》，宣统二年三月十三日。

② 《四川保路运动会报告》第 29 号。

帝制创建民国作出了积极的贡献。

在各省起义的浪潮里，陕西是响应最快、光复最早的一个省。陕西回民参加辛亥革命具有广泛的群众性，仅西安一地就有一两千名回民直接拿起武器参加了辛亥光复之役，不少人为革命献出了宝贵的生命。西安驻防新军里的回族士兵马玉贵，原是哥老会的头目，辛亥前几年受同盟会革命思想影响，在新军中和西安回民中积极进行秘密发动和组织活动。马玉贵参加和领导了陕西光复之役，他率领的革命军和组织起来的西安回民军一起，在攻打满城的激烈战斗中，立下了突出的战功。光复后，马玉贵被推举为军政府的总理粮饷兼管军务都督，同时还兼任秦陇复汉军第二协的协统。由数百名西安回民组成的马玉贵的卫队，参加了抗击河南清军反扑和保卫潼关的战役，马玉贵本人和他所率领的回、汉族革命战士，参加了乾州战役，给清王朝的奴才甘军马安良部以有力的打击。陕西一些府县，如凤翔府和平利县的光复之役，也有回民参加，有的还成了当地革命军的领导，在同清军作战时壮烈牺牲，他们的事迹一直受到当地回、汉各族人民的怀念。

陕西的光复使整个西北受到震动。宁夏府城银川的哥老会头目刘华堂与西安革命军取得联系，发动起义，占据了银川。其中回民马四虎、哈明等人积极参加了光复宁夏的战斗。后来军政府在甘军马麒的残酷镇压下失败，马四虎等壮烈牺牲。在祖国西北边陲重镇伊犁，受武昌起义和西安光复的影响，由新军首领、同盟会员杨缵绪等人领导发动起义，光复了伊犁。当地汉、回、维、哈各族群众支援并积极投入了这次战斗，其中新军里的回族军官马凌霄，原是杨缵绪的亲密同志，起义前负责联络和发动回族人民参加革命，起义中率领协标军同清军力战，为伊犁的光复作出了积极贡献。

沿海和内地一些大中城市的反清起义，如上海和重庆的光复之役，以及河南开封和北京通州革命党人的密谋起义，回族革命志士也作出了贡献。

辛亥年四月，上海回族的工商学各界在回族革命志士、同盟会员底奇峰的支持下，组成了“清真商团”，同其他商团协力合作，参加了上海光复之役和进攻南京的战斗。在四川重庆，有新旧六营驻军，其中回民占半数，在革命党人的策动下，六营驻军发动兵变，促成了军政府的成立。

在开封，同盟会河南支部张钟端等党人，为了支援武昌革命军的战斗，秘密计划辛亥年 12 月 22 日在开封发动起义，但由于奸人告密，有数 10 人被捕，河南起义军总司令张钟端等 11 位革命志士英勇就义。11 位烈士中，有回民单鹏彦、崔德聚2人。单鹏彦（一作朋晏），开封回族青年，富有革命胆略，担任起义军的敢死队队长，原定为起义之夜在龙亭和鼓楼放火为号者。崔德聚是开封回族巨商，受革命思想影响，加入同盟会，给革命党人慷慨提供活动经费20万元，被总司令张钟端任命为各路民军总招待。他们的牺牲受到河南汉、回人民深切的痛悼。

武昌起义后，北方革命党人曾策动滦州兵变，以吴禄贞的被刺而失败。与此同时，党人还策划在北京近郊的通州发动起义，进军北京，以期造成极大的革命声势，也因为事机不密而失败。通州张家湾回族商人王汝川，就是策动通州起义的一位主要参加者。早在八国联军侵入，骚扰通州时，王汝川就深受刺激，决心投身革命。他平日给家乡回、汉族群众讲述救亡图存的革命道理，又往来于北京、天津等地，结交革命志士，参加了同盟会，积极从事反清革命活动。武昌起义后，王汝川与党人共同计议，出清廷不意，在通州倡举义旗，联合滦军各同志，直捣北京，使清军首尾不能相顾。王汝川倾其家资，供给革命之需。党人以张家湾王宅为秘密活动的总机关，密制旗帜、印信及购买枪械等物，准备大举。但是，由于奸人告密，王汝川与另外几位党人同时被捕，在通州市上慷慨就义。

在州县一级的城市，如山东益都、辽宁辽阳等地的反清斗争中，也有回族志士的革命活动。

辛亥革命的果实被袁世凯篡夺后，为反对袁世凯复辟称帝，1915年在全国掀起了称为二次革命的护国运动，各地回族人民继续参加了对窃国大盗的声讨。在首先起事的云南，不少回族人参加了以蔡锷为首的护国军，有的还担任了领导职务。

四

辛亥革命的伟大胜利，曾给回族人民以巨大的鼓舞。回族资产阶级知识分子的优秀代表丁竹园热情地欢呼说："四、五千年的君主专制国，一变而为民主共和国，自有中国以来，这总算是第一次万象更新。"[①] 他进一步分析道：武昌起义后，"其所以到处响应，势如破竹者，实由于官恶太重，

① 北京《正宗爱国报》，民国元年正月初六日。

民怨太深，积怨既深，无处发泄，幸遇有此大快人心之好机会，于是民心大快，若大旱之望云霓，真有箪食壶浆以迎王师者”，“野蛮政治，焉能不亡”。[1] 这就是历史的结论。

作为中华民族的一员，回回民族为推翻封建帝制创建民主共和国尽到了自己的责任，作出了积极的贡献。回族人民参加辛亥革命，虽然没有像太平天国时期，西北、西南回民聚居地区发动的反清起义那样规模巨大，因而不被人们所注意，但实际上，它有着深刻的历史意义。在革命前和革命时期，从沿海、内地到边远地区，从城镇到农村，在农民、工人、商人中，在新军和青年学生中，在哥老会、仁义会等民间秘密会社和资产阶级革命政党同盟会中，都有回族的优秀代表参加斗争并作出贡献。这是一次有各地区各阶层回民参加的革命斗争，它体现了回族人民参加辛亥革命的普遍性。这里列举的只是见于记载的回民革命斗争的一部分，实际上，还有很多流血牺牲、作出贡献的无名英雄没有被记载下来。

辛亥革命时期回族人民的革命斗争，还继承和发扬了历史上回、汉人民联合战斗的优良传统。由于回、汉杂居，声息相通，在黑暗腐朽势力的暴政面前，回、汉及各族人民同此遭遇，同此命运，因此各地以汉族人民为主的反抗斗争有回族人民参加，是非常自然的事情。在辛亥革命前开封郊区抗粮斗争中，回族老英雄李元庆在广大回、汉族群众面前，发出了雄壮有力的号召：“打死老虎同吃肉，打不死老虎同受伤!”各村回族、汉族群众当场相约“一村有难，十村支援，十村遇难，大家齐向前”[2]。极其生动地体现了大敌当前，回、汉民族同呼吸、共命运，不分彼此、并肩战斗的革命情谊。

回族的资产阶级及其知识分子初登政治舞台，给回族人民参加辛亥革命带来了生气，增添了光彩。辛亥革命时期，在新思潮的强烈影响下，回族人民斗争一个突出的特点，就是开始突破了某些回民中存在的狭隘、保守甚至排外的小圈子，开始摆脱一些传统的束缚，开阔了眼界。他们已经不再囿于回回如何，教门如何，或者教派如何，而是把国家，把爱国、救国放在了首位。回族资产阶级知识分子的优秀代表丁竹园提出“保国即是保教，爱国即是爱身”的口号；留学日本的回族青年由于列强不断侵凌自

① 天津《民兴报》，宣统三年九月十一日，原署名弱民。

② 王天奖、邓亦兵：《辛亥革命在河南》。

己的祖国，“直窥我堂奥”，“殆不齿吾于人类焉”，而“含垢蒙耻”；[1] 辛亥革命前，当伊犁革命党人在清真寺召开劝捐大会时，当场一位回族孀妇慷慨捐献金镯一只；回族商人崔德聚、王汝川更是倾其全部家资，献给革命党充作经费，最后献出了自己宝贵的生命。这一切，反映了当时广大回族人民爱国主义思想的觉醒，也说明反帝爱国、救亡图存的思想是当时回族人民积极投身革命的一种强大动力。

由于中外反动势力的勾结，辛亥革命并没有达到应有的目的，帝国主义和封建主义两座大山依然压在我国各族人民头上，反帝反封建的民主革命任务没有完成。在以袁世凯为首的反动军阀的统治下，广大回族人民没有摆脱贫穷落后、没有文化的悲惨境地，在回族中的封建势力却依然得势。在西北以马安良为首的甘军，辛亥革命期间充当升允镇压陕甘革命势力的凶恶工具，民元以后，摇身一变成了“拥护共和”的元勋，马家军阀成了袁世凯、段祺瑞手中“以回制回”的一个王牌，骑在回族和西北各族人民头上，横行霸道、作威作福，严重地阻碍了社会的发展。辛亥革命时期，回族资产阶级进步人士企图通过改良宗教、发展教育和提倡实业等办法来振兴本民族，改变回族人民在经济文化上的贫困、落后面貌。但是，辛亥革命失败后军阀当权的严酷现实，说明这种改良主义的道路是根本行不通的。丁竹园、丁宝臣兄弟，辛亥革命后在欢呼胜利的同时，由短暂的怀疑观望转入对袁记军阀统治的无情抨击，结果丁宝臣惨遭袁世凯的杀害。丁竹园虽然口诛笔伐，继续战斗，但却日益陷入消极失望之中。他虽曾以“二次革命，三次革命”警告过那班“笑骂由他，好官我做”的“执政的大官们”，要他们“留神炸弹”，[2] 但当遭到袁世凯一手策划的北京兵变，大烧大抢的打击时，便陷入了绝望，署名“候补亡国奴”，撰文哀叹“中国必亡，已成铁案”。[3]

回族中这时期还出现了像四川成都回民蔡大愚那样更为激烈的知识分子。蔡大愚于民国元年在兰州就曾宣传过列宁主义，回族军阀马安良和甘肃地主豪绅对他的活动极端仇视，下令要把他驱逐出境。这说明早在辛亥革命时期，回族知识分子中已有人开始接触，甚至宣传马克思列宁主义，

---

① 《醒回篇》。

② 北京《正宗爱国报》，民国元年正月十一日，原署名乐天。

③ 北京《正宗爱国报》，民国元年正月二十一日。

但这毕竟只是个别人的活动，还不能说明回族知识界已经找到了解放本民族的真理。

各地回族人民继续面临着同汉族和其他各族人民一起进行反帝反封建的严重斗争，包括反抗回族内部各种封建势力的斗争。回族中的少数先进分子在继续为反帝爱国、救亡图存而探索真理，也在继续追求回回民族彻底解放的正确道路，直到在中国共产党的领导下，推翻了三座大山，建立了中华人民共和国，回族人民才彻底得到了解放。

（《民族研究》1981 年第 5 期）

湘西"革屯"运动述评

伍新福

1936～1938 年，湘西"屯田"七县，以永绥（今花垣）、凤凰、乾城（今吉首）苗族人民为主体，掀起了大规模抗缴"屯租"、革除"屯田"的斗争，习称"革屯"运动。"革屯"义军曾连陷数县，遍及湘川黔三省边境，给国民党在湘西苗族地区的统治势力以沉重打击，促进省府主席何键调离湖南，当局不得不同意"废屯升科"，维持了近 140 年的湘西"苗防屯政"体制彻底崩溃。苗族人民为自己的历史写下了光辉一页。

一　"屯租"和"革屯"的由来

湘西"屯租"剥削制度，创始于清乾嘉苗民大起义之后。这次起义，湘西和黔东北地区数十万苗族人民投入了战斗，曾席卷铜仁府，松桃、永绥、凤凰、乾州、古丈坪和保靖、泸溪、麻阳诸厅县，从根本上动摇和打乱了清王朝在湘黔"苗疆"的统治。为彻底镇压起义，在"苗疆"恢复清王朝的封建统治秩序，加强对苗民的控制和防范，清统治者起用凤凰厅同知傅鼐"总理边务"，在湘西举办"屯政"。即修复明代边墙，广建碉堡哨卡，实行"均田屯丁"、"以苗养兵"和"以苗制苗"的一系列政策措施。

从嘉庆四年（1799）至十四年（1809），在傅鼐主持下，于凤凰、乾州、永绥三直隶厅和古丈坪、保靖二厅县，修复边墙一百余里，共建碉堡、哨台、关卡一千一百余座，招募屯丁七千，备战练勇一千，挑留苗兵五千；先后在凤、乾、永、古、保、麻、泸七厅县均丈归公田土共十五万两千余亩。[①] 这些归公田土称“屯田”或“官田”。其中一万两千多亩系由“苗疆”的“后路”和沿边麻阳、泸溪、保靖、古丈坪四厅县，按不同比例均出的，其余近十四万亩田土都是以抄查苗民“叛产”“占田”等名义，在永绥、凤凰、乾州三厅苗族聚居区掠夺来的。实际上苗族地区的成熟田土，绝大多数都被没收，变成了“屯田”“官田”。并且苗民人数愈多，反抗争斗愈激烈的地区，被抄查和丈收归公的田土就愈多。如永绥一厅当时归公田土共八万零六十三亩，即占湘西“屯田”总数的一半以上。其次为凤凰，共丈收田土四万六千七百六十三亩，即将近占“屯田”总额的1/3。道光初年曾任辰沅道台的赵文在也承认：“自设屯将田土清丈”，“苗疆田土存留于民间者已属无几”。[②]

所丈收的“屯田”“官田”，除前后分授给屯丁、屯长和老幼丁等领耕五万余亩，作“养口田”外，共余田土十万余亩，均召佃收租。佃耕“屯田”“官田”所缴纳的租谷称“屯租”。据嘉庆十九年（1814）湖南巡抚广厚清查屯田租谷奏案记载，召佃承耕田土总计十万三千二百二十三亩，每年正余额租共征十万五千四百余石，广厚奏请减去五千五百石，额租定为九万九千九百八十八石。道光元年（1821），“核定岁征正余租谷七万九千二百十八石”，并“永为定额”。其中永绥佃耕四万八千三百七十六亩，额租三万九千七百余石，凤凰佃耕三万余亩，额租二万五千四百余石。[③]

“屯租”剥削量是相当重的。道光初刑部侍郎张映汉在奏案中记载，每亩应缴租谷“正数”为一石八斗。[④] 据保靖材料，屯田租额，“上则田每亩一石数斗，下则田七、八斗不等”[⑤]。湘西多属高寒山区，粮食产量历来很低。据统计，直至1949年，湘西自治区所辖十县粮食平均亩产为214斤。其中凤凰县为238斤，吉首县为217斤，花垣县为208斤，保靖县只有140斤。[⑥] 所谓一石，按习惯是120斤。若以一石八斗计，每亩租额就是216斤，已超过湘西各县平均亩产，若按一石以上计，则为120斤以上，而“七、八斗”也合八九十斤，平均为100斤以上。可见，按规定的额租，平

① 但湘良：《湖南苗防屯政考》。

② 但湘良：《湖南苗防屯政考》。

③ 光绪《湖南通志》卷八十五。

④ 但湘良：《湖南苗防屯政考》。

⑤ 保靖县农运调查办：《保靖革屯运动史略》，1980年油印本。

⑥ 湘西自治州人民政府统计局资料。

均至少也在收获量的百分之五六十以上。这已远远超过当时苗区民间租佃三成交租的“苗例”。若与清代全国其他地区的田赋钱粮相比，“屯租”额更是超过“二百倍”。[①] 除纳规定的额租外，还要加挑运盘费，斗面折耗，屯官仓丁的“堆尖”“踢斛”等种种陋规，浮收多征，屯田佃户所受剥削就更重了。[②] 租额既定之后，无论丰歉，都不增不减，所谓“荒田不荒粮”。即使是丰年，佃户一年的收获，缴完“屯租”后，已“所剩无几”，若遇上水旱荒灾，更只得“卖妻鬻女”，“倾家荡产”，“辗转沟壑然后已”。[③] 正如新中国成立前苗区流行的一首“屯租歌”所控诉的那样：“朝耕土，夕耕土，年年月月欠屯租；男耕田，女耕田，子子孙孙欠粮钱。一年四季替人锄，苗家没有一块土；一年四季替人耕，苗家没有地安身。”[④]

苗族人民为反抗清王朝的这种“屯租”剥削，曾进行过多次英勇的斗争。特别是道光二十四年至二十七年（1844～1847），以石观保、孙文明等“款首”为领导，掀起了席卷乾、永、凤三厅的“夥款”抗租大起义。清朝统治者迫于广大苗民的反抗斗争，往往也不得不有所让步，将难于完纳的拖欠租谷“缓征”、“带征”或“豁免”。如道光二十五年，“豁免”道光十五年起二十年止，屯防佃欠租谷四千六百八十八石。石观保起义之后，清王朝又决定，将七厅县自道光二十一年至二十六年的欠租“概行豁免”，并将二十七年的欠租二万九百五十余石缓至二十九年起，分三年“带征”。[⑤] 清朝统治者这些被迫的“让步”，曾多少缓和了湘西苗区人民反抗“屯租”的情绪。但整个“屯田”制度和“屯租”定额从来未作任何改变，在清代后期百余年间一直维持了下来。

民国取代清王朝以后，不仅全盘承袭了清代在湘西“苗疆”实行的“屯租”剥削和各种陈规陋习，而且更是弊端丛生，日益腐败、糜烂。民国初，在湘西设“屯务经理处”，主持有屯七县“屯租”催征和收支。然迭经“护国”、“护法”和“靖国”之役，湘西群雄并起，地方军阀混战不休，原来有关“屯务”的各种制度、设施均废弛不顾。但“屯田”佃户却依然

① 但湘良：《湖南苗防屯政考》。

② 光绪《永绥厅志》。

③ 《永绥县解除屯租诉愿团宣言》，花垣县档案馆。

④ 花垣县文化馆：《苗族民间文学资料》，1963 年油印本。

⑤ 同治《凤凰厅志》，《湖南苗防屯政考》。

照旧纳租。地方军阀将其攫为己有，作扩军自立的基础。而大小屯苗官弁和区乡官吏，则乘机竞相浮收滥征。特别是 1921 ~ 1936 年，湘西“土皇帝”陈渠珍兼任“屯务处长”期间，广大苗区人民所受的屯租剥削更有增无已。“自民国成立，军阀专横，屯政之害，十倍于前”①。何键也不得不承认：“自清傅鼐设屯分防，至今二百年（时间概念不清——笔者注），积久弊生，毋庸讳饰。逮入民国，时变纷纭，未遑整理”，“一般收租官吏，因距省城很远，交通不便，陋习相沿，巧立名目，以为剥削苗民计”，“屯田制度，积弊甚深，久为民病”。②

在国民党统治下，随着“屯租”制度的日益腐败，湘西苗族地区广大人民同以地方军阀、屯苗官弁和大小官吏为代表的“屯租”剥削势力的矛盾，日趋激化。不堪“屯租”剥削的苗汉佃户，强烈要求废除“屯租”，收回土地，不断奋起斗争。如民国初年，保靖县鸡屎寨苗首梁国昌，排沙河苗首石绍权等，“以地方荒欠无收，官差督催缴租剧烈，而且非法勒索，祸害地方，惹起群愤，揭竿而起”，“永绥全县各乡响应达半数”。起义队伍曾发展到数千人，围攻区乡公所，赶跑催缴屯租的军队，攻永绥、保靖、乾州边境各碉卡，烧毁屯仓，直至民国十年才被镇压下去。③ 大革命时期，在党组织领导下，湘西有屯七县更掀起了以抗交“屯租”，夺回“屯田”为中心的农民运动。民国十五年（1926），陈渠珍的屯务处把总徐章甫在麻阳江口勒收屯租，不择手段压榨佃户，广大农民在党组织和农民协会领导下，团结起来，手持锄头木棒，将徐捆绑送进县城挂牌游街，并要求县府枪毙。④ 1927 年，乾城县特别县党部和农协，曾利用赶场的机会，召开群众大会，宣讲“耕者有其田”，号召“打倒帝国主义”，“打倒军阀、土豪劣绅和贪官污吏”。会后将傅公祠中的傅鼐画像焚毁，并抬出傅鼐塑像游街，然后砸碎。⑤ 同年，共产党员喻德高以特派员身份来到永绥县，发动群众，阻止农民运动，提出推翻“屯防”，打倒“屯租”的口号，并带领群众驱逐催征

① 《湘西苗民抗日革屯军前敌总指挥梁明元德政碑》，原物存吉首县文化局。

② 湖南《大公报》1937 年 9 月 19 日。

③ 石启贵：《湘西土著民族调查报告》，未刊稿；《保靖县革屯史略》，未刊稿。

④ 《麻阳县志 · 近百年大事纪要》，1959 年稿本，县档案馆；当事人黄万亿回忆材料，县档案馆。

⑤ 吉首县农运调查办：《吉首县农民运动史资料》，1980 年油印本。

“屯租”的人员。[①] 这种不断的反抗“屯租”的斗争，特别是党组织深入苗族区所发动的农民运动，为后来“革屯”运动的兴起奠定了基础。正是广大经受斗争考验，富于革命传统的苗族农民构成了“革屯”的主力军。

由于湘西苗族区，特别是“屯田”“官田”最多的永绥、凤凰，较好的田土基本上都已充公归屯，故地主和富苗所占有的土地亦多是兼并来的“屯田”“官田”，照样负有缴纳“屯租”的义务。这是“屯田”地主，一般地赞同废除“屯田”制，取消“屯租”，在一定程度上能参加“革屯”运动。而由于他们平时的影响和地位，有的甚至成为领导运动的头面人物。

此外，陈渠珍拥兵割据，成为湘西的最高统治者，但各县地方势力依然存在，相互之间围绕“屯租”的分配不免发生利害冲突。加以，何键主湘后，把陈渠珍雄踞湘西视为心腹之患，因而从中挑拨、拉拢和利用某些地方势力，起而与陈氏抗衡，分化瓦解其在湘西的基础。[②]

在国民党统治时期，湘西苗族地区，围绕“屯田”和“屯租”剥削制度，逐渐形成尖锐而又错综复杂的矛盾。有被剥削、被压迫者，即广大苗汉“屯田”佃户，与大小“屯租”剥削者势力的根本矛盾，也还有剥削阶级、统治阶级内部的矛盾。即地主富苗同“屯租”搜刮者的矛盾，陈渠珍同各县大小地主势力的矛盾，陈渠珍同何键的矛盾，等等。随着“屯政”的腐败，“屯田”剥削的加重，各种矛盾都在激化。山雨欲来风满楼。一场大规模的斗争风暴即将来临。正如在督察专员办事处当秘书的苗族人石宏规事前所分析的：傅鼐“均田屯勇”，百余年来，“法久弊生，鼎革以还，变乱相寻”，“政府无暇顾及，龃龉日深”，“因是富苗计出自卫，贫苗铤而走险”，“不谋急治，祸将胡底”。[③] 果不出所料，一场大规模的“革屯”运动，不可遏制地爆发了。

二　“革屯”运动的兴起和发展

“革屯”运动首先爆发于永绥县。1933～1935年，永绥连年遭遇灾害，“屯租无出”。陈渠珍却派督征人员和屯务军来永绥“催征积年尾欠，并预

① 花垣县农运调查办：《花垣县农民运动史略》，1980年油印本。

② 戴季韬、王尚质：《关于何键解决陈渠珍的经过的补充》，未刊稿，省政协。

③ 湖南《大公报》1936年7月6日。

征当年冬粮和第二年的租谷”，致使“绥民求生不得”[①]，群众抗租情绪急剧高涨。永绥屯务军指挥宋濂泉，利用群众情绪，举起反陈抗租旗帜。6月24日，宋濂泉集合千余人，赴麻力场抗击陈氏派来武装催租的屯务大队刘鹄卿部，发生了“麻力场之役”。时称“永绥事变”。陈宋双方武装冲突发生后，何键及国民党二十八军军长陶广暗助宋濂泉，恐陈渠珍乘机消除异己，扩大势力，故“电令”陈氏退兵。陈渠珍被迫下令将刘鹄卿部队撤离永绥。[②]

何键与陶广借“永绥事变”，进一步钳制陈渠珍，解除其兵权。6月30日，以“长沙绥靖公署、省政府、保安司令部”三机关“会衔”发布命令，“整理湘西军政事宜”，“各县绥靖事宜，着归第二十八军军长陶广负责”。[③]陈渠珍看到自己在湘西的基础已被瓦解，迫于形势，辞去“屯务处长”职务，于同年8月离开驻地乾城，赴省城长沙就任省府委员之职。

“麻力场之役”表面虽属陈、宋之间的武装冲突，但它是以永绥群众抗租为后盾的。这次斗争的胜利，大大鼓舞了永绥各阶层人民。以此为发端，在永绥县城乡掀起了轰轰烈烈的群众抗租革屯运动。但直到1936年底，永绥的“革屯”运动基本上是采取和平“请愿”的方式，进行“合法”斗争。

出面主持“请愿”运动的是永绥县瓦水的吴恒良。他是苗中富户，有一定文化，当过永绥上五乡小学校长四年，后在湘西地方杂牌军和宋濂泉属下任副官、参谋、团副等职，当时闲居，在永绥苗民中有一定影响和威望。[④]宋濂泉请他出面组织了“永绥县解除屯租诉愿团”（宋本人不久去长沙治病，死于长沙）。永绥唐家湾的“屯田”大地主苗民隆子雍，县城汉民向备三，均能言善辩，被推为“上诉”代表。8月9日，吴恒良以“诉愿团”名义向全省发《宣言》《快邮代电》吁请各界支持。《宣言》和《代电》披露“屯政”之害，倾诉“屯租”剥削之苦，正式提出“废屯升科”要求。即废除“屯租”，所有“屯田”“官田”归私有，按照全省其他地区

① 花垣县农运调查办：《花垣县农民运动史略》，1980年油印本。

② 关于永绥“革屯”发展过程，主要参考花垣县农运调查办《花垣县农运大事记》；刘善述同志《湘西苗民“革屯”史话》，载《团结报》1980年10月至1981年2月。

③ 湖南《大公报》1936年6月30日。

④ 花垣县农调办摘抄的“吴恒良档案材料”。

之例，向政府交纳田赋，“改租为粮，减轻负担”[①]。隆子雍、向备三等则赴省上诉。

和平“请愿”方式的斗争，大致进行了近半年。由于整个国民党政局的腐败，以省府主席何键，专员余范传，永绥县长刘慕唐、李卧南等为代表的顽固势力的阻梗，毫无结果。正如《德政碑》记载：“组织诉愿团，恳求改革，事经数月，阻于贪污，未克如愿”[②]。1936 年 10 月，三区专员兼湘西屯务处长余范传“出巡”各县，在永绥驻十日，解决“屯务纠纷”，更采取强硬手段压制群众运动。他把群众抗租，诬为“二、三狡黠流痞、伪造民意者”所把持煽惑，要求“本年屯租照旧缴纳”，并限令“旧历十一月十五日止，缴足三分之二，十二月十五日止，全数缴齐”，“取消永绥屯租请愿团，并将缴图戳”，“令驻军袁团长和李县长严密缉拿暗中唆使、仍敢抗租之捣乱分子”。[③]

“诉愿团”活动受挫和顽固保屯势力的高压政策，促使永绥“革屯”运动在 1937 年春发生了重大转折，即从和平“请愿”方式的斗争，转为广大苗民武装“革屯”起义。

1937 年 1 月 26 日，在龙潭乡以马王塘苗民石维珍等人为领导[④]，首先举行武装“革屯”暴动。石维珍率领群众杀掉正在苗寨索拿欠租佃户的枪兵，处死了当地作恶多端的苗守备石达轩，并打开龙潭屯仓，将屯谷分给群众，放火烧了屯仓。接着包围了前来镇压的屯务军一个连，缴获二十多支枪，建立起第一支“革屯”军。

继龙潭之后，梁明元在长潭“揭竿”而起，组织了第二支“革屯”武装队伍。木沟寨苗民梁明元，出生农民家庭，十三岁时，贺龙同志带领红军到保靖，曾去投军，因年纪小，随军到莪容即被遣散回家，后到宋海涛部下当兵，升班长，因抱怨赏罚不明离队回家。[⑤] 梁明元平日交结甚广，在苗族群众中有一定威信。龙潭起事后，他积极支持和响应，在群众中宣传“龙潭人是逼上梁山的，人急走险”，“龙潭人抗得，我们也抗得”，鼓动长

---

① 《永绥县解除屯租诉愿团宣言》，花垣县档案馆。

② 《湘西苗民抗日革屯军前敌总指挥梁明元德政碑》，原物存吉首县文化局。

③ 湖南《大公报》1937 年 1 月 8 日。

④ 关于永绥武装“革屯”起义的时间，《湖南省志·近百年大事纪述》记为“1936 年元月 26 日”，年代有误。根据有关文献和回忆材料考证，应为 1937 年。

⑤ 梁明元的妻子石玉深回忆材料，花垣县农调办。

潭人民起来抗租。1937 年 2 月 14 日，梁明元邀七八个苗族农民歃血为盟，组织“革屯”队伍。几天后扩大到四十余人。3 月 4 日，略坝赶场上刀梯[①]，乡长常健从县城参加区乡长会议回来，赶到略坝场看热闹，并当场对抗租群众进行恐吓、威胁。梁明元带领盟兄弟杀死了常健，缴获机枪一挺，长短枪十二支。接着发动群众，开仓分谷，连续烧毁了长潭、下寨、窝勺三所屯仓。梁明元的“革屯”军迅速发展到三百多人。

武装“革屯”起义，很快波及保靖，同永绥长潭乡毗邻的保潭水田乡苗民石兴顺等亦发动起来，组织队伍前往木沟寨，归附了梁明元。[②]

龙潭、长潭分别举行武装“革屯”起义后，石维珍派人来长潭与梁明元接头。[③] 3 月 12 日，梁明元率“革屯”军 300 余人，开赴龙潭。两支义军汇合，统一指挥，推梁明元任“革屯”军大队长，石维珍为副大队长。不久，吴恒良、隆子雍等“诉愿团”领导人，也转向了武装斗争。

余范传、李卧南鉴于武装“革屯”势力愈来愈大，急电何键，请派军“进剿”。何键立即派六十二师刘建文旅前往永绥，并发通缉令，悬赏捉拿吴恒良、隆子雍、梁明元、石维珍等“革屯”首领，查抄其家产。3 月 27 日，省军乘黑夜突然袭击唐家湾隆子雍家、杀害了隆子雍的父亲及本寨苗民七人，全寨财物被抢劫一空，接着又袭击梁明元等人的村寨，杀害了他们的亲属，焚烧其房屋。面对省军的残酷镇压和血腥“清剿”，永绥“革屯”军，采取了分散隐蔽，小规模零星打击敌人，伺机再起的策略。

1937 年 7 月底，何键迫于七七事变后，全国人民要求“停止内战”“一致抗日”的压力，将镇压“革屯”运动的省军撤出湘西。8 月初，梁明元、石维珍等立即召开会议，建立“革屯”军指挥部，将分散的“革屯”义军重新集聚起来，并决定在绥保交界的谷坡设立指挥中心。会后，梁明元、石兴顺等率领“革屯”军千余人，进兵保靖水田乡，开仓分谷，烧毁了水田、鼻子寨、葫芦等苗寨的屯仓，出“告示”宣布，废除“屯租”，“此后苗民不给官府交租交捐”[④]。8 月 17 日，打败驻保靖的保安团派来镇压的一个保安连队。同时，隐蔽在川黔边界的吴恒良等人也集合队伍，回到永绥，

---

① “上刀梯”，为苗族中盛行的一种“苗老师”“传法”的大型仪式。

② 保靖县农运调查办:《保靖革屯运动史略》，1980 年油印本。

③ 梁明元的妻子石玉深回忆材料，花垣县农调办。

④ 保靖县农运调查办:《保靖革屯运动史略》，1980 年油印本。

在太阳山召集各支“革屯”军首领会议，吴恒良被推为指挥。8月22日，“革屯”军攻打石栏乡，杀掉反动乡长石鉴仙。8月29日，“革屯”军进攻吉峒乡，打死乡长陈启先，杀掉苗千总石秀德。9月2日，梁明元、吴恒良于下寨河设伏，在来自凤凰的义军支援下，重创了前来镇压“革屯”军的乾城和保靖保安部队。绥、凤“革屯”义军进而乘胜围攻永绥县城。

在永绥、保靖“革屯”武装斗争重新崛起和迅速发展的同时，凤凰、麻阳、乾城等“屯田”各县都掀起了大规模武装斗争浪潮。

当永绥苗族人民掀起武装“革屯”起义后，凤凰县各苗乡群众及陈渠珍、龙云飞的一些旧部势力，即已自发组织起来，举起了“革屯”大旗。1937年8月底，龙云飞从外地回来，统一各部，掌握运动的领导权，凤凰“革屯”迅速形成高潮。

龙云飞，凤凰县总兵营（即今山江）苗民，当过土匪，曾交游川黔湘边境地区，充任哥弟会首领，在苗族地区有相当号召力和组织力，陈渠珍收编为团长，新三十四师整编调离湘西后，离队在家闲居。1937年春何键派六十二师张殺忠旅进驻凤凰[①]，借“请匪挤枪”为名，深入苗区，大肆搜刮。陈渠珍许多旧部家属均受牵连，龙云飞亦被勒令交出存枪。为切身利益计，龙云飞试图利用苗民大闹“革屯”，来重新寻找出路。恰值国民党政府内部钩心斗角，互相倾轧。CC派头子陈果夫兄弟对何键嫉视，指使CC骨干分子张炯等纠集倒何势力。密谋驱何，早对何键不满的陈渠珍等当然与倒何派声气相通，暗有勾结。但陈近在何耳目之下，不便出头。故龙云飞遂成了CC派物色的对象。CC派和陈渠珍企图利用龙云飞充当急先锋，在湘西发动事变，以武力为后盾，逼何键下台。龙云飞与原陈渠珍副官双景五等，于7月被邀赴武汉，同CC派头目举行秘密会议。议定由龙云飞出面在湘西组织武装倒何，并由中央党部派杨光耀前往协助。何键于9月事变发生后曾说：“两月前据密报，有双景五、杨清障诸人受奸人利用，在汉密约乾凤等地匪党数人开会，潜谋不轨”，“至有今日……之变”。[②]看来，事前何键已多少得知一点风声。

---

① 关于龙云飞及其在“革屯”运动中的有关材料引自凤凰县档案馆资料；戴季韬、王尚质：《湘西革屯运动与何键下台》，未刊稿；伍新福在凤凰、吉首访问田景阳、韩正鹏、吴友文、肖达生、瞿运亨等老人的记录。以下凡未加注者均同。

② 湖南《大公报》1937年9月17日。

1937 年 8 月龙云飞由武汉回凤凰后，即聚集旧部和群众“革屯”队伍，并密约麻阳的龙杰[1]，两县同时动手。当时七七事变已经发生，日寇大举进攻，中华民族处于危急关头，我党发出了抗日号召，而国民党蒋介石却坚持“妥协退让”政策，在湖南以长沙为中心迅速掀起了群众性抗日怒潮。“抗日救国”成为全国各民族人民的神圣职责。富于爱国传统，历史上曾多次奉调与土家族、汉族一道英勇抗击“倭寇”入侵的湘西苗族人民，更感义不容辞，要求为“抗日救国”献身出力。正是在这种局势下，1937 年 8 月底，龙云飞在凤凰打出了“革屯抗日救国军”的旗帜，发动武装起义，自称司令，杨光耀为副司令。9 月 8 日，一举攻占专员驻地乾城（余范传事前已赴沅陵）。发出通电和宣言，揭露何键罪行，明确提出“革屯”“抗日”“倒何”三项主张。[2] 龙云飞控制乾城半月之久，并乘势以两千多人进攻凤凰城。由于守城保安旅兵力较雄厚，加之内应不灵，凤凰县城围攻一周未能拿下。从麻阳调来的援军赶到，龙云飞被迫撤退。

在麻阳县，与龙云飞起义的同时，龙杰于 1937 年 8 月底亦在县城锦和镇举行暴动，控制了县城。伪县长田蔚贞仓皇跳城，逃往凤凰。龙杰召集各乡自卫中队，编成五个连，成立“倒何、抗日、抗屯义勇军”，占据县城五天。[3] 国民党当局急忙调一个保安团来镇压，起义队伍由龙杰带领退出县城，经石羊哨，从溪口上山江同龙云飞汇合。

龙云飞攻陷乾城，龙杰在麻阳起事，给永绥、保靖等地“革屯”义军以极大鼓舞。1937 年 9 月 15 日，梁明元等在谷坡召开“湘西苗民革屯抗日军”成立大会，也正式在“革屯”中举起“抗日救国”的旗帜。后又由吴恒良出面，整编“革屯”军，制订军纪，打出“湘川黔革屯抗日军”的牌子，吴恒良任总指挥，隆子雍任副总指挥，向备三为参谋长，梁明元为前敌指挥。保靖土家族田伯卿亦率部队投归“革屯”军，被任命为第一旅旅长。松桃义军由杨勇臣率领组成独立营。活动于四川秀山与龙山里耶一带的龙焕云也组织起“革屯”抗日军，后由龙云飞任命为“湘川黔革屯抗日

---

① 据笔者调查，龙杰，麻阳人，曾当过土匪，为国民党收编为麻阳县义勇总队副总队长，参加“革屯”，后受改编，曾赴前线抗日。新中国成立前夕参加湘西“三二事变”，当土匪“司令”，新中国成立后被镇压于凤凰。

② 吉首县农运调查办：《吉首县农民运动史资料》，1980 年油印本。

③ 这即国民党当局所指的“匪陷”麻阳。《湖南省志 · 近百年大事纪述》及过去一些材料，说是龙云飞攻陷麻阳，与事实不合。龙云飞未去进攻麻阳县城。

军”第五路指挥。

9月28日，吴恒良、梁明元集中永绥、保靖、秀山、松桃等边境各县大小二十多支“革屯”义军，由田伯卿、龙焕云为指挥，攻扑保靖县城。[①]

1937年9月，各路义军风起云涌，“革屯”运动达到最高潮。局势的发展使国民党当局大为震惊。9月24日，专员余范传被迫呈请辞职。[②] 蒋介石“极为注意”，“电令将原定调往前线之军队，停止开拔，协助剿匪”。[③] 何键急调保安第二、五、十五、十六各团及保安暂编团，“分途兼程并进”，前去镇压。[④] 并留正规军六十二师一八五旅“协助剿匪”。9月30日，何键还致电四川省政府主席刘湘，请求派遣“秀、酉军警会剿”[⑤]。

在军事镇压的同时，何键又采取了另一手策略，即进行“招抚”，以分化瓦解义军。龙云飞攻占乾城后，何键即派“素居湘西苗中领导地位，颇有信仰”的专员公署秘书石宏规，“前往招抚”。[⑥] 后来又派省保安处上校副员陈策勋来湘西“宣抚”。吴恒良表示愿意同政府协商解决，并呈书面陈词，请陈策勋转呈何键。在“陈词”中吴恒良提出接受“招抚”的条件：第一，“改屯升科”；第二，将“原集请愿之武装民兵四千余名”，“予以编定”，“俾得向国家觅一努力途径，尽人民一份子责任”。[⑦] 何键得此陈后，即派胡锦心为永绥县长，作政府代表继续同绥、保“革屯”军具体磋商改编、废屯有关事宜。

龙云飞坚持以“倒何”为宗旨，企图进一步扩大事态。10月13日，派部队到龙潭，邀约吴恒良、梁明元再次进攻永绥、保靖县城。吴、梁等人按兵不动。10月20日以后，龙云飞、龙杰亦将部队集中于凤凰山江和龙角洞一带苗区，进行整训，准备接受政府“改编”。

何键因反共坚决得蒋介石重用，主湘8年多。但何非嫡系，故遭CC派人物的排挤，蒋介石对他在湖南搞“独立王国”也感不满。湘西苗民“革屯”起义爆发后，何键无力控制局势。特别是龙云飞打起“倒何”旗帜，

---

① 湖南《大公报》1937年10月5日。

② 湖南《大公报》1937年9月25日。

③ 湖南《大公报》1937年9月17日。

④ 湖南《大公报》1937年10月15日。

⑤ 转引自刘善述《湘西苗民革举屯史话》。

⑥ 湖南《大公报》1937年10月15日。

⑦ 湖南《大公报》1937年10月27日。

攻陷乾城，武装起义蔓延至整个湘西苗区和湘川黔边境。CC 派即以此为口实，向蒋介石提出以陈果夫取代何键的建议。这正合蒋意。但后因唐生智的反对，才确定以张治中代何主湘。[①] 1937 年 11 月下旬张治中来湘接任，12 月初何键离开湖南。[②]

1937 年 12 月 7 日由张治中主持省府委员会第二次常会决定，对湘西“适应某种情状，剿抚兼施”，并派总参议徐权总理其事。12 月 15 日省府第三次常会决议，成立湘西绥靖处，以徐权为处长。[③] 张治中于 12 月初会见隆子雍、向备三等“革屯”军谈判代表，达成“废屯升科”和“收编抗日”两项原则协议。1938 年 2 月末，省府会议正式通过决定，废除屯租，裁销“屯租征收局”。[④] 至此，延续了近 140 年的湘西苗区“屯田”制度宣告结束。

1938 年 3 月，张治中因人制宜，起用陈渠珍，以省府委员兼沅陵行署主任；管辖三、四、七三个专区，负责点编苗民“革屯”军。凤凰龙云飞和永绥吴恒良、梁明元两大支队伍共约八千人，初编为湖南省新编保安部队，隶湘西行署，龙云飞当旅长，吴恒良、龙杰当团长，梁明元、石维珍、田伯卿当营长。1939 年在桃源整训，扩编为暂六师，龙云飞为师长（不久调离），下属二旅：第一旅杨光耀任旅长，主要是凤、乾、麻部队；第二旅为永绥、保靖部队，由龙杰任旅长。暂六师开赴抗日前线，编入第九战区作战序列，参加长沙大会战。在以后的六年抗战中，暂六师共参加大小战役十余次。湘西苗族子弟，英勇杀敌，血洒沙场，为抗日救国作出了自己的贡献。[⑤]

三 “革屯”运动的性质和意义

湘西“革屯”运动，从 1936 年 6 月 24 日麻力场之役，到 1938 年 3 月改编“革屯”军，共经历了一年零九个月。从其发展过程来看，明显地分

---

① 戴季韬、王尚质：《关于何键解决陈渠珍的经过的补充》，未刊稿，省政协。

② 《湖南省政府公报》，第 839～841 期合刊。

③ 《湖南省政府公报》，第 839～841 期合刊。

④ 转引自刘善述《湘西苗民革举屯史话》。

⑤ 本人访问吴友文、田景阳、韩正鹏等老人的记录材料。

成三个阶段。第一阶段，1936 年下半年，永绥县各阶层代表和平请愿，要求“废屯升科”，永绥四乡苗族群众开始广泛发动，抗交“屯租”。第二阶段，1937 年 1 ~7 月，永绥以梁明元、石维珍等为首举行暴动，“革屯”军兴起，群众性武装“革屯”斗争开始波及保靖、凤凰等苗族地区。第三阶段，1937 年 8 月至 1938 年 3 月，永绥“革屯”军再起，武装斗争迅速扩大到凤凰、麻阳、乾城、保靖等县及湘川黔边界地区，“革屯”同“抗日爱国”运动相结合，龙云飞势力膨胀，坚持“倒何”。在初期，运动受到永绥宋氏势力与陈渠珍的冲突、何键与陈渠珍矛盾的影响。运动第三阶段，CC 派势力插手，国民党内部钩心斗角的矛盾又穿插进来。而整个运动过程，自始至终又都有“屯田”地主和苗族上层人物参加，交织着剥削阶级内部的矛盾和利害冲突，致使湘西“革屯”运动呈现着一种极其复杂的图景。但是，一百多年的“屯租”剥削制度给湘西苗区人民所带来的深重灾难和痛苦，广大苗族人民祖祖辈辈所积压的对实行和维护“屯租”剥削的历代统治者和反动势力的愤懑仇恨，是激成这次运动的根本原因，广大苗族下层劳动人民积极投入运动并构成“革屯”武装的主力军。而矛头一直主要是指向反动腐朽的“屯租”剥削制度和保屯顽固势力，废除“屯租”，收回田土所有权，是斗争的主要目的。这就决定了运动的性质。无论矛盾如何交错，参加人员和具体发展情况多么复杂，湘西“革屯”运动仍然是一次以苗族农民为主体，以反“屯租”制度为基本内容的，反封建剥削压迫和国民党反动统治的革命运动，并且的确也达到了某些目的，取得了某些胜利，对其历史功绩应该予以充分肯定。

首先，大规模的群众武装“革屯”风暴冲垮了“屯租”剥削制度。国民党省府当局不得不同意“废屯升科”的原则。“屯租”剥削最重，反抗最激烈的永绥，从 1938 年起实际上已废除了“屯租”，改纳田赋（每石屯租谷改交四角纸币）。屯租仅次于永绥的凤凰县，先是“整顿屯务”，即减成收租（原已减二成，再减三成，按原额租的一半缴纳）；“取缔屯长收取斛面谷、地皮谷、马口谷、裤裆谷”等；“裁减屯官屯丁一千三百余人”。至 1941 年最后正式“改屯升科”。其他有“屯田”各县①，“革屯”运动后也都先后停收“屯租”。广大苗汉人民解除了这种反动腐朽的封建剥削枷锁，

① 湖南省档案馆档案材料。

对于湘西苗族地区的社会生产力无疑会起到一定的解放作用。

其次，随着“屯租”体制的瓦解，湘西苗族地区的土地问题也获得部分的暂时的解决。“屯租”取消后，有屯七县，原来的“屯田”“官田”均归实际租赁者所有。1938 年以后各县开始陈报田土，以实际占有管山为准，颁发土地所有权状。如乾城县 1945 年 7 ~ 12 月就共颁发土地所有权状 320 件。[①] 当然这种对田土实际占有的承认，有利于以各种手段在“革屯”前已占有较多“屯田”的“屯田”地主和富苗。但由于“屯田”“官田”制本身对土地兼并有某种抑制作用，苗族地区有相当部分的田土还是以“屯田”“官田”形式为普通农民所佃耕。而这部分田土随着土地陈报和颁发土地所有权状，也就成为佃耕者的己业了。这当然部分地缓和了农民的土地问题，所以在“革屯”后，尽管土地集中大大加速，但直至土改前夕，湘西苗区土地集中现象仍不及别的地方突出。如永绥第四区太平乡四保统计，土改前地富占总户数 2.5%，占总田土数 11%，中农占总户数 22.5%，占总田土数 50%，贫雇农占户数 67%，占总田土数 38%，其他占总户数 8%，占总田土 1%。[②]

再次，武装“革屯”运动，沉重打击了有屯七县农村以屯官、苗备弁和区乡长为代表的屯租剥削利益的既得者，特别是在永绥、保靖苗区一带，“革屯”军更是普遍横扫了这部分反动顽固势力。一大批屯官、苗备弁和区乡长受到了应有的惩罚。“革屯”运动后，随着“屯租”的废除，屯官屯丁裁销了，苗守备、苗千把外委这些从清代继承下来的“苗官”亦不复存在。这部分横行乡里，鱼肉百姓的国民党反动派的爪牙、苗民的直接压迫者和剥削者的消灭，清除了部分社会“垃圾”。这也正是“革屯”运动革命性及其成果的重要体现。

最后，对于改编“革屯”军，以苗族为主体的湘西八千子弟兵开赴抗日前线，亦应作具体的历史分析。从国民党统治当局来看，“改编”是其“剿抚兼施”，最后瓦解起义队伍的手段；把“改编”的部队调出湘西，送去抗日，其意图当然不是真正为了抗日，而主要是想借此，将“祸水”引出湘西，消除异己和隐患。在同国民党当局谈判的过程中，梁明元已多少察觉到这一点。所以他曾指出，“官方”是搞“阴谋诡计”，“是假借抗日名

① 湖南省档案馆档案材料。

② 花垣县档案馆档案材料。

义，有意将革屯队伍搞垮”。因此梁明元开始拒绝调出湘西，并对吴恒良讲：“送我们真正抗日那就好了”！“事情不是这样”，“我们要活，必须等共产党来”。后经吴恒良等人一再做工作，才勉强随队伍开拔。他途中又逃了回来，企图积聚力量，再举义旗，结果被国民党反动当局杀害。但是对苗族人民在日寇大举入侵、国难当头之际，要求“尽人民一份子责任”的这种主观愿望，应该加以肯定。同时，数千苗族子弟开赴前线，直接同日寇作战，这种爱国主义和英雄主义精神，是应该赞扬的。不能因为蒋介石是消极抗日，积极反共反人民，国民党另有消除异己和隐患的阴谋，而否定苗族人民这种抗日救国的实际行动。

湘西“革屯”运动是一次革命运动，但还只是一次自发的不成熟的革命群众运动。

讲它是自发的、不成熟的革命运动，首先是表现在运动的领导方面。大革命时期湘西有屯七县党所组织发动的农民运动，为“革屯”播下了火种。贺龙同志和红军在湘西的活动，特别是1934～1935年红二、六军团挺进湘西，以永顺塔卧为首府，建立湘鄂川黔根据地，进行土地改革，在龙山、桑植部分地区分配了土地，这对1936年以后发生的抗交“屯租”，收回地权的“革屯”运动，无疑产生了很大影响。据回忆材料，1937年初武装起义爆发后，梁明元曾派赵庆和去龙山找贺龙，以后又到湖北洪湖找贺英。但均未联系上。[①] 故现有材料证明，“革屯”运动自始至终未能同党组织建立起任何联系，未能直接取得党的任何领导，致使一直没有形成一个统一的、坚强的领导核心。而在这场运动中起领导作用的人物，情况又极其复杂。各自代表着不同的政治势力和阶级利益，斗争的目标和方式都有很大区别。吴恒良、隆子雍等“诉愿团”领导人，始终主张通过“上诉”、“请愿”和谈判的方式解决问题，“诉愿团”的改革方案受挫，群众武装“革屯”势不可当地发动起来以后，他们也卷入了武装斗争，并极力想控制各支“革屯”军。但就在这时，他们也随时在等待着国民党当局的“招安”，准备谈判。他们主要目的是“废屯升科”，即改屯租为田赋，减轻个人负担。很明显他们是反映了部分“屯田”地主和富苗中进步势力的要求。梁明元等人起自基层，首举武装起义义旗，

① 花垣县农运调查办：“杨玉春、赵庆和访问记录”。

他们代表着受压迫受剥削的苗族下层人民的利益，为了“要活”下去，即求生存而进行斗争。所以他们率领群众杀屯官、杀苗备弁和反动区乡长，镇压这些直接压迫和剥削者；分屯谷、烧屯仓、猛烈冲击苗区以“屯租”制为代表的封建剥削制度。他们坚持武装斗争，并能在一定程度上识破国民党当局的“谈判”“改编”的阴谋，要“等共产党来”。龙云飞、龙杰等则又是另一种类型的人物，他们组织队伍，连陷乾、麻，围攻凤、绥、保，造成大规模的“湘西事变”，一方面是充当了国民党CC派势力和陈渠珍搞掉何键的先锋；另一方面不外借“革屯”“抗日”“倒何”，利用群众运动力量，求个人进身之途。所以当他们拖起队伍，掌握凤、乾、麻“革屯”运动领导权后，并未像绥、保“革屯”军那样，继续组织和发动群众抗租、分谷、烧仓，打击农村反动顽固保屯势力。他们基本目标就只是“倒何”，等待“改编”。他们是在群众运动高潮中从湘西苗族地区落后、腐朽势力的旧营垒中分化出来，投机运动的分子。

湘西“革屯”运动，正因为缺乏先进阶级的正确领导，是一场自发的、不成熟的革命群众运动，不可避免地就还带有旧式农民暴动起义的弱点。如缺乏明确的斗争纲领，缺乏坚强的组织和统一的指挥，等等。致使它只能取得某些暂时性的成果，具有很大的局限性，并且终究归于失败。

“革屯”的风暴冲垮了近140年的“屯政”体制，“屯租”以后都变成了田赋，但剥削和统治者由于废除“屯租”所减少的收入，又以其他各种名义重新加到广大苗汉劳动人民身上。国民党当局不收“屯租”了，但苛捐杂税接踵而来。据统计，湘西苗族地区，新中国成立前国民党所征收的捐税增至59种之多。再加上抽丁拉夫，广大苗族人民仍然处于水深火热之中。所以“革屯”运动过后仅仅四年多，凤凰、乾州、永绥苗族人民又掀起了以反抗捐税和抽丁拉夫为主要内容的大暴动，即“布将帅”运动（在过去某些资料上被误称为“跳仙会”起义）。这完全不是偶然的。

取消了“屯田”，经土地陈报，湘西苗汉农民得到了部分土地。但“革屯”运动前，对“屯田”“官田”的实际占有已经有了很大差别，已经出现了像隆子雍家那种占田一千多担谷面积的“屯田”地主，而不少佃户却丧失了原来的“屯田”佃耕权。这种差别在“革屯”后不仅给予了法律上的认可，而且随着贫富分化的发展，土地会越来越集中，差别越来越大，湘西苗族区的土地问题，只有在中国共产党领导下，通过土地改革运动才最后获得解决。

屯官和苗备弁被废除了，但国民党在湘西苗族地区的反动统治依然如故，“革屯”运动后，湘西苗区广大农村区乡长的权力大大增加，而且国民党还进一步严密了反动的保甲制度。这些苗区的区乡长和保甲长，在敲诈勒索、鱼肉乡里方面较屯官、苗备弁有过之而无不及。有的区乡长不仅任意勒索搜刮苗族老百姓，甚至同土匪勾结，官匪一体，坐地分赃。故在凤凰县，新中国成立前当过明道乡乡长的程鹏，新民乡乡长的余志坤，都成了富豪。[①]

总之，“革屯”运动有不可磨灭的历史功绩，但没有也不可能从根本上动摇和推翻国民党反动统治，不可能彻底改变广大苗族人民被剥削、被压迫的悲惨命运。只有共产党和解放大军，才能将苗族儿女救出于水火之中，使湘西苗家山寨在祖国各民族大家庭里沐浴着温暖的阳光。

（《贵州民族研究》1983 年第 4 期）

① 凤凰县档案馆档案材料。

中国少数民族在近代反侵略战争中的贡献

杨　策

我们的祖国是一个由多民族结合而成的大家庭，在历史上汉族和各族人民都有反对外来民族压迫的光荣传统。在近代，全世界几乎一切大中小帝国主义都侵略过我国，它们多次分别或联合发动对中国的侵略战争。我国少数民族在反对帝国主义侵略的民族战争中，与汉族一起，共同抗击外国侵略者，为祖国作出了杰出的贡献。

一

1840～1842年的鸦片战争，是资本帝国主义列强向中国进行多次侵略战争中的第一次。在抗击英国侵略者的斗争中，土家族、苗族、蒙古族、满族等少数民族的爱国官兵，和汉族爱国官兵一道，同仇敌忾，浴血奋战，谱写了一曲曲可歌可泣的爱国主义战歌。

英国于1840年6月发动了侵略中国的鸦片战争。由于投降派的破坏，两广总督林则徐、闽浙总督邓廷桢被撤职查办，琦善被任命为钦差大臣，到广州与英军继续谈判。谈判尚在进行中，英军突然进攻沙角、大角炮台。

沙角炮台守将陈连升，湖北鹤峰州（今湖北省鄂西土家族苗族自治州鹤峰县）人，土家族，行伍出身，官至参将。道光十九年（1839）陈连升率部打退盘踞珠江口官涌的英军，因功擢三江口副将，调守沙角炮台。陈连升督率官兵修筑工事，加强防御，“昼夜逡巡，夷不敢近”。琦善下令撤走驻守沙角、以防后袭的八百官兵，陈连升对此极为愤恨，每到夜半，“辄大呼起，秉烛达旦，不能寐”[①]。

1841年1月7日，英军大小舰船二十余艘从海上轰击沙角炮台，一千四百多名侵略军由穿鼻湾登陆，蜂拥上山，从后围攻炮台。陈连升偕其子武举人陈举鹏及土家、苗等族守台官兵六百人奋起抗击，由晨至暮，歼敌二三百人。后因火药耗尽，大炮无法施放，陈连升父子手执弓箭，射杀英军二三十人，“矢尽短兵接”，与敌人展开肉搏战，“又杀数逆”。陈连升中弹受伤，陈举鹏见状，“提戟大呼，左右戮杀数夷”。陈连升伤重阵亡，成为中国近代史上第一位为反抗外国侵略而捐躯的爱国将领。守台官兵全部壮烈殉国。陈举鹏义不独生，投海殉难。面对陈举鹏宁死不屈的英雄气概，英国侵略者也不得不承认，他“是一个英勇的青年，看见他的父亲已死，自己没有受伤，不肯投降，情愿跳入海中”[②]。英军侵占炮台后，竟将陈连升的遗体剁成碎块，以泄其对守军誓死抵抗之忿。

战后，大部分阵亡官兵的遗体由亲属认领掩埋，尚有七十五名官兵的遗体没有认领，即由当地父老就地集体安葬。两年以后，又按当地的习惯，将遗骸起出置入陶罐，合葬于沙角山南麓的草冈上，取名“节兵义坟”，并立碑纪念。这个义坟湮没在荒草之中达百余年之久，直到1958年，才被驻守虎门的人民解放军海军战士所发现，嗣后人民政府进行了整修[③]，使后人得以永远缅怀各族将士的抗英业绩。陈连升的坐骑被英军掠到香港，“饲之不食，近则蹄击，跨则坠摇”，甚至“刀砍不从”，被弃之山野，向北悲鸣，绝食而死。人们称誉为“节马”，并刻《节马图》[④]，写诗作文，以感念这匹节马和它的主人陈连升将军。

道光皇帝获悉大角、沙角失陷，感到有损“天朝”尊严，当即下令对英宣战。英军先发制人，于2月26日向虎门要塞发动进攻。广东水师提督、年达六旬的老将关天培，与全体守台将士四百余人壮烈战死。接着，英军向乌涌进攻。湖南镇筸镇总兵祥福带领土家等族官兵六百余人（其中有保靖营兵一百人）驻守乌涌（距广州城六十里）。乌涌只是土台，祥福“遍观土台炮位，知不足恃，即日雇泥工乘夜加筑土台，以易置炮位”，并“在田

① 同治年增修《施南府志》卷二十四。

② 《英军在华作战记》，中国近代资料丛刊《鸦片战争》五，第164页。

③ 兆猷：《虎门胜迹》，《革命文物》1980年第3期。

④ 《节马图》石刻，现藏广州博物馆。

中挖掘战壕，交错如盘，沟深能掩藏兵勇，每隔一定距离筑一土墩，墩旁有级便于上下”，积极备战。2 月 27 日晨，英舰进攻乌涌，先发一炮，以探虚实。这时，东南风急，炮烟冲覆清军阵地，水又暴涨，“炮位多没水中”，只有东南角一炮可以施放，“而炮架累笨，地又松软，不能寸转，炮发不应”。英军见岸上毫无动静，遂蜂拥登陆。祥福等“仗刀督率兵弁，奋勇堵御”，出沟反击，击毙英军二百余人。终因寡不敌众，被迫且战且退，为小溪所阻，落水而死者甚多。“祥福奋勇搏战，手抱一英兵，紧扼其喉，同溺于水。游击沈占鳌、守备洪达科等将弁三十一人、兵丁四百十五名阵亡，乌涌土台陷落。”

8 月下旬，英军攻陷厦门，总兵江继芸力战阵亡，江浙一带形势紧张。钦差大臣、两江总督裕谦，发动军民进行抵抗。

裕谦（原名裕泰），字鲁山（珊），号舒亭，博尔济吉特氏，察哈尔蒙古镶黄旗（今内蒙古锡林郭勒盟商都镶黄旗）人，是个著名的抵抗派。他在署理两江总督任内，屡屡奏请添铸大炮，建造炮台，加强江苏沿海防御。他对琦善的卖国投降极为愤慨，上书道光皇帝揭露琦善“张皇其饰”“弛备损威”“违例擅权”“将就苟且”“失体招衅”等五大罪状，要求罢免琦善[①]，在广东已被革职的林则徐，全文抄录了裕谦弹劾琦善的折片，并加以圈点[②]，以表达自己的赞赏和激越之情。在禁烟、抗英问题上，裕谦与林则徐志同道合，声气相通。

1841 年 9 月，英军再犯定海。总兵葛云飞、王锡朋、郑国鸿率守军五千浴血奋战六昼夜，全部壮烈殉国，定海再度失陷。

裕谦闻定海失守，“不禁眥裂发指”，誓守镇海，“城存与存，断不敢稍有退志”，英军倘敢来犯，“必当激励兵民，制其死命”。时镇海防兵仅四千，裕谦自统千余驻守城内外，浙江提督余步云率兵千余守招宝山及沿江炮台，狼山镇总兵谢朝恩率千余出守隔江之金鸡岭。十月九日，英舰四只，“驶进蛟门，逼近镇海”[③]，裕谦乃集将士祭关帝、天后，盟誓死守镇海，独余步云托疾不赴。次日晨，英军分两路大举进犯招宝山、金鸡岭，裕谦亲

① 《裕谦传》，《清史稿》卷三十七。

② 《鸦片战争时期的林则徐》，福建人民出版社，1978。

③ 《筹办夷务始末（道光朝）》卷三十三、卷三十四。

自登城督战。余步云贪生怕死，“不令兵开炮”[①]；他“单骑上城”，面谒裕谦，以“保全数百万生灵为词，请遣外委陈志刚前赴夷船上，暂事羁縻”[②]，裕谦“告以此不过苟且旦夕，况有殇国体”，不允。片后，余步云再次登城请求说：“以伊一人身死，分所宜然，但家中妻子儿女三十余口，实属可怜”。裕谦大义凛然，坚决表示：“儿女情长，英雄不免，但忠义事大，此志断不可夺”[③]。余步云见英军“攀援欲登”招宝山，竟弃炮台“绕转山后”而逃，山上守军亦“纷纷随步云溃散，夷登招宝山，俯攻镇海城”。谢朝恩战死，金鸡岭失守。招宝、金鸡“两山同陷，镇海守兵望风而逃”。裕谦见“事不可为”“城不可守”“大势已去”，即将钦差大臣关防交江宁副将丰伸泰，命其即速护送至省城巡抚衙署，然后徒步下城，奔向学宫，向“西北面叩头，跳沉泮池殉节”[④]，履行他的“先誓必死”的誓言。被人救起后，10 月 11 日过余姚县，“去城五里气绝，殓于杭州”[⑤]。

反侵略的民族战争烈火，把爱国与卖国、无畏与卑怯、崇高与渺小，分野得毫厘不爽。裕谦殉难，朝野同声痛惜，交口赞誉。徐继畬称颂道：“此公豪杰之士，以灭贼自任，力竭而死，天下悲之！”[⑥] 面对日益嚣张的外国侵略势力，人们深切怀念林则徐和裕谦：“自少穆林公罪去，而制敌之才疏；自鲁珊裕公卒于军，而用兵之志少，夷势益张”[⑦]。裕谦和林则徐，都是坚决抵抗外国侵略的伟大的爱国主义者。林去裕卒，抵抗派群龙无首，投降派乘机抬头，外国侵略者肆无忌惮矣。至于那个贪生怕死、临阵脱逃的余步云，于 1842 年 5 月被论罪革职解京，次年初斩决，落得个遗臭万年的可耻下场。

清军于十八天内连失浙东定海、镇海、宁波三城，清政府被迫应战。1842 年 3 月间，清军仓促三路出师，遭到惨败，道光皇帝从此再不言战，谋求议和。英军不理，转攻长江，老将陈化成战死，上海、宝山相继失陷，英军沿江西进。1842 年 7 月 15 日，英国舰队开到镇江江面，驻防八旗兵和

① 梁廷枏：《夷氛闻记》卷三，第 97 页。
② 《鸦片战争》四，第 656 页。
③ 《裕谦传》，《清史稿》卷三七二。
④ 《书裕节靖公死节事略》，《通甫类稿》卷四。
⑤ 《夷氛闻记》卷三，第 98 页。
⑥ 徐继畬：《致赵盘文明经谢石珊孝廉书》，《退密斋文集》，见《鸦片战争》二。
⑦ 周玉瓒：《壬寅防御记》，《周憩亭集》卷八。

绿营青州兵进行了一场悲壮的镇江保卫战。

清军防守镇江的兵力很单薄，仅有京口（即今镇江市）副都统海龄的驻防八旗兵一千人和从山东青州府（今山东益都）抽调来的绿营青州兵四五百人，以及从外省调来的湖北提督刘允孝所部一二千人。海龄，满洲镶白旗人，郭洛罗氏，1841 年初任京口副都统。他统带驻防旗兵守城。“青州兵素号骁健”，原驻城外象山之麓东马头炮台，“敌氛渐逼，都统令入城分守四门，门各百人”。[①] 城外各地由参赞大臣齐慎与刘允孝领兵驻守。7 月 21 日，英军 7000 人登陆发动进攻，齐慎、刘允孝惧战逃跑，英军不战而占城外阵地。接着英军集中兵力进攻城垣，用炸药轰开镇江城的西门，又以云梯攀登北城虚台（“俗呼十三门者，独无青州兵驻守”）城墙，冲进城内。“天将午，火箭齐发，东、西、北三城楼俱被焚烧，贼乘势攀路”。海龄率兵殊死战，“青州兵奋勇格杀，至血染刀柄，滑不可持，尚大呼杀贼”，英军“蜂拥蚁附而至，犹复短兵相接，腾掷巷战”。[②] 英军被打死打伤 185 人，中国守军全部壮烈牺牲，镇江失守。英国侵略军在城内大肆抢掠烧杀，使镇江遭受一次严重洗劫。

镇江保卫战，是历时两年零两个月的鸦片战争的最后一战。虽然城陷军没，但中国守军宁为玉碎、不为瓦全的战斗精神，不畏强敌、绝不屈服的民族气节，是气贯长虹、永存人间的。他们的威名，当时就曾远播欧洲，赢得了一切正义人士的赞颂。恩格斯在《英人对华的新远征》中，高度赞扬了驻防镇江旗兵的爱国精神，严厉谴责了英国侵略军的残暴行径。他说：“驻防旗兵虽然不通兵法，可是决不缺乏勇敢和锐气。这些驻防旗兵总共只有一五〇〇人，但却殊死奋战，直到最后一人”。“司令官看到大势已去，就焚烧了自己的房屋，本人也投火自尽”。“如果这些侵略者到处都遭到同样的抵抗，他们绝对到不了南京”。[③]

二

1856～1860 年，英、法等侵略者为了扩大鸦片战争得到的权益，便发

① 《历史研究》1978 年第 4 期。

② 《钦刻江苏镇江府立青州驻防忠烈祠碑》。

③ 《马克思恩格斯全集》第 12 卷，第 189～190 页。

动了第二次鸦片战争。中国各族爱国官兵奋勇抗击，为保卫祖国作出了杰出贡献。

1858 年 4 月，英法联军北犯，到达大沽口外，美、俄公使随同北上。英、法要求清政府派代表在北京或天津举行谈判，限期答复，否则将进攻大沽炮台。清政府派仓场侍郎崇纶到白河口，联军头目认为崇纶没有全权、职位太低，拒绝会见。清政府加派直隶总督谭廷襄为钦差大臣，联军头目又借口谭廷襄没有便宜行事全权，拒不谈判。5 月 20 日上午 8 时，英法联军致书谭廷襄，限两小时内撤退守军，交出大沽炮台。10 时，英法联军发动进攻。炮台各族守军奋起还击。他们顽强的抵抗精神与炮弹发射的准确，使敌人大为惊异。激战两时余，击伤敌船四艘，毙伤敌官兵八九十人。北炮台游击沙春元（河南郑州人，可能是回族）亲燃巨炮，英勇迎战，中炮牺牲。南炮台都司陈毅、千总常荣魁等亦先后殉国，死伤士兵 400 名。由于谭廷襄等军政要员的逃跑，全军溃散，炮台失陷。英法联军直逼天津城下，清政府被迫分别与英、法、美、俄签订了“从头到尾都是侮辱”[①] 的《天津条约》。这是第一次大沽口之战。

1859 年 6 月为《天津条约》批准书在北京互换之期。英、法公使蛮横拒绝清政府指定的登陆地点，坚持经大沽口溯白河进北京，并要求拆除大沽防务。6 月 25 日，英法联军向大沽口炮台发动突然袭击。僧格林沁指挥各族官兵进行了坚决回击，展开了第二次大沽之战。

大沽守军满、蒙、汉各营官兵奋勇迎击。直隶提督史荣椿在南岸中炮台，大沽协副将龙汝元在北岸前炮台，皆身先士卒，亲燃大炮，奋力督战；海口左中营都司奇车布，正白旗鸟枪护军校塔克慎等奋不顾身，竭力堵御。“出乎进攻部队意外的是，炮台占了优势，它们的发射术已臻上乘，足见对射程的计算颇为精确。”[②] 哲里木、昭乌达两盟马队蒙古“官兵等，均能一往无前，异常奋勇”。经过激战一昼夜，击沉进入内河的敌船四艘，击伤六艘，俘获两艘，只有一艘逃走。登岸敌军毙伤半数以上[③]，英舰队司令海军上将贺布亦受重伤。史荣椿腹部中炮，龙汝元后胸部中炮，先后阵亡。奇

① 《马克思恩格斯全集》第 29 卷，第 348 页。

② 〔美〕马士·宓亨利：《远东国际关系史》上册，商务印书馆，1975，第 208 页。

③ 《远东国际关系史》上册，第 208 页。

车布、塔克慎也战死。此役满、汉官兵共阵亡32名。[①] 中国军队取得了这次自卫反击战的重大胜利。

1860年7月16日，经过整顿和扩充的英法联军再次闯到大沽口外。

自上年大沽抗战大捷后，清政府企图趁胜求和，一再谕令僧格林沁等“总须以抚局为要”，“不可贪功挑衅，致误抚局”。僧格林沁秉承清廷旨意，“即将北塘防兵撤退，以为登岸议和地步”。[②]

英法联军根据俄国人提供的北塘不设防的情报，于8月1日占据北塘。3日，侵略军2000人出动侦察，与清军发生遭遇战，被击毙50余名，退回北塘。以后侵略军“并无动静”，清政府认为“此机断不可再失”，严令直隶总督恒福要“心平气和”，主动照会英法联军，“妥速办理抚局”。英法联军在北塘经过十余天的准备和部署，8月12日出动1万多人分路猛扑新河及军粮城，僧格林沁督率蒙古骑兵3000勇敢迎战，虽然给敌人以很大的杀伤，但遭到猛烈轰击，全军覆没，新河、军粮城失陷，大沽与天津之间的主要交通线被切断。咸丰皇帝无视战幕已开，却仍令恒福“不得因业经接站，遂置抚局于不问”，要他“设法转圜，以顾大局”。[③]

8月14日，英法联军大举进攻塘儿沽（今塘沽），“枪炮连环”，清军伤亡甚重，在激战两小时后败退，塘儿沽被占。咸丰皇帝接报后，朱谕僧格林沁，“万不可寄身命于炮台”，“以国家倚赖之身，与丑夷拼命，太不值矣”，“朕为汝思之，身为统帅，固难言擅自离营，今有朱笔特旨，并非自己畏葸，有何顾忌”?[④] “该大臣即抽带兵勇，迅保津郡”。僧格林沁认为“回守天津，必致人心摇动”，“惟有严守大沽”。咸丰皇帝再发谕旨，强调“万一事机紧急”，“断不可固执己见”，“勿专以大沽为重”。[⑤] 18日，侵略军占领白河南岸的大小梁子。至此，大沽炮台遂处于四面受敌的危险境地。

8月19、20两日，数百名侵略军由塘儿沽进至石缝炮台背后，填塞沟渠，准备进攻，被清军击退。21日晨5时，敌马步万余由塘儿沽大举向石缝炮台及北炮台进犯，海上舰艇亦发炮助战。清军在直隶提督乐善督率下，坚守阵地，战斗至为激烈。8时后，炮台火药库忽中弹起火，侵略军乘势猛

---

① 《筹办夷务始末（咸丰朝）》卷三十八，第1447～1448页。

② 《筹办夷务始末（咸丰朝）》卷五十五，第2083页。

③ 《筹办夷务始末（咸丰朝）》卷五十五，第2065、2082页。

④ 《筹办夷务始末（咸丰朝）》卷五十五，第2083页。

⑤ 以上见《筹办夷务始末（咸丰朝）》卷五十五、卷五十六，第2089、2093、2094页。

扑，清军与之展开了顽强的肉搏战，毙伤敌军420余人。乐善力竭捐躯，守军“阖营覆没”[①]。石缝炮台遂告不守，北炮台随之亦陷落。乐善，蒙古正白旗人，伊勒忒氏。1859年调赴天津，因在第二次大沽之战中英勇作战，遂由河北镇总兵擢为直隶提督，以接替阵亡的史荣椿。这次战役前，他将提督关防交与僧格林沁，自选所部敢死士千余人，誓与大沽共存亡。[②] 开战后，他“自卯至午初，奋力抵御三时之久”，力战阵亡（一说投河死）。据守南炮台的僧格林沁“情知不敌”，“当即传饬各营，竖立免战白旗”，旋即下令全军撤退。[③] 在侵略者的威胁下，恒福交出了南炮台及全部军火物资[④]，第三次大沽之战以清军之惨败而告终。

清政府急忙派桂良和恒福等在天津与英法议和。由于是否允许英法使节带兵进京换约问题，谈判陷入僵局。9月9日联军6000余名从天津向通州推进。清政府一面命僧格林沁等在通州一带布防，一面派怡亲王载垣、兵部尚书穆荫为钦差大臣，到通州与侵略者谈判。载垣全部接受了侵略者的要求，但英方代表后又提出向皇帝亲递国书、撤除北京防务等新条件，载垣表示“万难允许”，英方代表拒绝继续谈判，于10月8日离开通州，途中被僧格林沁部截获。

当天午刻，法军首先从东侧向张家湾（通州以南约十三里）清军阵地发起进攻，接着英军亦从正面投入战斗，张家湾之战遂起。清军二三万人大都是从黑龙江、吉林、察哈尔、直隶、山西等地临时调集而来，统归僧格林沁指挥。清军奋勇抗击，但“正分拨马队抄击”时，敌军“火箭数百枝齐发，马匹惊骇四奔，冲动步队，以致不能成列，纷纷退后”，[⑤] 全线崩溃。

英法联军继续向八里桥、咸户庄一带进犯。9月20日午后，敌军马队数百名，直扑咸户庄，被击退。21日午前，敌军自郭家坟分三股大举进攻。清军英勇迎击，鏖战达三四小时。后因西路英军向于家卫方面包抄，袭击僧格林沁部的后路，僧营首先溃退。继而胜保在作战中左颊、右腿中弹。

① 《筹办夷务始末（咸丰朝）》卷五十六，第2124页。
② 《筹办夷务始末（咸丰朝）》卷五十七，第2138页。
③ 《筹办夷务始末（咸丰朝）》卷五十七，第2138页。
④ 《筹办夷务始末（咸丰朝）》卷五十七，第2141页。
⑤ 《筹办夷务始末（咸丰朝）》卷六十二，第2322页。

部众见胜保受伤，“人无斗志，纷纷退撤”[①]，阵营遂乱。瑞麟虽继续在八里桥头与法军展开争夺战，但因各路清军纷纷逃散，终亦被迫西撤。这是第二次鸦片战争中的最后一战，广大爱国清军官兵勇猛抗敌，殊死战斗，侵略军受到很大损失，毙伤千余。

用落后武器装备起来的清军，终于抵挡不住外国侵略者洋枪洋炮的轰击，被打败了。但是，各族官兵的浴血抗战，用自己的鲜血和生命来谱写祖国的历史篇章，无愧于祖国大家庭的光荣一员。所谓“全军战死”，“阖营覆没”，就是这种英雄气概和牺牲精神的壮烈体现，出现了许多可歌可泣的英雄人物。即如僧格林沁，漠南蒙古（今内蒙古）哲里木盟科尔沁左翼后旗人，博尔济吉特氏。镇压农民起义，是他一生的主要表现。然而，在第二次鸦片战争中，他极力主张武装抗击外国侵略者。在首次大沽战后，他奉命整顿海防，坐镇大沽，锐意经营。英法联军再犯大沽，他不惮敌氛嚣张，督率部众重创敌军，取得了第二次大沽之战的胜利，民心士气为之一振。在第三次大沽之战的紧要时刻，他置个人安危得失于度外，以抗战大局为重，违拗咸丰皇帝一再要他脱逃的旨意，始终坚持在抗战第一线。虽然作战失败，损失惨重，但他仍然坚决表示：“炮台虽不能守，马步兵力尚堪拼死一战”[②]。固然，他之主战出于维护清王朝封建统治之心，而他的抗战作为，也必然受到咸丰皇帝“以抚局为重”方针的制约。他在战争中，政略上的失策，战略战术的错误，也是显而易见的，但他与甘心屈服于外国侵略者的民族投降派，毕竟言行各异，区别立分的。

三

19 世纪 70 年代以后，各主要资本主义国家“开始了夺取殖民地的大‘高潮’”[③]，中国成了它们激烈争夺的一个重要目标。帝国主义和中华民族的矛盾不断加深，终于在 80 年代爆发了中法战争，在 90 年代又爆发了甲午中日战争。我国少数民族在这两次反侵略的民族战争中，都作出了卓越的贡献。

---

① 《筹办夷务始末（咸丰朝）》卷六十三，第 2351 页。

② 《筹办夷务始末（咸丰朝）》卷五十六，第 2124 页。

③ 《列宁选集》第 2 卷，第 798 页。

法国侵略越南，并企图以越南为基地，建立一条通向中国中部的道路，以扩展它在东方掠夺殖民地的计划。60 年代法国吞并南圻（越南南部）六省后，原以为从湄公河、澜沧江直通云南，经调查后发现不能通船，便改图北圻（越南北部），想从富良江（红河）入云南。70 年代初，法国侵略者挑起了对北圻的侵略战争，越南国王阮福时（嗣德）请求驻在中越边界的刘永福黑旗军援越抗法。

刘永福领导的黑旗军，是一支由广西上思、宁明、崇左、靖西、睦边(今那坡县)、钦州一带破产的壮、汉、瑶等族人民组成的武装队伍，壮族占多数。刘永福本人是汉族，参加天地会起义，成为新宁州（今扶绥县）壮族人吴凌云、吴亚终父子领导的延陵国农民起义军的一部。延陵国起义失败后，刘永福于 1867 年带领 300 余人流亡在中越边境的保胜（今老街）一带开荒种地，自养自给，队伍发展到 2000 余人。刘部驻扎在今靖西县安德之北帝庙时，见庙里有面插在神像旁边的黑旗，旗形三角，边沿犬牙白布，上画北斗七星，刘永福仿照制作军旗，从此称黑旗军。① 黑旗军的主要将领二十多人都是壮族。② 黑旗军分左、右、前三营，由吴凤典、杨著恩、黄守忠分别统带。吴凤典，广西人，号雅楼，1871 年投入黑旗军。杨著恩，广东钦州（今属广西）人，一名智仁（亦作著仁），号肫卿，外号杨老快。原为地方武装首领，1874 年刘永福派吴凤典回广西招兵时，他带领百余人投效。黄守忠，号荩臣，小名亚樾，广西思州（今宁明县）北江人，外地人叫他“北江黄”。他父亲原姓罗，入赘黄家后改姓黄。他家境贫寒，受地主迫害逃离家乡，到归顺（今靖西县）加入农民起义军。以后，他率众八百转移到越南。刘永福部入越后，他即率部来投。

黑旗军接受越南阮氏王朝的邀请，从保胜出发，于 1873 年 12 月进军到河内城郊，在城西二十公里处驻扎。刘永福说：“吾炮火虽不如敌，士气足以胜之”③。21 日，法军头目安邺带领法军出河内西门挑战。黑旗军迎头痛击，歼敌大部，吴凤典手刃安邺，迫使法军退出河内。1874 年 3 月，阮氏王朝被迫与法妥协，下令黑旗军从河内撤退。同时特授刘永福为三宣副提督，并加封“英勇将军”。黑旗军退守红河两岸，管理宣光、山西、兴化

---

① 广西通史馆编《中法战争历史调查记》。

② 《壮族简史》，广西人民出版社，第 62 页。

③ 李健儿撰述《刘永福传》，第 94 页。

三省。

1882年4月，法国侵略军再度攻占河内。次年3月，法军攻陷南定。越南政府第二次邀请黑旗军南下参战。刘永福发布《黑旗檄告四海文》，严正宣告：黑旗军“当为中国捍蔽边疆”，“当为越南削平敌寇”，[①] 亲率黑旗军三千名进军河内，在城西五里处扎营。1883年5月15日，黄守忠率部袭入城外的法国教堂，放火焚烧，法军大忿。越南人士获得法军将倾巢出动进行报复的情报，转报黑军预作部署。黄守忠率前营扼守大路为正兵，吴凤典率左营埋伏道左为奇兵，杨著恩率右营为先锋，在城西二里的纸桥旁关帝庙迎敌。5月19日，法军果然蜂拥而至，杨著恩扼守桥头顽强抗击，法军冲扑过桥，刘永福临阵亲自督战，黄守忠率队接战，前赴后继，死战不退。吴凤典伏兵突起，“直前猛攻，势如波涌涛翻，一齐奋臂大呼，枪弹击射，甚似飓风暴雨”[②]，拦腰冲击法军。法军队伍顿时大乱，黑旗军乘势展开肉搏战，击毙法军司令李维业和各级军官三十多人，士兵二百多人。此役历时三小时，黑旗军大获全胜，威震中外。越南国王晋升刘永福为三宣正提督，加封“义良男爵”。

法军分路再犯。一路从河内沿红河进攻黑旗军，一路直扑越南都城顺化。1883年7月，北路法军四千多人，分水陆两路，进犯怀德府黑旗军营地。时值河水上涨，淹到炮台下，法军数百登岸逼攻，兵舰发炮助战。刘永福传令各自为战，连美、何有龙、朱冰清等率众从清晨三时至傍晚七时，冒雨血战。正值弹尽援绝之际，黄守忠率领百多人克服万难驰援而至，危机遂缓。8月15日，法军又发动猛攻。刘永福“传令各军坚伏，不发一枪”，待法军接近时，“黑旗枪声始举，开壁驰出”。此役法军大败，黑旗军也损失严重。法军屡败，竟掘红河水灌黑旗军营地，黑旗军撤至丹凤。9月1日，法军三千水陆夹攻，黄守忠率军于水中背据河堤与法军苦战三昼夜，刘永福率军反攻，法军溃逃，黄守忠率众追击至离河内仅二十公里的地方，歼敌八十多人，击伤二百多人。[③] 黑旗军苦战无援，怀德、丹凤先后失陷。南路法军，于8月25日进入顺化，越南阮氏王朝再次妥协。

入越清军分为东西两线。东线以北宁、西线以山西为据点，防范法

---

① 《黑旗檄告四海文》，《中法战争》一，第304页。

② 《刘永福历史草》，《中法战争》一，第267页。

③ 范宏贵：《抗法勇将——黄守忠》，《广西民族学院学报》1978年第4期。

军侵入我国广西和云南。1883 年 12 月 14 日，法军首先进攻山西，中法战争就此爆发。山西为云南防军和黑旗军的阵地。清军不战而逃，黑旗军与法军血战三日，毙敌三百余人后，被迫撤退，山西失陷。1884 年 3 月，法军进攻北宁，清军弃地逃走。清军在越南北圻战场东西两线均告失败。5 月，李鸿章和法使签订《中法会议简明条款》，承认法国对越南的“保护权”，同意在中越边境开埠通商，并声明将在北圻清军撤回边界。

1884 年 6 月，法军向谅山推进，企图强行接管清军阵地，被拒绝。6 月 23 日，法军发动进攻，清军被迫自卫，杀伤敌军近百人，法军败退。谅山事变发生后，法军反诬中国破坏条约，蓄意扩大战争。8 月，法国海军进攻台湾基隆，被击退。继而突袭停泊在马尾港内的中国兵轮、福建水师全军覆没。26 日清廷下诏对法宣战，同时给刘永福“记名提督”头衔。

与此同时，法军还从越南北圻分东西两路向我国边境推进。东线清军进行了顽强抵抗后，相继后撤。1885 年 2 月 23 日，法军猛攻中越边境重镇镇南关（今友谊关），提督杨玉科（白族，云南人）孤军抗敌，壮烈牺牲，镇南关失守。战火烧到中国境内，广西震动，南宁戒严，形势十分紧张。法军在焚掠后退据谅山。西线清军围困宣光法军久攻不下。法军在东线得逞后，抽兵西援。经一昼夜激战，“子弹将尽”，黑旗军退出左育。1885 年 3 月 24 日，黑旗军与竹春、陶美等人率领的云南农民军及越南人民义军互相配合，大败法军于临洮，随后乘胜克复十数州县。

与临洮奇捷同时，东线也取得了镇南关-谅山大捷。1885 年 2 月，新任两广总督张之洞起用 67 岁的老将冯子材为广西关外军务帮办。中法战起，冯子材即在钦州一带招募壮、汉等族子弟，组成十八大营名为“萃军”（冯子材号“萃亭”）的抗法部队，开抵广西龙州、镇南关前线，又在当地扩充兵马，这一带的壮、汉等族子弟踊跃投军。冯子材团结各路军队，部署防务，严明军纪，稳定秩序，在镇南关内十里处的关前隘重建边关防线，严阵以待。3 月 23 日，法军分三路再次进犯镇南关。冯子材“萃军”与王德榜、王孝祺等军死力抵抗。法军冲上长墙，冯子材身先士卒，以帕裹首，脚穿草鞋，手持长矛，大呼而出，他的两个儿子紧跟身后，冲进敌阵，将士们跟踪而起，大开栅门，排山倒海般地冲向敌人，展开肉搏，左右两翼同时发动反攻，越南义军一千余人也赶来助战，狙击敌人；当地壮、汉各族人民也积极前来助战；苏元春部也投入战斗。经过两天两夜的浴血奋战，大败法军，歼敌一千多名，取得了中法战争以来未有的巨大胜利。冯子材于25日乘胜出关追击，28日进攻谅山，重伤法军司令，法军溃不成军，退守北宁、河内。中国各族军民在镇南关-谅山的大捷，导致了法国内阁的倒台，法国政局一片混乱。

正当冯子材等约会西线清军和黑旗军，准备进攻北宁、河内之际，突然接到停战撤兵的谕旨。冯子材反对停战，并要求“诛议和之人”[①]，前线爱国官兵“举军拔剑砍地，恨恨连声”，“扼腕愤痛，不肯退兵”。[②] 在清政府“乘胜即收”的妥协方针下，断送了各族人民反侵略斗争的宝贵成果。

1894年7月至1895年3月，日本发动了侵略中国的战争，即甲午中日战争。我国各族军民英勇抗击日本帝国主义的侵略，回族将领左宝贵平壤城北玄武门血战，壮烈殉国，就是一个光辉的事例。

在平壤战役中，身任总兵的左宝贵率部六营驻守城北玄武门。1894年9月15日晨，日军万余人分四路对平壤发起总攻，清军主帅叶志超准备弃城而逃，左宝贵即派亲兵监视，并登城指挥。东路日军从正面攻击，马玉昆率部迎战，多次打退日军进攻。16日，西路日军进攻西南门，卫汝贵部奋起抗击；北路日军分两路强攻，左宝贵率部与敌激战失利，乃入城坚守玄武门山顶牡丹台。左宝贵身先士卒，身受重伤，“仍整冠穿黄马褂肃立高台，指挥开炮，以决死战”。日军发炮轰击，“左宝贵中弹，壮烈牺牲”[③]。

左宝贵，山东费县人，字冠亭，回族，行伍出身。1865年升副将，后长期驻奉天。1875年晋记名提督，1889年授广东高州镇总兵，仍留奉天。甲午战起，率部自辽东渡鸭绿江援朝。他殉国后，在其家乡地方（今属平邑县）修了他的衣冠冢，表达了人民对于反侵略民族英雄的崇敬和缅怀之情。左宝贵衣冠冢由跟随他八年的亲兵石玉林看守。直至新中国成立初石玉林老人还健在。

四

甲午中日战争后，中国面临被帝国主义瓜分豆剖的严重危机。清王朝在战争中的惨败，彻底暴露了它的腐朽与虚弱。“自中日交战后，地球各国

① 转引自《张文襄公全集　电牍》卷一二四，第25页。

② 胡传钊：《盾墨留芳》，《中法战争》二，第602页。

③ 震东：《甲午之战　回教民族英雄——左宝贵》，《绿旗》月刊第1卷第3期，1939年12月。

始悉其虚实也”[①]，故各国乘此危弱，群相瞰噬”[②]。“今天下所论分割中国者，明目张胆，天下沸腾”[③]，帝国主义列强掀起了一股瓜分中国的浪潮。1900~1901年的八国联军侵华战争，就是一次帝国主义列强妄图瓜分中国的侵略战争。在反侵略、反瓜分的殊死战斗中，回族、土家族、满族等少数民族爱国军民，为维护祖国统一和国家主权，作出了可歌可泣的贡献。

为了镇压义和团反帝爱国运动，帝国主义列强纷纷调兵前来中国。1900年6月初，各国军舰聚集大沽口外。英、美、法、俄、日、德、意、奥八国组成侵华联军，在英国海军中将西摩尔的率领下，于6月10日由天津乘火车进犯北京。义和团和部分清军拆毁铁路以阻侵略军，并沿途加以堵截。6月12日，义和团在落垡包围了侵略军，经过肉搏，义和团失利。14日侵略军行至廊坊车站，又被义和团包围。18日，数千义和团民和董福祥的甘军，猛烈进攻，激战数小时，西摩尔侵略军死伤54人，狼狈逃回天津。

集结在大沽口外军舰上的各国侵略军，在做好了进攻大沽口炮台的准备后，于6月16日晚向炮台守将罗荣光递交最后通牒，限令17日凌晨两点钟前交出炮台。罗荣光严词拒绝。侵略军提前17分钟向炮台发起猛攻。从此，正式挑起了八国联军大举入侵中国的战争。罗荣光率领大沽守军发炮还击，激战6个多小时，打死打伤登陆敌军130余人，击伤敌舰6艘。侵略者惊呼：“中国兵将未可轻视，此次以七国水师攻一炮台，能持至六点余钟之久，可谓难矣”[④]。认为如果这次进攻是在白天，“各兵舰必全伤”[⑤]。17日晨6点半，日军首先攻占大沽最大的炮台“北方第一炮台”。接着，南北其他炮台也相继被占领。罗荣光被迫率余部撤至天津。7月9日，联军对天津发起总攻，14日攻陷天津城。

罗荣光（1834~1900），湖南乾州（今乾城）人，土家族，字耀庭。1866年为总兵。1872年调天津，为大沽协副将。1881年，在大沽创办水雷营，后任天津镇总兵。他不顾66岁高龄，亲临前敌，坚守炮台，不为敌人的汹汹气焰所吓倒，大义凛然，严词拒绝侵略要求，维护了民族尊严。面对强敌，他敢于坚决抗击，奋勇战斗，表现了大无畏的英雄气概。兵败失

---

① 上海《字林西报》,《时务报》光绪二十二年（1896）十月初一日译载。

② 《知新报》光绪二十四年（1898）五月二十一日译载。

③ 《知新报》光绪二十三年（1897）五月初一日译载。

④ 中国近代史资料丛刊《义和团》三，第182页。

⑤ 《义和团》三，第29页。

守，他义不独生，以死明志，虽死犹荣。

8 月 13 日，八国联军进抵北京城下，发起攻城，遭到守城清军和义和团的顽强抵抗。14 日，北京陷落。董福祥的甘军等部分爱国清军和义和团同联军展开了激烈的巷战。在北京保卫战中，共毙伤侵略军 400 余人，许多回族官兵为保卫京师献出了宝贵的生命。

董福祥（1840～1908），甘肃固原（今属宁夏）人，回族，字星五。1862 年他集众起兵于甘肃安化（今庆阳）。1867 年向左宗棠投降，所部回民军被改编为甘军。后随左宗棠进兵新疆讨伐阿古柏，升为喀什噶尔提督，后为甘肃提督，1897 年，调防北京，所部编为荣禄所辖武卫后军。他受荣禄、刚毅等指使，发动甘军制造杀死日本公使馆书记生杉山彬事件，旋又参与围攻各国使馆。观其一生，早年他背叛起义，转而充当清政府镇压陕、甘、青回民起事的刽子手。在义和团运动期间，他受顽固派利用盲目排外，骚扰人民。他对人民犯下的罪行，毋庸讳言。至于他率部参加平定阿古柏、规复新疆之役，配合义和团在廊坊痛击八国联军，奋战守卫北京，都是抗击外国侵略者的爱国行动，也是不容抹杀的。而广大回族爱国官兵在反侵略、反瓜分战争中流血牺牲的业绩，更是应该充分肯定。

我国各族人民抗击八国联军的斗争虽然失败了，但是，终于粉碎了帝国主义瓜分中国的迷梦。八国联军统帅瓦德西不得不承认：“无论欧美、日本各国，皆无此脑力与兵力，可以统治此天下生灵四分之一”，“故瓜分一事，实为下策”。[①] 法国一个议员说：“瓜分之说，不啻梦呓”[②]。一个老牌殖民主义者、美国前驻北京公使田贝，似乎有更深的体验，他说：“世界上所有国家中，中国是最不宜于瓜分的。没有一个民族象中国人那样更齐一、更团结、更被古老的带子和魅力拴在一起了”。[③] 必须强调的是，在近代，民族危亡的共同命运，使历史上形成的我国各族人民血肉依存的内在联系，发展到了一个新阶段，民族大家庭的凝聚力更加坚实、更加牢固，因而在反抗外来侵略的民族战争中，集中地体现出中华民族不可战胜的伟大生命力。

（《中央民族学院学报》1986 年第 2 期）

---

① 《义和团》三，第 244 页。

② 《义和团》四，第 246 页。

③ 转引自《义和团运动史讨论文集》，第 15 页。

抗战时期少数民族的英勇斗争

汪梅琪

抗日战争，是我国历史上第一次真正实现全民族总动员的民族革命战争。争取抗日民族革命战争胜利的过程，就是在中国共产党的政治领导和抗日民族统一战线政策的推动下，汉族和众多少数民族高举团结抗日的旗帜，共同抵御日寇野蛮侵略的过程。在抗日战争中，少数民族参加抗战的人数之多，地域之广，斗争之深入，方式之灵活多样，是中华民族反侵略战史上的空前壮举。

一　东北地区各少数民族的抗日斗争

"九一八"事变后，东北各族人民就在中国共产党领导下率先开展抗日斗争。事变后的第四天，中国共产党就发出"组织东北游击战争，直接给日本帝国主义以打击"的号召。许多城市乡村建立了有各阶层抗日分子参加的反日会，提出"抗日救国收复失地""东北人民自动武装抗日"等口号，展开了各种抗日活动。各地区组织了义勇军、救国军、自卫军、山村队、游击队、大刀会、红枪会等各式各样的抗日武装，广泛地展开抗日游击战争。

东北地区少数民族中人口最多的满族人民响应党的号召，奋起参加抗日运动。黑龙江省宁安县世环镇70%的满族人参加了反日会。[①] 各地的救国军、自卫军、义勇军里也有许多满族指战员。如宽甸、凤城、岫岩、庄河

① 《满族简史》，中华书局，第210页。

等满族聚居地的东北抗日民众自卫军中满族人占很大比重。队长中的王希臣、关世芬，炮兵负责人王哲普都是满族，士兵中更不计其数，如骑兵第五旅旅部，40 人中就有 30 人是满族，在有的连和班里满族战士占 70%。[①] 勃利地区在满族党员的带领下，一面集资买枪，一面夺取敌伪“自卫团”的枪械武装自己，终于在 1934 年春建立起一支抗日游击队。由伊兰各县游击队联合其他抗日武装组建的中朝人民联合军，每个军里都有满族指战员，仅佳木斯以西的满民聚居区，一次就有七八十人参军。在战争中，涌现出不少满族优秀指挥员，仅担任师长以上的满族领导干部就有王光宇、张兰生（鲍巨魁）、陈翰章、关化新、伊俊山等人。1935 年 5 月，二军五师师长陈翰章部在牛心顶子活捉了伪吉林省警察厅警务科长西漱户、伪敦化县副县长三岛、伪敦化县警务科首席指导官永田、伪吉林省警务厅警备科驻敦化治安工作班福田等四名日寇，成为轰动一时的事件。6 月，陈翰章部同第三军另一部共同袭击了日寇重要军事工业基地——安图县天宝山铜矿，破坏了矿山的全部生产设备，给敌人造成极严重的损失。敌人曾在一个报告中供认：“陈部袭击天宝山矿，给我造成八十多万元的损失。”[②] 8 月 24 日，升为第三方面军指挥的陈翰章亲率两个团协同魏极民和侯国忠率领的部队，分兵三路打响了大沙河之战，陈负责正面主攻，历时两天，毙伤俘日伪军 500 多名，缴获轻机枪 7 挺，步枪 300 多支，还有大量物资。9 月，又在寒葱岭伏击日寇 12 辆军车，打死日本少将司令松岛以下 270 多人，缴获重机枪两挺、轻机枪四挺、迫击炮一门、步枪 150 多支，子弹 70 多箱，以及粮食、军服等军用物资。接着又袭击额穆县城，火烧芦苇塘，智取百草沟，在大小战斗中歼敌数千人。1940 年 10 月 8 日，陈壮烈牺牲。

“七七”事变后，关内各地的满民也积极参加和支援八路军、新四军，坚持抗日斗争。1939 年春，河北遵化东陵一带的满族农民参加了冀东大暴动，有 23 名青年参加了抗日游击队。[③] 在八路军、新四军中有许多著名的满族指战员，八路军一二〇师政委关向应、冀鲁边区副司令杨靖远等同志为开辟、巩固抗日根据地作出了贡献。

---

① 《满族社会历史调查报告》，中国少数民族社会历史调查资料丛书，辽宁人民出版社，第 64 页。

② 东北烈士纪念馆主编《镜泊英雄陈翰章》，第 51 页。

③ 《满族简史》，中华书局，第 226 页。

地处边陲的朝鲜族人民，在党的号召下，组织和参加反日团体，举行反日集会示威游行，清算各地的亲日走狗。在延吉、和龙、汪清、辉春等县组成了以朝鲜族为主的各族人民抗日游击队。朝鲜族共产党员李红光在磐石县蛤蟆河子一带组织六七百朝汉人民参加反日大暴动。他们在老爷岭一带拆毁铁路，破坏电线，焚烧枕木，致使日寇多日不能通车。在此基础上组织了抗日游击队，不久正式成立了“工农反日游击队”，很快发展到八百多人，改名为“南满游击队”。南满游击队正确地执行了抗日民族统一战线政策，广泛争取一切反日武装力量，将拥有四千多人的南满二十多个抗日军结成了以南满游击队为骨干的南满抗日军联合战线。1936 年 1 月 28 日抗日联军成立时，该队整编为第一军第一师，李红光为联军的总参谋长。在东满、南满各地，大批朝鲜族群众参加了抗联各军，在十一个军中，都有朝鲜族干部战士，其中第二军占绝大多数，第一军和第七军约占半数，他们同汉族及其他各族抗联战士一道，转战于白山黑水之间，共同发展东北地区的抗日游击战争，坚持长期抗战。另一名朝鲜族共产党员李学福（又名李葆满），在饶河县委领导下负责反日总会工作，领导群众于 1933 年正式创建了饶河游击队，协助当地义勇军作战。当义勇军溃败后，该队成为乌苏里江左岸各县抗日游击战争的骨干力量，1935 年秋改编为抗联第四军第四团，李学福任团长，在新兴洞和日伪军的遭遇战中，击毙日寇指挥官高木以下三十余人，伤敌甚多。接着，该团扩编为第二师，后成为抗联第七军。闻名于世的“八女投江”中的安顺福、李凤善，就是朝鲜族人。

在朝鲜族聚居的延边，曾建立了抗日游击根据地，设有医院和军火工厂，群众为抗联站岗放哨、担任通信联络、侦察敌情，等等。整个抗日战争中，先后有十多万朝鲜族人民参加了艰苦的战斗。其中有北满省委书记张兰生、七军军长李学福、第三路军总参谋长许亨植、一军参谋长李红光等数以万计的朝鲜族优秀儿女献出了自己宝贵的生命。仅延边朝鲜族自治州就有 1713 名抗日烈士。

除满族、朝鲜族外，东北地区的达斡尔、鄂温克、鄂伦春、赫哲、蒙、回等少数民族，也纷纷扛起枪杆，与汉族人民通力合作，共同打击侵略者。中国共产党领导的东北抗日联军更是全民族团结抗日的典范。在抗联成员中有汉、满、朝鲜、回、鄂伦春、鄂温克、达斡尔、赫哲、锡伯等族人民，几乎包括了东北地区所有的兄弟民族，甚至还有云南白族兄弟参加，真可谓中华各民族联合抗日的团结军。在长达十四年之久的斗争中，抗联各民族战士紧密团结，奋勇杀敌，有力地支援了关内抗战。

二　内蒙古地区各族人民的抗日斗争

日寇入侵内蒙古广大地区后，中国共产党领导蒙汉人民展开了抗日救亡运动。1932 年 4 月，在绥远成立“反帝大同盟”，组织了农民抗日“十人团”；在热河、察哈尔成立了“蒙汉抗日同盟会”和“牧民抗日会”、“农民抗日会”等组织。1933 年 2 月 22 日，中共内蒙古特委在张家口组织了“蒙汉抗日同盟军事委员会”，建立了蒙汉抗日同盟军、蒙古抗日联军，由蒙古族人率领的蒙古民众抗日自卫军和绥远土默特旗的蒙古族地方武装骑兵老一团部分官兵都参加了同盟军，开赴前线，痛击日寇，收复失地。

1936 年 1 月 2 日，百灵庙蒙政会的蒙古族官兵，针对日寇挑拨民族关系、破坏民族团结、拉拢德王的阴谋，毅然举行起义，脱离德王，实行抗日。2 月 21 日，起义军官兵一千余人，捣毁伪自治机关，打开伪保安处监狱，释放政治犯。著名的百灵庙起义激发了内蒙古广大人民的抗日斗志，打击了内蒙古上层阶级中的卖国分子。6 月，党在伊克昭盟成立了蒙古工委，展开了抗日宣传，武装农牧民群众，争取了大部分蒙古族上层同情抗日。伊盟的王公和伪蒙军中的一些军官表示支持抗日。不久在鄂尔多斯草原上建立了不少蒙汉抗日游击队，成立了蒙汉游击司令部，对日展开武装斗争。在收复百灵庙的战斗中，伪蒙军二十余名官兵在战场上起义，调转枪口打击敌人。

“七七”事变后，日本加紧侵占内蒙古西部地区，策划成立“蒙古联盟自治政府”。在此严峻时刻，内蒙古各族人民在党的领导下，奋起组织抗日武装。在归绥一带，由几名共产党员发起，组织起一支“蒙汉人民抗日游击队”，沿大青山南麓和平绥线到处袭击敌人，到 1938 年秋，就由原来的数十人发展为二百余人的骑兵游击队。

为了粉碎日寇的进攻，陕甘边区党委确定了内蒙古工作的中心任务是发动蒙古各阶层人民与全国各族人民团结一致，组成广泛的抗日民族统一战线，共同抗日。提出“蒙古平民王公团结一致抗日”“蒙汉团结抗日”等口号。1938 年 4 月，在三边成立了中共绥蒙工委。5 月，绥蒙工委与八路军警备骑兵第一团开赴伊克昭盟桃力民，并成立了中共河套特委和桃力民工委，广泛发动蒙汉各族贫苦农牧民和青年学生，建立起“战地动员委员会”或“抗敌委员会”等群众团体。并由上而下组织“抗敌后援会”“抗日救蒙会”，由王爷任会长，争取了蒙古上层中有势力有影响的人物，团结一致共同抗日。

为阻止日寇西进南下，八路军与蒙古族人民一道在日寇企图建立“蒙古帝国”的心脏地带——大青山，开辟了抗日游击根据地，建立了游击政权，正确执行党的“蒙汉平等，团结抗日”的民族政策，广泛地团结蒙古族上层分子，并通过他们联系蒙古族群众。正确的民族政策激发了蒙古族群众的觉醒，蒙古族青年纷纷参加抗日游击队，到1940年夏正式成立了以蒙古族为主的蒙古抗日游击队，在配合主力部队打击日寇，争取伪蒙军反正，动员蒙古族人民参加抗日等方面，起了很大作用。为了在大青山建立一支强大的骑兵队伍，不少蒙、汉农牧民青年带着马匹前来参加。骑兵队迅速发展为拥有三个团的大青山骑兵支队，成为一支强大的抗日武装。

在共产党的团结抗日政策的影响下，一部分蒙古族上层人士逐渐参加抗日斗争。如乌审旗的保安队营长那素滴勒盖（雷寿昌）于1940年从伊盟投奔延安，表示坚决拥护共产党领导的人民抗日战争。1941年被聘为陕甘宁边区第二届国民参议会的参议员，被选为边区政府委员。

三　全国各地回族人民的抗日斗争

“七七”事变爆发后，各地回族人民开展了英勇抗日斗争。在平津各界抗敌后援会的影响下，北平市的回民立即组织了“北平回民抗敌守土后援会”，并同北平学联、民先队、华北各界救国会等二十多个团体联合组织了募捐团、慰劳团、战地服务团、看护队、宣传队，给前线送饭、送水等。不久在甘肃、陕西、冀中、晋察冀、冀鲁、延安、四川、云南等地先后建立了“回民抗日救国协会”或“回民抗日救国联合会”，各县区设立分会、支会，回民的抗日救亡运动由华北、西北一直扩展到大西南。

活跃在陕西前线的骑兵，大都是回族同胞。包头市回民公会的负责人、回民小学校长等爱国人士，主动捐款慰劳前线将士，还发动包头市民组织了“西北回民救国会”，发表了《告西北回民书》，号召回民积极行动起来支援抗战。正如1938年4月24日《新华日报》《巩固国内各民族的团结》的社论中所指出的：“中国回民救国协会，回民抗敌救国宣传团等组织的成立，以及其他少数民族的组织救亡团体请缨杀敌，都说明有成千上万的少数民族的民众，已参加到抗日民族统一战线中来”。

在敌占区，回民自发起来反抗日本侵略者的暴行。如山东济宁回民数千人在当地教长率领下，击毙大批日寇。1937 年秋，河北文安县夏村回民袭击日寇，击沉敌汽船，俘敌多名。1938 年 2 月驻山东济南的数百名日军到济南附近一个回民村子，强迫他们杀猪慰劳，回民们为了维护民族的尊严，全村团结一致奋起反抗，杀死敌寇二百多名。《新华日报》为此发表的短评中称颂道：“由回民抗战，令人想起遍布我国西北华北一带的五百万体魄强健富有团结力的回族同胞，他们是中华优秀儿女，是抗战中一支潜伏着的伟大力量。”①

同年秋，日寇为了加强对华北的掠夺，准备在北平修筑一条通往郊区的公路，公路要经过阜成门外回民公墓。广大回民得知消息后，很快聚集起数百人，将测量员赶出坟地，并连日在牛街清真寺等处集会，以教长为代表发表了宣言：“誓以北平十七万回民生命，保卫五百年祖宗坟墓，任何牺牲在所不惜。”斗争终以回民的胜利而告终。

一些由回民青年组成的战地服务团，不仅进行战地服务，而且直接打击日寇。1941 年 1 月 6 日，在汴新路夸武境一列由徐州开往彰德的兵车，被回民青年战地服务团团员设伏爆炸，兵车被炸毁三节，炸翻一节，炸死日寇九十余名，伤数十人。②

尤其值得一提的是回族人民的武装抗日斗争。在八路军、新四军的帮助下，组成了数十支回民支队、回民骑兵团等抗日武装，有的分散参加各抗日部队。他们在敌后坚持游击战，在配合主力部队开辟和巩固根据地的斗争中，与敌人浴血奋战，立下了不朽的功勋，是八路军、新四军的一部分。在回民抗日武装中，以冀中和渤海的回民支队最为著名，马本斋领导的冀中回民支队成为回族人民英勇善战、坚持抗日游击战争的一面英雄旗帜。

在伟大的抗日民族战争中，回族人民在各战场上曾涌现了许多英雄人物。如山西代县人民自卫队队长回族小英雄金方昌，十七岁起和雁北人民一起与日寇作顽强斗争，被捕后，敌人挖去他的眼睛，他用眼血在牢房墙

---

① 《新华日报》1938 年 2 月 2 日。

② 《新华日报》1941 年 1 月 24 日。

上写下了“严刑利诱为我何，颔首流泪非丈夫”，最后壮烈牺牲。又如在国民党东北军任少校营长的回族同胞安德馨，带领一营官兵守榆关，顽强抗击日寇进攻，坚守阵地两天两夜，毙敌三百余人，终因寡不敌众，全体官兵壮烈殉国。安的遗体运到北平，停灵于牛街教子胡同礼拜寺，北平各界在中山公园中山堂开追悼会，张学良赠匾“重牟泰岱”，冯玉祥送了挽联。北平和全国各地的回族同胞、穆斯林纷纷祈祷，为本族本教有这样一位英雄而自豪。

四 新疆各族人民的抗日斗争

新疆各族人民虽然没有在战场上与日本侵略者直接作战，但始终以各种特殊的形式积极支援全国的抗日斗争。在苏联和中国共产党人帮助下提出的“反帝、亲苏、民平（民族平等）、清廉、和平、建设”六大政策，成为新疆抗日民族统一战线的政治基础。共产党先后派出几批优秀党员如毛泽民、陈潭秋、林基路等去新疆工作，准备把新疆建设成为抗日的大后方。

1934 年 8 月 1 日，在中国共产党人和各界进步人士的推动下，在迪化（乌鲁木齐）成立了“新疆民族反帝联合会”（简称“反帝会”），共产党人在“反帝会”里起到了领导和骨干作用。他们利用“反帝会”向全疆各族人民进行抗日救亡宣传。

1937 年 4 月，陈云到达迪化，作为中国共产党派驻新疆的第一任党代表。10 月在迪化成立了八路军办事处，这是共产党在新疆直接领导统一战线的机构。通过宣传，迅速提高了各族人民的抗日觉悟。

新疆各族人民在反帝会的号召与组织下，在“一切为着抗日胜利”“有钱出钱、有力出力、有知识出知识”的口号鼓舞下，很好地完成了抗战给予新疆“巩固地建设抗战后方、保护国际交通路线、组织和训练广大民众尽一切可能援助前线胜利”[①] 的艰巨任务。

反帝会组织抗战募捐：伊犁、塔城、南疆等地的富商每捐均为几百万省票；劳苦群众忍饥饿捐款；山区、蒙古包中的各族同胞，自动组织抗敌后援会进行抗日募捐。据统计：1937 年 9 月至 1938 年 9 月全疆各区共捐款

① 1938 年 10 月 31 日黄火青在反帝总会民众联合总会联合代表大会上的报告。

合大洋六十多万元。在1938年10月召开的省第三次代表大会上，决定用这笔钱购买十架新疆号国防飞机支援抗战。1939年8月24日送往前线，参加了保卫武汉的战役。1943年又开展了一县一机运动，一年中全疆共献飞机144架，超过原计划64架的一倍多。

为抗战募捐寒衣：1938年10月13日反帝会秘书长黄火青在代表大会上倡议开展募寒衣运动时说："现在天气渐冷，前线抗日战士们将要在冰天雪地的时候与鬼子拼命，我后方民众应知道前线战士之辛苦，并使各战士身上得到温暖，得到精神和物质、安慰和愉快。我们居在安全后方，应当集中财力极大援助前线"①。到12月底，全疆向抗敌后援会汇去募寒捐款二十三万元（法币），之后每年都捐款二十余万汇往前方。

为抗战献金：为支援前方抗战，1939年11月全疆各族开展献金运动。阿克苏一位维吾尔族妇女慷慨捐献了二十七个元宝，一些少数民族同胞把自己家传或节衣缩食所得的和田挂毯、绸缎、衣服及牛、羊、毛驴送到献金台，迪化区十天献金合法币六十万元，到年底共捐二百余万元。新疆各族人民还专为延安捐款、赠衣物，仅伊犁地区捐献皮衣八万件、皮靴一万双，全部运到延安支援抗战。

在关内重要城镇和港口沦陷的情况下，新疆成为国际援华物资唯一孔道，为保证国防运输线畅通，顺利运转抗战物资，新疆政府组织了汽车四十辆、骡马五千多匹、骆驼三千五百多峰、大车两千多辆等大批交通工具，并组织各族人民抢筑、抢修道路，护送、搬运物资，维修车辆，军民剿匪除奸，巡逻护路，送信带路。为保障千里运输线畅通无阻，涌现了许多可歌可泣的英雄事迹。1944年为接送美国援华物资，由维吾尔族同胞备马千余匹往克什米尔列城接运，沿途冰川深谷，朔风凛冽，空气稀薄，条件极端恶劣，一些维吾尔族同胞为此付出了宝贵的生命，长眠在积雪的世界屋脊。

五　西南、华南各族人民的抗日斗争

云南是我国少数民族最多的省，日寇入侵较晚。各族群众积极支援抗

---

① 《中国共产党新疆斗争纪事》，解放军出版社，1985，第21页。

战，作出了特殊的贡献。

“七七”事变后，为了运送世界人民支援中国抗战的物资，需要开辟一条自昆明经下关到畹町的滇缅公路，全长950多公里，主要穿越少数民族地区。沿途多是高山峻岭，还要横跨澜沧江、怒江等激流险滩，地形极为复杂。龙陵以下地区又是疟疾流行的“瘴疠区”，筑路条件十分困难。但是少数民族同胞，上至长髯垂胸的老翁，下至六七岁的娃娃，还有妇女，都参加了筑路工作。滇西各县先后动员了15万～30万各族民工筑路。他们不顾烈日曝晒和恶性疟疾的侵扰，齐心协力，昼夜奋战，硬是靠手工挖山开路，劈石凿岩，在短短八个月的时间里，就建成了这条有536座桥梁、3292孔涵洞的国际交通线，可谓修路史上的奇迹。筑路过程中不少民工献出了生命，负伤致残的达万人。这是云南各族人民对抗日作出的重要贡献。滇缅公路通车后，美国驻华大使詹森顺路视察回国，向罗斯福报告说：“工程艰巨浩大，没有机械施工全凭人力修成，实属不易，可同巴拿马运河比美。”[①]通车后，苏联援助中国人民抗战的六千吨武器弹药由此运往昆明。至1939年1月，全线正式开始国际运输。1940年后国际运输就全靠这条公路了。

1942年5月，日寇侵入云南德宏、畹町等地。居住在这里的白族、傣族、景颇族、崩龙族、傈僳族、佤族、拉祜族、阿昌族、汉族等各族人民组织了一支约两千人的抗日武装，用钢炮、枪、长刀、斧子、弓弩、地弩、暗箭等武器伏击日寇。各民族聚居区还有自己民族的抗日武装游击队，坚守本土抗击日寇入侵。云南各族人民还积极支援云南军民的抗战。1944年滇西反攻战时，在滇西的十多万国民党军队所需的粮食、生活用品，绝大部分由当地各族人民供给。前线的军需物资、弹药都由各族民工在山高坡陡、雨多路滑的情况下，用人背马驮来运输。在反攻腾冲的战役中，为部队运送弹药粮食，赶修公路，抢修机场，还积极做好向导、侦察、救护等工作，参战的各族民工达4.6万多人，代替兵站供应军粮共380万斤，马料210万斤，战时牺牲的各族群众达4000多人。

在台儿庄战役中，云南六十军一八四师师长张冲（彝族），统帅三千人从云南开赴前线，在禹王山战斗中坚持阵地战二十多天，是台儿庄大捷的关键一仗，缴获大量战利品，其中有日本天皇赏给百川一义大将的指挥刀。

---

① 龙云：《抗战前后我的几点回忆》，全国政协文史资料研究委员会编《文史资料选辑》第17辑，第58页。

日本报纸也不得不承认："自九·一八与华军开战以来，遇到滇军猛烈冲锋，确为罕见。"①

在贵州、黔南一带的布依、苗、水等各族人民，组织了"抗日救国会"和一支拥有千余名武装的抗日民主联军，阻击日寇入侵。在华南，少数民族中人口较多的壮族，在土地革命时曾为中国革命作出过贡献。日寇入侵，南宁沦陷，不久南部上思等十几个县也相继陷落。这些县的壮族地区，组织起有壮、毛南、仫佬、汉等族参加的游击队，开展武装斗争。1940 年 1 月邕宁八尺的壮族人民组织了一支 500 多人的抗日游击队，在日寇占领邕宁的十个月内，和敌人作战百余次，以少胜多打击敌人，使敌寸步难行。连居住在漫尾、巫头、山心三岛上人口最少的京族也参加了共产党领导的游击小组，在岛上筑起炮台，装上两门大炮，一直坚持到抗战胜利。

黎、苗聚居地的海南岛，在广州失守后，共产党领导的琼崖红军游击队改编为琼崖抗日独立大队。日寇侵占海南岛后，岛上黎、苗各族青年普遍参加了民兵，组织青年抗日救国会、妇女抗日救国会、儿童团等。民兵活跃在日寇据点和重要交通线上，配合独立大队打击日军。这支由黎、苗、汉各族组成的队伍，在斗争中不断壮大自己，由一个大队扩充到四个大队，改编为琼崖独立总队。在共产党的领导下，建立了以美合根据地为中心的九个抗日民主根据地。

福建、浙江一带的畲族人民，无论是大革命时期还是土地革命时期，在共产党的领导下和汉族一道进行斗争。1938 年春，闽东浙南地区的几千名畲、汉族红军游击队改编为新四军，开赴抗日前线。宁德县巫家山畲村的许多农民参加了游击队。

至于台湾 40 多万高山族人民，更具有悠久的抗日斗争历史。在日寇野蛮统治台湾的 50 年里，台湾高山族同胞的起义、斗争此起彼伏，连续不断。"七七"事变后，不少台湾爱国同胞，横渡海峡到大陆，投入抗日救国斗争或参加八路军、新四军。1938 年高山族在阿里山组织了台湾义勇军，建立了阿里山抗日游击根据地。斗争一直坚持到抗日战争胜利。

全国各地少数民族人民，除了在沦陷区、国统区、敌后进行各种形式的抗日斗争外，还有相当数量在土地革命战争时期参加红军的土家族、畲

① 李佐：《关于滇军沿革和六十军历史变迁概况》，《云南文史资料选辑》第 20 辑，第 55～56 页。

族、布依族、藏族、羌族、回族、东乡族、保安族、撒拉族等民族战士，在八路军、新四军中直接与日寇进行着英勇的搏斗。

在抗日战争中，共产党始终高举民族团结的旗帜，将各少数民族集合于民族革命战争之中，与侵略者进行了殊死的战斗。从东南沿海到西北高原，从祖国心脏到西南边陲，在广袤的土地上，四五十个兄弟民族团结一心，英勇奋斗。无论是几百人的小民族，还是几亿人的汉族，都以必胜的信心，坚持抗战，表现了炎黄子孙的崇高民族精神。

（《近代史研究》1988 年第 3 期）

同治年间甘肃回族反清运动性质再认识

霍维洮

长期以来，史学界把同治年间甘肃[①]回族反清斗争视为以太平天国为主体的清末农民战争的一部分，认为它是一次反封建的运动。又因为这次运动明显的民族特征，而说它同时具有反民族压迫的性质。这些研究无疑是富有成绩的。但由于直接资料的缺乏等，人们对当时回族的社会状况和回族反清斗争内容的认识还很不充分，而对其斗争性质的论证主要是从清政府封建统治这一外部因素来进行的。笔者认为，回族反清运动，在不同地区，其性质各不相同，需要分别研究，不可一概而论。就甘肃回族反清斗争而言，反封建之说尚有商榷之余地；反民族压迫的具体内容亦有待于进一步分析。

一 甘肃回族反清斗争的民族性质

几乎与清朝同治年号相始终的甘肃回族反清斗争，其面貌与性质之纷繁复杂、扑朔迷离，根本原因就在于民族和阶级的两种关系交织于运动过程。理清这二者的关系是我们认识其性质的首要任务；而判定其领导权之归属，又是至关重要的。

甘肃回族反清运动首先在宁夏发难。同治元年夏，陕西回族斗争刚发生，宁夏回族便立即准备起事。“宁夏府属之灵州有回民入境买马、制造军器之事。”[②] 八月，同心平远所回族把总马兆元率先举事，接着“固原阿訇

① 甘宁青三省在清代同属甘肃省。为简便起见，下文将甘宁青回族均写为甘肃回族。

② 《清穆宗实录》卷三十三，第47页。

纳三、清水回逆李得仓、盐茶回逆田成吉、平凉回绅穆生花之徒羹沸而起”[①]，“灵州所属之金积堡、吴忠堡两处回民同时倡乱，势甚猖獗”[②]。十二月，北部平罗、宁夏（今银川）等处回民攻平罗县城和宁夏府城。宁夏全境皆变。

金积堡治属灵州，两地相距仅数十里，此地回民多为马化龙教众。事发在即，官府已十分惶恐。灵州知州张瑞珍“曾将马化漋传到，谕以各安本业，勿生事端”[③]。有一甘肃贡生曾投诉清廷都察院，告马化龙（另作马化漋）：“招亡纳叛，谋为不轨。在牛首山制造军器，与宁夏县武生纳清泰、平罗县武举黑文选、河州游击马世勋、西宁马承清结为死党”[④]。这些都反映了马化龙在发动反清运动中的特殊作用。

金积堡和吴忠堡的斗争由马化龙直接组织是无疑的。而同心、固原、平凉、平罗几处回民军也都以金积堡为依归。金积堡以南的同心、盐茶回民军于九月北进灵州和惠安堡，北部平罗回民军则南下。此即史籍中所说的马化龙“纠集马兆元、王阿浑、周发、周连登等于九月间围攻灵州”[⑤] 之事。透过这一进军方案，可知马化龙与宁夏南北各路回民军的密切关系，而金积堡的中心地位也十分突出。

从回民军首领关系看，平凉、固原回民军首领穆生花、王大桂是著名阿訇。穆生花是马化龙家族世交，为马化龙派在平凉、清水一带的“热伊斯”（即教主委派主持一方宗教事务的代理人，地位高于一般阿訇）。根据门宦教阶，他是马化龙的直接下属。据门宦后人追忆，马化龙之子马耀邦事前曾偕王大桂到莲花城与穆生花共商反清大计，“约定同年秋天，马耀邦从灵武出兵南下，穆生花从莲花城出兵北上，会师固原，同取平凉”[⑥]。征诸史实，这段回忆当是可靠的。北部宁夏、平罗回民军同治二年十月攻克宁夏府城后，立即迎马化龙入城指挥。《平回志》的作者对此慨叹道：“由此观之，则宁夏一路服属于化漋，显然矣！”[⑦]

---

① 慕寿祺：《甘宁青史略》正编卷二十。

② 《清穆宗实录》卷四十九，第 59 页。

③ 《平定陕甘新疆回匪方略》卷四十四（下称《平回方略》）。

④ 《平回方略》卷三十七。

⑤ 《平回方略》卷三十七。

⑥ 马辰：《穆生花阿訇抗清史略》，《伊斯兰教在中国》，宁夏人民出版社，1982，第 251 页。

⑦ 杨毓秀：《平回志》卷三，《回民起义》三，第 112 页。

由此可知，金积堡以一个村堡成为宁夏回族十年反清的中心，完全是由马化龙及其家族的门宦教主地位和他们在反清斗争中的领导地位决定的。斗争一开始，马化龙就是最高领导者和组织者。以后随着斗争的发展，马化龙的领导区域发展得更为广泛，“陕甘之回又恃以为逋逃薮。化瀣皆收纳之，居中调度，无不用命”[①]。左宗棠说：马化龙乃“新教巨猾，西自乌鲁木齐、玛纳斯、肃州、西宁、河狄、宁夏，东至黑龙江宽城子，凡新教之回皆听其指嗾。潜谋不轨者数十年，反形已露，国家必讨之贼也”[②]。这里说的主要是其宗教影响。由于这场斗争与民族宗教密切结合，因而马化龙的政治影响力也超过了其他回民军领导人。

在甘肃的反清斗争中，其发动和领导者一般都来自门宦家族。河州、狄道是回族门宦制的发源地。同治元年河州回民与狄道汉民因“争渡起衅”。河州各门宦积极策动回族反清，并于次年率回民攻打河州城。回汉纠纷转变为反清斗争。此后，几个门宦共推著名阿訇马占鳌为军事指挥。马占鳌虽“能言利嘴，敢作敢为，得到教下的信仰”，但因宗教地位略逊于各门宦家族，导致了他与门宦家族的不合。门宦家族在攻下河州后，排斥马占鳌，有的甚至企图杀害他。马占鳌不得不弃权返家。同治八年，清军进逼河州，回民军遭受挫折。各门宦只得再次请马占鳌出山，并顶经为誓保证军队悉听其指挥。马占鳌再次成为河州回民军总指挥。[③] 这个曲折的过程中可看出，即使马占鳌这样极有才干的大阿訇，对回民军的领导也须得到门宦家族的允许和认可才有可能。

在咸丰末年，西宁地区的回族教争与民族矛盾已十分激烈。咸丰十年，马文义“乘西宁裁兵之际”，率撒拉族和回族“揭竿而起，扰西宁，又入河州积石关”[④]。官府无力控制事态，他们虽然知道“马归源并不禀官察办，辄暗聚花寺回子数千”，“马尕三为撒匪主谋”，却不得不“姑如所请，令其挟资前往筹办”[⑤]。马桂源、马尕三（即马文义）表面上为平息事变奔走，暗地里却极力鼓动教众起事，迫使清政府将西宁政权交给他们。终于马桂

---

① 杨毓秀：《平回志》卷三，《回民起义》三，第112页。

② 《左文襄公全集·文集》卷一，第17~18页。

③ 马培清：《马占鳌的反清与降清》，《文史资料选辑》第27辑。

④ 慕寿祺：《甘宁青史略》正编卷二十。

⑤ 《平回方略》卷四十四、十二、九十七。

源以署西宁府，其兄马本源以署西宁镇的清廷官衔，在西宁地区维持了近十年的抚局，掌握了军政大权。

史实表明，回族各门宦势力积极投身于反清斗争，并成为斗争的组织者和领导者。门宦势力是回族社会的阀阅之族，拥有雄厚的经济政治力量。如马化龙，回族哲赫忍耶门宦第五代教主，“富甲一郡，捐有武职”①，“挟巨赀，通贸易于西北各省及蒙古诸部，擅盐、茶、马之利，而京师齐化门外，直隶天津，黑龙江，吉林之宽城子，山西之包头，湖北之汉口，袤延数千里，商之所至，教亦随之”②。其他门宦未必能与马化龙相匹，但也都为雄踞一方之豪强。

回民军领导层中最多的是阿訇。阿訇是宗教职业者，大多数以教民的捐纳为生。他们脱离物质生产活动，不仅地位崇高，经济上亦多富有。如穆生花“行教于莲花城一路”，“其弟穆四、穆五，皆为新教阿訇”③，是阿訇世家。赫文典、马万选既为阿訇，又“皆左近平罗富豪”④。马占鳌幼时“延请名师苦心研求伊斯兰教经典”，可知出身绝非贫寒。他的先锋马海晏以经商致富，后“弃业攻读《古兰经》，致力于伊斯兰教教务活动”⑤。阿訇不属于农民阶级是显然的。况门宦制下，实行教主崇拜，阿訇唯教主之命是从，不会是农民阶级的代言人。

一些非宗教地主富绅对回民军亦有重要影响。河州地主马千龄在反清中“日以耗财与力为务，所耗财辄巨万”。故他曾参与回民军重大决策。⑥马化龙任命的灵州知州马占魁是“灵州吴忠堡回绅”⑦。其他如武生纳清泰、武举赫文选、富豪王洪、杨明等皆为回民军著名领导。

上述三种成分构成回民军领导层的主体。其中门宦家族居于权力顶端，掌握着最高领导权；各级阿訇和一些地主士绅则握有中层到基层的领导权。甘肃回族反清运动领导层的这种阶级状况，显然与阶级斗争的一般规律截然不同。因此，很多论著对这个重要问题语焉不详。有的论著认为地主上

---

① 柏景伟：《柏沣西先生遗集》卷三，第7页。

② 朱德裳：《续湘军志》，《湘军史专刊之一》，第265页。

③ 杨毓秀：《平回志》卷五，《回民起义》三，第167页。

④ 《平回方略》卷六十九。

⑤ 卢世谟：《马占鳌、马海晏、马千龄家族略述》《临夏文史资料选辑》第2辑。

⑥ 马福祥：《马氏族谱·述事集》卷三。

⑦ 慕寿祺：《甘宁青史略》卷二十。

层“篡夺了领导权”。这是不符合历史事实的。这里没有领导权在两个阶级之间转移的现象，更不存在领导层蜕化变质的问题。

回族下层群众广泛参加反清斗争是反封建论的一个主要根据。毫无疑问，回族农民是这次运动的主力。但是，农民加入斗争并不一定就是农民革命。问题的关键在于这个运动是否反映农民的阶级要求。因为农民不仅仅具有阶级的一重身份，他们还可能以民族的、教民的等其他社会身份进行斗争。甘肃回族人民的斗争没有发展为独立的农民运动，而是集中在宗教地主领导之下，整个斗争过程中很难找到农民阶级的独特要求。

与此问题紧密相关的是反映运动要求的斗争口号和阵线划分原则。“民族自卫”是甘肃回族反清的基本口号。宁夏同心回族举事时，“布散传帖，且称奉上司檄，官兵刻期歼除回头（类）。各庄回民闻而惊怖，群往附焉”[①]。这是针对官府的口号。还有针对团练和汉族的：“甘省回匪起事，类多借口于民团起衅”；“回众屡叛，辄以汉民挑衅为词”。[②] 这种发动事变的流行方式，其正面的内容都集中于一点，即维护本民族的利益。

民族自卫口号体现了甘肃回族反清的阵线不以阶级关系为界标，而是以民族和宗教关系为分野的。为了民族的利益，广大回族举家举族加入斗争。他们以居住的村堡为基层组织，较大的回族聚集地即成为反清的重要据点，像张家川、莲花城、萧河城、贵德、循化等。清军不得不逐堡而战，形成“剿不胜剿”“诛不胜诛”的局面。民族利益原则使斗争成为回族浩大的全民运动，它包括了回族内部的各个阶级和阶层。另外，这个原则把斗争阵营局限在民族范围之内，排斥了非穆斯林民族成员。当时官府征调无厌，清军到处抢掠，汉族农民曾起而反抗。但尖锐的民族矛盾制约了阶级斗争的发展。汉族等人民斗争没有发展为大规模的农民起义，更不能与回族斗争相汇合。相反，几支较大的汉族农民队伍，多由回汉矛盾所引发，又受其支配而为清军所利用。董福祥、扈彰为首的农民队伍即属这种情况。“董、高诸股，本甘肃平庆一带民人，因被回逆逼扰，无家可归，迫而为匪。”[③] 民族矛盾与阶级矛盾交织的现状，使甘肃汉、蒙等族农民无所适从。

---

① 杨毓秀：《平回志》卷三，《回民起义》三，第 109 页。

② 《平回方略》卷一〇二、一一三。

③ 《左文襄公全集·书牍》卷十，第 38 页。

“甘肃之民，初困于贼，继困于兵，居不能安，逃无可入。”[①] “逃无可入”，说明汉族等贫苦群众不能被回族斗争所吸收。汉族农民组成的队伍，在回民军与清军的夹缝中，斗争十分艰难。终于扈彰一支于同治七年被道员刘厚基收编。董福祥部则在同治八年由刘松山招降，编为“董字三营”，成为攻打回民军的急先锋。这种民族壁垒的森严，归根到底是由回族反清斗争的民族利益原则决定的。

有趣的是，回族之外，撒拉族、东乡族、保安族也是这次反清运动的重要成员。史籍中常称撒拉族为“撒拉回”，而东乡、保安两族更被直接称为回民。其实这几个民族的种族源流、语言等与回族有很多差异。他们与回族的共同之处，在于都信仰伊斯兰教。但这仍不是将他们混为一谈的根本原因。撒拉、保安、东乡三族在清代，政治上与回族结成巩固的联盟。历次反清中，他们与回族携手而战，存亡与共。这一突破民族界限的现象，恰成为这次斗争宗教性与民族性的有力证据。我们将在后面讨论此问题。

综合而言，历史上的农民革命，以阶级斗争为内容，反映着农民的阶级要求。它在阶级关系上具有严格的统一性。农民既掌握斗争领导权，又是运动的主体力量。他们以暴力手段打击地主阶级及其政治代表，进行激烈的阶级搏斗，执行着明确的阶级阵线原则。甘肃回族反清运动在上述诸方面均不同于农民革命。回族反清阵营内部存在着相互对立的不同阶级，而且领导权掌握在宗教地主手中。这两个对立的阶级非但没有发展为回族内部的阶级斗争，反而却同仇敌忾，存亡与共。广大回族农民在政治上积极追随宗教地主上层，没有破坏和冲击回族社会原有的阶级秩序。民族和宗教的原则是他们反清中处理内外关系的根本准则，是指引斗争方向的始终不渝的旗帜。如果要寻找上述各方面的内在统一性，那只有一个，即民族性。民族和阶级是两种不同的关系；与阶级利益的分裂不同，民族利益是一种共同利益。正是从这个共同利益出发，回族的上层与下层才表现出如此高度的一致性；也正由这一利益所决定，回族反清运动不可能表达独特的阶级要求，也不可能突破民族和以民族为基础的宗教关系的界限。种种现象证明，甘肃回族反清斗争是一次民族运动和民族战争，而不是反封建运动。

---

① 曾毓瑜：《征西纪略》卷二，《回民起义》三，第32页。

二 甘肃回族反清运动的目标

斗争目标是社会运动性质的重要表现。甘肃回族以武装的方式反抗清政府统治，反清似乎是其斗争目标。然而他们的求抚活动频繁而普遍，十余年的斗争过程，抚局占去大半时间。故时人称回民军“战和不一”，清政府“剿抚无定”。反抗与求抚的相反现象统一于运动之中，这也是这次斗争区别于农民起义的特点之一。

求抚活动贯穿于回族斗争的始终。同治二年二月，宁夏回族举事不久，“同心城回目周法、金积堡回目马化龙佥称伊等均被马兆元煽惑裹胁，误入其党。今幸蒙收抚，咸庆更生，情愿立时解散教下回众”①。实际上，马化龙“既投诚，伙党尚聚，军械不缴。游击梁生岳亲诣金积察验，接见化潅，承奉极谨，地方亦甚安。因诘问：‘人众何未遣散?’辄以‘恐汉团复仇’为辞”②。宁夏将军庆时因此解散团练。但团练解散后，回民军即于当年十月一举攻克宁夏府城和灵州城。马化龙先后求抚十数次，并多次代肃州、陕西等回民军求抚，代表的范围超出了他直接领导的宁夏地区。

西宁回民军首领马桂源更是竭力集清朝官员与回族首领两重身份于一身。同治元年夏秋，正当回族反清方兴之际，马桂源即“率十三工头人六十七人、撒拉三百余人，至戎城王锡文处牵马顶经，跪求恳恩准抚”③。他终于因此而成为西宁知府，西宁回族斗争进入长达十年的抚局时期。

同治三年十一月，河州回民军攻克河州城，但“文武官员俱经回目马占鳌等护送出城”④。“该处回目不敢自居叛逆，借口营弁魏智勇放火内乱，禀请查办。”⑤ 河州回民军分由各门宦领导，故抚局没有统一的时间。但史书中称其为“归化回”者甚多，足见其亦维持了长期的抚局。

肃州的情形与西宁相似。同治四年六月，占领了肃州城的回民军向官府“悔罪投诚”⑥。肃州清军兵少无力，马文禄控制了肃州官府，清廷官员

---

① 《平回方略》卷三十五。

② 杨毓秀：《平回志》卷三，《回民起义》三，第 112 页。

③ 《平回方略》卷十四。

④ 《平回方略》卷八十三。

⑤ 《平回方略》卷九十一。

⑥ 《平回方略》卷一〇五。

多成为马文禄的附庸。“马四以诸官皆附己，独知州李元嘉不从，数以甘言绐元嘉……贼又从元嘉索粮饷，皆不与。元嘉以头触马四曰：‘吾肉任汝啖之，粮饷不可得也。’马四怒，谋害之而不敢。未几，以去官得免。”① 回民军占据州城，但清廷官员仍各居旧职，由朝廷调遣，而马文禄还通过他们向朝廷请饷索粮，这真是既斗争又合作的奇特局面。

求抚活动的普遍性、持久性和公开性，说明它既非少数人的要求，也非临时的举措，而是一个与斗争目标紧密相关的重大战略决策。

求抚活动大体可分为三种类型。一是面临军事进攻的缓兵策略。如同治四年清军雷正绾、曹克忠、都兴阿等部南北夹击宁夏回民军。马化龙“遣人奉千金求缓兵”，并“送面十车，情词恳切”②，清军为其求抚所麻痹，被回民军一举击溃。战术策略的应用受战争性质和作战双方关系制约。回民军屡以求抚愚弄官府和清军，原因在于他们与官府之间存在着复杂的联系，时抗时抚，官府对招抚回民军抱很大希望。有的清朝官员对此不满，说：“甘肃自回祸以来，专意主抚，屡受其愚弄，而不改弦更张。”③ 陕甘总督杨岳斌总结道，回民军“有时意图缓兵，忽而重利以啗我，忽而甘言以餂我。若非洞察其奸，鲜有不为所中。此其不可以轻抚者也”④。

求抚的另一种类型是失败阶段的投降。如同治十年马化龙兵败求抚，其结果是获抚后被杀。马占鳌等降后成为清廷走卒。这是失败和绝望下的真正投降。

意义深远、事关斗争全局的是旨在形成抚局的求抚。同治初年，西宁回民军取得一系列军事胜利，“西宁办事大臣玉通力不能制回，遂主抚议。……回目马尕三狡黠异常，即以抚局愚官，复狭（挟）官以钤制汉民”⑤。同治四年六月，金积堡回民军大败清军，歼敌数千。清军惨败之后，继以哗溃，回民军声势大振。当此之时，马化龙却立即求抚，献出占领两年的宁夏府城和灵州城。这次求抚导致了宁夏地区长达四年多的抚局。肃州和河州的抚局已如前述，回民军有时与清军兵戎相见，一当清军被击败，

① 杨毓秀：《平回志》卷四，《回民起义》三，第139页。

② 杨毓秀：《平回志》卷三，《回民起义》三，第124页。

③ 张集馨：《道咸宦海见闻录》，中华书局，1981，第335页。

④ 《杨勇悫公奏议遗集》卷六。

⑤ 杨毓秀：《平回志》卷六，《回民起义》三，第158页。

便又归于抚局。

除失败而投降外，回民军的求抚不同于投降，因为这是在军事胜利的情况下出现的。当时有人对此颇感费解，说同治四年清军大败，“马化龙果趁此时，结连狄河，号召党类，南困秦陇，北收延榆，夏元昊之业不难骤建。而乃计不出此，一则投诚于杨宫保，再则投诚于穆将军，区区保守一金积堡，几如驽马之恋栈豆”[①]。求抚确实不是积极的反清行动，但也不是放下武器和放弃斗争。抚局的形成标志着回民军由武装反抗清政府统治向与清政府妥协、维持相对和平局面的转折。各地回族举事之初，无不以暴力打击官府和清军。但一旦清军主力被击溃，或官府机构被回民军所掌握，回族便由积极的武装斗争转变为积极谋求妥协。抚局就是这种妥协的产物。抚局反映了回族既反抗清政府统治，又缺乏推翻清王朝的政治目标的两重性。

抚局的形成以削弱或驱逐清政府统治为前提。时人将清政府收抚回民军比喻为两个人打架：“一人强有力，一人弱无能。其强有力者已将弱无能者饱打数顿，忽谓弱无能者曰：‘吾服子矣。’而弱无能者且夸耀于众曰：‘彼已服我矣”[②]。史实证明，什么地方清政府的统治力量最薄弱，抚局便最巩固。从清政府统治的瓦解和衰落讲，抚局是回族反抗和打击清政府统治的结果。

另外，抚局以清政府的认可为条件。抚局中的回民军都打着官府旗号，回民军主要领导人多受朝廷封官加爵。他们与官府书信往还，为清军供应部分粮草。马化龙受抚后，对平息宁夏和陇东的回族武装斗争起了很大作用。宁夏将军穆图善向朝廷报告：“马朝清自准投诚后，经臣委办灵州善后事宜，任劳任怨，不遗余力，又赴唐渠监修工作，筹借郡城兵粮。”[③]“其平凉、通渭、伏羌各县回民亦由马朝清代递禀呈，哀求收抚。臣拟委知州曹熙带同马朝清驰赴各路，相机妥办。”[④] 这至少说明两点：回民军不要求推翻清王朝，而且承认它的中央政权地位；回民军希望停止与清政府的军事战争。

---

① 柏景伟：《柏沣西先生遗集》卷三，第10页。

② 柏景伟：《柏沣西先生遗集》卷三，第9~10页。

③ 《平回方略》卷一三五。

④ 《平回方略》卷一三三。

然而，抚局并不是完全恢复清政府的统治，回民军的流血战斗并非毫无结果。抚局中，拥有实力的回民军拒绝清政府对其内部事务的干预，而且从来没有放下武器。“谓其未投诚耶，则宁郡、灵州未尝不听设官也，恭顺之文未尝不达于帅府也，国家弃瑕录用，三品之顶戴未尝不加于首领也，且供应粮饷之约，虽未凛遵，未尝不偶有馈运，间有输将也。将谓其真投诚耶，何以宁郡、灵州之有官不必遂胜于无官也，供应粮饷之约何以不赴兰省而赴董志原也，三品顶戴已加，首领何以未闻应差委调遣……”① 在抚局地区，清政府所设置的官员其实不过尸位而已，根本不能贯彻朝廷旨意，回民军实现了从经济到政治的全面统治。“西宁之马尕三，藉就称抚，挟持官吏，而西宁汉回兵民各务阴归其掌握。名为官抚回，实则回制官。”② 故左宗棠进攻西宁时说：“西宁名存实亡……今欲革故鼎新，收其权归之官，谈何容易。”③

维持抚局的主要支柱是回族武装力量，因而是否解散回民军武装成为清政府与回族反复斗争的焦点。清政府每次招抚回族，都提出解散回民军的要求；而保持军队恰是回族承认官府统治名义的主要条件。抚局之中，回民军不但没有削弱，反而更为增强了武备。“河州回自投诚后，军械租粮仍抗拒不纳。”④ “金积、河州等处，虽云就抚，而枭悍骑贼四出滋扰，暗与陕回勾结，以为屏蔽。……而乘时筑城凿池，积草屯粮，操演马步，置办军火，以为异日抗衡之资。”⑤ 甘肃回族在抚局中得到了政权，希望清政府承认这一事实。但清政府军事力量一旦壮大必然威胁抚局的稳定。因而，保持足够的武装是维持抚局的要求。

总之，抚局非一时的权宜之计，而是回族始终追求的目标。武装反清是为削弱清政府统治，为抚局的形成创造条件，而不是要推翻清王朝，故抗有限度；求抚并非投降，而旨在保持武装斗争已取得的成果，故抚有条件。抗与抚的统一，战与和的交错，最终都着眼于抚局。

那么，回族在抚局中获得了什么呢？政权！抚局中回民军拥有政治、

① 柏景伟：《柏沣西先生遗集》卷三，第 11 页。

② 《左文襄公全集·奏稿》卷三十二，第 9 页。

③ 《左文襄公全集·书牍》卷十二，第 29 ~ 30 页。

④ 杨毓秀：《平回志》卷四，《回民起义》三，第 137 页。

⑤ 柏景伟：《柏沣西先生遗集》卷一，第 20 页。

军事、钱粮税赋等各种权力。马化龙自任“统理宁郡两河等处地方军机事务大总戎”，下设参领、元帅等官职，自成一套统治系统。各地回民军在其占领范围内，彻底解除了清政府对回族的种种压制，实现了自我管理。但是，这个政权与农民起义建立的政权有根本区别。抚局中形成的地方政权是由清政府承认的，其领导人表面上都由清政府所任命。马桂源在与清政府破裂之前，一直保持着西宁知府的身份。马化龙的头衔不断升高，直做到记名提督。马万选、赫壮图、王三春、马耀邦等也分别被封为副将、游击的头衔，有的还被清政府赏给花翎。表面上他们都是清朝官员，以官府旗号坐镇一方。这种局面给清军后来镇压回民军造成了逻辑上的困难。因而左宗棠进军金积堡和西宁时，不得不声称只剿陕西回民军，并不犯及当地回民。而回民军领导人在保持自己政权的情况下，尽力与清政府相协调。为了抚局的长久存在，他们反复向清廷申明“不敢别有异谋”①。置于当时的国内背景下，所谓“不敢别有异谋”不外是将自己与南方农民起义相区别。只有划清这个界限，清廷才有可能承认他们的权力。从斗争的局势看，抚局中的回民军政权并不是一种与清政府对峙的政权。回民军领袖不仅承认清政府的中央地位，而且他们始终把权力范围局限在回族居住的地区，没有丝毫向外扩展的企图。马化龙曾自言其志不在推翻清王朝，云：“吾本念经人，遭逢乱世，为众推戴，不得不维持桑梓。”② 把维持桑梓和他们维护民族利益的口号结合起来，可清楚地看出：甘肃回族反清运动的根本目的是实现民族自主和自治，抚局是实现它的基本形式。

三　甘肃回族反清斗争的历史条件

任何历史运动都植根于当时的社会历史条件，作为这种历史条件的产物而受其制约和规定。甘肃回族反清运动的性质和特点归根到底来自于回族社会的状况。

回族宗教地主上层作为反清运动的领导阶层，代表着这一运动的要求，反映着回族社会的发展和变化。在这个领导层中，门宦势力的作用最大，亦最具代表性。形成于清代中叶的门宦制度，是回族社会自发产生的宗教

① 《平回方略》卷一二三。

② 慕寿祺：《甘宁青史略》卷二十。

政治制度。它把原来分散孤立的教坊联系为有组织的宗教政治体系，以教主所在的“道堂”为最高领导；实行教主崇拜和教主世袭。“其新创教之人，传之子孙，继继绳绳以至今日。教下人概尊之曰老人家，对于老人家命令服从惟谨，虽令之死亦所甘心。”① 门宦制度是宗教制度，但同时具有一定的政治性质。它对回族社会的宗教活动和各种社会生活无不具有支配和影响作用，门宦势力亦具有十分广泛的权力和职能。它已远远超出了意识形态的范畴，而成为回族社会的公共权力。“甘肃之回教门宦，隐然一封建制也。”②

门宦制度是明清以来西北回族社会经济发展的产物。它的产生表示着回族社会已经发展到了这样的阶段：在它的内部生长出民族的宗教、政治关系，要求走向统一并实行民族自治。

应该说这一要求不难理解，因为各个民族在其一定的发展基础上都必然地出现过自己的政治制度和政治权力。如果在一个适宜的环境中，它们还会建立起民族的地方政权。然而，回族是一个形成较晚的新兴民族，当其民族政治制度的萌芽产生之时，却面临着大一统封建专制主义政权。清政府早已把回族作为其直接统治的齐民百姓，竭力压制和排斥任何新的组织和权力对回族进行管理，因此门宦制度一产生便走上了一条艰难而必须斗争的道路。回族在乾隆年以后的不断反清就是这种民族要求的表现，而清政府一变清初较为宽容的态度，对回族内则镇压和限制宗教门宦，外则置重兵相钳制，也是这种权力冲突的反映。

门宦制度作为回族社会内部生长的制度，反映着回族的民族利益和要求；门宦势力作为回族自治的实体和形式，被广大回族视为民族的代表，受到下层群众的拥戴是自然的。这里民族的利益和要求成为压倒一切的问题，它抑制了阶级的界限和对立。这种共同利益是回族上层与下层一致反清的客观基础。

阶级和民族是人类存在与发展必然经历的两种形式。反清的甘肃回族既处于阶级对立状态，又是一种民族共同体。民族自主和自治是回族发展的必需条件，它包含了回族各阶级的利益。不仅回族的下层希望摆脱清政府的直接压迫，门宦势力、宗教上层更与门宦制度的存亡利害相关。清政

① 慕寿祺：《甘宁青史略》正编卷十八。

② 慕寿祺：《甘宁青史略》正编卷十八。

府对回族政治要求的打击，首当其冲的正是门宦势力。以哲赫忍耶门宦为例，马化龙以前的四代教主，第一代教主被清廷杀害，第二代教主曾被官府逮捕入狱，第三代教主死于流放途中。到清末，清王朝日益衰弱，门宦制度却走上了鼎盛时期，因此，各门宦在政治上一显身手的愿望便不可抑制地爆发了出来，他们成为反清的领导也是自然的事情。

既然门宦制度具有上述的性质和作用，回族反清运动中就必然以门宦的权力为领导权，以门宦的组织为组织。广大回族以清真寺为中心，以阿訇为领导，集合为一个个基层单位。所谓“回民好胜，过于汉民，阿浑碁之，往往因小忿而起大争”[①]，反映的就是这种情况。

应该看到，门宦宗教地主领导的反清斗争，并不是反抗清政府所代表的封建制度。他们反抗的只是清政府对其管理回族社会的压制。因此，当回民军驱逐了清政府在回族地区的统治，掌握了这些地区的政权，其反清目的已经达到之后，便立即以抚局的方式谋求维持这种现实。反抗和求抚都是从实现民族自治这一目的出发的。而他们作为封建经济的代表，所建立的政治权力和政治关系只能是封建性的。从这个意义上，我们说民族问题包含着阶级的实质。

（《近代史研究》1990 年第 4 期）

① 易孔昭：《平定关陇纪略》卷一，《回民起义》三，第 249 ~ 250 页。

近代西南少数民族起义军民族政策探析

李全中

19 世纪中后期，半殖民地半封建的中国社会，阶级矛盾和民族矛盾日趋尖锐，终于酿成纵横数省、席卷江南的太平天国运动。在太平军影响下，各地反清斗争此伏彼起。西南地区的四川、云南、贵州三省少数民族人民也纷纷举事“应援天国”，开展反清斗争。活跃在川、滇、黔各地的不同民族的各路起义军，在反对清政府的封建统治和民族压迫斗争过程中，表现出自发联合协同作战的趋势。这一值得注意的历史现象的形成，有着多方面的原因。其中一个重要原因，就是少数民族起义军队伍，在处理内部和外部关系时，实行了正确的民族政策。虽然少数民族起义军的领袖们对处理民族关系的认识还比较肤浅，实践还不够规范，但是这类政策的实行有力地推动着起义军的发展壮大，并留下深远的历史影响，历史作用值得肯定。今天，对西南少数民族起义军的民族政策进行探讨研究，仍不失其历史借鉴意义。

一

1851 年，洪秀全在金田村领导反清起义，建号“太平天国”。江南各族人民纷纷响应，奋起开展反清斗争。四川、云南、贵州少数民族人民，先后组成数支反清队伍，加入斗争行列。

1854 年 8 月，贵州桐梓因地方官吏横征暴敛，又“勒令苗民捐输，罄其家产”，“故民不聊生，激成事变”。[①] 自称“洪秀全同党”[②] 的杨隆喜，

① 《清实录·文宗实录》卷二〇七。

② 莫有芝：《遵难二十六首》，《咸同贵州军事史》第 4 册。

率众数千建立政权，称都督大元帅。月余，义军发展到两万多人，“成燎原之势”。1855 年春，黔东南苗族人民在张秀眉的领导下，起事于台江。起义军发誓“打官家”，解除苗族人民的苦难。“千里苗疆，莫不响应”。同年，天柱一带侗族农民由姜映芳带领，举旗反清。起义军提出“大户人家欠我钱，中户人家你莫言，小户人家跟我走，打倒大户来分田”的口号，召唤群众。队伍壮大至三万多人，“东荡西进，南征北战”，歼灭清军数千。这一年，黔南荔波水族农民潘新简于九阡山称辅德王，拉起一支反清义军。他们仿效太平军政策，亦兵亦农，开荒种田；废除捐税，实行合理负担。队伍很快发展至四万余众，两次攻入荔波县城，沉重打击了清朝地方政权。

云南少数民族，遥奉太平天国号召，先后起义反清。三迤各地应援天国的队伍，频频出动打击清军。1854 年冬，太平军战士王泰阶和李学东至哀牢山区“促彝起义，应援天国”，志在推翻清朝。在他们协助下，彝族贫苦农民李文学于弥渡县组织义军，誓师反清。起义军公举李文学为“夷家兵马大元帅”，王泰阶为参军，李学东为上将军。不足十日，义军队伍壮大至近万人，屡败清军和地方团练，控制哀牢山上、下段人口 50 多万的广大地区。1856 年，杜文秀发动蒙化回民起义反清。11 月，回民义军克大理，陆续占有滇西大部分州县。12 月，杜文秀就“总统兵马大元帅”职，设元帅府于大理。大理政权“宣布遥奉太平天国南京之号召，革命满清，改正朔，蓄全发，易衣冠，田赋征粮米，除丁粮，诉讼速审判，禁羁押”。[①] 滇东、滇南回民起而应之，形成“各拥其众，各据其地”的反抗局面。

在四川的酉阳、秀山和贵州松桃三县结合部的苗族人民在郎官、郎宦兄弟发动带领下，于 1859 年 6 月“建旗举事”，起义反清。义旗一展，应者云集，几天功夫即“有众数千”。义军建根据地于猫猫山，猛攻南腰界清军，节节取胜。不久，川西北松潘一带爆发藏族人民起义。当时，清军各级带兵官滥施征粮课税大权。“营中收纳此项番粮，皆不容以平斗量人。必于斗面聚稞如山，至斗不能容始作为一斗，名曰尖斗，番民深以为苦”[②]。对此，藏族人民极为愤慨，终于酿成以争取豁免“尖斗”为目标的反剥削

① 中国史学会主编《回民起义》第 1 册，神州国光社，1952，第 29 页。

② 周询：《蜀海丛谈》下。

反压迫斗争。

总之，在太平天国运动期间，西南三省少数民族人民，或遥奉太平天国之号召，或在太平军推动下，先后组成起义军起事反清，沉重打击了封建统治阶级，表现了各族人民反对黑暗，追求光明世界的进步要求。

二

西南少数民族起义军从建旗举事到施政治军的全部活动，有一个明显的特点，即自发联合，配合行动。因此之故，义军队伍得以不断壮大，得以攻城占地治理一方，坚持长期斗争（有的达十数年）。

在阶级矛盾和民族矛盾复杂尖锐的清朝末期，西南少数民族起义军的活动能够具有上述特点，应当说是难能可贵的。究其缘由，除各族义军斗争目标一致这一基本原因外，实行了进步的民族政策也是重要因素。民族起义军朴素的民族平等和民族团结的认识和实践，在起义军活动的许多方面有着不同程度的体现。

1. “共襄义举”的起义方针。西南少数民族起义军是各民族人民的反清队伍。这不仅表现为许多民族人民均有自己的带头人，登高一呼揭竿而起，而且表现为每支义军均是多民族成分的队伍。虽然他们在举事之时，其成员以一个民族为主，但并不拒绝其他民族人员参与。有的起义军还制订有号召各族人民参加起义的政策性条文。如哀牢山彝族起义军誓师檄文便有“望我夷汉庶民，共襄义举”① 的内容。在这一规定召唤下，“夷、汉、苗、回、倮倮庶民咸操刀持矛来归附”②，彝族起义军队伍得以迅速壮大。滇西回民起义军《誓师文》称：“滇南一省，回汉夷三教杂处，已千百年矣。出入相友，守望相处，何尝有轸域之分?”③ 这种民族平等的认识，导致广纳各族人民于起义队伍之中。有的部队“回民十之二三，汉民占十之七八”④。据在回民起义后期到过云南，广交回族、彝族、苗族人士，见闻甚多的法国人罗舍提供的资料称，“所有滇缅及滇藏的边区，大部分由民

① 刘尧汉辑《云南哀牢山区彝族反清斗争史料》，《近代史资料》1957 年第 2 期。

② 刘尧汉辑《云南哀牢山区彝族反清斗争史料》，《近代史资料》1957 年第 2 期。

③ 中国史学会主编《回民起义》第 2 册，神州国光社，1952，第 131 页。

④ 马曜：《云南简史》，云南人民出版社，1983，第 247 页。

家、彝人、泰人、西番、掸、傈等少数民族居住的地方，先后都参加起义"[①]。所以滇西回民起义军中白族人、彝族人、傣族人、纳西族人、藏族人、景颇族人、傈僳族人等，也为数众多。其他，如张秀眉领导的苗族起义军中，不乏水族、布依族和侗族人参加；川西北藏族起义军中有羌族人参加；川东南苗族起义军中也有土家族同胞。历代封建统治者惯于挑拨民族关系，制造民族不和。故在西南少数民族之间造成一定隔阂。这种历史性影响，难免不带入起义军队伍之中。既然各族人民为了共同目标聚集一起，就应消除分歧，平等以待，团结共事。为此，起义军制定了有关条令。在滇西回民起义军中有谓"族分三教（汉、回、其他民族），各有根本，各行其是，既同营干事，均宜一视同仁，不准互相凌虐"[②] 的规定。于是，滇西回民起义军中，"无分汉、回、夷，一以公平处之"[③]。对于起义军中某些人表现出来的涉及民族关系的错误认识，有识之士能予疏导，以加强团结，增进友善。当李文学率哀牢山义军驰援滇西回民义军，并肩作战取得胜利后，杜文秀加委李文学为"第十八大司藩"，镇守蒙乐、哀牢之地。然而，哀牢义军中有人对此持异议，认为李文学受委为"受回之制"。并言："汉受满欺，转而欺夷、回，回受满汉欺，转而欺夷，夷最下也"[④]。对此不利各族人民友善相处和义军团结的言论，上将军李学东（彝族）"起而作色"[⑤]，表示不同意这类议论。他还对"愿我帅（指李文学）为王"的主张提出批评。认为："倘吾帅为王，草寇王耳，从之者二三；吾帅为帅，为民除暴谋利，早无论汉、回、夷之民莫不争附之"[⑥]。这一认识，于起义军的壮大团结有利。

由上不难看到，在西南三省少数民族地区形成的轰轰烈烈的反对清廷封建专制统治和民族压迫的局面，是各族人民共同奋斗争得的，是各族人民力量聚合的结果。

2. 协同作战的军事方针。西南少数民族起义军队伍在族别成分上普遍

---

① 〔法〕罗舍：《云南回民革命见闻秘记》，《云南回民起义史料》，云南民族出版社，1986，第395页。

② 中国史学会主编《回民起义》第2册，神州国光社，1952，第118页。

③ 转引自潘龙海、陈连开、金炳镐《中华民族学初探》，延边大学出版社，1992，第89页。

④ 刘尧汉辑《云南哀牢山区彝族反清斗争史料》，《近代史资料》1957年第2期。

⑤ 刘尧汉辑《云南哀牢山区彝族反清斗争史料》，《近代史资料》1957年第2期。

⑥ 刘尧汉辑《云南哀牢山区彝族反清斗争史料》，《近代史资料》1957年第2期。

反映出多民族性，都是植根于一定地域的各民族人民联合反抗清朝封建专制的统治。这一特点又合乎逻辑地引出各族起义军军事活动上的配合行动、协同作战，从而在军事方针上反映着民族平等和民族团结的思想认识。云南哀牢山彝族人民起事后，根据斗争需要主动联合哈尼族以田四浪为首领的抗清队伍。两支起义军不仅行动一致，而且统一了组织序列，“夷家兵马大元帅”李文学封田四浪为“夷家兵马副元帅”。两支义军会合，长期活跃于哀牢山下段的镇源、墨江等地，又向他郎、新平、元江发展，并肩抗击清军。在此前后，李文学还与刀成义领导的傣族反清武装、杨承熹领导的白族反清武装建立联系，配合作战。特别值得提及的是，这支彝族起义军曾先后两次慷慨发兵援助滇西回民起义军，给予大理政权以有力支持。当时，杜文秀领导的滇西回民起义军作战受挫，被清军围困于大理东南之红崖，处境危急。李文学采纳参军王泰阶的意见，决定前去解围，兵分三路驰援大理。彝族义军昼夜兼程赶到红崖，配合杜文秀部内外夹击，歼灭清军五千余人。李文学亲临战场勇猛直前，手斩清军统领一员。杜部围解，声势益振，又夺得景东、巍山、南华、楚雄等地，领有滇西大部。两军团结战斗，友谊日增。回族义军“总统兵马大元帅”杜文秀亲自到大理城郊外五里迎彝族起义军“夷家兵马大元帅”李文学入城，亲密无间地挽其臂曰：“望同心协力，齐驱满贼，则汉、回、夷生灵可以得安”①，表达了继续团结奋战，各族人民共享太平的愿望。不久，清军再次围攻大理，李文学又派兵援助，重创清军，所部也付出沉重代价。在反清的共同目标下，回民起义军得到彝族起义军的援助。同时，其他少数民族起义军也得助于回民起义军的支援。1862 年，滇西回民起义军南征景洪一带，有力地配合了傣族人民的反清斗争。在贵州，各少数民族起义军也不乏联合作战共同反清的举动。1861 年，张秀眉领导的苗族起义军一部，协助姜映芳之侗族起义军攻下天柱县之黄桥，侗族义军得以建成以九龙山为中心的反清根据地。潘新简之水族起义军联合潘阿六所率苗族起义军会攻荔波县城，打死知县蒋嘉谷和团练头目刘山。又联络入黔之太平军余诚义部，以“云梯、火炮”猛攻荔波县城。围城一月，下之，取得反清作战的重大胜利。

此外，西南少数民族起义军还在作战物资上相互支援，互解燃眉之急。

① 刘尧汉辑《云南哀牢山区彝族反清斗争史料》，《近代史资料》1957 年第 2 期。

滇西回民起义军在发展中扩大了作战范围，所需火药短缺。李文学责成哀牢山义军控制的火药制造厂，适时供应，给予支援。

这类并肩作战、协力克敌的战例在西南少数民族起义军的军事活动中屡见不鲜，生动地反映出各族劳动人民在长期历史过程中形成的互助团结，共同对敌的光荣传统。

3. 平等的职官政策。西南少数民族起义军民族平等的认识和实践，反映在用人问题上体现为实行平等的职官政策。凡具有一定规模的义军队伍，均组织严密，等级有序，职责分明，军政干部的使用不论其民族，唯才而用，论功授职，平等以待。

如前所述，哀牢山少数民族起义军为彝族反清队伍。其聚众起义得助于太平军战士王泰阶和李学东的宣传鼓动。而王泰阶为四川峨眉县汉族人士，“促彝起义”多有计策，功不可没，为“夷家兵马大元帅”李文学任用为参军。以后，在义军的发展壮大中建树颇多。哈尼族起义军与彝族起义军会合后，其首领田四浪受封为“夷家兵马副元帅”，李文学对其并无族别之见。哀牢山彝族起义军帅府之下，设八都督府，分领各路人马。都督府都督之职，除授予彝族人而外，还分别委任傣族刀成义、白族杨永熹。滇西回民起义军既有“同营干事，均宜一视同仁”的规定，在干部任用上就实行着难能可贵的各民族平等的政策。诚然，回民起义军中任用的官员“回之受职者数千”。同时，“汉之受职者数万”。且滇西各民族的“十八土司俱各袭职”①。于是，在滇西回民起义军队伍中，便出现各民族职官“文则策划，武则立功，三教同心，联为一体”② 的友善相处的景象。1860 年，贵州西部苗族在陶新春领导下起事反清，建立环周 300 里的根据地。当地彝族、布依族和汉族人多有参加起义队伍者。统帅陶新春实行平等的职官政策，以彝族人基哉为军师，一布依族人为将军，共同领导这支反清义军为建立太平社会而战。凡此种种，从一个重要方面反映了西南少数民族起义军的民族平等和民族团结的认识和实践。

4. 开明的夷汉政策。西南少数民族起义军在成分上的多民族性又反映为各族义军均有不少汉族人参加。义军领导集团在处理与汉族人的关系时，实行着开明政策。

---

① 中国史学会主编《回民起义》第 2 册，神州国光社，1952，第 105 页。

② 中国史学会主编《回民起义》第 2 册，神州国光社，1952，第 105 页。

众所周知，历代封建统治者惯用“以夷治夷”伎俩制造民族矛盾，挑拨民族关系，以从中渔利，巩固其统治地位。故而在统治民族与被统治民族之间存在矛盾，而且被统治民族相互间也存在一定的矛盾。满洲贵族入主中原统治全国之后，扩大“以夷治夷”范围至被统治的汉族与少数民族之间。致在西南少数民族地区，阶级矛盾和民族矛盾尖锐复杂。满洲统治者在当地各民族之间，离间捭阖，拨弄是非，甚至制造民族仇杀。他们与窜入西南地区的帝国主义传教士相勾结，在一些地方的汉人中鼓吹“杀夷兴汉”，在少数民族中则散布“杀汉兴夷”。在如此民族关系和阶级关系背景下，民族矛盾和阶级矛盾交织。面对复杂的矛盾形势，主要义军的领导者从朴素的认识出发，分清矛盾的主次，以各族人民共同的敌人为矛头所指，正确对待夷汉关系，实行开明的夷汉政策。以李文学为首领的哀牢山彝族起义军，对“促彝起义”，为“推翻清朝”这一共同目标而尽力的汉族人王泰阶、刘炳贤委以重任，分任参军和副参军。滇西回民起义军对拥护起义的汉族人信用不贰，在义军领导机关及各部队“汉之受职者数万”。黔西苗族起义军，以汉族人周国瑞为军师。这些在西南少数民族起义军中供职的汉族人，或“参赞军务”，或“治理民事”，为起义军的发展壮大以及各路义军的协同作战，作出了卓越贡献。由于历史原因，少数民族起义者对汉族人难免有不信任情绪存在。对因此引起的矛盾，少数民族起义军中的开明之士，能以大局为重化解矛盾，维护夷汉团结。汉族文生刘炳贤初投哀牢山彝族起义军时，军中有人对汉人来附持异议，上将军李学东（彝族）捐弃夷汉旧嫌，正色以对曰：“王参军，汉人也，彼与我同心，我夷爱之，我帅任之，曷言汉人必逐?”[①] 其开明主张说服众人，增进了彝族起义军将士与汉族成员的友谊和团结。值得称道的是西南少数民族起义军中的有识之士，还对夷汉矛盾的起因有着中肯的见解。滇西回民起义军发难之时，有回汉民人冲突之事发生。对于这类妨碍回民起义军发展壮大的事件，义军首领杜文秀十分重视。他于军中分析回汉矛盾缘由说：“汉回互斗起于细微，实由永昌文武官并云南大吏酿成屠杀之惨祸，而殃及全省。咎多在官，而不在民”[②]。简单数语，说透了汉民回民矛盾的深层次原因。杜文秀的认识，左右着滇西回民起义军的汉回政策，实行“连回汉为一体”，“志

① 刘尧汉辑《云南哀牢山区彝族反清斗争史料》，《近代史资料》1957 年第 2 期。

② 中国史学会主编《回民起义》第 1 册，神州国光社，1952，第 8 页。

在救劫救民，心存安回安汉”，“且汉众回寡，尤须重用汉人”。[①] 由是，滇西回民起义军所到之处，以优待汉民为政，汉民皆得各安生业，回汉关系得以改善。迤西汉民对杜帅无不称颂，匾额一方送至帅府，文曰：“一人定国”[②]。

西南少数民族起义军在夷汉关系上的认识和实践是值得肯定的，开明的夷汉政策具有积极的历史意义，对于各民族的统一和联合无疑是一种助动力。

三

西南少数民族起义军进步民族政策的形成和实行并非历史的偶然，而是有着深刻社会历史根源的历史现象。

第一，是太平天国运动的推动和影响。

西南少数民族起义军活动于太平天国运动期间，直接或间接受着太平天国运动声势的推动和政治主张的影响。

哀牢山彝族人民起义反清，与太平军的活动有着密切关系。太平军战士王泰阶和李学东，作战负伤未随大军北伐。他们由广西辗转至云南哀牢山区，深入少数民族之中，宣传太平天国的政治主张，“促彝起义，应援天国”。天王洪秀全“天下多男人，尽是兄弟之辈；天下多女子，尽是姊妹之群，何得存此疆彼界之私”（《原道醒世训》），“普天之下皆兄弟”（《原道救世歌》）的朴素平等思想，广泛传播于当地各族人民之中，直接影响着李文学为首的密滴帅府政权方针政策的制定。

滇西回族人民与太平天国相呼应，起义反清。杜文秀建立的大理政权，“宣布遥奉太平天国南京之号召，革命满清，改正朔，蓄全发，易衣冠”，实行与太平天国类似的政治主张。滇西回民起义军与太平天国保持着友好密切的联系，据有关史料称，杜文秀“与江南洪秀全通好”[③]。杜文秀还以太平军胜利形势和进军活动情况，鼓舞、激励队伍士气。当石达开部西征趋滇之时，他向部属宣布，“太平天国业已克服十有数省，石达开奉命来

① 中国史学会主编《回民起义》第1册，神州国光社，1952，第29页。

② 中国史学会主编《回民起义》第1册，神州国光社，1952，第8页。

③ 中国史学会主编《回民起义》第1册，神州国光社，1952，第283页。

滇，将与吾歃血为盟，互相援助”①。

此外，川黔边各族人民起义军都督大元帅杨隆喜也以太平天国名义号召群众，自称为“洪秀全同党”；黔西北苗族起义军首领陶新春，自称“太平天国统兵元帅”。水族、侗族起义军，也以太平军为榜样，治军施政，发动群众，并与太平军进入贵州的部队并肩作战。

这一切说明，西南少数民族起义军，在政治上受到太平天国的深刻影响，在思想上与太平天国相通，天国标榜的“太平一统”“天下总一家，凡间皆兄弟”的主张，势必影响西南少数民族起义军政策的制定。由是，像太平军一样，西南少数民族起义军发展成长为多民族的反清队伍；在起义军中，不同民族友善相处，并肩作战，在民族关系上，实行着进步的民族政策。

第二，是中华民族自发联合历史趋势的作用。

历史车轮驶入近代社会，中国各族人民遭受着帝国主义和封建主义的剥削和压迫；帝国主义与中华民族的矛盾，封建主义与人民大众的矛盾，成为中国社会的主要矛盾。其他社会矛盾，处于次要地位。历史上遗留下来的不同民族之间的矛盾，在新的社会矛盾格局中，受制于社会主要矛盾的发展变化。封建统治者勾结帝国主义，强加于中华民族的灾难，日益深重，各族人民处于水深火热之中。挣脱桎梏、谋取自由、寻求解放的呼声日益高涨。共同的历史使命向中华民族各族人民，提出了救亡图存的时代要求。于是几千年历史过程中逐步形成的中华民族的民族共同性和强烈的民族凝聚力，随着近代中国社会两大主要矛盾的发展而不断地增长着。在其支配下，中华民族内在的联系不断发展，一体性不断加强，在反对共同敌人的斗争中呈现为自发联合的趋势。这一趋势在声势浩大的太平天国革命运动中，有着明显反映。从一开始，太平天国就凝聚着许多民族人民的革命力量。他们在民族大家庭中平等相待，团结以求，致力于共同斗争目标的实现。西南少数民族起义军的活动，同样强烈地反映着这一趋势。在斗争实践中，他们悟识着民族平等和民族团结的真谛，并且在活动环节上探索着民族平等和民族团结的措施，试图解决历史上遗留下来的民族问题。于是，西南少数民族起义军制定并实行了朴素的，然而是进步的民族政策。其进步性首先在于它顺应了中华民族历史发展的走向，并推拥这一趋势继

---

① 中国史学会主编《回民起义》第1册，神州国光社，1952，第298页。

续向前发展；又是起义军从起事到发展壮大的必不可少的条件。

伟大的民主主义革命先行者孙中山先生，在回顾中国近代以来各族人民反对帝国主义和反对封建主义的斗争情景时，预见了中国历史此后的走向，正确地指出："中国现今正处在一次伟大的民族运动的前夕"①。我们通过西南少数民族起义军的斗争事迹，特别是他们实行着进步的民族政策，已经部分地窥视到了即将高涨起来的民族运动的端倪。这一运动，经过曲折的发展，由幼稚到成熟，参加者由自发到自觉，有许多经验教训需要总结认识。西南少数民族起义军的历史，是这个运动不可分割的组成部分，他们实行的进步的民族政策的经验，无疑应当包含在总结认识之列，尽管他们的思考还处在自发阶段。

通过上述的论证和分析使我们意识到，近代我国西南少数民族起义军所实行的某些进步民族政策至今仍具有一定的启迪价值。

（《民族研究》1997 年第 4 期）

① 孙中山：《支那问题真解 · 附中国问题的真解决》，《孙中山全集》第 1 卷，中华书局，1981，第 254～255 页。

第 六 编

中外关系与边疆民族区域政局

民国初年的中英西藏交涉

汪朝光

辛亥革命前后，英帝国主义曾经策动所谓西藏“独立”运动，并以此为要挟，迫使中国政府参加西姆拉会议，企图将西藏从中国分裂出去。对英帝的这一阴谋，新中国成立后的史学研究曾有充分的揭露。但由于种种原因，我们对于当时中英关于西藏交涉的全过程，尤其是中国政府的态度的研究尚不充分。本文的目的即在于利用近年来的新材料，对中英西藏交涉作一简明清晰的论述，以期使关于这一问题的研究向前推进一步。

一

西藏很早即是中国领土的一部分，清朝建立后，雍正五年（1727）设驻藏大臣。在1793年颁布的《钦定西藏章程》中，明文规定藏内大小事务“均应禀命驻藏大臣办理”①。但是，19世纪中叶以后，随着英帝国主义完成对印度的入侵，它开始把侵略矛头指向与印度毗邻的西藏。通过1888年和1903~1904年的两次侵藏战争，英国逼迫清政府签订了一系列条约和章程，攫取了一大批侵略权益。尽管如此，在1906年的《中英续订藏印条约》中，英国也不得不“允不占并藏境及不干涉西藏一切政治”②。此后，为了消化侵略成果，也为了避免与沙俄的冲突③，英国对西藏采取了所谓

① 《卫藏通志》卷十二。

② 《光绪条约·英约（三十年丙午）》，外交部印刷所，1916。

③ 英俄两国曾于1907年签订协约，在关于西藏的部分中，两国约定不干涉西藏内部行政，不与西藏直接交涉，不派代表至拉萨，不为自己谋求特殊权力等，这是英俄妥协的产物。

“不干涉政策”，更注重经济渗透和政治分化，在西藏上层人物中扶植亲英势力。

英国对西藏的入侵，更兼沙俄野心勃勃，使清廷感到西藏地位的危险，不少官员主张进行改革，清最后一任驻藏大臣联豫在任内积极推行新政，设立了督练公所、巡警局、电报局、学务局等新机构。[①] 同时，在藏人聚居的四川西部地区亦进行了以改土归流为中心的改革。清廷的这些改革措施，对于加强西藏与内地的联系，巩固祖国边疆无疑有着一定的积极意义。但是这些改革也与西藏上层封建农奴主及教主阶层的既得利益发生了矛盾，遭到他们的反对。为了控制藏局，清廷决定派钟颖率川军入藏。1910 年 2 月 12 日，川军进驻拉萨的当日，十三世达赖喇嘛偕亲英派首领伦青夏札等人仓皇出逃，到印度大吉岭请求英国“保护”。英帝国主义如获至宝，“处处从事笼络”。英印总督明托，英国驻锡金政务官柏尔等人多次会见达赖，为他打气，并“预备馆舍，供给一切，未及两年，达赖与藏员尽为所愚，而倾向维股矣”[②]。

辛亥武昌起义爆发的消息传至西藏后，原本平静的藏局再次开始动荡。先是，驻藏清军因欠饷而军心浮动，此时即有人以弃藏回川为号召煽动起事。驻藏大臣联豫见无法控制局势，遂称病避入布赉绷寺休养，藏政由钟颖主持（1912 年 5 月 10 日，北京政府正式任命钟颖为驻藏办事长官），拉萨局势稍定。但不久征讨波密的军队于撤退途中闹事抢劫，与藏军发生冲突，其后波及江孜、日喀则等地。1912 年 3 月，拉萨市内的汉藏冲突亦因驻军抢掠寺院而激化，双方为此而开战。本来这是中国的内部问题，应该由中国人自己解决。可是英帝国主义却感到有机可乘，遂竭力插手，企图实现其把西藏从中国分裂出去的阴谋。在英帝的怂恿和策动下，所谓西藏“独立”的喧嚣得以在更大范围掀起。

辛亥革命爆发后，卸任不久的英印总督明托赶赴大吉岭与达赖密谈。其后达赖派遣的官员即潜回西藏进行煽动，达赖的内侍、亲英分子达桑占东组织了一支一万多人的藏军，自任总司令，1912 年 3 月开始向江孜驻军进攻。经英国驻亚东商务委员麦克唐纳的“调停”，迫使当地驻军交出武

① 《陆兴祺咨送前清末季西藏沿革大略文》（1918 年 10 月 28 日），北洋政府蒙藏院档案。

② 《陈贻范报告西姆拉会议情形及自请惩戒文》（1914 年 10 月 15 日），北洋政府政事堂档案。

器，取道印度回内地。[①] 接着日喀则的驻军亦遭同样命运。自1912年4月起，达桑占东调集各路军队包围并进攻拉萨，与守军展开激战。守军因“兵饷久罄”，“内缺枪弩”，英国声援藏人，“复禁卖粮食”，[②] 不得已只能接受英国指使的廓尔喀驻藏官员噶卜典的“调停”，和藏军达成四点议和条件，将枪弹交出，经印度回内地。[③] 9月，驻藏军队陆续起程回内地。11月，达赖强令留藏所有官员必须于11月10日前离开西藏。[④] 钟颖及其卫队被迫离开拉萨，先移驻靖西，次年3月回内地。至此，所有驻藏官员及军队均被英帝支持下的西藏上层亲英分裂主义势力驱赶出境。

就在北京政府官员和军队全部撤离西藏之际，在印度流亡了两年多的达赖在英军的护送下，于1912年6月从噶伦堡启程回藏。在行前的欢送仪式上，英国官员公然表示：英国的愿望是，“看到西藏内部自治，他们期望达赖喇嘛能尽其一切力量，达到目的”[⑤]。有了英国人的支持，西藏亲英分裂主义势力更为猖狂，在藏内，他们挑动民族仇恨，把“藏人永不见天日”之罪归于“皆汉人入藏使之也”，煽动要把汉人“驱逐净尽”。[⑥] 在藏边，藏军东进，切断川藏交通。到6月中旬，藏军先后攻陷江卡、盐井、理塘等地，包围了察木多、康定等地。川边未被攻陷的县城，南路只有三个县，北路尚余八个县，由此直接威胁到川、滇两省的安全。[⑦] 这样，西藏问题就成了继外蒙古问题之后，困扰北京政府的又一大边疆问题。[⑧]

二

西藏问题发生于辛亥革命之中，濒临垮台的清政府自然无力顾及当地事态的发展。民国成立后，西藏局势的恶化已成了当政者不得不解决的紧

① 麦克唐纳：《旅藏二十年》，商务印书馆，1926，第68~70页。

② 《川督尹昌衡报告达赖派兵围攻汉军电》（1912年8月3日），北洋政府国务院档案。

③ 朱锦屏：《西藏六十年大事记》，1925，第29页。

④ 《江孜关监督史悠明报告汉藏第二次议和条款电》（1913年2月7日），北洋政府蒙藏院档案。

⑤ 《俄国中央及地方政府档案》（1878~1917）第二类，第20卷，第220~221页。

⑥ 《西藏六十年大事记》，第27~28页。

⑦ 北洋政府外交部编《藏案纪略》，第25页。

⑧ 1911年11月30日，沙俄策动外蒙古亲俄分裂主义势力宣布外蒙古“独立”，驱逐清政府官员，并进而骚扰内蒙古。沙俄此举严重威胁着中国北部边疆的安全。后经中俄谈判，通过1913年11月5日的《中俄声明文件》和1915年6月7日的《中俄蒙协约》，外蒙古取消“独立”，中国承认外蒙古自治。外蒙古实际上落入沙俄的控制之中。

迫问题。还在南京临时政府成立的当天，1912 年 1 月 1 日，孙中山就在《临时大总统就职宣言书》中庄严宣布：蒙古、西藏都是中国领土神圣不可侵犯的一部分。袁世凯就任后，再次重申："蒙、藏、回疆各地方，同为我中华民国领土……自应通筹谋画，以谋内政之统一。"①

北京政府成立后，面对当时的西藏局势，首先是藏军武装进犯川边所造成的对川、滇两省的威胁，北京政府决定对藏政策是剿抚结合，先剿后抚。这一政策之所以能付诸实施，主要原因在于川、滇两省的地方当局鉴于切身利害关系对进兵态度积极。四川都督尹昌衡认为，必"先有武装而后有和平"②。因此，川、滇两省接到命令后，立即行动，派兵西征。对袁世凯来说，只要不出动北洋军队，那么既可免伤实力，又可平定藏事，自然是件好事。川、滇两省军事行动的部分成功，成为稳定藏局，使西藏事态发展没有演变到外蒙古那种地步的重要因素。

1912 年 7 月，川督尹昌衡亲率川军前队二千五百人从成都出发。8 月，川军兵分两路，南路由朱森林率领，收复河口、理塘，北路由刘瑞麟率领，解察木多、巴塘之围。与此同时，云南都督蔡锷派遣的一支军队在殷承谳的率领下也收复了盐井等地。到 8 月底，川边失陷之地已基本收复，形势趋于稳定。

川、滇军队节节胜利的消息，使西藏分裂主义势力的后台老板英帝国主义终于忍耐不住了。它放弃了所谓"不干涉政策"，开始走上前台赤裸裸地干涉中国内政。还在川、滇两省的进兵尚在准备中时，6 月 23 日英国驻华公使朱尔典与袁世凯会谈，他就中国迫切需要的借款问题提醒袁注意，如果川军的前进超出一定范围，英国政府就"不会对中国提供任何进一步的援助"③，进而声称："西藏问题总以日后和商易为归结，倘现时用武力或与友睦之办法必有巨碍。"④ 此后，朱尔典数次与袁世凯会谈，他一再警告中国不得派兵入藏，不得改西藏为行省，否则所有责任唯中国是问。⑤ 由于这些威胁一时未见效，而藏军又在川、滇军兵锋之下不断败退，8 月 17 日，

① 《东方杂志》八卷十二号，《中国大事记》。

② 尹昌衡：《西征纪略》，第 15 页。

③ 《朱尔典关于 1912 年 6 月 23 日会谈的备忘录》，见《英国外交部机要文件》（F. O.），535/15，第 150 号。

④ 北洋政府外交部编《西藏问题议案》。

⑤ 梅拉：《东北边境：中印藏冲突的文件研究》第 1 卷，德里，1979，第 66 页（Mehra：*The North-Eastern Frontier*，*A Documentary Study of the Internecine Rivalry between India*、*Tibet and China*）。

英国方面正式向中国提交照会，声明五点：第一，英政府不允许中国干涉西藏内政；第二，反对华官在藏擅夺行政权并不承认中国视西藏与内地各省平等；第三，英国不欲允准在西藏境内存留无限华兵；第四，以上各节先行立约，英方将承认之意施于民国；第五，中藏经过印度之交通应暂时视为断绝。[①] 英国的照会完全无视国际法准则，是对一个主权国家内政明目张胆的干涉。西藏本为中国领土，中国政府如何行事完全是自己的事，英国根本无权干涉，何况英国自己也在1906年的《中英续订藏约》中，承认不干涉西藏一切政治。英国此举，是洞悉袁世凯政府迫切要求得到列强承认和借款，不敢轻易与英决裂才如此。强权即真理，从来是列强信奉的准则。9月6日，朱尔典在与外交次长颜惠庆的会谈中，更进一步威胁中国，如果中国政府不令川滇军队停止西进，英国不仅不承认中国政府，且将以实力助藏“独立”。[②]

本来，在前此袁世凯与朱尔典的会谈中，袁已承诺，中国不将西藏改为行省。[③] 现在，面对英国的强硬态度，有求于列强的北京政府终于改变了立场。8月30日，国务院致电尹昌衡，令其“切不可冒昧轻进，致酿交涉，摇动大局”[④]。9月12日，又令尹昌衡，“该军已到察木多之队，务饬切勿过该处辖境”[⑤]。同时，滇军亦奉命暂缓进军。这样，川、滇军基本上停止于怒江一线。有人评论说：“战胜川军者，非藏兵也，英使朱尔典也。”[⑥]

武力解决的方法既行不通，北京政府只好退而求其次，改剿为抚，“冀以怀柔之手段，牢笼藏人”[⑦]，即通过和西藏地方当权人物的直接交涉，求得西藏问题的和平解决。1912年9月，内阁总理赵秉钧在参院秘密会议上说明北京政府今后的对藏方针是，“民国在西藏，不施行新制，悉依旧法”，“承认达赖之归藏，及复其封号”。[⑧] 10月28日，袁世凯下令，正式恢复因离藏出逃被清政府开革的达赖封号。次年4月1日，又加封班禅。对联豫等

---

① 《藏案纪略》，第14页。

② 杨德麟：《西藏大事记》，台北，1955，第34页。

③ 《东北边境：中印藏冲突的文件研究》第1卷，第66页。

④ 《民元藏事电稿》，西藏人民出版社，1983，第32页。

⑤ 《民元藏事电稿》，西藏人民出版社，1983，第45页。

⑥ 陆兴祺：《西藏交涉纪要》下篇，第4~5页。

⑦ 王勤堉：《西藏问题》，商务印书馆，1929，第66页。

⑧ 《东方杂志》九卷十号，《英藏交涉始末记》。

人及滋事官兵予以处分。北京政府任命的护理驻藏办事长官陆兴祺及劝慰员杨芬等也先后到达印度，准备入藏与达赖交涉。1912 年 12 月，袁世凯致电达赖，表示已令有关方面停战，并希望达赖“亦转饬属下停战”，“所有滋事以来汉番曲直及善后一切事宜，另派专员商办”。[①]

在北京政府的努力下，西藏地方当局一度有过和解的表示。1912 年底，达赖先后通过钟颖及袁世凯任命的新疆都督袁大化向北京政府提出五条件[②]，同时还写信给蒙藏事务局总裁贡桑诺尔布，表示愿意“妥商”西藏事务。北京政府和达赖的接触之所以未能最终导致和平解决西藏问题，除了达赖本人左右摇摆、犹豫不决外[③]，更主要的在于英帝国主义的干涉和阻挠。自 8 月 17 日英国递交照会后，英印当局立即切断了中藏间经印度的交通（这是当时进藏的主要通道）。陆兴祺、杨芬等人滞留印度，不能前进。杨芬“迭电达赖及其噶布伦等”，“然所发函电皆为英人扣留，复密行雇人投递两次，亦为该处英人阻回”。[④] 后来还是通过达赖驻印交涉员札喜旺堆，杨芬才与达赖建立了间接联系。英国不承认陆兴祺的护理驻藏办事长官的资格，也不准其与藏人通信，否则即要令其离印。[⑤] 和达赖的直接接触都无法建立，协商解决西藏问题就更谈不上了。在英帝的怂恿支持下，达赖于 1912 年底致电袁世凯，声称汉官兵尽退，藏自相安。[⑥] 西藏地方当局并决议：“若民国政府派兵来藏，藏人不能限止时，即请英人出面阻止，并以特别权利报酬英人。”[⑦] 西藏亲英分裂主义势力自恃有英帝为后盾，关闭了协商大门。武力与和平的路都走不通，北京政府于无可奈何中只得和英国交涉解决西藏问题。

---

① 《西藏地方历史资料选辑》，三联书店，1963，第 286 页。

② 这五项条件是：第一，西藏人当与汉人有同等之权利；第二，民国政府每年补助西藏五百万两；第三，西藏人得以西藏境内之矿山自由向外国人抵借；第四，西藏人得自由练兵，民国政府不得干涉；第五，一切官制虽照民国政府之规定施行，而人才则采用西藏人。北京政府的答复是，第三条不予承认，第二、四两条须说明理由，余均可答应（《东方杂志》九卷十号，《英藏交涉始末记》）。

③ 十三世达赖喇嘛最初并非亲英派，西藏另一宗教首领班禅及许多僧侣拥护民国的意见，他也不可能不考虑。但是，西藏上层当权人物如夏札等人多为亲英分裂主义分子，达赖为他们所包围。而且达赖本人自流亡印度后，受惠于英人，回藏后倾向联英。

④ 《杨芬呈报入藏情形文》（1913 年 9 月 2 日），北洋政府蒙藏院档案。

⑤ 《陆兴祺致北京政府电》（1913 年 8 月 16 日），北洋政府蒙藏院档案。

⑥ 《达赖致袁世凯电》（1912 年 12 月 24 日），北洋政府蒙藏院档案。

⑦ 《西藏六十年大事记》，第 44 页。

三

民国初年的所谓西藏问题，很大程度上是英国政府有意制造出来的，西藏内部局势的动荡既是英国插手的结果，也为英国的干涉提供了借口。此时英国政府的中心政策，是要由中英双方的交涉，规定西藏今后的政治地位。其目的是："西藏虽然名义上仍可保留在中国宗主权下的自治邦的地位，但在实际上应使它处于绝对依赖印度政府（实际上是英国政府——作者注）的地位，而且还应该成立一个有效机构，以便把中国和俄国都排挤出去。"① 毫无疑问，这将给英国带来莫大的好处。它可以由此分裂西藏、控制西藏，为大英帝国的殖民利益再添上一笔资本。1912 年 8 月 17 日英国的照会，一方面是为了阻止川、滇军队的进军，更重要的是提出了中英就西藏问题改订新约的要求。只有这样，才能使英国的侵略合法化。照会提出后，北京政府虽已下令暂缓进军，但考虑到重订新约的后果，它对英国照会一直采取了拖延而不作答的态度。在几次催促无效后，12 月 12 日，英国外交大臣格雷授意朱尔典，如果不承认民国政府尚未构成对中国的足够威胁，则可通知中国，除非它按照英国条件在三个月内进行谈判，否则英政府将视 1906 年中英条约为无效，并将自由地与西藏直接谈判，英国政府还准备给西藏以实际支持，建立和维护西藏的独立。② 两天后，朱尔典在与外交次长颜惠庆的会谈中，两次要求中国作出正式答复。他还进一步暗示说，这些条款是在中国于西藏尚有部分主权的基础上提出的，远远超过中国现时所能期望获得的最大权利。③ 换句话说就是，中国可以得到的英国方面的让步不会超出条款以外的范围。这些话中公开和暗含的意义都不难理解，北京政府当然不会不明白。

1912 年 12 月 23 日，中国政府对英国照会逐条作出正式答复，声明：第一，中国对西藏拥有全权，唯现时无意改西藏为行省，但亦不许其他一切外国干涉西藏之领土权及内政；第二，中国于西藏为履行条约，维持治安，必须驻有军队，但非无限制；第三，中英已两次订立关于西藏之条约，

① 伍德曼：《喜马拉雅边疆》，纽约，1969，第 149 页（Woodman：*Himalayan Frontiers*）。

② 《格雷致朱尔典》（1912 年 12 月 16 日），F. O. 535/15，第 303 号。

③ 《朱尔典致格雷》（1912 年 12 月 16 日），F. O. 371/1239，第 55588 号。

今无改订新约之必要；第四，中国政府并无有意阻断印藏交通之事，以后更当加意保护；第五，承认中华民国不能与西藏问题并为一谈，深望英国先各国而承认。[①] 这个答复在不改西藏为行省，不驻扎无限制军队等问题上满足了英国的要求，但答复仍然拒订新约，又使英帝“十分不满意”。因为拒订新约，实际上就是认为旧约有效，从而也就确认英国无权干涉西藏内政，英帝怎么能满意？英国政府在对中国答复的答复中，无理认为中国答复“无法讨论”，英国政府只能以“上年八月十七日所备节略为根据，会商允洽之法”[②]。朱尔典公然威胁外交总长陆征祥：“不订约恐办不到。”[③] 此时，正值“善后大借款”前夕，为了不得罪英国人，北京政府终于 1913 年 3 月 27 日通知朱尔典，称中国准备按照 8 月 17 日照会中所列条件与英国会商。[④] 经过一年多的抵制、拖延、犹豫，北京政府最终还是只有屈服于英国的压力。英帝的侵略目的完成了第一步，硬是把中国的内部问题搞成一个国际问题，下一步就是在谈判桌上如何迫使中国作出更多的让步了。

中国方面同意英国要求后，在正式会谈前，中英双方曾就会谈的方式、内容有过几次讨论。在这些讨论中，英国节外生枝，提出由西藏代表作为独立方面与会，中英藏三方共同会商订约，共同签字。如同中国方面所指出的，此“不啻承认西藏有主约之权，而等于自主之国”[⑤]。中国方面为了满足英方的要求，作了一点让步，同意举行三方会谈。但为避免给人以“西藏是一个独立国家”的印象，中国建议，西藏代表不称全权字样，而是“称为掌权员，随同商议”；或者，由中英、中藏分别会谈，分别签约。此又遭英方拒绝，他们声称，三方会议的办法英国政府“势在必行，必无更改之理”。[⑥] 8 月 25 日，英国通知中国，无论中国代表与会与否，会议都将在 10 月 6 日开始。[⑦] 中国方面在英帝的威胁下只能再次让步，同意参加三方会议。值得注意的是，英国公使朱尔典在与陆征祥的会谈中提出：“鉴于

① 《东方杂志》九卷八号，《中国大事记》。

② 吕秋文：《中英西藏交涉始末》，台北，1974，第 221 页。

③ 吕秋文：《中英西藏交涉始末》，台北，1974，第 222 页。

④ 《朱尔典致格雷》（1913 年 3 月 27 日），F. O. 371/1610，第 14001 号。

⑤ 《中英西藏交涉始末》，第 230 页。

⑥ 《中英西藏交涉始末》，第 230 ~ 232 页。

⑦ 《艾斯文致格雷》（1913 年 8 月 25 日），F. O. 371/1612，第 39306 号。

四川之设西康省，其西部纯系藏境，将来立约不能不规定藏境，明分川、藏疆界。”[①] 这为其后西姆拉会议中的划界问题埋下了伏笔。

1913 年 10 月 6 日，中英藏三方会议在印度西姆拉开幕，10 月 13 日开始首次工作会议。会址选在印度，是英方的主意，目的在于就近控制会议进程。[②] 英方代表是英印政府外交大臣麦克马洪，另以原英驻华使馆官员罗斯为中国事务顾问。英驻锡金委员柏尔为西藏事务顾问。西藏代表为亲英集团头目、首席噶伦伦青夏札。还在会议开始前三个月，柏尔就与夏札在江孜秘密勾结，“每日互商对付中国交涉办法”[③]。柏尔要夏札搜集各科档案文献资料，以此作为西藏“独立”的“证据”。[④] 中国代表西藏宣抚使陈贻范、副宣抚使王海平 10 月 5 日方抵达西姆拉。在会议期间，“英人又禁止藏代表不与通信”，中国代表“一切举动，均派员陪侍，名为招待，实无异监视”。[⑤] 西姆拉会议就是在这种英藏双方“协而谋我”的气氛中进行的。

西姆拉会议开始后，藏方首先设出六条草案，主要内容包括：西藏“独立”；西藏疆域要包括青海、理塘、巴塘、打箭炉等处；中国不得派员驻藏；英藏修改通商章程，中国不得过问等。[⑥] 这些要求不仅要使西藏完全脱离中国，而且还就西藏疆域划了一条囊括青海和四川西部大片土地的界线，其荒谬程度连英驻华公使朱尔典都无可为其辩解。朱尔典曾就此评论道：“没有一个人能使我相信，打箭炉和巴塘不属于中国人。”[⑦] 藏方的要求遭到中国代表的强烈反对。11 月 1 日，中国代表提出驳复条款七条，主要内容是：西藏为中国领土之一部分；中国可派驻藏长官及卫队二千六百人驻扎西藏；西藏于外交及军政事宜均应听命中央政府指示而后行；通商条款之修改应由中英双方商议；中藏边界以当拉岭、江达等处划分。[⑧] 次年 1 月，中、藏双方各自提出内容大略同前的正式意见书，请英方审查。本是

---

① 《中英西藏交涉始末》，第 223 页。

② 中国提出会议在伦敦举行，为英方拒绝。

③ 《西藏交涉纪要》下篇，第 19 页。

④ 柏尔：《西藏之过去与现在》，商务印书馆，1930，第 99 ~ 100 页。

⑤ 《西藏交涉纪要》下篇，第 19 页。

⑥ 北洋政府外交部编《西藏问题》。

⑦ 李铁铮：《西藏之今日与过去》，纽约，1960，第 136 页（Tish Tseng Li：*Tibet*：*Today and Yesterday*）。

⑧ 北洋政府外交部编《西藏问题》。

侵略一方的英帝国主义，摇身一变成了中国内部问题的仲裁人。麦克马洪主持会议，名为“调停”，实际处处干着有损中国主权的勾当。

就在西姆拉会议进行之中，1913 年 11 月 5 日，关于外蒙古问题的《中俄声明文件》发表，麦克马洪立即从英国的侵略伙伴的行动中得到“启发”，便向英国政府建议，仿效沙俄办法，将西藏一分为二，以此解决显然将成为会议关键的西藏划界问题。英国政府于 1914 年 1 月 6 日认可了这一建议。[①] 2 月 17 日，麦克马洪就在对中、藏双方的提案提出审查意见时，抛出了将西藏划分为内藏和外藏的计划。其要点是：“承认外西藏业已成立的自治权，而中国于内西藏仍有若干权利。”这就是英帝心目中“俾全藏可复返太平”的“合理的解决办法”。[②] 3 月 11 日，麦克马洪正式交出英方调停约稿十一条，内容包括：中国对西藏拥有宗主权并承认外西藏有自治权，所有外藏内政由拉萨政府掌理；中国不改西藏为行省，西藏不得有代表于中国议院或类似之团体；中国于西藏不派军队，不驻文武官员，不办殖民之事；英藏议订新通商章程，废除 1908 年的中英通商章程；英国商务委员可于必要时随时带卫队前往拉萨等。[③] 约稿将青海的大部分及四川西部均划入西藏界内，其中再划为内藏与外藏，外藏已经包括了青海及川边的部分地区。[④] 这个“调停”约稿在“宗主权”的名义下似乎为中国在西藏保留了某些权利，如可派代表驻藏等，但约稿的其他条文，又使这些权利的作用几近于零。约稿只允许中国在西藏有卫队一百名，对控制藏局起不到任何影响。约稿的实际作用是让西藏以自治之名，行独立之实。而这种所谓“独立”，无非是由英帝国主义控制，使西藏成为英国的准殖民地，这从约稿中规定给予英国的种种特权中清楚地表现出来。

英国方面的“调停”约稿提出后，除了划界以外的其余各条，北京政府鉴于外蒙古的成例可循，没有表示过多的异议，只提出西藏在中国议院不得有代表的条款不能接受，英藏通商章程须经中国同意，唯对划界一事，虽一再让步，但坚持不同意英方的主张。因此，西姆拉会议的争执焦点即

---

① 兰姆：《麦克马洪线，中印藏关系的研究》，伦敦，1966，第 491 页（Lamb：*The Mcmahon Line*、*A Study in the Relations between India*、*China and Tibet*）。

② 《中英西藏交涉始末》，第 244 ~ 245 页。

③ 北洋政府外交部编《西藏问题》。

④ 《中英西藏交涉始末》，第 245 页。

在于西藏（包括内外藏）界线的划分问题。中国方面最初主张以江达为川藏界，当拉岭为青藏界。其后，为了和英方达成妥协，中国方面一让再让，由江达，而丹达，再到怒江，最后提出，当拉岭以北青海地方，及巴塘、理塘等地仍归中国完全治理，怒江以东及德格、瞻对、察木多、三十九族等地定为特别区域，不再添设郡县，维持达赖喇嘛向有之利益，怒江以西由西藏自治。[①] 中国对英国的要求可谓是曲意迁就，但英方仍固执不让。4月15日，麦克马洪对英方约稿作了部分删改，但实质未变。麦氏尚抄袭沙俄故伎，另拟七款作为附约，包括承认西藏为中国领土之一部分，企图诱惑中国上钩。[②] 4月27日，英方提出最后修正案，除在界务问题上作了少许让步，将白康普陀岭、阿美马顷岭东北之地划归青海外，全文照旧。英方威胁中国代表说，如“不于今日画行，则约稿中之第二、第四两款（即承认中国对藏有宗主权和代表驻藏的条款——作者注）全行删去，即与西藏订约，不再与贵员商议”[③]。在此情况下，中国代表陈贻范被迫于约上草签，但随即声明：“画行与签押，当截然分为两事，签押一层，必须奉有训令而后可。”[④]

西藏与外蒙古问题虽都是英、俄帝国主义挑起的，但它们却有一点重要不同。外蒙古不驻有中国军队，内外环境一时又使进兵不可能，北京政府于无可奈何中只有接受沙俄的摆布。而民初川滇军队的西征，使中国在藏边有了一块根基，它虽不甚稳固，但毕竟在中国手中。西姆拉会议中英国划定的西藏区域，相当一部分尚驻有中国军队，即使有英帝的支持，藏方当时也不可能占领这些地方。北京政府一时无力改变西藏现状是一回事，但要它从自己的领土上撤出军队，拱手送人，则是北京政府于心不甘、于势亦不敢的。这是北京政府在划界问题上不肯轻易让步的原因所在。4月28日，中国政府接获陈贻范草签的报告后，立即去电声明：“执事受迫画行，政府不能承认，应即声明取消。”[⑤] 29日又通知中国驻英公使刘玉麟：“陈使为势所迫，以个人不正式之画行，本政府不能承认。仍

① 《东北边境：中印藏冲突的文件研究》第1卷，第104页。

② 《中英西藏交涉始末》，第249~250页。

③ 北洋政府外交部编《藏案纪略》，第14页。

④ 《西藏地方历史资料选辑》，第229页。

⑤ 《西藏地方历史资料选辑》，第301页。

希根据前电，向英政府交涉，请其电英员按照中政府业经让步办法，接续磋议为要。”①

1914 年 4 月以后，西姆拉会议的日程表上再也没有出现过大的波澜。英帝唯一可做的事就是逼陈贻范在草约上正式签字，同时在外交上与沙俄就条约中可能违反 1907 年英俄协约处达成谅解。1914 年 6 月 25 日，英驻华公使朱尔典照会中国政府，再一次公开威胁中国，“除非该协约于本月底前签字，本政府将自由地单独与西藏签约。在此情况下，中国当然将失去所有三方协约内载的特权和利益，包括她的宗主权的承认，驻藏大臣之返藏亦将无限期推迟，本政府并将尽其所能协助西藏抵抗中国的侵略。”② 虽然中国方面在划界问题上又作了若干让步，但出席会议的英国代表仍于 7 月 2 日通知中国代表将于次日签约，如中国拒不订约，“英藏将订一保护彼此利益之约。”为了引诱中方签约，英代表故作姿态，告诉陈贻范：“明日会议有图两份：一为旧图，一将昆仑以北之境，划归中国……不再有内藏之名。如中、英、藏三面签押，则签此新图，如仅英、藏两方签押，则签四月二十七日之图。”③ 但陈贻范奉中国政府之命拒绝签字。7 月 3 日，英国代表只能与西藏代表私行签订了所谓“西姆拉条约”。陈贻范当时即严正声明：“凡英藏本日或他日所签之约，或类似之文件，中国政府一概不能承认。”④ 7 月 6 日，中国政府又向英驻华公使朱尔典，并通过中国驻英公使刘玉麟向英国政府声明：“中国政府不能擅让领土，致不能同意签押，并不能承认中国未经承诺之英藏所签之约或类似之文牍。”⑤

《西姆拉条约》正文共十一条，除个别之处，基本上同于 3 月 11 日的英国“调停”约稿。条约另有交换文书七款及声明一件。交换文书一方面承认西藏为中国领土之一部分，达赖喇嘛的封号由中国政府加封，另一方面又规定，外藏官员由西藏政府任免，外藏不派代表出席中国国会及其类似机关，从而实际上使西藏居于“独立”地位。声明一件则认定：“只要中国拒绝在上述条约签字，中国将被排除享受由于该条约所生的一切权利。”⑥

① 《中英西藏交涉始末》，第 254 页。

② 《东北边境：中印藏冲突的文件研究》第 1 卷，第 133 页。

③ 《西藏地方历史资料选辑》，第 300 页。

④ 《西藏地方历史资料选辑》，第 300 页。

⑤ 《西藏地方历史资料选辑》，第 302 页。

⑥ 《西藏地方历史资料选辑》，第 302 ~ 306 页。

《西姆拉条约》虽由英藏双方签署，但中国政府从来没有承认，因而这一条约完全是非法的，对中国没有任何约束力。进一步而言，当时的西藏地方是中国的完全领土，西藏地方当局受中国中央政府管辖，根本无权与外国私自订约，这更说明《西姆拉条约》没有任何法律效力可言。它只能作为英帝国主义侵略中国、阴谋分裂中国领土的铁证留于史册。

西姆拉会议期间，英国代表麦克马洪除了逼签条约外，还进行了其他一系列阴谋活动。7月3日，英藏签订了新的通商章程十一条，其中包括英国可以在西藏全境租赁土地，兴修建筑，自由贸易，架设电线，会同审判等条文。[①] 这个章程未经中国政府认可，其根据又是非法的《西姆拉条约》，因而同样是没有法律效力的。同年3月24、25日，麦克马洪在德里和夏札两人用秘密换文的方式划定了西藏东南部与印度的边界线。[②] 它以英国阿波尔远征为基础[③]，把西藏东南门隅、珞隅、察隅地区约九万余平方公里的土地划入了印度，这就是所谓“麦克马洪线”的由来。此事根本没有在西姆拉会议上讨论过，中国政府也不知道此事，当然就更谈不上承认了。这是一条完全非法无效的边界线。

西姆拉会议由于中国政府拒绝在条约上签字而寿终正寝，就此收场。7月10日，英国外相格雷在议会演说时，还在要求中国签字。然而中国政府坚持不签约的立场，使英帝无计可施。1915年6月，袁世凯曾想由中国再做一些让步，以了结藏事，并换取英国对帝制运动的支持。[④] 但英国仍固执前约，况其时欧战方酣，英国一时也无暇他顾，此事遂不了了之。

综观民国初年中英西藏交涉的全过程，英帝国主义对西藏是早有野心，它利用民初西藏局势的动荡和北京政府的软弱，极力插手西藏问题，企图实现其将西藏从中国分裂出去的阴谋。但是事与愿违，民国政府在对西藏问题的处理上虽然不无失策之处（如同意参加西姆拉会议），但在基本原则问题上始终坚持西藏是中国领土，中国在西藏拥有完全主

① 《东北边境：中印藏冲突的文件研究》第1卷，第119～123页。

② 《东北边境：中印藏冲突的文件研究》第1卷，第118～119页。

③ 1911年底，英帝借口英国官员威廉逊于西藏东南部从事间谍活动时被部落民击毙一事，派兵进入藏东南地区。这次入侵中的地理调查活动为“麦克马洪线”的提出创造了条件。

④ 北洋政府外交部编《藏案纪略》，第20～21页。

权，坚决不签订、不承认有损中国主权的协定，从而维护了中国在西藏的主权，也使英帝以后的侵略无所借口。如果说中英西藏交涉对中国而言不算什么太大的胜利的话，那么至少在民国外交史上，它也没有留下失败的记录。

（《西藏研究》1987 年第 2 期）

辛亥革命后英国分裂中国西藏的“新政策”

伍昆明

辛亥革命的胜利，推翻了清王朝，建立了中华民国。新生的中华民国政府高举各民族统一于一个国家、各省统一于中央的旗帜，并在1912年3月11日制定的中华民国临时约法的总纲中规定“中华民国领土为二十二行省、内外蒙古、西藏”。这给予清季以来觊觎瓜分中国边疆和在中国争夺势力范围的帝国主义各国以沉重打击。

由于辛亥革命时期国内政局混乱，边防空虚，无力顾及边陲地区，加之革命政权很快落入窃国大盗袁世凯手中，英、俄等帝国主义便纷纷利用这种局面，加速对我国边疆蒙古、西藏和东北地区的分裂活动。其中，英国制订并推行了一整套控制和分裂中国西藏的所谓“新政策”。“新政策”主要分两大部分：第一部分是妄图“改变西藏的政治地位”，即企图把中国的西藏和川青甘滇四省藏区，改变成名义上是所谓“中国宗主权”下的自治国，而实际则为英国的附庸；第二部分是图谋吞并与印度北部阿萨姆边界接壤的西藏门隅、珞隅和察隅等广大地区，取得一条印度东北部的所谓“最佳战略边界”。

一

辛亥革命时期英国对西藏“新政策”的第一部分，是将中国领土西藏分裂出去，即所谓“改变西藏的地位”。要“改变西藏的地位”，是因为西藏是中国领土的一部分，中国政府对西藏拥有主权。要把她变为英国的附庸，就得首先改变她是中国领土不可分割部分的这种政治地位。英国在文件中直言不讳地提出“改变西藏的地位”（a chang in the status of Tibet），这句话恰恰证明了英国图谋分裂中国西藏的实质。英印政府在一份名为《关于印度东北边境毗邻国家形势的备忘录》（Memorandum Respecting the Situation in the Countries Bordering on the North-Eastern Frontier of India）的文件中，将中国对西藏的主权篡改为所谓“宗主权”，此后又明确地提出：“西藏在名义上保留其在中国宗主权下自治国的地位，但实际上则应置于绝对依赖印度政府的地位，并必须建立一个一方面排斥中国人，另一方面排斥俄国人的有效机构”[①]。也就是说，在名义上保留中国对西藏的“宗主权”，但却要完全排斥中国政府对西藏的管理，而使西藏成为只听命于英印政府的所谓“自治国”，即英国的附庸。这个备忘录还进一步明白地解释说：“西藏应被置于与尼泊尔或不丹一样的地位。”[②] 尼泊尔和不丹是在英国武装侵略下，分别通过不平等条约而逐步受到英国控制，成为其附庸的。显然，英国图谋将西藏也变为自己的附庸。

文件还提出为实现这一目标而必须采取的策略和具体措施：“为达到此目的，第一个紧迫步骤就是有一个英国官员常驻拉萨，配以牢固的通讯线路，良好的道路，以及一条通到江孜的电报线。”[③] 此外，还要“进一步控制（西藏的）机构”，等等。[④] 英国政府主要从以下三个方面展开活动，实施其新的对藏政策。

第一，策动流亡印度的第十三世达赖喇嘛派遣亲英骨干分子达桑占东等人返藏，鼓动与组织民军、藏军，包围、攻打并驱逐中央政府驻藏军队。保路运动和辛亥革命的消息传至西藏后，清政府驻军纷纷起事响应，推举何光燮为都督。由于清军成分复杂，哥老会势力颇大，派系斗争激烈，军队失控，纪律败坏，劫掠烧杀。达赖在英驻锡金政治官贝尔等人鼓动和策划下，发表文告，并派达桑占东等人携文告返藏，煽动、组织和指挥民军、

① Memorandum Respecting the Situation in the Countries Bordering on the North-Eastern Frontier of India. 见 India Office to Foreign Office, Enclosure in No. 177, F. O. 535, Vol. 15, p. 141。

② Memorandum Respecting the Situation in the Countries Bordering on the North-Eastern Frontier of India. 见 India Office to Foreign Office, Enclosure in No. 177, F. O. 535, Vol. 15, p. 141。

③ Memorandum Respecting the Situation in the Countries Bordering on the North-Eastern Frontier of India. 见 India Office to Foreign Office, Enclosure in No. 177, F. O. 535, Vol. 15, p. 141。

④ Memorandum Respecting the Situation in the Countries Bordering on the North-Eastern Frontier of India. 见 India Office to Foreign Office, Enclosure in No. 177, F. O. 535, Vol. 15, p. 141。

藏军包围与攻打中央驻军，建立亲英势力组成的、由英人控制的政府。随后英国官员向尼泊尔政府提出派尼驻拉萨代表噶卜典（接着英又加派莱登拉赴拉萨）进行所谓调停，实际是压“中国驻军投降”[①]。英印政府还指示不准中国官员和军队在江孜、亚东等地的英国商务机构避难，并要中国军队经印度回国，不准经川藏边界撤回内地。[②]

在英印政府策划下，中国驻藏官员和军队被迫经印度返回。英国认为终于初步实现了其把中国官员和军队排除出西藏，并由英国控制西藏的阴谋。

第二，英为达到独霸西藏的目的，认为必须修改1907年与俄国签订的《西藏协定》中妨碍英国控制西藏的一些条款。因为该协定规定，两国必须尊重西藏领土完整和不干涉西藏内政，两国只能通过中国政府与西藏联系，不派代表去拉萨等。现在形势变了，英要控制西藏，要派员常驻拉萨，修电报线，筑道路，这些都是完全违反1907年《西藏协定》的。因此，《备忘录》认为现在最要紧的另一个任务就是与俄国签订一个协议[③]，以便放开手脚去从事分裂中国西藏的活动。英国从1912年9月起，与俄国就重新瓜分中国领土西藏与蒙古而进行长期谈判，要俄国同意英国独占西藏的政策。最后两国初步同意互不干预对方分裂中国领土西藏和蒙古的行动，但由于世界大战爆发而未能签订新约。

第三，英国要实现分裂中国西藏的最大障碍就是中国中央政府。西藏是中国的领土，不仅中华民国政府再三向全世界郑重声明，在《临时约法》这部法典中庄严规定，而且在过去英国与清朝政府签订的条约中，亦明确规定英国不能占领藏境和干涉西藏内政。因此，英国官员自知必须废除过去与清政府签订的条约，与中华民国政府重新订立新条约，使中国放弃西藏，英国才能“合法”地把西藏变成其附庸。新生的中华民国政府需要国际承认，于是英国政府印度事务部、外交部和印度政府等反复商议承认中华民国政府的先决条件。在英国外交部这一时期的档案中，收编了有关这一问题的大量往来电函。他们在商议中，逐步将各种条件添加进去，经不

---

① Sir J. Jordan to Sir Edward Grey, May 12, 1912. F. O. 535 Vol. 15, p. 53.

② India Office to Foreign Office Enclosure 1 & 2 in No. 14, F. O. 535. Vol. 15, p. 14.

③ Memorandum Respecting the Situation in the Countries Bordering on the North-Eastern Frontier of India. 见 India Office to Foreign Office, Enclosure in No. 177, F. O. 535, Vol. 15, p. 141。

断修改，最后形成1912年8月17日英国驻华公使朱尔典致中国外交部备忘录中的五点所谓政策声明。其主要内容包括：英国政府只承认中国对西藏有“宗主权”，不准中国政府干涉西藏的内政，反对把西藏当作行省看待，不准中国在西藏驻军，只准在拉萨设一代表和适当的卫队等，并把这几点作为英国承认中华民国政府的先决条件。同时，在中国做到上述五点以前，断绝中国经印度同西藏的一切往来。[①] 英国的备忘录实际是英要将西藏分离出中国的声明和最后通牒，引起中国政府的强烈反对。中国外交部次长颜惠庆接见朱尔典，逐条驳斥他的“8·17”声明，随后又正式照会英政府，拒绝“8·17”备忘录。

英国见北洋政府不屈从，又采取一系列措施以迫使北洋政府就范，如指示朱尔典禁止对华财政援助以要挟袁世凯；不准北洋政府派兵进藏镇抚；立即禁止中国经印度与西藏地方的所有联系，阻挠北洋政府派人由印度赴藏做达赖工作和宣讲民国政策，妄图将中央政府的势力和影响完全排斥出西藏。同时，英国破坏西藏地方当局与北洋政府代表双方在昌都举行直接谈判，迫使北洋政府派遣代表赴印参加英国策划举行的所谓“中英藏三方”谈判。

袁世凯为实现其个人野心，反对南方革命，求得英国外交承认和财政援助，对英国的种种压迫措施采取了投降妥协政策，完全同意了英的无理要求。在北洋政府同意参加英国策划的所谓“中英藏三方会议”后，英国政府又玩弄手法，在北洋政府出席会议的代表人选问题、北洋政府和西藏地方政府代表的名称与权限问题以及会议地址问题等方面施压，要北洋政府接受英政府的意见。袁世凯为求得英国支持，对这些别有用心的要求亦基本接受。

在西姆拉会议开会前，贝尔和西藏地方代表夏札在江孜密谋策划，抛出一份西藏提的草案，其中心思想是要“确立西藏为独立国”，并把川甘青滇四省藏区划入所谓“大西藏国”的范围。当荒谬的“藏独”草案被陈贻范据理驳斥后，英国代表抛出划分内外藏等比夏札的西藏草案稍作让步的所谓“调停约稿”，这份英方“约稿”充分暴露了英国企图使西藏成为在所

---

① Memorandum Communicated to Wai-chiao Pu by Sir J. Jordan. Peking, August 17, 1912, Sir J. Jordan to Sir Edward Grey, August 20, 1912, F. O. 535, Vol. 15, Enclosure in No. 193, pp. 153-154.

谓中国宗主权名义之下由英国控制的附庸的用心，是朱尔典1912年8月17日备忘录的具体化，遭到中国代表的拒绝。最后在英藏代表威胁要双方单独草签之时，陈贻范才被迫在没有请示北洋政府的情况下擅自决定草签。北洋政府获悉后立即表示拒绝承认草签，并于1914年7月6日拒绝在正式条约签字，并声明对英藏间本日或他日单独签订之条约或类似文件概不承认。虽然英藏当日单独签订了条约，但这个条约由于无中国政府签字而是非法的、无效的。就连印度政府在贝尔吹嘘西姆拉会议为英国和西藏捞到了许多利益时，亦毫不留情面地嘲讽指出：“那些利益当然纯属纸上谈兵，因为西姆拉条约没有获得中国政府的签字，也未被俄国政府所接受，因而现在是无效的。”（but that interest is necessarily purely academic, since the Simla Convention has not been signed by the Chinese Government or accepted by the Russian Government, and is therefore for the present invalid）[①]

英国政府费尽心机策划多年而制定和实施的分裂中国西藏“新政策”的第一部分，随着西姆拉会议的破产和中国政府拒绝在条约签字而失败了。

二

辛亥革命时期，英国分裂西藏的“新政策”除上述第一部分外，还图谋直接吞并与印度北部阿萨姆边界接壤的西藏东南部门隅、珞隅和察隅等广大地区，把它们变成印度的领土。英国早就垂涎于我国西藏的东南地区。20世纪初，英国利用清政府腐败衰弱而推行加速向西藏扩张的所谓“前进政策”，并派出一些官员到察隅河谷等地活动，在一些地方插上英国旗子。英国的侵略行动引起中国政府的警惕，赵尔丰在波密战事后，派管带程风翔率兵奔赴察隅地区。察隅向属西藏管理，直至1892年西藏地方政府制定的下察隅赋税册和1906年印度测量局绘制的《东孟加拉和阿萨姆省地图》，仍然明确说明下察隅在我国传统习惯线以北。程风翔和段鹏瑞经调查后，于宣统三年（1911）设立了察隅县。[②] 中国政府巩固边防的措施，被英属印度政府用作加紧侵略扩张的借口。英印政府总参谋长叫嚣要占领有“战略

① Government of India to Political Officer in Sikkim, September 3, 1915. Sir Edward Grey to Sir J. Jordan, Enclosure 2 in No. 44, F. O. 535, Vol. 18, p. 54.

② 吴丰培编《赵尔丰川边奏牍》，四川民族出版社，1984，第496页。

意义”的领土，划出一条过去寇松提出的“凝聚有自然和战略的力量的边界”。他建议迅速“控制住全部‘独立’的部落，有效占领日马（Rima）的边境站”[①]。1910 年 10 月 23 日，明托（Lord Minto）总督离任前私下划出一条所谓“最佳的战略边界线”，将门隅、珞隅和察隅三处大部地区划入印度领土。1911 年 10 月，英国政府以其助理行政官威廉逊（N. Willianson）在珞巴族阿波尔（Abor）地区被杀为借口，组织了一千多军人和数千那加族（Nagas）搬运夫的部队对珞巴族发动野蛮的武装进攻。随后又兵分三路对西藏东南地区开展地理和人文的测量和调查工作，为日后取得一条所谓“最佳战略边界线”作准备。

中华民国甫告成立，1912 年 3 月，印度总督致电英国政府印度事务大臣克鲁侯爵（Marquess of Crewe）提出，承认中国的条件是必须完全解决印度东北部与中国的争端。[②] 随后，印度政府又向克鲁侯爵进一步提出，把中国不能“侵占”中国承认的印度边界之外的部落领土等作为承认中华民国的先决条件。[③] 但英国政府恐怕印度政府提出的这个野心勃勃的无理要求会遭到中国政府的严厉驳斥，未敢将这条列为先决条件。后来在西姆拉会议期间，英国代表在会下背着中国中央政府代表暗地里与西藏地方代表偷偷搞交易，非法划出一条所谓的“麦克马洪线”，图谋达到霸占我国西藏东南地区的目的。这条所谓边界线，中国政府代表根本不知。西藏作为中国领土的一部分地区，是无权与外国划界的。因而，这条所谓的“麦克马洪线”是非法和无效的。所以，英国在辛亥革命时期推行分裂中国西藏新政策的第二部分亦遭到破产。

综上所述，英国在中国辛亥革命时期，趁中国局势混乱、国力衰弱之机，明目张胆地猖狂推行分裂中国西藏的新政策，但在中国人民强烈反对和斗争之下而彻底失败了。

（《中国藏学》1998 年第 2 期）

---

① Memorandum by the General Staff Regarding our Military Policy on the North-East Frontier. 见 H. K. Barpujari, Problem of the Hill Tribes: North-East Frontier, Spcetrum Publications, Assam, 1981, p. 159.

② India Office to Foreign Office, April 12, 1912, F. O. 535, Vol. 15, p. 34.

③ Government of India to Marquess of Crewe, April 29, 1912, India Office to Foreign Office, F. O. 535, Vol. 15. Enclosure in No. 57, p. 43.

近代“西藏独立”的由来及其实质

胡　岩

西藏是中国领土的一部分，这是近代以来全世界无人不知，也从未有哪个国家敢于公开否认的事实。藏族与我国的汉族和其他少数民族一样，是中华民族大家庭中的一个成员。在长期的历史中，藏族为中华民族的形成和发展作出了自己的贡献，在近代以来反抗帝国主义侵略和争取中华民族解放的斗争中尽到了自己的光荣职责。

至迟在新石器时代，青藏高原已有人类生活。秦汉时期中原地区的汉族和其他民族对藏族的先民不甚了解，泛称为西羌。公元 7 世纪初松赞干布统一了青藏高原，建立了吐蕃王朝，标志着藏族的形成。唐朝将文成、金城两公主远嫁吐蕃，双方时战时和，交往日趋密切。公元 13 世纪中国的元朝建立，将西藏（时称乌斯藏）并入版图，派官设制，驻军征税，视同行省。明朝沿袭了元朝对西藏的统治，对各派僧俗首领多封众建，发展西藏与内地的茶马贸易，确立了土司制度。清朝建立后，长期奉行“兴黄教以安众蒙古”的国策，尊崇达赖、班禅两大活佛。清朝初年借助蒙古和硕特部治理西藏，直至清雍正年间始设驻藏大臣，后不断加强对西藏的统治，派兵常驻川藏，建立噶厦政府，规定摄政制度。乾隆末年，在驱逐了入侵的廓尔喀人之后，制订“藏内善后章程二十九条”，明确规定“金瓶掣签制度”。直至鸦片战争前，清朝对西藏施行着有效的统治。若干世纪中，在西藏从未有过什么“独立”的问题。藏语中，直至近代也没有“独立”一词。

一　近代以来帝国主义的侵略与清朝政府的卖国主义和民族压迫政策是导致西藏上层产生离心倾向的主要原因

随着西方资本主义制度的确立和近代殖民主义、资本主义的扩张，东方各国先后遭到列强的侵略。1840 年鸦片战争之后，中国东南沿海的大门被列强的坚船利炮打开，地处亚洲内陆的我国西藏，也同样不能免遭列强的侵略。

近代帝国主义对西藏的侵略，主要是英俄两国对西藏的侵略。沙皇俄国因地理上与西藏相距遥远，受到种种限制；英国则因其统治印度的便利，一次次发动对西藏的武装进攻，企图将西藏从中国分裂出去，变其为英属印度殖民地东北边境之外的一个缓冲区。英国是近代帝国主义侵略我国西藏的元凶。

英国之觊觎西藏，始自 18 世纪后半期。但是直到 19 世纪末，一直是与行使着对西藏主权的清朝政府打交道的。1876 年英国借马嘉理案而在《烟台条约》中设“另议专条”，规定英人将从中国内地或印度入藏“探访路程”，中国政府要发给“护照”，并通知驻藏大臣“妥为照料”。这个条约，是强逼当时的中国清朝政府与之签订的。倘若西藏真是独立的，不受清朝政府管辖，英国又何必与清朝政府签订这样一个条约呢？

那时，已经采取各种手段陆续侵占了尼泊尔、锡金（当时被称作哲孟雄）和不丹，又阴谋闯入西藏的英国殖民者，在藏族人民心目中简直就是魔鬼的化身。尽管清朝政府一再逼迫藏人开放边境，开埠通商，但噶厦就是不依，发誓纵令“男尽女绝”，也要拦阻英人入藏。而有的清朝封疆大吏，也暗中赞同藏人反英的态度。如四川总督丁宝桢，对于持有清朝所发护照、朝旨令其护送入藏“探险游历”的英人，如若劝阻不听，则只护送至川藏交界的巴塘，并称巴塘一过，即属藏境。藏人不许洋人入藏，驻藏大臣亦无如之何，听凭甚至是希望藏人抗旨不遵，把英人赶出来。加之西藏高原地广人稀，交通不便，在 1904 年之前的大约半个世纪中，没有几个高鼻深目红须蓝眼的欧洲人能够深入西藏。英国在世界范围从事殖民侵略所惯取的三部曲：传教士、商人、侵略军，在西藏不复灵验。以至于英人要雇用和训练印度土著化装成商人、香客，手持经过改装的转经轮（内藏罗盘和测量记录)，胸挂特制的佛珠（不是僧人通常所用的108颗，而是100颗。这些间谍每行百步即拨动1颗，计步量程）偷偷进藏绘制地图。

为了打开西藏的大门，1888年，英国发动了第一次侵藏战争。战争爆发之前，清朝政府就一再压制藏人，不许西藏抗击侵略；战争期间，对西藏地方没有任何支持。西藏地方政府目睹清朝的腐败，乃萌生了联络俄国，利用沙皇俄国的帮助抗击英国侵略的念头。至20世纪初，十三世达赖喇嘛已经与沙俄建立了直接的联系。依据历史传统，俄国的布利亚特蒙古人可以自由地前往拉萨三大寺朝佛学经，而英国人和英属印度人却无此权利。当沙俄的间谍、布利亚特蒙古人德尔智已经出任十三世达赖喇嘛的侍讲时，印度总督寇松（Lord Curzon）尚不能与这位黄教领袖通信。英属印度政府中以总督寇松为首的一批主张实行“前进政策”的帝国主义分子认为，沙俄在亚洲的迅速扩张已经造成了对印度的直接威胁。多年来，西藏对英帝侵略的抵制，不仅使印藏之间贸易的增长十分缓慢，而且造成英国在西藏的影响也十分有限。而十三世达赖在对寇松接二连三的信函不予答复的同时，却在主动地与沙皇本人取得联系，并仍以清朝政府负责西藏的所有涉外事务为托辞，坚持不与英印政府接触，而沙皇俄国则频频染指西藏，这就引起了英帝的不安。寇松等人觉得这是无法容忍的，于是谋藏日亟，一再要求在藏开埠通商，变西藏为自己独占的势力范围。清朝虽被迫同意，但噶厦坚决拒绝。于是英属印度政府决定派遣侵略军，用武力打开西藏的大门。这正是1904年英国侵藏的背景。

因为强迫藏人开门揖盗，至19世纪末，清朝在西藏的威望已经一落千丈，皇帝的圣旨已不再顶用，驻藏大臣也已被讥称为“熬茶大臣”（指其在藏所为仅一年数次依例熬茶布施寺院僧人而已）。

1888年、1904年，英国两度武装侵略西藏，清朝政府战前饬令驻藏大臣不许藏人抵抗，战争爆发后不予支持。尤其是在1904年，十三世达赖喇嘛领导抗英战争失败后，出逃外蒙古，清朝竟下令褫夺其名号，遭到藏族僧俗民众的一致反对。清朝在西藏更加威信扫地。清末张荫棠入藏查办藏事，赵尔丰川边改土归流，均多取高压手段。清朝还企图用削夺达赖喇嘛职权的办法加强对西藏的统治。这就引起了西藏上层的怨望。后达赖喇嘛虽应召进京，被恢复名号，但他与清廷间的裂痕已无法弥合，离京之前已在阴图英帝的谅解。1910年返藏后，达赖与驻藏大臣联豫冲突。清朝虽然覆灭在即，仍奉行民族压迫政策，派兵入藏弹压，终于迫使十三世达赖喇嘛再度出逃，投奔了当年的仇敌英属印度。辛亥革命后，达赖喇嘛在英国的支持下返回拉萨，驱逐清朝驻军及在藏汉人。民国时期，西藏与祖国的关系始终处于不正常的状态。

由此可见，近代以来，正是帝国主义的侵略和反动腐朽的清朝政府所奉行的卖国政策和大民族主义民族压迫政策，导致西藏僧俗上层中产生了一股离心力。此后，为了维护自己的反动统治，西藏地方政府中的一些当权者又企图借英帝国主义的卵翼而自保，对祖国采取了非爱国主义的态度。

二　帝国主义在西藏民族内部培植了民族分裂主义势力，并造成了数十年间西藏地方与祖国关系的不正常状态和西藏民族内部的不和

西藏人民英勇的抗英斗争，使英帝懂得光靠武力是不能压服西藏人民的。于是，在 1904 年之后，英帝开始尝试采取其他手段继续进行其侵略西藏的活动。手段之一就是在西藏内部寻找代理人，培植亲英势力。清朝末年在西藏实行的大民族主义民族压迫政策为英国准备了在西藏内部培植亲英势力的条件。

1911 年中国爆发了辛亥革命，清朝在全中国的统治被推翻。此前出逃印度的十三世达赖喇嘛在英帝的协助下于 1912 年返回拉萨，将驻藏清军驱逐出境。当时外蒙古已经宣告独立。中国发生的剧变又为英国扩大对西藏的侵略提供了绝好机会。

自从 1910 年十三世达赖喇嘛逃亡印度起，英国对西藏的政策就发生了某些变化。如果说在 1907 年英俄签约之前，英国可以满足于使西藏成为位于印度和沙俄之间的一个缓冲区，那么 1910 年以后，它则要把西藏同时变为印度和中国之间的缓冲区。① 英国政府努力使西藏处于一种与中国不即不离、若即若离的状态。维持西藏自治和承认中国对西藏的宗主权，使西藏名义上作为处于中国宗主权下的一个自治地区，但实际上处于绝对依赖英印政府的地位，成为辛亥革命后英国对西藏政策的出发点。

袁世凯窃取中华民国总统职位后，一面要求英国及早承认中华民国，一

---

① 〔澳大利亚〕内维尔·马克斯韦尔（Neville Maxwell）：《印度对华战争》（*India's China War*），陆仁译，三联书店，1981，第 41 页。

面派出尹昌衡进军西藏，试图恢复中央政府与西藏地方的正常关系。英国政府竭力阻挠中国解决国内西藏问题的努力，先于1912年4月10日电示其驻华公使朱尔典（Sir John Newell Jordan）：“要求中国政府作出保证，维持西藏在中国宗主权之下的自治，作为承认（民国政府）的条件”①。随后又于1912年8月17日向北京政府递交了《朱尔典备忘录》，其主旨为以下五点：

1. 英国过去承认中国对西藏的宗主权，但不承认中国有权干涉西藏的内政；

2. 袁世凯于1912年4月宣布视西藏与内地各省平等，英国拒绝接受对西藏的政治地位作如此规定；

3. 英国不同意中国在拉萨或西藏保持无限数量的军队；

4. 将中国与英国就以上各点达成协议作为英国承认中华民国的先决条件；

5. 上述协议达成之前，断绝中国经由印度与西藏的交通。②

接着，英国又一手策划了中英藏三方的西姆拉会议。

1913年10月至1914年7月间在印度西姆拉举行的中英藏三方会议，是英国政府乘我国发生辛亥革命之机，胁迫当时的中华民国政府参加的。以十三世达赖喇嘛为首的西藏噶厦政府派出的代表，在近代历史上第一次，也是最后一次以与中英两国代表平等的身份参加了会议。由于英国代表在会议上怂恿西藏代表与中国政府对抗，企图把西藏从中国分裂出去，提出的条件过于苛刻，终使中国代表拒绝在英方拟就的条约草案上签字。西姆拉会议宣告破产。但是，英属印度政府的代表麦克马洪（Sir Henry Mac Mahon）却背着中方代表陈贻范，与藏方代表伦钦夏札（又译“伦青夏札”）秘密换文。其附图中所画的“麦克马洪线”把历史上属于中国的大约9万平方公里土地非法地划入英属印度。这就是迄今为止仍然未获解决的中印边界问题产生的根源。

今天，当流亡国外的达赖分裂集团为“西藏独立”寻找理论根据时，

---

① 英国国家档案馆藏外交部档案，F.O.535，第15卷，第36页，第47号文件；转引自王远大《近代俄国与中国西藏》，三联书店，1993，第277、278页。

② 英国国家档案馆藏外交部档案，F.O.535，第15卷，第153、154页，第193号文件附件；转引自《近代俄国与中国西藏》，第280、281页。该备忘录节录又见《西藏地方历史资料选辑》，三联书店，1963，第292、293页。

总要搬出西姆拉会议和在此会议上形成的《西姆拉条约》。他们不敢承认，这次会议本身就是非法的，而如果没有英帝国主义的一手操纵，向当时的中华民国北京政府施加压力，这样一次会议根本就不可能召开。更何况，中国代表并未在《西姆拉条约》上正式签字。所谓西姆拉会议，不仅是非法的，而且最终是破产了。

西姆拉会议破产后，英国一面在西藏着力培植亲英势力和崇英感情，一面不断向当时的北京政府施加压力，要其重新回到谈判桌边，与英、藏两方签订一个西姆拉式的条约。弱国无外交。北京政府既不愿应允，又不敢拒绝，只得一再推托。1917 年在康区爆发了第一次川藏冲突。英国人将大批新式枪炮卖给西藏，鼓动藏军东进，挑唆中国人打中国人，以此来达到保障其英属印度殖民地安全的目的。此时的十三世达赖喇嘛错误地认为，英国政府和英属印度政府真的能够帮助他巩固自己的权力。他把英印政府派来的帝国主义分子贝尔待为上宾，采纳其建议，着手在西藏征税、征兵，并将坚持反帝立场的班禅九世排挤至祖国内地，不仅令西藏与祖国的关系在西姆拉会议后再次恶化，而且造成了西藏民族内部的分裂。

三　帝国主义支持“西藏独立”的活动，但并不肯真正支持西藏“独立”

长期以来，国内外都曾有人误以为，十三世达赖喇嘛在辛亥革命爆发后返回西藏，宣布了西藏“独立”，这并非事实。而近代以来英国侵略西藏的目的，也不是要把西藏变为自己的殖民地，或帮助噶厦政府最终实现西藏“独立”。像英国这样一个老牌的殖民/帝国主义国家，怎么可能帮助哪个弱小民族去实现自己的独立呢？英国所要达到的目的是把西藏从中国分裂出去，将其变成保护英属印度东北边境的一个“缓冲区”，而不是制造一个独立的西藏。只是因为打着支持西藏“独立”的幌子可以更为方便地策动分裂活动，他们才这样做的。但是碍于多年处于英国殖民统治之下的印度、缅甸和马来亚人民在 20 世纪上半叶已经提出了独立的要求，开始了争取民族独立的斗争，对于英国来说，这样一个幌子用起来都必须十分小心谨慎。

不错，直接受雇于英属印度政府的查理斯·贝尔（Sir Charles Bell）和休·黎吉生（H. E. Richardson）等帝国主义分子都在鼓吹西藏“独立”。西姆拉会议上，西藏当局的代表正是在英属印度政府的代表麦克马洪的怂恿之下提出“西藏独立”要求的。但是，在侵略我国西藏的问题上，英属印度政府与英国本国政府的政策又是有区别甚至有矛盾的。英属印度政府所顾及的往往是一时一地的自身局部利益，而英国政府却必须考虑它的全球利益。在某些情况下，为了全球利益还必须牺牲一些局部利益。由于制造西藏“独立”理所当然地会被俄、美等国认为是英国图谋独占西藏的第一步，会遭到俄、美等国的坚决反对，因此，自20世纪初就已开始走下坡路的英国政府，既有侵略西藏的一面，又有在西藏问题上小心谨慎的一面。这也正是1903年寇松提出“所谓中国在西藏的宗主权，乃是一种法律上的虚构，一种政治上的矫饰”时，受到其上司英国政府印度事务大臣汉弥尔顿（Lord George F. Hamilton）反对的原因。自那时以后，特别是1907年的《英俄协定》签订之后，英国既有与沙俄争夺西藏的一面，又有遵守与其达成的协议、在侵略中国和争霸世界的活动中相互勾结的一面。英国本国政府不仅从不公开表示支持西藏“独立”，而且，当英属印度政府及贝尔等人走得太远时，还要对其进行约束。

例如，1910年十三世达赖被迫逃印后，有心投靠英国，不仅反对清朝在西藏的统治，甚至表示希望“将西藏的外交事务置于英国的控制之下”，要求英属印度政府支持他反抗清朝。但是，英国政府却规定印度政府“对待达赖喇嘛必须严守中立，而且不得给予任何政治支持”。不久后，又令贝尔明确通知十三世达赖喇嘛，英属印度政府“将不会在西藏和中国之间进行调停”。在贝尔笔下，十三世达赖喇嘛听到这一消息后，“是如此吃惊和忧伤，一两分钟都说不出话来”，眼中露出“一个人在被逼得走投无路时那种绝望的神情”。达赖的几位随行噶伦听到这一消息，更是神情沮丧，大喊今后“再也没有脸见人了”①。

1912年6月，十三世达赖喇嘛返藏前夕，英属印度政府的官员在噶伦堡为其送行。经英国政府外交部批准，英属印度政府在达赖喇嘛离印之前交给他一份《送别文告》，表示“印度政府希望看到西藏在中国宗主权之下保持内部自治”②。达赖返藏前后，贝尔曾力劝英属印度政府允许西藏从印

① 〔英〕贝尔（Charles Bell）：《十三世达赖喇嘛传》（*Portrait of the Dalai Lama*），冯其友等译，西藏社会科学院西藏学汉文文献编辑室1985年编印，第88、89页。

② 英国国家档案馆藏外交部档案，F. O. 535，第15卷，第101页，No. 116；转引自《近代俄国与中国西藏》，第279页。

度进口军火。贝尔认为，非如此则不能使西藏“独立”和强大。然而英国政府在一段时间内并不同意他的建议。[①]

到了1914年，英国虽然向西藏出售了5000支来福枪和一批弹药，但直到1919年，一再拒绝向西藏出售机枪、大炮等新式武器，甚至不许西藏向其他欧洲国家购买此类武器，然后经由印度运入西藏。英国之所以这样做，显然是因为它“担心这会使西藏相对于中国来说太强大，并可能导致西藏的扩张侵略和独立”[②]。

英国政府不肯完全支持西藏“独立”的最明显的例子，莫过于那个胎死腹中的《西姆拉条约》本身。在逼迫北京政府的代表参加这样一个旨在分裂我国西藏的会议之后，英国虽然怂恿西藏代表提出独立要求，但在条约约文中却绝口不提“独立”二字，只是要中国接受对西藏的“宗主权”和“西藏自治”。实际上，英国通过西姆拉会议，是想达到既据有西藏，又不承担风险和责任；既剥尽中国主权，又令中国能咽下这杯苦酒的目的。宗主权与自治，正是一柄多刃剑。对其他列强，既让其感到了英国在藏的实力地位，又令其无法谴责英国破坏中国领土完整；对于西藏，既令少数上层有一个独立的美梦，又让它实现不了；对中国，则是要既否认其在西藏的主权，又让其仍觉脸面没有丢尽而予以认可；对其他殖民地民族，特别是印度，则不使其有援引西藏先例，要求自身独立的口实。

由英属印度政府的代表起草、为英国政府批准、终遭中方拒绝的《西姆拉条约》草案，其内容的确是耐人寻味的。条约草案第二款规定，中英两国政府承认中国在西藏的宗主权；第四款规定，中国驻藏高级官员仍然可以照旧率适当卫队常驻拉萨。在条约草案的附件中，甚至写明“缔约各方的全权代表承认西藏是中国领土的组成部分”[③]。无论从字面上还是从内容上，这里都没有表明英国承认西藏“独立”的意思。那么，英国在这里所为何事呢？

---

① 《十三世达赖喇嘛传》，第115、116页。

② 〔美〕梅·戈尔斯坦（Melvyn C. Goldstein）：《喇嘛王国的覆灭》（*A History of Modern Tibet, 1913-1951, The Demise of the Lamaist State*），杜永彬译，时事出版社，1994，第85页。

③ 《西藏地方历史资料选辑》，第303~305页；《喇嘛王国的覆灭》，时事出版社，1994，第860~862、867页。笔者在此参照了上述两书中所载的两个译本。

其实，英国的目的只有一个，就是要把西藏从中国分裂出去。在损害中国领土主权完整的同时，他们是否在为西藏谋利益呢？没有！他们考虑的只是自己的殖民利益，是英属印度殖民地的利益。在自20世纪初开始的相当一段历史时期内，英国的目的是：“西藏虽然名义上仍可保留在中国宗主权下的自治邦的地位，但在实际上应使它处于绝对依赖印度政府的地位。”英国政府和英属印度政府所希望的，是“一个与其他大国势力相隔绝，而又仰赖英属印度，其军事和外交力量足以使中国人陷入困境，而又不足以使其自身成为任何意义上的一股势力的西藏。换言之，他们所希望的，乃是如同某些关注于西藏局势的英国观察家所描述的一个‘被弱化的’西藏”①。对于当时奉行帝国主义政策的英国政府和英属印度政府来说，他们只是要把西藏从中国分裂出去，在西藏建立起英国的排他影响，而不是制造一个独立的西藏。

英国侵略西藏的政策已如上述，那么美国又是怎样的呢？

从1899年美国国务卿海约翰（John Hay）提出门户开放政策之后至第二次世界大战结束的近半个世纪中，美国政府对西藏问题的态度一直是明确的。在利益均沾、机会均等的幌子下，美国与其他列强一样，在中国强取了各种特权。但是，美国没有直接占领中国领土，也反对其他列强在中国割占领土或独占势力范围的活动。早在30年代中期，美国的中国问题专家拉铁摩尔（Owen Lattimore）就曾指出：“美国的原则是中国的完整……美国关于中国完整的观念是，西藏、蒙古和新疆都是中国的一部分”②。

美国政府官方就西藏问题最初提出自己的观点，是在20世纪初年。当时，统治着印度次大陆的大英帝国为了与沙皇俄国争夺在亚洲大陆的殖民霸权，亟谋侵略我国西藏。英属印度政府在发现无法通过清朝政府压迫西藏同意开埠通商、开放边境之后，即准备绕过清朝政府直接同西藏交往，向西藏施加压力。为此，英印总督寇松于1903年首次提出“中国对西藏的

---

① 《印度对华战争》，第61页；〔英〕阿拉斯太尔·兰姆（Alastair Lamb）：《西藏，中国与印度，1914～1950年》（*Tibet, China & India 1914-1950*），罗克斯福特（Roxford）出版社，1989，第117页。

② 〔日〕矶野富士子整理《蒋介石的美国顾问——欧文·拉铁摩尔回忆录》（*Owen Lattimore: China Memoirs, Chiang Kai-shek and the War Against Japan*），吴心伯译，复旦大学出版社，1996，第198页。

宗主权乃是一种法律上的虚构"[①]，试图否认西藏处于中国清朝政府的统治之下，否认中国对于西藏的主权，并要求英国本国政府批准英属印度政府对西藏进行武装侵略的计划。目睹寇松一派在西藏所实行的前进政策，刚刚提出对华门户开放政策不久的美国意识到英属印度政府的所作所为意在变西藏为其禁脔，这势将影响美国在华的未来利益，因而表示强烈异议。1904年，针对英印总督寇松炮制的"宗主权"理论，美国国务院训令其驻英大使提醒英国政府，英国曾经屡次承认中国对西藏的主权，而且"中国也从未放弃过他们的统治权"。美国认为西藏是中国的一部分，十分关注中国的领土完整，不能同意英印总督寇松对于西藏的地位所做出的新的界定。[②] 这显然是为了坚持其对华门户开放政策，阻止英国独霸西藏。与此同时，沙皇俄国政府也与英国交涉，逼其做出不吞并西藏的承诺。[③] 寇松一派的主张招致了美、俄等国的反对，一度导致了英国与美、俄等国的龃龉。正是在这样的背景下，当寇松致函英国政府印度事务大臣汉弥尔顿，就西藏的地位提出他的上述主张时，未能立即得到后者的同意。汉弥尔顿告诉他：英王陛下政府并不认为西藏问题仅仅涉及印度，处理西藏问题必须考虑其他列强的态度。英政府仍然认为西藏是中华帝国的一个省份。[④]

辛亥革命爆发后，十三世达赖喇嘛在英国的支持下从印度返回西藏，驱逐驻藏清军。当袁世凯政府派军进藏，着手恢复中央政府与西藏地方的关系时，英国政府立即出面干涉我国内政。英国驻华公使朱尔典在一份致中国政府的备忘录中提出，"英国过去承认中国对西藏的宗主权，但不承认中国有权干涉西藏的内政"[⑤]。对此，美国政府虽然并未明确表态，但美国驻华使馆却公开指出："美国对西藏不感兴趣。根据英中条约，认为中国不能进入西藏是没有理由的"[⑥]。这反映出美国官方视西藏为中国的一部分，对于当时英国在

① 印度总督致英国印度事务大臣汉弥尔顿，1903年1月8日，见《西藏地方历史资料选辑》，第182～187页。

② 李铁铮：《西藏历史上的法律地位》，夏敏娟译，湖南人民出版社，1986，第193、212页。

③ 英国外交大臣兰斯顿侯爵致英国驻俄大使斯高特爵士，1903年4月8日，见上引《西藏地方历史资料选辑》，第233、235页。

④ 英国印度事务大臣汉弥尔顿致印度总督，1903年2月27日，见上引《西藏地方历史资料选辑》，第185、186页。

⑤ 英国国家档案馆藏外交部档案，F.O.535，第15卷，第153、154页，第193号文件附件；转引自《近代俄国与中国西藏》，第280、281页。该备忘录节录又见《西藏地方历史资料选辑》，第292、293页。

⑥ 转引自《西藏历史上的法律地位》，第239页注2。

西藏问题上干涉中国内政、图谋侵略和分裂中国西藏的做法是持异议的。

1942 年开始，作为世界反法西斯战争重要组成部分的抗日战争已经进入艰苦的战略相持阶段。战争的进展及通过“驼峰航线”的运输量的增加，使得西藏战略地位的重要性更为突出，美国对于西藏的兴趣也迅速增加。1942 年 7 月 2 日，美国战略情报局（The Office of Strategic Services，系美国中央情报局的前身）局长多诺万上校（Major-General William J. Donovan）致函美国国务卿赫尔（Cordell Hull），称他的两名部下多兰和托尔斯泰（Lieutenant Brook Dolan Ⅱ & Captain Ilia Tolstoy）拟从印度经由西藏前往中国内地，希望国务院请示美国驻印度新德里外交使团与英印当局联系，以期从后者获得必要的帮助。赫尔立即将此事呈报罗斯福总统，并建议他给达赖喇嘛写一封信。赫尔还建议，鉴于中国政府视西藏为中华民国的领土，为了避免冒犯中国政府，此信应写给作为宗教领袖而非世俗首领的达赖喇嘛。罗斯福总统当天就签发了他给达赖喇嘛的信。[①]

这是美国政府第一次派遣官方人员入藏。多兰和托尔斯泰二人于 1942 年底到达拉萨，面交了罗斯福总统给达赖喇嘛的信件和礼品。此次美国派员入藏，又正值摄政热振活佛辞职，大札上台，西藏内部亲英势力坐大，刚刚宣布成立非法的“外交局”后不久。美国人的来访，自然激起了西藏上层中少数亲帝分裂主义分子的希望。但是美国政府对于西藏的态度此时并无重大变化。1943 年，当英国政府中有人建议公开承认“西藏独立”，为此而探询美国政府对于西藏地位的态度时，美国国务院很快即明确答复英国：“美国政府深知中国政府一贯坚持其对于西藏拥有宗主权，以及中国宪法将西藏列入中华民国版图组成部分等事实。本政府对于上述事实从未提出过任何异议。美国政府相信，此时就西藏的地位问题进行任何详细的讨论都是没有益处的。”[②] 这等于是给了英国一颗不软不硬的钉子。实际上，

---

① 美国国务院编《美国对外关系文件集·1942 年·中国》，转引自刘达永《抗战时期中印“驮运补给线”与美国战略情报局在中国西藏地区的地下活动》，载《四川师范大学学报》1997 年 10 月号。

② 美国国务院致英国大使馆的备忘录，1943 年 5 月 15 日。美国国务院编《美国对外关系文件集·1943 年·中国》（*Foreign Relations of the United States*，*Diplomatic Papers 1943*，*China*，Washington 1957），第 630 页。这里，美国政府虽然使用了“宗主权”一词，但却是在主权的意义上使用的；就连鼓吹西藏“独立”的某些西方人也不得不承认这一点。例如，可参见范·普拉赫书第 128、129 页及第 323、324 页的注。

当时美国政府中的某些决策者认为："中国政府的感情对于这个国家（按指美国）和对与整个战争努力相连的联合国家（即同盟国）具有重要意义。"因此，在西藏问题上，最好"避免无故地或无意中而得罪中国"[①]。

美国政府半遮半掩地支持西藏"独立"的活动，是从1947年，也就是中国人民的解放战争已经取得了决定性胜利的时候开始的。

1947年，西藏地方政府噶厦派出了一个由孜本·夏格巴率领的"西藏商务代表团"，游说美、英等西方各国支持"西藏独立"。当时中国人民的解放战争已经进入了战略反攻阶段，国民党政权的垮台已成定局，夏格巴觉得时机对其搞"西藏独立"极为有利，把这个"商务代表团"的出访视为宣传"西藏独立"的绝好机会。为此，噶厦政府为其成员印发了西藏的"护照"，指令他们在旅途中尽量使用这种护照[②]，并由西藏"外交局"出面，提前给美国驻印度的大使写了信，请其将夏格巴一行准备访美之事转告美国政府。

该团11月自拉萨启程，12月初抵达印度，旋即与驻德里的美、英使馆进行联系，以获得前往美、英两国的签证。此前一年，噶厦政府派出的一个"慰问同盟国代表团"在德里拜访美国驻印度大使时，就曾向美方提出派员访藏的邀请。美国驻新德里使馆代办乔治·米勒克（George Merrek）为此建议华盛顿，因为"从对拉萨的友好姿态中获得的好处，要比因此招致与蒋介石的关系中可能出现的困难重要得多"，所以应该派遣一个使团前往拉萨。但是美国国务院出于慎重，拒绝了这一建议。[③] 此次夏格巴来，美国的态度却发生了微妙的变化。在接到西藏"外交局"的信件后，美国驻印度大使立即致电国务卿，提出："西藏作为亚洲的巨大的'安全岛'的地位不容忽视……在未来10～15年之内，作为战略后方的西藏可能会得到开发，到那时西藏高原就会成为极为重要的军事基地"。10月底，国务院通知其驻德里大使，可以允许"西藏商务代表团"访美，但是，"应该想到，中国声称对西藏享有宗主权，而本政府从未对此提出过怀疑。相应地，本政

---

① 伯利（助理国务卿）致多诺万（战略情报局主任），1943年4月23日。上引《美国对外关系文件集·1943年·中国》，第629页。

② 夏格巴·旺曲德典：《藏区政治史》，刘立千、罗润苍等译，中国藏学出版社，1992年内部出版，第221～224页。

③ 转引自张值荣《国际关系与西藏问题》，旅游教育出版社，1994，第8页。

府只能以非正式的礼节接待预定来访的西藏代表团成员，除非该代表团得到了中国政府的正式批准。假如该代表团成员只携带有西藏旅行证件，那就应当按照‘257 表格’而不应当按照他们的护照向他们发放签证”[①]。

商务代表团于 1947 年 12 月 30 日走访了美国驻印度大使馆的官员，为其美国之行做准备。美国人与英国驻印度的高级专员一样告诉夏格巴等人，既然他们准备先到中国内地访问，那么可以在中国内地申请赴美签证。然而，英方却在夏格巴等人所持的西藏护照上签发了他们进入香港的签证。于是，这个代表团只好先到中国内地来。他们虽然可以利用噶厦政府的“护照”及英方的签证进入香港，却不得不用国民政府驻加尔各答领事馆为其签发的中国护照前往内地。

抵达南京后，国民政府蒙藏委员会官员劝告夏格巴等人不要自行前往美英。[②] 夏格巴后来也表示拟由上海经香港返印。但是他们却对南京政府耍了花招。离开南京之前他们就已私下获得了英国驻华大使馆签发的赴英签证。抵香港后，又获得了美国驻香港总领事馆签发的赴美签证，于 1948 年 7 月初离港赴美。

南京政府闻知此讯后，立即分别由外交部次长叶公超和驻美大使顾维钧向美方提出交涉。7 月 15 日，顾维钧向美国外交部递交了一份备忘录，随后，顾维钧又为此事面见美国国务卿马歇尔（Goerge Catlett Mashall）。马歇尔向顾维钧保证，“美对西藏，拟完全尊重中国意见办理”。数日后，美国国务院通知中国驻美公使谭绍华：美国“并没有以某种方式对中国在西藏的法律上的主权表示怀疑的意图”。马歇尔还为此指示美国驻华大使，可以向中国外交部次长指出，“当签证申请者不能出示有效的护照或某个国家所签发的护照不被美国承认时，通常就在签证申请表格上签字核准”。后来美国务院又曾向顾维钧解释，称此事系美国驻香港总领事对发给签证规定的误解，“因此不必过于认真”[③]。后来由于国民政府态度坚决，美国政府在接待该团的问题上，确实尊重了中方的意见。在西藏代表团会见美国总统

---

① 转引自《喇嘛王国的覆灭》，第 596 页。“257 表格”通常是美国在对访美者所出示的护照不予承认时发给来访者的一种签证。

② 牙含章编著《达赖喇嘛传》，人民出版社，1984，第 335 页；《喇嘛王国的覆灭》，第 600 页。

③ 《南京国民政府外交部政务次长代理部务刘师舜报告》，见《西藏地方历史资料选辑》，第 361～365 页；《喇嘛王国的覆灭》，第 609 页。

杜鲁门（President H. Truman）的问题上，顾维钧坚持要由他代为提出申请，安排谒见，并陪同代表团成员前往白宫。在夏格巴拒绝了顾维钧的陪同之后，杜鲁门最终没有接见他们。

十分明显，在中国人民的解放战争即将取得最后胜利之际，美国是准备在西藏问题上做手脚的。事情并不像某位美国官员所说，美国“没有任何侵犯中国对西藏主权的打算”，“驻香港美国总领事并未于夏格巴等所持旅行证上签证，仅于另一普通纸上签注可入美境，此项签注并无损害中国对西藏主权之意”。[①] 根据夏格巴本人提供的照片，此项签证分明是直接签在了夏格巴所持西藏当局擅自印发的护照上。[②] 而给夏格巴出主意，让其在香港申请赴美签证，并向美国国务院提出此项建议的，正是当时的美国驻华大使司徒雷登（John Leighton Stuart）。[③]

美国政府此番试图分裂我国西藏的阴谋活动之所以浅尝辄止，不敢公开支持西藏独立，一是因为它在支持国民党打内战，不能不多少照顾南京政府的面子；二是因为在短时间内无法根本转变其传统的西藏政策。夏格巴一再碰壁，所谓的“西藏独立”没能得到西方任何一个国家政府的承认。最后，这个“西藏商务代表团”只得于1949年初返回拉萨。

当着南京政府在全中国的统治行将覆灭之际，美国再次考虑改变其对西藏的立场。1949年1月8日，美国驻印度大使韩德森（Ambassador L. Henderson）致电国务院，要求改变以前承认中国对西藏拥有主权的立场，积极考虑支持西藏“独立”，以适应美国在东南亚遏制中国共产党的需要。他建议，如果共产党成功地接管了中国，美国就应当准备把西藏作为“独立国家”对待。[④] 新中国建立前夕，美国人劳尔·托玛斯父子（Lowell Thomas & Lowell Thomas, Jr.）以“无线电评论员”的名义，于1949年8月

---

① 顾维钧：《顾维钧回忆录》第6分册，中国社会科学院近代史研究所译，中华书局，1988，第409页。

② 《顾维钧回忆录》第6分册，第410～414页，美方的主管官员巴特沃思告诉顾维钧的话；《西藏地方历史资料选辑》，第362、363页；马歇尔的指示及夏格巴护照复印件见《喇嘛王国的覆灭》，第604、605页。

③ 《达赖喇嘛传》，第335页；《藏区政治史》，第223页；《美国对外关系文件集·1948年》第7卷，第758页，《司徒雷登致马歇尔》，1948年5月11日。转引自蒋耘、时殷弘《建国前后美国对西藏的图谋》，载《西藏研究》1987年第1期。

④ 《培根致斯普罗思备忘录》，1949年4月12日，《美国对外关系文件集·1949年》第9卷，第1065页；转引自上引蒋耘、时殷弘文；《喇嘛王国的覆灭》，第626页。

前往拉萨活动，两个月后才返回美国。他们此行的目的，除了鼓动噶厦政府以武力抵御“共产党的侵略”之外，还要把“一个独立的西藏的观念，带给长期以来一直被告知西藏是中国遥远的一部分，英国帝国主义的贪婪目光在盯着中国的这一部分的美国公众”。[①] 尽管劳尔·托玛斯父子并无官方身份，但其拉萨之行却显然得到了美国驻印度大使韩德森和夏格巴等人的协助。据当时南京政府驻美、英使馆人员的分析，“美政府所以对西藏表示好感，盖欲利用西藏为将来对苏联之空军基地”[②]。显然，此时美、英帝国主义均已看出，蒋介石政权的垮台和中国共产党人在中国的胜利，仅仅是时间问题了。鼓动西藏“独立”，既可以不让西藏落入中共手中，又可以在冷战中多一张牌打，不失为一个值得考虑的办法。

新中国成立前后，美国政府甚至曾经打算直接提供大量武器支持西藏“独立”。但是经过通盘考虑，后来还是放弃了这种打算。美国驻印度大使馆的一名一等秘书在解释美国政府采取这一态度的原因时说：“美国的观点是，尽管在一年前或许可以在这方面做些什么，但现在向西藏提供任何武器都已为时过晚了。此时承认西藏“独立”，对中国的民族主义政府（按指国民党政府）来说是不礼貌的，而对中国的共产党人来说则是刺激性的。”[③] 当时，由于英国和印度都对向西藏提供大量武器采取了犹疑观望的态度。尤其是刚刚独立不久，奉行不结盟政策的印度不肯把自己绑在美国冷战的战车上，协助美国向西藏运送武器，公开支持西藏“独立”，这就使得美国不敢贸然公开支持西藏“独立”。

然而，西藏的分裂势力却依然对美、英帝国主义抱有天真的幻想。1949年7月，西藏当局以防共为名，制造了“驱汉事件”，将国民党蒙藏委员会驻藏办事处全体官员眷属强行送往印度，企图借此脱离祖国，阻止西藏的解放。1949年11月，噶厦政府给刚刚成立的新中国中央人民政府毛泽东主席写信，公然要求西藏“独立”，并将该信的副本分寄美、英两国，希望得到帝国主义的支持。但是印度独立之后，英国对于西藏的兴趣已经大不如前。英国首相贝文（E. Bevin）只是淡淡地答复噶厦：他正怀着同情之心考

---

① 《西藏，中国与印度，1914～1950年》，第516、533页。

② 《西藏地方历史资料选辑》，第365页。

③ 英国国家档案馆藏外交部档案，F. O. 371/76314 F1615，英国驻印度高级专员致联邦关系部，1949年11月8日。

虑噶厦来信的内容，并保证“英王陛下政府将继续对西藏表示友善和关注”。不久，美国国务院在给噶厦的复信中表示，西藏问题留给英国和印度处理会更妥当，又把此球踢了回来。碰了钉子的噶厦还不死心，于12月底再次向美、英两国求援，同时提出了加入联合国的荒唐要求，并准备派专人分赴美、英等国寻求政治和军事援助，但却再次遭到拒绝。[①]

这时，青海、西康两省的部分藏族地区已获解放。1949年10月1日当天，十世班禅额尔德尼即向毛主席和朱总司令发出致敬电，希望人民解放军早日解放西藏。12月间，中央人民政府发布了解放西藏的命令，并通知噶厦政府迅速派代表来京谈判西藏和平解放事宜。多方奔走而又得不到美、英等国明确支持的西藏当局，不得不派出了赴中央谈判的代表团，于1950年3月初到达印度的噶伦堡。此后，他们一面游说印度政要，请他们支持“西藏独立”，一面在帝国主义势力的鼓动下滞留印度，坐观形势的变化，仍然希冀帝国主义最终会帮助他们阻止我人民解放军进军西藏。

美国有心帮助，或者更准确地说，是利用西藏当局。但是美国有美国的难处。它既不像印度那样与我国西藏接壤，又不像英国那样历史上与西藏有过长期的交往。更为麻烦的是，美国政府一直承认西藏是中国的一部分。在将近半个世纪期间，当英国企图把西藏从我国分裂出去，否定中国对于西藏的主权时，出于自身利益的考虑，美国曾经多次表示反对或异议，如今实难突然宣称西藏不是中国的领土；而50年代初期美国的军事技术，既无法把第七舰队开到印度平原上，也不可能绕过印度将大量军用物资空运入西藏。但是，出于帝国主义的本性，美国是一定要做些什么事来阻挠和破坏中国人民解放西藏、统一祖国大陆的神圣事业的。

1950年4月，正值美国犹豫不决之际，传来了夏格巴等人因寻求美、英等西方国家的援助无望，正在考虑前往莫斯科争取苏联援助的消息。美国政府闻讯着急了。国务卿艾奇逊电示美国驻印度大使韩德森，令其以私人名义非正式地告诉夏格巴：美国之所以尚未答应西藏的要求，并非对西藏不关心，而是担心如果马上对西藏表示出明显的兴趣，会激起中共更快地采取行动。美国估计，假如美国不采取过激的行动，大规模进军西藏所面临的地理和后勤等方面的困难将会使中共的军事行动无限期地拖延下去。

① 《喇嘛王国的覆灭》，第644～647页。

美国还期待那时印度政府会协助向西藏提供军事援助。

很明显，美国人想既不承担援助噶厦的风险，又要鼓起西藏当局与中国共产党对抗的勇气。但是夏格巴也并不那么傻。1950 年 6 月，千方百计拖延与中央政府谈判的夏格巴走访了韩德森，并且直截了当地问他：如果中国“侵略西藏”，美国会提供什么形式的援助？噶厦政府需要在知道了美国政府的确切态度后，作出是与我谈判议和，还是进行对抗的决定。韩德森仍然支吾其词，但与此同时，美国也在进一步与英国磋商。美国国务院告诉英国驻美大使：“拉萨已经宣布了其抵抗共产党向西藏扩张的意图，并拟派特使前往美国求援，设法促成西藏加入联合国。美国政府已经向他们泼了凉水……（现在）显然有必要暗地里向西藏人提供有限数量的特殊军事援助，神不知鬼不觉地鼓动西藏人自愿起来反抗共产党的统治”。接着，美国要求英国向印度施加影响，“以使其承担向西藏提供援助和采取一切必要的行动的责任”。英国马上予以拒绝。英国外交部告诉美国国务院：“我们过去之所以对西藏感兴趣，是由于它毗邻印度。现在英国的利益已经转给了印度政府……我们在该地区没有任何利益”，“我们认为，任何干涉西藏的企图都将是徒劳的和不明智的”。[①]

英国表示洗手不干了。美国仍不死心。8 月，美国驻加尔各答总领事会晤夏格巴，向他转告了华盛顿的态度：如果西藏打算抵抗共产党的侵略并且需要帮助，美国政府准备向其提供军用物资以及经济援助。但是美国不会派遣军队和飞机进藏。夏格巴当即对这位总领事表示，一旦得到美国等西方国家的援助，噶厦就有能力对付共产党。“无论如何，西藏决不会同意中国对其享有主权”。他还说，西藏当局现在的策略就是拖延时间。这也正是西藏代表团滞留印度迟迟不去北京谈判的原因。[②]

但是，以毛泽东为首的中国共产党和中国政府洞察当时的国际形势，对美、英、印等国在西藏问题上的矛盾心理和尴尬处境了若指掌。毛泽东在新中国成立后不久就指出：进军西藏宜早不宜迟。[③] 1950 年初，中央决定

① 《喇嘛王国的覆灭》，第 683～689 页。

② 《喇嘛王国的覆灭》，第 691～693 页。

③ 李觉：《回忆和平解放西藏》，载西藏军区政治部编《世界屋脊风云录》第 1 辑，第 17 页，解放军文艺出版社，1991。转引自王贵等《西藏历史地位辨》，民族出版社，1995，第 389 页。

由西南局主要担负进军西藏的任务，由西康、云南、青海、新疆对西藏实行多路向心进兵。进藏主力十八军2月初自四川乐山出发，5～7月间已经进抵金沙江东岸的邓柯、巴塘等地。在一再催促噶厦派代表来京谈判没有结果的情况下，人民解放军奉命于10月间发动了昌都战役，一举歼灭了藏军主力。毛泽东的英明决策和中国人民解放军迅速进军西藏的军事行动，使得噶厦拖延谈判的伎俩彻底失败，也令帝国主义指望高山大河的隔阻会使我军不敢迅速进军西藏的幻想破灭了。

昌都战役后，噶厦政府已经输光了与我进行军事对抗的本钱，而美国政府并未如约向其提供军事援助。噶厦一面迫使摄政大札下了台，让年仅16岁的十四世达赖喇嘛亲政，一面向联合国求援。但是无论美国、英国还是印度都不敢挺身而出，公开支持“西藏独立”。噶厦政府走投无路，不得不老老实实地派代表来京谈判。

四　“西藏独立”的实质

1840年鸦片战争以来，中国频遭内忧外患。帝国主义的侵略是造成近代西藏问题的一个重要原因，也是今日西藏问题的原因之一。在从20世纪初开始的将近半个世纪中，英国一直鼓动和怂恿西藏“独立”，企图用承认中国对西藏所谓的宗主权的办法，来否定中国对西藏的主权，把西藏从中国分裂出去。

在帝国主义的支持下，历史上西藏当局曾经三次提出西藏“独立”：第一次是在1912～1914年，辛亥革命后不久，在英国一手策划的西姆拉会议上；第二次是在1942～1950年，即第二次世界大战期间至西藏和平解放前；第三次是在1959年西藏少数反动上层发动全面武装叛乱之后。

纵观历史，正如江泽民主席所指出的：“所谓西藏独立问题从根本上说是历史上帝国主义侵略中国的产物”①。西藏内部极少数民族分裂主义者鼓吹的所谓“西藏独立”，最初不过是英国为了维护其在英属印度的殖民利益、分裂我国西藏而抛出的一个钓饵，后来则成为西藏少数反动上层在帝国主义的怂恿挑唆下产生的一个梦想。在中华人民共和国成立之前的数十年间，“西藏独立”是西藏僧俗贵族中的一小撮亲帝国主义分子为了维护西

① 《江泽民主席在会见美国副总统戈尔时有关西藏问题的谈话》，《人民日报》1998年11月17日。

藏政教合一的社会制度，维护自己的特权和既得利益而在帝国主义的帮助和纵容下进行的分裂祖国的活动。在中华人民共和国成立和西藏和平解放后，“西藏独立”又成为西方敌对势力反华反共和干涉我国内政的工具，成为西藏少数反动上层抗拒和阻挠西藏社会制度改革的旗帜。表面上看，这些人鼓吹“西藏独立”，似乎是在为西藏民族争取自由和解放，但实质上不过是西藏封建农奴主阶级为了永远保留反动落后的西藏封建农奴制度而进行的分裂国家、分裂中华民族的活动，是这个没落阶级的垂死挣扎。这种分裂活动是逆历史潮流的，既违背了中华民族的根本利益，也违背了作为中华民族一员的藏族的根本利益。因此，它根本得不到占西藏人口绝大多数的西藏人民的支持。于是，西藏少数反动上层要从事“西藏独立”的活动，就不得不从帝国主义和国外反华反共势力那里寻求支持。

同样地，半个世纪以来，英、美帝国主义插手制造“西藏问题”，明里暗里怂恿和支持“西藏独立”的活动，也并非是对西藏人民情有独钟，改变了它们侵略和奴役亚非拉人民的本来面目，要为西藏民族谋解放。不是的。支持“西藏独立”的活动，在历史上曾经是英、美帝国主义分裂中国的一个阴谋，是它们进行冷战和反华反共活动的组成部分；在今天，则是它们坚持冷战思维，图谋分裂中国、遏制中国的阴谋手段。然而，在积贫积弱的旧中国都无法实现的“西藏独立”，在日益繁荣富强的社会主义新中国更加不会有实现的可能。如今，就连达赖集团的成员中也不乏有人看出，无论英国抑或美国，都并不曾以牺牲自己的利益为代价而真正支持“西藏独立”。① 这场时断时续地折腾了近一个世纪的闹剧不会有什么结果。值此西藏和平解放近半个世纪和西藏实行民主改革40周年之际，回顾百多年来帝国主义对我国西藏的侵略，探讨所谓“西藏独立”的由来及其实质，无疑能够加深我们对于近、现代中国历史发展规律的认识，增强我们今天进行反分裂斗争的自觉性。

（《西藏研究》2000年第1期）

---

① 达赖喇嘛1990年在其自传中也承认，美国中央情报局之所以帮助他，“不是因为他们关心西藏的独立，而是作为他们在全世界企图破坏共产党政府稳定的努力的一部分”。参见吉姆·曼《档案表明，中央情报局在60年代向西藏流亡分子提供援助》，原载美国《洛杉矶时报》1998年9月15日，转引自《参考消息》1998年9月17日。

再论西姆拉会议

周　源

民国始建，迫于英国政府的压力，以袁世凯为首的中华民国政府于1913年8月派代表赴英属印度参加解决所谓西藏问题的“中、英、藏三方代表会议”①。此次会议的地点在西姆拉，故史称“西姆拉会议”。经过旷日持久的谈判，与会各方未达成协议，翌年7月，会议以失败告终。会议期间，英国政府代表麦克马洪背着中国政府代表陈贻范与西藏地方政府代表夏札私下换文划分中印东段边界，把9万多平方公里的中国领土划给英属印度，这条非法的中印东段边界线被称为“麦克马洪线”。虽然西姆拉会议以失败告终，而所谓“麦克马洪线”更是见不得天日的幕后交易，是非法的、无效的，但这次会议和所谓“麦克马洪线”产生的后果和影响却十分严重。近百年来，国外敌对势力和西藏分裂主义分子一直利用西姆拉会议和“麦克马洪线”大做文章，据以谋求西藏“独立”或“变相独立”和侵占中国领土。长期以来，中国近现代史研究者，尤其是治西藏地方史者十分关注西姆拉会议，有关研究论著不胜枚举。但是，就笔者管见所及，有关西姆拉会议的论著一般只注意到会议期间英国政府与西藏地方政府相互勾结，沆瀣一气，共同对付中国政府代表，力压中国政府就范的一面，而对此次会议事实上存在的另外一面，即英国政府与西藏分裂主义势力同床异梦，各有所图，彼此不尽协调甚至相互矛盾的一面却有所忽略，至今似未见有学者明确指出并深入研究这个问题。本文以此为切入点，研判西姆拉会议期间英国政府与西藏地方政府的矛盾及其原因，意在进一步深化对这一重大历史事件的研究。

① 这是英国政府提出的会议名称。“三方”的提法是英国政府的一个阴谋，旨在迫使中国政府承认西藏的独立地位。下同，不一一具注。

一

西姆拉会议是由中国政府、英国政府和西藏地方政府三方代表参加的多边会议。一般来说，多边会议的情况要较双边会议复杂。这是由于多边会议的主体不像双边会议那样只有两个，而是有三个甚至更多。谈判各方都力图通过谈判实现本方利益的最大化，因此多边会议一般较双边会议矛盾更多，情况更为复杂，讨价还价更为艰苦。仔细判读有关西姆拉会议的资料可以看出，在西姆拉会议上，中、英、藏三方各有其利益所在并为实现本方利益的最大化而竭尽所能，这种利益冲突导致会议呈现出中英矛盾、中藏矛盾和英藏矛盾错综交织的局面。正如许多论著所指出的那样，在西姆拉会议上确实存在英国政府与西藏地方政府代表互相串通联手对付中国政府代表的一面，但同时也存在着英藏之间因利益冲突而相互矛盾的另一面。前者固然是西姆拉会议的主要矛盾，然而，如果看不到英藏之间的矛盾，把西姆拉会议仅仅视为以中国政府为一方，以英国政府和西藏地方政府为另一方的两军对垒，则是把复杂的问题简单化了，不利于我们更全面、更深刻地认识西姆拉会议。

需要说明的是，西姆拉会议会期很长，谈判过程很复杂，特别是与会三方长期围绕所谓“中藏边界”问题反复讨价还价，纠缠不休。限于篇幅，本文不拟对此详加介绍。本文只对现存的有关西姆拉会议的大量资料进行筛选，找出最能代表与会三方各自立场、观点的资料并进行比较，看看中、英、藏三方之间，主要是英藏之间的矛盾所在。

首先，我们看看被西藏上层分裂主义势力所控制的西藏地方政府究竟要通过西姆拉会议达到什么目的？这只要看看西藏地方政府代表夏札在1913年10月13日举行的西姆拉会议第一次正式会议上率先提出的“六点要求”即可一目了然。这六点要求是：

1. 今后汉藏不许干涉对方的内政，确定西藏的独立国，确定至尊达赖喇嘛为政教之主，光绪三十二年，即公元1906年4月7日在北京与外国订立条约时，因西藏代表未签名而条约失效，因此，三国不予承认；

2. 汉藏疆界自东北西宁墨如岗的石碑为界，东以玛沁邦拉雪山沿线第一水道为界，东南以坚章地方的白塔为标记，这是众所周知的划界，而近年来重划出西藏之领土，详细如下：贡隆山顶、袁登达山顶、采当山脉以北至日尼山峰、巴康布托山峰至青海湖以北的巴那三区到汉地甘肃省界，南线以东南的果洛、霍科、新龙、甲绒等18家土司地区，甲拉、打箭炉等包括进去，最南端达到四川、云南边界，西至沿西藏边界的努日山以内的地区被汉人蚕食，建立所谓的西康省，这个省份属于西藏的土地，民族成分也是属于藏族。因此今后划归西藏所有，并要偿还占领期间所得税银；

3. 1893年1月25日及1908年之印藏通商章程由英藏修改，中国不得过问；

4. 过去与在藏汉官员及军队间结下了怨恨，现在有怨恨的民族同住在一个地区将成为滋事的因素，加之汉政府只付出军饷，而从西藏得不到利益，也扰害西藏政府和人民。为了双方的安宁，不准汉人大臣、官员、军队、百姓等在西藏境内通行和居住，汉民商人如没有藏政府的有关官员签发的证明也不准入藏；

5. 自三世达赖索朗嘉措去蒙古传播佛教、结下师徒关系起，一直为库伦寺哲布尊丹巴的认定、侍从而派遣僧官，赐封号，下达指令，从汉蒙地区来人加入各大寺，带来贡物等，以上地区的喇嘛、僧侣照旧要认达赖喇嘛为教主，严守寺规；

6. 被汉人官兵、百姓抢劫或借拿的西藏政府的财物，没收的新龙等宗豁的财物及税款，杀害德格官员、百姓、克什米尔人、回民、尼泊尔人等，烧毁抢劫其财产及房屋等所受一切损失，一律缴还赔偿。①

这六点要求的要害在前两点。它否认西藏是中国的一部分的历史事实，企图废除中英两国政府过去签署的承认西藏是中国一部分的条约，建立一个囊括今西藏自治区和甘青川滇四省藏区的完全独立的“大西藏国”，并以三方承认的、具有法律效力的国际条约的形式固定下来。如果中国政府接受西藏地方政府的上述要求，就意味着不仅仅是原属西藏地方政府管辖的卫藏地区要从中国分裂出去，而且在约占中国领土面积1/4的整个青藏高原

① 恰白·次旦平措、诺章·吴坚、平措次仁：《西藏通史》，陈庆英、格桑益西、许德存译，西藏社会科学院、《中国西藏》杂志社、西藏古籍出版社联合出版，1996，第923页。

地区将出现一个被国际条约承认的、完全独立的大西藏国。

夏札的狂妄要求理所当然地遭到中国政府代表的拒绝。陈贻范在10月30日召开的西姆拉会议第二次会议上据理驳斥夏札所宣称的西藏在历史上是一个独立国家，历代中国中央政府与西藏地方的关系仅仅是施主与法主之间的关系，即所谓“嬗越关系”等种种荒谬不实之词，并代表中国政府提出与其完全对立的解决西藏问题的方案，主要有以下几点：

1. 西藏为中国领土之一部分，其向为中国领土之关系，继续无间；

2. 中国可派驻藏长官驻扎拉萨，所享之权利与前相同，并有卫队二千六百名，除一千名驻扎拉萨外，其余一千六百名由该员斟酌分驻各地；

3. 西藏于外交及军政事宜，均应听受中国中央政府指示而后行，非由中国中央政府，不得与外国订约；

4. 西藏人民之以向汉人之故，因而身被监禁，产业被封者，西藏允一律释放给还；

5. 藏员所开之第五款可以商议；

6. 前订之通商条款如须修改，须由中英两方面根据光绪三十二年四月初四日中英所订藏事正约第三款商议。[①]

这个方案反映了刚刚建立的中华民国政府从历史事实出发，坚持西藏是中国不可分割的领土，断然拒绝西藏“独立”的主张；坚持中华民国政府一如历代中国中央政府有权对西藏地方实行主权管辖，如中央政府派驻藏长官统管西藏外交、军政大权，中央政府派军队驻扎拉萨等西藏要地等。

一方谋求西藏“独立”，一方坚持对西藏的主权管辖，可谓针锋相对、水火不容，西姆拉会议谈判伊始即陷入僵局。老谋深算、别具肺腑的麦克马洪从英国政府的战略需要出发，既不支持夏札提出的建立完全独立的“大西藏国”政治诉求，更不同意陈贻范关于西藏是中国的一部分，中华民国政府有权对西藏行使主权管辖的主张，施加压力，把会议纳入适应英国政府政治需要的轨道。

---

① 牙含章：《达赖喇嘛传》，人民出版社，1984，第253页。

1914 年 4 月 27 日，麦克马洪代表英国政府提出一份条约草案，要求陈贻范、夏札签字。这个条约草案的主要内容是：

1. 西藏分为外藏、内藏两区，前者接近印度，包括拉萨、日喀则、昌都；后者接近中国，包括巴塘、理塘、打箭炉及西藏东部一大部分；

2. 承认中国对于全藏之宗主权，但中国不得改西藏为中国行省；

3. 英国不得并吞西藏任何部分；

4. 承认外藏自治，中国允不干涉其行政，而让诸藏人自理，并允不派驻军队及文武官吏〔惟下（6）除外〕，或于其间建殖民地，英国在全藏亦不得为此等事，但仍保留商务委员及其护卫；

5. 内藏则拉萨之西藏中央政府仍保留其已有之权，其中包括管理大多数寺院、任命各地方长官，但中国得派遣军队、官吏，或殖民地于其处，不受禁止；

6. 中国仍派大臣驻拉萨，护卫军队限三百人；

7. 英国驻藏诸商务委员之护卫，不得超过拉萨中国护卫人数四分之三；

8. 许江孜之英国商务委员来拉萨解决在江孜不能解决之事。①

麦克马洪提出的这个会议条约草案巧立名目，以所谓“宗主权”取代“主权”，从而否认中国政府对西藏的主权管辖，极其严重、粗暴地破坏中国领土、主权的完整。该草案与中国政府在西藏问题上的立场大相径庭，自不待言。同时，实事求是地说，它与西藏上层分裂主义势力的要求也有很大的差异。比较夏札的“六点要求”与英国政府提出的条约草案，不难看出，英藏矛盾集中反映在以下两个方面：

（1）**西藏是“变相独立”，还是“完全独立”** 根据英国政府的条约草案，西藏上层分裂主义势力所谋求建立的“大西藏国”被一分为二，分称“内藏”“外藏”。中国与包括拉萨、日喀则、昌都等地在内的“外藏”的关系不再是一个国家内部中央与地方的关系，而是所谓“宗主国”与“附属国”的关系。中国中央政府除了可以象征性地向“外藏”派驻一名大臣

① 《西藏之过去与将来》，转引自牙含章《达赖喇嘛传》，第 255 页。

和由300名士兵组成的卫队以彰显中国对“外藏”的所谓“宗主国”地位和对外名义上保留对“外藏”的领导外，实际上完全丧失了对“外藏”内政、外交、军事及其他各个方面的事务的管辖权。照此办理，“外藏”的所谓“自治”实际上是“变相独立”。但是，“变相独立”毕竟不同于夏札在“六点要求”中所谋求的“完全独立”。在近代国际关系秩序中，类似于殖民地的“附属国”并不等同于“独立国”，两者不是同一政治概念。英方条约草案所设计的“自治”“外藏”实际上是一个以中国为“宗主国”的“附属国”，而并不是一个政治上完全独立的国家，当然也就不具备一个政治上完全独立的国家所具有的国际地位和相应的权利。后面笔者将要分析，“外藏”“自治”，即“变相独立”，是当时历史条件下，英国政府实现自身利益最大化的最佳选择，它固然极大地破坏了中国领土、主权的完整，严重地危害包括西藏人民在内的整个中华民族的利益，但显然也远远满足不了以建立完全独立的大西藏国为终极目的的西藏上层分裂主义分子的狂妄野心。不仅在西姆拉会议期间，而且在整个中华民国时期，英国政府一以贯之的对“外藏”“自治”而非“独立”的定位，或曰支持其“变相独立”而非“完全独立”的既定方针，极大地束缚了那些寄希望于英帝国主义的支持以建立完全“独立”的西藏国或大西藏国的西藏分裂主义分子的手脚，是使其始终无法美梦成真的重要原因之一。

（2）**所谓“中藏边界”问题**　所谓“中藏边界”问题是西姆拉会议矛盾斗争的又一焦点。正如前文所介绍过的，夏札在“六点要求”中所要建立的完全独立的大西藏国，其“国土”面积大大突破了清朝中央政府所划定的、由西藏地方政府管辖治理的范围，企图一举鲸吞今甘青川滇四省之一部或几乎全部。粗算下来，“大西藏国”的“国土”面积大约是有清一代西藏地方政府实际管辖范围的两倍多，所占有的人口要增加两三倍甚至更多，西藏分裂主义分子的胃口之大，令人咋舌。这里需要交代的是，长期以来，西藏地方财政一直是入不敷出，不得不仰仗中央政府的支持，西藏分裂主义分子实在缺乏独立建国的本钱。因此，他们迫切需要在更大的范围内劫掠土地，聚敛财富，这就是他们长期觊觎其他藏区，谋求建立大西藏国的根本原因。辛亥革命爆发后不久，西藏上层分裂主义势力就曾利用国内政局动荡混乱大举东犯，企图越过金沙江，席卷川滇边。此举遭到中央政府的反对和国人的声讨，1912年夏，四川督军尹昌衡奉命率军西征平息藏乱。西征军击退东犯藏军，并乘胜追击，大有直捣拉萨、恢复中央在藏治权之势。英国政府见势不妙，频频向袁世凯政府施压，尹昌衡被迫饮恨罢兵，西征军功败垂成。西姆拉会议召开后，西藏上层分裂主义势力又企图通过英国人的帮助重划“中藏边界”，在谈判桌上得到它靠武力所得不到的东西。在此问题上，陈贻范同样折冲尊俎，据理力争，对西藏分裂主义势力的东扩企图予以批驳和抵制。

会议期间，“居中调停”的麦克马洪一方面不断向陈贻范施压，以迫使中国政府在所谓“中藏边界”问题上作出让步，为“自治”“外藏”捞取尽可能多的地盘；另一方面，他也不能无视中国政府的反对，完全满足西藏分裂主义分子的贪婪欲望，而要他们适可而止，在“中藏边界”问题上作出一定的“让步”。因此，英方在条约草案中摆出一副不偏不倚的样子，就解决所谓“中藏边界”问题提出“折中”方案，即所谓“内、外藏”方案。该方案大体以金沙江为界，将西藏上层分裂主义势力企图占有的“大西藏国”的“国土”一分为二，分称“内藏”“外藏”：金沙江以东的“内藏”由中国政府管辖（虽然根据上引该条约草案第五条，“外藏”当局可在一定范围、一定程度上插足“内藏”，但其权利毕竟很有限）；金沙江以西为“外藏”，“外藏”实行“自治”即“变相独立”，其“自治”范围大约相当于今西藏自治区的行政管辖范围。尽管该条约草案规定的“外藏”“自治”范围已超出清代西藏地方政府的行政管辖范围（如将清代并不归西藏地方政府管辖的三十九族地区划入“外藏”），但较之西藏上层分裂主义势力的要求却大打折扣。特别是金沙江以东的巴塘一带毗邻“天府之国”四川，较之“外藏”的绝大多数地方海拔低，气候温和，有物产丰腴、人口稠密、交通便利、商贸发达之利，西藏上层分裂主义势力对其垂涎已久。但英方条约草案将包括巴塘等地在内的金沙江以东地区划归“内藏”，使其如意算盘落空。尽管夏札对此心怀不满，感到难以向拉萨当局交代，但又不敢发作，最终还是按英国人的意旨行事，接受了“内、外藏”方案，在西姆拉条约上签了字。会后，在西藏政坛上一度大红大紫、颇受十三世达赖喇嘛青睐的夏札怀揣西姆拉条约惴惴不安地回拉萨复命时，因其有辱使命擅自接受英国政府的“内、外藏”方案而受到十三世达赖喇嘛的冷遇，从此被置之闲散，郁郁而终。

综上所述，可以看到，在西姆拉会议上，与会各方在所谓西藏的地位以及“中藏边界”等根本性问题上存在着深刻的矛盾。就英藏两方的关系而言，并不像人们通常所认为的那样，英藏一家，毫无间隙，它们在西藏的未来地位和西藏分裂主义势力的统治范围这两个根本问题上也存在深刻的利益冲突。

说到这里，我认为有必要强调，我们在研究西藏近代史时必须十分注意和把握的一个基本点是，作为侵藏主角的英国政府在西藏问题上一直有其出于地缘政治需要而既不同于中国政府，亦有别于西藏分裂主义分子的特殊利益和特殊要求。基于这种特殊利益和特殊要求，反映在西姆拉会议上，英国政府固然有我们所熟知的教唆、拉拢西藏上层分裂主义势力共同对付中国政府代表，企图迫使中国政府在主权等问题上作出重大让步的一面；但也有对西藏上层分裂主义势力的政治诉求多方限制而不是予取予求的另一面。民国时期，西藏上层分裂主义势力一直把实现西藏“独立”，建立“大西藏国”的希望寄托在英国人身上，但当英国人出于一己之利而压制其政治诉求时，他们只能忍气吞声，逆来顺受。尽管如此，英藏双方在西姆拉会议上存在分歧和矛盾却是不争的事实。

二

以上分析了英国政府与西藏分裂主义分子在西姆拉会议上的分歧与矛盾，其中最关键之处就是西藏分裂主义分子要求建立“完全独立”的“大西藏国”，而英国政府只同意“外藏”“自治”即“变相独立”。英国政府的所作所为并非一时一地的权宜之计，而是民国初年乃至整个民国期间，英国政府在西藏问题上深思熟虑、一以贯之的既定方针。

1912 年 8 月 17 日，即中华民国刚刚成立，西姆拉会议尚未召开前，英国驻华公使朱尔典就向民国政府外交部递交了英国政府关于西藏问题的备忘录，史称《八一七备忘录》，阐明了英国政府在中国鼎革之际的对藏政策。该备忘录称：

> 一、陛下政府过去曾经承认中国对西藏的“宗主权”，但从未承认也不打算承认中国有权积极干涉西藏的内政，西藏内政应如各项条约所期望的那样由西藏当局掌握，1906 年 4 月 27 日条约第一款授权英国和中国必要时采取相应步骤，保证充分履行条约之规定。
>
> 二、陛下政府根据以上这些理由，全然反对中国驻西藏官员近两年执掌该国全部行政大权的行为；并且全然反对袁世凯总统 1912 年 4

月21日命令中宣布的原则，即应将西藏与“中国各省一体看待”，有关该国的一切“行政事务”，“均将属内政范围”。

陛下政府正式拒绝接受对西藏的政治地位作如此之规定，陛下政府必须告诫中华民国：中国官员不得重复已遭到反对的行为。

三、陛下政府不反对中国有权在拉萨设置一名代表，随带适当卫队，在对外关系上对西藏人有建议权；然而陛下政府不打算同意无论在拉萨或在全西藏保持无限数量的中国军队。

四、陛下政府必须催促按照上述各点签订一项书面协议，作为承认中华民国的先决条件。

五、同时，完全断绝中国一切经过印度同西藏的往来，只有在上述各方面达成协议，陛下政府认为这些条件已经兑现，才能重新开放。①

《八一七备忘录》表明，英国政府利用民国初建，政局动荡，中华民国政府立足未稳之机，以不承认新建中华民国和断绝经由印度的中藏交通相要挟，企图迫使袁世凯政府放弃对西藏的主权管辖，同意西藏“变相独立”。一年多以后，英国政府炮制的西姆拉条约草案的基本立场、基本精神是与《八一七备忘录》相互呼应，一脉相承的。

那么，人们不禁要问，英帝国主义为什么不支持西藏上层分裂主义势力建立完全独立的“大西藏国”的要求，而主张“外藏”“自治”，即“变相独立”，而非“完全独立”呢？英国政府的这一政策，且不说令袁世凯政府无法接受，指示陈贻范不得在西姆拉条约上签字，从而使西姆拉会议以失败告终，而且也招致上层西藏分裂主义势力的不满。应该说，英国政府采取这一方针，其中大有深意在焉。

简单地说，英国政府之所以不支持西藏分裂主义势力搞完全独立的大西藏国，首先是它难以办到，更重要的是这样做于其不利。

众所周知，1840年中英第一次鸦片战争以后，中国逐步沦为半殖民地国家，成为帝国主义列强竞相欺凌、宰割的对象。至19世纪末，以中日甲午战争为发端，帝国主义列强掀起了瓜分中国的狂潮，极大地激化了帝国

① 英国《外交部档案》全宗第535号，第15卷，第153~154页，第193号文件附件，转引自王远大《近代俄国与中国西藏》，三联书店，1993，第280~281页。

主义与中华民族的矛盾，由此爆发了震惊世界的义和团反帝爱国运动。轰轰烈烈的义和团运动固然有其严重的弱点，并因中外反动势力的残酷镇压而惨遭失败，但广大义和团战士以不惜粉身碎骨、肝脑涂地的牺牲精神，万众一心、前仆后继地与八国联军殊死搏斗，却给帝国主义列强上了刻骨铭心的一课，使他们被迫认识到，中华民族是不甘心屈服的，是不会任人宰割的，如果贸然瓜分中国，必将招致比义和团运动更为凶猛的、永无休止的反抗。八国联军统帅瓦德西承认："中国群众……尚含有无限蓬勃生气……无论欧美日本各国，皆无此脑力与兵力，可以统治此天下生灵四分之一也……故瓜分一事，实为下策。"①

同时，义和团运动被镇压后，清廷西狩，八国联军占据北京。此时，帝国主义列强虽不乏借机瓜分中国的强烈欲望，但又都各怀独执牛耳称霸中国的野心，彼此掣肘，相持不下，一时间，大有因分赃不均，爆发内讧，乃至兵戎相见之势。

于是，权衡利弊，义和团运动失败后一度甚嚣尘上的瓜分中国的论调归于消寂，帝国主义列强转而采取"保全主义"。所谓"保全主义"，就是帝国主义列强以义和团运动中中国人民的强大反抗为借鉴，出于稳定其在中国的半殖民地统治秩序和调和彼此之间的矛盾的需要，相约放弃明火执仗地凭借武力瓜分中国的政策，转而"保全"中国，意即名义上尊重和维护中国领土的完整，把侵略中国的政策建立在继续加深扩大政治、经济、文化等比较温和的掠夺形式的基础之上。"保全主义"最终成为20世纪前期，包括清末民初鼎革之际，帝国主义列强在侵略中国过程中相约共同遵守的"游戏规则"，直至30年代为日本军国主义公然入侵中国所破坏。

17世纪中叶，英国开风气之先，率先完成资本主义革命，长期走在时代的前列，一强独大，独领风骚。19世纪中叶，英国最早凭借坚船利炮打开中国的大门，利用强加于中国的种种不平等条约，使中国成为其重要的商品输出市场、廉价原料供应地和资本输出场所。19世纪后期和20世纪初，英国凭借其强大的政治、军事、经济实力和先行之利，在中国攫取了傲视其他帝国主义列强的政治地位和经济利益。举例说，1899年，在中国

① 瓦德西：《拳乱笔记》，〔日〕佐原笃介辑《八国联军志》，中国近代史资料丛刊：《义和团》三，第86、244页。

对外贸易总值中，英国约占62%[①]；1905～1914年间，在帝国主义对华铁路贷款总额里，英国占到38.2%。[②] 较之其他帝国主义国家，英国从自身在华利益出发，当然更不希望帝国主义列强将偌大的、统一的中国市场瓜分得支离破碎，更支持对中国实行“保全主义”。1900年10月16日签订的《英德协定》鲜明地反映了它的这一意图。该《协定》认为列强在中国的贸易及其他经济活动，均应遵循“自由开放，毫无差别”的原则，规定“不得利用现时之纷扰在中国获得任何领土利益，其政策应以维持中国领土不使变更为旨归”。[③] 设使民国初年英国为满足西藏分裂主义势力的贪婪要求，撕毁帝国主义列强间达成的协议，破坏相约必须共同遵守的“保全主义”的游戏规则，建立一个听命于它的完全独立的大西藏国，势必出现于其严重不利的局面。

首先，如果建立完全独立的大西藏国，将空前严重地破坏中国领土、主权的统一和完整，这不仅是孱弱如袁世凯政府也无法吞咽的苦果，更会招致全中国人民的强烈反对。进入20世纪后，尤其是民国建立以来，在帝国主义侵略的强烈刺激下，中国人民出现了空前的民族觉醒，民族主义浪潮汹涌澎湃，反帝斗争在神州大地上此起彼伏，冲击着半殖民地的统治秩序。如果英国政府鲁莽灭裂，胆敢冒天下之大不韪，悍然支持西藏“独立”，只能是引火烧身。在中国大地上必将出现一场空前声势浩大的反英斗争风暴，英国长期苦心经营的在华利益必将受到严重冲击而难以收拾。

再有，英国支持西藏“独立”，无异于率先破坏帝国主义列强之间既定的“保全主义”的游戏规则，其他帝国主义国家就会群起而攻之，英国将在国际社会陷于孤立，这对其对华战略、亚洲战略，乃至全球战略将产生严重的，甚至是灾难性的影响。长期以来，沙皇俄国一直是与英国争霸中国和亚洲的主要对手。在侵华帝国主义列强中，沙皇俄国的资本主义改革进行得最晚、最不彻底，腐朽、落后的封建农奴制的影响尾大不掉，经济最不发达，故被列宁称为“军事封建帝国主义”。沙俄较之英法德美诸强无经济优势可言，故在经济侵略中国时处于下风。因此，沙皇俄国在侵略中国、争霸亚洲的过程中，更多地诉诸武力，更多地以掠夺中国和其他亚洲

① 菲利浦·约瑟夫：《列强对华外交》，胡滨译，商务印书馆，1962，第412页。

② 严中平等：《中国近代经济史统计资料选辑》，第191页。

③ 李新主编《中华民国史》第1编，中华书局，1981，第39页。

国家的领土为要务。在中国近代史上，与其他帝国主义列强比较，沙俄劫掠的中国领土最多，并且一直对与其相邻的中国内、外蒙古地区和东北地区虎视眈眈，企图将它们变成其独占的“势力范围”或殖民地。因此，人们都很清楚，英美等国积极倡导、制定的“保全主义”的游戏规则有维护自身利益并用以束缚沙俄手脚的很强的针对性。设使英国率先破坏“保全主义”的游戏规则，支持西藏“独立”，正是沙俄求之不得的事。一旦西藏在英国支持下获得“独立”，它势必接踵而至，扶植蒙古分裂主义势力，建立听命于它的独立的大蒙古国，进而席卷广袤、富饶的中国东北地区而去。如果出现这种局面，其他帝国主义列强自然也不会袖手旁观，必将竞相效尤。如此这般，将会掀起新一轮瓜分中国的狂潮。这恰恰是英国政府最不愿意看到的局面——破坏中国的统一，把中国瓜分得支离破碎，吃亏最大的，还是英国自己。精于计算的英国政府绝不会干这种因小失大，为他人火中取栗的赔本生意。

总之，惮于中国政府和中国人民的强烈反对，顾忌侵华列强之间的矛盾，维护自己的在华既得利益，是英帝国主义不支持西藏“完全独立”的重要原因。

从另外一个角度看，英国不支持西藏完全独立，而是承认中国对西藏的“宗主权”，主张“外藏”“自治”，不仅可以遮人耳目，尽可能避免或缓和中国人民的反对和其他帝国主义国家的责难，更重要的是，从地缘政治的角度分析，这恰恰是对英国最为有利的最佳选择。换句话说，地缘政治的需要，是英国政府反对西藏完全独立而主张西藏“变相独立”的更为重要的原因。

在弱肉强食的帝国主义时代，处于强势地位的帝国主义国家，不论它如何标榜自己行为的正义性，归根到底，还是从自身利益出发决定其外交政策。英国政府也不例外。20 世纪初，英国政府之所以殚心竭虑地积极干涉侵略中国西藏，是由于从地缘政治的角度看，西藏对于它有超越于其自身价值的重大战略价值。

早在 18 世纪末，英国东印度公司就企图越过高耸的喜马拉雅山，插足西藏，开辟新的商品输出市场和原料供应地，但这个愿望直至 19 世纪末才实现。1888 年，英国悍然发动第一次侵藏战争，终于敲开了西藏紧闭的大门。兵败之后，中国政府被迫于 1890 年、1893 年相继与英国签订了两个关于西藏的不平等条约，即《中英藏印条约》和《中英续订藏印条约》。从此，西藏门户洞开，英国人如愿以偿，开辟了与西藏的通商关系。但是，客观地讲，由于西藏地广人稀、经济落后、市场狭小且交通不便，西藏被迫对英国开放后，英属印度与西藏间的进出口贸易额十分有限，更无对西藏直接进行资本输出攫取超额利润的可能。因此，对于英国来说，就经济利益而言，与中国内地特别是富庶的东南沿海、长江中下游地区比较，西藏味同鸡肋，价值不大，并不值得重视。20 世纪初年，促使英国政府高度重视西藏并积极干涉侵略西藏的主要原因，并不是经济方面的需要，而是地缘政治的考虑。

19 世纪末 20 世纪初，尽管显赫一时的大英帝国已开始走下坡路，但其殖民地仍遍及全球，以“日不落国”傲称于世。印度是英国最大的殖民地，是大英帝国称霸全球的殖民体系的重要基石，被喻为“英国女皇王冠上的钻石”。印度所在的南亚大陆呈半岛状，东西两侧是辽阔的印度洋，北面则有连绵的高山、广袤的高原、无垠的戈壁沙漠作为自然屏障，除了要镇压本地人民反抗英国殖民统治的斗争，从地缘政治的角度来说，英国殖民主义者在印度可以说是高枕无忧。然而，刚刚进入 20 世纪，却传来令英国人坐立不安的消息——西藏的十三世达赖喇嘛多次秘密派其心腹、俄国人德尔智赴沙俄，欲与沙皇俄国政府结盟，引俄拒英。19 世纪后半叶和 20 世纪初，沙俄是与英国争霸亚洲的主要对手，以扩张土地为要务的沙俄急欲南下中亚，把侵略触角伸向波斯湾、印度洋，双方在中亚地区的激烈争夺已令英国政府疲于应付。设使沙俄与西藏地方当局结成反英同盟，它将兵不血刃入主西藏，并凭借高原之利，对喜马拉雅山南侧的英属印度构成极大的威胁。“卧榻之侧，岂容他人酣睡”，1904 年，英印当局在连俄藏结盟的情报还没有搞实搞准的情况下，就大动干戈，打了一场“先发制人”的、大规模的侵略西藏的战争。英军越过喜马拉雅山，直捣拉萨，迫使亲俄的十三世达赖喇嘛仓皇出走。英国政府之所以不惜代价，劳师远征，迫不及待地发动这次规模空前的侵藏战争，主要是地缘政治的需要，是防范和肃清沙俄在西藏的影响，设法培植西藏的亲英势力（19 世纪末 20 世纪初，在十三世达赖喇嘛主政的西藏地方政府与英国政府的冲突中态度暧昧的九世班禅，就是英国政府一度寄以希望并拉拢、扶持的对象），构筑阻隔沙俄，保障英属印度安全的“战略缓冲区”。

英国远征军在迫使西藏地方政府签订的《拉萨条约》第九款中就特别明确规定：“西藏允定，以下五端非英国政府先行照允，不得举办：一、西藏土地，无论何外国皆不准有让卖、租典或别样出脱情事；二、西藏一切事宜，无论何外国皆不准干涉；三、无论何外国皆不许派员或派代理人进入藏境；四、无论何项铁路、道路、电线、矿产或别项利权，均不许各外国或各外国籍之民人享受，若允此项利权，则应将相抵之利权或相同之利权一律给与英国政府享受；五、西藏各进款，或货物，或金银钱币等类，皆不许给与各外国或籍隶各外国之民抵押拨兑。”①

此一条款，充分反映了英国政府发动这场战争的目的——防范其他帝国主义列强（在当时主要针对沙俄）以任何方式和途径插足西藏，保卫英属印度的安宁。

消息传来，清政府十分震惊，一是西藏是中国的一部分，西藏地方官员无权与外国订约，二是担心条约第九款中所说“外国”包括中国。好在此次英国进军拉萨，迫签条约，意在对付沙俄，因此，在中国政府的坚持下，中英两国政府就此问题重新开议，并于1906年4月27日签订《中英续订藏印条约》，而将《拉萨条约》作为附约。《中英续订藏印条约》正约之第二款称：“英国国家允不占并藏境及不干涉西藏一切政治。中国国家亦应允不准其它外国干涉藏境及其一切内治。”第三款则声明：“光绪三十年七月二十八日英藏所立之约第九款内之第四节所声明各项权利，除中国独能享受外，不许他国国家及他国人民享受。惟经与中国商定，在该约第二款指明之各商埠，英国应得设电线通报印度境内之利益。”②

通过《中英续订藏印条约》及其附约，英国政府迫使中国政府及西藏地方政府承诺，除了英国，任何外国不得以任何途径和形式插足西藏，从而扎紧了拒包括沙俄在内的所有帝国主义列强于西藏境外的篱笆，一个从北面拱卫英属印度的地域广袤的“战略缓冲区”终于形成了。

在国际政治中，没有永远的敌人，也没有永远的朋友，只有永远的利益。20世纪初，随着德国的崛起，迫使英国政府开始逐步调整其全球战略，全力应付迅速崛起的德国的挑战。1905年12月英国自由党政府上台后，奉行英俄友好政策，昔日的宿敌摇身一变，又成为联手对付德国的同一条战线的“战友”。为了化解双方在亚洲的矛盾，1907年8月31日，英俄政府在彼得堡签订了《英俄协约》，就双方长期纷争不已的波斯、阿富汗、中国

---

① 转引自牙含章《达赖喇嘛传》，第180页。

② 见《中外旧约章汇编》第2册，三联书店，1959，第345～346页。

西藏等问题达成一揽子交易。其中有关西藏问题的《西藏协定》如下：

俄国政府和英国政府承认中国对西藏之宗主权，并考虑到英国因其地理位置，对完全维持西藏对外关系之现状，具有特殊利益，兹订立协定如下：

第一款　两缔约国保证尊重西藏之领土完整和一律不干涉西藏之内政。

第二款　俄国和英国遵照承认中国对西藏之宗主权这一原则，保证：仅仅通过中国政府与西藏联系。但此项保证不排斥1904年8月7日英藏条约第5款所规定，并为1906年4月27日英中条约所确认之英国商务委员同西藏当局的直接联系，也不更改上述1906年条约第1款中英国和中国所作之诸项保证。

不言而喻，无论俄国或英国之佛教徒臣民均可仅仅出于宗教原因同达赖喇嘛以及西藏佛教之其他代表人物进行直接联系。俄国政府和英国政府保证：就两国政府而言，将不准此种交往违反本协定之规定。

第三款　俄国政府和英国政府各自保证不派遣代表去拉萨。

第四款　两缔约国保证不在西藏为自身或其臣民寻求或获取对铁路、道路、电报及矿山的任何租让权或其他权利。

第五款　两国政府约定，西藏收入，无论为实物或现金，均不允许抵押或转让给俄国或英国，或其任何臣民。①

在帝国主义时代，帝国主义国家无视殖民地、半殖民地国家利益，拿这些国家的利益为筹码，或公开交易，或私相授受，司空见惯，不足为奇。在这次英俄政府背着中国政府就西藏问题达成的交易中，英国人可谓收获极大，其一，在协定中，英俄两国将中国对西藏的主权管辖关系置换为宗主国与附属国的关系，其中包含着极大的阴谋，为英国日后否认中国对西藏的主权，将其侵略干涉西藏的政策进一步升级埋下了伏笔；其二，也是更为重要的，俄国人事实上承认了西藏作为英国的独占势力范围，包括它自己在内的其他帝国主义国家不得染指西藏，即使他日英俄交恶，沙俄也

① 科济缅科编《俄国同他国所订条约汇编》，1952年莫斯科版，第386~394页。转引自王远大《近代俄国与中国西藏》，三联书店，1993，第261页。该约之附件略。

将受该协定束缚而无法插足西藏，从而进一步确立了西藏作为英属印度“战略缓冲区”的地位。《西藏协定》的签订使英国政府松了一口气，一度“山雨欲来风满楼”的来自“北极熊”的威胁得以化解。

时隔不久，辛亥革命爆发，以孙中山先生为首的中国资产阶级革命党人一举推翻腐朽的清王朝，结束了在中国绵延了两千多年的封建帝制，建立了民主共和国，古老的中国焕发出勃勃生机。1912 年 1 月 1 日，孙中山先生在就任中华民国临时大总统所发表的宣言书中昭告世界：“国家之本，在于人民，合汉、满、蒙、回、藏诸地为一国，则合汉、满、蒙、回、藏诸族为一人，是曰民族之统一。武汉起义，十数行省先后独立，所谓独立，对于清廷为脱离，对于各省为联合。蒙古、西藏，意亦同此，行动既一，决无歧趋，枢机成于中央，斯经纬周至于四至，是曰领土之统一。”①

同年 3 月 11 日颁布的《中华民国临时约法》则明确指出：“中华民国领土，为二十二行省，内外蒙古，西藏，青海。”并规定西藏同各行省、内蒙古、外蒙古一样，选派五名参议员，参加中华民国的最高立法机构——中华民国参议院。②

不久，袁世凯取孙中山而代之，他在同年 4 月 22 日发布的大总统令中进一步提出：“现在五族共和，凡蒙、藏、回疆各地方，同为我中华民国领土，则蒙、藏、回疆各民族，即同为我中华民国国民，自不能如帝政时代再有藩属名称。此后，蒙、藏、回疆等处，自应统筹规画，以谋内政之统一，而冀民族之大同。民国政府于理藩不设专部，原系视蒙、藏、回疆与内地各省平等，将来各该地方一切政治，俱属内务行政范围。现在统一政府业已成立，其理藩院事务，著即归内务部接管。其隶于各部之事，仍规划各部管理。”③

面对中国正在发生的历史剧变，目睹中国人民在辛亥革命过程中表现出的反帝反封建的革命激情，展望中国将由此可能走向强盛的前景，英国人不能不认真对待来自中华民国政府及其领导人的上述坚定而明确的声音——西藏是中华民国的领土，藏族人民是中华民国的国民，民国政府要实行“民族统一”“领土统一”“内政统一”等政策，加强对包括西藏在内

① 《西藏地方是中国不可分割的一部分》，西藏人民出版社，1986，第 452 页。

② 《西藏地方是中国不可分割的一部分》，西藏人民出版社，1986，第 452～453 页。

③ 《西藏地方是中国不可分割的一部分》，西藏人民出版社，1986，第 454 页。

的边疆民族地区的施政，密切西藏等边疆民族地区与中央的政治、经济、文化联系等。如果说，辛亥革命前，英国把西藏变为拱卫英属印度的“战略缓冲区”，意在对付沙俄，并防范其他暗中觊觎西藏的帝国主义列强的话；那么，辛亥革命后，英国政府就必须正视来自中国的“威胁”了。如果中华民国政府把上述方针、政策付诸实施的话，必将大大加强中国中央政府在西藏的政治、经济、军事、文化存在，而随着中国的日益强盛，这种存在将不断加强。按英国人的逻辑，这将对与西藏山水相连的英属印度构成“威胁”。英国人不无忧虑的是，中国人民反抗帝国主义统治的民族主义思想会就经由西藏传入印度，将为印度人民正在兴起的反对英国殖民统治的独立运动火上添油，而一旦中印这两个世界上人口最多的大国的民族主义运动汇合，势必严重地冲击英国在亚洲，乃至在全球的殖民统治。这种在不远的将来可能出现的前景确实令英国人不寒而栗。这时，继续巩固和加强西藏的“战略缓冲区”地位，对英国人来说是尤为必要的。它不仅有继续防范沙俄或其他帝国主义国家染指西藏的一面，同时还有防范走向新生的中国加强在西藏的政治、经济、文化存在和影响的一面。孰重孰轻，将视时局的发展而定。

见微知著，防患未然，英国统治者考量的问题着实具有战略性、前瞻性和大局观。当中华民国刚刚脱胎而出、前途未卜时，他们就已看到了遥远的东方天际的星星之火，设法提前在西藏构筑防火墙，做好防御来自中国的燎原烈火的准备。1912 年夏，刚刚由南京迁都北京的民国中央政府百废待兴，仅就西藏等边疆民族地区问题发表了原则性声明，尚无完备的政策，更没有来得及采取什么具体措施，而英国政府已“未雨绸缪”，制定了新的西藏政策，并主动找上门来，这就是上述《八一七备忘录》。接着，他们又使出浑身解数，迫使袁世凯政府就范，派代表参加西姆拉会议并企图迫使中国政府接受西姆拉条约。英国政府的《八一七备忘录》和西姆拉条约已如上述，它们将中国对西藏的主权剥夺殆尽，只留下“宗主国”的空名。中国政府如接受西姆拉条约，将完全丧失对西藏的主权管辖，更谈不上保留和加强在西藏的政治、经济、军事、文化存在。即使中国日后变得强大，也会受制于西姆拉条约而对变相独立的西藏无可奈何。反观作为“战略缓冲区”的西藏，气候恶劣，交通不便，人口稀少，加之西藏上层分裂主义分子本身是农奴主，保守、僵化，是政教合一的封建农奴制度的既得利益者，他们拼命维护而不是改变这个制度，如再人为地排除中国内地先进文化和进步历史潮流的影响，其告别黑暗的中世纪，走向现代化，将遥遥无期，而这恰恰是尽享现代化之利的英国人所最希望看到的景象。对于英国人来说，西藏分裂主义分子是最令人放心的、拱卫英属印度的称职的看门人。

有一句名言："真理向前跨进一步就会变成谬误。"同理，对于英国政府来说，如果它从主张西藏"自治"即"变相独立"的立场再向前迈出在局外人看来似乎无足轻重的一步，进而支持西藏"完全独立"，使西藏分裂主义分子建立"完全独立"的"大西藏国"的美梦成真，且不说必将遭到中国人民的强烈反对和其他帝国主义国家的责难，更重要的是，它将完全违背自己积极干涉侵略西藏的初衷，使自己陷于事与愿违、全盘皆输的窘境。正如前文所介绍的，在英俄或敌或"友"的不同时期，在民国建立前后，英国政府的"战略缓冲区"计划虽有所调整，但基本精神不变，即不允许任何外国（主要针对沙皇俄国或可能与其竞争的对手）以任何名义、任何途径染指西藏，民国成立后，则又加上了不允许中国政府干涉西藏"内政"的内容。所有这一切，都是为了使积贫积弱的西藏永远处于某种"政治真空"状态，以排除任何来自北方的、对英属印度的"威胁"。试想，如果西藏获得了"完全独立"，它就可以名正言顺地以独立国家的身份在国际舞台上开展活动，任何国家都可以名正言顺地与西藏建交、遣使、订约，都可以与西藏进行各种形式的经贸往来，包括兴修铁路、开发矿山、开办银行，甚至可以与西藏建立各种形式的政治、军事关系。这样一来，将出现英国人最不愿意看到的局面：在自己的家门口，在与英属印度有几千公里边界线的西藏，英国当前或潜在的竞争对手蜂拥而入，利用西藏的贫穷、落后、虚弱，竞相控制西藏，并以此为桥头堡，威胁英国在南亚次大陆的殖民统治，英印殖民当局将永无宁日。如此这般，英国政府无疑是搬起石头砸了自己的脚。难道它会干这样的蠢事吗？

时至今日，还有一些人认为，中华民国时期，尤其是民国初年，中国中央政府对西藏的控制受到严重削弱，是西藏实现完全独立的千载难逢的良机，他们埋怨当时的西藏分裂主义势力未抓住机遇，建立完全独立的"西藏国"或"大西藏国"。其实，并不是当时的西藏分裂主义分子不积极，不努力，他们曾为此殚精竭虑，无所不用其极，包括认贼作父，投靠英帝国主义，不惜将9万多平方公里的祖国领土拱手相送。遥想民国初年，西姆拉会议召开时，西藏分裂主义分子是何等的踌躇满志，企图毕其功于一役，一举建立完全独立的“大西藏国”。但是，“落花有意，流水无情”，他们的如意算盘完全落空。西藏“独立”的计划不仅遭到中国政府和中国各族人民的坚决反对，而且得不到他们所寄予希望的英国政府的支持。夏札在西姆拉会议上什么也没有捞到，铩羽而归，而英国人却得到了“麦克马洪线”，并据以逐步侵占中国9万多平方公里的领土，西藏分裂主义者因此留下千古罪名。

（《中国藏学》2004年第2期）

中俄关系与外蒙古自中国的分离（1911～1915）

刘存宽

辛亥革命时期外蒙古脱离中国的问题，中外史家论述者甚多。这些著作大都认为，1911年外蒙古脱离中国是沙皇俄国长期活动的结果，是俄国趁中国发生辛亥革命的有利时机，煽动和勾结外蒙古封建王公作出的分裂中国的行动，是俄国独家导演的一幕历史傀儡戏。这个认识该说是合乎事实的。然而人们不会不注意到，外蒙古封建王公既已于1911年宣布外蒙古"独立"并成立"大蒙古国"，何以其后几年的《俄蒙协约》、《中俄声明文件》及《中俄蒙协约》仅确认外蒙古的"自治"地位，并"承认中国在外蒙古之宗主权"和外蒙古为"中国领土之一部分"?① 关于这个问题，一些著作虽有所涉及②，但迄今尚无系统、详尽的论述。以往的许多著作着重论述了沙俄与外蒙古王公在外蒙古脱离中国问题上目标和利益的一致性，及其合而谋我，对于二者在此问题上的分歧和矛盾则缺乏研究。这就给人们一种印象，似乎俄蒙在外蒙古脱离中国问题上的利益和方针是完全一致的：俄国完全支持外蒙古王公脱离中国的一切要求；外蒙古王公则对沙俄的外蒙古政策百依百顺，亦步亦趋。果真如此的话，就不能解释，何以在外蒙古宣布"独立"并成立"大蒙古国"以后，其法定的条约地位反而变成了

---

① 参见《国际条约大全》第3卷，商务印书馆，1915，第21～22页；王铁崖编《中外旧约章汇编》第2册，三联书店，1959，第947～949、1116～1120页。

② 郭廷以：《俄帝侵略中国简史》，台北，文海出版社，1985，第38～39页；张启雄：《外蒙主权归属交涉，1911-1916》，台北中研院近代史研究所专刊（77），1995，第30、37、38、85～93页。

“自治”而不是“独立”。实际上，辛亥革命时俄蒙勾结肢解中国固然是事实，但俄蒙双方在此问题上亦是各有企图，各存野心，并不完全一致。在当时情况下，由于种种原因，沙皇政府认为，只有外蒙古的“自治”，而非独立，才能最大限度地满足俄国的侵略利益，于是凭借强权，施展诡计，迫使中国当局和外蒙古王公就范。结果是，外蒙古的脱离中国使中国和外蒙古人民深受其害，使俄国获得重大的侵略利益。外蒙古的实际地位和处境变成了既非“独立”，亦非“自治”，实际上是俄国的殖民地和保护国。

一　外蒙古“自治”的经过

制造外蒙古从中国的分离，是沙皇俄国和外蒙古封建上层长期以来的共同意愿。然而外蒙古如何从中国分离？采取何种方式分离？是“独立”还是“自治”？双方从一开始就存在分歧。外蒙古僧俗封建主们从狭隘的自身利益出发，千方百计要从中国独立出去，建立一个包括内蒙古等地在内的“大蒙古国”；沙俄虽然极力煽动和支持外蒙古从中国分离出去，但它的这一支持，丝毫不是为了外蒙古及其人民的利益，而是为了沙俄本身最大限度的侵略利益。在当时的国际形势和具体条件下，指导沙俄对蒙政策的方针是如何能更有效地控制和掠夺外蒙古，如何能使外蒙古成为俄国独占的殖民地、保护国和俄国与中、日之间的缓冲国，不让他国染指。它认为达到此目的的最佳选择不是外蒙古的“独立”而是“自治”，即使是名义上的“自治”。俄蒙间这一“独立”与“自治”的分歧曾经长期存在，只是由于俄国坚持其“自治”主张，外蒙古王公才勉强放弃了“独立”的要求。

1911 年 7 月，以库伦活佛为首的外蒙古僧俗封建主在俄国长期煽动和支持下，以会盟为名，在库伦召开四盟王公秘密会议，决定分裂祖国，实行外蒙古“独立”，并派遣以杭达多尔济、达喇嘛车林齐密特为首的代表团密往俄京圣彼得堡请求俄国政府“庇护”，“接纳喀尔喀于俄国的保护之下”。对于该代表团此行，俄方先是进行劝阻，但未成。代表团出发后，俄方又劝其“暂且不必来圣彼得堡”[①]。8 月 15 日，代表团不顾俄方阻拦，抵

① 《代表外交大臣致代理内阁总理大臣科科夫采夫函》，1911 年 7 月 17 日，《俄国外交文书选译——关于蒙古问题》（1911 年 7 月至 1916 年 8 月），陈春华译，黑龙江教育出版社，1991，第 2 页。

达圣彼得堡。为了确定对代表团的方针，沙皇政府于 8 月 17 日举行的远东问题特别会议决定：帝国政府“不承担以武力支持喀尔喀蒙人脱离中国之义务，而是居间调停，通过外交途径支持蒙人捍卫独立之愿望，勿与其宗主国君主清朝大皇帝脱离关系”。会议还决定向外蒙古代表团说明，“蒙人彻底脱离中国之愿望此刻不能实现”，但俄国允诺“将支持他们捍卫喀尔喀之独特制度，同中国人进行斗争”。①

1911 年 10 月，中国发生辛亥革命，这给沙俄和外蒙古封建王公的图谋提供了绝好的时机。俄国代理外交大臣尼拉托夫不无兴奋地说，在外蒙古问题上，俄国可以“利用中国南方革命运动给中国政府造成之困难”②。同年 12 月 1 日，外蒙古王公调集各旗蒙兵集合库伦，正式通知清政府驻库伦办事大臣三多，喀尔喀已“将全土自行保护，定为大蒙古帝国，公推哲布尊丹巴为皇帝”，并令三多所属文武官员及兵役三日内撤离蒙境，“如敢故违，即以兵力押解回籍”。③ 三多势单力孤，走投无路，于次日避入俄国驻库伦使署请求保护，12 月 4 日，在俄国哥萨克兵的护送下离开库伦，然后经恰克图取道西伯利亚回国。④ 同月 28 日，哲布尊丹巴登基为帝，号称“日光皇帝”，年号“共戴”，以曾赴俄乞援的达喇嘛车林齐密特为内阁总理大臣，主持政务。内阁下设内务、外务、财政、兵、刑五部，并收揽内蒙古失意王公及亲俄分子乌泰、海山、陶克陶胡等在库伦担当要职。至此，外蒙古“独立”，“大蒙古国”算是粉墨登场。

外蒙古“独立”是沙俄扩张政策的产物。在外蒙古宣布独立前后，俄国曾给外蒙古王公以巨大的政治、经济和军事支持，其中包括逼迫清政府取消在外蒙古推行的“新政”，承诺不在蒙古驻扎中国军队，不向蒙地移民和设置中国行政机构，保证外蒙古自治。⑤ 俄国还于 1911 年 8 月底由恰克

① 《远东问题特别议事录》，1911 年 8 月 17 日，《俄国外交文书选译》，第 5 ~6 页。

② 《代理外交大臣致驻北京公使廓索维慈电》，1911 年 11 月 13 日，《俄国外交文书选译》，第 13 页。

③ 梁鹤年：《库伦独立始末记》，载陈崇祖编《外蒙古近世史》，商务印书馆，1926。

④ 《俄国外交文书选译》，第 16 ~ 18 页。并参看《前库伦办事大臣三多谈话纪要》，1912 年 1 月 18 日，《日本外交文书选译——关于辛亥革命》，邹念之译，中国社会科学出版社，1980，第 136 ~ 139 页；陈复光：《有清一代之中俄关系》，云南崇文印书馆，1947，第 421 页；栾景河编译《俄罗斯有关外蒙古独立问题未刊档案选译》，《近代史资料》总 105 号，中国社会科学出版社，2003，第 51 ~ 54 页。

⑤ 《俄国外交文书选译》，第 20 页；陈崇祖编《外蒙古近世史》第 1 篇，第 7 页。

图派步骑兵800余人前往库伦，支持外蒙古王公的分裂行动。[①] 此外又给以200万卢布的巨额贷款，支援他们大量枪械弹药，帮助训练蒙兵。[②] 俄国还大力支持库伦当局占领乌里雅苏台和科布多，并策划成立“呼伦贝尔自治政府”，支持哲里木盟科右前旗王公乌泰发动叛乱。[③] 如此等等。然而，沙皇政府虽全力支持外蒙古实际上脱离中国，但对其在名义上完全脱离中国而独立和成立“大蒙古国”之举，并不赞成与支持。有下列事实为证。

外蒙古宣布“独立”前，俄国外交大臣沙查诺夫于1911年12月23日指示俄国驻北京代办世清，主张由俄国出面在中蒙之间进行“调停”（实即控制操纵），“此种调停之目的在于缔结一项中蒙条约，以保障蒙古自治，我们认为，该条约应包括中国方面承担义务，不在蒙古驻扎中国军队，不向蒙地移植中国人，不在蒙地设置中国机构。在此种情况下，根据本条约蒙人应承认中国宗主权，并允许中国驻扎官进入蒙古”[④]。可见，俄国追求的是其卵翼下的外蒙古“自治”，而非“独立”。这和外蒙古王公完全脱离中国的主张和行动有所不同。在随后几年中，俄国一直保持着这一方针。

在外蒙古王公不顾俄国主张，径自宣布“独立”，成立“大蒙古国”后，俄国驻库伦领事吕巴成了外蒙古的太上皇。这位领事一刻也未忘记提醒库伦活佛等人：“俄国帮助喀尔喀，是以接受我们忠告友好地对待我国贸易利益及其他利益为条件的”，并对他们一系列违背俄国“忠告”的行为表示不满。[⑤] 在这些“忠告”中，占首要地位的自然是“确认喀尔喀自治，并将喀尔喀置于我国（俄国）保护之下”[⑥]。

在此期间，俄国继续插手中国内部事务，力求在中国中央政府与外蒙古地方政府之间进行“调停”。对此，中国政府理所当然地予以抵制；外蒙古王公亦极不满足于俄方的外蒙古“自治”方案。在此情况下，俄国重演其侵华故伎，首先胁迫外蒙古地方当局与之谈判，使其接受俄国方案，造成既成事实，然后强使中国中央政府承认。

1912年9月3日，俄国外交部指派驻华公使廓索维慈为全权代表，前

① 张忠绂：《中华民国外交史》（1），正中书局，1945，第78页。
② 陈崇祖编《外蒙古近世史》第1篇，第26～27页。
③ 李新、李宗一主编《中华民国史》第2编第1卷，中华书局，1987，第206～207页。
④ 《外交大臣致驻北京代办世清电》，《俄国外交文书选译》，第20页。
⑤ 《驻库伦领事致外交大臣电》，1912年6月7日，《俄国外交文书选译》，第33页。
⑥ 《内阁会议记录》，1912年8月15日，《俄国外交文书选译》，第47页。

往库伦与外蒙古当局单独订约，以条约形式将俄国觊觎外蒙古的新成果及外蒙古“自治”从法律上巩固下来。同年11月3日，在俄国挟持下，外蒙古当局与俄国签订了《俄蒙协约》和《商务专条》。[①]《协约》和《专条》对外蒙古的“自治”地位和俄人在该地享有的控制权及各项特权作了明确规定。《协约》第一条称：“俄国政府扶助蒙古保守现已建立之自治秩序，不准中国军队入蒙境及以华人移植蒙地之权利。”在《协约》谈判过程中，外蒙古大臣达喇嘛等曾不止一次提出不同意见，强烈要求《协约》中载明外蒙古为“独立国”，并要将内蒙古纳入所谓“大蒙古国”，但俄方代表始终坚持“目前还不能提出蒙古独立问题，只能提出内部自治问题”。[②] 结果是外蒙古当局不得不屈从俄国的意志，按照俄方起草的草案签订了《协约》和《专条》。

《俄蒙协约》签订后，俄国的下一步任务，就是诱迫北京政府承认这一既成事实。

为达到此目的，俄国采用了一打一拉的策略。1912年11月9日，即《俄蒙协约》签订后几天，俄国外交大臣沙查诺夫会见中国驻俄公使时，即建议中国“加入”（即承认）《俄蒙协约》。他装作俄国十分照顾中国的样子说，俄国“并不打算让蒙古完全脱离中国，倘中国政府加入俄蒙协约，则我们愿意承认中国在蒙古之宗主权”。对此，中国驻俄公使予以拒绝。沙查诺夫转而威胁道：“总有一天，中国人会认为在蒙古之宗主权至关重要，但中国人不愿同我们就蒙古问题达成协议，我们将不得不拒绝承认蒙古对中国之从属关系。”[③] 这样，所谓外蒙古“自治”就成了沙皇政府手中的一把“双刃剑”，一以控制外蒙古，一以诱骗和胁迫中国接受其对外蒙古的侵略。

起初，北京袁世凯政府并没有屈服于俄国的讹诈。它向俄国郑重声明：“中国万难承认《协约》，因蒙古为中国之一部分，凡有关蒙古之协约均须与中央政府，而不能同库伦缔结”，并强烈要求俄国“放弃俄蒙协约”。俄国深知袁世凯政府十分虚弱，在取得外交承认和善后借款等问题上有求于

---

① 《国际条约大全》第3卷，第21～22页；《中俄关系官方文件集，1689—1916年》，1958，第122～126页；《俄国外交文书选译》，第113～119页。

② 《俄国外交文书选译》，第71、74～75、82、86页。

③ 《俄国外交文书选译》，第123页。

俄，断然拒绝了中方关于“放弃俄蒙协约”的要求，声称俄国“不能放弃刚刚由我国全权代表签署之文件”，并宣称，俄国“依然希望就蒙古问题同中国达成协议……帝国政府同中国政府可按俄蒙协约之原则缔结协约”。[①]

在俄国强大压力下，袁世凯政府终于不得不同意与俄国就中俄协约问题与俄方举行谈判。在谈判过程中，北京政府外交总长陆征祥提出维持外蒙古“向例所设之行政制度” （不提“自治”）；要求俄方废除《俄蒙协约》，“以俄中协约代之”，并承认“蒙古为中国之一部分”和“中国政府在蒙古之主权”。对此，俄方坚决不允，只同意中国对外蒙古保持“宗主权”，确立外蒙古的“自治”地位。俄方威胁说，如果中方不接受俄方意见，则“只能导致中国进一步失去同蒙古之联系和扩大呼图克图政权之领土范围”。俄方甚至叫嚷终止谈判，“自行采取必要措施，支持蒙古自治”[②]。

与中国政府强烈反对外蒙古“自治”的同时，外蒙古王公从另一个角度出发也继续予以反对。库伦活佛于 1913 年 5 月对俄国对蒙谈判全权代表廓索维慈说，“承认宗主权，承认由此而形成之局势不符合蒙人之利益”，要求俄国“删去此款，并允许蒙人参加谈判”。[③] 外蒙古当局并进而派兵南犯内蒙古，妄图实现其“独立”的“大蒙古”的野心。但是，沙皇政府绝不能允许外蒙古当局违背它的意志，并参加进行中的中俄谈判。相反，俄国继续推行其既定方针，不断对北京政府和库伦当局施加压力。

中俄双方经过往返交涉，历时半年之久，前后三十余次，直到 1913 年 5 月 20 日始议定关于外蒙古问题的协议六款，俄国以表面承认外蒙古为中国领土之一部分换取了中国承认外蒙古“自治”，承诺不向外蒙古移民，接受俄国“调处”，并同意俄人享有俄蒙《商务专条》所规定的在外蒙古的各项侵略特权。[④] 以上协议对中国领土主权的严重侵略是不言而喻的。在舆论的推动下，北京政府参议院于 1913 年 7 月 11 日予以否决。对此，俄国政府暴跳如雷，加以中国国内“二次革命”将起，政局更加动荡，俄国遂乘机推翻以前的六款协议，另外提出“大纲”四条，作为恢复谈判的基础。新的四条除了保留中国承认外蒙古的自治权、俄国承认中国对外蒙古的宗主

---

① 《俄国外交文书选译》，第 123 ~ 124 页。

② 《俄国外交文书选译》，第 126 ~ 127、131、139、135 页。

③ 《俄国外交文书选译》，第 155 页。

④ 参见李毓澍《蒙事论丛》（台北，1990），第 266 ~ 267 页。

权等内容外，不复承认外蒙古为中国领土的一部分。[①]

对于俄方上述四点，袁世凯政府先是未敢接受。不久，国民党在南方发动之“二次革命”失败，袁氏后顾之忧顿减，加以外蒙古军南犯内蒙古日亟，袁世凯政府遂决定对俄全面妥协，于1913年9月18日令新任外交总长孙宝琦与俄方重开谈判。此后，双方复经过十余次谈判，终于在10月底达成协议。[②] 此时袁世凯已正式就任大总统，他为了避免将此协议提交国会通过的手续，强称“此次协商系属声明文件，与订约不同”[③]。

1913年11月5日，北京政府外交总长孙宝琦与俄国驻华公使库朋斯齐在北京签订了中俄《声明文件》，并以互换照会形式完成了中俄《声明另件》。[④]《声明文件》凡五款：第一，“俄国承认中国在外蒙古之宗主权”；第二，“中国承认外蒙古之自治权”；第三，“中国承认外蒙人享有自行办理自治外蒙古之内政并整理一切工商事宜之专权。中国允许不干涉以上各节，是以不将兵队派驻外蒙古及安置文武官员，且不办殖民之举”；第四，“中国申明承受俄国调处，按照以上各款大纲及1912年11月3日俄蒙商务等条，明定中国与外蒙古之关系”；第五，“凡关于俄国及中国在外蒙古之利益，暨各该处因现势发生之问题，均应另行商订”。《声明另件》凡四款：第一，“俄国承认外蒙古土地为中国领土之一部分”；第二，“关于外蒙古政治、土地交涉事宜，中国政府先与俄国政府协商，外蒙古亦得参与其事”；第三，中俄《声明文件》第五款“所在随后商订事宜，当由三方面酌定地点，委派代表参加”；第四，“外蒙自治区域应以前清驻扎库伦办事大臣、乌里雅苏台将军及科布多参赞大臣所管辖之境为限”，唯该三处疆域界，“应按照声明文件第五款所载，日后商订”。

以上《声明文件》及《声明另件》仅保留了中国对外蒙古的宗主权，俄国则迫使清政府正式承认了外蒙古的“自治”和俄国在外蒙古的特殊地位与权利。通过这两个文件，中国在外蒙古的主权丧失殆尽，沙俄则掌握了这一

---

① 《俄国外交文书选译》，第164页。

② 谈判具体情况，详见《俄国外交文书选译》，第169～181页，并参见 Peter S. H. Tang, *Russian and Soviet Policy in Manchuria and Outer Mongolia*, 1911－1931, Duke University Press, 1959, pp. 330－333。

③ 陈崇祖编《外蒙古近世史》第2篇，第16页。

④ 王铁崖编《中外旧约章汇编》第2册，第747～749页；《俄国外交文书选译》，第186～189页。

地区政治、经济的全面控制权。所谓俄国承认中国对外蒙古之“宗主权”，承认外蒙古为“中国领土之一部分”者，不过是徒具虚名而已。

中俄《声明文件》及《声明另件》成立后，俄国关于外蒙古问题算是与中、蒙均有条约在案，其攫取蒙古之贪欲得以满足。然而北京政府与库伦当局之间，尚无条约重新确定其相互关系。而只有按照上述《俄蒙协约》、中俄《声明文件》及《声明另件》的规定，由库伦当局承认中国的“宗主权”，北京政府承认外蒙古的“自治权”，俄国攫取外蒙古的最新“成就”才算是有了保证。至于以何种形式的条约实现俄国的这一目标，则中俄《声明另件》第三款已有明确规定，即由中、俄、蒙三方“酌定地点，委派代表接洽”。可见，在俄国的钳制下，北京政府已不得不同意举行三方谈判了。

至于外蒙古当局，它对俄国强加的“自治”而非“独立”地位依然十分不满，因而认为“蒙古人没有必要参加三方谈判”。[①] 中俄《声明文件》及《声明另件》签字后，它继续坚持“完全脱离中国”和“将内蒙并入外蒙”的主张，“建立一个包括内外蒙古的独立蒙古国”，拒绝“屈从于中国宗主权”。[②] 然而，在俄国的挟制下，它还是参加了中、俄、蒙谈判。

1914 年 9 月 8 日，中、俄、蒙三方就此事在恰克图开始谈判。俄方全权专使为俄国驻库伦总领事密勒尔，蒙方专使为内务大臣额尔德尼达喇嘛达锡札布（后改为司法副大臣色楞丹津）等，北京政府全权专使为都统衔毕桂芳和驻墨西哥公使陈箓。

会议是在对中国极为不利的情况下举行的。首先，中方已被迫签订了中俄《声明文件》及《声明另件》于前，被束缚了手脚；其次，是时日本出兵强占胶州，继而又提出独霸并灭亡中国的“二十一条”，中日关系空前紧张，北京政府处境被动；最后，外蒙古当局本是俄国傀儡，其代表在会议上自恃得俄人支持，态度甚为僵硬蛮横。

恰克图会议历时达 9 个月，正式开会凡 48 次，会晤不下 40 次，争论甚烈。[③] 俄国在谈判中对中方肆行威胁施压，蛮不讲理，出尔反尔，得寸进

---

① 《俄国外交文书选译》，第 198 页。

② 《俄国外交文书选译》，第 209 ~ 210 页；并参看第 257 ~ 258、362 页。

③ 关于谈判的具体情况，请参看《俄国外交文书选译》，第 370 ~ 403 页；《蒙古论丛》，第 269 ~ 271 页。

尺，甚至以停止谈判相要挟，直到中方无条件接受其要求方休。

1915年6月7日，中俄代表及外蒙傀儡当局在恰克图签订了《中俄蒙协约》。[①]《中俄蒙协约》凡22条，要点为：第一，“外蒙古承认中国宗主权。中国、俄国承认外蒙古自治，为中国领土之一部分”；第二，外蒙古“无权与各外国订立政治及土地关系之国际条约”，但有“办理一切内政并与各外国订立关于自治外蒙工商事宜国际条约及协约之专权”；第三，中国货物运入外蒙古须纳内地货捐，洋货由外蒙古运入中国内地，应照1881年之中俄陆路通商章程所定之关税交纳；第四，中国属民在外蒙古之民刑案件由中国官员审理，蒙人与中国属民之民刑案件，由中蒙官员会同审理，各按自己法律治罪。

《中俄蒙协约》使俄国几年来通过《俄蒙协约》、《商务专条》、中俄《声明文件》及《声明另件》在外蒙古所掠夺的特权，以中、俄、蒙三方条约的形式在法律上巩固下来。这是俄国对华侵略扩张的一次重大成功。通过此约，俄国并没有支持外蒙古王公建立“独立国”的要求，而是按其既定方针，将外蒙古成功地限制在“自治”的范围内，尽管那不过是名义上的“自治”。

二　俄国导演外蒙古“自治”的动因

前文述说了俄国导演外蒙古“自治”的经过。使外蒙古脱离中国本是俄国长期梦寐以求的目标。外蒙古1911年宣布完全脱离中国而“独立”，理当受到俄国的赞同与支持。然而事实恰恰相反，外蒙古宣布“独立”后，俄国不仅不予支持，反而处心积虑地将它“拉回”到名义上承认中国宗主权的“自治”地位。其中原因何在？这是一个需要回答的问题。

笔者认为，观察任何问题，不能离开当时当地的具体条件。和1921年苏俄向外蒙古输出革命、全力支持甚至是包办蒙古人民革命的情况不一样，在1911年，外蒙古“独立”并不完全符合俄国的利益。相反，保持外蒙古名义上的“自治”，能最大限度地满足俄国的侵略利益。具体来说，有下述

---

① 约文全文见《中外旧约章汇编》第2册，第1116～1120页；《俄国外交文书选译》，第364～366页。

几点原因：

首先，支持外蒙古独立将引起其他国家干涉外蒙古事务。19 世纪末 20 世纪初，由于中国人民对外国侵略的坚决反抗，使帝国主义列强意识到征服和瓜分中国是不可能的；加以列强在华矛盾难以调和，谁也不能单独征服中国，于是达成了“门户开放”、“利益均沾”、“保全”中国、不肢解中国的谅解。在此情况下，如果俄国支持外蒙古独立，将破坏东亚的均势，使俄国外交上处于群起而攻之的被动孤立状态。关于这个问题，俄国外交大臣沙查诺夫在 1912 年 8 月 15 日举行的内阁会议上指出，除了支持外蒙古的“自治”外，“在这方面提出任何新东西”，都会“激起那些在中国相互竞争之国家同我们角逐。当然，在此种情况下，这些国家必定竭尽全力推动中国对恢复其对蒙古之统治作新的尝试或至少将竭力要求为本国臣民规定已为俄人所取得之特权”。[①]

其次，当时俄国正关注中近东局势，无力在蒙古地区采取大的动作。1911 年 7～8 月间，外蒙古四盟王公派代表去圣彼得堡请求俄国庇护，支持外蒙古独立时，俄国代理外交大臣尼拉托夫即认为“代表团之到达不合时宜”[②]。同年 8 月 17 日，沙皇政府召开远东问题特别会议，讨论俄国对蒙方针。会议议事录写道：“目前帝国政府不得不积极参与解决近东和中东各种尖锐问题；在蒙古问题上表现主动，从而削弱我国在西方问题上之影响，极不适宜。”为此，“特别会议”决定：“帝国政府在蒙古问题上不主动发表意见，不承担以武力支持喀尔喀蒙人脱离中国之义务，而是居间调停，通过外交途径支持蒙人捍卫独立之愿望，勿与其宗主国君主清朝皇帝脱离关系。”[③] 当时，因中近东等问题矛盾的尖锐化，列强在欧洲正不由自主地一步步地向世界大战靠近。在此情况下，俄国只愿“和平”地扩大它在外蒙古的特权，维持正常的贸易关系，不愿意因支持外蒙古独立而在该地区造成严重的动荡。如果因外蒙古与中国完全公开脱离而导致中国出兵镇压，形成俄国不得不出兵“保护”蒙古之势，势将严重损害俄国在蒙古的商业利益，且非俄国之力所能及。因此，沙皇政府宁可让外蒙古处于“自治”而非“独立”的地位，“尽可能尊重蒙古人保持其特有习惯，同时又尊重中

① 《俄国外交文书选译》，第 42 页。

② 《俄国外交文书选译》，第 2 页。

③ 《俄国外交文书选译》，第 5～12 页。

国重新确立对蒙古宗主权之意愿”①。

支持外蒙古独立还将恶化俄日关系。日俄战争后，俄国在侵华问题上改变方针，由与日本正面争夺变为与日本勾结合谋侵华，先后与日本签订几次密约，划分在中国东北和蒙古地区的势力范围。虚弱的沙俄军事封建帝国主义深知自己在扩大侵华的道路上再也经受不住与日本的又一次武装冲突，为此，于1912年7月8日与日本签订了第三次《日俄密约》，在内蒙古划分各自的特殊利益范围，即以东经116°27′为分界线，日本在此线以东的内蒙古享有特殊利益，俄国在此线以西的内蒙古享有特殊利益。② 这样，在内蒙古问题上，俄国对日本已经承担了责任。如果此时俄国再支持外蒙古的独立，外蒙古势将为建立包括内蒙古在内的“大蒙古国”而不遗余力，这必将导致俄日关系的紧张，而这种紧张，正是沙皇政府小心翼翼地力求避免的。

支持外蒙古独立，对俄国的侵蒙战略也极为不利；相反，保持外蒙古的“自治”地位，有利于俄国孤立和控制外蒙古，使之成为俄国的禁脔。沙皇政府在外蒙古追求的是对该地独占的统治地位。在当时情况下，让外蒙古完全脱离中国而独立，各国势必要在库伦设立公使馆，造成其他列强与俄国争夺该地的复杂局面，“激起那些在中国相互竞争之国家同我们角逐”③。而且，一个脱离中国而完全独立的外蒙古还将促使他国来争夺该地市场。对于这样的经济竞争，远比西方落后的封建专制俄国是根本无法承受的。因此，俄国力图制止外蒙古完全独立，不让其与其他列强发生外交和经济关系。而做到这一点的最佳选择，就是在该地“保持中国统治的假相”④，表面上维持与中国的联系，将其“置于衰弱的中国宗主权之下”。⑤ 俄国的这一方针，最明显不过地反映在1912年11月3日的《俄蒙协约》第二条中，该条明确规定：“其他外国人在蒙古得享之权利自不能

① Г. Е. Грумм—Гржимай Ло, Западная Монголия и Урянхайский Край, Том Ⅱ, Ленинград, 1926, стр 748—749.

② 参看中国社会科学院近代史研究所编《日本侵华七十年史》（中国社会科学出版社，1992），第134～136页；《俄国外交文书选译（有关中国部分，1911.5—1912.5）》，陈春华、郭兴仁、王远大译，中华书局，1988，第426页。

③ 《俄国外交文书选译（有关中国部分，1911.5—1912.5）》，第46页。

④ S. C. M. Paine, *Imperial Rivals, China, Russia and Their Disputed Frontier*, M. E. Sharpe Inco, 1996, p. 288.

⑤ 《俄国和苏联对满洲和外蒙古的政策，1911—1931》，第336页。

多于俄人在彼得享之权利。”对于外蒙古当局要求“同列强进行外交谈判，并希望各国政府派驻外交代表”一事，俄国外交大臣沙查诺夫也断然予以拒绝，极力阻止向列强政府派遣蒙古外交代表。关于外蒙古同别国商务关系，他也表示应以俄国“从其本国利益出发认为可以允许之程度为限”①。

俄国不支持外蒙古完全脱离中国而独立的另一个原因，是不愿意在其东部边疆出现一个强大的“大蒙古国”。前已述及，外蒙古封建王公野心勃勃的“大蒙古国”计划，是要在库伦活佛统治下统一所有蒙古部族，其地域除喀尔喀外，还包括整个内蒙古和毗邻西藏的青海地区。且不论后二者是日英两国特别关注的地区，“统一”它们必然会招致复杂的国际纠纷；尤为重要的是，在俄国鞭长莫及、力量薄弱的西伯利亚边疆出现偌大一个“大蒙古国”，其本身将是俄国的一大隐忧，更何况在广大的俄国贝加尔湖地区居住着同为蒙古部族的布利亚特蒙古人。“大蒙古国”号称要统一所有蒙古部族，这对布利亚特蒙古人会造成何等后果，是沙皇政府不能不担心的问题。例如，俄方赴蒙谈判全权代表廓索维慈即向蒙方代表公开指出，俄国贝加尔湖地区亦有布利亚特蒙古人，“如欲联合全蒙，则不但将与中国开战，并将与俄国开战”②。无怪乎 1911 年以后的几年间，俄国始终反对外蒙古完全独立。虽然外蒙古当局执拗地提出合并内蒙古和废除中国宗主权的问题，致使这个问题成为俄蒙交涉的主要内容，但俄国始终不为所动，断然拒绝了外蒙古的主张，迫使其在中国宗主权下实行“自治”，并获得了成功。

历史事实表明，辛亥革命期间俄国不支持外蒙古独立，一手导演外蒙古“自治”，丝毫不是它宣布的为了“照顾”中国的宗主权，也不是为了外蒙古的利益。俄国之所以如此行动，是因为在当时条件下，外蒙古的“自治”能最大限度地满足俄国对蒙古的侵略利益，孤立和控制外蒙古，使之成为自己独占的保护国和掠夺对象。俄国打着在中蒙之间进行“调停”的旗号，一方面唆使、挟持外蒙古王公脱离中国，投入俄国的怀抱；另一方面又打着维护中国宗主权的幌子，来孤立、控制、独占外蒙古。俄国外交的狡狯，于此可见一斑。

---

① 《俄国外交文书选译（有关中国部分，1911.5—1912.5）》，第 113、370 页。

② 廓索维慈：《库伦条约之始末》，王光祁译，中华书局，1930，第 61 ~62 页。

三 外蒙古“自治”的实质

沙皇政府一手导演的外蒙古“自治”，实质为何？是真正的自治吗？答曰：否。外蒙古名曰“自治”，其实是完全脱离中国而独立。关于这一点，俄国当局私下也是承认的。例如，俄国外交大臣沙查诺夫曾不止一次说过，外蒙古的“自治”和“承认中国在蒙古宗主权，充其量不过是中蒙间一种法律关系”①；又说，外蒙古“虽对中国依然保持宗属关系，但在各种事务方面，政治及领土问题除外，实已独立”②。俄国驻外蒙古外交代表米勒尔在劝说外蒙古王公同意实行“自治”时也说过，“中国之宗主权不过是名义而已”③。沙皇政府中这两位处理外蒙古问题当事人的上述言论，最好不过地说明了俄国导演的外蒙古“自治”的虚伪性。所谓“自治”，实为用来掩盖外蒙古脱离中国而独立的一个幌子。

从历史事实看，俄国给中国保留的对外蒙古的宗主权也是空洞虚幻，有名无实的。对1912年《俄蒙协约》和俄蒙《商务专条》，1913年中俄《声明文件》和《声明另件》，以及1915年《中俄蒙协约》的分析，可以明显地证实这一点。

1912年《俄蒙协约》规定俄国扶植外蒙古“自治”；助外蒙古练兵；不准中国军队驻扎蒙境；不许华人移植蒙地；不经俄国允许，外蒙古不得与中国立约，不得违背《协约》与《专条》规定之各项条件。俄蒙《商务专条》规定俄国商民可在蒙境自由居住，往来，经商，租地置地，建房买房，垦殖，经营工、农、商业和进出口贸易；在蒙古各地贸易一律免税；可设立银行、开办邮政；可在内河任意航行；俄国政府可在外蒙古议定地点设立领事馆和贸易圈；俄人在蒙享有治外法权。1913～1914年，俄国又和库伦当局签订了军事上控制外蒙古的训练军队及购买武器的协定，以及贷款协定、《开矿条约》、《架设电线协定》、《敷设铁路协定》、《借款契约》等。这样，实际上外蒙古处于俄国的全面控制掌握、监管和掠夺下，沦为

① 《俄国外交文书选译（有关中国部分，1911.5—1912.5）》，第190页。

② 《俄国外交文书选译（有关中国部分，1911.5—1912.5）》，第257页；蒋廷黻选《帝俄与蒙古》，张禄译，《国闻周报》第50期（1933年12月）。

③ 《俄国外交文书选译（有关中国部分，1911.5—1912.5）》，第198页。

脱离中国的俄国准殖民地和保护国。俄国在外蒙古享受着无所不在的种种权利，而号称“宗主国”的中国的权利竟然被剥夺净尽。中国对外蒙古的所谓“宗主权”，究竟所剩几何，不言自明。

此后1913年中俄签订的《声明文件》及《声明另件》，实际上是中国在俄国的压力下被迫承认1912年的《俄蒙协约》及俄蒙《商务专条》。据此，俄国以形式上保留中国对外蒙古的“宗主权”换得了俄国对该地至高无上的控制权和掠夺权。

最后，1915年《中俄蒙协约》再度确认了俄国此前在外蒙古攫取的各项侵略权益。按照本约，中国除了保留名义上对外蒙古博克多哲布尊丹巴呼图克图汗名号的册封权和在库伦、乌里雅苏台、科布多及蒙古恰克图象征性地派官和派驻少量卫队的权利外，对外蒙古的主权和其他一切权利已全部化为乌有。

综上可见，俄国一手制造的外蒙古“自治”，其实是外蒙古完全脱离中国而独立。

那么，外蒙古的“自治”是否意味着它真正获得独立或自治权利呢？回答仍然是否定的。

外蒙古作为毗邻俄国的中国领土的一部分，介于中国本土与虎视眈眈的沙俄军事封建帝国之间，闭塞落后，穷困不堪。当时既无独立或自治的条件，也无独立或自治的力量。在此情况下脱离中国而独立，必然是投入俄国沙皇式的拥抱中。这本是政治学上的常识。然而，外蒙古的一些封建王公，在俄国的收买煽动下，竟然肢解祖国，卖身投俄，做起建立“大蒙古国”的独立梦来。这只能说明他们是何其利令智昏，幼稚可笑。结果是，外蒙古获得事实上的独立，却成了俄国的附庸；获得“自治”，却陷入特殊形式的俄治。

在此，不需要重引事实来证明上述论断，只需看看人们对此事的论述即可。例如，西方历史学者菲力普斯指出：“（外）蒙古摆脱殖民地化只是为了成为俄国的殖民地。”① 另一位学者佩因在论及1915年《中俄蒙协约》时写道：“1915年的三方协约恢复了外蒙古的地方自治，但是这个地方自治是处于一个代替中国的新主子俄国下面的自治。”② 再看看事件的一些当事

① G. D. R. Phillips, *Russia, Japan and Mongolia*, London, 1942, p. 23.

② S. C. M. Paine, *Imperial Rivals, China, Russia and Their Disputed Frontier*, M. E. Sharpe Inco, 1990, p. 288.

人和同时代人的说法。早在外蒙古独立闹剧开场之初，被蒙古王公驱逐的中国驻库伦办事大臣三多即已指出："在外蒙古一带，俄国势力业已根深蒂固，牢不可拔，事实上只能承认该地区已为俄国所有。"当时的日本驻奉天总领事落合谦太郎在给日本外务省的报告中也说：现时"（外）蒙古无疑已沦于俄人之手。其独立全系俄人所操纵，三倍于东三省之土地、矿产等天然富源，尽为俄人囊括而去"①。为了进一步说明问题，不妨再了解一下外蒙古上层王公对俄国炮制外蒙古"自治"的看法。例如，参加《俄蒙协约》谈判的外蒙古王公代表车林齐密特，在谈判中即向俄方代表指出："现在所谓俄蒙条约，对蒙人并无实利可言，只将蒙人置诸铁砧之上，铁锤之下，任意敲击而已。"又说："此种条约用意，无非俄国欲将蒙古暗中置诸自己保护之下，以使蒙古成为布哈拉或高丽第二。"② 可见，外蒙古王公也认为俄国导演的外蒙古"自治"实为"俄治"。

如果说以上学者和中蒙事件当事人的话还嫌不足，那就请看看俄国导演外蒙古"自治"的首要人物、外交大臣沙查诺夫私下是如何谈论他的外蒙古"自治"杰作的。在1912年8月15日沙皇政府举行的讨论《俄蒙协约》的内阁会议上，沙查诺夫曾阐明俄国对外蒙古政策的宗旨，是将其变成"一个军事上软弱，而且依附于我们的国家"③，即变外蒙古为俄国的附属国。沙查诺夫此言，曾经长期指导过俄国对外蒙古的政策，甚至超越了政治制度的界限，成为俄国外交的一项既定方针。它集中地说明，当时俄国一手制造的外蒙古"自治"，不过是用来掩盖对外蒙古实行"俄治"的伪装，是十足的谎言。

1911～1915年俄国一手制造的外蒙古从中国的分离，是中俄关系史上的头等大事，是两国关系史上黑暗的一页，给两国关系留下了严重创伤。其影响从此后数十年的两国关系中可以明显地觉察出来。

（《历史研究》2004年第4期）

① 《日本外交文书选译——关于辛亥革命》，第139、74页。

② 《库伦条约之始末》，第63页。

③ 《俄国外交文书选译（有关中国部分，1911.5—1912.5）》，第45页。

近代日本渗透西藏述论*

秦永章

明治维新以后，日本这个亚洲新兴的资本主义国家，步西方列强之后尘，开始了向外开疆拓土的扩张过程。日本军国主义者将近邻中国当作蚕食对象，一次次的侵华战争给中国人民带来了深重的灾难。随着对中国侵略的深入，日本当局将其魔爪伸向“世界屋脊”的中国西藏地区。直至1945年第二次世界大战结束，日本当局利用各种手段，从事了一系列旨在分裂西藏的渗透、侵略活动，妄图将西藏纳入其“大东亚共荣圈”中。过去，我国学术界就英、俄帝国主义侵略我国西藏的历史多有研究，并取得了相当丰硕的成果。① 然而由于资料所限，近代史上日本军国主义渗透、侵略我国西藏的情况并不被大家所详知，国内外学术成果寥寥②，更缺乏比较系统的研究。鉴于此，本文利用笔者近年在日本搜集的外务省原始档案及入藏日人的秘密报告等第一手资料，参以汉、藏文记载，拟就19世纪末至

---

* 本文系作者2002年度日本国际交流基金资助课题“近代日本与中国西藏”之阶段性成果。

① 这方面的代表性学术著作有杨公素《中国反对外国侵略干涉西藏地方斗争史》，中国藏学出版社，1992；王远大：《近代俄国与中国西藏》，三联书店，1993；周伟洲主编《英国、俄国与中国西藏》，中国藏学出版社，2000；吕昭义：《英帝国与中国西南边疆（1911—1947）》，中国藏学出版社，2001。

② 这方面的成果有以下几篇论文：P. Hyer，“A Half Century of Japanese-Tibetan Contact，1900－1950”，*Bulletin of the Institute of China Border Area Studies*，No. 3（1972），pp. 1－23；木村肥佐生编著《成田安辉西藏探検経緯》，《亚细亚大学アジア研究所纪要》第8号，1981年12月，第33～88页；第9号，1982年12月，第139～192页；第10号，1983年12月，第183～238页；房建昌：《日本侵藏秘史——日本有关西藏的秘密报告和游记》，《西藏研究》1998年第1期；秦永章、李丽：《20世纪前半期雍和宫藏族高僧秘访日本始末》，《北方论丛》2004年第2期；《日本特务野元甚藏的西藏潜行》，《青海民族学院学报》2003年第4期；《河口慧海的入藏活动及其对日本藏学的贡献》，《西藏大学学报》2004年第2期。

20 世纪中期日本渗透、侵略我国西藏的过程做一个比较全面的考察，以期对日本侵华史及西藏近代史研究的进一步深入有所裨益，同时为我们深刻认识和领会所谓“西藏问题”从根本上说是近代以来帝国主义侵略中国的产物之实质有所启发和帮助。

本文论述的时间范围为日本历史上的“近代”，即从明治维新开始（1868）至第二次世界大战结束（1945）为止，依次有明治、大正、昭和三个历史时期，在这三个时期里，日本对西藏的渗透活动各具特点。本文以此为时序分别进行论述，其中昭和时期以 1945 年为下限。

一　明治时期（1868 ~1911）

这一时期日本对西藏的渗透主要表现在两个方面，一是日本佛教团体开始派遣僧人进入西藏，进行宗教性接触和渗透；二是日本政府机构（外务省）及军方开始向西藏渗透，秘密派遣间谍潜入西藏。

日本佛教团体涉足我国西藏，与当时的“清国开教”形势有关。明治维新后，日本政府奉行神道中心主义，采取了“废佛毁释”的政策，佛教界受到来自政府、民众以及其他宗教教派的猛烈攻击。加之维新之后，明治政府对西方宗教采取解禁政策，基督教、天主教势力迅速传播到日本，原来几近国教地位的佛教遇到了前所未有的冲击。为了摆脱这一困境，日本佛教界将目光投向了海外，试图通过在海外的发展，弥补在国内的失势，并恢复佛教原有的地位。为此，向来有护国传统的日本佛教各宗一方面派遣大批留学僧赴西方汲取近代学术思想方法，并对国内佛教实行种种革新措施；另一方面，纷纷采取迎合国家主义潮流、支持军国主义对外侵略的姿态，教化国民协助战争，并与日本帝国主义的军事侵略相表里，迅速开始了向海外的开教、扩教活动。近邻中国成为他们“布教”“扩教”的重要对象，此即日文史料中所称的“清国开教”。于是，被海内外视为“佛教圣地”的我国西藏，成为日本佛教僧团急于扩教“开拓”的地方。其中日本净土真宗派佛教团体——东本愿寺以其强大的实力充当了这种海外开教、扩教的先锋。1873 年 7 月，东本愿寺派僧侣小栗栖香顶（1831 ~1905）渡航上海做开教考察，其行成为近代日本佛教在华开教之始。不久，小栗栖北上五台山、北京等地考察，尤其对藏传佛教极为关心。在北京期间，他师从雍和宫东科尔呼图克图学习藏传佛教教理、教史，次年因病回国。回国后撰写出版了3卷本的《喇嘛教沿革》（京都，石川舜台1877年刊印），此书成为第一部由日本人撰写、面向日本系统介绍藏传佛教的著作。后来此书不仅成为日本人了解西藏佛教的重要参考书，同时也激发了日僧赴藏“求法”的热情。

随着日本对中国大陆侵略的深入，日本佛教各宗在华的传教范围进一步扩展，日本僧俗各界人物与中国内地藏传佛教界之间的联系也日趋密切，其中与北京的藏传佛教寺院雍和宫的接触尤为频繁，这一点可从现藏于中国第一历史档案馆的理藩院档案中窥见一斑。如1902年9月20日，雍和宫得木齐喇嘛呈报理藩院，称：日本本愿寺“特命全权大臣内田康哉交到《甘珠尔经》四箱，现经本庙（即雍和宫——引者注）安设在法轮殿供奉”[①]。又，1903年“十一月十八日，日本国船岛大人到庙告知派喇嘛五十四人于二十三日念经一日等”，雍和宫于是派喇嘛54名在天王殿唪经一天。[②] 不仅如此，甚至还有日僧提出入雍和宫为僧。1905年12月，雍和宫得木奇喇嘛丹巴等呈报清朝外务部，云“日本国堀贤雄[③]愿在雍和宫随众上殿，唪经学艺，给得木奇罗布桑巴拉丹为徒，可否准行，请见复等”。但外务部未予批准，答复说：“查中国庙宇，向无外国人在内随众唪经为徒，中国与各国所订条约亦无准收外国人为徒之明文。日本人堀贤雄情愿唪经为徒之处碍难允准。”[④]

随着日本净土真宗在中国开教范围的逐步扩大，日本僧人不仅与内地的藏传佛教界发生了接触，而且将其触角直接伸向了我国西藏地区，其中派遣僧人到西藏考察则是其主要表现形式之一。1898年6月和11月，受东本愿寺派遣，寺本婉雅、能海宽两名僧人以进入西藏为目的，先后从日本出发进入中国。东本愿寺法主大谷光莹[⑤]还特意写信给十三世达赖喇嘛，希望对本派两名僧人的入藏“求经”活动给予指导和保护。其中给能海宽的

---

① 理藩院档案·喇嘛寺庙管理，光绪二十八年（1902）九月廿三日条，中国第一历史档案馆藏档（以下简称“一档”），全宗号：595。

② 理藩院档案·喇嘛寺庙管理，光绪二十九年（1903）十一月十九日条，一档，全宗号：596。

③ 堀贤雄（1880～1949），日本富山市莲照寺僧人。受西本愿寺派遣留学英国牛津大学，后参加西本愿寺法主大谷光瑞主持的第一次（1902～1904）中亚探险活动。

④ 《外务部照日本人与喇嘛为徒碍难允准由》，理藩院档案·喇嘛寺庙管理，一档，全宗号：597。

⑤ 大谷光莹（1852～1923），法名现如，日本东本愿寺第22代法主，1896年获伯爵封号。

介绍信中云：

> 西藏自古佛教盛行，风俗淳朴，唯因山河辽远，交通不便，未曾闻有敝邦人到境观光者，洵为可憾。本寺兹遣派能海宽，亲问教主安好，并究教法之源流，考经文之异同。该员始到贵境，未通人情风俗，而探教求经之业固非容易，如蒙慈航指导，保护远人，俾伊得窥一斑，则不啻本寺之幸，实斯教之幸也。肃此布恳，并请崇安，统希慈照，不戬。①

1899 年 1 月和 5 月，能海宽、寺本婉雅先后抵达重庆，日本驻重庆领事馆设法为他们办理了入藏手续。两人经由成都，于 6 月 27 日在打箭炉（今四川康定）会合，计划由此西行入藏。7 月 20 日二人进入里塘，8 月 11 日抵巴塘。抵达巴塘后，他们的入藏活动遭到当地藏族僧俗群众的坚决抵制。巴塘江卡土司还以“交界僧俗众人”的名义上书粮台吴文源，云：

> 吴大人台前，为具夷事，江卡满康僧俗人等为具禀事。缘近闻得，巴塘现抵有洋人二名，由省随带牌票，欲进藏等语。小的僧俗人等，现已议结阻滞〔止〕，我等界内不能前进，伤害黄教佛门，外国之人一概不前行。自今以前，外国洋人及教民人等，若要进藏之人，均已阻挡，并所行各事，均所共知，想必有案可查。至今该等虽带有牌票前来，我等万不能叫他人前行一步，盟誓是实……而该等不听吩谕，任意前行者，其时或好或反，无怪我等乎。②

吴文源收到禀书后，即刻下令能海、寺本二人停止入藏活动，立即返回打箭炉。万般无奈之下，能海、寺本二人在巴塘滞留 50 天后，于 10 月 1 日在 4 名土司土兵的武装“护送”下，一起踏上了归途，22 日返抵打箭炉。

---

① 《成田安辉西藏探検関係一件》，日本外交史料馆藏档，S1. 6. 1. 11（以下凡引日本外交史料馆藏档，不再一一注明藏所）。给寺本婉雅的介绍信内容也几乎同于该信，全文见寺本婉雅著、横地祥原编《藏蒙旅日记》，东京，芙蓉书房，1974，第 46 页。

② 能海宽著、能海宽追忆会编《能海宽遗稿》，东京，五月书房，1998，第 178 页；寺本婉雅：《藏蒙旅日记》，第 79 页。

由川进藏的计划失败后，寺本婉雅告别能海宽，经重庆乘船至上海，独自返回日本。但是，能海宽不甘心失败，企图改道青海入藏。1900 年 7 月，他北上抵达青海丹噶尔厅（今青海湟源县），但因旅费失窃，进退维谷，遂终止由青入藏的计划，折回西宁，于同年 11 月返抵重庆。回到重庆后，他的入藏信念未变，又计划经由云南进入西藏，具体的入藏路线是：昆明——大理——丽江——中甸（今云南香格里拉）——阿墩子（今云南德钦）——江卡（今西藏芒康）——察木多（今西藏昌都）——拉里（今西藏嘉黎）——拉萨。[①] 1901 年 2 月，能海宽装扮成一名汉族和尚从重庆出发，于 3 月 30 日抵达昆明，4 月 16 日抵达大理。4 月 18 日，临去丽江的前一天，他给自己的恩师、著名梵学家南条文雄（1849～1927）写下《不惜身命》一文，从此再无音信，成为“求法”路上的不归之人。有人认为，能海宽行至滇藏边界的阿墩子后，被当地藏族民众劫杀。[②]

就在能海宽、寺本婉雅试图经由中国四川入藏时，1901 年 3 月，日本佛教黄檗宗僧人河口慧海（1866～1945）为了获取梵文及藏文经典，经由印度进入拉萨色拉寺，成为第一位进入西藏拉萨的日本人，他还受到十三世达赖喇嘛的召见。在拉萨滞留了一年多后，河口慧海的日本人身份暴露，遂迅速逃离拉萨经由印度回国。归国后撰写的《西藏旅行记》，使他蜚声海内外。[③]

由川入藏活动中遭遇失败的东本愿寺僧人寺本婉雅，于 1901 年 12 月，又以日本外务省派遣的“西藏蒙古研究生”身份再次来到北京。他于 1903 年 2 月潜入青海塔尔寺，并于两年后的 1905 年 5 月成功潜入西藏拉萨，在拉萨滞留 20 余天。当年 10 月经由印度回国后，寺本与日本军政要员进行了广泛的接触，在外务省、参谋本部以及皇宫举行了讲演，讲述他的进藏体验，阐述和强调西藏对日本帝国的重要性，还向上述机关呈交了他的入藏活动报告。寺本的蛊惑激起了不少军政要员对西藏的“兴趣”，他们对寺本以后渗透西藏的活动从多方面给予了支持。[④]

① 《成田安辉西藏探検関係一件》，S1. 6. 1. 11。

② 寺本婉雅：《故能海宽君遭难の真相、支那云南省古宗族の惨杀》（上、中、下），（京都）《中外日报》1923 年 7 月 8、10、11 日。

③ 详情请参阅秦永章、李丽《河口慧海的入藏活动及其对日本藏学的贡献》，《西藏大学学报》2004 年第 2 期。

④ 参见寺本婉雅《西藏秘密国之事情》，1929 年武田长兵卫氏家刊，东京大学文学部图书馆藏，第 12 页；寺本婉雅：《藏蒙旅日记》，第 240 页。

总之，19 世纪末 20 世纪初，在日本佛教的“清国开教”过程中，日本僧人以“求经”“研佛”等为名开始涉足我国西藏。他们的这些活动看似一种宗教活动，其中也有中日文化交流方面的内容。但是，无论从其宗旨、目的还是行为来看，无不围绕着日本的国策与对华侵略目标而行事，为日本帝国主义的侵略体制服务，发挥了配合与协助侵略的作用，因此，其活动的实质是对中国的一种侵略行为。尤其是寺本婉雅，与其说是一名僧人，倒不如说是一位富有外交手腕的政治活动者，他曾一度成为日本与西藏，尤其是与达赖喇嘛进行联系的中介人。① 1901 年，他不仅成功地将两部《大藏经》从北京盗往日本，还将著名高僧阿嘉呼图克图等人“邀请”到日本访问月余。1904 年十三世达赖出逃外蒙古及内地以后的几年间，寺本穿梭于青海塔尔寺、山西五台山和北京等地，处心积虑地接近和拉拢十三世达赖，给达赖及其幕僚灌输“亲日”及“联日”思想，怂恿西藏“独立”。1906 年，在寺本的积极斡旋和努力下，日本西本愿寺法主大谷光瑞之弟大谷尊由，在五台山会见了达赖喇嘛，双方达成了互派留学生的意向。

从 19 世纪末开始，出于对中国进一步扩张以及对俄战略的需要，日本军政当局也开始直接介入渗透我国西藏的阴谋活动中，企图打开尚处于闭锁状态的西藏的大门。1897 年末，经外务大臣大隈重信及其继任者西德二郎、原海军军令部长桦山资纪等人的倡导，日本外务省制定了为期 5 年的“西藏探险计划”。次年 2 月，派遣具有国外生活工作经验且有“爱国热情”的成田安辉（1864 ~ 1915）潜入重庆，企图经由四川进入西藏。成田抵达重庆后，化名“陈良玉”，一边学习汉语，一边积极打探入藏途径。1899 年 3、4 月间，他与驻重庆领事加藤义三一起赴成都打箭炉一带“考察”了 56 天。1900 年 6 月，成田又利用各种手段，极力接近新任驻藏大臣庆善，企图与他同道进藏，但遭到拒绝。经由四川进藏的各种企图失败后，1900 年 10 月成田受命撤至杭州，后赴上海。他在上海结识了刚从西藏归来的原藏印勘界委员会翻译沈锡侯②，遂决定雇用沈氏为向导，取道印度进藏。1901

---

① 德国人威廉·菲尔奇纳在其《亚洲风暴》（Wilhelm Filchner, *Sturmüber Asien: Erlebnisseeines Diplomatischen Geheimagenten*, Berlin, Neufeld & Henius, 1924）一书的第 10 章，把寺本婉雅作为达赖喇嘛的最高顾问专门作了介绍。

② 沈锡侯（1873 ~ ?），字晋熙，上海人，毕业于上海的教会学校，精通英文，青年时曾游历南洋诸国。于光绪二十三年（1897）受驻藏大臣文海之托，担任藏印勘界委员会翻译，在西藏居留了 3 年。

年9月，他化名“成辉”，从上海出发，经由香港、印度，于1901年12月成功潜入拉萨。[①] 进入拉萨以后，他虽然未能得见达赖喇嘛，但与僧职噶伦堪仲却巴等人进行了接触[②]，并对西藏社会的政治、经济、文化等做了仔细的观察，尤其对拉萨地区的商业贸易状况进行了深入的了解。以后，成田安辉以自己的入藏经历写成《进藏日志》一书[③]，为日本当局提供了西藏当时政治、经济、文化等方面的第一手资料。1902年5月5日，成田安辉受命返回日本。此后的一段时间内，他一直扮演着日本外务省西藏问题顾问的角色，曾向外务省提交了《关于西藏的将来》《关于西藏的时局》《印度至西藏的道路状况以及关于英藏纷扰之私见》等重要报告。[④]

日本军方在渗透我国西藏的阴谋活动中扮演了相当重要的角色，企图通过利用日本与西藏之间的佛教联系，达到实现“日藏邦交”的目的，其中参谋本部中将福岛安正（1852～1919）是一系列阴谋活动的总决策者。1908年12月26日，日本驻华公使伊集院彦吉给日本外务大臣小村寿太郎的一封密电中说：

> 达赖喇嘛来京后，我们利用能接近达赖的寺本婉雅观察其动静，并示予怀柔。我们随时能得到寺本提供的情报。与达赖喇嘛建立关系的想法，原出自参谋本部的福岛中将。他与西本愿寺商量后，将寺本用于此目的。在当地由青木（宣纯）少将制定其具体的行动方针，本馆（即日本公使馆——引者注）则积极协助，决定在不引起外交麻烦的前提下对寺本进行指导和利用。福岛中将的希望是通过达赖喇嘛向我国派遣视察员，自然地与西藏建立关系……以后邦人入藏，亦可利用本愿寺的名义，这是最为稳妥的方法。[⑤]

---

① 《成田安辉西藏探検関係一件》，S1. 6. 1. 11。

② 日本著名藏学家山口瑞凤教授对成田安辉会见堪仲却巴一事表示怀疑，详情请参阅山口瑞凤《チベット》上卷，东京，东京大学出版会，1987，第80页。

③ 成田安辉：《进藏日诠》（上、下），日本山岳会编《山岳》，第65年号，1970年4月，第1～56页；第66年号，1971年4月，第1～37页。

④ 关于成田安辉的入藏活动，抗战时期曾潜入西藏的日本特务、前日本亚细亚大学教授木村肥佐生（已故）利用日本外交史料馆档案做了比较细致的考察，详情请参阅木村氏编著《成田安辉西藏探検行経緯》，《亚细亚大学アジア研究所纪要》第8号，1981年12月，第33～88页；第9号，1982年12月，第139～192页；第10号，1983年12月，第183～238页。

⑤ 《清国の蒙古経営並达赖喇嘛杂纂》，S1. 6. 1. 32。

1904 年十三世达赖喇嘛逃离西藏后，尤其是 1906～1908 年达赖喇嘛在内地活动期间，在日本驻华公使馆的积极配合下，日本参谋本部利用寺本婉雅极力接近和拉拢达赖喇嘛。1908 年 6 月，达赖喇嘛驻锡五台山时，福岛安正让寺本捎去了一封邀请达赖到日本"观光"的信及一支十连发手枪。[①] 1908 年 10 月，达赖喇嘛入觐北京期间，日本驻华公使阿部寿太郎、伊集院彦吉，武官青木宣纯及著名浪人川岛浪速等人，先后会见了达赖喇嘛，向达赖表示亲善，积极联络感情，并为西藏的"独立运动"出谋划策。[②] 当时他们还曾策划邀请达赖喇嘛及其幕僚到日本"观光"。后来，日本当局为了避免引起外交麻烦，取消了这项计划。[③] 另据资料显示，参谋本部对外务省间谍成田安辉的西藏潜行活动也给予了经费支持。[④]

二　大正时期（1912～1925）

进入大正时期以后，日本当局出于与英国外交关系的考虑，与西藏统治集团之间发生的直接接触不多，其渗透活动也局限在民间展开。其中派遣留学生，以及退役军人矢岛保治郎潜入拉萨并出任藏军的军事教官是这一时期日本对藏渗透的主要内容。

（一）派遣留学生。这是 1908 年 7 月达赖喇嘛与大谷尊由在五台山会见的结果。1911 年 4 月，达赖喇嘛派遣西藏色拉寺擦瓦池活佛擦珠·阿旺罗桑（1880～1957）到京都西本愿寺留学，成为西藏历史上的首位赴日留学生。[⑤] 日本西本愿寺方面于 1913 年派遣青木文教、多田等观两名西本愿寺僧人到西藏拉萨留学。

当然，达赖喇嘛和日本西本愿寺互派的这些留学生，都不是普通意义上的留学生，在一定程度上他们都是一方的代表。曾担任过阿旺罗桑日语

---

① 寺本婉雅：《西藏蒙古経営私议——付日本営赖国王関係论》，1909（出版者不详），东洋文库藏线装本，第 46 页。

② 佚名：《内厅侦察达赖报告》，线装手抄本，东京大学东洋文化研究所图书馆藏。

③ 《清国の蒙古経営达赖喇嘛雑纂》，S1. 6. 1. 32；寺本婉雅：《西藏秘密国之事情》，第 13 页。

④ 《成田安辉西藏探検関係一件》，S1. 6. 1. 11。

⑤ 详情请参阅拙文《擦珠·阿旺罗桑——西藏历史上的第一位赴日留学生》，《中国西藏》2004 年第 1 期。

教师的多田等观说：“这些西藏人的到来与其说是为了研究日本的佛教，倒不如说是带有某种外交目的，他们似乎具有西藏外交官的身份，擦瓦就是一位具有这方面才智的人物。”① 另据青木文教记载，达赖喇嘛本来打算把这位留学生作为西藏政府派遣的留学生，让日本政府接受。但日本政府担心这会伤害英、俄、清三方的感情，认为与其给政府的外交政策带来不利，不如把这种关系暂时限制在民间宗教团体的交流上，等待时机。达赖喇嘛似乎对这种接受方式有些不满，不得已只好如此。② 1912 年 1 月，阿旺罗桑在日本仅学习了 8 个月后，被正准备由印度启程返藏的达赖喇嘛召回，担任了达赖的重要助手。

青木文教和多田等观经由印度于 1913 年先后抵达拉萨，他们受到了达赖喇嘛和西藏地方政府的优遇。青木被安排在拉萨大贵族彭康（彭错康萨）家中，并给他配备了家庭教师，他在拉萨度过了整整 4 年的留学生活。另一名留学生多田等观被安排到拉萨三大寺之一的色拉寺学习，他在这里度过了长达 10 年的佛教修行生活。当然，除了正常的学习生活外，青木、多田二人广泛地与西藏僧俗上层交往，刺探情报，并不失时机地给西藏僧俗上层灌输亲日思想，极力蛊惑、煽动达赖寻求日本的援助和保护，并扮演着日、藏双方联系人的角色。青木文教自己说有一段时期“还从事着某方面的秘密任务”③。青木虽然没有明言这种“秘密任务”，不过为日本当局提供相关西藏及达赖喇嘛动向等方面的情报，无疑是其重要内容之一。青木还受达赖之托，用藏文翻译了日本陆军的军事操典，帮助联系西藏学生赴日留学等。多田等观也在改革西藏税制、铸造金币等方面提出了不少建议，并被西藏地方政府所采纳。④ 青木、多田结束留学生活离开拉萨时，都带走了相当数量的藏文典籍和文物，其中多田等观一次性带走了《大藏经》等藏文文献 24279 部，这大概是历史上西藏文献向国外最大规模的一次公开流失。⑤

（二）矢岛保治郎出任藏军教官。矢岛保治郎潜入拉萨并担任藏军教官

---

① 〔日〕多田等观：《入藏纪行》，钟美珠译，中州古籍出版社，1987，第 5 页。

② 青木文教：《秘密国西藏》，东京，芙蓉书房，1995，第 14 页。

③ 青木文教：《秘密国西藏》，第 263 页。

④ 多田等观：《入藏纪行》，第 24 ~ 25、93 页。

⑤ 详情请参阅拙文《日本西本愿寺派遣的赴藏留学生——多田等观》，《西藏大学学报》2005 年第 1 期。

是这一时期日藏关系中的重要事件之一。矢岛保治郎（1882～1963），日本群马县人，1902 年参军。1904 年 2 月，参加日俄战争，曾到过我国的旅顺、沈阳等地。次年归国后升为军曹，进入设在东京的陆军户山学校，学习体操和剑术。1907 年末，从陆军退役。

从 1909 年开始，矢岛保治郎曾先后两次入藏，但其入藏动机及入藏路线有所不同。第一次是为了体验“无钱环球旅行”，于 1911 年 3 月经由四川进入拉萨；第二次则是受川岛浪速等人指使，怀着特殊的政治目的，于 1912 年 7 月经由印度潜入拉萨。不久，他便被正在西藏施行“新政”的达赖喇嘛聘请为新式藏军的军事教官，训练藏军。直到 1919 年返回日本，他公开以日本人的身份，作为西藏地方政府的军事顾问，在拉萨活跃了整整 6 年，在近代日本与中国西藏的关系史上留下了浓重的一笔。此间，他还与一位名叫“诺布拉”的藏族富商之女结婚，成为第一个与藏族女子结婚生子的日本人。[①] 因此，矢岛保治郎是近代日本入藏者中一个颇具冒险色彩的人物，同时也是近代日本与中国西藏地方关系史上一个相当重要的角色，遗憾的是他没有留下记录其经历的比较完整的记载。矢岛保治郎被达赖聘为藏军教官，既是偶然，也有历史的某种必然性。当时在达赖喇嘛迫切希望强化藏军的背景下，他顺利登上西藏的历史舞台；同样，随着达赖及其亲信们高涨的亲英倾向，他又被迫退出西藏的历史舞台。

需要指出的是，大正之初，中国刚刚发生辛亥革命，十三世达赖喇嘛也结束了在中国内地、印度等地长达 7 年的流亡生活而返回西藏拉萨，在英国人的怂恿下，以达赖喇嘛为首的西藏地方当局的独立倾向有所增长。为了获得日本的支持，西藏地方当局也开始主动向日本示好，但犹如泥潭钓鱼，日本当局基于与英国外交关系的考虑，对西藏采取了相当谨慎或者是收敛的政策，他们不想因为西藏问题而与自己的盟友英国发生矛盾。比如，1912 年 5 月，当时滞留在噶伦堡的西藏地方政府官员与日本驻加尔各答总领事柴田要治郎接触，表示“西藏与日本有同种之好，西藏愿意得到日本的援助，受其保护之下”[②]，并希望从日本方面得到武器援助时，未能如愿；

① 参见矢岛保治郎著、金井晃编《入藏日诠》，东京，チベット文化研究所，1983；浅田晃彦编著《世界无钱旅行者矢岛保治郎》，东京，筑摩书房，1986。

② 《西藏独立並兵器购入に関し本邦の援助依赖の件》，《清国の蒙古経営並达赖喇嘛杂纂》，S1. 6. 1. 32。

当达赖喇嘛想派遣两名留学生到日本，让青木文教与日本方面进行联系时，也迟迟得不到答复，甚至日本有关当局给大谷光瑞提出了“今后本愿寺方面也需要停止与达赖喇嘛之间保持的关系”的警告[①]，从此，曾为日本军政当局渗透我国西藏作出过极大“贡献”的东、西本愿寺，也只好感叹“时机尚早”而放弃了与西藏及达赖喇嘛之间的接触。

三 昭和时期（1926～1945）

这一时期是日本对西藏的渗透活动最为频繁和深入的时期。随着1931年的“九一八”事变以及1937年7月中日战争的全面爆发，日本帝国主义势力气焰嚣张，他们企图侵占中国，进而控制整个亚洲，建立“大东亚共荣圈”。鉴于西藏重要的战略地位，以及西藏佛教上层在整个蒙藏地区的特殊影响，西藏成为日本当局渗透的重要目标之一。这种渗透活动由日本的军、政两个系统同时进行，具体实施部门分别是日本关东军和外务省。

（一）接近和拉拢西藏佛教上层。昭和时期，日本当局进一步加强了对西藏宗教上层，尤其对居留在内地的西藏上层的拉拢活动，其中引诱他们到日本“观光”“访问”是其重要手段之一。当时曾奔波于西藏与祖国内地之间的西藏高僧安钦呼图克图以及雍和宫住持旦巴达扎成为日本当局接近和拉拢的重要对象，并取得了一定的效果。

安钦活佛（1884～1947），原名丹增·晋美旺秋，法号“安钦多杰锵”（意为大密宗师金刚持）。1920年出任扎什伦布寺密宗扎仓堪布。1924年，九世班禅大师来到内地以后，安钦活佛随后也经海路抵达北京，以后在华北及东北地区讲经说法，颇受班禅器重。为了班禅返藏问题，安钦活佛曾作为班禅以及民国政府的代表，几次奔波于祖国内地和西藏之间，为祖国的统一和平事业作出了积极贡献。[②] 1937年12月班禅大师圆寂后，安钦呼图克图成为班禅集团中举足轻重的人物，因此，日本当局加紧了对他的拉

① 青木文教：《西藏——西藏逯记·西藏文化の新研究》，东京，芙蓉书房，1969，第379页。

② 其详细事迹可参阅妙舟《蒙藏佛教史》上册，上海佛学书局，1935，第214～218页；扎什伦布寺历史编写组编《昂钦达巴堰布史略》，西藏自治区政协文史资料研究委员会编《西藏文史资料选辑》第4辑（内部发行），1985年4月，第39～44页。

拢活动，安钦的政治倾向也逐渐发生了变化。其实，1937 年 11 月，“为了对满洲帝国的成立表示祝贺”，日本当局曾斡旋安钦活佛“谒见”了伪满洲国皇帝溥仪。① 另据日本陆军秘密档案资料，关东军甚至计划邀请安钦活佛到日本访问。1937 年 12 月，关东军参谋长在发给日本陆军参谋次长的一封密电中，赤裸裸地道出了邀请安钦的目的，云：“班禅喇嘛的第一高徒安钦活佛现正在北平，通过邀请安钦到日本访问，不仅可以加强日本与西藏的佛教联络，同时让他亲身接触日本文化，把日本的实况介绍到西藏，这有利于在西藏培养反英亲日气氛。因此，我希望通过军方与日本佛教团体进行协商，实现安钦访日计划。”② 陆军次官收到关东军准备邀请安钦活佛访日的密电后，为掩人耳目，决定由日本佛教团体出面接待，并与有关佛教团体进行了接触。但他们担心，外界一旦知道安钦访日一事，不仅会给安钦的返藏带来不便，还会影响日本军方利用安钦返藏之机准备进行的其他企图。参谋本部次长给关东军参谋长的回电中云：“对邀请安钦活佛访日没有异议，也取得了日本佛教方面的谅解。但近闻班禅喇嘛去世的消息，如果发表安钦活佛访日的消息，想必给安钦返藏带来不利。关于这点想知道您的具体计划。”③ 基于这个原因，日本关东军最后取消了邀请安钦访日的计划。

抗战期间，外务省一直是日本渗透和侵略我国西藏的重要官方机构。1941 年，外务省聘请曾在拉萨留过 3 年学的“西藏通”青木文教为“嘱托”，专门负责对西藏方面的情报工作及对策制定。在日本外务省的档案资料中，把这项专门活动称为“西藏工作”。1942 年 6 ~ 7 月间，外务省秘密策划并实施了让西藏地方政府代表、雍和宫札萨克堪布丹巴达扎，以及阿嘉呼图克图的驻京代表“杨喇嘛”一行到日本“观光”的计划，这可谓是日本外务省“西藏工作”的一项重大“成果”。

据日本外务省一份题为《西藏政府代表访日成果及对西藏问题调查的看法——西藏代表招致报告》④ 的档案资料记载，丹巴达扎访日计划是由日

---

① 青木文教：《西藏問題の重要性を論ず》，《大乘》第 19 卷第 12 号，1940 年 12 月，第 46 页。

② 《アクチン活佛を日本に 招待の件》，《陆满密大日记第 22 号》（1937），日本防卫厅图书馆藏。

③ 《アクチン活佛を日本に 招待の件》，《陆满密大日记第 22 号》（1937）。

④ 《西藏問題並事情関係雑纂》，S1. 6. 1. 3 ~ 4，第 491 ~ 526 页。

本外务省与参谋本部直接策划、组织的。为掩人耳目，对外宣称是“西藏及青海的宗教使节”的来访，由日本外务省委托日本的宗教团体真言宗进行接待，禁止新闻报刊上登载有关消息。“西藏通”青木文教自始至终参与了该计划的策划、接待、陪同，以及到北京迎送等整个活动。他在这份报告中详细记录了丹巴达扎一行的访日时间、访问机关、访问感想及日本拟对西藏采取的“调查”计划等。

关于丹巴达扎生平的藏汉文资料不多，据蒙藏委员会档案《噶布伦为更换驻京代表致蒙藏委员会函》①（1935）可知，丹巴达扎原是拉萨哲蚌寺郭芒扎仓的格西喇嘛，1935 年接替原雍和宫堪布、札萨克贡觉仲尼出任雍和宫札萨克堪布，1936 年 3 月抵达南京，向国民政府蒙藏委员会报到，不久赴北京，长驻雍和宫，担任住持堪布。1937 年“七七”事变爆发以后，南京国民政府曾邀请他南下，但他依然住在雍和宫。1940 年汪伪政权成立以后，丹巴达扎被任命为“边疆委员会”委员。1942 年他担任北平喇嘛寺庙整理委员会主任委员，负责管理北京地区 32 所喇嘛寺庙。

关于 1942 年日本外务省邀请丹巴达扎一行访日的目的，青木文教毫不避讳地说：“随着大东亚战争的进展，本省（即外务省——引者注）为了获取西藏现状形势的情报，派遣笔者到中国出差。当我听说西藏代表驻在北京后，与之接触，建立了联系。邀请他们访日，这除了满足他们的访日要求外，同时可以成为我国对西藏进行调查的良好开端。由外务省邀请西藏代表访日，是一件值得大书特书的事情。”②

与丹巴达扎一起到日本观光的另一位藏族人“杨喇嘛”，是青海塔尔寺著名活佛、六世阿嘉呼图克图罗桑隆多晋美丹贝坚赞（1910～1948）的驻京代表。1901 年 7 月，五世阿嘉胡图克图一行八人访问日本，杨喇嘛为其随行成员之一。六世阿嘉呼图克图曾担任过塔尔寺第 93 任法台，受封为“述道显能聪慧觉众普化禅师”，充任副札萨克大喇嘛。民国时期由蒙藏委员会聘请为“北平喇嘛寺庙整理委员会副主任委员”③。

---

① 西藏社会科学院等编《西藏地方是中国不可分割的一部分·史料选辑》，西藏人民出版社，1986，第 498 页。

② 《西藏問題並事情関係雑纂》，S1. 6. 1. 3～4，第 503 页。

③ 青海省社会科学院塔尔寺藏族历史文献研究所编《塔尔寺概况》，青海人民出版社，1987，第 118 页。

日方邀请阿嘉的代表访日亦别有用心。青木文教说："出于日本喇嘛教对策的需要，一同邀请青海活佛阿嘉呼图克图的北京办事所所长杨喇嘛'拉布吉'访日，这关系到日本对青海地区的喇嘛教对策。西藏与青海的现状、立场各有不同，但宗教关系是相同的，所以，我国对西藏与青海地区的喇嘛教对策上没有太大的差异。尤其是他们（西藏与青海的宗教上层）在对日感情和依赖心理方面相当一致。"①

据青木文教的报告，1942 年 6 月 14 日，丹巴达扎及杨喇嘛一行从北京出发，同月 24 日抵达东京。他们在东京滞留了两周，先后访问了外务省、参谋本部、文部省、内务省、兴亚院、东京市政府及其他机关。此后又到名古屋、山田，以及关西地区的京都、奈良、大阪、高野山等地参观。由于外务省及参谋本部积极出面联系，他们在各地均受到了热情、周到的接待，7 月 30 日丹巴达扎一行返回北京。从日方特意安排丹巴达扎一行访问上述军政机关，可以获知此次"访问"具有明显的政治意味。

对日本的访问结束时，丹巴达扎等人讲述了对日本观光的印象，并表示了自己的亲日态度，云："日本人与满、蒙、藏同属一个人种，自古笃信佛法。位于东亚的强大的日本，可以说是所有佛教国家的镇护之国，也是我们最可信的大盟主……现在日本发出了驱逐英美在东亚的势力，抵制苏联，建设世界新秩序的宣言。西藏也希望身处共荣圈内，得到永久保全。"②显然，丹巴达扎对日本产生了一定程度的依赖心理，还幻想着日本对西藏的援助，其实这正是日本帝国主义通过邀请他们"访日"所希望达到的目的。

（二）利用藏人搜集西藏情报。抗战期间，刺探相关西藏方面的情报是日本外务省"西藏工作"的重要内容。尤其是太平洋战争爆发以后，1942 年 1 月日军占领了缅甸大部，并进至印度边界，西藏战略地位的重要性更为突出，日本对西藏的兴趣也迅速增强，认为进一步将势力延伸到西藏是顺理成章的事情。日本外务省的一份档案中说："随着大东亚战争的爆发，皇军战果的扩大，神秘国西藏突然觉得近在咫尺。这不光是因为考虑到缅甸陷落以后，英、蒋（介石）政府通过西藏对日进攻的可能性，还因为重新

① 《西藏問題並事情関雑纂》，S1. 6. 1. 3 ~4，第 496 页。

② 《西藏問題並事情関雑纂》，S1. 6. 1. 3 ~4，第 512 ~513 页。

认识应将喇嘛教圣地西藏纳入到大东亚共荣圈的地位及作用的缘故。为了正确把握、处理我国与西藏之间最近出现的微妙关系，在探讨围绕西藏的中、英、俄关系史的同时，还必须最大限度地掌握西藏其他方面的各种情况。”① 因此，外务省加强了对西藏的调查和情报收集工作。

1942 年 2 月，外务大臣东乡茂德指示驻北京、上海和内蒙古等地的驻华领事，要求加强搜集西藏方面的情报，派遣熟悉西藏情况的当地人进藏。配合东乡的指示，驻在中国的日本使馆人员开始物色合适人选，派遣入藏，从事搜集西藏情报的工作。1942 年 4 月 6 日日本驻厚和（即呼和浩特）总领事代理望月给外务大臣东乡的一封密电中透露，该领事经与外务省顾问青木文教商量后，于 4 月 4 日从当地派出了熟悉西藏情况的三名青海喇嘛及一个名叫“木措云登”的藏人，分成两组（两人为一组），从呼和浩特的五当召出发，经由北路青海西宁进入西藏，计划往返用 10 个月的时间。② 关于他们这次派遣活动的结果如何，未见到其他资料，不得而知。

正当外务省积极策划派遣熟悉西藏事务的西藏人入藏，搜集西藏方面的情报时，一名重要的西藏人蒙那昌（Mannang Tsang Pama Tshewang）出现在内地。据日本外务省档案资料记载，蒙那昌系“西藏政府的两大御用商人之一”，当时 34 岁，他于 1939 年冬离藏，1940 年 9 月，赴重庆会见了担任蒙藏委员会委员的友人（姓名不详，原文中用日语片假名记为“ジセン某”——笔者注），并会见了蒋介石、吴忠信，与他们进行了商谈。蒙那昌在重庆接触的结果是：西藏难于依靠英国及重庆国民政府，能依靠的只有日本。1941 年 2 月，蒙那昌带着两封介绍信东赴日本，一封是由日本驻上海领事馆林领事写给外务省事务官高濑及唐木属的介绍信，另一封是海军报道部长狭间写给日本海军省的介绍信。但是，抵达东京以后，蒙那昌因“语言不通，不得要领”而很快返回上海。1941 年末，蒙那昌赴北京居住，1942 年 4 月 7 日，日本驻上海领事馆派遣谍报人员将他带到上海。专门负责西藏调查工作的外务省顾问青木文教也与他同行抵达上海。抵沪后，青木文教与上海领事馆副领事、专门刺探我大后方情报的“特别调查班”

---

① 日本外务省调查局：《西藏問題》“前言”，东京，1943 年 1 月，东京大学东洋文化研究所图书馆藏。

② 《西藏事情调查の件》，《西藏問題並事情関係雑纂》，S1. 6. 1. 3 ~4，第 487 页。

负责人岩井英一一起，就西藏问题与蒙那昌进行了详细的商谈。岩井唆使蒙那昌召集自己的“同志”，对西藏的内政进行改革，为日本的“大东亚建设协力”，并答应日本方面将给予大力援助。[①] 在岩井的要求下，蒙那昌用藏语给岩井撰写了一份介绍西藏近况的报告，以后由青木文教翻译成日文，上报给了日本外务省和陆军省。1943 年，蒙那昌经华北从陆路返回西藏，不久，岩井、青木文教返回东京，向外务省汇报了与蒙那昌接触的结果。

（三）派遣日本特务潜入西藏。日本军政当局为了刺探有关西藏的情报，不仅派遣熟悉西藏情况的中国人入藏，还直接派遣日本人进入西藏，收集情报。抗日期间，日本情报特务机关曾多次派遣特务企图潜入西藏，有的在进藏途中被中国军队捕获，但有三名日本人成功潜入西藏，即野元甚藏、木村肥佐生、西川一三。

野元甚藏，1917 年 3 月生于日本鹿儿岛，1935 年 4 月加入日本关东军特务机关，不久以“蒙古研究生”的身份，被分派到内蒙古的“阿巴嘎”特务机关，三年后又被派遣到伪满洲国兴安南省的王爷庙特务机关。1938 年 10 月，关东军特务机关说服正在内地滞留的安钦活佛，让他利用返藏之际随带日本人入藏。安钦活佛答应关东军的要求后，王爷庙的特务机关长泉铁翁向野元下达了潜入西藏的命令，并叮嘱他“不能暴露自己日本人的身份，始终要装扮成蒙古人，尽可能长时间潜伏在西藏，对西藏的实际状况进行观察”[②]。野元接受潜入西藏的任务后，开始各种准备工作，学习藏语，还返回日本专程拜访了正在仙台东北帝国大学担任教职的“西藏通”多田等观，从他那里得到不少建议。临出发前，野元拜见了关东军参谋长矶谷廉介，并向参谋本部、关东军、满铁等机关提交了履历书。因野元是满铁顾问，满铁承担了野元潜行西藏计划的部分费用。

1939 年 5 月 24 日，野元随同安钦活佛的属下王明庆等人经由印度抵达日喀则，从此后藏地区成为他主要的活动区域。但是，伺机进入拉萨是野元潜行西藏计划中的主要内容之一。10 月中旬，野元利用王明庆等人前往拉萨经商的机会，一同前往拉萨，住在西藏贵族凯墨家中。在拉萨期间，前去大昭寺巡礼的十四世达赖喇嘛及其队伍给野元留下了深刻印象。11 月底，野元结

① 《対西藏工作に関する件》，《西藏問題並事情関係雜纂》，S1. 6. 1. 3 ~4，第 488 页。

② 野元甚藏：《チベット潜行——1939》，东京，悠々社，2001，第 78 页。

束了他短暂的拉萨之旅，随同王明庆返回日喀则。在日喀则潜伏生活了一年半以后，野元的身份受到怀疑，于是决定赶紧逃离西藏。1940 年 10 月 5 日，野元与王明庆一起离开日喀则，经由江孜、帕里、锡金，抵达加尔各答，不久经由日本返回哈尔滨。在关东地区防卫司令大迫通贞的建议下，野元开始撰写他的西藏潜行报告《入藏记》[①]，1941 年 5 月撰写完成，提交给关东军司令部、日本陆军省、参谋本部等部门。此后，野元被安排到关东军司令部直属的特务机关工作，活动于内蒙古、北京等地。日本战败后，于 1945 年 9 月返回日本，结束了他在中国长达 10 年的间谍生涯。[②]

抗战时期，继野元甚藏之后潜入西藏的日本特务是木村肥佐生和西川一三两人。但他们两人最初的目的是潜入新疆，搜集国际援华路线方面的情报。后来因情况发生变化，他们先后改道潜入了西藏。

1941 年，日本投入了大量兵力，对国际援华的海岸线实施封锁作战，使国际援华物资的海上运输线被完全切断。1942 年夏，缅甸为日本所占，滇缅公路被切断，中国失去了获得外援的西南唯一陆上通道。滇缅公路被切断后，中国曾试图开辟西北陆路国际交通线，将美英援华物资经波斯湾运到阿拉木图，再经新疆运到中国内地[③]，此即日文档案资料中所称的“西北援蒋路线”[④]。由于当时日本方面也不完全了解这条路线的详细情况，日本驻张家口总领事馆调查室正准备派人潜入我国新疆一带，企图搜集有关这条路线的情报。于是，正在我国内蒙古地区从事情报工作的日本特务木村肥佐生、西川一三便成为完成这项任务的合适人选。

1943 年 9 月，木村肥佐生、西川一三的“西北潜行计划”得到批准。张家口日本大使馆给木村支付了 1 万日元的活动经费，并指示木村潜入新疆，直到日本军队“威风凛凛”进入新疆[⑤]；给西川一三支付了 6000 日元的准备金，并颁发了日本总理大臣东条英机的命令书：“潜入西北支那，与支那边境民族为友，永住（即长期潜伏西北之意——引者注）”[⑥]。

---

① 《西藏問題並事情関係雜纂》，S1. 6. 1. 3 ~4，第 1117 ~1345 页。

② 详情请参阅拙文《日本特务野元甚藏的西藏潜行》，《青海民族学院学报》2003 年第 4 期。

③ 木村肥佐生、スコットベリ编《チベット・偽装の十年》，三浦顺子译，东京，中央公论社，1994，第 43 页。

④ 《西北援蒋路要览送付の件》，《陆亚密大日记第 62 号》（1942），日本防卫厅图书馆藏。

⑤ 木村肥佐生：《チベット・伪装の十年》，第 49 ~50 页。

⑥ 西川一三：《秘境西域八年の 潜行》上，东京，芙蓉书房，1978，第 73 页。

木村、西川接受西北潜行的任务后，开始了各自的准备活动，并先后踏上了特殊的潜行旅途。1943 年 9 月，木村雇用了当地一对蒙古人夫妇作为自己的向导，伪装成去西藏朝佛的蒙古人，从张家口出发，后经阿拉善定远营、甘肃、青海乐都、西宁，于次年 2 月 4 日，抵达塔尔寺。2 月 19 日抵达柴达木进行短暂停留，并计划从这里进入新疆。[①] 就在这时，他被留守在这里的马步芳军队怀疑为逃匿的内蒙古喇嘛，将他软禁起来，不得已在柴达木的蒙古部落中度过了一年时间。1945 年 5 月 18 日，一个商队正由柴达木进藏，于是木村改变了他的潜行计划，决定改赴西藏。当年 9 月 2 日抵达拉萨以后，他听到了日本战败的消息，还见到了这里的人们举行庆祝抗战胜利的游行活动。惧于自己的身份败露，他在拉萨停留了 19 天后，迅速经江孜、帕里、亚东，于 10 月 16 日抵达噶伦堡。经人介绍在印度籍藏人巴布塔钦（又名库鲁塔钦，1890～1976）创办的藏文报纸《明镜》谋得一份从事印刷的差事。不久，木村成为英国特务机关豢养的一名特务。

再说西川一三，他比木村晚一个月出发。1943 年 10 月 23 日，他装扮成一个蒙古喇嘛，采用与木村大致相同的路线，于 1945 年 10 月抵达拉萨。西川在拉萨听到了日本战败的消息，于是迅速南下，经日喀则、江孜、帕里、亚东，于 1946 年 1 月抵达噶伦堡。抵达噶伦堡以后，便去《明镜》报社与木村碰头。为了避免暴露身份，他们决定各自单独活动。其实，日本战败后，木村、西川的西北潜行已经失去意义，他们已经没有服务的对象。他们虽曾打算归国，却无旅费，又担心暴露自己的身份，因此，进入一种动荡不安的漂泊之中。

这里值得一提的是木村和西川的东部藏区之行。1946 年 11 月，受英国情报部门支持的"对藏工作站"——《明镜》报的发行人塔钦对木村布置了一项特殊任务，要求木村到康区调查中国军队的动向，并给他支付了 500 卢比活动经费。12 月 10 日，木村跟随一个进藏的"康巴"商队离开噶伦堡，于次年元旦抵达拉萨。抵达拉萨后，木村迅速与正潜伏在哲蚌寺的西川一三取得联系，邀他同往昌都。1947 年 2 月 16 日，两人从拉萨出发，经工布江达、边坝，于 4 月进入昌都地区。在这里，他们没有了解到中国军队

---

① 木村肥佐生：《チベット・潜行十年》，东京，每日新闻社，第 61 页。

有什么特别动向，于是北赴青海玉树藏区，核实蒋介石军队修建机场一事是否属实。他们核实的结果，中国军队在玉树修建机场和兵舍纯属子虚乌有。于是他们二人从玉树踏上了返回西藏的路程，1947 年 9 月经由拉萨返回噶伦堡。

木村、西川二人返回噶伦堡时，印度已经获得独立。1949 年 9 月，木村向印度当局自首，公开了自己的日本人身份，随即被作为政治犯关进监狱，西川一三亦随之被捕。1950 年 5 月 12 日，二人从印度被遣送回国，他们二人长达 8 年多的潜行生活宣告结束。此后，根据自己的这段特务经历，木村肥佐生和西川一三分别写成了《潜行西藏十年》、《秘境西域的八年潜行》（3 册）两书。

结　语

综上所述，近代日本与中国西藏之间的关系史基本上就是日本的侵藏史。虽然不能说这期间日本对西藏所做的每一件事都是侵略，更不能说每一个人都是侵略者，但从近代日本的国家行为上看，其基本点和主导面都是侵略。从 19 世纪后半叶的明治时期开始，日本帝国主义从其大陆政策出发，开始染指我国西藏。随着日本佛教的“清国开教”活动，日本僧人以“开教”“求经”等为名，最先涉足西藏。他们的这些活动看似一种宗教活动，其中也有日中文化交流方面的内容。但是，无论从其宗旨、目的还是行为来看，基本上都是围绕着日本的国策与对华侵略目标而行事，为日本帝国主义的侵略体制服务，发挥了配合与协助侵略的作用，因此，其活动的实质是对中国的一种侵略行为。直到 1945 年战败投降，日本军政当局直接从事了一系列染指我国西藏的渗透、阴谋活动。但需说明的是，20 世纪 30 年代以前，因受“日英同盟”的制约，日本当局出于维护对英关系的需要，有意识地把与西藏之间的接触局限在东、西本愿寺这样的宗教团体，从事“民间外交”。其间日本军政当局与西藏的达赖喇嘛等有一些政治意义上的接触，但基本上都是非公开的。进入 20 世纪 30 年代以后，随着日本帝国主义对亚洲国家侵略野心的膨胀，日本加快了渗透西藏的步伐，尤其是太平洋战争爆发以后，其渗透、侵略活动达到了高潮。一方面，他们利用藏人或直接派遣日本特务潜入西藏，刺探情报；另一方面，利用各种手段，极力接近和拉拢西藏宗教上层，给他们灌输亲日思想，唆使他们从事西藏

“独立”活动，提倡“日藏邦交”，妄图将西藏纳入其“大东亚共荣圈”中。可是这一美梦很快因1945年日本战败投降而化为泡影。事实表明，近代日本对西藏的一系列渗透活动，不仅暴露了日本染指我国西藏的不良用心，同时也对当时西藏部分上层分裂倾向的增长起了推波助澜的作用。

（《近代史研究》2005年第3期）

日本侵华战争与“回教工作”

王　柯

1938年7月8日，即日本发动全面侵华战争一周年之际，日本政府“五相会议”[①]通过一份指导性纲领——《时局的发展与对支谋略》，确定了对华军事战略、政治攻势（如分化中国内部政治势力等）和加强在华经济掠夺以支援战争等加快侵略中国步伐的六条方针。其中的第四条为：“推进回教工作，在（中国——引者注）西北地区设立以回教徒为基础的防共地带。”[②]对于日本在战争时曾经推进“回教工作”一事，日本的历史学界几乎无人提及；而在中国的历史学界更是鲜为人知。然而，通过日本防卫研究所所藏战时日本陆军档案、日本外交史料馆和日本国立公文书馆所藏战时外交档案，可以清楚地看到：早在20世纪初，日本就已设想向中国的“回教徒”进行渗透，以为日后侵略中国所用。[③]而在发动侵华战争后，日本又具体制定并积极实施了“回教工作”。因此，搞清楚这一事实，不仅可以加深对日本帝国主义侵略战争本质的认识，而且有

---

① 由总理大臣（简称首相）、陆军大臣（简称陆相）、海军大臣（简称海相）、大藏大臣（简称藏相）、外务大臣（简称外相）于1933年组成，主要就日本陆军和海军提出的所谓事关国家前途命运的军事问题决定大政方针。

② 《時局ン伴う対支謀略》，昭和十三年七月八日，外務省記録/A門 政治、外交/1類 帝国外交/1項対支那国/支那事変関係一件 第十四巻25。外務省外交史料館藏。JACAR系统查询编码B02030540000，文件名为《時局に伴う対支謀略》。

③ 本论文所使用的日本防卫研究所所藏战时日本陆军档案、日本外交史料馆和日本国立公文书馆所藏战时外交档案，虽有一部分为笔者过去直接查阅，但近年来随着日本档案公开工作的进行，大多可以通过JACAR（アジア歴史資料センター）的档案查询阅览系统查阅到。因此，为了方便读者查询，本文在使用此类档案时全部统一为按照JACAR系统查询编码方法注明出处。

助于我们加深理解历届中国政府在建设近代国家的过程中，尤其重视加强边疆地区居民以及有着其他历史文化背景的民族共同体之国民意识的原因。

一　日本关注中国“回教”的出发点

19 世纪 90 年代，有两三位在海外接触到伊斯兰教的日本人皈依伊斯兰教，尽管如此，日本国内并不存在一个穆斯林群体。直到进入 20 世纪，日本才开始关注伊斯兰教。这种关注，与宗教信仰无关，完全是出于官方的，即外务省及军部的政治需要。1905 年 5 月，一位名为樱井好孝的人，“接受外务省的秘密命令，到新疆至蒙古一带进行旅行和视察”，“行程约二万余千清里”。第二年 12 月回到日本以后，他就内蒙古和新疆的地理位置、交通情况、居民成分、宗教信仰和商业等情况向外务省提交了一份非常详细的报告。① 而从外务省于 1906 年 1 月 16 日向茨城县厅申请推迟对樱井好孝的征兵命令一事来看，樱井好孝应是日本外务省的属员。② 另外，1910 年，日本外务省的调查员中久喜信周，也对河南省的“回教徒”情况进行了调查。③

1913 年，日本关东都督府将其霸占地域划分为大连民政署管区、旅顺民政署管区、金州民政支署管区、瓦房店警务支署管区、大石桥警务支署管区、辽阳警务署管区、奉天警务署管区、抚顺警务支署管区、安东警务署管区，“按照神道、佛教、基督教、道教、回教之类”进行了详细的“宗教调查”。关东都督府为关东军的前身，担任其历任都督的都是现役大将或中将，但是从这项调查报告来看，在当时关东都督府所管辖的所有地域中，“回回教”的势力微弱，仅仅在金州民政支署管区内的“皮子窝所辖区内有

① 桜井好孝：《蒙古視察復命書》，明治四十年一月，外務省記録/1 門 政治/6 類 諸外国内政/1 項 亜細亜/蒙古辺境視察員派遣一件。外務省外交史料館藏。JACAR 系统查询编码 B03050331800。

② 《公第一三四号 受第一三三四七号 現役兵証昼並ン抽籤札領収昼廻送ノ件》，明治三十五年十月十日，外務省記録/ 5 門 軍事/ 1 類 国防/ 2 項 兵役/ 本邦人徴兵関係雑纂 第十七巻。外務省外交史料館藏。JACAR 系统查询编码 B07090106700，文件名为《桜井好孝、芝田辰治》。

③ 《中久喜信周調査 河南ノ回教徒》，明治四十三年十月，調書/ 調書/ 政務局。外務省外交史料館藏。JACAR 系统查询编码 B02130561800。

一寺，几近毁灭状态”[①]。

1918 年 3 月，日本陆军参谋本部“认为有在库伦、新疆方面扩充情报网的必要”，于是使用“临时军事费”，[②]“在支那驻屯军谍报担任地域内分别设立谍报机关”，“在张家口方面，有该地三井洋行出张所员宫崎嘉一，虽无军事方面智识但却办事可靠；陕西西安方面，派遣军队司令部翻译吉田忠太郎前往；新疆迪化方面，派遣在乡军人下士佐田繁治前往，以宗教研究为目的，同时进行谍报活动；在外蒙古库伦方面，有居住在库伦的日本人驹田信夫，最近接受了进行谍报工作的委任”。[③] 另外，还向“天津及其他驻屯地”、“西安或太原”“配备军官或其他能干的间谍”，并“预定向张家口派遣军官”。可以看出，这些被指定优先派遣的地区，多在中国西部、北部或边疆地区的中心城市。日本军部之所以扩充在中国西北地区的情报网，其主要目的为：“随时局进展，侦探俄德设在支那西北边境的设施，以便及时采取共同行动阻止。”[④] 但是，日本军部的行动，还隐藏着另外的目的。例如，佐田繁治在新疆“以宗教研究为目的，同时进行谍报活动”。因为新疆居住着大量信仰伊斯兰教的居民，在这里进行“宗教研究”，重点当然只能是伊斯兰教。笔者在日本国立公文书馆藏的内阁公文中发现，1873 年 7 月 15 日出生于岛根县的在乡军人（即预备役）下士佐田繁治，在此之前是殖民地台湾警察，并非宗教研究家。[⑤]

可以看出，近代日本对中国伊斯兰教的关注，并非出于偶然。有日本

---

① 《宗教ン関スル一般ノ状况》，大正三年十二月二十八日，外務省記録/1 門 政治/5 類帝国内政/3 項 施政/ 関東都督府政况報告并雑報 第九巻 4；《諸般政務施行成績 関東都督府》，大正二年度，8/第六。外務省外交史料館藏。JACAR 系统查询编码 B03041562800。

② 《臨時軍事費使用ノ件》，大正七年四月，陸軍省大日記/ 欧受大日記。防衛省防衛研究所藏。JACAR 系统查询编码 C03024894800，文件名为《臨時軍事費使用の件》。

③ 《諜報機関配置ノ件報告》，大正七年，陸軍省大日記/ 密大日記/《密大日記 4 冊の内 1》。防衛省防衛研究所藏。JACAR 系统查询编码 C03022435700，文件名为《諜報機関配置の件報告》。

④ 《蒙古及新疆地方諜報機関配置ノ件》，大正七年，陸軍省大日記/ 密大日記/《密大日記 4 冊の内 1》。防衛省防衛研究所藏。JACAR 系统查询编码 C03022436400，文件名为《蒙古及新疆地方諜報機関配置の件》。

⑤ 《台北県属滝九郎外三十一名召集免除ノ件》，明治三十一年四月二十五日，内閣公文雑纂/第二十五巻《台湾及庁府県一》。国立公文書館藏。JACAR 系统查询编码 A04010047100，文件名为《台北県属滝九郎。鳳山県巡査予備陸軍步兵上等兵佐田繁治外十名。台北県弁務署主記後備陸軍砲兵一等軍曹門芳太郎外二名。台北県属後備陸軍一等書記加藤亮。台南県巡査後備陸軍……》（省略号为原文所有——引者注）。

学者指出，日本对于“回教”的关注，原本就与侵略亚洲的目的有关。① 其关注焦点所在，可以从大林一之所著刊行于 1922 年 8 月的《支那的回教问题》中看出。大林对中国伊斯兰教进行研究的目的，说到底是在研究“回教”在中国的统一与分裂问题上能够产生什么样的作用。所以，他在这本书的最后这样写道：“我认为，富于煽动性，并具有雷同性，在特殊地域里成为特殊潜在势力的支那回教，在现今的形势之下就是支那的癌症。但是，除非到了支那自身被解剖手术切开之时，是无法将其剔除出去的。而因其病情发展非常缓慢，若没有来自外部的冲击就不会发生急激的病变。”也就是说，大林的结论是，“回教”从根本上来说是中国的一个分裂因素，值得日本积极加以利用，他进而提出：“支那的回教，根据对它如何进行利用，可以使其在调整整个远东问题上发挥出一种有力的作用。”② 大林一之的这本小册子由青岛守备军陆军参谋部刊行，出版后被分发给军部与政府各有关部门，而当时大林一之的身份为“军事顾问”。这说明，大林的调查、研究和研究成果的出版，都是遵从军部的意愿、使用军部的资金进行的。

1922 年 11 月，外务省情报部购买了山冈光太郎于 1909 年出版的 44 本《回回教的神秘威力》，分发给外务省的局长、课长，以及向南美洲地区输出移民的各地方府县政府，并发出通知要求学习有关伊斯兰教的知识。③ 山冈光太郎被称为第一位到麦加进行朝觐的日本人。关于他到麦加进行朝觐的背景，有日本研究者指出：“与其说他是作为一个虔诚的信徒进行了这次旅行，毋宁说这就好像是一次与宗教没有任何缘分的冒险旅行。说得更深刻一点儿，那甚至不是一位身贫如洗的青年白发的冒险旅行，而是接受了军部的指示进行的麦加朝觐”④。虽然目前还没有原始资料来证实这位日本研究者的指摘，但是通过日本军部的各种作为可以肯定，他们极其关注伊

① 臼杵陽：《植民地政策学から地域研究へ》（帝国主義と地域研究［報告一］），http：//repository. tufs. ac. jp/bitstream/10108/26300/1/cdats-hub 三．三 . pdf。

② 《印刷物送付之件通達》，大正十一年八月三十日，陸軍省大日記/欧受大日記《歐受大日記 自 08 月至 09 月》。防衛省防衛研究所藏。JACAR 系统查询编码 C03025355100，文件名为《印刷物送付の件》。

③ 《山岡光太郎著<回々教の神秘的威力>購入ノ件》，大正十一年十一月二十二日，外務省記録/1 門 政治/3 類 宣伝/1 項 帝国/ 宣伝関係雑件/ 嘱託及補助金支給宣伝者其他宣伝費支出関係/ 本邦人ノ部 第三卷。外務省外交史料館藏。JACAR 系统查询编码 B03040728100，文件名为《山岡光太郎著<回々教の神秘的威力>購入ノ件》。

④ 田中逸平在进行第二次朝觐时去向不明。坪内隆彦：《イスラーム先駆者田中逸平試論》，http：//www. asia2020. jp/islam/taのaka_ shiroの. htm。

斯兰教是一个不争的事实。

田中逸平是第二位到麦加朝觐的日本人，他是在中国青岛的日本驻屯军中供职期间改信伊斯兰教的。“支那回教研究家”若林半，在他 1935 年向日本外务省提交的履历书中这样回忆道：“大正五年（即 1916 年——引者注）时，我去到青岛陆军访问翻译官、同志田中逸平氏（故人），共同谈起东亚的百年大计，我恳请他改宗为回教徒以研究支那回教。在促使该氏下定了决心，并互相约定顺从天意之后，我回了国。”若林半在吹嘘自己的功绩时甚至说，田中逸平之所以在 1924 年、1935 年两次去麦加朝觐，就是因为他的劝说。① 田中逸平是作为日本陆军的翻译官随着“山东占领军”（又称“征胶军”）来到山东省的。之后他一边挂着东京国民新闻社特派员的头衔，一边从 1917 年开始在山东省筹备创办中文报纸《济南日报》，并担任该报主笔。

设立报社并非一件易事，不仅需要通过各种审批，而且需要大量设备和资金。但是，田中顺利地设立了报社，缘由是他得到了日本驻屯军的支持：“设备费由当时的军政长官吉村健藏氏出面，说明田中等为军政尽力之事，说服青岛鸦片局刘子山出资约一万元。”而田中逸平之所以能够得到占领军的信赖和支持，就是因为他办报的目的是在中国制造对日本有利的舆论，以支持日本的侵略政策顺利实施：“从经营山东的目的出发，操纵支那人，创立一个强有力的汉字报社”，以便“在解决山东问题乃至其后”的“帝国的北支那经营”（即如何将华北纳入日本势力范围的问题）上，“常常对时局问题直接产生影响”。② 有日本研究者认为田中逸平之所以改信伊斯兰教，不是“企图从政治和军事的角度利用伊斯兰教”，而是“试图理解伊斯兰教的本质，在兴亚的理想基础上尝试与伊斯兰教进行交流”。③ 在没有

---

① 《支那回教研究家 若林半、郡正三、細川將ノ三名ン対シ北部支那及滿洲国視察手當補給ン關スル高裁案》，昭和十年九月十日起案，九月十一日決裁，外務省記録/ H 門 東方文化事業/ 6 類 講演、視察及助成/ 本邦人滿支視察旅行関係雜件/ 補助実施関係 第二卷 32。外務省外交史料館藏。JACAR 系统查询编码 B05015680800，文件名为《支那回教研究家 若林半、郡正三、細川將 昭和十年九月十一日》。

② 《漢字新聞 済南日報社内訌ン就テ》，大正八年六月，外務省記録/ 1 門 政治/ 3 類 宣伝/ 1 項 帝国/ 新聞雜誌操縦関係雜纂 1/ 3。外務省外交史料館藏。JACAR 系统查询编码 B03040600500，文件名为《1/3 大正 6 年 6 月から大正 9 年 5 月 12 日》。

③ 坪内隆彦：《イスラーム先駆者田中逸平試論》，http：// www. asia2020. jp/islam/taのaka_shiroの. htm。

看到以上田中逸平在青岛活动记录的情况下，这位研究者得出这样的结论，缺乏依据。

二　活跃在中国“回教”界的日本人

与田中逸平有着亲密关系的“支那回教研究家”若林半，其在中国的活动也具有鲜明的政治色彩。1935 年 9 月，若林半带领两名弟子，用了大约两个月时间，访问了上海、南京、青岛、济南、天津、北平、归化（呼和浩特）、太原、热河（承德）、奉天（沈阳）、新京（长春）、大连等地，这次旅行的名目为“调查中国的回教政策及情况，并与之进行联络”。而调查和联络活动所使用的经费，来自日本外务省支出的“补助费”（五百元）。[①] 1939 年 1 月 10 日，若林半以“日本名人”的名义，来到日本军占领下的北京，视察设立在此的“中国回教总联合会”，并且进行了“训示”。[②]

战争初期，在被日本军队占领的许多地区，都先后出现了各种“回教徒”的团体。值得注意的是，在这些团体的设立过程中，都能够看到日本人的身影。最初的“回教徒”团体，是 1934 年末设立的“满洲伊斯兰协会”，它在“伪满”各地共有 166 个分会。[③] 该团体之所以能够形成如此强大的网络，就是因为日本侵略当局给予了极大支持。按照当时日本外务省调查部一位属员的报告，在该团体设立的过程中，“尽了最大努力的是一位名为川村狂堂的日本人”。川村狂堂（名为川村乙麿，狂堂为其号）被推为该协会的总裁，在他指挥下，这个会员达一万人以上的协会，积极支持了日本的殖民统治政策。例如，伪满洲国实施“帝制”时，协会“率先鼓吹宣扬王道立国与满洲建国的精神”，“赞扬友邦日本的仗义援助”。当中国共产党对中国的穆斯林发出“抗日”号召后，该协会立即向各分会发出通知：“阐明发扬满洲建国精神、加强日满两国一德不可分关系之意义，以及不可

① 《支那回教研究家 若林半、郡正三、細川將ノ 三名ン対シ北部支那及滿洲国視察手當補給ン 關スル 高裁案》，昭和十年九月十日起案，九月十一日决裁，外務省記録/ H 門 東方文化事業/ 6 類 講演、視察及助成/ 本邦人滿支視察旅行関係雜件/ 補助実施関係 第二卷 32。

② 中国回教联合会华北联合会总部编《中国回教联合会第一年年报》，北京内部出版发行，1939 年 2 月，第 31 ~ 32、42、45 ~ 49、89、93 页。

③ 回教圈考究所編《回教圈史要》，東京：四海書房，1940 年 1 月，第 300 页。

反满抗日之理由和共产主义与伊斯兰教教义二者不可共容之道理，以此来引导在满回教徒。”当七七事变发生后，该协会又向“全满信徒”发出“谕告”，宣称日本的侵略行动，“不外是友邦日本为了维护东亚和平大义，而派出了正义之师”。①

据说，川村狂堂是受日本黑龙会的派遣来到中国的。从20世纪最初10年到20世纪20年代，他一直活动在中国西北各地，大约是在北京或新疆改信了伊斯兰教，曾经在甘肃省因为与“穆斯林叛乱”有关而被当局当作“军事间谍”逮捕过。② 事实说明，川村狂堂具有日本军部的背景。

1937年12月，日本外务省调查部举行第一次“回教研究会”报告会。会上，日本外务省欧亚一课顾问今冈十一郎③当着11位外务省官员、3位陆军省军官、4位海军省军官的面，就以上所言及的活跃在中国“回教”中的日本人，做了如下陈述：“人们都说，在我国人中的回教徒已经为数不少。而在我看来，他们都不是真正的信徒，而是政策上的信徒。在这种人中间，从过去就有名的人大致如下：山冈光太郎（在印度接受了洗礼）、田中逸平（死亡）、中尾武男（现任驻土耳其大使馆顾问）、川村乙麿（号狂堂，在奉天，在回教徒中有权威）、波多野乌峰（曾经在赤坂设立回教寺院）、冈本甚伍（跟从库利班加里接受洗礼，以世界旅行者而知名）、有贺文三郎（跟从神户的诺下姆古诺夫接受洗礼），之外年轻的还有小林（在爱资哈尔大学）、山本、铃木、乡等人。”“作为个人的行为，还有若林半在做支援输送

① 《満洲の回教》，昭和十三年二月七日，外務省記録/Ｉ門 文化、宗教、衛生、労働及社会問題/2類 宗教、神社、寺院、教会/本邦ン於ケル宗教及布教関係雑件/回教関係 第二巻 分割1。外務省外交史料館藏。JACAR系统查询编码B04012533400。

② 杨敬之：《日本的回教政策》，重庆：商务印书馆，1943年，第23页；保坂修司：《アラビアの日本人 日本のムジャーヒディーン》，《中東協力センターニュース》，第45~49页。http://www.jccme.or.jp/japaのese/11/pdf/11-05/11-05-41.pdf# search.

③ 今冈十一郎（1888~1973），出生于日本岛根县，1914年毕业于东京外国语学校德语专业，后到匈牙利布达佩斯大学留学，1931年回到日本后，作为顾问进入日本外务省欧亚局一课，并担任“日本匈牙利文化交流协会理事”，成为当时日本推动图兰主义（Turanism，即提倡欧亚大陆各民族联合）的主要人物，其关于匈牙利历史文化的著作颇丰。关于他在“日本匈牙利文化交流协会理事”的活动，参见外務省記録/Ｉ門 文化、宗教、衛生、労働及社会問題/1類 文化、文化施設/本邦ン於ケル 協会及文化团体関係雑件/日洪文化連絡協議会関係2，第二回会議（昭和十五年十一月二十五日）。外務省外交史料館藏。JACAR系统查询编码B04012424900。

青年去到麦加进行朝觐的活动。”① 这些人“不是真正的信徒，而是政策上的信徒”，这句话真可谓入木三分，准确地道出了这些人进行伊斯兰教活动的本质。

在当时的察哈尔省府所在地张家口，1937 年 11 月 22 日成立了“西北回教民族文化协会”。虽然名为“文化协会”，但是从 7 名一般干事均为各地清真寺的“教长”（伊玛目）这一点来看，该协会应该是一个由中国伊斯兰教信徒组成的宗教社会团体。而从 12 月 18 日日本驻张家口总领事代理松浦给广田外务大臣发出的机密电报可以看出，这个中国伊斯兰教信徒的团体一开始就是由日本人计划设立的。据日本外务省档案资料透露：“本次事变爆发以来，军部为了防止苏联势力对从外蒙方面到内蒙及西北支那一带的渗透，在这一带遏制和排除共产主义的侵入而采取的一个策略，就是正在进行中的对各地回教徒的怀柔，以及策划掀起排苏反共运动。上个月的十一月中旬，松林亮从奉天、山口从天津来张（家口），与特务机关取得联系，在当地纠合居民中的回教徒，于二十二日在本市市民大街清真寺召开了西北回教民族文化协会成立大会”，“特务机关、察南自治政府代表及顾问以及其他各机关的代表均出席了成立大会”。大会选举的 5 名协会顾问中，居然就有“松井特务机关长”、“金井蒙疆联合委员会顾问”和“田中察南政府代表”等 4 名日本人。②

在热河省省会承德，1938 年 5 月 7 日成立了“防共回教徒同盟”。成立大会上，由“当地防共同盟本部首脑（日本人）”，即“同盟总裁”花田仲之助与“同盟长”张子文两人联名发表了“伊斯兰教教徒反共同盟宣言”③。同盟“网罗了鹤冈长太郎、重松又太郎、甘粕正彦、高桥水之助、十河信二、鲇川义介、土方宁、前田照城（驻承德五军宪兵队顾问、后备

① 《回教研究会、外務省欧亜局第一課今岡嘱託報告》《報告（續）欧亜一課今岡嘱託》，昭和十二年十二月六日至十三日，外務省記録/Ⅰ門 文化、宗教、衛生、労働及社会問題/2 類 宗教、神社、寺院、教会/本邦ン於ケル宗教及布教関係雑件/回教関係 第一巻 分割 3。外務省外交史料館藏。JACAR 系统查询编码 B04012533200。

② 《西北回教民族文化協會ノ組織ン関スル件》，昭和十二年十二月十八日，外務省記録Ⅰ門 文化、宗教、衛生、労働及社会問題/1 類 文化、文化施設/各国ン於ケル協会及文化团体関係雑件/中国ノ 部 52。外務省外交史料館藏。JACAR 系统查询编码 B04012396100。

③ 《第一七号（部外極秘）》，昭和十三年五月九日，外務省記録/Ⅰ門 文化、宗教、衛生、労働及社会問題/2 類 宗教、神社、寺院、教会/各国ン於ケル宗教及布教関係雑件/回教関係 第二巻 2. 滿洲国。外務省外交史料館藏。JACAR 系统查询编码 B04012550300。

陆军大佐）、大川周明等与回教有关的知名人士”，来作同盟的顾问。①

在成立“防共回教徒同盟”的过程中，最为活跃的是“作为志士而闻名的退役中佐”花田仲之助（1860～1945）。② 他是日本陆军士官学校第六期毕业生，长期活动于中国东北。根据山名正二所著《日俄战争秘史 满洲义军》一书，1897 年 4 月，时为日本陆军参谋本部第二部情报军官的花田，为了搜集军事情报，曾受命扮作日本西本愿寺的僧侣潜入海参崴，以清水松月的假姓名潜伏了三年之久。花田归国之后被编入预备役，于 1901 年成立了以天皇“教育敕语”为基本理念的“报德会”，在日本各地广为宣扬“知恩报德·感恩报谢”精神。1904 年日俄战争爆发后，花田接到征集命令，被任命为熊本步兵第二十三连队第一大队长，但在一个星期之后又被调往日本陆军参谋本部，被任命为“参谋本部属员”，受命组成一支在敌后收集情报和进行破坏活动的特别部队。在黑龙会首领头山满的支援下，花田仲之助率领由他亲自选拔的 8 名步兵、工兵，加上 7 名玄洋社成员，组成了一支 16 人的“特别任务队”，进入中国东北辽东地区③，以“满洲义军”的名义纠集了“满洲马贼”，从背后对俄军反复进行攻击。有人说，“满洲义军”在日俄战争结束时，已经发展到 1000 人以上。④ 因为“满洲义军”劳苦功高，“义军总统”花田仲之助在战争结束后受到日本军部的表彰。⑤

日俄战争以后，花田仲之助再次被编入预备役⑥，但依然与军部保持着密切联系。1936 年 5 月和 11 月，花田仲之助作为报德会会长，两次搭乘日

---

① 《第一六号（ 部外極秘）》，昭和十三年五月九日，外務省記録/Ｉ門 文化、宗教、衛生、労働及社会問題/2 類 宗教、神社、寺院、教会/各国ン於ケル宗教及布教関係雑件/回教関係 第二卷 2. 満洲国。外務省外交史料館藏。JACAR 系统查询编码 B04012550300。

② 《第一五号極秘》，昭和十三年五月七日，外務省記録/Ｉ門 文化、宗教、衛生、労働及社会問題/2 類 宗教、神社、寺院、教会/各国ン於ケル宗教及布教関係雑件/回教関係 第二卷 2. 満洲国。外務省外交史料館藏。JACAR 系统查询编码 B04012550300。

③ 山名正二：《日露戦争秘史 満洲義軍》第六章第五节、第七章第一节，月刊满洲社東京出版部，1942 年 9 月。

④ 于泾：《有关东北伪军的几个历史问题》，《文史长廊》2005 年第 5 期。

⑤ 《勲労確認書》，明治三十七年六月四日，陸軍省大日記/日露戦役《勲労確認書等控綴 明治三七年五月以降 大本営陸軍副官》。防衛省防衛研究所藏。JACAR 系统查询编码 C06041013000，文件名为《陸軍步兵少佐 花田仲之助》。

⑥ 《召集解除人名別紙及通報候也》，明治三十九年二月，陸軍省大日記/日露戦役/《臨号書類綴 参謀本部副官管》。防衛省防衛研究所藏。JACAR 系统查询编码 C06041300300，文件名为《步兵中佐花田仲之助外一名召集解除の通牒 陸軍省副官他》。

本军舰（乌苏里丸和扶桑丸）来到“满洲”进行视察。[①] 在“满洲”，花田主要以“报德会”，的名义进行活动，据说在各地受到热烈欢迎。[②] 其中缘由，不仅是因为过去“满洲义军”时代的影响力，应该还与他和日本关东军以及情报机关关系密切有关。根据为《日俄战争秘史　满洲义军》一书执笔作序的大本营陆军报道部长、陆军大佐谷萩那华雄的回忆，花田来“满洲”时，他正在奉天特务机关作机关长土肥原少将（写作序言时已升为大将）的辅佐官，1936 年秋的某一天，花田仲之助来到该机关，要求搭乘关东军的飞机。[③] 1941 年 11 月，“第十三届大阪府下报德会联合大会”召开之际，花田甚至打电报给当时的陆军大臣东条英机，要求他给大会发贺电。这些事实证明，花田与日本军部之间有特殊的关系。[④]

三　驻屯日军的“特务机关”与“回教”团体

无论是“西北回教民族文化协会”，还是“防共回教徒同盟”，当时中国许多地方伊斯兰教团体的成立与运营，都与侵华日军的“特务机关”存在千丝万缕的联系。

1939 年 1 月 13 日，日本驻张家口森冈总领事向有田外务大臣拍发绝密电报，提到“蒙疆”的“回教徒”有“五万至七万”之多，并进一步补充道：“为了操纵和指导这些回教徒，并以此为基础密切联络居住在西北五省的回民族，在蒙疆政权刚刚成立之初，已经根据军部的设想，前年十一月已经在张家口成立了西北回民族文化协会”，“对二十岁以上三十岁以下的回教青年进行精神训练，并在各地清真寺附属的阿拉伯语小学中增设了日语科目”；“上述各项工作由特务机关专门负责，（蒙疆）联合委员会只不过

---

① 《便乗許可ノ件》，昭和十年，陸軍省大日記/ 陸満機密・密・普大日記/ 陸満普大日記《満受大日記（普）其52/ 2》。防衛省防衛研究所藏。JACAR 系统查询编码 C04012142300，文件名为《便乗許可ノ件》。

② 《報徳会幹事花田退役中佐離通ニ関スル件》，昭和十一年三月十四日，外務省記録/ I 門文化、宗教、衛生、労働及社会問題/ 4 類 労働及社会問題/ 国民思想善導教化及団体関係雑件 第二巻 3. 報徳会関係。外務省外交史料館藏。JACAR 系统查询编码 B04013004800。

③ 谷萩那華雄：《日露戦争秘史　満洲義軍》，“序”。

④ 《祝電依頼之件》，昭和十七年，陸軍省大日記/壱大日記/《壹大日記第 9 号》。防衛省防衛研究所藏。JACAR 系统查询编码 C04014965200，文件名为《祝電依頼の件》。

支出经费而已。”①

此外，日本驻承德草野代理领事在向广田外务大臣拍发的“绝对保密”的电报中，对于成立“防共回教徒同盟”的意义作了如下解说：“一，与满洲国的二百万回教徒保持联络”；“将该地作为回教徒的防共本部，并以此为中心，不仅与满洲国的而且与一千万支那回教徒进行团结，支援五马联盟，力图与中亚各国回教徒取得联系”。为了达到这一目的，“对政治工作员（即义勇军）进行武装，首先支援五马联盟，使其从蒋政权中完全独立出来，然后进入中亚，促使该地区各国独立或排除第三国的影响，在皇国之慈光下完成东洋的皇道联盟”；“预定最近向新疆和阿富汗方面派遣工作员（日本人）”。②并补充道：“为了方便与参谋本部取得联络，该会干部渡边清茂和安田德助（均系教务会热河省本部职员）二人于八日由当地出发进京，为了与关东军取得联络，该地的特务机关长荒木大佐于九日出发前往新京。”③

对“同盟”的“第一次实施计划”，草野代理领事给予了高度评价：“据我观察，不仅内容上立意周到、组织具体，而且方针甚为精细。为了保证日本的大陆政策得以迅速顺利开展，不仅准备支援支那边境西域地区回教徒的反共政治独立运动，甚至还支持近东各国的民族解放和印度的独立运动。值得注目之点为：（一）实施要领规定：1，该项工作要始终与当地作战兵团的对回教工作保持一致；2，坚持不懈工作以强化和推动世界回教徒军的自发奋起，根据这一原则，重视回教徒揭竿而起，在表面上最大限度地避免军部进行指导（的印象）；3，鉴于本项工作对于国家的重要性，要警惕不良分子进行策反，重视对人员的选择工作；4，关于本项工作的宣传活动，积极组织和利用民间的宣传网络，原则上排除官方宣传……（三）组建由回教徒独自参加的义勇军，编制为从第一军到第四军；

---

① 《第六号ノ 一（部外極秘）》，昭和十四年一月十三日，外務省記録/Ⅰ門 文化、宗教、衛生、労働及社会問題/2 類 宗教、神社、寺院、教会/各国ン於ケル宗教及布教関係雑件/回教関係 第二巻 3. 中国分割 1。外務省外交史料館藏。JACAR 系统查询编码 B04012550400。

② 《第二〇号（部外絶対極秘）》，昭和十三年五月十日，外務省記録/Ⅰ門 文化、宗教、衛生、労働及社会問題/2 類 宗教、神社、寺院、教会/各国ン於ケル宗教及布教関係雑件/回教関係 第二巻 2. 満洲国。外務省外交史料館藏。JACAR 系统查询编码 B04012550300。

③ 《第一六号（部外極秘）》，昭和十三年五月九日，外務省記録/Ⅰ門 文化、宗教、衛生、労働及社会問題/2 類 宗教、神社、寺院、教会/各国ン於ケル宗教及布教関係雑件/回教関係 第二巻 2. 満洲国。外務省外交史料館藏。JACAR 系统查询编码 B04012550300。

（四）确保与我方大本营及内阁的秘密联络。”关于组建“义勇军”一事，“决定在承德特务机关的指导下”，第一次招收5000人；“关于派遣方法，遵照关东军的指示，另外单独做出计划，以期支援支那西域回教徒的独立”。最后特意强调“对于本项计划，承德特务机关长甚至牺牲自己的时间，始终给与了全力支持”①。

1938年2月7日，“中国回教总联合会”在北京成立。出席成立大会的日本方面职位最高者为“北支那方面军特务部长”喜多诚一少将；就任联合会“最高指导者”的是北京特务机关长茂川秀和。在“联合会最高指导及委员名系表”中，名列联合会主席之前的为茂川秀和特务机关长，以及主席顾问高垣信造。“联合会”开设了日语学校，根据茂川秀和特务机关长的指示，联合会于4月9日设立了“回教青年训练所”（回教青年团），第一年招生3期，共训练了47名伊斯兰青年。在毕业仪式上，有毕业生慷慨陈词：“组建回军，正值今日”，由此可以推测：对这些青年也进行了配合日军活动相关的训练。“联合会”得到日军的支援之后迅速扩张，一年之间设立了北京、天津、济南、太原、张家口、包头、河南等7个地区本部，成为一个拥有389个分会的庞大组织。②

“特务机关”是归属驻扎于各地的日本侵略军的组织。从很多现象可以看出，有关中国“回教”的问题，基本上就是由日本侵略军负责。例如，1938年9～10月，由“蒙古联合自治政府”组织的“回教徒访日视察团”对日本进行了访问。团长虽然是由当地的“回教徒”担任，但两位“指导者”则均系日本人，其中一人还是“特务机关员”。引人注意的是，负责接待这次访问的并不是日本政府外务省，而是陆军省。此外，1939年“蒙古联盟自治政府回教徒代表团”出席“东亚回教徒恳亲大会”及“回教展览会”时，同样也是由日本陆军省负责接待。③ 根据“大日本帝国张家口大使

① 《第一五号極秘》，昭和十三年五月七日，外務省記録/Ⅰ門 文化、宗教、衛生、労働及社会問題/2類宗教、神社、寺院、教会/各国ン於ケル宗教及布教関係雑件/回教関係 第二卷2.滿洲国。外務省外交史料館藏。JACAR系统查询编码B04012550300。

② 中国回教华北联合会总部：《中国回教联合会第一年年报》，第31～32、42、45～49、89、93页。

③ 《蒙古联盟自治政府主催回教徒訪日視察团ノ見学ノ件》，昭和十三年，陸軍省大日記/陸支機密・密・普大日記/陸支密大日記，55号。防衛省防衛研究所藏。JACAR系统查询编码C04120561300，文件名为《蒙古・盟自治政府主催回教徒訪日視察団の見学の件》。

馆事务所”提交的名单，1944 年 3 月时“蒙古自治邦”中央机关在职和已经退职的日本职员共计 236 人。从该名单来看，这些日本职员以前从事的职业五花八门。但是“回教委员会”的 5 名日本人顾问中，除了 1 名女性之外，全是现役军人。①

1938 年 4 月，日本政府成立了以外务省为中心，陆军和海军相关人员组成的“回教及犹太教问题委员会”，该委员会提出制定“回教对策”为“急务”。② 8 月该委员会又向内阁总理大臣以及各大臣提交了一份“关于建立回教对策的报告”，强调了“与分布在亚细亚大陆回教徒建立友好亲善关系，以确保从背后对支那进行牵制”的重要性。③ 当年 9 月，外务省情报部制定了《支那事变后情报宣传工作概要》，提出“作为外务省，在情报、宣传和谋略问题上不分对内对外”的方针，规定外务省搜集中国情报工作的目的为：“广泛收集情报，以至于了解支那的抵抗能力、各国的援助情况、人心动向。”并且做出下述具体决定：“由民间某团体开设研究所，以培养优秀的谍报人员”；在中国构筑“北支”、“中支”和“南支”三张情报网；在驻北京、天津、上海、香港等地的领事馆中增设情报主任、调查研究班和谍报工作班，其工作任务为：“侦查并粉碎（苏联和中共的）妄动”“防止和镇压由国民政府进行的策反”“监视政局和民众的动向”。④ 事实上，日本外务省在中国建设情报网的工作在此之前早已开始。如 1922 年 5 月，日

① 《昭和十九年三月現在 日系職員名簿》（其一），昭和十九年三月，外務省記録/ A 門 政治、外交/ 6 類 諸外国内政/ 1 項 支那国/ 満蒙政況関係雑纂/ 蒙古連合自治政府官吏録 2。外務省外交史料館藏。JACAR 系统查询编码 B02031793100。该名单扉页上题目为“蒙古联合自治政府”，而名单每页上方第一页印着“蒙古自治政府”，因为后者为日文，本文使用前者。1937 年 10 月成立蒙古联盟自治政府，1939 年 9 月成立蒙疆联合自治政府，1941 年 8 月再改名为蒙古自治邦。但日方记录中各处名称不一。

② 《回教対策樹立ノ 急務ン就テ》，外務省記録/ I 門 文化、宗教、衛生、労働及社会問題/ 2 類 宗教、神社、寺院、教会/ 本邦ン於ケル 宗教及布教関係雑件/ 回教関係 第二巻 分割 3。外務省外交史料館藏。JACAR 系统查询编码 B04012533600。该文件未注明时间，但是从本文内容及同卷其他文书上来看，应该是昭和十三年四月至五月的档案。

③ 《回教対策樹立ン関スル件》，昭和十三年八月，外務省記録/ I 門 文化、宗教、衛生、労働及社会問題/ 2 類 宗教、神社、寺院、教会/ 本邦ン於ケル 宗教及布教関係雑件/ 回教関係 第二巻 分割 3。外務省外交史料館藏。JACAR 系统查询编码 B04012533600。

④ 《支那事変ン於ケル情報宣传工作概要三》，昭和十三年九月，外務省記録/ A 門 政治、外交/ 1 類 帝国外交/ 1 項 対支那国/ 支那事変関係一件/ 輿論并新聞論調 7。外務省外交史料館藏。JACAR 系统查询编码 B02030585300。

本驻张家口领事馆就已经雇用了“一名支那人作为谍报人员”①。

总之，日本外务省不仅非常重视在中国开展“回教工作”，而且具有与“回教徒”打交道的能力。但是，通过以下各种实际活动可以看出，日本在中国的“回教工作”一直是由驻扎在当地的侵华日军负责。

1939年3月，在属于蒙疆联合委员会（实际上就是日本“驻蒙军”）管理范围内的包头，发生了“文化学院”（内设“回教青年日语学校”以及附属夜校）由于接到“驻蒙军”“命令离开”的“谕示”而不得不停办的事件。这所学校的教员是森、营沼两位日本人（档案中只有两人姓氏，未记全名——引者注）。按照日本驻张家口的森冈总领事的说法，这件事的起因为：文化学院由以“满洲国”的热河省为根据地的“防共回教徒同盟”经营，“其一部分经费由满洲国协和会本部支出，而且和回教同盟有密切的关系”，“他们违反了驻蒙军的方针进行工作”，“此外，当回教本部由承德迁往包头之际，他们没有与驻蒙军及蒙疆联合委员会联系，而直接与东京的中央军部进行联系等，事后被察觉”。② 由此可知，在侵华日军中存在以下原则：即便是遵循日本政府“回教工作”方针开展的事业，与“回教”相关的一切事项均属于驻屯当地的日本军队的专管事务，必须接受他们的统一领导和指挥。所以，当与“满洲国”方面有联系的回教机关进入“驻蒙军”的管辖地域时，尤其是他们绕过“驻蒙军”而直接与东京方面发生联系之事被发觉后，就遭到了“驻蒙军”的驱除。

四 “回教工作”中的“回教徒”军阀

在日本对中国“回教工作”的构想中，经常出现“五马联盟”一词，指以西北地区为根据地的五名“马”姓“回教徒军阀”的联盟，但是从这些关于“回教工作”的档案文书中至今没有发现一件日方所指“五马”究

① 《张家口領事諜報者雇用ノ件》，大正十一年五月十三日，外務省記録/1門 政治/3類 宣伝/1項 帝国/宣伝関係雑件/嘱託及補助金支給宣伝者其他宣传費支出関係/外国人ノ部 第八巻12。外務省外交史料館藏。JACAR系统查询编码B03040747200。

② 《第七九号（部外極秘）貴電第三五号ン関シ（〈イスラム〉）同盟ン関スル件》，昭和十四年三月十五日，外務省記録/I門 文化、宗教、衛生、労働及社会問題/2類 宗教、神社、寺院、教会/各国ン於ケル宗教及布教関係雑件/回教関係 第二巻3. 中国 分割1。外務省外交史料館藏。JACAR系统查询编码B04012550400。

竟是哪五位“回教徒军阀”的文件。中国国内也有“五马”之说，但随着时代的不同，所指人物有所不同。民国初期的“五马”是指甘肃省督军马福祥、宁夏护军使马鸿宾、甘边宁夏镇守使马麒、凉州镇守使马襄廷和甘州镇守使马麟；而20世纪30年代的“五马”是指宁夏省主席马鸿逵、青海省主席马步芳、以临河地区为中心的中央军新编第三十五师师长马鸿宾、以凉州为根据地的中央军新编骑兵第五师师长马步青、活跃在甘肃西部的新编第三十五师师长马仲英。这些“回教徒军阀”虽有共同的宗教信仰，但是从来没有真正组成过一个政治联盟。此外，“中国回教总联合会”认为“中国回族中军事方面的实力派人物”为西北的马鸿逵、马鸿宾、马步青、马步芳、马麟，以及原籍桂林的白崇禧（国民军总参谋长）。[①]

1938年12月13日，日本驻厚和（呼和浩特）领事胜野敏夫在向外务大臣提交的报告中，对“回教军”进行了详尽分析：“虽然一般将其称为回教军或回教将领，但实际上却与分散驻扎在各地所谓的军阀之间并无太大差异，称他们为回教军阀也并不为过，他们当中并没有真正打算提高全体回民生活水平之人。因为当地居民经常受到他们的盘剥和压榨（对于汉族尤甚），所以并无一人一直全面得到当地居民（回民）的支持。”他还逐一评论马鸿逵、马鸿宾、马步芳、马步青和马仲英的实力、人格和在民众中的声望：“1. 马鸿逵：典型的军阀将领，只对保持自己的势力有兴趣，长期对当地居民进行残酷剥削，在回民和汉人之间几乎没有任何声望……因此居民中的有识之士及其部下中的不满分子等私下均有欲排除马鸿逵的迹象。居住在厚和方面的天主教神父等也认为他为人反复无常，难以信任”；“2. 马鸿宾：在当地居民中有相当声望（在外国人中也如此），而且得到部下深厚信赖”；“3. 马步芳：推行仁政（虽然在青海那种地理条件下难以做到），以回民为首，在蒙古人中也有很高声望。我认为他是将来能成为西北回教徒领导人的唯一将领”；关于马步青，“具体不详”；关于马仲英，“目前客居苏联……行动不详”。[②]

---

① 中国回教华北联合会总部：《中国回教联合会第一年年报》，第10页。

② 《西北地方ン於ケル回教並一般情况等報告方ノ件》，昭和十三年十二月十二日，外務省記録/I門 文化、宗教、衛生、労働及社会問題/2類 宗教、神社、寺院、教会/各国ン於ケル宗教及布教関係雑件/回教関係 第二巻 3. 中国 分割1。外務省外交史料館藏。JACAR系统查询编码B04012550400。

虽然日本人对“回教徒军阀”的评价不高，但仍认为他们有利用价值。例如，日本驻上海总领事日高信六郎曾向广田外相做出过这种说明：“如果驯服了青海的马步芳，切断从哈密经兰州至西安的通道，并因此切断‘苏’联邦向汉口政府提供武器的道路，就掐住了汉口政府的命门。这件事不仅可以加快事变的解决，也可以阻止赤化势力依托这个通道东进，是一个十分切合实际的措施。”① 回教圈考究所编撰的《回教圈史要》一书，对于“五马”的影响力做了如下断言：“很明显，居住在支那西北角受马姓军阀统治的回教徒，未必会倾听按照赤化音符吹奏出来的抗日笛声。其实与其这么说，还不如说他们对在马姓军阀的指挥下，采取独自行动充满了期望。”② 也就是说，如果这些具有一定影响力的“回教徒军阀”站在日本一边，与日本进行合作的话，战争局势就会变得对日本有利。

从当地日本领事馆向日本外务省提交的报告中，可以看出“回教”团体积极地参与了对“五马”的劝降工作：“该反共同盟对五马联盟的联络，原来由在包头的高桥水之助（内蒙古军最高军事顾问）专门负责，该员最近将盟长晁悉文从奉天迎进包头，在协商了推行此项工作的方法之后（晁悉文——引者注），已经于数日前由该地出发潜入宁夏方面。为了从当地通报其后的进展情况，一名同盟干部已于九日飞往包头”，“设在包头的‘穆斯林’同盟是该项工作的首脑总部，所需要的准备工作已悉数完成，首先进入五原，已经与当地秘密取得了联系。向马鸿宾（临河）、马义忠（陕西）派出了密使，同盟干部则从分散驻屯于五原周边的共产军的空隙中穿过，进入了临河”。③

事实上，这些“回教徒军阀”们从前在购入军火的时候，就已经与日本军方有过接触。比如，1930 年 11 月，“马鸿逵通过上海的德商汉文洋行，与大仓洋行签订了购入二千支日本三八式步枪的协议”，“还希望将来能购

---

① 《青海馬步芳利用方ン関スル件》，昭和十三年三月二十五日，外務省記録/Ⅰ門 文化、宗教、衛生、労働及社会問題/4 類 労働及社会問題/各国ン於ケル反共産主義運動関係雑件 第三卷 31。外務省外交史料館藏。JACAR 系统查询编码 B04012985200。

② 回教圈考究所编《回教圈史要》，第 293 页。

③ 《第五九号ノ 一 至急 極秘》外務省記録/Ⅰ門 文化、宗教、衛生、労働及社会問題/2 類 宗教、神社、寺院、教会/各国ン於ケル宗教及布教関係雑件 第三卷 14. 滿洲国（1）一般及雑。外務省外交史料館藏。JACAR 系统查询编码 B04012543400。

入机关枪、平射炮或曲射炮”。[①] 1936 年 12 月马步芳、马步青通过驻扎在天津的日军，提出购买三八式步枪 1000 支、步枪子弹 100 万发（马步芳）、三八式步枪 1000 支（含刺刀及各种附件，马步青）。日军对此前卖给这两人的兵器用途进行了调查，并认为“考虑到在与额济纳机关等保持联系问题上，可以利用他们”，因此同意将武器卖给他们。[②] 此外，1937 年 5 月 21 日，马步芳通过日本的支那驻屯军购入了军刀 2000 把。[③]

虽然统称“五马”，但其中势力最强的是马步芳和马鸿逵。他们在国民政府与日本之间骑墙是众人皆知的事实。1937 年 6 月在蒋介石的严命之下，马步芳下令袭击在此之前已经存在，但他却一直睁一只眼闭一只眼任其活动的“额济纳机关”，也就是日军设在尚未被占领的宁夏省额济纳旗的特务机关，逮捕了“江崎寿夫为首”的日本人特务机关员 11 人，其中 10 人“于 10 月 11 日在兰州被枪毙”。[④] 剩下的一名“关东军间谍大迫武夫”，由于得到马步芳军第一旅旅长马步康的力保，说他是自己的知己，一个蒙古人而已，得到释放。此后，大迫武夫又一次进入青海，“活跃在西宁附近”，继续进行情报搜集活动。[⑤]

但是，根据日本驻上海总领事日高信六郎于 1938 年 3 月 25 日向日本外务省提出的报告——《关于新疆及青海情况并马步芳对日态度的问题》，就在“额济纳机关”事件的翌年，马步芳放出想在印度孟买与日本方面进行协商的风声，并就前一年袭击“额济纳机关”、枪杀日本谍报员之事对日方进行了如下说明：“那是误中支那政府的奸计，而我本人对日本并没有任何

---

① 《兵器拂下ン関スル件》，昭和六年，陸軍省大日記/ 密大日記/ 昭和六年《密大日記》第 1 冊。防衛省防衛研究所藏。JACAR 系统查询编码 C01003951700，文件名为《兵器払い下げに関する件》。

② 《馬步青馬步芳ン対スル兵器売渡ノ 件》，昭和十二年，陸軍省大日記/ 密大日記/ 昭和十二年《密大日記》第 7 冊。防衛省防衛研究所藏。JACAR 系统查询编码 C01004340900，文件名为《馬步青馬步芳に対する兵器売渡の 件》。

③ 《支那二兵器賣却ノ件》，昭和十二年，陸軍省大日記/ 密大日記/ 昭和十二年《密大日記》第 8 冊。防衛省防衛研究所藏。JACAR 系统查询编码 C01004346900，文件名为《支那に兵器売却の 件》。

④ 《額済納特務機関員ノ 情況ン関スル件》，昭和十三年，陸軍省大日記/ 陸満機密・密・普大日記/ 陸満密大日記/ 昭和十三年/ 昭和十三年《満受大日記》。防衛省防衛研究所藏。JACAR 系统查询编码 C01003367400，文件名为《額済納特務機関員の情况に関する件》。

⑤ 《額済納特務機関員ノ 情況ン関スル件》，昭和十三年，陸軍省大日記/ 陸満機密・密・普大日記/ 陸満密大日記/ 昭和十三年《満受大日記》。防衛省防衛研究所藏。JACAR 系统查询编码 C01003367400。

敌意”，并且说明自己有在日本的援助和指导下反抗国民政府，驱逐赤化势力的决心，如果日军进军甘肃的话，“将立即将枪口对准汉口”，希望获得日本的理解。[①]

在日本军部和外务省中，有一种“回教徒”先天地“极端厌恶共产主义，具有亲日感情”的说法。所以，他们认为，可以利用马步芳“阻挡经由新疆东渐的赤化势力”，“切断由哈密经兰州到西安的、苏联供给汉口政府武器的通道”；[②]“马鸿逵历来对日本抱有好感”。1938 年 5 月 16 日，“驻蒙兵团参谋长”在向大本营参谋次长和外务省次官拍发的秘密电报中，传达了马鸿逵对日本的如下希望：“马鸿逵来信提出，每有关于回教工作（在京津地区）的新闻报道，就会刺激支那方面，增加他们对回教徒首脑阶层的戒心，也就更加加深对他们的压迫。因此应该绝对控制报纸报道。他的这一意见今后值得考虑。”[③] 由此可见，其实马鸿逵也想与国民政府和日本两方面都保持良好的关系。

根据一份“北支那”方面军司令部的报告可以得知，马麟于 1938 年 11 月派特使绕过中国军队防守线，从兰州跋涉一个月到达北京，向“北支那”方面军司令部报告了甘肃宁夏方面“回族军”的驻扎情况。马麟是马步芳的叔父，曾经担任过青海省省长，但在 1935 年的权力斗争中输给了马步芳，当时隐居在家乡甘肃省临夏。如果“北支那”方面军司令部的这份报告属实的话，可以认为，马麟是想通过加强与日本军的关系重新夺回权力。

关于当时“五马”和“回教徒”团体的动向，日本人的评价有一定的出入。由大久保幸次担任所长的“回教圈考究所”认为：随着卢沟桥事变的爆发，“支那的回教徒在理解防共主义大局的同时，为了保卫他们的宗教信仰权

---

① 《新疆及青海事情並馬步芳ノ対日態度ニ関スル件》，昭和十三年三月二十五日，外務省記録/I門 文化、宗教、衛生、労働及社会問題/2類 宗教、神社、寺院、教会/各国ニ於ケル宗教及布教関係雑件/回教関係 第二卷3. 中国 分割1。外務省外交史料館藏。JACAR 系统查询编码 B04012550400。

② 《青海馬步芳利用方ニ関スル件》，昭和十三年三月二十五日，外務省記録/I門 文化、宗教、衛生、労働及社会問題/4類 労働及社会問題/各国ニ於ケル反共産主義運動関係雑件 第三卷31。外務省外交史料館藏。JACAR 系统查询编码 B04012985200。

③ 《蒙情電第二九七号》，昭和十三年五月十六日，外務省記録/I門 文化、宗教、衛生、労働及社会問題/2類 宗教、神社、寺院、教会/各国ニ於ケル宗教及布教関係雑件/回教関係 第二卷3. 中国 分割1。外務省外交史料館藏。JACAR 系统查询编码 B04012550400。

和生活权利，积极参加圣战和兴亚大业，是十分自然的事”①。但是佐久间贞次郎则一直坚持否定意见，警告不可夸大事实：“世人最近通过报纸宣传等得以屡次看到和听到西北支那回教军将领五马，即马步芳、马步青、马麟、马仲英、马鸿逵等（名字——引者注），由于事变（即卢沟桥事变——引者注）以来，这方面的工作进展也得到大力宣传，因而产生了应该与支那回教徒联合防共，而这项工作也正在进行的错觉。京津两地回教的那个什么会，尽管实际内容空洞，有名无实，但是宣传却做得玄乎其玄，未免过于夸大其辞。”②

五　战争目的下的“回教工作”

战争期间，日本建立了几个与“回教”问题有关的组织。丽泽大学教授大久保幸次（1887～1947）号称是日本最初的伊斯兰教研究者，但是从其曾积极参与在日塔塔尔人的内部争斗一事中，可以感觉出他具有一定的政治背景。1938 年 3 月，大久保幸次接受了德川家族的资金援助，成立了回教圈考究所（后改名为回教圈研究所）并一直担任所长。1938 年 5 月考究所并入日本善邻协会系统，接受日本外务省的财政补贴，1938 年 7 月开始出版月刊《回教圈》，并一直发行到 1944 年 12 月号。③

战争时期成立的另一个有关伊斯兰教的组织为“大日本回教协会”。该协会作为“调查和执行回教对策的专门机关”④，成立于 1938 年 8 月前后。值得注意的是，该协会的办公室人员中有 5 人为黑龙会成员⑤，协会的常务理事为“黑龙会”首领葛生能久。而协会的经费，除了一部分募捐之外，基本是由外

① 回教圈考究所编《回教圈史要》，第 296 页。

② 佐久間貞次郎：《回教の動き》，東京：春日書房，1938 年 9 月，第 230 页。

③ 《補助金使途ン関スル件》，昭和十七年九月十日，外務省記録/ I 門 文化、宗教、衛生、労働及社会問題/ 2 類 宗教、神社、寺院、教会/ 本邦ン於ケル 宗教及布教関係雑件/ 回教関係 第二巻 分割 4。外務省外交史料館藏。JACAR 系统查询编码 B04012533700。

④ 《本邦ン於ケル最近ノ 回教問題ン関スル件》，昭和十三年六月十三日，外務省記録/ I 門 文化、宗教、衛生、労働及社会問題/ 2 類 宗教、神社、寺院、教会/ 本邦ン於スル宗教及布教関係雑件/ 回教関係第二巻 分割 2。外務省外交史料館藏。JACAR 系统查询编码 B04012533500。

⑤ 《大日本回教協会創立費会計報告ン関スル件》，昭和十三年十二月九日，外務省記録/ I 門 文化、宗教、衛生、労働及社会問題/ 2 類 宗教、神社、寺院、教会/ 本邦ン於ケル 宗教及布教関係雑件/ 回教関係 第二巻 分割 3。外務省外交史料館藏。JACAR 系统查询编码 B04012533600。

务省全额负担。1938年10月，协会向外务省提交了一份总计1000万日元的《十年经费预算》。[①] 并从第二年开始，每年按季度从外务省领取经费。[②] 大日本回教协会从一开始就分为总务部、事业部和调查部3个部门。调查部的主要任务为：“有关回教的调查和研究”，“调查回教圈各地方的事情——民族、语言、政治、经济、产业、文化等”。[③] “回教及犹太问题委员会”在1938年8月提交给外务省《关于建立回教对策》报告中，如此定位“大日本回教协会”：“将大日本回教协会看作是民间的最高回教调查机关，给予支援和指导，令其主要从文化的方面实施各种对回教徒政策。”[④] 从这些工作内容和经费渠道上可以看出，“大日本回教协会”不过是一个执行日本国策的机关。

“大日本回教协会”所做的最大工作，就是1939年11月在东京举办了“回教圈展览会”，利用这个机会，还召开了“世界回教徒大会”。这次大会作出了“今后每年召开回教徒大会”，以及“第二次大会定于东京召开”的决议。但是第二年四月，因为找不到出席者和担心遭到有关各国的指责而不得不决定停办。[⑤]

在回教圈研究所和大日本回教协会等所谓民间“回教”机关的背后，是由外务省、陆军省、海军省有关人员组成的“回教研究会”（又称“三省回教研究会”或“三省回教问题研究会”）和决定“对回教政策”的“回

① 《大日本回教協会ニ関スル件》，昭和十五年四月十九日，外務省記録/ I 門 文化、宗教、衛生、労働及社会問題/ 2 類 宗教、神社、寺院、教会/ 本邦ニ於ケル 宗教及布教関係雑件/ 回教関係 第二巻分割 3。外務省外交史料館藏。JACAR 系统查询编码 B04012533600。

② 《大日本回教協会ニ対スル補助金ニ関スル件》，昭和十五年七月十日起案、七月十六日裁决，外務省記録/ I 門 文化、宗教、衛生、労働及社会問題/ 2 類 宗教、神社、寺院、教会/本邦ニ於スル宗教及布教関係雑件/回教関係 第二巻 分割 4。外務省外交史料館藏。JACAR 系统查询编码 B04012533700。

③ 《大日本回教協会本部業務分担表》，昭和十五年四月十九日，外務省記録/ I 門 文化、宗教、衛生、労働及社会問題/ 2 類 宗教、神社、寺院、教会/ 本邦ニ於ケル 宗教及布教関係雑件/ 回教関係 第二巻 分割 3。外務省外交史料館藏。JACAR 系统查询编码 B04012533600。

④ 《回教対策樹立ニ関スル件》和《本邦ニ於ケル 最近ノ 回教問題ニ関スル件》，昭和十三年八月，外務省記録/ I 門 文化、宗教、衛生、労働及社会問題/ 2 類 宗教、神社、寺院、教会/ 本邦ニ於ケル 宗教及布教関係雑件/ 回教関係 第二巻 分割3。外務省外交史料館藏。JACAR 系统查询编码 B04012533600。

⑤ 《世界回教徒大会開催ニ関スル件》，昭和十五年五月十九日，外務省記録/ I 門 文化、宗教、衛生、労働及社会問題/ 2 類 宗教、神社、寺院、教会/ 本邦ニ於ケル 宗教及布教関係雑件/ 回教関係 第二巻 分割 4。外務省外交史料館藏。JACAR 系统查询编码 B04012533700。

教及犹太问题委员会”（简称“回教问题委员会”）。将中国的“回教”作为主要渗透目标，是这两个组织活动的共同特征。

“回教研究会”逐月召开，有时甚至每月召开两次。① 在第一次和第二次研究会上发表报告的是今冈十一郎，他的报告内容大量涉及中国伊斯兰教。他强调：“随着日支事变后的形势发展，今后我国将会实践从北支到内蒙，进而进入新疆，再进而进入中央亚细亚的大陆政策”，所以应该理解“回教”的重要意义。今冈尤其强调新疆的重要意义，为此使用了很大的篇幅。他说：“我认为新疆才是大亚细亚的心脏。正如有人所说：‘统治了新疆就是统治了亚细亚。’”“日本被称为是亚细亚的盟主。日本真要成为亚细亚的盟主，就不能不尽早掌握这个亚细亚的中心地带、亚细亚的心脏。”如果掌握了这个地域，就可以“从背后牵制支那，穿透苏联的脆弱部分的东部西伯利亚及中央亚细亚的腹部，从大英帝国的心脏即印度的背后进行牵制，摧毁被英印号称为防卫线上最后的金城汤池——新加坡军港的防御力量”，这是一个“可以一箭三鸟（英、俄、支）、非常有效的目标”。②

根据“回教研究会”的“研究成果”，1938 年 4 月 23 日外务省、陆军省和海军省就成立“回教（及犹太）问题委员会”达成了一致意见。成立该委员会的目的为：“设立由外务当局负责的回教及犹太委员会，分析探讨

① 研究会的报告内容，现在可知的有：《回教研究会，外務省欧亜局第一課今岡嘱託報告》、《報告（續）欧亜一課今岡嘱託》，昭和十二年六、十三日（以上两文件参见外務省記録/Ｉ門 文化、宗教、衛生、労働及社会問題/２類 宗教、神社、寺院、教会/本邦ン於ケル宗教及布教関係雑件/回教関係 第一巻 分割３。外務省外交史料館藏。JACAR 系统查询编码 B04012533200）。外務省東亜局第一課中田通訳官：《回教研究会研究報告》，昭和十三年一月十七日；外務省東亜局第三課牟田副領事官：《滿洲の回教》，昭和十三年二月七日；外務省東亜局第三課白坂嘱託：《南洋回教徒ノ情勢》，昭和十三年二月十四日；外務省調查部第三課田邉嘱託：《印度回教徒問題》，昭和十三年三月十七日；六月外務省調查部第三課：《伊太利ノ回教政策》以上五文件参见外務省記録/Ｉ門 文化、宗教、衛生、労働及社会問題/２類 宗教、神社、寺院、教会/本邦ン於ケル 宗教及布教関係雑件/回教関係 第二巻 分割１。JACAR 系统查询编码 B04012533400。外務省外交史料館藏。軍令部第三部犬塚大佐：《極東猶太財閥最近ノ動向ト之ガ対策二関スル研究》，昭和十三年四月（外務省記録/Ｉ門 文化、宗教、衛生、労働及社会問題/２類 宗教、神社、寺院、教会/本邦ン於ケル 宗教及布教関係雑件/回教関係 第二巻 分割２，外務省外交史料館，JACAR 系统查询编码 B04012533500）。

② 《回教研究会、外務省欧亜局第一課今岡嘱託報告》、《報告（續）欧亜一課今岡嘱託》，昭和十二年十二月六、十三日，外務省記録/Ｉ門 文化、宗教、衛生、労働及社会問題/２類 宗教、神社、寺院、教会/本邦ン於ケル 宗教及布教関係雑件/回教関係 第一巻 分割３。外務省外交史料館藏。JACAR 系统查询编码 B04012533200。

该问题的根本对策，外、陆、海三省及各派出机关之间经常保持联系，在统一的方针下处理有关回教及犹太教的问题。”① 规定担任外务省的东亚局长、欧亚局长、美洲局长、调查部长、陆军省的军务部长、参谋本部的第二部长、海军省的军务部长、军令部的第三部长等与外交和军事有着直接关系职务者，出任“回教及犹太问题委员会”的干事。②

1938 年 8 月，刚刚成立不久的“回教问题委员会”，在向内阁总理大臣及各大臣提交的《关于建立回教对策》的报告中指出：“帝国的回教对策的根本目的，在于获得回教徒最有力同情者的名分，以有益于对外经纶，尤其是帮助对英、对苏、对支国策的顺利实施”，在此基础上《关于建立回教对策》进一步指出：“（掌握——引者注）回教徒的分布状况、人口及其特性，是帝国在对外经纶上必须大力重视的地方，而从现实来看，它还是建立处理支那边境问题根本对策的火烧眉毛的紧急要务。”③ 很明显，这个委员会之所以成立，很大一部分是出于支援侵略中国战争的考虑。

为了“回教工作”顺利进展，不致发生“歧视回教的误解”，1939 年 3 月日本还出现了修改《宗教团体法》的呼声，要求将第一条改为“宗教团体为神道、回教、佛教及基督教”，即明确加入“回教”一词。据说是因为担心这样做反而造成歧视其他宗教的印象，这一运动才慢慢平息。④ 以上种种事实说明，“回教”问题在日本被完全政治化了。而日本政府之

---

① 《回教（及猶太）問題委員会ノ設置及経過ノ件》，外務省記録/I門 文化、宗教、衛生、労働及社会問題/2類 宗教、神社、寺院、教会/本邦ン於ケル 宗教及布教関係雑件/回教関係 第二巻 分割3。该文件未注明时间，但是从本文内容及同卷其他文书上来看，应该是昭和十三年四月至五月间的档案。外務省外交史料館藏。JACAR 系统查询编码 B04012533600。

② 《回教及猶太教問題委員会内規》，外務省記録/I門 文化、宗教、衛生、労働及社会問題/2類 宗教、神社、寺院、教会/本邦ン於ケル宗教及布教関係雑件/回教関係 第二巻 分割3。该文件未注明时间，但是从本文内容及同卷其他文书上来看，应该是昭和十三年四月至五月间的档案。外務省外交史料館藏。JACAR 系统查询编码 B04012533600。

③ 《回教対策樹立ン関スル件》，昭和十三年八月，外務省記録/I門 文化、宗教、衛生、労働及社会問題/2類 宗教、神社、寺院、教会/本邦ン於ケル宗教及布教関係雑件/回教関係 第二巻 分割3。外務省外交史料館藏。JACAR 系统查询编码 B04012533600。

④ 《宗教団体法ン関スル件》，昭和十四年四月一日，外務省記録/I門 文化、宗教、衛生、労働及社会問題/2類 宗教、神社、寺院、教会/本邦ン於ケル 宗教及布教関係雑件/回教関係 第二巻 分割3。外務省外交史料館藏。JACAR 系统查询编码 B04012533600。

所以使出了种种手段，从政治、财政、人力等各个方面大力支持有关“回教”的活动，说到底，不过是为了将“回教”变为支持其侵略战争的工具。

1938 年 10 月 4 日，驻蒙军司令部制定了一份绝密文件——《暂行回教工作要领》。其中规定“回教工作”的第二个目标为：“促进以西北贸易为中心的经济工作以及加强与宁夏兰州方面的联系”，其目的除了通过贩卖日本商品构建对日本的经济依赖关系之外，还包括“利用回教徒在宁夏兰州方面实施谍报和宣传工作”，“进一步加强当前在包头实施的培养特别人员的工作，待条件成熟时将培养出来的特别人员混入以上（指宁夏兰州方面——引者注）商队，以建立与宁夏兰州方面进行联络的机关”；“现在要在灵活使用有联络的密探及建立和确保能与其他特殊人物进行直接或间接联络的手段上加大力度”。《暂行回教工作要领》规定的第三个目标为：“建立回教徒军”，“首先在蒙疆地区的回教徒中选拔胜任者，编成回教军（最初建立小规模部队作为实验），为将来实力雄厚的回教工作做准备”。为了能够实现这些目的，军部要提供“依托西北贸易商进行谍报及宣传工作的费用”、“培养和使用特别工作员的费用”和“在军司令部、特务机关等机关中充实有关回教工作事务人员的费用”等“特别工作费”。①

根据以上《暂行回教工作要领》，12 月 5 日驻蒙军参谋部制定了《回教青年指导要纲》，其目的为“指导（回教青年——引者注）为建立西北地区防共亲日蒙政权工作而努力献身”②。驻蒙军司令部在翌年 5 月制定的《关于对蒙疆重要政策思想统一的问题》中再次明确提出：“蒙疆的回教徒工作，在于支援西北回教徒完成以亲日、防共为精神的独立复兴。”③ 同一时期，总部设于张家口的“西北回教民族文化协会”与总部设于厚和的“西

① 《文書返送ン関スル件》，昭和十三年，陸軍省大日記/ 陸支機密・密・普大日記/《陸支密大日記 63 号》。防衛省防衛研究所藏。JACAR 系统查询编码 C04120639500，文件名为《文書返納二関する件》。

② 《回教青年指導要綱》，昭和十三年，陸軍省大日記/ 陸支機密・密・普大日記/《 陸支密大日記 73 号》。防衛省防衛研究所藏。JACAR 系统查询编码 C04120707300。

③ 《蒙疆重要政策ン対スル思想統一二就テ》，昭和十四年五月三日，外務省記録/ A 門 政治、外交/ 1 類帝国外交/ 1 項 対支那国/ 支那事変関係一件 第十九巻 28。外務省外交史料館藏。JACAR 系统查询编码 B02030558900。

北回教联合会”合并。① 驻厚和日本总领事馆警察署长山崎信彦在提交给上级的报告中说道：“该总部的工作，首先是对蒙疆回民青年实施精神教育，使防共亲日开花结果，最终建立西北独立国。”② 总之，由日本军方直接指挥的“回教工作”，其目的不仅仅为维持占领区秩序，而且谋求随着战争的扩大最后建立由回教徒组成的独立亲日政权。

值得注意的是，通过“回教徒”和“回教工作”，向中国西北部扩展日本的势力范围，绝非“驻蒙军”自己的想法。1937 年 11 月，日本大本营陆军参谋部第二部已经制定了一份“军事机密”文件——《关于支那进行长期抵抗的情势判断》，列举了数条“导致国民政府崩溃的方略”，其中包括：建立反共、反国民政府的政权；激化国民政府内部的矛盾；促使地方实力派抬头；煽动“反国民政府”的暴动和“对亲共容共分子进行‘恐怖’活动”；持续封锁海岸线；彻底轰炸中国的军事、政治、交通、经济设施等。其中第六条为：“致力于怀柔西部内蒙古及西北地区的回教徒，扶植亲日反共反国民政府势力，以阻止苏联经外蒙及新疆方面（向中国——引者注）输送兵器和军需物资。”③

“日本国际协会”也在 1938 年 4 月提出的《对支时局对策》中，以“推进怀柔边境民族及回教徒工作”为第六项对策。④ 本文最初已经提到，1938 年 7 月 8 日，在开战一周年之际“五相会议”制定了指导性纲领——“随时局发展的对支谋略”，提出了以“在让敌人丧失抵抗能力的同时颠覆支那现中央政府，或者让蒋介石下野”为目的的六项“纲领”。其中包括：

---

① 《第七号、往電第六号ン関シ》，昭和十四年一月十四日，外務省記録/Ⅰ門 文化、宗教、衛生、労働及社会問題/2 類 宗教、神社、寺院、教会/各国ン於ケル宗教及布教関係雑件/回教関係 第二巻 3. 中国 分割 1。外務省外交史料館藏。JACAR 系统查询编码 B04012550400。

② 《厚警高秘第二一四五号》，昭和十四年十一月二十一日，外務省記録/Ⅰ門 文化、宗教、衛生、労働及社会問題/2 類 宗教、神社、寺院、教会/各国ン於ケル宗教及布教関係雑件/回教関係 第二巻 3. 中国 分割 2。外務省外交史料館藏。JACAR 系统查询编码 B04012550500。

③ 《六．支那ガ長期抵抗ン入ル場合ノ 情勢判断》，昭和十二年十一月二十三日，外務省記録/A 門 政治、外交/1 類 帝国外交/1 項 対支那国/支那事変関係一件 第十八巻6。外務省外交史料館藏。JACAR 系统查询编码 B02030548200。

④ 《四．重要国策関係（支那事変中）/十六対支時局対策》，昭和十三年四月十三日，外務省記録/A 門政治、外交/1 類 帝国外交/1 項 対支那国/支那事変関係一件 第四巻。外務省外交史料館藏。JACAR 系统查询编码 B02030524300。

通过起用中国一流人物来软化中国民众的抵抗意识，怀柔杂牌军以分化瓦解和削弱中国军队战斗力，利用实力派人物树立反蒋、反共、反抗日政府，制造法币暴跌（此点以后被否定）等。同时作为第四点纲领被提出的是："推进回教工作，在（中国——引者注）西北地方设立以回教徒为基础的防共地带。"① 也就是说，从很早的时候，日本政府和军部就已经开始考虑通过内蒙古地区的"回教徒"，将其势力范围向西北部扩展。

中国的西北地区，在地理上与苏联接壤。因此，在七七事变发生之前，日本军部就已经认识到了它的重要性。1935 年 12 月 2 日，"支那驻屯军"司令官多田骏向陆军步兵少佐羽山喜郎发出一件绝密命令，将他的"负责谍报区域"设定为"绥远省、宁夏省、甘肃省、新疆省及蒙古"，同时又要求在绥远省的呼和浩特、察哈尔省的张家口、西索尼特、多伦和山西太原各地设立"特务机关"，并命令各"特务机关"："准备并实施对蒙、对苏、对支的谍报工作，调查兵要地志（包括经济资源），收集并准备实施谋略所需要的资料。"② 这份文件虽然没有明确说明"实施谋略"所指何事，但明显意味着针对该地区的军事侵略行动。换言之，这份文件不仅可以证明日本军方至少在 1935 年底前已经具有向中国发动侵略战争的准备，而且可以证明日本军方已经将这些边疆地区列入其军事侵略对象地域当中。

日本之所以想到利用该地区的"回教徒"，一是因为他们认为"回教徒"因其宗教信仰，"先天就是反共的"；二是因为他们认为"回教徒"在西北地区具有特别强大的实力。例如，1938 年 5 月"防共回教徒同盟"成立大会发出的宣言——《伊斯兰教徒反共同盟宣言》，向西北的马姓军阀发出了如下呼吁："位于支那边境西域的五马联盟应该与南方的土耳其遥相呼应，高举反共运动的烽火，切断苏联对支'红色通道'，击破蒋介石容共政策的最后抗日据点。在此基础上，我等回教徒同志以神国日本为盟主，为了亚细亚文明的复兴，为了全世界被压迫民族的解放，结成'伊斯兰'教

① 《時局ン伴う对支謀略》，昭和十三年七月八日，《五相会議决定》，外務省記録/ A 門 政治、外交/ 1 類 帝国外交/ 1 項 对支那国/ 支那事変関係一件 第十四巻 25。外務省外交史料館藏。JACAR 系统查询编码 B02030540000。

② 《支那駐屯軍司令官訓令ノ 件通達》，昭和十一年，陸軍省大日記/ 密大日記/ 昭和十一年《密大日記》第 1 冊。防衛省防衛研究所藏。JACAR 系统查询编码 C01004134100，文件名为《支那駐屯軍司令官訓令の 件》。

徒反共同盟。”①

由于日本“回教工作”的目的就是为了支援侵略战争，根本没有想要真正保护广大“回教徒”的利益，因此大政翼赞会在1943年4月提交给东条英机首相的《关于回教徒对策的调查报告书》中提出：“在我国，历来只有以回教工作为目的的、由各种国际社交团体和宣传机关进行活动，对外宣传中缺少一种能够从内心深处打动、振奋海外回教徒大众感情的东西。仅仅限于与一部分为政者之间搞好关系，反而会让更多的回教徒误以为（日本的回教团体——引者注）是伪装的信仰团体，到了后来知道不过如此时则大失所望，这种前例已经不少。”② 前面述及与“五马联盟”联手的设想，当属此类。

一直与中国“回教”有关系的佐久间贞次郎，也看出日本为了战争利用“回教”，反而危害了中国“回教徒”的利益：“日本所谓大陆政策，必须要以文化和人道主义为基础。不能再是像他们在十九世纪中所做的那样一直坚持霸道的政治主义……就像日支事变那样，完全是由于支那一方的误解和错觉带来的恐日感，最后发展到排日、抗日，因思想倾向而想象为是一种共产主义与法西斯主义之间的对立。结果使得支那大陆的三千余万回教徒，尸横遍野、气息奄奄，一直处于被压迫的境地。”③

说卢沟桥事变来自中国人对日本的误解，这当然是佐久间的一面之词。但他毕竟说出了一些事实真相：如果为侵略战争所利用，最后付出惨痛代价的，的确只能是“回教徒”自身。就像对外高喊着支持蒙古民族解放，私下里却千方百计阻止一样④，日本在战争期间之所以关心中国的“回教

---

① 《第一八号ノ 一（ 别電、部外極秘）》，昭和十三年五月九日，外務省記録/ I 門 文化、宗教、衛生、労働及社会問題/ 2 類 宗教、神社、寺院、教会/ 各国ソ於ケル宗教及布教関係雑件/ 回教関係 第二巻。

② 《調查会報告書〈大東亜建設基本方策ノ 具現並ン之ン対スル圈内諸民族ノ 協力ヲ要スル事項及右確保方策（ 乙 南方諸地域）〉上申ノ 件》，昭和十八年五月十日，同《華僑対策》及同《〈回教徒対策〉上申ノ 件》，内閣/ 公文雜纂・昭和十八年・第七卷・内閣七（ 大政翼賛会関係二）。国立公文书馆所藏。JACAR 系统查询编码 A04018704100，文件名为《調查会報告書〈大東亜建設基本方策ノ 具現並ン之ン対スル圈内諸民族ノ 協力ヲ要スル事項及右確保方策（ 乙 南方諸地域）〉》、同《華僑対策》及同《〈回教徒対策〉上申ノ件…》。

③ 佐久間貞次郎：《回教の動き》，第85页。

④ 《対蒙政策要綱》，昭和十三年十月一日，外務省記録/ A 門 政治、外交/ 1 類 帝国外交/ 1 項 対支那国/ 支那事変関係一件 第十八卷 28。外務省外交史料館藏。JACAR 系统查询编码 B02030550400。

徒”，只是为了帮助推进侵略战争，丝毫没有帮助“回教徒”的目的，这是一个无法否认的事实。

结　语

1938年7月，日本前驻外特命全权公使笠间杲雄在日本外交协会第266次例会上发表了《时局与回教》的演讲，他根据自己作为日本代表在土耳其、波斯、阿拉伯、埃及等国工作过的经验，针对当时日本国内的伊斯兰教热，就“回教工作”背后隐藏着的日本人以为自己才是伊斯兰教社会救星的想法，进行了严厉批评：“大家都以为不仅是支那的回教徒，甚至世界上所有的回教徒都在仰仗着日本人，希望得到一些什么帮助。而事实上，这些民族并没有仰望东方，借助日本的力量恢复民族独立的想法。都说日本是东洋的盟主，（日本——引者注）自己也确实有做盟主的心情，但是对方并没有请求（日本——引者注）一定担任这一角色。关于这一点如不清楚认识，将来不知道还会发生什么事情。之所以会成这样，完全是来自于日本人至今为止的傲慢。”①

其实，日本在中国的“回教工作”遇到了许多中国“回教徒”的抵制。但是为推进侵略战争，日本军方发动宣传工具大肆鼓吹“回教工作”的成就，实是自欺欺人。例如，在“在北京茂川机关”的指导下为日本侵略战争摇旗呐喊的“中国回教总联合会”，就被宣传为是一个极为活跃的“回教”团体。可事实上，在一位冷静的日本外交官眼里，那里不过是一片“门前罗雀的回教联合委员会”的景象。②

“回教工作”究竟在何种程度上帮助了日本的侵华战争？日本的关心究竟蒙蔽了多少“回教徒”，实在值得怀疑。然而，日本为什么会产生在侵略

---

① 《時局と回教》，昭和十三年十月，外務省記録/ A 門 政治、外交/ 3 類 宣传/ 3 項 啓発/ 本邦対内啓発係雑件/講演関係/日本外交協会講演集　第五巻71。外務省外交史料館館藏。JACAR系统查询编码B02030922100，文件名为《時局と回教（前特命全権公使、笠間杲雄）》。

② 《済南発閣下宛電報第五二号ン関シ》，昭和十五年二月十六日，外務省記録/ I 門 文化、宗教、衛生、労働及社会問題/ 2 類宗教、神社、寺院、教会/ 各国ン於ケル宗教及布教関係雑件/ 回教関係 第二巻3．中国分割2。外務省外交史料館藏。JACAR 系统查询编码B04012550500。

战争中利用“回教工作”的念头，却值得深思。毫无疑问，侵略者曾经认为，如果能够制造一个“共同的回教空间”就能够覆盖住中国“回教徒”的“国家意识”；在此基础上，如果能够让“回教徒”们以为日本理解、同情并且会保护“回教”和“回教徒”，他们就可以更加容易地跨越被侵略国家的门槛，并且达到占领或分裂中国的目的。但是，侵略者忽视了一点那就是广大伊斯兰教信众作为中华民族的重要成员，向来都是反对外来侵略的，而他们自己在主动接触“回教”和“回教徒”时却明显地带着日本的国家色彩和侵略目的，因此，真正信任日本的中国“回教徒”并没有几人，“回教工作”在进入20世纪40年代以后也渐趋式微。尽管如此，受到刺激的中国国民政府，也不得不针对边疆民族和信仰伊斯兰教的民族集团，发起了又一轮确认近代国家主权范围、建设中华民族国家的运动。①

（《历史研究》2009年第5期）

① 《白崇禧ノ日本軍西北工作妨害》，内閣/各種情報資料/各種情報資料/各種情報資料·支那事変ン関スル各国新聞論調概要。国立公文书馆所藏。JACAR系统查询编码A03024015400（该文件未注明时间，但是从本文内容及同卷前后排列其他文书上来看，应该是昭和十三年五月间的档案——引者注）。该资料在JACAR系统上件名为《米国 白崇禧ノ日本軍西北工作妨害》。

1874 年日军侵台事件中的“番地无主”论与中国人主权观念的变化

贾　益

清代在台湾的“理番”政策在 1874 年日军侵台事件后，发生了重大变化，开始着眼于巩固海防，对“生番”之地实施“开山抚番”，采取较为积极进取的态度。① 清政府此次政策转变，动力主要来自外部压力，也即英、美、日等国对台湾之觊觎。在 19 世纪六七十年代关于台湾的交涉中，“番地”“番民”的权属成为争论焦点，尤其是 1874 年日本出兵台湾，更公开提出所谓“番地无主”论。② 为应对这些外交上的挑战，无论是出于敷衍，还是主动接受某些来自西方的外交规制（甚至政治观念），清廷君臣，甚至在野士人，都不得不调整观念，重新审视台湾“番地”与中国版图之关系，台湾“番民”与中国人民之关系，以及“番民”“番地”与中国主权之关系。

① 参见季云飞《清代台湾少数民族政策之历史考察》，《民族研究》1998 年第 6 期；王尊旺：《清代台湾理番政策初探（1683～1874）》，福建师范大学硕士学位论文，2001，第 10～14 页。

② 参见叶纲《百余年来 1874 年日本侵台事件研究述评》，《军事历史研究》2008 年第 1 期；戚其章：《国际法视角下的甲午战争》，人民出版社，2001，第 126～127 页。在百余年的研究中，许多学者已经指出，日本所持之论乃是对中国主权的公然挑战，于国际法毫无法理依据，但这里论述的重点不在于此。

一 “天下”体系中的“生番”与“番地无主”论之出台

“番地无主”论的出台，可以追溯到 1867 年的“罗发号”事件。1867 年 2 月，美国商船罗发号（Rover，亦译为罗妹号）在台湾东海岸琅峤洋面失事登岸，为当地“生番”所杀，当时的美国驻厦门领事李礼让（李仙得，Charles William Le Gendre）至福州与闽浙总督交涉，并到台催办；而清朝一方则是一味拖延推诿。地方官员在与李礼让的交涉中，以“土番”“非归王化”的说法作为事情无法解决的借口之一。对此，李礼让斥责地方官员推诿凶徒（即“生番”）“并非华民”、遇害地点“不属中国管辖”之谬误，认为：“两百年来，中国人在台湾的活动地区，配合着中国政府施及台湾的行政权力，由西岸以至东岸，逐步扩张，事实上从未承认生番领有其现住土地的主权，西岸的居民，经常贩购生番地区的物产，而生番地区出产的樟脑，且成为台湾官府的专卖品，不容外人自由采购输出，违者则严行惩治，所谓生番地区不属中国管辖的说法，实毫无依据。”①

这些“恫喝”加上添兵来台征伐的威胁，终于引起清政府的重视，总理衙门严饬地方官员迅速处理罗发号事件。但地方官员对于自己所持之观点，仍然觉得非常合理，福建台湾镇总兵刘明灯的上奏中，委屈地认为，自己如此婉劝，李礼让等人还抓住一些细枝末节纠缠不已，殊不可解。②

这里，我们看到一个奇怪的现象：本应该维护主权的，却把主权往外推；而觊觎台湾的一方，却非要强调中国对“生番”的主权。双方还都认为对方不可理喻。如何解释这一现象呢？清朝地方官员颟顸无知，推诿责任，把事关主权的言词作为借口，给人口实，自然是直接原因。但分析当时清廷内部文书，却发现某些以今日主权观念看来非常严重的错误，在当

① 黄嘉谟：《美国与台湾：一七八四至一八九五》，中央研究院近代史研究所专刊，1979，第 213 页。

② “住厦合众国李领事照会，于五月十二日并未知照地方官轻进被挫之事，避讳不言；于奴才等节次照覆，遴派文武，会同营、县，设法拿办之文，亦无一字提及。独摘奴才等先于五月初二日照覆婉劝之语，纷纷诘难，语多恫喝，殊不可解。”十月乙未（十六日）福建台湾镇总兵刘明灯奏，见中华书局编辑部、李叔源整理《筹办夷务始末（同治朝）》（以下简称《始末》）卷五十一，中华书局，2008，第 2246 页。

时却属旁枝末节。

例如，与李礼让直接交涉的福建台湾镇总兵刘明灯、福建台湾道兼学政吴大廷的奏折中，就多处出现于中国主权不利的言词。奏折一开头，台湾镇、道就称：“生番”之地，“鸟道羊肠，箐深林密，自来人迹所罕到，亦版图所未收。我朝设土牛之禁，严出入之防，所以戢凶残而重人命，用意固深远也”。奏折的基调，是为自己的拖延推诿找借口，其中逻辑为：因为“人迹罕到，亦版图所未收”，又有朝廷隔离“生番”的“土牛之禁”，要进兵办理是根本不可能的。而且据这份奏折所述，对于外国人，这一理由同样成立。如在接到英国领事请地方官调查究办的来函后，吴大廷回函说：“生番不归地方官管辖，嗣后请饬外国商人谨遵土牛之禁，不可擅入生番境界，以免滋事。”4 月 18 日，李礼让等人带兵船来台，“照请拨兵会剿，其意甚锐”。但据奏折说，经过地方官员“剀切开导”，其人“欣然扬帆而去”。其实，美国兵船已经起程，自行“剿办生番”去了，台湾镇、道却还蒙在鼓里，一厢情愿地说：“特以人非华民，地非化内，克日图功，万难应手，准理度情，洋人亦当见谅。”更有甚者，以多次申论“生番”不归“王化”而自得：“夫凶番之不归王化，该地之碍难进兵，臣等反复辩论，不啻颖秃唇焦。”①

这样一份强调“生番”不归“王化”的奏折，在闽浙总督吴棠、福建巡抚李福泰那里，居然得到首肯，其云：

> 臣等伏思琅峤傀儡山一带，地属番境，该处之不易进兵，番人之难以理喻，此固人所共知，即外国人亦未必不知。此次合众国商船，因遭风误陷绝地，台湾镇道刘明灯、吴大廷等，于据报后即经委派文武查办，剀切开导，告以该处不可进兵，允饬地方官设法，不必外国相帮，深得大体。即其奏称密约熟番乘间代谋等语，亦属得法。而其照会李领事等之文，则以委难办理之语决绝覆之，致令有所藉口。在该镇道之意，似欲使其知难而止。②

经过总理各国事务衙门的商议，上述奏章中的某些说法受到了警告，

① 以上均见《始末》卷四十九，第 2086 ~ 2088 页。

② 以上均见《始末》卷五十，第 2107 ~ 2108 页。

总理衙门致函密询闽省督臣，“告以生番虽非法律能绳，其地究系中国地面，与该国领事等辩论，仍不可露出非中国版图之说，以致洋人生心。”① 总理衙门强调“生番”属中国地面，但在另一方面，却未对“生番”不归“王化”的观点提出任何疑义，只是让官员“不可露出”非中国“版图”之说。言外之意，台湾是中国疆土当然是必须强调的大问题，而说“生番”未归“王化”并非大问题，甚至承认中国法律无法管辖“生番”。

既然总理衙门都未深问“生番”之“化内”“化外”问题，那么，此种观点就不只是一个外交上的口误问题。换句话说，“不归王化”之类观点，在清朝人官员那里，并非大逆不道，而是有着合理的观念基础的，此种基础，就是传统的“天下”观念及据此形成的统治体系。

在传统的“天下”体系中，尽管“普天之下无非王土”，但从文明的中心向外，对不同的区域和人民的治理形成不同层次：首先是作为核心的“编户齐民”和“腹地”；然后是“番”“苗”“夷”等和土司地界，令其“世居其地，为国守疆”；再往外则是四裔藩属，其责是代守门户、纳贡称臣；藩属之外，则是未知之地了。在这种层层外推的秩序中，所谓内外之分，是相对而言的。“腹地”相对“边疆”是内，“边疆”相对“四夷”是内，而“四夷”相对未知之世界，也在“天下”之内；反之，“外”亦如此。而且，对于某一具体空间和人群，根据教化所达程度，其所属边界并非固定的，而是不断变化的。也即，这一体系之内，所谓“内外”之分，有着相当大的弹性。当然，在清朝的实际治理当中，“边疆”和藩属的内外之分较为重要，即便藩属，也有内外之分，由理藩院直接管辖的蒙古、西藏和由礼部接待的其他藩属有本质的区别。

1683 年将台湾纳入版图之后，清朝的“理番”政策虽多有变化，但其对“番”的基本认识，仍然建立在上述基本观念之上。在帝国的文明等级体系中，台湾全岛虽属清朝版图，但远居海外，人民依其受教化程度，分为民、“番”，而“土番”又分两种：“其深居内山未服教化者为生番。”“其杂居平地，遵法服役者为熟番。”② “生番”“熟番”之间，根据教化程度，是可以转化的，尤其是在朝代鼎盛之际，中央政府若采取积极的“化

① 《始末》卷五十，第 2111 页。

② 蓝鼎元：《平台纪略》，《台湾文献丛刊》第一四种，台湾银行经济研究室，1958，第 63 页。

番”政策，则有大量“生番”输诚入籍，成为“熟番”，由台湾府县管理，并纳番饷（性质同于编民所纳丁银）。但康乾之后，清政府无意再推行积极的化番之策，“生番”向“熟番”的转化不复从前之盛，甚至由于汉民移住愈多，导致逼迫“熟番”入山成为“生番”的事例出现。另外，朝廷出于对海外孤悬之岛不愿“多事”的指导思想，划定“番地”、定“土牛”之界，不许汉民进入。但无论如何，在整个大的疆土体系中，台湾的地位可能还在土司所守的“边疆”之内。“番”之未化者，只是边远地带不驯之民，其来去并无关版图宏狭。①

因此，“编户-熟番-生番”的分类治理之道，以及由此引申出来的“化内”“化外”和“界内”“界外”之分，是无关“疆土”问题的，只关乎“德化礼义”的扩展界限和不同的治理方式。在这种观念之下，官员可以根据不同的条件，采取不同政策，或者恩威并施、使其教化；或者置之“化外”“界外”，仅事羁縻。两种方式在一定条件下，都堪称合情合理。

由此，我们似乎可以如此推论：对于清朝官员而言，台湾东部是否属于中国，与“土番”是否“化外”“番地”是否入籍、“番民”是否受清朝法律管辖，并无直接关系。以“王化之外”的说法来应付外国人，再合适不过了。

“罗发号”事件，以李礼让自行与“土番”结约了结，清政府在其中只是充当了“保人”角色，却在上下欺瞒之中，当成一件“成功交涉”，沉醉于“外人感激”“土人感化”的胜利之中。却未料到，当初非要中国承认对台湾“土番”主权的李礼让，转而开始炮制侵夺台湾的“番地无主论”。

此后几年，李礼让利用一切机会到台湾考察，对台湾丰富的资源和重要的战略地位有了更深入的了解，搜集清政府对台湾东部无管辖权的证据，构造出希望美国殖民台湾的所谓“番策”。然而，李礼让的建议得不到当时美国驻华公使的支持，反而因此被迫离开厦门领事的职位。1872 年，李礼让离职回国途中在日本停留，其“番策”却与日本明治维新后的扩张政策

① 例如道光二十六年（1846）江南道监察御史臣江鸿升《台湾生番献地宜防流弊疏》云：“臣愚以为生番衰弱穷困，原可无庸过问，若利其他，而使民人与生番杂处，将来动辄械斗，为害转多。彼生番质类犬羊，其犷悍之性，断非内地法纪所能驯服，一有犯事，操之则生变，纵之则损威。且其地已归官，番众实繁有徒，将何以资其生计？此皆不可不长虑者。……我朝版图式廓，为前古所未有，固不在得此海隅黑子番地，遂为盛世也。”《道咸同光四朝奏议选辑》，《台湾文献丛刊》第 288 种，台湾银行经济研究室，1971，第 29 页。

一拍即合，遂受雇于日本政府，积极为其出谋划策。他提交给日本政府的第一个备忘录，就将自己的“番地无主论”和盘托出：

> 譬如在大洋中的一个孤岛，野蛮的番人在此居住，一个文明的民族发现了它并引导他们走向文明开化，但番民厌恶文明，不服开化，并加害他国公民，最好的办法就是将此蛮民迁移出去，由文明之民来取而代之……又譬如其岛民一部分为文明开化之民，一部分为野蛮落后之民，文明之民要为野蛮之部分制定法律进行管理，作为其属地行使正当有效的权力。如果说中国政府自己发现了此岛，也可以说又由中国政府自己放弃了此岛。清国政府对一部分的岛民施以布政教化，那么按道理清国政府也应管辖另一部分，但清国政府却不能拿出事实上的有效证据。①

依李礼让等人之计，1873 年 5 月，日本派外务卿副岛种臣出使中国觐见同治并换约之际，欲图向清政府取得“讨伐生番”之口实。据记载：

> 副岛遣副使柳原前光以此事质问总理衙门大臣毛昶熙、董恂等，昶熙等答云：“‘蕃’民之杀琉民，既闻其事，害贵国人则未之闻。夫二岛俱我属土，属土之人相杀，裁决固在于我。我恤琉人，自有措置，何预贵国事，而烦为过问？”柳原大争琉球属于日本版图，并说：“贵国已知恤琉人，而不惩台‘蕃’者何？”答云：“杀人者皆属‘生蕃’，故且置之化外，未便穷治。日本之‘虾夷’，美国之‘红蕃’，皆不服王化，此亦万国之所时有。”柳原云：“‘生蕃’害人，贵国舍而不治，是以我邦将查办岛人，为盟好故，特先告之。”当觐见礼节交涉未妥时，副岛曾遣柳原至总理衙门，扬言“日本即将讨伐台湾‘生蕃’”，以为威胁。②

---

① 《李仙得觉书第一号台湾番地着手云 々之论并斯密附论》，公文书馆藏档，A03030097300。转引自李理、赵国辉《李仙得与日本第一次侵台》，《近代史研究》2007 年第 3 期。

② 王芸生编著《六十年来中国与日本》第 1 卷，三联书店，1979，第 64 ~ 65 页。关于此事，并无正式文书，只见于日方记载，故各家记载有所出入，但于关键之点无大异。

日本此次就台湾“生番”前来论事，在朝廷之外亦有反响，1873 年 4 月 5 日上海《申报》岭南莲塘生的稿件，似可以代表当时士大夫的某些看法：

> 盖台湾一带，虽系中华之地；而台湾府属界，居海岛边境。至于生番，则又深居内地；虽统称台湾，实非台湾府属可管也。且生番蛮类，未晓人性，不入王化，非我朝百姓；与中土何碍焉！①

在该报 7 月 24 日的评论中，更是对“生番”的“化外”身份有清楚表达：

> 夫台湾之番，向分生、熟二种。熟番久已臣服，已有登仕籍、列庠序者；生番至今未服王化，自为种类。大约射猎为生，残忍杀戮，是其天性。搽厥行为，与野兽等。朝廷因其不知教化，是以置之度外，不令与熟番同处；故虽同在台湾，实则属化外。②

由此可见，上至朝廷重臣，下至士大夫，对台湾“生番”的认识的确存在共识；这些共识的背后，无疑有一个传统的疆界模糊的“天下”体系在支撑。相反，“番地无主”论来自另一种对世界的基本看法，在这个世界中，国家与人民必须有着法律上的关系，而国家的主权之内和之上都不应该存在其他政治实体。③

在持有后一种世界观的列强看来，以中国为中心的、界限模糊的“天

① 《清季申报台湾纪事辑录》，《台湾文献丛刊》第 247 种，台湾银行经济研究室，1968，第 26～27 页。

② 《清季申报台湾纪事辑录》，《台湾文献丛刊》第 247 种，第 38 页。

③ 茂木敏夫对近代国家的“领土”内涵和清代统治秩序中的“版图”作了对比，认为近代国家的领土“是以固定不变的、明确的边境线来划定国界，对境内居住的居民和自然地形等所有的方方面面行使一元化、排他性权力的空间。在领土内部，权力意志要求和被要求对领土实施全面的、同质性的渗透。权力意志的渗透（=统治）还没有到达的地方就是‘无主之地’”。而在中国传统的“王土”思想中，是无界限的，版图・疆域只是在德治秩序中得到了暧昧的确认。〔日〕茂木敏夫：《清末近代中国的形成与日本》，孙江译，复旦大学历史系、复旦大学中外现代化进程研究中心：《中国近代的国家形象与国家认同》，上海古籍出版社，2003，第 250 页。

下”一开始令他们摸不着头脑，但很快，他们就学会了如何利用这种模糊来达到殖民主义的目的。野心勃勃寻求扩张的日本，在这方面学得更快，态度也更加急迫，很快就将“番地无主”转为国策，开始实施对外侵略。

二　日本侵台与“生番”由“化外”成为“子民”

取得所谓中国方面“承认”的口实之后，1874 年 2 月，日本由大隈重信和大久保利通提出一个《台湾蕃地征伐要略》，对侵略台湾的主要外交托词和外交策略作了详细规划，正是在这个重要文件中，“台湾土番部落”为“无主之地”的说法成为日本政府国策之组成部分。该“要略”提到：

> 第 1 条　台湾土番部落，为清国政府政权所不及之地。其证据具见清国自来所刊行的书籍之中，而当前任参议副岛种臣使清之际清廷官吏所作答语，尤其显然，故视之为无主之地，具备充分理由。是以报复杀害我藩属琉球人民之罪，为日本帝国之义务，而征番之公理，亦可于此中获得主要根据。但在处分之际，以切实完成讨番抚民的任务为主，而把因此来自清国方面的一二争论为客。
>
> 第 4 条　清政府方面如对征伐台湾有所议论，可确守去年之议，罗列番地为政权所不及之证据，屹然不为所动。如以境地毗连之故而生议论，可以和好辩解。万一事涉至难，可向本国政府请训。在空言推托，迁延时日之际，就完成其事，即是不失和好的机灵外交之一法。①

虽然日本政府声称“讨番抚民”是其出兵的主要任务，但其出兵根据，显然建立于否定中国对台湾“番地”主权的基础上。同样垂涎台湾的英、美等国自然明白此中关系，因此对“番地无主”之说颇不以为然，表示不支持日本出兵“惩番”。但最后，按捺不住侵略野心的日本还是冒险出兵了。

清政府的反应，似乎也如李礼让和日本人所料，一开始茫然无措，然

① 〔日〕东亚同文会编《对华回忆录》，胡锡年译，商务印书馆，1959，第 38 ~ 40 页。

后准备推诿拖延以求息事宁人。得知日人在台湾牡丹社、龟仔角等处查看山势形胜，并从税务司处得到日本出兵消息的台湾道上书闽浙总督、将军的报告说：

> 牡丹社系属番界，彼如自往剿办，在我势难禁止；然新与换约，有事应彼此相助，若我听其自往，置之不顾，胜则图踞番社。特相机设法筹办，目下剿办彰化廖匪一案，尚未蒇事，各营弁勇俱随赴彰化，更未便稍涉张皇，一切惟以镇定处之。[①]

直到此时，台湾的地方官仍然把此次事件当成普通的“交涉”来看待，首先想到的是如何“相机设法筹办”。在他们心目中，日本台湾出兵所造成的问题，首先不是关涉主权的问题，主要的麻烦还来自对发生在“番界”的“交涉”应如何办理。他们的矛盾之处来自主权的模糊：“番界”之外一方面属于疆土，另一方面却是特殊的疆土。在传统的“天下”观念中，或征伐，或教化，或羁縻，不存在所谓主权问题。而当面临外国的“图踞”时，由于“外夷”或者“倭族”并不能容纳入“天下”的某一层次，其行为也超出传统的知识，地方官员不知如何应对，只能是向上报告，采取不动主义，“惟以镇定处之”了。

但事情下一步发展却出乎日本人的预料。当日本讨“番”统领西乡从道中将的照会送到闽浙总督李鹤年处时，却遭到强硬反击。李鹤年连发照会给西乡，称：

> 本部堂查台湾全地，久隶我国版图。虽其土著有生熟番之别，然同为食毛践土已二百余年，犹之粤、楚、云、贵边界猺、獞、苗、黎之属，皆古所谓我中国荒服羁縻之地也。虽土番散处深山，獉狉成性，文教或有未通，政令偶有未及，但居我疆土之内，总属管辖之人。查万国公法云：凡疆内植物、动物、居民，无论生斯土者、自外来者，按理皆当归地方律法管辖。又载发得耳云：各国之属物所在，即为其土地。又云：各国属地，或由寻觅，或由征服迁居，既经诸国立约认

---

① 王元穉：《甲戌公牍钞存》，《台湾文献丛刊》第39种，台湾银行经济研究室，1959，第5页。

> 之，即使其间或有来历不明，人皆以此为掌管既久，他国即不应过问。又云：各国自主其事，自任其责。据此各条，则台湾为中国疆土，生番定归中国隶属，当以中国律法管辖，不得任听别国越俎代谋。兹日本国中将照会，以台湾生番戕杀遭风难民，奉命率兵深入番地，殛其凶首，以示惩戒。在生番迭逞悍暴，杀害无辜，即按以中国之法律，亦所必诛，惟是台湾全地素属中国，日本国政府并未与总理衙门商允作何办理，径行命将统兵前赴，既与万国公法违背，又与同治十年所换和约内第一、第二两条不合。①

李鹤年的照会颇令人寻味。日本的照会中，并未明确提出“番地无主”，而李鹤年的照会中，却是以“番地”属于中国立论，来论证日本“讨番”之不义。那么，关于“番地”属于中国管辖这一段议论，又是针对的什么呢？

先是，英国驻华大使威妥玛于 1874 年 4 月 18 日致函总理衙门，知会日本“有事生番”，信中并“询及生番居住之地，是否隶入中国版图”。此后“英国汉文正使梅辉立、法国翻译官德微理亚、总税务司赫德、日国使臣丁美霞先后来臣衙门接见，面述前事”②。他们对台湾东部是否属中国管辖一事，详细询问，并通告中国说，英国驻日大使巴夏礼曾电报威妥玛，“内称据东洋意见，台湾岛自某处迤南，皆不隶中国版图之内”。威妥玛还说到主权问题与英国对此事件的态度密切相关，其云：“论其大概，生番居住地界，若中国视以为非版图之内，抑或虽属中国版图，而已有日本师众登岸，既经过中国地界，核准定议，本国属民或有役于日本以及借力相助等事，本国自无深论禁止之责；不然，日本国未向中国议准，且所行非中国愿从者，则本国只得明伸禁令，于兴师后无论日本、中国公务，英民均不得服事相助，方足以昭平允，缘此两国各与本国立有和好条约，彼此不得稍涉偏袒云云。”③

此后，法、美等国也纷纷通报中国，在得知总理衙门台湾属中国版图的确认之后，皆照会中国表示对日本不予支持。英、美等国的态度，自然

① 王元穉：《甲戌公牍钞存》，《台湾文献丛刊》第 39 种，第 5 页。

② 《始末》卷九十三，第 3735 页。

③ 王元穉：《甲戌公牍钞存》，《台湾文献丛刊》第 39 种，第 16 页。

与他们不希望日本独占台湾的意愿有关。在客观上，却使得清政府在难以确定日本是否已经进兵的情况下，先行商议对策，其主要应对之策是，第一，“应如何按约据理，相机辩阻，及如何先事筹备，该省督臣，固属责无旁贷”；第二，“请钦派闻望素著，熟悉洋情之大员，带领轮船前往台湾生番一带，察看情形，妥筹办理”；第三，“生番应否开禁，如何示以怀柔，治以简易，俾不为彼族所用，且不为他族所垂涎之处，均应由钦派大臣会同该省督抚将军等熟商请旨办理”。[①]

总理衙门上奏之后，清廷 5 月 14 日的上谕明确宣示：“生番地方，本系中国辖境，岂容日本窥伺。”并“派沈葆桢带领轮船兵弁，以巡阅为名，前往台湾生番一带察看，不动声色，相机筹办。”还特别提到：“至生番如可开禁，即设法抚绥驾驭，俾为我用，藉卫地方，以免外国侵越”[②]。基本上采用了总理衙门的对策，同时也确定了“按约据理”、强调“生番地方系中国辖境”的交涉策略。

因为总理衙门的意见，以及上述列强的问询，已经先行由“衙门函致南、北洋大臣，闽浙总督、福州将军，嘱令该大臣等密饬确切探访，并抄录各国使臣给臣等信函节略去后”[③]。李鹤年 5 月 11 日照会，尽管发出在上谕之前，也是秉承了总理衙门“按约据理”，强调“番地”主权的主旨的。所以，李鹤年照会中对“番地”主权的强调，其来有自。

关于清政府如何在外交中“按约据理”辩阻日本，已有不少学者进行了研究[④]，此不赘述。本文所关注的是，中国的主权观念在此次论争中产生了何种变化。

首先，从上述清政府的决策过程中可以看出，列强对台湾是否属中国主权的询问，成为决策的重要出发点。而在此之前，清政府可能从未思考过，“番地”与“腹地”之分，怎么能成为台湾“番地”不隶中国版图的借口。所以尽管在外交上，清政府一再强调“番地”隶于版图，在实践当中，仍然受到传统的制约，深感“番地”与“腹地”之别所产生的麻烦。

---

① 《始末》卷九十三，第 3736 页。

② 《始末》卷九十三，第 3737 页。

③ 《始末》卷九十三，第 3735 页。

④ 参见陈在正《牡丹社事件所引起之中日交涉及其善后》，《中央研究院近代史研究集刊》第 22 期下，1993 年 6 月。

例如闽浙总督李鹤年就认为：

> 惟念边衅易开不易弭，番地腹地，究有区分，如果倭兵扰入台湾腹地，自当督饬镇道鼓励兵团，合力堵剿。若仅以戕杀琉球难民为名，与生番复仇，惟当按约理论，不遽声罪致讨，以免衅开自我。①

这种看法，差不多又要回到“番地”不属“界内”的老路上去了，在当时情形下，显然不合时宜。为此，1874 年 6 月 5 日的清廷上谕不得不再次强调：

> 番地虽居荒服，究隶中国版图，其戕害日本难民，当听中国持平办理，日本何得遽尔兴兵，侵轶入境。若谓该国仅与生番寻仇，未扰腹地，遂听其蛮触相争，必为外国所轻视，更生觊觎。衅端固不可开，体制更不可失。该督惟当按约理论，阻令回兵，以敦和好，不得以番地异于腹地，听其肆意妄为也。②

上谕明确告知“不得以番地异于腹地，听其肆意妄为”，而所持理由，是避免外国轻视而觊觎。这里的“体制”，当是指中国当是与外国交涉之原则③，也即外国人不得允许不得进入中国的原则。也就是说，“版图”之内外高于“腹地”与“番地”的区分。从现代主权观念而言，这是对中国疆域的清晰界定。

其次，在与日本的辩论中，清政府明确举出证据，确认中国对台湾内山的管辖权。6 月 2 日李鹤年照会西乡，再次重申琅峤番社、人物、地方确归中国辖属证据有三：“南路琅峤十八社，向归凤山县管辖；每年征完番饷二十两有奇，载在《台湾府志》此证据一也。台湾设立南、北路理番同知，专管番务，每年由各该同知入内山犒赏生番盐、布等物；此证据

① 《始末》卷九十三，第 3750 页。

② 《始末》卷九十三，第 3752 页。

③ 例如《清史稿》卷三七一，列传一五八载鸦片战争后刘韵珂贻书耆英、伊里布中有：“名曰通商，本非割地，而定海拆毁城垣，建造洋楼，挈眷居住，倘各省均如此，恐非通商体制，腹内之地，举以畀人，转瞬即非我有。”

二也。柴城又名福安街，建有我朝公中堂福公康安碑庙；此证据三也。证据确凿，历来已久。”[①] 这些证据，在与日本交涉中，屡被提及。6月20日沈葆桢给西乡的照会中还说道：“至于杀人者死，律有明条，虽生番亦岂能轻纵?”[②] 也即明白告示“生番”由中国法律管辖。

最重要的是，清政府此时一改视“生番”为“化外”之念，代之以“一视同仁”之论。6月9日，清政府从闽浙总督上奏得知日军已经在琅峤登岸，并建立营帐，与“生番”接战，遂发上谕敦促相关官员妥为筹办，其中特别提到：

> 至生番有无被杀被伤之人，未据该督奏及。生番既居中国土地，即当一视同仁，不得谓为化外游民，恝置不顾，任其惨遭荼毒。事关海疆安危大计，未可稍涉疏虞，致生后患。[③]

7月8日上谕又说：

> 生番本隶中国版图，朝廷一视同仁，叠谕该大臣设法抚绥，不得视同化外，任其惨罹荼毒。现据各社番目吁乞归化，即著该大臣等酌度机宜，妥为收抚，联络声势，以固其心，俾不致为彼族所诱。[④]

可见，在日本出兵台湾事件中，清政府不仅彻底否定“生番”化外之民的地位，视其为臣民[⑤]，甚至还显露了对“生番”同为子民的“体恤”之心。

总之，此时的清政府，对台湾内山及“生番”的主权观念，发生了重大变化，由“虽属版图，不归王化”，到“番地”不仅本属中国管辖，而且

---

① 《东洋侵台湾中东先后来往各文牍》，《申报》1894年6月8日，《清季申报台湾纪事辑录》，《台湾文献丛刊》第247种，第114~115页。

② 《始末》卷九十四，第3779页。

③ 《始末》卷九十三，第3754页。

④ 《始末》卷九十四，第3778页。

⑤ 这种观念也为当时士大夫所认同，如《申报》刊登的一篇评论就说道：“生番之为中国人，番社之为中国土……闽浙总督两次照会中，已确凿言之。”（《清季申报台湾纪事辑录》，《台湾文献丛刊》第247种，第304页）

与“腹地”无异；“生番”归中国管辖，有经济、文化、政治和法律的依据；“生番”与“庶民”一视同仁。这三方面的转变，无疑是在近代意义上对台湾“生番”之地主权完整而明晰的确认。

另外，清政府官员也引用了当时在中日两国有重大影响的万国公法（即当时通行于欧美之国际法）来维护主权，如上述李鹤年给西乡从道的照会中，便大段引用丁韪良所译《万国公法》来阐明中国对“生番”主权；对《万国公法》的引用也见于台湾道给李鹤年的禀文。当时，在中国任教的丁韪良本人也认为日本西乡照会之谬有二：“其一，台湾全岛，实隶中国版图，岂可以生番为自主之国，或竟视番地如无主之地；其二，敌人在逃，致烦友邦代捕，尤无斯理。”并指出：“日本统军于万国公法，尚未深悉，故有此举乎。”① 1874 年 7 月以后日本大使和大久保利通与总理衙门的交涉论辩中，也以万国公法为据，坚持其“番地无主”论。可见，双方辩论一开始，万国公法就作为重要因素被引入，并贯穿交涉始终。因此，万国公法的运用，是否对上述关于“生番”的主权观念产生重大影响呢？这也是值得探究的问题。

三 万国公法与“番地”主权

清政府官员对于万国公法的运用，其例已见于上文。而 1874 年 5 ~ 11 月间，《申报》对日军入侵台湾一事非常关注，其所刊文章、报道，多有援引万国公法之论。现将相关文字依刊载时序列为一表，并在此基础上进行具体分析。

表 1 涉及万国公法的文章、报道一览

编号	援引万国公法内容	所在文章、报道	刊载日期
1	查万国大律：凡地属何国，则应归何国约束。倘有他处人民为其属地所杀害，则必先向有此地之国与之理论；倘此国不愿代为报复赔补，则为其主使无疑。如力有不足，则令受害者自行办理云云	《论台湾生番宜惩办事》	三月十三日（4 月 28 日）

① 丁韪良：《台湾近事》，《中西闻见录》第二十三号，1874，第 27 页。

续表

编号	援引万国公法内容	所在文章、报道	刊载日期
2	盖万国例法载有明文：如两国相战，他国之船与此国及役，则彼敌国可视为敌船而并惩之也	《译东洋中华两国近事》	三月二十三日（5月8日）
3	此书（李鹤年给日本领事照会）于理既无可驳，于大局亦有攸关；而中国志在东洋不准侵我藩疆也，明矣。东洋于此事，实已违万国公法，我中国理应即发重兵以创惩之	《论东洋近日筹议情形》	四月二十三日（6月7日）
4	今待日本之计，有三策焉；请略言之。以理相拒，不容假道；上策也。拒之不得，则系有意害我边疆；按万国公法，便可交战。……且推译万国公法之义，彼邦之君非大有横逆为害于我而不得理解者，不可加之以兵。今中外相睦，动须循理，不得不以万国公法为法也	《议林华书馆〈东洋伐台湾论〉》（附来书）（维扬崇惠堂稿）	四月二十九日（6月13日）
5	顾此事已闻于朝，简派钦差查办；则日兵之来，为干犯公法及越俎僭办，非不经查悉矣。是宜先檄其退；不退，则以甲兵从事	《行师之道》	六月十四日（7月27日）
6	或又曰：日本明知其谬矣；所以迟迟不退者，盖欲中国少赔其军费，以为遮羞之计也。吁！是何言也！夫万国公法，必理屈势穷者，方赔偿理直势壮之兵费	《劝罢兵说》	六月二十一日（8月3日）
7	夫高丽与日本，世仇之国也；日本不犯高丽，而高丽亦不身为戎首以犯不韪之名；岂高丽畏惧日本哉！因高丽素尊圣训，深明礼义，不肯违背万国公法，干犯万国公议耳	《书〈申报〉日本侵犯台湾诸论后》（识微子）	六月二十二日（8月4日）
8	然据万国规制，则东人仍不宜充公其（指在日华商）货，行害其身。所难者，万国公法虽有明文，而于战争之时或竟倒行逆施若不知礼义也者，矣可视为具文也。且东人于侵犯台湾，业已干犯万国律例；况于方战之际，而能恪守公法乎！查东人之侵生番，于银购食物、凡建营垒不勒索居民。据此数端，则已守万国战例。然其军内曾下令：不生执敌人，惟以杀戮为尚；此则又远非万国相争之大义矣	《东洋钦使谒见李中堂》	六月二十二日（8月4日）
9	按万国公法不许局外国民与他国之战事，于中国实大有关系	《医士充任东职》	六月二十九日（8月11日）
10	而日本于托词伐生番而竟扰及我台疆，久居不去；此先违万国公法，久为欧洲各国所訾议	《日人聘请西士》	六月二十九日（8月11日）

续表

编号	援引万国公法内容	所在文章、报道	刊载日期
11	吾不知日人意中究以生番为隶于中国、抑以生番为中国化外乎？如以生番为隶于中国也，则越境称戈，已违万国公法	《刍言》	七月十一日（8 月 22 日）
12	夫日本问罪生番，本无大谬；其所失在于未兴师以前，不先照会中国，明言其故。……追杀戮生番之后，其愤似已可泄；又不即日退兵，仍然久恋台湾。……是以中外人士恶其显背万国公法，故中西新报皆群起而议其非也	《论日本议定撤兵》	七月十三日（8 月 24 日）
13	似此掩耳盗铃、鹊巢鸠占，自以为未犯万国公法，其谁欺？欺天乎！	《东洋杞忧生述征番事辩谬》（言佃敬委夫稿）	七月二十七日（9 月 7 日）
14	今若果有议法可兼全国体而又免战祸，想中国民众无不欣然愿闻也；而紧按万国规例以行此，既非稍有取辱，反示人以诸事惟理为主也。夫万国规例既载有“我民若犯彼国之民，总须设法惩办”，欲用银与己民动兵，理亦然也	《中东定局之事宜》	九月初十日（10 月 19 日）
15	中国今日之情形，固非昔时之可比也。昔者，海禁未开，中国闭关自守；故仅须行中国之法度。今则天下四洲之国，皆与中国通和好；天下四洲知人，皆与中国相往来。不能以一国之私法，强他国以遵行。正宜照万国之公法，与他国而共守。凡事之合情顺理者，不必秘而不宣，最宜公而不私也。今之中、东会议之据，正合情顺理之事也。更应照会四洲各国编入万国公法，俾四洲各国均当遵此而行	《书〈中东专条〉后》	十月十六日（11 月 24 日）

资料来源：《清季申报台湾纪事辑录》，《台湾文献丛刊》第 247 种。

依其援引内容和论证目的，上表各条可分为以下几个类型：（1）开战权，如第 3、4、5 条；（2）战时第三国应取态度，如第 2、9 条；（3）指责日本侵占疆土，如第 8、10、11、12、13 条；（4）战争赔款，如第 6 条；（5）战争规则，如第 8 条；（6）外国公民法律处置，如第 1、14 条；（7）一般性地认为万国公法为国与国之间交涉应遵守的规则，如第 4、7、14 条。

从中可以看出当时中国人运用万国公法的特点：其一，有很强的针对性，如在日军已经登岸，并有盘踞之意，朝廷上下主战之声极强时，对万国公法的援引就集中于开战，以及开战后如何保护处置在日商民、战争赔款等内容。奇怪的是，尽管有不少人指责日本越界兴兵侵占台湾显然违背公法，但对所谓的“疆界”，除了李鹤年的照会之外，没有人依据万国公法给一个正面的回答。[①] 其二，就是“拿来主义”，从以上所引各条的行文来看，颇有一些是借自他处，无论这种论点是来自中国人、外国人，还是官方文书、报章。明显的例子是第 14 条，其对万国公法的引用全来自日本西文报纸。其三，“按图索骥”，根据现实的情况寻找相应对自己有利的条文，并不理会万国公法背后的逻辑。例如第 7 条，说朝鲜是遵守万国公法模范，其实，朝鲜当时只跟中国一个国家有外交关系，被西方称为“隐士国家”——连最基本的主权地位都没有确定，它所模范遵守的，只是与中国的宗藩关系而已。第 15 条试图把《北京专条》编入万国公法，姑且不论其一厢情愿，仅就《北京专条》和稀泥式的模糊条文，也难以成为国际关系的重要准则。

总的来说，当时的中国人对万国公法，抱持一种实用主义的态度，不愿意，也没有进行深入研究。其中原因，从 1864 年总理衙门刊刻丁韪良所译《万国公法》的奏章中，可以看出一些端倪。总理衙门认为，《万国公法》“大约俱论会盟战法诸事。其于启衅之间，彼此控制箝束，尤各有法”。而该书内容“衡以中国制度，原不尽合”，只有“其中颇有制伏领事官之法，未始不有裨益。”[②] 因此，“制伏领事官”时“未始不有裨益”的相关内容，才是中国人利用万国公法的重点。而作为国际法重要组成部分的国家领土、主权、国家之间的均势、公民法律管辖等问题，由于与中国“体制”不同，不免成为当时中国人较为陌生的领域。

这种认识上的缺陷在 1874 年 8 月以后与日本的谈判中，表露无遗。1874 年 8 月，日本派大久保利通为全权大臣，到北京与总理衙门王大臣谈判。大久保利通此来，随员中有国际法专家巴桑纳（Gustave Boissonade），以及“番地无主”论的炮制者李礼让，做好了用国际法与中国辩论台湾“番地”主权问题的准备。自 9 月 14 日展开谈判，40 多天，中日 5 次会谈，

---

① 表中第 1 条，实际上揭示了传统疆界模糊的体制比照万国公法时的某种尴尬：“番”“民”分治的体制下，清朝无力查办，使得日本或者其他国家绕过清朝“惩治生番”的要求有了合理性；但如果任其进兵，“此其计甚左，而其事又甚险！”可能使台湾为人侵夺，伤及“国体（国之根本）”。可见当时清朝处理“生番”时，面对的不仅仅是观念问题，也是传统体制中疆界名义上的归属和实际上归属不相一致的问题。《清季申报台湾纪事辑录》，《台湾文献丛刊》第 247 种，第 28～29 页。

② 《始末》卷二十七，第 1184 页。

都是讨论“番地”主权问题。大久保利通所依据的，是万国公法推演的“政化不及之地，不得以为所有”，甚至还在照会之后附送“公法汇钞”以为根据。[①] 而总理衙门诸大臣的答复，尽管在“番地”属中国版图的问题上一步不让，但对其作为理论依据万国公法，却采取了回避态度。恭亲王给大久保利通的照会中说：“本王大臣未能详悉泰西公法全书精义，不敢据以问难。”[②] 而文祥在问答中更说：“至大久保所说万国公法，并无中国在内，不能以此责备中国。”[③]

总理衙门亲王大臣的反应，固然有当时形势变化的因素，即清政府认为经过之前辩论，中国对“生番”主权问题，已经无可置疑，日本所希望者，无非赔款而已，所以并不认真对待。但就中国人方面对万国公法与“生番”主权关系的认识而言，可能确如上述二人所说，因为中国不在公法之内，对此不愿多加考虑，自然也未“深悉”。

可见，在当时中国人的观念中，虽然已经有用万国公法维护主权的意识，但在实际交涉中，由于不承认万国公法适用于中国，所以在争论“生番”之地的主权问题时，并不以万国公法为立足点，换句话说，在当时历史条件下，“生番”本属中国管辖的主权观念的确认和坚持，不可能出于万国公法的影响。

值得一提的是，在涉及中国主权的“治外法权”问题上，中国官员倒是给予了必要的注意，在中日双方议和的“互换条约”中，有如下文字：“照得各国人民有应保护不致受害之处，应由各国自行设法保全。如在何国有事，应由何国自行查办。”[④] “照得”所“照”，自是万国公法。而“何国有事，应由何国自行查办”，不仅坐实日本出兵无理，也有在中国管辖范围内不允许有“治外法权”存在之意涵。

四　“生番”与主权：有限的选择

如果说万国公法没有直接影响中国对“番地”的主权意识，那么如何

① 《始末》卷九十七，第 3919 ~ 3922 页。

② 《始末》卷九十七，第 3925 页。

③ 《八月初九日问答节略》，一史馆，外务部档，第 2155 号。转引自陈在正《牡丹社事件所引起之中日交涉及其善后》，《中央研究院近代史研究集刊》第 22 期下，1993 年 6 月。

④ 《始末》卷九十八，第 3948 页。

看待上述第二节所见中国人对“番地”“生番”主权的认识呢？

我们似乎可以这样理解：一方面，中国中心的“天下”，在此时仍未被“万国”并立、疆界分明的世界所取代，至少在大部分清朝官员心目中，二者还是不相关涉的。而“疆界”的分明，“生番”的内附，完全可以从传统的“天下”观中找到相应的资源。只不过，相对于万国公法所代表的体系，这套系统更有弹性。也就是说，或根据“天子”的意愿，或根据帝国实力的强弱，对“生番”及其地域的管辖，存在着极大的伸缩性。所以，清政府对“生番”之地主权的明确，并非一定要借助万国公法，这种明确也不足以造成传统观念的断裂。①

另一方面，在这一事件中外国人对“主权”的强调，以及少数人有意无意根据万国公法对“生番之地”主权的思考，也对中国人主权观念产生某些影响。例如，对台湾内山权利的确认，尤其是把“生番”视为一体这种观念，不仅有朝廷的明确表述，还有大量证据加以论述，如果不存在外部的压力和压力下的主动思考，是很难以这种方式体现出来的。上述主动防范“治外法权”的意识，更是1860年之后中国人在外交上主动吸收西方“主权”观念的一个表征。②

总之，在当时中西交涉的大背景下，中国人的主权观念，基本还是固守传统，而传统也提供了在新环境下进行调整的必要弹性；对于西方的主权观念，时人并无深入认识，而是经由对某些规制的利用逐渐渗入的。在对待具体问题时，二者或有冲突，但基本上相安无事，甚或互相补充。③

---

① 在传统观念中，“严华夷之辨”也是维护“天下”秩序的题中应有之义，随着明清以来与西洋各国接触的增多，清政府在治理中亦逐渐有了“内夷”“外夷”的区分。对于“外夷”，清前期以来就有“天朝疆界严明，从不许外蕃人等越境搀杂”〔（清）梁廷枏：《粤海关志》卷23《贡舶三》〕的观念。而相对的，原来被认为是“外夷”的某些地区，如西南土司，被赋予了“内夷”的身份；相应地，至迟到道光年间，西南部的非汉民族地区就已经成为帝国构造中的“内地”（参见王柯《民族与国家：中国多民族统一国家思想的谱系》，冯谊光译，中国社会科学出版社，2001，第159～160页）。

② 王尔敏曾说明1860年以后，中国近代外交思想，自然而然逐渐吸收西方的“主权”观念，其中“治外法权”的害处是最早被注意到的（参见王尔敏《中国近代思想史论》，社会科学文献出版社，2003，第20～21页）。

③ 费正清的研究表明，19世纪40～80年代的早期条约，固然是西方把中国拖入西方世界的体系，同样也是清朝把西方之“夷”纳入中国体系的手段。从某种意义上，这正体现了传统的天下观念的弹性。参见John King Fairbank，“The Early Treaty System in the Chinese World Order”，in *The Chinese World Order*：*Traditional China's Foreign Relations*，ed. John King Fairbank（Harvard University Press，1968），258。

那么，与主权相关的“番地”“生番”地位问题，在当时历史条件下，又是如何解决的呢？

实际上，李礼让的“番地无主”论，是由当时万国公法代表的世界体系中推演出来的。根据这一体系，未经开化的“生番”地位问题，并非如李礼让等人所认为的那样对日本有利。相反，在当时，这是充满了争论的领域。例如，在一篇中国人以万国公法为依据，驳斥“番地无主”论的论文中，就谈到：“英之于奥大利亚、西班牙之于吕宋、荷兰之于苏门答腊，各岛皆然，均有不服王化之土人。设他国藉端取其尺寸之地，其国必鸣鼓而攻，不能坐听攘割也明矣。即日本亦复如是，其四大岛，最北者名耶琐，有虾夷居之，日本惟居南沿海口数处而已。若华人与虾夷寻隙，而以兵占其地，试问日本能甘心乎？”又引“西国公师”的观点说：“西国寻觅新地，创获而得主权者，他国认其主权，而土民不认之，然视蛮夷之权利不足论，而占据其地为常例。今中国于台湾得有主权，他国亦认其主权，即偶有土番未服，亦不足论。岂可以生番未服华之故，而谓其地不属华也？”①

可见在当时的国际法体系中，像美国的“红苗”、南洋的“土人”等，都被视为化外，在主权问题上可以忽略不计，“偶有土番未服，亦不足论”。由此对“土人”地位可以有不同解释，或视为内政问题，或考虑在一主权国内有一定自治地位。②

若按他们的观点，把台湾“生番”视为等同“土人”，则“番地”有主无主，完全视乎各主权国是否有能力管辖，并是否得到其他主权国的承认；而主权国家对其的弃取，完全视乎其对本国有无利益。换句话说，“土人”只是“文明”国家殖民争夺的对象，有利则争之，有力者得之。

但显然，台湾“生番”不能等同于“土人”，所以也无法在万国公法的体系内对其有一个定位。在这个问题上，历史留给人们的选择并不多。既然清政府并无意，也不可能用当时世界上占强势地位的殖民主义理论来解

① 皐白居士：《台湾公案辨略》，《中西闻见录》，1874，第 1～5 页。皐白居士不在《中西闻见录》外国撰稿人之列，当是京师同文馆的学生，是时丁韪良在京师同文馆以其所译《万国公法》教授中国学生（参见〔美〕丁韪良《花甲忆旧——一位美国传教士眼中的晚清帝国》，沈弘等译，广西师范大学出版社，2004，第 164 页）。

② 惠顿对美国“红苗”（即印第安人）的观点，是视其为有弱主权，“恃美国保护而谓半主者也”。参见〔美〕惠顿《万国公法》，丁韪良译、何勤华点校，中国政法大学出版社，2003，第 43 页。

决问题，那么剩下的仍然只是传统的解决方式。

正如前文所述，在传统的体系中，“番地”既然是人为划定的，那么也可以“开禁放垦”，设官治理，收取赋役，使之同于“腹地”。而“生番”既然已不能视同“化外”，那只能恩威并施，俾之归化，也即“欲其渐仁摩义，默化潜移，由生番而成熟番，由熟番而成士庶”①。1874 年以后清朝一系列的“理番”政策，包括台湾建省在内的行动，都是围绕这两方面进行的。

这些措施实际上是传统“理番”政策的延续，并且秉承了同样传统的“天下”观念。在理想状态下，“天下”并无疆界，“番地”的“生番”只是暂时没有成为“腹地”的“士庶”，随着文明政教的扩大，以及他们自身的省悟，自然会归附开化。只不过，传统的历史情境中，只是当中央朝廷力量强大时，才逐渐把周围越来越多的土地纳入“腹地”，向周围推广教化。② 然而，面对近代西方咄咄逼人的攻势，正走下坡路的清王朝却不得不尽量把传统的“边地”“藩属”，纳入“腹地”，以应付越来越严重的主权危机。这类行动在中国近代史上的不断重复，也是“天下”体系逐渐被侵蚀、中国越来越成为世界“万国”之一的过程。

（《民族研究》2009 年第 6 期）

① 《始末》卷九十四，第 3779 页。

② 如《左传·昭公二十三年》载：“古者天子守在四夷。天子卑，守在诸侯。诸侯守在四邻。诸侯卑，守在四境。”

苏联与新疆三区革命

厉　声

一　苏联错位的“民族解放运动”

所谓民族解放运动，是指殖民地、半殖民地国家反抗西方殖民统治而进行的斗争，其结局一般是国家的独立、民族的解放。新疆近现代的反抗斗争，除阿古柏入侵之外，一般都是反抗统治阶级压迫的政治斗争。1944年11月三区革命运动的第二阶段之所以产生了一个分裂政权，从理论上究其根源，就是在“民族解放运动”这个概念上发生了混乱。而这种混乱可以直接追溯到1919年共产国际的“东方革命论”。

十月革命胜利后，共产国际和苏俄将新疆军阀统治定性为殖民统治，它们出于世界革命的信条，开始将中国新疆看成是输出革命、扩大世界革命浪潮的重要地区。它们认为：在革命席卷了苏俄的中心地区和俄属中亚地区之后，新疆很有可能成为下一个社会主义革命的舞台。之所以如此，是因为新疆是苏俄通往英国最大的殖民地——印度的最短的途径之一，而考虑到印度被压迫人民与英殖民者的斗争，印度完全可以被视为未来世界东方革命运动的中心之一。共产国际领导人托洛茨基在1919年8月提出了远征阿富汗和印度，点燃“世界革命火焰”的设想。其大致的推论是：为消灭英国殖民主义，必须先帮助印度争取独立，并使之布尔什维克化；印度的革命工作，又须通过阿富汗和波斯进行；而进入阿富汗，首先应在新疆积蓄经验。

20世纪20年代初，俄共（布）中央中亚局主席 Я. Э. 鲁祖塔夫甚至提出了在新疆“建立喀什和准噶尔共和国的建议”。建议的缘起是“新疆的一些革命团体和组织向往摆脱军阀压迫，提出了建立独立的喀什和准噶尔共和国的设想”。1921 年 6 月 4 日，俄共（布）中央政治局会议讨论了这个建议。所幸的是，政治局会议上，Г. В. 契切林坚决反对这个建议，列宁等少数政治局委员也支持契切林的意见，最终否定了它。[①]

不过，共产国际的“东方革命论”和“民族解放运动”理论并没有得到澄清。一旦形势发生变化，这种理论还会再度浮泛。

1931 年新疆爆发反对金树仁统治的起义。面对新疆的新形势，共产国际的领导人，以及一些苏联上层人士，特别是与新疆毗邻的苏联中亚共和国党和军队的领导人，都认为新疆的革命时机已经到来，这里的民族解放起义将成为世界革命的一部分。1931 年 9 月，联共（布）中亚局书记鲍曼提出：新疆的起义和暴动已具有民族解放运动的性质，因此我们应当在新疆开始积极的革命工作，帮助运动的发展。部分军事工作者和国家政治保卫局的工作人员也认为，新疆目前的民族运动是革命性的。不过后来情况发生了变化，由于外来势力的插手，新疆起义者，特别是南疆暴动者日益表现出反苏倾向。如苏方报告所说，南疆起义民众队伍中有大量与苏境内居民有亲属和其他关系的移民及中亚反苏分子，其中喀什境内有 6 万名苏联吉尔吉斯移民；苏联国内的“泛伊斯兰主义”和反苏势力头目已在喀什展开活动，他们有可能组织力量从中国喀什对苏领土进行偷袭；英国插手南疆起义，并有在南疆建立独立于中国之外的穆斯林国家的意向。[②] 同时，苏联方面认为，解决与新疆穆斯林居民起义有关的问题，对苏联来说，意味着解决与这一地区接壤的与其自身至关重要的内政问题。因此，在这种形势下，内部认识趋于统一，支持新疆地方政权，维持新疆的统一，成为这一时期苏联对新疆的政策。

1931 年 8 月 5 日，苏联政治局会议决定向新疆金树仁政权出售军用飞机和派遣飞行员，以后又决定进一步提供空投炸弹、大炮及汽油等战备物资，并决定不给新疆起义暴动者以任何帮助。[③] 1933 年“四一二政变”盛世才上台后，明确表示亲苏立场。8 月 3 日，联共（布）中央政治局正式下达“对新疆工作的指示”，主要内容有以下几方面。（1）不采取支持新疆同

---

① 〔俄〕A. H. 海费茨：《苏联外交与东方民族（1921～1927）》，莫斯科，1968，第 128～129 页。

② 俄罗斯现代史文献保管与研究中心：全宗 62，目录 2，案卷 3037，第 61 页。

③ 俄罗斯现代史文献保管与研究中心：全宗 17（政治局特档），目录 162，案卷 1，第 10 页。

中国分离的政策和口号。(2) 支持盛世才为首的新疆政府。现时和现有条件下，支持旨在完全脱离新疆政府的运动不适宜，但可以在英国或日本特务活动不可能取得成效的地区，对组织较为广泛的地方自治持友好的立场。(3) 积极支持新疆政府粉碎马仲英和其他回人的队伍。(4) 利用归化军（由加入中国籍的白俄组成）支持新疆政府的稳定，并对新疆政府进行监督，同时采取一切必要的措施防范和监督归化军。

这样，20 世纪 30 年代错位的“民族解放运动”理论没有占据主导地位，也没有付诸实践。但是，20 世纪 40 年代情况就不同了。

1942 年盛世才开始投靠国民党，走上反苏反共的道路，要求苏联撤回在新疆的工作人员和军队，并中断了对新疆的政治、军事和经济支持，撤回了在新疆的工作人员和军队，并开始支持和组织反对盛世才统治的斗争。1943 年 5 月 4 日，联共（布）中央政治局会议上讨论了新疆的局势。会议指出：“必须采取措施，以便能使盛世才失去在新疆的权势”，决定筹建革命组织和培养新疆的革命力量。在此之前，苏联已有计划地在新疆境外建立了一些以“民族复兴小组”命名的革命组织。政治局会议还决定，在与新疆相邻的哈萨克斯坦、乌兹别克斯坦和吉尔吉斯斯坦建立数所学校，专门为“民族复兴小组”培养指挥人员和将来与新疆居民一道工作的宣传鼓动员。[①] 在实施这些计划时，“民族复兴小组”被更名为“民族独立小组”或“民族解放小组”。之所以如此，是因为苏联长期以来一直将新疆各族人民反抗剥削压迫的斗争定位为“推翻汉人殖民统治的民族解放运动”。既然定位是推翻汉族殖民统治的民族解放运动，其斗争的结局必然是民族的独立，所以建立“民族独立小组”也是顺理成章的。在以后的斗争中，“民族独立小组”在传播未来起义运动行动纲领的同时，也传播民族解放和民族独立的思想。联共（布）乌兹别克斯坦加盟共和国委员会负责人被指定为当地向新疆宣传和输出革命的负责人。境外出版的《新生》《东方真理》《哈萨克之乡》等维吾尔文、哈萨克文杂志被运入新疆，广为传阅。其中一篇题为《我们为何进行斗争》的政论文章颇具代表性。试举第一条为例：“我们为消灭汉族在我们东突厥斯坦的统治，为消灭在我们领土上汉族暴政的一切根源而斗争。东突厥斯坦属于这片领土的真正主人——维吾尔人、

---

① 〔俄〕B. 巴尔明：《1941～1949 年间苏中关系中的新疆》，巴尔瑙尔，1999，第 59～60 页。

塔兰奇人、哈萨克人、柯尔克孜人、塔塔尔人、乌孜别克人，以及其他遭受突厥族统治的人——蒙古人和其他非汉族人。在东突厥斯坦，无论汉族殖民政府，还是汉族殖民者，都没有容身之地。”①

新疆不是殖民地，共产国际和苏俄当局却将新疆人民反抗剥削压迫的国内政治斗争错误地定位为民族解放运动；新疆人民反对的是军阀统治和专制制度，而境外宣传材料却误导为反对汉族的民族独立运动。这样，一场轰轰烈烈的革命运动未能产生出相应的革命政权，却形成了“东突厥斯坦共和国”分裂政权。错位的“民族解放运动”是分裂政权产生的重要理论根源。

二　新疆三区革命运动的初期阶段

三区革命，通常指1944年8月在新疆北部伊犁、塔城、阿山（今阿勒泰）三个专区爆发的各族人民反抗军阀盛世才和国民党反动统治的武装斗争。由于革命酝酿和爆发时特定的历史条件，以及革命领导权掌握在以艾力汗·吐烈为首的封建宗教上层人士手中，武装斗争取得初步胜利后，一度形成了寄生在三区革命运动中的“东突厥斯坦共和国”分裂政权。因此，无论是三区革命自身的发展，还是我们今天对三区革命历史的研究，都有许多复杂而矛盾的问题。对此，我们认为，在三区革命的研究中应明确几条原则。一是将这一时期新疆各族人民反抗剥削压迫的武装斗争，同少数封建上层的分裂活动严格区别开来，在充分肯定各族人民反抗斗争的正义性和革命性的前提下，痛斥少数封建宗教上层再次制造分裂的反动行径。二是将三区革命运动与寄生其中的“东突厥斯坦共和国”分裂政权严格区分开来。“东突厥斯坦共和国”分裂政权的建立绝不是三区革命运动的初衷，而是革命前期把持领导权的封建宗教上层强加于各族人民的“私货”，是寄生在三区革命运动中的毒瘤，两者具有截然不同的性质。三是分裂违背了新疆各族人民的根本利益，人民一旦觉悟，便会同分裂主义进行坚决的斗争。以阿合买提江、阿巴索夫为代表的革命派，正是在各族人民的支持下，通过坚决和不懈的斗争，最终使三区革命运动摆脱分裂主义的桎梏，

① L. 本森：《伊犁起义》英文版，伦敦，1990，第200～205页。

汇入中国革命的洪流中。鉴于以上几条原则，依照三区革命的发展与变化，应将运动的全过程划分为不同的阶段。

“巩哈暴动”是三区革命运动的开端。这次暴动是在境内外民众相互配合下展开的。1944 年 8 月初，受官府迫害的哈萨克族三兄弟艾克拜尔、色依提、纳万（曼）逃入与霍城县毗邻的苏境英塔尔，在那里，他们与法提赫·穆斯里莫夫相遇。法提赫曾是巩哈县苏联侨民，担任过县土产贸易公司的副经理，因秘密结社遭逮捕而潜逃回苏境，后应征在阿拉木图接受旨在支援新疆民族复兴的军事培训。经法提赫介绍，艾克拜尔等从曾居新疆的归化族（加入中国籍的俄罗斯族）、专门从事军火买卖的格列宾科那里，用马匹低价换取了一些武器。随后，艾克拜尔等人又与法提赫等联合，于 8 月 14 日在新疆巩哈县乌拉斯台谷地正式组建了以法提赫为首的游击队。17 日，游击队成功地伏击了前来搜山的一队县武装警察，打响了“巩哈暴动”的第一枪。游击队迅速扩大，于 10 月 7 日攻占了巩哈县城。

9 月，伊斯哈克伯克率领在蒲犁（今塔什库尔干县）境外培训的武装经苏境赶往伊宁。10 月 7 日，“伊宁解放组织”成立了以艾力汗·吐烈为首的“地下革命军事司令部”，着手组织和准备伊宁起义。10 月中旬，苏联侨民法铁依·伊凡诺维奇·列斯肯在伊宁与迪化交通的咽喉要地果子沟组织了游击队，准备切断敌人对伊宁的增援。11 月 6 日，阿巴索夫偕同由苏联军官彼得·罗曼诺维奇·阿列克山德洛夫率领的一支武装队伍，配备苏式精良武器装备，从霍城县的艾因塔勒（即英塔尔）入境，迂回伊宁城下。随后在前“地下革命军事司令部”的基础上，成立了以阿列克山德洛夫为首的军事指挥部，负责领导起义。同日，列斯肯率绥定游击队率先在芦草沟暴动，攻占了伊宁通往迪化的大门，形成了“关门打狗”的形势。伊宁武装起义的军事准备至此完全就绪。宣传方面的工作也自 11 月初开始，“伊宁解放组织”在县城各地张贴标语、散发传单。其中既有“打倒压迫人民的政府”“革命胜利万岁”等正面的宣传口号，也有“穆斯林联合起来，驱逐汉人、东北人（指 1933～1934 年经苏境转入新疆的东北抗日义勇军）出新疆”和“建立东突厥斯坦政府”等负面的鼓动内容。军事指挥部决定，起义时间定在 11 月 7 日（苏联十月革命 27 周年纪念日）。

11 月 7 日，按预定方案，游击队分别向县城内的军事要地及政府要害部门发起攻击。至 12 日，除城郊机场及艾林巴克、鬼王庙两处高地仍被国民党军固守外，整个县城已被游击队攻占。伊宁解放组织宣布成立“东突厥斯坦共和国”临时政府。同时，列斯肯率游击队占据二台，切断了伊宁与迪化的交通。11 月 16 日，伊斯哈克伯克和苏联军官亚历山大（化名斯坎达尔）、伊万·雅科夫列维奇·颇里诺夫等率一营骑兵从苏境入境，加入围攻艾林巴克的战斗。国民党援军则被死死堵在新二台达坂（果子沟）之外，精河一线国民党援军曾进入距伊宁 15 公里之潘津于孜皮里其一带，但在另一支入境苏军骑兵的三面夹击下，伤亡过半，被迫撤退。① 在此期间，伊宁周围各县相继为游击队攻占。1945 年 1 月 31 日，被困于飞机场附近的国民党军队在突围中被全歼，伊宁起义取得了完全的胜利。

三　苏联对三区革命的支持

“巩哈暴动”“伊宁起义”胜利后，伊犁建立了“东突厥斯坦共和国”临时政府。这个“政府”在苏联军事顾问帮助下，制订了南、北、中三线作战计划。北线负责解放塔城、阿山两个专区；中线以精河、乌苏为进攻目标，进而挺进新疆首府迪化；南线向南疆方向发展游击战，以牵制国民党驻南疆部队。其后，由联共（布）中央政治局决议派遣的红军军官和军士及列兵迅速补充到民族军中，牵制南疆、攻取北疆的各项准备工作基本就绪。6 月中旬，北线的战斗率先打响；7 月 31 日，攻占塔城；9 月下旬，解放阿山全境；北线战役取得完全胜利。这样，“临时政府”直接控制了新疆北部与苏联毗连的伊犁、塔城、阿山三个专区。以后习惯上将“临时政府”控制的区域称为“三区”，将 1944 年的“巩哈暴动”和“伊宁起义”及其后的南、北、中三线作战等反抗盛世才和国民党反动统治的武装斗争合称为“三区革命”运动，将“临时政府”称为“三区政府”或“三区政权”。

如果说巩哈暴动仅是苏联从各方面给予支持的新疆人民反抗盛世才和国民党反动统治的斗争，那么伊宁起义中苏联最高层和苏军直接参与的成分更大。俄罗斯学者认为，苏联领导不仅在组织起义方面起着决定性作用，而且在物资、军事技术和指令方面也给予了起义者帮助。三区起义运动的胜利，在很多方面是由苏联积极全面的援助决定的。② 早在起义准备阶段，

---

① 陈慧生、陈超：《民国新疆史》，新疆人民出版社，1999，第 396 页。

② 〔俄〕B. 巴尔明：《1941～1949 年间苏中关系中的新疆》，巴尔瑙尔，1999，第 64 页。

“苏联领导成立了一个以内务人民委员部特务司司长叶格纳洛夫将军和他的副手——内务人民委员部第一局第四处处长兰格番格将军为首的特别行动小组。该小组的司令部设在阿拉木图以及边境小城霍尔果斯。此外，乌兹别克斯坦和吉尔吉斯斯坦领土上也有领导着新疆南部的大规模的工作，在那里还有一个苏联内务人民委员部行动小组在开展活动”①。伊宁起义最初的中坚力量有三支，一支是奉命前来参加伊宁起义的巩哈游击队，另两支则是由苏联军官阿列克山德洛夫带领的精锐队伍和苏联军官颇里诺夫带领的骑兵营。伊宁起义胜利后，苏联于11月27日在伊宁设立了分别以符拉基米尔·格兹洛夫和符拉基米尔·斯特潘诺维奇为首的两个顾问团（代号为一号和二号房子）。② 叶格纳洛夫将军开始既领导苏境内的行动小组，也履行驻“东突厥斯坦共和国”政府主要军事顾问的职责。境外行动小组的大部分工作人员进入了已被解放的行政区活动。新建立的“东突厥斯坦共和国”临时政府一方面得到了苏联强有力的支持，另一方面又受制于苏联。“十分清楚，如果未经与苏联外交官或苏联驻东突厥斯坦共和国政府代表协商，无论这个政府的成员，还是艾力汗·吐烈本人，无论是在军事领域，还是国家建设问题上，都不能采取任何稍许重要的步骤”③。

初期的胜利巩固之后，苏联做出了进一步在军事上参与和全面支持三区革命的决定。1945年6月，联共（布）中央政治局正式通过一项特别决议：为了巩固“东突厥斯坦共和国”的军队，向新疆派遣500名红军军官及2000名军士和列兵。这项工作迅速完成，并由内务人民委员部部长贝利亚向部长会议第一副主席、外交人民委员莫洛托夫作了书面报告。④ 与此同时，大批的武器包括大炮、弹药、运输汽车及军事通讯指挥设备和各类消耗物资源源运入新疆，在一些具有决定性的战斗中都有苏联军队与起义者并肩作战。一些文件证明：“东突厥斯坦共和国军队的胜利

---

① 《1944～1953年苏联内务人民委员部——内务部书记处材料》，俄罗斯联邦国家档案馆，全宗P-9401c/ч，目录2，卷宗96，第197～198页。《1946～1949年苏联内务人民委员部——内务部书记处材料》，俄罗斯联邦国家档案馆，全宗P-9401，目录2，卷宗144，第383页。

② 新疆三区革命史编纂委员会编《新疆三区革命大事记》，新疆人民出版社，1994，第44页。

③ 〔俄〕B. 巴尔明：《1941～1949年苏中关系中的新疆》，巴尔瑙尔，1999，第65页。

④ 俄罗斯联邦国家档案馆：全宗9401C《莫洛托夫专箧》，目录2，卷宗104，第116页。

是由苏联部队保证的。”许多有关三区革命军事进展情况的报告已不是通过叶格纳洛夫将军，而是由担任顾问的苏联内务人民委员部部队指挥机关直接报告联共（布）中央。如一份通报1945年7月29日起义军占领新疆布尔津县的战报，签署人为行使苏内务人民委员部队指挥权，并担任“东突厥斯坦共和国”临时政府顾问的斯特潘诺维奇将军，并经贝利亚转呈了斯大林。①

如同盛世才时期一样，从形式上看，苏联对三区革命参与和支持的所有措施，都是为了响应艾力汗·吐烈不时发出的“请苏联支持东突厥斯坦共和国各族人民”的请求。此外，参与和全面支持不仅限于军事行动，“不仅仅局限于供给武器、装备和派遣几千名指导者，起义的几个行政区的居民得到了北方邻居给予的经常不断的相当大的物资支持。在必要的情况下，应这些行政区管理当局的请求，这种支持表现为供应粮食、燃料和工业产品。此外，从起义一开始，起义者队伍，以及后来的“东突厥斯坦共和国民族军”都可以越境到苏联境内，包括到哈萨克斯坦各州。他们退入苏联领土，并不仅仅是因为遭受中国政府军优势兵力的打击，而且是为了休整、医疗和兵力改编。由于参与和全面支持三区革命，与新疆接壤或邻近的几个苏联加盟共和国负担的各种开支费用极大，这些费用直接由苏联中央政府拨付。其中乌兹别克加盟共和国部长会议主席阿布都拉赫曼诺夫在一次致内务部部长贝利亚的报告中提出，鉴于1945年的支出状况，希望“能在乌兹别克加盟共和国1946年度预算中拨入用于在新疆采取措施的500万卢布”。这一提议得到了贝利亚的支持。② 由此可见苏联在财政经济方面支援三区革命之一斑。

四 雅尔塔会议所涉及的新疆问题

1945年2月，苏、美、英三国首脑在苏联克里米亚半岛的雅尔塔举行了会议，秘密讨论了苏联对日作战和战后世界安排等问题。美国认为，对

① 《1944～1953年苏联内务人民委员部——内务部书记处材料》，俄罗斯联邦国家档案馆，全宗P-9401с/ч，目录2，卷宗98，第398～399、35～36页。

② 《1946～1949年苏联内务人民委员部——内务部书记处材料》，俄罗斯联邦国家档案馆，全宗P-9401，目录2，卷宗146，第37～65页。

德作战胜利后，单靠以美国为首的同盟国还需一年半左右才能击败日本，如果苏联放弃《苏日中立条约》加入对日作战，将会提前击败日本，大大减少美方伤亡。苏联方面提出加入对日作战的条件之一，是要维持中国外蒙古“独立”现状。对此，美国予以支持。在美苏的压力下，蒋介石被迫同意了苏联的这一要求。作为交换，国民党政府的决议提出：只有苏联政府保证中国对新疆的领土及行政主权，并对“新疆变乱”（指三区革命）不再作任何支援，中国政府才考虑苏联有关外蒙古（独立）的要求。1945 年 7 月 9 日，中方正式向苏联提出：苏联政府如能在帮助中国平定“新疆变乱”等问题上作出承诺，中国政府可以在外蒙古独立问题上让步。斯大林当即表示：无论延安、新疆均须服从蒋委员长的领导，可以根据中国政府的要求发表声明，并答应中方关于制止从苏联往新疆“偷运”武器的要求。[①] 此时三区革命的地位已降至苏联要挟国民党政府允许外蒙古独立的一个交换筹码。按照俄罗斯学者的观点，在允许外蒙古独立的同时，两国“顺便解决了新疆问题，而且确认新疆是中国的领土，从而斯大林停止支持东突厥斯坦共和国的存在”[②]。8 月，苏联参加对日作战。日本很快无条件投降，第二次世界大战胜利结束。同期，《中苏友好同盟条约》签订，苏联在条约附件中声明：“关于新疆最近之事变，苏联政府重申如友好同盟条约第五条所云，无干涉中国内政之意。”

既然苏联曾全力支持三区革命获得成功，所以一旦形势需要，苏联就有把握和调整三区革命方向的能力。国民党政府深信这一点，甚至在条约签订后即着手准备通过苏联的协助，于是年 10 月间用政治方式“收复”伊犁。9 月 17 日，苏联驻华大使彼得洛夫奉苏联政府之命告知民国政府外交部：近有穆斯林数人，自称新疆暴动人民代表，向苏联驻伊宁领事申请，暗示希望苏联出面为中间人，调停彼等与中国当局所发生的冲突。外交部答复：苏联政府愿意协助我政府，甚为感谢，请苏联驻伊宁领事通知“事变分子”派代表到迪化晋谒张治中部长，商洽和平解决之办法。苏外交部长莫洛托夫在与民国政府外交部长王世杰关于“新疆伊宁事件”的磋商中表示：此事件为暂时

---

① 新疆三区革命史编纂委员会编《新疆三区革命大事记》，新疆人民出版社，1994，第 83、84 页。

② 〔俄〕尤·米·加列诺维奇：《两大元帅：斯大林与蒋介石》中译本，四川人民出版社，1999，第 177 页。

现象，不久可平息。[①] 苏联对待三区革命的政策由全力支持其争取独立的民族解放运动，转变为在维护民国政府对新疆领土和主权完整的前提下，取消独立的“东突厥斯坦共和国”，进而促成其与中央政府的谈判。

五 统一与分裂的斗争

苏联政策的变化只是外部条件，三区内部以阿合买提江、阿巴索夫为代表的革命派的崛起及其与分裂势力的坚决和不懈的斗争，才是三区革命摒弃独立、清除寄生的分裂毒瘤，进而使三区革命成为中国人民革命的一个组成部分的关键因素。这场统一与分裂的斗争，成为20世纪新疆历史上第一次由民族领袖带领民族群众反对分裂新疆的重大政治斗争。斗争的焦点是拥护和平与中国统一，还是实行反汉排汉、分裂中国。对于三区方面来讲，和平谈判的过程，实际上是承认中国统一、取消分裂的斗争过程。斗争的成与败，关系到三区革命的前途，关系到未来新疆各族人民的命运，更关系到中国西北边疆领土的统一。这场斗争实际上成为了三区革命运动的二次革命。

形势的变化和苏联方面政策的改变都来得太突然，苏联的指令在“临时政府”内部引发了十分激烈的反响，也激化了原有两派之间的矛盾和分歧。以艾力汗·吐烈为首的封建宗教上层集团乘机煽动蛊惑，坚持要走分裂的道路，声称反对同汉人政府进行任何谈判。在对突如其来的变化没有任何思想准备的情况下，领导层中的部分同志也附和艾力汗·吐烈等人，要继续战斗到底。而阿合买提江、阿巴索夫、伊斯哈克别克、达列里汉等领导成员在苏联的支持下奋起反对和摒弃独立，积极支持与民国政府谈判的方针。这一时期“临时政府”内部的斗争已不再是什么观点或派系的矛盾，而是在维护三区各族人民权益的前提下，纠正以往的方向性错误，维护中国的统一，与以民族解放为名、坚持分裂的两条路线的斗争。1945年9月上旬，民族军进抵玛纳斯河，大有一举攻占首府迪化之势。艾力汗·吐烈等随即利用军事上的胜利着手在政治上实施巩固和扩大分裂政权的计划。9月初，“临时政府”召开了政府委员会。会议通过了与民国政

① 新疆三区革命史编纂委员会编《新疆三区革命大事记》，新疆人民出版社，1994，第110～111页。

府进行谈判的决议，但提出“东突厥斯坦共和国”必须以一个独立国家的名义与中国政府进行谈判，并要求苏联充当“两国”之间和平谈判的中间人。这实际上是在某种程度上仿效外蒙古独立的模式，要求公开承认“东突厥斯坦共和国”的独立地位，并使“东突厥斯坦共和国”独立问题国际化。艾力汗·吐烈亲自拜会了苏联驻伊宁总领事，请他向苏联政府转达“临时政府”的决议。①

与此同时，艾力汗·吐烈还从组织上进一步强化自己的权力。1945年10月22日，“临时政府”通过了114号决议，任命艾力汗·吐烈为军事委员会主席，并规定军事委员会统揽军事领导大权，“今后的所有军事行动和有关事宜，均应报请军事委员会批准后方能实施”；同时授予艾力汗·吐烈唯一的元帅军衔。不久，又颁布了《各级政府组织条例》，规定以艾力汗·吐烈为首的“临时政府”委员会为最高权力机构，委员会所发布的命令、通知、决议即为法律，民众和各机关必须服从和执行。随后，财政厅、国家银行也划归“临时政府”直辖，“临时政府”有权通过上述机构监督所属各机关的预算和财政支出，使财权也被艾力汗·吐烈揽入手中。此外，“临时政府”还大大地增加了维护军队、购置武器装备的预算拨款。②

是年11月，三区召开民族代表大会，艾力汗·吐烈集团又利用部分基层干部和群众对和平谈判不理解的情绪，企图在会议上向苏联和以阿合买提江和阿巴索夫为代表的革命派显示力量。艾力汗·吐烈本人在大会上不断进行分裂和反汉排汉的蛊惑煽动，并将“东突厥斯坦共和国临时政府”改为“东突厥斯坦共和国政府”③，企图造成既成事实的分裂。大会通过的决议宣称：“要继续为解放整个‘东突厥斯坦’而斗争”，“如果中国政府不给我们自由，我们就自己去争取，把民族革命扩展到‘东突厥斯坦’的整个领土上去”。④ 艾力汗·吐烈一伙利用人民要求摆脱剥削压迫、获得解放

---

① 〔俄〕B. 巴尔明：《1941～1949年间苏中关系中的新疆》，巴尔瑙尔，1999，第77页。

② 新疆三区革命史编纂委员会编《新疆三区革命大事记》，新疆人民出版社，1994，第124～126、131～132页；〔俄〕B. 巴尔明：《1941～1949年间苏中关系中的新疆》，巴尔瑙尔，1999，第83页。

③ 新疆三区革命史编纂委员会编《新疆三区革命大事记》，新疆人民出版社，1994，第134页。

④ 《东突厥斯坦自由报》1945年12月18日。

的心情大肆煽动分裂，“临时”两字的取消，暴露了他决心破坏和平谈判、继续推行分裂主义路线的顽固立场。同期，艾力汗·吐烈等指挥在南疆蒲犁（今塔什库尔干县）发动武装进攻，至1946年初，先后占领蒲犁、叶城和泽普。和平谈判再次受到威胁。

六　三区革命汇入中国革命洪流

1946年4月上旬开始，和谈进入了最后关键阶段。经过苏联方面的多次协调，双方于5月22日就军事问题的附文（二）达成一致意见。5月25日，三区政府委员会举行全体会议，授权三区代表签署该协议。6月6日，附文（二）正式签字，《和平条款》确立，和平谈判胜利完成。《和平条款》的全面签立，标志着“东突厥斯坦共和国政府”已失去存在的意义而自动解体，三区政权重新回归为中国新疆省的一个区域性地方政权，“东突厥斯坦共和国政府”主席艾力汗·吐烈也相应失去了合法地位。艾力汗·吐烈本人在《和平条款》签订后自动退出了政治活动，以示对和平谈判和《和平条款》签订的抗议。1946年6月17日，苏联内务部和国家安全部将“原‘东突厥斯坦共和国政府’主席艾力汗·吐烈·萨比尔霍加耶夫召回苏联”。6月27日，“东突厥斯坦共和国政府”召开最后一次政府委员会议，会上宣布：按照和平协议，政府放弃自己的全权，而共和国本身将不再存在。① 以“泛伊斯兰主义”“泛突厥主义”分子艾力汗·吐烈为首的封建宗教上层企图借助人民起义分裂新疆的阴谋彻底破产了。政府委员会通过的324号决议规定：（1）将“东突厥斯坦共和国”政府委员会改组为“东突厥斯坦”伊犁专区参议会，成员为32人，由阿克木伯克·霍加任参议长，阿不都海依尔·吐烈任副参议长；（2）原厅、局机关改为伊犁专署局级机关；（3）塔城、阿山专署自6月28日起由新组织的省政府酌情合理调整；（4）三区政府机关报《解放的东突厥斯坦报》改为伊犁专署机关报。②

---

① 俄罗斯联邦国家档案馆，全宗P-9491 C/Y，目录2，卷宗137，第208~211页。收于N. B. 斯大林专箧。

② 新疆三区革命史编纂委员会编《新疆三区革命大事记》，新疆人民出版社，1994，第173页。

在以阿合买提江、阿巴索夫为代表的革命派的斗争下，在三区乃至新疆各族人民的共同努力下，在苏联的全力支持和协调下，经过复杂而艰难的斗争，三区革命运动终于从艾力汗·吐烈集团的分裂和反汉排汉的方向性错误中解脱出来，实现了自身的又一次革命，重新回到反对国民党反动派剥削压迫斗争的正确路线上。只是在这时，也只有在这时，三区革命才重新汇入了中国人民争取解放斗争的洪流中，成为中国民主主义革命的一部分，进而与中国共产党携手，为争取新疆各族人民的彻底解放而继续奋斗。

然而，前述三区政府的324号决议还是留下了一条“小尾巴”，即决议中仍坚持将新疆称为“东突厥斯坦”，而不用新疆省的统一称谓，称伊犁为“东突厥斯坦”伊犁专区。由此可以看出分裂势力的顽固性和新疆反分裂斗争（特别是在意识形态方面）的复杂性与长期性。

三区革命运动的转折在新疆历史的发展中具有十分重要和深远的意义。这一转折以思想路线和意识形态领域的斗争为主，其中可能没有战火硝烟，也不曾出现轰轰烈烈的场面，但将100多年来新疆各族人民反抗剥削压迫的斗争引向了光明。三区革命转折的标志是实现了两个结合：将新疆各族人民的解放斗争同祖国人民的解放斗争结合起来；将新疆各族人民的解放同反对分裂、维护祖国边疆统一的斗争结合起来。这两个结合的实现，标志着自20世纪以来新疆各族人民争取解放的斗争终于摆脱了“泛伊斯兰主义”和“泛突厥主义”的误导和束缚。此外，三区革命运动的转折是在革命内部民族领袖人物的带领下，通过新疆各族人民自身的努力奋斗实现的。阿合买提江、阿巴索夫等一批民族领袖人物的历史功绩在于他们清醒地认识到，共同生活在中国这个大家庭中的新疆各族人民的根本利益与祖国人民的根本利益是一致的，进而能超脱狭隘的民族和宗教偏见，顺应历史潮流，带领各族人民将这一理论付诸革命斗争的实践。

三区革命运动是新疆现代历史上一次规模最大、影响最深远的反抗军阀盛世才和国民党反动统治的武装斗争。三区革命的胜利和三区解放区的建立，大大地牵制了国民党在新疆的军事力量，配合和促进了新疆的和平解放。三区革命的胜利提高了深受封建剥削压迫的新疆各族人民反抗黑暗统治的觉悟，鼓舞了他们的斗争勇气。而三区革命所建立的解放区及革命政权对当地的管理，在使三区人民获得解放和新生的同时，也培养和锻炼出了一大批本地民族干部，组织起一支正规的民族军队，以“新疆保卫和平民主同盟”的形式，建立起了团结新疆各族爱国进步人士的统一战线政党。所有这些正如毛泽东同志所指出的：“伊犁、塔城、阿山三区人民的奋斗，对于全新疆的解放和全中国的解放，是一个重要的贡献。”①

（原文载《中俄关系的历史与现实》第2辑）

① 新疆三区革命史编纂委员会编《新疆三区革命大事记》，新疆人民出版社，1994，第339页。

中国近代民族史研究文选

【下册】

陈理　彭武麟◎主编

SSAP
社会科学文献出版社
SOCIAL SCIENCES ACADEMIC PRESS (CHINA)

目　录

上　册

第一编　理论与方法

第二编　民族观与民族政策

第三编　民族主义与现代民族国家建构

中　册

第四编　少数民族社会历史形态、民族区域社会经济

第五编　少数民族反帝反封建斗争

第六编　中外关系与边疆民族区域政局

下　册

第七编　边疆民族区域社会政治制度与变革

第八编　民族社会、宗教、文化教育

第九编　边疆民族区域历史事件与人物专题

第 七 编

边疆民族区域社会政治制度与变革

论清季新疆建省

纪大椿

1884年（清光绪十年），清廷任命刘锦棠为新疆首任巡抚，宣告了新疆省的正式建立。新疆建置行省，郡县制在新疆全境推行，不但统一了新疆全境的行政建置，而且同其他各省在体制上一致起来，这是新疆历史上的一件重大事件。新疆建省的目的是加强清王朝在新疆少数民族地区的统治。然而，“历史不是从有意识的目的开始的……重要的是……那种人们未曾意识到的、但由于人们活动的结果而出现的东西……”① 新疆建省密切了新疆与全国各族人民的政治、经济联系，巩固了各族人民在反帝反封建斗争中用鲜血凝成的情谊，加速了西陲边疆的开发与发展，这些都是当时的封建朝廷和官吏未曾意识到的。值此新疆建省一百周年之际，特作此文探讨，并志纪念。

历史发展的必然结果

新疆地处亚洲内陆，为我国通向西方的陆路交通必经之地。因为处于我国西部，历史上一直被称为“西域”。自从公元前138年（西汉建元三年）汉武帝派张骞通西域后，西域与内地的关系日益密切。公元前101年（汉太初四年）设“使者校尉”管理屯田事务，是为西汉政府在西域第一次设置官吏。公元60年（汉神爵二年）“西域都护”于乌垒城（今轮台县东策大雅），正式确立了西汉政府对西域的统治。在漫长的历史发展过程中，

① 列宁：《黑格尔〈历史哲学讲演录〉一书摘要》，《列宁全集》第83卷，第344页。

中央王朝在西域的统治机构虽然时设时辍，但总的趋势却是越来越强化，越来越牢固，其中具有重大意义的是郡县制在西域的推行与实施。

郡县制早在公元前8世纪至前5世纪的春秋时代就已经出现了。在这以前的西周时代，大小城堡称“邑”，或称“国”。春秋初，秦、楚等国在新兼并的地方设“县”，直接隶属于君主。春秋中期以后，各国设县的逐渐增多。“郡”出现于春秋末期，起初为晋国的地方制度，官位比县低。后来郡的地位提高，县受郡统辖。郡县不同于卿大夫的封邑。它的创立加强了国君的统治力量，加速了分封制度的崩溃。到了公元前5世纪至前3世纪的战国时代，各国皆采用郡县制。秦统一中国以后，郡县制便成为历代相沿的地方制度。郡县制有利于中央集权，从它诞生之日，便受到各国封建君主的重视，并由此而形成中央集权的统一的封建国家。郡县制在历史上的功绩是不可抹杀的。

在我国漫长的封建时代，各个封建王朝先后更替，分裂和统一也交替出现。但是每经过一度短暂的分裂，随之而出现的总是一个更大更强固的统一王朝。这是我国历史发展的一个规律。就在这历史发展的进程中，郡县制也逐步地推行到了西域少数民族地区。

公元327年（前凉太元四年），东晋十六国时期的前凉，在西域设置高昌郡，地点就在今天吐鲁番境内的高昌故城。该郡上隶沙州（今甘肃敦煌），下辖田地、高昌、横截、高宁等县，县以下设乡里。所设官职全部承袭了汉晋以来的职官制度。这是西域实行郡县制的开始。公元5～6世纪中叶的鞠氏高昌亦实行郡县制，置交河、田地、南平、横截等郡，郡以下设县，已知的县名达十余个，郡县制统辖的范围比前凉更大。

如果说前凉和鞠氏高昌都是地方政府，那么隋、唐、元、清等王朝在西域设置的郡县便具有典型意义上的中央与地方的统治关系了。

隋朝统一全国后，控制西域的西突厥首领达头可（阿史那玷厥）与高昌王鞠伯雅先后表示臣属。隋朝政府就在鄯善（今若羌）、且末（今且末西南）、伊吾（今哈密）设郡，郡以下设显武、济远、肃宁等县；同时又设西域校尉管理西域其他地方事务。

公元7世纪初建立的唐朝，把我国封建社会推向繁荣强大的时期。它结束了西域的割据状态，统一了天山南北，在世界的东方创建了一个幅员空前辽阔的封建大帝国。在西域，唐朝实行两种统治制度：一为州县，一为都护府。设置州县的地区，大体上相当于今天的哈密地区和昌吉回族自治州。如伊州，治所设于伊吾（今哈密），辖伊吾、纳职（今哈密西）、柔远（今哈密东）三县；西州，治所设于高昌，下辖高昌、柳中（今鄯善西南鲁克沁）、交河（今吐鲁番西北交河故城）、蒲昌（今鄯善）、天山（今托克逊）五县；庭州，治所在北庭（今吉木萨尔北），下辖金满（今吉木萨尔破城子）、轮台（今昌吉附近）、蒲类（今巴里坤）、西海（今沙湾安集海）四县。又置安西大都护府（府治初为西州，后迁龟兹，辖天山南路到葱岭以西广大地区）与北庭大都护府（府治庭州，辖天山以北至巴尔喀什湖以西及咸海等地）。两大都护府以下各辖都督府若干，都督府以下又各领州若干。三州与两大都护府是唐代设在西域的地方政府机构。

新疆最早设立行省，是在公元 13 世纪的蒙元时期。当蒙古帝国统治西域时，1251 年（蒙古宪宗元年）在今天的吉木萨尔建立别失八里行尚书省。1271 年（元至元八年）元朝建立后，又在阿力麻里（今霍城县西北）设立行中书省；同时又设立北庭都护府（驻别失八里）、斡端（今和田）宣慰使元帅府等政府机构，统治西域各地。行省制度是元代开始实行的，但是西域建立的行省与内地不同，它没有以郡县制为支柱，缺乏强盛的生命力。

明代的西域，大部分地区处于蒙古贵族察合台后裔的统治下。明政府只在哈密设置卫所进行管辖。清乾隆时平定西蒙古准噶尔部封建游牧贵族与南疆维吾尔族伊斯兰教显贵大小和卓的分裂叛乱之后，统一了西域全部。1762 年（乾隆二十七年）设总统伊犁等处将军于惠远城（今霍城县南）实行军府制统治，下辖各地参赞、办事及领队大臣，兼辖乌鲁木齐都统。军府制统治的特点是：只管军政，不理民事。民政事务采取“因俗施治”的办法由各民族头目自理。如在蒙古族牧区分封世袭的王、公、台吉等世爵，实行札萨克制度。在维吾尔族地区，仍然实行伯克制度；而对于哈密、吐鲁番两地首领，因在统一西域的过程中建有功勋，亦实行札萨克制。在乌鲁木齐、巴里坤一带回、汉族移民众多的地区，则设置州县，为镇迪道，隶甘肃省，由乌鲁木齐都统兼辖；哈密则隶于甘肃省的安肃道。

纵观历史上的新疆，各朝各代都实行着有效的统治，但统治机构及统治地区因时而异。总的说来，靠近甘肃的地区实行郡县制统治，政令与国内其他地区完全统一；除此而外的新疆其他地方则为郡县制所不及。郡县各级官吏为朝廷简放，亦受朝廷调遣或罢黜。其他各地的统治者则为当地代代相传的民族首领，由朝廷赏给名号或封爵。一旦中央政府统治势力削弱，或地方势力膨胀，或外来势力插足其间，地方首领往往形成割据势力，或举旗反叛造成分裂局面，危害国家的统一，危害各民族的利益。这种情形在历史上曾不止一次地出现过。所以清代在新疆实行军府制的同时，对于北疆的蒙古族和南疆的维吾尔族，都是众建而分其势，不允许存在一个全民族的总头目。这是清代有别于其他朝代统治新疆的一项重要政策，而地方行政制度的不统一，则仍然沿袭历史旧习未尝改进。地方行政的不统一，又削弱了清政府在新疆的统治。这一矛盾的解决，除了在新疆全境推行郡县制以外，并无其他良策。

建省问题的提出

新疆行政制度的不统一，不仅妨碍了清政府在新疆统治地位的巩固，也阻碍了各族人民之间的相互交往和相互学习，阻碍了新疆经济的发展。生产力的进步要求打破这种人为的壁垒。一些有识之士已经看到了这种社会要求，曾经提出过在新疆全境建立行省的政治主张。

首先提出新疆建省的是当时著名学者龚自珍。1820 年（嘉庆二十五年），乾隆统一新疆时亡命国外的大和卓布拉呢敦之孙张格尔，在中亚浩罕封建君主的支持下，开始入侵新疆南部。朝廷内外出现了对乾隆统一西域的种种非难。事关全国统一大业，龚自珍著文《西域置行省议》，用历史事实歌颂清王朝平定沙俄支持的准噶尔贵族葛尔丹、阿睦尔萨纳的分裂叛乱，平定南疆宗教贵族大小和卓的叛乱；歌颂乾隆结束长期以来新疆的分裂割据局面，实现全国范围的大一统。他针对当时少数官僚对乾隆统一西域的指责，明确答复道：“积两朝西顾之焦劳，军书百尺，不可谓劳；八旗子弟、绿旗疏贱感遇而捐躯，不可谓折”；“用帑数千万，不可谓费”①。后来，他又在《御试安边绥远疏》中，针对平定张格尔事件后某些昏聩官僚“退保九边”的主张，明确指出新疆自古以来就是中国领土，“千万年而无尺寸可议弃之地”②。为此，他特地提出了以二十年免纳地丁钱赋的优惠待遇，吸引内地农民到新疆开荒，移民实边。

---

① 《龚自珍全集》，上海人民出版社，1975，第 105 页。

② 《龚自珍全集》，第 112 页。

龚自珍在驳斥了反对统一西域的论调之后，便郑重提出了在西域建立行省的主张，并具体建议在伊犁设置总督，在乌鲁木齐设置巡抚，天山南北两路共设三十四个府州。其中，除镇西（今巴里坤）、迪化（今乌鲁木齐）两府州已建五县外，其他三十二府州共建四十六县。建省以后，对于哈密、吐鲁番两处郡王，赏给协办府事官名号，对各地各级伯克，则遴选一人赏给协办县事名号，他们的地位分别在道府与知县之下。[①] 后来又提出“夺伯克之权”的建议[②]，用意亦在于削弱王公伯克的农奴主势力，提高地方官与地主的权力。因为按清政府规定，主要伯克的品级都比道府知县高，建省、设立道府州县，如何安置王公伯克是个不容忽视的问题。对于北疆的蒙古族王公台吉，龚自珍主张保留封爵翎顶，蠲免例贡，向政府交纳牲畜[③]同样是削弱他们的权力，提高地方政府的统治权力。

龚自珍是当时的进步思想家、文学家，可是在官场上只不过是个进士出身的小京官。人微言轻，他的西域建省的主张并没有引起当权者的注意。更何况建立行省将涉及新疆统治体制的重大改革，已经开始走下坡路的清王朝是没有勇气和胆量自觉地进行这种改革的。

由张格尔入侵西陲所引起的震动，不仅触动了龚自珍，也同样触动着边疆的官员。继张格尔三次入侵连遭失败后，浩罕又唆使张格尔兄玉素普（另作玉素甫）率领浩罕兵入侵南疆。道光下令扬威将军长龄出关镇压并筹长治久安之策。1832 年（道光十一年）事平，长龄奏请在南疆各城设立同知、巡检等文职官员。[④] 长龄在嘉庆年间曾任伊犁将军，对新疆情形较为熟悉。他虽然未尝明言设置郡县，但添设同知等文官也是为了将统治维吾尔族人民的权限，由当地的伯克手中转移到政府可以随意调遣的地方官手中来。从这一点来说，南疆设官的建议同建置郡县并无本质差异。长龄是清廷信赖的蒙古族高级官员，所提建议已获部议准行。然而道光在最后审议时却持否定态度，起先还只是说，“自以不必添设文员更为妥善”[⑤]，不久便明令“其前请添设文员一节，断不可行”[⑥]。理由是乾隆统一西域以来已六

① 《龚自珍全集》，第 107 ~ 110 页。

② 《龚自珍全集》，第 113 页。

③ 《龚自珍全集》，第 112 页。

④ 《清宣宗实录》第 200 卷，第 8 ~ 9 页。

⑤ 《清宣宗实录》第 200 卷，第 8 ~ 9 页。

⑥ 《清宣宗实录》第 201 卷，第 22 页。

十多年，在此期间从未提出要设文官，如果必须添设文职，早定已经筹及，哪会等到今天？只知遵循祖制。不思因时兴革，墨守成规，一至于此！

铺平了建省的道路

龚自珍和长龄都提出了改革新疆少数民族地区统治制度的问题。他们的意图当然是从维护清王朝的封建统治出发，但是客观上却是符合历史发展潮流的。

从当时国内情形来看，郡县制代表了高度发展的封建政治制度，而札萨克制和伯克制还存在许多早期封建制的特点，无偿劳役在剥削制方式中占主导地位。乾隆时期曾经对伯克制加以改革：废除了伯克的世袭、禁止宗教干涉行政、规定伯克品级、限制伯克拥有土地与农奴的数量，等等。伯克的统治权力受到清政府的保护，使他们脱离了伊斯兰教神职人员的干涉和控制。他们又利用各地驻扎大臣不理民事的机会，私自扩大土地与农奴的占有量。这就加深了广大维吾尔族农民与伯克之间的阶级矛盾。在长龄之前已有不少官员，如那彦成等，奏请朝廷对伯克的权势作进一步的限制，以缓和农村的阶级矛盾，维系清政府在新疆的统治，都为朝廷所拒绝。

1845 年（道光二十五年）以后，南疆维吾尔族农民“聚众抗差”“求免差徭”[①] 的斗争逐渐高涨。1855 年（咸丰五年）库车农民迈买铁里等赴伊犁，向伊犁将军呈控当地伯克苛敛无度，获得“只当五样官差”，“毋得再有科派”的许诺。一纸空文当然禁阻不了伯克们的滥派差徭和巧取豪夺。两年后，迈买铁里便领导农民武装起义，要求“革退”也就是要求取消伯克与阿訇。[②] 1864 年（同治三年），在太平天国农民起义与陕西、甘肃回民起义的影响下，库车又爆发起义，并迅速蔓延到天山南北各地农村。这次库车起义也是从反抗徭役开始的。库车郡王爱玛特、阿奇木伯克库尔班和其他七名伯克，以及清朝的大臣等官吏，都在库车农民的反抗怒火中丧命。这些事例都说明了，到了 19 世纪中叶，以伯克制为代表的劳役制剥削已经成为生产力发展的桎梏。广大维吾尔族农民要求铲除这种阻碍经济发展的政治制度。伯克制的丧钟已经敲响了。

---

① 《清文宗实录》第 265 卷，第 3～4 页，《平定陕甘新疆回匪方略》第 10 卷，第 17 页。

② 《庆固奏稿》，抄本。

前面已经提到，清朝统一新疆后禁止宗教干涉行政。这就使得伊斯兰教上层人物在农民起义过程中得以扮演宗教和民族利益捍卫者的角色，向清政府统治发动“圣战”。各地伯克往往被当作替异教徒办事的叛教者，同异教徒一起遭到打击或杀戮；除非他能随机应变，见风使舵。而宗教上层人物则在农民起义的基础上，形成独霸一方的地方割据政权首领。库车阿訇热西丁和卓、和田宗教法官哈比布拉、乌鲁木齐回族阿訇妥得璘等人都是这样上台的。为了争夺统治地盘，他们之间又爆发了战争，其激烈程度并不亚于反抗清政府统治的起义战争。维吾尔族的王公伯克在农民起义过程中遭到了一次重大的打击。

各地割据政权相互攻伐削弱自身的防卫力量。1865 年（同治四年）初，浩罕军官阿古柏挟持张格尔之子布素鲁克入侵新疆。他采取各个击破的手段，到 1867 年已侵占了南疆塔里木盆地周围各城镇，到 1871 年又侵占到吐鲁番、乌鲁木齐与玛纳斯。同一年，沙俄出兵侵占伊犁。侵略者霸占了山林、农田和牧场，只有少数投敌求荣的败类才得以分得残羹一杯。到了 1876 年（光绪二年），督办新疆军务的钦差大臣、陕甘总督左宗棠指挥清军收复新疆。阿古柏暴死于库尔勒，他的两个儿子相互火并，余众亡命俄国。历时一年有余，收复新疆之战胜利结束。1881 年，通过谈判订立《中俄伊犁条约》，清政府割地赔款，俄国交回伊犁。

十多年的动乱，加速了新疆农村社会的动荡与崩溃。迨清政府收复新疆，它所面临的是：“屋舍荡然”①、“榛莽丛杂”②、满目焦土，“靡有孑遗”③。劳动人民亟待救济，王公伯克的境况也好不了多少。只有哈密郡王“所部回众尚多，差堪自立”，其他各处的王公伯克早已“家产荡尽”，“卯粮寅支，负债既深、拮据万状”。④ 率领清军南征北战、周历新疆各地的湘军总统刘锦棠向清廷奏报道：“旧制……荡然无存，万难再图规复”⑤。

新疆的现状迫使统治者考虑如何才能迅速恢复统治秩序的问题。旧制既然万难恢复，已经处于没落、垂死阶段的清王朝又能够拿得出什么

① 《平定陕甘新疆回匪方略》第 305 卷，第 7 页。
② 《平定陕甘新疆回匪方略》第 300 卷，第 5 页。
③ 曾炳熿：《新疆吐鲁番直隶厅乡土志》，抄本。
④ 刘锦棠：《刘襄勤公奏稿》第 15 卷，第 11 页。
⑤ 《刘襄勤公奏稿》第 3 卷，第 44 页。

样的“新制”，可以在这榛莽丛生的边疆给朝廷带来“长治久安”之效呢？

新疆建省的实现

1877年（光绪三年），清军在新疆节节胜利的时候，朝廷给陕甘总督左宗棠发出谕旨，要他对新疆今后的工作作出通盘筹划。左宗棠关于新疆建省的建议便是在这时正式向清廷提出来的。

但是左宗棠对于新疆建省问题的思虑，却并非从督兵西征才开始。早在1833年（道光十三年），二十二岁的左宗棠赴京会试，适值浩罕屡次唆使和卓后裔入侵新疆之时，边境烽火频传。左宗棠会试不得第，又有感于西陲之不宁，所吟诗句中有“置省尚烦它日策，兴屯宁费度支钱”之句。[①]可见他对新疆设省置郡县的考虑，比长龄在西域设文官的建议仅晚一年。及至总督陕甘并受命督办新疆军务后的1875年（光绪元年），左宗棠给友人的信中又提出了在新疆“立省置郡县”的问题。[②]因此当1877年7月清廷要他对新疆作出筹划时，他不出一个月便上奏《遵旨统筹全局折》，正式提出了在新疆建立行省的建议。

左宗棠在这一奏折中说：“立国有疆，古今通义。规模存乎建置，而建置因乎形势。必合时与地通筹之，乃能权其轻重，而建置始得其宜。”又说：“重新疆者所以保蒙古，保蒙古者所以卫京师。西北指臂相联、形势完整，自无隙可乘。若新疆不固，则蒙部不安，匪特陕甘山西各边时虞侵轶、防不胜防，即直北关山亦将无晏眠之日。”最后提出：“为新疆画久安长治之策，纾朝廷西顾之忧，则设行省、改郡县，事有不容已者”。[③]他从行政建置必须因时因地而变易，说到保卫西北边疆的重要意义，最后归结到新疆建省是客观形势的要求。半年多以后，南疆全部收复，他又再一次向清廷提出新疆建省事宜。

新疆建省涉及清政府在新疆统治体制的重大改革，将会产生何种结果，清廷不得不慎重考虑。所以，它对左宗棠的两次奏请，一直迟迟不作答复。

① 左宗棠：《左文襄公全集·诗集》，第2页。

② 《左文襄公全集·书牍》，第36页。

③ 《左文襄公全集·奏稿》第50卷，第75～77页。

直到1878年10月，在一份上谕中提出一连串的问题：“郡县之制以民为本……除旧有各州县外，其余各城改设行省，究竟合宜与否？……倘置郡县，有无可治之民？不设行省，此外有无良策？”命令左宗棠“求一可进可退之计”①。

同年11月，左宗棠即奏《复陈新疆情形折》。文中认为，时至今日，只管军政不理民事的军府制已经行不通了，南疆民政事务，悉由本民族的王公伯克治理。其结果是“官民隔绝，民之畏官，不如畏所管头目。官之不肖者狎玩其民，辄以犬羊视之。凡有征索，头目人等辄以官意传取，倚势作威。民知怨官，不知怨其所管头目”。如果将民政事务“责成各厅、州、县，而道、府察之，则纲目具而事易举，头目人等之权杀，官司之令行，民之情伪易知，政事之修废易见。长治久安之道，实基于此”。加之，南疆初复，经过招纳流亡，修治水利，农民已经被安置在各地垦种，“即以目前论之，亦非无治之民”。更何况，收复各城所建立的善后局，已经接手掌管了许多从前是王公伯克权力范围以内的民政事务。“是南北开设行省，天时人事，均有可乘之机。”他还提醒清廷必须抓住时机，“失今不图，未免可惜”②。

左宗棠的两番议论，从维护清政府的统治利益出发，论证了新疆建省的必要性、可能性和紧迫性，终于引起了朝廷的重视。同年12月在一份上谕中指出：“新疆议设行省，事关创始。……刻下伊犁未经收还，一切建置事宜尚难遽定。……俟诸事办有眉目，然后设官分职，改设郡县，自可收一劳永逸之效”③。既称改设郡县，又说尚难遽定，含糊其辞，只不过表示了同意新疆建省的意向，而一切都得等回伊犁之后再作最后决定。当年左宗棠给友人写信时说，新疆建省“非二三年之久不能筹定”④，看来还是过于乐观。

清廷在新疆建省问题上的犹豫不决，举棋不定，反映了满洲亲贵对于统治权力逐渐衰退和转移的不满。按照清代制度，实行军府制的各边疆地区，将军、参赞、领队及办事大臣等缺，都由满洲贵族官僚担任，汉员不

① 《清德宗实录》第78卷，第17页。
② 《左文襄公全集·奏稿》第53卷，第33~35页。
③ 《清德宗实录》第81卷，第11页。
④ 《左文襄公全集·书牍》第15卷，第36页。

准涉足与染指。而建立行省的地区，都是满汉兼用，且以汉员为主。经过太平天国为代表的全国农民起义高潮之后，支撑清王朝的并非当年叱咤风云的八旗兵，而是以汉族地主官僚招募的湘军、楚军、淮军等。即使僻远如新疆，驱逐敌寇的也是从内地出关去的湘军、豫军、蜀军等。随着新疆各城的光复，军中官员与幕僚都参与了善后局的工作，事实上掌握着新疆各地的统治权。这些情况都迫使清政府不得不作出比较现实的决策。因此，当《中俄伊犁条约》签署、伊犁收回后的 1882 年（光绪八年），新任陕甘总督谭钟麟、新任督办新疆军务的湘军总统刘锦棠以及业已调任两江总督的左宗棠，先后启奏朝廷，将新疆建省问题的讨论，从一般性议论推进到实质性的讨论具体方案阶段。

清制，各省地方政府长官称巡抚，总揽一省军民要政，总督为地方最高长官，辖一省或二三省不等。原先左宗棠所拟方案，与龚自珍所议新疆总督、巡抚并设这一点是相同的。新疆如设总督，就不再隶属于陕甘总督，如仅设巡抚，则仍受陕甘总督管辖。5 月，谭钟麟所提新疆建省事宜云：新疆镇迪道早已恢复，伊犁人口锐减，不必委派更多的官员，只有南疆各城要请刘锦棠“分别地方广狭繁简，设立丞倅、牧令等官”，“如果地方日增富庶，然后递设督抚以统辖之”。[①] 谭钟麟以陕甘总督的身份否定他的前任左宗棠所提新疆先简督抚的意见，奏请新疆先设道府州县，将“递设督抚”一节放在“如果地方日增富庶”之后，事实上将新疆建省一事推迟了，至少是不愿放弃对新疆事务的管辖。

三个月之后，刘锦棠在奏折中提出了自己的新疆建省方案。省会设巡抚一员，驻乌鲁木齐，受陕甘总督节制；下设三道：镇迪道，将甘肃省镇迪道所辖各州县及甘肃省安肃道所属哈密合并建成；阿克苏道，辖阿克苏、哈喇沙尔（今焉耆）、库车、乌什等原东四城各地；喀什噶尔道，辖喀什噶尔、英吉沙尔、叶尔羌（今莎车）、和田等原西四城各地；道以下各设府、州、厅、县。伊犁仍设将军，仅管伊犁、塔城两处边防，不再总统全疆军务；塔城增设副都统一员。显然，刘锦棠关于新疆仅设巡抚、不设总督和仍隶陕甘总督的奏折，是为了照顾谭钟麟；各地均设道府而伊塔不设道，虽与左宗棠原议相同，但未尝不是为了处理好与满洲亲贵现任伊犁将军金

① 《平定陕甘新疆回匪方略》第 315 卷，第 11 页。

顺的关系，此后金顺去职，伊塔即行设道便是明证。继刘锦棠之后，左宗棠亦上书清廷，仍以新疆应督抚并设、分辖南北为请。然而，朝廷最后批准的却是刘锦棠的方案。

1883 年，刘锦棠奉旨委任了南疆各道府厅州县的各级官吏。所遇阻力仍然不小，如他自己所说“因有一处之妨而致疑全局之多碍，因有一端之阻而动谓众务之未宜”[①]。直到 1884 年（光绪十年）11 月，各方筹备皆妥，户部才迟迟奏请添设新疆巡抚、布政使。不久，刘锦棠被授为新疆首任巡抚、甘肃布政使魏光焘被调任新疆布政使。至此，新疆建省始成事实。由于沙俄数十年来割占我国巴尔喀什湖以东以南五十余万平方公里的领土，全疆行政中心不得不从伊犁东移，将省会设于迪化（今乌鲁木齐）。

嗣后，又经过刘锦棠及其后任诸巡抚的调整、增设，到 1902 年（光绪二十八年），全省共建四个道，下辖六个府、十个厅、三个州、二十三个县与分县。[②] 阿尔泰作为一个道并入新疆，那是辛亥革命以后的 1919 年了。

深远的历史意义

清军出关驱逐敌寇收复新疆之后，面临着旧制荡然无存的残破局面。在这样的情况下，清军采取什么善后方针，对新疆形势发展影响相当密切。由于挥师出关的左宗棠早有新疆应建行省的思想，所以清军收复各地后所采取的善后措施，都是按照或仿照内地行省制度的一套老办法执行的；此外，也没有什么新办法可言。新疆省的建立，使得这些措施得到朝廷的认可而得以继续执行，没有倒退到已经被农民战争摧毁了的军府制上去，这是符合新疆各族人民意愿的，也是受到人民拥护的。

本文不打算对清政府在新疆的行政措施作全面的探讨，仅举数端具有一定影响的举措，作一简单的评述。

第一，取消伯克制度。伯克制度是维吾尔族社会长期存在的一种职官制度。自从乾隆统一新疆以来，清廷一方面采取许多措施维护各级伯克对属下人民的统治，另一方面又采取了许多限制性措施，主要的便是规定了各级伯克拥有农奴和耕地的限额。前文已经提到，这种限制与反限制的斗

---

① 《刘襄勤公奏稿》第 5 卷，第 6 页。

② 《新疆图志》第 1 卷，第 4 ~ 7 页。按：前文说十一个厅，后文所列直隶厅及分防厅仅十个。

争，百余年来未曾中断，这就直接关系到清政府在新疆的统治利益。在龚自珍和左宗棠的建省建议中，在那彦成、长龄等新疆诸大臣官员平时的奏议中，都曾经请求朝廷进一步限制伯克的权力，缓和农民的反抗情绪，用以维护清政府在新疆的“长治久安”。在建省过程中更遇到一个现实问题：伯克的品级都高于道府厅州县官吏的品级。一县之主的知县，他的品级同最低级的伯克相当。因此，刘锦棠在奏折中一再提出，只准伯克保留原品顶戴，不得干预政事。伯克地位过高、权力过大，是推行郡县制的一大障碍。

王公伯克对农民的徭役制剥削与超经济强制，遭到维吾尔族农民越来越激烈的反抗，终于在1864年的农民起义中向伯克制度发起了最猛烈的冲击。伯克制已经气息奄奄、名存实亡了。在收复新疆的过程中，前敌诸军因找不到办事的伯克，请求按先前旧例调吐鲁番额敏和卓后人赴各城办事，遭到左宗棠的拒绝。他复函指出：伯克应受善后局委派，只令催收钱粮，不准干预公事。伯克的职权大为降落，先前是地方一霸，总揽一切要政，如今只相当于受命政府官员的地方士绅。新疆建省后，清政府没有恢复伯克的职权；相反，却坐享了农民起义的成果。于伊塔道建立后的1887年（光绪十三年），正式批准将“所有伯克名目全行裁汰”①。伯克制终于结束了它的历史使命，退出了政治舞台。

原先作为伯克俸禄的“养廉田”，是由分配给伯克的农奴耕作，收获全归伯克所有的。农民起义后，养廉田都被农民自行占有。随着伯克制的取消，清政府也宣布所有伯克的养廉田一律“归官招佃承租，额粮照则收纳”②。伯克手下的农奴变成了租地耕种照章纳粮的佃户。

新疆的伯克制虽然废除了，然而清政府为了统治的需要，依旧将旧日伯克委任为各级衙门的书吏，或承充乡约，“专司稽查”③。他们凭借昔日的社会地位和新的权势，迅速地转化为地主，依然骑在劳动人民头上。徭役制并没有被租佃制取代，而同收获物的分成制结合在一起，统治着广大维吾尔族农村社会。这种保留着大量无偿劳役的分成制，比起以往的徭役制剥削，无疑是一种社会进步。

① 《平定陕甘新疆回匪方略》第320卷，第13页。

② 《刘襄勤公奏稿》第12卷，第38页。

③ 《刘襄勤公奏稿》第10卷，第6页。

与此相对照，哈密郡王在世袭领地内的统治并未遭受农民起义的重大打击，建省后在清政府的支持下，仍然维持着对维吾尔族农民的徭役制剥削。哈密农民要求取消王制、改隶哈密县管辖的斗争，一直延续到清王朝被推翻之后的 1931 年，在以后才摆脱了哈密王的羁绊。哈密农民的斗争，在原来属于吐鲁番郡王的领地内的农民中获得响应，而在其他维吾尔族农村没有产生连锁反应。这一事实说明，无偿劳役与分成制相结合的剥削关系，同当时农村的生产力发展水平是相适应的。

在广大牧区实行的札萨克制，如果不比伯克制落后，那也绝不会比它更先进。只是因为它没有遭到农民起义的打击，无论是左宗棠还是刘锦棠，在新疆建省的过程中都没有敢去触动它。这表明，行将灭亡的封建统治阶级已经没有力量从事什么真正意义上的改革了。如前所述，废除伯克制也只不过是坐享其成而已。

第二，恢复经济。清政府收复新疆后面对着一片残破景象，首要的问题是采取什么样的有效措施，使凋敝的经济得以恢复。这是关系到清军官兵衣食的重要问题。刘锦棠采取了一些措施，主要是“与民休息”，适当减轻对劳动人民的剥削，以维持对人民的统治。其中有些措施与以往的新疆相比较，具有变更旧生产关系的进步意义。除了废除伯克制这个带有根本性的措施已于前文述及外，尚有如下三个方面的改革。

一是田赋制度的改革。清代田赋是地丁合一、按亩征收的。而在新疆却是“按丁索赋”，即将赋役分摊到每个人头上，其结果便是“富户丁少赋役或轻，贫户丁多赋役反重”。这种情形在左宗棠那样的封建官僚看来，也觉得“事理失平，莫此为甚”①。于是将内地行之久远的地丁合一的赋税制度推行到新疆，改按丁索赋为按亩征收。维吾尔族农民的赋役负担确实较前减轻。

二是屯田制度的改革。清代十分重视新疆屯田，有民屯、回屯、旗屯、兵屯、犯屯等名目。其中以民屯的待遇较优，兵屯、犯屯受累最重。以兵屯为例，当时各地官吏也承认屯兵毫无生产积极性：“虽任耰锄之役，不期收获之丰”，“事属大众，只图塞责”，“旗、兵各屯，折抵均无所获”②。建省后刘锦棠奏请将各地营勇汰弱留强，所裁兵勇“就各兵驻防之所，如有

① 《左文襄公全集·奏稿》第 53 卷，第 34 页。

② 《刘襄勤公奏稿》第 7 卷，第 16 页。

荒地可拨，为之酌数分给，即同己业”[1]。将耕地分给屯兵，刺激屯兵的生产积极性。对于犯屯，他也“奏请仿照民屯，优给牛籽房具口粮”[2]。民屯亦予以展宽升科年限，“自第三年始征半，次年全征”[3]。这虽然比不上乾隆时六年升科起征，但比咸丰、同治间的当年升科开征要好得多。

三是采矿业的改革。清代在新疆挖金及采铜铸币，一向采用摊派方式，强迫农民入山采矿冶炼。收复新疆后，人力紧缺，摊派差徭遭到农民的坚决抵制，“公私上下咸疾首蹙额，视开矿如陷井”[4]。于是不得不允许各矿“听民开采，纳课归官”[5]。在采矿业中也由摊派差徭向课税方式过渡。

第三，取消了内地人民移居新疆的人为障碍。由于新疆经济亟待恢复，需要大量的人力，清政府通令各省将无地农民迁赴新疆从事耕作。19 世纪最后五年内成批移居新疆、有记载可查的，有 1895 年（光绪二十一年）西宁回民携眷徙居伊犁绥定（今霍城）。[6] 1896 年西宁回民刘同春起义失败，数千人迁居新疆罗布淖尔（今尉犁）、卡克里克（今若羌）一带。[7] 此后又有直隶（今河北）、山东等省“逃难百姓”来到新疆，人口“几于盈千累万”[8]，被安置在镇迪、伊塔两道种地。至于零星来新疆佣作谋生的人也很多。因为建省后原先阻碍内地人民迁徙新疆的限制取消了。

在这些到新疆谋生的人员中，有一些技术人才，人虽不多，但对新疆的经济恢复发展有一定的影响。作为洋务派首领之一的左宗棠，于西征之役便开始注目新疆的蚕桑业。收复新疆后，他即派员招募江浙养蚕织绸技工六十多名，携带生产工具到新疆推广蚕桑技术。为此，在南疆许多地方设立蚕桑局，官为经理。一时各地养蚕业大为兴盛。因为蚕桑局压低收购价格并禁止民间买卖蚕丝与蚕茧，农民无法从该项副业中得益，乃“相戒不敢育蚕”[9]。1907 年（光绪三十三年），有成员赵贵华者，赴和田等地访求当日流落未归之技工及“学艺精能”的维吾尔族徒工各四人，再次推广

① 《刘襄勤公奏稿》第 7 卷，第 17 页。

② 《刘襄勤公奏稿》第 12 卷，第 13 页。

③ 《刘襄勤公奏稿》第 12 卷，第 17 页。

④ 《新疆图志》第 29 卷，第 6 页。

⑤ 《刘襄勤公奏稿》第 12 卷，第 37 页。

⑥ 萧然奎：《新疆伊犁绥定县乡土志稿》，抄本。

⑦ 《光绪朝东华录》，第 3850 ~ 4001 页。

⑧ 瑞洵：《散木居奏稿》第 4 卷，中华书局，第 9 页。

⑨ 《新疆图志》第 28 卷，第 6 页。

蚕桑技艺，使皮山县的木吉、桑株等村“比户业蚕、桑荫遍野”，蚕丝产量由三十万斤增至七十万斤。[①] 赵贵华还提出了允许民间自立牌号设庄销售的建议，反映了和田蚕丝业在内地技工的帮助下获得发展的趋势。

在大量居民迁徙新疆的过程中，许多革命运动领袖人物也来到新疆，把反帝反封建斗争的火种传播到西陲边疆。如直隶、山东一带移民中，就有天津义和团的贾永。他到绥定后便设立神坛、拳厂，吸收团众“教习拳棒”[②]。辛亥革命爆发之前，一批革命党人也潜赴新疆，1911 年（宣统三年）武昌起义爆发后，迪化、伊犁相继起义，破除了保皇党人拥宣统西迁的阴谋，促使清王朝早日垮台。中国近代历史上有过三次革命斗争高潮：太平天国、义和团和辛亥革命。这三次革命运动在新疆历史上都有不同程度的反映。如果说 1864 年农民起义是太平天国起义爆发十三年之后才影响到新疆，那么，新疆建省后在内地爆发的义和团与辛亥革命运动，一年之内便传播到新疆了。事实雄辩地说明，新疆省的建立，使西陲边疆各族人民的反帝反封建斗争，同内地人民的斗争更加紧密地联系在一起了。

由于大量移民迁居新疆，充实了西北边疆的防卫力量。沙俄帝国主义蚕食我国领土，它所采取的手段之一，便是在我国人烟稀少的边境地区建立武装据点，形成堡垒线，然后伺机侵吞。移民实边历来是治理边疆的重要方针。在我国沦为半殖民地半封建社会、在沙俄日益进逼我国边境地区的形势下，新疆省的建立以及建省后的移民实边，各族人民的共同劳动和共同战斗，在一定程度上增强了捍卫祖国西北边疆的后备力量。

新疆省的建立，只是清政府在新疆统治机构的改变。它没有也不可能改变这个政权的反人民、反民主性质；没有也不可能改变这个社会的半殖民地半封建性质。它之所以具有若干值得予以肯定的历史作用，那只是它在客观上顺应了当时人民的愿望，适应了当时形势的要求。随着人民的觉醒、革命斗争运动的高涨，清王朝被孙中山先生领导的辛亥革命运动埋葬了；半殖民地半封建社会被共产党、毛主席领导的人民民主革命埋葬了。从此，中国各族人民迎来了当家作主的新世纪！

（《新疆社会科学》1984 年第 4 期）

---

① 《新疆图志》第 28 卷，第 7 页。

② 《义和团档案史料》下册，第 916 页。

关于蒙古封建王公制度向民国延续问题

田志和

在1911～1912年的南北议和谈判中，南京临时政府就清皇室以何种方式结束它的统治，与清政府代表妥协，发布了《关于大清皇帝辞位后的优待条件》《关于清皇室待遇之条件》《关于满蒙回藏各族待遇之条件》。南京临时政府夭折以后，三《条件》仍沿行外，北京政府特就蒙古王公待遇，又制定和颁行了一些新的政令，使相沿二百多年的蒙古封建王公制度得到延续。对于这一历史现象的认识，虽未曾引起讨论，但许多文章中所反映出来的观点，似乎并不一致。笔者试图从民国初年的社会政局着眼，讨论蒙古封建王公制度延续的成因及其意义。敬祈读者指正。

一

资产阶级革命党人，在制定和推行同盟会纲领的全部实践中，总的趋向是与封建势力妥协，妥协的目的，在于尽快结束清朝的统治，推翻封建君主专制制度，建立资产阶级共和国。只要能达到这个目的，“其它枝节”问题的处理，都“可从宽”①，这是南北议和谈判中，很重要的一个指导思想。

武昌起义胜利之后，革命形势得到了迅猛的发展，但是，革命内部十分涣散，领导很不得力。同时，革命党人面临着极为突出的财政困

① 伍廷芳：《共和关键录》第1编，第80页。

难。帝国主义的威胁和外交上的不承认等，都是一种难以摆脱的巨大压力。尽管革命形势在高涨，但许多革命领袖对自己的力量，并不是有足够信心的，宁愿向各种封建势力、向帝国主义势力妥协，以能尽快换得共和制度的早日实现。正如吴玉章在《辛亥革命》一书中所说："那时凡是拥护共和的人"，革命党人"都愿意同他合作"，只要"承认共和，则一切办法皆可商量"。因此，在清帝退位和承认"共和"的前提下，南京临时政府愿意给予一切封建势力以优待，并不是辛亥革命时的奇怪现象。

注意辛亥革命时期，帝国主义在内外蒙古的阴谋活动，对于了解南京临时政府制定对蒙政策是十分必要的。

20 世纪初，蒙古地区的政治形势是复杂的。一部分蒙古先进分子，接受了中国资产阶级民主革命思潮的影响，在内蒙古地区开始了革命活动，开辟了一条通向民族解放运动的道路。封建王公贵族和上层僧侣，在民主革命风暴的冲击下，惶惶不可终日，其中一部分人，乘机挑出"泛蒙古主义"旗帜，投靠帝国主义，搞起了"独立"活动，迈上了分裂祖国的道路。清政府在蒙古地区，推行封建王公制度已二百多年，形成一个庞大而又牢固的政权与神权相结合的封建统治基础。执掌旗政、庙政的王公活佛们的政治动向，对蒙古地区的命运，在一定条件下将会起着重要的影响和作用。

对我国蒙古领土抱有野心的日俄帝国主义，借辛亥革命之机，将魔爪伸进了内外蒙古，明目张胆地援助那些"泛蒙古主义"者。1911 年 12 月，哲布尊丹巴的"独立"及其建立的"蒙古国"，典型地显示了这一特点，它标志着外蒙古库伦集团所代表的蒙古民族分裂势力，投向了帝国主义怀抱，甘愿充当帝国主义蚕食我国边陲疆土的工具。当这股逆流席卷呼伦贝尔以后，内蒙古东部蒙旗直接受到了冲击。日本帝国主义也不甘居帝俄之后，它以隐蔽的阴谋手段，诱引内蒙古中部个别盟旗王公，企图策动"内蒙古独立"。

袁世凯组阁以后，为了讨得帝国主义的扶植，对俄国实行妥协外交，非但制止不了库伦集团的民族分裂活动，而且对内蒙古"独立"外向的蠢动，也没有采取及时的必要的对策。袁世凯为了对抗民主革命，要笼络国内一切反动势力，迫切希望得到蒙古王公的公开支持。清朝皇族危在旦夕的时刻，隆裕皇太后在御前召集在京蒙古王公，诉说了蒙古先祖"效忠朝廷”的事例，要求各王公在“国事危急”之际，为朝廷“献策效劳”[①]。在场的王公，“深知朝廷优待蒙藩”，事后便以内外蒙古及土尔扈特部、科布多、和硕特部、新疆回部等一百多个旗的代表名义，致函内阁支持袁世凯，他们认为：“全蒙几见噬于强邻，库伦几沦于异类”，他们为此而“痛心疾首”，愿为“期复旧观”而努力。[②] 在议和谈判开始以后，清廷很注意满蒙贵族之间，那种相依为命的关系，要为对“于大皇帝无贰心，于强邻无异志”的蒙古王公，力争必要的优待。

南京临时政府和各族爱国者，认识到了蒙古地区所呈现的复杂态势，对它的前途表示关注、忧虑和不安。在内蒙古地区开展革命活动的力量，在强大的封建势力压迫下，不可能左右蒙古政局；南京临时政府刚刚成立，头绪万端，虽然有解决边疆危机的紧迫感，但事实上没有力量，又不可能去优先处置那里所发生的事件。考虑到蒙疆地区的特殊情形，研究矛盾的复杂性，抵制帝国主义对我国疆土的阴谋，争取蒙古地区局势的稳定，早日实现全国的“共和”，只能对蒙古封建势力采取妥协政策。

二

南京临时政府对蒙古封建势力的妥协，是以蒙古王公“拥赞共和”为前提的，革命党人真诚地期望通过这样妥协，能有利于解决蒙疆危机，早日实现孙中山所倡导的“民族之统一”“领土之统一”。南北议和谈判，确实引起了蒙古封建势力的极大注意，驻京的内外蒙古王公们，以外蒙古八十六旗、内蒙古四十九旗代表名义，组成了“蒙古王公联合会”，要求南京临时政府与它“直接通电”[③]。1912 年 1 月 11 日，这个“联合会”通电南京临时政府，声称：“必欲成民主，蒙部实不愿与诸君共和”[④]，明确地表达了蒙古王公抵制共和的态度，支持袁世凯内阁，共同向南京临时政府施加压力。但也清楚地表露出，蒙古王公联合会并没有提及外蒙古“独立”事

---

① 博彦满都：《我所知道的赛图王棍楚克苏隆》。

② 《蒙古代表及那彦图等致内阁袁世凯函》，宣统三年十一月七日，中国近代史资料丛刊：《辛亥革命》（七），第 299 页。

③ 《共和关键录》第 3 编，第 29 页。

④ 《共和关键录》第 2 编，第 132 页。

件，显然蒙古王公大多数，并不赞成库伦集团的分裂活动。这一政治动向，使革命党人多少能知道，必须谨慎对待蒙古王公，他们中的大多数有争取的可能性。

当封建君主专制制度必除，实现共和已成为全国政治潮流的时候，蒙古王公联合会顺应潮流，随风转向，与袁世凯同步唱出“赞助共和”的调子。2月2日致电南京临时政府，表达对“共和”的妥协愿望，同时强调：蒙古制度、风俗、语言文字，向与内地不同，蒙古地区的面积，占“全国大半，民风强悍，逼处强邻”，蒙古制度一旦变动，“危险实多”。这份通电毫不掩饰地暗示南京临时政府，全国实现共和以后，蒙古王公在有清一代所享受的待遇不能变动，有继续享受的必要性。这份通电，不能不唤起南京临时政府的注意，慎重地制定对蒙方针政策。

如何解决国内民族关系问题，孙中山先生通过同盟会纲领，及其后发布的一系列文件和演讲，进行了许多阐述。孙中山指出，“国家之本，在于人民。合汉满蒙回藏诸地为一国，即合汉满蒙回藏诸族为一人。是曰民族之统一”。愿中国“五大民族，相爱相亲，如兄如弟，以同赴国家之事”[①]。孙中山特别强调，实现这种民族关系的基础，是“五族共和”。孙中山的这种民族主义思想，成为南京临时政府处理国内民族关系的纲领。当然，民族问题是一个复杂的问题，“五族共和”中的许多具体问题，革命党人也没有来得及详细研究。在资产阶级领导下的共和制度，事实上不可能实现国内各民族的平等，靠“五族共和”也解决不了边疆的危机，但它又确比封建王朝跃进了一步，提出了有意义的解决方案，并为此而努力试验，这是难能可贵的。

孙中山对蒙古封建势力的妥协，除坚持“五族共和”前提之外，又强调了如下原则：必须反对和取消哲布尊丹巴型的“独立”。他在就职临时大总统宣言书中，明确地指出：“所谓独立，对于清廷为脱离，对于各省为联合，蒙古西藏意亦同此”[②]，希望蒙古西藏王公喇嘛认清：“政体虽更，国犹是国”，应举行与各省联合的独立，推翻清朝统治，以维护中华版图的完整和“共和”的实现。孙中山针对蒙古王公联合会的通电，特于1月28日回电，并致电蒙古王公活佛，提醒他们注意：“俄人野心勃勃，乘机待发”，

① 《孙中山全集》第2卷，第440页。

② 《孙中山全集》第2卷，第2页。

“不可倚赖”，盼望他们关怀时局，眷念桑梓，“通告蒙古同胞，戮力一心，共图大计”。南京临时政府热诚要求各盟选派代表，到南京“参议政要”①。孙中山在坚持上述原则的基础上，对蒙古王公联合会提出的，不变动“蒙古制度”的要求，同意让步。

1月14日，伍廷芳代表南京临时政府，电告蒙古王公联合会，民国成立后五族一律平等，“满蒙回藏原有之王公爵俸及旗丁口粮等，必谋相当之位置，决不使稍有向隅”②。这份电文，向蒙古封建势力，正式传达了南京临时政府的立场和态度，抚慰和满足了蒙古王公的愿望和要求。2月9日南京临时参议院，通过了三《条件》修正案。12日清帝发布退位诏书。蒙古王公联合会对“王公世爵，概仍其旧”等条款，立即做出反响，致电伍廷芳表示欢迎和接受。公开声明“诸王公赞成共和”，今后“同建民国”。3月24日蒙古王公联合会派出代表，前往库伦，劝说撤销“独立”。

辛亥革命时期，以孙中山为代表的资产阶级民主派，在考虑国内民族关系，解决蒙藏边疆危机等问题的战略思想和政策中，应注意到，特定历史条件下，处理具体问题的针对性和必要性。当时南京临时政府的处境，没有力量去直接解决外蒙古“独立”事件，但当务之急又必须团结蒙古社会的僧侣上层势力，促使蒙疆问题的和平解决，朝着有利于“民族之统一”“领土之统一”的方向转化。蒙疆危机的发生，主要是由于俄国政府阴谋于其间，这就增加了问题的复杂因素，以及解决这个问题的艰巨性。1月19日伍廷芳致孙中山、黄兴的电文中，曾经指出，蒙古呼伦贝尔“独立”一事，是应该“设法排解”的一大问题，若处理不当，则将“贻国家分裂之祸”，即使南北合一之后，尚“不知如何费力，更不知能否挽回”。伍廷芳的见解，在颇大程度上反映出，革命党人认识到了解决蒙疆危机的意义，以及在解决这个问题中应采取的慎重态度。革命党人自身的性格和困境，制约它不可能把斗争锋芒直接指向俄国，它所能做到的，只有尽力用优惠条件，去争取分裂势力转向，切断与帝国主义国家之间的关系。

优待条件发布后，内外蒙古封建势力的动向，尤要值得我们考察。1912年没有能直接解决外蒙古“独立”问题，但却引起了内蒙古上层势力的显著分化，绝大多数王公、贵族、活佛，减少和消除了对民主革命的疑惧，

① 《孙中山全集》第2卷，第48页。

② 《共和关键录》第1编，第104页。

出现了“拥赞民国”“倾心内向”的潮流。一些观望或思动者，敛迹转向，“翊赞共和”。大多数蒙旗的局势稳定了下来，这种稳定对捍卫内蒙古版图，有着重要的历史意义。内蒙古局势的稳定，必然为解决外蒙古“独立”问题，奠定了极为重要的基础。

在两个政权交替的历史时期，充分考察社会矛盾的复杂性，以及注意他们内部外部相互制约关系，对于认识当政者所制定的方针政策是有启发的。在一定历史时期实行有条件的妥协，也不是不可以的。列宁曾经认为，“任何曲折的历史转变就是妥协”，所谓妥协就是没有足够力量去否定旧事物，而旧事物也没有足够力量去完全推翻新事物，它们之间出现了妥协。孙中山对蒙古王公的妥协，就具有这种性质。

三

北京政府成立后，袁世凯在全国激昂的爱国呼声压力下，还不敢公开放弃外蒙古主权。他接过了南京临时政府制定的对蒙政策，但是，北京政府的政权性质及其与帝国主义的关系，又决定这个政府，非但不能正确推行孙中山的对蒙方针，而且将孙中山的“五族共和”思想，纳入了军阀政治的轨道。与此同时，又出自本阶级的需要，迅速地将封建王公制度扩大化。

1912 年夏季以后，俄国政府继续强化了它在外蒙古的扩张活动。7 月 8 日第三次《日俄密约》成立，日俄两国把我国内蒙古划分为东西两部分，俄国政府以承认日本在东部内蒙古，有“特殊利益”为条件，换取了日本对它侵略外蒙古和西部内蒙古的秘密支持。[①] 于是，俄国全力资助和全面控制了库伦集团，库伦集团加强了它在内蒙古的策叛和军事活动。在这种形势下，8～12 月间，内蒙古东部几旗，发生了“独立”和骚乱事件。

这本是国内局部地区的政务，采取必要政策就可以解决的，但是，袁世凯却利用这个机会，于 8 月 19 日发布《蒙古待遇条例》九款，这个《条例》除重复《满蒙回藏各族待遇之条件》主要内容外，增加了如下新内容：（一）蒙古王公“原有之管辖治理权，一律照旧”；在本旗所享受的特权，

① 《日本外交年表及主要文书》，第 369 页。

“照旧无异”。（二）内外蒙古汗王公台吉世爵各位号，“应予照旧承袭”。（三）各呼图克图喇嘛等，“原有之封号概仍其旧”[①]。20日又发布《加进实赞共和之蒙古各札萨克王公封爵》决定，宣布：（一）凡蒙古王公，“效忠民国，实赞共和”者，“各照原爵加进一位。汗亲王等无爵可进者，封其子若孙一人”。（二）凡“有异常功绩，或者翊赞共和，或力支边局，以及劝谕各旗拒逆助顺”者，均“另加优奖”。[②] 各呼图克图喇嘛，除因袭前清旧例外，凡“襄助共和”，与各盟旗王公“同心协力维持大局”者，无论是否有过封号，准“再加封号”。[③] 其后，又将前清《理藩院则例》中所规定的各事，“酌改名称”后全部恢复。在两三年间，又颁布了一系列制度条例，几乎在蒙古王公贵族喇嘛的管理体制、特权、称谓、服饰、礼仪等方面，全面因袭了亡清的旧例，所不同的仅仅是外观形式的某些方面。这种不同北京政府进行了解释，他们说这是为了表示“迥异”亡清，“籍符”民国“体制”。就这样清代的蒙古王公制度，全面地、具体地被民国延续下来，而且，较比前清更加扩大。

北京政府在颁布这些政令的时候，曾在按语和前言中，阐明宗旨：实行这些政策，在于“东蒙多故”、“边事未靖”和“揆以情势”；在于蒙古王公“未尽归怀”，必须“因时制宜，维系人心”；在于使蒙古王公活佛，“永保禄位之尊荣”；等等。[④] 从公开的文字上得知，颁行这样的政策，与平息蒙古局部“独立”和骚乱有关，企图用“承袭”、“封赏”和“加进”爵位办法，感召“谋乱”和离心外向者，使他们“内向”归怀，以求稳定内蒙古局势。

我们注意到了如下史实：1912年9月以后，推行上述政令结果，内蒙古绝大多数王公贵族喇嘛，在既往已经表示拥赞“共和”的基础上，又纷纷发表文电，或长途跋涉进京，再次表达本盟旗、本寺庙，拥护民国的立场和态度；表示对库伦集团和内蒙古“独立”者的不满与谴责；那些“归降”库伦集团或倡导“独立”与“谋乱”者，在其失败后开始分化，大多以“悔罪”和回归的方式，表示与库伦集团决裂，“倾心内向”。《俄蒙协

---

① 民国《政府公报》1912年8月21日，（法律）第103号。

② 民国《政府公报》1912年9月20日，（命令）第144号。

③ 民国《政府公报》1912年8月28日，（公文）第124号。

④ 民国《政府公报》1912年9月，（公文）、（命令）第155、144号。

约》公开后，尤其库伦集团军事骚扰内蒙古事件爆发后，各盟旗的僧侣和王公贵族，暂时团结起来，举起爱国反帝旗帜，声讨《俄蒙协约》，揭露和痛斥库伦集团背叛祖国、出卖民族利益的罪行。[①] 哲里木盟召开两次长春联合会议，西部二盟及三十四旗召开绥远会议等，把这个时期内蒙古王公爱国斗争推向了高峰，对蒙古地区和全国都产生了深刻影响。俄国政府受到很大震动，不能不承认，“内蒙古大部分王公，仍是忠心于华”[②]。哲布尊丹巴及其追随者，在这股强大潮流面前，十分孤立和绝望。内蒙古局部“独立”和骚乱宣告彻底失败。我们应当充分肯定，内蒙古王公所迸发出来的这种炽热的爱国激情，不能简单地视作拥袁，或为自身尊荣而故作姿态。在颇大程度上，反映了他们祖国观念和中华民族意识。蒙古地区上层人士，为维护民族尊严，为反对帝俄侵略，所做出的反应和斗争，是必要的正确的。北京政府通过广泛地封官加爵，将蒙古王公喇嘛的爱国内向表示，与拥赞民国的要求糅合到一起，发挥了这样的作用：它既稳定了内蒙古的局势，又孤立和打击了外向势力。因此，不能断然否定，上述政策在一定历史时期的针对性，以及为解决特定任务而发挥的积极作用。

当然，也要注意到另外的史实：内蒙古所发生的动乱是局部的，占内蒙古蒙旗的10%左右，可谓很小的区域，而肇事者只不过占全部王公活佛的百分之一二。蒙古王公联合会及内蒙古绝大多数王公活佛，特别是有地位有影响的上层人士，既没有参加“独立”活动又无加爵的要求，因此，没有广泛封爵、加进和世袭的必要性；内蒙古所处的各方面条件与外蒙古大不相同，它与内地行省紧密相连，那种“独立”和肇乱的失败是必然的；尤为值得注意的是，全国各族同胞都反对民族分裂活动，孙中山于11月16日致电参议院，表达了全国民众反对《俄蒙协约》的爱国要求，全国范围掀起了抗俄风暴；就俄国的处境而论，它处于国内爆发民主革命前夕；它向内蒙古东部伸展势力的举动，触及了日本的侵华利益，日俄之间的矛盾表面化，在这种情形下，俄国不敢贸然援助内蒙古“独立”者。这样的国内国际形势，一方面表明，俄国和内外蒙古的“独立”者，极为孤立和脆

① 参见拙文《乌泰叛逃后的回归问题》，载《东北师大学报》1980年第2期；《民国初年内蒙王公反分裂的爱国斗争》，载《东北师大学报》1982年第6期。

② 廓索维慈：《从成吉思汗到苏维埃共和国》，王光祈译其中部分章节，题名《库伦条约之始末》，第42、71页。

弱；另一方面表明，国内有深厚的力量和条件，有利于解决内蒙古地区的矛盾。不注重这种形势及其相互制约关系，去搞袁世凯那一套，即使起到了某些作用，也不是解决根本问题的最佳政策。

一项制度与政策的制定和延续，都有它必要的阶级基础和制定者的需要。袁世凯所制定和推行的对蒙政策，改变和歪曲了“五族共和”思想。从根本上讲，北洋军阀政府完全承袭了亡清的衣钵，利用民国政府招牌，通过世袭、加封和“加进”手段，实现并完成了军阀与蒙古王公贵族之间的同盟与合作，这是袁世凯上台后，制定对蒙政策的最基本的出发点。

袁世凯脱胎于清代官僚军阀，窃取辛亥革命成果后，便成了一切反动势力的总代表，他要扑灭南方革命势力，又要维持和巩固军阀政治，实现个人专制。为此，他一方面必须将所有反动势力搜罗到自己方面来，以迅速完成封建官僚地主军阀的联合专政；另一方面对自己的势力暂时尚未达到的边陲少数民族地区的情况下，对其上层势力“恩赏”好处，施加怀柔方针，笼络急于寻找“靠山”的僧侣势力，让他们替北洋政府统治那些地方。在袁世凯之后，直皖奉的各派系军阀，都是一脉相承，沿用了这套方针和手段，控制蒙古地区，成为他们争霸中原的可靠“后方”。蒙古王公与军阀的相互勾结，有力地镇压了民主革命势力，蒙古僧侣封建集团，通过“拥赞民国”的手段，稳定和巩固了对蒙古地区的封建统治地位。这一史实反映出，北洋政府与蒙古封建势力之间，没有根本利害冲突，延续蒙古王公制度，有利于双方各自的根本利益，即使不发生 1912 年的内蒙古局部“独立”事件，它们也会在适当时机推行这种方针和制度。蒋介石新军阀上台后，仍是一脉相承，完整地将这种制度延续到新中国成立前夕为止。

蒙古封建王公制度在清亡之后，又延续了三十多年，这对民主革命是一个反动。广大蒙古族群众，在清代就呻吟在封建政权和神权的残酷压榨之下，资产阶级民主革命没有给他们带来好处，上层僧侣封建势力，标榜“五族共和”，巩固了既有地位和权势，继续将群众沦于水深火热之中。

（《东北师大学报》1984 年第 6 期）

清至民国时期新疆维吾尔族札萨克制研究

黄建华

清朝在新疆维吾尔族地区实行伯克制的统治方式，“惟哈密、吐鲁番以札萨克制”①。札萨克制是清至民国时期新疆维吾尔族社会制度史的重大课题，但囿于文献资料的零散与缺乏，国内外有关这一专题尚缺乏系统深入的研究。笔者根据清至民国时期的有关文献，结合实地考察所得资料，拟对这一问题进行探讨。

一　哈密、吐鲁番回部归附清朝的过程

清朝建立初年，新疆地区尚处在准噶尔蒙古的统治之下，锐意统一全国的清王朝，极力想将新疆地区纳入其统治范围。“哈密于我边塞，相去最近”②。清朝注意新疆，不能不注意到哈密这个进出新疆的门户。当时哈密维吾尔人的统治者是额贝杜拉，他对准噶尔蒙古的横征暴敛深怀不满。准噶尔统治者视维吾尔人为“阿拉巴图”（蒙古语，奴仆之意），“征发期会，惟其所使”③；另外，维吾尔人还要负担沉重的捐税，“当谷麦收获时，岁纳什之三、四以为常”④。在清朝与准噶尔蒙古的对峙中，额贝杜拉自然而然地站到了清朝一边。早在康熙三十二年（1693），哈密即有人给清朝送信，

① 《钦定大清会典》卷六十八。

② 《清圣祖实录》卷一五八，康熙三十二年正月丙午。

③ 《钦定皇舆西域图志》卷三十九，风俗。

④ 《钦定皇舆西域图志》卷三十九，风俗。

报告准噶尔蒙古的统治者葛尔丹“无所得食，困迫已极，仰食于其所属番人”①。康熙三十五年（1696），清军与准噶尔部在昭布多进行了决战，葛尔丹惨败。此时，额贝杜拉“遣人进贡来降”②。据《亲征平定朔漠方略》载：“哈密回子头目额贝杜拉达尔汉伯克，差回子阿林伯克，赉奏章及进贡独峰骆驼一头、马二匹、骆驼八头、小刀一柄，诚向归投皇上……”③。额贝杜拉还在给清朝的上书中称：“臣等白帽之族，自古以来皆系皇上之人，向来进贡受赏”④。明确表示哈密自古以来就归属于中央王朝。

准噶尔蒙古统治集团发生内讧，占据伊犁河流域的策妄阿喇布坦与葛尔丹分庭抗礼。而此时，葛尔丹正处在清朝与策妄阿喇布坦夹击之下，进退维谷，濒临灭亡。此时，额贝杜拉决意与其最后决裂，他向清朝称：“若噶尔丹来，臣等相机竭力擒之；若闻声息，陆续奏闻”。康熙皇帝立予嘉奖鼓励，“特赐蟒袍、貂帽、金带等物”⑤。葛尔丹食物断绝，派其子塞卜腾巴尔珠尔“猎巴里坤”，额贝杜拉即“遣长子郭伯克以兵三百擒之”⑥，并将其送交清朝。

哈密归附后，清廷为阻止准噶尔蒙古以吐鲁番盆地为依托对哈密进行骚扰，开始考虑收复吐鲁番。康熙五十四年（1715），“西安将军席柱奏：吐鲁番邻哈密，且准噶尔要隘，当先取之”⑦。这一计划于康熙五十九年（1720）付诸实施，清军进入吐鲁番盆地，向吐鲁番、皮禅、齐克塔木三城维吾尔人宣谕：“大军征准噶尔，非仇尔也”⑧。三城维吾尔首领“俱率众迎降”⑨。

当清军从吐鲁番回师巴里坤后，葛尔丹的后继者策妄阿拉布坦“胁吐鲁番户数千，徙哈喇沙尔”，但“中道脱归者千余户，聚鲁克沁，以托克托玛木特为总管，拒准噶尔兵”⑩。托克托玛木特向清朝求援，清军遂援吐鲁

---

① 《清圣祖实录》卷一五八，康熙三十二年正月丙午。

② 《清圣祖实录》卷一七六，康熙三十五年九月丙辰。

③ 《亲征平定朔漠方略》卷二十九，第11~12页，康熙三十五年九月丙辰。

④ 《亲征平定朔漠方略》卷三十四，第14页，康熙三十五年十二月乙未。

⑤ 《清圣祖实录》卷一七八，康熙三十五年十二月乙未。

⑥ 钟方：《哈密志》卷五十一。

⑦ 祁韵士：《皇朝藩部要略》卷一五〇。

⑧ 和瑛：《三州辑略》卷一，沿革门，吐鲁番。

⑨ 《清圣祖实录》卷二八八，康熙五十九年八月甲子。

⑩ 《钦定外藩蒙古回部王公表传》卷一一〇，吐鲁番回部总传。

番。“（散秩大臣）阿喇钠抵吐鲁番，遇准噶尔贼二千，迎击之，贼弃骑走，俘斩百余名，遂屯吐鲁番”[①]。

康熙故世后，雍正忙于巩固自己的统治而无力顾及于此，遂与准部议和。雍正三年（1725），清军从吐鲁番撤军，同时考虑将维吾尔人内徙，“吐鲁番部落远在边境之外，去巴里坤军营尚有七、八百里，易为贼人所窥伺，我师难以庇护”，因而决定“将尔等搬移近边之地，以避贼人侵害”[②]。雍正四年（1726），“吐鲁番回子恐为策妄阿喇布坦扰累，情愿入内地者，共六百五十人”[③]。“鲁克沁有众万，不尽行，以额敏和卓辖之”[④]。

托克托玛木特内徙后，额敏和卓成了吐鲁番维吾尔人的首领。“八年（1730）……额敏和卓岁勤屯田务，赐银币”[⑤]。《清世宗实录》也载：“吐鲁番回目额敏和卓，屯田种地，恭顺效力，甚属可嘉，联闻之，深为喜悦，额敏和卓赏缎二十匹，其种地效力之回民，赏银二千两”[⑥]。

雍正九年（1731），准噶尔军两千人围攻鲁谷庆城，“贼夷围困鲁谷庆四十余日，赖汉回官兵协力固守，杀死贼人二百余名，带伤者甚众”。清朝援军至，“回目额敏和卓及回民老幼男妇，出城迎接，欢声震地”[⑦]。

准噶尔蒙古此时在吐鲁番盆地取骚扰战术，清退准扰，清进准退，避免与清军决战。清廷渐失固守吐鲁番的决心。上谕曰：“从前曾降旨与吐鲁番人众，皆畏惧准噶尔，即移向近边之地居住。是以托克托玛木特带领之人移向近边者，皆享安宁之福。可再行晓谕回子等，伊等倘自揣力不能敌，不妨仍为移避之计。……若此番晓谕之后，伊等仍复观望，则贼人再来侵扰之时，听伊等自为之计，我军不复庇护矣”[⑧]。额敏和卓及其所属维吾尔人苦于准噶尔部的骚扰，决定东迁。雍正十年（1732），额敏和卓率所属“回民大小一万余口，已于十月十四、十七等日，陆续起程”[⑨]，迁往甘肃安西瓜州。

---

① 和瑛：《三州辑略》卷一，沿革门，吐鲁番。
② 《平定准噶尔方略》前编，卷15。
③ 《清世宗实录》卷四十五，雍正四年六月乙丑。
④ 《回疆通志》卷四，额敏和卓列传。
⑤ 《回疆通志》卷四，额敏和卓列传。
⑥ 《清世宗实录》卷九十九，雍正八年十月辛丑。
⑦ 《清世宗实录》卷一〇七，雍正九年六月辛亥。
⑧ 《平定准噶尔方略》前编，卷二十二。
⑨ 《清世宗实录》卷一二五，雍正十年十一月乙未。

二　在哈密、吐鲁番设置札萨克制的经过与原因

哈密附清之初，尚面临着十分复杂的政治形势，准噶尔部雄峙其边，随时都能兵临城下。哈密要寻求清朝更有力的保护，最好的办法是成为清朝的正式臣民。因此，额贝杜拉上书清廷："臣既擒塞卜腾巴尔珠尔，并噶尔丹属下诸人，厄鲁特必不悦臣，而哈密又素弱，用是危惧，伏乞庇而安之。且臣所畏者，策妄阿喇布坦也，祈皇上降救，使勿害臣，给臣敕印，俾有恃以无恐，以保我疆土，且使叶尔钦、吐鲁番等闻之，必共欣羡，各思向往"①。清朝要征服准噶尔蒙古，迫切需要争取哈密维吾尔人的民心，并使准噶尔部统治下的其他各城维吾尔人"欣羡""向往"，以削弱准噶尔蒙古的实力。清朝很快答应了额贝杜拉的请求，"将伊（指额贝杜拉——引者注）属下人，照各部落编为旗队，授达尔汉白克额贝杜拉为一等部长，食俸掌印。又其子郭帕白克、白奇白克亦经效力，亦应授为二等部长，协理旗务。俟来年青草之时，理藩院差官两员……同达尔汉白克额贝杜拉，照定例分编旗队……上视之，赐额贝杜拉管辖哈密国印，遣郎中布尔赛奔什，往编旗队……再请给纛……上允之，纛用红"②。清朝经过一段时间筹划准备，于康熙三十七年（1698）完成旗制建置。"设管旗章京、参领、佐领、骁骑校各员，如蒙旗之制"③。

额敏和卓在众多的吐鲁番头目中能脱颖而出，是他忠于清廷而受其扶植的结果。额敏和卓率众东迁后，便完全确立了他在吐鲁番维吾尔人中的统治地位。雍正皇帝在额敏和卓率众东迁之际，降旨曰："额敏和卓著封为札萨克辅国公，其余头目等，有应加恩赏授宫职者，俟大将军查奏到日，再降谕旨"④。额敏和卓抵达瓜州后，清廷正式"颁给札萨克印信，俾总领其众……其余头目……分给一、二、三、四等者，照番王土司之例，给与正、副千户职衔札付，分领部落，散居各堡"⑤。为明确官爵品级，规定

① 《亲征平定朔漠方略》卷四十六，康熙三十六年十月乙酉，第9~10页。

② 祁韵士：《皇朝藩部要略》卷十五。

③ 《清世宗实录》卷一二五，雍正十年十一月乙未。

④ 常钧：《敦煌随笔》卷上，回民五堡。

⑤ 祁韵士：《皇朝藩部要略》卷十五。

"札萨克视喀尔喀辅国公，正千户视佐领，副千户而下视骁骑校"①。乾隆十九年（1754），清廷将移居瓜州的维吾尔人"编旗队，置管旗章京、副管旗章京、参领、佐领、骁骑校各员，如哈密例"②。

清朝在哈密、吐鲁番地方设了札萨克旗制，可清朝统一新疆后，并未在塔里木盆地的维吾尔人中施行札萨克制，而是伯克制，这是什么原因呢？

首先，哈密、吐鲁番地方归附较早，且为自动归附。据载策妄阿喇布坦曾诘问额贝杜拉云："'尔已降中国（指中原——引者注），其中国迫汝使降耶，抑而自愿降耶'。额贝杜拉答曰：'皇上未尝迫我……'"③。《皇朝蕃部要略》卷十五也载，额贝杜拉"诚服天朝，非迫而然也"。额敏和卓也是主动归附清朝。康熙五十九年清军进击吐鲁番盆地前，额敏和卓只是一个小城的头目，而属于吐鲁番统治阶层有职或名可查者就达数人。但额敏和卓满足了吐鲁番维吾尔人要求摆脱准噶尔蒙古奴役的愿望，并奋起反抗准噶尔部的骚扰。最后，额敏和卓又根据清廷的要求，率众东迁瓜州。清廷为奖励额贝杜拉和额敏和卓归附之早，归顺之诚，便授予这两人世代统治各自领地的权力。

其次，准噶尔蒙古主要是游牧经济，其衣食主要仰给于塔里木盆地的维吾尔人，清朝若能争取到他们的归附，自然从根本上削弱了准噶尔蒙古的经济力量。额贝杜拉和额敏和卓属回部"望族"，对塔里木盆地的维吾尔人有一定感召力，他们归附并受到清廷的厚遇，自然会对其他维吾尔人产生广泛深远的影响。

三　札萨克长的权力

清朝授予札萨克长对其领地的领有权，换句话说，其领地也就是清朝授予札萨克长的封地。札萨克长兼有封建领主和清朝官吏的双重机能，他一方面是其领地上最高君主，中央和地方政府均不过问其内部事务；另一方面，札萨克长又是中央政府的地方官吏，享有政府发给的俸禄，札萨克长一般通过对皇帝朝觐、进贡等形式，表示臣服之意。每遇战事，往往根

---

① 祁韵士：《皇朝藩部要略》卷十五。

② 祁韵士：《皇朝藩部要略》卷十五。

③ 《亲征平定朔漠方略》卷四十，康熙三十六年闰三月癸未，第15～17页。

据实际需要，或出兵，或协助后勤供应，以表示效忠皇帝之心。若建有功勋，皇帝或予赏赐，或予以晋爵。

札萨克长采取世袭制。清在哈密、吐鲁番两地设立札萨克制之初，曾规定降等袭爵。乾隆五十九年（1794），清帝考虑到额贝杜拉和额敏和卓家族归顺已久，“各勤职业”，“若照原议出缺后降等袭爵，日久递降，殊非联抚恤回众之意”。乾隆皇帝遂加恩为“出缺后不必降等”，“以示联优恤回部世仆之至意”。①

札萨克长享有跟随护卫官员的权力。哈密札萨克长额尔德锡尔（额贝杜拉五世孙，1780～1813年在位）执政时，其护卫官员超过清廷规定的人数，按规定需将额尔德锡尔的护卫官员裁汰，结果乾隆皇帝“甚不忍”，“著加恩将额尔德锡尔属下护卫官员数目仍前留给，以示朕轸念效力之回部臣仆之意”。② 光绪十年（1884），新疆改建行省后，废除了吐鲁番额敏和卓家族的札萨克统治，但吐鲁番郡王仍保有爵位，拥有护卫官员，“王若想召徕更多的人——十人也好，百人也好——都能够如愿以偿。然而，王授予顶戴花翎的人不得超过十八人”③。可见，清廷从未限制哈密、吐鲁番两地札萨克长的护卫官员数目。

札萨克长统治下的社会性质前后也有一个演变过程。在札萨克长设置之初，据椿园《西域闻见录》载：哈密王“所有回户皆伊萨克（额贝杜拉四世孙——引者注）之‘阿拉巴图’，奴也，户寡弱，不满两千，家皆贫窭不能自给”。同书还载：“其王曰伊萨克……所辖回城六：曰哈密、曰素木哈尔灰、曰阿思他纳、曰托哈齐、曰拉珠楚克、曰哈拉巴托。所有回户，皆伊萨克之‘阿拉巴图’”。对吐鲁番郡王统治下的社会性质，《西域闻见录》也有记载：“土尔番者，伊敏和卓（即额敏和卓——引者注）之子苏拉满所居之地也。统辖回城六：曰土尔番，曰辟展，曰鲁古沁，曰色更木，曰托克逊、曰哈拉和卓。六城回人皆苏拉满之‘阿拉巴图’，世袭土司”。《平定准噶尔方略》正编卷七十五也载：“从前玉素富（额贝杜拉三世孙——引者注）额敏和卓之属人等，本其世仆，故所设官员，俱不支俸”。

---

① 《清高宗实录》卷一四四八，乾隆五十九年，三月壬寅。

② 《清高宗实录》卷一四四八，乾隆五十九年，三月壬寅。

③ 孟格斯关于喀什噶尔地区社会生活等方面的资料，转引自佐口透《清朝统治下的吐鲁番》，朱风译，载《民族译丛》1987年第4期。

从以上记载我们可以清楚地看出，札萨克制设置初期，其统治下的属民，均为其农奴。因缺乏更详细的记载，我们对许多细节尚不得而知。不过，我们知道，新疆改建行省后，吐鲁番郡王领地“改土归流”，但这项社会制度的变革是很不彻底的，仍保留了大量的封建农奴制残余。在19世纪90年代，鲁克沁王[①]的耕地由当地居民耕种，“Choqu-Tam 和 Qargha-Tura 两地是王的世袭领地，被称为王的私有地，当地的所有居民都在这块地上耕种”[②]。另外，鲁克沁王还有黑地（释作耕地）和山坡地（释作耕地和休耕地）之分，在山坡地类中有12块叫做匀均（yündžün）的耕地，它是“奉献给王的土地，被认为是居民有义务以无偿劳动进行耕作的土地”。王在“鲁克沁地方的二道水渠，各有10块即总共20块土地，当地居民耕种这些土地，进行收割、打场，把收获的农产品载在自己的车辆上，送到王的粮仓里”。当地居民还要为王的下属官吏耕种土地，“都尔噶（dorgha，负责对乡里的监视——引者注）用自领小麦播种田地的收入维持生计，当地的一切居民为他耕种这块土地，当地的居民为他提供水利和收获庄稼；……密喇布（mirap，管理地方上的土地与水利——引者注）也耕种土地；地方居民把阿克萨卡尔（aqsaqal，管理所有土地和水利事务——引者注）的土地种上”。官差“所需用的马和车辆，概由居民提供”。

王还借助权势进行各种超经济剥削，“当春季人们耕种土地时，王把发了芽的高粱、小麦、稷子、大麦、胡麻等强行卖给当地居民……一斗小麦的价钱是五钱银子，一斗高粱的价钱是四钱银子”。另外，鲁克沁王还将所牧养的羊只，“强制各户领取一只羊，领取羊的人于七月份支付给二两银子。拒不领羊者，作为代偿交纳一两银子……”。王在“改土归流”后，仍拥有这许多封建特权，不难想象其未改流前的权势与威风了。

额贝杜拉家族在同治三年（1864）新疆各族人民大起义后，因“所部回众尚多，差堪自立”[③]，成了整个维吾尔族地区唯一一块保留札萨克制统治的地方。虽然，有关额贝杜拉家族早期的统治史书缺乏记载，但仅根据

① 吐鲁番郡王的都城设在鲁克沁，故又称吐鲁番郡王为鲁克沁王。

② 孟格斯关于喀什噶尔地区社会生活等方面的资料，转引自佐口透《清朝统治下的吐鲁番》，朱风译，载《民族译丛》1987年第4期。本部分凡未注明资料出处的有关吐鲁番郡王的资料，均转引自该文。

③ 《刘襄勤公奏稿》第15卷。

沙木胡索特王统治时期的情况，就足以说明哈密王地位的显赫和权势的炙人了。

沙木胡索特王（1882～1930年在位）统治时期，共占有耕地3万多亩。这些土地分为两个部分：一部分是出租给民户的土地，一部分是维王直接耕种的土地。出租的土地约有14980亩，收取定额实物地租。地租一般为：山水地（使用天山雨雪水浇灌的土地）每亩收地租1斗，泉水地（使用泉水浇灌的土地）每亩收地租两斗。沙王直接耕种的土地约有16450亩，由王府迫使民户无偿为其耕种。这部分土地从种到收，全部由王府各级官吏组织民户为其服役。民户每月要服3～5日劳役，有时高达7日。劳役繁苛，流弊甚多，连新疆都督杨增新都说：该回王因有此项差徭，势不能不设头目人等经营，而流弊所及，遂至各头目人等亦勒令缠民格外当差，变本加厉，如春耕时须先替回王当差耕田，而后得耕私田；秋收时须替回王当差收获，而后自己收获。其他差事，名目繁多，加以头目人等苛求，尤以情所难忍，缠民深以为怨。[①] 王府的经济特权还远不止此，凡属王府民户，要承担各种劳役，如筑城、修渠、修王陵、道路、房屋、宫殿、花园等，开工时，由各地的小头目把所辖民户集中起来，送王府统一支配。王府内的各项杂务，甚至厨房内的杂活，都由城郊附近的民户轮流前往执役，且需自备口粮。王府还有各种摊派，“其供应之繁，即微如扫帚，亦必索于缠民”[②]。

额贝杜拉家族和额敏和卓家族与伊斯兰教也有着密不可分的关系。据《回疆通志》卷4《额敏和卓列传》载：额敏和卓“祖素丕和卓为喀喇和卓阿珲，父尼雅斯和卓为吐鲁番大阿訇”。额敏和卓虽未继承其祖父两代的宗教职业，但他自然也与伊斯兰教保持着千丝万缕的联系。额敏和卓被吐鲁番人称作“我们的苏丹和领袖，信徒的领导者额敏和卓伯克”。这至少表明额敏和卓的统治地位得到了吐鲁番盆地伊斯兰宗教界的认可与拥护。

额贝杜拉家族与伊斯兰教的关系更为密切，仅从沙木胡索特王统治时期的情况就可以充分说明这一点。在哈密王领地内，王府的政府机构与宗教机构很难截然分开，宗教界人士可充当政府官员，除主管王府内的宗教事务外，还可参与其他行政事务。各地方上的礼拜寺阿訇，也可参与各地

---

① 杨增新：《补过斋文牍》乙集一，《电呈哈密回部屡叛原由拟将来改土归流并现在办法文》。

② 陈赓雅：《西北视察记》，上海申报馆，中华民国二十五年十月初版，第349页。

方上的政权组织，主管各地方上的宗教事务。如果严格加以区分的话，宗教机构可分为两套，一套附设在政府机构中，一套贯穿于各大小礼拜寺。

王府内设有小台吉府，在小台吉府中设有宗教审判官两人，管理领地内的宗教审判事务；宗教事务主管官3人，根据宗教法规裁决遗产；“色的尔”两人，管理无人继承的绝产；“海提甫”两人，管理山区婚姻；毛提子两人，管理宗教生活、礼拜等。哈密王领地分为四个行政区，即城郊、五个堡、伊吾、天山区，是为哈密王的地方政权机构。在地方机构中，设有“毛提子”，管理宗教事务，有些区设有“海提甫”，专门管理民事婚姻、丧葬事宜。

以礼拜寺为系统的宗教机构，由掌教大阿訇总管。掌教大阿訇是王府统治集团中的核心人物之一，处事绝对秉承王的“旨意”，王通过掌权大阿訇控制领地内各大小礼拜寺。哈密王实行的是政教合一统治，他既是世俗政权的最高统治者，又是宗教的最高领袖。伊斯兰教被用来作为强化哈密王统治的工具。宗教人士利用讲经的机会，向教民灌输：“王爷、阿訇、巴依和农民、牧民之分都是安拉决定的，而不是人为可改变的”。还说：“王爷是代表安拉、真主和老天的”，“面对这样的皇王，我们必须依从，必要时我们要把自己的生命献给皇王”。

札萨克长还掌握着司法权。早在额敏和卓率众东迁瓜州之时，清廷即将司法权授予额敏和卓，“凡两造俱系回民案件，应令将人犯交札萨克公自行经管”①。只是当其所属维吾尔人与其他民族的人发生交涉案，才不属札萨长的管辖范围。在吐鲁番“改土归流”后，鲁克沁王仍凭借着传统的声势掌握着部分司法权。只是“王对任何人都不能处以死刑，他是从属于吐鲁番顶大老爷的，不敢施行任何死刑”②。鲁克沁王一直拥有府第私有刑具，直到光绪三十二年（1906），清廷下令销毁③。可事实上并非完全兑现，据包尔汉《新疆五十年》载：鲁克沁王“一直能随意捕押、罚办当地的维吾尔人。那时候鲁克沁王府设有专门羁押‘人犯’的地牢……，刑具的种类也很多……，当年在鲁克沁、吐鲁番街头，人们往往看到手里拄着80斤重

---

① 常钧：《敦煌杂钞》卷上，安西厅。

② 孟格斯关于喀什噶尔地区社会生活等方面的资料，转引自佐口透《清朝统治下的吐普番》，朱风译，《民族译丛》1987年第4期。

③ 《清高宗实录》卷五三五，第28～29页。

的铁棒行乞的人，铁棒的上端嵌有铁链，铁链的另一端锁在行人的脖子上；也有扛着木枷行乞的人，这些人都是鲁克沁王府判罪的‘罪犯’”①。

至于哈密王的刑具种类之多，酷刑之惨烈，远非仅凭传统声势维护其统治的鲁克沁王所能比拟了。在哈密王的封地内，凡属回王管辖的维吾尔人，无论民、刑案件或宗教纠纷，均由回城掌台大阿訇或宗教法庭分别处理。宗教法庭拥有罚款、判刑、流放乃至处死的权力。王府设有监狱，可以随意关押人。哈密王还设有水牢，凡入水牢者，十之八九要被折磨死。

当然，清朝在哈密、吐鲁番地方设置的哈密直隶厅或县、吐鲁番领队大臣，这些机构除其自身的行政职能外，还兼有另一种职能，即牵制和监督哈密王和鲁克沁王。必须指出的是这种监督主要是防止他们反叛清朝，可事实上，因为他们在各自的领地内拥有至高无上的特权和利益，而这些又正是清政府所保护的，因此，反叛清朝对他们来讲便无任何实在的意义与利益。相反，他们必须依附于清廷，仰仗清廷的庇护来维护其既得利益。所以有清一代，额贝杜拉家族和额敏和卓家族的成员，虽有得咎获罪的，但绝没有旨在反抗清朝统治的“政治犯”，仅从这点意义上说，清设置札萨克制对笼络这两大家族归附之心是绝对成功的。

四　札萨克制废除的原因

同治三年（1864），作为阶级矛盾长期积聚的总爆发——新疆各族人民反清大起义席卷全疆，整个维吾尔族地区的王公贵族的势力均受到毁灭性的打击，鲁克沁王府自遭兵燹，“家产荡尽”，吐鲁番地方人口流散，“靡有孑遗”②。清廷以此为借口，将吐鲁番郡王领地“改土归流”。对此，杨增新追述道：“同治时新疆大乱，该回王（叶明和卓，额敏和卓五世孙，第九代吐鲁番郡王）之祖父（阿克拉依都，额敏和卓三世孙，第七代吐鲁番回部郡王）逃窜南疆，其地（吐鲁番郡王封地）已收归地方官管理，后经刘前抚（刘锦棠）寻归该王之父（玛木特，额敏和卓四世孙，第八代吐鲁番郡王），乃奏清袭职”③。但玛木特所承袭的仅是一个虚爵，“无阿奇木伯克可

① 包尔汉：《新疆五十年》，文史资料出版社，1984，第27～28页。

② 曾炳熿：《新疆吐鲁番直隶厅乡土志》（抄本）。

③ 杨增新：《补过斋文牍》壬集上。

兼，而廉俸无几，卯粮寅支，负债既深，拮据万状”[①]。昔日的富贵当时已不复存在。

清政府因额敏和卓家族在农民起义中“家产荡尽”，人口流散的原因，废除了其家族的札萨克制统治，这确实是一种原因，但同时又是一种托词或借口。早年当额敏和卓子素赉璊“获罪”时，将其领地削去了一半[②]，削地的真正意图乾隆皇帝表达得很清楚：“吐鲁番系回城要冲，令伊等世守，难保无事。今素赉璊既经获罪，即当乘机办理”[③]。由此可见，“改土归流”的真正原因恐还在于此。

额贝杜拉家族在同治三年新疆各族人民大起义中，也几经战火洗劫，但伯锡尔郡王率维吾尔军队，与起义军作战，最后以身殉职，清廷为奖励伯锡尔王的忠勇之举，把札萨克制作为一种赏赐恩授给其后代子孙。无怪乎，在新疆各族人民大起义中，吐鲁番郡王“混迹为民”，自然无法得到与额贝杜拉家族相同的恩遇。

额贝杜拉家族的札萨克制统治一直延续到1930年废除，废除的原因应主要归结为其属民的反抗。《哈密王的政教合一统治》一文中说：“在哈密王的血腥统治下，奴隶们为了争生存，逐年都有人户外逃，也有集体逃出的”[④]。同治三年新疆各族人民大起义，哈密维吾尔人趁机挣脱回王的统治，吐密“缠回先有二、三万余，今只存二、三千口，其被白逆掳胁者，不过数千，不堪勒派弃耕避匿逃入吐鲁番者，不啻数倍”[⑤]。由此可见，早期的属民处在“不堪勒派”而“弃耕避匿”的消极反抗阶段，后来逐步发展到暴力反抗阶段——光绪三十三年（1907）的吐尔巴克-和家米雅斯起义和民国元年——二年（1912～1913）的铁木耳起义，起义的矛头直接指向哈密王的专制统治以及残酷的徭役制剥削。属民反抗之烈，连杨增新都意识到：

① 《刘襄勤公奏稿》第15卷。

② 乾隆二十一年（1756），清朝将吐鲁番盆地一分为二，喀喇和卓迤东至辟展地方，系额敏和卓旧地，仍归额敏和卓管辖，从阿斯塔那迤西至伊拉里地方，令吐鲁番盆地的另一个头目莽噶里克管辖。同年，莽噶里克叛。待莽噶里克之乱平定后，清将莽噶里克封地归并与额敏和卓管辖。乾隆四十三年（1778），额敏和卓子素赉璊“获罪”，清将原莽噶里克封地削去，另设官管理。

③ 《清高宗实录》卷一〇七三，乾隆四十三年十二月甲申。

④ 载新疆社会科学院宗教所编《新疆宗教研究资料》第1辑，第30页。

⑤ 《平定陕甘新疆回匪方略》卷二一九。

“现在共和成立，回王万难独行专制”①。民国十九年（1930），沙木胡索特王病逝后，金树仁为扩大征收赋税的范围和增加剥削对象，将沙木胡索特的儿子聂滋尔扣留在迪化（今乌鲁木齐），委任他为省府高级顾问，将哈密王的领地改归地方官管辖。

五　对设置维吾尔族札萨克制的评价

札萨克制是清朝施行的最富有地方自治性的一种地方行政制度，这种制度在清朝统一之前，“其政治作用不仅可以安抚当地人民，而且足以号召新疆回民之向心”②。正是札萨克制这种社会制度，笼络了额贝杜拉家族和额敏和卓家族，坚定了他们归附清廷之心，使他们在平定准噶尔叛乱、大小和卓木叛乱中发挥了一定作用。清朝在哈密和吐鲁番两地设置札萨克制，还有另一作用，即为塔里木盆地的维吾尔人树立起一个样板：只要归附效忠了清廷，就仍可以保有昔日的权势与富贵，这对争取准噶尔蒙古统治下的维吾尔人的向心力，对分化大小和卓木发动的分裂叛乱，对清朝迅速取得统一新疆的胜利，均有着一定的积极作用。

新疆刚被统一后，清朝保留哈密、吐鲁番两地的札萨克制，对稳定新疆有一定积极意义。但随着时间的推移，没有及时对哈密、吐鲁番两地札萨克长的权力进行限制，造成了这两地阶级矛盾剧烈地积聚发展。光绪十年（1884）新疆改建行省后，清政府废除了额敏和卓家族的札萨克统治，这是正确的，也是及时的，但清朝没能及时取消额贝杜拉家族的札萨克制统治，使哈密维吾尔人继续遭受哈密王残酷的劳役制剥削，使本已十分尖锐的社会矛盾更趋激化。特别是进入20世纪后，领民反抗领主的斗争已发展到武装对垒的地步，先后酿成了两次农民起义，成了哈密乃至整个东疆动荡的根源。因此，清后期至民国时期，仍继续保留额贝杜拉家族的札萨克制统治，是不合时宜的，也是缺乏远见的。

（《西北民族研究》1992年第1期）

① 杨增新：《补过斋文牍》乙集一。

② 林恩显：《清朝在新疆的汉回隔离政策》，台北，商务印书馆发行，1990，第66页。

近代云南边疆民族地区改土归流述论

王文成

改土归流始于明代，盛于清初，部分地区在清末和民国时期仍在进行。① 而近代以来的改土归流，不仅是古代改土归流的自然延伸，而且深深打上了近代历史的烙印，具有一系列鲜明的时代特色，甚至在改土归流的指导思想、方式方法及其结果上，都发生了显著变化。这在近代云南边疆民族地区的改土归流中得到了最集中的体现。本文拟就此作一初步探讨，敬请指正。

一

云南边疆民族地区的改土归流，早在明代即已见诸史籍。如成化十七年（1481）首先在广西府改设流官知府，弘治六年（1493）废除广西府属维摩土州；成化十二年（1476）改阿迷土州设流官。但因改土归流条件尚不成熟，阿迷州于天启四年（1624）又不得不复设土官，仍以彝族普氏继任土知州。②

继明代改土归流之后，清初西南地区的改土归流达到高潮。就云南边疆民族地区而言，康熙初年，在基本上肃清了云南境内的南明势力后，清王朝先后镇压了滇东南边疆地区部分土司的叛乱，宣布在这一地区实行改土归流，废除蒙自李日森、八寨李成林、教化张长寿等 17 土司，于康熙四

① 民国中期改土归流的有滇、川、黔、湘、桂、新、甘、青、宁及西康 10 省，见 1935 年《内政年鉴·民政篇》。

② 参见《明史》卷三一三，《云南土司一》。

年（1665）置开化府①，揭开了清初云南边疆民族地区改土归流的序幕。雍正四年（1726）清政府委任鄂尔泰为云南巡抚兼总督事，改土归流在鄂尔泰主持下全面展开。但是，由于云南边疆民族地区社会经济发展水平差异很大，大部分地区尚未进入封建地主制经济时代，而且清王朝的统治势力亦不够深入，边疆与内地民族地区一道完成改土归流的条件尚不具备。因此，鄂尔泰提出以澜沧江为界，“江内宜流不宜土，江外宜土不宜流”，改土归流仅在澜沧江以东地区进行。至雍正六年（1728），清政府宣布“江内地全改流”②。

然而，事实并非如此，所谓“江内”的边疆民族地区，在这次改土归流之后，仍普遍保留着土司制度。如在改流较早亦较成功的开化府，其流官知府仅能驻守府城，其下只能“因教化、王弄、安南三长官司地暨牛羊、新现、八寨、枯木、维摩、陆龙等处编为八里。……皆以土司苗裔催征该里钱粮，赴府完纳”③。也就是说，不仅开化府下的政区只能按原土司地划分，基层统治权也仍归土司“苗裔”掌握。雍正八年（1730）增设的文山县、嘉庆二十四年（1819）增设的安平厅，都只能与府同城。④

更突出的是，在江内“全改流”地区中，红河南岸的土司制度却完整地保留下来。该地大小“二十八土司”无一被废除，清政府仍一如既往地发给信印、号纸，从未在此新置过流官政权，就连行政区划都未作过调整，各土司继续隶于临安府下。同时，顺治、雍正两朝，还在此地分别新置了慢车乡土舍和纳更山土把总（嘉庆间准世袭）。⑤

由此可见，清初西南大规模改土归流高潮中，云南边疆民族地区的土司制度实际上基本保留了下来，“宜土”的江外自不待言，就连史载“全改流”的江内地，也在不同程度上保留着土司制度。此后，乾隆、嘉庆两朝虽也曾废除过边疆民族地区的个别土司，并在“全改流”的江内地区进一步巩固流官政权，但就总的情况而言，改土归流基本停顿了下来。继其后的道光、咸丰、同治三朝，全国形势急转直下，云南边疆也爆发了持续24年之久的各族人民大起义，改土归流完全停止。直至光绪年间，改土归流

① 乾隆《开化府志》卷二，《建置·沿革》。
② 《清史稿》，《土司列传三》。
③ 乾隆《开化府志》卷二，《建置·沿革》。
④ 民国《新编麻栗坡特别区地志资料·特别区之沿革》。
⑤ 参见光绪《续云南通志稿》卷九十九，《秩官志·土司三》。

才重新提及。

但是，在近代中国特殊的社会历史条件下，清政府改土归流的态度却发生了重大转变。至光绪三十四年（1908），“云南耆民”呈请改土归流时，清政府认为：“土司暴虐，计非改土归流不可。所以不敢轻于举办者，一恐兵力未敷，一恐财力不足。如今之计，惟有革除汉官规费，慎选守令以清其源；赶紧查清承袭，以安其心；严密稽查防范，以伐其谋。并拟整顿防营，开办征兵，遮缓急操纵，得收控驭之益。”① 这在一定程度上反映了晚清政府对待改土归流的态度，即已不能也不愿大规模实行改土归流了，土司制度不仅不一定要废除，而且对土司还须“赶紧查清承袭”。因此，光绪朝虽然重提改土归流，但明令废革的土司并不多。即使明令废革，其改土归流的方式也较为缓和，与清初截然不同。这尤以光绪三十三年（1907）镇康改土归流最为典型。

光绪三十三年（1907）在镇康土府族内土目多次争袭，而争袭土目刀上达囚禁省城，在位土司刀闷纯兴、护印妇刀闷线氏相继病亡后，才决定改土归流。改流时又“与民约法三章：（一）除国家钱粮正供外，毫不苛派分文；（二）大丛为总团，经猛、圈猛改为团长，伙头、郎目改为甲长；（三）缅寺、樯神悉仍其旧”。移交改建事由继任护印妇刀罕氏亲自办理，原土州印“谢府以为废印无用”，允许刀罕氏留作纪念。② 这样，镇康改土归流乃是在“土”“流”间达成新的协议后，以“不用一兵一卒，不杀一人”的和平方式完成的。其中，原土司下属“大丛”“经猛”之类，以改为总团、团长、甲长的方式，取得了新的合法统治地位，在改土归流后继续留下了土司制度的尾巴。

此外，清政府为“收控驭之益”，还在云南边疆民族地区继续保留土司制度的同时，加紧设置流官政权，首开近代云南边疆“存土置流”的先河，从其性质上看，这仍不失为近代特殊的“改土归流”方式之一，并为改土归流增添了新的内容。光绪初年，在镇压了孟连宣抚司辖境内的“倮僳”族起义和民族纷争后，“先后设立上、下改心两地，不归孟连管辖。另委是役有功之人，为各地土司及里粮目。故澜沧有十八土司（连里粮目在内——原注）之称。旋于光绪十七年（应为十三年——尤中注）夏，将原

① 《清德宗实录》卷五九四。

② 民国《镇康县志初稿》。

有孟连宣抚司地面，设置镇边直隶厅，归迤南道管辖，建厅署于猛朗，委官治理”[①]。这样，在土司境内以兵“剿平”后，仍未废除该地土司，不过在原土司地内另委置十八土司与孟连土司并存，并在此基础上新置流官政权——镇边直隶厅。光绪十七年（1891）又准“罕荣高土千总管理猛角、猛董地方世袭，改猛角、猛董归镇边厅管理”。至光绪二十年（1894）干脆将孟连土司也“改隶镇边厅”[②]。

以上两例可看出，近代以来，清政府虽不忘“改土归流”，但其指导思想、方式、内容都已发生了一系列变化，更未像清初那样大规模改土归流。因此，云南边疆民族地区的土司制度继续保留下来，成为留给中华民国的一份特殊遗产。

二

1911年中华民国诞生后，自然历史地继承了这份特殊的遗产。但是，仍然存在着的土司制度不仅与“三民主义”背道而驰，而且阻碍着民国政府在边疆统治的深入。因此，民初改土归流之议再起。如卯遮弹压兼交涉副委员周谟认为，土司制度下“民困益深”，“流亡日多”，已失去安抚、靖边的作用，若以驻防该地的国民军为后盾，“密知各营管带，迫令各司改流……除南甸、干崖、遮放、猛卯稍有兵力，余则摧枯拉朽耳”。滇西南十土司即废，“则云龙、顺宁各司亦易为力矣”[③]。云南陆军第二师师长兼迤西镇守使李根源也“上经营土司急进、缓进二策”，建议实行改土归流。[④]但是，民初政局动荡，中央政府对此毫无兴趣，云南地方政府接到李根源的建议后，“从其次议，谓急于改流，转多顾虑。不若为之更化善治，以守潜移默化之功”[⑤]。事实上亦未下改土归流的决心。因此，民初云南边疆的改土归流，实由各“督边大员”相机行事，能改则改，能留且留，各地情况不尽一致。其中滇南今西双版纳地区和滇西今怒江、保山、德宏、临沧一

① 民国《澜沧县沿革》，转引自尤中《云南地方沿革史》，云南人民出版社，1990，第384页。

② 《续修顺宁府志》卷二十三，《秩官志四·土司》。

③ 李根源：《西事汇略》卷九，《殖边·土司》。

④ 《续云南通志长编》卷二，大事二，《光复·建设》。

⑤ 《续云南通志长编》卷二，大事二，《光复·建设》。

带的改土归流颇具一定代表性。

今西双版纳地区原为车里宣慰司辖地，清初改土归流中曾在其澜沧江以东地区宣布废除土司制度，其地划归普洱府管辖。但事实上江东、江西都未能真正改流。宣统三年（1911）在镇压了江外顶真等土司间的纷争后，署思茅厅事黎肇元督办改流，“分猛遮、顶真、猛混、猛海、猛阿为五区，出示变卖田地，议设一厅三县”，委派人员办理编户、招垦事宜，并抽“花茶捐助费”。[①] 但嗣因黎肇元等人“瘴故”，云南辛亥“重九”起义，改土归流便停顿下来。

民国元年（1912）7月，虽遮、顶五猛已编户“完竣”，但车里宣慰司刀承思等“合词公请暂缓改流”，愿“将地方钱粮归于门户抽收办法，一切行政缉捕……概求汉官担任保护”，同意设流官“保护十二版纳”。边防督办柯树勋亦认为“若依原议改流，诸多窒碍”，并提出“治边十二条”，要求在保留土司制度的同时，增设流官，“似此权操汉官，即属不改之改，事尚可行”。[②] 云南军都督府随即允准。西双版纳地区即由柯树勋负责推行“不改之改”政策，具体说来，其内容主要包括[③]：

1. 民国二年（1913）开办普思沿边行政总局，由柯树勋任局长；局内设司法、教育、实业、财政、交涉、翻译各科。局下无论江内江外，统一分设11行政分局（后改为8分局），其行政地位相当于县。辖境内车里宣慰司及其以下一整套原有土司行政机构悉数保留。

2. 清查户口，征收赋税。其中，征收赋税一项，“江外各区应征捐银……不分等第，每户年征一元六角，每十户免去头目、赤贫二户”，所收赋税“汉土平分，土司一半仍照旧例酌量提送宣慰，并分给该猛叭目办公，余作土弁养赡。汉得一半，余提完历有钱粮外，拨充行政经费，按年列表呈报”。原各猛土司征调劳役，改由行政局按每户折工四角征收，除土司司署仍可调用民工外，杂役一律革除。“地方土产以及牲畜各税暂行停业……其渡口船税减轻……收获银元无论汉土均提二成作为征收工食，余则公局、土署各得四成。”

3. “与各猛弁目规定章程”，划分行政管理权限，规定：“除刑民诉讼

① 柯树勋：《普思沿边志略》，第37页。

② 柯树勋：《普思沿边志略》，第38页。

③ 见柯树勋《普思沿边志略》，以下引文均见该书。

专归委员审理裁判外，其余一切事件委员土司叭目共负责任，祸福与共。”

此外，在“章程”中，对外交、学堂、垦殖、婚姻、守法、薙发、奖励等各方面都作了具体规定，在一定程度上打破了土司的一统天下，削弱了土司的职权。

与思普沿边的“不改之改”相比，滇西今怒江、保山、德宏、临沧一带的“改土归流”情况却较为复杂纷乱。在云南军都督府决定采取“缓进”办法后，李根源在滇西也分别不同情况，开展了“改土归流”，其具体情况有如下几种：

1. 提请废除部分势单力薄的土司，实行改土归流。李根源曾提请对六库、老窝、鲁掌、卯照、十二关等土司及兰州土舍实行改土归流，云南军都督府也曾允准废除兰州土舍及十二关、六库、老窝土司[①]，但事实上仅废除了十二关土司和自请改流的兰州土舍，其余五土司不久又获得了云南军都督府颁发的新“信印”“钤记”。[②]

2. 在英帝国主义觊觎已久、战略地位非常重要而土司统治势力较为薄弱的怒江上游和独龙江流域，设置“怒俅殖边督办公署”（后改称怒俅殖边总局），相继抽调国民军编组成四支“殖边队”，武力进驻该地，打击奴隶主、头人势力，削弱诸如西康察瓦隆土司、维西叶枝土司、康普土司之类外地土司在该地的统治。并在“殖边督办公署”下，分设菖蒲桶、上帕、知子罗三个“殖边公署”，建立县级流官政权。殖边公署下建立10户设排、10排设甲、甲上设区（段）的一整套基层行政组织。[③] 尽管其保董、甲长之类多由当地头人、土目充任，但一套自成系统的流官政权已宣告正式确立。

3. 在土司势力强大，一时难以直接改流的澜沧江以西、怒江下游地区，实行了与西双版纳相类似的“不改之改”政策，亦即“存土置流”。在县一级政权中，先后沿袭清末办法，设置弹压委员，但其职权范围却不仅限于弹压，而是“从事于审理诉讼、设立学校、振兴实业、筹办警察诸端。使土司地方，渐与内地人民受同等之法治”[④]。甚至明令规定与盏达相近，但

---

① 参见李根源著、李希泌编校《新编曲石文录》。

② 李根源：《西事汇略》卷八，《殖边·土司》。

③ 参见李根源《西事汇略》，《怒江文史资料选辑》第4辑，第114页。

④ 《续云南通志长编》卷二，大事二，《光复·建设》。

属南甸土司的“蛮允地段内，裁判、教育、实业及各行政自应拨归盏达弹压委员兼理”①。当然，事实上这不过是一纸空文，南甸土司仍保有对该地的统治权。同时，在这一地区还大量设置、新置了一系列县以下的流官贰佐，加强对土司的控制。如龙川江经历移驻明光，勐朗巡检移麻栗坝；腾冲司狱移大厂，改置为八撮县丞；新置兰坪分防巡检，等等。②

这样，无论在滇西还是滇南西双版纳地区，“存土设流”都已成为改土归流的最主要方式，与之相适应，云南边疆民族地区这时既保留了土司制度，又全面设置了一整套自成系统的流官政权（除前述两地外，边疆其他土司区同样如此），至 1917 年前后，云南地方政府最后统一各地行政区划，将殖边委员、弹压委员一律改为行政委员、行政机关改称行政公署，肯定了民初“改土归流”的成果，使遍布边疆民族地区“土流并治”统治形式稳定了下来。此后，云南地方政府全力投入军阀混战，再也顾不上过问边疆民族地区的改土归流了。

三

20 世纪 20 年代末 30 年代初，国民政府“完成”了全国统一，而云南境外的英帝国主义者又制造了“班洪事件”，与改土归流相联系的云南边疆问题顿时成为国内引人注目的重大问题之一。但朝野内外、上下，对改土归流的看法却不尽一致，甚至截然对立。

首先，在社会上就有两种对立的看法。其中，有人公然反对改土归流，认为“吾人既知土司制度之成立，乃为治理边民之权宜办法，则本此理由，似已不能轻倡废去之议论”，“先时对于设置土官之苦心孤诣，盖已几经斟酌，断非率尔将事者矣”。更何况“其制行之既久，尚称便利”，边政问题只在于整顿吏治，加强对土司的控制，根本不必改土归流。③ 相反，主张改土归流者则认为：“土司在边地，既妨碍一切行政教育上之进行，望其自为振作，诚属不可能之事，则废除土司，诚为当务之急。即在边地稍有识见者，亦均主张迅速废除土司制”。但其具体办法亦众说纷纭，有“改土归流

① 李根源：《西事汇略》卷九，《殖边·土司》。

② 见李根源《西事汇略》卷六，《政务上·建置》。

③ 《云南边地问题研究》上册，第 434 页。

说”“改委土司为县长说”“武力铲除说”“双轨并进说”，等等。①

其次，在民国中央政府与云南地方政府之间，对改土归流的看法亦截然不同。中央政府极力主张废除土司制度，并于民国十八年（1929）12月“制订土司调查表式，咨请广西、云南、贵州……各省政府，饬（民政）厅切实查明，依式填报，并具改革意见，以供参考”。至民国“19年20年间，又迭咨仍存土司制度各省，切实厉行改土归流，并于20年8月间，呈准行政院转呈民国政府，嗣后各省政府如有呈报土司补官袭职之事，不再核准”②。但云南地方政府却认为，各土司子孙世袭，“效忠国家，所属部落即永久归其统治，用固边圉。但各土司之上政府仍分别设有行政官吏掌理一切行政司法事宜，土司亦归节制，故土司制度之存在与国家行政之施行实际上并无何种障碍”，而“在此国防设备薄弱时期，土司既为一般边民所信服，尚须赖其号召团结，共御外侮，似难遽为废除，转贻鞭长莫及之忧。至于设官分治，原与土司制度系属两事”。③

因此，当中央政府迭令改流时，云南地方政府认为，改流前“首先提倡文化，普遍施以教育，并须移植多数人民充实边地，由多方面开发生产”，当务之急乃为兴办学校、修筑公路，而非立即废去土司。但此亦非一时能办之事，且耗资巨大，故“特采渐进办法，一面分划土司地区加设行政官吏，一面于三十三年由民政厅长丁兆冠釐订各土司地方行政建设三年实施方案”④，继续实行“存土设流”式的改土归流。中央政府对此毫无办法，只得听之任之。

这一时期所谓“分划土司地区加设行政官吏”实为“改土归流”的首要内容，概言之，其实行情况有：

1. 与全国一道，统一行政区划，将原行政区（行政委员）改为设治区（设治局）或县，并相机增设设治局。其中边疆民族地区改行政区为县的计有曲溪、六顺、车里、南峤、佛海、江城、镇越、屏边8县；增设双江、昌宁县及砚山（1935年改县）、宁江、耿马可设治局；在改金河、猛丁两行政区为金河、平河设治局后，合并两局置金平县；改八撮县佐为梁河设治局；

① 《云南边地问题研究》上册，第321页。

② 民国二十四年（1935）内政部编《内政年鉴·民政篇》。

③ 《云南行政纪实》第2编《边务·土司制度》。

④ 《云南行政纪实》第2编《边务·土司制度》。

其余芒遮板、泸水、盏达、勐腊、干户、陇川、上帕、知子罗、阿敦子、菖蒲桶等10行政区相应改为设治局。①

在中央明令废除“道”一级行政机构后，云南先后废除了管理边疆沿线的蒙自、普洱、腾越三道，但仍呈请内政部，于“腾冲（原名腾越）、宁洱（原名普洱）两前道尹驻地方设置第一第二两殖边督办，将沿边各属分别划归管辖”，在县与省之间，仍存在着专管边疆民族地区的“殖边督办”。

2. 以进入训政时期，举办地方自治为由，在全省全面推行区、乡（镇）、闾、邻制度，强令各地将县级以下的这一套行政组织建立起来。“在民国二十三年三月以前，全省各县自治完成者已居多数”②，边疆各县局亦大多完成。如江城县于民国二十二年（1933）6月，“全县划分为4区，14乡（镇），54闾，573邻”③。但1934年行政院又颁发《改进地方自治原则审查结果》，云南再次改进“自治”，废除区，扩大乡镇，整编保甲，将原基层行政组织改为乡（镇）、保、甲，至30年代末，最后完成改建。如前述江城县又于民国二十九年（1940）6月，“改为4乡1镇，……全县共编为36保，338甲。这一行政区划一直维持到1949年”④。

与此同时，分别饬令各县局全面调查户口、清丈耕地、建立团防，成立警察局（警务科），进一步掌握各土司辖地内的户口、耕地情况，组建由“流官”直接掌握的地方武装，客观上削弱了土司的职权。

此外，云南地方政府制订并贯彻实行了《云南省所属各土司地方行政建设三年实施方案》。其主要内容为：“责成地方官按年督饬土司举办识字运动，宣传教育浅义，筹设简易识字学塾及国民补习学校，修治道路，种植森林，调查学童数目，筹设初小学校。”⑤ 其中，调查学童数目一项与户口调查已一并进行，修治道路一项于1935年正式设置腾永区、思普区公路处各一处，分别由两殖边督办兼任处长，开始在滇边修筑公路。抗日战争全面爆发后，滇边更加紧铺路架桥，至1938年8月，最著名的滇缅公路全线开通，这可谓《三年方案》实施的最大成果，也是制订该方案时所未预

① 见《云南行政纪实》第1编《民政·建制》。
② 《续云南通志长编》卷二十七，《议会一》。
③ 《江城哈尼族彝族自治县志》，云南人民出版社，1989，第28页。
④ 《江城哈尼族彝族自治县志》，第29页。
⑤ 《云南行政纪实》第2编《边务·设置殖边督办公署》。

料到的结果。此外，边疆土司区内虽建立了一些学校，但一无经费，二无教员，三无学生，其收效甚微，至于种植森林之类则几乎仅具空文。

由此可见，民国中期云南地方政府在边疆民族地区仍推行的是“存土置流”“不改之改”政策，仅进一步削弱了土司的职权。当然，在这一时期“土司中亦有自动请求废去者，如金平县属之茨桶坝土司、者米土司、猛喇土司曾于民二十年先后将土司印信缴销，请准免除职务”①。建水县属慢车乡土司被杀后未请袭。同时民国政府也曾对“不能约束夷民、滋生事端”，火烧设治局的猛阿土司、盏达土司、南甸土司革去职务。但所谓自请废去的者米土司、革职的南甸、盏达土司实际仍旧存在，尤其是被革职的土司更是武装“反叛”，逐走“流官”，火烧设治局，与设治局划地而治。但这类情况毕竟属于少数，无伤“存土设流”的大局。至1937年抗战全面爆发，中央政府又无力顾及改土归流了，而且1942年日军侵入缅甸后，步步进逼，曾一度侵占了云南边疆沿线的部分地区，改土归流又完全停顿下来。抗战胜利后，部分土司抗战有功，自当升奖，而中央政府忙于内战，云南地方政府仍不愿改土归流，故直至中华人民共和国成立，云南边疆民族地区的土司制度仍普遍保存了下来，近代以来的改土归流始终没有完成。

四

从前述改土归流的历程中不难看出，近代以来云南边疆民族地区的改土归流，与明清之际的改土归流已截然不同，其特点有：

1. 改土归流与近代特有的边疆问题紧密相连。首先，从理论上说，随着帝国主义侵略的扩大，云南边疆危机日益加深。以往为“固边圉”而设立的土司制度，完全无法抵御洋枪洋炮的进攻，为巩固边防，理应废除土司制度。但事实上恰恰相反，无论清政府还是民国政府，都惧怕强行改土归流招致边疆动荡，以致帝国主义相机构衅，对内对外都难以交代。同时，清政府则更进一步抱着置土司以固边的祖训，在近代云南边疆又新置了一些土司，把固防御敌的希望寄托在土司身上。尽管在近代特殊的历史条件下，边疆许多土司也确实在反帝斗争中作出了重大贡献，但从近代国防意

① 《云南行政纪实》第2编《边务·土司制度》。

义上看，以土司固边防不能不认为是下策了。

2. 改土归流的方式发生了尤为显著的变化。明清之际的改土归流，无一不以武力为后盾，强行废除土司制度。缴其信印、夺其官职、迁其族人、新置流官为其基本特征，与之相适应，在改土归流中土司名目、数量急剧减少，土司辖地不断压缩。而近代以来，虽不断改土归流，但却已不以武力为后盾了，也不再大量明令废除土司，而是通过增设流官来打破土司的一统天下，逐步削弱土司的统治。

3. 随着改土归流方式的转变，近代以来云南边疆改土归流的内容和结果也与前迥异。从内容上讲即完成了由“废土置流”向“存土设流”的转变，废除土司制度已不再是改土归流的必备内容，其焦点逐步集中到削夺土司部分统治权上来。正因为如此，近代云南边疆民族地区的改土归流自始至终都未能全面废除土司制度，仅在保留土司制度的同时，增设了流官政权，更广泛地确立了“土流并治”的统治形式。至民国初期，沿着云南边境沿线，出现了一条引人注目的“<”形“土流并治带”。其分布地域北起滇藏交界，南达中缅、中老边界，西至中缅边界，东达滇桂交界。

那么，为什么近代以来的改土归流会具有上述特点呢？为什么近代云南边疆改土归流未能大规模、彻底地展开？

首先，近代以来的国际国内形势已不允许在边疆地区大规模彻底改土归流。从国际形势上看，国外帝国主义屯兵边境，不断骚扰入侵。随着改土归流的进行，“土”“流”矛盾激化，必然导致边疆动荡，难免帝国主义借机构衅，而极少数土司也势必引狼入室，用帝国主义的势力对抗改土归流，保护自己的既得利益。从国内形势看，近代以来的中国社会，无日不陷入动荡之中，无论清政府还是民国政府，面对纷纭复杂的近代政治形势，早已头昏目眩，根本无力改土归流，想改流也力不从心了。

其次，近代云南边疆民族地区社会经济虽有一定发展，但大多数地区仍未超越封建领主制、农奴制经济，而这正是土司制度赖以存在的经济基础，不废除封建领主制、农奴制经济，土司制度是难以废除的。加之在近代云南边疆多民族杂居区，国内民族矛盾异常尖锐，民族隔阂很深，各民族群众常把土司制度视为保护自己免遭以大汉族主义为核心的各种大民族主义压迫的屏障，故在民族隔阂未能消除的情况下，土司制度还有着广泛的群众基础。这更增加了彻底废除土司制度的难度。从清政府和民国政府来说，更不可能通过疏通民族关系，发动各族人民，由各族人民自己起来废除封建农奴制、领主制经济制度，废除土司制度。因此，在近代社会特殊的历史条件下，清政府和民国政府要彻底废除土司制度，既无此能力，亦无此胆识。而只能与土司明争暗斗，既保留土司制度，又增设流官政权。

更重要的是，随着改土归流客观条件的变化，土流之间的关系在近代史上也发生了重大转变。明末清初，随着“流官”势力的加强，中央政府在土司地区的统治日益巩固，部分土司地区的经济也跨入了封建地主制时代，流官再也不愿与土司分享对各族人民的统治，试图改间接统治为直接统治。各地土司则千方百计保住既得利益，并伺机扩大职权领地，与流官分庭抗礼。因此，土流关系日益紧张，完成了第一次由统一到对立的转变，改土归流和反改土归流的斗争相继爆发，最终导致了清初西南大规模改土归流的进行。

但近代以来，帝国主义不断加紧侵略，国内各族人民的反抗斗争更是风起云涌，云南边疆民族地区同样成为英法帝国主义侵略的重要目标，而咸丰、同治之际，云南边疆爆发了持续 24 年之久的各族人民大起义，土流双方清楚地意识到，仅仅依靠自己一方的力量，既无法面对洋枪洋炮，更无法镇压各族人民起义。因此，在中华民族与帝国主义的矛盾、土流两种统治阶级与各族人民间的阶级矛盾日益激化的近代边疆，土流之间的矛盾退居二线，土流双方达成共识，握手言欢，开始“共御外侮”，联合镇压人民的反抗。如班洪土司曾奋起反抗英军入侵，保卫了祖国边疆，镇康土司为镇压杜文秀起义立下汗马功劳。所以在近代土流关系又发生了第二次转变，其主流又从对立转向统一，清政府和民国云南地方政府自然不太情愿改土归流，失去一个协助自己统治边疆的伙伴。

因此，在近代云南边疆改土归流中，自镇康和平改流起，各地被废土司又以新的形式取得合法统治地位，仍存在的土司更一如既往“效忠国家”。尤其是民元以降，各地土司也纷纷与“殖边大员”立协约，订章程。对他们来说，在实行“三民主义”的民国时期继续领取信印、号纸，得以维持世袭统治，早已喜出望外，将诸如交涉、行政缉捕之类麻烦事交给新置流官去办又何妨呢?

反之，对清政府和民国云南地方政府来说，改土归流的根本目的只在于掌握土司区的直接统治权，而各地土司在保留土司制度的前提下，同意设流官，并拱手送上交涉、行政缉捕等统治权，其目的已基本达到，土司制度不废除也堪称便利，又何苦去得罪这一熟悉边情民情、在各族人民中尚有一定影响的盟友呢？

因此，云南边疆民族地区近代以来的改土归流，从客观条件上看，实为困难重重，要完成改土归流，清政府和民国政府既无胆识又无能力。从土流关系看，则土流在新的历史条件下重新达成统一，普遍确立了土流并治的统治形式，全面彻底改土归流已没有必要了。

（《民族研究》1993 年第 1 期）

清季筹藏新政评述

黄维忠

近代西藏走过了一段颇为坎坷的历程。同祖国内地一样，她也未能摆脱西方列强的觊觎与蹂躏。本文以清末最后六年，亦是政局最为严峻的六年（1906～1912）为背景，来观察探讨清廷在这段内忧外患空前严重的时刻，是怎样采取积极筹藏举措的。

一 清季筹藏态度的大转变

面对清季西藏的种种变局，清廷起初一味采取“以静制动”之法，封锁西藏，禁止藏人与外国直接交往，拒绝任何外国势力入藏，以防不测。然而，同内地一样，西藏也未能抵挡住西方侵略者洋枪洋炮的威胁。当英国侵略军大举入侵时，清廷却又企图委曲求全，不顾藏人仇英护土的感情，对英军的入侵行径一味妥协退让。十三世达赖喇嘛被迫出走库伦、刺刀之下不平等条约的签订，终于震惊了中国朝野上下。清廷感到了危机的严重，面对列强压境、变幻莫测的局势，开始积极整顿西藏政务，力图加强中央对西藏地区的控制。

西藏革新的标志，始于张荫棠入藏查办政事。① 驻藏大臣的人谋不臧，早已引起达赖喇嘛等西藏僧俗上层和普通百姓的强烈不满，由此“熬茶大

① 关于“张荫棠查办藏事”的文章已有不少，此不赘述。参见萧金松的《张荫棠查办藏事始末》（《中国边政》第44期）、冯明珠的《张荫棠与西藏》（《故宫季刊》第十七卷第2、3期）、冯丽霞的《张荫棠查办藏事性质》（《西藏研究》1987年第4期）、郭卫平的《张荫棠治藏政策失败原因初探》（《青海民族学院学报》1988年第3期）等文章。

臣”的绰号便不胫而走，成为驻藏大臣的代名词。特别是在英国第二次侵藏战争期间，有泰倒行逆施、丧权辱国的行径更令国人愤怒。清廷欲对西藏实施新政进行改革，必须首先从此入手，严惩不贷，为清廷挽回声誉。于是，1906 年（光绪三十二年），张荫棠以钦差大臣的身份入藏处理善后事宜。张荫棠充分发挥其外交才能，几经周旋，与英帝力争修订《拉萨条约》，促成1906 年《中英新订藏印条约》的签订，坚持了清政府在西藏的主权，表明了西藏地方不能单独对外缔结条约的严正立场。

另外，张荫棠不失时机，向清政府推出了一套西藏改革的方案。他向清廷条陈《治藏刍议十九条》，向社会颁发《训俗浅言》《藏俗改良》等小册子，亲自演说宣扬维新思想。后因朝廷的权力之争和身为汉人的微妙处境，张荫棠无奈而去，新政的重任又落在联豫身上。联豫以驻藏大臣兼帮办大臣的身份挑起革新的大梁，在张荫棠所提出的筹藏新政的基础上加以调整，并付诸实践。

清廷对整顿西藏政务十分重视，深知“西藏地方关系紧要”①，常令驻藏大臣应顾及朝廷对西陲之念，以期“固我藩篱”，字里行间常透露出焦虑之情。这一态度充分反映在联豫奏稿的朱批中。《联豫驻藏奏稿》的奏折，大致可以分为三类：一为有关新政事宜，占主要部分；一为入藏人员有关事宜，诸如奏调随员入藏、褒奖驻藏官员、请加津贴等事；一为西藏内部事宜，例如增补有关西藏地方官员篇、有关佛教事务篇、西藏内部案发诸事等。对此三类奏稿，清廷始终把新政事宜置于首位，而对于其他两类奏稿，只有“知道了，钦此”；“着照所请，钦此”；“览，钦此”或“该衙门知道，钦此”等朱批。新政措施涉及政治、军事、经济、文化教育、卫生、外交等方面的内容，清廷对此也是有轻重之分的。涉及卫生（设施医馆）、立戒烟所、修路筑桥、西藏地方酌设委员、藏内裁撤兵制、改设员缺等措施，只是朱批：“著照所请，该部知道，钦此”“该部议奏。钦此”“该部知道。钦此”。仅审核过关而已。但对政治、军事、外交等显示国家主权的新政措施则甚为重视。联豫曾三次详陈藏中情形及筹办事宜，清廷不仅有朱批上谕，“并附件，由各部商议，单并发”。1909 年（宣统元年）三月十四日《详陈筹办西藏事宜》一折，朱批为“所筹各条办法，尚属妥慎周详，

① 吴丰培编《联豫驻藏奏稿》卷二，西藏人民出版社，1979，第 109 页。

着照所请行。并随时会商赵尔巽、赵尔丰妥为规划，以固边圉，而收实效”[①]。朝廷欲振军威，编练新军，则需将弁人材，因而对于筹办开设武备学堂一事显然重视于传习所、学堂等开设，令“着认真筹办，期收实效”。再者，筹办新政，若无款饷，则如巧妇之为无米之炊，因而清廷对此也颇为重视。虽说清廷早已是财政拮据，国库空虚，甚至借债维持，但对于藏饷银两还是千方百计筹集的。联豫几次奏请拨饷，清廷均令“著度支部妥速筹划议奏”。

另一点不容忽视的是清廷对于外交的重视。其开始重视周边民族，对廓尔喀态度的转变即是一个明证。联豫曾于1910年（宣统二年）奏请褒嘉廓尔喀国王，朱批“廓尔喀额尔德尼王毕热提毕毕噶尔玛生写热曾噶扒噶都热萨哈深明大义，具见恭顺悃忱，殊堪嘉尚，著联豫传旨嘉奖”[②]。这与1843年（道光二十三年）廓尔喀派使噶箕第乌特达巴抵京，请求清廷遇事派兵保护而遭拒绝的境遇截然不同。这表明清廷已着意于“拢固藩篱”了。

二　筹藏新政的实施

清廷态度的变化，引来西藏新政的厉行。联豫推行新政之际，正值国际、国内形势大变革之时。在国际上，英、俄因国际形势突变而转换各自的侵藏政策。沙俄在日俄战争中败北，国内爆发革命，内政混乱，元气大伤；英国则由于第二次英日同盟条约的签订，增强了防俄侵略印度的信心；德国在欧洲的崛起明显威胁到英、俄两国的利益，“俄英友好”遂成当务之急，俄英争夺西藏的斗争也随之趋于妥协。1907年8月31日，俄英两国签订了《英俄协约·西藏专约》，承认中国在西藏的“宗主权”，议定双方不干涉西藏的内政，确认了彼此在西藏的侵略权益，规定了此后对藏的基本策略。同时在十三世达赖喇嘛出走内地后，英国转而拉拢九世班禅以作他们在藏的代理人，蛊惑班禅在他们的“保护”下，取代达赖喇嘛的地位，以实现把后藏地区首先从中国分离出去的阴谋。虽经百般诱惑、威胁，班禅并未动心。在国内，清政府颁诏在全国推行新政，藏区亦不例外。川边藏区赵尔丰以强大的武力作后盾推行改土归流政策，初见成效，增强了清

① 吴丰培编《联豫驻藏奏稿》卷二，西藏人民出版社，1979，第82页。
② 吴丰培编《联豫驻藏奏稿》卷三，西藏人民出版社，1979，第137页。

廷筹办西藏新政的信心与决心。另一方面，由于达赖喇嘛的出走，西藏上层领导体系颇为紊乱，其权力出现一个“真空”时期，十分利于清廷大力进行新政改革，以强化中央政府对西藏地方的控制。

联豫借此良机，紧紧围绕“固我主权”的总方针，从政治、经济、军事、外交和文教等五个方面实施其新政方案。

（一）政治方面。这是联豫筹藏新政的重点。要达到“清除内奸，挽回主权”的目的，就必须建立强有力的中央驻藏官吏系统，实施有效的管理措施。因此，联豫入藏伊始，便开始着手进行政治方面的改建工作，任职期间未曾间断，直至其撤离拉萨为止。其中要者有三：

其一，裁撤驻藏帮办大臣，设左、右参赞。该措施并非一步到位，而是有一个过程。始入藏区，联豫即奏请驻藏帮办大臣仍循旧制由察木多改驻前藏，以“统筹全局”。1909 年（宣统元年）2 月，又会同帮办大臣温宗尧电奏朝廷，添设参赞一人，驻扎后藏，以管理亚东、江孜、噶达克三埠事宜。1910 年底（宣统二年十一月十一日），联豫以“以一政权，而资治理”为由，奏请裁撤驻藏帮办大臣，改设左、右参赞。所谓“政见一有参差，治理亦多窒碍”，若有“不肖者各逞意见，遇事掣肘，寖至百端皆废”，不但“内启蕃族之轻藐”，更甚者“外贻友邦之讪笑”[①]，关系甚大。所设左参赞驻前藏，因与驻藏大臣同署办公，故不设机构官员，协同办事大臣筹划全藏要政；右参赞则驻后藏，设专门衙署及办事人员，禀承办事大臣旨意总督三埠事务，清廷准其奏。至此，长达 180 余年的驻藏帮办大臣制，遂予裁撤，从而大大加强了驻藏大臣主事的权力。

其二，裁撤粮员，改设理事官及驻地委员。联豫为便于“渐收地方管辖之权，办理中外交涉之事”，于 1906 年奏请“裁粮员，改设理事官”，即凡有粮员之处均改设理事官一员，专理民辞之事。1911 年（宣统二年二月二十二日），又奏请在各处择要设驻地委员，管理刑名词讼、清查赋税、兴办学堂、振兴学务工艺、招练商贾、调查矿产、盐场等事宜。

其三，革新驻藏大臣衙门之组织。联豫为应付驻藏大臣衙门“事务日繁，往来文件，较前增至数倍，几与边小省治无异”[②] 的局面，于 1911 年 6 月（宣统三年六月）奏准参仿朝廷各部及各省督抚衙门章程，设立幕职，

---

① 吴丰培编《联豫驻藏奏稿》卷一，西藏人民出版社，1979，第 152～153 页。

② 吴丰培编《联豫驻藏奏稿》卷三，西藏人民出版社，1979，第 168 页。

分科办事，以专责成。改驻藏办事大臣衙门办公各房为各科，原有职掌亦作相应调整。新设科员包括秘书员一名，由驻藏左参赞兼任。另设吏科兼礼科、法科、度支科兼营缮科、军政兼巡警科、学务兼农工商科、番务兼夷情藩属科、交涉兼邮电科等，原来驻藏大臣衙署改为治事厅。各科人员汇集办公，又建议事厅一所，为遇事集议之处。

（二）经济方面。联豫主张以实业振兴西藏，认为“不兴实业，不施我国家保护之实权，则虽日恃口舌辩论，文牍之往还，虚与委蛇”[①]，亦毫无益处。故联豫上台伊始，便采取积极的治理措施。

其一，开矿、造币。1909 年（宣统元年）5 月，联豫提出西藏“矿源甚富……弃利于地，诚为可惜。且恐启外人觊觎之心”，故“拟招商承办”。虑及“藏俗迷信风水”，怕节外生枝，故宜先“由我属之三十九族地方办起”，果有成效，则“藏人欣羡……易于乐从”。开矿既可解官款拮据之难，同时亦可断外人觊觎之心。[②]

造币一事，更能体现联豫“固我主权”的思想。当时在西藏流通的货币种类较多，既有乾隆宝藏、川铸藏圆，也有印制卢比及商上所铸的铜币，“圜法参差混乱，流弊滋多”。联豫认为，英人“所铸卢比，遍行藏中，我若仍照旧式铸造银钱通用，是亦我于西藏确有主权之一证也”[③]。同时，他提出“西藏为我属地”，“本无造花造币之权”，而西藏地方官员私设造币厂为“僭越权限之事”。[④] 故造币之事，实属当务之急。遂于 1910 年（宣统二年）7 月，仿乾隆宝藏银币，试制出宣统宝藏银元一种、铜元二种。新币造出后，“商民领用，极形踊跃”[⑤]。另外，联豫还准备由印度购进外洋轻便机器，扩建厂房，招募工匠，以正式铸造“宣统宝藏”之银元、铜元。这样，“既固主权”，且“于筹饷一节，不无小补”。[⑥]

其二，通邮。联豫通邮的目的很明确，即“议接收英线，以固主权，而赴事机”。1904 年英军入侵西藏时，在亚东至江孜一线拉设电报线。“其后藏中机要事件，即赖英线传递，反客为主，数年以来，费报外溢，为数

---

① 《联豫驻藏奏稿》附录，联豫文稿。
② 吴丰培编《联豫驻藏奏稿》卷二，第 80 页。
③ 吴丰培编《联豫驻藏奏稿》卷一，第 19 页。
④ 吴丰培编《联豫驻藏奏稿》卷二，第 111 ~ 112 页。
⑤ 吴丰培编《联豫驻藏奏稿》卷三，第 135 页。
⑥ 吴丰培编《联豫驻藏奏稿》卷二，第 112 页。

不资”，联豫为此发出“主权一失，则利权随之”的慨叹[①]，而1908年的《中英修订藏印通商章程》第六款规定：“一俟中国电线，已由中国接修至江孜，英国可酌量将由印边界至江孜之电线移售与中国”[②]。联豫便以此为契机，于1910年（宣统二年）11月，首先从拉萨至江孜一段入手，架设了自驻藏大臣衙门至西大关之间约三十里的电线。“试办竣工”后，“传电灵捷”；并准备与英人开议“移售”江孜至中印边界电线之事。同年，拉萨邮界成立，原有的塘兵释站并入邮政制度内。1911年（宣统三年）拉萨设立邮政管理局；察木多、硕般多、江达、亚东、帕克里、江孜和日喀则等地设立了二等邮局；西格孜设立了邮政代办所。西藏邮电事业较前有很大发展。

（三）军事方面。此为清末筹藏新政的要旨。挽回主权，则须军权在握。故联豫一再强调，唯有先行练兵，以树声威，而资震慑。遂行编练新军，设立督练公所，创设巡警总局。

其一，编练新军、设督练公所。1906年12月，联豫奏请按练兵章程在西藏编练新军6000人：以1000人驻察木多，3000人驻前藏，2000人分驻后藏各地。再将藏兵一并训练，共可得万余人。1907年夏，陆军部奏准联豫练步队一标或数营，其中准用汉人六成，达木及三十九族藏人四成，排长由汉人充当。1908年（光绪三十四年）3月，四川武备、将弁两学堂毕业者14人抵藏，联豫即着手练步队一营为模范，并于西藏创设武备速成学堂一所。选西藏制营及卫队兵弁中年少识字聪敏者20余人，另选藏、达木及廓尔喀青年20余人入学，定为速成科，一年毕业，使各人略明战术。1909年，联豫又奏请先练达木蒙古兵一营，六个月成军。

1910年（宣统二年）元月，钟颖率领1700余名川军入藏，加上联豫就地征募编练的一营新军及卫队，共约3000人，组成混成一协。按练兵处定章，凡是新军练及一协者，应设督练公所，以为军政总汇之区，故联豫奏准设立西藏督练公所，总理全藏军政及督练新军事务。衙署设在驻藏大臣衙门之左，督办一职由联豫兼任。因参谋、教练人员一时难以选择，暂由兵备处兼摄其事务。兵备处总办则由四川候补道罗长裿出任，其下设计划科、赏罚科、检阅科、测绘科等，以整顿全藏军政，巩固国防。1911年

① 吴丰培编《联豫驻藏奏稿》卷三，第158页。

② 《西藏地方是中国不可分割的一部分》（史料选辑），西藏人民出版社，1986，第429页。

（宣统三年），联豫又奏请将西藏绿营制兵全部裁撤，兵丁中的精壮者，仍令投充陆军，或编入巡警。察木多、硕般多、前藏、靖西、拉里、后藏、定日、思达、边坝、江达等处驻以新建陆军。总计士兵千名左右，加之原有人数，当时西藏新军人数已有3000余人。

其二，创设巡警总局。警察的设置，同样涉及主权问题。1908年《中英修订藏印通商章程》第十二款即规定："中国允在各商埠及往各商埠道中，筹办巡警善法。一俟此种办法办妥，英国允即将商务委员之卫队撤退；并允不在西藏驻兵，以免居民疑忌生事"①。联豫认为商埠既开，江孜、亚东地当要冲，巡警自宜亟办。到时若英国卫队如约撤退的话，则可"免贻口实，固我主权"②。因此，于1910年（宣统二年）2月在拉萨设立巡警教练所，招考巡警学生入所训练；又在拉萨设立巡警总局，其后推广至江孜、亚东。拉萨巡警总局设巡官、巡长、修业步警兵140人、马警兵24人，在拉萨各街站岗逡巡，维护社会治安。警兵不值勤时，则按各门课程进行训练。

（四）外交方面。开埠通商、自办税关和筹设驻外领事官等，均是显示一个国家外交权存在与否的有力证据，联豫自然予以很大的关注。

其一，开埠通商，自办亚东、江孜、噶达克税关。西藏开埠通商，设亚东、江孜、噶达克税关，是以1893年的《中英会议藏印条款》，1906年的《中英续订藏印条约》及1908年的《中英修订藏印通商章程》所订款项为依据的。经一番筹建后，于1908年（光绪三十四年）9月正式开办亚东、江孜税关。靖西同知马师周兼任亚东关监督，亚东关税务司张玉堂兼任亚东关局务委员；后藏粮务、候补府经历马吉符兼任江孜关监督，亚东关供事、通判职衔吴松年任江孜关商务委员，分别于1908年（光绪三十四年）9月11日、13日、24日先后到差任事。亚东、江孜税关各设监督1人，汉官商务委员1人，兼管裁判军事；藏军商务委员1人，职司外交军事。各关并设英文英语翻译1人、藏文藏语翻译1人、印语翻译1人、汉文书记官1人、汉文司书生1人、藏文司书生1人、护目3人、护兵10人、巡拦8人，分办各事。1909年（宣统元年），又经联豫奏请，将江孜关改为分卡，归亚东税务司管理，由亚东税务司派一查驻委员驻江孜，负责管理稽查等事宜；

① 《西藏地方是中国不可分割的一部分》（史料选辑），西藏人民出版社，1986，第430页。

② 吴丰培编《联豫驻藏奏稿》卷二，第74页。

噶达克设立分关，亦归亚东关税务司管理，派副税务司一员驻其地，掌办该分关一切事宜。西藏自办亚东、江孜、噶达克税关，是中国自办海关之创举。亚东海关税务司张玉堂，是时任税务司唯一的中国人。三关自办后，掌管货物进口稽查、征税、裁判、巡警、工程、外事及当地其他事务，事任綦重，实已超出海关的职权范围。

其二，筹设驻外领事官。1908 年（宣统元年），联豫奏请于印度嘎里嘎达添设领事官员，谓此举“不惟有益于华侨，抑且有裨于藏事”①。一则印藏通商后，藏民赴印贸易的人日趋增多，一旦遇有交涉事件，无人为之保护，则委曲难鸣。故设领事官则藏商一并归我管辖保护，亦可明我于西藏之主权。再者，“英人经营西藏百计维劳，不遗余力”，诸般笼络，西藏人准备派一代表驻于印京，以保护藏人为名，扩张商务，如我在印没有驻官，那么西藏在印“筹划布置，我不能知；即有知之者，亦无权过问”②。这样，不仅不能保护华侨，连消息也会被堵塞。因此，务须在印京增设代表。

（五）文教方面。新政举措的顺利推行，离不开民众的理解与支持。这其中面临的首要问题便是民众观念的更新；而办报兴学，开启民智，则是民众“洗脑换脑”的最佳途径。因此联豫一开始便十分注重文教的功用。

其一，创办白话报，设立印书局。1907 年 10 月 7 日（光绪三十三年九月初一）联豫奏设西藏白话报馆，奏折陈述道：“藏中人士锢蔽已深，欲事开通，难求速效。因思渐开民智，莫善于白话报，与其开导以唇舌，实难家谕而户晓，不如启发以俗话，自可默化于无形。……以期用笔代舌，开化迷信。将来文明渐进，购阅自多，庶咸知外国情形，举行一切新政，似尚不无裨益”③。奏准后出版的《西藏白话报》仿《天津白话报》之例，以开通民智，尚武功、重实业为宗旨，摘登《四川旬报》《南方报》《中外日报》及各官报有关文章，衍为白话，并译成藏文出版，以便稍识藏文者阅读。

《西藏白话报》在藏地的广泛发行，不仅使藏族僧侣百姓欢呼雀跃，踊跃购买，而且引起英国政府的极大关注。英国曾向清廷抗议该报启发藏人排外之心，有损中英两国睦谊，请清廷严行禁止。为此，清外务部于 1909

① 吴丰培编《联豫驻藏奏稿》卷二，第 86 页。

② 吴丰培编《联豫驻藏奏稿》卷一，第 17 页。

③ 吴丰培编《联豫驻藏奏稿》卷一，第 36 页。

年6月21日（宣统元年五月四日）致电联豫云："英使照称，西藏拉萨去年秋间出有官报，名《西藏白话报》，以华字书写，上载中国年月，遍行藏地，传由中国官场所发，其中数条有反对英国言语，英外部大臣暨伦敦印度大臣并印度政府，咸以为此等论说发于愚憨藏民之中，关系非浅，驻藏大臣如此仇视英政府及英国人员，有伤两国睦谊，必启藏民排外之心，请速咨藏员严禁等语"①。由此可见，《西藏白话报》在西藏发挥了它应有的功效。

与此同时，西藏印书局也于1907年（光绪三十三年十月六日）由联豫奏请设立。从印度购回印刷机器及铅铸藏文字母。其经费由藏中筹集，由藏汉官员共同管理。其创办伊始即译印《圣谕广训》一书，并选择有关实业、实学之书陆续译印，使不识汉字的人亦可购阅、扩充知识，以达到移风易俗的目的。

其二，设学务局，兴办新学。1907年（光绪三十三年）西藏设立学务局。置总办2员，藏官总办由噶伦罗桑称勒充任，汉官总办由奏调驻藏委员、通判职衔、候补县丞齐东源充任，下设管理员、监学员、收支员、管理书籍司事、书记各1人，分办各事。

西藏新设学堂，则于1904年（光绪三十年）2月后陆续开办，据西藏学务局1911年向学部报送的材料统计，联豫在任期间所设新式学堂16所，共有学生数316人，教职工数76人。另在察木多、拉里、靖西等处均已设汉文蒙养学堂各1处，并拟在曲水、哈拉乌苏、三十九族、类乌齐、硕般多等地筹设新式学堂。学堂教习均由四川各高等小学堂或中学堂师范毕业生调藏充任。各学堂不收学费，藏汉民子弟入学，一律平等。学堂经费每年需银7870余两，开办之初由驻藏大臣捐廉，随后则由藏中官商捐资、捐银7000余两作开办经费。联豫以为"藏番子弟，间亦有聪颖者，惟因宗教语言，自为风气，数百年来，胶守旧习，无由进化。即汉人子弟之长育于藏中者，亦俱日久相沿，几与番等"。故其入藏伊始，"即以兴学为先务，多方劝导，逐渐经营，始由前藏办起，以次推及于后藏靖西达木山南等处，亦皆有学"。"使汉番人民，渐知向学之益"②。

---

① 宣统元年五月《收发档案》，五月初四发驻藏大臣联豫电。转引自冯明珠的《析论清末民初川边藏情及中英西藏交涉1906～1912》，载《西藏研究论文集》第3辑，1990。

② 吴丰培编《联豫驻藏奏稿》卷二，第103页。

同时，联豫鉴于藏地翻译人才过少、有碍于汉藏沟通，遂于1907年5月16日（四月初五）向清廷具奏开办汉、藏文传习所。奏云："藏中汉番人数，虽属不少，然汉人之能解藏文者，奴才衙门中，不过一二；藏人之能识汉字者，则尤未一见。每遇翻译事件，实不敷用，且办事亦觉隔膜"①。因而设立藏文传习所、汉文传习所各1所。藏文传习所以翻译藏文、学习经典为主，录取20岁左右、知晓汉文、又谙藏语者入学，五年毕业；学习藏文读法、译解、汉文、算术、修身、历史、地理、格致、体操等九科课程。汉文传习所，则以学习汉文、汉语为宗旨。录取20岁左右已通藏文者入学，五年毕业；学习诵读、讲解、语言、文字、算术、历史、地理、体操等八科课程。两所办学经费均由藏中筹款举办。

三　新政失败原因探析

新政之举随着清廷这个大支柱的轰然倒塌而中途夭折了。如此迅猛，又如此彻底，以致除了学校、邮电等一些公共设施外，其他均难以寻觅了。后人在感到几分遗憾之余，也禁不住探寻其失败的根源。扼要地说，新政失败的原因即主观上没有切实考虑到西藏的实情，客观上又缺少资金作强有力的后盾。

（一）主观因素。清廷在西藏实施新政，其宗旨在于坚持主权、以明中央与地方政府之间的关系，此举确实无可非议。然而西藏与其他藏区不同，与内地更是迥异，强行将西藏纳入同一轨道，欲求与全国一律反而会欲速而不达。

我们可以看一看此时的西藏社会是怎样的面貌。政治上仍承袭了延续几世纪的政教合一制度，寺院集团作为西藏三大封建农奴主之一，在政治权力结构中起着决定性的作用。寺院是知识、文化的中心，但同时也是保守思想的源地。藏传佛教的影响已渗入西藏社会生活的各个领域。它给藏族人民的思维方式、道德标准乃至民族性格都打上了深深的烙印。历史、文学、哲学、语言、诗歌等文化领域也无不深受宗教的影响。有的观念已影响到民族的发展，如藏族人民禁杀生、视商业为贱生，以商人为贱人。

① 吴丰培编《联豫驻藏奏稿》卷一，第37页。

他们对于“兽皮等件，不知硝法，牛角一物，则竟弃之不用。……他如墨竹工卡、拉里等处所产竹木甚多，藏民亦难于转运，又不知设法制成器皿，以利民用，以致腐朽空山，竟成弃物”①。至于开山、垦荒也是如此，商业经济观念的落后成为阻碍经济发展的一种惰力，从而使生产力的发展长期停滞，社会发展缓慢。而清末西藏的新政，不仅仅是涉及政治、经济、军事方面的改革，同时也必须要求文化观念、思维方式因时而变，适应新的形势。社会发展缓慢的西藏在短期内很难容纳外力强推进来的与之有极大差异的事物，巨大的反差造成了一种严重的心理壁垒，从而愈发推迟了藏胞接受新事物的时间。

如果说企图在不触及西藏固有的政教合一制度下力行新政，注定了其必然失败的命运的话，新政实施过程中不符藏情的举措，则加速了新政失败的进程。尽管联豫曾一再强调西藏情况的特殊性，但在他的改革举措中，还是留下了浓重的模仿内地的痕迹，政治、军事、经济、文教诸方面，无一例外。这其中，有单纯模仿与领会精神之分。

其一，单纯模仿。清廷原在各省均设都督与巡抚二职，以互相牵制；清末新政，饬裁巡抚，以明权限。联豫以为“各行省地大事殷，尚宜归并员缺，以一政权。况藏地规模较简”②，则更应如是，遂有裁撤帮办大臣，改设左、右参赞之举。清廷教育改革要达到的目的，是培养“尊崇孔教，爱戴大清国”之人，于是在新式学堂中，儒学仍是蒙养院、初等小学堂学业的基本内容；西藏新式学堂的规定一依《各学堂管理总则》而办。蒙养院的简章规定：设孔子牌位，每月初一、十五日由教习带领学生行叩首礼；初级小学堂简章明文规定，尊孔、忠君、明伦、爱国为其宗旨，且把尊孔列为首位。课程中，读经、讲经、修身、格致诸门均以讲解儒学经典为主，而雍正的《圣谕广训》更是学生必诵之文。

其二，领会精神。在清末清廷改革地方官僚制度的目的便是削弱他们的权力，力图将他们置于中央政府各部之下，以建立一个一元化的政体。可以说，联豫也想借机调整驻藏大臣的机构，企图摆脱西藏地方政府的束缚。其最明显的行动便是，很少吸收西藏地方人士参与新政；对僧俗上层

---

① 吴丰培编《联豫驻藏奏稿》卷一，第17页。

② 吴丰培编《联豫驻藏奏稿》卷三，第123页。

的处理过激。联豫知道："藏中办理一切新政……衙门公事，在在需人"①。因此，请调随员入藏任职之奏牍即达10片之多，经批准的咨调人员先后不下40余人，足见其急需用人之心态。但所调人员，却视西藏为畏途，"以道途险远，辞不赴调者，殆居多数；余或中途辞差，或因病去藏，或差满假归"②。所剩供差遣的人员不及十之一二。故联豫常有乏才之叹。尽管如此，他却很少增补西藏地方人士参与新政。在其奏稿中，涉及增补其地方官员的奏牍共4片，但只是循旧例简放戴琫、颇琫及噶伦等原西藏地方政府的官职，无一是奏请其参加新政之事的。西藏僧俗官员不能从新政中得到好处，反而面临着失去权力的威胁，于是他们对新政采取消极抵制的不合作态度，甚至顽固抗拒。因此，联豫曾奏云："西藏番官，性情执拗异常，往往扎饬一事，迟至数月，而不禀复，或藉口于达赖之未归，或托词于众议之未协，虽极力催询，置若罔闻。至于三大寺僧众，则尤为恃众藐玩，总谓佛法无边，外人决不足虑，其执迷已久，一时断难醒悟"③。联豫此语或有夸大，却也道出了新政因不符藏情而举步艰难的实际状况。

对十三世达赖喇嘛的处理，也包含着这样的心态。清廷为进一步巩固其在西藏的统治，决意派川军入藏。④ 谁知川军与僧众引出摩擦，达赖喇嘛见此情景，出走印度，联豫遂上书奏请清廷革除达赖喇嘛名号，并另访灵童取而代之，清廷出于两方面的考虑答应了联豫所请。一则为保持朝廷尊严，以示中国对西藏的主权；二则想借机力行改革，以达重振国威的目的。其实当时的环境对清廷是十分有利的：达赖喇嘛出走时，派德尔智赴俄求援，俄置之不理；英也因印度革命风潮汹涌，考虑到若继续扶植西藏"独立"则印度人会以此为借口要求自治，这样未获西藏之利而先招印度之非，太不合算，故屡次表示对此事绝不干预，未答应达赖喇嘛以兵相助的请求，连调处之事也未允诺；达赖喇嘛赴印后，曾要求立互助盟约等，也为英政府所拒绝。十三世达赖喇嘛四面孤立，曾连连向清政府发报，申诉其出走乃是不得已而为之的，请清廷明察。清廷对之竟置若罔闻，甚至答以"尊爵位既已撤去，不能宽恩赦免。请安居山上，自行修道，不必再生来京之

① 吴丰培编《联豫驻藏奏稿》卷一，第45页。

② 吴丰培编《联豫驻藏奏稿》卷一，第96页。

③ 吴丰培编《联豫驻藏奏稿》卷二，第15～16页。

④ 川军入藏是新政中的重要举措。其详细经过在《民元藏事电稿》、《钟颖疑案》、《赵尔丰川边奏牍》及《联豫驻藏奏稿》诸书中有详述，本文因篇幅关系简述。

念，作无益之劳动”云云[①]，而错失良机。待清廷幡然醒悟，派罗长裿赴印劝请达赖喇嘛返藏时，为时已晚。对十三世达赖喇嘛出走事件处置的失当，导致了一系列不良后果的产生：1. 失去了与十三世达赖喇嘛合作的良机。达赖喇嘛本来对清廷仍抱有几丝希望，以为西藏局面至此，概由驻藏大臣们一手造成，清廷或昧于藏情，因此，才频频向清廷发报，欲赴京面陈西藏所发生之事，清廷的态度终使达赖喇嘛萌生了投靠英印的念头。2. 失去了藏民之心，新政的推行愈加困难。达赖喇嘛在藏传佛教中崇高的地位，藏族人民对藏传佛教虔诚的信仰，“岂因一纸上谕而化为乌有”[②]？3. 使民国肇始后的局面更加动荡，更加深了西藏地方与中央政府间的鸿沟。

（二）客观原因。资金严重匮乏是新政步维艰的客观原因。西藏新政，百举待兴，练兵兴学、务农开矿、讲求实业、便利交通、添设官吏、整饬庶政等，均需资金作后盾。尽管清廷一再强调西藏地方关系紧要，“著度支部妥速筹划议奏”“速议筹拨”等，终因国库空虚，虽经设法周转，但于西藏仍属杯水车薪，无济于事。联豫深感“无米之炊，实难指手”，常为藏饷的虚悬无着而焦虑万分。例如，新政所需饷款，联豫曾与赵尔丰细细核算，练一混成协，开办之初即需一百三四十万两白银，常年经费也非七八十万不可；开办武备速成学堂，每年需拨饷银50万两，才能编练一营；驻藏人员也须提高待遇，优给薪水，否则就难于留住人，新政就难以收实效。更不用说办学堂、设巡警、开商埠等，均需资金。而清廷的拨款，只能作启动之用，难以深入推广新政。1907年（光绪三十三年）5月，清朝度支部从川、粤两省盐务项下各拨十万两作藏饷，联豫用以购买枪支及其他之需；1908年（光绪三十四年）2月，除由川粤两省盐务项下所拨银20万两外，再由四川应解款内截留银30万两，共50万两拨解西藏，联豫用以商埠开办之费；1909年（宣统元年）拨银50万两，作为练兵开办经费；1910年（宣统二年）起，西藏常年经费共50万两，由俄法款内截10万，英德款内

---

① 《最近两百年的西藏外患》，第77页，转引自吕秋文的《清季英俄在藏的角逐》，载《西藏研究论文集》第1辑，1988。

② 《国立台湾政治及国际边疆学术会议论文集》，第1090页，转引自张世明的《论联豫在清末新政期间对西藏的开发》，载《中国边疆史地研究导报》1990年第6期。另达赖被革除名号一事在蒙古族人民及印度等地中引起强烈反对。《西藏六十年大事》记载：“印度大吉岭一带之喇嘛，开一大会，满场一致议决三条：（1）认为中国革去达赖一事为侮辱佛教，要求复达赖喇嘛之职。（2）要求中国撤驻藏之兵。（3）要求将驻藏大臣革职”。

截15万，其余25万则由四川省另筹接济。并谕，藏事如有不敷，则由川督遵旨随时接济。但事实上，川督赵尔巽一再上奏，禀川省财政困难，库储奇绌，应付俱穷；甚至要求以京协各款代川饷内截留15万及北洋军需内截10万来代替，但未能得到度支部的同意。可见藏饷虚悬无着乃属实情。而联豫原计划用此50万两白银作以下用途——练兵：步队三营、马队一营、炮兵一队、乐兵一队，加上原练士兵一营，正饷、加饷及衣履等费即需40余万两；设巡警：江孜、亚东两地常年须2万余两，并拉萨、噶大克等地，每年共款银五六万两；办学堂：年内所需拨款1万两，而汇水解费仍不算在其内。但川款并无着落，其所设想也只是一纸空文罢了。

资金缺乏，使推行新政大打折扣。清廷所拨的款项几乎都用在了练新兵、开商埠和设巡警之上，其他项目就无从谈起了。事实上，就练兵一项而言，也远远没有达到预期的目标。虽说在1908年（光绪三十四年）春夏之交，各将、弁均已到藏，但因饷银未能汇藏，直到1910年（宣统元年）仍迟迟没有开练；至于修筑道路、讲求实业、开矿务农等事就更是只能停留在一纸公文上，难以实现。联豫曾为此忧急如焚，屡次上奏申辩、请求朝廷速筹藏饷。毕竟其他省份若有款项不济于事，“尚可就地通挪”[①]，或可借公债以渡难关，而西藏则“并无别款可以暂行腾挪”，“万一饷源不断，不惟饥军立虞哗溃，即一切庶政，亦将废于半途。内患外侮，且恐乘之而起”[②]。结果正如联豫所料，新政失败了。而入藏川军变乱的导火索也正是因兵饷迟迟不发，加之辛亥事起，士兵不甘坐以待毙，遂酿成西藏辛亥变乱。

四　清末筹藏新政评价

如何全面而恰当地评价清末新政的成败得失呢？笔者认为达成以下两点共识是正确评价清末筹藏新政的前提。

其一，必须摆正清廷筹藏新政的位置。这是首要问题。清廷是在帝国主义列强日甚一日的侵略形势下，才下决心推行新政的。边疆危机的加剧，使新政必然成为清廷筹边政策的一部分，新疆地区的建省、蒙古地区的移

① 吴丰培编《联豫驻藏奏稿》卷三，第147页。

② 吴丰培编《联豫驻藏奏稿》卷三，第109页。

民实边、川边地区的改土归流等与筹藏新政一样，同属清廷筹边总政策的范畴之中。我们不妨从两方面来看：一方面，清廷在西藏推行的各项措施与其他边区相当。内蒙古喀喇沁郡王贡桑诺尔布即向朝廷建议设银行、开矿山、整顿农工商、预备外交、普及教育、赶练新军、创办巡警等；科布多帮办大臣锡恒也就阿尔泰地区新政提出了添设局所、加给崇衔、开垦荒地、分设学堂、筹办电线、振兴工艺、由部派员办交涉等九条建议。此外，新政中出现的问题也有许多相似之处。在蒙古地区，新政同样缺乏当地人民的支持；新政也招致王公贵族与宗教上层的反对，不仅如此，而且也同样有外国势力的介入，如外国势力曾企图乘此机会策动哲布尊丹巴等人宣布“独立”等。由此，我们不难看出，清末筹藏新政是清廷在举国上下统行新政时的一项必行举措，也是清廷筹边政策的一个重要组成部分。

其二，不应太苛求古人。如何给予筹藏新政适当的评价？我以为格勒·宇托（Ven Karma Gelek Yuthok）的一段话较为中肯，尽管这段话是用以评介十余年后十三世达赖喇嘛的新政措施的。作者在《近代西藏的曙光；第十三世达赖喇嘛传》一文中写道：“尽管如此（指十三世达赖喇嘛力行新政的措施），并不是他所有的想把西藏带入二十世纪的努力都能被他的人民所接受。他在太短的时间内介绍了太多的新思想、新观念，在其统治行将结束之时，许多现代化改革举措曲从了保守的西藏人的意愿，被取消、废除了”①。从中我们不难想象清末新政在西藏的命运和联豫实施新政措施之艰巨。十三世达赖喇嘛的新政尚难以取得有效的结果，联豫之辈又怎能望其项背？一则，达赖喇嘛为威慑全藏之人，在藏民的心目中有着崇高的地位；二则，此时离清末新政又相隔十数年，时代在前进，藏地也曾有过新思想的萌芽，藏胞的反映尚且如此，那么在驻藏大臣与西藏僧俗上层矛盾重重的情况下，他们对推行的改革所抱的态度就可想而知了。清廷第一次播下进化的种子，想在如此环境之下能生根发芽、开花结果，可谓难上加难，更何况，清廷在日薄西山之际，又受到了辛亥首义这一致命的打击呢？

（一）新政带给西藏的影响

毋庸置疑，新政的确在客观上促进了西藏社会、经济、文化诸方面的

① Ven Karma GelekYuthok，Dawn of Modern Tibet：The Thirteenth Dalai Lama，载《中华民国蒙藏学术会议论文集》，中国文化大学蒙藏学术研究中心编印，1988。

发展，新政中的新思想、新观念恰如一缕春风，吹进了群山环绕的雪域大地，使西藏封闭的环境中透出几丝近代气息，也使西藏人民切身感受到新文化的重要性。在此且不说他们对政治、军事上的革新有兴趣与否，只说他们对西藏白话报的欢迎程度，送子女入新式学堂，去施医馆就医等，不就是新政的冲击波吗？同样，新政之举对十三世达赖喇嘛的改革措施也不无影响。西藏新政的实施在一定程度上遏制了英国在西藏势力的发展，加强了被帝国主义削弱了的主权。可以说，在某种程度上达到了“固我主权”的目的。

当然新政中也存在着一些消极的影响。新政中出现的一些问题，诸如推行冒进措施，缺乏地方人士的参与和合作等，使新政出现了消极的一面。其最主要的表现即是清中央政府与西藏地方间的关系不断恶化，西藏地方对清廷的态度由新近而疏远而仇恨，对英国则由仇恨而开始缓和、亲近，这两个变化，对民国初肇的政府是个严峻的考验。西藏局势颇为危急，态度硬则不利于向国外借款，软则有损于国体，使民国政府在尴尬的境地里徘徊。①

总之，尽管新政有种种不如意的地方，但新政是为促进西藏迈向近代社会而铺设的路程，这是一条健康的符合历史发展规律的道路，是值得我们肯定的。我们并不能因新政的失败而一笔抹杀其应有的功绩。可以说，在西藏近代历史的进程中，新政应该占有自己的一席之地。

（二）几点思索

其一，必须妥善处理好民族关系，中国是一个统一的多民族国家。在中华民族多元一体的格局中，民族关系的处理是否妥善，将直接影响到国家的稳定与繁荣。不和谐的民族关系使当时的西藏新政未能获得西藏僧俗上层及部分群众的支持，且受到严重困扰，而最终夭折了。

其二，应注重民族区域的特殊性，因地制宜。中华民族既具有一体性，又存在着多元性，各民族间的情况不尽相同。在此情况下，如果照搬国外

① 据《东方杂志》第九卷第十号《内外时报》录《申报》文《英藏交涉始末记》，详载民国肇始后的应对措施。民国初意出兵征讨西藏骚乱，但因下述原因而改武力政策为怀柔主义。一为六国借款问题；二为外人疑义；三为西藏私下愿意媾和；四为民国政府内政繁忙，谋设立正式政府之准备、外蒙古问题也危机益迫；等等。

或者国内其他地区的方法，削足适履，结果反而得不偿失，造成不良后果。清末西藏的新政，因不顾藏地实情而犯了冒进的失误。藏族有其固有的传统文化、伦理观念，其风俗习惯、生产力水平与社会发展均与内地有着较大的差异，清廷在不触及西藏根深蒂固的政教合一的封建农奴制的情况下，进行综合治理，而且措施多为模仿外国与内地的政改方式，其效果便可想而知了。

其三，必须注意人才的选拔与培养。这点也不容忽视。此处的人才包括两个方面：一指中央派出的官吏，一为地方人士中之佼佼者，两者缺一不可，缺少前者，就会使派出的官吏与地方间产生不必要的矛盾，从而影响中央政府与地方之间的关系，影响中央决策的可行性与实际贯彻；缺少后者，也就缺少了地方人士的精诚合作。清末筹藏恰恰缺少了这相辅相成的两方面。驻藏官吏们的良莠不齐，导致了驻藏大臣与西藏僧俗上层间矛盾的产生，并不断激化；而新政没有吸收西藏地方人士的参与，使本已不满的情绪明朗化。

尽管新政无法改变近代西藏人民的命运，但是新政的出现无疑是西藏近代史上有影响的一笔。

（《中国藏学》1995 年第 1 期）

怒俅殖边：近代云南一次意义深远的边疆开发

包　黎

“怒俅”指滇西北的怒江和独龙江（独龙江史称俅江），位于中缅北段边境地区，包括由傈僳族、怒族、独龙族、白族、彝族、景颇族、藏族等少数民族杂居的泸水、碧江、福贡、贡山等地，现由云南省怒江傈僳族自治州管辖。明清两代对怒俅两江流域一直实行“以夷治夷”的羁縻政策，清末，泸水分别属六库白族段姓土司和鲁掌彝族茶姓土舍管辖，分隶大理云龙州和永昌府（今保山）；碧江、福贡、贡山等地为部落群体，碧江南段属兰坪兔峨白族罗姓土司管辖，碧江北段、福贡、贡山茨开以南分属维西康普、叶枝两个纳西族土千总管辖，均隶丽江府，贡山茨开以北靠近西藏的地区属藏族门工（察瓦龙）土司管辖。

一　片马危机和云南地方政府的实边政策

光绪十一年（1885），英国并吞缅甸，继而向云南进犯，中缅边境问题日渐突出。怒江地区因与缅甸接壤，又与西藏毗邻，被英国视为打开云南门户的一条重要线路。在光绪二十年（1894）清政府与英国政府签订的《中英续议滇缅界务条约》中，英国别有用心地迫使清政府同意将腾越（今云南腾冲）北部尖高山以北的中国领土定为“未定界”。尽管中英双方对“未定界”还订有“俟将来查明该处情形稍详，两国再定界线”的协议。①

① 王铁崖：《中外旧约章汇编》第1册，三联书店，1962，第577页。

但英国蓄意要以高黎贡山分水岭作为滇缅北段分界线，逐段侵占“未定界”大片地区，“冀遂其北通西藏之野心”。[①] 片马位于高黎贡山西侧，在“未定界”范围内，被称为“滇省之门户”，明代归我茶山长官司管辖，清代属我登埂土司地。光绪二十六年（1900），英国派兵入侵我茨竹、派赖等地，并多次侵犯我片马。宣统二年（1910）10月，英军2000余人从缅甸密支那出发再次大规模进犯片马，次年1月4日武装占领片马。“英人强占片马后，私立界桩，修筑营寨设兵驻守。并在距片马约30英里向隶中国明光土司管辖，形势极险之拖角地方，设拖角厅为行政官，征收片马居民户税，平治道路，一切设施不遗余力。”英军一方面做好了从片马进占怒江的军事准备，欲从怒江“北入西藏以窥巴蜀”；另一方面从片马北上侵入与西藏接壤的独龙江地区，收缴中国颁发的“伙头”（各村寨头人）执照，向他们发放英军的委任状，企图打通“由片马经过俅夷通西藏之路”。[②] 英国的侵略使怒江地区面临前所未有的边防危机，举国上下一时群情激奋。

早在光绪年间，六库土司段浩对英国觊觎片马之野心就有察觉，曾建议朝廷筹边，但清政府一直置若罔闻。片马事件发生后，云南总督李经羲力主抗击，“欲以武力解决片马问题”[③]，内地报界亦载文大声疾呼，但清政府不准出兵应战，指示“未便轻启兵端”[④]。于是，李经羲派云南讲武堂总办李根源到片马调查，另谋应对之策。李根源带领人员对怒俅、茶山及小江流域等地进行调查，详细记录驿站、里程、关隘、地形地貌、江河桥梁、津渡、英军兵力等后，向李经羲电呈收复片马的三条建议：“上策进兵，愿负全责；中策两国派遣人员勘定界务；下策由外交部要求先退兵后勘界。”[⑤] 清政府采纳了李根源建议中的下策，派驻英公使刘玉麟与英交涉。[⑥] 不久，辛亥革命爆发，清王朝寿终正寝，中英交涉未取得结果，滇西北边界形势仍然十分吃紧。

辛亥革命成功后，时任云南陆军第二师师长兼迤西国民军总司令的李根源，向云南军都督府进一步提出了解决片马问题的建议，李根源在给云

① 《泸水县志》，“关于英占云南片马交涉经过”，云南人民出版社，1995，第486页。

② 《泸水县志》，“滇缅尖高山以北界原委要略”，第489页。

③ 李文华、张祖武主编《片马历史资料》第1集，云南人民出版社，1989，第6页。

④ 《清实录有关云南史料汇编》卷四，云南人民出版社，1986，第825页。

⑤ 李根源：《雪生年录》第1卷，民国十九年上海印制，第19页。

⑥ 参见尹明德《云南北段界务调查报告》，《永昌府文征》记载卷三十，民国四年。

南都督蔡锷的报告中指出：怒江及其以西地区，“其面积辽阔，上通藏卫，中连印度，下接缅甸，实为我沿边一带藩篱，外人眈视，已非一日”①，因而这一地区具有不可忽视的重要性，应给予高度重视。针对怒江地区防务空虚、民智未开、土司童昏、夷民不附、大片沃土无人管理的现实状况，他进一步指出：不能只争片马，而听任片马之外的其他地区荒废如故，否则将失去的岂止是一个片马，必须“设官分域，开垦通商，更以军队镇之”②，方能守土安民，实现边防巩固。其解决片马问题的着眼点是“抚绥怀柔，固我疆土”③。李根源的建议得到蔡锷的肯定和支持，云南军都督府很快作出决断，由李根源负责筹组“怒俅殖边总队”进驻怒江地区，担负驻守边关和开发边疆的历史重任。

二 殖边政府的施政主张及经营举措

1912 年 2 月，李根源受命“经营怒俅两江，抚绥各夷”，在大理成立了“筹办边务委员会”，组成三个拓边队（后改为殖边队）分三路进驻怒江地区，第一队驻上帕（今福贡县）；第二队驻老母登，后搬到知子罗（原碧江县）；第三队驻菖蒲桶（今贡山县）。面对怒江百事待举的形势，殖边队提出了“以实业为重，以商务为先，以实民为最，以开垦为要，以筑路为止，以备外患，以筹教为难，以教养为率”的施政主张④，并着手实施开拓怒俅的宏伟计划。

设治 从 1912 年下半年开始，殖边队根据云南军都督府的指示，在殖边队驻地设置了知子罗、上帕、菖蒲桶三个殖边公署。1914 年，又将六库、老窝、登埂、卯照、鲁掌五土司属地合并成立鲁掌行政公署。殖边公署和行政公署是相当于县一级的行政机构，其所辖区域与后来设置的泸水县、碧江县、福贡县、贡山县大体一致，这是怒江地区建立县治的开始，使怒江地区历史上第一次有了统一的行政权力机构，有利于“张官建治，就近

① “李根源致蔡锷电文”，《西事汇略》卷九《殖边》怒俅条。

② “李根源致蔡锷电文”，《西事汇略》卷九《殖边》怒俅条。

③ 云南档案馆馆藏档案 106 全宗一目 392 卷，1998。

④ 《碧江县志》，“民国二年景绍武致函蔡锷呈殖边事宜八条”，云南民族出版社，1994，第 470～471 页。

部署”，彻底改变了这一地区各土司分而治之、各部族互不统率、“夷心涣散”、“夷民不附”的局面，在怒江地区社会发展史上具有划时代意义。

驻军 知子罗、上帕、菖蒲桶三个殖边队驻军是从大理抽调 76 标士兵 114 人组成，知子罗驻军 42 人，上帕驻军 42 人，菖蒲桶驻军 30 人。在兰坪营盘街（今兰坪县营盘镇）设“怒俅殖边总局”，组建了第四殖边队 30 人以作后援。1913 年 3 月蔡锷又命大理 4 团 2 营驻防六库，1914 年将其中一个独立连从六库迁至靠近片马的鲁掌。殖边当局驻地均驻扎一定数量军队，有利于稳定政局，体现了“实边”的要求，改变了怒江地区“有边无防”的状况，对侵略片马的英军起到了震慑作用，遏制了英军的侵略势头。

抚绥边民，释放家奴 殖边当局在合并土司之地统一设治后，严督各土司不得横征暴敛，以苏民困。禁止西藏土司和喇嘛越界向怒俅两江流域征收贡赋和“香火钱粮”，禁止傈僳族蓄奴主到上游地区掠夺、贩卖奴隶，取消“怒管俅”地区的“俅贡”，制止民族和部落之间的血亲复仇、连年械斗，打击了土司、喇嘛和蓄奴主的势力，极大地缓解了各少数民族人民与土司、喇嘛、蓄奴主之间紧张的对立关系，有利于维持怒江地区的社会安定。殖边当局还在怒江地区大力推动开垦水田梯地，使用牛耕和铁制农具，推广农业种植技术，在泸水开辟橘园，在碧江试种木棉、花生，并首次购进饲养黄牛，在福贡引进蚕豆、小麦籽种发给群众，劝令播种春苗（小春作物），促进生产的发展。在碧江、福贡、贡山一带，针对少数头人和富有人家蓄养使用家奴的习俗，殖边当局认为这是一种十分落后的社会现象，强令蓄奴主释放家奴。这一举动在当时被形象地称为“开笼放雀”，具有明显的进步意义。

开道路，通邮政 “怒江两岸旧道合计约长七百余里，宽不容掌，坡坎陡险，荆棘窒塞，鸟道羊肠，莫喻险阻，行人苦之。”[①] 设治后，殖边当局把交通列为首要工作，提出“开拓边地，首重交通；欲辟市场，先修道路”，认为“从未有山岩崎岖，程途梗塞，而能畅兴商业、进化人民者也”。[②] 通过募捐、摊派等方式筹集资金，采用派工、“国民义务劳动”、雇请外地技术工等办法招募劳力，先后将兰坪营盘至碧江 120 公里的人行步道（鸟道）改建成人马驿道，将起源于维西岩瓦渡口、翻越碧罗雪山、经贡山

---

① 《征集菖蒲桶沿边志》，怒江州志办公室编《怒江旧志》，1998，第 117 页。

② 《募修上帕腊竹底岩序》，《怒江州交通志》，云南人民出版社，2000，第 429 页。

县城到丙中洛，并连接西藏察隅县察瓦龙全长260公里的滇藏小道改成人马驿道，在以后数年中，还整修了碧江-福贡-贡山、六库-碧江、六库-保山等数条驿道，这几条驿道都是怒江地区连接内地的重要通道，也是各民族之间交往的纽带。1914年，殖边当局还在泸水建立了邮政代办所，在怒江地区首次开通保山-泸水邮路。“保泸”步班邮路共分六站，由两名邮运员相向往返于“保泸”之间，每10天与保山交换邮件一次。1915年，还架设了永平至六库的电报线路。交通的改善和邮政的开通，极大地改变了怒江地区交通闭塞、与世隔绝的状况，促进了怒江地区与内地经济文化往来，对怒江地区的开发产生了巨大影响。

办新学，启民智 清末，泸水汉、白族居住地区办有书院、义学、私塾，但尚未开办学校，碧江、福贡等傈僳族、怒族居住地区尚无文字教育。殖边队设立县治后，创办新学之风也在各县展开。1913年，泸水设立了“劝学所”，开始筹办国民教育，几年后开办了高初两级小学。1916年，殖边当局在老母登开办了碧江第一所汉语学堂，从内地聘请教师，招收了20名傈僳族、怒族学生。不久又在知子罗开办了一所汉语学堂，招收少数民族学生30余人。汉语学堂开设汉语、公民两个课程，对学生用汉语、傈僳语对照进行双语教学。同年，福贡“于上帕、鹿马登二处，各设汉语学堂一校，各聘教员一员，专授汉语。经费则由公费项下开支”，粮柴实行摊派。[①] 开办新学，使怒江地区各民族儿童开始接受近代文明的启蒙教育，逐步结束了刻木为凭、结绳记事的历史，对启迪民智发挥了重大作用。

开集市，兴商旅 殖边队进驻怒江地区前，怒俅两江流域仅片马有少量边民互市活动。六库于1909年开始设街，但尚无坐商，而碧江、福贡、贡山等地尚无集市贸易。民国之后，六库土司段浩接受李根源的建议，在土司衙门前辟出一条宽3~10米，全长300多米的石板街道，还在街道上盖了一幢房子，楼上楼下共12格，供行商住宿，便利了外地商贩担货入境以物易物。泸水的鲁掌、卯照等地随即也兴建了集市。碧江、福贡等地“属夷务农，从无经商之人”[②]，“前来开辟时民性犷悍，各商不敢深入”[③]，“虽有小贩商人，冒险前来，皆有怒目等负责保护，始敢深入，然居少数，不

① 《纂修云南上帕沿边志》，怒江州志办公室编《怒江旧志》，第81页。

② 《碧江县志》，第174页。

③ 《碧江县志》，第174页。

过二三人而已”[①]。开边之后，政府官员及家属和内地的小商小贩、手工业者及知识分子渐次进入碧江、福贡等地，同时当地怒、傈等民族也渐次开化，商旅日多，行人来往络绎不绝，汉商用以物易物的形式跟当地居民进行交易，用针线、土布、食盐、茶叶、铁锅和铁制农具，换取边民的生漆、黄连、皮张等运往外地，出现了小集市贸易和商品交换的萌芽，给这些地区带来了新的经济因素和先进的生产技术。福贡于1916年、碧江于1920年分别开办了商号，开始有第一家坐商，并开始有货币流通，怒江地区的商品经济有了初步发展。

三　殖边的意义及其影响

民国初期，云南地方政府派遣殖边队进驻怒江地区，无论对加强边防，还是对促进怒江地区社会发展，都具有重要作用，产生了极其深远的影响。

1. 边疆民族关系得到明显的调整和改善。长期以来，封建统治者对边疆少数民族的统治带有明显的民族歧视和民族压迫，从而在各民族之间造成了很深的民族隔阂，怒江地区也不例外，不仅“汉夷隔阂，消息不通”，而且“各怀疑忌，卒难胥泯”。云南军都督府的抚绥各夷、开辟怒俅的方针，显示民国政府较为重视妥善地处理和调整边疆民族关系，这与封建王朝的不闻不问是有根本区别的，也是明显进步的，符合其“铲除专制政体，建设善良国家，使汉、回、蒙、藏、夷、苗各族结为一体，维持共和，以期巩固民权，恢张国力”的建国宗旨。[②] 其次，殖边与英国的侵略图谋和收买笼络政策是针锋相对的，以致设治以后，“沿边土司，皆四面内向”[③]，各少数民族均倾心内附，这无疑有利于巩固中华民族的统一和团结，增强民族凝聚力。同时，统一设治后，殖边政府收揽土司、喇嘛法权，削弱蓄奴主势力，“使土司地方，渐与内地人民受同等之法治”[④]，采取一系列措施发展生产，改善民生，在一定程度上缓解了少数民族群众与土司、喇嘛、蓄

① 《纂修云南上帕沿边志》，怒江州志办公室编《怒江旧志》，第54页。

② 孙璞：《云南光复军政府成立记》，中国科学院历史所编《云南贵州辛亥革命资料》，科学出版社，1959，第46页。

③ 《续云南通志长编》，第5页。

④ 《续云南通志长编》，第5页。

奴主紧张的对立关系；禁止部族之间的血亲复仇和连年械斗，也有助于改善民族关系，保持社会安定；修道路、兴教育、开商旅，扩大了内地与边疆的联系和交往，这一切都使边疆民族关系得到明显的调整和改善，有利于实现边防巩固、社会发展、安邦定国。

2. 怒江地区经济社会发展进入一个新时期。自西汉始在云南设治郡县已有近两千年历史，在这漫长的历史时期里，历代封建王朝均未在怒俅两江地区进行直接设治管理，这必然影响怒江地区的社会发育。各地土民自成部落，部族头人各据一寨，土司“除每年苛索钱粮外，对于国计民生毫不过问”①，这种社会状况阻碍了怒江地区社会的进步发展。所以，殖边政府的设治可以说开启了怒江地区社会变革与发展的大门，具有划时代意义。统一政权机构的建立，有利于安定社会秩序，加强边防，组织生产，从而为怒江地区社会的发展进步创造了条件。开道路，通邮政，极大地改变了怒江地区交通梗塞、与世隔绝、“内地人士足迹罕至”的状况，促进了与内地的交往，许多手工业者、小商小贩以及知识分子进入怒江地区，也带来了先进的生产技术和生活方式，如内地的铁制农具、牛耕方式、种植水稻和经济作物的技术，就是在开边之后逐渐传到了怒江地区的一些偏远村寨。开办新学，使一些少数民族儿童获得了受教育的权利，促进了汉语的传播，读书识字、学习文化使怒江社会“陆续进化，风气略开”。集市的开辟和货币的使用给怒江社会注入了新的经济因素，不少地方出现商品经济的萌芽。设治给怒江地区带来了深刻变革，其社会组织、耕作方式、生产方式都出现新的变化，经济文化得到很大发展。

3. 遏制了英国侵略势头，对巩固滇西北边防产生了重要和深远的影响。英国对片马的占领是民国时期云南地方政府进行殖边的直接导因，殖边队的主要作用是戍边。殖边队进驻怒江地区后，由于各种原因，虽然并没有和侵占片马的英军直接交战，英军也一直没有从片马撤军，但组建殖边队这一举动，本身就体现了中国人民捍卫国土的原则立场，那就是“版图所在，寸土必争”，绝不放弃对片马拥有的主权，绝不承认英国对片马的殖民占领。与全国人民对英国侵略云南的强烈抗议和各地抵制英货的运动相呼应，中国政府在与英国殖民政府进行外交交涉的同时，通过派遣殖边队这

① 《征集菖蒲桶沿边志》，怒江州志办公室编《怒江旧志》，第98页。

一方式，不仅表明了中国的态度和决心，同时也向英国侵略者发出了警告，显示了中国政府“国际交涉，兵为后盾。英若实行占领，我当速备边防”的基本立场。[①] 与清政府漠视边务、放弃职责、妥协退让、听任侵略的政策和态度相比，新成立的民国政府的立场是坚定的，态度也是积极的。殖边队进驻怒江地区，大大增强了边防武装力量，改变了怒江地区长期“有边无防”状况，遏制了英国进一步“东进北上”的侵略势头，保持了边疆的稳定，是有重要历史作用的，它对中国政府后来收复片马也是有积极影响的。

（《民族研究》2002 年第 5 期）

① 《皖抚朱经帅、川督王护帅因片马界务致军机处请代奏电》，转引自《云南近代史》，云南人民出版社，1993，第 98 页。

清末新政期间的“筹蒙改制”

赵云田

蒙古是清朝的“藩部”地区，清政府在这一地区的统治形式不同于内地，在中央政府中设理藩院管辖，在地方设将军、都统、大臣直接治理，并以盟、旗作为社会组织形式和基层政权机构，在职的蒙古王公就是清政府统治蒙古地区的各级官员。

光绪二十六年（1901）十二月初十日，清政府颁布新政上谕，要求军机大臣、大学士、六部、九卿、出使各国大臣、各省督抚，“各就现在情弊，参酌中西政治，举凡朝章国政、吏治民生、学校科举、军制财政，当因当革，当省当并，或取诸人，或求诸己，如何而国势始兴，如何而人才始盛，如何而度支始裕，如何而武备始修，各举所知，各抒所见，通限两个月内，详悉条议以闻”①。从此开始了长达十余年的清末新政的历史进程。

光绪二十八年（1902）正月，绥远城将军信格奏改练新军、建设学堂。归化城副都统文瑞上奏振兴戎政，蒙古地区也开始陆续进行新政改革。怎样在内外蒙古实施新政，清政府持非常谨慎的态度，不仅派人进行考察，而且要求中央政府各部以及驻蒙古地区的将军、都统、大臣提出具体建议，蒙古王公也要积极参加。清末蒙古地区的新政，政治上包括“筹蒙改制”，经济上包括移民实边和发展各种实业，军事上包括筹练新军和加强边防，文化上主要是兴办学堂、创办报纸和兴建图书馆等。本文仅就“筹蒙改制”，包括如何在蒙古地区实施新政和建立行省的讨论，以及调整治蒙机构

① 国家档案局明清档案馆编《义和团档案史料》下册，中华书局，1959，第915页。此上谕又见《清德宗实录》卷四七六，以及朱寿朋《光绪朝东华录》第4册（中华书局，1958年重印），总第4601～4602页，个别字词有所不同。

和在蒙古地区设立府、州、县问题，分别作些探讨，不妥之处，敬请方家指正。

一　蒙古地区如何实施新政和建立行省的讨论

光绪三十二年（1906），清政府派肃亲王善耆到内蒙古东部地区考察。善耆考察后，提出了经营蒙古地区的八条措施，有屯垦、矿产、马政、呢碱、铁路、学校、银行、治盗等项。他认为这些应当“一面集资，一面兴办”①。同年，军机大臣徐世昌奉命巡视东三省，也负有考察东部蒙古的使命。他认为设立东三省蒙务局，有利于改变东蒙古“势分力孤”的状况。②

在清政府派人考察蒙古地区的前后，朝廷大员、封疆大吏、蒙古王公也纷纷提出了在蒙古地区实施新政的具体措施。光绪三十二年，内阁中书钟镛提出“蒙古事宜十四条”，包括设议会，移建理藩院，变通理藩院官制，行殖民策，移八旗兵饷于蒙古，复围猎之制，借债筑路，设银行，铸造银铜元，兴矿产之利、屯垦之利、畜牧之利、森林之利、榷盐之利等。③科布多帮办大臣锡恒就筹办阿尔泰防守事宜提出九条办法，有酌定防守兵额，拟添枪炮各械，拟先兴办开垦等项。④ 库伦办事大臣延祉提出库伦北境荒沙绵亘，南境水草丛生，“均难种植，中段稍形膏腴又碍牧场，计惟速修铁路，开采金矿、煤矿，较为利多弊少”⑤。光绪三十四年（1908），内蒙古卓索图盟喀喇沁札萨克多罗都楞郡王贡桑诺尔布提出八条具体措施，包括设立银行，速修铁路，开采矿山，整顿农工商，普及教育，赶练新军，创办巡警等内容。⑥ 科布多参赞大臣连魁提出，科布多地区学堂、屯垦新政亟宜统筹，建立行省旧制势难遽废，可缓设理刑之员，先设巡警以资弹压，添练巡防队以备缉捕。⑦ 东三省总督徐世昌在《蒙古办法大纲》中，提出建

① 《清德宗实录》卷五六四，光绪三十二年九月辛亥。

② 参见《东三省政略》卷二《蒙务下·筹蒙篇》。

③ 参见《清德宗实录》卷五五五，光绪三十二年二月庚子。

④ 参见《清德宗实录》卷五五五，光绪三十二年二月己酉。

⑤ 《清德宗实录》卷五六八，光绪三十二年十二月己巳。

⑥ 参见《清德宗实录》卷五八六，光绪三十四年正月癸卯。

⑦ 参见《清德宗实录》卷五九〇，光绪三十四年四月丙子。

工厂、架电线、修铁路、建公司、办实业等。[①] 宣统元年（1909），阿拉善亲王多罗特色楞提出，在内蒙古西部开浚利源，包括垦务、矿务、盐务等项。[②] 内蒙古哲里木盟科尔沁郡王棍楚克苏隆就如何自强提出四条建议：取缔宗教，以祛迷信；振兴教育，以开民智；训练蒙兵，以固边圉；择地开垦，以筹生计。宣统二年（1910），内蒙古哲里木盟科尔沁亲王阿穆尔灵圭提出：“整顿蒙疆宜先勘修铁路。”[③] 乌里雅苏台将军坤岫就外蒙古札萨克图汗、赛音诺颜辖地如何实施新政的问题，提出具体建议：“拟设立新政领办处一所，如考察学务，整饬巡警，监督商会，督理禁烟等事，凡有应行新政，皆归该处办理。”[④]

上述部院大臣、封疆大吏、蒙古王公提出的在内外蒙古实施新政的各种措施，有的实施了，有的限于条件未能实施。终清之世，某些建议还在提出，有些建议也在落实。在这些筹蒙改制的建议中，在蒙古地区建立行省，曾引起很多人的关注，并引起了激烈的争论。

光绪二十九年（1903）三月，由于“崇实于奉天，铭安于吉林，先后奏请增设厅县，左宗棠于西事甫定，即有不可不设行省之议”[⑤]，清政府中有些人主张在内外蒙古也设立行省。乌里雅苏台将军连顺等人知道这一情况后，立即上疏，以外蒙古为例，从无民可治、筑城縻帑、生计不便、耗增俸饷、自坏藩篱等方面提出：“蒙古部落，碍难改设行省。”清政府同意了他的意见。[⑥] 当时，科布多参赞大臣瑞洵也认为：“北路蒙古游牧地方，改设行省有害无利，一曰隔阂，二曰蠹扰，三曰疑惧，四曰苦累。”[⑦] 这样，在蒙古地区改设行省的提议遂暂时搁置下来。不料，两年以后，这一问题又被人们重新提起。光绪三十一年（1905）八月，姚锡光提出设立直隶山北行省的问题：把热河、口北两道管辖的地方，往北延伸，到外蒙古南界止，在直隶总督管辖下，另设巡抚，既管汉民，又管蒙部。巡抚驻赤峰，

① 参见《清德宗实录》卷五九四，光绪三十四年七月癸巳。

② 参见《宣统政纪》卷十五，宣统元年五月辛卯。

③ 《宣统政纪》卷二十七，宣统元年十二月庚寅。

④ 《宣统政纪》卷二十九，宣统二年正月辛亥。

⑤ “清朝理藩部档”1523卷宗，第195号，中国第二历史档案馆。

⑥ 参见《宣统政纪》卷二十七，宣统元年十二月庚寅；卷二十九，宣统二年正月辛亥。并见《清德宗实录》卷五一四，光绪二十九年四月丁未。

⑦ 《清德宗实录》卷五一六，光绪二十九年六月庚辰。

“监制奉吉，屏障畿疆”①。同年十月，给事中左绍佐提出：“西北空虚，拟请设立行省。”他认为：“欲经营蒙旗，莫先于事权之归一，欲事权归一，莫要于设行省。”他还具体建议：“以热河、绥远城皆列为行省。”② 左绍佐的奏折经过政务处讨论后，清政府饬令直隶总督，山西巡抚，热河、察哈尔都统等“体察情形，通盘筹划”③。这样，在内外蒙古设立行省的问题又提到了清政府的议事日程上来。两广总督岑春煊上《统筹西北全局折》，提出要重视西北边防，并提出应设立绥远、热河、察哈尔等省。热河都统廷杰上奏指出：根据西北全局以改设行省为要，改设行省以人民财赋足敷分布为要，蒙古地区划分三省“恐形逼窄”，应当依照左绍佐的意见，以承德、朝阳二府两盟之地，再隶以张、多、独三厅，围场一厅，以及察哈尔迤东各旗地，设立热河省，“以为畿辅左臂”；以丰镇右翼四旗，以及归绥道所属归化、萨拉、齐托克托城、和林格尔、清水河五厅，武川、五原、东胜三厅，乌、伊二盟，阿拉善一旗为绥远省，“以为畿辅右臂”。等到一切整理就绪，再将外蒙古改设行省。④ 察哈尔都统诚勋上奏中提出：拟将察哈尔、绥远城、热河三处改为行省，再把直隶宣化、山西大同二府有关地方拨归察哈尔管辖，分设总督、巡抚各员。⑤ 绥远城将军贻谷则认为，从管辖、政令、防守、开垦四方面考虑，绥远城等都应及时改建行省。他还提出了16条具体措施。⑥

和主张在内外蒙古设立行省不同，也有人提出了另外的建议。光绪三十三年（1907）九月，署黑龙江巡抚程德全奏称：应“创设殖务部，专管东三省、内外蒙古及新疆伊犁、西藏各行省”⑦。宣统元年六月，署归化城副都统三多上奏，提出了在蒙古地区“分建四部”的意见：以东四盟为一部设治于洮南；西二盟为一部，附以察哈尔、土默特、阿拉善，设治于绥远；土谢图、车臣为一部，设治于库伦；赛音诺颜、札萨克图为一部，附以科布多、塔尔巴哈台、额济纳土尔扈特，设治于乌里雅苏台。三多还提

① 姚锡光：《筹蒙刍议》卷上，《实边条议》。

② 《清德宗实录》卷五五〇，光绪三十一年十月庚子；朱启钤编《东三省蒙务公牍汇编》卷五，《前给事中左绍佐奏西北边备重要拟设立行省折》。

③ 《清德宗实录》卷五五〇，光绪三十一年十月庚子。

④ 参见《清德宗实录》卷五七五，光绪三十三年六月庚申。

⑤ 参见《清德宗实录》卷五七七，光绪三十三年八月辛酉。

⑥ 参见《清德宗实录》卷五七七，光绪三十三年八月癸酉。

⑦ 《清德宗实录》卷五八〇，光绪三十三年八月乙巳。

出：上述四部，拟各设蒙部大臣一员，仿东三省总督兼将军之例，其下分设总务、调查、警政、垦地、劝业、财政、编练、文化、裁判、交通、交涉、谘议12局，以综理庶务。清政府以“费巨事繁，难以猝举”为由，否定了三多的意见，而倾向于在内外蒙古设立行省。[①] 后来，清政府又采纳绥远城将军贻谷的建议，决定暂缓在外蒙古设立行省，而在内蒙古设立热河、绥远、察哈尔三行省。虽然终清之世，清政府在内外蒙古设立行省的计划也未能实现，但也为以后内蒙古地区行政建置的变化奠定了基础。20世纪20年代，热河、绥远、察哈尔省的建立，就是在清末“筹蒙改制”讨论的基础上，适应变化了的新情况而实现的。

二　治蒙机构的调整和一些府州县的设立

筹蒙改制讨论中的有些内容，比如调整中央和地方的一些治蒙机构，理藩院改为理藩部，阿尔泰办事大臣以及蒙古地方一些府州县的设立，在新政实施过程中得到了落实。

理藩院是清政府特设的治理蒙古等少数民族事务的中央机构。如前所述，在讨论蒙古地区如何实施新政时，就有人提出要移建理藩院，变通理藩院官制。这个问题所以提出，是理藩院建立后，经过了200多年时间，无论是清朝中央政府，还是蒙古地区，或者和理藩院有关的周边国家，许多情况都发生了变化，因而这个机构的某些环节已经和变化了的情况不相适应。清政府也意识到了这一点。光绪三十二年九月，在改革官制过程中，编纂官制大臣将京官编定复核，缮单进呈，在所附阁部院官制节略清单中写道：“各国竞争，殖民为要，蒙、藏、青海，固圉防边，其行政事宜实与各部并重，故易理藩院为理藩部。”后来上谕发布，宣布正式实行厘定的中央新官制，“理藩院著改为理藩部”[②]。光绪三十二年十一月，理藩部尚书寿耆会同军机大臣等筹议，以“怀柔远人实朝廷不易之宗旨”，“理藩部与各部情形不同”，提出了理藩部组织机构的初步方案，准备将满档房、汉档房、俸档房、督催所等合并，改为领办处，选派司员充任领办、帮办。把

---

① 参见《宣统政纪》卷十七，宣统元年六月庚子。

② 故宫博物院明清档案部编《清末筹备立宪档案史料》上册，中华书局，1979，第470～471页。

蒙古官学扩充为藩言馆，大力培植精通满、蒙语文人才，以适应理藩部部务所需。理藩部原设旗籍、典属、柔远、王会、徕远、理刑六个司，因“名称久播蒙藩”，仍存旧名。司务厅、当月处、银库、饭银处、喇嘛印务处均“一仍旧制”。理藩部首领官仍称尚书、侍郎、额外侍郎，分别由满蒙官员担任。领办处除设领办、帮办外，也和各司属机构一样，设郎中、员外郎、主事、笔帖式等。各司厅处所还设掌印、帮印、主稿、委署主事、正副缮写等员，名额不等。① 不久，寿耆又会同军机大臣，提出理藩部应设立调查、编纂两局，附入领办处，拣派司员分股任事，暂不预定缺额。光绪三十三年十一月，因内馆原在东交民巷内，光绪二十六年（1900）以后划入使馆界；外馆虽在安定门外，但年班来京的蒙古王公或自有府第，或租赁民房，也已多年不住，内外馆监督“无从稽查，无可弹压，几同虚设”，寿耆又上奏，提出将两职裁撤。② 以上所奏均获谕准。宣统元年十二月，宪政编查馆奏准京外各衙门设立宪政筹备处，理藩部遂把调查、编纂两局改为调查、编纂两科，合为宪政筹备处，筹备藩属地区宪政事宜。后来，又以藩属地区人民程度不齐，教育未备，家族政体未尽改，游牧旧习未尽除，决定在宪政筹备处内附设一藩务研究所，所有掌印、帮印各员均入所研究，筹商藩属地区宪政诸事。③ 宣统三年（1911）四月，清政府内阁官制改组，成立新内阁，理藩部和其他部一样，尚书改称大臣，侍郎改称副大臣。

光绪三十二年，清朝王大臣厘定理藩部官制奏案中，曾经计划添设殖产、边卫两司，拟议殖产司开垦蒙地，保护林业，整理牧畜、牲猎、织造、皮线、骨角，筹修铁路，开辟矿产，兴举渔业，整理盐法；边卫司掌训练、征发蒙藏军队，筹办学务、台站、供支、边疆界务、商务、互市等事。看来，设立这两个司为的是在蒙古地区更好地推行新政。不过，在具体实施过程中，寿耆等人以“事体繁重，一时骤难举行”为由，提出由理藩部咨商各路将军大臣及各部落盟长，“体察所属各旗情形，何地宜兴办何项新政，总期设施得宜，有利无弊，一俟详细复查后，再行会同度支

---

① 参见《大清光绪新法令·理藩部奏核议理藩部大概情形折》。

② 参见《大清光绪新法令·理藩部奏内外馆监督任满请旨可否裁撤折》。

③ 参见《大清宣统新法令·理藩部奏遵设宪政筹备处折》。

陆军学部，农工商邮传部等衙门，分别核议，妥拟章程，奏明办理”。① 直至宣统元年八月，宪政编查馆会奏复核各衙门九年筹备未尽事宜时，还认为此举“关于藩政要图，不能不亟为筹及”②。但是，直到清朝灭亡，理藩部也没有设立殖产、边卫两司，关于蒙古官学扩充为藩言馆的筹议，最终也没有落实。

清末新政期间地方治蒙机构的调整，在阿尔泰办事大臣的设立上表现最为明显。阿尔泰地区位于今新疆北部，清代前期属乌里雅苏台将军辖区，由科布多参赞大臣具体管理。《中俄勘分西北界约记》等不平等条约签订后，沙俄割占了阿勒坦诺尔乌梁海等地区，阿尔泰遂成为中国与俄国的接壤区。这里不但“田牧肥美，种落错居，兼有鱼盐林木之饶”，而且，“南控赫色勒巴斯淖尔，即布伦托海，东达新疆玛纳斯，又玛呢图噶图勒干、昌吉斯台各卡伦均在左右，辅车相依，且据俄斋桑斯科之上游，险固形便，实为漠北襟要”，③ 具有重要的战略地位。清政府对这一地区非常重视，光绪三十年，曾派未赴任的成都将军长庚去阿尔泰地区考察。后来，长庚向清政府奏报，指出阿尔泰地区是西北边疆要地，中外之大防，应设官管理。他还陈述了固疆域、重巡防、辑哈部等具体意见。清政府认为长庚的看法很有见地，便命瑞洵等人会同悉心通筹。瑞洵当时任科布多参赞大臣，他对长庚提出的拟以科布多帮办大臣移驻阿尔泰山或布伦托海，拟将参赞大臣移驻额尔齐斯等建议，表示不完全同意，而提出阿尔泰地区未便仍由科布多参赞遥领，以至有鞭长莫及之虑。“科布多治所本不当冲，已成后路，无需多置官长。惟帮办仍需秉承参赞，似不如将参政移节驻扎，更为相宜，第事权尚宜加重，方足以资统率，而备非常。布伦托海地属中权，并宜增设一官，督办兵屯，俾脉络贯通，联为一气。”④ 清政府综合了长庚和瑞洵的意见，在光绪三十年四月，决定废除科布多帮办大臣一职，设立阿尔泰办事大臣。赏热河兵备道锡恒副都统衔，即为首任阿尔泰办事大臣，“驻扎阿尔泰山，管理该蒙哈事务”⑤。光绪三十二年十二月，科布多参赞大臣联魁上奏：阿尔泰专设办事大臣，“请将科布多所属迤西附近阿勒泰山之乌梁

① 《大清光绪新法令·理藩部奏核议理藩部大概情形折》。

② 故宫博物院明清档案部编《清末筹备立宪档案史料》上册，第 78 页。

③ 瑞洵：《散木居奏稿》卷二十。

④ 《清德宗实录》卷五二九，光绪三十年四月辛酉。

⑤ 《清德宗实录》卷五二九，光绪三十年四月辛酉。

海七旗，新土尔扈特二旗，霍硕特一旗，共计三部落十旗，暨昌吉斯台等西八卡伦，并布罗托海屯田，一并归阿尔泰管理，以专责成”[①]。光绪三十三年三月，清政府又决定，所有旧土尔扈特满蒙官兵，均归锡恒节制，以增加恰勒奇亥等处的边防。

清末新政期间地方治蒙机构的调整，还表现在原来属于蒙古王公管辖下的盟旗地方，设立府州县以后，改为清政府通过地方官进行管辖。这样，蒙古王公的旗地大为缩小，蒙古王公的行政权力也大大削弱。当然，这和移民实边垦区扩大、汉民增多有直接关系。清代前期，清政府在内蒙古设立了哲里木盟，辖10旗；卓索图盟，辖5旗；昭乌达盟，辖11旗；锡林郭勒盟，辖10旗；乌兰察布盟，辖6旗；伊克昭盟，辖7旗。总计6盟49旗。此外还有不设盟的察哈尔八旗等。从康熙朝到清末实行新政前，200多年的时间里，由于种种原因，汉民不断流入内蒙古地区，一些地方的盟旗管地逐渐被州县辖地所取代。据统计，到嘉庆年间，内蒙古长城沿边毗连汉地的地方已全部开垦，甚至山海关外的哲里木盟也出现了移民和垦地，清政府相继设置了1府1州11厅4县。后来，内蒙古地区的移民又有所增加，垦地面积也又有所扩大，到内蒙古地区实行新政前，清政府在内蒙古地区共设置了3府1州11厅8县。[②]

清末新政期间，内蒙古基层行政建置由盟旗而变为州县，最早是由内蒙古西部靠近山西的地方开始的。光绪二十八年初，山西巡抚岑春煊上奏，提出晋省边厅，治理较难，为了“辑和民俗，绥靖边隅”[③]，应当增设民官。同年十月，山西布政使赵尔巽上奏，也指出晋省边外各属，今昔情形变迁，察哈尔牧界议垦开荒，乌兰察布、伊克昭两盟牧界私租私垦日多，疆域日拓，事务日繁，非分设厅治，不能收长治久安之效。[④] 光绪二十九年四月，署山西巡抚吴廷斌上奏中，就“边外地广，民每不靖，非设官分治，无以为绥边弥患之谋，长治久安之计”的现实，提出了增设民官的更具体的意见。在这种情况下，晋边内蒙古地区的行政建置有所变化，太原府同知移

① 《谕折汇存·理藩部汇奏遵议科布多划疆分界折》，光绪三十二年十二月二十五日。

② 参见乌云格日勒《清末内蒙古的地方建置与筹划建省“实边”》，《中国边疆史地研究》1998年第1期。

③ 朱寿朋：《光绪朝东华录》第5册，总第4831页。

④ 参见朱寿朋《光绪朝东华录》第5册，总第4947～4949页。

驻二道河，名兴和厅抚民同知。汾州府同知移驻大佘太，名五原厅抚民同知。泽州府同知移驻翁滚城，名武川厅抚民同知。蒲州府同知移驻宁远厅，名宁远厅抚民同知。原有宁远厅抚民通判移驻科布尔，名陶林厅抚民通判。均属山西归绥道。[①] 在这些新的建置中，兴和厅、陶林厅管理察哈尔右翼垦地，处理旗民交涉案件。五原厅、武川厅管理乌兰察布盟垦地，以及伊克昭盟达拉特、杭锦等旗蒙民交涉案件。光绪二十九年夏，伊克昭盟有些旗地开始放垦，随着垦地和汉民日益增多，光绪三十三年，设立了东胜厅，治板素壕，也隶山西归绥道，管理当地垦务，兼理鄂尔多斯一些旗的蒙民交涉案件。

在内蒙古西部行政建置改变的同时，内蒙古东部的行政建置也发生了变化。光绪二十九年，热河都统锡良上奏：“热河幅员辽阔，亟宜添官分治，拟将朝阳县改设一府，该府治东添设一县，平泉州、建昌县适中之区添设一县，此新添两县及旧有之建昌县归新设知府管理。”于是，朝阳县改为府，府治就在原来的县治旧所。新设阜新县，县治在鄂尔土板，管辖东土默特等地。新设建平县，县治在新邱，位于敖汉旗和喀喇沁左旗之中。朝阳府管辖阜新、建平、建昌3县。这样，卓索图盟东部和昭乌达盟南部被开垦土地上的汉民，归府县管理；游牧的蒙民，归盟旗管理。[②] 光绪三十三年十二月，热河都统廷杰奏：“新开蒙旗各地方，亟应添设州县等缺。”鉴于垦务日辟，旗务日繁，蒙汉杂居，而赤峰一县兼辖翁牛特等9旗，内阿鲁科尔沁、东西扎鲁特以及巴林左右翼等旗，又皆散处于潢河以北，阜新县属小库伦一旗，毗连锦、义，距该县治400余里，鞭长莫及，于是，清政府决定，在阿鲁科尔沁、东西扎鲁特三旗地方添置一县，名开鲁县。在巴林左翼地方添置一县，名林西县。原有赤峰县升为州，兼辖新设两县。在小库伦所属库街地方建立一县，益之以奈曼一旗，名为绥东县，归朝阳府统辖。东土默特喀尔喀二旗，仍隶阜新县管理。[③]

哲里木盟境内，光绪二十八年，设辽源州，治郑家屯，管理科尔沁左翼中旗及左翼后旗部分垦地；设彰武县，治横道子，隶新民府，管理科尔

---

① 参见朱寿朋《光绪朝东华录》第5册，总5025~5026页。

② 参见《光绪谕折汇存》光绪二十九四月初十日。参阅乌云格日勒《清末内蒙古的地方建置与筹划建省“实边”》。

③ 参见朱寿朋《光绪朝东华录》第5册，总第5863页。

沁左翼前旗及土默特左翼旗部分垦地。光绪三十年，设洮南府，治双流镇，设靖安县，治白城子，设开通县，治七井子，设醴泉县，治醴泉镇，设镇东县，治南叉干挠，均归洮南府管辖，洮南府隶奉天将军，管理科尔沁右翼前旗、右翼中旗等的垦地。宣统元年，设洮昌道，治郑家屯，辖洮南、昌图两府，兼管蒙旗事务。光绪二十九年，设大赉厅，治莫勒红冈子，隶黑龙江将军，管辖扎赉特旗垦地。光绪三十一年，科尔沁右翼后旗南部设安广县，治解家窝铺，隶洮南府。光绪三十二年，设肇州厅、安达厅、法库厅、长岭县，治分别在肇州、安达、法库门、长岭子，管理郭尔罗斯后旗、杜尔伯特旗、科尔沁左翼前旗、郭尔罗斯前旗垦地，以及旗民交涉事件。其中，法库厅隶奉天府，长岭县隶长春府。宣统元年，设西南路道，管辖长春府及农安、长岭二县。宣统二年，设德惠县，治大房身，隶长春府，管理郭尔罗斯前旗部分垦区。

呼伦贝尔地区原属呼伦贝尔副都统管辖，这里开发较晚，直到光绪朝前期，仍然是“旗丁以游牧为生，不知耕作”，“汉民迁往者尚少”。[①] 沙俄在东北地区修筑铁路后，呼伦贝尔面临着被蚕食的危险。程德全、徐世昌多次上奏，提出“设法招徕，认真开垦”，“于辟荒之中，寓实边之意，立御外之规”，“边卫过于空虚，非增设民官，不足以言拓殖”。[②] 于是，光绪三十四年，清政府裁呼伦贝尔副都统，设呼伦兵备道，在呼伦贝尔城设呼伦直隶厅，又设胪滨府以及吉拉林设治局，管理境内各方面事务。

综上所述可知，清末新政期间，清政府总计在内蒙古地区设 3 道 2 府 10 厅 13 县，并改设 1 府 2 州。3 道是：洮昌分巡兵备道、西南路分巡兵备道、呼伦兵备道。2 府是：胪滨府、洮南府。10 厅是：兴和厅、五原厅、武川厅、宁远厅、陶林厅、东胜厅、大赉厅、肇州厅、安达厅、法库厅。13 县是：阜新县、建平县、开鲁县、林西县、绥东县、彰武县、靖安县、开通县、醴泉县、镇东县、安广县、长岭县、德惠县。改设 1 府是朝阳府。改设 2 州是赤峰州、辽源州。经过以上的设治，内蒙古地区的行政建置就由原来的盟旗制而逐渐改变为盟旗制和州县制并存。

① 程德全:《程将军（雪楼）守江奏稿》卷七，《统筹善后十四条折》。

② 程德全:《程将军（雪楼）守江奏稿》卷十，《拟照屯垦办法开辟地段折》《覆陈筹办江省善后情形折》；徐世昌:《退耕堂政书》卷十六，《江省添设道府厅县折》。

三　治蒙机构调整产生的影响

清末新政期间治蒙机构的调整，对内外蒙古地区新政的实施以及各方面的发展变化，产生了重要影响。首先，理藩院改为理藩部后，加强了和中央各机构的联系，加强了对蒙古地区情况的调查，推动了内外蒙古新政的开展。据统计，理藩部所属的各司处所，在光绪三十三年的一年中，就收到其他80余个中央机构来文1286件，以及盟旗、各路将军大臣、直省督抚等来文3129件①，反映了理藩部在蒙古地区新政过程中“考察藩情，整饬边务”② 中的作用。据《理藩部第一次统计表》中的“外扎萨克蒙古王公等额定爵职员数表”记载，科布多参赞大臣所属杜尔伯特、辉特、扎哈沁各旗，有札萨克汗、王公17员；科布多办事大臣所属土尔扈特、和硕特各旗，有札萨克王公3员。这反映了理藩部对蒙古王公的维系，对维护国家统一有着不可忽视的作用。为了更好地在蒙古地区推行新政，理藩部曾协调各方面力量多次调查内外蒙古的垦务、木植、牧场、野兽、皮毛骨角、铁路、矿产、渔业、盐务、兵制、学堂、台站、疆界、商务情况。外蒙古土谢图汗、车臣汗两盟，乌里雅苏台将军所属乌梁海地区，库伦大臣所属恰克图东西卡伦，呼伦贝尔地区所属各旗，均在宣统元年将调查事项开列报告到理藩部；科布多参赞大臣所属16旗，办事大臣所属新土尔扈特2旗，新和硕特1旗，调查虽属笼统，也均呈报到理藩部。据统计，光绪三十一年一至四月间，盛京地区博多勒噶台王旗设立蒙古学堂1所；科尔沁左翼三旗设立高初两等学堂各1所；喀喇沁王旗设立师范宣讲所1处；喀喇沁旗设立林业公司1处；喀喇沁塔布囊旗八里罕、热水梅伦窝铺等地方，发现有金、银、煤矿。自光绪三十一年至三十三年，蒙古地区开垦荒地总计8000余顷。③

其次，阿尔泰办事大臣的设立，对阿尔泰地区开展新政活动，以及防止沙俄的入侵，起了积极作用。阿尔泰办事大臣设置后，在光绪三十二年

---

① 参见《理藩部第一次统计表》上册，《各司处接收各处内文表》《各司处接收外文表》。

② 《大清宣统新法令·附理藩部奏筹备藩属宪政应办事宜分别急缓择要进行折》。

③ 参见《理藩部第一次统计表》上册，《各盟部创设学堂报部立案数目表》《蒙旗创设各项公司表》《蒙古各盟旗开办矿产报部立案数目表》《蒙古各盟部开办垦务数目表》。

二月，拟订了阿尔泰防守事宜9条办法，内容包括：修建哈剌通古城署等，酌定防守兵额，拟添枪炮各械，酌定局处领数，拟先兴办开垦，酌更驿递章程，调取挽运驼只，劝惩哈莎克头目，酌定蒙哈驻班。[①] 光绪三十三年十一月，根据阿尔泰山情形，锡恒又拟定了以下办法：添设局所，加给崇衔，招练马队，开垦荒地，创立公司，分设学堂，筹办电线，振兴工艺，由部派员交涉等。[②] 这些办法得到了清政府的认可。由此可见，阿尔泰办事大臣的设立，对推动这一地区新政的实施，起到了一定的作用。同时，还应看到，阿尔泰办事大臣设立后，立即在当地选择5处地方实行兵屯，并兴建了阿尔泰城[③]，这对于抵御沙俄的入侵，起到了一定作用，有力地维护了清政府在这一地区的主权。[④]

最后，内蒙古地区州县的设立，与清政府已经感觉到了边疆危机，试图通过移民实边、加强对蒙古地区的管理，以抵御外来势力的威胁有密切关系，这些措施对维护国家统一和领土完整有积极意义。关于移民实边、巩固边防、抵御外来侵略势力威胁这三者之间的内在联系，当时在许多人的奏疏中都有反映。前给事中左绍佐的奏折中就曾指出："臣观俄日未战之前，东北边防重于西北。俄日既和之后，西北边防更重于东北。今和议已成，边防益紧矣。臣以为欲备西北，必先经营西北之蒙旗。"[⑤] 内阁代奏中书章启槐也指出："外患日亟，请先整顿内外蒙古，以固疆圉。……倘使蒙古为俄人所有，则密迩强邻，其患不在边境，而在腹心矣。"[⑥] 看来，清末新政期间内蒙古地区州县设立的积极意义，应当给予充分的评估。

（《民族研究》2002年第5期）

---

① 参见《清德宗实录》卷五五五，光绪三十二年二月己酉。

② 参见《清德宗实录》卷五八三，光绪三十三年十一月丙午。

③ 参见《宣统政纪》卷三十一，宣统二年二月癸未；卷六十七，宣统二年十一月癸酉。

④ 参见朱启钤编《东三省蒙务公牍汇编》卷五，《科布多办事大臣锡恒奏遵旨覆陈阿尔泰情形及筹措办法折》。

⑤ 朱启钤编《东三省蒙务公牍汇编》卷五，《前给事中左绍佐奏西北边备重要拟请设立行省折》。

⑥ 朱启钤编《东三省蒙务公牍汇编》卷五，《内阁代奏中书章启槐请整顿内外蒙古折》。

蒙藏事务局与民国初年的边疆治理论析

孙宏年

蒙藏事务局是民国初年主管边疆地区事务的中央机构，1912 年 7 月成立，1914 年 5 月改组为蒙藏院，这期间它在边疆治理方面发挥了独特的作用。对于这一机构及其作用，学术界长期没有给予足够的重视，近十多年来有关的研究取得一定进展，其中张羽新先生的《蒙藏事务局及其对藏政的管理》就对此作了较为深入的研究。[①] 但目前的研究仍显不足，不仅相应的档案未得到充分重视，对该局机构、作用等的探讨也有待深入，而且相关论述中存在着明显错误，如某辞书在介绍“贡桑诺尔布”时，称他在“1914 年被袁世凯调至北京任蒙藏事务局总裁”[②]，就与史实不符。本文拟以《政府公报》等档案为依据，对蒙藏事务局及其在边疆治理中的作用试作论述和分析，希望抛砖引玉，不当之处恳请方家指正。

一

武昌起义爆发后，湖南、陕西等省先后响应，清王朝土崩瓦解。1912 年 1 月 1 日，孙中山就任临时大总统，中华民国临时政府在南京宣告成立。

---

① 1949 年前有关论著曾作介绍，如马福祥在《蒙藏状况》中提及蒙藏事务局，并对该局及其后的蒙藏院有所评价。近十多年来，一些辞书作了简介，如陈旭麓、李华兴先生主编《中华民国史辞典》（上海人民出版社，1991）中有“国务院蒙藏事务局”“贡桑诺尔布”；相关论著也做了研究，如赵云田先生所著《中国治边机构史》（中国藏学出版社，2002）对该局也有简介。张羽新先生文在 2001 年北京藏学讨论会上提交，后发表于《中国藏学》2003 年第 1、3 期。

② 《中华民国史辞典》，第 223 页。

同年4月，由于国内政治力量的斗争和妥协，临时政府迁都北京，袁世凯就任临时大总统。政权更替之时，正值边疆多事之秋，英、俄、日等国乘机侵略我国，尤其是俄、英利用混乱局势，干涉中国内政，企图把外蒙古、西藏从中国分裂出去，使边疆危机不断升级。

面对边疆地区的危急形势，中华民国新生的中央政府就宣布了边疆治理的根本原则。孙中山就任临时大总统时庄严宣告："合汉、满、蒙、回、藏诸地为一国，则合汉、满、蒙、回、藏诸族为一人，是曰民族之统一"；武昌起义后各省的"独立"，"对于清廷为脱离，对于各省为联合，蒙古、西藏意亦如此。行动既一，决无歧趋……是曰领土之统一"。① 1912年3月，具有宪法性质的《中华民国临时约法》颁布，明确规定中华民国领土"为二十二行省、内外蒙古、西藏、青海"；人民"一律平等，无种族、阶级、宗教之区别"；参议院的参议员"每行省、内蒙古、外蒙古、西藏各选派五人，青海一人"。② 上述宣言和约法表明，中华民国是统一多民族国家，蒙、回、藏等少数民族地区是中国领土不可分割的一部分；西藏、内外蒙古、青海不同于22个行省，是国家主权管辖下的特殊区域。

临时政府迁都北京后，民国政府虽忙于接收清王朝各衙门，组建新的中央机构，如何管理边疆地区的问题也被提上日程。4月中旬，袁世凯让内务部接收清王朝理藩部，因该部"案册多半关系蒙藏，刻下蒙藏待治甚急"，准备"将接收该部及将来整理蒙藏事宜"都交给内务部，内务部"设置一司"专门管理。内务总长赵秉钧则认为"接收旧部与治理蒙藏"是两个问题，同意暂时接收理藩部，而"将来治理蒙藏，应请专设机关"，可以"命名为边事局，直归内阁管辖，以昭郑重"。民国政府就此指出"内阁事务过繁，不暇兼理"，仍决定"将理藩部一切应办事宜归并内务部办理，"待将来或须设立边务专局"，又考虑到蒙藏事务"非得熟悉边事情形者难以胜任"，便任命前理藩部官员荣勋出任内务次长，并准许必要时"酌调理藩部旧人若干员襄办一切"。③

1912年4月22日，袁世凯发布临时大总统令，重申"五族共和"原则，指出"凡蒙、藏、回疆等各地方，同为我中华民国领土"，蒙、藏、回

① 《孙总统宣言书》，《东方杂志》第8卷第10号。

② 《中华民国临时约》，《东方杂志》第8卷第10号。

③ 《治理蒙藏之预备》《藩部归并内部之手续》，《申报》1912年4月15、18日。

等少数民族“同为我中华民国国民”，不能“如帝政时代再有藩属名称”。他同时宣布，对于“蒙、藏、回疆”地区，中央政府将“统筹规画，以谋内政之统一，而冀民族之大同”；视这些地区“与内地各省平等，将来各该地方一切政治，俱属内务行政范围”，也不再像清政府一样设理藩部管理这些地区的事务，原理藩院（部）的事务“归并内务部接管，其隶于各部之事，仍归划各部管理”；“在地方制度未经划一规定以前”，这些地区“应办事宜，均各仍照向例办”。① 这就明确表示“蒙、藏、回疆”与“内地各省平等”，又对如何治理这些地区做出规定，即以内政统一、民族大同为指导，清理藩部所辖的事务由内务部接管，原属其他部门的事务仍由各部管理。

内务部接管蒙藏事务后，设立蒙藏事务处，直接主管蒙藏事务。1912年5月，许多相关文件中就多次出现“蒙藏事务处”的称谓，如5月8日出版的第8号《政府公报》“呈文”中就有“内务部呈请以北塔副达喇嘛福珠隆阿等补授北塔达喇嘛等文”，内称“为呈请事：蒙藏事务处案呈准……”13日出版的第13号《政府公报》“咨文”中有“内务部咨国务院张家口管站部员委印祥署理崇恕匆庸来口接替文”，内称“为咨呈事：准蒙藏事务处案呈……”。但在当时，蒙藏地区形势严峻，蒙藏事务极为繁重，又因内务部“职掌本繁”，所以内务部在5月就要求再增设一名次长，专管蒙藏事务。为此，临时大总统将设次长一事提交参议院，经过多次讨论，最后决定成立蒙藏事务局。这一过程历时两个多月，大致可分为三个阶段，即5月由参议院讨论内务部增设次长问题发展为决定设立蒙藏事务局，6、7月间为蒙藏事务局官制审查、确定和宣告该局成立阶段，7月30日以后该局开始组建、正式办公。

（一）从内务部要求增设次长到决定成立蒙藏事务局

1912年5月4日，参议院召开一读会，讨论“大总统咨请将官制通则内务部加次长一人案”。议员们对这一要求进行多次质问，表现出明显的怀疑和反对倾向。秘书长诵读咨文后，即有议员质问：为何“内务部加次长一人即足以辅佐，不加即不足以辅佐”。政府特派员章宗祥说明理由：“内

---

① 《中国大事记（四月二十二日）》，《东方杂志》第8卷第12号。

务部现将蒙回藏事宜归并本部总理，一时尚不能分配各部与各行省一律，况该部事务本甚繁颐，诚恐次长一人不敷辅佐，故再增加一人。”接着，议员们纷纷提出质疑，有的表示“即使事务繁颐，而在前清时代亦只有一次大臣”，为何当时“足资辅佐，此时反嫌不足”？有的质问：“因蒙回藏事繁而增加次长，则试问该部办事人系次长办耶，抑其下属之官办耶？”还有的提出：“内务部既可增加，他部亦可援例”，如因“蒙藏事务繁多”，可以“增设科长、科员”而不必增加次长。章宗祥为此解释：“办事本在科长、科员，次长不过居于监督地位；次长辅助总长，而现在之次长不能兼办蒙回藏事务，故另设次长。”

讨论过程中，议员们注意到蒙藏地区的特殊性，转向考虑如何才能管理好这些地区。有议员认为：“如必须将蒙回藏事务极端主张发达，则须另设边务部、边务局特别机关，亦非仅增设一内务次长即可以完事。”又有议员建议：“既因蒙藏事务繁多，又何以不特设机关而增加次长？况次长不过任监督之责，不能事事躬行，若因特别机关有背五族平等之义，则国家事务原以国利民福为前提，不能毫无畛域之分划，譬如英之爱尔兰、日本之北海道，其治法皆不能与本部同等，亦事实上不得不然之势。”这样，设立专门机构管理蒙藏事务，逐渐成为议员们的共识，最后决定交由法制院“审查员综集各种理由”提交报告书。①

根据5月4日讨论的情况，法制院审查会向参议院提交了《大总统交议修改官制通则案审查报告》，内称：“行政组织最贵划一，各部官制通则‘每部各设次长一人’内务部未便独异，且拟增之次长是否专理蒙藏事务？来咨并未指明。是两次长权限性质相同，殊为复赘，无须增设；若系专司蒙藏，则与次长辅佐总长处理部务性质不符。”接着，指出：“若蒙藏事务须极力经营，亦非仅增次长一人所可期其发达。兹经公决，内务部无须增设次长一人，仍照官制通则办理，惟蒙藏事务重要，应特设蒙藏事务局，直隶于国务总理，以重事权而专责成。如经院议可决，应咨请大总统速将蒙藏事务局官制案提交本院议决。”②

5月8日，参议院召开二读会，讨论《大总统交议修改官制通则案审查

---

① 《政府公报》第10号，第9～11页。本文所引《政府公报》（以下简称《公报》）均为民国政府印铸局编印，中国第二历史档案馆整理编辑，上海书店，1988年影印版。

② 《公报》第7号，第11页。

报告》。法制院审查长首先报告情况，指出边疆形势严峻，蒙藏事务“应积极主张”，《临时约法》“又规定五族人民平等，实则蒙藏之文化上、经济上、教育上均不能遽与内地同等，必施以积极之政策，以发展蒙藏之事务”，而后才能“为蒙藏同胞谋幸福，以达到五族人民平等之目的”，因而决定另设特别机关管理蒙藏事务，“其机关名为蒙藏事务局，直隶于国务总理”。还强调这样做“并非于蒙藏有特别之待遇，实因注重蒙藏事务之发展不得不然”。议员们对此报告反应不一，仍有分歧，有人仍主张内务部设立次长，有人建议设立“蒙藏部”，有人对蒙藏事务局是否隶属于国务院存有疑问，有人还建议蒙藏地区“速设行省以期划一”。最后，经过两次表决，多数赞成“内务部无须增设次长一人”，新设“蒙藏事务局隶属国务总理”。

5 月 10 日，参议院《大总统交议修改官制通则案审查报告》进行三读，对 8 日的报告进行文字修改。当时，个别议员仍认为“刻下五大民族统一，不宜将蒙藏事务特别分开”，主张“将教育、外交等事划分各部办理似稍妥当”。虽然他提出的“将蒙藏事务特别分开”有违于“五大民族统一”有一定道理，但是大多数议员认为这是对原案做“根本上之更改”，在表决时仍支持设立蒙藏事务局。[①] 至此，众议院正式批准设立蒙藏事务局，作为直属于国务总理的专门机构管理蒙藏事务。

同一时期，民间也有人建议设立专门机构管理蒙藏事务。1912 年初，殖边学团请愿设立蒙藏经理局。5 月 17 日参议院讨论这一请愿书时，有议员指出，这一问题已在“大总统交议内务部官制案内详加讨论”，不同的只是一个要求设蒙藏事务局隶属于国务院，一个要求“设立专司，并先设一蒙藏经理总局”。参议员们多数认为既已批准设立蒙藏事务局，不必再讨论。[②] 尽管这一动议被搁置，但它与参议院内的呼声遥相呼应，表明当时形势下已形成设立中央专门机构以加强蒙藏地区治理的共识。

（二）蒙藏事务局职官制度的确定

1912 年 6、7 月间，临时大总统向参议院提交《蒙藏事务局官制》（拟稿），经过 6 月 20 日的一读、7 月 15 日的二读和 17 日的继续二读等多次审查和修改，最终获得通过。在多次讨论中，参议员们除要求修改个别文字

① 《公报》第 12 号，第 15 ~ 23 页；第 14 号，第 9 ~ 10 页。

② 《公报》第 21 号，第 16 ~ 17 页。

外，还对该局职官名称、人数提出意见，如原稿中拟定该局长官定为“局长”“副长”各一人，议员们认为“局长”名称“似乎于体制上不大郑重”，应改为“总裁”，“副长”改为“副总裁”；对该局参事、佥事、主事的设置和编制也做了调整。参议员们的意见也有不合理之处，如有人建议取消原稿中拟设的“执事官”和“蒙藏研究会”，但有关部门驳回了这些建议，指出“蒙藏事务所以难办者总在于语言不通，不能不用执事官以传达语言”；“蒙藏事务此刻甚为重要，所有事务非研究、非调查不可，故研究会万不能不设”。①

7月25日，临时大总统公布《蒙藏事务局官制》，主要内容为：（1）蒙藏事务局直隶于国务总理，管理蒙藏事务，所设职官有总裁、副总裁各1人，均为简任官；参事2人、秘书2人、佥事8人，均为荐任官；主事12人、执事官4人，均为委任官。（2）各职官的职责为：总裁“综理局务，监督所属职员”，副总裁“辅助总裁整理局务”，参事“承总裁之命掌拟订及审议法律命令案事务”，秘书“承总裁之命掌机要事务”，佥事“承总裁之命分掌局务”，主事“承长官之命辅佐佥事分掌局务及翻译事务”，执事官“承长官之命掌接待及传译语言事务”。（3）该局“得商承国务总理酌设顾问，作为名誉职”，并“附设蒙藏研究会，掌研究调查蒙藏一切事宜，其组织法另定之”。

该《官制》还规定“本制自公布日施行”，表明设立蒙藏事务局的法律程序已经最后完成，该局已于7月25日宣布成立。② 该局成立后，办公地点最初设在东单牌楼苏州胡同中间路南，11月18日由苏州胡同迁入八棵槐前理藩部旧署办公。③

（三）蒙藏事务局的组建与运作

1912年7月29日，民国政府任命姚锡光“为蒙藏事务局副总裁，并暂兼署总裁”。8月5日，姚锡光到局办公，内务部派员移交。8月7日，内务部发布通告，“蒙藏事务业经划归国务院，所有关于蒙藏文件希径投苏州胡

---

① 《公报》第51号，第13~16页；第63号，第7页；第73号，第15页；第94号，第21~24页。

② 《蒙藏事务局官制》，《公报》第86号法律。

③ 《公报》第99号，第19页；第200号，第27页。

同蒙藏事务局，本部概不接收”。同日，蒙藏事务局发出通告，“本局暂设东单牌楼苏州胡同中间路南为办公处，所有京内外公文函件迳送本局为祷”。至此，内务部与蒙藏事务局的业务交接已基本完成，蒙藏事务局正式运作。到9月4日，该局又从国务院领到汉、蒙、藏三种文字的新印，9月5日正式启用。[①] 印文采用汉、蒙、藏三种文字，表明了该局作为管理蒙藏事务中央机构的特殊性。

该局成立后，民国政府陆续任命了相关官员。副总裁姚锡光从7月底起“暂兼署总裁”，9月9日才任命贡桑诺尔布为总裁，16日到任。[②] 在此之前，因总裁迟迟未见任命，蒙藏交通公司等团体前后三次呈请中央，要求任命姚氏为总裁。民国政府认为这是民间干预政府官员任免，但又因“人民意见本准陈达以备采察”，故前两次未加指责。8月中旬，针对第三次呈请，国务院指出“任命官吏为大总统职权，载在约法。各该团体不应任意干请”，并斥责各团体“原为增进智识共谋公益而设，倘辄干涉政治，殊属昧于大体”，且“亦非所以爱姚君”。[③] 这些团体是受姚氏暗示而呈请，或系自发而为，现因资料缺乏尚不可知，但此事客观上影响了姚氏的仕途。10月28日，民国政府任命荣勋署该局副总裁，姚锡光为口北宣抚使[④]，事实上是以外出“宣抚”之名将姚氏调离该局。1913年9月14日，姚锡光又被免去副总裁之职，荣勋被任命为该局副总裁。[⑤] 1914年5月以前，贡桑诺尔布和荣勋一直担任正、副总裁。

1912年8、9月间，该局陆续任命了一批官吏，开始了正常的运转。1912年8月15日，经姚锡光呈请，国务院任命该局的第一批职员：陈毅、刘昌言为参事，罗迪楚、马为珑为秘书，何宾笙、刘正雅、范其光、黄恭辅、张仁寿为佥事。9月3日，又任命马吉符、任承沆、祥桂为佥事。[⑥] 在该局存在的近两年内，这些职员发生过一些变动。如1912年底，文斌被任命为秘书；1914年1月15日秘书罗迪楚被“准予开缺”，2月17日李诜又

① 《公报》第91号，第1页；第99号，第19页；第107号，第5页；第131号，第16页。

② 《临时大总统令》，《公报》第133号。

③ 《公报》第107号，第3页。

④ 《临时大总统令》，《公报》第181号。

⑤ 《临时大总统令》，《公报》第491号。

⑥ 《临时大总统令》，《公报》第108、127号。

被任命为秘书；2月9日参事刘昌言辞职，同时文斌被任命为参事。①

1914年5月前蒙藏事务局职官情况，可参见表1。

表1 1914年5月前蒙藏事务局职官情况

职官	人员及任命或聘请时间	级别
总裁	姚锡光（1912年7月29日至9月8日，副总裁暂兼署总裁），贡桑诺尔布（1912年9月9日，任）	简任，一等
副总裁	姚锡光（1912年7月29日，任；1913年9月14日，免），荣勋（1912年10月28日，署；1913年9月14日，任）	简任，二等
参事	陈毅（1912年8月15日，任）文斌（1914年2月9日，任），刘昌言（1912年8月15日，任；1914年2月9日，辞）	荐任，三、四等
秘书	罗迪楚（1912年8月15日，任；1914年1月15日，辞），文斌（1912年12月31日，任），马为珑（1912年8月15日，任），李诜（1914年2月17日，任）	荐任，四、五等
佥事	何宾笙、刘正雅、范其光、黄恭辅、张仁寿（1912年8月15日任），马吉符、任承沆、祥桂（1912年9月3日，任）	荐任，四、五等
主事	王锡恩、汪海清，其他不详	委任，六至九等
执事	不详	委任，六、七等

资料来源：《政府公报》第107、108、127、133、158、169、181、250、239、491、633、640号。

1912年秋，经与国务院协商，该局还陆续聘请了19名顾问，分别为8月17日聘请的熙凌阿、鄂多台、沈钧、存瑞；8月30日聘请的马良、达寿、三多、吴廷燮、张国淦、徐敬熙、邵从恩、周正朝、陆兴祺；9月6日聘请的黄仕福、张秀奎、黄国士；9月15日聘请的温宗尧、萧剑秋、钱应清。该局对此极为重视，表示“本局办理蒙藏一切事宜，关系綦重，亟应延请熟悉蒙藏情形者聘为本局顾问，以便随时咨询”，这些人士“洞悉边情，富有经验”，所以在“边疆多故”之时特聘为顾问，希望他们“眷怀时局”“筹划为劳”“随时赐教”，以其“硕学通才宏济艰巨”。②

① 《临时大总统令》，《公报》第250、239号；《大总统令》，《公报》第633、640号。

② 《公报》第158号，第5页。

该局设有总务处和民治、边卫、劝业、封赉、宗教五科，总务处则设有机要、文牍、会计、庶务四课和承值所[1]；还附设蒙藏研究会，出版蒙、藏、回各族文字的《白话报》等报刊。喇嘛印务处在1912年底也成为该局主管的专职机构。喇嘛印务处主管藏传佛教事务，就笔者所见档案，直至1912年8月底该处仍由内务部主管，如1912年9月1日的《政府公报》第124号中仍有《内务部呈大总统据喇嘛印务处请补喇嘛各缺分别开单请批示遵行文并批（附清单）》。这以后该处便将相关事务上报蒙藏事务局，由该局呈报国务院或临时大总统，如《政府公报》中有一份同年9月的公文，称该局“准喇嘛印务处报称雍和宫内庙内走失班第遗缺”，请喀尔喀札萨克图汗部落盟长通知各旗“拣选俊秀班第”，送局“报到候验”。[2]

二

蒙藏事务局成立之时，正值边疆形势危急时期，特别是外蒙古的“独立”使北部边疆形势严峻，而西藏和川滇边区一度处于混乱状态。蒙藏事务局为稳定边疆形势、维护国家统一，在边疆调查宣慰、舆论宣传、联系边疆政教上层人士等方面做了大量工作。

（一）组织边事调查，派员赴边陲宣慰，并转达民间建议，为中央决策提供信息

蒙藏事务局建立之初，面对边疆地区的严峻形势，组织了大规模的边疆调查，先后派人前往内蒙古、甘、新、青、滇、藏，他们通常具有双重任务，一是搜集情报，为政府决策提供信息；二是慰问边胞，稳定边陲。当时，除了该局公派人员的调查外，也有一些关心、研究边事的民间团体和一些爱国人士，都希望能前往边陲进行调查，有的甚至表示要自费前往。蒙藏事务局对他们也给予了支持，委派他们为调查员，并通知沿途地方政府予以保护。

对于北部边陲，该局颇为重视，除副总裁姚锡光到“口北宣抚”外，1912年9月派佥事范其光“前赴绥张一带调查路线，兼查现在蒙古情形”；

① 国务院蒙藏事务局，前引《中华民国史辞典》，第320～321页。

② 《公报》第161号，第8页。

又委任金云仑、郭自修等为甘、新两省调查员，前往甘肃、新疆地区“调查一切”，并“分赴各郡县地方宣慰”，又派张万涛随同前往，“沿途实地测量绘具图说，随时一并详报到局”。10、11 月，又派叶大匡、钟岱文等前往内蒙古的伊克昭盟、哲里木盟等盟旗调查、慰问。筹边高等学校毕业生孟广塾 11 月要求到哲里木盟调查，该局称赞他“不畏艰险，立志尤堪嘉尚”，批准他自费前往。①

对于西藏、川边地区，蒙藏事务局则多次派员前往，并积极支持自费前往调查。1912 年 9 月，该局任命藏事研究所代表萧剑秋为藏事总调查员，委任前骑兵二十二团团长李庭良为滇藏一带总调查员。萧剑秋表示“愿自备资斧”，到四川“深入土司境地调查一切”，“于山川形势测绘成图”，并且“节节调查，随地演说”，“宣布大总统德意，俾共晓然于五族共和、国民平等之义”。由于他“游历卫藏有年，边情最称稔习，且家学渊源，于测算专门得有衣钵”，蒙藏事务局派他为藏事总调查员，“即率同志诸人随宜前进，切实调查”。李庭良“素娴军事，且籍隶滇西，谙悉边计”，该局又派他“率同志前赴滇藏边境一带调查一切”。10 月，该局又任命筹边高等学校毕业生周文藻、符时焱为西藏调查员，“前赴藏边一带实地调查”，并请四川都督、川边镇抚使“转饬沿途地方官及行营关卡等妥切照料”。11 月，因“川滇边藏一带渐归安谧”，而后藏自“军兴以来，音使梗塞”，又要求符时焱“随宜前进，并深入后藏一带悉心体察，切实调查”。②

对于自费前往边疆调查的民间团体和人士，蒙藏事务局在可能的情况下也给予一定的经费资助，该局为藏卫团的调查经费问题与财政部交涉一事即为例证。1912 年 9 月，李新琪等呈请国务院，称“藏文预备班诸人拟分途进藏，请照会陆军、财政两部发给路费”。10 月，国务院让蒙藏事务局“酌核办理”。该局为此致函财政部，指出李新琪等组织藏文预备班，“不惜万里长征，履危蹈险，为藏卫作图存之计，良堪嘉尚”。他们自发起以来“开办经费暨派员到藏调查”前后共垫付 5000 多元，但仍准备与“练藏语者分途进藏，改装异服侦探其内幕，开导其利害，联络其感情”。因此，蒙

① 《公报》第 145 号，第 6～8 页；第 158 号，第 4～5 页；第 160 号，第 14 页；第 193 号，第 18 页；第 195 号，第 21 页。

② 《公报》第 145 号，第 6 页；第 170 号，第 20 页；第 179 号，第 8 页；第 198 号，第 17 页。

藏事务局希望财政部予以支持。①

这些调查获得了一些信息，在边疆地方也产生了较好的反响。如金云仑等在甘肃多次发表演说，传播“五族共和”观念和“结内团以御外侮，革旧政而换新猷”思想，受到各界欢迎。蒙藏事务局为此要求民国政府表彰其中的人员，如李庭良被任命为调查员后，就与杨柏林、李文光前往川滇边区和西藏东部分头调查，杨柏林赴巴塘一带调查，李文光则“前往波门杂夷一带”。这些地方山高路远，他们“颇费苦心”，在“调查完竣后回京销差”。该局认为杨柏林、李文光“热心边事，不受薪金”，奔走数月，应发给奖章加以表彰。1913 年 7 月，经大总统批准，他们二人被授予二等银色奖章。②

在派员调查的同时，蒙藏事务局也注意通过民间团体和人士搜集边疆地区的情报，向中央转呈他们的治边建议，为中央决策提供信息。如李新琪、王锡恩等人发起成立藏卫团，以李新琪、廖瞻为正、副团长。1912 年 8 月，川、鄂、云、贵四省爱国人士要求在武昌设立一个“藏事研究所”，“专以研究藏事为宗旨”。作为主管部门，蒙藏事务局对他们给予了相应的支持，对其建议也很重视，把合理部分上报中央，并给予反馈意见。这年 7 月，李新琪向大总统呈递条陈，主张“以联络开导为主，以兵力征剿为辅”，并建议“以言语联络感情”，即主张通过“开导联络”争取人心；将清末“改土归流”的土司委任官职，照旧承袭；保护藏传佛教，争取僧人；进军西藏。他认为，军队控制西藏后“建省改藩、屯田取矿，经商兴学，邮电铁政”等就可“以次施行”。随后，廖瞻又提出了“向英公使严重交涉”、联络“达赖左右人物”、让九世班禅调解达赖与中央关系等 12 条建议，蒙藏事务局对此进行了回复，肯定了可行的部分，对其中无法实施的部分予以解释，比如“班禅素与达赖不和，请其调和”恐难实现。③

（二）建议民国政府加封、褒奖蒙藏地区政教上层人士，恢复、加强中央政府与蒙藏地方的联系

鉴于边疆形势严峻，王公贵族和达赖、班禅、章嘉等政教上层在蒙藏

① 《公报》第 180 号，第 4 页。

② 《公报》第 255 号，第 12～13 页；第 433 号，第 19 页。

③ 《民元藏事电稿》，第 17～19、21～24、30～31 页。

地区又有很大影响，蒙藏事务局成立后即建议中央政府，加封、褒奖边疆地区拥护共和的上层人士。这一时期，民国政府接受这一建议，对边疆地区拥护共和的上层人士一再表彰，如 1913 年 5 月，民国政府表彰拉卜楞寺的嘉木祥呼图克图“首赞共和、深明大义”，加封“静觉妙严”名号；12 月，根据蒙藏事务局的报告，民国政府又表彰阿拉善旗“诩赞共和、维护秩序”的大批王公、官员、喇嘛，包括拥有镇国头衔的台吉旺塔阿拉布坦“晋封镇国公并加贝子衔”，额尔德尼堪布班第达呼毕勒汗丹僧甲木素“加呼图克图衔”等，连文案委员仁懋等人都授予九等嘉禾章。①

对于西藏，恢复中央政府与西藏地方关系已成为当务之急，由于清末十三世达赖被革除名号、流亡印度，所以蒙藏事务局建议中央恢复其名号，并提出联络班禅的主张。1912 年 9 月，该局向临时大总统递呈建议，指出十三世达赖是“蒙藏人民素所崇拜”的黄教领袖，1910 年因“川兵入藏”逃亡印度，又因名号被革除与清政府矛盾激化。现在西藏形势危急，如果不对他“特加优待”，难以安定蒙藏地区人心，建议民国政府恢复达赖名号，并由民国另加封号，在上年“所加每岁廪金”的基础上“酌加廪金，以示优异”；对其在印度的随从官员也“一律开复原官，借以解散党羽，消除梗阻”。该局还认为班禅与达赖并重，“应一律优待”，也请加给封号，并依照达赖之例每岁发给相应廪金。②

此时，达赖等也希望与中央政府取得联系，得知蒙藏事务局成立后，他主动给贡桑诺尔布写信，并派代表持信前往北京联系，信中称过去被清廷革去名号，暂居印度，1911 年以来西藏变乱不止，他“意欲维持佛教”，希望恢复名号，表明了恢复西藏地方与中央联系的积极意向。中央政府很快做出反应，10 月 28 日袁世凯为此颁布命令，恢复十三世达赖“诚顺赞化西天大善自在佛”的名号，希望他“维持黄教，赞诩民国，同我太平”。③作为蒙藏事务的主管部门，蒙藏事务局奉此命令后，即以汉藏合璧的文书，通知十三世达赖。而后，民国政府又派马吉符、姚宝为册封专使，经印度

---

① 《公报》第 379 号，第 5 页；第 582 号，第 1 ~ 2 页。

② 中国第二历史档案馆（以下简称“二史馆”）藏蒙藏院档案：《元以来西藏地方与中央政府关系档案史料汇编》（以下简称《汇编》），中国藏学出版社，1994，第 2353 页。

③ 二史馆藏蒙藏院档案：《汇编》，第 2354 ~ 2355 页。

前往西藏，但因英国不准他们通过，未能入藏。① 尽管如此，民国政府与达赖已恢复联系，此后又继续与达赖方面保持联系。

根据该局的建议，民国政府也加紧与九世班禅联系。1912 年 12 月，民国政府让杨芬致函九世班禅，通报内地情况，表示新成立的中央政府实行“五族共和”、“平等平权”、信教自由政策，希望九世班禅将有关“利国福民及一切改良政见，尽可呈报北京政府”。1913 年 3 月，九世班禅致电中央，表示自己“久仰中朝，实沾德惠”，藏乱期间“凡在我属汉边军民等，无不力加保护，借饷筹食，无微不至”，并表达“倾心内向”的强烈意向。民国政府很快回电表彰其“效忠民国，维持戢事，援助军民”。4 月 1 日，袁世凯又发布命令，加封班禅“致忠阐化”名号，表彰其“实赞共和，效忠民国，维持藏事”。②

1912 年 9 月至 1914 年 4 月间，《政府公报》显示，民国政府先后表彰、嘉奖、加封的边疆地区上层人士 401 名，另有对哲里木盟等三地王公的集体嘉奖（人数不详），其地域涉及东北三省、内蒙古、新疆、甘肃、青海和西藏等地区。其中，除 63 名为各地方长官呈报的外，其余 338 名及三处集体嘉奖都是根据蒙藏事务局呈报表彰的，内含喇嘛教活佛、僧官等 118 位，蒙、回、藏等少数民族王公、官员 220 人。在边疆地区极不稳定，帝国主义及其扶植的分裂势力正加紧活动的形势下，民国政府对边疆地区上层人士的表彰、加封有利于安定边疆地区的人心，同时也加强了中央政府与边疆地区上层爱国力量的联系，遏制了分裂势力的活动，有利于维护国家统一。

（三）组织、监督蒙藏地区的第一届国会议员选举

根据《中华民国临时约法》，中华民国参议院的参议员为各行省、内外蒙古、西藏各选派 5 人，青海 1 人，其选派方法“由各地方自定之”。国会是当时资产阶级民主制度的重要体现，是保证国民参与国家决策、管理的重要机关，《中华民国临时约法》专门为蒙藏、青海地区规定相应名额，是从法律上保障蒙、藏各族人民参与国家管理的权利。为组织中华民国第一届国会，1912 年 5 ~ 12 月参议院陆续制定、公布《中华民国国会组织法》《参议院议员选举法》《众议院议员选举法》《筹备国会事务局官制》《众议

① 二史馆藏蒙藏院档案：《汇编》，第 2355 ~ 2356 页。

② 二史馆藏蒙藏院档案：《汇编》，第 2362 ~ 2373 页。

院议员选举日期令》《众议院议员选举筹备日期令》《参议院议员选举法实施细则》等相关法律。

根据规定，中华民国议会由参议院、众议院构成。参议院议员的名额为每省各10名，蒙古27名，西藏10名，青海3名，中央学会8名，华侨6名。众议院议员的名额为吉林、贵州等省按人口比例10～46名不等，蒙古27名，西藏10名，青海3名。对于两院议员的选举，由于蒙藏、青海地方的特殊性，不再像内地一样限制"僧道及其他宗教师"参加众议员的选举。其中，蒙古地区根据盟、部划分为14个选区，科布多及旧土尔扈特选出众议员、参议员各3名，哲里木、伊克昭等盟和车臣汗部各有众议员、参议员2名，阿拉善、额济纳则有众议员、参议员各1名。对于"蒙古王公世爵世职之住居京师者"，12月8日宣布可由蒙藏事务局就近组织众议员选举。西藏的参议员、众议员都分前、后藏两个选区，各有5名。"西藏选举会"负责参议员的选举，由达赖、班禅会同驻藏办事长官"遴选相当人员分别于拉萨及扎什伦布组织之"，选举监督由驻藏办事长官担任，也可"委托相当之官吏代理"，选举时间及场所由选举监督确定。至于众议员的选举，也由西藏的行政长官即驻藏办事长官担任选举监督。为组织国会的选举、召开，民国政府又成立了筹备国会事务局，该局设委员长一名、委员数名，内务部、法制局和蒙藏事务局派出参事作为该局的委员。①

蒙古地区及在北京蒙古族人士的选举进行得相对顺利，阿穆尔圭灵、金永昌、荣厚、布尔格特等当选为参议员，富勒浑、金还、奇米子、拉什等当选为众议员。但是，由于西藏地方动荡不安，1913年春仍未进行选举，这令包括西藏爱国上层人士在内的各界人士都颇为担忧，西藏代表罗布桑车珠尔、藏民珠赤等为此呈请大总统，要求尽快在北京举行西藏议员选举。他们在呈文中指出国会即将召开，"议席不列藏人，殊乖五族共和之义"，今"西藏秩序未复，又难克期举办选举"，但在京西藏籍人士符合选举条件者不乏其人，"即在京办理西藏议员选举，按之事理，实无不合"，因此要求"即日在京举办西藏选举"，以便国会召开时"西藏议员亦得列席其间、躬逢其盛，伸五族人民均无遗憾，当不仅藏人之幸也"。民国政府对此建议颇为重视，4月1日要求筹备国会事务局"迅速核办"。②

---

① 《公报》第103号，第1～2、5～30页。

② 《公报》第325号，第23页。

民国政府决定对西藏地区国会议员选举采用变通办法，4 月 10 日公布了专门制定的《第一届国会西藏议员选举法》，决定西藏第一届众议院、参议院议员“选举得于政府所在地行之”，由蒙藏事务局总裁监督选举，并制定有关选举细则。[①] 12 日，又发布《修正西藏第一届国会议员选举日期令》，规定参议院议员的选举日期待“选举会于政府所在地组织完毕后报由内务总长核定”再由选举监督通告给筹办西藏选举事务所“宣示公众”，众议院议员的选举日期待“选举资格于政府所在地调查完毕”后参照参议院议员的情况处理。接着，贡桑诺尔布发布通告，宣布筹办西藏选举事务所依法在京设立，制定、公布《西藏第一届参议院、众议院议员选举法施行细则》，表示本届西藏议员选举将根据有关法令进行，选举事宜由选举监督“临时设筹办选举事务所组织之”；此次选举前的调查“以西藏人在京之西藏同乡会为机关”，由它“确实审查填送表册”；因时间紧迫，“如遇有碍难依据法定办理时，由监督随时商明内务部核办”。[②]

5 月 15 日，在蒙藏事务局总裁贡桑诺尔布监督、主持下，西藏地区的参议院、众议院议员正式选举，当日公布选举结果，共选出顿柱罗布、阿旺根敦、札希土噶、一喜托美等 40 名众、参两院正式和候补议员，包括参议院、众议院正式议员 20 名、候补议员 20 名。16 日，又征求本人意见，除当选人顿柱罗布、夏札噶布伦、罗桑班爵、王弌等尚未在京、“待答复后另行核办”外，对其余“愿意应选者”都发给证书。[③] 至此，长期备受关注的西藏地区第一届议员选举宣告完成。

蒙藏边疆地区的议员选举，特别是蒙藏事务局组织的西藏地区议员选举意义重大，不仅从法律上保障了西藏地区人民参与国家管理的权利，用事实表明西藏是中国领土的一部分，而且使西藏地方的爱国上层人士欢欣鼓舞。1913 年 6 月，西藏旅京同乡会代表西藏地方呈文和献礼就充分反映了这一点。该同乡会代表江赞桑布、阿旺根敦等在呈文中表示，民国成立后中央政府“优待蒙藏人员，施之以德，训之以义”，使他们“钦感莫名”，同时也把中央“历念西藏之德”和“五族共和之要旨”呈报给达赖，通报给西藏同胞。1913 年春选举议员，民国政府特准由该同乡会为西藏选举机关，选出了西藏地区

① 《西藏第一届国会议员选举》，《公报》第 333 号命令、法律。

② 《公报》第 335 号，第 1 页；第 343、345 号通告。

③ 二史馆藏蒙藏院档案：《汇编》，第 2952～2953 页。

的两院议员，这是中央政府“服绥之德，我五族同胞所当同深钦感”！他们还表示将“黾勉从公，竭力传布五族共和之大旨”，以消除“从前西藏同胞之误会，同享五族共和之幸福”。同时，他们通过蒙藏事务局向临时大总统呈献哈达、镀金塔、藏红花、藏香、五色氆氇等礼品。①

（四）宣传“五族共和”，维护国家统一

民国政府建立之初，就通过多种渠道，向蒙藏边疆地区宣传中央政令，宣传“五族共和”。一是通过文告、法令正面宣传。民国初年的多种命令、文告，如孙中山1912年1月1日的就职宣言、《中华民国临时约法》等都宣传“五族共和”、平等。另外，蒙藏事务局成立后还希望通过历法进行宣传。民国建立后改行使用公历，1912年为中华民国元年，而在传统意识中改元改历意味着“改正朔”，中国境内都应通行，意义非同一般。1912年10月，该局咨行教育部，表示民国元年的历书已经出版，“蒙藏地方应按照向章由中央发给”“历书事关正朔，与民国政治统一”关系极大，经国务院议定，由教育部为蒙藏地区编印民国二年的历书，包括汉蒙、汉回、汉藏合璧的三种历书。其中，该局及直辖各机关需汉文历书50本、汉蒙历书2500本、汉回和汉藏历书各500本，蒙藏事务局要求教育部“从速翻印发下，由本局转行颁发”②。

二是创办报刊，加以宣传。民国初年，各种进步报刊都大力宣传民主共和，蒙藏事务局所办的蒙藏白话报又是其中的中坚力量之一，在边疆地区有特殊的影响。为“振策共和之精神，输通政治之智识”，蒙藏事务局在1912年成立后就开始筹备创办汉、蒙、藏、回四种文字的《白话官报》，后定名为蒙藏回《白话报》。该局为此制定了《蒙藏回白话报简章》，指出了办报宗旨、该报特点、栏目设计等情况。该报以“对蒙藏回开通风气，交换智识，联络感情，藉以巩固民国基础、促进共和幸福为宗旨”；以汉、蒙、藏、回四种文字出版，以白话行文，“除论著外，关于法令、函牍及其公私书类有解释之必要时，亦以白话行之”。该报计划每月发行3期，每期1册，栏目包括与蒙藏回地理、历史有关的图画，与蒙藏回相关的法律、命令、公务文牍、新闻、论著、译述，等等。

---

① 《公报》第400号，第7页。

② 《公报》第154号，第11～12页；第163号，第11～12页。

《白话报》筹备过程中，经费问题成为阻碍，该局1912年9月编制了相关预算，每月印刷、职员开支总数约1800元，财政部因数额庞大到11月仍未回复。该局为此向大总统专门呈报了《蒙藏回白话报简章》和预算。11月18日，临时大总统又命令财政部“查核办理”，并由国务院“行该局知照”。12月，蒙藏事务局表示，该报纸料、人工、印刷各费皆以报费充之，开办之初所有经费先由该局垫支。① 经过几番周折，1913年1月蒙藏回《白话报》出版，由内务部备案，通知京师警察厅后正式发行。②

这些白话报，在当时产生很大的反响，现以藏文《白话报》为例加以说明。藏文《白话报》从1913年元月创刊，到1914年7月停刊，共出版18期。该刊为16开本，石印，每期约150页。该报是汉藏合璧的刊物，其封面为彩色套印，上有五色旗图案，刊名用藏、汉两种文字横向书写；其内容则先用汉文竖版，后用藏文横版，每篇文章汉文在前，藏文译稿在后。该刊由徐敬熙、吴燕绍先后担任总编纂，二人都熟悉边情、“有志于五族大同”。在他们主持下，藏文《白话报》内容丰富，设有图画、法令、论说、文牍、杂录、答问、小说、专件、要闻等栏目，所载文章富有时事性、知识性和理论性，在当时起到了发布、宣传中央政令，祛除共和障碍，唤醒国人自强不息，介绍、传播知识的积极作用。③

（五）办理蒙回藏王公的封爵、俸禄、年班等事务，呈请中央任命蒙藏官员，管理喇嘛教事务

作为主管边疆民族事务的机构，蒙藏事务局在职能上前承清朝的理藩部（前身为理藩院）。理藩部（院）所管事务包括办理满蒙联姻事宜，少数民族王公的封爵、俸禄、年班、朝觐、进贡、燕赉、廪饩，审理相关刑事案件；给呼毕勒罕登记造册，在雍和宫掣签确定部分活佛的转世灵童，办理喇嘛度牒、札付、敕印，考察在京喇嘛并决定其升迁、调补，办理活佛、喇嘛年班，奏请寺庙兴建、名号，等等。④ 民国初年，蒙藏事务局接管蒙回

---

① 《公报》第201号，第2页；第236号，第27~29页。

② 《公报》第265号，第2页；第266号，第9页。

③ 王梅堂：《关于民国初年创办的藏文白话报》，《中国边疆史地研究》1994年第1期；徐丽华：《藏学报刊汇志》，中国藏学出版社，2003，第45~54页。

④ 详见赵云田《中国治边机构史》，第267~277、360~368页。

藏事务，部分职能因时代变化被取消，如满蒙联姻事宜就已不需再办，而有些职能仍在延续，如蒙古王公的年班、朝觐等。办理这些事务时，该局采取沿袭旧制与因时创新的方式，一方面因民国伊始“法制未备”，大理院也曾批准，“《理藩部则例》中除与国体抵触者外，其余一概准其继续援用”，要依据前清《理藩院则例》和相关惯例①；另一方面，根据时代需要制定了新的法令，这些规章多由蒙藏事务局拟定，或呈准后以临时大总统（或大总统）令的名义颁布。如1912年12月公布的《蒙藏回之王公及呼图克图等公谒礼节》《蒙回王公年班事宜》《喇嘛等洞里经班事宜》；1913年1月公布的《年班来京蒙古王公宴会礼节》《蒙回藏王公等爵章条例》，1913年3月公布的《喇嘛印信定式》《民国成立初次来京蒙回藏王公等特别川资条例》，1913年6月公布的《蒙藏王公等服制条例》等②，都是根据形势变化和治理边疆的需要制定的。

1913年9月至1914年4月间，蒙藏事务局在少数民族王公、喇嘛教相关事务的管理方面做了大量工作，有关情况通过《政府公报》不断向全国发布。这一时期，根据笔者对该《公报》中，法令、文件的统计：经蒙藏事务局呈请，确认蒙古族各盟旗的王公爵位承袭者103人，爵位包括亲王、贝勒、台吉等，地域涉及内蒙古、新疆及东北；任命边疆少数民族地区官员19人，职位有内蒙古、新疆地区蒙古族盟旗的正、副盟长和参赞、札萨克、游牧蒙古员外郎、蒙古理刑员外郎、翊卫官等。在宗教事务方面，经该局呈请，民国政府任命京城、内蒙古和东北等地的喇嘛教僧官21名，为多布藏、达克布等4名活佛确认了转世灵童；给新疆、内蒙古的40处新建喇嘛庙颁赐庙名，并给新疆的1处新建清真寺命名。此外，该局还呈请民国政府免去不称职的喇嘛教僧官和蒙古族副盟长各1名，并为蒙回藏地区的王公、活佛等上层人士多次代递呈文、礼品，等等。

（六）蒙藏事务局还与教育、农林、交通等部合作，就发展蒙回藏地区的文化教育、农林、畜牧和交通运输等做出过一定的努力

文教方面，蒙藏事务局成立后，与教育部合作管理蒙、回、藏的特殊

① 马福祥：《蒙藏概况》，蒙藏委员会，1931，第64、72～73页。

② 《公报》第239号，第68～70页；第263号，第10页。

教育。1912年9月，该局接管了前清理藩部的咸安宫、唐古忒、托忒学，以该局正、副总裁兼管三学事务，10月又将蒙古学并入唐古忒学，认为“如此变更则于蒙藏人才尤可卜得人之效，且免纷歧而归一致”。而后，蒙藏事务局又拟在此基础上开办蒙藏学校（学堂），为此呈报民国政府，指出蒙、藏、青海等处交通不便，“风气闭塞，人民不能顺时势、谋进化”，并认为“达赖受英人蛊惑，库伦被俄人愚弄，致令民国初基尚欠美满、友邦承认尚未实行”，均为“蒙藏人民无学失教谬解误会”所致，因而主张在咸安宫三学和蒙古学基础上创办蒙藏学校，并呈上章程请大总统批示。① 在得到批准后，该局又在藏文《白话报》上刊登公告，介绍学校情况，准备招生。1914年4月以后，该学校继续开办，为近代蒙藏地区民族教育发展做了有益的尝试。②

农林方面，1913年春农林部组织召开全国农会联合会，蒙藏事务局1月初致函该部，指出“蒙藏等处近年来垦牧农业颇形发达”，希望能让这些地区“各派代表赴会，以发皇其智识”。农林部表示同意，并修改全国农会联合会章程，增加了“由内外蒙古、西藏、青海、阿拉善之各该盟长及该处办事长官选派者各一人”的内容。1月底，开会日期临近，因“蒙藏青海等处交通阻滞”，这些地区的代表尚未到农林部报到，经蒙藏事务局与该部协商，由该局“选派熟悉蒙藏等处农林垦牧诸项情形”的黄恭辅、彭清嘉与会。③

交通邮电方面，当时有人建议“在京师、各省及蒙藏地方建设无线电台”，还绘制了“全国设立无线电台地图”，“因事关蒙藏”专门呈文到蒙藏事务局。1912年10月，该局为此致函交通部，表示无线电报最为迅速，中国幅员辽阔，“自当遍设各要地以收通信迅速之效”，但呈文涉及全国各地，所“拟设地点是否合宜，天时地势究竟如何”，应详细调查统筹全局，故请交通部“查核办理”。④ 当然，上述教育、交通、农林等方面都处于讨论酝酿或拟定政策阶段，或处初期发展状态，但其努力仍难能可贵。

---

① 《公报》第173号，第8~9页；第178号，第12页；第303号，第11~13页。

② 参见张羽新《蒙藏事务局及其对藏政的管理（下）》，《中国藏学》2003年第3期。

③ 《公报》第241号，第18页；第266号，第10页；第273号，第6页。

④ 《公报》第178号，第11~12页。

三

蒙藏事务局成立于边疆地区多事之时，其成立过程就表明它在成立之初就承载着国内各界的重托和厚望。当临时政府迁往北京时，内务部接管前清理藩部就顾虑蒙藏事务繁重，4 月不情愿地接收时就希望民国政府另设机构管理蒙藏事务，5 月又提出增设次长专管此事。这一要求提交参议院后，由于法律程序和官制问题导致了激烈争论，一方面是议员们大多反对内务部增设次长；另一方面无论国会议员，还是民国政府，都感到边疆形势严峻，应采取更积极的行动，于是转为提议设立专门机构管理蒙藏事务，最后完成了法律上的程序，1912 年 7 月设立了中央政府的专门治边机构——蒙藏事务局。由此可见，该局是适应边疆治理的急迫需要而成立的，国内各界希望它能在挽救边疆危局中发挥积极作用，特别是在西藏、蒙古地区的反分裂斗争中产生重大影响，以稳固边陲、维护统一。

对蒙藏事务局而言，国内各界的期望既意味神圣的使命，又是巨大压力，它是否完成了使命呢？民国时期的有关论著对此似乎评价不高，如 1931 年前后马福祥就曾指出，民国成立后“国体变更”，前清理藩部被撤销，蒙藏事务局设立，“为中央主管蒙藏事务机关”，但论及其作用时，只说该局曾“应事实之要求，随时编行单行章程或规则多种”，但对“殷繁”的蒙藏事务“难资应付”，1914 年便改组为蒙藏院。[①] 马氏此时正担任国民政府的蒙藏委员会委员长，这给人一种官方定论的印象，即该局工作让人们失望，作用并不突出。

这一评价对蒙藏事务局是否客观、公允呢？该局存在期间，中国的边疆问题的确仍然十分严重，在外蒙古、西藏问题上向俄、英两国妥协让步，一直处于被动状态，但是其中的原因是多方面的，不能因此否定蒙藏事务局在当时的作用和贡献：它在成立后的近两年间，组织蒙古、西藏等边疆地区调查，奖励效忠民国的蒙藏各族上层人士，创办刊物、宣传共和，管理着蒙古、西藏及其他边疆地区的部分政治、宗教事务，

① 马福祥：《蒙藏状况》，第 64、72 ~ 73 页。

还为发展蒙藏地区的文教、交通、农林等做了一些努力，对于稳定边疆形势确有积极影响。以西藏为例，该局不仅组织藏事调查、搜集信息、转述民间爱国人士的建议和意见，并向中央提出册封达赖、班禅和表彰西藏爱国上层人士的多项建议，而且组织了西藏地区的第一届议员选举，这都符合当时稳固西南局势、维护国家主权的需要，与当时民国政府对外交涉相配合，产生了一定的积极影响。1913 年 6 月，西藏旅京同乡会代表江赞桑布等人向大总统献礼，在呈文中一再感谢中央政府对“西藏之德”，表示尽力转达中央的政策、宣传“五族共和”、消除西藏人民的误会，表明了西藏爱国上层人士拥护中央、反对分裂的立场，这既与他们一贯维护统一的立场有关，又证明中央政府各项工作产生了积极作用，蒙藏事务局当然功不可没。

当然，还应指出，蒙藏事务局在当时只是主管内政的职能机构，在内政方面能够发挥一定的积极作用，但在外交事务中的作用并未受到应有的重视，西姆拉会议前后的交涉就是例证。1913 年 2 月，民国政府正与西藏地方派员为谈判的地点争论，民国政府主张在察木多（昌都），达赖则建议在印度大吉岭。蒙藏事务局此时又接到西藏办事长官钟颖的报告，指出西藏地方催促他和清政府驻军离藏，形势危急。该局为此建议，应“急派大员前往抚绥”，既然“达赖既电请派员查办，实与民国联系之机会”，主张抓住机会，派“声望昭著、勋秩优崇、洞悉边情，素为中外所知，达赖所信”的大员前往谈判、安抚。① 但是，种种事实表明，这些建议对民国政府的决策产生的影响并不大，不仅在会议地点上向英国作出让步，定为西姆拉，而且所派陈贻范也并非该局建议的“声望昭著、勋秩优崇、洞悉边情，素为中外所知，达赖所信”大员，所以虽然他与英国代表、西藏地方代表极力交涉，但往往处于被动地位。因此，我们不应因为民国初年边疆局势的危急、对外交涉的失利，而贬低蒙藏事务局在边疆治理中的作用。

（《中国边疆史地研究》2004 年第 1 期，
收入本书时作者有所增补）

① 二史馆藏蒙藏院档案：《汇编》，第 2395 ~ 2396 页。

南京国民政府初期十年边疆民族事务管理机制与政策

周竞红

南京国民政府建立之初，面临着繁重的国家整合、维护国家领土完整的任务，在边疆民族地区外有帝国主义国家插手的分裂活动，内有基于军阀混战和各种社会矛盾激化而出现的社会动荡。如何选择多民族国家治理之路，有效管理边疆民族事务，对国家整合有着重要的影响。当时，南京国民政府行政能力尚不足以全面管理边疆民族事务，因而以矛盾最突出的边疆民族事务即蒙藏事务为重点，在政府中设置专门机构统筹处理蒙藏事务，其他少数民族事务并未作为边疆民族事务纳入专门的管理系统，更多的边疆民族事务是与地方事务合二为一，边疆民族事务管理呈现一种被动、逐步扩展关注范围的状态。

一　一套事权分散的管理机制

初期十年间，南京国民政府在边疆民族事务管理方面基本形成了一套事权分散的边疆民族事务管理机制。从行政管理机构而言，蒙藏委员会是南京国民政府管理蒙藏边疆民族事务的最高机构，但并不统筹管理全国各边疆民族事务。1927 年 9 月，国民党中央特别委员会第一次会议通过的《国民政府组织决议案》中尚未有边疆民族事务管理机构设置的内容。1928 年 2 月 4 日，国民党第二届中央执行委员会第四次会议通过的《中华民国国民政府组织法》中第七条有蒙藏委员会为国民政府所设职能部门之一的规定。3 月 3 日，国民党中央执行委员会第 120 次常务会议通过《中华民国政府蒙藏委员会组织大纲》，21 日国民党中央政治会议第 133 次会议修正通过

《国民政府蒙藏委员会组织法》，明确规定了蒙藏委员会的行政地位和相关职能：直隶于国民政府，掌理审议关于蒙藏行政事项；规划关于蒙藏之各种兴革事项。蒙藏委员会组织结构简单：委员会由5~7名委员组成，并指定1人为主席；下设秘书、蒙事、藏事三处，各得酌量分科办事，其科长、科员员额由蒙藏委员会呈请国民政府核定。该组织法还规定了蒙藏委员会行政活动的主要内容：每两星期至少开常会一次。需要注意的是，该组织法专门提出“本法称蒙藏者，指未曾改设行省及特别区之蒙古、西藏地方”①。显然，此处西藏是指西藏地方，不包括散居于其他省区的藏族；蒙古应指外蒙古，而非已分散于各省或特别区的内蒙古各盟部旗。可是，在实际管理过程中，蒙事则主要以内蒙古各盟旗为对象，西藏地方事务未真正纳入直接管理范围，而其他藏区事务也并未真正排除于蒙藏委员会的关注范围。由此而知，当时国民政府对边疆民族事务管理的基本状态并未统筹考虑，除蒙藏地方以外的其他边疆少数民族事务尚未以边疆民族事务的形式纳入政府管理视线，蒙藏委员会相关职能设计也未覆盖蒙藏以外各边疆民族事务。比如，1928年底，在热河口北、直隶永平的旗民认为旗产久为庄头把持，军阀贪官中饱，请求派员清理时，政府只是令内政部、财政部办理，与蒙藏委员会无涉。②

从蒙藏委员会委员的构成看，委员们不是地方军阀，就是蒙藏上层。1928年6月，国民党中政会第144次会议通过决议，任命张继、白云梯、刘朴忱、罗桑囊嘉、格桑泽仁、刘继淹等七人为蒙藏委员会委员，同时派员前往北平接收北京政府蒙藏院。7月11日，白云梯等人宣誓就职，委员会直隶于国民政府。③ 12月27日，阎锡山、恩克巴图、班禅额尔德尼、李培天、诺那呼图克图等被任命为蒙藏委员会委员，特任阎锡山为第一任委员长。④ 12月31日增设赵戴文为蒙藏委员会委员，指定为副委员会长。该委员会于1929年2月1日正式成立，马福祥、石青阳、黄慕松、吴忠信、罗良监、许世英等先后任该委员会委员长。

蒙藏委员会的职能在十年间也有过一些细微的变化。1932年7月25

① 《中华民国史档案资料汇编》第一编政治（五），江苏古籍出版社，1994，第1页。

② 参见《行政院公报》第四号，训令。

③ 参见戴逸主编《中国近代史通鉴》第8卷，红旗出版社，1997，第256页。

④ 参见《行政院公报》第十号，府令。

日，国民政府公布了修正的《蒙藏委员会组织法》，最重要的特点在于扩大并细化了蒙藏委员会管理蒙藏事务的权限，变更了蒙藏委员会的隶属关系，此后蒙藏委员会归属行政院领导。另外，在职能方面，此前的蒙藏委员会组织法只赋予蒙藏委员会“掌理和审议”有关蒙藏行政事项的职能，而对于蒙藏各项兴革事项只是“计划”，修正的组织法则直接使用了“掌理”一词，从文意上理解，蒙藏委员会直接掌理相关事项，而不仅仅限于“审议”和“计划”；修正的组织法扩大了委员会名额，设委员长、副委员长各1人，委员15~21人。这一组织法还细化了蒙藏委员会行政活动时间，并规定了与其他各院、部、会间业务上的联系，以及内部组织结构。更为重要的是规定了蒙藏委员会委员应每年轮流分往蒙藏各地视察。① 同年12月，国民党四届三中全会议决蒙藏委员会委员长制改为常务委员制，并将该委员会的职能定为参与制定蒙藏地区施政纲领并协助其施行；调查蒙藏地区情况，革新行政制度；兴办教育，帮助蒙藏地区实现自治等。在设立蒙藏事务最高管理机构的同时，从1932年始，国民政府将蒙藏事务行政经费也列入专门的经费预算，此后至抗战前，每年经费预算额在130万元至180万元之间。②

国民政府建立初期十年间，蒙藏委员会共设置了九个直属机构③，指导着十几个与蒙藏事务相关的机构。④ 1935年，蒙藏委员会内设置调查室，并在盟旗各地派驻了调查组，负责收集、调查蒙藏各地的内部情况，按月拟制边情报告，或随时将各旗动态报告蒙藏委员会。1934年，蒙藏委员会派员分期前往青海等地进行调查，第一期派蒙藏委员会委员格桑泽仁为调查专员，率同调查员朱琼等至青海调查。同时还委任谙习汉语文的曲木藏尧，

① 参见《中华民国史档案资料汇编》第一编政治（五），第2~4页。

② 参见《国民政府财政金融税收档案史料（1927~1937年）》，中国财政经济出版社，1996，第260页。

③ 即1929年设置的驻北平办事处、蒙藏招待所、北平蒙藏学校（将原北平蒙藏学校更名后继续开办），1932年设置的北平喇嘛寺庙整理委员会，1933年设置的蒙藏政治训练班，1935年设置的蒙藏月刊社、派驻边地各调查组，1936年设置的张家口牧场、杀虎口牧场。

④ 1929年设置的章嘉呼图克图驻南京办事处，1932年设置的蒙古各盟旗联合驻南京办事处、西藏班禅驻南京办事处，1933年设置的西陲宣化使公署、蒙旗宣化使公署，1934年设置的蒙古地方自治政务委员会，1935年设置的西藏班禅驻北平办事处、西藏驻南京办事处、西藏驻康办事处、西藏驻北平办事处，1936年设置的绥境蒙政会、绥境蒙政会驻南京办事处、绥蒙指导长官公署等。

以“西南夷族考察专员”名义回故里，深入民间进行考察，并复制西南苗夷民族调查表，分别咨送川、滇、黔、桂各省政府转行抄发住有苗夷民族之各县政府，认真调查，确实填载。[①] 1935 年蒙藏委员会增设归绥、宁夏、酒泉、西宁、西康五调查组，继续进行其对边疆民族地区的调查工作。1936 年添设新疆、西藏两调查组。1939 年后增设滇西调查组于云南丽江。[②]

在国民政府的行政系统中，一些专业部、会在日常行政中也常涉及边疆民族地区事务，各部、会遇有与蒙藏相关问题一般会咨询蒙藏委员会，或将有关情报及承办事项送交蒙藏委员会参考，或由蒙藏委员会协助办理，有的则设立了专门处理蒙藏事务的机构。专业部、会遇有蒙藏重大事项的决策时，常常是蒙藏委员会与相关部、会会商决策，由行政院或国民党中央批准。如内政部在蒙藏地区的行政规划或有其他行政行为时需要与蒙藏委员会会商决策，呈行政院批准施行。

1929 年 8 月，行政院通过教育部提请设立蒙藏司，1930 年 3 月，蒙藏教育司正式成立。从教育部组织法可知，此司设二科，第一科掌理关于蒙古地方教育调查、地方各种教育之兴办、蒙古教育经费之计划、蒙古教育师资之培养、蒙古子弟入学升学之奖励、编译蒙文教育图书及法令、蒙古地方学术考察及其发明之奖励等事项，第二科专门掌理关于藏族教育的相关事项。在国民政府初期十年中，教育部蒙藏司为推动蒙古教育发展开展了一些基础性的工作，先后制定颁布了《待遇蒙藏学生章程》《教育部实施蒙藏教育计划》《订定边疆教育实施原则等法规和计划》等，并为实施这些法规和计划投入了一定的人力、物力和财力，取得了一定的效果。[③]

国民党在民族地区建立的党务组织机构对边疆民族地区社会政治生活的影响也逐步增强。国民党中央组织部是掌理各级党部组织与党员训练、指导党员参加社会团体和社会活动的中央机构，设有边疆党务处负责处理在边疆民族地区建立党务的专门机构。在国民政府初期十年中，国民党由于本身党员数量有限，大多数民族地区掌握在地方军阀手中，其在民族地区的活动受到了极大的限制，比如在新疆、西藏和西南一些偏远少数民族地区，国民党组织几乎不能涉足。在内蒙古、东北等地国民党组织有所发

① 参见南京第二历史档案馆藏档案，代号：一四一，档案号：97。

② 此后，这些调查组的名称或调查区域也有所变化。

③ 参见《中华民国史档案资料汇编》第 5 辑，第二编教育（二），江苏古籍出版社，1994。

展，早在1927年国民党中央就决议派员指导内蒙古地区的党务工作，并予以一定的经济支持。边疆党务处负责向各蒙旗派遣党务特派员，蒙古族国民党党员也由此处管理。

边防体系是国家安全体系的主要支撑。国民党执政后强化了军队建设，不仅建立了一支庞大的中央军，还不断采取措施强化对地方武装力量的控制，建立了由国民党军事委员会直接指挥的中央军与地方武装结合的国防体系。为了巩固和加强对边疆民族地区的统治，国民政府在军事管理部门中设置相关机构，国防部、军令部（二厅五处）和参谋本部均设有专管边疆事务的机构或特别派驻蒙旗的军事专员。其中参谋本部[①]的边务组是蒋介石担任参谋本部总长时设置的，先后由次长贺耀祖、黄慕松负责，边务组专门搜集蒙藏情报动态，调查蒙藏情况，研究边疆问题，有时还执行一些具体任务，如1933年百灵庙运动发生后，国民政府内政部长黄绍竑前往巡视，边务组成员为其随员；黄慕松则多次奉蒋介石之命到边疆地区巡察，并于1934年代表中央政府入藏致祭达赖喇嘛。军事委员会的铨叙厅主管边疆武职人员的审核、转呈、授衔等事宜。

边疆民族地区开发建设事项则主要由专业部、会负责，或各部、会联合会商。如海南岛开发问题的决策过程就是由商会组织以条陈或提案的形式提出，相关条陈由广东省财政厅或径自函送全国经济委员会，行政院组织军事委员会、全国经济委员会、财政部、内政部、军政部致函行政院提出会拟此问题。全国经济委员会指出："以据军政部次长陈诚电陈，琼崖关系两广及国防甚巨，有设特区必要。"从议事过程来看，在会上，军事委员会参谋本部报告了召集内政、外交、实业、交通、军政五部开会的情况，财政部报告了琼崖财政情形，内政部报告了民国二十一年海南岛设特区之经过。随着问题讨论的深入，实业部、交通部和铁道部都提出了相关计划。[②]

一些地方政府则设置了地方性的边疆民族事务机构，并对区域性边疆民族事务管理起到了实际作用。比如，1927年，刘文辉接管西康后，在成都二十四军军部设置了边务处，任命胡子昂为处长，并任用一些熟悉边情的学者和政治家在处内供职，边务处遂成为二十四军辖区内各边远县区施

① 1938年，参谋本部合并于军令部。

② 参见夏军编选《民国时期计划开发海南岛的一组史料》，《民国档案》1992年第29期。

政规划和领导机构。[①] 1929 年 11 月，云南省政府报请南京国民政府批准，在边疆地区成立了两个殖边督办公署，职责为防守、界务、实边、交通、实业、文教、治安、慈善、卫生及省政府委办诸事务。“九一八”事变前，东北政务委员会设有蒙旗处，负责处理内蒙古东部的盟旗事务；绥远省则在政府秘书处内设一蒙务组，处理乌、伊两盟的蒙旗事务。1936 年为了控制、监督蒙政会而设立的蒙古各盟旗地方自治指导长官公署亦是一个重要的边政机构。

总之，南京国民政府初期十年，在边疆民族事务管理方面初步形成的是一套事权分散的管理机制，管理活动缺少统筹性和系统性，作为专门管理蒙藏事务的蒙藏委员会管理能力极为有限，而其他专业部、会对边疆民族地区实行的是分业管理，各部门之间的会商常常成为文书旅行，会商之事常常会而不决，当时很多计划都成为纸上谈兵。这一事权分散的边疆民族管理机制根本无法保障国民党在其党义中宣扬的“扶持弱小民族”的政治承诺。

二　以部门化为特点，内容庞杂、缺少系统化的边疆民族政策

南京国民政府在初期十年对边疆民族事务的管理政策是围绕政治、经济、文化等不同方面逐步展开的，内容十分庞杂，政策的制定和执行以部门化为核心特点，很多政策的制定并非源于对边疆民族地区发展的统筹考虑，在很大程度是一种应急措施。

（一）划一边疆民族地方行政建置政策的形成和实施

划一边疆民族地区地方行政是国民政府强化其统治，推进政治整合的重要步骤，涉及省、县、乡等多个层级，热、察、绥、宁夏、青海、西康等建省和西南、西北一些民族地区的土司制度进一步废除都在此时期实施。

1928 年 7 月，国民党战地政务委员会主席蒋作宾提议把热河、察哈尔、绥远三特别区改为行省。后经内政部正式提出改省建议。8 月底，国民党中

① 参见甘孜州政协文史资料委员会编《西康史拾遗》，甘孜州文史资料委员会，1993，第 90 页。

央政治会议决定在热河、察哈尔、绥远、青海、西康设立省治。依据内政部最后拟订改省方案，1928 年 9 月 5 日国民政府第 153 次会议议决：热、察、绥、青海、西康改省治；旧直隶省口北道各县划归察哈尔，察哈尔原划绥远之丰镇、凉城、兴和、陶林四县仍归绥远；五省府组织，委员暂定五名，设民政、财政二厅，并酌设教育、建设厅，余照省府组织法办理。同年 10 月，国民党中央政治会议又决定甘肃分治，设立宁夏、青海二省。

热、察、绥的改省和甘肃分治设立宁夏、青海省均得以顺利推行，西康建省之路则最为曲折。国民政府宣布西康建省时，该地由川康边防总指挥兼二十四军军长刘文辉接管。民国十七年（1928）春，刘文辉见各边区的军事、财务机构已设置齐全，遂根据边务处的建议和推荐，在康定设置了一个西康特区政务委员会作为西康最高行政机关，任命龙守贤、吴三泽、程仲梁、陈启图等五人为委员，并指定龙守贤为主席委员。5 月西康特区政务委员会正式成立[①]，建省委员会由此而未能成立。直到 1934 年 12 月 29 日，国民政府简派刘文辉等为建省委员会委员，1935 年 7 月 21 日建省委员会才在雅安正式成立，负责筹备建省事宜，执行公务。但是，直到 1939 年迫于国内外形势西康才正式成立省府。

为了进一步向边疆民族地区基层延伸其统治，国民政府加强了对边疆民族地区地方行政变革，推行县制与一些地区废除土司制度相伴随。云南在 1929 年至 1936 年期间频繁规范地方设置，据不完全统计，设置县或设治局等就有 30 余处。广西、四川等地也经历了这一过程。1929 年四川省政府呈请将穆坪土司改设为宝兴县治，得到行政院批准备案。广西都安县是一个民初才废除土司建立的县，为了强化管理，此时改开县政，1931 年建立区、乡、村政权，推行保甲制度，全县划分安定、高阳、都兴、夷江 4 个区和 32 个乡（镇）。[②]

1931 年 8 月，南京国民政府通过“明令撤销土司一案”，决定“嗣后土司不予补官袭职，以便逐渐改流”。但是，国民政府只是宣布了土司制度的不合法性，由于其统治能力所限，一些土司、千户隶属体制实际并未被打破，如青海蒙古族和藏族牧区，实行以县制代替王公盟旗制度和千户制度，蒙古各旗分归都兰、兴海、海晏等县管辖，藏族地区由玉树、囊谦、称多

① 参见甘孜州政协文史资料委员会编《西康史拾遗》，第 66 页。

② 参见《都安瑶族自治县概况》，民族出版社，1983，第 5 页。

等县统理，可是到1949年，这里仍有千户1员，直属百户部落7个，领属百户部落36个，该地区的寺院还分别属千户、百户、百长所有。[①] 青海蒙藏地区实行县和保甲制度后，这些千户、百户、百长们又成为副县长、区长和保长、甲长。[②] 可见，国民政府在其政治势力还不能达到边疆地区时，采取的措施是将各边疆民族地区统治集团全体留用，改名换姓，服务于其统治。

（二）移民实边，巩固边防政策的形成和实施

移民实边以固国防是中国历史上中央政府的传统之策，国民政府初期实施该政策不过是对历史传统的一种继承。时人认为“东北与西北及西南之开发，关系中国全民族之生存，他国侵略之野心与事实尤令人惊心怵目，设不急起直追，势必任人宰割。年来，东北发展卓著成绩，然未辟之土地、未开之矿业与天然富源正无限量；西北开发，以交通为先务之急，自苏俄环绕新疆境外铁路完成及其与西伯利亚铁路接轨以后，对华侵略势成常山之蛇，西北形势更属危急，屯垦事业应即举办；西南亦有外人窥伺，而且天然富源久付旷废，亦应积极开发”[③]。

1931年，国民党第四次全国代表大会上通过《依据训政时期约法关于国民生计之规定确定其实施方针案》，提出边地开发屯垦与移民实边及发展国民经济的重要方针，要求“必须订立之案，积极进行；并予以财政及其他必要之援助。而对边地土著人民生计之筹划，尤为紧要。故开发边地，必须特别注重边地土著人民之生计”[④]。并将此点定为国民生计建设五方针之一。此次大会还通过了《确定边区建设方针并切实进行案》。同年全国内政会议通过《移民实边案》，提出向人口稀少的吉、黑、辽及新疆、蒙古、青海等地区移民。这些决议对边疆民族地区地方政府产生了重要影响，1935年内政部召开全国第一次地政会议，青海、宁夏、云南等边疆省区均提出了移民垦殖案。1936年3月，内政部等部、会联合向行政院呈交《边疆移

① 参见黎宗华、李延恺《安多藏族史略》，青海人民出版社，1992，第189页。

② 参见陈新海《民国时期青海管理方略》，《青海民族研究》1997年第3期。

③ 《中华民国史档案资料汇编》第5辑，第一编政治（一），第179页。

④ 荣孟源等：《中国国民党历次代表大会及中央全会资料》（下），光明日报出版社，1985，第48页。

垦办法大纲草案》。一时间，垦务成为边疆民族地区统治者获利的重要手段，并对边疆民族地区的农业开发产生了重要影响。

（三）蒙藏委员会主导的争取蒙藏上层支持的各项政策

对边疆民族上层的笼络和宗教事务的管理是蒙藏委员会的核心工作。1933 年行政院所颁《中央及地方主管机关对于处理蒙古盟旗事项权限划分办法》明确规定："蒙藏委员会除依照本会组织法掌理关于蒙古行政及各种兴革事项外，前清理藩部则例所载关于蒙古各盟旗设官、奖惩、铨恤、军政、司法、宗教等事项，历来照例办理者，亦均系蒙藏委员会对于盟旗直接主管之范围，此后遇有此种案件，应仍照向例，由蒙藏委员会呈请行政院核办"①。依此规定，加之国民政府实际执政能力的限制，蒙藏委员会实际具有的职能便是办理封官、颁号等能够笼络蒙藏上层的事务。

1932 年，中国国民党召开第三届第三次中央全会，班禅、章嘉两位大师以代表身份参加大会，班禅被选为国民政府委员，在南京设立了班禅驻京办事处。从 1932 年起，国民政府每年从国库拨出 48 万余元来支付班禅年俸及"办公费"②。1932 年 4 月，国民政府明令加封章嘉呼图克图"净觉辅教"名号，章嘉呼图克图还加入了国民党，并于 1935 年在中国国民党第五次全国代表大会上当选为国民党中央监察委员。据统计，蒙藏委员会的经费开支每年都在 100 万元以上，其中大部分用于支付活佛、王公和其他上层的年俸或活动经费，蒙藏委员会剩下的经费又有一部分用于招待蒙藏上层及旅费、赠送礼品等项开支。③

1933 年十三世达赖喇嘛圆寂，国民政府追封其为"护国弘化普慈圆觉大师"，颁给玉册、玉印，并派专使入藏致祭，拨给西藏地方政府治丧费 5 万元，专使还按旧规旧制给三大寺及其他大寺庙的喇嘛熬茶、放布施，给三大寺每一喇嘛大洋 2 元。据称专使入藏经费共用大洋 40 万元。④

1933 年 12 月，国民党四届三次中央全会通过了《蔡元培等四委员介绍

① 《国民政府政治制度档案资料选编》（下），安徽教育出版社，1994，第 441 页。

② 参见乌兰少布《中国国民党对蒙政策》，《内蒙古近代史论丛》第 3 辑，内蒙古人民出版社，1987，第 237 页。

③ 参见乌兰少布《中国国民党对蒙政策》，《内蒙古近代史论丛》第 3 辑，第 237 页。

④ 参见唐景福《民国时期历届中央政府维护西藏主权的措施》，《中国藏学》1997 年第 1 期。

西康诺那呼图克图提请对蒙古王公名号暂仍其旧案》。此外，“除了任命内蒙古各盟长、总管等为有关各省省政府委员外，国民党还给有势力的王公扎萨克以种种好处，从给钱、给枪，到拉他们入党，授以各种司令、宣抚使等名义，直到委以国民政府委员要职”。同时，将“扎萨克由世袭改为‘任命’，只不过是换了一个时兴的字眼，实质一点儿没变……各盟旗扎萨克纷纷‘举荐’子弟接任，不到半年时间就连续任命发表了10余旗新扎萨克，其中无一人为原扎萨克以外之人。此后，王公扎萨克子孙世袭一仍旧贯，爵位名号仍自为之”①。

实际上，在蒙藏地方建设上，蒙藏委员会也有一定的规划，但是这些规划大多徒有虚名，蒙藏委员会最多不过是对内蒙古有些盟旗发放一些救济金。如1936年蒙藏委员会呈准发给蒙古地方自治政务委员会建设费，同年分别发给阿拉善、额济纳西旗、青海左右翼两盟建设费，并每月发给补助费3000元，以期推动这些地区的开发建设。② 但是，这些政策行政力度弱，覆盖面小，影响十分有限。

（四）以民族同化为宗旨的边疆民族教育政策

南京国民政府试图在全国建立一套完整的初级、中级和高等学校教育制度，受到这一大背景的影响，边疆民族地区的学校教育也有了一定的发展。这些发展主要表现于：

1. 少数民族地区教育规划提到日程，教育部门逐步从只关注蒙藏教育扩展到其他边疆民族地区。国民政府边疆民族教育最初规划的只限于蒙藏教育，1931年颁布《实施蒙藏教育计划》明确规定蒙藏地区教育行政、普通教育实施办法、高等教育实施办法等，使蒙藏地区教育发展目标明确化。从这个计划来看，普通教育仍然依托边疆民族地区办理，而高等教育则主要依靠边疆民族地区学生到内地求学，所以，此项计划还规定新疆学生适用专对蒙藏的相关学生待遇法规。

1936年7月，教育部发布《二十五年度推行蒙藏回苗教育计划指令》，对边疆民族地区教育关注的范围已由蒙藏发展到西北、西南边疆民族地区。这项计划重点在于师资培训，涉及的省份包括新疆、宁夏、青海、甘肃、

---

① 乌兰少布：《中国国民党对蒙政策》，《内蒙古近代史论丛》第3辑，第236页。

② 参见中国第二历史档案馆档案，代号：一四一，档案号：392。

绥远、察哈尔、云南、贵州、湖南、西康、西藏，可见国民政府对边疆民族地区教育管理范围的扩展。该计划对小学、社会教育、中等教育、留学生等都有所涉及，还对办理相关教育的经费做出了详细规定。[①]

这些计划虽然未能得到全面执行，但是从一些地区学校教育的发展来看，还是有过重要的影响。而对于相当多的边疆民族地区言，建立正规的学校教育体系仍属社会生活中的新生事物。

2. 边疆民族地区教育经费投入有所增加。国民政府初期十年，全国教育经费总额度有稳定增加，呈逐年增长的趋势。如1930年中央预算教育经费1440万余元，仅占当年国家总预算的1.46%；到1935年中央预算教育经费增至4913万余元，占当年国家总预算的4.8%，成为民国成立以来教育经费在国家预算中比例最高的一年。按1930年至1936年有比例数据可考的五年折算（1933年和1934年缺国家总预算数），教育经费占国家总预算的比例平均每年可达3.54%。[②] 经费逐年增加是促进各级教育向规范和规模方向发展的一个关键性条件。这一时期教育发展获得了相对宽松的环境，边疆民族地区教育投入同样也有所增加，蒙藏教育获得了专项费用，1933年6月22日，国民政府行政院据蒙藏教育委员会呈请经第147次会议决定，先拨1931年度蒙藏教育经费50万元，并将50万元列入1934年度预算。

1935年，边疆教育作为独立的经费项目被列入预算。据统计，1935年边教费支出情况为：贵州总计得教育费16万元，其中义务教育费8万元，边教费8万元（其中苗师3万元）；云南总计得教育费17万元，其中义务教育8万元，边教费9万元；甘肃得教育费16万元；西康6万元；青海8万元；宁夏7万元；绥远8万元；新疆8万元；察哈尔8万元；西藏无。第二年，除青海、西康、宁夏经费未增加外，其他各省增加1万~7万元不等，并且分配给西藏1.8万元。1937年，四川、湖南、西康三省各得边教费3万元，广西、西藏为2万元，云南、贵州、新疆5万元，甘、宁、青、绥远各4万元，察哈尔2.5万元。[③] 至1936年，边疆教育经费计为41万余元。[④]

① 参见《中华民国史档案资料汇编》第5辑，第一编教育，江苏古籍出版社，1994，第882页。

② 参见张元隆《民国教育经费制度述论》，《安徽史学》1996年第4期。

③ 参见《中华民国史档案资料汇编》第5辑，第一编教育，第891~890页。

④ 参见《中华民国史档案资料汇编》第5辑，第一编教育，第889页。

一些地方性教育是靠中央拨款发展起来的。如 1931 年青海利用蒙藏委员会的“边疆教育专款”成立了青海蒙藏文化促进会，并先后在各县和牧区办起蒙藏小学 10 所，后均转交所在县区管理。[①] 1935 年教育部拨专款在皋兰、海原、固原、清水等地先后办起 7 所回民小学。同年，甘肃省教育厅也利用中央教育补助费筹设回藏小学 10 所。[②] 从 1935 年起，民国政府在云南省藏族聚居的中甸、维西、德钦等地创设 3 所省立小学，即德钦小学、中甸小学和维西小学。[③]

边疆省区教育经费在初期有一定程度增加。如察哈尔省，1930 年度教育经费共计 266901 元，此后直到 1933 年度均保持此额度，1934 年增加到 293447 元；宁夏省 1931 年度教育经费只有 45816 元，但是两年后增加到 183498 元；云南省 1930 年度教育经费只有 259615 元，此后除 1933 年度为 587800 元外，直至 1934 年度均未低于 702000 元；甘肃省 1931 年度教育经费为 259272 元，此后至 1934 年底均未低于 1249687 元；与其他省份相较，青海省教育经费额度较低，1930 年度只有 76900 元，虽然逐年增加，至 1934 年度也只有 96343 元。[④] 但是，欠发教育经费是国民政府时期的实际情况，由于欠发情况严重，以至于陈果夫在国民党中央政治会议上提出开发土地以清理积欠教育费，据他称，教育部调查历年所欠教育经费约为 367.7 万元，其他由财政部及各省拨发者当不过 200 余万元。[⑤] 因此不可过高估计国民政府在边疆地区教育发展的投入，不过已有的投入对边疆民族地区教育发展起到了开拓性影响。

3. 在内地一些大学设立蒙藏班，招收蒙藏学生。1930 年国民党中央政治学校计划附设蒙藏班，名额为 60 人，分为甲、乙两组，甲组学制二年，乙组学制三年，毕业后回边疆地区工作，亦可考国内各大学或专门学校。同时还设立西康学生训练班，这是针对西康所设的短期训练班，为期四个月。1934 年，计划设立中央政治学校边疆分校，先在张家口、包头、宁夏、康定、丽江、兰州、伊犁八处各筹设一年分校。当时规划，分校第一年先

---

① 参见陈新海《民国时期青海管理方略》，《青海民族研究》1997 年第 3 期。

② 参见杨荣《民国时期甘肃民族教育述略》，《西北史地》1996 年第 1 期。

③ 参见苏发祥《民国时期藏区教育概述》，《民族教育研究》1999 年第 3 期。

④ 参见《中华民国史档案资料汇编》第 5 辑，第一编教育，第 115 ~ 116 页。

⑤ 参见中国第二历史档案馆档案，代号：二（2），档案号：33 上。

办简易师范单轨一级，及小学初级复式一级，以后逐年增加，必要时可改办双轨；每学级人数，简易师范以 50 人为限，小学以 40 人为限。[①] 据 1935 年编印的蒙藏学校总名录可知，当时包头、西宁、康定等地蒙藏学校共有蒙、藏、回学生 268 名。蒙藏委员会的工作报告中显示从 1929 年至 1933 年，共保送入内地各校的蒙、藏学生达 256 人。[②]

从 1931 年教育部《订定边疆教育实施原则》来看，蒙、藏、新疆学生待遇基本一致，高等教育招生中蒙、藏、回[③]族学生待遇也大致相同。该原则还规定："在八年内分年资送蒙藏学生出洋留学"，"选派区域及额数内蒙十名，外蒙八名，青海二名，西藏八名，新疆四名，共计三十二名"。学生受教育程度为高级中学以上学校毕业，或具有同等学力者，留学年限为 3 ~ 7 年（学医及学工程的酌量延长），选派期限为每两年考选 9 名，赴日本 4 名，赴欧美 5 名。教育部制定选送及考选规则。教育部限令 1931 年秋中央大学、北平大学成立蒙藏班，同年国立中央大学也颁布了招生办法和名额，学生总额为 40 人，蒙、藏各 20 人。[④]

1933 年，宁夏省提出适用《待遇蒙藏学生章程》的要求。此前国立浙江大学每年收 1 名该省所送学生，国立音乐专科学校收 3 名该省所送学生，国立北洋工学院收 2 名该省所送学生。在此基础上，宁夏提出要求国内各公私立著名大学或专门学校每年招收宁夏免试入学学生 1 ~ 3 名，得到了教育部的批准。1936 年 10 月，蒙藏委员会根据西南夷文化促进会南京总会呈请致函教育部，要求比照《待遇蒙藏学生章程》对苗夷学生实行优惠政策。[⑤]

随着边疆民族地区教育的发展，少量少数民族文字与汉文字合璧的课本或其他出版物得以出版。据 1931 年蒙藏委员会《蒙藏事务总报告》称：蒙藏地区 30 余个旗宗中，有中小学 130 余所，学生约 7000 名，历来共译汉藏文合璧语文教科书 8 种，汉蒙文合璧短期小学课本 1 种，汉回文合璧短期小学课本 1 种，1931 年历书 1 种，以及蒙藏教育等实施方案十数种。尽管国民政府增加了投入，强化了规划，但是由于投入量有限，还不能从实质

① 参见《中华民国史档案资料汇编》第 5 辑，第一编教育，第 817 页。

② 参见中国第二历史档案馆档案，代号：一四一，档案号：97。

③ 此处"回"实际指新疆维吾尔族。

④ 参见《中华民国史档案资料汇编》第 5 辑，第一编教育，第 833 页。

⑤ 参见《中华民国史档案资料汇编》第 5 辑，第一编教育，第 864 页。

上推进各边疆民族教育的全面发展，边疆民族地区教育仍然十分落后。以宁夏为例，据统计，到1940年，全省拥有国内专门以上学校毕业生仅为34人，肄业47人；中等学校仅有4所，学生共619人；普通小学、短期小学共482所，学生共34924人，小学教师合格代用者共811人；失学儿童69771人，占学龄儿童71%以上；失学民众48万余人，占全省民众95%以上。①

（五）促进边疆民族地区经济社会发展的开发建设政策

1928年1月，国民政府成立建设委员会、资源委员会（1932年称国防设计委员会，1935年改为资源委员会），调查边疆民族地区资源、开发建设边疆民族地区是两个委员会职能的重要组成部分。国民政府加强了对边疆民族地区开发的计划和边疆民族地区的资源调查。1931完成了云、贵、川、西康等省的地质调查，对察哈尔、甘肃、宁夏等省的调查仍在继续，同时拟在边疆地区多觅铁矿、铜矿与石油矿，分别保留或划作国营区，择其最佳者，由国家经营，以充实国防原料；开始筹办开发陕甘川新石油，已在陕、川划定国营区。②

“九一八”事变后，东北丧失，国民政府更加注重西北边疆开发，并强调要以西北为复兴基地，提出各种开发西北的系列计划和决议案。1933年，在国民党四届三次中央全会上有60项提案，其中有8项与边疆民族地区建设开发相关。西北边疆地区开发成为重点后，国民党中央委员刘守中曾于1932年、1934年先后两次奉命赴西北调查实业，得出的结论是“应以边防为经，实业为纬”，提出“充实边防，经营交通，振兴农村，改良畜牧，开采矿产，提倡工业，减轻民众负担，维护地方治安，培养边务人才，推进蒙旗教育”等10大要务。通过一系列的调查，南京国民政府对西北建设做出一些重要的规划，如1931年5月，建设委员会拟订了内容浩繁的《开发西北计划》，开发计划涉及交通、水利等很多方面。③

1934年6月，全国经济委员会通过《西北建设实施计划及进行程序》，计划分公路、水利、卫生、农村建设四部分。从取得的实效来看，开发建

---

① 参见胡平生《民国时期的宁夏省》，学生书局，1988，第383页。

② 参见《中华民国史档案资料汇编》第5辑，第一编财政经济（五），第178页。

③ 参见刘政美《抗战前的西北交通建设》，《民国档案》1999年第2期。

设除了特定地区金矿等矿产开发外，还集中于公路、铁路和邮路等方面。全国经济委员会从 1934 年 3 月筹款直接兴筑西兰公路，至 1935 年 5 月竣工，土路通车，共计耗资 93 万余元。[①] 1934 年至 1936 年期间，国民政府在西北修筑的土路、省际联络公路等 10 多条，总里程达到 9200 多公里[②]，对这一地区交通条件的改善产生了重要影响，增强了边疆民族地区与中央政府的联系。

在边疆民族地区发展邮务也是国民政府加强与边疆民族地区联系和国防建设的一项重要工作。据 1936 年统计，自 1933 年，边疆民族地区的邮政条件有所改善，当时滇康邮路总长为 1130 里，甘孜经德格至玉树线长 1000 里，玉树至湟源线长 1380 里，巴安经白玉至德格线为 900 里，在西康还设各级局所近 20 处，一些村镇设置了信柜。与此同时，四川、云南、贵州三省邮务之联络有所增强，1935 年以后开设局所及信柜 21 处，邮路约 1200 余公里。[③]

铁道部推进边疆民族地区的铁道建设，而且有着自己的建设计划，其计划中的陇海线潼宝段 1936 年已完工，与西南边疆相关的铁路建设计划主要有成渝线（施工期 2 年半，计划于 1937 ~ 1938 年间完成）、黔滇线（施工期 4 年，计划于 1947 ~ 1950 年完成）、川黔线（施工期 4 年，计划于 1947 ~ 1950 年完成）。但是，随着政治社会环境的变迁，这些计划逐步落空。

结　论

国民政府初期十年奠定了对边疆民族地区治理的基本制度框架和政策系统，蒙藏委员会是中央政府专门管理蒙藏问题的机构，而军务、党务机关是强化军事力量和国民党对边疆民族地区影响的机构，涉及边疆民族地区的教育、经济建设内容则分别由各专业部、会来管理，至于地方政府则是管理区域性边疆民族的重要依托。在一个地域广大的多民族国家，一个事权分散、缺少统筹管理边疆民族事务机制的政府，很难满足国家整合、

① 参见刘政美《抗战前的西北交通建设》，《民国档案》1999 年第 2 期。

② 参见刘政美《抗战前的西北交通建设》，《民国档案》1999 年第 2 期。

③ 参见《中华民国史档案资料汇编》第 5 辑，第一编财政经济（九），第 600 ~ 601 页。

民族团结的管理需求。事权分散和缺少统筹，使得管理本身“事权分属，政令分歧，使边民无所适从，浸假失其敬信”，加之“人才不足，各有其计划，各种施政不能配合，步调不能一致，此出彼入”，[①] 加深了机制缺失的负面影响。从国民政府初期十年的政策内容和目标来看，为推进社会政治整合而施行的政策占有相当高的比例，实施力度也相对较大，但是缺少持续性和统筹性，其以推进民族同化为旨归的教育政策相对来说更为规范，显示出逐年推进的特点，至于经济开发建设政策不仅政策投入量小，执行力度也十分有限，特别是一些开发项目常常成为官僚机构掠夺各民族群众财富的合法性来源，对政治整合不仅未产生应有的正面影响，反而引发了人民群众的抗争。总体来说，南京国民政府初期十年边疆民族事务管理机制仍然处在初步形成阶段，受到军阀争斗、行政经费、行政经验以及行政效能甚至国际关系等多方面条件的限制，政府统筹不力，难以满足中央政府建立党治的需要，更不可能满足社会发展的需要，但是从一个较长的历史时段来看，这些机构功能的发挥对统一多民族国家整合仍然起到了一定历史作用。

（《中国边疆史地研究》2005 年第 3 期）

① 黄奋生：《边疆政教之研究》，商务印书馆，1947，第 32～33 页。

国家权力扩张下的民族地方政治秩序建构

——晚清康区改流中的制度性选择

卢　梅

近代国家通过权力扩张来实现各种政治诉求。而实现这种权力扩张最直接的路径之一，就是制度性建设。一方面通过政策性调整，另一方面通过制度性变革，近代国家将权力逐步渗入基层社会，“这是从政权分封的封建时代向近代中央集权国家发展过程中的一个重要环节”①。

鸦片战争以后，清政府在解决边疆问题的政治实践中，已经必须面对基于西方国家主权观念所形成的新型国家观和国际关系。中国历史上依靠朝贡体系所维系的天下国家，以及权力、义务边界模糊不清的“藩部”“属国”概念，凸显出中国传统治边政策在新时代背景下的制度性不足。清政府在重新调整边疆政策的过程中，逐步摒弃了已经沿用上千年的“羁縻怀柔”原则，代之以寻求边疆与内地政治体制的一体化。

清政府对康区传统政治制度的解构和建构过程，是清末新政的一部分，也是中国近代社会中国家对民族地方事务从有限干预到全面干预的转变过程。在具体的改制方案和制度框架选择上，最初只是为了应对特殊的、临时性的危机或问题，“杜英人窥藏之路”②。这种应急性、地方性策略，将边疆经略中“设行省”“改郡县”的传统经世脉络付诸建设现代民族国家才要求的相对单一的政治构架，契合了当时现代化的大潮流，最终上升为国家治理边疆的宏观政策。

国家重构康区政治秩序的新规划在基本制度框架选择上调用了传统的

---

①　黄宗智：《华北小农经济与社会变迁》，中华书局，2000，第29页。

②　吴丰培：《清代藏事奏牍》，中国藏学出版社，1994，第1026页。

政治资源，曾经历了仿金川五屯改制、增设厅道、仿宁夏青海之例采用军府制、新建行省等不同方案的讨论和尝试，最终结果选择了“设立军府制的川滇边务大臣衙门”，但是“改设行省”始终是这场变革中最强烈的呼声。本文尝试从清末康区改流中对不同改制方案的探索，以及对传统政治资源的摒弃与再利用，分析国家如何通过制度建构的方式，逐步将权力向民族地方的基层社会扩张伸延，使康区传统社会中的政治格局逐步被瓦解，并依照现代国家的模式重构。

一　二元架构：权力分配的历史传统

政治制度大致包括三个方面的内容：一是组织结构；二是正式制度安排；三是非正式规范和惯例。历史上的土司制度既包括具有法律地位的制度设计，也包括对边疆民族地方政治传统和非法律规范的接纳和认可。作为中央政府在边疆民族地方事务管理上的一种制度设计，土司制度的建立是国家权力让渡的结果。在这一制度框架中，中央政府将一部分应属地方官僚掌控的行政权力，划分给少数民族地方的政治领袖，使他们以政府官员和民族领袖的双重政治身份，效忠于朝廷，维护和控制治下基层社会的正常运行。土司和土司制度在大一统国家中的存在，表明了中国传统国家形态和组织结构的复杂性，也体现出中央政府针对不同民族区域特性在施政方针中所表现出来的多样性和灵活性。这一制度设计，使国家以管官不管民的形式，通过控制民族地方的政治精英，将民族地方的本土性政治资源，成功地转化为国家对民族地方的权威控制。

清朝政府对土司的管理以分而治之为原则，具有法典化、程序化的特点。《大清会典》《大清会典事例》《理藩院则例》中对土司的品秩、承袭、赏罚、赋税、征调、朝贡等内容作出了明确、详细的规定。作为政府官僚体系的一部分，土司与中央王朝保持着缴纳赋税、接受征调、定期朝贡等封建隶属关系。土司权力的承继和转移过程受到国家法律规范的保护和约束。

在地方官僚体系当中，中央政府委派的流官与土司形成了“流土兼治”的二元政治架构。土司与流官的权力边界，在于对地方行政事务管理权的分割上。通过建立在府、厅级别的流官体系，朝廷得以监督和制约土司，实现对土司地方事务的有限干预。土司在处理本民族内部事务上具有很大的独立性，其政权结构生成于自身的传统，与流官系统具有很大差别，带有浓郁的民族特色。二者间的巨大差异造成土司与流官系统在行政事务管理上普遍不具备良好的衔接性。这种权力分配方式，使中央和各行省对民族地方的基层社会难以产生实质性的影响。这也是改土归流的最根本原因。

康区土司制度始自元代。清政府对康区土司的认定册封，集中在康熙至嘉庆几朝，特别是雍正朝。在全国大规模推行改土归流的时候，康区的土司制度却得到了强化和发展。与土司制度的发展相对应，清前期康区的流官体制处于初创阶段，以少量的驻军为始。康熙之前，清政府对康区的治理采取了假手和硕特蒙古的策略，仅“设汛于此”[①]。控制康区的蒙古营官与土司屡有摩擦，朝廷鉴于当时的政治环境没有直接介入干预双方的龃龉。康熙二年（1663），清政府在化林坪的驻军改汛为营，有守备1员、马步兵丁200名。[②] 这是清政府在康区早期的常设兵力。康熙三十五年，化林坪驻军的实力得到充实，增设千总2员、把总3员、兵375名。西炉之役[③]以后，清政府把和硕特蒙古势力驱逐到雅砻江以西，并委派粮员，开始着手建立清政府在康区的行政系统，以确立对土司的直接统治。康熙四十一年，清政府划拨了化林营的把总1员，带兵50名，长期驻扎在打箭炉（今康定）防守钱粮，同年九月又在打箭炉设粮员，置护粮外委和马、步兵46人，按绿营兵制每3年一换。康熙四十三年，化林营升为协，改设副将，负责控制打箭炉及其以西新归附清朝的土司属地。[④]

雍正朝是康区流官体系设置的分水岭，朝廷在这一地区建立起比较完备的流官系统。雍正七年（1729），清政府在打箭炉设立打箭炉厅，是属于散厅性质的行政单位。雅州府移同知分治其地，“兼辖番汉”，“自理塘、巴塘以西，直抵西藏”[⑤] 皆归其管辖，隶属四川省建昌道。凡边地各土司所属

---

① （清）《雅州府志》卷十《化林营制》。

② 参见任乃强《泸定考察记》，《任乃强民族研究文集》，民族出版社，1990，第81页。

③ 康熙三十八年，蒙古营官昌侧集烈打死了明正土司蛇蜡喳吧，次年又进犯烹坝等地，扰及雅州，隔大渡河与清军对峙，史称西炉之役。事件发生后，理藩院侍郎满丕与四川提督唐希顺奉命征剿，诛杀昌侧集烈，历时半年平息了叛乱，复置长河西鱼通宁远宣慰司，并乘胜招抚打箭炉以外、雅砻江以东的大小50余部落。新附的咱里土千户和48家土百户交明正土司管辖。清廷为加强对这一地区的控制分出化林营兵575名驻打箭炉以资震慑，又修建泸定桥以便利交通。

④ 参见（清）《雅州府志》卷十《化林营制》。

⑤ 常明、杨芳灿等：《嘉庆四川通志》，巴蜀书社，1984，第1262页。

的土地、人民、政事均归各土司管辖，由打箭炉同知监督执行。以散厅建制和打箭炉同知统领管理康区土司的政治架构，一直到光绪末年才发生根本性的变化。

清政府在康区的流官分文武两套系统。从目标和职能上分析，由于流官设置最初的重要任务是为转运西藏所需要的粮饷并保证驿路畅通，满足清政府对西藏军事行动的后勤补给和信息传递，所以在打箭炉迤西地方首先常设的是驻军，流官设置中的武职较文职为多。军事长官与行政长官在职掌上往往有所穿插，基本上是由阜和协负责军事防卫和地方治安，负防务缉捕之责；粮饷器械运输事务，则由打箭炉同知统办。打箭炉同知复加营务处之衔，有调遣边地戍军之权。理塘、巴塘、察木多、拉里、前藏、后藏6个粮台均受命于打箭炉同知。如果遇有匪盗，打箭炉的行政长官可以咨请当地戍军缉捕捉拿。各塘汛武官也经常兼理民情诉讼。[①]

雍正时期，清政府不仅明确了康区土司与流官之间的权力分野，还划定了西藏与四川、青海、云南之间的界址。[②] 此后各地管辖权限，即依雍正朝勘定的界址执行。这也是清末改流时赵尔丰等人一再强调康区土司川属的根据。

二　设屯建厅：改土归流的先期尝试

自雍正朝确立康区流土兼治的二元政治架构之后，清政府对康区的统治一直处于比较平稳的状态，虽然时有土司叛乱，但规模都不足以对清王朝的统治造成直接的威胁。鸦片战争以后，随着列强侵略势力的不断渗透和扩张，夹处于内地与西藏之间的康区在战略地位上的重要性逐步上升。清政府中一些对国内外形势变化比较敏感的官员，意识到土司问题对边疆安全的重要意义，开始重新思考定位康区的土司制度。

在清末大规模改流前，时任四川总督的鹿传霖就如何解决康区土司问

① 参见陈志明《西康沿革考》，拔提书店，1933，第60～63页。

② 雍正四年，周瑛、鄂齐、班第等会同川、藏、滇三方官员，共同勘测了地界，决定以金沙江西的宁静山为界，以西为达赖喇嘛的香火地，以东属四川，中甸属云南，并分别在宁静山头、邦木塘（巴塘）、达拉寺（达拉山）竖立了界碑。经过这次勘界，明确了西藏地方与川、滇二省的辖区范围，防止了川滇藏纠纷的发生。

题曾经进行过一次改革的尝试。目标是针对当时由西藏噶厦政府管理的瞻对土司。

有清一代，瞻对是康区土司中仅有的不归四川节制而由噶厦委派官员管理的土司。瞻对属藏，源于同治朝时噶厦曾出兵协助清政府平定瞻对工布朗结之乱。战乱平息后，清政府为冲抵噶厦垫付的军费，将瞻对赐予达赖喇嘛，从此由西藏委派官吏收取赋税，成为噶厦在康区诸土司中的飞地。噶厦以此为跳板，利用康区僧俗民众对宗教的信仰扩充势力，甚至以武力侵夺强占其他土司地界。

对于如何解决瞻对土司问题，鹿传霖没有仅仅停留在采取军事镇压和个案处理的层面上，而是开始考虑到土司问题对西南边疆的深远影响，提出了改流设治的新构想。光绪二十二年（1896），鹿传霖借清军再次平定瞻对的机会上奏朝廷，重申他以往曾提出的收瞻之议。鹿传霖认为，当初将瞻对划拨噶厦管理，只是一时权宜之计。驻瞻藏官依靠噶厦势力，乘清政府管理松懈的机会，“连年侵占明正土地，寻衅构兵”，更借章谷、朱窝土司争袭之机，“竟敢纠众赴章谷勒令投彼”。在瞻对藏官的威胁下，周边的巴塘、里塘及霍尔、瓦述等十余土司，“皆以川省威令不行，相率依附瞻对”。瞻对问题之所以棘手，“实由达赖之顽抗。惟其有藐视汉官、违背朝廷之心，故敢出此。今收回瞻地，以示薄惩”①。除达赖喇嘛和噶厦以外，鹿传霖更为担心的是西方列强会以瞻对为跳板，侵占中国权益。他将康藏事务统筹考虑，预计“英兵入藏议约，将来必清查川藏地界”。如果继续保持瞻对属藏的状况，“不趁此时早为设法速将瞻对收回川属，撤去番官”，“一经英人清界，则瞻必属英”。不仅如此，瞻对“距川边打箭炉甚近，且将德尔格忒土司隔于外”，一旦有事，瞻对以西的广袤国土“势必全为（英国）占有。是自弃千数百里之地，逼近川疆，为患实非浅鲜”。②

鹿传霖的收瞻主张得到了左都御使高燮曾的支持。高燮曾认为，“瞻对关系川藏大局”，“万不可再委之西藏，一任番官恣意妄为”；而且英国“于滇边地方测量道路，所过土司俱胁令归附”，一直在寻找深入西南地区的突破口，“惟遇有汉官驻扎处，则止不复前”，因此坚决主张“为固圉计，非

---

① 《鹿传霖密陈瞻对亟应收回改设流官疏》，《清末川滇边务档案史料》，中华书局，1989，第15页。

② 《军机大臣鹿传霖致外务部筹办瞻对疏节略》，《清末川滇边务档案史料》，第14页。

于边界设官不可”。他分析认为，“四川徼外各土司，疆宇袤远，实有鞭长莫及之势”，“打箭炉厅只设同知一员，职分未崇，难资控驭”，因此建议在“里塘、巴塘、江卡、察木多等处，安设台站粮员”，“于厅城设分巡道一员，统辖里巴江察各粮员，兼管炉关及矿务茶务”，“再于里塘以南与云南中甸接壤处设文武官员一二员，永远驻守”，“将阜和营副将改设总兵”以资震慑，这样可以“无事则羁縻勿绝，有事则声息亦通”，“杜英人窥藏之路”。①

鹿传霖受到高燮曾等官员的支持鼓舞，提出了自己一套比较完整的经营川边的设想。他把筹边诸事划分为“应及时急为经营者”和“应稍缓逐渐推广者”② 两类。需要及时查办的事务是将瞻对和打箭炉都改设直隶厅，归属建昌道，并将建昌道移至打箭炉；将章谷、朱窝两土司仿金川五屯之制改土归流，设屯官；麻书、孔撒、白利三土司分别隶属于两屯官，归瞻对直隶厅同知管辖；添设游击，与同知同城；在德格设屯官、都司，隶属于瞻对；派员将各处疆域、赋税、户籍等分别勘定，抚绥羁縻，以收人心。

在鹿传霖积极准备将瞻对、德格等川边土司次第改流的时候，中枢内的政策导向发生了变化。这一变化首先是因为受到驻藏大臣文海的影响。文海原本支持鹿传霖收瞻归川的主张，但后来态度却发生了逆转，向朝廷反映达赖喇嘛对瞻对问题的不满，而且暗示瞻对问题是因为鹿刚愎自用导致的结果，并非出于对国家社稷安全的忧虑。他还专门上《德格土司改流一节请作罢折》，指摘德格土司改流之议完全是鹿传霖“将错就错”“决不认过”的结果，将“大有后患”。③ 与鹿传霖一直存在矛盾的成都将军恭寿也提出了反对意见，抱怨鹿在奏陈土司改流的问题上未曾与其会商，“竟将衔名列入折内，事后始行移知，从来无此办法”④。恭寿建议由此时正在打箭炉的驻藏大臣文海就近办理德格、章谷、朱窝改流的问题。

受到文海和恭寿的影响，清政府转而批评鹿传霖“偏执己见，以致难以约束”，不合朝廷“从来办理边疆重务，总以持平稳慎为主”⑤ 的作风。

① 吴丰培：《清代藏事奏牍》，第 1026 页。

② 吴丰培：《清代藏事奏牍》，第 1023 页。

③ 吴丰培：《清代藏事奏牍》，第 1051 页。

④ 参见《成都将军恭寿为德格改流未先会商请旨嗣后边务即著川督办理折》，《清末川滇边务档案史料》，第 21 ~ 23 页。

⑤ 《清德宗实录》卷四一〇，光绪二十三年九月辛卯条。

十三世达赖喇嘛看准时机，通过理藩院直接奏请赏还瞻对地方。清政府原本已经预计到噶厦绝对不会就此放弃对瞻对的控制，由此“激生事端”而导致“驱令外向”[①] 的严重后果。由于对“卫藏情形仍无把握”，所以清政府对“事定之后应否仍设番官”犹豫不决，想“从缓再办”。[②] 在文海、恭寿的反对下更打消了收瞻的念头，下令“改土归流著毋庸议”[③]，调鹿传霖回京。鹿传霖对朝廷的这一决定深感痛心，一面申诉实情，一面恳求新任川督继续收瞻事宜，然而结果却是朝廷决定让恭寿代署川督职权，由文海负责调查德格、朱窝、章谷等土司情形。文海称，德格土司无故改流，人心不服，引起各土司疑惧，达赖喇嘛也深感不平。对朱窝、章谷、瞻对也不必改流，应按照懋功五屯设立屯官。[④] 恭寿在汇报对瞻对的调查情形时，再次否认鹿传霖收回瞻对的必要性，说瞻对并不在川藏大道之上，仅为入藏的支线，其地矿产有限，不足以作为开源富强之本，达赖并无叛逆情形，最好筹议赏还。[⑤]

在文海、恭寿等人的竭力鼓动下，光绪皇帝将“所有三瞻地方，仍着一律赏给达赖喇嘛授受，毋庸改土归流”，命噶厦“慎选番官，严加约束，毋得再有酷虐瞻民、侵扰邻近事”，“一切善后事宜，着恭寿妥为经理，以期永远相安”，[⑥] 并放回了当时被羁押在成都的德格土司。次年又下旨将章谷、朱窝、瞻对三处屯官裁撤，“用示开诚布公抚绥藏卫至意”。[⑦] 只有章谷土司因绝嗣无人承袭，改炉霍屯，成为这次改流仅存的成果。至此，鹿传霖等人围绕瞻对归属问题而引发的川边经营计划遂告终结。

从表面上看，这次改流的破产是官员之间相互倾轧的结果，朝廷中的大部分官员对类似瞻对这样的荒蛮之地属川还是属藏有可能带来的连锁反应缺乏认知，对康区的战略意义估计不足。但实际上导致鹿传霖改流半途而废的主要原因，是此时的清朝中枢内仍将边疆防卫重点放在“保藏”之

---

① 《清德宗实录》卷三九五，光绪二十二年九月丙申条。

② 《清德宗实录》卷三九四，光绪二十二年八月庚辰条。

③ 《清德宗实录》卷四〇九，光绪二十三年九月己丑条。

④ 参见《文海遵旨查办德格土司献地案办理情形及朱窝、章谷、瞻对改设屯员折》，《清末川滇边务档案史料》，第27～29页。

⑤ 参见《川督恭寿查明瞻对用兵缘由请将瞻地赏还折》，《清末川滇边务档案史料》，第33～36页。

⑥ 《清德宗实录》卷四一二，光绪二十三年十一月甲午条。

⑦ 《清德宗实录》卷四二三，光绪二十四年七月丁巳条。

上，竭力避免任何方面借口生衅而导致西藏局面动荡。在鹿传霖军事行动告捷之后，光绪皇帝及军机大臣等对如何处理后续问题一直犹疑不决，认为："三瞻虽已全克，或收回内属，或赏还达赖，均于大局颇形窒碍，实属势处两难。即使酌赏银两，能否令其心服，亦无把握。向来藏内军饷归番商汇兑接济，兵米亦资商上。倘达赖因此觖望，诸事掣肘，将来印藏勘界一事更难著手。是收回一说谈何容易？然使竟赏还达赖，又恐藏番生心，威胁邻境各土司，以致出关路阻，将来驼只无人供应何以入藏？是径行赏还，亦有不可。此事鹿传霖力主改设汉官，惟以上窒碍情形不可不熟思审处。"① 所以，当文海、恭寿等人攻讦鹿传霖在瞻对问题上处置失当时，唯恐轻启边衅的清政府对改流计划的态度立即发生了全面逆转。

三　川边设治：从蓝图到实践

清代前期富于弹性的朝贡体制与清代后期行省制扩张之间的分界，是西方列强对中国边疆地区的入侵。清朝末年，随着边疆危机的逐步加深，清朝政府摒弃了中国历史上各朝代对多重政治结构和文化的认同，致力于将多重社会体制纳入一个相对单一的政治构架之中。土司制度作为国家政治制度的一部分，在节约政治统治成本的同时也导致了国家管理体制的复杂化，在某种程度上实际降低和限制了国家的政治动员能力。土司与流官系统衔接不良的弊病严重影响到国家统一和边疆安全。各方人士关于筹边改制的具体意见虽不尽相同，但有一个共同的观点，即主张废除边疆地区"因俗而治"的多元化管理体制，使边疆与内地在制度上融为一体，在近代民族国家主权和领土完整的意义上，重新设定边疆各民族地方与中央政府的相互关系。

首倡边疆建省之议者当推龚自珍。② 但是他在道光时期提出的政治主张在当时并没有得到重视。经过新疆建省的实践，"设行省""改郡县"被证明在强化中央对边疆的控制上是行之有效的。郡县其地作为一种仍局限于经世思路之中的政策主张，被赋予了国家现代化的新意。西康建省之议，与清末新政时期的行政区划调整有关。朝廷试图利用行政区划调整，强化

① 《清德宗实录》卷三九六，光绪二十二年十月己丑条。

② 参见《西域置行省议》，《龚自珍全集》，上海古籍出版社，1999，第105页。

对地方势力的控制。光绪二十九年，赵尔丰已经提出了改康地为行省，改土归流设置郡县的建议。光绪三十一年，内阁中书尹克昌有鉴于西藏危机以致影响川滇大局的形势，奏请在川边地区划出四川雅州府、宁远府、打箭炉厅，云南丽江府、永北厅、永宁土府，以及巴塘、里塘、明正、瞻对各土司，添设建昌行省。[①] 次年，更有人提出将西藏也改建行省的设想，认为："中国若欲保西藏，为两川之屏蔽，使人之势力不能由印度以直达西藏，长驱而入，贯通于扬子江诸行省；则保藏即所以保两川，保两川即所以保湘、鄂、皖、豫、宁、苏六省之腹地。西藏改为行省一策，万不能坐失事机，再缓须臾。"[②] 光绪三十三年四月，两广总督岑春煊奏请统筹西北全局时提出，应在川边与西藏"分设二省，以统筹西北全局"[③]。当时，赵尔丰尚没有把握完成川边地区改土归流的工作，"以其时番人顽梗，未识兵力能否荡平"，故不敢"操切议覆"[④]。直到宣统三年（1911）三月，赵尔丰才对此作出积极的回应。

当时的社会舆论要求在川藏建立行省的议论之多，以致因不同的建省方案而出现争论：一种方案是在四川西部藏区设立一行省，主张"将四川划为两省，分设川西巡抚以董理之，而仍受成于总督"[⑤]。这一设想得到许多政府官员的赞同。第二种方案是划出四川雅州到云南丽江一带土地，设立"建昌行省"，使之成为"西藏之咽喉"。[⑥] 方案之三是在西藏与四川交界处设一行省，认为"今日最急之务无它，惟严画蜀藏之疆域设行省于宁静山内而已，非弃卫藏不顾也"[⑦]。这三种方案大同小异，其根本落脚点仍在于实行边疆与内地在政治体制上的一体化政策，以断列强侵略之心。

川边大规模改土归流前，清政府对这一地区行政设置进行了先期调整。光绪二十九年，新任四川总督锡良尚未到职，就与驻藏大臣有泰会奏清廷，获准将驻藏帮办大臣驻所移往川藏之间的察木多（今昌都），以便"居中策

① 参见《内阁中书尹克昌奏请添设建昌行省折》，《东方杂志》第2卷，1905年第8期。

② 《拟改设西藏行省策》，《东方杂志》第3卷，1906年第2期。

③ 《两广总督岑春煊统筹西北全局酌拟变通办法折》，《清末川滇边务档案史料》，第925页。

④ 《傅嵩炑请建西康行省折》，《清末川滇边务档案史料》，第1033页。

⑤ 《筹藏论》，《南方报》乙巳年（1905）八月二十日。

⑥ 《内阁中书尹克昌奏请添设建昌行省折》，《东方杂志》第2卷，1905年第8期。

⑦ 《蜀西分省刍言》，《东方杂志》第6卷，1909年第12期。

应”，控制川藏交界地区。[①] 锡良又与成都将军苏噜岱会同上奏朝廷，请将原雅州府属打箭炉厅升为直隶厅，改隶建昌道，与雅州府划疆分治，以利加强管理关外土司。[②] 清政府赞同锡良和苏噜岱对川边局势的分析，遂将原属散厅性质的打箭炉厅升格为直隶厅。清代的散厅辖于府，而直隶厅则隶于各行省布政司。直隶厅因其直辖于省，在行政序列上与府平级。二者的不同处在于，府辖县而不亲民；直隶厅州既亲民又辖县。散厅则不辖县。直隶厅的长官同知、通判地位略高于知州。锡良与苏噜岱将打箭炉升为直隶厅的举措，实际上是不动声色地为在土司辖地改流设县预埋了伏笔。

对于具体的改流方案，清政府考虑“巴、里两塘距省过于辽远，究属鞭长莫及，宜有文武大员常川坐镇，方足以资控制而固藩篱。若于该处一带添设镇、道各一员，并将四川提督移驻川西，庶几消息灵通，声威自壮，地方屯垦、工艺诸事亦可次第振兴。寓兵于农，整军经武，以期一劳永逸，边圉乂安，实为未雨绸缪之要计”[③]，命四川总督锡良统筹全局。锡良的解决方案与中枢的设想有所区别，他计划建立一个将“川、滇、边、藏声气相通，联为一致”，从而达到“一劳永逸”的川边管理机制。[④]

光绪三十二年，驻藏帮办大臣凤全在巴塘被杀。锡良显然认定可以借这一机会开始康区的改土归流。他与成都将军绰哈布会同上奏朝廷提出，有鉴于“打箭炉西至巴塘、贡噶岭，北至霍尔五家，纵横各数千里，设官分治，事理极繁”，应“乘此改土归流，照宁夏、青海之例，先置川滇边务大臣，驻扎巴塘练兵，以为西藏声援，整理地方为后盾”。[⑤] 清廷批准了锡良和绰哈布的奏请，决定设置川滇边务大臣，并任命在巴塘办理善后事宜的赵尔丰为督办川滇边务大臣，专力负责对康区的经营。自雍正以后，清政府在康区设立的打箭炉同知，里塘、巴塘、察木多各地粮员，以及驻扎在各要地的副将、游击、都司、守备、千总、外委等官员，遇事无专断之权，须层层上报至四川总督。由于交通和通信困难，处理边务极为不便。川滇边务大臣的设置改变了康区隶属四川、遥制不易的弊端。清政府设置

---

① 参见吴丰培《赵尔丰川边奏牍》，四川人民出版社，1984，第44页。

② 参见《锡良、成都将军苏噜岱请升打箭炉同知为直隶厅折》，《清末川滇边务档案史料》，第5页。

③ 《清德宗实录》卷五四九，光绪三十一年九月辛未条。

④ 《锡良、绰哈布奏设川滇边务大臣折》，《清末川滇边务档案史料》，第90页。

⑤ 《锡良、绰哈布奏设川滇边务大臣折》，《清末川滇边务档案史料》，第90页。

川滇边务大臣，是依照西宁办事大臣之例，以军府作为其规制的。[①] 川滇边务大臣衙门组织结构简洁，只设有8科：吏治科兼外交科；民政科；农工商科；度支科；礼科兼学务科；军事科兼邮传科；法科；检验科。每科设司事一人，负责处理科内日常事务；司书二人，管理档案、文牍等事。大臣之下各科之上设文案委员，收发监印委员、缮校委员、缮折委员各一人，职责为管理收发文件、监印、处理大臣交办的其他事务。还设藏文翻译生二人，藏文司书生二人，负责藏文公函。文武巡捕各二人，负责缉审案犯。根据宣统二年的造报清册，川滇边务大臣衙门的全部员司仅36人。[②] 由于川滇边务大臣的设置，康区在清末政治生活中的地位得到提高，虽未正式建省，但其官署的修建、经费的支配、官吏的任命、军队的调防等，均被视为一省对待。

赵尔丰在川边大力推行改土归流，军机处却认为川边设立数十州县，已不符合军府规制，若建立行省，则又回旋不足，是以已有撤销边务大臣的念头，而将建昌道移设，归四川总督管辖。赵尔丰为此致函川督赵尔巽："查边地所辖，现在广袤数千里，较四川一省有过之而无不及，本非十余州县所能治理。而现在之江卡、乍丫、左贡、桑昂、杂瑜、察木多等处，即应奏请设治，大约又须有十余州县，方敷分布。"而且"云贵建省，亦久赖川中助款，是皆地不足以养其民，民不足以养其官，而先朝必建置之者，非仅侈开拓之功，实为固疆域之计"[③]。军机处又以此事函咨理藩部。理藩部认为川边断非设一道员所能统治，但也不能作出决策，又一次函商于赵尔丰。赵尔丰在回复中仍建议边地应设行省，强调"至边地改流设官之后，须建行省，使名义早定，将边藏地界划清，则边为觇顾之地，于大局前途有益，将来免受亏损"[④]。经过上述反复讨论，清政府最终同意仍设川滇边务大臣，并于宣统三年二月初六日正式议准。对于川边设治各节，会议政务处议复认为："打箭炉厅为川藏枢纽，出关乌拉，调用土司部落，如权限不属，则呼应不足。拟将打箭炉以外之属地，划归边务大臣管辖，系为统一事权起见，虽边务大臣与内地省制不同，而四川总督既有鞭长莫及之虞，

---

① 参见《清史稿》卷一一七《职官四》。

② 参见张为炯《清末川滇边务大臣衙门之组织》，《康导月刊》第2卷，1940年第1期。

③ 《赵尔丰函复赵尔巽详陈枢府所询川边设治各节》，《清末川滇边务大臣档案史料》，第714页。

④ 吴丰培：《赵尔丰川边奏牍》，第329页。

则以军府之规，任地方之责，创始经营，自可从宜办理。他如明正、霍尔五家、道坞、冷碛各蛮部地方，次第开化，并应责成该大臣妥慎经画，逐渐施行”①，并同意添设边北道一缺，德化、白玉知州二缺，石渠、同普知县二缺，统归边务大臣管辖。②

傅嵩炑接任代理川滇边务大臣以后，继续在康区推行改流，一面对试图反叛的土司严厉镇压，并将瞻对改流设瞻化县，迫使驻瞻藏官于宣统三年撤回西藏，结束了40余年由噶厦派藏官管理该地的旧例；一面着手建省的各项事宜，并于巴塘修建了衙署。经过自光绪三十一年至宣统三年的苦心经营，康区各项政要粗具规模，与内地相一致的政治制度被同时建立起来。在边务大臣设置的道府州县中包括道二：康安道、边北道；府四：康定府、巴安府、邓科府、昌都府；州一：德化州；厅二：理化厅、三坝厅（后改为义敦县）；以及河口、稻城、定乡、盐井、白玉、同普、石渠、得荣、瞻化、科麦、察隅、思达、察雅、贡觉、宁静各县。

宣统三年六月十六日，傅嵩炑正式向朝廷奏请设立西康省，并建议将原边务大臣改为巡抚。对改设行省的理由，傅嵩炑强调是由于中央对土司地方的控制不力，造成了川边“各处土司喇嘛，只知有西藏，不知有朝廷”的被动局面，而造成这种局面的原因之一“殆因藏未建省，名义未定之故”。所以“以康建省，俾定名义而占领土”③，是一种解决问题的有效办法。傅嵩炑的建省计划因为清王朝的垮台仅留下一纸蓝图，在有清一代未能实现，但西康建省的一切基础均于当时已备，为民国时期西康正式建省奠定了基础。

四　改土归流：基层秩序的瓦解与重建

改土归流打破了土司制度框架下中央政府只管官不管民的状态，使中央政府的控制能力逐步向基层社会延伸。为达成强化控制的目的，赵尔丰以《巴塘善后章程》为蓝本，制订了一套完整的方案，试图改变土司治下

① 《会议政务处议复赵尔巽等会筹边务片》，《清末川滇边务大臣档案史料》，第853页。

② 参见《会议政务处议复赵尔巽等奏德格、春科、高日土司改流设治章程折》，《清末川滇边务大臣档案史料》，第855页。

③ 参见《傅嵩炑请建西康行省折》，《清末川滇边务档案史料》，第1032～1034页。

基层社会的管理方式。

赵尔丰通过颁布《巴塘善后章程》明确宣布：康区“全境皆大皇上地土，无论汉人、蛮人皆为大皇上百姓”，从此永远革除土司之职。“土司从前所设马本、协廒、更占、百色、古噪等名目，一概裁撤不用”。这实际上就是将土司从治下民众的政治权威中剔除，将皇权或者说是国家权威置于明确的至高地位。但是赵尔丰并没有想也没有能力把土司的势力连根拔除。他采用区别对待的方式，对土司的政治身份重新加以认定。对遵从改流的土司，视其等级分别授以都司、守备、千总、把总等职衔，将之纳入流官（武职）体制中，并酌留其原有庄园土地一部分或全部作为养赡，少量的还另给养赡银两，以示体恤。对抗拒改流的，则没收全部财产，并予治罪。

赵尔丰在褫夺土司政治权力并将土司转换为政府流官身份的同时，改设汉官管辖地方百姓及钱粮诉讼一切事件。康区流官设置以“地足以养民，民足以养官”为原则，仿照内地办法设治县级建治，设委员一人。各地委员皆征粮税、理诉讼，管理行政事务，直接隶属于川滇边务大臣。设治委员所辖地方再分各区、乡、村，但不由政府派官，而是通过民主选举选出头人建立保甲制度，各村、保负支应差粮、保卫地方、承办公务之责，解决土司被废后出现的基层权力真空问题。设治委员所辖地方，“大抵一县之中，就地面之大小，分设若干区，每区有保正一人；区下分乡，每乡有头人一人；乡之下，复分为村，每村有村长一人。一村之中，户口多者，则每十家分为一牌，牌有牌长一人。凡设县之地，为求指挥便利，更于各保正之上，设一总保，总理全县事务……为县知事催科”①。实际上，乡、村、牌的设置并不明确，这些基层社区中的领导者，往往被通称为头人。按照《巴塘善后章程》的规定：“头人三年一换，仍由百姓公举”，“公正者连举可连任一次”。公举的头人产生后须禀报地方官存案。“每年由百姓分贫富定多少，凑集青稞30克给头人，作办公薪水之费。另外不准向百姓索取分文”。“如头人办事不公，准百姓随时禀知地方官另行公举更换。”② 基于权利与义务相对等的原则，村庄中的佃户差民有选举和被选举的权利资格，

① 杨仲华：《西康纪要》，上海商务印书馆，1937，第274页。

② 《锡良咨请赵尔丰查收转发〈巴塘善后章程〉汉文本》，《清末川滇边务档案史料》，第96页。

因为他们领有面积大小不等的差地，需要相应承担轻重不同的赋役，而作为“花户”的外来移民或流浪者则没有参与选举的权利。

在乡村的管理中，赵尔丰在头人之上附加了保甲制度。“地方官衙门，设汉保正三名，藏保正三名，所有藏汉人民钱粮词讼，由藏汉保正合管。保正工食、薪水、纸张等费，由官筹集，不准向民间需索。惟藏汉语言不通，殊多窒碍，以后汉保正必须通藏语，藏保正必须通汉语，方为合格。”[①]汉人较多的地区，增设汉保正一人。各保正常驻委员衙署，听候差遣，禀承委员意旨，管理钱粮和差徭等事务。“保正给月薪额银五两，由治局按月发给。村长每管一户，年给口食八分，粮税完纳后照发”[②]。清代保甲制的原始创意，是使其成为平衡乡村权力的独立单位，完成国家对乡村“如身之使臂、臂之使指”[③] 的控制，所以有意绕开乡村的自然区位系统，采用十进制的编制形式，尽量摒斥乡村原有权威力量的干扰。从其基本职能上看，保甲制具有双重功能：一是使高度分散的乡村居民整体上纳入国家控制体系之中，二是实现平民百姓之间的水平监视，以达到有效的社会控制。要达到的实际效果，就是化解乡村社会力量。[④] 赵尔丰在康区推行的保甲制，以选举方法产生村落中的领导者，但是他的计划显然存在重大的障碍。虽然朝廷剥夺了土司的职衔封号，但土司在藏民中仍具有崇高的社会地位，所以康区的保甲长从人选上看仍然是由土司头人充任。也就是说，在川滇边务大臣掌政的时代，政府的基层行政建设没有能力绕开土著性的政治权威。赵尔丰的改流实际上是在国家与土司之间采取折中方式从而达成的一种妥协，并没有真正实现康区土司的官僚化。巴塘的改流模式，成为康区改流的范本，并以《巴塘善后章程》的法律文本形式颁行，成为康区改土归流的规范标准之一。之后赵尔丰每至一地，虽另有改革章程颁行，但基本不脱《巴塘善后章程》的窠臼，所以《巴塘善后章程》又被称为《改土归流章程》。

---

① 《锡良咨请赵尔丰查收转发〈巴塘善后章程〉汉文本》，《清末川滇边务档案史料》，第96页。

② 李亦人：《西康综览》，正中书局，1946，第43页。

③ 《汉书》卷四十八《贾谊传》。

④ 参见王先明、常书红《晚清保甲制的历史演变与乡村权力结构——国家与社会在乡村社会控制中的关系变化》，《史学月刊》2000年第5期。

结　　语

通过改土归流，中央王朝逐步将边疆地区纳入国家的统一行政建制中，并尝试将权力向基层社会延伸。作为国家政治现代化进程中的一个组成部分，清政府在康区推行的改土归流，打破了传统中流土兼治的二元政治格局，通过褫夺土司的权力，在边疆民族地方建立起治同内地的政治体制，消除了康区近乎治外的孤立状态，国家权力得到扩张，土司、喇嘛的世俗及宗教特权被削弱和限制。经此改革，北接青海，南迄巴塘，西到昌都，东抵甘孜的广大地区都处在清政府的直接统治之下。

在清末的现代化过程中，中国政治传统中的多元权力中心和自治因素，在帝国向主权国家转化的过程中逐渐弱化和消失。强化国家对民族地方的控制能力，目标在于巩固国防。清末的改土归流，与传统的军事征服和招降纳叛不同，折射出国人近代国家主权观念的改变和强化。边疆与内地政治一体化对打破各民族之间的壁垒，使之超逾各自狭隘的族群限制，实现政治整合、强化国家对地方的控制能力提供了必要的条件。国家权力在康区的改流中扩张强化，对抵御外侮产生了积极的作用，初步实现了“外以援西藏，内以固川滇”的战略目标。

（《民族研究》2008 年第 5 期）

20世纪30年代内蒙古自治声中蒙藏委员会改组刍议

杨思机

1933年7月，内蒙古锡林郭勒盟副盟长德穆楚克栋鲁普（简称德王）策划召开百灵庙自治会议，援引《国民政府建国大纲》第四条扶植国内弱小民族自决自治的规定，以高度自治名义要求成立统一的内蒙古自治政府。南京国民政府一面谋改蒙藏委员会（简称蒙藏会）为专部，以期整顿边务，一面派人前往百灵庙会商。结果对内蒙古自治有所规划，但蒙藏会改部并未落实。学界对蒙藏会此次改组只是略为提及，对整个过程，尤其是改组动议、部制组织、部长人选及失败因素等重要环节缺乏基本梳理，对内蒙自治引起国内民族观念的变化和蒙藏会改部的用意没有给予足够重视。[①] 笔者以近代报刊资料和档案、日记、回忆录、前人研究等相互比勘，试图重建此次改组的历史进程，探讨制度变革与民族观念的关系，进一步认识蒙藏会的制度性质和国民党对国内民族的政策。

---

① 对此次改组，史筠判断只是机构名称不同，而且很快被否定，这与史实有较大出入。乌兰少布说改组失败源于财政问题及其他技术性问题，未作详论。参见史筠《民族事务管理制度》，吉林教育出版社，1991，第148～149页；乌兰少布：《中国国民党对蒙政策（1928～1949）》，内蒙古大学中共内蒙古地区党史研究所等编《内蒙古近代史论丛》第3辑，内蒙古人民出版社，1987，第210页。关于蒙藏会历史，参考上引史筠一书，以及白尚勤《蒙藏委员会的历史沿革及组织概况》（内蒙古自治区文史研究馆编印：《内蒙古文史资料选辑》第4辑，1996年）、周竞红《南京国民政府初期十年边疆民族事务管理机制与政策》（《中国边疆史地研究》2005年第3期）。关于内蒙自治经过，参考黄奋生编《内蒙盟旗自治运动纪实》（中华书局，1935）、卢明辉《蒙古“自治运动”始末》（中华书局，1980），以及上引乌兰少布一文。

一　蒙藏会改边务部动议提出

表面上看，蒙藏会改为边务部只是南京国民政府处理内蒙古自治这一突发事件的措施之一，但实际上，此事有较长的酝酿过程，也牵涉南京政府机构设置的深层次因素。蒙藏会是南京政府处理蒙藏行政与兴革事宜的机构，直属行政院，下设总务、蒙事、藏事三处。成立后几年虽有所调整，但多为事务部门和派驻机构的增减，并不具变革性质。促使此次改组的远因主要有二：第一，1930 年国民党北平扩大会议提出，要在党内设立“国内民族委员会”。[①] 1932 年 3 月，国民党改组派分子、蒙古族人白云梯在国民党四届二中全会提出，“对于满洲、回回二民族之一般民众生计、教育，亦应设法救济，其财产尤应予以保障，不应置之不顾”。应彻底实行国民党中央有关蒙藏的决议案，“例如一中全会曾经决议中央党部添设国内民族委员会、蒙藏委员会增加常务委员等案”[②]。北平扩大会议的这种主张已经被蒋汪合作后的国民党中央所接受，上升为全党决议。第二，满、回两族的相关要求。1932 年 4 月，前清宗室恒诗峰向洛阳国难会议提出《为欲抵抗外侮必先团结内部应使满蒙回藏在政治经济教育上一切平等案》，认为“民族不能协调”是边疆危机的一大根源。他以满族身份建议，国民会议宜“仿照苏维埃先例，添设民族选举，使各族各出若干人”。连署人有刘复、马邻翼、阿育乐乌贵、巫明远、吴鹤龄、邓长耀、龚德柏、胡健中、刘揆一、阿旺扎巴。国难会议御侮审查委员会将此案转送南京政府参考。[③] 蒙藏会筹设期间，新疆回民代表多次陈请加入，当时国民党未作答复。[④] 1933 年初，国民党颁布训政时期国民参政会组织条例。中国回教青年会宣称，蒙、藏各有六名参政会名额，唯回民独付缺如。“推其用心，无非漠视回民，蹂躏弱小”，要求设立回族专额。[⑤] 满、回两族要求的实质是，以民族为单位

① 参见查建瑜编《国民党改组派资料选编》，湖南人民出版社，1986，第 386 ~ 387、389 页。

② 《中国国民党四届二中全会重要决议案》（1932 年 3 月），中国第二历史档案馆编《中华民国史档案资料汇编》第五辑第一编政治（五），江苏古籍出版社，1994，第 54 页。

③ 参见国难会议秘书处编《国难会议纪录》，沈云龙主编《近代中国史料丛刊》续编第 49 辑，台北，文海出版社，1977 年影印，第 120、277 ~ 279 页。

④ 参见史筠《民族事务管理制度》，第 147 页。

⑤ 参见《中国回教青年学会快电》，《月华》1933 年第 5 卷第 11 期。

设置行政机构和参与政治事务。

把蒙藏会定位为什么性质的机构，和解决满、回两族的诉求密切相关。国民党的办法是，试图通过改革蒙藏会，先消解成立民族委员会的主张和满、回二族的诉求。据时任蒙藏会委员长的石青阳说，1933 年 3 月，他曾向刚成立不久的中央行政法规整理委员会（简称整委会）提议改蒙藏会为边务部，下设“第一第二第三第四等司”，分管满、蒙、回、藏。[①] 整委会第八组负责蒙藏部分，委员长戴季陶也主张蒙藏会改边务部，不过下设“一秘书厅（以代总务司），满洲司、蒙古司、西藏司、回疆司”。[②] 两者的侧重点都在地区，并未明确针对民族。石青阳的建议因“事关边务，并未经中央正式决定前，未便预泄，故外间知者极少”[③]。戴季陶的主张，目前也仅见当时参与整委会的焦易堂略为提及。[④]

内蒙古自治运动爆发后，蒙藏会因建树寥寥成为众矢之的，改组骤然加速。德王倡导高度自治，得到部分王公及一班青年支持，国民党的最初反应是如何平息自治。当时即有蒙人认为，德王等意在寻求政治出路，建议将蒙藏会“还原为纯粹蒙人之机关”。[⑤] 察哈尔省主席宋哲元和绥远省主席傅作义建议将德王调往中央任职，不使其结成整个团体，为行政院长汪精卫采纳。[⑥] 1933 年 10 月 17 日，行政院、蒙藏会、参谋本部等举行联合会议，确定解决内蒙古自治方案三项。第一，“变更蒙藏委员会组织方案”：（1）在中央特设边务部或蒙藏部，直隶行政院，为处理蒙藏行政之中央最高机关，设部长一人，次长二人。（2）边务部各司处，分掌事务，并设各委员会，分任讨论进行之责。（3）边务部应酌定时期，分别召集各边区负有行政责任之首领，及有德望之人士，来京举行会议。（4）边务部与其他各部会，办理国家行政有互相关联者，应随时会商，决定办理。第二，在不变更现有行政区域前提下，于省区内设蒙古地方政务委员会（简称蒙政

---

① 参见《蒙旗迭电促驾黄赵备车待发》，《申报》1933 年 11 月 4 日。

② 《蒙藏会将改边政部》，《中央夜报》第 396 期（1933 年 10 月 23 日）。

③ 《蒙旗迭电促驾黄赵备车待发》，《申报》1933 年 11 月 4 日。

④ 参见《焦易堂先生论集》第一集《最近讲演选要汇编》，南京胡开明印刷局，1935，第 65 ~ 66 页。

⑤ 《内蒙自治问题政府迄在筹商应付之策》，《大公报》（天津，下同）1933 年 10 月 9 日。

⑥ 中国第二历史档案馆藏蒙藏委员会档案，原卷二八〇。转引自卢明辉《蒙古“自治运动”始末》，第 32、40 页。

会）。第三，行政上优先录用蒙人。同时派内政部部长黄绍竑、蒙藏会副委员长赵丕廉前往内蒙古巡视。次日，国民党中政会通过行政院方案，汪精卫附加说明，承认对蒙古的组织联系失之松懈，“对负有一族重望之王公、首领以及曾受政治训练之青年人士，复未能代谋政治出路，每使其失望而去”。至于边务部，需待黄、赵实地考察后，视情形再定。[①] 行政院方案初步确立的方案为：中央设立边务部或蒙藏部，与行政院其他部会平行，在内蒙古设立蒙政会，受边务部指导。

有学人判断蒙藏会改部只是名义不同，并且很快被否定，理由是1933年12月2日修正的组织法仍然规定为蒙藏会，这与史实有出入。首先，并未发现当年蒙藏会修改组织法。[②] 其次，改部实际出现几套方案。据《申报》分析：1933年三四月间，蒙藏会部分委员建议取消委员长制，实行常委制，而石青阳则建议取消常委制，中央对双方建议均不采纳，而是“参照各方之意见，将蒙藏会与参谋本部边务组合并组织，改为边政部”，“下设总务及蒙、藏、回、满等五司”。[③] 蒙籍委员此举旨在罢免汉人委员长石青阳。至于边务组，则是1932年11月，国民党鉴于康藏纠纷愈演愈烈，蒙藏会鞭长莫及，作用不大，故在参谋本部之内增设。该组先后以贺耀祖、黄慕松为主任，前后聘刘朴忱、唐柯三、张西曼、钟体道、桂永清、格桑泽仁、徐培根等十一人为专门委员，拟定各项边务计划，直接对蒋介石负责。[④] 边务组成立后，积极性和重要性有超过蒙藏会之势。教育部曾干脆绕过后者，直接联合前者拟具内容广泛的边疆政策。[⑤] 欲统一边务事权，必然要考虑将蒙藏会与边务组合并。

《申报》披露方案，应为前述戴季陶所拟。具体而言，边务部部长、次长下，设总务及满、蒙、回、藏五组，每组设专委若干人，委员若干人，并指定一人为主任，由原有蒙藏会委员分任各组专员，每组三科，办理各

① 参见黄奋生编《内蒙盟旗自治运动纪实》，第101～102页。

② 参见史筠《民族事务管理制度》，第148～149页。史筠书中详细比较了历次修正的蒙藏会组织法，亦未提及1933年12月修正一事。

③ 《蒙藏会制度将有变更》，《申报》1933年10月22日。

④ 参见《参谋本部添设边务组》，《大公报》1932年11月27日；《参谋本部加聘边务专委》，《中央日报》1933年2月2日。

⑤ 参见《边疆政策及文化》，《大公报》1933年7月1日。

事。[①] 黄绍竑似倾向于戴季陶方案。行政院确立内蒙古自治解决方案以前，黄曾就蒙藏会改部一事与石青阳有所商洽。报载，“黄部长提议改部之内容，与石案并无出入，不过名义上稍有不同耳”[②]。所谓稍有不同之处，或指各司处名称。

觊觎蒙藏会委员长多年的国民党蒙籍中委白云梯，也积极赞成改组，所言方案有别于石、戴。1933 年 11 月 1 日，白云梯透露边务部组织将由黄绍竑负责起草。在黄绍竑北行前，白云梯曾与其数度磋商，希望在边务部下设一参政厅，“使蒙藏王公及各民族多受党义感化”，以便返蒙办理地方行政；“对内蒙设一国防区，并改组蒙藏会为参政厅，各盟盟长暨王公等为委员，中央再派部队若干由高级长官率往驻防”。拟俟黄返京后，草具意见书呈送国民党中央，以为起草边务部组织法参考。[③] 综合比对，当知白云梯的意见为：在内蒙古设国防区，在中央改蒙藏会为边务部，下设参政厅。11 月 14 日，白奉汪精卫之命北上协助黄、赵处理蒙事，又说中央拟设边政部或蒙藏部，内设蒙、藏、回三署，“一辖蒙古，一辖西藏，一辖回民。另设参议厅”[④]。“蒙古自治组织，直接与蒙藏署生关系，边政部与国府生关系。”[⑤]

11 月初所言方案，有利于其获取对蒙事务权力，中旬透露的方案与戴案颇有相似之处，所异者在改司为署，少了满洲部分，增设一参议厅。究竟延伸戴案而来，抑或曾经国民党讨论决定，目前尚无法判断，姑作别论。

综上可知，边务部组织先后出现三种不同说法。一为石青阳建议，下设五司，各司按序号排列，主管总务和满、蒙、回、藏；一为戴季陶主张，下设五司以总务、满、蒙、回、藏命名；一为白云梯所言，边政部或蒙藏部下设蒙、藏、回三署并一参政厅。戴季陶当时有蒙藏会“太上委员长”之称。[⑥] 从媒体报道看，行政院偏向于戴案。石青阳对此颇表异议，理由

---

① 参见《边务部长人选各族属望阎锡山》，《益世报》（天津，下同），1933 年 10 月 30 日。

② 《蒙旗迭电促驾黄赵备车待发》，《申报》1933 年 11 月 4 日。

③ 参见《边政部组织法待起草》，《申报》1933 年 11 月 2 日。

④ 《白云梯将赴绥远候黄》，《大公报》1933 年 11 月 15 日。

⑤ 《黄赵约蒙人谈话商讨具体问题》，《申报》1933 年 11 月 15 日。

⑥ 参见金绍先《忆述国民党元老吴忠信》，政协全国委员会文史资料研究委员会编《文史资料选辑》总第 118 辑，中国文史出版社，1989，第 90 页。

是："现在本会组织，即分蒙、藏两处，各处事务进行，颇多扞格，且不免有民族畛域观念。故余对各司希望仍如各部，以数字代之，不必有民族或地域之别，以收通力合作之效。至改部既以统一边务行政为目的，边疆不以蒙、藏为限，则较本会之范围扩充，自不待言。"意思是满、蒙、回、藏的名词，难免存在民族畛域和地域分别，边务部可免除不必要的观念纠纷。石青阳上任后不久，曾拟将蒙藏会原有总务、蒙事、藏事三处改为第一、二、三司，原因相同。[①] 至于设一专部管理政教风俗各殊的地区是否可行，他表示"边疆政教风俗与内地不同，乃历史上不可磨灭之事实"，希望边务部因事制宜，尽量罗致各民族政教人才，补助部务。[②]

边务部组织方案有多种，部、次长人选更是难以确定。1933 年 10 月 27 日，报载边务部组织已获国民党中央通过，黄绍竑有望任部长，次长由白云梯、赵丕廉分任。[③] 3 天后，又传石青阳辞职，边政部长有征询阎锡山同意之议。[④] 石对此矢口否认，表示辞职为时尚早，变更组织尚在研究，不知何日实现。[⑤] 据蒙藏会某藏委说："部长人选，蒙藏各族均属望阎锡山。"[⑥] 11 月初，传闻部长将从班禅与阎锡山二中择一，"但班禅于蒙古方面，确称熟悉，而对于西藏达赖等，并未有相当联络，恐难成为事实，故以阎锡山较有希望"[⑦]。11 月中旬，白云梯说黄绍竑不愿兼任，有汪精卫"自兼之议"[⑧]。12 月下旬黄、赵返回南京后，仍传汪精卫将兼部长。[⑨] 据黄绍竑回忆，他从广西到南京任职后，多充当国民党内派系斗争调解人的角色，内政部是冷衙门，部长形似行政院里的"备员"。[⑩] 可见他无心兼理更无实际权力的蒙藏事务。班禅虽有广泛影响，然仅系宗教领袖，且于整个西藏未必适宜。阎锡山曾任蒙藏会委员长，内蒙古事务确需晋阎协助方能根本解

---

① 参见《蒙会变更组织》，《申报》1932 年 4 月 13 日。

② 本段石青阳所言改部内容，均见《蒙藏会改部之真相》，《中央日报》1933 年 11 月 3 日；《蒙藏会将改组边务部》，《申报》1933 年 10 月 27 日。

③ 参见《蒙藏会将改组边务部》，《申报》1933 年 10 月 27 日。

④ 参见《石青阳辞蒙藏会委员长》，《申报》1933 年 10 月 30 日。

⑤ 参见《石青阳否认已经提出辞呈说》，《中央日报》1933 年 11 月 7 日。

⑥ 《边务部长人选各族属望阎锡山》，《益世报》1933 年 10 月 30 日。

⑦ 《边政部组织法待起草》，《申报》1933 年 11 月 2 日。

⑧ 《白云梯将赴绥远候黄》，《大公报》1933 年 11 月 15 日。

⑨ 参见《中央对蒙藏部事将以汪兼部长》，《大公报》1933 年 12 月 25 日。

⑩ 参见广西文史研究馆编《黄绍纮回忆录》，广西人民出版社，1991，第 237 页。

决，但蒙、阎与国民党中央三方能否达成谅解，还是问题。部长人选一时无法确定，行政院长汪精卫只好宣布暂由自己兼任。

二　蒙藏会改边务部计划流产

内蒙古自治运动爆发后，蒙藏会成为各方批评的箭垛，舆论希望根本改革蒙藏事务，对改部普遍寄予厚望。不过，此事实施起来诚非易事。1934 年 2 月 28 日，国民党公布内蒙古自治方案，允许在适宜地点设立蒙政会，直隶于行政院，但蒙藏会改部却未有决定。5 月中旬，报载蒙藏会“以经费关系，迄未改组”，现正经“蒋、汪迭次电商”，拟于 7 月间改部，经费预定每月四万元，“俟改部成立编造概算，呈送中央核准后，方可决定”。① 至 5 月下旬，边务部组织法迄未发布，媒体估计要到 9 月才能成立。②

改部能否实现，取决于错综复杂的多种因素。首先，内蒙古自治是否在行政院方案原则下进行。德王曾于 1932 年前往南京，原意为整理蒙古王公驻京办事处，“并有自任处长兼蒙藏委员会委员长之意”③。不过，德王此时已将重点移向成立统一的内蒙古自治政府。黄、赵赴百灵庙前，德王代表包悦卿明确反对以部制机构笼络蒙人，说“中央设立边政部事，蒙人决不参加，因蒙古有人民，有土地，有政府，自治即可矣。王公亦不愿为部长”④。德王对行政院方案第一、三条均表原则赞成，只对第二条有异议，可知他只看重自治性质及蒙政会权力大小，已不看重蒙藏会。⑤ 国民党允许成立蒙政会后，尽管与原本期望有较大距离，但只要争取到自治，蒙藏会改部与否对他们来说并不重要。1935 年 1 月，时任蒙政会财务处主任的包悦卿，针对有人提议蒙藏会改组，请德王任委员长一事做出回应，谓德王“不允离蒙，恐难成事实”⑥。国民党中央欲将德王调离盟旗的初衷未能达成。

其次，晋察绥三省当局态度。察绥两省起初都反对内蒙古自治，晋阎

① 《蒙藏会改组边政部实现有期》，《时事新报》1934 年 5 月 16 日。
② 参见《蒙藏委会扩大改组边政部》，《时事新报》1934 年 5 月 25 日。
③ 冷亮：《内蒙现状及其自治问题》，《新中华》1933 年第 1 卷第 22 期。
④ 《班禅派夏堪布欢迎黄赵赴庙》，《申报》1933 年 11 月 2 日。
⑤ 参见黄奋生编《内蒙盟旗自治运动纪实》，第 147 页。
⑥ 《包悦卿到平谈蒙政会近况》，《申报》1935 年 1 月 14 日。

态度亦趋一致。由阎锡山派往北平与何应钦、萧振瀛及黄、赵等会商蒙事的徐永昌，在黄出示行政院方案时立表异议。对“组织中央边政部，在各蒙设行政委员会，由青年与王公及各辖省相当官吏合组”，徐担心原本内蒙古各王公分立，彼此不相统属，今设行政委员会或其他自治政府，可供怀有野心者借以号令诸盟。他认为宜先平息自治，然后对整个蒙藏问题审慎规划。当时“语渐激，后颇悔之”①。“语渐激”恰可说明晋阎的实际态度，事后“颇悔”表明晋阎和国民党中央还有商量余地。百灵庙会谈结束后，黄、赵与阎锡山晤商，外传“边政部设置问题，中央预定方案，将来当可实现”，表明国民党中央的处理方案似已取得晋阎谅解。察绥两省对内蒙古自治虽也表示原则同意，不过省县与盟旗制度多年累积的矛盾纠纷，很难短期内真正解决②，从而极大影响蒙藏会改部后的政令实施。

再次，经费、人事与机构性质问题。有人将改部失败归因于财政困难与其他技术性问题。③ 经费不敷确是实情。据说蒙藏会经费原为每月三万二千元，改部后最低额须增三万元，当时财政确有难处。然而，经费困难并非主要因素。据时人分析，边务部之所以迟迟不得设立，原因有四：第一，经费困难。第二，人事问题。蒙藏会当时共有委员 16 人，改部后只设部、次长 3 人，其余委员，颇难安插。当中“有张继、班禅、赵丕廉、唐柯三、白云梯、克兴额、李培天、诚允、阿旺坚赞、格桑泽仁、罗那呼图克图等十一人，均与蒙藏有关，未便率尔更动”。第三，改组蒙藏会原为蒙人要求，拟改组后由蒙人办理，但边务部显然“不限于蒙人”。第四，改部后所用人员有限，不像蒙藏会可随时派用有关系人员。“处置边务，非有解决以上四点之方法，不能贸然改组。”④

经费问题已如上述，第二、第四原因可谓一个问题的两个方面，即安置人员。1930 年 5 月，南京政府召开蒙古会议期间，政府代表孔祥熙明言，蒙藏会之所以用委员制而不设专部，目的在“容纳多数人之意见，以讨论一切改良事宜。但委员会虽已设立，仍觉不能得大多数之意见，故有

① 台北中研院近代史研究所编印《徐永昌日记》（1933 年 10 月 23 日），1990。

② 参见周竞红《南京国民政府初期十年边疆民族事务管理机制与政策》，《中国边疆史地研究》2005 年第 3 期。

③ 参见乌兰少布《中国国民党对蒙政策（1928～1949）》，《内蒙古近代史论丛》第 3 辑，第 210 页。

④ 《边政部延未成立原因》，《申报》1933 年 11 月 18 日。

此次会议之召集”[①]。由此可知委员制妙用。上面提到的蒙藏会委员，各代表一方利益，如赵丕廉之于晋阎，唐柯三之于回民，白云梯、克兴额之于内蒙古，班禅与达赖代表阿旺坚赞之于西藏，李培天之于云南，满人诚允之于东北，格桑泽仁之于康藏，罗那呼图克图即西藏活佛，前清时期曾被封为西康大总管的诺那呼图克图。其实，当时蒙藏会委员远不止此数[②]，他们主观上是否在意委员名义尚且不论，但客观上大多负有沟通一方之责。

此外，部长人选难产也是要因之一。事实上，汪精卫不愿担任部长，以“不克兼顾”为由，于1934年1月30日“电蒋征意见”。[③] 国民党继而又将此职委于黄绍竑，谓蒙藏会“将改蒙藏署，拟归并内部，由黄绍雄兼理”[④]。换言之，如果要本来不愿担任边务部长的黄绍竑兼理，只有将蒙藏会归并内政部。1934年5月以后，经费问题已解决，传闻边务部长“内定王法勤、白云梯中择一任用”[⑤]。王法勤当时属汪精卫一派人物，白云梯亦可归入改组派，极有可能都由汪精卫推荐。到6月中旬，边务部组织法还在整理，“人选俟汪、蒋商决即发表”[⑥]。7月初，方案“仍在法制委员会草拟增删之中，何日实行，尚难预定”[⑦]。蒋介石由江西围剿红军前线返回南京时，曾谈及边政部事宜，并一度审阅组织法，“惟人选问题，至为困难。闻须俟蒋委员长与汪院长再度研究后，即由中政会核议，然后发表”[⑧]。国民党内无法就边务部长人选尽快达成一致，直接制约改部能否实现。至于第三原因，虽有人建议改组蒙藏会为纯粹蒙人机关，但这不过是一厢情愿。蒙藏会改部后范围超越蒙、藏，事务涵盖满、回。可见，改组小小的蒙藏会，即就中央层面而言，事涉多种因素，掣肘重重。

至于蒋介石，当然不愿由自己指挥的参谋本部边务组与蒙藏会合并，

---

① 《蒙古会议昨行开幕礼》，《中央日报》1930年5月30日。

② 参见白尚勤《蒙藏委员会的历史沿革及组织概况》，《内蒙古文史资料选辑》第4辑，第4~7页。

③ 季啸风、沈友益主编《中华民国史史料外编——前日本末次研究所情报资料》第93册，广西师范大学出版社，2002，第414页。

④ 《蒙代表谒汪戴提自治大纲》，《北平晨报》1934年1月12日。当时的新闻媒体惯于将黄绍竑的名字写作“黄绍雄”。

⑤ 《蒙藏会将改边防部》，《新闻报》（上海）1934年6月7日。

⑥ 《边政部不久将成立》，《大公报》1934年6月16日。

⑦ 《自治会成立后内蒙近状一斑》，《大公报》1934年7月6日。

⑧ 《蒙藏会改边政部》，《法治周报》1934年第2卷第28期。

令其受制于行政院长汪精卫。1934 年 10 月，蒋介石巡视内蒙古。据曾向蒋条陈蒙事方案，以为“当蒙采纳”的察哈尔省代主席萧振瀛说，“中央对于蒙事整理方案，将来拟充实蒙藏委会，组织蒙政会，改隶蒙藏委会。蒙藏委会为整理蒙事最高机关，由蒙藏人主持一切”①。尽管蒙政会并未改隶蒙藏会，但后者改部也将被搁置。1935 年底，蒋介石任行政院长后，即撤销参谋本部边务组，将有关事务划归蒙藏会办理，印证了萧振瀛的部分说法。

三　蒙藏会的制度性质及困境

南京国民政府成立后，国民党忙于内讧和围剿红军，无暇顾及边疆地区事务，兼之外患急迫，边疆危机日益严重。蒙藏会只是办理蒙藏地方行政与兴革的这种性质，事实上不能满足和消解各民族日益强烈的利益诉求，极大地影响国民党的蒙藏施政效果。

国民党关于国内民族问题的法理依据，主要是一大宣言和建国大纲。1929 年 3 月，国民党三大列举孙中山主要遗教，不提由共产国际主导下产生的一大宣言，对建国大纲第四条扶植国内弱小民族自决自治的规定也未作具体说明。西藏代表即批评此事，“盖无扶植弱小民族实施之方案，则扶植之原则等于无，不扶植则不能自决自治，不能自决自治，等于不能一律平等，不能一律平等，则无异恢复前清一族之宰制，或变而视为殖民地”②。所谓“自决自治”，也就是不愿被某一族宰制，字里行间对国民党无所擘画深致不满。虽然三大承诺此后力矫清代和北洋军阀时期愚弄蒙藏及漠视新疆人民利益的腐恶政治，诚心扶植各民族发展③，此后也没能拿出行之有效的办法。

陶希圣对此表示担忧。他批评国民党内一般人常侧重民族主义对外一面，“而忽略国内民族问题及解决此问题的原则”，政纲“缺少第二方面政策的规定”。他指责国民党对国内民族问题的意义及方策，“没有根据，也

---

① 《萧振瀛谈整理蒙事方案》，《申报》1934 年 11 月 17 日。

② 《西藏代表向三全会提案》，《申报》1929 年 3 月 23 日。

③ 参见荣孟源编《中国国民党历次代表大会及中央全会资料》上册，光明日报出版社，1985，第 647 页。

没有充分的讨论”。当时解决蒙、回、藏三族的问题迫在眉睫，“至于苗、猺、猡猓诸自然民族，则至今除民族学家为研究而加以注意外，尚没有触动国人的闻见”①。认为要实现民族主义，“必须求国内弱小民族的平权，一切法律的特例、经济的特权，必须废止”。民族主义的目的不在分裂落后民族，使各组民族国家，而在实现民族自治，最正确的手段即地方自治，自己决定与自己发展。② 当时陶希圣与改组派过从甚密。或许基于这层关系，国民党北平扩大会议才提议在党内设立“国内民族委员会”。

九一八事变后，蒋介石一度有过组织五族联邦的想法，也曾准备于十年内在满、蒙、藏等地进行“自治试验”③。然而，蒋所谓的自治，是地方自治范围以内的自治，整个国民党多视内蒙古自治为地方问题，而非民族问题。④ 国民政府实施的地方自治，程序方式却又过于整齐划一。1934年1月讨论内蒙古自治方案期间，由国民党四届四中全会讨论通过，2月公布实施的《改进地方自治原则》指出，中国疆域广袤，历史悠久，各地经济、文化、政教、风俗，迥然不同。“就种族而言，原有汉、满、蒙、回、藏五族之分，而苗、猺等尚不在内”，另外还有经济与文化差异。地方自治的程序及方式应因时因地制宜，中央只宜作大体及富有弹性的规定。“凡一种法令……适于汉族者，未必适于蒙回”，但现行法规欲以严密统一的程序与方式，施诸不同地域与人民，卒致方圆凿枘，“数年来一切法令徒成具文，勉强行之者亦都生吞活剥，扞格难通，但见纠纷之时起，绝无实效之可言”。⑤ 地方自治难以落实固然不能完全归根于手段，但亦可看出国民党处理此问题确有僵化之嫌。

与此同时，蒙藏会的制度设计越来越难以满足形势要求。后人往往将蒙藏会视为处理边疆或蒙藏民族，乃至少数民族事务的机构，这是以后来的民族观念倒看历史，与国民党初衷存在不小偏差。⑥ 1928年初讨论蒙藏会组织法

---

① 陶希圣：《民族问题与民族主义》，《新生命》1929年第2卷第7号。

② 参见陶希圣《中国之民族及民族问题》，《东方杂志》1929年第26卷第20号。

③ 参见杨天石《卢沟桥事变前蒋介石的对日谋略——以蒋氏日记为中心所做的考察》，《近代史研究》2001年第2期。

④ 参见卢明辉《蒙古“自治运动”始末》，第59、65、93页。

⑤ 《改进地方自治原则中政会通过之全文》，《大公报》1934年2月26日。

⑥ “少数民族”一词的内涵外延前后变化甚大，国民党此时很少将满、蒙、回、藏诸族称为“少数民族”。可参考拙作《国民革命与少数民族问题》，《学术研究》2009年第12期。台湾学者大都认为蒙藏会是边务机关，其实将其改组为边务机关，正是国民党的目的，还不是事实。

时，国民党特指出所谓蒙藏，乃“未曾改设行省及特别区之蒙古、西藏地方”[①]。此后不久，热察绥三特别区改设行省，所谓蒙、藏仅剩外蒙古和西藏。可见，蒙藏会的“蒙藏”更多从行政区域着眼，并非民族区别。而负责“关于各种民族开化事项”，是内政部民政厅第二科的职责。[②] 例如 1928 年夏，内政部曾致函广西省政府，嘱查有关开化“苗、猺等族”的意见。[③] 1935 年，戴季陶为国民党五全大会宣言草拟的“重边政，弘教化，以固国族而成统一”的主张中规定：“自后国内蒙族、藏族、新疆回族，以及散在内地各小族，选举代表，必须在当地有确实籍贯者，期能充分代表各族人民之情意。”意思是：承认现存各民族名义；各民族参政应纳入行政区域范围，而非以民族为单位。国民党此后制定的有关政策，皆未脱离此范围。[④]

从组织法看，蒙藏会专为蒙藏两地特殊情况而设，事实上不可避免地多任用蒙藏两族人士，这就难免给其他各族以不平等的印象。蒙藏会筹设期间，就有所谓新疆乌什回王代表的定希程声称，蒙藏会是根据民族平等的原则而设，要求新疆回部以回族身份加入，并提出该会若“系指地而言，非指族而言。而蒙、藏早属中国版图，统归中央节制，而另设蒙藏委员会，未免有叠屋架床之嫌”[⑤]；“蒙、藏早已隶我版图，虽未改设行省”，但“因地而设委员会，殊无意义”。[⑥] 蒙藏会下属机构及其处理的实际事务更是远超蒙藏两地，例如，与教育部洽商事务，即含蒙、藏、回三部分。1929 年 9 月，马福祥调任该会副委员长时，曾提醒要在蒙、藏以外，注意西北回、缠各族。[⑦] 后来他又在蒙藏编译委员会下设回文组。[⑧] 鉴于新疆回部要求民族地位甚烈，国民党也曾允许新疆回部派人参加西藏会议，而且同意为缠回设置国民参政会的回族专额。[⑨] 边务部组织方案还在讨论期间，蒙藏会甚

① 《中华民国史档案资料汇编》第五辑第一编政治（五），第 1 ~ 2 页。

② 参见《内政部各司分科规则》，《中华民国法规大全》第 2 册，商务印书馆，1936 年辑印，第 505 ~ 506 页。

③ 参见《广西省政府促进苗猺开化》，《中央日报》1928 年 6 月 2 日。

④ 参见周昆田《戴季陶遗爱遍边疆》，《戴季陶传记资料》（二），台北，天一出版社，1985，第 30 页。

⑤ 《乌什部要求扩大蒙藏院》，《中央日报》1928 年 4 月 10 日。

⑥ 《回民请愿扩大蒙藏院组织》，《申报》1928 年 4 月 13 日。

⑦ 参见《蒙藏委会欢迎马福祥》，《中央日报》1929 年 10 月 1 日。

⑧ 参见《蒙藏会成立编译委员会》，《中央日报》1929 年 10 月 30 日。

⑨ 参见《西藏会议代表新回部得派十人》，《中央日报》1931 年 1 月 25 日；《国民参政会回族会员名额》，《申报》1933 年 8 月 17 日。

至根据戴季陶的计划，要在南京建设蒙、藏、回三族之行馆。① 换言之，蒙藏会的实际事务在某种程度上又兼具地区与民族的双重意义。

面对如斯情形，有人认为在中央制度方面，非仅蒙藏会改部就能根本解决问题，主张以民族为单位的意见逐渐增多。定希程对回族要求加入蒙藏会未允，深致不满。谭云山对此认为，蒙藏会“殊不必要”，中央“应本民族主义设一‘民族委员会’”，处理各民族事务，方合民族平等原则。② 有人提出，“应该研究最近代的最宽大的民族政策来解决西藏、西康及其他的少数民族问题”，“要用最实际的少数民族政策来处理与解决”新、藏、蒙等问题。③ 北平《世界日报》社论认为，内蒙古自治问题绝非偶然、一时的现象，而是“多民族国家”政治不足统御全国、兵力不足抵御外侮之际所必然发生的事实。中央应确立适当的民族政策，“解决整个少数民族问题”④。内政部参事梅汝璈认为，世界各国“对于少数民族的保护扶持，都设有明文的规定”，处理蒙事必须符合世界时代潮流。⑤ 主张借鉴凡尔赛体系中欧洲少数民族保护条约的办法。行政院新疆建设计划委员会委员缑克敬建议，应仿苏俄民族院，将蒙藏会扩大为“民族委员会”⑥。可见，从民族问题的角度观察和审视内蒙古问题的意见不在少数，以民族事务机构看待乃至取代蒙藏会的意见，日渐增多。

蒙藏会改组为边务部，名义上去掉“蒙藏”两字，事务上扩大范围，等于否决改成民族委员会的选择。1935 年 11 月，戴季陶在国民党五全大会提出扶植边疆各地民族以及内地各小民族等五条基本实施纲领，1936 年国民党五届三中全会又将蒙藏会改部旧案重提。⑦ 然而，这些举措要么议而不行，要么行而不力，直接影响国民党的制度设计成效。直至国民党败退大陆，蒙藏会在制度层面都无根本突破。

（《民族研究》2010 年第 5 期）

---

① 参见《蒙藏会筹建蒙藏回三族行馆》，《中央夜报》第 537 期（1934 年 3 月 12 日）。

② 参见谭云山《新疆问题管见》，《申报月刊》1933 年第 2 卷第 9 期。

③ 董之学：《西康四川的危机》，《申报月刊》1933 年第 2 卷第 10 期。

④ 《中央宜确立适当之民族政策》，《世界日报》1933 年 10 月 27 日。

⑤ 参见梅汝璈《内蒙自治问题之合理的解决》，《时代公论》1933 年第 86 号。

⑥ 《新疆民族问题——缑克敬向新建会之提案》，《中央日报》1934 年 4 月 23 日。

⑦ 参见周昆田《戴传贤遗爱遍边疆》，《戴季陶传记资料》（二），第 30 页；乌兰少布：《中国国民党对蒙政策（1928 ~ 1949）》，《内蒙古近代史论丛》第 3 辑，第 210 页。

清末民族国家建设与张荫棠西藏新政

扎 洛

1906年7月，张荫棠结束在印度“与英国议约全权大臣”之职，以查办大臣身份入藏办事。在藏11个月期间，他参劾贪吏，建章立制，推行新政，史称张荫棠西藏新政。这段历史历来为史家关注。检索以往的研究，可以看到一种大体雷同的叙事方式：一方面从中央政府治藏的角度出发，强调他重树中央权威，强化边疆管理，巩固国防体系等方面的努力与功绩；另一方面从民族平等原则出发，对他在西藏大张旗鼓倡导的文化革新活动，进行了分析性的批评，认为尽管具有近代化的先进因素，但“推行汉化”等主张带有明显的大民族主义思想，最终未能得到当地民众的拥护。[①] 这种叙事方式局限于中央政府与西藏地方关系史的范畴，强调在边疆危机加剧之时，张荫棠体国忠君，励精图治的个人品质，却忽略了张荫棠西藏新政与清末国家整体性变革之间的联系，未能充分注意到张荫棠所主张、推行的思想、举措与此前清朝二百多年的治藏政策之间的明显差异，而恰是这些差异反映出清末在国家治理理念上的根本性变化。

芮玛丽（Mary Wright）、杜赞奇（Prasenjit Duara）等曾指出，清末新政是在民族主义（nationalism）以及“现代化”的招牌下进行的“民族国家建

① 参见多杰才旦主编《元以来西藏地方与中央政府关系研究》（中国藏学出版社，2005，第799页），伍昆明主编《西藏近三百年政治史》（鹭江出版社，2006，第257页），恰白·次旦平措等著、陈庆英等译《西藏通史——松石宝串》（西藏古籍出版社，2004，第967～970页），赵云田：《清末新政研究——20世纪初的中国边疆》（黑龙江教育出版社，2004）。

设（state-making）”①，其间推行的如建立新式学校、实行财政改革、创建警察和新军、划分行政区域、建立各级“自治”组织等活动，与此前的洋务运动、戊戌变法等在封建王朝体制下救亡图存努力的区别，在于它突破了“中西体用”之辨，寻求建立“民族的国家”，这是一个具有时代特色的全新命题。从这个意义说，民族主义是理解清末新政的一把钥匙。近年来学界就清末民族主义思潮进行了充分的讨论，为我们展示出了一幅波澜壮阔的思想解放图景。② 然而，这些研究多侧重于对知识界、舆论界的研究，较少关注统治集团在新的意识形态支配下的施政实践，更少论及这些新思想、新政策对边疆民族地区的影响。

本文试图以张荫棠西藏新政为案例，从近代中国的民族主义思想，特别是民族国家建设和国族建构的视角，对清末在边疆民族地区的新政进行梳理和解读，以期能更深入地理解这场改革的意义。需要说明的是，作为近代民族主义思想核心内容之一的“民权（民主）”问题在张荫棠的奏章中几乎未曾提及。这与他在西藏的时段有关。清末新政大体可分为两个阶段，前一阶段主要以张之洞、刘坤一的《江楚会奏变法三折》为指导思想，第二阶段以讲求“民权”的立宪活动为重点。张荫棠在藏之时，朝廷尽管已经派官员出洋考察政治，但尚未明确表态是否“立宪”，而此前清廷对“民权”之说持批判立场，“民权”自然不会成为张荫棠必须思考并奏报的内容。因此，本文的讨论主要集中在政权建设和国族构建两个方面。

一　“收回治权”：建立一体化的中央集权制

早在印度参加中英交涉之时，张荫棠就对英俄觊觎西藏，以及西藏在

---

① 参见 Mary Wright, *China in revolution: the first phase* 1900-1913, New Haven: Yale University Press, 1968, pp. 3-4；〔美〕杜赞奇：《文化、权力与国家——1900-1942 年的华北农村》，王福明译，江苏人民出版社，2003，第 1~2 页。

② 相关讨论参见李国祁等《近代中国思想人物论——民族主义》（台湾时报文化出版事业有限公司，1982），唐文权：《觉醒与迷雾——中国近代民族主义思潮研究》（上海人民出版社，1993），陶绪：《晚清民族主义思潮》（人民出版社，1995），罗福惠：《中国民族主义思潮论稿》（华中师范大学出版社，1996），李世涛主编《知识分子立场：民族主义与转型期中国的命运》（时代文艺出版社，2000），王春霞：《“排满”与民族主义》（社会科学文献出版社，2005），郑大华、邹小站主编《中国近代史上的民族主义》（社会科学文献出版社，2007）等。

国际竞争中之危险处境有了初步的了解，为此他于光绪三十一年（1906）十二月十三日向朝廷发电提出了“收回治权”的建议：“遴派知兵大员，统精兵二万，迅速由川入藏，分驻要隘，所有一切内政外交，均由我国派员经理，并次第举行现办新政，收回治权。其达赖班禅等，使为藏中主教，不令干预政治。”[①] 尽管对西藏的实情尚无切身体会，但是张荫棠根据在西方数国的经历，已不难察觉传统体制下地方权力集团的存在与西方民族国家体制之间的区别。[②] 清朝被认为是“一个能够容纳多种制度、法律、文化和宗教的多元帝国”[③]，在这种体制下，皇权并不是对境内所有的地区和属民实施直接的、同一的管理，在边疆地区保留着许多享有一定自主权的政治势力[④]，如西藏地方政府以及广泛分布在西南、西北等地的土司、部落等。这种政治格局使清朝中央以较低的成本维持了国家统一和地方稳定，但其缺陷是这些介于朝廷与民众之间的中间环节固化了地域性认同，某种程度上对更大的政治共同体比如国家层面的认同构成阻碍。它们分享政治权利和属民的忠诚，有时候甚至形成与中央皇权的博弈。当中央政府的政令与地方势力的意愿相背相违时，就可能出现某种形式的对抗，直接削弱中央政府的动员能力。这种政治格局还给西方列强质疑中国对上述地区的主权提供了口实。因此，张荫棠建议中核心的一条便是实现中央对西藏的直接管理，而非假手中间环节。

光绪三十一年八月初五，张荫棠经哲孟雄、亚东入藏。在进藏5个月、抵达拉萨3个月后，张荫棠向朝廷呈交了《治藏办法》[⑤]，详细论述了有关西藏政权建设的构想。

---

① 张荫棠：《致外部电请迅速整顿藏政收回政权》，吴丰培编辑《清代藏事奏牍》下册，中国藏学出版社，1994，第1304页。张荫棠在不同的奏折中使用“收回治权”和“收回政权”两个词汇，事实上“收回治权”更为准确。

② 宁骚先生从5个方面总结民族国家的主要特征：第一，具有得到内外承认的主权和统一的领土；第二，具有强大动员能力的中央集权制，废除任何的中间权力结构；第三，主权人民化，民众具有政治参与权；第四，国民文化的同质化，具有稳定的同一的认同；第五，统一的民族市场，国家内部没有市场壁垒。参见宁骚《民族与国家：民族关系与民族政策的国际比较》，北京大学出版社，1995，第270~281页。

③ 汪晖：《现代中国思想的兴起》第一部《物与理》，三联书店，2004，第22页。

④ 何伟亚并不十分准确地将清朝描述为以满清皇室为最高君主的多主制帝国。参见〔美〕何伟亚：《怀柔远人：马嘎尔尼使华的中英礼仪冲突》，邓常春译，社会科学文献出版社，2002，第32页。

⑤ 参见张荫棠《致外部电陈治藏刍议》，吴丰培编辑《清代藏事奏牍》下册，第1328页。

按照张荫棠的设想，“收回治权”首在废除达赖喇嘛、班禅额尔德尼等在政治上的权威，将其权威限定于宗教事务。这是管理体制上的重大变化。乾隆五十七年（1792）的《藏内善后章程二十九条》规定驻藏大臣会同达赖喇嘛共同管理西藏事务，但后来特别是嘉庆朝以后，由于驻藏大臣个人品行、能力等方面的欠缺，特别是琦善任上放弃对地方政府经济权的监控后，“驻藏两大臣，徒有办事之名，几同守府”，“久已放失政权”。[①] 另一方面，“政权多出藏僧之手”[②]。因此，要“收回治权”，建立新的体制，就必须限制或废除他们对政务的参与权。张荫棠提出，“达赖、班禅拟请赏加封号，优给厚糈，专理黄红教事务”，“尊为藏中教主”，虽然“体制尊崇，与印度土王相埒”，但受汉官监管，受拟新设的行部大臣节制。[③]

张荫棠拟按英国统治印度之法在西藏建立新的体制。[④] 他提出应“将驻藏大臣、帮办大臣两缺裁撤，改设行部大臣，似宜特简亲贵或内外文武兼资大臣，畀以重权，便宜行事，以资镇摄”。行部大臣之下“设会办大臣一员，统制全藏”，这相当于印度总督，“下设参赞、副参赞、参议、左右副参议五缺，分理内治、外交、督练、财政、学务、裁判、巡警、农、工、商、矿等局事务”。[⑤] 这样，就可在西藏建立一套新型的虽与内地各行省有所区别，但所有内政外交之权全部由中央控制的管理体制和机构，实现

① 张荫棠：《奏复西藏情形并善后事宜折》，吴丰培编辑《清代藏事奏牍》下册，第1398页。

② 张荫棠：《致外部电请代奏办事艰难情形吁恳收回政权》，吴丰培编辑《清代藏事奏牍》下册，第1317页。

③ 参见张荫棠《致外部电请迅速整顿藏政收回政权》，吴丰培编辑《清代藏事奏牍》下册，第1304页。

④ 英国政府管理印度，女王是名义上的统治者，内阁设印度事务大臣，负责管理印度事务，由一个15人组成的印度会议协助，总督（后来有副王头衔）由女王任命，受印度事务大臣指导，总督之下有分工明确的参事会。地方仍由土王治理。参见林承节主编《殖民主义史——南亚卷》，北京大学出版社，1999，第176～177页；〔印度〕恩·克·辛哈、阿·克·班纳吉：《印度通史》第4册，张若达、冯金辛等译，商务印书馆，1973，第992～993、1018～1019页。

⑤ 张荫棠：《复奏西藏情形并善后事宜折》，吴丰培编辑《清代藏事奏牍》下册，第1398页。应该注意到张荫棠屡次提到由“贵胄”“亲贵”总制全藏的提议，这是清末政治中特有的现象，因为在“排满革命”呼声日渐高涨的时候，作为汉族官员如何对待满族亲贵成为判断政治态度的标志。张之洞在“变法三折”中关于派员游历列国时就曾言，派“庶僚不如亲贵之更有宜……亲贵归国，所任皆重要之职事，所识皆在朝之达官，故其传述启发，尤为得力”（朱寿朋编纂《光绪朝东华录》第4册，中华书局，1958，总第4754页），也是旨在表达对亲贵的尊崇态度。根据英国内阁设有印度事务大臣的模式，张荫棠认为行部大臣不一定亲赴西藏上任，可以“遥领”，这又为免除皇亲国戚们的劳顿辛苦留下退路。

“收回治权”的目的。

然而，“立新”虽易“废旧”却难，对于如何处理西藏地方原已存在多年的官僚系统，考虑到西藏的现实情况和新政方案的可行性[①]，他提出一个双轨并存的妥协性过渡方案。首先是“照旧制复立藏王体制”，“由刑部大臣饬三大寺大公所会同选定奏补”。显然颇罗鼐时代“藏王”与驻藏大臣关系融洽的历史对他有所启发。更为重要的是“藏王”作为世俗官员是可选可废的，最终决定权在刑部大臣，而不似达赖喇嘛、班禅额尔德尼那样具有身份先赋的特征，其存废难以由驻藏官员决定。藏王之职仿照印度各邦土王的体制，是西藏官员的首领，其职责“专管商上（西藏地方政权）事”，而其他向来“掌握政权”的四名噶伦、统带番兵的戴琫等，“均宜由我（指朝廷）优给月薪……每日赴（行部大臣）署秉承办公，归刑部大臣节制”，成为行部大臣的属下。在地方上，他指出“西藏向以番官管理地方职任，如内地州县官”，“拟请于各营官分驻之地，择繁盛冲要之处，如江卡、察木多……等处，先设巡警局、裁判局作为差使，勿限以官阶，暂用陆军巡警法律学堂毕业生署理”。[②] 根据他制订的“九局章程”，巡警局负责“缉捕盗贼，安靖地方，弹压械斗，保护中外往来官商，兼分段修治道路”；裁判局负责“户婚钱债词讼”等事。[③]

西藏原先的噶伦以及地方的宗本（张荫棠称“营官”或“番官”）都是一身兼管行政、司法和税收，张荫棠不触动原有体制，保留原有官员，而另设负责同样事务的“汉官”（清末有关西藏文献中之“汉”，主要指与“藏番”相对应的中国内地人或儒家文化，而非专指汉族，满族、蒙古族等皆在“汉”属之列）。显然，“番官”“汉官”在职能上相互重叠。这种叠床架屋的双轨体制，既是无奈的权宜之举，也是以退为进的策略，目的是

---

① 张荫棠认定“整顿西藏非收政权不可，欲收政权非用兵不可”（张荫棠：《致外部丞参函详陈英谋藏阴谋及治藏政策》，吴丰培编辑《清代藏事奏牍》下册，第1306页），然而，“驻藏汉兵除护粮台官兵外，只有六百二十一名”，兵威不壮，因此“兴革各事既有多方掣肘之虑，尤有变生意外之险”（张荫棠：《致外部丞参函详陈英谋藏阴谋及治藏政策》，吴丰培编辑《清代藏事奏牍》下册，第1306页）。故对他而言，所有革新举措不能不考虑这种现实条件。

② 以上均见张荫棠《复奏西藏情形并善后事宜折》，吴丰培编辑《清代藏事奏牍》下册，第1398页。

③ 张荫棠：《咨外部为西藏议设交涉等九局并附办事草章》，吴丰培编辑《清代藏事奏牍》下册，第1344页。

监督“番官”，便于将来取而代之。[①]

无论如何，对于具有丰富外交经验的官员来说，实现上述目标至少在宣示主权方面已经具有了决定性的意义。现代国家的主权宣示包括对内和对外两个方面。西藏的对内主权在张荫棠看来并不存在很大的问题，尽管达赖喇嘛与驻藏大臣有泰关系不睦，但对于皇帝仍然表示效忠、服从。但是，传统体制在国际主权的宣示上却屡遭质疑。英国人屡次表示驻藏大臣在藏不能过问政事，为藏众所轻视，不能尽主国义务，因此在藏无主权。英国军官吉治纳曾言“西藏之事，我政府非不愿与贵国交涉，因贵国在西藏不能尽主国义务，藏人不遵守（光绪）十六、十九年条约办理，使我政府不能不行与藏直接政策”[②]。国际承认是统治合法性的重要前提，因此，张荫棠特别注重宣示主权。比如他建议让达赖、班禅赴京陛见，认为这是对外宣示“主国名义”的大好机会。[③] 他阻止英国直接与藏官签订协议，阻止由藏官直接支付战争赔款，阻止中英关于西藏的协议条约文本用藏文，也是为了防止英国借此而质疑清朝对西藏的主权。“收回治权”之后，种种对外宣示主权的行动便自然有其法理和事实的根据了。

为了顺利实现“收回治权”和抵御外来侵略两个目的，张荫棠对国家强制力量（包括军队和警察）给予了特别的重视：他最初建议由“贵胄统带精兵二万总制全藏”，但“经费浩大，国帑支绌，诚属为难”。[④] 但进藏后，他发现“藏人……积弱已极，官皆纨绔，愚懦无能，兵器窳败，人心涣散”，只要朝廷“稍有兵力坐镇”，西藏“断不能为边患”。因此，为收回治权实际上无须太多的兵力，他指出“或谓收回政权，藏官恐滋反抗，致酿第巴桑结、朱尔墨特之乱。臣料藏人贫弱而愚，现在尚无反抗之能力，

① 张荫棠和驻藏大臣联豫在“九局”初设时皆任命藏官为负责人（参见恰白·次旦平措等《西藏通史——松石宝串》，第969~970页），张荫棠解释了其中的原因，“藏中汉官无可派之人，派而不得人，不如不派之为愈”，并指出“将来俟有廉能之员，每局再派汉提调及教习等”。参见张荫棠《致外部丞参函述筹藏详情及参劾番官原委》，吴丰培编辑《清代藏事奏牍》下册，第1358页。

② 张荫棠：《与吉治纳问答节略》，吴丰培编辑《清代藏事奏牍》下册，第1366页。

③ 让达赖喇嘛、班禅进京陛见“则万国观瞻所系，主国名义愈见巩固”。参见张荫棠《致军机处外务部请代奏达赖班禅应令其陛见》，吴丰培编辑《清代藏事奏牍》下册，第1330页。

④ 张荫棠：《致外部丞参函详陈英谋藏阴谋及治藏政策》，吴丰培编辑《清代藏事奏牍》下册，第1306页。

即有小衅，苟有练兵三千，足资镇抚”①。因此这个时候，他练兵的目的主要是抵御外来侵略。他相信英国的军事威胁迫在眉睫，随时有可能再次发兵进藏，“非有实力以盾其后，万不足恃”②。综合形势的需要，他提出了练常备军4万人，先练6000人，逐年增加的计划。根据他的估算，要实现他提出的最低要求，至少需要180万两白银（练兵需120万两，巡警局需60万两）的年度经费，这还不包括枪炮制造等项支出。在他举办新政的年度经费预算（300万两）中，用于强制力量建设的费用超过3/5。而事实上，在张荫棠离开西藏后，朝廷最终拨给驻藏大臣联豫的年度经费只有20万两，是张荫棠全部要求的1/15。他对这种经费状况本有认识，他的策略是，“练汉军以资震慑”“练番兵以自谋保护”，“番兵”之饷由西藏地方政府自筹，以减轻朝廷负担。同时通过“使番兵均归汉官教习统带”，将全藏兵权掌握在“汉官”手中，以防尾大不掉之弊。③ 而要逐年扩充军队，真正训练一支足堪抵御外侮的军队，靠朝廷支拨经费，显然难度极大。因此，他指出练新军必先筹饷，欲筹饷，必先振兴农工商业，“盖商务旺则其国富，国富然后可以筹饷制械而兵强”④。在当地寻求利源似乎是唯一可行的办法。他提出并建立的九局在很大程度上就是为了训练军队、筹集经费之用：外交局是对外交涉和掌握外部信息的机构；督练局是负责训练军队、保卫国家主权的机构；巡警局是维持内部秩序，保证税源稳定的机构；学务局是培养军队后备人员、增强国家认同的机构；而其他盐茶局、财政局、工商局、路矿局、农务局都是负责增加利源、筹集军饷的机构。

总之，张荫棠试图“收回治权”的种种举措和构想，就是要废除、解构中间权力结构，建立一个与中央相衔接的专门化的官僚体制，实现中央对西藏各项政治权力的绝对控制。然而，要达到这样的目的，仅有组织机构、法规制度等外在的特征尚属不足，其久远的成功还必须仰赖全体国民的认同与支持。这就需要有计划地进行国族建构。

① 张荫棠：《复奏西藏情形并善后事宜折》，吴丰培编辑《清代藏事奏牍》下册，第1397页。
② 张荫棠：《复奏西藏情形并善后事宜折》，吴丰培编辑《清代藏事奏牍》下册，第1396页。
③ 张荫棠：《复奏西藏情形并善后事宜折》，吴丰培编辑《清代藏事奏牍》下册，第1399页。
④ 张荫棠：《传谕藏众善后问题二十四条》，吴丰培编辑《清代藏事奏牍》下册，第1334页。

二 “合同而化”：构建文化同质化的国族

所谓国族建构（nation-building），是借用一种建筑学上的比喻，指“引导一国内部走向一体化，并使其居民结为同一民族成员的过程”[①]。换句话说，指国家对具有不同历史、文化的人口进行整合，以确定民族认同、增强民族凝聚力、维系民族统一的一体化过程。国族建构作为一种官方推进的政策发端于法国大革命时期，包括两个方面的内涵：一是政治统一的建设，通过一系列制度和政策的实施，建立国民对民族国家的忠诚；另一方面是文化的统一性建设，即通过制度、政策和教育宣传等促进国内文化的同一化和以国家为中心的统一民族认同，一个国家一种文化，从而实现民族（nation）的“同质化”[②]。张荫棠新政的目标之一就是如何让藏人与内地汉人拥有共同的文化，实现文化的同质性，最终成为一个文化-政治共同体——国族。为此，他进行了多方面的思考并将之付诸实践。

（一）文化的同质化努力

关于文化的同质化问题，当时国内主流的社会舆论认为应当通过多途径对少数民族进行同化。如康有为建议“蒙、回、卫藏，咸令设校，教以经书文字语言风俗，悉合同于中土，免有歧趋”[③]，通过学校教育实现“合同而化，永泯猜嫌”[④]。梁启超借鉴伯伦知理的思想，提出“谋合国内多数之民族使之化成为一民族”，“合汉、合满、合蒙，合回，合苗，合藏，组成一大民族”，[⑤] 尽管并未说明“合”和“组成”的具体方法，但显然也是谋求一种共同的文化特征。张荫棠就是立足于“合”“化”的思想，在新政措施中融入了宗教改革、学校教育、民俗改良等文化革新的内容，其目的

---

① 〔美〕米勒等主编《布莱克维尔政治学百科全书》修订版，邓正来等译，中国政法大学出版社，2002，第527页。

② 参见王希恩《论“民族建设”》，《中国社会科学院研究生院学报》2004年第3期。

③ 康有为：《请君民合治满汉不分折》，汤志钧编《康有为政论集》上册，中华书局，1981，第341～342页。

④ 康有为：《海外亚美欧非澳五洲二百埠中华宪政会侨民公上请愿书》，汤志钧编《康有为政论集》上册，第611～612页。

⑤ 梁启超：《政治学大家伯伦知理之学说》，《饮冰室合集》第2册，第76页。

就在于实现“合同而化”，最终形成全体国民的文化同质化。

1. 宗教改革　通过近两年与英印政府就西藏问题的交涉，使张荫棠多少对宗教在西藏社会中的巨大影响有了一定的认识，他在奏折中称，“臣自抵藏，屡与喇嘛演说佛理，即借宗教以联络藏众，因所明以通所蔽”①。在具体措施中，张荫棠虽然未提宗教改革之名，但他试图推广儒家三纲五常学说，确有宗教革新之实，包括两个方面内容：

第一，改变西藏民众对佛陀和宗教领袖的崇拜，转而以清朝皇帝为崇拜、效忠的对象。近代民族主义主张民族（nation）和国家是人民效忠的对象，然而对于“家天下”的封建王朝来说皇帝就是国家，皇帝才是臣民的唯一效忠对象。在《传谕藏众善后问题二十四条》中张荫棠屡次宣示大皇帝的权威，《训俗浅言》亦言“西藏人皆是大清国百姓，当遵奉大皇帝政教，忠心事主，心如铁石，至死不变”②。《藏俗改良》中说：“西藏系大皇帝土地，达赖系大皇帝敕封，唐古特系大皇帝百姓，依托大清国庇荫，故能安居乐业，黄教昌盛。”③ 他指出列强屡次怂恿西藏“自主（即独立）”，然而其背后却是夺地灭国的阴谋，“尔等观印度、哲孟雄等处，土地已归他人，受人鱼肉，佛教衰微，渐为耶稣教所灭”④。在《游布达拉山记》中，他比喻英国、俄国为“夜叉罗刹之国”，“挟兵力以行其妖教”，乃佛教之敌，要振兴黄教只有依靠中国皇帝的保护。⑤ 因此，忠于大皇帝，否定“自主”才是正确的选择。

第二，用儒家的纲常伦理取代佛教思想。时人认为，“中国之经书，即是中国之宗教”⑥。张荫棠便试图以“中国之宗教”替代黄教。在他颁发的《训俗浅言》中指出“大清皇帝为黄教之主国”，而“教”之要件包括：父子有亲、君臣有义、夫妇有别、长幼有序、朋友有信等“五伦”学说。张荫棠还阐发了儒家的博学、审问、慎思、明办、笃行，以及智、仁、勇、

① 张荫棠：《致军机处外务部电请代奏辩未强令喇嘛改装》，吴丰培编辑《清代藏事奏牍》下册，第1328页。

② 张荫棠：《训俗浅言》，吴丰培编辑《清代藏事奏牍》下册，第1353页。

③ 张荫棠：《藏俗改良》，吴丰培编辑《清代藏事奏牍》下册，第1357页。

④ 张荫棠：《谕全藏僧俗官民筹办要政亟图自强》，吴丰培编辑《清代藏事奏牍》下册，第1373页。

⑤ 参见张荫棠《游布达拉山记》，吴丰培编辑《清代藏事奏牍》下册，第1374页。

⑥ 张百熙、荣庆、张之洞：《学务纲要》，《中国近代教育史料》，人民教育出版社，1961，第202～203页。

孝、悌、忠、信、礼、义、廉、耻等思想。认为这些思想应该成为藏人所信仰宗教的内容。这是他对清末新政纲领性文献“江楚会奏变法三折”中所提出的“教法当以四书五经纲常大义为主”[①] 思想的忠实履行。

为了使藏民能够接受儒家说教，他还做了两个方面的努力。

其一，以佛教思想来解释儒家纲常。比如儒家之所谓“仁”，乃“仁者爱人，施舍衣食，以活穷民。教人读书，使明道理。己所不欲，勿以施诸人”之意，张荫棠指出这与佛法所宣扬的慈悲、普度众生同义。儒家的“勇”包含“忠勇之事，奋勇做去；非礼之事勿动，非义之财勿取，勇于知非；痛自改悔，不蹈前非；临阵独当前敌，收队独居人后，是谓勇于公战”等含义。而佛教宣扬的“佛入地狱，以救众生，亦只是个勇字”[②]。儒家的忠臣义士与佛家破除无明、献身利他的“勇”者一样死后可以登天堂，证佛果。他还以因果报应说解释贪利之害，说即使不败露，贪官死后做骡马猪狗还债。

其二，解构佛教的合理性。他虽然没有直接说佛教教义具有虚假性，但通过一些具体的事例批评佛教。他认为做喇嘛，沿街讨钱，望人施舍，是苟图安逸的行为。[③] 批评僧人“日诵经典，望神庇佑，望人布施，是为分利之人，非生利之人。人人皆思分利，愈分愈薄，国安得不贫，贫斯弱矣”，出家为僧寄生食利，于社会发展、国家富强毫无益处。他指出“天道不外福善祸淫，作善降祥，作不善降殃，非延僧诵经祈祷所能为力。妇女小儿之畏鬼神者，皆由无见识妄生恐怖。切不可迷信降福，卜卦符咒”，“月蚀、日蚀、电雷、雪雹、风雨、孛彗、山崩、地裂，皆天地运行自然之理。……乃经纬度一定之理，切不可听神怪之煽惑”。百姓应当“敬鬼神而远之，不可谄渎祈祷”[④]。他特别批评西藏政教上层“战而无备，不练兵”，“平日漫无战守之预备，无兵无饷，一旦驱未经训练之愚民，持朽腐锈坏之武器，贸贸然与强敌战，视同儿戏，是不啻手刃屠戮其民”。这是严重违反“佛教慈悲戒杀之旨”，属于“残害无辜”，因此“纵免国刑，必遭阴谴”。

① 朱寿朋编纂《光绪朝东华录》，总第4709页。

② 张荫棠：《训俗浅言》，吴丰培编辑《清代藏事奏牍》下册，第1353页。

③ 参见张荫棠《藏俗改良》，吴丰培编辑《清代藏事奏牍》下册，第1356页。

④ 以上均见张荫棠《藏俗改良》，吴丰培编辑《清代藏事奏牍》下册，第1358页。

在优胜劣败的时代，“虔奉经典，不足以御巨炮也，谬信符咒，不足以御快枪也”[①]，因此，“喇嘛颂经功课，宜在早晨六钟，或在夜里九钟，白昼不必诵经。宜兼做农工商业，以生财，不可望人施舍”。更进一步是要绝大多数僧人逐渐与世俗无别，其理由是：“西藏本系佛地，藏民人人为喇嘛……或虑喇嘛多则生齿寡，不知佛教真诠，原不禁人娶妻生子吃肉。其不愿娶妻者，别为苦行喇嘛，其愿娶妻者听。喇嘛仍可充农工商兵诸业。”[②]

2. *学校教育* 学校教育是向所有的公众灌输“公民”意识，强迫人们接受整套国家认同符号的最有效方式。[③] 清末新政期间官僚阶层对学校教育的重要性已有了全新的认识。张之洞名噪全国的《劝学篇》对如何结合中西、发展中国特色的学校教育开出了药方，他和刘坤一的《江楚会奏变法三折》第一折就专门讨论学校教育问题。出国考察立宪的官员亦对学校教育的重要性有精彩论述。[④] 张荫棠对学校教育给予了特别的重视。他在《奏复西藏情形并善后事宜折》中谈及治藏策时认为，“为今之计，自以破除汉番畛域、固结人心为第一要义，以收回政权、兴学练兵为入手办法”[⑤]。所谓“破除汉番畛域、固结人心”就是要强化认同，增强凝聚力，而兴学是其中的重要手段。

张荫棠学校教育的内容主要秉承“中学为体、西学为用”的思想，杂糅“中国古学”与“中国新学”（即西学），尤其对推广汉语给予了特别的重视。张荫棠在《善后问题二十四条》中称“藏民愚蠢，多不识藏文。既系中国百姓，又不识汉文，不懂汉语。应汉藏文兼教，使藏民人人能读书识字”[⑥]。这是一种全新的、极富时代特色的观念。此前各王朝的边疆治理理念是“齐其政不易其俗，修其教不易其宜”，朝廷并不要求边疆少数民族学习汉语汉文，从来也不认为学习汉语是西藏官民作为皇帝臣民的条件。将一种方言国语化是现代民族主义的原则之一。从法国大革命开始，方言被认为是不易接受新的文化和新的政治生活的、妨碍民族（nation）统一的

① 张荫棠：《传谕藏众善后问题二十四条》，吴丰培编辑《清代藏事奏牍》，第 1334 页。

② 张荫棠：《传谕藏众善后问题二十四条》，吴丰培编辑《清代藏事奏牍》，第 1337 页。

③ 参见〔英〕安东尼·史密斯：《民族主义：理论，意识形态，历史》，叶江译，上海世纪出版集团，2006，第 48 页。

④ 参见《出使各国考察政治大臣载泽等奏在日本考察大概情形暨赴英日期折》，故宫博物院明清档案部编《清末筹备立宪档案史料》上册，中华书局，1979，第 6 页。

⑤ 张荫棠：《复奏西藏情形并善后事宜折》，吴丰培编辑《清代藏事奏牍》下册，第 1397 页。

⑥ 张荫棠：《传谕藏众善后问题二十四条》，吴丰培编辑《清代藏事奏牍》下册，第 1336 页。

障碍，消除方言，统一国语被认为是新型国家的特征。[①] 在建立民族国家的语境中，张荫棠推广汉语，实际就是要解决语言的统一问题。

张荫棠为推行汉语汉文设计了具体的策略，要求在“户口稠密之处遍设初等蒙小学堂，专课汉文汉语。凡男子七岁以上，皆许就学，延用邻省教习，语言易通，选用浅近课本，教以识字谈话之音，造句成章之法，以期渐归同化”。为了加快藏族学生学习汉语的速度，他还主张“学生在学堂中宜专讲汉语，所用服役小娃宜用川人”[②]，在生活交往的过程中提高汉语能力，这样学生一年可全通汉语。

具体来说，张荫棠对汉语学习的强调，基于三个方面的考虑，都与民族国家建设息息相关：其一，“语文不相通，办事致形隔膜”。换句话说即是语言统一方可使政令通行、管理便利。即如安德森所言“发展标准的国家语言，助长了文书的可换性，而这又增强了人员的可换性”[③]。其二，推广汉语以增强认同。张荫棠认为汉文汉语是“属地与祖国同化之要枢”[④]。其秘书何藻翔也说：“语言文字相通，然后能团结其祖国思想。”[⑤] 同时代的程淯条曾在奏折中指出：“结合民志宜实行统一语言也……王者之治，文轨大同……是以昔贤有云：通天下之志，必自发言始也。盖语言所以代表思想，语言不一，则情意隔阂而无感触，志趣涣散而难团结……（语言）归于一致，则声气易通，情志不隔，全国团体结合自坚，此各国行之已有成效之事。”[⑥] 可见，通过推广汉语以增强国家认同似乎已成为清末官僚阶层中的普遍看法。其三，学习汉语乃是西藏得以进化（发展）的必要途径，因为“先练习中文，通晓汉语，然后考求西国文字技艺。因西国各种技艺，

---

① 参见刘大明《“民族再生”的期望：法国大革命时期的公民教育》，中国社会科学出版社，2005，第216页。事实上，清朝末年的语言统一努力不仅包括少数民族学习汉语，也包括各汉语方言向“官音”的统一。“各学堂皆学官音。各国言语，全国皆归一致，故同国之人，其情易洽，实由小学堂教字母拼音始……以官音统一天下之语言，其练习官话，各学堂皆应用《圣谕广训直解》一书为准。”见舒新城编《中国近代教育史资料》上册，人民教育出版社，1961，第210页。

② 张荫棠：《上外部条议筹办藏政经费说帖》，吴丰培编辑《清代藏事奏牍》下册，第1449页。

③ 〔英〕本尼迪克特·安德森：《想象的共同体：民族主义的起源与散布》，吴叡人译，上海世纪出版集团，2005，第55页。

④ 张荫棠：《奏复西藏情形并善后事宜折》，吴丰培编辑《清代藏事奏牍》下册，第1398页。

⑤ 何藻翔：《藏语》，上海广智出版社，1910，第119页。

⑥ 《分省补用道程淯条陈开民智兴实业裕财政等项呈》，光绪三十三年九月二十二日。

中国皆有已译成之书也”[①]。考求西学是进化的必然手段，然而藏文除了注疏佛经外，尚无译介西学之书，而汉文中西学著作多已译备。因此，学习汉语即可阅读西学论著，从而获得进化。[②] 因此，欲得进化只能是先学汉族，再学西方，只有遵循藏族→汉族→西方这样的学习路径，才能实现藏族文化的进化。

3. 民俗改良　张荫棠于民俗改革用力尤重，先后颁发《藏俗改良》《训俗浅言》，专论民俗改革问题，除了其中的部分条目提倡科学的生活习惯外，多数条目都是在倡导一种与内地文化和生活方式趋同的风俗习惯。比如在《藏俗改良》（34 条）中有关风俗改革的内容共 19 条，许多条目直接涉及生活方式，如：

> ·一妇只配一夫，兄弟不得同娶一妇。·闺女寡妇，不得私通苟合。·兄妹姊弟叔嫂婶侄，不得同炕卧宿。·父母老病，为子妇者宜侍奉汤药饮食，以终其身。一息未绝，不得弃置别室。·人死宜用棺木，或氆氇扎束，掘地七八尺，埋荒野。勿用天葬，以喂鹰狗。勿用水葬，以喂鱼。因秽气四扬，水染尸毒，于他人卫生有碍，不得已或用火葬较可。·身体每日洗浴，头发宜常梳洗，衫裤勿使污秽。·衣服宜改短窄，以便做事。·儿童七八岁宜教识汉字，学汉语，以便到内地为官或为商。否则人人专做喇嘛，未易发大财。·男子出外谋生，充农工商乌拉，妇人在内管理家务，养育儿女。·夫死，其妇宜留以侍养翁姑，抚育儿女，不宜改嫁。如系赤贫，无人倚靠者，亦应俟一年服满后，方可改嫁。故妇死，其夫亦一年后方再娶，以尽夫妇之义。·见客礼，宜以合掌为常见礼。凡曲躬吐舌竖指头之礼，贻笑各国，皆不可行。中国礼做作揖请安，外国礼做握手免冠，在各人因时择用亦可。·男子不宜戴耳环，妇人不宜用儿茶涂脸，又，饭碗等物不宜

① 张荫棠：《谕全藏僧俗官民筹办要政亟图自强》，吴丰培编辑《清代藏事奏牍》下册，第 1373 页。

② 与张荫棠同时代的杨度从另一个角度论证、支持这种观点。杨度把各民族的社会历史发展概括为三个不断进化的阶段，认为蒙、回、藏等民族尚在游牧社会，其“语言、文字中所包含之美富不及汉人万一”，“汉人尚恨不及英、美、德、法之人，满人尚恨不能丝毫尽等于汉人，而蒙回藏人乃更远不及满汉两族”。杨度：《金铁主义说》，刘晴波主编《杨度集》，第 367 页。

藏胸怀里，此皆各国所无，免失观瞻。·两兄弟同娶一妇，则生育子女必寡，因妇人必隔年方能孕育一子女也。生齿日寡则国弱，必为外人所侵凌。各国均无此风俗，令人耻笑。·妇人配定一夫后，必不可与人偷合，此最耻辱之事。且生子女受毒，不能养育。

这些习俗的是非标准一是儒家的伦理纲常，二是西方可接受的礼仪，三是符合现代科学的要求，四是有利于经济发展。凡与这些标准不符的传统习俗，都或明或暗地遭到了否定和嘲讽。张荫棠指出，他的目的是指出藏俗的污点，使藏人“徐遵以孔孟三纲五常之正理，爱国合群尚公尚武之新义”①。这些举措的最终目的是让当地藏人虽然有着自己的血统和肤色，但是他们的品位、意见、道德与思维能力却是儒家式的。然而，在张荫棠看来这既是进化的必然，也是建立一个现代国家的先决条件。

（二）锻造国族气质

张荫棠不仅期望通过上述的方法改造藏人的文化，使之与内地同一化。同时，他还期望具有新文化的藏人具有独特的精神气质，这种精神气质是谋求自强所不可或缺的，其中包括：

1. 合群思想　自严复译著《天演论》以来，合群以图进化、求富强，已成为中国社会的普遍共识。梁启超即称：“以物竞天择之公理衡之，则合群之力愈坚而大者，愈能占优胜权于世界上。……合群之德者，以一身对于一群，常肯拙身而就群；以小群对于大群，常肯拙小群而就大群，夫然后能合内部固有之群，以敌外部来侵之群。”② 张荫棠早在印度期间就已经知道不仅“汉”藏之间存在隔阂，就是西藏内部也存在前、后藏之间的矛盾，这种矛盾既是此前清朝实施分而治之、以夷制夷政策的结果，也是后来英国蓄意挑拨离间的产物。到西藏之后，他还发现藏传佛教各教派之间也存在或浅或深的矛盾，这种力量的分散状态根本违反“合群之力愈坚而大者，愈能占优胜权于世界上”的公理。因此，他在西藏极力宣扬合群进化思想，曾经亲临大公所（民众大会）“痛陈天演物竞”之理。同时指出

① 张荫棠：《复奏西藏情形并善后事宜折》，吴丰培编辑《清代藏事奏牍》下册，第1395页。

② 梁启超：《十种德性相反相成义》，张枏、王忍之编《辛亥革命前十年间时论选集》第1卷上册，三联书店，1960，第9页。

“汉藏畛域”“自分畛域”的危害，各种力量“互相猜忌，互相倾陷，置国事于不顾，适以堕敌之狡计之中”。

他从几个方面强调了合群思想的具体内容：（1）汉藏合群：“西藏百姓与中国血脉一线，如同胞兄弟一样。”① 将汉藏民族之间的关系描述成为具有血缘关系的兄弟手足。（2）格鲁派与其他教派合群：“西藏黄教、红教虽分两派，实同一家。应如何互相联络，释前嫌而共谋御外侮。”（3）前藏（噶厦政府）和后藏（札什伦布寺拉章）合群：在《致班禅函论拉章商上不宜各分畛域》中，他说：“前后藏唇齿相依，同种同教，不宜各分畛域……此时唐古特人等同心协力，尚恐难以御外侮，不应同室操戈，以中外藩之计。盖前后藏合则力厚，分则力薄，譬如树枝然，一树枝则柔脆易折，合十树枝成一束，虽极勇力者不能折之矣。”② （4）西藏与喜马拉雅山国家合群：“西藏与布鲁克巴（本中国属地，英人谓布丹国）、廓尔喀地势犬牙相错，实如唇齿之相依。应如何互相联络，以冀巩固吾圉”。“速派噶布伦、戴琫亲往详查，参仿其兵制以练新军，改良一切政治。与廓尔喀结攻守同盟之约，无事相亲睦，有事相扶持”。③ （5）提出应将那些因故革职或卸任的官员也团结起来，因为“彼等更事较多，阅历较深”，有丰富的经验，起用他们充任九局官员或请其参加会议，征求意见，可以取得集思广益的效果。④ 总之，他是要团结一切可以团结的力量，以厚积实力，抵御外侮。

2. 尚武思想　清朝末年，严复译著《天演论》中“物竞天择，适者生存”的警言已得到全社会的认可。对社会达尔文主义的信奉，最终必然指向对武力的推崇。张荫棠在西藏便大力鼓吹尚武思想。他指出“方今地球各国玉帛往来，无不恃枪炮为后盾，所谓武装世界也。遇曰有强弱，无是非，诚有慨乎其言之。我苟不能自强，势必受人鱼肉。果人人有发奋为雄之志，有誓死报国之心，以铁血为主义，以军国民自任，一洗琐委宽博之态，具有威武不屈之风，一群皆血性男儿，虽有强者，亦莫予敢侮。但斗

① 张荫棠：《传谕藏众善后问题二十四条》，吴丰培编辑《清代藏事奏牍》下册，第1335页。

② 张荫棠：《致班禅函论拉章商上不宜各分畛域》，吴丰培编辑《清代藏事奏牍》下册，第1372页。

③ 张荫棠：《传谕藏众善后问题二十四条》，吴丰培编辑《清代藏事奏牍》下册，第1336页。

④ 参见张荫棠《译行商上暨札噶厦劝令速办九局事宜》，吴丰培编辑《清代藏事奏牍》下册，第1371页。

力不如斗智，必设武备学堂，以考究战阵学问，培养将材。虽不可轻开边衅，而武备不可一日不讲。日日练兵，人人讲武，是八字要诀。凡国民年二十岁不能骑马执枪当兵打仗者，是为废人。是在上有以教之，以养成其尚武精神”。[①] 认为弱肉强食的世界公理，决定了一个国家、一个民族要想得以生存，就必须练兵尚武。

他首先以1904年藏英战争的失利来警醒藏人：“拉萨城破，达赖出奔，实为唐古特千年未有之奇辱。尔等宜将战败杀戮惨状绘为图书，悬诸三大寺门口，永远不忘此耻。勿谓今日和约可长恃，当常思念敌人猝来挑衅，长驱直进，尔等有何策以御之。”[②] 并以廓尔喀为自强之榜样，“廓尔喀地虽小而兵甚强，近来采用西法，改用洋操，有精练民兵三十万，又有制造厂，能自铸枪炮，选聪强少年往外洋游学”[③]。

他提倡人人尚武。称“毛瑟枪为人生保护性命室家之根本，无枪必受人欺凌。每枝价银卢比三十六元，子药每千粒卢比七元。四川、印度等处均有卖。无论男女均各售一枝，共费卢比四十三元。无事时往各山打猎，猎得白狐、猞猁、虎豹数只，便可够枪子之资本，以后均为溢利。如外敌盗贼等来侵，各携枪齐心协力出战，为佛教出力。各如报私仇，倘杀得一敌人，便死了亦够本，杀两人便算溢利”。“只许外国来通商贸易，断不许其侵占我土地，誓死与之拼命，死后升天成佛”[④]。张荫棠的全民皆兵，甚至要僧人拿器武器杀死敌人、打猎求利的主张，反映了他备战御敌的强烈愿望，然而其中的许多内容无疑是脱离现实的。

结　语

张荫棠西藏新政是清末新政运动的有机组成部分，它以民族国家建构为核心内容，是传统西藏社会现代转型的最初探索，揭开了西藏现代化发展的序幕。细察张荫棠奏稿，不难发现他的政治理念和政策举措，与此前清朝二百多年的治藏政策相比已经发生了巨大变化：他不再满足于通过噶

① 张荫棠：《训俗浅言》，吴丰培编辑《清代藏事奏牍》下册，第1355页。
② 张荫棠：《训俗浅言》，吴丰培编辑《清代藏事奏牍》下册，第1355页。
③ 张荫棠：《藏俗改良》，吴丰培编辑《清代藏事奏牍》下册，第1357页。
④ 张荫棠：《藏俗改良》，吴丰培编辑《清代藏事奏牍》下册，第1357页。

厦政府实施间接的羁縻控制，而强调“收回治权”由中央进行直接管理；不再推崇宗教（包括宗教领袖）的崇高地位，转而批判宗教的虚妄和对社会的消极影响，主张政教分离；不再奉行文化上的多元主义和宽容态度，而是期望通过民俗改良、学校教育等方式输送儒家文化，以期实现藏族文化与内地文化的同质化；等等。把这些变化仅仅看成边疆危机加剧背景下在管理力度、方式等层面的变化或疆吏个人的励精图治，并不完全准确。要理解、解释这些变化就必须将其放置于辛亥革命前后中国人寻求国家整体性变革的总体框架之中。具体来说，清末新政对于边疆民族地区的治理在理念上已发生了革命性的变化，即不再固守用传统的宗藩关系实现秩序和谐，而是试图建立一个将边疆与本土融为一体，更具凝聚力、竞争力的现代民族国家。然而，正如“新政”整体的悲剧命运，张荫棠西藏新政的努力在实践层面远不能算是成功的，有人甚至认为他是失败的。[①] 因为他的部分构想根本未能得以实施，一些措施随着他的离任而终止。然而，在辛亥革命前后这一段特殊的历史时期，如何在一个多民族社会建设现代民族国家，成为革命者、维新派和当政者，都必须面对的时代性命题。无论张荫棠西藏新政成功与否，他对如何将边疆民族地区纳入新的体系之中，实现边疆民族地区的现代转型，做出了自己的回应，其间成败得失，以及所凸显的问题的复杂性，是值得我们进行一番梳理的。

张荫棠看到了传统王朝与现代民族国家在政令畅通和资源动员能力上的差异。欧洲国家由中央政府直接控制全体国民，通过统一的号令调动全国资源，参加国际竞争或对外扩张。按梁启超的话说，就是合全体国民能力以实行“民族帝国主义”[②]。要应对这样的国际环境，就必须提倡民族主义，组织完备之政府，发展农工商以丰军饷。总之，要强化政府的权威，消除那些构成障碍的中间权力环节。因此，张荫棠“收回治权”的主张符合时代的要求。但问题是如何实现新旧转变，随后又建立一个怎样的政体。

张荫棠提出“收回治权”，他的最终目标是废除西藏地方政府原有的架构，以此实现中央的直接控制。即便不是行省化，也要实现中央皇权对西藏地方的绝对控制。实现目标的途径当然可以有激进与和缓两种选择。如

① 参见郭卫平《张荫棠治藏政策失败原因初探》，《青海民族学院学报》1988 年第 1 期；赵云田：《清末西藏新政述略》，《近代史研究》2002 年第 5 期。

② 梁启超：《新民说》，中州古籍出版社，1998，第 50～51 页。

果采取改良性的方案，改革的阻力自然可以化减，但需要漫长的协商、博弈过程，列强环伺、内忧外患，岂能容忍漫无际涯的等待。如果采取革命性的方案，势必要触犯当地的利益集团，有可能发生“顽梗不从”，“铤而走险”之事。张荫棠虽倾向于革命性的方案，但是军力薄弱和财力支绌，又不得不做出妥协，权衡之下，他设想了一个双轨并存的过渡性政治体制，以减缓震荡。

关于新型体制，张荫棠的构想是将清朝的新定官制与英印政府的管理体制结合起来，用少量的“汉官”取代藏官，实现对西藏各级地方权力的管理。这就是说，张荫棠所主张的“收回治权”，从终极目标上看，不仅要实现中央集权，而且要在地方治理的各级决策集团中弱化当地人的影响。当然，这并不是张荫棠独有的，而是辛亥革命前后许多政治精英所持的主流思想。在这种思想指导下的边疆政策实际上引发了更多的矛盾，边疆危机也随之加剧。造成这种局面的原因是多方面的，根本的原因是张荫棠等人只看到民族国家体制在增强国力、维护统治方面的长处，却没有看到或者说不愿意承认西方国家内部的“民权”制度，只单方面要求民众“忠心事主，心如铁石，至死不变”，但不愿赋予当地民众参与公共事务的公民权利。事实上，民族主义要求个体对国家的效忠，必须是建立在全体国民权利平等的基础之上，没有个体的政治权利平等和相应的利益表达渠道，国家利益的要求就不具有“合意”性质。①“民族主义”与“民权主义”是相辅相成的。张荫棠单方面强调当地民众对皇帝、国家的效忠义务，却忽略当地民众的政治参与权利，就与近代民族主义的理念背道而驰了。

与当时公共媒体上多数的论者相似，张荫棠也深受单一民族国家观念的影响，持一种“根基论（强调血统、文化、语言等的纽带作用）”的国族思想，相信一国之内，若有无数异族，则思想不同，语言不同，风俗不同，因而利害相驰，感情相背。② 因此，要建立一个能够维护原有版图、囊括原有众多民族的现代国家，就必须对语言、风俗、观念不同的边疆民族实行

① 梁启超曾言：“人权者，出于天赋者也，故人人皆有自主之权，人人皆平等；国家者，由人民之合意结契约而成立者也，故人民当有无限之权，而政府不可不服从民意，是即民族主义之原动力。”见《国家思想变迁异同论》，《饮冰室合集》第1册，第19页。

② 余一：《民族主义论》（《浙江潮》1903年第2期），张枬、王忍之编《辛亥革命前十年间时论选集》第1卷下册，第490页。

文化同化，只有这样才能锻造出能够相互“吸集”“固着”的具有文化同质性的国族，才能形成合力以提高国家的竞争力。张荫棠的国族建构不仅要形成共同的政治文化和对国家的认同，同时还要求全体国民在语言文字、生活方式、道德观念上的同质化。他在西藏努力推行的文化革新活动，试图使西藏民众放弃他们原有的文化，逐步转变成为具有儒家式的品位、意见、道德与思维能力的人。这是一种割裂当地历史文化传统的行为，必然会引起抵触与抗争。张荫棠之后，联豫、赵尔丰等都为实现文化的同质化而进行过各种努力，然而收效甚微，最终随着清朝的覆亡而不了了之。

具有根基性纽带联结的群体在共同行动中可能具有更多的优越性。查尔斯·蒂利曾言：“在一个同质的人口中，普通百姓更可能认同他们的统治者，交流可以更高效率进行，在一个局部行之有效的管理革新也可能在其他地方奏效。而且，感受到同源的人们更可能团结起来反抗外来威胁。”① 但是，具有同质性文化的群体并不必然地产生共同的国家认同，国家认同本质上是一种认可、参与、政治忠诚和承担义务，是与特定的利益诉求相联系的。因此，多元文化认同并不必然成为国家认同的障碍，中国多民族国家的发展历史证明，国家认同完全可能超越文化同质化而得以实现。清末新政对单一认同的追求，既非中国的历史传统，也未成为未来中国的发展方向，它只是特定时代对欧洲国家的简单模仿。

（《民族研究》2011 年第 3 期）

① 〔美〕查尔斯·蒂利：《强制、资本和欧洲国家（公元 990－1992 年）》，魏洪钟译，上海人民出版社，2007，第 118 页。

第八编

民族社会、宗教、文化教育

近代外国教会在内蒙古的侵略扩张

刘毅政

外国教会势力对内蒙古地区的侵略扩张，是近代资本帝国主义利用宗教侵华的一个重要组成部分。在近代历史时期中，西方传教士把我国北部内蒙古地方，视为“地阔俗陋，政治之力既感难周，则宗教之传自易奏效”，“若不有教友，殊以为憾”之区。因之，自鸦片战争前后，相继有法、英、美、意、比、荷、瑞典等西方国家的传教士，频频活动于内蒙古广大城镇和农村牧区，借传播西方“文明”之机，进行了大量的文化侵略和掠夺土地等活动。本文试就一些有关教会和教案史料，对外国教会势力何时侵入内蒙古地区及其侵略过程和主要罪恶活动，作一较为系统地概述，就正于同志。

一

早在清代中叶，西方耶稣会就以“博爱”为教旨，以新旧约全书为“经典”逐渐流传中国。从此，西方传教士就开始散布在中国沿海口岸，并不断潜入中国内地和边远地区。据法国传教士隆德理司铎所著《西湾圣教源流》一书记载，外国传教士潜入内蒙古地区进行传教活动，早在乾隆年间就在察哈尔蒙古西湾子（今属张北县）地方建立了“一个小堂”[①]，吸收一个名叫张根宗的入教。从此，“张根宗奉教之后，劝勉地户民人奉教者渐渐广多”，并建念经公所一处，东西房四间。不久，由于清廷严禁西方教义

① 〔比〕隆德理：《西湾圣教源流》，第 3 ~ 152 页。

流传，于1768年（乾隆三十三年），将“公所”没收入官，改为寺庙。1785年（乾隆五十年），法国味增爵会来到北京，接受了法国耶稣会教士们的传教任务，并“尽心竭力地照顾西湾子教友们，但因为神职班额数缺少，没有派定一位本堂神父，常久驻韦西湾子。”① 至1796年（嘉庆元年六月），外国传教士形影不离西湾子，唆使奉教者张国俊、张国柱、张国信三名信徒，“将旧堂原料盖起北大堂三间，住房一间，其工费钱款均系由众教友摊认交付”。至1806年（嘉庆十一年），因本村教友众多，不能容纳，又将旧房拆毁，购买砖瓦木料，添置新房五间，后来又重建大堂房屋十间，并将村后山坡上四十亩地，充作村中教民们的公共茔地。从此，“西湾子信友们，不但有了小堂，而且也有了一片圣地”。以后西湾子教堂的教务，“系由北京耶稣会的司铎来给他们送弥撒行圣事，或是西湾子教友们往北京去领圣事”②，成为西方传教士侵入内蒙古地方的重要据点。

1830年（道光十年），由于“京中禁教尤严，教士无匿迹地，赴蒙古西湾子地方，教友们遂往者殊伙，于是教行日广，信友日芄”③。这年，躲藏在北京北堂的华籍薛司铎由城里躲到城外，又由城外经宣化，偕同李修士及北堂修道院修道生，一起来到了西湾子教堂，并成为这个教堂的第一任神父，由他又创立了一个修道院。

1835年（道光十五年）7月，法国味增爵会派一名孟司铎（Mr Mowlyc M.）即孟振生，年二十八岁，随同传教士从澳门来到西湾子，准备选派他将来为蒙古教区的第一任代牧。1837年，法国味增爵会又派会友秦司铎（Mr Gablt C. M.）来中国，同年3月6日，他被派到西湾子教堂，专门从事于蒙古地区的传教活动。秦司铎到了西湾子教堂之后，为了进入蒙古地区传教的方便，于是“找来一个年轻喇嘛，教他学蒙古语”，并吸收这个年轻喇嘛“做保守教友”，取圣名保禄。当时“在西湾子教堂有一台弥撒，为感谢天主可庆贺此地蒙古人第一个进教”，就请“保禄在圣味增爵瞻礼领了圣洗”，以后这个年轻喇嘛就成了“秦神父的跟随先生”了。1838年，秦司铎又吸收了一个姓凤的年轻喇嘛领洗入教，取圣名叫伯多禄。这第二个喇嘛入教以后，由于他“志坚恒心修道，被遣到澳门大修道院里，在那里修业

① 〔比〕隆德理：《西湾圣教源流》，第3~152页。

② 〔比〕隆德理：《西湾圣教源流》，第3~152页。

③ 李杕：《拳祸记》，第214页。

后，返归西湾子，于一八五四年晋升七品”[①]。从此，秦司铎“更确定了对于蒙古民族传教底方针”。同年八月十四日，“罗马宗座划出了一个新教区，即满洲里、辽东、蒙古三个地方合为一新教区，指派了巴黎外方传教会接管”[②]，从此驻节西湾子教堂归属于这个新教区。

1839 年，驻韦西湾子教堂的外国传教士，在察哈尔“北方远近各处，遍历循行视察”，其中，秦司铎在这年利用三个月的时间，“多往蒙民居地观察”进行游历、传教活动。同年，又一个前在我国四川省传教的方主教（Mgr Verroles），擢任新教区代牧，起程来西湾子，奉罗马教皇旨意，“兼理满蒙教务”[③]。1840 年，根据罗马教皇上谕，把蒙古划分为新教区，“专设蒙古主教”[④]，变为蒙古独立教区。并拣派孟司铎（Mr Mowly C. M.）正式任蒙古新教区代牧。从此，“西湾子堂，也就成了蒙古教区的总堂”[⑤]。

1842 年孟司铎升任主教以后，他将自 1837 年成立的西湾子大小修道院分开，并把小修道院迁移到二道河大青山小东沟村（今属兴和县）。从此，小东沟教堂便成了西蒙古第二个大堂口，先后有柯司铎、翁司铎任小东沟修道院院长。此后翁司铎从澳门带来的一名吴修士充作修道院的牧师，教拉丁文，从事文化侵略工作。

1845 年 12 月，翁司铎从小东沟在返回西湾子张家口口外的路上，被守关的清兵抓住送到衙门，俟后判决他回澳门。同年，一名法国盛神父（Mr Fivre C. M.）来到西湾子，任西湾子大修道院院长。四年后，小东沟小修道院又迁回西湾子。

鸦片战争后，随着西湾子总堂的建立和专设蒙古教区主教，西湾子地区教务日芄，教区日益扩大。在战后二十年间，法国味增爵会教会势力不但控制了察哈尔蒙古地区，而且也把它的宗教势力伸入以归化城为中心的附近地区。在这期间，一方面是以西湾子总堂作为侵略扩张据点，另一方面由于传教士来华人士逐渐增多，还有许多传教士来到蒙古地区游历。如 1842 年，驻节西湾子总堂之秦司铎，以游历为名来到归化城，“试行劝化喇嘛们进教”。同年，法国味增爵会的传教士古司铎（Mr Hucc M.）来到西湾

① 〔比〕隆德理：《西湾圣教源流》，第 3 ~ 152 页。

② 〔比〕隆德理：《西湾圣教源流》，第 3 ~ 152 页。

③ 李杕：《蒙古教难》，第 215 页。

④ 李杕：《东蒙古教难》，第 235 页。

⑤ 〔比〕隆德理：《西湾圣教源流》，第 3 ~ 152 页。

子总堂，他因“抱负劝化蒙藏人信教的大志”，亦习蒙古语，同秦司铎共同进行传教活动。后来在内蒙古地区进行传教活动的还有：孔主教（1843～1859）、翁司铎（1843～1847）、盛司铎（1844～1846）、龚司铎（1848～1853）、梁司铎（1850～1862）、廉司铎（1853～1862）等。[①] 这些西方传教士绝大多数都是法国味增爵会的会友，他们住在西湾子总堂或住在各堂口进行传教活动。此外，还有属于圣方济会的传教士也在内蒙古地区进行活动。如在1848年前后，属于圣方济会的谢司铎等四名传教士，曾与来归化城的山西、陕西的教友们进行互相串通，广泛地布教活动。

1850年（道光三十年）9月，有两名法国传教士“携有夷书一本”，潜入内蒙古东部昭乌达盟巴林、翁牛特等旗地方，“私赴内地，意图传教”，当时，这两名“须发红赤”的传教士，在翁牛特旗杨树井子地方，被该旗王府盘获。[②] 后经昭乌达盟长巴林札萨克多罗郡王那木济勒旺楚克呈报理藩院，将这两名传教士送交热河都统，派员转解广东，驱除出境。可见，至1852年（咸丰二年），法国天主教会势力，已深入东至内蒙古东部的昭盟地区，西迄归化城，北至后坝（大青山北），南迄岱海川（凉城县）。

综上所述，在19世纪50年代前后，外国教会势力已侵入内蒙古腹地，其宗教势力已经由点到面逐渐铺开。当时察哈尔蒙古西湾子总堂已成为一个重要侵略据点。根据西湾子总堂保存下来的材料，当时在察哈尔以及东蒙古地区就有三座较大的教堂，即“中为西湾子教堂，西为小东沟（兴和县境）教堂，东为苦力图（热河赤峰县境）教堂”。其中，仅在西湾子总堂和四处附近的村堂，就达二十个。这些小教堂的教民总数已达千余人。详见表1。[③]

此外，从面上看，这一时期外国教会势力，西至归化城，东至昭盟以北赤峰地区都已有了西方传教士的足迹，并在罗马梵蒂冈教廷控制下已发展成了独立的蒙古教区。此后，外国传教士为了在蒙古地区拓展教会势力，由点到面，更加步步推进，公然在内蒙古广阔的土地上按行政区划分教区，深入各个城镇和村落，从面上向各盟旗延伸。遍设教堂，霸占土地，广置

① 〔比〕隆德理：《西湾圣教源流》，第3～152页。
② 《筹办夷务始末》（咸丰朝）卷三，第17～18页。
③ 〔比〕隆德理：《西湾圣教源流》，第3～152页。

教产，利用不法教民，横行乡里，使教会势力成为内蒙古地区的一种特殊势力。

表 1 西湾子等村教民人数统计表

村　　名	教　　民	村　　名	教　　民
西湾子	989	七道沟	23
五道沟	45	高家营	117
四道沟	22	桦林背	19
黄土梁	42	贾麻子沟	61
翠花沟	20	二道沟	31
大南沟	84	白桦沟	81
门扇川	50	和气沟	30
二道营	24	石窑子	63
擒虎路沟	24	吴东窑	31
五　号	71	大北沟	107

二

进入 19 世纪 60 年代以后，外国教会侵略势力在内蒙古地区逐渐发展扩大。其主要原因：一方面是由于清政府在全国地区松弛了禁教政策；另一方面是经过第二次鸦片战争，外国传教士取得进入中国内地“自由传教”和在各省“租买田地，建造自便”的各种特权。于是披着宗教外衣的大批传教士蜂拥而来，侵入中国内地和边疆地区。当时内蒙古地区是由法国味增爵会所控制的教会势力，后来为比、荷两国的“圣母圣心会”所代替。

1864 年，罗马教皇正式指定中国长城以北蒙古地区作为“圣母圣心会”的传教区。① 1865 年，“圣母圣心会司铎们来华，他们所分得的传教区是蒙古，这是传教工作最难着手的区域中之一”②。同年 12 月 6 日，该会会祖南怀仁带领司、韩、郎、林四名会士来到西湾子总堂，接管味增爵会的教务。

① 〔比〕王守礼：《边疆公教社会事业》，第 1 页。

② 德礼贤：《中国天主教传教史》，第 88 页。

12 月 8 日，原主持西湾子总堂的戴、白二司铎，把该堂全部教务（包括西湾子教区散居 26 个村 2700 名教徒、主教府、贞女院、大堂和修道院等处所）移交清楚。不久，南怀仁便派韩、林二名司铎去热河西北黑水一带传教，后又派司司铎去小庙儿沟堂口进行传教活动。至 1867 年，“圣母圣心会”为了发展内蒙古地区的教务竟将西湾子总堂的神职班的传教士增加到 16 名，又修建了高家营、五号两个小教堂，逐渐向附近地区扩展势力。1868 年 2 月，南怀仁为了发展东蒙古教务，他亲身去热河等地传教，但不久在老虎沟堂口因病死去。从此则由司、韩二主教署理蒙古教务。次年，司司铎因事调回比国后，西湾子总堂教务又由韩默理主教署理。

1871 年 5 月，“圣母圣心会”派巴耆贤（T. R. P. Bax）为蒙古教区新副主教。同年 10 月底，他偕同顾、杨二司铎来到西湾子总堂。在巴耆贤主教主持教务期间，大肆施展布教活动。他说：“开教有希望的地方是西营子（南壕堑），且由此能向蒙古居民劝教，因距西营子不远有许多蒙古居民”。于是在 1872 年在西营子建一座大教堂，称为“圣殿”。并聘请蒙古教习一名，学习蒙古语。1873 年，巴耆贤主教视察东部蒙古教务归来后，立即由西营子起程视察大青山之北后坝地区的教务，并往归化城以西河套地区发展教务。同年 4 月 14 日，巴耆贤通过驻天津法国领事馆，向清政府领取了一张旅行蒙古地区的护照，同顾司铎便首先来到后坝地区之乌塔尔坝（即铁圪旦沟），居住在这村的赵依纳司铎“出郊欢迎”。继之，巴主教先后又到住有教民的乌尔兔沟、六道沟、什卜尔台等村视察。并命顾司铎常驻什卜尔台住堂管理后坝地区“教友”①，负责发展大青山以北地区的教务。

同年 5 月 1 日，巴耆贤主教率领张玛第亚司铎来到归化城，“居于三合村（距呼和浩特东北七八里），寄宿于韩姓大会长家”②，通过韩姓其人，开始“办理在归化城购买地基，建造堂宇，开设育婴院之用”，并授权张玛第亚司铎留在归化城进行布教活动。同年底，在庆凯桥东北建立双爱堂。③ 此后，巴主教又去岱海凉城等地视察教务。

1874 年 2 月，巴耆贤主教在岱海巡察教务过程中，获得阿拉善王允其去鄂尔多斯等地传教的消息后，正中其怀，立即又派出德明玉司铎和费司

① 常非：《天主教绥远地区传教简史》，第 22 页。

② 常非：《天主教绥远地区传教简史》，第 22 页。

③ 《绥远通志稿》卷九十八、八十三、八十一，《教案篇》。

铎等传教士，相继进入伊盟准旗、乌审旗、城川、宁条梁等地传教。同年底，巴耆贤主教又命居住归化城之杨、步二司铎随同德明玉司铎去阿拉善旗传教。翌年一月十日，这三个传教士到达阿拉善旗王府，居住数日。不久，德明玉等司铎东返又窜入三道河子进行传教活动。并在三道河子“典租蒙古土地一段，招徕汉人垦殖”①，进行所谓“移民传教”；与此同时，巴耆贤主教还派遣原在后坝地区传教的顾司铎、司福音司铎前往伊盟鄂托克旗传教，由沙当金巴充当向导，“遍访各蒙古王公、贝勒，率皆感情融洽……”②此外，杨、步二司铎在准旗传教，也“颇具成效”。1876 年 3 月，巴耆贤主教偕同吕继资司铎亲来伊盟城川、宁条梁、架马梁等堂口视察教务。从此，外国教会势力开始侵入鄂尔多斯高原，并不断地在伊盟各地开展传教活动。

1880 年（光绪六年），巴主教衰老，他“深知一人管辖这么辽阔的教区，既不能细细诸事自理，也不能尽情掌握”，就委派德明玉司铎为河套新教区区长，从此划分出西南蒙古教区；1883 年，巴主教又委派吕继资司铎（R. P. Rutjes）为东蒙古教区区长，从此又划分出来蒙古教区。同年 12 月 11 日罗马教廷批准巴耆贤主教划分蒙古教区的计划，正式颁行上谕：指定巴耆贤为中蒙古教区（察哈尔）的代牧；吕继资为东蒙古教区（热河）的代牧；德明玉为西南蒙古教区（绥远、宁夏）的代牧。1884 年 5 月 18 日，在西湾子大堂正式举行划定蒙古教区圣典仪式。从此“析蒙古为三境派三主教分理教务。于是有东蒙古、中蒙古、西南蒙古之称”③。

除天主教进行侵略扩张外，耶稣教会势力也在内蒙古地区进行侵略扩张活动。1887 年（光绪十三年），英国耶稣教士华国祥，初来归化城，在“水渠巷商家永宁号院内，租房立会，榜曰耶稣教堂”④。该教堂利用星期天宣道一次。其宣道方式，经常以“幻灯影片放映于财神庙乐楼上，夜间开演，不收票费，俟群众既集，辄乘时宣传耶稣教义，劝人信奉”。该教士还在旧城东顺城街三星城巷内设立医院一所，以施医舍药为名，骗取人们入教。1892 年（光绪十八年），瑞典耶稣教士鄂礼松来归化城，接办教务，创

---

① 《绥远通志稿》。

② 《绥远通志稿》。

③ 《中蒙古教难》，第 235 页。

④ 《绥远通志稿》。

立“大美宣道会”。“原设耶稣堂之名，仍并存不废”。翌年，由欧洲各国继来归化城男女传教士六十余人，一时引起“地方震动，诧为奇事”。但这个宣道团声称“为传教而来，尚无其他作用”，借此安抚人心。不久，这批耶稣教士“除用各种新法传教施医外，兼办一铅字印书局，承印各种书籍文件，籍力宣传”①。从此使耶稣教会势力由归化城发展到各厅、镇。“如包头、沙尔沁、萨拉齐、察素齐、毕克齐、托克托、和林格尔、宁远、丰镇、保尔合少，以及归化城之东顺城街、小西街、圪料街、外罗城等处，皆依次设分堂积极扩充”② 教务。其中，仅归化绥远二城，至民国初年，就有耶稣教堂八处。③ 此外，内蒙古东部昭盟赤峰等地，亦相继建起耶稣教堂。

综上所述，在19世纪八九十年代，是外国教会势力在内蒙古猖狂侵略扩张时期。至1900年（光绪二十六年）义和团运动前夕，天主教和耶稣教会势力已扩张到内蒙古广大地区，东至热河及昭盟赤峰一带，西至阿拉善旗定远营和伊盟各旗，南至伊盟准旗接山西阳曲县，北至武川、四子王旗等地，在广大农区和半农半牧区，各地已是“教堂林立”。所谓“教友之区”和“教产之区”，俨然成为“国中之国”。当时，据不完全统计，其中：

东蒙古教区：包括卓、昭盟及直隶北部热河，以松树咀总堂（辽宁朝阳南九十里）为中心，全境共有教堂、会所159所（包括住堂13、会所116、公堂16、小堂13、修道院1），外籍教士27名，华籍教士8名，教民9060人。④

中蒙古教区：主要包括今锡盟南部、乌盟全境，以西湾子总堂（今张北县境）为中心，全教区共有教堂、会所183所（包括住堂15、小堂62、会所115、修道院1），外籍教士29名，华籍教士14名，教民17340人。⑤

西南蒙古教区：主要包括今土右旗、包头、巴盟、伊盟及阿拉善东部地区，以萨拉齐二十四顷地总堂为中心，全境共有教堂31所，修道院1处，外籍教士27名，华籍教士1名，教民5680人。⑥

此外，在19世纪下半叶，随着教堂的建立和传教区的扩大，外国传教

① 《绥远通志稿》。

② 《绥远通志稿》。

③ 邓玉孚：《归绥县志》，第10~11页。

④ 《东蒙古教难》，第235页。

⑤ 《中蒙古教难》，第235页。

⑥ 《西南蒙古教难》，第215~218页。

士在各地建立教堂的同时，利用以“慈善事业”为名，兴建修道院、医院、学校和育婴堂，从事文化侵略。根据当时三个蒙古教区的不完全统计，教堂所设男女中小学堂、教理学堂和晚学堂近200所，吸收“入学读经”的男女学生共2300余名，为培养华籍传道士和修士，各教区设有修道院，共有修道生177名，其中中蒙古教区占131名。[①] 在各教区的教堂所设学校的教员，绝大多数皆由各教区修女会的修女充任，对蒙、汉各族青少年进行奴化教育。

19世纪末期，外国的教会势力在内蒙古侵略扩张过程中，还霸占了1770余顷土地，以及大量牲畜和房舍，他们把掠夺来的土地和房舍变为教堂唯一的教产，进而来扩大和发展教务。

三

20世纪初，即从1900年（光绪二十六年）义和团运动后，至20世纪30年代，是外国教会势力在内蒙古全面侵略扩张时期。在这近30年中，由于义和团运动时期，蒙、汉各族人民对外国教会势力予以沉重地打击。从此，西方传教士便以蒙古教区“拳匪纵横”之地，“蒙古人与八旗人，参入其间”[②]，焚毁教堂，“杀教士、教民”为借口，大肆诬蔑蒙、汉各族人民的反洋教斗争。当义和团运动被八国联军镇压失败后，西方传教士更加气势汹汹，他们又以蒙古教区发生的所谓“教案”为由，在帝国主义向清政府勒索大批的“赔款”和提出“惩办各员”的同时，各蒙古教区的传教士和某些追随教会势力的不法教民也趁火打劫，大肆掠夺所谓“赔教地”和“赔教银”，使蒙汉各族人民遭到一次空前的大洗劫，与此同时，外国教会势力凭借掠夺来的“赔教地”和“赔教银”的巨大财富，重修教堂，新建堂口，在内蒙古各盟旗加速扩展教务。至20世纪30年代，在内蒙古境内发展成7个教区，从此使外国教会势力进入了一个全面侵略扩张和日益巩固发展的历史阶段。

早在1900年义和团运动时期，内蒙古各族人民进行英勇的反洋教斗争，是我国北方农民阶级反帝爱国运动的一支重要力量。他们在这次伟大的爱

① 《蒙古教难》。

② 《蒙古教难》。

国斗争中作出了重大贡献。根据当时三个蒙古教区的不完全统计，焚毁各地教堂数十个，痛杀罪恶多端外国洋教士二十余名。其中：在东蒙古教区，位于卓盟朝阳境内的松树咀总堂，哈拉户稍，铁匠营等教堂，热河西境建昌县二教堂，平泉州之深井、塔博勒洼二住堂；滦平县之老虎沟教堂；热河北境之昭盟赤峰县别列沟、童家营、枯柳图和井沿等四所教堂，均大部被焚毁。总计东蒙古教区，东西约九百里，南北千余里，有住堂 13，会所 116，公堂 16，小堂 13，大部教堂和会所皆被义和团焚毁。其中，仅朝阳境内"教堂被焚者六，婴孩院一，会所二十余，均被焚掠"①。所有 27 名外国传教士，除被义和团杀掉外，其余四散逃走。

在中蒙古教区，包括宁远（凉城）之岱海、香火地，察哈尔之西湾子、西营子、高家营子；二十三号、二十四号、三十号等村，大青山北后坝地区之铁圪旦沟、河东、古营子等十五个分堂；和林格尔之舍必崖，海流速太二住堂及三个分堂；丰镇厅之沙钵儿、旧黄洋滩二住堂及五个分堂；土默特之臭水圪洞、坞家圪堆、二十家子、五松图路、官地营子等教民房屋，大部被义和团民焚毁。其中，以"后坝、土默川为最"。总计中蒙古教区，"住堂十二，公堂六十，育婴堂六，学堂七十二，皆毁灭无遗"②。

在西南蒙古教区，东段萨拉齐二十四顷地总堂，三道河、巴拉喀、南平、什拉乌素等教堂，除东段只有巴拉盖、小奴儿二处教堂未毁外，皆被义和团民焚毁。南段以伊盟鄂旗城川教堂、乌审旗小桥畔和伊盟边境的宁条梁，以及西段阿拉善旗的三盛公及河套一带教堂，大部被焚毁。总计西南蒙古教区，包括"口外七厅"归绥道境内之"总堂一座，大教堂十六座，小教堂数十处，育婴堂四座，外有教民四千家之房屋财物，焚掠一空"③。

依上记载，可知义和团运动时期内蒙古各族人民的反洋教斗争，东至昭盟，西至伊盟和阿拉善旗，南至山、陕沿边地区，北至四子王旗和武川等地，到处燃起"杀洋灭教"反帝斗争的火焰，蒙、汉、满、回等各族人民，打破外国教会势力所控制的三大蒙古教区的界限，互相配合、支援，到处围攻和焚毁教堂，痛杀外国传教士和不法教民。深刻地反映出蒙汉各族人民要求摆脱外国教会侵略势力欺压的痛苦和灾难的正义要求；充分地

① 《东蒙古教难》，第 235 页。

② 《中蒙古教难》，第 235 页。

③ 《西南蒙古教难》，第 263 页。

显示了内蒙古各族人民在这次伟大反帝爱国运动洪流中所发挥的战斗作用。他们在义和团反帝运动史上写下了光辉的一页。

义和团运动失败后，清政府与十一个帝国主义国家签订了《辛丑和约》，对外赔款四亿五千万两；并与在华西方教会势力的代表签订了“庚子赔款合同”。当时，蒙古教区的西方传教士也以蒙受“教案”为名，摆出骄横凶诈的姿态，大肆敲诈勒索，掠夺大量所谓“赔教银”和“赔教地”。1901 年 3 月，当山西成立办理教案的“洋务总局”后，在归绥道也成立了“口外七厅洋务分局”，查办教案，商定赔款。在查办蒙古地区的教案中，经晋省巡抚岑春煊偕同绥远将军信恪、归绥道恩铭和垦务大臣贻毂（谷）等，同法国参赞端贵和天主教士闵国清、方济众、宇嗣安等，通过多次交涉，于 1903 年（光绪二十九年）始行结案。经查全归绥道所辖口外七厅，除清水河厅无教案外，“酿祸之大，以托、萨、归为最甚”，被害“外教士二十九人，焚毁教堂二十处。两教（指耶稣、天主教）所受损失，以天主教为甚”。[①] 总计：“赔教银”共达六十八万三千五百两（合京平足色纹银六十五万两）。其中，以伊盟之达拉特旗为最多，共赔银三十七万两，而乌盟四子王旗也达十一万两。[②] 由于蒙古各旗无力一次赔清，只有用土地、牲畜或粮食、地租等项作为抵押。其中少以银七钱或一两抵押一亩，作为教堂永耕土地。如法国闵玉清教士就在达拉特旗掠夺“赔教地”一千顷，牲畜抵银十万两，常年地租抵银十万两。此外，四子王旗被掠夺八百三十三顷土地，比国传教士贾明远、南怀义初议掠夺准格尔旗土地三百顷。[③] 据史料记载，除在蒙古教区外，外国教会势力，在中蒙古和西南蒙古教区，通过庚子教案，共掠夺土地达三十万顷[④]，赔教银共达一百四五万十两之巨。[⑤]

俟后，盘踞在内蒙古地区的外国教会势力，凭其掠夺来的“赔教银”和“赔教地”的巨大财富，将掠夺来的一部分土地分配给农民耕种。教堂还将另一部分地出租给未入教的农民耕种，以“三七”、“四六”或“对半分收”粮食。然后，教堂以剥削来的粮食，引诱农民入教，美其名曰“救

---

① 《绥远通志稿》。

② 贻谷：《绥远奏议》，《绥属全蒙古各旗教案一律完结》。

③ 贻谷：《绥属全蒙古各旗教案一律完结》。

④ 见《绥蒙土地研究提纲》，第 3 页。

⑤ 《绥远通志稿》。

济”。当“农民一入圈套信了教，当了佃户，使终身不能脱离”[①]。可见，当时外国教堂的传教士俨然成了教民中的大地主。此外，还有的不法教民为了奉教还向教堂捐献土地。如在光绪末年，集宁平地泉，察哈尔地区的高山庄、塔素圪、大囫囵、铜马沟、白旗等村的一些教民，按照“地方成规，书有契纸”[②]，将大片土地捐献给本村教堂，以求作为“终身教友”。

至清末民初，外国教会势力利用掠夺来的“赔教银”，以每亩银七钱或一两廉价向蒙古封建王公收购大量土地。如光绪二十九年（1903），察哈尔千金堡大教堂，买到蒙古土地五百顷；光绪三十三年（1907），鄂托克王卖给陕北三边面泥井子天主教堂荒地数百顷；翌年，昭盟巴林王爷卖给教堂荒地一百顷；民国十二年，东土默特王卖给赤峰教区的教堂五十顷土地。[③]还有法国传教士在卓盟朝阳教区大营子教堂，经营一个有二百余顷“天主教大农场”[④]。还有伊盟杭锦旗王爷于光绪三十一年（1905）将一大片适于灌溉的土地租与教堂以后，经过二十年，“教会独立经费，掘成了大约三百七十八公里长的渠道，约可灌溉三千顷肥沃土地，每年能够播种小麦、谷米、荞麦、豆类及蔬菜”[⑤]。

依上记载，可知各盟旗县教堂霸占土地，一般来说，每个教堂都霸占有十顷至一百顷以上的土地。这是外国教会势力在20世纪初年对内蒙古地区进行全面侵略扩张的特点之一。

至20世纪30年代左右，由于各盟旗教堂林立，洗礼入教者和教民户数的增多，促使原来的三大蒙古教区，改变为七个教区。（一）热河教区：共辖十一个县，主教座堂设在松树咀村；（二）察哈尔教区：包括今锡盟南部和张家口地区，主教座堂设在西湾子；（三）绥远教区：包括绥中九个（即巴彦、武川、和林、清水河、托克托、东胜、包头、固阳、萨拉齐等）县及四子王、茂明安等旗，主教座堂设在归绥（今呼和浩特旧城北门外庆凯桥北，原绥远第一监狱后垣外）；（四）宁夏教区：包括宁夏和陕北五个县，绥西临河、五原两个县及伊盟各旗；（五）大同教区：包括晋北六个县，主教座堂设在大同；（六）集宁教区：由原来中蒙古西湾子划出，包括绥东五

① 《伊克昭盟历史与现状》油印本，第7页。

② 〔比〕王守礼：《边疆公教社会事业》。

③ 〔比〕王守礼：《边疆公教社会事业》。

④ 译自《内蒙古东部调查报告》（日文本）卷九，第92页。

⑤ 〔比〕王守礼：《边疆公教社会事业》。

个县，主教座堂设在玫瑰营子；（七）赤峰教区：由原来东蒙古热河教区划出，包括昭盟七个旗县，主教座堂设在赤峰。

以上七个传教区中以绥远教区为最大，地域辽阔，教民众多。如在抗日战争时期，绥远省境内共有“教堂三十六处，教座房舍凡一千七百十一间”[①]，“教堂几无处不有，地产数千顷”，教堂占有“牛、羊、驼、马大小牲畜万余头”，“附设男女小学堂数十处”，“教民总计约有五、六万人”。[②]所以绥远教区复分为五个小区，即归化区、三眼井区、什拉乌素壕区、缸房营区和二十四顷地区。每小区设司铎一人，管理本区教务。其中，以归化区（今呼和浩特市区）共有天主教堂 3 处，共有教民 2540 余人。此外，基督耶稣教堂共有 9 处（包括民国九年设在旧城半道街之救世军和民国十六年设在新城五区后巷之“自立会”，以及民国二十一年设在旧城北门外之“基督复临安息日会”各一处）。[③] 民国二十二年设在旧城西五十家街之安息日会。此外，各旗县均有耶稣教会势力的活动。

除归化区外，在内蒙古西部地区教会势力之猖獗，要以萨拉齐二十四顷地教堂为有名。这个小教区，从光绪二十六年庚子义和团事变后，“此堂所得赔偿之惠亦最优”，“教中一切事业之扩张，遂俨然成全区之重心”。自比国主教韩默理死后，相继有外籍陶、徐、罗、连等传教士在此堂发展教务。此外，在萨属境内还有外籍传教士兰光济在小韩营子建堂；彭嵩寿、闵兰思、苏贝丁等西方传教士先后在陶思浩、美岱召等村建堂。综计，在抗日战争前，萨境共有天主教堂 51 处，教民 22058 人，男学校 22 所，女学校 56 所，学生 1138 名。[④] 据不完全统计，萨境以四所教堂为例共霸占土地达三百顷。[⑤]

此外，从伊盟牧区鄂托克旗为例，共有 11 处教堂（包括白泥井子、黑梁头、城川、堆梁子、仓房梁、沙路茅子、硬子梁、胡家窑子、毛团囫囵、小桥畔、宁条梁等），教民户数有 1270 户、入教教民共有 4900 人。全旗入教人口占鄂旗全境人口 13540 人的 1/3。[⑥]

---

① 邓玉孚：《归绥县志》。
② 《绥远通志稿》。
③ 邓玉孚：《归绥县志》。
④ 《绥远通志稿》。
⑤ 〔比〕王守礼：《边疆公教社会事业》。
⑥ 周颂尧：《鄂托克富源调查记》，第 14～15 页。

依上举例记载，可知外国教会势力在20世纪30年代，由于重新调整教区，由原来三个教区发展为七个传教区，外籍和华籍传教士分别在各教区发展教务，使其教会势力迅速扩展到内蒙古广大农区和牧业区，使外国教堂成为“国中之国”。

综上所述，从19世纪30年代至20世纪30年代，外国教会势力在内蒙古地区进行侵略扩张具有近百年的历史。通过以上三个阶段的概述，可以得出以下几点认识：

第一，西方传教士是资本主义国家入侵中国的先遣部队。早在鸦片战争以前，西方国家的教会势力，不仅侵入中国沿海地区，而且也侵入中国北部边疆蒙古地区。并直接地在罗马教皇旨意下，派遣多名传教士在内蒙古地区进行侵略活动。据初步统计，共有英、法、美、意、荷、比、瑞典等七个国家的教会势力，包括味增爵会、耶稣会、方济格会、外方传教会、圣母圣心会、奥斯定会、玛利若瑟会、献堂会、圣心婢女会无原罪圣母会等都来过内蒙古地区进行宗教侵略活动。他们利用大小修道院的修士和修女，通过办学校、建医院、立育婴堂等，在我国蒙古地区宣传西方奴化教育，对蒙、汉、回、满等各族人民进行文化侵略和思想上的奴役。其罪恶活动，是罄竹难书的。

第二，外国教会势力在内蒙古地区的侵略扩张过程中，其教会势力最初是由点到面逐步发展起来的。侵略重点是以汉族人口占多数的农业区或半农半牧区。从入教人口的成分来看，主要以汉族占绝大多数，蒙古族信教者占少数。但是教会势力在霸占土地方面，主要是掠夺蒙古旗地，特别是从庚子事变以后，通过对“赔教地”和“赔教银”的掠夺，使蒙古王旗丧失了大量土地。其中以伊盟丧失土地为最多。由于教堂霸占了大片土地，必然促使土地所有权发生重大的变化，从而造成了内蒙古地区的民族关系和阶级关系日趋复杂化，加深了各族人民同外国教会势力的社会矛盾。

第三，近代外国教会势力在内蒙古地区的侵略扩张过程，也是内蒙古各族人民反对教会侵略过程。洋教、洋货、洋炮是帝国主义侵略中国的整套工具。洋教势力作为资本主义侵略的急先锋，早从清代乾隆年间侵入察哈尔蒙古西湾子地区以后，逐渐向内蒙古腹地伸出触角，到1840年鸦片战争爆发之年，罗马教皇就开始“专设蒙古主教”，野心勃勃地更加对内蒙古地区扩大侵略。19世纪80年代后，外国教会势力公然把内蒙古分为三大蒙古教区，实行更加恶毒地传教。但从这时期起，东蒙古热河教区的蒙汉各族人民，于1891年（光绪十七年）在“金丹道”的号召下，揭开了反洋教斗争的序幕。1900年（光绪二十六年）在北方义和团的影响下，内蒙古各族人民又掀起了轰轰烈烈的反洋教斗争。进入20世纪初年，各族人民仍不断地对外国教会势力进行各种形式的反抗斗争。

〔《内蒙古师院学报（哲学社会科学版）》1982年第3期〕

近代藏区天主教传播概述

秦和平

在中国近代史期间，西方的天主教曾经进入我国部分藏族地区积极活动，至今仍然残留着某些影响。今天，回顾这段历史，对于学习藏族历史，认识列强图谋侵略我国西藏地区的卑劣行径，有一定的积极意义。

一　天主教西藏教区概况

1. 西藏教区的建立及发展

15 世纪末，随着地理大发现和西方殖民主义势力的崛起，天主教在亚非及拉美地区的传播活动自觉或不自觉地同殖民主义的扩张相结合。1498 年，葡萄牙人绕过好望角来到印度，随即以果阿为殖民地向外扩张。天主教会亦附缘而入，并以此为依托，凭借葡萄牙人的势力，积极地在南亚次大陆及邻近地区开展传教活动。17 世纪初年，天主教耶稣会和卡普秦会（一译为嘉布遣小兄弟会）的传教士先后进入我国西藏阿里和拉萨等地活动，由于遭到藏族僧俗民众的强烈反对，传教士只得怏怏离开。[①]

19 世纪中叶以后，中国天主教会的“保教权”转移到法国人手中，从 1844 年开始，西藏地区的天主教传教事务便从印度的亚格教区分裂出来，划归于四川教区，并且隶属于巴黎外方传道会。[②] 1846 年，法籍传教士古伯察和噶毕由蒙古经青海混进西藏，旋即被驻藏大臣琦善发现，勒令驱逐押

① 佘素：《清季英国侵略西藏史》，第 1 ~ 7 页。

② 四川省档案馆编《四川教案与义和拳档案》，第 17 ~ 24 页。

送离藏。[①] 稍后，法籍传教士罗勒拿（一名为罗启桢）企图由川省入藏，亦受到了相同的惩处。[②] 但罗氏仍不甘心，再次非法进入我国，经云南潜入怒江畔的门空（今属察隅）一带藏区进行活动。

1857 年，西藏教区正式成立，级别为宗座监牧区，首任监牧为杜多明。其时教区的面积广阔，界线含糊不清，据说延伸到四川腹心地区的仁寿、井研一带。[③] 到 19 世纪 60 年代，经过几番协商，西藏教区的范围大致地被确定下来，即是以四川西部雅安与泸定间的大相岭为界，山表为川南教区的布道范围，山阴属西藏教区，主教座堂设在康定（打箭炉）。

1861 年，《中法北京条约》刚一订立，传教士们迫不及待地要求公开进入西藏。首批试图入藏的传教士有七人，他们是杜多明、丁德安、罗勒拿、吕项、毕天祥、肖法日和顾德尔。[④]

天主教传教士力图赴藏活动的目的，至少是要取代部分藏族群众的传统宗教信仰，因而，理所当然地遭到藏族僧俗人士的抵制与反对。他们明确地表示，“只得会合同教部落，帮同竭力阻止，非势尽力竭，万不敢弃佛教之宗源，失众生之素志”[⑤]。同时再三向清中央政府反映，要求其阻止传教士入藏。

在清政府的限制和藏族群众的反对下，传教士们被迫从西藏察木多（昌都）、江卡和莽里等地退回到四川巴塘，沿澜沧江、怒江南下到云南德钦、维西和贡山等地。20 世纪初期，天主教会势力由康定北伸到炉霍、道孚一带。30 年代初，又扩展至四川丹巴、小金和金川等藏族聚居区。这些布道区域一直维持到 1949 年时止。

2. 康定教区概况

1879 年，当天主教罗马教廷将中国划分为五大传教区域时，西藏与四川、贵州和云南同属天主教中国第四传教区。1920 年前后，西藏教区改名为康定（一名为打箭炉）教区。几年后，由监牧主教区升为代牧主教区，

① 《道光朝筹办夷务始末》卷七十五。

② 中国第一历史档案馆藏，道光二十八年六月十三日四川总督琦善奏折。

③ 四川省档案馆编《四川教案与义和拳档案》，第 17 ~ 24 页。

④ 中研院近代史所编《教务教案档》第 1 辑第 3 册，咸丰十一年八月二十九日四川总督咨文总署收四川总督文附法国添增传教士姓名清单。

⑤ 中研院近代史所编《教务教案档》，咸丰十一年九月十二日掌办商上事务慧能呼徵阿齐图呼图克图阿旺伊喜楚称嘉木廪文。

并与宁远（西昌）教区同属于四川大教区的管辖。抗日战争胜利后，教廷对中国各教区进行了调整，康定教区升为正权主教区，隶属于中国第十一教省（四川）。[①]

除杜多明外，丁德安、毕天荣、倪德隆和华朗廷等人曾先后担任过教区的主教。罗勒拿、常保禄、佘廉霭、古纯仁等人曾先后担任过教区的副主教。[②] 此外，还有数十名外籍传教士先后在此活动过。[③]

从教区的信徒发展的情况看，相传在 1844 年，当西藏地区的传教事务独立于印度时，有教徒 120 余人。稍后，在西藏教区成立时，有教徒八九千人（一说为 12000 人）。由于时代遥远，史籍湮没，无可稽考，姑附于此，仅供参考。[④] 1889 年，教区始有了较准确的信徒数，是年约有教徒 1204 人。20 年后，即 1910 年，教徒数目翻了近一番，发展到 2407 人。[⑤] 1920 年，康定教区教徒人数增至 3541 人，其中四川有 1221 人，云南有 1554 人，西藏有 776 人。[⑥] 到新中国成立前夕，全教区的教徒至少有 830 余人，其中分布在四川的有 5140 人，云南有 3120 余人，西藏的情况不详。[⑦]

从教徒的构成情况看，他们当中除了一部分是教会收养的藏族孤儿、长大受洗成为信徒者外，其余均为生活在藏区的汉民和其他民族的群众。他们入教的主要原因是受传教士的经济利诱，即租佃的便宜和借贷的低息。如清代末年的盐井县，天主教会霸占的土地多达 114 块，播种量是 6.25 石。致使当时的“盐井附近不过七十余户，而奉教者已居其二。盖由蛮地瘠苦，

---

① 〔法〕Poctate Ferreux：《遣使会在华传教史》附录，吴宗文译。

② 倪德隆、华朗廷也是由副主教升为主教的。

③ 在藏区活动的外籍传教士：1895 年时有毕天荣、倪德隆、顾德尔、余伯南、德若望、李雅敬、牧守仁、蒲德元、苏烈、任安收、常保禄和何昂。其中余伯南、牧守仁、蒲德元和苏烈分别死于 1905 年的巴塘、维西教案。

1910 年时有倪德隆、常保禄、李雅敬、任乃棣、丁德安、费三思、彭培、魏雅、华朗廷、伍福纳、裴尔、王来德、余沙礼、窦柏来、古高来、蒲来古、任安收、彭茂美、彭茂德。

1949 年前后有华朗廷、牧德全、藏道东、富德庆、万类思、赖渊任、杜德妥、佘廉霭、吕某、艾真理、沙伯特、安德勒和古纯仁。

④ 四川档案馆：《四川教案与义和拳档案》，第 17 ~ 24 页。

⑤ 《四川教案与义和拳档案》，第 245 页。

⑥ 中华基督教续行委员会编《中华归主》下册，蔡咏春等译，第 1064 页。

⑦ 根据宋恩常《天主教和基督教在滇西北的传播》等材料统计。

自外人来称贷颇易。故彼得以借债为名，坐地收租，即以教民为佃户”[①]。再如贡山县的迪麻洛乡，教会为讨老婆、修盖房屋和送牛羊的教徒多达23户，占该乡总户数的1/6。[②] 所以，当时藏区流传的“不爱洋人爱洋钱”的民谣，道出了某些“吃教者”入教的心态。[③] 当然，随着时间的推移和教会的发展，“吃教仗教”的人数逐渐减少，信仰纯正者逐步增多。

天主教会在藏区从事活动，不可避免地要受到藏传佛教的影响，不仅使天主教的某些宗教活动被蒙上浓厚的藏传佛教色彩，就是在一般的信徒家庭中，亦“往往佛像与十字架错杂供养”，体现出两者间的相互渗透。[④]

二　近代藏区天主教活动述评

西方天主教传教士在我国藏区活动，不仅仅是为了传播信仰，而且还包藏着特殊的政治目的。

19世纪中叶以后，法国对华政策的重要特点，就是凭借手中掌握的“保教权”，利用天主教会来扩展势力。[⑤] 为了能够把势力伸进西藏，当年支配着天主教活动的法国殖民主义势力费尽心机美化传教士的入藏企图，说什么“无非欲访求人类同源异派之由，与所在风土人情，以及草木鸟兽诸物产，用资学殖”，以掩饰传教活动的真实意图。另外，重提法国帮助清政府镇压太平军的旧事，“咸丰八年，在上海与贼匪打仗，本国武官、兵丁为贵国之事，死丧者甚多。即咸丰十年和议未成以前，本国在上海亦且极力击败贼匪。迨至换约（北京条约）以后，本国大臣更时时为贵国思及良法善策，凡裨益于贵国者，无不悉心代为筹画”。以此要挟清政府，欲图其保护传教士入藏相补偿。[⑥]

然而，墨写的谎言掩盖不住铁的事实，这就是法国殖民者利用天主教来参与同英、俄诸国角逐西藏。1861年，当入藏的传教士受阻在巴塘时，法国公使迫不及待地跳到前台，公然声称“法国与英、俄情形不同，不但

① 《四川教案与义和拳档案》，第158~162页；段鹏瑞：《盐井乡土志》下篇。

② 贡山县委：《关于迪麻洛乡宗教情况调查》，1954。

③ 刘曼卿：《康藏轺征》21，“洋势力”。

④ 杨仲华：《西康纪要》下册，第443页。

⑤ 〔美〕费正清编，中国社会科学院历史所译《剑桥中国晚清史》下册，第594页。

⑥ 《教务教案档》第1辑第3册，同治元年闰八月二十二法国公使哥士耆照会。

无相害之心，且有钳制别国之益。盖别国欲有所图，若有法人在彼，别国不得独行其志”。一再强求清政府把传教士送进西藏。[①] 又如光绪二十二年（1896），法国政府风闻“英国欲由滇藏开道，以通四川后路，而据长江上游”的消息后，立即饬令其驻渝领事压迫清政府，迅速地把传教士送回巴塘，并且强调说，“藏事日变，必须早送教士回巴。倘藏中不能支，他国干预，敝国尚可帮中国说话。象我国通商传教均无在藏境邻近地方，只有巴塘一处相去不远，如教士并不在巴，我国即欲说话，他国必谓与我无干、无从帮助，故此举关系两国甚大，不可耽误也”[②]。以上二例的事实清楚地暴露出当年天主教的传教活动与殖民主义扩张之间的不解之缘。

正因为当时的传教活动有着这样特殊的政治背景，因而以教案形式出现的反侵略斗争在部分藏区不断地爆发，并沉重地打击了天主教人及其背后的外国势力。

当然，我们也注意到资本主义国家对华政策变化发展，导致在华活动的基督教各教派相应地发生变化。1903 年，法国政府实行政教分离，从此改变了先前以“保教权”为特征的对华政策；稍后，法国政府又与俄、英两国缔结和约，协调彼此的矛盾和调解地区冲突（包括对西藏的争夺），携手对付德国和奥匈帝国；加上 19、20 世纪之交时，中国大地爆发了大规模地反对传教士的义和团运动，有力地打击了天主教会，促使其反省过去的传教方式与后果，这一切均深刻地影响到活动在藏区的天主教会。

故从 20 世纪 20 年代后，西藏教区改名为康定教区，示不再企图对西藏染指，以减轻外界的压力，消除猜忌。同时，传教的区域也发生变化，放松在川藏咽喉——巴塘的传教活动，一再地裁减这里的住牧人员。在巩固康定、泸定的同时，势力转为向北伸进道孚、炉霍，向东入大小金川和丹巴。另外，对过去的传教方式亦有所改变，注重对当地教牧人员的培养。天主教会在康定办起了修道院（真原堂），择选其中优秀者送到马六甲宗座大学深造，先后培养出杨华明、李顺庆、孙维新、刘一斌、李士增等中国籍司铎，逐步地使教会蒙上“本色化”色彩。各地教会也办起一

① 《教务教案档》，同治元年九月初一日总理衙门致四川总督咨文中引用哥士耆语。

② 《教务教案档》第 6 辑第 2 册，光绪二十二年十月十七日法国驻重庆领事哈与川东道魏的谈话节录。

些医院，发施药物，治病救人。如康定天主教医院“每月就诊者数百人，康定无良好中医，恃此而活者，年亦数百人”①。名声远及九龙等地。这些做法受到当地民众的肯定和好评，对于消除过去的恶劣影响有一定的积极作用。

三　清政府对天主教在藏区活动的认识及其相关的措施

对于传教士及洋人入藏活动，清政府从一开始就持反对态度。嘉庆年间，清朝皇帝明确指示，“嗣后如有西洋一带夷人以朝佛为名，前来藏地，即概行阻回，毋令入境，以杜奸萌”②，阻止其入境，避免麻烦。

道光二十六年（1846），由于法国使节拉萼尼的压力，清政府被迫弛禁天主教，但是仍然强调外国传教士不得进入中国内地。是年，琦善对古伯察和噶毕的处理，就是清政府对此所表示的明确态度。

然而，在1860年的城下之盟中，清政府被迫允许传教士进入内地从事与其身份相符合的活动。一方面，西藏是中国领土的一部分，允许传教士入藏是清政府履行条约的义务。另一方面，西藏是藏族群众的聚居地，佛教是阖藏僧人和民众的传统宗教信仰，享有至高无上的地位。天主教的嵌入，不仅仅是取代部分群众的传统信仰，而且还附带着特殊的政治企图，不能不激起藏族人民的抵制和反对。1867年，达赖喇嘛致函驻藏大臣，明确表示：“窃思天主乃系邪教，居心想在西藏流传彼教，希图殄灭黄教。是以上年曾有僧俗大众同心公议，出立誓结，纵死均甘阻滞天主之人，不准一名擅入藏境。”③ 面对藏族僧民如此强烈的反对情绪，清朝统治者不得不有所顾忌；部分传教士在藏区的种种不法行径，亦引起了清政府的警觉与不安。

当传教士欲图进入西藏之初，清政府采取的主要手段是借口西藏气候恶劣，情况复杂，竭力地拖延阻滞传教士进入西藏。稍后，利用光绪五年（1879）藏族人民持械反对所谓奥斯马加入藏一事，拆迁莽里教堂，避免了

① 张篷舟：《西康》，第26页。

② 《清仁宗实录》卷二五一，第15页。

③ 《教务教案档》，同治六年十二月二十四日景纹奏折中附达赖喇嘛咨文。

传教士与僧俗民众直接接触。另外，允许天主教会在巴塘、盐井、维西等地建立教堂，饬令当地官府予以保护，以满足天主教会及其背后的外国势力的某些要求。

可是，清政府的这些防范性措施是起不到多大作用的，“外人觊觎边荒，藉口传教，譬如水银泻地，无孔不入”①。不仅天主教会及其背后的外国势力对此十分不满，而且英国亦多有猜忌，借口此事，乘隙插手。“前因法国传教之人有由川入藏之信，该披楞（英属印度）即在哲孟雄各处竖旗聚兵，定要来藏通商。只候法国之人由东至藏，披楞即由而入。”以加剧对西藏的角逐。②

19 世纪末年，西方列强掀起了瓜分中国的狂潮，其时在藏区的传教士的活动也异常活跃，“近来传教士、游历洋员专与番夷交欢，于兵民所不能入之处，伊等利诱言饴，竟能给其地图，设心甚深，难保不有暗地经营，互相资藉之事”③。为了防患于未然，清代末年，赵尔丰、赵尔巽秉承中央的旨意，在川滇藏区从事改土归流，加强中央政府的直接统治权力的同时，也积极地加强对活动在此的天主教会的监督与管理。

首先，采取建立和健全教产、教徒及教牧人员注册登记的制度，以便有效地进行监督和管理。清理教会擅自开垦或抵押的土地，规定教会租佃或购买土地时必须缔结契约，注明其面积、年限和价格。“只准教堂公用，不得影射，将来发现矿产，由官照价收买”。力图改变过去以口说为凭，随意欺哄的状况。其次，设立地方公议公所，由民教双方派人与地方士绅、头人共同组成，调解处理民教冲突和教派纠纷，使地方官府超脱于冲突双方之外，保障其驾驭权。同时，加强对入教者的审查，规定“平民来堂投教，司铎、牧师先令教董，会同地方首士确查，如属安分，而其人又未涉讼，如予收录”，否则摈退，杜绝吃教仗教的事例发生及扩大。另外，对部分教牧人员也采取了一些必要的约束性措施，要求“司铎、牧师遇民教相争、两教相仇，凡于传教无涉者，概不干涉袒护。设有无知愚民至教堂告诉，必以理相阻”。反对少数教牧人员依仗不平等条约，干涉诉讼，践踏破坏中国政府的司法主权。再次，设立各县学务局，开办各类学校，实行免

---

① 李之珂：《新设炉霍屯志略》附录。

② 《教务教案档》第 1 辑第 3 册，同治二年十月十二日，驻藏大臣满文代递汪曲结布禀文。

③ 中国历史第一档案馆，赵尔巽档案，宣统二年六月初二日赵尔巽致外务部电文。

费教育，以期启发民智，抵御传教士的精神渗透。[①]

上述措施实施后，曾经收到积极的效果。但由于当时的中国已陷入半殖民地半封建社会的深渊，这些措施立意虽好，终究不能治本。只是在新中国建立后，伴随着三座大山的被推翻和教会开展“三自”革新运动，活动在藏区的天主教会才得以恢复了自己的本来面目，成为部分群众所信仰的宗教。

（《中国藏学》1991 年第 1 期）

① 中国历史第一档案馆，赵尔巽档案，宣统二年七月初五日通饬各属预防民教不和两教互争办法由。

中国朝鲜族迁入史述论

金元石

19 世纪中叶以前，由于各种历史原因，流入现今中国境内的朝鲜人很多。其中，有些人是自由迁入，有些人是作为“被掳掠者”移入。这些人后来主要有两个方面的变化：一是他们当中的一部分由于战乱等各种原因返回朝鲜半岛，二是继续留在以辽东地区为中心的中国东北和关内，这些朝鲜人，在长期同当地汉、满族等各民族杂居、联姻中，在中国封建王朝的民族同化政策和民族歧视下，因逐渐同化为他民族而绝迹。19 世纪 40 年代以前的 200 余年时间里，清朝政府和李朝政府都在中朝边境地区实行封疆锁边政策。这时期除明末清初被清军“掳掠而来”的朝鲜人继续居住在东北地区外（后来他们都融入他民族共同体），还有在边境线上“冒禁潜入”的朝鲜人。这时期所谓“冒禁潜入”，基本上是“朝耕暮归”“春来秋去”，即是朝鲜边民过江到江北打柴、伐木、采珠、挖参、狩猎、私垦后返回或者被清政府“毁田平舍，驱逐出境”，这些都是短期的过境行动，根本谈不上什么现今中国朝鲜族的迁入定居。当然这时期也有一些少量的定居者。但这些定居者中没有一个是留下了保持和发展朝鲜民族特征的后裔。

近年来在民族史学界围绕着中国朝鲜族的历史上限或迁入史上限问题，争论很大。主要观点有：“高句丽”说（实际上是土著民族说）；“唐朝”说；“元朝”说；“明初”说；“明末清初”说；“19 世纪中叶”说等。其中，“明末清初”说和“19 世纪中叶说”在史学界颇有影响。“明末清初”说认为，现今河北省青龙县、辽宁省本溪县和辽宁省盖县的一部分“朴氏居民”（按照“血统”更改族籍的人们——笔者注）的祖先正是明末清初迁入我国的最早的朝鲜族，因而提出了现今中国朝鲜族的迁入史上限应该是明末清初即 17 世纪初叶的主张。实际上，迁入中国后的“朴氏居民”的最早祖先只不过是少数几个朝鲜人而已，这几个朝鲜人在几个各自不同的地方，在350多年的漫长岁月里被满、汉族共同体分割包围，在不断地同满、汉族杂居、通婚的过程中，早已被同化为他民族共同体中的成员。因此，笔者认为，把现有的“朴氏居民”看作满族或汉族的后裔或者早已被同化为满族或汉族的意见符合事物的本质。所以，把明末清初作为现今中国朝鲜族的历史上限或者迁入史上限是不妥当的。

现今中国朝鲜族，是朝鲜半岛的朝鲜民族成员中的一部分在特定的历史时期迁入中国而逐渐形成的中国的少数民族，是中华民族的一员。现今中国朝鲜族不是从古代迁过来的，也不是古代史上流入中国境内居住的、被中国各民族同化了的朝鲜人或朝鲜民族的后代，更不是自古以来在中国土生土长的土著民族。我们研究中国朝鲜族迁入史，就是要研究现今作为中国少数民族的朝鲜族迁入中国的特定历史，而不是研究自古以来朝鲜人或朝鲜民族流入中国境内的全部历史。古代史上，朝鲜人移入或往来现今中国境内的历史，因为同现今中国朝鲜族共同体形成的历史没有直接关系，所以只能进朝鲜人的流移民史范畴，而不应进中国朝鲜族的迁入史范畴。中国朝鲜族迁入史同一般的朝鲜人的流移民史既有共同点，又有不同点。它既是整个朝鲜人或朝鲜民族流移民史的一个重要组成部分，又是为中国朝鲜族共同体的形成直接提供朝鲜民族人口来源和朝鲜民族聚居区的特定历史时期朝鲜人的迁入史。因此，我们不能简单地将一切朝鲜人或朝鲜民族流入中国的历史统统地归结为中国朝鲜族的迁入史。也不能把古代史上已被同化的个别朝鲜人迁入中国的历史起点作为现今中国朝鲜族的历史起点。不顾中国朝鲜族迁入史的特定历史含义，主张朝鲜人什么时候流入中国，什么时候就是中国朝鲜族的迁入上限，从而将中国朝鲜族的迁入上限往前追溯到古代的一个时期，是不科学的，是站不住脚的。为此，我们应当把古代朝鲜人迁居中国的历史同近现代中国朝鲜族的迁入史区别开来。当然对中国朝鲜族迁入史的研究，因为它属于多种历史范畴，不仅可放到朝鲜人的流移民史或中朝关系史范畴中研究，也可放到中国朝鲜族历史范畴中研究。

确切地说，中国朝鲜族迁入史就是从19世纪40年代开始，经过弛禁时期、开禁时期和东北沦陷时期，至1945年日本帝国主义投降为止，共经历了100多年的历程。本文试图通过上述各个时期朝鲜人迁入中国的历史的概述和分析，粗略探讨中国朝鲜族迁入史概貌、特点及其他诸多问题。

一　弛禁时期朝鲜人的迁入和中国朝鲜族早期历史的开端（19 世纪 40 年代至 1880 年）

从 19 世纪 40 年代到 1880 年，时间虽短暂，但这时期为中国朝鲜族的逐步形成奠定了基础，为中国朝鲜族早期历史的真正开端铺平了道路。其理由如下。

第一，这时期是清政府对东北地区的封禁令逐渐松弛到被废除的时期，也是邻国朝鲜的封疆锁国政策逐渐被打破的时期，又是清政府在今辽宁省和吉林省的东南部开始实行移民实边政策的时期。

第二，封禁令的松弛和逐渐废除，使朝鲜人初步具备迁入中国东北定居的条件，从而为中国朝鲜族共同体的形成，提供了人口来源和民族聚居区。

第三，此后初步获得中国公民权的中国早期朝鲜族成员，就是由这时期起迁入中国东北定居的一部分朝鲜移民构成的。

第四，据社会历史调查，现今中国朝鲜族是从 19 世纪中叶起迁入中国的朝鲜人的后裔。可见，现今中国朝鲜族的历史，并不是像古代迁居中国的朝鲜人那样，是被他民族同化的历史，而是其民族血统和民族特征基本保留下来的历史，是作为一个民族实体生存和延续下来的历史，而这一历史的开端，正是 19 世纪 40 年代以后的弛禁时期，即 19 世纪中叶。

据文献资料记载，进入弛禁时期后，朝鲜人开始有条件迁入中国东北定居。1845 年，朝鲜钟城郡朱北面龙田洞的李钟昊等一批人迁徙到临江县境内居住。1846 年朝鲜北部垦民迁徙到珲江流域开发水田。此后每年都有一批朝鲜人迁入东北定居。从 1860 年到 1870 年间，在朝鲜北部地区连续遭受严重自然灾害的情况下，大批朝鲜灾民纷纷背井离乡，越江迁居中国东北，因而出现了一次迁入高潮。这期间已定居在辑安（今集安）县的朝鲜移民达千余户，临江、辑安和浑江两岸山间的居民几乎都是朝鲜贫民。1866 年 12 月，朝鲜庆源府阿山镇七十余名朝鲜饥民越界迁入珲春。1867 年 8 月，在珲春和苏联接壤一带，朝鲜逃荒者有千余人。1869 年 10 月，朝鲜庆兴府阿吾地人也大批迁入中国境内。1869 年和 1870 年，朝鲜会宁府便恳请朝廷救济饥民，并默认朝鲜饥民络绎不绝地流入延边和沿海州一带。这时期也有一部分朝鲜人迁入黑龙江省定居。1867 年，一部分朝鲜垦民从俄国沿海州迁居黑龙江支流的巴别里河、大公河流域及乌云、孙吴、瑷珲等地。1880 年还有一批朝鲜人从沿海州迁到饶河义顺号（今大和镇）。

在弛禁时期迁入鸭绿江以北的朝鲜移民中，大部分是从鸭绿江上游渡江后，定居在以辑安为中心的长白、临江等边外北路；一部分是散居在鸭绿江北岸的其他地区。迁入图们江以北的朝鲜移民，主要定居在图们江北岸地区。相对来讲，从图们江以南直接迁入珲春境内定居的多。这个时期朝鲜人迁入黑龙江省的途径，不是渡过鸭绿江或图们江而入，而是经由沿海州渡过乌苏里江迁入。弛禁时期迁入东北定居的朝鲜人大约有 2 万人，其中定居在延边的有 1 万人左右。① 他们中大部分是来自朝鲜咸镜南、北道和平安南、北道的灾民。这时期，在鸭绿江和图们江北岸地区，开始初步形成朝鲜民族的小型村落和小型聚居区。

二　开禁时期朝鲜人的迁入（1881 年至 1931 年 8 月）

（一）“日韩合并”前朝鲜人的迁入（1881～1909 年）

1881 年，清朝完全废除了对东北中朝边境地区的封禁政策，在东北地区进一步扩大了实行移民实边政策的范围，不但向关内移民开放，而且向朝鲜移民开放，推行了许多准许或吸引朝鲜贫民迁入东北的优惠政策（当然也有一些不利于朝鲜垦民迁入的政策，例如，实行民族同化政策，有些地方不准或限制朝鲜移民取得入籍权和土地所有权等）。在辽宁省和吉林省南部，清政府承认朝鲜贫苦农民在这一地区的居住权和生存权，并于 1883 年同朝鲜缔结《奉天与边民交易章程》，在客观上为朝鲜边民迁入中国东北创造有利条件。在延边地区，敦化知县的设置，朝鲜垦民专垦区的划定，越垦局和垦荒社的成立，朝鲜垦民开荒五年不收租等规定②，尤其是准许朝鲜垦民具有入籍权和土地所有权的特殊规定，对于那些一贫如洗的朝鲜贫民来说，具有强烈的吸引力。

1905 年日本帝国主义强迫朝鲜政府签订《己巳条约》后，朝鲜人李相

---

① 韩俊光等：《延边朝鲜族自治州概况》，第 52 页。

② 王魁喜等：《近代东北史》，1984，第 131 页。

呙、李东宁等反日爱国人士来到延边，在龙井村创办瑞甸书塾。此后，由于政治上的原因，朝鲜的义兵和爱国人士开始陆续迁居中国东北从事反日活动。开禁以后至1909年，多数朝鲜移民迁居图们江以北地区的延边和鸭绿江以北的通化、丹东地区的八个县即长白、临江、集安、通化、桓仁、宽甸、安东和凤城等县（以下简称通化、丹东地区八县）。随着朝鲜贫苦农民的迁入人数增多，朝鲜移民居住地区由两江北岸地区向北部和西部逐渐扩展。也有一部分朝鲜移民开始经过鸭绿江北岸地区和延边地区迁移到辽宁北部和吉林省南部、中部以及黑龙江省。朝鲜人向延边的迁入，除了直接从朝鲜过图们江迁入外，也有从俄国西伯利亚迁入。据1907年调查，延边境内的朝鲜移民中，有2/10的人由西伯利亚迁入。1910年以前迁入通化、丹东地区八县和辽宁北部、吉林省南部、中部的朝鲜移民原籍主要是平安道和朝鲜南部；迁入延边和黑龙江省的朝鲜移民原籍大部分是咸镜道。

由于通化、丹东地区八县人口密度大（封禁令废除后，从关内和辽东的其他地区移来大量的汉族），耕地面积少，再加上奉天当局不准朝鲜移民具有土地所有权等各种原因，这一时期有不少朝鲜移民离开此地迁移到内地。因此，通化、丹东地区朝鲜移民人口增长缓慢，不如延边地区增长快。1897年居住在通化、桓仁、宽甸、兴京（今新宾）等地的朝鲜移民已有8722户、37000余人。① 1902年通化、丹东地区八县朝鲜移民达43565人，1904年增至9940户、44580人②，1909年只有44993人。1893年居住在延边的朝鲜垦民有8000户、30000余人，1904年增至50000余人。③ 1907年延边有朝鲜移民73000人④，1908年91000人，1909年增至98500多人。⑤据对各种资料的综合分析，1894年东北朝鲜移民达65000人，到1909年增至210000人左右。

（二）“日韩合并”后朝鲜人的迁入（1910年至1931年8月）

1910年“日韩合并”后，朝鲜破产农民急剧增加。于是，大量的破产

---

① 《中国旧约章汇篇》第1册，第403页。

② 牛丸闰亮：《最近间岛事情》，1927。

③ 参照《延吉厅同知呈所管各事宜选具清册》。

④ 沈茹秋：《延边调查实录》。

⑤ 参照《延边调查实录》《最近间岛事情》等。

农民为了谋生，扶老携幼，背井离乡，纷纷迁入中国东北。同时，也有许多不愿当亡国奴的反日爱国人士、义兵将领和反日群众流入中国东北。

这时期，奉系军阀为了增加财政收入，扩充军备，在丈放原清朝官有地的同时，大力推行招民开垦政策。还有许多官吏和地主廉价招募朝鲜垦民垦荒，开放水田，种植水稻。同时日本侵略者大肆掠夺东北土地，招募朝鲜垦民开发水田。1911 年，奉天当局设计奉天水利局，并在各地设分局，颁布“耕种水稻奖励章程”，鼓励朝鲜垦民开发水田。同年安奉铁路修筑成宽轨，并架设鸭绿江铁桥后，大批朝鲜垦民沿安奉铁路陆续迁入辽宁和吉林省南部、中部和西部等地区。还有大量的朝鲜移民经图们江和西伯利亚迁入延边和黑龙江省。仅在 1910 年 9 月至 1911 年 12 月间迁居延边的朝鲜人就有 19000 余人。①

1910 ~ 1918 年延边朝鲜移民增长情况依次为：

109500 人；127500 人；163000 人；161000 人；178000 人；182500 人；203426 人；220000 人；253961 人。②

20 世纪的前十年，中国东北的朝鲜移民人口增长速度较快。1910 年东北朝鲜移民约有 220000 人，1911 年 256900 人，1912 年增至 270000 人左右，1917 年 358000 余人，1918 年 402969 人。③

1919 年“三一”运动后，朝鲜众多的爱国志士、独立军和反日群众流入中国东北。同时也有大量的破产农民为了谋生，继续拥入东北地区。20 世纪 20 年代的前半期，民国政府对朝鲜移民继续采取招垦、抚垦、“归化入籍”等开放、利用、争取的方针。尽管后半期在东北地区发生过奉系军阀残酷迫害、驱逐朝鲜移民的事件，但朝鲜人仍未停止迁入东北地区。

1919 ~ 1930 年东北朝鲜移民和延边朝鲜移民人口增长比较：1919 年延边 279150 人，东北 431198 人，延边占东北移民总数的 64.7%；1920 年东北 459427 人；1921 年延边 307806 人；1922 年延边 323806 人，东北 503000 人，占 64.3%；1923 年延边 323011 人，东北 515865 人，占 62.6%；1924 年延边 329391 人，东北 528027 人，占 62.4%；1925 年延边 346194 人，东北 531973 人，占 65.1%；1926 年延边 356210 人，东北 550000 人，占

① 《延吉厅同知呈所管各事宜选具清册》，“在满朝鲜人概况”，第 88 页。

② 参照《延边调查实录》《最近间岛事情》等。

③ 参照《在满朝鲜人概述》《满洲国现势》等。

61.1%；1927 年延边 368827 人，东北 558280 人，占 66.1%；1930 年延边 388366 人，东北 607000 人，占 64%。①

通化、丹东地区八县，由于各种原因，朝鲜移民人数增长仍然缓慢。后来由于奉系军阀在这些地区大力推行迫害朝鲜移民的政策，这一地区的朝鲜移民人数大为减少。1921 年，通化、丹东地区大约有 90000 名朝鲜移民②，1924 年增至 95780 人③，但到 1930 年则降为 50545 人，比 1924 年减少 45000 余人。④

与此相反，奉天、铁岭地区、吉林省中部和黑龙江省朝鲜移民迁入人数则不断增多。如 20 年代黑龙江省的朝鲜移民人数比前 10 年增加 4 ~5 倍。尤其在中东铁路沿线和松花江六大支流地区到处可见种植水稻的朝鲜移民村落。1923 年仅居住在中东铁路沿线的朝鲜移民达 2963 户、11201 人。到 1930 年，居住在黑龙江省的朝鲜移民共达 44463 人。

根据当时日本驻东北大使馆的统计数字，1930 年东北朝鲜移民分布及所占移民总人口的比例为：延边地区 388366 人，占 63.9%；奉天、铁岭地区 97169 人，占 16%；通化、丹东地区 50545 人，占 8.3%；吉林、长春地区 24157 人，占 4%；黑龙江省 44463 人，占 7.3%；旅大地区 1747 人，占 0.3%；其他地区 1000 人，占 0.2%。

三　东北沦陷时期朝鲜人的迁入（1931 年 9 月至 1945 年 8 月）

（一）自由迁入时期（1931 年 9 月至 1936 年）

1931 年“九一八”事变后，日本殖民主义者为了把中国东北变成其永久性殖民地和侵略中国大陆的后方基地，决定向东北实行日本人移民政策。1931 年朝鲜总督府制定了《朝鲜移民会社设立计划》，第二年又制定《满鲜农事会设立计划》，规定每年向东北移民 20000 户、100000 人，15 年移民

① 参照《满洲国现势》《延边调查实录》《满洲与朝鲜人》《满洲年鉴》《最近间岛事情》等。

② 参照《南满人民抗日斗争史》。

③ 参照《满洲开拓年鉴》等。

④ 引用日本驻东北大使馆的统计数字。

300000户、1500000人。目的在于缓和朝鲜国内日益尖锐的民族矛盾，同时利用朝鲜移民掠夺东北资源，保证其在东北的殖民权益。

但是，从1931年“九一八”事变到1936年间，日本侵略者基本上没有推行强行移民政策，没有按原定计划组织朝鲜移民迁入中国东北。相反，主要是采取了“不干涉主义”的“自由移住”政策。其原因主要有三点：第一，“九一八”事变以后，由于包括朝鲜族人民在内的东北各族人民的反日运动连绵不断，日本帝国主义在东北的殖民统治秩序还未完全确立，日本侵略者没有条件考虑直接组织朝鲜人移民问题。第二，1929～1933年的空前的资本主义世界经济危机给日本社会造成严重的灾难。日本帝国主义为了摆脱经济危机，解决人口“过剩”问题，对朝鲜破产农民迁入日本，采取限制政策。第三，“九一八”事变后，日本帝国主义为了摆脱国内经济危机，迎来更大规模的侵华战争，将经济危机转嫁给朝鲜，从而造成朝鲜破产农民和手工业者急剧增加，朝鲜国内的民族矛盾不断加剧，而缓和民族矛盾的最好的方法，就是使朝鲜破产劳动人民自由流入中国东北。朝鲜劳动人民流入东北，还可以利用它直接掠夺东北资源。在利弊共存而利大于弊的情况下，日本帝国主义对朝鲜人迁入东北采取袖手旁观的态度，不仅没有直接经营朝鲜人移民事业，并且也没有阻止朝鲜人流入东北。因此，笼统地称这一时期为“强制移民时期”是不妥当的。

由于东北和朝鲜同样成为日本殖民地，移民道路畅通无阻，再加上日本帝国主义对朝鲜移民迁入东北采取“不干涉主义”政策，“九一八事变”以后朝鲜的破产农民和小手工业者成千上万的迁入中国东北。爆发“九一八事变”的1931年，东北有朝鲜移民630982人①，1933年增长到大约680000人，其中，辽宁和吉林省南部地区有190608人，延边地区有405953人，黑龙江省有59771人，吉林省中部和西部地区约有27000人。② 到1934年，东北朝鲜移民约达738000人，其中，辽宁和吉林省南部地区有214744人，延边地区有421941人，黑龙江省有73885人，吉林省中部和西部地区有28000人左右。③ 到1935年，居住在东北地区的朝鲜移民猛增到820000人，比1934年增长80000余人。其中，辽宁和吉林省南部地区有248367

① 参照《满洲国现势》。

② 参照朴昌昱《试论自耕农创定计划》等。

③ 参照《试论自耕农创定计划》等。

人，延边地区有453345人，黑龙江省有87350人，吉林省中部和西部地区大约有30000人左右。[①] 1936年，吉林省的朝鲜移民有528000余人，其中，延边地区有474333人。同年居住在通化、丹东地区的朝鲜移民有85328人。这年居住在东北地区的朝鲜移民总共达854111人。[②]

从1932年到1936年间，由于长图线、牡图线、牡佳线、林密线、滨北线等五条铁路的开通和辽宁、吉林、黑龙江三省铁路的相互连接，对朝鲜移民向黑龙江省、吉林省中部等地区的迁徙创造了有利条件。此后往这些地区迁入的移民人数急剧增多。

1936年4月，日本侵略者和伪满政府规定将居住在通化地区和奉天、安东两省的朝鲜移民集中到辽宁省和吉林省的16个县移民区。

（二）强制迁入和非强制迁入并存期（1937年至1945年8月）

日本帝国主义为了把东北变成侵略中国大陆的粮食基地和兵站基地，进而实现其“满洲农业，日本工业”两大经济支柱的目的，通过日本关东军于1936年4月拟定了《满洲农业移民百万户移住计划》草案，计划从1937年起20年间，向东北移送百万户、500万名的日本移民。与此同时，1936年8月日本关东军指使伪满洲国制定了《在满朝鲜人指导要纲》。朝鲜总督府和伪满政府根据这个“要纲”将移民区由从前的16个县扩大到辽宁、吉林省南部和延边的23个县，计划从1937年起将朝鲜移民作为日本人移民的“补充力量”，每年往23个移民县迁移一万户。1936年9月，在朝鲜汉城和中国长春，分别设立了经营朝鲜农业移民的殖民会社——“鲜满拓殖株式会社”及其在东北的分会社——“朝鲜拓殖有限股份公司”，并接管了“东拓”和“东亚劝业公司”经营的地产。

日本侵略者从1939年起，通过朝鲜总督府和朝鲜拓殖株式会社，用强迫和欺骗的手段直接组织朝鲜破产农民迁居东北。1937年满鲜拓殖有限股份公司第一次从朝鲜京畿道以南的六道中，强迫朝鲜破产农民2500户迁到延边和辽宁省营口县。

“七七”事变后，为了满足侵略战争所需要的粮食，于1938年7月，日本关东军移民事务处理委员会制定《鲜农处理要纲》。《要纲》规定将朝

① 参照《试论自耕农创定计划》等。

② 参照《满洲年鉴》等。

鲜人移民区由23个县扩大到39个县。又规定朝鲜移民按集团、集合、分散三种形态迁入东北。1939年12月，随着朝鲜移民数量的急剧增加，将原来朝鲜移民方案改为《满洲开拓政策基本要纲》，规定全东北为朝鲜移民区。

这时期，成千上万的朝鲜贫苦农民，被迫背井离乡，迁入陌生的中国东北地区。1938年仅1年间被迫迁入东北的“集团移民”和“集合移民”，共达5955户、24156人。① 从1937年至1939年的“集团移民”就达9600户、49600人。② 1941年，“集团移民”“集合移民”“分散移民”分别达3350户、1200户和2967户，共7517户。③ 据资料统计，自1937年至1941年期间，“集团移民”和“集合移民”共15615户，“分散移民”达8851户，41322人，三种形式的移民总数为24466户，103361人。④

1941年6月，日本帝国主义根据《满洲开拓政策基本要纲》，把“满鲜拓植有限股份公司”并入“满洲拓植株式会社”，改称“满洲拓殖会社”，同时把从前“自耕农创定”改为“开拓移民团”。从此，日本帝国主义把朝鲜新移民规定为“开拓移民”，并从1942年起，用强制手段驱赶朝鲜破产农民，到黑龙江省和内蒙古的荒野垦荒种地，或者开发“紧急造田区”种植水稻。

这期间，朝鲜南半部各道的许多贫苦农民也被列入日本帝国主义组织的“移民团”，直接迁入黑龙江省的五常、阿城、尚志、哈尔滨、延寿、方正、通河、木兰、绥化、北安、绥棱、庆安、铁力以及齐齐哈尔、嫩江流域。据不完全统计，从1937年到1944年的8年间，日本帝国主义从朝鲜强制招来的贫苦农民有30856户、147344人。这种强制移民一直延续到1945年日本帝国主义投降为止。

称这一时期为强制迁移并存的时期，是因为：第一，日本帝国主义由前期推行自由移住政策到后期实行强制移民政策，其目的在于有计划、有组织地将更多的朝鲜贫苦农民移入东北各地，而不是禁止自由迁入东北。第二，1937年卢沟桥事变后，特别是1941年太平洋战争之后，由于日本帝国主义在朝鲜加紧进行疯狂的镇压和掠夺，促使破产农民向东北的自由迁

---

① 参照《黑龙江朝鲜族》等。

② 《满洲开拓年鉴》，1940。

③ 《满鲜拓殖株式会社五年史》，第81页。

④ 满铁产业调查部：《满洲农业移民概况》，第14~16页。

入，并没有因推行强制移民政策而停止。第三，这期间除强制移民人数外，还有为数不少的人为了谋求生路，仍然陆续自由迁入中国东北，而且比强制移民人数还要多。这期间移居东北的朝鲜移民人数增长速度，比以往任何时期都快。如在东北居住的朝鲜移民，1938 年为 949574 人，1939 年为 1065523 人，1940 年 1189000 余人，1944 年为 1658572 人，[①] 到 1945 年"八一五"解放之前达 1700000 人左右。这一数字比 1936 年居住在东北的朝鲜移民总数 854111 人增加一倍，等于每一年增加近 100000 人。这就说明，这一时期除去人口自然增长数和强制移民人数外，其余数十万人是自由迁入东北的移民。

当时，日本帝国主义一方面不断地扩大移民区，另一方面用强制或欺骗手段，组织"集团移民""集合移民""分散移民"，除继续移入已开拓的移民区外，还组织移民迁入人烟稀少的荒凉而偏僻的地区。如仅在延边地区的安图县就组织了五次"集团移民"，共计移民户达 3605 户，其人数在延边各县中占首位。日本帝国主义还把为数不少的人强制移居到黑龙江省和内蒙古地区。1940 年一次就把 2810 户朝鲜贫民强行移入黑龙江省西北部的嫩江、龙镇等地。

"八一五"解放后，朝鲜人向中国东北的迁入基本上结束了。同时曾经居住在中国东北的朝鲜移民中，回到朝鲜的约有 600000 人，1940 年东北朝鲜族人口为 1110657 人。

结束语

在这 100 多年间，朝鲜民族的成员大量地迁入中国东北，这不但是朝鲜历史上的重大事件，而且是中朝关系史上的重大事件，又是中国历史上的重大事件。

在这时期，朝鲜民族大批迁入中国东北，其原因是多方面的。其中，直接引起迁移的原因在于朝鲜国内。朝鲜移民能够迁入中国东北有中国方面的原因。拿朝鲜国内来讲，不但有经济方面的原因，也有政治方面的原因。1910 年日本吞并朝鲜以前的迁入主要是因经济上的原因造成的。迁入

① 参照《满洲年鉴》等。

的人几乎都是贫苦农民。而在1910年以后则经济上和政治上的原因都起了重要作用。但是，当时迁入的朝鲜移民中多数是为生活所迫而迁入的。当然，不愿意当亡国奴而迁入的也占一定比例。另外，还有众多的义兵将领和反日爱国志士为避开日本侵略者政治迫害而迁居东北。1937年以后虽然也有在日本侵略者的强制移民政策下被迫迁入的，但从30年代至40年代迁入的朝鲜移民大多数仍然是为了生计而迁入的破产的贫苦农民阶层。

中国方面，清政府从19世纪40年代起放松了对东北的封禁，此后又逐步废除了对东北的封禁制度，实行了许多有吸引力的开放政策和优惠政策，这在客观上为朝鲜垦民的迁入提供了方便条件。民国时期虽然一度发生奉系军阀迫害和驱逐朝鲜移民的现象，但这只是局部地区的短时期的现象。从整个东北地区和整个民国时期看，民国政府对朝鲜移民迁入东北主要实行开放政策。东北沦陷以后，朝鲜和东北都是日本帝国主义的殖民地，再加上日本侵略者推行“自由移住”政策和“强制移民”政策，因而朝鲜人迁入东北更是畅通无阻了。

各个时期朝鲜移民迁入中国东北的基本特征是：弛禁时期是朝鲜移民由冒禁迁入逐步过渡到自由迁入的时期；开禁时期是朝鲜移民自由迁入时期；日伪统治东北时期的前期是朝鲜移民在日本侵略者“自由移住”政策下自由迁入的时期，后期是强制迁入和非强制迁入并存的时期。中国朝鲜族迁入史上，出现了几次迁入高潮。第一次是19世纪60年代；第二次是20世纪最初的10年；第三次是1935～1944年的10年间，这10年是东北朝鲜移民增长速度最快的时期。从整个时期看，朝鲜人向东北的迁入从未间断，而且一直是沿着上升线迅速增长。

从分布的过程看，首先分布于鸭绿江、图们江沿岸地区和绥芬河流域，然后逐步沿着北部和西部方向，向东北内地移动和扩散。朝鲜民族是擅种水田的民族。他们一迁入，就寻找利于灌溉和种植水稻的地区安家落户。因此，朝鲜移民的村落多分布在江河冲积平原或河谷盆地及河谷平原。在东北朝鲜移民中，吉林省人口最多，其次是黑龙江省，再其次是辽宁省。在内蒙古也有少量的朝鲜移民居住。其中，图们江以北地区的延边成为朝鲜移民最大的聚居区。

从居住在东北地区的朝鲜移民的原籍情况看，在辽宁省和吉林省南部地区的朝鲜移民中，北朝鲜移民占75%左右，南朝鲜移民占25%左右。在延边地区，除安图、敦化两县中南朝鲜移民占多数外，其他四县是北朝鲜移民占94%。与此相反，在吉林省中部、北部和黑龙江省，南朝鲜移民占52%，北朝鲜移民占48%。相对来讲，地理位置上离朝鲜半岛近的鸭绿江以北和图们江以北地区，北朝鲜移民多，南朝鲜移民少；离朝鲜半岛越远的吉林省中部和北部及黑龙江省，南朝鲜移民多，北朝鲜移民少，这也是一种分布特点。

朝鲜民族迁入中国东北，在历史上有重大影响。第一，朝鲜民族迁入东北以后，与兄弟民族一道，开发和建设了东北边疆。他们披荆斩棘，克服艰难困苦，不但开发了旱田，而且开发了大面积水田，从而为东北水田的开发和水田技术的广泛传播，为东北农业经济结构的调整和东北农业产量的提高，作出了重大贡献。第二，在与兄弟民族一道共同地进行长期的保卫东北边疆的斗争中，在共同地进行长期的反帝反封建反官僚资本主义的斗争中，付出了重大的民族牺牲，并为中华民族和整个朝鲜民族的解放，为新中国的诞生，作出了重要贡献。第三，朝鲜民族迁入东北以后，其中的大部分在长期的历史过程中，逐渐形成为中国政府所承认的、具有中国公民权的中国朝鲜族，从而加入了中华民族的行列。第四，朝鲜民族迁入中国东北，使中朝关系比历史上的任何时候更加密切，往来更加频繁，交流更加友好，进而为中朝关系的友好发展，开辟了更加广阔的前景。

（《民族研究》1993 年第 1 期）

清及民国壮族社会风俗变迁述论

方素梅

风俗是映照某个时代社会风貌的一面镜子。清代以前，到壮族地区采风观俗的人或是认为壮族及其先民“风俗荒怪”①，“婚嫁、丧葬、衣服多不合礼”②，或是说他们与汉族“习俗各异”③。清代以后，尤其是清末民国的记载，则往往认为相当一部分壮族的“文化风俗与汉人几乎趋于一致”④。在近现代，一些“初到壮族地区的人，表面上很难一下子形成通常其它民族地区容易形成的，由五颜六色的服装、特殊的行为所造成的强烈印象”⑤。这种前后记述上的强烈反差，证明清至民国壮族社会风俗产生了较大的演变。研究这个时期壮族社会风俗的变迁，既可以从一个侧面反映当时壮族社会政治、经济、文化和社会意识形态的特点与变化，又可以折射出近代广西地区的民族关系和当朝政府推行的民族政策的某些特征，同时有利于以古为鉴，帮助我们正确认识和对待少数民族的风俗习惯，扬长避短，从文化建设的角度使之更符合现代社会发展的要求。

一　生产生活风俗的演变

清代以前，已有一些著作专门记述广西少数民族的风土人情，虽然不

① （宋）范成大：《桂海虞衡志》，“志蛮”。

② 《宋史》卷九十。

③ 胡朴安：《中华全国风俗志》上编，“广西”，河北人民出版社，1986。

④ （民国）魏任重修《三江县志》。

⑤ 梁庭望：《壮族风俗志》，中央民族学院出版社，1987，第3页。

乏某些猎奇色彩，我们还是可以从中窥见部分壮族先民生产生活及社会意识形态方面的一些情况。刀耕火种、妇人赶圩、干栏居屋、跣足徒步、披发椎结、文身染齿、喜嚼槟榔、鸡骨占卜、巫觋盛行等，就是壮族和南方一些少数民族共有的社会风俗。从整体上看，明清以前壮族风俗与内地汉族存在着巨大差别，以致一些官吏文人认为“不可尽以中国教法绳治”[①]。清代以后，壮族社会的许多风俗发生变革，或是产生了一些新的风俗。

在生产方面，有清一代是广西农业生产向前发展的重要时期，农作物品种增加，生产技术提高，连一向闭塞的西部山区也越来越重视耕作技术，所以绝大部分壮族已摒弃刀耕火耨的生产方式，到了民国，刀耕火耨的记载就较为罕见了。

社会生活是社会组成中最为活跃、较易变化的部分，其中又以服饰的变化最为直观。明清以前壮族服饰因受条件限制，相对简单。许多人“冬编鹅毛木棉，夏缉蕉竹麻苎为衣”[②]。明清之际，其服饰一度变得繁琐。清时壮族妇女多着短衣长裙（或短裙），椎髻辫发，缀以银饰或布帕。各地在风格花色上也有所不同。清末民国复杂的裙装逐渐被汉式偏襟上衣和长裤取代，部分年轻人剪齐颈短发。只有部分乡村保留古装。光绪《归顺直隶州志》说：“旧俗，四乡妇女多半短衣长裙，自同治初年后穿着渐如客装，今之短衣长裙者几希矣。”民国《雷平县志》也说：“女子装束，短衣围裙，包巾口带，头插银簪，项圈银链，耳坠银环，手套银钏。……但此古装惟村陇间尚在盛行，于城市、墟镇，一切与内地无异。”古装虽则华丽，但制作麻烦，费工费料，加上便宜洋布进口，在一些地方裙装竟成为奢侈象征，贫者无力置制。

男子服饰变化更大，且趋向一致。清末民国时他们多是上着短衫，或裂布束胫，或着长裤，部分官吏士绅和学生着长袍马褂、西服、中山装或学生服。龙胜县壮族男子原穿铜扣大襟衣，清末民初改为铜扣小襟，20世纪20年代又改为破胸对襟。宾阳县壮族“入民国，男服多改对襟，女服不尚镶边。近则公务员、教师、学生等皆穿制服”[③]。民国刘锡蕃《岭表纪蛮》也说部分壮族“悉着汉式衣冠，从前服装，已不可见”。清以后壮族服饰变

① （宋）范成大：《桂海虞衡志》，“志蛮”。

② （宋）周去非：《岭外代答》卷十。

③ （民国）陆学人修《宾阳县志》。

化的主要特点有二：一是以洋布洋纱代替土布土纱者增多。凌云县同治以前男女所用衣料均取土布，“光绪以后，洋纱入口，每捆卖价约毫银二元有奇，群喜其价廉工省，多为购用，习之既久，遂废土纱而用洋纱”①。同正、宾阳等地也是如此。二是式样、质料几经变化，最终趋向汉装棉布，并崇尚俭朴。

干栏是壮族传统民居形式，干栏上人下畜的居住方式缺点较多，所以城镇和杂居地区的壮族率先改革，或是以土夯墙代替部分木、草、石材料，或是建造汉式平房。民国时，广西和云南交界的侬人“从前多楼居，屋宇构造，大致类苗瑶，近亦多仿汉式”②。雷平县设流以前农村是干栏，圩市为平房，设立流官以后，县署下令改造房屋，乡村中也有人盖起了平房。③三江县的壮族民国时普遍用木板在平地盖房，并且有越来越多的人筑起土夯墙，干栏建筑已成为过去的习惯。④

二　婚丧礼仪等风俗的演变

明清以前，壮族及其先民盛行依歌择配、不落夫家或从妻居等婚俗，封建文人多视此为不合礼仪。明清以后，壮族婚俗的一个重要变化，就是媒妁婚大量出现，到民国已经成为主要婚姻形式。与此相关，古代依歌择配的习俗逐渐受到淡化和限制。开始时，年轻人还可以通过对歌相识相恋，然后取得父母同意，再由媒人议定财礼。随着婚姻关系中功利和买卖色彩愈发浓厚，遂发展到父母包办，或是少小定亲，或是买进童养媳。民国时期大部分人要想依歌择配已是非常困难。依歌择配只是“溪洞之陬，尚间有之”⑤。民国以后，人们对封建包办婚姻的弊端已多有认识，所以随着资产阶级民主运动在全国兴起，加上政府干涉劝导，壮族地区出现了一些婚俗改良。“迄今社会进化，民智开通，盲婚制度减少，是由男女双方自主，惟须父母同意”⑥。只是在半殖民地半封建时代，这种受新思潮影响的婚姻

① （民国）何景熙修《凌云县志》。

② （民国）刘锡蕃：《岭表纪蛮》第五章。

③ （民国）邓赞枢修《雷平县志》。

④ （民国）魏任重修《三江县志》。

⑤ 清《广西通志》，转引自梁庭望《壮族风俗志》，第46页。

⑥ （民国）李志修《宜北县志》。

自主现象未能蔚然成风。

在封建包办婚姻盛行的情况下，一些壮族仍旧保留某些传统的婚姻习俗，不落夫家和入赘即是其中两种。清代以后，这两种婚俗也发生了某些变化。清末民国，不落夫家的形式进一步改革，有些地方“仿效城市，改用聘金，以舆轿迎，则一娶即回夫家，不似从前待身有喜始回夫家也”①。有些地方因为“数年来，改良风俗会成立，积极宣传，严禁女子不落夫家，现今此种陋习亦逐渐消灭矣”②。

入赘（或称招郎）是壮族传统婚姻形式的一种，清代以后受封建婚姻道德观念和私有观念影响，不仅赘婿的社会地位逐渐下降，其婚姻形式也沾染了较多的买卖色彩。招赘之家必须付给男方或其家庭一份礼金；赘婿可以继承部分或全部财产，但有时必须以改变自己或子女的姓氏为代价，同时不得返回自己的宗族；赘婿随时遭受被驱逐的威胁。有时候招赘之家还会因为财产分配而引起纠纷诉讼。所以在经济较发达地区（如南宁），民国以后入赘之风已渐消失，上门的男子寥寥无几。

明清之际，壮族以火葬、土葬并行。③ 清《庆远府志》《上思州志》《上林县志》《南宁府志》，民国《桂平县志》《同正县志》等均记壮人火葬。清中叶以后，捡骨葬逐渐成为主要葬俗。其法以薄棺木装尸，掘土浅葬，三五年后拾骨装入瓦罐（俗名金坛）重葬。此后家中若有不顺，或是坟内浸入泥水，还须择地另葬。有的人如此三番五次方罢。由于此种葬俗违背汉族人死“入土为安”的伦常规范，封建文吏多视此为不孝，清及民国均有官吏严令禁止。一些地方遂采用汉族的“大葬”，一改过去“多丰于丧，而啬于葬”④ 的捡骨习俗。在丧礼方面，多采用合乐、延巫请道、开坛念经的做法，与内地差别不大。

壮族自古崇尚巫觋，盛行占卜。唐宋之际道教传入，遂形成巫道合一的宗教思想。近代以来，由于政府多方干涉，一些地区崇巫信道的现象稍有改变。宜北县以前“凡遇发生疾病，举家忧愁，不求医药调治，迷向鬼

① （民国）区震汉修《龙州县志》。

② （民国）李志修《宜北县志》。

③ （民国）谢次颜修《凤山县志》。

④ （民国）温德溥修《武鸣县志》。

神祈祷。……现今医务所成立，人心亦遂渐用药品，不再如前之迷信鬼神矣”①。清末民初，壮族乡村十分流行社祭，凡是设流之县均有社坛或武庙，逢神诞或春秋社日祭祀。民国八年以后，许多社坛神庙或是被拆，或是改作他用，或是在抗战中用来存放抗日阵亡将士的灵牌，游神祀社之风才“从此稍息”②。

明清之际，壮族大量采用汉族岁时节庆活动，同时在形式上有所变动，揉进自己的特色。春节、端午、中元、中秋、重阳等较大节日，均转借自汉族，又别于内地。他们也创立了“吃立节”这样的节庆新风俗。“吃立”意为过晚年，时间为正月三十或二十九，流行于中越边境一带。光绪十年岁末，法人大举入侵，十一年正月攻下镇南关。当地壮族壮者均上阵抗敌，弱者避入山林，不能正常过年。正月底，洋人被逐出边境，返乡的壮族于正月三十这一天杀鸡宰猪包粽子，共同补贺新年，此后相沿成习。

三　壮族社会风俗变迁的原因

清及民国壮族社会风俗的变迁涉及许多方面，以上只是其中一些重要内容。促使这些变异发生的因素是多方面的，笔者认为，主要有下面几点。

1. 壮族地区和全国政治局势的影响

一般说来，较为后进的民族或无文字的民族由于受到周围显著的社会和文化变革的影响，传统文化就会迅速失去或改观。近代壮族就表现出这样的特征。清至民国，广西和全国都发生了较大的政治局势的变动。明代壮族地区多数实行土司制度。清代广西已有一半以上的土司被废置。改流后社会面貌有很大改观，表明等级差别的跪拜礼、服色和房屋的限制等陋俗被革除，封建流官利用改土设流的契机，或是敦促教化，或是采取过激手段，强行推广汉文化的伦理观与价值观。如县官陈如金针对壮族不落夫家的习俗，在百色“以妇人从夫，礼有明训，大张文告，并责成父老谆切劝导”。他还严申厉禁捡骨葬，不许陶器上市，限制了此风的流行。③ 光绪《镇安府志》和康熙《永淳县志》也有此类的记载。改土归流以后，学校开

① （民国）李志修《宜北县志》。

② （民国）陆学人修《宾阳县志》。

③ 光绪《百色厅志》。

禁，壮族入学人数大增，为接受汉文化、移风易俗奠定了思想基础。所以《广西通志》、《太平府志》和《雷平县志》等志书都说设流以后，原土司地区的一些旧俗逐渐消失。

从全国形势来讲，鸦片战争以后，西学东渐带动了社会观念和社会习尚的变化。清末年间天下风气初开，民国建立前夕达到急剧变化的程度，各种新思潮、新观念纷纷出现，旧礼教受到挞伐和挑战。这种情况也影响到广西和壮族地区。统治广西的新桂系为了把广西建成坚固的大后方，也提出“建设广西、复兴中国”的口号，进行“四大建设”，使20世纪30年代的广西面貌焕然一新。尤其是他们推行的广西国民基础教育和广西特种部族教育，对提高当地部分少数民族的文化素质起到一定的积极作用。为了配合新桂系的文化改良运动，一些地方对壮族风俗采取的强行取缔手段达到了登峰造极的地步。大新县板价乡一带的壮族妇女穿一种样式别具一格的裙子，当局嫌其怪异，竟于民国二十一年派警兵到集市上堵截铰剪，遭到壮族的强烈反对。30年代，广西成立改良风俗委员会，颁布了《广西省改良风俗规划》，对包括壮族不落夫家、歌圩和巫觋占卜在内的部分风俗予以取缔。如此这般，确实在一定程度上抑制了某些风俗的发展。

2. 壮族社会经济结构变化的影响

清及民国壮族社会经济结构的变化主要表现在两个方面，一是广西西部等地的封建领主经济从盛势走向衰弱并逐渐瓦解；二是广西东部等地的封建地主经济进一步发展，土地集中加剧，佃农化程度加深。与此同时，广东等省的商人、矿工、手工业者和农民大量涌入广西，掀起开发广西的热潮，受此影响，壮族农村出现了大批的圩市。经济结构改变是引起外部物质条件变化的重要因素，为了适应新的物质状况，包括社会风俗在内的社会文化体系便会发生变异或演变。前述壮族游耕消失，媒妁婚大量出现，入赘性质改变，衣料取用洋布洋纱，平房代替干栏等，都与壮族社会经济结构的改变有密切关系。

3. 汉文化影响的加强

在壮族社会风俗变迁的过程中，汉文化的影响具有非常重要的作用。明清时期广西官办教育飞跃发展，各地建起大批书院，连一向闭塞的桂西也不例外。加上民国时期的国民基础教育和特种部族教育运动，壮族中接受汉文化教育的人数大增。一些文人官吏为推行封建文化教育不遗余力。清初朱若爽乞归养母，每月都召集附近的壮族进行讲学，“教以孝佛忠信，僮人由是感化者多”[①]。陈大肇除了为壮人制定婚嫁丧葬礼制，还“建学以兴文教，俗用丕变”[②]。通过他们的努力，有些地方确实出现了其所期望的“国朝德教远播，蛮夷向化。其改流府县，亦已民七蛮三。读书乡举，通籍有人。虽土司人民，亦渐耻沿旧习矣”[③]。壮族中亦有主动学习汉文化者，有钱人延师教其子弟，稍逊者则读书入庠。[④] 然而能够通过学校教育吸收汉文化的人毕竟是少数，汉文化的传播主要还是通过交流、通婚、杂居等自然途径进行。清季民国，广西东部与汉族杂居的社族或是由生僮变为熟僮，或是由熟僮变为民，社会风俗自然改变。如象州“僮与疍家久习华风，渐更夷俗，其衣装则已改矣”[⑤]，桂平县“僮女嫁与儒童秀才，则昏夕即成夫妇，无归宁不返之事”[⑥]。

四　壮族社会风俗变迁的特点及意义

清及民国壮族社会风俗的变迁，概括起来具有如下特点：(1) 进行的比较和缓，传承为主，转借、扬弃为辅，创新不多，新旧交替过程不激烈，不明显。(2) 吸收一定数量的汉族风俗并稍加变革，使之符合自己社会发展的需要。在吸收过程中壮族表现出较为强烈的求同心理，即趋同汉族，这就在一定程度上掩盖了壮族的外部特征，让人生出壮族已被汉族同化的错觉。(3) 原先存在的地区差别和发展不平衡更加扩大。壮族社会风俗变迁大都是由城镇向农村铺开，由杂居区向聚居区蔓延。故而城镇的壮族变革范围大些，程度深些，城镇发达和汉族密集的广西东部、南部杂居区也比广西西部和北部山区变革大些。(4) 物质风俗和行为风俗比观念风俗变化大，其中功能性选择引起的变革占有一定比重。如妇女改裙装为裤装，以平房代替干栏等。(5) 强迫性变迁起到一定作用，但是它带来的负面作用也很大，极大损害了壮族的自尊心，扰乱和破坏壮族精神文化的原有结构和正常运作，导致文化冲突。这就给我们一个启迪，即社会风俗的变革

① （民国）张岳灵修《阳朔县志》。

② 嘉庆《平乐府志》卷二十三，《夷民部》。

③ 胡朴安：《中华全国风俗志》上编，“广西”，河北人民出版社，1986。

④ （民国）刘运熙纂修《灵川县志》。

⑤ （清）李世椿修《象州志》。

⑥ （民国）黄占梅修《桂平县志》。

应该是在社会政治、经济、文化和意识形态发展的基础上，由民众自觉自愿地进行。行政机构应以宣传、引导和培养为主要手段，而不能采取民族沙文主义和民族歧视态度，更不能搞武力压制和强迫，否则便会引起或激发民族矛盾和文化冲突，影响少数民族的社会发展。

清及民国壮族社会风俗的变迁具有两个方面的意义：（1）通过社会风俗的变革，壮族人民摒弃了一些旧观念和陋俗，进一步解放了思想，提高了文化，并在此基础上促进了壮族社会政治、经济、文化和意识形态的向前发展，加速壮族与中华文化一体化的进程。（2）这种文化一体化的一个后果就是使部分壮族传统文化失掉自己的特色，并导致越来越多的壮族人口融合于主体民族——汉族之中，使原本存在的壮族内部的差别更加扩大，故而在某种程度上给壮族社会的整体发展造成了不利的影响。

〔《中南民族学院学报（哲学社会科学版）》1995 年第 2 期〕

清政府在新疆建省前后的伊斯兰教政策

陈慧生

一　继续推行“恩威并用”的政策

清光绪十年（1884）十一月，清政府授命刘锦棠为新疆省第一任巡抚。新疆行省正式建立。新疆设立行省，实行郡县制，在新疆近代历史上是一个重大的政治事件。①

建省前后，清政府对伊斯兰教的政策没有本质的变化，除某些方面有所调整外，基本上是乾隆年间伊斯兰教政策的继续。自乾隆以来，清政府始终把“恩威并用”作为它对伊斯兰教的总方针、总政策，一方面尊重和保护宗教信仰和传统习俗，一方面限制其不利于清朝统治利益的宗教势力。所谓怀柔和羁縻、利用和限制、安抚和镇压交替并用的策略，就是“恩威并用”这一总政策的具体化。对于这一总政策，嘉庆、道光、咸丰、同治和光绪等历代皇帝，都“奉行不渝”②。道光在给伊犁将军德英阿的诏谕中宣称：“边疆重地，回夷杂处，总须恩威并用，控驭得宜”③。这一总政策所以为乾隆以后历代皇帝所遵循，因为它是巩固清朝统治的一个有效的宗教政策。

当然，“恩”和“威”、“刚”和“柔”是交替进行的，在不同时期则

① 清光绪八年（1882）十一月，清政府正式批准新疆建立行省，清光绪十年（1884）十月，清政府授刘锦棠为新疆巡抚，驻迪化。

② 曾问吾：《中国经营西域史》，商务印书馆，1936，第264页。

③ 《清宣宗实录》卷一三一。

有所侧重。到底侧重哪一方面，就要视清朝统治阶级利益而定了。当回民起义和维吾尔族穆斯林反抗清政府的政治压迫时，清政府则以剿办、镇压为主要策略；当清政府平定回民起义和驱逐阿古柏侵略势力之后，新疆出现了相对稳定的局面，清政府将抚绥、怀柔作为它在新疆建省前后的主要策略。对于新疆穆斯林，则采取“结以恩信”“施之教化”的政策。① 刘锦棠在给光绪的奏折中，主张新疆应奉行班超关于“宽小过，总大纲”的方针。他称：“虽新疆久入版图”，但在新疆“改设行省后”，仍需“因地制宜”，以“修其教不易其俗，齐其政不易其宜”。②《新疆图志》在阐释清政府“宜修其教不易其俗”的政策时称：“改行省，设官吏，而郡县之以养以教，视同赤子，然而宗教、俗尚、伦理之间，未尝强而合也，饮食、衣服、言语、文字，未尝聚易而强之同也。”③

对于新疆的民族宗教界上层，建省前后，清政府依然采取利用和限制的政策。在镇压回民起义和驱逐阿古柏侵略势力之后，清政府对于民族宗教界上层一方面论功行赏，封王晋爵；一方面在封王晋爵、赐予特权的同时，给以种种限制。诸如哈密、吐鲁番、库车、阿克苏、拜城、和阗、乌什等地的民族宗教界上层，清政府根据他们助清平乱的功绩大小，分别将其晋封为王公、贝勒、贝子等爵位，以笼络这些人继续效忠清廷。就在建省的那一年，清政府还准其王公世袭，颁发印玺。吐鲁番札萨克郡王阿克拉依都因战乱丢失了印玺，刘锦棠在其子玛木特“承袭世爵”之后，立即奏请光绪“饬部照例补铸颁发”。④ 哈密王伯锡尔因在回民起义中被杀，清政府不但晋封札萨克郡王伯锡尔为亲王，建立专祠，还准许其子买合木特袭其爵位，继为亲王。⑤ 清政府尽管给予这些民族宗教界上层许多优遇，但它只给爵位，不给实权，更不准干预民事。在新疆封王晋爵的哈密、吐鲁番、库车、阿克苏、喀什噶尔、和阗等六个地区中，“惟哈密王封亲王衔，位最崇”⑥。建省后，除哈密王有征收粮税、处理讼案的权限以外，其余各地仅保留王公名义，无权处理民政。正如《河海昆仑录》所云：“各王贡地

---

① 罗正钧：《左宗棠年谱》，岳麓书社，1982，第395页。

② 《刘襄勤公奏稿·新疆命盗案件暂行变通办法折》卷二。

③ 《新疆图志》卷四十八。

④ 《刘襄勤公奏稿·请颁回子郡王番篆折》卷六。

⑤ 《清穆宗实录》卷二一、二八。

⑥ 《河海昆仑录》卷四。

均勘丈，升科纳粮；仅拥虚位，无理民权”[①]。就是“位最崇”的哈密王，其权也受到限制，“粮税词讼仍归王主持，其驿站命盗案，仍归厅理”[②]。

清政府在“因其教不改其俗”的原则下，准许伊斯兰教的正常活动，保留其习俗。就是说，只要“安分守法”，不“倡立邪教”，就准许“各奉其教”，进行正常的诵经、礼拜活动。对于民族宗教界上层的先世陵墓，光绪也依然遵照乾隆时的政策，准许保护并修缮。光绪九年（1883），清帝批准了哈密办事大臣明春的奏请，准许哈密王沙木胡索特“借支十年俸银二万两”，以修缮因“兵燹之后”遭到破坏的哈密王墓。[③] 库车郡王爱玛特、吐鲁番郡王阿克拉依都因在助清平乱中“被执遇害”，光绪批准了左宗棠“请恤”的奏折，“各赏给恤银一千一百两”。因战乱其墓被毁，爱玛特和阿克拉依都的遗体未得到安葬，由于“待葬恤费不资”，其子玛木特（阿克拉依都之子）、阿密特（爱玛特之子）“承袭郡王世爵”之后，“奏请借支廉俸，以济急需”，光绪十年（1884）二月，刘锦棠建议光绪“准其照数发给”，并“酌准预支三年廉俸，以济其穷，将来即归军需项下开报”。[④] 光绪批准了刘锦棠的建议，令他照数拨给恤银，“报部核销”，并“准其借支三年俸银”，葬埋遗亲，修缮墓署。[⑤]

对于“回例”“回俗”，清政府同样十分重视，不论在新疆张贴告示、公函行文以及铸造钱币，都注重使用当地民族文字。道光八年（1828）六月，道光帝曾谕令那彦成在新疆“缮发告示，译成回文，张贴各城”[⑥]。建立行省前后，各种票券、田赋由单，刻印汉文，旁注民族文字。张曜刊出的《圣谕十六条附律易解》一书，中印汉文，旁注维吾尔族文字，刊发给广大穆斯林，因而受到欢迎。[⑦] 按照刘锦棠的建议，道尹以下印信，均“兼铸回字”[⑧]。

---

① 《河海昆仑录》卷四。

② 《河海昆仑录》卷四。

③ 《清德宗实录》卷一六四。

④ 《刘襄勤公奏稿·请给库车吐鲁番两处回子郡王三年廉俸并恤银片》卷六。

⑤ 《清德宗实录》卷一八五。

⑥ 《清宣宗实录》卷一三七。

⑦ 罗正钧：《左宗棠年谱》，第380页。左宗棠在《敬陈新疆善后事宜折》中称：“张曜因出《圣谕十六条附律易解》一书，中刊汉文，旁注回字刊发，缠民见者宝贵……”（《新疆图志》卷九十七）

⑧ 《清朝续文献通考》卷一三八。

但对于回族穆斯林，清政府则采取了较为严厉的政策。自乾隆以来，清廷对回族穆斯林一直存有戒心，特别在19世纪60年代回民起义以后更是这样。当库车、乌鲁木齐、叶尔羌、巴里坤、哈密回族穆斯林纷纷响应陕甘回民起义时，左宗棠“奉命督办新疆军务”，“于光绪二年率师出塞，迨至三年”，新疆“南北各城次第克服”。① 对于新疆的回民起义，清政府一方面采用“剿抚兼施”的政策，“良善者抚之，叛逆者剿之”。凡是“踞城变乱”的回族穆斯林头目，只要在清军未到之前“反正”者，则“遂其效顺之心”，否则，就要“查明严办”。② 另一方面采取“以回制回”的政策。当白彦虎③率万余回民由甘肃逃至新疆时，左宗棠令原回民起义降目崔岳、马标等人，率领“旌善”军“星夜尾追”白彦虎，企图利用回民起义降目达到消灭回民起义军的目的。左宗棠这种“以回制回”的政策，显然是利用和限制政策的翻版，属于“恩威并用”总政策的一部分。

在清廷平定新疆回民起义之后，有一批回族穆斯林起义者逃至俄国，并经常“越境滋事”。对于这批回族穆斯林，清政府依然采取“剿抚兼施”的政策，光绪谕令左宗棠、金顺等人，对于“未经滋事良善回民”实行“赦免”，“准其回籍”；但“其首要各逆及怙恶不悛者，固为法所难宽，其洗心迁善情有可原者，自应分别办理，以示劝惩”。④

在处理回族伊斯兰教教派的问题上，清政府按照教派的政治态度而采取了分别对待的策略。当时，回族伊斯兰教基本上分为新老两大教派，其中新教反清最为激烈。因此，清政府也就把新教作为打击的主要对象。早在乾隆年间，回族伊斯兰教就有新教和老教（或旧教）之分，他们由于各自的“宗旨不同”，常常“互相水火”⑤，“争教启衅”⑥。据《新疆图志》载称，回族伊斯兰教“教主植门户，争权势，分为新旧，裂为四五，睚眦忿争，勇于持刺，犯上作乱，习以为常”⑦。新疆巡抚饶应祺在《剿灭绥来

① 《刘襄勤公奏稿》卷五。

② 《清穆宗实录》卷二六一。

③ 白彦虎原为陕西回民起义领袖之一，当他由甘肃率万余回民逃入新疆以后，投降了阿古柏，并准备联合阿古柏“占据天山南北”，与清廷对抗。

④ 《清德宗实录》卷九二。

⑤ 《平定关陇纪略》卷七。

⑥ 《光绪朝东华录》第4册。

⑦ 《新疆图志》卷四十八。

谋叛回匪请奖恤存亡员弁折》中称："汉回则土客杂居，良莠不一，又分老教新教，虽皆以漠罕默特为宗，而老教守正，新教则为爱力一门之别派，其流弊多变为邪"①。作为新教首领马明心及其追随者，因为屡次发起反清斗争，清政府也就把新教作为"邪教"来看待。阿桂公开宣布："新教即系邪教"②。清政府为维护其统治利益，在新老两大教派的矛盾冲突中，常常支持老教一派打击新教一派。那彦成公开宣布，清政府应"帮扶旧教"，"灭除新教"，"以安旧教回人之心"。因此，在新教和老教的"自相仇杀"中，他主张"赦一剿一，以分其力"③。勒保也奏称："新教为回教之大害"④。因此，清政府也就把"灭除新教"看作理所当然的事了。

到了同治年间，"帮扶旧教""灭除新教"的政策依然没有改变，尤其在 19 世纪 60 年代以后，清政府更加强了这一政策的实施。但为了策略起见，在镇压回族穆斯林武装起义时，它主张不要和回族伊斯兰教内部的教派斗争相联系，就是说，"不必论其教之新旧"，以免"致激事端"。例如负责剿办马化隆回民起义的左宗棠，力主"禁绝新教，以弭衅端"，建议"出示晓谕所属各府厅州县回民，严禁传习新教"。"词（嗣）后遇有新教阿訇、海里飞等到境煽诱愚回，即由各回寺首董缚送所在官司，讯经惩处。"⑤ 同治唯恐"区别新教旧教"而引起严重后果，认为"地方官稍不加察，书吏藉此搜求骚扰，以至回族惊疑，转生枝节"⑥。因此，他没有批准左宗棠的建议，并遵照乾隆早年关于应"分别从逆与否，邪正之殊，不必论其教之新旧"的方针，诏令左宗棠严饬地方官吏"妥为开导，不可超之过蹙，致滋事端。所请饬令各省一体禁绝之处，可从缓办也"⑦。

尽管清政府没有公开明令"禁绝新教"，但在实际上，它对于新教采取了更为严厉的政策。维吾尔族穆斯林乡约和回族穆斯林乡约，如果都同样违犯了清政府的刑律，清政府对于维吾尔族穆斯林的违法乡约，大多给以申斥了事；而对于回族穆斯林的违法乡约，则不是申斥的问题，往往采取

① 《新疆图志》卷一四。

② 《兰州纪略》卷八。

③ 《阿文成公年谱》卷二十三。

④ 《回民起义》第 4 册，神州国光社，1953，第 106 页。

⑤ 《回民起义》第 4 册，第 105 页。

⑥ 《回民起义》第 4 册，第 106 页。

⑦ 《回民起义》第 4 册，第 106 页。

镇压的严厉措施。光绪十二年（1886）七月，刘锦棠处决伊犁回族乡约马凤山就是一例。马早年参加金积堡起义，19 世纪 60 年代时又参加了新疆回民起义。在清军进至乌什时，“马凤山始由山径逃匿”，至“伊犁充当乡约”，因“冒领牛籽，捏报逃亡，索诈穷民”，被巡抚刘锦棠讯明后，“将马凤山正法”。[①] “马凤山藉公诈害”乡民，理当绳之以法，但将他处以极刑，显然是严厉的。

在对待阿訇的政策上，清政府同样是利用和限制。一方面利用阿訇在穆斯林中的地位，以求通过阿訇达到笼络广大穆斯林的目的；另一方面，又限制其不利于清朝统治的各种活动。自乾隆以来，清政府对阿訇始终存有戒心，处处加以防范。所以，“慎选阿訇”也就成为清政府宗教政策的重要组成部分之一。阿訇“通其经史”，其职责是“奉教传法”，“诵经讲礼”[②]，是清真寺的“传经掌教”之人。其作为伊斯兰教的经师，主持礼拜，讲授经典，为穆斯林排解纠纷，主持男婚女嫁，解答疑难问题，在穆斯林群众中具有较高的地位和权威。如果这些阿訇在穆斯林中点起反对清政府之火，其号召力是相当大的。所以，清政府时刻提防阿訇煽动穆斯林作乱。为稳定封建统治秩序，清政府不准阿訇“习念黑经”，明令取缔阿訇的“巫术活动”。当它发现阿訇“习念黑经”时，便处以“发遣、枷责”之刑。清政府依据政教分离的原则，除不准阿訇干政外，还将“管理经典，整饬教务”之权交给茂提色布伯克等人管辖，以限制阿訇之权，削弱其地位，降低其影响，并使之起到互相钳制的作用。

在伊斯兰教居于优势地位的新疆，由于阿訇既能影响广大穆斯林的思想和生活，又能影响社会稳定，“善驭阿浑”[③] 也就成为清政府认真对待的一个重要问题。清政府把选用什么人充当阿訇的问题作为它的一项重要政策。当道光皇帝平定张格尔叛乱之后，就将任免阿訇的权限控制在政府的手中，他在谕旨中责令地方官吏要“慎选回子阿浑”[④]。就是说，选用忠于清政府、不搞叛乱的人充当阿訇。在《钦定回疆则例》中，把“慎选充当回子阿浑”作为专条来论述。并称：“回教阿浑为掌教之人，回子素所信

① 《刘襄勤公奏稿·讯明不法乡约正法片》卷十一。

② 《回疆志》卷二。

③ 《新疆图志》卷三十八。

④ 《清宣宗实录》卷一五五。

奉，遇有阿浑缺出，由各庄伯克回子查明通达经典、诚实公正之人，公保具缮，准阿奇木伯克禀明，该管大臣点充”。“如有不知经典，化导无方，或人不可靠及剥削回户者，即行惩革”，并对“原保之阿奇木伯克一并参办”。[①] 清政府鉴于白山派大阿訇密尔和卓“从贼叛逃”的教训，道光谕令长龄选择得力之人充当阿訇。因为“阿浑关系回情，必须慎加遴选”。“如阿浑不洽回情，立即更换”。特别是“将充当大阿浑之人”，更应“慎加遴选”，“务期明白晓事，素为回众所信服者，方准保举，徜有不公不允之处，即将阿奇木严参治罪”。[②] 由此可见，清政府对于遴选阿訇的问题是何等的重视了。

清政府“慎选阿浑”的出发点，是以巩固其统治为前提的。所以，直到建省前后的光绪年间，“慎选阿浑”的政策依然没有改变。因为在这时，其还时刻提防阿訇散布“邪说”，煽起“祸乱”，危及自己的统治。光绪八年（1882）七月，刘锦棠在奏折中宣称：“南路缠回愚懦者居其大半，彼教（指伊斯兰教）中所谓条勒阿浑，往往捏造邪说，肆其诱胁之术，人心易为摇惑，祸乱每由此起”[③]。在当时，清政府所以“慎选阿浑”的另一原因，是防止阿訇与阿奇木伯克勾结起来，一是利用诵经“诳骗财物”[④]；二是“遇有讼狱征收各事”，与阿奇木伯克勾结在一起，利用语言不通之机，蒙骗清朝地方官吏，“得以从中舞弊”[⑤]。

二　继续推行政教分离的政策

自清朝统一新疆之后，清政府将政教分离作为自己的基本政策。其中主要表现在不准阿訇干预行政和“捧经决案”等问题。在此以前的和卓统治时期，阿訇地位至高无上，拥有神圣不可侵犯的权力，即便是管理行政的伯克，也“不敢以势相加”[⑥]。所以，阿訇把干预行政司法视为天经地义，理所当然。其主要表现：一是干预政务。阿訇在肉孜节和古尔邦节评议伯

① 《钦定回疆则例》卷八。

② 《清宣宗实录》卷一八三。

③ 《刘襄勤公奏稿·裁撤阿奇木伯克等缺另设头目并考试回童分别给予生监顶戴片》卷三。

④ 《新疆图志》卷四十八称：“阿浑诵经诳骗财物”。

⑤ 《刘襄勤公奏稿·裁撤阿奇木伯克等缺另设头目并考试回童分别给予生监顶戴片》卷三。

⑥ 《回疆志》卷二。

克政绩中，常常显示自己的权威。[①] 二是依照经典处理讼案，把“经典”凌驾于国家法律之上。清朝统一新疆之后，逐渐改变了这种政教合一的制度，取消了阿訇的特权，并在新疆逐步推行政教分离的政策，禁止阿訇参与政治，不准阿訇干预各级伯克的行政权力。

从清朝统一新疆到建省之前，清政府继续保留了伯克制度，并视各级伯克为自己的基层行政机构官员，代表其在天山南路行使管辖权。所以，伯克处理各种行政事务，只对清政府负责，阿訇不得过问，更不得干预。阿奇木伯克“为诸伯克之冠”，任免之权在清朝中央政府，阿訇无权任免伯克或废立伯克，否则，就是对清政府权力的严重挑战，为清政府所不容。乾隆二十五年（1760），当阿訇联名签署控告叶尔羌阿奇木伯克鄂对时，乾隆传谕参赞大臣舒赫德“晓事各城回，嗣后诸事，惟听阿奇木伯克办理，阿浑不得干预”[②]。嘉庆二年（1797），清帝明令宣布：“凡阿浑即不应补放伯克”[③]。道光九年（1829），清政府采取了更为严厉的限制措施，明确不准“阿浑当差”，也不准在阿訇中“挑用伯克”，对于阿訇子弟充当伯克者，明令“不准再兼阿浑”。为此，道光“通谕各城，以后无论何项回子，当阿浑者只准念习经典，不准干预公事，其阿浑子弟有当差及充当伯克者，亦不准再兼阿浑，以昭限制”[④]。

早在和卓统治时期，阿訇作为伊斯兰教教法的维护者，地位居于伯克之上，但由于清朝政教分离政策的实施，阿訇也就丧失了约束伯克的权力，阿奇木伯克的地位随之得到提高。开斋节时，阿奇木伯克不但不受阿訇的训斥，反而威风凛凛，显示出自己的权势。至于阿訇及其他小伯克，则“围随左右”，听从阿奇木伯克的吩咐。这一变化，是清政府政教分离政策实施的明显效果。

对于司法权，清政府同样不准阿訇干预。早在和卓统治时期，凡是处理穆斯林之间的民刑案件和民间纠纷，统由阿訇“捧经决之”[⑤]。但清朝统一新疆之后，除明确规定不准阿訇干预行政事务以外，同样不准阿訇干预司法权。当然，清政府直接控制行政司法权依然有一个发展过程，开始虽

---

① 《西域闻见录》卷七。

② 《清高宗实录》卷六一五。

③ 《清仁宗实录》卷二十四。

④ 《清宣宗实录》卷一五一。

⑤ 《新疆图志》卷四十八称：“解疑伸屈，捧经决之”。

然没有明确的限制，但到了咸丰、同治年间，“查经拟罪”就完全不合法了。

在咸丰、同治以前，不仅阿訇捧经决案，就连清朝的驻疆大吏和阿奇木伯克也常常有“查经拟罪”的案例。例如叶尔羌历任参赞大臣裕瑞、德龄、常清和英蕴等人，常常抛开清律，仿照叶尔羌从前各案，“擅造回子经典定罪，随时处决”①。当咸丰、同治发现后曾作为一起特大重案，将“查经拟罪”的英蕴等大臣绳之以法，这就是当时轰动一时的“查照经典定罪之案”②。

“查照经典定罪之案”发生在咸丰末年，结束于同治元年（1862），是清政府坚持政教分离政策的一个典型事例。早在咸丰七年（1857），三品阿奇木伯克阿克拉依都防守叶尔羌回城时，曾借安集延回民银二万余两。咸丰九年（1859）五月，已革伯克阿皮斯捐银二万两，“经前参赞大臣裕瑞奏交发商生息”，但该伯克并未照办，却向回庄摊派银两，以“归还商民”。该庄伊玛木等八人“递呈求免摊派”，结果遭到枷责。对于这种非法行为，参赞大臣“英蕴并未禁止”。咸丰十年（1860），维吾尔族穆斯林阿布都萨依提等人聚众“抗差逞凶”，叶尔羌参赞大臣英蕴事前既“未奏明办理”，事后又“不按例（指清律）惩治”③，“辄查照回子经典议罪，并将棍徒大斯玛依尔等七名，亦照经典分别定罪，斩绞至十名之多”④。咸丰十一年（1861）八月，清帝责备英蕴“实属荒谬”，并命常清、景廉“传知英蕴，令其先行明白回奏”⑤。同年十一月，英蕴奏称：“去岁（指咸丰十年）将托果斯铅庄抗违粮赋回子办拟斩绞，系仿照叶尔羌从前各案，均查回子经典，分别办理”⑥。“其固玛庄回众，实无因摊派银两不公，纠众抗拒，拿获正法九名”⑦。

同治元年（1862）四月，清政府将上述事件作为一个重大案件进行了处理，一方面，明令今后在新疆依照清律判案，永远禁止“查经拟罪”；另

---

① 《清穆宗实录》卷二十五。
② 《清穆宗实录》卷二十五。
③ 《清穆宗实录》卷二。
④ 《清穆宗实录》卷二十五。
⑤ 《清穆宗实录》卷二。
⑥ 《清穆宗实录》卷十。
⑦ 《清穆宗实录》卷十。

一方面，将“查经拟罪”的有关官员加以惩处。对于叶尔羌三品阿奇木伯克、郡王阿克拉依都将发商银两私还商债，又复摊派回众，滥行枷责，以致回子自行残伤等行为，同治在谕旨中责备他“实属胆大妄为”之举，令阿克拉依都等退出御前行走，革去郡王并散秩大臣衔。尽管他所犯罪情较重，本应从严定拟，同治念其祖父宣力有年，加恩改为发遣，仍将欠交官项本银一万两及应交利银，勒限完缴，俟交清时再行请旨。“其陆续收过各回庄二万二千三百五十两零，著勒令与商同摊派之伊什罕伯克呢雅斯等三十员”，会同交出退还原主，“以安回众”。其随同摊派银两之伊什罕伯克呢雅斯等二十八员，均著即行革职，勒限一年完赃后，由该城大臣定地决配。至于五品阿奇木伯克迈玛托胡达，同治立即将其革职，并令先在该庄枷号两个月，交赃后发遣充军。在这一案件中，英蕴明知阿克拉依都等违例摊捐，既未奏参，又不禁止，复擅照经典斩绞回犯，当同治令其“明白回奏”时，他却摭词掩饰。回务章京隆书目击回子聚众，于阿克拉依都摊银还债，并不拦阻，复照溺职例革职。前任参赞大臣裕瑞，降调参赞大臣德龄，办理斩绞各犯，擅照回子经典定罪，随时处决，且与清律不合，同治将其交部议处。常清前在叶尔羌参赞大臣任内，亦有查照经典定罪之案，同治也将他“一并交部议处”。并决定今后各地处理罪犯时，均照清律定拟，“所有查经议罪一节，著永远禁止”。经部议决，同治谕旨将裕瑞、常清“革职留任”①。五月，同治谕令将“按照经典，斩绞多名”的英蕴，“从重发往盛京效力赎罪，并著伊犁将军将该革员迅解来京，交该衙门即行起解”。②其叶尔羌参赞大臣一职，交由原伊犁参赞大臣景廉担任。

“查照经典定罪之案”的处理，在新疆震动之大，影响之深远，为新疆历史所罕见。清帝处理那么多的封疆大吏，说明清政府在推行政教分离政策的问题上是坚决的。从此以后，清朝在新疆的地方官吏中再没有发现“查经议罪”和“擅照经典斩绞回犯”的现象，即使那些大小伯克，也同样不敢再明目张胆地搞所谓“捧经决案”的事了。当然，在清政府统治薄弱的地区，阿訇“捧经决案”的现象还时有发生。不过，它大都限于民间纠纷和婚姻等民事案件。

到了建省前后的光绪年间，清史档案中几乎没有发现清吏“查经议罪”

① 《清穆宗实录》卷二十五。

② 《清穆宗实录》卷二十九。

这一类的记载。光绪七年（1881），刘锦棠在处理阿古柏政权遗留下来的“命盗案件”时，在奏折中所提审判案件不照“内地旧制”而在新疆采取“暂行变通办理”的办法中，也没有把“查经拟罪”列入他的“变通办法”。对于新疆的命盗案犯，他依然主张按照清律惩治，绳之以法。只是鉴于新疆“与内地省份情形不同”，他才建议“将新疆南路命盗案件，暂行变通办理，俾及就地迅速审拟完结”，由他“按季摘由汇奏”，“咨部立案”。[①]同年，清政府批准了刘锦棠关于“请将新疆命盗案件，暂依军法就地审结，免于解勘”的建议。[②]

刘锦棠的所谓“变通办理”，只是在“照例定拟罪名”的原则下，处理方法上区别于“内地旧制”而已。按照刘锦棠的“变通办法”，在审结“新疆命盗案”时，由新疆“办事大臣审实，一面奏闻，一面就地正法”，不应将处决的案犯“归于秋审办理”。这种“变通办法”的实质，是让清朝中央政府授予新疆地方政府更大的权力。

在伊斯兰教处于优势的新疆，广大穆斯林群众并不熟悉清朝的法律，而“查经拟罪”的习惯依然影响着教民的思想和生活。为此，刘锦棠不得不特别注重在新疆穆斯林中宣传和讲解清朝的各种法律和法规。他一面将“圣谕十六条附律易解一卷刷印多本，分发各城义塾及大小伯克头目，诵读讲解，并令传告乡民共知”；一面及时处理命盗案件，用示范的办法教育广大穆斯林。就是说，将杀人犯和“伙众持械抢劫”犯，“讯明供证，赃物确凿无疑”，“即依军法就地尽法惩治”。“其情节稍轻之犯，分别拟以管押系捍枷号笞杖，并酌量时久暂，笞杖多寡，取保释放。案结后，均摘叙案由及办理各节，译缮简明通俗告示，张贴市镇通衢并犯事地方，俾顽梗凶徒见之互相传述，冀可收革面洗心之效”[③]。这样做，既宣传了清朝的法律法规，以教育广大穆斯林遵法守法，清除“查经拟罪”的影响；又能使违法之人收到“革面洗心之效”。刘锦棠宣称：“惟有于犯案到官，勤审勤结，择其尤不法者，立予痛惩，庶各种莠民咸生畏惮。”[④]

长期以来，由于新疆备受“捧经决案”的影响，在新疆形成了司法机

---

① 《刘襄勤公奏稿》卷二。

② 《清德宗实录》卷一三。

③ 《刘襄勤公奏稿》卷二。

④ 《刘襄勤公奏稿》卷二。

构不健全和执法人员奇缺的局面。因此，刘锦棠在光绪九年（1883）的奏折中就提出了解决这个问题的办法。天山南路“设官之后”，刘主张“征收、词讼”等务统由各官统理。事实上，要以官府判案代替“捧经决案”，必须加强天山南路的统治机构。当时，南疆不仅司法人员奇缺，书吏、翻译人员亦甚不足。为此，刘锦棠一面建议从甘肃等地调用一部分“公事谙练”之书吏，分拨天山南路各地官府，以补充其书吏之不足。[①] 一面增添“有通晓各文字之人，以备翻译”。那时，由于“回文书吏”“回书通事”人才甚少，给处理各种案件增加了许多困难。只有在增加“书吏”“通事”的条件下，才能使官府在传讯讼案时，得以“先通其语言，乃能从而剖断”[②]。

建省以后，随着清朝统治机构的加强，不但禁止阿訇干预司法，就连各地郡王也同样不准按照《古兰经》审判民刑案件。吐鲁番郡王所设之刑具，新疆巡抚联魁于光绪三十二年（1906）前后，就将其全部“销毁”，“并通饬回疆各城，有似此者一律裁禁”[③]。由此说明，用清律审判各种民刑案件，在新疆省级官吏中是明确的，但是，并不等于说这个问题完全得到彻底解决。事实上，清政府在新疆禁止“查经拟罪”并不是彻底的，许多地区的阿訇干预行政司法和伯克审案的事，仍然屡见不鲜。建省后，清政府虽然裁革了大小伯克，但主管宗教法庭、宗教经典和经文学校的哈孜伯克、茂特色布伯克、帕蔡沙布伯克、匝布梯墨克塔克伯克、斯帕哈孜伯克和拉雅哈孜伯克，名义上虽在裁革之列，事实上却在很长的时间内仍在起作用。直至 1949 年，宗教法庭和经文学校依然存在于南疆各地。民国初年，地方官吏所“不能结之案”，往往仍由阿訇和哈孜伯克“捧经决之”。[④] 尤其是民事案件更是如此。所以出现这种现象，与新疆司法人员奇缺有关。据宣统三年（1911）八月袁大化奏称：“新疆人材缺乏，司法行法亟长多不及格，定章民事刑事须由地方审判呈诉，不能判结，再赴高等审判呈诉，如高等审判亦不能判结，须赴京师大理院呈诉，新省去京万里，穷民无此财力，以至积案累累，无可控告。拟请饬部设法通融，遇有各处审判厅不

① 《刘襄勤公奏稿》卷五。

② 《刘襄勤公奏稿》卷五。

③ 《清德宗实录》卷五六四。

④ 谢彬：《新疆游记》，上海中华书局，1929，第 290 页。

能审结之案，准由提法使就近提审”[①]。正因为这样，有些民事案件，穆斯林群众不得不求助于宗教法庭审结。所以，也就出现了屡禁不止的“捧经决案”的现象。

三　广设义塾，推行儒学教育

新疆建省前后，清政府在新疆广设义塾，推行儒学教育，因而极大地冲击了伊斯兰教的经堂教育，并在新疆（特别是天山南路）形成了两种对立的教育体系。

经堂教育（或寺院教育）是伊斯兰教举办的经文学校，是为传播伊斯兰教经典服务的。在新疆建省以前，伊斯兰教垄断了天山南路的文化教育。作为穆斯林学者的毛拉和阿訇，除了伊斯兰教的经典以外，他们掌握的知识并不多。在伊斯兰教的历史上，经堂教育有一个由低级到高级的发展过程。早在伊斯兰教创立的初期，经堂教育就开始了。当穆罕默德征服麦加时，就命人讲解安拉的天启。在麦地那，穆罕默德及其弟子常给广大穆斯林群众宣讲教义，阐释教律。经过若干年以后，在天启的基础上经过后人的整理，形成了著名的《古兰经》。继《古兰经》之后，于公元9世纪，穆斯林的学者又整理出一本《圣训》。这部《圣训》，不但是《古兰经》经文的阐释和补充，也是伊斯兰教阐明教义、教律的重要依据，地位仅次于《古兰经》。倭马亚王朝时，清真寺经常组织穆斯林学习《古兰经》。阿巴斯王朝统治时期，清真寺开始附设小学。11世纪中叶，巴格达建立了一所寺院附设的宗教大学。起初，在阿拉伯穆斯林中所兴办的教育，谓之“经堂教育”或“寺院教育”，其场所大多设在清真寺的礼拜堂内，教师称为“筛海”、“海推布”和“伊玛目”。随着伊斯兰教的传播和发展，阿拉伯伊斯兰教的这种教育形式，也就传布到世界各地穆斯林的国家和地区。

中国的“经堂教育”开始于明朝嘉靖、万历年间，倡导者为胡登洲（1552～1597）。[②] 他所兴办的经堂教育，开始设在私人家里，后来由家庭转

① 《宣统政纪》卷六十。

② 胡登洲，字明普，陕西咸阳渭城人，是伊斯兰教的学者，阿訇，人们尊称他为“胡太师”。他受到儒学私塾教育的启发，兴创了“经堂教育”。他所创立的陕西派经堂教育，遍及我国西北地区和南方各省。

移到寺院。其雏形，即招收几名学生在家庭里传授宗教知识；当它转移到寺院以后，即逐渐扩大为经文学校，人数亦增至几十人到百余人。新疆伊斯兰教的经堂教育，尽管源于阿拉伯早期的经堂教育或寺院教育，但胡登洲的经堂教育也在新疆产生了一定的影响。清乾隆年间，大批回族由内地迁入新疆，而胡登洲的经堂教育，也就随着回族的迁入而带到新疆来。当然，新疆维吾尔族的经文学校和回族经文学校有着重大区别，其源流与发展亦不相同。新疆维吾尔族的经堂教育，初期以设在家庭里为主，后来才在寺院里举办经文学校。当时，新疆经文学校大小不等，学生数目有多有少，大寺 40 人左右，中等寺院 10 余人，小寺不过数人。当然，百余人的经文学校也有，但为数甚少。经文学校最大的问题，一是没有正规的教材，二是没有富有教学经验的教师，三是学生程度参差不齐。他们讲授课程时，通常用的都是阿拉伯文和波斯文，因没有课本，大多采取口传、手抄的方法，诵读《古兰经》和《圣训》。经文学校的管理人是“三掌教”，即伊玛目、穆安津、海推布。后来改为由阿訇聘请制代替掌教世袭制，统交阿訇管理。只是到了后来，才在清真寺建立起比较正规的经文学校，并以“正心修身”为其教育方针。其任务：一是传授伊斯兰教的经典、教义、教规、教律和宗教仪式；二是培养伊斯兰教的接班人，诸如各种等级的阿訇、毛拉等宗教职业者和宗教活动家，其中许多民族宗教界上层人士，就出身于经文学校。这些经文学校与近现代的正规学校不同，它不向清政府申报立案，清政府也不予过问，当然它的经费也不由清政府拨发了。经文学校的经费来源，基本上是自行筹措，学款多寡，以其财力而定。一是从寺院经济中开支，诸如寺院征集的“天课”和“瓦合甫”土地的收入，这一般是解决高级经文学校的经费；二是从学生中筹集，初级经文学校的经费，完全由学生家长负担。

新疆建省前后，经文学校虽然继续举办，但它却受到义塾教育的冲击。驱逐阿古柏侵略势力之后，清政府将“分设义塾”作为“新疆善后事宜”的七大措施之一。[①] 当时，左宗棠在新疆大力强化儒学教育，饬令南疆各善后局、各防营“广置义塾”[②]，招收穆斯林子弟入塾，授以《千字文》、《三

① 据《清德宗实录》卷一一三称：“新疆善后事宜，以修浚河渠、建筑城堡、广兴屯垦、清丈地亩、厘正赋税、分设义塾、更定货币数大端为最要。”《新疆图志》卷九十七亦有此记载。

② 《左文襄公全集·奏稿》卷五十三称：“广置义塾，先教以汉文，俾其略识字义。”《新疆图志》卷三十八称：“钦差大臣左宗棠奏改设郡县，设学塾，训缠童，为潜移默化之计。”

字经》、《百家姓》、《孝经》和《论语》、《孟子》等书。[①] 这样，它在客观上起到了以"儒书"代替《古兰经》和义塾教育代替经堂教育的作用。

早在乾隆年间，新疆各地虽然也"分设义塾，延师训课"，但仅限于少数满汉子弟，并未普及到维吾尔族穆斯林之中，即便这些满汉子弟的义塾，经过同治年间的战乱，也已"荡然无存"。[②] 自清朝驱逐阿古柏侵略势力之后，左宗棠令新疆南北两路文武官员，在全疆大兴义塾[③]，重赀延请教师，月薪六七十金[④]，并在乌鲁木齐开设书局[⑤]，刊印《千字文》《百家姓》《孝经》《小学》等书籍，供给穆斯林子弟入塾读书。[⑥] 仅在喀库善后局举办的四处义塾，经左宗棠批准，就发给他们《诗经》《四书》各20部。[⑦] 经过推广，义塾教育几乎遍及全疆各地，其"规模宏大，超轶前代"[⑧]。至光绪六年（1880）二月，吐鲁番、乌苏、精河、拜城、焉耆、沙雅等地"兴建义塾三十七处"之多。[⑨] 左宗棠在新疆所以大刀阔斧地推广义塾教育，一是"欲化彼殊俗，同我华风"，二是令穆斯林子弟"读书识字，通晓语言"，以扫除"官民隔阂，政令难施"以及通事作弊等弊端。[⑩] 三是在处理讼案中，只要官民通晓语言文字，就易于判断是非曲直。[⑪]

建省前后，刘锦棠继续推行左宗棠所倡导的教育政策，增设义塾，并

---

① 《左文襄公全集·奏稿》卷五十六称："饬各局员、防营，多设义塾，并刊发《千字文》、《三字经》《百家姓》、《四字韵语》及《杂字》各本，以训蒙童；续发《孝经》、《小学》，课之诵读。兼印楷书各本，令其摹写。拟诸本读毕，再颁行六经，俾与讲其经义。"

② 《新疆图志》卷三十八称："同治间，疆域糜烂，学宫荡然。"又称："同治三年，全疆糜烂，城池、学宫荡然无存。"

③ 《新疆图志》卷三十八称："光绪初，再经勘定，左文襄奏改设郡县，置学塾，训缠童、以为潜移默化之具，而刘襄勤继之。"

④ 秦翰才：《左文襄公在西北》，岳麓书社，1984，第259页。

⑤ 左宗棠在迪化创办的书局，寿命相当长，直至光绪三十三年才裁去。

⑥ 《左宗棠年谱》，第380页。

⑦ 《左文襄公在西北》，第262页。

⑧ 《中国经营西域史》，第405页。

⑨ 《左宗棠年谱》，第380页。《左文襄公全集·奏稿》称："叠据防营局员禀，兴建义塾已三十七处，入学回童聪颖者，多甫一年，而所颁诸本已读毕矣。"《新疆图志》卷九十七亦有此记载。

⑩ 左宗棠云："官厅政令，专靠翻译传布，其势不免壅蔽。"转引自《左文襄公在西北》，第259页。

⑪ 左宗棠云："争讼之事，曲直不为径达。官与民语言不通，文字不晓，全恃通事居间传述，颠倒混淆，时所不免。此非官与民亲，渐通其情实，去其壅蔽。广置义塾，先教以汉文，俾其略识字义。"转引自《左宗棠年谱》，第349~350页。

颁发奖励办法，鼓励穆斯林子弟踊跃入塾读书。他为此“广选儒师，分设义学”①，强化儒学教育，灌输封建的伦理观念。在推广义塾教育中，刘锦棠令“各厅、州、县延师训课”，授以“《小学》、《孝经》、《论语》、《孟子》、《大学》、《中庸》、《诗》、《易》、《春秋》”等课程。② 从所授课程的内容来看，刘锦棠较左宗棠的要求更高，他已经不是仅仅要求穆斯林子弟“读书识字”和“略识字义”的问题，而是要穆斯林子弟系统地、全面地攻读孔孟论著了。

刘锦棠以禄位为诱饵，以激励穆斯林子弟踊跃入塾读书。开始，他奏请光绪皇帝，要求准于各厅、州、县每年举行一次考试，如穆斯林子弟达到“诵习一经”“熟谙汉语”者，不论“人数多寡”，均“送该管道衙门复试”，合格后，即“由边疆大员援照保举武弁之例，咨部给予生监顶戴，待其年已长大，即准充当头目”。“如有勤学不倦能多习一经或数经者，无论已未充当头目，均准各厅、州、县考送，由道复试请奖，再行递换五品以下各项顶戴。”“如果承办差使异常出力，仍随时酌量保奏，恳恩赏给三、四、五品顶戴，用昭激劝”。③ 但是，刘锦棠用禄位诱使穆斯林子弟入塾读书的一套办法，未能得到清政府的批准。清政府认为让维吾尔族穆斯林子弟“诵习一经”，熟谙汉语者，即“给予生监顶戴”，“与例案不符”，“应俟粗通文艺时，再行酌设学额，凭文取进”。如果他们能够“读书认字，不必责其文理，应由该大臣另行酌给奖励”。根据清政府的这一批示，刘锦棠进而建议：“俟设学后充作佾舞，免其府县两考，庶于例案无碍，亦足以示鼓励”④。至光绪十一年（1885）八月，刘锦棠派人至“南路各城面加考试”时，发现维吾尔族穆斯林子弟“多能诵习经书，讲解文义”，并经过对“课卷”的核实，“与地方官所报尚属相符”。因此，他从中挑选了一二名“各作佾生”，准备“设学”后，让其“俾充佾舞，免其府县两考”。刘锦棠请求光绪皇帝“准其变通办理，备取佾生”，“俟学业有成，再议设学官，议定学额，以符定制”。⑤

左宗棠、刘锦棠在新疆举办的义塾教育，其中有一个显著的特点是实

---

① 《刘襄勤公奏稿》卷五。

② 《刘襄勤公奏稿》卷三。

③ 《刘襄勤公奏稿》卷三。

④ 《刘襄勤公奏稿》卷十一。

⑤ 《刘襄勤公奏稿》卷十一。

行公费制度。就是说，义塾学生的学费、宿费、服装费、书籍讲义费、冬炭费等，概由政府供应。除此之外，学生还可以领取若干津贴。自光绪七年起，刘锦棠就明确宣布："分设义塾，延师教习，支给薪水津贴及塾童书籍、纸笔、墨砚款"。按照规定，每一处义塾设"塾师一员，月支薪水银二十两，加给津贴、朱墨、油烛银四两；又每塾准给跟丁一名，日支口食银一钱；每塾塾童十五、六至二十名不等，所有各塾童应需书籍，均由后路各台局购运散发，所需纸、墨、砚，均由各城局就地按照时价购发应用"①。"并仿照内地书院章程，取其粗知义者，按月酌给膏火银粮，以示奖励。"②经过左宗棠、刘锦棠的大力推行，至光绪九年（1883）七月，哈密、吐鲁番、喀库、库车、阿克苏、乌什、喀什噶尔、玛纳巴什、英吉沙尔、叶尔羌、和阗、巴里坤、奇台、济木萨、阜康、迪化州、昌吉、绥来、呼图壁等地，共设立义塾77所。③

当时，左宗棠、刘锦棠在维吾尔族穆斯林中设立义塾，强化儒学教育，固然是普及教育和提高文化的一种措施，但在另一方面，也含有民族同化的意思。所谓"化彼殊俗，同我华风"，就反映了这一点。左宗棠认为："非革除旧俗、渐以华风，无以为长治久安之本"④。在《敬陈新疆善后事宜折》中，左宗棠宣称："将欲化彼殊俗，同我华风，非分建义塾，令回童读书识字，通晓语言不可"⑤。刘锦棠也宣称："全疆久沦异域（指阿古柏入侵），礼义不兴，务在正经善诱广设义塾，急选儒生教授汉回各童，俾沾圣化，渐使风俗文字轨于大同。"⑥ 可见，推行义塾教育，是清政府在新疆巩固统治的一项政治性政策。

清政府在新疆举办的义塾教育，所授孔孟之道显然与伊斯兰教的信仰格格不入，所以，它是脱离实际的一种教育内容和教育形式。当时，穆斯林教民虽然不敢和官府公开对抗，但其子弟却采取了消极对抗的办法逃避入塾读书。据《新疆图志》记载，穆斯林子弟"闻招入学，则皆避匿不往"⑦。杨增

---

① 《刘襄勤公奏稿》卷五。

② 《刘襄勤公奏稿》卷十一。

③ 《刘襄勤公奏稿·关外各军行粮坐粮章程善后台局一切应发款目缮请立案折》卷五。

④ 《新疆图志》卷一。

⑤ 《左文襄公全集·奏稿》卷五十六。

⑥ 《刘襄勤公奏稿》卷五。

⑦ 《新疆图志》卷三十八。

新在追述这一历史时也曾说过："前清时，中小学校同时并举，急遽无序，而缠民以宗教不同之故，不愿送子弟入学，操之过急，甚至逃入外籍以避之。"① 正因为如此，清政府在新疆推行的义塾教育，在广大穆斯林中遇到了很大的阻力。尤其是那些阿訇，更是想尽各种办法阻止穆斯林子弟入塾读书。所以，左宗棠、刘锦棠在新疆推广义塾20年，但效果甚不显著。②

当然，在伊斯兰教居于优势的地区广设义塾，也并不是每一个穆斯林都排斥它，反对它，某些穆斯林群众对它还是采取了欢迎的态度。左宗棠在《敬陈新疆善后事宜折》中称："其父兄以子弟读书为荣，群相矜宠，并请增建校舍，颁发《诗经》、《论》、《孟》资其讲习，局员送阅各塾蒙童临摹仿本，笔姿颇秀，并称蒙童试诵告示，皆能上口，教以幼仪，亦知领会，盖读书既可识字，而由声音以通语言，自易为功也。"③ 的确，由义塾毕业出来的穆斯林子弟，一般都能阅读政府的告示，写出来的汉字，笔姿秀丽。所以，"读书既可识字"，又能"以通语言"，义塾是有其功绩的。如果抛开"孔孟之道"的儒书，另行编些适合新疆情况的课本，其收效会更好些。至于说它未能收到"丝毫之效"，是不完全符合实际的。但也必须指出，在伊斯兰教居于优势的天山南路，赞成和欢迎"广设义塾"的人，为数并不太多，这也是事实。

（《近代史研究》1996年第6期）

① 《补过斋文牍·呈报办理教育情形并拟实行扩充各办法文》甲集下。

② 林竞在《新疆纪略》中写道："在道光以前，新疆未闻有教育。左文襄出关，平定回疆，始创义学，强回民（指维吾尔族）子弟入学；授以汉语及孔孟之书，讲制艺，赴省应试，破格选拔，荣遇特殷，逾于内地，盖不如是，不足以资鼓励也。然行之于二十余年，效果莫收。"《新疆图志》卷三十八亦称："刘襄勤公锦棠掷巨款，开义塾二十年，榛笄如故"。

③ 《新疆图志》卷九十七。

清末民国间边疆少数民族地区教会学校述略

徐永志

自6世纪末叶至19世纪中叶，西方基督教的聂思脱里教[①]、天主教、基督教和东正教曾时断时续，相继传播于我国新疆、内蒙古、云南、西藏、台湾等边疆少数民族地区，带入了西方基督教文化和若干科技知识。鸦片战争后，随着国门洞开，基督教以前所未有之势开始在各个边疆少数民族聚居区广泛传布开来。传教士们所到之处，主要以办学为手段传播基督教，从而逐步在边疆少数民族地区建立了一套集近现代宗教神学教育、学校教育和社会教育于一体，包括初等、中等部分类别学校在内的教会教育教学系统，客观上传播了近现代西方文化，促进了边疆地区近现代少数民族教育的兴起和初步发展，不自觉地充当了近现代边疆少数民族地区社会文明发展转型的历史工具。唯其如此，并鉴于目前学界对这一课题的专门研究尚不很充分，本文拟着重对清末民国间寓华之天主教教会和基督教会团体，及其传教士在边疆少数民族地区的兴学概况及其影响略作探讨，以期抛砖引玉，进一步深化中国少数民族教育史的研究。

一

在历朝统治阶级实行的民族压迫政策之下，中国边疆广大少数民族群众实际上被剥夺了受教育的权利。直至清末基督教相继传入这些地区时，

① 蒙元时期该教派与天主教统称为“也可温”教。

许多少数民族仅有本民族语言而无民族文字，即使少部分民族有自己的民族文字或借用其他民族的文字，普通群众也几乎没有人能够识读，而且绝大多数少数民族群众都不懂汉语文。如1943年方国瑜在《班洪风土记》中云："卡剌无文字，用摆夷字，而识汉字者极少"；又云："境内交易，有赊欠或期盘者，则书其值与年月于木片，当事人各执其一，待他日和符践约，名曰木刻，余所见，有作摆夷文或汉字者"。[①] 在无民族文字的少数民族社会里，文化、生活、生产知识一般靠传统宗教、民间说唱故事传说和言传身教来传承，进而统一本民族的文化意识。这些原始的教育形式在一定程度上限制了人们的思维能力，造成了其思想文化的闭塞、落后以及生产技能的低下，并不可避免地给他们的社会生活带来诸多实际困难，甚至经常受到地方官府的欺凌。如苗族群众因为"不识字，县衙门和区、乡、保、甲的狗腿子到苗寨敲诈勒索时，开口闭口就是有'公事'。只要提到'公事'二字，任何人都不敢反对"；云南武定地区的白彝在有公事文件时，"常跑到十多里外找人看"，[②] 饱受了没有文化之苦。故而，少数民族群众渴望接受教育，甚至认为读书是摆脱被压迫、被奴役地位的出路。另外，民族文化的严重落后，大批文盲的存在，客观上也对基督教的传播十分不利。针对这些情况，近代来华的传教士们重视以办学为手段，发展教会势力。在1890年的"在华基督教传教士第二届全体大会"上，传教士们就说："学校在所有教区内，都成为开辟传播福音的道路"。在1902年基督教"中华教育会"的第四届年会上，教方也明确提出了"教育是传教最有利的助手"的口号。

最早在边疆少数民族地区出现的近代教会学校，是1876年由法国神甫在广西贵县创办的教义学习班和由英国长老会（English Presbyterian Mission）的传教士在台南创办的福音学院。其中，后者是台湾最早的神学院，教授《圣经》，也讲些文化知识，受到民众的欢迎，称其创办者巴克礼为"台湾新式教育的先锋"[③]。嗣后，由英国圣公会（British Church Missionary Society）传教士在广西兴办的华文男子小学（1886）和贞德女子

---

① 方国瑜：《滇西边区考察记》，云南大学西南文化研究所，1943。

② 《中国少数民族社会历史调查丛刊》，云南省编辑组：《云南民族情况汇集》，云南民族出版社，1986。

③ 林子候：《台湾涉外关系史》，中正书局，1978。

小学（1889）、美国长老会（American Presbyterian Mission, North）在海南琼山县城创办的匹瑾学校（1887 年，后改为中西女学堂）与那大中西中学堂（1894）、法国巴黎外方传教会（Societe des Missons Etrangeres de Paris）在云南路南路美邑村设立的私立崇德小学（1889），以及 1899 年由美国宣道会（International Missionary Alliance）在广西梧州开办的广西第一所神学院校——建道圣经学院等相继开学。

20 世纪初年，边疆少数民族地区的教会学校逐渐增多起来，进入初步发展阶段。在吉林延边，1906 年，基督教长老会传教士在龙井设立了“圣经书院”，兼作教堂；越数年，又先后在龙井创立了“广东书塾”（后改为永信学校）、明信女子高等小学和恩真中学，使该县成为基督教延边教区教会教育的中心。1912 年，基督教会在珲春成立基督教讲书堂。[①]

在内蒙古，基督教莫拉维弟兄会（The Moraviaus）于 19 世纪末 20 世纪初相继在平泉、朝阳、塔子沟等地设立了 5 所初级小学校，“有三百多名儿童接受基督教教育”。瑞华盟会（Swedish Alliance Mission）在察哈尔、绥远一带的 7 个布道区内设立了 13 所初级小学和 4 所高级小学，招收约 400 名蒙汉儿童入学。协同会（Scandinavian Alliance Missionin Mongolia）在包头等地建立了 2 所初级小学，“有汉族学童四十人，蒙族学童三十人，其中有四人学习高小程度的课程”。到 1920 年，基督教差会在内蒙古共设有初级小学校 27 所，高级小学校 6 所，分设于 50 个布道区、14 个宣教师所在地内；天主教修会则在积极租买牧场、强占土地的同时，也办有中学 1 所，学道书院 1 所。[②]

新疆地区的教会教育几乎由瑞宣会（Swedish Alliance Mission）的传教士们一手包办下来，他们先后在喀什噶尔、莎车、英吉沙等宣教地设立了 3 所初级小学，“有男生五十六人，女生十八人；职业学校一所，有男生八人，女生七人，均授以有用的职业”。据教方报告，瑞宣会还在汉城、莎车设有“圣经传习所两处，一处有学生四人，一处有学生二人”；“莎车有主日学学生三十名，喀什噶尔有主日学学生二十五名”。[③]

据记载，20 世纪初，广西天主教会又在上思开办了 1 所小学，同时在

① 《延边朝鲜族自治州概况》编写组：《延边朝鲜族自治州概况》，延边人民出版社，1984。

② 蔡咏春、文庸：《中华归主》，中国社会科学出版社，1987。

③ 蔡咏春、文庸：《中华归主》，中国社会科学出版社，1987。

南宁、桂林、龙州、崇善和百色设立了5所法文学校或学习班，并增设了绥渌叫灵村小学。自1903年到1920年，以英美为主的基督教会在广西各地新设立了34所普通学校，其中，男女小学校30所，中学1所，幼稚园3所。就其所属教会而言，美国浸信会（American Baptist Foreign Mission Society）有15所男女小学，1所中学，1所幼稚园；宣道会有7所小学校，2所幼稚园；英国圣公会有3所小学校，长老会、循道公会（Methodist Church English）、安息日会（Seventh Day Adventists）各有1所小学校。[①]

从形式上看，教会学校在云南起步后，它一直相对滞后于教务的发展，如据教会的教务调查报告统计，1920年，该省教会共有初级小学校61所，学生1782人；高级小学校6所，学生224人；中学1所，学生12人，无论是学校数还是学生数都远较同期教会在该省的教堂、教徒数量为少，即二者的发展比例与其他地区相比照而言，颇不协调平衡。但稍加留心便可发现，教会在滇境大多采取的是“教堂即学校”的兴学方式，传教士们一般都利用教堂组织男女老少信教群众识字、唱诗、讲读《圣经》要理，往往（教）堂、（学）校不分，故有可能为此类的调查所略计。在20世纪50年代进行民族情况调查时，当地群众曾回忆道：“教会在福贡虽未设有学校，实际是教会代替了学校”[②]，或为佐证。就已有的统计材料看，云南的教会学校以圣公会所办者居多，共有初级小学校34所，高级小学校4所，中学1所；其次为内地会（China Inland Mission），计有初高级小学校24所，余为青年会（Y. M. C. A）及南云南会（South Yunnan Mission）所办。教内人士曾称：“各少数民族部落中教会小学校之校址对周围十余个村庄之信徒尚属方便”[③]，表明该地区“有数”的教会小学校实际上发挥着中心小学的作用。

继匹瑾学校后，1904年美国长老会传教士在海南琼海加积镇设立了1所男校。1913年，长老会分别在加积和那大各添设了1所女学校。1916年，黎族首领王义兄弟保送黎族男女青年10余人到加积的教会学校就读。不久，教会又在保亭、定安、新村等地开设了几所小学校，进行文化和基督宗教教义教育。

---

① 广西地方志办公室：《广西省志》，《宗教志》，广西人民出版社，1997。

② 《中国少数民族社会历史调查丛刊》，云南省编辑组：《云南民族情况汇集》，云南民族出版社，1986。

③ 蔡咏春、文庸：《中华归主》，中国社会科学出版社，1987。

二

20 世纪 20 年代后，在教会势力不断扩大的背景下，教会学校进一步得到了发展。譬如，到 1930 年，美国、加拿大、德国教会在延边办的学校已达 19 所，在校学生有 1000 多人①；到新中国成立前夕，广西基督教会创办的各类普通学校有 76 所，云南基督教会在德宏一地建立的学校有 10 余所，学生达 5000 余人。为深入说明这一阶段教会学校的进展情况，这里试以统计材料较为完整的内蒙古天主教会学校为例，具体述之。

自 1925 年到 1935 年 10 年内，内蒙古天主教会各教区的教会学校及学生数量分别如表 1、表 2 所示：

表 1　1925 年内蒙古天主教会学校情况表

区　别	国民学校				国民学校				圣经要理学校			
	男校	男生	女校	女生	男校	男生	女校	女生	男校	男生	女校	女生
热　河	2	155	2	82	20	498	11	291	50	1253	58	1995
察哈尔	1	73	3	158	52	1932	23	706	72	1476	80	2083
绥　远	1	52	2	65	28	906	14	664	87	1354	65	2263
总　计	4	280	7	305	100	3336	48	1661	209	4083	203	6341

资料来源：据王守礼《边疆公教社会事业》，付明渊译，1950，第 97～98 页，附表整理。

表 2　1935 年内蒙古天主教会学校情况表

区　别	初高公学校				国民学校				圣经要理学校			
	男校	男生	女校	女生	男校	男生	女校	女生	男校	男生	女校	女生
热　河	4	146	1	78	12	414	9	259	28	661	30	791
赤　峰	1	65	1	58	10	535	9	216	31	499	30	484
察哈尔	9	167	5	113	70	2469	36	1070	50	703	60	1720
集　宁	3	95	3	50	24	965	16	597	30	780	39	1203
绥　远	1	22	2	90	39	1023	23	547	100	1295	91	1790
总　计	18	495	12	389	155	5404	93	2689	239	3938	250	5988

资料来源：据王守礼《边疆公教社会事业》，付明渊译，1950，第 97～98 页，附表整理。

---

① 方国瑜：《滇西边区考察记》，云南大学西南文化研究所，1943。

由以上两统计表看来，到 1935 年，在内蒙古开办的教会学校由 1925 年的 571 所增至 1935 年的 767 所，学生也由 16006 名增至 18903 名，10 年内增加学校 196 所，学生 2897 名，发展是较快的。其中主要增设的是初级小学，至于宗教要理学校则保持着稳步发展的状态。这是教会设立学校在这一阶段的主要成效。

除了正式学校之外，外国天主教会还在内蒙古各地设立了奥斯定会（Augastinian Mission）、圣母圣心会（Immaculate Heat of Mary）等几个修女会，会中的“修女们大都是在学校服务的”，还有不少教堂设立了青年识字夜校，“特为救济失学的青年，教他们学习书写、识字、珠算等。这种夜校，也称冬季补习班，因为春暖冬忙，学校就告解散”。1937 年，“窑子沟（察哈尔）教堂又设立了一座家政学校，学生五十五人”。此外，农科学校、职业学校“也在教会计划之中”。

如此看来，20 世纪二三十年代是教会学校发展的鼎盛期。此后，因日寇入侵，边地吃紧，除大后方西南地区外，其他在边疆少数民族地区的教会学校大都关闭停办，迅速衰落下去。

同在内地的情形一样，边疆少数民族地区的教会学校也大都有稳定的办学经费，这些经费除由上级教会提供外，还有一部分来自少数民族信徒的捐献，这些捐献可以用实物相抵。如云南内地会的学校经费皆从上海汇来，其中也包括教师的报酬；循道公会所设学校 70% 的经费由昭通西南教区办事处提供，其余由当地教徒以粮食交送老师。教会利用其手中的经费，对正式学校的学生实行免费教育。又如海南保亭的教会学校“每年由教会领款三百元作为常年经费”，在此学习的黎族学生“男生免学膳宿费，女生则衣服、书籍、笔墨均由学校提供”。[①] 教会还向学校赠送实物，如书籍、篮球、乒乓球、脚踏风琴等。这些都成为教会学校吸引学生入学和产生崇教意识，进而皈依基督教信仰的重要手段和条件。

三

教会学校的功能决定了宗教教育是它的首要任务，因而“各学校对于

---

① 彭程万、殷汝骊：《琼崖黎民之状况及其风俗与教育》，《地学杂志》1920 年第 11 期，第 20 页。

宗教科目的教学相当重视”。但由于所属教会系统以及所在宣教地和宣教民族对象的不同，边疆各地的教会学校对这一政策的贯彻并不完全一致，总起来看，约有两种情况：

其一，直接形式的宗教教育，这主要限于云南。由于教会在云南主要采取了教堂即学校、信徒即学生的教民化办学形式，因而其整个教育内容无一例外地都是围绕一个中心——上帝（天主），信徒学生除学习传教士用自创的有关传教文字编写或编译的《圣经》《赞美诗》《教义问答》等宗教书籍外，还要参加一切宗教活动，按照教规戒条规范日常学习生活，于潜移默化中接受宗教教义的熏陶，彻底基督教化。即便在教会专设的普通小学校里基本上也实行的是“随时随地施教”的宗教教育。如神召会明白揭示，该会创办学校有两个好处：“第一，将真理随时启发儿童，使得有良好的教训，直达基督真理之路；第二，因学校与学生家庭时有往来，可有机缘输进真理”①。英籍澳大利亚传教士郭秀峰在为洒普山教会小学编写的苗文识字课本中，第 1 课就是：“自太初，有上帝，造万物，造天地，大根本，万人父，处处在”。

其二，间接形式的宗教教育。此类情况与内地的教会学校发展趋势大体一致，而以内蒙古、广西、新疆地区的教会学校体现得较为凸显。如内蒙古绥远厚和总堂附设的崇德小学教授课目为：国语、算术、唱歌、图画、手工、教义、体操、经学、古经、道理、修身等②；五川县各天主教教会学校“采用之课本，亦为政府所编。惟其教学方法，一部注入天主教义，余则与普通小学略同”；赤峰宝国吐发来甸子教公所学校“虽然按照公立小学校教材进行教学，但在教育和教学实施过程中仍然塞进了不少宗教内容。每周有一天的最后一节，由修道士或教友教师讲《圣经》，教友学生必须参加”。可见，除宗教教育外，这些教会学校也把包括了“中学”和“西学”以及劳动技能的普通教育，作为教学的重要内容。又如，在新疆的瑞宣会男女小学校中，教团“向他们提供非宗教教育，同时在数学内容中加进去了属于路德派的基督教信仰的最基本的内容”。这些非宗教教育

① 陈理：《基督教的传播与西南民族文化变迁》，《世界宗教研究》1993 年第 4 期，第 76 ~ 77 页。

② 内蒙古大学中共内蒙古地区党史内蒙古近现代史研究所：《内蒙古近代史译丛》，内蒙古人民出版社，1988。

的课程有世界地理、世界历史、瑞典史、中亚史和植物等。传教士们还把《圣经》的一部分和一些“圣歌”、瑞典民间歌曲译成维吾尔语，教给孩子们。1930 年 2 月，瑞典学者贡纳尔·雅林考察完英吉沙准备返回喀什时，当地为他送行的教会学校小学生“用维吾尔语唱起了瑞典歌曲《世界很美丽》，这首古老而又熟悉的曲调在远处白杨林中和土房子周围都能听得见”[①]。究其原因，内蒙古地区主要是较多地受到了内地社会教育变革的影响，同时，“可使政府调查人员易于了解他们在教会学校中所见的事物”，“强调教会学校同情政府的计划这一事实”；[②] 新疆则是因传教士们的传教活动遭到了绝大多数穆斯林群众的冷遇，遂不得不祭出行善的旗帜，从学童身上打算长远。

在教会兴学的同时，晚清政府和民初时期的北洋政府、国民政府也制定了相关的民族教育政策，在中央和地方设立了专门的教育管理机构，兴办各级各类边疆民族学校尤其是小学校。据中华民国行政院新闻局所编《边疆教育》记载，1935 ~ 1938 年由国民政府教育部补助设立的边疆小学有：云南 35 所、新疆 1412 所、绥远 29 所、察哈尔 13 所、广西 541 所、西藏 1 所。这些关于发展新式少数民族教育的举措无疑比以往有了显著的进步，但由于旧中国政府的腐败，加之当时学校使用的多是汉语教科书，教师一般用汉语教学，少数民族子弟难以理解和接受，使得许多人因此而辍学，兴学成效甚微。特别是在云南的少数民族地区，国民党设治局以强迫方式抽调学生就读，有的少数民族群众视送子弟“入学”与“当兵”同为畏途，宁肯请人代替，也不愿子弟就学，以致这些学校“有的一校只不过六七个学生，兄弟民族子女不过一二人”[③]，形同虚设。这样，民族教育的一大部分实际上就转移到了大力开展民族语文教育，甚至在一些地区还进行双语（西语、民族语言文字）教学的教会学校。教方自然对此格局感到满意，称：“这表明教会学校担负着他们在教育事业上应负责任的大约两三倍”。

毫无疑问，西方教会在推行宣教事业的过程中兴学设教，主要还是从

---

① 贡纳尔·亚林：《重返喀什噶尔》，新疆人民出版社，1994。

② 蔡咏春、文庸：《中华归主》，中国社会科学出版社，1987。

③ 《中国少数民族社会历史调查丛刊》，云南省编辑组：《云南民族情况汇集》，云南民族出版社，1986。

宗教目的出发，英国循道公会传教士柏格理就供称："首先要搞好教育，教会才能发展。"教方的一份基督教教育报告书则说得更明白："最初之教会学校，实为辅助传道而设，传道者即不能成人之信仰，乃开设学校，俾得孩童于基督教教义影响之下。迨教徒团体日渐发达，教堂渐设立，于是乃不得不推广学校，以培养牧师之基础"①。事实上，民国以后各地少数民族"信徒之增加，大多得之于教会学校"，教会兴学的直接目的基本上实现了。不仅如此，诚如有的学者所言，教会学校的介入，还"削弱了原始教育维护本民族传统文化的功能和作用，是对原始教育（无论是载体或是文化组成）的否定。它逐渐拉开了受教育者与他们的传统之间的距离，部分割裂了受教育者与本民族文化的联系"②，构成了西方对华殖民文化侵略的重要组成部分。

然而，教会教育的兴起和发展毕竟使自古无学校的边疆少数民族有了自己的教育场所，使其由以前的仅限于少数上层统治阶层的教育过渡到包括许多下层群众的普通民众教育；由原始社会教育跃进到近现代学校教育，或多或少地改变了边疆少数民族地区教育上的落后状况，客观上提高了相关地区少数民族的总体文化水平和社会文明程度。据 1951 年对滇北武定地区的调查表明，聚居于该地区各县山地中的苗族 9/10 能看能写外国传教士用拉丁字母拼写的苗文；分布在山谷中的傈僳族，凡参加教会者都懂传教士用拉丁字母拼写的傈僳文。"从本世纪初到 1949 年，乌蒙山区 2/3 的苗族皆能草读《平民夜读课本》四册，达到扫盲标准，高初小毕业生数千人；接受过中等教育的苗族子弟 2000 余人；接受过高等教育的苗族子弟 30 余人……苗族人口中接受过教育的学生远远超过其他少数民族，甚至也远远超过汉族。"③ 其他像延边、内蒙古、广西、海南等地的情况大体与此类似，甚至有过之而无不及。在中国边疆少数民族教育史上，如此数量的少数民族子弟进入学校读书是前所未有的。

另外，在进行新启蒙教育的过程中，教会学校还传播了部分近现代西方文化知识及其观念，开阔了人们的视野，促进了该类型地区社会的文明

---

① 韦启光：《黔滇川边区苗族信仰基督教试析》，《贵州社会科学》1981 年第 4 期，第 68 页。

② 陈理：《基督教的传播与西南民族文化变迁》，《世界宗教研究》1993 年第 4 期，第 76～77 页。

③ 张坦：《"窄门"前的石门坎》，云南教育出版社，1992。

开化和生活习俗的转型。并且，由于文化形态、宗教信仰程度不同等因素，这方面的变化较同期内地沿海沿江通商口岸及其腹地和其他地区要广泛、深入而持久得多，从而在一定范围和程度上彰显出了边疆少数民族地区在清末民国社会变迁大环境中社会发展的特殊性。对此，笔者将作为一个更广泛的话题，另文探讨。

（《民族教育研究》2001 年第 2 期）

伊斯兰教在近代新疆的世俗化与地方化

——伯克制度及新疆伊斯兰文化与内地的差异

周　泓

一　伯克乡约制与政教“分离”

伯克制度是新疆和中亚地区一些操突厥语民族历史上的一种官制，在维吾尔族地区发展得最为完备。清朝统一新疆后加以改革并继续沿用，使之成为清朝地方官制的组成部分。1887 年虽正式宣布废除伯克制度，但伯克的作用至民国仍未消失。

伯克一词最早见于 8 世纪鄂尔浑阙特勤突厥碑文“突厥伯克（beg）”①，唐代译作“匐”②，蒙元时蒙古族也使用 beg 一词，译作“别”“毕”“伯”“别乞”“别吉”等，至清代才译作“比”或“伯克”。回鹘汗国中“伯克”的含义与突厥时期一样，主要指特权阶级和贵族，有时指行政长官；在黠戛斯族中则指部落酋长或首领。喀拉汗王朝中高级官吏亦用此称，《福乐智慧》中甚至称可汗为“最高伯克”；而在高昌回鹘朝，伯克仅指级别较低的行政官吏，位下“乌尔奇”（高级官员）、“耶尔奇”（万户长）③。蒙元时蒙古族中“伯克”的含义扩至“族长”“长老”“长者”；萨满教首领亦用“别乞”，意为“僧正”“大祭司”；部落首领和汗的女儿也享用此称誉。明代蒙古族中“别乞”已为“那颜”所代替，意为官人，后成为贵族的通称。而在中亚及新疆“伯克”仍继续使用，且因伊斯兰教的影响，常与“艾米

① 马长涛：《突厥人和突厥汗国》，上海人民出版社，1957，第 45 页。

② 岑仲勉：《突厥集史》（下），中华书局，1958，第 880 页。

③ D. 吉洪诺夫：《10～14 世纪回鹘汗国的经济和社会制度》，第 54 页。

尔”“米尔咱”混称，意为尊贵的领袖、首领及官员。[①]

清初在中亚及新疆穆斯林游牧民族中，伯克仍称“比”，为部落首领、贵族及博学者冠用；而在定居的突厥语民族中，则成为对官吏的泛称。清代以前新疆伯克的职掌分类名称中阿拉伯、波斯语有 18 种，蒙古语、维吾尔语各 7 种，清代为开发伊犁地区矿产增设 3 种[②]，因而新疆地区的伯克制主要受来自阿拉伯、波斯和蒙古草原的影响；且阿拉伯、波斯语伯克名称多系伊斯兰教职管理者，蒙古语称名的伯克多为行政、税务、工程管理者，表明维吾尔地区的伯克制与伊斯兰教和蒙古贵族在西域的统治并行相关。

15 世纪末伊斯兰教已渐控制西域世俗政权，伊斯兰教职人员已形成一个独立的阶层，包括“司法部门的官吏及清真寺与礼拜场所的管理者”[③]。16 ~17 世纪维吾尔族史籍《拉什德史》中载，喀什噶尔大毛拉玉素甫曾任茂特色布（宗教检查）伯克，其续编记有受理民事诉讼的哈孜伯克和设于军队的斯帕哈孜等，皆位大伯克之列。[④] 处于基层的有巴匝尔伯克、纳可布（匠技）伯克、商伯克等，中间有密喇布（水利）伯克、巴济齐尔（税收）伯克等。高级伯克尤其是阿齐木，由汗直接任命，所封辖地（伊克塔）及居民为世袭采邑。高级伯克有权处置小伯克，后者对前者有进献义务（往往通过采邑），汗与各级伯克及各级伯克间有会议制度。至 17 世纪产生于伊斯兰教阶的伯克官阶形成具有任免、养廉、进献、会议等规章的伯克制度。

源于政教合一的伯克职官中有关伊斯兰教司法、管理、教育者占相当大比例，伊斯兰教及其势力的发展，促进了伯克制度的形成和发展，并成为其产生的思想前提和基础。因而受制于宗教势力是伯克制度的重要特征。它为政教合一体制下的一种官制，源于并依傍宗教势力，与之有难以分解的缠连。同时，由于游牧民族社会组织的部落制度、血缘关系、原始崇拜及习惯法对伊斯兰教的淡化和弱化，限制了其伯克制度的形成发展。柯尔克孜、哈萨克族中有关伊斯兰教司法、管理、教育的伯克职掌较少，因而新疆的伯克制度在维吾尔、乌孜别克等族中最为完备。

---

① 库尔班艾力·哈力德：《东方五史》，第三章第一节。

② 参阅苗普生《伯克制度》，新疆人民出版社，1985。

③ 米尔咱·海答尔：《中亚蒙兀尔史》下编，新疆人民出版社，1983，第 215 页。

④ 沙·马合木·贾拉斯：《编年史》，第 94、180 页。

清朝统一南疆地区后，认可了维吾尔族地区的传统伯克制度，贯彻因俗设官、从俗而治的方针，南疆维吾尔族地区所设伯克名达37种之多，大小伯克在任期内，根据品级、职掌，领得养廉地亩和称为“燕齐”的种地农奴，对于有功的伯克，则可免除一切田赋、差役。由于哈密、吐鲁番回王最先归顺清廷，其次为南疆东四城，最后为西四城，因而清廷最信重东部穆斯林，高级伯克多由东部穆斯林担任，哈密、吐鲁番、库车、乌什维吾尔人任高级伯克者为多。清朝政权在保留伯克政权形式的同时，继续承认伯克衙门存在世俗和宗教的双重职能，只是加以限制，承认作为清政府地方政权的各城伯克衙门具有兼管宗教司法的职能，“哈子伯克”“斯帕哈子伯克”等相当于伊斯兰教教法官，伯克衙门以政府机构实际执行教法。伯克改制为宗教上层保留了一定权力，在司法方面与国家的统一准则相抵牾。当时清朝的政教分离仅限于禁止宗教势力干涉世俗政务，和现代意义上的政教分离，即使得信教完全成为群众个人的事，有根本区别。世俗的伯克仍掌握权力，基层政权结构并未触动；宗教势力力图控制伯克的任免，以掌握基层政权。

清朝虽废除伯克的世袭，实行政教分离，但伯克制度与中央政权始终存在矛盾。道光年间伯克们私增其燕齐户“任意扩至数百户”[①]，占自耕农及官地为己有。伊犁将军及各驻扎大臣，只兼理王公世袭和伯克任免，而各地的田赋、商贾、税务、教化、治安、刑名等皆交归伯克管理，各城伯克互不统属，自成体系，俨如一个个独立王国，得以渔利下属。至19世纪后期南六城仍各自为政，仅叶尔羌即有伯克约140人，教职人员约百人。[②]新疆建省前后民政事务仍“因俗而治”，由维吾尔等民族的王公伯克自行治理，清政府只管理王公伯克的承袭任免，由他们以传统制度统治当地。阿訇在新疆社会有权威影响，伯克亦不敢以势相加：“凡回子家务、争讼事件，阿訇一言剖断，回子无不遵依”[③]。由此，清朝政权在社会政务领域，虽则提高了伯克的地位，而这并没有避免伯克与阿訇势力的勾连，反而促成二者的联通：晚清阿訇皆由伯克推举，尤为隐患[④]；阿古柏时建立宗教政

---

① 《那彦成·那文毅公奏议》，1932年刊本，卷七十七。

② 《六域或喀什噶尔记述》，《瓦里汉诺夫著作选集》，阿拉木图：1962。

③ 《那彦成·那文毅公奏议》，1932年刊本，卷七十七。

④ 《那彦成·那文毅公奏议》，1932年刊本，卷七十七。

权，得到西方殖民强国的公开支持。为削弱地方割据，新疆建省后遂在法律上正式宣布废除伯克制度。然伯克改制乡约后，政、教亦未真正分离。

由于伊斯兰教和伯克制度已在维吾尔族地区有根深蒂固的影响，因此清廷主要在政治上进一步限制，往往改伯克为乡约保长，准其各留原品顶戴，以实行保甲制度来代替伯克制度。若干庄设一乡约，一县有数乡约，上承县长，下启千户长，类分总乡约、乡约、副乡约、会办乡约、帮办乡约等，责权派捐税，上传下达政令、公务、民情等，先为委任，后为民举，且乡约专司稽查，选伯克承充，并视伯克品级分送道、府、厅、州、县衙门充任书吏。即新疆建省后并未废除伯克制，只是改换了官称，乡约政教兼一，伯克有若士绅，虽“无伯克之名，而有伯克之实”[①]，并有宗教上层显贵地位。一些地区如蒲犁等，20 世纪初仍在任命阿齐木伯克，并拨给燕齐[②]；所封王公、贝勒、贝子等，大都兼伯克职务。至民国时期虽不再任伯克，但仍袭旧爵，特权仍然存在。伯克拥有了乡约的行政权力与大地主地位。杨缵绪《新疆刍议》道：因其政不易其俗，酋长伯克官秩依然，改省后废伯克而为乡约，原本古乡官之制，然今如有法无人，成效莫然[③]；且副乡约等名目繁增，并出现卖乡约头衔现象。因之杨增新曾颁发《训令阿喀两道属规定乡约年限文》《训令各属裁革副乡约等名目文》《训令各属严禁卖放乡约文》。20 世纪 30 年代《新疆建设计划大纲草案》仍有“维护教律及养成法官计划”，载道：查维民等习俗，凡有争讼先投其乡老务人（阿克萨哈尔），再诉之乡约（伯克）及村长（于孜巴什），终诉之阿訇依教律判理。40 年代初新疆各县设区长，均系县长委充，即原来乡约变名，南疆各县，一乡乡约受理乡村一切事务，阿訇与之评议争端，同对地方官负责。乡约曾“经民选，以事实难行，迄未照办”[④]。此期，居住喀什的外国人回忆：“县官们与被统治的人民之间的交往都通过本地人中的伯克和头人们进行，这些伯克和头人们则心安理得地或多或少地剥削着自己民族的平民百姓”[⑤]。

---

① 王树、袁大化：《新疆图志》卷八十八，1911 年刊本。

② 《塔吉克社会历史调查》，第 46 ~ 47 页。

③ 杨缵绪：《新疆刍议》，民国四年铅印本，南京档案馆，第 27 页。

④ 《新疆建设计划大纲草案》，政治、自治，新疆档案馆藏。

⑤ 《外交官夫人的回忆》，新疆人民出版社，1997，第 49 页。

日本学者佐口透《18—19世纪新疆社会史研究》[①]指出：站在伊斯兰法和刑法两根支柱上的阿齐木伯克，作为最高行政长官统治着18世纪以后的维吾尔社会；清朝的统治使之成为地方官，然“伯克的职务虽不能世袭，但是他们如果有爵秩的话，是肯定可以承袭的”。费正清先生编《剑桥中国晚清史》[②]指出清统一新疆后，“伯克”由贵族的称号已变为“官员”的同义词，其官职规定不世袭，“但除非渎职，都能继续留用，不象清朝驻军员司那样定期更换”；建省后“旧时代的伯克和阿齐木伯克继续留用，在新制度下当乡约或书吏，其实际上是税吏”。林恩显教授《清朝在新疆的汉回隔离政策》认为，伯克制度由于政治上保持特殊，起到隔离汉与穆斯林政策的效用；文化上保存固有传统，而非与内地各族的涵化。[③]而且，这一制度还存在一种惰性，似乎要使一个社会保持稳定，只需满足在民众中有影响的人，而不必在意一般百姓，仿佛只让牧羊人满意，而不在乎不会说话的羊群。[④]

二　新疆伊斯兰文化与内地差异的成因

一个地区或民族的伊斯兰化过程，并不或不应排斥该地区及其民族中部分居民仍持有原有的宗教信仰，伊斯兰化本身就是这一宗教与它传播地区及其居民的传统文化习尚融合的结果，这既表明伊斯兰意识形态、价值观念、生活方式在皈依者中居于主导地位，体现伊斯兰教义的一体性，也表明穆斯林并非按照一个模式思维和行为，它有着自身地方的、民族的、族群的特点。各地区人们原有的族属传统、宗教信仰、经济方式及信仰伊斯兰教的先后、方式不同，导致了伊斯兰化的程度、形式有所不同。伊斯兰教在中国内地和新疆的地方化、民族化亦是如此。

伊斯兰教在内地以回族为载体的地方化过程，主要是以经商为传播途径，结合对象以汉族为主体。在这个过程中建立了适应中原社会环境的教坊组织，在语言和外在形式上接受、吸收了汉族文化思想内容方面与中原传统文化相谐和。教坊是基于古代阿拉伯等域外穆斯林商人（“番客”）在

① 新疆人民出版社，1984。

② 中国社会科学出版社，1985。

③ 林恩显：《清朝在新疆的汉回隔离政策》，《政大学报》1968年第18期。

④ 《外交官夫人的回忆》，新疆人民出版社，1997，第49页。

华居住地“番坊”而形成，即以礼拜寺为中心的穆斯林社区，是自然形成的穆斯林宗教组织形式，也是其社会行政单位。随着穆斯林人口的增加，数村或一村一镇为一坊，扩至一村一镇分建数坊，大坊几百户，中坊百户左右，小坊几十户，每个穆斯林家庭都隶属于一个固定的寺坊，明代后教坊礼拜寺还设有“乡老”“社头”。它与中国内地的乡村宗族组织形式相一致，并使穆斯林信仰结成社群行为，统合于伊斯兰文化生活中。

伊斯兰教在内地的适应调节还反映在穆斯林的汉语化。阿拉伯、波斯等不同来源地的穆斯林，杂居于汉族地区，社会生活与汉族紧密相连，使用原先语言难以立足生存，而回汉通婚和经商则促使其掌握精通了汉语。伊斯兰教的内地化还集中体现于礼拜寺的建筑风格。宋元时期内地礼拜寺外观造型还基本保持阿拉伯建筑形式，但已逐步吸取中国传统建筑布局和木结构体系，出现过渡形式，即中西混合的伊斯兰教建筑；明代已大量采用后窑殿，使无梁殿的结构形式成为内地伊斯兰教建筑的常用体制；清代则已完全形成总体布局多为四合院式，大殿及主要配殿都是大木起脊式的中国内地建筑特有形制。[①] 寺院装饰受汉文化的影响甚为明显，如院门左龙右虎，大殿前立照壁，厢房排比，楼阁对起，碑亭互峙，悬匾挂联，雕梁画栋，在砖瓦上塑刻“福”“禄”“寿”等字和太极图像。另外，服装上，内地穆斯林除教长外，几乎无人身着阿拉伯式长袍；姓氏上皆效法汉姓；甘青以东包括西部云南甚至宁夏一些地区穆斯林与汉族同过春节。这些穆斯林文化与外部环境的协调，是伊斯兰教与传播地文化内在融合的需要。

内地伊斯兰教通过兴办经堂、汉译经典与汉文化在思想内容上相融合。经堂教育，是传播教义教法、普及宗教知识、培养经文学者的寺院教育。而内地回族的经堂教育开创了汉译经典及其讲释活动，一些习儒入科的穆斯林经师、学者，为宣传宗教而“以儒诠经”，即以中原文化术语、概念来翻译注释阿拉伯、波斯文经籍，以儒家思想观点讲解伊斯兰教的内涵，并陈述伊斯兰教与中国文化的相谐不悖，从而也以伊斯兰文化发挥儒家的思想学说，且形成用阿拉伯文、波斯文拼写汉语的经堂语，它又在与习经有关的文法、语言、修辞、逻辑、历法等的讲授中研修了汉语，成为伊斯兰教与中原文化会通的一种形式。汉文译作范围广泛，涉及哲学、历史、人

① 刘致平：《中国伊斯兰教建筑》，新疆人民出版社，1985，第6、8页。

物、礼俗，儒家礼学与伊斯兰教一同成为汉文译著的两个主要来源，如结合儒家有关学说宣扬既出世又入世的观点；吸取儒家的纲常名教充实其以“五常”诠“五功”的社会伦理观；又接受儒家关于宇宙本原“无”的学说及道家易经中真一、真赐等观念，解释伊斯兰教的道统，借以论述伊斯兰信仰的基础。产生了“隔教不隔理”“似曾相识”的文化心理认同，建立起与中原思想文化相融的宇宙、伦理解说。

伊斯兰教在新疆的传播与突厥语化相伴随，与内地的衍植方式及过程不尽相同。西域突厥穆斯林在波斯、阿拉伯及中亚突厥穆斯林混合军队助战下，向西域非伊斯兰地区发动“圣战”，从而完成了新疆的伊斯兰化，因而其伊斯兰化以突厥文化为结合主体，始终受到中亚、西亚穆斯林的影响，鲜明地保留着波斯、阿拉伯文化的特征，西域伊斯兰化实现时期形成的察合台维吾尔文，即以阿拉伯、波斯文拼写突厥语。迄今“建筑形式更多地保留着阿拉伯形式，形成了新疆伊斯兰教建筑的特有风貌……为圆拱顶或平顶式”，多为敞口殿与封闭殿合用，即“内外殿制度”①。衣着上，尤其是南疆突厥语穆斯林，大都着阿拉伯式长袍，妇女且戴盖头或头巾，男性冠白帽与头缠。在姓氏上，突厥、波斯语穆斯林都有阿拉伯姓氏，回族多用伊斯兰姓氏，如马（源自马合木德）、穆（源自穆罕默德）、苏（源自苏斐）等，少数援用个别较固定的汉姓，如海、白等，且均有教经名。节庆上，新疆穆斯林绝不与汉佛民族过春节等，而保持着浓烈的伊斯兰传统节庆仪式和气氛。居住上不同于中原穆斯林与汉族的大杂居或散居，较为普遍地聚居。交往上，不似内地族际、穆斯林与汉族间通婚较易，穆斯林与非穆斯林甚至突厥与非突厥穆斯林通婚均极少。因而新疆伊斯兰教与汉语文化的交融不深入，汉译经文教典极少，对儒理道经的借纳融入几无。即使新疆的回族语言中，仍保留不少阿拉伯、波斯语词汇，如沌飞（世界），乌巴力（遭罪的），多斯弟（朋友），都世曼（敌人），白黑里（吝啬）等；并明显地借用维吾尔语语法、语调和直接使用维吾尔语词汇，如海买斯（全部）、巴扎（集市）、塔哈尔（布袋）等；另外，新疆不同来源地的回族亦未相互融合，语言上保存着各自原籍的差异，礼拜寺名称多以迁出地命名，如各地的陕西寺、宁夏寺、青海寺、河州寺，等等。同时，西域伊

① 刘致平：《中国伊斯兰教建筑》，新疆人民出版社，1985，第9页。

斯兰文化中，保留、吸收了萨满教等突厥文化内容。哈萨克、柯尔克孜牧民，伊斯兰信仰与萨满教混合在一起，既崇拜自然、巫师，又崇拜穆斯林圣贤，拜火跳绳时唤诵真主。南疆伊禅派教掌伊禅或托钵僧常充任萨满角色，履行萨满职能，在圣徒、圣墓（麻扎）祭拜中，伊禅们在赞念安拉的齐克尔仪式时，时常伴随着萨满跳巫。即，西域以突厥语族为主体的伊斯兰化，奠定了这里伊斯兰教的突厥化，并使之与域外西邻穆斯林文化缠结固守有别于中原。

伊斯兰教传统在新疆特别是南疆稳固、保守的原初性特点的成因，还在于新疆地域生境基础与伊斯兰教发源地更接近。伊斯兰教本身源自分散的绿洲世界，其崇商观念与神秘教派在此孤困环境更得施展的空间。南疆95%是沙漠和戈壁，人们只能居住生存于小绿洲，人均耕地一般只有2亩左右。据《新疆之经济》，20世纪30～40年代，新疆全省可耕地人口密度为283人/km^2，南疆320人/km^2（超过四川309人/km^2）。① 可耕地的稀少，使经商、经营生意补济生计成为生活所必需，而这得到伊斯兰教圣经的倡励和肯定。据经济文化类型与地理垂直分布的一般规律，自山地-平原-低地依次对应牧业-农耕-商业；托马斯·霍伯的新疆民族研究亦证明，新疆从事商业的民族主要为塔里木盆地、天山盆地和部分准噶尔盆地的维、回、东乡族。②

由于南疆水草和耕地有限，人们多定居和半定居于水源周围的绿洲，土地及财富的多寡往往伴随着对水源的占有；社会生产、生活的稳定有赖于对水渠的管理、分配，巴依的大小、官位的高低与其所控水渠、水井数目相连，因此形成了少数大家族对绿洲社会的控制，强化了历史上南疆农村比中原更为剧烈的水土权集中与大家族的束缚性。③ 为保证水权和有限的耕地的平衡，防止非政府力量，绿洲政权既不容许有独立的军事及产权领袖，也不利于独立的宗教领袖的兴起④，形成了绿洲政教军权合一的制度。同时大家族与政府对居民的深厚统治，导致了绿洲居民牢固的等级观念和对权力的崇拜。因而沙漠绿洲城邦国往往各自为政，而外部征服势力，大都依靠原有的制度与秩序实行管理，使当地社会组织与经济结构长久地保

① 张之毅：《新疆之经济》，上海中华书局，1935，第88页。

② 〔德〕托马斯·霍普：《新疆的民族》，柏林：1995。

③ 杨圣敏：《干旱地区的文化》，中央民族大学图书馆，1997。

④ 杨圣敏：《干旱地区的文化》，中央民族大学图书馆，1997。

持大家族统治，造成了内聚且封闭的文化。象征集权的伊斯兰一神教在此获得了沃土、意义和功效。

教权与族权、政权的结合，使历史上西域地方政权往往与中央派出的地方政府形成双轨并立、对峙或兼而统之，如喀拉汗王朝、察合台汗国、叶尔羌汗国；即使历代中原王朝屯戍移民、大兴水利灌溉的汉文化较集中的东疆吐鲁番等地，这种格局亦长期存在。在与中原相同的郡县制度形式下，实质上却施行着一些世袭大家族统治。家族长往往是集教、政、军权于一身的首领，且多世袭，如高昌国沮渠氏、阚氏、张氏、曲氏、药逻葛氏、亦都护，而且至晚近往往盘根错节形成豪族网络，如额敏和卓次子（吐鲁番王兄弟）及其子即为喀什王，三子为伊犁阿奇木伯克，吐鲁番王妃为哈密王之女。因而历朝中央乃至民国政府皆授予旧族大姓以官职和勋爵，承认其所有权，借以稳定当地。据文崇一《历史社会学》[①]，政治结合家族是民国时期中国权力与亲贵关系的结构性特征；新疆宗族政治的内容体系与内地不同，但二者相结合的关系却相同。

又由于私人占有与王国控制的对立，形成了地方贵族与王室分别依靠教权的争夺，尤其是东疆坎儿井地区，形成较分散、半独立的分权社会的特点，井水与河渠、私有与国有、村乡长与王府持续着权力之争。地方王权有时依靠中央政府压制地方大族，而当王权失落，又与大族合作对抗中央，如20世纪30年代改土归流时，因与之互为存在基础的豪族利益受到威胁，于是二者便在伊斯兰信仰下互相支持与联合，如哈密、吐鲁番暴动。因此清末及民国地方贵族与王权的抗争，主要转为其与中央地方政府的对抗。家族组织的社会功能并未完全被新建的基层政权组织所取代，使人们仍按血缘、地缘及教宗关系来确定社会互动时的态度。文化紧张产生的一个原因，就是某一领域的亚文化或反文化与居于主体地位文化的取向相悖，而基层人们共同体及其所依存的自然与社会环境的互动在造就着基层文化的内容。[②]

最后，伊斯兰教在新疆比内地突出，还在于穆斯林众多而集中，其内部分化、教派纷争不如内地（门宦制度）明显和程度高，内部整体力量强。

〔《西北师大学报（社会科学版）》2003年第4期〕

---

① 台北，三民书局，1995，第285页。

② 庄孔韶：《教育人类学》，黑龙江教育出版社，1989。

民国时期大瑶山的族际通婚*

梁茂春

分析大瑶山历史上的族群关系，有一个瑶族的“律条”是必须提及的，这就是禁止汉瑶两族通婚的“平王律条”。① 该律条规定：“准令汉民不许取瑶女为妻，棉不许与百姓为婚，盘王之女，嫁国汉为妻者□□□□□倘若不遵律令，处备蚊子作酢三瓮，开通铜钱三百贯，无节竹三百枝，狗出角作梳三百付，老糠纺索三百丈，枯木作船一只，宽八尺，厚十二寸，深长十二丈。若有百姓成亲者，无此六件，定言入官究治，依律除之，山田拨归王瑶。准令施行。”②

20 世纪 30 年代，唐兆民先生在大瑶山的桂平板瑶住区横冲（现金秀瑶族自治县六巷乡横冲村）做田野调查时，也曾发现这一榜文，并把它抄录下来。③

唐兆民认为，该“律条”中关于限制瑶汉通婚的这段文字，表面上“虽甚滑稽，因为它那里面所举的六件，蚊子酢，开通钱，无节竹，狗角梳，老糠索，枯木船等的条件，或是事实上办不到，或是世界上没有的事物，故其实际上，即是一种无以复加的严格限制。换言之，瑶人是永不许和汉人通婚的”④。

---

* 本文为 2003 年度国家社会科学基金立项课题《西部多民族地区民族关系现状的调查研究》（课题负责人为马戎）的阶段性成果。

① “平王律条”系《评皇券牒》中规定的一个律条。

② 黄钰辑注《评皇券牒集编》，广西人民出版社，1990，第 244 页。

③ 唐兆民先生抄录的榜文与黄钰先生辑注的《评皇券牒集编》中的《过山榜文》源于一处，即广西金秀瑶族自治县横冲村，但在文本内容上却有多处差异。参见唐兆民《瑶山散记》，桂林文化供应社，1948，第 32 页；黄钰：《评皇券牒集编》，第 234 ~ 244 页。

④ 唐兆民：《瑶山散记》，第 32 页。

与上述“平王律条”相似的规定也出现在瑶族的《盘王券牒》等文献当中，这些券牒俗称《过山榜》，相传是封建王朝敕给瑶族先民的安抚文书。[①] 在黄钰辑注的《评皇券牒集编》中，汇编了多达101篇出处不同、内容却极其相似的《过山榜》藏本，其中大部分的藏本中都明确禁止汉瑶两族通婚。

不仅《过山榜》禁止汉瑶通婚，而且在《金秀大瑶山全瑶石牌律法》（又称为《三十六瑶石牌法律》）中也有相似的规定：“谁家生姑娘，不许嫁到大地方（指汉、壮地区）。我们是鸡嫁鸡，他们是鸭嫁鸭，自古鸡不拢鸭，自古狼不与狗睡。把女嫁出山，犯十二条，犯十三款。”[②]

以上这些瑶族的文献，已经成为人们赖以相信大瑶山瑶族在历史上曾严厉禁止瑶人与汉人、壮人通婚的重要史料依据。但是，现在有些问题我们却并不甚清楚：在民国时期（此时大瑶山的石牌制度仍起着重要的作用），这种通婚禁律是否仍在影响着大瑶山瑶族的族际通婚？“鸡不拢鸭”观念产生和存在的原因是什么？对这些问题的解答，将使我们对历史上大瑶山的族群关系有更深入的认识。本文试图通过历史文献与实地调查资料的对比，就这些问题提出自己的一些粗浅看法。

一　对汉瑶禁婚的实际把握：茶山瑶严，其他族系松

在民国时期，《过山榜》和《金秀大瑶山全瑶石牌律法》中有关族际通婚的禁令是否仍对大瑶山的瑶族起作用？起怎样的作用？其约束力究竟有多大？我们对这些问题很难予以具体回答，其中的一个重要原因就是在于，无法确定这两种瑶族文本产生的时间。

黄钰在《评皇券牒集编》的引言中认为，前者出现的时间可以追溯到隋唐时期。而对于后者的出现时间，目前尚未发现有明确的说法。2002年，金秀大瑶山瑶族史编纂委员会编纂了《金秀大瑶山瑶族史》，书中将《金秀大瑶山全瑶石牌律法》放在对1940年大瑶山召开的一次石牌大会的内容介

① 参见黄钰辑注《评皇券牒集编》，引言部分。

② 莫金山：《瑶族石牌制》，广西民族出版社，2000，第373页。本文中有关石牌的文献主要来源于该书第298～392页。

绍中，似乎是在暗示它就是该会议所订立的石牌法律，但未明确指出其产生的具体时间问题。具体产生时间的不确定，使我们难以弄清这两个瑶族文献所涉及的有关汉瑶通婚的禁令是否在民国时期仍起作用，起着多大的作用。

本文根据各种地方文献、相关学者的研究以及本人2002年的调查，认为在民国时期，瑶族各族系对汉瑶禁婚的实际把握宽严不一，具体说来，茶山瑶在执行有关汉瑶、壮瑶不得通婚的规定时较为严格，而其他族系则相对宽松。其理由如下：

第一，民国时期，在盘瑶所有的石牌文字中，均找不到落实《过山榜》中有关汉瑶禁婚律条的具体措施，盘瑶与汉人、壮人在通婚方面的禁忌主要是强调“不嫁女出山”。

《过山榜》中的有关规定虽然可能在其制定的早期对盘瑶人有约束作用，但到了民国时期，这个榜文更多地只是作为盘瑶族系传承的一个文本，是盘瑶人进行族群认同的一种文字依据，并无具体的操作措施。至少在大瑶山盘瑶制定的所有石牌文字中，没有一处禁止汉瑶通婚的规定。

当然，也可能是盘瑶人已经自觉地遵守了《过山榜》的相关“精神”，并不需要再通过订立石牌来约束人们的行为。因此，石牌文字中没有相关的规定，并不能排除盘瑶中存在与汉人、壮人不通婚的约定俗成的禁忌。但是，从有关资料来看，这种可能性很小。

1934～1939年间曾在大瑶山从事田野工作的学者唐兆民认为，除了某些“长毛瑶”或“过山瑶”集团仍较少与汉、壮通婚外，占人口多数的“板瑶”（盘瑶）实际上与汉、壮的通婚已经非常普遍。他写道：“时至今日，过山瑶尤其是板瑶（盘瑶），事实上他们与汉人通婚，已经是极其平常的事。不过他们只许招入赘婿，而不把女嫁出瑶山之外的汉人罢了。正因为板瑶在事实上需要大量的招入汉人赘婿，故在限制条件上，不能不特别宽容，就连入赘后须随女家改姓一事，如在赘婿入赘时，不受女家的‘身价银’反把一些‘身价银’送给女家的情况下，亦不一定要照办。至大量吸收汉人成为赘婿的结果，板瑶倾向汉化的程度，亦较大藤瑶山中任何一种瑶族为高。”①

① 唐兆民：《瑶山散记》，第32～33页。

广西少数民族社会历史调查组成员曾于1956年10月和1957年9月两次进入大瑶山进行调查，对族际通婚现象也有过一些零星的记载。从后来编辑出版的资料看，早在明朝初年，有些地方的盘瑶就已经有纳汉人入赘的习惯。该调查组发现，当时金秀区共和乡六仁村（现金秀镇共和村六仁屯）的庞姓便是“汉族庞姓到盘瑶家上门的赘婿。根据盘瑶的风俗，上门赘婿，如果接受了妻家的财礼（或称‘身价钱’）为‘卖断’的，则须改为妻族的姓氏；如果不接受或减收妻家的财礼，称为‘顶两头’或称‘后代留一根须’的，则不改为妻族的姓氏。庞姓盘瑶的祖先，当属于后者”①。庞成府家收藏的“宗支簿”，说明从庞法龙到盘瑶家上门为赘婿开始到新中国成立初期，六仁屯的庞姓家族已有十三代人，这一家族虽然将自己归属于盘瑶，却并不排斥或忌讳取汉族的姓氏。可见，一些地方的盘瑶认同族人与汉人通婚、纳汉人为赘婿的传统由来已久，对这种做法早已习以为常。

盘瑶与汉人、壮人通婚的禁忌主要是强调“不嫁女出山”。《金秀大瑶山全瑶石牌律法》被认为是整个大瑶山历史上最大的石牌制度，据推测，这一石牌制度可能制定于1918年或1940年召开的三十六瑶七十二村大会。虽然盘瑶、山子瑶并无资格参加民国时期的这两次大会，但这一石牌法律的约束范围也应包含盘瑶和山子瑶，因为当时盘瑶、山子瑶等作为地位低下的“山丁”，不可避免地要接受“山主”的管理。从其中的条文可以看出，该石牌法律虽主要由茶山瑶主持制定，但实际上主要是要限制瑶族女性嫁出山外。应该说，这一石牌法律条文对盘瑶的制约意义并不是很大，因为“不嫁女出山”的传统在盘瑶当中已经约定俗成，不需要通过石牌制度加以强化。

尽管盘瑶人有“不嫁女出山”的习惯，但在民国时期，在瑶族的五个族系中，盘瑶却可能是与汉、壮通婚最多的一个族系。笔者曾于2002年到金秀瑶族自治县进行调查（以第五次人口普查各乡镇政府所在地户口底册为抽样框），虽然1949年以前已婚人员的样本量过少（仅37个样本），但仍可从中大致地了解到，盘瑶在民国时期与汉、壮通婚的实际比例可能比其他瑶族族系（除坳瑶外）要高，例如，在5个已婚的盘瑶中，就有2人与汉人通婚。因此可以说，在民国时期，盘瑶在婚姻方面受《过山榜》有

① 广西少数民族社会历史调查组：《广西瑶族社会历史调查》第1册，广西民族出版社，1984，第273页。

关汉瑶通婚禁令制约的可能性并不大。这与唐兆民的认识是一致的。

第二，坳瑶、花篮瑶和山子瑶并不限制与汉人、壮人通婚。在这几个族系的石牌文字、地方文献以及学者们的调查资料中，均未发现他们限制本族人与汉、壮通婚的事例。

花篮瑶主要聚居于六巷乡的门头、王钳两村以及长垌乡的镇冲、桂田两村，由于地处偏僻，与汉人、壮人交往的机会并不多，与他们通婚的情况也极为少见。但一些地方的花篮瑶不仅允许汉人入村定居，还准许其与本族人通婚，不过，这种通婚需要有一定的条件，即入村定居的汉人必须与本村人有亲密的朋友关系。

2001 年，笔者曾到过六巷乡的门头村调查，发现该村在民国时期并不限制本族人与汉人的通婚。该村绝大多数村民都姓胡（全部是花篮瑶），此外还有两户汉人，一家姓陈，一家姓赵。新中国成立前，陈家从平南到古陈，再到六巷，再到门头，他们虽为汉族，但人缘很好，在门头村有结拜兄弟，经他们在该村的结拜兄弟与全村人商量，同意他们到该地落户。现在，其后代全在本村内结婚。

山子瑶也并不限制本族人与汉人、壮人通婚。唐兆民认为："在板瑶和山子瑶中，特别是前者，招赘汉人为婿的，所在皆是。"① 这可能是因为盘瑶和山子瑶居无定所，流动性比较大，与汉人、壮人接触的机会比较多，故而与汉人、壮人通婚的现象也较多。

坳瑶在与汉人、壮人通婚的问题上，应该说是瑶族五个族系中最为开放的。历史上坳瑶在大瑶山各族群中是最先与汉族接触的，而且汉化程度可能也是最高的，所以长期以来与汉族有较高的亲近度。

唐兆民先生指出："大藤瑶山的瑶民之完全受政治管治，虽然在最近几年才实现，但他们之与汉族在政治上发生关系，却是很早的事了。据平南罗香坳瑶说，他们在清嘉庆时代，已经纳粮给满清官厅；他们又叫做'粮瑶'。这名目就是由于纳粮而得。"② 民国时期有关坳瑶的文字记载不多，但有两个石牌值得关注，一是 1918 年的李本《罗香七村石牌》，一是时间不明确的赵本《罗香七村石牌》。这两个石牌均没有规定坳瑶与汉、壮的通婚

① 唐兆民：《瑶山散记》，第 38 页。

② 唐兆民：《瑶山散记》，第 45 页。

问题，后者甚至明确规定“男女结婚，十八岁自由择配”①。20 世纪 50 年代的研究人员发现，罗香乡的坳瑶“住地接近汉地，且有与汉族杂居现象”，因此“罗香坳瑶与汉、壮两族通婚，已有百年的历史，不仅有汉女嫁瑶男的事，而且有瑶女嫁给汉人为妻的”。②

第三，资料表明，民国时期茶山瑶在执行汉瑶不通婚规定时相当严厉。茶山瑶并不像盘瑶那样，只要求“不嫁女出山”即可，他们是从根本上限制本族女性与汉人通婚。在本族成员的婚姻选择上，茶山瑶的族群限制要强于地域限制。

茶山瑶对族际通婚的严格限制表现在其所制定的石牌当中。在民国时期大瑶山的所有石牌文字中，只有茶山瑶的石牌明确规定汉瑶之间不能通婚，而在其他四个族系中，目前仍未发现有对汉瑶之间和壮瑶之间通婚的明确限制，也未见到有限制本族人与外族恋爱、通婚的具体例子。而在茶山瑶中，不仅有石牌制度的规定，而且也发现有一些阻挠本族人与外族人恋爱、通婚的实例。

在整个大瑶山中，明文规定不能与汉人通婚的石牌，除了《金秀大瑶山全瑶石牌律法》外，仅有两个，其中一个就是茶山瑶所制定的《滴水、容洞等四村石牌》（1913），它规定：“过村招男女，有子不用，犯银五十大元正，招客（汉人），犯银五十大元正。”

对这个石牌文字，可以有两种理解：一种理解是，对跨地域的“过村招男女”，罚银五十大元，对“招客”也同样只罚五十大元；另一种理解是，对“过村招男女”，罚银五十大元，如果过村所招的“男女”属于汉人，则另加五十大元罚金，也就是“招客”实际上要被罚一百大元。③ 前一种理解明显有漏洞，因为招客本身就已经是跨地域的“过村招男女”了。所以从逻辑上说，后一种理解才是正确的。由此可见，在茶山瑶看来，不仅不应跨地域通婚，而且更不能跨族群通婚，否则就要“罪加一等”。

另一个茶山瑶的《滕构石牌》（1906）也将禁止“女人幡乡”作为一条律法。虽然这一石牌订立于清代末年，但有资料表明，到了民国时期它

---

① 莫金山：《瑶族石牌制》，第 341 ~ 345 页。

② 广西少数民族社会历史调查组：《广西瑶族社会历史调查》第 1 册，第 341 ~ 342 页。

③ 莫金山在《瑶族石牌制》一书第 211 页引述民国时期《滴水、容洞等四村石牌》的文字为“过村招男女，犯银一百大元正”，而在第 333 页中，同一个石牌的文字却是“过村招男女，犯银五十大元正”。

仍在起作用。在20世纪50年代的调查中，广西少数民族社会历史调查组是将“女人幡乡”理解为“女人闹离婚”。而莫金山从实地调查中获得的口述史资料则显示，“女人幡乡”意即“女人翻乡外嫁”。1927年，当六段某村女青年苏巴德与修仁街汉人阳宝相爱后，村民们曾经根据《滕构石牌》不准“女人翻乡外嫁”的规定，坚决反对他俩的结合。

除此之外，莫金山在访谈过程中还发现民国时期茶山瑶阻碍族外婚的另一个案例。他写道：“1943年，平南县一位贫困的汉族青年罗某来到六段某村石牌头人苏宝喜家做长工，住在工棚中。罗某做工日久，便与村中女青年苏女鸾相爱，但石牌坚决反对他俩结婚。有一天，乘他俩在工棚中幽会之机，苏宝喜带人闯入将他俩人捉拿，并威胁说，如他俩再往来，便扒光衣裤游村喊寨。这对情人就这样被拆散了。”①

茶山瑶限制本族人与汉人、壮人通婚的措施，有时甚至严厉到“险些闹出人命”的地步。有学者曾提到这样一件事：“1938年，六拉村来了一位汉族男青年，他租用当地瑶民房子开店出售布匹及日用杂货，本村一位茶山瑶女青年，与之来往亲密，谈上对象，准备结婚。但他俩的事被视为‘招汉人入赘’，有碍风俗，于是那位女青年的族兄将那位汉族青年驱逐出山，险些闹出人命。”②

茶山瑶严格限制本族人与汉人、壮人通婚，从另一方面也说明该族系可能已经面临本族人不断与外族通婚的情况，否则不会一再订立石牌以强调对族际通婚的限制。如滴水、容洞等四村曾先后于1891年、1906年订立过内容基本相同的《滴水、容洞等四村石牌》，很可能就是为了抑制本族中不断出现的族外通婚行为。上述资料也表明，民国时期茶山瑶与外族人恋爱、通婚的现象确实是时有发生，并遭到本族人的阻挠。由此可见，相对于大瑶山其他四个族系而言，茶山瑶在对汉瑶、壮瑶不通婚的石牌法律或规定的把握上，是比较严格的。

二　通婚壁垒也存在于瑶族内部

唐兆民在金秀茶山瑶的中心居住地调查时，曾询问为什么瑶女不肯嫁

① 莫金山：《瑶族石牌制》，第212页。

② 苏德富、刘玉莲：《茶山瑶研究文集》，中央民族学院出版社，1992，第207～208页。

给汉族男子，当地男女老幼都用“鸭不配鸡”予以答复。茶山瑶人以鸡鸭比喻瑶汉，瑶民不能与汉人婚配就像鸡鸭不能相配一样。[①] 尽管“鸭不配鸡”的观念往往用于比喻汉瑶之间不能通婚，但笔者认为，这种通婚禁忌更主要地还是发生在瑶族内部，具体地说，通婚的壁垒也存在于瑶族的“山主”与“山丁”之间。

将瑶族划分为“山主”和“山丁”，不仅仅是由于经济上的不平等，而且是由于政治上的不平等。

在经济上，“山主”在瑶山中占有全部最主要的生产资料，包括水田、山林、河流等；“山丁”除了最简单的生产工具之外，则一无所有，无论是砍山种地，还是到河里捕鱼以及在森林中采猪菜，都得向“山主”纳租。“山丁”是受剥削、受压迫的族系，而“山主”则是剥削者与压迫者。这种剥削与压迫是通过租佃关系实现的。[②]

在政治上，“山丁”备受歧视，处于被“山主”统治的地位。1951 年之前，大瑶山的政治管理主要是通过石牌制度来实施的。虽然盘瑶和山子瑶均有自己的石牌法规，但一直受制于“山主”的大石牌管理。《三十六瑶七十二村大石牌》是金秀瑶山历史上最大的石牌组织，其条规也成为金秀瑶山的根本大法，它的地位高于其他石牌，具有最高的法律权威，是其他石牌制定的依据。但这件石牌订立时（1918），只有 72 个长毛瑶村寨参与，人口众多的盘瑶和山子瑶并未参与。[③] 在许多“山主”的石牌中，都明显地表现出对“山丁”的歧视。这种歧视可以追溯到一百多年前：

《上下卜泉两村石牌》（1849）提及：“到今世嘉庆□年，客人瑶人反乱，不得安乐。到道光十八年（1838）瑶人反乱。”这里所指的“瑶人”实际上就是盘瑶。显然，上下卜泉两村的“山主”茶山瑶并不把自己称为瑶人，而且着力把自己和盘瑶等“山丁”区别开来。

《金秀、白沙两村石牌》（1891）提及：“二村为客人（汉人）、状人（壮人）、板（盘）瑶生赖事，二村同心力，何人不同心，犯二村律。”其意在于号召茶山瑶人共同防范“山丁”盘瑶不服管理的行为。

《两瑶大团石牌》（1897）在开篇序言中就提出：“二村板（盘）瑶山

---

① 参见唐兆民《瑶山散记》，第 28 页。

② 参见广西少数民族社会历史调查组《广西瑶族社会历史调查》第 1 册，第 138 ~ 139 页。

③ 参见莫金山《瑶族石牌制》，第 352 ~ 353 页。

丁，莫怪四山主□□。”这是由茶山瑶7个村团和盘瑶23个村联合订立的石牌，故称为“两瑶大团石牌”，因参加石牌的共有一千八百户人家，所以又称为“一千八百石牌”。由此可见，“山主”也试图通过石牌制度来巩固对“山丁”的统治关系。

《六拉村三姓石牌》（订立时间不详，估计为清末或民国初年）在最后一条规定：“……又四处板瑶（盘瑶），无故不得私行入山。如有私行，准用炮打无论。”“山主”茶山瑶的这段石牌文字对“山丁”盘瑶的歧视再明显不过了。

从其他方面的资料也可发现，“山主”对“山丁”的歧视现象是非常普遍的。由于山地、溪水河流、树木均属“山主”所有，“山丁”要用，都得看“山主”的眼色。河流里的鱼虾也不得捕捞，否则要被“山主”重罚。租地耕种要先请“山主”喝酒，以体现对“山主”地位的尊重。甚至在“山丁”死后，也要向“山主”买地安葬，否则就死无葬身之地。例如，盘村“山丁”赵德龙四兄弟于宣统二年（1910）为去世的母亲买地安葬，曾给“山主”送礼若干，并立下契文：“母亲过身，无地安葬，请中（人）托到卜全村十九主赖原之地，齐众承应一穴地葬，即日当中，已面踏看分明，允合穴地价银贰拾肆毫正，猪肉九斤半，平酒廿斤。即日当场中（人），十九主齐立墓契交赵家，千年安葬，万岁无移。墓前一丈二尺，山主不得多言返悔，占出不卖，地主立字契一张，交与葬主收执为凭据。”①

美国社会学者在研究地位不平等与族际通婚的关系时发现：处于不同地位的人拥有不同的资源、生活方式、偏好以及不同的生活经历。这些差异将会减弱不同阶层成员之间的相互吸引力。因此，随着社会分层的强化，不同阶层间的亲密关系将会减弱。② 在新中国成立前的瑶族中，“山主”与“山丁”因社会地位的悬殊，也必然难以出现大规模的通婚现象。事实上，在地方历史文献、前人研究成果以及笔者访谈调查所得到的有关资料中，都很难找到两者通婚的事例。笔者通过调查了解到，1949年以前，作为“山主”的茶山瑶、花篮瑶和坳瑶，大多实行族内通婚，少量与汉人、壮人

---

① 胡起望、范宏贵：《盘村瑶族》，民族出版社，1983，第82页。

② 参见 Steven Rytina, Peter M. Blau, Terry Blum and Joseph Schwartz, "Inequality and Intermarriage: A Paradox of Motive and Constraint", in *Social Force*, p. 648, Volume 66: 3, March 1988。

通婚。笔者在调查中没有发现一例“山主”与“山丁”（盘瑶、山子瑶）通婚的个案。

1949 年以前，盘瑶和山子瑶与汉族、壮族通婚的现象比起瑶族内部各族系之间的通婚反而要多一些，这与其他文献资料的记载是基本一致的。社会经济地位的接近，可能是“山丁”与入山汉人、壮人通婚较多的一个主要原因。

一般来说，1949 年之前进入瑶山的汉人和壮人在社会经济地位上都与“山丁”不相上下。民国时期的学者唐兆民发现，当时，入山汉人主要有三类：第一类是“为逃逋而来”，其人数最多；第二类是一些因贫穷无法谋生的汉人；第三类是进入瑶山贩卖货物的“行脚小商”，这些小贩为了发展生意，便在瑶山内择地租屋或筑屋，作为商业经营的据点。①

这三类进入瑶山的汉人，地位一般都很低。而且大多数进入瑶区的汉人一般都已经远离过去居住的汉人地区，并在文化上渐渐同化于瑶人。他们与盘瑶或山子瑶等“山丁”通婚，不仅没有遭到来自汉人地区的阻力，而且这些愿意接受瑶人同化的汉人也较容易得到瑶人的接纳，加上其地位与“山丁”相仿，因此与“山丁”通婚的现象在民国时期已经屡见不鲜了。而茶山瑶等“山主”与盘瑶等“山丁”之间的通婚现象则在历史文献中较少发现。可见，在 1949 年之前，“山主”与“山丁”之间社会经济地位的巨大鸿沟应是该时期这两个阶级缺乏婚姻往来的主要原因之一。

虽然笔者并未发现“山主”在石牌中明确规定禁止其成员与“山丁”通婚，但两者之间的通婚禁忌是存在的，而且是约定俗成的，已经不需要以订立石牌的方式来加以明确。这种约定俗成的规范，其约束力甚至可能会超过有明文规定的汉瑶通婚禁令，否则就难以解释“山主”与“山丁”之间极少通婚而瑶人与汉人、壮人通婚的事例却屡见不鲜的事实。“山主”主要是通过通婚禁忌来明确自己族群的地位界限，切断阶级或阶层之间的流动途径。只有通过设置通婚壁垒，才能维持明晰的族群边界，维持上层阶级或阶层对下层阶级或阶层的歧视，从而长久确保自己的既得利益。相对而言，汉人、壮人以入赘的方式与各族系瑶人的通婚并不会破坏这种利益格局。因为入赘的山外汉人一般都是以接受某些条件为前提的，如改变

---

① 参见唐兆民《瑶山散记》，第 78 ~ 79 页。

族群身份、改变姓氏、使用瑶语等，许多入赘汉人很快便被“融化”在瑶人当中，成为名副其实的瑶人。

人类学家巴斯在论及“中国南部边区的瑶族”时指出：“这个群体表现出急剧的吸纳比率，每一代中有10%的瑶族以外的人转化为瑶族人。成员资格的变化是单个发生的，大多数发生在孩子身上，这包括一个瑶族买来一个人，收养并赋予他在亲属关系中的地位以及完全的仪式性同化。族群成员资格的改变也偶然通过男人的‘入赘婚’取得，中国男人是接受这种安排的。”①

而“山主”与“山丁”的通婚却不然，它对地位界限和族群边界的维持具有很大的“破坏性”，因此“山主”对此往往十分戒备。2002年笔者在访谈时，一位花篮瑶老人在谈及盘瑶与花篮瑶、坳瑶不相通婚的原因时简洁地说：“猫嫁猫、狗嫁狗，不乱。”“山主”与“山丁”的区别，在他们眼里是不能混淆的。而这种区别，不仅是文化上的差别，也是地位的差别，是不能改变的。即使到今天，一些过去曾经是“山主”的坳瑶老人仍然对这种族群和地位界限记忆犹新。其中一位老人说：“现在，他们（指盘瑶）生活好一些了，讲话也过头了，他们哪里讲得过我们，那时（指1949年之前）的山地都是我们的，抓山蚂拐都得跟我们讲一声才行。”另一位花篮瑶老人说：“解放前，花篮瑶、坳瑶是山主，有绝对威望，田多、地多，盘瑶、山子瑶没有田地，只能来求我们打短工。如果娶山子瑶和盘瑶人做老婆，他们的兄弟姐妹多，结婚时办酒席，至少要比我们自己族内人结婚多出三四桌，大约多出三四十人。结婚以后，我们的土地和财产也很容易落到他们手里。”

由于花篮瑶、坳瑶夫妻双方均有财产继承权，因此，如果允许盘瑶、山子瑶与坳瑶、花篮瑶之间的跨阶级通婚，就会导致一部分山林土地流失到“山丁”手里。尤其是花篮瑶长期实行人口控制，每对夫妇一般只生育一两个子女，无论男女皆可传宗接代，而盘瑶在生育上没有控制，因此人口发展很快。如果允许跨阶级通婚，不仅“山主”的一部分家庭财产（主要是山林、土地）的继承权会落入人口众多的“山丁”手里，壮大其实力，而且“山主”与“山丁”之间的地位界限也会很快消除，从而严重损害

① Fredrik Barth, *Ethnic Groups and Boundaries: The Social Organization of Culture Difference*, p. 22, Boston: Little, Brown and Company, 1967.

“山主”的利益。这是“山主”非常警惕的。通过明确族系之间的地位差别，以保持本族系的既得利益，已经成为“山主”们的共识。

总之，大瑶山历史上出现的《过山榜》及其他石牌制度对汉瑶、壮瑶通婚的限制，在民国时期对瑶族五个族系产生的影响是不同的。相对而言，茶山瑶对族际通婚的限制最为严格，而其他四个族系则较为宽松。大瑶山“鸡不拢鸭”的通婚壁垒不仅存在于汉瑶、壮瑶之间，更主要地还是存在于瑶族内部的“山主”与“山丁”之间。

（《民族研究》2004 年第 4 期）

清代及民国时期塞外蒙汉关系论

闫天灵

清代及民国时期，内蒙古地区（本文所述的内蒙古地区相当于清初的“内札萨克”六盟四十九旗、归化城土默特旗两翼、察哈尔八旗及阿拉善厄鲁特、额济纳土尔扈特两旗地方）经历了大范围的汉族移民活动，引起塞外蒙汉人口结构的重大变动。到民国初，内蒙古地区的汉族人口已超过400万，相当于蒙古族人口的4.5倍。1949年，仅现在内蒙古自治区范围内的汉族人口就达到515.4万，为蒙古族人口的6.17倍。[①] 这些汉族移民不是单独居住的，而是与蒙古族杂居在一起，内蒙古由此成为蒙古族与少数民族杂居面积最广、杂居程度最高的一个地区。关于清代及民国时期的塞外蒙汉关系，蒙古民族史、内蒙古地区史及北方民族关系史方面的论著都有重点论述，也有这方面的专著专论。[②] 值得注意的是，这样的大规模移民主要是通过民间自发流动展开的，汉族移民通过佃种佃牧、商贸交往等方式，

---

① 参见沈斌华《近代内蒙古的人口及人口问题》,《内蒙古大学学报》1986年第2期；宋廼工等:《中国人口》(内蒙古分册)，中国财政经济出版社，1987，第53～54页。

② 如色音的《蒙古游牧社会的变迁》（内蒙古人民出版社，1998)、王玉海的《发展与变革——清代内蒙古东部由牧向农的转型》(内蒙古大学出版社，2000)、梁冰的《伊克昭盟的土地开垦》（内蒙古大学出版社，1991)、黄时鉴的《试论清代内蒙古的农业发展》(《内蒙古大学学报》1964年第2期)、孙喆的《清前期蒙古地区的人口迁入及清政府的封禁政策》(《清史研究》1998年第2期）等论著对清代及民国时期内蒙古由牧到农的社会转型过程进行专门考察，触及蒙汉关系的深层问题。张植华的《清代蒙汉关系小议——读史札记》(《内蒙古大学学报》1992年第3期)，结合两则具体史料对汉族农民与蒙古族牧民的依存关系进行了探讨。邢亦尘的《蒙汉各族人民思想文化交流的新时期》(《内蒙古社会科学》1987年第6期)、武国强的《近代蒙古文化与其他民族文化的交流》(《内蒙古社会科学》1995年第1期)、云慧群的《清代土默特地区农业的发展和蒙汉民族关系的加强》(《内蒙古师范大学学报》1987年第2期）对蒙汉经济文化交流做了讨论。

移入塞外草原，顺利建立起与蒙古族和睦相处的局面。这里暂且不论塞外移民开垦的生态后果，单就和平移居道路来讲，应当说是良性的，对于中国边疆地区汉族与少数民族关系的研究具有重要意义。因此，对蒙汉两族接触、沟通、合作的具体环节进行系统、深入分析颇有必要。本文在多方搜集文献资料的基础上，主要运用社会交换理论与民族过程理论，对汉族和平移居及塞外蒙汉关系平稳发展的深层机制问题进行集中探讨。

塞外移民，实际上反映了蒙汉关系由远距离交流向近距离互动的重要转变。明代沿长城地带盛行的“茶马”互市，从民族关系上看，属于一般意义上的贸易往来。蒙汉双方互守边界，开市则来，闭市则去，商贸交流并未影响到各自社会的内部结构。清代兴起的汉族出塞耕垦、经商，则与此情形不同。这一时期，汉农汉商的活动半径已从蒙汉边界伸展到蒙古腹地，在传统的蒙古族社会中开辟出新的蒙汉互动场。

此时，蒙古族社会提供着清代塞外蒙汉互动场的环境支持，它虽然处在移民活动的受动方，却是影响移民管网能否接通、移民规模可否扩大的主导因素。移民初期，蒙古族社会的态度至为关键。蒙汉之间的相关度越高，蒙古族方面的接纳意愿就越强，汉族成员也就容易平稳移入。反之则不然。进入移民中后期，汉族社会日渐成长，对蒙古族社会秩序的冲击逐步加剧，双方关系趋于紧张。在这种情况下，蒙汉之间的利益情感交叉面广、链接度深、依存度高，则有助于释缓紧张，增大遇事融通的概率，保证后续移民的完成。总之，以自愿为基础的民间和平移居，其进程不是由移民双方的实力大小来左右，而是靠二者之间持续有效的交往机制来支撑。

塞外移民是分阶段展开的，每一阶段有每一阶段的民族交往重心，对支持力的要求也各有所侧重。移民初期的首要问题是取得蒙古族牧民的许可，开启门路，因此起主导作用的是农耕对游牧的补充作用和汉族移民的客居依附效应。移民中后期，核心问题是缓解蒙汉矛盾，防止冲突升级，利益双赢机制转而成为主要力量，民族政策的保护功能同时也凸显出来。

一　汉族农耕对蒙古族游牧经济的补充

基于游牧业的脆弱性和不自足性，蒙古族游牧社会对农产品及其附属品是十分需要的。汉族农耕北上，对蒙古族游牧经济进行有效补充，能够为蒙古族社会广泛容纳。

（一）蒙古族游牧经济的脆弱性与汉族农业的救济作用

游牧经济是很不稳定的。“畜牧业生产中由于牲畜是活东西，因而对自然的依赖程度比农业为大，自然灾害对畜牧业造成的损失也较农业为重”①。畜牧业生产周期长，牲畜大批死亡之后，不能迅速恢复，而肉乳又不易储存，因而一次灾害的打击常常是致命性的。要度过灾荒，必须向外寻求替代食物。历史上，内蒙古遭灾向中央王朝求救的警报不绝于书。塞外汉族农业区的开辟，形成了当地粮源，从根本上改变了历史上蒙古族向中原“索粮接济”的依赖关系，使清廷有能力在蒙地就地设仓赈灾。有的蒙旗用蒙租自设粮仓。清末克什克腾旗所收的租子，“如果不是全部，也是部分地堆集在专门的粮仓里。一遇饥荒，旗里的农民能够从那里得到救济”②。种植业通过提供干草和饲料，还增强了畜牧业自身的抗灾能力。在清代卓索图盟、伊克昭盟的蒙地租约中，除规定正租需用粮食完纳外，还要缴纳秫秸、干草等“小租”③。这种“小租”是做草料用的，体现了农牧结合以资调剂的好处。

（二）蒙古族对汉族农产品的倚重

蒙古族很早就有兼食谷物的习惯。清代及民国时期，谷物在蒙古族食物结构中的比例进一步增大，饮砖茶、食炒米成为农牧交错区蒙古族的基本饮食习惯。“蒙人饮食，尤为简单，早晨但食炒米，饮茶，饭后则出外放牧牲畜，春秋冬三季，到晚方归，夏日于上午还家少息，亦仅食炒米、饮茶以裹（果）腹。至晚归家，富者食面，贫者亦仍食炒米、饮茶而已。”④不少纯牧区的蒙古族也“以粟为常食，牛乳及羊肉、兽肉则杂用之”⑤。塞外汉族农区开辟后，大大便利了蒙古族的粮食供应。如乌兰察布盟各旗

① 内蒙古自治区编辑组：《蒙古族社会历史调查》，内蒙古人民出版社，1985，第27页。

② 〔俄〕阿·马·波兹得涅耶夫：《蒙古及蒙古人》第2卷，刘汉明等译，内蒙古人民出版社，1983，第419页。

③ 参见王玉海《清代热河蒙旗的地契及其所反映的租佃关系》，《清史研究》1998年第2期；王致云：《神木县志》（道光二十一年）卷三《建置上·边维》。

④ 绥远省民众教育馆编印《绥远省分县调查概要》，1934，第185页。

⑤ 绥远省政府编印《绥远概况》之《乌伊两盟概况》，1933，第9页。

“以距归绥、武川为近，故食料多取给于此。从前各旗蒙人，每当秋冬之季，结伴进城购运米面，驼驮往来，络绎不绝于途。绥产炒米，以此为岁销大宗，而烧酒、面、砖茶亦在所必需，销售甚巨。即毗连乌盟之外蒙各旗牧民，亦皆麇集绥埠，懋迁有无，满载而归，岁以为常”①。

由于汉族农业就近解决了蒙古族的粮食供应问题，蒙古族一开始对汉族北上是很欢迎的。“素来不谙稼穑的蒙古人，据说最初对大量涌到的汉人甚至感到高兴，因为他们可把自己并无收益的荒地出租给他们，并且还可以便利地和他们进行物物交换。”② 为此，蒙古族多次主动要求内地汉族出塞垦种。③ 根据赫克特的共有物品与义务性群体理论，“如果对共有物品的依赖是高度的，就存在顺从的高度诱因，因为不易获得共有物品的替代品（与用一般性依赖媒介如金钱作为补偿的群体不同）”④。汉族移民生产的粮食是蒙汉两族共同消费的，而不是以出售为主。汉族移民与蒙古族牧民都依赖于这种共有物品，从而组成义务性群体，结成不可分离的关系。道光年间土谢图汗部伊琫地方蒙古贵族多尔济拉布坦曾这样说：“查蒙古人等以牛马羊驼四项牲畜为生，向来不谙耕种，全赖民人种地收成米面、大麦等粮，熬做面茶、炒米以资糊口，至于喇嘛念经需用大麦尤多，因种地之民人连年驱逐，现存无几，各处之地亩俱皆抛荒，以致米面价值较前加增数倍，又兼连年以来春夏之时雨泽甚少，秋冬之际雪厚风狂，各项牲畜无草可食，冻饿倒毙者连山遍野，无法可施……”⑤ 这段话集中表明了移民农业对于改善和维持蒙古族生计的重要性。

（三）蒙古族对汉族工商业者的依赖

蒙古族传统的手工业只有制乳、制毡、鞣皮等少数几个种类。随着汉族工匠的流入，大量新的手工行业在塞外逐步兴起并走向专门化生产。汉族移民中“多有医卜星相诸技，泥瓦木铁工匠之流”，蒙旗“资而用之，亦

---

① 傅增湘：《绥远通志稿》（1939）卷七十三《民族志·蒙族》。

② 〔俄〕阿·马·波兹得涅耶夫：《蒙古及蒙古人》第2卷，刘汉明等译，第291页。

③ 参见《清圣祖实录》卷一九一，康熙三十六年三月乙亥、三十七年四月甲寅；《大清会典事例》卷979《理藩院·耕牧》。

④ 〔美〕乔纳森·特纳：《社会学理论的结构》上册，邱泽奇译，华夏出版社，2001，第322页。

⑤ 孙喆：《清前期蒙古地区的人口迁入及清政府的封禁政策》，《清史研究》1998年第2期。

有颇多之便利”。[①] 清代及民国时期，遍布内蒙古草原的大小召庙，主要是借助汉族工匠之力建起的。如卓索图盟土默特右旗的佑顺寺就是康熙年间由奉天汉族工匠修建而成。[②] 民居建筑也是这样。在阿拉善牧区，“蒙古人自己不会盖房子而必雇汉人”，其他如砌圈、打井等手工杂活也全都雇用甘肃民勤人。[③] 汉族铁匠店、银匠炉、铜铺等手工作坊在塞外出现后，蒙古族需要的各种铜铁器皿、银饰品和佛教用品可就地取得。民国时期，包头制作金银首饰的银匠楼有20多家，多系山西偏关人与内蒙古托克托人经营，制作蒙古族妇女头上戴的各种银饰品以及银戒指、银烟锅挠和鼻烟壶上的银饰品等。包头另有铜铺20多家，所制铜壶、铜锅、奶桶、茶壶、酒壶等，都是根据蒙古族牧民的需要定做的。[④] 由于汉族工匠的擀毡工艺较蒙古族传统的“滚毡”方法精细，蒙古族牧民都喜欢用汉族毡匠制作的毛制品。清代及民国时期，陶林县一些汉族“草地庄”（经营蒙古族用品的行业叫“草地庄”）专门制作蒙古族需要的毛毡、毛被套、毡雨衣、毡帽、毡靴、毡袜等用品，在附近旗县享有盛誉。[⑤] 不少汉族工匠自带工具和原材料，深入草地流动做工，进一步方便了牧民生活。集宁县的汉族木匠、铁匠，一到农历三月，便成群结队地赶起一长串大车或牵着骆驼，运载铁块和木料进入达尔罕旗草地，在各蒙古营子流动做工。秋后十月，他们又成群结队运载着畜产品回转家乡。[⑥]

蒙古人喜欢喝烧酒，原来都得跑到长城沿线去买，或靠回汉商人（“旅蒙商”）从内地运来。汉族烧锅业兴起后，在当地就可以买到高粱酒。清代朝阳县（地属土默特右旗）有名的商号“三泰号”，即为山西太谷曹氏所创，主要经营烧锅业，民间有“先有三泰号，后有喇嘛庙”的说法。[⑦] 民国初年，四子王旗每年消费烧酒不下六七千斤，都是从附近的陶林、丰镇输入的。[⑧] 后

① S·C君：《热河卓昭两盟垦殖演进之研究》，《蒙藏周报》第1卷第65期（1931）。

② 参见哈达清格《塔子沟纪略》（乾隆三十八年）卷七《寺庙》。

③ 参见内蒙古自治区编辑组《蒙古族社会历史调查》，第108、196页。

④ 参见贾曦《包头旅蒙商的记述》，《东河文史》第2辑，1985。

⑤ 参见王兴业、常乐山《解放前陶林县工商业简介》，《察右中旗文史资料》第1辑，1986。

⑥ 参见马超群等《原达尔罕旗东苏木社会情况》，《乌兰察布盟文史资料》第3辑，1985。

⑦ 参见沈鸣诗《朝阳县志》（1931）卷二十六《种族》。

⑧ 参见中国第二历史档案馆编《中华民国史档案资料汇编》第5辑，第一编，政治（五），江苏古籍出版社，1994，第123页。

套地区的烧酒除供应本地外，“余皆销与黄河以南及狼山以北之蒙人”①。

内蒙古草原许多生活用品都要靠从外部输入，故专门从事货物贩运的旅蒙商在这里有着特殊的重要性。旅蒙商“拿点茶布水烟糖，换走牛马骆驼羊”，尽管大多属于不等价交换，但他们按时按季及时运来各种生活必需品，解决了当地居民的实际困难，受到蒙古族牧民的肯定。札奇斯钦说：“蒙古人对于商人的尊重有悠久的历史，所以汉商在蒙古很受贵族的优待。”②

因此，与农业移民群一样，汉族手工业者、商人的移入，满足了蒙古族社会的多样化需要，在塞外同样取得了十分广阔的生存空间。到塞外做买卖的山西商人，初时春去秋回，后来为了长期做这种生意，便逐渐定居下来。归化、包头、多伦诺尔、郑家屯等塞外市镇，最早一批城居人口就是汉回工商业者。有的旅蒙商在发迹后，转而经营农业，变为定居农户。当时在东蒙古一带，“开垦者多晋鲁行商，薄备资本，只身远行，刻苦积累，数年之后，率族来居，竟成村落”③。

二　客居依附效应与私人情谊

农耕经济对游牧经济的补充是联结蒙汉关系的内在基础。汉族移民平稳进入蒙古族居住区，关键环节在于通过客居依附效应下的汉族蒙古化和各种私人交情突破了族际分界，顺利地建立起亲近共处关系。

（一）客居依附效应与汉族蒙古化

许多汉族移民迁入蒙地后，“依蒙旗、习蒙语、行蒙俗、垦蒙荒、为蒙奴、入蒙籍、娶蒙妇、为蒙僧者，等等不齐”④。两个民族在不关涉各自内部结构的情况下，关系比较简单，容易和谐相处。但如果一方要通过移民深入到另一方的边界内，民族关系就变得复杂起来。移民必然会分享移入区的资源。汉族移民要占用草场，分用水源，处处都影响到蒙古族利益。

① 韩梅圃：《绥远省河套调查记》，绥远华北印刷局，1934，第15页。

② 札奇斯钦：《蒙古史论丛》下册，台北，学海出版社，1980，第1137页。

③ 卓宏谋：《最新蒙古鉴》（1919）第3卷，第17~18页。

④ 沈鸣诗：《朝阳县志》（1930）卷二十六《种族》。

而且，在蒙古族牧民看来，汉族移民说汉语，穿粗布短衣，住平顶小屋，行土葬，不信喇嘛教，觉得他们是“陌生人”。根据内群体与外群体原则，一个成员对自己所属群体（即“内群体”）和别的群体（即“外群体”）的感受是不相同的。“群体成员一般说来对于他们的内群体（ingroups，即他们所属的群体）都有特别的感觉，他们用怀疑的眼光看待别的群体或者说是外群体（outgroups），认为外群体不如内群体重要”①。汉族移民加入蒙古籍，变成蒙旗属下的阿勒巴图或沙毕那尔，便可以族内成员资格合法地分享蒙地资源，直接消除了族际差别及由此可能引起的民族隔阂与民族歧视。

汉族移民的蒙古化，由其客居依附地位所决定，既有自愿因素，也有强制因素。移民初期，蒙古族在塞外居于统治地位，汉族移民作为外来者，迫于生计而北上，高度依赖于拥有土地资源的蒙古族，因而愿意服从蒙古族的制度安排。汉族移民要获取蒙地这种稀缺资源，就需要以“服从”为代价。从社会交往的角度看，汉族置身于蒙古族社会圈当中，只有学会蒙古话、遵照蒙古族的行为习惯行事，方可进行日常生活所必需的各种往来。因此，汉族移民的“蒙古化”实质上反映的是个人对社会的适应过程。

另外，蒙古族社会有自己的政治权威，要求维护盟旗制度的统一性，客观上有整合外来人口的强烈要求。“汉族之不入蒙籍者，动辄获咎。樵采不许越界，牧羊不许出圈（蒙古族以汉族所居为圈——引者注），犯则掳其人物，扣其牲畜”②。

东蒙古卓索图盟一带，将这种加入蒙古籍的汉人叫“随蒙古”。“至清康熙初，又有所谓八大匠者，由内地随媵而来，娶蒙妇入蒙籍者，又若干家，若王姓、李姓、周姓、张姓、白姓、朱姓之蒙古，问其先多山东人也。与初来之孤苦汉人，或以娶得蒙女，或以贪垦蒙人之荒，相因而入蒙籍者，又若干家。是二者谓之为‘随蒙古’”③。

随着汉族移民增多，特别是由于“链式迁移”而产生的同一祖籍地人口的集群移入，在草原上逐渐形成一个个独立于蒙旗组织的汉族小村庄、小街镇，他们在内部可以自由地使用汉语，保持传统的文化礼仪，在塞外

① 〔美〕戴维·波普诺：《社会学》（第10版），李强等译，中国人民大学出版社，1999，第188页。

② 沈鸣诗：《朝阳县志》（1930）卷二十六《种族》。

③ 沈鸣诗：《朝阳县志》（1930）卷二十六《种族》。

重建内地的社会秩序。汉族移民对蒙古族的依赖开始减弱。但在新垦区及蒙汉边界地区，由于族际交流仍占有重要位置，汉族移民在不加入蒙古籍的情况下仍在大力学习和吸收蒙古族的文化习俗，特别是蒙古语言。河套地区重要的移民来源县——山西河曲县，人民“凡出口外耕商者，莫不通蒙古人语”①。至于经常深入牧区与蒙古族牧民打交道的旅蒙商，都会说蒙古语，所开店铺皆用蒙古文招牌吸引顾客。

（二）私人情谊

汉族与蒙古族的交往是通过人际交往具体展开的，个人交情在汉族移入蒙地过程中发挥着核心作用。汉族移民为了在蒙地定居下来，首先要经过一个感情联络期。山西旅蒙商在与蒙古族打交道中，特别注意态度和气，热心帮忙，建立良好的“第一印象”。用山西忻（忻县）代（代县）商人自己的话说就是：“学会蒙语串人家，做买卖要送到蒙（古）老乡家。态度要好腿要勤，帮助蒙（古）老乡做营生。捉羊羔，拴牛犊，为做买卖献殷勤”②。与内地商人喜欢与陌生人交易不同，旅蒙商重互换、讲赊欠，做的都是熟人生意（当地叫“打相与”）。旅蒙商一般都是各有各的路线，各有各的“相与”。一旦到达目的地，便住在“相与”家里。③ 因此，旅蒙商的商业交易网实际上就是一张人情关系网。这种重交情的传统不仅为做买卖提供了便利，更为旅蒙商在塞外定居创设了有利的人际和族际空间环境。

“礼物的流动”是汉族移入之初普遍采用的情感沟通方法。在河套地区，汉族农民最初都是以私人友谊约地而耕，不缴地租，只是向蒙旗官员或蒙古族地主送些茶酒、布帛、粮食作为礼物，秋后再请酒吃饭表示谢意，此所谓“办地人情”④。清初山西河曲人渡河到准噶尔旗垦种，也用送礼的办法求取蒙汉合作。“康熙时西草地初插界牌，屡被（蒙民）侵扰，因联伙盘，用希物以和之，农赖以安”⑤。拜兄弟、结义亲及急难救助也是建立个人情谊的重要手段。肩挑零星杂货、小本经营的货郎（蒙古语称“丹门

---

① 金福增：《河曲县志》（同治十一年）卷五。

② 刘世纯、任秀：《包头的旅蒙商》，《东河文史》第2辑。

③ 参见王亦铭《包头的蒙古行》，《东河文史》第2辑；王维龙：《哲盟历史上的行商与蒙民自赴商埠》，《哲里木盟文史资料》第3辑，1987，第102页。

④ 参见张植华《清代蒙汉关系小议》，《内蒙古大学学报》1992年第3期。

⑤ 金福增：《河曲县志》（同治十一年）卷四。

庆”）在做生意时，与蒙古王公、寺庙喇嘛及广大牧民广交朋友，有的结成“盟兄弟”，或将自己的儿女过继给无子女而又喜爱孩子的蒙古人，以此联络感情，密切关系。[①]

蒙汉交往除了汉族出塞种地经商这一主渠道外，还有其他机会，如蒙古族入塞贸易或到五台山礼佛，内地汉族农民请蒙古族代牧牲畜等。[②] 蒙古族入塞卖盐买布，与汉族居民建立起经常性联系，进而发展成为个人交情。陕西神木县有一种“边行”商人（俗称“边客”），“专与蒙古交易，携带茶烟布匹出口贩卖，其蒙古驮运盐碱进口，税与其家，谓之主道，此神民之最多者”[③]。即神木“边客”出口卖茶叶布匹时，多系赊销，蒙人驮盐进口，卸于其家，以抵茶布之值。这里的蒙古族盐贩与神木“主道”之间即构成伙伴关系。汉族在蒙古草地寄牧耕畜，是长城沿线农区的普遍现象。靖边县“县民多租耕边外伙盘地，世业其业，而腹地各乡村牛马寄牧，茶盐乳酥互市络绎，了无猜忌”[④]。寄牧者一般都有相对固定的代牧者，彼此之间有很高的信任度。

应当指出，在蒙汉交往中，蒙古族热情好客的风尚起了重要作用。蒙古族经济观念淡薄，对于到访者盛情招待不计其值。“旅客远来，无论蒙汉，但能以蒙语问起居，候康安，并述明来意，即可留宿。饮食不需出资，而受诚恳之招待。遇值风雪，数日淹留，始终款恰，敬厚靡衰”[⑤]。这种淳朴的民族性格非常有利于排解因初次接触而产生的诸多顾虑，顺利开启族际交往之门。

三　经济利益双赢机制

从收益分配上看，汉族租种蒙地，是一种双赢模式，对蒙汉两族都是

① 参见卢明辉、刘衍坤《旅蒙商——17世纪至20世纪中原与蒙古地区的贸易关系》，中国商业出版社，1995，第50~51页。

② 关于蒙古族入塞“朝台”与蒙汉交往，参见闫天灵《蒙古人“朝台”与蒙汉沟通》，《五台山研究》2004年第1期。

③ 王致云：《神木县志》（道光二十一年）卷二。

④ 丁锡奎：《靖边志稿》（光绪二十五年）卷四。

⑤ 傅增湘：《绥远通志稿》（1939年）卷七十三。

有利的。“内地民人以口外种地为恒产，蒙古亦资地租为养赡”①。围绕“种地吃租”，蒙汉双方结成一个十分紧密的交换群体。蒙古族为长期获益，即便是在后来汉族移民大量增加的情况下，也能够表现出很大的包容性，有利于族际关系的平稳发展。

（一）双赢机制的构建

博弈论认为，社会交换可以“顺利地容纳竞争性和互补性利益”，“这意味着一些状况是零和的（一方的获得就是另一方的失去），而其他状况可能是双赢的（各方皆有所获）或双败的（各方皆有所失）”。② 汉族移民与蒙古族牧民的交换就是一种“非零和”状态的双赢交换模式。“民人负耒出疆，爰得我所，民质田得以养其生，民有余力假蒙地以耕之，蒙有余地假民力以耘之，公平交易，人之常情”③。

蒙汉利益双赢的基础在于土地利用方式的改变。汉族移民租种蒙地，从表面上看，造成牧地减少，影响了牧民生计。但事实上，牧地开垦种粮后，单位面积的收益提高了，蒙古族地户从中可以获取比以前单靠放牧更大的利益，汉族佃户的生计也有了着落，双方都达到了获利的目的。一般而言，在单位土地面积条件下，农业的产出率高于畜牧业，可提供给人们更多的食物，养活更多的人口。现代农业生态学者经过计算认为，用农耕维持 1 个人 1 年的营养只需1～1.5亩的土地，而改为畜牧则至少需要 10 倍以上的土地。④ 在传统的游牧社会中，畜牧业的生产率还要低些。据 20 世纪 30 年代的调查，蒙人牧畜，“牧草一任牲畜自由啮食，以致一马而需地四十亩，一羊而需地十亩”⑤。按照这一标准，在蒙地用养羊的办法养活 1 个人所需的土地绝不止 10 亩，因为 1 只羊不够 1 个人吃 1 年。改行农业后，原来养活 1 个人的土地就可养活十几口人，在水土条件好的地方甚至可养活几十口而无虞。因生产方式改变而增加的产品供应，同时解决了蒙汉两族的吃饭问题，实现了“一地养二民”，使得汉族北上不致给蒙古族牧民带来

---

① 何炳勋：《增修怀远县志》（道光二十二年）卷四。

② 〔美〕乔纳森·特纳：《社会学理论的结构》上册，邱泽奇译，第 312 页。

③ 贻谷：《绥远奏议》，《近代中国史料丛刊续辑》第 103 册，台湾文海出版社，1984，第 326 页。

④ 参见王利华《中古时期北方地区畜牧业的变动》，《历史研究》2001 年第 4 期。

⑤ 袁勃：《察绥之农业》，《开发西北》第 3 卷第 1 期（1935 年）。

生存威胁。蒙汉两族是“耕凿相安”而不是“牧畜相安”的深层原因就在这里。

蒙地开垦导致了严重的生态后果，但这一问题在开垦初期还未充分暴露，农耕兴起呈现的完全是有利的一面。不少史料表明，发展起农业的蒙旗要比无农业的蒙旗富足。伊克昭盟“农业创兴，蒙民经济增一来源，在昔只牧畜一途，今则牧畜仍旧，另招汉佃为之耕种，秋收分粮分草，添一收入。蒙民日常生活，立呈充裕”①。《朝阳县志》把汉人移居、蒙地自放的时期称为“蒙古全盛时期”。“洎乎内地贫民，逐渐来此，于是租地垦耕，种烟种瓜，以为孝敬。树艺五谷，以纳租台吉，斯时之为台吉者，牲畜日蕃，进项日增，一呼众诺，既富且贵，巍巍乎泰岱而外，唯我独尊”②。

汉族移垦带来的地租收益惠及全旗上下。王公贵族出面经营蒙地租佃，是蒙地开垦的最大受益者。稳定的地租收入也给旗内员役创造了薪金来源。“旗内员役，原来均无定俸。……近年以来，蒙荒渐辟，国税等项始有收入，近如东蒙各旗及热、察、绥之一部，渐知效法内地，其官员亦定饷额”③。就阿拉特阶层而言，他们拥有“自留地”性质的户口地与生计地，对招佃开垦也很感兴趣。他们本身不熟悉耕作，可利用现成的汉族熟练劳力种地收租，自己仍继续放牧。一些牧民则干脆依靠地租过寄生生活。毕克齐一带原是土默特蒙古游牧地，汉族移民进入后，蒙古族开始寄生地主化，相继搬入毕克齐城内居住。④ 准噶尔旗蒙民户口地“大部租于汉人耕种，藉收地租银以维持生活，其自种自给者甚少”⑤。对于占蒙古族人口比例较大的喇嘛阶层来说，有庙地可供出租。这样，蒙古族各阶层大体都能够从开垦中受益，使汉族移垦取得比较广泛的社会支持。

（二）双赢机制的强化

在移民开垦中，尽管蒙古族地主处于优势地位，但在利益分割上，对于汉族佃农是高度依赖的。蒙汉双方都认识到维护稳定的合作关系是有利

① 蒙藏委员会调查室编印《伊盟右翼四旗调查报告书》，1939，第50页。

② 沈鸣诗：《朝阳县志》（1930）卷二十六。

③ 邢事国：《蒙古行政制度概略》，《东北蒙旗旬刊》第2卷第8期（1930）。

④ 参见〔日〕今堀诚二《中国封建社会の构造》，日本学术振兴会，昭和五十三年（1978），第576页。

⑤ 蒙藏委员会调查室编印《伊盟左翼三旗调查报告书》，1941，第25页。

的，因为无论蒙旗撤地另佃，抑或汉民别寻地户，都会面临某种不确定性或者说风险。因此，只要不发生大的变故，租佃关系不会被轻易解除。“随着行动者卷入经常的交换，他们对支付的比率负有更多的责任，因此降低了交换内在的不确定性”①。如后套永租地，“大地主领有之土地，多招佃户种植。未放垦之地，由蒙古各旗招租，名之为永租地。故佃农后来占大多数，其中有固定的，即就某‘公中’种植田地若干，互相为倚，结成不可离开之势”②。

塞外货币交换的流行，对于强化蒙汉土地租佃关系起了至关重要的作用。内蒙古草原是山西商人的重点经营区，随着交换范围的扩大，原本的物物交换越来越不能满足蒙古族多样化的消费需要。蒙旗上下都要求使用货币，以进行灵活自由的交换活动。对于蒙古王公来说，货币的重要性更是非同寻常，有钱既可以在草原上享受安乐富贵，又可以到北京、天津等地过都市繁华生活，还可以向理藩院行贿以求晋爵。总之，“由于商业资本的侵入，使蒙古族社会开始卷入货币经济的漩涡，上上下下都迫切感到获取货币的必要”③。

与卖畜赚钱相比，放地征租成本低且市场广阔，成了蒙古族取得现银的主要渠道。因此，货币地租不但在塞外出现得早，而且所占比例也大。据伪满地籍整理局收集的租佃契约资料统计，热河地区的货币地租在1740～1839 年间已占到 43.5%，再加上实物货币混合地租，共计占 77.2%。到 1894 年，热河的货币地租比例已超过 73%。④

在蒙地“私放”阶段，地租收入全为蒙古族所得，国家既不分割，也不加征税收。如塔子沟“佃民交租而无赋”，昌图府“府境土地系由蒙王放垦征租……府既不经征，亦无清册”。⑤ 在这种“（汉族）养儿不当差，（蒙族）种地不纳粮”的体制下，蒙古族是乐于放垦的。他们不顾清朝的再三“封禁”令，坚持招佃垦种。一些过惯奢侈生活的蒙古王公，经常向汉族商

① 〔美〕乔纳森·特纳：《社会学理论的结构》上册，邱泽奇译，第 335 页。

② 李纪：《后套农业近况》，《农业周报》第 1 卷第 17 期（1931）。

③ 〔日〕田山茂：《清代蒙古社会制度》，潘世宪译，商务印书馆，1988，第 173 页。

④ 参见汪敬虞主编《中国近代经济史》（1895～1927），人民出版社，2000，第 822 页。

⑤ 分见哈达清格《塔子沟纪略》（乾隆三十八年）卷三《赋役》；洪汝冲：《昌图府志》（宣统二年）第 1 章《疆土志·土地》。

人借款，还不起债时，就“大批地夺取蒙民共同使用的旗地，丈放给汉人耕种”[①]。这样，“放地——征租”与“还款——放地”形成正反两个方向的循环链，使蒙汉“双赢”交换层层累叠。

在蒙汉土地交换初期，属于典型的单边垄断体制。蒙古族拥有土地，汉族垦户只有从蒙旗那里才能得到蒙地使用权。后来随着汉族地商的出现，汉族内部也可以进行土地交换，由此形成一个独立于蒙旗的交换系统。这样，后续移民改与蒙古族地东订立契约为与汉族地主讨价还价，在回避族际接触的同时也避免了族际纠纷。

实际上，有相当数量的汉族移民是通过早先的汉族地主获取蒙地使用权的，这既是蒙汉土地交换的一个重要转变，也是汉族移民路径的一次重要调整，对于减小大规模移民对民族关系的震动有着重要意义。

四　民间力量的局限性与民族政策的保障功能

汉族移民开垦对蒙古族社会产生的影响是双重的。移民既能给蒙古族带来粮食、地租、礼物、服务等种种好处和报酬，也能制造分配不公、争地争水等诸多麻烦。因此，在讨论塞外蒙汉两族的和谐相处之道时，不应回避移民开垦过程中的蒙汉冲突与对抗。[②] 汉族移民出塞耕垦对内蒙古草原来说是新问题，其本身就会引起诸如越界垦种、强索租价、牛踏庄稼等农业社会固有的矛盾。“内地民人越界耕种，而蒙古等私索租价，每至生事互争”[③]。汉族垦民中的流氓无赖，不时毁坏牧场、盗窃牲畜，致使蒙民“不敢夜牧”[④]。蒙古族当中的桀骜者，则经常“纠合三五，持刀骑马，闯入汉族人家，坐索酒肉钱财，笞辱妇男”[⑤]，引起汉族怨愤。再加上汉族土豪霸耕霸种，抗欠租粮以及蒙古王公过于跋扈，动辄开罪汉人，致使蒙地波澜横生。应当说，这些矛盾和事端都属于一般性的民事纠纷和社会冲突，附

① 叶民：《察绥蒙古的社会关系分析》，中国农村经济研究会编《中国农村动态》，1937。

② 关于移民开垦过程中的蒙汉冲突，可参考王玉海《清代内蒙古东部农业发展过程中的蒙汉民族矛盾》，《内蒙古大学学报》1999 年第 4 期；田志和：《清代东北蒙地开发中的矛盾和斗争》，《东北师大学报》1986 年第 4 期。

③ 《清世宗实录》卷一一〇，雍正九年九月乙丑。

④ 参见马汝珩、成崇德《康乾时期人口流动与长城边外开发——兼论避暑山庄兴建的社会条件》，《清史研究》1993 年第 2 期。

⑤ 沈鸣诗：《朝阳县志》（1930）卷二十六《种族》。

带有民族色彩而不属于蒙汉民族矛盾。但如果对之处理不当，就会因问题扩大化而发生性质的改变，造成民族对立与民族冲突。例如，州县在处理蒙民案件时不能秉公办事，“遇事率曲蒙而直汉，以致蒙人积久成恨”[①]。但有些蒙汉纠纷的产生已不是一个观念是否正确、执法能否公允的问题，更涉及农牧争地等深层次矛盾。

农耕经济对游牧经济补充作用的发挥是有条件的。在农区范围有限的情况下，汉农蒙牧相得益彰，农耕对游牧起着“纯补充”作用。随着垦区扩张，农田开始挤占草场，对蒙古族的传统牧业生活造成冲击。正如清人所说：“查蒙古由来专以游牧养牲为业，继而务农，务农者虽不善耕作，犹恃荒地宽阔，可以广种薄收，养牲者得以游牧畜，放牛羊，尤赖荒场度日。今若招民开垦，则奸民多方谋占，地必减少……不数年间，势必为客民占满，由是种地者少收获之利，养牲者无游牧之区，实于蒙古生计大有关碍”[②]。一旦出现“游牧地窄，至失本业”的情形，蒙古族就会产生抵触心理，要求停止移民甚至撵逐业已定居的汉民。雍正年间，开垦较早的土默特右旗一带，就发生了土默特贝子要求将“旗内佃种之百姓均逐，不准居住”的事件。[③] 乾隆、嘉庆时期也有此类问题发生。这说明，随着开垦行为的不断发展，土地挤占问题逐渐加剧，农业经济对牧业经济的补充效应实际上已经开始弱化。特别是在蒙古族农业发展起来后，在民族内部已可进行农牧调剂，使汉族移民农业的重要性更趋下降。

客居依附效应主要体现在蒙汉接触初期，或者说主要活跃在“新垦区”。在“老垦区”，随着汉族社会圈的形成，汉族有了越来越大的独立性。无论是汉族蒙古化还是蒙汉私人交情的发展都有弱化之势。相比而言，利益双赢机制建立在市场交换的基础上，由市场的绵延性而获得了较大的稳定性。但同时，蒙汉双赢机制也背负了市场交换的种种缺陷。市场交换以赢利为主要目的，和谐民族关系的要义则是公平，而赢利与公平不可能总是协调一致的。双赢交换是具体的，是当事者的双赢，不参与土地交换的蒙古族实际上是得不到实惠的。特别是受利益追求最大化的驱使，蒙汉双

---

① 匡熙民：《张家口游记》，《新游记汇刊续编》第5册，中华书局，1933。

② 一档朱批《德英奏为邻界杜尔伯特蒙古招民开垦贻患无穷折》，同治十年二月初八日，转引自王玉海《发展与变革——清代内蒙古东部由牧向农的转型》，第125～126页。

③ 参见王玉海《发展与变革——清代内蒙古东部由牧向农的转型》，第126页。

方都在无限制地支持蒙地开垦，一方面导致农牧争地的加剧，引起蒙古族弱势群体的不满，蒙古王公“曾以每年收纳地租，不若售出土地取得地价之利，于是蒙古人民，因之丧失牧地，渐次陷于穷境，流离失所，政府乃严禁开放”[①]；另一方面农业开垦也导致蒙地生态资源的过度消耗，导致生态退化、土地沙化等根本性问题，造成对蒙汉两族均为不利的局面。

这说明，以社会交换为基础的民间协调机制有其局限性，它虽然能为族际沟通铺设顺畅渠道，却不能保证这一渠道的长效性。蒙汉交往越到后期，以自发性、自律性、自主性为特征的民间力量越显得力不从心，或者说其自身矛盾越突出。这时候，就得借助官方政策调节和制度约束的作用，填充民间力量的盲区，扫除民间力量的误区，矫正种种过度行为，通过机制改良来延长民间联结力量的生存周期。在清末蒙地全面放垦之前的200余年当中，蒙汉关系一直保持了和谐的局面。这一方面是由于前述三种力量在移民前期发挥了突出作用，同时也是由于清朝的民族政策发挥了应有的保障功能。

直到清末蒙地放垦之前，清朝一直在维护畜牧业在内蒙古地区的主导地位。康熙三十九年（1700），康熙对前去指导蒙古族耕种的黄茂等人说：“蒙古地方既已耕种，不可牧马，非数十年草不复茂，尔等酌量耕种，其草佳者应当留之，蒙古牲口唯赖牧地而已。”[②] 乾隆在1749年的“禁垦令”中也说：“蒙古旧俗，择水草地游牧，以孳牲畜，非若内地民人，依赖种地也。”[③] 尽管清廷事实上并未完全堵塞汉族北上的通道，有时甚至因内地灾荒出面组织灾民北上〔如雍正元年（1723）的“借地养民”〕，但无论如何，限制汉族移民及严禁私自出口的总原则一直在坚持。禁垦毕竟拦住了一部分人或延缓了一部分人的进入，这对于稳定边地、维护蒙汉关系是非常重要的。由于清廷的长期限制政策，“内蒙古地区的汉族移民势头也没有东北地区那样迅猛，这样汉族移民在蒙古寻求当地王公贵族保护的历史持续了很久”[④]。在清廷“春令出口种地，冬则遣回”的政策下，汉族移民长

---

① 《察绥两特别区之开发》，《中外经济周刊》第155期（1926）。

② 《清圣祖实录》卷一九一，康熙三十七年十二月丁巳。

③ 《清高宗实录》卷三四八，乾隆十四年九月丁未。

④ 张世明：《清代边疆开发不平衡性：一个从人口经济学角度的考察》，《清史研究》1998年第2期。

期处于“雁行”状态。移民不占籍定居，延长了其客居依附效应，从而有利于蒙古族优势地位的保持。

在汉族移民不断涌入的情况下，清朝采取务实政策，积极保护蒙古族的利益，规定蒙地地租完全归蒙古族自己所有，官方不予分占。为防止民人欠租，设立专门的理事旗员，管理蒙民交涉事务。“如有欠租者，官为严追；有盘剥蒙古者，援远年债务一本一利之例，速为判结，则相安无事，可长享其利也”①。官方还不时提高租额，以保证蒙古族收益。乾隆八年（1743）规定，新开放的陕蒙边界禁留地（新界），“每牛一犋除旧糜子一石、银一两之外，再加糜子五斗、银五钱”②。由于官方政策的保护，应当说，直到清末放垦，蒙古族还是蒙地放垦的主要受益者，蒙汉两族的利益平衡得以长期维持。民国时人评论说：“是蒙古土地之使用方法，自清代中叶以后，因环境变迁，虽已逐渐改革，然蒙民之权利毫无所损，利益反较增多，是以地主与佃民尚能相安。”③

可见，清朝中央政府对汉族移民是积极介入和实施控制的，自发移民潮并未完全按照民间渠道放任自流。清廷通过立法规范、行政专管和司法惩处，贯彻了其“满蒙一体”的政治意志，使塞外移民朝着“以蒙为主，蒙汉互惠”的方向演进。官方的调控，不但在总量上起到了抑制作用，还起到了权力平衡作用，使蒙旗弱势群体的利益诉求得到关照。在蒙地开垦当中，当权者与无权者的处境不同。掌握蒙地分配权的王公贵族是最乐于放垦的，即使在清朝禁令底下，仍敢顶风招垦。而一些穷苦牧民则因缺少土地支配权，很难从开垦中获益，对他们来说离开牧场便失去了生活保障，因而不愿开垦。在这种情况下，中央最高权威的调控功能就凸显出来。清朝的禁垦、限垦政策保护了贫苦牧民的利益，适时而到位，缓释了开垦对蒙古族社会底层的冲击。正如范方九在评价清朝前期的蒙地开垦时所言：“当时蒙古人口不繁，垦地亦极有限，加以清廷怀柔蒙古极尽其能事，纵有所不顾，而失此得彼，亦不感有何不安。”④

对比清末蒙地放垦对蒙汉关系的影响，更能够看出民族政策对于维护

---

① 何炳勋：《增修怀远县志》（道光二十二年）卷四《边外》。

② 王致云：《神木县志》（道光二十一年）卷三《建置上·边维》。

③ 马福祥：《蒙藏状况》，蒙藏委员会印行，1931，第87页。

④ 方范九：《蒙古概况与内蒙自治运动》，商务印书馆，1934，第58页。

民族关系的重要性。清朝末期，历时200余年的蒙地持续开垦已使蒙汉两族的生存竞争表面化，同时，内地天灾人祸接连不断，向内蒙古的移民压力仍在继续增大。1902年，处于内忧外患之中的清政府断然改变立场，“禁垦”与“保护”双双放弃，导致塞外蒙汉民族矛盾迅速加剧。一方面，取得合法身份的内地移民如洪水泻闸，滔滔涌向塞外。移民由“慢速”变为“快速”，除加剧蒙汉争地矛盾外，还引起蒙古族的普遍不适。另一方面，清政府改蒙地“私放”为官方放垦，取消蒙古族的土地所有权，国家既分“荒价”又劈地租，彻底改变了过去的蒙地收益分配体系，引起蒙古族上层的强烈不满。从蒙汉民族关系的角度看，清末放垦是一个转折点，它既使官方的政策调控发生断裂，又使民间联结力量遭遇严重挫折。清末及民国时期，塞外蒙汉民族交往出现的一些曲折与放垦政策的出台及其长期得不到改变有着深刻联系。

（《民族研究》2004年第5期）

20 世纪上半叶民国政府对西南边疆少数民族的调查

马玉华

民国时期，由于西南边疆危机严重等诸多原因，人们开始重视西南边疆少数民族并做过一些调查，曾出现对西南边疆少数民族调查的热潮。西南少数民族调查分为民国政府组织的官方调查、学术团体的调查和个人的调查三类。《中国民族学史》[①]、《文化人类学理论方法研究》[②] 等著作及《二十世纪前期的中国民族学》[③]、《论民国时期国内学者对云南少数民族的研究》[④]、《中国民族学早期情况概述》[⑤] 等论文对民国时期学术团体和专家学者所进行的西南少数民族调查有初步介绍，但学术界对民国政府官方组织的西南边疆少数民族调查重视不够，还没有认真研究。本文以档案史料为依据，就民国政府对西南边疆少数民族调查的背景、进程及成果试作论述，不当之处恳请专家指正。

一

民国时期对西南边疆少数民族重视与调查主要基于以下背景。

第一，19 世纪末 20 世纪初，许多殖民地、半殖民地国家和人民为摆脱

---

① 王建民：《中国民族学史》上卷，云南教育出版社，1997。

② 黄淑娉、龚佩华：《文化人类学理论方法研究》，广东高等教育出版社，1998。

③ 陈永龄、王晓义：《二十世纪前期的中国民族学》，《民族学研究》第 1 辑，民族出版社，1980。

④ 王水乔：《论民国时期国内学者对云南少数民族的研究》，《云南社会科学》1994 年第 5 期。

⑤ 龙平平：《中国民族学早期情况概述》，《思想战线》1986 年第 5 期。

帝国主义的统治，进行了艰苦卓绝的民族解放运动，世界范围内的民族主义运动风起云涌。在这种国际背景下，孙中山先生首倡“民族、民权、民生”三民主义作为领导中国资产阶级民主革命的纲领，最终取得了辛亥革命的胜利。到1924年，由于苏联和中国共产党的影响，孙中山先生重新阐释了三民主义，指出民族主义有两方面之意义，一则中国民族自求解放，二则中国境内各民族一律平等。所谓中国民族的自求解放，是就中华民族与世界其他民族之关系而言，目的是反对帝国主义的侵略，使中华民族在国际上得到独立、自由和平等的地位；所谓中国境内各民族一律平等，是就国内各民族之关系而言，体现国内各民族平等的主张。[①] 民国时期，国内的民族主义思想成为潮流，引起民国政府对国内少数民族的重视并开展了一些少数民族调查。

第二，对西南边疆少数民族进行调查是民国政府加强政治统治的需要。1927年南京民国政府建立，《民国政府建国大纲》第一条规定：“民国政府本革命之‘三民主义’、‘五权宪法’以建设中华民国。”[②] 第三条：“为民族故，对于国内弱小之民族，政府当扶植之，使之能自决自治。对于国外之侵略强权政府，当抵御之，并同时修改各国条约以恢复我国际平等国家独立。”[③] 民国政府以“三民主义”立国，因此对西南边疆少数民族的重视与调查，是与民国政府标榜的民族主义相吻合的。随着南京民国政府在全国统治地位的确立，为扩大中央政府政治的影响力，加强对边疆民族地区的控制，了解国内少数民族情况、处理好当时的民族关系，成为南京民国政府统治的需要。对少数民族进行调查，尤其是对少数民族众多的西南地区开展民族调查成为民国政府的迫切需要。

第三，对西南少数民族调查也是民国政府巩固国防的需要。前所未有的民族危机，引起民国政府关注边疆问题。19世纪末，帝国主义掀起了瓜分中国的狂潮，在中国强租土地和划分势力范围。西南各省也曾遭到帝国主义的侵略，云南边疆地区就不断被英、法帝国主义蚕食和侵吞，先后发生了英帝国主义侵略云南的“马嘉理事件”“片马事件”“班洪事件”以及法国侵略云南的中法战争和法国对云南矿权、路权的掠夺等。民国政府为

---

① 参见王钟翰主编《中国民族史》，中国社会科学出版社，1994，第1020页。

② 《国民年鉴》第4编，新亚书店，1928年12月，第1页。

③ 《国民年鉴》第4编，新亚书店，1928年12月，第1页。

了巩固国防，需要对西南边疆各省进行少数民族调查。

第四，西方传教士、殖民主义者是对西南边疆少数民族调查的先驱，民国政府成立后，当时的学术界对外人的文化侵略普遍存在着“不满”和“不服气”的情绪，而反对这种文化侵略，只有自己去调查、去研究。同时，关注边疆少数民族的历史、重视社会科学方法的新史学的出现[①]，也影响到民国政府对待我国少数民族的态度，使当局认识到全面了解本国各民族状况的重要性。

第五，20 世纪二三十年代，人类学在中国有了发展，一批在国外留学的学者纷纷回国，他们带回的人类学理论和研究方法，为民国时期的西南边疆少数民族调查提供了理论和方法指导。

第六，抗日战争的发生是民国政府开展西南边疆少数民族调查的“催化剂”。1937 年，日本占领了我国东北、华北和东南沿海的各大城市，民国政府迁都武汉、再迁重庆，西南由我国的边防要地变为全国抗战的大后方。事关抗战大局，为争取抗战胜利，增强抗战力量，稳定后方，民国政府急需了解西南的民族状况，尤其是了解居住在西南边境一线的少数民族情况。因此，20 世纪三四十年代掀起了西南边疆少数民族调查研究的高潮。抗日战争期间，许多高等学校和科研机构迁到西南和西北地区，大批的人类学者和民族研究者来到西南，一方面他们发现西南少数民族多样性的文化，吸引他们开展大量的调查；另一方面，由于许多高等学校和科研机构都迁到这个地区，学者们就地取材进行研究，在对西南边疆民族地区进行实地调查的基础上，撰写了大量有关民族问题的专题论文、纪实、报道等，对西南少数民族社会历史的研究作出了重大贡献。

正是基于上述原因，在 20 世纪上半叶，出现了对西南边疆少数民族调查的热潮，又主要集中在 20 世纪三四十年代。本文主要论述民国政府组织的调查。

二

民国政府分别在 1930 年、1934 年、1938 年和 1940 年对西南边疆少数

① 参见葛兆光《〈新史学〉之后——1929 年的中国历史学界》，《历史研究》2003 年第 1 期。

民族进行过4次大规模的官方调查。

南京民国政府成立后，按照《民国政府建国大纲》，县为自治单位，"依照现行制度，各省省政府以下除县市政府外，本不容有他种特殊行政组织。惟边远省份或以种族居处太杂，或因土地开发较迟，所有特殊区划及特殊制度不得不暂时存在自属事实问题。兹为编订全国行政区划表起见"，民国政府内政部在1929年12月制定了《现有土司调查表》及《现有盟旗及其他特殊组织调查表》，咨请广西、云南、贵州、甘肃、宁夏、青海、西康、湖南、四川、新疆各省政府"饬令民政厅详加调查，凡与县治相当地方，现未改设县治尚有此类特殊行政组织者，应即依式填表报部，以资稽考"[①]。西南各省没有盟旗行政组织，主要是填报《现有土司调查表》。《现有土司调查表》包括土司名称、所在地、管辖境界、何时设置、隶属何处、可否改设县治、现在土官姓名、何时委任等项内容。这次调查从1930年开始，到1931年8月结束，除新疆无土司制度，贵州、湖南已经改土归流没有填报外，其余各省都按要求上报了土司调查表。[②] 这是民国政府对西南边疆少数民族的第一次调查。

到1934年，由于英帝国主义武装侵占班洪、班老地区，阿佤山17个佤族部落首领联名发表了《告祖国同胞书》，呼吁中央政府及云南省政府当局，支援阿佤山人民的抗英斗争，重视边疆问题。云南旅京同乡成立了滇缅界务促进会、后援会等组织，呼吁政府重视边政，解决界务，并派出代表到南京向民国政府呈述边境危机，督促政府采取行动。这次边疆危机已经威胁到民国政府的统治，在全国抗日救亡运动的推动下，1934年10月，民国政府蒙藏委员会发布第112号咨文："查我西南各省，苗夷杂处，种族甚多，生活习尚，各有不同，为团结国内各种民族，为防止帝国主义者之利用，对于苗夷民族各项情况，实有深切明瞭之必要，兹经制定调查表式，拟请住有苗夷民族之各县政府，认真调查、确实填载，俾作施政之参考……"[③]下令对西南边疆各省进行少数民族调查，并由蒙藏委员会制定了

① 《内政部民字第1488号咨文》（抄件），1929年12月30日，云南省档案馆藏：民政厅全宗42卷。

② 参见内政部年鉴编纂委员会编纂《内政年鉴》第1卷，商务印书馆，1935。

③ 《蒙藏委员会第112号咨文》（抄件），1934年10月5日，云南省档案馆藏：民政厅全宗28卷。

《西南苗夷民族调查表》，发往西南各省。这是民国政府对西南边疆少数民族地区进行的第二次民族调查。

遵照蒙藏委员会的咨文，由西南各省民政厅负责，要求有苗夷民族的县认真调查，尽快填报。《西南苗夷民族调查表》包括民族种类、户籍、人口、语言、教育情况、生活习尚等内容。

云南省从 1934 年 11 月开始调查填报，但由于种种原因，到 1935 年 8 月，“仅有昆阳等五十三县局遵办……其余七十七属，均未据填报”①。贵州省的苗夷民族调查也于 1934 年 11 月开始，到 1935 年 10 月结束，共有 54 个县按要求填报了调查表。② 四川省的少数民族调查从 1936 年 9 月开始，当时四川省的第五、六、七、十六、十七及十八区的理番、松潘、汶川、茂汶等县分布有少数民族，四川省政府“特饬所属各边县依式查填”，到 1937 年调查结束时有 24 个县上报了调查表。③

1937 年，为争取抗战胜利，增强抗战力量，稳定西南大后方，宣抚西南边疆少数民族，民国政府急需了解西南边疆少数民族状况，尤其是了解居住在西南边境一线的少数民族情况。于是，民国政府内政部于 1938 年 5 月又密咨：“查西南各省边区，汉夷杂处，自古多事。明清以来苗变层见叠出，考厥原因实由于当时政府忽略宣导，边官措施失当，坐令民族间之情感隔膜，有以致之。值此全面抗战期间，所有地方秩序之稳定，民力之团结，在在俱关重要。对于苗夷等族亟应因势利导，予以组织训练，使其效忠党国，藉以增强抗战力量。本部现拟编订宣抚苗夷方案，惟恐不明情形，将来实施困难，特制定西南边区民族调查表式，先事调查，俾资参考……转饬所属苗夷等族聚居各县，从速调查填报汇转，以重要政……”④ 内政部下发了《西南边区民族调查表》，通饬西南各省对所属各民族情况迅速调查上报。这是民国政府对西南边疆少数民族的第三次调查，也是西南少数民族调查的高潮。

《西南边区民族调查表》的内容有民族种类、居住区域、人口数目

---

① 《云南省民政厅叁籍字第 4192 号密令》（抄件），1938 年 6 月 21 日，云南省档案馆藏：民政厅全宗 9 卷。

② 参见贵州省档案馆馆藏：民政厅全宗 2872 卷。

③ 参见四川省档案馆馆藏：民政厅全宗 7657 卷。

④ 《云南省政府秘一民字第 174 号密令》（抄件），1938 年 6 月 16 日，云南省档案馆藏：民政厅全宗 9 卷。

（男、女）、壮丁数目、生活习惯、过去开化工作情形等项。在填表注意事项中要求：一是，民族种类栏分别填注苗夷等族类别；二是，居住区域栏填注前项民族住居省县乡村；三是，人口数目栏填注各该民族男女各别总数（后项壮丁数，应一并计入总数内）；四是，壮丁数目栏填注各该民族自18岁至45岁之男丁数目；五是，生活习惯栏如衣食住行及冠婚丧祭等以及语言、职业、知识程度均应详细填注；六是，过去开化工作情形栏填注各省以往对于边区民族工作经过情形，以后工作意见亦得列入。[①] 1934年的少数民族调查对于人口数目，仅列总数，未曾分别男女各有多少；其壮丁（壮丁指18岁至45岁的男丁）人数及过去开化工作情况，均未列入表内，甚为简略。1938年进行的民族调查更侧重于男女人口数目、壮丁数目和过去开化情况，较前次调查规模更大、调查内容更详细。

云南省政府非常重视此事，1938年6月发布密令，令云南各县、设治局及河口、麻栗坡对汛督办署，于“文到十日内，详实调查填报！以凭汇转，事关要政，切勿延误为要”[②]。由于填报的表格有的太笼统，有的县长认为时间太紧，要求省政府宽限上报时间。为此，同年8月，云南省民政厅在叁三字第5706号训令中，要求：“（一）……按照原表各栏，每一民族，均分别详填，不得笼统填列，以期精确。（二）此项调查表，原限奉文十日内调查填表具报，现在为日已久，尚未据该属呈报，殊碍汇办，应饬赶速调查，务尽七日内填报，不得呈请展限或缓办。（三）若无苗夷民族，应于奉令后，尅日呈覆……事关重要，勿再延误干议。切速！”[③]

在云南省政府和省民政厅的积极倡导与认真督察下，到1941年8月，云南所属的113个县、15个设治局及两个对汛督办署都按要求上报了《西南边区民族调查表》，对云南民族的名称、分布地区、人口数目（有的还给出某一民族所占人口的百分比）、教育情况、生活习惯（包括衣食住行、民族性格、婚姻丧葬习俗、语言文字、宗教信仰）及民族的源流等都做了调查，它是民国时期云南边疆少数民族状况的真实记录与反映。

---

① 参见龙平平《中国民族学早期情况概述》，《思想战线》1986年第5期。

② 《云南省政府秘一民字第174号密令》（抄件），1938年6月16日，云南省档案馆藏：民政厅全宗9卷。

③ 《云南省民政厅叁三字第5706号训令》（抄件），1938年8月5日，云南省档案馆藏：民政厅全宗9卷。

四川、西康省从1938年6月开始调查，均按要求呈报调查表。① 由于是限时填报，贵州省有48个县呈送了调查表。②

第4次西南少数民族调查是在1940年。由于土司制度是清朝遗制，民国政府要求继续改土归流，为了解土司变化情况，1940年民国政府下令对川、康、滇、黔4省当时所存土司进行调查。这次调查表的内容有县（局）别、土司名称、设置年代、时任土司（姓名及年龄）、何种民族、辖境面积、管辖人口（户数和男女口数）、财赋、学校所数、识字人数、土司以下行政组织概况等11项内容。川康滇黔各省都按要求进行了填报。③

上述4次对西南边疆少数民族的调查，是我国最早由政府组织的大规模官方调查，留下了许多关于边疆少数民族宝贵的第一手资料。这些资料对于我们研究西南边疆少数民族发展的历史、研究民国时期西南少数民族状况有重要价值。

另外，民国政府还根据当时形势的需要，组织过其他的调查活动。如1929年夏，民国政府外交部派尹明德先生到滇缅北段未定界进行调查，取得了大量的第一手材料，写出了《滇缅界务北段调查报告》、《滇缅界务交涉史》和《云南北界勘察记》等。④ 1933年12月至1934年2月，民国政府行政院农村复兴委员会派人对云南农村的经济生活状况进行了为期3个月的调查，后来写成的调查报告《云南省农村调查》于1935年4月由上海商务印书馆出版发行。1934年，民国政府外交部特派调查专员周光倬对滇缅南段未定界进行长达半年时间的实地考察，归来后写成了《滇缅南段未定界调查报告》。⑤

1940年4月，暹罗改国号为泰国，在日本的煽动下，泰国以大泰族主义相号召，并派人进入云南傣族聚居区秘密活动，诱惑云南傣族外附。对此，民国政府外交部要求对云南边疆傣族情况进行调查。《云南省傣族人民调查表》包括：种类（要求填水摆夷、汉摆夷、花腰摆夷、白摆夷、龙家、水家等所谓傣族人民）、人口数目、散布区域、与汉人及其他民族人口的百

---

① 参见四川省档案馆馆藏：民政厅全宗7658卷。

② 参见《西南边区（贵州部分）民族调查表》，《贵州档案史料》2001年第3期。

③ 参见云南省档案馆馆藏：民政厅全宗59卷。

④ 参见曹明煌硕士学位论文《二十世纪三、四十年代的云南民族研究》，云南大学，2003。

⑤ 参见曹明煌硕士学位论文《二十世纪三、四十年代的云南民族研究》，云南大学，2003。

分比、有无特殊活动情形（有无外人入该区域活动）及备考等项内容。[①] 调查主要针对云南南部有傣族的县，到 1941 年 7 月调查结束，共有车里、澜沧、瑞丽等 51 个县、局上报了调查表。

除了上述民国政府在 1930 年和 1940 年两次对西南各省土司的调查外，云南省民政厅还分别在 1939 年和 1943 年对云南省的时任土司开展调查与登记。民政厅在 1939 年 10 月发布第 10841 号训令："本省边地各属，因交通不便，民族复杂，且历史风俗习惯，又各具有特殊情形，故迄今尚有土司制度存在。对于各属土司，曾于民国十九年通令调查一度；至今事隔九年，其中难免不无变迁。现值抗战建国之际，本省已成为后方重镇，边区地方界连缅越关系尤大，为安绥边民巩固国防起见，特制定现任土司调查表式一张……于文到一月内依照表列各栏详细查填具报来厅。"这次调查表有土司名称及职别、时任土司姓名及字号、年龄、简明经历等内容，并要求在一个月内各属填报到厅。[②] 到 1941 年 5 月，云南有土司的 37 个属县按要求上报了调查表，无土司的县（局）也做了呈覆。

1943 年，云南省再次对各属土司进行调查登记，发下的调查登记表包括：属别、土司名称、姓名、字号、年龄、性别、学历、经历、居所地名、所属户口、承袭日期、备考等项内容，均要求如实填报。[③]

1945 年对川康滇边区各族生活状况进行调查，内容包括：族别、人口、面积、教育程度、经济状况（主副食物、通货情况、特产、物资）、武力概况（枪种、弹药）、归化程度等。[④]

此外，民国政府还设置了机构，对西南少数民族开展调查研究。1935 年 8 月，民国政府军事委员会委员长行营为了"彻底明瞭及整顿四川西康甘肃青海边政，特组织'川康甘青边政研究委员会'。由现任或曾任各该地军事政治职务而熟悉当地情形及当地民族状况者、对各该地有切实调查有著作行世的专家学者及从事各该地文化或社会事业与当地民众情感相孚且

---

① 参见《云南省民政厅叁三字第 4444 号密令》（抄件），1940 年 5 月 15 日，云南省档案馆馆藏：民政厅全宗 13 卷。

② 参见《云南省民政厅叁三字第 10841 号训令》，1939 年 10 月 28 日，云南省档案馆藏：民政厅全宗 34 卷。

③ 参见云南省档案馆馆藏：民政厅全宗 58 卷。

④ 参见张文芝《弥足珍贵的史料》，《民族》1997 年第 11 期。

精通当地民族语言习尚者组成，从事边政之调查与边民之组织训练”[①]。此外，民国政府军事委员会委员长行营还设有“边政设计委员会”[②]。

随着抗日战争进入相持阶段，需要对西南各民族的政治、经济、文化等方面进行研讨，进而对少数民族进行宣抚，以利抗战。1940 年 1 月，广西省临时参议会参议员刘介提出“关于宣抚苗倮各族”的提案[③]，咨请广西省政府转呈中央宣抚苗倮各族以利抗战而挽危局。内政部在接到广西省政府的呈文后，于 1940 年 3 月发布咨文，咨请川、康、滇、黔、湘、粤、桂各省政府暨教育部、财政部酌办，切实研究西南苗夷民族。根据内政部的要求，川、康、滇、黔、湘、粤、桂各省政府由民政厅和教育厅联合，组织各省苗夷民族问题研究会，对西南各民族的社会、历史、文化、民族心理等开展研究，并制定出宣抚苗夷民族、开发民族地区的方案。

1943 年，云南省民政厅成立了下属机构“边疆行政设计委员会”，负责组织研究边疆民族工作。1943 年 10 月，云南省民政厅在给内政部的呈文中说：“窃本省僻处西南边陲，省内沿边各地，尚保有若干具有特殊性质之边疆区域，在此类地区中，举凡山川气候，住民生活，均不同于内地，而物产丰饶，蕴蓄富厚，则又远非内地所能及，惜政府向以人事所限，未能开发利用，小之足以影响本省政治经济文化之向上发展，大之足以防碍国家民族之团结统一……为促进边疆之开发，俾得早与内地均齐发展，暨巩固国防起见，因根据需要，于厅内成立‘边疆行政设计委员会’。网罗专门人才根据边地实况，拟定具体方案，作为推行边地行政之张本。并培养边疆工作干部，以供政府开疆殖边之助。”[④] 边疆行政设计委员会专门负责边疆各种情况的调查、考察；边疆开发建设方案的研究、设计、筹备、实施；边疆文物的搜集、展览；边政书籍的编辑及出版。

1945 年，中央设立边胞文化研究会，贵州等省也成立了边胞文化研究会。“贵州边胞文化研究会”组织了对台江、镇宁、望谟、荔波、平越、威

---

① 四川省档案馆馆藏：民政厅全宗 7725 卷。

② 四川省档案馆馆藏：民政厅全宗 7725 卷。

③ 参见《广西省参议员刘介关于宣抚苗倮各族提案》（抄件），1940 年 1 月 16 日，云南省档案馆藏：民政厅全宗 12 卷。

④ 《云南省民政厅呈报成立边疆行政设计委员会》（抄件），1943 年 9 月 27 日，云南省档案馆藏：省政府秘书处全宗 646 卷。

宁、施秉等县边胞概况的调查。[①]

1947年民国政府为统筹规划川、康、滇三省边区边务，达到设治目的并开发富源，促进政治经济文化建设起见，特设置“川、康、滇三省边区边务设计委员会”[②]。

政府设置的这些机构，在调查的基础上撰写了大量的调查报告、专题论文和开发边疆民族地区的方案。云南省写出了《云南边疆概况》《边区调查》《西南边务大事记》《云南民族人种之概况》《云南沿边各县土民分布今昔比较研究》《边民生活今昔比较研究》《滇越边境设治概况》《滇越边境政治报告民族分布》《西南边胞教育建议刍议》《云南省边民分布册》《大小凉山开发方案》《云南边民汇纂志》《云南边民种属分布》《云南边疆建设首要问题》《云南省民政厅边疆行政设计委员会征集边疆文物办法》《边疆行政人员手册》《中甸调查报告》《思普沿边开发方案》《腾龙边区开发方案》《滇康边区盘夷实况及治理方案》《政务督导员调查报告》《云南边区县局组织基层干部自治办法》《设立中缅边区及卡拉山区特派员行政公署意见书》《滇西考古报告》《云南省开远蒙自两县调查报告》等。[③]

有关四川、西康省的调查报告、专题论文和开发边疆民族地区的方案有：《大小凉山之夷族》《川康建设方案》《国难时期镇抚办法》《开发宁远计划大纲》《开发大小凉山计划》《四川省十六区开发草地刍议》《四川省十八区开发宁属建议》《雷马屏峨纪略》《川西调查记》《宁属洛苏调查报告》《昌都调查报告》《松理茂懋汶边务鸟瞰》《康昌考察记》《大凉山夷区考察记》等。

贵州省民政厅在对威宁石门坎进行调查的基础上，提出了《经营贵州威宁县石门坎地方办法原则》。此外，还有《东寨社区调查》《铲山边胞卫生状况与今后之展望》等。

三

中国是一个多民族的国家，研究西南少数民族有悠久的历史，但由政

---

① 参见《边铎月刊》，1935～1937年出版。

② 参见四川省档案馆馆藏：民政厅全宗7537卷。

③ 参见张文芝《弥足珍贵的史料》，《民族》1997年第11期。

府积极组织，全面系统地针对西南少数民族（在几次调查中都强调汉族不填报）进行大规模官方调查，民国时期尚属首例。

首先，民国政府在统治大陆 38 年短短的时间内，先后对西南少数民族组织过如此多的调查，反映了民国政府在当时的历史背景下，对西南边疆少数民族的重视。这些调查规模较大，留下了许多材料，取得了一定的成果，在西南民族学史乃至中国民族学史上都有重要的地位。

其次，上述的民族调查都是按照人类学（民族学）的调查规范进行的。每次调查前都制定了调查表式，有填表说明和要求。调查机构一般是由民国政府内政部（下属蒙藏委员会）或行政院发咨文给各省政府，各省民政厅作为调查的主要组织机构，民政厅再下令由各县县长负责，认真调查各县情况，限期填表上报。调查方法是采用调查表收集大量信息，通过对调查表的汇总，掌握各省乃至西南少数民族及土司情况。虽有某些数字不够准确，但上报的资料是可靠的。民国时期的西南少数民族调查，是中国历史上首次应用西方调查方法开展的民族调查。

再次，每一次的调查都有很强的针对性和目的性。1929 年对土司的调查是为了编订全国行政区划表，了解西南少数民族及其上层情况，处理好当时的民族关系，并为继续改土归流做好准备。1934 年开展的西南苗夷民族调查是因为西南边疆危机，尤其是云南边界问题，这一点在民国政府蒙藏委员会发布的咨文中表述得非常清楚，即“为团结国内各种民族，为防止帝国主义者之利用，对于苗夷民族各项情况，实有深切明瞭之必要”。1938 年进行的西南边区的民族调查主要是由于抗战需要，“对于苗夷等族亟应因势利导，予以组织训练，使其效忠党国，藉以增强抗战力量”，故第三次的调查更侧重于民族的分布情况、男女人口数目、壮丁数目（壮丁指 18 岁至 45 岁的男丁）和开化情况等。1940 年 5 月至 1941 年 7 月，民国政府对云南傣族人民的调查，主要是针对大泰族主义的泛滥。总之，民国政府的西南边疆少数民族调查都是为当时的政府制定民族政策和施政措施提供参考。

复次，调查形成的资料较翔实可靠。以云南省为例，从上报调查表的情况看，可分为三种。第一种是本辖区没有少数民族或自称没有少数民族，如呈贡、晋宁、绥江、大理等县没有或自称没有少数民族，呈请免报。第二种是按要求填报合格，如文山、中甸等县及碧江、泸水设治局等。第三种是因为种种原因不合格者，由民政厅饬令详查明确，另行填报或补报。

如元江、缅宁、罗次、玉溪、大姚、永仁等县就被打回去重新填报。在第三次少数民族调查中，丽江、开远、金平、砚山等县甚至被发还多次，直至填报准确。民国政府及各地方政府的研究机构撰写的大量调查报告、专题论文和开发边疆民族地区的方案，也都是在深入少数民族地区进行调查的基础上形成的，是当时民族状况的真实反映和记录。这些调查资料保留了当时民族的最原始状态，具有非常重要的史料价值。

最后，调查的内容全面、丰富。调查内容包括民族种类、名称、分布地区情况、人口数目、生活习俗（衣食住行、民族性格、婚姻丧葬习俗、语言文字、宗教信仰）、教育开化情况等，内容十分丰富。虽然每次调查由于目的不同，调查内容各有侧重，但通过对上述多次调查资料的研究，我们可以了解民国时期西南少数民族社会历史的全貌，这对于我们研究西南边疆少数民族发展历史有重要作用。

但由于时代的局限，民国政府的西南少数民族调查存在以下不足。

之一，民国时期的西南少数民族调查没有按语言系统进行分类，导致民族名称繁杂，种类很多。虽然在20世纪二三十年代人类学的理论和方法已经传入中国，但是民国政府进行的民族调查主要是依靠居住有少数民族的西南各地基层地方官员进行，他们没有接受过民族调查的专业训练，上报的调查表只注意了少数民族的自称和他称，没有按民族的语言系统来进行科学的分类，导致民族名称繁杂，种类很多。西南地区少数民族的名称有200余种①，云南少数民族的名称根据1938年上报的调查表统计，约150多种。当时云南民族有白苗、花苗、黑苗、青苗、红夷、白夷、黑夷、黄夷、岗夷、黑乾夷等不同名称，白苗、花苗、黑苗、青苗明显是同一民族的不同支系，在民族调查表中却被当成不同的民族。类似的情况在调查表中很多，如上报的有花裤猓、大裤猓、黑猓、白猓、猓罗、长毛猓、白儿子猓、斫头猓等，也是同一民族的不同分支，却被看成不同的民族，花裤猓、大裤猓是根据服饰来命名的，斫头猓是根据风俗而得名。此外，民族名称的写法也不规范，相同的民族在不同的调查表中名称写法不同，如香谈，被写成香檀、乡谈；傈傈，被写成栗粟、力苏、黎苏等。

之二，由于每次调查都有很强的针对性和目的性，故在全面性和客观性

① 参见《云南省政府秘一民字第42号指令》（抄件），1938年12月8日，云南省档案馆藏：民政厅全宗第10卷。

方面有欠缺。如对少数民族的经济状况调查不够深入。在几次调查中，主要是重视少数民族种类、人口、户籍、居住区域和生活习尚（习惯）等，但西南少数民族的经济结构、经济发展水平、生产力状况等没有包括在内。

之三，民国政府对西南边疆少数民族的调查还反映出了当时办事效率的低下。许多调查都要求在文到 10 日或 1 月时间内限时填报，但是由于种种原因，调查拖延的时间很长，有的甚至达几年都上报不齐。以 1938 年的西南边区民族调查为例，1938 年 6 月云南省政府密令，于文到 10 日内翔实调查填报，但是到 1938 年 11 月只有武定等 55 属县上报到云南省民政厅。[①] 随后，云南省民政厅又多次发训令，甚至快邮代电令，要求及时调查填报，但很多属县仍然拖延，甚至有的属县以境内无少数民族居住为由推诿不进行调查，亦不上报，故延误了调查表汇总上报时间，云南省的调查表收齐时到了 1941 年 8 月。又如 1939 年云南省对时任土司的调查，1939 年 10 月民政厅发布的训令要求“于文到一月内查填具报来厅”，但是到 1941 年 5 月，碧江设治局才最后一个上报到厅。[②]

民国政府组织的西南边疆少数民族调查，尽管有以上不足，但作为中国历史上最早由政府官方组织的民族调查，在西南民族学史、中国民族学史上仍写下了光辉的一页。这种政府组织的调查，突破了以往国内民族学调查中的学术团体及研究者个人考察的局限性，以大规模的系统调查来搜集全面的边疆少数民族资料，有利于进一步的研究。西南少数民族的调查，为当时的民国政府制定边疆民族政策提供参考，为制定开发边疆计划提供依据，所保留下来的边疆少数民族调查资料，对于我们今天研究民国时期西南少数民族的历史也有非常重要的价值。调查积累了大量的资料，这些资料为中华人民共和国成立后的民族识别、地方志的编纂，以及民族地区的社会、经济、文化、教育的建设和发展，提供了可资利用的宝贵材料。

总之，对民国政府进行的西南边疆少数民族调查，我们应该给予实事求是的评价，并充分发掘和利用这些调查资料，为今天的民族研究服务。

（《中国边疆史地研究》2005 年第 1 期）

---

① 参见《云南省民政厅叁三字第 10841 号训令》，1939 年 10 月 28 日，云南省档案馆藏：民政厅全宗 34 卷。

② 参见云南省档案馆馆藏：民政厅全宗 48 卷。

近代西北回族社会二重组织及其演变

霍维洮

一　回族社会二重组织的起源

迄今为止的史学研究表明，一定社会内的组织结构，往往追求单一性或统一性，因为单一性组织更容易达到统一的目的。所谓统一，主要指社会内部组织的一致性，它表现在两个方面：一是社会组织结构与体系的单一性，一是组织在空间发展上的一致性。相对而言，单一的社会组织，由于其性质、结构、运动机制上的同一性，在功能发挥和规模扩大中矛盾较少；而在多重组织并存情况下，不同组织各自运动，必然会互相抵触而导致矛盾丛生。因此，人们总是把组织统一当作组织活动的重要目标。然而，历史毕竟不是依人们的意愿演化的，它总是依据客观的现实条件逐次展开，以出乎人们意料的面貌让后人不得不对它审视再三。

中国这样很早就形成广阔幅员、多民族共存的国家，无论经济形态、文化取向，还是社会组织，都存在多样性和统一性的矛盾，而这也是推动历史演变的重要力量之一。需要特别注意的是，代表统一性的中原王朝的政治组织与代表特殊性的少数民族的社会组织结合之际，很容易造成该少数民族社会组织的两重性或多重性。在多民族共居区域内，各民族之间的社会结合，也可能造成该社会组织上的多重性，如北朝时期的“胡汉分治”。所以，社会组织的多重性，在少数民族史中是一个比较普遍的现象。不过，依历史背景条件的不同，组织多重性问题蕴含着丰富复杂的内容。

在我国少数民族中，回族社会的组织结构和组织发展有突出的特殊性。首先，在回族的形成过程中，没有经历部落等原始性组织形态。绝大多数少数民族以及汉族，在其形成为民族共同体的历史中，都从原始氏族公社发展到部落或部落联盟，然后走向政权组织和国家形态的更高阶段。这种社会组织发展的路径被视为一般的社会演进规律。而回族在唐宋先民时代，最早出现的社会组织是“蕃坊”。但蕃坊是唐宋政府对留居中国的“蕃客”“胡商”进行管理的组织形式。当然，它的内容必然与早期来华回回人的宗教、生活习俗紧密相关。如蕃坊首领“蕃长”由共居的蕃商推举、唐宋地方政府任命而产生；内部事务管理“依回教风俗，治理回民……一切皆能依《古兰经》圣训及回教习惯行事”[①]。重大刑事案件则依中国法律处理：“蕃人有罪，诣广州鞫实，送蕃坊行遣，缚之木梯上，以藤杖挞之……徒以上罪，则广州决断。”[②] 显然，这是一种外来侨民社会与中国政治制度结合的组织形式，它在中国历史上具有创新的意义。从中国政府而言，蕃坊不同于对少数民族惯常采用的羁縻府州制度。羁縻府州针对那些“世有其土，世有其民”的周边少数民族，中原王朝承认其内部组织制度的合法性，一般通过少数民族部落首领的封册来实现中央政府与少数民族社会的政治联系，中原王朝的组织体制并没有深入少数民族社会内部。很明显，蕃坊制中有“自治”的色彩，主要表现在“随俗而治”。但它针对的不是中国境内固有的民族，而是外来的“蕃客”，即侨民。随着海外贸易的发展，来华的客商数量增多，且有长期居留中国、娶妻生子者，出现了一批“土生蕃客”。除了贸易货物、关税等问题外，如何对待和管理来华侨民，成为唐宋政府面临的一个新问题。把羁縻政策移用于侨民社会的过程中，由于侨民社会并不存在自身固有的社会组织，唐宋政府便用当时城市管理的组织——“坊”，去管理侨民。而事实上，为贸易而来的侨民多集中于通商口岸城镇，蕃坊自然属于当时的城市管理范围，而不是少数民族管理问题。公元834年，因地方官吏“多务征求”，引起客商“嗟怨之声”，唐廷特诏谕：“思有矜恤，以示绥怀。其岭南、福建、扬州蕃商，宜委节度观察使常加存向。”[③] 这表达对于“远人”的关怀。这一时期有关的各种资料，均称唐宋政府对蕃客政策十分宽大，与对待少数民族政策显然不同，根本原因就在于唐宋政府热衷于外海贸易而优待侨民。例如，唐宋政府曾打击佛教、

① 《中国印度见闻录》卷一，张星烺：《中西交通史料汇编》第2册，中华书局，1977，第201页。

② 朱彧：《萍洲可谈》卷二，中华书局，1985，第19页。

③ 《全唐文》卷七十五。

摩尼教、景教、祆教，而对伊斯兰教则十分宽容，证明唐宋政府不打算对侨民社会实施“用夏变夷”的政策，亦即划分了国内民族与侨民的政策界限，蕃客才能够按照其宗教习俗处理蕃坊内部事务。这无疑是回回先民形成自身社会组织的一个重要条件。

对于蕃客来说，虽然蕃坊是唐宋政府规定的制度，但由于政策宽大，他们可以在这个组织制度内保持比较独立的活动自由。当时的蕃客大多来自阿拉伯、波斯各国，他们最主要的共同性就是信仰伊斯兰教。作为穆斯林，必须进行宗教活动，而且许多世俗生活也必须按照教规教义进行，甚至各种纠纷的处置也要符合伊斯兰教的规定。因此，蕃坊中最重要的设置不是蕃长，而是清真寺。广州怀圣寺，传说建于唐代，杭州真教寺，据记载亦“创于唐”。大体到宋代，蕃坊陆续建起的清真寺较多，主要集中在泉州、广州、杭州各地。清真寺是蕃坊的核心，具备了公共机构的职能。它建立于侨民聚集之地，因此，蕃坊便形成了以清真寺为中心，以四周穆斯林居民为范围的格局。随着蕃客的“华化”，唐宋政府设置的蕃坊逐渐演变成回回先民的社会组织：“坊”本是唐宋时代城市管理中的基层组织，由于蕃坊的延续，在回族形成后就变成了回族社会组织的特有名称。直至今天，回族之清真寺仍称为“坊”，足见蕃坊影响之深。

如果我们把蕃坊看作回族形成过程中的早期组织形态的话，就可以说，回族社会自形成时代起，组织就具有二重性的内容。蕃坊首先是唐宋王朝设置的制度，而不是来华蕃商独立形成的组织；但蕃坊内部又实现了蕃商等侨民的自治，不同于唐宋统治下的其他地方组织关系。这一组织的二重性，亦即其特殊性：一是它包含着中原王朝对外来侨民的管理和侨民社会自我管理的双重内容，因而既表达中原王朝政治统一性要求，又能以蕃商侨民的宗教习俗为社会规范，无疑是两种社会文化需要的结合；一是在权力关系上，蕃长由蕃众推举，表现了蕃坊权力归于蕃商，但蕃长的任命又需要中国政府认可和承认，表现了中国政府对蕃坊具有从外部进行控制的权力。置于唐宋时代背景，蕃坊高度的自治性质是十分醒目的。

元明以后，回族作为中国民族，封建政府对其统治逐渐强化，回族成为国家编氓而被置于地方政府组织体系之下。此过程大体起自元代令回回人随地入社，蕃坊遂演为教坊。其间主要变化是，政治、法律裁判权归于封建政府，教坊变为单纯的宗教组织。如明皇室对清真教的关注超过前代，发布了不少赞颂和保护伊斯兰教的谕旨，但其中并无一字及于回族自治管理，可见明朝把清真寺（坊）完全视为宗教机构。蕃坊本为唐宋政府设立的制度，而此时则演为回族自身的组织，与封建政权组织相脱离。与蕃坊相比，教坊在政治上的自治性大为削弱，即使事实上仍存在坊内居民的自我管理，也不为封建政府所承认。封建官府还极力影响和控制教坊事务，例如修建清真寺需要官府批准。所以，如果说蕃坊时代，蕃商侨民拥有高度的自治权的话，那么，元明以来的回族则失去了这一权力。这时回族社会组织的二重性表现为既受官府统治，又在教坊内处理事务，特别是以宗教的形式来凝聚和调节回族居民的各种关系。在蕃坊内化为回族自己的组织形式的过程中，清真寺的社会管理功能积淀为回族宗教的传统。关于这个传统，马松亭阿訇是这样总结的："中国各处的清真寺，不像别的国家一样，只是备人们作礼拜用的；而是一方穆士林的中心机关。穆士林对于清真寺的关系，恰似现代立宪国家的人民与国家的关系一般，人民是国家的主体，同时受国家的统治；中国的穆士林是清真寺的主体而同时受清真寺的统治。"①

二　西北回族社会二重组织发展及其矛盾

历史上各个民族的组织形态，只能从其依据的具体社会条件来说明。回族形成之中，与中国固有社会紧密结合，在社会组织上的表现，就是国家政权组织深入回族社会。但大一统的封建国家的政权组织并非为回族所独有，换言之，它并不是回族社会内部生长起来的组织形态，而是封建国家统治关系在回族社会的延伸。因而，一方面，回族社会的发展并不直接改变这一组织状态，它的变化有赖于整个中国社会的发展；另一方面，这也说明封建国家政权组织不能直接和集中地反映回族社会的要求。这两方面决定了，对回族社会而言，它是一种外部力量，不能完全替代本民族的组织发展需要。

问题的要害在于，任何一个民族在社会发展的同时，都必然推动社会发展组织水平的提高，以此来保证和确定社会发展的内容。所以，回族必然要以自己的组织创新来满足本民族社会发展的需要。而这一组织发展的

① 马松亭：《中国回教的现状》，《中国伊斯兰教史参考资料》上册，宁夏人民出版社，1985，第 80 ~81 页。

起点只能是教坊。或者说，教坊是回族社会组织发展所可继承和借用的现实形式。这在西北回族社会表现得十分突出。

元明以后的教坊，就社会管理功能而言，较唐宋蕃坊更为削弱。这表明封建国家对回族社会组织的限制。因而，教坊一直处于组织分散和范围狭小的状态。当西北回族社会不断壮大，经济、文化趋于统一，区域性日益明显时，教坊的分散性和狭小性不适应新的社会趋势，必然会发生变化。这个变化大体是从经堂教育开始的。经堂教育打破教坊的封闭性，推动了一定区域内教坊之间的联系。由于这种联系，才能在宗教上形成教派。由于教派的划分，才产生了“门户”及其斗争，最后促成了西北回族社会出现了众多的“门宦”。① 人们常说“门宦是扩大了的教坊”，反映了门宦代表的组织发展是从教坊开始的，反映了西北回族社会组织的继承关系，更反映了门宦组织在功能和范围上远远超过了教坊。

笔者认为，门宦制度是西北回族社会凝聚和发展的结果，是该民族社会发展到一定高度的表现。回族社会组织发展在此实现了质的突破和飞跃，标志着西北回族、撒拉族、东乡族、保安族社会以门宦组织为依托，进入社会内部社会整合加速、区域统一快速提高的阶段。这必然要剧烈地改变元明以来回族与封建国家的组织关系。比如，在清朝政权体系中，回族居民以地域划分而被置于省、府、州、县、乡管辖之下，而门宦的组织扩大有明显的跨越这些行政界限的趋势，造成突破官府组织结构的新关系。苏四十三反清时，得到兰州、唐王川等地新教回民的大力支持，令清政府十分吃惊；田五事件中，清政府更清楚地看到新教传播的广泛，盐茶、固原、静宁、通渭、伏羌等各州县均有反清活动，还有像马泉湾、马营街这样的小城镇也以“马三阿浑、张阿浑、马壮等”为首，聚众“约有数千名”，与清军作战。② 这反映了教派和门宦所带动的社会关系在空间上的广泛性。

历史上许多民族的早期组织发展，都是以血缘关系为纽带，以部落兼并方式向地缘化关系发展的。一旦这种地缘化关系得到确立，氏族部落组织就转变成了政权组织。回族社会由于早就存在二重组织，其社会组织发展的方式和道路具有突出的特殊性。清政府政权组织按照区域划分而统治百姓，回族被固定在这个地缘组织之间，造成民族成员被分割和分散于各

---

① 《近代西北回族社会组织化进程研究》，宁夏人民出版社。

② 《石峰堡纪略》卷六，宁夏人民出版社，1987，第 95 页。

县乡的状况。这既是回族社会统一性提高的障碍，又使得回族社会组织发展在地缘关系上失去了空间。只有宗教关系才有可能突破官府的地缘组织分割，使不同地区的民族成员联系起来。教坊在它很小的范围内也具备地缘性，以清真寺为中心的一定范围内的回族居民早已形成了稳定的宗教和社会关系。这样，教坊之间的关系加强，其所属的回族居民也就自然地联系了起来。所以，教派推动教坊之间的一体化是门宦组织发展的基本方式。

这个组织发展和扩大的方式，决定了教争的不可避免性。在循化撒拉族教争中很清楚地看到，争夺清真寺是教争的关键，这当中也包括新建清真寺，表明了教坊在这个组织化过程中的重要地位。特别是那些已经归属某一门宦的教坊，若要改变门派，斗争便更为激烈，并能引起两个门派之间广泛的冲突。清政府看到了这点，在处理苏四十三事件中，规定了明确的条款，来限制这一组织发展。除了禁止哲赫忍耶新教，其禁条中还规定："一禁搀夺；一禁勾引窝留。"① 这显然针对教坊之间的宗教往来。"一禁添建礼拜寺；一禁诬告"，则针对教派发展往往表现为新建教坊，"诬告"则指教争。这些条款和政策旨在切断回族教坊之间的联系，使门宦组织在空间上无法发展。同时，对于门宦组织结构本身，清政府亦有高度重视。上谕中说："据伍岱等奏……回匪头人有马阿不都、马之先、沙之玉、马世雄四人，都是三掌教头目，更有小头人四名等语。新教匪徒竟有三掌教名目，可见伊等掌教内已有等第层次，是其蓄谋已久，必非朝夕所能猝合。李侍尧身为总督……于新教回匪等公然自立掌教名目等次之事毫无察觉，任其煽惑勾结，以致酿成事端。"② 站在统治阶级立场上，乾隆把回族新教组织类比于白莲教等反清宗教，因而气急败坏地企图一举将之消灭。富有统治经验的乾隆皇帝曾反复指示地方官员调查事变原因，甚至还考虑到是否因地方苛政所激起。经过苏四十三事件，清政府认定新教组织是反清的直接原因，因而便有上述政策的出台。他们的认识盲点在于，以门宦为代表的回族社会组织不同于历代农民起义中的宗教组织。农民起义的组织是以反官府为目的，宗教组织是发动起义的手段；而西北回族宗教组织是该民族社会发展的自然结果，目的不是反抗清政府，而是完成本民族社会结构——组织化和一体化。这是任何民族发展中都可能经历的一步，而不是

① 《循化志》卷八，"回变"。

② 《石峰堡纪略》卷四，宁夏人民出版社，1987，第69页。

由于阶级利益冲突而蓄意发动的政治斗争。即使不考虑历史、社会背景等因素，我们也看到，在回教宗教教派兴起、组织发展中，首先产生的是教争，而不是反官府。教争双方甚至到衙门告状，希望通过清政府来解决教争矛盾。这说明，教争双方毫无反官府动机，他们也不了解教争与政府组织之间的深刻矛盾。因此，这是自然的和自发的，是社会发展问题，而不是政治（阶级）斗争问题。

然而，事物在其发展过程中依条件而必然演变。苏四十三、田五事变后，清政府着手打击回族宗教组织，深刻反映了西北回族社会二重组织之间的冲突。清政府禁绝新教，限制教坊之间的联系，取缔掌教、总掌教，推行乡约制，企图瓦解回族教坊组织作用，增加甘宁青地区驻军，变更行政建制等，成为西北回族社会组织发展的首要阻力。而且它对回族宗教组织的打击在实践上同时演变为对整个回族的压制。最突出的问题是，清政府禁止新教。田五事件后，表面上新教已不复存在，因而有关限制打击回族宗教的各项措施均落实到未曾反清的老教身上。新任陕甘总督勒保奏报他采取的措施：

> 臣到甘以来，节次晓谕旧教回民将仍习新教之人按名查缉，并明立条款，回民礼拜日期止准于本村寺内念经，不许另赴别寺，亦不得多索忏钱；如有婚丧事件，止准延请本寺乡约头人，另寺之人不得搀夺；仍令照依编造保甲之法，将某某回户应归某寺念经之处造册备案；其平时教习经文，亦止准延请本寺回民教读，不许勾引隔村别寺人及添建礼拜寺、私筑城堡等事；至专设回民义学教以诗书，尤为化导良法，通饬实力奉行。以上立定章程，责成该管道府随时稽查，按月禀报。①

这些政策均令“各村庄老教头人实力访察，一有见闻，即当禀首”，并要“连（联）名甘结”，保证绝无新教活动。笔者认为，这是一个非常重要的环节，它造成了继新教反清之后老教与官府矛盾的发展，最终积累为西北回族无论新教老教一致反清的形势。由于西北回族社会中反官府情绪逐

---

① 《清高宗实录》卷一三四四，乾隆五十四年十一月辛亥，中华书局，1986，第1216页。

渐酝酿，比如哲赫忍耶派在遭禁的情况下却迅速发展，到第四、第五代教主时，势力超过了其他门宦。这无疑表明该门宦的反官府形象获得了广泛的认可。清朝咸同年间，西北回族各门宦的组织体系已趋完备，组织力量空前强大，具备了发动反清斗争的条件。

清政府之所以能够在西北回族社会如此有力地实施其政策，根本原因即在它的政权体系早已控制着这一社会。但另一方面，回族毕竟不同于汉族，其民族社会内部存在的组织结构仍然发挥着重要作用。官府的种种措施需要“传集该处头人乡约等”[①]去落实，而回族“头人乡约”多数是宗教教坊和教门的领导。这个角度表现了少数民族社会组织的顽强，清政府不可能完全摆脱回族社会的固有组织结构。这个二重组织关系，此时演为清政府企图通过回族社会力量来限制其组织的发展，结果必然是二者矛盾逐渐深化。这就是从苏四十三事件到同治年西北回族社会二重组织的运动趋势。

三　二重组织斗争及其演变形态

同治初年，西北回族全面反清。数年之间，甘宁青大部分地区被回民军所控制，清政府地方统治基本瓦解。然而，取得巨大胜利的回民军转而寻求与官府合作的方式，“抚局”时期，回族社会组织上的二重关系更为突出。这是回民起义区别于其他民族运动的重要标志。

如前所述，田五事件后的80年间，西北回族社会并未因清政府的打击限制而停止组织发展的步伐。从材料看，多数门宦获得了长足的发展。遭禁绝的哲赫忍耶门宦，组织中心转移到宁夏灵州，第三代教主“马达天在宁夏灵州暗设道堂，夜间礼拜念经，秘密经营教务”。道光年间，官府控制松弛，第五代教主“马以德因以逐渐公开进行教务活动，曾派阿訇去新疆联络教徒，并在金积公开修建道堂、清真寺，甘肃的新教阿訇也常到金积‘跑教门’，远近教徒纷纷前来拜谒教主，奉献‘海底耶’”[②]。第五代教主马化龙时期，该派达于鼎盛，这特别表现在该门宦教区领导显示的作用上。如穆生花为马化龙派在陇东的“热伊斯”，他领导了平凉、清水、秦安一路

① 《清高宗实录》卷一三四一，乾隆五十四年十月甲戌，中华书局，1986，第1184页。
② 勉维霖：《宁夏伊斯兰教派概要》，宁夏人民出版社，1981，第63~64页。

的反清斗争，反映了教主以下宗教人物的权威和该门宦组织扩大后产生的区域组织结构。河湟一带则以花寺门宦最为强大。它不仅在河州地区有广泛的教众，而且在西宁地区形成了一个相对独立的组织体系。其他门宦如北庄门宦以东乡族为主，牟夫提门宦以临洮为区域，其组织界限区分日益明确，教主权力一系相传已经制度化，组织化和制度化水平均有显著提高。

与此形成对照的是，嘉道以降，清政府日益腐败，甘宁青地方政治之败坏更有过于内地之处。及至太平天国起义后，陕甘军队多东调，西北军事空虚，官府组织变成了一具腐朽的空壳。毫无疑义，此时官府组织对回族宗教组织的压力大为削弱。

在这种情况下，西北回族社会组织发展中的几种矛盾再次表现出来。咸丰年间，循化、西宁一带又起教争。1858 年，“巴燕戎戎格厅所属东山各庄撒拉回民与丹格尔厅城回民因争礼拜寺启衅，突聚两千余人持械滋事”[①]。其原因是：“因西宁回民掌教马归源素为撒拉信服，嗣有狄道回民治承祖等亦在西宁诵经礼拜，得受回民布施。该撒拉遂指为新教，欲与辩论，不候委员审断，辄纠众肆扰。”[②] 其他地区的回族反清，更主要是由陕西回汉械斗的刺激而起的。1862 年，陕西回族反清，“陕省有传单到甘，又宁夏府属之灵州有回民数百入境买马、制械”，知州张瑞珍“虑该州回民有变，曾将马化隆传到，谕以各安本业，勿生事端”。[③] 但形势动荡，宁夏同心平远所回族把总马兆元举旗反清，金积堡、吴忠堡、盐茶厅、平罗县各地回民立即响应，平凉等陇东等处以穆生花为首亦响应起义。河州、狄道回民有参加陕西斗争的，途中屡受团练官兵阻截，遂造成“争渡起衅”，各门宦联合起来，攻狄道州和河州。

西北回族反清斗争兴起的方式，折射出该社会组织发展中的矛盾。教争是宗教组织扩大所带动的矛盾，又是该组织发展的形式。但苏四十三、田五事变后，各门宦对教争持着十分审慎的态度，因此，数十年中不见教争记载。这反映了清政府政策所导致的回族组织扩大方式的演变。如河狄地区，门宦林立，却能团结一致，与乾隆年间屡起教争形势相对照，而西宁地区的教争却屡禁不止。青海办事大臣玉通奏称：“甘回有新旧两教之

① 《平回方略》卷十一。
② 《平回方略》卷十一。
③ 《平回方略》卷四十四。

分，临洮本届旧教，花寺则谓新教，党同伐异，积不相能。……回民总约马归源并不禀官察办，辄聚花寺回子数千……将东关北古城、北关一带居住洮教回子杀伤大半……据花寺回子声称，伊等两相争斗，不敢扰害汉民等语。”① 西宁花寺门宦声称并不反官府，因此官府只得借河州上层马乜氏赴西宁为平息事变奔走。西宁地区的教争渐扩展到民族冲突，马桂源以议抚与官府周旋，遂开西北回族反清中议抚的先河。这个过程使得官府日益依赖马桂源在西宁的影响。在反清和议抚双轨运行下，马桂源掌握了西宁地区政权：教争和民族冲突斗争有效地瓦解了官府统治；而议抚又可以借助官府的政权形式来发展本门派组织。左宗棠反复说：“西宁名存实亡，早见奏牍……在城汉官司软困已久，豫锡之、黄武贤均趋而避之，此由马尕三奸谋，玉通甘受其制所致。今欲革故鼎新，收其权归之官，谈何容易。”② 这当中表达了官府与门宦二重组织关系在抚局中的根本变化。以门宦组织为内核、以回民军组织为形式的回族社会组织，在与官府保持联系的条件下，取得了主导性和支配地位。这当然不是清政府和左宗棠等愿意接受的。

与西宁教争转为抚局情况相比，由反清向抚局的转变显然要困难得多。宁夏回民军举旗反清，政治态度鲜明。1865 年前虽亦多次与官府议抚，但均无结果。1864～1865 年，清军部署攻金积堡，被回民军一举击溃，宁夏、甘肃官府统治陷于瓦解。马化龙（另作马化隆、马化漋）与驻甘伊犁参赞大臣联捷、宁夏将军穆图善等反复议抚，并资送清军粮饷，至 1866 年元月始达成抚议，从而形成四年之久的宁夏抚局。马化龙对官府更名马朝清，被任为朝廷官员，从副将直至记名提督。其他回民军领导人“马耀邦、马万选、赫壮图、马明起、赫忠义均蒙分别赏给官阶虚衔”。③ 北起石嘴山、南至陇东广大地区尽入抚局。

抚局时期，回民军组织的主导地位，无可置疑。如“甘回素听马化漋之命，地方公事及征收钱粮，向皆马化漋主政。在城文武各官薪粮皆由马

---

① 《平回方略》卷四十四。

② 《左文襄公家书》下，第 38 页，沈云龙主编《近代史料丛刊》，第 81 辑第 805 册，第 221 页，台北，文海出版社，1987。

③ 《穆图善奏折》，《左文襄公全集·奏稿》卷 32，沈云龙主编《近代史料丛刊续编》第 65 辑第 643 册，文海出版社，1987，第 1265 页。

化瀽发给，回众藐视官长而不受约束，官长坐视回众而莫可加（如）何”[①]。马占魁为灵州知州，亦马化龙所委任，地方治安亦由回民军负责。“西宁郡城城门之启闭，回匪司之；公文之往来，回匪拆之；官民之出入，回匪主之。虽无戕官显迹，而已阴踞城池。”[②] 作为反清军事胜利的结果，这一局面合乎自然。令人关注的是，清政府的政权组织在抚局地区仍然存在着。回民军在议定抚局后，立即将占据两年之久的宁夏府城和灵州城交给官府，并由官府派驻官员，即使如灵州这样的回民军核心地带，城中仍然由清政府任命官员。可见在回民军控制区仍然存在着二重组织。这种组织上的二重性还表现在回民军领导人的职务上。马桂源为花寺门宦教主，此时又是清政府西宁知府。这标志着西宁地区二重组织关系集结于马桂源一身，从而达到了某种程度上的统一。马化龙不仅为哲赫忍耶门宦教主，且任回民军“总理宁郡两河等处军机事务大总戎”，其部属有元帅、参领等职。这些资料透露出，回民军有一个自己的组织结构，与原有门宦组织有一定的区别。笔者认为，在组织向地缘化方向发展中，必然会多少摆脱纯粹的宗教关系，而向政治化演变。这正表明了回族反清胜利推动该社会组织的扩大和内部关系的演变。但在这个组织之外，抚局中仍然接纳了清政府官府的组织，马化龙亦同时为清政府任命的官员，成为二重组织的结合人物。可见，西北回族在取得反清斗争巨大胜利的条件下，并未抛弃官府，反而积极地促进回民军组织与官府的联系。从回民军领导人兼任清朝官员的现象看，他们希望在自己统辖的地区把两种组织结合于一身。这自然可以理解为，抚局是回民军巩固反清成果的形式，是其追求的组织发展形式。

抚局所表达的政治意图，既不同于农民起义，也不同于历史上的少数民族割据。前者旨在推翻旧王朝，后者则追求独立于中原王朝体系之外自成一体。抚局中的回民军把自己放在地方政权的位置，承认清政府的中央政权地位。有两条原则，界限清晰而统一：政治上没有推翻清王朝的目标；组织上不打算完全独立于清政府之外。而这也正是清政府承认回民军组织的基础。这种发展道路的确立，深刻反映了西北回族社会的特性。二重组

---

① 《左文襄公全集·奏稿》卷三十三，沈云龙主编《近代史料丛刊续编》第65辑第643册，台北，文海出版社，1987，第1296页。

② 《平回方略》卷一四六。

织的长期存在，既造成压力和矛盾，也积成习惯与传统。“二元忠诚”的思想框架和对皇权的依赖是回族小农社会的基本倾向。一旦官府压力解除，政治归属性要求便浮出水面。更何况回民军面临多民族共居现实，与官府的结合有利于化解许多复杂的矛盾。总之，回族反清斗争的胜利，为其社会组织发展开拓出广阔的空间，组织化水平迅速提高。但这种组织发展又形成新的要求，与武装反清现象相反的抚局，代表了回族社会组织扩大之后，寻求稳定协调社会环境的需要。

然而，抚局终于没有成为永久性政治格局。从 1869 年起，清军大规模进攻西北回民军。湘军进攻金积堡时，清政府内部发生了争论。穆图善等认为，宁夏回民军早已归属官府，“马朝清之深明大义，矢志靡他，证之前事已斑斑可考”[①]。而左宗棠认为，“金积堡马化漋名虽投顺，却极狡诈，持其富豪，持其地险，为甘回所推服，阳受穆署督之抚，阴与陕甘各回相通”[②]。其实质在于抚局中清政府失去了主导性，“如西宁之马尕三藉称就抚，挟持官吏，而西宁汉回兵民各务阴归其掌握，名为官抚回，实则回制官”[③]。最后，刘松山攻破马家寨，“搜出马化漋九月十三日给伪参领马三重、吴天德、杨长春纠党抗拒伪札一封，伪衔刻‘统理宁郡两河等处地方军机事务大总戎马’，钤以伪印”[④]。这成为清政府支持左宗棠的根据。抚局中回民军组织与官府体系的联系与结合，没有真正改变二重组织的区分和排斥性，清政府具备足够的军事力量时，立即着手改变这一局面，西北回族反清中的抚局走向全面破裂，和平又转为战争。

结　语

二重组织结构，造成了西北回族社会组织发展的复杂性。其中既包

① 《穆图善奏折》，《左文襄公全集·奏稿》卷三十二，沈云龙主编《近代史料丛刊续编》第 65 辑第 643 册，台北，文海出版社，1987，第 1265 页。

② 《左文襄公全集·书牍》卷十，沈云龙主编《近代史料丛刊续编》第 65 辑第 643 册，台北，文海出版社，1987，第 3022 页。

③ 《左文襄公全集·奏稿》卷三十二，沈云龙主编《近代史料丛刊续编》第 65 辑第 643 册，台北，文海出版社，1987，第 1239 页。

④ 《左文襄公全集·奏稿》卷三十三，沈云龙主编《近代史料丛刊续编》第 65 辑第 643 册，台北，文海出版社，1987，第 1295 页。

含大一统中央集权体制与少数民族社会发展之间的矛盾，也受到多民族地区各种民族力量的制约。西北回族反清运动为解决这些矛盾作出了极具创新的探索，二重组织关系发生了新的变化和发展，但这个局面终于没有固定下来。清政府镇压回民起义后，进一步改变了西北回族社会的组织结构，使之走上了剧烈变化的道路。回族军事集团开始了新的历史条件下追求二重组织重新结合的方式，并取得了相当的成绩。此问题有待另文探讨。

（《西北民族研究》2005 年第 3 期）

近代新疆多民族分布格局的特点及其重要影响

齐清顺

我国著名民族学、社会学专家费孝通教授在论述中华民族从古代“一个自觉的民族实体”过渡到近代“一个自在的民族实体”时说：“它的主流是由许许多多分散孤立存在的民族单位，经过接触、混杂、联结和融合，同时也有分裂和消亡，形成一个你来我去、我来你去，我中有你、你中有我，而又各具个性的多元统一体。”对此，费孝通教授特别强调说：“这也许是世界各地民族形成的共同过程。”① 费孝通教授的这一观点已为我国民族学界普遍认同。因此，世界上各国、各地区中的不同民族之间“你来我去、我来你去，我中有你、你中有我，而又各具个性的多元统一体”的民族分布格局是世界各国和我国多民族国家民族分布格局的共同特点，自然也是近代新疆民族分布格局的特点。

众所周知，新疆自古就是一个多民族聚居、共同生活发展的地区。18世纪中期清朝统一新疆后，对新疆民族进行整合，增加了新的民族成员。道光二十年（1840）进入近代社会以后，外国人口的进入又使新疆增加了新的民族成分，终于在民国二十四年（1935），确立了当时新疆维吾尔、汉、哈萨克、蒙古、回、柯尔克孜、锡伯、索伦（达斡尔）、归化（俄罗斯）、满、乌孜别克、塔塔尔、塔吉克、塔兰奇（伊犁地区维吾尔）14个民族共同生活的分布格局。②

---

① 费孝通：《中华民族多元一体格局》，中央民族学院出版社，1989，第1页。

② 1949年新中国成立后，“塔兰奇族”取消，称维吾尔族，“归化族”改为俄罗斯族，“索伦族”改为达斡尔族，形成目前所说的新疆13个民族。

近代新疆多民族分布格局的特点

新疆地处我国西北边陲、周边与众多国家接壤的特殊地理位置；地域辽阔，境内高山、盆地、冰川、河谷、绿洲、戈壁、草原、沙漠等特殊地形地貌齐全；以及地处亚欧大陆中部，大陆性气候特点显著，中西经济文化交流频繁等，使近代新疆的民族分布状况更具有显著的时代和地区特点。主要有以下几点。

1. 小聚集和大杂居同时并存

近代新疆各个民族由于一个民族基本一致的生产、生活方式和相同的宗教文化，就一个地域比较小的地区或地方来说，往往是某个民族聚居、人口占绝大多数的地区或地方，有的甚至是某一个单一民族居住的地方。例如在南疆维吾尔族居住比较集中的少数县或相当多的一些乡村，在哈萨克、蒙古、柯尔克孜等民族生活比较集中的一些牧区，在汉、回、锡伯等民族生活比较集中的一些农村等，都有这种情况。

但是，就一个比较大的地域来说，例如县或县以上的地区，到1949年新中国成立前夕，还没有一个是单一民族的县，更不用说是县以上更大的地域范围了。据民国三十三年（1944）新疆当局进行的人口统计来看，当时新疆的10个区，都是多个民族杂居的地区。新疆省会迪化市（今乌鲁木齐市）所在的第一区（乌鲁木齐地区）共生活着12个民族、391853人，其中，维吾尔族139656人、汉族136808人、哈萨克族67690人、回族64037人；另外还有蒙古族988人、乌孜别克族873人、归化族（俄罗斯族）847人、塔塔尔族598人、满族202人、塔兰奇族（伊犁维吾尔族）48人、锡伯族42人、柯尔克孜族14人。至于当时人口比较多的第二区（伊犁地区）和第三区（喀什地区）更是当时新疆14个民族共同生活的地区。到1949年新中国成立前夕，伊犁地区共有人口471686名，其中哈萨克族占大多数，有210672人；但同时生活在这一地区的还有塔兰奇族79187人、维吾尔族76229人、汉族27661人、蒙古族24480人、回族17654人、锡伯族10218人、归化族9370人、柯尔克孜族7600人、乌孜别克族4697人、塔塔尔族2246人、索伦族1118人、满族542人和塔吉克族12人。喀什地区是南疆维吾尔族居住比较集中的地区，但在这里生活的人口中，仍有为数不少的其他各族群众。到1949年新中国成立前夕，在喀什地区总人口的957402名中，除维吾尔族902874人外，还有当时新疆的其他13个民族的成员，其中人口比较多的有柯尔克孜族41338人、塔吉克族7202人、汉族2731人、乌孜别克族2480人、回族651人。

如果从新疆全省来说，当时新疆共有14个民族共同生活，更是多民族杂居共处的地区。据民国三十三年（1944）新疆当局统计，在当时新疆4011330名总人口中，人口在100万以上的为维吾尔族，有2988528人；人口在10万以上的为哈萨克族和汉族，分别有438575人和222401人；人口在万人以上的为回族（99607人）、塔兰奇族（79280人）、柯尔克孜族（65923人）、蒙古族（59686人）、归化族（19392人）、锡伯族（10624人）、乌孜别克族（10224）；人口在千人以上的为塔吉克族（8210人）、塔塔尔族（5610人）、索伦族（2508人）；人口不足千人的仅有满族（762人）。

2. 少数民族人口在总人口中占大多数

本文所说的“少数民族”是沿用目前我国民族学界所使用的“少数民族”一词的称谓，即就全国而言，相对于汉族的人口较少的民族，其实也就是除汉族以外的其他民族。

18世纪中期清朝统一新疆后，内地大批汉族军民移居新疆，总人口到19世纪60年代之前已达30万人左右，居当时新疆各民族人口的第二位。但是，从19世纪60年代以后，在近代新疆历次较大的战乱中，汉族群众往往成为被攻击的对象，人口损失严重，因此造成近代新疆汉族人口的增长一直比较缓慢，在新疆各民族人口中的地位有较明显的下降。据民国三十三年（1944）新疆当局统计，新疆汉族总人口为222401人，不仅比当时总人口已增长到2985528人的维吾尔族少了10倍以上，而且比当时总人口增长到438575人的哈萨克族还少了近一倍，在新疆人口总数中的比例有明显的下降，已从各民族人口中的第二位退居到第三位。民国三十三年（1944）以后国民党大批军政人员进入新疆，虽然使新疆的汉族人口有所增加，但其在新疆各民族人口中的排位并没有发生变化，仍处于第三位。

而在同时，新疆少数民族的人口总数却在迅速上升，特别是在新疆人口中居于首位的维吾尔族人口，在近代的近百年中，增长更快。1911年清朝灭亡前夕，在新疆的200余万人口中，维吾尔族有150万人左右。经过近40年的发展，到1949年新中国成立前夕，新疆总人口增加到400余万，维吾尔族人口达300余万[①]，使维吾尔族人口的绝对数大大超过新疆其他少数民族，更大大多于汉族。与此同时，哈萨克、柯尔克孜、乌孜别克、塔吉克、俄罗斯、塔塔尔等族的人口都有不同程度的增加，使新疆少数民族人口总数不仅达到前所未有的高水平，而且在新疆人口中的比例也大大高于清朝统治时期。

3. 少数民族分布地域比较广大

民国八年（1919）阿勒泰划归新疆省管辖后，近代新疆的版图已最后确定下来。我们知道，在目前我国960余万平方公里的陆地面积中，新疆面积为166.04万平方公里，占全国陆地总面积的1/6左右，是我国面积最大的一个省区。

在如此广阔的土地上，由于各种原因，当时生活在新疆的汉族大多居住在各地区的中心城市和比较靠近城市或交通要道的村镇，所生活的地域比较小。而在地域更为广大得多的乡村和山区，特别是比较偏远、交通不便的广大农牧区，生活在这里的绝大多数都是新疆的各个少数民族。例如，在当时经济文化都比较发达的乌鲁木齐地区（第一区）：汉族总人口为136808人，其中生活在乌鲁木齐市（当时称迪化市）的有38557人；而比汉族人口还要多的维吾尔族（139656人），只有12863人生活在乌鲁木齐市；哈萨克族人口有47690人，仅仅有401人生活在乌鲁木齐市。又例如在当时各民族聚居的伊犁地区（第二区）：汉族总人口为27661人，其中15081人生活在伊宁市（当时称宁远城），占一半以上；哈萨克族总人口为210672人，却只有22921人生活在伊宁市，仅占1/9左右；蒙古族人口为24480人，在伊宁市生活的人更少，只有64人，占几十分之一。[②] 在这一时期的天山南部地区及以牧业为主的阿勒泰、塔城等地区，汉族主要从事农业生产或政务、经商等活动，更主要集中生活在各地的城市和乡镇。

4. 跨界民族比较多

新疆地处我国西北边陲，周边与多个国家接壤。如前所述，在近代新疆各民族的形成和发展过程中，由于国内外各种因素的影响，到20世纪初

---

① 纪大椿：《近世新疆人口问题的历史考察》，载《新疆经济开发史研究》上册，新疆人民出版社，1992。

② 上述人口统计数字皆依据1944年新疆当局统计的人口数字。

时，新疆便出现了哈萨克、柯尔克孜、塔吉克等中俄之间的跨界民族。到20世纪40年代末，随着新疆“归化族”（俄罗斯族）的确立和蒙古人民共和国的建立，新疆又出现了中苏之间和中蒙之间的跨界民族俄罗斯族和蒙古族。这样，到1949年新中国成立时，在新疆当时的14个民族中，有5个是跨界民族。

同时，在近代新疆境内，还有为数不少的周边国家的商人及各类人员居住活动，例如当时的印度人（包括今天的印度、巴基斯坦）、阿富汗人等。民国初年到新疆巡视的谢彬在南疆各地都看到不少所谓的“英籍商人”或“英籍商民”。例如他在莎车看到当地有“英籍四百余户”，在叶城看到有“英籍商民一百零四户，男女共四百零六口”，和阗有“英籍四百余人”。[①] 这里的所谓“英籍”人，并非都是英国人，而是当时属于英国殖民当局统治下的印度人、阿富汗人等。不过，这些在新疆活动的外国人并不能算是跨界民族，因为他们本身还不是新疆多民族的成员。但是，与同期国内其他许多省区相比，新疆跨界民族比较多仍然可以算作近代新疆民族分布格局的一个突出和明显的特点。

对新疆稳定发展的重大影响

近代新疆多民族分布格局的上述主要特点，既是当时新疆的重要区情之一，也是影响当时新疆稳定发展的重要因素之一。近代新疆史上，既有社会比较稳定、经济文化发展比较快的时期，也有社会出现动乱、经济文化发展暂时停滞的时期。但是，在近代新疆史上不管出现什么情况，都或多或少地与这时新疆多民族的分布格局和上述特点有直接关系。

1. 政治方面

近代新疆多民族分布格局的形成及其特点对当时新疆政治方面的影响非常重大，表现在许多问题上，其中最主要的表现就是各个民族近代民族意识的增强和参与各级政府政务活动的增加。

18世纪中期清朝统一新疆后，新疆实行军府制统治制度，军政大权由满族官员独揽。在新疆各个少数民族中，分别实行伯克制、札萨克制、八

① 谢彬：《新疆游记》，新疆人民出版社，1990，第162、164、172页。

旗制统治制度[①]，各个民族的内部事务由本民族的伯克、头目管理。因此，这时的新疆各个少数民族的上层首领头目、很少能有人在清朝政府设在新疆的各级军政机构中任职，当然也没有人能参与全疆性的重大政务活动。

光绪十年（1884）新疆设省后，在全疆推行州、县统治制度，满族官员垄断新疆军政大权的局面被打破，维吾尔族的伯克统治制度被废除，维吾尔族中的旧有伯克保留原有的伯克品级顶戴，到各地方的州、县机构中充当“书吏”，参与各州、县的政务。但这时新疆少数民族上层人士参与各级政府的政务活动的机会仍比较少，只有维吾尔族的少数上层头目能参与州、县一级的政务活动。由于哈萨克、蒙古、柯尔克孜以及锡伯、索伦等族中的旧有札萨克制度、八旗制度等仍旧保留，他们中的上层人士依旧只能管理本民族的内部事务，没有人在各级地方政府机构中任职，参与一些政务活动。

1911年辛亥革命后，中国政治形势发生巨大变化。杨增新主政新疆时期，如前所述，除了重用曾帮助、支持他掌握政权的一些回族上层人士外[②]，还把维吾尔等族的一些上层人士请到省城，参与一些政务活动，让他们帮助自己巩固政权，维护社会的稳定。例如饶孜是喀什地区维吾尔族中比较有影响的大地主、大商人，杨增新便把他请到乌鲁木齐作新疆省的省议会议长。杨增新还把阿图什人、在维吾尔族中比较有影响的雅合布等人请出来，或者送到北京作国会议员，或者在乌鲁木齐作为省议会议员。同时，杨增新还让哈萨克族中影响比较大的郡王艾林、镇国公迈米等，蒙古族中比较有影响的汗王布彦库等人担任一定的官职，主持当地政府的政务。[③] 与清朝末年相比，新疆各少数民族参与新疆各级政府政务活动的机会明显增多。

在以后的金树仁、盛世才、国民党主政新疆的各个不同历史时期，从总体上和发展的角度来说，各少数民族参与新疆各级政府政务活动的机会不仅日益增多，而且能力和水平也日益提高。如前所述，在推翻金树仁政权的过程中，维吾尔族、回族、归化族（俄罗斯族）都起了重要作用。盛

---

① 只有在汉族、回族比较集中的乌鲁木齐地区实行与内地一致的州、县制度，地方官员由内地调派。

② 马福兴、马绍武等一批回族上层人物，都在杨增新政权中担任重要职务，主持喀什、和阗等地区的军政大权。

③ 包尔汉：《新疆五十年》“杨增新治之权术”，文史资料出版社，1984。

世才执政前期，提倡“民平”（民族平等），确立新疆14个民族的称谓和地位，成立各民族文化促进会，更是有为数可观的各民族上层人士进入政府各级机构中任职，参与各级政府的政务活动。国民党主政新疆时期，新疆少数民族参与新疆各级政府政务活动的机会、能力等达到新疆历史上前所未有的水平。在以张治中为首的新疆联合政府中，张治中以下的副主席、副秘书长和各厅的厅长、副厅长中，半数以上由各个少数民族人士担任。省级以下的各地区、各县政府机构的官员中，少数民族人士所占比例更高。张治中离任后，新疆省主席先后由维吾尔族的麦斯武德、包尔汉出任，在各级政府机构中担任各种职务的少数民族人员更多，在不少部门和地方政府中，少数民族上层人士不仅参与政务活动，而且主持一些政务活动。

2. 经济方面

18世纪中期清朝统一新疆后对新疆民族的整合，特别是近代新疆多民族分布格局的形成对这一时期新疆经济发展所带来的影响是非常巨大的。其中主要表现有两点：

第一，大大地促进了新疆经济的发展和经济总体实力的提高。18世纪中期清朝刚刚统一新疆时，天山南北一片荒芜，各民族总人口不超过30万。到1911年辛亥革命前夕，新疆各民族总人口增加到200余万（这里不包括阿勒泰地区的人口）；到民国三十三年（1944）时，新疆各民族总人口更增加到400余万；到1949年新中国成立前夕，新疆各民族总人口应当大大超过400万。我们知道，在从西汉神爵二年（公元前60年），今新疆地区开始直接处于我国中央政府治理之下到18世纪中期清朝统一新疆后的近两千年中，新疆地区的总人口一直在100万上下浮动。清朝统一新疆后，特别是新疆进入近代后，各民族的人口增长速度大大超过以往任何历史时期。与同一时期全国的人口增长速度相比，新疆的人口增长速度也是相当快的。据统计，清乾隆四十四年（1779）时全国人口总数超过2亿，乾隆五十九年（1794）时全国总人口超过3亿。到道光朝中期，即1840年前后，全国总人口达到4亿。但是，从此以后，一直到1949年新中国成立前夕，由于各种原因，我国人口总数便停滞不前，长期保持在4亿左右。也就是说从18世纪中期到1949年的近二百年中，全国总人口增加了1倍左右，而同期新疆总人口却增加了10倍以上。

众所周知，在生产力比较落后的古代，人口的多少和增长速度的快慢是衡量一个地区经济总体实力高低和发展速度快慢的重要标志。正是18世纪中期内地各族军民大量移居新疆，在新疆总人口迅速增加的同时，才使新疆的大片荒地得以开垦，耕地面积大幅度增加，从而使新疆经济特别是农业生产获得前所未有的大发展。在以后的各个时期，新疆农业获得大发展的时期，往往也是社会比较稳定、人口快速增长的时期。

同样，这一时期新疆哈萨克、柯尔克孜、蒙古等民族人口的快速增加，也大大促进了新疆畜牧业生产的快速发展。特别是新疆进入近代社会以后，大批哈萨克族牧民进入天山北部各地居住，使哈萨克族人口到1949年时达到40多万人，成为新疆人口总数仅次于维吾尔族的、第二位人口较多的民族。哈萨克族牧民游牧的地方也从新疆的西北沿边地区深入到整个天山北部地区，使山区的大片牧场得以开发利用，对这一时期新疆畜牧业生产的发展起了重要作用。

第二，在很大程度上改变了新疆历史上长期形成的“南农北牧”的经济发展模式。众所周知，巍巍天山东西横贯新疆，把新疆划分为自然地貌有明显差异的南北两大部分。18世纪中期清朝统一新疆之前，天山南部史称“城郭诸国”，长期以农业生产为主，历代中央王朝在新疆的屯田生产也大多集中于此。而同时的天山北部则长期是我国古代北方各游牧民族活动的重要场所，从乌孙、匈奴到突厥、回纥，再到契丹、蒙古等我国古代北方的许多游牧民族都在这里留下过深深的足迹，有的还建立过强盛一时的地方政权。因此，这一地区的经济也长期以畜牧业为主。但是，18世纪中期清朝统一新疆后在天山北部开展的大规模屯田生产，使农业生产在这一地区经济总量中的比例迅速提高。据有关资料统计，到19世纪初嘉庆朝末年时，天山北部仅民屯人口已经超过20万人，耕种土地100万亩以上。如果加上这一地区军队的屯田及其他形式的农业生产，到道光二十年（1840）新疆进入近代社会时，农业生产甚至已成为天山北部地区的主导产业，其经济总量大大超过畜牧业生产（当时以畜牧业为主的阿勒泰地区不包括在内）。

新疆进入近代社会以后，特别是1911年辛亥革命以后，由于阿勒泰划归新疆及大批哈萨克族牧民的进入，虽然使天山北部畜牧业生产的规模有所扩大，但总体上农业生产仍然在天山北部占主要地位。这一时期众多生活在天山北部的汉、回、维吾尔等民族的群众主要都以农业生产为主。锡伯、满、达斡尔等民族的群众大多数也从事农业生产。即使在蒙古、哈萨克等民族的群众中，也有一些人以种地维持生活。因此，农业生产不仅在乌鲁木齐地区、伊犁地区的经济总量中处于主导地位，而且还进一步扩大到塔城地区和阿勒泰地区，使这些地区也出现不少新的农业生产区域。

同时，在天山北部出现了不少人口比较集中的城市，而城市的出现是与农业生产的出现和发展分不开的。今天北疆地区较大的城市，例如乌鲁木齐市、昌吉市、伊宁市等，大多是在清朝统一新疆以后才出现或逐渐形成的。在天山北部各城市生活的人群中，大多以汉、维吾尔、回等民族的群众为主。因此，农业生产在天山北部的发展，不仅改变了新疆历史上长期形成的“南农北牧”的经济分布模式，而且也使新疆的政治、经济中心逐渐从天山南部转移到了天山北部，对新疆后来的政治经济发展带来重大影响。

3. 文化方面

众所周知，新疆自古就是多民族共存发展，同时是多种文化并存发展的地区。近代新疆多民族分布格局的形成，对新疆文化发展所带来的影响更为明显，各具特色的多种文化并存发展的格局更为突出。

一是农耕文化与草原文化并存发展。在近代新疆各民族中，有以农业生产为主的民族，例如维吾尔、汉、回、锡伯等民族；也有以畜牧业生产为主的民族，例如哈萨克、蒙古、柯尔克孜、塔吉克等民族。不同的生产方式，决定了他们之间在生活方式和文化活动等方面有明显的差别，这方面的例子不胜枚举。

二是内地文化与新疆本土文化并存发展。这一时期从内地移居新疆的汉、回、锡伯、满、蒙古、达斡尔等民族的群众，在把生产方式、生产技术带到新疆的同时，也把内地的生活方式和各种文化带到了新疆，特别是在天山北部的一些主要农区和城市，内地文化特别是中原地区汉文化的影响非常明显。清代天山北部各主要城市内一般都建有鼓楼及文庙、关帝庙等庙宇，这明显的是内地汉族地区文化的产物。在天山南部维吾尔族集中生活的地区，以及其他一些少数民族生活的地区，本土文化则表现得更为明显。维吾尔等一些民族的生活方式，特别是音乐、歌舞、绘画等文化活动，不仅具有显著的民族特色，更具有显著的地方特色。

三是中西文化并存发展。新疆自古就是中西文化交流荟萃的地区，近代同样如此。特别是近代俄、英两国对新疆的经济文化渗透以及近代俄罗斯、塔塔尔等民族的出现，更使西方文化在新疆的影响进一步扩大。在新疆的伊犁、塔城、阿勒泰等沿边城市，俄国（后来的苏联）式的建筑随处可见，俄罗斯的音乐、舞蹈、书刊等文化产品到处都有。在天山南部的一些主要城市，以英国为主的西方文化也不断传入，影响着当地不少群众的文化生活。

四是多种语言、文字并存发展。语言、文字是文化传播的重要工具，也是文化传播的重要载体，近代新疆可以说是多种语言、多种文字的汇集地区。在这一时期通行的语言文字除使用较多的满语文（前期）、汉语文、维吾尔语文外，还有哈萨克、柯尔克孜、蒙古、俄罗斯、锡伯、塔吉克等多种语言文字在各民族中使用。这种状况在同期我国其他省区是不多见的。

五是多种宗教文化并存发展。新疆自古就是一个多种宗教并存发展的地区。早在公元前1世纪汉朝政府治理新疆前，天山南北流行的就有萨满教、佛教、祆教等多种宗教。此后，新疆各族群众先后信仰过景教、摩尼教、喇嘛教（藏传佛教）、道教、伊斯兰教等多种宗教。新疆进入近代社会以后，仍然是伊斯兰教、佛教、道教、萨满教、基督教、天主教、儒教（儒家文化也可以算成一种宗教）等多种宗教并存发展的地区。宗教不仅是人们的一种信仰，也是一种重要的文化载体，从某种意义上说，其本身也是一种文化，即宗教文化。在近代新疆的多种宗教中，既有从中国内地传入的宗教，也有从国外传入的宗教。多种宗教在新疆并存发展，互相影响，创造了许多具有新疆地区民族特色并影响深远的宗教文化。

（《新疆社会科学》2006年第6期）

另类社会空间：中国边疆移民社会主要特殊性透视（1644～1949）

张世明　龚胜泉

20世纪70年代，我国台湾历史学家李国祁"内地化"理论与以李亦园、陈其南及王崧兴等为代表的人类学者主张"土著化"观点的争论颇似美国历史学界亚当斯（Herbert Adams）欧洲"生源论"（germ theory）与其弟子特纳"边疆假说"（the Frontier Hypothesis）之间的争论，两者的歧义在于出发点不同而见仁见智，都忽略了"内地化"和"土著化"的同时所具有的"反内地化"和"反土著化"倾向，因此厦门大学陈孔立先生在《清代台湾移民社会研究》中提出"双向型"理论。法国年鉴学派的新生代史学家保罗·韦纳提出"概念化史学"的口号，认为在缺少概念的情况下会使史学沦为印象主义。笔者认为，在目前的情况下，史学的概念化具有一定的进步意义。由于"移民社会"绝非台湾一隅的殊相，因此笔者继10年前在大陆率先研究边疆地区的移民社会后①，对迥异于定居社会的这种另类的社会空间结构及其现象进一步予以阐释，并提出"边疆社会"的概念，以期学术界能够关注边疆社会的特殊性以及移民到边疆地区后的"边疆化现象"。②

---

① 《清代边疆开发不平衡性：一个从人口经济学角度的考察》，《清史研究》1998年第2期。

② 社会空间（英文为social space，法文为Le space social）作为专门用语，首先是由法国社会学家迪尔凯姆（E. Durkheim，汉译有时作"涂尔干"）在19世纪末期提出的，以后，他的学生如莫斯（M. Mass）和阿尔博瓦斯（M. Halbmachs）等人亦在著述中使用这一术语，使之逐渐广为流传。

一 别有风情：移民社会男女婚姻形态

古今中外，移民现象经常呈现一种“踩路效应”，即一般来说，年富力强、争强好胜的青壮年男性往往具有冒险精神，具有较强的移民冲动，而这些人移民到新迁入空间立稳脚跟、踩出了一条移民之路后，就会对后面的人在心理上产生诱发因素。青壮男性移民之初多系独身一人，且出于进可攻、退可守的求稳心理，即便有家眷也不携而同行，大都在单身移民成功之后才考虑举家迁移。此外，只有随着年龄增长和人生格局定型，单身移民才由萍飘无踪趋于安家落户，希望享受家庭天伦之乐。因此，移民社会初期男女性别比例失衡乃系情理中事。再者，清朝政府长期实行封禁政策，只允许男子单身赴台、赴蒙，严禁携带家眷，对移民社会男女性别比例失衡影响至深。① 正是这样，台湾移民社会初期存在大量春时往耕、秋成回籍，只身来去的“候鸟式人口”，与清代边墙内的陕西等地农民出边到蒙古地区春出秋归的“雁行客”情形如出一辙。《诸罗县志》就这样记载说，该地区“男多于女，有村庄数百人而无一眷者”。台湾在颇长的历史时期内养子养女现象十分普遍，“螟蛉子”的风俗遗迹至今依稀可见，有所谓“嫡全，庶半，螟蛉又半”之说，殆与台湾移民社会早期男女性别比例失衡造成婚配困难而出现补偿性亲缘制度有关。我国东北地区作为一个典型的移民社会也存在着某些由于男女性别比例失衡而与定居常态社会不同的社会习俗，著名作家周立波在《暴风骤雨》中就描写了“拉帮套”的婚姻形态。在清代，“走西口”“闯关东”的移民不绝于途，已经在当代中国农民的内心深处留下了不可磨灭的烙印而表现为一种历史文化景观。民歌《走西口》有不同的版本②，但不同的版本唱出的都是一曲主旋律哀婉而幽怨的悲歌，而且都是妹妹（即未婚妻或媳妇）送哥哥（即情郎或丈夫）。可见晋陕一带的民谣所谓“河曲、保德州，十年九不

---

① 事实上，直到清朝灭亡以后，清廷的禁止通婚令作为国家正式法律虽已被取消，但作为民间习惯法仍具有生命力。丁道衡在民国年间考察时还发现，“在那里居住的商人，还得遵守一条禁令，就是不得随带家眷及容留女人，违者重罚不贷”。见丁道衡《最近游绥的见闻》，《西北研究》第6期。

② 马步升的《走西口》一书收集了五种版本，参见该书第4～8页（南方日报出版社，2000）。

收，男人跑口外，女人挖苦菜”乃非虚妄之辞。笔者从史料中发现，不带家眷不单纯是政府曾经屡申禁令或经济条件不许可所致，在一定情况下甚至是移民者的自我限制。称雄塞北的旅蒙商大盛魁商号对号伙们制定的号规：上自老掌柜，下至号伙，一律不准带家眷；学徒入号后必须在号内学满十年，才许第一次回家探亲四个月；第二次由七年缩短为六年，第三次缩短为三年，以后每三年回家探亲一次。按照联合国当今对移民的定义，大盛魁的号伙无论如何不可被视为流动人口，但一个从 17 岁入号到 60 岁退休的号伙，43 年中仅能回家 11 次，在家仅仅能住 44 个月。无怪乎便发生了这样一件令人触目惊心的悲剧：大盛魁总掌柜王廷相在任掌柜时，其妻由于王久客不归，产一私生子，王母暗将溺死婴儿腌在罐内，待王廷相回家后便拿出这一证据，让王处理。在移民社会中，由于男女性别比例失调，妓女暗娼便由此广有市场。[①]

二　移民社会无序动荡性：解释清代以来诸多历史现象的机括

在一切移民社会中，无序动荡必都是不可避免的普遍现象。在美国西部开发过程中，无数淘金者蜂拥而至，帐篷在矿区连营成寨，白天挖到金子的人尽管怀藏深匿，但有可能一夜之后便人头落地，金子无翼而飞。至今在美国西部片中，我们仍然可以看到当时盗马贼肆意横行、联邦警察面对西部乡镇私法泛滥无可奈何的情景。清朝统治者向来以台湾“三年一小反，五年一大反”而懊恼烦心不已，有清一代台湾的各类械斗更是史不绝书[②]，这都是移民社会秩序动荡性的表现。姚莹即一针见血地指出：“台湾大患有三：一曰盗贼，二曰械斗，三曰谋逆，三者其事不同，而为乱之人则皆无业之游民也”[③]。清代后期，东北地区马贼、土匪猖獗，也反映了以流动性、不稳定性为特征的移民社会土著化过程尚未完全终结。美国

① 参见西清《黑龙江外记》，黑龙江人民出版社，1984，第 69 页。

② 据张啯《清代初期治台政策的检讨》（《台湾文献》卷二十一，第 1 期）统计，从康熙统一台湾到甲午战争，清治台湾 193 年，共发生大小民变 132 次之多，其中反清事件 75 起，民间械斗 40 起，汉番冲突与清廷镇压高山族人民起事共 17 起。

③ 姚莹：《中复堂选集》，台印本，第 40 页。

学者欧文·拉铁摩尔在《满洲：冲突的摇篮》中即指出：东北地处边疆，那些在新地区擅自占有土地又与当地官员或居民不和的人，那些因图谋侵占地方利益而被赶走的人，常常成为逃犯，流而为匪。满蒙地区自发的拓荒史是与土匪活动史紧密交织在一起的。[①] 赵中孚在《近代东三省胡匪问题之探讨》中谓："东三省胡匪之患，为移垦社会之特殊现象。农业边疆在开发过程中，均不免于类似困扰，如美国之开发中西部、俄国之殖民西伯利亚、英国之经营澳大利亚，其过程及经验大体相若。近代东三省移民开发为边疆社会发展史之典型事例，胡匪问题不宜以一般性社会动乱现象处理。清末东三省固有所谓教匪、会匪、金匪、乃至忠义军之乱，然均为关内社会动乱余波或特殊之国际政治因素造成，其矛盾并非根植于东三省移垦社会内部。故东三省胡匪问题，似应从移垦地区之社会变迁角度评估。易言之，移民开发地区，必然发生客观政治与社会经济条件之矛盾，间接导致社会生活政治秩序之紊乱。此一过渡或久或暂，端视开发方式与政治控制之配合而定。"[②] 四川盆地作为巨大的人口注挹空间在有清一代吸纳了大量的外来移民，"湖广填四川"在中国历史上成为波澜壮阔的雄伟画卷，既留下了四川人之所以喜欢双臂反背在背上走路、称上厕所为"解手"乃由于想当年被官兵捆绑押送入蜀所致的口述故事，也留下了"大姨嫁陕二姨苏，大嫂江西二嫂湖。戚友初逢问原籍，现无十世老成都"之类的竹枝词，更留下了一个令清朝统治者挥之不散的幽灵——秘密社会。移民社会与秘密社会之间本身就可以说在很大程度上是曲径通幽的。如果说天地会、青帮、洪帮等秘密社会与运河沿线的漕运水手等流动人口有关，那么四川的"啯噜子""袍哥"也是四川移民社会的产物。在鱼龙混杂、泥沙俱下的移民大潮中，在动荡不靖的移民社会环境中，秘密社会具有潜滋暗长的肥沃土壤。早在乾隆八年（1743）官方就发现，在四川"有湖广、江西、陕西、广东……等省外来无业之人，学习拳棒，并能符水架刑，勾引本省不肖奸棍，三五成群，身佩凶刀，肆行乡镇，号曰'啯噜子'"[③]。嘉庆元年（1796）川、楚、陕白莲教大

① Lattimore：New York，1932，p. 67.

② 赵中孚：《近代东三省胡匪问题之探讨》，《中国近代现代史论集》第2编，教乱与民变，台北，商务印书馆，1985，第658页。

③ 《清高宗实录》卷二〇三，乾隆八年十月三十日。

起义的爆发如同晴天霹雳震惊全国，四川之所以成为白莲教大起义活动主要区域与清代“湖广填四川”之间具有乍隐乍现可以覆按的联系，而南巴老林作为白莲教大起义根据地、策源地也是由于此处系移民聚集渊薮之所在。

清朝统治者之所以长期以来将“封禁政策”奉行不替，就是由于担心流动人口的增加会造成社会动荡。有学者认为，清廷对蒙古地区时而采取封禁，时而又不得不允许内地农民到口外谋生，并无任何“政策”可言。笔者对这种观点持不同意见。清廷这种摇摆不定的举措反映了其对待移民与稳定两大问题上的反复权衡。清廷的政策是以其统治利益为根本立场的。当内地发生灾荒等情况时，“农民定、天下安”乃中国历朝历代的治世恒言，清廷不得不敞开口子、放宽禁令，让内地饔食不继、食衣不周的农民流入蒙地觅食求生，是为“借地养地”，或曰“一地养二民”；另一方面，蒙古是满清贵族统治的重要同盟军，内地农民入蒙势必侵占牧地，对游牧民族的生存空间造成诸多影响，且容易肇衅启争，引发民族冲突，所以清廷三令五申设例禁止内地农民赴蒙耕垦。李守信是民国年间内蒙古一带翻手为云、覆手为雨的人物。据李氏云，在康、雍、乾时期，最初移居蒙古牧区的汉人都依附于蒙古人，如果不入蒙古籍，便动辄得咎，砍柴不许越界，牧养不准出圈，并且有蒙古地痞流氓随便闯入汉民家中索要酒食，所以其祖先从山东单身跑到土默特右旗给蒙古人种地，被主人招为养老女婿而成了“随蒙古”。由于移民在清末民初势不可遏地大量涌入蒙地，马贼的盗窃、马匪的杀人越货便如同野草般在草原上疯狂猛长。据当时的调查资料显示，河套地区“民性强悍刁诈，故各县诉讼案中，以刑事为最多，而刑事中尤以盗贼为最多”①。由于“民无恒产，自无恒心，奸黠者铤而走险，于是土匪遍地抢劫时闻”②。有些地区民众甚至对落草为匪羡慕有加，不知引戒。值得一提的是，清末民初蒙古地区的马匪与内地土匪的游戏规则大相径庭，既不扎寨据守，又不划分“盘子”（地盘），烈马长风，亡命天涯，呼啸驰骋于茫茫大草原上，疾突而来，绝尘而去，具有不可捉摸的流动性。为了对付蒙古地区如狼似虎的马匪，“大盛魁”采取类似于第二次世界大战期间美国为对付德国潜艇暗袭而集中运输、集中护航

① 韩梅圃：《绥远省河套调查记》，绥远华北印书局，1934，第61页。

② 绥远省民众教育馆编印《绥远省分县调查概要》，1934年铅印本，第183页。

的办法，分头隐秘出城，尽量缩小目标，以防止路前被马匪派在城中的卧底侦知，在途中进入不安全地带后便开始会聚组编为大队人马浩浩荡荡向前进发，人众枪多，声势雄壮，令小股马匪望而却步，大股马匪亦不敢轻举妄动。由于“大盛魁”分支机构遍布内外蒙古地区，形成收购、销售、交通运输的网络，跑蒙古买卖的商人都唯“大盛魁”马首是瞻，寻求庇护。相沿日久，遂形成一种约定俗成的章法：凡跑蒙古买卖的商人一到张家口，便到“大盛魁”柜上交纳银两领取“大盛魁”颁发的“路引”，租赁“大盛魁”在陆军部、内务部备案并在绥远都统署领有枪照的枪支，由“大盛魁”负责安排结队起程的日期，出城后在大道上会齐插上“大盛魁”的“镖旗”，由“大盛魁”的“杆子手”（神枪手）负责押运，这样在北京诸镖局北道镖路止于张家口后无法深入的蒙古腹地便由“大盛魁”承担了镖局的作用。[①] 边疆社会和移民社会是两个不同的概念。蒙古地区上述富有传奇色彩的社会不稳定现象固然具有“边疆性”，但从根本上是由于移民社会草莽习气甚重所致。

按照吉登斯（Giddens）的观点，现代民族国家与传统国家的行政监控能力与其各社会中的配置性资源与权威性资源的生产紧密相关，传统社会基本上以共同在场关系为主的社会整合（social integration）为特征，现代社会则基本上以跨越时空的不在场关系为主的系统整合（system integration）为特征。传统社会的时空构型（configurations across time-space）总会受到限制，而现代社会的时空分延使民族国家的行政控制能力与传统国家不可同日而语，甚至能左右个人日常活动的最私密部分，故吉登斯称现代民族国家的权力集装器（power containers）。相反，传统国家的行政范围没有延伸到地方社会的实践中，甚至也没有延伸到在空间上远离国家权力中心的某些城市[②]，所以传统国家按照吉登斯的说法是有边陲（frontiers）而无国界（borders）。由于传统国家行政控制能力有限，直到19世纪初，即使在英国长途旅行也意味着冒强盗和响马光顾的风险。霍勒斯·沃波尔（Horace Walpole）1752年在伦敦游历后记述这个移民大量涌入的城市“即使在中午，也不得不匆匆走开，好像是去打仗一样”[③]。与此同时的韦布（Webb）

① 参见方彪《镖行述史》，现代出版社，1995，第111～112页。

② 参见Giddens，*The Nation—State and Violence*，Polity Press，1985，p. 182。

③ Quoted T. A. Critchley，*A History of Police in England and Wales*，London，Constable，1978.

夫妇的描述亦可以印证吉登斯的观点，他们这样写道："对这种场面充满了绝望，譬如违法暴力、粗俗淫荡，而在没有警察的街道上，有无限机会被扒窃与抢劫。"[①] 从吉登斯的阐述可以看到，我国史学界传统观点将边疆地区官府力量较内地薄弱作为边疆移民社会动荡性的原因，这不可谓错，但没有更深刻地洞见传统国家监控能力有限性的根本制约。正是由于传统国家所凭借的权威性资源与配置性资源捉襟见肘，而移民社会内部由于争夺生存资源的械斗连绵不断，所以在移民唯利是图的过程中唯力是崇的草莽武野气息十分浓郁。有诗言："骏马嘶风盒子枪，地商子弟气高扬。昨朝蓬户今华屋，血汗十年梦一场"[②]。这生动反映了移民社会秩序的动荡无序性。

三　王化所及：移民社会组织形态变异性

由于官府势力渗透的有限性及退进的滞后性，自发型移民来到生产力不发达的边缘地区后，面对群龙无首、混乱不堪的社会环境，其头脑深处的皇权和专制主义思想更加浓烈，迫切要求顶天立地、叱咤风云的领袖人物使他们的生产秩序化、生活安定化，这样便使移民中基于感召性权威而建立的不同于常态的组织结构应运而生。在清代边疆开发史上，有两个不能不提到的著名移民人物，一个是东北的"韩边外"（韩宗宪），另一个为内蒙古的王同春。韩宗宪因赌博离家出走，流落到夹皮沟金场挖金，后逐渐崭露头角，最后使桦甸、安图、靖宇、抚松一带俨然成了韩家的"独立王国"。韩宗宪豢养私兵，号称有"乡勇三千"，设立一整套统治机构，该机构的中枢机关称为"会房"，史称"居斯土者，且只知有韩氏，而不知有国家、有政府"。[③]

与韩边外独立王国的非正式组织填补官府在当地势力真空的情形相较，王同春在河套地区的开发及其组织堪称异曲同工。王同春（1852 ~

---

① S. and B. Webb, *English Local Government*, London: Macmillan, 1922, vol. 4, p. 408.

② 王文墀：《临河县志》，《风俗志》，1931 年铅印本。

③ 《桦甸县志》卷五，第 3 页。参见张世明《清代边疆开发不平衡性：一个从人口经济学角度的考察》，《清史研究》1998 年第 2 期。

1925）是直隶顺德（今河北邢台）人，同治十三年（1874）来到后套做工，后来自己租种蒙地，逐渐自创牛犋，并以隆兴长（今五原县城南）为大本营，开发土地。他识水脉，懂工程设计，能用土法测量，起初以技术作为入股资格与他人合伙开渠，后因发生矛盾而自立门户，由于善于总结经验，开渠引水多获成功。光绪七年（1881）开永和渠，光绪十二年（1886）又开同和渠（后改名为义和渠）。开渠之后，“地随人走，人随地走”，耕地扩大，王同春招募的移民日益增加。清末后套共有八大干区，每区周围数百里，他独自一人就开辟五个区，拥有良田一万余顷，牛犋七十个。由于河套地区干旱缺雨，“无水地同石田”。在同光两朝尤其是光绪年间，河套地商投资开渠垦殖进入“黄金时代”，但这种热火朝天的兴修水渠和土地开发实际上处于严重无政府状态，以邻为壑的情况很平常，争水占地的械斗司空见惯。顾颉刚先生在《王同春开发河套记》中这样描写：“王同春势力最充裕，他有来复枪，前膛枪，手下养着的逃兵和把式匠（即拳教师）又最多”，“三教九流，他都容得下。直鲁豫三省的贫民，去的更不少。本来茫茫的荒野，给他一干，居然村落相望，每天下锄的和担土的有数万人了。他用了兵法部勒他们，个个人要替他作事，不许随便离开。农闲之时，又要施行军事训练，以防敌人的侵袭”。“凡是和他有利益上的冲突的，或是犯了他的禁令的，捉了来就要惩罚。他的刑罚有三种。第一种叫做‘住顶棚房子’，是冬天渠冰，凿开一洞，把人投入。第二种叫做‘下饺子’，把土袋装了这人，扔下黄河。第三种叫做‘吃麻花’，是把牛筋晒干，像一条麻花似的，把人打死”[①]。此处还有一种刑罚叫做“喂蚊子”，即到了夏天夜晚，把捉来的“犯人”捆住手脚，扔到荒野，让蚊子咬。

中国法学界长期以来存在过分集矢于研究国家制定法的贵族化倾向。近年来，在法律多元主义（legal pluralism）的指引下，学术界对游离于国家制定法或成文法之外的、植根于乡土社会的民间法的关注度急剧升温。正如社会连带法学理论的代表人物狄骥所说，“法律不是由国家创造的，它的存在不依赖于国家，法律的观念也完全独立于国家，法治将自身加于国家之上，就像其对个人所做的那样”[②]。尽管许多学者都不认为传统中

① 顾颉刚：《王同春开发河套记》，《禹贡半月刊》第2卷第12期。

② Duguit, Traite de droit constitutional, 2nd ed. Vol. I, p. 33.

国存在所谓的“市民社会”，甚至反对以“国家-社会”二元架构的模式分析中国社会及其法律，但这并不意味着中国传统的国家中就因此没有了社会的空间，因为“中国传统的国家，其职能与能力均甚有限，除了少数例的情形，国家既无意也无力去规划和控制整个社会生活。因此，普通民众在多数情况下实际上是在国家的直接控制和管理之外，并且在很大程度上按照自己的意愿和传统的方式生活……在这个‘民’的世界里，有各式各样的社会组织。它们有自己的习惯、规范甚至规条，能够有效地处理其内部事务，有时参与甚至主导地方公共事务”①。尤其在农业社会与游牧社会交界地带，清政府往往在移民聚集达到一定规模后才逐步将原蒙旗札萨克所属地域改设府厅、州、县，其内地州县化过程与人口聚集之间存在滞后的“时差”，所以处于清政府统治边缘地带的河套移民社会，由于草昧初辟被许多学者视为无政府状态、无规则地带，无法无天的社会越轨行为充斥四野八荒，而国家权力的跟进迟缓落后，无法提供移民所需要的社会权利救济，导致诸如王同春之类的草泽英雄识时务而为俊杰，依靠其在河套地区形成的“能人权威”叱咤风云，俨然自外于清政府统治体制“独立王国”。顾颉刚先生在叙述光绪二十七年（1901）王同春捐输赈济灾民的事迹之后这样写道：“河套中人更只知有他，不知有国家；彼此说话，提到他时，不忍称他的名字，只说‘王善人’”。顾先生创办《禹贡》半月刊和在内蒙古地区收集民谣等与其当时的民族国家的思想状态相吻合，故而他在上述文字中着意言及河套中人“不知有国家”而翕然服帖于王同春的社会现象。

除“国家-社会”二元架构之外在诠释“民间法”的研究中，中国法学界通常引为奥援的思想资源还有哈耶克的“自发秩序”理论和波斯纳等人的法律经济学理论。人们将民间社会作为自生、自生、自律秩序空间，认为民间社会是以自己的内部机制调整来矫正方向、调节动力、协调关系，其规则系统的形成也是一个自发的过程。另一方面，人们按照法律经济学的思维范式将民间社会制度安排的变迁动力机制归结为对社会运行成本的降低和预期利益的推进，认为“乡土社会经济的进步，必然帮助乡土人民理性开发”，“乡土人民理性的开发，必然唤起其对一

① 梁治平：《“民间”，“民间社会”和 Civil society》，载法律思想网（http：//www. law-thinker. com）。

种更为合理的生活方式和生活秩序的渴求”。[①] 但是，无论哈耶克的“自发秩序”理论还是波斯纳等人的法律经济学理论，本身都存在偏颇。德国法学家贡塔·托依布纳（Gunther Teubner）在《法律：一个自创生系统》中指出：“在哈耶克的理论中，这导向对传统习惯法和类似的‘自生自发地’形成的秩序的荒唐的过高估计并把政治性法律作为‘构成派艺术’（constructivist）来贬低其价值。在波斯纳定理的情形中，它导致系统地关于注意法律系统选择经济投入的能力。如果我们想找到走出死胡同的道路，我们必须采用经济与法律共同进货的模式”[②]。事实上，自生自发秩序的形成在某种情形下可能需要较高的生成成本，不一定总是经济的。河套地区移民社会中“王同春模式”的民间社会秩序并非田园牧歌式恬淡悠扬，相反，这种自生自发秩序诞生于混乱且以浓重的血腥为代价。此外，“王同春模式”的民间社会秩序之所以以其“公中”为核心而不可能如同美国早期移民社会中具有“公社”性质的民主秩序，亦非单纯的法律经济学所能解释。

中国法学界似乎往往将民间法作为国家法的对立物、作为国家法空间拓展的障碍物，认为：民间法的存在并发挥其功能，导致国家法在乡土社会的举步维艰，随着国家政权在乡村的建立，民间习惯的空间便会逐渐缩小。这种说法从本质上而言是“国家-社会”二元架构理论的衍生版本，漠视了国家与社会在中国浑然一体化的历史事实。诚如吉尔兹所言：“法律就是地方性知识；地方在此处不只是指空间、时间、阶级和各种问题，而且也指特色（accent），即把对所发生的事件的本地认识与对可能发生的事件的本地想象联系在一起”[③]。在移民如蚁屯聚、阡陌沟洫纵横的河套地区，移民社会内部由于清朝官府权力跟进滞缓而成为王化鲜及的飞地，所以出现王同春之类势大力雄的“土皇帝”式的地方精英，呈现与内地土著社会相迥异的地方特色。亨廷顿也声称：“移民一般来说不符合他们家园的行为模式”，因为他们一般具有“不服权威而好冒险的精

① 朱峰：《后现代主义：审视中国乡土环境中的法治建设》，《民间法》第2卷，山东人民出版社，2003。

② Gunther Teubner, *Law as an Autopoieitc System*, Blackwell Publishers, 1993, p. 57.

③ 〔美〕吉尔兹：《地方性知识：事实与法律的比较透视》，邓正来译，梁治平主编《法律的文化解释》，三联书店，1994，第74~171页。

神”。[①] 但国家法与民间法并不是此消彼长的反比例关系。美国学者唐纳德·J. 布莱克（Donald J. Black）在《法律的运作行为》（*The Behavior of Law*）中将法作为可以进行数学性处理的一项变量，提出了许多类似数学定理的命题。不过，我们寻绎这些定理式的命题，发现他所谓的“未开发地区最后也最少出现法律”[②]、“与其他社会或社区相比，一社会和社区的财富越多，它的法律也就越多”[③]、法律“随着集体行动能力的形成而来临，并随之而去”[④] 云云，均不能孤立地抽出来解读，而必须如朱熹所言“参伍错综”地全面审视。当王同春在移民社会内部形成自身的民间法律体系的同时，国家法的控驭力度亦在逐渐相应增强，两者不是相生相克的关系，而是相生相引的关系。在中国历史上，离开政治国家界定的权威是可以存在的，但离开政治国家干预的民间权威却是难以想象的。尽管王同春在无法无天的移民社会中有“河套王”之称，但他根本不具有抗衡官府的实力。光绪十八年（1892），王同春因争水而派人剜了陈锦秀（又名陈四）的双眼，后来正是出于规避官府法律追究，不得不请人调停“私了”，议定王同春每年给陈锦秀补偿五十石小麦、好马五匹，直到陈死为止。王同春在议定文约上画押并在其后按时履约，陈锦秀亦以此常到王家“磨楞子”，要粮要牲口，这表明清朝国家法律的尚方宝剑仍高悬在顶，王同春这样的地方精英并不能真正一手遮天。到王、陈之间矛盾更加尖锐时，王同春于光绪二十九年（1903）精心策划杀陈之际，特意由拳师护送骑着“神骡子”先去包头，造成不在现场的证据，也是为了避免清朝官府法律的追究。从这个意义上而言，清朝官府的法律在河套地区的移民社会称得上“法网恢恢，疏而不漏”。当王同春的财富与权势积聚引人注目的时候，清朝官府的法律锁链亦悄然尾随。所以王同春虽然在河套地区声名赫赫，可是一生之中多遭缧绁刑讼之厄，曾五次入狱，坐牢达 11 年之久，放垦官员将王同春视为刀俎鱼肉，王同春亦视因秉公判案将其无罪开释而遭免职的原萨拉齐厅抚民同知文钧为再生父母并奉养终身。

---

① 转引自孙隆基《历史学家的经线》，广西师范大学出版社，2004，第 120 页。

② Donald J. Black, *The Behavior of Law*, Academic Press, 1976, p. 15.

③ Donald J. Black, *The Behavior of Law*, Academic Press, 1976, p. 20.

④ Donald J. Black, *The Behavior of Law*, Academic Press, 1976, p. 87.

四　移民社会土客矛盾凸现与边疆特性

尽管如许多学者所说清代在实行摊丁入亩后农民与土地的人身依附关系从法律上有很大程度的削弱，但法律制度作为一个体系因牵涉学额等问题使“土籍”与“客籍”的界限往往仍然横亘其间。据费孝通在20世纪30年代调查，云南昆明附近的禄村一带肥沃的盆地对移民迁入具有极强的吸引力，移民多被称为新户。“所谓新户，究竟新到什么程度，并没有一定”，这些新户在户口册上不写“本籍”而写“寄籍”或注明原籍地名，他们多没有田地而以出卖劳力为生。[①] 费孝通先生还这样写道：“在大藤瑶山中，后入的族团不能获得土地权，是牢不可破的习惯法。就是在没有法律规定的地方，外来移民要得到住在地的土地权也时常有种种事实上的困难。”[②] 其实，这种土、客籍的分殊在边疆少数民族地区亦十分普遍，清代以来西藏地区封建农奴制下差巴与堆穷的差别往往即是土、客身份关系的表现。移民社会中土客矛盾的根本原因肇端于对社会资源的争夺。清初在“湖广填四川”的潮流中，移民入川占地后往往与土著因田土肥瘠、边界伸缩、塘堰放水等问题发生纠纷，致成讼案。道光《蓬溪县志》载，康熙年间，“楚民入川籍者，名讨垦，结党控争，指荒占熟，遂宁、中江、安岳、蓬溪四县被害尤甚”。政府当局为安插新民，每户纳银四两后即听其占垦。“土著士民忿其鬻夺，因日与楚民仇讦”[③]。贵州苗疆在改土归流后，大批汉族移民涌入，苗民胼手胝足开发出来的土地，逐步为汉族地主、高利贷者所兼并，因此乾隆五十九年（1794）贵州苗民起义时便提出了“焚杀客民，夺回田地”的口号。

和东晋时称中原南迁的人口为“老伧”一样，抗战时期，四川人称西迁的人口为“下江人”，湖南称之为“底脚人”。一般认为，“下江人”一词是抗战时期出现的。但笔者发现20世纪20年代中期舒心诚在《蜀游心影》中即云：“今日在途中看到许多事情，都是‘下江人’所不易见到——

---

① 参见《费孝通文集》卷二，第281页。

② 参见《费孝通文集》卷二，第282页。

③ 道光《蓬溪县志》卷八。Joanna Waley-Cohen 在 *Exile in Mid-Qing China*（Yale University Press，1991，p. 17）中亦对此问题有敏锐的洞察。

也许不易想象得到的”。又云在成都、重庆沿线的小客栈中居然也有“下江人”所通用的洋瓷脸盆等。从语用学的角度来看，“下江人”的范围所指往往因人而异，有的将长江下游的各省籍人士统称为“下江人”，有的则仅将“下江人”定义为江浙人。在吴济生的《新都见闻录》中，“下江人”“江浙人”“外省人”“秦淮人”等概念不分，似乎都可以视之为“下江人”。“下江人”的称谓传到贵州，而“贵州人是山民，不大有江河的概念，连‘不辨方向’都说成‘打不着山势’。实际‘下江人’就是‘异乡人’，就是‘流亡者’，包括着浓烈的沦落、苍凉、同仇敌忾的内涵”[①]。“下江人”从语言、生活习俗、服饰等方面都与“本地人”存在明显差异，而“本地人”与“下江人”之间在国家共同体认同意识下彰彰甚明的地域意识更难免产生一些细小的矛盾。

在边疆地区，移民社会的土客矛盾更具有边疆性，移民社会与边疆社会的特征交织重叠于一体。美国西部开发中，殖民者在“除了死的印第安人，没有好的印第安人”叫嚣声中对印第安人的血腥杀戮固然司空见惯，但未开化的印第安人对早期闯入美国西部的形单影只的移民的袭击亦时有所闻，所以移民不得不成群结队，荷枪实弹，以军队组织方式向西推进。在中国历史上，汉族与少数民族交界地带的许多冲突即肇端于边疆社会俶扰不靖的这种特性。明代，蒙古部落时常突入长城以内抄掳抢夺。汉文文献中载，“虏逢汉男子，老与壮者辄杀之，少者与妇女皆携去为奴婢”[②]，许多汉人“被分卖各帐，男子牧放挑水打柴，妇人揉皮挤奶，备极辛苦，常遭不道臊酋狠毒打”[③]。蒙古文献中则称：“神采奕奕的阿勒坦汗帅三万户出征/包围汉地苏布尔噶图城直抵卜隆吉尔河时/酩酊大醉之汉人自行前来投诚/使其鱼贯而走妇幼乘车而行。解归时俘虏之先头抵达乌兰木伦/而其后尾尚未离开长城。”[④] 为适应边疆地区特殊的生活环境，汉族边民的生活方式样态亦多呈现基层社会军事化等特征。所谓“势家”具有经济实力和武装自卫能力，其作为边疆社会中坚而以力著称的准军事性与内地常态社会

---

① 戴明贤：《下江人》上篇，《文史天地》2003年第5期。

② 岷峨山人：《译语》，纪录汇编本。

③ 陈子龙辑《明经世文编》卷三一六，王崇占：《核功实更赏格以开归民向化疏》，中华书局，1962。

④ 珠蒙嘎译注《阿勒坦汗传》，内蒙古人民出版社，1990，第54页。

“绅士”的儒生形象可谓大相异趣。中国家喻户晓的“杨家将”故事中佘太君的原型恰是这一地区（即神木、府谷一带）边疆社会中豪强大户。我们可以从“杨家将”中佘太君的形象产生这一文化现象略见边疆社会的军事化性质。入清以后，清朝如康熙皇帝所言，“昔秦兴土石之功，修筑长城，我朝施恩于喀尔喀，使之防备朔方，较长城更为坚固”[①]，蒙古部落南下的抄掳活动方不复得见。直到20世纪70年代中期以前，甘肃高台一带的农民每届秋季带着“锅盔”（一种干粮）、驾着驴车以军队整齐的队列到祁连山中打柴以备过冬取暖，归来时车鱼贯而行的情景犹如军队凯旋。之所以在当地农民身上保留有许多诸如此类的军队气息，显然与这一带在明清时期处于民族交界地域的边疆社会特性有关。如果说盟旗制的实施对蒙古地区边疆社会秩序建构具有深远意义，那么清政府之所以积极在西南地区进行改土归流，其中一个重要原因也在于力图改变边疆社会的人口劫掠等现象，故雍正五年（1727）定例“土蛮、瑶、僮、苗人仇杀劫掳及聚众捉人勒禁者，所犯系死罪，将本犯正法，一应家口父母、兄弟、子侄俱令迁徙”。清中叶以后，江洋大盗例的出台固然与商品经济等因素引发社会治安混乱有关，但边疆社会绥靖程度较低亦由此略见一斑。在清代台湾，居住于山地的土著民族以射猎为生，许多部落有猎首的习俗，经常“出草”杀人，所以清代文献中所谓的“番害”、“番乱”或“番变”在在皆是，对拓垦的移民构成极大的威胁。雍正年间，几乎年年发生土著杀害汉族移民的“番变”。迄今在新竹丘陵山地区域，尚存在许多大公墓、义冢或万善祠，收埋、祭祀无主的“孤魂”，其中有一部分就是当年拓垦过程中死于“番害”的单身隘丁和垦佃。因之，当时汉人移民拓垦山地，往往要由官方或民间雇请隘丁，设隘把守，以防土著居民的袭击。事实上，祁美琴同志关于明清之际“夜不收”现象的研究亦说明了边疆社会军事化的普遍性。在清入关前，满族将单纯以掳掠财物、人口为目的的行动称为“出猎”“出略”“往略”等，以与获取军事情报为目的的“捉生”相区别，颇似清化台湾山地民族的“出草”现象。有清一代，在作为拱卫川、陕的河陇地区，汉族民众日常生活中多广泛崇祀开疆戍边的名宦武将，祈求对自己生活与生产的庇佑，表明边疆社会的特殊性已深深浸透于普遍民众信仰世界。由此可

① 《清圣祖实录》卷一五一，康熙三十年五月。

见，边疆社会存在许多内地社会所不曾具有并且往往为学术界所忽视的文化现象。在这个意义上，笔者所使用的“边疆社会”这一术语并不是简单地以地理范围为依据，而更主要的是企图从文化人类学角度揭示拉铁摩尔所谓的“边疆风格”（the frontier style）现象，与通常所谓的“边疆地区的社会”这一术语在内涵上大相径庭，可以作为透视边疆移民社会中“边疆化”诸多现象的概念工具。①

著名学者林耀华先生1947年出版的《凉山彝家》在我国民族学发展史上是具有里程碑意义的经典之作。林先生在此书中对移民社会兼具边疆社会特征的土客关系进行了深入研究。按照林先生的介绍，他所考察的西宁居于雷波、屏西、马边三县交界处，系小凉山的中心，又为彝汉杂居的中枢，“如欲开发小凉山，发展西宁则为先决的条件。西宁又与马边雷波两县城成一直线关系，而自居中央。西面离直线不远即为大凉山，将来如要开发纯粹彝区，也不能不利用西宁的位置，而为向西发展的根据”。在清代，西宁最盛时曾住过2000户人家，但1920年彝人反叛，全村焚劫一空。后因各垦社成立，在旧时屋基之上建立村落，但皆系毛竹屋宇。1943年7月初村上一处失火，竟于两小时之内，全村焚毁一空。林先生到达西宁时，见新建茅屋又已成列，约有住户百余家，人口六七百人，“男多女少，因来此边区多系具有冒险性的壮年男子”。“西宁河由村右绕转村南，再蜿蜒往东流行。村后一带平原皆种稻米。四围高山，山顶亦可种植包谷、桐子、茶树等，惟离村稍远即入彝区。抗建社之外，尚有中心垦社、县营垦社在此成立办事处，社员及垦民都是负枪携械以资自卫。县府另设屯垦保卫队，日夜警备，深恐边民生事，彝汉冲突。”当时，许多旅客垦民多有被掳为奴者，称为娃子。据悉，“娃子为罗罗财产之一部，可用为交易货物，有公开

---

① 国民政府蒙藏委员会调查室《伊克昭盟右翼四旗调查报告书》中指出：“（鄂尔多斯）右翼四旗蒙人，自种地者寥寥无几，要以雇汉人耕种为最普遍。此种佃农或雇农，因无土地权，不作久居之想，春来秋去。又因伊克昭盟土地含有沙性，须行轮种，汉佃今年在此，又不知明年移在何处。加之各旗对汉人抽收建造房屋税，而房屋建好后，每年又须纳地皮租，因之蒙地汉民，不愿建屋久住，演成一种游农性质之特别景象。”“住在蒙地的汉人，虽然不是逐水草而居，以从事牲畜生涯，可是他们的流动性也很厉害，今年在蒙地居住，下年就会搬入粮地（即已报垦之土地），移动的时候，往往用一辆‘汉板车’，将女人、孩子，和简单的用物，一并载上迁到安定的、肥沃的土地去耕种。”（《伊克昭盟文史资料》第5辑，1990）这即是汉族移民到边疆地区后的“边疆化”实例，绝非“内地化”或“土著化”概念所能赅备的历史事实。

的价格。此类娃子多为新从汉地掳掠而入的汉娃。罗罗掳掠捆杀汉人，在边区为普遍现象。雷、马、屏、峨四县边境皆屡有所闻，尤以雷波境内为最盛。作者所经之区，西宁南部，屏雷交界之蛮溪口，黄螂箐口之间五子坡，以及雷波城郊附近，都是彝人出没的主要地带。彝人结队，无论日夜，见少数汉人行路，即从草丛中击杀出来，枪毙一二人以示威，然后掳去其他行客并财货。雷波近郊多系夜间前来袭击，破户而入之后，即掳去全家男女，并劫夺财物或放火烧屋。城内军民闻声亦莫敢响应。汉民因入彝地贸易如贩卖鸦片，请黑彝为保头，亦有中途彝人叛变，掳去保民为娃，谓之反保。边区垦民，因垦殖关系移向荒地开殖，亦请黑彝为保头，有时彝人反叛，则大规模的掳去汉娃，数目多者恒至数百人，贩入彝地转卖各方”。林先生这样写道：“凉山汉娃甚多，无论黑白彝家至少皆有一二人。汉娃入山之后，甚难脱离虎口，因四周都是彝家，纵使可从一村一族逃至他村他族，因语言及形迹关系，一被觉察，又必沦为他家他村的娃子。因是被掳去的汉娃百人中无有一二逃回者，作者所经凉山之区，遇见汉娃不下 100 余人，皆衣服褴褛，到处操作。有新入山的汉娃，不堪痛苦，见考察团人员，则流泪满面，泣不成声，亦有暗中送信央求脱离虎口之法。”林先生一行在三河以达村附近的山上或田野，遇到许多汉娃，这些汉娃神貌服装都已彝化，不可分辨，见到林先生等后即开口接谈，表示亲密态度，有时凑巧旁无彝人，即托求林先生想法将他们赎出，有的则望军队进攻凉山。汉彝交界地带的汉族移垦民居每屋一角多筑碉堡以资自卫，边区坝上每逢赶场之期保安队队兵必到坡上放哨。林先生总结说：“西宁为边区社会，其特点略举如下：（1）人口虽未经彻查，约在 500 人之上，且日有增加，流动性亦极大。性比例更非常态，大约 20 男中只有 1 个女人，男子又多为壮年，年幼年老者甚少。（2）民性强悍，无论商人、平民、垦民皆背有枪枝，以备自卫。（3）社会秩序的维持，操之于各武力团体如保卫队、垦社、秘密会社等。这些团体，气息相通，彼此皆以兄弟相称。（4）边区环境如是，人与人的关系，多是自由结合，自由行动。（5）对于经济开发，特别努力。沿沟有水田稻米，四围山脚多种包谷。沿途尚有煤矿铜矿未曾开采。西宁山上森林重重，如果道路交通发达时，都可以栽砍利用。因有以上几个原因，西宁社会成为具有特性的边区。遍访西宁附近地带存留前清乾隆嘉庆时代的石牌石坊，可见当时是个繁华场所，清末是地没落，1911 年以来则更甚。新近西宁重兴，赖各垦社开殖之力为多。”[1] 林耀华先生在《凉山彝家》中所描述的边疆社会的情形在贵州苗汉交界地带也存在，当地民谚有“麦子苗，‘苗子狂’”之谓。

（《中国边疆史地研究》2006年第1期）

① 林辉华：《凉山彝家的巨变》，商务印书馆，1995，第11～15页。事实上，雷波地区此种情形由来已久。笔者在《清宣宗实录》中即发现道光九年（1829）六月有上谕云：“四川省生番，屡有滋扰抢掠之案，兹复藉端纠众拒杀汉民，肆行捆掠。现虽将掠去民人追回过半，尚有被掠人口十余名未经追回，且滋事夷匪亦未拿获究办”。因此指示川督琦善等严饬地方文武上紧缉捕，以肃法纪而靖边圉。

试论近代社会转型中云南多民族地区社会风尚变迁的特点

盛美真　李维昌

社会风尚即一定历史时期流行的社会风气，具体来说，是指一定时期特定区域环境中大多数成员在日常生活中所崇尚的社会意识和行为。近代中国社会风尚的显著变化从地域上来看基本上是以东南沿海地区为契机逐步向外扩散。云南作为中国西部内陆的一个边疆多民族地区，在社会急剧转型的近代，其社会风尚的变迁有着与东部沿海地区相似的或共同的特点：都是在西方文化的冲击和影响下发生了不同于近代以前的质的变化；都是由城市（镇）到乡村、由社会群体的上层到普通民众的阶段性推进；都具有显著的城乡差异、群体差异，同时在变化的过程中呈现出多元、多种性质并存的状态，但也更有其作为西部边疆和多民族地区的独特性。本文主要针对云南的社会风尚变迁不同于东部沿海社会风尚变迁的特点作初步探讨，以求证近代中国社会风尚变迁的不平衡性和地区差异性，并进一步探讨近代中国社会的转型问题。

一

1840 年的鸦片战争所引发的西方资本主义对东部沿海地区及所波及的内地之冲击，在其之后近四十余年来，对偏于西南一隅的云南几无影响，其原因不外乎云南地处高原，全省山区、半山区约占全省土地面积的 94%，坝区及平原仅占 6% 左右，“滇省跬步皆山”自然地理环境阻隔了云南与内地的交往，以致到了清代道光年间，云南仍然是“从无外来商贩"[①]。此说或许有些夸张，但却折射出一个事实，即云南的发展与交通条件的改善密不可分。近代云南社会风尚的变迁也是以其交通的改善为契机和动力的。其中较具里程碑意义的就是1910年滇越铁路的建成通车和20世纪30年代末云南现代化交通网络的初步形成。

法国人修建滇越铁路的初衷是为了开采和掠夺云南的资源，正如当时法国驻越南总督杜迈所言："云南为中国天府之地，气候、物产之优，甲于各行省，滇越铁路不仅可扩张商务，而关系殖民政策尤深，宜选揽其开办权，以收大益。"[②] 尽管如此，滇越铁路的修通在客观上却缩短了云南与外界的时空距离，因为"云南处万山之中，与中原交往只有陆路可通。第滇越铁路筑成之后，乃间接得以利用海防港口，经海运到香港、沪、津等埠。至此云南与中原交通为之改观"[③]。尤其是随着1910年滇越铁路竣工，云南邮政总局与法国滇越铁路公司签订协议，自同年12月22日起使用火车带运邮件，开通了昆明-河口-海防的铁道邮路，这条邮路成了云南最主要的省际和国际邮路以及与外部世界沟通和联系的主要窗口。根据协议，"信袋免收运费，邮件（指邮运包裹）接延吨公里核收运费，享受递远递减优待"[④]。铁路和邮政的结合，加强和密切了云南对外的交往，而由于社会风尚的发展变化是社会成员互动的合力结果，人们交往的变化加速了社会风尚的变迁。据记载，"滇越铁道筑成，以丛山僻远之省，一变而为国际交通路线，匪但两粤、江、浙各省之物品，由香港而海防，海防而昆明，数程可达，即欧美之舶来品，无不纷至沓来，炫耀夺目，陈列于市肆矣。欲返于古代之朴质，纯以农立国，其势有所不能也"[⑤]。"迨滇越铁路成，西人之经济势力，乃随之而深入，三迤商务，亦因之而丕变矣……今则异域货物，充斥阛阓，生产落后，而奢靡成风。"[⑥] 而且越靠近铁路的地方，其社会风尚变化越明显。开远原本"习俗素尚勤俭，自滇越路通后，沪上奢侈之风，昆明斗靡之习交相传来，于是简朴耐劳之风竟化

① 《云南通志》卷六一·食货志三。

② 张肖梅：《云南经济》，中国国民经济研究所，1942，第38页。

③ 中国人民政治协商会议云南省委员会、文史资料研究委员会：《云南文史资料选辑》第29辑，云南人民出版社，1986，第28页。

④ 汪邦纶：《滇越铁路滇段接管前后工作推进》，卷宗号：27-1-87，云南省档案馆馆藏。

⑤ 云南省志编纂委员会办公室：《续云南通志长编》中册，第339页。

⑥ 云南省志编纂委员会办公室：《续云南通志长编》下册，第535页。

为奢惰之习，然此风气仅限于城区一部，而各乡村民尚守古风，简朴耐劳”。[①]

滇越铁路改变了人们的地理观念和从商观念，社会风尚在趋向奢侈的同时也日趋近代化，而这些反过来又在一定程度上刺激和推动了铁路沿线地区商业的繁荣。云南向来“水利称便，民多务农，在昔铁路未兴，工商业均不发达，自滇越铁路修通后，路当要冲，一切舶来品日新月异，工乃渐知改良，商则渐知远贩”[②]。另一方面，“滇越铁路通车后，铁路沿线的城镇昆明、呈贡、宜良、开远、碧色寨、河口等地商业繁荣起来”[③]。“云南及西昌、会理等处生熟皮革的外销，是在滇越铁路通车以后。”[④] 与此相反，在距离滇越铁路较远且交通不便的地区，其社会风尚变化就不甚明显，甚至没有变化。如云南最西的一个市镇猛戛（后改名潞西县），“由昆明到猛戛沿途人烟稀少，路途险隘；往来的人，非常不便。有些地方，连走一两日，还不能翻过一个山坡，其山势之险，可以想见。途中又无舟车，完全系靠步行……（其）日常所食物品，除米麦外，仅往山谷之中捉捕野兽，作为佐膳之用，交易不很发达，还盛行著物之交换制度……猛戛人的生活习惯，还多逗留在半开化的阶段”[⑤]。再如滇西的鹤庆“隔滇垣一十八天，这十八天中，没有两天的平路，都是山路，宽的去处，山也就是路，路也就是山，狭的去处，将将只容一人一马，一到雨天，便难走死了，牛马、人力夫和行客不时有跌死的……此路的难走，又无车可通，真是一言难尽了。商业因之不发达，文化也因此奚落，同中国几乎隔绝了，人民智识不开，愚顽如故”[⑥]；边区的车里“一般人民，尚过其原始时代之生活，浑浑噩噩，不识不知”[⑦]；思普沿边边民“皆文化落后，生活原始，挣扎于疾疫死亡之中而不能自拔”[⑧]。显然，由于地理环境导致的交通不便，近代中国

---

① 陈权修、顾琳纂《阿迷州志》（二），台湾学生书局，第521页。

② 李珪：《云南近代经济史》，云南民族出版社，1995，第125页。

③ 田洪：《鸦片战争到辛亥革命时期云南境内商业述略》，云南经济研究所：《云南近代经济史文集》，1988。

④ 中国人民政治协商会议云南省委员会、文史资料研究委员会：《云南文史资料选辑》第7辑，云南人民出版社，1986，第115页。

⑤ 《云南猛戛》，《东方杂志》（第三十二卷，第二十号）。

⑥ 《如此的云南》，《新云南月刊》，新云南月刊社，1929年第1期。

⑦ 蒋振西：《车里概况》（续），《云南日报》1936年1月18日。

⑧ 江应樑：《思普沿边开发方案》（序言），云南省民政厅边疆行政设计委员会编印，1944，第2页。

趋新文明风尚对上述地区几乎无任何影响。

交通条件向现代技术基础的转变是近代云南社会风尚变迁的重要前提，滇越铁路的建成通车对云南社会风尚的影响已经说明了这一点，同时也标示了云南在从传统向现代转型中不同于沿海地区的历史前提，从而也预示了在20世纪30年代末云南现代化交通网络①初步形成后，其社会风尚的变化必然是迅速和广泛的。

“我滇为边远省区，人民风气，素称敦厚简朴。惟近年以来，以交通频繁，流入不少外面都市华侈之习，加以海外书报、书刊及电影等项印刷品之刺激炫惑。于是我省市居民为好奇与虚荣心所使，渐趋靡丽，崇尚摩登。”② 云南现代化交通网络使越来越多的学生以民族救亡、改变国家积贫积弱面貌为己任，利用铁路、公路之便利交通去外国和国内大城市求学，国内外的报纸、杂志和书籍的运入也增加了，近代平等、自由及科学技术被越来越多的云南人所崇尚，社会风尚发生了不同于以前的质的变化。在石屏，“自从资本主义社会的个人自由竞争的病菌传染入这社会以来，这古老的社会的一切内涵物，渐渐地动摇而崩溃了来，凡事都以孔孟之道立身的，现在概变成奸诡猾……一部分的妇女也同样抱着书进学校了。离婚案子日益增多了，金莲也大了。一切都在疯狂的破坏，显出二十世纪的时代特色来”③。在平彝，“近来交通比较便利，风气稍变，对于工、商等业，也就逐渐注意了”④。在昆明，元旦佳节游黑龙潭时，有“桥头上举着‘禄来福来’的西装少年，是在照相的；树荫下支着图版的长头发先生是在写生的。咖啡小食堂内的茶座上，堆满了西装革履的青年和花枝招展的少女人们……又有三五成群的小伙子，歪戴着帽子，口叼着香烟……在人群中走来走去……两个穿长衣的先生站在桥的一旁，对着石碑，高声朗诵‘寒潭千古冷，玉骨一堆香’的名句”⑤。同时伴随越来越多欧美人的移居，在昆明，长约里许的巡津街，多西人住宅。受其影响，在交通条件较为便利的

① 云南的现代化交通网络主要包括：铁路、公路、驿路、航空、邮政、电报、电话以及相应的运力条件等，见陈征平《云南早期工业化进程研究（1840～1949）》，民族出版社，2002，第113～128页。

② 婉如：《集团结婚之利益》，《云南日报》1935年11月14日。

③ 莎雯：《石屏素描》，《云南日报》1935年7月27日。

④ 田曙岚：《滇东旅行记》（续），《云南日报》1936年10月3日。

⑤ 王稼句：《昆明梦忆》，百花文艺出版社，2002，第154页。

地方出现了许多西式或中西合璧式的建筑物，东陆大学的“办公室、浴堂、厕所皆新建而西式……讲堂周悬黑板多块，仿美国式而已”①。受欧美生活方式的影响，加之留学归国人员的表率作用，穿西服，吃西餐，喝洋酒等崇洋行为日益流行，并为许多有条件的人所争相效仿，1923 年谢晓钟游滇时，其朋友张君“就洋榭设西筵，款待余等，酒至五种，菜至十二样，丰腆极亦”以致其感慨“联想连日所饮皆西宴，颇惜滇俗朴素，今已不复存也”。② 1942 年 12 月 25 日，浦江清“在金碧路南丰西餐馆请唐立庵、罗莘田、闻一多、佩弦、骏斋吃饭。酬谢立庵代余教此半年词选课。每客七十元，有汤一，小吃一，鸡一，猪排一，咖啡、水果、面包、果酱另加价，牛油售缺”③。有些小姐们甚至“非丝袜不穿、非美国粉不搽”④。云南的社会风尚出现了“当交通不便之时代，滇省人民诚为朴实。今则不然。新人物辈出，或游学自海外归来，或服官他处返里，舍其旧有朴实之风，而沐新学文明之化矣。款客时必用洋酒，非此不恭；故一席达数十元，视为恒事”⑤ 之变化。

二

与东部沿海地区相比，云南具有“西南界缅甸，南界安南（今越南）”⑥ 的边疆特点，依历史及地理的关系看，近代云南就有了特有的两个边区：滇越边区和滇缅边区。⑦ “在此类地区中，举凡山川气候，居民生活，均不同于内地，而物产丰饶，蕴储富厚，则又远非内地所能

① 谢晓钟：《云南游记》，文海出版社，第 71～72 页。

② 谢晓钟：《云南游记》，文海出版社，第 79 页。

③ 王稼句：《昆明梦忆》，百花文艺出版社，2002，第 316 页。

④ 王稼句：《昆明梦忆》，百花文艺出版社，2002，第 341 页。

⑤ 王稼句：《昆明梦忆》，百花文艺出版社，2002，第 43 页。

⑥ 杨成志：《云南民族调查》，胡耐安：《中国民族族系统类概述》，“国立”北京大学中国民俗学会：（民俗丛书）民族篇，第 6 页。

⑦ 所谓云南边区即是云南对外接壤的区域。滇越边区又可以划分为三个区域：对汛区，即河口麻栗坡两个对汛督办所管辖的区域；红河流域区；十二版纳区，即十二版纳毗连法境的一部分。滇缅边区又可以划分为五个区域：第一是北段未界定区域，行政上划分为泸水、福贡、碧江、贡山、德钦五设治局；第二是腾龙沿边区；第三是顺镇沿边区；第四是南段未界定区；第五是思普沿边区。参见陈碧笙《滇边散忆》，第 1 页，收录于国立北京大学中国民俗学会（民俗丛书）专号②・民族篇。

及。……近年来虽曾多致力于开边化民，然无统筹机构及具体方案，收效殊鲜。"① 由于边区具有毗邻外国（不发达的缅甸和越南），地理自然条件导致与国内的交通不便，居住民族复杂，社会结构相对单一等特点，其在近代社会风尚变迁过程中具有不同于东部沿海地区的特殊性，即近代中国文明风尚对边地影响较弱且明显滞后于东部沿海地区，在边地平民中其社会风尚多古朴守旧，而少数民族中的土司及贵族则明显表现出汉化或洋化倾向。

鸦片战争及随后的诸列强对中国的侵略战争，致使中国的大门被强行打开。地处西南边陲的云南也成为英法的重点侵略目标。英国在占领缅甸之后，把云南作为其创建印度、缅甸和长江流域殖民大市场的链环；法国也力图由越南深入云南。滇越、滇缅边区便成为英法侵略云南的前沿阵地。由于"边民生活形态大都停滞于半开化的神权时代中，大概居山的多以狩猎为生，茹毛饮血，完全是野蛮的世界。近平原的则知利用土地，耕种穀黍，惟播种之后，听其自生自长，土地虽肥，收获终属有限。工业也很幼稚，除了绩麻、织布、制竹器、漆器等简单的手工业外，其余很少足述的……迷信鬼神，举凡山川木石等几乎无一不有神，死亡疾病，吉凶祸福，无不以为有神主宰。原始性的神权很坚牢的统治了他们"②。因"知道边地民众忠实可用，或以利诱，或以力协，到各边地传教，实行文化侵略……干崖、猛卯一带，外人（指英人）更因傈僳素拜孔明老祖，乃捏造耶稣是孔明的哥哥以投其心理，傈僳相率入教者也有数万人"③，"美国浸信会牧师永文生继其父伟理经营三四十年之基业，以儒佛为本营，设学施医传教，三管齐下，澜沧之基本民族卡瓦裸黑早已心悦诚服，化为洋奴。而最近二三年来，法人席斯又在上允传天主教，亦已收效神速"④，"自外教侵入受其麻醉者甚多"⑤，以至于"一般边民只知有洋牧师而不知有地方官"⑥。除文

① 云南省民政厅民边字第 2308 号呈文（1943 年 9 月 27 日），云南省档案馆：1106 全宗 646 卷。

② 子澄：《推行云南边地民族教育的途径》，《云南日报》1936 年 3 月 13 日。

③ 范义田：《云南民众教育的社会背景》，《民众生活周刊》，云南省立昆华民众教育馆，1932 年第 1 期。

④ 彭桂萼：《西南极边六县局概况》，《西南边疆》，昆明西南边疆月刊社，1938 年第 3 期。

⑤ 云南省民政厅档案：《澜沧县属苗夷民族调查表》（卷宗号"11-8-7"），云南省档案馆馆藏。

⑥ 子澄：《推行云南边地民族教育的途径》，《云南日报》1936 年 3 月 13 日。

化渗透外，经济侵略也是其侵略边区的主要手段，德钦“各商店货品，以及沿街摆摊子买（应为卖）货者，除滇产茶，糖，布匹，铜铁器及一切杂物外，余多洋货，如洋钉，纸烟，洋蜡，洋匹头，洋瓷器，洋袜，毛巾，手电筒，肥皂等，无一样不是舶来的物品，而且价格奇昂，劣等纸烟一小盒，售价大洋半元，闻之令人咋舌”①。沧源“因临近英缅腊戍，洋货倾销”。孟连上允也“以接近英缅，洋货充斥”②。然而这些昂贵的洋货对普通边民来说只能是“可远观而不可亵玩焉”，加之保守边地的土司及统治者的苛政和闭关思想，致使边地人民的生活水平低下，且被限制在狭小的范围内，缺乏与外界的联系，因之社会风尚变化甚少，如滇西临边土司所辖夷民“每年除缴纳国课正税外，土司苛派供应款项，超过汉地人员负担三四倍有余。土司全家遇有生死婚嫁喜庆，尚须增加全属夷民临时供应……干崖土司所属全境夷民户口共有四千余户，每年要缴土司官署供应英币十万余元，计合国币十六七万元。户撒土司所辖户口不过七百余户，每年全体担负土司官署供应英币三万余元，计合国币十六七万元。干崖土司刀保国之二弟，已娶夷女三人及娶缅妻，家庭不能和洽，特携缅妻分居该属丙午乡寨，每月要该乡寨五百余口担任供应生猪八只，鸡鸭二十只，食米三担以及蔬菜柴碳等物……夷民全家终日劳苦，薪资不敷当地土司苛派供应”③；车里大喇嘛“对于人民之限制极严，不得私自出外经商，凡欲离境除外贸易，事先须向大喇嘛请示，得其允许，始可外出，然范围亦有一定制度，至多不得超出三日之路程以外，日期则以三月为限，逾期则受处罚，故离境除外贸易之人民，皆不敢久羁异地也……木里土司具有闭关思想，尤恐汉人改流其地，故对交通非但不求建设，而反破坏之，如由康定之木里，本有宽平之道路，而又近两三日程者，该土司即将其阻塞，或控断，而又另辟一路，较之原路尤为崎岖难行，甚至远走一二百里”④。结果是近代平等、自由、民主等社会文明风尚对他们的影响很小，其社会风尚多古朴而守旧。如服饰方面，“土民无论冬夏，仅长衣一袭，腰束一带而已，无汗

① 胡安民：《德钦一瞥》（续），《云南日报》1937 年 4 月 3 日。

② 范义田：《云南民众教育的社会背景》，《民众生活周刊》，云南省立昆华民众教育馆，1932 年第 1 期。

③ 云南省民政厅档案（卷宗号“11-8-43”），云南省档案馆馆藏。

④ 蒋振西：《车里概况》（续），《云南日报》1936 年 1 月 18 日。

衣，亦不着裤，并不穿鞋，不戴帽”。婚姻形式和观念方面也甚少变化，“早婚与多妻制度之普遍是也，特盛行于墨地龙一带……小孩率多十二三岁即结婚，往往年未二十，已三妻四妾，儿女绕膝矣”。①

边地平民中社会风尚变化甚少，但并不是没有变化。随着云南门户的开放、边地外来人员流动的增多，以及国民政府鉴于民族危机对边疆地区的治理，在边地的一些地区甚或一些少数民族地区，其社会风尚也发生了变化，如腾越厅“风气昔称古朴，今则踵事增华”②；“芒市的摆夷（今傣族），较富裕的，或是去过夷方或外乡的，或是比较年轻的，常爱着西式服装，大多是缅甸的出品……这些摆夷多着皮鞋及洋袜”③。在婚姻观念方面，“在过去，僰夷族是绝对不与异族通婚的，近来此种禁例已渐渐开放了，惟通婚的对象，仍只限于（1）汉人；（2）缅甸人；（3）暹罗人；（4）欧洲人；至于杂居于僰夷区域中的山头、傈僳、崩龙诸种民族及常入夷地的印度人，则绝无与之通婚者”④。教育观念方面，在各地政府监督“云南省所属各土司地方行政建设三年实施方案”的推动及开明土司的努力下，散居边地的少数民族逐渐趋向于学习汉文，如临江设治局的裸黑“近来亦有入学读汉书者”⑤，南桥县“现一般土民已有向学之观念”⑥。麻栗坡之白苗“今幼年男孩渐有入学，与汉族接近，已受同化，得受同等教育”⑦。

社会地位的不同使得边地社会风尚的变化具有明显的差异性。对于掌握边地经济和政治实权的土司及贵族，由于经济状况优越，其在衣食住行等日常生活方面“都显见得与平民成为不同的两个方式与两种水准，贵族多汉化甚或洋化，平民则保持其固有的语言习俗”⑧。衣饰方面，“摆夷之贵族则多着汉人之服装，如长衫及鞋袜等，似乎汉装以后更能表现他们的身

① 蒋振西：《车里概况》（续），《云南日报》1936年1月18日。

② （清）岑毓英修、陈灿纂《云南通志》（卷三十·地理志五·风俗）。

③ 赵晚屏：《芒市攞夷的汉化程度》，《西南边疆》，昆明西南边疆月刊社，1939年第6期。

④ 江应樑：《僰夷民族之家族组织及婚姻制度》，《西南边疆》，西南边疆月刊社，1938年第2期。

⑤ 云南省民政厅档案：《西南苗夷民族调查表》（临江设治局）（卷宗号“11-8-7”），云南省档案馆馆藏。

⑥ 云南省民政厅档案：（卷宗号“11-8-43”），云南省档案馆馆藏。

⑦ 云南省民政厅档案：《麻栗坡对汛边区民族调查表》（卷宗号“11-8-10”），云南省档案馆馆藏。

⑧ 江应樑：《云南西部僰夷民族之经济社会》，《西南边疆》，昆明西南边疆月刊社，1938（创刊号）。

份……除土司及贵族有改着西装和汉装者外，普通民间的服装的形式还没有和社会阶级连带分化的现象”[1]。住屋方面，“普通多是以竹编成的，上面铺一层厚厚的茅草，住屋的四周围着竹栏……摆夷族中之较富有的则多喜盖汉人式的住房……芒市土司和贵族的住屋多有采用缅甸式的建筑”[2]。

民国时期，面对严重的边疆危机和民族危机，尽管国民政府对云南边区开始重视，并进行了为数 10 次的调查[3]，但直至 1943 年才成立边疆行政设计委员会，网罗专门人才，根据边地实况，拟定具体方案，推行边地行政，以开发边地，巩固国防。这或许就是近代中国文明风尚对边地影响较弱且影响的步调滞后于云南其他地区，同时更明显地滞后于东部沿海地区的关键因素。

三

云南与东部沿海地区所不同的另一大特点就是云南是一个多民族的省份。据 20 世纪 30 年代杨成志的《云南民族调查报告》记载，云南民族至为复杂，为“西南民族”的大本营。所谓罗罗、苗、瑶、摆夷、回……俱杂处其中。除汉族外，外国人竟谓“云南省 1100 万人口中，三分之二为‘有教育的野蛮人’（Out of the 11000000，inhabitants of the Province of Yunnan，two-thirds are‘cultivated Savages’）”。这虽未见得是一种确切的统计，然“五里不同风，十里不通俗”的景状，我们可在云南实地看见，便可明其各种部族随地分布的梗概了。[4] 显然，上述内容也体现了由于居住民族及其文化的不同，云南社会风尚的变化会呈现出有别于东部沿海地区的显著特点。

在近代云南不同的少数民族地区，因各少数民族之间文化的差异，其社会风尚的变迁呈现出文化的双重性特征，即从其对近代云南社会风尚变迁影响的性质来看，这一特征主要表现为以下两个方面。

---

① 赵晚屏：《芒市摆夷的汉化程度》，《西南边疆》，昆明西南边疆月刊社，1939 年第 6 期。

② 赵晚屏：《芒市摆夷的汉化程度》，《西南边疆》，昆明西南边疆月刊社，1939 年第 6 期。

③ 马玉华：《国民政府对西南少数民族调查之研究（1929－1948）》，云南人民出版社，2006，第 28 页。

④ 李文海：《民国时期社会调查丛编·少数民族卷》，福建教育出版社，2005，第 7 页。

一方面，一些少数民族的文化因子本身就适应近代社会发展的需要，因而使该民族地区的社会风尚在某些方面在近代社会风尚变革中领先于其他地区。如民国时期在政府组织开展的大规模劝禁妇女缠足、改良社会风尚的过程中，云南一些少数民族地区的妇女几乎没有受到相关影响，甚至她们还不自觉地扮演了新风尚的引领者：因为许多少数民族地区自然条件往往比较恶劣，妇女必须和男人同时参与劳动才可能满足生产生活的需要，因此妇女便没有缠足的习尚，而是崇尚天足。如福贡设治局“夷民向无神祠朝宇，亦无神权迷信观念，妇女均跣足不履，向无缠足陋习……性爱平等，尚无蓄婢风气”①，宁江设治局“地处边陲，居民多为僰夷、阿卡、猡黑等族，其妇女素无缠足习俗，以故全属天足”②；河西县蒙古族“喜劳动善勤俭，女子全是天足”③ 等；再如婚姻观念方面，瑞丽设治局的摆夷族“婚姻竞尚自由恋爱”、阿昌族“婚姻崇尚自由”；麻栗坡的白苗“每年暮春之际，天气晴朗之日，择平原之地为娱乐场，男女歌舞，名曰踩山，意合即成婚姻”④ 等。

另一方面，由于复杂的自然地理条件和少数民族语言文化宗教的独特性、封闭性、隔离性，近代中国某些文明风尚难以浸染广大山区、半山区的一些民族地区。云南少数民族居住的地区主要是云贵高原与横断山脉高山峡谷地区，在这些地区，“坝子”和平原的面积只占全省总面积的6%左右，相对比较平缓的山区也只占全省总面积的10%，其余84%是起伏很大的高山峡谷地区⑤，山高谷深，河流纵横湍急，这种地理条件使各个地方被分割为互相封闭的区域，限制了人们的相互交往，阻碍了内地及沿海地区科技等文明风尚的顺利传入。据（乾隆）《开化府志》卷之九记载：“倮㑩（今彝族）无书契，木刻纪事，疾病不药，卜而祭之。”⑥ 维西县之纳西族“又信巫，凡疾病不服药”⑦。在信奉小乘佛教的傣族地区，佛寺即是开放的

---

① 云南省民政厅档案：《各县改良风俗卷》（卷宗号“11-8-116”），云南省档案馆馆藏。

② 云南省民政厅档案：《各县呈报改良不良风俗报告》（卷宗号“11-8-117”），云南省档案馆馆藏。

③ 云南省民政厅档案：《河西县西南边区调查表》（卷宗号“11-8-10”），云南省档案馆馆藏。

④ 云南省民政厅档案：《少数民族调查》（卷宗号“11-8-10”），云南省档案馆馆藏。

⑤ 洪朝栋：《云南少数民族地区的现代化发展》，民族出版社，2000，第38页。

⑥ 云南省编辑组：《云南方志民族民俗资料琐编》，云南民族出版社，1986，第14~15页。

⑦ 云南省编辑组：《云南方志民族民俗资料琐编》，云南民族出版社，1986，第62页。

学校，男孩子七八岁就出家入寺当和尚，经数月或若干年后还俗，在寺期间首要的是学习傣文和佛教经典。在佛海县“凡摆夷所居村落均建一缅寺，供奉释迦牟尼，佛子弟幼特皆送入缅寺，有所谓大佛爷教授”，鉴于佛寺缺少关于现代科学知识和科学技术的教育内容，教育对象也只限于男性，“自民国该区设县后开办学校，始渐引诱送其子弟入校读书，然畏难进步少”①。上述史料表明，近代云南在接受近代科学技术方面，由于受自然地理及语言文化、宗教习俗的影响，有关现代科学知识和科学技术难以在这些少数民族中传播，传统社会风尚因而难以向近代文明风尚转变。

四

受自然地理环境的限制，清末民初，云南社会风尚的变迁与沿海地区相比明显滞后。抗日战争时期，云南作为抗战的后方重镇，随着沿海及内地大批人员和企业的迁入，以昆明为中心的云南城市社会风尚又渐趋近甚至领先于沿海地区社会风尚的变化。而这些阶段性变迁无不与政治密切相关。

在一定的社会生产方式下，生产状况决定社会风貌，社会风尚总是反映着一定时期的社会现状。云南作为一个西南边疆民族地区，其清末民初的社会经济、文化发展远落后于沿海地区。其早期现代化晚于沿海地区约半个多世纪，其风尚变化也明显晚于沿海发达地区，且变化的区域主要集中在蒙自、思茅、腾越（今腾冲）、昆明、大理、普洱等口岸开放城市，以及交通条件较为便利的大、中、小城镇，大多数农村“现代化”的步伐事实上到 1949 年中华人民共和国成立前还没有迈出，社会风尚大都保持着古旧风貌。如关于物质生活中的服饰风尚，有记载“近来风俗日趋华靡，衣服僭侈，上下无别，而沪为尤甚”②。1874 年《申报》上也刊登了一些竹枝词讽咏当时流行的身份低贱者却穿红着缎、鲜服华舆等逾制僭越的风气：“红风兜，耀日头，舆台皂隶等公侯。”“青缎褂，太假借，服之不称庞然大。”“竹轮车，装饰华，京师乘者为王爷。何物狂奴妄豪奢，笞杖罪应

① 云南省民政厅档案（卷宗号“11-8-7”），云南省档案馆馆藏。

② 王韬：《瀛壖杂志》，上海古籍出版社，1989，第 10 页。

加”。[①] 而距昆明较近的嵩明县“县属衣饰向称俭朴，民国以来亦多沿旧制，然因贫富不同不无差别，做客时富者服缎呢袍褂，次者服粗布蓝衫罩马褂，贫者仅服粗布蓝衫而已，女子则服红绿然多系粗布染色者，平时则上自达官下及庶人率多服粗布，惟工商多著短衣，士人多著长衫，此其稍异耳。近因国家变更礼制及外货运入，始有著西装戴平顶草帽洋毡帽者，且服色式样漫无限制，衣饰之阶级完全打破，除中学生常著制服及公务人员偶著制服外，其余衣服式样并不划一，县城方面又有少数青年男女好为奇异之装，服短小之衣，恬不为耻”[②]。从上述材料不难看出，在上海19世纪60年代就已出现的服饰僭越之风，在云南却直至民国以后衣饰之等级限制才完全被打破，而这还主要归因于政府变更礼制的行为。显然经过东部沿海－中部地区－西部边疆的云南这一个过程，传递到云南地区的新风尚的冲击力相对于沿海地区已经缓慢了许多。因此，云南清末民初的社会新风尚出现的时间明显晚于沿海地区，对旧有的社会风俗的冲击与激荡的程度也远远小于沿海地区所受到的冲击，同时社会风尚的变化、演进的速度也缓慢得多。

抗日战争时期，随着时局的剧烈变动，为了民族之生存，文化之保护与发展，更为了争取抗战的最后胜利，华北、华东、华南以及华中的许多政治、军事、文教、工商机构和人员纷纷内迁西南，而云南由于其特殊的地理区位，成为许多内迁部门优先选择的对象。“云南变成了抗战的大后方，平、津、宁、沪的许多高等学校和沿海各地的工商企业纷纷迁往昆明，几十万沦陷区的同胞逃到云南来。昆明一时百业俱兴，空前繁荣起来。”[③] 大量不同社会阶层、不同文化层次的外地人口进入云南，“使东西两部风俗得到接触的机会。不仅使一般人民知道全国风俗的不同，而且因互相观摩，而得改良的利益”[④]。这一时期的云南成为当时全国经济、文化发展最为迅速的地区之一，以昆明为中心的云南城市社会风尚亦逐渐趋近于沿海发达地区，甚至在某些方面领先于全国。

由于社会风尚的产生是社会成员互动的结果，本质上是人与人之间的

---

① 《咏洋场僭越四事》，《申报》1874年2月3日。

② 李景泰等修、杨思诚等纂《嵩明县志》，1945。

③ 孔庆福：《抗战时期西南的交通》，云南人民出版社，1992，第238页。

④ 〔美〕白修德、贾安娜：《中国的惊雷》，世界知识出版社，1986，第17～18页。

关系，因此，人们交往的变化在一定程度上决定了社会风尚的变迁，是社会风尚变迁的重要动力。抗战时期，大量外地人口进入云南，人口流动对社会风尚所带来的整合效应逐渐显露。如西南联大“附近有一湖，四围有行人道，又有一茶亭，升出湖中。师生皆环湖闲游。远望女学生一队队，孰为联大学生，孰为蒙自学生，衣装迥异，一望可辨。但不久尽是联大学生，更不见蒙自学生。盖衣装尽成一色矣。联大女生自北平来，本皆穿袜。但过香港，乃尽露双腿。蒙自女生亦效之。短裙露腿，赤足纳双履中，风气之变，其速又如此”①。以至于“一个刚来昆明的生客，看到了这些少爷小姐们的服装，听到了这些少爷小姐们口中所唱的‘何日君再来’或‘小鸟依人’的歌调，真以为是置身于上海或香港，而做梦也不会想到是在这古色古香的半开化的昆明的”②。

以昆明为中心的云南社会风尚领先于全国的主要表现莫过于当时的昆明成为抗日民主运动的一面旗帜，并荣获“民主堡垒”的称号。1938 年，北京大学、清华大学和南开大学辗转迁移来到云南，成立了西南联合大学。这三所大学的许多师生曾是“五四”运动和“一二·九”运动的参加者，具有光荣的革命传统。随着内迁高校的增多，大批的专家、学者、文化名人云集昆明，使昆明成为抗战时期的文化中心之一。他们的到来，对于在云南建构爱国、民主精神，产生了强大的推动力。他们创办了各种抗日刊物，组织和运用歌咏、戏剧、讲演、壁报等各种形式的宣传活动。他们演唱的《毕业歌》《流亡三部曲》《大刀进行曲》等歌曲，很快就在群众中广泛流传，起到了激发群众爱国热忱，鼓舞斗志的作用。据记载，“中山大学在澄江期间，师生们于教学之余，积极开展演话剧、举行晚会、报告会、出墙报、画刊等抗战宣传活动。对鼓舞群众的抗日情绪，改进社会风气，破除封建迷信起了很大作用”③。在他们的直接推动和参与下，云南先后成立了各种抗日救亡组织，有“云南学生抗日救国会”“云南各界抗敌后援会”“中华民族解放先锋队”“云南妇女抗敌后援会”“云南青年抗日先锋

① 云南省政协文史资料研究委员会等：《云南文史资料选辑》（第 34 辑：西南联合大学建校五十周年纪念专辑），云南人民出版社，1988，第 41 页。

② 王稼句：《昆明梦忆》，百花文艺出版社，2002，第 339 页。

③ 云南省政协文史资料研究委员会：《云南文史资料选辑》（第 53 辑：内迁高校在云南），云南人民出版社，1998，第 192 页。

队”等成为宣传抗日救亡的中坚力量；同时又对国民党实行一党专政，压制民主，实行种种思想禁锢的言行，进行了猛烈的抨击。这一时期，以昆明为中心的云南社会风尚表现出了强烈的民主性和爱国性，推动着全国爱国民主运动的高涨。

综上所述，与东部沿海地区相比，近代云南社会风尚的变迁，因自然地理环境的不同，呈现出西部边疆地区所具有的独特性，即：交通条件的改善是近代云南社会风尚变迁的契机和动力；近代中国文明风尚对边地的影响较弱，边地平民社会风尚多古朴守旧，而少数民族中的土司及贵族则明显表现出汉化或洋化的双重趋向，以及与政治密切相关的历史阶段性；因民族的多样性而呈现出文化的双重性特征。近代云南多民族地区社会风尚变迁的这些特点，不仅反映了从传统到现代的近代社会转型的特征和趋势，而且体现了在近代社会转型中所包含的整体与局部、急剧或缓慢的种种变化以及多样性和差异性，也标示了表征于人们衣食住行等日常生活中的社会风尚是研究近代中国社会转型的重要视阈。

〔《云南大学学报（社会科学版）》2010 年第 3 期〕

近代广西西南边疆的移民与民族经济文化融合

——从现代民族国家建构视阈的历史考察

韦福安

近代以来，无论是工业化催生的英、法、德等资本主义国家，还是在被殖民过程中通过对现代民族理论和国家理念的接触和本地化并经由非殖民化建立起独立的民族国家，绝大多数是由多民族组成。多民族组成的国家通过推动国家疆域内原来彼此分离状态的各个民族交往关系趋于密切过程来完成民族国家建构的目标。明清以来的中国因经济、政治等诸多因素形成的由内地向边疆的族际移民浪潮，亦反映了中国各民族关系由彼此分离向密切关系发展的总体趋势，汉族移民与边疆少数民族的密切交往客观上推动了边疆民族的向心运动。所谓边疆民族的向心运动，是指边疆各民族在国家强化民族认同、民族核心政治认同和社会主导意识认同下增强自身与国家主体民族的关系状况，推动边疆各民族经济和文化融合，共同实现民族国家建构目标的过程。清末与民国时期的桂西南边疆地区，与国家强化民族同化政策是相向运动的，是壮民族以其积极主动参与和强大吸收力的民族性，使得该地区的汉族移民与土著居民在相对和谐交往和经济生活的相互依存中形成了民族自觉向心意识和行为，则无疑是边疆地区和谐社会建构需要关注的重要社会现象，也是边疆地区政治、经济生活的重大主题。由此，本文运用"边缘→中心"并结合"中心→边缘"的双向视角，从民族国家建构视阈透视清末及民国时期广西西南边疆地区的族际交往与民族经济文化融合，既有一定的学术价值，又有一定的现实意义。

一　清末及民国的移民对桂西南边疆民族经济变迁的推动

大规模的移民活动是清末与民国桂西南边疆地区的重要历史现象，也是中国近代移民史的重要组成部分。外来移民对桂西南边疆国防事业、经济开发作出了重要贡献。

清政府推行“移民实边”政策下的移民身份背景有商业移民、边疆驻防官兵及落户边疆的军属、垦荒农民和少数躲避战乱的越南难民，使广西沿边一带人口迅速增加，加快桂西南地区新的行政建置设立，加强广西边疆地区军事防御力量并促进了广西边疆地区经济的发展。[①]

尽管大多数人移民边疆的直接动因是出于政府诱人的移民政策，但是“社会经济条件是影响人口迁移与流动的主要因素，区域经济的不平衡便推动着人口的移动，使之成为历史发展过程中的经常性现象”[②]。区域经济发展的这种非均衡状态所形成的极差，为清末及民国时期大规模边疆移民提供了必要条件，内地以广东、湖南、福建等较发达省份的经济向广西进行辐射式扩散，作为生产力最活跃要素的劳动力也呈现出“离心状运动”的趋势向内陆边疆地区流动，为边疆地区的开发提供劳动力和技术资源。客观的经济必然规律是贯穿于清末及民国桂西南边疆移民这一纷繁复杂的历史现象的。

庞大的移民群体在与桂西南边疆的土著居民频繁直接交往中缔造边疆圩市以及城镇经济主要行业，推动了边疆农家经济的近代变迁。黄滨先生认为，明代以后直到晚清民国，广西城镇经济的发育，主要是由粤商主动入桂完成的。在广西大部分地方，粤商抵达之时，即城镇经济发育之时；粤商推进之处，即城镇经济发展之处；粤商集中的地方，即城镇经济较发达的地方；而粤商少往之区，即城镇经济发育微弱之区。[③] 刘锡蕃在其著作

---

① 熊春云：《清末桂西南地区的移民实边》，《中国边疆史地研究》2004 年第 1 期，第 83 ~ 86 页；萧德浩：《苏元春评传》，广西人民出版社，1990；祝远娟：《苏元春与广西西南边疆经济的发展》，《广西社会主义学院学报》2005 年第 1 期，第 40 ~ 42 页。

② 张世明：《清代边疆开发不平衡性：一个从人口经济学角度的考察》，《清史研究》1998 年第 2 期，第 91 页。

③ 黄滨：《近代粤港客商与广西城镇经济发育——广东、香港对广西市场辐射的历史探源》，中国社会科学出版社，2005，第 4 页。

《岭表纪蛮》一书中指出："桂省汉人自明清两代迁来者，约占十分之八。"这种情况在桂东的梧州、平南、贺县等地甚为普遍。清末广西壮族与汉族人口比例已呈对半分的情况主要出现在桂东的浔州和桂北部分州县，如容州，至清嘉庆年间已土著实虚。[①] 鹿寨县壮族通常占 44%，汉族占 51%。[②] 桂中地区往桂西、桂西南方向，汉族移民规模递减，因此在这些地区的总人口中，壮族人口占的比例最大。庆远府"……国朝康熙间，壮七民三"[③]，桂西百色一带在光绪间"瑶壮错处"，"汉人为数极少"。[④] 桂西南边疆多数县区在清末及民国时壮汉人口比例与桂中和桂西的情况大致相同。根据经济地理学的理论分析，桂西南边疆地区处于珠江流域的最低经济发展梯度。但是，这一区域却是中法战争后汉族移民人口规模较大的区域之一，主要是缘于 1889 年龙州开埠，闽、粤、湘、赣等省商人趋之若鹜，诚如资料所言："自清光绪中叶，中法战争，大军云集，粤东商贾啣尾而来，及至条约缔结，辟龙州为通商口岸，粤商遂争相投资，始成巨埠。"[⑤] 据 1946 年《龙津县志》第四编调查表所列，明清以来入居龙州圩街乡村的姓氏 99 姓，其中 65 姓是从广东迁来的，湖南的 35 姓，江西、福建的 25 姓（因分别按移民省籍计算姓氏，不同省籍移民有不少姓氏是相同的，因此计算出来的姓氏总数会超过 99 个）。[⑥] 换言之，仅粤商及其从业人口占龙州埠人口的 64%，而右江重镇百色的粤商比重仅为 41.49%。[⑦] "以故商场牛耳执于粤人之手……县境九商场所属之弹压，十商场几无不有粤商寄迹。"[⑧] 这一时期汉族商业人口大规模迁入状况在桂西南边境其他地方的史志皆有程度不一的记载。以粤商为主要商帮的商业移民开始了桂西南边疆地区城镇的进出口、百货、洋货专售、农林土特产收购、私营金融、传统手工业、私营新式工业、新式交通运输及其他行业共 9 类经济行业的缔造。移民对桂西南边疆地区城镇经济行业的缔造过程也是该地区圩市建设发展的过程。汉族移

---

① （清）谢启昆修、胡虔纂《广西通志》卷八十八。

② 刘炳运：《寨沙客家人来源及习俗》，《鹿寨文史资料》第 4 辑。

③ （清）英秀修、唐仁纂《庆远府志》卷三，道光九年。

④ （清）陈如金修、华本松纂《百色厅志》社会，道光绪十七年刊本。

⑤ 叶茂茎：《龙州县志》卷四，民国二十五年铅印本，第 37 页。

⑥ 陈必明：《龙津县志》，龙州县档案馆，1946，第 33 ~ 45 页。

⑦ 黄滨：《近代粤港客商与广西城镇经济发育——广东、香港对广西市场辐射的历史探源》，中国社会科学出版社，2005，第 165 页。

⑧ 叶茂茎：《龙州县志》卷四，民国二十五年铅印本，第 37 页。

民“落业不归”“日见藩殖”，“海渊、那堪等乡皆辟为商场”。[①] 靖西的葛麻圩、岳圩，那坡的平孟圩，雷平的太平、宝圩，大新的硕龙、揽圩，龙州的响水圩、下冻圩、布局圩、水口圩等圩场，都是汉族商业移民建设起来的。边境圩市的开设，打破了边疆地区的闭塞，成为联系城乡商品经济的纽带和中外边贸的集散地。

“商人资本的任何一种发展，会促使农业生产越来越具有以交换价值为目的的性质，促使产品越来越转化为商品。”[②] 龙州开埠后，大量进口的洋纱、洋布因为好用又便宜，“很多人就不种棉、不织布了，都买洋纱、洋布来用”，进口的洋油因便宜又光亮“大家都改点洋油”。[③] 说明边疆各族人民深受外来消费品的影响程度之深。本地商人收购八角、茴油、糖、山货、药材运到广州出卖，再由广州商人运出国外。[④] 说明移民的商品经济的影响已经深入广大边境农村，也因此对桂西南边疆传统农家经济观念造成冲击和对传统农业结构产生影响。龙州“县境各属，惰农自甘耕耘不力，堰坝不修，肥料则任意委去，童山则触目皆然。城中人粪竟有贴钱方肯挑取者”[⑤]。崇善县“土著农民（即本地农民）性好惰，不知耕种，于种谷外，只知唛、豆、花生、芋、薯可种而已”[⑥]。说明桂西南边疆地区土著农民仍停留在原始的粗放型耕种状态。相比之下，光绪年间，来自钦州、博白、玉林等地的农民（客民）有“耐劳之性”，“时而春耕”，“时而百耘”，“且尽力沟洫，以备旱潦，树艺五谷外，或种蔬果桑麻以收地利”，[⑦] 外来农民不但吃苦耐劳精神远胜于土民，而且更善于田间管理和科学经营土地。其收成当然让本地土民难以望其项背，如于清咸丰同治年间到思乐县“专务农业者……多富户，读书人亦颇多”[⑧]。以致宁明州“田主多招粤东人之作”[⑨]。外来农业移民用他们的勤劳和智慧以灵活的多种经营方式开发桂西

① 李文雄修、曾竹繁纂《思乐县志》卷四·社会篇，据民国三十七年石印本抄。

② 郭庠林：《中国封建社会经济研究》，上海财经大学出版社，1998，第93页。

③ 广西壮族自治区通志馆：《中法战争调查实录》，广西人民出版社，1980，第312～313页。

④ 广西壮族自治区通志馆：《中法战争调查实录》，广西人民出版社，1980，第310页。

⑤ 叶茂茎：《龙州县志》卷四，民国二十五年铅印本，第37页。

⑥ 林剑平修、张景星纂《民国崇善县志》第三编·社会篇，民国二十六年抄本（上）。

⑦ 林剑平修、张景星纂《民国崇善县志》第三编·社会篇，民国二十六年抄本（上）。

⑧ 李文雄修、曾竹繁纂《思乐县志》卷四·社会篇，据民国三十七年石印本抄。

⑨（清）王炳绅修、黎申产纂《宁明州志》上卷·风俗，龙州通兴，民国三年（1914）铅印，第26页。

南地区土地生产力的同时，也奠定了该地区现代农业经济的基础，“自宣化县来者，由清道光时，多居于此种蔗种菜为唯一之事业”[①]。“上龙土司所辖之窑头各乡，民多以种蔗造糖为业”[②]，可见，桂西南边疆出现了一定规模的农业产业化。清末及民国外来农民在对农业产业结构的调整所作出的贡献以及先进的生产工具——铁农具的输入，直接引发了土民农业生产观念和农家经济结构的变迁。

移民导致最直接的族际交往，族际交往的程度和范围决定民族关系的程度和范围，民族经济交往程度又是民族关系的程度和范围最直接的表现形式，而“民族的经济过程往往和民族同化相联结”[③]。应该说，不管出于何种迁徙目的，清末及民国的桂西南边疆移民与土著居民的交往程度之深和交往范围之广都远胜于过去任何朝代，“正是这种迁徙和民族交往使民族同化成为历史的必然。在不同民族共同体之间谋求某种经济相同性，也就因而成为民族同化的一个重要内容”[④]。清末及民国的移民在推动桂西南边疆民族经济融合的过程中自然加速了该地区的民族文化融合进程。

二　清末及近代桂西南边疆地区民族同化进程的加速化

从地理大发现以来，移民运动一直成为世界历史的重要内容。在20世纪中叶以前，移民运动的主要趋势是从旧大陆移往新大陆，是从现代化资本主义发轫的欧洲核心地区向美洲、澳大利亚等边缘地区的迁移。[⑤] 这种带有资本主义扩张性质的移民活动，导致在美洲现代民族国家构建过程中始终伴随着印第安土著居民的血泪史。民族文化变迁也始终充满着矛盾和斗争。美国政府和社会上占主导地位的意识形态对于处理族群关系的社会目标演变经历了如社会学家戈登概括的“盎格鲁-撒克逊化”（Anglo-conformi-

① 李文雄修、曾竹繁纂《思乐县志》卷四·社会篇，据民国三十七年石印本抄。

② （清）黎申产辑《广西省宁明州志》卷上·市集，台北，成文出版社影印清光绪九年原刊于1970年重印本，1975，第66页。

③ 廖旸：《民族关系与宗教问题的多维视角》，民族出版社，2009，第364页。

④ 陈庆德：《经济人类学》，人民出版社，2001，第452页。

⑤ Martin. N. Marger, *Race and Ethnic Ralations: American and Global Perspectives*, Wedsworth Publishing Company, 1997, p. 531.

ty）——“熔炉”（Melting-pot）——“文化多元主义”（cultural pluralism）等三阶段，时至今日，都没能真正解决民族融合问题。显然，使用行政强制手段实现民族融合很难成功。中国传统社会的移民规律大致也如20世纪以前的世界移民趋势，从经济文化比较发达的内陆中心区向边疆地区扩散。“中华民族多元一体”格局的最终形成主要靠内陆和边疆地区长期的民族经济文化交流中的自觉认同，尽管之中有时也不免夹杂主流民族的强势意图。移民与土著民族在平等交往中形成的认同心理加速了这一时期桂西南边疆民族的发展与融合。

（一）语言文字认同

语言与文化全体的关系——据爱尔伍德（Ellwood）的意见，语言或者是人类文化中最先发生的一部分，因为它的功效能使各个人的经验得以互相参证，而各个人的协作程度也借以提高。[①] 文化借助语言得以传播。人类学家和民族学者大都认可语言是构成民族的重要特征，但却不是最主要的特征，如杨堃教授认为：“共同的民族意识、民族情感。则是最主要的特征，缺此，便不成其为民族了。”[②] 就像浪迹天涯的吉普赛人、犹太人以及分布世界各地的华人一样，尽管后裔们已经不再使用本民族语言了，但其民族意识与民族情感都会跨时空而存在着，这就意味着民族语言会随着民族发展与融合产生变迁。秦始皇发兵50万到岭南，他们早已与边疆土著民族融合，成为后来壮侗语民族的重要组成部分；宋代远征边疆平侬智高的狄青部属大部分就地驻扎边疆，与边疆土著民族通婚，大部分也早已融入壮侗语民族中了；明清以来，涌入桂西南边疆的大量汉族移民，由于族际经济交往的需要，汉族和壮族语言也都出现不同程度的变迁与融合。如《思乐县志》称“本县自广东来者”“自是汉族”“惟居留代远，言语均变为土著”。[③] 当然，土著居民受汉语的影响更大，除土著居民最通用的壮话外，广话（粤语）、西南官话、客家话、蔗园话（平话）等语言在桂西南地区也很流行。龙津县（今属龙州县）最通行的语言是土语（壮话）、广话（粤语）、官话。城镇居民的语言呈现出以粤语为主的特色，“广话则自粤传

① 林惠祥：《文化人类学》，商务印书馆，1996，第349页。

② 杨堃：《民族学概论》，中国社会科学出版社，1984，第189页。

③ 李文雄修、曾竹繁纂《思乐县志》卷四·社会篇，据民国三十七年石印本抄。

来，今穷乡僻壤亦能操之”[①]。粤语方言也在不同程度地冲刷、消磨着迁入地方言的特征，日久天长，竟引起了土著语言的变化。如明清以来，广东输入的整套系列的铁农具几乎供应了当地的全部需求，以至于“许多农具的名称都沿用汉语中的粤音”，也即保持了各自的广东名字，如凿子称“萧”，刨子称“暴”，钻子称“钻头”，耙称“把”，斧称“不”等。[②]《龙津县志》记载：“龙津语言约分数种，曰土语、曰广话、曰官话。其土语原系壮话，因地当要冲，交际日繁，声音为之渐变。今土人与他壮人交谈，竟至不能领会者，是已另成一种土语矣。”[③] 思乐县“苗、猺二族，殆昔日之獠种族也，惟与[illegible]足交际，不论男女，皆操官话或粤语”[④]。很显然，在漫长而又复杂的历史发展过程中，壮话由于受到移民方言的深刻影响而发生了实质性的变化，形成了一种新的壮语变体。当然，在长期的交往中，汉族移民及其子孙后代大多会使用壮话交流，甚至完全使用壮话。那坡汉人多自广东南海迁来，其中一部分人还发生“壮化”，放弃粤语、学操壮语，融入壮民族中。[⑤]

壮族人对汉字的认同，深刻体现了族际交往中的融合现象。下面两段文字颇能说明问题。

由于长期接触和使用汉字，壮人心中已产生一种认同心理，即便对自己的古壮字也不叫壮字，而呼 sawndip（意译为生造字、生僻字），无意识中把汉字视为自己的文字。所以，在拼音壮文创制推行以前，人们没有“壮文”这个概念，难怪在小学认字（汉字）过程中，小学生作文时下意识使用古壮字的现象屡见不鲜，甚至初中生也难以避免。

对汉字的熟视，对外文（以英文为代表的拼音文字）的生分，使壮人自然地对拼音文字没有好感，有的人戏称之为“蚯蚓文”，加上不习惯拼音认字，一看到那一长串的字母排成一列列，就产生畏惧心理。所以，虽然宣传上处处强调拼音壮文“易学易懂”，有些人仍然接受不了。[⑥]

壮族人从对古壮字认同到现代汉字的认同，成为壮族人民的中华民族

① 陈必明：《龙津县志》，龙州县档案馆，1946，第 33～45 页。

② 《广西壮族社会历史调查》第 4 册，广西民族出版社，1987，第 152 页。

③ 陈必明：《龙津县志》，龙州县档案馆，1946，第 33～45 页。

④ 李文雄修、曾竹繁纂《思乐县志》卷四・社会篇，据民国三十七年石印本抄。

⑤ 那坡县文史资料编辑组整理《那坡县民族源流》，《那坡文史资料》第 1 辑。

⑥ 李静：《民族心理学教程》，民族出版社，2006，第 238 页。

认同的重要组成部分。

（二）风俗同化

文化传播学认为，一种文化的传播，包括区域文化的形成、传播和发展，大致上是沿着渐进和跳跃这两种方式进行的，移民的迁徙，通商或者战争是跳跃性文化传播的重要条件。考察清末与民国桂西南边疆的近代发展轨迹，尽管今天看起来是一段畸形发展的历程，但也正是大批的经济开发性移民和中法战争使这一地区的国际、国内贸易线获得持续发展的动力，成为广西最早感受到近代化气息的地区。更为重要的是，商品经济意识通过移民群体的演绎成为一种普遍的社会文化心理潜移默化地影响着土著人的思想，激发起土著人的开放思维和积极的社会参与意识。原来"皆沉迷于贱商主意，专事科名"的土著之人，"迩来轮船通行，受文明之指导，始渐出而竞争商利"①。习俗也逐渐受到汉族同化，崇善县散居各乡的土著居民，"因沐化日深，渐变其旧习，言语与汉人通，服饰小异而大同"②。思乐县苗族、猺族，"现已多为汉化，彼此相安无事"③。靖西县獞、侬等土著人，"风俗习惯已与汉族同化"④。

（三）族际通婚普遍化加速桂西南边疆的民族融合

一般情况下，不同群体之间的通婚比率往往是衡量一个社会中群体之间的社会距离、群体之间的接触性质、群体认同的强度、群体相对规模、人口异质性以及社会整合过程的一个敏感指标。⑤ 美国社会学家辛普森（George Eaton Simpson）和英格（J. Milton Yinger）在他们的研究中把族际通婚视作衡量美国各种族、族群之间的"社会距离"和族群融合的一个十分敏感的指数。⑥ 另一个美国社会学家戈登也认为"通婚是（族群间）社会

---

① 叶茂茎：《龙州县志》卷四，民国25年铅印本，第37页。

② 林剑平修、张景星纂《民国崇善县志》第三编·社会篇，民国二十六年抄本（上）。

③ 李文雄修、曾竹繁纂《思乐县志》卷四·社会篇，据民国37年石印本抄。

④ 封赫鲁修、黄福海纂《靖西县志》第二编·人口、姓氏之组成，广西第二图书馆，1957年据民国37年油印本油印。

⑤ 廖旸：《民族关系与宗教问题的多维视角》，民族出版社，2009，第6页。

⑥ Simpson, G. E. and Yinger, J. M., *Racial and Cultural Minorities: An Analysis of Prejudice and Discrimination* (*Fifth*) Plenum Press, New York and London, 1985, p. 496.

组织方面融合的不可避免的伴生物”①。在中国几千年的民族关系演变的历史进程中，各民族传统的族际通婚观念诚如马戎先生所说的“汉人在对待边缘地带的族群时，漠视他们与汉人之间的体质差异，而特别看重他们的动态的‘文化’取向，强调‘有教无类’，这种宽容态度和汉人在文化技术方面的优越吸引了许多原来居住在边缘地带的少数族群融入了汉人群体。而居住在边缘地带的汉人，在各个朝代也都存在着通过婚姻而融入当地族群的现象”②。以至于王桐龄先生在《中国民族史》一书中把族际通婚总结为中国历朝历代族群融合的重要手段。清末及民国桂西南的移民和中国同期的移民现象一样，移民之初经常呈现一种“踩路效应”，即一般来说，青壮年男性往往具有较强的移民冲动，而这些人移民到桂西南边疆地区踩出了一条移民之路后，就会对后面的人在心理上产生诱发因素。青壮男性移民之初多系独身一人，大都在单身移民成功之后才考虑举家迁移。此外，只有随着年龄增长和人生格局定型，单身移民才由萍飘无踪趋于安家落户，希望享受家庭天伦之乐。因此，移民社会初期男女性别比例失衡乃系情理中事。③ 这样，汉族移民和边疆土著民族的族际通婚的频发现象成为可能。随着语言文化、生产方式和生活方式等方面的趋同化，族际通婚在大规模的移民族群与土著民族之间成为普遍现象。移民所造成的多民族杂居和睦共生的格局，改变了当地的民族结构，民族之间的界限越来越模糊。龙津县的壮人“能读书，与汉人同文，惟读稍异，能操汉语，近且互通婚嫁，居然与汉族同化矣”④。各民族你中有我，我中有你，这不仅有利于民族间文化的交流与发展，而且对进一步增强中华民族的凝聚力也有着十分积极的意义。

三　清末及民国桂西南边疆民族经济和文化融合进程加速的主要特点

清末及民国桂西南边疆的移民实边政策引发的移民浪潮，主观上是

① Milton M. Gordon, *Assimilation in American Life*, New York: Oxford University Press, 1964, p. 80.

② 马戎：《民族社会学》，北京大学出版社，2004，第 446 页。

③ 张世明、龚胜泉：《另类社会空间：中国边疆移民社会主要特殊性透视（1644～1949）》，《中国边疆史地研究》2006 年第 1 期，第 81 页。

④ 陈必明：《龙津县志》，龙州县档案馆，1946，第 33～45 页。

巩固和强化国防，客观上却极大地促进汉族与边疆少数民族的大范围深度交往。这一时期移民与土著居民交往过程中总体上体现自觉融合的特点。

（一）有“来”“土”之分而无“来”“土”之争

“土”，即所谓土人，“来”即所谓来人，也称客人或客民。在广西，不同时期、不同地区和不同语境下，人们对“来”“土”的区分标准和依据往往不同。如清代的《浔州府志》称：“狼（獞）曰土，广东潮惠人曰来。”[①] 民国时期的《桂平县志》也称：“狼（獞）曰土，广东惠潮人曰来。”[②] 可见志书修纂者只是从历史渊源上界定“来”“土”身份，即把世居广西的土著民族界定为“土”，把从广东惠州、潮州迁移来的人称“来”。与此不一样，《贵县志》却从语言方面区分“来”“土”身份：“贵县土著，惟农、黄、覃、邬、韦各姓，余具外来占籍，概称为土人。而于粤东惠、潮、嘉来着者，均谓之来人，即客人，以其离乡土而不变乡音也。”[③] 在桂西南边疆地区，区分“来”“土”标准也有区别。如《龙津县志》把风俗迥异区分“来”“土”：“姓氏之源流在宋代以前无稽可考，即有外省迁居者，其年代久远，亦为土著。其可考者，以时自宋明两代为多数，以地自鲁、赣、湘、粤为多数”，却又说“所谓土著者，亦同称汉族，世居乡村，风化所及，涵濡未普遍，旧俗未免有固陋之称”。[④] 显然，这里的土人不仅指土著民族，也包括已经“土化”的外来者。因而总体上看，“来”“土”之分主要是文化上的区别，语言是文化最重要的表现形式，而时间可以使外来人“土化”（包括语言）。

“来”“土”关系是考察一个地区民族关系状况的重要指标。张世明先生认为：“移民社会中土客矛盾的根本原因肇端于对社会资源的争夺。”[⑤] 这种情况在明清以来的中国边疆社会几乎是普遍现象。“来”“土”文化冲突

---

① （清）夏敬颐、褚兴周：《浔州府志》卷五十六：纪事、卷五十四：纪人·风俗，南宁自然美术油印社，1957。

② 黄占梅修、程大章纂《广西省桂平县志》，台北，成文出版社影印民国九年铅印本，1968。

③ 欧卿义修、梁崇鼎等纂：《贵县志》，台北，成文出版社影印民国二十三年铅印本，1967。

④ 陈必明：《龙津县志》，龙州县档案馆，1946，第33~45页。

⑤ 张世明、龚胜泉：《另类社会空间：中国边疆移民社会主要特殊性透视（1644~1949）》，《中国边疆史地研究》2006年第1期，第85页。

甚至产生族群械斗现象而凸显其“边疆特性”。在这个意义上，他所使用的“边疆社会”这一术语并不是简单地以地理范围为依据，而更主要的是企图从文化人类学角度揭示拉铁摩尔所谓的“边疆风格”（the frontier style）现象，与通常所谓的“边疆地区的社会”这一术语在内涵上大相径庭，可以作为透视边疆移民社会中“边疆化”诸多现象的概念工具。[①] 由于移民之初缺乏广泛深入的族际交流，身置异域文化的移民寻求生存的本能反应首先是聚族而居，强化认同以彰显族性，与土著民族的文化冲突在所难免，只不过不同地区的冲突大小和影响程度不一而已。因此，移民的“边疆化”绝非“内地化”或“土著化”概念所能赅备。

如果仅以广西一域来看，桂西南地区又体现出“边疆特性”中的“特性”。考察广西一地，“来”“土”之争主要在桂东南地区显得较为突出，调研资料记载的贵县“来”“土”斗争的原因认为：“争陂水，争土地，争风水坟山，争竹木，争松山，争草地……常因争女人、山水和小事引起械斗”[②]。可见，土地、山水、坟山以及女人等主要资源的纠纷是“来”“土”之争的外在直接原因。“来人”尤其是客家人，向来顽强保持其客家族群特色著称，他们广建会馆、联宗拉派以张扬族性，客家人“遇有仇敌，极好勇斗狠，一呼百诺，荷戈负铲而至，概不畏死”[③]。看来，有清一代及民国的桂东南“来”“土”之争不仅是简单的社会问题，而且也是突出的文化冲突问题。相比之下，这一时期的桂西南边疆各县方志均没有“来”“土”之争的资料记载，盖因桂西南边境地区“人烟绝少”[④]，又“开辟太晚”[⑤]，从1820年广西各府州人口分布来看，密度最大的是镇安府，平均每平方公里79.84人，其次是南宁府，为63.11人，梧州府为57.28人，最少的是太平府，为18.61人。[⑥] 因此，明清以来大规模的移民没有给地广人稀的桂西南边疆地区带来人口压力和资源竞争而造成“来”“土”争斗的现象。如明江

① 张世明、龚胜泉：《另类社会空间：中国边疆移民社会主要特殊性透视（1644～1949）》，《中国边疆史地研究》2006年第1期，第87页。

② 饶任坤、陈仁华：《太平天国在广西调查资料全编》，广西人民出版社，1989，第56页。

③ （清）夏敬颐、褚兴周：《浔州府志》卷五十六：纪事、卷五十四：纪人·风俗，南宁自然美术油印社，1957。

④ 中国社会科学院历史所：《古代中越关系史资料选编》，中国社会科学出版社，1982，第603页。

⑤ 龙州县地方志编纂委员会：《龙州县志》，广西人民出版社，1993，第843页。

⑥ 《中国人口·广西分册》，中国财政经济出版社，1988。

厅（今属宁明县）上石州（今属凭祥市）的居民“前代分土客两籍”，客人“近代来自粤东”，“今则历年久远，血族混淆，无分土客”。[①] 土、客居民在友好的频繁的交流与合作中相互涵化的资料如前所述的在史志中俯拾皆是。

（二）杂居格局的和谐性和经济生活的相互依存性

桂西南边疆地区的土著民族与汉族移民在长期的互动中形成总体上“大杂居小聚居”的居住格局，有些杂居的地方移民人数甚至超过土著居民，如崇善县于民国 26 年进行户口调查，“户数为 10725 户，男丁 30430 人，女口 29479 人，男女数合计 59909 人”，而“至宋略有山东汉人随狄将军征蛮而流落斯土，明时自广东、江西、福建各省迁居是邦者颇多，至今生齿日繁，汉族人数已达五万余人”。[②] 在龙州，明清以来“来自闽、赣、湘、粤者日益众……其分布大都居于城市及各小圩街，亦有聚落乡村以务农者，孳生繁殖，以迄于今……人口约三万三千三百人，占全县人口总数百分之五十”[③]。宁明县的汉族人口仅次于壮族，均是外地迁徙来的，“清咸丰、同治以后来的较多，大多以务农为主”[④]。外地迁入凭祥的汉族人，其中客家人“是清咸丰、同治以后到此务农的，人数甚众”[⑤]。“光绪年间，大新县新增了 90 多个村屯”[⑥]。靖西县属居民约共一百二十余姓，载于旧志可考者有三十二姓来自广东、福建、湖广、江西、浙江等省或本省永淳、宾阳、桂林、陆川、博白、南宁、宣化等地，“各随人事之机缘，移居斯土而散布于城市、乡村”[⑦]。大批移民深入边疆少数民族聚居地区经商和垦荒，在边疆非汉民族地区形成一个点线结合的网络，这个网络正是中华民族多元一体格局的骨架的重要组成部分。各族人民在长期交往的过程中进一步相互影响和渗透，民族间的经济联系密切起来，随着时间的

---

① （清）佚名：《明江厅上石州志略》，广西壮族自治区图书馆据宣统年间抄本 1980 年影印。

② 林剑平修、张景星纂《民国崇善县志》第三编·社会篇，民国二十六年抄本（上）。

③ 陈必明：《龙津县志》，龙州县档案馆，1946，第 33～45 页。

④ 宁明县志编纂委员会编《宁明县志》，中央民族学院出版社，1988，第 666 页。

⑤ 凭祥市志编纂委员会编《凭祥市志》，中山大学出版社，1994，第 543 页。

⑥ 黄忠源：《大新县地名志》，大新县地方志编纂委员会，1991，第 21～147 页。

⑦ 封赫鲁修、黄福海纂：《靖西县志》，广西第二图书馆 1957 年据民国三十七年（1948）油印本油印，第 20 页。

推移，平等和谐的杂居格局得以形成，增强了边境各民族在经济生活中相互依存度。经济生活的相互依存性使族际婚姻的普遍性成为可能。

（三）桂西南边疆壮族具有强大内聚力和吸收力的民族性

吉登斯（Giddens）认为，传统社会基本上以共同在场关系为主的社会整合（social integration）为特征，其时空构型（configuration sacross time-space）总会受到限制，而现代社会则基本上以跨越时空的不在场关系为主的系统整合（system integration）为特征，其时空分延使民族国家的行政控制能力甚至能左右个人日常活动的最私密部分，故吉登斯称现代民族国家为权力集装器（power containers）。相反，传统国家的行政范围没有延伸到地方社会的实践中，甚至也没有延伸到在空间上远离国家权力中心的某些城市。[①] 所以按照吉登斯的观点，传统国家是有边陲（frontiers）而无国界（borders）。由于传统国家领土的范围取决于一国中央权力的大小和实际控制能力的强弱，毗邻国家之间通常不会严格地和精确地进行划分与勘定国界。中法战争以前的中越边界仍处于含混不清的状态，以致边境民族的国家身份亦显得十分含糊。但是，从古迄今，这一区域的民族却具有强大的内聚力，其根本原因在于其民族性。所谓民族性即通常所说的族性，指能构成各种族类群体的基本要素，包括血统、语言传统文化、祖籍地、宗教、种族等。[②] 族性的“原生性”是族类群体构成要素的根本点，著名民族学家徐松石先生断定两广古代土著是两广的僮族。所谓百粤瓯骆俚人乌浒等，均是广义僮人。[③] 其原生性正是僮人形成强大内聚力的根本所在。徐先生关注到了僮族民族性的特点，其一是女性的活跃。汉光武建武十六年，岭南僮女“徵侧徵贰”，不甘受虐而奋起称王，六十余城隶于掌握，雄健不可一世。此后僮族的巾帼英雄名传史册的也有不少。就是到了今日，僮族社会仍然是以女性活动为中心的。其二是僮族男子的勇悍。依智高揭竿之后，僮族在这西南地域的连绵倔强性，绝对不像漠北匈奴突厥等部族的昙花一现。其三是僮族吸收力的宏伟。他们不像瑶族苗族那样采取退缩自守的闭关政策。史籍记载的路博德平南越时，土著越将和越王土著后妃所生的儿

---

① Giddens, *The Nation—State and Violence*, Polity Press, 1985, p. 182.

② 王希恩：《全球化中的民族过程以》，社会科学文献出版社，2009，第 127 页。

③ 壮学丛书编委会：《徐松石民族学文集》上卷，广西师范大学出版社，2005，第 203 页。

子，足见当时僮族所采取的吸收政策。南朝以后，中央对西南边疆地区采取怀柔政策，唐宋时期中央厉行岭南人治岭南人的策略，僮族的大量吸收活动重复出现，于是僮族都自化成为齐民，为今日中国境内以僮族血统为基础的独一区域。中央的怀柔对于僮族内聚的功劳不可泯灭，但僮族吸收力量的强大，也足以令人惊叹，这当然与女性的活跃大有关系。近今桂省西部僮女吸收粤商的青年男子，并连带吸收他们所带来的文化和经济，僮统仍得保存。[①] 僮族民族性的特点造就了这个民族自觉内附的民族心理，侬智高起兵反宋，并不是寻求自立政权以对抗朝廷，而是表明内附朝廷的决心。“为了达到内附的目的，侬智高一再降低其内附的条件：求刺史，不得；求教练使，不得；求赐一套朝服，不得；求每‘南郊’时贡金千两，允许到邕州进行集市贸易，不得；请求接纳所献的驯象及生熟金银，惟让通贡。……仍被朝廷拒绝。拒绝不要紧，宋仁宗还伪造历史，否认自己的前期所为，强按着侬智高的头，令他去臣服于交趾”，“以礼求附不能，侬智高只好走了以武力求附之路”，“侬智高以武力求附，起兵反宋，是他个人对中央王朝一往情深，怀宋、归宋的情感选择性模式遭到挫折后暴然发展的结果，是被迫的，逼不得已的”。[②] 侬智高代表的不仅是自己，而是整个壮民族，其作为“溪洞蛮夷”首领能号召数万汉、壮、瑶、苗等各族群众跟随他进行反宋斗争，足见其胸怀之宽广。侬智高虽然失败了，但宋王朝迫于西南边疆俚僚、汉等族人民团结友好的现实，宋哲宗遂于元祐元年（1086）诏令：“邕州左、右江归明人，许省地、溪洞结亲。”[③] 反映了西南边疆俚僚、汉等族人民间和好交往的历史现实。明末清初，两广地区流传着“广西有个留人洞，广东有朵望夫云”，形象地表达了壮、汉民族之间友好交融的历史传统。中法战争期间，壮、汉等各族群众团结协作、同仇敌忾地抗击法国侵略者，延续着友好交融的优良传统，继续彰显着具有强大内聚力的民族性。难怪徐松石先生说：“今后部族的界限解除，西南的进步日速，僮族对于新中国的贡献，正无限量”[④]。

---

① 壮学丛书编委会：《徐松石民族学文集》上卷，广西师范大学出版社，2005，第117～118页。

② 白耀天：《侬智高：历史的幸运儿与弃儿》，民族出版社，2006，第253页。

③ 《宋会要》，兵一七之三。

④ 壮学丛书编委会：《徐松石民族学文集》上卷，广西师范大学出版社，2005，第118页。

结　语

民族的向心运动是民族国家建构体系中的民族过程。民族向心力表现为民族认同、民族的政治核心认同和社会主导意识认同及由此产生的社会效应。[①] 现代民族国家建构语境中的民族文化变迁往往就是民族向心力作用的结果。我们常常把导致民族文化变迁的外部因素归结为外部环境的改变和文化的传播。而现代民族的进化过程“可以万无一失地说，几乎所有文化百分之九十以上的内容首先都来自传播”[②]。澳洲的土著部落耶攸荣特因1915年英国商人和传教士传入钢斧使该部落的信仰系统遭质疑而导致传统观念、情感和价值模式暗中毁掉，这反映了文化传播给民族文化带来的深刻影响。承载着中华民族价值观念的历代主体民族——汉族的移民无疑是扮演了文化的传播者，也是民族经济和文化融合的主要推手，诚如王希恩所说的那样：“无论在历史上还是现实中，族际人口流迁都是民族过程推进的直接途径和最终途径。”[③] 但是，移入地民族的文化变迁最终取决于传播的文化与接纳它的社会的文化相容性，因为“多民族民主国家的运作和成功，并不仅仅取决于对国家构成根本的大多数人的态度和政策，至少在同等程度上，也取决于少数民族和移民人口同国家发生联系的方式，他们是否理解和愿意履行责任，是否具有要求文化变革和在一定程度同化的文化调整的良好愿望。没有一个国家能够在公民之间普遍的族裔和政治价值对抗的缝隙中生存。”[④] 中法战争之后处于中外文化冲突和博弈旋涡中的桂西南边疆壮（僮）族的向心运动的勃兴也正来源于其自身具有“原生性”的强大吸收力的民族性，其认同体系中一直对儒家文化持宽容、适应甚至是接纳的态度，使得人们主动去促使自身文化发生变迁的同时进行整合与儒家文化认同达到一致，进而又带动文化认同的结构性变化，最终引起文化认同的新构建。这至少说明，清末及民国的桂西南边疆地区实现文化传播

---

① 王希恩：《全球化中的民族过程》，社会科学文献出版社，2009，第349页。

② 〔美〕罗伯特·F. 墨菲：《文化与社会人类学导论》，王卓君、吕廼基译，商务印书馆，2004，第201页。

③ 王希恩：《全球化中的民族过程》，社会科学文献出版社，2009，第345页。

④ 〔美〕菲利克斯·格罗斯：《公民与国家——民族、部族与族属身份》，王建娥等译，新华出版社，2003，第216页。

与自身进化的和谐过程是由于先前的文化环境提供了原材料，即从东汉伏波将军马援奉命南征交趾平定二征叛乱到宋代狄青部属大部融入壮侗语民族以及边疆各部族的内附实践，就已形成了这种和谐过程的文化环境。民族经济与文化融合的特点表明了这一时期这一地区民族过程的基本特点，即民族向心运动中的开放精神和边疆自觉意识。这种精神和意识也正是桂西南边疆民族地区作为中国民族团结、边疆安宁典范的文化源泉。2008 年西藏的“3·14 打、砸、抢、烧事件”和 2009 年新疆的“7·5 打、砸、抢事件”再一次说明了边疆地区建构和谐族际关系对于民族国家建设的重要性。

（《广西民族研究》2011 年第 4 期）

第九编

边疆民族区域历史事件与人物专题

试论一八六四年新疆农民起义

纪大椿

19 世纪中叶，新疆各地爆发了许多次农民反封建斗争。其中 1864 年的农民起义，其规模之大、范围之广、影响之深远，都是新疆地区近代历史上所罕见的。对于这次武装斗争，目前有“反清起事”“反清斗争”“反清起义”等各种不同的提法。看来，弄清这一时期新疆地区阶级斗争的特点，阐明这一历史事件发生的背景和经过，分析它的成败功过及其性质、作用和意义，还是十分必要的。本文打算提出一些不成熟的看法，借以引起深入的讨论。

一

西方列强对中国的侵略使中国由封建主义社会逐渐沦为半殖民地半封建社会。国内阶级矛盾日渐激化，人民群众的反抗斗争彼伏此起、连续不断。大规模的武装起义，以太平天国革命运动为发端，农民起义席卷全国，形成中国近代史上的第一次革命高潮，僻处西陲的新疆也不例外。

新疆农民，特别是构成新疆农业区主体的维吾尔族农民，迫切要求打碎严重束缚生产力发展的农奴制度，这是促成 19 世纪中叶新疆各地农民暴动的根本原因。清政府为了转嫁对西方资本主义列强的战争赔款，为了镇压太平天国等农民起义，加紧了对国内人民的压榨。新疆各族人民的负担比以往更加沉重了。清政府对陕西、甘肃回民起义的疯狂镇压引起新疆回民的惊恐与愤怒。反对清政府越来越残酷的剥削压迫和武装镇压，是引起 1864 年新疆农民起义的重要原因。

农奴制度在新疆已经延续了很长时间。维吾尔城乡实行的伯克制度，就是与徭役制经济相适应的政治制度。18 世纪中叶，清政府曾对新疆的农奴制度进行改革，主要是实行政教分离、废除伯克世袭、限制各级伯克对耕地和“燕齐”农奴[①]的占有量，对于促进生产的发展起过一定的作用。一百年来生产力的发展要求冲破农奴制的牢笼。然而王公伯克却任意扩大耕地和“燕齐”农奴的占有量。他们一有官府作护符，二有执掌民政的实权，肆无忌惮地压榨着属下的农奴和依附农。

劳役和摊派是压在农奴和依附农身上的沉重负担。无论是官府还是王公伯克，一切需用完全直接从属下掠取。开渠垦荒、种地筑屋、修桥铺路以及种种杂役，所需劳力一概都由属下分担；官员过往、王公伯克年班进京，所需牛羊油面、柴草薪炭以及运送物件所需之畜力，一律都向属下勒索。此外，宗教头目对农民的剥削也是十分苛重的。

新疆岁需饷银二三百万两，全由内地省份协济。鸦片战争以后偿付巨额赔款使清政府财政日渐破产，各省拨到新疆的协饷时续时断，1862 年终于完全断绝。所需饷糈通过种种手法向劳动人民夺取。竭泽而渔的压榨使农民纷纷逃亡。城镇充斥着“贫民”“饥民”，出现了铤而走险的“饥匪”，社会动荡不安。“口外各商俱形萧肃”[②]，城乡经济呈现破产景象。同时，各地营兵纠众乞饷，围官索饷的事端纷见迭出。一些大臣在内地迁延逗留，借故拒不上任、返任。清政府在新疆的统治面临着深刻的危机。

正是在这样的形势下，新疆各地人民掀起了日益频繁的抗差、抗徭、抗粮的斗争。

1845 年，喀什噶尔索胡鲁克庄铁匠阿瓦斯及胡完等人组织维吾尔、柯尔克孜族人民举行暴动。

1854 年，喀什噶尔罕爱里克庄沙木蒙等率众暴动。

同年，奇台县令向当地回、汉农民每户加征官粮四斗，“致激民变”[③]。

1857 年，和田暴动，袭坡斯坎等处军台。

同年，喀什噶尔阿图什庄人民因铜厂交课苦累，聚众抗差，“求免差

① 燕齐，维吾尔语，“依附者”之意。又作“烟齐”，或“颜齐”，燕齐农奴指为维吾尔等族封建伯克种地、服役之农奴。

② 《清文宗实录》第 211 卷，第 17 页。

③ 乐斌等：《行乌文稿》抄本，第 33 页。

徭”①。

同年，库车办事大臣准许当地伯克将历年积欠商民之巨额银钱由各庄民众摊还，遭到各庄农民的反抗，并进而提出革退伯克、革退阿訇、裁撤“燕齐”户、只当五样官差、退还私占官地等要求，斗争矛头直指农奴制度，反映了农民要求人身自由、要求土地、限制徭役的愿望。遭到镇压后，迈买铁里等“率众抗拒，开放枪箭”②，发动武装起义。

1858 年，喀什噶尔新垦地农户抗粮，“聚众滋事”③。

1860 年，叶尔羌（莎车）托果斯铅庄人民奋起“抗违粮赎”④。

同年，叶尔羌阿奇木伯克等“摊派回众银两”，遭到阿布都萨依提等聚众反抗，“几至酿成重案”。⑤

1862 年，和田金矿矿夫暴动。

同年，库车木罕买提起事。

同年，拜城艾沙衮拜孜等要求减轻赋役，持械闹事。

1863 年，伊犁惠远（霍城南）回民杨三星、飞刀马二率众起义，联合驻防绿营内的回族士兵“抢劫库存军械，杀毙兵丁”⑥。

以上就是 1840～1864 年农民起义爆发前新疆各地农民反封建斗争的初步统计。从中可以看出：第一，斗争的锋芒主要是指向封建徭役制度；第二，斗争是自发的，但遍及农村各地区、各民族；第三，斗争几乎都集中在 1864 年起义爆发前十年，而且有越来越频繁的趋势，预示着一场大规模的武装斗争已经迫在眉睫了。

二

我国是统一的多民族国家。各族人民有着共同的命运和共同的斗争任务。在那民不聊生的岁月里，太平天国革命斗争的消息曾经给新疆各族人民带来巨大的鼓舞。1859 年，太平天国的告示赫然出现在塔城的城墙上。

---

① 《平定陕西甘肃新疆回匪方略》第 10 卷，第 17 页。

② 庆英：《遵旨审明库车回子聚众滋事各情折》，载《庆固奏稿》抄本第 2 卷，第 21 页。

③ 《清文宗实录》第 265 卷，第 27 页。

④ 《清穆宗实录》第 10 卷，第 9 页。

⑤ 《清穆宗实录》第 29 卷，第 25 页。

⑥ 《清穆宗实录》第 68 卷，第 31 页。

1862年，陕西回民起义后，就有人“潜赴伊犁煽惑”[①]。甘肃河州（临夏）阿訇妥得璘出关至乌鲁木齐，玉门回民杨春也赴库车活动。新疆回民多来自陕西、甘肃，陕、甘回民来新疆联络起义，一致反抗清朝反动统治，是很自然的事。太平天国革命和陕、甘回民起义促进了新疆农民起义高潮的到来。

1864年新疆农民起义的烽火首先是在库车点燃的。在渭干河近旁，有一批无力交纳粮赋而被迫服劳役的农民在开渠垦荒。饥寒交迫，冻饿而死的人很多。托乎提尼牙孜哈里等人率众暴动，一个夜晚就杀死两名官吏和十五名伯克，随后又向库车城进发。[②] 城外各族居民在回民杨春、马三保、马隆等人领导下焚毁军台及城厢商铺。库车办事大臣萨灵阿急向喀喇沙尔（焉耆）大臣求救，说“骤有‘汉匪’‘逆回’聚众滋事”，要求一同发兵镇压。[③] 六月六日，起义人民攻入城内，萨灵阿等清朝官吏、阿奇木伯克库尔班等八名伯克被杀。起义群众迎库车郡王、已革阿奇木伯克爱玛特（维文史书称阿合买提王伯克）为首领，爱玛特不从，被杀。库车起义写下了1864年新疆农民起义的光辉一页。

在库车起义的影响下，六月中旬，库车以东、以西各地农民奋起战斗，攻占各城，并组成东征、西征两支军队出击，从库尔勒到阿克苏一大片地方，清朝统治势力被迅速扫除。

七月上半月，奇台（奇台县的老奇台）汉民结团抗粮抗赋，县令恒颐挑拨回汉械斗半月之久。回民失败后联络附近回民进攻古城（奇台县城）。七月下半月，乌鲁木齐、昌吉、玛纳斯、库尔喀喇乌苏（乌苏）等地回民起义。绿营署理中军提标参将索焕章，在妥得璘的协助下，诱杀绿营提督业布冲额。两股回民武装东西夹击，清朝官兵全部被歼。

九月底至十月，哈密、巴里坤维吾尔和回族人民起义，遭哈密王和清军的镇压而失败。

十月，伊犁维吾尔和回族人民在署理阿奇木伯克阿布都鲁苏勒策划和领导下攻占宁远城（伊宁市）。十一月九日，惠远旗丁根老八率众“千余与

① 《清穆宗实录》第68卷，第32页。

② 1975年库车调查，未刊。

③ 《平定陕西甘肃新疆回匪方略》第68卷，第2页。

之合”，与维、回族群众“联为一气”。[①] 1865年二月惠宁（巴彦岱）被攻占。次年三月惠远城被攻占，新任伊犁将军明绪自尽，已革将军常清被俘。

1865年春节，塔城回、哈萨克族人民在苏玉得的率领下攻入城内。第二年四月再一次攻入城内，两月后南下库尔喀喇乌苏，从此不见于记载。

1868年五月，流落于布伦托海（福海）等额尔齐斯河流域的北疆汉、满族人民，在奇台人张愚等领导下奋起反抗新任布伦托海办事大臣，坚持斗争一年有余。

南疆西南部的情况比较复杂。当库车西征军攻占阿克苏、乌什之后，1864年七月下旬，英吉沙尔绿营中营守备兰春发、喀什噶尔中营把总王得春等，联合当地回民共同起事。喀什噶尔白山派宗教头目托合提马木提占喀什噶尔回城（喀什市）称王。塔什米里克（疏附县南）阿奇木伯克、柯尔克孜族头目思的克联合附近回民攻取该城。拜城阿奇木伯克海孜那奇，于库车起义后即潜回和田原籍，联络刚从麦加朝觐回国的宗教法官哈比布拉起兵，占据和田。叶尔羌维、回人民起兵进攻叶尔羌汉城，叶尔羌回城阿奇木伯克尼牙斯举兵自树一帜。库车军队乘胜南下，插手喀什噶尔、叶尔羌、和田的纷争。思的克攻取喀什噶尔回城后无力控制局势，派遣排素巴特（伽师）屯田回民金相印、马秃子阿訇等赴浩罕，要求将大和卓波罗尼都之后裔遣归新疆。和田哈比布拉亦派人赴外国乞援。[②]

总之，到1864年底，南疆全部及北疆之乌鲁木齐、伊犁一带，除惠远城、惠宁城、喀什噶尔汉城、英吉沙汉城等尚有清军困守之外，清朝统治势力已被打垮了。在上述地区出现了几个以当地宗教头目和封建主为首的地方割据政权。他们之间相互争战，最后大体上形成：第一，库车热西丁“汗和卓”（汉文史书讹称“黄和卓”并误认为人名）政权，控制天山南麓自乌什至喀喇沙尔大片地区；第二，乌鲁木齐妥得璘“清真王”（维文史书称“哈里发”）政权，占据白玛纳斯到吐鲁番一带；第三，统治和田的是哈比布拉的“帕夏”政权；第四，割据伊犁的自称“苏丹”。最后一个“苏丹”是某千户长的儿子艾拉汗（俄文史书称“奥不尔·奥格拉”），他统治的时间最长。清朝统治势力被迫退缩到东疆的哈密、巴里坤、北疆北部的

---

① 《新疆图志》第116卷，第3页；魏光焘：《勘定新疆记》第1卷，第3页。

② 阿吉玉素甫：《史集》，维文抄本，汉文节译稿，未刊；佚名：《巴达吾来特（阿古柏）传》，维文抄本，汉译稿，未刊。

额尔齐斯河至塔城一线，往后几年又复扩展到库尔喀喇乌苏、精河及木垒、奇台、吉木萨等地。

新疆的分裂局面引起外国侵略者的注意。1865 年一月，浩罕军官阿古柏挟持大和卓波罗尼都的曾孙布素鲁克侵入我国新疆南部；1871 年沙俄出兵侵占我国伊犁，均遭到起义农民的英勇抵抗。

“伊犁、塔城等处领事官署、商圈（贸易圈）房屋悉被焚烧，货物多为抢掳，边界交易一无所有”①。新疆各族人民在极端艰难困苦的条件下，坚持着反抗外国侵略者的斗争。

三

实践是检验真理的唯一标准。历史的实践也应该是评价历史事件、判断历史是非的唯一标准。那么，1864 年新疆农民起义给新疆带来什么变化，在新疆地区社会历史发展的进程中起了什么作用呢？主要有以下几点。

第一，推翻了军府制统治。新疆推行军府制度是在清政府统一新疆之后的 1762 年。最高统治者是伊犁将军，下辖乌鲁木齐都统及各城参赞大臣、办事大臣。在巴里坤与乌鲁木齐地区聚居的主要是回、汉族人民，清政府在那里实行郡县制，建镇西府与迪化州，上设镇迪道，隶于甘肃省，由乌鲁木齐都统兼辖。伊犁将军及各地驻扎大臣，除了兼理王公的袭封和伯克的任免外，只管军政不理民事。民政事务都由少数民族中的王公伯克治理。王公伯克在地方上自成体系，形成一个个独立王国，对属下人民实行残酷的农奴制统治。他们不顾清政府的明文规定，私自扩大耕地和“燕齐”农奴的占有量，大批自耕农重新沦为农奴。对于王公伯克的种种不法行为，伊犁将军和各地大臣佯作不知或有意纵容。军府制已成为束缚生产力发展的农奴制的政治支柱。

1857 年库车起义人民提出的革退伯克、裁撤“燕齐”的要求，正反映了广大人民反对农奴制的强烈愿望。但是他们采取的是向伊犁将军递禀告状的方式，说明对清政府还抱有幻想。生活的现实打破了这种幻想。在太平天国革命和陕甘回民起义等全国农民战争的影响下，新疆农民迅速行动

① 《筹办夷务始末》同治朝第 49 卷，第 28 页。

起来，向着反动的清政府发起了猛烈的冲击。伊犁将军、各地驻扎大臣及清朝官兵，甚至站在清朝官府一边而不能随机应变的王公伯克，都成了1864年农民起义打击的目标。连那些钻进起义队伍的回族军官，也在后来的内部权力斗争中遭到失败，或在日后的斗争中销声匿迹。无怪乎后来进入新疆的湘军总统刘锦棠哀叹："旧制……荡然无存，万难再图规复"①。这就说明以军事民政分离为特征的、多元化的军府制度，已经不适合新疆社会的发展要求而被推翻了。

第二，埋葬了伯克制度。伯克制度主要通行于维吾尔地区。各城镇设阿奇木伯克一员，下设伊沙噶伯克一员作为副手，并置伯克多名分掌钱粮、商贾、诉讼、水利等事项。清政府将各级伯克定为三品至七品不等，允许他们按各自品级之不同占有2～80户"燕齐"农奴，占有10～150"巴特满"的养廉田。这是嘉庆年间的限额，比乾隆时已有缩减。事实上这种规定是限制不住伯克们手脚的。伯克就是农奴主当权派。

1864年库车起义时，伯克同清朝官吏同样是打击的对象，其他各地起义过程中也有许多伯克遭到镇压。有的钻进起义队伍，但在后来争夺权位的过程中先后被杀。这是统治阶级内部狗咬狗的斗争，但是这是在阶级斗争尖锐化的基础上发生的。局势动荡，各地有势力的、地位较高的伯克，不是死亡就是衰落，从此一蹶不振。

当清军收复新疆后，环顾全境只见哈密亲王"所部回众尚多，差堪自立"，其他各地王公伯克都已经"家产荡尽"不能自立了。② 库车郡王爱玛特、吐鲁番郡王阿克拉依都受到起义农民的镇压，清军到来后，特准他们的儿子"承袭世爵"，但是，"无阿奇木伯克可兼，而廉俸无几，卯粮寅支，负债既深，拮据万状"。③ 清政府通知吐鲁番新袭郡王玛木特年班晋京，他连路费都筹措不起，不得不恳求展缓。因为"吐鲁番等五王，均流离混迹为民"④，既无跟班、随从、力役供他呼唤驱使，又无法再按老例向属下农奴摊派金银、牲财、食物，万里赴京谈何容易！

可见，除哈密王未曾受到农民起义的巨大打击外，其他王公伯克的根

① 《刘襄勤公奏稿》第8卷，第44页。

② 《刘襄勤公奏稿》第15卷，第11页。

③ 《刘襄勤公奏稿》第15卷，第11页。

④ 裴景福：《河海昆仑录》第4卷，第25页。

基已被冲垮，伯克制度已经名存实亡。新疆建省后，清政府正式废除伯克制度，只不过是确认既成事实罢了。

第三，促进了徭役制向租佃制的发展。人身依附关系是维系徭役制的纽带。这次农民起义埋葬了伯克制，也就从政治上斩断了农奴、依附农对王公伯克的人身依附关系，从而促进了徭役制向租佃制的发展。这是一次影响深远的维吾尔农奴解放斗争。在这一斗争中，伯克们的养廉田都被昔日的“燕齐”农奴自行占用，被恃强霸占的官地也都回到了农民的手里。伊犁“苏丹”艾拉汗准许农奴以出人当兵作为交换条件占用耕地。伊犁驻防之锡伯等营各旗兵丁也起来占地。总之，占地现象遍及各地农村。迨清军收复新疆，发现各处耕地早已“听兵民自占，旧时经界无可遵循”[①]，原有的土地制度已经被破坏了。

随着原先的土地制度被破坏，新疆农村自耕农的数量有了很大的增长，另外还出现了地主和佃户。农村的阶级构成有了变化。这可以从清政府征收的田赋上反映出来。以往新疆实行的是“按丁索赋”的制度，每年额定征收米粟十四万三千余石。[②] 收复新疆后，旧章无可依循，1878 年决定采取临时办法，规定“按民间收粮实数十一分而取其一”[③]。这一年征粮多少没有记载。1879 年仍按此规定执行，共征粮二十六万一千七百余石。[④] 1880 年清丈地亩的工作尚未结束，继续按上述规定征粮，共征三十四万七千二百余石。[⑤] 这时伊犁尚未收复，这个最富庶地区的农业税还无法征收；由于内外反动统治者的大肆屠杀，劳动力锐减，虽经召集流亡，耕地面积也没有恢复到以往的水平；税率也比以往低得多。在这样的情况下，清政府在新疆所征粮食，竟比以往额征数分别增长 83% 和 143%。田赋的成倍增长说明向政府缴纳田赋的人大大增多了。过去伯克的养廉田都由“燕齐”农奴耕种，收成全部归伯克所有。如今，农奴占地后成了自耕农，伯克失去了养廉田和农奴，成了地主，自耕农又有一部分分化为地主和佃户。他们都是国家的编户，都需要向地主阶级国家交纳田赋粮。

---

① 《刘襄勤公奏稿》第 10 卷，第 59 页。

② 《新疆图志》第 1 卷，第 2 页。

③ 《左文襄公全集·奏稿》第 56 卷，第 21 页。

④ 《左文襄公全集·奏稿》第 56 卷，第 22 页。

⑤ 《刘襄勤公奏稿》第 8 卷，第 21 页。

影响所及，连兵屯制度也有所变通。兵屯是新疆屯田制度中的一种。兵丁在屯田期间与维吾尔族农奴的待遇无甚差别。他们没有生产积极性，“虽任耰锄之役，不期收获之丰”，“事属大众，只图塞责”。政府“耗资颇多”而所获无几，“通算迄无利益”。为了改变这种现象，在兵屯中仿行民屯之制，将各旗营勇中的老弱者，“就各兵驻防之所，如有荒地可拨，为之酌数分给，即同己业”①。分给土地，收取租赋，田赋制度也推行到兵屯中去。

徭役制经济在新疆受到了巨大的打击，但是还没有完全退出历史舞台。因为哈密王依旧维持着对属下农奴的徭役制剥削。有些地方还存在着农奴制庄园。租佃制已经出现，但带有深深的徭役制烙印，这就是无偿劳役与对分制相结合的一种租佃剥削形式。这种剥削形式是落后的、残酷的，但是与哈密的徭役制剥削相比，在一定的时期内与当地的生产力发展水平相适应，因此对新疆农业经济的恢复和发展还是具有进步意义的。

第四，坚持了反侵略斗争。起义农民在反抗封建统治的同时还英勇抵抗了外国侵略者。沙俄通过《伊塔通商章程》所取得的特权，在农民起义的浪潮中被中止了。布伦托海起义人民还袭击了侵入斋桑湖岸非法建立哨所的两连俄国兵，给了侵略者以应得的惩罚。阿古柏对南疆和乌鲁木齐等处的侵略，沙俄对伊犁地区的侵略，同样遭到当地人民的英勇抗击。正是由于各族人民长期坚持斗争，清军收复新疆之战才得迅速获得胜利，并通过谈判收复了伊犁。

第五，扫清了新疆建省的障碍。反侵略斗争取得胜利之后，在新疆建立了行省制度。早在1820年，进步学者龚自珍在他的《西域置行省议》一文中就提出了新疆建省的呼吁，但是未能实现。数十年来未能建省的原因之一是新疆存在着伯克制度。作为新疆主体民族的维吾尔族人民都归王公伯克们统治着，政府管不了民政。农民起义埋葬了伯克制，收复新疆后，各地新建的善后局治理了民政事务。清政府提出的新疆除旧有各州县外其他各城“倘置郡县有无可治之民”② 的问题，事实上已经解决。这样，建省、立郡县是水到渠成、顺理成章的事了。这对于加强多民族国家的中央集权政治，对于防止帝国主义利用内部分裂主义势力策动分裂叛乱，以及对于新疆地区经济的开发，都是具有进步意义的。

---

① 《刘襄勤公奏稿》第7卷，第16～17页。

② 《清德宗实录》第78卷，第17页。

四

一个世纪以前发生在半殖民地半封建的中国边疆地区的农民起义，不可能不带有时代与阶级的局限，也不可能不带有民族和宗教的偏见，最后导致可悲的结局。

首先是领导权问题。列宁曾经指出："历史上，任何一个阶级，如果不推举出自己善于组织运动和领导运动的政治领袖和先进代表，就不可能取得统治地位。"[①] 1864 年新疆农民起义最后被引向歧途遭到失败，根源正在于此。

这一次起义规模很大，但在发展过程中始终没有形成一个统一的领导集团，没有形成一个指挥中心。起义者分属几个互不统属的集团，领导权都掌握在当地伊斯兰宗教显贵与头目手中。他们是信徒们精神生活的主宰。当王公伯克成为农民起义的打击目标后，宗教领袖就成了唯一可以号召群众同清政府官员相抗衡的地方势力。他们利用农民生活每况愈下的境遇，利用清政府的统治危机号召群众起来反清。个别地方，如库车，则是农民起义爆发以后要寻找一个领导人。起初，人们要郡王爱玛特出来领导，爱玛特不从被杀，又转向热西丁和卓。热西丁上台后把人们所遇到的一切不幸都说成是"异教徒"统治所造成的，号召群众进行"圣战"。[②] 农民群众的反封建农奴制斗争，受到了狭隘宗教偏见的严重干扰，越来越带有浓厚的民族与宗教的色彩。

最明显的表现是，在漫长的斗争过程中，没有提出过明确的政治纲领，一切都被反异教徒、杀异教徒这种模糊群众阶级意识的宗教狂热所掩盖了。伊犁世袭台吉迈孜木杂特在投机到起义农民一边时曾打出过"官逼民反"的旗号。[③] 如果说这多少反映了群众的愿望，那也只是反映了群众行动的理由，没有反映出所欲达到的目标。伊犁农民在攻打惠宁城时写在战旗上的"生存"二字，是迄今为止所能见到的唯一的起义农民自己提出的口号。[④]

---

① 《我们运动的迫切任务》，载《列宁选集》，人民出版社，1972，第 1 卷，第 210 页。

② 毛拉木沙：《伊米德史》维文抄本，上册，1960 年汉译油印稿，第 87 页。

③ 《平定陕西甘肃新疆回匪方略》第 92 卷，第 3 页。

④ 毛拉比拉里：《穆斯林在中国的战争》维文，汉文译稿，未刊。

这也只是反映了农民的最低要求。至于农民渴望的人身自由和土地要求，都没有得到应有的反映。农民们英勇地向着旧制度冲锋陷阵，挣脱人身依附的枷锁，夺取土地，但是没有形成政治纲领，更无法建立一个能代表本阶级利益的新的制度。另外，恩格斯说过：“一般针对封建制度发出的一切攻击必然首先就是对教会的攻击”①，而这次斗争既没有提出过反对宗教或改革宗教的口号，也没有这方面的行动。从这一点看来，1864 年的农民起义比 1857 年的库车起义确是后退了一步。

另一个表现是，在推翻了清朝统治势力之后建立起来的政权，都是政教合一的地方割据政权。它们的头目为了扩大权力和统治地盘，不惜相互谋杀和相互作战。另外又利用农民起义的威势同清政府讨价还价，企图求得某种妥协，以维护自己已得的权势。哈密办事大臣文麟先后派遣乌仁泰、梅振清等赴乌鲁木齐，受到妥得璘的良好接待。妥得璘也以盟主自居，表示愿意召集南疆各城头目于乌鲁木齐，与清政府共同“商办抚事”②。伊犁将军明绪曾派遣多博硕库赴宁远。尽管“苏丹”更替再三，多博硕库一直住在宁远城内。迈孜木杂特任“苏丹”后向伊犁将军表明心迹，说自己对朝廷“不敢稍有异志”③。肖开特阿訇任“苏丹”后，通过锡伯营总管喀尔莽阿与伊犁将军谈判，要求将伊犁九城及各级官职分成伊犁将军、维吾尔族“苏丹”、回族“苏丹”三方分治。④ 人民群众的反抗斗争成了他们向清政府要官、要地盘的筹码。这表明农民起义的成果被宗教头目窃夺后，成了他们改朝换代、争权夺利、建立伊斯兰封建小朝廷的工具。

由此可见，在 1864 年农民起义过程中，农民群众和宗教头目走的不是一条路。农民是为了挣脱封建徭役制度，反对剥削压迫，而宗教头目却是为了在风暴中投机钻营、谋求地位和权势。如果说，宗教头目在初期反对异教徒和叛教者的口号下同清朝官员和王公伯克的斗争，客观上有利于摧毁农奴制度及其支柱的话，那么，当他们建立了政教合一的割据政权后，也就没有什么可以肯定的东西了。起义农民在作战期间还有些战利品可以分享，随着战事的结束，这点好处也得不到了。宗教统治者是一伙“披着

① 恩格斯：《德国农民战争》，人民出版社，1975，第 34 页。

② 《平定陕西甘肃新疆回匪方略》第 197 卷，第 15 页。

③ 《平定陕西甘肃新疆回匪方略》第 92 卷，第 8 页。

④ 《喀尔莽阿呈伊犁将军禀帖》满文残本，汉译稿，未刊。

袈裟的农奴主”①。他们对农民依然维持着农奴制剥削。在叶尔羌、和田等地的调查表明，农民所受的剥削压迫丝毫没有减轻，有的反而更重了。

第二是民族仇杀问题。由于起义领导权被伊斯兰宗教头目篡夺，他们鼓吹“圣战”，广大非伊斯兰教民族人民也就成了屠杀的对象。这种杀戮一旦被煽起，受害的都是双方劳动人民。这是宗教头目用以扭转农民起义斗争方向的一个狡猾毒辣的手段。它给新疆地区农业生产造成的损失是很大的。尤为严重的是，在外敌入侵时，应该为保家卫国英勇杀敌的千万勇士却早已作了民族仇杀的牺牲品，教训是极其深刻的。

为了争夺权力和地盘，宗教头目和封建主还在起义者内部挑起维吾尔族和回族人民之间的仇杀，有的还插手其他割据政权内的维、回冲突。伊犁起义群众攻下伊犁将军驻地惠远城后，就发生了维吾尔族“苏丹”艾拉汗同回族“苏丹”马万信（一作马万倍）之间的战争，其激烈程度不亚于当初同清军之作战，最后以马万信被杀而告终。乌鲁木齐的妥得璘不仅插手伊犁两“苏丹”间的内战，而且在阿古柏侵至库车以前还派兵同热西丁争夺布古尔（轮台）。库车热西丁派兵东征西讨，插手叶尔羌内部纷争，到阿古柏入侵之后还不肯停息。后来连续败于阿古柏，才从东部抽回兵力以对付入侵者，可是又想在打阿古柏的过程中削弱东征军首领伊斯哈克（汉文史书称伊萨克）的势力，调兵遣将诸多掣肘。大敌当前他们还不能一致对外，使入侵者得以伺机各个击破，侵占了新疆大部分地区。对此，各个割据称王的头目是难辞其咎的。

第三是勾引外敌问题。思的克攻入喀什噶尔回城之后，当地少数伯克、阿訇在浩罕商人的煽惑下致书浩罕首领，要求出兵攻打喀什噶尔。这是货真价实的里通外国。思的克为了统治人民，派人赴浩罕迎请和卓后裔，以便借用“和卓”这个伊斯兰宗教显贵的身份来统治各族穆斯林。结果阿古柏与布素鲁克同来。思的克极为不满，最先举兵反抗阿古柏的也正是他。此外，和田哈比布拉也曾派人赴外国求援，塔城回民头目也向俄国寻求过援助，但都没有具体结果。不管是事与愿违，还是未能如愿，勾引外敌的行为是不容掩盖的。但是，南疆一有纷争，浩罕立即挟和卓后裔入寇，这是19世纪清朝国力衰落以来一个屡见不鲜的现象。阿古柏的入侵只是这种现象的继续和最后一次再现而已。同样，沙俄之侵入伊犁也是它蓄谋已久

① 《各阶级和各政党对宗教和教会的态度》，载《列宁全集》第15卷，第391页。

的侵略我国的一个罪恶行动。侵略是它们的本性决定的。至于阿古柏和沙俄入侵之后一些头目无耻投敌、为虎作伥，那又是另外一回事了。这些都说明了宗教头目和封建主篡夺起义领导权后，为了实现个人野心是什么手段也使得出来的。

19 世纪中叶是我国社会经历着激烈动荡的时期。各个政治势力都纷纷登台表演一番，地处边陲的新疆也不例外。这就给 1864 年新疆农民起义造成非常复杂的现象。它以农民的反封建斗争开始，后来被宗教头目篡夺了领导权，形成封建割据，最后导致外国侵略者乘虚而入。

历史现象是错综复杂的。当我们对这些眼花缭乱的现象进行具体分析的时候，必须研究运动过程的每一个阶段和每一个方面，必须分清本质、现象和假象，分清主流、支流和逆流，分清成绩、缺点和错误。列宁说："历史上常常有这样的战争，它们虽然像一切战争一样不可避免地带来种种惨祸、暴行、灾难和痛苦，但是它们仍然是进步的战争，也就是说，它们促进了人类的发展，加速地破坏极端有害的和反动的制度（如专制制度和农奴制），破坏欧洲最野蛮的专制政体（土耳其的和俄国的）。"① 1864 年的新疆农民起义固然也带来了"种种惨祸、暴行、灾难和痛苦"，但是，它对于"加速地破坏极端有害的和反动的"农奴制度，促进边疆社会历史的发展作出了贡献，二者相比，后者显然是主要的。对于这一次农民起义的历史功绩应该充分肯定。这次农民起义是在祖国边疆少数民族聚居地区爆发的、以推翻封建农奴制为主要目标的、反抗清朝的封建统治和民族压迫、反抗沙俄和阿古柏侵略的一次大规模武装起义。它是在全国人民反清革命斗争的总的形势下爆发的，属于近代中国第一次革命高潮的一个组成部分。

（《民族研究》1979 年第 2 期）

① 《社会主义与战争》，载《列宁全集》第 21 卷，第 279 页。

再论阿古柏政权

包尔汉

新疆早在公元以前就已成为中国内地和西方以及西南各国之间经济与文化联系的重要通道。在公元前 2 世纪匈奴曾侵犯新疆。当时新疆南部有三十六国，北部尚有乌孙。为了预防匈奴的侵犯，这几十个国家都自愿要求汉朝的保护。匈奴也曾不断侵犯中国内地，给边疆各族人民也造成重大损失。在公元前 138 年，汉武帝为了消除来自匈奴的威胁和侵犯，曾派遣张骞为代表前往新疆（当时被称作西域），同经常遭到匈奴侵袭的部落谋取联系、结为联盟，共同抵抗匈奴。但是，张骞所要寻找的大月氏部落此时已经迁往锡尔河与阿姆河之间一带去了，他听到了关于伊犁的特克斯河沿岸的乌孙（人们称作是哈萨克部落的祖先），于公元前 115 年张骞第二次来到新疆，同乌孙王修好，乌孙王表示愿意归属汉朝。公元前 107 年，汉武帝又把江都王的女儿细君公主嫁与乌孙王为妻，公主生了一个女儿，但产后患病故去。武帝二次又把解忧公主嫁与乌孙王。这种姻亲关系的建立，不仅加强了汉朝同乌孙共同抗击匈奴的联盟，促进了汉族同兄弟民族的团结，并且使得整个新疆同内地之间的联系更为密切起来。汉朝在新疆设置了都护府，修建了军营。内地的先进文化带到了边疆地区，并且开始了向西方广泛传播。新疆成了内地与西方各国及印度之间经济、文化交流的重要陆上通道，也是世界历史上著名的丝道。公元 72 年，班超到了新疆，他担任都护职务，在现在的库车（即现在轮台附近的破城地方）住了 30 年之久。到了唐朝，又有更多的汉族人迁往新疆居住，他们对传播先进的农业和手工业等起了巨大的作用，新疆的植棉、缫丝、纺织、冶金等事业得到了发展，耕地面积也增加了，商业贸易和城市也发展了起来。到 10 世纪伊斯兰教传入新疆，并随之带来了阿拉伯文化，使维吾尔等民族受到很大的影响。

到了16世纪，一些自称为穆罕默德圣人后裔的和卓们[①]开始在新疆起很大的作用。在新疆建立和卓统治基础的人是由布哈尔来的买合苏木艾宰木（1542年故去），他的长子依禅卡兰创设了叫“白山派”（戴白帽）的教团，次子伊萨克外里创设了叫“黑山派”（戴黑帽）的教团，两派都是伊斯兰教中的苏非派（神秘主义——禁欲主义的流派）。两派的派系斗争发展到公开争夺政权，企图建立为自己一派所掌握的政教合一的政治制度，从而造成了许多的流血斗争。白山派为了取得对自己的援助，后来便投靠了外国，特别是英国殖民主义，而黑山派则基本上依靠了清朝政府。他们利用群众对宗教的虔诚信仰，制造了长期的互相屠杀的局面，一直延续到1918年库车的买买提里汗和卓（曾加入英国国籍）掀起的暴动被扑灭后才基本结束了。[②]

一　阿古柏入侵前新疆的一般情况

在16世纪以后，和卓们逐渐都变成了大地主，并对自己仅仅作了宗教上的首领感到不满足，于是就为争夺政治权力而开始活动起来。当元太祖次子察合台的后裔阿不都拉汗的儿子司马益任莎车汗王期间（1671～1682），白山派的阿帕克和卓即为了夺取政权进行了活动，他在失败逃走以后，终于又在准噶尔王葛尔丹的帮助下推翻了司马益，夺取了政权，并把司马益发配到伊犁去，自己则受准噶尔的约制，每年向葛尔丹王纳贡银十万两天罡。[③] 阿帕克于1693年死后，他的儿子耶黑亚和卓与阿合买提和卓等相继承袭了王位。白山派和卓们之间为争夺权力不断地进行着残杀，而黑山派对白山派和在自己内部也同样进行着明争暗斗。到了18世纪初，政权落到了黑山派手里，准噶尔王以每年向之纳贡银十万两天罡为条件，委任了黑山派的达尼亚力和卓为南疆汗王。和卓们和地方官吏们，以及封建伯克[④]等，对农民实行极为残酷的掠夺，任意奸淫和掳掠群众妻女，老百姓

① 和卓原为圣人后代的意思，后来执政的人常在自己的名字前边或后边加上和卓，以示尊贵。

② 这里指的是由和卓们直接制造的屠杀局面的基本结束，以后在新疆发生的事件已不再同和卓们有什么直接的关系。

③ 天罡即当时在当地所通行的银币。

④ “伯克”原是贵族的通称，后来凡有官职的人，也均加称“伯克”。

遭受的痛苦已到了忍无可忍的地步，不少人开始四处逃亡。公元1730年达尼亚力和卓死去，他的长子和卓亚合甫（又名和卓加罕）继承了莎车王位。与此同时和卓玉素甫则担任喀什的首领，和卓哈木西担任阿克苏的首领，和卓吴白都拉担任和阗的首领。而和卓玉素甫则带了贵重礼物前往拜见准噶尔王巴图鲁浑台吉，把在伊犁作为人质的和卓的儿子们带了回来，此事发生在公元1754年。巴图鲁浑台吉死后，达瓦齐和阿睦尔撒纳二人在准噶尔开始了激烈的争夺政权的战斗。它显示着准噶尔王朝面临灭亡的时代。阿睦尔撒纳于1754年取得了乾隆皇帝的军事援助，击败了达瓦齐，达瓦齐取道冰达坂逃跑，但到达乌什时被乌什的首领霍吉斯伯克将他逮捕并送交清军，作为他对清朝皇帝立下的功劳。在把新疆统一于清朝的事业上，包括对支援清朝派出的军队等方面，乌什首领霍吉斯伯克和阿克苏首领阿不杜瓦哈甫都起过很大的作用。然而与此同时，波罗尼都和卓和霍集占和卓等虽然是在清朝政府军队援助下掌握了南疆政权的，但以后却又企图实现所谓的独立，大搞分裂活动。此时，有库车的米尔扎艾迪伯克（即鄂对）、加里克齐伯克等为首的六个人，前往北京向清朝政府呈述新疆自古以来就是中国的领土，并要求政府能派大军前去平息和卓们的叛乱。

清朝皇帝派遣兆惠和富德率领军队赴新。在平定了准噶尔以后，兆惠经过乌什到了喀什，富德经过和阗到了莎车，和卓们纷纷逃窜，巴达克山的伯克们捉住了波罗尼都和卓及霍集占和卓（即汗和卓）砍下了他们的头，献给了清军。清朝政府在新疆消灭了继续几百年的封建神权割据，而建立了中央管辖下的集中的封建政权，这在当时来说，是历史发展中的一大成就。

清朝政府于1759年开始在新疆建立专制的封建政权之后，它不顾新疆经济基础薄弱，大肆增加行政官吏，行政官吏和宗教官员竟有46种之多，制定了34种官职制度，把地方的机关事务，都交给地方的阿奇木伯克和伯克们。清朝派去的官吏对地方官吏实行了监督。除了死刑而外，一切事情都掌握在当地伯克们的手里。清朝政府不发给当地阿奇木伯克和伯克们薪俸，专门定了一个制度，按照阿奇木伯克和伯克们的等级分配给他们土地和一部分农奴，阿奇木伯克和伯克们在任职期间就从这些土地上收获粮食和使用这些农奴。阿奇木伯克的最高一级是三品官，给他分配一百五十巴特曼土地（每一巴特曼约合26.5市亩，共合三千九百七十五亩），一百户农奴。给最低的伯克分配两户农奴。除此而外，所有农民还要向他们交纳种种苛捐杂税。因此，养活伯克——地主、军队的沉重负担都落在农奴和农民身上。伯克们把他们从农奴和农民身上剥削来的财富分出一部分养活了清朝政府的官吏，因而农奴和农民们处于层层剥削之下。

农民群众在这种层层剥削和民族压迫之下，忍无可忍。在毛拉木沙·赛拉米的手稿《海米迪历史》中，和伊马目毛拉买汗买提克日木（毛拉司迪克之子）的记载（手稿）中都有叙述。群众为应付各种差徭被逼得妻离子散。他们在家乡已不能维持生计，相继抛家离舍外出逃荒。田园荒芜了，群众遭受的灾难达到了极点。在百般无奈的时候，有的人就跑到墓地蒙头啼哭。因此，他们对清朝政府和伯克们的愤怒一天比一天高涨。于1765年在乌什县发生了反对清朝政权及其工具——地方伯克和地主的农民暴动，这一次暴动虽然被清朝政府镇压下去了，但是并未熄灭人民心中的怒火。

过去在新疆实行统治的和卓们的后代，为了趁此机会恢复他们从前的政权进行了活动。被压迫的农民群众幻想经过他们会使自己轻松一些，曾经拥护了这些人。当时，和卓们借口压迫是清朝政府和异教徒造成的，因此提出两种口号：（一）摆脱清朝政府；（二）向异教徒开展“吉哈德”战。[①] 各阶层人民便在这种口号下联合起来反对清朝。但是和卓们取得了政权以后，他们为了争权夺利，内部作起战来，在他们手下的人们就像“狼吃羊似的掠夺了百姓”[②]。那些期望得到拯救的农民群众，遭受到了更大的苦难和更深重的压迫。

和卓暴动规模最大之一，是1820年爆发的张格尔和卓暴动。波罗尼都和卓的曾经逃往浩罕的儿子沙木沙克和卓之子张格尔和卓，由于受了英国殖民主义的煽惑、鼓动，于1820年秋，带了几百人进攻喀什。但是在他遭到失败后仍又逃回浩罕。后来张格尔又在当地白山派和卓们、柯尔克孜人和浩罕汗的帮助下，于1826年占领了喀什、英吉沙、莎车与和阗等地。张格尔虽然宣称要消灭异教徒成立伊斯兰教政府，但他还是取得了身为异教徒的英国人的支援。历史资料指出，在张格尔和卓身旁还有一位名叫图烈罕的英国军事教官。[③]

---

① “吉哈德”战，即伊斯兰教对其他宗教进行的战争。

② 毛拉木沙·赛拉米：《海米迪历史》手稿，第66页。

③ 《哈萨克苏维埃共和国科学院通报》1961年第1（总第15）期，阿拉木图版。

关于英国殖民主义的特务煽动张格尔和卓以及张格尔身边还有外国参谋之事，可在沙皇九级文官布比诺夫从喀什方面寄给鄂木斯克总督的报告中明显地看出。报告中写道："和卓们把中国人从四个城（按指喀什、英吉沙、莎车与和阗——作者注）驱逐出去以后，重新建立了自己的政权。……以前在报告中所谈英国人在参与此事一点，已肯定是实在的。总之，这里同样的舆论说该民族在喀什有二十个人，其中五人经常在和卓的身边，处理他的全部事务，而且他们都按照和卓所委派的官职穿着规定的服装……英国人是由印度经过西藏的山道起初在莎车城出现的，但是被中国人赶走了……后来因为他们向巴达克首领提出要求并通过他鼓动张格尔进行真实的行动，才和张格尔一同来到喀什"①。公元1828年（道光八年）张格尔和卓在喀尔铁盖山被擒，并解往北京，处以死刑。因为浩罕汗曾经援助了张格尔，所以清朝政府就把住在喀什的1567家安集延籍的商人从新疆驱逐出境。于是这次英国殖民主义企图以宗教作幌子通过和卓们把新疆从中国分离出去，作为它的殖民地的阴谋计划失败了。但是殖民主义者并未就此罢休。

过了不久，和卓们的残余在外国侵略者的煽动下又窜到新疆，企图实现在新疆建立封建神权制度的阴谋。1855年在浩罕汗的帮助和外国侵略者的鼓动下，发生了以外里汗图烈为首的七个和卓事件。当时库车的办事大臣乌尔清阿同当地的伯克们相互勾结，除向百姓征收国家法定的公粮税款外，他们又私自向群众征收各种各样的税款，群众纷纷起来反对。于是乌尔清阿便与当地的伯克们商议以"反对交纳田赋"为名，把三十几名维吾尔无辜农民未经审讯就加以杀害。这一事件激起了全疆人民的义愤。外里汗图烈当即利用这一事件，于1857年纠集起一些人占领了喀什、英吉沙等地。外里汗图烈是个非常残暴的专制者，他在喀什无端任意杀人，杀人之多竟至到了这样的程度：他用砍下的人头堆起了高有两丈四尺的人头塔四座。② 群众对这种压迫实在忍受不下去了，

① 尼·阔尼新：《斜米州日记》，1902。《哈萨克苏维埃科学院通报》1961年第1期，阿拉木图版。

② 毛拉木沙·赛拉米：《海米迪历史》手稿，第73页。根据另一传说：在三处树立了人头塔，其一，在喀什市城外现今的乃再尔巴克；其二，在库木代尔巴扎外面；其三，在赴疏勒县的路上苏干里克麻扎（此传说根据依米尔·玉色音哈孜阿訇讲述）。

有些人便逃跑到内地去要求支援，在政府军队到来之时，群众兴高采烈、热情欢迎了政府军队。于是外里汗图烈又一次失败，逃往浩罕方面去了。

第一次鸦片战争就已暴露出了清朝政府的腐败和无能，从那时起资本主义国家列强开始把中国变为半殖民地的国家。中国人民同殖民主义和国内反动统治阶级的矛盾尖锐化了，爆发了巨大的“太平天国”运动，这一运动在全国掀起了巨大的浪潮。在这个浪潮的推动下，云南、四川、贵州、广西、甘肃、陕西和新疆等地少数民族也先后爆发了起义。当时忙于镇压“太平天国”运动的清朝政府，不能供给军队薪饷和粮秣款项。因此，新疆的办事大臣们便勾结当地的封建伯克们又给地方群众加上了新的税收。开始开采铜矿炼铜，并出现了贿买官位之风，贪污和高利贷盛行，甚至出现买卖儿女给富人做奴隶的情形。关于这一点魏源在他的著作中有一段话，虽然说的是19世纪60年代张格尔叛乱时新疆的社会背景，但是仍可以用来说明这时的新疆社会情况，他写道：“……实则法令暗弛，弊风大作、参赞大臣以下，恃边远无稽查，恣为暴行。所属章京驻防，又乘势与各城伯克，因缘为奸。朝廷岁征钱粮土贡，不过数十取一，而官吏辄于正供之外，需索百端。上下朋比而瓜分又广渔回女，奴使而兽畜之，惟其所欲，回民怨苦久矣。”① 在人民处于这种忍无可忍的困苦情况下，莎车、库车、乌什等地的维吾尔和回族人民掀起了大规模的起义，但是地方上的各种反动势力利用和窃夺了人民的起义，在1864年新疆出现了五个政权：

（一）以库车为中心的热西丁和卓即黄和卓神权政权；

（二）以乌鲁木齐为中心的妥明（或称妥得璘、回族）封建神权政权；

（三）以和阗为中心的依比布拉封建神权政权；

（四）以喀什为中心的柯尔克孜族司迪克伯克封建地主政权；

（五）以伊犁为中心的塔兰齐苏丹封建君主政权。

正在这个时期，沙皇俄国为了把中亚弄到自己手里，开始积极活动。俄国“从一八四七年开始占领的哈萨克平原浩罕汗国属境和布哈尔汗国的全部地区，于一八六七年设立了土耳其斯坦总督……”② 由于俄国强占了中

---

① 魏源：《圣武记》卷四。

② 《乌兹别克斯坦历史》乌文版，第94页，1957年塔什干印。

亚，所以英国殖民主义者与沙皇俄国之间的关系趋于尖锐化。因为，当时英国正在执行占领中亚的侵略计划。俄国势力之进入中亚，使得英国担心俄国向印度伸手。因此，英国报纸曾经发表过许多文章，以辩白英国对中亚的侵略野心，要求采取紧急措施制止俄国进占中亚，并对俄国采取了敌视的态度。特别是米尔夫平原合并于俄国之后，英、俄之间的关系更加尖锐化了。列宁在题为《论单独讲和》的文章里说："一八八五年俄国险些为了中亚细亚的分赃问题（阿富汗；俄军向中亚细亚的深处推进威胁到英国人对印度的统治），同英国发生战争。"列宁又在这篇文章中指出沙皇俄国及它的各种党派的侵略性质说："其实在俄国，无论沙皇政府也好，一切反动分子也好，整个'进步的'资产阶级（十月党人和立宪民主党人）也好，所要达到的目的只有一个，就是在欧洲掠夺德国、奥地利和土耳其，在亚洲打败英国（夺取整个波斯、蒙古和西藏等等）。"① 英、俄之间的这种钩心斗角在作为中国西北省份的新疆竟变为重大的斗争。这一点我将在下面再谈。

当时，司迪克伯克从喀什派代表乞求浩罕汗阿力木库里汗把住在浩罕的原中国人张格尔之子布素鲁克和卓遣回作为新疆的汗。阿里木库里汗就遣派布素鲁克和卓回新任汗王，并派塔吉克族阿古柏担任他的军队首领。阿古柏是浩罕人，于1825年生于浩罕的一个小官僚家庭，青少年时代即参与了统治压迫人民的勾当，后来历任浩罕汗的军政要职多年，并曾参加过推翻浩罕汗王位的活动。在他随同布素鲁克和卓于1865年元月来到喀什后，从那时起新疆重又发生了新的重大的历史事件。

二　阿古柏的哲德莎尔政权

阿古柏②和布素鲁克和卓一道来到喀什之后，名义上布素鲁克和卓被奉

---

① 《列宁全集》第23卷，第126、128页。

② 阿古柏的真正名字叫穆罕默德·亚库甫，父名叫阿由甫，生于塔什干南面皮斯坎提乡。其父是塔吉克人（见皮夫索夫：《喀什及昆仑游记》俄文本，第310页），其母是火尖地方人（见库尔班哈里·哈里迪的《东方五族历史》，第109页）。阿古柏自幼父母双亡，在其叔父手里抚育长大。他最初在伯克手下当差，以后逐渐提升为百户长，以后又在阿合买齐提（即今之克孜力勿尔达）充任行政长官。1864年（45岁时）由浩罕汗阿力木库里派他和布素鲁克和卓一同前来喀什。

举为汗王，但是所有的权利都掌握在阿古柏手里。阿古柏将和他一道来的亲信的人派去担任军政负责职位，使用贿买当地伯克或派人暗杀的手段，一天比一天巩固了他自己的地位。向来受到英国殖民主义影响的阿古柏又立刻与英国取得联系。阿古柏占领了英吉沙、莎车、和阗等地后，又开始向北进军。这时候因为阿古柏很有力量，布素鲁克和卓周围的人虽进行了反对阿古柏的秘密活动，但事情被暴露，许多人因此被杀。阿古柏并强迫布素鲁克和卓去圣地朝觐，这样就把他驱逐到麦加去了。[①] 阿古柏遂于 1867 年宣布自己为哲德莎尔[②]独立政权的国王。

当时，英国殖民主义者一方面为了给它们对中亚实行侵略政策打下基础，另一方面害怕沙皇俄国向印度伸手，为了截断这条道路，企图在印度和中亚细亚之间建立一道屏障，就是建立一个“缓冲国”。因此，如上所述，英国殖民主义者不仅通过布哈尔、希瓦、浩罕等小国提倡积极地反对沙皇俄国占领中亚细亚的计划，而且也向阿富汗、伊朗和中国的新疆伸手，为使这些地区进入自己势力范围而加强了活动。所以，阿古柏是最符合英国这种企图的一个人。英帝国主义为了利用他为自己的利益服务，便派代表来找阿古柏。当时由于英国的煽惑，土耳其也参与了此事。因为，19 世纪末土耳其成为泛伊斯兰主义的中心，而在它的背后是英帝国主义。它们在中亚进行了各种破坏活动，在这些活动中它们又利用了依禅教派。[③] 例如：在 1865 年沙皇俄国占领塔什干的前夕，曾经有一个名叫喀孜汗土烈的有声望的人由塔什干逃往土耳其，土耳其苏丹（国王）阿布杜艾则孜便派他来见阿古柏，宣传和动员阿古柏归属土耳其。喀孜汗土烈到了喀什之后，和阿古柏会了面，并请他派代表去见土耳其苏丹。自然，这次宣传并没有白费，阿古柏派遣了以喀孜汗土烈为首的代表团回访土耳其苏丹，表示愿

---

① 根据依米尔·玉色音哈孜所掌握的历史资料，有另一种说法：阿古柏曾在英吉沙县昂克提勒克地方修建了三间以方块盐代替砖瓦的房屋，用各种挂毯、家具布置起来，请布素鲁克和卓住在里面，暗中浸之以水。数十天后墙倒屋塌，布素鲁克和卓同三个差人都被压毙，尸体被埋在阿孜干的一处戈壁滩里。阿古柏为掩人耳目，找了一位貌似布素鲁克和卓的人化了装，向人们说，老爷赴麦加朝觐去了。这一传说可能是真实的，因为布素鲁克和卓这样的人，无论是去朝觐，抑或到别的地方居住，或者是在某处死去，都一定会有较详记载的，但是并没有发现留下有关的记载，而阿古柏的为人，是能够做出上述的事的。

② 哲德莎尔意为七城，包括天山南麓喀什噶尔、和阗、阿克苏、库车、莎车、叶尔羌、吐鲁番等城。

③ 依禅教派即苏非派，是伊斯兰教中神秘主义-禁欲主义的流派。

意附属于土耳其。并由这个代表团给土耳其苏丹带去了蒙古、哈萨克的好马各九匹，还有由各处抢来的童男、童女各九名，此外并有许多绸缎等礼物。① 自然，这些都颇受土耳其苏丹的赞许，就好像从天上找的东西，由地下出来似的，他对此非常高兴。因而，土耳其苏丹隆重地接待了阿古柏派去的代表团，并赏给阿古柏“米拉胡尔巴什”（即艾米尔，国王的意思）的职衔。之后，土耳其苏丹给阿古柏派遣了上校司马衣艾柯克、艾里卡孜木和木拉提伯克等二十多个高级军事人员和政治顾问，并带来了许多武器和礼品。在这次来的顾问中有七人留在阿古柏身边常任参谋职务。阿古柏在新疆发行的货币上也用了土耳其苏丹阿布杜艾则孜的名字。

嗣后英国女王维多利亚又派来了以福尔赛依特·萨伊甫上校为首的代表团。英国通过这个代表团给阿古柏送来了陆军专用的大炮和一万支步枪作为礼物。② 福尔赛依特把这些礼品以女王的名义交给阿古柏之后，还转达了女王的问候之意说：“……你如果不和别国友好，而能和我们建立友好关系，我们可以接济你所需要的武器，如果需要的话，还可以派一个领事和一两万名武装军队驻扎在喀什保护你。倘若某一方面的敌人进攻你，我们就派更多的军队保护你，军队的费用由咱们两方面共同负担。这样继续六十年。在六十年以后，就请你把哲德莎尔完全转交给我们保护……到那时候，连你的子孙后代也由我们来照顾，为此应该坚守我们自己相互间的诺言和条件……”③ 阿古柏虽然想和英国接近，因这时沙皇俄国也派来了代表，所以阿古柏未能做出决定。“俄国政府鉴于阿古柏政权和浩罕汗国是邻国并且也可能影响浩罕汗国与俄国的关系，所以于一八七一年占领了整个伊犁地区和伊宁。”④ 这些都可以说明由于沙皇俄国占领了中亚，所以和英国之间的角逐趋向尖锐化，也说明了沙皇俄国的侵略性质。阿古柏在仔细考虑了如何加强与英国的关系之后，便派遣了以阿布杜萨马德·伊什罕伯克为首的代表团携带许多礼品前往伦敦，英国女王热烈地接待了他们。这次英帝国主义通过他们送给阿古柏两万支步枪和修理厂的设备。英国和土耳其专家还一直为阿古柏办理铸造大炮、准备弹药的工作。嗣后，阿古柏

---

① 毛拉木沙·赛拉米：《海米迪历史》手稿，第224页。

② 《乌兹别克共和国历史》乌文版，第96页，1957年塔什干印。

③ 毛拉木沙·赛拉米：《海米迪历史》手稿，第231页。

④ 《乌兹别克共和国历史》乌文版，第96页，1957年塔什干印。

第二次又派遣了以艾合热尔汗土烈为首的代表团前往伦敦，会见英国女王，这次又带回了步枪四万支，茶叶二百箱（每箱一百斤）。[①]

三　阿古柏政权对新疆各族人民的残酷统治

阿古柏侵据了新疆，对群众加重了各种差徭和赋税，群众受到的压迫、剥削和遭受的苦难更加沉重了。首先，阿古柏庞大的军事和行政机构的全部费用都要由劳动农民负担。清朝统治时期那些由于引水灌溉而富饶起来的土地和夏、冬两季草场又被没收卖给原来的管理人。“阿克苏所属的阿克牙尔、柯坪、和什塔米、温巴什一带地方的土地卖了五十五万六千两天罡，并将拜城赛拉木的土地卖了四十万两天罡，收去了地价。其余南六城的情况也是这样，或许可以认为比这个数目还要多一些”[②]。毛拉木沙·赛拉米关于这一点，还作了如下的记载：“……每年有一个大官吏和若干同僚一同前来，借口说什么‘国家的土地还有没卖出者，我们到这里来就是调查事实的’。这样又收去了几千两天罡。以后用阿古柏的名义发给这些土地所有人地契，加盖了他自己的名章和阿訇的名章。但是后来又说‘卖出的这些土地没有收盖章的钱’，于是按地价每个天罡收一文钱，卖了一百天罡土地的人就得交纳四个天罡的盖章费，如此向哲德莎尔农民征收了几十万两天罡。当时在喀什的一次群众集会上，有一个人讽刺地说：‘真是到了安定的好时代了，成了百灵鸟在羊的脊背上筑窝的时代了。’当时喀什的宗教学者毛拉穆汗买德亚尔·海力派特还在场，他回答说：‘陛下把七层土地都卖掉了，连百灵鸟放食粮的地方都没有了，现在不叫他在羊的身上搭窝到哪里去搭呢？’”[③]

其次阿古柏以扎尕提、乌受尔[④]代替过去的税收向人民群众征税。但是在征收了扎尕提、乌受尔捐税之后，“他的官府还派遣他那些刽子手一样的专横的官吏们出去调查，他们认为交纳不够数，便一当十，十当百地记下来，把两三万天罡，强加在交纳扎尕提者的身上，使他们变卖土地、牲畜，

① 毛拉木沙·赛拉米：《海米迪历史》手稿，第260~261页。

② 毛拉木沙·赛拉米：《海米迪历史》手稿，第260~261页。

③ 毛拉木沙·赛拉米：《海米迪历史》手稿，第216页。

④ 扎尕提是征收财产1/40的宗教税。乌受尔是征收农作物1/10的宗教税。

甚至卖了家中的锅碗来交纳税款”①。因此，忍受不了压迫的农民都纷纷逃往遥远的深山、戈壁，有的逃往内地去了。例如：伽师县柯力提亚依拉克地方的皮匠买提库尔班、英吉沙的苏甫尔隔、喀什市阿不都热依木伯克等为赴北京呈报情况，逃往内地。阿不都热依木伯克和苏甫尔隔两人在北京住了两年半之后，随同清朝政府派到新疆去的军队回到喀什。

这里有两份民间字据非常清楚地说明了阿古柏时代群众生活的贫困和荡家破产的情况，现在引述如下：

第一份字据：“立字据出卖田地人夏哈比丁皮匠之子毛拉哈斯木拜皮匠，今在‘京都’喀什的宗教法庭承认并情愿遵照阿塔里克格子（即英雄国王）的命令为筹购伊斯兰军队的马匹，经过哈斯木·色日格孜伯克的允许，将色满乡所属提尔干别西（现称阔克艾日克——作者注）祖先遗产田地二十卡拉克（十塔那甫）② 作价天罡六十元永远售于库完拜为业，并将此钱交给哈斯木·色日格孜。今后我的后代绝无纠葛，特立此据，并请掌教大阿訇盖章为证。回历一二八九年二月五日羊年”。

第二份字据：“立字据人织布匠托兰地，系木拉畏丁拜之子，我在‘京都’喀什宗教法庭承认，因注定的命运，我妻买斯土拉阿合恰病故后，由于葬埋诵经手中无有分文，经过呈报所属农官帕拉依孜拜克，情愿将托库扎克乡所属帕尔恰亚尔村祖遗产业十八卡拉克即九塔那甫田地作价天罡五十五元，售于安拉白地·加若甫开西为业，以作料理葬事之用，恐口无凭，特在掌教大阿訇面前立此字据为证。回历一二八六年七月十四日龙年。”③

“色日格孜”就是当时阿古柏委任的管理农民的官名。从上引字据中，可以看出两种情况：（一）阿古柏为了加强自己的军队，收买军马，向农民派款，迫使农民低价卖掉了自己最后的田地；（二）群众的宗教信仰很深，掌教阿訇、毛拉、苏菲（修道士）等在人死去之后，对死者家属的生计不但毫不理睬，反而利用他们对宗教的虔诚，在宗教的名义下，迫使其卖掉自己最后的一点土地，落于冻饿的地步。这两份字据是揭露当时新疆在阿古柏残酷统治下社会真实面貌的重要证据。

毛拉木沙·赛拉米在他著的《海米迪历史》一书中详细叙述了阿古柏

---

① 毛拉木沙·赛拉米：《海米迪历史》手稿，第 280～281 页。

② 约合二十亩。

③ 这两份字据的原文引自新中国成立前在喀什的宗教法庭依米尔·玉色音哈孜的手抄本。

和他的一帮人，如统治和阗的尼亚孜伯克、统治阿克苏的阿不都热合满·达迪哈、统治拜城和赛拉木的穆汗买提依明·托克萨伯克等，如何掠夺群众，祸害地方，迫使百姓流离失所。还叙述了阿古柏是个好色之徒，占有维吾尔族、回族、汉族、蒙古族妇女达六百多名。毛拉木沙·赛拉米揭露说："他如果外出到别地方去，便套上一、二十辆轿车，装上妃妾，不令别人看见随身带着。这些年轻的妃妾周围都有男子服务，由是阿古柏有时怀疑妃妾和年轻的差人发生关系，便令人在寝室内挖坑把妃妾活埋掉"①。

当时人民群众饱受阿古柏的这种压迫，凡是有一两个人会面的地方就传说汉族人民要来了的消息，或真或假地互相传说，借以自相安慰。"喀什伽师地方有个农民在犁地撒种子时，有人问他：'喂！朋友，请问你在种什么？'那个农民回答说：'还要种什么？种的是赫太依②'。问话的人微笑着高兴地走了"③。

四　英帝国主义和土耳其苏丹的侵略活动

英帝国主义在利用阿古柏之前及阿古柏到来之后，曾以经商、游历和传教等作幌子派遣了许多间谍来到新疆进行阴谋活动。例如：英国人阿斯坦·萨依甫曾由印度来到和阗，在民间修建了著名的伊马目加帕尔·萨德克的麻扎（陵墓）。④ 1865 年有经过和阗前来的准孙和艾斯台尔·萨依甫二人同阿古柏进行了接触。1868 年还有鲁毕尔提·邵乌、条勒提等前来和阿古柏进行了秘密会谈。鲁毕尔提·邵乌在他著的《上塔塔日亚》一书中的论莎车、喀什部分里叙述了他和阿古柏的谈话："阿古柏对我说：'……英国的女王就像是太阳，她照暖了阳光所及的一切地方，但是我却在感到寒冷。我在盼望那太阳的光芒即或是很少一些，有一部分能照射我身上。我是很小的，而且是昨天成了人的一个人。过去的这些年内真主赐给了我这

① 毛拉木沙·赛拉米：《海米迪历史》手稿，第 283 页。

② 指汉人。

③ 毛拉木沙·赛拉米：《海米迪历史》手稿，第 284 页。

④ 伊马目加帕尔·萨德克是伊斯兰教圣人穆罕默德的女儿法提玛（丈夫叫艾里）家系的十二个伊马目中的第六个，他于回历一四八年（公元 765 年）65 岁时病故，埋葬于麦地那城。但被认为伊马目加帕尔·萨德克的坟墓在和阗，以此哄骗群众。这个英国人修建假陵墓，显然是别有政治目的。

块广大的地方。您的莅临，对我是很大的尊重。我希望得到贵国的帮助，我愿遵照您的意图作任何工作，您也应该为了我这样作’”①。此外，在1870年伦敦还派遣了福尔赛依特（即费昔斯）前来，他来的时候，从克什米尔一直到莎车的途中都有英国军队加以保护。

阿古柏曾经不断地和土耳其苏丹取得联系，同样也不断地和英国殖民主义者发生关系，经常互相派遣代表。土耳其人穆汗买德·阿提夫在1883年出版的《喀什历史》一书中对这些叙述得很多。英国殖民主义者于1873~1874年间曾经又一次派遣上校福尔赛依特为首的代表团和阿古柏订立政治、经济条约。福尔赛依特在喀什逗留了四个月。英国政府承认阿古柏为哲德莎尔的独立国王，并且承担了迫使清朝政府批准他在哲德莎尔独立的义务。所以李鸿章主张放弃新疆，不是偶然的。

土耳其苏丹阿不杜艾则孜于1874年第二次给阿古柏发下的一道命令中答应阿古柏，在他之后，王位由自己的儿子世袭。其内容如下：

> 崇德竣望、宗教正裔成为喀什国及其全部人民幸福旗帜和唯一元首阿古柏可汗阁下：
>
> 愿真主永以慈祥园月在东方普照你。阁下以无限至诚对我伟大国王哈利法纳忠效信，为哈利法祈祷，以哈利法名义铸币，愿将一切归依哈利法的来书，及要求令嗣应取得喀什王国继承权的文件已由牙克甫伯克递呈，我伟大哈利法披阅之后予以无限珍视与嘉许。
>
> 伊斯兰世界，无论物质与精神上，乞求声应，相需相引之真挚友谊，由于来书殷殷恳恳之至诚，更可概见，吾人正企望在中亚一带具有坚强及全部优良品质之伊斯兰教信徒归向我伟大国王哈利法陛下，能身率力行，适足钦佩，此亦我国王之所赞许不止者也。
>
> 阁下能为哈利法祈祷，以哈利法名义铸币，并能高悬与我们同一颜色、同一形式之国旗，在不妨碍此种统一条件下，可以保留阿古柏国王王位。现由哈利法特颁古兰经一卷、奥斯曼帝国国旗一面及其他赠品多种，希今后为人类社会的平安而努力。……关于喀什噶尔应归令嗣继承问题，哈利法已另有命令批准……

---

① 鲁毕尔提·邵乌：《上塔塔日亚》，第310页，1872。《新生活杂志》（总第98期）1953年5月。

我国王对阁下照顾之殷，优渥之隆，无以加尚，务希转告所属民众，淬励奋发。以实现我国王属望之意，特由皇宫颁此崇诏。回历一二九二年七月十五日。[①]

苏丹阿不杜艾则孜在发这一道命令的同时，还运给阿古柏许多武器和礼物，派来军事教官和专家。这一次派遣达格斯坦伯克中的扎满伯克[②]和土耳其“志愿军”携带武器前来。他们经过印度到达新疆。英帝国主义派遣他的全权代表杜古拉斯·福尔赛依特为首的一个八人小组携带许多武器来见阿古柏，沙皇俄国虽然也派遣代表并提议互相来往，但是完全陷于土耳其和英国势力范围之内的阿古柏则使用了各种奸巧诡计不和它发生关系。

新疆的西北部紧靠沙皇俄国，它的南面则有英国的殖民地印度，所以沙皇俄国和英帝国为争夺我国新疆地区，矛盾十分尖锐。英国殖民主义者在阿古柏时期，经常派遣它的许多间谍来到新疆，同样，沙皇俄国也不甘落于英帝国主义之后，沙皇俄国当时也同样经常派遣各种“游览者”、“科学考察团”、“探险家”、“商人”和代表前来新疆。例如：格鲁姆-格尔日麦洛于1884、1896年来新疆研究中亚细亚。皮夫索夫于1879年到新疆准噶尔盆地进行过“考察”，康穆才甫斯基考察大小帕米尔和新疆南疆。还有到新疆“游览”的学者索斯诺福齐，作为沙皇俄国的非正式代表来到酒泉和左宗棠会面并要求“和中国关外通商。左宗棠答应可以相商，唯必须在收复新疆以后。……索斯诺福齐自动表示：大军出关，彼可在宰桑诺尔供给粮食五百万斤。如要军火俄国也可供给。……当然俄人很愿帮助中国消灭阿古柏的势力”[③]。

索斯诺福齐和维·尼克亭等到达喀什、和阗后，曾写了“关于到和阗的报告书”。1872年土耳其斯坦总督高福曼派遣大尉考勒巴尔斯和阿古柏订立了通商条约。除此而外，还有许多所谓的“游览者”“商人”等经常钻进钻出。根据上述通商条约，沙皇俄国公然承认阿古柏为哲德莎尔元首。但是阿古柏对俄国商人的贸易制造了种种阻碍，加之阿古柏依据1874年初和

---

① 穆汗买德·阿提夫：《喀什历史》，第388～389页。

② 达格斯坦就是高加索的部分，扎满伯克因反抗沙皇俄国，失败后逃到土耳其，土耳其苏丹又派他来到我新疆帮助阿古柏。他精通俄语文。

③ 《左文襄公在西北》，1946年上海版，第112页。

英国侵略者所订的条约给予了英国商人以优惠的权利，也引起了沙皇俄国更大的不满。这种矛盾“表面上是俄人和阿古柏之争，实际上成为俄人和英人之争。结果俄人要消灭阿古柏，英人要维持阿古柏”[①]。阿古柏由于听从了狡猾的英国侵略者的摆弄，同时害怕沙皇俄国的势力（前面提到的俄国于1871年占领伊犁地区之事），所以就以乌鲁木齐为中心安排妥得璘立足那里，用作沙皇俄国和哲德莎尔之间的缓冲。英国殖民主义者则企图把哲德莎尔作为沙皇俄国与印度之间的缓冲。因此，英国为阿古柏问题曾以外交方式两次向清朝政府提出请求，第一次在光绪二年（1876）六七月间，其时，文襄公将要进兵南路，英国驻华公使威妥玛向总理各国事务衙门替阿古柏求降说，情愿降为属国，但请免除朝贡。文书中竟称阿古柏为喀什噶尔王；且说如果双方兵连祸结，只怕俄国侵入，不光是害着印度，于中国也没有利益。……第二次在光绪三年（1877）六七月间，其时文襄公已收复吐鲁番，英国政府又向中国公使郭嵩焘要求中国允许安集延人缴还北部数城，留着喀什噶尔数城，使可立国。嵩焘就把这个案子报告清政府并加着一个按语说：看英人意思，只怕俄人侵并其地，希望给印度加一层保障。清政府交给文襄公核议。文襄公又痛快地表示：“……喀什噶尔即古之疏勒，汉代已隶中国，固我旧土也。南八城富庶，素以喀什噶尔、和阗、叶尔羌为最，此中外所共知者。英人以保护安集延（即阿古柏）为词，图占我边方名城，直以喀什噶尔为帕夏（阿古柏）固有之地，其意何居？彼阴图为印度增一屏障，公然向我商议，欲于回疆（即新疆）撤一屏障，此何可许！”[②]

英国侵略者还曾利用宗教来哄骗和拉拢新疆人民，如以依禅、海孜来提[③]等作幌子，派遣被收买的伊斯兰教中的败类为他们进行宣传和搞间谍活动。再如英国豢养的克什米尔籍的克比尔·萨依甫海·孜来提也曾来到过莎车。阿拉伯籍的艾尔地拉尼则到过喀什，还有来自阿富汗的色曼达尔夏·巴斯亚比，以及来自土耳其的乃斯如拉伯克（正式由土耳其来的人不在内）等，他们都是在宗教幌子的掩盖下为帮助阿古柏和为把我新疆地区变为英帝国主义的殖民地而进行着种种卑鄙活动。

---

① 《左文襄公在西北》，1946年上海版，第110页。

② 《左文襄公在西北》，第110～112页。

③ 伊斯兰教中苏非派。

太平天国运动被镇压下去以后，清朝政府加强了西北的军事力量，平定那里的暴动，恢复和安定了新疆的社会秩序。在对待新疆的问题上，李鸿章和左宗棠的意见是不一样的，以李鸿章为首的一派，提出了“海防”政策，认为可以放弃新疆。而左宗棠一派却主张为了维护国家的统一，保护西北各省边防，不能放弃新疆。结果左宗棠一派占了优势，出兵打败了阿古柏，收复了新疆。[①] 在消灭英帝国主义傀儡阿古柏政权的问题上，沙皇俄国也帮助接济了清朝军队所需要的粮食等。当然，沙皇俄国帮助清军粮食，完全是出于自己打算，消灭阿古柏意味着削弱和清除英国势力，并消耗清军实力，从而便于自己的侵略。

左宗棠把英帝国主义和沙皇俄国竞相侵略和争夺的我国领土新疆，重新置于清朝政府统一管辖之下，使新疆人民免予落在外国侵略者的手中，这是对国对民立下的一件巨大的历史功劳。但是，新疆一直到伟大的十月社会主义革命的前夕，却仍然是英帝国主义和沙皇俄国之间继续争夺和阴谋占为己有的对象，并在那里进行着剧烈的斗争。英国殖民主义者则继续不断地派遣它的代理人到新疆散布谣言，企图在新疆起码在南疆成立一个伊斯兰教国家。在此幌子下搞一个殖民地，使之成为俄国和印度之间的一个缓冲国，而它这种阴谋活动一天也没有停止。沙皇俄国也在这行列中认为伊犁地区有重要意义，它不但以俄国的侨民使之形成殖民地化，而且企图利用它来作为把自己的势力扩展到中亚内地去的基地。

英国和俄国都曾力图侵占我新疆地区，而英帝国主义者还开始侵略我西藏地区的活动，并且阴谋拉拢云南省杜文秀于自己的势力之下，企图向中国的西南省份伸手。帝国主义者把在我国西北、西南一带所进行的阴谋活动同从我国沿海一带打入我国配合起来，一步一步地把我国变为半殖民地和殖民地，英帝国主义扶植的阿古柏政权只是它的侵略总政策的一个组成部分。

阿古柏政权的出现是同新疆各族人民和全国人民的利益不相容的，它

---

① 左宗棠军队从 1877 年初开始粉碎阿古柏的军队，他在收复了吐鲁番、乌鲁木齐之后，又开始向南疆进军。当时阿古柏在库尔勒，有一个被一向充任和阗阿奇木伯克（约等于现在的州长）的尼牙孜伯克收买了的他的仆人，乘阿古柏正为自己的失败而愤慨的机会，在茶里下毒药毒死了他。时间是回历一二九四年四月十四日即公元 1877 年 6 月，后来左宗棠军队于公元 1877 年 12 月间平定了喀什。

是反动的、反人民的。阿古柏是外国侵略者土耳其苏丹和英帝国主义压迫奴役新疆各族人民的傀儡和工具。阿古柏政权疯狂掠夺新疆人民的财富，为帝国主义的殖民利益效劳，妄图把新疆地区从祖国民族大家庭中分裂出去。英帝国主义和沙皇俄国阴谋瓜分和吞并我新疆地区的企图，终于在左宗棠一派的坚持斗争下遭到了可耻的失败。当时左宗棠的活动反映了人民群众维护国家主权的要求，也是人民斗争推动的结果。

新疆地区的历史证明，新疆各族人民要摆脱外国侵略者的奴役，离开同汉族人民的团结一致，是根本不可能的。

（《历史研究》1979 年第 8 期）

李大钊与内蒙古革命

郝维民

李大钊同志是中国最早的马克思主义传播者，是中国共产党的创始人和杰出领导者之一。他不仅在传播马克思主义、建立中国共产党和领导中国早期的革命运动方面建树了伟大功勋，而且为党的民族工作，尤其是为解决内蒙古民族问题、开辟内蒙古地区的革命运动，作出了卓越的贡献。当然，我们在这里所写的李大钊与内蒙古革命，并不只限李大钊个人的革命活动，而且也包括以李大钊为首的中国共产党北方地区党组织，以及邓中夏、赵世炎、黄日葵等领导内蒙古革命的实践活动及其功绩。

李大钊等领导内蒙古革命的经验是极其丰富的，而且具有重要的现实意义，是值得认真总结的。他们在应用马克思主义民族理论具体地指导内蒙古地区革命运动时，把它与中国革命和世界无产阶级革命紧密地结合在一起，使之成为中国共产党领导的中国革命的一个有机组成部分，为内蒙古革命的胜利发展奠定了良好的基础。

一

内蒙古革命运动中一个极端重要的问题，就是内蒙古民族问题。李大钊等同志在开展内蒙古地区的革命工作时，首先是从调查研究内蒙古民族问题入手的。

内蒙古地处祖国的北疆，地域辽阔，历史悠久。从久远的古代起，我国北方许多游牧民族一个接一个地出现在这块土地上[①]，创造了他们各自的文明历史，为中华民族的灿烂文化增添了绚丽的光泽。自从蒙古民族以震撼世界的气魄登上历史舞台以后，祖国北疆的这块广袤土地便以蒙古草原著称于世。在历史发展的进程中，蒙古草原曾有过光彩夺目的锦绣时代，但是历代反动统治阶级的争夺割据和无休止的民族战争的破坏，也曾给蒙古草原带来过无穷的灾祸。近百年来，内蒙古地区更成了外国帝国主义，特别是俄日帝国主义窥视的目标，也成了国内反动统治阶级尤其是北洋军阀大汉族主义蹂躏的对象。帝国主义的侵略掠夺，国内反动统治阶级的压迫剥削，还有少数民族内部封建势力的特权统治，错综复杂地交织在一起，构成了内蒙古各族人民的牢笼。需要特别指出的是，蒙古民族和其他少数民族的脖子上还被套上了一副沉重的民族压迫的枷锁，使内蒙古蒙汉各族人民沉沦在阶级压迫和民族压迫的深渊之中。这就是内蒙古革命和内蒙古民族问题的由来和实质。内蒙古地区的蒙汉各族人民为冲破阶级压迫的牢笼，为砸碎民族压迫的枷锁，曾进行过无数可歌可泣的斗争，但是一次又一次地失败了。

俄国十月革命后，马克思主义传到了中国。中国共产主义运动的兴起和中国共产党的成立，使中华民族的解放和中国劳苦大众的翻身有了希望，内蒙古的民族解放也有了希望。党成立以后，按照马克思列宁主义理论，把国内少数民族的解放事业列为中国革命的重要内容，积极领导了少数民族的解放斗争。1922 年 7 月，在党的第二次全国代表大会上提出了解决国内民族问题的基本纲领。“二大”在分析中国的政治经济现状时，从当时的认识出发，应用马克思主义民族理论对边疆少数民族地区的政治经济状况及民族问题作了初步分析，指出蒙古、西藏、新疆等地区，在历史上不仅是少数民族久远聚居的区域，而是在经济上与中国本部各省不同；因为中国本部的经济生活，已由小农业、手工业渐进于资本主义生产制的幼稚时代，而蒙古、西藏、新疆等处则还处在游牧的原始状态之中，以这些不同的经济生活的异种民族，而强其统一于中国本部还不能统一的武人政治之下，结果只有扩大军阀的地盘，阻碍蒙古等民族自决自治的进步，并且于

① 本文除利用文献资料外，还利用和参考了吉雅泰、杨植霖、王建功、于树德、佛鼎、孟纯、乐天宇、乌力吉教喜尔、彭建华、刘进仁、张兰田、荣崇仁、康济民、李子光、熊味根等人的回忆录、访问录或调查材料。

本部人民没有丝毫利益。所以中国人民应当反对割据式的联省自治和大一统的武力统一，首先推翻一切军阀，由人民统一中国本部，建立一个真正民主共和国；同时依经济不同的原则，一方面免除军阀势力的膨胀，另一方面又因尊重边疆人民的自治，促成蒙、藏、维吾尔各民族地区联合到统一的民主共和国来，才是真正民主主义的统一。这时刚刚诞生一周年的中国共产党，根据民族平等原则和民族自决自治的权利，针对外国帝国主义及其支持的国内反动统治阶级对少数民族实行民族压迫政策的状况，参照当时俄罗斯联邦解决他们国内民族问题的方式，提出了解决我国蒙古、西藏、新疆等边疆少数民族问题的基本主张。它虽然和我们党在以后解决国内民族问题的过程中，经过调查研究，反复实践，逐步形成的适合我国实际的民族区域自治政策有所不同，但它旗帜鲜明地主张国内各民族一律平等，承认各民族自决自治的权利，在中国历史上是破天荒的。在当时，对于发动和鼓舞我国被压迫少数民族的解放斗争，产生了巨大的影响。

李大钊及其领导的北方地区党组织，根据马克思主义民族理论和“二大”的民族纲领，认真研究国内民族问题。1923 年 1 月，李大钊在《平民主义》一文中，把少数民族的解放问题提到与民主革命许多重大问题同等重要的地位。他指出：“现代政治或社会里边所起的运动，都是解放运动，人民对于国家要求解放，殖民地对于本国要求解放，弱小民族对于强大民族要求解放，农夫对于地主要求解放，工人对于资本家要求解放……这些解放运动，都是平民主义化的运动。”他还极力主张各民族应该一律平等，实行各民族的平等联合，他说：“中国的国旗，一色分裂为五色，固然可以说他是分裂，但是这五个颜色排列在一面国旗上，很有秩序，代表汉、满、蒙、回、藏五族，成了一个新组织，也可以说是联合。”他坚决反对民族压迫，他说：“今后中国的汉、满、蒙、回、藏五大族，不能把其他四族作那一族的隶属”，“凡具有个性的，不论他是一个团体，是一个地域，是一个民族，是一个个人，都有他的自由的领域，不受外来的侵犯与干涉，其间全没有统治与服属的关系，只有自由联合的关系”。李大钊还指出：“以欧战的结果和中国的政情来看，凡是持大某某主义的，不论他是一个民族，一个国家，一个地方，一个军阀，一个党派，一个个人，没有不归于失败的。”“倘有悍然自大，不顾他人的自由，而横加侵害的，那么他的扩大，即是别人的削小，他的伸张，即是别人的屈辱，他的雄强，即是别人的衰弱，他的增长，即是别人的消亡。一方的幸运，即是他方的灾殃，一方的福利，即是他方的祸患。那么扩大、伸张、雄强、增长、获幸运、蒙福利的一方，固然得了，然而在那削小、屈辱、衰弱、消灭、罗灾、受祸患的一方，其无限的烦冤、无限的痛苦，遏郁日久，亦必迸发而谋所以报复与抵抗。”[①] 固然，这些论述不完全是民族问题，但是可以看出民族问题也是他议论的一个重要内容。他深刻地揭示了民族问题的实质，他所抨击的大某某主义，在民族问题上当然就是抨击大民族主义。他这些揭示社会现象的思想理论，对于人们观察民族问题，揭露民族压迫，唤醒被压迫民族的解放运动是何等重要！

李大钊等为了领导内蒙古地区的革命斗争，还深入调查研究了内蒙古民族问题。

在马克思主义宣传运动蓬勃兴起，革命思潮广泛传播的形势下，内蒙古地区的蒙汉各族青年为了寻求革命真理，开始了各式各样的探索。1923年秋天，有一大批蒙古族青年学生，从大青山下的土默川奔赴北京城，为民族的兴旺寻求知识，为民族的解放探索真理。同时，内蒙古其他盟旗也有一部分蒙古族青年来到北京。他们大都入了北洋军阀政府蒙藏院开办的蒙藏学校，于是蒙藏学校就成了蒙古族青年比较集中的地方。李大钊等对于这批满怀民族忧虑而离乡背井，为争取民族解放而奔走呼号的蒙古族青年，给予极大的重视。1923 年秋天，李大钊派邓中夏、朱务善等到蒙藏学校的蒙古族青年中开展工作。他们的第一个任务就是调查研究内蒙古民族问题。他们先是和这些蒙古族青年促膝谈心交朋友，谈学习谈生活，也谈及个人前途和国家命运，进一步讨论蒙古民族的解放，讨论中国革命。他们概略地讲述帝国主义侵略内蒙古，北洋军阀压迫蒙古民族的事实，以极大的同情心关注蒙古民族的解放事业，朴素可亲的语调，浅显易懂的革命道理，特别是联系到蒙古民族的解放，使这些青年学生思想豁然开朗，他们也滔滔不绝地讲起内蒙古的历史与现状，诉说起蒙古民族的苦难情景。他们讲述帝国主义怎样把侵略魔爪伸到内蒙古，进行疯狂的经济掠夺。他们揭露北洋军阀在内蒙古强垦牧场、掠夺土地，把蒙古族人民赶向死亡的边沿。他们还揭露蒙古王公与帝国主义、北洋军阀勾结起来，盗卖内蒙古土地的罪行。如安福系蒙古族议员张文、李芳伙同蒙藏院总裁贡桑诺尔布，

---

① 《李大钊选集》，第 415、416、417 和 421、422 页。

把东蒙古十五旗土地盗卖给日本人，是蒙古族青年学生疾首痛心的一件事。至于旅蒙奸商对蒙古族人民的敲诈勒索、高利盘剥更是比比皆是的事实。一个烟斗换走一只羊，一盒火柴也要换上一张羔皮，一双马靴更要换一头牛或一匹马，把砖茶锯成二、四、八等分小块，代替货币分别换取牧民的各种畜产品。春来赊账，账是由奸商记的，秋后结算，也是奸商说了算。就这样，牧民们一年的收获除了交纳官差赋税外，剩下的一点也要被旅蒙奸商榨干。马克思主义革命道理唤醒了这些蒙古族青年，民族压迫的活生生的事实加深了李大钊等同志对内蒙古民族问题的了解。

1925 年 3 月，李大钊发表了《蒙古民族的解放运动》一文。他深刻地分析了蒙古民族遭受民族压迫的历史与现状，明确地指出了蒙古民族解放的道路。他首先揭露清王朝“外既不能抵抗国际帝国主义的侵略全中国，内复以种种手段防制境内各民族的政治自由。其对蒙古民族，纯用藩属政策，以笼络其王公及喇嘛，沦蒙古民族于外国的帝国主义、中国的帝国主义、蒙古王公的封建制度、喇嘛教的愚民剥削四重压迫之下，而未由解脱”。他指出辛亥革命失败以后，由于北洋军阀与帝国主义相勾结，继承清王朝的民族压迫政策，“于是蒙古民族，仍不免受与前日相同的压迫，或且更甚”。李大钊同志详尽地叙述了孙中山领导的改组后的中国国民党的民族政策。他援引国民政府建国大纲“对于国内之弱小民族，政府当扶植之，使之能自决自治，对于国外之侵略强权，政府当抵御之，并同时修改各国条约，以恢复我国国际平等，国家独立”的主张，宣传了中国国民党第一次全国代表大会宣言中宣布的“承认中国以内各民族之自决权，于反对帝国主义及军阀之革命获得胜利以后，当组织自由统一的（各民族自由联合的）中华民国”的政策。李大钊指出：“中华民国与蒙古民族结合，即以此数语为枢纽。中国国民革命运动与蒙古民族解放运动的潮流，即以此数语为汇归。”他强调蒙汉两民族要实现自由联合，团结斗争，“两民族在国民革命旗帜之下提携共进”，“严密的监视顽暴军阀之以旧日藩属征服的手段，施之蒙古民族，以防诱起国内民族间的嫌怨与纠纷，而为虎视于旁的帝国主义者所利用”。[①]

李大钊在民族问题上的思想理论，及其在革命实践中对待国内民族问

① 李大钊：《蒙古民族的解放运动》，北京《晨报》1925 年 3 月。

题的立场，完全是以马克思主义民族理论为指导，在深刻分析中国民族问题，特别是具体分析蒙古民族问题的基础上，提出了解决蒙古民族问题的正确主张，这在当时的历史条件下是极其可贵的。事实表明，李大钊同志是我们党最早关心民族问题，尤其是关心蒙古民族问题的领导人之一。

二

李大钊等在研究内蒙古民族问题的同时，为了开辟内蒙古地区的革命工作，把培养干部，尤其是培养民族干部放到了首要地位。从 1923 年冬天开始，在李大钊的直接领导下，邓中夏、赵世炎、黄日葵、李渤海、韩麟符、朱务善、刘伯庄等，先后到蒙藏学校向在这里的一批蒙古族青年学生宣传马克思主义革命理论，宣传十月革命和外蒙古革命，启发他们的阶级觉悟和民族觉悟。吉雅泰回忆："正当我们在为自己民族的苦难焦虑的时候，1923 年冬天，中国共产党像冬天的太阳一样照到了冰冻的蒙藏学校，党向我们伸出了温暖的手，给我们送来了马克思主义……从此，我们这一批内蒙古的民族青年，就在当时中国共产党北方局（区）负责人，中国共产党早期杰出的领导者李大钊同志亲自培养和教导下成长起来了。"① 邓中夏等还向其中一部分先进分子介绍中国共产党的纲领，讲解党的民族问题纲领。革命刊物《新青年》《政治生活》等也在这些先进青年中传播开来。这年冬天放寒假以后，云泽（即乌兰夫）、奎璧、赵诚、春和（即高博泽布）、佛鼎、康根成、常瑞、康济民、张士祥等数十人，因为没有路费回不了家，只好留校度假。李大钊等同志便组织他们到北京师范大学乐群补习班补习功课，还经常和他们一起围着寝室里的大炉子议论时局，探讨青年们的前途，而更多地还是讨论蒙古民族的解放问题。这是一个不平常的寒假，就在这个寒假期间，云泽、奎璧、赵诚、春和、佛鼎、康根成等，由李渤海、韩麟符等介绍加入了中国社会主义青年团。可以说，这是内蒙古青年走上革命道路的一个重大起点。

1924 年春天开学以后，又有多松年、李裕智、吉雅泰、云润、孟纯、任殿邦、云霖等许多人相继加入了社会主义青年团。当时，各种政治派别

① 吉雅泰：《李大钊同志和内蒙古初期的革命活动》，载《民族团结》1961 年第 7 期，第10～12 页。

都很重视蒙藏学校，除了中国共产党以外，国民党、无政府主义者、社会民主主义者都到蒙藏学校宣扬它们的主张，争夺这些青年。什么江亢虎、吴稚晖等都去蒙藏学校发表演说，兜售他们的主义。在这种错综复杂的形势下，李大钊同志为了最大限度地把这批蒙古族青年团结在中国共产党周围，几乎每天都要派人到蒙藏学校活动。有时找这些青年个别谈心，有时几个人座谈议论，有时在东大寝室举办讲演会。佛鼎回忆：1924 年上半年的一天傍晚，邓中夏把多松年、赵诚、佛鼎三个人叫到宣武门内的一座破庙里，参加了一个马克思主义学习小组。除了他们三个人以外，还有其他学校的五个青年。他们围着一张小方桌，在一盏小油灯下学习《共产党宣言》。吉雅泰也说："李大钊同志和北方局的其他党的负责同志，如邓中夏、赵世炎等，他们都异常重视和关心蒙藏学校的工作，并用很大的力量来进行这里的工作。他常常亲自跑来向我们讲解马克思主义的革命道理，分析国内外形势，向我们说明当时国内军阀混战的原因和背景，并指出蒙古族人民要推翻军阀、王公两座大山就要团结各族人民，因为军阀不仅汉族有，蒙古族也有……这些道理现在听起来非常浅显，然而在当时给我们是多大的启发和鼓舞呀!"①

在李大钊直接领导下，由于党的精心培养，这批蒙古族革命青年迅速地成长起来。从 1924 年下半年开始，多松年、李裕智、云泽、吉雅泰、奎璧、赵诚、孟纯、佛鼎、云润等不少人相继转为中共党员，又有不少人加入了社会主义青年团；另外在北京从事革命活动的白海风、吴文献等蒙古族青年知识分子也在这一时期加入了中国共产党。蒙藏学校的东大寝室是个五间大的学生宿舍，住着近四十名学生，除了两名贵族家庭出身的学生外，绝大多数加入了中国共产党和青年团，蒙古民族的革命力量逐渐壮大。

为了在革命斗争的烈火中锻炼这些年轻的蒙古族革命者，李大钊等经常组织他们参加北京的革命活动。他们参加过北京党组织举办的纪念"二七"惨案一周年大会，纪念列宁逝世一周年大会，以及李大钊赴苏回国后的报告会。纪念列宁逝世一周年大会是在北京大学三院礼堂举行的，蒙藏学校的党团员和进步青年大都参加了这次会，有的还参加维持大会秩序的工作。李大钊在会上发表演说，介绍列宁的生平事迹，介绍俄国十月革命

① 吉雅泰：《李大钊同志和内蒙古初期的革命活动》，载《民族团结》1961 年第 7 期，第10～12 页。

后的成就，使这些青年们第一次系统地了解了社会主义苏联国内的情况。吉雅泰回忆说："给我印象最深刻的是他（李大钊）去苏联参加第五次共产国际会议后回来的一次报告。那一次是在北京大学三院的礼堂举行的，我们蒙藏学校的几十个党员都参加了。这一天，李大钊同志还是那样简朴地穿着一件灰色粗布棉袍，浓眉浓髭，一头浓密而乌黑的头发，戴一副无边的眼镜，精神奕奕地向我们报告了苏联击败外国武装干涉后进行巨大的社会主义建设的情况。当他谈到苏联如何逐步实现民族平等解决民族问题时，特别引起了我们的注意和兴趣，差不多一字一句都紧扣着我们的心……这次报告会给我政治思想上很大的帮助和启发，从此，我逐渐懂得民族斗争和阶级斗争的联系；懂得内蒙古民族解放斗争和全国各族人民革命斗争以及全世界无产阶级革命斗争的联系和一致性，并坚信内蒙古民族的真正出路和彻底解放就只有依靠中国共产党的领导。"①

蒙藏学校这批蒙古族学生是当时北京革命运动的一支重要力量。在召开国民会议运动、"五卅"反帝爱国运动以及要求关税自主运动中，他们不仅踊跃参加，而且有的担任北京学生运动副总领队，参加组织活动。孟纯同志就是当时北京学联的常委。1925 年 3 月，奎璧、吉雅泰、赵诚、春和等以"绥远国民会议促成会"的代表身份，参加了孙中山、李大钊主持召开的"国民会议促成会全国代表大会"。

这些蒙古族青年学生积极参加革命活动，引起了反动当局的注意。1925 年初，蒙藏院竟决定取消蒙藏学校的官费，并派王维翰充任校长，镇压学生运动。于是大部分家庭贫困的学生马上面临着失学的危机。李大钊等北方区委的领导同志，识破了反动当局企图通过取消官费来扼杀这批革命力量的阴谋，立即发动学生开展反对取消官费和驱逐反动校长的斗争。学生们包围了蒙藏院，把蒙藏院总裁贡桑诺尔布吓得从后门溜走了。在短短的两个多月的时间里，赶跑了王维翰、金永昌这两个反动校长。但是官费仍然不予恢复。党组织为了保护和继续培养这批蒙古族革命青年，经过与各方面联系，决定分批分期送他们到苏联、蒙古人民共和国和广东等地学习。1924 年，曾选送荣耀先、白海风、王瑞甫等蒙古族青年到黄埔军校第一期学习；1925 年上半年，先后派奎璧、赵诚、佛鼎等到蒙古人民共和国党务

① 吉雅泰：《李大钊同志和内蒙古初期的革命活动》，载《民族团结》1961 年第 7 期，第10～12 页。

大学学习，同年冬，又选送云泽、多松年、云润、康根成、荣照等到莫斯科中山大学学习；1925 年底和 1926 年初，陆续选送贾力更、春和、赵文翰、任殿邦、李春荣、麟祥、云继珍（以后叛变）等七名蒙古族青年，王建功、郭宝安、左天顺、郭宝山、马德照等十名汉族青年，到广东农民运动讲习所第六期学习；还选送云继先、云星槎、荣崇仁、荣尚义（即勇夫）、云继章、朱实夫等数十名蒙古族青年到黄埔军校第四期学习；另外又选派吉雅泰、李裕智等回内蒙古开展工作。

在中共北方区委的培养下，内蒙古当地的革命干部，特别是蒙古民族干部成批地成长起来，加入了中国和世界革命的行列，为内蒙古地区革命运动的发展创造了干部条件。

三

李大钊等一面培养干部，一面积极创建内蒙古地区的党组织，尤其重视在蒙古族中建立党的组织，以形成党的领导核心。

李大钊同志和中共北京地委，在蒙藏学校发展了一批蒙古族团员以后，于 1924 年初首先建立了中国社会主义青年团支部，多松年、云泽先后任团支部书记。1924 年下半年，在发展了一批党员以后就建立了党支部。据彭建华回忆，1924 年末至 1925 年初，赵世炎任北京地委书记，刘伯庄任团地委书记时，曾大力发展党组织，在各学校都建立党支部，决定由团地委将团员中表现好的，分别吸收入党。① “那时，蒙藏学校的党组织，经常举行党的会议，李大钊同志和北方局（区）的其他领导同志们也常常来参加会议，他们在会上经常作时事报告”②。在李大钊等亲切关怀和教育下，蒙古族中的第一批共产党人健康地成长起来，蒙古族中的党团组织也建立起来。蒙藏学校的党团组织，团结该校大部分青年学生，积极开展革命活动，成为北京地区一个战斗力较强的基层组织。

如前所述，李大钊等很早就关心内蒙古的革命事业。大概在中国共产党成立以后不久，北京党组织相继派张昆弟、何孟雄、邓中夏、陈为人、

① 彭建华：《中共北方区委与内蒙古地区党的活动》（1980 年 12 月 21 日访问录）。

② 吉雅泰：《李大钊同志和内蒙古初期的革命活动》载《民族团结》1961 年第 7 期，第 10 ~ 12 页。

王仲一等在京绥铁路开展职工运动，并注意调查了解内蒙古的情况。1925年，在张家口建立了中国共产党的支部，王仲一任支部书记。同年下半年，李大钊同志即派肖三、江浩等到张家口组建了中共张家口地委，肖三任地委书记，江浩是宣传委员，王仲一是组织委员。中共张家口地委领导的地区包括当时的热河、察哈尔和绥远三个特别区。1926年初，因为冯玉祥部下的一个军官排挤肖三，于是中共北方区委决定调回肖三等，又派丁之之等重新组织了中共张家口地委，丁之之任地委书记，王仲一是组织委员，乐天宇是宣传委员，李怀才负责农民运动，张良翰负责国民运动，王一飞负责军事运动，卢继亭负责职工运动，另有姬明信、李叔香担任交通。在张家口形成了一个比较健全的党的领导机构；同时相应地建立了社会主义青年团张家口地委。当时张家口的不少工厂、学校以及军队都有了党的活动，有的工厂和学校中还建立了党团支部，在大境门外的孤石村建立了第一个农村党支部。据当时张家口地委的报告，在察哈尔、包头、归绥（今呼和浩特）等地也建立了党的组织，开展了党的工作。另外在这些地方普遍地建立了青年团的外围组织西北青年互助社。

1925年，在中共北方区委直接领导下，还建立了中国共产党热河、察哈尔、绥远和包头四个工作委员会。热河工委负责人是杜真生、陈印潭（即陈镜湖）；察哈尔工委负责人是杨洪涛、张次平（即张良翰），以后是多松年；绥远工委书记是吉雅泰；包头工委书记是李裕智（即李若愚）。这是李大钊指派于树德、韩麟符等指导组建的。当时公开名义是国民党热河、察哈尔、绥远和内蒙古（指包头党部）四个党部，工委负责人也是国民党党部执行委员，实际是中国共产党领导建立的。据于树德回忆："李大钊同志派我到内蒙开辟工作，是孙中山先生逝世的那一年，我和吉雅泰一同去的，我到呼和浩特（那时叫归绥），当时我们共产党的秘密组织就在那里，打算在那里公开挂出绥远国民党党部的牌子。吉雅泰就是那里党组织的领导人，也是组织国民党党部的发起人。"① 这就是最初建立中共绥远工委的大致情况。工委机关就设在归绥旧城的巧尔齐召内，最初只建立了一个支部，不久扩建为工委，对外公开名义是国民党绥远党部。在工委领导下，又建立了萨县、和林、武川、归绥、土默特旗等五个旗县工委。党组织建

① 于树德：《内蒙古地区建党的情况及初期的活动》（1979年11月访问录）。

立以后，在归绥工人、学生中积极开展工作，发展党团员。据李子光等回忆，当时仅归绥的党团员各有三十多人。以后吉雅泰同志奉调参加组建内蒙古人民革命党和农工兵大同盟的工作，由彭振纲接任工委书记。1926 年 10 月，中共北方区委又派熊味根任中共绥远工委书记，路作霖任组织委员、麟祥任宣传委员（以后叛变），杨曙晓负责团的工作。中共包头工委设在包头召梁的一座喇嘛庙内，工委除了在工人、学生和市民中开展工作外，主要在“哥老会”会众中抓农民工作。热河、察哈尔工委在热察地区广泛发动群众，进行了一系列革命活动，有力地扩大了党的影响。

内蒙古地区党组织的建立，使内蒙古革命从组织上成为中国共产党领导的中国革命的一部分，而且内蒙古也成为中国共产党最早开辟工作的少数民族地区之一，内蒙古革命有了正确的领导核心——中国共产党。

四

内蒙古地区是蒙古族聚居，同时包括人数众多的汉族及其他少数民族的一个多民族地区。中国共产党在领导内蒙古革命的过程中，一方面注意了它同全国革命共同性的方面，另一方面更注意了内蒙古的民族特点和地区特点，从这样的实际出发，制定了指导内蒙古革命运动的方针、政策和策略。李大钊等在领导内蒙古革命的实践中，根据马克思主义民族理论和党的民族纲领，从内蒙古的实际出发，提出了开展民族工作，建立革命统一战线的具体主张。

首先，根据党的三大提出的同国民党建立统一战线的方针，李大钊等十分注意在内蒙古地区发展国民党组织的工作。从 1925 年初开始，先后建立了热河、察哈尔、绥远和内蒙古四个省一级的国民党党部，主要负责人都是中共党员。到 1926 年，热河有县市党部 8 个、党员 3500 余人；察哈尔有县市党部 6 个，党员 3200 余人；绥远有县市党部 11 个、区党部 53 个，区分部 284 个、党员 3600 余人；内蒙古党部设在包头，有县市党部 6 个，党员 2109 人。[①] 这对于扩大革命影响，开展革命运动，是一支可观的力量。

同时，李大钊等为了充分发动和组织蒙古族各阶层参加革命斗争，与

① 引自《新中国国民党最近党部组织概况》，载《政治周报》第 14 期。

当时蒙古族中的国民党员白云梯、恩克巴图等上层人士进行磋商，经中共中央批准，共产国际同意，参加组建了内蒙古人民革命党。1925 年秋天，中共中央作出了“蒙古问题议决案”，决定同意建立内蒙古人民革命党。李大钊为建立内蒙古人民革命党，从思想理论上、方针政策上以及组建工作方面都作了具体指导。据吉雅泰回忆：“1925 年的秋天，因为请示一些成立内蒙古人民革命党的问题，我来到了他（李大钊）的家里……他对当时我们组织内蒙古人民革命党的工作，作了许多重要的指示，他决定要我们参加这个组织，要在这个组织内部发挥自己的战斗作用，并要我们多做一些实际的群众工作，努力发展和团结一切进步势力，来反对帝国主义，特别是日本帝国主义；反对北洋军阀的反动统治和民族压迫；废除王公札萨克的封建特权制。”① 当佛鼎从蒙古人民共和国回国参加内蒙古人民革命党第一次代表大会时，李大钊特地派多松年去张家口传达他的指示，要求佛鼎必须支持成立内蒙古人民革命党。李大钊还派云泽、吉雅泰、李裕智、吴文献、王瑞甫等蒙古族共产党员，参加了 1925 年 10 月 12 日在张家口举行的内蒙古人民革命党第一次代表大会。他要求参加大会的共产党员，必须坚持反帝反封建反对北洋军阀民族压迫政策，废除王公封建制度等基本主张；要求他们在这个党内抓青年、抓群众、抓军队；要求同白云梯等上层人士搞好统一战线。这次大会基本贯彻了中国共产党和共产国际关于解决内蒙古民族问题的主张和统一战线方针；制定了彻底的反帝反封建、反对民族压迫、反对王公札萨克制度的民族民主革命纲领；团结了一批蒙古族革命青年；团结了旺丹尼玛、锡尼喇嘛等蒙古族牧民运动领袖人物；联合了一部分官僚地主牧主出身的具有一定的民族主义倾向的上层知识分子，在蒙古民族中结成了比较广泛的革命统一战线。共产国际代表奥齐罗夫、中国共产党的代表江浩等，蒙古人民革命党代表丹巴道尔计、中国国民党代表李烈钧等参加了成立大会。这在内蒙古革命史上是一次重要的会议。

内蒙古人民革命党是中国共产党和共产国际领导的，坚持反帝反封建的革命纲领，代表内蒙古蒙古族劳动人民利益的革命政党。在其内部虽然出现过激烈的两条道路斗争，发生了分裂，但是它在大革命时期，对于发动蒙古族各阶层参加革命运动发挥了积极作用。这是李大钊从民族特点出

① 吉雅泰：《李大钊同志和内蒙古初期的革命活动》，载《民族团结》1961 年第 7 期，第10～12 页。

发，领导少数民族革命斗争的一个尝试。

在内蒙古地区领导革命运动，既要注意充分发动蒙古族及其他少数民族起来革命，又要注意蒙汉各民族团结对敌，共同革命的问题。1925 年秋天，中共中央在“蒙古问题议决案”中决定成立内蒙古农工兵大同盟，李大钊亲自主持了组建工作。1925 年冬天，在张家口召开了内蒙古农工兵大同盟成立大会，参加大会的热河、察哈尔、绥远各地代表二百余人，李大钊主持了大会。农工兵大同盟的任务也是反帝反封建，特别是反对日本帝国主义的侵略、反对北洋军阀的黑暗统治，在农村中反对地主豪绅对农民的压迫剥削，总之把中国共产党的民主革命纲领以各种不同的形式贯彻下去。大会选举李大钊、赵世炎、韩麟符、贾大容、郑丕烈、吉雅泰、李裕智、王仲一、陈印潭等为农工兵大同盟中央执行委员，李大钊任书记，赵世炎、韩麟符任副书记。

李大钊身着工人服装，出现在工农兵代表之中，他与工农兵群众一见如故、亲密无间。他那无产阶级和劳动人民革命领袖的光辉形象深深地印在代表们的脑海里，一些参加这次大会的同志回忆起这种难忘的情景，总是赞不绝口。吉雅泰说：“那天，他穿着一身破旧的工人制服，一些工人见他穿着那样破烂，都要把自己的衣服换给他，他只是含笑的说，‘还是你们穿吧！还是你们穿吧！’他的态度温和可亲，和群众之间是那样的融洽自如，一点知识分子的架子都没有。”①

李大钊在会上发表了重要演说，除了阐述我们党的民主革命纲领外，还针对内蒙古地区民族问题的实际，“特别强调蒙汉两族人民联合起来谋求解放的重要意义，并一再指出，蒙古族人民必须和汉族人民团结一起才能谋求自身的彻底解放”②。

为了大力宣传农工兵大同盟的纲领和主张，广泛动员工农兵群众参加革命斗争，在李大钊主持下创办了《农工兵》革命刊物，由北京大学和北京美术专科学校的学生参加编辑工作，由中共北方区委和在内蒙古工作的一些同志撰稿。《农工兵》刊物在北京、热河、察哈尔、绥远等地广泛发

---

① 吉雅泰：《李大钊同志和内蒙古初期的革命活动》，载《民族团结》1961 年第 7 期，第10～12 页。

② 吉雅泰：《李大钊同志和内蒙古初期的革命活动》，载《民族团结》1961 年第 7 期，第10～12 页。

行，直到李大钊牺牲以后才停刊。

农工兵大同盟的组织在内蒙古各地迅速发展起来，在热河特别区的建平、赤峰、平泉、开鲁、林西、林东、围场、承德各县的农民、士兵中都发展了盟员，建立了组织；在察哈尔特别区的农民、洋车夫和警察中发展了盟员；在绥远特别区主要是同农民协会结合起来发动农民运动，尤其在绥西的“哥老会”中发展了大批盟员，据当时的文献记载，“哥老会”的大部分首领参加了农工兵大同盟，会众能听从农工兵大同盟指挥的约有五万人之众。

农工兵大同盟对于发动内蒙古地区的蒙汉各族工农兵群众参加革命运动，促进蒙汉各族人民团结一致，共同对敌斗争等方面，起了很好的组织和动员作用。它是中国共产党领导内蒙古蒙汉各族劳动人民共同进行革命斗争的群众组织。它不仅是农工兵劳动人民的革命大同盟，而且是蒙汉各族人民团结斗争的革命大同盟。这是李大钊从内蒙古的实际出发，坚持民族、平等、团结的原则，创造性地领导内蒙古革命的又一次尝试。

五

在第一次国内革命战争时期，内蒙古地区的革命运动也同全国一样，蓬勃地发展起来。这是以李大钊同志为首的北方党组织领导下发动起来的。

李大钊派张昆弟、何孟雄、邓中夏等开展京绥铁路职工运动以后，京绥铁路的罢工斗争持续不断地发展起来。1921 年 12 月中旬，爆发了驱逐路贼陈世华的全线大罢工。京绥铁路局长陈世华，与日美等帝国主义洋行签订合同，出卖路权，负债达 3600 余万元。不仅如此，陈世华还借购客货车辆，停发工人工资，从中贪污肥私，激起工人愤怒。工人们团结一致，举行罢工，一举夺回会计出纳权，打开金库，发放工资，最后迫使交通部撤掉陈世华局长职务，罢工持续一周，斗争取得了胜利。① 不久，在张家口成立了车务工人同人总会，在集宁、归绥、包头等地设了车务工人同人分会。车务同人会领导工人展开了护路运动，反对交通部 6 月 12 日与美国太康洋行改订付款合同，反对允许太康洋行举荐会计，监督会计，出卖路权的

---

① 《京绥路罢工风潮之续闻》，北京《晨报》，民国十年 12 月 16 日第 3 版。

“亡路合同”，并发表“京绥铁路同人会反对交部丧权之宣言”[①]。8 月 19 日，车务同人会召开工人大会，议决请愿救路。21 日，集合 600 余人，到北京政府参众两院请愿，要求废除“亡路合同”，宣布脱离交通部的隶属关系。反动当局出动武装进行弹压，但是在全国舆论的谴责和工人们的坚决斗争下，被迫取消了太康洋行监督会计的特权。[②] 接着，车务同人会为了改善工人待遇，提高工资，又于 10 月 27 日宣布实行全线大罢工，发表罢工宣言，向交通部提出十一项要求，声明不达目的绝不复工。经过两天多时间的激烈斗争，迫使交通部答应了九项要求。29 日，车务同人会发表了“京绥路罢工胜利宣言”，通电复工。[③] 京绥铁路这一系列罢工运动和护路斗争，是全国第一次罢工高潮的组成部分，它在内蒙古地区产生了巨大影响。

京绥铁路工人运动，激励了内蒙古的青年知识分子。1923 年 5 月，归绥各学校蒙汉各族青年学生举行“抵制日货”“反对二十一条”的示威游行，发动捣毁“盛记”日货洋行的反帝爱国运动。一大批蒙古族青年学生奔赴北京，寻求民族解放的出路。这些青年革命运动的兴起，与京绥铁路工人运动的影响是密切相关的。

1925 年初，李大钊派吉雅泰等回内蒙古开展工作，发动革命运动。全国“五卅”惨案发生后，6 月初，在中共绥远工委的领导下，归绥爆发了声援上海工人学生的反帝爱国运动。这次斗争是由党的外围组织绥远学生联合会出面组织的，归绥中学、绥远师范学校、绥远女子师范学校、绥远五族学院、绥远农科职业学校、工科职业学校以及土默特高等小学校的学生 1000 多人，还有部分工人、市民参加了这次斗争。在绥远学联的主持下，于旧城席力图召召开了各族各界群众大会，由学联代表愤怒地揭露了帝国主义者制造“五卅”惨案的经过及其暴行，与会者满腔义愤，反帝口号声响彻古老的青城。大会还发出通电，声援上海工人、学生的反帝斗争。会后举行了空前规模的示威游行，并发动劝募，支援“五卅”惨案受难者。学生们还深入近郊农村进行宣传鼓动，这次斗争持续了近两个月时间。

① 载北京《晨报》1922 年 8 月 9 日第 3 版。

② 《京绥铁路救路运动经过情形》，上海《民国日报》1922 年 9 月 10 日第 10 版；《京绥路员工请愿救路》，上海《民国日报》1922 年 8 月 24 日第 3 版；《护路运动取得部分胜利》，上海《民国日报》1922 年 9 月 5 日第 3 版。

③ 《京绥路大罢工详情》，上海《民国日报》1922 年 10 月 30 日第 6 版；《京绥路罢工胜利宣言》，《新民意报》1922 年 11 月 7 日。

归绥的反帝斗争得到了上海、济南、天津、北京学联的支持。它们都派代表到归绥联络，进行宣传鼓动，演出反帝剧目，使内蒙古地区的反帝运动同全国的斗争紧密地结合在一起，揭开了内蒙古地区大革命风暴的序幕。

从 1925 年下半年开始，内蒙古地区的农民运动也逐步开展起来。特别是李大钊发表了《土地与农民》等重要文章以后，热河、察哈尔、绥远三特别区的农民运动蓬勃兴起。李大钊深刻地指出了农民在中国革命中的重要地位和解决农民土地问题的重要性，要求广泛地组织以贫雇农为主的农民协会，发展农民运动。到 1926 年 6 月，热河特别区有区级农会 5 个，会员达 2200 人；察哈尔特别区有区级农会 1 个，会员 600 人；绥远特别区以归绥为中心，周围各县也相继组织了农民协会。到 1927 年 6 月，农民协会又有了新的发展，热河有县级农会 9 个，区级农会 13 个，乡农会 31 个，村农会 35 个，会员发展到 5423 人；察哈尔也有县农会 1 个，区农会 4 个，村农会 82 个，会员 360 人。[①] 在绥远已成立了省一级的农民协会。从广东农民运动讲习所第六期毕业的内蒙古青年贾力更、春和、王建功等也回到内蒙古地区，以农民运动特派员的身份，进一步组织农民协会，发展会员，发动农民运动。归绥周围各县不仅组织了农民协会，有的农会还按照地主豪绅的恶劣程度，列名造册，准备区别情况进行斗争。归绥西郊的毕克齐一带已经斗争了个别罪大恶极的大地主。在热河特别区的不少县内，农工兵大同盟和农民协会配合，多次进行了反豪绅、反苛捐、反烟捐的斗争，还捣毁了税捐局。察哈尔农民以联庄会形式联合进行分粮斗争。1927 年 3 月 28 日在归绥爆发的“孤魂滩”事件，是当时内蒙古地区最大的一次农民斗争。

在北洋军阀的黑暗统治下，绥远特别区民不聊生。可是绥远反动当局还要巧立名目，进行搜刮。1926 年末，绥远都统府设立地亩清丈局，决定重新丈放所谓夹荒余荒。绥远地区经过清朝末年的移民垦荒和北洋军阀掠夺牧场，可耕“荒地”早已垦种，所谓清丈无非是向农民勒索领取土地执照费的一个手段，是掠夺蒙古族牧民草场的一个借口。绥远都统府还决定开放烟禁，提倡种植鸦片，以图抽税自肥；还决定扣发救灾流通券，贪官

① 引自《第一次国内革命战争时期的农民运动》，人民出版社，1953，第 18 ~ 19 页。

污吏从中渔利。这些决定激起了蒙汉各族人民的极大愤怒。中共绥远工委不失时机地引导农民、学生、市民和工人，反对绥远反动当局的上述决定；同时，充分利用地方绅士与绥远都统府之间的矛盾，争取一部分绅士参加反对绥远都统府上述决定的斗争。经过比较充分的酝酿准备以后，决定在归绥旧城城南“孤魂滩”举行群众大会，发动反对绥远都统府的斗争。事先，农民协会用鸡毛信火速通知归绥周围的农民，并通知工会、学生会、工人夜校。28 日清晨，归绥周围的农民及城里的工人、市民、学生五六千人，陆续会聚到“孤魂滩”，在孤魂庙前挂起了“绥远难民大会”的横幅，与会者手执各色小旗，满怀兴奋地围着主席台，倾耳细听大会发言。露作霖、杨曙晓等党团负责人发表了热情激昂的演说，农民、工人和学生代表也相继发言。他们一个个愤怒揭露绥远军阀当局及一些贪官污吏的罪行，揭露清丈余荒及开放烟禁的阴谋，会场气氛异常热烈，“打倒清丈局”“反对开放烟禁”“打倒贪官污吏”等口号声，震动了沉睡的“孤魂滩”。会后举行声势浩大的示威游行，一举捣毁了地亩清丈局和归绥县衙门，并包围了绥远都统府，派“代表提出六事：（一）打倒地亩局；（二）打倒垦务督办冯曦；（三）打倒（政务厅长）屠义源；（四）打倒（归绥县长）冯延铸；（五）反对开放烟禁；（六）反对扣发流通券”①。经过激烈的斗争，绥远都统商震被迫答应了上述要求，遂发布三条命令，以示兑现。“孤魂滩”斗争取得了胜利。

内蒙古地区的牧民运动，东起呼伦贝尔草原西到鄂尔多斯高原的广大地区蓬勃兴起。牧民运动主要是通过内蒙古人民革命党的活动发展起来的。阿拉善旗的“小三爷事件”，乌拉特西公旗的兵变，呼伦贝尔暴动，都是以蒙古族牧民为主体发动起来的。这些斗争虽然都失败了，而且也存在一些局限性，但是它们对把蒙古族人民的斗争提高到武装斗争阶段，有十分重要的意义。

锡尼喇嘛领导的伊盟乌审旗“独贵龙”运动，是内蒙古地区最大的一次牧民起义。

“独贵龙”运动，是伊克昭盟蒙古族人民创造的一种传统的反帝反封建斗争的独特形式。它从 1858 年开始，持续了几十年时间。“五四”运动以

① 梅山：《空前未有之绥远市民示威运动》，载北京《晨报》民国十六年 4 月 7 日第 5 版。

后，“独贵龙”运动的著名首领锡尼喇嘛在北京隐居期间，受到中国共产党领导的北京革命运动的强烈影响，并重新积极地投入了革命斗争。1924 年初，他回到乌审旗，不久便带领 15 名“独贵龙”战友到蒙古人民共和国考察学习；1925 年 10 月，回国参加了内蒙古人民革命党第一次代表大会，并当选为中央执行委员。他在共产党人的热情帮助下，通过革命的实践，逐步从一个自发的牧民运动首领转变成为一个自觉的民族民主革命家。1926 年，他率领内蒙古人民革命军第十二团，回到乌审旗，一举推翻了封建王公制度，建立了内蒙古人民革命党组织和人民革命政权，实行了一系列民主革命的政策，受到蒙古族人民的热烈拥护。值得指出的是，在全国大革命失败以后，锡尼喇嘛率领百余人的蒙古民族武装，与陕北军阀井岳秀的二千余人的反动军队战斗了两年多时间，开展沙漠丛林游击战，以少胜多，粉碎了井岳秀的数次围剿，保卫了人民革命政权。这是蒙古族人民在中国共产党指引的革命征途上创造的光辉业绩，是鄂尔多斯高原上升起的一面革命红旗，它将永志中国革命的史册。

六

1927 年春天，中国革命处在严重关头，中外反动派准备着借机扑灭中国革命的烈火。4 月 6 日，曾经洗劫内蒙古草原的奉系军阀头子张作霖逮捕了李大钊同志；4 月 12 日，蒋介石发动反革命政变，大批共产党人和革命者倒在血泊之中，4 月 28 日张作霖惨无人道地绞死了李大钊同志。噩耗传来，内蒙古人民沉浸在无比悲痛之中。内蒙古地区的共产党人和革命群众，在白色恐怖的黑暗年代里，以各种不同的形式悼念李大钊同志。“在（绥远）五族学院礼堂还举行过追悼李大钊同志大会，由陈之的主持，杨绍萱作报告，讲李大钊同志的事迹，痛骂军阀残杀李大钊同志的罪行，参加的人约有二三百人左右。”[①] 另外，归绥职业学校、归绥中学、绥远师范学校、归绥女子师范学校的学生，听到李大钊同志被害的噩耗以后，愤怒地走上街头，游行示威，张贴“无产阶级的光荣战士李大钊同志永垂不朽”，“李大钊同志万岁”等标语，表示沉痛悼念李大钊同志，强烈抗议奉系军阀。

① 《杨植霖访问录》（1979 年 12 月）。

内蒙古人民痛悼李大钊同志的史实虽然没有被记载下来，但是李大钊同志为内蒙古革命建树的功勋始终没有从人们的记忆中消逝。

伟大的共产主义战士李大钊同志，在反动军阀的绞刑架下发表的最后一次演说中对反动派说："不能因为你们今天绞死了我，就绞死了伟大的共产主义！我们已经培养了很多同志，如同红花的种子，撒遍各地！我们深信，共产主义在世界、在中国，必然要得到光荣的胜利！"① 历史的进程正像李大钊同志所说的那样，由他和他的战友们亲自培养的革命干部，其中包括蒙古族干部，如同红花的种子，在内蒙古草原上发芽扎根，茁壮成长，肩负起了率领内蒙古各族人民继续革命的重任。他们在光荣的中国共产党和毛主席的领导下，经过长期艰苦的斗争，终于赶走了帝国主义，打败了国民党反动派，解放了内蒙古草原，建立了我国第一个少数民族自治区——内蒙古自治区，迎来了中华人民共和国的成立。内蒙古各族人民将一代接一代地继承李大钊等无数革命先辈们的遗志，为内蒙古各民族的繁荣兴旺，为实现共产主义的远大理想而奋斗。

（《近代史研究》1981 年第 4 期）

① 《李大钊传》，第 220 ~ 221 页。

“马嘉理事件”之历史考察

孙代兴

在距今110年前的1875年春天，云南西部边境的景颇族、傣族、回族、汉族民众，在中缅商路上的小集镇蛮允，奋起抵抗英国陆军上校柏郎（H. A. Bromne）“远征队”的入侵，击毙了侵略分子马嘉理（A. R. Mrgary），打退了侵入我国边境的柏郎武装部队。这一事件是云南近代史上各族人民反帝爱国斗争的第一次伟大壮举，也是中国近代史上一次震惊中外的帝国主义侵华事件。为了进一步了解这次事件发生的背景、原因及其后果和影响，我们根据史料的记载，对腾越（今腾冲县）和蛮允（今盈江县芒允区）的抗英历史遗址作了考察，试论述如下。

一

关于云南边境民众击毙马嘉理，打退柏郎“远征队”入侵事件发生的背景和原因，历来说法不一，在当地民间亦众说纷纭。据当时的记载，主要有三种不同的说法：

其一，是清朝政府官方的说法。这主要集中在清政府的钦差大臣李瀚章和署理云贵总督岑毓英等人的奏报中。李瀚章、岑毓英等人说，马嘉理之被杀，系“山匪索过山礼”，只因马嘉理开枪击毙“拦路行劫者”，而“众匪一齐上前将马嘉理及其宾从四人一并杀害”。至于柏郎“远征队”于2月22日被“山匪”、内地“汉奸”、“回民羽党”等约2000人“三面合围，阻其去路”，也是因为“驮载甚多，匪众复纠伙往劫”①。李瀚章等人向

① 《川督李瀚章等奏查明英员马嘉理在滇被戕情形折》，《清季外交史料》卷五。

朝廷的奏报，把云南边疆民众保卫领土主权的反帝爱国斗争，诬为“抢劫”事件，这是他们企图搪塞英国人，为官府开脱责任而编造的拙劣谎言。这个说法，有意无意地掩盖了事件发生的背景和真实原因。

其二，是英国官方的说法。英国驻北京公使威妥玛（T. F. Wate）在和清政府总理衙门谈判中，一口咬定“其根由在朝廷大吏均以攘外为心”，所以“李珍国是奉宪谕，岑毓英是奉旨”[①] 而行。威妥玛虽无任何凭据，却坚持把“追究罪责”的矛头，直接对准清政府及其所信赖的边疆大吏岑毓英等人。这明显是以马嘉理事件为借口，用外交谈判为手段，对清王朝进行政治讹诈。显然，英国侵略势力是有意掩盖英国当时急欲抢先侵入和控制中国西南这一重要的历史背景，其说法当然不是发生马案的真正原因。

其三，是一百余年来流传在腾冲、盈江、蛮允以及云南各地群众中的说法。当地群众普遍传说：在马嘉理先期抵达昆明时，云贵总督岑毓英前去迎接他，他却把一条小洋狗放在他乘坐的大轿上，让总督大人躬身去迎接一条小洋狗。马嘉理以洋鬼子的傲慢态度，侮辱身任朝廷封疆大吏的行为，激怒了岑毓英，岑誓杀马嘉理以泄愤。在省城不便下手，乃布置下属官员，在马嘉理前往滇西的途中截杀他。这种传说，在云南西部边疆一带流传极为广泛，几乎众口一词，但显而易见，这是群众对骄横“恣肆”的洋鬼子的极端愤恨之说。这个说法，在当年的稗官野史中就有记载，据说，“马嘉理抵滇垣，谒总督岑毓英，欲用敌体礼，毓英怒。……副将李珍国……请杀马嘉理及柏郎，毓英密扎如议。珍国乃令其部将蔺小洪、杨大武等谋于野人”[②]。这仍然是当时的民间传说，并不是马案发生的真正原因。

那么，马嘉理事件的背景和真正原因究竟是什么呢？

关于“马嘉理事件”发生的背景，据查办马案的钦差大臣李瀚章的奏折《查明英员马嘉理在滇被戕情形折》之附件《腾越绅众致李珍国原信二件》，柏郎、马嘉理之“征远”滇西，“查若辈垂涎我省，非一日矣，此来断无好意。其致一处，设天主堂以传教，设领事官以通商。蔓延既多，恣横日甚”。并提出，对柏郎、马嘉理等人，“倘（若）借故逗留，欲传教、通商，即仿照河南、广西、湖南数省，聚众多人，围而鼓噪，责以大义，

① 《总署奏英使对于办理马嘉理案均不同意折》，《清季外交史料》卷六。

② 李根源：《纪玛嘉理案》，《曲石文录》卷二。

动以危言，使不能施其伎俩”[①]。李珍国是清军腾越镇左营都司兼腾越城乡十八练都团的“总团首”。

腾越的乡绅和民众致李珍国的公函，集中而扼要地说明了，以腾越厅为中心的云南西部边疆民众之所以要反对柏郎、马嘉理“远征队”进入滇西，是深知英国侵略势力“久已垂涎我省”，因此，要防止侵略者以“传教”和“通商”为名，在云南西部边疆建立侵略据点，就必须采取预防侵略的措施，以保障我国边疆领土主权和人民生命财产不受侵犯，这就是腾越各族人民抗击柏郎、马嘉理“远征队”的动机。

柏郎“远征队”武装入侵云南边疆，发生在19世纪70年代。当时的世界形势，正是西方资本主义列强向帝国主义过渡的初期。西方列强在那时比过去更富有侵略性，它们“开始了夺取殖民地的大‘高潮’，分割世界领土的斗争达到了极其尖锐的程度。所以，毫无疑问，资本主义向垄断资本主义的过渡，是同分割世界的斗争的尖锐化联系着的”[②]。西方资本帝国主义国家，对我国发动的历次侵略战争，都是以要求“传教”和“通商”为借口的。天主教和基督教，是西方人普遍信仰的宗教，但在阶级社会中，却成了统治阶级用以奴役人们的思想工具。马克思指出，“宗教是人民的鸦片”[③]。在西方殖民主义者向外扩张、掠夺殖民地、原料及商品市场时，“传教”又成了对外侵略的开路先锋，法国和英国侵入越南和缅甸时，其手段就是如此，当他们进而入侵中国时，也仍然如此。教会侵华势力就乘机在《黄埔条约》中写进了：教会可以在中国设立“礼拜堂”“医人院”“坟地”，其礼拜堂、坟地等倘若遭到中国人的“触犯”“毁坏”，中国地方官必须“照例严拘重惩”[④]。1858年，英法联军攻陷天津，强迫清政府和英、法分别签订的《天津条约》，就把洋教“合法”传入中国大地的“权利”，写进了条约，规定对“耶苏圣教及天主教……自后凡有传授习学者，一体保护”[⑤]。当时在华传教士杨格非，于1858年7月30日欢喜若狂地向他的英

① 《腾越城乡十八练绅众致李珍国原信》之一（同治十三年十一月廿五日），《清季外交史料》卷五。

② 《列宁选集》第2卷，人民出版社，1975，第798页。

③ 《马克思恩格斯选集》第1卷，人民出版社，1972，第2页。

④ 《中法五口贸易章程·海关税则》（1844年1月24日）第二十二款，王铁崖：《中外旧约章汇编》第1册，第62页。

⑤ 《中英天津条约》第八款、《中法天津条约》第十三款，《中外旧约章汇编》第1册，第97、107页。

国本部派遣机关（差会）报告说：“中国出乎意料之外地对传教士、商人和学者开放了！这个国家事实上已落入我们的手中。”他以十分急切的心情敦促各个差会和传教士说：“如果他们不去占领这块地方，不在十八个省的每一个中心取得永久立足的地方，那将是有罪的”①。西方教会侵略势力就是这样，既密切配合和帮助英、法侵略军攻进中国大门，又借助侵略军的洋枪大炮狂暴地侵入了中国的内地和边疆。

“传教士”们，在中国广泛地展开以“传教”为名的侵略活动，任意侵犯我国的主权。他们欺压百姓、凌辱官员、干涉内政，激起了我国人民，以致一些地方官员的反抗，造成了许多“震惊中外”的教案。在此期间，法、英宗教侵略势力大肆向云南各地渗透和进逼。远在1730年，法国天主教士就非法潜入了云南东北的盐津县，鸦片战争后，他们乘机在盐津龙溪设立了“主教公署”，向昭通、会泽直至滇西的永胜、洱源、邓川等县扩张。英国“内地会”首领戴德生在后来回顾其侵华经验时说：“在条约所给予的条件下，我们抓住护照，就可以很安全而舒适地由公路或江河到中国的任何一个省”，“在中国的广大土地下，蕴藏着最丰富的矿藏……矿藏能使西方国家富强”②，这就是西方宗教首领们侵略中国的自供状。

正是由于英、法侵略势力制造的一次次“教案”，借以发动侵华战争，对我国进行最野蛮、最残暴的掠夺的血淋淋事实，震惊了中国人民，特别是危处在英国侵略魔爪之下的云南边疆人民，对此尤为敏锐，始终保持高度警惕。所以，腾越地区民众，一旦“顷闻英国派钦差三员，由缅入滇，并由京派翻译官马嘉理赴缅甸交界迎接，不日即到腾城”，他们即预感到英国人“此来断无好意”。英、法侵略者对中国发动的两次鸦片战争，及其强加给中国的不平等条约，使中国陷入了灾难深重的半殖民地深渊。中国人民都深深地懂得英、法侵略者要求“通商”的含义和性质。云南边疆民众，正是从英、法侵略者以要求“通商”为名，从而不断发动对中国的侵略战争，把一系列掠夺性条约强加给中国这一事实，才深恐英国人来腾越“设领事官以通商”。然而英国侵略势力，也正是为了把进一步的侵略目标，集中到印度、缅甸和中国大陆西部的结合部——中国西南地区，力图开辟由

① 汤普生：《杨格非传》，转引自顾长声《传教士与近代中国》。

② 戴德生：《在世界传教百周年纪念会上的报告》，转引自吴耀宗《中国基督教三自革新运动四年来的工作报告》。

印度，经缅甸，而深入中国西南，以达中国内地的掠夺性商路；因而竭力要建筑连接印度-缅甸-云南-四川的铁路干线，以大大缩短它由英国本土和印度，经海路绕道马六甲海峡、南中国海而进入长江的漫长运输线。为此目的，英国侵略势力有计划有组织地对我国滇、川、藏区域进行了大量的“游历”“探险”“武装探路”等间谍侦察活动。1858 年，英国侵缅军军官斯普莱提出了修筑从缅甸马达班（毛谈棉）到云南江洪（景洪）铁路的计划，受到英国议会的重视，并于 1867 年进行了线路勘察，因发现工程技术上有难以解决的困难，才放弃了这条线路计划。1868 年，英国驻缅都瓦城专员斯来登（英国军官），率武装“探路队”进入云南西部地区，他们在回民起义军控制的腾越，进行刺探我云南西部地区的军事、政治、经济情报的活动，曾诱惑回民起义军叛投英国，企图煽动起义军分裂中国西南边疆。斯来登提出了修筑八莫-腾越-大理铁路，以代替“斯普莱铁路”的计划。这一计划又受到英国政府的极大重视，并为此而对我滇、川、藏地区进行了更为广泛深入的侵略性侦察。1869 年，英国资产阶级在印度和上海的两大商会组织（即垄断着印度经济的和侵入我国上海的两大侵略集团）又派遣冒险家枯泊（Goopers）率领“考察队”，进入我国四川西南和云南西北地区，深入地进行了侦察，获取了大量的地理、自然资源和商业贸易等详细情报。枯泊的侦察报告，受到英国印度殖民当局和上海英国商人集团的特别重视，英国的印度殖民政府外交部次长特地为其报告——《商业先驱者的游记》写了序言，大加赞扬。枯泊的报告提出：“（缅甸）八莫与大理商路开通之后，云南人必输出土产品，与仰光入口之纺织品交易，但并无害于四川之商务（按：指上海英商集团的利益）。设使中国政府被诱胁而允许辟重庆为自由商埠，则可以重庆为中国西部之中心，再加以求水陆交通之便利，则沿路之农产及矿产，均可予取予携”。“盖此路一面可连通八莫、大理之铁路，以控制云南，一面又可以打通四川，与扬子江上游英国商业之势力范围取得联络，同时又可以垄断西藏之政治、经济也。”①

由于英国侵略势力对我云南、四川、西藏地区步步进逼，不断地进行“游历”“探路”等侵略性侦察活动，这不能不引起中国西南地区人民，特别是和印度、缅甸相邻的云南各民族人民的严重忧虑，因而才提出了保卫

① 转引自杨体仁《英人经营滇缅边境之史实》，《永昌府文征》记载卷三十六。

边疆领土主权的强烈要求。这就是以腾越为中心的云南西部各民族，反对柏郎“远征队”武装入侵云南边境的历史背景和真正原因。

二

英国资产阶级侵华集团，为了实现斯普莱、斯来登、枯泊等侵华“先驱者”提出的赤裸裸的侵略计划，“英属印度的政府……于一八七四年，又派遣了柏郎上校率领下的第二次远征部队。……由黄河新道的勘探人伊利亚斯（Neyetias）和外科医生兼博物学家安德逊博士（John Anderson）协助……包括有十六名采集人和杂役，以及由十七名印度塞克教徒和一百五十名缅甸人组成的一支警卫队。……所有属于这个远征队的人数为一百九十三名”①。柏郎“远征队”计划从缅甸曼德勒出发，经八莫，越过中缅边界，进入中国云南腾越地区。英国驻华公使威妥玛根据英国政府的指示，为配合柏郎的侵略性侦察，向清朝北京政府总理衙门谎报说，有三名英国人由缅甸入滇“游历”，请发给护照；同时派遣英国驻上海领事馆翻译员马嘉理（H. R. Margary）前往中缅边境接应。1874 年 8 月，马嘉理由上海出发，沿长江西上，经武汉、湖南、贵州、昆明、大理等地，于 1875 年 1 月到达中国边境腾越。

马嘉理在途经我国内地时，“因阴图川、滇山川，在道颇不循轨度”②，有刺探我国内地各种情报的行为，引起沿途人民和官府的注意，马嘉理到达腾越时，擅自深入城郊险要关隘叠水河，竟绘制地形图和拍摄照片。腾越绅众见其行为有草绘军用地图之嫌，即向城内报警，民众闻警而至者数百人，人们把马嘉理团团围住、喝令其交出照片。马嘉理自知理亏，只得搪塞说还未拍下照片，被迫离开了叠水河。③ 腾越总兵蒋宗汉、腾越厅同知吴启亮等官员见势不妙，知马嘉理触犯众怒而处境危险，即派兵把他迅速护送出境，经南甸（今梁河县）、干崖（今盈江县）、蛮允前往缅甸。据云贵总督岑毓英的奏报，“自马嘉理赴缅甸后，道路纷纷传言，有洋人数十，

---

① 〔美〕马士：《中华帝国对外关系史》第 2 卷，三联书店，1958，第 314 页。

② 李根源：《纪玛嘉理案》，《曲石文录》卷二。

③ 腾冲县志办公室调查访问材料（1983）。

将来腾设立洋行。又闻有洋兵二、三百人，携带军火，欲借通商为名，袭据腾城”①。

云南西部地区各民族群众，刚刚经过回民起义和清军镇压回民的十多年战火蹂躏，因而当听到此消息时都惊惧不安，腾越绅众即用“腾越城乡十八练总团”（由地方士绅掌握的武装组织）名义，召集会议，商讨保境安民的自卫办法。他们决定齐团设防，即集合十八个练（县下属区划，相当于后来的区、乡单位）的民众武装，实行武装保境。同时立即通知在边境巡视的总团首李珍国（李时任清军腾越镇左营都司、副将衔参将），要他立即回到腾越城，主持十八练武装的齐团事宜。他们在通知李珍国的紧急信中写道：“今特商定月之初六、七日，合厅齐团，相约七司（按：指边境七个傣族土司），联为一气，使外匪无从得入”。“务祈阁下定于初六、七日前来会团，预为防备，以固梓乡。此事关系紧要”②。

正在云南西部边境前沿国境线上巡边的李珍国，得到腾城绅众的紧急信后，对可能发生的外敌入侵，立即作了防范部署。他召集腊撒、陇川、章凤（均在今陇川县境）等沿边景颇族山官、头人，用“刀标木刻为凭令”，又命沿边各傣族土司“出具印结”、于各要隘防堵洋兵入侵，他为了“桑梓之邦数万生灵起见，昼夜筹划，费尽心力，（以）断绝阴谋大患”。③

从上述史实可以看出，腾越城乡十八练总团的设防部署，李珍国指令边境的景颇族傣族山官、土司武装布防，都是为了保护边疆人民的和平安宁，保卫国家领土主权不受侵犯，是完全必要的正当防御措施，这是我国边疆爱国人民神圣的自卫权利，也是李珍国等爱国的边防武装首领的当然天职。清政府的地方大吏也予以承认。岑毓英的奏报中说：云南腾越地区的百姓在遭受十多年的战火蹂躏之后，“正欲休养生息，忽传洋人来腾通商，洋兵来占腾越之说，激于义愤，聚而防堵，自系实在情形……无非为保卫疆土起见”④。

柏郎、马嘉理在缅甸八莫会合后，由马嘉理引导柏郎武装“远征队”，在根本不知照我当地地方政府的情况下，就非法越过中、缅界河南滨江

① 《岑毓英奏英员马加理在滇缅边界被戕一案现在拿办情形折》，《岑襄勤公奏稿》卷十二。

② 《腾越城乡十八练绅众致李珍国第二函》，《永昌府文征》记载卷二十一。

③ 《李珍国复腾越厅总局绅众函》（同治十四年正月初二日于勐卯）。

④ 《岑毓英奏英员马加理在滇缅边界被戕一案现在拿办情形折》，《岑襄勤公奏稿》卷十二。

（红蚌河），侵入我国境内。当时，柏郎等人虽一再听到我国边民已进行保境自卫的消息[①]，他们却根本藐视中国人民的自卫权利，由马嘉理率领少数武装人员，于光绪元年正月十二日（1875年2月17日）悍然闯进我国境内30余公里的腾越厅辖境南甸（今梁河县）土司属地蛮允街（今盈江县芒允街），住进当地佛寺内，经刺探我边境军民动态之后，于2月21日，返回接应柏郎“远征队”。当马嘉理行至蛮允街外两公里的蚌屯冲（傣语，意为“红木树坪”），临近户宋河时，受到我汉、回、傣、景颇等各族边民100余人的盘查，劝其不得带洋兵入境。马嘉理态度十分横暴，气焰嚣张，他竟首先开枪击杀我边民，激起了在场民众的无比愤怒，大家一致奋起反击，用刀、矛、棍棒将马嘉理及其帮凶兵丁四人当场击毙。

柏郎率领其近200人的武装“远征队”，在马嘉理之后相距一日路程跟进，于2月21日，进至蛮允以南约15公里的崩洗山（又写为“班西山”）下的雪列寨。我国边民在反击并消灭了凶相毕露的侵略者马嘉理之后，立即前往雪列阻止柏郎侵略军的继续推进，于2月22日将柏郎“远征队”围困在崩洗（班西）山下。据清王朝钦差大臣李瀚章当时调查后的奏报称：“柏郎于十七日（阴历）在班西山下被众三面合围，阻其去路”[②]。我方民众包围柏郎侵略军后，令其出境；柏郎军队凭借洋枪与我方持刀矛的边民对抗，但已陷入重围，有被全部歼灭的危险。最后，他们狡诈地用焚烧我边境森林的大火，隔断了我边民进攻的路径，狼狈逃回缅甸境内。

英国侵略者无视中国主权，在对清政府蓄意欺骗、谎报少数人入滇“游历”的幌子下，竟派遣200人的武装“远征队”悍然闯入我国境内，是侵犯中国领土主权的侵略行径，这是任何一个主权国家都不能容忍的。我云南腾越各族边民，在捍卫我国边境时，因马嘉理首先向我方开枪而怒杀马嘉理，是正当的自卫还击，因此，马嘉理之死是咎由自取，我边民的自卫行动，具有不容争辩的正义性。

马嘉理事件本来是英国侵略者造成的，是英国侵华阴谋的一次大败露，然而英国侵略势力却以此为借口，乘机扩大其侵略中国的行动。马案发生后，英国资产阶级不断恐吓清政府，狂妄地宣称：要“完全除去由中国边疆到云南的我们贸易者通路上的一切障碍”，绝不因马嘉理被杀而放弃由缅

---

① 英国探路队员：《探路日记》，《小方壶斋舆地丛钞》第七帙。

② 《李瀚章等奏查明英员马嘉理在滇被戕情形折》，《清季外交史料》卷五。

甸进入中国的要求，甚至在英国议会的辩论中叫嚷：“女王的谕旨答应‘不惜用一切的力量来达到惩罚’那些与马嘉理事件有关的人们”。[①] 英国侵略者深知清王朝昏庸无能、软弱可欺，大施其恫吓要挟的伎俩，对清政府进行讹诈。在谈判中，表面以马案为词，实质是要求扩大其经济侵略权益，如减免税收、增开商埠等，其“要请之端，除大臣往来一节外，余皆注意商务”。英国公使威妥玛在其无理要求遭到拒绝后，竟声称“中国如不照办，是国家自任其咎，自取大祸”。在长达一年半的谈判中，威妥玛屡次以声言断绝外交、下旗出走、派兵来华等手段相要挟，英国政府亦于 1876 年 2 月从印度调四艘军舰来华，为威妥玛的讹诈助威。清政府在谈判中也明白，“商务各节，各国均蓄意已久，而美国、德国为尤甚……即无滇案，亦将别开难端”[②]，俄国更公然出兵新疆，和英国的讹诈相呼应。

清王朝在英国侵略势力的讹诈和武力威胁下，被迫让步。首先，慌忙处理滇案，于 1875 年 3 月下令署云贵总督岑毓英彻查奏报，接着，为讨好英国侵略者，宣布派遣湖广总督李瀚章、刑部侍郎薛焕为钦差大臣，奔赴云南查办马案。清政府官员上下口径一致，称马嘉理之死系“山匪”拦路抢劫所致，并宣布要严剿重惩“山匪”，以搪塞英国人。岑毓英奉命后，以严厉剿办我边疆爱国民众的行动，来掩盖自己的责任，他指令云南提督杨玉科，督同迤西道台陈席珍、永昌知府朱百梅等官员，前往腾越剿办。杨玉科等人又责令腾越厅同知吴启亮、腾越总兵蒋宗汉、参将李珍国等人，率领官军前往蛮允，包围户宋河西岸一带散勐、刁弄、老鹳坡等景颇族山寨，大肆围剿搜捕景颇村民。官军在第一次围剿中，除打死打伤之外，抓捕了九名景颇族同胞；继而追剿逃避深山的景颇村民，甚至把路过景颇山的外地人也一齐逮捕，至 1875 年八月初二日（阴历），最后包围了景颇人赖以藏身的云岩洞山，“蒋宗汉亲督官兵四面围攻……攀藤附葛而上，破入岩洞，匪等纷纷坠岩而逃，当时格毙四名，生擒尔同巴等八名”[③]。据官军自称，先后打死景颇边民 6 人，重伤致死 2 人，捕获 17 人。

岑毓英等人调动官军疯狂围剿景颇山寨后，将其逮捕的景颇族边民押往省城昆明，由钦差大臣李瀚章、薛焕，伙同英国使馆派出的“观审”代

① 〔英〕伯尔考维茨：《中国通与英国外交部》，商务印书馆，1959，第 153 页。

② 《总署奏英使对于办理马嘉理案均不同意折》，《清季外交史料》卷六。

③ 《岑毓英奏拿获凶杀英官案犯并赃物折》，《岑襄勤公奏稿》卷十二。

表格维纳（英国驻北京使馆参赞）等人演出了一场“审判”丑剧。李瀚章、岑毓英等人利用景颇边民不懂汉语，须通过翻译进行“译审”的条件，将其点头应声和砍柴、挖地的手势，都翻译为：杀了马嘉理，并做出了“砍杀”的动作，然后全部记录为审判所得口供。李瀚章、岑毓英等人就用这种极为卑劣的欺骗被审人的手段，把“杀人罪”强加给全然不知被审内容的被审人，最后宣布判处“死刑”，残杀了这些无辜的景颇族同胞，向英国侵略者表示清政府是认真严肃地查办了马嘉理案。

英国公使威妥玛根本不承认清政府对马案的查办和惩处，他声称清政府官吏审理滇案“质同儿戏”，坚持认定杀马嘉理“是带兵大员所为”，指名要把岑毓英等人“提京候审”，以要挟清政府。与此同时，威妥玛不断提出马嘉理事件之外的许许多多侵略性要求。清政府被英方的威胁所屈服，派出北洋大臣李鸿章为全权谈判代表，向英国求和。

1876 年 9 月 13 日，中英双方签订了《烟台条约》（又称《芝罘条约》）。

《烟台条约》使英国通过谈判桌上的讹诈，就获取了以往发动一次大规模的侵略战争才能攫取的侵华利益，从而扩大了原有的不平等条约的特权。《烟台条约》的签订，表现了正在向帝国主义过渡的英国资产阶级政府强烈的侵略性，是英国侵略势力掠夺中国的又一次血腥的历史记录。

三

云南人民抗击柏郎、马嘉理事件，发生在距今 110 年前，但当我们现在去到腾冲和芒允调查时，当地人民仍引以为荣。年逾古稀的汉族老人、年轻的傣族景颇族农民、教师和干部都骄傲地说：“我们边疆人民是不怕洋兵洋枪的，我们的阿公、阿祖就是靠中国人的志气和刀、枪、弩箭打退过柏郎的侵略军，打死了凶暴的马嘉理”。“我们就没有向侵略者屈服过，我们抗击过英帝国主义者的多次入侵，当日本鬼子侵占我们滇西国土（指云南怒江以西）时，我们就打游击，最后把日本侵略军撵出了滇西”。“马嘉理事件后我们蛮允人就把‘蚌屯冲’叫做‘混戛拉’，这是傣语‘洋人凹’，意思就是杀洋人的地方，现在我们还是叫它‘混戛拉’。前些时候进行地名普查，我们芒允人要求继续用‘混戛拉’这个地名，因为它是我们的祖先在保卫边疆的斗争中留下的地名，有历史纪念意义。我们要用这个地名来教育我们的子孙后代，使他们懂得，这是我们的祖先用生命和鲜血保卫下来的祖国边疆领土”①。

抗击柏郎“远征队”入侵，本来是云南人民的一次胜利，是英国侵略阴谋的败露，但昏庸腐朽的清王朝屈服于英国侵略者的政治讹诈和武力威胁，镇压边疆人民的反帝爱国行动，签订了丧权辱国的《烟台条约》。“马嘉理事件”促使我国人民更快地觉醒，使云南人民的反帝爱国斗争从此日益高涨，爱国主义精神不断发扬光大！

（《云南社会科学》1987 年第 3 期）

① 云南省盈江县芒允区社会历史调查材料（1983～1984）。

金树仁与哈密事变

张秋霞

1931 年新疆发生的哈密事变是金树仁政权和哈密王实行残酷的压迫和剥削所激起的。事变发生后，金树仁政权措施失当，又加上各帝国主义势力乘机侵入支持事变及马仲英的入新，以致星星之火成燎原之势，“野火燃遍天山南北”[①]。使新疆人民长期内遭受严重涂炭，金树仁政权亦在血雨腥风的事变中崩溃。

哈密事变的爆发是当时新疆阶级矛盾和民族矛盾等各种社会矛盾长期孕育激化的产物。清政府取消新疆封建伯克世袭制时，因念哈密王拥清有功，继续保留了哈密的封建王公制度。迄金树仁执政时，哈密王还有相当的政治权力与信仰，“发号施令，俨若君主”[②]。实际上，哈密王是用“棍子和鞭子统治着农村”[③] 的。

在沙木胡索特统治哈密时期，实行残暴的农奴制度，残酷地压迫剥削农民，使人民在政治上毫无权利，没有人身自由；经济上过着饥寒交迫的悲惨生活。对农民的剥削，主要是繁杂的徭役。“王府的劳役太沉重了，我们累折了腰也完成不了。”[④] 哪里有压迫，哪里就有反抗，哈密农民因为差徭甚重“时有反抗之意”[⑤]。又以沙亲王系老王妻侄承袭，并非嫡嗣，维民更是多有不服。“汉人已不再听从他的吩咐了”，由于他比汉人征收的税还

① 张大军：《新疆风暴七十年》第 3 卷，第 2727 页。

② 华企云：《中国边疆》，新亚细亚学会，民国二十二年八月，第 287 页。

③ 恩格斯：《马尔克》，《马克思恩格斯全集》第 19 卷，第 367 页。

④ 包尔汉：《新疆五十年》，文史资料出版社，第 21 页。

⑤ 林兢：《西北丛编》，上海神州国光社，民国二十年，第 230 页。

要重，“就是在伊斯兰教的信奉者中，他也已不太受欢迎了”。[①]

为了摆脱哈密王的残酷剥削和压迫，哈密农民不断地采取各种各样的形式同哈密王进行斗争。其中，1907 年发生的吐尔帕克起义和 1912 年发生的铁木耳起义是规模较大的反抗哈密王的斗争。这两次反抗斗争，意在逼迫回王实行改土归流，要求“脱离回王羁绊，归哈密厅管理”[②]，借以摆脱哈密王的残酷统治。这两次反抗斗争虽然暂时都被镇压下去了，却加深了哈密维吾尔族群众对官府的不信任和仇恨，埋下了再次暴动的种子。

在死亡线上挣扎的哈密人民，把铁木耳起义失败的沉痛教训牢牢地记在自己的心坎上。腐败的金树仁政权，继续残酷迫害哈密人民，怒火在心中燃烧，再次举行起义的时机逐渐酝酿成熟。1931 年 2 月，哈密小堡镇驻军排长张国琥不顾维吾尔族风俗，强娶民女，激起小堡事件。以小堡事件为导火线，深深蕴藏在农民心中的愤懑情绪，就像火山般地迸发出来了，并且很快地向整个哈密地区蔓延，终于燃起了一场气势磅礴的武装斗争之火。

小堡事件发生后，曾参加过铁木耳起义的和加尼牙孜乘机举义，并成为东山反对金树仁政权的一支武装力量的首领。这时，原哈密王府在各地设立的都尔嘎也为了自己的利益相继起事。他们与和加尼牙孜所率领的武装队伍结合在一起，组成了一股较大的反金武装力量。

哈密驻军师长刘希曾愤于部属被戕，亟图武力报复，派周立忠进剿，将部分乱民击溃，但并未因此而遏制住事变的扩大。刘希曾轻估了哈密农民的力量，仅派一营的兵力前往哈密三站的石头鱼进行剿办，结果四战皆败，复加派一个团的兵力。当时和加尼牙孜驻在哈密，得知省军进攻小堡的消息后，即与小堡的沙力都尔嘎取得联系，嘱早作准备。届时，诱省军中于埋伏，前后夹击。省军几乎全军覆没，生还者不过三四人，团长周立忠被迫退至哈密城下，战火随即烧到哈密城。

从 1931 年 2 月到 4 月，在刘希曾屡剿屡败的情况下，金树仁不得不委任尧乐博士为哈密警备旅长，协助师长刘希曾“安抚维民，敉平事变”[③]。

---

① 〔瑞典〕斯文·赫定：《亚洲腹地探险八年》（1927～1935），徐十周、王安洪、王安江译，新疆人民出版社，1992，第 197 页。

② 曾问吾：《中国经营西域史》，第 509 页。

③ 尧乐博士：《尧乐博士回忆录》，第 80 页。

但在事实上，尧乐博士却暗中支持起义军。[①] 哈密军政当局感到武力镇压一时难以取得胜利，向和加尼牙孜提出了“收抚”的条件。金树仁派哈密县长朱烈，大阿訇沙丹萨，都尔嘎牙里“入山招抚”，答允“如能缴械输诚，从前诸事，决不追究”。[②] 和加尼牙孜从铁木耳起义事件中吸取了教训，不肯同金树仁政权妥协。随后，金树仁又派尧乐博士继续和农民起义军举行谈判，并改变了“安抚维民”的方针。和加尼牙孜因受当时围绕在他周围的代表王府利益的都尔嘎的影响，提出和谈条件：第一，撤回县长，恢复回王制度；第二，哈密省军撤回，该处防务由和加尼牙孜担任。金树仁政府答复和加尼牙孜说，其他条件都可以商量，“变民”的武装必须交出来。在谈判期间，刘希曾又调动军队，从哈密、镇西两地来包围谈判地点，企图消灭事变的首脑，但是由于和加尼牙孜事先作了戒备，省军被打退。

金树仁发现哈密情况严重，撤换了刘希曾，任命他的儿女亲家前阿克苏行政长朱瑞墀为师长，加派熊发有旅到哈密进行镇压，朱瑞墀到达哈密接任师长后，并没有能够扭转哈密的败局。他一方面电请省方增援；另一方面又派苏皮阿吉等人进山与和加尼牙孜谈判。朱瑞墀答应“恢复王位”等条件，但是起义军必须先行缴械，和加尼牙孜只允缴一部分枪械，其余分五年或十年后缴，意见相去甚远，谈判破裂。这时候，镇西（巴里坤）的哈萨克头目人阿里甫也率部起事。哈密同奇台、吐鲁番的交通遭到严重的威胁。哈密、七角井间的头堡、二堡等地也都被卷入战火里。

金树仁急于扑灭哈密农民暴动，给朱瑞墀去信要求尽快发动进攻，全部消灭农民军。此信被和加尼牙孜截获，农民军由此看清了省府的议和意图，更加坚定了与金树仁政权斗争到底的决心。双方在哈密石头鱼、镇西、瞭墩等地展开混战。结果，金树仁军队“均不得利”[③]，屡遭惨败，死伤甚众。朱瑞墀束手无策，不得不请求金树仁速增派援军。在援军到达以前，和加尼牙孜令妇女守驻山卡，联合哈萨克，率精壮进攻哈密。[④] 但因哈密回城久攻不下，不得不退驻离城二里许的回王墓，双方处于对峙状态。和加尼牙孜和阿里甫等人认为日子拖久了，自己恐怕支持不下去，于是派都尔

---

① 海威尔·铁木耳：《对和加尼牙孜阿吉的片断回忆》，《新疆文史资料选辑》第 12 辑，第 5 页。

② 曾问吾：《中国经营西域史》，第 544 页。

③ 卢生：《哈密回变——新疆变乱的导火线》，载《瀚海潮》第 1 卷第 9 期，第 2 页。

④ 哈密当时有三城，即老城（汉城）、新城（满城）和回城。

嘎沙力到酒泉去邀请马仲英前来支援。[①]

马仲英早已垂涎新疆，得到和加尼牙孜派来的使者的邀请，便乘机率军入新。马仲英的入新，扩大了哈密事变，导致全疆混战，给新疆各族人民带来了深重的灾难。

马仲英接受和加尼牙孜的邀请后，纠集了八百多人，由是非阿洪率领先遣部队，于1931年5月底抵达哈密东的黄卢冈。黄卢冈一战，旗开得胜，乘胜击溃哈密外围的省军，把哈密新老两城包围起来。当时，朱瑞墀、熊发有分守新、老两城，马仲英部攻城十分猛烈，熊发有见势不好，准备投降，为朱瑞墀所阻。朱瑞墀认为马部虽然骁悍，但没有重武器，攻城下利，双方相持达半年之久。当时，马仲英令马正云率第一纵队继续围攻哈密，自己亲率步骑突袭东山西窑泉省军阵地，双方激战，马部以二百之多歼灭数倍于己的省军，缴获了大量枪支、弹药、马匹和粮草，加强了武装力量。

马仲英看到哈密城防坚固，同时又据报镇西储存的武器甚多，于是决定由马仲杰率领部分军队继续围攻哈密新、老两城，自己亲率主力偕尧乐博士翻越巴尔库山，直取镇西，路经南山口时，消灭了一连驻军，将降者编入自己的部队。口门子驻军闻讯逃窜，马部长驱直入镇西，守军团长何振声一枪未发，宣布投降；另一团长张良诚力战被伤殒命，镇西失陷。负责围攻哈密的马仲杰，根据马仲英的指令，里应外合，第三天就攻占了哈密新城。这样，哈密老城的省军就陷于孤立的地位。

马部攻下哈密新城和镇西以后，获得大批武器和给养，实力大增，准备沿哈密、奇台间的大路北上。金树仁鉴于哈密局势危急，委任鲁效祖为东路剿匪总司令，盛世才为参谋长，杜国治为旅长，郭维成为粮台总办，挥戈东征。

杜国治旅进至七角井时，即为马仲英部侦知。马仲英随即决定放弃回师哈密攻打老城的计划，一面令其弟马仲杰继续围攻哈密老城；一面让尧乐博士协助马福元留守镇西，自己则亲率劲旅西进七角井迎击。杜国治旅抵达七角井后继续东进，进抵瞭墩。杜旅在瞭墩挖掘了三道战壕，架设了机枪和大炮，准备和马仲英决战。当时双方兵力甚为悬殊，省军形势十分有利。但战役打响后，马仲英一马当先，二百余骑随后直驱杜旅阵地，杜旅虽然枪炮齐发，但并没有能够阻止住马部的冲锋。团长那僧巴图鲁和旅

---

① 此说据包尔汉《新疆五十年》，第130页。

参谋长裴建德先后阵亡，其余部众纷纷败退。杜国治抵挡不住，只好令团长边永靖断后，自己率军向七角井方向退却。马仲英乘胜追杀，杜国治退到七角井时，由马福元派到七角井的马赫英从后面拦住杜国治的退路，大肆冲杀。杜国治误以为自己身陷重围，一急之下，拔枪自杀，一千五百人的大军就这样溃败了。

当鲁效祖率军至木垒河与七角井间的大石头时，闻杜旅溃败，甚为恐慌，生怕马仲英奇袭大石头，迅速将军粮焚毁，连夜退至奇台，这时，马仲英因受伤过重，退至沙枣泉，哈密战事暂时平静。

省军兵败瞭墩之后，金树仁目睹形势恶化，一面调兵遣将，准备抵御马仲英西进，一面派田园桢携带议和条件和褚民谊劝马仲英返甘的信函至哈密，与马仲英谈判。马仲英命军需予扶在松树塘与田园桢会晤。田园桢陈劝马仲英回甘，答应供给一部分枪支弹药，并由金树仁代请南京政府在甘肃委以要职。予扶代表马仲英拒绝返甘，要求将哈密、镇西、木垒河、奇台等地划归他直接管辖，作为部队防地，省政府不得过问。这一条件被金树仁拒绝。此后，双方继续讨价还价，几经周折，终于达成协议。根据协议，哈密、镇西两地划归马部防区，其行政管辖权名义上仍归省府。和议达成后，田园桢借口回省复命，返回迪化。

金树仁劝马仲英返甘不成后，电调驻喀什噶尔师长鄂英星夜赶赴迪化，以备派往哈密和马仲英作战。鄂英到达迪化后，因胃病发作身死。金树仁不得不急调伊犁屯垦使张培元至迪化，委任其为东路总指挥，接替鲁效祖。金树仁命盛世才为剿匪总指挥部参谋长，协助张培元指挥前线作战。同时，招募白俄成立归化军，由旧俄军官巴平古特为领队。剿匪总指挥下设四路指挥：第一路指挥刘荣升，第二路指挥詹世魁，第三路指挥阿道德，第四路指挥巴平古特。在张培元的统率下，6500 人的部队星夜驰援哈密，这是金树仁政府组织的一次最大的军事行动。但在张培元大军将要压境时，马仲英就分批撤回甘肃了。

张培元所率之大军，由迪化出发，经阜康、孚远、奇台、木垒河、七角井，到达乏马塘，在此和马仲杰部发生遭遇。马仲杰以其主力置于右翼山口处，居高临下，以包围压迫省军之左翼。当他们从右翼山口冲杀张培元的左翼部队时，张培元命令刘荣升所部向马军右翼主力进攻，归化军巴平古特所部骑兵跟随该路左后方前进，作为增援之用。以福全所部向马军正面进攻。詹世魁所部向马军左翼包围，钢甲车沿大路前进，威胁马仲杰之左翼。以阿道德所部和奋勇队孟大队长所部为总预备队。马部不敌，退瞭墩。和加尼牙孜因马仲英独吞战利品，心中不满，保持中立。马军孤立无援，继续后退。

当张培元的部队抵至哈密近郊时，被围困在哈密老城的熊发有旅，乘机进占早已是空城一座的回城。熊发有旅在城内大肆烧杀劫掠，激起哈密农民的极大愤慨。

在张培元的军队进驻哈密之前，和加尼牙孜、尧乐博士早已率部退到山中，借以保存实力，伺机攻城略地，东山再起。所以，张培元没有遇到大的抵抗。张培元主张用政治解决的办法平息乱事，所以在哈密解围后并没有立即采取军事行动，而是派人入山宣慰，与和加尼牙孜、尧乐博士谈判。双方代表经过三天谈判达成如下协议：（一）暴动起因系政府管理不善，并非人民之过，政府不予追究。（二）枪支不交。（三）山区由维吾尔族人自己管理。（四）农民向政府交粮纳税。此后一段时期内，哈密暂时相安无事。至此，战火只限于瞭墩以东。

这时，金树仁轻信其弟金树信的谗言，张培元拥重兵驻守哈密，按兵不动，别有企图，“日久必将为患”[①]。骤然下令免去张培元东路剿匪总司令的职务，命他即日回省。调塔城行政长黎海如至哈密担任师长兼东路警备司令。黎海如坐镇哈密后，也派代表“招抚”，但无结果。和加尼牙孜又“时派军出山滋扰”[②]，于是黎海如指挥军队进山剿办，战乱复起。因不谙军事，连遭挫折。黎海如急电向金树仁乞援，金树仁令有勇无谋的旅长刘杰三为前敌总指挥，赴哈密支援。刘杰三一到哈密就督师入山，企图一鼓荡平战乱，不料，却碰上奉命为马仲英第二次入新进行侦察的马赫英少量部队，刘部不战自溃，刘杰三亦受伤阵亡。

消息传到迪化，全城为之震动。金树仁向苏联购买军用飞机前往助战，起义军才伏于山中不敢出战。金树仁见事变形势扩大，不得不在迪化组织了一个和平代表团，与尧乐博士、和加尼牙孜谈判。其成员有马穆提伯克（翻译）、绕孜阿吉（商行经理）等人。和平代表团到达哈密后，先找尧乐博士和谈，尧乐博士拒绝和谈，代表团按照金树仁的指示，转而与和加尼牙孜举行谈判，经过双方讨价还价，最后达成协议。由省府拨小麦一百石，

① 曾问吾：《中国经营西域史》，第546页。

② 曾问吾：《中国经营西域史》，第546页。

银四万两，同时缠民缴枪二千一百支。议定后，省府派人将麦款交给和加尼牙孜。因为在支配麦款问题上，和加尼牙孜与尧乐博士发生矛盾，省军乘机前往围剿，意欲一举歼灭。

金树仁任命盛世才为东路剿匪总指挥，其部共分四路：第一路为富全，第二路指挥为张毓秀，第三路指挥为杨正中，第四路指挥仍是归化军的巴平古特。其前导是孟煦部组成的一支奋勇队，备装甲车一辆，连同四路大军，经过奇台、木垒河，昼夜进发，直趋哈密。当盛世才大军压境时尧乐博士甚为恐慌，一面让马赫英立即赶回甘肃搬兵，企图与马仲英联合一起共同对付盛世才；一面与和加尼牙孜言归于好，“息内争合力抵抗金军”①。鉴于实力悬殊，尧乐博士与和加尼牙孜采取了尽量不和盛军正面作战的方针，退至鄯善。这样，1933 年初，哈密事变的主力便开始西移了。

根据马赫英的报告，1932 年 8 月，马仲英派马世明率领“枣骝团”出青铜峡至新疆，以骚扰金树仁的后方。就在这一年的 12 月，他们乘守军不备，攻进了鄯善城，收缴了守军的枪械。马世明在鄯善会见了尧乐博士、和加尼牙孜等人，他除转达了马仲英的部署外，还组成了联合作战指挥部。马仲英为司令，尧乐博士为宣慰使，和加尼牙孜为南路总指挥。马、尧、和诸部，以鄯善为根据地，联合作战。以宗教相号召，发动当地民众，经常活动在托克逊、吐鲁番一带，攻城略地，迭次获胜。

消息传到迪化，上下震惊。金树仁重新起用熊发有，熊发有率部迅赴鄯善，为了发泄他在哈密被围之恨，沿途杀戮无辜。1933 年 1 月 5 日重新夺取鄯善后，以谋乱罪名滥捕杀居民。熊发有在鄯善的暴行，激起南疆各族人民的义愤，马世明更加以煽动，维吾尔族蜂起反抗。哈密事变发生后，金树仁政府对各地的政治和经济压榨愈益加深，使本来已经激化的社会矛盾更加尖锐。于是吐鲁番等县纷纷举事，吐鲁番克复后，托克逊、焉耆继之，南疆骚动。北疆则阜康、乾德、昌吉、呼图壁、绥来各县相继变乱，如响斯应。

熊发有攻入鄯善后，马世明率部转到吐鲁番。吐鲁番守军团长马福明投降，把马世明接进城去，并胁迫吐鲁番县长丁奋武函请熊发有入城。熊发有冒昧入城，被生擒处死。吐鲁番驻军配备有重武器，马世明得到这些

① 尧乐博士：《尧乐博士回忆录》，第 131 页。

军火，战斗力立刻增强了。熊发有旅溃灭后，盛世才部从哈密西移，不久攻下吐鲁番。和加尼牙孜和麻木提会合北移。马世明一部分人由马占仓率领，从托克逊进入焉耆。本人则率领一部分人北上，1933 年夏历除夕进袭达坂城，轻易地歼灭了正在赌博取乐的守军，随即驰赴迪化，战火烧到省城。

哈密“一隅之变”牵动了全疆四十余县，从根本上动摇了金树仁的反动统治。省城一片混乱，“不特维族、回族仇视金氏，而汉族也以不去金将同受其害”①，金树仁的统治已岌岌可危。1933 年 4 月 12 日，祸起萧墙。参谋厅厅长陈中、航空学校校长李笑天、迪化县县长陶明秘等联合归化军发动政变，进占省政府。金树仁仓皇出逃，被迫下野。

“四一二政变”后上台的盛世才，对于和加尼牙孜、尧乐博士二部进行了分化瓦解。当时，因马仲英独吞战利品引起和加尼牙孜的不满，盛世才利用和加尼牙孜与马仲英的矛盾，通过某种关系，与和加尼牙孜达成协议，以南疆警备司令一职，诱使其与马仲英部脱离关系，和、马联合阵线瓦解，哈密事变终被盛世才平息下去。

哈密事变是一场轰轰烈烈的反对专制和压迫，反对剥削和不平等的农民起义，它像森林中燃烧起来的熊熊烈火，很快燃遍全疆各地——从哈密到和田，从帕米尔高原到阿尔泰山。“兵祸几遍于全疆”②，发展成为新疆近代史上一次影响重大的事件，金树仁政权亦在汹涌澎湃的火海中覆灭。“在分析任何一个社会问题时，马克思主义理论的绝对要求，就是把问题放到一定的历史范围之内。”③ 哈密事变除了有其深刻的历史原因外，还有其时代背景。杨增新主政时，就存在着非常严重的社会矛盾，金树仁上台以后，这些社会矛盾丝毫没有得到解决，由于政权的腐败，反而愈益激化，终致酿成哈密之变。和加尼牙孜曾对人说：“从前清朝对我们施的是专制的手段，所以人民不服气，常常要变乱。杨增新治新十七年，手段比较和平些，所以相安无事。民国十七年金树仁秉政后又压迫起百姓来，所以百姓受不了压迫，又要叛变了。这是向来回汉不洽官吏压迫民众而起的。”④

---

① 潘祖焕：《金树仁登台和哈密事变的前因后果》，《新疆文史资料选辑》第 5 辑，第 33 页。

② 许崇灏：《新疆志略》，中华民国三十六年七月，正中书局，第 9 页。

③ 列宁：《论民族自决权》，《列宁全集》第 20 卷，第 403 页。

④ 徐弋吾：《新疆印象记》，第 204 页。

金树仁取得新疆的统治权后，其统治腐败较前更为猛烈。他结党营私，纵容亲信，横征暴敛、贪污成风。他把自己的政权寄托在他的乡土集团上，“以甘肃同乡为禁卫，以驾驭汉人异己者”[①]。依靠陕甘派，排挤和打击两湖派及其他派别。当时流传着这样一句话：“早晨学会河州话，晚上便把洋刀挎。”在其“戚族故旧”“分居要津”的原则下，其同乡鲁效祖、陈继善、杜国治分任省府秘书长、外交办事处处长、旅长。任用其嗜烟成癖的四弟金树智为喀什师长，五弟金树信为军务厅长，擢升其马弁崔肇基为旅长。“小崔”和“金老五”狼狈为奸，贪财弄权，成为“金家政权的藏污纳垢的总汇”[②]。而金树仁“一切行政，惟金崔之言为决”，然而“此诸人皆贪婪横暴，无恶不作，故施行诸政，乖谬百出”。[③]

金树仁本想通过同乡和亲信控制政权，巩固他在新疆的统治地位，但事与愿违，他既左右不了同乡，也驾驭不了亲信。甘肃派内部也矛盾重重，互相倾轧，各自扩张权势，排挤对方。鲁效祖和“金老五”简直水火不容，一遇有机会就置对方于死地。哈密事变时，金树信总揽一切军政大权，前方所有一切作战指导及粮饷、械弹、军需品救济，都由其操纵。鲁效祖被任命为东路剿匪总司令，金树信故意阻挠鲁效祖调集部队，同时迟迟不发给粮饷械弹。并且假借金树仁的名义。电催鲁效祖迅速前进，鲁效祖派盛世才向金树仁解释，金树信又从中作梗，下情难于上达。

金树仁任用私人过多，引起外省人的极大不满。而且他缺乏知人善任的能力，“任用部属多不得人”[④]。在哈密改土归流时，任命一心想升官发财的龙瑞臣、陈大安、邓成昭等委员，不察详情，不体时势，以致激起民愤。“设使县长选择得人，自不至有待遇不平之事”[⑤]，亦不会激化民族矛盾。又如张培元解哈密之围后，轻信其弟金树信的谗言，免去张的职务，张负气出走伊犁，“从此决不过问金树仁的事”[⑥]。吏治腐败如此，“致使民怨沸腾”[⑦]。

---

① 濮清泉：《狱中奇遇——与金树仁谈金树仁案》，《文史资料选辑》第22辑（总第122辑）。

② 包尔汉：《新疆五十年》，第120页。

③ 曾问吾：《中国经营西域史》，第540页。

④ 曾问吾：《中国经营西域史》，第540页。

⑤ 吴蔼宸：《新疆纪游》，商务印书馆，民国二十四年，第179页。

⑥ 尧乐博士：《尧乐博士回忆录》，第115页。

⑦ 曾问吾：《中国经营西域史》，第540页。

金树仁执政期间，为维持其统治，大量扩充军队，增加军费。而军费的增加，又必然用增加捐税和滥印纸币来弥补，结果使新疆各族人民的负担更为沉重，不满和反抗情绪日益高涨。滥印纸币，不仅没有使财政困难得以缓和，反而引起严重的物价高涨和通货膨胀。一些奸商和贪官污吏乘机囤积居奇，哄抬物价。金树仁政权不但不采取措施制止物价高涨和纸币贬值，反而变本加厉地进行敲诈勒索。"票面金额值湘平一两，金氏为吸收现金，以一两之银给二两之票。"① 因此，纸币充斥，价值低落。其"骚扰贻害，无可言喻"②。使新疆各族人民陷入痛苦的深渊。

金树仁统治时期，各县税收实行承包制。例如粮食交易税、货物转运消费税、牲畜买卖税等，都是由殷实富户投标承包。他们任意增加捐税，对人民进行敲骨吸髓的盘剥。所得之款，则由县长和一些上层人物用分红的办法贪污肥己。沉重的官税加上税务官员丧尽天良地侵吞税款，压得人民喘不过气来。

金树仁时期，官吏贪污受贿，舞弊勒索成风。县长薪俸很薄，"都走上了贪污的道路，压迫人民，榨取剥削"③。所谓"廉洁奉公"，纯系空话。对于函告县官的事不是迁延不办，就是置之不理，因而人们对于金树仁政权完全丧失了信心。所以"金氏主政，吏治大败，民生憔悴，杀机复爆发矣"④。

金树仁执政时，设立了许多拓殖公司，"各县均设有拓殖分局"⑤，垄断收买土产，如胎羔、鹿茸、沙金、羊肠等。直接侵害了商人的利益，其中最著者为羔羊皮公司。此公司对羔羊皮实行垄断，独家买卖，禁止商民之间的正当交易，将三元一张的羔皮，以二三角一张的官价强行统一收购，运往天津或出口，转手之间，获利十倍以上。当时，经营羔羊皮生意的商人，多是维吾尔族，因此，垄断羔羊皮贸易，直接侵犯了维吾尔等族商人的利益，使他们损失巨万。经理人员又贪暴无法，强行搜刮，引起广大人民的怨恨。

① 张大军：《新疆风暴七十年》，第2732页。

② 蒋君章：《新疆经营论》，正中书局，民国二十五年，第61页。

③ 黄奋生：《边疆政教之研究》，商务印书馆，民国三十六年，第117页。

④ 曾问吾：《中国经营西域史》，第540页。

⑤ 徐弋吾：《新疆印象记》，第154页。

改土归流后，金树仁政府在哈密设立监局，垄断食盐买卖，勒令缠回每日每人必须购盐若干，否则须缴纳银票。金树仁政权还与苏联订立密约，准许苏联在各大城市设立贸易机关，“置华商生命于不顾”①。廉价收买土货，致使手工业民失业。他还提高税收，削减商人和手艺人的收入，更加激化了社会矛盾和民族矛盾。

1930 年 3 月，哈密王沙木胡索特逝世，其子聂滋尔袭位。一直希望废除王制并不断进行斗争的维吾尔族农民，这时又提出了改土归流的要求，要求废除王制，归政府直接管辖。那时候，哈密驻军师长刘希曾向金树仁提出了趁此时机改土归流的建议，取消王公封号。熟悉王府内幕的邓承昭也乘机上书建议“改土归流，收回采地”。认为这“既可增加税收，又可消灭回王势力”②。聂滋尔不甘心放弃王位，携带巨金至迪化求援于金树仁政府。金树仁表面上答应保留王号，暗中却接受了刘希曾、邓承昭等人的建议，实行改土归流。金树仁为了羁縻聂滋尔，任命他为省府“高级顾问”，留居省城。1931 年元旦，金树仁政府正式公布设立哈密、伊吾、宜禾三个县，废除王制，实行改土归流。

金树仁政府实行改土归流，废除王制的决定，表面看来是为了满足农民的愿望，打碎封建农奴制的枷锁，但实际上，却丝毫没有改变哈密农民被压迫被剥削的地位，只不过是用沉重的赋税制度代替残酷的差徭制度。哈密农民的经济生活和政治地位依然没有改善，县制代替王制，只是政权形式的改变而已。它和哈密王制一样，仍然是压迫和剥削劳动人民的工具。而且金树仁政权对哈密农民的压迫和剥削较哈密王有过之而无不及，擅加赋税。金树仁政府收回王府领地后，派尧乐博士会同龙瑞成等省府委员至哈密清丈王府地亩，分别登记亩数和土地等级，以备升科纳粮。龙瑞成等委员清查后，为了早日成立新县治，升任县长起见，报请当年升科。维吾尔族农民则以地亩登入红册（即粮册）一经升科纳粮，即成定例，如有错误，更正不易，世代受累。故联名申请，要求详细复查，暂缓升科。省府对此申请。均批由委员复查，而委员为了自身升官利益计，查复的意见，均与农民愿望背道而驰。并由县政府公布了开垦土地和征收田赋的方法。规定领地原由维吾尔族农民耕种者，准其领照承耕，除缴纳当年的田赋外，

① 蒋君章：《新疆经营论》，正中书局，民国二十五年，第 45 页。

② 卢生：《哈密回变——新疆变乱的导火线》，载《瀚海潮》第 1 卷第 9 期，第 2 页。

还强令农民补交1930年的田赋；维吾尔族农民不愿继续耕种的土地，均作为荒地处理，准许汉族农民领照开垦，其田赋准于豁免二年。这一无理规定，激起了哈密维吾尔族农民的极大愤慨。他们认为“待遇不平”，纷纷致电省政府以至采取请愿行动，反对这种不公平的待遇。但电报均被县府扣留，维吾尔族人民疑省局不准，对金树仁政府山希望转为怨恨。

将维吾尔族农民耕种的熟地作为荒地拨给甘肃难民耕种。自民国十七年（1928）以来，督甘国民军与甘肃军阀马家军为争夺地盘迭次发生战争，马家军阀内部也互争雄长。又逢秦陇大旱，赤地千里，哀鸿遍野。天灾兵祸，大批甘肃难民纷纷逃往新疆，而大部分又集中于哈密。金树仁令办理哈密改土归流的委员龙瑞成给予安插。龙瑞成将沁城、土葫芦一带的熟地，从维吾尔族农民手中夺去，作为荒地拨给甘肃难民耕种，并免赋二年，其种子、农具、耕牛等，也在维吾尔族农民中强行摊派。当维吾尔族农民被迫交出熟地以后，县府又令其“另行垦荒，照旧纳税”[①]。这种倒行逆施，极大地激起了维吾尔族的愤慨。他们屡到官府请愿，均被地方当局武力驱散，有的还甚至惨遭杀害。[②] 更增加了维吾尔族农民对官府的反感。

驻军之残暴扰民。哈密设县后，恐人民反抗，各山内派驻军队。哈密驻军，军纪极坏，经常发生强买、掠夺和调戏妇女等事件，是当地人民的一大祸害。地方官吏也“任意诛求，滥使淫威”[③]。刘希曾本人更是残暴贪婪，时常令其部属在维吾尔族农民中强行采办军需，增加捐税，缴纳军马，稍有不遂，不是鞭笞，就是杀戮，简直是无法无天。这种横行不法的行为，使“军队与人民之感情日益恶化”[④]。使本来受尽哈密王府封建压迫剥削的维吾尔族农民“更多一层痛苦”[⑤]。刘希曾部下曾以私运外蒙古贩卖为由，没收了泰里堡都尔嘎萨里派人加工的二十四石麦子，还加罚钱、粮、草、柴等。萨里一时交不出来，被县府拘押。后由哈密王大台吉尧乐博士、王府卫队长和加尼牙孜作保，县长才予以释放。萨里十分气愤，立下喝县长之血的誓言，所以，当哈密农民举起义旗时，首先响应的就是萨里。

---

① 曾问吾：《中国经营西域史》，第543页。

② 《新疆乱事由来》，《中央日报》，1933年（民国二十二年）4月27日通讯。

③ 凌纯声：《中国今日之边疆问题》，正中书局，中华民国二十五年十月，第2页。

④ 曾问吾：《中国经营西域史》，第543页。

⑤ 思慕：《中国边疆问题讲话》，上海生活书店，民国二十六年，第110页。

军队不但残暴而且腐败不堪。金树仁登台后虽然扩充军队，增强武器配备，但是军队的军纪和战斗力并没改进和提高。金树仁军队的腐败更甚于杨增新时代，官兵烟赌俱全。数量上一营官兵不及一连，军队名为八个师，实有兵力仅三四万人。素质上“较之精锐师百不及一”①。而且高一级的领兵官大都是文人，既缺乏军事知识，又无作战经验。“各级干部平时既不知教育训练为何事，对作战更不知指挥部署为何物。”② 军纪松弛，如子承父职的杜国治驰援瞭墩时，军中竟“烟赌歌唱”③，几乎忘了置身于前敌。军队残暴腐败至此，政权怎不岌岌乎殆哉？

新疆民族复杂，素有“亚洲人种博物馆之称”④。而“宗教种族问题，为新疆各种问题上之最大者”⑤。民族庞杂，因各民族的语言、习惯、生活方式不同，易起争端，“号称难治”⑥。只自清以来，新疆历次变乱，皆以民族仇视为基本原因。“迭次变乱的祸根，亦不外乎民族的冲突与宗教的歧视。”⑦ 杨增新时期，极力整顿吏治，采取羁縻与牵制的“抚绥”政策，“使之各有所瞻顾而不敢轻发”⑧。潜伏者不起，“一切政权，均在握中”⑨。然金树仁政权实行民族压迫，金树仁曾命令驻军将对其政权表示不满的哈密王府的热依木处死。由于群起反对，驻军只得将热依木驱逐到鲁克沁了事。牧民那仁，到镇西出售自己的四十只羊，当地政府诬称他偷税漏税，罚款五百两。种种事故，使维民对官府“结怨极深”⑩。“小堡事件”更是火上浇油，有人曾说“对宗教信仰和风俗习惯的亵渎引发了哈密暴动”⑪。事变发生后，省军滥杀无辜，如熊发有占领鄯善后，下令屠城三日，以示

① 张大军：《新疆风暴七十年》，第 2747 页。

② 张大军：《新疆风暴七十年》，第 2747 页。

③ 张大军：《新疆风暴七十年》，第 2747 页。

④ 凌纯声：《中国今日之边疆问题》，第 3 页。

⑤ 林競：《西北丛编》，第 270 页。

⑥ 金树仁：《金树仁致电国民党中央等呈报新疆时局》（一九三二年六月十三日），新疆自治区档案馆编《马仲英在新疆档案资料选编》。

⑦ 凌纯声：《中国今日之边疆问题》，第 2 页。

⑧ 杨增新：《补过斋文集》甲集上，第 17 页。

⑨ 吴绍璘：《新疆概观》，南京仁声印书局，民国二十二年，第 107 页。

⑩ 张大军：《新疆风暴七十年》，第 2738 页。

⑪ 〔英〕A. D. W. 福布斯：《新疆军阀与穆斯林》（1911 ~ 1949 年民国新疆政治史），王嘉琳、胡绵洲译，《“双泛”研究译丛》第 1 辑，第 20 页。

报复，“乱民在此等狂暴残酷的刺激下，更是铤而走险了”[①]。导致事变愈演愈烈！

哈密维民多年所向往的改土归流，由于金树仁政权措置乖张，“民失所望，转成怨恨”[②]。丧失封建地位和权益的哈密王之部属亦深表不满，又见新王留省未归，遂以危言耸听，煽惑甚众，又加上外国势力的入侵及煽惑，起义如箭在弦上。

新疆地处边陲，交通阻滞，金树仁执政时期又采取闭关政策，阻止内外往来。任何不满均受到压制。密探遍布各个角落，言辞稍有不慎即被投进监狱。报纸、信件和电报皆受到严格的检查。当时的情况是：“不满日深，人民咬紧牙关等待着时机。气氛紧张，阴郁。火种在积聚，只欠一点火星来点燃这个炸药库了。”[③]

“小堡事件”发生后，理应由哈密县府出面处理，抚慰维众。而驻哈师长刘希曾不听尧乐博士的劝告，急于为部属报仇，“旋即派队剿办”[④]，事变迅速蔓延。事变发生后，维民意识到问题的严重，请和。但金树仁缺乏政治远见，优柔寡断，痛失和谈良机。金树仁接事变报告后拟先抚后剿，又考虑到东山维吾尔族素称强悍，自民国初年杨增新处理叛变，先将叛众收编为营，委首魁铁木耳为营长，后诱杀之，遣散部众。有此经验决不就抚，遂又改抚为剿。并在鲁效祖等的怂恿下，“以政府威信攸关”[⑤] 反对刘文龙、阎毓善等的“安抚”政策，专主用兵。“当即电报哈密师长刘希曾分别剿抚”[⑥]，以“剿办”的方针企图消灭哈密的反金武装力量。维吾尔族人民自知惹祸，誓死抗拒，又由于马仲英的入新及外国的支持，致使战火越扑越旺，酿成全疆战火纷飞。“以当时情形，金树仁若采取安抚政策，或许能够遏止乱源，但其始终听信鲁效祖进策，以斩草除根为急务，于是愈剿愈烈，生灵涂炭不可言喻。”[⑦]

1933 年（民国二十二年）5 月 15 日，朱瑞墀、阎毓善、李溶、陈继善

---

① 张大军：《新疆风暴七十年》，第 2788 页。

② 张大军：《新疆风暴七十年》，第 2735 页。

③ 〔英〕A. D. W. 福布斯：《新疆军阀与穆斯林》（1911～1949 年民国新疆政治史），王嘉琳、胡绵洲译，《“双泛”研究译丛》第 1 辑，第 20 页。

④ 张大军：《新疆风暴七十年》，第 2741 页。

⑤ 吴蔼宸：《新疆纪游》，第 175 页。

⑥ 金树仁：《金树仁致电国民党中央等呈报新疆时局》（一九三二年六月十三日）。

⑦ 张大军：《新疆风暴七十年》，第 2781 页。

等新疆省府委员在给南京政府的电文中，追溯当时的情况称：“近年哈密之乱，由于政治不良，委员等主张用政治方式解决，金氏专主用兵，征调频繁，军民交困，吐鄯一带接踵变乱，焉耆以南烽烟四惊，土地瓦解，不可收拾，即省府附近回缠人民亦揭竿而起，回汉惨剧复起于今。”① 冯有真在《新疆事变》中亦分析道：“推究致变之由，则政府应负全责，苛能善为安抚，徐惩其首，则亦未始不能如民元缠乱，渐告敉平。然金树仁计不及此……事变乃益成僵局，而缠回亦只有铤而走险矣！”②

金树仁执政初期虽然雄心气度很大，但他缺乏社会政治经验，做事鲁莽，没有谋略。在他统治的五年中，政治窳败、军队腐恶，赋税苛敛，滥印纸币，垄断贸易，实行民族压迫等，使本来日益严重的社会矛盾更加激化，改土归流终于导致了起义风暴的到来。事变的酝酿及其爆发，有其必然性，纵然不进行改土归流，也会借他事而发。正如金树仁自己也说：“处理善也要发生。”③ 金树仁在哈密王与维民结怨期间伸手整理，又处理不当，以致积怨皆集中到了金树仁政权之上。金树仁政权便犹如暴风雨中的一叶破舟，在惊涛骇浪中转瞬倾覆。

每一场风暴的爆发，无不是由于政权的腐败，官逼民反，政权自取焚亡。金树仁政权亦如此，它已经腐败不堪，蠹虫丛生。在风平浪静的假象下潜伏着各式各样政治背景的叛乱因素。起义爆发后，金树仁仍然昏聩无知，不仅不痛下改革，寻找良策，反而试图以脆弱的武力平定叛乱。正如膏肓时期的病人，不对症下药，反而服以刺激的药物，最终必然百病齐发。金树仁处理哈密事变失当，引起民族仇杀，全省混乱。不仅维吾尔族、回族等少数民族仇恨金树仁政权，而且汉族也以不去金氏将同受其害，终于发生阋墙之祸。哈密事变是促使金树仁政权覆亡的重要原因之一。

（《西北史地》1995 年第 3 期）

---

① 朱瑞墀、阎毓善、李溶、陈继善等新疆省府委员给南京政府的电文，1933 年（民国二十二年）5 月 15 日。

② 冯有真：《新疆视察记》，民国二十三年铅印。

③ 张大军：《新疆风暴七十年》，第 2737 页。

试论西北诸马军阀的几个特点

王 劲 苏培新

在近代中国半殖民地半封建社会的历史条件下，出现了军阀割据的局面。而在经济文化落后、交通阻塞，以及民族宗教情况复杂的西北地区，产生过一批回族诸马军阀。诸马军阀中，主要是“宁马”“青马”两大系统。“宁马”指长期统治宁夏的马福祥、马鸿逵家族；“青马”指长期统治青海的马麒、马麟、马步芳家族。应当指出，还有一个没有发育强壮的“甘马”家族，即一度深刻影响甘肃政局的马安良、马廷勷、马廷贤家族，在以往的有关西北诸马的论述中，对“甘马”论述甚少，笔者拟另撰专文论述。①“宁马”“青马”“甘马”是民国时期影响甘肃乃至西北政局的主要军阀势力，因此，对诸马军阀的研究，就成为西北近代地方史和民国史研究的一个重要课题。本文拟就西北诸马军阀的特点，略述管见。

由于西北地区特殊的社会、历史、地理条件，诸马军阀在其产生、发展、灭亡的过程中，表现了相当大的共性，从而使其区别于国内其他军阀。现主要以“宁马”“青马”为例，对诸马军阀的特点加以说明论证。

一 特别浓厚的封建性

纵观中国历史，军阀是封建社会和半封建社会特殊的政治产物。“产生它的基础只能是封建主义的经济制度。具体地说，前资本主义的以地主经

① 马安良系马占鳌之子，曾是西北回军的领袖人物，历任精锐西军统领、甘肃提督，民初国民党甘肃支部支部长。马廷勷、马廷贤均为马安良子，马廷勷 1919～1928 年任凉州镇守使。

济、小农经济、小工商业经济为主的封建经济形态是产生军阀的社会根源。”[①] 民国时期的青海、宁夏，偏处西北，经济、文化落后，与国内东部、中部相比较，这种前资本主义的封建经济形态更是占绝对统治地位。在两大家族几十年的封闭式专制统治下，不仅没有削弱反而加深了封建化程度。根植于浓厚封建土壤上的马步芳、马鸿逵两个家族，其本身必然比国内其他军阀派系表现出更浓厚的封建性。

从清末到民国时期，西北地区传统的农牧业相结合的封建经济是极其稳固的。在原有的土司、王公、地主土地所有制基础上，随着诸马家族军阀势力的崛起，又造成了一批新的军阀官僚地主。封建经济剥削的主要支柱——田赋，成为军阀政权的主要经济来源。还应看到，由于极其落后的农业生产水平和交通条件，整个西北地区的工商业在性质与规模上远逊于国内其他地区，完整意义上的工矿企业在西北几乎是不存在的。诸马军阀活动的甘、宁、青地区，除甘肃有零星机器工业外，宁夏、青海基本上是手工业生产。诸马军阀正是建立在这样的经济基础上的军阀势力，特别浓厚的封建性是他们最突出的表征。

军阀与土地有着天然的密切关系。马鸿逵家族在作为统治者的几十年间，凡是势力所及，均利用种种手段，广置田产，进行封建性的压榨和盘剥。据统计，该家族在西北各地占有大量土地，其中兰州 400 亩，临夏 800 亩，宁夏 15000 亩，绥远 12 平方里。除田产外，在全国各地还拥有一大批房产，年租金达 49800 块银元。[②] 马鸿逵在抗战前后兴办了一些工矿企业，使其家族带上了资本主义色彩，但这些企业从生产到销售，都表现出相当大的封建性，摆脱不了封建的窠臼，算不上完整意义上的近代工业；对他来说，进行资本主义剥削也远非像从事封建剥削那样得心应手。马步芳家族成员也以直接和间接变相手段广占土地。当权后的马步芳广置私产，先后在青海甘都堂，兴海县唐乃亥，尖扎细尚牙卡庄、乩藏等地，湟中上五庄、东关周家泉等处建立庄园，在三角城、大通宝库设置私人牧场，同时将大批土地赐交其家族、亲信及部下，形成了所谓的“贵德王”

---

① 李新：《军阀论》，《史学月刊》1985 年第 1 期。

② 李翰园：《马鸿逵的房地产与所谓“土地清丈”》，《宁夏三马》，中国文史出版社，1988，第 254 页。

马元海，“都兰王”马海，造成了一批新兴的军阀、官僚地主。[①] 马步芳之兄马步青 1929 年开始在临夏购买土地，1943 年从武威返回临夏，通过几位管家到处强购土地、水磨、房屋。“从双城以下，大夏河南北，东川、西川、南川、北塬及南乡、西乡共购置水旱地 1100 余石（合 16000 余亩）。”[②]

诸马军阀浓厚的封建性具体表现在：之一，青马与宁马本身就是两个典型的回族封建家庭，维系军阀家族集团的纽带是中国传统的家族主义。军阀集团的首要人物对家族成员按亲疏远近施行“封建分封”，形成了父死子继、兄终弟及的权力交接格局。之二，青马与宁马都极力宣扬封建伦理道德观念，借以造成官兵以至群众的绝对顺从意识，巩固其军事专制统治。马鸿逵在军队中制定《简明军律》《军人规范》等，并成立所谓“心范会”，以培养对“长官之信仰和忠诚”[③]。他极力鼓吹极端的个人崇拜思想，要求部下对他服从和尽忠。马步芳同样在军队中培养对他的“领袖崇拜”和“忠诚”，以致吹捧马步芳能力和宣扬“服从军长”“拥护主席”的言论充斥 20 世纪 30、40 年代青海的报纸刊物。只是在他的封建奴化教育里塞进了更明显的法西斯思想的内容罢了。[④] 之三，专制独裁，集事权于一身，全面、直接控制党、军、政大权，俨然封建“土皇帝”。马鸿逵和马步芳分别是宁夏、青海两省的省主席、省党部主任委员和军事主官，他们以军管政、以政管党，一切权力都在一人之手操纵下，人员任免更由一人决定。马步芳平时对各县县长以电话直接指挥。时人指出：“青海之党政军亦可谓集于马子香（马步芳字）一身，无论何机关，亦可谓由渠一人主持。此种现象，为全国各省所无。”[⑤] 马鸿逵又何尝不是如此：蒋介石为羁縻宁马，曾决定宁夏省政府委员，各厅、处长，除教育厅长外，均由马鸿逵自行提名保荐。尽管这样，马鸿逵仍一连挤走了五个国民党政府派来的教育厅长，最后由他自己“保荐”的亲信杨作荣上任。[⑥]

我们之所以对诸马军阀的浓厚的封建性前冠以“特别”二字，是因为家族关系在其集团内部结构和统治方式上显得十分重要。众所周知，北洋

① 杨效平：《马步芳家族的兴衰》，青海人民出版社，1986，第 208 页。

② 兰州大学历史系：《临夏地区社会调查报告》，1966。

③ 张寄亚：《“心范会”及其他》，《宁夏三马》，第 196～198 页。

④ 陈秉渊：《马步芳家族统治青海四十年》，青海人民出版社，1986，第 267～268 页。

⑤ 马鹤天：《甘青藏边区考察记》第 2 编，1947 年初版，第 184 页。

⑥ 马廷秀等：《马鸿逵同国民党中央政府的权力之争》，《宁夏三马》，第 236 页。

军阀、西南军阀都具有明显的封建性，就内部关系而言，他们主要是在带有极强的封建色彩的个人关系的基础上组成的，其中包括血缘和婚姻两个因素，另外还有师生、同事、同学、同乡等关系，但促成派系结合的因素并不仅仅是这些，个人利益的考虑、思想上的联系等与封建主义关系较弱或没有关系的因素，也发挥着相当重要的作用。[①] 北洋军阀就是在这种复杂的关系网中，经过不断的分化组合，最终形成直、皖、奉三大派系的。西南军阀一般也存在着类似的情况。与之相比较，诸马军阀每个集团的内部关系就简单得多了。个人关系中最具封建性的血缘关系成为获取权力、地位及体现价值的最直接、最基本的准则。这一准则在军队中首先被发挥得淋漓尽致。马鸿逵当政时期，他的几个儿子均在军队系统中担任高级职务。次子马敦静尤为其父所器重，27 岁即为少将旅长，31 岁为宁夏保安处中将处长，33 岁任十一军中将军长。马鸿逵甚至还考虑到了其第三代的接班问题。他说："我这个家由老二接班，第三代应该老大一代继承，老二无子，又接了我这一代的班，所以第三代家骅（长子马敦厚之子）接班也公平。"这样，其孙马家骅刚 18 岁就当上了挂名的上校团长，后又送他到重庆陆军大学学习。[②] 马步芳的独子马继援 19 岁时即被任为青南边区司令部上校参谋长，因尚在中学学习，遂由他人代行职权。中学毕业后的第二年，即 1939 年即就任八十二军旅长，年仅 20 岁。22 岁时又升任八十二军少将副军长。1944 年马继援赴重庆中央训练团党政班和陆大甲级将官班第一期受训毕业。1946 年八十二军改编为整编第八十二师，他出任师长。后在反共战争中任青海兵团司令兼八十二军[③]军长。[④]

此外，诸马军阀集团特别浓厚的封建性还表现在建立了极端严密的社会控制体系。积极推行保甲制度，以加强对人民的统治，是宁马、青马建立专制统治的重要举措。1934 年，国民党中央政治会议决议，由行政院通令全国各省市推行保甲制度。由于保甲制度适应了本身的需要，马鸿逵、马步芳办理此项工作十分卖力。通过推行保甲制度，有效地控制了社会，也抵制了异己势力的渗入。马鸿逵说：保甲制度的推行，对本省政治、经

---

① 〔美〕齐锡生：《中国的军阀政治》，中国人民大学出版社，1991，第 33 页。

② 赵牧：《排斥异己》，《宁夏三马》，第 248 页。

③ 1848 年 5 月，整编八十二师恢复八十二军番号。

④ 参见《马步芳家族的兴衰》，第 230、257 页。

济、军事、文化各方面“有莫大之补助”①。马步芳在推行保甲的文告中说：“青海目前之中心工作，莫急于办理保甲”，“保甲不独为六大中心工作之中心工作，亦为青海政教前途奠百世不拔之基”。他在“自卫、自治、自给”的口号下，把青海各族人民置于禁锢之中。② 此外，惧怕进步思潮冲击青海和怕自己残暴统治行为为外界广知的心理，又促使他派人在邮电局严密检查来往函电，成立“青海省邮电检查所”，严查来往之反对他的函电和进步书刊。③ 1940 年起，马鸿逵规定宁夏凡年满 16 岁之男子，本省籍的须领国民身份证，外省籍的须领居留证，临时过境之商旅若无正式机关之证明文件者须领通行证，外国人则制发外侨身份证。以上数证，对领证人之姓名、年龄、职业、籍贯、住址等详细登记，其身高、面貌、特征、箕斗验看尤细。若非本人亲领与保甲长证明，则不予填发。④ 马步芳除严密控制青海本省籍居民外，亦严防省外人士入青活动。全省边境各交通要道，都设置关卡，名为征收税款的卡子，实为严格盘查省外人士入青的头一道关口。其中享堂关卡最为重要，此处是由兰州入青必经之峡口，一桥独架，别无他路。这里经常派有重兵把守，来往者被翻箱倒笼地检查。有嫌疑者即暗派侦稽人员跟踪追查。如有省外国民党军政人员经过关卡的，须立即向省府秘书长电话报告。⑤

在极端严密的社会控制体系下，马鸿逵、马步芳在自己的“领地”内，均以家长的面目高踞权力的顶端，独裁一切，马鸿逵自谓，在施治手段方面，要“心如蛇蝎之毒，屠户之辣……虽杀人在所不惜”⑥。马步芳在青海执掌着所有人的生死之权，连平时接近他的部下也时怀战栗，仔细察言观色辨其心境。否则就有动辄得咎，甚至被杀的危险。⑦

二　附庸下的独立

军阀是以拥兵割据为特征的。我们讲军阀的“独立”，就是基于这一意

① 《十年来宁夏省政述要》第 2 册民政篇，第 139～140 页。
② 《青海三马》，中国文史出版社，1988，第 154 页。
③ 《青海三马》，中国文史出版社，1988，第 202 页。
④ 《十年来宁夏省政述要》第 2 册民政篇，第 155 页；马鸿逵：《马少云回忆录》，第 214 页。
⑤ 《青海三马》，中国文史出版社，1988，第 200 页。
⑥ 《十年来宁夏省政述要》第 8 册附录篇，第 141 页。
⑦ 《青海三马》，中国文史出版社，1988，第 203 页。

义。换言之，对“军阀”一词，人们一般从两个角度去理解，其一是指那些握有兵柄的独立或半独立的政治角色，其二是指那些拥兵自重制造战争的武装力量。这里，我们是在前一种意义上研究和分析诸马军阀的。诸马军阀与控制中央政权的政治军事势力或一度占据西北陕、甘、宁、青地区的西北军（国民军）在权力问题上的斗争，目的是维持自己的拥兵割据。然而，自身条件的制约又使他们不能与之公开抗衡。所以，诸马军阀维持的是一种附庸下的独立。

从诸马军阀本身讲，由于西北地区地旷人稀，生产力水平极为低下，经济发展缓慢，每年需要中央大量的“协饷”以供军费和保持财政金融的相对平衡。建立在薄弱经济基础之上的诸马军阀的统治，要维持其为数众多的军队并取得一些精良装备，常感志大力绌。财力乏匮大大限制了诸马军阀的实力。这就决定了他们只能扮演一种“半独立”的政治角色。北洋军阀当政时期，他们各自依附于北洋军阀中的得势者；国民军控制西北后，诸马军阀又不能不向冯玉祥称臣纳贡；蒋、冯争战，冯玉祥的国民军失败后蒋介石就成了他们最后的依靠。作为附庸，他们在国内一些重大的政治、军事斗争中，从来都是力求与“中央”保持一致。1933 年宁马与青马联合拒孙（殿英）西来之役，实际上是他们按照蒋介石的意图进行的，国民党中央政权对双方的态度在战争的胜负上起了相当大的作用。[①] 1937 年青马在甘肃河西对红军西路军作战的最后阶段，由于上年西安事变后国共关系的变化，马步芳迭电向南京方面请示解决办法，最后在何应钦“彻底解决”的命令下，青马向红军西路军发动了疯狂的进攻。[②] 诸马军阀基于有限势力的半独立地位，一方面他们的影响被限制在西北地区，常常置身于全国政争之外；另一方面，又为其偏安一隅，发展武力提供了诸多有利条件。

从中央政权方面讲，清末民初，专制主义中央集权的大一统局面已发生变化，晚清“兵为将有”现象的滋长导致权力下移督抚，军阀政治应运而生。国民党在南京建立政权后，蒋介石虽然名义上实现了统一，但一时无法消除地方军事割据势力，真正有效地控制全国。蒋介石的统治重心在东南诸省，对于边远的西北地区，采用“羁縻”政策，将甘宁青地区暂时托给已粗具规模的诸马军阀，以便腾出手来消灭那些实力足以成为他的真

---

① 胡平生：《民国时期的宁夏省》，台湾学生书局，1988，第 172 ~ 175 页。

② 杨效平：《马步芳家族的兴衰》，青海人民出版社，1986，第 151 页。

正对手的军事势力。然而蒋介石并不放弃将来完全控制西北的目标，他逐步控制甘肃这块战略要地，对诸马军阀形成一定威慑，打算在条件成熟时剪除他们。还有一个值得重视的情况是，1935 年后中央红军长征到达陕北，蒋介石希望利用诸马军阀消灭集结到陕甘宁边区的共产党领导的革命武装力量。国际形势也限制蒋介石立即采取行动除去诸马军阀，在中国北方，日本侵略正在步步进逼。对蒋介石来说，只能考虑在“容纳”的前提下，不断从政治、经济、军事各方面加强对诸马军阀的控制和向其统治地区的渗透。这样便给诸马军阀的存在和发展提供了机会，他们在与蒋介石的控制的斗争中走上了自己的“鼎盛时期”。

与“附庸下的独立”这一特点有关的一个问题是诸马军阀和帝国主义的关系。一般来说，在半殖民地半封建社会的旧中国，形形色色的军阀都同帝国主义保持着或多或少的联系。诸马军阀深处西北内陆，受各方面条件制约而产生的其自身在政治、经济上对中央政权的附庸性质，以及同帝国主义的在甘、宁、青地区的相对弱势，决定了他们同帝国主义的关系只能呈现出间接性。他们是通过比自己更强大的政治军事势力同帝国主义发生联系的。这种间接联系的含义是，不直接受帝国主义政治上的控制和军费、武器、军用物资的援助，而通过依附的“中央”接受帝国主义政策的影响。这种间接性产生的一个直接后果，就是增大了诸马军阀行动的自由度和在一定程度上同帝国主义抗争的可能性。正如有的学者所指出的：诸马势力的出现，及时填补了辛亥革命后西北某些地区（主要是宁夏、青海和甘肃河西走廊地区）产生的权力真空，使这些地区得到了及时有效的管制，从而排除了帝国主义分子借这一地区民族问题而干涉中国内政的可能性，也使某些帝国主义分子和分裂分子的阴谋无法得逞。[①] 就诸马军阀来说，受回族人民基本历史要求的制约，“尽管他们能独霸一方，辖兵治民，但从不言分裂独立”[②]。1917 年 9 月，西藏地方武装在英帝国主义支持下同川军发生边界冲突，并进而要求北洋政府重新划定西藏边界，北洋政府电询西部各省官员，青海马麒发出《艳电》称：“西藏本中国属土，年来与川边构怨，应从根本否认。此约一签，经古难复，大好河山，一笔断送……

① 吴忠礼：《论西北军阀产生的历史条件》，《宁夏社会科学》1988 年第 4 期。

② 吴忠礼：《论西北军阀产生的历史条件》，《宁夏社会科学》1988 年第 4 期。

事关国势存亡，此而不言，将使他族谓中国无人。”[①] 1919 年，煽惑“回民独立”的“狼头会”在西北一些地方活动，外国势力插手其间。当时任宁夏护军使的马福祥不仅在其辖区内坚决取缔分裂组织，并且通过甘肃督军张广建呈文北京政府，报告“狼头会”之组织情况及幕后情形，称：“该会《我为我》一书，略谓回族宜图自卫独立建国，系由《顺天时报》类递，暗幕必有主持。请饬各省，一体防禁。”[②] 马麒、马福祥能以国家利益为重，在力所能及的范围内同帝国主义支持的分裂势力作斗争，对维护我国领土与主权的完整，起了一定积极作用，这是应给予肯定的。抗日战争中，宁夏马鸿宾部在绥西积极作战，抵抗日寇进攻；青海马彪师在豫西、豫中参加对日军作战也曾有好的表现。

三　与宗教的密切关系

西北地区是我国回族的主要聚居区域。回族群众信仰伊斯兰教，以伊斯兰教宗教教义为自己思想、行动、生活的准则和规范。在回族共同体形成的过程中，逐渐形成了以清真寺为中心的“教坊制”。西北地区在清代康乾之际，伊斯兰苏非派经马来迟、马明心等人传入我国后，与当地封建经济相结合，逐渐形成了对西北伊斯兰教乃至整个西北历史都有重大影响的门宦制度。诸马家族与伊斯兰教自然地要发生密切联系，但他们与伊斯兰教的关系是一个复杂的问题。诸马家族的兴起与门宦制度是分不开的。兴起以及发展到鼎盛时期的诸马家族对门宦教派的态度又是变化的和多方面的。宗教联系也扩大了诸马家族在其他信仰伊斯兰教民族中的影响。

宁夏地区主要存在格迪目、虎夫耶、哲赫忍耶、噶的林耶、伊赫瓦尼五大教派，其下又分出许多门宦。据马鸿逵所述，其家族属于“比家长”门宦。[③] 宁马家族兴起之初，作为一种新兴权势，必然同原有门宦势力发生矛盾，常常借助武装力量对各门宦进行打击。当其家族在宁夏地区的地位巩固后，他们对各门宦又表现为凭借政治、军事势力加以利用或排斥，以达到宗教对政治权力的依附。马鸿逵任宁夏省主席后，宣称对各教派、门

① 《申报》，民国八年（1919）11 月 17 日。

② 《申报》，民国八年（1919）11 月 25 日。

③ 《马少云回忆录》，第 10～11 页。“比家长”应为“毕家场”。

宦一视同仁，绝不偏袒，实际上支持的是20世纪20年代兴起的主张尊经革俗、反对门宦制度的伊赫瓦尼派，推动和发展伊赫瓦尼维新运动，主要措施有：进一步发展虎嵩山①阿訇极力提倡的“中阿并重”的经堂教育，筹设教育基金，在全省办了20多所高级、初级中阿学校，后改名为“阿訇教义国文讲习所”；以“敦厚堂”名义，邀请各地伊赫瓦尼的知名阿訇编撰专著，开展伊斯兰教的学术研究，用汉语文宣传伊斯兰教的教义；以伊赫瓦尼派的主张，对聚礼进行改革，由“中国回教救国协会”宁夏分会制定办法，在全省范围内推行联合聚礼；极力扶持清真寺的经堂教育，募集百万资金，分配给全省大小各清真寺，以购置田地、房产和牲畜，作为教育基金。伊赫瓦尼成为宁夏地区一个具有统治地位优势的教派。② 马鸿逵本人对伊斯兰教的看法，很多方面也来源于该教派。马鸿逵认为“人与宗教是不同的”，在当代社会，“一切都随着世界潮流而转变了，惟有伊斯兰的教徒，尚未受新文化的洗礼，丝毫无一点反映，仍然墨守陈规”。③ 据此，他主张改革伊斯兰教，变狭义教义为广义教义，使其以开放的姿态面向全社会。同时，还向国民党中央提出三点建议：取消回族设立的各种会社；回教（伊斯兰教在中国的旧称）不要首领；回民选举遵照中央规定办理。④ 马鸿逵的意图在于抑制旧有门宦势力，提高其家族在宁夏的统治地位，最终达到以世俗的政治权力代替宗教权力的目的。马鸿逵非常了解伊斯兰教在回族人民中不可替代的作用和影响。因此在限制和打击门宦势力的同时，马鸿逵还借助政治权力，笼络各教派首脑人员，提高自己在宗教界的地位，企图以政权控制教权。1940年1月，他乘“中国回教救国协会”宁夏分会成立之机，亲兼干事长，于省垣设分会，县设支会，乡镇设区会，每寺设方会，每户为一会员。总计有支会14处，区会30处，方会500处，共清真寺500方，教民147848人。⑤

① 虎嵩山（1880～1956），伊斯兰经学家。回族，宁夏同心人。18岁投汪乃必阿訇门下，系统钻研伊斯兰教各大经典，师徒同受万福哈只倡导的伊赫瓦尼派学说影响。1902年穿衣后返同心，公开宣传伊赫瓦尼遵经革俗等主张。渐成为宁夏伊赫瓦尼派代表人物。他以爱国乃穆斯林基本职责的思想，积极投入抗日救亡运动。编著甚多。详邱树森主编的《中国回族大辞典》，第963～964页。

② 勉维霖：《宁夏伊斯兰教派概要》，宁夏人民出版社，1981，第122～125页。

③ 马鸿逵：《西北回汉问题之剖析》。

④ 《十年来宁夏省政述要》第8册附录篇，第153页。

⑤ 《中国回教协会宁夏省分会会务概况》，见《新西北》1944年7卷第10、11期。

在青马家族那里存在着类似的情况。当伊赫瓦尼教派的创始人马万福（东乡族）哈只最初的传教活动遭到格迪目和门宦的激烈反对，在临夏地区无法立足时，被马麟接往青海，准其在青进行传教活动。① 1919 年，在马麒支持下，建于明洪武年间的西宁东关清真大寺重修。1921 年筹设宁海回教促进会，马麒、马骏分任正副会长。1924 年成立东关清真大寺理事会。各县清真寺也设立了理事或董事 3～5 人。1926 年改宁海回教促进会为宁海回教教育促进会，青海建省后改为青海省回教教育促进会，安树德（国民军中的回族将领，山东人）一度任会长。国民军东下后，冶生禄任会长。1931 年，马步芳亲任该会会长。次年改组，调整人事，会长改为委员长。同年，马步芳把全省各清真寺的阿訇，进行了全面调整，拨给基金，统一事权。所有满拉均经过一番选拔。②

诸马军阀的特点，除了以上主要之点外，还有一些次要的方面。有些次要特点也值得重视，例如诸马之间斗争的非军事性。中国军阀集团之间及军阀集团内的利益争夺，往往以战争的形式进行。北洋军阀集团的皖、直、奉和国民军系就曾迭次发生过战争，诸如直皖战争、两次直奉战争、江浙战争、浙奉战争、豫鲁战争、吴岳战争等。西南军阀之间也曾发生过多次战争，有“一年三小仗，三年一大仗”之说，1917 年川滇黔之间四次燃起战火，1920 年又爆发了新的川滇黔战争。据粗略的统计，1921～1935 年间川系军阀之间战争不下 487 次，平均每半月一次，其中规模较大的达 29 次，牵连滇、黔、鄂、陕，平均不到一年便有一次较大规模的战争。③ 有的统计比这还多。然而，我们在诸马军阀集团之间和其内部，看到的却是另一种情况：他们虽然有尖锐的利益争夺，但解决的办法多倾向于运用政治手腕及权术，而鲜少用军事手段。青马与宁马绝少以兵戎相见；在青马内部，马步芳施展权术，兵不血刃地褫夺了其兄马步青的兵权；在宁马内部，马鸿逵与马鸿宾也是有矛盾斗争的，但始终未起战火。究其原因，一是诸马军阀军事力量发展缓慢（与国内其他军阀集团相比较），使他们不能不在战争问题上谨慎从事；二是他们的“半独立”政治角色，使他们还存在着共同的利害关系，在不破坏势力均衡的条件下，他们能够互相容忍，

① 勉维霖：《宁夏伊斯兰教派概要》，宁夏人民出版社，1981，第 118 页。

② 陈秉渊：《马步芳家族统治青海四十年》，青海人民出版社，1986，第 215～216 页。

③ 谢本书：《西南军阀史》，《中国现代史讲习班讲义》，第 127 页。

这有利于他们各自的存在和发展；三是宁马与青马在地域上的被分割，北洋军阀始终不放弃对甘肃的统治，蒋介石政权更是极力完全控制甘肃，甘肃成了分割宁马与青马的地带，既防止了他们合势，又防止了他们互相吞并，这对于需要利用同时限制和控制诸马的中央政权是必要的。

对西北诸马军阀的研究我们仅仅起步，对其特点的把握也仅是尝试。以上所谈，是为了引起同行学者的讨论，诚为抛砖引玉之论，敬希方家指正。

（《兰州大学学报》1995 年第 4 期）

德王发动百灵庙“自治”运动的起因、本质和结果

明 月

德王名德穆楚克栋鲁普（1902～1966），是内蒙古锡林郭勒盟苏尼特右旗札萨克郡王，后晋升为亲王。他18岁执掌旗政。1926年被任命为锡盟副盟长。1929年被任命为察哈尔省政府委员。德王从1933年起在内蒙古搞“自治”运动，在得不到国民党政府支持的情况下，转而寄希望于日本帝国主义。

一 “自治”运动的起因

国民党蒋介石政府承袭的是北洋军阀的大汉族主义民族压迫政策。他们建立反动政权不久，就在内蒙古设立行省，使内蒙古人民长期聚居的共同区域四分五裂。各盟旗被分割在省县之内，蒙古封建王公的权利受到省县方面的很大限制。德王为了抵制国民党政府在内蒙古设省，从1933年起发动了“民族自治”运动。

当时，内蒙古东部地区已沦为日本帝国主义的殖民地，成为伪满洲国的一部分。日本帝国主义的侵略势力又逐步伸向内蒙古中西部地区，煽动蒙古族上层脱离中国而“独立”。国民党奉行着对内民族压迫和对外不抵抗政策，这使改变蒙古民族的涣散衰落状况、谋求团结自保成为内蒙古各阶层人民普遍关注的问题。在这种背景下，要求民族自治并使之形成一场运动，可以说有着广泛的社会基础。

德王以维护民族利益、复兴蒙古为号召，首先招募蒙古青年以为发动运动的准备。1933年初，他在锡林郭勒盟苏尼特右旗王府西营盘成立了

“蒙古干部学生队”，由受过教育的蒙古青年云继先、于福赓为教官，将从北平和各盟旗招收的近百名蒙古青年编入该队受训，同时把从武汉、南京运来的武器拨归该队使用。德王经常和他们商讨如何筹划民族自治问题，使他得到蒙古青年领袖的名声。

但是德王知道，他虽然已得到一批蒙古青年人的支持和拥护，自己的职位不过是副盟长，年纪又轻，号召力毕竟有限，所以接下来他必须争取老年王公们对他的支持。西藏班禅喇嘛在蒙古王公中有着至高无上的权威，德王便通过他来说服上层元老。1933 年春夏间，班禅以国民政府“西蒙宣化使”的身份，在内蒙古各地巡游唪经。当班禅来到苏尼特右旗时，德王请他帮助劝说锡盟盟长、乌珠穆沁右旗札萨克索王（索特纳木拉布坦）。索王正对日本的侵略渗透感到难于应付，因此在班禅劝他应积极联络锡、乌、伊三盟盟长会商蒙事，德王建议把各盟旗联为一体成立自治机构后，他深表赞同。当即决定以盟长索王的名义写信，由德王携信前往乌盟召集各盟旗代表会商蒙事，发动自治，同时以索王的名义通知锡盟 10 旗札萨克，要求予以支持。

德王将索王的信送给乌兰察布盟盟长、达尔罕旗札萨克亲王云王（云端旺楚克）。云王是德高望重、很有影响力的老年王公，对国民党大汉族主义的压迫政策一向不满，对日本侵略势力的不断西进也深感忧虑。但他怕支持自治运动而得罪于南京政府和绥远省当局，所以不敢即刻回答。于是德王请正在内蒙古“宣抚”的蒙藏委员会蒙事处长巴文峻（土默特蒙古人）前去劝说。巴文峻对云王说，在内蒙古搞地方性自治不会越出国民党政府许可的范围，云王这才打消疑惧，决定加入运动。

1933 年 7 月 26 日，所谓内蒙古自治第一次会议在百灵庙①召开，会议由云王和德王主持。会议决定以锡、乌、伊盟盟长、札萨克的名义致电南京政府，要求许可内蒙古自治，建立统一的自治政府。同时发出通知，邀请各盟旗王公、代表及内地蒙古各界人士会集百灵庙，拟于 9 月 28 日召开第二次自治会议以研究制订具体方案。会后由德王主持起草了自治通电，通电说：“吾蒙古地近日俄，创痛尤烈。广漠之地，弱小民族，抵拒无力，固守无方”；“中央虽负有扶植救济之责，顾内乱频仍，事势分异，当局尚

① 今内蒙古达茂旗所在地。

不暇自救，吾蒙抑可忍以协助责望中央”。“中央军事鞅掌，既不遑忧远，吾蒙敢不投袂而起，遵奉总理懿训，自治自决以自策动。”“乃于今年七月廿六日在乌盟百灵庙召集内蒙全体长官会议，佥日采用高度自治，建立内蒙自治政府，急谋团结促进，以补中央所不及。”“庶几危亡可挽，边疆可固，蒙民幸甚，国家幸甚”①。通电在“自治”之前加了“高度”二字，因此这场运动被称作“高度自治”运动。

二 “自治”运动的要求和本质

自治通电在全国政界、舆论界激起很大反响，成为轰动一时的新闻，在蒙古族各阶层则得到广泛的响应。这使南京政府感到问题棘手，难以公开表示反对，一方面采取迟迟不作答复的办法，另一方面极力劝阻，并筹划将自治运动纳入政府控制的轨道。反对最力的是绥远省主席傅作义和察哈省主席宋哲元，还有山西的阎锡山。他们纷纷派员劝阻各旗王公上层参加百灵庙自治大会，甚至对不肯听从者要“以有效之方法，严行裁制”②。百灵庙方面则设法抵制绥、察省方的压力，使其使者碰壁无功而还，同时再次邀请班禅前来百灵庙，坚定王公上层们的自治决心。

由于国民党方面的阻挠破坏，到 9 月 28 日召开自治会议时，除了乌、锡两盟外，来到百灵庙的各旗代表很少有王公上层实权人物，所以只开了预备会议以筹备正式会议事项。10 月 9 日，当大部分代表到达后，这才正式举行第二次自治会议。会议推选云王、德王等 5 人为主席团，至 10 月 24 日共举行了 5 次会议。第 1 次会议推德王等 23 人起草《自治政府组织大纲》，并通过了致南京政府的“请求中央准许自治”电文。电文口气强硬，指责政府不仅不扶持蒙古，“反从而穷困之，始而开荒屯垦，继而设县置省，每念执政者之所谓富强之术，直吾蒙古致命之伤……我中央政府动辄内乱，兼顾弗遑，抑岂以我蒙古为无用之物，故视为痛痒无关，亦不可知？强邻压境，在中央政府放任之下，哲里木、昭乌达、卓索图及呼伦贝尔等诸盟、旗、部，转瞬非复我有矣”③。因而要求“在总理主义及人

① 中国第二历史档案馆《蒙藏委员会档案》卷 280 号，第 90 ~92 页。

② 中国第二历史档案馆《蒙藏委员会档案》卷 280 号，第 99 页。

③ 方范九：《蒙古概况与内蒙自治运动》，商务印书馆，1934，第 70 页。

道主义之下，以完成蒙古自治政府，必能挽我危亡，非蒙古之幸，亦国家之福也”①。

10月15日的第2次会议上，通过了《自治政府组织大纲》，该大纲共分5章36条，其要点是：（一）应内蒙古现时之需要，援国民政府建国大纲国内各民族自决自治之规定，在国民政府领导之下成立内蒙古自治政府；（二）内蒙古自治政府总揽内蒙古各盟、部、旗之治权；（三）内蒙古自治政府以原有之内蒙古各盟、部、旗之领域为统辖范围；（四）除国际军事及外交事项由中央处理外，内蒙古一切行政俱依自治政府法律、命令行之；（五）自治政府正副委员长及委员，由各盟、部、旗长官共选之，自治政府以政府委员会处理一切政务。这些条文更明确地体现了“高度自治”的含义。

10月19日的第3次会议上，讨论了政府预算案、政府建筑案、政府警卫案及职员薪俸案。10月21日的第4次会议上，选举乌兰察布盟盟长云端旺楚克为自治政府委员长，锡林郭勒盟盟长索特纳木拉布坦、伊克昭盟盟长阿拉坦鄂齐尔为副委员长，德王为政务厅长。10月24日的第5次会议上，专门讨论了迎接国民政府专使黄绍竑、赵丕廉的问题。

百灵庙“高度自治”运动本质上是由蒙古封建上层发动的以维护封建王公制度和封建特权为宗旨的运动，但它是在反对民族压迫和维护民族利益的呼声中产生的，在形式上具有民主色彩，所以在蒙古族各阶层中引起较大震动，有着比较广泛的社会基础。

新中国成立前，我国是一个半封建半殖民地的国家，各民族都受到帝国主义的压迫。对于少数民族来说，同时还受到反动政权大汉族主义的压迫。因而，蒙古民族包括其大多数上层人士在内，都具有强烈的反对帝国主义、反对国民党反动派的民族压迫和民族歧视，要求民族自治的愿望。蒙古族上层人士同本民族劳动人民有一定的联系，一般都在本民族群众中有一定的威望和影响，群众或多或少把他们看成本民族的代表。这些上层人士站在剥削阶级的立场上，为了统治集团的利益，从功利主义出发，在反对大汉族主义民族压迫这一点上，也会表现出很大的积极性。但是他们主张的民族自治，是要维护封建王公制度和封建特权。运动的本质和国民党大汉族主义民族压迫政策决定了他们的努力不可能成功。

① 方范九：《蒙古概况与内蒙自治运动》，商务印书馆，1934，第71页。

三　国民党政府的对策和蒙政会成立

百灵庙“高度自治”运动，引起了奉行分割统治内蒙古政策的国民党政府的格外重视。国民党南京政府在接到第2次自治大会的呈电之后，立即命令内政部、蒙藏委员会、参谋本部各自商讨对策，10月17日在各部会条陈意见基础上，行政院奉行行政会以确定对蒙方针，提出了三项方案，其主要内容是：（一）改蒙藏委员会为边务部，直隶行政院，为处理蒙藏行政之中央最高机关；（二）在省政府下设置蒙古地方政务委员会，选任蒙古人士为正副委员长，负责处理蒙旗事务，解决旗县间的纠纷；（三）中央或地方行政应尽量容纳蒙古人，在适宜地点设置中央军事政治分校，培养蒙古人才。同时内政部长黄绍竑、蒙藏委员会副委员长赵丕廉为中央专使赴蒙巡视，与百灵庙方面商谈解决方法。10月18日国民党中央政治会议讨论通过了上述方案。很明显，方案仍然维持已设省县的行政系统，将各盟置于省政府下设的蒙古地方政务委员会之下，根本不允许设置内蒙古统一的自治机构。

10月21日，黄绍竑一行离开南京，途经北平、张家口、归绥会晤各省当局协商对策。11月10日抵达百灵庙，12日开始进行谈判。百灵庙方面以德王为主要谈判代表，向黄绍竑等人递交了《内蒙古自治政府组织大纲》作为谈判的基础，坚持要求成立直属国民党中央的统一的内蒙古自治政府，并要求撤销设在蒙地的绥、察两省。黄绍竑等人则坚持以中央方案为谈判基础，只允许在现有省县不变的基础上成立省政府之下的地方自治机构。双方各执己见，谈判陷于僵局。黄绍竑以停止谈判返回南京相要挟。德王放弃了撤销绥、察两省的要求，提出甲、乙两种修改方案。甲案提出在内蒙占设立若干自治区政府，直属于行政院，各自治区间设一联席会议，商决共同事宜；乙案则继续坚持设置统一自治机关。黄认为甲案基本符合既定方针，答应转呈中央鉴核施行，随后便返回南京复命。

黄绍竑将带回的方案提交国民党中央政治会议讨论，1934年1月会议通过《蒙古自治办法》11项，将黄绍竑所拟绥察两省各设一个自治区的意见，修改为各设两个自治区，并将不设盟的土默特、阿拉善等旗和已设县的蒙汉交错地区排除在外，削弱了盟旗原有的权益。此案立即引起各盟旗赴京代表和在京蒙古各界的激烈反对。

迫于形势，南京政府收回了《蒙古自治办法》11项，另拟了《蒙古自治办法原则》8项，其要点是：设立统一的自治机关——蒙古地方自治政务委员会（简称蒙政会），直隶于行政院，总理各盟旗政务，其委员长、委员以用蒙古人为原则；中央另派大员驻在该委员会所在地指导之，并就近调解盟旗省县之争议；各盟旗的组织、政权一律照旧；停止放垦和增设县治。

盟旗代表和百灵庙方面认为8项原则与自己要求接近，因此表示愿意接受。同年3月，国民党中央政治会议通过了《蒙古地方自治政务委员会暂行组织法大纲》和《蒙古地方自治指导长官公署暂行条例》并公布了职官任命名单：何应钦为指导长官，云王为蒙政会委员长，索王和沙王（沙克都尔扎布，伊盟盟长）为副委员长，德王为秘书长，此外还有一批国民党中央党政官员的蒙古人和各盟旗王公上层为委员。

1934年4月23日，蒙政会在百灵庙正式成立。它使蒙古王公上层的封建特权得到了承认和保护，盟旗也获得了一定限度的自治权力，但对于广大蒙古族人民来说，却并无实际利益可言。同时由于蒙政会仍然控制在国民党自治指导长官手里，蒙地各省千方百计阻挠破坏蒙政会的自治权力，加上日本帝国主义侵略势力的渗透，所以蒙政会一开始就潜伏着解体的危机。

四　德王投靠日本帝国主义

1933年4月日本占领察哈尔重镇多伦后，将此作为进一步西进的桥头堡。第二年，将多伦划为伪满“察东特别自治区”，任命蒙奸李守信为长官，并培植起李守信、卓特巴札普两支“蒙古保安队”作为伪政权的军事力量。与此同时，日本把德王作为主要的拉拢、收买对象，向他赠送了汽车、飞机、电台和枪支武器。

1934年8月德王派陈绍武赴庐山求见蒋介石，特意把日本势力伸入西蒙，拉拢德王之事告之，要求拨发经费和武器、电台等物资。对此蒋介石竟要德王以“不亢不卑的态度相机办理”①，同时拨给德王经费每月3万元，建筑费21万元及枪械电台等物资②。1935年夏，德王赴北平会见何应钦，

① 《德穆楚克栋鲁普自述》，《内蒙古文史资料》第13辑，1984，第10页。

② 《德穆楚克栋鲁普自述》，《内蒙古文史资料》第13辑，1984，第23页。

探询何对日本的态度，并索要武器。当时何应钦正在日本的压力下，秘密签订《何梅协定》，所以对德王容许日本势力的渗透之举，反而大加赞赏，认为这是“苦心孤诣，艰苦支撑，体念国家困难，妥慎应付局面”①。至于武器，何应钦干脆认为无此必要，他说，中央军队还抵抗不了日本军，蒙古人训练一点军队根本无济于事。

在国民党的不抵抗主义的纵容下，对国民党政府心怀不满的德王便加速了与日本帝国主义的勾结。1935 年 9 月，德王来到乌珠穆沁右旗，在索王府会见了日本关东军副总参谋长坂垣征四郎。德王表示希望日本帮助他完成蒙古独立建国，坂垣则明确表示支持。12 月，德王前往长春，会见了关东军司令官南次郎、参谋长西尾等人，双方商谈决定：日本帮助德王在内蒙古西部地区先搞一个“独立”局面，然后再建立独立的“蒙古国”，并送给他 50 万日元和 5000 支步枪，作为扩编军队之用。返回途中，德王又在多伦同李守信会晤，要求加强联系，必要时请李守信给予武力支援。随后德王前往百灵庙，按照日本方面的意见，向蒙政会委员长云王提议成立统一的指挥机构，其办法一是强化蒙政会，二是成立“蒙古军总司令部”。云王认为强化蒙政会将得罪绥远当局和国民党中央，遂同意成立“蒙古军总司令部”。德王返回苏尼特右旗，在与日本关东军参谋田中隆吉商谈后，最后决定成立“蒙古军总司令部”。

这时李守信伪蒙古军已在日军的支持下，占领了察东地区，并且在张北建立了伪军司令部。德王窃用蒙政会的名义，下令建立“察哈尔盟”（察哈尔自清以来是称“部”的内属蒙古，不设盟），任命卓特巴札普为盟长，于 1936 年 2 月 1 日在张北举行盟公署成立典礼。同时德王从百灵庙蒙政会调回陈绍武等一批骨干，连同辞去南京官职前来的吴鹤龄②等人，积极筹划建立“蒙古军总司令部”。

2 月 10 日，在德王府举行“蒙古军总司令部”成立典礼。出席典礼的有日本和伪满洲国的代表。典礼大会一切都仿照成吉思汗大祭的仪式，在蒙古包内正面悬挂成吉思汗画像，大家向画像行叩拜礼。德王以成吉思汗第 30 世孙和“蒙古军总司令”的身份宣誓就职，宣称：“继承成吉思汗的

---

① 卢明辉：《蒙古自治运动始末》，中华书局，1980，第 88 页。

② 蒙古族，内蒙古喀喇沁右旗人，国民党政府蒙藏委员会委员、驻呼办事处处长。

伟大精神，收复蒙古固有疆土，完成民族复兴大业。”① 典礼上竖立起新制的蒙古旗，并决定改用成吉思汗纪年。这表明，德王已公开走上了投靠日本、分裂国家的道路。

德王的投日行径，引起蒙政会内外的不满。在“蒙古军总司令部”成立后不久的2月21日，经中共党组织的工作，云继先、朱实夫等率领百灵庙蒙政会保安队1000多名官兵发动武装暴动。他们离开了百灵庙，南下至绥远，后来被改编为“蒙旗保安总队”。德王急赴百灵庙进行招抚，已经于事无补了。在此之前的1936年1月，傅作义报请南京政府批准，在归绥成立了“绥境蒙政会”，由伊盟盟长沙王任委员长。云王因不满绥远省方的干扰，辞去蒙政会委员长之职，南京政府改任索王为委员长，德王升任副委员长。在这种情况下，百灵庙蒙政会事实上已经解体了。德王的“蒙古军总司令部”也无“名正言顺”的行政之权。德王就此更一心一意地投向日本帝国主义的怀抱。

以“民族领袖”自居，以“复兴蒙古民族”为口号的德王，十几年间多次向国民党政府要求“高度自治”，但他的努力均告失败。在日本侵略势力面前，德王希图依靠外来的强权实现“自治”美梦，其结果是内蒙古中西部地区变成了日本帝国主义的殖民地，他本人也成为臭名昭著的蒙奸。历史证明，无论是在大汉族主义的统治之下，还是在帝国主义的卵翼之下，由封建王公发动的所谓“民族自治”只能是彻底失败。真正的民族自治，只有在共产党的领导下，才能够实现。

〔《内蒙古大学学报（人文社会科学版）》1997年第4期〕

---

① 《德穆楚克栋鲁普自述》，《内蒙古文史资料》第13辑，第127页。

论民国时期十三世达赖喇嘛的心理嬗变

喜饶尼玛

民国时期西藏的情况，出于种种原因，国内的有关研究并不为多。相对来说，国外这方面成果要多些，其中不乏尊重历史事实的著述[①]，但也有些论著在许多问题上或失之偏颇，或有意歪曲。一些别有用心的人甚至置事实于不顾，提出“自1912年开始，西藏就独立了”的谬论，竭力渲染十三世达赖喇嘛在这一历史时期，尤其是民国初年的所作所为，将其作为“西藏独立”的注脚。

本文依据史实，从一个新的角度剖析十三世达赖喇嘛在这一特殊时期的心理嬗变及其原因。

一　“水牛年文告”的背后

1913年（藏历水牛年）2月13日，刚刚从印度回拉萨不久的十三世达赖喇嘛在藏历新年之际，例行公事发布了“新年文告”。这份文告除一如往年，号召百姓遵守法令规章、交纳税赋、种地植树外，还谈了历史上西藏地方与中央政府的关系，但这种关系被说成了“供施关系”[②]。显然，这严重违背了从元代以来西藏一直由中央政府统辖的历史事实。这在他来说还是第一次。这以前，他不仅向全藏宣布“内地各省人民刻已推翻君主，建

---

① 如〔加拿大〕谭·戈伦夫《现代西藏的诞生》；〔英〕阿拉斯太尔·兰姆：《西藏，中国与印度》等。

② 《西藏文史资料选辑》第11辑；另见黄玉生等编著《西藏地方与中央政府关系史》，西藏人民出版社，1995，第20页。

立新国，嗣是以往，凡是汉人递到西藏之公文政令，概勿遵从，身着蓝色服者即新派来之官吏，尔等不得供应，惟乌拉照旧供给”[①]，而且还惩治了在拉萨战乱中支持过清朝驻藏大臣的喇嘛和寺庙，并奖励了在与川军作战中表现积极的寺庙及贵族僧侣。这一切表明，在英帝国主义的挑拨离间下，十三世达赖喇嘛与中央政府的关系确实有了很深的裂痕。

但是，正如美国一位法学家曾说过的那样：“仔细读一下那个文件（引者按，指‘水牛年文告’），就会发现事实上并不像拉萨政府前官员、现正流亡的夏格巴所说的那样。……在北京历来积极行使权力的领域，该声明并无意切断连接北京与拉萨之间的统治上的纽带。达赖喇嘛在若干年前通过中国的授权而获得了世俗权力，这一事实同该声明之间，并无任何矛盾之处。此外，没有证据表明该声明实际上是针对中国的任何当局或全世界发表的。在确定 1911 ~1913 年间拉萨官员的政治意图方面，上述证据是非常不充分的，而现今达赖喇嘛及其支持者对这一证据的明显歪曲，根本不能证明拉萨在当时确欲切断同北京的政治联系”[②]。诸多事实表明，十三世达赖喇嘛尽管对中央政府心存芥蒂，甚至在英人的诱惑下，产生一些错误想法，干了一些错事，但他并未完全抛开中央政府，因为首先在其心中还没有足够的理由能说服他与民国政府一刀两断。这里可略举数例。虽然 1910 年的川军入藏使他被迫出走，但其“初意欲航海赴北京”，并“自加尔各达 7 次向北京外务部电报请示‘不得再向西藏派兵’”，他是在未得到答复的情况下，才放弃了去北京面陈藏事的打算。[③] 十三世达赖喇嘛到印度后，英人极为重视，但他“仍倾向中国，不受英人诱惑，英人给予房屋、金钱，概辞不受，所有费用均由藏中支应”[④]。实际上，在西藏的清廷官员也认为，辛亥年间拉萨战乱，“推其原因，始由于哥老会徒之酿成，继由于剿抚兼失之所致，初非藏人有意背叛也”[⑤]。甚至当西藏地方在拉萨战乱中取得主动权后，他也只是要求军纪败坏的“（川军）陆军全军回川，愿留驻

---

① 朱绣：《西藏六十年大事记》，铅印本。

② 〔美〕艾尔费雷德·P. 鲁宾：《西藏在国际法上的地位》，载《中国季刊》1968 年 7 ~9 月，第 122 页。

③ 《西藏文史资料选辑》第 11 辑，第 119 页。

④ 《黄慕松吴忠信赵守钰戴传贤奉使办理藏事报告书》，中国藏学出版社，1993，第 32 页。

⑤ 原靖西理事官马师周元年由藏至京于民国二年 1 月条陈藏事，见蒙藏院档案。

藏大臣照旧办事，仍复制营旧制”①。在当时达成的停战协议中，中央派驻的官员（如驻藏大臣、陆军统领等）仍可“照旧驻藏”。川军的武器也是由第三者监督收存，而不是由藏军收缴，并且规定以后没有中央政府驻藏官员在场，不能擅取。可见，十三世达赖喇嘛心中真正恼火的是钟颖等人统率的川军，而不是中央政府。其时，藏军明确声明“伊与川军不同复载”，却“甚愿结好滇军，同享共和”。② 关于这一点，还可从若干年后他仍难以忘怀在“金色的北京”受到皇上母子的盛情款待一事中看出。

同时，这期间民国政府坚持对西藏的主权，对达赖喇嘛做了大量工作，数次派人与他联络，甚至恢复了他的名号和俸饷。这对他的影响很大，使他看到了中央政府在西藏问题上的立场，及对他本人的态度。他不能够也不可能一下子割断西藏与祖国这种绵延持久的关系，而另寻他路。

割断与中央政府的关系，也是西藏人民所不能接受的。如十三世达赖喇嘛返回拉萨后，曾经召集了一次各宗谿地方头人代表会议，广泛听取代表们对西藏今后内外政务等各方面的意见。在会议讨论到与祖国的关系问题时，绝大部分代表提出：只需反对清廷对西藏的错误政策，但不愿意西藏脱离祖国。③ 不少僧俗、百姓都担心，西藏如脱离祖国，“不为五大民族之一”，恐遭外人蹂躏。④ 英帝分子柏尔也承认，当时“西藏之官吏僧俗人民中，有左袒中国党，自无容讳，盖自然之亲近。……在农民中，吾等亦时时闻其盼望中国复来……西藏虽倾向自主，尚不欲其在政治上联合已久之中国完全分离”⑤。作为一个较为精明的政治家，十三世达赖喇嘛是不可能逆潮流而动的，他始终注意通过各种渠道保持与中央政府的联系。例如，他在内地的代表参加了全国性的各类政治会议，甚至进了民国参、众两院。与此同时，十三世达赖也清醒地看到袁世凯政府政令不出京门，且对帝国主义软弱屈从，实不足恃；军阀割据一方，混战不已，根本无力顾及藏事，于是便认为这是自己偏安西陲的好时机，加之英人从中挑拨离间，他自然有意向邻省扩充地盘，而绝不肯失去已经取得的既得利益。通过耳闻目睹，他也深知在半殖民地半封建的中国，清廷、民国政府都没有力量对付英帝国主义，

① 原靖西理事官马师周元年由藏至京于民国二年一月条陈藏事，见蒙藏院档案。

② 《民元藏事电稿》，西藏人民出版社，1983，第63页。

③ 恰白·次旦平措：《西藏简明通史》（藏文）下册，西藏古籍出版社，1991，第662页。

④ 〔英〕柏尔：《西藏之过去与现在》（宫廷璋译），北平商务印书馆，1930，第192页。

⑤ 〔英〕柏尔：《西藏之过去与现在》（宫廷璋译），北平商务印书馆，1930，第246页。

于是便虚与周旋，力求做到“虽亲英而不受其利用，明拒汉而不失其联络”①。可以说，这就是达赖喇嘛在民国初年的心态。因此，我们说他从反对清廷的错误政策，发展到民国初年对当时的中央政府产生某些疑虑和不满，也是可以理解的，不应苛求于此。他虽然干出了一些令亲者痛仇者快的事，但在大事上并不糊涂，没有妄自称尊，背叛祖国。

二　十三世达赖喇嘛亲英属于“非出本心”之举

十三世达赖喇嘛曾经领导了两次抗英斗争。在讨价还价的谈判中，在血肉横飞的战场上，藏族人民对侵略者的秉性已经摸得比较清楚了。应该说，十三世达赖喇嘛深知英国人觊觎西藏的野心，那么他为什么会在辛亥前后的一段时间里对英国人的意见基本上言听计从呢？正如牙含章先生所说：“十三世达赖喇嘛与英帝国主义者可以说是死对头。现在忽然来了个一百八十度的大转弯，由昨天的生死冤家，忽然投入敌人的怀抱，这是一个较有骨气、较有血性的普通人也很难做出的事。何况十三世达赖喇嘛以西藏僧俗人民领袖的身份，以反抗英帝国主义侵略的统帅的身份，忽然向英帝国主义者卑躬屈膝地投靠，这从普通的人之常情来判断，也是很难讲得通的。因此，十三世达赖喇嘛之逃亡印度，投靠英帝，是在当时的形势逼迫下，不得已然而采取的行动。”② 在以后的一段日子里，随着国内局势的发展，如我们前面所分析的那样，他对时局有自己的分析，“尽管其内心则常觉接近祖国以延续其对西藏之封建神权统治，终较沦入英国外教之殖民统治为得策”③，但考虑到当时国内军阀都有帝国主义作后台，相互间混战不已，作为一个地方首领，他必须迅速巩固西藏地方势力。其时，国内局势动荡，中央政府自顾不暇，且鞭长莫及，于是在他看来，为了寻求西藏地方的稳定和巩固自己的统治地位，只有增强经济，尤其是加强军事力量，而“中央力弗能及”（噶厦语），就只能暂时利用早将印度沦为殖民地、“逼近可畏”的英国人以及那些依附于英国、不同程度地控制了西藏地方的政

① 刘家驹：《西藏政教史略》，中国边疆协会发行，第22页。

② 牙含章：《班禅额尔德尼传》，西藏人民出版社，1987，第217页。

③ 孔庆宗：《黄慕松入藏纪实》，《文史资料选辑》第93辑，文史资料出版社，1984，第117页。

治、经济和军事力量的贵族势力，尽管是不得已而为之的下策。这样，他在英国人的支持下，开始扩充军队，并选派人员留学英印，分别学习军事、机电工程、电讯和采矿专业。同时，还派员至英国人在江孜所办的军官学校学习，使藏军得到较大发展，以致沦为内战的工具。更为严重的是，他还受英人的蛊惑，派代表到印度参加“西姆拉会议”。在会上，西藏地方代表夏扎与英人麦克马洪一唱一和，把“独立”的调子唱到了极点。虽然有事实说明达赖喇嘛对会议的情况并不十分了解，从来没有公开表示过承认“西姆拉条约”，但他仍有着不可推卸的责任。不过，正如甘肃代表团在西藏所了解到的那样，这一切都是“英人从中作祟，殊非藏人本心反抗中国也”①。

但是，我们又看到，同样是十三世达赖喇嘛，却一直没有中断与中央政府的联系，而是多次派人与北京联系。其间，他派往北京雍和宫的堪布也发挥了桥梁的作用。如尹昌衡部停止进军西藏后，他就主动派人通过新疆督军袁大化向北京民国政府提出了恢复汉藏关系的 5 个条件，同时又派人到打箭炉（今四川康定）与川军谈判，把“藏民与汉满蒙回四民族一律待遇”②，作为西藏地方与中央政府改善关系的先决条件，表示只要“五族共和”，实现民族平等，则“西藏领土仍在中国政权之下”，“西藏官制，由中央制定之”。③ 1919 年，他甚至力排众议，顶着英国人的压力，与“甘肃代表团”在拉萨会谈，“双方甚愿照旧和好”，达赖喇嘛还表示“至西姆拉会议草案，亦可修改”，足见效果还是不错的。会谈后，他还派亲信到兰州向甘肃督军再表诚意，“藉通款曲，倾向之忱，溢于言表”④。

乍一看，这种矛盾的行为，似乎无法解释。于是便有人以“骑墙派”冠之（笔者也曾一度持这种观点），但细究起来则不然。应该看到，在当时的历史条件下，达赖喇嘛没有任何必要做“骑墙派”。这是因为：（一）这期间国内军阀割据，民国中央政府祸起萧墙，根本无力处理西藏事务。（二）民国政府从袁世凯执政起，就患有一种通病，这就是害怕帝国主义。西藏既有英国人支持，民国政府除口头上做给全国人民看的“抗议”外，

---

① 蒙藏院档案，见《元以来西藏地方与中央政府关系档案史料汇编》，中国藏学出版社，1995，第 2456 页。

② 牙含章：《达赖喇嘛传》，人民出版社，1984，第 251 页。

③ 牙含章：《达赖喇嘛传》，人民出版社，1984，第 251 页。

④ 《西藏地方是中国不可分割的一部分》，西藏人民出版社，1986，第 466 页。

岂敢出兵讨伐。民国初年，尹昌衡被迫停止西征就是一例。（三）如果说达赖喇嘛有利用中央牵制英国人的想法，难道他不明白软弱的民国政府根本不具备此等实力这一点吗？

因此，笔者认为达赖喇嘛这期间之所以有上述表现，只能证明一条，也就是他自己对甘肃代表团所说的“余亲英非出本心”，而不可能去搞“西藏独立”。后来，他的代表也向蒙藏委员会委员长阎锡山表明：“达赖并无联英之事，其与英国发生关系，不过系因藏英壤地毗连，不能不与之略事敷衍耳。”① 可以想见，他对内地纷乱的战事，中央政府朝令夕改的变幻，尚有疑惑，深感中央“力弗能及”之时，是不可能依靠也不敢依靠中央政府的，于是便想利用英人来达到自己的目的，也就是维护其统治。为了实现这个目的，他陷入了一种内心极度矛盾和行动不断徘徊的状态，加之缺乏政治斗争经验，反而被英人所利用，遭受蒙蔽。如朱绣等人问及“英使在京所提各条”时，达赖喇嘛竟毫无所知。② 但需要指出的是，在有关国家主权的大事上，他则毫不含糊，“实未尝一日忘情于中央”③。正如当时的中央驻藏官员孔庆宗所说，“他既不易为亲帝上层分子所左右，亦不全受英帝国主义所衔勒”④。他的行动也充分说明了这一点。已故佛学大师法尊在其《我去过的西藏》一书中曾谈到过这样一件事，略云：“又听恩师仁波卿说，英人于达赖在世时，曾施用过好几次奸诈手段，想侵占西藏的地方，达赖始终未给。大意谓英国驻印的总督有一年供养了许多枪械和用品，约求达赖喇嘛允许他一件事。达赖知道他内怀恶谋，外现亲善，便也善巧地答道：‘凡我有主权的东西，随你所欲，我当施予。’英人将礼送完之后，便向达赖索一块地方来设立医院，救济人民，兼做一点小商业。像这种先礼后有求，又有理又中听的说辞，当然难以谢绝，何况自己允许随欲而施，岂容更有反复之理吗？但善于应对的达赖喇嘛便坚决地谢绝云：‘你今所求，非我所能与。这西藏地方，全是中国皇帝所有，我不过代管理而已，故此事不能满君所愿。我的金银财物，在你皆非所罕，我所能自主者，惟西藏政

---

① 《西藏地方是中国不可分割的一部分》，西藏人民出版社，1986，第486页。

② 朱绣：《西藏六十年大事记》第57页，铅印本。

③ 贡觉仲尼等：《达赖事略》铅印本。

④ 孔庆宗：《黄慕松入藏纪实》。

府官衔，我今送你一个四品官，你如不嫌小，我当送之。'"[①] 此外，1930年出版的《西藏始末纪要》一书也谈到达赖喇嘛对英国人麦克唐纳要求开矿山一事的答复："我于西藏，不过一宗教导师，只能替国家执行教务，唪念经典及看守土地而已，其间有重大事件，主权尚在中国，设将国家领土主权丧失，将来何以交待。且中藏关系，情同手足，虽一时小有不睦，异日终归于亲善。"[②] 关于这一点，达赖喇嘛在后来与刘曼卿的谈话中说得更为清楚："英国人对吾确有诱惑之念，但吾知主权不可失。性质、习惯两不容，故彼来均与周旋，未尝予以分厘权利"[③]。他还多次指示驻京代表向中央表明"并无联英之事"，只是"略事敷衍耳"。"周旋"与"敷衍"是有分寸的，不能超越一定限度。他的主导思想就是"绝不能把西藏让给任何人"[④]。一旦他感到英帝国主义插手西藏地方事务，严重危及中国的国家主权，尤其是他本人在藏的统治地位时，便不得不重新思考西藏的前途和出路问题。当时，"英人以达赖始终不忘中国，欲密谋以倾覆之"（陆兴祺语），这使达赖喇嘛下决心不再与英人周旋，坚决惩处了参加秘密组织的亲英派少壮军官，革除了他们的职务。甚至撤除了亲英派首领擦绒的藏军总司令职务。以后，又下令停止由英人帮助的军官训练、封闭江孜的英语学校，公开疏远英人。正如当时俄国人所说，"英国人在西藏的影响崩溃"[⑤]，"到1925年，达赖喇嘛日益坚定地撇开英国，转向中国"[⑥]。他在重要的历史时刻做出这样的选择，是需要勇气和魄力的，应该予以充分肯定。需要指出的是，除了政治上的原因外，西藏与内地密不可分的经济文化联系也起到了相当重要的作用。正如达赖喇嘛的代表所说："藏人吃茶，全用中国品，中藏绝交，茶价贵至十倍"，"藏边驻兵不能购用中粮，边民困苦，时生怨言"[⑦] 等。事情很明显，无论在政治上，还是经济、文化上，要解脱困

① 法尊：《我去过的西藏》铅印本，第31页。

② 白眉初：《西藏始末纪要》，北平图书馆，1930，第52页。

③ 刘曼卿：《康藏轺征》，转引自《西藏地方是中国不可分割的一部分》，西藏人民出版社，1986，第492页。

④ 《人民日报》1959年9月16日。

⑤ 〔英〕柏尔：《十三世达赖喇嘛传》，冯其友等译，西藏社会科学院，1985年编印，第366页。

⑥ 〔英〕柏尔：《十三世达赖喇嘛传》，冯其友等译，西藏社会科学院，1985年编印，第366页。

⑦ 《元以来西藏地方与中央政府关系档案史料汇编》，中国藏学出版社，1995，第2475页。

境，就必须恢复西藏与内地的正常关系，加强与中央的联系。但是，内地军阀混战，内阁迭换，又使他处于十分矛盾的心境中，只能在企盼中继续寻找与中央恢复正常关系的机会。

三 十三世达赖喇嘛晚年的“倾心内向”

如果说十三世达赖喇嘛是在清廷权威已经丧失，新建立的民国政府尚无力控制全国局势的情况下，为了维护其统治集团的利益，不得不与“逼近可畏”的英国人“虚与周旋”，那么一旦新的中央政府趋向稳定，有较大权威时，他一改往日的做法，便是顺理成章的事了。

1928 年，国民政府在南京成立，较民国政府，其在全国的影响相对要大些，力量也强些，国家的统一程度也高些。十三世达赖喇嘛对此“喜出望外，私幸宿愿可偿”①，对国民政府寄予了厚望。他立即派驻五台山的堪布罗桑巴桑通过蒙藏院，前往南京晋见蒋介石，面交其亲笔信。以后，又多次派贡觉仲尼等人向中央政府表示：“达赖不亲英人，不背中央，愿迎班禅回藏”②。1929 年，他又派楚臣丹增为代表，并给国民政府去信，大意为：闻北伐已完成，中国已有巩固的中央政府，达赖表示服从，要求第一步恢复原来关系，第二步望国府与西藏通消息等。国民政府抓住这一机会，派专员赴西藏。1930 年 1 月，达赖喇嘛命僧俗民众隆重欢迎中央“赴藏慰问专员”贡觉仲尼。与此同时，国民政府文官处书记官刘曼卿也奉命入藏。她在拉萨停留三个月，与达赖喇嘛两次会面。达赖喇嘛对她谈道：康藏“都是中国领土，何分尔我”，“中国只须内部巩固，康藏问题，不难定于樽俎”③，表示出鲜明的政治态度，即明确表示西藏是中国领土。1930 年 3 月，达赖喇嘛派贡觉仲尼为西藏地方总代表，赴南京筹建了西藏驻京办事处。该处秉承达赖喇嘛的意旨，受蒙藏委员会监督指导，办理关于西藏地方在京应行接洽事宜，为加强西藏地方与中央政府的关系做了大量工作。与此同时，西藏地方政府还在北平、康定等地设立了办事处。至此，西藏与中央的关系基本沟通，双方联系随之也日趋密切。1931 年 5 月，中央政府召开“国民会

① 贡觉仲尼等：《达赖事略》铅印本。

② 《西藏地方是中国不可分割的一部分》，西藏人民出版社，1986，第 487 页。

③ 刘曼卿：《康藏轺征》，转引自《西藏地方是中国不可分割的一部分》，第 491 页。

议”，达赖喇嘛及西藏地方当局“承认中藏一家，恢复旧制”，令贡觉仲尼为首的6名代表前往参加。① 同年11月，国民党第四次全国代表大会在南京召开，贡觉仲尼、阿旺坚赞等出席了会议。这说明西藏驻京办事处的主要负责人在这以前已经加入了国民党。② 会后，他们联合在京藏族人士组织了“康藏旅京同乡抗日救国会”，组织康藏同胞抗日大游行，奋起参加抗日救亡运动。

在十三世达赖喇嘛和西藏爱国僧俗的共同努力下，西藏与中央的关系正在稳步走向正常。令人遗憾的是，1933年12月17日，饱经政治坎坷、操劳一生的十三世达赖喇嘛土登嘉措过早圆寂，终年58岁。消息传出后，全藏悲恸。噶厦及时通报了中央政府。21日，国民政府鉴于他“保障西陲，功在国家”，“卫国安民，懋著勋绩”，③ 追赠其“护国弘化普慈圆觉大师”封号，特派国民政府参谋本部次长黄慕松前往致寂。

以上论述说明，由于西藏封建农奴制社会是各种矛盾的集合体，十三世达赖喇嘛也必然是内心矛盾重重的复杂人物。他在纷繁的政治风云中为了自身和封建统治阶级的利益，曾经有过犹豫、观望，有过困惑、失误，但在事关国家主权的大事上并不糊涂；其晚年虽企求摆脱英人羁绊，尽快恢复与中央的关系，惜时光不再，赍志而终。他曾经做过这样或那样的错事，但纵观其一生所为，仍不失为一代人杰。民国时期著名藏族爱国人士、曾率领巴塘民兵与藏军打过仗的洛桑泽仁就认为，对于十三世达赖喇嘛，“盖棺论定，可谓‘有功于西藏，无过于国家’”④ 这里，我们可以引用当时西藏驻京代表的话作为本文的小结：英人曾“不惜多方甘言利诱，欲遂其私，幸达赖善运智慧，应付有方，苦心孤诣，未堕术中，虽因川衅与中土久未续交，但全藏之领土幸皆完整无缺，而复于今日得以与中央相见也”⑤。显而易见，在那个中国国力衰微的特殊时期，帝国主义分裂西藏的阴谋最终未能得逞，十三世达赖喇嘛的作用是不可低估的。

（《中国藏学》1998年第3期）

① 见拙文《民国时期出席全国性政治会议的西藏地方代表》，载《中国藏学》1989年第2期。

② 见拙文《民国时期出席全国性政治会议的西藏地方代表》，载《中国藏学》1989年第2期。

③ 《黄慕松吴忠信赵守钰戴传贤奉使办理藏事报告书》，中国藏学出版社，1993，第32页。

④ 格桑泽仁：《边人当言》铅印本，重庆西藏文化促进会，1945。

⑤ 贡觉仲尼等：《达赖事略》铅印本。

清末最后十年的平满汉畛域问题*

迟云飞

作为一个少数民族贵族建立的政权，清朝的民族政策比元朝成功，正因为如此，清朝也比元朝延续的时间长得多。但自清朝建立以来，还是陆续实行了一些带有民族歧视色彩的政策。这些政策的要点有四：第一，官缺分满汉①，满族官员可任汉缺，汉族官员却不能任满缺，同一职务如尚书、侍郎，满族的权力大于汉族。另外，满族主要出任较高级别的官职，保证满族在政府机构中占绝对的优势地位。第二，满汉不准通婚。② 第三，满族人只能为职业军人，不准从事生产活动，满族人民的生活（主要是进入关内的满族）全靠政府财政供应。第四，对满族施行与汉族不同的法律，满族的审判机构也是单独的。一般来说，如果是满汉纠纷，满人所受处罚总要轻些。

清初，在强大的军事压力面前，汉族人民包括汉族官员无人敢轻易对此提出异议。清中叶以后，人们对此已经习以为常，也没有造成多大矛盾。但是到了清末最后十年，满汉矛盾日益突出，满人特权已日益为汉族及其他民族所不满，并成为革命党人进行革命宣传和号召的一个重要理由。邹容在《革命军》中，对满人垄断权力的现象曾痛加斥责。《民报》也说："夫以民籍计之，满人之数，裁当汉人百之一，而服官者，其数乃等于我

* 关于清末平满汉畛域问题，目前学术界尚无专文探讨，只在《满族简史》（中华书局，1979）中有简短叙述。对清代满族的范围，多数学者将蒙旗和汉军旗也视为满族，但也有些学者将这两者排除在满族之外。本文所论，将蒙旗和汉军旗人均视为满族。

① 严格说来，尚有宗室缺、满洲缺、蒙古缺等多种，不赘述。

② 准确地说，是不准旗女嫁汉人，而默认民女嫁旗人。清初曾允许满汉通婚，嘉庆后逐渐禁旗、民通婚。参见定宜庄《满族的妇女生活与婚姻制度研究》，北京大学出版社，1999。

（指汉族），天壤间不平之事未有若斯之甚者！况夫藉口于不分满汉，举枢要之职，壹以属彼族之私昵。”① 从清政府方面来说，由于武器和战术的改变，八旗兵早已失去战斗力；部分满族人民因为不事生产而日益窳惰，所谓“八旗子弟”，被人讥讽为“不士不农不工不商不兵不民”，几乎成了对无所事事游手好闲之人的通称；因为不准满族人民从事生产，不少满族下层人民生活相当困苦。而每年发给满族人民的“钱粮”，也给本已极为困难的财政带来了严重的负担。现实逼迫清政府必须改变以往的政策，只是迟早的问题。

1906 年，清政府宣布预备立宪。近代宪政的一个原则是凡为国民，权利义务应该平等。虽然平等的原则在当时的西方国家也并没有真正做到，但这毕竟是近代意识和近代政治理论的一个不可缺少的组成部分。因此，实行预备立宪以后，平满汉畛域的呼声更加高涨。就当时的国家领导人来说，他们未必懂得什么平等，更不会服膺平等观念，但是社会舆论的压力他们必须考虑。所以论理论势，满族特权都是非改革不可的问题，于是平满汉畛域就顺理成章地成为筹备宪政的一个重要的内容。

但是，清政府在这一问题的改革上呈现出复杂的矛盾心态，它愿意取消满族普通人民的特权，也逐步在这样做，但为了保证大清朝的统治，满人尤其是皇族在政府高层的优势地位，它却不肯放弃。而为了解决旗民生计的困难，驻防也没有取消。因此，平满汉畛域就成了既有一定程度的实施，但又踌跚犹豫的改革。然而，这些在清朝前期、中期已习以为常的事情，在清末却日益引起社会各个阶层的不满，并且加速了清政府的灭亡。

一　平满汉畛域的议论和策划

1901 年以前，各方面早已提出一些融合满汉、解决旗民生计的建议，最早甚至可以追溯到乾隆年间。当然，一般人还不敢直截了当提出取消满人特权。

戊戌变法时，时任总理衙门章京的张元济于 1898 年 9 月 5 日上书建言五条，其中之一便是融满汉之见。他请将除宗室外的满蒙各旗编入民籍，

---

① 阙名：《预备立宪之满洲》，《民报》第 19 号，1908 年 2 月 25 日，第 97 页。

归地方官管辖；允许满汉通婚；任旗民自谋衣食，准许旗民转居别处；京师及各省驻防旗营设劝工学堂，以便解决旗民生计问题。[①] 紧接着，另一位大臣袁昶也上书请谋旗民生计。至9月14日，光绪皇帝下诏："旗丁生齿日繁，徒以格于定例，不得在外省经商贸易，遂致生计日艰。从前富俊、松筠、沈桂芬等均曾筹议及之。现当百度维新，允宜弛宽其禁，俾得各习四民之业，以资治生。著户部详查嘉庆、道光年间徙户开屯、计口授田成案，切实订立新章，会同八旗都统迅速奏明办理。"[②] 由于变法很快失败，光绪帝的诏令没有能够施行，但是积累起来的问题并不会因为废止改革措施而消弭，而且随着时间的推移愈益严重。

经过义和团和八国联军侵华事变，社会的不满迅速膨胀，官员中的不满议论也大大增加。1900年底，英国驻汉口代理领事法磊斯在一封信中转述他和湖广总督张之洞的谈话说："他和我所见到的所有汉人官员一样，憎恨满人，因为他们把持中国、搜刮民脂民膏，他们不顾自己的能力和是否胜任，总能升官发财。中国要想改革只有一法：废除满人一切特权，不论是旗人的俸禄还是仕途特权。"[③] 英国领事的话可能有夸张的成分，因为张之洞的不满可能主要是针对载漪、刚毅等极端保守派分子的，但汉族官员中间对满人特权也有一定程度的不满是事实，这显示平满汉畛域的问题应该提上日程了。

1901年，刘坤一和张之洞在他们的著名的《江楚会奏变法三折》的第二折中，提出筹八旗生计的建议，他们主张鼓励旗人自谋生路，"凡京城及驻防旗人，有愿至各省随宦游幕、投亲访友以及农、工、商贾各业，悉听其便"，凡愿意"寄籍者，即归地方官与民人一体约束看待"，并停止国家发给的钱粮。他们还请多设八旗学堂，鼓励旗人学习士农工商兵各业。但是当时改革还刚刚开始，他们的奏折主要谈的是解决旗人生计问题，同时暗示应逐渐将满族人民编入与汉族及其他族人民一样的户籍，与一般人民一样对待，但还不敢放开来谈取消满族法律、政治方面的特权的问题。[④]

① 国家档案局明清档案馆编《戊戌变法档案史料》，中华书局，1958，第44～45页。

② 《光绪朝东华录》，中华书局，1958，总第4194页。参见梁启超《戊戌政变记》，《饮冰室合集》专集之一，中华书局，1989，第54～55页。

③ 骆惠敏编《清末民初政情内幕》上册，知识出版社，1986，第191页。

④ 苑书义等主编《张之洞全集》第2册，河北人民出版社，1998，第1421～1422页。

新政逐步推广以后，谈论平满汉畛域的人渐渐多了起来。

1903 年，张之洞曾到北京朝见慈禧太后和光绪帝，1904 年初辞行时，曾“力请两宫化去满汉畛域”，并具体建议“如将军、都统等官，可兼用汉人。驻防旗人犯罪用法与汉人同，不加区别”，慈禧太后表示同意。[①]

清廷派五大臣出洋考察政治并宣布预备立宪以后，建议平满汉畛域的人达到了高峰，其中有的是满族官员。出洋考察政治五大臣之一，后来官至直隶总督的端方就是主张较力的人物之一。早在 1901 年，端方在所上《筹议变通政治折》中，就曾建议让旗民移屯，“民旗杂居，耕作与共，婚嫁相联，可融满汉畛域之见”[②]。1906 年端方考察政治归来，又单独上了一个《请平满汉畛域密折》[③]。他“请降明诏，举行满汉一家之实，以定民志而固国本”。折中比较奥匈帝国、俄国、英国、美国等国种族关系不同，从而强弱不同的情形之后说：“苟合两民族以上而成一国者，非先靖内讧，其国万不足以图强；而欲绝内讧之根株，惟有使诸族相忘，混成一体……国初以来，满汉通婚之禁未开，故此两族者……言语宗教习尚罔不大同，而种族一线之界，犹未尽泯。近以列强交通，国威稍挫，人民何知，惟有责难政府……而一二不逞之徒，竟敢乘此时机，造为满汉异族权利不均之说，恣其鼓簧，思以渎皇室之尊严，偿叛逆之异志。加以多数少年，识短气盛，既刺激于时局，忧愤失度。复偶涉西史，见百年来欧洲二三国之革命事业，误认今世文明，谓皆由革命而来，不审利害，惟尚感情。故一闻逆党煽动之言，忽中其毒而不觉，一唱百和，如饮狂泉。”端方强调，平满汉畛域为消弭革命的必要措施。“今日欲杜绝乱源，惟有解散乱党；欲解散乱党，则惟有于政治上导以新希望，而于种族上杜其所藉口……夫所谓政治上导以新希望者，则奴才等前此所谓宣布国是定十五年实行立宪是已。若所谓于种族上杜其所藉口者，则奴才私计有二事焉”，此二事即其平满汉畛域措施：“一曰改定官制，除满汉缺分名目。”他建议将京师各衙门，悉依新设的外、商、学、警四部成例，除满汉缺分名目，所有堂官、司员，不问籍贯，唯才是用。“二曰撤各省驻防。”他说应速下明诏，将各省驻防永远裁撤，旗丁之挂名兵籍者，悉令仍居原驻地方，编入民籍，依前此裁撤绿营

① 《抱冰堂弟子记》，《张之洞全集》第 12 册，第 10628 页。笔者对原标点做了改动。

② 《端忠敏公奏稿》卷一，台北，文海出版社影印版。

③ 考察政治的其他奏折多半与戴鸿慈联名同上。

成例，特加优待，给以十年口粮，为之安顿生计。[①] 由于端方的满族身份，加之深受慈禧太后的信任，他的呼吁对清政府的决策有一定的影响。

与清政府内部讨论增多同时，社会的压力也大大增加了。1907 年 7 月 6 日，发生了徐锡麟起义。起义虽然失败，但起义的领导人徐锡麟曾捐得道员，号称四品大员，他亲手枪伤安徽巡抚恩铭，比同盟会在广东等沿边省份发动的起义更令清廷震动。在一些官员看来，只有加快立宪步伐，加快平满汉畛域的步伐，才能平息社会的不满，消弭革命。所以这以后立宪的步伐稍稍加快，平满汉畛域的力度也加大了。7 月 8 日，也就是徐锡麟杀恩铭事件后的两天，清廷下令，准臣民上书言立宪事。7 月 28 日，直隶总督袁世凯又奏请加紧立宪，并在奏折中建言融和满汉。7 月 31 日，两江总督端方又代奏安徽士人李鸿才“化除满汉畛域办法八条”的条陈。紧接着，8 月 2 日，湖北按察使梁鼎芬也奏请明诏化除满汉界限，并请饬内外臣工，各抒所见，以备采择。因为梁鼎芬和张之洞关系密切，梁鼎芬的上书可能有张之洞授意的成分。袁世凯与张之洞是当时最有威望的地方督抚，1907 年“丁未政潮”之后，两人双双调入北京任军机大臣。他们再加上两江总督端方的建议，对朝廷的决策有相当的影响。

在这一背景下，1907 年 8 月 10 日，慈禧太后命：“现在满汉畛域应如何全行化除，著内外各衙门各抒所见，将切实办法妥议具奏。”[②] 此后不少人上书参加讨论。除了极少数人外，多数人赞成实行平满汉畛域措施，有的建议将驻防名目取消，使驻防旗人占籍为民；有的提出法律应该同一；有人甚至还提出应将满族姓氏改变，与汉人相同，实际上等于将满族彻底汉化。其中以 8 月 24 日两江总督端方和修订法律大臣沈家本的上奏最为典型。端方的建议共 4 条：（1）旗人悉令就原住地方编为旗籍，与汉人一律归地方官管理；（2）旗丁分年裁撤，发给十年钱粮，使自谋生理；（3）移驻京旗屯垦东三省旷地；（4）旗籍臣僚宜一律报效廉俸，以补助移屯经费。[③] 端方的奏折上奏后，清廷谕下政务处议，不久就正式作出了将旗民陆续编入民籍的决定。沈家本的奏折从法律立论，请将旗人犯遣军流

① 《中国近代史资料丛刊·辛亥革命》第 4 册，上海人民出版社，1981，第 39 ~ 47 页。

② 《清末筹备立宪档案史料》下册，中华书局，1979，第 981 页。

③ 《清实录·光绪朝》卷五七六，中华书局，1987，第 630 页。又，“编入旗籍”疑当为“民籍”。

徙各罪，照民人一体发配，不必减轻。不久清廷作出了将法律同一的决定（见后）。

二 平满汉畛域措施的颁布

自新政实施开始，平满汉畛域措施就已陆续实行，而在宣布预备立宪以后的两年达到高潮。下面就对各项措施的颁布和实施情况做初步的考察。

第一，准许满汉通婚

1902 年 2 月 1 日，慈禧太后下令准满汉通婚。懿旨说："旧例（满汉）不通婚姻，原因入关之初，风俗语言，或多未喻，是以著为禁令。今则风同道一，已历二百余年。自应俯顺人情，开除此禁。所有满汉官民人等，著准其彼此结婚，毋庸拘泥。"① 此后不少满汉官员带头联姻，如袁世凯和端方结成亲家，庆亲王奕劻和先任驻外公使后任山东巡抚的孙宝琦结成亲家。这些婚姻不免有政治联姻的成分，但也算起到一种表率作用。至于一般满族民众，早已有人冲破禁令，与汉族人民通婚。② 通婚禁令的取消，可以说顺应了形势，便利了满汉人民的相处和民族的融合。

第二，取消满族在政治上的若干特权，任官不分满汉

取消满族特权，却是有些容易，有些清廷不那么愿意痛痛快快实行。清政府不愿意实行的，我们后面再谈，这里主要说清廷付诸实行的。新政实施以后，逐渐有汉族官员担任了以前只有满族官员才可以担任的职务。如程德全 1903 年任齐齐哈尔副都统，1905 年又出任黑龙江将军就是一例。自 1901 年至 1905 年，清政府新设了外务部、商部、巡警部、学部四个新部，这些部废除了满汉复职制，每部只设一尚书、两侍郎，任职不分满汉。1906 年官制改革之后，新成立的各部中，官缺分满汉之制彻底废除。与此同时，开始有较多的汉族担任以前必须由满族担任的官职。专门管理八旗事务的都统原来政治地位很高，任此职的即使不是王公贵族，也必是旗人。1906 年官制改革以后，汉族的刘永庆、冯国璋、王士珍、段祺瑞、吴禄贞、

① 《光绪朝东华录》，总第 4808 页。

② 根据 20 世纪 50 年代对辽宁省沈阳市满堂乡满族的调查，与满族通婚的汉族女子，往往用顶替汉军旗人姑娘名字的办法，以便领取政府给的钱粮。《满族社会历史调查》，辽宁人民出版社，1985，第 31 页。

李国杰、李殿林等人，都担任过八旗都统或副都统职务。当然，清末自湘淮军兴起以来，地方督抚多由汉族官员担任已成趋势。

就汉官出任从前只有满族才能担任的职务来说，改革动作比较大的是东三省。东三省是清朝的发源地，也是满族人民占人口比例较多的地方，任职的向来是满族官员。日俄战争后，为了抵制日俄的侵略，清政府加强了对东三省的经营。1905 年赵尔巽任盛京将军后，裁撤了奉天府尹和盛京五部。赵尔巽上任之前，就奏请各城副都统满汉兼用："奉天无论旗汉各缺，皆准……不分满汉，均选才堪任用、人地相宜者补署。"[①] 1907 年清政府又裁撤盛京、吉林、黑龙江将军，设东三省总督，同时在三省分设巡抚，巡抚受总督节制。这样，近代中国继在台湾、新疆建省之后，东三省也正式设行省。东三省改制后，任东三省总督的徐世昌、奉天巡抚唐绍仪、吉林巡抚朱家宝、黑龙江巡抚程德全（先为段芝贵，后以丑闻，由程代）都是汉族。东三省设省之后，陆续将副都统、城守尉等旗人官职裁撤，改为与内地州县一样的文官。如 1908 年 8 月，清廷一次就批准撤销黑龙江省瑷珲、呼伦贝尔、墨尔根三个副都统，代之以瑷珲、呼伦贝尔道员，黑河、胪滨、佛山、嫩江知府等民官。[②] 其他如 1905 年裁撤齐齐哈尔、呼兰、布哈特、通肯四个副都统；1908 年裁撤锦州副都统；1909 年裁吉林、宁古塔、三姓、珲春等副都统。到 1911 年辛亥革命爆发前，东北只剩下盛京、金州、兴京三个副都统。[③] 如果假以时日，相信东北的副都统会全部裁撤。而 1911 年辛亥革命爆发前，东三省 36 个包括总督、巡抚、交涉使、民政使、度支使、各道员等重要官员，除东三省总督赵尔巽和两个副都统是满族外，其他人都是汉族。[④] 东三省的改制，加快了东三省的开发和满汉各族人民的融合，民国以后，东三省很快就成为在全国政治、军事、经济中举足轻重的地区，与清末的改革有相当的关系。

除此以外，按以往的规定，汉族官员父母去世，官员本人须守孝三年，满族则不受此限制。这一制度表面上遵循儒家纲常礼教，但实际上是对汉

---

① 《赵尔巽全宗》第 101 卷，中国第一历史档案馆藏。

② 《光绪朝东华录》，总第 5958 ~ 5959 页。

③ 参见章伯锋《清代各地将军都统大臣等年表》，中华书局，1965。

④ 见《东方杂志》第 8 卷第 7 号（1911 年 9 月）所刊各省职官录，其中缺新军镇一级军官。

族官员的一种歧视。1909 年 3 月，清廷下令官员不论满汉，父母丧时一律丁忧三年。①

第三，准备将旗民编入普通民籍和筹旗人的生计

1907 年 9 月 27 日，清廷颁布上谕说："我朝以武功定天下，从前各省分设驻防，原为绥靖疆域起见。迨承平既久，习为游惰，坐耗口粮，而生齿滋繁，衣食艰窘，徒恃累代豢养之恩，不习四民谋生之业。亟应另筹生计，俾各自食其力。著各省督抚会同各将军都统等查明驻防旗丁数目，先尽该驻防原有马厂、庄田各产业，妥拟章程，分划区域，计口授地，责令耕种。其本无马厂、庄田，暨有厂、田而不敷安插者，饬令各地方官于驻防附近州县，俟农隙时，各以时价分购地亩，每年约按旗丁十分之一，或十数分之一，授给领种，逐渐推广，世世执业，严禁典售。即以所授田亩之数，为裁撤口粮之准……该旗丁归农以后，所有丁粮词讼，统归有司治理，一切与齐民无异……一面仍将各项实业教育事宜，勒限认真分别筹办，以广旗丁谋生之计……著各将军督抚等破除情面，实力奉行，不得任听协参佐领各员，挟持私见，阻挠大计……期于化除畛域，共作国民，用副朝廷一视同仁之至意。"② 据说这一谕旨是在新任军机大臣袁世凯的极力主张下颁布的。③

1908 年 8 月，清政府公布《钦定宪法大纲》，同时公布"逐年筹备事宜清单"。清单中规定在筹备的第一年设立变通旗制处，并规定变通旗制处的任务是"筹办八旗生计，融化满汉事宜"；在第八年也就是 1915 年"变通旗制，一律办定，化除畛域"。④ 1908 年 12 月 7 日，清政府设变通旗制处，派贝子溥伦、镇国公载泽、大学士那桐、侍郎宝熙、熙彦、达寿司理其事。

有关这项改革的实施情况，我们后面再专门探讨。

第四，司法同一

1907 年 10 月 9 日，慈禧太后懿旨说，"满汉沿袭旧俗，如服官守制，以及刑罚轻重，间有参差，殊不足以昭划一"，她命礼部及修订法律大臣议

① 《宣统政纪》卷九，中华书局，1987，第 167 页。

② 《清实录·光绪朝》卷五七八，第 650～651 页。

③ 《汪大燮致汪康年函》，《汪康年师友书札》第 1 册，上海古籍出版社，1986，第 1009 页。又袁世凯于 1907 年 9 月 4 日任军机大臣。

④ 《清末筹备立宪档案史料》上册，第 61、66 页。

定满汉通行礼制、刑律，除宗室外，满汉同一。[①] 至1908年1月10日，修订法律大臣沈家本等奏拟定办法50条，“请嗣后旗人犯罪，俱照民人各本律、本例科断，概归各级审判厅审理。所有现行律例中旗人折枷各制，并满汉罪名畸轻畸重及办法殊异之处”，全部改为同一。清廷予以批准。[②] 这样，在法律适用上普通旗民与民人就没有什么两样了。

除了法律外，还有划一审判机构的问题，清末预备立宪过程中实行“司法独立”，即在各地陆续设立专职的各级审判厅，承办民刑案件。原则上，凡是成立了审判厅的地方，无论民、旗，审判均归审判厅，这样就逐步取消了原来专门针对旗人的审判机构。如在京师，1907年12月成立审判厅，其中初级审判厅内城三处，外城二处，成立之始法部即奏请以后旗人案件归审判厅审理。各省未设审判厅的地方，旗人诉讼也归州县办理。[③] 又如涉及八旗田土方面的诉讼，原来一律由户部办理，京师审判厅成立后，此类诉讼概归审判厅办理。1908年，又由内务府奏请，以后“王、贝勒等府第呈送庄头、佃户拖欠租银、典卖地亩等案件，由各该地方官讯办”[④]。这样旗人涉讼由另设的机构审判的制度也取消了。

至于当时人数已经不少的宗室、觉罗与民人涉讼案件，原来涉及宗室案件由刑部派员到宗人府会审，涉及觉罗案件由宗人府派员到刑部会审。在京师审判厅开办的同时，清廷决定将涉及宗室、觉罗的民刑诉讼，概暂归大理院（相当于最高法院）审理。[⑤] 宣统年间，有位宗室麟昌犯盗窃罪，他的审判仍是由宗人府进行的。宗人府认为职官盗窃超过1000两，例应处死刑（这比其他大官贪污数目实在少得多）。奏上之后，清廷认为照以往虽应死罪，但考虑到麟昌得到的不过600余两，应该免死罪。这样，这位权势不大的宗室才保住一条命。[⑥] 从这一案件的审理看，宗室涉讼的审判程序并没有完全按照新的规定办理，即没有由大理院审理。

---

① 《光绪朝东华录》，总第5745页。

② 《光绪朝东华录》，总第5812～5813页。

③ 未设审判厅地方，笞杖轻罪由地方衙门审理，徒流以上仍交审判厅审理。《光绪朝东华录》，总第5787～5788页。

④ 《大理院清厘旗地控案办法》，载《申报》1909年3月4日“紧要新闻”。

⑤ 《光绪朝东华录》，总第5784～5786页。

⑥ 《宣统政纪》卷四十四，宣统二年十一月庚戌（十日），第797页。

三　旗户编入民籍和旗民生计问题

前面说过，1907 年清政府曾允诺将旗兵计口授田，逐步归农，等于齐民。这实际上也等于彻底取消驻防。这正是平满汉畛域的基本工作。1907 年清廷命官员讨论化除满汉畛域时，一位中级官员在他的日记中评论："各省驻防，本为防汉人设，现既欲化除畛域，何如悉撤之，以坦怀示天下。将军、都统之名，本赘疣也，不撤驻防，而以是等缺授之汉人，则防于何有?"① 这段话道出了问题的关键。其实驻防不仅令汉族官员及人民不满，设将军的省份还常常发生督抚与将军不和以致影响施政的事情，所以 1909 年四川总督赵尔巽曾奏请裁撤成都将军，以一川省事权。②

但是真要裁撤驻防，却有很多困难。这里面除了统治者的决心外，客观上的大问题是旗民生计。当时旗民都要靠政府的"钱粮"生活，不事生产，如果不解决生计问题，旗民终究还是要靠国家财政供应，从而也就难以编入普通民籍，驻防也就难以彻底取消。

清末实行新政之时，一般满族人民的生活已非常困难。著名作家老舍出生于 1899 年初，父亲属正红旗，母亲属正黄旗。他的家原本贫寒，他的父亲在抵抗八国联军战争中阵亡后，家境更加艰难。"夏天佐饭的'菜'往往是盐拌小葱，冬天是腌白菜帮子，放点辣椒油。还有比我们更苦的，他们经常以酸豆汁度日，它是最便宜的东西……把所能找到的一点粮或菜叶子掺在里面，熬成稀粥，全家分而食之。"从当时的各种材料和中华人民共和国成立以后的调查，可以证实老舍说的这种情况非常普遍。③ 所以，不准满族人民从事生产活动，既是一种特权，也是对满族人民的严重束缚，它导致相当多的满族人民丧失了求生能力，清末要解决旗民生计，可以说困难重重，而平满汉畛域的实施，也因此而受到很大影响。

因为旗民生计的困难，早就有地方官采取过各种各样的办法。1904 年 9

---

① 孙宝瑄:《望山庐日记》下，上海古籍出版社，1983，第 1060 页。

② 《赵尔巽全宗》第 267 卷。当时两广总督和广州将军也有冲突，见《赵尔巽全宗》第 494 卷。

③ 王惠云、苏庆昌:《老舍评传》，花山文艺出版社，1985，第 7 ~ 8 页。参见《满族社会历史调查》。

月，山东巡抚周馥就曾上奏，说旗防生计日蹙，拟选旗人入各学堂肄业，又让旗人认垦官山荒地，清廷鼓励其试办。[①]

但是，到真正实行诸项措施的时候，难度就凸现出来了。

按照前述清廷1907年9月27日的上谕，是要购田分给旗民，这一方案是不切实际的，因为当时一缺乏资金，二缺乏土地，怎能做到计口授田？有人算过一笔账，即使不包括京师旗人，“若专指外省驻防，每人授田十亩，每亩只作十五两价值计之，要三千万金”[②]。这恐怕还是保守的估计，因为按照这一计算方法，驻防只算20万人（男丁），但是当时驻防远不止此数。而对财政问题比较熟悉的熊希龄估计，若仿从前裁撤防营、绿营兵勇之例裁撤旗兵，即照所得饷额十倍发饷，然后令其谋生计，则仅京旗即需银1亿两。[③] 在清末财政极端困难的情况下，购田授旗根本没有可能。

与上两项一样严重的是满族人民长期不事生产，已成习惯，现在要裁粮饷，这个弯不容易转过来。这与理性上许多满族官员也明白并主张要平满汉畛域不同。老舍在自传体小说《正红旗下》中曾生动地描述一般满族人民对钱粮的依赖及反对取消钱粮的情绪。事实上在有些地方，还发生过小规模的冲突。就在1908年初，成都旗民曾到官署请愿，成都将军绰哈布和护理川督赵尔丰将此事奏报，清廷指示他们：“查明为首滋事造谣惑众煽动之人，从严惩办。并将约束不严之协、佐各官分别查究，勿稍姑息。”[④] 浙江、广东、陕西等处也发生过旗民抗议事件，当时的报纸有过报道。清廷虽表示严厉弹压，但同时以军机大臣的名义致函各省督抚，保证“裁停口粮，在授田以后陆续施行，并非一经奉旨，即将官缺额饷尽行裁撤”[⑤]。1907年两江总督端方曾再次奏请将各省都统、副都统一律裁撤，他的主张得到袁世凯的支持，但因为这种顾虑没有实现。[⑥] 由于阻力太大，清廷只好命一些准备计口授田的地方缓行这些措施。[⑦] 1908年底变通旗制处设立后，

---

① 《清实录·光绪朝》，光绪三十年七月。

② 《汪大燮致汪康年函》，《汪康年师友书札》第1册，第1009页。

③ 周秋光编《熊希龄集》上册，湖南出版社，1996，第178页。

④ 《光绪朝东华录》，总第5820页。

⑤ 《申报》1907年11月16日，“紧要新闻”。

⑥ 《申报》1907年11月16日，“紧要新闻”；《申报》1907年11月12日，“专电”。

⑦ 《汪大燮致汪康年函》，《汪康年师友书札》第1册。

由于旗民疑虑，清廷惧生动乱，公开宣布“所有钱粮兵饷，仍均照常”[①]。

其实不满意的不仅是满族人民，从另一角度，汉族也不满。《申报》曾评论说：“购田授旗者，购田之费出之于何人？授旗之田，购之于何人？无论当此司农仰屋之时，万无再能集此巨款以购田亩，亦无如许之田亩以购给于旗丁。而旗丁多得一田亩，即汉人多失一田亩；多筹一旗丁田亩经费，即汉人多失一田亩之经费。如是而曰消融满汉，吾恐民心日猜疑，满汉之见且转而益深，立宪愈不能成立，大局益溃败而莫能收拾。”这篇评论还直指清政府的做法为“欺”。[②]《申报》在当时是比较温和的报纸，《申报》尚如此，当时整个社会舆论可知。

由于缺乏统计数字，我们只能举例对旗民从事生产的情况做概略性的描述。

在北京，旗人特别是汉军旗人早就有从事生产劳动的，1900 年以后就更多了。老舍在《正红旗下》中描述，老舍大舅家的二哥就一面当差吃钱粮，一面做油漆匠，而且是位技术不错的匠人；老舍三舅家的几个哥哥，因为住在郊外，政府限制不严，也早就种地、学手艺。[③] 但是从事生产劳动的人占整个旗民人口的比例不大。有的人虽然从事劳动，但还放不下架子，“出外做工，早晨上工、晚上回家，仍然穿长袍，在半路上换上或脱下劳动的服装。当邻里中熟人问他时，只说上茶馆，从不说外出做工”。所从事的职业，一般是小商贩、手工匠人、拉人力车等。[④]

在成都，虽说清末已有相当多的满族人当小贩，但那只是补贴生活，还不是真正依赖此种活动获得生活来源。据 1914 年一些满族绅士为请求发还八旗公产给民国政府的呈文说，成都旗人 1400 余人，其中“能自立者不过十分之一二，余皆家无恒产”[⑤]。这就是说，只有十分之一二的满族人能够以劳动或原来的资产达到生活自立。这种估计并没有可靠的调查做基础，而且肯定有夸张的成分，但仍然可以说明问题的严重性。

在广东，清政府逐步编旗民入民籍的谕旨下后，广州汉军副都李国杰

① 《宣统政纪》卷四。

② 《说欺》，《申报》1907 年 10 月 18 日，“论说”。

③ 老舍：《正红旗下》，《老舍文集》第 7 卷，人民文学出版社，1984，第 206 ~ 211 页。

④ 《北京市满族调查报告》，《满族社会历史调查》，第 93 页。

⑤ 《满族社会历史调查》，第 189 页。

（李鸿章孙）奏请在广州崖门口外筑堤圈地，拨旗丁领垦。[1]

在内蒙古，据20世纪50年代的调查，宣统年间，政府曾将原来供应军粮的大黑河十三圈耕地分给满族民众，但“由于满民长期不从事生产劳动，农业生产技术非常生疏，所以他们的收成不高，士兵生活到了清末时候，已陷入极端贫困的境地”。[2]

这些例子说明，各地为解决旗民生计问题都做了一些工作，但成效有限。

比较明显的成果，是在有驻防的省份普遍设立了旗民工艺厂或习艺所，招旗民入厂学手艺技术，掌握谋生本领，其中以东三省较有成效。有不少省还开办了旗民女子工艺厂或习艺所。但是因为能够进厂学习的人数有限，所以一时难以显出效果来。清廷若能力排众议，真的每年减旗民钱粮1/10，逼迫旗民从事生产，也许情况会更好些。不过，这也要分什么地方。在那些商品经济发达，市场状况比较好的地方，旗民学成手艺后容易就业，而在那些比较偏远落后的地方，即便是学成了手艺，就业又谈何容易！事实上，民国年间各地陆续停发满族的俸饷后，容易就业谋生的，一类是那些受教育程度较高的人（可以当教师、秘书），一类是有技艺的人。[3] 这说明晚清创办的各类旗民工艺厂和满族学堂，对于后来的旗民谋生是有作用的。

为了解决旗民生计，各地还挑选不少精壮旗丁进入新军或警察，而且旗丁不像其他新军士兵会受革命党的影响，可谓一举两得。但是就解决生计问题来说，此举只能是权宜之计。因为新军是募兵制，父为兵子未必为兵，这与八旗绿营世兵制完全不同。

据笔者考察，筹旗民生计和平满汉畛域做得最好的是东三省。

东三省建省的同时，在奉天、吉林、黑龙江三省设旗务司管理旗务，后来民国年间参加《清史稿》编撰的金梁担任奉天旗务司使。锡良接任东三省总督后，又改旗务司为旗务处，仍由金梁负责。金梁曾制定五年的移旗民实边计划，他派员到吉林省长白山一带调查筹备，经过清廷允准，特设安图县，首批从奉天迁去300户旗民，每户给田500亩、屋3间，耕牛粮

---

① 《光绪朝东华录》，总第5829页。《申报》1907年11月12日，“紧要新闻”栏载李国杰奏谓：“拟将广东荡地百数十顷，先招旗人垦种蒲草等类，俾得自食其力，并寓劝兴实业之意。”

② 《内蒙古自治区满族社会历史调查》，《满族社会历史调查》。

③ 参见《满族社会历史调查》。

食种子，都由官方代办，路费也由官方发给。金梁说是“既筹生计，兼事开垦，又顾实边，一举而三善”。迁到安图的旗民也很满意。据金梁记述，民国年间，迁到安图的旗户甚至想为金梁立生祠祭祀。[①] 金梁的记述不免有夸张的成分，但这小批的移民比较成功，当是事实。另据锡良于宣统元年六月的奏报，奉省普通旗人家有田亩，世为农工，自食其力者居多，筹生计并不难，只是奉省旗官员缺较多，久无实际职守，形同虚设，但依赖俸饷为活，筹出路难。奉省办有八旗工艺厂、八旗农业讲习所、八旗学堂、八旗实业学堂、宗室学堂、宗室维城小学堂、八旗女工厂、八旗蚕桑实业厂、锦州八旗工艺分厂等，后来又创办了八旗满蒙文中学堂、八旗女工传习所，经费都是零零碎碎凑起来的，筹集虽不容易，但颇有成就。[②] 奉省人民对于从事生产有热情，据锡良奏报，1909 年奉天创立八旗女工传习所，定额只有 100 人，但报名的有几百人。此外，在锡良的主持下，奉天还创办了八旗兴业银行。

黑龙江地广人稀，而且满族人民原就比较多地从事生产活动[③]，问题比较容易解决。据署黑龙江巡抚程德全与东三省总督徐世昌的联名奏报，黑龙江幅员广阔，从前汉民稀少，旗民本来就有很多以农耕、狩猎或牧业、伐木等业为生，并不依赖国家的供应，至于省城（齐齐哈尔）及其他城中当差及无地的旗户，拨给嫩江迤西省属荒地，其他地方旗丁也照此方法办理，可以妥善解决问题。[④] 1907 年，黑龙江奏报已在铁山包（今铁力县）安插屯田旗丁 1200 户，每户授田 45 垧，其中 15 垧可以免税，另 30 垧规定至 1913 年开始纳税。[⑤] 除了官方组织的安顿工作外，还有旗人自愿开垦为业。[⑥]

---

① 金梁：《光宣小记》，上海书店出版社，1998，第 36 ~ 37、32 页。关于移旗民到吉林省的计划，参见《光绪朝东华录》，总第 5834 页，另外《锡良遗稿》（中华书局，1959）中也有记述。

② 《锡良遗稿》，第 917 ~ 922，925 ~ 926，1044 ~ 1045 页。

③ 据当时统计，1911 年黑龙江省人口仅有 1858792 人，其中旗人 196514 人。旗人无业者为 36719 人。见黑龙江省档案馆编《黑龙江省大事记（1900 ~ 1911）》，黑龙江人民出版社，1984，第 203、214 页。当时黑龙江省范围与现今不同，哈尔滨当时属吉林省，而现内蒙古的呼伦贝尔当时属黑龙江。

④ 徐世昌：《退耕堂政书》卷十四，台北，文海出版社影印版。

⑤ 《黑龙江省大事记（1900 ~ 1911）》，第 120 页。

⑥ 《黑龙江省大事记（1900 ~ 1911）》，第 128 页。

在吉林，旗民不仅已经从事生产，而且自1905年开始，政府开始正式向旗民所有的土地征收赋税，征税土地达746万余亩。1907年又增加了35万亩。所征赋税虽然不是特别多，但具有象征性意义。① 1911年6月政府再拨吉林珲春地方荒地给旗丁，不但不特别发给旗丁垦荒“启动费”，连免交政府的荒价也要由巡抚特别奏请才能减免。又规定只免除一定年限的租税，以后仍然应向政府纳税。②

奉天何时向旗民征税，笔者没有找到确切记载，但1910年初东三省总督锡良奏请蠲缓奉天省新民、辽阳等地受灾旗民粮租③；继锡良为东三省总督的赵尔巽又于1911年8月奏请整顿奉天旗、民粮租，不分旗地民地，一律按土地的好坏分等征税。④ 这说明至少在此以前，奉天省旗民已经向政府纳税。

至于三省的旗兵，1907年9月，黑龙江省旗兵改为巡防营，全省共7营又1哨，原协领、佐领等改为营管带及哨官，次年4月正式规定此巡防营由全省巡防营务处（时长官为倪嗣冲）管辖。⑤ 奉天、吉林也在这前后将旗营编入巡防营系统。这样三省旗营建制实际上已经取消。

由上可见，辛亥革命前夕，东三省旗民与其他民族人民的权利及承担的负担已无多大区别。东三省能够如此，主要是由于面临日俄两列强步步进逼的严峻形势，清政府不得不加大改革力度。客观上也由于东北三省地广人稀，而且满族人民在此以前就比较多地从事生产活动。但是当时有这种条件的地方毕竟很少。有些官员曾建议将内蒙古等地像东北一样改建为行省，但没有实行。⑥

在清政府高级官员中，对平满汉畛域最积极的一个是袁世凯，另一个是满族的端方。慈禧太后和光绪帝去世后，袁世凯被罢免，不久端方也被罢免，张之洞也在1909年10月去世。因此宣统年间，平满汉畛域的改革有停顿的迹象。取消旗制，取消驻防，停发钱粮，是平满汉畛域（普通旗民

---

① 见1907年11月30日《申报》所载东三省总督和吉林巡抚的奏折。按原奏计算土地面积用“垧”。本文按每垧15亩换算为亩，另一种算法是每垧10亩。

② 《宣统政纪》卷五十四。

③ 《锡良遗稿》第2册，第1069~1071页。

④ 《宣统政纪》卷五十八。

⑤ 《黑龙江省大事记（1900~1911）》，第108页。

⑥ 《申报》1907年9月30日，“紧要新闻”；《申报》1907年10月6日，“专电”。

与汉人）最后一关，然而这一关又是最艰巨的工作。为了保住爱新觉罗家族的皇权而放弃一般满族人的特权，有可能导致清政府的后院起火，即一般满族人民造反。因此，任事者需要勇气、毅力，敢负责任、敢承担局势发生动荡和挨骂的风险，宣统年间的清政府已没有这样的人物。1909 年初有某御史奏请毅然停发饷糈，但清廷中枢诸人都不以为然，奏折被留中。[①] 1909 年 2 月，清廷曾讨论裁汰当时已没有多少事可办的原办理八旗共同事务的值年旗，但因为各方的反对，只得作罢。[②] 1911 年，清廷又议及削减八旗预算，削减健锐营预算，由于礼亲王世铎带头反对，又告作罢。[③]

再说变通旗制处的情况，据 1909 年 1 月《申报》报道："变通旗制处大臣常在公所会议，一筹莫展，万分为难。佥谓不停旗饷则与不办等，若停旗饷则恐旗兵哗溃生事……会议数次，尚毫无眉目。"一年以后，1910 年 1 月又有报道："泽公（载泽）、伦贝子（溥伦）、宝侍郎（宝熙）、达侍郎（达寿）、熙侍郎（熙彦）及恩、吴两提调，齐至变通旗制处会议变通旗制办法。惟那（那桐）相未到。闻各堂到齐后，皆守缄默。虽恩、吴两提调对于变通旗制办法，本来极有主张，及见各堂对于此事均在有意无意之间，亦遂噤口无言，不敢独作朝阳鸣凤。是日略谈他事，日暮而散。论者曰：此役也，会而不议。"[④] 讨论了几年，还是只有调查户口和荒地一个办法。[⑤] 所以《申报》评论说："变通旗制处设立三年矣，其于旗人之生计，初未尝一为之谋。溺职之咎，该处大臣诚不能辞。"[⑥] 直到清亡，除东三省外，还没有任何一省的驻防被取消，换句话说，就是没有大批的满族人民真正编入平民籍。

然而这种拖沓的做法，一方面导致社会的强烈不满，另一方面导致民国以后，旗民生计问题成为严重的社会问题，使满族人民遭受了不少苦难，有些人甚至在中华人民共和国成立以后还要接受政府的救济。

---

① 《申报》1907 年 1 月 1 日，"专电"；《申报》1907 年 1 月 16 日，"紧要新闻"。

② 《申报》1909 年 2 月 24 日，"京师近事"。

③ 《宣统政纪》卷五十五、五十六。

④ 《申报》1909 年 1 月 8 日，"紧要新闻"；《申报》1910 年 1 月 5 日，"紧要新闻"。括号内人名为引者所加。

⑤ 到 1911 年 1 月，变通旗制处决定调查的项目依然是："（一）调查旗署及官所之册档；（二）各旗营旗人全数册档；（三）各部院局所、学堂及外省大小文武官员之籍隶京旗者若干人。"《申报》1911 年 1 月 14 日，"京师近事"。

⑥ 《申报》1911 年 1 月 3 日，"时评"。

四　下层平而政权中枢不平

应该说，由于大势所趋，对于一般满族人民的特权，清廷还是愿意逐步取消的。自清初以来，给予满族人民种种特权，其主要目的还是保证爱新觉罗家族的皇权。现在这样做不但不能维护皇权，而且还有害，所以放弃一般满族人民的特权是必然的。虽然因为财政困难和各种阻力放缓了改革步伐，但应该不是有意欺骗。然而，对于爱新觉罗家族的皇权，或者满族贵族对权力核心的垄断，清廷则不愿轻易放弃。

自湘淮军兴起以来，清政府在地方上的统治更多地依赖汉族官员和汉族士兵构成的军队，所以清廷不可能再让满族人垄断地方高层权力主要是督抚这一层权力。事实上清政府存在的最后10年，任督抚职务的仍以汉人为多数。试以1911年武昌起义爆发前为例，9个总督职位，除四川未有正式总督外（护理四川总督王人文，汉族；署理川督赵尔丰，汉军旗人）其余8人中汉族4人、满族4人（满族中东三省总督赵尔巽为汉军旗人），而最重要的直隶和两江总督是汉族的陈夔龙和张人骏。至于14个巡抚，除陕西巡抚（钱能训，汉族）为护理外，其他13人中汉族11人、满族2人（均为蒙旗人）。可见地方官中汉族占多数。

但是中央政府的情形却大不一样。

1907年是清政府平满汉畛域措施较多的一年，我们试看此前一年即1906年官制改革后中央政府中的满汉对比，就可以发现一些问题。

官制改革前，军机大臣6人，满族3人（包括蒙旗人）、汉族3人；各部尚书去掉与军机大臣重复的，计有14人，满族（包括蒙旗人）占8人，汉族6人。

官制改革后军机大臣为：庆亲王奕劻（皇族）、瞿鸿机（汉）、世续（满）、林绍年（汉，学习行走）。

各部尚书为：外务部瞿鸿禨（汉）、吏部鹿传霖（汉）、民政部徐世昌（汉）、度支部溥颋（宗室）、礼部溥良（宗室）、学部荣庆（蒙旗）、陆军部铁良（满）、法部戴鸿慈（汉）、农工商部载振（皇族）、邮传部张百熙（汉）、理藩部寿耆（宗室）、都察院都御史陆宝忠（汉）。

15人中，除去重复的外务部尚书，满族（包括皇族及宗室）占8人，汉族7人。

改革前与改革后满汉比例大体相同。而改革后三个要紧的部中，度支部、陆军部尚书均由满人担任，只有邮传部（有财源）尚书为汉人。

1907 年丁未政潮后，清廷对军机大臣及各部人事作了调整，任军机大臣的为满族 3 人、汉族 3 人；如果加上各部尚书为满族 11 人、汉族 7 人。可见清廷绝不肯放弃中央政府的优势地位。

1911 年再次官制改革也就是设立责任内阁时，满族占优势的情况变本加厉。清政府成立责任内阁是在 1911 年 5 月 8 日，内阁由 13 人组成，计有：内阁总理大臣奕劻（皇族）、内阁协理大臣那桐（满）、内阁协理大臣徐世昌（汉）、外务大臣梁敦彦（汉）、民政大臣善耆（皇族）、度支大臣载泽（皇族）、学务大臣唐景崇（汉）、陆军大臣荫昌（满）、海军大臣载洵（皇族）、司法大臣绍昌（满）、农工商大臣溥伦（皇族）、邮传大臣盛宣怀（汉）、理藩大臣寿耆（宗室）。①

13 名国务大臣之中，汉族仅 4 人，满族 9 人，而皇族竟有 5 人，故人称“皇族内阁”。

这种状况的出现，原因比较复杂。第一与满族亲贵们的主观意念有关。亲贵们以为要保证皇权，只有由亲贵来掌权，特别是掌握军权；第二又与清政府内部少壮亲贵集团与奕劻、袁世凯的斗争有关，宣统年间政治几乎失控，围绕在摄政王载沣周围的尽是些少壮亲贵，少壮亲贵们人人无能，却又个个要做官，载沣为平衡奕劻的权力，只得任用这些少壮亲贵。但是不管出于什么原因，这种倒退的行为招致社会包括汉族官员的极大不满，加剧了社会危机，加速了清政府的灭亡。

直到中华民国建立，才由南京临时政府在《中华民国临时约法》中规定：“中华民国人民一律平等，无种族、阶级、宗教之区别。”这在当时未必能够完全实现，但却是在中国历史上第一次从法律上确认人民一律平等，可以说是通往民族平等之路的阶梯。

（《近代史研究》2001 年第 5 期）

---

① 《清末筹备立宪档案史料》上册，第 559 ~ 565 页。

新疆历史上的短命分裂政权

——“东突厥斯坦伊斯兰共和国”的覆灭

厉　声

20世纪30年代初，甘肃军阀马仲英入犯新疆，战乱使新疆社会经济受到剧烈冲击和破坏，各类社会民族矛盾激化，人民纷纷举起反抗金树仁统治的义旗。1933年初，暴动扩大到南疆。1月，焉耆回族首领马占仓联合库车脚夫行头铁木尔在库车起事，至2月底占领阿克苏，直逼南疆首府喀什。同期，于田农民和墨玉金矿矿工先后起义，矿工在首领伊斯买尔汗和加的统领下攻占县城，继而向西占据叶城、泽普，围攻重镇莎车。省政府在南疆的统治岌岌可危。

一　分裂势力篡夺起义暴动的领导权

南疆各地的起义暴动，虽然是由各族被压迫民众参与、矛头指向黑暗封建统治与剥削的一场武装斗争，但在斗争中程度不同地存在着局限性或错误，主要表现在以下三个方面。一是从狭隘的民族立场出发，将实行封建统治的汉族官僚与汉民族群众混淆一处，将官府的剥削压迫、商人的高利贷盘剥及在税收等利益方面的不公等统统视为汉族人的“罪行”，并由此在反抗斗争中形成了一种对汉族人“仇视”的情绪。二是与以往历史上农民起义借助宗教宣传和组织群众不同，南疆农民起义带有强烈的伊斯兰教对异教徒实行“圣战”的气息。战斗的旗帜上书写着“灭汉兴回”；战场上高呼的口号是“死了当殉教者，活了当英雄”，“一旦战死，我们是殉教者；如果幸存，我们就是征服者”。三是在一小撮分裂分子的煽动下，将废除旧制度、摆脱剥削与压迫同国家分裂统一混为一谈，认为只有建立独立的伊斯兰政权，才能废除旧制度，摆脱“异教徒”的统治和压迫。不少纯朴的农民将改变自己的命运与建立分裂的“伊斯兰教国”捆绑在一起。所以，20世纪30年代上半期南疆各地的起义暴动一开始即具有复杂的背景，并直接影响到斗争的性质。

至今，国外一些学者仍然将“东突厥斯坦伊斯兰共和国”建立前后的分裂运动，视为一场“民族解放斗争”，认为1931～1934年间是新疆各穆斯林民族奋起展开反对中国殖民当局的“民族解放运动时期”。①实际上起义暴动一开始，一些“泛伊斯兰主义”“泛突厥主义”秘密分裂政党组织即插手其间，利用战乱，篡夺起义暴动的领导权，将起义导入了一场分裂运动。其中主要有两个组织：一个是20世纪30年代初在和田建立、以穆罕默德·伊敏（又译为买买提·依明）为首的“民族革命委员会”，这个组织取代伊斯买尔汗和加，篡夺了墨玉县起义的领导权。另一个是在喀什活动的“青年喀什噶尔党”，他们控制了库车暴动首领铁木尔（另作铁木耳），进而又派代表前往北疆与哈密暴动首领和加尼亚孜联络，以期进一步壮大声势。如果说“青年喀什噶尔党”具有严重的分裂倾向，那么和田“民族革命委员会”便是地道的分裂政党组织。“民族革命委员会”自称宗旨是：坚决反共、反东干（指回族）和反汉，进而在新疆建立伊斯兰教权国家。②和田的暴动一开始就是在这个分裂组织的策划下进行的。他们把伊斯兰教对“异教徒的圣战”和建立分裂的“伊斯兰教国”作为暴动的宗旨强加给暴动群众，公开宣称暴动的目的就是要建立伊斯兰政权，“如不那样，起义还有什么用”！而以穆罕默德·伊敏、沙比提大毛拉等为首的极少数分裂分子，以宗教为外衣，大肆进行“泛伊斯兰主义”和“泛突厥主义”的反动宣传说教，鼓吹圣战，煽动分裂。暴动得手后，在原分裂组织的基础上，组建了分裂政权。由此使和田反抗封建剥削压迫的暴动蜕变成为由分裂势力操纵的一场分裂运动。

1933年2月20日，“民族革命委员会”在和田集会，宣称成立独立的“和田临时政府”（后改称为“和田伊斯兰政府”），由穆罕默德·尼牙孜·艾来木担任“总统”，沙比提大毛拉任“总理”。穆罕默德·伊敏号称“伊斯兰艾米尔”，他的两个弟弟分别称为“阿布拉汗艾米尔”和“阿合买提江

① 〔俄〕B. 巴尔明：《1941～1949年间苏中关系中的新疆》前言，巴尔瑙尔，1999。

② 〔英〕A. D. W. 福布斯：《新疆军阀与穆斯林（1919～1949年民国新疆政治史）》，王嘉琳、胡锦洲译，见《“双泛”研究译丛》第1辑，新疆社会科学院，1991，第41页。

艾米尔”，成为掌握军政实权的首领，以致当时的资料直接称这个分裂政权为“和田艾米尔政府”。其后，“和田伊斯兰政府”又吸纳了逃匿在于田的苏联中亚反苏势力头目贾尼别克，分裂气焰更加嚣张，其控制范围自且末至莎车一线。6 月，又向喀什进发。7 月，“总理”沙比提大毛拉亲自率后续部队增援喀什，不意遭占据喀什回城的铁木尔偷袭，沙比提大毛拉等头目被拘留，所部被解除武装。8 月，铁木尔部被占据喀什汉城的马占仓部截杀，其本人被俘后遭枪决。“和田伊斯兰政府”军乘机反攻，占据莎车和英吉沙，兵临喀什。

铁木尔被处死后，沙比提大毛拉被接统其部的首领释放，并被请为座上宾，和田“民族革命委员会”与喀什“青年喀什噶尔党”两个分裂政党势力合污一处，沙比提大毛拉成为南疆且末至阿克苏一线最有影响和权力的人物。他借助“和田伊斯兰政府”的势力和他本人的宗教影响（他是和田伊斯兰教教长，并曾游学土耳其、埃及、印度、阿富汗及中亚等地），于 8 月 25 日在回城建立了“和田伊斯兰政府”驻喀什管理局，自任局长。除马占仓占据的喀什汉城之外，大部分南疆地区都已听命于“和田伊斯兰政府”。于是，沙比提大毛拉公开积极为建立南疆分裂政权进行各种准备，其中包括协调喀什各方势力的谈判。9 月 10 日，在沙比提大毛拉的主持下，喀什成立了由 11 人组成的“东突厥斯坦独立会”，取代“管理局”。沙比提大毛拉自任该会主席，宣布“独立会”的宗旨是建立“东突厥斯坦伊斯兰共和国”。11 月 7 日，“独立会”选出了各部门的头目，新疆现代历史上的第一个分裂政权即将正式出笼。

二　“东突厥斯坦伊斯兰共和国”的倒行逆施

1933 年 11 月 12 日晚，“东突厥斯坦伊斯兰共和国”宣告成立，公布了“政府”《组织纲领》、《施政纲领》以及所谓“宪法”和“政府”成员名单。《组织纲领》共 30 条，其中第二条宣称：“东突厥斯坦为永久民主共和国，请求南京政府或国际联盟予以便利；协助人民，共同努力，以达最终之目的而保永久之独立”。其所谓“中央政府”由“总统”、“国务院”及所属各部组成。和加尼亚孜（此时已进驻阿克苏）被邀请出任“总统”，以利充分争取全疆各地的支持；沙比提大毛拉自任“总理”，以下各部“部长”及“国务议会秘书长”等要职，则大多由原和田“民族革命委员会”

领导成员或制造和支持分裂的封建上层人物担任。穆罕默德·伊敏仍牢牢地把持着“民族革命委员会”的领导权，并与其两个弟弟分别控制着和田、莎车、英吉沙三处要地，时人称他是“东突厥斯坦伊斯兰共和国”中最富有、最有影响的人物。其“宪法”规定：以伊斯兰教法取代中华民国法律制度，以蓝底白色星月旗为“国旗”；派人前往英印、阿富汗、伊朗等地开展“外交活动”，谋求外交承认，并通过驻喀什英国领事馆和来访的土耳其军政人士向两国求援。在喀什与和田发行了“东突厥斯坦伊斯兰共和国”银行钞票，还出版了《东突厥斯坦周报》、《独立》月刊、《自由杂志》、《生存周报》等各种分裂宣传刊物，大肆宣扬分裂，鼓吹对异教徒的“圣战”。

从外部环境讲，“东突厥斯坦伊斯兰共和国”的出笼不是一个偶然的事件，这是自近代以来英、俄侵略和企图瓜分中国新疆的产物。西方学者认为：“就许多方面说，东突厥斯坦伊斯兰共和国是 19 世纪中期阿古柏所建立的艾米尔国家宗教治国的地地道道的继承者”①。自 20 世纪初以来，南疆一直是境外“泛突厥主义”和“泛伊斯兰主义”渗透的重点地区，英帝国主义一直将南疆视为自己的势力范围，并利用“双泛”思想培植分裂力量，制造事端。而策动南疆独立，则是其称霸亚洲总体战略的组成部分，最终目标是制造一个受其控制，以西藏为中心，包括南疆、青海、西康（今四川省西部）、云南西北部等在内的“大西藏国”；另一个与此相关的阴谋是企图制造一个受其控制、以英印北部吉尔吉特为中心，包括伊朗、阿富汗、新疆南部和印度北部在内的“大伊斯兰教国”。所以英帝国主义始终在沿袭近代以来的亚洲殖民体系，鼓动和支持南疆独立。从内部讲，随着“泛突厥主义”和“泛伊斯兰主义”在南疆的不断渗透，以“民族革命委员会”“青年喀什噶尔党”为首的分裂分子暗中在思想、宣传、组织、人员等方面不断为南疆独立做各种准备。他们鼓吹将新疆从中国分裂出去，加入一个操突厥语、信仰伊斯兰教的民族组成的联合国家。这种分裂行径正与英帝国主义的亚洲总体战略相一致，因此初期得到了英方的支持。在分裂政权出笼之前，1933 年 8 月，英印政府便利用南疆割据战乱的局势，借助印度商人与南疆的往来联系及与当地各界人士的关系，大肆宣传“双泛”思想，

① 《新疆军阀与穆斯林（1919～1949 年民国新疆政治史）》，《“双泛”研究译丛》第 1 辑，第 58 页。

煽动南疆独立，甚至还专为此提供了51万卢比的活动经费。①

“东突厥斯坦伊斯兰共和国”出笼后，受到境外“泛突厥主义”和“泛伊斯兰主义”的广泛欢迎和支持。土耳其报纸大肆鼓吹和宣扬南疆事态的发展，称“东突厥斯坦伊斯兰共和国”为“将沿着通向完善美满的道路上前进的一个现代化国家”。然而土耳其政府却不敢冒天下之大不韪公开承认和支持分裂政权。从官方角度讲，只有在动乱中刚刚上台的阿富汗政府首脑查希尔·沙对“东突厥斯坦伊斯兰共和国”表示出了公开的同情和支持。这位才执政数天的国王向喀什分裂政权发去了一封贺电，进而在接待其使团时应允“有偿地提供一批武器，并向喀什派驻一名政治代表”，但是也以“承认东突厥斯坦独立为时过早”为由，拒绝了使团试图赢得正式承认的要求。

分裂分子深知其分裂行径不得人心，必须取得境外势力的支持和援助。“东突厥斯坦伊斯兰共和国”成立后，即转向英印求助。一方面，通过刚刚抵任的英驻喀什总领事汤姆森·格洛费上校进行联系。这位新任总领事给英印政府的报告中建议：“是可以向这个新成立的并正在进行着斗争的共和国表示实际的同情和提供援助的”。另一方面，是向英印派出正式使团。当1934年2月使团抵达新德里时，英国方面已认真地研究了驻喀什总领事的报告。时日本已侵占中国东北三省，美英等国为维护在华利益，推行“不承认满洲事变（指1931年“九一八”事变）所造成的事实的任何合法性”的“不承认主义政策”，由此在远东特别是在中国，与日本的矛盾进一步加深。维持和加强与中国政府的关系，成为这一时期英国远东政策的重要组成部分。支持分裂，承认“东突厥斯坦伊斯兰共和国”，势必损害与中国政府的关系。此外，由于近代以来英、俄争夺对中亚和新疆的控制权，英印政府对和加尼亚孜在和田与苏联当局秘密接触的传闻十分警惕。因此，英印政府拟定的政策是：在现阶段只承认中国南京政府对新疆的主权。这一政策被及时转告了英驻喀什总领事，同时拒绝了来访的“东突厥斯坦伊斯兰共和国”使团请求支持的各项要求，并告诫该使团“妥善地解决他们与新疆当局的各种冲突”②。“东突厥斯坦伊斯兰共和国”在境外四处乞哀告怜以求得支持的图谋并未能得逞。虽不时有国际“泛突厥主义”“泛伊斯兰主

① 新疆社会科学院历史所编著《新疆简史》第3册，新疆人民出版社，1980，第199页。

② 《新疆军阀与穆斯林（1919～1949年民国新疆政治史）》，《“双泛”研究译丛》第1辑，第58页。

义”势力的几声吹捧，终究无一国政府敢于公开承认这个分裂政权。倒是法西斯纳粹势力在暗中积极与南疆分裂政权相勾结。访问喀布尔的分裂使团溜进了纳粹德国驻阿使馆进行密谈；侵占中国东北的日本也主动与南疆分裂政权进行了秘密接触。然而勾结尚未得逞，短命的南疆分裂政权已面临夭折的命运。

三　苏联对新疆人民反压迫斗争的错误定位及对分裂政权的政策

由于苏联对新疆近现代历史发展上的重要影响，及“东突厥斯坦伊斯兰共和国”迅速崩溃的主要原因之一是苏联出兵新疆，所以有必要先对这一时期苏联对新疆的政策进行一些探讨。

十月革命胜利后，苏俄将新疆军阀统治定性为殖民统治，一些苏俄共产党的领导和军事将领出于世界革命的信条，开始将中国新疆看成输出革命、扩大世界革命浪潮的重要地区。他们认为：在革命席卷了俄罗斯的中心地区和俄属中亚地区之后，新疆很有可能成为下一个社会主义革命的舞台。之所以如此，是因为新疆是苏俄通往英国最大的殖民地——印度——的最短的途径之一，而考虑到印度被压迫人民与英殖民者的斗争，印度完全可以被视为世界东方革命运动的中心之一。苏俄共产党领导人托洛茨基在1919年8月提出了远征阿富汗和印度，点燃“世界革命火焰”的设想。由此推论，为消灭英国殖民主义，必须先帮助印度争取独立，并使之布尔什维克化。印度的革命工作，又须通过阿富汗和波斯进行；而进入阿富汗，首先应在新疆积蓄经验。

1921年6月4日，俄共（布）中央政治局会议讨论了由俄共（布）中央中亚局主席 П·鲁祖塔夫提出的“关于建立喀什和准噶尔共和国的建议”。建议的缘起是“新疆的一些革命团体和组织向往摆脱军阀压迫，提出了建立独立的喀什和准噶尔共和国的设想”。在政治局会议上，契切林坚决反对这个建议，包括列宁在内的少数政治局委员支持契切林的反对意见，否定了这项建议。[①] 然而以共产国际为主的一些工作人员却试图将这项建议

① 海费茨：《苏联外交与东方民族（1921～1927）》，莫斯科，1968，第128～129页。

付诸实现，因受到外交和外贸部门的抵制，最终未得逞。在外交与外贸双方的联合专门委员会报告中指出："喀什的居民极其蒙昧，并仇视与"异教徒"有关的一切，他们还处于宗法氏族阶段，刚刚出现西方意义上的社会政治分层的苗头。因此对众所周知的'阶级意识'格格不入，无需成为先知就可预言，泛突厥主义者民族革命浪潮冲击的不仅是汉人，还会冲击到我们"。联合专门委员会报告的结论是："目前我们不应倾向于喀什的穆斯林群众，而应倾向于其奴役者汉人。我们应在一段时间里停止任何形式的使喀什人发动革命的尝试，我们的行为在中国人看来应是最大程度上奉公守法的"①。

此后苏俄在新疆"输出革命"的工作，大致如驻伊宁商务代表巴尔夏克所拟定的：在新疆的革命宣传应以"不致引起在伊犁地区的中国政权立即倒台"为限②，而宣传的手段，主要是通过在中亚居住的维吾尔人。据当时估计，在中亚的维吾尔人将近 50 万人，他们中的许多人在俄国国内战争期间在红军中服役，并参加了俄共（布）。在阿拉木图俄共（布）市委，活跃着一个维吾尔共产党员的小组，1922 年 9 月曾在此召开第一届维吾尔族共产党员州代表大会和第二届"维吾尔"革命联盟州代表大会。仅在七河地区就有 50 个各种相关的革命组织和共产党小组，其中维吾尔党员达 1500 人之多。③ 此外，还有几十名来自新疆的各民族学生在苏俄一些高等院校学习，共产国际试图通过这些留学生与新疆取得联系，在那里建立地下革命组织，然后创建共产党。1923 年，俄共（布）中央中亚局拨款 5 万卢布，资助召开"中国新疆省革命者代表大会"，后因有反对意见而取消了会议。④ 1927 年 2 月 17 日，联共（布）中央政治局就在新疆开展革命工作形成决议，标志着反对在新疆进行革命冒进的观点在长期争论中最终确立。决议全文共 5 条，内容如下："1. 未经候选人个人与联共（布）中央中亚局的商定，共产国际执行委员会东方部不得派遣维吾尔族工作人员；2. 建议联合国家政治事务管理局采取措施禁止采购武器和武装的维吾尔人经我边境进入新疆；3. 为禁止参与新疆维吾尔运动的人介入工作，建议中亚局和哈萨

① 俄罗斯联邦对外政策档案馆：全宗 0/100，目录 4，总卷 102，案卷 5，第 48 页。

② 俄罗斯联邦对外政策档案馆，目录 3，总卷 101，案卷 1，第 15～29 页。

③ 俄罗斯联邦对外政策档案馆，全宗 62，目录 2，案卷 8，第 33 页。

④ 俄罗斯联邦对外政策档案馆，全宗 514，目录 1，案卷 27，第 3～4 页；案卷 56，第 2 页。

克边区局重新审查维吾尔人支部的组织人员的成分；4. 委托贸易人民委员部吸纳中亚的机构拟定措施，旨在活跃和加强苏联与新疆的经济联系；5. 任何旨在使新疆或该省的一部分脱离中国的活动或宣传是完全有害和严禁的。”①

对于苏联政府来说，1931 年开始爆发的反对金树仁统治的起义，并非完全出乎意料。此前苏联通过派驻新疆各机构提供的分析报告，已基本掌握了新疆社会经济矛盾十分激化、有可能发生暴动起义的形势。新疆一些重要的地方官员，也暗中与苏联进行了接触，指望依靠苏联的支持，在混乱中夺权。如喀什行政长官马绍武曾通过苏联驻喀什领事馆要求苏联为拟议中旨在夺取新疆省大权的军事政变提供武器和军队的支持，作为报答，马绍武允诺“届时你们将在这里得到日本在满洲地区所拥有的一切”②。甚至在南疆起义队伍的首领中，也有苏联派遣的革命者。与铁木尔并肩发动和领导库车农民起义的艾合买提，即曾在苏联生活，并在东方共产主义劳动者大学学习，其后加入维吾尔地下组织，接受任务返回新疆南部。③

面对新疆的起义形势，一些苏联上层，特别是与新疆为邻的苏联中亚共和国的一些党和军队的领导人及共产国际的领导人员都认为新疆的革命时机已经到来，那里的民族解放起义将成为世界革命的一部分。他们进行频繁的交流，以确定新疆起义暴动的性质和将其发展成为社会主义革命的可能性。1931 年 9 月，联共（布）中亚局书记鲍曼提出：新疆的起义和暴动已具有“民族解放运动”的性质，因此我们应当提供帮助，应在新疆开始积极的革命工作。部分“军事工作者和国家政治保卫局的工作人员”也认为：新疆目前的“民族运动”是革命性的。而同期共产国际东方秘书处甚至在给共产国际政治委员会的报告中建议：中国西北应建立革命政党，“提出在新疆和甘肃省开展革命工作并建立依靠农民和城市劳动者的人民党是适时的”④。然而，最终苏联外交人民委员部的意见仍占据了主导地位。在外交人民委员部副委员加拉罕签署的致外交人民委员部驻乌兹别克斯坦

① 《联共（布）、共产国际和中国·文件集》第二卷（1926～1927）第二部分，莫斯科，1996，第 619 页。

② 俄罗斯外交史文献保管与整理中心：全宗 62，目录 2，案卷 2209，第 1～2 页。

③ 俄罗斯外交史文献保管与整理中心：全宗 62，目录 2，案卷 3037，第 47 页。

④ 俄罗斯外交史文献保管与整理中心：全宗 495，目录 154，案卷 457，第 9 页。

全权代表的文件中，确立了苏联对20世纪30年代初新疆起义的政策：“鉴于目前存在的军事危险，为执行必须巩固我们的东方接壤国的原料产地的命令，应考虑到：（1）新疆是我国工业的最重要的原料市场之一（羊毛、皮革、棉花、劳动力等）；（2）新疆与我国有着绵延的边界，并经过一些很难防守的地区，而目前那里的形势足够紧张；（3）由于外部政治原因（阿富汗——印度和中国的因素）排除了我们积极参与新疆事务的可能性；（4）马仲英之类的人物目前阶段的行为实质上是争权夺利的上层斗争，并不能改变新疆的社会制度，这种行为……可能会引起新疆内部激烈的民族仇杀并在很长一段时间完全破坏新疆与我交界地区的相对的稳定状态，在新疆‘维持现状’更符合我们的利益……”①

但是苏联和共产国际方面仍坚持认为应援助新疆起义暴动，并为此向联共（布）中央递交了专门报告。内称：虽然穆斯林人民运动的首领中有封建主，“但却不能改变其民族解放运动的性质”。“借助于我们的武器及随之而来的血腥恐怖压制维吾尔和其他民族的民族解放运动，不能不给整个的民族解放运动造成伤害，并促使反革命势力的更大的联合和扩大新疆的反苏基础。因此，我们认为在这种情况下援助新疆政府镇压维吾尔人起义是不适宜的”②。

然而，新疆起义暴动中有一点是苏联所未能预料到的，这就是由于外来势力的插手，起义者，特别是南疆暴动者日益明显的反苏倾向。苏方在报告中列出了以下各种情况：（1）在南疆起义民众队伍中有大量与苏境内居民有亲属和其他关系的移民及中亚反苏分子，其中喀什境内有6万名苏联吉尔吉斯移民；（2）英国插手南疆起义，并有在南疆建立独立于中国之外的伊斯兰国家的意向；（3）苏联国内的“泛伊斯兰主义”和反苏势力头目已在喀什展开活动，他们有可能组织力量从中国喀什方面对苏领土进行偷袭。③

同时，苏联方面认为：解决与新疆穆斯林居民起义有关问题，对苏联来说意味着解决与这一地区接壤的至关重要的苏联内政问题。在这种形势下其内部认识趋于统一：支持新疆地方政权，维持新疆的统一及为此而镇

---

① 俄罗斯外交史文献保管与整理中心：全宗62，目录2，案卷2209，第12页。

② 俄罗斯外交史文献保管与整理中心：全宗495，目录154，案卷457，第30页。

③ 俄罗斯外交史文献保管与整理中心：全宗62，目录2，案卷3037，第61页。

压暴动成为这一时期苏联对新疆的政策。1931 年 8 月 5 日，联共（布）中央政治局会议决定采纳外交人民委员部向新疆金树仁政权出售军用飞机和派遣飞行员的建议；继而政治局会议又确认了进一步向金树仁政权提供空投炸弹、大炮及汽油等战备物资；同时决定不给新疆起义暴动者方面以任何帮助。[①] 1933 年“四一二”政变后，军阀盛世才上台，在他明确表示了亲苏立场后，1933 年 8 月 3 日由联共（布）中央政治局正式下达了“对新疆工作的指示”，主要内容是：（1）支持新疆同中国分离的口号和政策是不可取的；（2）给以盛世才为首的新疆地方政府以支持，在现时和现有的条件下，支持旨在完全脱离新疆地方政府的运动是不适宜的，然而可以在英国或日本特务的活动不可能取得成效的地区，对组织较为广泛的地方自治持友好的立场；（3）首先必须给新疆地方政府以积极的支持，以粉碎马仲英和其他回人的队伍；（4）利用归化军（由加入中国籍的白俄罗斯人组成）支持新疆地方政府的稳定和对其进行可能的监督是可行的，同时应采取一切必要的措施对归化军进行防范和监督。[②]

“东突厥斯坦伊斯兰共和国”出笼后，其在南疆的猖狂分裂行径及其与国际法西斯势力的勾结，更引起了苏联方面的警惕。从战略上考虑，苏方认为未来德国和日本将对其领土的西部和东部怀有不可告人的目的，并将构成某种威胁，所以不能容忍法西斯军国主义势力染指苏联的“软腹部”中亚及周边地区。针对南疆的失控局势，苏联方面曾直言不讳地告诫中国政府：“倘若中国管理新疆，我们不去过问，但如果你们听任其成为第二个满洲国的话，那我们必定采取行动，保护自己”[③]。同期的塔什干苏联报纸则公开指出：如果日本控制新疆得逞的话，巴库的油田就会置于日本轰炸机的航程之内。这也正是在后来盛世才求助时，苏联决定出兵支援新疆省政府的重要原因之一。而此前在阿克苏，苏联方面与南疆分裂政权的名义“首脑”和加尼亚孜进行了接触和谈判，甚至向其提供了有限的武器装备。

---

① 俄罗斯外交史文献保管与整理中心：全宗 17（政治局特档），目录 162，案卷 1，第 10 页。

② 俄罗斯外交史文献保管与整理中心：全宗 17（政治局特档），目录 162，案卷 15，第 32～33 页。

③《新疆军阀与穆斯林（1919～1949 年民国新疆政治史）》，《“双泛”研究译丛》第 1 辑，第 61 页。

四　“东突厥斯坦伊斯兰共和国”的覆灭

“东突厥斯坦伊斯兰共和国”是封建上层的天堂，各族劳动人民除听到了“推翻旧制度、争取民族独立、改善人民生活”等空头许诺外，什么也没有得到。战乱使南疆社会经济陷入崩溃的边缘，分裂政权为了维持其统治和军费开支，变本加厉地向老百姓进行更为疯狂的搜刮和掠夺。各族人民被迫摊派钱粮、牲畜和苛捐杂税，提供各种无偿劳役。田地荒芜，市场萧条，物价飞涨，民不聊生。“东突厥斯坦伊斯兰共和国”强行推行伊斯兰教法，设立宗教法庭，滥施肉刑，残害人民，清真寺的墙上钉着被砍下的手、脚，街头不按教规戴面纱的妇女竟遭枪杀。残酷的压迫和剥削迫使人民对分裂政权重新思考和认识，厌战情绪日盛一日，逃离和反抗事件不断发生。众叛亲离的“东突厥斯坦伊斯兰共和国”处于摇摇欲坠之中，崩溃只是时间问题。

1933 年 12 月和 1934 年 1 月，苏联两次出兵支持盛世才击溃了其对手张培元、马仲英在北疆的势力。南疆暴动初期，也间有苏联的影响。如上述与铁木尔在库车联手暴动的艾合买提即为苏联派遣人员。铁木尔进占喀什后，艾合买提曾赴驻喀什苏联领事馆请示支持购买武器，由于苏联对新疆的政策已确立，这一要求遭到了拒绝。[①] 同期，联共（布）中亚局书记鲍曼建议向新疆派遣维吾尔族党员在起义队伍中工作，并提请中央政治局审议，但该提议未获通过，政治局的决议是：“今后取消这一问题”[②]。随后，苏联支持盛世才统一新疆的行动在南疆展开，矛头直指分裂的“东突厥斯坦伊斯兰共和国”。然而，受省政府和苏联红军联合追击的马仲英部却捷足先登，自阿克苏退往喀什的马福元先头部队与坚守疏勒的马占仓、马绍武部会合。沙比提大毛拉等分裂首恶与退败喀什的和加尼亚孜等仓皇出逃，喀什回城内一片混乱。倒行逆施、内外交困的“东突厥斯坦伊斯兰共和国”自行土崩瓦解。2 月 6 日，马福元等兵不血刃地占领了喀什回城，彻底捣毁了分裂政权的大本营。分裂不得人心。据英国驻喀什总领事汤姆森·格洛费报称：马仲英部进军喀什，几乎没遇到什么抵抗，“大约 800 名东干（指

---

① 俄罗斯外交史文献保管与整理中心：全宗 62，目录 2，案卷 3037，第 60 页。

② 俄罗斯外交史文献保管与整理中心：全宗 17（政治局特档），目录 162，案卷 11，第 10 页。

回族）士兵和1200名新兵（指马福元部）就迫使10000人的叛军逃离喀什”。一星期后，马福元宣布：“喀什前道尹马绍武应马占仓和马福元之请，代表中国当局负最高军事和民政监督之职”①。此语虽带有很大的向南京政府表白忠诚的成分，但确也有平定分裂、维护边疆统一之意义。

分裂政权的残余人员在沙比提大毛拉的带领下向西逃往英吉沙，而“总统”和加尼亚孜则向东逃往中苏边界的伊尔克什塘，并与苏方代表举行了谈判。在苏方的协调下，和加尼亚孜同意解散分裂的“东突厥斯坦伊斯兰共和国”，归服新疆地方政府，并出任新疆省副省长。与此同时，和加尼亚孜致函沙比提大毛拉，通知“总统”解散“东突厥斯坦伊斯兰共和国”的决定。3月2日，沙比提大毛拉在英吉沙召开所谓“内阁特别会议”，会后宣称拒绝“总统”下达的解散令，并宣布和加尼亚孜为叛徒。之后沙比提大毛拉前往莎车，与“和田伊斯兰政府”头目穆罕默德·伊敏磋商对策，企图负隅顽抗，作最后的挣扎。4月中旬，和加尼亚孜统兵抢在马福元之前进占莎车，逮捕了沙比提大毛拉及部分“内阁部长”，加戴刑具，经麦盖提押往阿克苏，将这一伙分裂首恶交付省政府当局。7月，沙比提大毛拉等被押往省城迪化，后死于狱中。此前，穆罕默德·伊敏侥幸逃脱逮捕，从莎车逃回和田。后又妄图利用马仲英与盛世才的矛盾，主动提议与马议和，共同维持分裂的“和田伊斯兰政府”，但遭到严厉拒绝。6月，马仲英部下马虎山统兵进军和田，一小撮分裂分子闻风出逃，“和田伊斯兰政府”崩溃瓦解。6月12日，在和田专员木合买提·尼亚孜·艾来木带领毛拉和地方长老列队欢迎下，马虎山进驻和田。至此，南疆分裂政权被彻底铲除。穆罕默德·伊敏等一小撮分裂分子带着几驮黄金，挟持3000余民众，出逃英印克什米尔，并在当地成立所谓“同乡会”，收罗新疆外流难民，继续从事分裂活动。

五　分裂不得人心

建立“东突厥斯坦伊斯兰共和国”，并非是新疆暴动者的初衷，更违背了新疆各族人民群众的意愿。以沙比提大毛拉、穆罕默德·伊敏为首的一

① 《新疆军阀与穆斯林（1919～1949年民国新疆政治史）》，《“双泛”研究译丛》第1辑，第63页。

小撮分裂分子的倒行逆施，受到了多数暴动群众的抵制或反对。分裂政权出笼前夕，喀什有四派势力：库车起义的铁木尔部，占据疏勒的马占仓、马绍武部，喀什兵变的乌斯曼艾力部及沙比提大毛拉为首的和田暴动势力。分裂分子沙比提大毛拉所能蒙蔽和利用的只有自己所属的部众，其余各派势力大都程度不同地对其分裂行径采取了保留或抵制态度。铁木尔对沙比提大毛拉提出的建立“东突厥斯坦伊斯兰政权”及相关政策持反对意见，并于1933年7月下令拘捕软禁了沙比提大毛拉等，进而向“和田伊斯兰政府”发动了进攻；乌斯曼艾力与“独立会”意见相左，在部下被分化时，带领300多名官兵出走克孜勒苏；马占仓则对喀什分裂组织“青年喀什噶尔党”采取了限制和打击，一度逮捕了该组织头目狂热的“泛伊斯兰主义”“泛突厥主义”分子阿布都热依木巴依·巴合察，并与马绍武伺机向沙比提大毛拉分裂势力出击。铁木尔的部将阿布都吾甫尔·夏甫都里还公开指责一小撮分裂势力，“他们凭什么成立共和国”①。

在20世纪30年代上半期那个混乱动荡的特定时期，在“泛伊斯兰主义”“泛突厥主义”甚嚣尘上、宗教情绪极端偏激之时，这些最初的暴动领袖或统兵首领能把握自持，很少或基本不参与“东突厥斯坦伊斯兰共和国”的分裂行径，是十分不易之事。他们与沙比提大毛拉之间确实存在激烈的派别斗争；他们也喊过“圣战”的口号，也有对其他民族的屠杀掳掠行为；他们抵制或反对“东突厥斯坦伊斯兰共和国”时可能并没有明确的自觉意识，甚至他们自己也有过有损于中国主权的言行，如铁木尔曾经受“青年喀什噶尔党”的影响，并以伊斯兰年号替代中华民国年号；乌斯曼艾力也曾一度与“独立会”接触，声称“我们起义的目的就是为了建立伊斯兰政府”，甚至投书英驻喀什领事馆乞求支持，凡此等等，还可以例举出他们的种种局限性或错误言行。但他们最终没有参与“东突厥斯坦伊斯兰共和国”分裂中国新疆的勾当，没有与一小撮分裂首恶分子同流合污。分裂不得人心，分裂必将众叛亲离、短命夭折，这就是历史的规律。

“东突厥斯坦伊斯兰共和国”是在20世纪30年代前半期，新疆军阀混战、农民起义暴动此伏彼起的特定时期偶发的一次分裂运动的产物。它虽然只存在了很短的时间，但作为新疆历史上第一个分裂政权，其要害是开

---

① 见《新疆文史资料选辑》第18辑，第34、23、20页；《新疆军阀与穆斯林（1919~1949年民国新疆政治史）》，《“双泛”研究译丛》第1辑，第40页。

创了在新疆历史上建立分裂政权的先例。主要表现在以下几个方面。其一，完成了分裂主义从思想意识向实践活动的过渡，开创了建立分裂政权的恶劣先例。从20世纪初分裂主义思潮随“泛伊斯兰主义”和“泛突厥主义”渗透新疆，至1933年11月建立分裂政权，这一过程历时20余年。其二，在“泛伊斯兰主义”的思潮下，开创了煽动和利用宗教狂热达到分裂目的的恶劣先例。宗教成为分裂的一面旗帜，成千上万的信教民众在宗教狂热的蒙蔽和驱使下，将“圣战”、推翻异教徒（汉人）统治、建立伊斯兰国当作宗教义务，呼喊着殉教口号，充当了分裂势力的炮灰。其三，在“泛突厥主义”思潮下，将一些民族的解放、复兴和发展建立在对另一些民族的排斥和打击之上，煽动民族间的战争和仇杀，开创了将反抗民族压迫斗争误导为分裂运动的恶劣先例。其四，利用军阀统治下新疆政治反动、社会腐败、经济贫穷落后，开创了将民众反抗反动统治压迫和剥削的阶级斗争误导为分裂运动的恶劣先例。分裂势力利用民众要求变革生存和生活现状的强烈愿望，鼓吹独立和建立分裂政权是反抗剥削压迫、推翻旧制度的必由之路，但分裂政权实际带给民众的却是变本加厉的压迫和剥削。其五，产生了分裂主义“领袖人物”。喀什与和田分裂政权的建立，将沙比提大毛拉、穆罕默德·伊敏之流的分裂首恶推上了“领袖人物”的宝座。在上述背景下，在这一混乱动荡的特定时期，成千上万生活在社会底层饱受压迫和剥削的朴实民众，被一小撮披着民族和宗教外衣的分裂分子所蒙蔽、利用或裹胁，满怀宗教的狂热和对新生活的向往，浑浑噩噩、随波逐流，使一场轰轰烈烈的反抗剥削压迫的农民暴动，蜕变成一场分裂运动，并最终酿成中国西北边疆现代历史上第一个短命的分裂政权，这不能不是一幕充满教训的悲剧，于国家、民族、边疆地方、边疆民众殆害甚大。

另外，分裂政权崩溃之后，在军阀统治下的各族民众仍然处于水深火热之中。声称忠于和代表中央南京政府统治和田的军阀马虎山，向其所属且末县每户居民每年强征90块银元的税，迫使1/3的居民弃家外逃。这种暗无天日的反动统治又为分裂势力的种种误导提供了基础和口实。广大民众则很难将反抗政治、经济压迫的阶级斗争及反抗民族压迫的民族解放斗争与分裂势力倡言的推翻异族统治，建立独立国家的分裂运动截然区分，误认为建立分裂政权真的是推翻黑暗统治的必由之路。所以，从某种意义上讲，自分裂意识在20世纪初随“泛伊斯兰主义”和“泛突厥主义”传入新疆之后，在广大各族民众饱受欺压和宰割的旧中国，分裂运动和分裂政权的出现又有其不可避免性，以致新疆形成一旦发生事端，多有倡言独立的怪谲现象，这不能不又是一个发人深省的悲剧。1937 年，盛世才任命的驻防喀什的麻木提师长迫于压力外逃，其部下阿布都尼牙孜等又以建立“独立的东突厥斯坦”为招牌，以“为保卫伊斯兰而战”为口号，臂缠“为真主而战”的“圣战”标志，再次发动短命的分裂叛乱就是一个例证。

与分裂共生的是卖身投靠。逃入英印克什米尔的穆罕默德·伊敏为首的一小撮分裂残存势力和逃入阿富汗的一小撮“东突厥斯坦伊斯兰共和国”骨干，如丧家之犬，四处寻求主子。穆罕默德·伊敏改头换面、隐名埋姓，从列城转移到喀布尔，先是投靠阿富汗国王，获取了每月定额 500 元（约合 125 卢布）的资助，进而卖身日本，通过日本驻喀布尔大使向日本政府提出“由东京提供军火和经费，建立东突厥斯坦共和国的详尽计划”。又提议日本可选择直接出兵新疆的方案，并保证随着日本进入新疆，当地穆斯林居民发起的武装暴动会“骚扰后方，从而援助日本军队的推进”。一旦在日本支持下实现新疆独立，“独立的新疆”将给日本以特别的经济和政治权益。这实际上是要使新疆成为第二个伪满洲国（西方人称之为“中亚伪满洲国”）。①

（《中国边疆史地研究》2002 年第 2 期）

① 《新疆军阀与穆斯林（1919～1949 年民国新疆政治史）》，《“双泛”研究译丛》第 1 辑，第 74 页。

西藏革命党与中国国民党关系考

陈谦平

1946 年 6 月，英印当局在印度噶伦堡破获了由邦达饶干组织的西藏革命党，并将有关人员驱逐出境，这就是所谓的“西藏革命党事件”。美国学者戈德斯坦（Melvyn C. Goldstein）在《西藏近代史，1913－1951》① 一书中对这一事件有过详细论述，但他依据的仅仅是英国方面的资料。此外，由于他不懂中文，从而忽略了该事件中一个最为重要的环节，即西藏革命党同中国国民党的关系。笔者在台北“国史馆”发现了有关中国国民党同西藏革命党关系的一些档案。这些档案资料表明，西藏革命党同中国国民党存在着组织上的隶属关系；西藏革命党事件恰恰反映出国民党在旅印藏族侨胞中宣传三民主义、发展组织、加强中央政府在西藏的影响这样一个事实。

一

“西藏革命党事件”的主角有邦达饶干、宫必拉、江祝建、根顿群培和罗凝札等 5 人。

邦达饶干生于 1907 年，西康江卡（今西藏芒康）人，是康藏富商邦达昌家族的成员。其长兄邦达尼玛为十三世达赖喇嘛的亲信，曾垄断西藏的羊毛贸易。其次兄邦达养壁（汉名罗绍亭）曾在亚东任卓木总管，主持西

① Melvyn C. Goldstein, *A History of Modern Tibet, 1931－1951: The Demise of the Lamaist State*, London, 1989. 该书由杜永彬译成中文，名为《喇嘛王国的覆灭》，由北京时事出版社于 1994 年出版。中译本错误较多。

藏对外贸易。1934 年，邦达饶干参与其弟邦达多吉在昌都发动的反抗拉萨当局的政变，并代表民军赴巴塘向刘文辉部求援。反藏失败后，他前往南京，受到蒋介石的接见，并在蒙藏委员会任职，次年飞赴印度。邦达饶干“深感前此失败，纯系无主义、无组织、盲目妄动所致，遂悉心研究革命政策及主义。六载以还，将英文三民主义读竣，并译成藏文，以资宣传；一面暗中宣扬中央威德，一面广布革命种子”①。抗战爆发后又回到重庆，担任国民政府蒙藏委员会委员。1939 年，他同江祝建（即索朗杰布）、宫必拉（又叫宫比拉或宫比喇）、根顿群培和罗凝札在印度噶伦堡筹建西藏革命党。

宫必拉即土登贡培，生于 1911 年，原系十三世达赖喇嘛的京生（即近侍官），由于深受达赖喇嘛的宠幸而握有西藏政教大权。1933 年十三世达赖喇嘛圆寂后，他被以孜本龙厦为首的政敌逮捕，1934 年初遭流放。

江祝建又叫江乐坚或姜洛京，生于 1903 年，西藏大贵族，为藏王苏朗多吉后代。早年就学于江孜的英国军官学校，毕业后在藏军任职，后同藏军总司令擦绒一道被免职。由于文笔好，遂在噶厦任秘书，成为龙厦的亲信，1934 年 5 月龙厦倒台后亦被流放。1937 年 12 月，经锡金逃亡到印度。② 噶厦命令卓木总管邦达养壁照会英印政府，要求将宫必拉引渡回拉萨。但邦达昌家族同宫必拉亦为世交，邦达养壁遂将噶厦的引渡命令通知了宫必拉，并授意宫必拉向印度总督请求政治避难。英印总督同意保护宫必拉③。

根顿群培又叫棍登曲批，1905 年生于青海日贡，入哲蚌寺为僧，获格西学位。30 年代初游学印度，习佛学，精通梵文和英语。曾受英国锡金政务官古德邀请翻译十三世达赖全传。根顿群培受马克思和列宁政治哲学的影响较深，主张在西藏实行政治变革，实施民主政治。这是他加入西藏革命党的思想基础。

罗凝札生于 1917 年，西康甘孜（今属四川）人，为西康富商桑多昌家族成员，其大伯和二伯均为热振活佛的妹夫。他热心革命，“甚信三民主义，康籍青年多拥护之”④。

---

① “邦达饶干为请准组织西藏革命党等事宜致吴忠信呈（1942 年 9 月 29 日）”，台北“国史馆”藏国民政府，档案 2000000000A-0592/4418. 01-02。

② “邦达饶干为请准组织西藏革命党等事宜致吴忠信呈（1942 年 9 月 29 日）”。

③ 拉宗卓嘎：《关于坚赛·土丹贡培》，《西藏文史资料选辑》第 3 辑，1984，第 72 ~ 73 页。

④ “西藏革命同志邦达饶干等五人略历”，台北“国史馆”藏国民政府档案 200000000A-0592/4418. 01-02。又参见 Goldstein, op. cit. , p. 453。

二

西藏革命党的英文为“Tibet Improvement Party”，应译做“西藏改革党”。在藏文文献中为“西藏西部改革党”，而在汉文文献中则为“西藏革命党”。该党主要活动于噶伦堡和大吉岭一带，其政治纲领是要将西藏从专制政府中解救出来，并对西藏的政治制度和社会进行革命性的改造和重建。1943 年，饶干在内地巡游数月，9 月带着中国官方护照回到印度。戈德斯坦认为，1944 年和 1945 年，饶干得到了国民党的经济支持，开始在西藏发展西藏革命党员。戈德斯坦所依据的是邦达饶干 1946 年 6 月 17 日的一封信。[①]然而，他无法引用档案中最重要的中文材料，来揭示西藏革命党与中国国民党的关系。

戈德斯坦书中所引用之“西藏革命党入党申请书”影印件，在“入党志愿”一栏中，有如下引人注目的文字：

> 承先生等负责介绍加入中国国民党，誓愿奉行三民主义，接受党纲，实行党的决议，遵守党的纪律，实行党的义务，决不加入其他政治团体，如有违背，愿受最严厉之制裁。[②]

戈德斯坦无法认识到这段文字的重要意义，尤其是“中国国民党”这 5 个字，表明了西藏革命党和中国国民党的关系。我们据此可以推断，所谓“西藏革命党”实际上就是中国国民党在旅印藏人中的支部，邦达饶干亦可以说是中国国民党旅印藏人支部的负责人。

笔者还找到以下一则史料以为佐证。据蒙藏委员会资料记载，邦达饶干在印度噶伦堡创办藏文报纸《民新周报》，专门“向西藏境内僧俗人民宣

---

① IOR，L/PS/12/4211，letter from Panda Rapga，17 June 1946. See Melvyn C. Goldstein，op. cit.，p. 452.

② See Goldstein，op. cit.，p. 456. 但在邦达饶干等给陈质平的英文译件中，“中国国民党”改成了“the Tibetan Improvement Party”。参见“驻加尔各答总领事陈质平呈报印度政府勒令饶干出境案交涉及经过情形（1946 年 7 月 29 日）”英文附件八“西藏内情”，1942 年 6 月～1947 年 12 月，台北“国史馆”藏外交部西藏档（以下简称西藏档），172－1/0016/019/4。

传本党主义及中央政纲政策”。后来，为加强在印度藏人中的宣传，蒙藏委员会经同国民党中宣部协商，并经国民政府军事委员会核准，从1944年6月起，发给“藏籍中国国民党党员邦达饶干君所创办”的《民新周报》“补助开办费国币一十万七千一百元，每月经常费三千九百二十元，结购外汇兑印”①。

这段史料至少证实了两点：第一，邦达饶干是中国国民党党员；第二，邦达饶干在印度的活动经费来自中国国民党。这样，我们对于邦达饶干在印度持中国官方护照，受中国政府经济资助，就不会感到惊诧了。

此外，从中国国民党第六次全国代表大会代表名单中可知，驻加尔各答总领事陈质平系中国国民党驻印度总支部的代表。② 由此推测，陈质平兼任国民党印度支部负责人，而西藏革命党实际上受印度支部领导。至此，我们对英印政府查获邦达饶干等在印度发展旅印西藏人加入西藏革命党（实即国民党）的活动后，立即下令驱逐饶干等人，就会有较明确的认识了。

在台北“国史馆”档案中，有一份蒙藏委员会委员长吴忠信致蒋介石的信函，该信转呈了邦达饶干“请准组织西藏革命党等意见书”一件，并就此问题阐述了自己的看法。

邦达饶干的意见书写于1943年9月29日，即他动身返回印度前夕，此时中央政府与西藏地方关系正因噶厦当局拒修途经西藏的中印公路而日趋紧张，重庆国民政府计划由青海和西康进军西藏。邦达饶干在信中代表宫必拉、江祝建、根顿群培、罗凝札和他本人向国民政府提出三项建议：（1）加入征藏国军工作；（2）组织康军进攻西藏；（3）组织西藏革命党。关于第三点，饶干指出：如果前两项建议“皆不能实行，则拟请准吾人组织西藏革命党，以号召康藏人民，进行革命工作，主义自当尊奉三民主义，组织则请中央派员指导，遵照中央规定，予以组织，总部设重庆，康定、噶伦堡设分部，以从事西藏之革命运动，一面以言论监督政府，一面密组

---

① 《蒙藏委员会为抵制英办报纸对藏煽动独立开具加强对藏宣传意见复外交部代电》，1944年9月1日，《元以来西藏与中央政府关系档案史料汇编》第7册，中国藏学出版社，1994，第3162~3163页。

② 参见荣孟源主编《中国国民党历次代表大会及中央全会资料》下册，光明日报出版社，1985，第989页。驻印度总支部代表共计3名，陈质平名列第一。

军队，相机夺取政权，惟党费则请中央补助”。饶干还计划在噶伦堡“筹办报纸，攻击（西藏）政府措施，激发藏人革命精神，使与西藏政府分离”，认为目前在西藏发动革命的条件已经成熟。尽管他表示“在未与中央联络并取得中央信任之前，实不便公开采取强力之革命行动”，而实际上，该党的筹建工作早在 1939 年便已开始。①

吴忠信认为饶干等“所请求三事，尚属切实，而有运用之价值。惟是否现在即可运用，或留待将来运用，事关对藏外交军事整个问题，非忠信所能擅决，应请裁夺指示”。他觉得组党之事“良应举办”，但担心两点：其一，害怕国民党在西藏组党一旦暴露，引起英国政府的反弹；其二，西藏革命党同中国国民党的关系。他认为，该党“如属于西藏自身组织，对外较为方便，但既不能显示其信行三民主义，而又嫌与中国国民党地位平行，无法指挥，且将因党权分立，领导歧异，而有分崩离析之危险”。“若使其为中国国民党之一支部，似尚可行”。这是对西藏革命党同国民党关系的一个明确定位。②

后来，蒋介石接见了饶干，并由蒙藏委员会名义提供组党经费 10 万元，还将此种情况知照国民党印度支部和军统局、军令部在藏特工，请予以配合。

三

西藏革命党成立后的活动不甚清楚，有资料显示该党曾奉国民党中央之命对英印政府在藏东南的领土侵略情况展开调查。据宫必拉妻子回忆，1945 年，在印度居留的邦达饶干和宫必拉探听到英国人侵占西藏边境门达旺地区的情况后，便约根顿群培、江祝建等人秘密商讨，遂派根顿群培化装成乞丐，以朝佛为名，到已经被英国人侵占的门达旺地区侦察，绘制出地图。在完成任务后，根顿群培于 1946 年 1 月 4 日抵达拉萨。③ 他将绘制的地图通过英国人在江孜开办的邮局寄往邦达饶干在噶伦堡的住址“Relli

① “邦达饶干为请准组织西藏革命党等事宜致吴忠信呈（1942 年 9 月 29 日）”。

② 吴忠信呈西藏革命同志代表邦达饶干请准组织西藏革命党等意见（1942 年 1 月 22 日），台北“国史馆”藏国民政府档案，200000000A-0592/4418.01-02。

③ 拉宗卓嘎：《关于坚赛·土丹贡培》，《西藏文史资料选辑》第 3 辑，第 73 页。

View"，引起英国江孜商务代办黎吉生（H. Richardson）的怀疑。因为邦达饶干系国民政府蒙藏委员会委员，在印度持中华民国公务护照，并有组织政党的嫌疑，正受到英国警察的秘密监视。黎吉生拆开根顿群培的信件后，发现数幅地图和指明属于西藏地区的图解说明，立即将这一情况报告了噶伦堡警方。[①] 这一活动是造成西藏革命党暴露的主要原因。

但根据戈德斯坦的研究，黎吉生本人否认发生过检查根顿群培信件一事；英国和英印政府的档案中均未发现有关这一事件的记录。[②] 他认为，印度警方在1946年2月初发现邦达饶干订购4000份西藏革命党党员申请表、20000张党员登记卡和一枚同苏俄标记惊人相似的徽章，于是开始注意邦达饶干的活动。[③] 锡金政务官古德（Basil Gould）当时问一位西藏官员："邦达饶干目前在噶伦堡干什么？既然他没有任何职业，那么他是如何谋生的呢？"英国人考虑是否应该将这一政治组织告诉西藏噶厦。4月初古德致英印政府外务部的信反映出这种谨慎。古德说："我原来的想法是我们应该将有关整个案例的所有文件都提供给西藏政府。但是我们不能保证他们将会注意此事，同时，我们行动的消息将是众所周知的事。因此，最好的办法似乎只能是逐步地、一件一件地透露这些情报，并视他们的反应决定下一步行动。"古德因而指示黎吉生可以让西藏政府了解文件碰巧落入他的手中，同时暗示只有在真正需要的时候才愿意透露更多的情报。[④]

4月10日，黎吉生向西藏政府通报说，有西藏革命党存在，但未提及任何个人姓名。黎吉生向古德报告说，他向西藏"外交局"展示了除邦达饶干致斯平克、致西藏"外交局"的信以外的全部附件。"外交局"立即把这些文件同邦达饶干联系起来。"外交局长"索康札萨说，他知道沈宗濂给了邦达饶干14000卢比，用于购买电动印刷机。在索康等人的请求下，黎吉生提供了上述附件的副本，索康说将立即呈递给噶厦。黎吉生当即表示，如果他们希望看到邦达饶干是这一事件主使人的证据的话，他能够向他们提供。

---

① See Goldstein, op. cit., pp. 453-454.

② See Goldstein, op. cit., p. 454.

③ See Goldstein, op. cit., p. 454.

④ 本段及以下两段，参见 Goldstein, op. cit., pp. 454、457-458。

4月26日，西藏“外交局”对黎吉生所提供的情报表示感谢，并请求印度政府将邦达饶干引渡到西藏。黎吉生说，他将转达这一请求，但他解释这一请求未必能够获得准许，因为邦达饶干宣称他是中国国籍。黎吉生本人建议将其驱逐回中国，据此说明邦达饶干正在利用印度作为“中国反对西藏政府”的一个活动基地。

1946年6月4日，印度政府外务部致函中国政府驻印度专员公署，声称居住于孟加拉省噶伦堡 Relli View 的中国官方护照持有人邦达饶干“将会依法受到起诉”，故请该公署“饬知饶干于一个月内离境”。中国驻印专员公署接到信函后，当即由加尔各答总领事陈质平命令邦达饶干速自噶伦堡来加尔各答。邦达饶干于6月14日到加尔各答总领馆，陈质平立即向其出示了英印政府外务部致中国驻印度专员公署信函之抄件，警告他印度警察很快就会查抄他的住处，要其速返噶伦堡，并“将所有同党相关的文件销毁，尤其是党员名单”[①]。这则史料更进一步证实了西藏革命党同中国国民党在组织上的密切关系。

饶干本人还于6月17日致函国民政府蒙藏委员会（原信为英文），请求中国政府出面干预，说服英印政府收回成命。饶干在信中指出，他于1935年来到印度，同年便赴重庆。1936年进入蒙藏委员会任职，同年返回印度且一贯忠于职守，并为能服务于中央政府而感到荣幸。在1943年前往中国之前，房屋和土地都在他妻子名下，于是他们便在噶伦堡的印度法院将上述房屋和土地登记注册为他和妻子的共同财产。他于1943年9月动身飞赴重庆，并在那里居住了4个月。1944年1月他持中国官方护照返回印度。当他和妻子在噶伦堡塔那（Thana）警察局登记注册时，警务人员间接告诉他：“如本人声明与中国政府无关，可免登记”。但他当时未予理会，没有介意英印警察所说的话，因为他为中央政府服务的信念未有丝毫动摇。因此，他反对英国政府的工作和激情自然不断增长。

他写道，最近，英印政府已经通知在新德里的中国专员公署，要求该公署饬知他于一个月内离开印度。他说：“假如我按照他们的要求离开印

① Letter from C. C. L. Crichton, Jiont Secretary to the Government of India, to the Secretary-in-Charge of the Office of the Commissioner of China to India, 4 June 1946. “驻加尔各答总领事陈质平呈报印度政府勒令饶干出境案交涉及经过情形（1946年7月29日）”英文附件一，西藏档，172-1/0016/019/4。

度，毋庸说我将丧失我的财产和生意，且此地藏人的士气亦将低落。所以，我通过此信请求你们立即利用你们巨大的影响敦促（英印政府）满足我的如下要求：（1）我依然像过去一样作为一名持有中国政府护照的中国政府雇员待在这里。如果这是不可能的话，那么，（2）我便依据其他藏人那样的公民身份留居噶伦堡。如若不行，（3）至少应该给我一年时间，以便对我的房屋、土地、我所管理的遍及各地的生意以及治疗我那重病的妻子作出必要的安排。”①

四

1946 年 6 月 19 日，英国人查抄了邦达饶干和被怀疑从事间谍、革命活动的其余 6 个人的家。根据戈德斯坦的研究，这 6 个人是强巴俄色、波波拉、李培兴、索波达玛、江视建和沈某。② 但根据陈质平的报告，军统局在噶伦堡的工作人员张方堃的住处也遭英印警方搜查。张方堃的文件原寄放友人李某处，6 月 19 日搜查时，李某适将文件一箱送还，遂被一并搜去。张方堃不久即被拘押。英印警方通知中国驻加尔各答总领馆，张方堃系根据印度国防法第 129 条第 1 款被拘押，仍候孟加拉省政府训令办理。据笔者推测，张方堃的朋友李某，极有可能是上述 6 人中的李培兴。又据陈锡璋回忆，邦达饶干将文件委托在噶伦堡开照相馆的李之扬代为保管，警察搜查饶干住处时，李适将一箱文件送还，结果也被英印警察逮捕。但因陈锡璋其时在西藏，只是听说，回忆或许有误。③

陈质平报告说：“6 月 21 日，该员（指邦达饶干）来馆报告，谓返噶后将有关文件移置他处，19 日被大吉岭警察搜查时，仍搜出本人与江视建、宫必拉三人组织西藏进展党之合约，约内说明该党服从蒋委员长、奉行三民主义及改造西藏成为民主政体（附件七）。嗣又报告，尚有入党志愿书

① P-Rapga to the Commission on Mongolian and Tibetan Affaires, the National Government of China, 17 June 1946. “驻加尔各答总领事陈质平呈报印度政府勒令饶干出境案交涉及经过情形（1946 年 7 月 29 日）”英文附件四，西藏档，172－1/0016/019/4；See Goldstein, op. cit., pp. 460－461。

② See Goldstein, op. cit., p. 458.

③ 参见陈锡璋遗作《西藏从政纪略》，《文史资料选辑》第 79 辑，文史资料出版社，1982，第 132 页。

2000 份亦被取去。后复据其印人雇员谓，尚有日记簿一册，内有某月某日发某处文电与晤见某人之纪录。"①

而据英印当局驻噶伦堡中央情报局官员报告，警察在饶干住处搜出一份由饶干、江祝建和宫必拉等 3 人署名的《噶伦堡西藏革命党简明协定》和饶干写给中国人的几封信。这正好印证了陈质平的报告。《简明协定》即陈质平所称的"西藏进展党合约"，其内容如下：

为了西藏的改良和进步，我们于 1939 年签订了一份详细的协定。此后，当饶干于 1943 年 5 月 11 日前往重庆时，我们又在噶伦堡通过了四项决议。随后，当沈宗濂处长抵达噶伦堡时，我们于 1944 年 7 月 9 日向他提交了一份申请。后来又于 1945 年 9 月 4 日通过拉萨办事处前任处长马先生②向他呈交了一份申请。1945 年 8 月 9 日，我们收到了沈宗濂通过中国领事馆转来的口信，从 1945 年 7 月起，宫必拉先生和江乐坚先生将会收到生活补助费。我们也有可能收到西藏革命党组织的财政资助。然而，不管我们是否能够得到这一资助，我们都必须严格遵守下列规则：

1. ……我们首先必须把三民主义和蒋主席的命令化为行动。我们必须在思想和行动上同中央政府的主义和政策保持一致。我们绝不违反这些原则。

2. 最近蒋主席已经宣布允许西藏自治。据此，我们必须为把西藏从现存的专制政府中解放出来尽自己最大的努力……

3. 未同党组织协商或未得党组织批准，西藏革命党党员不得擅去任何地方。

4. 我们必须与同情本党的人进行合作并给予援助，我们必须结成统一战线以反对本党的敌人。

---

① "驻加尔各答总领事陈质平呈报印度政府勒令饶干出境案交涉及经过情形（1946 年 7 月 29 日）"，西藏档，172-1/0016/019/4。

② 原文为"Mr. Ma, ex-Chief Section of Lhasa Office"。杜永彬译为"原'国民政府护送九世班禅回藏专使行署'代理专使马鹤天"，不知以何为据？见《喇嘛王国的覆灭》，第 472 页。据笔者考订，"Mr. Ma"似应为驻藏办事处科长马先根，该员于 1944 年秋同处长孔庆宗一道调离拉萨，经印度回国。参见《元以来西藏与中央政府关系档案史料汇编》第 7 册，第 3126 页。

5. 为了我们的共同利益，居住在西藏境内外的西藏革命党党员必须牢固地团结起来。本党党员为了我们的共同利益而遭遇危害时，本党其他党员必须齐心协力地予以帮助。

6. 未经本党决议，我们不能同任何政府或政党建立联系或进行对话。党员个人不能随心所欲。

7. 为了管理本党财务和为本党募集资金，本党必须通过决议，账目应当按月提交给党的会计。

西藏革命党的全体党员必须严格遵守下列规则和纪律：

（1）遵守党的规章和主义。

（2）允许自由讨论关于本党的任何问题，但一旦形成决议必须绝对遵守。

（3）保守党的秘密。

（4）在外人面前不得攻击本党同志或本党机关。

（5）不得加入任何其他政党。

（6）不得组织宗派和小集团。

违反上述规定的任何人都应受到下列处罚之一：

a. 警告。

b. 暂停其党员应享受权利。

c. 暂停其党籍。

d. 开除出党。①

在陈质平报告的附件里，有英印警察当局从邦达饶干处搜去的西藏革命党合约和党员登记表主要内容的英文译件。合约的主要内容有“服从蒋委员长、奉行三民主义”，“不论中国政府是否帮助，我们都应该顺应国际发展，像中国和其他国家那样，在西藏推行民主制度”。还有“新党员须有2名老党员作介绍人”“本表须用墨水笔填写，字迹清楚”“党员须提供本人2寸照片一张”等填表规定。②

7月3日，印度政府外务部再次致函中国驻印专员公署，谓“饶干仍未

① See Goldstein, op. cit., pp. 459-460.

② 参见“驻加尔各答总领事陈质平呈报印度政府勒令饶干出境案交涉及经过情形（1946年7月29日）”英文附件八，西藏档，172-1/0016/019/4。

离印，决将递解出境，已饬孟加拉省政府办理”[①]。7 月 6 日，邦达饶干在噶伦堡也收到警察局转交的印度政府内务部签发的驱逐令，限其于命令发布之日起，15 日内必须从加尔各答出境，并不准再返回印度。[②]

7 月 9 日，邦达饶干再次来到中国驻加尔各答总领馆，声称：“照目前情势，似难再留印度，惟本人在印产业须料理布置”，妻子“患腹瘤须留在大吉岭医院割治”，请求总领馆“设法交涉，准予延期一年，如难办到，则以三个月为期”。饶干还报告说：“本人来加（尔各答）途中，将所执官员护照、外侨登记证及出境令遗失。”加尔各答总领馆以为，印方饬令饶干出境系以“其身为中国官员，未履行外侨登记或得居住准许为理由”；且邦达饶干 6 月 14 日来总领馆时曾说明他在印没有“履行登记”手续。由于外侨在印度可以随地办理居住登记，遇有迁移，只须向原登记警察局以及迁居地警察局报告即可。因此，陈质平对饶干“忽以遗失外侨登记证报告，事出奇突，经追询后，始知于 1944 年 1 月抵加后即在加尔各答警局与其妻同时登记”[③]。显然，饶干对总领馆隐瞒了曾在噶伦堡警察局登记的事实。不过，中国驻加尔各答总领馆仍然出面同印度政府外务部进行交涉。

印度政府外务部“以权在当地政府……不允展期”答复中国总领馆，声称“此事系根据地方当局呈请，难以变更决议”。中国驻印专员公署又向印度外长卡罗（Sir Olaf Caroe）面提此事，卡罗“虽允再商主管部门，惟云希望甚少”。印方声称，勒令邦达饶干出境“系因未办登记，今既有登记事实，应由该员提出证据，就地交涉，以求迅速”[④]。于是驻加尔各答总领馆又于 7 月 12 日致函孟加拉省内务部，“说明饶干系中国政府官员，执有官员护照并曾履行登记”，请求给予饶干 3～12 个月的时间留在印度处理生意和财产，并允许其在短期内照料因患肿瘤住在大吉岭医院的妻子。信函指出，

---

① Letter from C. C. L. Crichton, Jiont Secretary to the Government of India, to the Secretary-in-Charge of the Office of the Commissioner for Chinese in India, 6 July 1946. 参见“驻加尔各答总领事陈质平呈报印度政府勒令饶干出境案交涉及经过情形（1946 年 7 月 29 日）”英文附件二，西藏档，172-1/0016/019/4。

② Order of Deportation, Home Departtment, Government of India, 3 July 1946. 参见“驻加尔各答总领事陈质平呈报印度政府勒令饶干出境案交涉及经过情形（1946 年 7 月 29 日）”英文附件三，西藏档，172-1/0016/019/4。

③ “驻加尔各答总领事陈质平呈报印度政府勒令饶干出境案交涉及经过情形（1946 年 7 月 29 日）”，西藏档，172-1/0016/019/4。

④ “驻加尔各答总领事陈质平呈报印度政府勒令饶干出境案交涉及经过情形（1946 年 7 月 29 日）”英文附件六，西藏档，172-1/0016/019/4。

邦达饶干在印度期间遵守了当地的警务规则，要求停止驱逐令。①

同时邦达饶干本人亦致函孟加拉内务部，称自己是西藏人，自 1936 年以来一直居住在大吉岭地区，请求该部鉴于其妻子重病住院治疗、其被逐后将无法返回而又急需处理在印房地产等理由，给予他足够的时间留在印度处理个人事务，并要求噶伦堡警察当局归还在其家中搜去的所有文件。②但孟加拉省答称："此系印度政府职权，未便办理"。此后，印度政府正式答复中国驻印度专员公署："饶干已有月余时间处理在印事务，歉难延期"。由于邦达饶干系被西藏噶厦放逐旅居印度，故其本人"深恐藏方知其进行政治活动，要求引渡返藏惩处，故于收到出境令后，表示不再留印……即于限满之前离境"③。

邦达饶干于 1946 年 7 月 22 日离开印度回到上海。

宫必拉的住处亦遭到英印警方的搜查，英印当局遂宣布宫必拉为不法分子，限其 7 天内离开印度。陈质平报告说："据宫必拉报告，噶警局人员，曾告本人及江祝建，谓饶干将出境，不久将及彼等。询欲何往，（宫必拉）本人当答以如果当局不欲彼等居留，则赴上海去"④。在中国驻加尔各答总领馆的帮助下，宫必拉亦飞往上海。宫必拉后转到南京，曾求助拉萨驻京办事处，但遭拒绝。宫必拉在内地生活穷困潦倒，有时一天只能喝一碗粥。后经班禅驻京办事处计晋美和益西楚臣的介绍，到蒙藏委员会任职。⑤

江祝建亦遭驱逐，但由于他是不丹王族子弟的家庭教师，经不丹王族出面交涉，得以留在印度。⑥

7 月下旬，噶厦在拉萨逮捕了根顿群培，并在其住处搜出了有关藏军数目、武器装备等情况的报告、关于拉萨上层人物的简历、关于印藏边境地

---

① Letter from Consul General for China to the Secretary of Home Department, the Government of Bengal, 12 July 1946. "驻加尔各答总领事陈质平呈报印度政府勒令饶干出境案交涉及经过情形（1946 年 7 月 29 日）" 英文附件五，西藏档，172-1/0016/019/4。

② Letter from P. Rapga to the Secretary of Home Department, the Government of Bengal, 12 July 1946. "驻加尔各答总领事陈质平呈报印度政府勒令饶干出境案交涉及经过情形（1946 年 7 月 29 日）" 英文附件六，西藏档 172-1/0016/019/4。

③ "驻加尔各答总领事陈质平呈报印度政府勒令饶干出境案交涉及经过情形（1946 年 7 月 29 日）"，西藏档，172-1/0016/019/4。

④ "驻加尔各答总领事陈质平呈报印度政府勒令饶干出境案交涉及经过情形（1946 年 7 月 29 日）"，西藏档，172-1/0016/019/4。

⑤ 拉宗卓嘎：《关于坚赛·土丹贡培》，《西藏文史资料选辑》第 3 辑，第 72 ~ 75 页。

⑥ 本段及下段，参见 Goldstein, op. cit., pp. 461, 463。

区的资料以及根顿群培正在撰写的一部关于西藏历史专著的草稿。根顿群培以伪造货币的罪名被关押，1951 年才获释。

陈质平在分析这一事件发生的原因时指出，英印政府极为忧惧国民政府战后对西藏的活动。“英人对于西藏，居心叵测，近年我方积极调整中藏关系，颇收成效。在噶伦堡方面安置之工作人员，亦相当活动；同时英驻锡金政治官古德退休，继任之霍布金森周旋不善，颇失藏方之欢。以正值战事期间，未暇顾及。比战事告终，孟省政府即调加尔各答之副警察局陶尔逊任大吉岭之警察局长，管理大吉岭及噶伦堡一带治安。陶尔逊号称管理外侨之能手，华侨情形尤为熟悉。此次事件，无疑出其主动。”①

邦达饶干亦认为，英印当局惧怕中国政府在当地藏族侨民中扩大影响。“噶伦堡大地主拉加道斋（Raja Dorji）受英人主使，进行同化藏民之计划，屡为（饶干）本人破坏，此次勒令出境及搜查，系出拉加道斋之阴谋。”

陈质平指出：“勒令饶干出境，虽以未登记为由，实际上为英人侵略西藏及保护其既得地位之举措。就饶干与江视建、宫必拉、张方堃等同时被搜查与印度政府及孟加拉省政府对我方交涉相互推诿两事观之，极为明显。”这个分析可谓一针见血。

英印政府根据西藏革命党事件，断定邦达饶干、江视建、宫必拉、根顿群培等人受到中国国民政府的经济援助，企图以印度大吉岭和噶伦堡为基地，在旅印藏人中发展组织，最终推翻西藏地方政府，在拉萨建立一个隶属于中华民国的西藏共和政权。不过，他们完全没有料到的是，西藏革命党同中国国民党在组织上会有如此密切的关系。通过西藏革命党事件，我们也可以看到国民党和国民政府在对藏关系上并非完全消极被动，他们采取各种积极的方法，以图实现中央政府在藏行使主权的目的。

西藏革命党事件的出现和邦达饶干等被驱逐出印度，是战后中英两国在西藏主权归属问题上的一次冲突与交锋。这次事件的发生，使得英印政府对国民政府的戒心加重，使其防止中国政府力量介入西藏的步骤加速。

（《历史研究》2002 年第 3 期）

---

① 本段及以下引文见“驻加尔各答总领事陈质平呈报印度政府勒令饶干出境案交涉及经过情形（1946 年 7 月 29 日）”西藏档，172-1/0016/019/4。

1908年第十三世达赖喇嘛晋京朝觐考

索文清

1908年第十三世达赖喇嘛晋京朝觐，是西藏近代史上的一件大事。它是继1652年五世达赖喇嘛入京觐见顺治皇帝、1780年六世班禅额尔德尼入京觐见乾隆皇帝之后，第三位西藏格鲁派宗教领袖入京朝觐。达赖此行的主要目的是向清朝皇帝禀奏西藏情势，联络与中央政府感情，寻求中央政府帮助与支援，抗敌御侮，进一步巩固和密切西藏地方与中央的关系。对于这样一件在西藏历史、宗教方面均有着重要意义的大事，以往有关达赖喇嘛的传记、年谱以及相关著作中都记录得不甚翔实，使人难于了解这次朝觐活动的全貌。近年，笔者赴日本访问，在东京大学东洋文化研究所图书馆偶然发现了一本题为《内厅侦察达赖报告》的资料，这是一本用毛笔手抄无记名的原始日志。该报告原件为线装，深蓝布封皮，红格草纸抄写，共94页。这份向清朝政府呈送的秘密报告，是内廷派专人守候于达赖驻锡的黄寺，每日在观察完达赖一行的行踪之后，按着不同情况和内容分类笔录的，故所记文字较为真实可信。其中逐日记录了十三世达赖从光绪三十四年九月初四日到十一月二十八日（1908年9月24日至12月21日）为止，共84天在北京的全部活动。这份报告为我们了解达赖入京这段史实提供了最直接的第一手资料，它可以补正以往史籍记载的不足和偏误。现以该报告为主，参以其他档案史籍记载，将十三世达赖喇嘛晋京朝觐时的活动情况，分几个专题记述考释于后。

达赖入觐的历史背景

十三世达赖喇嘛土登嘉措（1876～1933），是在光绪二十一年（1895）

年届 20 岁时亲政的。此时正是英、俄等帝国主义觊觎西藏，西南边疆出现危机的时期。年轻的达赖喇嘛以法王和藏王的身份，执掌全藏政教大权，一面剪除敌对势力，巩固内部统治；一面加强战备，密切注视着外部来犯之敌。

1890 年和 1893 年，英国与清政府先后签订《藏印条约》和《藏印续约》，在攫取了亚东开埠和自由通商的特权之后，得寸进尺，又积极策划新的入侵阴谋。1896 年，英国以“藏印条约规定的某处边境被藏兵占据”为由，要进入西藏腹地巡边勘界，遭到西藏地方政府的回绝。随后从 1899 年始，英印总督寇松（G. N. Curzon）一连三次致函达赖，对其拉拢诱惑，企图抛开清朝政府，寻求与西藏地方直接交往举行谈判。[①] 此举同样遭到了达赖喇嘛的断然拒绝，来信被原封不动地退回。接连的碰壁失败，使英国政府大为恼火，于是从 1902 年开始，便着手发动对西藏边境的武装进犯。1903 年，英国先派兵占领了后藏要地岗巴宗，后又以荣赫鹏（Francis E. Younghusband）为正帅，率军侵入亚东、帕里一线，强占西藏领土，野蛮屠杀当地民众。英国的挑衅行为激怒了西藏军民，由此爆发了第二次抗英战争。

就在这时，以十三世达赖为首的西藏地方政府与驻藏大臣有泰之间的关系日趋紧张，两者在抗英问题上所持的态度截然不同。作为西藏政教领袖的达赖喇嘛，对清朝政府一直保持着期望与信赖，力主抗英，并且请求清政府调集内地军队，资助军饷，与西藏军民共同作战。而刚刚到任的驻藏大臣有泰，昏庸怯懦，畏缩不前，不仅不支持西藏军民的抗英斗争，拒绝达赖的正当要求，反而斥责达赖“执拗无理，胆大妄为”，妄图利用藏军与英军作战的时机，釜底抽薪，使藏军大败，以达到压服藏人、与英军妥协媾和的目的。[②]

---

① 寇松第一次寻求与达赖交往，是在 1899 年派遣不丹驻大吉岭代表乌金噶其（Vgyen Kazi），以个人名义致书达赖。第二次是 1900 年，利用克什米尔行政副长官克尼恩（C. Kennion）上尉赴西藏噶大克会见当地噶尔本（营官）的机会，转呈给达赖一封信函。第三次是 1901 年，利用乌金噶其赴拉萨的机会，再次致函达赖。几次信件均遭达赖拒绝接收，理由是“没有和驻藏大臣及噶厦（西藏地方政府）商议，他就不能和任何外国政府通信”。参见周伟洲《英国、俄国与中国西藏》，中国藏学出版社，2000，第 184 页。

② 有泰曾荒谬地说：“今欲折服其心，非任其不败不能了局……倘番众果再大败，则此事即有转机，譬之釜底抽薪，不能不从吾号令也。”见吴丰培辑《清季筹藏奏牍》第 1 辑，“有泰奏牍”卷 1，第 9 ~ 10 页。

有泰的昏庸误国，节节退让，加上西藏军民缺乏作战经验，军官在战争中指挥不力，酿成这场保家卫国战争的最后失败。英军得以长驱直入，逼近拉萨。1904 年 7 月，英军渡过曲水，到达拉萨城下，十三世达赖情急之中，没有通知驻藏大臣，只带领少数随从，携印匆匆离开布达拉宫，北上出走，开始了在内地的流荡生活。

十三世达赖喇嘛是在抗敌无援又不甘与敌人言和的情况下离开拉萨的。他不想在外国人的枪炮威吓下失去尊严。他说："眼下英军已逼近拉萨，意要与我会面。然而，我与洋人之观点行为截然相异，实不能聚首会谈。"① 于是他改换便装，取道哈拉乌苏（黑河），越过唐古拉山、通天河等地进入青海，后又经甘肃到达蒙古地区。一路上，由于他长期在藏传佛教中的领袖地位和影响，所到之处，均受到当地藏、蒙古、汉、回、土等各族百姓和信徒的朝拜和广泛同情。是年 11 月，十三世达赖历经辛劳跋涉到达库伦，受到清廷驻库伦办事大臣、蒙古哲布尊丹巴呼图克图以及当地僧俗百姓的热烈欢迎。清政府这时虽然听信驻藏大臣有泰的纠参，革除了十三世达赖喇嘛的名号，但对达赖离藏出走求援的行动仍十分关心重视，一直命人查询达赖出走后的踪迹和路线。② 特别是清朝政府得知，在达赖一行中有间谍俄籍蒙古人德尔智随行，此人多年蛊惑煽动达赖寻求俄国保护，鼓吹联俄抗英，狡黠阴险，这更引起清廷的警惕。10 月 12 日（九月初四），清政府外务部电告西宁办事大臣和库伦办事大臣："无论达赖行抵何处，务即迎护内地，妥为款留，勿任北去"③。不久，库伦办事大臣德麟即奏报达赖出走缘由以及行将到达库伦的消息。11 月 1 日（九月二十四日），光绪皇帝谕军机大臣等："著德麟迅即派员迎护到库，优加安抚，以示朝廷德意"④。两天后，又降旨德麟说，现派延祉前往库伦迎护，延祉未到前，仍著德麟妥为照料。接着，西宁办事大臣延祉前往库伦迎护达赖喇嘛，并带去了慈禧太后和光绪皇帝赏赐的诸多礼品以示抚慰。⑤

---

① 见西藏自治区政协文史资料编辑部编《西藏文史资料选辑》第 7 辑，第 71 页。

② 《驻藏大臣有泰奏达赖现抵库伦行文询其行踪片》，中国第一历史档案馆藏理藩部档第 662 号。

③ 中国第一历史档案馆藏军机处录副奏折第 1032 卷，第 2 号。

④ 《清德宗实录》卷 535，第 8 页。

⑤ 中国第一历史档案馆藏宫中朱批；又见《第十三世达赖喇嘛年谱》，《西藏文史资料选辑》第 11 辑，第 80～81 页。

达赖到库伦后，一直注意着西藏形势的发展。虽然他曾幻想求助于俄国，以俄国的军援和外交支持与英国抗衡，但是日俄战争的失败，使俄国已无更多的实力顾及西藏，尤其在抗英战争中，俄国没有给达赖提供任何实质性的援助。权衡利害，达赖不敢也不能贸然去俄寻求保护，他仍依靠和求助于清朝政府解决西藏问题，并希望能直接而不是通过驻藏大臣向皇帝禀报西藏遭受的灾难，取得中央政府的理解和支持。他说："前在藏时，远隔君门万里，偶欲有所陈奏，或为驻藏大臣阻遏，不得经达"①。所以到库伦后，他很快通过延祉向皇帝呈递奏折，并派遣哲蚌寺巴登活佛和库伦索本、库伦洛桑旦增等人随延祉赴京直接呈报西藏情况，反映出他急于想和清廷取得联系的心情。②

1905 年，达赖逗留在库伦等待清廷的旨令。此时西藏地方政府和三大寺僧人联名呈递公禀，请求恢复达赖名号，随后一个以达赖之兄团桂多吉、扎萨罗桑顿珠为首的西藏代表团于年底到达库伦，准备迎接达赖回藏。

达赖的去留，一直是清政府颇费思考的问题。达赖如久留库伦，庞大的随行队伍势必给当地带来重负。故光绪三十二年（1906）三月底，清政府决定派科尔沁辅国公、御前大臣博迪苏和内阁学士达寿以"宣示德意，存问疾苦"为名，去库伦与达赖妥商下一步栖止地方。四月下旬，博迪苏等往见达赖③，最后商定先接达赖回青海塔尔寺暂住，然后再取道青海，护

---

① 博迪苏：《朔漠纪程》，转引自吴丰培《清季达赖喇嘛出亡事迹考》一文（载《中德学志》第 5 卷第 1 期，1942，第 322 页）。

② 据《十三世达赖喇嘛土登嘉措年谱》载，12 月 24 日，达赖在写给拉萨的甘丹池巴活佛信中说："我等一行于 10 月 20 日上午安抵大库伦……我抵此地后，皇上和皇太后特派一位钦差大臣前来问候，同时还恩赐给满族服装一套和 10 匹绸缎及 6000 两银子，目前正请钦差大臣向皇上详细禀奏西藏情况，并已派巴底（登）活佛和库伦膳食官洛桑旦增去北京作详细禀报，待接到圣旨后，准备速返拉萨，继续从事我未竟事业。"见丹珠昂奔主编《历辈达赖喇嘛与班禅额尔德尼年谱》，中央民族大学出版社，1998，第 376 页；又见《西藏文史资料选辑》第 7 辑，第 69 页。

③ 《朔漠纪程》云："闰四月二十六日午后往见达赖。达赖遣徒众持执幡幢、鸣鼓乐来迎，入该寺后，跪接圣旨，送黄哈达二分，恭请圣安。当即颁发皇太后、皇上所赏物件。达赖行三跪九叩礼恭谢天恩。入座，款以酪浆茶果。因详述朝廷德意，并与妥商安禅处所，达赖意甚感激"。又"二十七日晴，午后复往见达赖，申明圣旨，并商令于西宁、五台二处择地栖止。据达赖称，世受国恩，眷怀西土，甚愿归藏……惟西藏徒众，屡次来接，言藏中业已平靖，一切教务待理孔亟，仍愿遵前旨速归。业咨乌里雅苏台将军、饬属备齐驼马，即前进矣。达赖遂呈进皇太后、皇上无量寿佛各一尊，并云，屡蒙恩赉，感激无地，愿遣徒进京入贡等语"。

送达赖返藏。达赖听从了清政府的安排，五月下旬由库伦起程途经甘州，以讲经拜寺名义于当年秋天到达塔尔寺。达赖由库伦起程后，清朝政府恢复了他的名号。

达赖准备返藏的消息传出后，正值中英举行修改《拉萨条约》的谈判。英国政府不同意并阻止达赖回藏。时清廷派往印度参与谈判的张荫棠也认为此时达赖回藏于整顿藏务筹施新政不利，请求清政府设法将十三世达赖留滞西宁或京师。清政府也意识到，几年来，外国列强尤其是英、俄、日、美等国频频觊觎西藏，边疆矛盾纷繁，本应体恤和安抚达赖，化解矛盾，同时彰显中央政府和皇帝对西藏宗教领袖的重视和关怀，故有召十三世达赖喇嘛入觐之议。而在这时，九世班禅却吉尼玛（1883～1937）也向张荫棠提出了“赴京陛见”的请求。西藏地方政府及三大寺僧众听到这一消息，集议数日，要达赖先于班禅进京陛见。张荫棠在替西藏地方政府代奏此情况时说：“达赖濒行曾言拟赴北京吁请陛见，面陈西藏情形，恭请圣训，俾得所遵循等语。达赖现驻西宁，商上等众议，令达赖就近吁恳陛见，乞据情代奏。如蒙俞允，即由西宁起程赴京”。接着，张荫棠又向清政府建议：“臣查达赖、班禅乾隆后久未入觐，致启强邻觊觎，得所藉口。今天诱其衷，先后吁请陛见，则万国观瞻所系，主国名义愈见巩固……现藏属安谧，一切政治均由噶勒丹池巴商上等经理，所有达赖、班禅晋京，于地方情形尚无窒碍，可否准其陛见之处，伏候圣裁。”① 清政府经过对各方情况详细研究后，同意了张荫棠的上奏，遂于光绪三十三年（1907）冬降旨，先邀达赖赴山西五台山朝佛，暂住休养，做入觐准备，第二步，再由五台山经直隶入京觐见。至于对班禅的陛见请求，则另降旨：俟藏务大定后，再来陛见。

达赖入觐前的准备

光绪三十三年十一月二十七日，十三世达赖由青海塔尔寺出发前往五台山，当天下午到达西宁，接受了西宁办事大臣、镇台、护持等奉献的大量财物，沿途得到官兵悉心照护。达赖在西宁小住三日后，接着向兰州进

---

① 吴丰培辑《清季筹藏奏牍》第1辑，“张荫棠奏牍”卷二，第34～35页。

发，十二月初九日抵达兰州。陕甘总督升允两次前往谒见，馈赠礼物，并派候补知府裕端等官员护送至目的地。翌年正月中旬，达赖一行到达五台山，受到当地县官、扎萨喇嘛等众人的欢迎。达赖在五台山暂住半年。其间由山西巡抚宝棻照料，并派员会同地方官员负责保护。

达赖在五台山半年时间，除了进行一系列宗教活动外，还接见了一批驻京外国使节和政要，他们打着关心问候的幌子，前来拜访达赖，实则刺探情报，打听消息，摸清达赖今后的政治动向和对各国列强的态度，为下一步渗透侵略西藏做准备。这里尤以日本、俄国、英国的代表人物活动最为积极。正是由于他们的游说拉拢煽惑，对达赖喇嘛思想产生了重要影响，对各国列强态度逐渐发生了变化。

光绪三十四年八月，达赖接到入觐圣旨，离开五台山向北京进发。清朝政府对十三世达赖此次入觐活动，非常重视和谨慎。事前，理藩部对有关入觐路线、接待计划、规模、仪式、赏项等都做了精心准备和安排。① 为了做好这次接待，有关部门还把从前接待五世达赖和六世班禅的有关礼仪例案汇集成文，作为依据和参考。② 关于达赖的驻锡地点，最初定在东黄寺（普静禅林），后来考虑到西黄寺曾是接待五世达赖和六世班禅的地方，又移至西黄寺，由理藩部会同内务部勘测房屋，两次动工共修葺添盖住房 238 间。③ 对京城其他佛教寺院也进行了不同程度的修缮。至于陪同达赖接待外国人的各种翻译官员，也由外务部备派，分班随侍。

待一切准备工作就绪后，便于光绪三十四年六月二十一日传旨内阁，召达赖入京陛见。七月，又钦奉电旨："达赖来京，准其由龙泉关抵定州，

① 据光绪三十四年五月十四日军机大臣奉旨传知度支部、内务府、理藩部三处备赏物件粘单上所载，清廷预备拟赏达赖喇嘛赏项是："抵京日赏连鞍马四匹、银一万两、蟒缎八匹、妆缎八匹、字缎八匹、片金八匹、闪缎八匹、倭缎八匹。召见日赏朝珠二盘、珊瑚金珀各一、玉佩四件、带钩二件、烟壶四件、佛帽一顶、斗篷一件、棉夹单纱衣服四套、大哈达一个。筵宴日赏金器二件、银器二件、玉器四件、瓷器八件、念珠一盘、蟒袍料四件、茶叶八瓶、鼻烟二瓶。出京日赏连鞍马八匹、银二万两、景泰蓝器八件、玻璃器八件、皮衣四套、大卷江绸八匹、大卷八丝缎八匹、大小五色哈达一百个、饽饽二十匣、果品二十盒。"见中国第一历史档案馆藏军机处上谕档第 1511 号。

② 《五世达赖六世班禅入京接待封赏情况》，见《清初五世达赖喇嘛档案史料选编》，中国藏学出版社，2000，第 204～208 页。

③ "光绪三十四年五月二十一日内务府咨续修达赖房间工程原奏"，中国第一历史档案馆藏理藩部档第 668 号；又见丹迥·冉纳班杂、李德成《名刹双黄寺》，宗教文化出版社，1997，第 95 页。

改乘火车北上。著该抚会商直隶总督妥为照料。”[①] 八月二十七日，十三世达赖从五台山起程进京，山西巡抚宝棻派雁平道缪彝及太原营参将沈兆梁督率营县沿途小心护送，所需驼马、毡帐、食物、草料等项筹办一应俱全。二十九日，达赖一行抵直隶所属之阜平县，将到保定时，清廷派御前大臣博迪苏往保定迎迓劳问。达赖到达保定，又有驻扎保定的陆军各营以及保定布政使以下地方官员到车站迎送。九月初四日，十三世达赖安抵北京。军机大臣那桐率理藩部堂官、内务府大臣、步军统领、顺天府府尹、青海东科尔呼图克图暨在京佛教寺庙的扎萨喇嘛等赴正阳门火车站迎接。民政部还派来了迎接的巡警队和乐队。达赖下车后，与迎接官员互换哈达、互致问候，遂乘轿前往西黄寺敏珠勒呼图克图佛仓下榻。沿途由巡警队护送保护。达赖到西黄寺以后，黄寺大门口集聚了近千僧人百姓列队迎接，陆军部指派营队驻扎寺内守护。达赖在京城所受到的隆重欢迎和接待，表明了清政府对达赖入觐陛见的重视，也反映出各族僧俗百姓对其地位的尊崇。

达赖入京后的各种活动

达赖入京后的当天，即蒙受皇帝厚赏。[②] 光绪帝还钦派理藩部侍郎、内阁学士达寿、外务部右丞张荫棠负责料理达赖在京一切活动事宜。[③] 根据《内厅侦察达赖报告》记载，这次达赖进京所带随员堪布、兵役共 260 人，其中近身札萨克喇嘛、大小堪布 16 人。[④] 有关达赖在京 84 天的主要活动，将分以下几个方面分别记述。

---

① 《清德宗实录》卷五九四，第 16 页。

② 据光绪三十四年九月初五日理藩部尚书寿耆等代奏：“窃据达赖喇嘛声称，达赖喇嘛蒙恩饬令来京，不胜感激之至。今甫到京都，仰蒙天恩，颁赏马四匹、银一万两、绸缎四十八匹、暨扎萨克喇嘛等银、绸各赏，跪领之下，感荷尤深。伏念卑达赖喇嘛来自远方，尚未瞻觐天颜，乃蒙恩施之优渥，抚寸悃而增惭。所有感激下忱，谨率同扎萨克喇嘛等叩谢天恩，恳乞代奏。”见《寿耆等奏代达赖喇嘛受赏谢恩折》，《元以来西藏地方与中央政府关系档案史料汇编》第 4 册，中国藏学出版社，1994，第 1483 页。

③ 这期间，前往黄寺照料达赖的除达寿、张荫棠外，还有甘肃候补知府裕端，理藩部掌印员外郎文哲珲、帮印员外郎吉章、扎拉芬、特苏慎等人也常来寺照料或住班。

④ 大堪布（含札萨克喇嘛）4 员，小堪布 12 员，他们的名字依次是：札萨克喇嘛：罗桑谢珠。堪布：罗桑讲臣、桑皆挪布、罗桑吾色、罗桑南珠、见赞错臣、堆瓦罗丹、罗桑旦增、见巴该列、罗桑加措、贝巴图旺、罗桑扎喜、旦增披皆、罗桑开交、罗桑乌珠、阿旺却扎。

（一）皇太后、皇上陛见、筵宴、受封领赏情况

1. 仁寿殿陛见。这是达赖入京后，皇太后、皇上第一次接见。清政府对达赖觐见的礼节十分重视。为体现皇帝的至尊威严，对达赖入觐的日期和跪拜形式都有缜密考虑。觐见之先，张荫棠建议："此次达赖觐见礼节，闻各国使臣甚为注意。如皇上起迎，赐达赖坐，虽旧制有此，不妨稍为变通，参酌各国使臣及蒙古王公觐见仪注，皇上不必起迎，达赖跪拜后，起立奏对数语，即时宣退，以示严肃。俟陛见之后，或即恩赐宴享，再行赏坐，或派亲贵及蒙古王公陪享，亦不失优待之典。达赖体制，旧甚尊崇，王公大臣均不请谒，现今时势似不宜仍沿旧制，赏赉不妨优隆，体制亟应裁抑，当未陛见之先，应使人授意，令其拜谒邸枢，以尽属藩之礼。"[①] 清政府基本采纳了张荫棠的建议，未按五世达赖入觐旧制接见，在跪叩形式上稍有变通，经与达赖磋商，定在九月二十日在仁寿殿陛见[②]，并于九月十四日在黄寺与随行堪布喇嘛一起作先期演礼。[③] 这样，陛见时间比原定的九月十二日推迟了八天。

十三世达赖对这次具有历史意义的陛见也十分重视。陛见前一天，达赖即派堪布 2 人，携同藏兵二十余名，押送贡品三十抬、敞车八辆，由黄寺起行，前往颐和园呈进贡品。"九月二十日早四时，达赖由黄寺前往颐和园陛见。并有内城马巡队长兵四十四员、外城马巡队长兵十员，随同进德胜门，出西直门。七时二刻达赖抵颐和园提督衙门公所休息少时，于八时一刻陛见，亲呈皇太后黄色哈达一方，银卓麻佛一尊；皇上黄色哈达一方，长寿佛一尊。当蒙钦赐朝珠、袍褂、烟壶、皮斗篷、白哈达、碧玺带头桃儿帽子、册页、折扇、搬（扳）指等物。至八时三刻退出，仍由原路回寺驻锡。所有往来经过之处，内外城均派有队长、队兵、巡官、长警等排班

---

① 吴丰培辑《清季筹藏奏牍》第 1 辑，"张荫棠奏牍"卷五，第 32 ~ 33 页。

② 原定陛见日期为九月十二日，因陛见礼节问题意见不一而改期在九月二十日，并定于九月十四日在黄寺先期演礼。仁寿殿，在颐和园东宫门内，原名勤政殿，光绪时重建，改称仁寿殿，是慈禧太后、光绪皇帝坐朝听政的大殿。每年正月至十月，慈禧移住颐和园，在此接见大臣，处理政务。

③《内厅侦察达赖报告》载，觐见皇太后、皇帝前之必要演礼共有两次，第一次演礼是九月十四日，偕同达赖参加演礼者有"钦派王大臣、那王、棍贝子等，理藩部、内务府、外务部等衙门各堂官皆带同司员，来黄寺照料"。第二次演礼是在十月初三日，那天由达赖"遣堪布等十四员带兵役十二名，前往紫光阁恭代演习筵宴礼节"。

护送，沿途照料，并无事故。”①

关于这天觐见的细节和礼仪，理藩部的奏折中，有如下记载：“是日（九月二十日），皇太后升仁寿殿，召御前大臣并御前侍卫等至仁寿殿内侍立。理藩部堂官分引达赖喇嘛并通事喇嘛二名、堪布喇嘛四名进仁寿殿左门，由纳陛左阶引达赖喇嘛纳陛上侧跪，通事喇嘛二名跪于达赖喇嘛之次，堪布喇嘛四名于纳陛下侧跪。达赖喇嘛敬谨跪递佛一尊，哈达一方，御前大臣接受；堪布喇嘛四名于原跪处敬谨跪递哈达，御前侍卫接受。达赖喇嘛跪请皇太后圣安，叩谢恩赏，跪听皇太后宣谕，御前大臣传旨，通事喇嘛递相转传。达赖喇嘛奏对，仍由通事喇嘛递相转答，御前大臣复奏，礼毕引出。”②

觐见光绪皇帝的具体礼节程序与觐见慈禧太后基本相同，只是光绪接见时，起立立迎，在御座侧设矮床，皇上陛坐，亦赐达赖坐，并在赏茶后行叩首礼。仁寿殿陛见，皇太后和皇上都询问了达赖离藏多久，自五台至京一路可好，水土冷暖是否安适相宜，京中寺庙曾否前往瞻仰等一般礼节性问话③，达赖均一一作答。在短暂的陛见时间里，达赖还简单面奏了西藏情形。因为是首次陛见，达赖呈进的贡品相当丰厚，其数量品类竟达 46 种之多④，

---

① 《内厅侦察达赖报告》九月二十一日记录。

② “理藩部奏恭进达赖喇嘛陛见礼节折”，《政治官报》第 356 号（光绪三十四年九月二十八日），中央民族大学图书馆馆藏。

③ 九月二十日，皇太后温谕：问达赖喇嘛由五台山至京一路均好，现时天气渐凉藏中气候亦如京中否，京中各庙宇曾否前往瞻仰。皇上温谕：问达赖喇嘛由山西来京沿途均好；在五台山住锡地方水土可均相宜，到京数日此处天时冷暖相宜否。据中国第一历史档案馆藏军机处上谕档第 387 号。

④ 据清政府《政治官报》第 352 号上（光绪三十四年九月二十四日出版）刊登的《理藩部代奏达赖喇嘛呈进贡物折》所载：“达赖喇嘛恭请皇太后圣安，呈进白色大哈达一方，镀金释迦佛连衣一尊，金刚顶佛连衣一尊，大甘珠尔宝经全部计十三包，赤金船盖重七两三钱，带黄花茶碗一副，杂木杂雅木碗一个，赤金茶壶带盖一把重十三两三钱，黄金二百包，每包重一两各带哈达，珊瑚念珠一串，计一百零八粒重十五两七钱，琥珀念珠一串，计一百粒重五两，象牙一支带哈达一条，藏金银线缎十五匹每匹两方，藏红花一匣重七十五两，紫色壮藏香十包，每包十二把，黄色壮藏香三包，每包十二把，红色细藏香二包，每包四十把，黄色细藏香三包，每包四十把，红色上藏香四包，每包五十把，红色细藏香二包，每包六十把，上等红色氆氇一包，计六匹，黄花氆氇四包，每包六疋，红色氆氇八包，每包六匹，绿花氆氇两包，每包六匹，白花氆氇两包，每包六匹，紫花氆氇两包，每包六匹，上等红氆氇三包，每包十匹，井麻红氆氇六包，每包十匹，五色花氆氇一包，计十匹，上等红贴麻三包，每包三十六匹，红藏绸一包计十匹，白芸香一箱，黑芸香一箱，藏枣二箱，藏杏二箱，藏杏脯二箱，藏葡萄二箱，猞猁皮一包计五张，沙狐皮一包计十二张，熊皮一包计一张，水獭皮一包计十八张，黄色□皮一包计二十张，狐狸皮一包计十二张，豹皮一包计四张，虎皮一包计四张，黄色马一匹。”达赖喇嘛恭请皇上圣安，呈进的贡品与皇太后的贡品数量和品类相等，只有其中三件在重量上略有不同。这里从略不录。

充分表达了他对中央政府和皇太后、皇帝的诚心和敬意。[①]

2. 紫光阁赐宴。这是达赖第二次觐见，时间在十月初六日。光绪皇帝选在中南海紫光阁招待达赖喇嘛一行。应邀参加筵宴的人员有青海东科尔呼图克图、札萨克喇嘛、堪布喇嘛、随同达赖喇嘛的大小堪布 16 人，还有驻京的蒙古王公、贝勒、贝子、公、台吉、塔布囊等。筵宴按茶、酒、膳顺序进行，茶菜丰盛，气氛欢快热烈，席间还有杂技、蒙古乐人奏乐、民族歌舞表演助兴。宴毕，全体行三跪九叩礼，谢恩，皇上颁赏，达赖及蒙古王公大臣等跪领谢恩。[②] 这次觐见，达赖除谈论佛教经典外，还向皇上面陈藏事。禀称：现在有外道国家存心不良，妄想攫夺西藏土地，“为了西藏的政教和臣民，应帮助西藏进行抵抗外道国家的侵犯，保全西藏。显密二宗教律，为汉、蒙、藏三族人民所信奉，保教即安民护国，此为历代大皇帝所奉行不移之大政。请皇帝和皇太后仍旧贯彻前辈皇帝之仁政”[③]。达赖又向光绪帝提出，西藏事务重大，事事通过驻藏大臣每多误事，今后凡遇大事，可否达赖直接自行具奏，也可由驻藏大臣和西藏地方政府会衔具奏，如此对遵守原制，保护藏地国泰民安将有裨益。此项要求，光绪当面未予答复。

3. 万寿节受封。达赖在京期间，正逢慈禧太后生日。达赖要求亲自呈进祝寿礼品，以表对皇太后的衷心祝福。九月三十日军机大臣曾面奉谕旨：“达赖喇嘛著准于十月初九日在勤政殿呈进贡物。”[④] 据《内厅侦察达赖报告》十月初五日记录，这次达赖呈进的祝嘏贡品计有：黄缎包净水瓶、长寿瓶、长寿丹衬黄哈达、吉祥大哈达 1 方、寿佛连衣坐 3 尊、菩提鹿角 1 枚带哈达、如意成副、黄金 200 封（每重 1 两）、藏金缎 5 匹、各色氆氇 15 匹、红黄特尔麻 20 匹、藏高香 12 把、藏顶香 25 把、上用藏香 60 把、藏细香 200 把、蜜桃脯 1 匣、藏甘杏 1 匣。清政府的《政治官报》对十月初九日呈递万寿贡物情况作了如下记录：“是日，由理藩部堂官分引达赖喇嘛暨通

---

① 据《内厅侦察达赖报告》十月初七日载，光绪颁赐达赖赏品有珊瑚念珠、蟒袍料、金银壶、金银盒、玉器、鼻烟、茶叶等物及御赐给各堪布等 16 员尺头、瓷器、玻璃盘碗等物。初六日下午，由人夫送至达赖住锡处。

② 据《内厅侦察达赖报告》十月初七日载，光绪颁赐达赖赏品有珊瑚念珠、蟒袍料、金银壶、金银盒、玉器、鼻烟、茶叶等物及御赐给各堪布等 16 员尺头、瓷器、玻璃盘碗等物。初六日下午，由人夫送至达赖住锡处。

③ 丹珠昂奔主编《历辈达赖喇嘛与班禅额尔德尼年谱》，中央民族大学出版社，1998，第 386 页。

④ 《清德宗实录》卷五九六，第 15 页。

事喇嘛在德昌门外东值房恭候，皇太后升勤政殿，召御前大臣并御前侍卫等至勤政殿内侍立。理藩部堂官分引达赖喇嘛等由德昌门右门入，进勤政殿右门，引达赖喇嘛至纳陛上皇太后御座前跪，引通事喇嘛在达赖喇嘛之次侧跪。达赖喇嘛恭捧瓷盘，内盛黄缎包净水瓶、长寿瓶、长寿丹衬黄哈达。唪经，敬谨跪递。御前大臣接受。皇太后面赏珍珠念珠一盘、哈达一方、御用黄伞一柄、御笔匾一面、御笔对联一副、珊瑚如意一柄。达赖喇嘛跪领，行三跪九叩首礼，谢恩。总管内务府大臣进皇太后茶，赏达赖喇嘛茶，乾清门侍卫转授，达赖喇嘛行一叩首礼。礼毕引出。"①

慈禧对十三世达赖这次亲临勤政殿呈进万寿贡品，十分高兴，颁谕云："达赖喇嘛呈进万寿贡品，并颂吉祥祝词，甚为嘉悦，特颁厚赏，以示优异。"② 十月初十日，为慈禧万寿正日，达赖亲率徒众为慈禧祝寿，在景福门外，另班行礼。对达赖的诚心行动，慈禧大为赞扬，当天，即谕内阁："达赖喇嘛上月来京陛见，本日率徒祝嘏，备抒悃忱，殊堪嘉尚，允宜特加封号，以昭优异。达赖喇嘛业经循照从前旧制封为'西天大善自在佛'，兹特加封为'诚顺赞化西天大善自在佛'。其敕封仪节著礼部、理藩部会同速议具奏。并按年赏给廪饩银一万两，由四川藩库分季支发。"至于对达赖屡次提到的直接上奏要求，懿旨重申，今后"所有事务，依例报明驻藏大臣，随时转奏，恭候定夺"，"并著理藩部传知达赖喇嘛祗领"。③ 此次祝寿，达赖虽然得到了封赏，但对清廷的最后决定感到灰心。就在祝寿活动不久，光绪和慈禧先后驾崩。十一月初九日，宣统皇帝即位，达赖抱着对清政府的最后期望，再次呈递了"吁恳天恩，敕准奏事"的奏折④，但同样没有结果，这更加深了达赖的失望情绪。

（二）达赖在京的外事活动

达赖在京 84 天中，除参加陛见活动外，还在黄寺接待各国使节和政要人物的造访。

---

① 《政治官报》第 367 号（光绪三十四年十月初九日）；又见中国第一历史档案馆藏理藩部档第 665 号。

② 中国第一历史档案馆藏军机处上谕档第 387 号。

③ 《清德宗实录》卷五九七，第 7 页。

④ 中国第一历史档案馆藏理藩部档第 638 号。

自达赖离开拉萨后，列强十分关注达赖的动向，有些国家不断派人尾随其后，在库伦、塔尔寺和五台山与达赖秘密接触，采取各种拉拢诱惑手段对其施加影响。他们的目的十分清楚，就是想探察情况，伺机离间达赖与中央政府的关系，以达到控制和分裂西藏的目的。《内厅侦察达赖报告》逐日记下了各国使节、政要频繁造访达赖的情况，为我们了解这一时期列强如何设法和达赖接触，提供了一些线索，现将记录排列于后：

九月初六日 “午前十时余，有日本商人寺本婉雅（1872 ~ 1949，爱知县人，真宗大谷派东本愿寺僧人，熟通藏文，此前去过拉萨、塔尔寺、五台山，多次见过达赖。著有《藏蒙旅日记》《西藏秘密国之事情》——引者注），来拜谢堪布，至十一时余走去。”

九月初九日 “美国公使柔克义（通藏文，曾去五台山见达赖——引者注）遣华人韩姓给谢堪布与罗桑旦增送来梨、枣、黄油、奶子等物。”

九月初十日 “四时余，法国钦差巴思德，带翻译穆文琦、端贵、范纳隆来寺谒见达赖喇嘛，至五时余辞出，并送法钦差藏枣、葡萄、梨、白绸子等物。”

九月十三日 “午正十二时，有美国钦差柔克义带翻译丁家立，参赞一员，武官四员，拜谒达赖，并送与达赖银碗、酒等物，即时辞出。”

九月十八日 “十二时余，奥国护理钦差大臣斯马加（奥斯马加即奥匈，此处将‘斯马加’误为人名——引者注）遣人送致达赖信一件。”

九月十九日 “十二时余，日本公使阿布守太郎（1872 ~ 1913，大分县人，时以公使馆一等书记官衔代理公使——引者注）、翻译高尾亨（1876 ~ 1931，长崎县人，时任公使馆二等通译官——引者注）来寺拜见达赖。”“午后二时余，奥国公使卢达伟及参赞译员施特克、达尼布拉氏来寺拜谒，达赖蒙赐哈达二方，梨及藏枣一盘，至三时余走。”

九月二十二日 “午前十时余，瑞典国公使遣人来送致达赖信一件。”“午时余，俄国公使廓索维慈、国罗百福、翻译阿柯索福、学生、俄兵等十三员及丹国公使阿列裴均来寺谒见达赖，各递哈达一方，至一时余辞出。随赏藏枣、果品等物。”“午后一时余，荷兰国公使欧登克、翻译哈福德、巴罗思（即贝拉斯）及武官三员，来寺拜见达赖，随赏藏枣、果品等物，至二时余辞出。”“查有日本人寺本婉雅，身著西服，曾在五台山谒见谢堪布，近又著喇嘛服装或西式服装来寺谒见谢堪布。二次探闻，该日人原住（东四）六条胡同（时为日本东本愿寺北京别院——引者注），现住雍和宫。”

九月二十三日　“午后二时，有德国公使雷克司、参赞穆修斯、耿尼慈等带翻译夏里甫、牧师霍理及学生五名、兵三名，来寺谒见达赖，各递哈达一方。随赏藏枣、石榴等物，至三时辞出。”“午后二时三刻，有瑞典国公使克德伦带翻译陶伯来谒达赖，各递哈达一方。随赏哈达、石榴、藏枣等物，至三时辞出。”

九月二十四日　“午后三时，英国公使朱尔典遣人送致照料大臣信一件。”

九月二十五日　“十二时，有日本提督青木宣纯、松井石根遣华人胡姓持该提督名片来寺商议该提督二十七日来寺拜见达赖事。”

九月二十六日　“午后一时余，葡萄牙国公使柏德罗同参赞左治谒见达赖，随赐藏枣、石榴等物。”“午后五时，英国参赞梅尔思带翻译一员来寺，至外务部公所云：次日该国公使来谒达赖。”“午后五时余，比国公使柯霓雅遣人来寺，送致外务部公所信一件。”

九月二十七日　“午后三时余，英国公使朱尔典带同参赞等来寺谒见达赖，赏与藏枣一盘，至四时余辞去。”

九月二十八日　“午后二时余，日本提督青木宣纯、武官松井石根来寺拜见达赖。当送葡萄、藏枣二盘，至二时二刻出寺。”“午后二时余，有比国公使柯霓雅带武官郎班来谒达赖，至三时余辞出。”

十月初八日　“三时，义国公使儒拉带领随员牟那格（即莫纳格 Attilio Monaco——引者注）来寺谒见达赖，随赠该公使等苹果、藏枣等物，至三时余走。”

十月初九日　“午后二时余，美国公使柔克义来寺拜荣义堪布，未晤。”“午后二时余，葡国参赞左治，送与达赖银花篮、茶杯、洋点心等物，由谢堪布收讫，未晤。至三时走。”

十月十八日　“午后二时余，有日本川岛浪速（1865～1949，信州人，通汉语，长期为日本军部刺探情报，策划‘西藏独立’活动——引者注）来谒达赖，见毕，随赠该日本人藏枣、果品等物，至三时余去。”

十月十九日　“二时余，法国人柏良材来谒达赖，未见，仅递哈达即去。”

十月二十日　“三时余，有法国人苏馨、何士昌、贾士蔼等三人，来寺拜谒达赖，并各面递哈达一方。达赖随还哈达各一方，至四时余散去。”

十月二十三日　“午后四时余，有奥国公使馆遣华人米瑞赠送达赖地球（仪）、花旗、千里镜、奥皇像片等物，当由外务部公所转呈达赖，随还哈达一方。"

十月二十九日 "正午十二时余，有印度西京王（即锡金王子库玛尔 Kwmar——引者注）带同英国副将欧克纳（即鄂康诺）来寺谒见达赖，并进送哈达一方，银匣子一个。当收。随还哈达一方，并赠藏枣、苹果等物，一时余去。"

十一月初一日 "十二时，有印度西京王（储）遣华人林姓来寺送与达赖信一封，交杨堪布收，随时走。"

十一月初二日 "午后一时余，有印度西京王来寺谒见达赖，至五时走。"

十一月十一日 "十二时余，有英国人毛立勋（即莫理循）来寺谒见达赖，递哈达一方。随赠还苹果、藏枣等物，随时走。"

十一月二十二日 "午后二时余，日本公使伊集院彦吉同武官随员小田德五郎等六员来寺谒见达赖，各递哈达一方。达赖随赠藏枣、果品。至三时余走。"

十一月二十三日 "午后二时，瑞典国公使贺德伦（即前引之克德伦 Folke Cronholm）带翻译一员来寺谒见达赖，递哈达一方，并呈该国王像片一张。达赖已收，随还哈达、藏枣等物，至三时余走。"

十一月二十四日 "一时余，美国公使遣华人赠送达赖瓷瓶、毡子等物，随时走去。""二时余，美国公使柔克义、参赞丁家立来谒达赖，至三时余走。"

十一月二十五日 "二时余，日本翻译官西田（即西田畊一，1884 年生，时任外务通译生——引者注）等来谒达赖，至五时余去。"

十一月二十六日 "一时余、德国人罗弗（即劳费尔，1874 年生于德国，美国东方学家，著有《汉藏语词汇比较》——引者注）来谒达赖，并送藏经、哈达等物。随还藏枣、苹果等物。至五时余去。"

以上记录，虽然只提供了外国人员和使节造访达赖的时间表和具体人名，未能提供出他们晤面谈话的具体内容，但从中不难看出，各国使节对达赖来京抱有浓厚的兴趣，都在处心积虑地向他表示亲善友好，积极联络感情。当时，被达赖接见的外交官，按时间顺序有美国、法国、日本、奥国、俄国、丹麦、荷兰、德国、瑞典、葡萄牙、英国、比利时、意大利等国的公使。此外，还有以各种名义和身份前来谒见的来访者。需要特别指出的是，自 1906 年 8 月在彼得堡签署关于中国西藏的协定后，俄英两国便改变了侵藏策略。双方共同宣布维持西藏现状，以所谓只"承认中国对西藏的宗主权”，妄图否定中国在西藏的主权，露骨地干涉中国内政。同时又各怀鬼胎，在相互让步的幌子下，都想抢在对方之前控制西藏，于是都在以达赖为首的西藏上层统治集团身上下功夫。

俄国利用德尔智以宗教名义从内部活动，借以影响达赖。德尔智几次借去俄求助的机会，向达赖表示安抚慰问。达赖逗留库伦时，俄国派新任驻华公使廓索维慈专程转道库伦看视，馈赠厚礼。达赖到五台山，俄内务大臣黄斯携沙皇赠礼和亲笔信前往拜见。此次达赖入京，沙俄表现出更为积极的姿态。随同达赖入觐的德尔智经常出入俄国使馆，与廓索维慈公使秘密商谈，相互配合。在如何处理与清政府的关系上，廓索维慈主动为达赖出谋献策，百般挑唆，劝说达赖同意与俄国保持更友好的关系，接受其军援和英国抗衡。所有这些都证明，俄国一直没有放松对达赖的笼络诱惑，采取各种手段争取达赖投靠沙俄。

英国对达赖上层集团的态度此时也发生了变化。英国利用达赖不在西藏的时机，以物质利益为诱饵，在少数握有实权的上层贵族中间，培植亲英势力，通过他们影响达赖；同时，放弃了原来阻止和反对达赖回藏的主张，转而对达赖表示“理解”，并派人放风试探，愿意修复印藏关系。此次达赖到京，英国抓住时机，先促达赖与熟悉中国的殖民司老手庄思敦（R. F. Johnston）会面，诱使达赖及其亲随改变对英态度。接着不久，英国驻华公使朱尔典（John Jordan）拜见达赖。关于这次拜见情况，英人查尔斯·贝尔（Charles Bell）撰写的《十三世达赖喇嘛传》有这样一段描述：“英国公使约翰·朱尔典爵士，在全馆十二名职员的陪同下，前往黄寺拜访达赖喇嘛。朱尔典一行在候见室等了相当长时间，才被召到另一庭院的接待厅。门口有两名西藏士兵持枪警卫。他们一进接待厅，便发现一张约莫四英尺高的祭坛的台子，上面铺设了黄缎坐垫，达赖喇嘛盘腿坐在上面。台子置于壁龛之内，并用黄色锦缎给装饰起来。黄色对达赖喇嘛来讲，是具有特殊意义的颜色，尽管他是全西藏的首领，可也是杰出的黄帽派。达赖未从座位上起身迎接英国公使。英国公使馆职员中，五人（包括公使本人）被安排了座位。一进接待厅，公使及公使馆全体职员，便向达赖鞠躬，并每人献上一条哈达。达赖喇嘛双手接过公使献的哈达。公使馆其他职员献的哈达则由站在达赖右侧的堪布代接。”“达赖喇嘛讲藏语，由一僧侣侍从译成汉语，再由公使馆一名通晓汉语的秘书译成英语。公使用英语答话，并通过同样迂回曲折的途径用藏话翻给达赖喇嘛听。根据达赖喇嘛的观点，接见中提及印、藏系邻邦，目的是要通过公使向英皇转达如下信息：‘以往发生之事件，并非本人初意，而且已成过去，深望今后印、藏两邻邦国永保和平友好。’然而达赖喇嘛此意，最初翻译得含混不清，达赖喇嘛只好重说一遍，使对方听懂。公使说，对达赖的要求一定照办，继而沉默片刻，达赖向公使告退，赠以长寿枣果一二磅。接见仅费八分钟。”①

除了庄思敦、朱尔典的拜见，英国政府还指示英印总督特派西藏事务官鄂康诺大佐（应为少校，汉籍称欧克纳或鄂康纳——著者）偕哲孟雄（锡金）王储库玛尔赶赴北京，做达赖的工作。他们带着信函和礼品，从十月二十九日起，几次前往黄寺和达赖秘密会谈。据《内厅侦察达赖报告》载，十一月初二这一天，锡金王储和达赖单独密谈近 4 个小时。

俄英两国的拉拢利诱，果然使达赖的态度发生了变化。达赖不再反英，转而向英国示好，说什么“回藏以后，对于壤土密接之印度政府，诚意修好”，“深望今后藏印两方永保和平友好之精神”②。为了寻求列强的支持，他还多次派遣堪布前往东交民巷，到美国、英国、日本、德国、俄国、法国、荷兰、奥国、葡萄牙等国使馆拜访或谒辞，并各送去长寿佛、哈达、氆氇、藏香等礼品，甚至把 20 余箱铜佛等物品秘密运往俄国使馆储存。③达赖的这些活动表明，为了确保其在西藏的统治地位，他正在设法对外寻找出路。西藏面临的政治形势，自此愈趋复杂。

（三）达赖在京的佛事活动

作为西藏藏传佛教的宗教领袖，十三世达赖喇嘛在京期间的佛事活动

---

① 查尔斯·贝尔：《十三世达赖喇嘛传》，西藏社会科学院西藏学汉文文献编辑室编印，1985，第 62 ~ 63 页。又英人荣赫鹏《英国侵略西藏史》一书中，对此次拜见情况亦有相同记载，唯会见地点书中记为雍和宫。本文仍以贝尔书为准。《内厅侦察达赖报告》亦记拜见地点为黄寺。时间为是年农历九月二十七日。

② 转引自牙含章《达赖喇嘛传》，人民出版社，1984，第 217 页。鄂康纳爵士（Sir Frederick O'Connor），1870 年 7 月 30 日生，1908 年升为少校，同年夏先后游历美国、加拿大、日本，年底经朝鲜来华，11 月 25 日陪年轻的锡金王储在北京黄寺见到了达赖喇嘛。达赖对刚从牛津留学回来的锡金王储说，他听说英国是所有民族中最好的，是否如此？锡金王储做了肯定的回答，并补充他们也是最强大的。达赖又言，听说英语是世界最通行的语言。锡金王储又做了肯定的回答。达赖说他回拉萨后，想派西藏学生赴印度学医学和其他科学，并请锡金王储予以帮助。参见 Frederick O'Conner, *On the Frontier and Beyond: a Record of Thirty Years' Service*, London, 1931; *Things Mortal*, London, 1940。

③ 《内厅侦察达赖报告》，十月二十七日记录。

不能不单独记录一笔。

清朝末年，京城拥有藏传佛教寺庙20余所。① 达赖驻锡的黄寺，是清顺治九年（1652）为五世达赖进京朝觐而修建的。乾隆四十五年（1780）六世班禅来京朝觐时也居住于此。这次十三世达赖来京，不仅在此居住、静休，还举行各种佛事活动，接待了大批各族佛教信徒。《内厅侦察达赖报告》记录，达赖从入居黄寺第二天开始，几乎每天都有京师和地方上的各级官员、满蒙王公贵族、高级喇嘛前来叩谒拜见，送致哈达和各类礼品。该报告还记录，自九月初八日起，达赖在黄寺“放头”，翌日“雍和宫护印扎萨喇嘛率嵩祝寺、五台下院、黑寺（慈充寺）等处喇嘛六百余名，来寺叩谒，随赏白米糖饭、哈达二十余分”。接着九月十二日，达赖又“放头”，直到离京的前一天，一共在黄寺“放头”26次。每次“放头”，来自关东、察哈尔、热河、伊犁、布利亚特、蒙古等地的汗王、头人携同眷属及蒙古男女众人蜂拥而至，接受达赖摸顶赐福，少时三四百人，多则千人，80天累计人数逾万，场面十分壮观。

达赖除在黄寺“放头”，进行各种结法缘活动外，还派堪布喇嘛到京城十几所佛教寺庙放经、放布施。据载，堪布喇嘛曾去过的寺庙计有：护国寺、普胜寺、柏林寺、嵩祝寺、福佑寺、玛哈嘎拉庙（普度寺）、慈度寺、黑寺、隆福寺、新寺（三宝寺）、三佛寺等。此外，还有贤良寺、龙泉寺、观音院、庆华寺、法源寺、广化寺、法华寺、拈花寺等寺庙庙僧，前来黄寺受领达赖布施的银两和僧饷基金。②

达赖在京期间，还曾前往雍和宫驻锡数日，时间在十月初三日至初五日，即在光绪皇帝于紫光阁筵宴之前。雍和宫是清代京师最大的藏传佛教

---

① 京中佛教寺院，大体分为汉传佛教和藏传佛教寺院两类。自元代始，藏传佛教在北京弘传日盛，建庙数量日益增多。迄清朝末年，许多寺庙历尽沧桑后，已毁圮不存。黄颢著《在北京的藏族文物》（民族出版社，1993）一书，可资参阅。清末时，京城属藏传佛教寺院究竟有多少数目，各说不一。《内厅侦察达赖报告》十一月初一日载：“午后十二时余，达赖传到二十八处喇嘛庙喇嘛僧众来寺（黄寺）。谕令每日各庙差僧人轮流来达赖处值日。”《十三世达赖喇嘛土登嘉措年谱》载：达赖喇嘛在京期间曾向雍和宫等二十三座寺院布施僧饷基金，同时还向八座和尚庙捐献僧饷基金。同书1908年10月5日又载：为皇帝和皇太后的驾崩，达赖在雍和宫供五种供品，并对北京28个寺院的僧众进行布施供养。见丹珠昂奔主编《历辈达赖喇嘛与班禅额尔德尼年谱》，中央民族大学出版社，1998，第386～387页。其实，清末京城所存藏传佛教寺庙远不止28所。

② 《内厅侦察达赖报告》，十一月初二日记录。

寺院，初建于康熙三十三年（1694），最早是雍正皇帝继位前的府邸，1774年由乾隆皇帝将其改为藏传佛教寺院。1780 年六世班禅来京为乾隆祝寿时，乾隆皇帝特在雍和宫内建造了班禅楼和戒台楼两座殿阁，供六世班禅驻锡和诵研佛经之用。此后，凡藏传佛教中地位较高之高僧大德来京，都在雍和宫驻锡礼佛，成为京城最完备的佛寺圣迹中心。此次十三世达赖来京，数次在雍和宫做佛事，设坛讲经，放布施，引来宫内外喇嘛信徒，齐集殿内聆听，盛况空前。达赖喇嘛还在十月初四这一天，“由雍和宫起行，前往白塔寺、嵩祝寺、福佑寺、玛哈嘎拉庙等庙拈香”①，后又于十一月初五、二十六日两天，带同堪布喇嘛一起，前往雍和宫诵经。②

达赖喇嘛在京的佛事活动中，还有两件要提到的是，光绪、慈禧相继驾崩后，于十月二十七日午前七时，带领堪布喇嘛等，入安定门，至东华门，进内廷叩谒大行太皇太后、大行皇帝梓宫唪经超度亡灵。③ 十一月初九日，宣统皇帝登极，达赖又呈请亲诣朝贺，率徒众举行祈祷、赞颂之礼，并呈进黄色哈达、长寿佛等贡品多种。④ 两项佛事活动均得到清廷的厚赏。

---

① 白塔寺，位于京内阜成门内大街。元至元八年（1271）建塔，十六年（1279）塔前建寺，赐名大圣寿万安寺。明天顺元年（1457）改名妙应寺，因寺内有白塔一座，人称白塔寺。嵩祝寺，位于京内沙滩北嵩祝寺街，建于清康熙，乾隆时最为兴盛，章嘉呼图克图奉诏来京，居寺内更定大藏经。为进京藏僧驻锡梵修之所。福佑寺，位于京内西华门北、北长街路东。始建于清雍正元年（1723）。1927 年九世班禅来京，改此寺为班禅驻平（京）办事处。20 世纪 60 年代仍为班禅驻京办事机构。玛哈嘎拉庙，位于京内南河沿今普渡寺巷。清康熙三十三年（1694）建，乾隆四十一年（1776）赐名普度寺。玛哈嘎拉，梵文 mahakala 之音译，意为“大黑天神”，即战神摩诃迦罗。清初满族供奉此神，入关前在沈阳实胜寺铸有神像。康熙年间在京建寺，将此像供于该寺黑护法佛殿。寺基极高，颇显威势。见黄颢《在北京的藏族文物》。

② 达赖在京期间，曾去雍和宫驻锡礼佛诵经，受到雍和宫喇嘛僧人的多次叩拜。为达赖在雍和宫礼佛诵经，清廷共用银 3451 两，赏堪布徒众库平银 2000 两。此外还有哈达、蟒缎、大小荷包等赏赐。雍和宫东科尔呼图克图，几乎每隔三四日即去黄寺谒见达赖，前后达 20 余次。此外，还有鲍喇嘛、得木奇喇嘛等多人也前去黄寺拜谒。

③ 中国历史第一档案馆藏军机处上谕档第 387 号。

④ 《内厅侦察达赖报告》十一月初九日载：呈献贡品有“黄色大哈达一方，又哈达一方，长寿佛连衣一尊，又佛一尊，藏经一部，每重一两黄金百封，藏红花三十两，藏金缎五匹，黄贡香十把，红贡香十把，红黄高细香三十把，藏细香三十把，上等红色氆氇五匹，各色花氆氇二十匹，红色特尔麻五十匹”。此后，在达赖离京前的十一月二十日，又向宣统皇帝呈进贡物 24 种。

结　语

十三世达赖喇嘛于光绪三十四年十一月二十八日离开北京。离京前，向皇上呈请陛辞。清廷颁谕云：现在正是大行太皇太后、大行皇帝未满百日的丧期，达赖毋庸陛辞，照例颁赏。并指示各部，出京之日如来时礼节一样，由理藩部派人送至火车站，由御前大臣博迪苏送至保定，沿途各督、抚、将军等酌派文武官员护送，妥为照料，以示优容。[①] 达赖遵从清政府的安排，离京前几天，先后派人向摄政王载沣和军机大臣奕劻、张之洞、袁世凯、鹿传霖、那桐、世续等京内高官一一献礼谒辞，并接受了黄寺喇嘛的祝福。二十八日午前五时三刻，达赖由黄寺起行，前往车站，在众多文武官员、高级喇嘛以及警兵、乐队组成的仪仗欢送下，离京向大行辕进发。第二天，又接受了清政府送来的慰问品，并接见了从拉萨专程赶来迎接的伦钦强金巴·阿旺白桑一行。[②]。

达赖在京共逗留 84 天，清政府为接待他花费白银近 18 万两[③]，包括赏赐、铺陈器具、供给、筵宴、饭食、杂项等开支。清政府想通过对达赖的封赏和优隆周到的接待，体现中央对西藏政教领袖的一贯重视和关怀，这给达赖留下了深刻印象，以至于事过 20 多年后，当十三世达赖回忆起这段往事，仍恭谦地说："皇上母子（太后及皇帝）待我极厚"[④]。在北京期间，

---

① 中国第一历史档案馆藏军机处上谕档第 387 号；又见《宣统政纪》卷二，第 23 页。

② 《内厅侦察达赖报告》十二月初一日，记录者最后结语载："职等同巡官广印，于二十八日午前五时三刻，跟随达赖由黄寺起程。七时至车站，七时三刻乘专车前往所过沿途均无事故，十二时至保定府下车。有京旗陆军并直督巡警等在车站迎接。该车站旁支搭黄蒙古包，达赖即在彼住锡。随有直督藩、臬司进送达赖活计、缎疋、银两等物。并派有工巡消防队及巡警等，昼夜守护。至二十九日早五时，达赖赴香案前叩恩谢辞；五时十分直隶藩司率同翼长等往香案前跪请圣安。于五时二刻十分，达赖由保定府乘专车起行，已达前途。职等于六时三刻保护博（迪苏）贝子乘专车回京，途中赏给警官、巡官点心食品等物。"

③ "光绪三十四年十二月十八日内务府咨达赖来京用过银数奏销会稿"，中国第一历史档案馆藏理藩部档第 668 号；又见陈锵仪《简述十三世达赖入觐》（《中国藏学》1988 年第 1 期）。该文对接待达赖来京开支项目和数量有详细表述，因文字过长，这里从略。查尔斯·贝尔在《十三世达赖喇嘛传》中说："达赖喇嘛访问北京，使清政府破费三四万磅，代价虽高，但对政府有利。"

④ 见"十三世达赖喇嘛政治遗嘱"，转引自查尔斯·贝尔《十三世达赖喇嘛传》，西藏社会科学院西藏学汉文文献编辑室编印，1985，第 378 页。

他曾多次向皇太后、皇上呈献贡品，上表谢恩，这是历世达赖喇嘛所一贯遵循的历史传统。尽管入觐过程中，在觐见礼节和上奏权利上未能满足其要求，使他今后在对待清朝政府态度上发生了变化，但他最后还是顾全大局，遵守历史定制，维护了中央政府的权威，表现了他当时具有的爱国护教的内向力。

（《历史研究》2002年第3期）

近代民族主义与龙云地方“独立”政权

陈征平

或许是受某种意识形态的影响，以往对民国地方政权凡与国民政府采取对抗或独立的形态，似乎也具有了某种“进步”或“积极”的意味，因而长期以来，对云南龙云政权研究给人印象最深的莫过于其“独立”的地方政权特性了。[①] 但一经接触史料，发现内中纠葛很难仅以“独立”一面定性。龙云地方政权崛起于北伐时期，其时代背景以《申报》主编杨荫杭语：“排军阀、斥强盗，为全国人民心理之所同；忧亡国、忧破产，为全国人民心理之所同。”即“在长期分裂后，向往统一已成为社会各阶层与各政治流派都能认同的时代愿望”[②]。其时，不仅“民族主义的兴起是一个不断重申的主题，而且民族主义是处在‘不断高涨’的进程之中”[③]。因而研究认为：近代中国民族主义“不仅仅是社会变迁的附产物，而是其实质内容；民族主义不是社会变迁的反映、原因、表达、甚而动力，它就是社会变迁本身”[④]。

---

① 其实倘以政治正确的观点评价，则该地方政权若本身就与民国中央政府属同一制度体系（种种资料均可证明，龙云政权在形成初期就已选择并统属于民国中央政府），其所制造的某种地方独立特性，显然就有着破坏国家统一的嫌疑。

② 罗志田：《民族主义与民国政治》，《开放时代》2000 年第 5 期。

③ 如龙云 1938 年 9 月在给南京方面的函电中就盛赞中国官兵上海对日作战中所体现民族意识的增强。其曰：“查此次抗倭，关系民族存亡，至为重要，沪战我军之奋勇与牺牲之大，足见民族意识已深入于一般将士之心，实堪钦佩。”并提出对阵亡将士“宜除开国家优恤之外，应再由地方也负一种责任，规定一种办法，如婚丧之补助、子女之免费入学、农忙之帮工、公役之免派等，均可示优遇”（《民国云南省政府秘书处档案》，第 106-3-105 卷）。

④ 罗志田：《近代中国民族主义的研究取向与反思》，《四川大学学报（哲学社会科学版）》1998 年第 1 期。

龙云地方政权的建立恰逢其时，便不可能不带有时人民族主义运动或心理的烙印，也不可能不受国人“向往统一”的民族主义情绪影响。鉴于此，本文试作一接近事实本相的探究。

一 龙云地方政权对国民党统一势力的追随

（一）龙云政权思想上对国民党统一势力的认同

胡适认为，近代中国的“民族主义有三个方面：最浅的是排外；其次是拥护本国固有的文化；最高又最艰难的是努力建设一个民族的国家”[①]。其时，龙云政权的民族主义表达显然也涵盖着这三方面内容。只是关于“努力建设一个民族的国家”方面，该时期则仍处于争取获得民族国家统一的阶段，由于当时全国的统一势力以国民党为代表，以龙云所受传统儒家文化教育的背景[②]，“向往统一”并追随以孙中山为最初领袖的国民革命，自然也会是龙云发自内心的本能追求。如1927年初云南发生龙云等四镇守使对唐继尧政权的颠覆，适与国民党北伐及唐继尧政治上的不相配合有关，即其时对国民革命的同情也是云南整个社会一种较普遍的心态，所以，龙云等对唐继尧政权的颠覆行动本身就是顺民意而为之。如研究指出，当时“唐继尧企图最后抵抗更令人信服的国民党的政治潮流，这就是为什么命令镇守使们必须迅速行动的原因”[③]。又有卢汉等于1931年3月19日给广州云南省会馆的电文云：“吾滇唐继尧柄政，任用非人，营私图利，勾结军阀，反对先总理主义，以至穷兵黩武，民穷财尽，全省军民不堪其苦，乃有十六年二月六日之改革。”[④] 而之后，四镇守使之一的胡若愚，于倒唐后又发生“六一四”的驱逐龙云，据言是因为“龙对于旧时现状，本主顾全，至是更多坚持，以是省政府改革，徒有虚名，更为一般人所不满，故国民

---

① 罗志田：《近代中国民族主义的研究取向与反思》，《四川大学学报（哲学社会科学版）》1998年第1期。

② 马子华：《一个幕僚眼中的云南王——龙云》，云南美术出版社，1993，第33～36页。

③ 〔澳〕霍尔：《云南的地方派别1927～1937》，谢本书等译，云南省历史研究所：《研究集刊》1984年第1期。

④ 《滇省政潮之粤讯》，《申报》1931年3月28日。

政府复电令滇省彻底改革以完成革命的工作”①。当然，这也促成龙云加速了对南京政府的靠拢。有如研究指出，“国民革命的一个主要感召力并不像以前许多人认为的那样在其抵御外侮的反帝一面，而恰在其强调统一，并以军事胜利证明其具有统一的能力”② 方面。对此，1928 年任国民革命军第三十八军军长的龙云在该军“政治训练处成立宣言”中即言：“辛亥革命，国是日非，如袁世凯图谋帝制，督军团割据称雄，系别纵横，内乱不已，军阀分化，愈出愈奇。藉国家军队，作私人武力，驱民以为兵，复用兵以残民，使国家分崩离析。”然其“陷民众于水深火热之中而不知惜，遂造成十余年来混乱之政治局面，一切恶势力，不惟不能扫除，反继长增高，军阀为民众深恶痛绝。盖由于此，本党革命之目的，在扫除帝国主义、共产党、军阀及一切侵略压迫剥蚀残暴之恶势力，以实现三民主义，解放中国民族，而建设一独立自由平等之国家”③。又有龙云在其 1929～1938 年的执政心得中亦言：“缅思国父革命建国之遗训，委座立民兴邦之宏规，际此大时代旋转变化之会，当此西南国防紧要之冲，前乎无所因，旁乎无所恃，凛于职责之巨，一惟秉承中枢，恪尊国策，服膺领袖，完成统一大业。庶乎根本强，而枝叶自茂，苟有福于国家，利于人民者，莫不竭智尽力以趋赴之。”④ 而该时期龙云的作为，也曾受到蒋介石的肯定，如 1935 年蒋来昆时言：“云南是一个最重要的革命根据地，在革命历史上是至有光彩的，中正久想来观光，未能如愿。今能与各同志见面，快乐情绪，当不可以言语形容。中央和云南可以说是相依为命，中正个人和龙主席亦是共甘苦同患难的。自从中正在中央负责以来，龙主席也在云南主持省政，中正和龙主席可说是同一个时候，共同担负总理所遗交下来的革命责任云云。”⑤

（二）龙云政权行动上对国民党统一势力的追随

从龙云政权的实际行动观之，云南于 1927 年 2 月倒唐之后，在国内可能算是追随国民政府最紧的地方政权之一了。如早于 1927 年 3 月，就有“胡若愚、龙云等筹备成立国民党省党部，胡任军政、龙任民政，予唐

---

① 《滇军解决龙云之详况》，《申报》1927 年 7 月 5 日。

② 罗志田：《民族主义与民国政治》，《开放时代》2000 年第 5 期。

③ 民国云南省政府秘书处档案，第 106-1-2493 卷。

④ 谢本书：《龙云传》，四川民族出版社，1988，附件五。

⑤ 《龙云宴蒋委员长》，《申报》1935 年 5 月 14 日。

继尧以虚位，胡等现请国府派员指导改组省府，将由总裁制改为委员制”[①]。又有：“云南政府最近虽宣言愿受国民政府驱策，然事实上尚未有鲜明的意思表现，因此国民党在滇同盟会会员，日夕工作奔走，至四月二十四日，幸已达到目的。于是青天白日之党旗，突然涌现于省议会与省政府之前，党旗飘扬，气象一新，闻是日以前政府已以党员资格，全体加入。”“在省议会省党部筹备处正式公开会议”，“选出胡若愚、胡瑛、龙云……九人为省党部执行委员”。会议口号为“拥护国民政府、奉行三民主义、实行五权宪法”等。[②] 即南京政府成立之前，云南省新政府即已确立了拥护国民党的路线。“迨政府定都南京，始滇省代表张西林、李子璀两君抵京，中央始决定对滇方策。适（1927）六一四之变，命令催促，急于星火，宗黄乃勉强起行。返滇责任，在会同本省军政首领，解决军事、党务、政治诸问题，以期中央与地方密切合作。”[③] 可以看出，该时期尽管龙云尚未取得主导地位，但云南地方政权与南京国民政府政治上的相互配合已较频繁。随后龙云在夺取并稳固自身地位的过程中，也主要借助于南京政府的力量，因而不难想象龙云政权与南京国民政府之间存在的一种互助的依存关系。有如研究指出，“1927 年‘二六’政变以后，胡若愚与龙云的势力，势均力敌，论资格和人望，胡若愚还略占上风。龙云很清楚，自己要在省内站住脚跟，就必须在国内找到一个强有力的势力，作为自己的后台。选择什么样的力量，最初他是模糊的，然而随着事态的发展，逐渐地明朗化了，掌握了南京政权的蒋介石集团是当时的‘强者’，因此他逐渐地倒向了蒋介石一边。同年‘六一四’政变，龙云吃了大亏。当他被释放、重掌云南政权以后，寻求蒋介石的支持，就是他面临的重要抉择”。如果说该时期，由于龙、胡等势力的较量尚无定局，国民政府仍无所适从的话，之后，随着龙云势力的逐渐崭露头角，最终于“1928 年 1 月，龙云被任命为云南省主席，几天以后又兼任了第十三路军总司令。他为了讨得蒋介石的高兴，就在被任命为省主席的同一日（1 月 17 日），正式成立了云南的‘清共委员会’，打出了反共的旗号，公开扶持右派国民党组织‘圆通派’。还在 1928 年 1 月 15 日（即清共委员会成立前两日，腊月二十三日），

① 《滇省政府拟改组》，《申报》1927 年 3 月 18 日。

② 《云南已易革命军旗帜》，《申报》1927 年 5 月 14 日。

③ 昆明市志编纂委员会：《昆明市志长编》卷十，《近代之五》，第 94 ~96 页。

龙云就已布置大规模地镇压云南地下党了。从此，云南纳入了蒋介石新军阀的轨道”①。

（三）龙云政权对南京中央集权政治的支持

其时，龙云政权不仅自身追随国民党的统一势力，对南京政府与各地方势力的较量，龙云也始终是站在了蒋介石的一边。如为支持蒋介石加强中央集权，消除地方割据状况，1929 年 3 月召开的国民党第三次全国代表大会提出“追认全国编遣会议所议论的编遣方案为合法方案，规定一切军政与军令之权，皆完全属于中央最高军事机关掌握，所有地方机关一律服从国民党及其中央政权。会后明令派兵讨伐桂系，以武力削藩”②。对此，龙云曾给予了积极的回应。先是 1929 年 1 月 18 日、21 日两日，龙云及卢汉等亦先后发出拥护编遣会议通电，龙云电文中言：“北伐成功，时逾半载，而军权迄未统一，事实无异割据，不特外人觇国，致启轻视，民众痛苦未能解除，而国家建设至计，亦将无从实现。中央主持大计，统筹全局，爰有编遣会议之开。此举非特整顿军事，直系国家存亡，实行以后，军权统一，军费确定，国家根本建设自可迎刃而解。□听下□，莫名钦企。滇省地居边远，偏处强邻，国防所系，情势特殊。惟事关救国大计，在义不能独异，无论如何编遣，谨当唯命是听，绝对服从，追随各方同志，务期一致贯彻。”③ 同期，南京国民政府对龙也有鼓励与期许的电文，其载：“国府致云南龙军长电云：删电悉，滇省地属边徼，民困待书，该军长尊重裁兵计划，期在实行，具见爱国爱乡，深堪嘉许，希先就滇省情形，妥拟办法，自行裁减。至中央裁兵方案，由军委会另案颁行，并即查照。”④ 研究认为，以当时情形，国民政府该次所“倡导裁兵，统一整编全国军队，试图削去地方实力派的兵权，但受到抵制”⑤。而龙云其时对部队的编遣，显然也受到来自内部的阻挠。如有“龙云十日电国府云：四师长擅捕省委，滥发通电，聚众要挟，实属大干军纪。云为党国前途贯彻编遣计，业于七日毅然将张凤春撤职拘留，卢汉、朱旭、张冲一并免去师长职，并降张冲

---

① 谢本书：《龙云传》，四川民族出版社，1988，第 81～82 页。

② 曹学恩：《民国时期中央与地方关系探析》，《西安外国语学院学报》2000 年第 6 期。

③ 民国云南省政府秘书处档案，第 106-3-861，1、2 卷。

④ 《国府致龙云电》，《申报》1928 年 9 月 1 日。

⑤ 曹学恩：《民国时期中央与地方关系探析》，《西安外国语学院学报》2000 年第 6 期。

为第九旅长，其各师部即日撤销，改编为旅。现在大体已定，内部益臻团结，全省安定如恒”①。又有“风波已渐平息，龙云亦回昆明，国府除电饬卢、朱、张各部，仍遵中央明令，实行编遣外，又电龙云，饬照常进行，并将编遣情形，详细报核，对于省政，仍须安心处理”②。而该时期，龙云不仅最终使所部服从了国民党中央的编遣令，且在协助中央对桂系之“武力削藩”也立下汗马功劳。诚如研究所言，“一九三〇年五月，龙云以‘讨逆军第十路总指挥’名义，任命卢汉为‘前敌总指挥’，率领滇军三个师、十五个团，共二万余人，进攻广西。六月，卢汉指挥滇军分南北两路向南宁推进……龙、卢滇军虽未能攻克南宁，没能达到向广西扩张的目的，但滇系新军阀，在蒋冯阎大战中，有力地支持了蒋介石，为蒋家王朝的稳定和巩固，立下了汗马功劳。蒋介石对滇系的行动非常感激，曾电龙云说：‘贵路出兵三师共伸义讨，殊堪嘉许。’由于龙云在政治上坚决拥蒋，又用滇军武力支持蒋介石排除异己，因而蒋记国民党中央即于一九三一年十一月选举龙云为第四届候补中央委员。其后，在蒋介石和两粤军阀的对抗中（宁粤分裂），龙云又站在蒋介石一边，自告奋勇地调停‘宁粤纠纷’，借以抬高自己的政治身价③，因而到一九三五年四月，龙云又被选为了国民党第五届中央监察委员”④。

其时，云南对民国政府紧密追随的立场和态度，亦有龙云政权自己的表白。如缪云台1935年参与“宁粤纠纷”调解时给龙云的信函言及：“本省素来拥护中央”，因而对粤方当时提出的关于“设立政务分会与军事分会两点”不表赞同，认为其“目的惟在藉此组织以作地盘之保障耳”。⑤ 对此，

---

① 《龙云电称滇局已告底定》，《申报》1931年4月13日。

② 《滇局已告平靖，编遣照常进行》，《申报》1931年3月23日。

③ 其主观上或许并非如此狭隘，从该时期龙云给南京及蒋的一些电文，亦可看出龙云其时对南京国民政府关于国家统一大业发自内心的忠诚与关切。如龙云1931年4月21日给蒋介石电文曰：“南京蒋总司令钧鉴，意密电计达，张桂逆军，日来颇有犯滇之说，倘成事实，顾虑殊多，盖一旦有事，西南各省易被牵动，稍有变化，大局不免影响，情报日亟，殊堪注意。职部自改编后，意志颇能团结，惟久战新归，不免疲敝，兼之弹药缺乏，殊难持久。伏维指示方略，俾便遵循整备，无任企祷。”〔《民国云南省政府秘书处档案》，第106-3-1418（8）卷〕同年5月亦有载：“龙云六日通电到京，驳古陈各电，并望全国一致拥护中央，扫除□贼，巩固统一。”（“龙云拥护中央”，载于《申报》，1931年5月1日）

④ 孙代兴：《滇系军阀的发展变化与国民党新军阀混战之关系》，云南省历史研究所：《研究集刊》1984年第1期。

⑤ 民国云南省政府秘书处档案，第106-3-1510（13）卷。

龙云亦言：“我滇所持态度，则以为中国系若干行省构成，然地方与中央非对立关系，而为统属关系，滇省对中央无论就法理与事实，均当为中央之命是听，吾滇政见，数十年如一日，征诸以往事实，在在可引以为证。民十八时代，尚未统一时，桂系拥有半壁山河，但云南则始终反对，讨逆军即于其时成立。今两粤势非昔比，云南对两粤，自然反对到底，只知拥护中央完成统一，不背初衷。”①

二 民国龙云地方“独立”政权的意涵

（一）龙云地方“独立政权”是与“地方自治”相关联的并行概念

结合近代所倡行的“地方自治”，以及孙中山宪政思想中关于中央与地方关系的设想与实践追求，龙云政权的“独立”内涵，更多的应该还是那一时代由地方自治觉醒引致的对地方利益之争取。近代中国之有“地方自治”思想，也起于对西方民族国家政治体制的认知。如研究指出，自治即“民族国家中人们所具有的参政的权利。这种自治权当然与民主政治是同一个东西。自从美国独立革命与法国大革命在18世纪末发生以来，民主这种政治制度成为人类共同追求的理想”②。如辛亥革命之后的“联治运动，虽然到民国九年以后才风行一时，但这种思想并不是偶然产生的。因为中国疆域的辽阔，各省情势的复杂，本有适用联邦制的基础。所以晚清维新运动时代，无论立宪、革命两派志士，都有将来须仿效联邦制度的观念”③。梁启超亦言：“国有宪法，国民之自治也；州郡乡市有议会，地方之自治也。凡善良之政体，未有不从自治来也……西人之所以得此者，何也？曰：有制裁，有秩序，有法律，以为自治之精神也。真能自治者，他人欲干涉焉而不可得；不能自治者，他人欲无干涉焉而亦不可得也。”因而“吾民将来能享民权自由平等之福与否，能行立宪会议分治之制与否，一视其自治

① 《龙云对滇学生训话》，《申报》1936年7月2日。

② 石元康：《从中国文化到现代性：典范转移》，三联书店，2000，第258页。

③ 李剑农：《中国近百年政治史1840～1926年》，复旦大学出版社，2002，第485页。

力之大小弱强定不定以为差”[①]。就中把人们自治能力的高低视为国家独立与民族自强的重要基质。也即始于那一时期，“一部分国人因对清政府救亡能力失望及受西方‘地方自治’的启发与鼓励，开始倡导通过‘爱乡’来‘救国’的思想。到了 20 年代，处在南北分裂夹缝中的几个地区提出了‘联省自治’的主张，在看似‘分裂’之中包藏着走向国家统一的目标。不过，其时也有人注意到‘联治’思想确实存在着真正分裂的危险。因此 20 年代中期，更强调内部整合的统一观念就在国内舆论中取得了压倒性的优势。30 年代，随着日本催逼太甚，中国的国家危亡迫在眉睫，国家观念的重要性日益显露，其思想说服力和社会号召力均大大增强，地方观念也越来越在国人的思想论说中成为一个负面形象”[②]。然而，这并不等于地方观念的沉寂，因为毕竟国家系由“地方”组成，现实中就始终存在着地方与中央利益的划分与纠葛。如龙云本人就认为他与蒋介石的矛盾，说白了就是蒋要“搞中央集权，我要地方均权，他要独裁，我要民主”[③]。

“均权制”本是孙中山宪政思想的核心之一，如孙中山曾言：“夫所谓中央集权，或地方分权，甚或联省自治，不过内重外轻，内轻外重之常谈而已。权之分配，不当以中央或地方为对象，而当以权之性质为对象……不当挟一中央或地方之成见，而惟以其本身性质为依归。事之非举国一致不可者，以其权属于中央，事之应因地制宜者，以其权属于地方，易地域的分类，而为科学的分类，斯为得之。”[④] 但该思想如何在现实中得以贯彻，则由于民国长期处于战争及蒋介石的个人野心，使南京民国政府在地方与中央关系的处理中，始终没能获得一种各方认可的、成熟的制度安排。如 20 世纪 30 年代初，龙云参与调停“宁粤纠纷”时，曾有其驻粤代表萧寿民电云：“胡展堂久病，昨赴欧休养。德鄰来港送行□云：粤桂对蒋因华北外交危机，暂缓发动，先礼后兵。欲提出均权共治，实施宪政，划分中央地方政权等政治主张，请公负责从中调停，果蒋容纳，可停止兵争，否则大局糜烂，不堪设想。以上办法，实甚平，兄公能调处实国家之福。俟其详

---

① 梁启超：《饮冰室文集》第 1 集，吴松等点校，云南教育出版社，2001，第 580 ~ 581 页。

② 王东杰：《地方观念和国家观念的冲突与互助：1936 年〈川行琐记〉风波》，《四川大学学报（哲学社会科学版）》2004 年第 1 期。

③ 张增智：《龙云如何走上反蒋拥共的道路》，云南省历史研究所：《云南近代史料丛刊》1985 年第 4 期。

④ 牛彤：《孙中山宪政思想研究》，华夏出版社，2003，第 152 页。

细商妥，再为呈阅。”[①] 就中显然龙云等对粤方的提法抱有同情。然从民国“《五五宪草》的制定过程，可以看出，在国家根本法中，中央与地方的权限越来越不明晰，最后可以说是基本上未加规定。地方不仅没有法定的权限，连自身的组织和地位也难于在根本法中得到确认，而只能围绕中央的指挥棒转，不能维护自身的利益和地位。这不仅不利于中央与地方关系的建设，同样也不符合孙中山建立在民治基础上的均权学说，它虽然连连声称继承总理遗教，但实际上却远远背离了孙中山的主张”[②]。而这显然也是龙云政权对中央采取抵制态度的内在合法依据。

（二）特定条件下龙云政权地方主义倾向的膨胀

由于南京政府在民国时期就始终未能在国内达成一种实质性统一，因而其时不仅云南，包括全国很多省份也都长期存在着地方主义膨胀的倾向。而近代地方主义倾向膨胀的社会形成基础：一是源于晚清太平天国战争及之后逐渐出现的中央权力的下移趋势；二是民国初年由争取民主、自治过程中酿成的长期军阀混战与割据状况，也使社会上“普遍存在着具有较高整合性和内聚力的地方群体和地方政治团体，它们不仅控制着基层社会，而且往往成为国家各级地方政权的统治者，成为割据一方的土皇帝”[③]。由此，使南京中央政府的权力在现实中受到种种限制。仅以国民党的军事力量言，其时“除黄埔系是中央军外，其他大大小小的军事集团都是割据一方的地方实力派，他们尽管打着国民党的旗号，却与中央貌合神离，甚至公开对抗，捣毁省党部、县党部，排挤、压制、甚至驱赶中央派员，简直视中央为无物。蒋介石不无痛心地叹道：‘不仅对于地方的行动，中央不能干涉，甚至地方常以军事实力威胁中央！’中央能直接控制的仅江、浙、皖、赣等少数省份，在国民政府刚成立的几年内‘中央税收所恃者，计有江、浙、皖三省，皖省尚无款可解，实只恃江、浙两省而已”[④]。作为龙云政权也可以说是民国北伐之后代之而起的新军阀势力，其前期的延续性自不待言。正是在这种背景之下，排斥中央势力进入云南，亦是龙云时期云

① 民国云南省政府秘书处档案，第 106-1-2356 卷。

② 李国忠：《民国时期中央与地方关系》，天津人民出版社，2004，第 177 页。

③ 王续添：《民国时期的地方心理观念论析》，《史学月刊》1999 年第 4 期。

④ 曹学恩：《民国时期中央与地方关系探析》，《西安外国语学院学报》2000 年第 6 期。

南地方政权与民国中央政府博弈的发力点。如1935年云南给外来政要的印象是“政府全体成员的团结一致，是四川无法相比的”。并且，其“地方名流真诚地希望尽早自治并得到中央的认可”。因而对中央势力的抵制显然也是一致的行动。如早于1928年4月，由南京国民政府以中央名义任命进入云南省政府的委员吕志伊、孙光庭、周鐘嶽和卢锡荣，其中3人均先后解职，只有周鐘嶽作为“最后剩下的唯一的一个干预省政治生活的忠诚的官员，一直到一九三七年为止”。其中“吕志伊为国民政府认命为云南省教育厅长。然而，不到三个月，他就被解除了职务，并离开了云南。吕志伊是在辛亥革命以后，曾直接在南京临时政府工作过的少数有贡献的政治家，但没有在云南工作过。就是这样，国民政府以最文明的试探性的方式建议吕志伊回到云南，却遭到了坚决的抵制”①。有研究认为，“龙云在上台初期，出于自身利益的考虑和政治上的需要，曾追随过蒋介石的反共路线，破坏了云南地下党组织，捕杀了大批共产党员”②。但事实似乎并非如此简单，如时由南京中央指派的云南国民党部主要负责人李宗黄则认为：其时恰恰是由于“龙云纵容”，而使“共党猖狂”的。其言：“往后几天的事实证明，龙云不但口是心非，他不会‘彻底查办’，相反的，明眼人一望可知，他正在全力支持‘法政派党部’的那一批共产份子，而迫使我不得不离开昆明，显然也是他的主要目的之一。因为，就在我见过龙云，得到他‘彻底查办’的承诺以后，共产份子所贴的标语，以及他们开会对我所作的‘声讨’，正有如火如荼，变本加厉之势。这么一来，反倒使我恍然大悟，方知云南省垣‘驱李运动’的内幕底蕴了。由于我深信，至少在民国三十四年，我奉命自龙云手中接管云南省政以前，龙云决不是，而且也决不会成为共产党。但是，在民国十六年间，他却与当时昆明的共产份子，具有一个相同的目标，那便是要保持独立地位，不容中央势力参入云南。”③ 前后两种认为恰可证明龙云其时在政治上既有追随国民党统一势力的一面，同时也交织着对地方利益进取的复杂心态。正如时人指出，“龙云对待国内

---

① 〔澳〕霍尔：《云南的地方派别1927～1937》，谢本书等译，云南省历史研究所：《研究集刊》1984年第1期。

② 张增智：《龙云如何走上反蒋拥共的道路》，云南省历史研究所：《云南近代史料丛刊》1985年第4期。

③ 李宗黄：《李宗黄回忆录》第4册，台湾出版（内部翻印）。

各党派政治态度也是很复杂的。就说国民党罢，他身为国民党的中常委，是高级军政长官，很长一段时间还兼任‘国民党云南省党部主任委员’之职，应该说是国民党的‘忠实信徒’了，其实大谬不然”①。毕竟“龙云出自一个地方军阀集团，不是蒋介石的嫡系，龙、蒋之间不存在信任，更谈不上亲密”。从道义上讲，追求国家统一也是他内心深处的一种本能愿望，但“做为地方割据势力的代表，他又不完全听命于蒋介石”。因为“在云南的统治时期，他最关心的是如何站稳脚跟，稳固地盘。和唐继尧一样，龙云也把云南视作自己当然的领地和势力范围，不允许旁人涉足。为了维护自己政权统治，龙云充分懂得枪杆子的重要性，他不遗余力地扩充和发展滇军的实力和武装。为此，他从法国购进了大量的武器、弹药，开办教导团，成立军官学校，训练培养军事干部。为了维持地方治安和补充兵员，云南各县都普遍成立了‘保卫队’进行训练。此外，龙云还潜心研究古今中外政治斗争的经验，在政治上采取一些较为开明的措施，笼络知识分子和民心，通过云南几次政变，他深深懂得‘民心’的重要性。这一切，龙云说成是为了‘保境安民’”②。

（三）国民党中央与云南地方政权利益的尖锐矛盾

一般来说，由于地方与中央是站在不同角度的两个利益主体，其本身由所追求利益的不同就始终会存在矛盾。而南京国民政府时期，由于其政治统治的流于形式，使地方主义倾向本来就已是过度膨胀，加之蒋介石政权的独裁本性，更加剧了这种矛盾。如时人曰：“从龙云与蒋介石发生的种种大小事件来看，他们之间简直是矛盾重重，双方要尽尔虞我诈、当面亲善、暗地拆台的把戏。应该公平地说，龙云这样对蒋介石也迫于无奈。龙云具有刚直不阿、坦诚信达的云南彝族性格。蒋介石的确没有待人以诚的

---

① 马子华：《一个幕僚眼中的云南王——龙云》，云南美术出版社，第 35 页。

② 张增智：《龙云如何走上反蒋拥共的道路》，载于云南省历史研究所：《云南现代史料丛刊》第 4 辑，1985，第 48～49 页。如至 1944 年 11 月，或许龙云预感到蒋介石会危及自己的统治，因而“提议加强自卫预备队组织，及派员分区召集县长，指示保卫事宜”。又有“主席提议动用民有枪支，准各县绅商巨户自行训练义勇自卫乡丁，增强地方自卫力量”。“除已编二十四个支队及九十四个大队外，其余未编者暂时不编制。已编者经费酌予增加，支队部公费每月原支一千元，现增加为五千元，大队部原支三百元现加为二千元，中队部原支一百元，现加为五百元，由民厅通令自明年一月一日起支。”（《民国云南省政府秘书处档案》，第 106－3－1227⑤⑥卷）

态度，即使是他的‘嫡系’和‘亲信’，也惯于使用权术和手段，居心残酷不仁，大有‘非我族类，其心必异’的恶念。”① 抗日战争的爆发，无疑成为南京国民政府进一步统一的契机，它打破了蒋介石对龙云“独立王国”的容忍，使龙、蒋之间的固有矛盾发展了，并日趋激化。② 在中央的角度看来，“云南在龙云控制之下，不仅行政效率极低，而且每件事都得经过讨价还价，如果钱少，不能满足龙云及其所属的欲望，任何事也行不通”③。站在地方的角度，显然也有难处。如缪云台言：“抗战前云南实际是一个半独立的省份，其财政、经济全系自主，中央所收关税、盐税概由洋人所主持的税务司经收，解交总税务司还债，剩余之数才交中央政府。云南的金融财政与中央政府没有关联。战时由于中央政府移驻西南，云南的经济便并入了国家系统。本来在举国要求抗日的情况下，这原是顺理成章的事，但由于战时的种种措施，几乎拆除了云南刚刚建立起来的经济建设基础。例如由于战时的征兵征粮，使原已平衡的省预算，又告入不敷出；富滇新银行停止发行，并入中央的货币系统以后，恶性通货膨胀的影响，很快遍及全省；1940 年后，物价开始暴涨，市场上的利息率也直线上升。”④ 或许也由于此，云南与中央政府的关系，“在抗战期间，他们表现出一种深度的孤立主义，而终于筑成一道情感之墙，阻碍中央政府影响的深入”。其时“云南以怀疑、不满与恶运将临的态度来对待中央政府”，造成了双方在金融、对外贸易、政治等各个方面的冲突和摩擦。“以对外贸易为例，在中央政府势力未深入云南以前，云南在对外贸易上享有自己的地位，它输出茶叶、生丝、桐油等物品，其中锡是最主要的输出品。1939 年初，中央政府开始对云南的对外贸易加以限制。1939 年 2 月，全国贸易委员会在云南昆明设立了办公处，交通部也宣布将管制该省除锡以外的所有输出品，7 月中央政府下令统制全国所有对外贸易。云南立即作出反应，凡云南任何产品，没有新富滇银行发给的兑换证，一律禁止外销，同时拒绝发给任何兑换证，致使外销出口完全停顿。此后，昆明先后派出两批代表，在重庆与中央政

① 马子华：《一个幕僚眼中的云南王——龙云》，云南美术出版社，1993，第 98 页。

② 张增智：《龙云如何走上反蒋拥共的道路》，云南省历史研究所：《云南近代史料丛刊》1985 年第 4 期。

③ 杜聿明：《蒋介石解决龙云的经过》，《文史资料选辑》（合订本 · 第 2 辑），中国文史出版社。

④ 《缪云台回忆录》，中国文史出版社，1991，第 82 页。

府进行了多次谈判，10 月才达成协议。协议规定，由全国贸易委员会云南分会管理该省对外贸易，但该会由中央与云南代表联合组成，外销产品虽然统统由中央政府专卖，但中央政府须支付云南省政府 160 万磅作为补偿，这笔数字可能超过了云南所放弃的对外贸易的总额。”① 然在地方与中央的经济关系方面，亦有研究认为，战时民国政府运作本身就存在偏差，即由于“国家的社会抽取能力的毫无节制的使用，往往受到民众的抵制”。如“资源委员会是掌握全国重工业生产的主要领导机构，由其领导的国有资本企业有数百家，近 30 万员工。1936 年中国工矿业总资本为 13.76 亿元（不包括东北），国营资本为 2.06 亿，占比例为 14.9%，而到 1946 年这个比例已上升到 80% 以上。国有企业对民营产业取得压倒性优势”②。可见这种矛盾并非出自单方面的原因。另外，云南龙云政权在与中央军的关系上，也经常摩擦不断，如“不准中央宪兵在郊区内驻扎和执行任务；中央部队调动不能经过和驻扎市区，防守司令部所属部队营驻在距市区二十里以外”③等等。或许最有损对方尊严的事，就是“龙云过去不许蒋家官兵携带武器进城”，因而在蒋介石 1945 年解决龙云后，中央“第五军的官兵好象出了一口气，特别显示出一付骄傲神气”④。就中可以想见，当时云南地方与中央各方面关系其矛盾的尖锐性。

三　民族主义与地区民族集聚特点对龙云地方意识的制约

（一）龙云政权民族主义“排外”情结与谋求国家统一的一致性

民国时期龙云政权的“独立”倾向，或说对中央势力进入云南的“抵制”，又同时受到国家“民族主义”情结及云南地区少数民族集聚特点的内

① 李国忠：《民国时期中央与地方关系》，天津人民出版社，2004，第 417 ~418 页。

② 杨丹伟：《论南京国民政府的合法性》，《江苏社会科学》1999 年第 1 期。

③ 孙季康：《蒋介石解决龙云的经过》，《云南文史资料选辑》第 1 辑。

④ 杜聿明：《蒋介石解决龙云的经过》，《文史资料选辑》（合订本 · 第 2 辑），北京：中国文史出版社。

在制约。有认为“近代西方民族主义的一个重要观念，即爱国本由爱乡发展而至”。又由于地域的广阔性，使中国乡、国概念中的“地方意识与统一观念的关系是曲折而复杂的，两者常常相互冲突，有时也可相辅相成。一般而言，在外患深重时，统一观念多压倒地方意识。而当外患不十分急迫时，地方意识的力量是极大的”①。这显然也是龙云地方政权在“统一”与“独立”之间进行取舍的一个重要内在制约参数。如前所言：近代民族主义“最浅的是排外；其次是拥护本国固有的文化”②。民国龙云政权的民族主义内涵也较充分地表现在这两方面。就近代民族主义中的“排外”而言，显然也是龙云政权最本能的反应。如对1931年的“宁粤纠纷”及胡汉民等因不满国民会议办法拟成立“西南执行委员会”一案，虑及国人渴望统一及由此导致的国内动荡及外交前途，龙云始终坚持了自己的一贯立场，并在给粤方的电言：“接尊处江日通电，致稽裁答，窃谓四监委依法提案，自当遵循正轨，求得正当解决。若遽发难兴戎，当此人心渴望和平统一之际，势必难得多数同情，而转陷党国于不利。揆之诸公初衷，当不如是，蒋个人不足惜，其如大局何。”③ 同年5月4日给蒋介石的电函亦言：“当此全国甫告统一，外交情势紧急之际，似此不顾大局，实属丧心病狂。伏维钧座一秉平日为党为国牺牲奋斗精神贯彻到底。职除复电陈济堂严词劝告外，并即一本党国立场、人民心理，发出通电，誓死拥护钧座，反对粤方。钧座对粤中变化如何处置，并乞训示机宜，俾有遵循。”④ 另有载：“龙云二十电覆陈济棠、李宗仁，若赞成西南设执行部及政委会，谓大局不再现裂痕，不特举国惶惑，而外交前途、障碍势且益多，倘或不成事实，固国家大事之福也。”⑤ 同一时期，龙云对西藏在帝国主义支持下所从事的分裂活动，也曾明确表明了自己的态度，其言：“近月以来，传闻前藏达赖，甘受英帝国主义之骗使，援助西藏大金寺喇嘛，劫财夺产，侵地略城，近尤肆行无忌，藐视中央，似此为虎作伥之举动，势非明张达伐，不足以惩其狂妄。

① 罗志田：《民族主义与民国政治》，《开放时代》2000年第5期。

② 罗志田：《近代中国民族主义的研究取向与反思》，《四川大学学报（哲学社会科学版）》，1998年第1期。

③ 民国云南省政府秘书处档案，第106-3-1418（13）卷。

④ 民国云南省政府秘书处档案，第106-3-1418（12）卷。

⑤ 潘公展：《十年来的中国统一运动》，载《抗战十年前之中国》，台北，文海出版社，第5页；《龙云不赞成设执行部》，载《申报》1932年1月29日。

云念滇康唇齿之谊，实难坐视不闻，中央若有所命，自当挑率精锐，誓赴西陲国防之用，以解康民倒悬之苦。诸先生谊切桑梓，望就近□恳中央，速定大计，则国防幸甚，西南幸甚。”[①] 又有1935年龙云集团对“宁粤纠纷”的调解，其本意欲取中立，然事件中由于看到外国势力于其间的作用，出于对日本帝国主义的排斥心理，使站在中央的立场成为当然选择。其时有缪云台给龙云的信函言：“陈李口头虽极言抗日，但内容则系联日拒蒋。前次土肥原喜多先后到粤，闻皆以共同倒蒋，扶植粤桂为亲善条件。粤桂惟求私人利益，不计国家存亡……日人挑拨内乱，不欲我国有统一巩固之中央政府，此其历传之政策。若果中央对于粤桂有统一计划，日人必从中阻碍，一面威胁华北，一面接济粤桂。即使粤桂不与之勾结，日人亦必多方诱掖，现在粤桂既已甘受利用，协议共同倒蒋，自摧根本，日人之狡计得售，则中央无论安内攘外，皆有莫大之困难。”[②] 由此亦认为：“此次对粤通问，原为减少中央南顾之虑，而为善意调处……似宜立于中央立场，为蒋公立言，而不替两广要求。”[③] 之后龙云在《对滇学生训话》中，也进一步言：“两广藉口抗日，行动越轨，本省拥护中央，不背初衷之政见。”[④] 可以看出，每当国家统一前途受到威胁，龙云也即刻体现出国家大义优先的民族主义情怀。至抗战期间，尽管龙云政权对中央势力的进入有抵触情绪，但实际行动上依然积极配合了中央整体部署的安排。如龙云1939年给成都方面的信函言及：“查抗战自入第二期以来，（云南）一切经济事业均在中央统制之下。”[⑤] 对此，蒋介石1940年也曾电龙云：“何（应钦）总长返于渝……述及抗战以来，滇省交通与各项建设之进步，市政之改良，尤以全省政令之贯彻，为最难能可贵，具见吾兄精心擘划，为国贤劳，益为佩慰。关于滇南防务之准备，敬之与兄计划各事，悉属重要□宜，尚望督促所属，按照计划积极进行，是为至盼，办理情形，并希随时电告。”[⑥] 就中可知，抗战期间云南政治、经济和军事防务等均已全面纳入中央的整体部署之中。有如缪云台言：“战时由于中央政府移驻西南，云南的经济便并入了国家系

① 《龙云声讨达赖》，《申报》1931年4月17日。
② 民国云南省政府秘书处档案，第106-03-1510（14）卷。
③ 民国云南省政府秘书处档案，第106-03-1510（13）卷。
④ 《龙云对滇学生训话》，《申报》1936年7月2日。
⑤ 民国云南省政府秘书处档案，第106-03-1313卷。
⑥ 民国云南省政府秘书处档案，第106-03-106卷。

统……在举国要求抗日的情况下，这原是顺理成章的事。”①

（二）龙云政权大西南民族主义地域观与狭义地方主义的对立

就近代民族主义关于“拥护本国固有的文化”之内涵言，由于其时在龙云的统治下，基本是形成了以彝族为主的势力，即其主要成员大都属彝族②，因而，龙云地方政权也更多地表现出一种独特的地域认同特征，即由云南省际间普遍存在同一少数民族跨境而居的状况所萌发的大西南的地域认同，而少了一些人为行政划分的省界观念。研究认为，“近代西方民族主义的一个重要观念，即爱国本由爱乡发展而至”③。因而，民国与民族主义并行的就是家乡观念。即由于“中国传统社会的结构基本上就是家庭、亲族和地域共同体”。从而在“这种社会土壤所孕育并生长出的社会心理和社会意识亦必然带有浓厚的地域性”。这种由地域认同和乡土情结所形成的地方心理观念，又具体“表现为家乡观念、地界观念、同乡观念三个不同层次”。而于民国，时人的地界观念中则“以省界观念最引人注目”④。如谭人凤言：“中国人因省界而存畛域之见，各私其地，各私其人。自入民国以来，无一省不有此现象。”⑤ 但此点对于民国以来的云南统治者似乎并不竟然。譬如唐继尧时期，便有唐的“大云南主义”之说，即其时唐的统治并不以云南本省的地域为满足，他频年所发动的“护法”战争，据说目的就是试图把周边川、黔的属地也囊括进自己的统辖范围之内⑥。至龙云时期，显然也没有完全把省界作为其地域或地方观念认同的界限意识。之所以如此，或许与龙云系出身于川滇交界的彝族家庭的生存特性有关。⑦ 从家族史

① 《缪云台回忆录》，中国文史出版社，1991，第82页。

② 潘先林：《云南彝族统治集团研究》，云南大学出版社，1999，第109～155页。

③ 罗志田：《民族主义与民国政治》，《开放时代》2000年第5期。

④ 王续添：《民国时期的地方心理观念论析》，《史学月刊》1999年第4期。

⑤ 王续添：《民国时期的地方心理观念论析》，《史学月刊》1999年第4期。

⑥ 其实在实践中，早于清代就长期存在行政隶属上将云南、贵州共设一总督进行督理的现状，这显然在历史现实中也造成两省间政治、经济与社会间的密切关联。

⑦ 关于龙云究竟属四川人还是云南人？似乎学界曾长期存有疑问。如研究言：“龙云究竟是什么地方的人，四川还是云南？如果是四川人，那么是四川凉山天地坝（今金阳县城所在地），还是四川凉山金阳县灯厂区？如果是云南人，那么是云南昭通燕山（炎山），还是云南永善大井坝？这看起来似乎是一件小事，然而研究起来，不仅非常有趣，而且向我们展现了统治云南20余年的龙、卢家族早期演变的一幅生动的图景。”（谢本书：《龙云传》，四川人民出版社，1988，第12页）

看，龙云的家族“曾在四川和云南两省居住”，即今四川金阳县的灯厂区和云南昭通县炎山区（两地直线距离仅10余公里）的金沙江两岸，他本人籍贯属昭通炎山。[①] 或许正由于这种介于两省间的生长环境，亦使龙云多了一点省际地域的自然联系，而少了一点人为的行政分区概念。如20世纪30年代中期，在南京政府准备设“桂黔绥靖公署”还是“滇黔行政公署”的可能选择中，龙云在给陈布雷的电函中即言：“滇黔名虽两省，实如一体。”[②] 而于更早，即“一九二八年春天，龙云成了云南唯一留下的军事领导人。他声称：他的军事权力已经超越了这个省。龙云知道，革命政府对云南、贵州将军们的抱负不感兴趣。他利用这个良机，首先迫使周西成陷入困境（周西成一直对张汝骥给予保护），这种状况并不使人感到意外。后来，龙云入侵贵州取得了国民政府的支持，因为周西成在一九二九年夏天的反蒋战争中，轻率地与桂系结成了联盟。这就把一场纯粹的地方斗争卷进了全国的斗争中去”[③]。反之，对云南，龙云也认为其属西南之一部分。如载：“龙主席以西南各县蕴藏甚富，亟待大量开发垦殖，特于十一日晨乘滇越车前往巡视，定日内返省。”[④] 或许由于这种观念的作用，以致当云南确实拥有相当的地方独立性时，龙云亦会不自安。其载曰：“滇省方面，自龙云登台迄今，尚称平静无事。惟龙近感陷于孤立，难以应付环境，特倡议川滇黔三省大联合，以期维持现局，不生变化。闻王家烈对龙主张，极表赞同，刘湘亦允川省加入，于是龙云乃派代表卢寿慈、王家烈派代表徐道纬、刘湘派代表林碧珊，互相交换意见，取得一致同意，共同订立川滇黔三省合作临时条例，以资遵行。”条例内容“系为促进川滇黔三省合作共同联络，安定地方，推行军民各政，稳固边围用纾中央西顾之忧”[⑤]。而作为多民族地区的云南，其边境各少数民族的居住状况与龙云家族地域演变的情形相似，即边境同一少数民族跨省集聚的状况亦是普遍现象。如载：“云南民族种类，素称复杂，大则可分为六大种族，即汉、回、蒙、藏、苗、夷六种。

---

① 谢本书：《龙云传》，四川民族出版社，1988，第25页。

② 谢本书：《龙云传》，四川民族出版社，1988，第137~138页。

③ 〔澳〕霍尔：《云南的地方派别1927~1937》，谢本书等译，云南省历史研究所：《研究集刊》1984年第1期。

④ 滇越线所经各县系云南省滇中至稍偏滇东南的蒙自等地，因而其中“西南各县”应系大西南概念的概指范围。《龙云出巡》，载《申报》1940年6月13日。

⑤ 《川滇黔大联合》，《申报》1933年2月25日。

此外虽有属蛮夷之称，但不外是上述六种蜕化而成的。六种中，汉回两种文化较高，蒙藏苗夷四种，多居边荒之地，生活状况多未开化，其中尤以苗夷两种支派最繁，史家称他为交趾支那民族，渊源广远。”① 又有“湘、桂、滇、黔四省边区，向为猺苗麇集之地”。由此在一些相关政策的制定或推行上，常常又相互关联。如1933年的“猺乱”即发生于湘、桂、滇、黔四省交界地。事后亦由四省共商“善后问题”。其具体改进措施“着重在编制保甲，使猺民剪发易服，与汉人一律待遇，取消猺苗等名称，以期根本上消灭猺乱。除饬广西各县遵照办理外，一面分电湘、滇、黔等省，请一致办理”②。又有《中央派员考察西南夷族生活》，并“磋商西南夷族教育实施计划，冀逐渐发展川滇康边境夷族之文化”③。至“七七”事变，先有“云南丽江木里土司、驻滇代表李宗伯等九人”的“西南夷族沿边土司代表对请愿事发表宣言，期精诚团结捍卫边疆”④。又有“川滇边境盐源盐边土司派代表到渝陈情，愿出兵参加抗战”⑤。如此等等，可以看出西南各省其地域与族性联系的紧密性，进而亦可理解作为彝族出身的龙云其在政治地域上对“省界”观念薄弱的缘由，而这或许也是北伐时期“南方战场在很大程度上能依靠南北地方意识而以弱胜强”⑥ 的一种地缘政治关系依据吧。

综上可以看出，民国龙云地方政权产生的时代背景正值民心厌战、反对军阀割据及国民党统一势力逐渐壮大之时，受国人由民族主义情绪推动的对国家统一的渴望所感召，使追随国民革命亦是该政权的重要特征之一；而该政权寻求地方“独立”特性的一面，则与近代关于邦联体制对地方自治的追求直接相关；与此同时，又由于民族主义中“排外”“对固有文化的保护”等心态作用，使龙云政权地方主义膨胀的倾向又常常受其内在制约。

（《学术探索》2009年第2期）

① 赓雅：《滇东苗民生活》，《申报》1937年7月5日。

② 《四省商办猺乱善后问题》，《申报》1933年4月8日。

③ 《中央派员考察西南夷族生活》，《申报》1934年6月9日。

④ 《申报》1937年7月11日。

⑤ 《川滇土司代表到渝请缨》，《申报》1939年1月27日。

⑥ 罗志田：《民族主义与民国政治》，《开放时代》2000年第5期。

后　记

2012年，中央民族大学“中国近现代史”被增列为北京市重点学科，随即学校将该学科建设列为“985工程”项目之一。按照建设计划与方案，除了人才培养与团队建设之外主要就是科学研究，也就是中国近现代民族史。虽然中央民族大学在中国民族史研究领域具有较好的基础和条件，但如何开展中国近现代民族史研究，对于我们来说既是机遇也是挑战。学科建设与科学研究互为表里、相辅相成，而科学研究首先是继承，然后是发展和创新。基于这样的认识，我们把编辑《中国近代民族史研究文选》作为学科建设的基础工作之一，以期了解和掌握学术界该领域的研究内容与主要成果，推动中国近现代民族史研究的发展与创新，同时为本科生、研究生学习中国近现代民族史提供一部必读文献。

本书的编选工作得到了北京市教委、中央民族大学发展规划处及历史文化学院的高度重视与大力支持，从立项到最后完成前后历时大半年之久。首先，由项目负责人聘请相关专家学者组成了本书编委会，并就编选内容、原则、范围等问题进行了反复的磋商与讨论。其次，由主编和各位编委根据民族区域和专题等分工进行编选工作。最后，由主编汇总确定篇目并作了粗略的分类，并先后征求各位编委的意见，几经反复才最终敲定。虽然责任在主编，但各位编委着力尤多，贡献大，委实是一项集体合作劳动的成果。

全书编选论文一百余篇，分九个专题。就时间范围而言，虽然我们原则上定为自新中国成立的1949年一直到近期的2012年，但实际上大多数文章是改革开放后的几十年间发表的。其中多数是学界著名专家学者的作品，也有部分青年学者的新近力作，而且多半发表在国内权威学术期刊。由于篇幅所限，本书收入同一作者的文章一般不超过两篇，而还有一些高质量的文章也不得不忍痛割舍；更由于我们水平和见识所限，难免挂一漏万，敬请大家批评指正。

特别需要指出的是，虽然民族史作为中国史学研究的一个重要领域一直是不争的事实，但就其学科研究对象、性质等问题而言目前仍是仁者见仁、智者见智。至于说到近现代民族史，更谈不上存在较规范的研究理论和范式，因而本书划分的九个专题仅仅是对其中文章的内容与性质的粗略概括，不是全面、系统的学科分类，也可以说是我们的一个不成熟的看法。其中可能有不准确的框置甚至是错讹之处，请大家一起品读，更期待能够抛砖引玉。虽说从学科研究规范而言，中国近现代民族史研究还不成熟，但与此相关的论著仍然十分丰富。我们选编时主要考虑的是学术性、权威性及代表性，而没有按照族别、区域等因素来分门别类。所选论文按照专题依发表时间先后为序，除个别文章作者略加修改外，绝大多数均保持文章发表时的原貌。另外，由于时代及作者学术视野等主客观原因，所选论文的学术观点与写作风格因人而异，但是总体上反映了不同时期中国近代民族史研究的主要内容与主要成果，我们的愿望就是尽量为读者展现一道中国近代民族史研究的风景苑，以期该领域学术研究得以不断继承、发展和创新。

最后，感谢郝时远先生在百忙之中为本书作序；感谢各位专家学者的大力支持，敬请个别未联系到的作者及著作权人看到本书后与主编联系；感谢社会科学文献出版社领导和编辑的支持与辛勤劳动，他们以“创社科经典，出传世文献”为训，目标高远，希望我们学科建设“中国近现代民族史”以后的工作还能够得到他们的支持和帮助。另外，中央民族大学历史文化学院赵逸妍博士、王宇博士及王光鑫、杨海飞、宋诚、程静、王继峰、刘露、杨会玲、孙晓平、侯建华、胡飞飞、任聪、吴迪、马志峥、苏峰、郭松、朱金柱、薄振超、蔡杰锦、刘灿、于明冉等诸位硕士生、本科生，他们承担了联系作者授权、文章录入校对等诸多繁杂的事务性工作，在此一并表示感谢。

陈　理　彭武麟

2013 年 11 月 5 日

图书在版编目（CIP）数据

中国近代民族史研究文选：全3册/陈理，彭武麟主编.
—北京：社会科学文献出版社，2013.12
ISBN 978-7-5097-5098-8

Ⅰ.①中… Ⅱ.①陈…②彭… Ⅲ.①民族历史-研究-中国-近代 Ⅳ.①K28

中国版本图书馆 CIP 数据核字（2013）第224512号

中国近代民族史研究文选（上、中、下册）

主　　编／陈　理　彭武麟

出 版 人／谢寿光
出 版 者／社会科学文献出版社
地　　址／北京市西城区北三环中路甲29号院3号楼华龙大厦
邮政编码／100029

责任部门／人文分社（010）59367215
电子信箱／renwen@ssap.cn
项目统筹／宋月华　袁清湘
责任编辑／周志静　孙以年
责任校对／岳宗华　宝　蕾
责任印制／岳　阳
经　　销／社会科学文献出版社市场营销中心（010）59367081　59367089
读者服务／读者服务中心（010）59367028

印　　装／三河市尚艺印装有限公司
开　　本／787mm×1092mm　1/16
印　　张／103.75
版　　次／2013年12月第1版
字　　数／1800千字
印　　次／2013年12月第1次印刷
书　　号／ISBN 978-7-5097-5098-8
定　　价／485.00元（上、中、下册）